GUIDE DVD 2010

OUVRAGE RÉALISÉ SOUS LA DIRECTION DE
François Poitras

TEXTES ET CRITIQUES
Équipe Médiafilm (www.mediafilm.ca):
Rédacteur en chef: Martin Bilodeau
Rédacteur en chef adjoint: Louis-Paul Rioux
Collaborateurs: Jean Beaulieu, André Caron, Manon Dumais,
André Lavoie et François Lévesque
Autres textes: Robert-Claude Bérubé, Christian Depoorter et Martin Girard

COMPILATION
Julie Gauthier

SÉLECTIONS
François Lévesque
Renaud Després-Larose
Huy D. Huynh
Steve Bolduc

MISE EN PAGES
Folio infographie

TEXTE D'INTRODUCTION
Valérie Letarte

DIRECTION ARTISTIQUE ET COUVERTURE
Gianni Caccia

ILLUSTRATION DE LA COUVERTURE
©Alain Reno, 2009, *Joan of Clark*, collage/mix media, 28 × 44 cm

Catalogage avant publication de Bibliothèque et Archives nationales du Québec
et Bibliothèque et Archives Canada

Vedette principale au titre:

Guide DVD 2010

Publié en collab. avec: Boîte noire et Médiafilm.

ISSN 1910-2917
ISBN 978-2-7621-2917-5
1. DVD vidéo - Catalogues. 2. Films - Catalogues. I. Boîte noire (Association). II. Médiafilm.

PN1992.95.T68 016.79145'72 C2006-301293-6

Dépôt légal: 3e trimestre 2009
Bibliothèque et Archives nationales du Québec

Les Éditions Fides reconnaissent l'aide financière du Gouvernement du Canada par l'entremise du Programme d'aide au développement de l'industrie de l'édition (PADIÉ) pour leurs activités d'édition. Les Éditions Fides remercient de leur soutien financier le Conseil des Arts du Canada et la Société de développement des entreprises culturelles du Québec (SODEC). Les Éditions Fides bénéficient du Programme de crédit d'impôt pour l'édition de livres du Gouvernement du Québec, géré par la SODEC.

IMPRIMÉ AU CANADA EN AOÛT 2009

SOMMAIRE

ABRÉVIATIONS ET SIGNES CONVENTIONNELS

APPRÉCIATION

(cotes artistiques de Médiafilm)

►**1**	Chef-d'œuvre
►**2**	Remarquable
▷**3**	Très bon
▷**4**	Bon
▷**5**	Passable
▷**6**	Médiocre
▷**7**	Minable
▷**0**	Non évalué

CLASSEMENT DE LA RÉGIE DU CINÉMA

Non classé	Film non classé par la Régie
Général	Général
BR	Blu-ray
13+	s'adresse à un public âgé de 13 ans et +
16+	s'adresse à un public âgé de 16 ans et +
18+	s'adresse à un public âgé de 18 ans et +

Notes :

Déconseillé aux jeunes enfants – Enfants – Érotisme – Horreur – Langage vulgaire – Sexualité explicite – Violence

DISPONIBILITÉ DES TITRES

$	Offert en vente
sans $	Offert en location seulement

PAYS

A.S.	Afrique du Sud
ALG.	Algérie
ALL.	Allemagne
ANG.	Angleterre
ARG.	Argentine
AUS.	Australie
AUT.	Autriche
BEL.	Belgique
BIR.	Birmanie
BOS.	Bosnie
BRÉ.	Brésil
BUL.	Bulgarie
BUR.	Burkina Faso
CAM.	Cameroun
CAMB.	Cambodge
CAN.	Canada
CHI.	Chine
COL.	Colombie
COR.	Corée
COR.S.	Corée du Sud
C.I.	Côte d'Ivoire
CUB.	Cuba
DAN.	Danemark
ÉCO.	Écosse (Royaume-Uni)
ÉGY.	Égypte
ESP.	Espagne
É.-U.	États-Unis
FIN.	Finlande
FR.	France
GRÈ.	Grèce
GUI.	Guinée
HOL.	Hollande
H. K.	Hong Kong
HON.	Hongrie
IND.	Inde
IRAN	Iran
IRL.	Irlande
ISL.	Islande
ITA.	Italie
JAM.	Jamaïque
JAP.	Japon
LIB.	Liban
LIBYE	Libye
LIECH.	Liechtenstein
LUX.	Luxembourg
MAC.	Macédoine
MAD.	Madagascar
MAR.	Maroc
MEX.	Mexique
NOR.	Norvège
N.-Z.	Nouvelle-Zélande
P-B	Pays-Bas
PÉR.	Pérou
POL.	Pologne
POR.	Portugal
QUÉ.	Québec
ROU.	Roumanie
RUS.	Russie et ex-URSS
SÉN.	Sénégal
SUÈ.	Suède
SUI.	Suisse
TAÏ.	Taïwan
TCH.	Tchécoslovaquie
THAÏ.	Thaïlande
TUN.	Tunisie
TUR.	Turquie
UKR.	Ukraine
URU.	Uruguay
VEN.	Vénézuela
VIÊT.	Viêtnam
YOU.	Yougoslavie
ZAÏ.	Zaïre
ZIM	Zimbabwe

ALLER VOIR AILLEURS

Il y a les touristes aux hauts sommets de Dubaï ou de l'Everest
Ceux qui disent «lors de mon dernier passage à Djibouti ou Djakarta»
Comme pour souligner au crayon gras
Le grand nombre de fois.
Il y a ceux suivis par des sherpas
Ceux à sacs à dos ou en croco
À billets aller ou à périples ultra planifiés.
Ceux à pied à Compostelle ou dans d'obscures ruelles
Ceux en première, ceux pour affaires
Tous animés par le désir de voir...
Plus grand, plus loin ou plus, tout simplement.

Il y a tous ces autres qui n'ont de sédentaire que l'air
Et qui se baladent dans les allées encombrées de DVD
Ce guide à la main
Réconfortés à l'idée de ne jamais pouvoir dire
«J'aurai tout vu.»

Valérie Letarte

N.B.

Les films de A à Z

La section *Les films de A à Z* est réservée aux longs métrages de fiction.
Cette section, qui n'est évidemment pas exhaustive, propose un vaste choix de films, composé des œuvres les plus intéressantes et les plus en demande, disponibles sur vidéocassette en location ou sur support DVD en location et en vente.

Filmographies

Les filmographies regroupent systématiquement toutes les œuvres, incluant les documentaires, les courts métrages et les productions réalisés pour la télévision, des différents acteurs, réalisateurs, directeurs artistiques et directeurs photo retenus.
Ceux-ci ont été choisis en fonction du nombre de films auxquels ils ont été associés.

Les choix de la Boîte Noire

Toutes les listes des autres sections du *Guide DVD* correspondent à des choix proposés par l'équipe de la Boîte Noire.

LES FILMS DE A À Z

À BOUT DE COURSE *voir* **Runaway Train**

À BOUT DE SOUFFLE [Breathless] ▶1
FR. 1959. Drame psychologique de Jean-Luc GODARD avec Jean-Paul Belmondo, Jean Seberg et Van Doude. - Un déserteur poursuivi par la police est dénoncé par sa maîtresse. - Film désinvolte réalisé à peu de frais. Œuvre marquante de la Nouvelle Vague. Grande virtuosité technique. Interprétation pleine d'aisance de J.-P. Belmondo. □ 13 ans+ ➔ DVD $

À CAUSE D'ELLE ▷4
FR. 1993. Drame sentimental de Jean-Loup HUBERT avec Antoine Hubert, Olivia Munoz et Thérèse Liotard. - Alité à l'hôpital à la suite d'un accident, un jeune cancre rattrape son retard scolaire grâce à l'aide d'une compagne dont il est secrètement amoureux. □ Général

À CAUSE D'UN ASSASSINAT *voir* **Parallax View, The**

À CHACUN SON ENFER ▷4
FR. 1977. Drame policier d'André CAYATTE avec Stéphane Hillel, Annie Girardot et Bernard Fresson. - Une femme dont la fillette a été enlevée passe par de terribles épreuves. □ Général

À CINQ HEURES DE L'APRÈS-MIDI ▷4
IRAN. 2003. Drame social de Samira MAKHMALBAF avec Agheleh Rezaie, Abdolgani Yousefrazi et Razi Mohebi. - En Afghanistan, après la chute des talibans, la fille d'un vieil intégriste rêve de devenir présidente du pays. □ Général ➔ DVD $

À CŒUR PERDU *voir* **True Romance**

À CŒUR VAILLANT *voir* **Wild Hearts Can't Be Broken**

À CONTRESENS *voir* **Backtrack**

À CORPS PERDU [Straight for the Heart] ▷3
QUÉ. 1988. Drame psychologique de Léa POOL avec Matthias Habich, Johanne-Marie Tremblay et Michel Voïta. - À son retour d'un éprouvant séjour en Amérique centrale, un photographe vit péniblement la rupture du ménage à trois où il trouvait son équilibre émotif. - Adaptation personnelle d'un roman d'Yves Navarre. Mise en scène assurée. Climat réussi de mélancolie et de détresse. Interprétation solide et nuancée. □ 13 ans+

À COUPS DE MAGNUM *voir* **Magnum Force**

À DÉCOUVERT *voir* **Full Frontal**

À DEMAIN ▷4
FR. 1992. Chronique de Didier MARTINY avec Laurent Lavergne, Jeanne Moreau et François Cluzet. - L'existence insouciante d'un jeune garçon qui vit au début des années 1960 dans un vaste appartement parisien avec les nombreux membres de sa famille. □ Général

À DOUBLE TOUR ▷4
FR. 1959. Drame psychologique de Claude CHABROL avec Madeleine Robinson, Jean-Paul Belmondo et Antonella Lualdi. - Un jeune homme tue la maîtresse de son père. ➔ DVD $

À DOUBLE TRANCHANT *voir* **Jagged Edge**

À GAUCHE EN SORTANT DE L'ASCENSEUR ▷4
FR. 1988. Comédie d'Édouard MOLINARO avec Emmanuelle Béart, Pierre Richard et Richard Bohringer. - Pour être venu en aide à sa jolie voisine qui a oublié ses clés dans son appartement, un peintre se retrouve impliqué dans une série de quiproquos. □ Général ➔ DVD $

À L'ABRI DE LEURS AILES [Shelter of the Wings] ▷4
IND. 1993. Drame poétique de Buddhadev DASGUPTA avec Rajit Kapoor, Laboni Sarkar et Sadhu Meher. - Un homme pauvre qui tente de gagner sa vie en capturant et en vendant des oiseaux exotiques ne peut s'empêcher de leur rendre la liberté. □ Général

À L'ATTAQUE ▷4
FR. 2000. Comédie de mœurs de Robert GUÉDIGUIAN avec Ariane Ascaride, Frédérique Bonnal et Jean-Pierre Darroussin. - Deux scénaristes écrivent un film sur une famille ouvrière de Marseille dont le garage est au bord de la faillite.

À L'EST D'ÉDEN *voir* **East of Eden**

À L'INTÉRIEUR
FR. 2007. Alexandre BUSTILLO et Julien MAURY ➔ DVD $

À L'OMBRE DE SHAWSHANK
voir **Shawshank Redemption, The**

À L'OUEST DE PLUTON ▷4
CAN. 2008. Comédie de mœurs de Henri BERNARDET et Myriam VERREAULT avec David Bouchard, Sandra Jacques et Alexis Drolet. - Une journée dans la vie de divers adolescents habitant un quartier résidentiel en banlieue de Québec. □ 13 ans+ ➔ DVD $

À LA CONQUÊTE D'AMY *voir* **Chasing Amy**

À LA CROISÉE DES MONDES - LA BOUSSOLE D'OR
voir **Golden Compass, The**

À LA DÉRIVE *voir* **Swept Away**

À LA DÉRIVE *voir* **Sideways**

A LA LIMITE *voir* **Pushing Tin**

À LA MANIÈRE DE CARLITO *voir* **Carlito's Way**

À LA PETITE SEMAINE ▷4
FR. 2003. Comédie dramatique de Sam KARMANN avec Gérard Lanvin, Jacques Gamblin et Clovis Cornillac. - À sa sortie de prison, un quinquagénaire assagi résiste à un ami et à une jeune tête brûlée qui veulent l'entraîner dans un gros coup soi-disant sans risque. □ Général ➔ DVD $

À LA PLACE DU CŒUR ▷5
FR. 1998. Drame de mœurs de Robert GUÉDIGUIAN avec Laure Raoust, Ariane Ascaride et Alexandre Ogou. - À Marseille, les parents d'une adolescente s'emploient à disculper son fiancé de race noire, accusé de viol par un policier raciste. □ 13 ans+

© SÉVILLE

À LA POURSUITE D'OCTOBRE ROUGE
voir **Hunt for Red October**

À LA POURSUITE DU DIAMANT VERT
voir **Romancing the Stone**

À LA POURSUITE DU SOLEIL *voir* **Sunchaser**

À LA RECHERCHE DE BOBBY FISHER
voir **Searching for Bobby Fischer**

À LA RECHERCHE DE GARBO *voir* **Garbo Talks**

À LA RECHERCHE DE M. GOODBAR
voir **Looking for Mr. Goodbar**

À LA RECHERCHE DU PASSÉ *voir* **Left Luggage**

À LA RENCONTRE DE FORRESTER *voir* **Finding Forrester**

À LA VERTICALE DE L'ÉTÉ ▷4
[Vertical Ray of the Sun, The]
FR. 2000. Drame de mœurs de Trân Anh HUNG avec Tran Nu Yên Khê, Nguyen Nhu Quynh et Lê Khahn. - Réunies à l'occasion de l'anniversaire de la mort de leur mère, trois sœurs vivant des difficultés amoureuses se confient leurs secrets. □ Général

À LA VIE, À LA MORT ▷4
FR. 1995. Drame social de Robert GUÉDIGUIAN avec Ariane Ascaride, Gérard Meylan et Jacques Boudet. - Les petites misères de plusieurs chômeurs qui finissent par vivre ensemble dans un petit cabaret miteux d'un faubourg de Marseille.

À LA VIE, À LA MORT *voir* **Permanent Record**

À MA SŒUR! [Fat Girl] ▷4
FR. 2001. Drame de mœurs de Catherine BREILLAT avec Anaïs Reboux, Roxane Mesquida et Libero de Rienzo. - Une fille de douze ans au physique ingrat assiste, malheureuse, aux premiers ébats amoureux et sexuels de sa ravissante sœur aînée. □ 16 ans+ ➔ DVD$

À MORT L'ARBITRE ▷5
FR. 1984. Drame de mœurs de Jean-Pierre MOCKY avec Eddy Mitchell, Michel Serrault et Carole Laure. - À la suite d'une décision controversée, les partisans d'une équipe de football entreprennent de faire un mauvais parti à l'arbitre du match. □ 13 ans+

À MORT, LA MORT! ▷4
FR. 1998. Comédie dramatique réalisée et interprétée par Romain GOUPIL avec Marianne Denicourt et Brigitte Catillon. - Ancien militant de gauche désabusé, un éditeur sur le déclin tente de garder sa fougue en accumulant les maîtresses. □ Général · Déconseillé aux jeunes enfants

À NOS AMOURS ▷3
FR. 1983. Drame psychologique réalisé et interprété par Maurice PIALAT avec Sandrine Bonnaire et Dominique Besnehard. - Les difficultés sentimentales et familiales d'une adolescente qui ne croit pas à l'amour. - Construction elliptique et un peu abrupte. Passages improvisés. Interprétation convaincante. □ 13 ans+ ➔ DVD$

À NOUS DEUX ▷5
FR. 1979. Comédie policière de Claude LELOUCH avec Catherine Deneuve, Jacques Dutronc et Jacques Villeret. - La police à leurs trousses, une aventurière et un truand fuient jusqu'en Amérique. ➔ DVD$

À NOUS LA LIBERTÉ ►2
FR. 1932. Comédie de René CLAIR avec Henri Marchand, Raymond Cordy et Paul Olivier. - Un pauvre diable devient l'employé d'un ancien camarade de prison. - Sujet fantaisiste et spirituel offrant une satire inspirée de la mécanisation du travail. Décors stylisés. Mise en scène fort adroite. Très bonne interprétation. □ Général

À PART DES AUTRES [À part des autres/Love-moi] ▷5
QUÉ. 2004. Drame social de Marcel SIMARD avec Macha Limonchik, Lucie Laurier et Maxime Denommée. - Une travailleuse sociale fait appel à une cinéaste afin de mettre sur pied un atelier de création destiné à un groupe de jeunes décrocheurs.
□ Général · Déconseillé aux jeunes enfants ➔ DVD$

A PIECE OF SKY *voir* **Une part du ciel**

À PROPOS D'HENRY *voir* **Regarding Henry**

À PROPOS D'HIER SOIR *voir* **About Last Night**

A SHORT FILM ABOUT KILLING ▷3
POL. 1988. Drame psychologique de Krzysztof KIESLOWSKI avec Krzysztof Globisz, Miroslaw Baka et Jan Tesarz. - Le premier client d'un avocat est un jeune homme qui a tué sans raison apparente un chauffeur de taxi. - Épisode d'une série télévisée inspirée des Dix Commandements. Présentation factuelle et froide des situations. Couleurs livides. Interprétation d'un naturel confondant. ➔ DVD$

A SHORT FILM ABOUT LOVE ►2
POL. 1988. Drame psychologique de Krzysztof KIESLOWSKI avec Olaf Lubaszenko, Grazyna Szapolowska et Stefania Iwinska. - Un jeune homme timide et renfermé tombe amoureux d'une voisine qu'il observe à la longue-vue. - Téléfilm au récit inspiré d'un des Dix Commandements. Analyse de mœurs pénétrante et percutante. Traitement vif et concis faisant la part belle au visuel. Interprétation d'une rare sensibilité. ➔ DVD$

À TABLE! *voir* **Big Night**

À TOUT JAMAIS *voir* **Ever After: A Cinderella Story**

À TOUT PRENDRE [Take It All] ▷3
QUÉ. 1963. Drame psychologique réalisé et interprété par Claude JUTRA avec Johanne Harelle et Victor Désy. - La liaison d'un jeune homme de bonne famille avec un mannequin de race noire. - Du cinéma à la première personne. Mélange de rêve et de réalité. Recherche d'effets insolites. Réalisation rugueuse. Interprétation naturelle. □ 13 ans+

À TRAVERS L'ORAGE *voir* **Way Down East**

À VENDRE [For Sale] ▷4
FR. 1998. Drame psychologique de Laetitia MASSON avec Sandrine Kiberlain, Sergio Castellitto et Jean-François Stévenin. - Un cabaretier demande à un ami détective de retrouver une jeune femme au passé trouble qui a disparu le jour où ils devaient se marier. □ 16 ans+

À VIF *voir* **In the Cut**

À VOS MARQUES... PARTY! ▷5
QUÉ. 2007. Comédie dramatique de Frédérick D'AMOURS avec Mélissa Désormeaux-Poulin, Mariloup Wolfe et Jason Roy Léveillée. - Une élève rebelle et repliée sur elle-même est forcée de se prendre en main lorsqu'on lui demande d'aider une nouvelle compagne de classe à s'intégrer. □ Général ➔ DVD$

À WONG FOO, MERCI POUR TOUT, JULIE NEWMAR
voir **To Wong Foo, Thanks for Everything, Julie Newmar**

A.I. ARTIFICIAL INTELLIGENCE ►2
[A.I. Intelligence artificielle]
É.-U. 2001. Science-fiction de Steven SPIELBERG avec Haley Joel Osment, Jude Law et Frances O'Connor. - Programmé pour aimer, un enfant robot rêve de devenir humain. - Variations futuristes sur le thème de Pinocchio. Récit visionnaire aussi émouvant que fascinant. Passages d'une féerie insolite. Conception visuelle très imaginative. Jeu touchant de H.J. Osment. □ Général · Déconseillé aux jeunes enfants ➔ DVD$

AB-NORMAL BEAUTY
H.-K. 2004. Oxide PANG CHUN ➔ DVD$

ABANDON SHIP! [Pour que les autres vivent] ▷4
É.-U. 1956. Drame de Richard SALE avec Tyrone Power, Mai Zetterling et Lloyd Nolan. - Après un naufrage, un officier décide de supprimer les blessés qui diminuent les chances de survie des autres rescapés. □ Général

ABE LINCOLN IN ILLINOIS ▷4
É.-U. 1940. Drame biographique de John CROMWELL avec Raymond Massey, Ruth Gordon et Mary Howard. - La jeunesse et l'âge mûr du célèbre président des États-Unis. □ Général

ABEL GANCE ET SON NAPOLÉON
[Abel Gance, hier et demain]
FR. 1963. Nelly KAPLAN ➔ DVD$

ABEL GANCE, HIER ET DEMAIN
voir **Abel Gance et son Napoléon**

ABÎME, L' *voir* **Below**

ABISMOS DE PASION
voir **Wuthering Heights**

ABOMINABLE DR. PHIBES, THE ▷4
ANG. 1971. Drame d'horreur de Robert FUEST avec Vincent Price, Joseph Cotten et Peter Jeffrey. - Un détraqué décide de se venger des chirurgiens responsables d'une opération au cours de laquelle est morte sa femme. □ 13 ans+

ABOUT A BOY [Comme un garçon] ▷4
ANG. 2002. Comédie de mœurs de Paul et Chris WEITZ avec Hugh Grant, Nicholas Hoult et Toni Collette. - Un play-boy oisif et égoïste s'humanise en se liant d'amitié avec le fils de 12 ans d'une ex-hippie suicidaire. □ Général ➜ DVD$

ABOUT ADAM ▷4
ANG. 2000. Comédie de mœurs de Gerard STEMBRIDGE avec Stuart Townsend, Kate Hudson et Frances O'Connor. - Un jeune homme entretient des liaisons avec trois sœurs sans pour autant renoncer à son projet d'épouser l'une d'elles. □ Général ➜ DVD$

ABOUT LAST NIGHT [À propos d'hier soir] ▷4
É.-U. 1986. Comédie sentimentale de Edward ZWICK avec Rob Lowe, Demi Moore et James Belushi. - Un jeune représentant de commerce court les aventures éphémères jusqu'au soir où il rencontre une graphiste avec qui il décide de vivre. □ 13 ans+ ➜ DVD$

ABOUT SCHMIDT [Monsieur Schmidt] ▷3
É.-U. 2002. Comédie dramatique d'Alexander PAYNE avec Hope Davis, Jack Nicholson et Kathy Bates. - Peu après avoir pris sa retraite, un actuaire perd subitement sa femme puis tente d'empêcher sa fille d'épouser un incapable. - Récit bien construit tour à tour dramatique, loufoque, satirique et émouvant. Réalisation très précise. Excellente interprétation de J. Nicholson. □ Général ➜ DVD$

ABRACADABRA *voir* **Hocus Pocus**

ABRAHAM LINCOLN [Abraham Lincoln/The Struggle] ▷4
É.-U. 1930. Drame biographique de D.W. GRIFFITH avec Walter Huston, Una Merkel et Kay Hammond. - La vie et l'œuvre du président américain Abraham Lincoln.

ABRAHAM'S VALLEY *voir* **Val Abraham, Le**

ABRE LOS OJOS *voir* **Ouvre les yeux**

ABSENCE OF MALICE ▷4
É.-U. 1981. Drame social de Sydney POLLACK avec Paul Newman, Sally Field et Bob Balaban. - Manipulée à son insu par un enquêteur fédéral, une journaliste écrit des articles qui ont des conséquences néfastes. □ Général ➜ DVD$

ABSENT-MINDED PROFESSOR, THE ▷4
[Roi des distraits, Le]
É.-U. 1961. Comédie fantaisiste de Robert STEVENSON avec Fred MacMurray, Nancy Olson et Keenan Wynn. - Un professeur de chimie original et distrait met au point une substance qui déjoue les lois de la gravité. □ Général ➜ DVD$

ABSOLUTE POWER [Pouvoir d'exécuter] ▷5
É.-U. 1996. Drame policier réalisé et interprété par Clint EASTWOOD avec Gene Hackman et Ed Harris. - Un cambrioleur est témoin du meurtre de la femme d'un milliardaire par les hommes du président des États-Unis. □ 13 ans+ ➜ DVD$

ABYSS, THE [Abysse, L'] ▷4
É.-U. 1989. Science-fiction de James CAMERON avec Ed Harris, Mary Elizabeth Mastrantonio et Michael Biehn. - L'équipage d'un sous-marin nucléaire, écrasé au fond de l'océan près d'un gouffre, découvre la présence d'entités étranges. □ Général ➜ DVD$

ACADÉMIE DES LOSERS, L' *voir* **School for Scoundrels**

ACCATONE! ▷3
ITA. 1962. Drame social de Pier Paolo PASOLINI avec Franco Citti, Franca Pasut et Silvana Corsini. - La vie misérable d'un souteneur dans un quartier de la banlieue romaine. - Portrait vigoureux d'un milieu démuni. Photographie de qualité. Habile direction d'acteurs non professionnels. □ Général ➜ DVD$

ACCIDENT ▷3
ANG. 1967. Drame psychologique de Joseph LOSEY avec Dirk Bogarde, Jacqueline Sassard et Stanley Baker. - Un tuteur d'Oxford jalouse les succès d'un confrère et se sent attiré par une étudiante étrangère. - Subtile analyse d'états d'âme. Mise en scène intelligente. Interprétation remarquablement juste. □ 13 ans+

ACCIDENTAL TOURIST, THE [Voyageur malgré lui] ▷4
É.-U. 1988. Comédie dramatique de Lawrence KASDAN avec William Hurt, Kathleen Turner et Geena Davis. - Après que sa femme l'eut quitté, un auteur de guides de voyages rencontre une dresseuse de chiens qui lui apprend à s'ouvrir à la vie. □ Général ➜ DVD$

ACCION MUTANTE
ESP. FR. 1993. Alex DE LA IGLESIA

ACCOMPAGNATRICE, L' ▷4
FR. 1992. Drame de Claude MILLER avec Romane Bohringer, Elena Safonova et Richard Bohringer. - Durant l'hiver 1942-1943, une jeune pianiste devient l'accompagnatrice d'une cantatrice qui évolue dans un monde fait de menues intrigues. □ Général ➜ DVD$

ACCORDS ET DÉSACCORDS *voir* **Sweet and Lowdown**

ACCROS AU PLASTIQUE *voir* **Addicted to Plastic**

ACCUSED, THE [Appel à la justice] ▷4
É.-U. 1988. Drame judiciaire de Jonathan KAPLAN avec Jodie Foster, Kelly McGillis et Bernie Carlson. - Une avocate se charge de défendre une jeune fille qui s'est fait violer par trois hommes dans un bar sous les encouragements des autres consommateurs.
□ 13 ans+ ➜ DVD$

ACE HIGH ▷4
ITA. 1968. Western de Giuseppe COLIZZI avec Eli Wallach, Terence Hill et Bud Spencer. - Un banquier véreux fait évader un ancien complice pour qu'il le venge de deux aventuriers qui l'ont roulé. □ 13 ans+

ACE IN THE HOLE [Big Carnival, The] ►2
É.-U. 1951. Drame social de Billy WILDER avec Kirk Douglas, Jan Sterling et Ray Teal. - En voulant réaliser un reportage sensationnel, un journaliste est cause de la mort d'un homme. - Critique sociale rigoureuse et incisive. Récit captivant. Dialogue percutant. Réalisation éloquente parfaitement maîtrisée. Interprétation solide. ➜ DVD$

ACID HOUSE, THE ▷4
ANG. 1998. Film à sketches de Paul MCGUIGAN avec Stephen McCole, Kevin McKidd et Ewen Bremner. - En Écosse, Dieu transforme un paumé en mouche, un bonasse supporte les infidélités de sa femme et l'esprit d'un drogué est transféré dans un bébé. ➜ DVD$

ACLA'S DECENT INTO FLORISTELLA
ITA. 1992. Aurelio GRIMALDI

ACQUA E SAPONE *voir* **Soap and Water**

ACROSS 110th STREET ▷4
É.-U. 1972. Drame policier de Barry SHEAR avec Anthony Quinn, Yaphet Kotto et Anthony Franciosa. - Dans le quartier de Harlem, à New York, des criminels de race noire entrent en lutte avec des représentants de la mafia. □ 16 ans+ · Violence ➜ DVD$

ACROSS THE BRIDGE [Frontière dangereuse] ▷4
ANG. 1957. Drame policier de Ken ANNAKIN avec Rod Steiger, David Knight et Marla Landi. - Des policiers tentent de faire traverser la frontière à un escroc. ➜ DVD$

ACROSS THE PACIFIC ▷4
É-U. 1942. Drame d'espionnage de John HUSTON avec Humphrey Bogart, Mary Astor et Sydney Greenstreet. - Un officier américain empêche des agents du Japon de détruire le canal de Panama.
□ Général

ACROSS THE UNIVERSE ▷3
É.-U. 2007. Comédie musicale de Julie TAYMOR avec Evan Rachel Wood, Jim Sturgess et Joe Anderson. - Les tribulations sentimentales et politiques d'un groupe de jeunes artistes marginaux à New York au cours des années 1960. - Évocation vibrante d'une période fébrile de l'histoire américaine, inspirée des chansons des Beatles. Récit parfois décousu mais d'une grande fraîcheur. Arrangements somptueux des succès du célèbre groupe. Numéros musicaux spectaculaires. Interprétation vivante. □ Général ➜ DVD$ DVD-BR$

ACROSS THE WIDE MISSOURI [Au-delà du Missouri] ▷4
É.-U. 1951. Western de William A. WELLMAN avec Clark Gable, Ricardo Montalban et Adolphe Menjou. - Un trappeur écossais épouse une jeune Indienne et devient le chef des Pieds Noirs. □ Général

ACT OF VIOLENCE ▷3
É.-U. 1948. Drame psychologique de Fred ZINNEMANN avec Van Heflin, Robert Ryan et Janet Leigh. - Un ancien prisonnier de guerre cherche à échapper à un compagnon de captivité qui le considère comme un traître. - Suspense bien conduit. Aspects psychologiques intéressants. Réalisation contrôlée. Solide interprétation.

ACTEURS, LES ▷4
FR. 1999. Comédie satirique de Bertrand BLIER avec Jean-Pierre Marielle, Jacques Villeret et André Dussollier. - Divers acteurs vieillissants luttent ensemble contre l'oubli, tout en commettant de petites trahisons les uns contre les autres.

ACTION AU CIVIL, UNE *voir* **Civil Action, A**

ACTION IN THE NORTH ATLANTIC ▷4
É.-U. 1943. Drame de guerre de Lloyd BACON avec Humphrey Bogart, Raymond Massey et Alan Hale. - Le voyage difficile d'un convoi transportant du matériel de guerre en Russie. □ Général

ACTRICES ▷4
ESP. 1996. Drame psychologique de Ventura PONS avec Nuria Espert, Anna Lizaran et Rosa Maria Sarda. - Une étudiante en théâtre écoute trois actrices évoquer leurs souvenirs d'une célèbre vedette de la scène. □ Général

ADAM'S RIB [Côte d'Adam, La] ▷3
É.-U. 1949. Comédie de George CUKOR avec Spencer Tracy, Katharine Hepburn et Judy Holliday. - Un procureur général et sa femme avocate s'affrontent professionnellement à l'occasion d'un procès. - Touches satiriques efficaces. Rythme souple et vivant. Réalisation de qualité. Interprétation de premier ordre. □ Général ➔ DVD $

ADAM'S WALL ▷4
CAN. 2008. Drame sentimental de Michael MACKENZIE avec Jesse Aaron Dwyre, Flavia Bechara et Tyrone Benskin. - À Montréal, les amours entre un jeune juif et une jeune Libanaise suscitent la désapprobation de leur entourage. □ Général ➔ DVD $

ADAPTATION ▷3
É.-U. 2002. Comédie dramatique de Spike JONZE avec Nicolas Cage, Meryl Streep et Chris Cooper. - Engagé pour adapter un livre consacré à un brigand excentrique qui cultive les orchidées, un scénariste angoissé devient obsédé par l'auteure de l'ouvrage. - Récit en abyme ludique et habilement structuré. Traits humoristiques incisifs. Plusieurs trouvailles ingénieuses. Tour de force d'interprétation de N. Cage. □ 13 ans+ ➔ DVD $

ADDAMS FAMILY, THE [Famille Addams, La] ▷4
É.-U. 1991. Comédie fantaisiste de Barry SONNENFELD avec Anjelica Huston, Raul Julia et Christopher Lloyd. - Des escrocs tentent d'usurper l'immense fortune d'une famille d'excentriques qui cultivent le goût du macabre. □ 13 ans+ ➔ DVD $

ADDAMS FAMILY VALUES, THE ▷4
[Valeurs de la famille Addams, Les]
É.-U. 1993. Comédie fantaisiste de Barry SONNENFELD avec Anjelica Huston, Raul Julia et Christopher Lloyd. - Engagée comme gouvernante par une étrange famille, une meurtrière projette de séduire le frère de son patron afin de s'emparer de sa fortune. □ 13 ans+ ➔ DVD $

ADDICTED TO PLASTIC [Accros au plastique]
CAN. 2009. Ian CONNACHER ➔ DVD $

ADDICTION, THE ▷4
É.-U. 1995. Drame fantastique d'Abel FERRARA avec Lili Taylor, Edie Falco et Annabella Sciorra. - Mordue par une femme vampire, une brillante étudiante en philosophie devient à son tour assoiffée de sang humain. □ 13 ans+

ADDRESS UNKNOWN
COR. 2001. Kim KI-DUK ➔ DVD $

ADIEU AU ROI, L' *voir* **Farewell to the King**

ADIEU AUX ARMES, L' *voir* **Farewell to Arms, A**

ADIEU BONAPARTE ▷4
ÉGY. 1985. Drame historique de Youssef CHAHINE avec Michel Piccoli, Mohsen Mohieddine et Patrice Chéreau. - Pendant la campagne d'Égypte de 1798, un général ethnologue se fait aider par des jeunes gens du pays. □ Général

ADIEU LAS VEGAS *voir* **Leaving Las Vegas**

ADIEU MA CONCUBINE [Farewell My Concubine] ►2
CHI. 1993. Chronique de Chen KAIGE avec Leslie Cheung, Zhang Fengyi et Gong Li. - L'amitié entre deux chanteurs d'opéra traverse les années malgré bien des épreuves. - Œuvre à la fois épique et intimiste. Évocation critique de l'histoire contemporaine chinoise. Grande magnificence picturale. Présence impressionnante des acteurs. □ 13 ans+

ADIEU MA JOLIE *voir* **Farewell, My Lovely**

ADIEU MON SALAUD! *voir* **Friends of Eddie Coyle, The**

ADIEU, JE RESTE *voir* **Goodbye Girl, The**

ADIEU, PLANCHER DES VACHES!
[Farewell, Home Sweet Home]
FR. 1999. Otar IOSSELIANI ➔ DVD $

ADIOS SABATA ▷4
ITA. 1970. Western de Frank KRAMER avec Yul Brynner, Dean Reed et Pedro Sanchez. - En 1867, un chef révolutionnaire mexicain fait appel à un aventurier pour voler un chargement d'or à des soldats autrichiens. ➔ DVD $

ADJUSTER, THE [Expert en sinistres, L'] ▷3
CAN. 1991. Drame de mœurs de Atom EGOYAN avec Elias Koteas, Arsinée Khanjian et Maury Chaykin. - Un agent d'assurances, marié et père de famille, entretient d'étranges relations intimes avec certains de ses clients. - Récit parfois déconcertant sur l'aliénation sociale. Atmosphère oppressante. Réalisation rigoureuse. Interprétation dans le ton voulu. □ 18 ans+ ➔ DVD $

ADMISSIONS [Admission]
É.-U. 2004. Melissa PAINTER ➔ DVD $

ADOPTION ▷3
HON. 1974. Drame psychologique de Marta MESZAROS avec Kati Berek, Gyongyver Vigh et Laszlo Szabo. - Une veuve dans la quarantaine qui se désole de ne pas avoir d'enfant favorise les amours d'une adolescente. - Chronique intimiste à la fois sobre et sensible. Mise en scène souple. Interprétation remarquable de naturel. □ Général ➔ DVD $

ADORABLE VOISINE *voir* **Bell, Book and Candle**

ADOS *voir* **Kids**

ADRÉNALINE ▷4
FR. 1990. Film à sketches de Yann PIQUER, Jean-Marie MADDEDDU, Anita ASSAL, John HUDSON, Barthélémy BOMPARD, Philippe DORISON et Alain ROBAK avec Jean-Marie Maddeddu, Clémentine Célarié et Ged Marlon. - Collection de courts récits marqués de fantastique et d'humour noir. □ 13 ans+

ADULTÈRE (MODE D'EMPLOI) ▷5
FR. 1995. Comédie de mœurs de Christine PASCAL avec Karin Viard, Vincent Cassel et Richard Berry. - En une même journée, deux jeunes époux vivent chacun une aventure adultère. □ 13 ans+ · Érotisme

ADULTES CONSENTANTS *voir* **Consenting Adults**

ADVENTURES OF BARON MUNCHAUSEN, THE ▷3
[Aventures du baron de Munchausen, Les]
ANG. 1988. Comédie fantaisiste de Terry GILLIAM avec John Neville, Sarah Polley et Eric Idle. - Un étrange personnage se targue de pouvoir libérer une ville assiégée par les Turcs s'il retrouve ses quatre anciens compagnons. - Munificente évocation d'un personnage fantastique. Scènes joyeusement extravagantes somptueusement illustrées. Rythme enlevé. Interprétation savoureuse. □ Général ➔ DVD-BR $ DVD $

ADVENTURES OF BUCKAROO BANZAI ACROSS THE EIGHT DIMENSION, THE ▷4
[Aventures de Buckaroo Banzaï, Les]
É.-U. 1984. Science-fiction de W.D. RICHTER avec Peter Weller, John Lithgow et Ellen Barkin. - Un héros aux multiples talents réussit à pénétrer la matière et découvre l'existence d'une huitième dimension peuplée d'êtres étranges. □ 13 ans+

ADVENTURES OF HUCK FINN, THE ▷4
[Aventures de Huck Finn, Les]
É.-U. 1992. Aventures de Stephen SOMMERS avec Elijah Wood, Courtney B. Vance et Robbie Clotrane. - Un jeune orphelin espiègle et téméraire et un esclave noir en fuite vivent ensemble diverses aventures. □ Général

ADVENTURES OF HUCKLEBERRY FINN, THE ▷4
É.-U. 1939. Aventures de Richard THORPE avec Mickey Rooney, Rex Ingram et William Frawley. - Un adolescent en fuite descend le Mississippi sur un radeau en compagnie d'un esclave noir. □ Général

ADVENTURES OF HUCKLEBERRY FINN, THE ▷4
[Aventuriers du fleuve, Les]
É.-U. 1960. Aventures de Michael CURTIZ avec Eddie Hodges, Archie Moore et Tony Randall. - Un orphelin part à l'aventure sur le Mississippi en laissant croire à son assassinat. □ Général ➔ DVD $

ADVENTURES OF ICHABOD AND MR. TOAD, THE ▷4
[Contes d'automne et de printemps]
É.-U. 1949. Dessins animés de James ALGAR et Clyde GERONIMI. - Deux histoires mettant en scène un crapaud voulant posséder une automobile et un instituteur qui courtise la fille d'un fermier. □ Général ➔ DVD $

ADVENTURES OF MARCO POLO, THE ▷4
É.-U. 1938. Aventures de Archie MAYO avec Gary Cooper, Sigrid Curie et Basil Rathbone. - Au XIIIe siècle, un jeune Vénitien se rend jusqu'en Chine et y découvre une civilisation raffinée. □ Général ➔ DVD $

ADVENTURES OF MARK TWAIN ▷4
É.-U. 1985. Conte de W. VINTON - Un romancier découvre que les personnages de ses livres se sont introduits à bord de la machine volante qu'il s'est construite pour rejoindre la comète de Halley. ➔ DVD $

ADVENTURES OF MILO & OTIS, THE ▷4
JAP. 1986. Conte de Masanori HATA. - Un chiot part à la recherche d'un chaton qui a été emporté par le courant d'un ruisseau vers une région sauvage. □ Général ➔ DVD $

ADVENTURES OF PINOCCHIO, THE ▷4
ITA. 1971. Conte de Luigi COMENCINI avec Andrea Balestri, Nino Manfredi et Gina Lollobrigida. - Un vieux menuisier fabrique un pantin de bois qui prend vie par l'intervention d'une fée. ➔ DVD $

ADVENTURES OF PINOCCHIO, THE ▷4
[Aventures de Pinocchio, Les]
ANG.-FR.-ALL. 1996. Conte de Steve BARRON avec Martin Landau, Geneviève Bujold et Udo Kier. - Un vieux sculpteur fabrique un pantin de bois qui s'anime par magie. □ Général · Enfants ➔ DVD $

ADVENTURES OF PRISCILLA, QUEEN OF THE DESERT, THE ▷4
[Aventures de Priscilla, folle du désert, Les]
AUS. 1994. Comédie de mœurs de Stephan ELLIOTT avec Terence Stamp, Hugo Weaving et Guy Pearce. - Un transsexuel et deux travestis s'en vont donner un spectacle de variétés dans une ville située en plein désert. □ 13 ans+ ➔ DVD $

ADVENTURES OF ROBIN HOOD, THE ▷3
[Aventures de Robin des bois, Les]
É.-U. 1938. Aventures de Michael CURTIZ et William KEIGHLEY avec Errol Flynn, Olivia de Havilland et Basil Rathbone. - Robin des Bois prend la défense des paysans opprimés par un prince cruel. - Bonne transposition de la légende célèbre. Mise en scène spectaculaire et mouvementée. Excellente interprétation. □ Général ➔ DVD $ DVD-BR $

ADVENTURES OF ROCKY AND BULWINKLE, THE ▷4
É.-U. 2000. Comédie fantaisiste de Des McANUFF avec Piper Perabo, Rene Russo et Jason Alexander. - Le FBI recrute deux héros de dessins animés pour lutter contre un trio de criminels. □ Général ➔ DVD $

ADVENTURES OF SHERLOCK HOLMES, THE ▷4
É.-U. 1939. Drame policier de Alfred L. WERKER avec Basil Rathbone, Nigel Bruce et Ida Lupino. - Sherlock Holmes découvre le voleur des diamants de la couronne britannique. □ Général

ADVENTURES OF SHERLOCK HOLMES' SMARTER BROTHER, THE ▷4
[Frère le plus futé de Sherlock Holmes, Le]
É.-U. 1975. Comédie policière réalisée et interprétée par Gene WILDER avec Madeline Kahn et Marty Feldman. - Le célèbre détective anglais confie une affaire importante à son jeune frère. □ Général ➔ DVD $

ADVERSAIRE, L' ▷4
FR. 2002. Drame psychologique de Nicole GARCIA avec Daniel Auteuil, Géraldine Pailhas et François Cluzet. - Sentant qu'il risque d'être démasqué, un homme qui a menti à son entourage pendant des années commet l'irréparable. □ 13 ans+ ➔ DVD $

ADVERTISING RULES!
ALL. 2001. Lars KRAUME ➔ DVD $

ADVISE AND CONSENT ▷4
É.-U. 1962. Drame de Otto PREMINGER avec Walter Pidgeon, Charles Laughton et Don Murray. - Les manœuvres politiques entourant la nomination d'un nouveau secrétaire d'État. □ Général ➔ DVD $

ADVOCATE, THE [Avocat, L'] ▷5
ANG. 1994. Drame judiciaire de Leslie MEGAHEY avec Colin Firth Jim Carter et Amina Annabi. - Au Moyen Âge, un jeune avocat quitte Paris pour s'installer dans une petite ville de campagne où il se voit confier par la cour locale des cas insuités. □ 13 ans+ · Érotisme ➔ DVD $

AELITA: QUEEN OF MARS ▷4
RUS. 1924. Science-fiction de Yakov PROTAZANOV avec Nicolai Batalov, Yulia Solntseva et Iogr Ilinsky. - Un savant réussit à se rendre sur Mars où une classe privilégiée règne sur un peuple d'esclaves.

AFFAIR OF LOVE, AN
voir **Liaison pornographique, Une**

AFFAIR TO REMEMBER, AN [Elle et lui] ▷4
É.-U. 1957. Comédie sentimentale de Leo McCAREY avec Cary Grant, Deborah Kerr et Richard Denning. - Sur un bateau, deux voyageurs frivoles s'éprennent l'un de l'autre et se donnent rendez-vous à New York. □ Général ➔ DVD $

AFFAIRE ALDO MORO, L' ▷4
ITA. 1986. Drame politique de Giuseppe FERRARA avec Gian Maria Volontè, Margarita Lozano et Mattia Sbragia. - Évocation de l'enlèvement à Rome en 1978 du leader du Parti démocrate chrétien d'Italie par les Brigades rouges. □ Général

AFFAIRE CHRISTIE, L'
voir **10 Rillington Place**

AFFAIRE CICÉRON, L' *voir* **5 Fingers**

AFFAIRE COFFIN, L' ▷4
QUÉ. 1980. Drame social de Jean-Claude LABRECQUE avec August Schellenberg, Yvon Dufour et Micheline Lanctôt. - Rappel d'un procès pour meurtre ayant défrayé la chronique judiciaire québécoise en 1953. □ Général

AFFAIRE DE FAMILLE
voir **Family Business**

AFFAIRE DE FAMILLE ▷5
FR. 2008. Comédie policière de Claus DREXEL avec André Dussollier, Miou-Miou et Éric Caravaca. - Le vol audacieux de la recette d'un match de football au stade de Grenoble a des conséquences étonnantes sur la vie des membres d'une même famille. ➔ DVD $

AFFAIRE DOMINICI, L'
FR. 2003. Pierre BOUTRON ➔ DVD $

AFFAIRE DOMINICI, L' [Dominici Affair, The] ▷4
FR. 1973. Drame policier de Claude BERNARD-AUBERT avec Jean Gabin, Paul Crauchet et Victor Lanoux. - Un paysan âgé est accusé par un de ses fils du meurtre de touristes anglais. □ Général

AFFAIRE PÉLICAN, L' *voir* **Pelican Brief, The**

AFFAIRES INTERNES *voir* **Infernal Affairs**

AFFINITÉS ÉLECTIVES, LES [Elective Affinities, The]
FR. ITA. 1996. Vittorio et Paolo TAVIANI

AFFLICTION ▷4
É.-U. 1997. Drame psychologique de Paul SCHRADER avec Nick Nolte, James Coburn et Sissy Spacek. - Divers incidents plongent l'unique policier d'une petite ville dans une situation de crise familiale et professionnelle. □ 13 ans+ ➔ DVD $

AFFRANCHIS, LES *voir* **Goodfellas**

AFFREUX, SALES ET MECHANTS ▷3
ITA. 1976. Comédie de mœurs d'Ettore SCOLA avec Nino Manfredi, Francesco Annibali et Maria Bosco. - Un vieillard vivant dans un bidonville de Rome est à couteaux tirés avec ses nombreux rejetons. - Dures conditions sociales traitées avec un humour grinçant. Excellente interprétation de N. Manfredi. □ 13 ans+

AFFRONTEMENT, L' *voir* **Harry and Son**

AFRAID OF THE DARK [Double Vue] ▷4
ANG. 1991. Drame psychologique de Mark PEPLOE avec Ben Keyworth, Fanny Ardant et James Fox. - Un garçon de onze ans qui souffre de problèmes oculaires s'invente un monde factice où ce sont ses proches qui sont aveugles et accablés de malheurs. □ 18 ans+

AFRAID TO DIE
JAP. 1960. Yasuzo MASUMURA

AFRICAIN, L' ▷4
FR. 1982. Comédie de Philippe DE BROCA avec Philippe Noiret, Catherine Deneuve et Jean-François Balmer. - Venue en Afrique pour affaires, une femme y retrouve son ex-mari en lutte contre des trafiquants d'ivoire. □ Général ➔ DVD $

AFRICAN QUEEN, THE [Reine africaine, La] ►1
É.-U. 1951. Aventures de John HUSTON avec Humphrey Bogart, Katharine Hepburn et Robert Morley. - Pendant la guerre 1914-1918, au Congo, un aventurier et la sœur d'un missionnaire s'unissent pour couler une canonnière allemande. - Habile dosage de psychologie et d'aventures. Mise en scène remarquable. Interprétation hors pair. □ Général

AFTER DARK MY SWEET ▷3
É.-U. 1990. Drame policier de James FOLEY avec Jason Patric et Rachel Ward. - Un ancien boxeur accepte de comploter un rapt d'enfant avec un ami d'une veuve alcoolique dont il s'est épris. - Adaptation magistrale d'un roman de Jim Thompson. Ramifications psychologiques exposées avec soin. Grande tension émotive. Réalisation inventive. Direction d'acteurs de talent adroitement maîtrisée. □ 13 ans+

AFTER HOURS [Quelle nuit de galère] ▷3
É.-U. 1985. Comédie de Martin SCORSESE avec Griffin Dunne, Rosanna Arquette et John Heard. - Pour avoir voulu revoir une femme bizarre, un informaticien new-yorkais vit une nuit cauchemardesque. - Vision grinçante de la violence urbaine. Climat quasi surréaliste. Touches d'humour insolite. Mise en scène habile. Interprétation convaincante. □ 13 ans+ ➔ DVD $

AFTER LIFE ▷4
JAP. 1998. Drame fantastique de Hirokazu KORE-EDA avec Arata, Erika Oda et Susumu Terajima. - Dans une antichambre de l'au-delà, des trépassés doivent choisir un moment privilégié de leur vie qui sera ensuite filmé pour l'éternité. □ Général ➔ DVD $

AFTER THE FOX [Renard s'évade à trois heures, Le] ▷5
ITA. 1966. Comédie policière de Vittorio DE SICA avec Peter Sellers, Britt Ekland et Victor Mature. - Un escroc italien imagine un ingénieux stratagème pour faire entrer en contrebande une cargaison d'or. □ Général ➔ DVD $

AFTER THE REHEARSAL *voir* **Après la répétition**

AFTER THE THIN MAN ▷4
É.-U. 1937. Comédie policière de W.S. VAN DYKE II avec William Powell, Myrna Loy et James Stewart. - Un détective amateur recherche un assassin. □ Général

AFTER THE WEDDING [Après la noce] ▷3
DAN. 2006. Drame de Susanne BIER avec Mads Mikkelsen, Sidse Babett Knudsen et Rolf Lassgard. - Lors du mariage d'une jeune fille, un homme reconnaît en la mère de la mariée son ex-petite amie qu'il n'avait pas revue depuis 20 ans. - Subtile réflexion sur les clivages sociaux et les rapports de forces entre l'Occident et le tiers-monde. Riche galerie de personnages complexes. Caméra et montage nerveux. Interprétation d'une grande sincérité. □ Général ➔ DVD $

AFTERGLOW [Après l'amour] ▷4
É.-U. 1997. Comédie dramatique d'Alan RUDOLPH avec Julie Christie, Nick Nolte et Lara Flynn Boyle. - Une aventure adultère entre un ouvrier d'âge mûr et la jeune épouse d'un yuppie suscite une rencontre entre leurs partenaires respectifs. □ Général

AGAINST THE WALL ▷4
É.-U. 1993. Drame social de John FRANKENHEIMER avec Samuel L. Jackson, Kyle MacLachlan et Clarence Willams III. - Dans un pénitencier de l'État de New York, un gardien est pris en otage par un prisonnier révolté. □ 13 ans+ · Violence

AGAINST THE WIND
ESP. 1990. Francisco PERINAN

AGATA AND THE STORM ▷4
ITA. 2004. Comédie sentimentale de Silvio SOLDINI avec Licia Maglietta, Emilio Solfrizzi et Claudio Santamaria. - À Gênes, une libraire quadragénaire courtisée par un client marié découvre que son frère architecte est en fait son demi-frère. ➔ DVD $

AGATHA ▷4
ANG. 1977. Comédie dramatique de Michael APTED avec Dustin Hoffman, Vanessa Redgrave et Timothy Dalton. - Un journaliste américain retrouve dans une ville d'eau une romancière dont on a rapporté la disparition. □ Général

ÂGE D'HOMME... MAINTENANT OU JAMAIS!, L' ▷5
FR. 2007. Comédie de Raphaël FEJTÖ avec Romain Duris et Aïssa Maïga. - Paniqué à l'idée de s'engager, un réalisateur trentenaire se donne vingt-quatre heures pour décider s'il va rompre ou non avec la photographe qui partage sa vie depuis un an. □ Général ➔ DVD $

ÂGE D'OR, L' ►1
FR. 1930. Drame poétique de Luis BUNUEL avec Lya Lys, Gaston Modot et Max Ernst. - Variations surréalistes sur le thème de l'amour fou. - Imagerie percutante marquée du goût de la provocation. Enchaînements d'une logique excentrique. Nombreuses images au grand pouvoir de fascination. Style abrupt et direct. Interprétation stylisée. Scénario écrit avec la participation de Salvador Dali. ➔ DVD $

ÂGE DE BRAISE, L' ▷4
QUÉ. 1998. Drame psychologique de Jacques LEDUC avec Annie Girardot, France Castel et Michel Ghorayeb. - Sentant la mort approcher, une infirmière sexagénaire décide d'effacer toutes les traces matérielles de son existence. □ Général

ÂGE DE CRISTAL, L' *voir* **Logan's Run**

ÂGE DES POSSIBLES, L' ▷4
FR. 1995. Drame de mœurs de Pascale FERRAN avec Anne Cantineau, Christèle Tual et Anne Caillère. - Une saison dans la vie d'une dizaine de jeunes entre 20 et 30 ans qui se cherchent un avenir professionnel et sentimental. □ Général

ÂGE DES TÉNÈBRES, L' ▷5
QUÉ. 2007. Comédie dramatique de Denys ARCAND avec Marc Labrèche, Diane Kruger et Sylvie Léonard. - Un fonctionnaire désabusé et mal marié échappe à la grisaille de sa vie en se réfugiant dans des fantasmes de gloire et de conquêtes féminines. □ 13 ans+ ➔ DVD $

ÂGE INGRAT, L' ▷5
FR. 1964. Comédie de Gilles GRANGIER avec Jean Gabin, Fernandel et Marie Dubois. - Un fonctionnaire parisien et un commercant marseillais font connaissance à l'occasion des fiançailles de leurs enfants. ➔ DVD $

AGE OF CONSENT ▷5
AUS. 1969. Drame psychologique de M. POWELL avec James Mason, Helen Mirren et Jack McGowran. - Un peintre installé sur une île isolée de la côte de l'Australie s'intéresse à une sauvageonne.

AGE OF INNOCENCE, THE [Temps de l'innocence, Le] ►2
É.-U. 1993. Drame de mœurs de Martin SCORSESE avec Daniel Day-Lewis, Michelle Pfeiffer et Winona Ryder. - En 1870, un jeune New-Yorkais de la haute bourgeoisie tombe amoureux d'une cousine de sa fiancée. - Fresque sociale d'une richesse de détails enivrante. Œuvre imprégnée d'une grande intensité dramatique. Illustration raffinée et somptueuse. Jeu subtil et précis des comédiens. □ Général ➔ DVD $

AGE OF THE MEDICI, THE
ITA. 1973. Roberto ROSSELLINI

AGENT DE LA GARE, L' *voir* **Station Agent, The**

AGENT DOUBLE *voir* **Deep Cover**

AGENT FAIT LA FARCE, L' *voir* **Naked Gun, The**

AGENT TROUBLE ▷4
FR. 1987. Drame policier de Jean-Pierre MOCKY avec Catherine Deneuve, Richard Bohringer et Tom Novembre. - Une femme d'âge mûr essaie d'élucider le mystère entourant un accident dont son neveu a été témoin avant d'être assassiné. □ Général

AGENT X-27 *voir* **Dishonored**

AGENTS SECRETS ▷4
FR. 2004. Drame d'espionnage de Frédéric SCHOENDOERFFER avec Vincent Cassel, Monica Bellucci et André Dussollier. - À leur retour d'une mission au Maroc, deux agents secrets français réalisent qu'ils sont manipulés par leurs supérieurs. □ Général · Déconseillé aux jeunes enfants ➔ DVD $

AGENTS TROUBLES *voir* **Departed, The**

AGES OF LOULOU, THE *voir* **Vies de Loulou, Les**

AGITÉ, L' *voir* **Restless**

AGNES BROWNE ▷4
IRL.-É.-U. 1999. Comédie dramatique réalisée et interprétée par Anjelica HUSTON avec Marion O'Dwyer et Ray Winstone. - En 1967, à Dublin, une veuve subvient aux besoins de ses sept enfants en travaillant dans un marché public où tout le monde se serre les coudes. ➔ DVD $

AGNES OF GOD [Agnès de dieu] ▷4
CAN. 1985. Drame psychologique de Norman JEWISON avec Jane Fonda, Anne Bancroft et Meg Tilly. - Une psychiatre s'occupe du cas particulier d'une jeune religieuse accusée d'avoir tué son enfant nouveau-né. □ 13 ans+

AGONY *voir* **Rasputin/Agony**

AGONY AND THE ECSTASY, THE ▷4
É.-U. 1965. Drame historique de Carol REED avec Charlton Heston, Rex Harrison et Diane Cilento. - Le pape Jules II demande au sculpteur Michel-Ange de peindre le plafond de la chapelle Sixtine. □ Général ➔ DVD $

AGUIRRE, LA COLÈRE DE DIEU ►2
[Aguirre, the Wrath of God]
ALL. 1972. Drame historique de Werner HERZOG avec Klaus Kinski, Cecilia Rivera et Ruy Guerra. - Après avoir franchi les Andes péruviennes, une expédition espagnole se trouve bloquée par la jungle. - Évocation historique très originale. Mise en scène lyrique et précise. Cadre exotique fort bien utilisé. K. Kinski excellent. □ Général → DVD$

AH, WILDERNESS ▷4
É.-U. 1935. Comédie dramatique de Clarence BROWN avec Eric Linden, Lionel Barrymore et Wallace Beery. - Au XXe siècle, un adolescent connaît ses premières expériences sentimentales. □ Général

AÏE ▷4
FR. 2000. Comédie sentimentale de Sophie FILLIÈRES avec André Dussollier, Hélène Fillières et Emmanuelle Devos. - Un séducteur désirant renouer avec une ancienne maîtresse accepte qu'une jeune serveuse tombe délibérément amoureuse de lui. □ Général

AIGLE À DEUX TÊTES, L' [Eagle with Two Heads, The] ▷4
FR. 1948. Drame psychologique de Jean COCTEAU avec Edwige Feuillère, Jean Marais et Jean Debucourt. - Un anarchiste venu tuer une reine devient son amant. - Transposition au cinéma d'une pièce de l'auteur. Atmosphère onirique. Décor luxueux et symbolique. Interprétation de classe. □ Général

AIGLE AVAIT DEUX TÊTES, L' *voir* **Hitler: The Whole Story**

AIGLE DE LA TAÏGA, L' [Dersu Uzala] ►2
RUS. 1975. Chronique d'Akira KUROSAWA avec Maxime Mounzouk, Youri Solomine et Sonia Danilchenko. - Au début du XXe siècle, un officier russe se lie d'amitié avec un vieux chasseur mongol. - Admirable évocation d'une nature sauvage. Personnage central pittoresque et sympathique. Mise en scène au souffle soutenu. Interprétation simple et authentique. □ Général → DVD$

AIGLE S'EST ENVOLÉ, L' *voir* **Eagle Has Landed, The**

AIGLE VOLE AU SOLEIL, L' *voir* **Wings of Eagles, The**

AILE OU LA CUISSE, L' ▷4
FR. 1976. Comédie de Claude ZIDI avec Louis de Funès, Michel Coluche et Julien Guiomar. - L'éditeur d'un guide gastronomique est en lutte avec le président d'une chaîne de restaurants. □ Général → DVD$

AILES DU DÉSIR, LES [Wings of Desire] ►1
ALL. 1987. Drame poétique de Wim WENDERS avec Bruno Ganz, Solveig Dommartin et Peter Falk. - À Berlin, un ange fasciné par la beauté d'une trapéziste décide de s'incarner pour goûter aux plaisirs de la condition humaine. - Propos développé avec délicatesse et sensibilité. Images admirablement composées. Atmosphère empreinte d'une poésie prenante. Interprétation en parfait accord avec le ton de l'ensemble. □ Général

AILLEURS, L'HERBE EST PLUS VERTE
voir **Grass Is Greener, The**

AIMANTS, LES ▷4
QUÉ. 2004. Comédie sentimentale d'Yves PELLETIER avec Isabelle Blais, Stéphane Gagnon et Sylvie Moreau. - Une jeune femme éprouve une attirance irrésistible envers un jeune homme qu'elle prend à tort pour le fiancé de sa sœur. → DVD$

AIME TON PÈRE ▷4
FR. 2002. Drame psychologique de Jacob BERGER avec Guillaume Depardieu, Gérard Depardieu et Sylvie Testud. - En route pour la Suède où il doit recevoir le prix Nobel, un écrivain est intercepté par son fils qui veut régler de vieux différends avec lui. □ Général → DVD$

AIMÉE & JAGUAR ▷4
ALL. 1998. Drame sentimental de Max FÄRBERBÖCK avec Maria Schrader, Juliane Köhler et Johanna Wokalek. - En 1943, à Berlin, une mère de famille pro-nazie vit une passion amoureuse avec une Juive impliquée dans un réseau de résistance. □ Général · Déconseillé aux jeunes enfants

AIMEZ-MOI! ▷4
SUÈ. 1989. Drame social de Kay POLLAK avec Anna Linden, Lena Granhagen et Thomas Laustiola. - Une jeune fugueuse s'obstine à mener la vie dure à la famille d'accueil où elle a été placée par les services sociaux. □ 13 ans+

AÎNÉ DES FERCHAUX, L' ▷4
FR. 2001. Drame psychologique de Bernard STORA avec Jean-Paul Belmondo, Samy Naceri et Julie Depardieu. - Traqué par la justice, un homme d'affaires prend la fuite en compagnie d'un jeune garde du corps avec qui il développe une étrange amitié.

AIR DU PAYS, L' *voir* **Echoes of Home**

AIR FORCE ▷3
É.-U. 1943. Drame de guerre de Howard HAWKS avec John Garfield, Arthur Kennedy et Harry Carey. - Les expériences de l'équipage d'un bombardier au début de la guerre dans le Pacifique. - Forte tension. Valeur documentaire. Intéressantes notations psychologiques. Mise en scène adroite. Excellente interprétation. → DVD$

AIR I BREATHE, THE
É.-U. 2007. Jiheo LEE → DVD-BR$ DVD$

AIRPLANE! [Y a-t-il un pilote dans l'avion?] ▷4
É.-U. 1980. Comédie satirique de Jim ABRAHAMS, David et Jerry ZUCKER avec Robert Hays, Julie Hagerty et Lloyd Bridges. - Un ancien pilote de guerre prend les commandes d'un avion commercial lorsque l'équipage tombe malade. □ Général → DVD$

AIRPORT ▷4
É.-U. 1970. Drame de George SEATON avec Burt Lancaster, Dean Martin et Jean Seberg. - Durant une nuit d'hiver, le directeur d'un aéroport doit faire face à divers problèmes critiques. □ Général

AIRPORT '79: THE CONCORDE ▷5
É.-U. 1979. Drame de David Lowell RICH avec Alain Delon, George Kennedy et Susan Blakely. - La première envolée intercontinentale d'un avion est fertile en incidents périlleux. □ Général

AKA
ANG. 2002. Duncan ROY → DVD$

AKEELAH AND THE BEE [Mots d'Akeelah, Les] ▷4
É.-U. 2006. Drame social de Doug ATCHISON avec Laurence Fishburne, Keke Palmer et Angela Bassett. - À l'insu de sa mère, une fillette d'un quartier pauvre de Los Angeles participe à un concours d'épellation, avec l'aide d'un professeur jadis champion. □ Général → DVD$

AKIRA ▷4
JAP. 1988. Dessins animés de Katsuhiro OTOMO. - En l'an 2019, un adolescent doté de pouvoirs télépathiques est traqué par les forces de l'ordre. □ Général → DVD$ DVD-BR$

AKIRA KUROSAWA'S DREAMS *voir* **Rêves**

AL CAPONE ▷4
É.-U. 1958. Drame policier de Richard WILSON avec Rod Steiger, Fay Spain et James Gregory. - Histoire romancée d'un chef de gang de Chicago à l'époque de la prohibition. □ Général

ALADDIN ▷3
É.-U. 1992. Dessins animés de John MUSKER et Ron CLEMENTS. - Un voleur de grand chemin obtient l'aide d'un génie pour séduire une princesse et déjouer les plans d'un vizir cruel. - Conte féerique et romantique agrémenté de nombreuses touches comiques. Couleurs pimpantes. Animation somptueuse. □ Général · Enfants

ALAMO, THE ▷4
É.-U. 1960. Drame historique réalisé et interprété par John WAYNE avec Richard Widmark et Laurence Harvey. - Des Américains cernés dans un fort du Texas résistent désespérément à une armée mexicaine. □ Général → DVD$

ALAMO BAY ▷4
É.-U. 1985. Drame social de Louis MALLE avec Amy Madigan, Ed Harris et Ho Nguyen. - Les ennuis d'un réfugié vietnamien avec des pêcheurs de crevettes au Texas. □ 13 ans+

ALBERTO EXPRESS ▷3
FR. 1990. Comédie fantaisiste de Arthur JOFFE avec Sergio Castellitto, Nino Manfredi et Marco Messeri. - Devant rembourser tous les frais qu'il a occasionnés à sa famille, un homme fauché tente de réunir la somme voulue à bord du train qui le mène à Rome chez son père. - Suite de saynètes farfelues. Humour insolite. Traitement habile mêlant réalisme et onirisme. Interprétation convaincante de S. Castellitto. □ Général

ALBINO ALLIGATOR [Bar en otage] ▷5
É.-U. 1996. Drame policier de Kevin SPACEY avec Matt Dillon, Gary Sinise et William Fichtner. - Des criminels en fuite trouvent refuge dans un bar dont ils prennent les clients et la serveuse en otage. □ 13 ans+ · Violence → DVD$

ALERTE AUX INDES *voir* **Drums, The**

ALERTE NOIRE *voir* **Pitch Black**

ALEX IN WONDER *voir* **Sex and a Girl**

ALEX IN WONDERLAND ▷5
É.-U. 1970. Comédie de Paul MAZURSKY avec Donald Sutherland, Ellen Burstyn et Jeanne Moreau. - Ayant obtenu un grand succès avec son premier film, un réalisateur cherche un sujet pour son deuxième.
□ 13 ans+

ALEXANDER - DIRECTOR'S CUT *voir* **Alexander**

ALEXANDER [Alexandre] ▷5
É.-U. 2004. Drame historique d'Oliver STONE avec Colin Farrell, Jared Leto et Angelina Jolie. - Au IVe siècle avant J.-C., le jeune roi de Macédoine Alexandre le Grand fonde un immense empire s'étendant de la Grèce à l'Inde. □ 13 ans+ · Violence ➜ DVD $ DVD-BR $

ALEXANDER NEVSKY ►1
U.R.S.S. 1938. Drame historique de Sergei M. EISENSTEIN avec Nikolai Tcherkassov, Dimitri Orlov et Nicolai Okhlopkov. - Au XIIIe siècle, le prince Nevski conduit les habitants de Novgorod à la victoire contre les chevaliers teutoniques. - Œuvre capitale du cinéma soviétique. Style grandiose parfaitement maîtrisé. Admirable musique de Prokofieff. Séquence de bataille sur le lac Peipus particulièrement saisissante. Interprétation contrôlée. □ Général

ALEXANDER THE GREAT ▷5
É.-U. 1956. Drame historique de Robert ROSSEN avec Richard Burton, Fredric March et Danielle Darrieux. - La vie d'un conquérant grec de l'Antiquité. - Vision simplificatrice de l'Histoire. Traitement artificiel et théâtral. Réalisation assez spectaculaire mais sans aucun rythme. Interprétation déclamatoire □ Général

ALEXANDER'S RAGTIME BAND ▷4
É.-U. 1938. Comédie musicale de Henry KING avec Tyrone Power, Don Ameche et Alice Faye. - Un jeune violoniste se sent attiré par le rythme du jazz et fonde un orchestre populaire. □ Général ➜ DVD $

ALEXANDRA'S PROJECT [Projet d'Alexandra, Le] ▷3
AUS. 2003. Drame psychologique de Rolf de HEER avec Gary Sweet, Helen Buday et Bogdan Koca. - À l'occasion de l'anniversaire de son mari, une mère de famille lui prépare une surprise bien particulière. - Autopsie grinçante de l'échec d'une relation conjugale.
□ 16 ans+ ➜ DVD $

ALEXANDRE LE BIENHEUREUX ▷3
FR. 1967. Comédie de Yves ROBERT avec Philippe Noiret, Françoise Brion et Marlène Jobert. - Après la mort de sa femme qui le menait à la baguette, un fermier se laisse aller à la vie de farniente.- Satire pleine de tendresse et d'humour. Réalisation soignée. Gags visuels très réussis. Interprétation savoureuse de P. Noiret. □ Général

ALEXANDRIA AGAIN AND FOREVER ▷3
ÉGY. 1990. Comédie dramatique réalisée et interprétée par Youssef CHAHINE avec Yousra et Hussein Fahmy. - Alors qu'il vient de perdre son acteur principal et qu'éclate une grève des comédiens, un cinéaste se remémore les principales étapes de sa carrière. - Scénario foisonnant et complexe. Technique parfaitement maîtrisée. Décors insolites. Excellente interprétation. ➜ DVD $

ALEXANDRIA WHY?
ÉGY. 1978. Youssef CHAHINE

ALFIE ▷5
É.-U. 2004. Comédie dramatique de Charles SHYER avec Jude Law, Sienna Miller et Nia Long. - Chauffeur de limousines à Manhattan, un playboy anglais est amené à remettre en question son style de vie.
□ 13 ans+ ➜ DVD $

ALFIE ▷4
ANG. 1966. Comédie dramatique de Lewis GILBERT avec Michael Caine, Julia Foster et Vivien Merchant. - Un coureur de jupons est amené à réfléchir sur sa conduite. □ Général ➜ DVD $

ALGIERS ▷4
E.-U. 1938. Drame policier de J. CROMWELL avec Charles Boyer, Hedy Lamarr et Joseph Calleia. - Un criminel s'est réfugié dans le quartier de la casbah à Alger pour échapper à la police.

ALI ▷3
É.-U. 2001. Drame biographique de Michael MANN avec Will Smith, Jon Voight et Jamie Foxx. - Les événements marquants de la vie et de la carrière du boxeur Muhammed Ali. - Portrait impressionniste tournant souvent le dos aux conventions du genre. Narration fragmentée. Combats de boxe remarquablement filmés. Mise en images très inspirée. Performance réussie de W. Smith.
□ Général · Déconseillé aux jeunes enfants ➜ DVD $

ALI: FEAR EATS THE SOUL
voir **Tous les autres s'appellent Ali**

ALIAS BETTY *voir* **Betty Fisher et autres histoires**

ALICE ▷3
É.-U. 1990. Comédie fantaisiste de Woody ALLEN avec Mia Farrow, Joe Mantegna et William Hurt. - La femme gâtée d'un financier new-yorkais est troublée par l'attraction qu'elle ressent pour un autre homme. - Intrigue émouvante et humoristique. Illustration soignée. Trame musicale efficace. Jeu nuancé de M. Farrow. □ Général ➜ DVD $

ALICE ▷3
TCH. 1988. Conte de Jan SVANKMAJER avec Krystyna Kohoutova. - S'étant assoupie dans une chambre à débarras, une fillette se retrouve dans un monde étrange duquel elle ne peut s'échapper qu'en se réveillant. - Illustration fort originale du célèbre livre de Lewis Carroll. Traitement personnel quelque peu déroutant. □ Général

ALICE ADAMS ▷3
É.-U. 1935. Drame de George STEVENS avec Katharine Hepburn, Fred MacMurray et Fred Stone. - L'ambition sociale d'une jeune provinciale lui aliène ses prétendants. - Adaptation soignée d'un roman de Booth Tarkington. Traitement intéressant. Mise en scène contrôlée. Jeu nuancé de K. Hepburn. □ Général ➜ DVD $

ALICE DOESN'T LIVE HERE ANYMORE ▷4
É.-U. 1974. Drame psychologique de Martin SCORSESE avec Ellen Burstyn, Kris Kristofferson et Alfred Lutter. - Une veuve cherche à gagner sa vie et celle de son jeune fils comme chanteuse mais doit se contenter d'une place de serveuse. □ Général ➜ DVD $

ALICE ET MARTIN ▷4
FR. 1998. Drame psychologique d'André TÉCHINÉ avec Juliette Binoche, Alexis Loret et Mathieu Amalric. - Une violoniste vit une liaison amoureuse avec un jeune mannequin hanté par un dramatique secret de famille. □ 13 ans+

ALICE IN WONDERLAND
ANG. 1966. Jonathan MILLER ➜ DVD $

ALICE IN WONDERLAND ▷3
[Alice au pays des merveilles]
É.-U. 1951. Dessins animés de Clyde GERONIMI, Hamilton LUSKE et Wilfred JACKSON. - Le rêve fantastique d'une petite fille qui s'endort pendant une leçon de sa préceptrice. - Adaptation fantaisiste de l'œuvre de Lewis Carroll. Virtuosité technique. Passages d'une verve étourdissante. Bonne humeur constante. □ Général

ALICE'S ADVENTURES IN WONDERLAND ▷4
ANG. 1972. Comédie musicale de W. STERLING avec Fiona Fullerton, Peter Sellers et Michael Crawford. - Une fillette s'endort et fait un rêve étrange qui la conduit à travers un pays merveilleux. ➜ DVD $

ALICE'S RESTAURANT ▷3
É.-U. 1969. Étude de mœurs de Arthur PENN avec Arlo Guthrie, Pat Quinn et James Broderick. - Un jeune chanteur bohème accueilli par un couple d'amis a des ennuis avec la police. - Tableau quelque peu décousu mais riche d'observations pertinentes. Description habile et vivante. Interprétation dégagée. □ 13 ans+ ➜ DVD $

ALICE, SWEET ALICE [Alice, douce Alice] ▷4
É.-U. 1976. Drame policier d'Alfred SOLE avec Linda Miller, Mildred Clinton et Brooke Shields. - Une enfant tourmentée et secrète est accusée du meurtre de sa sœur le jour de sa première communion.
□ 18 ans+ ➜ DVD $

ALIEN [Étranger: le huitième passager, L'] ►2
ANG. 1979. Science-fiction de Ridley SCOTT avec Tom Skerritt, Sigourney Weaver et Ian Holm. - L'équipage d'un remorqueur de l'espace est aux prises avec un organisme vivant qui se transforme en un être dangereux. - Œuvre maîtresse du genre. Suspense horrifique à haute tension. Mise en scène particulièrement inventive. Interprétation convaincante. □ 13 ans+ ➜ DVD $

ALIEN 3 ▷5
É.-U. 1992. Science-fiction de David FINCHER avec Sigourney Weaver, Charles S. Dutton et Charles Dance. - Une entité extraterrestre sème la mort sur une planète où une femme officier se trouve seule parmi d'anciens bagnards. □ 13 ans+ ➜ DVD $

ALIEN RESURRECTION [Alien: la résurrection] ▷4
É.-U. 1997. Science-fiction de Jean-Pierre JEUNET avec Sigourney Weaver, Winona Ryder et Ron Perlman. - Des créatures monstrueuses s'attaquent aux derniers occupants d'un immense vaisseau spatial militaire ayant été évacué. □ 13 ans+ · Horreur ➔ DVD $

ALIENS ▷3
É.-U. 1986. Science-fiction de James CAMERON avec Sigourney Weaver, Michael Biehn et Paul Reiser. - Des soldats aguerris sont dépêchés au secours d'une colonie d'humains installés sur une planète qui est peuplée de créatures monstrueuses. - Suite fort réussie du film Alien. Préséance aux scènes d'actions. Mise en scène à l'emporte-pièce. Interprétation déterminée. □ 13 ans+ · Horreur ➔ DVD $

ALIENS OF THE DEEP
É.-U. 2004. James CAMERON et Steven QUALE ➔ DVD $

ALILA ▷4
FR. 2003. Comédie dramatique d'Amos GITAÏ avec Yaël Abecassis, Uri Ran Klauzner et Hanna Laslo. - La vie quotidienne des habitants d'un immeuble situé dans un quartier populaire en banlieue de Tel-Aviv. ➔ DVD $

ALINA
ITA. 1950. Giorgio PASTINA ➔ DVD $

ALIVE & KICKING ▷4
ANG. 1996. Drame psychologique de Nancy MECKLER avec Jason Flemyng, Antony Sher et Dorothy Tutin. - Un danseur vedette atteint du sida tombe amoureux d'un psychothérapeute qui va lui donner la force de continuer à vivre.

ALIVE [Survivants, Les] ▷4
É.-U. 1992. Drame de Frank MARSHALL avec Ethan Hawke, Vincent Spano et Josh Hamilton. - Les survivants d'un écrasement d'avion dans les Andes parviennent à se maintenir en vie pendant des semaines en mangeant de la chair humaine. □ 13 ans+ ➔ DVD $

ALL ABOUT EVE [Ève] ►2
É.-U. 1950. Drame psychologique de Joseph Leo MANKIEWICZ avec Bette Davis, Anne Baxter et George Sanders. - Une vedette mûrissante recueille chez elle une admiratrice qui finit par la supplanter. - Fine observation du milieu théâtral. Mise en scène vigoureuse. Psychologie fouillée. Interprétation remarquable. □ Général ➔ DVD $

ALL ABOUT LILY CHOU CHOU ▷4
JAP. 2001. Drame de Shunji IWAI avec Hayato Ichihara, Shugo Oshinari et Yu Aoi. Dans une petite ville du Japon, un adolescent victime de la tyrannie de ses camarades trouve un certain réconfort dans les chansons d'une vedette populaire. ➔ DVD $

ALL ABOUT MY MOTHER *voir* **Tout sur ma mère**

ALL CREATURES GREAT AND SMALL ▷4
ANG. 1974. Comédie de Claude WHATHAM avec Simon Ward, Anthony Hopkins et Lisa Harrow. - Les premières expériences d'un jeune vétérinaire engagé comme assistant par un collègue d'âge mûr. ➔ DVD $

ALL FALL DOWN ▷3
É.-U. 1962. Drame psychologique de John FRANKENHEIMER avec Brandon de Wilde, Eva Marie Saint et Warren Beatty. - Un adolescent découvre que l'admiration qu'il porte à son frère n'est guère justifiée. - Atmosphère bien créée. Mise en scène inventive. Interprétation sensible. □ Général

ALL IN A NIGHT'S WORK ▷4
É.-U. 1961. Comédie de J. ANTHONY avec Dean Martin, Shirley MacLaine et Cliff Robertson. - Les directeurs d'un magazine redoutent un scandale à la suite de la mort de leur fondateur. ➔ DVD $

ALL MINE TO GIVE ▷4
É.-U. 1957. Drame d'A. REISNER avec Cameron Mitchell, Glynis Johns et Rex Thompson. - Devenus orphelins, les enfants d'une même famille doivent se séparer le jour de Noël. ➔ DVD $

ALL MY LOVED ONES
TCH. 2000. Matej MINAC ➔ DVD $

ALL MY SONS [Ils étaient tous mes fils] ▷4
É.-U. 1947. Drame d'Irving REIS avec Burt Lancaster, Edward G. Robinson et Mady Christians. - Le fils d'un industriel découvre que son père a livré du matériel défectueux à l'armée pendant la guerre.

ALL NIGHT LONG ▷5
É.-U. 1981. Comédie de mœurs de Jean-Claude TRAMONT avec Gene Hackman, Barbra Streisand et Dennis Quaid. - Le gérant de nuit d'une pharmacie découvre une liaison entre son fils et une voisine mal mariée, dont il s'éprend à son tour. ➔ DVD $

ALL OF ME
ALL. 1990. Bettina WILHELM

ALL OF ME [Solo pour deux] ▷4
É.-U. 1984. Comédie fantaisiste de Carl REINER avec Steve Martin, Lily Tomlin et Victoria Tennant. - À la suite des manigances d'un mystique oriental, un avocat partage son corps avec l'âme d'une millionnaire décédée. □ Général

ALL OR NOTHING ▷4
ANG. 2002. Drame social de Mike LEIGH avec Timothy Spall, Lesley Manville et Alison Garland. - Durant un week-end, les tribulations de trois familles habitant un HLM dans un quartier ouvrier de Londres. □ 13 ans+

ALL QUIET ON THE WESTERN FRONT ▷4
É.-U. 1979. Drame de guerre de Delbert MANN avec Richard Thomas, Ernest Borgnine et Ian Holm. - Un jeune soldat allemand fait la dure expérience des tranchées pendant la Grande Guerre.
□ Général · Déconseillé aux jeunes enfants

ALL QUIET ON THE WESTERN FRONT ►2
É.-U. 1930. Drame de guerre de Lewis MILESTONE avec Lew Ayres, Louis Wolheim et Slim Summerville. - Les expériences d'un jeune soldat allemand pendant la Première Guerre mondiale. - Excellente adaptation du roman d'Erich Maria Remarque. Traitement humain des situations. Mise en scène expressive. Interprétation juste ➔ DVD $

ALL SCREWED UP ▷4
ITA. 1974. Comédie de mœurs de Lina WERTMULLER avec Luigi Diberti, Lina Polito et Nino Bignamini. - Divers individus s'installent en communauté dans une vieille maison de rapport perdue au milieu des tours du centre de Milan. □ 13 ans+

ALL THAT HEAVEN ALLOWS ▷3
[Tout ce que le ciel permet]
É.-U. 1955. Drame sentimental de Douglas SIRK avec Jane Wyman, Rock Hudson et Agnes Moorehead. - Une riche veuve songe à se remarier avec un homme plus jeune qu'elle. - Bonne étude de milieu. Traitement savamment mélodramatique. Photographie de grande qualité. Interprétation dans le ton voulu. □ Général ➔ DVD $

ALL THAT JAZZ [Que le spectacle commence] ►2
É.-U. 1979. Drame psychologique de Bob FOSSE avec Roy Scheider, Leland Palmer et Ann Reinking. - La vie sentimentale et professionnelle d'un chorégraphe est mise en péril par son acharnement au travail. - Évocation survoltée du monde du showbiz. Touches autobiographiques. Numéros de danse de style novateur. Très bonne composition de R. Scheider. □ 13 ans+ ➔ DVD $

ALL THE KING'S MEN ▷3
É.-U. 1949. Drame social de Robert ROSSEN avec Broderick Crawford, Mercedes McCambridge et John Ireland. - Après s'être lancé en politique pour lutter contre la prévarication, un gouverneur tombe dans les mêmes travers que ses prédécesseurs. - Grande valeur psychologique et sociale. Rythme soutenu. Mise en scène vigoureuse. Excellents interprètes. □ Général

ALL THE KING'S MEN ▷5
É.-U. 2006. Drame social de Steven ZAILLIAN avec Sean Penn, Jude Law et Kate Winslet. - Dans les années 1950, le conseiller du gouverneur de la Louisiane constate avec amertume que les réformes sociales promises par celui-ci n'étaient qu'un leurre.
□ 13 ans+ ➔ DVD $ DVD-BR $

ALL THE LITTLE ANIMALS ▷4
ANG. 1999. Drame de Jeremy THOMAS avec Christian Bale, John Hurt et Daniel Benzali. - Fuyant son beau-père cruel, un jeune homme simple d'esprit devient le compagnon d'un vieillard misanthrope qui vit dans une cabane en forêt. □ Général · Déconseillé aux jeunes enfants

ALL THE PRESIDENT'S MEN ▷3
[Hommes du président, Les]
É.-U. 1976. Drame social de Alan J. PAKULA avec Dustin Hoffman, Robert Redford et Jason Robards. -L'enquête des journalistes du Washington Post Carl Bernstein et Bob Woodward sur les dessous de l'affaire du Watergate. - Approche sobre de style quasi documentaire. Climat de suspense bien créé. Jeu convaincu des acteurs.
□ Général ➔ DVD $

ALL THE QUEEN'S MEN
ALL. 2001. Stefan RUZOWITZKY ➔ DVD $

ALL THE REAL GIRLS ▷4
É.-U. 2003. Drame sentimental de David Gordon GREEN avec Paul Schneider, Zooey Deschanel et Patricia Clarkson. - Un jeune homme qui collectionne les aventures amoureuses s'éprend de la sœur cadette, encore vierge, de son meilleur ami. □ Général · Déconseillé aux jeunes enfants ➔ DVD $

ALL THE RIGHT MOVES [Esprit d'équipe, L'] ▷5
É.-U. 1983. Drame social de Michael CHAPMAN avec Tom Cruise, Lea Thompson et Craig T. Nelson. - Un fils d'ouvrier utilise son habileté au football pour obtenir une bourse d'études universitaires. ➔ DVD $

ALL THE VERMEERS IN NEW YORK ▷4
É.-U. 1990. Comédie de mœurs de Jon JOST avec Emmanuelle Chaulet, Stephen Lack et Grace Phillips. - Une jeune actrice française vivant à New York rencontre un agent de change durant une exposition des tableaux du peintre Vermeer. □ Général

ALL THESE WOMEN *voir* **Toutes ces femmes**

ALL THINGS FAIR ▷4
SUÈ. 1995. Drame de mœurs Bo WIDERBERG avec Johan Widerberg, Marika Lagercrantz et Tomas von Brömssen. - En 1943, un adolescent devient l'amant de sa nouvelle institutrice pour ensuite se lier d'amitié avec le mari de celle-ci. □ 13 ans+ · Érotisme ➔ DVD $

ALL THIS AND HEAVEN TOO [Étrangère, L'] ▷4
É.-U. 1940. Drame de Anatole LITVAK avec Bette Davis, Charles Boyer et Barbara O'Neil. - Un duc amoureux de la gouvernante de ses enfants en vient à tuer sa femme acariâtre.

ALL' ONOREVOLE PIACCIONO LE DONNE
ITA. 1972. Lucio FULCI ➔ DVD $

ALLEGRO NON TROPPO ▷3
ITA. 1976. Dessins animés de Bruno BOZZETTO - Un dessinateur s'efforce de mettre sur papier les images que lui inspirent des pièces musicales. - Fantaisies picturales au son de six œuvres classiques. Intégration habile de quelques prises de vue réelles. Approche sympathique et inventive. Ensemble insolite. □ Général

ALLEMAGNE ANNÉE 90, NEUF ZÉRO ▷4
FR. 1991. Film d'essai de Jean-Luc GODARD avec Eddie Constantine, Hanns Zischler et Claudia Michelsen. - En poste depuis des années dans un village est-allemand, un espion se retrouve laissé à lui-même après la chute du Mur de Berlin. □ Général

ALLEMAGNE ANNÉE ZÉRO [Germany Year Zero] ▷3
ITA. 1949. Drame social de Roberto ROSSELLINI avec Ernest Pittschau, Edmund Meschke et Ingetraud Hintze. - Imbu de principes nazis, un enfant tue son père malade puis se suicide. - Œuvre importante du néoréalisme. Illustration émouvante des effets de la guerre. ➔ DVD $

ALLEMAGNE, MERE BLAFARDE
voir **Germany, Pale Mother**

ALLONSANFAN ▷3
ITA. 1974. Drame historique de Paolo et Vittorio TAVIANI avec Marcello Mastroianni, Lea Massari et Mimsy Farmer. - Après un séjour en prison, un aristocrate est pourchassé par ses anciens camarades d'un groupe révolutionnaire. - Film élaboré au souffle épique et baroque. Décors somptueux. Belle musique. Interprétation ardente. □ Général

ALMANAC OF FALL
HON. 1983. Béla TARR ➔ DVD $

ALMOST FAMOUS [Presque célèbre] ▷3
É-U. 2000. Drame de mœurs de Cameron CROWE avec Patrick Fugit, Billy Crudup et Kate Hudson. - Au début des années 1970, un adolescent est engagé par un célèbre magazine américain pour suivre la tournée d'un groupe rock en pleine ascension. - Portrait idéalisé mais attachant d'une époque révolue. Personnages chaleureux. Choix musicaux fort à propos. Excellente distribution. □ Général · Déconseillé aux jeunes enfants ➔ DVD $

ALMOST PERFECT AFFAIR, AN ▷4
[Scandale presque parfait, Un]
É.-U. 1979. Comédie sentimentale de Michael RITCHIE avec Keith Carradine, Monica Vitti et Raf Vallone. - Venu au festival de Cannes pour promouvoir son film, un jeune cinéaste a une liaison avec l'épouse d'un producteur. ➔ DVD $

ALONG CAME JONES ▷4
É.-U. 1945. Western de Stuart HEISLER avec Gary Cooper, Loretta Young et Dan Duryea. - Un inoffensif garçon de ferme est confondu avec un dangereux bandit. □ Général ➔ DVD $

ALPAGUEUR, L' ▷4
FR. 1976. Drame policier de Philippe LABRO avec Jean-Paul Belmondo, Bruno Cremer et Patrick Fierry. - Un agent spécial est chargé de traquer un meurtrier mystérieux qui supprime tous les témoins de ses crimes. □ Général

ALPHAVILLE ▷3
FR. 1965. Science-fiction de Jean-Luc GODARD avec Anna Karina, Eddie Constantine et Howard Vernon. - Un agent secret est chargé de démasquer un savant qui dirige une ville habitée par des robots. - Style insolite. Monde fantastique bien créé. Mise en scène inventive. □ Général ➔ DVD $

ALTER EGO *voir* **Dead Ringers**

ALTERED STATES [Au-delà du réel] ▷3
É.-U. 1980. Science-fiction de Ken RUSSELL avec William Hurt, Blair Brown et Bob Balaban. - À travers des expériences dangereuses, un professeur d'université subit des transformations physiques inquiétantes. - Adaptation électrisante du roman de Paddy Chayefsky. Fascinantes extrapolations scientifiques. Effets spéciaux impressionnants. Climat hypertendu. Interprétation fébrile. □ 18 ans+ ➔ DVD $

ALWAYS ▷4
É.-U. 1985. Comédie dramatique réalisée et interprétée par Henry JAGLOM avec Patrice Townsend et Joanna Frank. - Un couple séparé depuis deux ans est temporairement réuni la veille de la fête de l'indépendance américaine. □ 13 ans+

ALWAYS [Pour toujours] ▷4
É.-U. 1989. Drame fantastique de Steven SPIELBERG avec Richard Dreyfuss, Holly Hunter et John Goodman. - Un aviateur mort accidentellement devient l'ange gardien d'un jeune pilote. □ Général ➔ DVD $

AMADA
CUB. 1983. Humberto SOLAS et Nelson RODRÍGUEZ ➔ DVD $

AMADEUS ►2
É.-U. 1984. Drame psychologique de Milos FORMAN avec F. Murray Abraham, Tom Hulce et Elizabeth Berridge. - Le vieux musicien Salieri s'accuse d'avoir tué Mozart et raconte les circonstances de son forfait. - Adaptation somptueuse d'une pièce à succès. Heureux mélange de psychologie, de satire, d'évocation historique et de spectacle musical. Mise en scène brillante. Comédiens fort talentueux. □ Général ➔ DVD $ DVD-BR $

AMAL ▷5
CAN. 2007. Drame de Richie MEHTA avec Rupinder Nagra, Koel Purie et Naseeruddin Shah. - À New Delhi, un humble conducteur de pousse-pousse ignore qu'un de ses clients, un millionnaire déguisé en vagabond, l'a choisi comme héritier. □ Général ➔ DVD $

AMANT DE NOVEMBRE, L'
voir **Sweet November**

AMANT DIABOLIQUE, L' *voir* **Demonlover**

AMANT, L' *voir* **Lover, The**

AMANTS, LES [Lovers, The] ▷4
FR. 1958. Drame psychologique de Louis MALLE avec Jeanne Moreau, Jean-Marc Bory et Alain Cuny. - Une femme connaît une nuit d'amour avec un invité de son mari. ➔ DVD $

AMANTS CRIMINELS, LES [Criminal Lovers] ▷5
FR. 1999. Drame de François OZON avec Natacha Régnier, Jérémie Rénier et Miki Manojlovic. - S'étant perdu dans un bois, un couple d'adolescents meurtriers est retenu captif dans la cabane d'un chasseur homosexuel et cannibale. ➔ DVD $

AMANTS DE VILLA BORGHESE, LES ▷4
[It Happened in the Park]
ITA 1953. Film à sketches de Gianni FRANCIOLINI avec Vittorio de Sica, François Périer et Micheline Presle. - Dans le parc de la Villa Borghese, des amoureux se rencontrent

AMANTS DIABOLIQUES, LES *voir* **Ossessione**

AMANTS DU CAPRICORNE, LES
voir **Under Capricorn**

AMANTS DU CERCLE POLAIRE, LES ▷4
[Lovers of the Arctic Circle, The]
ESP. 1998. Drame sentimental de Julio MEDEM avec Fele Martinez, Najwa Nimri et Nancho Novo. - Un adolescent vit avec sa sœur adoptive une relation amoureuse secrète dans laquelle le destin joue un grand rôle. □ Général

AMANTS DU PONT-NEUF, LES [Lovers on the Bridge] ▷3
FR. 1991. Drame sentimental de Léos CARAX avec Denis Lavant, Juliette Binoche et Klaus Michael Grüber. - Une jeune portraitiste réduite à la clochardisation à la suite d'un amour déçu vit une grande passion avec un jeune sans-abri. - Mélange de mélodrame, de poésie et de constat social. Climat quasi surréaliste. Nombreux flashs fulgurants. □ 13 ans+ ➜ DVD$

AMANTS PASSIONNÉS, LES *voir* **Passionate Friends, The**

AMANTS RÉGULIERS, LES ▷3
FR. 2004. Chronique de Philippe GARREL avec Louis Garrel, Clothilde Hesme et Julien Lucas. - Peu après avoir participé aux manifestations de Mai 68, un jeune poète désillusionné s'installe chez un riche ami opiomane où il s'éprend d'une artiste. - Récit partiellement autobiographique découpé en chapitres. Excellente recréation du climat et du contexte de l'époque. Images au noir et blanc très constrasté. Réalisation délibérément sans apprêt. Interprétation naturelle et désinvolte □ Général · Déconseillé aux jeunes enfants ➜ DVD$

AMARCORD ►1
ITA. 1973. Chronique de Federico FELLINI avec Bruno Zanin, Magali Noël et Armando Brancia. - Divers incidents marquent la vie d'une petite ville italienne au milieu des années 1930. - Rappel à la fois satirique et nostalgique de l'époque. Suite de tableaux vivants. Mise en images aisée et inventive. Acteurs dirigés de main de maître. □ Général ➜ DVD$

AMARILLY OF CLOTHESLINE ALLEY
É.-U. 1918. Marshall NEILAN ➜ DVD$

AMATEUR ▷4
É.-U. 1994. Drame policier de Hal HARTLEY avec Isabelle Huppert, Martin Donovan et Elina Lowensohn. - À New York, une ancienne religieuse décide de prendre en main un inconnu amnésique qui est impliqué dans des histoires louches. □ 13 ans+

AMATOR [Camera Buff] ▷3
POL. 1979. Drame psychologique de Krzysztof KIESLOWSKI avec Jerzy Stuhr, Malgorzata Zabkowska et Ewa Pokas. - Un employé d'usine qui s'amuse à tourner des films amateurs s'attire des ennuis tant au travail que dans sa vie conjugale. - Vision ironique. Réflexions intéressantes sur les rapports entre l'art et la réalité. Jeu convaincu du protagoniste. ➜ DVD$

AMAZING DOCTOR CLITTERHOUSE, THE ▷4
É.-U. 1938. Comédie policière de Anatole LITVAK avec Humphrey Bogart et Edward G. Robinson. - Un savant se joint à un groupe de bandits pour étudier les réactions psychologiques des criminels.

AMAZING GRACE ▷4
ANG. 2006. Drame biographique de Michael APTED avec Ioan Gruffudd, Romola Garai et Benedict Cumberbatch. - Au tournant du XIXe siècle, le jeune député anglais William Wilberforce se voit confier par le Premier ministre la mission d'abolir l'esclavage. □ Général ➜ DVD$

AMAZING GRACE AND CHUCK [Grace et Chuck] ▷4
É.-U. 1987. Comédie dramatique de Mike NEWELL avec Joshua Zuehlke, William L. Petersen et Gregory Peck. - Un écolier renonce aux sports et fait vœu de silence en signe de protestation contre l'utilisation du nucléaire. □ Général

AMAZING HOWARD HUGHES, THE ▷4
É.-U. 1977. Drame biographique de William A. GRAHAM avec Tommy Lee Jones, Ed Flanders et James Hampton. - La vie et les entreprises du célèbre et excentrique milliardaire américain. □ Général ➜ DVD$

AMAZING SCREW-ON HEAD, THE
É.-U. 2006. Chris PRYNOSKI ➜ DVD$

AMAZON WOMEN ON THE MOON ▷5
[Cheeseburger Film Sandwich]
É.-U. 1986. Film à sketches de John LANDIS, Joe DANTE, Carl GOTTLIEB, P. HORTON et R.K. WEISS avec Steve Forrest, Joey Travolta et Rosanna Arquette. - Divers incidents étranges se produisent lors de la présentation d'un film de science-fiction par une station de télévision. □ Général ➜ DVD$

AMBITION REDUCED TO ASHES, AN
CAMB. 1995. Sihanouk NORODOM □ Général

AMELIA EARHART, THE FINAL FLIGHT ▷4
É.-U. 1994. Drame biographique de Yves SIMONEAU avec Diane Keaton, Rutger Hauer et Bruce Dern. - Dans les années 1930, une pionnière de l'aviation se prépare à voler autour de la Terre en suivant l'équateur. □ Général

AMÉLIE *voir* **Fabuleux destin d'Amélie Poulain, Le**

AMEN. ▷3
FR. 2001. Drame historique de COSTA-GAVRAS avec Ulrich Tukur, Mathieu Kassovitz et Ulrich Mühe. - Un officier SS et un jeune jésuite qui conjuguent leurs efforts pour tenter d'arrêter l'extermination des Juifs se heurtent au silence du Vatican. - Style narratif d'une force tranquille mais persuasive. Mise en scène au pouvoir de suggestion souvent subtil. Interprétation à la fois sobre et fervente. ➜ DVD$

AMÈRE VICTOIRE *voir* **Bitter victory**

AMERICA
É.-U. 1924. D.W GRIFFITH □ Général ➜ DVD$

AMERICA BROWN
É.-U. 2004. Paul BLACK

AMERICA, AMERICA ►2
É.-U. 1963. Drame psychologique d'Elia KAZAN avec Stathis Giallelis, Linda Marsh et Katharine Balfour. - En 1896, les tribulations d'un jeune Grec qui surmonte plusieurs obstacles avant de réaliser son rêve d'immigrer aux États-Unis. - Sens profond de l'analyse psychologique. Style à la fois réaliste et poétique. Images d'une grande beauté plastique. Direction d'acteurs remarquable. □ Général

AMÉRICAIN BIEN TRANQUILLE, UN
voir **Quiet american, The**

AMERICAN ASTRONAUT, THE
É.-U. 2001. Cory MCABEE ➜ DVD$

AMERICAN BEAUTY [Beauté américaine] ▷3
É.-U. 1999. Comédie dramatique de Sam MENDES avec Kevin Spacey, Annette Bening et Thora Birch. - Un père de famille bouleverse l'existence de son entourage en rejetant le conformisme dans lequel il vit. - Dosage habile de satire décapante et de drame intense. Propos nuancé. Réalisation fort inventive. Excellents comédiens. □ 13 ans+ ➜ DVD$

AMERICAN BUFFALO ▷5
É.-U. 1996. Drame psychologique de Michael CORRENTE avec Dustin Hoffman, Dennis Franz et Sean Nelson. - Un collectionneur et son camarade élaborent un plan pour récupérer une pièce de monnaie de collection. □ Général

AMERICAN CRIME, AN
É.-U. 2007. Tommy O'HAVER ➜ DVD$

AMERICAN DREAMER [Double jeu] ▷4
É.-U. 1984. Comédie fantaisiste de Rick ROSENTHAL avec JoBeth Williams, Tom Conti et Giancarlo Giannini. - À la suite d'un accident de la route, une ménagère perd conscience d'elle-même et croit être une femme détective intrépide, héroïne de romans policiers. ➜ DVD$

AMERICAN DREAMZ ▷5
É.-U. 2006. Comédie satirique de Paul WEITZ avec Hugh Grant, Dennis Quaid et Mandy Moore. - Juré invité à la finale d'un populaire concours télévisé, le président des États-Unis est menacé par un candidat arabe membre d'une cellule terroriste. □ Général ➜ DVD$

AMERICAN FLYERS ▷4
É.-U. 1985. Drame sportif de John BADHAM avec Kevin Costner, David Grant et Rae Dawn Chong. - Bien qu'il pense souffrir d'une maladie mortelle, un passionné de cyclisme accepte de participer à une course exigeante avec son frère médecin. □ Général

AMERICAN FRIEND, THE *voir* **Ami américain, L'**

AMERICAN GANGSTER ▷3
É.-U. 2007. Drame policier de Ridley SCOTT avec Denzel Washington, Russell Crowe et Josh Brolin. - Dans les années 1970 à New York, un policier tente de démanteler l'empire d'un trafiquant de drogue afro-américain. - Scénario riche menant habilement deux intrigues parallèles. Milieu interlope dépeint de façon fascinante mais non complaisante. Reconstitution d'époque soignée. Mise en scène vigoureuse. Interprétation de haut vol. □ 13 ans+ · Violence ➜ DVD-BR$ DVD$

AMERICAN GIGOLO ▷4
É.-U. 1980. Drame de mœurs de Paul SCHRADER avec Richard Gere, Lauren Hutton et Hector Elizondo. - Un gigolo épris de la femme d'un politicien est compromis dans une affaire de meurtre.
□ 18 ans+ ➔ DVD$

AMERICAN GRAFFITI [Graffiti américains] ▷3
É.-U. 1973. Étude de mœurs de George LUCAS avec Richard Dreyfuss, Ron Howard et Paul Le Mat. - Au cours d'une nuit d'été, quatre adolescents connaissent diverses mésaventures. - Évocation réussie du climat du début des années 1960. Impression de vie et d'authenticité. Trame musicale appropriée. Interprétation naturelle. □ Général

AMERICAN HEART ▷4
É.-U. 1991. Drame de Martin BELL avec Jeff Bridges, Edward Furlong et Lucinda Jenny. - À sa sortie de prison, un truand repenti éprouve de la difficulté à s'adapter à sa nouvelle vie auprès de son fils adolescent. □ Général

AMERICAN HISTORY X [Génération X-trême] ▷5
É.-U. 1998. Drame social de Tony KAYE avec Edward Norton, Edward Furlong et Fairuza Balk. - À sa sortie de prison, un ancien skinhead repenti s'efforce de ramener sur le droit chemin son frère cadet, qui a suivi ses traces. □ 16 ans+ · Violence ➔ DVD-BR$ DVD$

AMERICAN IN PARIS, AN [Américain à Paris, Un] ►2
É.-U. 1951. Comédie musicale de Vincente MINNELLI avec Gene Kelly, Leslie Caron et Oscar Levant. - Un jeune peintre américain vivant à Paris s'éprend d'une vendeuse fiancée à un chanteur. - Danses d'une richesse d'invention remarquable sur des musiques de George Gershwin. Ballet inspiré de peintures célèbres. Mise en scène brillante. Interprétation pleine d'aisance. □ Général ➔ DVD$ DVD-BR$

AMERICAN MADNESS ▷3
É.-U. 1932. Drame de Frank CAPRA avec Walter Huston, Pat O'Brien et Kay Johnson. - Durant la Dépression, un banquier se démène afin de regagner la confiance des clients qui voient d'un mauvais œil les pertes encourues à la suite d'un cambriolage. - Amalgame réussi de critique sociale et de mélodrame. Approche réaliste. □ Général

AMERICAN ME [Sans rémission] ▷4
É.-U. 1992. Drame social réalisé et interprété par Edward James OLMOS avec William Forsythe et Pepe Serna. - Dans une prison de Los Angeles, un détenu forme un puissant gang qui va imposer sa loi jusqu'à l'extérieur de l'établissement. □ 18 ans+ ➔ DVD$

AMERICAN PIE [Folies de graduation] ▷5
É.-U. 1999. Comédie de mœurs de Paul WEITZ avec Chris Klein, Jason Biggs et Thomas Ian Nicholas. - À l'approche du bal des finissants, quatre adolescents décident de tout mettre en œuvre pour perdre leur virginité. □ 13 ans+ ➔ DVD$

AMERICAN POP [Pop américain] ▷4
É.-U. 1980. Dessins animés de Ralph BAKSHI. - Histoire-express de l'évolution de la musique à travers les générations d'une même famille. □ 13 ans+ ➔ DVD$

AMERICAN PRESIDENT, THE ▷5
[Président américain, Un]
É.-U. 1995. Comédie sentimentale de Rob REINER avec Michael Douglas, Annette Bening et Martin Sheen. - Le président des États-Unis a maille à partir avec ses adversaires politiques lorsqu'il s'engage dans une liaison amoureuse avec une jeune célibataire.
□ Général ➔ DVD$

AMERICAN PSYCHO ▷4
É.-U. 2000. Drame de Mary HARRON avec Christian Bale, Willem Dafoe et Reese Witherspoon. - Un jeune yuppie narcissique, raffiné et matérialiste, se transforme la nuit venue en tueur en série sadique.
➔ DVD$ DVD-BR$

AMERICAN SOLDIER, THE *voir* **Un soldat américain**

AMERICAN SPLENDOR ▷3
[American Splendor: la vie d'Harvey Pekar]
É.-U. 2003. Drame biographique de Shari SPRINGER BERMAN et Robert PULCINI avec Paul Giamatti, Hope Davis et Harvey Pekar. - Évocation de la vie et de l'œuvre du créateur américain de bandes dessinées Harvey Pekar. Brillant amalgame de documentaire, de fiction et d'animation. Regard lucide empreint de fantaisie sur un artiste aux comportements étranges. □ Général ➔ DVD$

AMERICAN SWING
É.-U. 2008. Matthew KAUFMAN et Jon HART ➔ DVD$

AMERICAN TAIL, AN [Fievel et le nouveau monde] ▷4
É.-U. 1986. Dessins animés de Don BLUTH. - Séparé des siens au cours de la traversée de souris russes en Amérique, un souriceau en quête de ses parents tombe sous les griffes de chats maraudeurs. □ Général

AMERICAN WEREWOLF IN LONDON ▷5
É.-U. 1981. Drame d'horreur de John LANDIS avec David Naughton, Jenny Agutter et Griffin Dunne. - Un étudiant attaqué par une bête est condamné à se transformer en loup-garou. □ 13 ans+ ➔ DVD$

AMÉRIQUE DES AUTRES, L' [Someone Else's America] ▷4
FR. 1995. Comédie dramatique de Goran PASKALJEVIC avec Tom Conti, Miki Manojlovic et Maria Casarès. - À New York, l'amitié entre un immigrant illégal yougoslave et un tenancier de bar d'origine espagnole qui lui donne du travail au noir. □ Général

AMI AMÉRICAIN, L' [American Friend, The] ►2
ALL. 1977. Drame policier de Wim WENDERS avec Bruno Ganz, Dennis Hopper et Gérard Blain. - Sous l'influence d'un Américain, un encadreur de Hambourg devient tueur à gages. - Suspense assaisonné de touches insolites. Évolution fascinante des rapports entre les personnages. Atmosphère envoûtante. Mise en scène recherchée. Interprétation solide. □ Général

AMI DE MON AMIE, L' [Boyfriends and Girlfriends] ▷3
FR. 1987. Comédie sentimentale d'Éric ROHMER avec Emmanuelle Chaulet, Sophie Renoir et Éric Viellard. - Les tribulations sentimentales de quatre jeunes gens vivant dans une ville nouvelle près de Paris. - Traitement ironique et léger. Analyse lucide des rapports amoureux. Illustration fort agréable. Jeunes interprètes traçant en souplesse les figures d'un charmant quadrille sentimental et psychologique.

AMI DE VINCENT, L' ▷5
FR. 1983. Drame psychologique de Pierre GRANIER-DEFERRE avec Philippe Noiret, Jean Rochefort et Françoise Fabian. - L'amitié de deux musiciens est mise en péril lorsque l'un découvre la conduite frivole de l'autre. □ Général

AMICHE, LE *voir* **Femmes entre elles**

AMIE, L' [Sheer Madness] ▷3
ALL. 1983. Drame psychologique de Margarethe VON TROTTA avec Hanna Schygulla, Angela Winkler et Peter Striebeck. - Une universitaire allemande se lie d'amitié avec une compatriote qu'elle sauve du suicide. - Sujet intéressant. Argument féministe un peu trop sensible. Mise en scène vigoureuse. Jeu intense de A. Winkler. □ Général

AMIS DE PETER, LES *voir* **Peter's Friends**

AMIS ET VOISINS *voir* **Your Friends & Neighbors**

AMISTAD ▷4
É.-U. 1997. Drame historique de Steven SPIELBERG avec Djimon Hounsou, Morgan Freeman et Anthony Hopkins. - En 1839, aux États-Unis, des esclaves africains accusés de mutinerie subissent un procès teinté de considérations politiques. □ 13 ans+ ➔ DVD$

AMITYVILLE HORROR, THE ▷5
É.-U. 1979. Drame d'horreur de Stuart ROSENBERG avec James Brolin, Margot Kidder et Rod Steiger. - D'étranges incidents inquiètent une famille qui vient d'emménager dans une maison où des meurtres ont été commis. □ 13 ans+ ➔ DVD-BR$ DVD$

AMNÉSIE - L'ÉNIGME JAMES BRIGHTON ▷5
CAN. 2005. Drame de mœurs de Denis LANGLOIS avec Dusan Dukik, Karyne Lemieux et Norman Helms. - Un an après les faits, une étudiante s'intéresse au cas d'un jeune Américain gay retrouvé nu et amnésique à Montréal. □ 13 ans+ ➔ DVD$

AMOR BANDIDO ▷4
BRÉ. 1982. Drame policier de Bruno BARRETO avec Paulo Gracindo, Cristina Ache et Paulo Guarnieri. - La fille prostituée d'un policier de Copacabana est entraînée dans le crime par un bandit notoire devenu son amant. □ 16 ans+

AMOR BRUJO, EL *voir* **Amour sorcier, L'**

AMORES PERROS *voir* **Amours chiennes**

AMOUR [Love] ►2
HON. 1970. Drame psychologique de Karoly MAKK avec Lili Darvas, Mari Tocrocsik et Ivan Darvas. - À Budapest, en 1953, une jeune femme cache à sa belle-mère que son fils est en prison pour raisons politiques. - Film nuancé marqué de pudeur et de retenue. Images mentales évocatrices habilement insérées. Jeu admirablement maîtrisé des interprètes. □ Général ➔ DVD$

AMOUR À LA VILLE, L' [Love in the City] ▷3
ITA. 1956. Film à sketches de Michelangelo ANTONIONI, Federico FELLINI, Dino RISI, Alberto LATTUADA, Carlo LIZZANI, Francesco MASELLI et Cesare ZAVATTINI - Six tableaux présentant une certaine vision de l'amour et de ses conséquences. - Tentative néoréaliste originale et souvent poignante. Ensemble traité dans le style d'un reportage.

AMOUR À MORT, L' ►2
FR. 1984. Drame d'Alain RESNAIS avec Sabine Azéma, Fanny Ardant et Pierre Arditi. - Une jeune femme est bouleversée lorsque son conjoint qui semblait mort revient peu après à la vie. - Réflexions métaphysiques au ton grave. Mise en scène d'une beauté austère. Utilisation originale de la musique. Interprétation d'une grande qualité. ➜ DVD$

AMOUR À SEIZE ANS, L' *voir* **Sixteen Candles**

AMOUR À VENDRE
ALL. BRÉ. FR. POR. 2006. Karim AINOUZ ➜ DVD$

AMOUR AUX TEMPS DU CHOLÉRA, L'
voir **Love in the Time of Cholera**

AMOUR AVEC DES GANTS, L' [Volere, Volare] ▷4
ITA. 1991. Comédie fantaisiste de Maurizio NICHETTI et Guido MANULI avec Maurizio Nichetti, Angela Finocchiaro et Patrizio Roversi. - Alors qu'il s'éprend d'une call-girl aux clients très spéciaux, un bruiteur se métamorphose peu à peu en dessin animé. □ Général

AMOUR CAPTIF *voir* **Captives**

AMOUR CONJUGAL, L' ▷4
FR. 1995. Drame de mœurs de Benoît BARBIER avec Sami Frey, Caroline Sihol et Pierre Richard. - En 1629, un chevalier déchu et sa nouvelle épouse au passé secret fomentent des projets de vengeance contre leurs ennemis. □ 13 ans+

AMOUR DANGEREUX, L' [Trop plein d'amour]
FR. 2003. Steve SUISSA ➜ DVD$

AMOUR DE COCCINELLE, UN *voir* **Love Bug, The**

AMOUR DE JEANNE NEY, L' *voir* **Love of Jeanne Ney, The**

AMOUR DE PROF, UN *voir* **Stepping Out**

AMOUR EN CHAIR ET EN OS, L'
voir **Love, Sex and Eating the Bones**

AMOUR EN FUITE, L' [Love on the Run] ▷4
FR. 1978. Comédie sentimentale de François TRUFFAUT avec Jean-Pierre Léaud, Marie-France Pisier et Dorothée. - Un jeune homme instable retrouve une femme qu'il a aimée lorsqu'il était adolescent.

AMOUR EN TROP, L' *voir* **Rich in Love**

AMOUR EST LE PLUS FORT, L' *voir* **Voyage in Italy**

AMOUR EST UN POUVOIR SACRÉ, L' [Breaking the Waves] ►2
DAN. 1996. Mélodrame de Lars VON TRIER avec Emily Watson, Stellan Skarsgard et Katrin Cartlidge. - Une jeune Écossaise vivant dans une communauté rigoriste accepte d'aller avec d'autres hommes en espérant favoriser ainsi la guérison de son mari devenu paraplégique. - Œuvre extrêmement bouleversante. Récit déroutant où le sordide côtoie la grâce pure. Mise en scène experte. Interprétation extraordinaire d'E. Watson. □ 16 ans+

AMOUR EST UNE GRANDE AVENTURE, L' *voir* **Skin Deep**

AMOUR ET BASKETBALL *voir* **Love and Basketball**

AMOUR ET UN.45, L' *voir* **Love and a.45**

AMOUR FOU, L' *voir* **Mad Love**

AMOUR INFINI, UN *voir* **Endless Love**

AMOUR L'APRÈS-MIDI, L' [Chloe in the Afternoon] ▷3
FR. 1972. Drame psychologique d'Éric ROHMER avec Bernard Verley, Zouzou et Françoise Verley. - La rencontre d'une ancienne amie permet à un homme de faire une mise au point sur sa vie conjugale. - Ensemble élégant et précis. Nuances psychologiques bien exprimées. ➜ DVD$

AMOUR NU, L' ▷3
FR. 1981. Drame psychologique de Yannick BELLON avec Marlène Jobert, Jean-Michel Folon et Zorica Lozic. - Découvrant qu'elle souffre d'une tumeur au sein, une femme rompt une idylle naissante avec un divorcé. - Scénario plausible. Évocation complexe du contexte sociologique. □ Général

AMOUR POURSUITE, L' *voir* **Love at Large**

AMOUR SORCIER, L' [Amor brujo, el] ▷3
ESP. 1986. Drame musical de Carlos SAURA avec Antonio Gades, Cristina Hoyos et Laura del Sol. - Une gitane obsédée par le fantôme de son mari est courtisée par l'homme qui est injustement accusé de sa mort. - Adaptation d'un ballet de Manuel de Falla. Danses flamencos bien réglées. - Mélange de réalisme et de stylisation. □ Général

AMOUR TABOU, L' *voir* **Close My Eyes**

AMOUR VIENT EN DANSANT, L' *voir* **You'll Never Get Rich**

AMOUR VIOLÉ, L' ▷3
FR. 1977. Drame social de Yannick BELLON avec Nathalie Nell, Alain Fourès et Michèle Simonnet. - Enlevée et violée par quatre inconnus, une infirmière décide d'intenter une poursuite. - Traitement humain d'un sujet délicat. Rythme soutenu. Interprétation intelligente.

AMOUR, OBSESSION ET UNIFORME
voir **I Love a Man in Uniform**

AMOUREUSE ▷4
FR. 1991. Drame psychologique de Jacques DOILLON avec Charlotte Gainsbourg, Yvan Attal et Thomas Langmann. - Une jeune fille hésite entre deux amoureux. □ 13 ans+

AMOUREUSES, LES ▷4
QUÉ. 1992. Drame sentimental de Johanne PRÉGENT avec Louise Portal, Léa-Marie Cantin et Kenneth Welsh. - Alors que sa meilleure amie vient de tomber amoureuse, une quadragénaire connaît pour sa part des difficultés dans sa vie de couple. □ Général

AMOUREUX FOU ▷5
QUÉ. 1991. Comédie sentimentale de Robert MÉNARD avec Rémy Girard, Nathalie Gascon et Jean Rochefort. - Un publicitaire marié s'engage dans une idylle avec une actrice en vue, ce qui lui amène bientôt de nombreux ennuis. □ Général

AMOUREUX, LES *voir* **Loving Couples**

AMOURS CHAMPÊTRES *voir* **Country Life**

AMOURS CHIENNES [Amores perros] ►2
MEX. 2000. Drame de mœurs d'Alejandro González INÀRRITU avec Emilio Echevarria, Gael Garcia Bernal et Goya Toledo. - Trois récits se déroulant à Mexico mettent en lumière les destins tragiques de divers personnages. - Intrigues parallèles aux ramifications sociales et psychologiques riches et complexes. Traitement stylistique varié et percutant. Grande maîtrise esthétique. Interprétation vibrante et vigoureuse. □ 16 ans+ · Violence ➜ DVD$

AMOURS D'ASTRÉE ET DE CÉLADON, LES ▷4
FR. 2007. Conte d'Éric ROHMER avec Stéphanie Crayencour et Andy Gillet. - Rejeté par son amoureuse qui le croit infidèle, un berger se jette à la rivière avant d'être sauvé par des nymphes. ➜ DVD$

AMOURS D'UNE BLONDE, LES ►2
TCH. 1965. Comédie sentimentale de Milos FORMAN avec Hana Brejchova, Vladimir Pucholt et Vladimir Mensik. - Une jeune ouvrière s'éprend d'un pianiste de son âge à l'occasion d'une fête de village. - Gentille ironie. Observations humoristiques judicieuses. Traitement alerte et aéré. Mise en scène de qualité. Interprétation juste et naturelle. ➜ DVD$

AMOURS DE CARMEN, LES *voir* **Loves of Carmen, The**

AMOURS, FLIRT ET CALAMITÉS *voir* **Flirting with Disaster**

AMSTERDAMNED [Amsterdamné] ▷4
HOL. 1988. Drame policier de Laurent GEELS et Dick MAAS avec Huub Stapel, Monique Van de Ven et Serge-Henri Valke. - Un détective enquête sur une série de crimes dont le coupable vivrait sur les canaux d'Amsterdam.

AN EGYPTIAN STORY *voir* **Mémoire, La**

ANALYSE FATALE *voir* **Final Analysis**

ANANAS EXPRESS *voir* **Pineapple Express**

ANASTASIA ▷4
É.-U. 1956. Drame de Anatole LITVAK avec Ingrid Bergman et Yul Brynner. - Des émigrés russes persuadent une amnésique qu'elle est la grande duchesse Anastasia, fille du dernier tsar. ➜ DVD$

ANASTASIA [Anastasia - Family Fun Edition] ▷4
É.-U. 1997. Dessins animés de Don BLUTH et Gary GOLDMAN. - Une jeune orpheline démunie qui ne se souvient plus de son passé en vient à découvrir qu'elle est née princesse. □ Général ➜ DVD$

ANATOMIE DE L'ENFER [Anatomy of Hell] ▷4
FR. 2003. Drame de mœurs de Catherine BREILLAT avec Amira Casar, Rocco Siffredi et Alexandre Belin. - Pendant quatre nuits, une jeune femme paie un homosexuel pour qu'il l'observe dans son intimité physique et spirituelle la plus profonde.
□ 18 ans+ · Érotisme ➔ DVD$

ANATOMY OF A MURDER [Autopsie d'un meurtre] ▷3
É.-U. 1959. Drame de Otto PREMINGER avec James Stewart, Lee Remick et Ben Gazzara. - Un avocat défend un lieutenant accusé d'avoir commis un meurtre par jalousie. - Vision critique de l'appareil judiciaire. Scénario intelligemment construit. Réalisation équilibrée et efficace. Interprétation brillante. □ Général ➔ DVD$

ANATOMY OF HELL *voir* **Anatomie de l'enfer**

ANCHORESS ▷4
BEL.-ANG. 1993. Drame religieux de Chris NEWBY avec Natalie Morse, Eugène Bervoerts et Toyah Wilcox. - Au XIVe siècle, une adolescente qui a été frappée d'une révélation en contemplant une statue de la Vierge décide de vivre en recluse. □ Général ➔ DVD$

ANCHORS AWEIGH ▷4
É.-U. 1944. Comédie musicale de George SIDNEY avec Frank Sinatra, Gene Kelly et Kathryn Grayson. - Les mésaventures de deux marins qui prétendent être les amis d'un célèbre pianiste. □ Général ➔ DVD$

AND GOD CREATED WOMAN *voir* **Et Dieu créa la femme**

AND JUSTICE FOR ALL [Justice pour tous] ▷4
É.-U. 1979. Drame judiciaire de Norman JEWISON avec Al Pacino, Jack Warden et John Forsythe. - Un avocat contestataire se voit forcé de défendre un juge contre une accusation de viol.
□ 13 ans+ ➔ DVD$

AND LIFE GOES ON... [Life, and Nothing More] ▷3
IRAN. 1992. Drame d'Abbas KIAROSTAMI avec Farhad Kheradmand et Puya Paevar. - Au lendemain d'un tremblement de terre qui dévasta l'Iran, un cinéaste part à la recherche de l'enfant qui fut la vedette de l'un de ses films. - Récit se situant entre le documentaire et la fiction. Mise en scène épurée. □ Général

AND NOW FOR SOMETHING COMPLETELY DIFFERENT ▷4
ANG. 1971. Film à sketches de Ian McNAUGHTON avec Graham Chapman, John Cleese et Terry Gilliam. - Assemblage de situations absurdes et de plaisanteries outrées présentées sous forme de saynètes et de séquences d'animation. □ Général ➔ DVD$

AND NOW LADIES & GENTLEMEN ▷5
FR. 2002. Comédie dramatique de Claude LELOUCH avec Jeremy Irons, Patricia Kaas et Thierry Lhermitte. - Le destin réunit un gentleman cambrioleur qui fait le tour du monde à la voile et une chanteuse qui se produit dans un palace au Maroc.

AND THE BAND PLAYED ON ▷4
[Combat pour l'amour, Un]
É.-U. 1993. Chronique de Roger SPOTTISWOODE avec Matthew Modine, Alan Alda et Patrick Bauchau. - Les efforts accomplis par un groupe de chercheurs pour identifier l'origine et la nature du virus du sida.
□ Général ➔ DVD$

AND THE SHIP SAILS ON *voir* **Et vogue le navire!**

AND THEN THERE WERE NONE ▷3
É.-U. 1947. Drame policier de René CLAIR avec Barry Fitzgerald, Louis Hayward et Walter Huston. - Dix personnes réunies dans un lieu coupé de tout sont tuées l'une après l'autre par un mystérieux assassin. - Adaptation ingénieuse d'un roman d'Agatha Christie. Mise en scène fort soignée. Rythme bien soutenu. Interprétation homogène.
□ Général ➔ DVD$

AND THEN THERE WERE NONE *voir* **Ten Little Indians**

AND THEN YOU DIE ▷4
CAN. 1987. Drame policier de Francis MANKIEWICZ avec Kenneth Welsh, R.H. Thomson et Pierre Chagnon. - Un important trafiquant de drogues s'entend avec des motards pour éliminer un mafioso dont il convoite le territoire. □ 13 ans+

AND YOUR MOTHER TOO *voir* **Et... ta mère aussi**

ANDERSON TAPES, THE [Dossier Anderson, Le] ▷4
É.-U. 1971. Drame policier de Sidney LUMET avec Sean Connery, Dyan Cannon et Martin Balsam. - À sa sortie de prison, un homme prépare un coup d'envergure. □ 13 ans+ ➔ DVD$

ANDERSONVILLE ▷4
É.-U. 1996. Drame de guerre de John FRANKENHEIMER avec Jarrod Emick, Frederic Forrest et Ted Marcoux. - Durant la guerre de Sécession, des milliers de soldats nordistes vivent de terribles épreuves dans un camp d'internement. ➔ DVD$

ANDREI RUBLEV [Andrei Roublev] ►1
U.R.S.S. 1966. Drame historique d'Andrei TARKOVSKY avec Anatoli Solonitzine, Ivan Lapikov et Nikolai Sergueiev. - Les tribulations d'un peintre d'icônes dans la Russie du XVe siècle. - Œuvre d'une grande richesse thématique et esthétique, faite de grandeur et de lyrisme. Évocation faisant se côtoyer mysticisme et barbarie. Utilisation remarquable des mouvements de caméra. Imagerie à la beauté saisissante. Interprétation inspirée. □ 13 ans+ ➔ DVD$

ANDREW LLOYD WEBBER'S PHANTOM OF THE OPERA *voir* **Phantom of the Opera**

ANDROID [Androïde] ▷4
É.-U. 1982. Science-fiction de Aaron LIPSTADT avec Don Opper, Klaus Kinski et Brie Howard. - En 2036, un savant expérimentant des robots à forme humaine reçoit dans sa station orbitale des évadés dont il compte se servir. □ Général ➔ DVD$

ANDROMEDA STRAIN, THE ▷3
É.-U. 1971. Science-fiction de Robert WISE avec Arthur Hill, David Wayne et James Olson. - Dans un laboratoire ultra-secret, quatre spécialistes s'efforcent d'isoler un virus dangereux venu de l'espace. - Ton d'observation documentaire sobre et rigoureux. Personnages estompés par les décors et trucages. Excellents moments de suspense. Comédiens de talent. □ Général ➔ DVD$

ANDROMEDIA
JAP. 1998. Takashi MIIKE ➔ DVD$

ANDY WARHOL - LIFE AND DEATH
voir **Vies et morts d'Andy Warhol**

ANDY WARHOL'S DRACULA [Blood for Dracula] ▷4
ITA. 1974. Drame d'horreur de Paul MORRISSEY avec Udo Kier, Joe Dallesandro et Vittorio De Sica. - Le comte Dracula se rend en Italie à la recherche de vierges dont le sang seul peut le maintenir en existence. □ 16 ans+ ➔ DVD$

ANDY WARHOL'S FRANKENSTEIN ▷5
[Chair pour Frankenstein]
ITA. 1973. Drame d'horreur de Paul MORRISSEY avec Udo Kier, Monique Van Vooren et Joe Dallesandro. - Le baron Frankenstein poursuit des expériences pour arriver à créer une race supérieure.
□ 18 ans+ ➔ DVD$

ANGE BLEU, L' [Blue Angel, The] ►1
ALL. 1930. Drame psychologique de Josef VON STERNBERG avec Marlene Dietrich, Emil Jannings et Hans Albers. - Un professeur de collège connaît la déchéance après être devenu amoureux d'une chanteuse de cabaret. - Œuvre marquante du début du parlant. Réalisation magistrale alliant expressionnisme, naturalisme et théâtralité. Fortes créations de M. Dietrich et E. Jannings.
□ Général ➔ DVD$

ANGE DE GOUDRON, L' [Tar Angel] ▷4
QUÉ. 2001. Drame social de Denis CHOUINARD avec Zinedine Soualem, Catherine Trudeau et Rabah Aït Ouyahia. - Un immigrant algérien part à la recherche de son fils, un jeune militant anarchiste qui s'est enfui dans le nord du Québec. □ Général

ANGE DE LA MUSIQUE, L' *voir* **Silent Touch, The**

ANGE DE PIERRE, L' *voir* **Stone Angel**

ANGE DÉNOMMÉ WANDA, UN *voir* **Fish Called Wanda, A**

ANGE ET LA FEMME, L' ▷5
QUÉ. 1977. Drame fantastique de Gilles CARLE avec Carole Laure, Lewis Furey et Jean Comtois. - Un personnage mystérieux recueille le cadavre d'une jeune femme assassinée et lui rend la vie. □ 18 ans+

ANGE ET LE MAL, L' *voir* **Angel and the Badman**

ANGE EXTERMINATEUR, L' [Exterminating Angel, The] ►2
MEX. 1962. Drame fantastique de Luis BUÑUEL avec Silvia Pinal, Jose Baviera et Augusto Benedico. - Les invités d'une soirée se sentent retenus chez leurs hôtes par une force mystérieuse. - Thème insolite. Traitement énigmatique enrichi d'une étude de mœurs satirique. Monde clos décrit avec force. Interprétation stylisée.
□ Général ➔ DVD$

ANGE IVRE, L' [Drunken Angel] ▷3
JAP. 1948. Drame social d'Akira KUROSAWA avec Takashi Shimura, Toshiro Mifune et Reisaburo Yamamoto. - Un médecin déchu par l'alcoolisme sauve la vie d'un jeune criminel et exerce sur lui une influence positive. - Style apparenté au néoréalisme italien. Mise en scène vigoureuse. Quelques touches mélodramatiques. Excellente interprétation de T. Mifune. ➔ DVD $

ANGE NOIR, L' ▷4
FR. 1994. Drame psychologique de Jean-Claude BRISSEAU avec Sylvie Vartan, Michel Piccoli et Tchéky Karyo. - Après avoir été acquittée du meurtre de son amant qu'elle a fait passer pour un violeur, l'épouse d'un riche magistrat est victime d'un maître chanteur.
□ 16 ans+ · Érotisme

ANGEL ▷3
FR. 2006. Mélodrame de François OZON avec Romola Garai, Sam Neill et Michael Fassbender. - Au début du XXe siècle, une jeune romancière à succès connaît différents revers dans sa vie personnelle. - Adaptation luxuriante du roman d'Elizabeth Taylor. Approche volontairement kitsch détournant joyeusement les codes du mélodrame hollywoodien. Réalisation virtuose aux trouvailles étonnantes. Ensemble fascinant mais particulier. R. Garai remarquable dans un rôle difficile. ➔ DVD $

ANGEL ▷4
É.-U. 1937. Drame sentimental d'Ernst LUBITSCH avec Herbert Marshall, Marlene Dietrich et Melvyn Douglas. - Après une aventure passagère, la femme d'un diplomate se ressaisit. □ Général

ANGEL AND THE BADMAN [Ange et le mal, L'] ▷4
É.-U. 1947. Western de James Edward GRANT avec John Wayne, Gail Russell et Harry Carey. - Un hors-la-loi blessé est recueilli par une famille de Quakers. ➔ DVD $

ANGEL AT MY TABLE, AN ▷3
N.-Z. 1990. Drame biographique de Jane CAMPION avec Kerry Fox, Alexia Keogh et Karen Fergusson. - Une jeune auteure, qui a été internée pendant huit ans à la suite d'un diagnostic psychiatrique erroné, parcourt l'Europe après que son premier roman a été primé. - Évocation impressionniste et souvent poétique de la vie de Janet Frame. Mise en images saisissante. Réalisation sensible et délicate. Excellentes comédiennes. □ Général ➔ DVD $

ANGEL BABY ▷3
AUS. 1995. Drame psychologique réalisé par Michael RYMER avec John Lynch et Colin Friels. - Deux patients souffrant de troubles psychiques doivent affronter les pressions de leur entourage lorsqu'ils conçoivent un enfant. - Scénario inspiré et bien construit. Réalisation efficace. Comédiens excellents. □ 13 ans+ · Érotisme

ANGEL EYES [Yeux d'un ange, Les] ▷4
É.-U. 2001. Drame psychologique de Luis MANDOKI avec Jennifer Lopez, Jim Caviezel et Sonia Braga. - Une jeune policière au passé trouble s'éprend d'un homme mystérieux brisé par une tragédie personnelle. □ 13 ans+ ➔ DVD $

ANGEL FACE ▷5
É.-U. 1952. Drame de Otto PREMINGER avec Robert Mitchum, Jean Simmons et Herbert Marshall. - Sous une physionomie agréable, une jeune fille cache une âme perverse. ➔ DVD $

ANGEL HEART [Aux portes de l'enfer] ▷3
É.-U. 1987. Drame policier de Alan PARKER avec Mickey Rourke, Robert De Niro et Lisa Bonet. - En 1955, un homme mystérieux engage un détective pour retrouver un chanteur disparu. - Récit complexe. Atmosphère palpable de décrépitude. Nombreux effets de style. Bonne évocation d'époque. Mise en scène habile. Interprétation nerveuse.
□ 13 ans+ ➔ DVD $

ANGEL LEVINE, THE ▷3
É.-U. 1970. Drame fantastique de Jan KADAR avec Zero Mostel, Harry Belafonte et Ida Kaminska. - Un vieux tailleur juif est aux prises avec un Noir qui dit être un ange venu lui porter assistance. - Conte apparenté au folklore juif. Décor très évocateur. Sens aigu de l'atmosphère. Forte interprétation. ➔ DVD $

ANGEL OF VENGEANCE
H.-K. 1993. Chung-Kwai CHEUNG ➔ DVD $

ANGEL ON MY SHOULDER [Évadé de l'enfer, L'] ▷4
É.-U. 1947. Comédie fantaisiste d'Archie MAYO avec Paul Muni, Claude Rains et Anne Baxter. - Un homme assassiné par son associé revient sur Terre pour se venger, avec Satan pour complice. ➔ DVD $

ANGEL RODRIGUEZ
É.-U. 2005. Jim MCKAY ➔ DVD $

ANGEL SQUARE [Bisbille et boules de neige] ▷4
CAN. 1990. Comédie fantaisiste de Anne WHEELER avec Jeremy Radick, Ned Beatty et Nicola Cavendish. - Un jeune garçon qui s'imagine souvent en justicier décide de mener sa propre enquête en vue de démasquer un mystérieux agresseur. □ Général

ANGEL-A ▷5
FR. 2006. Comédie fantaisiste de Luc BESSON avec Jamel Debbouze, Rie Rasmussen et Gilbert Melki. - Alors qu'il s'apprête à se suicider, un petit escroc criblé de dettes est secouru par un ange qui lui propose de mettre un peu d'ordre dans sa vie. □ Général ➔ DVD $

ANGELA'S ASHES ▷4
É.-U. 1999. Chronique d'Alan PARKER avec Emily Watson, Robert Carlyle et Joe Breen. - Mal secondée par un époux alcoolique et chômeur, une Irlandaise doit subvenir aux besoins de ses jeunes enfants durant la Dépression. ➔ DVD $

ANGÈLE ▷3
FR. 1934. Comédie dramatique de Marcel PAGNOL avec Orane Demazis, Fernandel et Henri Poupon. - Un paysan de Haute-Provence traite durement sa fille qui a eu un enfant hors mariage. - Sujet tiré d'un texte de Jean Giono. Densité dramatique. Cadre paysan bien reconstitué. Interprétation sobre.

ANGELIC CONVERSATION, THE
ANG. 1985. Derek JARMAN □ Général

ANGELS & DEMONS [Anges et démons]
É.-U. 2009. Ron HOWARD

ANGELS & INSECTS [Anges et des insectes, Des] ▷4
ANG. 1995. Drame de mœurs de Philip HAAS avec Mark Rylance, Kristin Scott Thomas et Patsy Kensit. - Un naturaliste qui a épousé la fille d'un aristocrate découvre des secrets troublants sur sa belle-famille. □ 13 ans+

ANGELS IN THE OUTFIELD ▷4
É.-U. 1951. Comédie fantaisiste de Clarence BROWN avec Paul Douglas, Janet Leigh et Donna Corcoran. - L'ange gardien du gérant d'un club de base-ball en perte de vitesse s'offre à l'aider s'il amende sa conduite. □ Général ➔ DVD $

ANGELS OVER BROADWAY ▷4
É.-U. 1940. Drame de Ben HECHT et Lee Garmes avec Rita Hayworth, Douglas Fairbanks Jr., et Thomas Mitchell. - Les habitués d'un café viennent en aide à un homme qui a tenté de se suicider. □ Général

© SÉVILLE

ANGELS WITH DIRTY FACES ▷3
É.-U. 1939. Drame social de Michael CURTIZ avec James Cagney, Pat O'Brien et Humphrey Bogart. - Un prêtre qui s'occupe d'une œuvre pour la jeunesse, cherche à ramener dans le droit chemin un ami d'enfance devenu criminel. - Thème doté d'une belle valeur psychologique. Mise en scène habile. Interprétation efficace.
□ Général ➔ DVD$

ANGELS' WILD WOMEN
É.-U. 1972. Al ADAMSON ➔ DVD$

ANGES DE LA NUIT, LES *voir* **State of Grace**

ANGES EXTERMINATEURS, LES ▷4
FR. 2006. Drame de mœurs de Jean-Claude BRISSEAU avec Frédéric van den Driessche, Maroussia Dubreuil et Lise Bellynck. - Cherchant à filmer le plaisir féminin, un cinéaste développe une connivence trouble avec trois actrices à qui il fait passer des essais très osés.
□ 16 ans+ · Érotisme ➔ DVD$

ANGES GARDIENS, LES ▷4
FR. 1994. Comédie fantaisiste de Jean-Marie POIRÉ avec Gérard Depardieu, Christian Clavier et Eva Grimaldi. - Un cabaretier et un prêtre mêlés à une affaire louche sont hantés par leurs consciences qui ont la forme d'anges tentateurs ou réprobateurs. □ 13 ans+

ANGLAIS, L' *voir* **Limey, The**

ANGLAISE ET LE DUC, L' [Lady and the Duke, The] ►2
FR. 2001. Drame historique d'Éric ROHMER avec Lucy Russell, Jean-Claude Dreyfus et Léonard Cobiant. - En 1790, une aristocrate anglaise voit son amitié avec un duc français mise à rude épreuve lorsque celui-ci épouse les thèses révolutionnaires. - Captivante leçon d'Histoire au traitement fort original. Utilisation ingénieuse de l'infographie dans la reconstitution d'époque. Mise en scène de facture théâtrale. Interprétation intense et nuancée de L. Russell. □ Général ➔ DVD$

ANGLAISE ROMANTIQUE, UNE
voir **Romantic Englishwoman, The**

ANGRY HARVEST ▷3
ALL. 1984. Drame psychologique d'Agnieszka HOLLAND avec Armin Muller-Stahl, Elisabeth Trissenaar et Wojtech Pszoniak. - Ayant réussi à échapper aux nazis, une Juive est recueillie par un fermier polonais avec lequel elle vit une liaison douloureuse. - Vision nuancée d'une relation passionnelle. Évocation d'époque convaincante. Atmosphère sombre mais prenante. ➔ DVD$

© FILMOPTION (DISTRIBUTION SELECT)

ANGUILLE, L' [Eel, The] ►2
JAP. 1997. Drame psychologique de Shohei IMAMURA avec Koji Yakusho, Misa Shimizu et Fujio Tsuneta. - Libéré sur parole huit ans après le meurtre de sa femme adultère, un homme taciturne réapprend à vivre et à aimer. - Récit foisonnant mené de main de maître. Mélange de genres habilement agencés. Mise en scène d'une admirable aisance. Interprétation de première force. □ 13 ans+ ➔ DVD$

ANIKI MON FRÈRE *voir* **Brother**

ANIMA
É.-U. 1998. Craig RICHARDSON ➔ DVD$

ANIMAL CRACKERS ▷4
É.-U. 1930. Comédie musicale de Victor HEERMAN avec Groucho Marx, Chico Marx et Harpo Marx. - La substitution d'un tableau, au cours d'une fête, occasionne une suite de quiproquos. □ Général

ANIMAL FACTORY [Bête contre les murs, La] ▷4
É.-U. 2000. Drame de Steve BUSCEMI avec Willem Dafoe, Edward Furlong et Seymour Cassel. - Un jeune détenu devient le protégé d'un bagnard qui exerce de l'ascendant sur les autres prisonniers et les gardiens d'un pénitencier. ➔ DVD$

ANIMAL FARM ▷4
ANG. 1955. Dessins animés de John HALAS et Joy BATCHELOR. - Sur une ferme, les animaux se révoltent contre leur maître, ivrogne et incompétent. □ Général ➔ DVD$

ANIMAL LOVE
AUT. 1995. Ulrich SEIDL ➔ DVD$

ANIMALS IN LOVE *voir* **Animaux amoureux, Les**

ANNA ▷4
É.-U. 1986. Drame psychologique de Yurek BOGAYEVICZ avec Sally Kirkland, Paulina Porizkova et Robert Fields. - Jadis une vedette dans son pays natal, une actrice tchèque installée à New York accueille chez elle une jeune compatriote qui finit par la supplanter.
□ Général ➔ DVD$

ANNA AND THE KING [Anna et le roi] ▷4
É.-U. 1999. Drame d'Andy TENNANT avec Jodie Foster, Chow Yun-Fat et Bai Ling. - En 1862, une jeune veuve anglaise devient l'institutrice des nombreux enfants du roi de Siam. □ Général ➔ DVD$

ANNA AND THE KING OF SIAM ▷4
É.-U. 1946. Drame de John CROMWELL avec Irene Dunne, Rex Harrison et Linda Darnell. - Une jeune veuve anglaise devient la préceptrice des enfants du roi de Siam. □ Général ➔ DVD$

ANNA BOLEYN
ALL. 1920. Ernst LUBITSCH ➔ DVD$

ANNA CHRISTIE ▷4
É.-U. 1930. Drame de Clarence BROWN avec Greta Garbo, Charles Bickford et Marie Dressler. - Une prostituée s'éprend d'un jeune marin en rendant visite à son père. □ Général ➔ DVD$

ANNA KARENINA ▷4
ANG. 1947. Drame psychologique de Julien DUVIVIER avec Vivien Leigh, Ralph Richardson et Kieron Moore. - Le sort tragique d'une femme infidèle dans la Russie du XIXe siècle. ➔ DVD$

ANNA KARENINA ▷5
RUS. 1967. Drame de Alexander ZARKHI avec Tatiana Samoïlova, Nikolaï Gritsenko et Vassili Lanovoï. - Le sort tragique d'une femme infidèle dans la Russie du XIXe siècle. ➔ DVD$

ANNA KARENINA ▷3
[Anna Karenine d'après Léon Tolstoï]
É.-U. 1935. Drame sentimental de Clarence BROWN avec Greta Garbo, Fredric March et Basil Rathbone. - Une femme mariée fait la connaissance d'un jeune officier dont elle s'éprend. - Adaptation soignée du roman de Tolstoï. Mise en scène somptueuse. Jeu fascinant de G. Garbo. □ Général ➔ DVD$

ANNA M. ▷3
FR. 2006. Drame psychologique de Michel SPINOSA avec Isabelle Carré, Gilbert Melki et Anne Consigny. - Une jeune femme solitaire développe une passion amoureuse maladive pour le médecin qui l'a soignée après une tentative de suicide. - Illustration forte et dérangeante d'un cas d'érotomanie. Habile équilibre entre étude clinique et éléments de thriller. Quelques invraisemblances. Réalisation précise, génératrice d'une tension prenante. Performance intense et émouvante d'I. Carré. □ 13 ans+ ➔ DVD$

ANNE OF GREEN GABLES ▷4
[Anne... La maison aux pignons verts]
É.-U. 1934. Drame de George NICHOLLS Jr. avec Anne Shirley, Tom Brown et Helen Westley. - Une orpheline s'en va vivre dans une famille de l'Île-du-Prince-Édouard. □ Général

ANNE OF GREEN GABLES ▷3
[Anne... La maison aux pignons verts]
CAN. 1985. Comédie dramatique de Kevin SULLIVAN avec Megan Follows, Colleen Dewhurst et Richard Farnsworth. - Alors qu'il s'attendait à adopter un garçon qui l'aiderait sur sa ferme, un célibataire voit débarquer une petite rouquine envoyée par erreur par l'orphelinat. - Adaptation réussie d'un roman populaire. Téléfilm à la réalisation très soignée. Interprétation de talent. □ Général ➔ DVD$

ANNE OF GREEN GABLES - THE SEQUEL ▷3
[Anne... La maison aux pignons verts - la suite]
CAN. 1987. Comédie dramatique de Kevin SULLIVAN avec Megan Follows, Colleen Dewhurst et Wendy Hiller. - Les tribulations d'une orpheline devenue institutrice dans l'Île-du-Prince-Édouard. - Téléfilm à l'intrigue anecdotique riche en détails savoureux. Mise en scène aérée. Photographie pittoresque. Interprétation charmante. □ Général ➔ DVD$

ANNE OF THE THOUSAND DAYS ▷3
ANG. 1969. Drame historique de Charles JARROTT avec Richard Burton, Geneviève Bujold et Anthony Quayle. - L'amour du roi Henri VIII d'Angleterre pour Anne Boleyn le pousse à une rupture avec l'Église romaine. - Images somptueuses et soignées. Rythme soutenu. Jeu convaincant des interprètes. □ Général

ANNE TRISTER ▷3
QUÉ. 1986. Drame psychologique de Léa POOL avec Albane Guilhe, Louise Marleau et Guy Thauvette. - Une jeune artiste suisse s'attache à une psychologue pour enfants de Montréal. - Variations mélancoliques et troublantes sur un monde secret féminin. Réalisation d'un art subtil. Interprétation d'une intériorité convaincante. □ Général ➔ DVD$

ANNÉE DE L'ÉVEIL, L' ▷4
BEL. 1991. Drame de mœurs de Gérard CORBIAU avec Grégoire Colin, Laurent Grevill et Chiara Caselli. - Les tribulations d'un jeune orphelin qui poursuit ses études dans un collège militaire.

ANNÉE DE TOUS LES DANGERS, L'
voir **Year of Living Dangerously, The**

ANNÉE DE VIOLENCE, UNE *voir* **Year of the Gun**

ANNÉE DERNIÈRE À MARIENBAD, L' ►1
[Last Year at Marienbad]
FR. 1960. Drame d'Alain RESNAIS avec Delphine Seyrig, Giorgio Albertazzi et Sacha Pitoëff. - Dans un somptueux hôtel, un homme cherche à convaincre une femme qu'ils se sont déjà rencontrés. - Narration envoûtante inspirée du Nouveau Roman. Montage savant. Musique captivante. Interprétation stylisée. □ Général

ANNÉE DES MÉDUSES, L' ▷5
FR. 1984. Drame de mœurs de Christopher FRANK avec Valérie Kaprisky, Bernard Giraudeau et Caroline Cellier. - En vacances à Saint-Tropez, une jeune fille qui s'amuse à exciter les hommes se hérisse lorsque l'un d'eux lui préfère sa mère. ➔ DVD$

ANNÉE DU SOLEIL TRANQUILLE, L' ▷3
[Year of the Quiet Sun, A]
POL. 1984. Drame psychologique de Krzysztof ZANUSSI avec Maja Komorowska, Scott Wilson et Hanna Skarzanka. - En 1946, l'amour impossible d'une veuve polonaise et d'un soldat américain. - Drame humain dessiné avec justesse et sobriété. Contexte social et historique bien évoqué. □ Général ➔ DVD$

ANNÉE JULIETTE, L' ▷4
FR. 1994. Comédie dramatique de Philippe LE GUAY avec Fabrice Luchini, Valérie Stroh et Philippine Leroy Beaulieu. - Un anesthésiste prétexte une liaison avec une inconnue pour repousser sa maîtresse. □ Général

ANNÉE OÙ MES PARENTS SONT PARTIS EN VACANCES, L' ▷4
BRÉ. 2007. Drame de Cao HAMBURGER avec Michel Joelsas, Germano Haiut et Daniela Piepszyk. - En 1970 au Brésil, un garçon passionné de foot est préoccupé par l'absence prolongée de ses parents, des dissidents politiques. ➔ DVD$

ANNÉES 80, LES ▷3
FR. 1985. Comédie musicale de Chantal AKERMAN avec Delphine Seyrig, Fanny Cottençon et Charles Denner. - Les échanges amoureux entre les employés d'un magasin de confection et d'un salon de coiffure se faisant face dans une galerie marchande. - Mise en scène rythmée habilement contrôlée. Interprétation convaincante.

ANNÉES DE RÊVES, LES ▷4
QUÉ. 1984. Chronique historique de Jean-Claude LABRECQUE avec Gilbert Sicotte, Anne-Marie Provencher et Monique Mercure. - Durant les années 1960, l'impact des événements politiques au Québec sur la vie d'un jeune couple montréalais.

ANNÉES LUMIÈRE, LES ▷3
SUI.-FR. 1980. Drame poétique d'Alain TANNER avec Trevor Howard, Mick Ford et Bernice Stegers. - Un jeune homme se soumet aux exigences bizarres d'un vieillard qui semble avoir quelque chose à lui apprendre. - Climat d'étrangeté. Aspects insolites. Mise en scène sûre. Interprétation contrastée.

ANNÉES SANDWICHES, LES ▷3
FR. 1988. Drame psychologique de Pierre BOUTRON avec Wojtek Pszoniak, Thomas Langmann et Nicolas Giraudi. - En 1947, à Paris, un jeune juif hébergé par un brocanteur aux allures bourrues sympathise avec un fils de grand bourgeois. - Peinture d'un univers d'après-guerre teintée d'humour et de nostalgie. Chronique enlevée. Aspects techniques bien contrôlés. Jeu maîtrisé de W. Pszoniak. ➔ DVD$

ANNIE ▷4
É.-U. 1982. Comédie musicale de John HUSTON avec Aileen Quinn, Albert Finney et Carol Burnett. - Les mésaventures d'une orpheline choisie pour vivre une semaine chez un milliardaire. □ Général

ANNIE GET YOUR GUN [Annie reine du cirque] ▷4
É.-U. 1949. Comédie musicale de GEORGE SIDNEY avec Betty Hutton, Howard Keel et Louis Calhern. - Une jeune paysanne devient la vedette d'un cirque grâce à son adresse au tir. ➔ DVD$

ANNIE HALL ►1
É.-U. 1977. Comédie sentimentale réalisée et interprétée par Woody ALLEN avec Diane Keaton et Tony Roberts. - Un comédien vedette de la télévision s'éprend d'une apprentie chanteuse. - Scénario d'un brio étourdissant. Ton d'humour empreint d'ironie douce-amère. Dialogues savoureux. Nombreuses touches inventives dans le traitement narratif et visuel. Interprètes à la fois drôles et touchants. □ Général ➔ DVD$

ANNIE OAKLEY ▷4
É.-U. 1935. Comédie de George STEVENS avec Barbara Stanwyck, Preston Foster et Melvyn Douglas. - Une jeune paysanne devient vedette du cirque de Buffalo Bill. □ Général ➔ DVD$

ANNIVERSARY PARTY, THE [Soirée d'anniversaire] ▷4
É.-U. 2001. Comédie dramatique réalisée et interprétée par Alan CUMMING et Jennifer Jason LEIGH avec Gwyneth Paltrow. - Récemment réconcilié après un an de séparation, un couple d'artistes donne une fête qui prendra une tournure inattendue. □ Général ➔ DVD$

ANNONCE FAITE À MARIE, L' ▷4
FR. 1991. Drame poétique réalisé et interprété par Alain CUNY avec Ulrika Jonsson et Jean des Ligneris. - La fille aînée d'un fermier est bannie par les siens après avoir contracté la lèpre.

ANNULAIRE, L' ▷4
FR. 2005. Drame de Diane BERTRAND avec Olga Kurylenko, Marc Barbé et Stipe Erceg. - Une jeune femme obéit à de mystérieuses pulsions qui l'attirent sexuellement vers son patron, directeur d'un étrange laboratoire. □ 13 ans+ · Érotisme ➔ DVD$

ANOTHER COUNTRY ▷4
ANG. 1984. Drame psychologique de Marek KANIEVSKA avec Rupert Everett, Colin Firth et Michael Jenn. - Un transfuge anglais vivant à Moscou évoque pour une journaliste ses années d'études dans un collège huppé. □ Général ➔ DVD$

ANOTHER DAY IN PARADISE ▷4
[Autre jour sans paradis, Un]
É.-U. 1998. Drame de mœurs de Larry CLARK avec James Woods, Melanie Griffith et Vincent Kartheiser. - Un criminel quadragénaire et sa complice héroïnomane prennent en charge un jeune couple de paumés. □ 16 ans+ · Violence ➔ DVD$

ANOTHER MAN'S POISON ▷5
ANG. 1951. Drame de mœurs d'Irving RAPPER avec Bette Davis, Gary Merrill et Emlyn Williams. - Après avoir assassiné son mari qui venait de s'évader de prison, une romancière se retrouve aux prises avec un ancien codétenu de celui-ci.

ANOTHER THIN MAN ▷4
É.-U. 1939. Comédie policière de W.S. VAN DYKE II avec William Powell, Myrna Loy, Otto Kruger et Virginia Grey. - Un détective amateur et son épouse enquêtent sur le meurtre d'un richissime vieillard.
□ Général

ANOTHER WOMAN [Autre femme, Une] ▷3
É.-U. 1988. Drame psychologique de Woody ALLEN avec Gena Rowlands, Ian Holm et Blythe Danner. - S'étant retirée dans le but d'écrire un livre, une enseignante voit sa réflexion détournée par les propos d'une inconnue émanant du bureau contigu d'un psychiatre. - Œuvre dans la veine sérieuse de l'auteur. Construction complexe et émouvante. Fine psychologie. Interprétation juste et sobre.
□ Général ➔ DVD$

ANTARES ▷4
AUT. 2004. Drame de mœurs de Goetz SPIELMANN avec Petra Morzé, Andreas Patton et Susanne Wuest. - Dans un immeuble d'une banlieue de Vienne, les destins entrecroisés de trois couples emportés par la passion. ➔ DVD$

ANTENNE, L' *voir* **Dish, The**

ANTHONY ADVERSE ▷4
É.-U. 1936. Aventures de Mervyn LeROY avec Fredric March, Olivia de Havilland et Claude Rains. - Un orphelin adopté par un armateur connaît diverses aventures à travers le monde. □ Général

ANTHONY ZIMMER ▷4
FR. 2005. Thriller de Jérôme SALLE avec Yvan Attal, Sophie Marceau et Sami Frey. - Un traducteur pris pour un génie de la finance criminelle est entraîné malgré lui dans une série d'aventures cauchemardesques.
□ 13 ans+ ➔ DVD$

ANTOINE ET ANTOINETTE ▷3
FR. 1947. Comédie de Jacques BECKER avec Roger Pigaut, Claire Maffei et Noël Roquevert. - Un jeune couple égare un billet gagnant de loterie. - Récit charmant développé à un rythme nerveux. Fines observations sur un milieu populaire. Réalisation de qualité. Interprètes bien dirigés. □ Général

ANTOINE ET SÉBASTIEN ▷4
FR. 1973. Comédie de mœurs de Jean-Marie PÉRIER avec François Périer, Jacques Dutronc et Ottavia Piccolo. - Un ancien pionnier de l'aviation projette de marier son fils adoptif à la fille de sa deuxième femme.

ANTONIA & JANE ▷4
ANG. 1991. Comédie dramatique de Beeban KIDRON avec Saskia Reeves, Imelda Staunton et Bill Nighy. - Deux amies qui s'adorent et se haïsssent à la fois parlent de cette houleuse amitié à leur psychanalyste. □ 13 ans+

ANTONIA ET SES FILLES [Antonia's Line] ▷4
HOL. 1995. Chronique de Marleen GORRIS avec Willeke Van Ammelrooy, Els Dottermans et Jan Decleir. - La vie d'une fermière qui vit entourée d'excentriques et qui transmet sa soif d'indépendance à sa descendance exclusivement féminine. □ 13 ans+

ANTONIETA
MEX. 1982. Carlos SAURA ➔ DVD$

ANTRE DE LA FOLIE, L'
voir **In the Mouth of Madness**

ANTWONE FISHER ▷4
É.-U. 2002. Drame biographique réalisé et interprété par Denzel WASHINGTON avec Derek Luke et Joy Bryant. - Suivant les conseils de son psychiatre, un jeune marin de race noire tente de retrouver sa mère biologique. □ 13 ans+ ➔ DVD-BR$ DVD$

ANTZ [Fourmiz] ▷3
É.-U. 1998. Dessins animés d'Eric DARNELL et Tim JOHNSON. - Les mésaventures d'une fourmi rêveuse et individualiste qui vit dans une immense colonie dirigée par un général mégalomane. - Fable assez réjouissante malgré des éléments convenus. Traitement fantaisiste. Conception visuelle inventive. Animation par ordinateur parfaitement au point. □ Général ➔ DVD$

ANY GIVEN SUNDAY [Héros du dimanche, Les] ▷4
É.-U. 1999. Drame sportif d'Oliver STONE avec Al Pacino, Jamie Foxx et Cameron Diaz. - L'entraîneur d'une équipe de football de Miami connaît une fin de saison mouvementée. ➔ DVD$ DVD-BR$

ANY NUMBER CAN WIN *voir* **Mélodie en sous-sol**

ANYTHING ELSE ▷4
É.-U. 2003. Comédie de mœurs réalisée et interprétée par Woody ALLEN avec Jason Biggs et Christina Ricci. - Les problèmes sentimentaux et professionnels d'un jeune auteur comique qui a pour mentor un enseignant sexagénaire obsédé par l'autodéfense.
□ 13 ans+ ➔ DVD$

ANYWHERE BUT HERE [N'importe où sauf ici] ▷4
É.-U. 1999. Drame psychologique de Wayne WANG avec Natalie Portman, Susan Sarandon et Eileen Ryan. - Une adolescente du Wisconsin est forcée par sa mère d'aller vivre avec elle en Californie.
□ Général ➔ DVD$

ANZIO [Bataille pour Anzio, La] ▷4
ITA. 1968. Drame de guerre d'Edward DMYTRYK avec Robert Mitchum, Peter Falk et Earl Holliman. - Le débarquement opéré par les alliés à Anzio près de Rome en janvier 1944. □ 13 ans+ ➔ DVD$

APACHE ▷4
É.-U. 1953. Western de Robert ALDRICH avec Burt Lancaster, Jean Peters et John McIntire. - Un jeune Indien ne peut se résoudre à se soumettre aux Blancs vainqueurs. □ Général ➔ DVD$

APARAJITO ►1
IND. 1956. Étude de mœurs de Satyajit RAY avec Pinaki Sen Gupta, Karuna Banerjee et Samaran Ghosal. - Une famille de paysans de l'Inde a du mal à se faire à la vie de la ville. - Suite du film «Pather Panchali». Admirable évocation d'inspiration néoréaliste. Description juste et attendrie. Jeu sincère et sobre des interprètes. □ Général

APARTMENT ZERO ▷4
ANG. 1988. Drame psychologique de Martin DONOVAN avec Colin Firth, Hart Bochner et Francesca d'Aloja. - Le propriétaire d'un cinéma de Buenos Aires partage son appartement avec un meurtrier américain. □ 13 ans+

APARTMENT, THE [Garçonnière, La] ▷3
É.-U. 1960. Comédie dramatique de Billy WILDER avec Jack Lemmon, Shirley MacLaine et Fred MacMurray. - Un employé de bureau prête son appartement à ses patrons pour leurs aventures galantes. - Satire mordante. Comique et drame bien équilibrés. Interprétation remarquable. □ Général ➔ DVD$

APOCALYPTO ▷4
É.-U. 2006. Drame d'aventures de Mel GIBSON avec Rudy Youngblood, Dalia Hernandez et Jonathan Brewer. - Au XVIe siècle, les épreuves subies par un jeune chasseur maya capturé par des mercenaires sanguinaires. □ 13 ans+ · Violence ➔ DVD$ DVD-BR$

APOLLO 13 ▷4
É.-U. 1995. Drame historique de Ron HOWARD avec Tom Hanks, Kevin Bacon et Bill Paxton. - À la suite d'une explosion dans leur capsule, trois astronautes doivent redoubler d'ingéniosité pour parvenir à ramener leur fusée sur terre. □ 13 ans+ ➔ DVD$

APOSTLE, THE [Prédicateur, Le] ▷4
É.-U. 1997. Drame de mœurs réalisé et interprété par Robert DUVALL avec Farrah Fawcett et Miranda Richardson. - Fuyant la justice après avoir commis un crime, un prédicateur fervent fonde une église dans un bled perdu. □ Général

APPALOOSA ▷5
É.-U. 2008. Western réalisé et interprété par Ed HARRIS avec Viggo Mortensen et Renée Zellweger. - Deux gardiens de la paix itinérants sont embauchés par les notables d'une petite ville afin de faire traduire en justice un rancher meurtrier. □ Général · Déconseillé aux jeunes enfants ➔ DVD$ DVD-BR$

APPARENCES *voir* **What Lies Beneath**

APPARTEMENT, L' ▷4
FR. 1996. Drame psychologique de Gilles MIMOUNI avec Vincent Cassel, Romane Bohringer et Jean-Philippe Ecoffey. - Un homme sur le point de se marier ratisse Paris à la recherche de son ancienne flamme. □ Général

APPARTEMENT, L' *voir* **Wicker Park**

APPÂT, L' *voir* **Naked Spur, The**

APPÂT, L' [Fresh Bait] ▷3
FR. 1995. Drame policier de Bertrand TAVERNIER avec Marie Gillain, Olivier Sitruk et Bruno Putzulu. - Deux jeunes Parisiens et leur copine en viennent à voler et à tuer dans l'espoir de se procurer l'argent dont ils ont besoin pour aller vivre aux États-Unis. - Scénario brillant inspiré d'événements authentiques. Traitement réaliste du sujet. Mise en scène nerveuse et précise. Jeu d'une grande spontanéité de M. Gillain. □ 13 ans+ · Violence ➜ DVD $

APPEL À LA JUSTICE *voir* **Accused, The**

APPELEZ-MOI DOCTEUR *voir* **House Calls**

APPLAUSE
É.-U. 1929. Rouben MAMOULIAN ➜ DVD $

APPLESEED ▷4
JAP. 2004. Film d'animation de Shinji ARAMAKI. - Une guerrière ayant survécu à l'Apocalypse est capturée par des cyborgs et emmenée dans une cité utopique, berceau d'une nouvelle humanité à naître.

APPOINTMENT WITH DEATH ▷4
É.-U. 1987. Drame policier de Michael WINNER avec Peter Ustinov, Lauren Bacall et Carrie Fisher. - Lors d'une croisière en Palestine, un détective enquête sur la mort mystérieuse d'une mère autoritaire qui a falsifié le testament de son défunt mari. □ Général

APPRENTICESHIP OF DUDDY KRAVITZ, THE ▷3
[Apprentissage de Duddy Kravitz, L']
CAN. 1974. Comédie dramatique de Ted KOTCHEFF avec Richard Dreyfuss, Micheline Lanctôt et Jack Warden. - Dans le milieu juif de Montréal, le fils d'un chauffeur de taxi cherche à se faire une place au soleil par diverses combines. - Scénario abondant en éléments pittoresques. Mise en scène vivante. Excellente interprétation. □ 13 ans+ ➜ DVD $

APPRENTIE SORCIÈRE, L' *voir* **Bedknobs and Broomsticks**

APPRENTIS COW-BOYS, LES *voir* **City Slickers**

APPRENTIS, LES ▷4
FR. 1995. Comédie de mœurs de Pierre SALVADORI avec François Cluzet, Guillaume Depardieu et Judith Henry. - Un paumé qui ne se remet pas d'une peine d'amour se fourvoie dans un hold-up minable avec un copain magouilleur. □ Général

APRÈS L'AMOUR ▷4
FR. 1991. Comédie de mœurs de Diane KURYS avec Isabelle Huppert, Bernard Giraudeau et Hippolyte Girardot. - Les difficultés amoureuses et professionnelles d'un architecte qui va et vient entre sa maîtresse et la mère de ses deux enfants. □ 13 ans+

APRÈS L'AMOUR *voir* **Afterglow**

APRÈS LA GUERRE ▷4
FR. 1989. Drame de guerre de Jean-Loup HUBERT avec Richard Bohringer, Antoine Hubert et Julien Hubert. - À la fin de la Seconde Guerre mondiale, deux gamins qui cherchent à rejoindre leur mère à Lyon se lient à un déserteur de l'armée allemande.

APRÈS LA NOCE *voir* **After the Wedding**

APRÈS LA RÉPÉTITION [After the Rehearsal] ▷3
SUÈ. 1984. Drame d'Ingmar BERGMAN avec Erland Josephson, Lena Olin et Ingrid Thulin. - Au terme d'une répétition, un metteur en scène et une jeune comédienne s'entretiennent sur leur métier. - Téléfilm à saveur autobiographique. Mise en scène dépouillée. Touches d'insolite. Interprétation excellente. □ Général

APRÈS SKI ▷7
QUÉ. 1971. Comédie de R. CARDINAL avec Daniel Pilon et Mariette Lévesque. - Engagé comme moniteur de ski, un jeune homme se plie aux exigences de séduction censément liées à son nouvel emploi.

APRÈS VOUS...
FR. 2005. Pierre SALVADORI ➜ DVD $

APRÈS-MIDI DE CHIEN, UN *voir* **Dog Day Afternoon**

APRILE ▷4
ITA. 1998. Film d'essai réalisé et interprété par Nanni MORETTI avec Silvio Orlando et Silvia Nono. - Au moment où il s'apprête à tourner un documentaire sur la politique italienne, le réalisateur Nanni Moretti apprend qu'il va devenir père. □ Général

APT PUPIL [Élève doué, L'] ▷4
É.-U. 1998. Drame de Bryan SINGER avec Ian McKellen, Joshua Jackson, Brad Renfro et Bruce Davison. - Un adolescent exerce un chantage sur un vieillard de son quartier dont il a découvert le passé nazi. □ 13 ans+ · Violence ➜ DVD $

ARABESQUE ▷3
ANG. 1966. Drame d'espionnage de Stanley DONEN avec Gregory Peck, Sophia Loren et Alan Badel. - Un professeur d'université est entraîné à son corps défendant dans un complot politique. - Heureux mélange de suspense et d'humour. Prises de vue insolites. Jeu plein d'aisance des interprètes. □ Général · Déconseillé aux jeunes enfants

ARABIAN NIGHTS *voir* **Mille et une nuits, Les**

ARACHNOPHOBIA [Arachnophobie] ▷4
É.-U. 1990. Drame d'horreur de Frank MARSHALL avec Jeff Daniels, Harley Jane Kozak et Julian Sands. - Une araignée dangereuse se glisse dans le cercueil d'un explorateur décédé et atteint ainsi un village de Californie où elle fait des ravages. □ 13 ans+ ➜ DVD $

ARAIGNÉE D'EAU, L' ▷4
FR. 1969. Drame fantastique de Jean-Daniel VERHAEGHE avec Marc Eyraud, Elisabeth Wiener et Marie-Ange Dutheil. - Un entomologiste amateur recueille une araignée d'eau qui se transforme en une belle jeune fille.

ARAIGNÉES, LES [Spiders]
ALL. 1919. Fritz LANG □ Général ➜ DVD $

ARAKIMENTARI
É.-U. 2004. Travis KLOSE

ARARAT ▷4
CAN. 2002. Drame d'Atom EGOYAN avec David Alpay, Arsinée Khanjian et Christopher Plummer. - À Toronto, le tournage d'un film sur le génocide arménien perpétré par les Turcs en 1915 a des répercussions sur la vie de plusieurs personnes. □ 13 ans+ ➜ DVD $

ARBRE AUX SABOTS, L' ►2
[Tree of the Wooden Clogs, The]
ITA. 1977. Chronique d'Ermanno OLMI avec Luigi Arnaghi, Lucia Pezzoli et Giuseppe Brignoli. - À la fin du siècle dernier, la vie de paysans qui partagent le quartier d'habitation d'une ferme de Lombardie. - Reconstitution soignée. Mélange habile de poésie et de réalisme. Photographie admirable. Beauté constante. Jeu naturel d'interprètes non professionnels. □ Général ➜ DVD $

ARBRE DE NOËL, L' ▷4
FR. 1969. Drame de Terence YOUNG avec William Holden, Virna Lisi et Bourvil. - Un veuf s'efforce d'adoucir les derniers jours de son jeune fils atteint d'une maladie mortelle.

ARBRE DE VIE, L' *voir* **Raintree County**

ARBRE, LE MAIRE ET LA MÉDIATHÈQUE, L' ▷4
FR. 1993. Comédie dramatique d'Éric ROHMER avec Pascal Greggory, Arielle Dombasle et Fabrice Luchini. - Dans un petit village vendéen, un maire socialiste qui rêve de faire construire un centre culturel se heurte à l'opposition de l'instituteur. □ Général

ARCH OF TRIUMPH ▷4
É.-U. 1947. Drame de Lewis MILESTONE avec Charles Boyer, Ingrid Bergman et Charles Laughton. - Un réfugié politique s'éprend d'une jeune femme qu'il sauve du désespoir. □ Général ➜ DVD $

ARCHANGE, L' *voir* **Michael**

ARCHE DU DÉSERT, L' ▷4
ALG. 1997. Conte de Mohamed CHOUIKH avec Myriam Aouffen, Hacen Abdou et Amin Chouikh. - Dans une oasis du Sahara algérien, un baiser entre deux jeunes gens d'ethnies différentes déclenche un conflit meurtrier. □ Général

ARCHE RUSSE, L' [Russian Ark] ▷3
RUS. 2002. Drame poétique d'Aleksander SOKUROV avec Sergey Dreiden, Maria Kuznetsova et Leonid Mozgovoy. - Deux individus se retrouvent mystérieusement projetés dans le palais de l'Ermitage, où ils sont témoins d'événements se déroulant entre le XVIIIe et le XXe siècle. - Voyage fantomatique dans la mémoire russe empreint de lyrisme. Touches d'humour pince-sans-rire. Ensemble filmé en un seul plan-séquence constituant un stupéfiant tour de force technique. Interprétation souple. □ Général ➜ DVD $

ARE WE THERE YET? [Quand est-ce qu'on arrive?] ▷6
É.-U. 2005. Comédie de Brian LEVANT avec Aleisha Allen, Philip Daniel Bolden et Ice Cube. - Un célibataire de Portland emmène à Vancouver les deux enfants teigneux d'une jeune mère divorcée dont il est amoureux. □ Général

ARGENT, L' ▸2
FR. 1983. Drame de Robert BRESSON avec Christian Patey, Caroline Lang et Sylvie van den Elsen. - Impliqué à tort dans une affaire de faux billets, un jeune livreur de mazout est entraîné dans l'engrenage du crime. - Œuvre austère et fascinante. Suite de plans courts froidement composés. Mise en scène quasi abstraite. Jeu neutre d'acteurs non professionnels.

ARGENT DE LA BANQUE, L' *voir* **Silent Partner, The**

ARGENT DE POCHE, L' [Small Change] ▷3
FR. 1975. Comédie dramatique de François TRUFFAUT avec Geory Desmouceaux, Philippe Goldman et Jean-François Stévenin. - Divers incidents marquent la vie des enfants qui fréquentent l'école communale d'un village français. - Chronique unanimiste. Réalisation souple. Observations savoureuses. Jeu naturel et convaincant des interprètes, tant enfants qu'adultes. □ Général ➜ DVD $

ARGENT FAIT LE BONHEUR, L' ▷4
FR. 1992. Comédie de mœurs de Robert GUÉDIGUIAN avec Jean-Pierre Darroussin, Ariane Ascaride et Pierre Banderet. - Un curé d'une cité de banlieue a du pain sur la planche depuis que ses paroissiens sont divisés en deux gangs. □ Général

ARIA ▷4
ANG. 1987. Spectacle musical de Robert ALTMAN, Bill BRYDEN, Bruce BERESFORD, Jean-Luc GODARD, Derek JARMAN, Franc RODDAM, Nicolas ROEG, Ken RUSSELL, Charles STURRIDGE et Julien TEMPLE avec John Hurt, Theresa Russel et Marion Peterson. - Airs d'opéra reliés entre eux par la promenade d'un chanteur désabusé. □ 13 ans+

ARIEL ▷3
FIN. 1988. Drame social d'Aki KAURISMÄKI avec Turo Pajala, Susanna Haavisto et Matti Pellonpaa. - Parti chercher fortune à la ville, un mineur de Laponie déchante bien vite devant les problèmes qui lui tombent dessus. - Style net et détaché très approprié pour la description des milieux évoqués. Approche un peu froide teintée d'ironie. Mise en scène intelligente. Interprétation irréprochable. □ Général

ARISTOCATS, THE [Aristochats, Les] ▷4
É.-U. 1970. Dessins animés de Wolfgang REITHERMAN. - Une riche Parisienne veut laisser sa fortune à ses chats, ce qui provoque la jalousie de son valet qui tente alors de se débarrasser des félins. □ Général ➜ DVD $

ARIZONA ▷4
E.-U. 1940. Western de W. RUGGLES avec Jean Arthur, William Holden et Warren William. - Une jolie fille monte une entreprise de transports et évince de dangereux rivaux. ➜ DVD $

ARIZONA DREAM ▷3
FR. 1991. Comédie dramatique d'Emir KUSTURICA avec Johnny Depp, Jerry Lewis et Faye Dunaway. - Venu en Arizona assister au mariage d'un vieil oncle, un jeune homme y rencontre une mère et sa belle-fille, deux originales qui habitent dans le désert. - Fantaisie à l'humour et au charme certains. Bel hommage à l'Amérique. Mise en scène lyrique et imaginative. Interprétation recherchée. □ 13 ans+

ARIZONA JUNIOR *voir* **Raising Arizona**

ARLINGTON ROAD [Rue Arlington] ▷4
É.-U. 1998. Drame psychologique de Mark PELLINGTON avec Jeff Bridges, Tim Robbins et Joan Cusack. - Un professeur dont la femme a été tuée dans une embuscade soupçonne son voisin d'être un dangereux terroriste. □ 13 ans+ · Violence ➜ DVD $

ARME AU POING, L' *voir* **Blue Steel**

ARME FATALE, L' *voir* **Lethal Weapon**

ARME VIRTUELLE *voir* **So Close**

ARMÉE DES OMBRES, L' ▷3
FR. 1969. Drame de guerre de Jean-Pierre MELVILLE avec Lino Ventura, Simone Signoret et Jean-Pierre Cassel. - Les exploits d'un chef de la Résistance française. - Construction anecdotique. Intérêt constant. Mise en scène solide. Rythme plutôt lent. Jeu sobre et juste des interprètes. ➜ DVD $

ARMY OF DARKNESS: EVIL DEAD III ▷5
[Armée des ténèbres, L']
É.-U. 1992. Comédie fantaisiste de Sam RAIMI avec Bruce Campbell, Embeth Davidtz et Marcus Gilbert. - Catapulté au moyen-âge par une tornade temporelle, un homme du XXe siècle doit affronter les forces du Mal pour regagner son époque. ➜ DVD $

ARNAQUE, L' *voir* **Sting, The**

ARNAQUES, CRIMES ET BOTANIQUE
voir **Lock, Stock & Two Smoking Barrels**

ARNAQUEUR, L' *voir* **Hustler, The**

ARNAQUEURS, LES *voir* **Grifters, The**

ARNOLD LE MAGNIFIQUE *voir* **Pumping Iron**

AROUND THE WORLD IN 80 DAYS ▷4
[Tour du monde en 80 jours, Le]
É.-U. 1956. Aventures de Michael ANDERSON avec David Niven, Cantinflas et Shirley MacLaine. - Un riche gentleman de Londres fait le pari d'accomplir le tour du monde en 80 jours.
□ Général ➜ DVD $

ARRACHE-CŒUR, L' ▷4
QUÉ. 1979. Drame psychologique de Mireille DANSEREAU avec Louise Marleau, Françoise Faucher et Michel Mondie. - Ses rapports avec son jeune fils amènent une femme à réfléchir sur ses propres relations avec sa mère. ➜ DVD $

ARRANGEMENT, THE ▷3
É.-U. 1969. Drame psychologique d'Elia KAZAN avec Kirk Douglas, Deborah Kerr et Faye Dunaway. - Après avoir tenté de se suicider, un publicitaire refuse de retourner à son travail. - Œuvre touffue et fouillée, riche en réflexions et en trouvailles techniques. Style bien adapté au sujet et aux personnages. K. Douglas excellent. □ 13 ans+

ARRÊT D'AUTOBUS *voir* **Bus Stop**

ARRÊTE-MOI SI TU PEUX *voir* **Catch Me If You Can**

ARRIÈRE-PAYS, L' ▷4
FR. 1998. Drame de mœurs réalisé et interprété par Jacques NOLOT avec Henri Gardey et Henriette Sempé. - Un acteur dans la cinquantaine retourne dans son village natal au chevet de sa mère mourante.
□ Général

ARROWHEAD ▷4
É.-U. 1953. Western de Charles Marquis WARREN avec Charlton Heston, Jack Palance et Brian Keith. - Un homme qui a vécu parmi les Apaches refuse de croire à leur prétendu désir de paix. □ Général ➜ DVD $

ARROWSMITH
É.-U. 1931. John FORD ➜ DVD $

ARSENAL ▷3
RUS. 1929. Drame social de Aleksandr DOVJENKO avec Semyon Svachenko, Mikola Nademski et Piotr Machoka. - Lors de l'occupation allemande en Ukraine, des ouvriers déclenchent une grève de l'arsenal. - Utilisation créatrice du montage. Œuvre importante du cinéma russe. □ Général ➜ DVD $

ARSENIC AND OLD LACE [Arsenic et vieilles dentelles] ▷3
É.-U. 1944. Comédie de Frank CAPRA avec Cary Grant, Priscilla Lane et Raymond Massey. - Un critique dramatique découvre que ses deux adorables vieilles tantes sont en réalité des tueuses en série. - Adaptation réussie d'une pièce à succès. Mouvement soutenu. Humour macabre bien dosé et savoureux. Photographie soignée. Excellente interprétation. ➜ DVD $

ARSENIC ET VIEILLES DENTELLES
voir **Arsenic and Old Lace**

ART DE LA GUERRE, L' *voir* **Art of War**

ART INTERDIT, L' *voir* **High Art**

ART OF WAR [Art de la guerre, L'] ▷5
É.-U. 2000. Drame d'espionnage de Christian DUGUAY avec Wesley Snipes, Marie Matiko et Anne Archer. - Soupçonné à tort de l'assassinat d'un diplomate chinois, un agent secret recherche le vrai coupable. □ Général · Violence ➜ DVD $

ART SCHOOL CONFIDENTIAL ▷4
É.-U. 2006. Comédie de mœurs de Terry Zwigoff avec Max Minghella, Sophia Myles et John Malkovich. - Nouvellement admis aux beaux-arts, un peintre timide, disciple de Picasso, constate que l'enseignement y est médiocre et que les filles sont inaccessibles.
□ 13 ans+ · Langage vulgaire ➜ DVD $

ARTEMISIA ▷4
FR. 1997. Drame biographique d'Agnès MERLET avec Valentina Cervi, Michel Serrault et Miki Manojlovic. - À Rome, au XVIIe siècle, une jeune peintre entretient une relation sentimentale passionnée avec son maître. □ 13 ans+ · Érotisme

ARTHUR ▷4
É.-U. 1981. Comédie de Steve GORDON avec Dudley Moore, John Gielgud et Liza Minnelli. - Un jeune homme riche qui doit épouser une fille de son milieu s'éprend plutôt d'une apprentie comédienne.
□ 13 ans+ ➔ DVD $

ARTHUR ET LES MINIMOYS ▷5
[Arthur and the Invisibles]
FR. 2006. Comédie fantaisiste de Luc BESSON avec Freddie Highmore, Mia Farrow et Madonna (voix). - Pour aider sa grand-mère, un garçon part à la recherche d'un trésor que son grand-père aurait caché dans un univers microscopique peuplé de créatures miniatures.
□ Général ➔ DVD $

ARTISTS AND MODELS [Artistes et modèles] ▷4
É.-U. 1955. Comédie de Frank TASHLIN avec Dean Martin, Jerry Lewis et Shirley MacLaine. - Deux amis d'enfance, un peintre et un écrivain, tentent de faire fortune à New York. □ Général

AS DES AS, L' ▷4
FR. 1982. Comédie de Gérard OURY avec Jean-Paul Belmondo, Marie-France Pisier et Rachid Ferrache. - Pendant les Jeux olympiques de Berlin, un entraîneur de boxe français entreprend de sauver une famille juive des Nazis. □ Général ➔ DVD $

AS GOOD AS IT GETS [Pour le pire et pour le meilleur] ▷4
É.-U. 1997. Comédie dramatique de James L. BROOKS avec Jack Nicholson, Helen Hunt et Greg Kinnear. - Un écrivain misanthrope intervient dans la vie de quelques personnes et voit ainsi son existence transformée. □ Général ➔ DVD $

AS TEARS GO BY
H.-K. 1988. Kar-Wai WONG ➔ DVD $

AS YOU DESIRE ME ▷4
É.-U. 1932. Drame psychologique de George FITZMAURICE avec Greta Garbo, Melvyn Douglas et Erich Von Stroheim. - Un peintre croit reconnaître en une amnésique la femme disparue d'un ami.
□ Général

AS YOU LIKE IT ▷4
ANG. 1936. Comédie de Paul CZINNER avec Laurence Olivier, Elisabeth Bergner et Sophie Stewart. - Des amours naissent dans une forêt enchantée entre des nobles proscrits par un usurpateur. □ Général

AS YOU LIKE IT
É.-U. 2006. Kenneth BRANAGH ➔ DVD $

ASCENSEUR POUR L'ÉCHAFAUD ►2
[Elevator to the Gallows]
FR. 1957. Drame policier de Louis MALLE avec Maurice Ronet, Jeanne Moreau et Georges Poujouly. - Un homme machine un crime parfait et prévoit tout, sauf une panne d'ascenseur. - Premier film de Louis Malle. Brillant exercice de style. Suspense soutenu avec rigueur et sobriété. Personnages fort bien étudiés. □ Général ➔ DVD $

ASH WEDNESDAY [Mercredi des cendres, Le] ▷5
É.-U. 1973. Drame psychologique de Larry PEERCE avec Elizabeth Taylor, Henry Fonda et Helmut Berger. - Pour retenir son mari qui veut la quitter, une quinquagénaire se soumet à un traitement chirurgical de rajeunissement. □ 13 ans+

ASHANTI ▷4
SUI. 1978. Aventures de R. FLEISCHER avec Michael Caine, Peter Ustinov et Beverly Johnson. - En Afrique, un docteur part à la recherche de sa femme qui a été enlevée par des esclavagistes.

ASHES AND DIAMONDS *voir* **Cendres et diamants**

ASHES OF TIME ▷3
H.-K. 1994. Drame de WONG Kar-Wai avec Leslie Cheung, Tony-Leung Kar-Fai et Brigitte Lin. - Dans une région désertique, un tavernier hanté par le souvenir d'un amour déçu forme des jeunes gens aux arts martiaux. - Œuvre mélancolique et lyrique à souhait. Style narratif d'une densité exigeante. Images d'une grande beauté. Interprétation dans le ton voulu. □ Général

ASHES OF TIME REDUX ▷4
H.-K. 2008. Film d'arts martiaux de WONG Kar-Wai avec Leslie Cheung, Tony Leung Ka Fai et Brigitte Lin. - Rejeté par la femme qu'il aimait, un aubergiste vivant seul dans le désert embauche des tueurs à gages formés aux arts martiaux pour subvenir à ses besoins. ➔ DVD $

ASHURA
JAP. 2005. Yojiro TAKITA ➔ DVD $

ASK ANY GIRL ▷4
É.-U. 1959. Comédie de Charles WALTERS avec David Niven, Shirley MacLaine et Gig Young. - Une jeune fille connaît une série d'aventures après avoir quitté sa petite ville natale pour se trouver un emploi et un mari à New York. □ Général

ASK THE DUST ▷5
É.-U. 2006. Drame sentimental de Robert TOWNE avec Colin Farrell, Salma Hayek et Donald Sutherland. - À Los Angeles pendant la Dépression, un écrivain italo-américain en panne d'inspiration s'éprend d'une serveuse mexicaine. □ 13 ans+ ➔ DVD $

ASOKA ▷4
IND. 2001. Drame historique de Santosh SIVAN avec Shah Rukh Khan, Kareena Kapoor et Danny Denzongpa. - Les exploits guerriers et la vie amoureuse d'un empereur indien du IIIe siècle avant Jésus-Christ.
➔ DVD $

ASPHALT JUNGLE, THE ►2
É.-U. 1950. Drame policier de John HUSTON avec Sterling Hayden, Sam Jaffe et Louis Calhern. - Un repris de justice met au point avec des complices le vol d'une importante bijouterie. - Réalisation de qualité. Bonne création d'atmosphère. Interprétation sobre et juste.
□ Général ➔ DVD $

ASSASSIN HABITE AU 21, L' ▷3
FR. 1942. Comédie policière de Henri-Georges CLOUZOT avec Pierre Fresnay, Suzy Delair et Pierre Larquey. - Un policier se faisant passer pour un religieux recherche un assassin dans une pension de famille. - Intrigue bien menée. Dialogue fort amusant. Galerie de personnages pittoresques. Bonne création d'atmosphère. Interprétation savoureuse.
□ Général

ASSASSIN JOUAIT DU TROMBONE, L' ▷5
QUÉ. 1991. Comédie policière de Roger CANTIN avec Germain Houde, Anaïs Goulet-Robitaille et Julie St-Pierre. - Un agent de sécurité est injustement soupçonné d'être le responsable d'une série de meurtres commis dans un studio de cinéma. □ Général ➔ DVD $

ASSASSIN(S) ▷5
FR. 1996. Drame psychologique réalisé et interprété par Mathieu KASSOVITZ avec Michel Serrault et Medhi Benoufa. - Un vieux tueur à gages décide d'enseigner son métier à un jeune cambrioleur.
□ 18 ans+ · Violence

ASSASSINATION BUREAU, THE ▷4
ANG. 1968. Comédie policière de Basil DEARDEN avec Oliver Reed, Diana Rigg et Telly Savalas. - Une journaliste paie un chef de gang pour l'assassinat de nul autre que lui-même. □ 13 ans+ ➔ DVD $

© SONY

ASSASSINATION OF JESSE JAMES BY THE COWARD ROBERT FORD, THE ▷4
É.-U. 2007. Western d'Andrew DOMINIK avec Brad Pitt, Casey Affleck et Sam Rockwell. - En 1881, un jeune admirateur du célèbre Jesse James se joint à sa bande de hors-la-loi avant de le trahir.
□ 13 ans+ ➔ DVD-BR$ DVD$

ASSASSINATION OF RICHARD NIXON, THE ▷4
[Assassinat de Richard Nixon, L']
É.-U. 2004. Drame psychologique de Niels MUELLER avec Sean Penn, Naomi Watts et Don Cheadle. - En 1974, un vendeur paumé et en instance de divorce planifie un attentat pour tuer le président Nixon.
□ 13 ans+ ➔ DVD$

ASSASSINATION OF TROTSKY, THE ▷4
ITA. 1972. Drame de Joseph LOSEY avec Richard Burton, Alain Delon et Romy Schneider. - En 1940, un assassin parvient à tromper la surveillance qui entoure un révolutionnaire russe vivant en exil au Mexique. □ 13 ans+

ASSASSINATION TANGO ▷4
É.-U. 2002. Thriller réalisé et interprété par Robert DUVALL avec Ruben Blades et Kathy Baker. - Au cours d'une mission périlleuse à Buenos Aires, un tueur à gages vieillissant s'éprend d'une danseuse de tango.
□ Général ➔ DVD$

ASSASSINS DE L'ORDRE, LES ▷4
FR. 1970. Drame policier de Marcel CARNÉ avec Jacques Brel, Charles Denner et Catherine Rouvel. - Un juge d'instruction fait inculper des policiers après la mort d'un prévenu. □ Général

ASSAULT, THE *voir* **Attentat, L'**

ASSAULT ON PRECINCT 13 ▷5
É.-U. 1976. Drame policier de John CARPENTER avec Austin Stoker, Darwin Joston et Laurie Zimmer. - Dans un commissariat de police désaffecté, un lieutenant de race noire se résout à libérer les prisonniers sous sa surveillance afin de résister à l'assaut d'une bande de voyous. □ 18 ans+ ➔ DVD$ DVD-BR$

ASSIGNMENT, THE [Mandat, Le] ▷5
CAN. 1997. Drame d'espionnage de Christian DUGUAY avec Aidan Quinn, Donald Sutherland et Ben Kingsley. - Afin de piéger un terroriste en le faisant passer pour un traître, la CIA obtient l'aide d'un sosie du criminel. □ 13 ans+ · Violence ➔ DVD$

ASSIS À SA DROITE *voir* **Black Jesus**

ASSOCIÉ, L' ▷5
FR. 1979. Comédie satirique de Serge GAINVILLE avec Michel Serrault, Claudine Auger et Catherine Alric. - Un publicitaire ayant perdu son emploi ouvre un cabinet de conseiller financier. □ Général

ASSOCIÉS, INC. *voir* **Company Business**

ASSURANCE SUR LA MORT *voir* **Double Indemnity**

ASTÉRIX AUX JEUX OLYMPIQUES ▷5
FR. 2007. Comédie fantaisiste de Frédéric FORESTIER et Thomas LANGMANN avec Gérard Depardieu, Clovis Cornillac et Stéphane Rousseau. - Des Gaulois hostiles à César participent aux Jeux Olympiques afin de prouver à ce dernier leur supériorité sur les Romains.
□ Général ➔ DVD$ DVD-BR$

ASTÉRIX CHEZ LES BRETONS ▷4
FR. 1986. Dessins animés de Pino VAN LAMSWEERDE. - Deux Gaulois vont prêter main-forte à un village d'Angleterre qui résiste toujours aux troupes d'invasion romaines. □ Général ➔ DVD$

ASTÉRIX ET CLÉOPÂTRE ▷4
BEL. 1968. Dessins animés de Eddie LATESTE. - Cléopâtre fait appel à des Gaulois pour l'aider à bâtir un temple en défi à César.

ASTÉRIX ET LA SURPRISE DE CÉSAR ▷4
FR. 1985. Dessins animés de Paul et Gaëtan BRIZZI. - Astérix et Obélix partent à la recherche de deux jeunes Gaulois enlevés par des Romains. □ Général ➔ DVD$

ASTÉRIX ET LE COUP DU MENHIR ▷4
BEL. 1989. Dessins animés de Philippe GRIMOND. - Les garnisons romaines cherchent à tirer profit de l'amnésie soudaine du druide Panoramix, mésestimant la vigilance du vaillant guerrier Astérix.

ASTÉRIX ET LES INDIENS ▷4
ALL. 1994. Dessins animés de Gerhard HAHN. - Recherchant leur druide kidnappé par les Romains, deux Gaulois se retrouvent en Amérique où ils font connaissance avec des Amérindiens. ➔ DVD$

ASTERIX ET LES VIKINGS ▷4
FR. 2006. Dessins animés de Stefan FJELDMARK et Jesper MOLLER. - Astérix et Obélix partent à la rescousse du neveu de leur chef, kidnappé par une tribu de redoutables Vikings. ➔ DVD$

ASTÉRIX ET OBÉLIX CONTRE CÉSAR ▷5
FR. 1998. Comédie fantaisiste de Claude ZIDI avec Christian Clavier, Gérard Depardieu et Roberto Benigni. - Deux Gaulois se portent au secours de leur druide, qui a été enlevé par un gouverneur romain corrompu qui veut prendre la place de César. □ Général ➔ DVD$

ASTÉRIX ET OBÉLIX: MISSION CLÉOPÂTRE ▷3
FR. 2001. Comédie fantaisiste d'Alain CHABAT avec Jamel Debbouze, Gérard Depardieu et Christian Clavier. - Trois Gaulois viennent en aide à un architecte égyptien qui doit construire en trois mois un somptueux palais pour César. - Adaptation très réussie de la bande dessinée Astérix et Cléopâtre. Inspiration comique soutenue. Réalisation luxueuse et spectaculaire. Interprétation réjouissante.
□ Général ➔ DVD$

ASTÉRIX LE GAULOIS ▷5
BEL. 1968. Dessins animés de Ray GOOSSENS. - En 50 avant J.-C., le chef des Romains tente en vain de voler aux Gaulois le secret de leur potion magique. ➔ DVD$

ASTRONAUT FARMER, THE ▷4
É.-U. 2007. Conte de Michael POLLISH avec Billy Bob Thornton, Max Thieriot et Virginia Madsen. - Un ancien pilote établi sur un ranch avec sa famille construit une fusée malgré l'opposition des autorités gouvernementales. □ Général ➔ DVD$

ASTRONAUTES MALGRÉ EUX *voir* **Road to Hong Kong, The**

ASYLUM ▷4
ANG. 1972. Drame d'horreur de Roy WARD BAKER avec Robert Powell, Barbara Parkins et Barry Morse. - Un jeune psychiatre vient s'engager dans un asile réservé à des cas incurables. ➔ DVD$

ASYLUM ▷4
ANG. 2005. Drame psychologique de David MACKENZIE avec Natasha Richardson, Marton Csokas et Ian McKellen. - À la fin des années 1950, l'épouse d'un psychiatre s'éprend d'un patient de ce dernier condamné pour le meurtre de sa femme. ➔ DVD$

AT CLOSE RANGE ▷4
É.-U. 1985. Drame policier de James FOLEY avec Christopher Walken, Sean Penn et Mary Stuart Masterson. - Trouvant que son fils et ses amis en savent trop sur ses activités, un criminel entreprend de les éliminer. □ 13 ans+ ➔ DVD$

AT PLAY IN THE FIELDS OF THE LORD ▷3
[En liberté dans les champs du seigneur]
É.-U. 1991. Drame social de Hector BABENCO avec Tom Berenger, Aidan Quinn et John Lithgow. - Deux pasteurs protestants et leurs femmes s'installent près d'un village d'Indiens de l'Amazonie où un mercenaire américain partage la vie des autochtones. - Mœurs indigènes illustrées avec un souci d'authenticité. Images fascinantes. Psychologie nuancée. Excellents acteurs. □ Général

ATALANTE, L' ►1
FR. 1934. Drame sentimental de Jean VIGO avec Jean Dasté, Dita Parlo et Michel Simon. - L'amour de deux jeunes mariés installés sur une péniche est momentanément ébranlé. - Version restaurée d'un film-culte. Atmosphère poétique. Lyrisme touchant. Décors fort pittoresques. Très bonne direction d'acteurs. □ Général

ATANARJUAT: L'HOMME RAPIDE ▷3
[Atanarjuat: Fast Runner]
CAN. 2001. Conte de Zakarias KUNUK avec Natar Ungalaaq, Peter Henry Arnatsiaq et Sylvia Ivalu. - Dans une communauté inuit, un chasseur entre en conflit avec le fils du chef, dont la famille est frappée par un mauvais sort. - Fresque fascinante aux accents tragiques. Récit inspiré d'une ancienne légende transmise par tradition orale. Indéniable valeur ethnographique. Réalisation assurée. Images d'une grande beauté. Jeu d'une grande spontanéité ➔ DVD$

ATLANTIC CITY ▷3
CAN. 1980. Drame de mœurs de Louis MALLE avec Burt Lancaster, Susan Sarandon et Kate Reid. - Un vieil homme vaguement acoquiné à la pègre connaît une grisante aventure avec une jeune voisine. - Bonne utilisation du cadre particulier d'Atlantic City. Mise en scène d'une grande qualité formelle. Ton doux-amer. Interprètes admirablement dirigés. □ 13 ans+ ➔ DVD$

ATOMIC CAFE, THE ▷4
É.-U. 1982. Film de montage de Jayne LOADER, Kevin et Pierce RAFFERTY. - Assemblage de documents de l'après-guerre traitant de la bombe atomique. □ Général ➔ DVD $

ATONEMENT [Expiation] ►2
ANG. 2007. Drame psychologique de Joe WRIGHT avec James McAvoy, Keira Knightley et Romola Garai. - En Angleterre en 1935, le mensonge d'une adolescente a des conséquences dramatiques sur les vies de sa sœur aînée et de l'amour de celle-ci. - Œuvre riche et stupéfiante tirée du roman d'Ian McEwan. Narration virtuose. Mise en scène ample, savante, au souffle épique. Distribution impeccable. Jeu bouleversant de J. McAvoy. □ Général · Déconseillé aux jeunes enfants ➔ DVD $

ATTACHE-MOI! [Tie Me Up, Tie Me Down!] ▷5
ESP. 1989. Comédie sentimentale de Pedro ALMODOVAR avec Victoria Abril, Antonio Banderas et Loles Leon. - Un déséquilibré séquestre une femme dont il s'est épris dans l'espoir qu'elle développe des sentiments réciproques. □ 13 ans+

ATTACHEMENT FILIAL *voir* **Roommates**

ATTACK FORCE Z ▷4
AUS. 1980. Drame de guerre de Tim BURSTALL et Jing Ao HSING avec John Philip Law, Mel Gibson et Sam Neill. - Un commando débarque dans une île du Pacifique occupée par les Japonais pour venir en aide aux survivants d'un avion allié qui s'y est écrasé. □ Général

ATTAQUE DE LA MALLE-POSTE, L' *voir* **Rawhide**

ATTAQUE DURA SEPT JOURS, L' *voir* **Thin Red Line, The**

ATTENTAT, L' ▷4
FR. 1972. Drame policier de Yves BOISSET avec Jean-Louis Trintignant, Michel Piccoli et Gian Maria Volontè. - Un journaliste, mêlé malgré lui à un complot contre un leader politique, menace de tout révéler à la police. □ Général

ATTENTAT, L' [Assault, The] ▷4
HOL. 1985. Drame psychologique de Fons RADEMAKERS avec Derek de Lint, Marc Van Uchelen et Monique Van de Ven. - Un homme cherche à retracer les circonstances entourant l'exécution de ses parents, après le meurtre d'un collaborateur à la fin de la Seconde Guerre mondiale. □ Général

ATTENTE DES FEMMES, L' [Secrets of Women] ▷3
SUÈ. 1952. Film à sketches de Ingmar BERGMAN avec Anita Bjork, Majbritt Nilsson et Eva Dahlbeck. - Quatres femmes se font des confidences sur leur expérience amoureuse. - Analyse subtile. Forme élégante et soignée. Style tantôt léger, tantôt grave. Excellents interprètes. □ Général

ATTENTION! UNE FEMME PEUT EN CACHER UNE AUTRE ▷4
FR. 1983. Comédie de Georges LAUTNER avec Miou-Miou, Roger Hanin et Eddy Mitchell. - À l'insu des intéressés, une femme partage sa vie entre deux emplois et deux foyers. □ Général

ATTENTION BANDITS ▷4
FR. 1987. Drame policier de Claude LELOUCH avec Jean Yanne, Marie-Sophie L. et Patrick Bruel. - Retrouvant sa fille après dix ans de prison, un receleur est décidé à venger l'assassinat de sa femme.
□ Général

ATTENTION ON TOURNE *voir* **State and Main**

ATTILA 74: THE RAPE OF CYPRUS
GRÈ. 1974. Michael CACOYANNIS ➔ DVD $

AU BEAU MILIEU DE L'HIVER *voir* **Midwinter's Tale, A**

AU BORD DU DÉSASTRE *voir* **Edge, The**

AU BOUT DE LA ROUTE *voir* **Reservation Road**

AU CLAIR DE LA LUNE ▷4
QUÉ. 1982. Comédie fantaisiste de Marc-André FORCIER avec Michel Côté, Guy L'Écuyer et Lucie Miville. - Un albinos à l'esprit fantasque lie amitié avec un ancien champion du jeu de quilles. □ Général

AU CŒUR DE LA TERRE *voir* **Core, The**

AU CŒUR DE LA VILLE *voir* **Grand Canyon**

AU CŒUR DU MENSONGE [Color of Lies, The] ▷4
FR. 1998. Drame policier de Claude CHABROL avec Sandrine Bonnaire, Jacques Gamblin et Valeria Bruni-Tedeschi. - Au moment même où on le soupçonne du meurtre d'une fillette, un professeur de dessin découvre l'infidélité de sa femme. □ Général

AU DELÀ DU DÉSESPOIR *voir* **Our Sons**

AU FIL DE L'EAU ▷5
QUÉ. 2002. Comédie dramatique de Jeannine GAGNÉ avec Gabriel Gascon, Margot Campbell et Paul Ahmarani. - Lors d'un séjour en forêt, des hommes et des femmes se remémorent leurs souvenirs d'enfance et leurs histoires d'amour. □ Général ➔ DVD $

AU HASARD BALTHAZAR ►2
FR. 1966. Drame de Robert BRESSON avec Anne Wiazemsky, François Lafarge et Philippe Asselin. - Les heurs et malheurs d'une jeune fille et de l'âne qu'elle chérit. - Allégorie d'un sens profond. Style elliptique et dépouillé. Grande beauté formelle. Interprétation dans la note voulue. ➔ DVD $

AU HASARD DE L'ÉTRANGER *voir* **When Strangers Appear**

AU NOM D'ANNA *voir* **Keeping the Faith**

AU NOM DE TOUS LES MIENS ▷4
FR. 1983. Drame de Robert ENRICO avec Michael York, Jacques Penot et Macha Meril. - À la suite de la mort de sa femme et de ses enfants, un homme se remémore sa jeunesse en Pologne sous l'occupation nazie. □ Général

AU NOM DU PAPE ROI [In the Name of the Pope King] ▷4
ITA. 1977. Comédie dramatique de Luigi MAGNI avec Nino Manfredi, Carlo Bagno et Carmen Scarpitta. - En 1867, la vie d'un prélat romain est compliquée par les conséquences d'un attentat terroriste.
□ Général

AU NOM DU PÈRE *voir* **In the Name of the Father**

AU NORD LE PARADIS *voir* **El norte**

AU PAYS DE ZOM ▷4
QUÉ. 1983. Comédie satirique de G. GROULX avec Joseph Rouleau, Gaston Lepage et Françoise Berd. - Les confessions pleines d'autosatisfaction d'un homme d'affaires bien nanti. ➔ DVD $

AU PETIT MARGUERY ▷4
FR. 1995. Comédie dramatique de Laurent BÉNÉGUI avec Michel Aumont, Stéphane Audran et Jacques Gamblin. - Un couple de restaurateurs offrent un ultime dîner à leurs amis avant la fermeture définitive de leur établissement. □ Général

AU PLUS PRÈS DU PARADIS ▷5
FR. 2002. Comédie sentimentale de Tonie MARSHALL avec Catherine Deneuve, William Hurt et Bernard Le Coq. - Une écrivaine française qui se rend à New York pour revoir un amour de jeunesse se sent troublée par le photographe qui travaille avec elle.
□ Général ➔ DVD $

AU REVOIR AMERIKA ▷4
ALL. 1993. Comédie dramatique de Jan SCHUTTE avec Otto Tausig, Jakov Bodo et Zofia Merle. - Trois Juifs polonais émigrés à New York depuis la Seconde Guerre mondiale décident de retourner vivre dans leur terre natale. □ Général

AU REVOIR CHARLIE *voir* **Goodbye Charlie**

AU REVOIR LÉNINE [Good Bye Lenin] ▷3
ALL. 2003. Comédie dramatique de Wolfgang BECKER avec Daniel Brühl, Katrin Sass et Chulpan Khamatova. - Lorsque sa mère, fervente socialiste, sort du coma peu après la chute du Mur, un jeune Berlinois de l'Est lui cache la nouvelle réalité de leur pays. - Scénario touffu, riche en situations cocasses. Ton oscillant entre drôlerie, nostalgie et critique sociale. Beaux moments d'émotion. Réalisation allègre. Interprétation vivante et attachante □ Général ➔ DVD $

AU REVOIR LES ENFANTS ►2
FR. 1987. Drame de Louis MALLE avec Gaspard Manesse, Raphaël Fejtö et Philippe Morier-Genoud. - En 1943, un élève d'un pensionnat religieux se lie d'amitié avec un condisciple juif inscrit sous un faux nom pour le soustraire aux recherches allemandes. - Souvenirs d'enfance disposés avec maestria et sensibilité. Tableau d'époque prenant. Réalisation assurée. Interprétation naturelle.
□ Général ➔ DVD $

AU REVOIR... À LUNDI ▷5
FR. 1979. Comédie dramatique de Maurice DUGOWSON avec Miou-Miou, Carole Laure et Claude Brasseur. - Le désenchantement de deux jeunes femmes qui entretiennent des liaisons avec des hommes mariés.

AU RISQUE DE SE PERDRE *voir* **Nun's Story, The**

AU ROYAUME DÉSENCHANTÉ *voir* **Happily N'ever After**

AU RYTHME DU COMTÉ DE CLARE
voir **Boys & Girls from County Clare**

AU SERVICE SECRET DE SA MAJESTÉ
voir **On Her Majesty's Secret Service**

AU VOLANT AVEC LES GARÇONS
voir **Riding in Cars with Boys**

AU-DELÀ DE NOS RÊVES *voir* **What Dreams May Come**

AU-DELÀ DU MISSOURI *voir* **Across the Wide Missouri**

AU-DELÀ DU RÉEL *voir* **Altered States**

AUBE DES MORTS, L' *voir* **Dawn of the Dead**

AUBERGE ESPAGNOLE, L' ▷4
FR. 2001. Comédie de mœurs de Cédric KLAPISCH avec Romain Duris, Judith Godrèche et Cécile de France. - Passant sa dernière année universitaire à Barcelone, un jeune Français cohabite avec six autres étudiants de différentes nationalités. □ Général ➔ DVD $

AUBERGE ROUGE, L' ▷5
FR. 2007. Comédie de Gérard KRAWCZYK avec Christian Clavier, Josiane Balasko et Gérard Jugnot. - Au XIXe siècle, dans les Pyrénées, un moine tente d'empêcher un couple d'aubergistes de tuer et détrousser leurs clients. □ Général ➔ DVD $

AUDITION ▷4
JAP. 1999. Drame d'horreur de Takashi MIIKE avec Ryo Ishibashi, Eihi Shiina et Jun Kunimura. - Ayant organisé des auditions bidon afin de se trouver une nouvelle épouse, un producteur de films veuf jette son dévolu sur une jeune femme étrange.

AUDITION, L' ▷4
QUÉ. 2005. Drame psychologique réalisé et interprété par Luc PICARD avec Suzanne Clément et Denis Bernard. - Un truand aux ambitions d'acteurs obtient une audition au moment où sa compagne apprend qu'elle est enceinte. □ 13 ans+ ➔ DVD $

AUDREY ROSE ▷5
É.-U. 1977. Drame fantastique de Robert WISE avec Marsha Mason, Anthony Hopkins et Susan Swift. - Un homme croit qu'une petite fille de onze ans est la réincarnation de sa fillette morte dans un accident. □ 13 ans+ ➔ DVD $

AUGUST ▷4
ANG. 1995. Drame de mœurs réalisé et interprété par Anthony HOPKINS avec Kate Burton et Leslie Phillips. - Divers chassés-croisés amoureux dans un domaine du pays de Galles à la fin du XIXe siècle. □ Général

AUGUSTUS
ALL. ESP. ITA. 2003. Robert YOUNG ➔ DVD $

AUJOURD'HUI OU JAMAIS ▷4
QUÉ. 1998. Comédie dramatique de Jean-Pierre LEFEBVRE avec Marcel Sabourin, Claude Blanchard et Julie Ménard. - Bien décidé à voler après une interruption de quinze ans, un aviateur quinquagénaire voit son projet compromis par l'arrivée de visiteurs imprévus. □ Général

AUJOURD'HUI PEUT-ÊTRE ▷4
FR. 1990. Comédie dramatique de Jean-Louis BERTUCCELLI avec Giulietta Masina, Véronique Silver et Eva Darlan. - Une vieille dame organise une grande réunion familiale en espérant qu'un de ses fils, dont elle est sans nouvelle depuis 15 ans, y assistera.

AUNTIE MAME ▷4
É.-U. 1958. Comédie de Morton DA COSTA avec Rosalind Russell, Forrest Tucker et Peggy Cass. - Devenu orphelin, un garçonnet est confié à une tante originale et excentrique. □ Général ➔ DVD $

AURA, L' *voir* **El aura**

AURORA BOREALIS
CAN. É.-U. 2005. James C.E. BURKE ➔ DVD $

AURORE ▷5
QUÉ. 2005. Mélodrame de Luc DIONNE avec Hélène Bourgeois-Leclerc, Serge Postigo et Marianne Fortier. - Dans le Québec rural du début du XXe siècle, la deuxième femme d'un charpentier inflige des sévices de plus en plus graves à la fillette de celui-ci. □ 13 ans+ ➔ DVD $

AUSTERIA
POL. 1982. Jerzy KAWALEROWICZ □ 13 ans+ ➔ DVD $

AUSTIN POWERS: INTERNATIONAL MAN OF MYSTERY ▷4
É.-U. 1997. Comédie de Jay ROACH avec Mike Myers, Elizabeth Hurley et Mimi Rogers. - Placés en état d'hibernation en 1967, un espion et un criminel se réveillent en 97 pour reprendre leur affrontement. □ Général ➔ DVD $

AUSTIN POWERS: THE SPY WHO SHAGGED ME ▷4
[Austin Powers: Agent Secret 00Sexe]
É.-U. 1999. Comédie fantaisiste de Jay ROACH avec Mike Myers, Heather Graham et Michael York. - Un agent secret lutte contre un criminel qui a inventé une machine à voyager dans le temps. □ Général ➔ DVD $

AUSTIN POWERS IN GOLDMEMBER ▷4
[Austin Powers contre l'homme au membre d'or]
É.-U. 2002. Comédie fantaisiste de Jay ROACH avec Mike Myers, Beyoncé Knowles et Michael Caine. - L'agent secret Austin Powers lutte contre deux génies du crime qui menacent de détruire la planète. □ Général ➔ DVD $

AUSTRALIA ▷4
BEL. 1989. Drame de Jean-Jacques ANDRIEN avec Jeremy Irons, Fanny Ardant et Tchéky Karyo. - Un Belge installé en Australie retourne dans sa ville natale pour sauver l'entreprise familiale et connaît une idylle amoureuse avec une femme mariée. □ Général

AUSTRALIA [Australie] ▷4
AUS. 2008. Drame épique de Baz LUHRMANN avec Nicole Kidman, Hugh Jackman et Brandon Walters. - En 1939, une Anglaise ayant hérité en Australie d'un domaine au bord de la ruine fait appel à un cowboy afin qu'il l'aide à conduire son bétail jusqu'au port de Darwin. □ Général ➔ DVD $ DVD-BR $

AUTANT EN EMPORTE LE VENT *voir* **Gone with the Wind**

AUTHOR! AUTHOR! [Avec les compliments de l'auteur] ▷4
É.-U. 1982. Comédie dramatique de Arthur HILLER avec Al Pacino, Tuesday Weld et Dyan Cannon. - Un dramaturge new-yorkais est aux prises avec des problèmes familiaux et des ennuis professionnels. □ Général ➔ DVD $

AUTO FOCUS ▷4
É.-U. 2002. Drame biographique de Paul SCHRADER avec Greg Kinnear, Willem Dafoe et Rita Wilson. - Un comédien de sitcom qui projette en public l'image d'un modèle de vertu mène en réalité une vie centrée sur le sexe et la pornographie. □ 13 ans+ · Érotisme ➔ DVD $

AUTO-STOPPEUR, L' *voir* **Hitch-Hiker, The**

AUTOMNE DE MES SOUVENIRS, L'
voir **Emotional Arithmetic**

AUTOMNE SAUVAGE, L' ▷4
QUÉ. 1992. Drame policier de Gabriel PELLETIER avec Serge Dupire, Anne Létourneau et Raoul Trujillo. - Son ami amérindien ayant été accusé de meurtres, un jeune Blanc retourne dans le Nord du Québec après une décennie d'absence. □ 13 ans+

AUTOPORTRAIT ▷4
QUÉ. 1962. Film de montage de Guy GLOVER. - Analyse de l'évolution du cinéma canadien. □ Général

AUTOPSIE D'UN MEURTRE *voir* **Anatomy of a Murder**

AUTOROUTE 61 *voir* **Highway 61**

AUTOUR DE MINUIT *voir* **Round Midnight**

AUTRE, L' ▷3
FR. 1990. Drame de Bernard GIRAUDEAU avec Francisco Rabal, Wadeck Stanczak et Smail Mekki. - Persuadé qu'un jeune touriste vit toujours sous les décombres d'un hôtel détruit par un tremblement de terre, un vieil homme tente l'impossible pour le sauver. - Récit simple et émouvant. Sujet rendu avec intensité et lyrisme. Mise en scène directe et rigoureuse. Jeu sensible de F. Rabal. □ Général

AUTRE, L' [Other, The] ▷5
ÉGY. 1999. Drame de Youssef CHAHINE avec Hanane Tork, Hani Salama et Nabila Ebeid. - Bien qu'amoureuse de son nouveau mari, une jeune journaliste s'emploie à dénoncer l'enrichissement de l'élite corrompue dont il fait partie. ➔ DVD $

AUTRE BELLE-FAMILLE, L' *voir* **Meet the Fockers**

AUTRE FEMME, UNE *voir* **Another Woman**

AUTRE JOUR SANS PARADIS, UN
voir **Another Day in Paradise**

AUTRES, LES *voir* **Others, The**

AUTRES FILLES, LES ▷4
FR. 2000. Drame psychologique de Caroline VIGNAL avec Julie Leclercq, Caroline Baehr et Jean-François Gallotte. - Une adolescente timide vivant dans un milieu familial difficile tente de s'affirmer en perdant sa virginité.

AUTUMN LEAVES [Feuilles d'automne] ▷5
É.-U. 1956. Mélodrame de Robert ALDRICH avec Joan Crawford, Cliff Robertson et Vera Miles. - Une femme d'âge mûr épouse un jeune homme et se rend compte qu'il souffre de déséquilibre mental. □ Général

AUTUMN MOON
H.-K. JAP. 1992. Clara LAW □ Général ➜ DVD$

AUTUMN SONATA ►2
SUÈ. 1978. Drame psychologique d'Ingmar BERGMAN avec Ingrid Bergman, Liv Ullmann et Halvar Bjork. - La visite d'une pianiste célèbre chez sa fille est l'occasion d'une confrontation douloureuse. - Drame intimiste prenant. Rythme lent et progressif. Mise en scène sûre. Excellents interprètes. □ Général ➜ DVD$

AUX BONS SOINS DU DOCTEUR KELLOGG
voir **Road to Wellville, The**

AUX FRONTIÈRES DE L'AUBE *voir* **Near Dark**

AUX FRONTIÈRES DE LA VILLE *voir* **Fringe Dwellers, The**

AUX FRONTIÈRES DU RÉEL: LE FILM
voir **X-Files: The Movie**

AUX PETITS BONHEURS ▷3
FR. 1993. Comédie de mœurs de Michel DEVILLE avec Anémone, André Dussollier et Nicole Garcia. - Dans une résidence d'été, une femme à la recherche de son premier amour est accueillie par des couples à l'humeur capricieuse. - Échafaudage habile de situations aux allures de fable romantique. Plans-séquences complexes. Réalisation fluide et précise. Excellente équipe de comédiens. □ Général

AUX PORTES DE L'ENFER *voir* **Angel Heart**

AUX YEUX DU MONDE ▷4
FR. 1991. Drame psychologique d'Éric ROCHANT avec Yvan Attal, Kristin Scott-Thomas et Charlotte Gainsbourg. - Un jeune désœuvré qui a détourné un autocar scolaire pour aller rejoindre sa petite amie finit par s'attirer la sympathie des otages. □ Général

AVALON ▷4
É.-U. 1990. Chronique de Barry LEVINSON avec Armin Mueller-Stahl, Aidan Quinn et Elijah Wood. - Évocation de la vie d'un groupe d'immigrants polonais venu s'établir à Baltimore durant la première moitié du XXe siècle. □ Général ➜ DVD$

AVANIM ▷4
ISR. 2004. Drame de mœurs de Raphaël NADJARI avec Asi Levi, Uri Gabriel et Danny Steg. - Une jeune mère de famille qui travaille au cabinet comptable de son père remet sa vie en question lorsque son amant périt dans un attentat terroriste. □ Général ➜ DVD$

AVANT L'AUBE TOUT EST POSSIBLE *voir* **Before Sunrise**

AVANT LA NUIT TOUT EST POSSIBLE *voir* **Before Sunset**

AVANT QUE TOMBE LA NUIT *voir* **Before Night Falls**

AVANTI! ▷4
É.-U. 1972. Comédie de mœurs de Billy WILDER avec Jack Lemmon, Juliet Mills et Clive Revill. - Les ennuis d'un homme d'affaires américain venu à Ischia à cause de la mort accidentelle de son père. □ 13 ans+ ➜ DVD$

AVARE, L' ▷4
FR. 1980. Comédie réalisée par Jean GIRAULT et Louis DE FUNÈS avec Louis de Funès, Michel Galabru et Claude Gensac. - Un avare est aux prises avec ses proches qu'il veut mener à sa guise. □ Général

AVEC LES COMPLIMENTS DE L'AUTEUR
voir **Author! Author!**

AVENGING CONSCIENCE, THE
É.-U. 1914. D.W GRIFFITH

AVENTURE C'EST L'AVENTURE, L' ▷4
FR. 1972. Comédie policière de Claude LELOUCH avec Lino Ventura, Jacques Brel et Charles Denner. - Les tribulations de cinq truands qui ont décidé de mettre en commun leurs talents respectifs. □ Général

AVENTURE DE MME MUIR, L'
voir **Ghost and Mrs. Muir, The**

AVENTURE EN COULISSE *voir* **Awfully Big Adventure, An**

AVENTURE INTÉRIEURE, L' *voir* **Innerspace**

AVENTURES AMOUREUSES DE JOSEPH ANDREWS, LES *voir* **Joseph Andrews**

AVENTURES D'UNE JEUNE VEUVE, LES ▷6
QUÉ. 1974. Comédie de Roger FOURNIER avec Dominique Michel, Guy Provost et Rose Ouellette. - La veuve d'un marchand de fourrures est entraînée dans diverses complications. □ Général

AVENTURES DE BUCKAROO BANZAÏ, LES
voir **Adventures of Buckaroo Banzai Across the Eight Dimension, The**

AVENTURES DE HUCK FINN, LES
voir **Adventures of Huck Finn, The**

AVENTURES DE PINOCCHIO, LES
voir **Adventures of Pinocchio, The**

AVENTURES DE PRISCILLA, FOLLE DU DÉSERT, LES
voir **Adventures of Priscilla, Queen of the Desert, The**

AVENTURES DE RABBI JACOB, LES ▷4
FR. 1973. Comédie de Gérard OURY avec Louis de Funès, Claude Giraud et Suzy Delair. - Un homme d'affaires irritable doit se déguiser en rabbin juif pour échapper à des agents secrets arabes. □ Général

AVENTURES DE ROBIN DES BOIS, LES
voir **Adventures of Robin Hood, The**

AVENTURES DE ROBINSON CRUSOE, LES ▷3
MEX. 1953. Aventures de Luis BUÑUEL avec Dan O'Herlihy et Jaime Fernandez. - À force d'ingéniosité, un naufragé survit plusieurs années dans une île déserte. Adaptation intéressante du roman de Daniel Defoe. Réalisation inventive. Bonne interprétation. ➜ DVD$

AVENTURES ROMANTIQUES DE JESSICA STEIN, LES
voir **Kissing Jessica Stein**

AVENTURIERS DE L'ARCHE PERDUE, LES
voir **Raiders of the Lost Ark**

AVENTURIERS DU FLEUVE, LES
voir **Adventures of Huckleberry Finn, The**

AVENTURIERS DU TIMBRE PERDU, LES
voir **Tommy Tricker and the Stamp Traveller**

AVENTURIERS, LES ▷3
FR. 1967. Aventures de Robert ENRICO avec Lino Ventura, Alain Delon et Joanna Shimkus. - Trois amis, victimes de revers de fortune, partent à la recherche d'un trésor au large des côtes du Congo - Construction décontractée. Mise en scène aérée. Personnages bien campés par des acteurs de talent. □ 13 ans+

AVEU, L' ▷3
FR. 1970. Drame psychologique de C. COSTA-GAVRAS avec Yves Montand, Simone Signoret et Gabriele Ferzetti. - En 1951, à Prague, un haut fonctionnaire communiste est victime d'une purge politique. - Transposition d'un fait vécu. Technique habile. Ton contenu. Ensemble d'une rare puissance. Interprétation remarquable d'Y. Montand. ➜ DVD$

AVEUGLEMENT, L' *voir* **Blindness**

AVEUX LES PLUS DOUX, LES ▷3
FR. 1970. Drame psychologique d'Édouard MOLINARO avec Philippe Noiret, Roger Hanin et Marc Porel. - Déterminés à obtenir d'un inculpé les renseignements relatifs à l'arrestation de ses complices, deux policiers usent de moyens odieux. - Scénario vigoureux. Observations psychologiques justes.

AVIATOR, THE [Aviateur, L'] ▷3
É.-U. 2004. Drame biographique de Martin SCORSESE avec Leonardo DiCaprio, Cate Blanchett et Alan Alda. - La vie du producteur, aviateur et chef d'entreprise Howard Hughes, de 1927 jusqu'au milieu des années 40. - Intéressante étude psychologique d'un personnage aux contradictions fascinantes. Structure épisodique mais néanmoins fluide. Passages mémorables. Réalisation opulente et pleine de virtuosité. Excellents interprètes. □ Général · Déconseillé aux jeunes enfants ➜ DVD$ DVD-BR$

AVIATOR'S WIFE, THE *voir* **Femme de l'aviateur, La**

AVION, L' ▷5
FR. 2005. Conte de Cédric KAHN avec Roméo Botzaris, Isabelle Carré et Vincent Lindon. - À la mort de son père, un gamin s'aperçoit que l'avion miniaturisé que celui-ci lui avait offert à Noël peut voler. □ Général ➜ DVD $

AVIS D'UN FOU, L' ▷4
QUÉ. 2004. Film d'essai de François GOURD et Martin Leblanc. - Autobiographie fantaisiste du performeur, clown et entarteur François Gourd. ➜ DVD $

AVOCAT DU DIABLE, L'
voir **Devil's Advocate**

AVOCAT, L' *voir* **Advocate, The**

AVRIL ▷4
FR. 2006. Comédie dramatique de Gérald HUSTACHE-MATHIEU avec Sophie Quinton, Miou-Miou et Nicolas Duvauchelle. - Alors qu'elle s'apprête à prononcer ses voeux perpétuels, une novice apprend l'existence d'un frère jumeau et décide de partir à sa recherche. □ Général ➜ DVD $

AVRIL BRISÉ *voir* **Behind the Sun**

AVRIL ENCHANTÉ *voir* **Enchanted April**

AVVENTURA, L' ►1
ITA. 1960. Drame psychologique de Michelangelo ANTONIONI avec Gabriele Ferzetti, Monica Vitti et Lea Massari. - À la recherche de sa maîtresse disparue, un architecte s'éprend d'une amie de celle-ci. - Analyse subtile et intelligente. Grande beauté plastique. Interprétation remarquable. □ Général ➜ DVD $

AWAKENING OF THE BEAST
POR. 1970. José Mojica MARINS □ 13 ans+

AWAKENING, THE [Éveil, L'] ▷4
ANG. 1980. Drame fantastique de Mike NEWELL avec Charlton Heston, Stephanie Zimbalist et Susannah York. - Un archéologue découvre la momie d'une princesse égyptienne qui se réincarne dans le corps de sa fille.

AWAKENINGS [Éveil, L'] ▷4
É.-U. 1990. Drame psychologique de Penny MARSHALL avec Robin Williams, Robert De Niro et Julie Kavner. - À New York dans les années 1960, un neurologue parvient à réveiller un patient enfermé depuis trente ans dans un état catatonique. □ Général ➜ DVD $

AWAY FROM HER [Loin d'elle] ▷3
CAN. 2007. Drame sentimental de Sarah POLLEY avec Julie Christie, Gordon Pinsent et Olympia Dukakis. - Une femme souffrant de la maladie d'Alzheimer en vient à oublier jusqu'à son mari et leur amour. - Récit tragique et prenant, exempt de tout misérabilisme. Évocation puissante de la nature de la mémoire et du poids du temps. Traitement visuel sobre mais expressif. Touches lyriques. Interprétation bouleversante. □ Général ➜ DVD $

AWAY WE GO
É.-U. 2009. Sam MENDES

AWFUL TRUTH, THE ▷3
É.-U. 1937. Comédie de Leo McCAREY avec Cary Grant, Irene Dunne et Ralph Bellamy. - Divorcé de fraîche date, un jeune couple finit par se réconcilier. - Marivaudage d'une grande drôlerie. Traitement vif et spirituel. Réalisation et montage habiles. Excellents interprètes. □ Général ➜ DVD $

AWFULLY BIG ADVENTURE, AN ▷4
[Aventure en coulisse]
ANG. 1994. Drame de mœurs de Mike NEWELL avec Georgina Cates, Hugh Grant et Alan Rickman. - En 1947, une jeune fille secrètement amoureuse de son patron, un directeur de théâtre cynique, cède malgré tout aux avances d'un comédien d'âge mûr. □ 13 ans+ ➜ DVD $

AY, CARMELA! ▷4
ESP. 1990. Comédie dramatique de Carlos SAURA avec Carmen Maura, Andres Pajares et Gabino Diego. - Durant la guerre civile espagnole, trois bateleurs tombent aux mains des troupes franquistes qui veulent leur faire jouer un spectacle à la gloire de Franco. □ Général

AZUR ET ASMAR ▷3
FR. 2006. Film d'animation de Michel OCELOT - Au Moyen Âge, deux garçons élevés comme des frères, l'un fils d'un châtelain et l'autre d'une nourrice, partent à la recherche d'une fée. - Riche conte moral sur la tolérance et la diversité culturelle inspiré des «Mille et une nuits». Amalgame audacieux de genres musicaux. Personnages attachants. Dessin minutieux d'une grande beauté. Couleurs resplendissantes. □ Général ➜ DVD $

B

B. MONKEY ▷4
ANG.-ITA.-É.-U. 1999. Drame de mœurs de Michael RADFORD avec Asia Argento, Jared Harris et Rupert Everett. - Une jeune voleuse dure à cuire s'engage dans une relation avec un professeur célibataire rangé. □ 13 ans+ · Érotisme ➔ DVD$

BAADASSSSS! ▷3
É.-U. 2003. Chronique réalisée et interprétée par Mario Van PEEBLES avec Joy Bryant et T.K. Carter. - Évocation du tournage difficile en 1970 d'un film indépendant de Melvin Van Peebles sur l'oppression de la communauté noire américaine. - Hommage admiratif mais sans complaisance. Esprit de l'époque bien rendue. Mise en scène inventive et empreinte de fébrilité. Nombreux détails amusants. Interprétation énergique. □ 13 ans+ · Érotisme · Langage vulgaire

BAB EL-OUED CITY
ALG. ALL. FR. SUI. 1994. Merzak ALLOUACHE

BABE ▷3
N.-Z. 1995. Conte de Chris NOONAN avec James Cromwell et Magda Szubanski. - Grâce aux conseils d'une chienne et à sa propre débrouillardise, un porcelet nouvellement arrivé dans une ferme apprend à garder les moutons. - Histoire drôle et imaginative. Nombreux détails savoureux. Dialogues pleins d'esprit entre les animaux. Jeu complice des interprètes. □ Général · Enfants ➔ DVD$

BABE: PIG IN THE CITY ▷3
[Babe: Un cochon dans la ville]
AUS. 1998. Comédie fantaisiste de George MILLER avec Mary Stein, Magda Szubanski et James Cromwell. - Une fermière et son porcelet surdoué vivent bien des mésaventures dans une grande ville. - Fable à portée sociale. Astucieuse et audacieuse métaphore animalière. Extraordinaire brio technique. □ Général · Enfants ➔ DVD$

BABEL ▷3
É.-U. 2006. Drame d'Alejandro Gonzalez IÑARRITU avec Brad Pitt, Rinko Kikuchi et Adriana Barraza. - La réaction en chaîne provoquée par un coup de feu bouleverse les destins de différentes personnes aux quatres coins du monde. - Démonstration captivante de l'intimité insoupçonnée de la famille humaine. Narration astucieuse en forme de puzzle spatio-temporel. Réalisation virtuose. Interprétation de haut calibre. □ 13 ans+ ➔ DVD-BR$ DVD$

BABES IN ARMS ▷4
É.-U. 1939. Comédie musicale de Busby BERKELEY avec Mickey Rooney, Judy Garland et Charles Winninger. - Des adolescents, enfants d'artistes de music-hall sans emploi, montent un spectacle à succès.

BABES ON BROADWAY ▷4
É.-U. 1941. Comédie musicale de Busby BERKELEY avec Mickey Rooney, Judy Garland et Virginia Weidler. - Malheurs passagers de quelques adolescents ambitionnant la gloire théâtrale.

BABETTE'S FEAST *voir* **Festin de babette, Le**

BABINE ▷4
Can. 2008. Conte réalisé et interprété par Luc Picard avec Vincent-Guillaume Otis et Alexis Martin. - Le marchand général d'un petit village entre en conflit avec le nouveau curé, qui veut éliminer un simple d'esprit que l'on dit fils de sorcière.
□ Général ➔ DVD$ DVD-BR$

BABOUSSIA ▷3
RUS. 2003. Comédie dramatique de Lidia BOBROVA avec Nina Choubina, Anna Ovsiannikova et Vladimir Koulakov. - À la mort de sa fille, une octogénaire tente de trouver refuge chez un de ses petits-enfants. - Récit poignant et vivant, traduisant le changement des valeurs dans la Russie postsoviétique. Alternance de touches folkloriques, critiques et oniriques. Réalisation sans fioriture. Interprétation craquante de N. Choubina. ➔ DVD$

BABY BOOM ▷5
É.-U. 1987. Comédie de mœurs de Charles SHYER avec Diane Keaton, Sam Shepard et Sam Wanamaker. - La vie d'une femme d'affaires est bouleversée lorsqu'elle décide de prendre soin de la fille d'un cousin qui vient de mourir. □ Général ➔ DVD$

BABY BOY [Bébé Lala] ▷5
É.-U. 2001. Drame social de John SINGLETON avec Tyrese Gibson, Taraji P. Henson et Adrienne-Joi Johnson. - Dans le quartier de South Central à Los Angeles, un jeune père afro-américain immature fait face à des choix douloureux qui le feront grandir. □ 13 ans+ · Langage vulgaire ➔ DVD$

BABY DOLL ▷3
É.-U. 1956. Drame psychologique d'Elia KAZAN avec Carroll Baker, Eli Wallach et Karl Malden. - Soupçonnant un rival d'avoir incendié ses entrepôts, un producteur de coton tente de séduire la toute jeune épouse de celui-ci afin de lui arracher des aveux. - Scénario audacieux adapté d'une pièce de Tennessee Williams. Climat sensuel. Contexte du Sud admirablement dépeint. Excellents interprètes. ➔ DVD$

BABY MAMA ▷4
É.-U. 2008. Comédie de Michael McCULLERS avec Tina Fey, Amy Poehler et Greg Kinnear. - Une cadre célibataire et infertile est contrainte d'héberger la mère porteuse de son bébé, une jeune femme peu instruite et désorganisée □ Général ➔ DVD-BR$ DVD$

BABY, IT'S YOU ▷4
É.-U. 1982. Comédie dramatique de John SAYLES avec Rosanna Arquette, Vincent Spano et Claudia Sherman. - Dans les années 1960, les amours incertaines entre la fille adolescente d'un médecin et un camarade d'origine italienne. □ 13 ans+ ➔ DVD$

BABY, THE RAIN MUST FALL ▷4
É.-U. 1964. Drame psychologique de Robert MULLIGAN avec Steve McQueen, Lee Remick et Don Murray. - Une jeune femme rejoint au Texas son mari récemment libéré sur parole. □ 13 ans+ ➔ DVD$

© TVA FILMS

BACH ET BOTTINE ▷4
QUÉ. 1986. Comédie dramatique d'André MELANÇON avec Mahée Paiement, Raymond Legault et Andrée Pelletier. - Une fillette orpheline, dont la garde a été confiée à un oncle égoïste et vieux garçon, tente d'amadouer ce dernier. □ Général

BACHELOR & THE BOBBY-SOXER, THE ▷4
É.-U. 1947. Comédie de Irving REIS avec Cary Grant, Myrna Loy et Shirley Temple. - Une collégienne s'éprend de son professeur qui est plus intéressé par sa sœur aînée. □ Général → DVD$

BACK AND FORTH *voir* **De ida y vuelta**

BACK TO SCHOOL [Retour à l'école] ▷5
É.-U. 1985. Comédie d'Alan METTER avec Rodney Dangerfield, Sally Kellerman et Keith Gordon. - Un magnat de la mercerie qui s'est élevé à la force du poignet décide de s'inscrire à des cours universitaires. → DVD$

BACK TO THE FUTURE [Retour vers le futur] ▷3
É.-U. 1985. Comédie fantaisiste de Robert ZEMECKIS avec Michael J. Fox, Christopher Lloyd et Lea Thompson. - Grâce à une machine à voyager dans le temps, un adolescent se rend à l'époque où ses parents avaient son âge. - Variations originales et humoristiques sur un thème connu. Traitement ironique. Bonne évocation d'époque. □ Général → DVD$

BACK TO THE FUTURE II [Retour vers le futur II] ▷4
É.-U. 1989. Comédie fantaisiste de Robert ZEMECKIS avec Michael J. Fox, Christopher Lloyd et Thomas F. Wilson. - Grâce à une machine à voyager dans le temps, un adolescent se rend en 1955 afin d'annuler la cause de bouleversements historiques provoqués par un vieillard lors d'une expédition antérieure en l'an 2015. □ Général → DVD$

BACK TO THE FUTURE III [Retour vers le futur III] ▷4
É.-U. 1990. Comédie fantaisiste de Robert ZEMECKIS avec Michael J. Fox, Christopher Lloyd et Mary Steenburgen. - Un adolescent retourne en 1885 afin de ramener au XXe siècle l'inventeur d'une machine à voyager dans le temps. □ Général → DVD$

BACKBEAT [Cinq garçons dans le vent] ▷4
ANG. 1993. Drame biographique de Iain SOFTLEY avec Stephen Dorff, Sheryl Lee et Ian Hart. - Après s'être amouraché d'une jeune photographe, le bassiste d'un groupe de rock'n'roll abandonne la musique pour se consacrer à la peinture. → DVD$

BACKDRAFT [Pompiers en alerte] ▷4
É.-U. 1991. Drame policier de Ron HOWARD avec William Baldwin, Kurt Russell et Robert De Niro. - Un jeune pompier assiste un détective qui enquête sur une série d'incendies d'origine apparemment criminelle. □ 13 ans+ → DVD$

BACKTRACK [À contresens] ▷5
É-U. 1988. Drame policier réalisé et interprété par Dennis HOPPER avec Jodie Foster et Dean Stockwell. - Témoin d'un meurtre commis par la mafia, une jeune artiste se retrouve pourchassée par un tueur à gages qui tombe amoureux d'elle.

BAD AND THE BEAUTIFUL, THE ▷3
É.-U. 1952. Drame psychologique de Vincente MINNELLI avec Lana Turner, Kirk Douglas et Dick Powell. - Un producteur en faillite fait appel à des vedettes qu'il a lancées. - Description critique des milieux du cinéma. Étude psychologique intéressante. Mise en scène adroite. Excellents interprètes. → DVD$

BAD BOY BUBBY
AUS. ITA. 1993. Rolf DE HEER → DVD$

BAD COMPANY ▷4
É.-U. 1972. Western de Robert BENTON avec Jeff Bridges, Barry Brown et Jim Davis. - Pendant la guerre civile, un jeune homme de bonne famille s'enfuit vers l'Ouest pour échapper à la conscription et se joint à une bande de voleurs. □ 13 ans+ → DVD$

BAD DAY AT BLACK ROCK [Un homme est passé] ▷3
É.-U. 1954. Drame de John STURGES avec Spencer Tracy, Robert Ryan et Anne Francis. - Les habitants d'un bourg de l'Ouest opposent une étrange résistance aux demandes d'un étranger en quête d'un fermier japonais. - Récit vigoureux et dépouillé. Belle photographie. Mise en scène solide. Création remarquable de S. Tracy. → DVD$

BAD EDUCATION *voir* **Mauvaise éducation, La**

BAD GUY
COR. 2001. Kim KI-DUK → DVD$

BAD LIEUTENANT ▷4
É.-U. 1992. Drame policier d'Abel FERRARA avec Harvey Keitel, Frankie Thorn et Zoe Lund. - Un policier corrompu et dépravé est appelé à enquêter sur le viol d'une religieuse. □ 18 ans+ · Violence → DVD$

BAD NEWS BEARS [Une équipe d'enfer] ▷4
É.-U. 2005. Comédie sportive de Richard LINKLATER avec Billy Bob Thornton, Sammi Kane Kraft et Jeff Davies. - Un ancien joueur de baseball professionnel dans la dèche est contraint d'entraîner une équipe de garçons de dix à douze ans peu doués pour le sport. □ Général · Déconseillé aux jeunes enfants → DVD$

BAD NEWS BEARS, THE ▷4
É.-U. 1976. Comédie de mœurs de Michael RITCHIE avec Walter Matthau, Tatum O'Neal et Vic Morrow. - Un ancien joueur de baseball devient entraîneur d'une équipe d'enfants. → DVD$

BAD SANTA [Méchant Père Noël] ▷4
É.-U. 2003. Comédie policière de Terry ZWIGOFF avec Brett Kelly, Tony Cox et Billy Bob Thornton. - Un gamin solitaire recherche la sympathie d'un cambrioleur ivrogne qui travaille comme Père Noël dans un grand magasin. □ 13 ans+ · Langage vulgaire → DVD$ DVD-BR$

BAD SEED *voir* **Mauvaise graine**

BAD SEED, THE ▷5
É.-U. 1956. Drame psychologique de Mervyn LeROY avec Nancy Kelly, Patty McCormack et Henry Jones. - Une jeune femme se rend compte que sa fillette a des instincts meurtriers. □ Général → DVD$

BAD TASTE ▷7
N.-Z. 1987. Drame d'horreur réalisé et interprété par Peter JACKSON avec Terry Potter et Peter O'Herne. - Un commando découvre qu'un petit village côtier a été dépeuplé par des extraterrestres qui se nourrissent de chair humaine. □ 16 ans+ · Horreur → DVD$

BAD TIMING [Bad Timing - A Sensual Obsession] ▷3
ANG. 1980. Drame psychologique de Nicolas ROEG avec Theresa Russell, Art Garfunkel et Harvey Keitel. - Pendant qu'on opère sa maîtresse qui a tenté de se suicider, un jeune psychanalyste se remémore leur relation. - Construction narrative éclatée. Montage fascinant. Mise en scène souvent brillante. Jeu convaincant de T. Russell. → DVD$

BADIS ▷4
MAR. 1988. Drame de mœurs de Mohamed ABDERRAHAM TAZI avec Jitali Farhati, Maribel Verdu et Zakia Tahiri. - Dans un village marocain de la côte méditerranéenne, la fille d'un pêcheur poursuit une idylle secrète avec un soldat en poste dans une forteresse voisine. □ Général

BADLANDS [Balade sauvage, La] ►2
É.-U. 1973. Drame de mœurs de Terrence MALICK avec Martin Sheen, Sissy Spacek et Warren Oates. - Un jeune chômeur n'hésite pas à tuer pour fuir avec son amie. - Traitement insolite d'un fait divers des années 1950. Vision critique des personnages et du contexte. Réalisation contrôlée. Excellente interprétation. □ 13 ans+ → DVD$

BAGARRE AU KING CRÉOLE *voir* **King Creole**

BAGARREUR, LE *voir* **Hard Times**

BAGDAD CAFE ▷3
ALL. 1987. Comédie de mœurs de Percy ADLON avec Marianne Sägebrecht, CCH Pounder et Jack Palance. - Égarée dans un désert américain, une Bavaroise rondouillarde trouve refuge dans un motel isolé où elle transforme la vie des habitants. - Intrigue aux développements originaux. Personnages attachants. Mélange agréable de fantaisie et de tendresse. Interprétation colorée. □ Général

BAGHEAD ▷4
É.-U. 2008. Comédie de Jay et Mark DUPLASS avec Steve Zissis, Ross Partridge et Greta Gerwig. - Quatre acteurs sans travail installés dans un chalet pour écrire un scénario sont attaqués par un mystérieux personnage masqué. □ 13 ans+ → DVD$

BAGNOLES, LES *voir* **Cars**

BAIE DE L'AMOUR ET DES REGRETS, LA
voir **Bay of Love and Sorrows, The**

BAIE SANGLANTE, LA [Twitch of the Death Nerve] ▷5
ITA. 1971. Drame policier de Mario BAVA avec Claudine Auger, Luigi Pistilli et Claudio Volonté. - Les propriétaires et usagers d'un terrain convoité, donnant sur une baie pittoresque, sont tour à tour assassinés sans motif apparent.

BAISE-MOI ▷6
FR. 2000. Drame de mœurs de Coralie TRINH THI et Virginie DESPENTES avec Raffaela Anderson et Karen Bach. - La fuite en avant dans la drogue, le sexe et la violence meurtrière de deux jeunes paumées qui n'ont plus rien à perdre. □ 18 ans+ · Sexualité explicite

BAISER AVANT DE MOURIR, UN
voir **Kiss Before Dying, A**

BAISER DE LA FEMME ARAIGNÉE, LE
voir **Kiss of the Spider Woman**

BAISER DE LA MORT, LE *voir* **Kiss of Death**

BAISER DU PAPILLON, LE *voir* **Butterfly Kiss**

BAISERS VOLÉS [Stolen Kisses] ►2
FR. 1968. Comédie dramatique de François TRUFFAUT avec Jean-Pierre Léaud, Claude Jade et Delphine Seyrig. - Après son service militaire, un jeune homme retrouve son amie et doit se chercher un emploi. - Même héros que dans Les 400 Coups. Sens du détail expressif. Réalisation dégagée et efficace. Notations humoristiques. Interprétation juste. □ Général

BAL, LE ►2
ITA. 1983. Comédie musicale de Ettore SCOLA avec Marc Berman, Francesco de Rosa et Geneviève Rey-Penchenat. - Une salle de bal sert de cadre à l'évocation de quarante années d'histoire par la danse et la musique. - Sujet original traité avec brio. Rythme magnifiquement soutenu. Mise en scène bien conçue. □ Général

BAL DES CASSE-PIEDS, LE ▷4
FR. 1991. Comédie de mœurs de Yves ROBERT avec Jean Rochefort, Miou-Miou et Jean Carmet. - Un vétérinaire au tempérament plutôt obligeant et sa nouvelle conquête sont constamment contrariés par la présence inopinée d'enquiquineurs de toutes sortes. □ Général

BAL DES MAUDITS, LE *voir* **Young Lions, The**

BAL DES SIRÈNES, LE *voir* **Bathing Beauty**

BAL DES VAMPIRES, LE
voir **Fearless Vampire Killers, The**

BAL DU MONSTRE, LE *voir* **Monster's Ball**

BAL POUSSIÈRE ▷4
C.I. 1988. Comédie de mœurs de Henri DUPARC avec Bakary Bama, Tchelley Hanny et Naky Sy Savane. - Un riche paysan épouse une étudiante qui, par ses allures libres, sème la pagaille parmi ses cinq autres femmes.

BALADE SAUVAGE, LA *voir* **Badlands**

BALAFRÉ, LE *voir* **Scarface**

BALANCE MAMAN HORS DU TRAIN
voir **Throw Momma from the Train**

BALANCE, LA ▷4
FR. 1982. Drame policier de Bob SWAIM avec Richard Berry, Nathalie Baye et Philippe Léotard. - Un policier fait pression sur un ancien gangster pour qu'il lui serve d'indicateur. □ 13 ans+ ➜ DVD $

BALAYÉS PAR LA MER *voir* **Swept from the Sea**

BALCONY, THE ▷5
É.-U. 1963. Comédie dramatique de Joseph STRICK avec Shelley Winters, Peter Falk et Lee Grant. - Trois clients d'une maison de prostitution se livrent à la mégalomanie pendant une révolution.
□ Général ➜ DVD $

BALEINES DU MOIS D'AOÛT, LES
voir **Whales of August, The**

BALL OF FIRE [Boule de feu] ▷3
É.-U. 1942. Comédie de Howard HAWKS avec Gary Cooper, Barbara Stanwyck et Dana Andrews. - Huit philologues hébergent une jeune danseuse qui leur donne des leçons d'argot. - Situations comiques exploitant drôlement les contrastes. Jeu savoureux des comédiens.
□ Général ➜ DVD $

BALLAD OF A SOLDIER *voir* **Ballade du soldat, La**

BALLAD OF CABLE HOGUE, THE ▷4
[Un nomme cable hogue]
É.-U. 1969. Western de Sam PECKINPAH avec Jason Robards, Stella Stevens et David Warner. - Abandonné en plein désert, un homme transforme une source en une étape pour les diligences.
□ 13 ans+ ➜ DVD $

BALLAD OF GREGORIO CORTEZ, THE ▷3
É.-U. 1982. Western de Robert M. YOUNG avec Edward James Olmos, Brion James et James Gammon. - En 1901, un fermier mexicain du Texas est poursuivi pour le meurtre d'un shérif. - Éléments de réflexion sur les conflits raciaux. Téléfilm aux scènes de poursuite bien enlevées. Mise en scène inventive. □ Général

BALLAD OF JACK AND ROSE, THE ▷4
[Ballade de Jack et Rose, La]
É.-U. 2005. Drame psychologique de Rebecca MILLER avec Daniel Day-Lewis, Camilla Belle et Catherine Keener. - Dans une île, une jeune fille éprise de son père malade se rebelle lorsqu'il invite son amante et les deux fils de celle-ci à venir vivre avec eux.
□ 13 ans+ ➜ DVD $

BALLAD OF LITTLE JO, THE ▷4
[Ballade de Little Jo, La]
É.-U. 1993. Western de Maggie GREENWALD avec Suzy Amis, Bo Hopkins et David Chung. - En 1860, une jeune femme, jetée à la rue par son père, se déguise en homme de manière à mystifier la population d'une ville minière. □ 13 ans+ ➜ DVD $

BALLAD OF THE SAD CAFE, THE ▷4
É.-U. 1991. Drame de mœurs de Simon CALLOW avec Vanessa Redgrave, Keith Carradine et Cork Hubbert. - Durant la Dépression, une commercante virago, redoutée par toute sa communauté, se laisse séduire par un nain qui s'installe chez elle. ➜ DVD $

BALLADE DE BRUNO, LA [Stroszek] ▷3
ALL. 1977. Drame de mœurs de Werner HERZOG avec Bruno S., Eva Mattes et Clemens Scheitz. - Un pauvre hère et une prostituée se joignent à un vieil homme pour aller tenter fortune en Amérique. - Intrigue complexe. Personnages insolites. Mise en scène inventive.
□ Général ➜ DVD $

BALLADE DE NARAYAMA, LA ▷3
[Ballad of Narayama, The]
JAP. 1983. Drame de mœurs de Shohei IMAMURA avec Samiko Sakamoto, Ken Ogata et Aki Takejo. - Une vieille femme se préoccupe de trouver une épouse à son fils veuf avant de mourir. - Peinture convaincante de mœurs primitives et cruelles. Réalisation fort adroite. Ensemble à la fois déconcertant et captivant. Interprétation vivante.
□ 13 ans+ ➜ DVD $

BALLADE DES DALTON, LA ▷4
FR. 1978. Dessins animés de René GOSCINNY et MORRIS. - Un cow-boy errant surveille des bandits redoutables qui, pour toucher un héritage, doivent éliminer les membres du jury qui a condamné leur oncle.
□ Général ➜ DVD $

BALLADE DU SOLDAT, LA [Ballad of a Soldier] ▷3
RUS. 1960. Drame de guerre de Grigori CHUKHRAI avec Vladimir Ivachov, Janna Prokorenko et Antonina Maximova. - Un jeune soldat reçoit une permission de quelques jours pour acte de bravoure. - Traitement doté de sensibilité et de délicatesse. Touches poétiques.
□ Général ➜ DVD $

BALLE DANS LA TÊTE, UNE *voir* **Bullet in the Head**

BALLET SHOES
ANG. 2007. Sandra GOLDBACHER

BALLON BLANC, LE *voir* **White Balloon**

BALLON ROUGE, LE [Red Balloon, The] ►2
FR. 1956. Conte d'Albert LAMORISSE avec Pascal Lamorisse. - L'amitié entre un ballon et un gamin provoque la jalousie des autres enfants. - Véritable poème d'une rare inspiration. Mélange adroit de rêve et de réel. Photographie maîtrisée. □ Général

BALTO ▷4
É.-U. 1995. Dessins animés de Simon WELLS. - Un chien-loup se lance au secours d'une expédition perdue dans le blizzard.
□ Général ➜ DVD $

BALZAC ET LA PETITE TAILLEUSE CHINOISE ▷4
[Balzac and the Little Chinese Seamstress]
FR. 2001. Comédie dramatique de Dai SIJIE avec Zhou Xun, Chen Kun et Liu Ye. - En Chine, durant la Révolution culturelle, deux adolescents en rééducation dans un village montagnard se chargent de l'instruction d'une jeune couturière illettrée. □ Général ➜ DVD $

BAM BAM AND CELESTE
É.-U. 2005. Lorene MACHADO ➜ DVD $

BAMAKO ▷4
MALI. 2006. Drame social d'Abderrahmane SISSAKO avec Aïssa Maïga, Tiécoura Traoré et Hélène Diarra. - Dans la cour d'une maison où vivent plusieurs familles, un tribunal doit juger les effets néfastes des politiques de la Banque Mondiale et du FMI. □ Général

BAMBI ▷3
É.-U. 1942. Dessins animés de Dave HAND sous la supervision de Walt DISNEY. - Les expériences de vie d'un jeune cerf dans la forêt dont il doit devenir le roi. - Adaptation poétique et charmante d'un roman de Felix Salten. Caractérisation intéressante des divers animaux.

BAMBOOZLED [Music-Hall] ▷4
É.-U. 2000. Comédie satirique de Spike LEE avec Damon Wayans, Savion Glover et Jada Pinkett Smith. - Un producteur de télévision afro-américain crée une émission de variétés provocante qui s'attaque au racisme dans les médias. □ 13 ans+ · Langage vulgaire · Violence ➔ DVD $

BANANAS ▷4
É.-U. 1971. Comédie réalisée et interprétée par Woody ALLEN avec Louise Lasser et Carlos Montalban. - Un homme timide se trouve mêlé à son corps défendant à une révolution dans une île des Caraïbes. □ 13 ans+ ➔ DVD $

BAND OF OUTSIDERS *voir* **Bande à part**

BAND WAGON, THE [Tous en scène] ▷3
É.-U. 1953. Comédie musicale de Vincente MINNELLI avec Fred Astaire, Cyd Charisse et Jack Buchanan. - Une ancienne étoile de la danse monte un spectacle. - Scénario simple bien utilisé. Satire charmante des milieux théâtraux. Couleurs recherchées. Numéros musicaux réussis. Interprètes rompus au genre. □ Général

BANDE À PART [Band of Outsiders] ▷3
FR. 1964. Comédie policière de Jean-Luc GODARD avec Anna Karina, Claude Brasseur et Sami Frey. - Avec la complicité d'une jeune étudiante, deux voleurs préparent le vol d'un magot dissimulé dans une maison de banlieue. - Accent mis sur les personnages plutôt que sur l'aspect policier du sujet. Traitement mi-sérieux, mi-ironique.

BANDE DES QUATRE, LA *voir* **Breaking Away**

BANDE DES QUATRE, LA [Gang of Four] ▷3
FR. 1988. Comédie dramatique de Jacques RIVETTE avec Laurence Côte, Bernadette Giraud et Bulle Ogier. - Des étudiantes en art dramatique qui partagent le même logement sont mêlées à une sombre affaire policière. - Jeu subtil sur les rapports entre le théâtre et la vie. Éléments dramatiques habilement dosés. Ensemble d'un intérêt soutenu. Interprétation pleine de fraîcheur. □ Général

BANDINI
IND. 1963. Bimal ROY ➔ DVD $

BANDIT QUEEN [Reine des bandits, La] ▷3
IND. 1994. Drame biographique de Shekhar KAPUR avec Seema Biswas, Nirmal Pandey et Manoj Bajpai. - Contrainte injustement à l'exil, une jeune paysanne indienne se joint à une horde de bandits dont elle devient le chef. - Scénario inspiré la vie de Phoolan Devi. Réquisitoire incendiaire contre la violence faite aux femmes. Traitement assez puissant. Jeu intense de S. Biswas. □ 16 ans+

BANDIT, LE ▷4
TUR.-BUL.-FR. 1996. Drame policier de Yavuz TURGUL avec Sener Sen, Ugur Yucel et Yeçim Salkim. - Libéré après 35 ans de prison, un bandit de montagne recherche sa bien-aimée à Istanbul, avec l'aide d'un jeune escroc acoquiné avec la mafia. □ 13 ans+

BANDITS ▷4
É.-U. 2001. Comédie policière de Barry LEVINSON avec Billy Bob Thornton, Bruce Willis et Cate Blanchett. - Une femme au foyer frustrée séduit tour à tour deux voleurs de banque dont elle est devenue la complice. □ Général ➔ DVD $

BANDOLERO! ▷4
É.-U. 1968. Western de Andrew V. McLAGLEN avec James Stewart, Dean Martin et George Kennedy. - Un homme sauve de la potence son frère et ses complices. □ Général ➔ DVD $

BANG THE DRUM SLOWLY ▷4
É.-U. 1973. Drame psychologique de John HANCOCK avec Michael Moriarty, Robert De Niro et Vincent Gardenia. - Un joueur de base-ball témoigne de l'amitié à un camarade atteint d'une maladie incurable. □ Général ➔ DVD $

BANK, THE ▷4
AUS. 2001. Thriller de Robert CONNOLLY avec David Wenham, Anthony LaPaglia et Sibylla Budd. - Un banquier véreux finance les recherches d'un jeune génie de l'informatique qui prétend pouvoir prédire les fluctuations boursières. ➔ DVD $

BANK DICK, THE ▷4
É.-U. 1940. Comédie burlesque de Edward CLINE avec W.C. Fields, Una Merkel et Cora Witherspoon. - Un poivrot impénitent obtient par hasard la position de gardien de banque. □ Général

BANK JOB, THE ▷4
ANG. 2008. Thriller de Roger DONALDSON avec Jason Statham, Saffron Burrows et David Suchet. - En 1971 à Londres, un vendeur de voitures au passé trouble se laisse entraîner par une amie dans un vol de banque aux ramifications insoupçonnées. □ 13 ans+ · Violence · Érotisme ➔ DVD $ DVD-BR $

BANK SHOT, THE ▷4
É.-U. 1974. Comédie policière de Gregg CHAMPION avec George C. Scott, Joanna Cassidy et Clifton James. - Un cambrioleur expert s'évade de prison pour organiser un vol de banque peu ordinaire. - Variations humoristiques sur un thème classique. Personnages excentriques. Rythme soutenu. Interprétation amusée. ➔ DVD $

BANLIEUE 13 [District 13] ▷5
FR. 2004. Drame policier de Pierre MOREL avec David Belle, Cyril Raffaelli et Larbi Naceri. - En 2013, dans une banlieue de Paris, un policier et un jeune du ghetto doivent récupérer une bombe à neutrons tombée aux mains d'un cruel chef de bande. □ 13 ans+ · Violence ➔ DVD $

BANLIEUSARDS ARRIVENT EN VILLE, LES *voir* **Out-of-Towners, The**

BANLIEUSARDS, LES *voir* **Burbs, The**

BANNI, LE - LA VÉRITABLE HISTOIRE DE BILLY THE KID *voir* **Outlaw, The**

BANQUET, LE ▷4
QUÉ. 2008. Drame social de Sébastien ROSE avec Alexis Martin, Benoît McGinnis et Frédéric Pierre. - Dans une université montréalaise, les destins de diverses personnes se croisent alors que la tension monte entre l'association étudiante et l'administration. □ 13 ans+ · Violence ➔ DVD $

BANQUIÈRE, LA ▷4
FR. 1980. Drame social de Francis GIROD avec Romy Schneider, Jean-Louis Trintignant et Daniel Mesguich. - Au début des années 1930, une femme dirigeant une entreprise bancaire entre en lutte avec un concurrent.

BAR EN OTAGE *voir* **Albino Alligator**

BARABBAS ▷4
ITA. 1961. Drame historique de Richard FLEISCHER avec Anthony Quinn, Vittorio Gassman et Silvana Mangano. - Libéré à la place de Jésus, Barabbas est de nouveau emprisonné en Sicile puis envoyé à Rome comme gladiateur. ➔ DVD $

BARAN [Secrets des Baran, Les] ▷3
IRAN. 2001. Drame social de Majid MAJIDI avec Hossein Abedini, Zahra Bahrami et Mohammad Amir Naji. - Un jeune ouvrier d'origine turque cherche à percer le secret d'un apprenti afghan auquel on a confié ses tâches. - Illustration sombre et touchante de la problématique sociale des réfugiés. Ressorts dramatiques un peu prévisibles. Réalisation sensible. Interprétation vivante. □ Général ➔ DVD $

BARBARELLA ▷4
ITA. 1968. Science-fiction de Roger VADIM avec Jane Fonda, John Phillip Law et Milo O'Shea. - Avec l'aide d'un homme-oiseau, une jeune astronaute réussit à retrouver un savant disparu. □ 18 ans+ ➔ DVD $

BARBARIAN AND THE GEISHA, THE ▷4
É.-U. 1958. Drame historique de John HUSTON avec John Wayne, Eiko Ando et Sam Jaffe. - Un diplomate américain cherche à établir des relations commerciales entre son pays et le Japon. □ Général

BARBAROSA ▷4
É.-U. 1981. Western de Fred SCHEPISI avec Willie Nelson, Gary Busey et Gilbert Roland. - Un jeune fermier du Texas et un vieux hors-la-loi, tous deux en fuite, se rencontrent et connaissent ensemble quelques aventures. □ Général

BARBARY COAST [Belle de San Francisco, La] ▷4
É.-U. 1935. Aventures de Howard HAWKS avec Edward G. Robinson, Miriam Hopkins et Joel McCrea. - À San Francisco, une entraîneuse à l'emploi d'un homme vénal s'éprend d'un jeune prospecteur. □ Général ➔ DVD $

BARBE À PAPA, LA *voir* **Paper Moon**

BARBE BLEUE [Bluebeard] ▷5
ITA. 1972. Comédie dramatique d'Edward DMYTRYK avec Richard Burton, Joey Heatherton et Raquel Welch. - Dans les années 1930, une danseuse épouse un baron autrichien et découvre qu'il a tué ses épouses précédentes. □ 13 ans+ ➔ DVD $

BARBE-ROUSSE [Red Beard] ►2
JAP. 1965. Drame social de Akira KUROSAWA avec Toshiro Mifune, Yuzo Kayama et Miyuki Kuwano. - Un jeune médecin inexpérimenté fait un stage difficile dans un hôpital dirigé par un docteur rude et taciturne. - Tableau éloquent des misères sociales du vieux Japon. Rythme lent et ample. Mise en scène d'une sobre maîtrise. Excellente interprétation de T. Mifune. □ 13 ans+ ➔ DVD $

BARBERSHOP ▷4
É.-U. 2002. Comédie de mœurs de Tim STORY avec Ice Cube, Eve et Cedric The Entertainer. - Une journée mouvementée dans la vie des employés et des clients d'un salon de barbier d'un quartier noir de Chicago. □ Général ➔ DVD $

BARBOUZES, LES ▷4
FR. 1964. Comédie de Georges LAUTNER avec Lino Ventura, Mireille Darc et Bernard Blier. - Un agent est délégué auprès de la veuve d'un trafiquant d'armes pour récupérer des plans. ➔ DVD $

BARCELONA ▷4
ESP. 1994. Comédie de mœurs de Whit STILLMAN avec Taylor Nichols, Chris Eigeman et Tushka Bergen. - Un homme d'affaires américain travaillant à Barcelone héberge son cousin, un jeune officier de marine au caractère facétieux. □ Général ➔ DVD $

BAREFOOT CONTESSA, THE ▷3
[Comtesse aux pieds nus, La]
É.-U. 1954. Drame psychologique de Joseph Leo MANKIEWICZ avec Ava Gardner, Humphrey Bogart et Edmond O'Brien. - Une vedette de cinéma connaît d'amers revers. - Intéressante peinture de milieu. Excellents dialogues. Réalisation et interprétation de qualité. □ Général ➔ DVD $

BAREFOOT EXECUTIVE, THE ▷4
[Singulier directeur, Un]
É.-U. 1970. Comédie de Robert BUTLER avec Kurt Russell, Joe Flynn et Wally Cox. - Un jeune homme obtient un poste important dans un réseau de télévision grâce aux réactions de son chimpanzé devant les émissions. □ Général

BAREFOOT IN THE PARK ▷4
É.-U. 1967. Comédie de Gene SAKS avec Jane Fonda, Robert Redford et Mildred Natwick. - Les difficultés d'installation d'un jeune couple. ➔ DVD $

BARFLY ▷4
É.-U. 1987. Drame psychologique de Barbet SCHROEDER avec Mickey Rourke, Faye Dunaway et Alice Krige. - Un écrivain alcoolique ayant toujours l'air d'une épave se lie à une femme qui boit sec elle aussi tout en gardant une certaine dignité. □ 13 ans+

BARKLEYS OF BROADWAY, THE ▷4
[Entrons dans la danse]
É.-U. 1949. Comédie musicale de Charles WALTERS avec Fred Astaire, Ginger Rogers et Oscar Levant. - Les amours et les succès de deux vedettes de la danse. ➔ DVD $

BAROCCO ▷4
FR. 1976. Drame d'André TÉCHINÉ avec Gérard Depardieu, Isabelle Adjani et Marie-France Pisier. - Un boxeur est abattu par un tueur qui lui ressemble comme un frère. □ 13 ans+ ➔ DVD $

BARON ROUGE, LE *voir* **Von Richthofen and Brown**

BARONESS AND THE PIG, THE ▷5
CAN. 2002. Drame de mœurs de Michael MACKENZIE avec Patricia Clarkson, Caroline Dhavernas et Colm Feore. - En 1888, à Paris, une baronne d'origine américaine férue de modernisme veut exhiber dans son futur salon une sauvageonne ayant grandi au milieu des cochons. □ 13 ans+ ➔ DVD $

BARRETTS OF WIMPOLE STREET ▷4
É.-U. 1934. Drame sentimental de Sidney FRANKLIN avec Norma Shearer, Fredric March et Charles Laughton. - Évocation des amours contrariées du poète Robert Browning avec Elisabeth Barrett qui est dominée par un père tyrannique.

BARRY LYNDON ►2
ANG. 1975. Drame de mœurs de Stanley KUBRICK avec Ryan O'Neal, Marisa Berenson et Patrick Magee. - Au XVIIIe siècle, après diverses aventures, un Irlandais sans fortune épouse une riche aristocrate anglaise. - Adaptation d'un roman de W.M. Thackeray. Reconstitution fastueuse et minutieuse. Réalisation magistrale. □ Général ➔ DVD $

BARRY MCKENZIE HOLDS HIS OWN
AUS. 1974. Bruce BERESFORD

BARTLEBY ▷4
ANG. 1972. Drame psychologique d'Anthony FRIEDMANN avec Paul Scofield, John McEnery et Thorley Walters. - À Londres, un comptable est troublé par l'attitude d'un nouvel employé taciturne et mélancolique. □ Général

BARTON FINK ▷3
É.-U. 1991. Comédie dramatique de Joel COEN avec John Turturro, John Goodman et Judy Davis. - Plusieurs malheurs s'abattent sur un dramaturge à succès lorsqu'il se rend à Hollywood pour y écrire son premier scénario de film. - Portrait cauchemardesque et cynique d'Hollywood. Œuvre exubérante et recherchée. Interprétation stylisée bien accordée au ton de l'ensemble. □ 13 ans+ ➔ DVD $

BAS-FONDS NEW-YORKAIS, LES *voir* **Underworld U.S.A.**

BAS-FONDS, LES [Lower Depths] ▷3
FR. 1936. Drame social de Jean RENOIR avec Louis Jouvet, Jean Gabin et Suzy Prim. - Dans un asile de nuit, la rencontre de quelques épaves de la société. - Adaptation libre d'un roman de Maxime Gorki. Grande réussite technique. Bonne utilisation des décors. Action bien menée. Excellente création de L. Jouvet ➔ DVD $

BAS-FONDS, LES [Lower Depths, The] ►2
JAP. 1957. Étude de mœurs de Akira KUROSAWA avec Toshiro Mifune, Isuzu Yamada et Ganjiro Nakamura. - Un vendeur ambulant tente d'aider les êtres misérables du bouge où il s'est installé. - Excellente analyse de caractères. Création d'atmosphère réussie. Réalisation de classe. Interprètes bien dirigés. □ Général

BASIC INSTINCT [Basic Instinct - Ultimate Edition] ▷5
É.-U. 1992. Drame policier de Paul VERHOEVEN avec Michael Douglas, Sharon Stone et George Dzundza. - En enquêtant sur le meurtre d'un chanteur rock, un policier tombe sous le charme de la principale suspecte. □ 18 ans+ ➔ DVD-BR $ DVD $

BASIL, DÉTECTIVE PRIVÉ *voir* **Great Mouse Detective, The**

BASKETBALL DIARIES, THE [Chute libre] ▷5
É.-U. 1995. Drame de mœurs de Scott KALVERT avec Leonardo DiCaprio, Mark Wahlberg et James Madio. - Un adolescent doué pour le basket-ball et la poésie connaît la déchéance après s'être mis à consommer de la drogue. □ 13 ans+ · Violence ➔ DVD $

BASQUIAT ▷5
É.-U. 1996. Drame biographique de Julian SCHNABEL avec Jeffrey Wright, David Bowie et Michael Wincott. - La carrière fulgurante du jeune peintre new-yorkais de race noire Jean-Michel Basquiat. □ 13 ans+ ➔ DVD $

BASTARD OUT OF CAROLINA [Cercle du silence, Le] ▷4
É.-U. 1996. Drame psychologique d'Anjelica HUSTON avec Jennifer Jason Leigh, Ron Eldard et Jena Malone. - Dans les années 50, une mère découvre qu'une de ses deux fillettes est victime d'abus physiques de la part de son second mari. □ 13 ans+

BASTIEN LE MAGICIEN ▷4
DAN. 1984. Comédie dramatique de Bille AUGUST avec Mads Bugge Andersen, Katerina Stenbeck et Peter Schroeder. - Les mésaventures d'un garçonnet qui pallie sa petite taille par sa débrouillardise.

BASTION DE LA LIBERTÉ, LE
voir **Man from the Alamo, The**

BASTOGNE *voir* **Battleground**

BAT 21 ▷4
É.-U. 1988. Drame de guerre de Peter MARKLE avec Gene Hackman, Danny Glover et Jerry Reed. - Au cours de la guerre du Viêt-nam, un officier américain dont l'avion a été abattu en territoire ennemi est secouru par un autre pilote. □ Général

BATAILLE D'ALGER, LA ▷3
ITA. 1966. Drame social de Gillo PONTECORVO avec Brahim Haggiag, Jean Martin et Yacef Saadi. - En 1957, des parachutistes français capturent à Alger un des dirigeants des rebelles indépendantistes. - Ensemble impressionnant. Atmosphère d'authenticité. Interprètes bien dirigés. □ 13 ans+ ➔ DVD$

BATAILLE D'ANGLETERRE, LA *voir* **Battle of Britain**

BATAILLE DE LA VALLÉE DU DIABLE, LA *voir* **Duel at Diablo**

BATAILLE DE MIDWAY, LA *voir* **Midway**

BATAILLE DE PASSCHENDAELE, LA *voir* **Passchendaele**

BATAILLE DE SAN SEBASTIAN, LA ▷4
FR.-ITA. 1968. Aventures de Henri VERNEUIL avec Anthony Quinn, Charles Bronson et Anjanette Comer. - Un aventurier qu'on prend pour un prêtre sauve un village mexicain d'une attaque des Indiens. □ Général

BATAILLE DES ARDENNES, LA *voir* **Battle of the Bulge**

BATAILLE DU RAIL, LA ▷3
FR. 1946. Drame de guerre de René CLÉMENT avec Tony Laurent, Jean Daurand et Jean Clarieux. - Sous l'occupation allemande, l'action des cheminots français dans la Résistance. - Reconstitution authentique et prenante. Réalisation de qualité. Style quasi documentaire. Interprétation naturelle. ➔ DVD$

BATAILLE POUR ANZIO, LA *voir* **Anzio**

BÂTARD DE DIEU, LE ▷4
FR. 1993. Aventures de Christian FECHNER avec Pierre-Olivier Mornas, Ticky Holgado et Bernard-Pierre Donnadieu. - À la fin du XVIIe siècle, un adolescent à qui son père adoptif a enseigné la droiture et les arts du combat devient un aventurier hors-la-loi.

BATEAU DE MARIAGE, LE ▷4
FR. 1992. Drame psychologique de Jean-Pierre AMERIS avec Laurent Grévill, Florence Pernel et Marie Bunel. - En 1940, dans un petit village épargné par l'Occupation, un instituteur rangé épouse une jeune femme au tempérament frondeur. □ Général

BATEAU, LE [Das boot (télésérie): 01] ▷3
ALL. 1981. Drame de guerre de Wolfgang PETERSEN avec Jürgen Prochnow, Herbert Grönemeyer et Klaus Wennemann. - En 1941, un correspondant de guerre allemand expérimente la vie à bord d'un sous-marin. - Approche quasi documentaire. Tension dramatique soutenue. Mise en scène vigoureuse. Interprétation juste. □ Général ➔ DVD$

BATEAU-PHARE, LE *voir* **Lightship, The**

BATHHOUSE
2005. Crisaldo PABLO ➔ DVD$

BATHING BEAUTY [Bal des sirènes, Le] ▷5
É.-U. 1944. Comédie musicale de George SIDNEY avec Esther Williams, Red Skelton et Basil Rathbone. - Un compositeur s'inscrit comme élève dans un collège de jeunes filles pour reconquérir le cœur de sa femme.

BATMAN ▷4
É.-U. 1966. Aventures de Leslie H. MARTINSON avec Adam West, Burt Ward et Lee Meriwether. - Un justicier masqué et son jeune assistant viennent au secours de la police pour combattre un gang de criminels. □ Général ➔ DVD$

BATMAN & ROBIN ▷5
É.-U. 1997. Drame fantastique de Joel SCHUMACHER avec George Clooney, Arnold Schwarzenegger et Uma Thurman. - Deux justiciers masqués doivent combattre un criminel qui congèle ses victimes et une botaniste dont les baisers sont fatals. □ Général ➔ DVD$

BATMAN ▷3
É.-U. 1989. Drame fantastique de Tim BURTON avec Michael Keaton, Jack Nicholson et Kim Basinger. - Un justicier mystérieux qui se donne l'apparence d'une chauve-souris géante entre en lutte avec des criminels. - Adaptation d'une bande dessinée célèbre. Traitement sombre et sinistre. Décors impressionnants. Réalisation inventive. J. Nicholson assez éblouissant. □ 13 ans+ ➔ DVD-BR$

BATMAN RETURNS [Retour de Batman, Le] ▷3
É.-U. 1992. Drame fantastique de Tim BURTON avec Michael Keaton, Danny DeVito et Michelle Pfeiffer. - Un justicier masqué s'efforce de contrer les entreprises de deux dangereux criminels. - Scénario imaginatif. Nombreuses trouvailles étonnantes. Humour insolite baignant dans l'absurde et la satire. Compositions saisissantes de M. Pfeiffer et D. DeVito. □ 13 ans+

BATMAN FOREVER ▷4
É.-U. 1995. Drame fantastique de Joel SCHUMACHER avec Val Kilmer, Tommy Lee Jones et Jim Carrey. - Un justicier s'oppose à un redoutable duo de criminels possédant un appareil qui permet de lire dans la pensée. □ 13 ans+ ➔ DVD$

BATMAN BEGINS [Batman: le commencement] ▷3
É.-U. 2005. 140 min. Drame fantastique de Christopher NOLAN avec Christian Bale, Katie Holmes et Michael Caine. - Traumatisé par le meurtre de ses parents, un milliardaire suit un entraînement rigoureux puis devient un ténébreux justicier masqué. - Remodelage pragmatique, grave et glauque de la bande dessinée de Bob Kane. Complexité psychologique du héros bien rendue. Construction narrative habile. Illustration souvent saisissante. Jeu solide et nuancé de Christian Bale. □ 13 ans+ · Violence ➔ DVD$ DVD-BR$

BATTEMENT D'AILES DU PAPILLON, LE ▷4
FR. 2000. Comédie dramatique de Laurent FIRODE avec Audrey Tautou, Eric Feldman et Faudel. - Durant une journée à Paris, une série d'événements fortuits provoque à la tombée de la nuit la réunion de deux jeunes gens faits l'un pour l'autre. □ Général ➔ DVD$

BATTERIES NOT INCLUDED [Piles non comprises] ▷4
É.-U. 1987. Comédie fantaisiste de Matthew ROBBINS avec Hume Cronyn, Jessica Tandy et Michael Carmine. - Des extraterrestres aident un couple new-yorkais à lutter contre des industriels qui veulent transformer leur quartier en un imposant ensemble architectural. □ Général ➔ DVD$

BATTLE BEYOND THE STARS ▷4
[Mercenaires de l'espace, Les]
É.-U. 1980. Science-fiction de Jimmy T. MURAKAMI avec John Saxon, Richard Thomas et George Peppard. - Avec l'aide de mercenaires, une planète pacifique organise sa défense contre un pirate de l'espace.

BATTLE IN HEAVEN ▷4
MEX. 2005. Drame de Carlos REYGADAS avec Marcos Hernandez, Anapola Mushkadiz et Bertha Ruiz. - Auteur d'un rapt d'enfant avec sa femme, le chauffeur d'un haut gradé se confie à la fille de celui-ci, qui se prostitue par plaisir. ➔ DVD$

BATTLE OF ALGIERS, THE *voir* **Bataille d'Alger, La**

BATTLE OF BRITAIN [Bataille d'Angleterre, La] ▷4
ANG. 1969. Drame de guerre de Guy HAMILTON avec Laurence Olivier, Robert Shaw et Christopher Plummer. - La lutte aérienne dans le ciel d'Angleterre au cours de l'été 1940. □ Général ➔ DVD-BR$ DVD$

BATTLE OF THE BULGE [Bataille des Ardennes, La] ▷5
É.-U. 1965. Drame de guerre de Ken ANNAKIN avec Henry Fonda, Robert Shaw et Robert Ryan. - Au début de l'hiver de 1944, les Allemands font une attaque massive sur les lignes alliées en Belgique. □ Général ➔ DVD$ DVD-BR$

BATTLE OF THE SEXES
É.-U. 1928. D.W GRIFFITH ➔ DVD$

BATTLEGROUND [Bastogne] ▷4
É.-U. 1948. Drame de guerre de William A. WELLMAN avec Van Johnson, John Hodiak et Marshall Thompson. - La bataille de Bastogne entre la 101e division américaine et les troupes allemandes. □ Général ➔ DVD$

BATTLESHIP POTEMKIN *voir* **Cuirassé Potemkine, Le**

BATTLING BELLHOP *voir* **Kid Galahad**

BATTLING BUTLER [Dernier round, Le] ▷3
É.-U. 1926. Comédie réalisée et interprétée par Buster KEATON avec Snitz Edwards et Sally O'Neil. - Un jeune homme de famille riche connaît des mésaventures lorsque son valet le fait passer pour un champion boxeur. - Usage inhabituel de quiproquos et autres trucs de la comédie de boulevard. Sens du gag. Interprétation enjouée. □ Général ➔ DVD$

BAXTER ▷4
FR. 1988. Comédie satirique de Jérôme BOIVIN avec Lise Delamare, François Driancourt et Catherine Ferran. - Offert en cadeau à une vieille dame, un chien observateur a ses propres idées sur la façon dont on doit se comporter envers lui. □ 13 ans+

BAY OF BLOOD *voir* **Baie sanglante, La**

BAY OF LOVE AND SORROWS, THE ▷4
[Baie de l'amour et des regrets, La]
CAN. 2002. Drame de mœurs de Tim SOUTHAM avec Jonathan Scarfe, Peter Outerbridge et Joanne Kelly. - Au Nouveau-Brunswick, à l'automne 1973, un ex-prisonnier manipule un jeune bourgeois prêchant un idéal de vie communautaire. □ 13 ans+ ➜ DVD$

BE KIND REWIND ▷4
É.-U. 2008. Comédie de Michel GONDRY avec Mos Def, Jack Black et Danny Glover. - Le gérant d'un club vidéo dont toutes les cassettes ont été démagnétisées entreprend de réaliser avec les moyens du bord de nouvelles versions des films effacés.
□ Général ➜ DVD$ DVD-BR$

BEACH, THE [Plage, La] ▷5
É.-U. 2000. Drame de Danny BOYLE avec Leonardo DiCaprio, Virginie Ledoyen et Tilda Swinton. - Un jeune Américain et un couple français découvrent une île paradisiaque où vit une commune idyllique.
□ 16 ans+ ➜ DVD$

BEACHES [Entre deux plages] ▷5
É.-U. 1988. Mélodrame de Garry MARSHALL avec Bette Midler, Barbara Hershey et John Heard. - Une chanteuse issue de milieu populaire et une riche héritière atteinte d'un mal incurable entretiennent des liens d'amitié solides datant de leur jeune âge. □ Général ➜ DVD$

BEAN: THE ULTIMATE DISASTER MOVIE ▷5
[Bean: le film le plus catastrophe]
ANG. 1997. Comédie de Mel SMITH avec Rowan Atkinson, Peter MacNicol et Pamela Reed. - Un musée londonien se débarrasse d'un employé gaffeur en l'envoyant à Los Angeles en tant qu'expert pour y présenter un célèbre tableau. □ Général ➜ DVD$

BEAR, THE [Ours, L'] ▷3
FR. 1988. Aventures de Jean-Jacques ANNAUD avec Tchéky Karyo, Jack Wallace et André Lacombe. - Dans les Rocheuses, un ourson orphelin et son protecteur, un ours mâle d'une superbe taille, sont traqués par des chasseurs. - Accent mis sur la vie des bêtes en pleine nature. Contexte majestueux. Prises de vue étonnantes. Utilisation habile des animaux. □ Général

BEAR & THE DOLL, THE *voir* **Ours et la poupée, L'**

BEAST, THE *voir* **Bête, La**

BEAST FROM 20,000 FATHOMS, THE ▷5
[Monstre des temps perdus, Le]
É.-U. 1953. Drame d'horreur de Eugene LOURIE avec Paul Christian, Ross Elliot et Paula Raymond. - Libéré de sa prison de glace, un monstre préhistorique s'avance vers New York. ➜ DVD$

BEAT STREET ▷4
É.-U. 1984. Comédie musicale de Stan LATHAN avec Guy Davis, Rae Dawn Chong et Jon Chardiet. - La vie tumultueuse d'adolescents férus de musique et de danse dans un quartier populaire de New York.
➜ DVD$

BEAT THE DEVIL ▷4
É.-U. 1954. Comédie satirique de John HUSTON avec Humphrey Bogart, Jennifer Jones et Robert Morley. - Des escrocs veulent s'emparer de dépôts d'uranium dans un pays d'Afrique. □ Général ➜ DVD$

BEATLE AU PARADIS, UN *voir* **Magic Christian, The**

BEAU BRUMMELL ▷4
ANG. 1954. Drame biographique de Curtis BERNHARDT avec Stewart Granger, Elizabeth Taylor et Peter Ustinov. - Au début du XIXe siècle, un dandy cherche à profiter de son amitié avec le prince héritier pour jouer un rôle politique. □ Général

BEAU FIXE ▷4
FR. 1992. Comédie de mœurs de Christian VINCENT avec Isabelle Carré, Judith Rémy et Elsa Zylberstein. - Des tensions se font jour entre quatre amies réunies dans une villa pour y préparer leur examen de médecine. □ Général

BEAU FIXE SUR NEW YORK *voir* **It's Always Fair Weather**

BEAU JOUR, UN *voir* **One Fine Day**

BEAU MARIAGE, LE [Good Marriage, A] ▷3
FR. 1981. Comédie de Éric ROHMER avec Béatrice Romand, André Dussollier et Arielle Dombasle. - Une jeune femme désireuse de se marier poursuit un avocat de ses attentions. - Traitement ironique. Mise en scène alliant légèreté et rigueur. Dialogues finement ciselés. Jeu piquant de B. Romand.

BEAU SALAUD, UN *voir* **Dirty Dingus Magee**

BEAU SERGE, LE ▷3
FR. 1957. Drame de Claude CHABROL avec Gérard Blain, Jean-Claude Brialy et Bernadette Lafont. - Un jeune homme tente de réhabiliter son ami alcoolique tombé dans la déchéance. - Premier film de Chabrol. Traitement vigoureux et réaliste. Beaucoup d'atmosphère.
□ Général

BEAU TRAVAIL ▷3
FR. 1998. Drame psychologique de Claire DENIS avec Denis Lavant, Michel Subor et Grégoire Colin. - Un adjudant qui commande d'une main ferme un peloton dans la Légion étrangère est troublé par l'attitude d'une jeune recrue rebelle. - Sujet traité de façon plus poétique que réaliste. Ton introspectif. Mise en scène stylisée. Jeu très physique des protagonistes. □ Général

BEAU-PÈRE ▷3
FR. 1981. Drame psychologique de Bertrand BLIER avec Patrick Dewaere, Ariel Besse et Maurice Ronet. - Un pianiste de bar a une aventure sentimentale avec la fille adolescente d'une maîtresse décédée. - Situation fort délicate abordée avec un certain tact. Récit progressant à pas feutrés. Traitement distancié. Mise en scène contrôlée. Jeu aérien des interprètes.

BEAUCOUP DE BRUIT POUR RIEN
voir **Much Ado About Nothing**

BEAUCOUP, PASSIONNÉMENT, À LA FOLIE
voir **Truly, Madly, Deeply**

BEAUFORT ▷4
ISR. 2007. Drame de guerre de Joseph CEDAR avec Oshri Cohen, Itay Tiran et Eli Eltonyo. - En 2000, des soldats israéliens attendent impatiemment l'ordre d'évacuer une forteresse du Liban sous l'assaut du Hezbollah. ➜ DVD$

BEAUMARCHAIS L'INSOLENT ▷4
FR. 1996. Comédie de mœurs d'Édouard MOLINARO avec Fabrice Luchini, Manuel Blanc et Sandrine Kiberlain. - Aperçu de la vie publique et privée d'un célèbre auteur dramatique du XVIIIe siècle à l'aube de la Révolution française. □ Général

BEAUTÉ AMÉRICAINE *voir* **American Beauty**

BEAUTÉ DE PANDORE, LA ▷5
QUÉ. 1999. Drame sentimental de Charles BINAMÉ avec Pascale Bussières, Jean-François Casabonne et Maude Guérin. – Un entrepreneur montréalais rencontre une femme mystérieuse qui fait basculer sa vie du tout au tout.

BEAUTÉ DU DIABLE, LA ▶2
FR. 1949. Drame fantastique de René CLAIR avec Gérard Philipe, Michel Simon et Nicole Besnard. - Un savant désabusé vend son âme au diable pour la jeunesse, la gloire et la richesse. - Adaptation de la célèbre légende de Faust. Récit développé avec virtuosité. Beauté formelle des images. Interprétation brillante. □ Général ➜ DVD$

BEAUTÉ DU PÉCHÉ, LA ▷4
YOU. 1986. Comédie de mœurs de Zivko NIKOLIC avec Mira Furlan, Milutin Karadzic et Petar Bozovic. - Venue travailler au bord de la mer avec son mari, une montagnarde constate étonnée qu'elle a été engagée dans un camp de naturistes.

BEAUTÉS FATALES *voir* **Drop Dead Gorgeous**

BEAUTIFUL BLONDE FROM BASHFUL BEND, THE ▷4
É.-U. 1949. Western de Preston STURGES avec Cesar Romero, Betty Grable et Olga San Juan. - Les mésaventures d'une fille de l'Ouest trop portée sur le maniement du revolver. □ Général

BEAUTIFUL BOXER
THAÏ. 2003. Ekachai UEKRONGTHAM

BEAUTIFUL BUT DEADLY *voir* **Don Is Dead, The**

BEAUTIFUL COUNTRY, THE ▷4
NOR. 2004. Drame de Hans Petter MOLAND avec Damien Nguyen, Nick Nolte et Bai Lin. - En 1990, un jeune Vietnamien dont le père est un soldat américain entreprend un voyage périlleux pour le retrouver aux États-Unis. □ Général · Déconseillé aux jeunes enfants ➜ DVD$

BEAUTIFUL DREAMERS [Rêveurs magnifiques] ▷4
CAN. 1990. Drame social de John HARRISON avec Colm Feore, Rip Torn et Wendel Meldrum. - En 1880, le directeur d'un asile à London en Ontario invite le célèbre poète américain Walt Whitman à séjourner quelque temps chez lui. □ Général

BEAUTIFUL MIND, A [Homme d'exception, Un] ▷4
É.-U. 2001. Drame biographique de Ron HOWARD avec Russell Crowe, Jennifer Connelly et Paul Bettany. - La vie du mathématicien de génie John Nash qui est parvenu à surmonter sa schizophrénie avant de remporter le prix Nobel en 1994. □ 13 ans+ → DVD$

BEAUTIFUL STRANGER
POL. 1992. Jerzy HOFFMAN □ Général → DVD$

BEAUTIFUL SWORDSWOMAN
JAP. 1969. DIVERS → DVD$

BEAUTIFUL THING [Belle affaire, La] ▷4
ANG. 1995. Drame psychologique de Hettie MacDONALD avec Glen Berry, Scott Neal et Linda Henry. - Deux adolescents de la banlieue de Londres se découvrent une attirance mutuelle. □ 13 ans+

BEAUTY AND THE BEAST [Belle et la bête, La] ▷3
É.-U. 1991. Dessins animés de Gary TROUSDALE et Kirk WISE. - Une jeune villageoise devient la captive d'un homme à l'aspect monstrueux qui doit se faire aimer d'elle pour redevenir humain. - Adaptation somptueuse du conte de Leprince de Beaumont. Animation et décors très soignés. Ensemble rehaussé par de nombreux numéros musicaux. Réussite technique et artistique indiscutable. □ Général

BEAUX DIMANCHES, LES ▷4
QUÉ. 1974. Étude de mœurs de Richard MARTIN avec Jean Duceppe, Catherine Bégin et Denise Filiatrault. - Dans la maison cossue d'un nouveau riche, quatre couples s'échangent des aménités.
□ 13 ans+

BEAUX SOUVENIRS, LES ▷3
QUÉ. 1981. Drame psychologique de Francis MANKIEWICZ avec Monique Spaziani, Julie Vincent et Paul Hébert. - Le retour à la maison familiale d'une jeune femme en compagnie de son mari provoque des tensions. - Approche poétique du sujet. Traitement efficace. Climat mélancolique habilement ménagé. Interprétation excellente.
□ 13 ans+ → DVD$

BÉBÉ, LE *voir* **Snapper, The**

BÉBÉ DE ROSEMARY, LE
voir **Rosemary's Baby**

BÉBÉ LALA *voir* **Baby Boy**

BECAUSE OF EVE
É.-U. 1948. Howard BRETHERTON

BECAUSE OF WINN-DIXIE ▷4
É.-U. 2005. Comédie dramatique de Wayne WANG avec AnnaSophia Robb, Jeff Daniels et Cicely Tyson. - La fillette esseulée d'un pasteur recueille un chien errant qui va transformer sa vie et celle de son entourage. □ Général → DVD$

BECAUSE WHY ▷4
QUÉ. 1993. Comédie de mœurs de Arto PARAGAMIAN avec Michael Riley, Heather Mathieson et Doru Bandol. - Les tribulations sentimentales d'un jeune Montréalais qui aimerait fonder une famille.
□ Général → DVD$

BECKET ▷3
ANG. 1964. Drame de Peter GLENVILLE avec Peter O'Toole, Richard Burton et Donald Wolfit. - Thomas Becket, favori du roi d'Angleterre, devient son adversaire après sa consécration comme évêque de Canterbury. - Œuvre puissante tirée d'une pièce de Jean Anouilh. Vigueur dramatique. Remarquable duel d'acteurs.
□ 13 ans+ → DVD-BR$ DVD$

BECOMING JANE ▷4
ANG. 2007. Comédie sentimentale de Julian JARROLD avec Anne Hathaway, James McAvoy et Julie Walters. - En 1795, l'histoire d'amour de la jeune écrivaine Jane Austen, modeste fille de pasteur, avec un jeune Irlandais de bonne famille. □ Général → DVD$ DVD-BR$

BED & BREAKFAST *voir* **Bienvenue au gîte**

BED AND BOARD *voir* **Domicile conjugal**

BEDAZZLED ▷3
ANG. 1967. Comédie de Stanley DONEN avec Dudley Moore, Peter Cook et Eleanor Bron. - Un cuisinier de restaurant vend son âme au diable contre la réalisation de sept souhaits. - Traitement satirique farfelu de la légende de Faust. Suite de sketches reliés de façon originale. Mise en scène précise et alerte. Interprétation savoureuse.
→ DVD$

BEDFORD INCIDENT, THE ▷4
ANG. 1965. Drame psychologique de James B. HARRIS avec Richard Widmark, Sidney Poitier et Eric Portman. - Un commandant de destroyer en patrouille dans l'Atlantique manque de déclencher une guerre. □ Général → DVD$

BEDKNOBS AND BROOMSTICKS ▷4
[Apprentie sorcière, L']
É.-U. 1971. Comédie fantaisiste de Robert STEVENSON avec Angela Lansbury, David Tomlinson et Roy Snart. - En 1940, les aventures de trois jeunes Londoniens recueillis par une gentille apprentie sorcière.
□ Général → DVD$

BEDLAM [Isle of the Dead/Bedlam] ▷4
É.-U. 1946. Thriller de M. ROBSON avec Boris Karloff, Anna Lee et Ian Wolfe. - Une actrice est enfermée dans un asile d'aliénés dirigé par un sadique. → DVD$

BEDROOM WINDOW, THE [Faux témoin] ▷4
É.-U. 1987. Drame policier de Curtis HANSON avec Steve Guttenberg, Elizabeth McGovern et Isabelle Huppert. - Un architecte, qui accepte de témoigner à la place de sa maîtresse dans une affaire d'agressions sexuelles, est soupçonné par la police de ces méfaits. □ Général

BEDROOMS AND HALLWAYS ▷4
ANG. 1998. Comédie de mœurs de Rose TROCHE avec Kevin McKidd, Hugo Weaving et Jennifer Ehle. - Désillusionné par sa vie amoureuse, un jeune gay décide d'avouer à un séduisant hétéro l'attirance qu'il éprouve pour lui. → DVD$

BEDTIME STORIES ▷4
É.-U. 2008. Comédie fantaisiste d'Adam SHANKMAN avec Adam Sandler, Keri Russell et Laura Ann Kesling. - Un homme à tout faire d'un grand hôtel réalise que les histoires qu'il raconte à ses neveu et nièce pour les endormir se matérialisent de façon étonnante dans sa vie. □ Général → DVD$ DVD-BR$

BEDTIME STORY [Séducteurs, Les] ▷4
É.-U. 1964. Comédie de Ralph LEVY avec Marlon Brando, David Niven et Shirley Jones. - Deux chevaliers d'industrie unissent leurs forces pour escroquer des femmes riches. □ Général

BEE MOVIE ▷4
É.-U. 2007. Film d'animation de Simon J. SMITH et Steve HICKNER. - Une abeille non conformiste poursuit en justice l'espèce humaine qui maltraite les petites productrices de miel et fait des profits mirobolants sur leur dos. □ Général → DVD-BR$ DVD$

BEE SEASON, THE ▷5
É.-U. 2005. Drame psychologique de Scott McGEHEE et David SIEGEL avec Richard Gere, Juliette Binoche et Flora Cross. - Tandis qu'un professeur d'études judaïques pousse sa fille à remporter un concours d'épellation, sa famille traverse une grave crise émotionnelle.
□ Général → DVD$

BEEFCAKE ▷4
CAN. 1999. Étude de mœurs de Thom FITZGERALD avec Daniel MacIvor, Josh Peace et Carroll Godsman. - Dans les années 50, un photographe recrute de jeunes modèles pour un magazine consacré au nu masculin. □ 16 ans+ · Érotisme

BEETLEJUICE [Bételgeuse] ▷4
É.-U. 1988. Comédie fantaisiste de Tim BURTON avec Alec Baldwin, Geena Davis et Michael Keaton. - Un couple de fantômes fait appel à un esprit malin pour chasser les nouveaux propriétaires de leur ancienne maison. □ Général → DVD$ DVD-BR$

BEFORE AND AFTER [Ombre d'un doute, L'] ▷4
É.-U. 1995. Drame judiciaire de Barbet SCHROEDER avec Meryl Streep, Liam Neeson et Edward Furlong. - Un couple cherche à disculper leur fils adolescent du meurtre d'une jeune fille. □ Général → DVD$

BEFORE NIGHT FALLS [Avant que tombe la nuit] ▷4
É.-U. 2000. Drame biographique de Julian SCHNABEL avec Javier Bardem, Olivier Martinez et Andrea Di Stefano. - La vie tumultueuse du romancier et poète cubain Reinaldo Arenas, persécuté par le régime castriste en raison de son homosexualité. □ Général → DVD$

BEFORE SUNRISE [Avant l'aube tout est possible] ▷4
É.-U. 1995. Comédie sentimentale de Richard LINKLATER avec Julie Delpy et Ethan Hawke. - Un jeune Américain bohème convainc une étudiante parisienne qu'il a rencontrée sur un train de passer quelques heures avec lui lors d'une escale à Vienne. □ Général → DVD$

BEFORE SUNSET [Avant la nuit tout est possible] ▷4
É.-U. 2004. Comédie sentimentale de Richard LINKLATER avec Ethan Hawke, Julie Delpy et Vernon Dobtcheff. - De passage à Paris pour la promotion de son premier roman, un écrivain américain renoue avec une jeune Française rencontrée neuf ans plus tôt à Vienne.
□ Général ➔ DVD$

BEFORE THE DEVIL KNOWS YOU'RE DEAD ▷3
[7h58 ce samedi-là]
É.-U. 2007. Drame de Sidney LUMET avec Philip Seymour Hoffman, Ethan Hawke et Marisa Tomei. - Un courtier de Manhattan et son frère cadet organisent le cambriolage de la bijouterie de leurs parents. - Réflexion puissante sur l'état des mœurs contemporaines. Scénario astucieux épousant en alternance les points de vue des personnages. Réalisation de métier misant sur la tension psychologique. Distribution impeccable. ➔ DVD-BR$ DVD$

BEFORE THE RAIN ▷3
MAC.-ANG. 1994. Drame de Milcho MANCHEVSKI avec Katrin Cartlidge, Rade Serbedzija et Grégoire Colin. - Un photographe macédonien quitte Londres pour se retrouver impliqué malgré lui dans les tensions ethniques de son pays. - Belle illustration de la situation prévalant dans l'ex-Yougoslavie. Récit formant une sorte de cercle vicieux.
□ 13 ans+ ➔ DVD$

BEFORE THE RAINS ▷4
IND. 2007. Drame de Santosh SIVAN avec Linus Roach, Rahul Bose et Nandita Das. - La liaison adultère entre un planteur anglais et sa servante indienne connaît un dénouement tragique aux répercussions imprévues. ➔ DVD$

BEFORE THE REVOLUTION ▷3
ITA. 1964. Drame psychologique de Bernardo BERTOLUCCI avec Francesco Barilli, Adriana Asti et Alain Midgette. - Un jeune bourgeois devenu communiste se ravise et quitte le parti. - Adaptation dans un contexte moderne de La Chartreuse de Parme. Film intellectuel bien réalisé dans l'ensemble. Style complexe et somptueux. □ 13 ans+

BEFORE TOMORROW [Jour avant le lendemain, Le] ▷4
CAN. 2008. Chronique de Marie-Hélène COUSINEAU et Madeline PIUJUQ IVALU avec Madeline Piujuq Ivalu, Paul-Dylan Ivalu et Peter-Henry Arnatsiaq. - Dans le Grand Nord, vers 1840, une vieille inuit et son petit-fils tentent de survivre après une tragédie. □ Général ➔ DVD$

BEGGARS OF LIFE
É.-U. 1928. William A. WELLMAN

BEGUILED, THE [Proies, Les] ▷4
É.-U. 1970. Drame psychologique de Don SIEGEL avec Clint Eastwood, Geraldine Page et Elizabeth Hartman. - Un soldat nordiste blessé trouve refuge dans une pension sudiste pour jeunes filles.
□ 18 ans+ ➔ DVD$

BEHIND THE MASK - THE RISE OF LESLIE VERNON ▷4
É.-U. 2006. Drame d'horreur de Scott GLOSSERMAN avec Nathan Baesel, Angela Goethals et Zelda Rubinstein. - Une petite équipe de cinéma filme les préparatifs d'un aspirant tueur en série qui projette de massacrer un groupe d'adolescents.
□ 13 ans+ · Horreur ➔ DVD$

BEHIND THE SUN [Avril brisé] ▷3
BRÉ. 2001. Drame de mœurs de Walter SALLES avec Rodrigo Santoro, Ravi Ramos Lacerda et Flavia Marco Antonio. - En 1910, un jeune paysan qui doit bientôt mourir à cause d'une vendetta s'éprend d'une jolie saltimbanque. - Récit âpre et tragique aux accents poétiques prenants. Réalisation inspirée. Images magnifiques. Interprétation sentie. ➔ DVD$

BEHOLD A PALE HORSE ▷4
É.-U. 1964. Drame de Fred ZINNEMANN avec Anthony Quinn, Gregory Peck et Omar Sharif. - Un ancien héros loyaliste de la guerre d'Espagne est poursuivi par la haine d'un policier. □ Général ➔ DVD$

BEIJING BICYCLE, THE *voir* **Bicyclette de Pékin, La**

BEING AT HOME WITH CLAUDE ▷4
QUÉ. 1992. Drame psychologique de Jean BEAUDIN avec Roy Dupuis, Jacques Godin et Jean-François Pichette. - Un jeune prostitué homosexuel qui a tué son amant avoue progressivement les motifs de son crime à un inspecteur perspicace. □ 13 ans+

BEING HUMAN [Secret du bonheur, Le] ▷5
É.-U. 1994. Film à sketches de Bill FORSYTH avec Robin Williams, Kelly Hunter et Maudie Johnson. - Cinq histoires explorant divers aspects de la condition humaine à l'âge du bronze, dans la Rome antique, au Moyen Âge, à la Renaissance et de nos jours. □ Général

BEING JOHN MALKOVICH ▷3
[Dans la peau de John Malkovich]
É.-U. 1999. Comédie fantaisiste de Spike JONZE avec John Cusack, Cameron Diaz et Catherine Keener. - Un employé de bureau découvre l'existence d'un passage secret qui mène dans l'esprit de l'acteur John Malkovich. - Scénario imaginatif et imprévisible. Personnages savamment tordus. Mise en scène efficace. Excellents comédiens.
□ Général ➔ DVD$

BEING JULIA ▷4
CAN. 2004. Comédie dramatique d'Istvan SZABO avec Annette Bening, Jeremy Irons et Shaun Evans. - En 1938, à Londres, une actrice de renom s'engage dans une liaison passionnée avec un jeune admirateur américain. □ Général ➔ DVD$

BEING LIGHT ▷5
FR. 2001. Comédie dramatique de Jean-Marc BARR et Pascal Arnold avec Romain Duris, Jean-Marc Barr et Élodie Bouchez. - Escorté par un jeune homme d'affaires américain, un simple d'esprit part pour l'Inde afin de retrouver celle qu'il aime. ➔ DVD$

BEING RON JEREMY
É.-U. 2003. Brian BERKE ➔ DVD$

BEING THERE [Bienvenue Mister Chance] ▷3
É.-U. 1979. Comédie satirique de Hal ASHBY avec Peter Sellers, Shirley MacLaine et Melvyn Douglas. - Recevant l'hospitalité d'un multimillionnaire, un jardinier analphabète passe pour un philosophe. - Parabole satirique tirée d'un roman de Jerzy Kosinski. Gags insolites. Mise en scène rigoureuse. Excellente composition de P. Sellers.
□ Général ➔ DVD$ DVD-BR$

BEING TWO ISN'T EASY
JAP. 1962. Kon ICHIKAWA □ Général

BEL ANTONIO, LE [Il bell'Antonio] ▷4
ITA. 1960. Étude de mœurs de Mauro BOLOGNINI avec Marcello Mastroianni, Claudia Cardinale et Pierre Brasseur. - Un Sicilien, marié par intérêt, s'éprend bientôt de sa femme mais devient alors impuissant. □ Général

BEL ESPRIT *voir* **Wit**

BELA TARR COMBO PACK
HON. Béla TARR ➔ DVD$

BELIEVER, THE ▷4
É.-U. 2001. Drame social de Henry BEAN avec Ryan Gosling, Summer Phoenix et Theresa Russell. - Bien qu'il soit juif, un jeune homme adhère à un mouvement néo-fasciste au sein duquel il professe un antisémitisme rageur. □ 13 ans+ ➔ DVD$

BELIEVERS, THE [Envoûtés, Les] ▷4
É.-U. 1987. Drame fantastique de John SCHLESINGER avec Martin Sheen, Helen Shaver et Harris Yulin. - Appelé à soigner des policiers new-yorkais, un psychologue découvre une secte vaudou qui pratique des sacrifices humains. □ 13 ans+ ➔ DVD$

BELL FROM HELL, A [Cloche de l'enfer, La] ▷4
ESP. 1973. Drame d'horreur de C. GUERIN HILL avec Renaud Verley, Viveca Lindfors et Alfredo Mayo. - Un jeune homme veut se venger de sa tante et de ses cousines qui l'ont fait soigner dans une clinique psychiatrique. ➔ DVD$

BELL, BOOK AND CANDLE [Adorable voisine] ▷3
É.-U. 1958. Comédie de Richard QUINE avec James Stewart, Kim Novak et Jack Lemmon. - Une sorcière se sert de ses pouvoir s pour charmer son voisin. - Charmant et original. Climat insolite. Mise en scène alerte. Interprétation brillante. □ Général ➔ DVD$

BELLBOY, THE ▷4
É.-U. 1960. Comédie réalisée et interprétée par Jerry LEWIS avec Alex Gerry et Bob Clayton. - Dans un hôtel de Miami, un groom maladroit mais plein de bonne volonté accumule les gaffes. ➔ DVD$

BELLE AFFAIRE, LA *voir* **Beautiful Thing**

BELLE AU BOIS DORMANT, LA *voir* **Sleeping Beauty**

BELLE BÊTE, LA ▷5
QUÉ. 2006. Drame de Karim HUSSAIN avec Caroline Dhavernas, Marc-André Grondin et Carole Laure. - Dans une grande maison à la campagne, une riche veuve idolâtre son fils simple d'esprit mais très beau, au risque de provoquer la jalousie maladive de sa fille.
□ 13 ans+ · Violence

BELLE CAPTIVE, LA ▷4
FR. 1983. Drame fantastique de Alain ROBBE-GRILLET avec Daniel Mesguich, Gabrielle Lazure et Cyrielle Claire. - Un homme s'engage dans d'étranges aventures en cherchant à retrouver une belle inconnue qu'il a croisée plusieurs fois. □ Général

BELLE DE JOUR ►2
FR. 1967. Drame psychologique de Luis BUÑUEL avec Catherine Deneuve, Jean Sorel et Michel Piccoli. - Une jeune femme est victime d'un chantage alors qu'elle est «hôtesse» dans une maison de rendez-vous. - Mélange habile de fantaisie et de réalité. Mise en scène rigoureuse. C. Deneuve remarquable. □ 13 ans+ ➔ DVD $

BELLE DE SAN FRANCISCO, LA *voir* **Barbary Coast**

BELLE DE SCÈNE *voir* **Stage Beauty**

BELLE DU PACIFIQUE, LA *voir* **Miss Sadie Thompson**

BELLE EMMERDEUSE, LA ▷4
FR. 1977. Comédie réalisée et interprétée par Roger COGGIO avec Elisabeth Huppert et Luisa Colpeyn. - Ayant organisé son suicide, une jeune femme voit ses plans contrecarrés par un quidam. □ Général

BELLE EMPOISONNEUSE, LA ▷5
QUÉ. 2007. Comédie dramatique de Richard JUTRAS avec Maxime Denommée et Benoît Gouin. - Un jeune rêveur se retrouve impliqué dans une affaire de meurtre avec la jeune femme mystérieuse, aux lourds secrets de famille, dont il est épris. □ 13 ans+ ➔ DVD $

BELLE ÉPOQUE ▷4
ESP.-POR.-FR. 1992. Comédie dramatique de Fernando TRUEBA avec Jorge Sanz, Fernando Gomez et Penélope Cruz. - Dans l'Espagne du début des années 1930, un jeune déserteur se réfugie chez un vieux peintre anarchiste dont il séduit les filles. □ 13 ans+

BELLE ET LA BÊTE, LA *voir* **Beauty and the Beast**

BELLE ET LA BÊTE, LA ►1
FR. 1946. Conte de Jean COCTEAU avec Josette Day, Jean Marais et Michel Auclair. - Une jeune fille éprouve de la pitié, puis de l'amour, pour un monstre qui se transforme en prince charmant. - Remarquable richesse visuelle. Atmosphère onirique d'une beauté insolite. Interprétation stylisée. □ Général ➔ DVD $

BELLE ET LE CLOCHARD, LA *voir* **Lady and the Tramp**

BELLE ET LE VÉTÉRAN, LA *voir* **Bull Durham**

BELLE FAMILLE, LA *voir* **Meet the Parents**

BELLE HISTOIRE, LA ▷4
FR. 1991. Comédie dramatique de Claude LELOUCH avec Gérard Lanvin, Béatrice Dalle et Vincent Lindon. - Le hasard fait se rencontrer des étrangers qui vont ressentir l'un pour l'autre des émotions qu'ils sont sûrs d'avoir déjà vécues. □ Général

BELLE NAUFRAGÉE, LA *voir* **Overboard**

BELLE NOISEUSE, LA [Divertimento] ▷3
FR. 1991. Drame psychologique de Jacques RIVETTE avec Michel Piccoli, Jane Birkin et Emmanuelle Béart. - Une jeune femme qui pose pour un peintre voit sa vie transformée par l'expérience. - Œuvre à la fois lumineuse et trouble. Accent mis sur la transcendance du regard de l'artiste. Traitement un peu sec mais d'une précision remarquable. Ensemble envoûtant et déconcertant. Interprètes excellents. □ Général ➔ DVD $

BELLE OF THE NINETIES ▷4
É.-U. 1934. Comédie de Leo McCAREY avec Mae West, Roger Pryor et John Mack Brown. - Les manigances d'une aventurière à la fin du siècle dernier. □ Général

BELLE PAIX, LA
QUÉ. 2006. Olivier TÉTREAULT ➔ DVD $

BELLE VERTE, LA ▷4
FR. 1996. Comédie fantaisiste réalisée et interprétée par Coline SERREAU avec Vincent Lindon et Philippine Leroy-Beaulieu. - En voyage sur la Terre, une émissaire d'une planète pacifiste découvre un monde hostile et pollué. □ Général ➔ DVD $

BELLES DE NUIT, LES ▷3
FR. 1952. Comédie fantaisiste de René CLAIR avec Gérard Philipe, Martine Carol et Gina Lollobrigida. - Les rêveries d'un jeune musicien pauvre. - Brillant divertissement. Traitement humoristique et fantaisiste. Belle musique. Excellente interprétation. □ Général

BELLEVILLE RENDEZ-VOUS
voir **Triplettes de Belleville, Les**

BELLMAN AND TRUE ▷4
ANG. 1987. Drame policier de Richard LONCRAINE avec Bernard Hill, Kieran O'Brien et Richard Hope. - Des criminels forcent un informaticien à décoder le système de sécurité électronique d'une banque qu'ils veulent cambrioler. □ Général

BELLS ARE RINGING, THE ▷3
É.-U. 1960. Comédie musicale de Vincente MINNELLI avec Judy Holliday, Dean Martin et Fred Clark. - Une téléphoniste s'occupe de la vie personnelle de ses clients, ce qui lui vaut diverses aventures. - Adaptation réussie d'un spectacle théâtral. Ton d'humour constant. Numéros musicaux finement présentés. Mise en valeur du jeu comique de J. Holliday. □ Général ➔ DVD $

BELLS OF ST.MARY'S, THE ▷4
[Cloches de Sainte-Marie, Les]
É.-U. 1945. Comédie dramatique de Leo McCAREY avec Ingrid Bergman, Bing Crosby et Henry Travers. - L'aumônier d'une école joint ses efforts à ceux de la supérieure pour sortir l'institution de ses difficultés. □ Général ➔ DVD $

BELLY OF AN ARCHITECT, THE ▷3
ANG. 1987. Comédie satirique de Peter GREENAWAY avec Brian Dennehy, Chloe Webb et Lambert Wilson. - Préoccupé par son travail et par ses maux d'estomac, un architecte américain de passage à Rome néglige son épouse qui prend un amant. - Jeu intellectuel intéressant sur le thème de la création. Réflexion amusée sur l'agir humain. □ 13 ans+

BELOVED [Bien-aimée, La] ▷5
É.-U. 1998. Drame psychologique de Jonathan DEMME avec Oprah Winfrey, Danny Glover et Thandie Newton. - En 1873, une ancienne esclave, qui vit en Ohio avec sa fille et son amant, est hantée par des événements tragiques de son passé. □ 13 ans+ · Violence ➔ DVD $

BELOW [Abîme, L'] ▷4
É.-U. 2002. Drame d'horreur de David TWOHY avec Bruce Greenwood, Olivia Williams et Matt Davis. - Durant la Seconde Guerre mondiale, des phénomènes surnaturels se produisent à l'intérieur d'un sous-marin américain. ➔ DVD $

BEN X ▷3
BEL. 2007. Drame de Nic BALTHAZAR avec Greg Timmermans, Marijke Pinoy et Laura Verlinden. - Un adolescent autiste, victime de harcèlement de la part de ses camarades de classe, se réfugie dans l'univers virtuel d'un jeu en ligne. - Scénario riche en thèmes porteurs et bouleversants. Habile métissage à l'écran des mondes réel et virtuel. Montage nerveux. Travail soigné sur le son et l'image. Mise en scène roublarde. Jeu brillant de G. Timmermans. □ 13 ans+ ➔ DVD $

BEN-HUR ▷3
É.-U. 1926. Drame épique de Fred NIBLO avec Ramon Novarro, Francis X. Bushman et May McAvoy. - Une rivalité en vient à opposer un commandant romain et un prince juif qui ont grandi ensemble. - Adaptation muette du roman de Lew Wallace. Bataille navale et course de chars particulièrement spectaculaires. Mise en scène opulente. Interprétation fort valable. □ Général

BEN-HUR ▷3
É.-U. 1959. Drame de William WYLER avec Charlton Heston, Stephen Boyd et Haya Harareet. - Injustement envoyé aux galères par les Romains, un prince juif entreprend de se venger. - Adaptation soignée du roman populaire de Lew Wallace. Mise en scène spectaculaire. Course de chars enlevante. Interprétation vigoureuse.
□ Général ➔ DVD$

BEND IT LIKE BECKHAM [Joue-la comme Beckham] ▷4
ANG. 2002. Comédie de mœurs de Gurinder CHADHA avec Parminder Nagra, Keira Knightley et Jonathan Rhys Meyers. - À Londres, une adolescente issue d'une famille indienne traditionaliste joue dans une équipe féminine de soccer à l'insu de ses parents.
□ Général ➔ DVD$

BEND OF THE RIVER ▷3
É.-U. 1951. Western de Anthony MANN avec James Stewart, Arthur Kennedy et Julia Adams. - Au cours d'un voyage, un aventurier qui veut devenir honnête a des ennuis avec un bandit. - Sujet classique. Réalisation solide. Utilisation astucieuse des décors naturels. Bons interprètes. □ Général ➔ DVD$

BÉNIE SOIS-TU PRISON ▷3
ROU. 2002. Drame de Nicolae MARGINEANU avec Maria Ploae, Dorina Lazar et Ecaterina Nazarie. - En 1949, dans la Roumanie stalinienne, une prisonnière politique trouve le courage de résister en renouant avec sa foi chrétienne. - Illustration poignante d'un cas de résilience par la foi, inspiré de faits vécus. Quelques raccourcis dramatiques. Traitement authentique au style âpre et nerveux. Récit principalement tourné sur les lieux originaux du drame. Interprétation sentie de M. Ploae. ➔ DVD$

BÉNIS PAR LE FEU *voir* **Blessed by Fire**

BENJI THE HUNTED ▷4
É.-U. 1987. Comédie dramatique de Joe CAMP avec Red Steagall, Frank Inn et Nancy Francis. - Perdu dans une région sauvage, un chien dressé prend en charge quatre petits couguars dont la mère a été abattue par un chasseur. □ Général

BENNY & JOON ▷4
É.-U. 1993. Comédie de mœurs de Jeremiah CHECHIK avec Johnny Depp, Mary Stuart Masterson et Aidan Quinn. - Un mécanicien célibataire et sa sœur schizophrène sont forcés d'héberger temporairement un jeune excentrique. □ Général ➔ DVD$

BENNY'S VIDEO ▷3
AUT. SUI. 1992. Michael HANEKE ➔ DVD$

BENT ▷5
ANG. 1996. Drame psychologique de Sean MATHIAS avec Clive Owen, Lothaire Bluteau et Brian Webber. - Un jeune Juif conduit vers les camps nazis cherche à échapper aux traitements réservés aux homosexuels en tentant de renier son identité sexuelle.
□ 13 ans+ · Violence

BENVENUTA ▷3
BEL. 1983. Drame psychologique d'André DELVAUX avec Fanny Ardant, Vittorio Gassman et Françoise Fabian. - Un scénariste rend visite à une dame d'âge mûr dont il veut adapter à l'écran un roman possiblement autobiographique. - Variations intelligentes sur la littérature et le cinéma. Construction complexe. Mise en images fluide et judicieusement colorée. □ Général

BEOWULF ▷3
É.-U. 2007. Film d'animation de Robert ZEMECKIS. - Après avoir terrassé un monstre sanguinaire, un guerrier fier et orgueilleux doit affronter la mère maléfique de la créature. - Ambitieuse et captivante adaptation du conte traditionnel anglo-saxon. Souffle épique irrésistible. Animation détaillée et fluide. Brio technique hallucinant.
□ 13 ans+ · Violence ➔ DVD-BR$ DVD$

BERGMAN ISLAND
SUÈ. 2004. Marie NYREROD ➔ DVD$

BERLIN AFFAIR, THE *voir* **Obsession à Berlin**

BERLIN ALEXANDERPLATZ ▷3
[Berlin alexanderplatz: 01]
ALL. 1980. Drame social de Rainer Werner FASSBINDER avec Gunter Lamprecht, Barbara Sukowa et Gottfried John. - Après s'être fourvoyé dans un cambriolage qui a mal tourné, un petit escroc reprend goût à la vie grâce à l'amour d'une jeune prostituée candide. - Série télévisée prenant l'allure d'une œuvre monumentale et ambitieuse. Variations stylistiques intéressantes. □ 13 ans+ ➔ DVD$

BERLIN EXPRESS ▷4
É.-U. 1948. Drame d'espionnage de Jacques TOURNEUR avec Robert Ryan, Merle Oberon et Paul Lukas. - Une organisation clandestine cherche à tuer un homme politique.

BERLIN JERUSALEM
ISR. 1989. Amos GITAÏ ➔ DVD$

BERNARD ET BIANCA *voir* **Rescuers, The**

BERNIE ▷4
FR. 1996. Comédie dramatique réalisée et interprétée par Albert DUPONTEL avec Claude Perron et Roland Blanche. - À trente ans, un orphelin déshérité part à la recherche de ses parents.
□ 18 ans+ · Violence ➔ DVD$

BESIEGED [Shandurai] ▷4
ITA. 1998. Drame sentimental de Bernardo BERTOLUCCI avec Thandie Newton, David Thewlis et Claudio Santamaria. - À Rome, un pianiste anglais amoureux d'une jeune réfugiée africaine s'emploie à faire libérer le mari de celle-ci détenu dans leur pays.
□ Général ➔ DVD$

BEST FOOT FORWARD ▷4
E.-U. 1943. Comédie musicale de E. BUZZELL avec Lucille Ball, William Gaxton et Virginia Weidler. - Un cadet invite une vedette de cinéma au bal officiel de son école militaire. ➔ DVD$

BEST FRIENDS ▷4
É.-U. 1982. Comédie de mœurs de Norman JEWISON avec Burt Reynolds, Goldie Hawn et Jessica Tandy. - Nouvellement marié après des années de vie commune, un couple rend visite aux parents respectifs de chacun. ➔ DVD$

BEST IN SHOW [Clou du spectacle, Le] ▷3
É.-U. 2000. Comédie satirique réalisée et interprétée par Christopher GUEST avec Catherine O'Hara et Eugene Levy. - Les tribulations d'un groupe hétéroclite de propriétaires de chiens lors d'une prestigieuse compétition canine. - Satire hilarante aux dialogues savoureux. Personnages désopilants. Mélange bien dosé de moquerie et d'affection. Aisance remarquable des comédiens. □ Général ➔ DVD$

BEST INTENTIONS, THE *voir* **Meilleures intentions, Les**

BEST MAN, THE [Invité d'honneur, L'] ▷3
É.-U. 1964. Drame social de Franklin J. SCHAFFNER avec Henry Fonda, Cliff Robertson et Lee Tracy. - La lutte que se font deux aspirants à la nomination officielle de leur parti pour le titre de candidat à la présidence des États-Unis. - Vision critique des intrigues politiques. Mise en scène nerveuse et soignée. Interprétation solide. □ Général

BEST MAN, THE ▷4
É.-U. 1999. Comédie de mœurs de Malcolm D. LEE avec Taye Diggs, Nia Long et Morris Chestnut. - Un écrivain sème la pagaille dans son entourage en publiant un roman semi-autobiographique qui contient des secrets jusque-là bien gardés. □ 13 ans+ ➔ DVD$

BEST OF YOUTH, THE *voir* **Nos meilleures années**

BEST SELLER [Pacte avec un tueur] ▷4
É.-U. 1987. Drame policier de John FLYNN avec James Woods, Brian Dennehy et Paul Shenar. - Voulant s'inspirer du récit d'un tueur professionnel œuvrant pour les dirigeants d'une industrie, un policier écrivain se retrouve au centre d'une lutte violente.
□ 13 ans+ ➔ DVD$

BEST WAY TO WALK, THE
voir **Meilleure façon de marcher, La**

BEST YEARS OF OUR LIVES, THE ►2
[Plus belles années de notre vie, Les]
É.-U. 1946. Drame social de William WYLER avec Fredric March, Dana Andrews et Harold Russell. - Les problèmes de réadaptation de trois soldats après la guerre. - Fresque sociale brossée de main de maître. Mise en scène sobre et efficace. Interprétation de qualité.
□ Général

BÊTE, LA *voir* **Ugly, The**

BÊTE, LA [Beast, The]
FR. 1975. Walerian BOROWCZYK ➔ DVD$

BÊTE CONTRE LES MURS, LA *voir* **Animal Factory**

BÊTE DE FOIRE, LA ▷5
QUÉ. 1992. Drame d'Isabelle HAYEUR avec Linda Roy, David La Haye et Grigori Hlady. - Une étrange relation se développe entre une femme, son amant et le patron de celui-ci. □ Général

BÊTE HUMAINE, LA ▶2
FR. 1938. Drame de Jean RENOIR avec Jean Gabin, Simone Simon et Fernand Ledoux. - Un mécanicien de locomotive songe à tuer le mari de celle qu'il aime. - Adaptation contemporaine du roman de Zola. Drame très prenant. Réalisation de classe. Interprétation brillante. □ Général ➔ DVD$

BÊTE LUMINEUSE, LA ▷4
QUÉ. 1982. Étude de mœurs de Pierre PERRAULT avec Stéphane-Albert Boulais, Bernard L'Heureux et Louis-Philippe Lécuyer. - Un groupe de chasseurs compte un néophyte qui devient vite la tête de Turc de ses compagnons. □ Général

BÉTELGEUSE *voir* **Beetlejuice**

BETHUNE: THE MAKING OF A HERO ▷4
[Bethune: l'étoffe d'un héros]
CAN. 1990. Drame biographique de Phillip BORSOS avec Donald Sutherland, Helen Mirren et Colm Feore. - Apprenant la mort en Chine d'un médecin montréalais, un ami journaliste entreprend d'écrire sa biographie. □ Général

BETRAYAL ▷4
ANG. 1983. Drame de mœurs de David JONES avec Jeremy Irons, Ben Kingsley et Patricia Hodge. - Deux anciens amants se retrouvent deux ans après la rupture de leur liaison.

BETRAYED [Main droite du diable, La] ▷4
É.-U. 1988. Drame social de COSTA-GAVRAS avec Debra Winger, Tom Berenger et John Heard. - Infiltrée dans une communauté rurale du Midwest pour incriminer les coupables d'un assassinat raciste, une agente du FBI s'éprend d'un des fermiers. □ Général ➔ DVD$

BETSY, THE ▷5
É.-U. 1978. Drame de Daniel PETRIE avec Laurence Olivier, Tommy Lee Jones et Robert Duvall. - Un magnat de l'automobile fait appel aux services d'un constructeur et pilote de voitures de courses pour fabriquer un nouveau modèle. □ 13 ans+ ➔ DVD$

BETTER THAN CHOCOLATE [Meilleur que le chocolat] ▷5
CAN. 1999. Comédie sentimentale d'Anne WHEELER avec Wendy Crewson, Karyn Dwyer et Christina Cox. - Une jeune aide-libraire ne sait comment annoncer à sa mère, qui vient s'installer chez elle, qu'elle est lesbienne. □ 13 ans+ · Érotisme ➔ DVD$

BETTER TOMORROW 2, A ▷4
H.-K. 1987. Drame policier de John WOO avec Ti Lung, Leslie Cheung et Chow Yun-Fat. - Un policier obtient la collaboration d'anciens gangsters, dont son propre frère, pour lutter contre des mafiosi. □ 18 ans+ ➔ DVD$

BETTER TOMORROW 3, A
H.-K. 1989. Hark TSUI □ 13 ans+

BETTER TOMORROW, A [Instinct de tuer, L'] ▷4
H.-K. 1986. Drame policier de John WOO avec Ti Lung, Leslie Cheung et Chow Yun-Fat. - La relation tendue entre un policier et son frère gangster qu'il tient responsable de la mort de leur père. □ 13 ans+ ➔ DVD$

BETTY ▷3
FR. 1991. Drame psychologique de Claude CHABROL avec Marie Trintignant, Stéphane Audran et Jean-François Garreaud. - Bannie par sa riche belle-famille pour adultère, une femme est recueillie par la maîtresse d'un restaurateur qui devient sa confidente. - Adaptation feutrée d'un roman de Georges Simenon. Vision féroce des travers de la bourgeoisie provinciale. Jeu impressionnant des deux protagonistes. □ 13 ans+ ➔ DVD$

BETTY BLUE *voir* **37°2 le matin**

BETTY FISHER ET AUTRES HISTOIRES [Alias Betty] ▷4
FR. 2001. Drame psychologique de Claude MILLER avec Sandrine Kiberlain, Nicole Garcia et Mathilde Seigner. - Une femme mentalement instable kidnappe un enfant mal aimé pour remplacer le gamin décédé de sa fille romancière.

BETWEEN THE DEVIL AND THE DEEP BLUE SEA [Li] ▷4
BEL.-FR. 1995. Drame psychologique de Marion HÄNSEL avec Stephen Rea, Ling Chu et Adrian Brine. - Sur son cargo à Hong-Kong, un marin solitaire et déprimé fait la connaissance d'une enfant qu'il a engagée comme servante. □ 13 ans+

BEVERLY HILLS COP [Flic de Beverly Hills, Le] ▷4
É.-U. 1984. Comédie policière de Martin BREST avec Eddie Murphy, Lisa Eilbacher et Steven Berkoff. - Témoin du meurtre d'un ami, un jeune détective de Detroit se rend à Los Angeles pour trouver les coupables. □ Général ➔ DVD$

BEVERLY HILLS COP II [Flic de Beverly Hills II, Le] ▷4
É.-U. 1987. Comédie policière de Tony SCOTT avec Eddie Murphy, Judge Reinhold et Jurgen Prochnow. - Un détective de Detroit se rend à Los Angeles pour faire sa propre enquête sur un attentat dont a été victime un confrère. ➔ DVD$

BEVERLY HILLS COP III [Flic de Beverley Hills III, Le] ▷5
É.-U. 1994. Comédie policière de John LANDIS avec Eddie Murphy, Judge Reinhold et Hector Elizondo. - Un inspecteur de police tente de mettre au jour les activités illégales d'un soi-disant philanthrope qui dirige un parc d'attractions. ➔ DVD$

BEWARE OF A HOLY WHORE
ALL. 1971. Rainer Werner FASSBINDER

BEYOND RANGOON ▷5
É.-U. 1995. Drame politique de John BOORMAN avec Patricia Arquette, U Aung Ko, Spalding Gray et Frances McDormand. - En voyage en Birmanie en 1988, une jeune Américaine médecin se retrouve plongée malgré elle dans la tourmente politique qui sévit dans le pays. □ 13 ans+ ➔ DVD$

BEYOND THE CLOUDS
voir **Par-delà les nuages**

BEYOND THE FOREST
É.-U. 1949. King VIDOR

BEYOND THE LIMIT ▷4
ANG. 1983. Drame psychologique de John MacKENZIE avec Richard Gere, Michael Caine et Bob Hoskins. - Un médecin installé près de la frontière du Paraguay est entraîné malgré lui dans une affaire d'enlèvement.

BEYOND THE SEA [Bobby Darin] ▷4
ANG. 2004. Drame biographique réalisé et interprété par Kevin SPACEY avec Kate Bosworth et John Goodman. - Lors du tournage d'un film sur sa vie, le chanteur Bobby Darin passe en revue les différentes étapes de sa carrière, marquée entre autres par une santé fragile. □ Général ➔ DVD$

BEYOND THE VALLEY OF THE DOLLS ▷5
É.-U. 1970. Drame de mœurs de Russ MEYER avec Dolly Read, Cynthia Meyers et Marcia McBroom. - Trois amies ayant formé un groupe musical tentent de percer à Hollywood avec l'aide d'un jeune richard excentrique. □ 18 ans+ ➔ DVD$

BEYOND THE WALLS ▷4
ISR. 1983. Drame social de Uri BARBASH avec Arnon Zadok, Muhamad Bakri et Assi Dayan. - Bien qu'ils se haïssent, des prisonniers israéliens et arabes finissent par s'entendre pour une action commune contre la direction de leur pénitencier. □ 13 ans+

BEYOND THERAPY [Thérapie de détraqués] ▷4
É.-U. 1986. Comédie satirique de Robert ALTMAN avec Jeff Goldblum, Julie Hagerty et Tom Conti. - Deux jeunes gens qui se sont rencontrés grâce à une petite annonce confient leur désarroi sentimental à leurs psychiatres respectifs. □ 13 ans+ ➔ DVD$

BHOWANI JUNCTION ▷3
É.-U. 1955. Drame social de George CUKOR avec Ava Gardner, Stewart Granger et Bill Travers. - Une Eurasienne doit prendre parti dans la révolte de l'Inde contre l'Angleterre. - Thème intéressant traité avec adresse. Scènes spectaculaires. Mise en scène assurée. Bonne interprétation. □ Général

BIBLE, THE [Bible, La] ▷4
ITA. 1966. Drame religieux réalisé et interprété par John HUSTON avec Michael Parks et George C. Scott. - Illustration de style populaire des premiers chapitres de la Genèse: création du monde, histoires de Noé et d'Abraham. □ Général ➔ DVD$

BICHES, LES ▷3
FR. 1967. Drame psychologique de Claude CHABROL avec Stéphane Audran, Jacqueline Sassard et Jean-Louis Trintignant. - Une riche héritière emmène une jeune bohème dans sa villa de Saint-Tropez. - Ensemble soigné mais froid. Couleur remarquable. Bons interprètes. □ Général

BICYCLE THIEF, THE *voir* **Voleur de bicyclette, Le**

BICYCLE THIEVES *voir* **Voleur de bicyclette, Le**

BICYCLETTE DE PÉKIN, LA [Beijing Bicycle, The] ▷4
CHI. 2001. Comédie dramatique de Wang XIAOSHUAI avec Cui Lin, Li Bin et Zhou Xun. - Après s'être fait voler sa bicyclette, un jeune coursier doit la partager avec l'étudiant qui l'a rachetée. ➜ DVD $

BIDASSE, LA *voir* **Private Benjamin**

BIDASSES EN FOLIE, LES ▷5
FR. 1971. Comédie de Claude ZIDI avec les Charlots (Jean-Guy Fechner, Gérard Rinaldi, Luis Rego, Jean Sarrus et Gérard Filipelli). - Après avoir gagné un concours de musique, cinq copains sont appelés sous les armes. □ Général ➜ DVD $

BIDONE, IL [Swindle, The] ►2
ITA. 1955. Drame psychologique de Federico FELLINI avec Broderick Crawford, Richard Basehart et Giulietta Masina. - Un escroc prend peu à peu conscience de son indignité. - Style incisif et vigoureux. Mélange d'amertume et de tendresse. Excellents interprètes. □ Général ➜ DVD $

BIEN-AIMÉE, LA *voir* **Beloved**

BIENVENUE À COLLINWOOD *voir* **Welcome to Collinwood**

BIENVENUE À GATTACA *voir* **Gattaca**

BIENVENUE À LA MAISON [Welcome Home]
ESP. 2006. David TRUEBA □ 13 ans+ ➜ DVD $

BIENVENUE À MOOSEPORT *voir* **Welcome to Mooseport**

BIENVENUE À PLEASANTVILLE *voir* **Pleasantville**

BIENVENUE À SARAJEVO *voir* **Welcome to Sarajevo**

BIENVENUE AU GÎTE [Bed & Breakfast] ▷4
FR. 2002. Comédie de mœurs de Claude DUTY avec Marina Foïs, Philippe Harel et Annie Grégorio. - Un couple parisien stressé par la ville décide de s'acheter un gîte touristique dans un petit village rustique de la Provence. □ Général ➜ DVD $

BIENVENUE CHEZ LES CH'TIS ▷4
FR. 2008. Comédie réalisée et interprétée par Dany BOON avec Kad Merad et Zoé Félix. - Un cadre du service postal rêvant d'être promu dans un bureau de la Côte d'Azur se voit plutôt muté dans une petite ville du Pas-de-Calais. □ Général ➜ DVD $

BIENVENUE CHEZ LES ROZES ▷5
FR. 2003. Comédie satirique de Francis PALLUAU avec Carole Bouquet, Jean Dujardin et Lorant Deutsch. - Deux évadés de prison se réfugient dans la maison d'une famille bourgeoise dont les membres s'avèrent plus pervers et cupides qu'eux. □ 13 ans+

BIENVENUE DANS L'ÂGE INGRAT
voir **Welcome to the Dollhouse**

BIENVENUE EN AMÉRIQUE *voir* **In America**

BIENVENUE MISTER CHANCE *voir* **Being There**

BIG [Petit bonhomme] ▷4
É.-U. 1988. Comédie fantaisiste de Penny MARSHALL avec Tom Hanks, Elizabeth Perkins et Jared Rushton. - Après avoir formulé un voeu devant une machine à souhaits de fête foraine, un jeune garçon se retrouve transformé en un homme de trente ans. □ Général ➜ DVD-BR $ DVD $

BIG BAD MAMA ▷6
E.-U. 1974. Drame policier de S. CARVER avec Angie Dickinson, William Shatner et Tom Skerritt. - En 1932, une veuve du Texas tente d'échapper à la pauvreté en se lançant dans le crime avec ses deux filles. ➜ DVD $

BIG BANG LOVE, JUVENILE A
JAP. 2006. Takashi MIIKE ➜ DVD $

BIG BLUE, THE *voir* **Grand bleu, Le**

BIG BUS, THE [Bus en folie, Le] ▷4
É.-U. 1976. Comédie de James FRAWLEY avec Joseph Bologna, John Beck et Stockard Channing. - Un professeur et sa fille mettent au point un autobus atomique géant qui doit effectuer un premier voyage sans arrêt entre New York et Denver. ➜ DVD $

BIG BUSINESS [Trouble en double] ▷4
É.-U. 1988. Comédie de Jim ABRAHAMS avec Bette Midler, Lily Tomlin et Michele Placido. - L'entreprise où elles travaillent étant menacée, deux sœurs vont protester devant l'assemblée des actionnaires que dirigent deux sœurs avec qui elles ont une ressemblance frappante. □ Général ➜ DVD $

BIG CARNIVAL, THE *voir* **Ace in the Hole**

BIG CHILL, THE [Copains d'abord, Les] ▷3
É.-U. 1983. Drame de mœurs de Lawrence KASDAN avec William Hurt, Tom Berenger et Jeff Goldblum. - Un groupe d'amis qui a vécu la contestation se reforme à l'occasion de l'enterrement d'un camarade. - Observations sociales ou psychologiques nuancées. Dialogues mordants. Montage primesautier. Belle brochette d'interprètes. □ 13 ans+ ➜ DVD $

BIG CLOCK, THE ▷4
É.-U. 1948. Drame policier de John FARROW avec Ray Milland, Charles Laughton et Maureen O'Sullivan. - Un journaliste s'aperçoit qu'on veut le compromettre dans une affaire de meurtre. □ Général ➜ DVD $

BIG COUNTRY, THE ▷3
É.-U. 1958. Western de William WYLER avec Gregory Peck, Jean Simmons et Charlton Heston. - Deux ranchers s'affrontent pour la possession d'un cours d'eau. - Traitement solennel et grandiose. Mise en scène experte. Personnages bien campés. Distribution de classe. □ Général ➜ DVD $

BIG DEAL ON MADONNA STREET *voir* **Pigeon, Le**

BIG DREAMS IN LITTLE HOPE [Mom]
É.-U. 2006. Erin GREENWELL ➜ DVD $

BIG EASY, THE [Flic de mon cœur, Le] ▷4
É.-U. 1986. Drame policier de Jim McBRIDE avec Dennis Quaid, Ellen Barkin et Ned Beatty. - À la Nouvelle-Orléans, alors qu'il enquête sur le meurtre d'un trafiquant de drogue, un inspecteur est confronté à une avocate qui combat la corruption policière. □ 13 ans+

BIG FISH [Big fish: la légende du gros poisson] ▷3
É.-U. 2003. Comédie fantaisiste de Tim BURTON avec Ewan McGregor, Albert Finney et Billy Crudup. - Un jeune homme se rend au chevet de son père malade qui aime raconter sa vie telle une suite d'événements loufoques ou incroyables. - Hommage drôle et touchant au pouvoir de l'imagination et du rêve. Cascade d'anecdotes d'une délicieuse fantaisie peuplées de personnages colorés. □ Général ➜ DVD $ DVD-BR $

BIG FRIENDLY GIANT, THE [Bon gros géant, Le] ▷4
ANG. 1989. Dessins animés de Brian COSGROVE. - Une jeune orpheline enlevée par un être gigantesque découvre que celui-ci fabrique les rêves des humains. □ Général

BIG HAND FOR THE LITTLE LADY ▷4
É.-U. 1966. Comédie de Fielder COOK avec Joanne Woodward, Henry Fonda et Jason Robards. - Une partie de poker entre cinq richards de l'Ouest prend une tournure surprenante. ➜ DVD $

BIG HEAT, THE [Règlements de compte] ▷3
É.-U. 1952. Drame policier de Fritz LANG avec Glenn Ford, Gloria Grahame et Jocelyn Brando. - Un policier s'obstine à poursuivre une enquête sur le suicide d'une de ses collègues. - Suspense violent doublé de critique sociale. Style expressionniste. Interprétation solide. ➜ DVD $

BIG HOUSE, THE ▷4
É.-U. 1930. Drame social de George HILL avec Robert Montgomery, Wallace Beery et Chester Morris. - Les prisonniers d'un pénitencier organisent une révolte. □ Général

BIG JAKE [Grand Jacob, Le] ▷4
É.-U. 1970. Western de George SHERMAN avec John Wayne, Richard Boone et Maureen O'Hara. - Une femme fait appel à son ex-mari pour rechercher leur petit-fils que des bandits ont enlevé. □ Général ➜ DVD $

BIG KNIFE, THE ▷3
É.-U. 1955. Drame de Robert ALDRICH avec Jack Palance, Shelley Winters et Rod Steiger. - À cause des tracasseries d'un producteur, un acteur a des difficultés conjugales. - Œuvre de qualité. Approche assez théâtrale. Mise en scène vigoureuse. Interprétation remarquable. ➜ DVD $

BIG LEBOWSKI, THE [Grand Lebowski, Le] ▷3
É.-U. 1997. Comédie fantaisiste de Joel COEN avec Jeff Bridges, John Goodman et Julianne Moore. - Un chômeur au tempérament relax et ses partenaires de bowling sont plongés dans une folle histoire d'enlèvement et d'extorsion. - Enfilade étourdissante de situations complètement folles. Illustration fort inventive. Performances savoureuses des comédiens. □ 13 ans+ · Langage vulgaire ➜ DVD $

BIG MAN, THE *voir* **Crossing the Line**

BIG MOUTH, THE ▷4
É.-U. 1967. Comédie réalisée et interprétée par Jerry LEWIS avec Susan Bay et Buddy Lester. - Un honnête pêcheur et des bandits se disputent la découverte de diamants. □ Général

BIG NIGHT [À table!] ▷3
É.-U. 1996. Comédie dramatique de Stanley TUCCI et Campbell SCOTT avec Stanley Tucci, Tony Shalhoub et Minnie Driver. - Deux frères d'origine italienne espèrent éviter la faillite de leur restaurant en préparant un festin à l'intention d'un chanteur renommé. - Attachante étude de milieu. Personnages dessinés avec un humour teinté d'amertume. Jeu formidable des interprètes. □ Général

BIG PICTURE, THE [Scénario en or, Un] ▷5
É.-U. 1988. Comédie satirique de Christopher GUEST avec Kevin Bacon, Emily Longstreth et Michael McKean. - Un jeune cinéaste connaît diverses aventures à Hollywood alors qu'il tente de faire produire son premier film professionnel. □ Général

BIG RED ONE, THE ▷4
É.-U. 1980. Drame de guerre de Samuel FULLER avec Lee Marvin, Mark Hamill et Robert Carradine. - Les tribulations de quatre jeunes soldats et de leur sergent pendant la campagne d'Europe en 1944.
□ 13 ans+ ➜ DVD $

BIG SKY, THE [Captive aux yeux clairs, La] ▷3
É.-U. 1952. Aventures de Howard HAWKS avec Kirk Douglas, Dewey Martin et Elizabeth Threatt. - Des commerçants en fourrures recueillent la fille d'un chef indien, espérant traiter avec sa tribu. - Ensemble pittoresque et captivant. Mise en scène ample et vigoureuse. Bons interprètes.

BIG SLEEP, THE [Grand sommeil, Le] ▶2
É.-U. 1946. Drame policier de Howard HAWKS avec Humphrey Bogart, Lauren Bacall et Martha Vickers. - Un détective découvre la vérité sur la conduite étrange des deux filles d'un général. - Classique du film noir. Adaptation d'un roman de Raymond Chandler. Intrigue complexe. Mise en scène très habile. Dialogue amusant. H. Bogart en pleine forme. □ 13 ans+ ➜ DVD $

BIG TRAIL, THE ▷4
É.-U. 1930. Western de Raoul WALSH avec John Wayne, Marguerite Churchill et El Brendel. - Le périlleux voyage d'une caravane dans l'Ouest des pionniers. □ Général ➜ DVD $

BIG TREES, THE [Vallée des géants, La] ▷4
É.-U. 1952. Aventures de Felix E. FEIST avec Kirk Douglas, Eve Miller et Patrice Wymore. - Les habitants d'une région de Californie s'opposent à ce que des bûcherons abattent des arbres millénaires.
➜ DVD $

BIG TROUBLE ▷4
É.-U. 1985. Comédie policière de John CASSAVETES avec Alan Arkin, Peter Falk et Beverly D'Angelo. - Un agent d'assurances se laisse entraîner dans un complot douteux afin d'empocher l'argent nécessaire aux études de ses fils. □ Général

BIG TROUBLE IN LITTLE CHINA ▷4
É.-U. 1986. Drame fantastique de John CARPENTER avec Kurt Russell, Kim Cattrall et James Hong. - Deux casse-cou poursuivent des Orientaux qui ont enlevé deux jeunes femmes pour le compte d'un esprit malin vieux de deux mille ans. □ 13 ans+ ➜ DVD $

BIGAMIST, THE ▷5
É.-U. 1953. Drame réalisé et interprété par Ida LUPINO avec Joan Fontaine et Edmond O'Brien. - C'est au moment de l'enquête sur un couple voulant adopter un enfant que la bigamie du mari est découverte. □ Général

BIJOUTIERS DU CLAIR DE LUNE, LES ▷5
[Night Heaven Fell]
FR. 1957. Drame de Roger VADIM avec Brigitte Bardot, Stephen Boyd et Alida Valli. - Une jeune fille s'éprend d'un homme qui fuit la police.
□ Général ➜ DVD $

BILITIS ▷5
FR. 1977. Drame sentimental de David HAMILTON avec Bernard Giraudeau, Patti D'Arbanville et Mona Kristensen. - Les expériences affectives d'une adolescente séjournant chez des amis de ses parents pendant ses vacances. □ 18 ans+ ➜ DVD $

BILL OF DIVORCEMENT, A ▷4
É.-U. 1932. Drame de George CUKOR avec John Barrymore, Katharine Hepburn et Billie Burke. - Un déséquilibré s'échappe d'une clinique psychiatrique et rejoint sa famille alors que son ex-femme se prépare à se remarier.

BILLE EN TÊTE ▷5
FR. 1989. Comédie sentimentale de Carlo COTTI avec Kristin Scott Thomas,Thomas Langmann et Danielle Darrieux. - Une grand-mère excentrique favorise les rencontres clandestines entre son petit-fils adolescent et une femme de trente ans.

BILLION DOLLAR BRAIN ▷5
ANG. 1967. Drame d'espionnage de Ken RUSSELL avec Michael Caine, Karl Malden et Françoise Dorléac. - Un détective est mêlé à l'invasion d'un territoire russe par un milliardaire anti-communiste. ➜ DVD $

BILLY BATHGATE ▷4
É.-U. 1991. Drame policier de Robert BENTON avec Dustin Hoffman, Loren Dean et Nicole Kidman. - En 1935, à New York, un jeune homme né de parents pauvres se joint à une bande de gangsters dont il admire le chef. □ 13 ans+ ➜ DVD $

BILLY BUDD ▷3
ANG. 1962. Aventures réalisées et interprétées par Peter USTINOV avec Terence Stamp et Robert Ryan. - Sur un voilier anglais, un jeune matelot s'attire l'inimitié d'un quartier-maître. - Adaptation intelligente d'un roman de Melville. Mise en scène sobre et équilibrée. Excellents interprètes. ➜ DVD $

BILLY ELLIOTT ▷4
ANG. 2000. Comédie de Stephen DALDRY avec Jamie Bell, Julie Walters et Jamie Draven. - Dans une petite ville anglaise affectée par une grève des mineurs, un jeune garçon trouve dans la pratique du ballet un sens à son existence. □ Général ➜ DVD $

BILLY LIAR ▷3
ANG. 1963. Comédie de John SCHLESINGER avec Tom Courtenay, Julie Christie et Wilfred Pickles. - Un petit employé de bureau frustré s'évade dans des rêves de grandeur. - Scénario original. Mise en scène fort adroite. Rôle-titre bien rendu. □ Général ➜ DVD $

BILLY THE KID ▷4
É.-U. 1941. Western de David MILLER avec Robert Taylor, Brian Donlevy et Mary Howard. - Après avoir tenté de s'assagir, un jeune hors-la-loi revient à la violence lorsque son bienfaiteur est tué. □ Général

BILLY TWO HATS [Lady and the Outlaw, The] ▷4
É.-U. 1973. Western de Ted KOTCHEFF avec Gregory Peck, Desi Arnaz jr et Sian Barbara Allen. - Capturé par un shérif après avoir participé à un vol de banque, un jeune métis cherche à s'enfuir.
□ Général

BILLY WILDER SPEAKS
É.-U. 2006. Volker SCHLÖNDORFF ➜ DVD $

BILOXI BLUES ▷4
É.-U. 1988. Comédie dramatique de Mike NICHOLS avec Matthew Broderick, Christopher Walken et Corey Parker. - En 1945, un jeune écrivain en herbe vit ses premières expériences romantiques alors qu'il subit l'entraînement militaire. □ Général ➜ DVD $

BINGO ▷5
QUÉ. 1973. Drame social de Jean-Claude LORD avec Réjean Guénette, Anne-Marie Provencher et Gilles Pelletier. - Un étudiant se laisse entraîner dans un complot terroriste. □ 13 ans+ ➜ DVD $

BIOGRAPH SHORTS
É.-U. D. W. GRIFFITH ➜ DVD $

BIRCH WOOD, THE
voir **Bois de Bouleaux, Le**

BIRD ▷3
É.-U. 1988. Drame biographique de Clint EASTWOOD avec Forest Whitaker, Diane Verona et Michael Zelniker. - La vie difficile du saxophoniste de jazz Charlie Parker surnommé «Bird». - Approche sensible des faits. Traitement impressionniste. Trame musicale de grande qualité. Interprétation solide. □ Général ➜ DVD $

BIRD ON A WIRE [Délateur, Le] ▷4
É.-U. 1990. Comédie policière de John BADHAM avec Mel Gibson, Goldie Hawn et David Carradine. - Une avocate est entraînée dans la fuite d'un vieil ami qui est poursuivi par des policiers corrompus.
□ 13 ans+ ➜ DVD $

BIRD PEOPLE IN CHINA, THE
JAP. 1998. Takashi MIIKE

BIRD WITH THE CRYSTAL PLUMAGE, THE ▷4
[Oiseau au plumage de cristal, L']
ITA. 1970. Drame policier de Dario ARGENTO avec Tony Musante, Suzy Kendall et Enrico Maria Salerno. - À Rome, un Américain témoin d'un meurtre est poursuivi par l'assassin. ➜ DVD $ DVD-BR $

BIRDCAGE INN
Cor. 1998. Kim KI-DUK

BIRDCAGE, THE [Cage de ma tante, La] ▷4
É.-U. 1996. Comédie de mœurs de Mike NICHOLS avec Robin Williams, Nathan Lane et Gene Hackman. - Le propriétaire d'une boîte de travestis, qui vit avec un homme, doit rencontrer les parents ultra-conservateurs de la future épouse de son fils. □ Général ➜ DVD $

BIRDMAN OF ALCATRAZ ▷3
É.-U. 1962. Drame psychologique de John FRANKENHEIMER avec Burt Lancaster, Neville Brand et Karl Malden. - Un meurtrier devient en prison un ornithologue réputé. - Sujet tiré d'un fait réel. Réalisation faite d'observations attentives. Interprétation remarquable de B. Lancaster. ➜ DVD $

BIRDS, THE ►1
É.-U. 1963. Drame d'horreur de Alfred HITCHCOCK avec Tippi Hedren, Rod Taylor et Suzanne Pleshette. - Des oiseaux attaquent les habitants d'un village côtier. - Suspense magistralement mené. Notations psychologiques fascinantes. Bande sonore originale et efficace. Direction d'acteurs fort minutieuse. □ 13 ans+ ➜ DVD $

BIRDY ▷3
É.-U. 1984. Drame psychologique de Alan PARKER avec Matthew Modine, Nicolas Cage et John Harkins. - Un sergent est appelé à contribuer au traitement psychiatrique d'un ami d'enfance qui a adopté des attitudes d'oiseaux. - Aspects psychologiques et poétiques fort intéressants. Traitement complexe mais inventif. Interprétation remarquable. □ 13 ans+ ➜ DVD $

BIRTH [Naissance, La] ▷4
É.-U. 2004. Drame de Jonathan GLAZER avec Nicole Kidman, Cameron Bright et Danny Huston. - Un garçon de dix ans prétend être le défunt mari d'une jeune New-Yorkaise qui s'apprête à se remarier.
□ Général ➜ DVD $

BIRTH OF A GOLEM
FR. 1990. Amos GITAÏ ➜ DVD $

BIRTH OF A NATION, THE ►1
[Naissance d'une nation, La]
É.-U. 1915. Drame historique de D. W. GRIFFITH avec Lillian Gish, Mae Marsh et Miriam Cooper. - Les tribulations de deux familles à l'occasion de la Guerre de Sécession. - Œuvre importante du premier grand réalisateur américain. Remarquable fresque historique. Utilisation inventive du langage filmique. Quelques naïvetés dans le récit. Interprètes convaincus. □ Général ➜ DVD $

BIRTH OF THE BLUES ▷4
É.-U. 1941. Comédie musicale de Victor SCHERTZINGER avec Bing Crosby, Mary Martin et Brian Donlevy. - Un joueur de trompette forme le premier orchestre de jazz. □ Général

BIRTHDAY GIRL [Fiancée à la carte] ▷4
ANG. 2001. Comédie dramatique de Jez BUTTERWORTH avec Ben Chaplin, Nicole Kidman et Mathieu Kassovitz. - Un célibataire anglais se trouve sur Internet une charmante fiancée russe qui lui réserve cependant de désagréables surprises. ➜ DVD $

BISBILLE ET BOULES DE NEIGE *voir* **Angel Square**

BISHOP'S WIFE, THE [Honni soit qui mal y pense] ▷4
É.-U. 1947. Comédie fantaisiste de Henry KOSTER avec Cary Grant, Loretta Young et David Niven. - Un ange vient en aide, sous forme humaine, à un évêque protestant et émeut l'épouse de son protégé.
□ Général ➜ DVD $

BISON, LE ▷5
FR. 2003. Comédie réalisée et interprétée par Isabelle NANTY avec Édouard Baer et Nicolas Marais. - Un inventeur individualiste vient en aide à sa concierge enceinte d'un cinquième enfant lorsqu'elle est larguée par son époux. ➜ DVD $

BITE THE BULLET [Chevauchée sauvage, La] ▷3
É.-U. 1975. Western de Richard BROOKS avec Gene Hackman, Candice Bergen et James Coburn. - Deux anciens compagnons d'armes participent à une course à cheval de sept cents milles. - Ensemble spectaculaire et vigoureux. Rythme soutenu. Bonne photographie de paysages variés. □ Général ➜ DVD $

BITTER MOON [Lunes de fiel] ▷4
FR. 1992. Drame de mœurs de Roman POLANSKI avec Peter Coyote, Emmanuelle Seigner et Hugh Grant. - Sur un paquebot, un Américain paralytique raconte à un jeune Anglais timoré sa relation tumultueuse avec son épouse qu'il a rencontrée à Paris.
□ 16 ans+ · Érotisme ➜ DVD $

BITTER RICE *voir* **Riz amer**

BITTER SWEET ▷4
É.-U. 1940. Comédie musicale de W.S. VAN DYKE II avec Jeannette MacDonald, Nelson Eddy et George Sanders. - Les tribulations sentimentales d'une chanteuse mariée à un compositeur d'opérettes.

BITTER TEA OF GENERAL YEN, THE ▷4
É.-U. 1933. Mélodrame de Frank CAPRA avec Barbara Stanwyck, Nils Asther et Gavin Gordon. - Alors que la guerre civile éclate en Chine, une Américaine, partie rejoindre son fiancé à Shanghai, est faite prisonnière par un général chinois épris d'elle. □ Général

BITTER TEARS OF PETRA VON KANT
voir **Larmes amères de Petra Von Kant, Les]**

BITTER VICTORY [Amère victoire] ▷3
FR. 1957. Drame de guerre de Nicholas RAY avec Richard Burton, Curd Jurgens et Raymond Pellegrin. - Deux officiers britanniques en mission en Lybie sont séparés par une violente antipathie ➜ DVD $

BIZARRE, BIZARRE *voir* **Drôle de drame**

BLACK AND WHITE IN COLOR
voir **Noirs et blancs en couleurs**

BLACK BOOK [Carnet noir, Le] ▷3
P.-B. 2006 Thriller de Paul VERHOEVEN avec Carice van Houten, Sebastian Koch et Thom Hoffman. - Dans la Hollande occupée, une jeune résistante juive reçoit la mission de séduire un officier nazi. - Habile et plaisant mélange de genres porté par un souffle épique et romanesque. Scénario solide, aux retournements nombreux et bien amenés. Quelques invraisemblances assumées. Réalisation stylisée et énergique. Jeu léger et solide de C. Van Houten.
□ 13 ans+ · Violence ➜ DVD $ DVD-BR $

BLACK CAT, WHITE CAT *voir* **Chat noir, chat blanc**

BLACK DAHLIA, THE [Dahlia noir, Le] ▷4
É.-U. 2006. Drame policier de Brian De PALMA avec Josh Harnett, Scarlett Johansson et Aaron Eckhart. - En 1947 à Los Angeles, deux policiers chargés d'enquêter sur l'assassinat d'une jeune actrice découvrent un vaste complot. □ 13 ans+ · Érotisme ➜ DVD $

BLACK FOX, THE ▷4
É.-U. 1963. Film de montage de Louis Clyde STOUMEN. - Évocation de la carrière d'Hitler, de la montée du nazisme à son écroulement.
□ Général

BLACK HAWK DOWN [Chute du faucon noir, La] ▷4
É.-U. 2001. Drame de guerre de Ridley SCOTT avec Josh Hartnett, Ewan McGregor et Tom Sizemore. - En 1993, durant la guerre civile en Somalie, des soldats américains participent à un raid aux conséquences désastreuses. □ 13 ans+ · Violence ➜ DVD $ DVD-BR $

BLACK HOLE, THE [Trou noir, Le] ▷4
É.-U. 1979. Science-fiction de Gary NELSON avec Maximilian Schell, Robert Forster et Yvette Mimieux. - L'équipage d'un vaisseau spatial découvre un astronef où vit un savant entouré de robots.
□ Général ➜ DVD $

BLACK JESUS [Assis à sa droite] ▷4
ITA. 1968. Drame social de Valerio ZURLINI avec Woody Strode, Franco Citti et Jean Servais. - En Afrique, un leader noir, partisan de la non-violence, est arrêté par des mercenaires. ➜ DVD $

BLACK LEGION ▷4
É.-U. 1937. Drame de Archie MAYO avec Humphrey Bogart, Dick Foran et Ann Sheridan. - Par dépit, un chômeur se joint à une organisation raciste. □ Général ➜ DVD $

BLACK MARBLE, THE ▷4
É.-U. 1980. Drame policier de Harold BECKER avec Robert Foxworth, Paula Prentiss et Harry Dean Stanton. - Transféré à la brigade des vols, un détective se voit assigner une femme comme partenaire.
□ 13 ans+ ➜ DVD$

BLACK NARCISSUS [Narcisse noir, Le] ▷3
ANG. 1946. Drame psychologique de Michael POWELL et Emeric PRESSBURGER avec Deborah Kerr, Sabu et Jean Simmons. - Les difficultés de religieuses protestantes qui fondent une mission dans l'Himalaya.- Récit stylisé. Mise en scène somptueuse. Photographie remarquable. Interprétation dans le ton. □ Général ➜ DVD$

BLACK OCTOBER
CAN. 2000. DIVERS ➜ DVD$

BLACK ORCHID, THE ▷4
É.-U. 1958. Drame de Martin RITT avec Sophia Loren, Anthony Quinn et Ina Balin. - La fille d'un veuf s'oppose au remariage de son père.
□ Général

BLACK ORPHEUS *voir* **Orfeu negro**

BLACK PEARL, THE [Perle noire, La] ▷4
É.-U. 1977. Aventures de Saul SWIMMER avec Mario Custodio, Carlos Estrada et Gilbert Roland. - Les aventures du fils d'un armateur qui veut devenir pêcheur de perles. □ Général

BLACK PETER
TCH. 1964. Milos FORMAN ➜ DVD$

BLACK PIRATE [Blackie the Pirate]
ITA. 1971. Lorenzo GICA PALLI

BLACK PIRATE, THE [Pirate noir, Le] ▷3
É.-U. 1926. Aventures de Albert PARKER avec Douglas Fairbanks, Billie Dove et Sam De Grasse. - Un jeune homme entreprend de venger son père tué par des pirates. - Traitement plein d'allant et de bonne humeur. D. Fairbanks agile et bondissant. □ Général ➜ DVD$

BLACK RAIN [Pluie noire] ▷4
É.-U. 1989. Drame policier de Ridley SCOTT avec Michael Douglas, Andy Garcia et Ken Takakura. - Deux policiers new-yorkais poursuivent dans la ville d'Osaka un criminel japonais qui leur a glissé d'entre les mains. □ 13 ans+ ➜ DVD$ DVD-BR$

BLACK RAINBOW [Magie noire] ▷4
ANG. 1989. Drame policier de Mike HODGES avec Rosanna Arquette, Jason Robards et Tom Hulce. - Après avoir anticipé un meurtre, une jeune voyante devient la cible de l'assassin qui craint qu'elle puisse le démasquer. □ Général

BLACK RIVER *voir* **Rio negro**

BLACK ROBE [Robe noire] ▷4
CAN. 1991. Drame historique de Bruce BERESFORD avec Lothaire Bluteau, August Schellenberg et Aden Young. - En Nouvelle-France, au XVIIe siècle, un missionnaire entreprend un voyage périlleux pour atteindre un campement huron. □ 13 ans+

BLACK ROSE ▷5
E.-U. 1949. Aventures de Henry HATHAWAY avec Tyrone Power, Orson Welles et Cécile Aubry. - Au XIIIe siècle, deux Ecossais courent l'aventure aux Indes puis en Chine pour fuir l'emprise normande. ➜ DVD$

BLACK ROSE MANSION
JAP. 1969. Kinji FUKASAKU

BLACK SABBATH *voir* **Trois visages de la peur, Les**

BLACK SHEEP [Nuit des moutons, La]
N.-Z. 2006. Jonathan KING ➜ DVD$

BLACK SHIELD OF FALWORTH, THE ▷4
[Chevalier du roi, Le]
É-U. 1954. Aventures de Rudolph MATÉ avec Tony Curtis, Janet Leigh et David Farrar. - Le fils d'un comte condamné injustement tente de réhabiliter la mémoire de son père.

BLACK SISTER'S REVENGE
É.-U. 1976. Jamaa FANAKA ➜ DVD$

BLACK SNAKE MOAN ▷4
É.-U. 2007. Drame de mœurs de Craig BREWER avec Samuel L. Jackson, Christina Ricci et Justin Timberlake. - Un ancien bluesman, catholique dévot, recueille sur sa ferme une jeune nymphomane blessée et entreprend de la guérir de ses vices par des moyens radicaux. ➜ DVD$

BLACK STALLION RETURNS, THE ▷4
[Retour de l'étalon noir, Le]
É.-U. 1983. Aventures de Robert DALVA avec Kelly Reno, Vincent Spano et Ferdinand Mayne. - Un jeune garçon traverse clandestinement l'Atlantique jusqu'au Maroc où il espère retrouver son magnifique cheval enlevé par des Arabes. □ Général

BLACK STALLION, THE [Étalon noir, L'] ▷3
É.-U. 1979. Comédie dramatique de Carroll BALLARD avec Kelly Reno, Mickey Rooney et Teri Garr. - Un jeune garçon ayant apprivoisé un étalon arabe entreprend d'en faire un cheval de course. - Adaptation réussie d'un roman pour enfants. Illustration poétique. Mise en scène soignée. □ Général

BLACK SUN
ANG. 2005. Gary TARN ➜ DVD$

BLACK SUN: THE NANKING MASSACRE
H.-K. 1995. Mou TUN FEI ➜ DVD$

BLACK SUNDAY ▷4
É.-U. 1976. Drame policier de John FRANKENHEIMER avec Robert Shaw, Bruce Dern et Marthe Keller. - Une terroriste arabe met au point un attentat meurtrier à l'occasion d'une importante partie de football en Floride. □ Général ➜ DVD$

BLACK SUNDAY *voir* **Masque du démon, Le**

BLACK SWAN, THE ▷4
É.-U. 1942. Aventures de Henry KING avec Tyrone Power, Maureen O'Hara et George Sanders. - Un corsaire condamné à mort se met à la disposition des autorités pour combattre ses anciens camarades.
□ Général ➜ DVD$

BLACK TIGHTS ▷4
FR. 1961. Spectacle musical de Terence YOUNG avec Cyd Charisse, Zizi Jeanmaire et Moira Shearer. - Quatre ballets exécutés par la troupe des danseurs et danseuses des Ballets Roland Petit.
□ Général ➜ DVD$

BLACK WHITE + GREY: A PORTRAIT OF SAM WAGSTAFF AND ROBERT MAPPLETHORPE
É.-U. 2007. James CRUMP ➜ DVD$

BLACK WIDOW ▷4
E.-U. 1954. Drame policier de N. JOHNSON avec Ginger Rogers, Van Heflin et Gene Tierney. - Un écrivain enquête sur la mort d'une femme trouvée pendue dans son appartement. ➜ DVD$

BLACK WIDOW [Veuve noire, La] ▷4
É.-U. 1987. Drame policier de Bob RAFELSON avec Debra Winger, Theresa Russell et Sami Frey. - Une enquêteuse du gouvernement tend un piège à une femme qu'elle soupçonne du meurtre de plusieurs millionnaires. □ Général ➜ DVD$

BLACKBOARD JUNGLE [Graine de violence] ▷3
É.-U. 1955. Drame social de Richard BROOKS avec Glenn Ford, Sidney Poitier et Vic Morrow. - Dans une école de quartier, un jeune professeur triomphe de l'opposition d'élèves difficiles. - Approche réaliste du sujet. Traitement vigoureux et dépouillé. Suspense excellent. Jeu sobre de G. Ford. □ Général ➜ DVD$

BLACKBOARDS ▷4
IRAN. 2000. Drame social de Samira MAKHMALBAF avec Bahman Ghobadi, Saïd Mohamadi et Behnaz Jafari. - À la suite d'un bombardement dans les montagnes du Kurdistan iranien, des instituteurs errent, un tableau noir sur le dos, en quête d'élèves. ➜ DVD$

BLACKIE THE PIRATE *voir* **Black Pirate**

BLACKMAIL ▷4
ANG. 1929. Drame policier d'Alfred HITCHCOCK avec Anny Ondra, John Longden et Cyril Ritchard. - La fiancée d'un détective tue un homme qui veut abuser d'elle et devient victime d'un maître-chanteur.
□ Général

BLACKMAIL IS MY LIFE
JAP. 1968. Kinji FUKASAKU ➜ DVD$

BLADE ▷4
É.-U. 1998. Drame fantastique de Stephen NORRINGTON avec Wesley Snipes, N'bushe Wright et Stephen Dorff. - Un guerrier mi-humain mi-vampire combat un vampire cruel qui veut provoquer une véritable apocalypse. □ 16 ans+ · Violence ➜ DVD-BR$ DVD$

BLADE II ▷4
É.-U. 2002. Drame fantastique de Guillermo del TORO avec Wesley Snipes, Kris Kristofferson et Leonor Varela. - Un guerrier mi-humain,

mi-vampire combat des congénères belliqueux ayant subi une mutation décuplant leurs pouvoirs. □ 16 ans+ · Violence ➔ DVD $

BLADE RUNNER ►1
[Blade Runner: 5-Disc Ultimate Collector's Edition]
É.-U. 1982. Science-fiction de Ridley SCOTT avec Harrison Ford, Rutger Hauer et Sean Young. - En l'an 2019, un détective privé fait la chasse à des robots d'apparence humaine. - Adaptation envoûtante du roman de Philip K. Dick. Vision futuriste fascinante. Mélange habile de science-fiction et d'enquête policière. Mise en scène brillante. Musique prenante. Interprétation fort satisfaisante.
□ 13 ans+ · Violence ➔ DVD-BR$ DVD$

BLADES OF GLORY [Rois du patin, Les] ▷4
É.-U. 2007. Comédie sportive de Will SPECK et Josh GORDON avec Will Ferrell, Jon Heder et Jenna Fischer. - Pour renouer avec la compétition, deux anciens champions de patinage artistique mettent fin à leur rivalité et forment le premier duo masculin de l'histoire de ce sport. □ 13 ans+ ➔ DVD-BR $ DVD $

BLAIR WITCH PROJECT, THE [Projet blair, Le] ▷4
É.-U. 1999. Drame d'horreur de Daniel MYRICK et Eduardo SANCHEZ avec Heather Donahue, Michael Williams et Joshua Leonard. - La découverte d'extraits de films de trois cinéastes permet de comprendre leur disparition mystérieuse dans une forêt hantée.
□ 16 ans+ ➔ DVD $

BLAISE PASCAL ▷3
ITA. 1974. Drame biographique de Roberto ROSSELLINI avec Pierre Arditi, Rita Forzano et Giuseppe Addobati. - La vie et l'évolution intellectuelle et spirituelle du célèbre écrivain français. - Téléfilm reconstituant habilement le climat du XVIIe siècle. Valeur documentaire certaine. Interprétation juste.

BLANCHE EST LA NUIT ▷4
QUÉ. 1989. Drame sentimental de Johanne PRÉGENT avec Léa Marie Cantin, Jean L'Italien et René Gagnon. - Un jeune homme a une liaison tourmentée avec une danseuse qu'il a sauvée du suicide. ➔ DVD $

BLANCHE ET MARIE ▷4
FR 1985. Drame de guerre de Jacques RENARD avec Miou-Miou, Sandrine Bonnaire et Maria Casarès. - Sous l'occupation allemande, la femme d'un ouvrier et la fille adolescente d'un coiffeur se joignent à la résistance française. □ Général

BLANCHE NEIGE ET LES SEPT NAINS
voir **Snow White and the Seven Dwarfs**

BLANCS NE SAVENT PAS SAUTER, LES
voir **White Men Can't Jump**

BLAZE ▷4
É.-U. 1989. Comédie dramatique de Ron SHELTON avec Paul Newman, Lolita Davidovich et Gailard Sartain. - Dans les années 1950, une jolie campagnarde qui aspire à devenir chanteuse se lie à un politicien aux idées libérales. □ 13 ans+ ➔ DVD $

BLAZING SADDLES [Shérif est en prison, Le] ▷4
É.-U. 1974. Comédie satirique de Mel BROOKS avec Cleavon Little, Gene Wilder et Harvey Korman. - Un shérif de race noire tente de faire échec aux manœuvres de profiteurs. □ 13 ans+ ➔ DVD-BR $ DVD $

BLESS THE BEASTS AND CHILDREN ▷4
É.-U. 1971. Comédie dramatique de Stanley E. KRAMER avec Billy Mumy, Barry Robins et Miles Chapin. - Six garçons souffrant de troubles caractériels, réunis en colonie de vacances, partent en expédition pour libérer un troupeau de bisons. □ 13 ans+

BLESSED BY FIRE [Bénis par le feu] ▷4
ARG. 2005. Drame de guerre de Tristan BAUER avec Gaston Pauls, Pablo Ribba et Virginia Innocenti. - Au chevet d'un ancien compagnon d'armes qui a fait une tentative de suicide, un journaliste se remémore leurs dures épreuves pendant la guerre des Malouines.
□ 13 ans+ · Violence ➔ DVD $

BLESSURES ASSASSINES, LES [Murderous Maids] ▷4
FR. 2000. Drame psychologique de Jean-Pierre DENIS avec Sylvie Testud, Julie-Marie Parmentier et Isabelle Renauld. - En 1933, deux sœurs incestueuses travaillant comme bonnes en viennent à assassiner leurs patronnes. ➔ DVD $

BLEU COMME L'ENFER ▷4
FR. 1986. Drame policier de Yves BOISSET avec Lambert Wilson, Tchéky Karyo et Myriem Roussel. - La femme d'un policier s'enfuit de chez elle avec un voleur que son mari vient d'arrêter. □ 13 ans+

BLEU DES VILLES, LE ▷4
FR. 1999. Comédie dramatique de Stéphane BRIZÉ avec Florence Vignon, Mathilde Seigner et Antoine Chappey. - Une fonctionnaire de province décide de tout quitter afin de monter à Paris pour entreprendre une carrière dans la chanson.

BLEU FONCÉ PRESQUE NOIR *voir* **Dark Blue Almost Black**

BLEU PROFOND *voir* **Deep End, The**

BLEU SOMBRE *voir* **Dark Blue**

BLEU SOUVENIR *voir* **Blue Car**

BLIND CHANCE ▷3
POL. 1982. Drame de Krzysztof KIESLOWSKI avec Boguslaw Linda, Tadeusz Lomnicki et Zbigniew Zapasiewicz. - Un jeune étudiant en médecine connaît des destins différents selon qu'il rate ou non un train. - Scénario complexe brassant avec lucidité divers thèmes politiques et philosophiques. Constat souvent amer sur la société polonaise d'après-guerre. Réalisation et interprétation sobres.
□ 13 ans+ ➔ DVD $

BLIND DATE [Boires et déboires] ▷4
É.-U. 1987. Comédie de Blake EDWARDS avec Bruce Willis, Kim Basinger et John Larroquette. - Les mésaventures d'un analyste financier qui a eu la malencontreuse idée de se faire accompagner à une importante réception par une charmante jeune femme qui ne supporte pas l'alcool. □ Général ➔ DVD $

BLIND DEAD 4, THE *voir* **Night of the Seagulls**

BLIND MAN'S BLUFF *voir* **Dead Man's Bluff**

BLINDNESS [Aveuglement, L'] ▷4
CAN. 2008. Drame fantastique de Fernando MEIRELLES avec Julianne Moore, Mark Ruffalo et Alice Braga. - L'épouse d'un ophtalmologiste est mystérieusement épargnée par une épidémie de cécité qui s'abat sur l'ensemble des citoyens d'une grande ville. □ 13 ans+ ➔ DVD $

BLINK [Yeux de braise, Les] ▷4
É.-U. 1994. Drame policier de Michael APTED avec Madeleine Stowe, Aidan Quinn et James Remar. - Alors qu'elle retrouve progressivement la vue à la suite d'une opération, une jeune violoniste est témoin d'un meurtre. □ 13 ans+ ➔ DVD $

BLISS OF MRS. BLOSSOM, THE ▷4
ANG. 1968. Comédie de Joseph McGRATH avec Shirley MacLaine, Richard Attenborough et James Booth. - Une jeune femme loge dans son grenier, à l'insu de son mari, un employé de celui-ci. □ Général

© ALLIANCE

BLITHE SPIRIT ▷3
ANG. 1945. Comédie de David LEAN avec Rex Harrison, Constance Cummings et Kay Hammond. - L'apparition du fantôme de sa première femme cause des ennuis à un veuf remarié. - Adaptation d'une pièce de Noël Coward. Situations classiques. Réalisation excellente. Interprétation pleine de verve et de fantaisie. □ Général

BLONDE DE MON PÈRE, LA *voir* **Stepmom**

BLONDE ET LA ROUSSE, LA *voir* **Pal Joey**

BLONDE VENUS ▷3
É.-U. 1932. Drame de mœurs de Josef VON STERNBERG avec Marlene Dietrich, Cary Grant et Herbert Marshall. - Pour pouvoir faire soigner son mari, une femme retourne à son métier de chanteuse de cabaret. - Scénario mélodramatique enrichi d'une bonne dose d'ironie. Illustration magnifique. Jeu sensible de M. Dietrich. □ Général

BLOOD AND BONES ▷4
JAP. 2004. Chronique de Yoichi SAI avec Takeshi Kitano, Hirofumi Arai et Tomoko Tabata. - La vie d'un modeste paysan coréen qui, parti faire fortune au Japon en 1923, y deviendra un puissant homme d'affaires et un abominable tyran. ➔ DVD $

BLOOD AND CONCRETE
É.-U. 1991. Jeffrey REINER

BLOOD AND WINE ▷4
É.-U. 1996. Drame de Bob RAFELSON avec Jack Nicholson, Stephen Dorff et Jennifer Lopez. - En Floride, le vol d'un collier de diamants par un marchand de vin entraîne des conséquences dramatiques dans sa famille dysfonctionnelle. □ 16 ans+ ➔ DVD $

BLOOD DIAMOND [Diamant de sang, Le] ▷4
É.-U. 2006. Drame d'aventures d'Edward ZWICK avec Leonardo Di Caprio, Djimon Hounsou et Jennifer Connelly. - Pendant la guerre civile en Sierra Leone, un paysan Noir et un mercenaire Blanc font équipe afin de retrouver un diamant brut convoité par un trafiquant sud-africain. □ 13 ans+ ➔ DVD-BR $ DVD $

BLOOD FOR DRACULA *voir* **Andy Warhol's Dracula**

BLOOD OF A POET *voir* **Sang d'un poète, Le**

BLOOD ON THE MOON ▷4
É.-U. 1948. Western de Robert WISE avec Robert Mitchum, Barbara Bel Geddes et Robert Preston. - Un inconnu délivre une région d'une bande de vauriens.

BLOOD RELATIVES *voir* **Liens de sang, Les**

BLOOD SIMPLE ▷3
É.-U. 1983. Drame policier de Joel COEN avec M. Emmet Walsh, Frances McDormand et John Getz. - Après avoir assassiné son client, un détective privé s'en prend à l'épouse et à un employé de celui-ci. - Brillant exercice de style sur les thèmes habituels du film noir. Intrigue savamment compliquée. Traitement savoureux. Bonne interprétation de M.E. Walsh. □ 18 ans+ ➔ DVD $

BLOOD TEA AND RED STRING
É.-U. 2006. Christiane CEGAVSKE ➔ DVD $

BLOOD WEDDING *voir* **Noces de sang**

BLOOD WORK [Créance de sang] ▷4
É.-U. 2002. Drame policier réalisé et interprété par Clint EASTWOOD avec Jeff Daniels et Wanda De Jesus. - Un ex-agent du FBI qui a récemment subi une transplantation cardiaque traque le tueur de la femme qui lui a légué l'organe. □ 13 ans+ ➔ DVD $

BLOOD-SPATTERED BRIDE, THE
voir **Mariée sanglante, La**

BLOODBROTHERS [Chaînes du sang, Les] ▷4
É.-U. 1978. Drame psychologique de Robert MULLIGAN avec Richard Gere, Tony Lo Bianco et Lelia Goldoni. - Tourmenté par ses problèmes familiaux, un adolescent n'arrive pas à prendre de décision face à son avenir.

BLOODY CHILD
ANG. 1996. Nina MENKES

BLOODY JUDGE, THE
ITA. 1970. Jess (jesus) FRANCO ➔ DVD $

BLOODY MAMA ▷5
É.-U. 1970. Drame policier de Roger CORMAN avec Shelley Winters, Don Stroud et Diane Varsi. - Dans les années 30, une campagnarde entraîne au crime ses quatre garçons. □ 18 ans+

BLOODY SUNDAY ▷3
IRL. 2001. Drame historique de Paul GREENGRASS avec James Nesbitt, Tim Pigott-Smith et Nicholas Farrell. - En Irlande du Nord, le 30 janvier 1972, l'intervention des soldats britanniques durant une manifestation pacifique à Derry provoque un bain de sang. □ 13 ans+

BLOSSOMING OF MAXIMO OLIVEROS, THE
2005. Auraeus SOLITO

BLOW [Cartel] ▷4
É.-U. 2001. Drame biographique de Ted DEMME avec Johnny Depp, Jordi Molla et Penelope Cruz. - Durant les années 1970 et 80, l'ascension fulgurante puis la descente aux enfers d'un trafiquant américain de cocaïne. □ 13 ans+ ➔ DVD $

BLOW OUT [Éclatement] ►2
É.-U. 1981. Drame policier de Brian DE PALMA avec John Travolta, Nancy Allen et John Lithgow. - Un preneur de son est entraîné par son travail dans une mystérieuse affaire de meurtre. - Suspense et drame politique brillamment amalgamés. Utilisation dramatique et raffinée du son, de la couleur et de la caméra. Excellente interprétation de J. Travolta. □ 18 ans+ ➔ DVD $

BLOW-UP ►1
ANG. 1966. Étude de mœurs de Michelangelo ANTONIONI avec David Hemmings, Vanessa Redgrave et Sarah Miles. - Un photographe s'aperçoit qu'il a enregistré un crime alors qu'il était à l'œuvre dans un parc. - Anecdote prétexte à une étude ambiguë et complexe des problèmes de la vie moderne. Mise en scène d'un art consommé. Jeu de D. Hemmings d'un naturel inquiétant. □ 18 ans+ ➔ DVD $

BLOWING WILD [Souffle sauvage] ▷4
É.-U. 1953. Aventures de Hugo FREGONESE avec Gary Cooper, Barbara Stanwyck et Anthony Quinn. - Un prospecteur de pétrole entre en lutte avec des bandits. □ Général

BLUE ▷4
É.-U. 1968. Western de Silvio NARIZZANO avec Terence Stamp, Joanna Pettet et Karl Malden. - Pour défendre des colons, un jeune Américain se retourne contre son père adoptif, un bandit mexicain. ➔ DVD $

BLUE ANGEL, THE *voir* **Ange bleu, L'**

BLUE BIRD, THE
É.-U. 1918. Maurice TOURNEUR ➔ DVD $

BLUE BUTTERFLY, THE [Papillon bleu, Le] ▷5
QUÉ. 2004. Aventures de Léa POOL avec Marc Donato, William Hurt et Pascale Bussières. - Atteint d'un cancer, un enfant convainc un entomologiste d'aller capturer avec lui un papillon rare en Amérique centrale. □ Général ➔ DVD $

BLUE CAR [Bleu souvenir] ▷4
É.-U. 2002. Drame psychologique de Karen MONCRIEFF avec Agnes Bruckner, David Strathairn et Margaret Colin. - Troublée par la séparation de ses parents, une adolescente douée pour l'écriture s'éprend de son professeur. □ 13 ans+ · Langage vulgaire ➔ DVD $

BLUE CHIPS ▷4
É.-U. 1994. Drame sportif de William FRIEDKIN avec Nick Nolte, Mary McDonnell et Ed O'Neill. - L'entraîneur d'une équipe de basket-ball collégial recrute illégalement quatre joueurs d'élite en dehors du circuit universitaire. □ Général ➔ DVD $

BLUE COLLAR ▷4
É.-U. 1978. Drame social de Paul SCHRADER avec Richard Pryor, Harvey Keitel et Yaphet Kotto. - Trois ouvriers sont aux prises avec les dirigeants de leur syndicat après avoir volé un cahier compromettant. □ 13 ans+

BLUE CRUSH [Défi bleu] ▷4
É.-U. 2002. Drame sportif de John STOCKWELL avec Kate Bosworth, Michelle Rodriguez et Matthew Davis. - À Hawaii, une jeune femme s'entraîne en vue d'une importante compétition de surf. □ Général ➔ DVD $

BLUE GARDENIA, THE [Femme au gardenia, La] ▷4
É.-U. 1952. Drame policier de Fritz LANG avec Anne Baxter, Richard Conte et Ann Sothern. - Une jeune fille est accusée du meurtre d'un peintre. □ Général ➔ DVD $

BLUE IN THE FACE [Tabagie en folie, La] ▷4
É.-U. 1995. Comédie de mœurs de Wayne WANG et Paul AUSTER avec Harvey Keitel, Lou Reed et Roseanne Barr. - Une tabagie à Brooklyn où défile chaque jour une clientèle bigarrée devient le théâtre de diverses anecdotes. □ Général ➔ DVD $

BLUE KITE, THE *voir* **Cerf-volant bleu, Le**

BLUE LIGHT, THE
ALL. 1934. Leni RIEFENSTAHL et Bela BALAZS ➜ DVD$

BLUE MAX, THE ▷4
É.-U. 1966. Drame de guerre de John GUILLERMIN avec George Peppard, James Mason et Ursula Andress. - Durant la Première Guerre mondiale, un aviateur allemand sacrifie tout à son ambition de devenir l'as des pilotes de chasse. ➜ DVD$

BLUE SKIES ▷4
É.-U. 1946. Comédie musicale de Stuart HEISLER avec Bing Crosby, Fred Astaire et Joan Caulfield. - Deux camarades, l'un chanteur, l'autre danseur, sont épris de la même femme. □ Général

BLUE SKY [Sous le ciel du Nevada] ▷4
É.-U. 1991. Drame de mœurs de Tony RICHARDSON avec Jessica Lange, Tommy Lee Jones et Powers Boothe. - Au début des années 1960, un scientifique vivant dans une base militaire éprouve des difficultés à contrôler sa femme qui est maniaco-dépressive. □ Général

BLUE STEEL [Arme au poing, L'] ▷4
É.-U. 1989. Drame policier de Kathryn BIGELOW avec Jamie Lee Curtis, Ron Silver et Clancy Brown. - Une jeune policière a maille à partir avec un agent boursier qui lie ses crimes à son admiration pour elle. □ 18 ans+ ➜ DVD$

BLUE THUNDER [Tonnerre de feu] ▷4
É.-U. 1982. Drame policier de John BADHAM avec Roy Scheider, Malcolm McDowell et Warren Oates. - Un membre de l'équipe volante de la police est chargé de mettre à l'essai un hélicoptère perfectionné muni d'instruments d'écoute électronique. □ 13 ans+ ➜ DVD$

BLUE VELVET ▷3
É.-U. 1986. Drame policier de David LYNCH avec Kyle MacLachlan, Isabella Rossellini et Dennis Hopper. - Un jeune homme est entraîné dans une aventure dangereuse en voulant aider une chanteuse dont le mari et le fils ont été enlevés par un gangster. - Exploration insolite d'un monde pervers. Traitement d'ensemble assez fascinant. Brusques changements de ton dans le récit. Discordance dans le jeu des comédiens. □ 18 ans+ ➜ DVD$

BLUEBEARD *voir* **Barbe bleue**

BLUEBEARD'S EIGHTH WIFE ▷4
É.-U. 1938. Comédie de Ernst LUBITSCH avec Gary Cooper, Claudette Colbert et Edward Everett Horton. - Un fêtard déjà sept fois divorcé épouse une jeune fille qui saura le garder définitivement. □ Général

BLUEBERRY: L'EXPÉRIENCE SECRÈTE *voir* **Renegade**

BLUES BROTHERS, THE ▷4
É.-U. 1980. Comédie de John LANDIS avec John Belushi, Dan Aykroyd et Carrie Fisher. - Deux frères entreprennent de venir en aide à l'orphelinat où ils ont été élevés en donnant un concert.
□ Général ➜ DVD$

BLUFF ▷4
QUÉ. 2007. Comédie de Simon Olivier FECTEAU et Marc-André LAVOIE avec Emmanuel Bilodeau, Isabelle Blais et Rémy Girard. - Sur une période de quinze ans, aperçu de la vie des habitants successifs d'un appartement sur le point d'être démoli. ➜ DVD$

BLUME IN LOVE ▷4
É.-U. 1973. Comédie sentimentale de Paul MAZURSKY avec George Segal, Susan Anspach et Kris Kristofferson. - Au cours d'un voyage à Venise, un avocat se remémore les circonstances qui ont entouré son divorce. □ 18 ans+ ➜ DVD$

BOARDING GATE ▷5
FR. 2006. Thriller d'Olivier ASSAYAS avec Asia Argento, Michael Madsen et Carl Ng. - Soupçonnée du meurtre de son amant, un homme d'affaires influent, une femme au caractère insaisissable s'en va se perdre à Hong-Kong. ➜ DVD$

BOAT IS FULL, THE ▷3
SUI. 1981. Drame social de Markus IMHOOF avec Tina Engel, Curt Bois et Renate Steiger. - Au cours de la Seconde Guerre mondiale, un groupe de réfugiés arrive à passer clandestinement en Suisse. - Approche critique au ton juste. Mise en scène sobre et précise. Personnages bien campés. Interprétation naturelle et convaincante. □ Général

BOB & CAROL & TED & ALICE ▷4
É.-U. 1969. Comédie de Paul MAZURSKY avec Natalie Wood, Robert Culp, Dyan Cannon et Elliott Gould. - Deux couples amis tentent des expériences de libération sexuelle. □ 18 ans+ ➜ DVD$

BOB L'ÉPONGE: LE FILM
voir **Spongebob Squarepants Movie, The**

BOB LE FLAMBEUR ▷3
FR. 1956. Drame policier de Jean-Pierre MELVILLE avec Roger Duchesne, Isabelle Corey et Daniel Cauchy. - Un ancien gangster ruiné par le jeu met au point un cambriolage dans un casino. - Scénario fidèle aux conventions des modèles américains. Bonne création d'atmosphère. Mise en scène inventive. Interprétation dans le ton voulu. □ Général

BOB ROBERTS ▷3
É.-U. 1992. Comédie satirique réalisée et interprétée par Tim ROBBINS avec Giancarlo Esposito et Ray Wise. - Adulé par les uns, vilipendé par les autres, un chanteur à succès entreprend une campagne électorale dans l'espoir de se faire élire sénateur. - Pseudo-documentaire riche et complexe. Satire mordante des manipulations électorales et médiatiques. Équipe d'interprètes hors pair. □ Général ➜ DVD$

BOBBY ▷4
É.-U. 2006. Drame historique d'Emilio ESTEVEZ avec Freddy Rodriguez, Anthony Hopkins et Sharon Stone. - Chronique des heures qui ont précédé l'assassinat de Robert Kennedy à l'hôtel Ambassador de Los Angeles, le 5 juin 1968. □ 13 ans+ ➜ DVD$

BOBBY DARIN *voir* **Beyond the Sea**

BOBBY DEERFIELD ▷4
É.-U. 1977. Drame psychologique de Sydney POLLACK avec Al Pacino, Marthe Keller et Anny Duperey. - Un coureur automobile s'éprend d'une jeune femme menacée d'une mort prochaine. □ Général ➜ DVD$

BOCA A BOCA *voir* **Bouche à bouche**

BOCA DEL LOBO, LA ▷4
PÉR.-ESP. 1984. Drame de mœurs de Francisco J. LOMBARDI avec Pablo Serra, Gustavo Bueno et Juan M. Ochoa. - Un nouvel élève d'une académie militaire prend charge des trafics illicites qui ont cours dans l'école. □ 13 ans+

BOCCACE 70 [Boccacio 70] ▷3
ITA. 1962. Film à sketches de Federico FELLINI, Vittorio DE SICA, Luchino VISCONTI et Mario MONICELLI avec Anita Ekberg, Romy Schneider et Sophia Loren. - Les aventures d'un puritain, d'un couple d'aristocrates, d'une fille qui s'offre comme prix dans une loterie et d'un ouvrier d'usine qui aime une collègue. - Histoires traitées diversement selon le tempérament de chaque cinéaste. Ensemble de qualité. Bons interprètes. □ Général

BODIES, REST AND MOTION ▷4
[Une pause... quatre soupirs]
É.-U. 1993. Comédie dramatique de Michael STEINBERG avec Phoebe Cates, Bridget Fonda et Tim Roth. - Lorsqu'elle découvre que son compagnon a quitté la ville sans elle, une jeune femme trouve réconfort dans les bras d'un peintre en bâtiment. □ 13 ans+ · Langage vulgaire ➜ DVD$

BODY AND SOUL
É.-U. 1925. Oscar MICHEAUX □ Général

BODY DOUBLE ▷4
É.-U. 1984. Drame policier de Brian DE PALMA avec Craig Wasson, Gregg Henry et Melanie Griffith. - Un acteur au chomâge tente de percer le mystère qui entoure l'assassinat d'une voisine qu'il épiait depuis quelque temps. □ 18 ans+ ➜ DVD$

BODY HEAT [Fièvre au corps, La] ▷3
É.-U. 1981. Drame policier de Lawrence KASDAN avec William Hurt, Kathleen Turner et Richard Crenna. - Une jeune femme frustrée pousse son amant à tuer son mari. - Pastiche fort réussi des films noirs des années 1940. Intrigue astucieuse. Atmosphère torride particulièrement bien rendue. Réalisation adroite. Interprétation sensuelle à souhait. □ 18 ans+ ➜ DVD$ DVD-BR$

BODY OF LIES [Vie de mensonges, Une] ▷4
É.-U. 2008. Drame d'espionnage de Ridley Scott avec Leonardo Di Caprio, Russell Crowe et Mark Strong. - En Jordanie, un agent de la CIA tend un piège à un chef terroriste islamiste dans le but de le démasquer. □ 13 ans+ · Violence · Langage vulgaire ➜ DVD$ DVD-BR$

BODY SNATCHER, THE ▷4
[I walked with a Zombie/Body Snatcher (1945)]
É.-U. 1945. Drame d'horreur de Robert WISE avec Boris Karloff, Bela Lugosi et Henry Daniell. - Au XIXe siècle, un professeur de médecine achète des cadavres à des détrousseurs de tombes. □ Général

BODY SNATCHERS ▷4
[Profanateurs: l'invasion continue, Les]
É.-U. 1993. Drame fantastique de Abel FERRARA avec Gabrielle Anwar, Terry Kinney et Meg Tilly. - Venue vivre sur une base militaire avec sa famille, une adolescente y découvre que des extraterrestres éliminent les humains après avoir imité leur apparence.
□ 13 ans+ · Horreur → DVD$

BODY WITHOUT SOUL
POL. 1996. Wiktor GRODECKI → DVD$

BODYGUARD KIBA
JAP. 1993. Takashi MIIKE → DVD$

BODYGUARD, THE [Garde du corps, Le] ▷5
É.-U. 1992. Drame policier de Mick JACKSON avec Kevin Costner, Whitney Houston et Gary Kemp. - Victime de menaces anonymes, une chanteuse populaire reçoit la protection d'un garde du corps dont elle tombe amoureuse. □ 13 ans+ → DVD$

BOGUS ▷5
É.-U. 1996. Comédie fantaisiste de Norman JEWISON avec Whoopi Goldberg, Gérard Depardieu et Haley Joel Osment. - Un orphelin négligé par sa nouvelle mère adoptive s'invente un ami imaginaire qui aura une influence magique sur sa vie et celle de sa tutrice.
□ Général → DVD$

BOILER ROOM, THE [Clan des millionnaires, Le] ▷4
É.-U. 2000. Drame de mœurs de Ben YOUNGER avec Giovanni Ribisi, Nicky Katt et Vin Diesel. - Un jeune décrocheur ambitieux se joint à une firme de courtage qui vend des titres boursiers douteux.
□ Général → DVD-BR$ DVD$

BOILING POINT
JAP. 1990. Takeshi KITANO □ 13 ans+ · Violence

BOIRES ET DÉBOIRES *voir* **Blind Date**

BOIS DE BOULEAUX, LE [Birch Wood, The] ▷3
POL. 1970. Drame d'Andrzej WAJDA avec Daniel Olbrychski, Olgierd Lukaszewicz et Emilia Krakowska. - Un musicien malade vient passer ses derniers jours chez son frère veuf à la campagne. - Adaptation soignée d'une nouvelle écrite dans les années 1930. Ton romantique.
□ Général

BOIS NOIRS, LES ▷4
FR. 1989. Drame de Jacques DERAY avec Béatrice Dalle, Philippe Volter et Geneviève Page. - Supportant mal la vie austère du seigneur campagnard qu'elle vient d'épouser, une jeune actrice lui annonce bientôt son intention de le quitter. □ Général

BOLIDES HURLANTS *voir* **Mad Max**

BOLLYWOOD/HOLLYWOOD ▷5
CAN. 2002. Comédie musicale de Deepa MEHTA avec Rahul Khanna, Lisa Ray et Moushumi Chatterjee. - Un jeune homme engage une escorte pour jouer le rôle de sa fiancée auprès de sa famille bourgeoise canado-indienne. □ Général → DVD$

BOLT [Volt] ▷4
É.-U. 2008. Film d'animation de Byron Howard et Chris Williams. - Croyant que la série télévisée dont il tient la vedette est la réalité, un chien doit apprendre à se débrouiller sans ses super-pouvoirs alors qu'il tente de retrouver sa jeune maîtresse.
□ Général → DVD-BR$ DVD$

BOMBAY TALKIE ▷4
IND. 1970. Drame sentimental de James IVORY avec Shashi Kapoor, Jennifer Kendall et Zia Mohyeddin. - Lors d'un voyage en Inde, une romancière américaine a une aventure avec un acteur marié.
→ DVD$

BOMBÓN LE CHIEN ▷4
ARG. 2004. Comédie dramatique de Carlos SORIN avec Juan Villegas, Walter Donado et Rosa Valsecchi. - Un mécanicien au chômage reçoit en cadeau un chien de race et décide de l'entraîner pour des compétitions canines. □ Général → DVD$

BOMBSHELL ▷4
É.-U. 1932. Comédie de Victor FLEMING avec Jean Harlow, Lee Tracy et Frank Morgan. - Une vedette de cinéma voit ses amours étalées dans les journaux par la faute de son agent de presse. □ 13 ans+

BON COP BAD COP ▷4
Can. 2006. Comédie policière d'Érik CANUEL avec Patrick Huard, Colm Feore et Lucie Laurier. - Au cours d'une enquête pour meurtre, un policier montréalais se voit forcé de faire équipe avec un homologue torontois. □ 13 ans+ · Langage vulgaire · Violence → DVD$

BON CRU, UN *voir* **Good Year, A**

BON GROS GÉANT, LE
voir **Big Friendly Giant, The**

BON PLAISIR, LE ▷4
FR. 1983. Comédie satirique de Francis GIROD avec Catherine Deneuve, Jean-Louis Trintignant et Michel Serrault. - Le vol d'une lettre compromettante occasionne maintes complications dans la vie d'un homme d'État. □ Général → DVD$

BON VOYAGE! ▷4
FR. 2003. Comédie dramatique de Jean-Paul RAPPENEAU avec Gregori Derangère, Isabelle Adjani et Virginie Ledoyen. - En juin 1940, alors que le gouvernement et le Tout-Paris se sont réfugiés à Bordeaux, diverses personnes vivent toutes sortes de mésaventures. → DVD$

BON, LA BRUTE ET LE TRUAND, LE
voir **Good, the Bad and the Ugly, The**

BONE COLLECTOR, THE [Désosseur, Le] ▷4
É.-U. 1999. Drame policier de Philip NOYCE avec Denzel Washington, Angelina Jolie et Queen Latifah. - Un criminologiste paralytique fait équipe avec une jeune collègue afin de retrouver un tueur en série.
□ 16 ans+ · Violence → DVD$

BONFIRE OF THE VANITIES, THE ▷4
[Bûcher des vanités, Le]
É.-U. 1990. Comédie satirique de Brian DE PALMA avec Tom Hanks, Bruce Willis et Melanie Griffith. - S'étant rendu coupable d'un délit de fuite, un courtier subit un procès teinté de considérations politiques.
□ Général → DVD$

BONHEUR, LE ▷3
FR. 1965. Drame psychologique de Agnès VARDA avec Jean-Claude Drouot, Geneviève Drouot et Marie-France Boyer. - Un jeune homme tente de faire admettre par son épouse sa liaison avec une autre femme. - Traitement plus esthétique que psychologique. Grande recherche formelle. Interprétation naturelle. □ Général

BONHEUR AIGRE-DOUX *voir* **Double Happiness**

BONHEUR D'EMMA, LE ▷4
ALL. 2006. Comédie dramatique de Sven TADDICKEN avec Jördis Triebel, Jürgen Vogel et Hinnerk Shönnemann. - La rencontre forfuite entre une jeune éleveuse de cochons et un cancéreux en cavale.
□ 13 ans+ → DVD$

BONHEUR D'OCCASION ▷4
QUÉ. 1983. Drame de mœurs de Claude FOURNIER avec Mireille Deyglun, Marilyn Lightstone et Pierre Chagnon. - Les épreuves d'une famille de gagne-petit dans le Montréal populaire des années 1940.
□ Général

BONHEUR EST DANS LE PRÉ, LE ▷4
FR. 1995. Comédie de mœurs d'Étienne CHATILIEZ avec Eddy Mitchell, Michel Serrault et Sabine Azéma. - Fatigué de sa vie auprès de sa snobinarde d'épouse, un directeur d'usine se fait passer pour un fermier disparu 28 ans auparavant dont il est le sosie. □ Général

BONJOUR LA VIE *voir* **Living Out Loud**

BONJOUR TRISTESSE ▷4
É.-U. 1957. Drame psychologique de Otto PREMINGER avec Jean Seberg, David Niven et Deborah Kerr. - Une adolescente tente d'empêcher le remariage de son père. □ Général

BONJOUR VIETNAM *voir* **Good Morning, Vietnam**

BONNE À TOUT FAIRE *voir* **Sitting Pretty**

BONNE ANNÉE, LA ▷3
FR. 1973. Comédie policière de Claude LELOUCH avec Lino Ventura, Françoise Fabian et Charles Gérard. - En préparant un vol d'importance, un truand fait la rencontre d'une antiquaire dont il tombe amoureux. - Intrigue policière doublée d'une histoire d'amour. Ensemble riche en trouvailles.

BONNE MÈRE MALGRÉ TOUT
voir **Good Mother, The**

BONNES FEMMES, LES ▷5
FR. 1960. Drame de mœurs de Claude CHABROL avec Bernadette Lafont, Lucille Saint-Simon et Clotilde Joano. - Les aventures de quatre jeunes vendeuses parisiennes. → DVD$

BONNIE AND CLYDE [Bonnie et Clyde] ►2
É.-U. 1967. Drame policier d'Arthur PENN avec Warren Beatty, Faye Dunaway et Michael J. Pollard. - La vie criminelle et aventureuse de Clyde Barrow et Bonnie Parker. - Récit inspiré de faits vécus. Œuvre personnelle et puissante. Mélange habile de tragique et de comique. Montage nerveux. Interprètes excellents. □ 13 ans+ · Violence
➜ DVD-BR$ DVD$

BONS BAISERS D'HOLLYWOOD
voir **Postcards from the Edge**

BONS BAISERS DE RUSSIE *voir* **From Russia with Love**

BONS DÉBARRAS, LES ►2
QUÉ. 1979. Drame de mœurs de Francis MANKIEWICZ avec Marie Tifo, Charlotte Laurier et Germain Houde. - Une jeune femme éprouve des difficultés avec sa fillette qu'elle élève seule tout en prenant soin de son frère simple d'esprit. - Description réaliste nuancée de touches poétiques. Richesse d'émotion. Interprétation exacerbée. ➜ DVD$

BOOGIE NIGHTS [Nuits endiablées] ▷3
É.-U. 1997. Chronique de Paul Thomas ANDERSON avec Burt Reynolds, Mark Wahlberg et Julianne Moore. - En 1977, un jeune ambitieux devient le protégé d'un réalisateur de films porno qui fait de lui une vedette. - Peinture lucide d'un milieu marginal. Certains éléments d'intrigue insuffisamment développés. Riche reconstitution d'époque. Bonne interprétation. □ 16 ans+ · Érotisme ➜ DVD$

BOOK AND SWORD
CHI. 2002. Daniel LI ➜ DVD$

BOOK OF LIFE, THE ▷4
FR. 1998. Comédie fantaisiste de Hal HARTLEY avec Martin Donovan, P.J. Harvey et Thomas Jay Ryan. - À l'approche de l'an 2000, Jésus est envoyé en mission à New York par son père afin de préparer l'Apocalypse. ➜ DVD$

BOOK OF THE DEAD, THE
JAP. 2005. Kihachiro KAWAMOTO ➜ DVD$

BOOM! ▷3
ANG. 1968. Drame de Joseph LOSEY avec Elizabeth Taylor, Richard Burton et Joanna Shimkus. - Un poète déchu, mystérieux annonciateur de la mort, réside chez une veuve qui vit retirée dans une île. - Adaptation d'une pièce de Tennessee Williams. Mise en scène élégante. Style d'une beauté bizarre. Jeu excentrique des vedettes.

BOOMERANG! ▷3
É.-U. 1946. Drame policier d'Elia KAZAN avec Dana Andrews, Jane Wyatt et Lee J. Cobb. - Un procureur compromet sa carrière en défendant un chômeur accusé de l'assassinat d'un prêtre. - Sujet prenant tiré d'un fait divers authentique. Réalisation très souple de style documentaire. Interprétation sobre et efficace. ➜ DVD$

BOPHA! ▷4
É.-U. 1993. Drame social de Morgan FREEMAN avec Danny Glover, Maynard Eziashi et Alfre Woodard. - Sous le regard incrédule d'un policier noir, une ville d'Afrique du Sud est mise à feu et à sang après l'intervention brutale d'un officier raciste. □ Général ➜ DVD$

BORAT!: CULTURAL LEARNINGS OF AMERICA FOR MAKE BENEFIT GLORIOUS NATION OF KAZAKHSTAN ▷4
É.-U. 2006. Comédie satirique de Larry CHARLES avec Ken Davitian, Sacha B. Cohen et Pamela Anderson. - Un journaliste du Kazakhstan gaffeur, naïf et antisémite a pour mission de tourner un documentaire sur la vie aux États-Unis. □ 13 ans+ · Langage vulgaire ➜ DVD$

BORDER, THE ▷4
É.-U. 1981. Drame social de Tony RICHARDSON avec Jack Nicholson, Harvey Keitel et Valerie Perrine. - À la frontière du Texas et du Mexique, un policier est entraîné dans un trafic d'exploitation des immigrants clandestins. □ 13 ans+ ➜ DVD$

BORDERLINE ▷4
QUÉ. 2008. Drame de mœurs de Lyne CHARLEBOIS avec Isabelle Blais, Angèle Coutu et Jean-Hugues Anglade. - Une étudiante en littérature qui peine à s'affranchir de son lourd passé entretient une liaison sans avenir avec un professeur marié.
□ 16 ans+ · Violence · Érotisme ➜ DVD$

BORDERTOWN
ANG. É.-U. 2006. Gregory NAVA ➜ DVD$

BORÉAL-EXPRESS *voir* **Polar Express**

BORN FREE [Vivre libre] ▷4
ANG. 1965. Aventures de James HILL avec Virginia McKenna, Bill Travers et Geoffrey Keen. - Les difficultés d'une lionne domestiquée que ses maîtres rendent à la brousse. □ Général

BORN IN ABSURDISTAN *voir* **Né en Absurdistan**

BORN IN EAST L.A. [Chicano Américain] ▷5
É.-U. 1987. Comédie réalisée et interprétée par Richard CHEECH MARIN avec Daniel Stern et Kamala Lopez. - Pris pour un immigrant clandestin, un Américain d'origine mexicaine est déporté et éprouve de la difficulté à rentrer aux États-Unis. ➜ DVD$

BORN IN FLAMES [Guerrières, Les] ▷5
É.-U. 1983. Science-fiction de Lizzie BORDEN avec Honey, Jeanne Satterfield et Adele Bertei. - Dix ans après la révolution socialiste américaine, divers groupes de féministes insatisfaites cherchent à s'entendre sur une action commune. □ Général ➜ DVD$

BORN ON THE FOURTH OF JULY ▷3
[Né un quatre juillet]
É.-U. 1989. Drame biographique de Oliver STONE avec Tom Cruise, Caroline Kava et Raymond J. Barry. - Blessé au combat, un jeune soldat patriote revient du Viêt-nam et s'engage dans un militantisme contre la guerre. - Récit basé sur l'expérience réelle de l'activiste américain Ron Kovic. Traitement d'une intensité prenante. Interprétation convaincante de T. Cruise. □ 18 ans+ ➜ DVD$

BORN ROMANTIC ▷4
ANG. 2000. Comédie de mœurs de David KANE avec Craig Ferguson, Ian Hart et Jane Horrocks. - Les tribulations sentimentales d'un groupe de célibataires londoniens fréquentant le même club de salsa.
➜ DVD$

BORN TO DANCE ▷4
É.-U. 1936. Comédie musicale de Roy Del RUTH avec Eleanor Powell, James Stewart et Virginia Bruce. - Un marin en permission aide une danseuse à devenir vedette d'un spectacle. □ Général

BORN TO KILL ▷4
É.-U. 1947. Drame policier de Robert WISE avec Claire Trevor, Lawrence Tierney et Walter Slezak. - Une riche divorcée tombe sous la coupe d'un psychopathe qui est prêt à tuer pour assouvir ses désirs.
□ Général ➜ DVD$

BORN TO WIN ▷4
É.-U. 1971. Comédie dramatique de Ivan PASSER avec George Segal, Karen Black et Jay Fletcher. - La déchéance d'un narcomane qui accomplit divers larcins pour payer ses stupéfiants. ➜ DVD$

BORN YESTERDAY ▷3
É.-U. 1950. Comédie de George CUKOR avec Judy Holliday, William Holden et Broderick Crawford. - Un financier charge un journaliste de donner des leçons de savoir-vivre à sa petite amie. - Adaptation d'une pièce à succès. Ton satirique intéressant. Mise en scène habile. Très bons interprètes. □ Général ➜ DVD$

BORROWER, THE ▷4
É.-U. 1989. Drame fantastique de John McNAUGHTON avec Rae Dawn Chong, Don Gordon et Antonio Fargas. - Deux policiers luttent contre une créature extraterrestre qui pousse à la violence les humains dans lesquels elle se glisse. □ 16 ans+ · Horreur

BORROWERS, THE [Petit monde des emprunteurs, Le] ▷4
ANG. 1997. Comédie fantaisiste de Peter HEWITT avec John Goodman, Jim Broadbent et Mark Williams. - Des êtres humains miniatures veulent empêcher un promoteur immobilier de détruire la maison où ils vivent secrètement sous le plancher. □ Général ➜ DVD$

BORSALINO ▷3
FR. 1970. Drame policier de Jacques DERAY avec Jean-Paul Belmondo, Alain Delon et Michel Bouquet. - Au début des années 1930, deux malfaiteurs se lient d'amitié et deviennent les rois de la pègre à Marseille. - Récit nostalgique et violent. Habile reconstitution d'époque. Mise en scène soignée. Excellente interprétation des deux vedettes. □ 13 ans+

BORSALINO AND CO. ▷4
FR. 1974. Drame policier de Jacques DERAY avec Alain Delon, Riccardo Cucciolla et Catherine Rouvel. - Ruiné par un gangster italien, un caïd marseillais s'enfuit en Italie puis revient au pays pour prendre sa revanche. □ 13 ans+ ➜ DVD$

BOSS OF IT ALL, THE *voir* **Directeur, Le**

BOSSA NOVA ▷4
BRÉ. 1999. Comédie sentimentale de Bruno BARRETO avec Amy Irving, Antonio Fagundes et Alexandre Borges. - Expatriée au Brésil, une veuve américaine se fait courtiser par un riche avocat de Rio de Janeiro. □ Général

BOSSU, LE [On Guard!] ▷4
FR. 1997. Aventures de Philippe de BROCA avec Daniel Auteuil, Fabrice Luchini et Vincent Perez. - Un escrimeur impétueux jure de venger l'assassinat de son ami le Duc de Nevers et de protéger la fille héritière de celui-ci. □ Général · Déconseillé aux jeunes enfants → DVD $

BOSSU DE NOTRE-DAME, LE
voir **Hunchback of Notre-Dame, The**

BOSTA ▷4
LIB. 2005. Comédie musicale de Philippe ARACTINGI avec Rodney Hel Haddad, Nadine Labaki et Nada Abou Farhat. - Une troupe de dabké, danse traditionnelle libanaise, parcourt le pays à bord d'un vieil autobus. □ Général

BOSTON STRANGLER, THE ▷3
É.-U. 1968. Drame policier de Richard FLEISCHER avec Tony Curtis, Henry Fonda et George Kennedy. - À Boston, plusieurs femmes sont assassinées par un maniaque sexuel. - Récit basé sur un fait divers authentique. Style sobre et discret. Sujet abordé de façon sérieuse. Composition impressionnante de T. Curtis. □ 18 ans+ → DVD $

BOSTONIANS, THE ▷3
ANG. 1984. Drame psychologique de James IVORY avec Christopher Reeve, Vanessa Redgrave et Madeleine Potter. - En 1876, une jeune fille de Boston, qui est devenue le porte-parole du mouvement féministe, est aimée par un homme aux idées opposées aux siennes. - Adaptation soignée d'un roman de Henry James. Évocation d'époque très fignolée. Traitement sensible. Excellente interprétation de V. Redgrave. □ Général → DVD $

BOTTLE SHOCK ▷4
É.-U. 2008. Comédie dramatique de Randall MILLER avec Chris Pine, Alan Rickman et Bill Pullman. - En 1976, un viticulteur californien au bord de la faillite accueille avec méfiance un œnologue anglais ne jurant que par les cépages français. □ Général → DVD $

BOUCHE À BOUCHE [Boca a boca] ▷4
ESP. 1995. Comédie de mœurs de Manuel GOMEZ PEREIRA avec Javier Bardem, Josep Maria Flotats et Aitana Sanchez-Gijon. - Un acteur qui travaille pour une agence d'appels érotiques se retrouve mêlé à diverses intrigues impliquant quelques-uns de ses clients. □ 13 ans+ · Érotisme

BOUCHER, LE ▷3
FR. 1968. Drame psychologique de Claude CHABROL avec Stéphane Audran, Jean Yanne et Roger Rudel. - Une institutrice de village se lie d'amitié avec un boucher local qui s'avère être un maniaque criminel. - Suspense bien conduit. Intéressante étude psychologique. Excellente interprétation. □ 13 ans+

BOUDU ▷5
FR. 2004. Comédie de mœurs réalisée et interprétée par Gérard JUGNOT avec Gérard Depardieu et Catherine Frot. - Un sans-abri chambarde le quotidien du galeriste endetté qui l'a sauvé de la noyade. □ 13 ans+ → DVD $

BOUDU SAUVÉ DES EAUX ▷3
FR. 1932. Comédie satirique de Jean RENOIR avec Michel Simon, Charles Granval et Marcelle Hainia. - Un clochard jette le désarroi dans une maison bourgeoise où il a été recueilli après une tentative de suicide. - Satire mordante de la bourgeoisie. Dialogues savoureux. Ensemble débordant d'exubérance et de verve. Bonne création d'atmosphère. Composition sympathique et fort drôle de M. Simon. → DVD $

BOUGE DE LÀ! *voir* **How She Move**

BOULANGER DE VALORGUE, LE ▷4
FR. 1952. Comédie d'Henri VERNEUIL avec Fernandel, Jean Gaven et Leda Gloria. - Un boulanger refuse de cuire le pain pour ceux qui s'obstinent à croire que son fils a fait de sa promise une maman prématurée. → DVD $

BOULANGÈRE DE MONCEAU, LA
[Boulangère de Monceau, La/La carrière de Suzanne]
FR. 1963. Éric ROHMER → DVD $

BOULE DE FEU *voir* **Ball of Fire**

BOULEVARD DES ASSASSINS ▷5
FR. 1982. Drame policier de Boramy TIOULONG avec Jean-Louis Trintignant, Victor Lanoux et Marie-France Pisier. - Installé dans une ville de la Côte d'Azur, un romancier s'intéresse à une affaire de spéculation immobilière qui semble louche. □ Général

BOULEVARD DU RHUM ▷4
FR. 1971. Comédie policière de Robert ENRICO avec Lino Ventura, Brigitte Bardot et Bill Travers. - Le commandant d'un cargo faisant la contrebande de l'alcool s'éprend d'une vedette de cinéma. □ Général

BOULOT À L'ITALIENNE, UN *voir* **Italian Job, The**

BOUM II, LA ▷4
FR. 1982. Comédie de mœurs de Claude PINOTEAU avec Sophie Marceau, Brigitte Fossey et Claude Brasseur. - L'idylle d'une adolescente ne va pas sans quelques soubresauts alors que parallèlement l'union de ses parents subit une petite crise.

BOUM, LA ▷4
Fr. 1980. Comédie de mœurs de Claude Pinoteau avec Brigitte Fossey, Claude Brasseur et Sophie Marceau. - Les premières amours d'une adolescente dont les parents sont en brouille.

BOUNCE KO GALS
JAP. 1997. Masato HARADA → DVD $

BOUND [Liaisons interdites] ▷4
É.-U. 1996. Drame policier d'Andy et Larry WACHOWSKI avec Jennifer Tilly, Gina Gershon et Joe Pantoliano. - Une lesbienne est séduite par sa voisine qui lui propose de voler une somme importante à la mafia. □ 16 ans+ · Violence

BOUND FOR GLORY ▷3
É.-U. 1976. Drame biographique de Hal ASHBY avec David Carradine, Melinda Dillon et Ronny Cox. - En 1936, un jeune fermier du Texas devient un chanteur populaire attentif à la misère des travailleurs errants. - Évocation réussie de la carrière de Woody Guthrie. Sorte d'épopée lyrique. Interprétation remarquable de D. Carradine. □ Général → DVD $

BOUNTY, THE ▷4
ANG. 1983. Aventures de Roger DONALDSON avec Anthony Hopkins, Mel Gibson et Daniel Day-Lewis. - En 1787 au cours d'un voyage, la tyrannie du commandant du Bounty suscite la révolte de l'équipage. □ Général → DVD $

BOURGEOIS GENTILHOMME, LE ▷4
FR. 1982. Comédie de Roger COGGIO avec Michel Galabru, Rosy Varte et Xavier Saint-Macary. - Un bourgeois naïf, féru de noblesse, rêve pour sa fille d'un brillant mariage. □ Général

BOURNE IDENTITY, THE [Mémoire dans la peau, La] ▷4
É.-U. 2002. Drame d'espionnage de Doug LIMAN avec Matt Damon, Franka Potente et Chris Cooper. - Un homme amnésique découvre qu'il est en fait un tueur travaillant pour la CIA et que ses supérieurs veulent sa peau. → DVD $

BOURNE SUPREMACY, THE [Mort dans la peau, La] ▷4
É.-U. 2004. Drame d'espionnage de Paul GREENGRASS avec Matt Damon, Joan Allen et Brian Cox. - Un ex-assassin de la CIA devenu amnésique est faussement accusé par ses anciens patrons d'avoir tué deux de leurs espions à Berlin. → DVD $

BOURNE ULTIMATUM ▷3
É.-U. 2007. Drame d'espionnage de Paul GREENGRASS avec Matt Damon, Julia Stiles et Joan Allen. - En cherchant à découvrir sa véritable identité, un ex-tueur de la CIA souffrant d'amnésie menace de révéler des secrets d'État compromettants. - Intrigue rocambolesque et palpitante inspirée d'un roman de Robert Ludlum. Réalisation pleine de brio. Montage frénétique. Distribution de grande classe. □ 13 ans+ → DVD $

BOUTEILLE, LA ▷4
QUÉ. 2000. Comédie dramatique d'Alain DESROCHERS avec Réal Bossé, François Papineau et Jean Lapointe. - Deux amis d'adolescence s'efforcent de retrouver une bouteille enterrée quinze ans plus tôt, dans laquelle ils avaient consigné leurs projets d'avenir. □ 13 ans+ → DVD $

BOW, THE
Cor. JAP. 2005. Kim KI-DUK → DVD $

BOWFINGER ▷4
É.-U. 1999. Comédie de Frank OZ avec Steve Martin, Eddie Murphy et Heather Graham. - Un réalisateur sans le sou entreprend de filmer une vedette de cinéma à son insu et d'intégrer ces images au film qu'il tourne parallèlement. □ Général ➜ DVD$

BOX 507
ESP. 2002. Enrique URBIZU

BOX OF MOONLIGHT [Temps fou, Le] ▷5
É.-U. 1996. Comédie dramatique de Tom DiCILLO avec John Turturro, Sam Rockwell et Catherine Keener. - Un contremaître austère se transforme au contact d'un jeune marginal fantasque avec qui il doit séjourner quelque temps.
□ Général · Déconseillé aux jeunes enfants ➜ DVD$

BOXCAR BERTHA ▷5
É.-U. 1972. Drame social de Martin SCORSESE avec Barbara Hershey, David Carradine et Barry Primus. - Dans les années 1930, une jeune femme se joint à un Noir pour former une bande de voleurs de trains.
□ 18 ans+ ➜ DVD$

BOXER AND DEATH, THE
TCH. 1962. Peter SOLAN □ Général

BOXER'S OMEN, THE
H.-K. 1983. Kuei CHIN HUNG ➜ DVD$

BOXER, THE [Boxeur, Le] ▷4
É.-U.-IRL. 1997. Drame social de Jim SHERIDAN avec Daniel Day-Lewis, Emily Watson et Brian Cox. - Après des années en prison, un membre de l'IRA doué pour la boxe ne tarde pas à croiser le fer avec ses anciens complices. □ 13 ans+ ➜ DVD$

BOXEUR, LE *voir* **Boxer, The**

BOY CULTURE
É.-U. 2006. Q ALLAN BROCKA

BOY FRIEND, THE ▷3
ANG. 1971. Comédie musicale de Ken RUSSELL avec Leslie Hornsby (Twiggy), Christopher Gable et Max Adrian. - Dans un petit théâtre londonien, une jeune accessoiriste remplace au pied levé la vedette d'un spectacle. - Divertissement frais et charmant. Tableaux colorés. Mise en scène inventive. Acteurs bien dirigés. □ Général

BOY IN BLUE, THE ▷4
CAN. 1985. Drame sportif de Charles JARROTT avec Nicolas Cage, Cynthia Dale et Christopher Plummer. - Les tribulations d'un jeune Canadien qui, en 1874, devint une gloire nationale en battant les Américains dans une course d'embarcations à rames. ➜ DVD$

BOY IN STRIPPED PAJAMAS ▷4
ANG. 2008. Drame de Mark HERMAN avec Asa Butterfield, Vera Farmiga et David Thewlis. - Pendant la Deuxième Guerre mondiale en Allemagne, le fils d'un officier nazi se lie d'amitié avec un enfant juif détenu dans un camp. □ Général · Déconseillé aux jeunes enfants ➜ DVD$

BOY MEETS GIRL ▷3
FR. 1985. Drame poétique de Léos CARAX avec Denis Lavant, Mireille Perrier et Carroll Brooks. - Un apprenti cinéaste tombe amoureux d'une jeune fille désabusée de la vie et de l'amour. - Récit au romantisme écorché et ironique. Climat insolite. Mise en scène originale et moderne. □ Général

BOY WITH GREEN HAIR, THE ▷4
É.-U. 1948. Drame poétique de Joseph LOSEY avec Dean Stockwell, Pat O'Brien et Robert Ryan. - Un jeune garçon se réveille un matin avec des cheveux verts et fait face à l'intolérance. ➜ DVD$

BOY'S CHOIR ▷4
JAP. 2000. Chronique d'Akira OGATA avec Atsushi Ito, Sora Toma et Teruyuki Kagawa. - Au début des années 1970, l'amitié entre deux adolescents qui chantent ensemble dans la chorale de leur orphelinat.
➜ DVD$

BOYCOTT
IRAN 1985. Mohsen MAKHMALBAF

BOYFRIENDS AND GIRLFRIENDS
voir **Ami de mon amie, L'**

BOYNTON BEACH CLUB ▷4
É.-U. 2005. Comédie dramatique de Susan SEIDELMAN avec Dyan Cannon, Brenda Vaccaro et Joseph Bologna. - En Floride, des célibataires découvrent qu'il n'y a pas d'âge pour tomber en amour.
□ 13 ans+ ➜ DVD$

BOYS, LES ▷6
QUÉ. 1997. Comédie de Louis SAÏA avec Rémy Girard, Marc Messier et Serge Thériault. - Ayant contracté une dette de jeu, l'entraîneur d'une équipe de hockey amateur risque de tout perdre si ses joueurs ne gagnent pas un ultime match. □ 13 ans+ ➜ DVD$

BOYS II, LES ▷6
QUÉ. 1998. Comédie de Louis SAÏA avec Marc Messier, Rémy Girard et Patrick Huard. - Les tribulations des membres d'une équipe de hockey québécoise participant à un tournoi amateur en France.
□ Général ➜ DVD$

BOYS III, LES ▷5
QUÉ. 2001. Comédie de Louis SAÏA avec Rémy Girard, Alexis Martin et Marc Messier. - Un propriétaire de brasserie, entraîneur d'une équipe de hockey amateur, voit ses joueurs le déserter pour joindre la formation d'un entrepreneur qui veut le ruiner. □ Général ➜ DVD$

BOYS IV, LES ▷5
QUÉ. 2005. Comédie de George MIHALKA avec Rémy Girard, Patrick Labbé et Pierre Lebeau. - À la demande de leur entraîneur, les joueurs d'une équipe de hockey amateur effectuent un séjour en forêt afin de se préparer à un match important. □ Général ➜ DVD$

BOYS & GIRLS FROM COUNTY CLARE ▷5
[Au rythme du comté de Clare]
IRL. 2003. Comédie dramatique de John IRVIN avec Colm Meaney, Bernard Hill et Andrea Corr. - Lors d'une compétition de musique traditionnelle où leurs groupes s'affrontent, deux frères en mauvais termes en profitent pour régler leurs différends. ➜ DVD$

BOYS DON'T CRY [Garçons ne pleurent pas, Les] ▷3
É.-U. 1999. Drame de mœurs de Kimberly PEIRCE avec Hilary Swank, Chloe Sevigny et Peter Sarsgaard. - En se faisant passer pour un garçon, une jeune femme soulève la colère de jeunes délinquants. - Œuvre sincère, prenante et brutale. Grande économie dans l'écriture. Réalisation assurée. Interprétation extraordinaire de H. Swank.
□ 18 ans+ ➜ DVD$

BOYS FROM BRAZIL, THE ▷5
[Ces garçons qui venaient du Brésil]
É.-U. 1978. Drame policier de Franklin J. SCHAFFNER avec Gregory Peck, Laurence Olivier et James Mason. - Un criminel de guerre réfugié au Brésil lance une entreprise meurtrière destinée à restaurer la puissance nazie. □ 13 ans+ ➜ DVD$

BOYS FROM FENGKUEI, THE
TAÏ. 1983. Hsiao-Hsien HOU

BOYS IN THE BAND, THE ▷4
É.-U. 1970. Drame psychologique de William FRIEDKIN avec Kenneth Nelson, Cliff Gorman et Frederick Combs. - La visite inattendue d'un camarade de collège trouble la réception organisée par un homosexuel pour ses amis. □ 18 ans+ ➜ DVD$

BOYS LIFE II ▷4
E.-U. 1997. Film à sketches de Nickolas Perry, Tom DeCerchio, Mark Christopher et Peggy Rajsky avec Vincent D'Onofrio, J.D. Cerna et Brett Barsky. - Quatre histoires illustrant diverses facettes de la vie de jeunes gens gay.

BOYS LIFE III ▷4
É.-U. Film à sketches de David FOURIER, Bradley RUST GRAY, Jason GOULD, Lane JANGER, Gregory COOKE avec Jason Gould, Jason Herman, Drew Wood. - Cinq histoires montrant diverses facettes de la vie de jeunes hommes gay. ➜ DVD$

BOYS OF BARAKA, THE
É.-U. 2005. Heidi EWING, Rachel GRADY ➜ DVD$

BOYS OF ST. VINCENT, THE ▷3
[Garçons de Saint-Vincent, Les]
CAN. 1992. Drame de John N. SMITH avec Henry Czerny, Brian Dooley et Philip Dinn. - Dans un orphelinat, des religieux font face à des accusations de violence et d'attentats à la pudeur envers de jeunes garçons. - Téléfilm au sujet délicat basé sur des faits réels. Portraits nuancés et crédibles. Réalisation maîtrisée. Interprétation émouvante.
□ Général ➜ DVD$

BOYS ON THE SIDE [Pas besoin des hommes] ▷5
É.-U. 1994. Comédie sentimentale de Herbert ROSS avec Whoopi Goldberg, Mary-Louise Parker et Drew Barrymore. - Trois femmes de caractère et de provenance différente partagent une voiture pour se rendre en Californie. □ 13 ans+ ➜ DVD$

BOYS TOWN ▷4
É.-U. 1938. Drame social de Norman TAUROG avec Spencer Tracy, Mickey Rooney et Henry Hull. - Un prêtre décide de s'occuper des jeunes abandonnés et fait construire un grand établissement qu'il organise comme une cité. □ Général ➔ DVD$

BOYZ'N THE HOOD [Loi de la rue, La] ▷4
É.-U. 1991. Drame social de John SINGLETON avec Ice Cube, Cuba Gooding Jr. et Morris Chestnut. - Indigné par la violence qui sévit dans son quartier, un jeune Noir tente d'aider son entourage.
□ 13 ans+ ➔ DVD$

BRAIN, THE *voir* **Cerveau, Le**

BRAINDEAD [Dead Alive] ▷4
N.-Z. 1992. Drame d'horreur de Peter JACKSON avec Timothy Balme, Diana Penalver et Elizabeth Moody. - Un célibataire découvre que sa mère s'est transformée en une morte-vivante susceptible de contaminer tout son entourage. □ 18 ans+

BRAINSTORM ▷4
É.-U. 1983. Science-fiction de Douglas TRUMBULL avec Christopher Walken, Natalie Wood et Louise Fletcher. - Des savants mettent au point un appareil permettant de partager la pensée et les sensations d'autrui. □ 13 ans+ ➔ DVD$

BRAINWASH [Cercle du pouvoir , Le] ▷4
É.-U. 1982. Drame psychologique de Bobby ROTH avec Yvette Mimieux, Christopher Allport et Cindy Pickett. - Pour obtenir une promotion, les cadres d'une entreprise publicitaire doivent se soumettre à des sessions spéciales d'entraînement. □ 18 ans+

BRAM STOKER'S DRACULA [Dracula] ▷3
É.-U. 1992. Drame fantastique de Francis Ford COPPOLA avec Gary Oldman, Winona Ryder et Anthony Hopkins. - Un vampire jette son dévolu sur une jeune Londonienne qui ressemble à son épouse décédée il y a 400 ans. - Adaptation somptueuse et lyrique du roman de Bram Stoker. Traitement parfois chargé mais invention visuelle étonnante. Mise en scène fluide. Très bonne composition de G. Oldman. □ 16 ans+ · Érotisme ➔ DVD$ DVD-BR$

BRANDED TO KILL
JAP. 1967. Seijun SUZUKI □ 13 ans+ ➔ DVD$

BRAS DE FER ▷4
FR. 1985. Drame de guerre de Gérard VERGEZ avec Bernard Giraudeau, Christophe Malavoy et Angela Molina. - Durant la Deuxième Guerre mondiale, les relations tendues entre deux résistants qui aiment la même femme risquent de compromettre leur mission. □ Général

BRASIER, LE ▷4
FR. 1990. Drame social d'Éric BARBIER avec Maruschka Detmers, Jean-Marc Barr et Wladimir Koliarov. - En 1931, dans une ville minière, un immigré polonais tombe amoureux d'une jeune Française.
□ 13 ans+

BRASSED OFF [Cuivres et charbon] ▷3
ANG. 1996. Drame social de Mark HERMAN avec Pete Postlethwaite, Tara Fitzgerald et Ewan McGregor. - Alors qu'ils vont perdre leur emploi, des mineurs continuent tant bien que mal à faire vivre la fanfare de leur ville. - Charge corrosive contre le néolibéralisme. Remarquable ton d'authenticité. Interprétation fort crédible. □ Général ➔ DVD$

BRAVADOS, THE ▷3
É.-U. 1958. Western de Henry KING avec Gregory Peck, Joan Collins et Henry Silva. - Un rancher traque des hors-la-loi qu'il croit coupables du meurtre de sa femme. - Scénario bien construit. Belle photo. Mise en scène vigoureuse. Interprétation de qualité.

BRAVE LITTLE TOASTER, THE ▷4
[Brave Little Toaster to the Rescue, The]
É.-U. 1987. Dessins animés de Jeffrey REES. - Abandonnés depuis des années, cinq appareils ménagers se décident à retrouver leur propriétaire pour que celui-ci se remette à les utiliser. □ Général ➔ DVD$

BRAVE ONE, THE ▷4
É.-U. 2007. Drame policier de Neil JORDAN avec Jodie Foster, Terrence Howard et Naveen Andrews - Victime d'une agression ayant causé la mort de son fiancé, une animatrice de radio se procure une arme et décide de se faire elle-même justice.
□ 13 ans+ · Violence ➔ DVD-BR$ DVD$

BRAVEHEART [Cœur vaillant] ▷4
É.-U. 1995. Drame historique réalisé et interprété par Mel GIBSON avec Sophie Marceau et Patrick McGoohan. - Au XIIIe siècle, l'Écossais William Wallace se soulève contre le roi d'Angleterre afin d'obtenir l'indépendance de son pays. □ 16 ans+ · Violence ➔ DVD$

BRAVOURE ET LE MÉPRIS, LA *voir* **Valour and the Horror**

BRAZIL ►1
ANG. 1984. Science-fiction de Terry GILLIAM avec Jonathan Pryce, Kim Greist et Robert De Niro. - Dans un monde totalitaire, un fonctionnaire croit reconnaître la belle de ses rêves en la personne d'une conductrice de camions. - Version burlesque et parfois surréaliste du 1984 de G. Orwell. Imagination furibonde. Mélange extrêmement original d'humour satirique, de romantisme et de critique sociale. Effets visuels extravagants. Interprétation impressionnante. □ Général ➔ DVD$

BREACH [Brèche] ▷3
É.-U. 2007. Drame d'espionnage de Billy RAY avec Chris Cooper, Ryan Phillippe et Laura Linney. - Une jeune recrue du FBI participe à une enquête interne visant l'arrestation d'un vétéran du contre-espionnage soupçonné de trahison. - Récit captivant tiré d'un fait véridique. Réflexion profonde sur le mensonge et la trahison. Réalisation soignée et tendue. Excellente distribution. C. Cooper solide. ➔ DVD$

BREAD AND CHOCOLATE *voir* **Pain et chocolat**

BREAD AND ROSES [Du pain et des roses] ▷4
ANG. 2000. Drame social de Ken LOACH avec Pilar Padilla, Adrien Brody et Elpidia Carrillo. - Concierge dans une tour de Los Angeles, une immigrante illégale mexicaine se joint à la lutte pour de meilleures conditions de travail. □ Général · Déconseillé aux jeunes enfants

BREAD AND TULIPS *voir* **Pain, tulipes et comédie**

BREAD, LOVE AND DREAMS *voir* **Pain, amour et fantaisie**

BREAKER MORANT ▷3
AUS. 1980. Drame de guerre de Bruce BERESFORD avec Edward Woodward, Jack Thompson et John Waters. - Pendant la guerre des Boers, trois officiers australiens sont traduits en cour martiale pour avoir exécuté des prisonniers. - Scénario inspiré d'une affaire authentique. Judicieux retours en arrière. Mise en scène solide. Intérêt soutenu. Interprétation convaincue. □ Général ➔ DVD$ DVD-BR$

BREAKFAST AT TIFFANY'S [Diamants sur canapés] ▷3
É.-U. 1961. Comédie de Blake EDWARDS avec Audrey Hepburn, George Peppard et Mickey Rooney. - Un écrivain s'intéresse à une voisine excentrique. - Adaptation d'un roman de Truman Capote. Thème plutôt artificiel. Mise en scène pleine de brio. A. Hepburn charmante.
□ Général ➔ DVD$

BREAKFAST CLUB, THE ▷4
É.-U. 1985. Comédie dramatique de John HUGHES avec Judd Nelson, Molly Ringwald et Emilio Estevez. - Cinq adolescents qui doivent passer un samedi en retenue dans leur école secondaire échangent des confidences. □ Général ➔ DVD$

BREAKFAST OF CHAMPIONS ▷5
É.-U. 1999. Comédie fantaisiste d'Alan RUDOLPH avec Bruce Willis, Albert Finney et Nick Nolte. - Un vendeur d'autos en pleine crise existentielle croit pouvoir redonner un sens à sa vie en rencontrant un romancier réputé.

BREAKFAST ON PLUTO ▷3
IRL. 2005. Comédie dramatique de Neil JORDAN avec Cillian Murphy, Liam Neeson et Ruth Negga. - Dans les années 1970, un jeune travesti irlandais part pour Londres afin d'y retrouver sa mère qu'il n'a jamais connue. - Adaptation pimpante d'un roman de Patrick McCabe. Sujet grave traité avec légèreté et humour noir. Réalisation fantaisiste. Interprétation attachante de C. Murphy. □ 13 ans+ ➔ DVD$

BREAKHEART PASS [Solitaire de fort Humboldt, Le] ▷4
É.-U. 1975. Western de Tom GRIES avec Charles Bronson, Richard Crenna et Ben Johnson. - D'étranges incidents et quelques meurtres se produisent sur un train militaire se dirigeant vers un fort isolé.
➔ DVD$

BREAKING AND ENTERING ▷4
ANG. 2006. Drame psychologique d'Anthony MINGHELLA avec Jude Law, Juliette Binoche et Robin Wright Penn. - À Londres, un vol par effraction amène un architecte paysagiste à faire le point sur sa vie affective. □ 13 ans+ ➔ DVD$

BREAKING AWAY ▷4
É.-U. 1979. Comédie de mœurs de Peter YATES avec Paul Dooley, Dennis Christopher et Barbara Barrie. - Un adolescent, admirateur des coureurs cyclistes italiens, s'efforce d'adopter leur manière de vivre.
□ Général ➔ DVD$

BREAKING IN ▷4
É.-U. 1989. Comédie de Bill FORSYTH avec Burt Reynolds, Casey Siemaszko et Sheila Kelley. - Un cambrioleur d'expérience initie un jeune homme impulsif et irréfléchi aux trucs du métier. ➔ DVD$

BREAKING NEWS
H.-K. 2004. Johnny TO ➔ DVD$

BREAKING THE WAVES *voir* **Amour est un pouvoir sacré, L'**

BREATH OF SCANDAL, A [Scandale à la cour] ▷5
ITA. 1960. Comédie de Michael CURTIZ avec Sophia Loren, Maurice Chevalier et John Gavin. - Au début du siècle, une princesse autrichienne met la cour en émoi par suite d'une aventure avec un Américain. □ Général ➔ DVD$

BREATHLESS ▷4
É.-U. 1983. Drame de mœurs de Jim McBRIDE avec Richard Gere, Valérie Kaprisky et William Tepper. - Un jeune vaurien, poursuivi par la police pour meurtre, entraîne dans son aventure une amie française. □ 13 ans+ ➔ DVD$

BREATHLESS *voir* **À bout de souffle**

BRÈCHE *voir* **Breach**

BRÈVE HISTOIRE DU TEMPS, UNE
voir **Brief History of Time, A**

BRÈVE RENCONTRE *voir* **Brief Encounter**

BRÈVE TRAVERSÉE [Brief Crossing]
FR. 2001. Catherine BREILLAT

BREWSTER McCLOUD ▷4
É.-U. 1970. Comédie fantaisiste de Robert ALTMAN avec Bud Cort, Sally Kellerman et Michael Murphy. - Un jeune homme tente de fuir la police à l'aide d'une machine volante de son invention. □ 13 ans+

BRIAN'S SONG ▷4
É.-U. 1971. Drame de Buzz KULIK avec James Caan, Billy Dee Williams et Jack Warden. - L'amitié née entre deux joueurs de football est mise à l'épreuve par la grave maladie de l'un d'eux. □ Général ➔ DVD$

BRICE DE NICE ▷5
FR. 2005. Comédie de James HUTH avec Jean Dujardin, Clovis Cornillac et Élodie Bouchez. - Évadé de Nice, un hurluberlu un peu niais s'inscrit bien malgré lui à une compétition de surf à Biarritz. ➔ DVD$

BRICK ▷4
É.-U. 2005. Drame policier de Rian Johnson avec Joseph Gordon-Levitt, Lukas Haas et Nora Zehetner. - Un adolescent infiltre la bande de trafiquants de drogue de son école secondaire pour découvrir le meurtrier de son ex-petite amie. □ 13 ans+ · Violence ➔ DVD$

BRICK LANE ▷4
ANG. 2007. Drame psychologique de Sarah GAVRON avec Tannishtha Chatterjee, Satish Kaushik et Christopher Simpson. - Dans un quartier multiethnique de Londres, l'émancipation inattendue d'une mère de famille originaire du Bangladesh. □ Général ➔ DVD$

BRIDE AND PREJUDICE [Coup de foudre à Bollywood] ▷4
ANG. 2004. Comédie musicale de Gurinder CHADHA avec Aishwarya Rai, Martin Henderson et Daniel Gillies. - La fille d'un fermier indien résiste aux avances d'un riche Américain qu'elle juge arrogant et malhonnête. □ Général ➔ DVD$

BRIDE CAME C.O.D., THE ▷4
É.-U. 1941. Comédie de William KEIGHLEY avec Bette Davis, James Cagney et Eugene Pallette. - Un aviateur s'engage à ramener à son père une jeune fille riche qui s'est enfuie pour se marier. ➔ DVD$

BRIDE OF FRANKENSTEIN, THE ►2
É.-U. 1935. Drame d'horreur de James WHALE avec Boris Karloff, Colin Clive et Elsa Lanchester. - Un savant fabrique une compagne au monstre composite qu'il a créé. - Suite de «Frankenstein». Photographie et décors étonnants. Mise en scène inventive. Touches d'humour insolites. Interprétation savoureuse. □ Général

BRIDE WITH WHITE HAIR II, THE ▷4
H.-K. 1993. Drame fantastique de Ronny YU et David WU avec Christy Chung, Leslie Cheung et Brigitte Lin. - Un guerrier entre en lutte avec une sorcière qui a kidnappé sa jeune épouse. ➔ DVD$

BRIDE WITH WHITE HAIR, THE ▷3
H.-K. 1993. Drame fantastique de Ronny YU avec Brigitte Lin, Leslie Cheung et Ng Chun-yu. - L'amour impossible entre un jeune guerrier fougueux et une mystérieuse sorcière qui appartiennent chacun à des clans rivaux. - Mélange flamboyant de romantisme échevelé et de combats d'arts martiaux époustouflants. Grande splendeur visuelle. Interprétation stylisée. □ 13 ans+ · Violence ➔ DVD$

BRIDE, THE [Promise, La] ▷4
ANG. 1985. Drame fantastique de Franc RODDAM avec Sting, Jennifer Beals et Clancy Brown. - Le baron Frankenstein donne vie à une femme composite promise à un monstre qu'il a créé. □ 13 ans+

BRIDES OF DRACULA, THE ▷4
ANG. 1960. Drame d'horreur de Terence FISHER avec Peter Cushing, Yvonne Monlaur et David Peel. - Une institutrice en voyage dans les Balkans tombe sous l'emprise d'un vampire. □ Général

BRIDES OF FU MANCHU, THE ▷4
ANG. 1966. Aventures de Don SHARP avec Christopher Lee, Douglas Wilmer et Marie Versini. - Un criminel retient en otage des jeunes filles apparentées à des savants dont il veut obtenir l'aide. □ Général

BRIDESHEAD REVISITED ▷4
ANG. 2008. Chronique de Julian JARROLD avec Matthew Goode, Ben Whishaw et Hayley Atwell. - Un jeune Anglais athée d'origines modestes noue une amitié particulière avec un frère et une sœur issus d'une noble famille catholique. □ Général ➔ DVD$

BRIDESMAID, THE *voir* **Demoiselle d'honneur, La**

BRIDGE ON THE RIVER KWAI, THE ►2
[Pont sur la Rivière Kwai, Le]
ANG. 1957. Drame de guerre de David LEAN avec Alec Guinness, William Holden et Jack Hawkins. - Des prisonniers de guerre anglais sont forcés par les Japonais de construire un pont dans la jungle. - Scénario d'une rigueur dramatique admirable. Étude psychologique prenante. Mise en scène remarquable. Interprétation de grande classe. □ Général ➔ DVD$

BRIDGE TO TERABITHIA [Pont de Terabithia, Le] ▷4
É.-U. 2007. Drame fantastique de Gabor CSUPO avec Josh Hutcherson, AnnaSophia Robb et Robert Patrick. Un garçon et une fille rejetés par leurs camarades de classe s'évadent dans le royaume merveilleux qu'ils ont imaginé. □ Général ➔ DVD$ DVD-BR$

BRIDGE TOO FAR, A ▷4
ANG. 1977. Drame de guerre de Richard ATTENBOROUGH avec Sean Connery, Anthony Hopkins et Michael Caine. - En novembre 1944, les forces alliées tentent de s'emparer de cinq ponts sur le Rhin. □ Général ➔ DVD-BR$ DVD$

BRIDGE, THE *voir* **Un pont entre deux rives**

BRIDGES AT TOKO-RI, THE ▷4
É.-U. 1954. Drame de guerre de Mark ROBSON avec William Holden, Grace Kelly et Fredric March. - La vie des aviateurs attachés à un porte-avions pendant la guerre de Corée. ➔ DVD$

BRIDGES OF MADISON COUNTY, THE ▷3
[Sur la route de Madison]
É.-U. 1995. Drame sentimental réalisé et interprété par Clint EASTWOOD avec Meryl Streep et Annie Corley. - Durant une absence des siens, une mère de famille habitant la campagne vit une intense passion amoureuse avec un photographe. - Brève et déchirante histoire d'amour. Traitement simple et serein. Belle complicité des deux vedettes au sommet de leur forme. □ Général ➔ DVD$

BRIDGET JONES'S DIARY ▷4
[Journal de Bridget Jones, Le]
É.-U. 2001. Comédie sentimentale de Sharon MAGUIRE avec Renée Zellweger, Colin Firth et Hugh Grant. - Les tribulations sentimentales et professionnelles d'une jeune Londonienne qui a le don de se mettre dans l'embarras. □ Général · Déconseillé aux jeunes enfants ➔ DVD$

BRIEF CROSSING *voir* **Brève traversée**

BRIEF ENCOUNTER [Brève rencontre] ►2
ANG. 1946. Drame psychologique de David LEAN avec Celia Johnson, Trevor Howard et Stanley Holloway. - Une femme mariée s'attache à un médecin avec qui elle a des rencontres hebdomadaires. - Film intimiste de qualité tiré d'une pièce de Noel Coward. Réalisation d'une finesse remarquable. Interprétation sobre et sensible. ➔ DVD$

BRIEF ENCOUNTER ▷4
É.-U. 1974. Drame sentimental d'Alan BRIDGES avec Sophia Loren, Richard Burton et Jack Hedley. - Une femme mariée rencontre chaque semaine un médecin dont elle est éprise.

BRIEF VACATION, A
ITA. 1976. Vittorio DE SICA ➔ DVD$

BRIGADE DU DIABLE, LA *voir* **Devil's Brigade, The**

BRIGADES DU TIGRE, LES ▷4
FR. 2006. Drame policier de Jérôme CORNUAU avec Clovis Cornillac, Diane Kruger et Édouard Baer. - En 1912, un commissaire parisien et son équipe tentent d'épingler un anarchiste qui a mis la main sur un document susceptible de briser l'amitié franco-russe. ➔ DVD$

BRIGADOON ▷4
É.-U. 1953. Comédie musicale de Vincente MINNELLI avec Gene Kelly, Van Johnson et Cyd Charisse. - Deux Américains chassant en Écosse pénètrent dans un village fantôme et assistent à la célébration d'une noce. □ Général ➔ DVD$

BRIGAND BIEN-AIMÉ, LE
voir **True story of Jesse James, The**

BRIGANDS: CHAPITRE VII [Brigands: Chapter VII]
FR. 1996. Otar IOSSELIANI ➔ DVD$

BRIGHT YOUNG THINGS ▷4
ANG. 2003. Comédie de mœurs de Stephen FRY avec Stephen Campbell Moore, Emily Mortimer et James McAvoy. - À la fin des années 1930, les frasques en tous genres d'un jeune viveur de la bonne société anglaise et de son groupe d'amis.

BRIGHTON BEACH MEMOIRS ▷4
[Mémoires de Brighton Beach]
É.-U. 1986. Comédie de mœurs de Gene SAKS avec Blythe Danner, Jonathan Silverman et Judith Ivey. - Un adolescent juif qui rêve de devenir écrivain décrit les tribulations de sa famille à Brooklyn en 1937. □ Général ➔ DVD$

BRILLANTINE *voir* **Grease**

BRIMSTONE & TREACLE [Malotru, Le] ▷4
ANG. 1982. Drame de mœurs de Richard LONCRAINE avec Sting, Denholm Elliott et Joan Plowright. - Un jeune homme étrange s'impose à un couple d'âge mûr dont la fille est devenue paraplégique après un accident. □ 13 ans+

BRING ME THE HEAD OF ALFREDO GARCIA ▷4
É.-U. 1974. Aventures de Sam PECKINPAH avec Warren Oates, Isela Vega et Emilio Fernandez. - Un riche Mexicain offre une forte récompense à qui lui rapportera la tête du séducteur de sa fille. □ 18 ans+ ➔ DVD$

BRINGING OUT THE DEAD [Ressusciter les morts] ▷3
É.-U. 1999. Drame psychologique de Martin SCORSESE avec Nicolas Cage, Patricia Arquette et Ving Rhames. - L'existence d'un ambulancier new-yorkais est bouleversée en cinquante-six heures. - Écriture riche et complexe. Invention visuelle constamment renouvelée. Humour caustique. Jeu étonnamment retenu de N. Cage. □ 13 ans+ · Violence ➔ DVD$

BRINGING UP BABY ►2
É.-U. 1938. Comédie de Howard HAWKS avec Katharine Hepburn, Cary Grant et Charles Ruggles. - Les mésaventures d'un paléontologiste, d'une héritière excentrique et d'un léopard apprivoisé. - Exemple type de la comédie américaine d'avant-guerre. Mise en scène remarquablement alerte. Drôlerie constante. Direction d'acteurs impeccable. □ Général ➔ DVD$

BRINK OF LIFE ▷3
SUÈ. 1957. Drame psychologique de Ingmar BERGMAN avec Eva Dahlbeck, Ingrid Thulin et Bibi Andersson. - Trois jeunes femmes partagent la même chambre dans une clinique de maternité. - Œuvre rigoureuse et dépouillée. Images simples et belles. Psychologie pénétrante. Interprétation excellente.

BRINK'S JOB, THE [Têtes vides cherchent coffre plein] ▷4
É.-U. 1978. Comédie policière de William FRIEDKIN avec Peter Falk, Peter Boyle et Allen Goorwitz (Garfield). - À la fin des années 40, une bande de truands minables réussit un vol important à l'agence de sécurité Brink. □ Général

BRISBY ET LE SECRET DE NIMH
voir **Secret of Nimh, The**

BRITANNIA HOSPITAL ▷3
ANG. 1982. Comédie satirique de Lindsay ANDERSON avec Graham Crowden, Leonard Rossiter et Malcolm McDowell. - Des incidents bizarres compliquent la célébration du cinq-centième anniversaire d'un hôpital londonien. - Caricature virulente. Humour un peu lourd mais efficace. Réalisation enlevée. Interprétation joyeusement outrée. □ Général ➔ DVD$

BROADCAST NEWS ▷4
É.-U. 1987. Comédie sentimentale de James L. BROOKS avec Holly Hunter, William Hurt et Albert Brooks. - Une relation amoureuse se développe entre une réalisatrice de télévision et un commentateur sportif aux caractères très opposés. □ Général ➔ DVD$

BROADWAY BILL ▷4
É.-U. 1934. Comédie de Frank CAPRA avec Warner Baxter, Myrna Loy et Walter Connelly. - Les difficultés rencontrées par le propriétaire d'un cheval de course à l'avenir prometteur. □ Général ➔ DVD$

BROADWAY DANNY ROSE ▷3
É.-U. 1984. Comédie réalisée et interprétée par Woody ALLEN avec Mia Farrow et Nick Apollo Forte. - Réunis dans un restaurant, quelques comédiens évoquent les aventures survenues à Danny Rose, un impresario de seconde zone. - Hommage amusé au monde du showbiz new-yorkais. Œuvre modeste mais sympathique jouant sur l'absurde. Mise en scène adroite. Interprétation insolite de M. Farrow. □ Général ➔ DVD$

BROADWAY MELODY OF 1936 ▷4
É.-U. 1935. Comédie musicale de Roy DEL RUTH avec Jack Benny, Eleanor Powell et Robert Taylor. - Un journaliste spécialisé dans les potins cherche noise à un producteur de théâtre. □ Général

BROADWAY MELODY OF 1938 ▷4
É.-U. 1937. Comédie musicale de Roy DEL RUTH avec Robert Taylor, Eleanor Powell et George Murphy. - Une jeune danseuse propriétaire d'un cheval de course espère pouvoir commanditer un spectacle. □ Général

BROADWAY MELODY OF 1940 ▷4
É.-U. 1940. Comédie musicale de Norman TAUROG avec Fred Astaire, Eleanor Powell et George Murphy. - Un malentendu risque de briser l'amitié de deux danseurs de music-hall. □ Général ➔ DVD$

BRODEUSES ▷4
FR. 2004. Drame psychologique d'Éléonore FAUCHER avec Ariane Ascaride, Lola Naymark et Thomas Laroppe. - Une adolescente cherchant à cacher une grossesse non désirée se rapproche d'une brodeuse professionnelle qui vient de perdre son fils. ➔ DVD$

BROKEBACK MOUNTAIN ►2
[Souvenirs de Brokeback Mountain]
É.-U. 2005. Drame sentimental d'Ang LEE avec Heath Ledger, Jake Gyllenhaal et Michelle Williams. - Sur une période de plusieurs années, deux cow-boys mariés vivent secrètement une dévorante passion amoureuse. - Adaptation émouvante de la nouvelle d'Annie Proulx. Personnages dessinés avec finesse et authenticité. Mise en scène à la fois expressive et sobre. Interprétation excellente. □ 13 ans+ ➔ DVD-BR$ DVD$

BROKEN ARROW [Code: Broken Arrow] ▷4
É.-U. 1996. Aventures de John WOO avec John Travolta, Christian Slater et Samantha Mathis. - Un pilote de l'armée de l'air s'empare de deux missiles nucléaires qu'il menace de faire sauter. □ 16 ans+ · Violence ➔ DVD-BR$ DVD$

BROKEN ARROW [Flèche brisée, La] ▷3
É.-U. 1950. Western de Delmer DAVES avec James Stewart, Jeff Chandler et Debra Paget. - Un ancien officier tente d'amener les Apaches et les Blancs à faire la paix. - Fort bon western à caractère documentaire. Traitement sympathique aux Amérindiens. Réalisation soignée. Interprétation de qualité. ➔ DVD$

BROKEN BLOSSOMS [Lys brisé, Le] ►1
É.-U. 1919. Mélodrame de D.W. GRIFFITH avec Lillian Gish, Richard Barthelmess et Donald Crisp. - Un Chinois prend sous sa protection une adolescente maltraitée par son père. - Thème modeste rehaussé par une mise en scène inventive. Exemple éloquent du style d'un pionnier du cinéma. Interprétation touchante. □ Général ➔ DVD$

BROKEN FLOWERS [Fleurs brisées] ▷3
É.-U. 2005. Comédie dramatique de Jim JARMUSCH avec Bill Murray, Jeffrey Wright et Sharon Stone. - Un célibataire endurci recherche quatre de ses anciennes flammes afin de découvrir la mère d'un fils qu'il n'a jamais connu. - Œuvre existentialiste dénuée de toute forme d'idéalisme. Rythme d'une lenteur étudiée. Réalisation épurée. Jeu hyper-décontracté de la vedette. □ Général ➔ DVD$

BROKEN LANCE [Lance brisée, La] ▷3
É.-U. 1953. Western d'Edward DMYTRYK avec Spencer Tracy, Richard Widmark et Robert Wagner. - Un rancher puissant régit son domaine en despote et s'aliène l'affection de ses fils. - Excellente étude psychologique. Réalisation vigoureuse. Interprètes de talent. ➜ DVD $

BROKEN SILENCE *voir* **Silencio Roto**

BRONCO BILLY ▷5
É.-U. 1980. Comédie réalisée et interprétée par Clint EASTWOOD avec Sondra Locke et Geoffrey Lewis. - Le directeur d'un spectacle ambulant engage une jeune femme sans savoir qu'il s'agit d'une riche héritière. ➜ DVD $

BRONX TALE, A [Histoire du Bronx, Une] ▷4
É.-U. 1993. Drame de mœurs réalisé et interprété par Robert DE NIRO avec Lillo Brancato et Chazz Palminteri. - Élevé par un honnête chauffeur d'autobus, un garçon du Bronx entretient pourtant des liens d'amitié avec un mafioso local. □ 13 ans+ · Langage vulgaire

BRONZÉS, LES ▷5
FR. 1978. Comédie satirique de Patrice LECONTE avec Gérard Jugnot, Dominique Lavanant et Michel Blanc. - Les mésaventures d'estivants dans un club de vacances. □ Général ➜ DVD $

BRONZÉS FONT DU SKI, LES ▷5
FR. 1979. Comédie de Patrice LECONTE avec Michel Blanc, Gérard Jugnot et Thierry Lhermitte. - Les mésaventures d'un petit groupe d'amis dans une station de sports d'hiver. □ Général ➜ DVD $

BRONZÉS 3, LES ▷5
FR. 2005. Comédie de Patrice LECONTE avec Christian Clavier, Thierry Lhermitte et Marie-Anne Chazel. - Les retrouvailles catastrophiques d'un vieux groupe d'amis dans un hôtel de luxe en Sardaigne tenu par l'un d'entre eux. □ Général · Déconseillé aux jeunes enfants ➜ DVD $

BROOD, THE [Clinique de la terreur, La] ▷5
CAN. 1979. Drame d'horreur de David CRONENBERG avec Art Hindle, Oliver Reed et Samantha Eggar. - Un jeune homme découvre qu'un lien existe entre une série d'événements horribles et les traitements psychiatriques que subit sa femme. □ 18 ans+

BROTHER ▷4
RUS. 1997. Drame de mœurs d'Alexei BALABANOV avec Sergei Bodrov Jr., Viktor Sukhoroukov et Svetlana Pismitchenko. - Après son service militaire, un jeune Russe devient l'assistant de son frère, qui est tueur professionnel à Saint-Pétersbourg. □ 13 ans+ ➜ DVD $

BROTHER [Aniki mon frère] ▷4
JAP. 2000. Thriller de Takeshi KITANO avec Beat Takeshi, Omar Epps et Claude Maki. - Un yakusa en exil provoque une guerre de clans mafieux à Los Angeles. ➜ DVD $

BROTHER FROM ANOTHER PLANET, THE ▷4
[Mon frère venu d'ailleurs]
É.-U. 1984. Science-fiction de John SAYLES avec Joe Morton, Tom Wright et Ren Woods. - Après l'écrasement de son appareil près de New York, un extraterrestre qui a l'apparence d'un homme de couleur tente d'échapper à des chasseurs de primes. □ Général ➜ DVD $

BROTHER OF SLEEP ▷4
ALL. 1995. Drame psychologique réalisé par Joseph VILSMAIER avec Andre Eisermann, Dana Vavrova et Ben Becker. - Dans un village des Alpes au XIXe siècle, un prodige musical suscite des passions violentes chez un jeune homme et la sœur de celui-ci. □ 13 ans+

BROTHER ORCHID ▷4
É.-U. 1940. Comédie policière de Lloyd BACON avec Edward G. Robinson, Humphrey Bogart et Ann Sothern. - Un gangster blessé est accueilli dans un monastère où il prend goût à la vie calme des moines. ➜ DVD $

BROTHER SUN, SISTER MOON
voir **François et le chemin du soleil**

BROTHER TO BROTHER ▷4
É.-U. 2004. Drame de Rodney EVANS avec Anthony Mackie, Roger Robinson et Daniel Sunjata. - Rejeté par les siens, un jeune peintre noir et gay apprend que dans les années 1930, un groupe d'artistes de Harlem subissait le même genre de persécutions. ➜ DVD $

BROTHERHOOD OF SATAN ▷4
É.-U. 1971. Drame d'horreur de Bernard McEVEETY avec Strother Martin, L.Q. Jones et Charles Bateman. - Un jeune veuf, sa fillette et sa fiancée sont bloqués dans un village par une force mystérieuse. □ 13 ans+

BROTHERHOOD, THE ▷3
É.-U. 1968. Drame de Martin RITT avec Kirk Douglas, Alex Cord et Irene Papas. - Deux frères mêlés aux affaires d'un syndicat du crime en viennent à s'opposer. - Peinture intéressante du monde de la mafia. Personnages bien analysés. Réalisation vigoureuse. K. Douglas excellent. □ Général ➜ DVD $

BROTHERS [Frères] ▷4
DAN. 2004. Drame psychologique de Susanne BIER avec Connie Nielsen, Nikolaj Lie Kaas et Ulrich Thomsen. - De retour d'une mission traumatisante en Afghanistan, un militaire soupçonne son frère cadet d'avoir eu une liaison avec son épouse. □ 13 ans+ ➜ DVD $

BROTHERS GRIMM [Frères Grimm, Les] ▷4
ANG. 2005. Conte de Terry GILLIAM avec Matt Damon, Heath Ledger et Peter Stormare. - En 1796, deux soi-disant spécialistes en sorcellerie doivent percer le mystère d'une forêt hantée où ont disparu plusieurs fillettes. □ Général · Déconseillé aux jeunes enfants ➜ DVD $ DVD-BR $

BROTHERS KARAMAZOV, THE ▷4
É.-U. 1958. Drame de Richard BROOKS avec Yul Brynner, Lee J. Cobb et Maria Schell. - Les quatre frères Karamazov sont en lutte avec leur père, homme cynique et débauché. □ Général

BROTHERS OF THE HEAD ▷4
ANG. 2006. Comédie satirique de Keith FULTON et Louis PEPE avec Harry Treadaway, Luke Treadaway et Bryan Dick. - Évocation de la carrière de rockeurs de deux frères siamois, dans les années 1970, par ceux qui les ont connus ➜ DVD $

BROUILLARD, LE *voir* **Fog, The**

BROWN BUNNY ▷4
É.-U. 2003. Drame psychologique réalisé et interprété par Vincent GALLO avec Chloë Sevigny et Cheryl Tiegs. - Un pilote de moto de course se rend de la Nouvelle-Angleterre à la Californie dans l'espoir de renouer avec son amour perdu.

BROWNING VERSION, THE ▷3
ANG. 1951. Drame psychologique d'Anthony ASQUITH avec Michael Redgrave, Nigel Patrick et Jean Kent. - Un élève découvre la sensibilité d'un professeur qui passe pour être détestable. - Adaptation d'une pièce de Terence Rattigan. Construction dramatique solide. Subtile étude psychologique. Photo d'une beauté austère. Excellents interprètes. □ Général ➜ DVD $

BRUBAKER ▷3
É.-U. 1980. Drame social de Stuart ROSENBERG avec Robert Redford, Yaphet Kotto et Tim McIntire. - Le nouveau directeur d'une ferme pénitentiaire lutte contre les abus qui y ont cours. - Scénario inspiré d'un fait vécu. Description âpre et réaliste du milieu. Mise en scène habile. Interprétation convaincue de R. Redford. □ 13 ans+ ➜ DVD $

BRUCE LEE: DOUBLE DRAGON
É.-U. DIVERS ➜ DVD $

BRUISER ▷5
É.-U. 2000. Thriller de George A. ROMERO avec Jason Flemyng, Peter Stormare et Leslie Hope. - Se réveillant un matin sans visage, un homme laisse s'exprimer son désir de vengeance contre ceux et celles qui l'ont trompé ou humilié.

BRÛLURE, LA *voir* **Heartburn**

BRUNANTE, LA ▷4
QUÉ 2007. Comédie dramatique de Fernand DANSEREAU avec Monique Mercure, Suzanne Clément et Patrick Labbé. - Frappée par la maladie d'Alzheimer, une femme convainc une jeune chanteuse paumée de l'aider à revoir des gens et des endroits qu'elle a aimés. □ Général ➜ DVD $

BRUNE BRÛLANTE, UNE *voir* **Rally 'Round the Flag, Boys**

BRÜNO
É.-U. 2009. Larry CHARLES

BRUTE FORCE ▷3
E.-U. 1946. Drame de J. DASSIN avec Burt Lancaster, Hume Cronyn et Charles Bickford. - Plusieurs intrigues se nouent dans la prison de Westgate où gronde la révolte. - Intensité dramatique rigoureuse. Mise en scène d'une forte puissance visuelle. Interprétation solide. □ Général

BRUTE, THE *voir* **Enjôleuse, L'**

BUBBLE ▷4
É.-U. 2005. Drame de mœurs de Steven SODERBERGH avec Debbie Doebereiner, Dustin James Ashley et Misty Wilkins. - L'arrivée d'une nouvelle employée dans une usine de poupées de l'Ohio chambarde la vie de deux de ses collègues. ➜ DVD$

BUBBLE, THE ▷3
ISR. 2006. Drame sentimental d'Eytan FOX avec Ohad Knoller, Yousef Joe Sweid et Daniela Wircer. - À Tel Aviv, les tribulations sentimentales de quatre jeunes gens, Juifs et Arabes, gays et hétérosexuels. - Fascinante peinture de mœurs. Contexte politique judicieusement utilisé. Réalisation inventive et maîtrisée. Interprétation très naturelle. ➜ DVD$

BUCCANEER SOUL
BRÉ. 1993. Carlos REICHENBACH

BÛCHE, LA ▷5
FR. 1999. Comédie de mœurs de Danièle THOMPSON avec Sabine Azéma, Charlotte Gainsbourg et Emmanuelle Béart. - Les tribulations affectives des membres d'une famille parisienne d'origine russe, à quelques jours de Noël.

BÛCHER DES VANITÉS, LE *voir* **Bonfire of the Vanities, The**

BUCK AND THE PREACHER [Buck et son complice] ▷4
É.-U. 1971. Western réalisé et interprété par Sidney POITIER avec Harry Belafonte et Ruby Dee. - Après la guerre de Sécession, d'anciens esclaves noirs tentent, malgré des mercenaires, de se rendre au Colorado pour s'y établir. □ Général ➜ DVD$

BUCK ET SON COMPLICE *voir* **Buck and the Preacher**

BUCKET LIST, THE ▷5
É.-U. 2007. Comédie dramatique de Rob REINER avec Jack Nicholson, Morgan Freeman et Sean Hayes. - Avant de mourir, un millionnaire excentrique et un mécanicien afro-américain, tous deux atteints d'un cancer, décident de faire une virée autour du monde. □ Général ➜ DVD$ DVD-BR$

BUDAPEST TALES
HON. 1976. Istvan SZABO

BUDDY ▷4
NOR. 2003. Comédie de mœurs de Morten TYLDUM avec Nicolai Cleve Broch, Aksel Hennie et Anders Baasmo Christiansen. - À Oslo, les vies de trois jeunes hommes sont transformées lorsque le journal intime filmé de l'un d'eux se retrouve entre les mains de producteurs de télévision. ➜ DVD$

BUDDY BUDDY [Casse-pied, Le] ▷5
É.-U. 1981. Comédie de Billy WILDER avec Jack Lemmon, Walter Matthau et Paula Prentiss. - Un tueur à gages est dérangé dans ses occupations par un voisin suicidaire qui s'accroche à lui. □ 13 ans+

BUDDY HOLLY STORY, THE ▷4
[Histoire de Buddy Holly, L']
É.-U. 1978. Drame biographique de Steve RASH avec Gary Busey, Don Stroud et Charles Martin Smith. - Évocation de la carrière d'un jeune chanteur rock mort prématurément à la fin des années 50. □ Général ➜ DVD$

BUFFALO 66 ▷4
É.-U. 1998. Comédie dramatique réalisée et interprétée par Vincent GALLO avec Christina Ricci et Anjelica Huston. - À sa sortie de prison, un jeune homme kidnappe une jeune fille qu'il présente comme sa femme à ses parents. □ 13 ans+ ➜ DVD$

BUFFALO BILL ▷4
É.-U. 1944. Drame biographique de William A. WELLMAN avec Joel McCrea, Maureen O'Hara et Linda Darnell. - La vie du colonel William Cody, surnommé Buffalo Bill. ➜ DVD$

BUFFALO BILL AND THE INDIANS ▷3
É.-U. 1976. Comédie satirique de Robert ALTMAN avec Paul Newman, Joel Grey et Frank Kaquitts. - Profitant de sa réputation de héros, Buffalo Bill exploite un spectacle de cirque évoquant la conquête de l'Ouest. - Exploration des relations entre le spectacle et la réalité. Personnages caricaturés. □ Général ➜ DVD$

BUFFALO SOLDIERS [Soldats sans bataille] ▷4
ANG. 2001. Comédie dramatique de Gregor JORDAN avec Joaquin Phoenix, Ed Harris et Scott Glenn. - En 1989, dans une base militaire américaine en Allemagne de l'Ouest, un soldat magouilleur est soumis à la tyrannie d'un sergent chargé de rétablir l'ordre □ 13 ans+ ➜ DVD$

BUFFET FROID ▷3
FR. 1979. Comédie satirique de Bertrand BLIER avec Gérard Depardieu, Bernard Blier et Jean Carmet. - D'étranges relations s'établissent entre un chômeur, un policier et un étrangleur. - Intrigue apparentée au théâtre de l'absurde. Situations insolites et confrontations surprenantes. □ Général

BUG ▷4
É.-U. 2006. Drame psychologique de William FRIEDKIN avec Ashley Judd, Michael Shannon et Lynn Collins. - Dans une chambre de motel, une serveuse paumée est entraînée dans le délire paranoïaque de son nouveau petit ami. ➜ DVD$

BUG'S LIFE, A [Vie de bestiole, Une] ▷3
É.-U. 1998. Dessins animés de John LASSETER et Andrew STANTON. - Une fourmi fait appel à une troupe de bestioles acrobates pour défendre sa colonie contre des sauterelles. - Univers fantaisiste aux couleurs éclatantes. Scénario inspiré des Sept Samouraïs de Kurosawa. Conception visuelle ingénieuse. Réalisation souple et inventive. □ Général ➜ DVD-BR$ DVD$

BUGSY [Bugsy - Extended Cut] ▷4
É.-U. 1991. Drame de mœurs de Barry LEVINSON avec Warren Beatty, Annette Bening et Harvey Keitel. - Fasciné par Hollywood et amoureux d'une starlette, un mafioso sans scrupules rêve de construire un luxueux hôtel-casino en plein désert. □ 13 ans+ ➜ DVD$

BUGSY MALONE ▷3
ANG. 1976. Comédie musicale d'Alan PARKER avec Scott Baio, Jodie Foster et Florrie Dugger. - Pour favoriser la carrière d'une chanteuse, un aventurier se met au service d'un gangster. - Parodie des films de gangsters où tous les rôles sont joués par des enfants. Idée originale et fantaisiste. Mise en images soignée. Transpositions amusantes. Interprétation d'un naturel étonnant. □ Général

BUKOWSKI: BORN INTO THIS
É.-U. 2003. John DULLAGHAN ➜ DVD$

BULL DURHAM [Belle et le vétéran, La] ▷3
É.-U. 1988. Comédie de Ron SHELTON avec Kevin Costner, Susan Sarandon et Tim Robbins. - Un joueur de base-ball vétéran tombe amoureux d'une enseignante qui a l'habitude de prendre pour amant durant l'été une recrue au talent prometteur. - Description savoureuse du milieu. Mise en scène d'une étonnante sûreté. □ 13 ans+ ➜ DVD$

BULLDOG DRUMMOND ▷4
É.-U. 1929. Drame policier de F. Richard JONES avec Ronald Colman, Joan Bennett et Lilyan Tashman. - Un aventurier britannique affronte mille difficultés afin de libérer un richard emprisonné dans un sanatorium par une bande de malfaiteurs. □ Général

BULLDOZER
QUÉ. 1973. Pierre HAREL □ 13 ans+

BULLET IN THE HEAD [Balle dans la tête, Une] ▷4
CAN. 1990. Drame de guerre réalisé et interprété par Attila BERTALAN avec David Garfinkle et Andrea Sadler. - Au début du siècle, dans un pays européen où une guerre fait rage, un jeune soldat blessé d'une balle à la tête erre dans la forêt. □ 16 ans+ · Violence

BULLETIN SPÉCIAL *voir* **Special Bulletin**

BULLETS OR BALLOTS ▷4
É.-U. 1936. Drame policier de William KEIGHLEY avec Humphrey Bogart, Edward G. Robinson et Joan Blondell. - Un policier entre dans une bande de criminels pour mieux les démasquer. ➜ DVD$

BULLETS OVER BROADWAY ▷3
[Coups de feu sur Broadway]
É.-U. 1994. Comédie de Woody ALLEN avec John Cusack, Dianne Wiest et Jennifer Tilly. - Les difficultés rencontrées par un jeune dramaturge qui produit sa première pièce de théâtre grâce au financement d'un mafioso. - Réflexion sur l'éthique dans l'art. Œuvre fine et inspirée. Reconstitution habile du New York des années 1920. Distribution harmonieuse et enthousiaste. □ Général

BULLITT ▷3
É.-U. 1968. Drame policier de Peter YATES avec Steve McQueen, Robert Vaughn et Jacqueline Bisset. - Un lieutenant de police poursuit les meurtriers d'un gangster qu'il devait protéger. - Traitement original. Rythme nerveux. Réalisation soignée. Scène de poursuite menée avec brio. Jeu solide de S. McQueen. □ 13 ans+ ➜ DVD$ DVD-BR$

BULLSHOT ▷4
ANG. 1985. Aventures de Dick CLEMENT avec Alan Shearman, Diz White et Ron House. - Un aventurier britannique affronte mille difficultés afin de libérer un scientifique fait prisonnier par un comte allemand.
□ Général

BULLY ▷4
É.-U. 2001. Drame de mœurs de Larry CLARK avec Brad Renfro, Rachel Miner et Nick Stahl. - Dans une ville de banlieue en Floride, des adolescents complotent pour tuer un camarade qui les malmène constamment. □ 16 ans+ · Érotisme · Violence ➔ DVD $

BULWORTH ▷4
É.-U. 1998. Comédie satirique réalisée et interprétée par Warren BEATTY avec Halle Berry, Don Cheadle et Oliver Platt. - Après avoir engagé un tueur pour l'abattre, un sénateur dépressif décide de changer son discours politique en ne disant plus que la vérité.
□ 13 ans+ · Langage vulgaire ➔ DVD $

BUMBLEBEE FLIES AWAY, THE ▷4
É.-U. 1999. Drame de Martin DUFFY avec Elijah Wood, Janeane Garofalo et Rachael Leigh Cook. - Un adolescent amnésique est traité dans un centre pour jeunes en phase terminale. ➔ DVD $

BUNKER PALACE HOTEL ▷4
FR. 1989. Science-fiction d'Enki BILAL avec Jean-Louis Trintignant, Carole Bouquet et Benoît Régent. - Alors qu'une révolution secoue un régime tyrannique, des dignitaires se réfugient dans un luxueux abri souterrain. □ Général

BUNNY LAKE IS MISSING ▷3
É.-U. 1965. Thriller d'Otto PREMINGER avec Carol Lynley, Keir Dullea et Laurence Olivier. - Une jeune femme prétend que sa fillette a disparu d'une école maternelle. - Suspense adroitement entretenu et fort prenant. Réalisation souple et vigoureuse. Interprètes bien dirigés.
➔ DVD $

BUNSHINSABA [Ouija Board, The]
COR. 2004. Byeong-ki AHN

BURBS, THE [Banlieusards, Les] ▷5
É.-U. 1989. Comédie de Joe DANTE avec Tom Hanks, Rick Ducommun et Carrie Fisher. - Profitant de l'absence apparente de voisins bizarres, un résident de banlieue pénètre dans leur maison pour y faire d'étranges découvertes. □ Général ➔ DVD $

BURIED ALIVE ▷4
É.-U. 1990. Drame de Frank DARABONT avec Tim Matheson, Jennifer Jason Leigh et William Atherton. - La vengeance impitoyable d'un homme que son épouse infidèle croyait avoir tué. □ 13 ans+

BURIED SECRET OF M. NIGHT SHYALAMAN
MOCKUMENTARY ➔ DVD $

BURKE & WILLS ▷3
AUS. 1985. Drame de Graeme CLIFFORD avec Jack Thompson, Nigel Havers et Greta Scacchi. - Au milieu du XIXe siècle, deux explorateurs dirigent une expédition de reconnaissance des terres intérieures de l'Australie. - Fresque aventureuse inspirée d'un fait réel. Réalisation intelligente et sensible.

BURLESQUE ON CARMEN, A
É.-U. 1915. Charles CHAPLIN □ Général

BURMESE HARP, THE ▶2
JAP. 1956. Drame de guerre de Kon ICHIKAWA avec Shoji Yasui, Rentaro Mikuni et Taniye Kitabayashi. - Quelques jours après l'armistice en Birmanie, un soldat nippon lutte afin de rendre les derniers honneurs à ses camarades décédés au combat. - Œuvre lyrique pleine d'humanité et de grandeur tranquille. Tableau saisissant d'une réalité transposée poétiquement. Mise en scène exemplaire. Interprétation remarquable. ➔ DVD $

BURN! ▷4
ITA. 1968. Drame social de Gillo PONTECORVO avec Marlon Brando, Evaristo Marquez et Renato Salvatori. - Un agent britannique fomente une révolution dans une colonie portugaise. □ Général ➔ DVD $

BURN AFTER READING ▷3
É.-U. 2008. Comédie de Joel et Ethan COEN avec George Clooney, Frances McDormand et Brad Pitt. - En voulant tirer profit d'un manuscrit compromettant pour la CIA, deux gagne-petit déclenchent une série de drames et de malentendus. - Production tonique et faussement désinvolte. Scénario bien articulé, au foyer changeant. Réalisation précise. Interprétation jouissive. □ 13 ans+ ➔ DVD-BR $ DVD $

BURNING BED, THE ▷4
É.-U. 1984. Drame psychologique de Robert GREENWALD avec Farrah Fawcett, Paul Le Mat et Richard Masur. - Une jeune femme maltraitée par son mari trouve un moyen dramatique pour se libérer de lui.
□ Général ➔ DVD $

BURNING SECRET ▷4
ANG. 1988. Drame psychologique d'Andrew BIRKIN avec Faye Dunaway, Klaus Maria Brandauer et David Eberts. - Lors d'un séjour en montagne, le fils d'un diplomate américain en vient à partager un secret avec sa mère.

BURNT BY THE SUN *voir* **Soleil trompeur**

BURNT MONEY ▷4
ARG. 2000. Drame policier de Marcelo PINEYRO avec Eduardo Noriega, Leonardo Sbaraglia et Pablo Echarri. - Un couple de gangsters homosexuels participe à un cambriolage qui tourne mal. ➔ DVD $

BURST ANGEL
JAP. Koichi OHATA ➔ DVD $

BUS STOP [Arrêt d'autobus] ▷3
É.-U. 1956. Comédie dramatique de Joshua LOGAN avec Marilyn Monroe, Don Murray et Arthur O'Connell. - Un jeune cow-boy encombrant force une vedette de cabaret à le suivre dans l'autobus qui le mène au Montana. - Adaptation astucieuse d'une pièce de William Inge. Données psychologiques justes. ➔ DVD $

BUSINESS IS BUSINESS
HOL. 1971. Paul VERHOEVEN ➔ DVD $

BUSINESS OF STRANGERS, THE ▷4
[Compagnie des autres, La]
É.-U. 2001. Drame psychologique de Patrick STETTNER avec Stockard Channing, Julia Stiles et Frederick Weller. - Lors d'un séjour à l'hôtel, une femme d'affaires volontaire et sa nouvelle assistante rebelle établissent un lien de confiance en partie fondé sur des leurres.
➔ DVD $

BUSTER ▷4
ANG. 1988. Comédie dramatique de David GREENE avec Phil Collins, Julie Walters et Larry Lamb. - À la suite d'un coup important, un petit criminel cherche à fuir la police en s'exilant au Mexique avec sa femme et son fils. □ Général ➔ DVD $

© ALLIANCE

BUTCH CASSIDY & THE SUNDANCE KID ▷3
[Butch Cassidy et le Kid]
É.-U. 1969. Western de George Roy HILL avec Paul Newman, Robert Redford et Katharine Ross. - Traqués par la police, deux hors-la-loi de l'Ouest décident de tenter leur chance en Amérique du Sud. - Scénario original et humoristique. Jeu plein d'aisance des vedettes. □ 13 ans+ ➜ DVD $

BUTCHER BOY, THE [Garçon boucher, Le] ►2
IRL. 1997. Chronique de Neil JORDAN avec Eamonn Owens, Stephen Rea et Fiona Shaw. - Dans un village irlandais, au début des années 60, un gamin subit des épreuves qui le font sombrer progressivement dans la folie. - Scénario d'une richesse remarquable. Contexte historique et social admirablement utilisé. Jeu exceptionnel d'E. Owens. □ 16 ans+ ➜ DVD $

BUTLEY ▷4
ANG. 1973. Drame psychologique de Harold PINTER avec Alan Bates, Richard O'Callaghan et Jessica Tandy. - Les difficultés matrimoniales d'un professeur de littérature homosexuel. ➜ DVD $

BUTTERFIELD 8 [Vénus au vison] ▷5
É.-U. 1960. Drame de Daniel MANN avec Elizabeth Taylor, Laurence Harvey et Eddie Fisher. - Une jeune femme déséquilibrée aux nombreuses aventures amoureuses s'éprend d'un homme marié. □ Général ➜ DVD $

BUTTERFLIES ARE FREE ▷4
É.-U. 1972. Comédie dramatique de Milton KATSELAS avec Edward Albert, Goldie Hawn et Eileen Heckart. - Un jeune aveugle installé dans un appartement d'un quartier bohème a une liaison avec une jolie voisine. □ Général ➜ DVD $

BUTTERFLY [Langue des papillons, La] ▷4
ESP. 1998. Chronique de José Luis CUERDA avec Manuel Lozano, Fernando Fernan Gomez et Alexis De Los Santos. - Peu avant la guerre civile espagnole, les expériences vécues par un gamin qui se lie d'amitié avec son vieil instituteur républicain. □ Général · Déconseillé aux jeunes enfants ➜ DVD $

BUTTERFLY, THE *voir* **Papillon, Le**

BUTTERFLY KISS [Baiser du papillon, Le] ▷4
ANG. 1994. Drame psychologique de Michael WINTERBOTTOM avec Amanda Plummer, Saskia Reeves et Paul Bown. - Une caissière de station-service tombe amoureuse d'une meurtrière déséquilibrée. □ 18 ans+

BUTTERFLY ON A WHEEL *voir* **Shattered**

BYE BYE BIRDIE ▷4
É.-U. 1963. Comédie musicale de George SIDNEY avec Janet Leigh, Dick Van Dyke et Ann-Margret. - Un compositeur de chansons décide de faire lancer une de ses œuvres à la télévision par une vedette de rock'n'roll. □ Général ➜ DVD $

BYE BYE BLUES ▷3
CAN. 1989. Drame de Anne WHEELER avec Rebecca Jenkins, Luke Reilly et Michael Ontkean. - La femme d'un médecin militaire emprisonné par les Japonais se fait engager dans un orchestre de son village de l'Alberta et contribue à le rendre populaire. - Agréable tableau d'époque. Personnages bien campés. Relations personnelles dessinées avec finesse et précision. Fine interprétation. □ Général

BYE BYE BOSS
voir **Swimming with Sharks**

BYE BYE MONKEY *voir* **Rêve de singe**

BYE-BYE ▷4
FR. 1995. Drame de mœurs de Karim DRIDI avec Sami Bouajila, Ouassini Embarek et Sofiano Mammeri. - Un jeune Parisien d'origine tunisienne recherche son frère cadet qui s'est enfui à Marseille. □ 13 ans+

C'ERAVAMO TANTO AMATI
voir **Nous nous sommes tant aimés**

C'EST ARRIVÉ À NAPLES *voir* **It Started in Naples**

C'EST ARRIVÉ DEMAIN *voir* **It Happened Tomorrow**

C'EST ARRIVÉ ENTRE MIDI ET TROIS HEURES
voir **From Noon Till Three**

C'EST ARRIVÉ PRÈS DE CHEZ VOUS [Man Bites Dog] ▷4
BEL. 1991. Comédie satirique réalisée et interprétée par André BONZEL, Rémy BELVAUX et Benoît POELVOORDE. - Une petite équipe de cinéastes réalise un documentaire sur un jeune criminel qui vole et tue pour subvenir à ses besoins. □ 13 ans+ · Violence ➜ DVD $

C'EST BEN BEAU L'AMOUR
QUÉ. 1971. Marc DAIGLE ➜ DVD $

C'EST ELLE *voir* **She's the One**

C'EST LA VIE *voir* **That's Life!**

C'EST LA VIE [C'est la vie (la baule-les-pins 1990)] ▷4
FR. 2001. Drame psychologique de Jean-Pierre AMÉRIS avec Jacques Dutronc, Sandrine Bonnaire et Emmanuelle Riva. - Dans un centre de soins palliatifs, un cancéreux s'éprend d'une jeune bénévole, une mère célibataire qui cache un profond mal de vivre. ➜ DVD $

C'EST LE BOUQUET ▷5
FR. 2002. Comédie de mœurs de Jeanne LABRUNE avec Sandrine Kiberlain, Jean-Pierre Darroussin et Dominique Blanc. - L'appel téléphonique d'une ancienne connaissance provoque une série de quiproquos dans l'existence d'une jeune bourgeoise et de son mari. □ 13 ans+ ➜ DVD $

C'EST LE PETIT QU'IL NOUS FAUT *voir* **Get Shorty**

C'EST MA CHANCE *voir* **It's My Turn**

C'EST MA MORT APRÈS TOUT
voir **Defending Your Life**

C'EST MA VIE APRÈS TOUT
voir **Whose Life Is It Anyway?**

C'EST PAS LA FAUTE À JACQUES CARTIER
QUÉ. 1967. Clément PERRON et Georges DUFAUX ➜ DVD $

C'EST PAS MOI, C'EST LUI ▷4
FR. 1979. Comédie réalisée et interprétée par Pierre RICHARD avec Aldo Maccione et Valérie Mairesse. - En acceptant d'accompagner un acteur italien en Tunisie, un scénariste s'attire divers ennuis. □ Général

C'EST PAS MOI, JE LE JURE ▷4
QUÉ. 2008. Comédie dramatique de Philippe FALARDEAU avec Antoine L'Écuyer, Daniel Brière et Suzanne Clément. - À la fin des années 1960, un garçon de dix ans se met à faire les quatre cent coups après que sa mère eut déserté le foyer familial. □ Général · Déconseillé aux jeunes enfants ➜ DVD $

C'ÉTAIT DEMAIN *voir* **Time After Time**

C'ÉTAIT LE 12 DU 12 ET CHILI AVAIT LES BLUES ▷5
QUÉ. 1993. Drame psychologique de Charles BINAMÉ avec Roy Dupuis, Lucie Laurier et Joëlle Morin. - Dans une gare où de nombreux passagers sont immobilisés par une tempête de neige, un vendeur itinérant réconforte une écolière mélancolique. □ Général

C'T'À TON TOUR, LAURA CADIEUX ▷5
QUÉ. 1998. Comédie de mœurs de Denise FILIATRAULT avec Ginette Reno, Pierrette Robitaille et Denise Dubois. - Une mère de famille obèse se rend à son rendez-vous médical hebdomadaire, où elle fraternise avec d'autres femmes dans sa condition. □ 13 ans+ · Langage vulgaire ➜ DVD $

C.R.A.Z.Y. [Crazy] ▷3
QUÉ. 2005. Chronique de Jean-Marc VALLÉE avec Marc-André Grondin, Michel Côté et Danielle Proulx. - Né en 1960 dans une banlieue de Montréal, un jeune homme qui nie ses pulsions homosexuelles recherche l'approbation de son père. - Récit attachant et sensible, émaillé de touches fantaisistes. Réalisation dynamique et souvent inventive. Utilisation efficace de chansons populaires à des fins dramatiques. Interprétation touchante. □ 13 ans+ ➜ DVD $ DVD-BR $

ÇA COMMENCE AUJOURD'HUI [It All Starts Today] ▷3
FR. 1999. Drame social de Bertrand TAVERNIER avec Philippe Torreton, Maria Pitarresi et Nadia Kaci. - Les combats quotidiens du directeur d'une école maternelle dans une petite ville du nord de la France durement frappée par le chômage. - Constat critique alarmant. Grande densité dramatique. Réalisation dynamique et maîtrisée. Interprétation de première force. □ Général ➜ DVD $

ÇA IRA MIEUX DEMAIN ▷4
FR. 2000. Comédie de mœurs de Jeanne LABRUNE avec Nathalie Baye, Jeanne Balibar et Jean-Pierre Darroussin. - La vie routinière d'un couple bourgeois est bousculée lorsqu'une femme instable lui offre en cadeau une vieille commode. ➜ DVD $

ÇA PLANE LES FILLES *voir* **Foxes**

ÇA TOURNE À MANHATTAN *voir* **Living in Oblivion**

CABALLO PRIETO AZABACHE [Midnight Stallion, The]
MEX. 1965. René CARDONA ➜ DVD $

CABARET ►2
É.-U. 1972. Comédie musicale de Bob FOSSE avec Liza Minnelli, Michael York et Helmut Griem. - À Berlin en 1931, un jeune Anglais s'éprend d'une Américaine aux allures excentriques qui chante dans une boîte de troisième ordre.- Évocation brillante d'une période de décadence. Réalisation technique d'une grande habileté. Interprétation de qualité. □ 13 ans+ ➜ DVD $

© SÉVILLE

CABARET BALKAN ▷3
YOU. 1999. Drame de mœurs de Goran PASKALJEVIC avec Nikola Ristanovski, Lazar Ristovski et Miki Manojlovic. - À Belgrade, au cours d'une même nuit, les destins de divers personnages se croisent sur fond d'affrontements violents. - Tableau de mœurs impitoyable. Scénario bien construit. Humour grinçant. Réalisation imprégnée d'un lyrisme très noir. Interprétation dans le ton. □ 13 ans+

CABARET NEIGES NOIRES ▷4
QUÉ. 1997. Comédie dramatique de Raymond SAINT-JEAN avec Suzanne Lemoine, Dominique Quesnel et Roger Larue. - À Montréal, un spectacle de cabaret met en scène des personnages au futur incertain. □ 13 ans+

CABEZA DE VACA ▷3
MEX. 1991. Drame historique de Nicolas ECHEVARRIA avec Juan Diego, Daniel Gimenez Cacho et Roberto Sosa. - Au XVIe siècle, un conquistador naufragé en Floride est initié aux mœurs et coutumes d'une tribu d'indigènes dont il est le prisonnier. - Traitement épique. Approche documentaire fort intéressante. Reconstitution d'époque convaincante. Interprétation solide de J. Diego. □ Général

CABIN FEVER [Fièvre noire] ▷4
É.-U. 2002. Drame d'horreur d'Eli ROTH avec Rider Strong, Jordan Ladd et Joey Kern. - Cinq adolescents qui séjournent dans une cabane au fond des bois sont contaminés par une bactérie mangeuse de chair. □ 16 ans+ · Horreur ➔ DVD $

CABIN IN THE COTTON, THE
É.-U. 1932. Michael CURTIZ

CABIN IN THE SKY ▷3
É.-U. 1942. Comédie musicale de Vincente MINNELLI avec Ethel Waters, Eddie Anderson et Lena Horne. - Un Noir blessé dans une rixe rêve que le diable et son ange gardien se disputent son âme. - Fantaisie poétique pleine de fraîcheur. Réalisation alerte. Interprétation savoureuse. □ Général ➔ DVD $

CABINE, LA *voir* **Phone Booth**

CABINET DU DR. CALIGARI, LE ►1
[Cabinet of Dr. Caligari, The]
ALL. 1919. Drame fantastique de Robert WIENE avec Werner Krauss, Conrad Veidt et Lil Dagover. - Un mystérieux saltimbanque fait commettre des crimes à un somnambule. - Œuvre pionnière de l'expressionnisme allemand. Récit aux aspects symboliques visionnaires. Création fort originale d'un climat cauchemardesque. Étonnants décors volontairement déformés. Interprétation stylisée. ➔ DVD $

CABINET OF CALIGARI, THE
É.-U. 1962. Roger KAY ➔ DVD $

CABOCHARD, LE *voir* **Saturday Night and Sunday Morning**

CABOOSE ▷5
QUÉ. 1996. Drame policier de Richard ROY avec Gildor Roy, Céline Bonnier et James Hyndman. - Croyant sa vie menacée, un policier démissionnaire engage une jeune collègue inexpérimentée pour protéger ses arrières. □ 16 ans+

CACHÉ [Hidden] ▷3
FR. 2005. Drame psychologique de Michael HANEKE avec Daniel Auteuil, Juliette Binoche et Lester Makedonsky. - Un animateur de télé reçoit de mystérieuses cassettes vidéo qui l'amènent à déterrer un souvenir douloureux de son passé. - Suspense psychologique offrant une subtile réflexion sur les apparences et notre rapport aux images. Scénario roublard. Mise en scène maîtrisée et déstabilisante. Jeu subtil de D. Auteuil. □ 13 ans+ ➔ DVD $

CACHE-CACHE ▷4
FR. 2005. Comédie dramatique d'Yves CAUMON avec Bernard Blancan, Lucia Sanchez et Antoine Chappey. - Terré au fond d'un puits, un paysan exproprié est pris pour un fantôme par la petite famille venue s'installer dans son ancienne maison de ferme. □ Général ➔ DVD $

CACHETONNEURS, LES ▷4
FR. 1998. Comédie de Denis DERCOURT avec Pierre Lacan, Marc Citti et Serge Renko. - Les difficultés d'un contrebassiste devant former en catastrophe un orchestre de chambre appelé à jouer pour un châtelain. □ Général

CACTUS FLOWER [Cactus en fleur, Le] ▷4
É.-U. 1969. Comédie de Gene SAKS avec Ingrid Bergman, Walter Matthau et Goldie Hawn. - Un dentiste devient amoureux de sa secrétaire après maints quiproquos. □ 13 ans+ ➔ DVD $

CADAVRE AU DESSERT, UN *voir* **Murder by death**

CADAVRE SOUS LE CHAPEAU, UN *voir* **Miller's Crossing**

CADAVRES ▷5
QUÉ. 2008. Comédie d'Érik CANUEL avec Julie Le Breton, Patrick Huard et Sylvie Boucher. - Un vaurien ayant assassiné sa mère fait appel à sa sœur comédienne afin qu'elle l'aide à récupérer le corps abandonné en rase campagne. □ 13 ans+ · Violence · Érotisme ➔ DVD $

CADAVRES NE PORTENT PAS DE COSTARDS, LES
voir **Dead Men Don't Wear Plaid**

CADILLAC EN OR MASSIF, UNE
voir **Solid Gold Cadillac, The**

CAFÉ AU LAIT [Métisse] ▷4
FR. 1993. Comédie de mœurs réalisée et interprétée par Mathieu KASSOVITZ avec Julie Mauduech et Hubert Kounde. - Un coursier juif et un étudiant noir se disputent constamment depuis que leur maîtresse commune leur a annoncé qu'elle est enceinte. ➔ DVD $

CAFÉ EXPRESS ▷4
ITA. 1979. Comédie de Nanni LOY avec Nino Manfredi, Vittorio Caprioli et Adolfo Celi. - Les problèmes d'un Napolitain qui essaie de vendre du café à la sauvette sur les trains.

CAFÉ OLÉ ▷5
CAN. 2000. Comédie sentimentale de Richard ROY avec Laia Marull, Andrew Tarbet et Dino Tavarone. - Dans un quartier de l'ouest de Montréal, un célibataire de 29 ans tombe amoureux d'une jeune Chilienne entrée illégalement au pays. □ Général · Déconseillé aux jeunes enfants

CAFÉ TRANSIT ▷4
IRAN. 2005. Drame social de Kambuzia PARTOVI avec Fereshteh Sadre Orafaei, Parviz Parastoei et Nikolas Papadopoulos. - Ayant rompu avec la tradition en refusant d'épouser son beau-frère, une veuve prend les commandes du relais routier de son défunt mari.
□ Général ➔ DVD $

CAGE AUX FOLLES, LA ▷4
FR. 1978. Comédie d'Édouard MOLINARO avec Michel Serrault, Ugo Tognazzi et Michel Galabru. - Les problèmes d'un couple d'homosexuels propriétaires d'une boîte de travestis. □ 13 ans+ ➔ DVD $

CAGE AUX FOLLES 2, LA ▷5
FR. 1980. Comédie d'Édouard MOLINARO avec Michel Serrault, Ugo Tognazzi et Marcel Bozzuffi. - Devenu dépositaire par inadvertance d'un microfilm recherché par divers agents secrets, un couple homosexuel fuit vers l'Italie. □ 13 ans+ ➔ DVD $

CAGE AUX FOLLES 3, LA ▷6
FR. 1985. Comédie de Georges LAUTNER avec Michel Serrault, Ugo Tognazzi et Antonella Interlenghi. - La vedette d'une revue de travestis hésite à se plier aux exigences de mariage liées à l'obtention d'un héritage. □ Général

CAGE DE MA TANTE, LA *voir* **Birdcage, The**

CAGED ▷4
E.-U. 1950. Drame social de J. CROMWELL avec Eleanor Parker, Agnes Moorehead et Ellen Corby. - Une jeune femme, emprisonnée pour un vol minime, subit l'influence néfaste du milieu. ➔ DVD $

CAHIER VOLÉ, LE ▷4
FR. 1992. Drame de mœurs de Christine LIPINSKA avec Edwige Navarro, Élodie Bouchez et Benoît Magimel. - À la Libération, la fille d'un cafetier de village qui est aimée par deux amis d'enfance leur préfère une copine de classe.

CAHILL: UNITED STATES MARSHALL ▷4
[Cordes de la potences, Les]
É.-U. 1973. Western de Andrew V. McLAGLEN avec John Wayne, Gary Grimes et George Kennedy. - Les jeunes fils d'un policier se rendent complices d'un vol de banque. ➔ DVD $

CAÏMAN, LE ▷3
ITA. 2006. Comédie dramatique de Nanni MORETTI avec Silvio Orlando, Margherita Buy et Jasmine Trinca. - Un producteur endetté et en instance de divorce s'efforce de monter le projet d'une jeune réalisatrice, un film satirique fortement inspiré de la vie de Silvio Berlusconi. - Scénario touffu, qui entremêle avec intelligence drame domestique, hommage au cinéma italien et attaque frontale contre le président alors au pouvoir. Réalisation pleine d'aisance. Interprétation tantôt sensible, tantôt outrée. □ 13 ans+ ➔ DVD $

CAINE MUTINY, THE [Ouragan sur le *Caine*] ▷4
É.-U. 1953. Drame d'Edward DMYTRYK avec Humphrey Bogart, Van Johnson et Jose Ferrer. - Un officier de marine est jugé en cour militaire pour avoir pris la place de son capitaine. □ Général ➜ DVD $

CAKE EATERS ▷4
É.-U. 2007. Drame de Mary Stuart MASTERSON avec Aaron Stanford, Kristen Stewart et Bruce Dern. - Un jeune homme vivant avec son père veuf s'éprend d'une adolescente atteinte d'une maladie dégénérative, qui l'a choisi pour la dépuceler. ➜ DVD $

CAL ▷3
IRL. 1984. Drame psychologique de Pat O'CONNOR avec John Lynch, Helen Mirren et John Kavanagh. - Un jeune Irlandais catholique qui a été complice de l'assassinat d'un policier s'éprend de la veuve de la victime. - Histoire d'amour mélancolique et prenante. Mise en scène au ton retenu laissant percer une tristesse sourde. Interprétation sobre et juste. □ 13 ans+

CALAMITY JANE ▷4
É.-U. 1953. Comédie musicale de David BUTLER avec Doris Day, Howard Keel et Allyn McLerie. - Une femme aux allures masculines se transforme en une ravissante jeune fille. ➜ DVD $

CALENDAR ▷4
CAN. 1993. Drame réalisé et interprété par Atom EGOYAN avec Arsinée Khanjian et Ashot Adamian. - Un photographe canadien d'origine arménienne parcourt le pays de ses ancêtres afin d'y photographier de vieilles églises pour un projet de calendrier. □ Général ➜ DVD $

CALENDAR GIRLS [Calendrier des girls, Le] ▷4
ANG. 2003. Comédie dramatique de Nigel COLE avec Helen Mirren, Julie Walters et John Alderton. - Un groupe de femmes d'âge mûr posent nues pour un calendrier afin de ramasser des fonds pour un hôpital. □ Général ➜ DVD $

CALENDRIER MEURTRIER *voir* **January Man, The**

CALIFORNIA SUITE ▷4
É.-U. 1978. Comédie de Herbert ROSS avec Jane Fonda, Maggie Smith et Walter Matthau. - Dans un hôtel de Los Angeles, des couples affrontent des problèmes divers. □ 13 ans+ ➜ DVD $

CALIGULA [Caligula - Imperial Edition] ▷6
É.-U. 1979. Drame historique de Tinto BRASS avec Malcolm McDowell, Teresa Ann Savoy et Peter O'Toole. - Nommé nouvel empereur, le petit-fils adoptif de Tibère, Caligula, s'adonne à la cruauté et à l'excentricité. □ 18 ans+ ➜ DVD-BR $ DVD $

CALL NORTHSIDE 777 ▷4
É.-U. 1948. Drame policier de Henry HATHAWAY avec James Stewart, Richard Conte et Lee J. Cobb. - Un journaliste tente d'éclaircir une vieille affaire policière. □ Général ➜ DVD $

CALLAS FOREVER
ANG. FR. ITA. 2002. Franco ZEFFIRELLI ➜ DVD $

CALME BLANC *voir* **Dead calm**

CAMARADES, LES [Organizer, The] ▷3
FR.-ITA. 1963. Drame social de Mario MONICELLI avec Marcello Mastroianni, Renato Salvatori et Annie Girardot. - À la fin du XIXe siècle, à Turin, les ouvriers d'une usine de textiles font la grève pour de meilleures conditions de travail. - Réalisation de qualité. Climat de l'époque bien reconstitué. Direction d'acteurs remarquable. □ Général

CAMELOT ▷3
É.-U. 1967. Comédie musicale de J. LOGAN avec Richard Harris, Vanessa Redgrave et Franco Nero. - La femme du roi Arthur s'éprend du chevalier Lancelot. - Approche intimiste dans un film à grand déploiement. Mélange habile de familiarité et de révérence. Costumes et décors très soignés. Interprètes de talent. □ Général ➜ DVD $

CAMERA BUFF *voir* **Amator**

CAMERAMAN, THE ►2
É.-U. 1928. Comédie d'Edward SEDGWICK avec Marceline Day, Buster Keaton et Harold Goodwin. - Afin de gagner le cœur de sa dulcinée, un photographe tente vainement de tourner des scènes d'actualité avec une caméra usagée. - Film muet. Pointes critiques envers l'industrie cinématographique. Gags des plus inventifs. B. Keaton donnant la pleine mesure de son talent. □ Général

CAMILA ▷3
ARG.-ESP. 1984. Drame social de Maria Luisa BEMBERG avec Susu Pecoraro, Imanol Arias et Hector Alterio. - En 1847, en Argentine, un prêtre amoureux d'une jeune fille de bonne famille s'enfuit avec elle dans un village lointain. - Récit inspiré de faits réels. Contexte historique habilement évoqué. Touches psychologiques valables. □ Général ➜ DVD $

CAMILLE [Le roman de Marguerite Gauthier] ▷3
É.-U. 1936. Drame sentimental de George CUKOR avec Greta Garbo, Robert Taylor et Henry Daniell. - Un jeune homme de bonne famille s'éprend d'une courtisane. - Adaptation de «La Dame aux Camélias». Style un peu vieilli d'un romantisme accentué. Ensemble très soigné. Jeu sensible de G. Garbo. □ Général ➜ DVD $

CAMILLE CLAUDEL ▷3
FR. 1988. Drame biographique de Bruno NUYTTEN avec Isabelle Adjani, Gérard Depardieu et Laurent Greville. - Fr. 1988. Drame biographique de Bruno Nuytten avec Isabelle Adjani, Gérard Depardieu et Laurent Grevill. - La jeune sculpteure Camille Claudel finit par être détruite par la passion dévorante qu'elle éprouve pour son art et pour Auguste Rodin. - Traitement convaincant. Évocation d'époque ne manquant pas de tonus. Mise en scène de belle qualité. Interprétation étonnante. □ Général ➜ DVD $

CAMISOLE DE FORCE, LA *voir* **Jacket, The**

CAMORRA ▷4
ITA. 1985. Drame social de Lina WERTMULLER avec Angela Molina, Francisco Rabal et Harvey Keitel. - À Naples, les membres d'une famille de trafiquants de drogue sont tués tour à tour sans que la police n'arrive à trouver de coupable.

CAMP ▷4
É.-U. 2003. Comédie musicale de Todd Graff avec Daniel Letterle, Joanna Chilcoat et Robin de Jesus. - Les tribulations d'un groupe de jeunes qui montent un spectacle de variétés dans le cadre d'un camp d'été. ➜ DVD $

CAMPING SAUVAGE ▷5
QUÉ. 2004. Comédie de Sylvain ROY et Guy A. LEPAGE avec Guy A. Lepage, Sylvie Moreau et Normand D'Amour. - Témoin d'un crime, un courtier en placements snob doit se cacher dans un camping dirigé par une jeune femme au tempérament exubérant. □ Général ➜ DVD $

CAN SHE BAKE A CHERRY PIE? ▷4
É.-U. 1983. Comédie de mœurs de Henry JAGLOM avec Karen Black, Michael Emil et Michael Margotta. - Les tribulations sentimentales d'un divorcé de New York. □ 13 ans+

CAN-CAN ▷5
É.-U. 1960. Comédie musicale de Walter LANG avec Frank Sinatra, Shirley MacLaine et Louis Jourdan. - Les mésaventures sentimentales de la directrice d'une boîte de nuit parisienne. ➜ DVD $

CANDIDAT MANDCHOU, LE
voir **Manchurian Candidate, The**

CANDIDATE, LA *voir* **Contender, The**

CANDIDATE, THE [Votez McKay] ▷4
É.-U. 1972. Étude de mœurs de Michael RITCHIE avec Robert Redford, Peter Boyle et Don Porter. - Un organisateur de campagne électorale convainc un jeune avocat de se présenter au siège de sénateur en Californie. □ Général ➜ DVD $

CANDLESHOE [Course au trésor, La] ▷4
É.-U. 1977. Comédie policière de Norman TOKAR avec Jodie Foster, David Niven et Helen Hayes. - Engagée par un escroc pour tromper une vieille dame anglaise, une adolescente délinquante se prend de sympathie pour sa victime. □ Général ➜ DVD $

CANDY ▷4
AUS. 2006. Drame sentimental de Neil ARMFIELD avec Heath Ledger, Abbie Cornish et Geoffrey Rush. - La descente aux enfers de deux artistes héroïnomanes. ➜ DVD $

CANDYMAN ▷4
É.-U. 1992. Drame fantastique de Bernard ROSE avec Virginia Madsen, Tony Todd et Xander Berkeley. - Une jeune anthropologue enquête sur un meurtre qu'une croyance populaire attribue à un être maléfique. □ 13 ans+ · Horreur ➜ DVD $

CANICULE [Dog Day] ▷5
FR. 1983. Drame policier de Yves BOISSET avec Lee Marvin, Miou-Miou et Jean Carmet. - Un bandit américain, blessé lors d'un hold-up, se réfugie dans une ferme habitée par une étrange famille.

CANNERY ROW [Rue de la sardine] ▷5
É.-U. 1982. Comédie dramatique de David S. WARD avec Nick Nolte, Debra Winger et M. Emmet Walsh. - Un ancien joueur de base-ball dirige un laboratoire de zoologie marine dans un quartier habité par des clochards. □ Général ➔ DVD$

CANNON SERENADE [Little Cannon] ▷4
ALL. 1958. Comédie de W. STAUDTE avec Vittorio de Sica, Heinz Reincke et Folco Lulli. - Les aventures du capitaine d'un petit cargo transformé, pendant la guerre, en chasseur de sous-marins.

CANONS DE BATASI, LES *voir* **Guns at Batasi**

CANONS DE NAVARONE, LES *voir* **Guns of Navarone, The**

CANTERBURY TALE, A ▷4
ANG. 1944. Comédie dramatique de Emeric PRESSBURGER et Michael POWELL avec Eric Portman, John Sweet et Sheila Sim. - Durant la Seconde Guerre mondiale, quatre personnes se rendent à la cathédrale de Canterbury afin de trouver l'apaisement à leurs inquiétudes. ➔ DVD$

CANTERBURY TALES, THE *voir* **Contes de Canterbury, Les**

CANTERVILLE GHOST, THE ▷4
É.-U. 1944. Comédie fantaisiste de Jules DASSIN avec Charles Laughton, Robert Young et Margaret O'Brien. - Un noble anglais, mort en lâche, est condamné à être un fantôme jusqu'à ce qu'un de ses descendants fasse preuve d'héroïsme. □ Général

CANYON PASSAGE ▷4
É.-U. 1946. Western de Jacques TOURNEUR avec Dana Andrews, Susan Hayward et Brian Donlevy. - Les aventures d'un jeune commerçant en Oregon vers 1856. □ Général

CAOS CALMO [Quiet Chaos] ▷3
ITA. 2008. Drame psychologique d'Antonello GRIMALDI avec Nanni Moretti, Valeria Golino et Alessandro Gassman. - À la mort de sa femme, un prospère homme d'affaires s'interroge sur le sens de l'existence depuis un banc de parc situé près de l'école de sa fille. - Étude de mœurs imprévisible et fine. Psychologie fouillée. Mise en scène fluide. Distribution de classe. N. Moretti sidérant d'authenticité. □ 13 ans+ ➔ DVD$

CAP SUR LES ÉTOILES *voir* **Space Camp**

CAP TOURMENTE ▷4
QUÉ. 1993. Drame psychologique de Michel LANGLOIS avec Andrée Lachapelle, Roy Dupuis et Élise Guilbault. - Dans une auberge de la Côte-Nord, une mère et sa fille voient leur existence bouleversée par le retour du fils et d'un vieil ami de la maison. □ 16 ans+

CAPE FEAR ▷3
É.-U. 1991. Drame de Martin SCORSESE avec Robert De Niro, Nick Nolte et Jessica Lange. - À sa sortie de prison, un déséquilibré entreprend de tourmenter la famille d'un avocat qu'il tient responsable de son incarcération. - Exercice de style dans l'épouvante. Progression dramatique implacable. Plusieurs moments de tension forte. Réalisation inventive. Interprétation prenante. □ 18 ans+ ➔ DVD$

CAPE FEAR [Nerfs à vif, Les] ▷4
É.-U. 1962. Drame de J. Lee THOMPSON avec Gregory Peck, Robert Mitchum et Polly Bergen. - Un criminel se venge sur l'avocat qui l'a fait condamner à huit ans de prison. ➔ DVD$

CAPITAINE CONAN ▷3
FR. 1996. Drame de guerre de Bertrand TAVERNIER avec Philippe Torreton, Samuel Le Bihan et Bernard Le Coq. - Dans les Balkans en 1918, un officier prend la défense de ses hommes qu'un tribunal veut condamner pour meurtre et vol. - Réflexions humanistes sur les traumatismes laissés par la guerre. Traitement d'un réalisme palpable. Mise en scène rigoureuse. Excellente interprétation de P. Torreton. □ 13 ans+ · Violence

CAPITAINE CROCHET *voir* **Hook**

CAPITAINE FRACASSE
FR. 1929. Alberto CAVALCANTI et Henry WULSCHLEGER ➔ DVD$

CAPITAINES SKY ET LE MONDE DE DEMAIN
voir **Sky Captain and the World of Tomorrow**

CAPORAL ÉPINGLÉ, LE ▷3
FR. 1962. Drame de guerre de Jean RENOIR avec Jean-Pierre Cassel, Claude Brasseur et Claude Rich. - Les tentatives d'un caporal pour s'évader d'un camp de prisonniers. - Adaptation chaleureuse du roman de Jacques Perret. Montage nerveux et soigné.

CAPOTE ▷3
É.-U. 2005. Drame biographique de Bennett MILLER avec Philip Seymour Hoffman, Catherine Keener et Clifton Collins Jr. - Dans les années 1960, les circonstances entourant la rédaction du livre In Cold Blood dans lequel Truman Capote relate les expériences de deux meurtriers. - Récit intelligent et nuancé. Portrait psychologique complexe de l'écrivain. Mise en scène sobre, contrastant avec la flamboyance de Capote. Jeu remarquable de P. Seymour Hoffman. □ 13 ans+ ➔ DVD$

CAPRICES D'UN FLEUVE, LES ▷4
FR. 1995. Drame psychologique réalisé et interprété par Bernard GIRAUDEAU avec Richard Bohringer et France Zobda. - Ayant tué en duel un ami du roi, un noble est exilé dans une petite colonie africaine. □ 13 ans+

CAPRICIOUS SUMMER *voir* **Été capricieux, Un**

CAPTAIN BLOOD ▷4
É.-U. 1934. Aventures de Michael CURTIZ avec Errol Flynn, Olivia de Havilland et Basil Rathbone. - Un condamné politique s'enfuit et devient pirate. ➔ DVD$

CAPTAIN BOYCOTT ▷4
ANG. 1947. Drame de Frank LAUNDER avec Stewart Granger, Kathleen Ryan et Cecil Parker. - L'arrogance d'un riche propriétaire anglais provoque la résistance de ses fermiers irlandais. □ Général

CAPTAIN HORATIO HORNBLOWER ▷4
ANG. 1951. Aventures de Raoul WALSH avec Gregory Peck, Virginia Mayo et Robert Beatty. - Les exploits du capitaine d'une frégate anglaise au début du XVIIIe siècle. □ Général ➔ DVD$

CAPTAIN KRONOS: VAMPIRE HUNTER ▷4
ANG. 1972. Drame fantastique de Brian CLEMENS avec Horst Janson, John Cater et Caroline Munro. - Un docteur fait appel à un chasseur de vampires lorsque des jeunes filles de son village vieillissent prématurément et meurent. □ 13 ans+ ➔ DVD$

CAPTAIN NEWMAN, M.D. ▷4
É.-U. 1963. Comédie dramatique de David MILLER avec Gregory Peck, Tony Curtis et Angie Dickinson. - Pendant la guerre, un psychiatre soigne des soldats ébranlés par des expériences de combat.

CAPTAIN'S PARADISE, THE ▷4
ANG. 1953. Comédie de Anthony KIMMINS avec Alec Guinness, Celia Johnson et Yvonne de Carlo. - Les mésaventures d'un capitaine de cargo qui a une femme à Gibraltar et une maîtresse au Maroc.

CAPTAINS COURAGEOUS ▷3
É.-U. 1937. Drame de Victor FLEMING avec Freddie Bartholomew, Spencer Tracy et Lionel Barrymore. - Après être tombé à la mer, un enfant au caractère difficile est recueilli à bord d'un bateau de pêche. - Adaptation soignée du roman de Rudyard Kipling. Belles images. Interprétation remarquable de S. Tracy. □ Général ➔ DVD$

CAPTAINS OF THE CLOUDS ▷4
É.-U. 1942. Drame de guerre de Michael CURTIZ avec James Cagney, Dennis Morgan et Brenda Marshall. - Un pilote américain s'engage dans l'aviation canadienne au début de la guerre 39-45. ➔ DVD$

CAPTIVE, LA
BEL. FR. 2000. Chantal AKERMAN ➔ DVD$

CAPTIVE AUX YEUX CLAIRS, LA *voir* **Big Sky, The**

CAPTIVES [Amour captif] ▷4
É.-U. 1995. Drame de mœurs d'Angela POPE avec Julia Ormond, Tim Roth et Keith Allen. - Une dentiste travaillant dans un pénitencier s'engage dans une liaison interdite avec un détenu. □ 13 ans+

CAPTIVES À BORNÉO *voir* **Three Came Home**

CAPTURE, LA ▷5
QUÉ. 2007. Drame psychologique de Carole LAURE avec Catherine de Léan, Laurent Lucas et Pascale Bussières. - Afin de venger sa mère et son frère cadet, une jeune femme séquestre son père violent dans l'espoir de le changer. □ 13 ans+

CAR WASH ▷5
É.-U. 1976. Comédie de mœurs de Michael SCHULTZ avec Franklin Ajaye, Sully Boyar et Ivan Dixon. - Divers incidents se produisent dans un service de lavage d'autos. □ Général ➔ DVD$

CARABINIERS, LES ▷4
FR. 1962. Comédie satirique de Jean-Luc GODARD avec Marino Mase, Albert Juross et Catherine Ribeiro. - Trompés par des promesses fallacieuses, deux simples d'esprit s'en vont faire la guerre.

CARACTÈRE [Character] ▷4
HOL. 1997. Drame psychologique de Mike van DIEM avec Fedja Van Huêt, Jan Decleir et Betty Schuurman. - Dans les années 20, le fils illégitime d'un huissier impitoyable et d'une gouvernante voit toutes ses entreprises contrecarrées par son père. □ 13 ans+

CARAMBOLAGES ▷4
FR. 1963. Comédie de Marcel BLUWAL avec Jean-Claude Brialy, Louis de Funès et Sophie Daumier. - L'ascension d'un jeune arriviste. ➜ DVD$

CARAMEL ▷4
Liban. 2007. Comédie de mœurs réalisée et interprétée par Nadine LABAKI avec Yasmine Al Masri et Adel Karam. - À Beyrouth, les tribulations sentimentales de cinq femmes gravitant autour d'un institut de beauté. □ Général ➜ DVD$

CARANDIRU ▷3
BRÉ. 2003. Drame social de Hector BABENCO avec Luiz Carlos Vasconcelos, Ivan de Almeida et Ailton Graça. - À Sao Paulo, un médecin devient le confident des détenus du plus grand pénitencier d'Amérique latine, le Carandiru. - Peinture à la fois sensible et vivante de dures conditions de vie. Récit épisodique habilement construit. Montage rythmé aux transitions abruptes. Excellente distribution. □ 13 ans+ · Violence

CARAVAGGIO ▷4
ANG. 1986. Drame biographique de Derek JARMAN avec Nigel Terry, Sean Bean et Tilda Swinton. - En 1610, alors qu'il est en train de mourir, le peintre Michelangelo Merisi dit Caravaggio se remémore les moments importants de sa vie. □ Général

CARAVANE DE FEU, LA *voir* **War Wagon, The**

CARD, THE [Promoter, The] ▷3
ANG. 1952. Comédie satirique de Ronald NEAME avec Alec Guinness, Valerie Hobson et Glynis Johns. - La carrière fructueuse d'un arriviste peu scrupuleux. - Humour subtil. Fines touches psychologiques. □ Général

CARDINAL, THE ▷4
É.-U. 1963. Drame de Otto PREMINGER avec Romy Schneider, Tom Tryon et John Huston. - La carrière mouvementée d'un prêtre américain qui devient cardinal. □ Général ➜ DVD$

CAREER GIRLS [Deux filles d'aujourd'hui] ▷3
ANG. 1997. Comédie dramatique de Mike LEIGH avec Katrin Cartlidge, Lynda Steadman et Mark Benton. - Deux jeunes femmes, colocataires durant leurs années d'études, se retrouvent six ans plus tard. - Touchante histoire d'amitié. Nombreux flash-backs intelligemment intégrés au récit. Mise en scène fluide. □ 13 ans+

CAREFREE ▷4
É.-U. 1939. Comédie musicale de Mark SANDRICH avec Fred Astaire, Ginger Rogers et Ralph Bellamy. - Inquiet des fantaisies de sa fiancée, un jeune homme la fait examiner par un psychiatre qui s'éprend d'elle. □ Général

CAREFUL ▷4
CAN. 1992. Drame de Guy MADDIN avec Kyle McCulloch, Gosia Dobrowolska et Sarah Neville. - Au XIXe siècle dans un village des Alpes, un jeune homme est tourmenté par un désir incestueux à l'endroit de sa mère. □ 13 ans+

CAREFUL, HE MIGHT HEAR YOU ▷3
É.-U. 1983. Drame psychologique de Carl SCHULTZ avec Wendy Hughes, Nicholas Gledhill et Robyn Nevin. - Deux sœurs qui se disputent la garde de leur neveu vont jusqu'à lutter en cour. - Récit émouvant. Approche délicate. □ Général

CARESSES ▷4
ESP. 1997. Drame de mœurs de Ventura PONS avec David Selvas, Laura Conejero et Julieta Serrano. - Dans une grande ville au cours d'une même nuit, divers individus interagissent et s'affrontent dans des contextes variés. □ 13 ans+ · Érotisme ➜ DVD$

CARETAKERS, THE ▷5
É.-U. 1963. Drame social de Hall BARTLETT avec Robert Stack, Joan Crawford et Polly Bergen. - Un jeune psychiatre rencontre une forte opposition lorsqu'il essaie la thérapie de groupe avec ses patients. □ Général

CARGAISON DANGEREUSE
voir **Wreck of the Mary Deare, The**

CARGO ▷5
QUÉ. 1990. Drame fantastique de François GIRARD avec Michel Dumont, Geneviève Rioux et Guy Thauvette. - En balade en voilier avec sa fille et l'amant de celle-ci, un homme d'âge mûr se réveille seul au lendemain d'une tempête et est recueilli à bord d'un cargo mystérieux. □ Général

CARLA'S SONG ▷4
ANG.-ALL.-ESP. 1996. Drame de Ken LOACH avec Robert Carlyle, Oyanka Cabezas et Scott Glenn. - Un conducteur de bus écossais accepte de suivre au Nicaragua une jeune immigrante traumatisée par la guerre civile qui ravage son pays. □ 13 ans+ · Violence

CARLITO'S WAY [À la manière de Carlito] ▷3
É.-U. 1993. Drame policier de Brian DE PALMA avec Al Pacino, Sean Penn et Penelope Ann Miller. - À sa sortie de prison, un gangster se laisse entraîner par son avocat dans une sale affaire de règlement de comptes. - Film noir agrémenté d'une étude de milieu vivante. Mise en scène fluide. Poursuite finale menée avec virtuosité. Compositions réussies d'A. Pacino et S. Penn. □ 13 ans+ · Violence ➜ DVD$

CARMEN ►2
ESP. 1983. Drame musical de Carlos SAURA avec Antonio Gadès, Laura del Sol et Cristina Hoyos. - Un chorégraphe s'éprend de la danseuse qui tient le rôle de Carmen dans un ballet flamenco. - Transposition moderne d'un sujet classique. Mouvement fort bien rythmé. Mélange harmonieux de divers arts. Interprétation juste. □ Général

CARMEN
É.-U. 1915. Cecil B. DEMILLE

CARMEN ►2
FR. 1984. Drame musical de Francesco ROSI avec Julia Migenes-Johnson, Placido Domingo et Ruggero Raimondi. - À Séville, en 1820, un brigadier s'éprend d'une cigarettière qu'il est chargé de surveiller. - Adaptation somptueuse et vivante du célèbre opéra de Georges Bizet. Contexte espagnol admirablement évoqué. Apports thématiques intéressants. Interprétation fougueuse de J. Migenes-Johnson. □ Général

CARMEN DE KHAYELITSHA ▷4
AFR.S. 2005. Drame musical de Mark DORNFORD-MAY avec Pauline Malefane, Andile Tshoni et Zorro Sidloyi. - En Afrique du Sud, une ouvrière dans une fabrique de cigarettes jette son dévolu sur un policier avant de succomber aux charmes d'un chanteur d'opéra. □ Général ➜ DVD$

CARMEN JONES ▷3
É.-U. 1957. Comédie musicale de Otto PREMINGER avec Dorothy Dandridge, Harry Belafonte et Pearl Bailey. - Les aventures amoureuses d'une jeune Noire devenue la coqueluche d'un régiment américain. - Transposition fantaisiste de l'opéra Carmen. Rythme mouvementé. Réalisation et interprétation soignées. □ Général ➜ DVD$

CARNAGES ▷4
FR. 2002. Drame de mœurs de Delphine GLEIZE avec Lucia Sanchez, Chiara Mastroianni et Angela Molina. - Les différentes parties d'un taureau, tué lors d'une corrida puis dépecé dans un abattoir, affectent de près ou de loin les destins de divers individus.
□ Général ➜ DVD$

CARNAL KNOWLEDGE [Ce plaisir que l'on dit charnel] ▷3
É.-U. 1971. Comédie satirique de Mike NICHOLS avec Jack Nicholson, Art Garfunkel et Candice Bergen. - Les expériences amoureuses de deux amis de collège depuis l'adolescence jusqu'à l'âge mûr. - Tableau satirique amer des complexes de l'Américain moyen. Mise en scène sobre et précise. □ 18 ans+ ➜ DVD$

CARNAVAL DES ÂMES, LE *voir* **Carnival of Souls**

CARNAVAL DES DIEUX, LE *voir* **Something of Value**

CARNET NOIR, LE *voir* **Black Book**

CARNETS DE VOYAGE [Motorcycle Diaries, The] ▷4
ARG. 2004. Chronique de Walter SALLES avec Gael Garcia Bernal, Rodrigo De La Serna et Mia Maestro. - En 1952, deux jeunes Argentins partent en moto pour un long périple à travers l'Amérique du Sud.
□ Général ➜ DVD$

CARNIVAL IN FLANDERS *voir* **Kermesse héroïque, La**

CARNIVAL OF SOULS [Carnaval des âmes, Le] ▷5
É.-U. 1962. Drame fantastique de Herk HARVEY avec Candance Hilligoss, Frances Feist et Sidney Berger. - Après un accident d'automobile, une jeune fille connaît d'étranges aventures.
□ Général ➜ DVD$

CARNY ▷4
É.-U. 1980. Comédie dramatique de Robert KAYLOR avec Gary Busey, Jodie Foster et Robbie Robertson. - L'arrivée d'une jeune serveuse au sein d'une foire itinérante cause diverses tensions entre les forains.
□ 13 ans+

CARO DIARIO *voir* **Journal intime**

CAROL'S JOURNEY ▷4
ESP. 2002. Drame d'Imanol URIBE avec Clara Lago, Juan Jose Ballesta et Alvaro de Luna. - Durant la guerre civile espagnole, les expériences d'une fille de douze ans née d'un père américain. ➜ DVD$

CAROUSEL ▷4
É.-U. 1955. Comédie musicale de Henry KING avec Gordon MacRae, Shirley Jones et Cameron Mitchell. - Après sa mort, un bonimenteur de foire reçoit la permission de revenir sur terre pour inspirer sa fille adolescente. □ Général ➜ DVD$

CARPETBAGGERS, THE ▷4
É.-U. 1963. Drame psychologique de Edward DMYTRYK avec George Peppard, Carroll Baker et Alan Ladd. - Les tribulations d'un industriel autoritaire qui s'est lancé dans la production de films. □ Général

CARREFOUR DES INNOCENTS *voir* **Lost Angels**

CARRIE ▷4
É.-U. 1952. Drame psychologique de William WYLER avec Laurence Olivier, Jennifer Jones et Miriam Hopkins. - Un homme d'âge mûr sombre dans la déchéance après avoir quitté son foyer pour rejoindre une jeune fille. □ Général

CARRIE [Carrie au bal du diable] ►2
É.-U. 1976. Drame fantastique de Brian DE PALMA avec Sissy Spacek, Piper Laurie et Betty Buckley. - Victime d'une cruelle plaisanterie, une adolescente utilise ses dons de télékinésie pour une horrible vengeance. - Scénario mêlant habilement horreur, psychologie et mélodrame. Réalisation pleine de maestria. Séquence du bal particulièrement remarquable. S. Spacek excellente dans le rôle-titre.
□ 13 ans+ ➜ DVD$ DVD-BR$

CARRIED AWAY ▷5
É.-U. 1995. Drame psychologique de Bruno BARRETO avec Dennis Hopper, Amy Irving et Amy Locane. - Dans une petite ville du Texas, un professeur d'âge mûr à l'existence morose se laisse séduire par une étudiante de 17 ans. □ 13 ans+ · Érotisme ➜ DVD$

CARRIÈRE DE SUZANNE, LA
FR. 1963. Éric ROHMER

CARRINGTON ▷4
ANG. 1995. Drame biographique de Christopher HAMPTON avec Emma Thompson, Jonathan Pryce et Steven Waddington. - La relation d'amour platonique entre la jeune peintre Dora Carrington et le poète homosexuel Lytton Strachey. □ Général ➜ DVD$

CARROSSE D'OR, LE [Golden Coach, The] ►2
FR. 1952. Comédie de Jean RENOIR avec Anna Magnani, Duncan Lamont et Paul Campbell. - Au XVIIIe siècle, une comédienne reçoit du vice-roi du Pérou un carrosse d'or. - Intrigue fondée sur le jeu entre le théâtre et la vie. Spectacle ravissant. Mise en scène remarquable. Interprétation de qualité.

CARS [Bagnoles, Les] ▷3
É.-U. 2006. Film d'animation de John Lasseter et Joe Ranft. - En route pour la Californie, un bolide de course fait une halte forcée dans une petite ville peuplée de voitures pittoresques. - Scénario imaginatif et touchant. Personnages attachants. Réalisation assurée. Graphisme et animation d'une grande virtuosité. □ Général ➜ DVD$ DVD-BR$

CARS THAT ATE PARIS, THE ▷4
AUS. 1974. Drame de mœurs de Peter WEIR avec Terry Camilleri, John Meillon et Melissa Jaffer. - Un jeune voyageur découvre que les habitants d'un village provoquent des accidents de la route afin de détrousser les victimes. □ 13 ans+ · Violence

CARTE DU MONDE, LA *voir* **Map of the World, A**

CARTE VERTE *voir* **Green Card**

CARTEL *voir* **Blow**

CARTESIUS [Descartes]
FR. ITA. 1974. Roberto ROSSELLINI

CARTOUCHE ▷3
FR. 1961. Aventures de Philippe DE BROCA avec Jean-Paul Belmondo, Claudia Cardinale et Odile Versois. - Les prouesses d'un bandit fantasque et chevaleresque au XVIIe siècle. - Traitement spirituel. Mise en scène vigoureuse. Images de qualité. J.-P. Belmondo excellent.
□ Général

CARVE HER NAME WITH PRIDE ▷4
E.-U. 1958. Drame d'espionnage de L. GILBERT avec Virginia McKenna, Paul Scofield et Jack Warner. - La veuve d'un lieutenant français devient agent du Service secret britannique. ➜ DVD$

CARVED: A SLIT-MOUTHED WOMAN
JAP. 2007. Koji SHIRAISHI ➜ DVD$

CAS DE CONSCIENCE EN DIRECT *voir* **Image, The**

CAS ROBERGE, LE ▷5
QUÉ. 2008. Comédie satirique de Raphaël MALO avec Benoît Roberge, Stéphane E. Roy et Sébastien Benoît. - Les tribulations professionnelles et amoureuses d'un chroniqueur télé qui aspire à devenir une vedette du showbizz. □ Général ➜ DVD$

CASA DE LOS BABYS ▷4
É.-U. 2003. Drame social de John SAYLES avec Daryl Hannah, Lili Taylor et Maggie Gyllenhaal. - Dans un hôtel en Amérique du Sud, six Américaines de milieux divers attendent de pouvoir adopter un enfant.
□ Général ➜ DVD$

CASABLANCA [Casablanca - 60th Anniversary Edition] ►2
É.-U. 1941. Drame de Michael CURTIZ avec Humphrey Bogart, Ingrid Bergman et Claude Rains. - Par amour pour une femme, un Américain propriétaire d'un club de nuit au Maroc aide un résistant tchèque à passer à l'étranger. - Classique du cinéma populaire hollywoodien. Habile mélange de romantisme et de cynisme. Mise en scène dynamique. Excellents interprètes. □ Général ➜ DVD$ DVD-BR$

CASANOVA ▷4
É.-U. 2005. Comédie sentimentale de Lasse HALLSTRÖM avec Heath Ledger, Sienna Miller et Jeremy Irons. - Au XVIIIe siècle à Venise, un célèbre libertin emprunte diverses identités pour séduire une jeune femme aux idées progressistes. □ Général ➜ DVD$

CASANOVA BROWN ▷4
É.-U. 1944. Comédie de Sam WOOD avec Gary Cooper, Teresa Wright et Frank Morgan. - À la veille de se marier, un professeur timide apprend qu'il a une fille d'un mariage précédent.
□ Général ➜ DVD$

CASHBACK ▷4
ANG. 2006. Comédie sentimentale de Sean ELLIS avec Sean Biggerstaff, Emilia Fox et Stuart Goodwin. - Employé de nuit dans un supermarché, un étudiant aux Beaux-Arts insomniaque s'imagine qu'il peut figer le temps. □ 13 ans+ ➜ DVD$

CASIMIR THE GREAT
POL. 1975. Ewa et Czeslaw PETELSKI □ Général

CASINO ▷3
É.-U. 1995. Drame de mœurs de Martin SCORSESE avec Robert De Niro, Joe Pesci et Sharon Stone. - Les hauts et les bas d'un directeur de casino de Las Vegas au début des années 1970. - Analyse des rouages d'une maison de jeux. Réalisation d'une virtuosité étourdissante. Milieu reconstitué avec un soin remarquable. Interprétation saisissante des trois vedettes.
□ 16 ans+ · Violence ➜ DVD-BR$ DVD$

CASINO ROYALE ▷5
ANG. 1967. Comédie de John HUSTON, Val GUEST, Ken HUGHES, Joe McGRATH et Robert PARRISH avec David Niven, Peter Sellers et Ursula Andress. - Sir James Bond sort de sa retraite pour affronter un gang de criminels. □ Général ➜ DVD$

CASINO ROYALE ▷4
ANG. 2006. Drame d'espionnage de Martin CAMPBELL avec Eva Green, Daniel Craig et Mads Mikkelsen. - L'agent secret James Bond cherche à démanteler un réseau international de terroristes financé par un riche adepte du poker. □ 13 ans+ · Violence ➜ DVD$ DVD-BR$

CASQUE D'OR ►2
FR. 1951. Drame de mœurs de Jacques BECKER avec Serge Reggiani, Simone Signoret et Claude Dauphin. - Dans les milieux de la pègre, au début du XXe siècle, deux hommes se disputent une femme surnommée Casque d'Or. - Ensemble puissamment dramatique. Mise en scène minutieuse. Excellente photographie. Interprétation remarquable. □ Général ➜ DVD$

CASQUE ET TALONS HAUTS *voir* **New in Town**

CASS TIMBERLANE ▷4
É.-U. 1947. Comédie dramatique de George SIDNEY avec Spencer Tracy, Lana Turner et Zachary Scott. - Les démêlés conjugaux d'un juge qui a épousé une jeune fille d'un milieu populaire. □ Général

CASSANDRA CROSSING, THE ▷5
[Pont de Cassandra, Le]
É.-U. 1976. Drame de George P. COSMATOS avec Richard Harris, Sophia Loren et Burt Lancaster. - Un terroriste contaminé par un bacille virulent se réfugie sur un train. □ 13 ans+

CASSANDRA'S DREAM ▷4
ANG. 2008. Comédie dramatique de Woody ALLEN avec Colin Farrell, Ewan McGregor et Hayley Atwell. - Deux frères ambitieux mais fauchés font appel à un oncle riche qui, en échange d'une forte somme, leur demande de tuer un de ses anciens partenaires d'affaires.
□ Général ➜ DVD$

CASSE DE L'ONCLE TOM, LE *voir* **Cotton Comes to Harlem**

CASSE, LE ▷4
FR. 1971. Drame policier de Henri VERNEUIL avec Jean-Paul Belmondo, Omar Sharif et Robert Hossein. - Les auteurs d'un gros vol de diamants sont traqués par un policier qui convoite lui-même le butin.

CASSE-PIED, LE *voir* **Buddy Buddy**

CAST A GIANT SHADOW [Ombre d'un géant, L'] ▷5
É.-U. 1966. Drame biographique de Melville SHAVELSON avec Kirk Douglas, Senta Berger et Yul Brynner. - En 1947, un officier américain d'origine juive, David Marcus, se met au service du mouvement israélien en Palestine. □ Général ➜ DVD$

CAST AWAY [Seul au monde] ▷3
É.-U. 2000. Drame de Robert ZEMECKIS avec Tom Hanks, Helen Hunt et Nick Searcy. - Naufragé dans une île déserte, un homme doit survivre au sein d'une nature sauvage et apprivoiser sa solitude. - Tour de force narratif à partir d'une idée connue. Traitement à la fois simple et d'un grand pouvoir d'évocation. Réalisation de qualité aux idées visuelles souvent saisissantes. Jeu remarquable de T. Hanks
□ Général ➜ DVD$ DVD-BR$

CASTLE, THE *voir* **Château, Le**

CASTLE, THE
ALL. AUT. 1997. Michael HANEKE ➜ DVD$

CASTLE KEEP [Château en enfer, Un] ▷3
É.-U. 1969. Drame de guerre de Sydney POLLACK avec Burt Lancaster, Jean-Pierre Aumont et Patrick O'Neal. - Au cours de la campagne des Ardennes, des soldats américains s'installent dans le château d'un comte. - Style baroque et insolite. Réalisation habile. Interprétation vigoureuse. □ 18 ans+ ➜ DVD$

CASUALTIES OF WAR [Victimes du Viêt-nam] ▷3
É.-U. 1989. Drame de guerre de Brian DE PALMA avec Michael J. Fox, Sean Penn et Don Harvey. - Après avoir assisté impuissant au viol et au meurtre d'une jeune Vietnamienne par ses camarades, un jeune soldat américain tente de traîner son peloton en cour martiale. - Transposition d'une expérience vécue. Nette orientation critique. Mise en scène retenue. Jeu impressionnant de S. Penn.
□ 13 ans+ ➜ DVD$

CAT AND THE CANARY ▷5
ANG. 1977. Comédie policière de Radley METZGER avec Carol Lynley, Michael Callan et Peter McEnery. - Un mystérieux meurtrier s'attaque aux personnes réunies dans un manoir pour entendre la lecture du testament d'un vieil excentrique. □ 13 ans+ ➜ DVD$

CAT AND THE CANARY, THE ▷4
É.-U. 1927. Drame d'horreur de Paul LENI avec Laura La Plante, Creighton Hale et Forest Stanley. - Dans un château, les personnes invitées à la lecture d'un testament disparaissent une à une.
□ Général

CAT BALLOU ▷3
É.-U. 1965. Comédie d'Elliot SILVERSTEIN avec Jane Fonda, Lee Marvin et Michael Callan. - Une jeune institutrice de retour dans l'Ouest doit défendre puis venger son père. - Joyeuse parodie du western. Gags enlevés. Mise en scène alerte. L. Marvin excellent dans un double rôle. □ Général ➜ DVD$

CAT CHASER ▷4
É.-U. 1989. Drame policier d'Abel FERRARA avec Peter Weller, Kelly McGillis et Charles Durning. - Le propriétaire d'un motel en Floride s'engage dans une liaison amoureuse avec la femme d'un millionnaire.
□ 16 ans+ · Violence

CAT FROM OUTER SPACE, THE ▷4
[Chat qui vient de l'espace, Le]
É.-U. 1978. Comédie fantaisiste de Norman TOKAR avec Ken Berry, Sandy Duncan et Harry Morgan. - Un chat extraterrestre dont l'appareil spatial est en panne cherche de l'aide pour le réparer.
□ Général ➜ DVD$

© SÉVILLE

CAT O'NINE TAILS, THE ▷5
ITA. 1971. Drame policier de Dario ARGENTO avec Karl Malden, James Franciscus et Catherine Spaak. - Un journaliste et un aveugle entreprennent une enquête pour trouver l'identité d'un meurtrier avant la police. □ 13 ans+ ➜ DVD $

CAT ON A HOT TIN ROOF ▷3
[Chatte sur un toit brûlant, La]
É.-U. 1958. Drame psychologique de Richard BROOKS avec Elizabeth Taylor, Paul Newman et Burl Ives. - Conflits entre les membres d'une riche famille du Sud des États-Unis. - Adaptation intelligente d'une pièce de Tennessee Williams. Mise en scène vigoureuse. Interprétation de qualité. □ Général ➜ DVD $

CAT ON A HOT TIN ROOF ▷4
ANG. 1976. Drame psychologique de R. MOORE avec Laurence Olivier, Natalie Wood et Robert Wagner. - Des conflits se font jour entre les membres d'une riche famille du Sud des Etats-Unis. □ Général

CAT PEOPLE/CURSE OF THE CAT PEOPLE
É.-U. Robert WISE et Jacques TOURNEUR ➜ DVD $

CAT PEOPLE ▷3
É.-U. 1942. Drame d'horreur de Jacques TOURNEUR avec Simone Simon, Kent Smith et Tom Conway. - Une jeune femme est persuadée qu'elle a hérité du pouvoir de se changer en panthère. - Éléments horrifiques suggérés plus que montrés. Utilisation intelligente des jeux de lumière. Interprétation adéquate. □ Général

CAT PEOPLE ▷4
É.-U. 1982. Drame fantastique de Paul SCHRADER avec Nastassja Kinski, Malcolm McDowell et John Heard. - Une jeune femme est persuadée qu'elle a hérité du pouvoir de se transformer en panthère. □ 18 ans+ ➜ DVD $

CAT'S EYE ▷4
É.-U. 1984. Film à sketches de Lewis TEAGUE avec Drew Barrymore, James Woods et Robert Hays. - Les déambulations d'un chat errant servent de lien à trois histoires insolites. □ 13 ans+ ➜ DVD $

CAT'S MEOW, THE [Cat's Meow: The Signature Series] ▷4
ANG. 2001. Drame de mœurs de Peter BOGDANOVICH avec Kirsten Dunst, Cary Elwes et Eddie Izzard. - En 1924, un événement tragique perturbe une croisière réunissant plusieurs célébrités sur le yacht du magnat W.R. Hearst. □ Général ➜ DVD $

CATCH ME IF YOU CAN [Arrête-moi si tu peux] ▷3
É.-U. 2002. Comédie policière de Steven SPIELBERG avec Leonardo DiCaprio, Tom Hanks et Christopher Walken. - Un jeune fraudeur de génie qui change souvent d'identité glisse constamment entre les doigts d'un agent du FBI lancé à ses trousses. - Intrigue rocambolesque tirée d'une histoire vraie. Personnages tracés avec un heureux mélange d'humour et d'empathie. Réalisation colorée et pleine de brio. Interprétation alerte. □ Général ➜ DVD $

CATCH-22 [Catch 22] ▷3
É.-U. 1970. Comédie satirique de Mike NICHOLS avec Alan Arkin, Jon Voight et Martin Balsam. - Durant la Seconde Guerre mondiale, un officier d'aviation, ayant accompli un nombre important de missions, tente d'obtenir la permission de retourner aux États-Unis. - Énorme caricature de la guerre. Mise en scène intelligente et soignée. Interprétation dans le ton voulu. □ Général ➜ DVD $

CATERED AFFAIR, THE ▷4
É.-U. 1955. Drame de Richard BROOKS avec Bette Davis, Ernest Borgnine et Debbie Reynolds. - Une femme insiste pour organiser une réception coûteuse à l'occasion du mariage de sa fille. □ Général

CATLOW ▷4
É.-U. 1971. Western de Sam WANAMAKER avec Yul Brynner, Richard Crenna et Daliah Lavi. - Un policier se voit forcé de poursuivre au Mexique un hors-la-loi avec qui il entretient des liens d'amitié. □ Général ➜ DVD $

CATS DON'T DANCE ▷4
É.-U. 1997. Dessins animés de Mark DINDAL. - Un chat doué pour le chant et la danse tente de percer à Hollywood malgré les manœuvres déloyales d'une jeune starlette qui déteste les animaux. □ Général · Enfants ➜ DVD $

CATS OF MIRIKITANI, THE
É.-U. 2006. Linda HATTENDORF ➜ DVD $

CAUCHEMAR INSOLITE DE WES CRAVEN, LE
voir **Wes Craven's New Nightmare**

CAUGHT ▷3
É.-U. 1949. Drame psychologique de Max OPHÜLS avec Barbara Bel Geddes, James Mason et Robert Ryan. - Une jeune ambitieuse épouse un industriel puis s'éprend d'un médecin de quartier.- Récit fort habilement charpenté. Mise en scène maîtrisée. Interprétation de qualité. □ Général

CAUGHT ▷4
É.-U. 1996. Drame de mœurs réalisé par Robert M. YOUNG avec Edward James Olmos, Maria Conchita Alonso et Arie Verveen. - Au New Jersey, un couple propriétaire d'une poissonnerie engage un itinérant qui devient l'amant de sa patronne. □ 13 ans+ ➜ DVD $

CAUSE TOUJOURS, TU M'INTÉRESSES ▷4
FR. 1979. Comédie d'Édouard MOLINARO avec Jean-Pierre Marielle, Annie Girardot et Jacques François. - Pour tromper son ennui, un divorcé téléphone par hasard à une célibataire à qui il se présente sous une fausse identité. □ Général

CAVALCADE ▷3
ANG. 1933. Chronique de Frank LLOYD avec Diana Wynyard, Clive Brook et Herbert Mundin. - De la guerre des Boers à la Grande Dépression, trois décennies dans la vie d'une famille londonienne. - Adaptation élégante d'une pièce de Noel Coward. Riche caractérisation. Critique aiguisée des événements historiques de l'époque. Réalisation alerte. Interprétation assurée. □ Général

CAVALIER DU DÉSERT, LE *voir* **Westerner, The**

CAVALIER SOLITAIRE, LE *voir* **Pale Rider**

CAVALIERS, LES *voir* **Horsemen, The**

CAVE OF THE YELLOW DOG
ALL. 2005. Byambasuren DAVAA

CAVE SE REBIFFE, LE ▷4
FR. 1962. Comédie policière de Gilles GRANGIER avec Jean Gabin, Maurice Biraud et Bernard Blier. - Un faussaire retiré des affaires revient à la fabrication de faux billets. ➜ DVD $

CAVEMAN [Homme des cavernes, L'] ▷5
É.-U. 1981. Comédie de Carl GOTTLIEB avec Ringo Starr, Barbara Bach et Shelley Long. - Chassé de sa tribu pour avoir convoité la compagne de son chef, un homme préhistorique imagine des armes nouvelles et tente de conquérir celle qu'il aime. □ Général ➜ DVD $

CE CHER INTRUS *voir* **Once Around**

CE CRÉTIN DE MALEC *voir* **Saphead, The**

CE JOUR-LÀ [That Day] ▷4
FR. 2003. Comédie satirique de Raoul RUIZ avec Bernard Giraudeau, Elsa Zylberstein et Jean-Luc Bideau. - Un tueur simple d'esprit s'éprend de la jeune femme qu'il est censé assassiner à la demande de la famille de celle-ci. ➜ DVD $

CE N'EST QU'UN AU REVOIR *voir* **Long Gray Line, The**

CE PLAISIR QUE L'ON DIT CHARNEL
voir **Carnal Knowledge**

CE QU'IL FAUT POUR VIVRE ▷3
QUÉ. 2008. Drame de Benoît PILON avec Natar Ungalaaq et Éveline Gélinas. - En 1952, un chasseur inuit atteint de tuberculose est obligé de quitter les siens pour aller se faire soigner dans un sanatorium de Québec. - Récit beau et humain sur l'entraide et la transmission de l'héritage culturel. Contexte historique et social finement dessiné. Réalisation attentive au style épuré. Rythme mesuré. Interprétation fort attachante. Performance remarquable de N. Ungalaaq. ➜ DVD $

CE QUE FEMME VEUT *voir* **What Women Want**

CECIL B. DEMENTED ▷5
É.-U. 2000. Comédie satirique de John WATERS avec Melanie Griffith, Stephen Dorff et Alicia Witt. - Un cinéaste underground kidnappe une star capricieuse pour l'obliger à jouer dans son nouveau film subversif. □ 13 ans+ · Violence ➜ DVD $

CECILIA
CUB. 1982. Humberto SOLAS ➜ DVD $

CELEBRATION, THE *voir* **Fête de famille**

CELEBRITY ▷4
É.-U. 1998. Comédie de mœurs de Woody ALLEN avec Judy Davis, Kenneth Branagh et Joe Mantegna. - Un journaliste côtoyant les célébrités aspire à la gloire littéraire, pendant que son ex-femme devient, sans le vouloir, une vedette de la télé. □ 13 ans+ · Langage vulgaire ➜ DVD $

CÉLESTE ▷3
ALL. 1981. Drame de Percy ADLON avec Eva Mattes, Juergen Arndt et Norbert Wartha. - Illustration des souvenirs de la gouvernante de Marcel Proust. - Étude psychologique intéressante. Mise en scène d'une belle sobriété. Contexte bien évoqué.

CELESTIAL CLOCKWORK *voir* **Mécaniques célestes**

CÉLIBATAIRES *voir* **Singles**

CÉLIBATAIRES, LES *voir* **Swingers**

CÉLIBATAIRES EN CAVALE *voir* **Swingers**

CÉLINE ▷4
FR. 1992. Drame religieux de Jean-Claude BRISSEAU avec Isabelle Pasco, Lisa Hérédia et Daniel Tarrare. - Initiée à la méditation par une infirmière qui l'a sauvée d'une tentative de suicide, une jeune fille se découvre d'étranges dons miraculeux.

CÉLINE ET JULIE VONT EN BATEAU ▷3
[Celine and Julie Go Boating]
FR. 1974. Comédie fantaisiste de Jacques RIVETTE avec Juliet Berto, Dominique Labourier et Bulle Ogier. - Deux jeunes filles s'inventent des récits rocambolesques ayant pour cadre une vieille maison. - Histoire pleine d'humour, d'imagination et d'insolence. Climat à mi-chemin entre le rêve et la réalité. Interprétation alerte.

CELL, THE [Cellule, La] ▷4
É.-U. 2000. Science-fiction de Tarsem SINGH avec Jennifer Lopez, Vince Vaughn et Vincent D'Onofrio. - Grâce à une technique révolutionnaire, une psychologue pénètre dans l'esprit d'un tueur en série comateux afin de découvrir où se trouve sa dernière victime.
□ 16 ans+ ➜ DVD$

CELLO
COR. 2005. Woo-cheol LEE ➜ DVD$

CELOS [Jealousy] ▷4
ESP. 1999. Drame psychologique de V. ARANDA avec Aitana Sanchez-Gijon, Daniel Gimenez Cacho et Maria Botto. - Un jeune homme sombre dans une jalousie obsessive après avoir découvert une vieille photo montrant sa fiancée dans les bras d'un autre homme.
➜ DVD$

CELUI PAR QUI LE SCANDALE ARRIVE
voir **Home from the Hill**

CELUI QUI N'EXISTAIT PAS *voir* **Night Walker, The**

CEMENT GARDEN, THE ▷4
ANG. 1992. Drame de mœurs d'Andrew BIRKIN avec Andrew Robertson, Charlotte Gainsbourg et Alice Coulthard. - Par crainte de l'orphelinat, un frère et une sœur enterrent dans la cave le corps de leur mère tout juste décédée et continuent à vivre comme si de rien n'était.
□ 16 ans+

CENDRES D'ANGELA, LES *voir* **Angela's Ashes**

CENDRES ET DIAMANTS [Ashes and Diamonds] ►2
POL. 1958. Drame politique d'Andrzej WAJDA avec Zbigniew Cybulski, Ewa Krzyzanowska et Adam Pawlikowski. - En Pologne en 1945, un jeune étudiant nationaliste reçoit de son chef l'ordre d'abattre le secrétaire général du Parti communiste. - Œuvre à la fois bouleversante et fougueuse. Climat de désespoir moral bien rendu. Atmosphère habilement reconstituée. □ Général ➜ DVD$

CENDRILLON *voir* **Cinderella**

CENT ET UNE NUITS, LES ▷4
[One Hundred and One Night]
FR. 1994. Comédie fantaisiste d'Agnès VARDA avec Michel Piccoli, Julie Gayet et Marcello Mastroianni. - Une étudiante devient demoiselle de compagnie auprès d'un vieillard qui reçoit chez lui des stars du cinéma tout en se remémorant des souvenirs de cinéphile.
□ Général

CENT MILLE DOLLARS AU SOLEIL ▷4
FR. 1964. Aventures d'Henri VERNEUIL avec Lino Ventura, Jean-Paul Belmondo et Bernard Blier. - En Afrique, un chauffeur de camion tente de rattraper un collègue qui a volé un véhicule. ➜ DVD$

CENTER OF THE WORLD, THE ▷5
É.-U. 2001. Drame de mœurs de Wayne WANG avec Peter Sarsgaard, Molly Parker et Carla Gugino. - Pour dix mille dollars, une jeune strip-teaseuse accepte de passer trois jours à Las Vegas avec un jeune informaticien solitaire. □ 18 ans+ ➜ DVD$

CENTRAL STATION *voir* **Gare centrale**

CENTURIONS, LES *voir* **Lost Command**

CENTURY ▷4
ANG. 1994. Drame de Stephen POLIAKOFF avec Charles Dance, Clive Owen et Miranda Richardson. - À l'aube du XXe siècle, une âpre rivalité vient troubler les relations d'un jeune médecin ambitieux et de son mentor. □ Général

CENTURY OF BLACK CINEMA, A
É.-U. 2003. DIVERS ➜ DVD$

CERCLE, LE *voir* **Ring, The**

CERCLE, LE *voir* **Circle, The**

CERCLE D'AMIS, UN *voir* **Circle of Friends**

CERCLE DES INTIMES, LE [Inner Circle, The] ▷4
ITA. 1991. Drame social d?Andrei KONCHALOVSKY avec Tom Hulce, Lolita Davidovich et Bob Hoskins. - Le projectionniste attitré de Staline est à ce point obnubilé par son maître qu'il en néglige sa jeune épouse. □ Général

CERCLE DU POUVOIR, LE *voir* **Brainwash**

CERCLE DU SILENCE, LE *voir* **Bastard Out of Carolina**

CERCLE PARFAIT, LE ▷3
BOS. 1996. Drame de guerre d'Ademir KENOVIC avec Mustafa Nadarevic, Almedin Leleta et Almir Podgorica. - Durant le siège de Sarajevo, un poète prend sous sa protection deux orphelins égarés. - Description réaliste et bouleversante du conflit tel que vécu par les assiégés. Profond humanisme du discours. □ 13 ans+

CERCLE ROUGE, LE ►2
FR. 1970. Thriller de Jean-Pierre MELVILLE avec André Bourvil, Alain Delon et Yves Montand. - Un policier tend un piège à trois criminels qui viennent de réussir un vol de bijoux. - Récit captivant. Psychologie fouillée. Mise en scène froide, précise et rigoureuse. Interprétation excellente. □ Général ➜ DVD$

CÉRÉMONIE, LA ▷3
FR. 1995. Drame psychologique de Claude CHABROL avec Sandrine Bonnaire, Isabelle Huppert et Jacqueline Bisset. - Une jeune domestique analphabète se lie d'amitié avec une postière délurée qui l'entraîne à se rebeller contre ses employeurs. - Étude précise des rapports de classe. Sujet traité avec un détachement troublant. Mise en scène très maîtrisée. Interprétation brillante des deux vedettes féminines. ➜ DVD$

CÉRÉMONIE SECRÈTE *voir* **Secret Ceremony**

CERF-VOLANT BLEU, LE [Blue Kite, The] ▷4
CHI. 1992. Drame social de Tian ZHUANGZHUANG avec Lu Liping, Pu Quanxin et Li Xuejian. - Les tribulations d'une institutrice chinoise et de son jeune fils né au début des années 1950. □ Général ➜ DVD$

CERFS-VOLANTS DE KABOUL, LES *voir* **Kite Runner, The**

CERRO TORRE: SCREAM OF STONE ▷5
[Conquête de la peur, La]
ALL. 1991. Drame sportif de Werner HERZOG avec Vittorio Mezzogiorno, Stefan Glowacz et Donald Sutherland. - Deux alpinistes rivaux qui escaladent un sommet périlleux sous les yeux de la télévision se livrent à un duel irraisonnable. □ Général

CERTAINE RENCONTRE, UNE
voir **Love with the Proper Stranger**

CERTAINES NOUVELLES ▷4
FR. 1979. Drame de Jacques DAVILA avec Micheline Presle, Frédéric de Pasquale et Gérard Lartigau. - En 1961, deux familles françaises d'Algérie demeurent plus ou moins indifférentes aux troubles politiques qui secouent leur pays.

CERVEAU, LE [Brain, The] ▷4
FR. 1969. Comédie policière de Gérard OURY avec Jean-Paul Belmondo, Bourvil et David Niven. - Un voleur expert et deux escrocs minables entrent en rivalité pour un vol de train. □ Général ➜ DVD$

CES GARÇONS QUI VENAIENT DU BRÉSIL
voir **Boys from Brazil, The**

CÉSAR ▷3
FR. 1936. Comédie dramatique de Marcel PAGNOL avec Pierre Fresnay, Raimu et Orane Demazis. - À la mort de celui qu'il croit son père, un jeune homme apprend le secret de sa naissance. - Épisode final de la trilogie de Pagnol. Thème développé avec humanité. Image subordonnée à la parole. Interprétation vivante. □ Général

CÉSAR ET ROSALIE ▷3
FR. 1972. Drame psychologique de Claude SAUTET avec Yves Montand, Romy Schneider et Sami Frey. - Les réactions d'un homme d'âge mûr lorsque sa jeune compagne reprend contact avec un ancien amant. - Intrigue faite d'observations attentives. Fines touches psychologiques. Mise en scène alerte. Interprétation naturelle et vivante.

CET AMOUR-LÀ ▷4
FR. 2001. Drame biographique de Josée DAYAN avec Jeanne Moreau, Aymeric Demarigny et Christiane Rorato. - De 1980 jusqu'à sa mort en 1996, l'écrivaine Marguerite Duras a vécu une relation passionnée avec le jeune étudiant Yann Andrea. □ Général ➜ DVD$

CET OBSCUR OBJET DU DÉSIR ▷3
[That Obscure Object of Desire]
FR. 1977. Comédie dramatique de Luis BUÑUEL avec Fernando Rey, Carole Bouquet et Angela Molina. - Au cours d'un voyage en train, un homme raconte à d'autres passagers sa récente aventure sentimentale avec une jeune femme capricieuse. - Adaptation très personnelle d'un roman de Pierre Louÿs. Détails surréalistes. Curieux mélange de rigueur et de désinvolture. Interprétation tout en finesse de F. Rey.

CETTE CHOSE QU'ON APPELLE L'AMOUR
voir **Thing Called Love, The**

CETTE FEMME-LÀ ▷4
FR. 2003. Drame policier de Guillaume NICLOUX avec Josiane Balasko, Éric Caravaca et Ange Rodot. - Une policière hantée par la mort accidentelle de son jeune fils et par de terrifiants cauchemars enquête sur le suicide suspect d'une inconnue. □ 16 ans+ ➜ DVD$

CEUX QUI M'AIMENT PRENDRONT LE TRAIN ▷4
[Those Who Love Me Can Take the Train]
FR. 1997. Drame psychologique de Patrice CHÉREAU avec Valeria Bruni Tedeschi, Charles Berling et Pascal Greggory. - Les funérailles d'un peintre homosexuel donnent lieu à des règlements de compte émotifs entre ses amants, amis et parents. □ 16 ans+ ➜ DVD$

CEUX QUI RESTENT ▷4
FR. 2007. Drame sentimental d'Anne Le NY avec Vincent Lindon, Emmanuelle Devos et Yeelem Jappain. - Un enseignant dont l'épouse se meurt dans un hôpital se lie d'amitié avec la conjointe d'un patient atteint d'un grave cancer. □ Général ➜ DVD$

CHACAL *voir* **Day of the Jackal, The**

CHACUN CHERCHE SON CHAT [When the Cat's Away] ▷4
FR. 1996. Comédie dramatique de Cédric KLAPISCH avec Garance Clavel, Zinedine Soualem et Renée Le Calm. - Une jeune femme qui a perdu son chat part à sa recherche dans les rues de son quartier parisien. □ Général

CHACUN SA CHANCE *voir* **Everybody Wins**

CHAÎNES DU SANG, LES *voir* **Bloodbrothers**

CHAIR POUR FRANKENSTEIN
voir **Andy Warhol's Frankenstein**

CHAIRMAN, THE ▷5
ANG. 1969. Drame d'espionnage de J. LEE THOMPSON avec Gregory Peck, Arthur Hill et Alan Dobie. - Un professeur d'université reçoit des services secrets la mission de rapporter de Chine une formule scientifique exclusive. ➜ DVD$

CHALEUR DU SEIN, LA
FR. 1938. Jean BOYER ➜ DVD$

CHALEUR ET POUSSIÈRE *voir* **Heat and Dust**

CHALK ▷4
É.-U. 2006. Comédie satirique de Mike AKEL avec Troy Schremmer, Janelle Schremmer et Shannon Haragan. - Les frustrations et les bonheurs de trois enseignants du secondaire durant une année scolaire. ➜ DVD$

CHALLENGE, THE ▷4
É.-U. 1981. Aventures de John FRANKENHEIMER avec Scott Glenn, Toshiro Mifune et Donna Kei Benz. - Un boxeur américain se retrouve mêlé à une querelle opposant deux frères japonais qui se disputent un sabre précieux. - Récit convenu traité avec un certain savoir-faire. Décors utilisés avec invention. Touches d'humour. Interprétation alerte.

CHALLENGE FOR ROBIN HOOD, A
ANG. 1967. C.M. PENNINGTON-RICHARDS □ Général

CHAMADE, LA ▷4
FR. 1968. Drame psychologique d'Alain CAVALIER avec Catherine Deneuve, Michel Piccoli et Roger Van Hool. - Une jeune femme quitte momentanément la vie de luxe que lui procure son amant pour l'amour d'un garçon de condition modeste. ➜ DVD$

CHAMANE ▷4
FR. 1995. Aventures de BARTABAS avec Igor Gotsman, Spartak Fedotov et Vladimir Yakovlev. - Un musicien qui s'est évadé d'un goulag en plein hiver fuit dans la taïga à dos de cheval. □ Général

CHAMANKA
FR. POL. SUI. 1996. Andrzej ZULAWSKI

CHAMBERMAID ON THE TITANIC, THE
voir **Femme de chambre du Titanic, La**

CHAMBRE À LOUER *voir* **Room to Rent**

CHAMBRE AVEC VUE *voir* **Room with a View, A**

CHAMBRE DES MAGICIENNES, LA ▷4
FR. 1999. Drame psychologique de Claude MILLER avec Anne Brochet, Mathilde Seigner et Annie Noël. - Partageant une chambre dans une unité de neurologie avec deux autres patientes, une étudiante est intriguée par le comportement bizarre de l'une d'elles.
□ Général · Déconseillé aux jeunes enfants

CHAMBRE DES OFFICIERS, LA ▷4
FR. 2001. Drame psychologique de François DUPEYRON avec Éric Caravaca, Sabine Azéma et Denis Podalydès. - Défiguré par un obus, un jeune lieutenant passe toute la Première Guerre mondiale dans la chambre des officiers d'un hôpital parisien. □ 13 ans+ ➜ DVD$

CHAMBRE DU FILS, LA [Son's Room, The] ▷3
ITA. 2001. Drame psychologique réalisé et interprété par Nanni MORETTI avec Laura Morante et Jasmine Trinca. - Un psychanalyste qui se sent coupable de la mort accidentelle de son fils met en péril les liens qui l'unissent à sa femme et à sa fille. - Portrait délicat d'une famille confrontée à un pénible deuil. Observations judicieuses et touchantes. Réalisation tout en douceur. Excellents interprètes.
□ Général ➜ DVD$

CHAMBRE FORTE, LA *voir* **Panic Room**

CHAMBRE VERTE, LA [Green Room, The] ▷3
FR. 1978. Drame psychologique réalisé et interprété par François TRUFFAUT avec Nathalie Baye et Jean Dasté. - Un ancien soldat devenu veuf après quelques années de mariage se voue au culte des morts. - Sujet insolite. Style sobre. Photographie particulièrement soignée. Interprétation subtile. □ Général

CHAMP, THE ▷4
É.-U. 1931. Mélodrame de King VIDOR avec Wallace Beery, Jackie Cooper et Irene Rich. - Un garçonnet vit heureux avec son père, ex-champion boxeur, jusqu'au jour où sa mère reparaît.
□ Général ➜ DVD$

CHAMP, THE [Champion, Le] ▷4
É.-U. 1979. Mélodrame de Franco ZEFFIRELLI avec Jon Voight, Ricky Schroder et Faye Dunaway. - Élevant seul son fils, un boxeur déchu décide de remonter sur l'arène lorsque sa femme reparaît.
□ Général

CHAMP D'HONNEUR ▷3
FR. 1987. Drame de guerre de Jean-Pierre DENIS avec Cris Campion, Pascale Rocard et Eric Wapler. - Durant la guerre entre la France et la Prusse, un jeune paysan sert au combat à la place du fils d'un notable. - Évocation historique à hauteur d'homme. Utilisation originale des différences linguistiques de la France du XIXe siècle. Récit simple illustré sobrement. Interprétation retenue. □ Général

CHAMP DE RÊVES, LE *voir* **Field of Dreams**

CHAMPAGNE
ANG. 1928. Alfred HITCHCOCK

CHAMPAGNE FOR CAESAR ▷4
É.-U. 1950. Comédie satirique de Richard WHORF avec Ronald Colman, Celeste Holm et Vincent Price. - Un érudit sans emploi gagne une fortune à un quizz de télévision. □ Général ➜ DVD$

CHAMPION ▷3
É.-U. 1949. Drame de Mark ROBSON avec Kirk Douglas, Marilyn Maxwell et Arthur Kennedy. - Pour arriver au championnat, un boxeur n'épargne personne et ne recule devant rien. - Récit rapide et tendu. Mise en scène vigoureuse. Interprétation de classe. □ Général

CHAMPION, LE *voir* **Champ, The**

CHAN IS MISSING ▷4
É.-U. 1981. Etude de mœurs de W. WANG avec Wood Moy, Marc Hayashi et Laureen Chow. - Un chauffeur de taxi sino-américain et son neveu recherchent un affairiste venu de Taiwan qui a disparu en leur dérobant leurs économies. ➜ DVD$

CHANCE DE MA VIE, LA *voir* **Me Myself I**

CHANCE PAS CROYABLE, UNE *voir* **Outrageous Fortune**

CHANCES ARE [Lui, moi, elle et l'autre] ▷5
É.-U. 1989. Comédie fantaisiste de Emile ARDOLINO avec Robert Downey Jr., Cybill Shepherd et Ryan O'Neal. - Un jeune avocat qui a été tué dans un accident se réincarne dans un nouveau-né puis retrouve vingt-deux ans plus tard son épouse et sa fille. □ Général

CHANEL SOLITAIRE ▷5
FR. 1981. Drame biographique de George KACZENDER avec Marie-France Pisier, Timothy Dalton et Rutger Hauer. - Au long de la présentation d'une collection, une couturière célèbre se remémore ses jeunes années. □ 13 ans+

CHANG ▷3
É.-U. 1927. Étude de mœurs d'Ernest B. SCHOEDSACK et Merian C. COOPER avec Kru, Nantui et Nah. - Un énorme troupeau d'éléphants menace la quiétude des habitants d'un village du Siam. - Œuvre tournée dans des conditions très difficiles avec des techniques de documentaire. Délicieux parfum d'aventures exotiques. Passages saisissants. Image constamment belle. Jeu convaincant d'interprètes non professionnels. □ Général

CHANGE OF SEASONS, A ▷5
É.-U. 1980. Comédie de mœurs de R. LANG avec Shirley MacLaine, Anthony Hopkins et Bo Derek. - Deux époux qui se trompent mutuellement décident de passer ensemble des vacances d'hiver en compagnie de leurs partenaires sentimentaux. ➜ DVD$

CHANGELING, THE ▷4
CAN. 1980. Drame fantastique de Peter MEDAK avec George C. Scott, Trish Van Devere et Melvyn Douglas. - Installé dans une maison abandonnée, un musicien est influencé par l'esprit d'un enfant infirme qui y a jadis été tué. □ 13 ans+ ➜ DVD$

CHANGELING, THE ▷4
É.-U. 2008. Drame policier de Clint EASTWOOD avec Angelina Jolie, John Malkovich et Jeffrey Donovan. - En 1928, une mère dont le fils a disparu affirme que l'enfant que la police lui a ramené cinq mois plus tard n'est pas le sien. □ 13 ans+ ➜ DVD$ DVD-BR$

CHANGEMENT D'ADRESSE ▷4
FR. 2006. Comédie sentimentale réalisée et interprétée par Emmanuel MOURET avec Frédérique Bel et Fanny Valette. - À Paris, les tribulations sentimentales et professionnelles d'un musicien et de sa colocataire. □ Général ➜ DVD$

CHANGING LANES [Changement de voie] ▷4
É.-U. 2002. Drame psychologique de Roger MICHELL avec Ben Affleck, Samuel L. Jackson et Toni Collette. - Un avocat et un agent d'assurances impliqués dans un accident de la route sombrent dans un affrontement revanchard. □ Général ➜ DVD-BR$ DVD$

CHANSON EST NÉE, UNE *voir* **Song Is Born, A**

CHANSONS D'AMOUR, LES ▷4
FR. 2007. Comédie musicale de Christophe HONORÉ avec Louis Garrel, Ludivine Sagnier et Clotilde Hesme. - Un jeune journaliste faisant ménage à trois est bouleversé par le décès subit de l'une de ses partenaires. ➜ DVD$

CHANSONS DU DEUXIÈME ÉTAGE ▷3
[Songs from the Second Floor]
SUÈ. 2000. Comédie dramatique de Roy ANDERSSON avec Lars Nordh, Stefan Larsson et Torbjörn Fahlström. - Dans une ville européenne, divers événements insolites sont annonciateurs d'un grand chaos. - Méditation désespérante sur la société occidentale actuelle. Humour noir teinté de surréalisme. Suite de plans-séquences savamment composés. Ambiance crépusculaire. Interprétation dans la note. □ Général ➜ DVD$

CHANT DE LA FORÊT, LE *voir* **Cry of the Wild**

CHANT DES SIRÈNES, LE
voir **I've Heard the Mermaids Singing**

CHANT DU MISSOURI, LE *voir* **Meet Me in st. Louis**

CHANTEUR DE NOCES, LE *voir* **Wedding Singer, The**

CHANTONS SOUS LA PLUIE *voir* **Singin' in the Rain**

CHAOS ▷4
FR. 2001. Comédie dramatique de Coline SERREAU avec Catherine Frot, Vincent Lindon et Rachida Brakni. - Une bourgeoise se fait la protectrice d'une jeune maghrébine qui a été sauvagement agressée par ses proxénètes. ➜ DVD$

CHAOS [Kaosu]
JAP. 1999. Hideo NAKATA ➜ DVD$

CHAOS AND DESIRE *voir* **Turbulence des fluides, La**

CHAPLIN ▷5
É.-U. 1992. Drame biographique de Richard ATTENBOROUGH avec Robert Downey Jr., Geraldine Chaplin et Dan Aykroyd. - La vie tumultueuse du cinéaste et comédien Charlie Chaplin. □ Général ➜ DVD$

CHAPPAQUA ▷4
É.-U. 1967. Drame psychologique réalisé et interprété par Conrad ROOKS avec Jean-Louis Barrault et Paula Pritchett. - Alcoolique et narcomane depuis son adolescence, un jeune homme suit péniblement une cure de désintoxication.

CHAPTER 27 ▷4
É.-U. 2007. Drame de J.P. SCHAEFER avec Jared Leto, Lindsay Lohan et Judah Friedlander. - Chronique des trois journées vécues par Mark David Chapman avant qu'il n'assassine l'ex-Beatle John Lennon. ➜ DVD$

CHARACTER *voir* **Caractère**

CHARADE ▷3
É.-U. 1963. Comédie policière de Stanley DONEN avec Audrey Hepburn, Cary Grant et Walter Matthau. - À la mort de son mari, une jeune femme découvre qu'il détenait le secret d'un trésor. - Suspense et humour habilement mêlés. Bonne utilisation des décors parisiens. Jeu charmant des interprètes. □ Général ➜ DVD$

CHARGE DES REBELLES, LA ▷4
ESP. 1963. Drame de Carlos SAURA avec Francisco Rabal, Lea Massari et Philippe Leroy. - Un paysan se joint à des bandits dont il devient le chef.

CHARGE FANTASTIQUE, LA
voir **They Died with Their Boots On**

CHARGE HÉROÏQUE, LA *voir* **She Wore a Yellow Ribbon**

© SÉVILLE

CHARGE OF THE LIGHT BRIGADE, THE ▷4
[Charge de la brigade légère, La]
É.-U. 1936. Drame historique de Michael CURTIZ avec Errol Flynn, Olivia de Havilland et Patric Knowles. - En Crimée, un officier provoque une charge de cavalerie pour venger un massacre. ➔ DVD$

CHARGE OF THE LIGHT BRIGADE, THE ▷3
[Charge de la brigade légère, La]
ANG. 1968. Drame de guerre de Tony RICHARDSON avec Trevor Howard, David Hemmings et John Gielgud. - Les circonstances entourant le massacre d'un régiment anglais pendant la guerre de Crimée. - Vision critique de l'époque victorienne. Réalisation impressionnante. Excellents morceaux de bravoure. Interprétation solide. □ 13 ans+ ➔ DVD$

CHARGE VICTORIENNE, LA
voir **Red Badge of Courage, The**

CHARIOTS OF FIRE [Chariots de feu, Les] ▷3
ANG. 1981. Drame sportif de Hugh HUDSON avec Ben Cross, Ian Charleson et Ian Holm. - Un étudiant juif et un futur missionnaire s'entraînent à la course pour des motivations différentes. - Rappel de faits vécus. Mise en images claire et alerte. Contexte d'époque bien évoqué. Interprétation convaincue. □ Général ➔ DVD$

CHARLEY VARRICK [Tuez Charley Varrick] ▷4
É.-U. 1973. Drame policier de Don SIEGEL avec Walter Matthau, Joe Don Baker et John Vernon. - Un voleur de banques est aux prises avec un tueur de la mafia. □ 13 ans+ ➔ DVD$

CHARLIE AND THE CHOCOLATE FACTORY ▷4
É.-U. 2005. Comédie fantaisiste de Tim BURTON avec Johnny Depp, Freddie Highmore et David Kelly. - Un inventeur excentrique invite cinq enfants à visiter sa mythique confiserie qui recèle de nombreuses surprises. □ Général ➔ DVD$

CHARLIE BARTLETT ▷4
É.-U. 2007. Comédie dramatique de Jon POLL avec Anton Yelchin, Robert Downey Jr. et Kat Dennings. - Dans une école secondaire publique, un adolescent bien né gagne la sympathie des élèves en leur offrant des consultations psychiatriques et des médicaments.
□ 13 ans+ ➔ DVD$

CHARLIE WILSON'S WAR ▷4
É.-U. 2007. Comédie de Mike NICHOLS avec Tom Hanks, Philip Seymour Hoffman et Julia Roberts. - Dans les années 1980, un politicien tente de financer une opération de la CIA visant à soutenir l'Afghanistan contre l'envahisseur soviétique. □ 13 ans+ ➔ DVD$

CHARLOTS EN FOLIE: À NOUS QUATRE CARDINAL!
[Quatre Charlots Mousquetaires 2, Les]
FR. 1974. André HUNEBELLE ➔ DVD$

CHARLOTTE GRAY ▷5
ANG. 2001. Drame d'espionnage de Gillian ARMSTRONG avec Cate Blanchett, Billy Crudup et Michael Gambon. - Durant la Seconde Guerre mondiale, une Écossaise s'engage dans les Services secrets britanniques pour retrouver son amant, un pilote anglais disparu en sol français. □ Général · Déconseillé aux jeunes enfants ➔ DVD$

CHARLOTTE'S WEB [Petit monde de Charlotte, Le] ▷4
É.-U. 1972. Dessins animés de Charles A. NICHOLS et Iwao TAKAMOTO. - Un petit cochon est sauvé de la mort grâce à une araignée ingénieuse devenue son amie. □ Général ➔ DVD$

CHARLOTTE'S WEB [Petit monde de Charlotte, Le] ▷4
É.-U. 2006. Comédie fantaisiste de Gary Winick avec Dakota Fanning, Dominick Scott Kay (voix) et Julia Roberts (voix). - Une fillette et une araignée ingénieuse s'emploient à sauver un porcelet destiné à être transformé en bacon. □ Général ➔ DVD$

CHARME DISCRET DE LA BOURGEOISIE, LE ►1
[Discreet Charm of the Bourgeoisie, The]
FR. 1972. Comédie satirique de Luis BUÑUEL avec Fernando Rey, Delphine Seyrig et Stéphane Audran. - Deux couples bourgeois et un diplomate subissent divers contretemps à chaque fois qu'ils se réunissent pour prendre un repas. - Œuvre maîtresse de Buñuel. Intrigue allègrement décousue. Style précis et détendu. Mélange déconcertant de rêve et de réalité. Interprétation fort réjouissante.

CHARTREUSE DE PARME, LA ▷4
[Charterhouse of Parme, The]
FR. 1947. Drame de CHRISTIAN-JAQUE avec Gérard Philipe, Maria Casarès et Renée Faure. - Condamné à vingt ans de forteresse, un jeune homme s'évade grâce à l'aide de la fille de son geôlier.

CHASE, THE ►2
É.-U. 1965. Drame social d'Arthur PENN avec Marlon Brando, Jane Fonda et Robert Redford. - Le shérif d'une petite ville du Texas tente de sauver du lynchage un évadé de prison. - Scénario touffu mais riche d'intérêt. Progression dramatique puissante. Mise en scène adroite. Interprétation de premier ordre. □ Général

CHASING AMY [À la conquête d'Amy] ▷4
É.-U. 1996. Comédie dramatique de Kevin SMITH avec Ben Affleck, Joey Lauren Adams et Jason Lee. - Bien qu'elle soit lesbienne, une jeune auteure de bandes dessinées se laisse tenter par une aventure amoureuse avec un collègue.
□ 13 ans+ · Langage vulgaire ➔ DVD-BR$ DVD$

CHASING SLEEP ▷4
É.-U. 2000. Drame d'horreur de Michael WALKER avec Jeff Daniels, Emily Bergl et Gil Bellows. - Un professeur souffrant de graves insomnies perd lentement contact avec la réalité après avoir constaté la disparition de sa femme. □ 13 ans+ ➔ DVD$

CHASSE, LA [Hunt, The] ▷3
ESP. 1965. Drame de Carlos SAURA avec Ismael Merlo, Alfredo Mayo et Jose Maria Prada. - Trois anciens militants de la guerre civile espagnole retournent, pour une partie de chasse, sur les lieux où ils ont combattu. - Sens aigu de l'analyse psychologique. Réalisation soignée. Interprètes bien dirigés. □ 13 ans+

CHASSE AUX MOUCHES, LA [Hunting Flies]
POL. 1969. Andrzej WAJDA □ Général

CHASSE AUX SORCIÈRES *voir* **Witch Hunt**

CHASSE AUX SORCIÈRES, LA *voir* **Crucible, The**

CHASSES DU COMTE ZAROFF, LES
voir **Most Dangerous Game, The**

CHASSÉS-CROISÉS, LES *voir* **Short Cuts**

CHASSEUR BLANC, CŒUR NOIR
voir **White Hunter, Black Heart**

CHASSEURS DE DRAGONS [Dragon Hunters]
FR. 2008. Arthur QWAK ➔ DVD$ DVD-BR$

CHASSEURS DE FANTÔMES *voir* **Frighteners, The**

CHAT DANS LE SAC, LE ►2
QUÉ. 1963. Drame psychologique de Gilles GROULX avec Claude Godbout, Barbara Ulrich et Manon Blain. - Un jeune indépendantiste cherche des moyens de s'affirmer. - Œuvre rebelle. Discours à la fois personnel, philosophique et politique au diapason de la Révolution Tranquille. Réalisation vive et novatrice. Jeu naturel des interprètes.
□ Général

CHAT ET LA SOURIS, LE ▷4
FR. 1975. Drame policier de Claude LELOUCH avec Serge Reggiani, Michèle Morgan et Philippe Léotard. - Les aléas de l'enquête d'un inspecteur aux méthodes peu orthodoxes sur la mort d'un entrepreneur en construction. □ Général

CHAT NOIR, CHAT BLANC [Black Cat, White Cat] ▷4
FR.-ALL.-YOU. 1998. Comédie burlesque de Emir KUSTURICA avec Bajram Severdzan, Srdan Todorovic et Florijan Ajdini. - Pour dédommager un gangster, un gitan accepte de marier son fils avec la sœur naine et irascible de l'escroc. □ Général

CHAT QUI VIENT DE L'ESPACE, LE
voir **Cat from Outer Space, The**

CHÂTEAU, LE [Castle, The] ▷3
ALL. 1968. Drame de Rudolf NOELTE avec Maximilian Schell, Cordula Trantow et Trudi Daniel. - Un arpenteur venu travailler dans un village tente en vain de contacter le châtelain qui l'a engagé. - Adaptation d'un roman de Franz Kafka. Climat de bizarrerie et de mystère.

CHÂTEAU AMBULANT, LE *voir* **Howl's Moving Castle**

CHÂTEAU DE L'ARAIGNÉE, LE [Throne of Blood] ►2
JAP. 1956. Drame d'Akira KUROSAWA avec Toshiro Mifune, Isuzu Yamada et Minoru Chiaki. - Un général tue son suzerain afin de lui succéder. - Transposition de Macbeth dans le contexte japonais. Dialogue réduit. Imagerie insolite. Très bon jeu des acteurs.
□ 13 ans+ ➔ DVD$

CHÂTEAU DE MA MÈRE, LE [My Mother's Castle] ▷3
FR. 1990. Comédie dramatique de Yves ROBERT avec Julien Ciamaca, Nathalie Roussel et Philippe Caubère. - Une famille en vacances à la

campagne traverse à pied plusieurs propriétés privées pour se rendre à sa maison sur une colline. - Récit basé sur les souvenirs d'enfance de Marcel Pagnol. Délice provençal enrobé de bonhomie. Développements savoureux. Contexte naturel bien exploité. Interprétation de qualité. □ Général ➜ DVD$

CHÂTEAU DE RÊVES *voir* **Ice Castles**

CHÂTEAU EN ENFER, UN
voir **Castle Keep**

CHATO'S LAND [Collines de la terreur, Les] ▷4
É.-U. 1971. Western de Michael WINNER avec Charles Bronson, Jack Palance et Richard Basehart. - Un métis qui a tué un shérif est poursuivi dans le désert par un ancien officier sudiste. ➜ DVD$

CHATS BOTTÉS, LES ▷6
QUÉ. 1971. Comédie de Claude FOURNIER avec Donald Pilon, Donald Lautrec et Jacques Famery. - Deux célibataires apathiques vivant de divers expédients cumulent les conquêtes féminines.

CHATTAHOOCHEE ▷4
É.-U. 1990. Drame social de Mick JACKSON avec Gary Oldman, Dennis Hopper et Pamela Reed. - Un patient dans un asile psychiatrique tente d'obtenir de meilleurs traitements pour les internés.
□ 13 ans+ ➜ DVD$

CHATTE SUR UN TOIT BRÛLANT, LA
voir **Cat on a Hot Tin Roof**

CHAUFFEUR À GAGES, LE *voir* **Driver, The**

CHAUFFEUR DE TAXI *voir* **Taxi Driver**

CHAUSSONS ROUGES, LES *voir* **Red Shoes, The**

CHAUSSURE À SON PIED *voir* **Hobson's Choice**

CHAUSSURE À SON PIED *voir* **In Her shoes**

CHE ▷3
É.-U. 2008. Chronique historique de Steven SODERBERGH avec Benicio Del Toro, Demian Bichir et Rodrigo Santoro. - Les épisodes marquants de la vie du révolutionnaire Ernesto «Che» Guevara, depuis sa participation à la révolution castriste jusqu'à son exécution en Bolivie. - Superbe dyptique historique. Traitement distinct pour chacun des volets. Scénario dense mais précis. Mise en scène très réfléchie s'essoufflant brièvement à mi-parcours. Ensemble exigeant. B. Del Toro troublant d'authenticité. □ Général · Déconseillé aux jeunes enfants

CHEAP DETECTIVE, THE ▷4
É.-U. 1978. Comédie policière de Robert MOORE avec Peter Falk, Madeline Kahn et Louise Fletcher. - Un détective privé a beaucoup à faire après l'assassinat de son partenaire. □ Général ➜ DVD$

CHEAPER BY THE DOZEN [Treize à la douzaine] ▷4
É.-U. 1950. Comédie de mœurs de Walter LANG avec Clifton Webb, Jeanne Crain et Myrna Loy. - Un ingénieur spécialisé dans la rationalisation du travail élève ses douze enfants selon des méthodes très originales. □ Général ➜ DVD$

CHEB ▷4
ALG.-FR. 1991. Drame social de Rachid BOUCHAREB avec Mourad Vounaas, Nozha Khouadra et Pierre-Loup Rajot. - Expulsé de France par décision judiciaire, un jeune beur se retrouve en Algérie où il a du mal à s'adapter à ses nouvelles conditions de vie. □ Général

CHEECH ▷5
QUÉ. 2006. Comédie dramatique de Patrice SAUVÉ avec Patrice Robitaille, François Létourneau et Anik Lemay. - Une agence d'escortes est le théâtre de divers incidents impliquant des gens dépressifs et menteurs. □ 13 ans+ · Langage vulgaire ➜ DVD$

CHEESEBURGER FILM SANDWICH
voir **Amazon Women on the Moon**

CHEF D'ORCHESTRE, LE [Conductor, The] ►2
POL. 1979. Drame psychologique de Andrzej WAJDA avec John Gielgud, Krystyna Janda et Andrzej Seweryn. - Un chef d'orchestre célèbre d'origine polonaise accepte de diriger une formation de province pour son cinquantenaire d'activité professionnelle. - Réflexions intéressantes sur l'art, la vie et la politique. Mise en scène harmonieuse. Excellente interprétation.

CHEF DE RAYON EXPLOSIF, UN
voir **Who's Minding the Store?**

CHEIK BLANC, LE
voir **Courrier du cœur, Le**

CHELSEA WALLS ▷5
É.-U. 2001. Drame de mœurs d'Ethan HAWKE avec Uma Thurman, Rosario Dawson et Vincent D'Onofrio. - Dans le décor d'un célèbre hôtel de New York, quelques poètes, écrivains et musiciens mènent une existence bohème. ➜ DVD$

CHEMIN DE DAMAS, LE ▷5
QUÉ. 1988. Comédie de George MIHALKA avec Rémy Girard, Pascale Bussières et Jessica Barker. - Un curé de campagne se voit confier les deux filles d'une ancienne amie emprisonnée pour trafic de fausse monnaie. □ Général

CHEMIN DE LA GLOIRE, LE *voir* **Glory Road**

CHEMIN DE NOS FOYERS, LE
voir **We Don't Live Here Anymore**

CHEMINS DE LA HAUTE VILLE, LES *voir* **Room at the Top**

CHEMINS DE MARIE, LES [On the Road with Mary]
QUÉ. 2006. DIVERS ➜ DVD$

CHÊNE, LE ►2
ROU. 1992. Comédie dramatique de Lucian PINTILIE avec Maia Morgenstern, Razvan Vasilescu et Victor Rebengiuc. - Dans une petite ville, une jeune enseignante rencontre un médecin marginal qui a maille à partir avec les autorités. - Dénonciation d'une société en pleine décomposition. Ton comique virulent. Imagination débordante dans le traitement. Interprétation pleine d'authenticité.

CHER DISPARU, LE *voir* **Loved One, The**

CHER FRANKIE *voir* **Dear Frankie**

CHÉRI
ANG. 2008. Stephen FREARS

CHÉRIE! J'AI RÉDUIT LES ENFANTS
voir **Honey, I Shrunk the Kids**

CHÉRIE, JE ME SENS RAJEUNIR *voir* **Monkey Business**

CHERRY 2000 ▷4
É.-U. 1986. Science-fiction de Steve DE JARNATT avec Melanie Griffith, David Andrews et Ben Johnson. - En 2017, un homme cherche dans une zone dangereuse des pièces de rechange pour sa compagne, une androïde dont les circuits ont sauté. ➜ DVD$

CHERRY BLOSSOMS [Un rêve japonais]
ALL. FR. 2008. Doris DÖRRIE ➜ DVD$

CHERRY ORCHARD, THE
GRÈ. 1999. Michael CACOYANNIS ➜ DVD$

CHESS PLAYERS, THE ▷3
IND. 1977. Drame historique de Satyajit RAY avec Amjad Khan, Sanjeev Kumar et Saeed Jaffrey. - En 1856, deux aristocrates musulmans, trop absorbés par leurs joutes d'échec, manquent de s'apercevoir que les Britanniques font pression afin d'annexer leur royaume. - Première production couleur d'un cinéaste majeur. Scénario littéraire tissé de métaphores. Réalisation attentive. Décors et costumes somptueux. Excellents interprètes. ➜ DVD$

CHEVAL D'ORGUEIL, LE [Horse of pride, The] ▷3
FR. 1980. Chronique de Claude CHABROL avec Bernadette Le Saché, Jacques Dufilho et François Cluzet. - La vie quotidienne en Bretagne au début du siècle. - Reconstitution d'époque soignée. Mise en scène de métier. □ Général

CHEVALIER DES SABLES, LE *voir* **Sandpiper, The**

CHEVALIER DU ROI, LE *voir* **Black Shield of Falworth, The**

CHEVALIER NOIR, LE *voir* **Dark Knight, The**

CHEVALIER SANS ARMURE *voir* **Knight without Armour**

CHEVALIERS DE LA TABLE RONDE, LES
voir **Knights of the Round Table**

CHEVALIERS DE SHANGHAI, LES *voir* **Shanghai Knights**

CHEVALIERS TEUTONIQUES, LES ▷3
[Knights of the Teutonic Order]
POL. 1960. Drame historique d'Aleksander FORD avec Grazyna Staniszewska, Andrzej Szalawski et Henrik Borowski. - Au XVe siècle, les Polonais s'opposent à la domination d'un ordre allemand de chevaliers. - Portrait d'une époque présenté de façon remarquable. Mise en scène simple et spectaculaire à la fois. □ Général ➜ DVD$

CHEVAUCHÉE FANTASTIQUE, LA *voir* **Stagecoach**

CHEVAUCHÉE MAGIQUE, LA *voir* **Into the West**

CHEVAUCHÉE SAUVAGE, LA *voir* **Bite the Bullet**

CHEVAUX DE FEU, LES ▷3
RUS. 1965. Drame poétique de Sergei PARADJANOV avec Larissa Kadotchnikova, Ivan Nikolaitchouk et Tatiana Bestaieva. - Un homme hanté par le souvenir d'un amour de jeunesse épouse une autre jeune fille qui tentera de conquérir son cœur par des sortilèges. - Coutumes et cérémonies folkloriques présentées dans une aura légendaire. Photographie soignée à l'extrême. □ Général

CHÈVRE, LA ▷4
FR. 1981. Comédie de Francis VEBER avec Pierre Richard, Gérard Depardieu et Michel Robin. - Un détective privé part au Mexique à la recherche de la fille d'un industriel, en compagnie d'un individu aussi malchanceux que la disparue. ➜ DVD$

CHEYENNE AUTUMN ▷3
É.-U. 1964. Western de John FORD avec Richard Widmark, Carroll Baker et Ricardo Montalban. - La cavalerie américaine veut empêcher des Cheyennes échappés d'une réserve de rejoindre leur terre natale. - Scénario un peu dispersé mais intéressant. Maîtrise des moyens techniques. Mouvement ample. Interprétation sobre. □ Général

CHEZ LES HEUREUX DU MONDE *voir* **House of Mirth, The**

CHICAGO ▷3
É.-U. 2002. Comédie musicale de Ron MARSHALL avec Catherine Zeta-Jones, Renee Zellweger et Richard Gere. - Dans les années 1920, une vedette de music-hall et une aspirante chanteuse-danseuse, toutes deux accusées de meurtre, engagent le même avocat roublard. - Adaptation inventive et énergique d'un spectacle de Broadway. Traits humoristiques piquants. Numéros musicaux fort réussis. Distribution de grande classe. □ Général ➜ DVD$ DVD-BR$

CHICAGO JOE AND THE SHOWGIRL ▷4
[Chicago Joe et la showgirl]
ANG. 1989. Drame de mœurs de Bernard ROSE avec Kiefer Sutherland, Emily Lloyd et Patsy Kensit. - À Londres, en 1944, un jeune soldat américain est entraîné dans le crime par une strip-teaseuse.

CHICANO AMÉRICAIN *voir* **Born in East L.A.**

CHICKEN RUN [Poulets en fuite] ▷3
É.-U. 2000. Film d'animation de Peter LORD et Nick PARK. - Des poules tentent de s'enfuir d'une ferme où on les destine à devenir de la chair à pâté. - Histoire fine et ingénieuse racontée au moyen de figurines en pâte à modeler. Animaux dotés de traits humains fort amusants. Conception visuelle imaginative. Grande virtuosité technique. □ Général ➜ DVD$

CHIEN, LE GÉNÉRAL ET LES OISEAUX, LE
FR. 2003. Francis NIELSEN ➜ DVD$

CHIENNE, LA ►2
FR. 1931. Mélodrame de Jean RENOIR avec Michel Simon, Janie Marèze et Georges Flamant. - Les déboires d'un petit employé mal marié qui s'éprend d'une fille légère. - Œuvre représentative du style original de Renoir. Réalisme nuancé par une poésie douce-amère. Interprétation savoureuse.

CHIENNE DE VIE *voir* **Life Stinks**

CHIENS DE GUERRE, LES *voir* **Dogs of war, The**

CHIENS, LES ▷4
FR. 1979. Drame de mœurs d'Alain JESSUA avec Gérard Depardieu, Victor Lanoux et Nicole Calfan. - Les habitants d'une petite ville industrielle s'achètent des chiens de garde pour se protéger des rôdeurs. □ 13 ans+

CHIENS ÉGARÉS [Stray Dogs] ▷4
IR. 2004. Chronique de Marziyeh MESHKINI avec Gol-Ghotai, Zahed et Agheleh Rezaii. - Dans Kaboul en ruines après le retrait des Talibans, les déambulations de deux enfants interdits de séjour dans la prison où croupissent leurs parents. ➜ DVD$

CHIGNON D'OLGA, LE ▷4
FR. 2002. Drame psychologique de Jérôme BONNELL avec Hubert Benhamdine, Nathalie Boutefeu et Serge Riaboukine. - Pendant les vacances d'été, les membres d'une famille éprouvée par le décès de la mère se réfugient dans des liaisons passagères.

CHILD IS WAITING, A ▷4
É.-U. 1962. Drame psychologique de John CASSAVETES avec Judy Garland, Burt Lancaster et Bruce Ritchey. - Une jeune femme travaille comme monitrice dans une institution pour enfants attardés.

CHILD MURDERS ▷5
HON. 1992. Drame de I. SZABO avec Barnabas Toth, Maria Balogh et Ilona Kallai. - Un garçon de 13 ans aide une jeune tsigane à accoucher d'un bébé mort-né dont ils se débarrassent par la suite.

CHILD'S PLAY [Jeu d'enfant] ▷4
É.-U. 1988. Drame fantastique de Tom HOLLAND avec Catherine Hicks, Chris Sarandon et Alex Vincent. - Un jeune garçon reçoit pour son anniversaire une poupée dans laquelle s'est réincarné un criminel. □ 13 ans+ ➜ DVD$

CHILDHOOD OF MAXIM GORKY, THE ►2
[Enfance de Gorki]
U.R.S.S. 1938. Drame biographique de Mark DONSKOI avec Aliocha Larski, Vera Messalitinova et Mikhail Troyanovski. - La dure enfance de l'écrivain Maxime Gorki dans la Russie de la fin du XIXe siècle. - Suite d'anecdotes vigoureuses. Mouvement d'ensemble bien soutenu. Grande beauté plastique des images. Excellents interprètes ➜ DVD$

CHILDREN ARE WATCHING US, THE
voir **Enfants nous regardent, Les**

CHILDREN OF A LESSER GOD ▷4
[Enfants du silence, Les]
É.-U. 1986. Drame psychologique de Randa HAINES avec William Hurt, Marlee Matlin et Piper Laurie. - Dans un institut réservé aux sourds, un enseignant s'éprend d'une ancienne élève qui refuse d'apprendre à parler autrement que par signes. □ Général ➜ DVD$

CHILDREN OF HEAVEN
voir **Enfants du ciel, Les**

CHILDREN OF HUANG SHI, THE ▷4
AUS. 2008. Drame biographique de Roger SPOTTISWOODE avec Jonathan Rhys Meyers, Radha Mitchell et Chow Yun Fat - En 1937, dans la Chine occupée par les troupes japonaises, un journaliste anglais entreprend de sauver 60 orphelins menacés d'être enrôlés par les nationalistes chinois. □ 13 ans+ ➜ DVD$

CHILDREN OF MEN ▷3
É.-U. 2006. Drame de science-fiction d'Alfonso CUARON avec Clive Owen, Julianne Moore et Clare-Hope Ashitey. - Dans un futur rapproché où les Terriens sont devenus infertiles, un fonctionnaire doit escorter en lieu sûr une réfugiée enceinte afin d'éviter qu'elle ne soit déportée. - Adaptation palpitante et riche d'un roman d'anticipation de P.D. James. Intrigue poétique à la fois pessimiste et humaniste. Mise en scène lyrique. Beau travail sur la lumière. Interprètes de haut calibre. □ 13 ans+ ➜ DVD-BR$ DVD$

CHILDREN OF NOISY VILLAGE, THE ▷4
SUÈ. 1986. Drame de Lasse HALLSTRÖM avec Linda Bergström, Crispin Dickson Wendenius et Henrik Larsson. - Les aventures de six jeunes Suédois dans un petit village de province au cours des années 1920. □ Général

CHILDREN OF PARADISE
voir **Enfants du paradis, Les**

CHILDREN OF THE REVOLUTION ▷5
AUS. 1996. Comédie dramatique de Peter DUNCAN avec Judy Davis, Richard Roxburgh et Sam Neill. - Une ardente militante communiste australienne cache à son fils l'identité de son véritable père, Joseph Staline. □ 13 ans+ ➜ DVD$

CHILDREN'S HOUR, THE [La rumeur] ▷3
É.-U. 1962. Drame social de William WYLER avec Audrey Hepburn, Shirley MacLaine et James Garner. - Pour se venger d'avoir été punie, une fillette accuse les directrices de son école d'avoir une liaison. - Adaptation intelligente d'une pièce de Lillian Hellman. Mise en scène pleine de tact et de sensibilité. Interprétation sincère et souvent bouleversante. ➜ DVD$

CHILDSTAR ▷5
CAN. 2004. Comédie de mœurs réalisée et interprétée par Don McKELLAR avec Mark Rendall et Jennifer Jason Leigh. - Un enfant-star de Hollywood crée tout un émoi en s'enfuyant du tournage d'un film d'action à Toronto. □ 13 ans+ ➜ DVD$

CHINA [Défilé de la mort, Le] ▷4
É.-U. 1943. Drame de guerre de John FARROW avec Loretta Young, Alan Ladd et William Bendix. - Un Américain et une institutrice sont lancés dans une randonnée à travers la Chine envahie. □ Général

CHINA BEACH ▷4
É.-U. 1988. Drame de guerre de Rod HOLCOMB avec Dana Delaney, Nan Woods et Michael Boatman. - Trois femmes font l'expérience de la guerre dans une unité américaine de premiers soins au Viêt-nam. □ Général · Déconseillé aux jeunes enfants

CHINA GIRL ▷4
É.-U. 1987. Drame de mœurs d'Abel FERRARA avec Sari Chang, Richard Panebianco et James Russo. - Dans un quartier ravagé par la violence raciale, un jeune Italien tombe amoureux d'une Chinoise. □ 16 ans+ · Violence

CHINA MOON [Lune rouge] ▷5
É.-U. 1991. Drame policier de John BAILEY avec Ed Harris, Madeleine Stowe et Benicio Del Toro. - Une richarde qui a assassiné son mari pousse son amant inspecteur de police à faire disparaître toute trace du meurtre. □ 13 ans+ ➔ DVD$

CHINA SEAS ▷4
É.-U. 1935. Aventures de Tay GARNETT avec Clark Gable, Jean Harlow et Wallace Beery. - Un capitaine est amené à défendre contre des pirates une cargaison d'or qu'il convoie vers Singapour. □ Général ➔ DVD$

CHINA SYNDROME, THE [Syndrome chinois, Le] ▷3
É.-U. 1978. Drame social de James BRIDGES avec Jane Fonda, Jack Lemmon et Michael Douglas. - Une journaliste de télévision décèle une situation inquiétante dans une centrale électrique alimentée par l'énergie nucléaire. - Scénario prenant, donnant lieu à un suspense mené avec invention et vigueur. Mise en scène au style souvent nerveux. Bonne interprétation. □ Général ➔ DVD$

CHINA, MY SORROW *voir* **Chine, ma douleur**

CHINATOWN ►1
É.-U. 1974. Drame policier de Roman POLANSKI avec Jack Nicholson, Faye Dunaway et John Huston. - Dans les années 1930, à Los Angeles, un détective privé engagé pour une filature découvre d'étranges agissements. - Extraordinaire pastiche des films noirs des années 1930 et 40. Intrigue sombre et compliquée racontée de façon captivante. Dialogues brillants. Mise en scène d'un art consommé. Interprétation tout à fait mémorable. □ 13 ans+ ➔ DVD$

CHINE, MA DOULEUR [China, My Sorrow] ▷3
CHI.-FR. 1989. Drame social de Dai SIJIE avec Guo Liang Yi, Tieu Quan Nghieu et Vuong Han Lai. - Les tribulations d'un adolescent chinois enfermé dans un camp de rééducation pour une raison futile. - Dénonciation d'abus de pouvoir. Touches d'un humour feutré. Réalisation juste et sensible. Bonne interprétation de comédiens non professionnels. □ Général

CHINESE BOX ▷4
FR.-JAP.-É.-U. 1997. Drame psychologique de Wayne WANG avec Jeremy Irons, Gong Li et Maggie Cheung. - À Hong-Kong, un journaliste anglais leucémique est amoureux d'une barmaid, tout en étant fasciné par une punk. □ Général · Déconseillé aux jeunes enfants

CHINESE CHOCOLATE
CAN. 1996. Yan CUI ➔ DVD$

CHINESE CONNECTION, THE *voir* **Fists of Fury**

CHINESE GHOST STORY, A
voir **Histoires de fantômes chinois**

CHINESE ROULETTE *voir* **Roulette chinoise**

CHISUM ▷4
É.-U. 1970. Western d'Andrew V. McLAGLEN avec John Wayne, Forrest Tucker et Geoffrey Deuel. - L'opposition entre un rancher du Nouveau-Mexique et un commerçant malhonnête dégénère en guerre ouverte. □ Général

CHITTY CHITTY BANG BANG ▷4
ANG. 1968. Comédie musicale de Ken HUGHES avec Dick Van Dyke, Sally Ann Howes et Gert Fröbe. - Les enfants d'un inventeur se prennent d'affection pour une vieille auto de course mise au rancart. □ Général ➔ DVD$

CHLOE IN THE AFTERNOON
voir **Amour l'après-midi, L'**

CHOC, LE ▷5
FR. 1982. Drame policier de Robin DAVIS avec Alain Delon, Catherine Deneuve et François Perrot. - Un tueur à gages retiré des affaires est traqué par l'organisation qui l'employait. □ 13 ans+

CHOC DES TITANS, LE *voir* **Clash of the Titans**

CHOCOLAT ▷4
FR. 1988. Drame de mœurs de Claire DENIS avec Isaach de Bankolé, Giulia Boschi et François Cluzet. - Pendant le trajet qui la ramène au village de son enfance, une femme se remémore son passé colonial avec ses parents en poste au Cameroun. □ Général

CHOCOLATE [Chocolat] ▷4
ANG. 2000. Comédie dramatique de Lasse HALLSTRÖM avec Juliette Binoche, Alfred Molina et Johnny Depp. - À la fin des années 1950 dans un village français conservateur, une mère célibataire ouvre une chocolaterie en plein carême. □ Général ➔ DVD-BR$ DVD$

CHOIX DE SOPHIE, LE *voir* **Sophie's Choice**

CHOIX DES ARMES, LE ▷4
FR. 1981. Drame policier d'Alain CORNEAU avec Yves Montand, Gérard Depardieu et Catherine Deneuve. - Un ex-gangster, reconverti dans l'élevage des chevaux, voit sa vie bouleversée par l'arrivée d'un ancien complice blessé. □ 13 ans+

CHOIX DES SEIGNEURS, LE [Hearts and Armour] ▷4
ITA. 1983. Aventures de Giacomo BATTIATO avec Rick Edwards, Barbara de Rossi et Tanya Roberts. - Endossant l'armure d'un mystérieux guerrier, une jeune femme libère une princesse sarrasine des mains d'un preux chrétien. □ 13 ans+ · Violence

CHOKE ▷5
É.-U. 2008. Comédie dramatique de Clark GREGG avec Sam Rockwell, Anjelica Huston et Kelly Macdonald. - À la suite d'une troublante révélation de sa mère, internée dans un hôpital psychiatrique, un trentenaire accro au sexe entreprend de mettre de l'ordre dans sa vie. □ 16 ans+ · Langage vulgaire · Érotisme ➔ DVD$

CHOOSE ME ▷3
É.-U. 1984. Drame psychologique d'Alan RUDOLPH avec Geneviève Bujold, Lesley Ann Warren et Keith Carradine. - Un homme au passé obscur trouble la vie de quelques femmes. - Approche intelligente. Climat insolite quasi onirique. Réalisation subtile. Interprétation sensible. □ 13 ans+ ➔ DVD$

CHOP SHOP
É.-U. 2007. Ramin BAHRANI ➔ DVD$

CHOPPER [Chopper: ennemi public] ▷4
AUS. 2000. Drame biographique d'Andrew DOMINIK avec Eric Bana, Vince Colosimo et Simon Lyndon. - L'histoire authentique du criminel endurci Mark Read qui a passé plusieurs années en prison avant de s'enrichir en écrivant ses mémoires. ➔ DVD$

CHORISTES, LES ▷4
FR. 2004. Comédie dramatique de Christophe BARRATIER avec Gérard Jugnot, François Berléand et Jean-Baptiste Maunier. - En 1949, un professeur de musique nommé surveillant dans un internat tente d'amadouer des élèves difficiles en formant avec eux une chorale. □ Général ➔ DVD$

CHORUS LINE, A ▷4
É.-U. 1985. Comédie musicale de Richard ATTENBOROUGH avec Michael Douglas, Alyson Reed et Terrence Mann. - Une vedette de la danse se joint à de jeunes postulants qui auditionnent pour un spectacle. □ Général ➔ DVD$

CHORUS OF DISAPPROVAL, A ▷5
ANG. 1988. Comédie de Michael WINNER avec Jeremy Irons, Anthony Hopkins et Prunella Scales. - Nouveau venu dans une petite ville côtière, un homme se joint à une troupe de théâtre amateur où il ne tarde pas à faire des conquêtes féminines. □ Général

CHOSE D'UN AUTRE MONDE, LA
voir **Thing from Another World, The**

CHOSEN, THE ▷4
É.-U. 1981. Drame de mœurs de Jeremy KAGAN avec Barry Miller, Robby Benson et Rod Steiger. - Au milieu des années 1940, l'amitié de deux adolescents juifs de New York qui sont de formation différente. □ Général ➔ DVD$

CHOSES DE LA VIE, LES ▷3
FR. 1970. Drame psychologique de Claude SAUTET avec Michel Piccoli, Romy Schneider et Lea Massari. - Un architecte blessé dans un accident de la route revoit les incidents d'une vie partagée entre sa famille et sa maîtresse. - Évocation juste des sentiments. Montage complexe. Intérêt croissant. □ Général

CHOSES SECRÈTES ▷5
FR. 2002. Drame de mœurs de Jean-Claude BRISSEAU avec Coralie Revel, Sabrina Seyvecou et Roger Mirmont. - Deux jeunes femmes qui séduisent les cadres d'une compagnie pour s'élever dans l'échelle sociale voient leur jeu se retourner contre elles.
□ 16 ans+ · Érotisme ➜ DVD$

CHOUCHOU DU PROFESSEUR, LE *voir* **Teacher's Pet**

CHOUANS! ▷4
FR. 1988. Drame historique de Philippe DE BROCA avec Philippe Noiret, Sophie Marceau et Lambert Wilson. - En 1793, les enfants élevés par un seigneur de Bretagne se retrouvent dans des camps opposés lors du soulèvement des Chouans contre les troupes républicaines. □ Général

CHOUCHOU ▷5
FR. 2003. Comédie de mœurs de Merzak ALLOUACHE avec Gad Elmaleh, Roschdy Zem et Alain Chabat. - À Paris, les diverses tribulations d'un naïf travesti maghrébin sans-papiers. □ Général

CHRIST IN CONCRETE
É.-U. 1949. Edward DMYTRYK ➜ DVD$

CHRIST INTERDIT, LE [Forbidden Christ, The] ▷3
ITA. 1950. Drame de Curzio MALAPARTE avec Raf Vallone, Elena Varzi et Alain Cuny. - Un menuisier tente de dissuader un homme de son désir de vengeance. - Œuvre puissante. Recherche esthétique. Excellents interprètes. □ Général

CHRIST S'EST ARRÊTÉ À EBOLI, LE ►2
[Christ Stopped at Eboli]
ITA. 1979. Drame social de Francesco ROSI avec Gian Maria Volontè, Paolo Bonacelli et François Simon. - Les observations d'un peintre assigné à résidence dans un village de Lucanie pour ses idées politiques. - Illustration intelligente du livre de Carlo Levi. Mélange de réflexion politique et d'étude ethnologique. Fresque sobre et vigoureuse. Interprétation convaincante. ➜ DVD$

CHRISTIAN ▷4
DAN. 1989. Drame social de Gabriel AXEL avec Nikolaj Christensen, Nathalie Brusse et Preben Lendorff Rye. - Un jeune musicien danois qui fuit vers le sud après s'être échappé d'un centre de rééducation est accueilli par une charmante famille dans un village du Maroc.

CHRISTIANE F.: A TRUE STORY
voir **Moi, Christiane F., 13 ans, droguée, prostituée**

CHRISTINE ▷5
É.-U. 1983. Drame fantastique de John CARPENTER avec Keith Gordon, John Stockwell et Alexandra Paul. - Un adolescent timide achète une vieille automobile qui se révèle dotée de pouvoirs maléfiques.
□ 13 ans+ ➜ DVD$

CHRISTMAS CAROL, A ▷4
É.-U. 1938. Conte de Edwin L. MARIN avec Reginald Owen, Gene Lockhart et Kathleen Lockhart. - Durant la nuit de Noël, un homme au cœur sec fait un rêve qui le décide à semer le bonheur autour de lui. □ Général ➜ DVD$

CHRISTMAS CAROL, A *voir* **Scrooge**

CHRISTMAS CAROL, A ▷3
ANG. 1984. Conte de Clive DONNER avec George C. Scott, Nigel Davenport et Frank Finlay. - Durant la nuit de Noël, un homme au cœur sec fait un rêve qui l'amène à se montrer généreux. - Téléfilm adapté soigneusement du célèbre conte de Dickens. Mise en scène somptueuse. Forte composition de G.C. Scott. □ Général ➜ DVD$

CHRISTMAS WIFE, THE ▷4
É.-U. 1988. Comédie sentimentale de David Hugh JONES avec Jason Robards, Julie Harris et Don Francks. - Par l'intermédiaire d'une agence spécialisée, un veuf retraité invite une dame à passer les fêtes de Noël en sa compagnie. ➜ DVD$

CHRONICLE OF A DISAPPEARANCE ▷4
PAL.-ISR.-É.-U.-ALL. 1996. Film d'essai réalisé et interprété par Elia SULEIMAN avec Ula Tabari et Nazira Suleiman. - Un cinéaste de retour en Palestine après une longue absence observe les nouveaux comportements de ses compatriotes. □ Général ➜ DVD$

CHRONICLES OF NARNIA -
THE LION, THE WITCH AND THE WARDROBE ▷4
[Chroniques de Narnia, Les - l'armoire magique]
É.-U. 2005. Drame fantastique d'Andrew ADAMSON avec Tilda Swinton, Skandar Keynes et Georgie Henley. - En entrant dans une armoire magique, quatre frères et sœurs accèdent à un pays fabuleux qu'une sorcière a plongé dans un hiver éternel.
□ Général ➜ DVD$ DVD-BR$

CHRONICLES OF NARNIA - PRINCE CASPIAN, THE ▷4
[Chroniques de Narnia - le prince Caspian, Les]
É.-U. 2008. Drame fantastique d'Andrew ADAMSON avec Ben Barnes, William Moseley et Sergio Castellitto. - Durant la Deuxième Guerre mondiale, quatre frères et sœurs londoniens sont projetés dans un monde merveilleux où ils aident un prince à combattre son oncle usurpateur. □ Général ➜ DVD$ DVD-BR$

CHRYSANTHÈME TARDIF, LE [Late Chrysanthemums]
JAP. 1954. Mikio NARUSE □ Général

CHUCK & BUCK ▷4
É.-U. 2000. Drame psychologique de Miguel ARTETA avec Mike White, Chris Weitz et Beth Colt. - À la mort de sa mère, un jeune homme peu mature renoue avec un ami d'enfance pour qui il éprouve une attirance sexuelle non réciproque. □ 13 ans+ ➜ DVD$

CHUMSCRUBBER, THE
É.-U. 2005. Arie POSIN ➜ DVD$

CHUNGKING EXPRESS ▷3
H.-K. 1994. Comédie dramatique de WONG Kar-Wai avec Tony Leung Chiu-Wai, Faye Wang et Takeshi Kaneshiro. - Deux jeunes policiers largués par leur compagne vivent diverses expériences avec des femmes surprenantes. - Œuvre intrigante et fascinante bercée par une charmante poésie. Mise en scène stylisée. Illustration aux couleurs éclatantes. Solide interprétation. □ Général ➜ DVD$ DVD-BR$

CHURCHILL: POUR L'AMOUR D'UN EMPIRE
voir **Gathering Storm**

CHUTE, LA [Downfall] ▷3
ALL. 2004. Drame historique d'Oliver HIRSCHBIEGEL avec Bruno Ganz, Alexandra Maria Lara et Juliane Koehler. - Les derniers jours d'Hitler et de son entourage, réfugiés dans un bunker tandis que l'Armée Rouge marche sur Berlin. - Récit construit avec une rigueur dramatique implacable. Intéressante étude d'une utopie fasciste nourrie d'un fanatisme rigide. Climat de pessimisme lugubre. Réalisation adroite. Composition hallucinante de B. Ganz. □ 13 ans+ · Violence ➜ DVD$

CHUTE DE LA MAISON USHER, LA
voir **Fall of the House of Usher, The**

CHUTE DU FAUCON NOIR, LA *voir* **Black Hawk Down**

CHUTE LIBRE *voir* **Basketball Diaries, The**

CHUTES MULHOLLAND, LES *voir* **Mulholland Falls**

CIAO, PROFESSORE! ▷4
ITA. 1992. Comédie dramatique de Lina WERTMULLER avec Isa Danieli, Paolo Villaggio et Esterina Carloni. - À cause d'une erreur administrative, un instituteur est transféré à Naples où il doit s'occuper d'élèves rompus aux règles mafieuses. □ 13 ans+ · Langage vulgaire ➜ DVD$

CIBLE ÉMOUVANTE ▷4
FR. 1993. Comédie policière de Pierre SALVADORI avec Jean Rochefort, Marie Trintignant et Guillaume Depardieu. - Alors qu'il entreprend d'enseigner son métier à un jeune apprenti peu dégourdi, un tueur à gages tombe amoureux d'une voleuse qu'il est chargé d'abattre.
□ Général

CICATRICES DE DRACULA, LES *voir* **Scars of Dracula, The**

CIDADE DE DEUS *voir* **Cité de Dieu, La**

CIDER HOUSE RULES, THE ▷4
[Œuvre de Dieu, la part du diable, L']
É.-U. 1999. Chronique de Lasse HALLSTRÖM avec Tobey Maguire, Charlize Theron et Michael Caine. - En 1943, un garçon qui a passé sa vie dans un orphelinat tombe amoureux d'une jeune femme dont le conjoint est à la guerre. ➜ DVD$

CIEL COULEUR VANILLE, UN *voir* **Vanilla Sky**

CIEL D'OCTOBRE *voir* **October Sky**

CIEL PEUT ATTENDRE, LE *voir* **Heaven Can Wait**

CIEL SOURIT À HENRIETTA, LE
voir **Stars Fell on Henrietta, The**

CIEL SUR LA TÊTE, LE ▷5
QUÉ. 2001. Comédie dramatique de Geneviève LEFEBVRE et André MELANÇON avec Arianne Maheu, David Boutin et Serge Dupire. - Une fillette aveugle presse son père d'épouser la jeune femme qu'elle désire avoir pour seconde mère. □ Général ➜ DVD$

CIEL TOMBE, LE [Sky Is Falling, The] ▷4
ITA. 2000. Chronique d'Andrea et Antonio FRAZZI avec Veronica Niccolai, Isabella Rossellini et Jeroen Krabbé. - En 1944, deux orphelines partent vivre en Toscane chez une tante et son mari juif. □ Général · Déconseillé aux jeunes enfants ➔ DVD $

CIMARRON ▷4
É.-U. 1960. Western d'Anthony MANN avec Glenn Ford, Maria Schell et Anne Baxter. - Lors de la colonisation de l'Oklahoma, un directeur de journal idéaliste quitte sa femme pour courir l'aventure. □ Général ➔ DVD $

CINCINNATI KID, THE [Kid de Cincinnati, Le] ▷4
É.-U. 1965. Drame psychologique de Norman JEWISON avec Steve McQueen, Edward G. Robinson et Tuesday Weld. - Un joueur de poker se mesure à un homme qui n'a jamais été battu en trente ans. ➔ DVD $

CINDERELLA [Cendrillon] ▷4
É.-U. 1949. Dessins animés de Wilfred JACKSON, Hamilton LUSKE et Clyde GERONIMI. - Secourue par une fée, une jeune domestique maltraitée se rend majestueusement à un bal où elle séduit le prince héritier. □ Général

CINDERELLA LIBERTY ▷4
E.-U. 1973. Drame sentimental de Mark RYDELL avec James Caan, Marsha Mason et Kirk Calloway. - Forcé de rester en rade, un marin s'intéresse vivement à une prostituée et à son fils mulâtre. ➔ DVD $

CINDERELLA MAN ▷4
É.-U. 2005. Drame biographique de Ron HOWARD avec Russell Crowe, Renée Zellweger et Paul Giamatti. - Durant la Dépression, un champion de boxe déchu remonte dans le ring et se remet à gagner, galvanisant une population durement éprouvée. □ 13 ans+ · Violence ➔ DVD-BR $ DVD $

CINDERFELLA ▷4
É.-U. 1960. Conte de Frank TASHLIN avec Jerry Lewis, Judith Anderson et Annamaria Alberghetti. - Un jeune homme maltraité par sa famille gagne le cœur d'une princesse. □ Général ➔ DVD $

CINÉMA ET RÉALITÉ
QUÉ. 1966. Clément PERRON, Georges DUFAUX

CINÉMA PARADISO ▷3
ITA. 1988. Comédie dramatique de Giuseppe TORNATORE avec Philippe Noiret, Salvatore Cascio et Marco Leonardi. - Un cinéaste se remémore son enfance en Sicile et son amitié avec le projectionniste du cinéma paroissial. - Scénario anecdotique. Nombreuses touches d'humour. Traitement pittoresque et sympathique. Personnages campés avec précision. □ Général ➔ DVD $

CINÉMA, AMOUR ET CHAMPIGNONS
voir **Coming Up Roses**

CINEMATIC ORCHESTRA: MAN WITH THE MOVIE CAMERA
voir **Man with the Movie Camera, The**

CINGLÉS, LES *voir* **Still Crazy**

CINQ CARTES À ABATTRE *voir* **5 Card Stud**

CINQ FILLES PAR UNE NUIT CHAUDE D'ÉTÉ
voir **5 Dolls for August Moon**

CINQ GARÇONS DANS LE VENT *voir* **Backbeat**

CINQ JOURS EN JUIN ▷4
FR. 1989. Drame sentimental de Michel LEGRAND avec Sabine Azéma, Annie Girardot et Matthieu Rozé. - Lors du débarquement des Alliés en Normandie, un musicien adolescent, accompagné de sa mère et d'une jeune femme fantasque, part en bicyclette rejoindre sa famille. □ Général

CINQ PIÈCES FACILES *voir* **Five Easy Pieces**

CINQ SENS, LES *voir* **Five Senses, The**

CINQUANTE-HUIT MINUTES POUR VIVRE
voir **Die Hard 2: Die Harder**

CINQUIÈME ÉLÉMENT, LE *voir* **Fifth Element, The**

CINQUIÈME SAISON [Season Five] ▷4
IRAN. 1997. Comédie de mœurs de Rafi PITTS avec Roya Nonahali, Ali Sarkhani et Parviz Poorhosseni. - Une rivalité entre deux familles est exacerbée lorsque chaque clan acquiert un bus pour faire la navette entre leur village et la ville voisine.

CIOCIARA, LA *voir* **Two Women**

CIRCLE, THE [Cercle, Le] ►2
IRAN. 2000. Drame social de Jafar PANAHI avec Fereshteh Sadr Orafal, Fatemeh Naghavi et Nargess Mamizadeh. - Les destins enchaînés de diverses Iraniennes victimes du rejet de leur famille ou de la société - Cri d'alerte vibrant face à l'oppression que subissent les femmes dans une société rigide. Récit en forme de spirale. Traitement réaliste. Interprétation d'une sobriété exemplaire. □ Général

CIRCLE OF DECEIT
ALL. 1981. Volker SCHLÖNDORFF ➔ DVD $

CIRCLE OF FRIENDS [Cercle d'amis, Un] ▷4
IRL. 1995. Drame sentimental de Pat O'CONNOR avec Minnie Driver, Chris O'Donnell et Saffron Burrows. - En 1957, les amours respectives parfois tumultueuses de trois amies d'enfance qui étudient à l'université de Dublin. □ Général · Déconseillé aux jeunes enfants

CIRCLES
2006. Crisaldo PABLO ➔ DVD $

CIRCONSTANCES ATTÉNUANTES ▷4
FR. 1939. Comédie de mœurs de Jean BOYER avec Michel Simon, Arletty et Dorville. - À la suite d'une panne de voiture, un procureur très sévère échoue dans une auberge dont la clientèle est composée de gens louches. □ Général

CIRCULEZ, Y'A RIEN À VOIR ▷5
FR. 1982. Comédie policière de Patrice LECONTE avec Michel Blanc, Jane Birkin et Jacques Villeret. - Fasciné par une jeune femme rencontrée lors d'une enquête de routine, un inspecteur de police multiplie les occasions pour la revoir. □ Général

CIRCUS, THE [Cirque, Le] ►2
É.-U. 1927. Comédie réalisée et interprétée par Charles CHAPLIN avec Merna Kennedy et Allan Garcia. - Un vagabond trouve un emploi dans un cirque et s'apitoie sur l'écuyère traitée durement par son père. - Subtil mélange de mélancolie et d'humour. Sens étonnant de la mécanique du gag. Charlot à l'apogée de ses dons de mime, de clown et d'acrobate. □ Général ➔ DVD $

CIRCUS WORLD ▷4
É.-U. 1964. Comédie dramatique de Henry HATHAWAY avec John Wayne, Claudia Cardinale et Rita Hayworth. - Un directeur est à la recherche d'une ancienne trapéziste dont il a adopté la fille.

CITADEL, THE [Citadelle, La] ▷3
É.-U. 1939. Drame de King VIDOR avec Robert Donat, Rosalind Russell et Ralph Richardson. - Un jeune médecin consciencieux doit lutter contre l'influence néfaste d'illustres confrères. - Adaptation d'un roman de A.J. Cronin. Intéressante étude de caractère. Mise en scène soignée. Dialogue abondant mais juste. Interprétation de classe. □ Général

CITADELLE, LA ▷3
ALG. 1988. Drame de mœurs de Mohammed CHOUIKH avec Khaled Barkat, Djillali Ain-Tedeles et Fettouma Ousliha. - Un idiot de village, amoureux d'une femme mariée, est l'objet d'une cruelle plaisanterie. - Étude de mœurs d'esprit critique. Notes folkloriques intéressantes.

CITÉ DE DIEU, LA [Cidade de Deus] ►2
BRÉ. 2002. Drame social de Fernando MEIRELLES et Katia LUND avec Alexandre Rodrigues, Leandro Firmino da Hora et Matheus Nachtergaele. - Les parcours distincts de deux jeunes ayant grandi dans l'enfer de la violence d'une favela de Rio. - Peinture impitoyable d'un milieu défavorisé. Narration éclatée, passant fluidement d'un récit, d'une texture et d'une époque à l'autre. Réalisation brillante et vigoureuse. Distribution disparate jouant au diapason. □ 13 ans+ · Violence ➔ DVD $

CITÉ DE L'ESPOIR, LA *voir* **City of Hope**

CITÉ DE L'OMBRE, LA *voir* **City of Ember**

CITÉ DE LA JOIE, LA *voir* **City of Joy**

CITÉ DE LA VIOLENCE [Violent City] ▷4
ITA. 1970. Drame policier de Sergio SOLLIMA avec Charles Bronson, Jill Ireland et Telly Savalas. - Un tueur professionnel commet une série de meurtres avant d'être abattu par la police. ➔ DVD $

CITÉ DES DANGERS, LA *voir* **Hustle**

CITÉ DES ENFANTS PERDUS, LA ▷4
[City of Lost Children, The]
FR. 1995. Drame fantastique de Jean-Pierre JEUNET et Marc CARO avec Ron Perlman, Daniel Emilfork et Dominique Pinon. - Dans son laboratoire situé sur une plate-forme en mer, un professeur tente de voler les rêves des enfants qu'il a kidnappés. □ 13 ans+ ➔ DVD $

CITÉ DES FEMMES, LA [City of Women] ▷3
ITA. 1979. Comédie satirique de Federico FELLINI avec Ettore Manni et Marcello Mastroianni. - Un voyageur tombe au milieu d'un congrès de féministes, ce qui l'amène à revivre ses divers contacts avec les femmes au cours de sa vie. - Rêverie sur les rapports entre l'homme et la femme. Richesse de style coutumière à l'auteur. □ 13 ans+

CITÉ OBSCURE *voir* **Dark City**

CITIZEN DOG
THAÏ. 2004. Wisit SASANATIENG ➔ DVD$

CITIZEN KANE ►1
É.-U. 1941. Drame psychologique réalisé et interprété par Orson WELLES avec Joseph Cotten et Dorothy Commingore. - Un journaliste enquête sur la vie privée d'un millionnaire décédé. - Construction intelligente et complexe. Ensemble riche d'idées et d'innovations techniques. Interprétation forte. Œuvre capitale dans l'histoire du cinéma. □ Général ➔ DVD$

CITIZEN RUTH [Sujet capital, Un] ▷4
É.-U. 1996. Comédie satirique d'Alexander PAYNE avec Laura Dern, Swoozie Kurtz et Kurtwood Smith. - Une jeune toxicomane enceinte est amenée à se rallier tour à tour à la cause de groupes opposés et favorables à l'avortement. □ 13 ans+ ➔ DVD$

CITY BY THE SEA [Ville près de la mer, Une] ▷5
É.-U. 2002. Drame policier de Michael CATON-JONES avec Robert De Niro, James Franco et Frances McDormand. - Un détective qui enquête sur le meurtre d'un dealer à Long Beach découvre avec stupeur que le principal suspect est son propre fils. □ 13 ans+ ➔ DVD$

CITY FOR CONQUEST [Ville conquise] ▷4
É.-U. 1940. Drame de Anatole LITVAK avec James Cagney, Ann Sheridan et Arthur Kennedy. - Les difficultés de deux frères, nés dans un quartier pauvre, pour réussir l'un dans le sport, l'autre dans la musique. ➔ DVD$

CITY HALL [Complot dans la ville] ▷4
É.-U. 1995. Drame politique de Harold BECKER avec John Cusack, Al Pacino et Bridget Fonda. - Le jeune bras droit du maire de New York découvre une affaire de corruption impliquant la mafia et de hauts magistrats. □ Général ➔ DVD$

CITY HEAT [Haut les flingues] ▷5
É.-U. 1984. Comédie policière de Richard BENJAMIN avec Clint Eastwood, Burt Reynolds et Jane Alexander. - À Kansas City, dans les années 1930, des policiers rivaux se débattent entre deux clans criminels ennemis. □ 13 ans+ ➔ DVD$

CITY LIGHTS ►1
É.-U. 1930. Comédie réalisée et interprétée par Charles CHAPLIN avec Virginia Cherrill et Harry Myers. - Un vagabond reçoit d'un millionnaire, à qui il a sauvé la vie, l'argent nécessaire à une opération pour une jeune amie aveugle. - Amalgame réussi de tendresse et de comique, de satire et de critique sociale. Scènes inventives. Excellents gags. Jeu génial de C. Chaplin. □ Général ➔ DVD$

CITY OF EMBER [Cité de l'ombre, La] ▷4
É.-U. 2008. Drame fantastique de Gil KENAN avec Saoirse Ronan, Harry Treadaway et Bill Murray. - Dans un immense refuge souterrain dont la puissante génératrice est sujette à des pannes fréquentes, deux adolescents tentent de découvrir une sortie secrète.
□ Général ➔ DVD$

CITY OF HOPE [Cité de l'espoir, La] ▷3
É.-U. 1991. Drame social de John SAYLES avec Vincent Spano, Tony Lo Bianco et Joe Morton. - Divers individus issus de milieux différents s'entrecroisent dans une grande ville rongée par la violence et la corruption. - Multitude d'histoires personnelles habilement entrecoupées. Panorama vif et intelligent de la vie urbaine contemporaine.
□ 13 ans+ · Langage vulgaire

CITY OF JOY [Cité de la joie, La] ▷4
ANG. 1992. Drame social de Roland JOFFE avec Patrick Swayze, Om Puri et Pauline Collins. - Un médecin américain en visite à Calcutta est recruté par une infirmière bénévole qui soigne les démunis dans un quartier pauvre. □ 13 ans+

CITY OF LOST CHILDREN, THE
voir **Cité des enfants perdus, La**

CITY OF LOST SOULS, THE ▷5
JAP. 2000. Drame de mœurs de Takashi MIIKE avec Teah, Michelle Reis et Mitsuhiro Oikawa. - En tentant d'amasser l'argent nécessaire pour quitter le pays avec sa compagne, un jeune homme se retrouve aux prises avec des gangsters.

CITY OF MEN ▷4
BRÉ. 2007. Drame de Paulo MORELLI avec Douglas Silva, Darlan Cunha et Jonathan Haagensen. - Dans une favela de Rio, deux adolescents voient leur amitié mise en péril lorsqu'éclate une guerre de gangs.
□ 13 ans+ · Violence ➔ DVD$

CITY OF THE DOGS, THE
voir **Ville et les chiens, La**

CITY OF WOMEN *voir* **Cité des femmes, La**

CITY ON FIRE
H.-K. 1987. Ringo LAM □ 13 ans+ · Violence ➔ DVD$

CITY SLICKERS [Apprentis cow-boys, Les] ▷4
É.-U. 1991. Comédie dramatique de Ron UNDERWOOD avec Billy Crystal, Daniel Stern et Bruno Kirby. - En guise de vacances, trois citadins entreprennent de convoyer du bétail dans l'Ouest en tant que cow-boys. □ Général ➔ DVD$

CIUDAD DE M
PÉR. 2000. Felipe DEGREGORI

CIVIC DUTY [Devoir civique] ▷4
É.-U. 2006. Thriller de Jeff RENFROE avec Peter Krause, Kari Matchett et Khaled Abol Naga. - Peu après les attentats du 11 septembre 2001, un comptable au chômage en vient à soupçonner son nouveau voisin arabe d'être un terroriste. □ 13 ans+ ➔ DVD$

CIVIL ACTION, A [Action au civil, Une] ▷3
É.-U. 1998. Drame judiciaire de Steven ZAILLIAN avec John Travolta, Robert Duvall et Kathleen Quinlan. - Un avocat poursuit deux grosses compagnies qui ont contaminé l'eau potable d'une petite ville, causant la mort de huit enfants. - Œuvre intelligemment conçue inspirée de faits réels. Réalisation sensible et subtile. □ Général ➔ DVD$

CJ7 ▷4
H.-K. 2007. Comédie fantaisiste réalisée et interprétée par Stephen CHOW avec Xu Jiao et Kitty Zhang. - Un garçon pauvre devient le maître d'un étrange animal abandonné par un vaisseau spatial.
□ Général ➔ DVD$ DVD-BR$

CLAIM, THE ▷4
ANG. 2000. Western de Michael WINTERBOTTOM avec Peter Mullan, Wes Bentley et Sarah Polley. - En 1867, un riche prospecteur voit réapparaître son épouse et sa fille qu'il avait vendues vingt ans auparavant contre une concession minière. □ 13 ans+ ➔ DVD$

CLAIRE DOLAN ▷4
É.-U. 1998. Drame de mœurs de Lodge H. KERRIGAN avec Katrin Cartlidge, Vincent D'Onofrio et Colm Meaney. - Déterminée à changer de vie, une prostituée new-yorkaise tente de racheter sa liberté auprès de son souteneur, à qui elle doit une forte somme.

CLAIRE OF THE MOON ▷5
É.-U. 1992. Drame de mœurs de Nicole CONN avec Trisha Todd, Karen Trumbo et Faith McDevitt. - Partageant un chalet près de la côte du Pacifique, une écrivaine et une psychanalyste découvrent peu à peu qu'elles sont attirées l'une par l'autre.
□ 16 ans+ · Langage vulgaire ➜ DVD$

CLAIRE'S KNEE *voir* **Genou de Claire, Le**

CLAIRIÈRE, LA *voir* **Clearing, The**

CLAN DES MILLIONNAIRES, LE *voir* **Boiler Room, The**

CLAN DES SICILIENS, LE ▷4
FR. 1968. Drame policier de Henri VERNEUIL avec Jean Gabin, Alain Delon et Lino Ventura. - Un jeune bandit obtient l'aide d'une famille sicilienne de Paris pour voler une collection de bijoux exposés dans un musée de Rome. □ Général

CLAN OF THE CAVE BEAR, THE ▷5
É.-U. 1985. Aventures de Michael CHAPMAN avec Daryl Hannah, Pamela Reed et Thomas G. Waites. - Aux temps préhistoriques, une orpheline plus débrouillarde que ses compagnons de caverne est en butte à la jalousie d'un jeune guerrier. □ 13 ans+ ➜ DVD$

CLAN, LE [Three Dancing Slaves]
FR. 2004. Gaël MOREL

CLANCHES! *voir* **Speed**

CLANDESTINS ▷4
SUI.-QUÉ.-FR.-BEL 1997. Drame psychologique de Denis CHOUINARD et Nicolas Wadimoff avec Ovidiu Balan, Anton Kouznetsov et Moussa Maaskri. - Des immigrants illégaux sont coincés dans un conteneur après avoir embarqué clandestinement sur un cargo en partance pour le Canada. □ 13 ans+ ➜ DVD$

CLARA ET MOI ▷4
FR. 2003. Comédie dramatique d'Arnaud VIARD avec Julien Boisselier, Julie Gayet et Sacha Bourdo. - Un malheur vient ébranler les projets d'avenir d'un jeune couple follement amoureux. □ Général ➜ DVD$

CLARA'S HEART [Tendre Clara] ▷4
É.-U. 1988. Drame psychologique de Robert MULLIGAN avec Whoopi Goldberg, Neil Patrick Harris et Kathleen Quinlan. - Un jeune adolescent délaissé par ses parents se réconforte auprès de sa gouvernante au tempérament chaleureux. □ Général

CLASH BY NIGHT [Démon s'éveille la nuit, Le] ▷4
É.-U. 1952. Drame psychologique de Fritz LANG avec Barbara Stanwyck, Paul Douglas et Robert Ryan. - De retour dans sa ville natale, une femme épouse un pêcheur et a une liaison avec un ami de celui-ci. □ Général ➜ DVD$

CLASH OF THE TITANS [Choc des Titans, Le] ▷4
ANG. 1981. Science-fiction de Desmond DAVIS avec Harry Hamlin, Laurence Olivier et Maggie Smith. - Le jeune demi-dieu Persée affronte diverses épreuves par amour pour la princesse Andromède.
□ 13 ans+ ➜ DVD$

CLASS ACTION [Confrontation à la barre] ▷4
É.-U. 1990. Drame judiciaire de Michael APTED avec Gene Hackman, Mary Elizabeth Mastrantonio et Colin Friels. - Une jeune avocate qui assume la défense d'une firme poursuivie en recours collectif entre en conflit avec son père qui s'occupe de la partie adversaire.
□ Général ➜ DVD$

CLASSE DE NEIGE, LA [Class Trip] ▷4
FR. 1998. Drame psychologique de Claude MILLER avec Clément Van den Bergh, Lokman Nalcakan et Yves Verhoeven. - Durant un séjour en classe de neige, un enfant entraîne un camarade dans son monde très morbide de cauchemars. □ 13 ans+ ➜ DVD$

CLASSES VACANCES *voir* **Summer School**

CLAUDINE ▷4
É.-U. 1974. Comédie de mœurs de John BERRY avec Diahann Carroll, James Earl Jones et Lawrence Hinton. - Une femme de race noire qui élève seule ses six enfants a une liaison avec un éboueur ➜ DVD$

CLAY PIGEONS ▷5
É.-U. 1998. Drame policier de David DOBKIN avec Joaquin Phoenix, Vince Vaughn et Janeane Garofalo. - Ayant été impliqué malgré lui dans un suicide suspect et un meurtre, un jeune garagiste hésite à dénoncer un tueur en série qu'il a démasqué.
□ 16 ans+ · Violence ➜ DVD$

CLEAN ▷4
FR. 2004. Drame psychologique d'Olivier ASSAYAS avec Maggie Cheung, Nick Nolte et Béatrice Dalle. - La veuve d'un célèbre musicien de rock mort d'une surdose doit renoncer à la drogue si elle veut revoir son fils, élevé par ses beaux-parents. □ Général ➜ DVD$

CLEAN, SHAVEN
É.-U. 1994. Lodge H. KERRIGAN ➜ DVD$

CLEAR AND PRESENT DANGER [Danger immédiat] ▷4
É.-U. 1994. Drame d'espionnage de Phillip NOYCE avec Harrison Ford, Willem Dafoe et Anne Archer. - Un agent de la CIA découvre que le président des États-Unis a provoqué une offensive secrète contre un puissant cartel de trafic de drogue colombien. □ Général ➜ DVD$

CLEARING, THE [Clairière, La] ▷4
É.-U. 2004. Thriller de Pieter Jan BRUGGE avec Robert Redford, Helen Mirren et Willem Dafoe. - Lorsqu'un homme d'affaires de Pittsburgh est kidnappé, sa femme collabore avec le FBI pour le sauver.
➜ DVD$

CLEF, LA
FR. 2007. Guillaume NICLOUX ➜ DVD$

CLÉO DE 5 À 7 ►2
FR. 1962. Drame psychologique de Agnès VARDA avec Corinne Marchand, Antoine Bourseiller et Dominique Davray. - Une jeune chanteuse qui attend le résultat d'un examen médical est obsédée par l'idée de la mort. - Œuvre très belle, pleine de nuances et de sensibilité. Psychologie fouillée. C. Marchand remarquable.
□ Général

CLEOPATRA ▷4
É.-U. 1934. Drame historique de Cecil B. DeMILLE avec Claudette Colbert, Warren William et Henry Wilcoxon. - Cléopâtre fait la conquête de Jules César puis de Marc-Antoine. □ Général ➜ DVD$

CLEOPATRA ▷4
É.-U. 1963. Drame historique de Joseph Leo MANKIEWICZ avec Richard Burton, Elizabeth Taylor et Rex Harrison. - Cléopâtre, reine d'Égypte, fait la conquête de César puis de Marc-Antoine. □ Général ➜ DVD$

CLEOPATRA JONES ▷5
É.-U. 1973. Drame policier de Jack STARRETT avec Tamara Dobson, Bernie Casey et Shelley Winters. - Une Noire, agent spécial du gouvernement, s'engage dans la lutte contre des trafiquants de drogue.
□ 13 ans+ ➜ DVD$

CLEOPATRA JONES AND THE CASINO OF GOLD ▷5
É.-U. 1975. Drame policier de Chuck BAIL avec Tamara Dobson, Stella Stevens et Tanny. - Une Noire, agent spécial de la police fédérale, se rend à Hong-Kong où deux de ses hommes sont disparus. □ 13 ans+

CLERKS [Commis en folie] ▷4
É.-U. 1994. Comédie de mœurs de Kevin SMITH avec Brian O'Halloran, Jeff Anderson et Marilyn Ghigliotti. - Une journée dans la vie d'un commis de «dépanneur» sur qui s'abattent de nombreux ennuis.
□ 16 ans+ · Langage vulgaire ➜ DVD$

CLERKS 2 ▷4
É.-U. 2006. Comédie dramatique de Kevin SMITH avec Jeff Anderson, Brian O'Halloran et Rosario Dawson. - À l'approche de son départ pour la Floride avec sa fiancée, un employé de restaurant se remet en question. □ 16 ans+ · Langage vulgaire ➜ DVD-BR$ DVD$

CLIENT, THE [Client, Le] ▷4
É.-U. 1994. Drame policier de Joel SCHUMACHER avec Brad Renfro, Susan Sarandon et Tommy Lee Jones. - Une avocate défend un adolescent qui refuse de révéler à la police le secret qu'un avocat de la mafia lui a confié avant de se suicider. □ Général ➜ DVD$

CLINIQUE DE L'ÉPOUVANTE, LA *voir* **Brood, The**

CLINIQUE DE LA TERREUR, LA *voir* **Brood, The**

CLOAK AND DAGGER ▷4
É.-U. 1946. Drame d'espionnage de Fritz LANG avec Gary Cooper, Lilli Palmer et Robert Alda. - Un savant américain accepte de participer à une mission d'espionnage pendant la guerre. □ Général

CLOAK AND DAGGER ▷4
É.-U. 1984. Comédie dramatique de R. FRANKLIN avec Henry Thomas, Dabney Coleman et Christina Nigra. - Un jeune garçon passionné de jeux d'espionnage est impliqué malgré lui dans une dangereuse affaire. → DVD $

CLOCHARD DE BEVERLY HILLS, LE *voir* **Down and Out in Beverly Hills**

CLOCHE DE L'ENFER, LA *voir* **Bell from Hell, A**

CLOCHES DE SAINTE-MARIE, LES *voir* **Bells of St. Mary's, The**

CLOCHETTE *voir* **Tinker Bell**

CLOCK, THE ▷4
É.-U. 1944. Comédie sentimentale de Vincente MINNELLI avec Judy Garland, Robert Walker et James Gleason. - La rencontre accidentelle d'une jeune fille de New York et d'un soldat en permission donne naissance à une idylle. □ Général → DVD $

CLOCKERS ▷4
É.-U. 1995. Drame policier de Spike LEE avec Harvey Keitel, John Turturro et Delroy Lindo. - Un inspecteur de police entreprend de coincer un jeune délinquant de race noire qu'il soupçonne d'un meurtre dont s'est accusé le frère de ce dernier. □ 13 ans+ · Langage vulgaire → DVD $

CLOCKMAKER, THE *voir* **Horloger de Saint-Paul, L'**

CLOCKWATCHERS ▷4
É.-U. 1997. Comédie dramatique de Jill SPRECHER avec Toni Collette, Parker Posey et Lisa Kudrow. - L'amitié entre quatre employées de bureau est mise à mal lorsque des objets personnels commencent à disparaître. □ Général

CLOCKWISE ▷4
ANG. 1985. Comédie de Christopher MORAHAN avec John Cleese, Alison Steadman et Sharon Maiden. - Un homme maniaque de discipline et de ponctualité est entraîné dans une suite de mésaventures alors qu'il se rend à un congrès. □ Général → DVD $

CLOCKWORK ORANGE, A [Orange mécanique] ►1
ANG. 1971. Science-fiction de Stanley KUBRICK avec Patrick Magee, Malcolm McDowell et Anthony Sharpe. - Un jeune voyou accepte de servir de cobaye à une expérience de réhabilitation rapide par des moyens scientifiques. - Vision de cauchemar évoquée avec grand brio. Sens aiguisé de l'ironie. Traitement à la fois envoûtant et provocant. Jeu excellent de M. McDowell.
□ 16 ans+ · Violence → DVD-BR $ DVD $

CLOSE ENCOUNTERS OF THE THIRD KIND [Rencontres du troisième type] ►2
É.-U. 1977. Science-fiction de Steven SPIELBERG avec Richard Dreyfuss, François Truffaut et Melinda Dillon. - Diverses personnes sont témoins de phénomènes étranges signalant la présence d'extra-terrestres. - Récit inventif. Mise en scène fort brillante. Trucages fascinants. Interprétation convaincue. □ Général → DVD-BR $ DVD $

CLOSE MY EYES [Amour tabou, L'] ▷3
ANG. 1990. Drame de mœurs de Stephen POLIAKOFF avec Saskia Reeves, Clive Owen et Alan Rickman. - Un jeune architecte s'engage dans une liaison enfiévrée avec sa propre sœur nouvellement mariée à un riche excentrique. - Désordre amoureux dépeint avec beaucoup de finesse et de subtilité. Contexte social bien observé. Mise en scène attentive au sujet. A. Rickman sardonique à souhait. □ 18 ans+

CLOSE TO EDEN *voir* **Urga**

CLOSE-UP ▷4
IRA. 1990. Drame psychologique d'Abbas KIAROSTAMI avec Ali Sabzian, Hassan Frazmand et Abolfazi Ahankhah. - Un chômeur se fait passer auprès d'une famille bourgeoise pour un célèbre metteur en scène.
□ Général → DVD $

CLOSELY WATCHED TRAINS *voir* **Trains étroitement surveillés**

CLOSER [Intime] ▷4
É.-U. 2004. Drame de mœurs de Mike NICHOLS avec Jude Law, Julia Roberts et Natalie Portman. - À Londres, les tribulations amoureuses de deux couples qui se font et se défont au fil des mois.
□ 13 ans+ → DVD $ DVD-BR $

CLOSING THE RING ▷5
ANG. 2007. Drame sentimental de Richard ATTENBOROUGH avec Shirley MacLaine, Christopher Plummer et Mischa Barton. - Cinquante ans après la mort de son mari, disparu pendant la Deuxième Guerre mondiale, une Américaine se voit restituer l'alliance qu'il portait.
→ DVD $

CLOU DU SPECTACLE, LE *voir* **Best in Show**

CLOUD 9 [7e ciel] ▷3
ALL. 2008. Drame sentimental d'Andreas DRESEN avec Ursula Werner, Horst Rehberg et Horst Westphal. - Une couturière dans la soixantaine vit une passion amoureuse avec un client septuagénaire, mettant ainsi en péril sa vie de couple rangée avec un professeur à la retraite. - Récit simple mais prenant, aux éléments mélodramatiques assumés. Grande vérité psychologique. Réalisation à la fois sensible et frontale. Interprétation excellente. □ 13 ans+ · Érotisme

CLOUDED YELLOW, THE ▷4
ANG. 1951. Drame policier de Ralph THOMAS avec Jean Simmons, Trevor Howard et Sonia Dresdel. - Un homme tente de prouver l'innocence de sa fiancée accusée de meurtre. □ Général

CLOVERFIELD ▷4
É.-U. 2008. Science-fiction de Matt REEVES avec Michael Stahl-David, Odette Yustman et T.J. Miller. - Un groupe de jeunes New-Yorkais tentent de survivre à l'attaque de la ville par un monstre gigantesque.
□ 13 ans+ → DVD-BR $ DVD $

CLUB DE LA CHANCE, LE *voir* **Joy Luck Club, The**

CLUB DES EX, LE *voir* **First Wives Club, The**

CLUE ▷4
É.-U. 1985. Comédie policière de Jonathan LYNN avec Tim Curry, Lesley Ann Warren et Madeline Kahn. - Un maître chanteur qui a invité ses six victimes dans son manoir est retrouvé assassiné.
□ Général → DVD $

CLUELESS ▷5
É.-U. 1995. Comédie de mœurs d'Amy HECKERLING avec Alicia Silverstone, Stacey Dash et Brittany Murphy. - Une adolescente à l'affût des dernières modes vestimentaires prend en charge une camarade de classe à l'allure négligée. □ Général → DVD $

COAL MINER'S DAUGHTER [Fille du mineur, La] ▷4
É.-U. 1980. Drame biographique de Michael APTED avec Sissy Spacek, Tommy Lee Jones et Beverly D'Angelo. - Loretta Webb, fille d'un mineur du Kentucky, devient vedette de la musique country.
□ Général → DVD $

COAST GUARD, THE
COR. 2002. Kim KI-DUK → DVD $

COBB ▷5
É.-U. 1994. Drame biographique de Ron SHELTON avec Tommy Lee Jones, Robert Wuhl et Lolita Davidovich. - En côtoyant une ancienne vedette du base-ball dont il rédige la biographie, un chroniqueur découvre en lui un homme égocentrique et violent.
□ 13 ans+ · Langage vulgaire → DVD $

COBRA, LE *voir* **Ssssss**

COCA-COLA KID, THE ▷4
AUS. 1985. Comédie satirique de Dusan MAKAVEJEV avec Eric Roberts, Greta Scacchi et Bill Kerr. - Les mésaventures d'un expert en ventes américain qui veut réformer les méthodes d'une filiale australienne.
□ Général → DVD $

COCKTAIL
H.-K. 2006. Ching LONG, Herman YAU → DVD $

COCKTAIL MOLOTOV ▷4
FR. 1979. Comédie dramatique de Diane KURYS avec Élise Caron, Philippe Lebas et François Cluzet. - Les mésaventures d'une adolescente qui, au printemps 1968, quitte la maison pour aller vivre dans un kibboutz en Israël. □ 13 ans+

COCOON ▷4
É.-U. 1985. Science-fiction de Ron HOWARD avec Brian Dennehy, Wilford Brimley et Hume Cronyn. - Des vieillards rajeunissent après s'être baignés dans la piscine d'étrangers qui se révèlent être des extraterrestres. □ Général → DVD $

CODE 46 ▷4
ANG. 2003. Science-fiction de Michael WINTERBOTTOM avec Tim Robbins, Samantha Morton et Jeanne Balibar. - Dans un monde du futur où les citoyens sont confinés dans des villes surpeuplées, un enquêteur tombe amoureux d'une jeune femme à l'origine d'un trafic de faux visas. □ 13 ans+ → DVD $

CODE INCONNU [Code Unknown] ▷3
FR. 2000. Drame de mœurs de Michael HANEKE avec Juliette Binoche, Alexandre Hamidi et Ona Lu Yenke. - Les destins entrecroisés de sept personnes de fortune et de nationalités différentes. - Récit fragmenté et abrupt illustrant avec intelligence l'incommunicabilité contemporaine. Situations tendues interpellant le spectateur. Suite de plans-séquences d'une grande précision. Interprètes convaincus. ➔ DVD $

CODE: BROKEN ARROW *voir* **Broken Arrow**

CŒUR AILLEURS, LE ▷4
ITA. 2003. Comédie dramatique de Pupi AVATI avec Neri Marcore, Vanessa Incontrada et Giancarlo Giannini. - Dans les années 1920, un professeur maladroit avec les femmes s'éprend d'une jeune aveugle ravissante mais dévergondée. □ Général ➔ DVD $

CŒUR AU POING, LE ▷5
QUÉ. 1998. Drame de mœurs de Charles BINAMÉ avec Pascale Montpetit, Guy Nadon et Anne-Marie Cadieux. - Pour briser son isolement, une jeune femme accoste des inconnus en proposant de s'offrir à chacun d'eux durant une heure. □ 13 ans+

CŒUR CIRCUIT *voir* **Short Circuit**

CŒUR D'ENCRE *voir* **Inkheart**

CŒUR DE MÉTISSE *voir* **Map of the Human Heart**

CŒUR DE TONNERRE *voir* **Thunderheart**

CŒUR DE VERRE [Heart of Glass] ▷4
ALL. 1976. Drame de mœurs de Werner HERZOG avec Sepp Bierbickler, Clemens Scheitz et Stefan Guettler. - Le jeune patron d'une verrerie installée dans un village de Bavière recherche désespérément le secret perdu du verre rubis. □ Général ➔ DVD $

CŒUR DES HOMMES 2, LE ▷5
FR. 2007. Comédie dramatique de Marc ESPOSITO avec Bernard Campan, Gérard Darmon et Jean-Pierre Darroussin - Quatre amis quinquagénaires traversent chacun une crise conjugale. ➔ DVD $

CŒUR DES HOMMES, LE ▷5
Fr. 2003. Comédie dramatique de Marc ESPOSITO avec Jean-Pierre Darroussin, Gérard Darmon et Bernard Campan. - Quatre amis de longue date autour de la cinquantaine vivent diverses mésaventures qui les amènent à faire le point dans leur vie. □ Général ➔ DVD $

CŒUR EST UN CHASSEUR SOLITAIRE, LE
voir **Heart is a Lonely Hunter, The**

CŒUR INVAINCU, UN *voir* **Mighty Heart, A**

CŒUR PRIS AU PIÈGE *voir* **Lady Eve, The**

CŒUR SAUVAGE *voir* **Untamed Heart**

CŒUR VAILLANT *voir* **Braveheart**

CŒURS ▷3
FR. 2006. Comédie dramatique d'Alain RESNAIS avec André Dussollier, Sabine Azéma et Isabelle Carré. - Dans Paris sous la neige, les destins entrecroisés de six hommes et femmes cherchant à briser leur solitude ou à trouver l'âme sœur. - Adaptation somptueuse et captivante d'une pièce d'Alan Aykbourn. Traitement hyperréaliste, d'une légèreté trompeuse. Mise en scène ample et dynamique. Interprétation de première classe. □ Général ➔ DVD $

CŒURS OUVERTS *voir* **Open Hearts**

CŒURS PERDUS EN ATLANTIDE *voir* **Hearts in Atlantis**

COFFEE & CIGARETTES ▷4
É.-U. 2003. Film à sketches de Jim JARMUSCH avec Cate Blanchett, Alfred Molina et Iggy Pop. - Onze vignettes dans lesquelles deux ou trois personnes discutent de tout et de rien en buvant du café et en fumant des cigarettes.
□ Général · Déconseillé aux jeunes enfants ➔ DVD $

COIN ROUGE *voir* **Red Corner**

COLD COMFORT FARM [Ferme du mauvais sort, La] ▷4
É.-U. 1995. Comédie de mœurs de John SCHLESINGER avec Kate Beckinsale, Sheila Burrell et Eileen Atkins. - Une jeune citadine s'en va vivre avec des parents excentriques qui habitent dans une ferme délabrée. □ Général ➔ DVD $

COLD FEET ▷4
É.-U. 1988. Comédie de Robert DORNHELM avec Keith Carradine, Sally Kirkland et Tom Waits. - Après avoir trahi ses deux acolytes, un malfaiteur prend la fuite avec le butin d'un vol. □ 13 ans+ ➔ DVD $

COLD FEET [Pieds froids, Les] ▷4
É.-U. 1984. Comédie dramatique de Bruce VAN DUSEN avec Griffin Dunne, Marissa Chibas et Blanche Baker. - Les problèmes sentimentaux de jeunes New-Yorkais de classe professionnelle. □ Général

COLD MOUNTAIN [Retour à Cold Mountain] ▷3
ANG. 2003. Chronique d'Anthony MINGHELLA avec Jude Law, Nicole Kidman et Renée Zellweger. - Vers la fin de la guerre de Sécession, un déserteur sudiste blessé tente de rejoindre sa bien-aimée plongée dans la pauvreté. - Fresque romantique évoquant de façon prenante les ravages et le désespoir engendrés par la guerre. Aventures parfois cruelles mais teintées de pittoresque et de compassion. Illustration ample et magnifique. Jeu à la fois sensible et vigoureux.
□ 13 ans+ ➔ DVD-BR $ DVD $

COLD SASSY TREE ▷4
É.-U. 1989. Drame de mœurs de Joan TEWKESBURY avec Faye Dunaway, Richard Widmark et Neil Patrick Harris. - Le vieux propriétaire d'une épicerie de village crée tout un émoi autour de lui quand il décide d'épouser une jeune citadine. □ Général

COLDITZ STORY, THE ▷4
ANG. 1954. Drame de guerre de Guy HAMILTON avec John Mills, Eric Portman et Denis Shaw. - Des prisonniers de guerre anglais s'évadent de la forteresse allemande de Colditz. □ Général

COLLATERAL ▷4
É.-U. 2004. Thriller de Michael MANN avec Tom Cruise, Jamie Foxx et Jada Pinkett Smith. - Un chauffeur de taxi est pris en otage par un tueur professionnel qui doit abattre cinq individus en une nuit dans divers quartiers de Los Angeles. ➔ DVD $

COLLÉ À TOI *voir* **Stuck on You**

COLLECTION, THE ▷4
ANG. 1976. Drame de Michael APTED avec Alan Bates, Laurence Olivier et Helen Mirren. - Le directeur d'une boutique de mode apprend que sa femme a été séduite par un étranger au cours de la présentation d'une nouvelle collection.

COLLECTION, THE ▷4
ANG. 1976. Drame de Michael APTED avec Alan Bates, Laurence Olivier et Helen Mirren. - Le directeur d'une boutique de mode apprend que sa femme a été séduite par un étranger au cours de la présentation d'une nouvelle collection.

COLLECTIONNEUR, LE ▷5
QUÉ. 2002. Drame policier de Jean BEAUDIN avec Maude Guérin, Luc Picard et Charles-André Bourassa. - Une détective de la police de Québec traque un tueur en série qui démembre ses victimes.
□ 16 ans+

COLLECTIONNEUSE, LA ▷3
FR. 1966. Drame psychologique d'Éric ROHMER avec Patrick Bauchau, Haydée Politoff et Daniel Pommereulle. - Trois jeunes gens font connaissance dans la villa d'un ami près de Saint-Tropez. - Portrait d'une jeunesse désenchantée. Style élégant, nettement littéraire. Rythme lent. Ton artificiel.

COLLECTOR, THE [Obsédé, L'] ▷3
É.-U. 1965. Thriller de William WYLER avec Terence Stamp, Samantha Eggar et Mona Washbourne. - Un homme désaxé enlève une jeune fille et la séquestre dans l'espoir de se faire aimer d'elle. - Climat de tension psychologique bien créé. Suspense soutenu avec beaucoup d'habileté. Mise en scène de qualité. Interprétation exceptionnelle.
□ 18 ans+ ➔ DVD $

COLLEGE ▷3
É.-U. 1927. Comédie de James W. HORNE avec Buster Keaton, Ann Cornwall et Harold Goodwin. - Un étudiant timide et travailleur, amoureux d'une jeune fille attirée par les athlètes, décide de s'adonner au sport. - Traits satiriques amusants sur la vie de collège. Sorte d'anthologie des effets comiques mis au point par B. Keaton.
□ Général ➔ DVD $

COLLÈGE D'ÉLITE *voir* **School Ties**

COLLINE DES HOMMES PERDUS, LA *voir* **Hill, The**

COLLINES DE LA TERREUR, LES *voir* **Chato's Land**

COLOMBES, LES ▷5
QUÉ. 1972. Drame de Jean-Claude LORD avec Jean Besré, Lise Thouin et Jean Duceppe. - Le fils d'un riche avocat épouse une jeune chanteuse issue d'un milieu populaire. □ 13 ans+

COLONEL CHABERT, LE ▷4
FR. 1994. Drame psychologique de Yves ANGELO avec Gérard Depardieu, Fanny Ardant et Fabrice Luchini. - En 1817, un colonel que l'on croyait mort à la guerre revient chez lui pour découvrir que sa femme s'est remariée et ne veut plus de lui. □ Général ➔ DVD $

COLONEL REDL ▷3
HON. 1984. Drame historique d'Istvan SZABO avec Klaus Maria Brandauer, Gudrun Landgrebe et Armin Müller-Stahl. - Au début du XXe siècle, un officier d'humble extraction, devenu chef des services secrets autrichiens, cherche à monter une affaire exemplaire de trahison. - Intrigue complexe inspirée d'une affaire authentique. Évocation historique somptueuse. □ 13 ans+

COLONEL WOLODYJOWSKI ▷4
POL. 1968. Drame historique de Jerzy HOFFMAN avec Magdalena Zawadzka, Tadeusz Lomnicki et Daniel Olbrychski. - Dans les années 1660, les exploits d'un colonel polonais qui s'engage dans la guerre contre les Tartares. □ Général ➔ DVD $

COLOR OF A BRISK AND LEAPING DAY
É.-U. 1996. Christopher MUNCH ➔ DVD $

COLOR OF LIES, THE *voir* **Au cœur du mensonge**

COLOR OF MONEY, THE [Couleur de l'argent, La] ▷3
É.-U. 1986. Drame sportif de Martin SCORSESE avec Paul Newman, Tom Cruise et Mary Elizabeth Mastrantonio. - Un ancien champion de billard devient le gérant d'un jeune joueur au style flamboyant. - Suite du film The Hustler datant de 1961. Mise en scène impressionnante. Nombreux rebondissements dramatiques. Interprétation contrôlée et nuancée. □ Général ➔ DVD $

COLOR OF PARADISE, THE ▷3
IRAN. 1999. Drame poétique de Majid MAJIDI avec Mohsen Ramezani, Hossein Majoob et Salimeh Feizi. - Un enfant aveugle ne sait pas que son père désire se débarrasser de lui pour pouvoir se remarier. - Récit émouvant traité comme un conte. Mélange de naturalisme et de merveilleux. Réalisation d'une grande beauté plastique. Interprétation sentie. □ Général ➔ DVD $

COLOR OF POMEGRANATES, THE *voir* **Couleur de grenade**

COLOR PURPLE, THE [Couleur pourpre, La] ▷3
É.-U. 1985. Drame social de Steven SPIELBERG avec Whoopi Goldberg, Margaret Avery et Danny Glover. - Les tribulations d'une jeune Noire livrée en mariage à un fermier veuf qui la traite en servante. - Adaptation attachante du roman d'Alice Walker. Récit riche en détails. Illustration vibrante de vie et d'humanité. Réalisation de talent. Interprétation sensible de W. Goldberg. □ 13 ans+ ➔ DVD $

COLORS [Couleurs] ▷4
É.-U. 1988. Drame policier de Dennis HOPPER avec Sean Penn, Robert Duvall et Maria Conchita Alonso. - Deux policiers de Los Angeles luttent contre des bandes criminelles de jeunes qui se disputent le monopole du trafic de la drogue. □ 13 ans+ ➔ DVD $

COLOSSE DE RHODES, LE [Colossus of Rhodes, The] ▷4
ITA. 1961. Drame historique de Sergio LEONE avec Rory Calhoun, Lea Massari et Georges Marchal. - Un officier grec se joint aux habitants de Rhodes pour contrer le premier ministre qui s'est lié aux Phéniciens afin de renverser le roi. ➔ DVD $

COLOSSUS: THE FORBIN PROJECT ▷4
É.-U. 1969. Science-fiction de Joseph SARGENT avec Eric Braeden, Susan Clark et Gordon Pinsent. - Un cerveau électronique perfectionné prend le contrôle du destin de l'humanité. □ Général ➔ DVD $

COLTS DES SEPT MERCENAIRES, LES
voir **Guns of the Magnificent Seven**

COLUMBO: MURDER BY THE BOOK ▷4
É.-U. 1971. Drame policier de Steven SPIELBERG avec Peter Falk, Jack Cassidy et Rosemary Forsyth. - Un officier de police perspicace démasque un auteur de romans policiers coupable de meurtre.

COMA [Morts suspectes] ▷4
É.-U. 1978. Drame policier de Michael CRICHTON avec Geneviève Bujold, Michael Douglas et Richard Widmark. - Lorsque son amie reste dans le coma après une opération mineure, une chirurgienne commence une enquête personnelle. □ 13 ans+ ➔ DVD $

COMANCHEROS, THE ▷4
É.-U. 1961. Western de Michael CURTIZ avec John Wayne, Stuart Whitman et Ina Balin. - Un policier du Texas recherche des scélérats qui vendent des armes aux Indiens. □ Général

COMBAT DU LIEUTENANT HART, LE *voir* **Hart's War**

COMBAT POUR L'AMOUR, UN
voir **And the Band Played On**

COMBIEN TU M'AIMES? ▷5
FR. 2005. Comédie de mœurs de Bertrand BLIER avec Monica Bellucci, Bernard Campan et Gérard Depardieu. - Affirmant avoir gagné à la loterie, un homme au physique ingrat convainc une ravissante prostituée d'emménager avec lui. □ 13 ans+ · Érotisme ➔ DVD $

COMBINATION PLATTER
É.-U. 1993. Tony CHAN ➔ DVD $

COME AND GET IT [Vandale, Le] ▷3
É.-U. 1936. Drame de Howard HAWKS et William WYLER avec Joel McCrea, Frances Farmer et Walter Brennan. - À la fin du XIXe siècle, un bûcheron ambitieux devient un magnat de l'industrie du bois. - Peinture épique adaptée d'un roman d'Edna Ferber. Bonne évocation de milieu. Mouvement soutenu. Interprétation solide.
□ Général ➔ DVD $

COME AND SEE *voir* **Massacre**

COME BACK TO THE FIVE AND DIME, JIMMY DEAN, JIMMY DEAN ▷3
É.-U. 1982. Drame psychologique de Robert ALTMAN avec Sandy Dennis, Cher et Karen Black. - Dans un village du Texas, un groupe d'amies de jeunesse se réunissent pour le vingtième anniversaire de la mort de James Dean. - Transposition d'une pièce de théâtre. Traitement inventif. Mise en scène ingénieuse. □ Général

COME BACK, LITTLE SHEBA ▷4
É.-U. 1952. Drame psychologique de Daniel MANN avec Shirley Booth, Burt Lancaster et Terry Moore. - La présence d'une jeune locataire perturbe la vie d'un couple sans enfants. □ Général

COME DANCE WITH ME *voir* **Voulez-vous danser avec moi?**

COME SEE THE PARADISE ▷4
É.-U. 1990. Drame social d'Alan PARKER avec Dennis Quaid, Tamlyn Tomita et Sab Shimono. - En 1941, un projectionniste est forcé de s'engager dans l'armée américaine alors que sa femme d'origine japonaise est internée dans un camp. □ Général ➔ DVD $

COME TO THE STABLE [Sœurs casse-cou, Les] ▷4
É.-U. 1949. Comédie de mœurs de Henry KOSTER avec Loretta Young, Celeste Holm et Hugh Marlowe. - Deux jeunes religieuses fondent un hôpital pour enfants aux États-Unis. □ Général

COMEDIAN HARMONISTS *voir* **Harmonistes, Les**

COMEDIANS, THE ▷4
É.-U. 1967. Drame social de Peter GLENVILLE avec Richard Burton, Alec Guinness et Elizabeth Taylor. - Trois hommes débarqués en même temps en Haïti connaissent des fortunes diverses. □ 13 ans+

COMÉDIE! ▷4
FR. 1987. Comédie dramatique de Jacques DOILLON avec Jane Birkin et Alain Souchon. - Lors d'un séjour dans une maison de campagne, une jeune femme joue à incarner toutes les femmes qui sont passées dans la vie de son nouveau compagnon.

COMÉDIE D'AMOUR ▷4
FR. 1989. Comédie de Jean-Pierre RAWSON avec Michel Serrault, Annie Girardot et Aurore Clément. - Une mondaine veut faire publier le journal d'un écrivain misanthrope où se trouvent notamment consignés vingt ans de vie tumultueuse avec sa maîtresse. □ Général

COMÉDIE DE L'INNOCENCE ▷4
FR. 2000. Comédie dramatique de Raoul RUIZ avec Isabelle Huppert, Jeanne Balibar et Charles Berling. - Le jour de son neuvième anniversaire, un garçon obsédé par sa caméra vidéo prétend qu'il est le fils d'une autre femme que sa mère. □ Général

COMÉDIE DU TRAVAIL, LA ▷4
FR. 1987. Comédie de Luc MOULLET avec Roland Blanche, Sabine Haudepin et Henri Déus. - À son grand dam, un fonctionnaire qui a perdu son emploi voit un chômeur professionnel obtenir un poste qui lui siérait à merveille.

COMÉDIE ÉROTIQUE D'UNE NUIT D'ÉTÉ
voir **Midsummer Night's Sex Comedy, A**

COMEDY OF TERRORS, THE ▷5
É.-U. 1963. Comédie de Jacques TOURNEUR avec Vincent Price, Peter Lorre et Basil Rathbone. - Un entrepreneur de pompes funèbres ruiné s'arrange pour faire mourir des gens riches. □ Général

COMES A HORSEMAN [Souffle de la tempête, Le] ▷3
É.-U. 1978. Western d'Alan J. PAKULA avec James Caan, Jane Fonda et Jason Robards. - En 1945, au Montana, un petit rancher est entraîné dans le conflit qui oppose une voisine à un riche propriétaire. - Mélange habile d'ancien et de moderne. Interprétation solide. □ Général ➜ DVD $

COMFORT OF STRANGERS, THE [Étrange séduction] ▷4
ITA. 1990. Drame de mœurs de Paul SCHRADER avec Christopher Walken, Natasha Richardson et Rupert Everett. - Un jeune couple en voyage romantique à Venise tombe sous l'emprise d'un homme mystérieux et de sa non moins bizarre épouse. □ 13 ans+

COMING HOME ▷3
É.-U. 1978. Drame psychologique de Hal ASHBY avec Jane Fonda, Jon Voight et Bruce Dern. - Après le départ de son mari pour le Viêt-nam, une femme engagée comme aide-volontaire dans un hôpital militaire s'éprend d'un grand blessé. - Climat d'époque bien reconstitué. Bande sonore efficace. Tableau intéressant des effets de la guerre. Interprétation de premier ordre. □ 13 ans+ ➜ DVD $

COMING TO AMERICA [Prince à New York, Un] ▷5
É.-U. 1988. Comédie de John LANDIS avec Eddie Murphy, Arsenio Hall et James Earl Jones. - Pour échapper à un mariage arrangé par son père, un prince africain se rend à New York dans le but de se trouver une épouse. □ Général ➜ DVD $

COMING UP ROSES [Cinéma, amour et champignons] ▷4
ANG. 1986. Comédie de mœurs de Stephen BAYLY avec Dafydd Hywel, Iola Gregory et Olive Michael. - Le projectionniste d'un cinéma qui vient de fermer décide avec des proches de cultiver des champignons dans l'obscurité de la salle inoccupée. □ Général

COMMAND DECISION ▷4
É.-U. 1948. Drame de guerre de Sam WOOD avec Clark Gable, Walter Pidgeon et Van Johnson. - Un état-major s'interroge sur les problèmes d'une opération de bombardement. □ Général ➜ DVD $

COMMANDO DE LA MORT, LE *voir* **Walk in the Sun, A**

COMMANDO DES MORTS-VIVANTS, LE *voir* **Shock Waves**

COMMARE SECCA, LA [Grim Reaper, The] ▷3
ITA. 1962. Drame policier de Bernardo BERTOLUCCI avec Francesco Ruiu, Giancarlo de Rosa et Vincenzo Ciecora. - Le meurtre d'une prostituée entraîne une enquête dans divers quartiers de Rome. - Première œuvre de Bertolucci. Style brillant et nerveux. Montage complexe. Interprètes peu connus fort bien dirigés. □ Général ➜ DVD $

COMME DANS UN MIROIR [Through a Glass Darkly] ►2
SUÈ. 1962. Drame psychologique de Ingmar BERGMAN avec Harriet Andersson, Max von Sydow et Gunnar Bjornstrand. - Les crises de folie d'une jeune femme provoquent chez les siens une prise de conscience. - Scénario d'une richesse et d'une profondeur peu communes. Mise en scène dépouillée. Remarquable analyse de caractères. Excellente interprétation. □ 13 ans+

COMME ELLE RESPIRE ▷4
FR. 1998. Comédie dramatique de Pierre SALVADORI avec Marie Trintignant, Guillaume Depardieu et Serge Riaboukine. - Un petit arnaqueur organise le kidnapping d'une jeune mythomane qui se prétend fille de millionnaire. □ Général

COMME IL FAUT *voir* **Mostly Martha**

COMME TOUT LE MONDE ▷4
BEL. 2006. Comédie satirique de Pierre-Paul RENDERS avec Khalid Maadour, Caroline Dhavernas et Chantal Lauby. - Élu «Français moyen» par un quiz télévisé, un jeune instituteur est épié jour et nuit, à son insu, par une firme de sondages. □ Général ➜ DVD $

COMME UN GARÇON *voir* **About a Boy**

COMME UNE IMAGE [Look at me] ▷3
FR. 2004. Comédie dramatique réalisée et interprétée par Agnès JAOUI avec Marilou Berry et Jean-Pierre Bacri. - Une jeune femme complexée aspirant à une carrière dans l'art lyrique souffre de la non-reconnaissance d'autrui et de l'indifférence de son célèbre père écrivain. - Étude de caractères très fouillée. Dialogues incisifs. Réalisation assez fluide. Interprètes d'une justesse admirable. □ Général ➜ DVD $

COMMENT ÇA VA BOB? *voir* **What About Bob?**

COMMENT CONQUÉRIR L'AMÉRIQUE EN UNE NUIT ▷5
QUÉ. 2004. Comédie de mœurs de Dany LAFERRIÈRE avec Michel Mpambara, Maka Kotto et Sonia Vachon. - Un Haïtien dans la trentaine débarque à Montréal avec la ferme intention de conquérir l'Amérique et le cœur d'une femme blonde qu'il a vue sur une affiche. □ Général

COMMENT DEVENIR UN TROU DE CUL ET ENFIN PLAIRE AUX FEMMES ▷5
QUÉ 2004. Comédie de mœurs de Roger BOIRE avec Christine Foley, Pier Noli et Luc Lopez. - Les tribulations amoureuses d'un musicien qui semble incapable d'entretenir des relations durables avec les femmes. □ Général · Déconseillé aux jeunes enfants ➜ DVD $

COMMENT ÉPOUSER UN MILLIONNAIRE
voir **How to Marry a Millionaire**

COMMENT ET LE POURQUOI, LE ▷5
[What's It All About?]
ESP. 1994. Film à sketches de Ventura PONS avec Lluis Homar, Pepa Lopez et Alex Casanovas. - Série de courtes histoires illustrant diverses facettes de la nature humaine et des rapports amoureux. □ 13 ans+ · Érotisme ➜ DVD $

COMMENT FAIRE L'AMOUR AVEC UN NÈGRE SANS SE FATIGUER ▷5
QUÉ. 1989. Comédie satirique de Jacques W. BENOÎT avec Isaach de Bankolé, Maka Kotto et Roberta Bizeau. - Le défilé de jolies femmes dans l'appartement de deux Noirs oisifs suscite l'envie et la suspicion d'un trio de revendeurs de drogue. □ 13 ans+

COMMENT J'AI TUÉ MON PÈRE ▷4
FR. 2001. Drame psychologique d'Anne FONTAINE avec Michel Bouquet, Charles Berling et Natacha Régnier. - Un réputé gérontologue est déstabilisé par le retour de son père médecin qui l'avait abandonné en bas âge pour aller pratiquer en Afrique. ➜ DVD $

COMMENT JE ME SUIS DISPUTÉ... (MA VIE SEXUELLE) ▷4
[My Sex Life (Or How I Got Into an Argument)]
FR. 1995. Comédie dramatique d'Arnaud DESPLECHIN avec Mathieu Amalric, Emmanuelle Devos et Marianne Denicourt. - Alors qu'il peine pour terminer sa thèse de doctorat, un jeune homme connaît en plus divers déboires amoureux.

COMMENT MA MÈRE ACCOUCHA DE MOI DURANT SA MÉNOPAUSE ▷4
QUÉ. 2003. Comédie de mœurs de Sébastien ROSE avec Paul Ahmarani, Micheline Lanctôt et Lucie Laurier. - Les difficultés familiales et amoureuses d'un étudiant de 30 ans qui vit encore avec sa mère dominatrice et sa sœur. □ 13 ans+ · Érotisme ➜ DVD $

COMMENT RÉUSSIR EN AFFAIRES SANS VRAIMENT ESSAYER
voir **How to Succeed in Business Without Really Trying**

COMMENT SE DÉBARRASSER DE SON PATRON
voir **9 to 5**

COMMENT SURVIVRE À SA MÈRE
voir **Surviving My Mother**

COMMENT TUER VOTRE FEMME
voir **How to Murder Your Wife**

COMMENT VOLER UN MILLION DE DOLLARS
voir **How to Steal a Million**

COMMIS EN FOLIE *voir* **Clerks**

COMMISSAR ►2
RUS. 1967. Drame d'Alexander ASKOLDOV avec Nonna Mordoukova, Rolan Bykov et Raissa Neidashkovskaya. - Dans les années 1920, en Ukraine, une commissaire politique trouve refuge dans une famille juive pour mener à bien sa grossesse. - Scènes d'un lyrisme touchant mêlées à une approche de style réaliste. Ensemble bien contrôlé et fort convaincant. Interprétation prenante. □ Général ➜ DVD $

COMMITMENTS, THE ▷4
ANG. 1991. Comédie dramatique d'Alan PARKER avec Robert Arkins, Michael Aherne et Angeline Ball. - Un jeune Irlandais et deux de ses amis recrutent des artistes afin de former un groupe de musique «soul». □ Général ➜ DVD $

COMMON GROUND
ARG. ESP. 2002. Adolfo ARISTARAIN

COMMON WEALTH *voir* **Comunidad, La**

COMMUNE
É.-U. 2005. Jonathan BERMAN ➜ DVD $

COMMUNIANTS, LES [Winter Light] ►2
SUÈ. 1963. Drame de Ingmar BERGMAN avec Gunnar Björnstrand, Ingrid Thulin et Max Von Sydow. - Un pasteur traverse une grave crise de foi. - Problème spirituel abordé avec sincérité. Style dépouillé. Images d'une grande beauté plastique. Personnages interprétés en profondeur. □ 13 ans+

COMO VOY A OLVIDARTE [How Can I]
MEX. INCONNU

COMPAGNIE DES AUTRES, LA
voir **Business of Strangers, The**

COMPAGNIE DES LOUPS, LA
voir **Company of Wolves, The**

COMPAGNON DE LONGUE DATE, UN
voir **Longtime Companion**

COMPANY, THE ▷4
É.-U. 2003. Chronique de Robert ALTMAN avec Malcolm McDowell, Neve Campbell et James Franco. - Les expériences d'une jeune danseuse au sein de la prestigieuse troupe du Joffrey Ballet de Chicago. □ Général ➔ DVD$

COMPANY BUSINESS [Associés, inc.] ▷4
É.-U. 1991. Comédie de Nicholas MEYER avec Gene Hackman, Mikhail Baryshnikov et Kurtwood Smith. - Un agent de la CIA sympathise avec un espion soviétique qu'il doit escorter jusqu'à Berlin pour l'échanger contre un collègue retenu par le KGB. □ Général ➔ DVD$

COMPANY OF STRANGERS, THE ▷4
[Fabuleux gang des sept, Le]
CAN. 1990. Drame psychologique de Cynthia SCOTT avec Catherine Roche, Alice Diabo et Beth Webber. - Leur autobus étant tombé en panne, sept femmes âgées se réfugient dans une maison abandonnée et font connaissance. □ Général ➔ DVD$

COMPANY OF WOLVES, THE ▷3
[Compagnie des loups, La]
ANG. 1984. Drame fantastique de Neil JORDAN avec Sarah Patterson, Angela Lansbury et Micha Bergese. - Une adolescente fait un rêve étrange où il est question de rapports bizarres entre les hommes et les loups. - Curieuses variations sur des contes anciens. Intuitions psychologiques intéressantes. Trucages impressionnants. □ 13 ans+

COMPÈRES, LES ▷4
FR. 1983. Comédie de Francis VEBER avec Pierre Richard, Gérard Depardieu et Stéphane Bierry. - Restée sans nouvelles de son fils adolescent, une femme met sur ses traces deux anciens amants en faisant croire à chacun qu'il est le père du fugueur. ➔ DVD$

COMPLAINTE DU SENTIER, LA [Pather Panchali] ►1
IND. 1955. Étude de mœurs de Satyajit RAY avec Subir Banerji, Uma Das Gupta et Karuma Banerji. - La vie d'une famille moyenne dans un petit village de l'Inde. - Œuvre majeure du cinéma indien. Superbe fresque poétique. Rythme lent et expressif. Photographie d'une grande qualité. Direction adroite des interprètes. □ Général

COMPLOT DANS LA VILLE *voir* **City Hall**

COMPLOT DE FAMILLE *voir* **Family Plot**

COMPLOT MORTEL *voir* **Conspiracy Theory**

COMPLOT, LE ▷4
FR. 1973. Drame policier de René GAINVILLE avec Michel Bouquet, Jean Rochefort et Raymond Pellegrin. - En 1962, des activistes tentent de libérer un général emprisonné après s'être opposé à l'indépendance de l'Algérie. □ Général

COMPLOT, LE *voir* **To Kill a Priest**

COMPROMISING POSITIONS ▷4
[Situations compromettantes]
É.-U. 1985. Comédie policière de Frank PERRY avec Susan Sarandon, Raul Julia et Judith Ivey. - L'épouse d'un avocat entreprend de faire un reportage sur l'assassinat de son dentiste, qui aurait été impliqué dans un trafic de photos pornographiques. □ 13 ans+

COMPTE SUR MOI *voir* **Stand by Me**

COMPTOIR, LE ▷4
FR. 1998. Chronique de Sophie TATISCHEFF avec Mireille Perrier, Maurane et Christophe Odent. - Les acquéreurs d'un vieux comptoir de bistrot se laissent raconter par un client de l'établissement la vie mouvementée de l'ancienne propriétaire. □ Général

COMPULSION [Génie du mal, Le] ▷3
É.-U. 1959. Drame de Richard FLEISCHER avec Dean Stockwell, Orson Welles et Bradford Dillman. - Deux étudiants sont traduits en justice pour avoir commis un crime gratuit. - Intrigue basée sur un fait authentique. Scénario intelligent. Réalisation rigoureuse. Interprétation de classe. □ Général ➔ DVD$

COMRADE X ▷4
É.-U. 1940. Comédie de King VIDOR avec Clark Gable, Hedy Lamarr et Oscar Homolka. - Un journaliste américain qui n'approuve pas le régime politique soviétique convainc une conductrice de train de fuir son pays.

COMTE DE MONTE CRISTO, LE
voir **Count of Monte Cristo, The**

COMTESSE AUX PIEDS NUS, LA
voir **Barefoot Contessa, The**

COMTESSE DE BATON ROUGE, LA ▷4
QUÉ. 1997. Comédie dramatique de André FORCIER avec Robin Aubert, Geneviève Brouillette et Isabel Richer. - Un cinéaste en herbe tombe amoureux d'une femme à barbe qu'il suit jusqu'en Louisiane. □ 13 ans+

COMUNIDAD, LA [Mes chers voisins] ▷4
ESP. 2000. Comédie policière d'Alex de la IGLESIA avec Carmen Maura, Eduardo Antuna et Maria Asquerino. - Après avoir découvert un magot dans le logement délabré d'un vieillard décédé, une agente immobilière fait face à l'hostilité des autres locataires de l'immeuble. ➔ DVD$

CONAN THE BARBARIAN ▷5
É.-U. 1981. Aventures de John MILIUS avec Arnold Schwarzenegger, James Earl Jones et Sandahl Bergman. - Le fils d'un chef de tribu massacré par un ennemi devient gladiateur et entreprend de se venger. □ 13 ans+

CONAN THE DESTROYER [Conan, le destructeur] ▷5
É.-U. 1984. Aventures de Richard FLEISCHER avec Grace Jones, Arnold Schwarzenegger et Olivia d'Abo. - Un guerrier barbare accompagne une princesse dans un voyage périlleux. □ Général

CONCEIVING ADA ▷4
É.-U. 1996. Drame de Lynn HERSHMAN-LEESON avec Tilda Swinton, Francesca Faridany et Karen Black. - Un lien étrange se tisse à travers le temps entre une informaticienne de la fin du XXe siècle et la fille mathématicienne de Lord Byron qui a vécu au XIXe siècle. ➔ DVD$

CONCIERGERIE, LA ▷5
QUÉ. 1997. Drame policier de Michel POULETTE avec Serge Dupire, Tania Kontoyanni et Michel Forget. - Un détective privé enquête sur la mort du propriétaire d'une conciergerie habitée par des gens condamnés pour meurtre. □ 13 ans+ ➔ DVD$

CONCILE DE PIERRE, LE [Stone Council, The]
FR. 2006. Guillaume NICLOUX ➔ DVD$

CONCRETE JUNGLE, THE *voir* **Criminal, The**

CONCURRENCE DÉLOYALE [Unfair Competition] ▷4
ITA. 2001. Comédie dramatique d'Ettore SCOLA avec Sergio Castellitto, Diego Abatantuono et Gérard Depardieu. - En 1938, à Rome, la concurrence féroce entre deux commerçants voisins se transforme en solidarité lorsque l'un d'eux, un juif, est persécuté par les fascistes. □ Général ➔ DVD$

CONDUCTOR, THE *voir* **Chef d'orchestre, Le**

CONFESSIONNAL, LE ▷3
QUÉ. 1995. Drame de mœurs de Robert LEPAGE avec Lothaire Bluteau, Patrick Goyette et Jean-Louis Millette. - De retour à Québec, un jeune homme est plongé dans un mystère lorsqu'il tente de retrouver son frère dont il est sans nouvelles. - Intrigue complexe parsemée de dérapages spatiotemporels. Nombreuses références hitchcockiennes. Facture souvent audacieuse. Jeu assez intense des interprètes. □ 13 ans+ ➔ DVD$

CONFESSIONS D'UN BARJO ▷4
FR. 1991. Comédie dramatique de Jérôme BOIVIN avec Richard Bohringer, Anne Brochet et Hippolyte Girardot. - Les tribulations d'un grand naïf un peu attardé qui prend en note les moindres agissements de son entourage. □ 13 ans+

CONFESSIONS DU DOCTEUR SACHS, LES ▷3
FR. 1999. Drame de mœurs de Michel DEVILLE avec Albert Dupontel, Valérie Dréville et Dominique Reymond. - Un jeune médecin de cam-

pagne plein de compassion pour ses patients évacue sa souffrance et ses frustrations par l'écriture. - Portrait polyphonique et ludique d'un être attachant. Démarche d'un profond humanisme. Réalisation experte. Montage vif et intelligent. Interprétation sentie. □ Général

CONFESSIONS OF A DANGEROUS MIND ▷4
[Confessions d'un homme dangereux]
É.-U. 2002. Comédie dramatique réalisée et interprétée par George CLOONEY avec Sam Rockwell et Drew Barrymore. - Un concepteur et animateur de jeux télévisés travaille en même temps pour la CIA en tant qu'assassin. □ 13 ans+ ➔ DVD $

CONFIANCE RÈGNE, LA ▷5
FR. 2004. Comédie d'Étienne CHATILIEZ avec Cécile de France, Vincent Lindon et Pierre Vernier. - Les tribulations d'un couple de domestiques qui vole ses employeurs et prend la fuite après chaque larcin.
□ Général ➔ DVD $

CONFIDENCE [En toute confiance] ▷4
É.-U. 2003. Thriller de James FOLEY avec Edward Burns, Rachel Weisz et Dustin Hoffman. - Afin de rembourser un excentrique caïd, un truand et ses acolytes tentent d'escroquer un banquier lié au crime organisé.
□ 13 ans+ · Langage vulgaire

CONFIDENCES TROP INTIMES ▷4
FR. 2003. Drame sentimental de Patrice LECONTE avec Sandrine Bonnaire, Fabrice Luchini et Michel Duchaussoy. - Une femme instable confie ses problèmes conjugaux à un conseiller fiscal austère qu'elle prend à tort pour son nouveau psychologue. ➔ DVD $

CONFIDENTIAL REPORT (MR. ARKADIN) ▷3
[Dossier secret]
ESP. 1955. Thriller réalisé et interprété par Orson WELLES avec Robert Arden et Paola Mori. - Un homme puissant charge un détective de retrouver une série de personnes qui furent mêlées à son passé. - Récit complexe et quelque peu artificiel. Réalisation brillante aux nombreux effets esthétiques recherchés. Interprétation insolite.
□ Général ➔ DVD $

CONFIDENTIALLY YOURS *voir* **Vivement dimanche!**

CONFLICT [Mort était au rendez-vous, La] ▷4
É.-U. 1944. Drame policier de Curtis BERNHARDT avec Humphrey Bogart, Alexis Smith et Sydney Greenstreet. - Amoureux de sa belle-sœur, un homme décide de supprimer son épouse.

CONFORMISTE, LE [Conformist, The] ►1
ITA. 1969. Drame de mœurs de Bernardo BERTOLUCCI avec Jean-Louis Trintignant, Stefania Sandrelli et Dominique Sanda. - Un névrosé s'impose une vie conforme aux normes de la société où il vit et s'inscrit au parti fasciste. - Adaptation intelligente du roman d'Alberto Moravia. Évocation d'époque riche en observations critiques. Mise en images nettement stylisée. Interprétation brillante de J.-L. Trintignant.
□ Général ➔ DVD $

CONFORT DES OBJETS, LE *voir* **Safety of Objects, The**

CONFRONTATION À LA BARRE *voir* **Class Action**

CONFUSION DES GENRES, LA [Confusion of Genders] ▷4
FR. 2000. Comédie de mœurs d'Ilan Duran COHEN avec Nathalie Richard, Pascal Greggory et Julie Gayet. - Un avocat épouse une collègue dont il n'est pas amoureux tandis qu'il s'engage dans une relation passionnée avec un jeune homme. □ 13 ans+

CONGO: WHITE KING, RED RUBBER, BLACK DEATH
ALL. ANG. AUT. BEL. CAN. DAN. FIN. FR. HOL. 2004. Peter BATE

CONGORAMA ▷3
QUÉ. 2006. Comédie dramatique de Philippe FALARDEAU avec Olivier Gourmet, Paul Ahmarani et Jean-Pierre Cassel. - À la recherche au Québec de ses parents naturels, un inventeur belge fraternise avec un jeune bohème cherchant à réhabiliter la mémoire de son père. - Scénario astucieux et plein d'esprit conçu comme un enchaînement ludique de coïncidences. Réflexion touchante sur l'état du monde et de la grande famille humaine. Réalisation vivante et artisanale. Interprétation juste. □ Général ➔ DVD $

CONNECTION, THE ▷3
É.-U. 1960. Drame de Shirley CLARKE avec Varren Finnerty, Carl Lee et James Anderson. - Des narcomanes acceptent de se laisser filmer par un cinéaste qui leur a promis de la drogue. - Description très réaliste. Situations inventives. Souplesse de la caméra. Montage nerveux. Interprètes de talent. □ Général

CONNIE AND CARLA [Connie et Carla] ▷4
É.-U. 2004. Comédie dramatique de Michael LEMBECK avec Nia Vardalos, Toni Collette et David Duchovny. - Pourchassées par un baron de la drogue, deux chanteuses se font passer pour des hommes et deviennent les vedettes d'un bar de travestis. □ Général ➔ DVD $

CONQUÉRANTS, LES *voir* **Dodge City**

CONQUEROR WORM, THE [Witchfinder General, The] ▷4
ANG. 1968. Drame d'horreur de Michael REEVES avec Vincent Price, Ian Ogilvy et Hilary Dwyer. - À l'époque troublée de la guerre civile en Angleterre, des chasseurs de sorcières improvisés prennent plaisir à torturer et à tuer. ➔ DVD $

CONQUEST [Coup de jeunesse] ▷4
CAN. 1998. Comédie dramatique de Piers HAGGARD avec Lothaire Bluteau, Tara Fitzgerald et Monique Mercure. - Une jeune femme tombe en panne de voiture dans un bled où un banquier candide s'efforce d'aider les fermiers démunis.

CONQUEST [Marie Walewska] ▷4
É.-U. 1938. Drame historique de Clarence BROWN avec Greta Garbo, Charles Boyer et Reginald Owen. - Les amours tumultueuses de Napoléon et de la comtesse polonaise Marie Walewska. □ Général

CONQUÊTE DE L'OUEST, LA
voir **How the West Was Won**

CONQUÊTE DE LA PEUR, LA
voir **Cerro Torre: Scream of Stone**

CONRACK ▷4
É.-U. 1974. Drame social de Martin RITT avec Jon Voight, Madge Sinclair et Hume Cronyn. - Un jeune instituteur emploie des méthodes d'enseignement insolites avec des enfants de race noire. □ Général

CONSEIL DE FAMILLE ▷4
FR. 1986. Comédie policière de Constantin COSTA-GAVRAS avec Johnny Hallyday, Fanny Ardant et Guy Marchand. - Un cambrioleur impose à sa famille une façade respectable tout en continuant ses vols avec l'aide de son jeune fils. □ 13 ans+

CONSENTING ADULTS [Adultes consentants] ▷4
É.-U. 1992. Drame policier d'Alan J. PAKULA avec Kevin Kline, Mary Elizabeth Mastrantonio et Kevin Spacey. - Un homme marié se laisse entraîner par un voisin dans une aventure adultère qui tourne mal.
□ 13 ans+ ➔ DVD $

CONSEQUENCE, THE
ALL. 1977. Wolfgang PETERSEN ➔ DVD $

CONSPIRACY [Conspiration] ▷4
É.-U. 2000. Drame historique de Frank PIERSON avec Gil Bellows, Kenneth Branagh et Diahann Carroll. - En 1942, des nazis se réunissent près de Berlin pour comploter la «solution finale». ➔ DVD $

CONSPIRACY THEORY [Complot mortel] ▷5
É.-U. 1997. Drame policier de Richard DONNER avec Mel Gibson, Julia Roberts et Patrick Stewart. - Un chauffeur de taxi new-yorkais qui voit des complots partout devient la cible d'un agent de la CIA.
□ 13 ans+ ➔ DVD $

CONSPIRATION *voir* **Conspiracy**

CONSTANT GARDENER [Constance du jardinier, La] ▷3
ANG. 2005. Drame de Fernando MEIREILLES avec Ralph Fiennes, Rachel Weisz et Danny Huston. - Un diplomate britannique en poste au Kenya cherche à découvrir pourquoi son épouse, une militante convaincue, a été assassinée. - Adaptation réussie du roman de John Le Carré. Mélange prenant de thriller et de drame sentimental. Dénonciation virulente de l'exploitation éhontée de l'Afrique par l'Occident. Réalisation nerveuse et inspirée. Interprétation relevée.
□ Général · Déconseillé aux jeunes enfants ➔ DVD $

CONSTANTINE ▷4
É.-U. 2005. Drame fantastique de Francis LAWRENCE avec Keanu Reeves, Rachel Weisz et Shia LaBeouf. - Un expert en démonologie fait équipe avec une détective pour contrer les forces sataniques qui menacent le monde des vivants.
□ 13 ans+ · Horreur ➔ DVD $ DVD-BR $

CONTACT ▷4
É.-U. 1997. Science-fiction de Robert ZEMECKIS avec Jodie Foster, Matthew McConaughey et James Woods. - Une astronome américaine décode un message extraterrestre qui renferme les plans d'un transporteur interstellaire. □ Général ➔ DVD $

CONTE D'AUTOMNE ▷4
FR. 1998. Comédie sentimentale d'Éric ROHMER avec Béatrice Romand, Marie Rivière et Alexia Portal. - Deux amies d'une viticultrice solitaire tentent, à l'insu de celle-ci, de lui trouver un compagnon. □ Général

CONTE D'ÉTÉ [Summer's Tale, A] ▷3
FR. 1995. Comédie de mœurs d'Éric ROHMER avec Melvil Poupaud, Amanda Langlet et Gwenaëlle Simon. - Un étudiant en vacances en Bretagne s'intéresse à trois jeunes femmes, sans toutefois parvenir à s'engager avec l'une d'elles. - Dialogues spirituels et fins ayant préséance sur l'image. Personnages bien campés par de jeunes interprètes fort prometteurs. □ Général

CONTE D'HIVER ▷4
FR. 1991. Drame de mœurs d'Éric ROHMER avec Charlotte Véry, Hervé Furic et Michel Voletti. - Partie vivre en province avec son amant, une Parisienne est toujours hantée par l'image d'un grand amour de vacances dont elle a perdu la trace.

CONTE DE LA FOLIE ORDINAIRE ▷4
[Tales of Ordinary Madness]
ITA. 1981. Drame de mœurs de Marco FERRERI avec Ben Gazzara, Ornella Muti et Tanya Lopert. - Un écrivain errant et une prostituée aux obsessions suicidaires développent une relation fondée sur le désespoir et la souffrance. □ 18 ans+ ➔ DVD $

CONTE DE PRINTEMPS [Tale of Springtime, A] ▷3
FR. 1989. Comédie dramatique de Éric ROHMER avec Anne Teyssèdre, Florence Darel et Hugues Quester. - Une étudiante en musique cherche à provoquer une rupture entre son père divorcé et la jeune maîtresse de ce dernier. - Variations subtiles et fines sur les thèmes de l'amitié et du flirt. Mise en scène précise. Interprétation charmante des protagonistes.

CONTEMPT *voir* **Mépris, Le**

CONTENDER, THE [Candidate, La] ▷4
É.-U. 2000. Drame politique de Rod LURIE avec Joan Allen, Gary Oldman et Jeff Bridges. - Une sénatrice pressentie au poste de vice-présidente des États-Unis se défend devant une commission d'enquête au sujet d'un scandale sexuel. □ 13 ans+ ➔ DVD $

CONTES D'AUTOMNE ET DE PRINTEMPS
voir **Adventures of Ichabod and Mr. Toad, The**

CONTES D'HOFFMANN, LES *voir* **Tales of Hoffmann**

© ALLIANCE

CONTES DE CANTERBURY, LES ▷5
[Canterbury Tales, The]
ITA. 1975. Film à sketches de Pier Paolo PASOLINI avec Laura Betti, Hugh Griffith et Franco Citti. - Des pèlerins en route pour la cathédrale de Canterbury se racontent des contes grivois pour passer le temps. □ 18 ans+

CONTES DE LA LUNE VAGUE APRÈS LA PLUIE, LES [Ugetsu Monogatari] ►1
JAP. 1953. Drame fantastique de Kenji MIZOGUCHI avec Machiko Kyo, Masayuki Mori et Kinuyo Tanaka. - Un paysan ambitieux tombe sous l'emprise du fantôme d'une princesse. - Habile mélange d'illusion et de réalité. Images rappelant les estampes japonaises. Rythme méditatif. Jeu stylisé des acteurs. ➔ DVD $

CONTESTATION, LA *voir* **Love and Anger**

CONTINENTAL DIVIDE ▷4
É.-U. 1981. Comédie sentimentale de Michael APTED avec John Belushi, Blair Brown et Allen Goorwitz. - Un journaliste connaît diverses mésaventures en tentant d'interviewer une ornithologue installée dans les Rocheuses. □ Général ➔ DVD $

CONTINENTAL, UN FILM SANS FUSIL ▷3
QUÉ. 2007. Comédie dramatique de Stéphane LAFLEUR avec Marie-Ginette Guay, Réal Bossé et Gilbert Sicotte. - Dans une ville anonyme du Québec, les destins de quatre personnages se croisent peu après qu'un vendeur d'assurances eut disparu sans laisser de traces. - Récit profond sur les thèmes de la solitude et de l'apathie. Scénario bien construit enchevêtrant avec élégance des histoires liées de façon quasi subliminale. Dialogues mesurés et révélateurs. Réalisation nuancée. Distribution impeccable. □ Général ➔ DVD $

CONTRABAND
ANG. 1940. Michael POWELL □ Général ➔ DVD $

CONTRAT, LE *voir* **Hit, The**

CONTRE CŒUR *voir* **One True Thing**

CONTRE COURANT *voir* **Time and Tide**

CONTRE TOUTE ESPÉRANCE ▷4
QUÉ. 2007. Drame psychologique de Bernard ÉMOND avec Guylaine Tremblay, Guy Jodoin et Gildor Roy. - Alors qu'ils viennent d'acquérir la maison de leurs rêves, une téléphoniste et son conjoint sont accablés par la maladie et les congédiements massifs.
□ Général · Déconseillé aux jeunes enfants ➔ DVD $

CONTRE-ENQUÊTE *voir* **Q & A**

CONTROL ▷4
G.-B. 2007. Drame biographique d'Anton CORBIJN avec Sam Riley, Samantha Morton et Alexandra Maria Lara. - La vie et la carrière d'Ian Curtis, énigmatique chanteur du groupe anglais Joy Division.
□ 13 ans+ ➔ DVD $

CONTROL
É.-U. 2004. Jonathan BAKER, Jim HUNTER ➔ DVD $

CONVENT OF THE SACRED BEAST
voir **School of the Holy Beast**

CONVENT, THE
FR. POR. 1995. Manoel DE OLIVEIRA ➔ DVD $

CONVERSATION PIECE *voir* **Violence et passion**

CONVERSATION SECRÈTE *voir* **Conversation, The**

CONVERSATION, THE [Conversation secrète] ►2
É.-U. 1974. Thriller de Francis Ford COPPOLA avec Gene Hackman, John Cazale et Allen Garfield. - Un homme se spécialise dans l'écoute électronique et loue ses services sans s'inquiéter des mobiles de ses clients. - Suspense psychologique d'une rare intensité. Intrigue énigmatique aux développements surprenants. Climat de paranoïa rendu de façon magistrale. Jeu très solide de G. Hackman.
□ Général ➔ DVD $

CONVERSATIONS WITH OTHER WOMEN ▷4
É.-U. 2005. Drame sentimental de Hans CANOSA avec Helena Bonham Carter, Aaron Eckhart et Nora Zehetner. - Lors d'un mariage, un homme et une femme autrefois amants évoquent différents souvenirs et hésitent à passer la nuit ensemble.
□ Général · Déconseillé aux jeunes enfants ➔ DVD $

CONVICTED
ANG. DAN. É.-U. 2004. Bille AUGUST ➔ DVD $

CONVICTION, THE ▷5
ITA. 1990. Drame de Marco BELLOCCHIO avec Vittorio Mezzogiorno, Claire Nebout et Andrzej Sewerin. - Une jeune femme accuse de viol un architecte dont le charisme sensuel vient troubler un procureur inhibé. □ 13 ans+ · Érotisme

CONVICTS, THE ▷5
É.-U. 1991. Drame de Peter MASTERSON avec Robert DUVALL, Lukas Haas et James Earl Jones. - En 1902, au Texas, un vieil homme, propriétaire d'une plantation, se lie d'amitié avec un jeune garçon de 13 ans. ➜ DVD$

CONVOY ▷5
E.-U. 1978. Comédie dramatique de Sam PECKINPAH avec Ali MacGraw, Kris Kristofferson et Ernest Borgnine. - Des camionneurs contestataires obstruent les routes avec un convoi d'une dizaine de véhicules. ➜ DVD$

CONVOYEUR, LE ▷4
FR. 2004. Thriller de Nicolas BOUKHRIEF avec Albert Dupontel, Jean Dujardin et François Berléand. - Un homme solitaire et secret se fait embaucher par une agence de transport de fonds qui est victime de braquages à répétition. ➜ DVD$

CONVOYEURS ATTENDENT, LES ▷4
BEL.-FR.-SUI. 1999. Comédie dramatique de Benoît MARIAGE avec Benoît Poelvoorde, Morgane Simon et Jean-François Devigne. - Désirant gagner une voiture, un père autoritaire enrôle son fils dans une extravagante course aux records.

COOGAN'S BLUFF ▷4
É.-U. 1968. Drame policier de Don SIEGEL avec Clint Eastwood, Lee J. Cobb et Susan Clark. - Les mésaventures d'un shérif de l'Arizona venu chercher un criminel à New York. □ Général ➜ DVD$

COOK, THE THIEF, HIS WIFE & HER LOVER, THE ▷3
[Cuisinier, le voleur, sa femme et son amant, Le]
ANG. 1989. Comédie dramatique de Peter GREENAWAY avec Michael Gambon, Helen Mirren et Richard Bohringer. - Une femme qui dîne chaque soir au restaurant avec un mari vulgaire entretient une liaison avec un autre client. - Récit insolite. Goût de la provocation. Recherches stylistiques. Décors et jeux de couleur admirablement composés. Fort bons comédiens. □ 18 ans+

COOKIE'S FORTUNE ▷3
É.-U. 1998. Comédie de mœurs de Robert ALTMAN avec Glenn Close, Charles S. Dutton et Liv Tyler. - Dans un village du Mississippi, le suicide d'une veuve excentrique est maquillé en meurtre par sa nièce bien-pensante. - Traitement bon enfant de sujets graves. Humour désarçonnant. Réalisation d'une grande aisance. Rythme délibérément indolent. Interprétation délicieuse. □ Général ➜ DVD$

COOL!
HOL. 2004. Theo VAN GOGH ➜ DVD$

COOL & THE CRAZY
É.-U. 1994. Ralph BAKSHI ➜ DVD$

COOL HAND LUKE [Luke la main froide] ▷3
É.-U. 1967. Drame social de Stuart ROSENBERG avec Paul Newman, George Kennedy et Strother Martin. - Incarcéré à la suite d'un délit mineur, un prisonnier réussit à s'évader trois fois. - Tableau saisissant du monde pénitentiaire. Choix de détails bien agencés. Réalisation fort précise. P. Newman et G. Kennedy très solides.
□ Général ➜ DVD$ DVD-BR$

COOLER, THE ▷4
É.-U. 2002. Comédie dramatique de Wayne KRAMER avec William H. Macy, Maria Bello et Alec Baldwin. - Un malchanceux chronique chargé de porter la poisse aux joueurs d'un casino voit sa chance tourner lorsqu'il s'éprend d'une jeune serveuse. □ 13 ans+ ➜ DVD$

COP AU VIN *voir* **Poulet au vinaigre**

COP LAND [Détectives] ▷4
É.-U. 1997. Drame policier de James MANGOLD avec Harvey Keitel, Sylvester Stallone et Ray Liotta. - Afin d'arrêter des policiers corrompus, un enquêteur obtient l'aide du shérif de la petite ville où ceux-ci habitent. □ 13 ans+ · Violence ➜ DVD-BR$ DVD$

COPAINS D'ABORD, LES *voir* **Big Chill, The**

COPAINS, LES ▷4
FR. 1964. Comédie burlesque de Yves ROBERT avec Philippe Noiret, Pierre Mondy et Claude Rich. - Sept vieux copains se retrouvent et décident de jouer quelques tours pendables. □ 13 ans+

COPPER CANYON [Terre damnée] ▷4
É.-U. 1950. Western de John FARROW avec Ray Milland, Hedy Lamarr et Macdonald Carey. - En Arizona, un ancien officier sudiste se met à la tête de mécontents brimés par les Nordistes. □ Général

COPS AND ROBBERS [Flics et voyous] ▷4
É.-U. 1973. Comédie policière de Aram AVAKIAN avec Cliff Gorman, Joseph Bologna et John Ryan. - Deux policiers de New York mettent à profit leurs connaissances du monde de la pègre pour faire fortune. ➜ DVD$

COPS VS THUGS
JAP. 1975. Kinji FUKASAKU ➜ DVD$

COPYCAT [Imitateur, L'] ▷4
É.-U. 1995. Drame policier de Jon AMIEL avec Sigourney Weaver, Holly Hunter et Dermot Mulroney. - En voulant aider deux détectives qui recherchent un meurtrier, une psychologue devient à son tour la cible du tueur. □ 16 ans+ · Violence ➜ DVD$

COPYING BEETHOVEN
ALL. É.-U. 2006. Agnieszka HOLLAND

CORALINE ▷3
É.-U. 2008. Film d'animation de Henry Selick. - Derrière une porte secrète, une fillette négligée par ses parents découvre une réalité parallèle où un bonheur idyllique cache un terrible danger. - Adaptation éblouissante du conte de Neil Gaiman. Dosage savant de merveilleux et de macabre. Gradation chromatique recherchée. Trame sonore évocatrice. Réalisation fluide faisant un usage raffiné de la technologie 3D. □ Général

CORBEAU, LE *voir* **Crow, The**

CORBEAU, LE ►2
FR. 1943. Drame policier de Henri-Georges CLOUZOT avec Pierre Fresnay, Pierre Larquey et Ginette Leclerc. - Une petite ville de province est troublée par un afflux de lettres anonymes. - Classique du cinéma policier français. Critique subtile des mœurs sous le régime de Vichy. Tension soutenue. Réalisation très soignée. Forte distribution.
□ 13 ans+ ➜ DVD$

CORBILLARD S'EMBALLE, LE *voir* **Wrong Box, The**

CORDE, LA *voir* **Rope**

CORDE RAIDE, LA *voir* **Tightrope**

CORDÉLIA ▷4
QUÉ. 1979. Drame de Jean BEAUDIN avec Louise Portal, Gaston Lepage et Raymond Cloutier. - À la fin du siècle dernier, le meurtre d'un menuisier de village est imputé à son épouse ainsi qu'à un employé du couple. □ Général ➜ DVD$

CORDES DE LA POTENCES, LES
voir **Cahill: United States Marshall**

CORE, THE [Au cœur de la terre] ▷4
É.-U. 2003. Science-fiction de Jon AMIEL avec Aaron Eckhart, Hilary Swank et Stanley Tucci. - Pour prévenir la fin du monde, une expédition est envoyée au centre de la Terre afin de réactiver le magma autour du noyau de la planète. □ Général ➜ DVD$

CORN IS GREEN, THE ▷4
É.-U. 1944. Drame de Irving RAPPER avec Bette Davis, Nigel Bruce et John Dall. - Une institutrice d'un village gallois voit à l'éducation supérieure d'un fils de mineur.

CORN IS GREEN, THE ▷4
É.-U. 1978. Drame psychologique de George CUKOR avec Katharine Hepburn, Ian Saynor et Patricia Haynes. - Dans un village minier du pays de Galles, une institutrice encourage un jeune garçon à poursuivre ses études.

CORNBREAD, EARL AND ME ▷4
É.-U. 1975. Drame social de Joe MANDUKE avec Moses Gunn, Rosalind Cash et Bernie Casey. - Un couple de race noire cherche à prouver la responsabilité des forces policières dans l'assassinat de leur fils.
□ Général ➜ DVD$

CORNIAUD, LE ▷4
FR. 1964. Comédie policière de Gérard OURY avec Bourvil, Louis de Funès et Venantino Venantini. - Un naïf déjoue innocemment un plan de contrebande. □ Général ➜ DVD$

CORONATION ▷4
CHIL. 2000. Drame de mœurs de Silvio CAIOZZI avec Julio Jung et Maria Canepa. - Un quinquagénaire célibataire est obsédé par la jeune paysanne qu'il a engagée pour s'occuper de sa grand-mère sénile.

CORPS À CORPS ▷5
FR. 2003. Thriller de François HANSS avec Philippe Torreton, Clément Brilland et Emmanuelle Seigner. - Six ans après avoir été victime d'un accident qui l'avait plongée dans le coma, une jeune femme découvre de troublants secrets sur son conjoint. □ 13 ans+ ➔ DVD$

CORPS CÉLESTES, LES ▷5
Can. 1973. Comédie satirique de Gilles CARLE avec Donald Pilon, Carole Laure et Jacques Dufilho. - L'installation d'une maison de passe dans une ville minière du Nord-Ouest québécois en 1938.

CORPS SAUVAGES, LES *voir* **Look Back in Anger**

CORPSE BRIDE *voir* **Tim Burton's Corpse Bride**

CORRECTION, LA *voir* **Sleepers**

CORRESPONDANT 17 *voir* **Foreign Correspondent**

CORRIDOR OF MIRRORS ▷4
ANG. 1947. Drame psychologique de Terence YOUNG avec Edana Romney, Eric Portman et Barbara Mullen. - Un peintre croit retrouver dans une femme le personnage qui hante son rêve romantique.

CORTEX ▷4
FR. 2007. Drame policier de Nicolas BOUKHRIEF avec André Dussollier, Marthe Keller et Julien Boisselier. - Un ex-policier atteint de la maladie d'Alzheimer enquête sur une série de morts suspectes survenues dans la clinique où il vient d'être admis. ➔ DVD$

COSI ▷4
AUS. 1995. Comédie de Mark JOFFE avec Ben Mendelsohn, Barry Otto et Toni Collette. - Les patients d'un institut psychiatrique montent un opéra de Mozart sous la direction d'un metteur en scène aussi sceptique que cynique. □ Général ➔ DVD$

COSMOS ▷5
QUÉ. 1996. Drame de mœurs de Jennifer ALLEYN, Marie-Julie DALLAIRE, Manon BRIAND, Arto PARAGAMIAN, André TURPIN et Denis VILLENEUVE avec David La Haye, Audrey Benoît et Marie-Hélène Montpetit. - À bord de son taxi, un chauffeur philosophe partage des parcelles d'existence avec ses clients. □ Général ➔ DVD$

CÔTE D'ADAM, LA [Adam's Rib] ▷4
RUS. 1990. Comédie de mœurs de Viatcheslav KRICHTOFOVITCH avec Inna Tchourikova, Svetlana Riabova et Macha Gouloubkina. - Les petits ennuis quotidiens d'une femme qui vit dans un minuscule logement avec sa mère impotente et ses deux filles. □ Général

COTÉ OBSCUR DU CŒUR, LE ▷3
ARG. 1992. Drame poétique d'Eliseo SUBIELA avec Dario Grandinetti, Sandra Ballesteros et Nacha Guevara. - Un poète de Buenos Aires s'éprend d'une prostituée qui ne se laisse pas conquérir facilement. - Scénario mariant poésie et surréalisme. Ensemble à la fois audacieux et élégant. Technique fort bien maîtrisée. Interprétation particulièrement sentie. □ 13 ans+ · Érotisme ➔ DVD$

CÔTÉ OBSCUR DU CŒUR II, LE ▷4
[Dark Side of the Heart II, The]
ARG. 2001. Drame de mœurs d'Eliseo SUBIELA avec Dario Grandinetti, Ariadna Gil et Nacha Guevara. - Durant un séjour en Espagne, un poète argentin à la recherche de la femme idéale se laisse fasciner par une acrobate de cirque. ➔ DVD$

CÔTELETTES, LES ▷5
FR. 2003. Comédie dramatique de Bertrand BLIER avec Philippe Noiret, Michel Bouquet et Farida Rahouadj. - Un riche sexagénaire de gauche et un pauvre septuagénaire de droite en viennent à partager leur jeune femme de ménage algérienne. □ 13 ans+ ➔ DVD$

COTTAGE ON DARTMOOR, A
ANG. 1929. Anthony ASQUITH ➔ DVD$

COTTON CLUB, THE ▷3
É.-U. 1984. Drame de mœurs de Francis Ford COPPOLA avec Richard Gere, Gregory Hines et Diane Lane. - En 1928, diverses intrigues s'entrecroisent dans un cabaret populaire du quartier de Harlem à New York. - Habile mélange de comédie musicale et de film de gangsters. Mise en scène colorée et brillante. □ 13 ans+ ➔ DVD$

COTTON COMES TO HARLEM ▷4
[Casse de l'oncle Tom, Le]
É.-U. 1969. Comédie policière d'Ossie DAVIS avec Godfrey Cambridge, Raymond St-Jacques et Calvin Lockhart. - Deux policiers de race noire enquêtent sur le vol d'une somme importante réunie par un pasteur. □ 13 ans+

COU DE LA GIRAFE, LE ▷4
FR. 2004. Drame psychologique de Safy NEBBOU avec Claude Rich, Louisa Pili et Sandrine Bonnaire. - Une fillette va chercher son grand-père à sa maison de retraite pour qu'il l'aide à retrouver sa grand-mère qu'elle n'a jamais connue. □ Général ➔ DVD$

COUCH IN NEW YORK, A *voir* **Un divan à New York**

COULEUR DE GRENADE [Color of Pomegranates, The] ▷3
RUS. 1969. Drame poétique de Sergei PARADJANOV avec Sofiko Chiaureli, Melkon Aleksanyan, Vilen Galstyan. - Évocation symbolique de la vie d'un poète arménien du XVIIIe siècle, Aroutioun Sayadian, surnommé le roi du chant. - Suite de tableaux rappelant les icônes anciennes. Ensemble hermétique mais d'une beauté plastique exceptionnelle. □ Général ➔ DVD$

COULEUR DE L'ARGENT, LA
voir **Color of Money, The**

COULEUR DU CRIME, LA *voir* **Freedomland**

COULEUR POURPRE, LA *voir* **Color Purple, The**

COULEURS *voir* **Colors**

COULEURS PRIMAIRES *voir* **Primary Colors**

COULISSES DE L'EXPLOIT, LES *voir* **Eight Men Out**

COUNT DRACULA *voir* **Nuits de Dracula, Les**

COUNT OF MONTE CRISTO, THE ▷4
É.-U. 1976. Aventures de David GREENE avec Richard Chamberlain, Tony Curtis et Trevor Howard. - Prisonnier à la suite d'une machination, un homme s'évade et revient se venger. □ Général

COUNT OF MONTE CRISTO, THE ▷4
[Comte de Monte Cristo, Le]
É.-U. 2001. Aventures de Kevin REYNOLDS avec Jim Caviezel, Guy Pearce et Dagmara Dominczyc. - Emprisonné injustement durant de longues années, un marin s'évade, découvre un trésor et, devenu riche, se venge de ceux qui l'ont trahi. ➔ DVD$

COUNTDOWN ▷4
É.-U. 1968. Science-fiction de Robert ALTMAN avec James Caan, Robert Duvall et Joanna Moore. - Des astronautes effectuent le premier voyage sur la Lune. □ Général

COUNTERFEIT TRAITOR, THE ▷4
É.-U. 1961. Drame d'espionnage de George SEATON avec William Holden, Lilli Palmer et Hugh Griffith. - Un industriel suédois est forcé par les alliés à faire de l'espionnage en Allemagne.
□ Général ➔ DVD$

COUNTERFEITERS, THE *voir* **Faussaires, Les**

COUNTESS FROM HONG KONG, A ▷4
É.-U. 1966. Comédie sentimentale de Charles CHAPLIN avec Sophia Loren, Marlon Brando et Tippi Hedren. - Pour échapper à sa vie de déclassée, une danseuse se cache sur un paquebot dans la cabine d'un diplomate. □ Général

COUNTRY [Moissons de la colère, Les] ▷3
É.-U. 1984. Drame social de Richard PEARCE avec Jessica Lange, Sam Shepard et Matt Clark. - Un couple de fermiers de l'Iowa font face à des difficultés financières. - Tableau amer et réaliste. Récit mené avec force et sobriété. Mise en scène assurée. Interprétation convaincante.
➔ DVD$

COUNTRY GIRL, THE ▷4
É.-U. 1954. Drame psychologique de George SEATON avec Grace Kelly, Bing Crosby et William Holden. - Un acteur déchu se voit offrir une chance de reprendre sa carrière. □ Général ➔ DVD$

COUNTRY LIFE [Amours champêtres] ▷4
AUS. 1994. Comédie dramatique réalisée et interprétée par Michael BLAKEMORE avec Greta Scacchi et Sam Neill. - Un campagnard rustre tombe sous le charme de la jeune et ravissante épouse de son beau-frère, de retour dans la ferme familiale après vingt ans d'absence.
□ Général ➔ DVD$

COUP D'ÉTAT
POL. 1980. Ryszard FILIPSKI ➔ DVD$

COUP DE CHANCE ▷4
FR. 1991. Comédie de Pierre AKNINE avec Roland Giraud, Marcel Lebœuf et Rufus. - Arrivé au paradis, un agent d'assurances mort dans une chute accidentelle peut revivre à condition de sauver du suicide l'un de ses employés. □ Général

COUP DE FOUDRE ▷4
FR. 1983. Drame psychologique de Diane KURYS avec Miou-Miou, Isabelle Huppert et Guy Marchand. - En 1952, deux jeunes femmes ayant lié amitié remettent en cause leurs mariages respectifs.
□ Général

COUP DE FOUDRE À BOLLYWOOD
voir **Bride and Prejudice**

COUP DE GRÂCE, LE ▶2
ALL. 1976. Drame psychologique de Volker SCHLÖNDORFF avec Mathias Habich, Margarethe von Trotta et Rüdiger Kirschstein. - En 1919, la sœur d'un officier repoussée par un ami d'enfance dont elle est éprise pactise avec des révolutionnaires. - Adaptation d'un roman de Marguerite Yourcenar. Illustration d'une beauté austère. Contexte historique fort bien évoqué. Excellente interprétation. ➔ DVD$

COUP DE JEUNESSE *voir* **Conquest**

COUP DE SIROCCO, LE ▷4
FR. 1978. Comédie dramatique d'Alexandre ARCADY avec Roger Hanin, Marthe Villalonga et Patrick Bruel. - Les problèmes affrontés par une famille transplantée d'Algérie à Paris. □ Général ➔ DVD$

COUP DE TORCHON ▷3
FR. 1981. Drame de mœurs de Bertrand TAVERNIER avec Philippe Noiret, Isabelle Huppert et Stéphane Audran. - En 1938, dans un village de l'Afrique équatoriale française, un policier d'allure bonasse se met à employer la manière forte. - Vision amère de l'aventure humaine. Mise en scène précise et vigoureuse. □ Général

COUP MANQUÉ *voir* **Killing, The**

COUPABLE PAR ASSOCIATION *voir* **Guilty by Suspicion**

COUPE D'OR, LA *voir* **Golden Bowl, The**

COUPERET, LE ▷4
FR. 2004. Drame social de COSTA-GAVRAS avec José Garcia, Karin Viard et Olivier Gourmet. - Sans emploi depuis deux ans et demi, un ex-cadre décide de tuer les cinq chômeurs qui possèdent les mêmes qualifications que lui. □ 13 ans+ ➔ DVD$

COUPLE ET COUPLETS *voir* **Music and Lyrics**

COUPLE TÉMOIN, LE [Model Couple, The] ▷5
FR. 1977. Comédie satirique de William KLEIN avec André Dussollier, Anémone et Zouc. - Un jeune couple se soumet à une expérience conçue pour déterminer les goûts du ménage français moyen.

COUPLES ET AMANTS ▷4
FR. 1993. Drame de mœurs de John LVOFF avec Marie Bunel, Jacques Bonnaffé et Bruno Todeschini. - Une psychanalyste infidèle et son mari qui refuse de lui faire un enfant traversent une crise conjugale.
□ 13 ans+

COUPS DE FEU DANS LA SIERRA
voir **Ride the High Country**

COUPS DE FEU SUR BROADWAY
voir **Bullets Over Broadway**

COUPURES *voir* **Severance**

COURAGE À L'ÉPREUVE, LE *voir* **Courage Under Fire**

COURAGE D'AIMER, LE
FR. 2004. Claude LELOUCH ➔ DVD$

COURAGE UNDER FIRE [Courage à l'épreuve, Le] ▷4
É.-U. 1996. Drame de guerre d'Edward ZWICK avec Denzel Washington, Meg Ryan et Lou Diamond Phillips. - Un officier doit déterminer si une pilote d'hélicoptère morte lors de la guerre du Golfe mérite de recevoir la médaille d'Honneur. □ 13 ans+ ➔ DVD$ DVD-BR$

COURANTS MEURTRIERS *voir* **Deadly Currents**

COUREUR DE MARATHON, LE *voir* **Marathon Man**

COURRIER DU CŒUR, LE [White Sheik, The] ▷3
ITA. 1952. Comédie de Federico FELLINI avec Alberto Sordi, Brunella Bovo et Leopoldo Trieste. - En voyage de noces à Rome, une jeune femme s'esquive pour rencontrer le héros d'un roman-photo. - Thème subtil et attachant. Réalisation inventive. Interprètes bien dirigés.
□ Général ➔ DVD$

COURS APRÈS MOI SHERIF
voir **Smokey and the Bandit**

COURS TOUJOURS [Dad on the run]
FR. 2000. Dante DESARTHE ➔ DVD$

COURS, LOLA, COURS [Run Lola Run] ▷3
ALL. 1998. Comédie dramatique de Tom TYKWER avec Franka Potente, Moritz Bleibtreu et Herbert Knaup. - Une jeune femme ne dispose que de vingt minutes pour trouver une importante somme d'argent afin de sauver la vie de son amant. - Trois variations inventives et fantaisistes sur le thème du destin. Rythme trépidant. Interprétation dans le ton. □ Général ➔ DVD$

COURSE À L'ÉCHALOTE ▷4
FR. 1975. Comédie de Claude ZIDI avec Pierre Richard, Jane Birkin et Michel Aumont. - Un jeune homme connaît diverses mésaventures à la suite d'un vol commis à la banque où il travaille.

COURSE AU TRÉSOR, LA *voir* **Candleshoe**

COURSE CONTRE LA MORT, LA
voir **Death Race 2000**

COURT JESTER, THE ▷4
É.-U. 1955. Comédie de Norman PANAMA et Melvin FRANK avec Danny Kaye, Glynis Johns et Basil Rathbone. - Un patriote se déguise en bouffon pour pénétrer dans le château d'un usurpateur. ➔ DVD$

COURT-MARTIAL OF BILLY MITCHELL, THE ▷4
É.-U. 1955. Drame de Otto PREMINGER avec Gary Cooper, Charles Bickford et Ralph Bellamy. - Dans les années 1930, un général tente d'attirer l'attention des autorités sur l'importance militaire de l'aviation. □ Général ➔ DVD$

COURTSHIP OF EDDIE'S FATHER, THE ▷4
É.-U. 1962. Comédie sentimentale de Vincente MINNELLI avec Glenn Ford, Shirley Jones et Ronny Howard. - Un enfant tente de marier son père veuf à une jeune divorcée qu'il trouve sympathique. ➔ DVD$

COUSIN BETTE ▷4
É.-U. 1998. Comédie de mœurs de Des McANUFF avec Jessica Lange, Elisabeth Shue et Aden Young. - À Paris, en 1846, la cousine d'une famille d'aristocrates élabore une vengeance contre des parents qui la traitent comme une servante.
□ Général · Déconseillé aux jeunes enfants ➔ DVD$

COUSIN, COUSINE ▷4
FR. 1975. Comédie de mœurs de Jean-Charles TACCHELLA avec Victor Lanoux, Marie-Christine Barrault et Marie-France Pisier. - À l'occasion du remariage de sa mère, une jeune femme établit des relations de sympathie avec le neveu de son nouveau beau-père. □ Général

COUSIN, LE ▷3
FR. 1997. Drame policier d'Alain CORNEAU avec Alain Chabat, Patrick Timsit et Agnès Jaoui. - Après le suicide de son coéquipier, un policier fait affaire avec le douteux indicateur de celui-ci. - Solide polar au ton réaliste. Mise en scène de métier. Interprétation de premier ordre.
□ 13 ans+ · Violence

COUSINS ▷4
É.-U. 1989. Comédie de mœurs de Joel SCHUMACHER avec Ted Danson, Isabella Rossellini et William Petersen. - À l'occasion du remariage de sa mère, une femme mariée engage des liens d'affection avec un cousin par alliance. □ Général ➔ DVD$

COÛT DE LA VIE, LE ▷4
FR. 2003. Comédie de mœurs de Philippe LE GUAY avec Vincent Lindon, Fabrice Luchini et Géraldine Pailhas. - À Lyon, diverses intrigues se nouent entre des personnes ayant un rapport plus ou moins névrotique avec l'argent. □ Général ➔ DVD$

COUTEAU DANS L'EAU, LE ▷3
POL. 1962. Drame psychologique de Roman POLANSKI avec Leon Niemczyk, Jolanta Umecka et Zygmunt Malanowicz. - Invité par un couple sur leur voilier, un étudiant trouble leur ménage. - Film très bien construit. Mise en scène dépouillée. Interprétation remarquable.
□ Général ➔ DVD$

COUTURIER DE CES DAMES, LE ▷5
FR. 1956. Comédie de Jean BOYER avec Fernandel, Suzy Delair et Françoise Fabian. - Un homme hérite d'une maison de couture et se lance dans la préparation d'une grande collection. ➔ DVD$

COUVRE-LIT À L'AMÉRICAINE
voir **How to Make an American Quilt**

COVER GIRL ▷4
É.-U. 1944. Comédie musicale de Charles VIDOR avec Rita Hayworth, Gene Kelly et Phil Silvers. - La vie amoureuse et professionnelle d'une danseuse de music-hall. □ Général ➔ DVD$

COW, THE
IRAN 1969. Dariush MEHRJUI ➔ DVD$

COWBOY ▷3
É.-U. 1958. Western de Delmer DAVES avec Jack Lemmon, Glenn Ford et Brian Donlevy. - Un homme fait le rude apprentissage du métier de cowboy. - Étude de milieu réaliste et saisissante. Intérêt soutenu. Mise en scène aérée. Interprétation savoureuse. ➔ DVD$

COWBOY DE SHANGHAI, LE
voir **Shanghai Noon**

COWBOYS, THE ▷4
É.-U. 1971. Western de Mark RYDELL avec John Wayne, Roscoe Lee Browne et Bruce Dern. - Abandonné par ses hommes, un rancher engage des écoliers pour conduire son troupeau au marché.
□ Général ➔ DVD-BR$ DVD$

CQ2 (SEEK YOU TOO) ▷5
QUÉ. 2004. Drame psychologique de Carole LAURE avec Clara Furey, Danielle Hubbard et Mireille Thibault. - Une adolescente rebelle trouve un sens à sa vie au contact d'une ex-détenue qui enseigne la danse contemporaine. □ 13 ans+ ➔ DVD$

CRABE TAMBOUR, LE ▷3
FR. 1977. Drame psychologique de Pierre SCHOENDOERFFER avec Jean Rochefort, Claude Rich et Jacques Perrin. - À bord d'un navire, trois hommes échangent leurs souvenirs sur un soldat à la destinée singulière. - Adaptation du roman de Schoendoerffer. Aspects documentaires valables. □ Général

CRADLE WILL ROCK ▷3
É.-U. 1999. Drame social de Tim ROBBINS avec Emily Watson, Hank Azaria et Cherry Jones. - Les tribulations d'une troupe de théâtre dirigée par Orson Welles qui monte une comédie musicale anticapitaliste controversée en 1937 à New York. - Propos audacieux sur une période tumultueuse des États-Unis. Enjeux idéologiques bien présentés. Humour ironique. Réalisation vibrante. Distribution impeccable. □ Général ➔ DVD$

CRAIG'S WIFE ▷4
É.-U. 1936. Drame de Dorothy ARZNER avec Rosalind Russell, John Boles et Billie Burke. - Une femme attachée à son confort matériel fait le malheur de sa famille. □ Général

CRAN D'ARRÊT ▷4
FR. 1969. Drame policier de Yves BOISSET avec Bruno Cremer, Renaud Verley et Marianne Comtell. - Un ex-médecin s'occupe d'un jeune alcoolique qui se croit responsable de la mort d'une jeune fille.

CRANES ARE FLYING, THE
voir **Quand passent les cigognes**

CRANK [Crinqué] ▷4
É.-U. 2006. Thriller de Mark NEVELDINE et Brian Taylor avec Jason Statham, Amy Smart et Jose Pablo Cantillo. - Un tueur à gages empoisonné doit faire battre son cœur à plein régime pendant qu'il recherche son assassin, détenteur de l'antidote.
□ 13 ans+ · Langage vulgaire · Violence ➔ DVD$

CRASH ▷3
CAN. 1996. Drame de mœurs de David CRONENBERG avec James Spader, Holly Hunter et Elias Koteas. - Des hommes et des femmes à la recherche d'expériences sexuelles inédites sont subjugués par les accidents d'autos et les blessures physiques. - Portrait troublant et bizarre de personnages autodestructeurs. Climat quasi onirique d'une poésie totalement inusitée. Photographie et montage d'une précision admirable. Jeu détaché des interprètes. □ 18 ans+ ➔ DVD$

CRASH [Crash - Director's Cut] ▷3
É.-U. 2004. Drame social de Paul HAGGIS avec Don Cheadle, Matt Dillon et Thandie Newton. - À Los Angeles, diverses personnes d'origines et de classes sociales différentes se croisent à la suite d'une série d'incidents dramatiques. - Portrait social d'une grande justesse. Croisements narratifs intelligents. Mise en scène et montage fort habiles. Distribution remarquable. □ 13 ans+ ➔ DVD$ DVD-BR$

CRAZED FRUIT
JAP. 1956. Ko NAKAHIRA ➔ DVD$

CRAZY *voir* **C.R.A.Z.Y.**

CRÉANCE DE SANG *voir* **Blood Work**

CREATION OF ADAM
RUS. 1993. Yuri PAVLOV □ Général

CREATOR ▷4
É.-U. 1985. Comédie dramatique de Ivan PASSER avec Peter O'Toole, Vincent Spano et Virginia Madsen. - Un savant qui rêve de faire revivre son épouse décédée est mêlé à l'amour tragique de deux étudiants.

CRÉATURE DES MARAIS, LA *voir* **Swamp Thing**

CREATURE FROM THE BLACK LAGOON ▷5
[Monstre des marais, Le]
É.-U. 1954. Drame d'horreur de Jack ARNOLD avec Richard Carlson, Julie Adams et Richard Denning. - Une expédition scientifique découvre un monstre mi-homme, mi-poisson. □ Général

CRÉATURES CÉLESTES *voir* **Heavenly Creatures**

CRÉATURES FÉROCES *voir* **Fierce Creatures**

CREEPERS [Phénomènes] ▷5
ITA. 1984. Drame d'horreur de Dario ARGENTO avec Jennifer Connelly, Donald Pleasence et Daria Nicolodi. - Sachant communiquer avec les insectes, une élève d'un collège privé en vient à découvrir le repaire d'un meurtrier qui s'en prend à des adolescentes. ➔ DVD$

CREEPSHOW [Histoires à mourir debout] ▷4
É.-U. 1982. Film à sketches de George A. ROMERO avec E.G. Marshall, Hal Holbrook et Leslie Nielsen. - Assemblage de cinq histoires d'épouvante. □ 18 ans+ ➔ DVD$

CREEZY *voir* **Race des seigneurs, La**

CREMATOR, THE
TCH. 1969. Juraj HERZ ➔ DVD$

CRÈME GLACÉE, CHOCOLAT ET AUTRES CONSOLATIONS ▷5
QUÉ. 2001. Comédie dramatique de Julie HIVON avec Isabelle Brouillette, Danny Gilmore et Jacynthe René. - À Montréal, trois amis dans la mi-vingtaine vivent diverses tribulations amoureuses, familiales et professionnelles. □ Général ➔ DVD$

CRÉPUSCULE *voir* **Evening**

CRÉPUSCULE DES DIEUX, LE *voir* **Ludwig**

CRI DANS LA NUIT, UN *voir* **Cry in the Dark, A**

CRI DE LA LIBERTÉ, LE *voir* **Cry Freedom**

CRI, LE [Il grido] ►2
ITA. 1957. Drame psychologique de Michelangelo ANTONIONI avec Steve Cochran, Alida Valli et Dorian Gray. - Après une rupture avec sa maîtresse, un homme part à l'aventure avec sa fillette. - Atmosphère de tristesse remarquablement évoquée. Rythme lent. Images volontairement grises. Interprétation sobre mais prenante.
□ Général ➔ DVD$

CRI DE LA NUIT, LE ▷5
QUÉ. 1995. Drame psychologique de Jean BEAUDRY avec Pierre Curzi, Félix-Antoine Leroux et Louise Richer. - À la suite d'une querelle avec sa compagne et la rencontre d'un étudiant aux tendances suicidaires, un gardien de nuit s'interroge sur son existence. □ 13 ans+

CRI DE LA SOIE, LE ▷4
FR. 1996. Drame de mœurs d'Yvon MARCIANO avec Sergio Castellitto, Marie Trintignant et Anémone. - Un psychiatre se sent attiré par une détenue qui entretient une passion charnelle pour la soie. □ 13 ans+

CRI DES LARMES, LE *voir* **Crying Game, The**

CRI DU CORMORAN LE SOIR AU-DESSUS DES JONQUES, LE ▷4
FR. 1971. Comédie policière de Michel AUDIARD avec Michel Serrault, Paul Meurisse et Bernard Blier. - Un naïf est mêlé à une affaire de contrebande et à une lutte de gangs. ➔ DVD$

CRI DU HIBOU, LE [Cry of the Owl] ▷4
FR. 1987. Drame psychologique de Claude CHABROL avec Christophe Malavoy, Mathilda May et Jacques Penot. - Un homme en instance de divorce est pris à partie par le fiancé d'une jeune femme qu'il a osé enfin aborder. ➔ DVD$

CRIA CUERVOS ►2
ESP. 1975. Drame psychologique de Carlos SAURA avec Ana Torrent, Geraldine Chaplin et Monica Randall. - Une fillette croit exercer un pouvoir de vie et de mort sur son entourage familial. - Jeux avec le temps et l'imagination. Narration subtile et inventive. Approche originale du monde de l'enfance. Excellente direction d'acteurs.
□ Général ➔ DVD$

CRIES AND WHISPERS *voir* **Cris et chuchotements**

CRIME, LA ▷4
FR. 1983. Drame policier de Philippe LABRO avec Claude Brasseur, Gabrielle Lazure et Jean-Claude Brialy. - Un commissaire de la brigade criminelle, aidé d'une jeune journaliste, enquête sur le meurtre d'un avocat éminent. □ Général ➔ DVD$

CRIME, UN ▷5
FR. 1992. Drame psychologique de Jacques DERAY avec Alain Delon, Manuel Blanc et Sophie Broustal. - Son client lui ayant révélé être le coupable des meurtres dont il a été acquitté, un avocat lui donne rendez-vous sur les lieux du crime. □ Général

CRIME AND PUNISHMENT
RUS. 1970. Lev KULIDZHANOV □ Général

CRIME AND PUNISHMENT
É.-U. 1935. Josef VON STERNBERG □ Général

CRIME BUSTERS *voir* **Deux super-flics**

CRIME D'OVIDE PLOUFFE, LE ▷4
QUÉ. 1984. Drame de mœurs de Denys ARCAND avec Gabriel Arcand, Jean Carmet et Anne Létourneau. - En 1950, le propriétaire d'une bijouterie à Québec est accusé à tort du meurtre de sa femme.
□ 13 ans+ ➔ DVD$

CRIME DE MONSIEUR LANGE, LE ▷3
FR. 1936. Drame de Jean RENOIR avec Jules Berry, René Lefèvre et Florelle. - Un éditeur se fait passer pour mort après une faillite frauduleuse. - Tableau de mœurs humain et pittoresque. Excellente réalisation technique. Interprétation vivante. □ Général

CRIME EST NOTRE AFFAIRE, LE
FR. 2008. Pascal THOMAS

CRIME ÉTAIT PRESQUE PARFAIT, LE
voir **Dial M for Murder**

CRIME NOVEL *voir* **Romanzo criminale**

CRIME OF FATHER AMARO, THE
voir **Péché du frère Amaro, Le**

CRIME OF PASSION ▷5
É.-U. 1957. Drame de Gerd OSWALD avec Barbara Stanwyck, Sterling Hayden et Fay Wray. - La femme d'un policier emploie tous les moyens pour assurer l'avancement de son mari. □ Général ➔ DVD$

CRIME OF THE CENTURY ▷4
É.-U. 1996. Drame judiciaire de Mark RYDELL avec Stephen Rea, Isabella Rossellini et J.T. Walsh. - Un immigrant allemand est injustement condamné à mort pour le kidnapping et le meurtre de l'enfant de l'aviateur Charles Lindbergh. □ Général

CRIME POUR UNE PASSION, UN
voir **Dance with a Stranger**

CRIME SOCIÉTÉ ANONYME *voir* **Murder, Inc.**

CRIME STORY ▷4
É.-U. 1986. Drame policier de Abel FERRARA avec Dennis Farina, Anthony Denison et Darlanne Fluegel. - Dans les années 1960, un policier de Chicago entre en lutte avec des gangsters. □ 13 ans+

CRIMES AND MISDEMEANORS [Crimes et délits] ▷3
É.-U. 1989. Comédie dramatique réalisée et interprétée par Woody ALLEN avec Martin Landau et Sam Waterston. - Les problèmes existentiels d'un ophtalmologiste meurtrier et d'un documentariste désabusé. - Construction complexe. Observations ironiques. Mélange d'humour et de macabre. Réalisation maîtrisée. Bonne interprétation.
□ 13 ans+ ➔ DVD$

CRIMES ET DÉLITS *voir* **Crimes and Misdemeanors**

CRIMES OF THE BLACK CAT, THE
voir **Sette scialli di seta gialla**

CRIMES OF THE HEART ▷4
É.-U. 1986. Comédie dramatique de Bruce BERESFORD avec Sissy Spacek, Diane Keaton et Jessica Lange. - Après avoir suivi des chemins différents, trois sœurs se retrouvent en de curieuses circonstances.
□ Général ➔ DVD$

CRIMES SANS REMORDS *voir* **Paris Trout**

CRIMEWAVE ▷5
É.-U. 1985. Comédie policière de Sam RAIMI avec Reed Birney, Sheree J. Wilson et Paul L. Smith. - Alors qu'il va être électrocuté pour meurtre, un gardien de sécurité raconte à ses geôliers les circonstances qui ont entraîné sa condamnation. □ Général

CRIMINAL ▷4
É.-U. 2004. Comédie dramatique de Gregory JACOBS avec Diego Luna, John C. Reilly et Maggie Gyllenhaal. - À Los Angeles, deux arnaqueurs tentent de vendre une contrefaçon d'un billet de banque antique à un riche collectionneur anglais.
□ Général · Déconseillé aux jeunes enfants ➔ DVD$

CRIMINAL, THE [Concrete Jungle, The] ▷3
ANG. 1960. Thriller de Joseph LOSEY avec Stanley Baker, Margit Saad et Sam Wanamaker. - Un ex-bagnard organise un vol mais est trahi par sa maîtresse. - Habile création d'atmosphère. Tension dramatique soutenue. Mise en scène experte. Interprétation solide. ➔ DVD$

CRIMINAL CODE, THE
É.-U. 1931. Howard HAWKS

CRIMINAL LAW ▷4
ANG. 1989. Drame policier de Martin CAMPBELL avec Gary Oldman, Kevin Bacon et Tess Harper. - Un jeune avocat est amené à douter de l'innocence d'un client qu'il a fait acquitter d'un crime crapuleux.
□ 18 ans+

CRIMINAL LIFE OF ARCHIBALDO DE LA CRUZ, THE
voir **Vie criminelle d'Archibald de la Cruz, La**

CRIMINAL LOVERS *voir* **Amants criminels, Les**

CRIMSON PIRATE, THE ▷4
É.-U. 1952. Aventures de Robert SIODMAK avec Burt Lancaster, Nick Cravat et Eva Bartok. - Un pirate s'unit à des rebelles pour lutter contre un tyran.

CRIMSON RIVERS, THE *voir* **Rivières pourpres, Les**

CRIMSON TIDE [Marée rouge] ▷4
É.-U. 1995. Drame de guerre de Tony SCOTT avec Denzel Washington, Gene Hackman et George Dzundza. - Le capitaine d'un sous-marin et son lieutenant s'engagent dans un duel d'autorité dont l'enjeu est le déclenchement d'un holocauste nucléaire.
□ Général ➔ DVD$ DVD-BR$

CRIN-BLANC [White Mane]
FR. 1953. Albert LAMORISSE ➔ DVD$

CRINQUÉ *voir* **Crank**

CRIS ET CHUCHOTEMENTS [Cries and Whispers] ►1
SUÈ. 1972. Drame psychologique de Ingmar BERGMAN avec Ingrid Thulin, Liv Ullmann et Harriet Andersson. - Trois sœurs sont réunies dans la maison de leur enfance où l'une d'elles est mourante. - Portraits de femmes tracés avec nuances et pénétration psychologique. Mise en scène raffinée. Forte évocation de la souffrance. Interprétation hors pair. □ 18 ans+ ➔ DVD$

CRISE, LA ▷3
FR. 1992. Comédie satirique de Coline SERREAU avec Vincent Lindon, Patrick Timsit et Zabou. - Viré de son boulot le jour même où sa femme le quitte, un avocat essaie en vain de se confier à des amis et à des parents. - Critique tonique et incisive de l'individualisme. Dialogue bien écrit et savoureux. Ensemble non dénué de chaleur humaine. Réalisation simple mais efficace. Jeu débonnaire de P. Timsit.
□ Général

CRISS CROSS ▷4
É.-U. 1949. Drame policier de Robert SIODMAK avec Burt Lancaster, Yvonne de Carlo et Dan Duryea. - Pour l'amour d'une femme indigne, un jeune homme est amené à participer à un vol.
□ Général ➔ DVD$

CRISTAL MAGIQUE, LE *voir* **Dark Crystal, The**

CROC-BLANC *voir* **White Fang**

CROCODILE DUNDEE ▷4
AUS. 1986. Comédie de Peter FAIMAN avec Linda Kozlowski, Paul Hogan et Mark Blum. - Une journaliste américaine entreprend de faire un reportage sur un aventurier qui a échappé à l'attaque d'un crocodile dans la brousse australienne. □ Général ➔ DVD$

CROCS DU DIABLE, LES ▷4
ESP. 1977. Drame de Antonio ISASI avec Jason Miller, Lea Massari et Aldo Sambrell. - Un prisonnier politique ayant réussi à s'évader se voit poursuivi par un gardien sadique et son chien. □ 13 ans+

CROISADE DES BRAVES, LA *voir* **Mighty, The**

CROIX DE FER *voir* **Cross of Iron**

CROMWELL ▷4
ANG. 1970. Drame historique de Ken HUGHES avec Richard Harris, Alec Guinness et Robert Morley. - L'ascension d'Oliver Cromwell, seigneur campagnard qui assuma le pouvoir en Angleterre au XVIIe siècle.
□ Général ➔ DVD$

CRONOS ▷4
MEX. 1992. Drame d'horreur de Guillermo DEL TORO avec Federico Luppi, Ron Perlman et Claudio Brook. - Un antiquaire devenu vampire déjoue les plans d'un industriel qui veut mettre la main sur une statuette lui permettant de devenir immortel.
□ 13 ans+ · Horreur ➔ DVD$

CROOK, THE *voir* **Voyou, Le**

CROOKLYN ▷4
É.-U. 1994. Comédie dramatique de Spike LEE avec Alfre Woodard, Zelda Harris et Delroy Lindo. - Les hauts et les bas d'une famille afro-américaine qui vit à Brooklyn au début des années 1970.
□ Général ➔ DVD$

CROQUE LA VIE ▷4
FR. 1981. Chronique de Jean-Charles TACCHELLA avec Brigitte Fossey, Bernard Giraudeau et Carole Laure. - Les circonstances de la vie séparent un trio d'amis qui se retrouvent à l'occasion. □ Général

CROSS CREEK ▷4
É.-U. 1983. Chronique de Martin RITT avec Mary Steenburgen, Rip Torn et Peter Coyote. - En 1928, une femme quitte son mari et s'installe dans une orangeraie de Floride pour y poursuivre une carrière d'écrivain. □ Général ➔ DVD$

CROSS MY HEART *voir* **Objective Burma!**

CROSS OF IRON [Croix de fer] ▷4
ANG. 1977. Drame de guerre de Sam PECKINPAH avec James Coburn, Maximilian Schell et James Mason. - En 1943, sur le front de l'Est, les manigances d'un capitaine ambitieux pour obtenir une importante décoration militaire. □ 18 ans+ ➔ DVD$

CROSSFIRE ▷3
É.-U. 1947. Drame policier d'Edward DMYTRYK avec Robert Young, Robert Ryan et Robert Mitchum. - Pour disculper un camarade, un sergent recherche l'assassin d'un soldat de race juive. - Intrigue policière donnant lieu à des explorations psychologiques et sociales. Mise en scène de style réaliste. Interprétation de premier ordre.
□ Général ➔ DVD$

CROSSING DELANCEY [Izzy et Sam] ▷4
É.-U. 1988. Comédie de mœurs de Joan Micklin SILVER avec Amy Irving, Reizl Bozyk et Peter Riegert. - La grand-mère d'une charmante célibataire de 33 ans se met en tête de lui trouver un mari.
□ Général ➔ DVD$

CROSSING GUARD, THE [Obsession, L'] ▷3
É.-U. 1995. Drame psychologique de Sean PENN avec Jack Nicholson, David Morse et Anjelica Huston. - À sa sortie de prison, un automobiliste qui a accidentellement tué une fillette, six ans plus tôt, voit sa vie menacée par le père de la victime. - Sujet douloureux et profondément humain traité avec force et subtilité. Photographie précise. Musique remarquable. Comédiens de grand talent.
□ 13 ans+ · Langage vulgaire ➔ DVD$

CROSSING OVER [Droit de passage] ▷5
É.-U. 2009. Drame social de Wayne KRAMER avec Harrison Ford, Ray Liotta et Ashley Judd. - À Los Angeles, des personnes chargées de faire respecter les lois sur l'immigration et d'autres en situation d'illégalité se croisent dans des circonstances tragiques.
□ 13 ans+ · Violence ➔ DVD$

CROSSING THE LINE [Big Man, The] ▷4
É.-U. 1991. Drame social de David LELAND avec Liam Neeson, Joanne Whalley-Kilmer et Ian Bannen. - Engagé dans une grève depuis plus de 10 mois, un mineur accepte de participer à un match de boxe illégal afin de subvenir aux besoins de sa famille.
□ 16 ans+ · Violence

CROSSROADS ▷4
É.-U. 1986. Comédie dramatique de Walter HILL avec Ralph Macchio, Joe Seneca et Jami Gertz. - Un étudiant en musique accepte d'aider un vieux Noir à s'échapper de l'hôpital si celui-ci lui apprend une chanson oubliée de tous. □ Général ➔ DVD$

CROUCHING TIGER, HIDDEN DRAGON ▷3
[Tigre et dragon]
CHI.-H.-K. 2000. Aventures d'Ang LEE avec Chow-Yun Fat, Michelle Yeoh et Zhang Ziyi. - Un guerrier et sa compagne d'armes croisent le fer avec une jeune aristocrate formée aux arts martiaux par une meurtrière. - Histoire d'un romantisme échevelé. Combats acrobatiques d'une beauté et d'une élégance rares. Mise en scène parfaitement maîtrisée. Interprétation sobre.
□ Général · Déconseillé aux jeunes enfants ➔ DVD$ DVD-BR$

CROUPIER ▷3
ANG. 1998. Drame de mœurs Mike HODGES avec Clive Owen, Kate Hardie et Alex Kingston. - Un aspirant écrivain accepte un emploi de croupier dans un casino de Londres. - Récit fin et relevé. Atmosphère de film noir envoûtante. Mise en scène sobre et impeccable. Interprétation de grande qualité. □ Général ➔ DVD$

CROW, THE [Corbeau, Le] ▷4
É.-U. 1994. Drame fantastique d'Alex PROYAS avec Brandon Lee, Ernie Hudson et Michael Wincott. - Un jeune musicien qui a été sauvagement assassiné revient d'entre les morts pour exercer une terrible vengeance. □ 16 ans+ · Violence ➔ DVD$

CROWD, THE ▷4
É.-U. 1928. Drame psychologique de King VIDOR avec James Murray, Eleanor Boardman et Bert Roach. - Malgré ses ambitions, un jeune homme voit sa vie familiale s'effriter à la suite de plusieurs malheurs.
□ Général

CRUCIBLE OF HORROR ▷4
ANG. 1969. Drame d'horreur de Viktors RITELIS avec Michael Gough, Yvonne Mitchell et Sharon Gurney. - La femme et la fille d'un courtier tyrannique décident de l'assassiner mais leur action a des suites imprévues.

CRUCIBLE, THE *voir* **Sorcières de Salem, Les**

CRUCIBLE, THE [Chasse aux sorcières, La] ▷4
É.-U. 1996. Drame de Nicholas HYTNER avec Daniel Day-Lewis, Winona Ryder et Paul Scofield. - En 1692 dans le Massachusetts, les membres d'une petite communauté puritaine s'engagent dans une chasse aux sorcières funeste. □ Général ➔ DVD$

CRUCIFIED LOVERS, THE ▷3
JAP. 1954. Drame de Kenji MIZOGUCHIi avec Kazuo Hasegawa, Kyoko Kagawa et Eitaro Shindo. - Au XVIIe siècle, à Kyoto, la jeune épouse adultère d'un parcheminier tyrannique est condamnée à la crucifixion, tout comme son amant, un employé dévoué de son mari. - Récit tragique campé dans un système social oppressant. Traitement réaliste. Réalisation maîtrisée et inspirée. Interprétation prenante.

CRUEL ROMANCE, A
RUS. 1984. Eldar RYAZANOV

CRUISING BAR ▷5
QUÉ. 1989. Comédie satirique de Robert MÉNARD avec Michel Côté, Louise Marleau et Geneviève Rioux. - Quatre hommes se préparent de façons diverses à la chasse aux conquêtes d'un soir dans les bars en fin de semaine. □ 13 ans+ ➔ DVD$

CRUISING BAR 2 ▷5
QUÉ. 2008. Comédie de mœurs de Robert MÉNARD et Michel CÔTÉ avec Michel Côté, Véronique Le Flaguais et Marie-France Duquette. - Les tribulations sentimentales de quatre hommes aux personnalités contrastées. □ 13 ans+ ➔ DVD$ DVD-BR$

CRUSH ▷4
N.-Z. 1992. Drame psychologique d'Alison MACLEAN avec Marcia Gay Harden, Donogh Rees et Caitlin Bossley. - Négligeant une amie qu'elle a pourtant rendue paralytique, une femme va s'imposer dans la vie d'un romancier père d'une adolescente. □ 13 ans+

CRUSOE ▷4
ANG. 1988. Aventures de Caleb DESCHANEL avec Aidan Quinn, Adé Sapara et Hepburn Graham. - À force d'ingéniosité, un naufragé réussit à survivre dans une île déserte. □ Général

CRUSTACÉS ET COQUILLAGES ▷4
FR. 2005. Comédie sentimentale d'Olivier DUCASTEL et Jacques Martineau avec Valeria Bruni-Tedeschi, Gilbert Melki et Jean-Marc Barr. - Pendant les vacances, deux époux qui s'interrogent sur l'orientation sexuelle de leur fils vivent des aventures extra-conjugales.
□ 13 ans+ · Érotisme ➔ DVD$

CRY FREEDOM [Cri de la liberté, Le] ▷3
ANG. 1987. Drame social de Richard ATTENBOROUGH avec Kevin Kline, Denzel Washington et Penelope Wilton. - Le directeur d'un quotidien libéral d'Afrique du Sud se lie d'amitié avec un leader noir, ce qui lui vaut d'être surveillé par les autorités. - Scénario inspiré de faits réels. Alternance de scènes intimistes et de mouvements de foules.
□ Général ➔ DVD$

CRY IN THE DARK, A [Cri dans la nuit, Un] ▷3
AUS. 1988. Drame social de Fred SCHEPISI avec Meryl Streep, Sam Neill et Charles Tingwell. - Une mère qui soutient que son bébé a été enlevé par un chien sauvage est accusée d'infanticide. - Intrigue inspirée d'un incident réel. Traitement critique. Observations sociologiques pertinentes. Composition remarquable de M. Streep. □ Général ➔ DVD$

CRY OF THE OWL *voir* **Cri du hibou, Le**

CRY, THE BELOVED COUNTRY ▷4
É.-U. 1995. Drame de Darrell James ROODT avec James Earl Jones, Richard Harris et Vusi Kunene. - En 1946 en Afrique du Sud, un pasteur zoulou, dont le fils a tué un Blanc, fraternise avec le père de la victime.
□ Général ➔ DVD$

CRY-BABY ▷5
É.-U. 1990. Comédie musicale de John WATERS avec Johnny Depp, Amy Locane et Polly Bergen. - S'étant éprise d'un voyou au cœur tendre, une adolescente de bonne famille lui vient en aide lorsqu'il est condamné à la prison. □ 13 ans+ ➔ DVD$

CRYING GAME, THE [Cri des larmes, Le] ▷3
ANG. 1992. Drame de mœurs de Neil JORDAN avec Stephen Rea, Jaye Davidson et Miranda Richardson. - Après avoir participé à l'enlèvement d'un soldat britannique, un membre de l'IRA se réfugie à Londres où il s'éprend de la copine de celui-ci. - Histoire à la fois émouvante et surprenante. Éléments psychologiques subtils. Mise en scène minutieuse. Interprétation excellente. □ 16 ans+

CUBA ▷5
É.-U. 1979. Drame de Richard LESTER avec Sean Connery, Brooke Adams et Chris Sarandon. - En 1959, un officier anglais venu à Cuba pour servir de conseiller militaire retrouve une ancienne maîtresse.
□ Général ➔ DVD$

CUBE ▷4
CAN. 1997. Science-fiction de Vincenzo NATALI avec Maurice Dean Wint, Nicole deBoer et Nicky Guadagni. - Six étrangers se réveillent dans une étrange prison formée de pièces cubiques communicantes, dont certaines sont munies de pièges mortels. □ 16 ans+ ➔ DVD$

CUCKOO, THE ▷4
Russ. 2002. Drame de guerre d'Aleksandr ROGOZHKIN avec Anni-Kristiina Juuso, Ville Haapasalo et Viktor Bychkov. - En 1944, un soldat soviétique et un tireur finlandais rejetés par leur troupe respective sont accueillis par une paysanne lapone indifférente à leur inimitié politique. □ Général · Déconseillé aux jeunes enfants

CUIRASSÉ EN PÉRIL *voir* **Under Siege**

CUIRASSÉ POTEMKINE, LE [Potemkin] ▶1
RUS. 1925. Drame social de Sergei EISENSTEIN avec Aleksander Antonov, Grigori Alexandrov et Vladimir Barsky. - En 1905, une révolte éclate à bord d'un cuirassé russe et s'étend bientôt à la ville d'Odessa. - Film important dans l'histoire du cinéma. Lyrisme épique. Montage vigoureux et expressif. Ensemble parfaitement maîtrisé.
□ Général ➔ DVD$

CUISINE ROUGE, LA ▷5
QUÉ. 1979. Comédie dramatique de Paule BAILLARGEON et Frédérique COLLIN avec Michèle Mercure, Han Masson et Raymond Cloutier. - Après son mariage avec un jeune musicien, une danseuse revient au bar «topless» où elle travaille à la réception. □ 13 ans+

CUISINIER, LE VOLEUR, SA FEMME ET SON AMANT, LE
voir **Cook, the Thief, His Wife & Her Lover, The**

CUIVRES ET CHARBON *voir* **Brassed Off**

CUJO ▷4
É.-U. 1983. Drame d'horreur de Lewis TEAGUE avec Dee Wallace, Danny Pintauro et Daniel Hugh-Kelly. - Mordu par une chauve-souris, un saint-bernard est atteint de la rage et est pris d'une frénésie meurtrière. □ 13 ans+ ➔ DVD$

CULPEPPER CATTLE COMPANY ▷3
É.-U. 1971. Western de Dick RICHARDS avec Gary Grimes, Billy Green Bush et Geoffrey Lewis. - Un garçon de seize ans, rêvant de devenir cowboy, arrive à se faire engager comme aide-cuisinier dans un convoi de bétail. - Souci d'authenticité dans l'évocation des événements et de l'époque. Photographie soignée. Interprétation convaincante.
➔ DVD$

CULT OF THE SUICIDE BOMBER
ANG. 2005. Kevin TOOLIS ➔ DVD$

CUP, THE [Phörpa] ▷4
BHOU.-AUS. 1999. Comédie de mœurs de Khyentse NORBU avec Jamyang Lodro, Orgyen Tobgyal et Neten Chokling. - En 1998, dans un monastère tibétain en Inde, un jeune étudiant est bien décidé à ne pas rater la télédiffusion du match final de la coupe du monde.
➔ DVD$

CURE ▷3
JAP. 1997. Drame policier de Kiyoshi KUROSAWA avec Koji Yakusho, Masato Hagiwara et Tsuyoshi Ujiki. - Un inspecteur tente d'élucider une série de meurtres commis par diverses personnes vraisemblablement en état d'hypnose. □ 13 ans+ · Violence ➔ DVD$

CURE, THE ▷4
É.-U. 1995. Drame de Peter HORTON avec Brad Renfro, Joseph Mazzello et Annabella Sciorra. - Un jeune adolescent se lie d'amitié avec un voisin de son âge qui a contracté le sida lors d'une transfusion sanguine. ➔ DVD$

CURÉE, LA [Game Is Over, The] ▷5
FR. 1966. Drame psychologique de Roger VADIM avec Jane Fonda, Michel Piccoli et Peter McEnery. - La jeune femme d'un industriel s'éprend de son beau-fils.

CURIOUS CASE OF BENJAMIN BUTTON, THE ▷3
[Étrange histoire de Benjamin Button, L']
É.-U. 2008. Chronique de David FINCHER avec Brad Pitt, Cate Blanchett et Taraji P. Henson. - Les épreuves et les difficultés amoureuses d'un homme qui, né vieux en 1918, a passé sa vie à rajeunir. - Adaptation sublime et fine d'une nouvelle de Francis Scott Fitzgerald. Récit sobrement insolite, fondé sur les tourments intérieurs du héros. Réalisation classique mais texturée et riche en détails. Jeu impeccable de la vedette. □ Général ➔ DVD$ DVD-BR$

CURIOUS GEORGE [Georges le petit curieux] ▷4
É.-U. 2006. Film d'animation de Matthew O'CALLAGHAN. - Un muséologue américain revient d'une expédition infructueuse en Afrique, sans s'apercevoir qu'un petit singe espiègle l'a accompagné. ➔ DVD$

CURSE OF FRANKENSTEIN, THE ▷4
ANG. 1957. Drame d'horreur de Terence FISHER avec Peter Cushing, Christopher Lee et Hazel Court. - Un savant crée un monstre meurtrier. ➜ DVD$

CURSE OF KING TUT'S TOMB, THE ▷4
ANG. 1980. Aventures de Philip LEACOCK avec Eva Marie Saint, Robin Ellis et Angharad Rees. - Les circonstances entourant la découverte du tombeau d'un pharaon égyptien. □ Général

CURSE OF THE CAT PEOPLE, THE ▷3
É.-U. 1944. Drame psychologique de Robert WISE et Gunther VON FRISTCH avec Ann Carter, Kent Smith et Jane Randolph. - Une petite fille s'invente un monde imaginaire. - Valeur psychologique certaine. Touches de poésie fantastique. Mise en scène habile. Interprétation dans la note voulue. □ Général

CURSE OF THE DEMON ▷4
ANG. 1957. Drame d'horreur de Jacques TOURNEUR avec Dana Andrews, Peggy Cummins et Nial McGinnis. - Passé maître dans les sciences occultes, un mage jette un sort à un professeur qui menace de dénoncer ses activités. ➜ DVD$

CURSE OF THE GOLDEN FLOWER ▷4
CHI. 2006. Drame historique de Zhang YIMOU avec Gong Li, Chow Yun-fat et Jay Chou. - En 928, diverses intrigues de palais secouent la famille impériale à la veille d'une grande fête placée sous le signe du chrysanthème. □ 13 ans+ · Violence ➜ DVD$ DVD-BR$

CURSE OF THE JADE SCORPION, THE ▷4
[Sortilège du scorpion de jade, Le]
É.-U. 2001. Comédie policière réalisée et interprétée par Woody ALLEN avec Helen Hunt et Dan Aykroyd. - En 1940, un enquêteur d'assurances et sa collègue, tous deux sous l'emprise d'un hypnotiseur, commettent des vols de bijoux. □ Général ➜ DVD$

CURSE OF THE WEREWOLF, THE ▷4
[Nuit du loup-garou, La]
ANG. 1961. Drame d'horreur de Terence FISHER avec Clifford Evans, Oliver Reed et Yvonne Romain. - Un jeune homme qui a été mordu par un loup se transforme les nuits de pleine lune en un loup-garou sanguinaire. □ 13 ans+

CURTIS'S CHARM ▷4
CAN. 1995. Drame psychologique de John L'ÉCUYER avec Maurice Dean Wint, Callum Keith Rennie et Rachael Crawford. - Un ancien héroïnomane tente d'aider un compagnon qui est en proie à un délire paranoïaque. □ 13 ans+ · Langage vulgaire

CUSTER OF THE WEST [Custer, l'homme de l'Ouest] ▷4
É.-U. 1967. Western de Robert SIODMAK avec Robert Shaw, Mary Ure et Jeffrey Hunter. - La carrière du général Custer et sa guerre contre les Indiens. □ Général ➜ DVD$

CUTTER'S WAY ▷4
É.-U. 1981. Drame d'Ivan PASSER avec John Heard et Jeff Bridges. - Un mutilé de guerre croit prendre une revanche sur la vie en démasquant un industriel coupable de meurtre. □ 13 ans+ ➜ DVD$

CYCLIST, THE
IRAN 1989. Mohsen MAKHMALBAF □ Général

CYCLO ▷4
FR. 1995. Drame de mœurs de Tran Anh HUNG avec Le Van Loc, Tony Leung-Chiu Wai et Tran Nu Yen Khe. - Dans une grande ville du Viêtnam, un adolescent démuni se joint à un gang de malfaiteurs. □ 16 ans+ · Violence

CYRANO DE BERGERAC ▷3
É.-U. 1950. Drame de Michael GORDON avec Jose Ferrer, Mala Powers et William Prince. - Convaincu de sa laideur, un soldat poète n'ose avouer son amour à une cousine qui s'est entichée d'un de ses camarades. - Adaptation intelligente de la pièce de Rostand. Traitement soigné. Mise en scène vivante. Jeu remarquable de J. Ferrer.

CYRANO DE BERGERAC ►2
FR. 1990. Comédie dramatique de Jean-Paul RAPPENEAU avec Gérard Depardieu, Anne Brochet et Jacques Weber. - Un soldat poète, qui est enlaidi par un nez proéminent, aide un jeune noble à conquérir le cœur de sa cousine dont il est lui-même secrètement amoureux. - Illustration somptueuse de la pièce de E. Rostand. Traitement à la fois ample, fougueux et romantique. Rythme sans faille. Interprétation forte de G. Depardieu. □ Général

CYRANO DE BERGERAC
FR. 1925. Augusto GENINA ➜ DVD$

D'OÙ VIENS-TU JOHNNY? ▷5
FR. 1963. Aventures de Noël HOWARD avec Johnny Hallyday, Evelyne Dandry et Pierre Barouh. - Menacé par des trafiquants de drogue, une jeune homme se réfugie en Camargue. ➔ DVD $

D-DAY THE 6th OF JUNE ▷4
É.-U. 1956. Drame de guerre de Henry KOSTER avec Robert Taylor, Dana Wynter, Richard Todd et Edmond O'Brien. - Alors que se prépare le débarquement en Europe, deux officiers sont épris de la même jeune fille.

D.A.R.Y.L. ▷4
É.-U. 1985. Science-fiction de Simon WINCER avec Barret Oliver, Josef Sommer et Mary Beth Hurt. - Un enfant amnésique, recueilli par un jeune couple, se révèle être un androïde mis au point par le Pentagone. □ Général ➔ DVD $

D.O.A. ▷4
É.-U. 1950. Drame policier de Rudolph MATÉ avec Edmond O'Brien, Pamela Britton et Luther Adler. - Un homme empoisonné emploie le temps qu'il lui reste à vivre à dépister ses assassins.
□ Général ➔ DVD $

D.O.A. ▷5
É.-U. 1988. Drame policier de Rocky MORTON et Annabel JANKEL avec Dennis Quaid, Meg Ryan et Daniel Stern. - Ayant découvert qu'à la suite d'un empoisonnement il ne lui reste plus qu'un jour à vivre, un professeur de littérature se met à la recherche de son assassin.
□ 13 ans+ ➔ DVD $

DA ▷3
É.-U. 1988. Drame psychologique de Matt CLARK avec Barnard Hughes, Martin Sheen et Karl Hayden. - De retour en Irlande pour les funérailles de son père adoptif, un dramaturge revit en pensée diverses expériences douloureuses de ses jeunes années. - Adaptation intelligemment modifiée et aérée d'une pièce à succès. Environnement pittoresque fort approprié. □ Général

DAD [Mon père] ▷4
É.-U. 1989. Drame psychologique de Gary David GOLDBERG avec Jack Lemmon, Ted Danson et Olympia Dukakis. - Pendant que sa femme est à l'hôpital, un septuagénaire désemparé se fait aider par son fils qui lui redonne goût à la vie. □ Général

DAD ON THE RUN *voir* **Cours toujours**

DADDY LONG LEGS [Papa longues jambes] ▷4
É.-U. 1954. Comédie musicale de Jean NEGULESCO avec Fred Astaire, Leslie Caron et Terry Moore. - Un millionnaire américain s'éprend d'une jeune orpheline qu'il a fait instruire. ➔ DVD $

DADDY NOSTALGIE [Daddy Nostalgia] ▷3
FR. 1990. Drame psychologique de Bertrand TAVERNIER avec Jane Birkin, Dirk Bogarde et Odette Laure. - Une jeune femme tente de se rapprocher de son père atteint d'une maladie mortelle. - Scénario intimiste. Suite de moments significatifs. Mise en scène attentive. Interprétation intelligente et subtile. □ Général ➔ DVD $

DADDY'S GONE A-HUNTING ▷4
É.-U. 1969. Drame de Mark ROBSON avec Scott Hylands, Carol White et Paul Burke. - Un photographe déséquilibré poursuit de sa haine une jeune Anglaise qui, devenue enceinte à la suite de leur liaison, s'est fait avorter. □ 18 ans+

DAENS ▷3
BEL. 1992. Drame social de Stijn CONINX avec Jan Decleir, Gérard Desarthe et Antje De Boeck. - À la fin du XIXe siècle, un prêtre belge aux idées libérales décide de fonder un parti politique afin de lutter contre les injustices sociales. - Sujet traité avec une pointe d'ironie. Belle reconstitution historique. Souci permanent du détail. Composition remarquable de J. Decleir. □ 13 ans+

DAFFY DUCK'S MOVIE: FANTASTIC ISLAND ▷4
[Île fantastique de Daffy Duck, L']
É.-U. 1983. Dessins animés de Fritz FRELENG. - Ayant découvert dans l'île où il est naufragé un puits capable d'exaucer les désirs, un canard fait payer tous ceux qui veulent se servir de cette source. □ Général

DAHLIA NOIR, LE *voir* **Black Dahlia, The**

DAHMER
É.-U. 2002. David JACOBSON

DAISY CLOVER, LA JEUNE REBELLE
voir **Inside Daisy Clover**

DAISY ET MONA ▷4
FR. 1994. Drame de mœurs de Claude D'ANNA avec Marina Golovine, Dyna Gauzy et Lilah Dadi. - À contrecœur, une jeune mère rebelle doit s'occuper de sa fillette de sept ans qu'elle a abandonnée à sa naissance. □ Général

DAISY KENYON ▷5
E.-U. 1947. Drame psychologique de Otto PREMINGER avec Joan Crawford, Dana Andrews et Henry Fonda. - Une dessinatrice qui s'est mariée après avoir rompu une liaison est relancée par son ancien amant. ➔ DVD $

DAISY MILLER ▷4
É.-U. 1974. Comédie dramatique de Peter BOGDANOVICH avec Cybill Shepherd, Barry Brown et Cloris Leachman. - Un jeune Américain vivant en Europe s'éprend d'une compatriote en voyage touristique.
□ Général ➔ DVD $

DAMAGE [Fatale] ▷4
ANG. 1992. Drame de mœurs de Louis MALLE avec Jeremy Irons, Juliette Binoche et Miranda Richardson. - Un politicien bien en vue et respecté s'engage dans une liaison adultère avec la fiancée de son propre fils. □ 16 ans+ ➔ DVD $

DAME AU PETIT CHIEN, LA [Lady with the Dog, The] ▷3
RUS. 1959. Drame psychologique de Josef HEIFITZ avec Ya Savvina, Alexis Batalov et Nina Alisova. - La liaison adultère entre un homme d'affaires moscovite et une épouse solitaire. - Transposition réussie du climat sensible de la nouvelle de Tchekhov. Évocation nostalgique. Analyse psychologique délicate. Rythme lent. Pudeur de l'interprétation.
□ Général

DAME BROWN *voir* **Mrs. Brown**

DAME DE CŒUR *voir* **Queen of Hearts**

DAME DE L'EAU, LA *voir* **Lady in the Water**

DAME DE SHANGHAI, LA *voir* **Lady from Shanghai, The**

DAME DE TOUT LE MONDE, LA [Signora di Tutti, La]
ITA. 1934. Max OPHÜLS □ Général

DAME EN COULEURS, LA ▷4
QUÉ. 1984. Drame psychologique de Claude JUTRA avec Charlotte Laurier, Gilles Renaud et Paule Baillargeon. - Des orphelins élevés dans un hôpital psychiatrique se créent un monde à part dans les sous-sols de l'institution. □ Général

DAMES ▷4
É.-U. 1934. Comédie musicale de R. ENRIGHT avec Joan Blondell, Dick Powell et Ruby Keeler. - La nièce d'un réformateur s'engage dans une carrière théâtrale.

DAMES DU BOIS DE BOULOGNE, LES ▷3
[Ladies of the Bois de Boulogne, The]
FR. 1944. Drame psychologique de Robert BRESSON avec Maria Casarès, Elina Labourdette et Paul Bernard. - Délaissée par son amant, une jeune veuve lui présente une tierce personne pour se venger. - Adaptation moderne d'un épisode d'un roman de Diderot. Dialogues écrits par Jean Cocteau. Dépouillement et sobriété de la mise en scène. Analyse psychologique profonde. □ Général

DAMES GALANTES ▷4
FR. 1990. Comédie de mœurs de Jean-Charles TACCHELLA avec Richard Bohringer, Isabella Rossellini et Marianne Basler. - Les tribulations d'un chevalier qui s'emploie à séduire les dames de la cour du roi Henri III. □ 13 ans+

DAMIEN - OMEN II ▷5
É.-U. 1978. Drame fantastique de Don TAYLOR avec William Holden, Lee Grant et Jonathan Scott-Taylor. - Un jeune garçon apprend le secret de sa naissance mystérieuse qui fait de lui le fils du démon.
➔ DVD$

DAMN THE DEFIANT! ▷4
ANG. 1962. Drame de Lewis GILBERT avec Alec Guinness, Dirk Bogarde et Anthony Quayle. - En 1797, un marin sadique rend la vie impossible à l'équipage de son bateau. ➔ DVD$

DAMN YANKEES! ▷4
É.-U. 1958. Comédie musicale de Stanley DONEN et George ABBOTT avec Tab Hunter, Gwen Verdon et Ray Walston. - Un adepte du base-ball vend son âme au diable pour devenir le meilleur frappeur de son club favori.

DAMNATION
HON. 1987. Béla TARR ➔ DVD$

DAMNED DON'T CRY, THE [Esclave du gang] ▷5
É.-U. 1950. Drame policier de Vincent SHERMAN avec Joan Crawford, David Brian et Steve Cochran. - Lasse d'une vie médiocre, une femme devient la maîtresse d'un puissant chef de gang.
□ Général ➔ DVD$

DAMNÉS DU PASSÉ, LES *voir* **Shock Waves**

DAMNÉS, LES [Damned, The] ►2
ITA.-ALL. 1969. Drame social de Luchino VISCONTI avec Helmut Berger, Ingrid Thulin et Dirk Bogarde. - Le destin tragique d'une famille d'industriels allemands à l'avènement d'Hitler. - Intrigue complexe. Portrait critique d'une société décadente. Fresque impressionnante servie par une excellente reconstitution d'époque. Interprètes remarquablement dirigés. □ 13 ans+ ➔ DVD$

DAMSEL IN DISTRESS, A ▷4
É.-U. 1937. Comédie musicale de George STEVENS avec Fred Astaire, Joan Fontaine et Gracie Allen. - Un danseur américain de passage à Londres fait la conquête d'une riche héritière. □ Général

DAN IN REAL LIFE [Dan et la vraie vie] ▷5
É.-U. 2007. Comédie sentimentale de Peter HEDGES avec Steve Carell, Juliette Binoche et Dane Cook. - Lors d'une réunion familiale chez ses parents, un journaliste veuf s'éprend d'une jeune Française, en ignorant qu'elle est la nouvelle petite amie de son frère.
□ Général ➔ DVD$ DVD-BR$

DANCE ME OUTSIDE ▷4
CAN. 1994. Drame de mœurs de Bruce McDONALD avec Ryan Rajendra Black, Adam Beach et Jennifer Podemski. - De jeunes Amérindiens veulent se venger d'un Blanc qui a passé un an seulement en prison après avoir tué une jeune fille de leur tribu. □ Général

DANCE WITH A STRANGER ▷4
[Crime pour une passion, Un]
ANG. 1984. Drame social de Mike NEWELL avec Miranda Richardson, Rupert Everett et Ian Holm. - Une femme tue son amant à la suite de nombreuses déceptions. □ 13 ans+ ➔ DVD$

DANCER IN THE DARK ►2
DAN. 2000. Drame musical de Lars VON TRIER avec Björk, Catherine Deneuve et David Morse. - Une ouvrière presque aveugle qui trime dur pour payer une opération à son fils se fait voler toutes ses économies. - Mélo aux idées dramatiques puissantes. Juxtaposition surprenante de misérabilisme et de fantaisie musicale. Réalisation expressive. Composition déchirante de Björk. □ 13 ans+ ➔ DVD$

DANCER UPSTAIRS, THE [Danse de l'oubli, La] ▷5
ESP. 2002. Thriller de John MALKOVICH avec Javier Bardem, Juan Diego Botto et Laura Morante. - Dans un pays sud-américain, un policier et son équipe recherchent le leader d'un groupe révolutionnaire.
□ 13 ans+ ➔ DVD$

DANCES WITH WOLVES [Il danse avec les loups] ▷3
É.-U. 1990. Western réalisé et interprété par Kevin COSTNER avec Graham Greene et Mary McDonnell. - En 1863, un soldat s'installe en solitaire dans un territoire sioux et se lie progressivement d'amitié avec les Amérindiens. - Œuvre empreinte de noblesse et d'humanisme romantique. Réalisation ample et lyrique. Très bons interprètes.
□ Général ➔ DVD$ DVD-BR$

DANCING AT LUGHNASA [Danser à Lughnasa] ▷5
IRL.-ANG.-É.-U. 1998. Drame de mœurs de Pat O'CONNOR avec Meryl Streep, Brid Brennan et Michael Gambon. - En 1936, dans une ferme irlandaise, cinq sœurs célibataires accueillent leur frère prêtre revenu d'Afrique et le père illégitime du fils de l'une d'entre elles.
□ Général ➔ DVD$

DANCING AT THE BLUE IGUANA ▷5
É.-U. 2000. Drame de mœurs de Michael RADFORD avec Daryl Hannah, Jennifer Tilly et Elias Koteas. - Les tribulations de cinq femmes qui gagnent leur vie comme strip-teaseuses dans un club de Los Angeles.
➔ DVD$

DANCING LADY ▷5
E.-U. 1933. Comédie musicale de R.Z.LÉONARD avec Clark Gable, Joan Crawford et Franchot Tone. - Une jeune danseuse finit par devenir la vedette d'un grand spectacle. ➔ DVD$

DANDIN ▷4
FR. 1987. Comédie de mœurs de Roger PLANCHON avec Claude Brasseur, Zabou et Daniel Gélin. - En voulant faire constater l'infidélité de sa jeune épouse, un paysan enrichi se met constamment dans l'embarras. □ Général

DANGER IMMÉDIAT *voir* **Clear and Present Danger**

DANGER: DIABOLIK! ▷5
ITA. 1967. Drame policier de Mario BAVA avec John Philip Law, Marisa Mell et Michel Piccoli. - Un inspecteur et un chef de gang tentent chacun de son côté de mettre la main sur un mystérieux criminel.
□ Général

DANGEREUSE SOUS TOUS RAPPORTS
voir **Something Wild**

DANGEREUSEMENT VÔTRE *voir* **View to a Kill, A**

DANGEROUS ▷5
É.-U. 1935. Drame de Alfred E. GREEN avec Bette Davis, Franchot Tone et Margaret Lindsay. - Un architecte s'éprend d'une actrice déchue.

DANGEROUS GAME ▷4
É.-U. 1993. Drame psychologique d'Abel FERRARA, avec Harvey Keitel, Madonna et James Russo. - Un cinéaste aux mœurs dissolues tourne un film portant sur la désagrégation d'un couple dont le scénario miroite sa propre vie. □ 16 ans+ · Langage vulgaire ➔ DVD$

DANGEROUS LIAISONS [Liaisons dangereuses, Les] ►2
É.-U. 1988. Drame de mœurs de Stephen FREARS avec Glenn Close, John Malkovich et Michelle Pfeiffer. - Dans la France libertine du XVIIIe siècle, une marquise et un vicomte s'emploient à séduire des jeunes gens vertueux, ce qui entraîne des conséquences tragiques. - Exploration caustique et sensible de la passion humaine et de la politique des sexes. Scénario habilement construit. Mise en scène brillante. Interprétation magistrale. □ 13 ans+ ➔ DVD$

DANGEROUS LIVES OF THE ALTAR BOYS ▷4
É.-U. 2002. Comédie dramatique de Pete CARE avec Kieran Culkin, Emile Hirsch et Jena Malone. - Dans les années 1970, deux élèves d'une école secondaire catholique créent une bande dessinée dont ils sont les super-héros. ➔ DVD$

DANGEROUS MOONLIGHT ▷4
ANG. 1942. Drame de guerre de Brian Desmond HURST avec Anton Wallbrook, Sally Gray et Derrick de Marney. - Un musicien polonais servant comme pilote pendant la guerre devient amnésique à la suite d'une blessure.

DANGEROUS MOVES *voir* **Diagonale du fou, La**

DANGEROUS WHEN WET ▷4
É.-U. 1952. Comédie musicale de Charles WALTERS avec Esther Williams, Fernando Lamas et Jack Carson. - Tous les membres d'une famille de fermiers s'entraînent pour participer à un concours de natation. □ Général

DANIEL ▷3
É.-U. 1983. Drame psychologique de Sidney LUMET avec Timothy Hutton, Mandy Patinkin et Lindsay Crouse. - Un jeune homme enquête sur la mort de ses parents, exécutés à la fin des années 1940 pour espionnage communiste. - Histoire inspirée de la célèbre affaire Rosenberg. Construction très habile. Mise en scène captivante. Interprétation de qualité. ➔ DVD$

DANIEL DERONDA ▷4
ANG. 2002. Drame de mœurs de Tom HOOPER avec Hugh Dancy, Romola Garai et Hugh Bonneville. - À Londres, dans les années 1870, le fils adoptif d'une famille aisée lève le voile sur le mystère entourant ses origines. ➔ DVD $

DANNY DECKCHAIR ▷4
AUS. 2003. Comédie sentimentale de Jeff BALSMEYER avec Rhys Ifans, Miranda Otto et Justine Clarke. - Soulevé dans le ciel par un bouquet de ballons gonflés à l'hélium, un banlieusard cocu atterrit chez une jeune célibataire dont il s'éprend. ➔ DVD $

DANNY OCEAN 13 *voir* **Ocean's Thirteen**

DANNY, LE PETIT MOUTON NOIR
voir **So Dear to My Heart**

DANS L'ŒIL DU CHAT ▷5
CAN. 2003. Thriller de Rudy BARICHELLO avec Jean-Nicolas Verreault, Isabel Richer et Pierre Lebeau. - Venu vider l'appartement de sa fiancée qui s'est suicidée, un jeune homme fait des découvertes troublantes. □ 13 ans+ ➔ DVD $

DANS LA CHALEUR DE LA NUIT
voir **In the Heat of the Night**

DANS LA PEAU DE JOHN MALKOVICH
voir **Being John Malkovich**

DANS LA SOIRÉE ▷4
ITA. 1990. Drame psychologique de Francesca ARCHIBUGI avec Lara Pranzoni, Marcello Mastroianni et Sandrine Bonnaire. - Après la séparation de ses parents, une fillette s'en va vivre momentanément chez son grand-père, un retraité rangé.

DANS LE VENTRE DU DRAGON ▷4
QUÉ. 1989. Science-fiction de Yves SIMONEAU avec Rémy Girard, David Lahaye et Marie Tifo. - Deux distributeurs de circulaires vont au secours d'un jeune collègue qui s'est soumis imprudemment à des expériences médicales. □ Général

DANS LES VILLES ▷4
CAN. 2006. Drame poétique de Catherine MARTIN avec Hélène Florent, Robert Lepage et Hélène Loiselle. - Durant l'automne à Montréal, une spécialiste en soin des arbres vient en aide à un aveugle, une dame âgée et une adolescente suicidaire. □ Général ➔ DVD $

DANS MA PEAU [In My Skin] ▷3
FR. 2002. Drame psychologique réalisé et interprété par Marina DE VAN avec Laurent Lucas et Léa Drucker. - Une jeune professionnelle, en apparence sans problème, cultive l'obsession de l'automutilation à la suite d'une blessure accidentelle. - Autopsie d'un cas pathologique extrême. Détails sordides abordés sans recherche gratuite de sensationnalisme. Mise en scène recherchée. Composition troublante de M. de Van. □ 16 ans+ ➔ DVD $

DANS UNE GALAXIE PRÈS DE CHEZ VOUS ▷4
QUÉ. 2004. Comédie fantaisiste de Claude DESROSIERS avec Guy Jodoin, Stéphane Crête et Claude Legault. - En l'an 2039, des explorateurs québécois recherchent une nouvelle planète qui pourra accueillir l'espèce humaine. □ Général ➔ DVD $

DANS UNE GALAXIE PRÈS DE CHEZ VOUS 2 ▷5
CAN. 2008. Comédie fantaisiste de Philippe GAGNON avec Guy Jodoin, Claude Legault et Sylvie Moreau. - En 2040, des explorateurs à la recherche d'une terre d'accueil pour l'espèce humaine tentent de récupérer leur sonde tombée sur une planète inconnue. ➔ DVD $

DANSE DE L'OUBLI, LA *voir* **Dancer Upstairs, The**

DANSE LASCIVE *voir* **Dirty Dancing**

DANSE MORTELLE *voir* **Slam Dance**

DANSER À LUGHNASA *voir* **Dancing at Lughnasa**

DANTON ►2
FR. 1982. Drame historique d'Andrzej WAJDA avec Gérard Depardieu, Wojciech Pszoniak et Patrice Chéreau. - La rivalité politique entre Danton et Robespierre, lors de la Révolution française. - Entraînante leçon d'histoire. Illustration rude et efficace. Suspense maintenu. Interprétation dynamique de G. Depardieu. □ Général ➔ DVD $

DANZON ▷4
MEX. 1991. Drame sentimental de M. NOVARO avec Maria Rojo, Tito Vasconcelos et Carmen Salinas. - Une quadragénaire plutôt réservée sillonne le port de Vera Cruz à la recherche de son partenaire de danse porté disparu.

DARBY O'GILL AND THE LITTLE PEOPLE ▷4
É.-U. 1959. Comédie fantaisiste de Robert STEVENSON avec Albert Sharpe, Janet Munro et Sean Connery. - Grâce à ses relations avec des lutins, un vieil Irlandais assure le bonheur de sa petite-fille.
□ Général ➔ DVD $

DARJEELING LIMITED, THE ▷4
É.-U. 2007. Comédie dramatique de Wes ANDERSON avec Owen Wilson, Adrien Brody et Jason Schwartzman. - Trois frères entreprennent de traverser l'Inde en train ensemble afin de fortifier leurs liens fraternels.
□ Général · Déconseillé aux jeunes enfants ➔ DVD $

DARK ANGEL, THE ▷4
É.-U. 1935. Drame sentimental de Sidney A. FRANKLIN avec Fredric March et Merle Oberon. - Un militaire laisse partir son ami en mission dangereuse à la suite d'une méprise sur sa conduite. □ Général

DARK BLUE [Bleu sombre] ▷4
É.-U. 2002. Drame policier de Ron SHELTON avec Kurt Russell, Scott Speedman et Brendan Gleeson. -En enquêtant sur un quadruple meurtre, un policier aux méthodes musclées découvre que son supérieur immédiat est corrompu.
□ 13 ans+ · Langage vulgaire · Violence ➔ DVD $ DVD-BR $

DARK BLUE ALMOST BLACK ▷4
[Bleu foncé presque noir]
ESP. 2006. Comédie dramatique de Daniel SANCHEZ Arevalo avec Quim Gutierrez, Marta Etura et Antonio de la Torre. - Un détenu demande à son jeune frère, concierge qui vit avec leur père invalide, de faire un enfant à sa petite amie, également en prison. ➔ DVD $

DARK BLUE WORLD ▷4
TCH. 2001. Chronique de Jan SVERAK avec Ondrej Vetchy, Krystof Hadek et Tara Fitzgerald. - Durant la Seconde Guerre mondiale, deux pilotes tchèques engagés dans l'aviation britannique s'éprennent de la même femme.

DARK CITY [Cité obscure] ▷4
É.-U. 1997. Science-fiction d'Alex PROYAS avec Rufus Sewell, William Hurt et Jennifer Connelly. - Un homme amnésique se réveille dans une ville étrange où il est poursuivi par des individus bizarres dotés de pouvoirs paranormaux. □ 13 ans+ · Violence ➔ DVD $ DVD-BR $

DARK COMMAND ▷4
É.-U. 1940. Western de Raoul WALSH avec John Wayne, Claire Trevor et Walter Pidgeon. - Un instituteur devient chef d'une bande de pillards à l'occasion de la guerre de Sécession. □ Général ➔ DVD $

DARK CORNER, THE ▷4
É.-U. 1945. Drame policier de Henry HATHAWAY avec Lucille Ball, Mark Stevens et Clifton Webb. - Un détective privé mène une enquête dangereuse. □ Général

DARK CRYSTAL, THE [Cristal magique, Le] ▷3
ANG. 1982. Conte de Jim HENSON et Frank OZ. - Un lutin passe par divers dangers pour mener à bonne fin une mission assurant la paix entre deux groupes rivaux. - Intrigue fantastique racontée à l'aide de marionnettes. Réalisation technique fort habile. Mélange de cauchemar et de fantaisie. □ Général ➔ DVD $

DARK EYES *voir* **Yeux noirs, Les**

DARK FORCES [Harlequin] ▷4
AUS. 1980. Drame fantastique de Simon WINCER avec Robert Powell, Carmen Duncan et David Hemmings. - Un charlatan s'introduit dans l'entourage d'un sénateur dont le jeune fils souffre de leucémie.
➔ DVD $

DARK HABITS ▷5
ESP. 1983. Comédie satirique de Pedro ALMODOVAR avec Cristina S. Pascual, Marisa Paredes et Mari Carrillo. - À la suite de la mort suspecte de son compagnon, une chanteuse trouve refuge dans un couvent de religieuses excentriques. □ 13 ans+

DARK HALF, THE [Part des ténèbres, La] ▷5
É.-U. 1993. Drame fantastique de George A. ROMERO avec Timothy Hutton, Michael Rooker et Julie Harris. - Lorsque des meurtres se produisent dans l'entourage d'un jeune écrivain, celui-ci se persuade qu'ils sont l'œuvre d'un double maléfique.
□ 16 ans+ · Violence ➔ DVD $

DARK JOURNEY ▷4
ANG. 1937. Drame d'espionnage de Victor SAVILLE avec Vivien Leigh, Conrad Veidt et John Gardner. - Les exploits d'une espionne française à Stockholm en 1918. □ Général

DARK KNIGHT, THE [Chevalier noir, Le] ▷3
É.-U. 2008. Science-fiction de Christopher NOLAN avec Christian Bale, Heath Ledger et Aaron Eckhart. - Alors qu'un procureur zélé vient d'être nommé à Gotham, le Joker sème l'anarchie dans la ville et force Batman à se démasquer. - Suite efficace et brillante, à l'humeur sombre et mélancolique. Réalisation technique irréprochable. H. Ledger et C. Bale parfaits. □ Général · Déconseillé aux jeunes enfants ➔ DVD$ DVD-BR$

DARK MATTER
É.-U. 2007. Chen SHI-ZHENG ➔ DVD$

DARK MIRROR, THE ▷4
É.-U. 1946. Drame psychologique de Robert SIODMAK avec Olivia de Havilland, Lew Ayres et Thomas Mitchell. - Un psychiatre cherche à découvrir laquelle de deux sœurs jumelles a commis un meurtre.

DARK OBSESSION ▷3
ANG. 1989. Drame psychologique de Nick BROOMFIELD avec Gabriel Byrne, Amanda Donohoe et Douglas Hodge. - Un aristocrate qui a commis un délit de fuite est soupçonné par un ami d'avoir sciemment écrasé une jeune femme qu'il aurait prise pour son épouse. - Étude assez prenante d'un cas de paranoïa. Regard critique sur les mœurs et privilèges de l'aristocratie. □ 13 ans+

DARK OF THE SUN ▷4
ANG. 1967. Drame de guerre de Jack CARDIFF avec Rod Taylor, Jim Brown et Yvette Mimieux. - Au Congo, en 1960, des mercenaires sont chargés d'aller au secours d'un village menacé par les rebelles. □ 13 ans+

DARK PASSAGE ▷3
É.-U. 1947. Drame policier de Delmer DAVES avec Humphrey Bogart, Lauren Bacall et Agnes Moorehead. - Pour échapper à la police, un évadé se fait refaire le visage par un chirurgien. - Construction dramatique solide. Utilisation ingénieuse de la caméra subjective. Forte interprétation. □ Général ➔ DVD$

DARK PAST, THE ▷4
É.-U. 1948. Drame policier de Rudolph MATÉ avec William Holden, Nina Foch et Lee J. Cobb. - Un psychiatre vient à bout d'un criminel qui s'est réfugié chez lui.

DARK SIDE OF THE HEART, THE
voir **Côté obscur du cœur, Le**

DARK STAR ▷4
É.-U. 1974. Science-fiction de John CARPENTER avec Brian Narelle, Dan O'Bannon et Andreijah Pahic. - L'équipe d'un vaisseau interplanétaire connaît des difficultés techniques. □ Général

© WARNER

DARK VICTORY [Victoire sur la nuit] ▷5
É.-U. 1939. Drame psychologique d'Edmund GOULDING avec Bette Davis, George Brent et Humphrey Bogart. - Une femme qui mène la grande vie découvre qu'elle souffre d'une maladie mortelle. □ Général ➔ DVD$

DARK WATER ▷3
JAP. 2002. Drame fantastique de Hideo NAKATA avec Hitomi Kuroki, Rio Kanno et Mirei Oguchi. - Une jeune femme récemment divorcée s'installe avec sa petite fille dans un immeuble lugubre et poisseux où elle vivra des expériences bizarres. - Récit angoissant offrant divers niveaux de lecture. Atmosphère de terreur sourde nourrie de détails insolites et inquiétants. Travail inventif sur les ambiances sonores et l'illustration. Jeu solide de H. Kuroki. ➔ DVD$

DARK WATER [Eau trouble] ▷4
É.-U. 2005. Drame fantastique de Walter SALLES avec Ariel Gade, Jennifer Connelly et John C. Reilly. - Une jeune mère divorcée emménage avec sa petite fille dans un appartement plutôt sinistre où elles sont témoins d'incidents troublants. □ 13 ans+ ➔ DVD$ DVD-BR$

DARKMAN ▷4
É.-U. 1990. Drame fantastique de Sam RAIMI avec Liam Neeson, Frances McDormand et Colin Friels. - Défiguré à la suite de la destruction de son laboratoire, un scientifique entreprend de se venger en adoptant diverses apparences. □ 13 ans+ ➔ DVD$

DARLING ▷3
ANG. 1965. Drame psychologique de John SCHLESINGER avec Julie Christie, Dirk Bogarde et Laurence Harvey. - Les amours tumultueuses d'un mannequin vedette. - Coup d'œil critique sur une société désaxée. Peinture fascinante et sévère. Excellente interprétation. ➔ DVD$

DARLING
FR. 2007. Christine CARRIÈRE ➔ DVD$

DARLING LILI ▷4
É.-U. 1969. Comédie musicale de Blake EDWARDS avec Julie Andrews, Rock Hudson et Jeremy Kemp. - Durant la guerre 14-18, une espionne allemande reçoit pour mission de séduire un officier de l'aviation anglaise. ➔ DVD$

DARWIN'S NIGHTMARE *voir* **Cauchemar de Darwin, Le**

DAS BOOT *voir* **Bateau, Le**

DAUGHTERS OF DARKNESS *voir* **Lèvres rouges, Les**

DAUGHTERS OF THE DUST ▷4
É.-U. 1991. Drame de mœurs de Julie DASH avec Cora Lee Day, Alva Rodgers, Alisa Anderson. - Vivant dans des îles au large des côtes américaines, des descendants d'esclaves hésitent à s'installer sur le continent pour y chercher du travail. □ Général ➔ DVD$

DAUGHTERS OF THE SUN
IRAN 2000. Maryam SHAHRIAR ➔ DVD$

DAURIA
RUS. 1971. Victor TREGUBOVICH

DAVE [Président d'un jour] ▷4
É.-U. 1993. Comédie satirique d'Ivan REITMAN avec Kevin Kline, Sigourney Weaver et Frank Langella. - Victime d'une crise cardiaque, le président des États-Unis est remplacé par un sosie qui finit par se prendre au jeu. □ Général ➔ DVD$

DAVID ▷3
ALL. 1979. Drame de Peter LILIENTHAL avec Mario Fischel, Walter Taub et Eva Mattes. - Le fils d'un rabbin juif doit vivre dans la clandestinité sous le régime nazi. - Transposition d'une expérience vécue. Mosaïque impressionnante d'observations véridiques. Climat bien rendu. Bonne composition de M. Fischel. □ Général

DAVID AND LISA ▷3
É.-U. 1962. Drame psychologique de F. PERRY avec Keir Dullea, Janet Margolin et Howard Da Silva. - Placé en institution, un adolescent souffrant de troubles mentaux lie amitié avec une jeune schizophrène. - Sujet traité avec tact. Mise en scène juste et sensible. Interprétation convaincante. ➔ DVD$

DAVID COPPERFIELD ▷3
É.-U. 1935. Comédie dramatique de George CUKOR avec Freddie Bartholomew, Frank Lawton et Maureen O'Sullivan. - Après la mort de sa mère, un enfant maltraité par son beau-père s'enfuit auprès d'une vieille tante. - Adaptation soignée du roman de Dickens. Style vivant et distingué. Évocation d'époque pittoresque. Excellents comédiens. □ Général ➔ DVD$

DAVID COPPERFIELD ▷4
É.-U. 1993. Dessins animés de Don ARIOLI. - À Londres, un adolescent qui est obligé à travailler dans l'usine de son beau-père découvre les dures conditions de vie des ouvriers. □ Général · Enfants

DAWN OF THE DEAD [Aube des morts, L'] ▷4
É.-U. 2004. Drame d'horreur de Zack SNYDER avec Sarah Polley, Ving Rhames et Jake Weber. - Alors que le monde est en proie à une invasion de zombies, des survivants trouvent refuge dans un centre commercial. □ 13 ans+ ➜ DVD-BR$ DVD$

DAWN OF THE DEAD [Zombies] ▷4
É.-U. 1978. Drame d'horreur de George A. ROMERO avec David Emge, Ken Foree et Scott Reiniger. - Menacées par l'attaque de morts vivants, quatre personnes trouvent refuge dans un centre commercial de banlieue. □ 18 ans+ ➜ DVD$ DVD-BR$

DAWN PATROL, THE ▷4
É.-U. 1938. Drame de guerre d'Edmund GOULDING avec Errol Flynn, David Niven et Basil Rathbone. - La vie d'une escadrille anglaise pendant la guerre 1914-1918. □ Général ➜ DVD$

DAWNING, THE ▷3
ANG. 1988. Drame de Robert KNIGHTS avec Anthony Hopkins, Rebecca Pidgeon et Jean Simmons. - En 1920, en Irlande du Sud, une jeune femme sympathise avec un homme qu'elle croit être son père mais qui est en fait un rebelle indépendantiste. - Adaptation d'un roman de Jennifer Johnston. Récit naviguant habilement entre le lyrisme et le tragique. Réalisation d'un classicisme discret. Comédiens de classe. ➜ DVD$

DAY AFTER, THE ▷4
É.-U. 1983. Drame de Nicholas MEYER avec Jason Robards, JoBeth Williams et John Cullum. - Les séquelles d'une attaque nucléaire sur une ville américaine. □ 13 ans+ ➜ DVD$

DAY AT THE RACES, A ▷4
É.-U. 1937. Comédie burlesque de Sam WOOD avec les frères Marx, Maureen O'Sullivan et Allan Jones. - Un charlatan et deux compères croient régler les problèmes financiers d'une clinique en jouant aux courses. □ Général ➜ DVD$

DAY FOR NIGHT *voir* **Nuit américaine, La**

DAY OF ATONEMENT *voir* **Grand pardon II, Le**

DAY OF THE DEAD ▷5
É.-U. 1985. Drame d'horreur de George A. ROMERO avec Lori Cardille, Terry Alexander et Joseph Pilato. - Durant une invasion de morts-vivants, des scientifiques et des militaires vivent retranchés dans un laboratoire souterrain. □ 18 ans+ · Horreur ➜ DVD$ DVD-BR$

DAY OF THE DOLPHIN, THE [Jour du dauphin, Le] ▷5
É.-U. 1973. Science-fiction de Mike NICHOLS avec George C. Scott, Trish Van Devere et Paul Sorvino. - Un savant réussit à établir une communication avec un dauphin né en captivité et à lui apprendre à parler. □ Général ➜ DVD$

DAY OF THE JACKAL, THE [Chacal] ▷3
ANG. 1973. Drame policier de Fred ZINNEMANN avec Edward Fox, Michel Lonsdale et Delphine Seyrig. - Les services de sécurité français recherchent un tueur professionnel chargé d'assassiner le général de Gaulle. - Récit intéressant de bout en bout. Construction solide. Développements ingénieux. □ Général ➜ DVD$

DAY OF THE LOCUST, THE ▷3
É.-U. 1975. Drame de mœurs de John SCHLESINGER avec William Atherton, Karen Black et Donald Sutherland. - Un peintre venu travailler à Hollywood à l'emploi d'un grand studio s'intéresse à une jeune fille qui rêve de célébrité. - Critique ambitieuse des milieux du cinéma. Tableau impressionnant. Mouvement fluide. Interprètes de talent. □ 13 ans+

DAY OF WRATH *voir* **Jour de colère**

DAY THE EARTH STOOD STILL, THE ▷4
É.-U. 1951. Science-fiction de Robert WISE avec Michael Rennie, Patricia Neal et Hugh Marlowe. - Un Martien vient sur la Terre pour avertir les humains de mettre fin à leurs querelles.
□ Général ➜ DVD$ DVD-BR$

DAY THE EARTH STOOD STILL, THE ▷5
[Jour où la terre s'arrêta, Le]
É.-U. 2008. Science-fiction de Scott DERRICKSON avec Keanu Reeves, Jennifer Connelly et Kathy Bates. - Une scientifique vient en aide à un extraterrestre venu sur notre planète porter un message aux conséquences tragiques. □ Général · Déconseillé aux jeunes enfants ➜ DVD$ DVD-BR$

DAY THE SUN TURNED COLD, THE ▷3
H.-K. 1994. Drame de mœurs de Yim HO avec Siqin Goawa, Tao Chung-Hua et Ma Jingwu. - Un policier recueille le témoignage d'un jeune homme qui affirme que sa mère a tué son père dix ans plus tôt. - Tragédie de type shakespearien. Rythme méditatif. Beauté froide de la photographie. Grande assurance technique. Interprétation dans le ton.

DAYS OF BEING WILD
H.-K. 1991. WONG Kar-Wai ➜ DVD$

DAYS OF GLORY ▷5
É.-U. 1944. Drame de guerre de Jacques TOURNEUR avec Gregory Peck, Tamara Toumanova et Alan Reed. - Des guérilleros soviétiques luttent contre une invasion des nazis.

DAYS OF HEAVEN ►1
É.-U. 1978. Drame de mœurs de Terrence MALICK avec Richard Gere, Brooke Adams et Linda Manz. - En 1916, pour échapper à la justice, un jeune ouvrier s'enfuit au Texas avec sa sœur et sa maîtresse et tous trois trouvent un emploi sur une ferme. - Œuvre admirablement composée. Utilisation poétique de la voix-off. Mise en scène d'un grand lyrisme. Images inoubliables. Personnages bien campés.
□ Général ➜ DVD$

DAYS OF THUNDER [Jours de tonnerre] ▷5
É.-U. 1990. Drame sportif de Tony SCOTT avec Tom Cruise, Robert Duvall et Nicole Kidman. - Un jeune homme doué pour la course automobile accède aux épreuves de championnat grâce aux judicieux conseils d'un mécanicien. □ Général ➜ DVD-BR$ DVD$

DAYS OF WINE AND ROSES ▷3
É.-U. 1962. Drame psychologique de Blake EDWARDS avec Jack Lemmon, Lee Remick et Charles Bickford. - Les méfaits de l'alcoolisme chez un couple. - Traitement réaliste. Mise en scène habile et vigoureuse. Interprétation magistrale des deux vedettes.
□ Général ➜ DVD$

DAYTRIPPERS, THE [En route vers Manhattan] ▷4
É.-U. 1996. Comédie de mœurs de Greg MOTTOLA avec Hope Davis, Pat McNamara et Stanley Tucci. - Une famille se rend en voiture à Manhattan afin de confronter l'époux de l'aînée au sujet de ses présumées infidélités. □ Général

DAZED AND CONFUSED [Tête dans les nuages, La] ▷4
É.-U. 1993. Comédie dramatique de Richard LINKLATER avec Jason London, Wiley Wiggins et Rory Cochrane. - La dernière journée de classe d'un groupe d'amis fréquentant un «high school» au Texas en 1976. □ 13 ans+ · Langage vulgaire ➜ DVD$

DE BATTRE MON CŒUR S'EST ARRÊTÉ ▷3
FR. 2005. Drame psychologique de Jacques AUDIARD avec Romain Duris, Niels Arestrup et Linh-Dan Pham. - Un magouilleur de père en fils décide de préparer une audition au piano pour devenir concertiste comme sa mère défunte. - Remake très libre du film «Fingers» de James Toback. Texture dramatique riche. Réalisation nerveuse privilégiant les plans séquences. Jeu fougueux et intense de R. Duris.
□ 13 ans+ ➜ DVD$

DE BEAUX LENDEMAINS *voir* **Sweet Hereafter, The**

DE BRUIT ET DE FUREUR ▷3
FR. 1987. Drame social de Jean-Claude BRISSEAU avec Vincent Gasperitsch, François Négret et Bruno Cremer. - Vivant dans une tour à logements multiples avec une mère qui s'occupe peu de lui, un adolescent finit par lier amitié avec un jeune délinquant. - Vision réaliste d'un milieu populaire. Mélange de rugosité et de poésie. Personnages intéressants. Interprétation naturelle. □ 13 ans+

DE GUERRE LASSE ▷4
FR. 1987. Drame sentimental de Robert ENRICO avec Nathalie Baye, Christophe Malavoy et Pierre Arditi. - En 1942 en zone libre, une veuve s'éprend d'un industriel chez qui elle s'est réfugiée avec un résistant qui est amoureux d'elle. □ Général

DE IDA Y VUELTA [Back and Forth]
MEX. 2000. Salvador AGUIRRE

DE L'AMOUR ET DES RESTES HUMAINS
voir **Love and Human Remains**

DE L'AUTRE CÔTÉ [Edge of Heaven] ►2
ALL. 2007. Drame de Fatih AKIN avec Baki Davrak, Nurgül Yesilçai et Hanna Schygulla. - Entre l'Allemagne et la Turquie, les destins de quatre femmes et deux hommes s'entrecroisent de façon tragique. - Scénario dense, elliptique, intelligemment structuré, sur les thèmes de la mort et de la réconciliation. Réalisation attentive et soignée. Interprétation relevée, parfois bouleversante. □ Général ➜ DVD $

DE L'EAU TIÈDE SOUS UN PONT ROUGE [Warm Water Under a Red Bridge]
JAP. 2001. Shohei IMAMURA ➜ DVD $

DE L'OMBRE À LA LUMIÈRE *voir* **Celluloid Closet, The**

DE L'OR EN BARRES *voir* **Lavender Hill Mob, The**

DE L'OR POUR LES BRAVES *voir* **Kelly's Heroes**

DE LA VIE DES MARIONNETTES [From the Life of the Marionettes] ►2
ALL. 1980. Drame psychologique de Ingmar BERGMAN avec Robert Atzorn, Christine Buchegger et Walter Schmidinger. - Un enquêteur tente de comprendre les mobiles qui ont amené un homme à assassiner une prostituée. - Traitement rigoureux. Construction complexe. Exploration psychologique fouillée. Interprètes bien dirigés.

DE MA FENÊTRE, SANS MAISON ▷5
CAN. 2006. Drame psychologique de Maryanne ZÉHIL avec Louise Portal, Renée Thomas et Hélène Mercier. - À la mort de son père, une jeune Libanaise débarque à Montréal afin d'y retrouver sa mère, qui l'a abandonnée 17 ans plus tôt. □ Général ➜ DVD $

DE MAO À MOZART
voir **From Mao to Mozart: Isaac Stern in China**

DE MAYERLING À SARAJEVO ▷4
FR. 1940. Drame historique de Max OPHÜLS avec Edwige Feuillère, John Lodge et Aimé Clariond. - Quelques aspects de la vie de François Ferdinand d'Autriche. □ Général

DE QUOI J'ME MÊLE *voir* **Look Who's Talking**

DE SABLE ET DE SANG ▷4
FR. 1987. Drame psychologique de Jeanne LABRUNE avec Sami Frey, Patrick Catalifo et Clémentine Célarié. - Un médecin qui a connu les horreurs de la guerre d'Espagne exerce une troublante influence sur un jeune torero. □ 13 ans+

DE SANG FROID *voir* **In Cold Blood**

© MÉTROPOLE

DE-LOVELY ▷4
É.-U. 2004. Drame musical d'Irwin WINKLER avec Kevin Kline, Ashley Judd et Jonathan Pryce. - Au jour de sa mort, le compositeur américain Cole Porter revoit les grands moments de sa vie sentimentale et de sa florissante carrière. □ Général

DEAD & BURIED [Dead and Buried]
É.-U. 1981. Gary SHERMAN ➜ DVD $

DEAD AGAIN [Passé revient, Le] ▷3
É.-U. 1991. Drame fantastique réalisé et interprété par Kenneth BRANAGH avec Emma Thompson et Derek Jacobi. - Un détective enquête sur le passé mystérieux d'une jeune inconnue qui souffre d'amnésie. - Suspense habilement conçu. Utilisation admirable des flash-backs. Mise en scène de classe. Interprètes fort bien dirigés. □ 13 ans+ ➜ DVD $

DEAD ALIVE *voir* **Braindead**

DEAD CALM [Calme blanc] ▷4
AUS. 1988. Drame d'horreur de Phillip NOYCE avec Sam Neill, Nicole Kidman et Billy Zane. - Au cours d'une croisière en yacht, un couple découvre sur un navire abandonné un jeune homme aux tendances meurtrières. □ 13 ans+ ➜ DVD $

DEAD CERT
ANG. 1974. Tony RICHARDSON ➜ DVD $

DEAD END ▷4
FR. 2003. Drame d'horreur de Jean-Baptiste ANDREA et Fabrice Canepa avec Ray Wise, Alexandra Holden et Lin Shaye. - En route pour rendre visite à des parents pour Noël, une famille s'égare sur un chemin isolé où l'attend un sort funeste. ➜ DVD $

DEAD END ▷4
É.-U. 1936. Drame social de William WYLER avec Humphrey Bogart, Joel McCrea et Sylvia Sidney. - Affrontement d'un bandit et d'un honnête homme tous deux issus du même quartier défavorisé. □ Général

DEAD GIRL, THE
É.-U. 2007. Karen MONCRIEFF ➜ DVD $

DEAD MAN ▷3
É.-U. 1995. Western de Jim JARMUSCH avec Johnny Depp, Gary Farmer et Lance Henriksen. - Gravement blessé, un hors-la-loi traqué reçoit l'aide d'un Amérindien érudit. - Relecture des codes du genre. Construction narrative insolite. Ton mélancolique tempéré par un humour pince-sans-rire. Superbes images en noir et blanc. □ 16 ans+ · Violence ➜ DVD $

DEAD MAN WALKING [Dernière marche, La] ►2
É.-U. 1995. Drame psychologique de Tim ROBBINS avec Susan Sarandon, Sean Penn et Robert Prosky. - Une religieuse apporte réconfort à un détenu condamné à la peine capitale. - Scénario inspiré d'une histoire vraie. Sujet bouleversant abordé avec tact et sensibilité. Mise en scène entièrement au service des personnages. Jeu saisissant de S. Penn et S. Sarandon. □ 13 ans+

DEAD MAN'S BLUFF [Blind Man's Bluff]
RUS. 2005. Aleksei BALABANOV ➜ DVD $

DEAD MEN DON'T WEAR PLAID [Cadavres ne portent pas de costards, Les] ▷4
É.-U. 1982. Comédie policière réalisée et interprétée par Carl REINER avec Steve Martin et Rachel Ward. - Un détective privé est chargé d'enquêter sur la disparition du père d'une jolie jeune femme. □ Général ➜ DVD $

DEAD OF NIGHT *voir* **Deathdream**

DEAD OF NIGHT [Dead of Night/Queen of Spades] ▷3
ANG. 1946. Film à sketches d'Alberto CAVALCANTI, Basil DEARDEN, Robert HAMER et Charles CRICHTON avec Mervyn Johns, Michael Redgrave et Roland Culver. - Les invités d'une soirée racontent tour à tour une étrange aventure. - Classique du genre fantastique. Climat d'angoisse bien créé. Photographie et interprétation excellentes. □ Général

DEAD OF WINTER ▷4
É.-U. 1987. Drame policier d'Arthur PENN avec Mary Steenburgen, Jan Rubes et Roddy McDowall. - Croyant être engagée pour le tournage d'un film, une actrice sans emploi sert en fait d'instrument dans un complot. □ Général ➜ DVD $

DEAD OR ALIVE
JAP. 1999. Takashi MIIKE ➜ DVD $

DEAD POETS SOCIETY ▷3
[Société des poètes disparus, La]
É.-U. 1989. Comédie dramatique de Peter WEIR avec Robin Williams, Robert Sean Leonard et Ethan Hawke. - En 1959, dans un collège aux principes ultra-conservateurs, sept adolescents voient leur vie transformée par les enseignements de leur professeur de littérature. - Hymne à la poésie et à la créativité. Illustration soignée. Réalisation solide. Bonne prestation de R. Williams. □ Général ➜ DVD $

DEAD POOL, THE [Enjeux de la mort, Les] ▷5
É.-U. 1988. Drame policier de Buddy VAN HORN avec Clint Eastwood, Patricia Clarkson et Liam Neeson. - Un inspecteur enquête sur une série de meurtres qui décime le milieu mondain de San Francisco. □ 13 ans+ ➜ DVD $

DEAD RECKONING [En marge de l'enquête] ▷5
É.-U. 1947. Drame policier de John CROMWELL avec Humphrey Bogart, Lizabeth Scott et Morris Carnovsky. - À son retour de guerre, un officier enquête sur la disparition d'un camarade. □ Général ➜ DVD $

DEAD RINGER [Mort frappe trois fois, La] ▷5
É.-U. 1964. Drame de Paul HENREID avec Bette Davis, Karl Malden et Peter Lawford. - Une femme assassine sa sœur jumelle et emprunte son identité. □ Général ➜ DVD $

DEAD RINGERS [Alter Ego] ▷4
CAN. 1988. Drame psychologique de David CRONENBERG avec Jeremy Irons, Geneviève Bujold et Heidi Von Palleske. - Partageant toutes leurs expériences, des jumeaux gynécologues voient leur réputation mise en péril le jour où l'un d'eux s'éprend d'une actrice. □ 13 ans+

DEAD SILENCE ▷5
É.-U. 2007. Drame d'horreur de James WAN avec Ryan Kwanten, Donnie Wahlberg et Amber Valletta. - Accusé du meurtre de sa femme, un jeune homme soupçonne que le coupable est le fantôme d'une ventriloque. □ 13 ans+ · Violence · Horreur ➜ DVD $

DEAD ZONE, THE [Zone neutre, La] ▷4
É.-U. 1983. Drame fantastique de David CRONENBERG avec Brooke Adams, Christopher Walken et Martin Sheen. - Un enseignant doté d'un don de voyance connaît diverses tribulations. □ 13 ans+ ➜ DVD $

DEAD, THE [Gens de Dublin, Les] ▷3
É.-U. 1987. Comédie dramatique de John HUSTON avec Anjelica Huston, Donal McCann et Helena Carroll. - En 1904, le jour de l'Épiphanie, de vieilles demoiselles et leur nièce reçoivent parents et amis pour un dîner traditionnel. - Adaptation d'une nouvelle de James Joyce. Portrait chaleureux aux touches mélancoliques. Couleurs artistiquement fanées. Justesse de l'interprétation. □ Général

DEADFALL ▷4
ANG. 1968. Drame policier de B. FORBES avec Michael Caine, Eric Portman et Giovanna Ralli. - Un voleur de bijoux, attiré par la beauté d'une femme, accepte de collaborer avec son mari dans la réalisation d'un vol prometteur. ➜ DVD $

DEADLINE AT DAWN ▷4
É.-U. 1946. Drame de Harold CLURMAN avec Susan Hayward, Paul Lukas et Bill Williams. - Un matelot doit prouver en six heures qu'il n'a pas tué une femme. □ Général

DEADLY COMPANIONS, THE [New Mexico] ▷3
É.-U. 1961. Western de Sam PECKINPAH avec Maureen O'Hara, Brian Keith et Steve Cochran. - Trois hors-la-loi servent d'escorte à une veuve qui veut traverser une région infestée d'Apaches. - Premier film de Peckinpah. Paysages de l'Arizona très bien exploités. Mise en scène inventive. Ensemble mouvementé. Excellente interprétation. ➜ DVD $

DEADLY FRIEND ▷4
É.-U. 1986. Drame fantastique de Wes CRAVEN avec Kristy Swanson, Matthew Laborteaux et Michael Sharrett. - Un adolescent précoce cherche à redonner vie à une amie en lui implantant dans le cerveau les commandes d'un robot qu'il a mis au point. □ 13 ans+ ➜ DVD $

DEADLY OUTLAW REKKA
JAP. 2002. Takashi MIIKE ➜ DVD $

DEAL, THE [Entente, L'] ▷4
ANG. 2003. Drame politique de Stephen FREARS avec Michael Sheen, David Morrissey et Frank Kelly. - De 1983 à 1997, les trajectoires parallèles de Tony Blair et Gordon Brown, complices politiques qui ont réformé le parti travailliste. ➜ DVD $

DEAL OF THE CENTURY [Passe du siècle, La] ▷5
É.-U. 1983. Comédie satirique de William FRIEDKIN avec Chevy Chase, Sigourney Weaver et Gregory Hines. - Les tribulations d'un trafiquant d'armes de petite envergure qui tente de réaliser un coup important. □ Général ➜ DVD $

DEAR FRANKIE [Cher Frankie] ▷4
ANG. 2003. Drame psychologique de Shona AUERBACH avec Emily Mortimer, Jack McElhone et Gerard Butler. - Plutôt que d'avouer à son jeune fils sourd qu'elle a fui son mari violent, une femme tente de lui trouver un père substitut pour le ménager. □ Général ➜ DVD $

DEAR WENDY ▷5
DAN. 2005. Drame de mœurs de Thomas VINTERBERG avec Jamie Bell, Mark Webber et Michael Angarano. - Dans une petite ville minière des États-Unis, des jeunes marginaux pacifistes développent une véritable fascination pour les armes à feu. □ 13 ans+ · Violence ➜ DVD $

DEATH AND THE MAIDEN [Jeune fille et la mort, La] ▷4
É.-U. 1994. Drame psychologique de Roman POLANSKI avec Sigourney Weaver, Ben Kingsley et Stuart Wilson. - Dans un pays sud-américain, une femme séquestre un homme en qui elle croit reconnaître l'un des bourreaux qui l'avaient torturée sous l'ancienne dictature. □ 13 ans+ · Violence ➜ DVD $

DEATH AT A FUNERAL [Joyeuses funérailles] ▷4
ANG. 2007. Comédie de mœurs de Frank OZ avec Matthew Macfadyen, Keeley Hawes et Rupert Graves. - Les funérailles d'un père de famille sont perturbées par une série d'incidents, ainsi que par les révélations d'un inconnu au sujet du défunt. □ 13 ans+ ➜ DVD $

DEATH BECOMES HER [Mort vous va si bien, La] ▷4
É.-U. 1992. Comédie fantaisiste de Robert ZEMECKIS avec Meryl Streep, Bruce Willis et Goldie Hawn. - Devenues rivales en amour, deux anciennes amies s'affrontent après avoir absorbé une potion de vie éternelle. □ Général ➜ DVD $

DEATH IN VENICE *voir* **Mort à Venise**

DEATH OF A CYCLIST
voir **Mort d'un cycliste, La**

DEATH OF A PRESIDENT [Mort d'un président, La] ▷4
ANG. 2006. Drame politique de Gabriel RANGE avec M. Neko Parham, Hend Ayoub et Malik Bader. - Les autorités américaines se lancent à la recherche du tireur qui, en pleine manifestation, a tué le président George W. Bush. □ Général · Déconseillé aux jeunes enfants ➜ DVD $

DEATH OF A SALESMAN [Mort d'un commis voyageur] ▷3
É.-U. 1985. Drame psychologique de Volker SCHLÖNDORFF avec Dustin Hoffman, John Malkovich et Kate Reid. - Déçu par l'échec de ses ambitions professionnelles et paternelles, un commis voyageur a la tentation du suicide. - Téléfilm fort adroit adapté d'une pièce importante d'Arthur Miller. Intéressantes observations sociales et psychologiques. Mise en scène stylisée. Forte interprétation. □ Général ➜ DVD $

DEATH OF MR. LAZARESCU
ROU. 2005. Cristi PUIU ➜ DVD $

DEATH ON THE NILE [Mort sur le nil] ▷4
ANG. 1978. Drame policier de John GUILLERMIN avec Peter Ustinov, David Niven et Mia Farrow. - Le détective Hercule Poirot enquête sur l'assassinat d'une riche et jeune héritière au cours d'une croisière sur le Nil. □ Général ➜ DVD $

DEATH RACE 2000 [Course contre la mort, La] ▷5
É.-U. 1975. Science-fiction de Paul BARTEL avec David Carradine, Simone Griffeth et Sylvester Stallone. - En l'an 2000, des coureurs automobiles gagnent des points dans une course en renversant des piétons sur leur trajet. □ 13 ans+ ➜ DVD $

DEATH RIDES A HORSE
voir **Mort était au rendez-vous, La**

DEATH WISH ▷4
É.-U. 1974. Drame policier de Michael WINNER avec Charles Bronson, Vincent Gardenia et Hope Lange. - Après que des voyous aient provoqué la mort de sa femme et la démence de sa fille, un architecte devient son propre justicier. □ 18 ans+ ➜ DVD $

DEATHDREAM [Dead of Night] ▷4
CAN. 1972. Drame d'horreur de B. CLARK avec John Marley, Lynn Carlin et Richard Backus. - Un jeune homme qu'on croyait mort à la guerre revient inopinément à la maison familiale. ➜ DVD $

DEATHTRAP [Piège mortel] ▷4
É.-U. 1982. Comédie policière de Sidney LUMET avec Michael Caine, Christopher Reeve et Dyan Cannon. - À court d'inspiration, un auteur de pièces policières se dit prêt à s'approprier l'œuvre d'un débutant. □ Général ➔ DVD$

DÉBANDADE, LA ▷5
FR. 1999. Comédie de mœurs réalisée et interprétée par Claude BERRI avec Fanny Ardant et Claude Brasseur. - Un commissaire-priseur sexagénaire explore divers moyens pour régler de récents problèmes d'érection. □ 13 ans+

DÉCADE PRODIGIEUSE, LA [Ten Days Wonder] ▷4
FR. 1971. Drame policier de Claude CHABROL avec Orson Welles, Michel Piccoli et Anthony Perkins. - Le fils d'un riche Alsacien est soupçonné du meurtre de la jeune femme de son père. □ Général

DÉCADENCE II *voir* **Saw II**

DÉCALAGE HORAIRE ▷4
FR. 2002. Comédie sentimentale de Danièle THOMPSON avec Juliette Binoche, Jean Reno et Sergi Lopez. - Bloqués à l'aéroport de Roissy à cause d'une grève, une esthéticienne et un chef cuisinier que tout sépare en viennent à mieux se connaître. □ Général ➔ DVD$

DÉCALOGUE, LE
POL. 1987. Krzysztof KIESLOWSKI ➔ DVD$

DÉCAMERON, LE [Decameron, The] ▷3
ITA. 1971. Film à sketches réalisé et interprété par Pier Paolo PASOLINI avec Franco Citti et Ninetto Davoli. - Adaptation de huit contes tirés de l'œuvre de Boccace. - Style goguenard et populiste. Mélange irrévérencieux de profane et de sacré. Bonne direction d'acteurs tant professionnels qu'amateurs. □ 18 ans+ ➔ DVD$

DECEIVED [Trompée] ▷4
É.-U. 1991. Drame policier de Damian HARRIS avec Goldie Hawn, John Heard et Ashley Peldon. - Une femme va de surprise en surprise en enquêtant sur le passé de son mari qu'elle croit mort dans un accident de la route. □ 13 ans+ ➔ DVD$

DECEIVER [Imposteur, L'] ▷4
É.-U. 1997. Drame policier de Jonas et Joshua PATE avec Tim Roth, Christopher Penn et Michael Rooker. - Un jeune homme brillant soupçonné de meurtre manipule les deux enquêteurs chargés de l'interroger. □ 13 ans+ · Langage vulgaire ➔ DVD$

DECEIVERS, THE ▷3
ANG. 1988. Aventures de Nicholas MEYER avec Pierce Brosnan, Saeed Jaffrey et Helena Michell. - En Inde, au début du XIXe siècle, un capitaine anglais se déguise en Indien pour enquêter sur un massacre commis par des membres d'une secte religieuse. - Récit basé sur des faits vécus. Évocation saisissante du choc des cultures. Mise en scène faste et évocative. Interprétation fort satisfaisante.
□ 13 ans+ ➔ DVD$

DECEMBER BOYS ▷5
AUS. 2006. Drame de Rod HARDY avec Daniel Radcliffe, Lee Cormie et Christian Byers. - Dans les années 1950, quatre orphelins envoyés en vacances chez un vieux couple apprennent que leurs voisins songent à adopter l'un d'eux. ➔ DVD$

DECEMBER BRIDE ▷3
IRL. 1990. Drame social de Thaddeus O'SULLIVAN avec Donal McCann, Saskia Reeves et Ciaran Hinds. - Au début du XXe siècle, une jeune femme provoque l'indignation d'une communauté protestante irlandaise en se liant à deux frères. - Scénario linéaire. Psychologie subtile. Photographie très picturale. Réalisation maîtrisée. Interprétation expressive de S. Reeves. ➔ DVD$

DÉCHIRURE, LA *voir* **Killing Fields, The**

DECISION BEFORE DAWN ▷4
E.-U. 1951. Drame d'espionnage d'A. LITVAK avec Richard Basehart, Gary Merrill et Oskar Werner. - Des Allemands anti-nazis espionnent au service des Américains. ➔ DVD$

DÉCLIN DE L'EMPIRE AMÉRICAIN, LE ▷3
[Decline of the American Empire, The]
QUÉ. 1986. Comédie de mœurs de Denys ARCAND avec Dominique Michel, Rémy Girard et Pierre Curzi. - S'étant retrouvés pour un repas dans une villa à la campagne, quatre couples voient leur vie sentimentale remise en question. - Vision critique d'un milieu bourgeois intellectuel. Marivaudage disert et effronté. Rythme allègre. Photographie lumineuse. Interprétation efficace. □ 13 ans+ ➔ DVD$

DECONSTRUCTING HARRY ▷3
[Harry dans tous ses états]
É.-U. 1997. Comédie de mœurs réalisée et interprétée par Woody ALLEN avec Kirstie Alley et Elisabeth Shue. - Un écrivain névrosé se remet en question à la veille d'une cérémonie en son honneur. - Réflexion sur le rôle de l'artiste et son rapport au monde réel. Forme éclatée. Humour teinté d'une vulgarité inhabituelle. □ 13 ans+ ➔ DVD$

DÉCROCHE LES ÉTOILES *voir* **Unhook the Stars**

DÉDALES ▷5
FR. 2003. Thriller de René MANZOR avec Lambert Wilson, Sylvie Testud et Frédéric Diefenthal. - Un policier et un psychiatre s'efforcent de résoudre le mystère entourant l'identité et les motifs d'un tueur en série schizophrène. ➔ DVD$

DÉDÉ À TRAVERS LES BRUMES ▷4
QUÉ. 2009. Drame biographique de Jean-Philippe DUVAL avec Joseph Mesiano, Sébastien Ricard et Dimitri Storoge. - Les faits marquants de la vie et de la carrière d'André «Dédé» Fortin, leader du groupe de rock Les Colocs, qui s'est enlevé la vie le 8 mai 2000. □ 13 ans+

DEDICATED LIFE, A
JAP. 1994. Kazuo HARA

DEEP, THE ▷4
É.-U. 1977. Aventures de Peter YATES avec Nick Nolte, Jacqueline Bisset et Robert Shaw. - Un couple tente de récupérer de la drogue et un trésor espagnol découverts au cours d'une exploration sous-marine. □ Général ➔ DVD$

DEEP COVER [Agent double] ▷4
É.-U. 1992. Drame policier de Bill DUKE avec Larry Fishburne, Jeff Goldblum et Victoria Dillard. - Un policier devient vendeur de stupéfiants afin de mieux infiltrer l'organisation criminelle qu'il doit démanteler. □ 13 ans+ ➔ DVD$

DEEP CRIMSON ▷3
MEX. 1996. Drame de mœurs d'Arturo RIPSTEIN avec Daniel Gimenez-Cacho, Regina Orozco et Marisa Paredes. - En 1949, une infirmière obèse devient la maîtresse et la complice d'un gigolo qui tue les veuves esseulées après les avoir escroquées. - Récit scabreux inspiré d'un fait divers. Mélange accompli de mélodrame, de grotesque et d'humour noir. Décors quasi irréels. Réalisation fort expressive. Interprétation subtile. ➔ DVD$

DEEP END OF THE OCEAN, THE ▷5
É.-U. 1999. Drame psychologique d'Ulu GROSBARD avec Michelle Pfeiffer, Treat Williams et Ryan Merriman. - Un garçon kidnappé à l'âge de trois ans revient neuf ans plus tard dans sa famille, où il se sent comme un étranger. □ Général ➔ DVD$

DEEP END, THE [Bleu profond] ▷3
É.-U. 2001. Thriller de Scott McGEHEE et David SIEGEL avec Tilda Swinton, Goran Visnjic et Jonathan Tucker. - Après avoir dissimulé les traces de l'implication de son fils dans ce qu'elle croit être un meurtre, une mère de famille est victime d'un chantage. - Suspense psychologique écrit avec intelligence et minutie. Sens du détail suggestif. Mise en images raffinée. Interprétation sobre et touchante de T. Swinton. □ 13 ans+ ➔ DVD$

DEEP RED [Hatchet Murders, The] ▷4
ITA. 1976. Drame policier de Dario ARGENTO avec David Hemmings, Daria Nicolodi et Clara Calamai. - Témoin d'un meurtre bizarre, un professeur de musique décide de mener sa propre enquête avec l'aide d'une journaliste. □ 18 ans+ ➔ DVD$

DEER HUNTER, THE ►2
É.-U. 1978. Drame social de Michael CIMINO avec Robert De Niro, Christopher Walken et Meryl Streep. - Trois jeunes gens travaillant dans la même usine s'en vont combattre au Viêt-nam. - Vaste fresque à la mise en scène vigoureuse. Intéressantes observations de mœurs. Approches symboliques intrigantes. Interprétation convaincue.
□ 18 ans+ ➔ DVD$

DEF BY TEMPTATION ▷5
É.-U. 1990. Drame fantastique réalisé et interprété par James BOND III avec Kadeem Hardison et Bill Nunn. - Les tourments d'un futur pasteur qui, lors d'un séjour à New York, côtoie le démon en la personne d'une serveuse. □ 16 ans+ · Violence ➔ DVD$

DEFENCE OF THE REALM ▷4
ANG. 1985. Drame social de David DRURY avec Gabriel Byrne et Greta Scacchi. - Un journaliste de Londres fait la lumière sur un complot ourdi pour discréditer un député de l'opposition. ➔ DVD$

DEFENDING YOUR LIFE [C'est ma mort après tout] ▷4
É.-U. 1991. Comédie fantaisiste réalisée et interprétée par Albert BROOKS avec Meryl Streep et Rip Torn. - À la suite d'un accident, un publicitaire se retrouve dans l'au-delà où un procès doit déterminer s'il retournera sur terre ou ira au ciel. □ Général ➔ DVD$

DÉFENSE LOUJINE, LA *voir* **Luzhin defence, The**

DÉFI BLEU *voir* **Blue Crush**

DÉFI DES VAGUES, LE *voir* **Step Into Liquid**

DÉFI, LE *voir* **Mad Max 2: The Road Warrior**

DÉFI, LE *voir* **Naked**

DEFIANCE ▷4
É.-U. 2008. Drame de guerre d'Edward Zwick avec Daniel Craig, Liev Schreiber et Jamie Bell. - En 1941, trois frères juifs prennent en charge des réfugiés qui fuient les nazis en se cachant dans les bois de la Biélorussie. □ 13 ans+ · Violence ➔ DVD-BR$ DVD$

DEFIANT ONES, THE ▷3
É.-U. 1958. Drame social de Stanley E. KRAMER avec Tony Curtis, Sidney Poitier et Theodore Bikel. - Deux détenus qui se haïssent, l'un Noir, l'autre Blanc, s'évadent tout en étant rivés à la même chaîne. - Étude prenante des relations humaines. Mise en scène sobre. Photographie soignée. Interprétation vigoureuse. □ Général

DÉFILÉ DE LA MORT, LE *voir* **China**

DÉFILÉ, LE *voir* **Dogfight**

DEFINITELY, MAYBE ▷4
É.-U. 2008. Comédie sentimentale d'Adam BROOKS avec Isla Fisher, Ryan Reynolds et Abigail Breslin. - Un publicitaire en instance de divorce raconte à sa fille de dix ans les circonstances de son mariage avec la mère de la petite. □ Général ➔ DVD$

DÉJÀ VU ▷4
É.-U. 1997. Drame sentimental de Henry JAGLOM avec Victoria Foyt, Stephen Dillane et Vanessa Redgrave. - Le destin favorise plusieurs rencontres fortuites entre un Anglais et une Américaine qui semblent nés pour vivre ensemble le grand amour. □ Général

DÉJÀ VU ▷4
É.-U. 2006. Thriller de Tony SCOTT avec Denzel Washington, Paula Patton et Val Kilmer. - À la Nouvelle-Orléans, un agent fédéral tente de prévenir un attentat terroriste sur un traversier à l'aide d'une machine à explorer le passé. □ 13 ans+ ➔ DVD$ DVD-BR$

DÉJEUNER SUR L'HERBE, LE ▷3
FR. 1959. Comédie de Jean RENOIR avec Paul Meurisse, Catherine Rouvel et Fernand Sardou. - Un biologiste, partisan de l'insémination artificielle, change ses positions lorsqu'il devient amoureux. - Sens de la nature. Très belles images. Mise en scène décontractée.
□ Général

DÉLATEUR, LE *voir* **Bird on a Wire**

DELICATE BALANCE, A ▷4
ANG. 1973. Drame psychologique de Tony RICHARDSON avec Katharine Hepburn, Paul Scofield et Lee Remick. - Deux époux âgés connaissent une fin de semaine mouvementée. - Adaptation fidèle d'une pièce d'Edward Albee. Observations psychologiques intéressantes.
➔ DVD$

DÉLICATE SAUVAGERIE *voir* **Savage Grace**

DELICATESSEN ▷3
FR. 1991. Comédie de Jean-Pierre JEUNET et Marc CARO avec Jean-Claude Dreyfus, Dominique Pinon et Marie-Laure Douniac. - Dans une banlieue dévastée, un jeune concierge sympathise avec la fille de l'inquiétant boucher qui est propriétaire de l'immeuble. - Univers insolite inspiré de la bande dessinée. Imagination fertile. Mise en images inventive. Humour noir grinçant. Comédiens pittoresques.
□ 13 ans+ ➔ DVD$

DÉLICE PALOMA ▷3
FR. 2007. Drame social de Nadir MOKNÈCHE avec Biyouna, Nadia Kaci et Aylin Prandi. - À sa sortie de prison, une ancienne magouilleuse algéroise se remémore les événements qui ont provoqué sa chute. - Ambitieux portrait de femme assorti d'un vibrant commentaire social. Approche feuilletonesque heureuse. Mise en scène intelligente et aventureuse. Ardente Biyouna. □ Général ➔ DVD$

DELIRIOUS ▷4
É.-U. 2006. Comédie de Tom DiCILLO avec Steve Buscemi, Michael Pitt et Alison Lohman. - Un paparazzo est décontenancé lorsque le jeune sans abri qu'il a pris sous son aile se met à fréquenter la star qu'il traque avec sa caméra. ➔ DVD$

DELIVERANCE ►2
É.-U. 1972. Aventures de John BOORMAN avec Burt Reynolds, Jon Voight, Ned Beatty et Ronny Cox. - Quatre amis citadins doivent affronter des montagnards violents lors de la descente en canot d'une rivière sauvage. - Mythe du retour à la nature confronté à de dures réalités. Récit très bien construit. Description vigoureuse. Jeu sobre de J. Voight. □ 13 ans+ · Violence ➔ DVD-BR$ DVD$

DÉLIVREZ-MOI ▷4
CAN. 2006. Drame psychologique de Denis CHOUINARD avec Céline Bonnier, Geneviève Bujold et Juliette Gosselin. - À sa sortie de prison, une ouvrière se heurte à l'hostilité de sa belle-mère à qui elle dispute la garde de sa fille adolescente.
□ 13 ans+ · Violence · Érotisme ➔ DVD$

DELTA, THE
É.-U. 1996. Ira SACHS ➔ DVD$

DELUGE, THE
POL. 1974. Jerzy HOFFMAN □ 13 ans+

DELUXE COMBO PLATTER [Combo deluxe avec extra] ▷5
CAN. 2004. Comédie sentimentale de Vic SARIN avec Marla Sokoloff, Monika Schnarre et Barry Watson. - Une jeune serveuse de province secrètement amoureuse d'un ancien compagnon de classe est courtisée par une femme d'affaires.

DEMAIN ▷4
QUÉ. 2008. Drame psychologique de Maxime GIROUX avec Eugénie Beaudry, Serge Houde et Guillaume Beauregard. - La vie monotone d'une employée de bureau va et vient entre un amant ouvrier qui n'est pas amoureux d'elle et un père diabétique qui refuse de se faire soigner. □ 13 ans+ · Érotisme

DEMAIN CE SERONT DES HOMMES *voir* **Strange One, The**

DEMAIN NE MEURT JAMAIS *voir* **Tomorrow Never Dies**

DEMAIN ON DÉMÉNAGE [Tomorrow We Move]
BEL. FR. 2004. Chantal AKERMAN ➔ DVD$

DEMENTIA 13 ▷5
É.-U. 1963. Drame d'horreur de Francis Ford COPPOLA avec William Campbell, Luana Anders et Burt Patton. - Durant un séjour en Irlande chez les parents de son mari, une femme est tuée par un inconnu.
□ 13 ans+ · Violence ➔ DVD$

© MÉTROPOLE

DEMI-TOUR *voir* **U-Turn**

DEMOISELLE D'HONNEUR, LA [Bridesmaid, The]
FR. 2004. Claude CHABROL → DVD$

DEMOISELLE SAUVAGE, LA ▷4
QUÉ. 1991. Drame psychologique de Léa POOL avec Patricia Tulasne, Matthias Habich et Lénie Scoffié. - Après une tentative de suicide ratée, une jeune femme est recueillie par un ingénieur qui vit près d'un immense barrage dans les montagnes. □ Général

DEMOISELLES DE ROCHEFORT, LES ►2
[Young Girls of Rochefort, The]
FR. 1967. Comédie musicale de Jacques DEMY avec Catherine Deneuve, Françoise Dorléac et Gene Kelly. - Deux sœurs jumelles font la conquête d'un jeune marin et d'un musicien américain. - Utilisation heureuse des recettes classiques de la comédie musicale américaine. Chassés-croisés amusants. Mise en scène souple. Photographie pimpante. Interprétation charmante. → DVD$

DEMOISELLES DE WILKO, LES [Maids of Wilko] ►2
POL. 1979. Drame psychologique d'Andrzej WAJDA avec Daniel Olbrychski, Maja Komorowska et Christine Pascal. - Un homme retrouve dans un village cinq sœurs qu'il a connues quinze ans auparavant. - Ton mélancolique. Images admirables. Personnages étudiés avec discrétion. Interprétation expressive. □ Général → DVD$

DEMOISELLES DU CHÂTEAU, LES
voir **I Capture the Castle**

DÉMON S'ÉVEILLE LA NUIT, LE *voir* **Clash by Night**

DEMON SPIES
JAP. DIVERS → DVD$

DEMON, THE
JAP. 1978. Yoshitaro NOMURA → DVD$

DEMONIACS, THE
BEL. FR. 1973. Jean ROLLIN → DVD$

DEMONLOVER [Amant diabolique, L'] ▷4
FR. 2002. Thriller d'Olivier ASSAYAS avec Connie Nielsen, Charles Berling et Chloë Sevigny. - Des relations troubles et impitoyables se tissent entre les cadres d'une multinationale parisienne où règne l'espionnage corporatif. → DVD$

DÉMONS DE JÉSUS, LES ▷4
FR. 1996. Comédie dramatique de Bernie BONVOISIN avec Thierry Frémont, Nadia Farès et Fabienne Babe. - Un voyou candide s'éprend de la sœur d'un gangster rival. □ 13 ans+

DEMONS IN THE GARDEN ▷4
ESP. 1982. Comédie de mœurs de Manuel Gutierrez ARAGON avec Alvaro Sanchez-Prieto, Angela Molina et Ana Belen. - Un enfant observe le curieux monde des adultes de sa famille éclatée. □ Général

DENISE CALLS UP [Fantaisies au bout du fil] ▷4
É.-U. 1995. Comédie de mœurs de Hal SALWEN avec Alanna Ubach, Tim Daly et Caroleen Feeney. - Des amis discutent tous les jours au téléphone sans jamais trouver le temps de se voir. □ Général

DENNIS THE MENACE [Denis la petite peste] ▷4
É.-U. 1993. Comédie de Nick CASTLE avec Mason Gamble, Walter Matthau et Christopher Lloyd. - Un vieux retraité est le souffre-douleur d'un gamin du voisinage qui accumule sans le vouloir catastrophe sur catastrophe. □ Général

DÉNOMMÉ SQUARCIO, UN [Wide Blue Road, The] ▷4
ITA. 1958. Drame social de Gillo PONTECORVO avec Yves Montand, Alida Valli et Mario Girotti. - Un pauvre pêcheur italien est surveillé par les douaniers parce qu'il pêche à la grenade. → DVD$

DENTELLIÈRE, LA ►2
FR. 1976. Drame psychologique de Claude GORETTA avec Isabelle Huppert, Yves Beneyton et Florence Giorgetti. - Une jeune coiffeuse a une liaison avec un étudiant dont la rupture l'entraîne à la neurasthénie. - Grande délicatesse de touche. Suite de notes rapides et significatives. Interprétation tout en nuances de I. Huppert.

DENTS DE LA MER, LES *voir* **Jaws**

DENTS DU DIABLE, LES *voir* **Savage Innocents, The**

DEPARTED, THE [Agents troubles] ▷3
É.-U. 2006. Drame policier de Martin SCORSESE avec Matt Damon, Leonardo DiCaprio et Jack Nicholson. - Devenu sergent dans la police de Boston, le protégé d'un caïd irlandais recherche un agent double qui a infiltré le gang de ce dernier. - Remake électrisant d'un thriller hongkongais. Grande complexité narrative et morale. Dialogues incisifs et savoureux. Réalisation fougueuse et percutante. Jeu intense et viril. □ 13 ans+ · Violence · Langage vulgaire → DVD-BR$ DVD$

DEPRISA, DEPRISA *voir* **Vite, vite**

DEPUIS QU'OTAR EST PARTI ▷3
FR. 2003. Comédie dramatique de Julie BERTUCELLI avec Esther Gorintin, Nino Khomassouridze et Dinara Droukarova. - En Géorgie, la fille et la petite-fille d'une nonagénaire cachent à cette dernière la mort accidentelle de son fils, exilé à Paris depuis plusieurs années. □ Général → DVD$

DERANGED ▷4
É.-U. 1974. Drame d'horreur de Jeff GILLEN et Alan ORMSBY avec Roberts Blossom, Cosette Lee et Leslie Carlson. - Un simple d'esprit se met à tuer des jeunes femmes pour tenir compagnie au cadavre de sa mère qu'il conserve chez lui.

DERNIER ANNIVERSAIRE, LE *voir* **It's My Party**

DERNIER BAISER, LE *voir* **Last Kiss**

DERNIER CLAIRON, LE *voir* **Taps**

DERNIER COMBAT, LE ▷3
FR. 1982. Science-fiction de Luc BESSON avec Pierre Jolivet, Jean Bouise et Jean Reno. - Après une guerre nucléaire, un solitaire entre en lutte avec d'autres survivants. - Variations originales sur un thème classique. Traitement éminemment visuel. Mise en scène inventive en dépit de moyens modestes. □ 13 ans+

DERNIER COUP DE MONSIEUR BOB, LE
voir **Good Thief, The**

DERNIER DES HÉROS, LE *voir* **Last Action Hero**

DERNIER DES HÉROS, LE *voir* **Soldier of Orange**

DERNIER DES HOMMES, LE [Last Laugh, The] ►1
ALL. 1924. Mélodrame de Friedrich WILHELM Murnau avec Maly Delschaft, Emil Jannings et Georg John. - Un vieux portier d'hôtel très fier de sa position est humilié par un changement d'emploi. - Thème très humain et touchant. Film s'exprimant uniquement par l'image. Caméra mobile et efficace. Œuvre marquante du cinéma muet. Jeu un peu outré d'E. Jannings. □ Général → DVD$

DERNIER DES MOHICANS, LE
voir **Last of the Mohicans, The**

DERNIER DOMICILE CONNU ▷3
FR. 1970. Drame policier de José GIOVANNI avec Lino Ventura, Marlène Jobert et Michel Constantin. - Un inspecteur et son assistante recherchent un témoin nécessaire à la condamnation d'un chef de la pègre. - Sujet plausible et prenant. Notations humaines bien observées. □ 13 ans+

DERNIER EMPEREUR, LE *voir* **Last Emperor, The**

DERNIER ÉTÉ À TANGER ▷5
FR. 1986. Drame policier d'Alexandre ARCADY avec Valeria Golino, Thierry Lhermitte et Roger Hanin. - Ayant été témoin de l'assassinat de son père dans son enfance, une jeune femme veut le venger en faisant appel à un détective privé pour l'aider à retrouver les meurtriers.

DERNIER GLACIER, LE ▷4
QUÉ. 1984. Drame social de Roger FRAPPIER et Jacques LEDUC avec Robert Gravel, Louise Laprade et Michel Rivard. - Alors que la compagnie minière Iron Ore décide d'interrompre ses opérations à Schefferville, un couple s'interroge sur son avenir. □ Général

DERNIER MÉTRO, LE [Last Metro, The] ▷3
FR. 1980. Comédie dramatique de François TRUFFAUT avec Catherine Deneuve, Gérard Depardieu et Heinz Bennent. - À Paris, sous l'Occupation, une comédienne continue à diriger le théâtre de son mari qui a disparu parce qu'il était juif. - Traitement léger d'un sujet grave. Bonne reconstitution d'époque. Relations intéressantes entre le théâtre et la réalité. □ Général → DVD$ DVD-BR$

DERNIER ROUND, LE *voir* **Battling Butler**

DERNIER SAMURAI, LE *voir* **Last Samurai, The**

DERNIER SAUT, LE ▷4
FR. 1969. Drame policier d'Édouard LUNTZ avec Maurice Ronet, Michel Bouquet et Cathy Rosier. - Un vétéran d'Algérie qui a tué sa femme se lie d'amitié avec le policier qui conduit l'enquête sur ce meurtre. □ Général

DERNIER SOUFFLE, LE ▷4
QUÉ. 1999. Drame policier de Richard CIUPKA avec Luc Picard, Julien Poulin et Michel Goyette. - En enquêtant sur le meurtre de son frère skinhead, un policier découvre un complot impliquant des miliciens d'extrême droite de l'Arkansas. □ Général

DERNIER SURVIVANT, LE *voir* **Quiet Earth, The**

DERNIER TANGO À PARIS, LE [Last Tango in Paris] ▶2
ITA. 1972. Drame psychologique de Bernardo BERTOLUCCI avec Marlon Brando, Maria Schneider et Jean-Pierre Léaud. - Un homme d'âge mûr, sous le choc du suicide de sa femme, a une aventure avec une jeune fille rencontrée par hasard. - Exploration des relations entre la mort et l'érotisme. Mélange impressionnant de solennité et de frénésie. Forte création de M. Brando. □ 18 ans+ ➜ DVD$

DERNIER TESTAMENT, LE *voir* **Testament**

DERNIER TOUR DE TABLE *voir* **Rounders**

DERNIER TUNNEL, LE [Last Tunnel, The] ▷4
QUÉ. 2004. Thriller d'Érik CANUEL avec Michel Côté, Jean Lapointe et Christopher Heyerdahl. - Des criminels creusent un tunnel à partir des égouts afin de cambrioler une banque du Vieux-Montréal.
□ 13 ans+ ➜ DVD$

DERNIÈRE CARAVANE, LA *voir* **Last Wagon, The**

DERNIÈRE CHANCE D'HARVEY, LA
voir **Last Chance Harvey**

DERNIÈRE CHANCE, LA *voir* **Heart and Souls**

DERNIÈRE CHANCE, LA *voir* **Hard Core Logo**

DERNIÈRE CHARGE, LA [Lotna] ▷4
POL. 1959. Drame de guerre d'Andrzej WAJDA avec Jerzy Moes, Bozena Kurowska et Adam Pawlikowski. - Pendant l'invasion de 1939, un cheval passe d'un officier à l'autre. □ Général ➜ DVD$

DERNIÈRE CHASSE, LA *voir* **Last Hunt, The**

DERNIÈRE CORVÉE, LA *voir* **Last Detail, The**

DERNIÈRE DANSE, LA *voir* **Last Dance**

DERNIÈRE FOIS QUE J'AI VU PARIS, LA
voir **Last Time I Saw Paris, The**

DERNIÈRE INCARNATION, LA ▷5
CAN. 2005. Comédie fantaisiste de Demian FUICA avec Gilbert Turp, Catherine Florent et Leonardo Fuica. - Un comptable à la vie rangée voit surgir une femme de l'ère mésopotamienne qui a voyagé dans le temps pour le prévenir d'un grave danger. □ Général ➜ DVD$

DERNIÈRE MARCHE, LA *voir* **Dead Man Walking**

DERNIÈRE SÉANCE, LA
voir **Last Picture Show, The**

DERNIÈRE SORTIE POUR BROOKLYN
voir **Last Exit to Brooklyn**

DERNIÈRE TENTATION DU CHRIST, LA
voir **Last Temptation of Christ, The**

DERNIÈRE TOURNÉE, LA *voir* **Last Orders**

DERNIÈRES FIANÇAILLES, LES ▷3
QUÉ. 1973. Drame poétique de Jean-Pierre LEFEBVRE avec J. Léo Gagnon, Marthe Nadeau et Marcel Sabourin. - Les derniers jours d'un vieux couple. - Mise en scène d'une grande sensibilité. Valeurs traditionnelles traitées avec un respect ému. Interprétation tout en finesse.
□ Général ➜ DVD$

DÉROBADE, LA ▷4
FR. 1979. Drame de mœurs réalisé et interprété par Daniel DUVAL avec Miou-Miou et Maria Schneider. - Une employée de magasin entraînée à la prostitution cherche à fuir le milieu.

DÉROUTE, LA ▷4
QUÉ. 1998. Drame psychologique de Paul TANA avec Tony Nardi, Michèle-Barbara Pelletier et John Dunn-Hill. - Un immigré d'origine italienne se heurte au refus de sa fille de participer à l'entreprise familiale. □ 13 ans+

DERRIÈRE, LE ▷5
FR. 1999. Comédie de mœurs réalisée et interprétée par Valérie LEMERCIER avec Claude Rich et Dieudonné. - Une jeune provinciale, venue trouver à Paris son père qui ignore son existence, se fait passer pour un garçon lorsqu'elle s'aperçoit qu'il est homosexuel.
□ Général

DERRIÈRE LA PORTE ▷5
ITA. 1982. Drame de Liliana CAVANI avec Marcello Mastroianni, Eleonora Giorgi et Tom Berenger. - Un ingénieur américain s'intéresse à une femme au passé familial trouble qu'il cherche à aider en l'emmenant avec lui à Rome.

DERRIÈRE MOI ▷5
QUÉ. 2008. Drame psychologique de Rafaël OUELLET avec Carina Caputo, Charlotte Legault et Éliane Gagnon. - Dans une ville de province, une belle et mystérieuse Montréalaise se lie d'amitié avec une adolescente naïve qui ignore les véritables motifs de son intérêt pour elle. □ 13 ans+ ➜ DVD$

DERSU UZALA *voir* **Aigle de la taïga, L'**

DES ANGES DANS LA NEIGE *voir* **Snow Angels**

DES CHIENS DANS LA NEIGE ▷5
QUÉ. 2000. Thriller de Michel WELTERLIN avec Marie-Josée Croze, Jean-Philippe Ecoffey et Romano Orzari. - Après avoir tué accidentellement son mari, une jeune femme découvre qu'il avait volé une forte somme à des truands.

DES ENFANTS GÂTÉS ▷4
FR. 1977. Drame social de Bertrand TAVERNIER avec Michel Piccoli, Christine Pascal et Michel Aumont. - Ayant loué un appartement dans un édifice à logements multiples, un réalisateur de films est amené à s'intéresser aux problèmes des autres locataires. □ Général

DES FILLES DISPARAISSENT *voir* **Lured**

DES FLEURS POUR HARRISON *voir* **Harrison's Flowers**

DES GENS COMME LES AUTRES *voir* **Ordinary People**

DES HOMMES D'HONNEUR *voir* **Few Good Men, A**

DES HOMMES D'INFLUENCE *voir* **Wag the Dog**

DES HOMMES DE LOI *voir* **U.S. Marshals**

DES MUFFINS POUR GRAND-MAMAN
voir **Muffins for Granny**

DES NOUVELLES DU BON DIEU ▷4
FR. 1995. Comédie fantaisiste de Didier LE PÊCHEUR avec Marie Trintignant, Christian Charmetant et Maria de Medeiros. - Quelques individus se mettent à la recherche de Dieu pour lui demander des comptes. □ 13 ans+

DES OISEAUX PETITS ET GRANDS ▷3
[Hawks and the Sparrows, The]
ITA. 1966. Comédie satirique de Pier Paolo PASOLINI avec Toto, Ninetto Davoli et Femi Benussi. - Un corbeau se joint à un homme et à son fils pour leur raconter l'histoire d'un disciple de saint François d'Assise qui voulut évangéliser les oiseaux. - Dissertation politique et philosophique. Style résolument insolite et drôle. Rythme sautillant. Interprétation clownesque dans le ton. □ Général ➜ DVD$

DES PARENTS PAS COMME LES AUTRES
[Same Sex Parents]
FR. 2001. Laurence KATRIAN

DES PILOTES EN L'AIR *voir* **Hot Shots!**

DES SOURIS ET DES HOMMES *voir* **Of Mice and Men**

DÉSACCORD PARFAIT
FR. 2006. Antoine DE CAUNES ➜ DVD$

DESCARTES *voir* **Cartesius**

DESCENDING ANGEL ▷4
É.-U. 1990. Drame de Jeremy Paul KAGAN avec Diane Lane, Eric Roberts et George C. Scott. - Une jeune femme est bouleversée lorsque son fiancé la questionne sur le passé de son père qui est possiblement membre d'une organisation fasciste. ➜ DVD$

DESCENT, THE ▷4
ANG. 2005. Drame d'horreur de Neil MARSHALL avec Natalie Mendoza, Shauna Macdonald et Alex Reid. - Lors d'une expédition de spéléologie, six jeunes femmes se retrouvent coincées dans une caverne habitée par d'horribles créatures humanoïdes.
□ 16 ans+ · Horreur · Violence ➜ DVD-BR$ DVD$

DÉSENCHANTÉE, LA [Disenchanted, The] ▷4
FR. 1990. Drame psychologique de Benoît JACQUOT avec Judith Godrèche, Yvan Desny et Marcel Bozonnet. - Trois jours dans la vie d'une adolescente de dix-sept ans déçue par la vie qu'elle mène et les hommes qu'elle rencontre. ➜ DVD$

DESERT BLOOM ▷4
É.-U. 1985. Drame psychologique de Eugene CORR avec Annabeth Gish, Jon Voight et JoBeth Williams. - Une adolescente de 13 ans dont la mère s'est remariée avec un garagiste de Las Vegas souffre en silence d'un manque d'affection. □ Général

DESERT FOX, THE [Renard du désert, Le] ▷4
É.-U. 1951. Drame biographique de Henry HATHAWAY avec James Mason, Jessica Tandy et Luther Adler. - La carrière du général Rommel et sa mésentente avec Hitler. □ Général ➔ DVD $

DESERT HEARTS ▷4
É.-U. 1985. Drame psychologique de Donna DEITCH avec Helen Shaver, Patricia Charbonneau et Audra Lindley. - Au Nevada en 1959, une universitaire se découvre des tendances homosexuelles lorsqu'elle s'éprend d'une jeune employée d'un casino local.
□ 13 ans+ ➔ DVD $

DESERT OF THE TARTARS [Désert des Tartares, Le] ▷3
FR. 1976. Drame psychologique de V. ZURLINI avec Jacques Perrin, Max Von Sydow et Giuliano Gemma. - Un officier passe toute sa carrière dans une forteresse frontalière dans l'attente d'hypothétiques ennemis. - Adaptation soignée du roman de Dino Buzzati. Intentions symboliques. Mise en scène d'une beauté austère. Décors impressionnants. Interprétation de classe.

DESERT RATS, THE ▷4
É.-U. 1953. Drame de guerre de Robert WISE avec Richard Burton, Robert Newton et James Mason. - En 1941, la défense de Tobrouk par une division australienne. ➔ DVD $

DÉSERT ROUGE, LE [Red Desert, The] ►1
IT. 1964. Drame psychologique de Michelangelo ANTONIONI avec Monica Vitti, Richard Harris et Xenia Valderi. - Une jeune femme névrosée tente de sortir de sa solitude angoissée. - Scénario introspectif d'une rare acuité. Couleur utilisée avec un art exceptionnel. Remarquable souci formel. M. Vitti merveilleusement dirigée.
□ Général

DÉSERTEUR, LE ▷5
QUÉ. 2008. Drame de Simon LAVOIE avec Raymond Cloutier, Émile Proulx-Cloutier et Danielle Proulx. - En 1944, un journaliste tente de faire la lumière sur les circonstances entourant la mort d'un conscrit en fuite, qui a été abattu par des agents de la police fédérale.
□ Général ➔ DVD $

DESERTO ROSSO, IL *voir* **Désert rouge, Le**

DÉSESPOIR [Despair] ▷3
ALL.-FR. 1977. Drame psychologique de Rainer Werner FASSBINDER avec Dirk Bogarde, Andréa Ferréol et Volker Spengler. - Au début des années 30, le directeur d'une fabrique de chocolat songe à disparaître en changeant d'identité. - Histoire bizarre. Style recherché. Ironie constante. Interprétation intelligente de D. Bogarde. □ 13 ans+

DESIGNATED MOURNER, THE ▷4
ANG. 1997. Film d'essai de David HARE avec Mike Nichols, Miranda Richardson et David de Keyser. - Un vieux poète, sa fille et le mari de celle-ci livrent des monologues sur leur vie et leur conception de la culture.

DESIGNING WOMAN ▷3
É.-U. 1956. Comédie de mœurs de Vincente MINNELLI avec Gregory Peck, Lauren Bacall et Dolores Gray. - Les mésaventures conjugales d'un rédacteur sportif et d'une dessinatrice de haute couture. - Satire spirituelle et amusante. Mise en scène élégante. Interprétation en finesse. ➔ DVD $

DÉSILLUSIONS *voir* **Myth of the Fingerprints, The**

DÉSIR, DANGER *voir* **Lust, Caution**

DESIRE ▷4
É.-U. 1935. Comédie policière de Frank BORZAGE avec Gary Cooper, Marlene Dietrich et John Halliday. - Une aventurière séduit un ingénieur pour lui faire passer à la frontière le produit d'un vol.
□ Général

DESIREE ▷4
É.-U. 1954. Drame biographique de Henry KOSTER avec Marlon Brando, Jean Simmons et Merle Oberon. - La vie de Désirée Clary qui fut fiancée à Napoléon puis délaissée par lui. □ Général

DESK SET ▷4
É.-U. 1957. Comédie de Walter LANG avec Spencer Tracy, Katharine Hepburn et Joan Blondell. - Les directeurs d'un poste de télévision décident de remplacer le personnel féminin du service des recherches par un cerveau électronique. □ Général ➔ DVD $

DÉSORDRE ▷3
FR. 1986. Drame de mœurs d'Olivier ASSAYAS avec Wadeck Stanczak, Ann-Gisel Glass et Lucas Belvaux. - La mésentente s'installe dans un groupe de jeunes musiciens après un cambriolage qui a entraîné la mort d'un homme. - Création d'atmosphère et description de milieu intéressantes. Évocation subtile de tourments psychologiques.

DÉSOSSEUR, LE *voir* **Bone Collector, The**

DESPAIR *voir* **Désespoir**

DESPERADO ▷5
É.-U. 1995. Drame de Robert RODRIGUEZ avec Antonio Banderas, Joaquim de Almeida et Salma Hayek. - Un jeune mariachi affronte un trafiquant de drogue qui a tué sa bien-aimée.
□ 16 ans+ · Violence ➔ DVD $

DESPERADOES, THE ▷4
É.-U. 1942. Western de Charles VIDOR avec Randolph Scott, Glenn Ford et Claire Trevor. - Un jeune homme entreprend de délivrer un village de ses hors-la-loi. □ Général ➔ DVD $

DESPERATE ▷4
É.-U. 1947. Drame policier d'Anthony MANN avec Steve Brodie, Audrey Long et Raymond Burr. - Un camionneur sur qui des gangsters exercent un chantage tente de leur échapper en se réfugiant dans une ferme avec sa jeune épouse.

DESPERATE CHARACTERS ▷4
É.-U. 1970. Drame psychologique de F.D. GILROY avec Shirley MacLaine, Kenneth Mars et Gerald O'Loughlin. - La femme d'un avocat new-yorkais tente de sortir de son état de dépression. ➔ DVD $

DESPERATE HOURS ▷5
É.-U. 1990. Drame policier de Michael CIMINO avec Mickey Rourke, Anthony Hopkins et Mimi Rogers. - Trois criminels en fuite terrorisent une famille chez qui ils se sont réfugiés. □ 13 ans+ ➔ DVD $

DESPERATE HOURS, THE ▷3
É.-U. 1955. Drame de William WYLER avec Fredric March, Humphrey Bogart et Arthur Kennedy. - Trois évadés de prison se réfugient chez un banquier dont ils terrorisent la famille. - Brillant thriller. Subtile étude de milieu. Dialogue sobre. Interprétation forte. ➔ DVD $

DESPERATE LIVING [Polyester]
É.-U. 1977. John WATERS □ 18 ans+

DESPERATE TRAIL, THE ▷4
É.-U. 1994. Western de P.J. PESCE avec Sam Elliott, Linda Fiorentino et Craig Sheffer. - Une jeune détenue escortée en diligence par un marshal réussit à lui fausser compagnie. ➔ DVD $

DESPERATELY SEEKING SUSAN ▷4
[Recherche Susan, désespérément]
É.-U. 1985. Comédie satirique de Susan SEIDELMAN avec Rosanna Arquette, Madonna et Aidan Quinn. - Des incidents imprévus entraînent une épouse bourgeoise dans l'existence capricieuse d'une jeune bohème. □ Général ➔ DVD $

DESTIN, LE ▷3
ÉGY. 1997. Drame historique de Youssef CHAHINE avec Nour El Cherif, Laila Eloui et Mahmoud Hémeida. - Dans l'Andalousie du XIIe siècle, un philosophe prônant un Islam ouvert est persécuté par des intégristes. - Exercice de mémoire courageux et nécessaire. Personnages et récits dans le récit multiples. Traitement délibérément artificiel et naïf.
□ Général

DESTIN DE WILL HUNTING, LE
voir **Good Will Hunting**

DESTINATION MOON ▷4
É.-U. 1950. Science-fiction de Irving PICHEL avec John Archer, Warner Anderson et Tom Powers. - Quatre hommes effectuent le premier voyage de la Terre à la Lune à bord d'une fusée. □ Général

DESTINATION TOKYO ▷4
É.-U. 1944. Drame de guerre de Delmer DAVES avec Cary Grant, John Garfield et Alan Hale. - Un sous-marin américain doit pénétrer dans la baie de Tokyo pour une mission de reconnaissance secrète.
□ Général ➔ DVD $

DESTINATION: ZEBRA, STATION POLAIRE
voir **Ice Station Zebra**

DESTINÉES SENTIMENTALES, LES [Destinees, Les] ▷3
FR. 2000. Chronique d'Olivier ASSAYAS avec Emmanuelle Béart, Charles Berling et Isabelle Huppert. - Au début du XXe siècle, un pasteur protestant divorcé quitte le pastorat, se remarie et prend la direction de l'entreprise familiale. - Fresque historico-sociale mêlant intrigues familiales et sentimentales. Valeur documentaire indéniable. Traitement elliptique. Mise en scène fluide. Distribution imposante. □ Général

DESTINY
ALL. 1921. Fritz LANG ➔ DVD $

DESTRY RIDES AGAIN ▷3
É.-U. 1939. Western de George MARSHALL avec Marlene Dietrich, James Stewart et Charles Winninger. - Un nouvel assistant-shérif doit affronter un tenancier de saloon malhonnête et ses complices. - Traitement vivant et humoristique. Réalisation assurée. Interprètes de valeur. □ Général ➔ DVD $

DÉTECTIVE ▷4
FR. 1985. Comédie dramatique de Jean-Luc GODARD avec Nathalie Baye, Claude Brasseur et Johnny Hallyday. - Dans un hôtel parisien, un détective et son neveu enquêtent sur un meurtre tandis qu'un promoteur de boxe reçoit la visite de créanciers.

DETECTIVE, THE [Father Brown] ▷4
ANG. 1954. Comédie policière de Robert HAMER avec Alec Guinness, Joan Greenwood et Peter Finch. - Les aventures d'un prêtre-détective qui veut sauver l'âme d'un voleur endurci. □ Général

DETECTIVE STORY ▷3
E.-U. 1951. Drame psychologique de William WYLER avec Kirk Douglas, Eleanor Parker et William Bendix. - Un détective intransigeant s'acharne contre un médecin avorteur. - Tension dramatique croissante. Réalisation technique très habile. Excellents interprètes. ➔ DVD $

DETECTIVE STORY
JAP. 2007. Takashi MIIKE ➔ DVD $

DETECTIVE, THE ▷4
É.-U. 1968. Drame policier de Gordon DOUGLAS avec Frank Sinatra, Lee Remick et Jack Klugman. - Un policier de New York apprend qu'un homme qu'il a fait condamner et exécuter pour meurtre était innocent. ➔ DVD $

DÉTECTIVES *voir* **Cop Land**

DÉTENTION SECRÈTE *voir* **Rendition**

DETERRENCE ▷5
É.-U. 1999. Drame de Rod LURIE avec Kevin Pollak, Timothy Hutton et Sheryl Lee Ralph. - En 2008, les États-Unis menacent de lancer une attaque nucléaire sur Bagdad à la suite d'une invasion iraqienne au Koweït. ➔ DVD $

DETOUR ▷4
É.-U. 1945. Drame policier d'Edgar G. ULMER avec Tom Neal, Ann Savage et Claudia Drake. - Parti rejoindre sa fiancée à Hollywood, un pianiste en vient à prendre l'identité d'un richard mort subitement après l'avoir pris en stop. □ Général ➔ DVD $

DÉTOUR, LE *voir* **Snow Walker, The**

DÉTRAQUÉS ▷4
ALL. 1984. Drame de Carl SCHENKEL avec Goetz George, Renée Soutendijk et Wolfgang Kieling. - Un vendredi soir, quatre personnes se retrouvent coincées dans un ascenseur en panne d'un gratte-ciel de Hambourg.

DETTE, LA [Veronico Cruz] ▷3
ARG. 1988. Drame social de Miguel PEREIRA avec Juan Jose Camero, Gonzalo Morales et René Olaguivel. - Nouvellement affecté dans un village de montagne, un instituteur s'intéresse à un jeune Indien d'une dizaine d'années. - Tableau attachant de la dure existence des populations rurales en Argentine. Aspect documentaire indéniable. Illustration adéquate. Interprétation sobre et convaincante.

DEUX AMANTS *voir* **Two Lovers**

DEUX ANGLAISES EN DÉLIRE *voir* **Smashing Time**

DEUX ANGLAISES ET LE CONTINENT, LES
voir **2 anglaises et le continent, Les**

DEUX CRIMES [Dos crimenes] ▷4
MEX. 1995. Comédie dramatique de Roberto SNEIDER avec Damian Alcazar, Jose Carlos Ruiz et Dolores Heredia. - Les neveux et nièces d'un vieillard riche et malade rivalisent entre eux pour s'assurer une part de son héritage. □ 13 ans+

DEUX FEMMES EN OR ▷6
QUÉ. 1970. Comédie de Claude FOURNIER avec Monique Mercure, Louise Turcot et Marcel Sabourin. - Deux femmes de banlieue négligées par leurs maris décident d'inviter le plus de livreurs possible chez elles. □ 18 ans+

DEUX FILLES D'AUJOURD'HUI *voir* **Career Girls**

DEUX FILS DE PUTES *voir* **Dirty Rotten Scoundrels**

DEUX FRAGONARD, LES ▷4
FR. 1989. Drame de mœurs de Philippe LE GUAY avec Joachim de Almeida, Philippine Leroy-Beaulieu et Robin Renucci. - Au XVIIIe siècle, une belle lavandière, employée comme modèle par un peintre connu, devient du jour au lendemain une vedette du beau monde. □ 13 ans+

DEUX FRÈRES [Two Brothers] ▷4
FR. 2004. Aventures de Jean-Jacques ANNAUD avec Guy Pearce, Jean-Claude Dreyfus et Freddie Highmore. - Séparés peu après leur naissance, deux tigres de la jungle indochinoise vivent diverses tribulations parmi les humains avant de se retrouver. □ Général ➔ DVD $

DEUX HEURES MOINS LE QUART AVANT JÉSUS-CHRIST ▷6
FR. 1982. Comédie réalisée et interprétée par Jean YANNE avec Michel Coluche et Michel Serrault. - À l'occasion d'une visite de Jules César en Afrique du Nord, un modeste garagiste est entraîné dans un complot politique. □ Général ➔ DVD $

DEUX HOMMES DANS LA VILLE [Two Men in Town] ▷4
FR. 1973. Drame psychologique de José GIOVANNI avec Alain Delon, Jean Gabin et Michel Bouquet. - Un ancien prisonnier en voie de réhabilitation est harcelé par un policier. □ Général ➔ DVD $

DEUX INCONNUS DANS LA VILLE ▷5
ITA. 1985. Comédie policière d'Amanzio TODINI avec Vittorio Gassman, Marcello Mastroianni et Giorgio Gobbi. - Un ancien bagnard accepte de remplacer un vieil ami malade dans une affaire de contrebande de devises. □ Général

DEUX JOURS À TUER ▷4
FR. 2008. Drame psychologique de Jean BECKER avec Albert Dupontel, Marie-Josée Croze et Pierre Vaneck. - Un publicitaire aigri et cynique rompt abruptement avec travail, famille et amis et part retrouver son père en Irlande. □ Général ➔ DVD $

DEUX NIGAUDS DANS LA MAFIA, LES *voir* **Wise Guys**

DEUX ORPHELINES, LES *voir* **Orphans of the Storm**

DEUX OU TROIS CHOSES QUE JE SAIS D'ELLE ▷3
[Two or Three Things I Know About Her]
FR. 1967. Étude de mœurs de Jean-Luc GODARD avec Marina Vlady, Roger Montsoret et Annie Duperey. - La vie d'une jeune mère de famille qui arrondit ses fins de mois en se prostituant. - Regard singulièrement intelligent sur un monde en désarroi. Style original et inventif se voulant souvent dérangeant. Interprétation dans le ton voulu.

DEUX SUPER-FLICS [Crime Busters] ▷5
ITA. 1977. Comédie policière de Enzo Barboni CLUCHER avec Terence Hill, Bud Spencer et David Huddleston. - Les aventures de deux malandrins devenus policiers par erreur. ➔ DVD $

DEUX TÊTES FOLLES *voir* **Paris When It Sizzles**

DEVARIM
FR. ISR. ITA. 1995. Amos GITAÏ ➔ DVD $

DÉVASTATION *voir* **Doomsday**

DEVIL, THE
POL. 1972. Andrzej ZULAWSKI ➔ DVD $

DEVIL AND DANIEL WEBSTER, THE ▷4
É.-U. 1942. Drame fantastique de William DIETERLE avec Edward Arnold, Walter Huston et James Craig. - Un fermier vend son âme au diable puis confie sa cause à un avocat retors. □ Général ➔ DVD $

DEVIL AND MISS JONES, THE ▷4
É.-U. 1941. Comédie de Sam WOOD avec Robert Cummings, Jean Arthur et Charles Coburn. - Le patron d'une chaîne de magasins new-yorkais se déguise en simple commis pour étudier les griefs de ses employés. □ Général

DEVIL AT 4 O'CLOCK, THE ▷5
É.-U. 1961. Drame de Mervyn LeROY avec Spencer Tracy, Frank Sinatra et Kerwin Matthews. - Un vieux prêtre et trois bagnards sauvent un groupe d'enfants d'une éruption volcanique. □ Général

DEVIL COMMANDS, THE
É.-U. 1941. Edward DMYTRYK → DVD $

DEVIL IN A BLUE DRESS [Diable en robe bleue, Le] ▷4
É.-U. 1995. Drame policier de Carl FRANKLIN avec Denzel Washington, Tom Sizemore et Jennifer Beals. - En 1948, un ouvrier au chômage s'attire des ennuis lorsqu'il accepte de rechercher une jeune femme disparue qui semble impliquée dans une affaire louche.
□ 13 ans+ → DVD $

DEVIL IN THE FLESH *voir* **Diable au corps, Le**

DEVIL IS A WOMAN, THE ▷3
É.-U. 1935. Drame de mœurs de Josef VON STERNBERG avec Marlene Dietrich, Lionel Atwill et Cesar Romero. - En Espagne, un officier tombe éperdument amoureux d'une femme capricieuse et ensorcelante. - Adaptation luxuriante du roman La Femme et le pantin de Pierre Louÿs. Traitement d'une savante ironie. Illustration d'un baroque fastueux. □ Général

DEVIL WEARS PRADA, THE ▷4
[Diable s'habille en Prada, Le]
É.-U. 2006. Comédie satirique de David FRANKEL avec Meryl Streep, Anne Hathaway et Emily Blunt. - Une jeune journaliste ambitieuse devient l'assistante de l'éditrice tyrannique d'une prestigieuse revue de mode. □ Général → DVD $ DVD-BR $

DEVIL'S ADVOCATE [Avocat du diable, L'] ▷4
É.-U. 1997. Drame fantastique de Taylor HACKFORD avec Al Pacino, Keanu Reeves et Charlize Theron. - Un jeune avocat ambitieux découvre que son nouveau patron n'est nul autre que le diable en personne.
□ 16 ans+ → DVD $

DEVIL'S BACKBONE *voir* **Échine du diable, L'**

DEVIL'S BRIGADE, THE [Brigade du diable, La] ▷4
É.-U. 1967. Drame de guerre d'Andrew V. McLAGLEN avec William Holden, Cliff Robertson et Vince Edwards. - En 1942, les exploits d'un lieutenant-colonel et de son unité de commandos. → DVD $

DEVIL'S EYE, THE *voir* **Œil du diable, L'**

DEVIL'S ISLAND LOVERS *voir* **Quartier de femmes**

DEVIL'S NIGHTMARE *voir* **Plus longue nuit du diable, La**

DEVIL'S OWN, THE [Rage au cœur, La] ▷4
É.-U. 1997. Drame policier d'Alan J. PAKULA avec Brad Pitt, Harrison Ford et Margaret Colin. - Un policier new-yorkais ne soupçonne pas que le jeune Irlandais qu'il héberge supervise l'achat d'armement destiné à l'IRA. □ 13 ans+ · Violence → DVD $

DEVIL, PROBABLY, THE *voir* **Diable probablement, Le**

DEVILS ON THE DOORSTEP
CHI. 2000. Jiang WEN → DVD $

DEVILS, THE [Diables, Les] ▷4
ANG. 1971. Drame historique de Ken RUSSELL avec Oliver Reed, Vanessa Redgrave et Dudley Sutton. - En 1631, un curé s'oppose à un édit du Cardinal de Richelieu et est accusé par des religieuses de les avoir ensorcelées. □ 18 ans+

DEVINE QUI VIENT DÎNER CE SOIR?
voir **Guess Who's Coming to Dinner?**

DEVOIR CIVIQUE *voir* **Civic Duty**

DIABLE, LA *voir* **She-Devil**

DIABLE AU CORPS, LE [Devil in the Flesh] ▷5
ITA. 1986. Drame de mœurs de Marco BELLOCCHIO avec Maruschka Detmers, Federico Pitzalis et Anita Laurenzi. - Un lycéen s'engage avec la fiancée d'un terroriste repenti dans une liaison passionnée et compromettante. □ 13 ans+

DIABLE EN BOÎTE, LE *voir* **Stunt Man, The**

DIABLE EN ROBE BLEUE, LE *voir* **Devil in a Blue Dress**

DIABLE ET LES DIX COMMANDEMENTS, LE ▷5
FR. 1962. Film à sketches de Julien DUVIVIER avec Fernandel, Louis de Funès et Alain Delon. - Divers sketches montrant comment l'humanité en arrive à transgresser les commandements de Dieu

DIABLE PROBABLEMENT, LE [Devil, Probably, The]
FR. 1977. Robert BRESSON

DIABLE S'HABILLE EN PRADA, LE
voir **Devil Wears Prada, The**

DIABLE! VOIS-TU CE QUE J'ENTENDS?
voir **See No Evil, Hear No Evil**

DIABLES, LES ▷4
FR. 2002. Drame psychologique de Christophe RUGGIA avec Vincent Rottiers, Adèle Haenel et Jacques Bonaffé. - Un gamin délinquant, qui ne peut supporter d'être séparé de sa sœur autiste, rêve de retrouver leurs parents qui les ont abandonnés à la naissance. → DVD $

DIABLES, LES *voir* **Devils, The**

DIABOLICALLY YOURS *voir* **Diaboliquement vôtre**

DIABOLIQUE *voir* **Diaboliques, Les**

DIABOLIQUE ▷5
É.-U. 1996. Drame policier de Jeremiah CHECHIK avec Sharon Stone, Isabelle Adjani et Chazz Palminteri. - L'épouse et la maîtresse d'un directeur d'école tyrannique s'unissent pour l'éliminer.
□ 13 ans+ · Violence → DVD $

DIABOLIQUE DR. MABUSE, LE ▷4
[1000 Eyes of Dr. Mabuse, The]
ALL. 1960. Drame policier de Fritz LANG avec Gert Frobe, Dawn Addams et Wolfgang Preiss. - La police recherche un criminel qui utilise des méthodes scientifiques. □ 13 ans+

DIABOLIQUEMENT VÔTRE [Diabolically Yours] ▷5
FR. 1967. Drame policier de Julien DUVIVIER avec Alain Delon, Senta Berger et Sergio Fantoni. - Devenu amnésique à la suite d'un accident, un homme tente désespérément de retrouver son passé. → DVD $

DIABOLIQUES, LES [Diabolique] ►2
FR. 1955. Drame de Henri-Georges CLOUZOT avec Simone Signoret, Paul Meurisse et Vera Clouzot. - La femme et la maîtresse d'un homme odieux sont décidées à le supprimer. - Suspense d'une efficacité implacable. Réalisation inventive. Psychologie fouillée. Excellents interprètes. □ Général → DVD $

DIABOLO MENTHE ▷4
FR. 1977. Chronique de Diane KURYS avec Éléonore Klarwein, Odile Michel et Anouk Ferjac. - L'année scolaire de deux sœurs adolescentes au début des années 1960. □ Général

DIAGONALE DU FOU, LA [Dangerous Moves] ▷4
FR. 1983. Drame psychologique de Richard DEMBO avec Michel Piccoli, Alexandre Arbatt et Leslie Caron. - Deux joueurs d'échecs russes d'idéologies différentes s'affrontent pour le championnat du monde.

DIAL M FOR MURDER [Crime était presque parfait, Le] ▷4
É.-U. 1954. Drame policier d'Alfred HITCHCOCK avec Ray Milland, Grace Kelly et Robert Cummings. - Un mari cupide charge un criminel de supprimer sa femme. □ Général → DVD $

DIALOGUE AVEC MON JARDINIER ▷4
FR. 2007. Comédie dramatique de Jean BECKER avec Daniel Auteuil, Jean-Pierre Darroussin et Fanny Cottençon. - Un peintre parisien s'installe à la campagne dans la maison familiale et embauche un jardinier qui s'avère être un ami d'enfance. □ Général → DVD $

DIAMANT DE SANG, LE *voir* **Blood Diamond**

DIAMANT DU NIL, LE *voir* **Jewel of the Nile, The**

DIAMANTS SONT ÉTERNELS, LES
voir **Diamonds Are Forever**

DIAMANTS SUR CANAPÉS *voir* **Breakfast at Tiffany's**

DIAMONDS ARE FOREVER ▷4
[Diamants sont éternels, Les]
ANG. 1971. Drame d'espionnage de Guy HAMILTON avec Sean Connery, Jill St. John et Charles Gray. - L'agent secret James Bond enquête sur une affaire de contrebande de diamants. □ Général

DIARY OF A CHAMBERMAID ▷4
É.-U. 1946. Drame de Jean RENOIR avec Paulette Goddard, Burgess Meredith et Hurd Hatfield. - Une jolie femme de chambre sème le trouble dans une famille bourgeoise. □ Général

DIARY OF A CHAMBERMAID
voir **Journal d'une femme de chambre, Le**

DIARY OF A COUNTRY PRIEST
voir **Journal d'un curé de campagne, Le**

DIARY OF A LOST GIRL *voir* **Journal d'une fille perdue**

DIARY OF ANNE FRANK, THE ▷3
É.-U. 1959. Drame psychologique de George STEVENS avec Millie Perkins, Joseph Schildkraut et Shelley Winters. - Une petite Juive de quatorze ans vit dans un grenier avec sa famille dans l'espoir d'échapper à la Gestapo. - Récit authentique. Mise en scène soignée. Interprétation sobre et prenante. □ Général → DVD $ DVD-BR $

DIARY OF FORBIDDEN DREAMS [What?] ▷4
ITA. 1972. Comédie fantaisiste de Roman POLANSKI avec Sydne Rome, Marcello Mastroianni et Hugh Griffith. - Après avoir échappé à un viol, une auto-stoppeuse échoue dans une villa italienne occupée par divers obsédés sexuels. □ 13 ans+

DIARY OF THE DEAD ▷4
É.-U. 2007. Drame d'horreur de George A. ROMERO avec Josh Close, Michelle Morgan et Shawn Roberts. - Un groupe d'étudiants qui tournent un film de zombies dans la forêt sont réellement attaqués par une horde de morts-vivants. ➔ DVD-BR$ DVD$

DIBBOUK, LE ▷3
POL. 1937. Drame fantastique de Michal WASZNSKI avec Abraham Morewski, Lili Liliana et Dina Halpern. - Ne respectant guère sa promesse, un Juif cupide empêche sa fille de se marier avec le fils d'un ami défunt. - Adaptation d'une pièce de Sholom Anski. Méditation sur la vie et la mort. Influences expressionnistes. Excellente réalisation. Interprétation assurée.

DICK TRACY ▷4
É.-U. 1990. Drame policier réalisé et interprété par Warren BEATTY avec Madonna et Al Pacino. - Dans les années 1930, un détective lutte intrépidement contre la pègre qui infeste sa ville.
□ Général ➔ DVD$

DICTATEUR, LE *voir* **Great Dictator, The**

DIDIER ▷5
FR. 1997. Comédie réalisée et interprétée par Alain CHABAT avec Jean-Pierre Bacri et Isabelle Gélinas. - Un agent recruteur remplace le joueur étoile d'une équipe de soccer par un chien qui s'est transformé en homme. □ Général

DIE! DIE! MY DARLING! ▷5
ANG. 1965. Drame d'horreur de Silvio NARIZZANO avec Tallulah Bankhead, Stefanie Powers et Peter Vaughan. - Une fanatique retient prisonnière la fiancée de son fils décédé. □ 13 ans+

DIE ANOTHER DAY [Meurs un autre jour] ▷5
ANG. 2002. Drame d'espionnage de Lee TAMAHORI avec Pierce Brosnan, Halle Berry et Toby Stephens. - Un agent secret britannique fait équipe avec une collègue américaine pour neutraliser un terroriste mégalomane. □ 13 ans+ ➔ DVD-BR$ DVD$

DIE HARD [Piège de cristal] ►2
É.-U. 1988. Drame policier de John McTIERNAN avec Bruce Willis, Alan Rickman et Bonnie Bedelia. - Dans un gratte-ciel de Los Angeles, un policier engage une guerre personnelle contre des terroristes qui ont pris en otage sa femme et ses collègues de bureau.
□ 13 ans+ ➔ DVD$ DVD-BR$

DIE HARD 2: DIE HARDER ▷4
[Cinquante-huit minutes pour vivre]
É.-U. 1990. Drame policier de Renny HARLIN avec Bruce Willis, William Sadler et Dennis Franz. - Alors qu'il attend sa femme à l'aéroport, un policier se trouve mêlé à une opération de terroristes qu'il tente de contrer. □ 13 ans+ ➔ DVD$ DVD-BR$

DIE HARD WITH A VENGEANCE ▷4
[Marche ou crève: vengeance définitive]
É.-U. 1995. Drame policier de John McTIERNAN avec Bruce Willis, Samuel L. Jackson et Jeremy Irons. - Un policier new-yorkais s'efforce d'arrêter un terroriste qui sème la panique dans la ville avec une série d'attentats à la bombe. □ 13 ans+ · Violence ➔ DVD$ DVD-BR$

DIE HARD IV: LIVE FREE OR DIE HARD
voir **Live Free or Die Hard**

DIEU EST GRAND ET JE SUIS TOUTE PETITE ▷5
FR. 2001. Comédie de mœurs de Pascal BAILLY avec Audrey Tautou, Édouard Baer et Julie Depardieu. - Déçue par le catholicisme, un jeune mannequin veut se convertir au judaïsme lorsqu'elle s'éprend d'un vétérinaire juif.

DIEU EST MORT *voir* **Fugitive, The**

DIEU SEUL LE SAIT *voir* **Heaven Knows, Mr. Allison**

DIEU SEUL ME VOIT ▷4
FR. 1998. Comédie sentimentale de Bruno PODALYDÈS avec Denis Podalydès, Jeanne Balibar et Isabelle Candelier. - Un grand indécis ne sait où donner de la tête entre les trois femmes qu'il fréquente.
□ Général · Déconseillé aux jeunes enfants

DIEUX SONT TOMBÉS SUR LA TÊTE, LES
voir **Gods Must Be Crazy, The**

DIGGSTOWN ▷4
É.-U. 1992. Comédie dramatique de Michael RITCHIE avec James Woods, Louis Gossett jr et Bruce Dern. - Un magouilleur convainc un boxeur vieillissant de participer à un match-marathon où il devra vaincre dix adversaires de suite. □ 13 ans+ ➔ DVD$

DILEMME [World of Strangers, A]
A.S. 1962. Henning CARLSEN □ Général

DILETTANTE, LA ▷4
FR. 1999. Comédie dramatique de Pascal THOMAS avec Catherine Frot, Barbara Schulz et Sébastien Cotterot. - Fuyant sa vie monotone en Suisse, une femme mûre revient seule et sans ressources à Paris, où elle brille pourtant dans divers boulots. ➔ DVD$

DIM SUM ▷4
E.-U. 1985. Etude de mœurs de W. WANG avec Laureen Chew, Kim Chew et Victor Wong. - Les problèmes familiaux d'une Chinoise sexagénaire qui vit à San Francisco depuis plusieurs années.
➔ DVD$

DIMANCHE À LA CAMPAGNE, UN ►2
[Sunday in the Country]
FR. 1984. Comédie dramatique de Bertrand TAVERNIER avec Louis Ducreux, Sabine Azéma et Michel Aumont. - Un vieux peintre veuf reçoit son fils et sa fille dans sa villa à la campagne. - Tableau de mœurs d'un charme délicieux. Fines notations psychologiques. Images d'une beauté sans apprêts. Interprétation d'une grande justesse.
□ Général

DIMANCHE À NEW YORK, UN *voir* **Sunday in New York**

DIMANCHES DE PERMISSION, LES ▷4
ROU. 1993. Comédie de mœurs de Nae CARANFIL avec Nathalie Bonifay, Marius Stanescu et George Alexandru. - Dans une petite ville de garnison, un garçon qui effectue son service militaire est épris d'une belle lycéenne qui lui préfère un acteur volage.

DINER ▷3
É.-U. 1982. Étude de mœurs de Barry LEVINSON avec Mickey Rourke, Steve Guttenberg et Daniel Stern. - À la fin des années 1950, cinq copains en mal de vieillir se retrouvent dans un petit restaurant. - Peinture ironique. Traitement juste. Réalisation mi-comique, mi-nostalgique. Personnages plausibles campés solidement.
□ 13 ans+ ➔ DVD$

DÎNER DE CONS, LE [Dinner Game, The] ▷4
FR. 1998. Comédie de mœurs de Francis VEBER avec Jacques Villeret, Thierry Lhermitte et Francis Huster. - Un participant à des dîners dont la règle est d'être accompagné d'un imbécile voit sa vie bouleversée par son dernier invité. □ Général ➔ DVD$

DÎNER ENTRE ENNEMIS *voir* **Dinner Rush**

DING ET DONG: LE FILM ▷6
QUÉ. 1990. Comédie d'Alain CHARTRAND avec Serge Thériault, Claude Meunier et Raymond Bouchard. - Deux comédiens facétieux héritent d'une forte somme avec laquelle ils entreprennent d'ouvrir un théâtre pour y jouer un classique de Corneille. □ Général

DINNER AT EIGHT ▷4
É.-U. 1933. Comédie de George CUKOR avec Jean Harlow, Wallace Beery et John Barrymore. - Les problèmes des invités à une réception mondaine. - Adaptation spirituelle et brillante d'une pièce de théâtre. Mise en scène raffinée. Dialogue intelligent. Distribution de classe.
□ Général ➔ DVD$

DINNER GAME, THE *voir* **Dîner de cons, Le**

DINNER RUSH [Dîner entre ennemis] ▷4
É.-U. 2000. Comédie dramatique de Bob GIRALDI avec Danny Aiello, Edoardo Ballerini et Vivian Wu. - Une soirée mouvementée dans un chic restaurant italien de Manhattan appartenant à un bookmaker.
➔ DVD$

DINOSAUR ▷4
É.-U. 2000. Film d'animation d'Eric LEIGHTON et Ralph ZONDAG. - Au crétacé, un bébé dinosaure adopté par une famille de lémuriens rejoint les siens après la chute d'un gigantesque météore.
□ Général ➔ DVD$ DVD-BR$

DIRECTEUR, LE [Boss of it All, The] ▷4
DAN. 2006. Comédie de Lars VON TRIER avec Jens Albinus, Peter Ganzler et Iben Hjejle. - Ayant nommé un patron fictif à la tête de sa compagnie, un homme d'affaires désireux de la vendre embauche un comédien pour jouer ce rôle. □ 13 ans+ ➔ DVD$

DIRTY ▷4
CAN. 1997. Drame de mœurs de Bruce SWEENEY avec Tom Scholte, Babz Chula et Benjamin Ratner. - Dans une petite ville de banlieue, divers personnages tentent de vaincre la solitude qui les étreint.
□ 16 ans+

DIRTY DANCING [Danse lascive] ▷4
É.-U. 1987. Drame musical d'Emile ARDOLINO avec Patrick Swayze, Jennifer Grey et Jerry Orbach. - En vacances avec ses parents dans un hôtel chic, une adolescente se propose de remplacer la partenaire malade de l'instructeur de danse sociale.
□ Général ➔ DVD$ DVD-BR$

DIRTY DINGUS MAGEE [Beau salaud, Un] ▷4
É.-U. 1970. Western de Burt KENNEDY avec Frank Sinatra, George Kennedy et Anne Jackson. - Après avoir été volé par un vieux copain, un homme devient shérif et se met lui-même à sa poursuite.
□ 13 ans+

DIRTY DOZEN, THE [Douze salopards] ▷3
É.-U. 1967. Drame de guerre de Robert ALDRICH avec Lee Marvin, Charles Bronson et John Cassavetes. - En 1944, douze soldats condamnés pour délits graves sont recrutés pour former un commando en vue d'une mission spéciale. - Étude de caractère intéressante. Verve antimilitariste. Distribution imposante.
□ 13 ans+ ➔ DVD$ DVD-BR$

DIRTY HARRY [Inspecteur Harry, L'] ▷4
É.-U. 1971. Drame policier de Don SIEGEL avec Clint Eastwood, Andy Robinson et Reni Santoni. - Un inspecteur brutal est chargé de dépister un maniaque criminel. □ 13 ans+ ➔ DVD$ DVD-BR$

DIRTY MARY CRAZY LARRY ▷5
E.-U. 1974. Drame policier de J. HOUGH avec Peter Fonda, Susan George et Adam Roarke. - Deux voleurs d'occasion accompagnés d'une jeune femme sont poursuivis à folle allure par la police. ➔ DVD$

DIRTY PRETTY THINGS [Loin de chez eux] ▷4
ANG. 2002. Drame de Stephen FREARS avec Chiwetel Ejiofor, Audrey Tautou et Sergi Lopez. - À Londres, deux immigrants illégaux qui travaillent dans un hôtel découvrent que leur patron dirige un marché noir d'organes humains. □ 13 ans+ ➔ DVD$

DIRTY ROTTEN SCOUNDRELS [Deux fils de putes] ▷4
É.-U. 1988. Comédie de Frank OZ avec Michael Caine, Steve Martin et Glenne Headley. - Deux escrocs exerçant leurs talents sur un même territoire font un pari afin de départager lequel des deux en restera le seul maître. □ Général ➔ DVD$

DIRTY SHAME, A ▷6
É.-U. 2004. Comédie de John WATERS avec Tracey Ullman, Johnny Knoxville et Chris Isaak. - Dans un quartier populaire de Baltimore, plusieurs individus ayant reçu un coup à la tête deviennent des obsédés sexuels. □ 16 ans+ · Langage vulgaire ➔ DVD$

DIS-MOI QUE JE RÊVE ▷3
FR. 1998. Drame psychologique de Claude MOURIÉRAS avec Muriel Mayette, Frédéric Pierrot et Vincent Dénériaz. - En Savoie, un simple d'esprit qui parle surtout à sa vache préférée donne du souci à sa famille de paysans. - Portrait savoureux d'un milieu agricole. Approche humaniste des problèmes liés aux handicaps physiques ou mentaux.
□ Général

DISCLOSURE [Harcèlement] ▷5
É.-U. 1994. Drame de mœurs de Barry LEVINSON avec Demi Moore, Michael Douglas et Donald Sutherland. - Cadre dans une firme spécialisée en réalité virtuelle, un père de famille accuse sa patronne de harcèlement sexuel. □ 13 ans+ · Érotisme ➔ DVD$

DISCO ▷5
FR. 2008. Comédie de Fabien ONTENIENTE avec Franck Dubosc, Emmanuelle Béart et Gérard Depardieu. - Un quadragénaire divorcé et fauché participe à un concours de danse disco dans l'espoir d'offrir des vacances à son fils. ➔ DVD$

DISCO PIGS
IRL. 2001. Geraldine O'RAWE

DISCREET CHARM OF THE BOURGEOISIE, THE
voir **Charme discret de la bourgeoisie, Le**

DISCRÈTE, LA ▷3
FR. 1990. Comédie de mœurs de Christian VINCENT avec Fabrice Luchini, Judith Henry et Maurice Garrel. - Un écrivain entreprend de séduire une jeune femme avec l'intention de l'abandonner ensuite brutalement et de transcrire l'aventure dans un roman. - Approche psychologique fine. Marivaudage plein de fraîcheur. Mise en scène simple mais bien maîtrisée.

DISENCHANTED, THE *voir* **Désenchantée, La**

DISH, THE [Antenne, L'] ▷4
AUS. 2000. Comédie de Rob SITCH avec Sam Neill, Kevin Harrington et Patrick Warburton. - En juillet 1969, l'équipe d'un radio-téléscope en Australie se prépare à diffuser à travers le monde les images d'Apollo XI en direct de la Lune. □ Général ➔ DVD$

DISHONORED [Agent X-27] ▷3
É.-U. 1931. Drame d'espionnage de Josef VON STERNBERG avec Marlene Dietrich, Victor McLaglen et Warner Oland. - En 1915, à Vienne, une veuve d'officier, tombée dans la prostitution, est engagée par les services secrets. - Bonne évocation d'époque. Style net et sobre. M. Dietrich excellente. □ Général

DISORDERLY ORDERLY, THE [Jerry chez les cinoques] ▷4
É.-U. 1964. Comédie de Frank TASHLIN avec Jerry Lewis, Susan Oliver et Glenda Farrell. - Dans une clinique, un infirmier maladroit s'éprend d'une jeune patiente. □ Général ➔ DVD$

DISPARITION COMMANDÉE *voir* **Hide in Plain Sight**

DISPARUE, LA *voir* **Vanishing, The**

DISPARUES, LES *voir* **Missing, The**

DISTANCE
JAP. 2001. Hirokazu KORE-EDA

DISTANT *voir* **Lointain**

DISTANT THUNDER [Enfer après l'enfer, L'] ▷4
É.-U.-CAN. 1988. Drame psychologique de Rick ROSENTHAL avec John Lithgow, Ralph Macchio et Kerrie Keane. - Un adolescent cherche à reprendre contact avec son père qui l'a abandonné à son retour du Viêt-nam. □ Général ➔ DVD$

DISTANT VOICES, STILL LIVES ▷3
[Voix lointaines, vies immobiles]
ANG. 1988. Étude de mœurs de Terence DAVIES avec Freda Dowie, Angela Walsh et Dean Williams. - Les petites joies et les grandes peines d'une famille irlandaise vivant dans un quartier ouvrier de Liverpool. - Peinture de mœurs à la fois simple et recherchée. Traitement fortement stylisé et évocateur. Jeu des interprètes fort bien adapté au ton de l'ensemble. □ Général

DISTRAIT, LE ▷4
FR. 1970. Comédie réalisée et interprétée par Pierre RICHARD avec Bernard Blier et Marie-Christine Barrault. - Un garçon distrait trouve un emploi dans une agence de publicité grâce à l'influence de sa mère sur le directeur de la firme. □ Général

DISTRICT 13 *voir* **Banlieue 13**

DISTURBIA [Paranoïak] ▷4
É.-U. 2007. Thriller de D.J. CARUSO avec Shia LaBeouf, Sarah Roemer et David Morse. - Assigné à résidence par ordre de la cour, un adolescent épie son voisin d'en face, convaincu qu'il est le tueur en série qui sévit dans son quartier. □ 13 ans+ · Violence ➔ DVD-BR$ DVD$

DITES-LUI QUE JE L'AIME ▷3
FR. 1977. Drame psychologique de Claude MILLER avec Gérard Depardieu, Miou-Miou et Dominique Laffin. - Un jeune homme est malade d'amour pour une ancienne amie qui a épousé quelqu'un d'autre. - Scénario tiré d'un roman de Patricia Highsmith. Aspects psychologiques intéressants. Mise en scène attentive aux détails significatifs. Jeu puissant de Depardieu. □ 13 ans+

DIVA ▷3
FR. 1980. Drame policier de Jean-Jacques BEINEIX avec Frédéric Andrei, Richard Bohringer et Jacques Fabbri. - Après avoir enregistré clandestinement la voix d'une cantatrice noire, un jeune homme connaît diverses tribulations. - Scénario compliqué. Mise en scène inventive. Brillant exercice de style. Interprétation dans la note.
□ 13 ans+

DIVE BOMBER ▷4
É.-U. 1941. Drame de guerre de Michael CURTIZ avec Errol Flynn, Fred MacMurray et Ralph Bellamy. - Un médecin travaille à éliminer les évanouissements de pilotes en mission. ➔ DVD$

DIVERTIMENTO *voir* **Belle noiseuse, La**

DIVIDED WE FALL ▷4
TCH. 2000. Drame social de Jan HREBEIK avec Boleslav Polivka, Csongor Kassai et Jaroslav Dusek. - En 1943, dans un village tchèque occupé par les nazis, un couple cache un Juif dans son logement pendant deux ans. □ Général → DVD $

DIVING BELL AND THE BUTTERFLY, THE
voir **Scaphandre et le papillon, Le**

DIVORCE, LE ▷4
É.-U. 2003. Comédie sentimentale de James IVORY avec Kate Hudson, Naomi Watts et Thierry Lhermitte. - Venue à Paris pour aider sa sœur aînée en instance de divorce, une jeune Américaine s'éprend d'un politicien français d'âge mûr. □ Général → DVD $

DIVORCE À L'ITALIENNE ▷3
ITA. 1961. Comédie de Pietro GERMI avec Marcello Mastroianni, Daniela Rocca et Leopoldo Trieste. - Un noble Sicilien décide de tuer sa femme afin de convoler avec une cousine. - Habile mélange de satire et d'humour noir. Mise en images fort soignée.
□ 13 ans+ → DVD $

DIVORCE HIS - DIVORCE HERS ▷5
ANG. 1973. Drame psychologique de Warris HUSSEIN avec Richard Burton, Elisabeth Taylor et Carrie Nye. - À l'occasion d'une rencontre avec son ex-épouse, un homme d'affaires revoit les circonstances qui l'ont conduit au divorce.

DIVORCE OF LADY X, THE ▷4
ANG. 1937. Comédie de mœurs de Tim WHELAN avec Merle Oberon, Laurence Olivier et Ralph Richardson. - Un avocat se croit impliqué dans une affaire de divorce après avoir partagé sa chambre d'hôtel avec une inconnue. □ Général

DIVORCEE, THE ▷4
É.-U. 1930. Drame sentimental de Robert Z. LEONARD avec Norma Shearer, Chester Morris et Conrad Nagel. - Les tribulations sentimentales d'une femme qui est sur le point de se séparer de son mari.

DIX COMMANDEMENTS, LES
voir **Ten Commandments, The**

DIX PETITS NÈGRES, LES *voir* **Ten Little Indians**

DIXIÈME VICTIME, LA [10th Victim] ▷5
ITA. 1965. Science-fiction d'Elio PETRI avec Marcello Mastroianni, Ursula Andress et Elsa Martinelli. - Au XXIe siècle, les gouvernements ont institué un sport où des chasseurs sont autorisés à traquer des humains. □ 13 ans+ → DVD $

DJANGO ▷4
ITA. 1966. Western de Sergio CORBUCCI avec Franco Nero, Loredana Nusciak et Eduardo Fajardo. - Dans une région frontalière, un aventurier se mêle des affrontements entre d'anciens soldats sudistes et des bandits mexicains. □ 13 ans+ → DVD $

DO THE RIGHT THING [Pizzeria en révolte, La] ▷3
É.-U. 1989. Drame social réalisé et interprété par Spike LEE avec Danny Aiello et Ossie Davis. - Durant une canicule, les exploitants italiens d'une pizzeria de Brooklyn provoquent l'agressivité des Noirs du quartier. - Évocation mordante de conflits raciaux. Réalisation énergique et fort éloquente. Interprétation vivante et savoureuse.
□ 13 ans+ → DVD $

DO YOU REMEMBER DOLLY BELL?
voir **Te souviens-tu de Dolly Bell?**

DOBERMANN ▷4
FR. 1997. Drame policier de Jan KOUNEN avec Vincent Cassel, Tchéky Karyo et Monica Bellucci. - Des braqueurs de banque ultraviolents sont aux prises avec un inspecteur de police brutal et sadique.
□ 18 ans+ · Violence

DOC [Doc Holliday] ▷4
É.-U. 1971. Western de Frank PERRY avec Stacy Keach, Faye Dunaway et Harris Yulin. - Un tueur à gages se rend en Arizona pour venir en aide à un ami aux prises avec des criminels. □ 13 ans+ → DVD $

DOCKS OF NEW YORKS, THE
É.-U. 1928. Josef VON STERNBERG □ Général

DOCTEUR AKAGI [Dr. Akagi] ▷3
JAP. 1998. Comédie dramatique de Shohei IMAMURA avec Akira Emoto, Kumiko Aso et Jyuro Kara. - À la fin de la Seconde Guerre mondiale, un médecin japonais est obsédé par les crises de foie qui ravagent son village. - Réflexion éclairante sur certaines facettes des mœurs nipponnes. Variations de ton surprenantes. □ 13 ans+

DOCTEUR FRANÇOISE GAILLAND ▷5
FR. 1975. Drame psychologique de Jean-Louis BERTUCCELLI avec Annie Girardot, François Périer et Jean-Pierre Cassel. - Une femme médecin apprend qu'elle est atteinte d'un cancer et menacée de mort prochaine. □ Général

DOCTEUR JERRY ET MISTER LOVE
voir **Nutty Professor, The**

DOCTEUR JIVAGO *voir* **Doctor Zhivago**

DOCTEUR KNOCK, LE [Knock] ▷4
FR. 1951. Comédie de Guy LEFRANC avec Louis Jouvet, Jean Brochard et Pierre Renoir. - Un médecin nouvelle vague s'oppose à un vieux praticien dans la conception et la pratique de la médecine.
→ DVD $

DOCTEUR PETIOT ▷4
FR. 1990. Drame de Christian DE CHALLONGE avec Michel Serrault, Pierre Romans et Zbigniew Horoks. - À Paris, durant l'Occupation, un médecin attire des Juifs en leur promettant un passage en zone libre et les tue pour s'emparer de leurs biens. □ 13 ans+

DOCTOR, THE [Docteur, Le] ▷4
É.-U. 1991. Drame psychologique de Randa HAINES avec William Hurt, Christine Lahti et Elizabeth Perkins. - Un chirurgien qui traite ses patients avec cynisme adopte une nouvelle attitude face à sa pratique lorsqu'il devient lui-même malade. □ 13 ans+ → DVD $

DOCTOR DOLITTLE ▷4
É.-U. 1998. Comédie fantaisiste de Betty THOMAS avec Eddie Murphy, Kristen Wilson et Oliver Platt. - L'existence d'un médecin est bouleversée lorsqu'il s'aperçoit qu'il peut parler aux animaux.
□ Général → DVD $

DOCTOR DOLITTLE [Extravagant Docteur Dolittle, L'] ▷4
É.-U. 1967. Comédie musicale de Richard FLEISCHER avec Anthony Newley, Rex Harrison et Samantha Eggar. - Un vétérinaire capable de parler aux animaux entreprend un long voyage de recherche.
□ Général → DVD $

DOCTOR FAUSTUS ▷5
ANG. 1967. Drame de Richard BURTON et Nevill COGHIL avec Richard Burton, Andreas Teuber et Elizabeth Taylor. - Le docteur Faust vend son âme au démon en échange de vingt-quatre années de puissance.
□ Général → DVD $

DOCTOR IN THE HOUSE ▷4
ANG. 1954. Comédie de Ralph THOMAS avec Dirk Bogarde, Muriel Pavlow et Kenneth More. - Heurs et malheurs d'un étudiant en médecine. □ Général

DOCTOR ZHIVAGO [Docteur Jivago] ►2
É.-U. 1965. Drame de David LEAN avec Omar Sharif, Julie Christie et Geraldine Chaplin. - Les tribulations d'un jeune médecin dans le cadre de la révolution russe. - Adaptation soignée du roman de Boris Pasternak. Remarquable reconstitution d'époque. Photographie d'un esthétisme marqué. Excellente interprétation. □ Général → DVD $

DODES 'KA-DEN ►2
JAP. 1970. Drame social d'Akira KUROSAWA avec Zuchi Yoshitaka, Tomoko Yamazaki et Noboru Mitsutani. - Un bidonville japonais abrite plusieurs déshérités de la vie. - Mélange impressionnant de réalisme et de poésie. Observation attentive des mœurs. Interprétation fort appropriée. □ Général

DODGE CITY [Conquérants, Les] ▷4
É.-U. 1939. Western de Michael CURTIZ avec Errol Flynn, Olivia de Havilland et Ann Sheridan. - Un aventurier rétablit l'ordre dans une ville-champignon. □ Général → DVD $

DODSWORTH ▷4
É.-U. 1936. Drame psychologique de William WYLER avec Walter Huston, Ruth Chatterton et Paul Lukas. - Un industriel américain voit son mariage mis en péril par un voyage en Europe. □ Général → DVD $

DOG DAY *voir* **Canicule**

DOG DAY AFTERNOON [Après-midi de chien, Un] ►2
É.-U. 1975. Drame policier de Sidney LUMET avec Al Pacino, John Cazale et Charles Durning. - Cernés par la police dans une banque, deux voleurs d'occasion se servent des employés comme otages. - Reconstitution vivante d'un fait divers. Personnages admirablement bien dessinés. Mise en scène ingénieuse et attentive aux détails significatifs. Interprétation de première force.
□ 13 ans+ → DVD-BR $ DVD $

DOG DAYS [Canicule] ▷4
AUT. 2001. Drame de mœurs d'Ulrich SEIDL avec Maria Hofstatter, Erich Finsches et Christine Jirku. - Dans une banlieue moderne de Vienne, durant deux jours de canicule, se déroulent diverses intrigues entrecroisées. ➜ DVD $

DOG GONE LOVE [Un amour de chien]
É.-U. 2004. Rob LUNDSGAARD ➜ DVD $

DOG OF FLANDERS, A ▷4
É.-U. 1960. Conte de James B. CLARK avec David Ladd, Donald Crisp et Theodore Bikel. - Un petit Hollandais doué pour la peinture recueille et soigne un chien cruellement battu. □ Général

DOG SOLDIERS
ANG. LUX. 2002. Neil MARSHALL

DOGFIGHT [Défilé, Le] ▷4
É.-U. 1991. Drame sentimental de Nancy SAVOCA avec River Phoenix, Lili Taylor et Richard Panebianco. - À la veille de s'embarquer pour le Viêt-nam, un fusilier marin fait la connaissance d'une jeune fille avec qui il passe la nuit. □ Général

DOGMA [Dogme] ▷5
É.-U. 1999. Comédie fantaisiste de Kevin SMITH avec Ben Affleck, Matt Damon et Linda Fiorentino. - Deux anges condamnés à vivre éternellement sur Terre risquent de provoquer la fin du monde en essayant de retourner au ciel. □ 13 ans+ · Violence ➜ DVD $

DOGORA - OUVRONS LES YEUX ▷5
FR. 2004. Film d'essai de Patrice LECONTE. - Différentes tranches de vie urbaine et rurale saisies sur le vif au Cambodge.
□ Général ➜ DVD $

DOGS OF WAR, THE [Chiens de guerre, Les] ▷4
ANG. 1980. Aventures de John IRVIN avec Christopher Walken, Tom Berenger et Colin Blakely. - Les activités d'un mercenaire américain dans un pays d'Afrique. □ 13 ans+ ➜ DVD $

DOGVILLE ▷3
DAN. 2003. Drame de mœurs de Lars VON TRIER avec Nicole Kidman, Paul Bettany et Stellan Skarsgard. - Durant la Dépression, une jeune fugitive se réfugie dans un village des Rocheuses où les habitants finissent par l'exploiter en échange de leur protection. - Fable cruelle et ambiguë sur les contradictions de la nature humaine. Enjeux moraux et sociaux complexes. Décor stylisé réduit à sa plus simple expression. Mise en scène inventive. Distribution impressionnante.
□ 13 ans+ ➜ DVD $

DOLCE VITA, LA ►1
ITA. 1960. Étude de mœurs de Federico FELLINI avec Anita Ekberg, Marcello Mastroianni et Anouk Aimée. - Un journaliste est appelé à fréquenter les milieux les plus faisandés de Rome. - Œuvre magistrale. Vision critique implacable et lucide. Mise en scène flamboyante. Interprètes excellemment dirigés. □ Général ➜ DVD $

DOLL'S HOUSE, A ▷4
ANG. 1973. Drame psychologique de Joseph LOSEY avec Jane Fonda, Trevor Howard et David Warner. - La femme d'un directeur de banque cache à son mari une transaction douteuse.

DOLL'S HOUSE, A ▷4
ANG. 1973. Drame psychologique de Patrick GARLAND avec Claire Bloom, Anthony Hopkins et Ralph Richardson. - L'épouse choyée d'un directeur de banque lui cache une dette importante. ➜ DVD $

DOLLAR
SUÈ. 1938. Comédie de Gustaf MOLANDER avec Ingrid Bergman, Georg Rydeberg et Kotti Chave. - L'épouse d'un industriel suédois soupçonne son mari d'entretenir une liaison avec une jeune Américaine.
□ Général

DOLLARS [$] ▷4
É.-U. 1971. Drame policier de Richard BROOKS avec Warren Beatty, Goldie Hawn et Scott Brady. - Un homme a mis au point un plan ingénieux pour s'emparer de l'argent déposé par des escrocs dans une banque de Hambourg. □ 13 ans+ ➜ DVD $

DOLLMAKER, THE ▷3
É.-U. 1984. Drame social de Daniel PETRIE avec Jane Fonda, Levon Helm et Geraldine Page. - Au début des années 1940, une famille de pauvres campagnards du Kentucky doit émigrer à Detroit pour trouver subsistance. - Téléfilm adoptant le point de vue de la mère. Milieu social bien décrit. Incidents prenants. Réalisation attentive. Forte composition de J. Fonda.

DOLLS ▷4
É.-U. 1987. Drame d'horreur de Stuart GORDON avec Carrie Lorraine, Ian Patrick Williams et Carolyn Purdy-Gordon. - Réfugiés chez un fabricant de poupées durant un orage, des voyageurs découvrent que les créations de leur hôte peuvent s'animer d'un délire meurtrier.
➜ DVD $

DOLLS [Sawako] ▷3
JAP. 2002. Drame sentimental de Takeshi KITANO avec Miho Kanno, Tatsuya Mihashi et Kyoko Fukada. - Au fil des saisons, trois histoires d'amours malheureuses inspirées d'un spectacle de marionnettes Bunraku. - Récits habilement entrelacés, oscillant entre poésie, symbolisme et cruauté. Mise en scène recherchée aux images superbes. Rythme contemplatif. Interprétation sobre. ➜ DVD $

DOLORES CLAIBORNE ▷4
É.-U. 1995. Drame psychologique de Taylor HACKFORD avec Kathy Bates, Jennifer Jason Leigh et Christopher Plummer. - À la suite du décès de sa patronne, une gouvernante affronte à nouveau un enquêteur qui a tenté, 20 ans plus tôt, de prouver qu'elle avait tué son mari. □ 16 ans+ ➜ DVD $

DOMICILE CONJUGAL [Bed and board] ▷3
FR. 1970. Comédie dramatique de François TRUFFAUT avec Jean-Pierre Léaud, Claude Jade et Hiroko. - Les tribulations d'un jeune couple installé dans un modeste appartement d'une maison de rapport populaire. - Mélange habile de comique et de dramatique. Observations de mœurs intéressantes. □ Général

DOMINICI AFFAIR, THE *voir* **Affaire Dominici, L'**

DOMINICK AND EUGENE ▷4
É.-U. 1988. Drame psychologique de Robert M. YOUNG avec Tom Hulce, Ray Liotta et Jamie Lee Curtis. - Les relations tumultueuses de frères jumeaux dont l'un, mentalement attardé, travaille comme éboueur et l'autre poursuit des études en médecine. □ Général

DON, LE *voir* **Gift, The**

DON ANGELO EST MORT *voir* **Don Is Dead, The**

DON CAMILLO *voir* **Petit monde de Don Camillo, Le**

DON CAMILLO EN RUSSIE ▷5
FR. 1965. Comédie de Luigi COMENCINI avec Fernandel, Gino Cervi et Leda Gloria. - Un curé force le maire communiste de son village à l'emmener en Russie avec lui. □ Général ➜ DVD $

DON CAMILLO MONSEIGNEUR ▷5
FR. 1961. Comédie de Carmine GALLONE avec Fernandel, Gino Cervi et Gina Rovere. - Le curé Don Camillo, devenu prélat, et le maire Peppone, élu sénateur, continuent de s'affronter. □ Général ➜ DVD $

DON GIOVANNI ▷3
FR. 1979. Drame musical de Joseph LOSEY avec Ruggero Raimondi, José Van Dam et Edda Moser. - Les frasques d'un séducteur l'entraînent dans une confrontation avec l'au-delà. - Mariage intéressant entre un opéra de Mozart et le cinéma. Utilisation des décors réels de Venise. Mise en scène concertée. Rythme fluide. Chanteurs de grande classe. ➜ DVD $

DON IS DEAD, THE [Don Angelo est mort] ▷5
É.-U. 1973. Drame policier de Richard FLEISCHER avec Anthony Quinn, Frederic Forrest et Robert Forster. - Un mafioso prend sous sa protection le fils d'un chef de la pègre récemment décédé. ➜ DVD $

DON JUAN ▷5
FR.-ALL.-ESP. 1997. Drame de mœurs réalisé et interprété par Jacques WEBER avec Michel Boujenah et Emmanuelle Béart. - Après avoir séduit et abandonné une belle jeune fille, un grand séducteur poursuit sa quête de nouvelles aventures sentimentales. □ Général ➜ DVD $

DON JUAN 73 ▷5
[Don Juan (Or If Don Juan Were a Woman)]
FR. 1973. Drame de mœurs de Roger VADIM avec Brigitte Bardot, Maurice Ronet et Robert Hossein. - Une riche héritière s'amuse à dégrader les hommes qu'elle choisit comme amants.
□ 13 ans+ ➜ DVD $

DON JUAN DE NEW YORK, LE
voir **Last of the Red Hot Lovers**

DON JUAN DEMARCO ▷4
É.-U. 1995. Comédie sentimentale de Jeremy LEVEN avec Johnny Depp, Marlon Brando et Faye Dunaway. - Un jeune homme qui se prend pour le célèbre séducteur Don Juan raconte sa prétendue existence à un psychiatre. □ Général ➜ DVD $

DON QUIXOTE
ESP. 1992. Orson WELLES et Jess (jesus) FRANCO ➜ DVD$

DON'S PARTY ▷4
AUS. 1976. Comédie dramatique de Bruce BERESFORD avec John Hargreaves, Jeanie Drynan et Ray Barrett. - En banlieue de Sydney, divers incidents fâcheux se produisent lors d'une réunion d'amis un soir d'élections nationales. ➜ DVD$

DON'T BOTHER TO KNOCK ▷4
É.-U. 1952. Drame psychologique de Roy Ward BAKER avec Richard Widmark, Marilyn Monroe et Anne Bancroft. - Une gardienne d'enfant déséquilibrée menace de tuer une fillette. ➜ DVD$

DON'T COME KNOCKING ▷4
ALL. 2005. Comédie dramatique de Wim WENDERS avec Sam Shepard, Sarah Polley et Gabriel Mann. - Un acteur de western sexagénaire part à la recherche du fils qu'il aurait eu avec une serveuse trente ans plus tôt. □ Général ➜ DVD$

DON'T FOOL YOURSELF DEAR *voir* **No te enganes corazon**

DON'T LOOK NOW [Ne vous retournez pas] ▷3
ANG. 1973. Thriller de Nicolas ROEG avec Julie Christie, Donald Sutherland et Hilary Mason. - Un couple anglais de passage à Venise est soumis à d'étranges expériences. - Scénario mystérieux fondé sur la croyance à certains phénomènes de voyance. Suspense efficace. Climat insolite et envoûtant. Interprétation dans la note voulue.
□ 13 ans+ ➜ DVD$

DON'T MOVE *voir* **Écoute-moi**

DON'T TOUCH THE WHITE WOMAN
voir **Touche pas la femme blanche**

DONA HERLINDA AND HER SON ▷4
MEX. 1985. Comédie de mœurs de Jaime Humberto HERMOSILLO avec Guadalupe del Toro, Marco Antonio Trevino et Gustavo Meza. - Bien qu'acceptant l'homosexualité de son fils, une mère s'arrange pourtant pour que celui-ci épouse une fille de bonne famille.
□ 13 ans+

DONKEY SKIN *voir* **Peau d'âne**

DONNIE BRASCO ▷4
É.-U. 1997. Drame policier de Mike NEWELL avec Johnny Depp, Al Pacino et Michael Madsen. - Un agent du FBI s'infiltre dans les rangs de la mafia new-yorkaise en gagnant la confiance d'un gangster expérimenté. □ 16 ans+ · Violence ➜ DVD$ DVD-BR$

DONNIE DARKO ▷4
É.-U. 2001. Drame fantastique de Richard KELLY avec Jake Gyllenhaal, Jena Malone et Drew Barrymore. - Un adolescent désaxé est hanté par des visions bizarres, dont celle d'un lapin défiguré qui l'incite à commettre des actes de vandalisme. □ Général · Déconseillé aux jeunes enfants ➜ DVD-BR$ DVD$

DONOVAN'S REEF ▷4
É.-U. 1963. Comédie dramatique de John FORD avec John Wayne, Elizabeth Allen et Lee Marvin. - Dans une île du Pacifique, une jeune fille tente de prendre son père en défaut afin d'obtenir le contrôle d'une industrie familiale. ➜ DVD$

DOOM GENERATION, THE [Paumés et corrompus] ▷5
É.-U. 1995. Drame de mœurs de Gregg ARAKI avec Rose McGowan, James Duval et Jonathon Schaech. - Un jeune couple formé par un garçon candide et une fille impétueuse rencontre un jeune meurtrier qui les entraîne dans une cavale d'enfer. □ 18 ans+ · Violence

DOOMSDAY [Dévastation] ▷4
ANG. 2008. Science-fiction de Neil MARSHALL avec Rhona Mitra, Bob Hoskins et Adrian Lester. - En 2037, une troupe d'élite est envoyée en territoire placé sous quarantaine afin d'y chercher le remède à un ancien virus qui vient de refaire surface. □ 16 ans+ · Violence · Horreur ➜ DVD$ DVD-BR$

DOOR IN THE FLOOR [Trappe dans le plancher, La] ▷4
É.-U. 2004. Drame psychologique de Tod WILLIAMS avec Jeff Bridges, Jon Foster et Kim Basinger. - Un étudiant devenu l'assistant d'un auteur de livres pour enfants s'éprend de l'épouse de ce dernier et découvre alors une tragédie familiale. ➜ DVD$

DOORS, THE ▷4
É.-U. 1991. Drame biographique d'Oliver STONE avec Val Kilmer, Meg Ryan et Kevin Dillon. - Évocation de la carrière et de la vie sentimentale du chanteur américain Jim Morrison.
□ 13 ans+ ➜ DVD$ DVD-BR$

DOS CRIMENES *voir* **Deux crimes**

DOSSIER 51, LE ▷3
FR. 1978. Drame de Michel DEVILLE avec François Marthouret, Roger Planchon et Françoise Lugagne. - À son insu, un homme devient l'objet d'une surveillance par un organisme international. - Scénario complexe mais intéressant. Mise en scène originale. Traitement d'une froideur objective.

DOSSIER ANDERSON, LE *voir* **Anderson Tapes, The**

DOSSIER SECRET *voir* **Confidential Report (Mr. Arkadin)**

DOTTIES GETS SPANKED
É.-U. 1993. Todd HAYNES ➜ DVD$

DOUBLE DÉTENTE *voir* **Red Heat**

DOUBLE HAPPINESS [Bonheur aigre-doux] ▷4
CAN. 1994. Comédie dramatique de Mina SHUM avec Sandra Oh, Alannah Ong et Stephen Chang. - Une jeune Sino-Canadienne de Vancouver qui désire vivre à l'américaine fait face à l'opposition de son père traditionaliste. □ Général

DOUBLE IDENTITY ▷4
FR. 1990. Drame policier de Yves BOISSET avec Nick Mancuso, Leah Pinsent et Patrick Bauchau. - Chargé de recouvrer les créances d'un usurier, un ancien professeur prend conscience des méthodes malhonnêtes exigées par son employeur.

DOUBLE INDEMNITY [Assurance sur la mort] ▷3
É.-U. 1944. Drame policier de Billy WILDER avec Fred MacMurray, Barbara Stanwyck et Edward G. Robinson. - Un agent d'assurances assassine le mari de celle qu'il aime.- Adaptation d'un roman de James Cain. Psychologie bien étudiée. Mise en scène fort habile. Très bonne interprétation. □ Général ➜ DVD$

DOUBLE JEU *voir* **American Dreamer**

DOUBLE LIFE OF VERONICA
voir **Double vie de Véronique, La**

DOUBLE LIFE, A [Double Vie] ▷3
É.-U. 1947. Drame de George CUKOR avec Ronald Colman, Signe Hasso et Shelley Winters. - Un comédien s'identifie au personnage d'Othello, ce qui l'amène à commettre des actes violents. - Tension dramatique soutenue. Mise en scène de qualité. Très bons interprètes.
□ Général ➜ DVD$

DOUBLE MÉMOIRE *voir* **Unforgettable**

DOUBLE SUICIDE ►2
JAP. 1969. Drame de Masahiro SHINODA avec Kichiemon Nakamura, Shima Iwashita et Hosei Komatsu. - L'amour contrarié d'un homme d'affaires pour une courtisane finit par les conduire au suicide. - Expériences formelles très originales. Approfondissement psychologique. Cadre d'époque fort bien évoqué. Excellente interprétation.
□ Général ➜ DVD$

DOUBLE VIE *voir* **Double Life, A**

DOUBLE VIE DE MAHOWNY, LA *voir* **Owning Mahowny**

DOUBLE VIE DE VÉRONIQUE, LA ►2
[Double Life of Veronica]
FR. 1991. Drame psychologique de Krzysztof KIESLOWSKI avec Irène Jacob, Philippe Volter et Claude Duneton. - Une étrange ressemblance existe entre deux jeunes musiciennes, nées le même jour dans des pays différents, qui ont chacune l'intuition que l'autre existe. - Riche exploration psychologique sur le mystère du destin. Récit habilement construit. Réalisation inventive. Interprétation remarquable d'I. Jacob.

DOUBLE VUE *voir* **Afraid of the Dark**

DOUBLE/IDENTITÉ *voir* **Face/Off**

DOUBLURE, LA ▷5
FR. 2006. Comédie de Francis VEBER avec Gad Elmaleh, Alice Taglioni et Daniel Auteuil. - Un voiturier sans envergure doit cohabiter avec la belle maîtresse d'un milliardaire afin d'épargner à celui-ci un onéreux divorce. □ Général ➜ DVD$

DOUBT ▷4
É.-U. 2008. Drame psychologique de John Patrick SHANLEY avec Meryl Streep, Philip Seymour Hoffman et Amy Adams. - Dans les années 1960, une religieuse qui dirige une école du Bronx accuse un prêtre d'abuser du premier élève afro-américain admis dans l'établissement.
□ Général ➜ DVD$ DVD-BR$

DOUCE LORRAINE *voir* **Sweet Lorraine**

DOUCE VIOLENCE *voir* **Sweet Ecstasy**

DOUCEMENT LES BASSES ▷5
FR. 1971. Comédie de Jacques DERAY avec Alain Delon, Paul Meurisse et Nathalie Delon. - Un musicien devenu prêtre après s'être cru veuf voit reparaître sa femme qui menace de se prostituer s'il la repousse. □ Général

DOULOS, LE ▷3
FR. 1962. Drame policier de Jean-Pierre MELVILLE avec Jean-Paul Belmondo, Serge Reggiani et Jean Desailly. - Un indicateur de police essaie de venir en aide à un ami impliqué dans un crime. - Construction sobre et rigoureuse. Beaucoup d'atmosphère. Interprétation de premier ordre. □ 13 ans+

DOUX, DUR ET DINGUE
voir **Every Which Way But Loose**

DOUZE SALOPARDS *voir* **Dirty Dozen, The**

DOWN AND OUT IN BEVERLY HILLS ▷5
[Clochard de Beverly Hills, Le]
É.-U. 1986. Comédie satirique de Paul MAZURSKY avec Nick Nolte, Richard Dreyfuss et Bette Midler. - Ayant sauvé la vie d'un clochard, un nouveau riche accueille celui-ci dans sa demeure.
□ 13 ans+ ➜ DVD $

DOWN BY LAW ▷3
É.-U. 1986. Comédie de Jim JARMUSCH avec Tom Waits, John Lurie et Roberto Benigni. - Enfermés dans la même cellule, trois détenus s'engagent dans une évasion improvisée à travers les marécages de la Floride. - Nombreux passages improvisés. Photographie remarquable. Interprètes de talent. □ 13 ans+ ➜ DVD $

DOWN IN THE DELTA ▷4
É.-U. 1998. Drame de mœurs de Maya ANGELOU avec Alfre Woodard, Al Freeman Jr. et Mary Alice. - Une jeune mère toxicomane de Chicago arrive à s'en sortir en allant vivre avec ses enfants chez un oncle au Mississippi. □ Général ➜ DVD $

DOWN IN THE VALLEY ▷4
É.-U. 2005. Drame sentimental de David JACOBSON avec Edward Norton, Evan Rachel Wood et David Morse. - Éprise d'un cowboy idéaliste, une adolescente délurée s'inquiète du comportement étrange de ce dernier. □ 13 ans+ · Violence ➜ DVD $

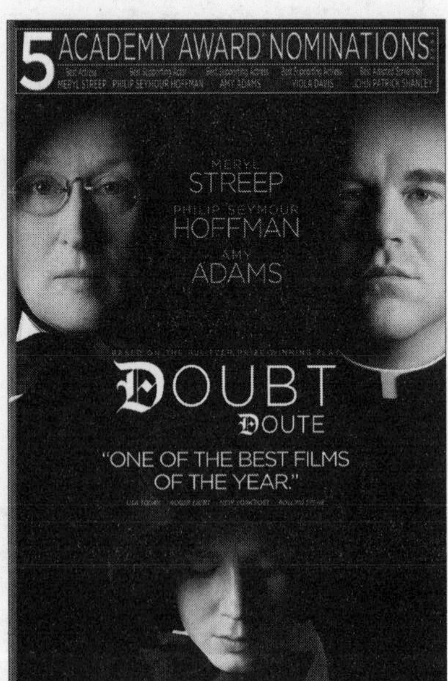

© MAPLE/LIONS GATE

DOWN TO EARTH ▷4
É.-U. 1947. Comédie musicale de Alexander HALL avec Rita Hayworth, Larry Parks et Marc Platt. - La déesse de la danse vient participer à la création d'une comédie musicale. □ Général

DOWNFALL *voir* **Chute, La**

DOWNHILL RACER ▷4
É.-U. 1969. Drame sportif de Michael RITCHIE avec Robert Redford, Camilla Sparv et Gene Hackman. - Un skieur d'origine modeste parvient au championnat mondial. □ Général

DOWNS HERE ARE QUIET, THE
RUS. 1972. Stanislav ROSTOTSKY ➜ DVD $

DR. AKAGI *voir* **Docteur Akagi**

DR. BLACK, MR. HYDE ▷4
É.-U. 1975. Drame d'horreur de William CRAIN avec Bernie Casey, Rosalind Cash et Marie O'Henry. - Au cours de ses recherches, un médecin de race noire de Los Angeles devient victime de ses propres expériences et se transforme régulièrement en un criminel.

DR. CYCLOPS ▷4
É.-U. 1940. Drame fantastique d'Ernest B. SCHOEDSACK avec Albert Dekker, Janice Logan et Thomas Coley. - Un biologiste découvre le moyen de réduire les dimensions de l'être humain. □ Général

DR. FOLAMOUR *voir* **Dr. Strangelove**

DR. JEKYLL AND MR. HYDE ▷4
É.-U. 1941. Drame fantastique de Victor FLEMING avec Spencer Tracy, Ingrid Bergman et Lana Turner. - À la suite d'expériences scientifiques, un médecin se transforme en un être pervers. □ Général

DR. JEKYLL AND MR. HYDE ▷3
É.-U. 1932. Drame fantastique de Rouben MAMOULIAN avec Fredric March, Miriam Hopkins et Rose Hobart. - À la suite d'expériences scientifiques, un médecin se transforme en un être pervers. - Récit inspiré du roman de R.L. Stevenson. Traitement audacieux du thème. Technique inventive pour l'époque. Fort bonne interprétation de F. March. □ Général

DR. JEKYLL AND SISTER HYDE ▷4
ANG. 1971. Drame fantastique de Roy Ward BAKER avec Ralph Bates et Gerald Sim. - Un savant expérimente sur lui-même un élixir de son invention et se voit transformé en jeune femme cruelle. □ 13 ans+

DR. MABUSE, KING OF CRIME
voir **Dr. Mabuse: The Gambler**

DR. MABUSE: THE GAMBLER [Mabuse, le joueur] ▷3
ALL. 1922. Drame policier de Fritz LANG avec Rudolf Klein-Rogge, Bernhard Goetzke et Curd Nissen. - Un génie du crime réussit plusieurs coups grâce à diverses ruses. - Principes de l'expressionnisme appliqués au film policier. Jeux d'ombres et de lumière particulièrement soignés. Caractère outré de l'interprétation. Classique du cinéma muet. ➜ DVD $

DR. NO ▷4
ANG. 1962. Drame d'espionnage de Terence YOUNG avec Sean Connery, Ursula Andress et Joseph Wiseman. - L'agent secret James Bond lutte contre un savant qui fait exploser les fusées spatiales américaines. □ 13 ans+ ➜ DVD-BR $ DVD $

DR. PHIBES RISES AGAIN ▷4
ANG. 1972. Drame d'horreur de Robert FUEST avec Vincent Price, Robert Quarry et Valli Kemp. - En lutte avec un archéologue, le Dr. Phibes recherche en Égypte, pour lui et sa femme, le secret de l'immortalité. □ 13 ans+

DR. SEUSS' HORTON HEARS A WHO! ▷3
[Horton entend un qui!]
É.-U. 2008. Film d'animation de Jimmy HAYWARD et Steve Martino. - Malgré l'opposition d'un influent kangourou, un éléphant s'efforce de mettre à l'abri une poussière contenant une ville microscopique. - Adaptation fort réjouissante du conte de Dr. Seuss. Habile dénonciation de l'obscurantisme. Héros coloré, attachant, d'une touchante générosité. Réalisation très vivante. Animation haut de gamme.
□ Général ➜ DVD $ DVD-BR $

DR. SEUSS' HOW THE GRINCH STOLE CHRISTMAS ▷4
[Grincheux qui voulait gâcher Noël, Le]
É.-U. 2000. Comédie fantaisiste de Ron HOWARD avec Jim Carrey, Taylor Momsen et Jeffrey Tambor. - Dans une ville imaginaire, un être mesquin déteste tellement Noël qu'il veut en priver tous les habitants.
□ Général ➜ DVD $

DR. STRANGELOVE [Dr. Folamour] ►1
ANG. 1963. Comédie satirique de Stanley KUBRICK avec Peter Sellers, George C. Scott et Sterling Hayden. - Un officier américain ordonne une attaque nucléaire sur la Russie. - Satire féroce du pouvoir politique et militaire traitée sur un ton d'humour noir. Nombreuses scènes d'anthologie. Réalisation inventive et fort soignée. Interprétation savoureusement caricaturale. □ Général ➔ DVD-BR$ DVD$

DR. T AND THE WOMEN ▷4
É.-U. 2000. Comédie de mœurs de Robert ALTMAN avec Richard Gere, Helen Hunt, et Kate Hudson. - Les tribulations familiales et sentimentales du gynécologue préféré des femmes fortunées de Dallas. □ Général ➔ DVD$

DRACO: LA LÉGENDE DU DERNIER DRAGON
voir **Dragonheart**

DRACULA *voir* **Bram Stoker's Dracula**

DRACULA ▷4
É.-U. 1931. Drame d'horreur de George MELFORD avec Carlos Villar, Lupita Tovar et Pablo Alvarez. - Un vampire se sert d'un homme d'affaires pour se faire transporter en Angleterre.

DRACULA [Dracula 75th Ann. Edition] ▷3
É.-U. 1931. Drame d'horreur de Tod BROWNING avec Bela Lugosi, Helen Chandler et David Manners. - Un vampire se sert d'un homme d'affaires pour se faire transporter en Angleterre. □ Général ➔ DVD$

DRACULA ▷4
ANG. 1979. Drame fantastique de John BADHAM avec Frank Langella, Kate Nelligan et Laurence Olivier. - Rescapé d'un naufrage, le comte Dracula tente de séduire une invitée de la famille qui le reçoit. □ 13 ans+ ➔ DVD$

DRACULA - PAGES FROM A VIRGIN'S DIARY ▷4
[Guy Maddin's Dracula]
CAN. 2001. Spectacle musical de Guy MADDIN avec Zhang Wei-Qiang, Tara Birtwhistle et David Moroni. - Une jeune femme tombe sous l'emprise érotique d'un ténébreux vampire. ➔ DVD$

DRACULA FATHER AND SON
voir **Dracula père et fils**

DRACULA HAS RISEN FROM THE GRAVE ▷4
ANG. 1968. Drame d'horreur de Freddie FRANCIS avec Christopher Lee, Rupert Davies et Veronica Carlson. - Un prélat lutte contre les méfaits d'un vampire. □ 13 ans+ ➔ DVD$

DRACULA PÈRE ET FILS [Dracula Father and Son] ▷4
FR. 1976. Comédie d'Édouard MOLINARO avec Christopher Lee, Marie-Hélène Breillat et Bernard Menez. - Dracula a un fils qui se montre peu attiré par la carrière de vampire.

DRACULA, PRINCE OF DARKNESS ▷4
ANG. 1965. Drame d'horreur de Terence FISHER avec Christopher Lee, Barbara Shelley et Andrew Keir. - Des touristes anglais voyageant dans les Carpathes sont aux prises avec un vampire. □ Général · Déconseillé aux jeunes enfants

DRACULA: DEAD AND LOVING IT ▷5
[Dracula: mort et très heureux]
É.-U. 1995. Comédie fantaisiste réalisée et interprétée par Mel BROOKS avec Leslie Nielsen et Peter MacNicol. - Nouvellement installé à Londres, le comte Dracula fait face à un adversaire de taille. □ Général ➔ DVD$

DRAG ME TO HELL
É.-U. 2009. Sam RAIMI

DRAGNET ▷4
É.-U. 1954. Drame policier réalisé et interprété par Jack WEBB avec Ben Alexander et Richard Boone. - Un inspecteur de police est chargé de mener une enquête sur l'assassinat d'un gangster. □ Général

DRAGON BALL Z: DEAD ZONE THE MOVIE
JAP. ➔ DVD$

DRAGON HUNTERS *voir* **Chasseurs de dragons**

DRAGON ROUGE *voir* **Red Dragon**

DRAGON SEED ▷4
É.-U. 1944. Drame de guerre de Jack CONWAY avec Katharine Hepburn, Walter Huston et Agnes Moorehead. - Les tribulations d'une famille chinoise lors de l'invasion des Japonais. □ Général

DRAGON: THE BRUCE LEE STORY ▷4
É.-U. 1993. Drame biographique de Rob COHEN avec Jason Scott Lee, Lauren Holly et Robert Wagner. - La vie et la carrière de l'acteur et maître en arts martiaux Bruce Lee. □ 13 ans+ ➔ DVD$

DRAGONHEART [Draco: la légende du dernier dragon] ▷4
É.-U. 1996. Drame fantastique de Rob COHEN avec Dennis Quaid, David Thewlis et Dina Meyer. - Un chevalier et un dragon font équipe pour anéantir un roi tyrannique. □ Général

DRAGONSLAYER ▷4
ANG. 1981. Drame fantastique de Matthew ROBBINS avec Peter McNicol, Caitlin Clarke et Ralph Richardson. - À une époque reculée, un apprenti sorcier s'emploie à exterminer un dragon qui terrorise les habitants d'un royaume. □ Général ➔ DVD$

DRAGONWYCK ▷4
É.-U. 1945. Drame psychologique de J. L. MANKIEWICZ avec Gene Tierney, Vincent Price et Walter Huston. - Un châtelain désaxé s'adonne aux stupéfiants et cherche à empoisonner son épouse.

DRAUGHTSMAN'S CONTRACT, THE ▷3
[Meurtre dans un jardin anglais]
ANG. 1982. Drame de mœurs de Peter GREENAWAY avec Anthony Higgins, Janet Suzman et Anne Louise Lambert. - En 1694, un dessinateur réputé accepte malgré d'étranges conditions de réaliser douze croquis du domaine d'un riche propriétaire terrien. - Récit énigmatique. Scènes d'une théâtralité brillante. Costumes excentriques. □ 13 ans+

DREAM LOVER [Épouse trop parfaite, Une] ▷4
É.-U. 1985. Drame psychologique d'Alan J. PAKULA avec Ben Masters, Kristy McNichol et Paul Shenar. - Une jeune musicienne demande à un spécialiste de l'étude des rêves de l'aider à exorciser des cauchemars. □ 13 ans+

DREAM TEAM, THE [Équipe de rêve, L'] ▷4
É.-U. 1989. Comédie dramatique de Howard ZIEFF avec Michael Keaton, Christopher Lloyd et Peter Boyle. - Les mésaventures d'un psychiatre du New Jersey et de quatre de ses patients en voyage à New York pour une partie de base-ball. □ Général ➔ DVD$

DREAM WITH THE FISHES [Grand saut, Le] ▷4
É.-U. 1997. Drame psychologique de Finn TAYLOR avec David Arquette, Brad Hunt et Cathy Moriarty. - Un leucémique en phase terminale et un solitaire aux pulsions suicidaires se lient d'amitié au fil de nombreuses péripéties. □ 16 ans+

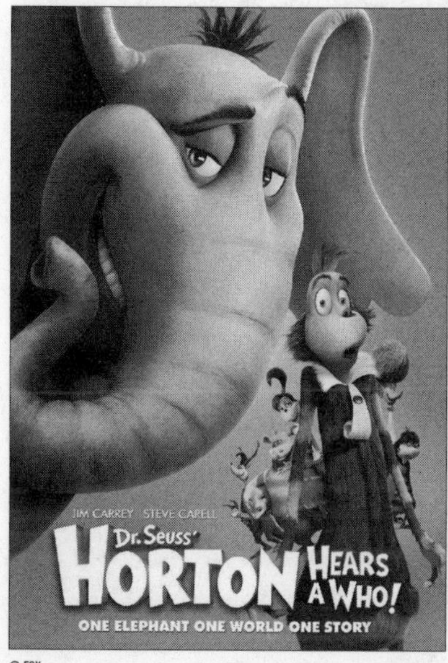

DREAMCHILD ▷3
ANG. 1985. Comédie dramatique de Gavin MILLAR avec Coral Browne, Ian Holm et Nicola Cowper. - Le voyage en Amérique d'une octogénaire anglaise qui, lorsqu'elle était fillette, inspira le conte d'Alice au pays des merveilles. - Réflexions insolites sur diverses facettes de l'agir humain. Évocation d'époque nostalgique. Notations psychologiques ambiguës. Excellente interprétation. □ Général

DREAMERS, THE *voir* **Innocents, Les**

DREAMGIRLS ▷3
É.-U. 2006. Drame musical de Bill CONDON avec Jennifer Hudson et Jamie Foxx. - Les tribulations professionnelles et amoureuses d'un trio de chanteuses afro-américaines durant les années 1960. - Adaptation flamboyante d'un spectacle de Broadway inspiré de la carrière du groupe The Supremes. Fascinante chronique sociale. Quelques longueurs et ruptures de ton. Répertoire riche, admirablement interprété. Mise en scène éclatante. Jeu vibrant des acteurs. ➜ DVD $

DREAMING OF RITA ▷4
SUÈ. 1995. Comédie de mœurs de Jorgen LINDSTRÖM avec Per Oscarsson, Marika Lagercrantz et Philip Zanden. - Accompagné de sa fille, un veuf âgé part à la recherche de son ancienne maîtresse qui ressemblait à Rita Hayworth.

DREAMLAND ▷4
É.-U. 2006. Drame de mœurs de Jason MATZNER avec Agnes Bruckner, Kelli Garner et Justin Long. - Dans un parc de maisons mobiles du Nouveau-Mexique, les rêves d'avenir d'une adolescente sont mis à l'épreuve de la réalité. ➜ DVD $

DREAMLIFE OF ANGELS, THE *voir* **Vie rêvée des anges, La**

DREAMS *voir* **Rêves**

DREAMS *voir* **Rêves de femmes**

DRESSED TO KILL ▷3
É.-U. 1980. Drame policier de Brian DE PALMA avec Nancy Allen, Michael Caine et Angie Dickinson. - Une prostituée et un adolescent cherchent à identifier un maniaque meurtrier. - Variations astucieuses sur un thème connu. Style fluide et envoûtant. Mise en scène d'une belle virtuosité. Interprétation dans la note. □ 18 ans+ ➜ DVD $

DRESSER, THE [Habilleur, L'] ▷3
ANG. 1983. Comédie dramatique de Peter YATES avec Albert Finney, Tom Courtenay et Eileen Atkins. - Un vieil acteur de théâtre, à l'article de la mort, réussit à tenir jusqu'à la fin de la représentation grâce aux efforts de son habilleur. - Adaptation fort réussie d'une pièce de théâtre. Savoureux duel d'acteurs. Mise en scène adroite. Ensemble coloré. □ Général ➜ DVD $

© KOCH

DRIFTWOOD [Geolière, La] ▷5
ANG. 1997. Drame psychologique de Ronan O'LEARY avec James Spader, Anne Brochet et Barry McGovern. - Une femme solitaire qui vit sur la côte recueille un naufragé amnésique à qui elle fait croire qu'ils sont seuls dans une île. □ 13 ans+ ➜ DVD $

DRILLER KILLER, THE
[Driller Killer/Abel Ferrara's Early Shorts]
É.-U. 1979. Abel FERRARA □ 18 ans+ · Érotisme ➜ DVD $

DRIVER'S SEAT, THE
ITA. 1973. Giuseppe PATRONI GRIFFI □ 13 ans+ ➜ DVD $

DRIVER, THE [Chauffeur à Gages, Le] ▷4
É.-U. 1978. Drame policier de Walter HILL avec Ryan O'Neal, Bruce Dern et Isabelle Adjani. - Un détective tend un piège à un aventurier qui met ses talents de chauffeur au service des criminels.
□ 13 ans+ ➜ DVD $

DRIVING LESSONS ▷5
ANG. 2005. Comédie dramatique de Jeremy BROCK avec Julie Walters, Rupert Grint et Laura Linney. - Un adolescent timide réprimé par une mère dévote devient l'assistant d'une vieille actrice excentrique.
➜ DVD $

DRIVING MISS DAISY [Miss Daisy et son chauffeur] ▷3
É.-U. 1989. Drame psychologique de Bruce BERESFORD avec Jessica Tandy, Morgan Freeman et Dan Aykroyd. - Dans un État du sud des États-Unis, une veuve septuagénaire se lie d'amitié avec son chauffeur de race noire. - Adaptation fidèle de la pièce d'Alfred Uhry. Mélange d'éléments sociaux et psychologiques. Mise en scène habile. Jeu convaincant des protagonistes. □ Général ➜ DVD $

DROIT DE PASSAGE *voir* **Crossing Over**

DRÔLE D'EMBROUILLE *voir* **Foul Play**

DRÔLE D'ENDROIT POUR UNE RENCONTRE ▷4
FR. 1988. Drame psychologique de François DUPEYRON avec Gérard Depardieu, Catherine Deneuve et André Wilms. - Une femme abandonnée par son mari et un médecin préoccupé par sa voiture font une rencontre impromptue dans une halte routière. □ Général

DRÔLE DE COUPLE *voir* **Odd Couple, The**

DRÔLE DE DRAME [Bizarre, bizarre] ▷3
FR. 1937. Comédie burlesque de Marcel CARNÉ avec Michel Simon, Louis Jouvet et Françoise Rosay. - Au début du XXe siècle, un romancier londonien controversé s'enfuit de chez lui à l'annonce de la visite de son cousin évêque. - Classique du cinéma français. Ensemble d'une fantaisie loufoque éblouissante. Humour subtil. Atmosphère irréelle teintée de poésie. Interprétation excellente.

DRÔLE DE FÉLIX [Funny Felix] ▷4
FR. 2000. Comédie dramatique d'Olivier DUCASTEL et Jacques MARTINEAU avec Sami Bouajila, Ariane Ascaride et Patachou. - Les diverses rencontres d'un jeune beur homosexuel qui traverse la France en autostop afin de se rendre chez son père qu'il n'a jamais connu.
□ 13 ans+

DRÔLE DE FLIC, UN [Super Fuzz] ▷4
ITA. 1980. Comédie de Sergio CORBUCCI avec Terence Hill, Ernest Borgnine et Joanne Dru. - Un policier doté de pouvoir s extraordinaires entre en lutte contre l'organisateur d'un trafic de fausse monnaie.
➜ DVD $

DRÔLE DE MAISONNÉE *voir* **House of Yes, The**

DRÔLE DE VIE *voir* **Life Is Sweet**

DRÔLES D'OTAGES *voir* **Ref, The**

DRÔLES DE JEUX *voir* **Funny Games**

DROP DEAD GORGEOUS [Beautés fatales] ▷5
É.-U. 1999. Comédie satirique de Michael Patrick JANN avec Kirsten Dunst, Ellen Barkin et Allison Janney. - Une équipe de cinéma tourne dans une petite ville un documentaire sur les préparatifs d'un concours de beauté pour adolescentes. □ Général ➜ DVD $

DROWNING BY NUMBERS ▷3
ANG. 1988. Comédie dramatique de Peter GREENAWAY avec Bernard Hill, Joan Plowright et Juliet Stevenson. - Pour échapper à la loi, trois femmes d'une même famille qui ont assassiné leurs conjoints demandent l'aide d'un coroner excentrique. - Œuvre froide et calculatrice mais fort intelligente. Surcharge ludique dans le traitement. Réalisation très élaborée. Jeu stylisé des actrices. □ 18 ans+

DROWNING POOL, THE [Toile d'araignée, La] ▷5
É.-U. 1975. Drame policier de Stuart ROSENBERG avec Paul Newman, Joanne Woodward et Tony Franciosa. - Un détective privé est appelé à la rescousse par une ancienne maîtresse victime d'un chantage. □ 13 ans+

DRUGSTORE COWBOY ▷3
É.-U. 1989. Drame de mœurs de Gus VAN SANT avec Matt Dillon, Kelly Lynch et James Le Gros. - Transporté en ambulance, un jeune homme se remémore les vols dans les pharmacies et dans les réserves d'hôpitaux qu'il faisait avec trois amis. - Vision réaliste et insolite du milieu de la drogue. Évocations poétiques assez surprenantes. Rythme irrégulier. Interprétation appropriée. □ 13 ans+ ➔ DVD$

DRUMLINE ▷4
É.-U. 2002. Comédie dramatique de Charles STONE III avec Nick Cannon, Zoe Saldana et Orlando Jones. - Dans une université d'Atlanta, un batteur talentueux mais indiscipliné doit mener sa fanfare à la victoire lors d'une importante compétition. □ Général ➔ DVD$

DRUMS ALONG THE MOHAWK ▷4
É.-U. 1940. Aventures de John FORD avec Henry Fonda, Claudette Colbert et Edna May Oliver. - À l'époque de la guerre de l'Indépendance, un jeune ménage est en butte aux tracasseries des Indiens excités par les Anglais. □ Général ➔ DVD$

DRUMS, THE [Alerte aux Indes] ▷4
ANG. 1938. Aventures de Zoltan KORDA avec Sabu, Roger Livesey et Raymond Massey. - Un régiment anglais des Indes sauve un jeune prince des menées meurtrières d'un oncle ambitieux. □ Général

DRUNKEN ANGEL *voir* **Ange ivre, L'**

DRUNKEN MASTER II [Ivresse au combat] ▷4
H.-K. 1994. Aventures de Liu CHIA-LIANG avec Jackie Chan, Ti Lung et Anita Mui. - Un expert dans l'art de l'ivresse au kung-fu affronte un diplomate britannique qui dérobe des objets d'art chinois. □ 13 ans+ · Violence ➔ DVD$

DRY CLEANING *voir* **Nettoyage à sec**

DRY WHITE SEASON, A ▷4
[Saison blanche et sèche, Une]
É.-U. 1989. Drame social de Euzhan PALCY avec Donald Sutherland, Zakes Mokae et Jurgen Prochnow. - Un professeur de Johannesburg, dont le jardinier noir a été tué par la police, décide de poursuivre les coupables en justice. □ 13 ans+ ➔ DVD$

DU BARRY WAS A LADY ▷5
E.-U. 1943. Comédie musicale de R. Del RUTH avec Red Skelton, Lucille Ball et Gene Kelly. - Après avoir avalé un narcotique, un préposé au vestiaire rêve qu'il est Louis XV et que la danseuse dont il est amoureux est la courtisane Du Barry. ➔ DVD$

DU HAUT DE LA TERRASSE
voir **From the Terrace**

DU PAIN ET DES ROSES *voir* **Bread and Roses**

DU PIC AU CŒUR ▷5
QUÉ. 2000. Comédie sentimentale de Céline BARIL avec Karine Vanasse, Tobie Pelletier et Xavier Caféïne. - Une adolescente vit avec un chanteur rock en feignant d'ignorer l'amour que lui porte un ami d'enfance. □ Général

DU RIFIFI CHEZ LES HOMMES [Rififi] ▷3
FR. 1955. Drame policier de Jules DASSIN avec Jean Servais, Robert Manuel et Carl Mohner. - Des gangsters qui ont commis un vol audacieux dans une bijouterie ont maille à partir avec une bande rivale qui veut s'emparer du butin ➔ DVD$

DU SOLEIL PLEIN LA TÊTE
voir **Eternal Sunshine of the Spotless Mind**

DUCHESS OF LANGEAIS, THE
voir **Ne touchez pas la hache**

DUCHESS, THE [Duchesse, La] ▷4
ANG. 2008. Drame historique de Saul DIBB avec Keira Knightley, Ralph Fiennes et Hayley Atwell. - Au XVIIIe siècle en Angleterre, la vie tumultueuse de Georgiana Spencer, épouse du Duc de Devonshire. □ Général ➔ DVD-BR$ DVD$

DUCHESSE DE LANGEAIS, LA
voir **Ne touchez pas la hache**

DUCHESSE, LA *voir* **Duchess, The**

DUCK SOUP ►2
É.-U. 1934. Comédie burlesque de Leo McCAREY avec les frères Marx, Margaret Dumont et Louis Calhern. - Une dame riche accepte de subventionner un petit pays si l'on nomme son ami dictateur. - Une réussite dans le genre loufoque. Comique plus verbal que visuel. Gags inventifs. Les frères Marx très en forme. □ Général

DUCK, YOU SUCKER *voir* **Fistful of Dynamite, A**

DUEL ▷3
É.-U. 1972. Drame de Steven SPIELBERG avec Dennis Weaver, Eddie Firestone et Jacqueline Scott. - Sur les routes de la Californie, un camion-citerne poursuit une voiture conduite par un démarcheur. - Récit haletant. Cadrages audacieux. Montage éloquent. Interprétation solide. □ Général ➔ DVD$

DUEL AT DIABLO [Bataille de la vallée du diable, La] ▷4
É.-U. 1965. Western de Ralph NELSON avec James Garner, Sidney Poitier et Bibi Andersson. - Un détachement de cavalerie en marche vers Fort Concho est attaqué par une troupe d'Apaches. □ 13 ans+ ➔ DVD$

DUEL AU SOLEIL *voir* **Tombstone**

DUEL DANS LA BOUE *voir* **These Thousand Hills**

DUEL DES GÉANTS, LE *voir* **Missouri Breaks, The**

DUEL IN THE SUN ▷4
É.-U. 1947. Western de King VIDOR avec Jennifer Jones, Gregory Peck et Joseph Cotten. - Une jeune métisse est convoitée par les deux fils d'un riche rancher. □ Général ➔ DVD$

DUELLISTS, THE ▷3
ANG. 1977. Drame de Ridley SCOTT avec Keith Carradine, Harvey Keitel et Cristina Raines. - Un officier de l'armée de Napoléon s'entête au long des années à provoquer un collègue en duel. - Adaptation d'une nouvelle de Joseph Conrad. Mise en scène soignée. Intensité dramatique. Évocation minutieuse du contexte historique. Interprétation convaincante. □ Général ➔ DVD$

DUET FOR ONE ▷4
ANG. 1986. Drame psychologique d'Andrei KONCHALOVSKY avec Julie Andrews, Alan Bates et Max Von Sydow. - Craignant la fin de sa carrière, une violoniste réputée qui est atteinte de sclérose en plaques se confie à un psychiatre. □ Général

DULHA DULHAN
IND. 1964. Ravindra DAVE ➔ DVD$

DUMA ▷3
É.-U. 2005. Aventures de Carroll BALLARD avec Alexander Michaletos, Eamonn Walker et Hope Davis. - Le guépard qu'il avait recueilli bébé ayant atteint l'âge adulte, un enfant traverse le désert du Kalahari afin de le retourner à son habitat naturel. - Odyssée initiatique riche en réflexions philosophiques. Personnages bien dessinés. Photographie riche et texturée, mettant en valeur des paysages somptueux et contrastés. Réalisation soignée. Bons interprètes. ➔ DVD$

DUMBLAND
É.-U. 2002. David LYNCH ➔ DVD$

DUMBO ▷4
É.-U. 1941. Dessins animés de Ben SHARPSTEEN. - Un éléphant né dans un cirque est affligé d'immenses oreilles qui font de lui un objet de moqueries. □ Général ➔ DVD$

DUMMY ▷5
É.-U. 2002. Comédie de mœurs de Greg PRITIKIN avec Adrien Brody, Illeana Douglas et Milla Jovovich. - Un ventriloque timoré issu d'une famille dysfonctionnelle s'efforce de conquérir le cœur d'une jeune célibataire. ➔ DVD$

DUMPLINGS (THREE... EXTREMES)
COR. H.-K. JAP. 2004. Fruit CHAN

DUNE [Dune - Extended Edition] ▷3
É.-U. 1984. Science-fiction de David LYNCH avec Kyle MacLachlan, Kenneth McMillan et Francesca Annis. - En l'an 10991, deux clans se disputent l'exploitation de la planète Dune, source unique d'une épice très recherchée. - Adaptation du célèbre roman de Frank Herbert. Illustration originale. Trucages impressionnants. □ 13 ans+ ➔ DVD$

DUNWICH HORROR, THE ▷4
É.-U. 1970. Drame fantastique de Daniel HALLER avec Sandra Dee, Dean Stockwell et Ed Begley. - Un jeune homme et une jeune femme participent à des expériences de sorcellerie. ➔ DVD$

DUO ▷5

CAN. 2006. Comédie sentimentale de Richard CIUPKA avec Anick Lemay, François Massicotte et Serge Postigo. - Lors d'un festival en région, deux agents d'artistes rivalisent d'audace pour convaincre un chanteur populaire à la retraite de remonter sur scène. ➜ DVD $

DUPLICITY [Duplicité] ▷3

É.-U. 2009. Comédie d'espionnage de Tony GILROY avec Julia Roberts, Clive Owen et Paul Giamatti. - Devenus amants, deux spécialistes du contre-espionnage industriel à la solde de sociétés rivales montent ensemble un coup fumant. - Intrigue captivante et complexe reposant sur la dualité des deux personnages principaux. Dialogues savoureux. Réalisation sophistiquée et très fluide. J. Roberts et C. Owen irrésistibles et bien assortis. □ Général

DUR À CROQUER *voir* **Hard Candy**

DURE RÉALITÉ *voir* **Sitting in Limbo**

DURIAN, DURIAN ▷4

H.-K. 2000. Drame de mœurs de Fruit CHAN avec Qin Hailu, Mak Wai Fan et Biao Xiao Ming. - Dans un quartier populaire de Hong Kong, une prostituée sympathise avec une fillette de huit ans avant de retourner vivre dans le nord de la Chine où elle est née.

DUST TO DUST *voir* **Por la libre**

DUTCH ▷4

É.-U. 1991. Comédie de Peter FAIMAN avec Ed O'Neill, Ethan Randall, Christopher McDonald et Jobeth Williams. - Un joyeux luron profite d'un voyage parsemé d'imprévus pour se gagner l'amitié du fils de sa nouvelle amie, un enfant au caractère très difficile.
□ Général ➜ DVD $

DYING GAUL, THE ▷4

É.-U. 2005. Drame de mœurs de Craig LUCAS avec Peter Sarsgaard, Campbell Scott et Patricia Clarkson. - En deuil de son conjoint mort du sida, un scénariste est initié au monde du cinéma par un producteur de Hollywood qui l'a convaincu de transformer son scénario.
➜ DVD $

DYING OF LAUGHTER

ESP. 1999. Alex DE LA IGLESIA ➜ DVD $

DYING YOUNG [Trève pour l'amour, Une] ▷4

É.-U. 1991. Drame sentimental de Joel SCHUMACHER avec Julia Roberts, Campbell Scott et Vincent d'Onofrio. - Un jeune leucémique tombe amoureux de l'infirmière qui prend soin de lui à domicile.
□ Général ➜ DVD $

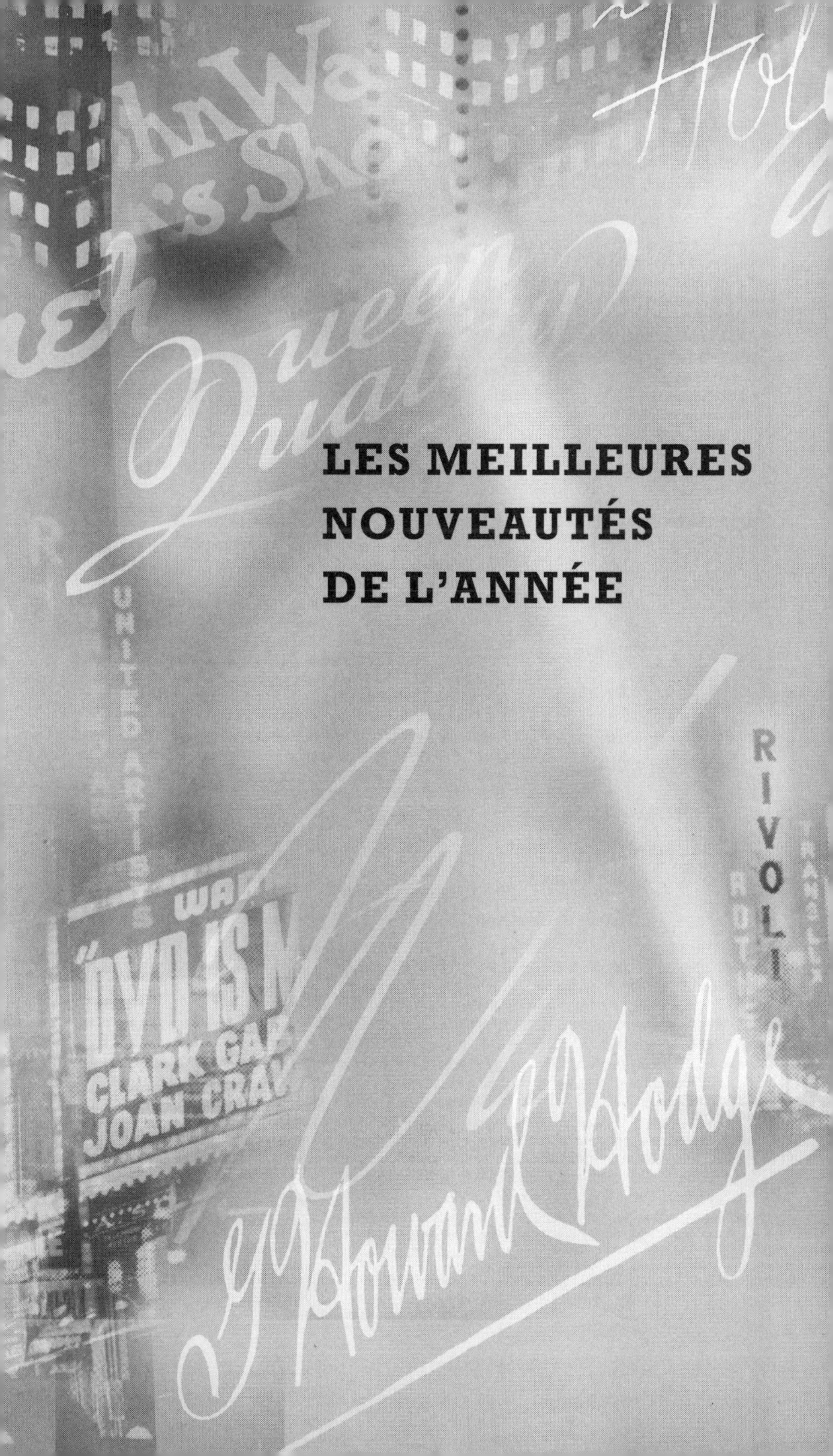

LES MEILLEURES NOUVEAUTÉS DE L'ANNÉE

À L'OUEST DE PLUTON ▷4

CAN. 2008. 105 min. Comédie de mœurs de Myriam VERREAULT et Henri BERNADET avec David Bouchard, Sandra Jacques et Alexis Drolet. - Une journée dans la vie d'adolescents habitant un quartier résidentiel en banlieue de Québec. En classe, l'un d'eux déplore que Pluton ait perdu son statut de planète. Un autre disserte sur le beurre d'arachides et une autre exprime son intérêt pour Ben Affleck. Pendant ce temps, dans le local de musique, deux copains cherchent un nom pour leur groupe de rock. - Tourné avec trois fois rien mais beaucoup de détermination, *À l'ouest de Pluton* se révèle fort attachant. Avec une grande justesse de ton, passant sans heurts des moments loufoques aux passages dramatiques, Henri Bernadet et Myriam Verreault ont su capter à merveille le vécu des adolescents d'aujourd'hui. Certes, le sujet rebattu donne lieu à des développements peu originaux, mais il a le mérite d'être traité avec sincérité. Modeste et fonctionnelle, la mise en scène comporte néanmoins quelques plans oniriques très maîtrisés. Les dialogues souvent hilarants sont le fruit de la collaboration assidue entre les cinéastes et leurs jeunes interprètes non professionnels, tous confondants de naturel.

© SÉVILLE

ALL THE DAYS BEFORE TOMORROW ▷4

CAN. 2008. 100 min. Comédie dramatique de François DOMPIERRE avec Joey Kern, Alexandra Holden et Richard Roundtree. - Avant d'aller rejoindre son amoureux à Tokyo, où elle habite désormais, Alison s'invite pour une dernière soirée chez son ami Wes. Bien que leur relation ait toujours été amicale et purement platonique, une ambiguïté persiste entre eux. Au fil des réminiscences, les deux jeunes gens réalisent qu'ils devraient être ensemble. - Ce premier long métrage du Québécois François Dompierre part d'une prémisse connue (l'amour contrarié par l'une des parties déjà en couple) pour broder un récit au ton singulier et personnel, dont les intermèdes surréalistes irrésistibles viennent renforcer l'effet charmeur. L'humour doux-amer sied bien à l'ensemble de même que le choix, pour raconter l'histoire piquée de quelques longueurs, d'une temporalité morcelée. La réalisation attentive tire en outre le meilleur parti d'un budget très modeste. La photographie est soignée et l'interprétation, naturelle et spontanée.

©K-FILMS

ANGEL ▷3

FR. 2006. 134 min. Mélodrame de François OZON avec Romola Garai, Sam Neill et Michael Fassbender. - Angleterre, 1905. Fille d'une modeste épicière, Angel Deverell rêve de devenir une idole de la littérature. Malgré un style discutable, son premier manuscrit est publié à Londres. Le succès est instantané et Angel devient la coqueluche de l'heure. Elle s'éprend alors d'Esmé, un peintre aussi séduisant que torturé. Mais son union avec l'artiste provoque une série de revers personnels qui la mèneront aux confins de la folie. - Pour porter à l'écran sa vision du roman d'Elizabeth Taylor, écrit en 1957, François Ozon (*8 Femmes*) s'est inspiré de nombreux mélodrames hollywoodiens, du *Jezabel* de Wyler au *Madame Bovary* de Minnelli, qu'il détourne plus qu'il ne les imite. Le traitement visuel particulier, légèrement décalé, dénote un travail évident sur les couleurs et les textures, tandis que certains procédés techniques confèrent au film un style délibérément désuet. Production inclassable, *Angel* ne fera pas consensus, mais la virtuosité d'Ozon y est plus que jamais manifeste. Dans le rôle-titre, Romola Garai (*Expiation*) est remarquable.

© SÉVILLE

ANNA M. ▷3

FR. 2006. 106 min. Drame psychologique de Michel SPINOSA avec Isabelle Carré, Gilbert Melki et Anne Consigny. - Dépressive, Anna se jette sous les roues d'une voiture. Blessée à une jambe, elle est soignée par le docteur André Zanevsky, dont elle tombe amoureuse. À peine sortie de l'hôpital, la jeune femme relance le médecin, qui accepte d'aller prendre un café avec elle. Mais lorsqu'il l'éconduit, Anna se met à le harceler, convaincue de la force de leur amour. Commence pour André un véritable enfer. - *Anna M.* illustre de façon puissante et dérangeante un pathétique cas d'érotomanie. Michel Spinosa est parvenu à un habile équilibre entre étude clinique et éléments de thriller, les phases successives de cette psychose délirante (illumination, espoir, dépit, haine) correspondant à autant d'étapes douloureuses et angoissantes dans la vertigineuse plongée intérieure de la protagoniste. En dépit de quelques développements invraisemblables, *Anna M.* s'avère captivant, grâce à une mise en scène précise, génératrice d'une tension prenante. Formidable d'intensité, Isabelle Carré réussit à rendre émouvant et fragile un personnage souvent détestable et menaçant.

© FILMOPTION (DISTRIBUTION SELECT)

© SONY

ASHES OF TIME REDUX [Les cendres du temps Redux] ▷4

H. K. 2008. 93 min. Film d'arts martiaux de WONG Kar-Wai avec Leslie Cheung, Tony Leung Ka Fai et Brigitte Lin. - Rejeté par une femme qui lui a préféré son frère, Ouyang Feng part s'établir seul dans une auberge au milieu du désert. Afin de subvenir à ses besoins, le jeune homme embauche des tueurs à gages formés aux arts martiaux. Or, voilà qu'un jour, sa tête est mise à prix par Murong Yin, qui a juré de venger l'honneur de sa sœur, que l'aubergiste avait promis d'épouser. - Depuis 1994, différentes versions d'*Ashes of Time* circulent de par le monde. Par souci de perfection, Wong Kar-wai en propose ici une qui se veut simplifiée et définitive. Écourtée de quelques minutes, cette version s'avère néanmoins tout aussi dense et opaque que l'originale. Prenant sa source dans un roman de sabre de Louis Cha, cette œuvre à la mise en scène esthétisante adopte un ton encore plus lyrique et mélancolique qu'à l'origine, grâce entre autres à la trame sonore. Par ailleurs, les couleurs de la superbe photographie de Christopher Doyle ont été saturées afin d'offrir des jaunes et des orangés plus vifs et contrastés. Enfin, l'interprétation demeure solennelle.

BABINE ▷4

QUÉ. 2008. 110 min. Conte de Luc PICARD avec Luc Picard, Vincent-Guillaume Otis et Alexis Martin. - À Saint-Élie de Caxton, les habitants les plus superstitieux, dont un barbier ivrogne et une commère enceinte depuis vingt ans, attribuent à Babine, fils simple d'esprit d'une guérisseuse peu avenante surnommée La Sorcière, tous les malheurs qui s'abattent sur le village. Lorsque l'église flambe, avec dedans le bienveillant Vieux Curé, le successeur fanatique de ce dernier s'empresse de faire condamner à mort le fou inoffensif en lui arrachant une confession sous la menace. Le garçon naïf et rêveur parvient cependant à s'échapper, grâce à l'aide de l'avisé Toussaint Brodeur, marchand général et éleveur de mouches, qui est presque devenu un père. - Après un premier opus très personnel (*L'Audition*), l'acteur-cinéaste Luc Picard pénètre pour son deuxième dans l'univers d'un autre, à savoir celui du conteur Fred Pellerin. La fantaisie et la parlure imagée de ce dernier sont fidèlement transposés au grand écran, dans un récit agréable et bon enfant, truffé de trouvailles ingénieuses ou attendrissantes. Le tout campé dans un décor féérique et hors du temps à la Tim Burton, mais au sein duquel figurent des répliques exactes de certaines maisons du fameux village natal de Pellerin. Cela dit, le scénario, adapté de divers contes mettant en vedette le lunaire Babine, aurait gagné à être plus resserré. Aussi, la dénonciation des superstitions et des fanatismes religieux (avec un clin d'œil facile à George W. Bush) ne brille guère par sa subtilité. Et si la réalisation est assurée, en revanche, la qualité des effets spéciaux s'avère inégale.

© TVA FILMS

BEN X ▷3

BEL. 2007. 93 min. Drame de Nic BALTHAZAR avec Greg Timmermans, Marijke Pinoy et Laura Verlinden. - Ben, adolescent autiste, subit harcèlement et mauvais traitements de la part de ses camarades de classe. Pour échapper à son enfer quotidien, il se réfugie dans l'univers virtuel d'un jeu en ligne au carrefour du fantastique et de la chevalerie, dans lequel son alias Ben X triomphe. Il y fait bientôt la connaissance de Scarlite, une joueuse, qui, affirmant être son ange gardien, lui suggère un plan libérateur. - *Ben X* embrasse de nombreux thèmes bouleversants: autisme, persécutions, suicide, etc. Le style privilégié par Nic Balthazar se situe à la frontière du documentaire, du fantastique et du drame social. Abstraction faite d'un dénouement un peu appuyé, le cinéaste réussit, à l'aide d'une mise en scène roublarde, l'exercice périlleux du métissage des mondes réel et virtuel en intégrant des séquences «tournées» dans le cyberespace. Grâce à un travail sonore et visuel très soigné, le film nous fait pénétrer virtuellement dans la tête du protagoniste. Celui-ci est campé avec brio par le nouveau venu Greg Timmermans.

© EQUINOXE

© ALLIANCE

BLINDNESS [L'aveuglement] ▷4

CAN. 2008. 121 min. Drame fantastique de Fernando MEIRELLES avec Julianne Moore, Mark Ruffalo et Alice Braga. - Dans une grande ville, diverses personnes sont soudainement atteintes d'une inexplicable cécité. Frappé par cette curieuse épidémie, un ophtalmologiste réputé est mis en quarantaine, avec d'autres victimes, par les autorités publiques. Son épouse, mystérieusement épargnée, feint d'être contaminée pour rester avec lui. Confiné dans un édifice délabré, le groupe tente de s'organiser pour survivre. - Le scénariste canadien Don McKellar et le cinéaste brésilien Fernando Meirelles livrent, avec *L'Aveuglement*, une adaptation saisissante, quoiqu'un brin didactique, du roman de l'écrivain portugais José Saramago. Campé dans une grande ville aux contours indéfinis où les personnages n'ont pas de nom, le film se distingue par son traitement visuel halluciné, aux couleurs vives et saturées, qui forge un troublant climat de paranoïa et d'anarchie. La mise en scène virtuose et le montage fébrile contribuent aussi au sentiment d'urgence qui se dégage de l'ensemble. Au sein d'une admirable distribution, Julianne Moore (*Les Fils de l'homme*) s'avère remarquable.

BRAND UPON THE BRAIN! ▷3

CAN. 2006. 95 min. Drame fantastique de Guy MADDIN avec Gretchen Krich, Sullivan Brown et Katherine E. Scharhon. - À la demande de sa mère mourante, Guy Maddin retourne sur l'île où sa famille a longtemps vécu. Ce faisant, il se remémore son enfance, alors que sa mère était la directrice d'un orphelinat. Guy est même hanté par le souvenir de Wendy, une jeune détective, venue sur l'île pour enquêter sur la nature des étranges trous que tous les petits orphelins avaient derrière la tête. - Depuis plus de vingt ans, le Canadien Guy Maddin poursuit une œuvre singulière. Sa dernière réalisation est un nouveau conte surréaliste regorgeant de trouvailles surprenantes, dont l'esprit alterne entre candeur et cruauté, absurde et mélancolie. Soi-disant inspiré des souvenirs d'enfance du cinéaste, le récit convoque les frères Grimm, l'expressionnisme allemand et David Lynch. La facture visuelle, inspirée du cinéma muet, est audacieuse et fascinante. Au montage, Maddin brouille passé, présent, rêve et réalité, créant un saisissant effet d'hypnose. À la manière du cinéma des premiers temps, les acteurs recherchent moins la vraisemblance psychologique que l'expression brute et expressive.

© WARNER MUSIC CANADA

BURN AFTER READING [Lire et détruire] ▷**3**

É.-U. 2008. 96 min. Comédie de Joel et Ethan COEN avec George Clooney, Frances McDormand et Brad Pitt. - Furieux contre la CIA, qui l'a forcé à démissionner, Osborne Cox décide de se venger en écrivant ses mémoires. Mais le manuscrit tombe accidentellement entre les mains de Linda et Chad, employés d'un centre de conditionnement physique. Décidés à en tirer profit, les deux collègues s'embarquent dans un projet de chantage, qui déclenchera une série d'incidents potentiellement meurtriers. - Avec *Lire et détruire*, les frères Coen signent une comédie absurde bien de leur cru, désinvolte en apparence, très articulée en vérité, conjuguée sur les thèmes de l'outrecuidance des décideurs et de l'impuissance des petits. Le scénario nous emporte dans une sorte de ronde au cœur du Washington contemporain, où l'infiniment petit (deux naïfs besogneux) et l'infiniment grand (l'aristocratie de la Capitale américaine) se rejoignent accidentellement, au gré de situations cocasses, voire désopilantes. À l'unisson, les acteurs jouent leur partition, ici de façon caricaturale, là de manière plus nuancée, dans un ensemble résolument cohérent.

© ALLIANCE

© SÉVILLE

C'EST PAS MOI, JE LE JURE! ▷**4**

QUÉ. 2008. 110 min. Comédie dramatique de Philippe FALARDEAU avec Antoine L'Écuyer, Daniel Brière et Suzanne Clément. - L'année 1968 marque un tournant dans la vie du petit Léon Doré, dix ans. Sa fausse tentative de suicide, par pendaison, passe à un doigt de réussir. Peu après, sa mère neurasthénique, qui étouffe auprès de son mari, part s'établir en Grèce, laissant leurs deux fils à ses soins. Tandis que son frère aîné cultive sa rancœur, Léon pille et met sens dessus dessous la maison des voisins partis en vacances, feint un handicap visuel pour justifier ses mauvaises notes en classe, manipule son père. À l'exception de Léa, la jeune voisine qui voit clair dans son jeu et qui va aider Léon à voler de l'argent afin qu'il puisse s'acheter un billet d'avion pour la Grèce. - Ce troisième long métrage de Philippe Falardeau (après *La Moitié gauche du frigo* et *Congorama*) tire sa sève, non pas d'un seul mais de deux romans autobiographiques de Bruno Hébert. Ce qui pourrait expliquer que le film, dont le foyer dramatique apparaît d'entrée de jeu bien défini, avance ensuite en zig-zags, suivant un arc plus ou moins bien défini, avec plusieurs options de dénouement en cours de route. C'est là le principal bémol à apporter à cette méditation émouvante et drôle sur le thème de la famille éclatée. Celle-ci se distingue par la qualité de sa mise en scène, jamais poseuse, toujours ferme et inventive, et la belle sobriété de sa direction artistique, qui évite le piège de la nostalgie. À cet égard, la partition de l'auteur-compositeur Patrick Watson chevauche les époques et apporte une couleur mélancolique parfaitement adaptée aux états d'âme de Léon, campé avec un naturel sidérant par le petit Antoine L'Écuyer.

CARAMEL ▷**4**

LIB. 2007. 95 min. Comédie de mœurs réalisée et interprétée par Nadine LABAKI avec Nadine Labaki, Yasmine Al Masri et Adel Karam. - Dans un quartier populaire de Beyrouth, Layale dirige son institut de beauté où ses copines Nisrine et Rima lui prêtent main forte. À l'abri du monde extérieur, entre mise en pli et épilation au caramel, clientes et employées se confient leurs secrets, se racontent leurs petites et grandes misères. Néanmoins, malgré les aléas du quotidien, toutes gardent le sourire. - Sous ses dehors désinvoltes, *Caramel* recèle une multitude d'observations sociologiques très riches. Nadine Labaki a réussi à encapsuler dans son joli premier film la réalité de la société libanaise contemporaine, déchirée entre tradition et modernité, posant son regard bienveillant sur des femmes aux prises avec des problèmes de tous les jours. Toutes sont campées avec assurance et naturel par des comédiennes pour la plupart non professionnelles. Le style vif et coloré de Labaki trouve son équivalent dans la palette privilégiée par le directeur photo, qui rappelle la patine dorée du caramel. Le ton d'ensemble, flottant entre légèreté et gravité, est enrobé d'une bonne couche d'autodérision.

© SÉVILLE

CASSANDRA'S DREAM **[Le rêve de Cassandre]** ▷4

ANG. 2007. 108 min. Comédie dramatique de Woody ALLEN avec Ewan McGregor, Colin Farrell et Hayley Atwell. - Bien que très différents, Ian Blaine et son frère Terry ont en commun leur ambition. Le premier rêve de faire fortune dans l'immobilier, tandis que le second compte sur sa bonne étoile aux courses. Tous deux ayant besoin d'argent, ils font appel à leur oncle millionnaire. Lequel, en échange d'une forte somme, leur demande de tuer un ancien partenaire d'affaires qui s'apprête à témoigner contre lui. - Méditation sur le thème de «Crime et Châtiment», *Le Rêve de Cassandre* fait l'effet, dans la galaxie de Woody Allen, d'un satellite de *Balle de match* éclairé par le soleil de *Crimes et délits*. Le thème principal (le meurtre par ambition) ainsi que la très belle musique de Philip Glass évoquent en effet les principaux motifs de ces deux grands crus. À la différence notable que le scénario documente ici une chute sans espoir vers le bas, à grands renforts d'humour noir et dans un style naturaliste étonnant. Puis, peu à peu, le ton badin passe à l'acide, et le drame s'installe à demeure. Le scénario manque parfois de nuance et la réalisation, de vigueur, mais les acteurs se donnent sans compter, à commencer par Colin Farrell.

© SÉVILLE

LES CHANSONS D'AMOUR ▷4

FR. 2007. 95 min. Comédie musicale de Christophe HONORÉ avec Louis Garrel, Ludivine Sagnier et Clotilde Hesme. - Ismaël, jeune journaliste, fait ménage à trois avec Julie, sa compagne depuis huit ans, et Alice, une collègue de travail. Sans être toujours harmonieuse, leur relation est placée sous le signe de la légèreté. Mais tout bascule lorsque Julie meurt subitement. Malgré l'affection de sa belle-famille, Ismaël se replie sur lui-même, puis trouve un certain réconfort dans les bras d'un lycéen. - Film chanté doux-amer sur le thème du deuil et de la renaissance de l'amour, *Les Chansons d'amour* vire progressivement à la tragédie existentielle empreinte de mélancolie. Étonnamment sobre, chiche en chorégraphies élaborées, la réalisation est néanmoins vivante et assurée. Généreuses en images poétiques fortes, les paroles des chansons d'Alex Beaupain s'intègrent merveilleusement bien au récit. Dommage, dans ces circonstances, que les mélodies du compositeur soient si peu mémorables. Celles-ci sont entonnées avec aplomb mais un inégal bonheur par les comédiens, au demeurant très justes dans le registre dramatique.

© SÉVILLE

LA CITÉ DES HOMMES ▷4

BRÉ. 2007. 106 min. Drame de Paulo MORELLI avec Douglas Silva, Darlan Cunha et Jonathan Haagensen. - À 18 ans, Ace et Wallace, nés dans une favela de Rio de Janeiro, rêvent d'une vie meilleure. Alors que le premier appréhende le départ de sa copine, Wallace part à la rencontre de son père, sorti de prison récemment. Au même moment, une guerre éclate au sein de la bande des deux garçons, provoquant une scission. Du coup, Ace et Wallace se retrouvent dans des clans opposés. - Moins ambitieux sur le plan de la forme que *Cité de dieu* de Fernando Meirelles et Katia Lund, *La Cité des hommes* n'en constitue pas moins une crédible et dynamique incursion dans les bas-fonds de Rio de Janeiro. Imposant un rythme soutenu, Paulo Morelli exploite à son plein potentiel les rues escarpées des favelas à flanc de montagne où éclatera la guerre des gangs. Sur le plan de l'intrigue toutefois, Morelli donne dans le téléromanesque: certains revirements semblent tirés par les cheveux et la dictature du *happy end*, auquel le scénario cède en partie, paraît artificiel dans le contexte. Les jeunes acteurs livrent une interprétation naturelle.

© ALLIANCE

CONTROL [Contrôle] ▷4

ANG. 2007. 121 min. Drame biographique de Anton CORBIJN avec Sam Riley, Samantha Morton et Alexandra Maria Lara. - Issu d'une famille modeste du Nord de l'Angleterre, Ian Curtis, la jeune vingtaine, néglige son petit boulot de fonctionnaire pour se consacrer à la musique. Le groupe auquel il s'est greffé, Joy Division, connaît un certain succès à la fin des années 1970. Et pour cause: chanteur doté d'une présence fascinante, Curtis transforme chaque spectacle en événement. - Fervent admirateur de Joy Division, le réalisateur de vidéoclips Anton Corbijn a bien connu les membres de la formation. Son portrait y gagne une qualité documentaire non négligeable. Cela dit, le recul aidant, le regard de Corbijn se fait plus objectif qu'admiratif, et son scénario s'en tient aux faits. Si bien que l'histoire de Curtis, tissée de drames ordinaires, n'atteint jamais la magnitude des grands mythes rock connus. Elle tient plutôt de la tragédie intimiste, que le cinéaste s'applique à dépeindre avec soin. En homme d'images, il a conçu un pur délice en noir et blanc, qui restitue parfaitement le caractère glauque du paysage industriel anglais. Dans le rôle de Curtis, Sam Riley s'avère des plus convaincants.

© ALLIANCE

© PARAMOUNT

THE CURIOUS CASE OF BENJAMIN BUTTON ▷3

[L'étrange histoire de Benjamin Button]

É.-U. 2008. 159 min. Chronique de David FINCHER avec Brad Pitt, Cate Blanchett et Taraji P. Henson. - À sa naissance, en 1918, Benjamin Button a l'apparence et les caractéristiques d'un vieillard. Abandonné par son père sur le seuil d'une maison pour personnes âgées de la Nouvelle-Orléans, il est recueilli et élevé par Queenie, qui tient l'établissement où, en grandissant, le vieillard-enfant se confond avec la clientèle. Pour un temps du moins, car Benjamin, à l'inverse du reste du monde, rajeunit de jour en jour. À vingt ans, l'air de soixante, il prend la mer, sur un chalutier, et connaît par la suite diverses aventures. Mais outre Queenie, une seule femme occupe ses pensées: Daisy, ballerine dont il est tombé amoureux autrefois, et avec qui il va vivre un grand amour lorsque leurs âges se croiseront. - David Fincher signe une adaptation sublime et sobrement insolite d'une nouvelle de Francis Scott Fitzgerald. D'entrée de jeu, le climat moite de la Nouvelle-Orléans, ainsi que le rythme indolent, nous plongent dans une réflexion sur le rapport au temps et sur le long chemin qui sépare la naissance de la mort. Brad Pitt se surpasse dans le rôle exigeant de ce Dorian Gray malgré lui, incapable d'arrêter le temps qui le force à prendre le chemin contraire de ceux qu'il aime. Il se dégage de sa fatalité assumée en silence une mélancolie prenante, dont les motifs ne sont pas sans rappeler ceux de «Gatsby le magnifique», du même romancier. Cette production haut de gamme, plutôt classique dans ses contours, repose sur un traitement visuel fin, jamais tapageur, hautement texturé et riche en détails. Si bien qu'un seul visionnement ne peut suffire à nous en faire apprécier toute la richesse.

THE DARK KNIGHT [Le chevalier noir] ▷3

É.-U. 2008. 152 min. Science-fiction de Christopher NOLAN avec Christian Bale, Heath Ledger et Aaron Eckhart. - Le nouveau procureur général de Gotham, le courageux Harvey Dent, vient à peine d'être nommé lorsque le Joker prend la ville d'assaut à coups de braquages et de tueries. S'associant avec les ténors du crime organisé, le psychopathe balafré poursuit son objectif: neutraliser Batman en l'obligeant à se démasquer publiquement, sous la menace d'un meurtre par jour. - Après un époustouflant *Batman: le commencement*, Christopher Nolan (*Mémento*) récidive avec ce second épisode redoutablement efficace des aventures de Batman, porté par feu Heath Ledger. Le scénario, à l'humeur encore plus sombre et mélancolique que le précédent, offre peu d'espoir de voir se redresser un monde gangréné par le crime et la corruption. Tournant le dos à la lumière, Nolan sonde les ténèbres de l'âme, tant celle du vilain de service que celle du héros, sauveur rongé par le doute, auquel Christian Bale confère une grande complexité psychologique. La réalisation technique, ainsi que la direction d'acteurs, sont impeccables.

© WARNER

DE L'AUTRE CÔTÉ ►2

ALL. 2007. 122 min. Drame de Fatih AKIN avec Baki Davrak, Nurgül Yesilçai et Hanna Schygulla. - À Brême, un immigré turc tue accidentellement une compatriote prostituée. Le fils du criminel se rend alors en Turquie dans l'espoir de retrouver la fille de la défunte. Or, il ignore que cette dernière, une activiste, a fui son pays et s'est réfugiée en Allemagne. À Hambourg, la jeune fille sans le sou est secourue par une étudiante allemande. Lorsque la jeune Turque est déportée, sa bienfaitrice part pour Istanbul afin de lui venir en aide. - Né en Allemagne de parents turcs, Fatih Akin poursuit l'exploration de ses racines métissées, cette fois à travers un récit tour à tour dur et émouvant, sur les thèmes de la mort et de la réconciliation. En fait, l'auteur aborde de nombreux autres sujets, dont l'intégrisme religieux, la misère sexuelle, la lutte pour les droits individuels et l'importance de l'éducation, au fil d'un scénario elliptique, bien structuré, qui réserve autant de coïncidences commodes que de rencontres manquées. La mise en scène soignée d'Akin met en relief les beautés contrastées de ses deux patries, filmées avec une affection palpable. Les comédiens offrent tous de magistrales interprétations, souvent bouleversantes.

© MÉTROPOLE

DÉLICE PALOMA ▷3

FR. 2007. 134 min. Drame social de Nadir MOKNÈCHE avec Biyouna, Nadia Kaci et Aylin Prandi. - À sa sortie de prison, où elle a purgé une peine de trois ans, Madame Aldjéria découvre une Alger inhospitalière et en pleine mutation. Néanmoins résolue à y retrouver sa place, la vieille marchande de services en tous genres se remémore les petites et grandes combines qui, devant assurer, à elle et aux siens, une place au soleil, ont finalement provoqué sa chute. - Après le dispersé *Viva Laldjéria*, Nadir Moknèche revient en force avec un troisième film, un vibrant portrait de femme, miroir d'une Algérie un peu dépassée par ses propres mutations. Maîtrisé, concerté, *Délice Paloma* jouit au surplus d'une approche narrative ambitieuse, feuilletonesque, avec force retours en arrière, parfois emboîtés l'un dans l'autre. La mise en scène assurée, ainsi que la direction photo, colorée mais naturelle, constituent d'autres atouts non négligeables du film. Mais plus que tout, la réussite de celui-ci est attribuable à Biyouna, égérie du jeune cinéaste, dont la présence ardente rappelle les compositions à la fois tragiques et robustes d'Anna Magnani.

© MÉTROPOLE

DOUBT [Doute] ▷4

É.-U. 2008. 104 min. Drame psychologique de John Patrick SHANLEY avec Meryl Streep, Philip Seymour Hoffman et Amy Adams. - Bronx, 1964. Sur la foi du témoignage nébuleux de la douce Sœur James, institutrice sous ses ordres, l'acariâtre Sœur Aloysius, directrice d'une école catholique, se convainc que le père Flynn entretient une relation interdite avec Donald, le premier élève afro-américain admis dans l'établissement. Ni les doutes de la jeune enseignante, ni les protestations du prêtre charismatique, aux méthodes pédagogiques radicalement opposées à celles prescrites par Sœur Aloysius, ne parviennent à détromper cette dernière. Débute alors un duel entre la directrice et le prêtre, dont l'enfant ne serait plus que le prétexte et Sœur James, le malheureux témoin. - John Patrick Shanley aurait-il manqué de recul? Le reproche peut paraître futile devant la réussite modeste mais incontestable de *Doute*, qu'il a lui-même adapté de sa pièce, récipiendaire du Prix Pulitzer. Mais on ne peut s'empêcher de se demander comment un autre cinéaste aurait interprété ce texte dense et passionnant sur les apparences trompeuses et la peur du changement. Et pour cause: l'adaptation de Shanley, basique et proche du texte, un brin maniérée dans sa mise en scène, décloisonne le huis clos comme on s'acquitte d'une formalité, et sans convaincre de la nécessité de le faire. Film de mots, dits et non dits, *Doute* est, par conséquent, un film d'acteurs. Amy Adams et Philip Seymour Hoffman sont excellents, aux côtés d'une Meryl Streep qui mord à belles dents dans les répliques avantageuses de la directrice dragonne.

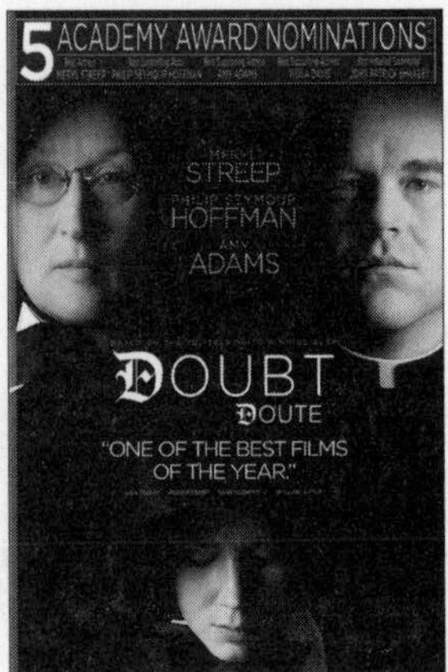

© MAPLE/LIONS GATE

DR. SEUSS' HORTON HEARS A WHO! ▷3

[Horton entend un qui!]

É.-U. 2008. 88 min. Film d'animation de Jimmy HAYWARD et Steve MARTINO. - L'éléphant Horton entend un petit cri provenant d'une poussière en suspension dans l'air. Après avoir réussi à la fixer sur une fleur, l'animal entend s'élever une voix. C'est celle du maire de Quiville, une communauté imperceptible à l'œil nu, contenue dans cette poussière, que Horton se donne pour mission de mettre à l'abri des intempéries. Mais son projet est contrecarré par un kangourou en mal de pouvoir. - Cette adaptation d'un conte de Dr. Seuss s'avère des plus réussies. Et cette réussite, nous la devons aux concepteurs des deux *Ère de glace*, qui ont trouvé un scénario à la hauteur de la virtuosité technique de leur équipe de production. Mis au goût du jour, avec quelques clins d'œil amusants à la culture populaire, le récit n'a rien perdu de sa fraîcheur, ni de sa virulence contre les mouvements réactionnaires. À la fois courageux et altruiste, le rondouillard héros est fort attachant, tout comme le maladroit mais bien intentionné maire de la ville minuscule. L'animation numérique haut de gamme va de pair avec une réalisation très vivante et haute en couleur.

© FOX

DRACULA - PAGES FROM A VIRGIN'S DIARY ▷4

[Dracula – Pages tirées du journal d'une vierge]

CAN. 2001. 76 min. Spectacle musical de Guy MADDIN avec Zhang Wei-Qiang, Tara Birtwhistle et David Moroni. - À la fin du XIXe siècle, dans un vaste manoir anglais, la jeune et insouciante Lucy Westenra hésite entre trois prétendants. C'est alors qu'arrive le séduisant Dracula, ressuscité d'entre les morts. Aussi troublée que curieuse, la jeune femme tombe aussitôt sous l'emprise érotique du ténébreux vampire. - Mélangeant les genres et les arts, ce Dracula de Guy Maddin (*La Musique la plus triste du monde*) est une œuvre hybride et audacieuse qui ravira les amateurs de danse, de musique ou de cinéma muet, mais rebutera assurément les fans de gore. En effet, même s'il est adapté du célèbre roman de Bram Stoker, le film de Maddin est - d'abord et avant tout - un ballet chorégraphié par Mark Godden, interprété par le Royal Winnipeg Ballet et faisant la part belle à la musique de Gustav Mahler. Qui plus est, l'ensemble est filmé à la manière d'un film muet expressionniste! D'une grande beauté plastique, l'ensemble bénéficie en outre d'un montage et cadrages efficaces. Bref, une œuvre inclassable pour public averti.

© KOCH

ELLE S'APPELLE SABINE ▷4

FR. 2007. 85 min. Documentaire de Sandrine BONNAIRE. - Caméra au poing, l'actrice française Sandrine Bonnaire (*À nos amours*, *Je crois que je l'aime*) filme le quotidien de sa sœur Sabine, une autiste de 38 ans, qui vit en province dans un centre d'accueil pour handicapés intellectuels. À l'aide de films familiaux captés sur une période de 25 ans, elle démontre comment l'état de Sabine, qui fut une jeune fille rieuse et curieuse, s'est considérablement détérioré après cinq ans d'hospitalisation. - Discrète et rassurante derrière sa caméra, la comédienne Sandrine Bonnaire (qui signe ici sa première réalisation) trace un portrait sobre et touchant de sa sœur, doublé d'un plaidoyer sincère en faveur d'un meilleur traitement de l'autisme. Bien que le ton soit intimiste, *Elle s'appelle Sabine* est un vrai film militant qui dénonce un système de santé inadéquat. Quelques commentaires brefs alliés à un efficace montage alternant prises de vues d'hier et d'aujourd'hui suffisent à faire de cette réalisation modeste une première œuvre bouleversante.

Elle s'appelle Sabine
UN FILM DE SANDRINE BONNAIRE

© FUNFILM

FAUBOURG 36 ▷4

FR. 2008. 120 min. Comédie dramatique de Christophe BARRATIER avec Gérard Jugnot, Clovis Cornillac et Nora Arnezeder. - Paris, 1936. Avec l'aide du comique Jacky et de l'éclairagiste Émile, le régisseur Pigoil occupe le music-hall Le Chansoniat, fermé depuis son acquisition par le caïd Galapiat. Placé devant le fait accompli, ce dernier fait mine de consentir à ce que les trois amis rouvrent l'établissement, mais leur impose sa protégée, Douce. La voix exceptionnelle de celle-ci assure aussitôt un vif succès au cabaret. - Quatre ans après *Les Choristes*, Christophe Barratier revient avec un nouveau film d'époque porté par la musique, dans lequel il pose un regard désenchanté sur les années du Front Populaire. De fait, *Faubourg 36* baigne dans un climat de morosité et de suspicion, la montée du fasciste, la libido exacerbée des uns et les rêves d'ascension des autres favorisant les trahisons à répétition. Touffu, trop long, le film n'évite pas non plus les excès mélodramatiques, tandis que certains développements s'avèrent prévisibles. De plus, les chansons originales ne sont guère mémorables. Toutefois, la réalisation est assurée et profite d'une reconstitution d'époque agréablement stylisée et colorée. Enfin, l'interprétation est très sympathique.

© ALLIANCE

© SONY

LES FAUSSAIRES ▷3

ALL. 2007. 98 min. Drame historique de Stefan RUZOWITZKY avec August Diehl, Karl Markovics et David Striesow. - Berlin, 1936. Le faussaire Salomon «Sally» Sorowitsch est arrêté par la Gestapo. Cinq ans plus tard, le commissaire Herzog le fait envoyer au camp de concentration de Sachsenhausen, où il dirige une fabrique de fausse monnaie étrangère visant à déstabiliser l'économie des Alliés. Herzog veut que Sally supervise le travail d'autres experts juifs, en échange de conditions de détention tolérables. - Stefan Ruzowitzky filme son captivant récit, inspiré du livre-témoignage d'Adolf Burger, selon le point de vue de l'habile crapule, sorte d'anti-héros campé avec sincérité par Karl Markovics. Du coup, il évite le piège du manichéisme juif-nazi, si difficile à contourner dans le contexte hautement émotif de la Shoah. De fait, le cinéaste oppose plutôt les privilèges amers des faussaires et la condition des autres prisonniers, qui meurent par centaines et dont les souffrances, sobrement évoquées au moyen d'un habile travail sur le son, n'en deviennent que plus insoutenables. Avec nuance, le scénario nous amène à saisir le dilemme moral qui déchire les personnages: pactiser pour survivre ou résister et mourir.

LE FILS DE L'ÉPICIER ▷4

FR. 2007. 96 min. Drame psychologique d'Éric GUIRADO avec Nicolas Cazalé, Clotilde Hesme et Daniel Duval. - Absent depuis dix ans, Antoine est contraint de revenir dans son village natal de la Drôme pour remplacer son père convalescent au volant de son épicerie ambulante. Peu enthousiaste, le jeune chômeur convainc sa voisine Claire de l'accompagner. Dotée d'une bonne nature, celle-ci l'aide à prendre les commandes de la roulotte, puis à tisser des liens avec les vieux clients de son père. - Éric Guirado se penche avec douceur et intelligence sur la dichotomie ville-campagne dans ce film intimiste au charme discret. Le cinéaste y oppose les nouvelles mœurs d'Antoine, citadin d'adoption meurtri, à celles des vieux ruraux qui, désertés par leur progéniture, sont devenus les derniers gardiens des traditions paysannes. Le scénario affiche une évidente tendresse pour ces derniers modèles de modestie et d'authenticité, au contact desquels Antoine va se révéler à lui-même. Le cheminement n'est cependant pas toujours subtil, Guirado péchant parfois par excès de simplisme. En revanche, la sincérité de la démarche et l'authenticité de l'interprétation rachètent ces quelques défauts.

© MÉTROPOLE

GARÇON! ▷**4**

P.-B. 2006. 97 min. Comédie d'Alex VAN WARMERDAM avec Ariane Schulter, Alex van Warmerdam et Jaap Spijkers. - Serveur de restaurant peu respecté par ses clients, Edgar est en fait un personnage de film de fiction. Insatisfait de son sort, il se retourne contre le scénariste prétentieux et nihiliste qui lui a inventé ce destin minable. Ce dernier, aux prises avec des ennuis professionnels et personnels, renchérit en soumettant son «héros» à toutes sortes d'épreuves sadiques. - Saltimbanque bien connu dans sa Hollande natale, Alex van Warmerdam développe avec patience et intelligence sa formidable idée (qui rappelle beaucoup celle de *Plus étrange que fiction*) à travers un récit minimaliste à l'humour noir irrésistible. En filigrane, le réalisateur propose aussi une réflexion subtile sur l'indépendance et le libre arbitre. Saupoudrée d'éléments insolites, la mise en scène se révèle d'une grande justesse. Dans le rôle du serveur malheureux de son sort, Alex van Warmerdam offre un jeu solide.

© SÉVILLE

HAPPY-GO-LUCKY ▷**3**

© MAPLE

ANG. 2007. 118 min. Comédie dramatique de Mike LEIGH avec Sally Hawkins, Eddie Marsan et Alexis Zegerman. - Rien n'altère la bonne humeur de la Londonienne Poppy. À trente ans, cette enseignante au primaire semble assumer pleinement son célibat. Nullement démontée par le vol de son vélo, elle amorce des leçons de conduite auprès de Scott, un instructeur introverti, et accepte l'invitation d'une collègue à suivre des cours de flamenco avec elle. Bref, pour Poppy, le soleil brille toujours... - L'Anglais Mike Leigh (*Secrets et mensonges*) signe ici un film léger et amusant. Le positivisme imperturbable de son héroïne cache bien entendu un certain mal de vivre, qui flotte sous la surface. Or celui-ci ne contamine jamais le parcours de l'attachante protagoniste, constitué d'une suite de rencontres et de situations inusitées ou cocasses qui révèlent sa personnalité ensoleillée. Ce portrait vivant d'une femme sans histoire se distingue par le regard chaleureux du cinéaste, mais également par la performance remarquable de Sally Hawkins, pétillante à souhait dans ses tenues excentriques. Les dialogues, d'une drôlerie contagieuse, contribuent à la réussite de *Happy-Go-Lucky*.

HEAVEN ON EARTH [Le paradis sur Terre] ▷**4**

CAN. 2008. 104 min. Drame de Deepa MEHTA avec Vansh Bhardwaj, Preity Zinta et Balinder Johal. - Chand, une jeune Indienne, s'envole pour Toronto où l'attend sa future belle-famille. Il s'agit d'un mariage arrangé, tradition à laquelle semble se soumettre sans réserve la promise. La noce a lieu le lendemain de son arrivée au Canada. Après le mariage, la nouvelle épouse déchante: sa belle-mère la déteste et son mari la bat. Désespérée, Chand se réfugie dans le souvenir des contes de son enfance. - À travers un douloureux récit initiatique, la Canadienne Deepa Mehta convoque le souvenir de ses précédents *Fire* (la désillusion conjugale) et *Water* (le poids des traditions). Le constat se veut nuancé, les personnages masculins n'apparaissant jamais comme des caricatures. Traité sur le ton de la fable teintée de fantastique, le scénario demeure généralement économe d'effets. Pareillement, les scènes de violence conjugale, filmées crûment, témoignent du parti pris réaliste de la mise en scène. Autre touche discrète: les couleurs, qui deviennent de plus en plus ternes au fil du récit, illustrent bien le désenchantement de l'héroïne. Au diapason de l'ensemble, Preity Zinta offre une performance touchante et bien modulée.

© MÉTROPOLE

HELLBOY II - THE GOLDEN ARMY ▷3

[Hellboy II – L'armée d'or]

É.-U. 2008. 110 min. Drame fantastique de Guillermo DEL TORO avec Ron Perlman, Selma Blair et Luke Goss. - Hellboy supporte difficilement de vivre caché d'un monde qu'il ne cesse pourtant de sauver. Liz, sa petite amie, a pour sa part du mal à accepter l'immaturité dont fait preuve son compagnon. Les problèmes du couple sont bientôt éclipsés par la réapparition du prince Nuada, héritier du royaume des elfes, qui cherche à prendre le contrôle d'une armée mythique dans le but d'anéantir l'humanité. - La fascination de Guillermo Del Toro (*Le Labyrinthe de Pan*) pour les contes de fées et son obsession pour les mondes souterrains s'épanouissent ici dans cette aventure extravagante, quoique non dépourvue de passages obligés. Fluide et maîtrisée, la mise en scène s'enrichit de trouvailles ingénieuses. De plus, les créatures, conçues à partir des croquis de Del Toro, sont fascinantes. Les précieuses contributions de Guillermo Navarro à la photo et de Danny Elfman à la musique sont également à signaler, de même que la performance de Ron Perlman, qui compose un Hellboy grognon et attachant, conçu sur mesure pour sa personnalité d'acteur.

© SONY

IL Y A LONGTEMPS QUE JE T'AIME ▷4

FR. 2008. 115 min. Drame psychologique de Philippe CLAUDEL avec Kristin Scott Thomas, Elsa Zylberstein et Serge Hazanavicius. - À sa sortie de prison, Juliette, ex-médecin dans la quarantaine, est invitée par sa sœur Léa, enseignante, à passer quelque temps chez elle avec son mari et leur fille. Curieuse, celle-ci brûle de questions au sujet de sa tante, inconnue jusqu'alors. Mais Léa, gardienne du lourd secret de sa sœur, impose le silence à sa fille, comme à tous ses amis et confrères de travail. - Écrivain et scénariste, Philippe Claudel passe à la réalisation avec ce joli film de chambre sur les thèmes du secret, de la renaissance et du pardon, articulé autour du remarquable duo d'actrices formé de Kristin Scott Thomas et Elsa Zylberstein. Le scénario distille lentement le mystère du personnage défendu par la première, avec un bonheur inégal toutefois, l'esprit des spectateurs devançant facilement les révélations. Qu'à cela ne tienne, l'auteur faufile à travers son intrigue une réflexion intelligente sur la solidarité fraternelle, élargie par une galerie de personnages dessinés avec une grande netteté. La réalisation, sobre et à la symbolique discrète, révèle chez Claudel un indéniable sens du cinéma.

© MÉTROPOLE

INDIANA JONES AND THE KINGDOM OF THE CRYSTAL SKULL ▷3

[Indiana Jones et le royaume du crâne de cristal]

É.-U. 2008. 122 min. Aventures de Steven SPIELBERG avec Harrison Ford, Cate Blanchett et Shia LaBeouf. - En 1957 au Nevada, l'archéologue Indiana Jones est capturé par un commando soviétique à la recherche d'une relique aux pouvoirs mystérieux. Jones parvient à s'échapper et retourne à l'Université de Princeton, où il enseigne. Il y fait la rencontre inattendue d'un jeune rebelle, Mutt, qui l'entraîne bien malgré lui sur la piste de cette relique tant convoitée. - Si elle reprend le ton bon enfant du troisième volet, cette quatrième aventure cinématographique du célèbre archéologue se tourne résolument vers l'esprit et la vitalité du premier épisode, tout en créant des variations enlevées sur une trame connue, l'action bifurquant cette fois vers la guerre froide et la science-fiction, un passage obligé dans le contexte historique des années 1950. Steven Spielberg se renouvelle constamment grâce à une réalisation percutante et stimulante, qui n'accuse aucune baisse de régime. Harrison Ford campe avec une solide autorité et une savoureuse dose d'humilité son personnage désormais mythique, entouré de brillants interprètes.

© PARAMOUNT

IRINA PALM ▷4

BEL. 2006. 103 min. Drame psychologique de Sam GARBARSKI avec Marianne Faithfull, Miki Manojlovic et Kevin Bishop. - Les soins pour traiter la maladie rare de son petit-fils n'étant prodigués qu'en Australie, Maggie, une veuve quinquagénaire sans-le-sou, accepte l'offre d'emploi de Miki, propriétaire de «peep-show» de Londres, qui consiste à masturber ses clients à travers un «glory hole». Maggie a la main douce, si bien que la queue s'allonge devant la cabine où elle officie à l'abri des regards. - À partir d'une prémisse insolite et casse-cou, Sam Garbarski réussit un vrai petit miracle: montrer une femme dans la force de l'âge, qui retrouve sa dignité à travers un travail jugé dégradant. La présence de Marianne Faithfull compte pour beaucoup dans la réussite du film, le cinéaste étant parvenu à tirer de son registre étroit une composition crédible et émouvante. Le scénario original de Philippe Blasband est très puissant dans les face-à-face quasi clandestins de l'héroïne avec son patron. Garbarski les caresse d'une lumière douce, privilégiant du reste une approche intimiste, aux cadrages serrés, aux compositions soignées.

© SÉVILLE

© PARAMOUNT

IRON MAN ▷4

É.-U. 2008. 126 min. Drame fantastique de Jon FAVREAU avec Robert Downey Jr., Jeff Bridges et Gwyneth Paltrow. - Transformé par une éprouvante expérience en Afghanistan, le milliardaire arrogant et superficiel Tony Stark décide de cesser la conception et la production d'armes. Mettant désormais son génie au service du Bien, il peaufine une armure superpuissante capable de voler, de façon à en faire un redoutable outil de destruction de stocks d'armement. - Divertissement fort agréable, rondement mené et souvent spectaculaire, *Iron Man* profite du dernier cri en matière d'effets spéciaux numériques. Cependant, le scénario n'est pas d'une cohérence à toute épreuve et le message pacifiste qu'il véhicule apparaît par moments trop insistant. À la réalisation, Jon Favreau (*Le Lutin*) livre un travail indéniablement efficace, mais somme toute impersonnel. Robert Downey Jr. (*Le Zodiaque*) compose avec délectation un Tony Stark fantasque et égocentrique et pourtant toujours attachant. Face à lui, le très solide Jeff Bridges (*Seabiscuit*) croque à belles dents dans son rôle caricatural de vilain mégalomane.

IT'S A FREE WORLD... [Un monde sans frontières] ▷3

ANG. 2007. 93 min. Drame social de Ken LOACH avec Kierston Wareing, Juliet Ellis et Leslaw Zurek. - Congédiée d'une agence d'emploi londonienne, Angie, jeune mère célibataire, fonde sa propre boîte de recrutement avec l'aide de Rose, sa colocataire. Pour se tailler une place dans ce milieu compétitif, les deux femmes embauchent leur main-d'œuvre à bon marché auprès d'immigrants illégaux, en espérant, une fois l'agence viable, pouvoir se conformer aux lois du travail. - La singularité de *Un Monde sans frontières* repose sur un parti pris inhabituel chez Ken Loach: planter sa caméra non dans le camp des opprimés, mais dans celui des oppresseurs, histoire de montrer que ceux-ci sont aussi les victimes d'un système économique impitoyable. Même s'il apparaît quelque peu didactique par moments, ce drame affiche un naturel confondant, une vérité quasi documentaire. C'est d'ailleurs l'une des plus grandes forces de ce réalisateur à la démarche exemplaire, qui refuse certains artifices de la fiction en optant notamment pour des acteurs inconnus ou non professionnels. Figure opiniâtre à l'éthique flexible, Kierston Wareing fait ici de remarquables débuts au cinéma.

© UNIVERSAL

JUNIOR ▷4

QUÉ. 2007. 98 min. Documentaire d'Isabelle LAVIGNE et Stéphane THIBAULT. - Pour les jeunes joueurs du Drakkar de Baie-Comeau, une équipe de la Ligue de Hockey Junior Majeur du Québec, le sport n'est plus un jeu. Car s'ils veulent atteindre les rangs professionnels et s'assurer une carrière lucrative, c'est maintenant qu'ils doivent faire leurs preuves. D'où l'obligation de «performer», obligation qui concerne aussi l'entraîneur, contraint de gagner pour satisfaire aux exigences des actionnaires. - *Junior* s'intéresse au hockey... par la bande. Au lieu des séquences de jeu attendues, le documentaire d'Isabelle Lavigne et Stéphane Thibault prend l'audacieux parti d'éclairer les coulisses de ce sport en nous offrant un accès illimité au vestiaire ainsi qu'au bureau de l'entraîneur-chef de l'équipe. C'est là qu'une caméra curieuse, en mode cinéma direct, nous permet de suivre les tractations d'échanges ou les interrelations entre joueurs et recruteurs. La réalisation, très assurée, est mise au service d'une démarche d'observateur révélatrice d'un microcosme carburant à l'orgueil et au rendement.

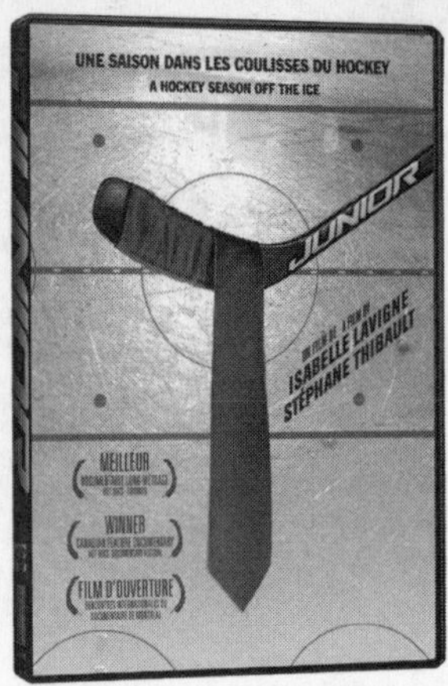

© MÉTROPOLE

© SÉVILLE

LUMIÈRE SILENCIEUSE ▷3

MEX. 2007. 142 min. Drame poétique de Carlos REYGADAS avec Cornelio Wall Fehr, Maria Pankratz et Miriam Toews. - Au Mexique, Johan, fermier mennonite, est écartelé entre son affection pour Esther, la mère de ses six enfants, et son amour pour Marianne, restauratrice au village. Après s'être confié à un vieil ami, puis à son père pasteur, le paysan décide malgré tout de revoir cette dernière. Loin d'être salutaire, cette rencontre débouche sur une affection de plus en plus vive entre les deux amants. - Carlos Reygadas (*Japon*) nous offre ici une puissante réflexion sur la fidélité et le désir. Campant l'action dans une communauté mennonite, le cinéaste peint avec patience un portrait mémorable de cette culture méconnue, qui fleurit en marge de la modernité. En outre, la délicatesse dont il fait preuve dans son illustration d'un dilemme amoureux est très touchante. Enchaînant les plans larges, aux compositions très étudiées, le cinéaste dilate le temps, conduisant le spectateur à un état de méditation, de contemplation et éventuellement, d'admiration. Cela dit, le récit n'est pas exempt de longueurs. Les interprètes, tous non professionnels, sont d'une authenticité touchante.

MAN ON WIRE [L'homme sur le fil] ▷3

ANG. 2008. 94 min. Documentaire de James MARSH. - Le 6 août 1974, un groupe d'individus déjoue la sécurité du World Trade Center et grimpe jusqu'au sommet des deux tours, alors inachevées. Passant la nuit à déployer un matériel parfois très lourd, quatre hommes s'activent discrètement à mettre la dernière touche à un plan soigneusement conçu. Le matin du 7 août, alors que la brume se dissipe, le funambule Philippe Petit apparaît, marchant au-dessus du vide, sur un fil reliant les deux tours. - En adaptant le livre de Philippe Petit, célèbre funambule français, James Marsh nous épargne l'alignement de têtes parlantes pour agencer avec virtuosité les films personnels de Petit, très révélateurs, et les images de reconstitutions léchées flirtant tantôt avec l'onirisme, tantôt avec l'expressionnisme. En usant des mécanismes du suspense pour retarder la présentation de la performance tant attendue, le réalisateur fait un choix efficace au plan narratif qui lui permet de créer un crescendo dramatique au moyen des exploits antérieurs du funambule. Les intervenants sont ingénieusement présentés à l'image, tandis que le charismatique Philippe Petit fait forte impression.

© MÉTROPOLE

LA MÉMOIRE DES ANGES ▷3

QUÉ. 2008. 80 min. Film de montage de Luc BOURDON. - Le Montréal d'autrefois revit à l'écran à travers les images d'une centaine de courts et longs métrages produits par l'Office national du film du Canada. L'activité portuaire, la scène musicale, la place de l'Église, la fièvre du hockey et les belles heures du «Red Light» ne sont que quelques-uns des chapitres de cet album de famille collectif dans lequel apparaissent entre autres Félix Leclerc, Oscar Peterson et Igor Stravinsky. - Le vidéaste Luc Bourdon a pris le parti de la suggestion et de l'introspection pour rendre avec *La Mémoire des anges* un savant hommage, sous forme de patchwork sans voix-off ni musique ajoutée, à un Montréal qui n'existe plus, sur les ruines duquel a été construit celui d'aujourd'hui. On ne peut qu'admirer la qualité des extraits choisis (pigés dans les films de Claude Jutra, Gilles Carle, Denys Arcand, Bernard Devlin, Louis Portugais et plusieurs dizaines d'autres), ainsi que la souplesse de l'assemblage, par un montage consciencieux qui fait couler le film tel un fleuve majestueux.

© MÉTROPOLE

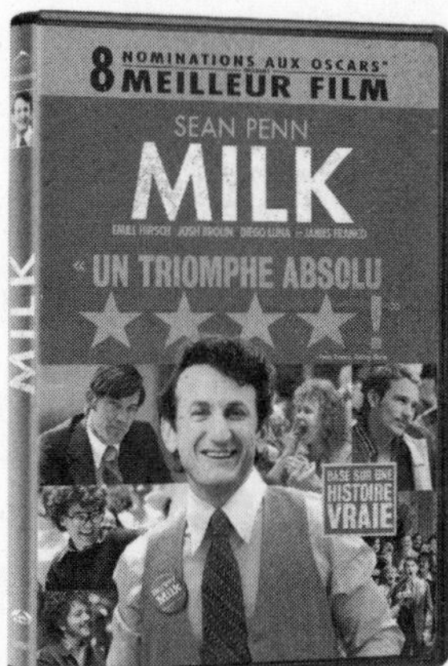

© ALLIANCE

MILK ▷3

É.-U. 2008. 128 min. Drame biographique de Gus VAN SANT avec Sean Penn, James Franco et Emile Hirsch. - À San Francisco, Harvey Milk ouvre un magasin d'articles de photographie sur Castro Street, artère commerçante très fréquentée par la communauté homosexuelle. Plus qu'un commerce, le lieu devient rapidement le point de ralliement des militants gays, que Milk galvanise par ses rêves d'obtenir un poste à la mairie. Il s'y prendra à quatre reprises avant d'être finalement élu conseiller municipal, en 1977. - Le vétéran Gus Van Sant (*Paranoid Park*) et le jeune scénariste Dustin Lance Black ont frappé fort et juste avec ce portrait honnête, puissant et universel d'Harvey Milk, un charismatique politicien américain et fervent militant pour les droits des homosexuels. D'entrée de jeu pourtant, la construction en flashback du scénario laissait présager une œuvre conventionnelle et peu inspirée. Puis, la force des personnages, tant au centre (l'énergique Sean Penn est épatant) qu'en périphérie (où Josh Brolin et James Franco dominent), prennent le dessus et la très haute qualité de la mise en scène, tout en retenue, porte le film à des hauteurs inattendues. Bilan, deux Oscars: meilleur acteur et meilleur scénario original.

MON FRÈRE EST FILS UNIQUE ▷3

ITA. 2007. 100 min. Chronique de Daniele LUCHETTI avec Elio Germano, Diane Fleri et Riccardo Scamarcio. - Italie, années 1960. Renonçant à la prêtrise, Accio retourne vivre dans sa famille, mal logée dans un quartier défavorisé de Latina. Frustré par le refus de ses parents ouvriers de lui payer des études de lettres, le garçon se laisse séduire par les idées fascistes, au grand désespoir de son aîné Manrico, sympathisant communiste. Au fil des ans, le fossé qui les sépare ne fera que croître. - Dans la continuité de *Nos meilleures années*, Daniele Luchetti raconte dans ce puissant *Mon frère est fils unique* les mutations de l'Italie des années 1960 et 70 à travers les destins de deux frères amenés à s'opposer. Rejetant tous les clichés et facilités comiques que la proposition de départ pouvait inspirer (un fasciste vs un communiste), le cinéaste nous fait suivre les parcours croisés puis parallèles de ses deux personnages, qu'il faufile avec beaucoup de doigté et de légèreté dans une toile historique jamais trop voyante (la reconstitution est minimale), toujours très crédible. La mise en scène, mesurée et tendue, au parti pris intimiste affiché, met en valeur des acteurs criants de vérité.

© SÉVILLE

LE MONDE SELON MONSANTO ▷4

FR. 2007. 109 min. Documentaire de Marie-Monique ROBIN. - Fondée en 1901 à St. Louis, Missouri, la multinationale américaine Monsanto, autrefois spécialisée en produits chimiques, est devenue le leader mondial des semences transgéniques. Or, selon de nombreux rapports et témoignages, le succès de cet empire repose sur le mensonge, la corruption et l'intimidation. De fait, les pratiques frauduleuses de la compagnie menaceraient la sécurité alimentaire et l'équilibre écologique de la planète. - Après trois années d'enquête minutieuse, la journaliste et cinéaste française Marie-Monique Robin a accouché d'un réquisitoire virulent contre le géant industriel Monsanto qui se targue de favoriser le développement durable. Ses recherches exhaustives sont particulièrement inquiétantes et soulèvent bien des questions. Si les nombreux témoignages qu'elle a recueillis s'avèrent aussi crédibles que troublants, sa réalisation, en revanche, manque de variété et d'originalité et pèche parfois par simplisme. Néanmoins, l'ensemble demeure passionnant et digne d'intérêt.

© MÉTROPOLE

MONGOL ▷4

RUS. 2007. 126 min. Drame biographique de Sergei BODROV avec Tadanobu Asano, Honglei Sun et Khulan Chuluun. - Mongolie, XIIe siècle. À la mort du Khan Esugei, empoisonné, son lieutenant usurpe le pouvoir et capture Temudjin, le fils du défunt. Ayant réussi à s'enfuir, le gamin est secouru par Jamukha, qui devient son frère de sang. Rendu à l'âge adulte, Temudjin épouse Borte, mais la jeune femme est aussitôt kidnappée par les Merkits, qui ont un vieux compte à régler avec lui. - Cette ambitieuse fresque historique constitue le premier volet d'un projet de trilogie sur la vie de Genghis Khan. Célèbre pour sa cruauté, le conquérant mongol est ici dépeint de façon plutôt flatteuse. Une interprétation qui ne fera certes pas l'unanimité, pas plus que le récit confus et laborieux, alourdi par des développements répétitifs. Reste un portrait inédit d'une figure historique majeure, parsemé de notations étonnantes sur les mœurs mongoles de l'époque. Traversée d'éclairs poétiques, la réalisation profite des paysages grandioses de la Mongolie, de la Chine et du Kazakhstan. Tadanobu Asano incarne avec un subtil mélange d'autorité et de vulnérabilité le charismatique chef de guerre.

© ALLIANCE

MY BLUEBERRY NIGHTS [Un baiser romantique] ▷4

H. K. 2007. 94 min. Drame sentimental de WONG Kar-Wai avec Norah Jones, Jude Law et Natalie Portman. - Lorsqu'elle apprend que son petit ami la trompe, Elizabeth soigne sa peine en se «saoulant» de tartes aux bleuets dans un café new-yorkais. Alors que Jeremy, le patron du café, tombe sous le charme de la belle inconnue, celle-ci quitte New York pour Memphis, Tennessee, où elle devient serveuse. Une tragédie amènera Elizabeth à reprendre la route. - Les inconditionnels du Hong-Kongais Wong Kar-wai goûteront sans doute cette incursion poétique et lyrique en territoire américain. La plastique si personnelle à l'auteur de *Les Silences du désir* est mise à contribution dans chacune des images léchées de ce film éthéré et parfois envoûtant. Les couleurs chaudes dominent, la trame musicale capte l'émotion et la composition en téléphoto, avec objets ou néons flous de part et d'autre du cadre, forge un climat aussi hyperréaliste qu'onirique. Cependant, le scénario éparpillé, le manque d'épaisseur des personnages et l'abus de stéréotypes ne sont pas à la hauteur des ambitions du cinéaste. Malgré tout, plusieurs scènes se révèlent très intenses grâce à la contribution d'acteurs chevronnés, dont l'impeccable David Strathairn.

© ALLIANCE

MY WINNIPEG ▷3

CAN. 2007. 80 min. Film d'essai de Guy MADDIN avec Ann Savage, Darcy Fehr et Amy Stewart. - Un train traverse la nuit de Winnipeg, avec à son bord un narrateur qui, plongé dans un sommeil agité, évoque les mutations de cette ville d'hiver plantée au beau milieu des Prairies canadiennes. Au fur et à mesure du récit, le passé et le présent de la ville se confrontent et se répondent. Parallèlement, l'histoire de Winnipeg et celle du narrateur se superposent et se confondent aussi. - Halluciné et poétique, *My Winnipeg* est filmé dans un noir et blanc granuleux qui agit tel un rideau de neige sur ce monde, au carrefour du réel et de l'imagination, dans lequel Guy Maddin nous plonge. Emmaillés aux souvenirs de la ville, le cinéaste insère des épisodes de sa vie personnelle, reconstituant des scènes de famille sur le mode du cinéma muet. Dans le rôle de la mère de Maddin (ou de son alter ego), Ann Savage traverse comme une figure fantomatique cet essai inclassable, somptueux et bizarre collage d'influences et de réminiscences, qui va de l'expressionnisme allemand au film noir, en passant par le dadaïsme et le mélodrame hollywoodien.

© SÉVILLE

PARANOID PARK ▷3

É.-U. 2007. 85 min. Drame psychologique de Gus VAN SANT avec Gabe Nevins, Dan Liu et Jake Miller. - Portland, Oregon. Accroché au flanc d'un train de marchandises, Alex, 16 ans, provoque accidentellement la mort d'un gardien de sécurité. Bien que criblé de remords, l'adolescent garde le silence et fait disparaître sa planche à roulette, innocente arme du crime. Quelques jours plus tard débarque dans son école le détective Richard Lu, qui entreprend d'interroger tous les rouli-planchistes de l'établissement. - L'intrigue policière, extraite du roman de Blake Nelson, est faufilée de façon quasi subliminale dans une sorte de portrait en vacuum des mœurs adolescentes, dont le jeune héros, fort bien défendu par Gabe Nevins, est à la fois un exemple emblématique et singulier. La narration reproduit éloquemment, par ses ellipses et ses allers-retours dans le temps, le va-et-vient des planchistes dans les escarpements lisses du parc de béton. Les images triturées, tantôt captées en 35mm, tantôt en Super 8, puis enveloppées dans un superbe environnement sonore, donnent à l'ensemble les allures d'un film expérimental dans lequel le temps, le lieu, le sujet et la forme s'emboîtent miraculeusement.

© DISTRIBUTION SELECT

PERSEPOLIS ▷3

FR. 2007. 95 min. Film d'animation de Vincent PARONNAUD et Marjane SATRAPI. - Téhéran, 1979. Marjane, une fillette de neuf ans à l'esprit éveillé, célèbre avec ses parents la chute du shah et l'instauration de la république islamique. Mais tous déchantent bien vite devant la rigueur de ce régime. Quelques années plus tard, en Autriche, Marjane découvre la drogue et la liberté sexuelle. De retour en Iran, la jeune femme s'inscrit aux Beaux-Arts, où son esprit contestataire continue à faire des ravages. - Secondée par l'animateur Vincent Paronnaud, Marjane Satrapi signe une adaptation vive et réjouissante de sa série de romans illustrés autobiographiques. L'humour mordant, l'impertinence, voire la vulgarité de certains dialogues, ainsi que les apartés fantaisistes, servent avec bonheur une critique sociale et politique implacable. Sur le plan technique, des dessins au noir et blanc épuré, dont la ligne claire évoque celle de Hergé, sont animés avec une belle fluidité. Par contraste, certains décors apparaissent plus complexes et raffinés, avec d'intéressants jeux d'ombres chinoises. Enfin, les performances vocales forcent l'admiration.

© SONY

LE PEUPLE INVISIBLE ▷4

QUÉ. 2007. 93 min. Documentaire de Richard DESJARDINS et Robert MONDERIE. - Richard Desjardins et Robert Monderie racontent l'histoire des Algonquins, une nation autochtone composée aujourd'hui d'à peine 9000 personnes disséminées dans une dizaine de communautés à travers l'Abitibi-Témiscamingue. La confiscation de leurs terres et le pillage de leurs ressources naturelles ont entraîné une misère sociale et économique qui menace leur langue, leur culture, leur existence même. - Les auteurs de *L'Erreur boréale* persistent et signent avec ce nouveau brûlot résolument subjectif, véritable voyage dans le temps et l'espace à la recherche des traces d'un peuple qui a subi les intempéries de la colonisation et les avanies du monde moderne. On peut cependant reprocher aux auteurs leur traitement à la hâte, par courts chapitres, des dimensions politiques, sociales, économiques et culturelles de ce vaste et complexe sujet. La question des conseils de bande, par exemple, manque de nuance. La réalisation, directe et sans fard, est entièrement au service du message, et des témoignages, d'un intérêt soutenu.

© ONF

© SÉVILLE

LE PREMIER JOUR DU RESTE DE TA VIE ▷4

FR. 2008. 114 min. Comédie dramatique de Rémi BEZANÇON avec Jacques Gamblin, Zabou Breitman, Déborah François et Marc-André Grondin. - Cinq instantanés de la vie d'une famille, de 1988, année du départ de la maison d'Albert, le fils aîné, jusqu'au décès en 2000 de Robert, le père. Entre ces deux dates: le combat de Marie-Jeanne, mère au foyer, pour redonner un sens à sa vie; les efforts de Robert pour garder contact avec Albert, devenu chirurgien esthétique, et aider son cadet Raphaël, glandeur et poète, à voler de ses propres ailes. - Dans cette comédie dramatique qui rappelle *C.R.A.Z.Y.* de Jean-Marc Vallée, Rémi Bezançon fait le portrait hésitant d'une famille aux prises avec les soubresauts de la vie et la difficulté de gérer les relations père-fils. Si la sincérité et la franchise de l'auteur ne sont pas en cause, on peut néanmoins reprocher à son film plusieurs situations schématiques et le traitement superficiel réservé aux personnages féminins. Néanmoins, Zabou Breitman et Déborah François se révèlent très convaincantes, tandis que Jacques Gamblin donne, une fois de plus, la pleine mesure de son talent.

LA QUESTION HUMAINE ▷3

FR. 2007. 140 min. Drame social de Nicolas KLOTZ avec Mathieu Amalric, Michael Lonsdale et Jean-Pierre Kalfon. - Simon, psychologue industriel, se voit confier la tâche d'enquêter discrètement sur l'état de santé mentale d'un des dirigeants de la multinationale pétrochimique allemande qui l'emploie. C'est en disant vouloir reformer l'orchestre des employés de l'entreprise que le jeune cadre aborde son patron. Des révélations troublantes vont toutefois le forcer à se remettre en question. - Adaptant le roman éponyme de François Emmanuel, Nicolas Klotz et la scénariste Élisabeth Perceval font habilement basculer le récit du parcours personnel d'un jeune loup des ressources humaines vers une critique en règle de l'ultralibéralisme économique. S'ensuit une démonstration magistrale sur la façon dont le passé peut contaminer le présent, au moyen notamment d'euphémismes langagiers qui forcent des parallèles confondants entre la culture d'entreprise contemporaine et la culture nazie. Usant d'intermèdes musicaux qui font digression, le cinéaste tisse implacablement sa toile, par le biais d'une mise en scène dépouillée. Le troublant Mathieu Almalric se fond dans une distribution admirable.

© K-FILMS

© SONY

RACHEL GETTING MARRIED [Le mariage de Rachel] ▷3

É.-U. 2008. 111 min. Drame psychologique de Jonathan DEMME avec Anne Hathaway, Rosemarie De Witt et Bill Irwin. - Sortant de désintoxication, Kym rentre dans sa famille pour assister au mariage de Rachel, sa sœur aînée. Franche, la jeune femme n'a pas aussitôt débarqué dans la maison familiale qu'elle met à rude épreuve les nerfs de tout le monde. Rongée par le souvenir de la mort de son petit frère, qu'elle a causée par accident, Kym déclenche au fil des heures et des repas un douloureux jeu de la vérité. - Après plusieurs documentaires, Jonathan Demme (*Le Silence des agneaux*) revient brillamment à la fiction avec ce film choral spontané et frais, tourné sur le vif à partir d'improvisations avec les acteurs. De fait, la scénariste Jenny Lumet établit une situation de départ forte, qu'elle exploite ensuite de façon très subtile, en misant davantage sur la vérité intérieure et les frictions interpersonnelles que sur les rebondissements de l'intrigue, somme toute mince. Résultat: un film puissant et d'une belle unité sur les secrets de famille et les prisons psychologiques. Tour à tour antipathique et attachante, Anne Hathaway s'avère formidable.

© ALLIANCE

THE READER [Le liseur] ▷3

É.-U. 2008. 123 min. Drame de Stephen DALDRY avec Kate Winslet, Ralph Fiennes et David Kross. - Allemagne, 1966. Étudiant en droit, Michael Berg est amené à suivre en direct, dans la salle d'audience, les procès de criminels nazis. À sa grande stupéfaction, il reconnaît parmi les accusées Hannah Schmit, une ouvrière qui, bien qu'ayant le double de son âge, l'a dépucelé huit ans plus tôt et fait vivre, le temps d'un été, sa première histoire d'amour. Alors que le procès avance et que les preuves accablantes s'acharnent contre cette femme qui avait disparu de sa vie sans crier gare, Michael se remémore son passé auprès d'elle, ainsi que les longues séances de lecture à haute voix qu'elle lui réclamait à chacune de ses visites. - Est-il possible d'aimer sans juger et de comprendre sans condamner? Ces questions, fondatrices du remarquable best-seller de l'Allemand Bernhard Schlink, sont aussi partie intégrante de l'adaptation délicate et retenue qu'en a tiré l'Anglais Stephen Daldry. Tout comme le livre dont il est le reflet fidèle, le film se veut moins un appel à la réconciliation historique qu'une réflexion sur la rupture de communication entre deux générations consécutives, celle d'après-guerre cherchant à comprendre l'implication de la précédente dans l'horreur qui s'est jouée avec sa complicité implicite ou explicite. Avec une grande pudeur, Daldry dépeint Hannah sous des contours contrastés, comme pour amplifier cette idée selon laquelle aucune explication satisfaisante ne peut accompagner son aveu. La mise en scène raffinée, un brin éthérée, ainsi que la musique délicatement narrative enveloppent le film, relevé par le jeu tout en nuances de Kate Winslet, Ralph Fiennes et David Kross.

ROCKNROLLA ▷3

ANG. 2008. 114 min. Drame de mœurs de Guy RITCHIE avec Gerard Butler, Tom Wilkinson et Thandie Newton. - Grâce à un prêt de Lenny, un caïd londonien, One Two, efficace homme de main, s'est lancé dans la spéculation immobilière. Or, le pauvre malfaiteur n'est qu'un pion dans les mains de Lenny, qui se sert de lui pour acquérir en douce des propriétés. Contraint de rembourser sa dette, One Two accepte d'aider une comptable corrompue à escroquer son patron, un parrain de la pègre russe. - Après le décevant *À la dérive*, Guy Ritchie revient aux récits d'escrocs à la petite semaine qui ont fait sa réputation. L'intrigue concoctée par le cinéaste s'avère ludique et faussement complexe, une impression amplifiée par le recours à une narration sardonique. Ritchie s'amuse à multiplier les retournements inattendus et les accointances imprévues, et ce, tout en maintenant un étonnant degré de plausibilité. Le mariage habile d'éléments glauques et burlesques est un autre atout. Mouvementée et très imaginative, sa mise en scène témoigne d'un grand savoir-faire technique. Dominée par Gerard Butler, la distribution est composée d'une brochette d'excellents acteurs qui prête vie à une galerie de personnages colorés.

© WARNER

SAGAN ▷4

FR. 2008. 121 min. Drame biographique de Diane KURYS avec Sylvie Testud, Pierre Palmade et Jeanne Balibar. - Ruinée et malade, l'écrivaine Françoise Sagan revoit le fil de sa vie. En 1954, encore adolescente, elle publie un premier roman, «Bonjour tristesse», qui lui vaut gloire et fortune. Entourée d'amis, elle mène alors une existence frivole, marquée par un grave accident de voiture, un mariage éclair et diverses liaisons, dont une, très longue, avec l'éditrice de mode Peggy Roche. - Le destin exceptionnel de l'auteure de «Bonjour tristesse» et «La Chamade» a inspiré à Diane Kurys un scénario feuilletonesque foisonnant, qui aligne à la hâte les événements marquants de sa vie. L'approche, plutôt conventionnelle, trahit les origines télévisuelles de ce portrait rendu néanmoins fascinant grâce à la personnalité excessive du sujet. Paradoxalement, les débordements de Françoise Sagan, et l'effervescence de son milieu, ont inspiré à Kurys une mise en scène sage et appliquée. En Sylvie Testud, la cinéaste a par contre trouvé une interprète remarquable, capable de reproduire à la perfection les gestes de l'auteure, mais aussi de traduire son immense détresse intérieure.

© ALLIANCE

© FOX

SLUMDOG MILLIONAIRE [Le pouilleux millionnaire] ▷3

ANG. 2008. 120 min. Comédie dramatique de Danny BOYLE avec Dev Patel, Freida Pinto et Madhur Mittal. - Jamal, 18 ans, issu d'un bidonville de Mumbai, est à une question près de remporter le gros lot au jeu télévisé «Who Wants to Be a Millionaire» Sa victoire, à portée de main, apparaît si suspecte qu'à la veille de la dernière manche, il est placé en garde à vue par la police, sur des soupçons de tricherie, puis mis à la torture. L'ex-garçon des rues résiste et, forcé par l'inspecteur qui l'interroge, reconstitue le fil des événements, question par question. Un incroyable hasard a voulu que chacune d'elle soit rattachée à un événement de son douloureux passé. - Le défi de l'autorité et la délinquance sont des thèmes fondateurs dans l'œuvre de l'Anglais Danny Boyle. Bien que tourné en Inde, dans un théâtre radicalement différent de celui de ses films antérieurs, *Le Pouilleux millionnaire* creuse le même sillon en retraçant le parcours d'un individu déterminé et pugnace, emblématique du récent miracle économique indien. Parti du roman de Vikas Swarup, Simon Beaufoy a composé un scénario original et habile, dans lequel les questions d'un quiz télévisé agissent tels des leviers biographiques et déclenchent une multitude de flash-backs. Résultat: un hommage puissant et dickensien aux orphelins et aux sacrifiés du pays de Gandhi et, en filigrane, un témoignage sur l'érosion de la culture indienne. Avec en main tous les ingrédients d'un pensum lourd, Boyle nous offre au contraire un opus ludique et grisant, réfléchi et porteur, soutenu par une photographie sublime et une mise en scène virevoltante, qui nous administre au passage de nombreux électrochocs. D'une distribution riche et impeccable se détache la silhouette longiligne de Dev Patel, criant de vérité dans le rôle-titre.

SNOW ANGELS [Des anges dans la neige] ▷3

É.-U. 2006. 106 min. Drame psychologique de David Gordon GREEN avec Sam Rockwell, Kate Beckinsale et Michael Angarano. - Dans une petite ville de Pennsylvanie, Annie élève seule sa fillette et essaie tant bien que mal de se refaire une vie après une difficile séparation. De son côté, Arthur, un adolescent timide dont Annie fut jadis la gardienne, découvre les tourments du premier amour. Au fil de l'hiver, une tragédie latente mettra en évidence les liens obscurs qui unissent Arthur et Annie. - Adaptation sans fard d'un roman de Stewart O'Nan, *Des Anges dans la neige* fait le récit douloureux d'une tragédie annoncée. Le prologue installe habilement un climat de menace qui, de sourde au départ, ira s'accentuant. À cet égard, le parti pris du retour en arrière contribue grandement à asseoir une impression de fatalité tranquille que le dénouement éprouvant viendra confirmer. Les paysages hivernaux se prêtent quant à eux admirablement à l'approche naturaliste empreinte d'un lyrisme subtil. Dans un contexte peint avec une grande précision, les comédiens se montrent d'une grande justesse. En écorché vif, Sam Rockwell est particulièrement inspiré.

© SÉVILLE

STANDARD OPERATING PROCEDURE [Procédures standard] ▷3

É.-U. 2008. 118 min. Documentaire d'Errol MORRIS. - À l'automne 2003, la communauté internationale apprend que les détenus de la prison d'Abu Ghraib, en Irak, sont victimes de graves abus physiques, psychologiques et sexuels de la part des soldats américains en poste. Le documentariste Errol Morris est allé à la rencontre des militaires condamnés pour leurs actions afin de reconstituer la chronique de ces terribles événements. - Les événements d'Abu Ghraib ont déjà été abordés dans d'autres films, dont le récent *Taxi pour les ténèbres*. *Procédures Standard* se distingue de ses prédécesseurs par une approche axée essentiellement sur les témoignages des soldats incriminés. Fascinants, ceux-ci rendent compte de l'injustice du système qui leur a fait porter tout le blâme, alors qu'ils ne faisaient qu'obéir aux ordres, ou suivre l'exemple de leurs supérieurs. Chemin faisant, le rigoureux Errol Morris replace soigneusement dans leur contexte les photos qui ont fait le tour du monde, au moyen de saisissantes reconstitutions qui font souvent l'effet de scènes de films d'horreur. La musique de Danny Elfman renforce cette impression.

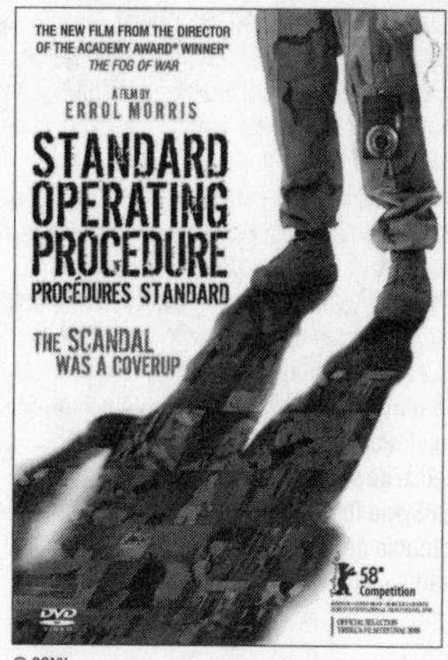

© SONY

SUKIYAKI WESTERN DJANGO ▷4

JAP. 2007. 99 min. Western de Takashi MIIKE avec Hideaki Ito, Kaori Momoi et Koichi Sato. - Un cavalier solitaire débarque à Yuta, un village minier des hautes montagnes du Japon. Le lieu désolé vit sous le joug de deux clans rivaux, les blancs Genji et les rouges Heike. Porteur d'un lourd secret, le nouvel arrivant, as de la gâchette, va entreprendre de débarrasser la petite communauté des deux factions rivales qui y font régner la terreur. - Avec *Sukiyaki Western Django*, Takashi Miike signe un pastiche détonant et intemporel des westerns spaghetti à la Sergio Leone sur fond de tragédies shakespeariennes. Le scénario, inutilement compliqué, est mis au service d'un style qui, dès le début, le supplante par son extravagance et son audace. Les prises de vue inusitées et les trouvailles visuelles surréalistes sont un véritable festin pour l'œil. Mais ces nombreux stratagèmes n'ont à peu près aucune incidence sur la force dramatique du récit. La participation de Quentin Tarantino apporte une dimension comique un peu vaine, qui exige l'indulgence (acquise) des fans. Qu'à cela ne tienne, l'interprétation s'avère, dans l'ensemble, très efficace.

© SÉVILLE

SUNFLOWER ▷4

CHI. 2005. 129 min. Chronique de Zhang YANG avec Sun Haiying, Joan Chen et Gao Ge. - Beijing, 1976. Après six années passées dans un camp de travail, Zhang Gengnian retrouve les siens. Or, le contact avec son fils de neuf ans s'avère difficile. Ce dernier, qui a grandi dans une relative insouciance auprès de sa mère, n'apprécie guère qu'un «inconnu» lui dicte ses quatre volontés et lui impose ses rêves d'artiste. Au fil des ans, la relation entre le père et le fils ne s'améliorera pas. - Dans cette fresque intimiste évoquant les événements qui ont marqué la Chine depuis la mort de Mao en 1976, Zhang Yang a faufilé quelques éléments autobiographiques. Cela dit, le thème des rapports père-fils, au cœur des petits drames qui se jouent ici, est éminemment universel. Développant son récit en suivant la flèche du temps, le cinéaste met l'accent sur trois années en particulier, chacune éclairant l'époque de façon à la fois précise et abstraite, le contexte sociopolitique demeurant en toile de fond. D'une belle sobriété, la réalisation s'attarde à capter le mouvement intérieur des personnages. Au sein d'une distribution solide, le chevronné Sun Haiying compose un patriarche riche en nuances.

© SÉVILLE

SYNECDOQUE, NEW YORK [Synecdoche, New York] ▷3

É.-U. 2008. 124 min. Comédie dramatique de Charlie KAUFMAN avec Philip Seymour Hoffman, Samantha Morton et Tom Noonan. - Quitté par sa femme, une peintre ambitieuse, le metteur en scène new-yorkais Caden Cotard décroche une importante bourse, qui lui permet d'entreprendre la création d'une pièce de théâtre monumentale. Or, son labeur créatif s'échelonne sur des dizaines d'années, au cours desquelles la fiction se confond bizarrement avec la réalité. - Pour ses débuts derrière la caméra, le scénariste Charlie Kaufman (*Adaptation*) orchestre avec brio une méditation décalée et mélancolique sur la création, la vie, l'amour, la mort et les regrets. Fidèle à son esprit tortueux, l'auteur signe un scénario complexe mais très précis, truffé de douce fantaisie, d'humour absurde jubilatoire et surtout, d'un réseau de mises en abyme proprement vertigineux. À la réalisation, Kaufman opte pour la sobriété, de sorte que certaines scènes dialoguées, surtout dans la première partie, manquent un peu de relief. Par la suite cependant, plusieurs de ses idées visuelles impressionnent. Très à l'aise, Philip Seymour Hoffman livre une performance sentie et fort émouvante.

© MAPLE/LIONS GATE

LES TÉMOINS ▷3

FR. 2006. 115 min. Drame de mœurs d'André TÉCHINÉ avec Emmanuelle Béart, Sami Bouajila et Michel Blanc. - L'écrivaine Sarah et le policier Mehdi forment un couple uni mais très libre. Dépassée par son nouveau rôle de mère, Sarah part trouver le calme à la campagne. Adrien, un ami médecin homosexuel, vient la rejoindre avec Manu, un jeune provincial. Contre toute attente, Mehdi cède aux avances de ce dernier. Le sida, dont l'épidémie est naissante en cet été 1984, affectera bientôt leurs vies. - *Les Témoins* se veut moins un récit sur le sida qu'une chronique aérienne et colorée évoquant en filigrane l'éclosion de l'épidémie et le «témoignage des survivants». Construisant son film en trois temps distincts, André Téchiné nous fait faire un retour image et son sur la décennie qui a redessiné la cartographie des mœurs dans notre société, mais également sur son œuvre personnelle. Sa maîtrise est si grande qu'on ne sent aucunement l'effort dans sa mise en scène. D'une apparente simplicité, le scénario elliptique imbrique habilement plusieurs intrigues complexes et profondes. La distribution au grand complet se révèle brillante.

© MÉTROPOLE

TOUT EST PARFAIT ▷4

QUÉ. 2008. 117 min. Drame psychologique d'Yves Christian FOURNIER avec Maxime Dumontier, Chloé Bourgeois et Normand D'Amour. - En quelques semaines, quatre adolescents se suicident. Dans leur banlieue industrielle sous le choc, ainsi qu'à l'école secondaire qu'ils fréquentaient, tous se demandent si Josh, leur plus proche ami, savait quelque chose de ce funèbre pacte et en connaissait les raisons. Avare de réponses, le garçon se replie sur lui-même, refusant la main tendue de presque tout le monde. - Tournant résolument le dos au cinéma de croissance sociale, les auteurs ont privilégié un traitement réaliste et pudique, observant avec franchise et sans condescendance le phénomène du suicide depuis l'intérieur de la fratrie adolescente. Ce parti pris inhabituel, qui interdit toute tentative d'explication rassurante ou d'analyse éclairante, n'est pas sans rappeler les cinémas de Larry Clark (*Kids*) et Gus Van Sant (*Elephant*). *Tout est parfait* aurait cependant bénéficié d'un montage plus serré, bien que la réalisation solide aux accents poétiques ne soit pas en cause. Pas plus que les jeunes acteurs, bien dirigés, qui entourent un Maxime Dumontier habité et émouvant.

© ALLIANCE

UN BAISER S'IL VOUS PLAÎT ▷4

FR. 2007. 100 min. Comédie sentimentale d'Emmanuel MOURET avec Virginie Ledoyen et Julie Gayet. - Au moment de prendre congé de Gabriel, avec qui elle a passé la soirée, Émilie lui refuse le baiser qu'il réclame. Or, celui-ci insiste, sous prétexte que, pour ces deux adultes heureux en ménage, le geste sera sans lendemain. Convaincue du contraire, Émilie lui raconte l'histoire d'un baiser innocent qui a mis sens dessus dessous les vies de Judith et Nicolas. - Simple en surface, complexe en vérité, le scénario de cette élégante comédie met en opposition ses deux histoires parallèles, le cinéaste forçant le décalage en donnant à la première une tonalité chaude (Émilie et Gabriel) qui jure avec celle, aseptisée, de la seconde (Judith et Nicolas). Les musiques de Tchaikovski et Schubert mettent en évidence, ici l'ironie des situations, là la couleur d'un sentiment. La parenté artistique avec Woody Allen est évidente, d'autant plus que Mouret, qui joue Nicolas, exploite divers tics d'intellectuel par lesquels le cinéaste, l'acteur et le personnage se confondent. Filmés souvent en plans fixes, les interprètes s'expriment et se déplacent avec grâce.

© K-FILMS

© ALLIANCE

UN ÉTÉ SANS POINT NI COUP SÛR ▷4

QUÉ. 2008. 104 min. Chronique de Francis LECLERC avec Patrice Robitaille, Pier-Luc Funk et Jacinthe Laguë. - Montréal, été 1969. Alors que les Expos font leurs débuts, le jeune Martin, maniaque de baseball, rêve de joindre un jour les rangs de l'équipe. Sa déception est grande lorsque lui et ses amis sont recalés par l'entraîneur des Aristocrates, la formation de sa paroisse. Charles, son père, décide alors de former une équipe avec les laissés-pour-compte et de les «coacher» lui-même, bien qu'il ne connaisse rien à ce sport. - Comme Léa Pool (*Maman est chez le coiffeur*) et Jean-Marc Vallée (*C.R.A.Z.Y.*), Francis Leclerc surfe sur la vague nostalgique des années 1960. Une époque qu'il n'a pas connue lui-même, mais qu'il décrit avec sobriété, tel un souvenir délavé émanant des films de famille en Super 8. Des touches fantaisistes jumelées à des observations amusantes sur une société en mutation donnent à ce récit d'apprentissage une portée universelle qui transcende l'amour du baseball. Les protagonistes sont défendus par un savant mélange d'acteurs professionnels et d'apprentis comédiens dont la candeur malhabile donne tout son charme à ce film par ailleurs mis en scène avec dynamisme.

VICKY CRISTINA BARCELONA ▷4

ESP. 2008. 97 min. Comédie sentimentale de Woody ALLEN avec Scarlett Johansson, Javier Bardem et Rebecca Hall. - À Barcelone, Vicky et Cristina, deux amies américaines, font la connaissance de Juan Antonio, un peintre séduisant. Après une nuit d'amour avec la sérieuse Vicky, Juan invite l'entreprenante Cristina à emménager chez lui. Leur petit bonheur à deux est en train d'éclore lorsque Maria Elena, la tempétueuse ex-épouse du peintre, refait surface pour former avec eux un triangle étonnamment harmonieux. - Dans ce 40e opus, Woody Allen continue d'exploiter des thèmes qui lui sont familiers: l'amour sage contre l'amour fou, l'inspiration contre les conventions, etc. Allen prend un malin plaisir à juxtaposer son petit théâtre amoureux à ce musée baroque à ciel ouvert qu'est Barcelone. Le récent séjour du cinéaste à Londres semble lui avoir inspiré cette intrigue aux motifs victoriens, dont la voix-off omnisciente et teintée d'ironie s'inscrit dans la tradition d'E.M. Forster. Malgré un scénario un peu prévisible, la musique des mots et la réalisation de métier font leur œuvre. Et devant tant de beauté dans l'image et de plaisir dans l'interprétation, on se laisse doucement enivrer par ce sympathique divertissement.

© ALLIANCE

LA VISITE DE LA FANFARE ▷3

ISR. 2007. 87 min. Comédie dramatique d'Eran KOLIRIN avec Sasson Gabai, Ronit Elkabetz et Saleh Bakri. - Par un malheureux concours de circonstances, une fanfare de la police égyptienne en visite en Israël s'égare et aboutit dans un bled au milieu du désert. Dina, une restauratrice divorcée, leur offre le gîte pour la nuit, le prochain autocar n'étant attendu que le lendemain. Le soir venu, Tawfiq, le chef de la fanfare, noue des liens avec Dina, oubliant un moment les barrières culturelles qui les séparent. - Cette fable savoureuse repose sur un scénario précis, à l'ironie discrète, dans lequel les jeux de séduction agissent tels des traits d'union et des carrefours de communication entre deux pays voisins (Égypte et Israël) qui, sur les plans politique et culturel, sont aux antipodes. La mise en scène minimaliste d'Eran Kolirin privilégie les plans larges, d'une grande puissance d'évocation. Produit à peu de frais, dans des décors naturels, *La Visite de la fanfare* constitue un hommage universel à la fraternité humaine. Un hommage modulé, en outre, par le jeu retenu des acteurs, dont chacun apporte une note différente (sexy, grave, etc.), sans que le film perde en unité ou en légèreté.

© SÉVILLE

© ALLIANCE

THE VISITOR [De passage] ▷3

É.-U. 2007. 103 min. Comédie dramatique de Thomas McCARTHY avec Richard Jenkins, Hiam Abbass et Haaz Sleiman. - De passage à New York pour une conférence, le professeur d'économie Walter Vale découvre que son appartement est habité par deux immigrants illégaux: Tarek, Syrien, et Zainab, Sénégalaise. Acceptant de continuer à les héberger temporairement, Walter en profite pour se faire enseigner les rudiments du tam tam. Mais un jour, Tarek est arrêté. Walter entreprend alors de faire libérer son nouvel ami. - À l'instar de *Le Chef de gare*, ce deuxième film de Thomas McCarthy met en scène un protagoniste solitaire qui vit une salutaire renaissance en venant en aide à des personnes entrées clandestinement dans son existence. Fort bien écrit, le scénario déjoue constamment les attentes du spectateur. Ainsi, avec une fluidité exemplaire, on passe de la comédie pince-sans-rire au drame humain poignant, tissé de cruels malentendus et résolument ancré dans la dure réalité post-11 septembre. La mise en scène précise, attentive, met en valeur le jeu sobre et subtil des talentueux interprètes. Dans son véritable premier rôle au cinéma, Richard Jenkins (le père dans la série «Six pieds sous terre») est irrésistible.

W. ▷4

É.-U. 2008. 131 min. Drame biographique d'Oliver STONE avec Josh Brolin, Elizabeth Banks et James Cromwell. - Automne 2002. Sous prétexte que l'Irak détiendrait des armes de destruction massive, le président George W. Bush envisage d'envahir le pays. En fait, la volonté du président américain d'aller de l'avant avec ce projet est intimement liée à son besoin de prouver sa force à son père, l'ancien président George Bush, qui en 1990 a laissé le dictateur Saddam Hussein en poste après l'opération Desert Storm. - Amateur de complots politiques (*JFK*) et de figures controversées de l'Histoire (*Nixon*), Oliver Stone signe une œuvre verbomotrice et intimiste qui, faisant mine de s'attaquer au président américain George W. Bush, tire à boulets rouges sur son illustre père. À tort ou à raison, Stone et son scénariste font en effet porter à ce dernier tous les maux de la société américaine contemporaine. L'hypothèse est discutable, mais son exploitation s'avère plutôt efficace dans le contexte d'un film quasi théâtral, où tout passe par le jeu des acteurs. Josh Brolin campe un W. émouvant et nuancé, aux côtés d'un James Cromwell parfait en Bush père.

© MAPLE/LIONS GATE

WALL.E ▷3

É.-U. 2008. 98 min. Film d'animation d'Andrew STANTON. - En 2775, sur la Terre désertée, il ne reste plus que WALL.E, un robot nettoyeur, qui façonne en blocs d'égale dimension les détritus que les humains ont abandonnés sur place. Un jour, l'industrieux engin reçoit la visite d'EVE, un robot féminin envoyé par les hommes afin de vérifier l'état d'habitabilité de la planète. D'abord hostile à WALL.E, EVE se laisse peu à peu approcher et des liens d'affection se créent entre eux. - Cette fable écologique sur la beauté cachée du monde sort des sentiers battus, tant par sa forme, ample et audacieuse, que par son scénario, subversif et original. L'intrigue intelligente et palpitante imaginée par Andrew Stanton projette dans un futur crédible, en les grossissant délibérément, des problématiques (sur l'écologie, la surconsommation, etc.) bien contemporaines. La première partie, quasi muette, en mode western apocalyptique, force l'admiration. La seconde, plus verbeuse et populeuse, lui offre un contraste cohérent, malgré quelques baisses de régime. Mais ces bémols ne sont rien en comparaison de la vigueur poétique qui se dégage de ce WALL.E décidément mémorable.

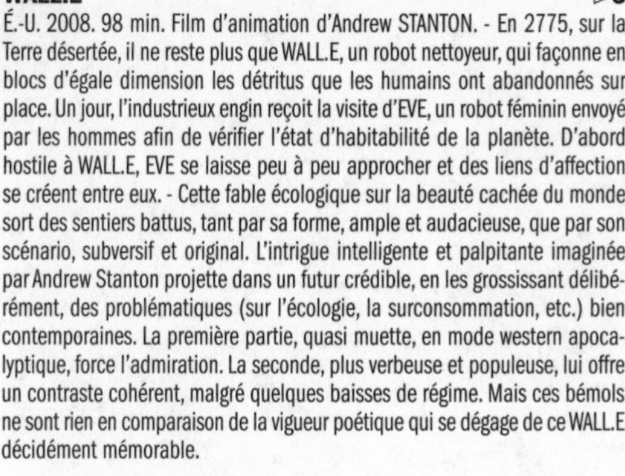

© DISNEY

© MAPLE/LIONS GATE

THE WRESTLER [Le lutteur] ▷3

É.-U. 2008. 105 min. Drame de mœurs de Darren ARONOFSKY avec Mickey Rourke, Marisa Tomei et Evan Rachel Wood. - À la fin des années 1980, Randy «The Ram» Robinson est une véritable légende de la lutte professionnelle. Vingt ans plus tard, il mène une existence misérable au New Jersey, où il se bat pour des sommes dérisoires et quelques rares admirateurs. Au terme d'un combat particulièrement sanglant, Randy s'effondre, victime d'un arrêt cardiaque. Son médecin est formel: pour survivre, il doit cesser la lutte. Sur les conseils de Pam, une stripteaseuse qui résiste à sa cour empressée, il reprend contact avec sa fille Stephanie, hostile à l'idée de retrouver cet homme qui l'a abandonnée en bas âge. Désabusé après que Pam lui eut fait comprendre qu'ils n'ont aucun avenir ensemble, Randy décide de remonter dans le ring. - Dans un style âpre et avec un réalisme saisissant, *Le Lutteur* décrit le parcours erratique d'un lutteur professionnel trouvant dans le ring sa dernière planche de salut. Récipiendaire du Lion d'or à Venise, le film scelle surtout l'alliance gagnante entre Darren Aronofsky et Mickey Rourke. Le premier a déçu ses admirateurs avec l'ésotérique *The Fountain*. Depuis près de vingt ans, le second traîne d'un film mineur à l'autre sa réputation de mauvais garçon. Visiblement inspiré par le corps et l'âme ravagés de la star déchue, Aronofski filme Rourke comme s'il s'agissait d'un personnage de documentaire, le gardant toujours sous sa loupe, dans une proximité impudique. À ce regard jamais complaisant s'ajoutent des observations pertinentes sur l'univers de la lutte. Et si la performance exceptionnelle de l'acteur mérite un véritable concert de louanges, celle de Marisa Tomei est tout autant méritoire.

4 MOIS, 3 SEMAINES, 2 JOURS ►2

ROU. 2007. 113 min. Drame social de Cristian MUNGIU avec Anamaria Marinca, Laura Vasiliu et Vlad Ivanov. - Roumanie, 1987. Gabita doit avorter aujourd'hui. Otilia, sa meilleure amie, se rend aux devants de l'avorteur clandestin. Furieux que sa «patiente» ait envoyé une complice, ce dernier l'est encore plus en découvrant que l'hôtel prévu pour l'intervention n'est pas celui qu'il voulait. Sa colère et son ascendant sur les deux jeunes femmes vont lui faire abuser de la situation. - Le climat de tension sourde de la Roumanie de Ceausescu est admirablement récréé au moyen d'un nombre infini de détails: rationnement quotidien, lumière blafarde, décors figés dans le temps, etc. Criblé de doutes et d'indices trompeurs, le scénario est - intelligemment - moins axé sur ce qui se passe que sur la pénétration de la peur chez Otilia qui vacille sous le poids du secret. Cet état de tension et de clandestinité permanente, ce scénario au scalpel sur la solidarité sociale, jumelés au jeu à la fois puissant et retenu d'Anamaria Minca, sont mis en valeur par une mise en scène précise, épurée, aux longs plans magistralement composés.

© MÉTROPOLE

LES NOUVEAUTÉS NON PRÉSENTÉES EN SALLE

À L'INTÉRIEUR
FR. 2007. Alexandre BUSTILLO et Julien MAURY

AIR I BREATHE, THE
É.-U. 2007. Jiheo LEE

AMERICAN CRIME, AN
É.-U. 2007. Tommy O'HAVER

ANAMORPH
É.-U. 2007. Henry MILLER

ANOTHER GAY SEQUEL
É.-U. 2008. Todd STEVENS

ARRANGED
É.-U. 2007. Diane CRESPO et Stefan C. SCHAEFER

ASIAN STORIES
É.-U. 2006. Kris CHIN et Ron ODA

AUTOPSY
É.-U. 2008. Adam GIERASCH

BACK SOON
É.-U. 2007. Rob WILLIAMS

BACKWOODS
ANG. - FR - ESP. 2006. Koldo SERA

BAKER, THE
ANG. 2007. Gareth LEWIS

BALLS OUT
É.-U. 2008. Danny LEINER

BANGKOK LOVE STORY
THAÏ. 2007. Poj ARNON

BASTARDS, THE
É.-U. - MEX. - FR. 2008. Amat ESCALANTE

BEAUTIFUL OHIO
É.-U. 2006. Chad LOWE

BEN 10 - RACE AGAINST TIME
É.-U. 2007. Divers

BETWEEN SOMETHING AND NOTHING
É.-U. 2008. Todd VEROW

BIG CITY
FR. 2007. DJjamel BENSALAH

BLONDE AND BLONDER
CAN. 2007. Dean HAMILTON

BLOOD & WINE - A BRASILIAN STORY
É.-U. 2006. Joao BATISTA DE ANDRADE

BLOOD BROTHERS
H. K. 2007. Alexi TAN

BOY, A
É.-U. 2007. John CROWLEY

BOYS LOVE
JAP. 2007. Kohtaru TERAUCHI

BOYSTOWN
ESP. 2007. Juan FLAHN

BROKEN, THE
ANG. - FR. 2008. Sean ELLIS

CADILLAC RECORDS
É.-U. 2008. Darnell MARTIN

CALL GIRL
POR. 2007. Antonio-Pedro VASCONCELOS

CALLER, THE
É.-U. 2008. Richard LEDES

CANNIBAL TABOO
É.-U. 2006. Mike TRISTANO

CARELESS
É.-U. 2007. Peter SPEARS

CARGO 200
RUS. 2007. Aleksei BALABANOV

CHAOTIC ANA
ESP. 2007. Julio MEDEM

CHOCOLATE
THAÏ. 2008. Prachya PINKAEW

CHOP SHOP
É.-U. 2007. Ramin BAHRANI

CHRONICLE OF AN ESCAPE
ARG. 2006. Adrián CAETANO

CLEANER
É.-U. 2007. Renny HARLIN

CLEF, LA
FR. 2007. Guillaume NICLOUX

CODE, THE
ALL. - É.-U. 2009. Mimi LEDER

COLD PREY
NOR. 2006. Roar UTHAUG

COMME UNE ÉTOILE DANS LA NUIT
FR. 2008. René FERET

CONCILE DE PIERRE, LE
FR. 2006. Guillaume NICLOUX

CONNECTED
CHI. - H. K. 2008. Benny CHAN

CURIOSITY OF CHANCE, THE
É.-U. 2006. Russell P. MARLEAU

CYCLE, THE
CAN. 2008. Michael BAFARO

DAKOTA
CAN. 2008. Matthew ATKINSON

DARK MATTER
É.-U. 2007. Chen SHI-ZHENG

DARLING
FR. 2007. Christine CARRIÈRE

DEAD IN 3 DAYS
ALL. 2006. Andreas PROCHASKA

DEAL, THE
CAN. - É.-U. 2008. Steven SCHACHTER

DEATH NOTE
JAP. 2006. Shusuke KANEKO

DEATH NOTE II - THE LAST NAME
JAP. 2006. Shusuke KANEKO

DERNIER GANG, LE
FR. 2007. Ariel ZEITOUN

DETECTIVE STORY
JAP. 2007. Takashi MIIKE

DEUX MONDES, LES
FR. 2007. Daniel COHEN

DIARY
H. K. 2006. Oxide PANG CHUN

DONKEY PUNCH
ANG. 2008. Oliver BLACKBURN

DOROTHY MILLS
FR. - IRL. 2008. Agnès MERLET

DOWN TO THE DIRT
CAN. 2008. Justin SIMMS

EDEN LAKE
ANG. 2008. James WATKINS

EDEN LOG
FR. 2007. Franck VESTIEL

EL REY DE LA MONTANA
ESP. 2007. Gonzalo LOPEZ-GALLEGO

ELSEWHERE
É.-U. 2009. Nathan HOPE

END OF THE LINE
CAN. 2006. Maurice DEVEREAUX

ENDLESS ORGY FOR THE GODDESS OF PERVERSION
É.-U. 2006. Trace BURROUGHS

ENFIN VEUVE
FR. 2008. Isabelle Mergault

ENTRANCE, THE
CAN. 2007. Damon VIGNALE

EX DRUMMER
BEL. 2007. Koen MORTIER

FEAST II - SLOPPY SECONDS
É.-U. 2008. John GULAGER

FEW KILOS OF DATES FOR A FUNERAL, A
IRAN 2006. Samur SALUR

FICTION
ESP. 2006. Cesc GAY

FINN'S GIRL
CAN. 2007. Dominique CARDONA et Laurie COLBERT

FIREPROOF
É.-U. 2008. Alex KENDRICK

FIREWORKS WEDNESDAY
IRAN 2006. Asghar FARHADI

FLASH POINT
H. K. 2007. Wilson YIP

FLASHBACKS OF A FOOL
ANG. 2008. Baillie WALSH

FOREST OF DEATH
H. K. 2007. Danny PANG

FREEZER BURN: INVASION OF LAXDALE
CAN. 2008. Grant HARVEY

FRENCH LOVERS HAVE ALL THE ANSWERS
ANG. 2008. Jackie OUDNEY

GARDENS OF THE NIGHT
É.-U. 2008. Damian HARRIS

GENE GENERATION, THE
É.-U. 2008. Pearry TEO

GENGHIS KHAN TO THE ENDS OF THE EARTH AND SEA
JAP. 2007. Shinichirô SAWAI

GFE: GIRLFRIEND EXPERIENCE
CAN. 2008. Ileana PETROBRUNO

GHOST WRITER
É.-U. 2007. Alan CUMMING

GLASS LIPS
É.-U. - POL. 2007. Lech MAJEWSKI

GO-GETTERS, THE
É.-U. 2007. Martin HYNES

GONE WITH THE WOMAN
NOR. 2007. Petter NAESS

GOOD CHEMESTRY
É.-U. 2008. Kristopher HARDY

GRIMM LOVE
ALL. 2006. Martin WEISZ

GRINDHOUSE: PLANET TERROR - UNCUT
É.-U. 2007. Robert RODRIGUEZ

GROWING OP
CAN. 2007. Michael MELSKI

GRUDGE 3, THE
É.-U. 2009. Toby WILKINS

GUITAR, THE
É.-U. 2008. Amy REDFORD

HANA
JAP. 2006. Hirokazu KORE-EDA

HANK AND MIKE
CAN. - É.-U. 2008. Matthiew KLINCK

HANNAH MONTANA: KEEPING IT REAL
É.-U. 2008. DIVERS

HELL'S GROUND
PAK. 2007. Omar KHAN

HOLDING TREVOR
É.-U. 2007. Rosser GOODMAN

HOLLYWOOD DREAMS
É.-U. 2006. Henry JAGLOM

HOME MOVIE
É.-U. 2008. Christopher DENHAM

HONEYDRIPPER
É.-U. 2008. John SAYLES

HOOKS TO THE LEFT
É.-U. 2007. Todd VEROW

HORSEMEN, THE
CAN. - É.-U. 2009. Jonas AKERLUND

HOTTIE AND THE NOTTIE, THE
É.-U. 2007. Tom PUTNAM

HOUDINI'S DEATH DEFYING ACTS
ANG. - AUS. 2007. Gillian ARMSTRONG

HOUNDDOG
É.-U. 2007. Deborah KEMPMEIER

HOUSEBOY, THE
É.-U. 2007. Spencer SCHILLY

HOW ABOUT YOU
IRL. 2007. Anthony BYRNE

HOW TO GET RID OF THE OTHERS
DAN. 2007. Anders RONNOW KLARLUND

HUMBOLDT COUNTY
É.-U. 2008. Darren GRODSKY et Danny JACOBS

I REALLY HATE MY JOB
ANG. 2007. Oliver PARKER

ICE BLUES
É.-U. 2008. Ron OLIVER

IN THE ARMS OF MY ENEMY
É.-U. 2007. DIVERS

IN THE BLOOD
É.-U. 2006. Lou PETERSON

IN THE ELECTRIC MIST
É.-U. 2009. Bertrand TAVERNIER

IN TRANZIT
ANG. - RUS. 2008. Tom ROBERTS

INJU: LA BÊTE DANS L'OMBRE
FR. 2008. Barbet SCHROEDER

INSANITARIUM
É.-U. 2008. Jeff BUHLER

INSOUMIS, LES
FR. 2008. Claude-Michel ROME

INTERVENTION
ANG. 2007. Mary McGUCKIAN

ITTY BITTY TITTY COMMITTEE
É.-U. 2007. Jamie BABBIT

JAPAN, JAPAN
ISR. 2007. Lior SHAMRIZ
JEUNE FILLE ET LES LOUPS, LA
FR. 2008. Gilles LEGRAND

KAIDAN
JAP. 2007. Hideo NAKATA

KEITH
É.-U. 2008. Todd KESSLER

KENNY
AUS. 2006. Clayton JACOBSON

KILL BUJO: THE MOVIE
NOR. 2007. Tommy WIRKOLA

KILLING GENE, THE
É.-U. 2007. Tom SHANKLAND

KILLSHOT
É.-U. 2008. John MADDEN

KING OF THE CAMP
CAN. 2008. Sean CISTERNA et Jeff DEVERETT

KINGS
IRL. 2007. Tom COLLINS

KREUTZER SONATA, THE
É.-U. 2008. Bernard ROSE

LA LEÓN
ARG. 2006. Santigo OTHEGUY

LAST WINTER, THE
É.-U. 2007. Larry FESSENDEN

LAST WORD, THE
É.-U. 2008. Geoffrey HALEY

LATE FRAGMENTS
CAN. 2008. DIVERS

LIENS DU SANG, LES
FR. 2008. Jacques MAILLOT

LIFE BEFORE HER EYES
É.-U. 2007. Vadim PERELMAN

LINGERIE, LA
H. K. 2008. Hing-Ka CHAN et Janet CHUN

LOGIQUE DU REMORS, LA
QUÉ. 2007. Martin LAROCHE

LOOK
É.-U. 2007. Adam RIFKIN

LOOK FOR A STAR
H. K. 2009. Wai-keung LAU

LOVE AND HONOR
JAP. 2006. Yôji YAMADA

LOVE CONQUERS ALL
HOL. 2006. Chui MUI TAN

LOVE MY LIFE
JAP. 2007. Koji KAWANO

LOVE TO KEEP, A
ESP. 2006. Juan Carlos CLAVER

MACHINE GIRL, THE
É.-U. - JAP. 2008. Noboru IGUCHI

MAKING OF
TUN. 2006. Nouri BOUZID

MAN, WOMAN AND THE WALL
JAP. 2006. Masashi YAMAMOTO

MARIGOLD
É.-U. - IND. 2007. Willard CARROLL

MERCY
É.-U. 2006. Patrick RODDY

MES AMIS, MES AMOURS
FR. 2008. Lorraine LÉVY

MISTER FOE
ANG. 2007. David MACKENZIE

MOTHER OF TEARS
ITA. 2007. Dario ARGENTO

MULLIGANS
CAN. 2008. Chip HALE

MY BEAUTIFUL JINJIIMAA
n/d 2006. Ochir MASBAT

MY BROTHER IS AN ONLY CHILD
ITA. 2007. Daniele LUCHETTI

MY FAIR SON
CHI. 2007. Cui ZI'EN

MY FATHER MY LORD
ISR. 2007. David VOLACH

MY MOM'S NEW BOYFRIEND
É.-U.. 2008. George GALLO

MY NAME IS JUANI
ESP. 2006. Bigas LUNA

NEIGHBOR, THE
É.-U. - FR. 2007. Eddie O'FLAHERTY

NIGHTMARE DETECTIVE
JAP. 2006. Shinya TSUKAMOTO

NO REGRET
É.-U. 2006. Leesong HEE-IL

NOISE
É.-U. 2007. Henry BEAN

NOS 18 ANS
FR. 2008. Frédéric BERTHE

NOTHING BUT THE TRUTH
É.-U. 2008. Rod LURIE

NOUVEAU PROTOCOLE, LE
FR. 2008. Thomas VINCENT

NURSE. FIGHTER. BOY
CAN. 2008. Charles OFFICER

O JERUSALEM
ANG. - É.-U. - FR. - GRÈ. - ISR. - ITA. 2006. Élie CHOURAQUI

ONION MOVIE, THE
É.-U. 2008. Tom KUNTZ et Mike MAGUIRE

OTHER END OF THE LINE, THE
É.-U. 2008. James DODSON

OUTLANDER
ALL. - É.-U. 2008. Howard McCAIN

PASSENGERS
É.-U. 2008. Rodrigo GARCIA

PERRO COME PERRO
COL. 2008. Carlos MORENO

PERSONAL EFFECTS
É.-U. 2009. David HOLLANDER

PHILOSOPHY OF THE KNIFE
RUS. 2008. Andrey ISKANOV

PING PONG PLAYA
É.-U. 2007. Jessica YU

POISONED BY PLUTONIUM
RUS. 2007. Andrei NEKRASOV

PROTEGE
H. K. 2007. Tung-Shing YEE

PUZZLE
COR. 2006. Kim TAE-KYUNG

RAVEN, THE
É.-U. 2007. David DeCOTEAU

RAZZLE DAZZLE - A JOURNEY INTO DANCE
AUS. 2007. Darren ASHTON

RE-CYCLE
THAÏ. 2006. Oxide et Danny PANG CHUN

READY? OK!
CAN. 2008. James VASQUEZ

REBEL, THE
VIÊT 2006. Truc «Charlie» NGUYEN

RED
É.-U. 2008. Trygve ALLISTER DIESEN et Lucky McKEE

RETRIBUTION
JAP. 2006. Kiyoshi KUROSAWA

RUG COP
JAP. 2006. Minoru KAWASAKI

RUNNING FUNNY
É.-U. 2007. Anthony GRIPPA

SAAWARIYA
IND. 2007. Sanjay Leela BHANSALI

SANGRE DE MI SANGRE
É.-U. 2007. Christopher ZALLA

SANTOURI THE MUSIC MAN
IRAN 2008. Dariush MERJOOIE

SAVE ME
É.-U. 2007. Robert CARY

SECRETS, THE
FR. - ISR. 2007. Avi NESHER

SEX AND BREAKFAST
É.-U. 2007. Miles BRANDMAN

SEX AND DEATH 101
É.-U. 2008. Daniel WATERS

SHADOWS, THE
É.-U. 2007. Guillermo R. RODRIGUEZ

SHELTER
É.-U. 2007. Jonah MARKOWITZ

SHELTER ME
ITA. 2008. Marco Simon PUCCIONI

SHOTGUN STORIES
É.-U. 2006. Jeff NICHOLS

SI J'ÉTAIS TOI
É.-U. - FR. 2007. Vincent PÉREZ

SICK NURSES
THAÏ. 2007. Piraphan LAOYONT et Thodsapol SIRIWIWAT

SIGNAL, THE
É.-U. 2007. David BRUCKNER, Jacob GENTRY et Dan BUSH

SMILEY SMILE
É.-U. 2007. Gregg ARAKI

SONJA
ALL. 2006. Kirsi LIIMATAINEN

SOUTHLAND TALES
É.-U. 2007. Richard KELLY

SPARROW
H. K. 2008. Johnny TO

SPIDER LILIES
TAÏ. 2007. Zero CHOU

SPLINTER
A.S. - ALL. - ANG. - BEL. - É.-U. - FR. - ITA. - LUX. 2007. Bille AUGUST

STORIES OF LOST SOULS
É.-U. 2007. Deborra-Lee FURNESS, Andrew UPTON, Col SPECTOR et William GARCIA

STUCK
É.-U. 2007. Stuart GORDON

SUICIDE SONG
JAP. 2007. Masato HARADA

SUNNY AND THE ELEPHANT
FR. 2008. Frédéric LEPAGE

TEENAGE ANGST
É.-U. 2008. Damion DIETZ

TEETH
É.-U. 2007. Mitchell LICHTENSTEIN

TEMPTATION OF EVE, THE
COR. 2007. Im KYUNG-TAEK

TEN NIGHTS OF DREAMS
JAP. 2006.Yoshitaka AMANO, Kon ICHIKAWA, Akio JISSOJI, Masaaki KAWAHARA, Miwa NISHIKAWA, Atsuji SHIMIZU, Takashi SHIMIZU, Matsuo SUZUKI, Keisuke TOYOSHIMA, Yudai YAMAGUCHI et Nobuhiro YAMASHITA

TENNAGE ANGST
ALL. 2008. Thomas STUBER

TERMINAL INVASION
É.-U. 2008. Sean S. CUNNINGHAM

THEFT
É.-U. 2007. Paul BRIGHT

THIS KISS
É.-U. 2007. Kylie EDDY

TIME CRIMES
ESP. 2007. Nacho VIGALONDO

TOKYO GORE POLICE
JAP. 2007. Yoshihiro NISHIMURA

TOKYO!
ALL. - COR. - FR. - JAP. 2008. Joon-Ho BONG, Léos CARAX et Michel GONDRY

TORONTO STORIES
CAN. 2008. Sudz SUTHERLAND, David WEAVER et Aaron WOODLEY

TOWELHEAD
É.-U. 2008. Alan BALL

TRANSSIBERIAN
ALL. - ANG. - ESP. 2008. Brad ANDERSON

TURN THE RIVER
É.-U. 2007. Chris EIGEMAN

UNSPOKEN PASSION
PHI. 2007. Roni BERTUBIN

UV
FR. 2007. Gilles PAQUET-BRENNER

VINYAN
ANG. - BEL. -FR. 2008. Fabrice DU WELZ

VOLEURS DE CHEVEUX
FR. 2006. Micha WALD

WALK ALL OVER ME
CAN. 2007. Robert CUFFLEY

WALKER, THE
ANG. - É.-U. 2007. Paul SCHRADER

WASTED
É.-U. 2006. Matt OATES

WATCHING THE DETECTIVES
É.-U. 2007. Paul SOTER

WHAT WE DO IS SECRET
É.-U. 2007. Rodger GROSSMAN

WHERE GOD LEFT HIS SHOES
É.-U. 2007. Salvatore STABILE

WHILE SHE WAS OUT
ALL. - CAN. - É.-U. 2008. Susan MONTFORD

WIDE AWAKE
COR. 2007. Lee HYUN-KYOON

WIZARD OF GORE, THE
É.-U. 2007. Jeremy KASTEN

WOOL 100 %
JAP. 2006. Mai TOMINAGA

WORLD SINKS... BUT JAPAN
JAP. 2006. Minoru KAWASAKI

YOUR BEAUTIFUL CUL DE SAC HOME
CAN. 2007. Cameron KIRKWOOD

10 ATTITUDES
É.-U. 2008. Michael O. GALLANT

13: GAME OF DEATH
THAÏ. 2006. Chukita SAKVEERAKUL

1612
RUS. 2007. Vladimir KHOTINENKO

3-DAY WEEKEND
É.-U. 2007. Rob WILLIAMS

45 R.P.M.
CAN. 2008. Dave SCHULTZ

E.T. THE EXTRA-TERRESTRIAL [E.T. l'extra-terrestre] ►2
É.-U. 1982. Comédie fantaisiste de Steven SPIELBERG avec Henry Thomas, Dee Wallace et Robert MacNaughton. - Un garçonnet recueille chez lui un extraterrestre séparé des siens au cours d'un voyage d'exploration sur la Terre. - Mélange agréable d'humour et de fantaisie. Mise en scène inventive. Marionnette animée avec une ingéniosité surprenante. Interprétation spontanée des enfants.
□ Général ➔ DVD$

EACH DAWN I DIE ▷4
É.-U. 1939. Drame de William KEIGHLEY avec James Cagney, George Raft et George Bancroft. - Condamné à tort à vingt ans de prison, un journaliste lie amitié avec un gangster. ➔ DVD$

EAGLE, THE ▷4
É.-U. 1925. Mélodrame de Clarence BROWN avec Rudolph Valentino, Vilma Banky et Louise Dresser. - Un ex-lieutenant de l'armée impériale russe qui est considéré comme déserteur vole au secours de la veuve et de l'orphelin. □ Général ➔ DVD$

EAGLE AND THE HAWK, THE ▷4
É.-U. 1933. Drame de guerre de Stuart WALKER avec Fredric March, Cary Grant et Carole Lombard. - Quelques Américains combattent dans une escadrille anglaise pendant la guerre 1914-1918. □ Général

EAGLE HAS LANDED, THE [Aigle s'est envolé, L'] ▷4
É.-U. 1976. Drame de guerre de John STURGES avec Michael Caine, Donald Sutherland et Robert Duvall. - Des parachutistes allemands sont lâchés près d'un village anglais dans le but d'enlever Winston Churchill. □ Général ➔ DVD$

EAGLE WITH TWO HEADS, THE *voir* **Aigle à deux têtes, L'**

EARLY FROST, AN [Printemps de glace, Un] ▷4
É.-U. 1985. Drame de mœurs de John ERMAN avec Gena Rowlands, Ben Gazzara et Aidan Quinn. - Les réactions d'un couple d'âge moyen dont le fils se révèle atteint du sida. □ 13 ans+ ➔ DVD$

EARLY SUMMER ▷3
JAP. 1951. Drame de mœurs de Yasujiro OZU avec Setsuko Hara, Ichero Sugai et Chieko Higashiyama. - Description des relations entre les membres d'une famille moyenne. - Étude de mœurs attentive et discrète. Rythme lent. Excellents interprètes. □ Général ➔ DVD$

EARTH *voir* **Terre, La**

EARTH [Tierra]
ESP. 1996. Julio MEDEM

EARTH [Terre] ▷4
IND.-CAN. 1998. Drame de Deepa MEHTA avec Maia Sethna, Nandita Das et Aamir Khan. - En 1947, à Lahore, une fillette craint pour la vie de sa gouvernante hindoue lors des événements violents entourant la création du Pakistan. □ 13 ans+ ➔ DVD$

EARTHQUAKE ▷5
É.-U. 1974. Drame de Mark ROBSON avec Charlton Heston, George Kennedy et Geneviève Bujold. - Un important séisme à Los Angeles oblige un ingénieur à choisir entre sa femme et sa maîtresse.
□ 13 ans+ ➔ DVD$

EAST IS EAST [Fish'n chips] ▷4
ANG. 1999. Comédie de mœurs de Damien O'DONNELL avec Om Puri, Linda Bassett et Jordan Routledge. - En 1971, un Pakistanais installé en Angleterre arrange les mariages de ses fils qui se rebellent contre lui. ➔ DVD$

EAST OF EDEN [À l'Est d'Éden] ►1
É.-U. 1955. Drame psychologique d'Elia KAZAN avec James Dean, Julie Harris et Raymond Massey. - Un jeune homme se sent frustré de l'affection de son père. - Scénario tiré d'un roman de John Steinbeck. Réalisation puissante et intelligente. Psychologie subtile. Jeu prenant de J. Dean. □ Général ➔ DVD$

EAST SIDE STORY ▷4
ALL. 1997. Film de montage de Dana RANGA et Andrew HORN. - Anthologie d'extraits de comédies musicales tournées à partir du début des années 1930 jusqu'aux années 1960 dans les pays de l'Est.

EAST SIDE STORY ▷4
É.-U. 2007. Comédie sentimentale de Carlos PORTUGAL avec Rene Alvarado, David Beron et Steve Callahan. - Dans un quartier populaire de Los Angeles en voie d'embourgeoisement, les tribulations sentimentales d'un jeune gay de descendance mexicaine. ➔ DVD$

EASTER PARADE [Parade du printemps] ▷4
É.-U. 1948. Comédie musicale de Charles WALTERS avec Fred Astaire, Judy Garland et Peter Lawford. - Un danseur déçu d'avoir perdu sa partenaire entreprend de transformer une jeune serveuse en vedette de la danse. ➔ DVD$

EASTERN CONDORS
H.-K. 1986. Sammo HUNG ➔ DVD$

EASTERN PROMISES [Promesses de l'ombre] ▷3
É.-U. 2007. Thriller de David CRONENBERG avec Viggo Mortensen, Naomi Watts et Vincent Cassel. - À Londres, une sage-femme qui enquête sur la mort d'une prostituée juvénile découvre un réseau de trafic humain dirigé par la pègre russe. - Film de genre évoquant les grandes tragédies grecques. Exploration fascinante du milieu interlope. Mise en scène à la fois précise et vigoureuse. Interprétation brillante.
□ 16 ans+ · Violence ➔ DVD-BR$ DVD$

EASY LIVING ▷4
É.-U. 1937. Comédie de Mitchell LEISEN avec Jean Arthur, Ray Milland et Edward Arnold. - Une jeune fille honnête passe à tort pour être la maîtresse d'un important banquier. □ Général ➔ DVD$

EASY RIDER ▷3
É.-U. 1969. Drame de mœurs réalisé et interprété par Dennis HOPPER avec Peter Fonda et Jack Nicholson. - Les rencontres et expériences de deux motards partis de Californie pour se rendre à La Nouvelle-Orléans. - Traitement original dans le ton d'un poème lyrique. Film emblématique de la contre-culture des années 1960. Décors naturels bien utilisés. Vigueur dramatique de certains passages. Interprétation convaincante. □ 18 ans+ ➔ DVD$

EASY VIRTUE
ANG. 2009. Stephan ELLIOTT

EAT A BOWL OF TEA ▷4
É.-U. 1988. Comédie de mœurs de Wayne WANG avec Cora Miao, Russell Wong et Victor Wong. - Un Chinois de New York qui a ramené une épouse d'un voyage en Chine devient impuissant à l'idée d'engendrer un fils qui naîtra Américain. □ Général

EAT DRINK MAN WOMAN *voir* **Salé sucré**

EAT THE PEACH ▷4
IRL. 1986. Comédie dramatique de Peter ORMROD avec Stephen Brennan, Eamon Morrissey et Catherine Byrne. - Malgré le désaccord de sa femme, un campagnard construit une tour en bois où il défie la mort en roulant en moto sur le mur intérieur. □ Général

EATING ▷3
É.-U. 1990. Comédie de mœurs de Henry JAGLOM avec Lisa Richards, Frances Bergen et Nelly Alard. - Réunies à l'occasion d'un anniversaire, plusieurs amies se livrent à des confidences sur leurs relations avec autrui et leurs rapports à la nourriture. - Personnages féminins très colorés. Intégration habile d'éléments pseudo-documentaires.
□ Général ➔ DVD$

EATING RAOUL ▷4
É.-U. 1982. Comédie réalisée et interprétée par Paul BARTEL avec Mary Woronov et Robert Beltram. - Un couple qui rêve d'ouvrir un restaurant attire chez lui des désaxés sexuels qu'il dépossède après les avoir tués. □ 18 ans+

EAU CHAUDE, L'EAU FRETTE, L' ▷3
QUÉ. 1976. Comédie de mœurs de André FORCIER avec Jean Lapointe, Jean-Pierre Bergeron et Sophie Clément. - Dans un quartier populaire, pendant qu'on organise une fête pour l'usurier du coin, des adolescents complotent un assassinat. - Comique grinçant. Mise en scène animée et nerveuse. Interprétation naturelle. □ 13 ans+

EAU TROUBLE *voir* **Dark Water**

EAUX PRINTANIÈRES, LES [Torrents of Spring] ▷4
ITA. 1989. Drame sentimental de Jerzy SKOLIMOWSKI avec Timothy Hutton, Nastassja Kinski et Valeria Golino. - Bien qu'épris de la jolie fille d'un pâtissier italien, un aristocrate russe se laisse séduire par une comtesse désireuse d'acheter ses terres.

EBONY TOWER, THE ▷4
ANG. 1987. Drame psychologique de R. KNIGHTS avec Laurence Olivier, Roger Rees et Greta Scacchi. - Un jeune critique d'art s'en va rencontrer un vieux peintre excentrique qui vit à la campagne avec deux jeunes femmes.

ECCENTRICITIES OF A NIGHTINGALE, THE
É.-U. 1976. Glenn JORDAN ➔ DVD$

ÉCHANGISTES ▷5
CAN. 2006. Drame de mœurs de Simon BOISVERT avec Erwin Weche, Kina Beauchemin et Natasha M. Leroux. - Initiés à l'échangisme par des amis, deux couples vivent de façon différente cette expérience. ➔ DVD$

ÉCHEC À BORGIA *voir* **Prince of Foxes**

ÉCHELLE DE JACOB, L' *voir* **Jacob's Ladder**

ÉCHINE DU DIABLE, L' [Devil's Backbone] ▷3
ESP. 2001. Drame fantastique de Guillermo DEL TORO avec Fernando Tielve, Eduardo Noriega et Federico Luppi. - Un gamin recueilli dans un orphelinat en plein désert est visité par le fantôme d'un enfant mort dans des circonstances mystérieuses. - Intrigue adroitement construite. Climat de tension sourde prenant. Images envoûtantes. Mise en scène fluide. Interprétation talentueuse. ➔ DVD$

ECHO PARK ▷4
AUT. 1985. Comédie dramatique de Robert DORNHELM avec Susan Dey, Thomas Hulce et Michael Bowen. - Un jeune Autrichien, installé à Los Angeles pour y poursuivre un entraînement de culturiste, vient en aide à sa voisine qui a quelques déboires dans son travail.
□ 13 ans+ ➔ DVD$

ECHOES OF HOME [Air du pays, L']
ALL. SUI. 2007. Stefan SCHWIETERT ➔ DVD$

ÉCLAIR AU CHOCOLAT ▷4
QUÉ. 1978. Drame psychologique de Jean-Claude LORD avec Lise Thouin, Jean Belzil-Gascon et Colin Fox. - Un jeune garçon accepte mal l'intrusion d'un homme dans la vie de sa mère célibataire.

ÉCLAIR DE LUNE *voir* **Moonstruck**

ÉCLATEMENT *voir* **Blow Out**

ECLIPSE, THE [Éclisse, L'] ►1
ITA. 1962. Drame psychologique de Michelangelo ANTONIONI avec Monica Vitti, Alain Delon et Lilla Brignone. - Une jeune femme quitte son amant et se dérobe à l'amour d'un autre homme. - Subtile étude psychologique sur le thème de l'incommunicabilité. Rythme lent et expressif. Attention particulière aux décors et aux objets. Présence remarquable de M. Vitti. ➔ DVD$

ÉCOLE BUISSONNIÈRE, L' ▷3
FR. 1948. Comédie de Jean-Paul Le CHANOIS avec Bernard Blier, Juliette Faber, Edmond Ardisson et Édouard Delmont. - Un instituteur éprouve des difficultés à faire accepter sa conception de l'enseignement. - Illustration de la valeur pédagogique des méthodes actives. Sujet bien traité. Belle photographie. Jeu excellent de B. Blier.
□ Général

ÉCOLE DE L'ESPOIR, L' *voir* **Lean on Me**

ÉCOLE DE LA CHAIR, L' [School of Flesh] ▷5
FR.-LUX.-BEL. 1998. Drame psychologique de Benoît JACQUOT avec Isabelle Huppert, Vincent Martinez et Vincent Lindon. - Une femme dans la quarantaine entretient une relation orageuse avec un jeune prostitué. □ Général

ÉCOLE DU ROCK, L' *voir* **School of Rock**

ÉCORCHÉ, L' *voir* **Shallow Ground**

ÉCOUTE-MOI [Non ti muovere] ▷4
ITA. 2004. Mélodrame réalisé et interprété par Sergio CASTELLITTO avec Penélope Cruz et Claudia Gerini. - Au chevet de sa fille opérée à la suite d'un accident, un chirurgien se remémore une aventure avec une jeune femme d'un quartier mal famé. □ 13 ans+ ➔ DVD$

ECSTASY *voir* **Extase**

ED WOOD ▷3
É.-U. 1994. Drame biographique de Tim BURTON avec Johnny Depp, Martin Landau et Sarah Jessica Parker. - La vie et la carrière de l'excentrique cinéaste Edward D. Wood Jr. qui tourna dans les années 1950 une série de films étonnamment mauvais. - Exploration fascinante et touchante d'un univers marginal. Sens de l'observation ironique. Composition inoubliable de M. Landau.
□ Général ➔ DVD$

EDDY DUCHIN STORY, THE ▷4
É.-U. 1955. Drame biographique de George SIDNEY avec Tyrone Power, Kim Novak et Victoria Shaw. - La carrière et les problèmes personnels d'un pianiste de jazz des années 1930. □ Général ➔ DVD$

EDEN
ALL. SUI. 2006. Michael HOFMANN ➔ DVD$

EDGE OF HEAVEN *voir* **De l'autre côté**

EDGE OF SEVENTEEN ▷4
É.-U. 1998. Drame de mœurs de David MORETON avec Chris Stafford, Tina Holmes et Andersen Gabrych. - L'éveil sexuel d'un adolescent gay qui hésite à avouer son orientation à ses proches.
□ 16 ans+ ➔ DVD$

EDGE OF THE CITY ▷4
É.-U. 1957. Drame psychologique de Martin RITT avec John Cassavetes, Sidney Poitier et Kathleen Maguire. - Un déserteur travaillant comme manœuvre est amené à une prise de conscience au contact d'un Noir.

EDGE, THE [Au bord du désastre] ▷4
É.-U. 1997. Aventures de Lee TAMAHORI avec Anthony Hopkins, Alec Baldwin et Elle Macpherson. - Après l'écrasement de leur avion, trois hommes se retrouvent perdus dans une région montagneuse où rôde un ours sanguinaire. □ 13 ans+ ➔ DVD$

EDGEPLAY: FILM ABOUT RUNAWAYS
É.-U. DIVERS ➔ DVD$

EDISON, THE MAN ▷4
É.-U. 1940. Drame biographique de Clarence BROWN avec Spencer Tracy, Rita Johnson et Charles Coburn. - Les tribulations du célèbre inventeur américain. □ Général

ÉDITH ET MARCEL ▷4
FR. 1983. Drame sentimental de Claude LELOUCH avec Evelyne Bouix, Marcel Cerdan Jr. et Jacques Villeret. - À la fin des années 1940, l'histoire d'amour célèbre entre la chanteuse Édith Piaf et le boxeur Marcel Cerdan. □ Général

EDMOND ▷4
É.-U. 2005. Comédie satirique de Stuart GORDON avec William H. Macy, Julia Stiles et Joe Mantegna. - En l'espace d'une nuit, un banal homme d'affaires quitte son épouse et se transforme en dangereux criminel. □ 13 ans+ · Langage vulgaire · Violence ➔ DVD$

ÉDOUARD AUX MAINS D'ARGENT
voir **Edward Scissorhands**

EDUCATING RITA ▷4
ANG. 1982. Comédie dramatique de Lewis GILBERT avec Michael Caine, Julie Walters et Michael Williams. - Un professeur d'université désabusé donne des leçons à une jeune coiffeuse désireuse d'accéder à la culture. □ Général ➔ DVD$

EDUCATION OF LITTLE TREE, THE ▷4
[Éducation de Little Tree, L']
CAN. 1997. Chronique de Richard FRIEDENBERG avec Joseph Ashton, James Cromwell et Tantoo Cardinal. - Lorsqu'il perd ses parents, un gamin de huit ans est recueilli par ses grand-parents qui mènent une vie rustique dans une cabane en forêt. □ Général

EDUKATORS, THE [Édukateurs, Les] ▷4
ALL. 2004. Comédie dramatique de Hans WEINGARTNER avec Daniel Brühl, Julia Jentsch et Stipe Erceg. - Trois jeunes activistes qui s'introduisent la nuit dans des maisons bourgeoises désertées kidnappent malgré eux un homme d'affaires. □ Général ➔ DVD$

EDWARD II ▷4
ANG. 1991. Drame historique de Derek JARMAN avec Steven Waddington, Andrew Tiernan et Tilda Swinton. - Tout juste couronné, le roi d'Angleterre Edward II délaisse son épouse et ses responsabilités en appelant à ses côtés son amant de toujours.
□ 18 ans+ · Violence ➔ DVD $

EDWARD SCISSORHANDS ▷3
[Édouard aux mains d'argent]
É.-U. 1990. Comédie fantaisiste de Tim BURTON avec Johnny Depp, Winona Ryder et Dianne Wiest. - Une démarcheuse ramène d'une visite à un sinistre château un étrange garçon qui a des ciseaux à la place des mains. - Histoire inventive mêlant poésie et insolite. Réalisation colorée et vivante. Bonne interprétation.
□ 13 ans+ ➔ DVD $ DVD-BR $

EEL, THE *voir* **Anguille, L'**

EFFI BRIEST ▷3
ALL. 1974. Drame de mœurs de Rainer Werner FASSBINDER avec Hanna Schygulla, Wolfgang Schenck et Ulli Lommel. - La jeune épouse d'un baron est répudiée par celui-ci après qu'il eut découvert sa liaison avec un major. - Adaptation respectueuse d'un classique de la littérature allemande. Point de vue nettement critique. Images savamment composées. Interprètes de talent.

EFFICIENCY EXPERT, THE [Spotswood] ▷4
AUS. 1991. Comédie de mœurs de Mark JOFFE avec Anthony Hopkins, Ben Mendelsohn et Toni Collette. - Spécialiste de la restructuration de firmes en difficultés, un conseiller se rend impopulaire auprès des employés d'une petite manufacture qu'il suggère de moderniser.
□ Général ➔ DVD $

EFFRONTÉE, L' ▷3
FR. 1985. Comédie dramatique de Claude MILLER avec Charlotte Gainsbourg, Bernadette Lafont et Jean-Philippe Ecoffey. - Les désarrois d'une gamine de treize ans, gauche et malheureuse, qui est fascinée par une pianiste prodige de son âge. - Exploration fine et sensible du passage de l'enfance à l'adolescence. Observations justes et pertinentes. Jeunes interprètes de talent.

EFFROYABLE CHOSE, L' *voir* **Thing, The**

EFFROYABLES JARDINS ▷4
FR. 2002. Comédie dramatique de Jean BECKER avec Jacques Villeret, André Dussollier et Thierry Lhermitte. - Grâce au meilleur ami de son père, un adolescent découvre pourquoi ce dernier est devenu clown après la Seconde Guerre mondiale. □ Général ➔ DVD $

ÉGARÉS, LES ▷3
FR. 2003. Drame psychologique d'André TÉCHINÉ avec Emmanuelle Béart, Gaspard Ulliel et Grégoire Leprince-Ringuet. - En juin 1940, une institutrice parisienne veuve, ses deux enfants et un adolescent mystérieux se réfugient dans une maison abandonnée à la campagne. - Récit initiatique bien mené, déjouant souvent les attentes du spectateur. Atmosphère bucolique traversée d'efficaces moments de tension. Réalisation précise bénéficiant d'une caméra très mobile et expressive. Interprétation solide et nuancée. □ 13 ans+ ➔ DVD $

EGO TRIP *voir* **Ride Me**

ÉGOUTS DU PARADIS, LES ▷4
FR. 1979. Drame policier de José GIOVANNI avec Francis Huster, Jean-François Balmer et Jean Franval. - Des bandits cambriolent une banque de Nice en s'y introduisant par la voie des égouts.

EIGER SANCTION, THE [Sanction, La] ▷5
É.-U. 1975. Drame d'espionnage réalisé et interprété par Clint EASTWOOD avec George Kennedy et Vonetta McGee. - Un professeur d'art expert en alpinisme accepte de faire disparaître un agent ennemi qui doit participer à une ascension périlleuse. □ 13 ans+ ➔ DVD $

EIGHT BELOW [Huit en-dessous] ▷4
É.-U. 2005. Aventures de Frank MARSHALL avec Paul Walker, Bruce Greenwood et Moon Bloodgood. - Un guide met tout en œuvre pour retrouver ses huit chiens de traîneaux qu'il a dû abandonner dans une station en Antarctique lors d'une tempête.
□ Général ➔ DVD $ DVD-BR $

EIGHT MEN OUT [Coulisses de l'exploit, Les] ▷4
É.-U. 1988. Drame sportif de John SAYLES avec John Cusack, David Strathairn et John Mahoney. - Lors de la série finale de base-ball de 1919, divers joueurs insatisfaits de leur salaire acceptent d'être soudoyés par des racketters. □ Général ➔ DVD $

EIGHTEEN ▷4
CAN. 2005. Drame de Richard BELL avec Brendan Fletcher, Carly Pope et Paul Anthony. - Pour ses dix-huit ans, un voyou reçoit en cadeau des cassettes sur lesquelles son grand-père témoigne de son expérience pendant la Deuxième Guerre mondiale. ➔ DVD $

EIGHTY-FIRST BLOW, THE
ISR. 1974. David BERGMAN □ Général

EIJANAIKA
JAP. 1981. Shohei IMAMURA □ 13 ans+

EINSTEIN OF SEX, THE ▷5
ALL. 1999. Drame biographique de Rosa von PRAUNHEIM avec Kai Schuhmann, Friedel von Wangenheim et Gerd Lukas Storzer. - La vie du docteur Magnus Hirschfeld, un Juif homosexuel qui a fondé un institut de sexologie à Berlin dans les années 1920. ➔ DVD $

EL [This Strange Passion] ▷4
MEX. 1952. Drame psychologique de Luis BUÑUEL avec Arturo de Cordova, Delia Garces et Luis Beristain. - Un homme qui souffre de jalousie morbide mène la vie dure à sa nouvelle épouse. □ Général

EL AURA [Aura, The]
ARG. 2006. Fabian BIELINSKI ➔ DVD $

EL CID ▷3
É.-U. 1961. Drame épique d'Anthony MANN avec Charlton Heston, Sophia Loren et Raf Vallone. - Les aventures du chevalier Rodrigue de Bivar dans l'Espagne du XIe siècle. - Film à grand déploiement. Véritable souffle épique. Évocation intelligente du cadre historique. Excellente interprétation. □ Général ➔ DVD $

EL COCHECITO *voir* **Petite voiture, La**

EL DIABLO ▷4
É.-U. 1990. Western de Peter MARKLE avec Anthony Edwards, Louis Gossett Jr et John Glover. - Un professeur timide rencontre un aventurier qui l'aide à retrouver une de ses élèves kidnappée par de dangereux bandits. □ 13 ans+ · Violence ➔ DVD $

EL DORADO ▷3
É.-U. 1967. Western de Howard HAWKS avec John Wayne, Robert Mitchum et James Caan. - Un pistolero est appelé par un rancher d'El Dorado pour combattre le shérif de l'endroit. - Film d'action bien ficelé. Rebondissements nombreux. Moments comiques de bonne venue. Climat chaleureux et décontracté. Interprétation solide.
□ Général ➔ DVD $

EL DORADO ▷4
ESP. 1988. Drame épique de Carlos SAURA avec Omero Antonutti, Lambert Wilson et Eusebio Poncela. - En 1560, une expédition espagnole s'aventure sur un fleuve de l'Amazonie à la recherche d'un pays mythique où l'on trouverait de l'or à profusion. □ 13 ans+

EL MARIACHI ▷5
É.-U. 1992. Drame de Robert RODRIGUEZ avec Carlos Gallardo, Consuelo Gomez et Reinol Martinez. - Un jeune mariachi devient la cible des hommes de main d'un mafioso après avoir été confondu avec un fugitif. □ 16 ans+ · Violence ➔ DVD $

EL NORTE [Au nord le paradis] ▷3
É.-U. 1983. Drame social de Gregory NAVA avec Zaide Silvia, David Villalpando et Lupe Ontiveros. - L'équipée périlleuse de deux jeunes gens qui quittent le Guatemala pour tenter fortune aux États-Unis. - Étude sympathique des problèmes affrontés par les immigrés illégaux. Approche réaliste. Aspects pittoresques. Interprétation nuancée.
□ Général ➔ DVD $ DVD-BR $

EL TOPO ▷3
MEX. 1971. Drame poétique réalisé et interprété par Alexandro JODOROWSKY avec Mara Lorenzo et David Silva. - Un cavalier noir est désireux de faire justice à des criminels et de venir en aide à ses bienfaiteurs. - Itinéraire complexe à portée mystique. Symbolique touffue. Images admirables. Récit aux circonvolutions fascinantes.
➔ DVD $

EL ZORRO DE JALISCO
MEX. 1941. José BENAVIDES

ELDORADO ▷4
QUÉ. 1995. Étude de mœurs de Charles BINAMÉ avec Robert Brouillette, Pascale Bussières et James Hyndman. - À Montréal, en plein été, les destins de divers personnages dans la vingtaine s'entrecroisent. □ 13 ans+

ELECTION ▷3
É.-U. 1999. Comédie satirique d'Alexander PAYNE avec Matthew Broderick, Reese Witherspoon et Chris Klein. - Un professeur de high school tente d'empêcher une élève pédante d'être élue présidente de l'association étudiante. - Scénario rempli d'observations amusantes et spirituelles. Personnages habilement développés. Réalisation pleine de clins d'œil et de fantaisie. Interprètes de talent.
□ 13 ans+ ➔ DVD-BR $ DVD $

ELECTION ▷4
H.-K. 2005. Drame policier de Johnnie TO avec Simon Yam, Tony Leung Ka-Fai et Louis Koo. - Une guerre de clans éclate lorsque l'élection du nouveau parrain d'une triade est contestée par son rival.
□ 13 ans+ · Violence ➔ DVD $

ELECTION 2 [Triad Election] ▷3
H.-K. 2006. Drame policier de Johnnie TO avec Simon Yam, Louis Koo et Lam Ka-tung. - À la veille de l'élection du nouveau parrain d'une triade de Hong-Kong, le candidat sortant tente d'éliminer son principal rival, un riche homme d'affaires. - Suite enlevante et percutante du film Election. Scénario limpide et précis. Scènes de violence orchestrées avec brio. Interprétation remarquable. ➔ DVD $

ELECTIVE AFFINITIES, THE *voir* **Affinités électives, Les**

ELECTRA ▷3
GRÈ. 1962. Drame de Michael CACOYANNIS avec Irène Papas, Aleka Catselli et Yannis Fertis. - Plusieurs années après l'assassinat de leur père, un frère et une sœur entreprennent de châtier les coupables, leur mère et son amant. - Adaptation exceptionnelle de la tragédie classique d'Euripide. Excellente recréation d'atmosphère. Paysages d'une noble rudesse. Interprétation de grande classe. ➔ DVD $

ELECTRA GLIDE IN BLUE ▷4
É.-U. 1973. Drame policier de James William GUERCIO avec Robert Blake, Billy Green Bush et Mitchell Ryan. - En Arizona, un motard de la police rêve de devenir détective. □ 13 ans+

ELECTRA, MY LOVE
HON. 1974. Miklos JANCSO ➔ DVD $

ELECTRIC HORSEMAN, THE ▷4
É.-U. 1979. Comédie dramatique de Sydney POLLACK avec Robert Redford, Jane Fonda et John Saxon. - La révolte d'un ancien champion de rodéos devenu objet de publicité. □ Général ➔ DVD $

ÉLÉGANT CRIMINEL, L' *voir* **Lacenaire**

ELEGY [Ultime passion, L'] ▷4
É.-U. 2008. Drame sentimental d'Isabel Coixet avec Ben Kingsley, Penélope Cruz et Dennis Hopper. - Un professeur de littérature quinquagénaire éprouve des sentiments contradictoires à l'endroit de sa jeune maîtresse cubaine. □ 13 ans+ ➔ DVD $

ELEGY OF A VOYAGE
FR. HOL. RUS. 2002. Aleksandr SOKUROV

ELEMENT OF CRIME [Élément du crime, L'] ▷3
DAN. 1984. Drame policier de Lars VON TRIER avec Michael Elphick, Me Me Lei et Esmond Knight. - Soigné sous hypnose par un thérapeute, un enquêteur relate une sinistre affaire où un maniaque s'attaque à des vendeuses de billets de loto. - Histoire sinueuse. Images d'une étrangeté certaine. Ensemble énigmatique. □ 13 ans+ ➔ DVD $

ELEMENTARY PARTICLES *voir* **Particules élémentaires, Les**

ELEMENTARY SCHOOL, THE ▷3
TCH. 1991. Comédie de Jan SVERAK avec Jan Triska, Zdenek Sverak et Libuse Safrankova. - Dans la banlieue praguoise, en 1945, un prétendu héros de guerre remplace l'institutrice d'un groupe de jeunes élèves rebelles. - Chronique au charme intelligent et raffiné. Détails savoureux. Contexte politique dépeint de manière vibrante. Bonne interprétation. □ Général

ÉLÉNA ET LES HOMMES [Elena and Her Men] ▷3
FR. 1956. Comédie satirique de Jean RENOIR avec Ingrid Bergman, Mel Ferrer et Jean Marais. - Une princesse polonaise échoue dans sa tentative de conduire un général au poste de dictateur. - Satire politique brillante et allègre. Images remarquables. Excellente interprétation. □ Général

ELENI ▷4
ANG. 1985. Drame de Peter YATES avec Kate Nelligan, John Malkovich et Oliver Cotton. - De retour en Grèce quarante ans après l'exécution de sa mère, un journaliste affronte le juge qui l'avait condamnée sans raisons valables. □ 13 ans+

ELEPHANT ►2
É.-U. 2003. Drame social de Gus VAN SANT avec Alex Frost, Eric Deulen et John Robinson. - La vie tranquille d'une école secondaire de l'Oregon est violemment perturbée par une tuerie perpétrée par deux élèves. - Scénario rigoureux au traitement temporel ingénieux. Portrait d'un réalisme impressionnant de la routine et de la violence latente des écoles publiques, inspiré par le massacre de Columbine. Approche distanciée d'une grande invention formelle. Interprétation d'un naturel confondant. □ 13 ans+ · Violence ➔ DVD $

ELEPHANT BOY ▷3
ANG. 1937. Aventures de Robert FLAHERTY et Zoltan KORDA avec Sabu, W.E. Holloway et Walter Hudd. - En Inde, un jeune garçon désireux de devenir chasseur d'éléphants se joint à une expédition. - Très belles images. Peinture authentique de la vie dans une région de l'Inde. Valeur documentaire certaine. Interprétation juste. □ Général

ELEPHANT MAN, THE [Homme-éléphant, L'] ►2
ANG. 1980. Drame biographique de David LYNCH avec Anthony Hopkins, John Hurt et Wendy Hiller. - À la fin du siècle dernier, un chirurgien s'intéresse à un homme rendu hideusement difforme par une maladie congénitale. - Intrigue fondée sur un cas authentique. Détails véridiques. Climat envoûtant. Évocation juste de l'époque. Excellente interprétation de J. Hurt. □ 13 ans+

ELEVATOR TO THE GALLOWS
voir **Ascenseur pour l'échafaud**

ÉLÈVE DOUÉ, L' *voir* **Apt Pupil**

ÉLÈVE, L' ▷4
FR. 1996. Drame d'Olivier SCHATZKY avec Vincent Cassel, Caspar Salmon et Caroline Cellier. - Un précepteur s'aperçoit que la famille d'aristocrates ruinés qui l'a engagé compte sur lui pour se débarrasser de leur jeune fils surdoué. □ Général

ELF [Lutin, Le] ▷4
É.-U. 2003. Comédie fantaisiste de Jon FAVREAU avec Will Ferrell, James Caan et Zooey Deschanel. - Un homme élevé par les lutins du Père Noël quitte le Pôle Nord pour retrouver son vrai père à New York.
□ Général ➔ DVD $ DVD-BR $

ÉLISA ▷4
FR. 1994. Drame psychologique de Jean BECKER avec Vanessa Paradis, Clothilde Courau et Gérard Depardieu. - Une jeune délinquante décide de quitter ses amis de la rue afin de retrouver et de tuer son père qu'elle tient pour responsable du suicide de sa mère.

ÉLISA MON AMOUR [Elisa vida mia] ▷3
ESP. 1976. Drame psychologique de Carlos SAURA avec Geraldine Chaplin, Fernando Rey et Norman Briski. - Une jeune femme en difficulté avec son mari passe quelques jours avec son père. - Mélange habile de présent et de passé, de réel et d'imaginaire. Belle photographie. □ 13 ans+

ELIZABETH ▷3
ANG. 1998. Drame historique de Shekhar KAPUR avec Cate Blanchett, Geoffrey Rush et Joseph Fiennes. - Au XVIe siècle, l'apprentissage du pouvoir par la reine Elizabeth, dans une Angleterre déchirée par les conflits religieux. - Faits racontés de façon souvent saisissante. Rigueur historique discutable. Réalisation fougueuse et âpre. Illustration fastueuse. Composition inoubliable de C. Blanchett.
□ 13 ans+ ➔ DVD $

ELIZABETH REX ▷4
CAN. 2003. Drame de Barbara WILLIS SWEETE avec Brent Carver, Diane D'Aquila et Peter Hutt. - En 1601, peu de temps avant l'exécution du comte d'Essex, la reine Elizabeth assiste à une représentation théâtrale donnée par la troupe de Shakespeare. ➔ DVD $

ELIZABETH: THE GOLDEN AGE ▷4
ANG. 2007. Drame historique de Shekhar KAPUR avec Cate Blanchett, Geoffrey Rush et Clive Owen. - En 1585, la reine vierge fait l'objet de complots de la part de Marie Stuart et du roi Philippe II d'Espagne visant sa mort et la chute de son royaume aux mains des catholiques.
□ Général · Déconseillé aux jeunes enfants ➔ DVD $

ELIZABETHTOWN ▷4
É.-U. 2005. Comédie dramatique de Cameron CROWE avec Orlando Bloom, Kirsten Dunst et Susan Sarandon. - Venu assister aux funérailles de son père au Kentucky, un jeune homme taciturne et suicidaire retrouve goût à la vie au contact d'une hôtesse de l'air enjouée.
□ Général ➔ DVD $

ELLE *voir* **10**

ELLE ET LUI *voir* **Affair to Remember, An**

ELLE ET LUI *voir* **He Said, She Said**

ELLE VEUT LE CHAOS ▷4
Can. 2008. Drame de mœurs de Denis CÔTÉ avec Ève Duranceau, Nicolas Canuel et Normand Lévesque. - Les malheurs d'une jeune femme en pleine crise existentielle, aux prises avec un groupe de truands dans un coin de pays isolé. □ 13 ans+

ELLES ÉTAIENT CINQ [Five of Us] ▷4
QUÉ. 2004. Drame psychologique de Ghyslaine CÔTÉ avec Jacinthe Laguë, Ingrid Falaise et Julie Deslauriers. - Apprenant que l'homme qui l'a violée quinze ans auparavant sort de prison, une jeune femme cherche réconfort auprès de ses amies d'adolescence.
□ 13 ans+ ➜ DVD $

ELLIE PARKER ▷5
É.-U. 2005. Comédie de mœurs réalisée et interprétée par Scott COFFEY avec Naomi Watts et Rebecca Rigg. - Les tribulations professionnelles et sentimentales d'une aspirante actrice australienne qui peine à trouver du travail à Hollywood. ➜ DVD $

ELLING
NOR. 2001. Petter NAESS ➜ DVD $

ELMER GANTRY ▷3
É.-U. 1960. Étude de mSurs de Richard BROOKS avec Burt Lancaster, Jean Simmons et Shirley Jones. - Un jeune vendeur aux mœurs douteuses, épris d'une évangéliste, devient prêcheur populaire. - Vision critique de certaines déformations du sentiment religieux. Réalisation intelligente et vigoureuse. Détails pittoresques. B. Lancaster excellent.
□ Général ➜ DVD $

ÉLOGE DE L'AMOUR, L' [In Praise of Love]
SUI. 2001. Film d'essai de Jean-Luc GODARD avec Bruno Putzulu, Cécile Camp et Jean Davy. - Un artiste qui prépare une œuvre sur le sentiment amoureux est amené à réfléchir sur le passé et sur les mécanismes de la mémoire. ➜ DVD $

ELUSIVE PIMPERNEL, THE ▷5
ANG. 1949. Aventures de Michael POWELL et Emeric PRESSBURGER avec David Niven, Margaret Leighton et Cyril Cusack. - Un noble anglais s'emploie à sauver de la guillotine les victimes du régime révolutionnaire en France. □ Général

ELVIRA MADIGAN ►2
SUÈ. 1966. Drame psychologique de Bo WIDERBERG avec Thommy Berggren et Pia Degermark. - Un jeune officier déserte l'armée, sa femme et ses enfants pour s'enfuir avec une artiste de cirque. - Style élégiaque d'une grande douceur. Images d'une beauté exceptionnelle. Trame musicale de choix. Interprètes bien dirigés. □ Général

ELVIRA'S HAUNTED HILLS
É.-U. 2001. Sam IRVIN

ELVIS GRATTON ▷4
QUÉ. 1985. Comédie de Pierre FALARDEAU et Julien POULIN avec Julien Poulin, Denise Mercier et Reynald Fortin. - Les tribulations d'un garagiste de banlieue qui voue un véritable culte au chanteur américain Elvis Presley. □ Général ➜ DVD $

ELVIS GRATTON II: MIRACLE À MEMPHIS ▷6
QUÉ. 1999. Comédie satirique de Pierre FALARDEAU avec Julien Poulin, Yves Trudel et Barry Blake. - Un Québécois ringard et intolérant est pris en charge par un impresario américain qui en fait une vedette internationale. □ Général · Déconseillé aux jeunes enfants ➜ DVD $

ELVIS GRATTON XXX: LA VENGEANCE D'ELVIS WONG ▷6
QUÉ. 2004. Comédie satirique de Pierre FALARDEAU avec Julien Poulin, Yves Trudel et Jacques Allard. - Après avoir été une star internationale du rock, un personnage ringard et réactionnaire se hisse à la tête d'un empire médiatique. ➜ DVD $

ELVIS: THE MOVIE ▷5
É.-U. 1979. Drame biographique de John CARPENTER avec Kurt Russell, Season Hubley et Shelley Winters. - Au moment d'un retour sur scène en 1969, Elvis Presley se remémore les principales étapes de sa carrière. □ Général

EMBRASSE-MOI GINO *voir* **Kiss Me Guido**

EMBRASSE-MOI IDIOT *voir* **Kiss Me, Stupid**

EMBRASSEZ QUI VOUS VOUDREZ ▷4
FR. 2002. Comédie de mœurs réalisée et interprétée par Michel BLANC avec Charlotte Rampling et Carole Bouquet. - Les chassés-croisés amoureux des membres de trois familles et de leurs amis dans une station balnéaire cossue. □ 13 ans+ ➜ DVD $

EMERALD FOREST, THE [Forêt d'émeraude, La] ▷4
ANG. 1985. Drame de mœurs de John BOORMAN avec Powers Boothe, Charley Boorman et Meg foster. - En tentant de retrouver son fils disparu dans la jungle brésilienne, un homme tombe entre les mains d'indigènes. □ Général ➜ DVD $

EMIGRANT, THE *voir* **Émigré, L'**

EMIGRANTS, THE ►2
SUÈ. 1972. Drame social de Jan TROELL avec Max Von Sydow, Liv Ullmann et Eddie Axberg. - Au milieu du XIXe siècle, un groupe de fermiers suédois s'embarquent pour les États-Unis d'Amérique. - Riche en détails de mœurs bien observés. Photographie remarquable. Mise en scène de premier ordre. Excellente interprétation. □ Général

ÉMIGRÉ, L' [Emigrant, The] ▷4
ÉGY. 1994. Drame biblique de Youssef CHAHINE avec Khaled El Nabaoui, Mahmoud Hemida et Michel Piccoli. - Devenu esclave en Égypte, Joseph, fils de Jacob, apprend l'art de l'irrigation avant de retourner auprès des siens. ➜ DVD $

EMILY BRONTË'S WUTHERING HEIGHTS ▷5
ANG. 1992. Drame sentimental de Peter KOSMINSKY avec Juliette Binoche, Ralph Fiennes et Janet McTeer. - Un jeune homme pauvre recueilli par un riche bourgeois s'éprend de la fille de son bienfaiteur.
□ Général ➜ DVD $

EMMA ▷4
ANG. 1996. Comédie sentimentale de Douglas McGRATH avec Gwyneth Paltrow, Jeremy Northam et Toni Collette. - Au XIXe siècle, une jeune Anglaise célibataire prend plaisir à se mêler de la vie sentimentale de son entourage. □ Général ➜ DVD $

EMMA'S SHADOW *voir* **Ombre d'Emma, L'**

EMMANUELLE ▷5
FR. 1974. Drame psychologique de Just JAECKIN avec Sylvia Kristel, Daniel Barky et Alain Cuny. - À Bangkok, la jeune épouse d'un diplomate français cherche son épanouissement personnel dans l'érotisme.
□ 18 ans+

EMMANUELLE L'ANTIVIERGE [Emmanuelle II] ▷6
FR. 1975. Drame de mœurs de Francis GIACOBETTI avec Sylvia Kristel, Umberto Orsini et Catherine Rivet. - Venue rejoindre en Orient son mari ingénieur, une libertine s'attache à la fille d'un homme d'affaires anglais et l'initie à des jeux érotiques. □ 18 ans+

EMMENEZ-MOI ▷5
FR. 2005. Comédie dramatique d'Edmond BENSIMON avec Gérard Darmon, Damien Jouillerot et Zinedine Soualem. - Flanqué de son neveu, d'un chômeur antillais et d'un éboueur simplet, un ex-légionnaire de Roubaix se rend à pied à Paris pour rencontrer son idole Charles Aznavour. □ Général ➜ DVD $

EMMERDEUR, L' [Pain in the A.., A] ▷4
FR. 1973. Comédie d'Édouard MOLINARO avec Lino Ventura, Jacques Brel et Caroline Cellier. - Un tueur à gages est dérangé dans ses occupations par un désespéré qui s'accroche à lui.
□ Général ➜ DVD $

EMMURÉE VIVANTE, L' *voir* **Seven Notes in Black**

EMOTIONAL ARITHMETIC ▷5
[Automne de mes souvenirs, L']
CAN. 2007. Drame psychologique de Paolo BARZMAN avec Susan Sarandon, Christopher Plummer et Gabriel Byrne. - Une Américaine reçoit chez elle au Québec l'écrivain russe qui, quarante ans plus tôt, l'avait prise sous son aile lors de son séjour dans le camp de détention de Drancy. □ Général ➜ DVD $

EMPEREUR DU PÉROU, L'
voir **Odyssey of the Pacific, The**

EMPEREUR ET L'ASSASSIN, L' ▷4
[Emperor and the Assassin]
CHI. 1999. Drame historique de Chen KAIGE avec Li Xuejian, Gong Li et Zhang Fengyi. - Au IIIe siècle avant J.-C., le roi de Qin est obsédé par le désir d'unifier les sept royaumes de Chine malgré la résistance farouche de ceux-ci. ➜ DVD $

EMPEROR JONES ▷3
É.-U. 1933. Drame de Dudley MURPHY avec Paul Robeson, Dudley Digges et Frank Wilson. - Un Noir américain s'est établi souverain d'une île des Caraïbes. - Adaptation intelligente d'une pièce d'Eugene O'Neill. Drame puissant. Réalisation adéquate. Forte présence de P. Robeson. ➔ DVD$

EMPEROR OF PERU, THE *voir* **Odyssey of the Pacific, The**

EMPEROR OF THE NORTH ▷4
É.-U. 1973. Drame de Robert ALDRICH avec Lee Marvin, Ernest Borgnine et Keith Carradine. - Dans les années 30, un conducteur traite avec dureté les vagabonds qui voyagent en clandestins dans les wagons de marchandises. ➔ DVD$

EMPEROR'S NEW CLOTHES, THE ▷4
ANG. 2001. Comédie dramatique d'Alan TAYLOR avec Ian Holm, Iben Hjejle et Tim McInnerny. - Remplacé par un sosie, Napoléon Bonaparte fuit l'île Sainte-Hélène et se réfugie incognito à Paris où il compte reconquérir son titre d'empereur.

EMPEROR'S SHADOW ▷4
CHI. 1996. Drame historique de Zhou XIAOWEN avec Jiang Wen, Ge You et Xu Quing. - L'histoire du premier empereur chinois qui, en 200 avant Jésus-Christ, réussit à conquérir et unifier les différents royaumes du pays.

EMPIRE CONTRE-ATTAQUE, L'
voir **Empire Strikes Back, The**

EMPIRE DE LA PASSION, L' *voir* **In the Realm of Passion**

EMPIRE DES SENS, L' *voir* **In the Realm of Senses**

EMPIRE DU SOLEIL, L' *voir* **Empire of the Sun**

EMPIRE FALLS ▷4
É.-U. 2005. Chronique de Fred SCHEPISI avec Ed Harris, Helen Hunt et Paul Newman. - Les hauts et les bas du gérant d'un *diner* et de son entourage dans une petite ville industrielle en déclin. ➔ DVD$

EMPIRE OF PASSION *voir* **In the Realm of Passion**

EMPIRE OF THE SUN [Empire du soleil, L'] ▷3
É.-U. 1987. Drame de guerre de Steven SPIELBERG avec Christian Bale, John Malkovich et Miranda Richardson. - À Shanghai en 1941, un jeune Anglais qui a été séparé de ses parents est capturé par les Japonais et enfermé dans un camp d'internement. - Récit de guerre raconté du point de vue d'un enfant. Séquences à grand déploiement impressionnantes. Réalisation fort bien contrôlée. Interprétation solide. □ Général ➔ DVD$

EMPIRE STRIKES BACK, THE ▷3
[Empire contre-attaque, L']
É.-U. 1980. Science-fiction d'Irvin KERSHNER avec Mark Hamill, Harrison Ford et Carrie Fisher. - Des aventuriers de l'espace luttent contre l'empereur tyrannique d'une lointaine galaxie. - Suite de Star Wars. Aventures imaginatives. Illustration plus qu'honorable. Étonnantes réussites visuelles. Interprétation décontractée et convaincante. □ Général ➔ DVD$

EMPLOI, L' [Job, The] ►2
ITA. 1961. Drame de mœurs de Ermanno OLMI avec Sandro Panzeri, Loredana Detto et Tullio Kezich. - Les tentatives d'un jeune homme pour obtenir un emploi dans une grande société milanaise. - Sens du détail et de l'observation précise. Touches satiriques. Style sobre et concis. Excellente interprétation. ➔ DVD$

EMPLOI DU TEMPS, L' ▷3
FR. 2001. Drame psychologique de Laurent CANTET avec Aurélien Recoing, Karin Viard et Serge Livrozet. - Un père de famille qui a caché à son entourage la perte récente de son emploi s'enferme dans un cercle vicieux de mensonges. - Étude psychologique fascinante. Traitement d'une rigueur exemplaire imposant un rythme lent. Tension sourde introduite progressivement. Style net et précis. Jeu sobre et très contrôlé du protagoniste. □ Général

EMPORTE-MOI ▷4
QUÉ. 1998. Drame psychologique de Léa POOL avec Karine Vanasse, Miki Manojlovic et Pascale Bussières. - En 1963, dans un quartier populaire de Montréal, les difficiles expériences familiales et sentimentales d'une adolescente. □ 13 ans+

EMPREINTE DE L'ANGE, L' ▷4
FR. 2008. Drame psychologique de Safy NEBBOU avec Catherine Frot, Sandrine Bonnaire et Héloïse Cunin. - Une mère dépressive imagine divers subterfuges afin de se rapprocher d'une fillette qu'elle croit fermement être sa propre fille, présumément morte dans un incendie. ➔ DVD$

EMPRISE DES TÉNÈBRES, L'
voir **Serpent and the Rainbow, The**

EN AVOIR (OU PAS) ▷4
FR. 1995. Comédie dramatique de Lætitia MASSON avec Sandrine Kiberlain, Arnaud Giovaninetti et Roschdy Zem. - Débarquant à Lyon pour se trouver un travail, une jeune femme du Nord de la France s'éprend d'un solitaire paumé. □ Général

EN BONNE COMPAGNIE *voir* **In Good Company**

EN CHAIR ET EN OS [Live Flesh] ▷3
ESP. 1997. Drame de mœurs de Pedro ALMODOVAR avec Liberto Rabal et Javier Bardem. - Un ancien détenu retrouve le policier qu'il a rendu paraplégique ainsi que l'épouse de celui-ci dont il a toujours été amoureux. - Adaptation libre d'un roman de Ruth Rendell. Contenu policier délaissé au profit d'un drame passionnel rocambolesque. Imagerie colorée. Acteurs convaincants. □ 13 ans+ · Érotisme

EN COMPAGNIE D'ANTONIN ARTAUD ▷4
[My Life and Times with Antonin Artaud/ The True Story of Artaud and Momo]
FR. 1993. Drame biographique de Gérard MORDILLAT avec Marc Barbé, Sami Frey et Julie Jezéquel. - À la fin des années 1940, un jeune poète impécunieux devient l'ami d'un écrivain célèbre qui sort à peine de l'asile. □ 13 ans+ ➔ DVD$

EN DERNIER RECOURS
QUÉ. 1987. Jacques GODBOUT □ Général

EN DIRECT DE BAGDAD *voir* **Live from Baghdad**

EN EFFEUILLANT LA MARGUERITE ▷5
[Plucking the Daisy]
FR. 1956. Comédie de Marc ALLÉGRET avec Daniel Gélin, Brigitte Bardot et Darry Cowl. - Devant un besoin d'argent, une jeune fille participe à un concours de striptease. ➔ DVD$

EN ENFER AVEC HEAVEN *voir* **Heaven**

EN FACE ▷5
FR. 1999. Drame de mœurs de Mathias LEDOUX avec Jean-Hugues Anglade, Clotilde Courau et Christine Boisson. - Un jeune couple amoureux mais fauché reçoit en héritage l'hôtel particulier de leur mystérieux voisin d'en face. □ 13 ans+

EN HOMMAGE AUX FEMMES DE TRENTE ANS
voir **In Praise of Older Women**

EN LIBERTÉ DANS LES CHAMPS DU SEIGNEUR
voir **At Play in the Fields of the Lord**

EN MARGE DE L'ENQUÊTE *voir* **Dead Reckoning**

EN OBSERVATION *voir* **Opname**

EN PLEIN CŒUR ▷5
FR. 1998. Drame psychologique de Pierre JOLIVET avec Gérard Lanvin, Virginie Ledoyen et Carole Bouquet. - Un avocat réputé voit son mariage et son existence sombrer lorsqu'il tombe amoureux d'une jeune cliente. □ Général · Déconseillé aux jeunes enfants

EN PLEIN CŒUR ▷5
QUÉ. 2008. Drame de mœurs de Stéphane GÉHAMI avec Pierre Rivard, Keven Noël et Julie Deslauriers. - À Montréal, un voleur de voitures de 32 ans, amoureux compulsif, entraîne dans ses magouilles un adolescent aux prises avec une mère dépressive. □ 13 ans+ ➔ DVD$

EN QUATRIÈME VITESSE *voir* **Kiss Me Deadly**

EN QUÊTE D'UNE GALAXIE *voir* **Galaxy Quest**

EN ROUTE POUR SINGAPOUR *voir* **Road to Singapore**

EN ROUTE VERS MANHATTAN *voir* **Daytrippers, The**

EN ROUTE VERS RIO *voir* **Road to Rio**

EN SOUVENIR DES TITANS *voir* **Remember the Titans**

EN TAXI AUX TOILETTES *voir* **Taxi Zum Klo**

EN TOUTE CONFIANCE *voir* **Confidence**

ENCHANTED ▷4
É.-U. 2007. Comédie fantaisiste de Kevin LIMA avec Amy Adams, Patrick Dempsey et James Marsden. - Expulsée de l'univers des bandes dessinées par une vilaine reine, la fiancée d'un prince est parachutée à New York, où elle s'éprend d'un avocat divorcé. □ Général ➔ DVD$ DVD-BR$

ENCHANTED APRIL [Avril enchanté] ▷4
ANG. 1992. Comédie dramatique de Mike NEWELL avec Josie Lawrence, Miranda Richardson et Joan Plowright. - Se mourant d'ennui à Londres, l'épouse d'un fonctionnaire morose loue un château en Italie pour y séjourner avec trois compagnes. □ Général

ENCHANTMENT ▷4
É.-U. 1948. Drame sentimental d'Irving REIS avec David Niven, Teresa Wright et Evelyn Keyes. - Pensant que sa nièce s'apprête à épouser un aviateur, un vieux général remâche ses souvenirs.
□ Général → DVD$

ENCORE ▷4
FR. 1996. Comédie de mœurs de Pascal BONITZER avec Jackie Berroyer, Valéria Bruni-Tedeschi et Natacha Régnier. - Un professeur de 50 ans entretient des relations sentimentales difficiles avec des étudiantes. □ Général

ENCORE: ONCE MORE [Once More] ▷4
FR. 1987. Drame de mœurs de Paul VECCHIALI avec Florence Giorgetti, Jean-Louis Rolland et Pascale Rocard. - Un homme quitte sa famille et son emploi pour mener une vie bohème qui l'entraîne dans le milieu homosexuel. □ 13 ans+

ENCORE LES VIEUX GRINCHEUX *voir* **Grumpier Old Men**

END OF AUGUST AT THE HOTEL OZONE, THE ▷4
[Late August at Hotel Ozone]
TCH. 1967. Drame fantastique de J. SCHMIDT avec Ondrej Jariabek, Betta Ponicanova et Magda Seidlerova. - Dans un monde dévasté par une guerre atomique un vieil homme affronte un groupe de femmes vivant à l'état sauvage.

END OF SILENCE, THE
CAN. 2006. Anita DORON → DVD$

END OF ST. PETERSBURG
RUS. 1927. Vsevolod PUDOVKIN et Mikhail DOLLER → DVD$

END OF THE AFFAIR, THE ▷3
ANG. 1954. Drame d'Edward DMYTRYK avec Deborah Kerr, Van Johnson et John Mills. - Une femme mariée éprise d'un écrivain vit un conflit intérieur à la suite d'une promesse faite à Dieu. - Œuvre de qualité basée sur un roman de Graham Greene. Grande intensité dramatique. Évocation réussie de problèmes spirituels. Excellents interprètes. □ Général → DVD$

END OF THE AFFAIR, THE [Fin d'une liaison, La] ▷3
ANG. 1999. Drame sentimental de Neil JORDAN avec Ralph Fiennes, Julianne Moore et Stephen Rea. - En 1946, à Londres, un écrivain cherche à connaître les raisons qui ont poussé sa maîtresse à rompre deux ans plus tôt. - Adaptation sensible et intelligente du roman de Graham Greene. Époque finement reconstituée. Réalisation maîtrisée. Interprétation vibrante. □ 13 ans+ · Érotisme → DVD$

END OF VIOLENCE, THE [Fin de la violence, La] ▷4
É.-U. 1997. Drame psychologique de Wim WENDERS avec Bill Pullman, Andie MacDowell et Gabriel Byrne. - Un producteur de cinéma se retrouve impliqué malgré lui dans un programme top secret de surveillance des villes. □ Général → DVD$

ENDANGERED SPECIES ▷4
[Espèces en voie de disparition]
É.-U. 1982. Drame policier d'Alan RUDOLPH avec Robert Urich, JoBeth Williams et Hoyt Axton. - Un ex-policier de New York, de passage au Colorado, vient en aide à une femme-shérif afin d'élucider le mystère entourant des mutilations de bestiaux. □ 13 ans+

ENDLESS LOVE [Amour infini, Un] ▷4
É.-U. 1981. Drame psychologique de Franco ZEFFIRELLI avec Martin Hewitt, Brooke Shields et Shirley Knight. - L'amour interdit de deux adolescents connaît une issue tragique. □ 13 ans+

ENDLESS NIGHT ▷4
ANG. 1971. Drame de Sidney GILLIAT avec Hywel Bennett, Hayley Mills et Britt Ekland. - Un jeune arriviste épouse une riche héritière qui meurt peu après dans des circonstances mystérieuses.
□ 13 ans+ → DVD$

ENDURING LOVE ▷4
ANG. 2004. Thriller de Roger MICHELL avec Daniel Craig, Rhys Ifans et Samantha Morton. - La vie d'un universitaire est perturbée par l'affection maladive que lui voue un jeune homme.
□ 13 ans+ → DVD$

ENEMIES, A LOVE STORY ▷4
[Ennemies, une histoire d'amour]
É.-U. 1989. Comédie dramatique de Paul MAZURSKY avec Ron Silver, Anjelica Huston et Lena Olin. - Un Juif ayant épousé une chrétienne cache à celle-ci l'existence de sa maîtresse jusqu'au jour où les deux femmes tombent enceintes. □ 13 ans+

ENEMY AT THE GATES [Ennemi aux portes, L'] ▷4
ALL. 2000. Drame de guerre de Jean-Jacques ANNAUD avec Jude Law, Joseph Fiennes et Ed Harris. - En 1942, à Stalingrad, un tireur embusqué russe qui décime l'état-major allemand devient lui-même la cible d'un maître-tireur nazi. □ 13 ans+ · Violence → DVD-BR$ DVD$

ENEMY BELOW, THE ▷4
É.-U. 1957. Drame de guerre de Dick POWELL avec Robert Mitchum, Curd Jurgens et Al Hedison. - Un destroyer américain et un sous-marin allemand tentent mutuellement de se couler. □ Général → DVD$

ENEMY FROM SPACE *voir* **Quatermass 2**

ENEMY MINE ▷4
É.-U. 1985. Science-fiction de Wolfgang PETERSEN avec Dennis Quaid, Louis Gossett Jr. et Bumper Robinson. - Un extraterrestre mourant confie son enfant à un humain avec qui il a été obligé de s'allier pour survivre. □ 13 ans+ → DVD$

ENEMY OF THE STATE [Ennemi de l'état] ▷4
É.-U. 1998. Drame d'espionnage de Tony SCOTT avec Will Smith, Gene Hackman et Jon Voight. - Un jeune avocat devient la cible de la Sécurité nationale lorsqu'il est soupçonné de posséder un vidéo incriminant un haut dirigeant de l'agence. □ Général · Déconseillé aux jeunes enfants → DVD$

ENFANCE D'IVAN, L' [My Name Is Ivan] ►2
RUS. 1961. Drame de guerre d'Andrei TARKOVSKY avec Kolya Burlaiev, Valentin Zubkov et Y. Zharikov. - Durant la Seconde Guerre mondiale, un gamin russe dont les parents ont été massacrés par les Allemands s'enrôle dans l'armée. - Réquisitoire contre la guerre au style lyrique et poétique. Traitement à la fois dur et poignant. Très belle photographie. Jeu naturel de K. Burlaiev. □ Général → DVD$

ENFANCE DE GORKI *voir* **Childhood of Maxim Gorky, The**

ENFANCE DE L'ART, L' *voir* **Life with Mikey**

ENFANCE DE L'ART, L' *voir* **Light Years**

ENFANT, L' ▷3
BEL. 2005. Drame psychologique de Luc et Jean-Pierre DARDENNE avec Jérémie Rénier, Déborah François et Jérémie Segard. - Un jeune voyou irresponsable tente de se racheter auprès de sa compagne après avoir vendu leur nouveau-né. - Portrait âpre d'une certaine jeunesse désespérée. Thème à portée sociale et universelle traité avec beaucoup d'humanisme. Réalisation nerveuse et directe. Excellents interprètes. □ Général → DVD$

ENFANT D'EAU, L' ▷4
QUÉ. 1995. Drame de mœurs de Robert MÉNARD avec David La Haye, Marie-France Monette et Gilbert Sicotte. - Un lien amoureux se tisse lentement entre un garçon simple d'esprit et une fillette de douze ans qui ont échoué dans une île déserte des Caraïbes. □ Général

ENFANT DE L'HIVER, L' ▷3
FR. 1988. Drame psychologique d'Olivier ASSAYAS avec Clotilde de Bayser, Michel Feller et Marie Matheron. - Un jeune homme quitte sa copine enceinte pour une décoratrice de théâtre. - Évocation de relations amoureuses tourmentées entre jeunes adultes. Mise en images sensible aux personnages. Réalisation privilégiant l'expression des émotions. Interprétation tout en nuances. □ Général

ENFANT LION, L' ▷4
FR. 1993. Conte de Patrick GRANDPERRET avec Mathurin Sinze, Sophie-Véronique Toue Tagbe et Souleyman Koly. - Le jeune fils d'un chef de village africain et son amie sont capturés par des guerriers qui les vendent à un prince cruel. □ Général

ENFANT LUMIÈRE, L' *voir* **Return to Salem's Lot, A**

ENFANT LUMIÈRE, L' *voir* **Shining, The**

ENFANT MIROIR, L' *voir* **Reflecting Skin, The**

ENFANT NOIR, L' ▷4
FR. 1994. Drame de mœurs de Laurent CHEVALLIER avec Baba Camara, Madou Camara et Kouda Camara. - Un jeune adolescent né dans un village au cœur de la Guinée va poursuivre ses études dans la capitale. □ Général

ENFANT SAUVAGE, L' [Wild Child, The] ►2
FR. 1969. Drame psychologique réalisé et interprété par François TRUFFAUT avec Jean-Pierre Cargol et Françoise Seigner. - Au début du XIXe siècle, un médecin s'efforce d'éduquer un enfant d'une douzaine d'années trouvé dans les bois à l'état sauvage. - Scénario basé sur des documents d'époque. Objectivité documentaire. Mise en scène sobre et efficace. Interprétation convaincante. □ Général → DVD$

ENFANT SUR LE LAC, L' ▷5
QUÉ. 1991. Drame psychologique de Jacques LEDUC avec René Gagnon, Monique Lepage et Patricia Tulasne. - L'infidélité de son épouse oblige un homme à exorciser un traumatisme lié à un souvenir d'enfance. □ Général

ENFANTS, LES ▷3
FR. 1984. Comédie satirique de Marguerite DURAS avec Axel Bougosslavski, Daniel Gélin et Tatiana Moukhine. - Un enfant de sept ans qui en paraît quarante provoque la stupéfaction dans son entourage lorsqu'il décide de quitter l'école. - Jeu de l'esprit s'apparentant au théâtre de l'absurde. Réflexions pertinentes sur le sens de la vie. □ Général

ENFANTS, LES ▷4
FR. 2005. Comédie dramatique de Christian VINCENT avec Karin Viard, Gérard Lanvin et Brieux Quiniou. - Les tribulations de deux divorcés ayant choisi d'emménager ensemble avec leurs enfants respectifs. □ Général → DVD$

ENFANTS DE CHŒUR, LES *voir* **Little Children**

ENFANTS DE LA LIBERTÉ, LES *voir* **Rabbit-Proof Fence**

ENFANTS DE LA RIVIÈRE, LES *voir* **Water Babies, The**

ENFANTS DE LUMIÈRE, LES ▷4
FR. 1995. Film de montage d'André ASSEO, Pierre BILLARD, Alain CORNEAU, Claude MILLER, Claude SAUTET. - 100 ans de cinéma français racontés à travers quelque 300 extraits de films et de documents de tournage regroupés sous divers thèmes.

ENFANTS DU CAPITAINE GRANT, LES
voir **In Search of the Castaways**

ENFANTS DU CIEL, LES [Children of Heaven] ▷3
IRAN. 1997. Drame de mœurs de Majid MAJIDI avec Mir Farrokh Hashemian, Bahareh Seddiqi et Amir Naji. - Ayant perdu la seule paire de chaussures de sa petite sœur, un garçon d'une famille pauvre cherche à remédier à la situation. - Récit à la fois touchant et comique. Réalisation simple et efficace. Jeunes interprètes fort attachants. □ Général → DVD$

ENFANTS DU DÉSORDRE, LES ▷4
FR. 1988. Drame social de Yannick BELLON avec Emmanuelle Béart, Robert Hossein et Patrick Catalifo. - Une ancienne prostituée qui a connu la drogue séjourne dans un centre de réhabilitation où l'on apprend le théâtre.

ENFANTS DU DIMANCHE, LES [Sunday's Children] ▷3
SUÈ. 1992. Drame psychologique de Daniel BERGMAN avec Thommy Berggren, Henrik Linnros et Lena Endre. - Un pasteur se rend dans une petite église de campagne avec son jeune fils qui l'admire et le craint tout à la fois. - Récit autobiographique écrit par Ingmar Bergman. Portrait sensible d'un enfant candide. Forme visuelle lumineuse et vivante. Beauté exquise des décors naturels. □ Général

ENFANTS DU MARAIS, LES ▷4
FR. 1998. Comédie dramatique de Jean BECKER avec Jacques Villeret, Jacques Gamblin et André Dussollier. - Les rencontres et les amitiés de plusieurs personnes vivant à côté d'un marais.

ENFANTS DU PARADIS, LES [Children of Paradise] ►1
FR. 1945. Mélodrame de Marcel CARNÉ avec Jean-Louis Barrault, Arletty et Pierre Brasseur. - À Paris, en 1827, un mime aime follement une jeune femme courtisée par de nombreux hommes. - Scénario complexe, d'une belle puissance dramatique. Mise en scène somptueuse. Interprétation de classe. □ 13 ans+ → DVD$

ENFANTS DU SIÈCLE, LES ▷5
FR. 1999. Drame biographique de Diane KURYS avec Juliette Binoche, Benoît Magimel et Robin Renucci. - Les amours tumultueuses de l'écrivaine George Sand avec le poète romantique Alfred de Musset. □ 13 ans+

ENFANTS DU SILENCE, LES
voir **Children of a Lesser God**

ENFANTS NOUS REGARDENT, LES ▷4
[Children Are Watching Us, The]
ITA. 1944. Drame de Vittorio DE SICA avec Isa Pola, Luciano De Ambrosis et Emilio Cigoli. - Une jeune mère perd définitivement son mari et l'affection de son fils. □ Général → DVD$

ENFANTS TERRIBLES, LES ▷4
FR. 1950. Drame psychologique de Jean-Pierre MELVILLE et Jean COCTEAU avec Nicole Stéphane, Édouard Dhermit et Renée Cosima. - Tout au long de sa vie, une fille éprouve pour son frère une passion exclusive qui la pousse à se mêler de ses affaires sentimentales. □ Général

ENFER, L' ▷3
FR. 1993. Drame psychologique de Claude CHABROL avec Emmanuelle Béart, François Cluzet et Nathalie Cardone. - Doutant de la fidélité de sa femme, un hôtelier en vient à commettre des actes de plus en plus incontrôlés. - Description habile d'un cas extrême de jalousie. Récit adéquatement simple et linéaire. Réalisation intelligente. Excellents interprètes. □ 13 ans+ → DVD$

ENFER, L' ▷5
FR. 2005. Drame psychologique de Danis TANOVIC avec Emmanuelle Béart, Karin Viard et Marie Gillain. - Marquées par le suicide de leur père, trois sœurs en viennent à se rapprocher lorsqu'un homme fait une terrible révélation à l'une d'elles. □ 13 ans+ → DVD$

ENFER APRÈS L'ENFER, L' *voir* **Distant Thunder**

ENFER DES ZOMBIES, L' *voir* **Zombie**

ENFERMÉS DEHORS ▷4
FR. 2005. Comédie réalisée et interprétée par Albert DUPONTEL avec Claude Perron et Nicolas Marie. - Ayant trouvé un uniforme de policier, un sans-abri l'enfile et se porte au secours d'une ex-actrice porno qui veut récupérer sa fillette séquestrée par ses beaux-parents. □ 13 ans+ → DVD$

ENFORCER, THE [Inspecteur ne renonce jamais, L'] ▷4
É.-U. 1950. Drame policier de Bretaigne WINDUST avec Humphrey Bogart, Everett Sloane et Zero Mostel. - Un policier lutte contre des tueurs à gages.

ENGLISH PATIENT, THE [Patient anglais, Le] ▷3
É.-U. 1996. Chronique d'Anthony MINGHELLA avec Ralph Fiennes, Juliette Binoche et Kristin Scott Thomas. - En 1942, une infirmière ébranlée par les horreurs de la guerre soigne un pilote blessé qui se remémore un grand amour récent ayant connu une fin tragique. - Adaptation luxueuse du roman de Michael Ondaatje. Intrigue romantique classique aux accents parfois grandioses. Images somptueuses. Interprétation intelligente et bien sentie. □ Général → DVD-BR$ DVD$

ENGLISHMAN WHO WENT UP A HILL, BUT CAME DOWN A MOUNTAIN, THE ▷4
[Homme qui gravit une colline et redescendit une montagne, L']
ANG. 1995. Comédie de Christopher MONGER avec Hugh Grant, Tara Fitzgerald et Colm Meaney. - Deux cartographes causent un émoi dans un village lorsqu'ils annoncent que la colline voisine ne figurera pas sur les cartes officielles. □ Général → DVD$

ENGRENAGE FATAL *voir* **Wisdom**

ENGRENAGES *voir* **House of Games**

ENIGMA ▷4
ANG. 2001. Drame d'espionnage de Michael APTED avec Dougray Scott, Kate Winslet et Saffron Burrows. - Aidé d'une collègue, un mathématicien employé à décrypter des messages radio nazis enquête sur la disparition mystérieuse de son ancienne maîtresse. □ Général

ÉNIGMATIQUE MONSIEUR RIPLEY, L'
voir **Talented Mr. Ripley, The**

ÉNIGME DE KASPAR HAUSER, L' ▷3
[Enigma of Kaspar Hauser, The]
ALL. 1974. Drame psychologique de Werner HERZOG avec Bruno S., Walter Ladengast et Brigitte Mira. - En 1838, un professeur accueille chez lui un adolescent inadapté dont on ne connaît pas les origines. - Évocation d'un fait réel. Style rigoureux. Quelques touches d'humour. Utilisation magistrale d'un inadapté dans le rôle central. □ Général → DVD$

ENJEUX DE LA MORT, LES *voir* **Dead Pool, The**

ENJÔLEUSE, L' [Brute, The] ▷4
MEX. 1952. Drame de mœurs de Luis BUÑUEL avec Pedro Armendariz, Katy Jurado et Andres Soler. - Après avoir tué accidentellement un homme, un boucher simplet et rustaud s'éprend de la fille de la victime. □ Général ➔ DVD $

ENLIGHTENMENT GUARANTEED [Illumination garantie]
ALL. 2000. Doris DÖRRIE ➔ DVD $

ENNEMI AUX PORTES, L' *voir* **Enemy at the Gates**

ENNEMI DE L'ÉTAT *voir* **Enemy of the State**

ENNEMI INTIME, L' ▷4
FR. 2007. Drame de guerre de Florent-Emilio SIRI avec Benoît Magimel, Albert Dupontel et Aurélien Recoing. - Pendant la guerre d'Algérie, un jeune lieutenant français idéaliste connaît d'éprouvantes désillusions. □ 13 ans+ · Violence ➔ DVD $

ENNEMI PUBLIC NO 1, L' ▷5
FR. 1953. Comédie policière d'Henri VERNEUIL avec Fernandel, Zsa-Zsa Gabor et David Opatoshu. - Les mésaventures d'un brave type qu'une méprise fait prendre pour un criminel célèbre. ➔ DVD $

ENNEMIES, UNE HISTOIRE D'AMOUR
voir **Enemies, a Love Story**

ENNEMIS COMME AVANT *voir* **Sunshine Boys, The**

ENNUI, L' ▷4
FR. 1998. Comédie dramatique de Cédric KAHN avec Charles Berling, Sophie Guillemin et Arielle Dombasle. - Un prof de philo las de sa jeune maîtresse devient obsédé par elle lorsqu'il apprend son infidélité. □ 16 ans+ · Érotisme ➔ DVD $

ENQUÊTE CORSE, L' ▷5
FR. 2003. Comédie policière d'Alain BERBERIAN avec Christian Clavier, Jean Reno et Caterina Murino. - Un détective privé parisien se rend en Corse pour retrouver un homme ayant reçu un héritage. □ Général ➔ DVD $

ENQUÊTES INTERNES *voir* **Internal Affairs**

ENRAGÉ *voir* **Rampage**

ENRAGÉ, L' *voir* **Falling Down**

ENSAIGNANTS, LES *voir* **Faculty, The**

ENSAYO DE UN CRIMEN
voir **Vie criminelle d'Archibald de la Cruz, La**

ENSEMBLE, C'EST TOUT ▷4
FR. 2007. Comédie dramatique de Claude BERRI avec Audrey Tautou, Guillaume Canet et Laurent Stocker. - Une employée d'entretien douée pour le dessin, un cuisinier dragueur et sa grand-mère malade en viennent à partager l'appartement d'un jeune aristocrate timide. □ Général ➔ DVD $

ENTENTE, L' *voir* **Deal, The**

ENTER LAUGHING ▷4
É.-U. 1967. Comédie de Carl REINER avec Reni Santoni, Shelley Winters et Jose Ferrer. - Le fils d'un tailleur juif de New York rêve de faire du théâtre.

ENTER THE DRAGON [Opération Dragon] ▷5
É.-U. 1973. Aventures de Robert CLOUSE avec Bruce Lee, John Saxon et Jim Kelly. - Un expert en arts martiaux en mission pour Interpol s'inscrit à un tournoi de lutte à main nue afin de s'immiscer dans une organisation criminelle. □ 13 ans+ ➔ DVD-BR $ DVD $

ENTERTAINER, THE ▷3
ANG. 1960. Drame psychologique de Tony RICHARDSON avec Laurence Olivier, Joan Plowright et Brenda de Banzie. - Dans les années 1940, la déchéance d'un artiste de music-hall égoïste et médiocre. - Adaptation vivante d'une pièce de John Osborne. Mise en scène habile. Composition remarquable de L. Olivier. □ Général ➔ DVD $

ENTRE ADULTES
FR. 2006. Stéphane BRIZÉ ➔ DVD $

ENTRE DEUX PLAGES *voir* **Beaches**

ENTRE ELLES ET LUI *voir* **Prime**

ENTRE LA MER ET L'EAU DOUCE ▷4
QUÉ. 1967. Drame sentimental de Michel BRAULT avec Geneviève Bujold, Claude Gauthier et Paul Gauthier. - Un jeune campagnard venu travailler à Montréal se découvre une vocation de chanteur. □ Général

ENTRE LE CIEL ET L'ENFER ▷3
JAP. 1963. Drame policier d'Akira KUROSAWA avec Toshiro Mifune, Tatsuya Nakadai et Tsutomu Yamasaki. - Après avoir accepté de payer la rançon exigée par le ravisseur de son fils, un industriel découvre qu'en réalité c'est le fils de son chauffeur qui a été kidnappé par erreur. - Suspense allant crescendo. Mise en scène d'une sûreté constante. Forte interprétation de T. Mifune. □ Général ➔ DVD $

ENTRE LES MAINS DE MICHEL TREMBLAY
QUÉ. 2007. Adrian WILLS ➔ DVD $

ENTRE LES MURS ▷3
FR. 2008. Drame social de Laurent CANTET avec François Bégaudeau, Rachel Régulier et Esméralda Ouertani. - Une année dans la classe d'un professeur de français d'un lycée multiethnique de Paris. - Radiographie saisissante du système d'éducation français, basée sur les expériences de F. Bégaudeau. Progression dramatique redoutable faisant bon usage de l'ellipse. Mise en scène épurée mais très attentive aux détails significatifs. Interprètes non professionnels confondants de vérité. □ Général

ENTRE SES MAINS ▷4
FR. 2005. Drame psychologique d'Anne FONTAINE avec Isabelle Carré, Benoît Poelvoorde et Jonathan Zaccaï. - Mariée et mère d'une fillette, une jeune professionnelle se laisse courtiser par un vétérinaire inquiétant. □ 13 ans+ · Violence

ENTRE SŒURS *voir* **Ginger Snaps**

ENTRE TU ET VOUS ▷5
QUÉ. 1969. Film d'essai de Gilles GROULX avec Pierre Harel, Paule Baillargeon et Dolorès Monfette. - Illustration allégorique de divers aspects de l'aliénation d'un jeune couple. □ Général

ENTRETIEN AVEC UN VAMPIRE
voir **Interview with the Vampire**

ENTRONS DANS LA DANSE *voir* **Barkleys of Broadway, The**

ENTROPY ▷4
É.-U. 1999. Drame sentimental de Phil JOANOU avec Stephen Dorff, Judith Godrèche et Kelly Macdonald. - Alors qu'il s'apprête à tourner son premier long métrage, un jeune cinéaste s'engage dans une liaison passionnée avec une top model. □ 13 ans+

ENUFF IS ENUFF *voir* **J'ai mon voyage!**

ENVERS DU SEXE, L' *voir* **Opposite of Sex, The**

ENVERS ET CONTRE TOUT *voir* **Stand and Deliver**

ENVOÛTÉS, LES *voir* **Believers, The**

EPIDEMIC
DAN. 1987. Lars VON TRIER ➔ DVD $

ÉPIDÉMIE, L' *voir* **Outbreak**

ÉPOUSE DE LA MER, L' *voir* **Sea Wife**

ÉPOUSE TROP PARFAITE, UNE *voir* **Dream Lover**

ÉPOUSES ET CONCUBINES [Raise the Red Lantern] ►2
CHI. 1991. Drame de mœurs de Yimou ZHANG avec Gong Li, He Caifei et Cao Cuifeng. - Dans les années 1920, en Chine du Nord, les quatre concubines d'un riche seigneur se livrent une lutte sournoise. - Tableau gris et froid d'un monde féodal. Économie des effets. Importance de la force des symboles. Décors fastueux. Jeu intériorisé des acteurs. □ Général ➔ DVD $

ÉPOUSES MODÈLES, LES *voir* **Stepford Wives, The**

ÉPOUVANTE SUR NEW YORK *voir* **Q: The Winged Serpent**

ÉPOUX RIPOUX, LES ▷4
FR. 1990. Comédie sentimentale de Carol WISEMAN avec Stephane Freiss, Patsy Kensit et Mouss Diouf. - Pour obtenir une carte de séjour en France, une actrice américaine contracte un mariage blanc avec un musicien coureur de jupons.

ÉPREUVE DE FORCE, L' *voir* **Gauntlet, The**

EQUILIBRIUM ▷4
É.-U. 2001. Science-fiction de Kurt WIMMER avec Christian Bale, Emily Watson et Taye Diggs. - Dans une société futuriste totalitaire, où les émotions sont interdites, un policier joint les rangs d'un groupe révolutionnaire. ➔ DVD $

EQUINOX ▷4
É.-U. 1992. Drame de mœurs d'Alan RUDOLPH avec Matthew Modine, Lara Flynn Boyle et Tyra Ferrell. - L'existence parallèle de deux jumeaux séparés à la naissance dont l'un est devenu gangster tandis que l'autre mène une vie sans histoire. □ Général

ÉQUINOXE ▷4
QUÉ. 1986. Drame d'Arthur LAMOTHE avec Jacques Godin, Ariane Frédérique et Marthe Mercure. - Après 30 ans d'absence, un homme accompagné de sa petite-fille revient sur les lieux de sa jeunesse à la recherche d'un vieil ami.

ÉQUIPE DE RÊVE, L' *voir* **Dream Team, The**

ÉQUIPIER, L' ▷4
FR. 2004. Drame sentimental de Philippe LIORET avec Sandrine Bonnaire, Grégori Derangère et Philippe Torreton. - En 1963 dans un village breton, un jeune gardien de phare, vétéran blessé de la guerre d'Algérie, s'éprend de la femme de son camarade de travail.
□ Général ➜ DVD$

EQUUS ▷3
É.-U. 1977. Drame psychologique de Sidney LUMET avec Richard Burton, Peter Firth et Joan Plowright. - Un psychiatre s'occupe d'un adolescent au comportement étrange. - Adaptation de la pièce de Peter Shaffer. Exploration psychologique prenante. Mise en scène stylisée. Excellente interprétation. □ 13 ans+ ➜ DVD$

ERASERHEAD ►2
É.-U. 1976. Drame fantastique de David LYNCH avec John Nance, Charlotte Stewart et Jeanne Bates. - Un couple vivant dans un taudis prend soin de son bébé monstrueux à l'apparence larvaire. - Mélange fascinant d'étrange et de grotesque. Climat de cauchemar aux éléments bizarres et terrifiants. Humour noir. Bande sonore insolite. Interprétation dans le ton voulu. □ 18 ans+ ➜ DVD$

ÈRE DE GLACE, L' *voir* **Ice Age**

ERENDIRA ▷3
FR.-MEX.-ALL. 1983. Drame de mœurs de Ruy GUERRA avec Irène Papas, Claudia Ohana et Oliver Wehe. - Une adolescente est forcée par sa grand-mère à se livrer à la prostitution. - Fable baroque tirée d'une œuvre de Gabriel Garcia Màrquez. Curieux mélange de poésie fantastique et de réalisme sordide. Interprétation dominée par I. Papas. □ 13 ans+

ERIK THE VIKING ▷4
ANG. 1989. Comédie fantaisiste réalisée et interprétée par Terry JONES avec Tim Robbins et John Cleese. - Un guerrier au cœur tendre doit entreprendre une quête périlleuse pour que cesse la violence qui l'entoure. □ 13 ans+ ➜ DVD$

ERIN BROCKOVICH ▷4
É.-U. 2000. Drame judiciaire de Steven SODERBERGH avec Julia Roberts, Albert Finney et Aaron Eckhart. - Assistante dans un bureau d'avocats, une mère célibataire peu instruite qui élève seule ses enfants poursuit une grosse compagnie ayant contaminé l'eau potable d'une petite ville. □ Général ➜ DVD$

ERMO ▷3
CHI. 1994. Comédie dramatique réalisée par Xiaowen ZHOU avec Ailiya, Liu Peiqui et Ge Zhijun. - Une femme s'acharne au travail pour pouvoir acheter un plus gros téléviseur que celui de ses voisins. - Fable savoureuse sur l'américanisation de la Chine. Récit riche en observations de mœurs. Réalisation précise. □ Général

ERNEST OU L'IMPORTANCE D'ÊTRE CONSTANT
voir **Importance of Being Earnest, The**

EROS ▷4
É.-U. 2004. Film à sketches de WONG Kar-Wai, Steven Soderbergh et Michelangelo Antonioni avec Gong Li, Robert Downey Jr. et Christopher Buchholz. - Variations sur les thèmes du désir et de l'érotisme par trois maîtres du cinéma. ➜ DVD$

ÉROTIQUE ▷5
É.-U.-ALL.-H.-K. 1994. Film à sketches de Lizzie BORDEN et Clara LAW avec Kamala Lopez-Dawson, Priscilla Barnes et Tim Lounibos. - Les aventures sensuelles d'une téléphoniste de ligne érotique, d'un couple de lesbiennes et de deux amants qui renouent après une séparation. □ 18 ans+ · Érotisme

ERRAND BOY, THE ▷4
É.-U. 1961. Comédie réalisée et interprétée par Jerry LEWIS avec Brian Donlevy et Howard McNear. - Un jeune commissionnaire multiplie les maladresses dans un studio de cinéma. □ Général ➜ DVD$

ERREUR SUR LA PERSONNE ▷4
QUÉ. 1995. Drame policier de Gilles NOËL avec Michel Côté, Macha Grenon et Paul Doucet. - Un policier épie une voleuse de cartes de crédit afin de découvrir ses motifs. □ Général

ESCADRILLE PANTHÈRE *voir* **Men of the Fighting Lady**

ESCALIER C ▷4
FR. 1985. Comédie de mœurs de Jean-Charles TACCHELLA avec Robin Renucci, Jean-Pierre Bacri et Catherine Leprince. - Un jeune critique d'art se plaît à intervenir dans les problèmes de ses voisins ou amis.
□ 13 ans+ ➜ DVD$

ESCAPE FROM ALCATRAZ ▷3
É.-U. 1979. Drame de Don SIEGEL avec Clint Eastwood, Patrick McGoohan et Larry Hankin. - Dans les années 1960, un prisonnier tente de s'évader d'un pénitencier situé dans une île au large de San Francisco. - Scénario inspiré d'un incident réel. Mise en scène dépouillée et solide. Climat de tension soutenu. Interprétation sobre de C. Eastwood. □ Général ➜ DVD$

ESCAPE FROM FORT BRAVO ▷4
É.-U. 1953. Western de John STURGES avec William Holden, Eleanor Parker et John Forsythe. - Pendant la guerre de Sécession, une Sudiste fait évader son fiancé d'un camp de prisonniers.
□ Général ➜ DVD$

ESCAPE FROM NEW YORK ▷4
É.-U. 1981. Science-fiction de John CARPENTER avec Kurt Russell, Lee Van Cleef et Donald Pleasence. - En 1997, un aventurier va à la rescousse du président des États-Unis capturé par des criminels dans l'île de Manhattan. □ 13 ans+ ➜ DVD$

ESCAPE FROM THE PLANET OF THE APES ▷4
É.-U. 1971. Science-fiction de Don TAYLOR avec Kim Hunter, Roddy McDowall et Bradford Dillman. - Trois singes savants échouent sur la Terre et prétendent venir de l'avenir. □ Général ➜ DVD-BR$ DVD$

ESCAPE TO WITCH MOUNTAIN ▷4
[Montagne ensorcelée, La]
É.-U. 1975. Comédie fantaisiste de John HOUGH avec Kim Richards, Ike Eisenmann et Eddie Albert. - Les aventures de deux orphelins dotés de pouvoirs télépathiques surprenants. □ Général ➜ DVD$

ESCLAVE AUX MAINS D'OR, L' *voir* **Golden Boy**

ESCLAVE DU GANG *voir* **Damned Don't Cry, The**

ESCORTE, L' ▷5
QUÉ. 1996. Comédie dramatique de Denis LANGLOIS avec Robin Aubert, Paul-Antoine Taillefer et Eric Cabana. - Un jeune homme s'immisce dans la vie d'un couple homosexuel en se faisant passer pour escorte. □ 13 ans+

ESCOUADE AMÉRICAINE: POLICE DU MONDE
voir **Team America: World Police**

ESCROCS MAIS PAS TROP *voir* **Small Time Crooks**

ESCROCS, LES *voir* **Sneakers**

ESMERALDA COMES BY NIGHT ▷4
MEX. 1997. Comédie dramatique de Jaime Humberto HERMOSILLO avec Maria Rojo, Claudio Obregon et Martha Navarro. - Un juge recueille les confessions d'une jeune femme pleine de candeur qui s'est retrouvée mariée à cinq hommes à la fois. □ 13 ans+

ESPAÑA OTRA VEZ *voir* **Spain Again**

ESPÈCES EN VOIE DE DISPARITION
voir **Endangered Species**

ESPÉRANCE, L' ▷5
QUÉ. 2003. Drame de Stefan PLESZCZYNSKI avec Patrick Labbé, Isabel Richer et Maxime Dumontier. -L'arrivée d'un visiteur mystérieux perturbe l'existence d'un village minier décimé par un accident tragique. □ Général ➜ DVD$

ESPION AUX PATTES DE VELOURS, L'
voir **That Darn Cat!**

ESPION QUI M'AIMAIT, L' *voir* **Spy Who Loved Me, The**

ESPIONS EN HERBE II, LES: L'ÎLE DES RÊVES PERDUS
voir **Spy Kids II: The Island of Lost Dreams**

ESPIONS SUR LA TAMISE *voir* **Ministry of Fear**

ESPIONS, LES [Spies] ▷3
ALL. 1928. Drame policier de Fritz LANG avec Rudolf Klein-Rogge, Gerda Maurus et Willy Fritsch. - Un agent secret entreprend de démasquer un directeur de banque qui commande une bande de criminels. - Scénario complexe. Mise en scène inventive de style expressionniste. Jeux ingénieux avec les ombres et la lumière. Interprétation stylisée. Film muet. □ Général ➜ DVD$

ESPIRITU DE MI MAMA, EL *voir* **Spirit of My Mother**

ESPRIT D'ÉQUIPE, L' *voir* **All the Right Moves**

ESPRIT DE CAÏN, L' *voir* **Raising Cain**

ESPRIT DE LA RUCHE, L' [Spirit of the Beehive, The] ▷3
ESP. 1973. Drame psychologique de Victor ERICE avec Ana Torrent, Isabel Telleria et Fernando Fernan Gomez. - Impressionnée par le récit de Frankenstein, une fillette aide un fugitif qui s'est réfugié dans une maison abandonnée. - Évocation du monde de l'enfance dans une vision critique du contexte politique espagnol. Images soigneusement composées. Climat quasi hypnotique. Bonne direction d'enfants.
□ Général ➜ DVD$

ESQUIVE, L' ▷3
FR. 2003. Comédie dramatique d'Abdellatif KECHICHE avec Osman Elkharraz, Sara Forestier et Sabrina Ouazani. - Les amours et querelles de quelques lycéens d'une cité en banlieue de Paris, dont certains se préparent à monter une pièce de Marivaux. - Étude de mœurs rigoureuse accentuée par un travail remarquable sur le langage. Traitement réaliste. Mise en scène nerveuse. Jeunes interprètes d'un naturel étonnant. □ Général · Déconseillé aux jeunes enfants ➜ DVD$

EST-OUEST ▷5
FR.-RUS.-ESP.-BUL. 1999. Chronique de Régis WARGNIER avec Sandrine Bonnaire, Oleg Menchikov et Sergueï Bodrov Jr. - Retenue contre son gré en URSS à partir de 1946, l'épouse française d'un médecin russe cherche par tous les moyens à retourner dans son pays.

ESTHER
ISR. 1985. Amos GITAÏ ➜ DVD$

ET DIEU CRÉA LA FEMME [And God Created Woman] ▷5
FR. 1956. Drame de Roger VADIM avec Brigitte Bardot, Curd Jurgens et Jean-Louis Trintignant. - Une orpheline devient un objet de désir pour les hommes de son patelin. ➜ DVD$

ET DU FILS ▷5
QUÉ. 1971. Drame de Raymond GARCEAU avec Ovila Légaré, Réjean Lefrançois et Maruska Stankova. - Un jeune homme veut transformer le manoir de son père en hôtel pour touristes et chasseurs.
□ Général

ET LA FEMME CRÉA L'HOMME PARFAIT
voir **Making Mr. Right**

ET LA LUMIÈRE FUT ▷3
FR. 1989. Étude de mœurs d'Otar IOSSELIANI avec Saly Badji, Binta Cisse et Alpha Sane. - Ayant quitté son paresseux de mari et son nouvel amant, une belle Africaine part à la ville avec un citadin de passage. - Fable écologique sur la dévastation par l'homme des ressources vitales et des traditions séculaires. Traitement insolite. Interprétation d'un naturel parfait.

ET LA TENDRESSE?... BORDEL! ▷4
FR. 1978. Comédie satirique de Patrick SCHULMANN avec Jean-Luc Bideau, Evelyne Dress et Bernard Giraudeau. - Les mésaventures de trois couples dont les destins séparés se croisent occasionnellement.
□ 18 ans+

ET LA TENDRESSE?... BORDEL! II ▷5
FR. 1983. Comédie de Patrick SCHULMANN avec Diane Bellego, Christian François et Fabrice Luchini. - Une liaison s'engage entre un peintre daltonien et une animatrice à la radio. □ 18 ans+

ET SI C'ÉTAIT VRAI *voir* **Just Like Heaven**

ET SI ON LE GARDAIT? *voir* **For Keeps**

ET TOUT LE MONDE RIAIT *voir* **They All Laughed**

ET VOGUE LE NAVIRE! [And the Ship Sails On] ►2
ITA. 1983. Comédie dramatique de Federico FELLINI avec Freddie Jones, Barbara Jefford et Fiorenzo Serra. - À la veille de la guerre 1914-1918, un curieux voyage sur mer a lieu en hommage à une cantatrice décédée. - Tableau joliment caricaturé du monde du spectacle. Traitement visuel inventif. Mise en scène d'un baroquisme inspiré. Interprétation dans le ton voulu. □ Général ➜ DVD$

ET... TA MÈRE AUSSI [And Your Mother Too] ▷3
MEX. 2001. Comédie dramatique d'Alfonso CUARON avec Maribel Verdu, Gael Garcia Bernal et Diego Luna. - Deux adolescents en rut et une Espagnole de 28 ans cocufiée partent en voiture à destination d'une plage magnifique. - Road movie érotique empreint d'une émouvante mélancolie. Notations subtiles sur l'état actuel du Mexique. Mise en scène souple. Interprétation sentie. □ 16 ans+ ➜ DVD$

ÉTALON NOIR, L' *voir* **Black Stallion, The**

ÉTATS D'ÂME ▷4
FR. 1985. Chronique de Jacques FANSTEN avec Robin Renucci, Jean-Pierre Bacri et Sandrine Dumas. - Cinq amis animés par le même idéal politique connaissent diverses déceptions alors que leur parti est au pouvoir.

ÉTATS NORDIQUES, LES ▷4
CAN. 2005. Film d'essai de Denis CÔTÉ avec Christian LeBlanc et les gens de la localité de Radisson. - Après avoir commis un meurtre par compassion, un jeune homme se réfugie dans une petite localité éloignée où il reprendra goût à la vie. □ Général ➜ DVD$

ÉTATS-UNIS D'ALBERT, LES ▷5
CAN. 2005. Comédie fantaisiste d'André FORCIER avec Éric Bruneau, Émilie Dequenne et Roy Dupuis. - En 1926, un jeune acteur parti de Montréal pour tenter sa chance à Hollywood fait la connaissance d'une charmante mormone. □ Général ➜ DVD$

ÉTÉ CAPRICIEUX, UN [Capricious Summer] ▷4
TCH. 1967. Comédie satirique de Jiri MENZEL avec Rudolf Hrusinsky, Vlastimil Brodsky et Frantisek Rehalk. - Un couple de funambules vient troubler la paix d'un village. ➜ DVD$

ÉTÉ DANS LA PEAU, L' *voir* **Summer Heat**

ÉTÉ DES MES 11 ANS, L' *voir* **My Girl**

ÉTÉ EN ENFER, UN *voir* **Haunted Summer**

ÉTÉ EN LOUISIANE, UN *voir* **Man in the Moon, The**

ÉTÉ EN PENTE DOUCE, L' ▷5
FR. 1986. Drame de mœurs de Gérard KRAWCZYK avec Jean-Pierre Bacri, Jacques Villeret et Pauline Lafont. - Ayant hérité de la maison familiale où vit son frère demeuré, un homme décide de s'y installer avec sa belle compagne malgré la convoitise des voisins.

ÉTÉ MEURTRIER, L' ▷4
FR. 1982. Drame psychologique de Jean BECKER avec Isabelle Adjani, Alain Souchon et Suzanne Flon. - Une jeune fille épouse un garçon sympathique et se sert de lui pour exercer une vengeance.

ÉTÉ PROCHAIN, L' ▷4
FR. 1984. Comédie dramatique de Nadine TRINTIGNANT avec Philippe Noiret, Claudia Cardinale et Fanny Ardant. - Les tribulations des parents et enfants d'une famille nombreuse.

ETERNAL LOVE
É.-U. 1929. Ernst LUBITSCH ➜ DVD$

ETERNAL SUNSHINE OF THE SPOTLESS MIND ▷3
[Du soleil plein la tête]
É.-U. 2004. Comédie fantaisiste de Michel GONDRY avec Jim Carrey, Kate Winslet et Kirsten Dunst. - Un homme se soumet à un lavage de cerveau afin d'effacer de sa mémoire toute trace de son ex-compagne qui a subi la même opération. - Intrigue délirante au ton à la fois ludique et amer. Labyrinthe mental semé de détours surprenants et de flashs surréalistes. Réalisation brillante. Interprétation attachante.
□ Général · Déconseillé aux jeunes enfants ➜ DVD-BR$ DVD$

ÉTERNEL RETOUR, L' ▷3
FR. 1943. Drame de Jean DELANNOY avec Jean Marais, Madeleine Sologne et Jean Murat. - Tout s'acharne contre un jeune couple qu'un philtre d'amour a lié à jamais. - Adaptation de la légende de Tristan et Iseult par Jean Cocteau. Mise en scène un peu froide mais d'une grande beauté formelle.

ÉTERNITÉ ET UN JOUR, L' [Eternity and a Day] ▷3
GRÈ. 1998. Drame psychologique de Theo ANGELOPOULOS avec Bruno Ganz, Isabelle Renauld et Achileas Skevis. - Hanté par les fantômes de son passé, un écrivain grec tente d'aider un petit réfugié albanais à retourner dans son pays. - Méditation poétique sur le passage du temps. Rythme lent. Illustration fort maîtrisée. Interprétation sobre.

ETHAN FROME ▷4
É.-U. 1992. Mélodrame de John MADDEN avec Liam Neeson, Patricia Arquette et Joan Allen. - Son épouse étant souffrante, un fermier fait appel aux services d'une infirmière dont il s'éprend. □ Général

ÉTOFFE DES HÉROS, L' *voir* **Right Stuff, The**

ÉTOILE EST NÉE, UNE *voir* **Star Is Born, A**

ÉTRANGE HISTOIRE DE BENJAMIN BUTTON, L'
voir **Curious Case of Benjamin Button, The**

ÉTRANGE NOËL DE MONSIEUR JACK, L'
voir **Nightmare Before Christmas, The**

ÉTRANGE OBSESSION, L' [Odd Obsession]
JAP. 1959. Kon ICHIKAWA □ Général

ÉTRANGE SÉDUCTION *voir* **Comfort of Strangers, The**

ÉTRANGER FOU, L' [Gadjo Dilo] ▷3
FR. 1997. Drame de mœurs de Tony GATLIF avec Romain Duris, Izidor Serban et Rona Hartner. - En Roumanie, un jeune Français recherche dans un village de gitans une chanteuse disparue. - Intrigue décontractée prétexte à une description des mœurs tziganes. Rythme lent adapté au contexte rural. Réalisation précise et juste.
□ Général · Déconseillé aux jeunes enfants

ÉTRANGER: LE HUITIÈME PASSAGER, L' *voir* **Alien**

ÉTRANGÈRE PARMI NOUS, UNE
voir **Stranger Among Us, A**

ÉTRANGÈRE, L' *voir* **All This and Heaven Too**

ÊTRE OU NE PAS ÊTRE *voir* **To Be or Not to Be**

ÉTUDIANTE, L' ▷5
FR. 1988. Comédie sentimentale de Claude PINOTEAU avec Sophie Marceau, Vincent Lindon et Elisabeth Vitali. - Amoureux, un musicien et une étudiante qui préparent leurs examens d'agrégation parviennent difficilement à concilier sentiments et travail. □ Général

EULOGY ▷5
É.-U. 2004. Comédie de mœurs de Michael CLANCY avec Kelly Preston, Hank Azaria et Debra Winger. - Divers conflits émergent entre les membres d'une famille dysfonctionnelle réunie à l'occasion des funérailles du patriarche. ➔ DVD $

EUROPA [Zentropa] ▶2
DAN. 1991. Drame de mœurs de Lars VON TRIER avec Jean-Marc Barr, Barbara Sukowa et Udo Kier. - En 1945, un jeune Américain né de parents allemands débarque en Allemagne pour y travailler comme préposé dans un train de passagers. - Scénario habilement construit. Univers insolite aux accents de cauchemar kafkaïen. Imagerie saisissante. Réalisation fort inventive. Interprétation admirable.
□ 13 ans+ ➔ DVD $

EUROPA, EUROPA ▷4
ALL. 1990. Drame de guerre d'Agnieszka HOLLAND avec Marco Hofschneider, Julie Delpy et Hanns Zichler. - Un jeune Juif allemand réfugié en Union soviétique se voit obligé de servir d'interprète pour les nazis. □ 13 ans+

EUROPEANS, THE ▷3
ANG. 1979. Comédie dramatique de James IVORY avec Lee Remick, Robin Ellis et Tim Woodward. - Une baronne et son frère viennent en Amérique chez des cousins dans l'espoir de contracter des mariages avantageux. - Scénario inspiré d'un roman de Henry James. Décors bien utilisés. Étude de mœurs ironique et subtile. Interprétation juste.
□ Général ➔ DVD $

EVA ▷4
FR. 1962. Drame psychologique de Joseph LOSEY avec Jeanne Moreau, Stanley Baker et Virna Lisi. - Un écrivain s'éprend d'une femme volage qui joue au chat et à la souris avec lui. ➔ DVD $

EVA GUERILLERA ▷5
QUÉ. 1987. Drame social de Jacqueline LEVITIN avec Angela Roa, Carmen Ferland et Luis Lautaro Ruiz. - Une révolutionnaire salvadorienne raconte ses expériences à une journaliste montréalaise.
□ Général

ÉVADÉ DE L'ENFER, L' *voir* **Angel on My Shoulder**

ÉVANGILE SELON SAINT-MATTHIEU, L' ▶2
[Gospel According to St. Matthew, The]
ITA. 1964. Drame biblique de Pier Paolo PASOLINI avec Margherita Caruso, Enrique Irazoqui et Suzanna Pasolini. - Les principaux événements de la vie du Christ. - Mélange réussi de poésie et de réalisme. Insistance sur le message social de l'Évangile. Ensemble respectueux. Interprétation remarquable d'acteurs non professionnels.
□ Général ➔ DVD $

ÈVE *voir* **All About Eve**

EVE'S BAYOU ▷4
É.-U. 1997. Drame psychologique de Kasi LEMMONS avec Jurnee Smollett, Samuel L. Jackson et Lynn Whitfield. - Une enfant s'ouvre au monde des adultes après avoir surpris son père en pleins ébats sexuels avec une voisine. □ 13 ans+ ➔ DVD $

ÉVEIL, L' *voir* **Awakening, The**

EVELYN ▷4
IRL. 2002. Drame judiciaire de Bruce BERESFORD avec Pierce Brosnan, Sophie Vavasseur et Aidan Quinn.- En 1953, à Dublin, un ouvrier impécunieux abandonné par sa femme va jusqu'en cour suprême pour ravoir la garde de ses trois enfants placés en orphelinat.
□ Général ➔ DVD $

EVEN COWGIRLS GET THE BLUES ▷5
[Même les cow-girls ont le vague à l'âme]
É.-U. 1994. Comédie de mœurs de Gus VAN SANT avec Uma Thurman, John Hurt et Rain Phoenix. - Des cow-girls féministes fomentent une rébellion contre les dirigeants du ranch où elles travaillent.
□ 13 ans+ ➔ DVD $

EVEN DWARFS STARTED SMALL
ALL. 1971. Werner HERZOG □ Général ➔ DVD $

ÉVÉNEMENT LE PLUS IMPORTANT DEPUIS QUE L'HOMME A MARCHÉ SUR LA LUNE, L' ▷5
[Slightly Pregnant Man, A]
FR. 1973. Comédie de Jacques DEMY avec Marcello Mastroianni, Catherine Deneuve et Claude Melki. - Un moniteur d'auto-école présente les symptômes d'une grossesse. □ Général ➔ DVD $

ÉVÉNEMENT, L' *voir* **Happening, The**

ÉVÉNEMENTS D'OCTOBRE 1970, LES
voir **Action: The October Crisis of 1970**

EVENING [Crépuscule] ▷5
É.-U. 2007. Drame sentimental de Lajos KOLTAI avec Claire Danes, Vanessa Redgrave et Patrick Wilson. - Ses deux filles à son chevet, une vielle dame mourante se remémore un amour perdu il y a 50 ans, à l'occasion du mariage de sa meilleure amie. □ Général ➔ DVD $

EVENT, THE ▷5
CAN. 2003. Drame social de Thom FITZGERALD avec Parker Posey, Olympia Dukakis et Don McKellar. - Une procureure tente d'élucider les circonstances entourant le suicide d'un musicien sidéen qui aurait été aidé dans son projet par son entourage. □ 13 ans+ ➔ DVD $

EVER AFTER: A CINDERELLA STORY [À tout jamais] ▷4
É.-U. 1998. Conte d'Andy TENNANT avec Drew Barrymore, Dougray Scott et Anjelica Huston. - Une jeune noble réduite à la servitude par sa belle-mère séduit un prince en se faisant passer pour une comtesse.
□ Général ➔ DVD $

EVERY GIRL SHOULD BE MARRIED ▷4
É.-U. 1948. Comédie de Don HARTMAN avec Cary Grant, Betsy Drake et Franchot Tone. - Une jeune fille amoureuse poursuit l'élu de son cœur, un médecin. □ Général

EVERY WHICH WAY BUT LOOSE ▷5
[Doux, dur et dingue]
É.-U. 1978. Comédie de James FARGO avec Clint Eastwood, Sondra Locke et Geoffrey Lewis. - En compagnie de deux amis et d'un singe, un camionneur part à la recherche d'une chanteuse dont il s'est épris.
□ 13 ans+ ➔ DVD $ DVD-BR $

EVERYBODY WINS [Chacun sa chance] ▷5
É.-U. 1989. Drame policier de Karel REISZ avec Nick Nolte, Debra Winger et Will Patton. - Un détective privé enquête sur le meurtre d'un médecin à la demande d'une femme mystérieuse qui croit fermement en l'innocence du présumé coupable. □ 13 ans+ ➔ DVD $

EVERYBODY'S ALL-AMERICAN ▷4
É.-U. 1988. Chronique de Taylor HACKFORD avec Dennis Quaid, Jessica Lange et Timothy Hutton. - L'histoire d'une reine de beauté qui s'est mariée avec un joueur de football dont la carrière finit mal. □ Général ➔ DVD $

EVERYBODY'S FAMOUS [Iedereen beroemd!] ▷4
BEL. 2000. Comédie dramatique de Dominique DERUDDERE avec Josse De Pauw, Eva van der Gucht et Viktor Low. - Un père de famille chômeur est prêt à tout pour que sa fille adolescente, grassouillette et peu sûre d'elle, devienne une chanteuse célèbre. ➔ DVD $

EVERYBODY'S FINE *voir* **Ils vont tous bien**

EVERYONE SAYS I LOVE YOU ▷4
[Tout le monde dit: I Love You]
É.-U. 1996. Comédie musicale réalisée et interprétée par Woody ALLEN avec Drew Barrymore et Goldie Hawn. - Les enfants d'un couple bien nanti de Manhattan connaissent divers épisodes sentimentaux.

EVERYONE FOR SALE *voir* **Tout est à vendre**

EVERYTHING IS ILLUMINATED ▷4
É.-U. 2005. Comédie dramatique de Liev SCHREIBER avec Elijah Wood, Eugene Hutz et Boris Leskin. - Un jeune Juif timide aux manies étranges se rend en Ukraine pour retrouver la femme posée avec son grand-père sur une photo datant de 1940. □ Général · Déconseillé aux jeunes enfants ➜ DVD $

EVERYTHING PUT TOGETHER ▷4
É.-U. 2000. Drame psychologique de Marc FORSTER avec Radha Mitchell, Justin Louis et Megan Mullally. - À la mort de son bébé, une jeune femme sombre dans la dépression, sous le regard impuissant de son mari.

EVERYTHING YOU ALWAYS WANTED TO KNOW ABOUT SEX BUT WERE AFRAID TO ASK ▷4
[Tout ce que vous avez toujours voulu savoir sur le sexe sans jamais oser le demander]
É.-U. 1972. Film à sketches réalisé et interprété par Woody ALLEN avec Gene Wilder et Lou Jacobi. - Des personnes de différents milieux sont aux prises avec des problèmes d'ordre sexuel. □ 18 ans+ ➜ DVD $

ÉVIDENCES OU CONSÉQUENCES N.M.
voir **Truth or Consequences N.M.**

EVIL DEAD, THE ▷5
[Opéra de la terreur: le livre des morts]
É.-U. 1980. Drame d'horreur de Sam RAIMI avec Bruce Campbell, Ellen Sandweiss et Betsy Baker. - Après avoir découvert dans une cabane isolée des notes rédigées par un archéologue, des adolescents sont attaqués par un esprit malin. □ 13 ans+ ➜ DVD $

EVIL DEAD II: DEAD AT DAWN ▷5
[Opéra de la terreur 2, L']
É.-U. 1987. Drame d'horreur de Sam RAIMI avec Bruce Campbell, Sarah Berry et Dan Hicks. - Passant quelques jours dans une cabane isolée en forêt, un jeune couple est assailli par des esprits maléfiques. □ 13 ans+ ➜ DVD $ DVD-BR $

EVIL UNDER THE SUN [Meurtre au soleil] ▷4
ANG. 1981. Comédie policière de Guy HAMILTON avec Peter Ustinov, Maggie Smith et Jane Birkin. - En vacances dans les îles grecques, le détective Hercule Poirot est appelé à enquêter sur l'assassinat d'une actrice. □ Général ➜ DVD $

EVIL WORDS *voir* **Sur le seuil**

EVITA ▷4
É.-U. 1996. Drame musical d'Alan PARKER avec Madonna, Antonio Banderas et Jonathan Pryce. - Évocation mythologique de la vie d'Evita Peron, première dame d'Argentine adulée par son peuple et morte prématurément en 1952. □ Général ➜ DVD $

EX-MRS. BRADFORD, THE ▷4
É.-U. 1936. Comédie policière de Stephen ROBERTS avec William Powell, Jean Arthur et James Gleason. - Un couple divorcé se réconcilie à l'occasion d'une enquête sur des meurtres.

EXCALIBUR ►2
ANG. 1981. Drame fantastique de John BOORMAN avec Nigel Terry, Nicol Williamson et Helen Mirren. - Le chevalier Lancelot s'éprend de l'épouse de son suzerain le roi Arthur. - Traitement inventif de la légende des Chevaliers de la Table ronde. Mise en scène stylisée. Grande magnificence visuelle. Bonne composition de N. Williamson dans le rôle de l'enchanteur Merlin. □ 13 ans+ ➜ DVD $

EXÉCUTION, L' *voir* **Manners of Dying**

EXECUTIVE SUITE ▷3
É.-U. 1954. Drame social de Robert WISE avec William Holden, Fredric March et Barbara Stanwyck. - Une lutte s'engage pour l'obtention du poste de directeur d'une entreprise. - Sujet difficile développé avec souplesse. Tableau révélateur du monde des affaires. Solide équipe d'interprétation. ➜ DVD $

EXIL DÉCHIRANT, L' *voir* **John and the Missus**

EXILED
H.-K. 2006. Johnny TO ➜ DVD $

EXILS [Exiles] ▷3
FR. 2004. Drame musical réalisé par Tony GATLIF avec Romain Duris, Lubna Azabal et Leila Maklouf. - Le périple d'un couple de jeunes Parisiens en route vers l'Algérie, leur terre natale qu'ils ont à peine connue. - Road movie dont le récit épouse les contours d'un «travelogue» musical. Œuvre portée par une magnifique photographie et une trame sonore envoûtante. Interprétation vibrante de R. Duris et L. Azabal. □ Général · Déconseillé aux jeunes enfants ➜ DVD $

EXISTENZ ▷4
CAN. 1999. Science-fiction de David CRONENBERG avec Jennifer Jason Leigh, Jude Law et Don McKellar. - La conceptrice d'un jeu virtuel révolutionnaire et son garde du corps se heurtent à des extrémistes s'opposant à ce type de loisir. □ 13 ans+ · Violence ➜ DVD $

EXODUS ▷3
É.-U. 1960. Drame épique d'Otto PREMINGER avec Paul Newman, Eva Marie Saint et Sal Mineo. - Divers épisodes reliés à la constitution de l'État d'Israël. - Personnages schématisés. Remarquables morceaux de bravoure. Mise en scène souple. Interprétation de classe. □ Général ➜ DVD $

EXORCISM OF EMILY ROSE, THE ▷5
É.-U. 2005. Drame fantastique de Scott DERRICKSON avec Laura Linney, Tom Wilkinson et Campbell Scott. - Une avocate défend en cour un prêtre accusé d'être responsable du décès d'une jeune femme à la suite d'un exorcisme. □ 13 ans+ ➜ DVD $

EXORCIST, THE ▷3
[Exorcist, The: The Version You Have Never Seen]
É.-U. 1973. Drame fantastique de William FRIEDKIN avec Jason Miller, Ellen Burstyn et Max Von Sydow. - Un vieux prêtre, assisté d'un collègue psychiatre, tente d'exorciser une fillette de douze ans possédée du démon. - Réalisation saisissante. Utilisation astucieuse des trucages. Climat dramatique intense. Interprétation prenante. □ 18 ans+ ➜ DVD $

EXOTICA ▷4
CAN. 1994. Drame de mœurs d'Atom EGOYAN avec Bruce Greenwood, Mia Kirshner et Don McKellar. - Un étrange rapport existe entre un contrôleur des impôts et une danseuse qu'il rencontre régulièrement dans un cabaret à strip-teases. □ 13 ans+ · Érotisme ➜ DVD $

EXPECTING ▷4
CAN. 2002. Comédie de mœurs de Deborah DAY avec Valerie Buhagiar, Debra McGrath et Angela Gei. - Ayant décidé d'accoucher à la maison, une artiste bohème convie ses proches pour assister à l'heureux événement. □ Général · Déconseillé aux jeunes enfants

EXPÉRIENCE, L' [Experiment, The] ▷4
ALL. 2000. Thriller d'Oliver HIRSCHBIEGEL avec Moritz Bleibtreu, Justus Von Dohnanyi et Maren Eggert. - Une expérience scientifique simulant la vie en milieu carcéral dérape de façon dramatique. ➜ DVD $

EXPERIMENT IN TERROR ▷3
É.-U. 1962. Drame policier de Blake EDWARDS avec Glenn Ford, Lee Remick et Ross Martin. - Une jeune fille est menacée de mort par un bandit inconnu qui veut la forcer à voler une forte somme. - Suspense bien mené. Technique au point. Jeu sobre et convaincant des acteurs. □ 13 ans+

EXPERIMENT, THE *voir* **Expérience, L'**

EXPERT EN SINISTRES, L' *voir* **Adjuster, The**

EXPIATION *voir* **Atonement**

EXPLORERS ▷4
É.-U. 1985. Comédie fantaisiste de Joe DANTE avec Ethan Hawke, River Phoenix et Jason Presson. - Trois jeunes garçons, qui ont réussi à créer par ordinateur une boule d'énergie pouvant les transporter dans l'espace, parviennent à un spationef. □ Général ➜ DVD $

EXPOSÉ *voir* **Statement, The**

EXPOSED - THE MAKING OF A LEGEND
É.-U. 2005. DIVERS

EXPRESS, THE ▷4
É.-U. 2008. Drame biographique de Gary FLEDER avec Rob Brown et Dennis Quaid. - Dans les années 1960, le parcours fulgurant du footballeur Ernie Davis, premier joueur universitaire de race noire à remporter le trophée Heisman. □ Général ➜ DVD $ DVD-BR $

EXPRESS DE MINUIT, L' *voir* **Midnight Express**

EXTASE *voir* **Kissed**

EXTASE [Ecstasy] ▷4
TCH. 1933. Drame de Gustav MACHATY avec Hedy Lamarr, Aribert Mog et Leopold Kramer. - Déçue par son mari, une jeune femme s'éprend d'un ingénieur. □ Général ➜ DVD $

EXTERMINATING ANGEL, THE *voir* **Ange exterminateur, L'**

EXTRAORDINARY ADVENTURES OF MR. WEST IN THE LAND OF THE BOLCHEVIKS, THE
RUS. 1924. Lev KULESHOV □ Général

EXTRAVAGANT DOCTEUR DOLITTLE, L'
voir **Doctor Dolittle**

EXTRAVAGANT M. DEEDS, L' *voir* **Mr. Deeds Goes to Town**

EXTRAVAGANTES AVENTURES D'UN VISAGE PÂLE, LES
voir **Little Big Man**

EXTRÊME LIMITE *voir* **Point Break**

EXTREME PREJUDICE ▷4
É.-U. 1987. Drame policier de Walter HILL avec Nick Nolte, Michael Ironside et Powers Boothe. - Six soldats d'élite arrivent incognito dans une ville texane pour mener à bien une mission ayant un rapport avec les activités d'un trafiquant de drogue. □ 13 ans+

EXTREMITIES ▷4
É.-U. 1986. Drame de Robert M. YOUNG avec Farrah Fawcett, James Russo et Diana Scarwid. - Après avoir réussi à neutraliser l'individu qui, par deux fois, l'a agressée sexuellement, une jeune femme songe à le supprimer. ➔ DVD$

EYE, THE
H.-K. 2002. PANG BROTHERS

EYE, THE
ANG. H.-K. 2002. Danny PANG et Oxide CHUN PANG ➔ DVD$

EYE FOR AN EYE [Œil pour œil] ▷5
É.-U. 1995. Drame policier de John SCHLESINGER avec Sally Field, Kiefer Sutherland et Ed Harris. - Une mère dont la fille a été assassinée décide de s'en prendre elle-même au meurtrier lorsqu'il recouvre sa liberté. □ 13 ans+ · Violence ➔ DVD$

EYE OF GOD ▷4
É.-U. 1997. Drame de mœurs de Tim Blake NELSON avec Martha Plimpton, Kevin Anderson et Hal Holbrook. - Les conséquences tragiques de la rencontre entre un adolescent et une jeune serveuse mariée à un ex-détenu jaloux et violent. ➔ DVD$

EYE OF THE BEHOLDER [Voyeur] ▷5
ANG. 1999. Drame policier de Stephen ELLIOTT avec Ewan McGregor, Ashley Judd et Patrick Bergin. - Un jeune détective expert des technologies de surveillance se met à suivre et à épier une femme fatale meurtrière qui le fascine. ➔ DVD$

EYE OF THE NEEDLE ▷4
ANG. 1981. Drame d'espionnage de Richard MARQUAND avec Donald Sutherland, Kate Nelligan et Christopher Cazenove. - Un espion allemand froidement meurtrier a une liaison avec la femme d'un infirme dans une île isolée. □ 13 ans+ ➔ DVD$

EYES OF LAURA MARS, THE ▷4
[Yeux de Laura Mars, Les]
É.-U. 1978. Drame policier de Irvin KERSHNER avec Faye Dunaway, Tommy Lee Jones et René Auberjonois. - Un assassin mystérieux s'attaque à l'entourage d'une photographe dotée de pouvoirs télépathiques. □ 13 ans+ ➔ DVD$

EYES WIDE SHUT [Yeux grands fermés, Les] ►2
É.-U. 1999. Drame psychologique de Stanley KUBRICK avec Tom Cruise, Nicole Kidman et Sydney Pollack. - Deux époux new-yorkais fortunés vivent des aventures sexuelles, réelles ou rêvées, qui déstabilisent leur union. - Étude complexe de rapports conjugaux et de fantasmes érotiques. Récit énigmatique à l'ambiance onirique. Mise en images admirable. Jeu raffiné de N. Kidman.
□ 13 ans+ · Érotisme ➔ DVD$ DVD-BR$

EYES WITHOUT A FACE
voir **Yeux sans visage, Les**

EYEWITNESS [Œil du témoin, L'] ▷4
É.-U. 1981. Drame policier de Peter YATES avec William Hurt, Sigourney Weaver et Christopher Plummer. - Un concierge se compromet dans une affaire de meurtre en voulant attirer l'attention d'une journaliste de télévision. □ 13 ans+ ➔ DVD$

EYEWITNESS [Sudden Terror] ▷5
ANG. 1970. Drame policier de John HOUGH avec Mark Lester, Lionel Jeffries et Susan George. - Un enfant témoin d'un meurtre est pourchassé par un criminel sadique. □ Général ➔ DVD$

F. SCOTT FITZGERALD'S BERNICE BOBS HER HAIR
É.-U. 1976. Joan micklin SILVER ➜ DVD$

F.I.S.T. ▷4
É.-U. 1978. Drame social de Norman JEWISON avec Sylvester Stallone, David Huffman et Rod Steiger. - Dans les années 30, un ouvrier devient président d'un syndicat en transigeant avec la pègre. ➜ DVD$

F/X ▷4
É.-U. 1985. Drame policier de Robert MANDEL avec Bryan Brown, Brian Dennehy et Diane Venora. - Un spécialiste en trucages pour le cinéma accepte de simuler le meurtre d'un gangster appelé à témoigner contre la mafia. □ 13 ans+ ➜ DVD$

FABULEUX DESTIN D'AMÉLIE POULAIN, LE ►2
[Amélie]
FR. 2000. Comédie fantaisiste de Jean-Pierre JEUNET avec Audrey Tautou, Mathieu Kassovitz et Serge Merlin. - Une jeune serveuse de Montmartre qui s'emploie à semer le bonheur autour d'elle hésite à s'engager dans une relation amoureuse. - Mosaïque d'histoires habilement imbriquées. Nombreuses trouvailles narratives et visuelles. Réalisation maîtrisée, pleine de fraîcheur et de doux délires. Composition charmante d'A. Tautou. □ Général ➜ DVD$ DVD-BR$

FABULEUX GANG DES SEPT, LE
voir **Company of Strangers, The**

FABULEUX VOYAGE DE L'ANGE, LE ▷5
QUÉ. 1991. Comédie fantaisiste de Jean-Pierre LEFEBVRE avec Daniel Lavoie, Geneviève Grandbois et Marcel Sabourin. - Un auteur de bandes dessinées puise son inspiration dans les divers événements de sa vie. □ Général

FABULOUS BAKER BOYS, THE ▷4
[Susie et les Baker Boys]
É.-U. 1989. Drame musical de Steve KLOVES avec Jeff Bridges, Michelle Pfeiffer et Beau Bridges. - Après avoir engagé une charmante chanteuse, deux frères pianistes de bar commencent à connaître le succès. □ Général ➜ DVD$

FACE ▷4
ANG. 1997. Drame policier de Antonia BIRD avec Robert Carlyle, Ray Winstone et Steven Waddington. - Après avoir commis un braquage qui leur a rapporté moins qu'ils l'espéraient, cinq truands découvrent qu'il y a un traître parmi eux. □ 13 ans+ · Violence

FACE AT THE WINDOW, THE
ANG. 1939. George KING □ Général

FACE CACHÉE DE LA LUNE, LA ▷4
CAN. 2003. Comédie dramatique réalisée et interprétée par Robert LEPAGE avec Marco Poulin et Anne-Marie Cadieux. - À la mort de sa mère, un étudiant en philosophie fasciné par la conquête spatiale tente de se rapprocher de son frère, qu'il considère superficiel et menteur. □ Général ➜ DVD$

FACE IN THE CROWD, A ▷3
É.-U. 1957. Drame de mœurs d'Elia KAZAN avec Andy Griffith, Patricia Neal et Walter Matthau. - Révoltée du comportement odieux d'un vagabond qui devint une vedette de la chanson grâce à elle, une reporter décide de briser la carrière de celui-ci. - Satire de la télévision américaine. Réalisation maîtrisée. Interprètes remarquables.
□ Général ➜ DVD$

FACE OF FU MANCHU, THE ▷4
ANG. 1965. Aventures de Don SHARP avec Christopher Lee, Nigel Green et Joachim Fuchsberger. - Dans les années 1920, un criminel chinois veut conquérir le monde grâce à une drogue meurtrière. □ Général

FACE/OFF [Double/Identité] ▷3
É.-U. 1997. Drame policier de John WOO avec John Travolta, Nicolas Cage et Joan Allen. - Afin de trouver l'emplacement d'une bombe, un agent du FBI se transforme en sosie d'un redoutable terroriste. - Intrigue psychologique complexe mais parsemée d'invraisemblances. Virtuosité de la réalisation. Scènes d'action époustouflantes.
□ 13 ans+ · Violence ➜ DVD-BR$ DVD$

FACELESS
ESP. FR. 1988. Jess (Jesus) FRANCO ➜ DVD$

FACES ►2
É.-U. 1968. Drame psychologique de John CASSAVETES avec John Marley, Gena Rowlands et Lynn Carlin. - À la suite d'une querelle, un homme annonce à sa femme qu'il veut divorcer. - Mise en scène réaliste basée sur l'improvisation. Réactions des personnages bien étudiées par une caméra mobile. Interprétation remarquable de vérité.
□ Général ➜ DVD$

FACING WINDOWS ▷4
ITA. 2003. Drame sentimental de Ferzan OZPETEK avec Giovanna Mezzogiorno, Massimo Girotti et Raoul Bova. - Une jeune mère de famille qui éprouve du désir pour son voisin est amenée à mieux le connaître grâce à un vieillard amnésique qu'elle a recueilli.

FACTEUR, LE *voir* **Postino, Il**

FACTEUR SONNE TOUJOURS DEUX FOIS, LE
voir **Postman Always Rings Twice, The**

FACULTY, THE [Ensaignants, Les] ▷4
É.-U. 1998. Drame fantastique de Robert RODRIGUEZ avec Elijah Wood, Jordana Brewster et Josh Hartnett. - Six élèves d'une école secondaire entreprennent de combattre une insidieuse invasion extraterrestre.
□ 13 ans+ · Horreur ➜ DVD$

FAHRENHEIT 451 ▷3
ANG. 1966. Science-fiction de François TRUFFAUT avec Oskar Werner, Julie Christie et Cyril Cusack. - Dans une civilisation de l'avenir, les pompiers ont pour fonction de brûler les livres. - Sujet insolite. Traitement sensible et grave. Refus de l'effet. Interprétation retenue et expressive. □ Général ➜ DVD$

FAIL SAFE ▷4
É.-U. 2000. Drame de guerre de Stephen FREARS avec Richard Dreyfuss, Harvey Keitel et George Clooney. - Durant la Guerre froide, la tension monte lorsqu'une attaque nucléaire est accidentellement déclenchée contre l'URSS. ➜ DVD$

FAIL-SAFE [Point limite] ▷4
É.-U. 1964. Drame de Sidney LUMET avec Henry Fonda, Frank Overton et Walter Matthau. - À la suite d'un dérèglement technique, une attaque atomique est déclenchée contre la Russie.
□ Général ➜ DVD$

FAIRY TALE: A TRUE STORY ▷4
ANG. 1997. Conte de Charles STURRIDGE avec Elizabeth Earl, Florence Hoath et Paul McGann.- En 1917, deux fillettes réussissent à photographier des fées dans un bois de la campagne anglaise.
□ Général · Enfants

FAIS VITE AVANT QUE MA FEMME REVIENNE ▷4
ITA. 1975. Comédie dramatique réalisée et interprétée par Adriano CELENTANO avec Charlotte Rampling et Claudia Mori. - Vivant esseulé depuis le suicide apparent de sa femme, un ouvrier vénitien voit celle-ci revenir pour disparaître à nouveau. □ 13 ans+

FAIS-MOI DANSER *voir* **Strictly Ballroom**

FAITH WITHOUT FEAR
voir **Oser sa foi - la quête d'Irshad Manji**

FAITHLESS [Infidèle] ▷3
SUE. 2000. Drame psychologique de Liv ULLMANN avec Lena Endre, Erland Josephson et Krister Henriksson. - Un réalisateur se souvient de sa liaison passionnée avec l'épouse de son ami chef d'orchestre. - Scénario habilement construit aux forts accents autobiographiques, signé Ingmar Bergman. Finesse de l'analyse psychologique. Réalisation précise et expressive. Interprétation intense de L. Endre.

FALCON AND THE SNOWMAN, THE ▷4
[Jeu du faucon, Le]
É.-U. 1984. Drame d'espionnage de John SCHLESINGER avec Timothy Hutton, Sean Penn et David Suchet. - Deux jeunes Californiens sont amenés par diverses circonstances à vendre des renseignements secrets aux Russes. □ 13 ans+ ➜ DVD$

FALL, THE ▷4
IND. 2006. Drame fantastique de Tarsem SINGH avec Catinca Untaru, Lee Pace et Justine Waddell. - Dans un hôpital de Los Angeles, au début du XXe siècle, une fillette roumaine se fait raconter par un cascadeur blessé le récit des exploits de cinq héros mythiques. ➜ DVD$ DVD-BR$

FALL GUY
JAP. 1982. Kinji FUKASAKU ➜ DVD$

FALL OF AKO CASTLE, THE
voir **Sword of Vengeance**

FALL OF THE HOUSE OF USHER, THE ▷3
[Chute de la maison Usher, La]
É.-U. 1960. Drame d'horreur de Roger CORMAN avec Vincent Price, Mark Damon et Myrna Fahey. - Le propriétaire d'un manoir fait enterrer sa sœur qui se trouve en état de catalepsie. - Adaptation libre d'un conte d'Edgar Poe. Climat de mystère savamment créé. Utilisation heureuse des éclairages et des couleurs. Interprétation racée de V. Price. □ Général

FALL OF THE LOUSE OF HUSHER, THE
ANG. 2002. Ken RUSSELL ➜ DVD$

FALL OF THE ROMAN EMPIRE, THE ▷4
É.-U. 1963. Drame historique d'Anthony MANN avec Stephen Boyd, Sophia Loren et Alec Guinness. - La mort de l'empereur Marc-Aurèle entraîne des querelles de succession. □ Général ➜ DVD$

FALLEN ANGEL ▷4
É.-U. 1945. Thriller d'Otto PREMINGER avec Dana Andrews, Alice Faye et Linda Darnell. - Faussement accusé d'un meurtre, un jeune homme cherche à démasquer le vrai coupable. ➜ DVD$

FALLEN ANGELS ▷3
H.-K. 1995. Drame de WONG Kar-Wai avec Leon Lai Ming, Michele Reis et Takeshi Kaneshiro. - Un tueur à gages et un jeune homme atteint de mutisme vivent des tribulations existentielles et sentimentales parallèles. - Trame narrative éclatée. Rythme enlevé. Mise en scène alerte. Interprétation dans le ton. □ 13 ans+ · Violence ➜ DVD$

FALLEN FROM HEAVEN *voir* **Tombés du ciel**

FALLEN IDOL, THE ▷3
ANG. 1948. Drame psychologique de Carol REED avec Bobby Henrey, Ralph Richardson et Michèle Morgan. - Par ses mensonges, un petit garçon risque de faire condamner pour meurtre un domestique innocent. - Adaptation d'une nouvelle de Graham Greene. Situations bien exploitées. Étude juste du caractère du bambin. Mise en scène contrôlée. □ Général ➜ DVD$

FALLING ANGELS [Révolte des anges, La] ▷4
CAN. 2003. Drame de mœurs de Scott SMITH avec Callum Keith Rennie, Katharine Isabelle et Monté Gagné. - En 1969, dans une banlieue de Toronto, les tribulations de trois sœurs aux prises avec un père autoritaire et une mère dépressive. ➜ DVD$

FALLING DOWN [Enragé, L'] ▷5
É.-U. 1992. Drame de mœurs de Joel SCHUMACHER avec Michael Douglas, Robert Duvall et Barbara Hershey. - Alors qu'il traverse à pied différents quartiers de Los Angeles, un homme commet des actes de plus en plus irréfléchis et violents.
□ 16 ans+ · Violence ➜ DVD$ DVD-BR$

FALLING IN LOVE ▷4
É.-U. 1984. Drame sentimental de Ulu GROSBARD avec Robert De Niro, Meryl Streep et Harvey Keitel. - Deux banlieusards mariés se rencontrent par hasard et s'éprennent l'un de l'autre.
□ Général ➜ DVD$

FALSE MOVEMENT *voir* **Faux mouvement**

FAME ▷4
É.-U. 1980. Étude de mœurs d'Alan PARKER avec Barry Miller, Maureen Teefy et Gene Anthony Ray. - Des jeunes désireux de faire carrière dans le monde du spectacle s'inscrivent dans une école spécialisée de New York. □ 13 ans+ ➜ DVD$

FAMILIA ▷4
CAN. 2005. Drame psychologique de Louise ARCHAMBAULT avec Sylvie Moreau, Macha Grenon et Juliette Gosselin. - Criblée de dettes, une joueuse compulsive débarque avec sa fille adolescente chez une amie d'enfance dont la vie familiale semble heureuse et confortable.
□ 13 ans+ ➜ DVD$

FAMILLE, LA [Family, The] ▷3
ITA. 1987. Chronique d'Ettore SCOLA avec Vittorio Gassman, Stefania Sandrelli et Fanny Ardant. - Quatre-vingts ans d'histoire à travers le prisme d'une famille bourgeoise italienne. - Approche intelligente, critique et sympathique. Illustration souple. Évocation nuancée. Excellente interprétation. □ Général

FAMILLE ADDAMS, LA *voir* **Addams Family, The**

FAMILLE PEREZ, LA *voir* **Perez Family, The**

FAMILLE TENENBAUM, LA *voir* **Royal Tenenbaums, The**

FAMILLE YEN, LA ▷4
JAP. 1988. Comédie satirique de Yojiro TAKITA avec Takeshi Kaga, Kaori Momoi et Mitsumori Isaki. - Une famille japonaise vit dans le souci quotidien de petits trafics destinés à arrondir la caisse familiale.
□ 13 ans+

FAMILY
JAP. 2001. Takashi MIIKE ➜ DVD$

FAMILY, THE *voir* **Famille, La**

FAMILY BUSINESS [Affaire de famille] ▷4
É.-U. 1989. Comédie policière de Sidney LUMET avec Sean Connery, Dustin Hoffman et Matthew Broderick. - Un cambrioleur expérimenté entreprend de réaliser un vol d'envergure avec l'aide de son fils et de son petit-fils. □ Général ➜ DVD$

FAMILY JEWELS, THE [Tontons farceurs, Les] ▷4
É.-U. 1965. Comédie réalisée et interprétée par Jerry LEWIS avec Donna Butterworth et Sebastian Cabot. - Après la mort de son père, une petite fille doit choisir pour tuteur un de ses oncles.
□ Général ➜ DVD$

FAMILY MAN, THE [Père de famille] ▷4
É.-U. 2000. Comédie sentimentale de Brett RATNER avec Nicolas Cage, Téa Leoni et Don Cheadle. - Un financier célibataire est projeté par magie dans la peau du père de famille banlieusard qu'il aurait été s'il avait épousé sa petite amie de collège. □ Général ➜ DVD$

FAMILY NEST
HON. 1977. Béla TARR ➜ DVD$

FAMILY PART 2
JAP. 2001. Takashi MIIKE ➜ DVD$

FAMILY PLOT [Complot de famille] ▷4
É.-U. 1976. Comédie policière d'Alfred HITCHCOCK avec Barbara Harris, Bruce Dern et William Devane. - Une fausse spirite et son ami recherchent l'héritier disparu d'une vieille dame sans savoir qu'il s'agit d'un criminel. □ Général ➜ DVD$

FAMILY RESEMBLANCES *voir* **Un air de famille**

FAMILY THING, A [Histoire de famille, Une] ▷4
É.-U. 1996. Drame psychologique de Richard PEARCE avec Robert Duvall, James Earl Jones et Irma P. Hall. - À la mort de sa mère, un sexagénaire d'un État du Sud apprend que sa véritable mère était noire et qu'il a un frère de cette race. □ Général ➜ DVD$

FAMILY VIEWING ▷4
CAN. 1987. Comédie dramatique d'Atom EGOYAN avec David Hemblen, Aidan Tierney et Gabrielle Rose. - Déçu par son père qui ne songe qu'à ses vidéos, un jeune homme se raccroche à sa grand-mère qu'il fait sortir clandestinement de l'hospice où elle a été placée. □ Général

FAN, THE ▷4
É.-U. 1981. Drame psychologique d'Edward BIANCHI avec Michael Biehn, Lauren Bacall et James Garner. - Admirateur passionné d'une actrice, un déséquilibré devient meurtrier lorsqu'il est éconduit.
□ 18 ans+ ➜ DVD$

FANFAN ▷4
FR. 1992. Comédie sentimentale d'Alexandre JARDIN avec Sophie Marceau, Vincent Perez et Marine Delterme. - Craignant l'usure du temps dans la passion amoureuse, un jeune homme refuse d'avouer ses sentiments à une fille dont il est follement épris.
□ Général ➜ DVD$

FANFAN LA TULIPE ▷3
FR. 1951. Comédie de CHRISTIAN-JAQUE avec Gérard Philipe, Gina Lollobrigida et Noël Roquevert. - Les aventures rocambolesques d'un jeune soldat intrépide servant sous Louis XV. - Intrigue joyeusement fantaisiste. Mise en scène fort alerte. Excellents interprètes.
□ Général ➔ DVD $

FANFAN LA TULIPE ▷5
FR. 2003. Aventures de Gérard KRAWCZYK avec Penélope Cruz, Vincent Perez et Didier Bourdon. - S'engageant dans l'armée afin d'échapper à un mariage forcé, un aventurier coureur de jupons démasque un complot ourdi contre Louis XV. □ Général ➔ DVD $

FANNY ▷4
É.-U. 1961. Comédie dramatique de Joshua LOGAN avec Leslie Caron, Maurice Chevalier et Horst Buchholz. - Un garçon attiré par la mer s'embarque pour une longue croisière en laissant son amie enceinte.
□ Général ➔ DVD $

FANNY ▷3
FR. 1932. Comédie dramatique de Marc ALLÉGRET avec Raimu, Orane Demazis et Charpin. - Une jeune femme enceinte épouse un riche marchand qui accepte d'endosser la paternité de l'enfant à naître. - Second épisode de la trilogie de Marcel Pagnol. Mise en scène asservie au dialogue. Décors réussis. Excellents interprètes.
□ Général

FANNY ET ALEXANDRE [Fanny and Alexander] ►2
SUÈ. 1982. Drame de Ingmar BERGMAN avec Ewa Froling, Gunn Wallgren et Bertil Guve. - En 1907, une jeune actrice, veuve et mère de deux enfants, se remarie à un évêque austère et ne tarde pas à regretter sa décision. - Thématique riche et variée. Mise en scène somptueuse. Admirable direction d'acteurs. □ 13 ans+ ➔ DVD $

FANTAISIES AU BOUT DU FIL *voir* **Denise calls up**

FANTASIA ►2
É.-U. 1940. Dessins animés sous la supervision de Walt DISNEY et Ben SHARPSTEEN. - Illustrations en dessins animés de huit pièces importantes du répertoire musical classique. - Œuvre ambitieuse. Nombreuses trouvailles et innovations. Style varié. Technique remarquable. Classique important du genre. □ Général

FANTASIA 2000 ▷4
É.-U. 1999. Dessins animés de J. ALGAR, G. BRIZZI, P. BRIZZI, H. BUTOY, F. GLEBAS, E. GOLDBERG et P. HUNT. - Illustration de huit pièces du répertoire musical classique et contemporain.

FANTASME *voir* **Phantasm**

FANTASTIC NIGHT *voir* **Nuit fantastique, La**

FANTASTIC PLANET *voir* **Planète sauvage, La**

FANTASTIC VOYAGE, THE ▷3
É.-U. 1966. Science-fiction de Richard FLEISCHER avec Stephen Boyd, Raquel Welch et Edmond O'Brien. - Un sous-marin miniaturisé avec un équipage de cinq personnes est injecté dans une veine d'un savant blessé. - Scénario fort ingénieux. Décors impressionnants. Interprétation dans la norme du genre. □ Général ➔ DVD $

FANTASTICA ▷4
QUÉ. 1980. Comédie musicale de Gilles CARLE avec Carole Laure, Serge Reggiani et Lewis Furey. - Une chanteuse en tournée s'intéresse à un fermier qu'un industriel veut déloger. □ Général

FANTÔMAS CONTRE SCOTLAND YARD ▷5
FR. 1967. Comédie policière d'André HUNEBELLE avec Louis de Funès, Jean Marais et Mylène Demongeot. - Le commissaire Juve se rend en Écosse pour continuer sa lutte contre le super-criminel Fantômas.
➔ DVD $

FANTÔMAS SE DÉCHAÎNE ▷4
FR. 1965. Comédie policière d'André HUNEBELLE avec Louis de Funès, Jean Marais et Mylène Demongeot. - Un maître criminel menace d'enlever un éminent savant. ➔ DVD $

FANTÔME À VENDRE *voir* **Ghost Goes West, The**

FANTÔME DE CAT DANCIN, LE
voir **Man Who Loved Cat Dancing, The**

FANTÔME DE L'OPÉRA, LE *voir* **Phantom of the Opera, The**

FANTÔME DE L'OPÉRATRICE, LE
[Phantom of the Operator, The]
QUÉ. 2004. Caroline MARTEL ➔ DVD $

FANTÔME DE LA LIBERTÉ, LE ▷3
FR. 1974. Comédie satirique de Luis BUÑUEL avec Jean-Claude Brialy, Michel Lonsdale et Jean Rochefort. - Enchaînement fantaisiste d'épisodes insolites s'appliquant à faire la satire de divers aspects de l'ordre établi. - Tendances surréalistes. Goût du bizarre. Grande maîtrise des effets. Interprétation de qualité.

FANTÔME DE MILBURN, LE *voir* **Ghost Story**

FANTÔME DE SON EX, LE *voir* **Over Her Dead Body**

FANTÔME ET LES TÉNÈBRES, LE
voir **Ghost and the Darkness, The**

FANTÔMES DES TROIS MADELEINE, LES ▷5
QUÉ. 2000. Drame psychologique de Guylaine DIONNE avec Sylvie Drapeau, France Arbour et Isadora Galwey. - Au cours d'un voyage en Gaspésie, une photographe, sa mère et sa fille arrivent à faire la paix avec les fantômes de leur passé. □ Général

FANTÔMES DU CHAPELIER, LES ▷4
FR. 1982. Drame policier de Claude CHABROL avec Michel Serrault, Charles Aznavour et Aurore Clément. - Souffrant d'un déséquilibre psychique, un chapelier en vient à tuer sa femme et les amies de celle-ci.

FANTÔMES DU MISSISSIPPI *voir* **Ghosts of Mississippi**

FANTÔMES EN FÊTE *voir* **Scrooged**

FANTÔMES SONT CINGLÉS, LES *voir* **High Spirits**

FAR AND AWAY [Horizons lointains] ▷4
É.-U. 1992. Aventures de Ron HOWARD avec Tom Cruise, Nicole Kidman et Thomas Gibson. - En 1892, un jeune paysan irlandais accompagne une jeune aristocrate qui veut aller s'établir dans l'Ouest américain.
□ Général ➔ DVD $

FAR AWAY, SO CLOSE *voir* **Si loin, si proche**

FAR COUNTRY, THE ▷4
É.-U. 1954. Western d'Anthony MANN avec James Stewart, Ruth Roman et Walter Brennan. - Un homme conduit un troupeau au Yukon lors de la ruée vers l'or. □ Général ➔ DVD $

FAR FROM HEAVEN [Loin du paradis] ►2
É.-U. 2002. Drame de mœurs de Todd HAYNES avec Julianne Moore, Dennis Quaid et Dennis Haysbert. - En 1957, une mère de famille bourgeoise qui a surpris son mari avec un autre homme trouve réconfort auprès de son jardinier noir. - Œuvre subtile et raffinée conçue dans le style et l'esprit des mélodrames de Douglas Sirk. Traitement évocateur et touchant. Mise en images exquise. Interprétation de grande classe. □ Général ➔ DVD $

FAR FROM POLAND
É.-U. 1984. Jill GODMILOW

FAR FROM THE MADDING CROWD ▷3
ANG. 1967. Drame sentimental de John SCHLESINGER avec Julie Christie, Terence Stamp et Alan Bates. - La jeune propriétaire d'un domaine rural est recherchée en mariage par trois hommes. - Adaptation soignée du roman de Thomas Hardy. Climat romantique. Mise en scène solide. Œuvre d'une belle valeur picturale. Interprètes bien dirigés. □ Général ➔ DVD $

FAR NORTH ▷5
É.-U. 1988. Drame psychologique de Sam SHEPARD avec Jessica Lange, Charles Durning et Tess Harper. - À la suite d'un accident, un fermier demande à sa fille, venue expressément de New York, de le venger en tuant son cheval. □ Général

FAREWELL MY CONCUBINE *voir* **Adieu ma concubine**

FAREWELL TO ARMS, A [Adieu aux armes, L'] ▷4
É.-U. 1932. Drame de guerre de Frank BORZAGE avec Gary Cooper, Helen Hayes et Adolphe Menjou. - Un jeune Américain s'engage comme infirmier dans l'armée italienne au début de la guerre 1914-1918.
□ Général ➔ DVD $

FAREWELL TO THE KING [Adieu au roi, L'] ▷4
É.-U. 1989. Drame de guerre de John MILIUS avec Nick Nolte, Nigel Havers et Frank McRae. - Deux officiers britanniques chargés de soulever les tribus indonésiennes contre l'envahisseur japonais doivent traiter avec un déserteur américain devenu chef de tribu.
□ Général ➔ DVD $

FAREWELL, HOME SWEET HOME
voir **Adieu, plancher des vaches!**

FAREWELL, MY LOVELY [Adieu ma jolie] ▷4
É.-U. 1975. Drame policier de Dick RICHARDS avec Robert Mitchum, Charlotte Rampling et John Ireland. - Engagé pour retrouver la bien-aimée d'un ex-bagnard, un détective privé est entraîné dans des situations périlleuses. □ 13 ans+

FARGO ►2
É.-U. 1995. Comédie policière de Joel COEN avec William H. Macy, Frances McDormand et Steve Buscemi. - Afin d'extorquer de l'argent à son beau-père, un vendeur d'automobiles engage deux voyous pour enlever sa propre femme.- Satire mordante du Midwest américain. Mélange percutant d'humour, de violence et de compassion. Situations versant dans l'absurde. Interprétation savoureuse.
□ 16 ans+ ➔ DVD$ DVD-BR$

FARINELLI ▷4
BEL. 1994. Drame biographique de Gérard CORBIAU avec Stefano Dionisi, Enrico Lo Verso et Jeroen Krabbe. - Les succès et les revers d'un jeune castrat qui parcourt l'Europe en compagnie de son frère compositeur. □ 13 ans+

FARMER'S DAUGHTER, THE ▷4
É.-U. 1947. Comédie de H.C. POTTER avec Loretta Young, Joseph Cotten et Charles Bickford. - Une jeune campagnarde se trouve par inadvertance lancée dans la politique. □ Général

FARMER'S WIFE, THE
ANG. 1928. Alfred HITCHCOCK □ Général

FAST FOOD NATION ▷4
ANG. 2006. Comédie satirique de Richard LINKLATER avec Catalina Sandino Moreno, Greg Kinnear et Ashley Johnson. - Le responsable du marketing d'une chaîne de restauration rapide découvre dans quelles conditions douteuses est produite la viande hachée.
□ 13 ans+ ➔ DVD$

FAST FOOD, FAST WOMEN ▷4
É.-U. 2000. Comédie sentimentale d'Amos KOLLEK avec Anna Thomson, Jamie Harris et Robert Modica. - Une jeune serveuse de Manhattan et deux de ses clients sexagénaires sont à la recherche de l'âme sœur.
□ Général · Déconseillé aux jeunes enfants ➔ DVD$

FAST TIMES AT RIDGEMONT HIGH ▷5
É.-U. 1982. Comédie de mœurs d'Amy HECKERLING avec Jennifer Jason Leigh, Robert Romanus et Brian Backer. - Les expériences de divers étudiants californiens de niveau secondaire.
□ 18 ans+ ➔ DVD$

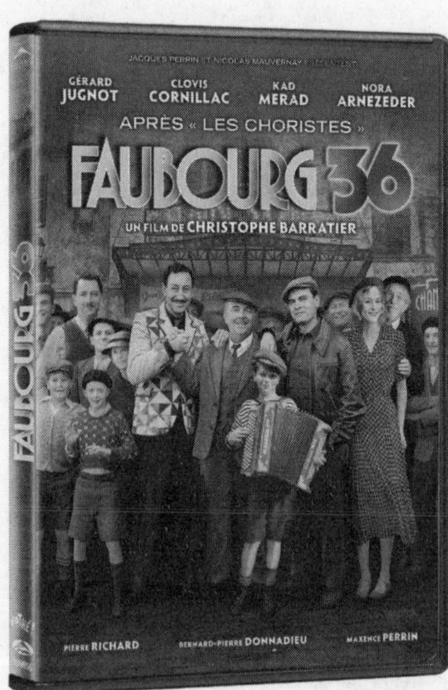

© ALLIANCE

FASTER PUSSYCAT, KILL... KILL... ▷5
É.-U. 1965. Drame de mœurs de Russ MEYER avec Tura Satana, Susan Bernard et Paul Trinka. - Trois danseuses amazones tuent un jeune homme et kidnappent sa fiancée, qu'elles séquestrent sur une ferme où vivent un vieil infirme et ses deux fils. □ 18 ans+

FASTEST GUN ALIVE, THE ▷4
É.-U. 1955. Western de Russell ROUSE avec Glenn Ford, Jeanne Crain et Broderick Crawford. - À cause de son habileté au tir, un marchand est provoqué par un bandit qui ne souffre pas la concurrence.
□ Général

FAT CITY ▷3
É.-U. 1971. Drame psychologique de John HUSTON avec Stacy Keach, Jeff Bridges et Susan Tyrrell. - Un boxeur sur le retour vit une existence de vagabond dans une petite ville de Californie en nourrissant l'espoir de reprendre sa carrière. - Notations psychologiques justes. Mise en scène réaliste. Interprétation impressionnante de vérité. □ Général

FAT GIRL *voir* **À ma sœur!**

FAT MAN AND LITTLE BOY ▷4
É.-U. 1989. Drame historique de Roland JOFFE avec Paul Newman, Dwight Schultz et John Cusack. - En 1942, l'armée américaine confie à un général la mission de superviser un projet de recherche devant mener à la fabrication d'une bombe atomique. □ Général

FATAL ATTRACTION [Liaison fatale] ▷5
É.-U. 1987. Drame psychologique d'Adrian LYNE avec Michael Douglas, Glenn Close et Anne Archer. - Un avocat marié voit sa vie perturbée par la passion obsessive d'une publicitaire avec laquelle il a eu une relation qu'il croyait sans lendemain. □ 13 ans+ ➔ DVD-BR$ DVD$

FATALE *voir* **Damage**

FATE IGNORANTI, LE *voir* **Tableau de famille**

FATELESS ▷4
HON. 2005. Drame de guerre de Lajos KOLTAII avec Marcell Nagy, Aron Dimeny et Andras M. Kecskes. - En 1944, un jeune Juif de Budapest est envoyé à Auschwitz et tente de survivre par tous les moyens.
➔ DVD$

FATHER *voir* **Père**

FATHER AND SON *voir* **Père et fils**

FATHER BROWN *voir* **Detective , The**

FATHER GOOSE ▷4
É.-U. 1964. Comédie de Ralph NELSON avec Cary Grant, Leslie Caron et Trevor Howard. - Cantonné dans une île déserte, un observateur de l'armée voit un jour arriver un groupe d'écolières et leur institutrice.
□ Général

FATHER IS AWAY ON BUSINESS
voir **Papa est en voyage d'affaires**

FATHER OF THE BRIDE ▷4
É.-U. 1950. Comédie de Vincente MINNELLI avec Elizabeth Taylor, Spencer Tracy et Joan Bennett. - Un père de famille se remémore les petits incidents qui ont entouré le mariage de sa fille.
□ Général ➔ DVD$

FATHER OF THE BRIDE [Père de la mariée, Le] ▷5
É.-U. 1991. Comédie de mœurs de Charles SHYER avec Steve Martin, Diane Keaton et Kimberly Williams. - Un couple connaît diverses mésaventures en veillant aux préparatifs du mariage de leur fille.
□ Général ➔ DVD$

FAUBOURG 36 ▷4
FR. 2008. Comédie dramatique de Christophe BARRATIER avec Gérard Jugnot, Clovis Cornillac et Nora Arnezeder. - En 1936, à Paris, trois chômeurs rouvrent leur music-hall qu'avait fermé un caïd local et montent un spectacle dans lequel brille une jeune débutante à la voix exceptionnelle. □ Général ➔ DVD$

FAUCON MALTAIS, LE *voir* **Maltese falcon, The**

FAUSSAIRES, LES [Counterfeiters, The] ▷3
ALL. 2007. Drame historique de Stefan RUZOWITZKY avec August Diehl, Karl Markovics et David Striesow. - Dans un camp de concentration, un habile faussaire d'origine juive participe à une vaste opération clandestine de fabrication de devises étrangères. - Intrigue captivante inspirée du récit d'un des survivants de l'Opération Bernhard. Enjeux moraux exposés avec nuance. Mise en scène sobre et évocatrice. Jeu prenant de K. Markovics. □ 13 ans+ · Violence ➔ DVD$ DVD-BR$

FAUSSE ROUTE *voir* **No Good Deed**

FAUST ▷4
TCH. 1994. Drame fantastique de Jan SVANKMAJER avec Petr Cepek, Jan Kraus et Vladimir Kudla. - Dans un étrange théâtre abandonné, un homme devient le protagoniste d'une recréation insolite de la légende de Faust. □ 13 ans+ ➜ DVD$

FAUST ►2
ALL. 1926. Drame fantastique de Friedrich Wilhelm MURNAU avec Gosta Ekman, Emil Jannings et Camilla Horn. - Un vieux savant vend son âme au diable pour retrouver la jeunesse. - Œuvre marquante du cinéma muet. Imagerie superbe. Utilisation savante de la lumière. Interprétation forte. □ Général ➜ DVD$

FAUT PAS EN FAIRE UN DRAME *voir* **Unfaithfully Yours**

FAUT PAS PRENDRE LES ENFANTS DU BON DIEU POUR DES CANARDS SAUVAGES ▷4
FR. 1968. Comédie policière de Michel AUDIARD avec Marlène Jobert, Françoise Rosay et Bernard Blier. - La maîtresse d'un bandit fait appel à sa vieille tante pour faire rendre gorge à deux truands qui l'ont dépouillée. ➜ DVD$

FAUT QUE ÇA DANSE! ▷5
FR. 2007. Comédie de Noémie LVOVSKY avec Jean-Pierre Marielle, Valeria Bruni-Tedeschi et Bulle Ogier. - Une quadragénaire en quête de stabilité doit composer avec ses vieux parents séparés, un père hédoniste et une mère de plus en plus confuse. □ 13 ans+ ➜ DVD$

FAUT S'FAIRE LA MALLE *voir* **Stir Crazy**

FAUTE À FIDEL!, LA ▷4
FR. 2006. Comédie dramatique de Julie GRAVRAS avec Nina Kervel-Bey, Julie Depardieu et Stefano Accorsi. - En 1970, l'existence bourgeoise d'une fillette est bouleversée lorsque ses parents décident d'adhérer à la doctrine communiste. □ Général

FAUTE À VOLTAIRE, LA ▷4
FR. 2000. Drame social d'Abdellatif KECHICHE avec Sami Bouajila, Elodie Bouchez et Bruno Lochet. - Après une tentative de mariage ratée, un Tunisien entré illégalement en France fréquente une Parisienne instable sur le plan psychologique. □ 13 ans+

FAUTE DE PREUVES *voir* **Under Suspicion**

FAUTES D'ORTHOGRAPHE, LES ▷4
FR. 2004. Comédie dramatique de Jean-Jacques ZILBERMANN avec Damien Jouillerot, Carole Bouquet et Olivier Gourmet. - À la fin des années 1960, un adolescent complexé, qui étudie dans un internat dirigé d'une main de fer par ses parents, décide de provoquer une rébellion. ➜ DVD$

FAUTEUIL POUR DEUX, UN *voir* **Trading Places**

FAUTEUILS D'ORCHESTRE ▷4
FR. 2005. Comédie de Danièle THOMPSON avec Cécile de France, Valérie Lemercier et Albert Dupontel. - Serveuse dans un café du quartier des grands théâtres à Paris, une jeune provinciale s'immisce dans la vie de quelques clients malheureux ou incompris. ➜ DVD$

FAUX ET USAGE DE FAUX ▷5
FR. 1990. Drame de Laurent HEYNEMANN avec Philippe Noiret, Robin Renucci et Laure Killing. - Un écrivain à succès demande à son neveu de prétendre être l'auteur de son dernier ouvrage, sans se douter que l'œuvre remportera le prix Goncourt. □ Général

FAUX MOUVEMENT [Wrong Move, The] ▷3
ALL. 1975. Drame psychologique de Wim WENDERS avec Rudiger Vogler, Hanna Schygulla et Hans Christian Blech. - Un voyageur fait la rencontre d'un vieux chanteur et d'une muette avec lesquels il rejoint la demeure d'un industriel suicidaire. - Adaptation d'une œuvre de Goethe. Mise en scène élégante aux effets mesurés. Personnages insolites intelligemment campés. □ Général

FAUX TÉMOIN *voir* **Bedroom Window, The**

FAVOURITE GAME, THE [Jeu de l'ange, Le] ▷4
CAN. 2002. Drame de mœurs de Bernar HÉBERT avec JR Bourne, Michèle-Barbara Pelletier et Cary Lawrence. - Traversant une crise d'identité, un poète s'inspire de ses souvenirs d'enfance et de ses conquêtes féminines pour créer son œuvre. □ 13 ans+ ➜ DVD$

FAY GRIM ▷4
É.-U. 2006. Comédie d'espionnage de Hal HARTLEY avec Parker Posey, Jeff Goldblum et James Urbaniak. - Huit ans après la disparition mystérieuse de son mari, une femme accepte d'aider la CIA à retrouver les manuscrits perdus de ce dernier. ➜ DVD$

FEAR *voir* **Peur, La**

FEAR AND LOATHING IN LAS VEGAS [PEUR ET DÉGOÛT À LAS VEGAS] ▷5
É.-U. 1998. Comédie fantaisiste de Terry GILLIAM avec Johnny Depp, Benicio Del Toro et Craig Bierko. - Au début des années 70, un journaliste sportif et son avocat se gavent de drogues hallucinogènes durant un séjour à Las Vegas.
□ 13 ans+ · Langage vulgaire ➜ DVD$

FEAR OF FEAR
ALL. 1975. Rainer Werner FASSBINDER

FEAR STRIKES OUT ▷3
É.-U. 1957. Drame psychologique de Robert MULLIGAN avec Anthony Perkins, Karl Malden et Norma Moore. - Un jeune homme fait pression sur son fils pour qu'il devienne un grand joueur de base-ball. - Sujet véridique. Action bien menée. Réalisation efficace. Jeu remarquable d'A. Perkins. □ Général ➜ DVD$

FEARLESS [Maître d'armes, Le] ▷4
H.-K. 2006. Drame biographique de Ronny YU avec Jet Li, Dong Yong et Sun Li. - Après une tragédie familiale, un maître d'arts martiaux chinois fonde une fédération sportive et redonne la fierté à son peuple, bafoué par les puissances coloniales □ 13 ans+ ➜ DVD$

FEARLESS [Sans peur] ▷3
É.-U. 1993. Drame psychologique de Peter WEIR avec Jeff Bridges, Rosie Perez et Isabella Rossellini. - Après avoir survécu à un écrasement d'avion, un homme croit qu'il est devenu une sorte d'ange que la mort ne peut plus atteindre. - Sujet original et fascinant. Réalisation experte. Climat d'oppression habilement créé. Performance prenante de J. Bridges. □ Général ➜ DVD$

FEARLESS VAMPIRE KILLERS, THE [Bal des vampires, Le] ▷3
ANG. 1967. Comédie fantaisiste réalisée et interprétée par Roman POLANSKI avec Jack MacGowran et Sharon Tate. - Un vieux savant et son assistant luttent contre des vampires. - Parodie inventive et savoureuse des histoires de vampires. Ensemble très soigné visuellement. Réalisation alerte. Interprétation loufoque à souhait.
□ 13 ans+ ➜ DVD$

FEAST OF JULY ▷4
ANG. 1995. Drame de mœurs de Christopher MENAUL avec Embeth Davidtz, Ben Chaplin et Tom Bell. - En 1883, un couple recueille une jeune femme malade et démunie dont les trois fils de la maison tombent amoureux. □ Général ➜ DVD$

FEAST OF LOVE ▷4
É.-U. 2007. Drame de mœurs de Robert BENTON avec Greg Kinnear, Morgan Freeman et Alexa Davalos. - À Portland, un professeur mélancolique suit avec intérêt les démêlés sentimentaux des habitants de son quartier. □ 13 ans+ · Érotisme ➔ DVD $

FEDORA ▷4
ALL. 1978. Comédie dramatique de Billy WILDER avec William Holden, Marthe Keller et Jose Ferrer. - Un producteur retrouve en Grèce une ancienne vedette de l'écran qui est restée étonnamment belle. □ Général

FEEBLES, LES *voir* **Meet the Feebles**

FELICIA'S JOURNEY [Voyage de Felicia, Le] ▷4
CAN. 1999. Drame d'Atom EGOYAN avec Bob Hoskins, Elaine Cassidy et Arsinée Khanjian. - Alors qu'elle cherche à Birmingham son petit ami anglais qui l'a mise enceinte, une adolescente irlandaise obtient l'aide d'un traiteur affable qui cache un lourd secret. □ Général ➔ DVD $

FÉLINS, LES [Joy House] ▷3
FR. 1964. Comédie policière de René CLÉMENT avec Alain Delon, Jane Fonda et Lola Albright. - Un jeune homme fuyant les sbires d'un gangster trouve refuge chez deux Américaines. - Sujet rocambolesque. Décor baroque. Rythme trépidant. Interprètes dirigés avec brio. ➔ DVD $

FÉLIX ▷4
ALL. 1987. Comédie de mœurs de Margarethe VON TROTTA et Helma SANDERS-BRAHMS avec Ulrich Tukur, Eva Mattes et Annette Uhlen. - Après le départ de sa compagne, un jeune homme rencontre diverses femmes ayant également des problèmes sentimentaux. □ Général

FELLINI SATYRICON ►2
ITA. 1968. Drame poétique de Federico FELLINI avec Martin Potter, Hiram Keller et Max Born. - Dans la Rome antique, deux jeunes gens connaissent diverses aventures. - Adaptation très personnelle d'une œuvre de Pétrone. Images fantastiques d'un baroquisme flamboyant. Construction épisodique. Interprétation soumise au style d'ensemble. □ 13 ans+

FELUETTES, LES *voir* **Lilies**

FEMALE ANIMAL
ESP. ITA. 1969. Jerry GROSS ➔ DVD $

FEMALE TROUBLE
É.-U. 1973. John WATERS □ 18 ans+

FEMME AU GARDENIA, LA *voir* **Blue Gardenia, The**

FEMME AUX BOTTES ROUGES, LA ▷4
[Woman with Red Boots, The]
FR. 1974. Drame fantastique de Juan BUÑUEL avec Catherine Deneuve, Fernando Rey et Adalberto Maria Merli. - Un homme riche invite chez lui une jeune romancière apparemment dotée de pouvoirs surnaturels. □ Général ➔ DVD $

FEMME D'À CÔTÉ, LA [Woman Next Door, The] ►2
FR. 1981. Drame psychologique de François TRUFFAUT avec Gérard Depardieu, Fanny Ardant et Véronique Silver. - À l'insu de leurs conjoints respectifs, un homme et une femme reprennent une ancienne liaison. - Récit conduit avec rigueur. Mise en scène contrôlée. Interprètes remarquablement dirigés.

FEMME DE CHAMBRE DU TITANIC, LA ▷4
[Chambermaid on the Titanic, The]
FR.-ITA.-ESP. 1997. Comédie dramatique de Bigas LUNA avec Olivier Martinez, Romane Bohringer et Aitana Sanchez Gijon. - Grâce à ses talents de conteur, un jeune ouvrier fait croire à son entourage qu'il a vécu une folle nuit d'amour avec une belle inconnue. □ Général

FEMME DE CHOC *voir* **Wildcats**

FEMME DE L'AVIATEUR, LA [Aviator's Wife, The] ▷3
FR. 1980. Comédie dramatique de Éric ROHMER avec Marie Rivière, Philippe Marlaud et Anne-Laure Meury. - Un jeune homme décide de prendre en filature l'ancien amant de son amie. - Habile mélange de légèreté et de gravité. Mise en scène souple. Dialogues nombreux mais intéressants. Interprétation d'un naturel charmant.

FEMME DE L'HÔTEL, LA ▷4
QUÉ. 1984. Drame psychologique de Léa POOL avec Paule Baillargeon, Louise Marleau et Serge Dupire. - Dans un hôtel de Montréal, une cinéaste lie amitié avec une pensionnaire en qui elle croit reconnaître l'héroïne de son film. ➔ DVD $

FEMME DE LA NUIT, LA *voir* **Ladyhawke**

FEMME DE MON AMI, LA *voir* **Sleep with Me**

FEMME DE MON POTE, LA ▷5
FR. 1983. Comédie de Bertrand BLIER avec Michel Coluche, Isabelle Huppert et Thierry Lhermitte. - L'amitié de deux hommes est mise en péril à cause d'une femme. □ Général

FEMME DE SABLE, LA [Woman in the Dunes] ►1
JAP. 1964. Drame de Hiroshi TESHIGAHARA avec Eiji Okada et Kyoko Kishida. - Hébergé par une veuve qui habite au fond d'une fosse ensablée, un entomologiste s'aperçoit qu'il est pris au piège et tente vainement de s'enfuir. - Histoire bizarre adaptée d'un roman de Kobo Abe. Traitement exceptionnel. Prises de vues variées d'une beauté plastique remarquable. Montage heurté. Interprétation adéquate. □ Général

FEMME DÉFENDUE, LA ▷3
FR. 1997. Drame sentimental réalisé et interprété par Philippe HAREL avec Isabelle Carré. - Malgré quelques réticences, une jeune fille de 22 ans entame une relation avec un cadre de 39 ans, marié et père d'un enfant. - Radioscopie originale d'un cas d'adultère classique. Intrigue décrite du point de vue de l'homme. Utilisation maîtrisée de la caméra subjective. □ 13 ans+

FEMME DIABOLIQUE, LA [Onibaba] ▷4
JAP. 1964. Drame de Kaneto SHINDO avec Nobuko Otowa, Jitsuko Yoshimura et Kei Sato. - Deux femmes tuent et dépouillent des soldats égarés. □ 13 ans+ · Érotisme ➔ DVD $

FEMME DIABOLIQUE, UNE *voir* **Queen Bee**

FEMME DISPARAÎT, UNE *voir* **Lady Vanishes, The**

FEMME DU BOULANGER, LA ▷3
FR. 1938. Comédie de mœurs de Marcel PAGNOL avec Raimu, Ginette Leclerc et Charpin. - Parce que sa femme est partie avec un berger, un boulanger refuse de pétrir le pain. - Tableaux pittoresques du pays provençal. Fines notations psychologiques. Composition savoureuse de Raimu. □ Général

FEMME DU DIMANCHE, LA ▷4
ITA. 1975. Drame policier de Luigi COMENCINI avec Marcello Mastroianni, Jacqueline Bisset et Jean-Louis Trintignant. - Un inspecteur soupçonne des personnes de la haute bourgeoisie d'être impliquées dans l'assassinat d'un architecte. □ Général

FEMME DU VENDREDI, LA *voir* **His Girl Friday**

FEMME EN BLEU, LA ▷3
FR. 1973. Comédie dramatique de Michel DEVILLE avec Michel Piccoli et Lea Massari. - Un musicologue cherche à retrouver une inconnue vêtue de bleu dont l'image l'obsède. - Récit psychologique dosé d'humour et d'amertume. Mise en scène d'une rare virtuosité. Ensemble élégant et charmeur. Jeu intelligent des interprètes. ➔ DVD $

FEMME EN COLÈRE, UNE *voir* **Upside of Anger, The**

FEMME EST UNE FEMME, UNE ▷4
[Woman Is a Woman, A]
FR. 1960. Comédie de Jean-Luc GODARD avec Anna Karina, Jean-Claude Brialy et Jean-Paul Belmondo. - Devant le refus de son amant de lui donner un enfant, une jeune femme le menace de se trouver un ami plus compréhensif. □ Général

FEMME FATALE ▷3
É.-U. 2002. Thriller de Brian De PALMA avec Rebecca Romijn-Stamos, Antonio Banderas et Peter Coyote. - Une intrigante qui a trahi ses complices durant un vol de diamants change d'identité pour échapper à leur vengeance. - Pastiche extravagant du film noir conçu comme une boîte à surprises. Intrigue ingénieuse. Mise en scène pleine de brio. Interprétation fort satisfaisante. □ 13 ans+ · Violence ➔ DVD $

FEMME FLAMBÉE, LA ▷5
ALL. 1983. Drame social de Robert VAN ACKEREN avec Gudrun Landgrebe, Mathieu Carrière et Hanns Zischler. - Épris l'un de l'autre, un gigolo et une prostituée s'établissent ensemble dans un appartement où chacun reçoit sa pratique de son côté.

FEMME INFIDÈLE, LA ►2
FR. 1968. Drame psychologique de Claude CHABROL avec Stéphane Audran, Michel Bouquet et Maurice Ronet. - Un homme tue l'amant de sa femme. - Sujet banal renouvelé par l'intérieur. Scénario et dialogues sobres, d'une grande justesse psychologique. Suspense excellent. Mise en scène d'un style élégant et décontracté. Direction d'acteurs remarquable. □ Général

FEMME INSECTE, LA [Insect Woman]
JAP. 1963. Shohei IMAMURA

FEMME LIBRE, LA *voir* **Unmarried Woman, An**

FEMME MONTE L'ESCALIER, UNE ▷3
[When a Woman Ascends the Stairs]
JAP. 1960. Drame de mœurs de Mikio NARUSE avec Hideko Takamine, Masayaki Mori et Tatsuya Nakadai. - Une hôtesse de bar tente en vain d'échapper à sa condition. - Talent d'observation. Rythme lent. Mise en scène sensible et subtile. Excellents interprètes.
□ Général ➔ DVD $

FEMME NIKITA, LA *voir* **Nikita**

FEMME OUBLIÉE, LA *voir* **Forgotten Woman, The**

FEMME QUI BOIT, LA ▷4
QUÉ. 2000. Drame psychologique de Bernard ÉMOND avec Élise Guilbault, Luc Picard et Michel Forget. - Une mère qui a passé toute sa vie d'adulte à boire se souvient des événements qui ont nourri sa détresse et précipité son malheur. □ 13 ans+ ➔ DVD $

FEMME QUI S'AFFICHE, UNE *voir* **It Should Happen to You**

FEMME SOUS INFLUENCE, UNE
voir **Woman Under the Influence, A**

FEMME TATOUÉE, LA ▷3
JAP. 1982. Drame de mœurs de Yoichi TAKABAYASHI avec Masayo Utsunomiya, Tomisaburo Wakayama et Masaki Kyomoto. - Pour satisfaire aux désirs de son amant, une femme accepte de se faire tatouer le dos par un maître aux méthodes insolites. - Traitement esthétisant d'un sujet scabreux. Réflexion sur les rapports entre l'art et la vie. □ 16 ans+

FEMMES [Nasheem] ▷5
ISR. 1996. Drame psychologique de Moshé MIZRAHI avec Michal Bat-Adam, Amos Lavi et Ilor Harpaz. - Une femme stérile éprouve de la jalousie envers la nouvelle épouse qu'elle a pourtant proposée à son mari afin de lui assurer une descendance. □ Général

FEMMES, LES ▷5
FR. 1969. Comédie de Jean AUREL avec Maurice Ronet, Brigitte Bardot et Anny Duperey. - Pour écrire un roman, un écrivain en mal d'inspiration dicte ses mémoires à une jolie secrétaire. □ 13 ans+

FEMMES AU BORD DE LA CRISE DE NERFS ▷4
[Women on the Verge of a Nervous Breakdown]
ESP. 1988. Comédie de Pedro ALMODOVAR avec Carmen Maura, Antonio Banderas et Maria Barranco. - Une actrice de télévision cherche à rejoindre son amant qui vient de la quitter. □ Général

FEMMES COUPABLES *voir* **Until They Sail**

FEMMES DE L'OMBRE, LES ▷5
FR. 2008. Drame de guerre de Jean-Paul SALOMÉ avec Sophie Marceau, Julie Depardieu et Marie Gillain. - En 1944, cinq femmes recrutées par les Britanniques doivent libérer un géologue détenu par les nazis, impliqué dans l'organisation du débarquement de Normandie. □ 13 ans+ · Violence ➔ DVD $

FEMMES DE PERSONNE ▷4
FR. 1984. Drame psychologique de Christopher FRANK avec Marthe Keller, Caroline Cellier et Fanny Cottençon. - Les problèmes personnels de trois femmes qui travaillent dans un centre de radiologie.

FEMMES DE STEPFORD, LES *voir* **Stepford Wives, The**

FEMMES ENTRE ELLES [Amiche, Le] ▷3
ITA. 1955. Drame psychologique de Michelangelo ANTONIONI avec Eleonora Rossi-Drago, Valentina Cortese et Yvonne Furneaux. - Les problèmes de femmes d'un milieu de haute couture. - Psychologie fouillée. Rythme lent. Très bonne interprétation.

FENÊTRE SECRÈTE *voir* **Secret Window**

FENÊTRE SUR COUR *voir* **Rear Window**

FENÊTRE SUR PACIFIQUE *voir* **Pacific Heights**

FERDINANDO AND CAROLINA
ITA. 1999. Lina WERTMULLER ➔ DVD $

FERME DU MAUVAIS SORT, LA *voir* **Cold Comfort Farm**

FERRIS BUELLER'S DAY OFF ▷4
[Folle journée de Ferris Bueller, La]
É.-U. 1986. Comédie de John HUGHES avec Matthew Broderick, Alan Ruck et Mia Sara. - Se faisant passer pour malade, un adolescent en profite pour faire l'école buissonnière avec des amis. ➔ DVD $

FERROVIPATHES *voir* **Trainspotting**

FESTEN *voir* **Fête de famille**

FESTIN À NEW YORK, UN *voir* **Pieces of April**

FESTIN DE BABETTE, LE [Babette's Feast] ▷3
DAN. 1987. Comédie dramatique de Gabriel AXEL avec Stéphane Audran, Brigitte Federspiel et Bodil Kjer. - Dans un village danois, une servante française consacre l'argent qu'elle a gagné à la loterie à préparer un festin pour ses patronnes. - Transposition réussie d'une nouvelle de Karen Blixen. Ton moqueur et sympathique. Réalisation d'un pittoresque austère. Interprétation pleine d'aisance de S. Audran.
□ Général ➔ DVD $

FESTIN DE REQUIN *voir* **Shark Bait**

FESTIN DES MORTS, LE ▷4
QUÉ. 1965. Drame religieux de Fernand DANSEREAU avec Jean-Guy Sabourin, Alain Cuny et Jacques Godin. - Au temps de la colonie, un jeune père jésuite appelé à être martyrisé revoit ses premiers contacts avec les Indiens. □ Général

FESTIN NU, LE *voir* **Naked Lunch**

FESTIVAL IN CANNES ▷4
É.-U. 2001. Comédie de mœurs de Henry JAGLOM avec Anouk Aimée, Greta Scacchi et Maximilian Schell. - Diverses intrigues se déroulent entre des représentants de l'industrie du cinéma réunis à Cannes pour le festival de films. ➔ DVD $

FÊTE DE FAMILLE [Celebration, The] ▷3
DAN. 1998. Drame de mœurs de Thomas VINTERBERG avec Ulrich Thomsen, Henning Moritzen et Thomas Bo Larsen. - La célébration du soixantième anniversaire d'un riche patriarche est perturbée lorsqu'un de ses fils l'accuse d'inceste. - Récit troublant subordonné à une démarche originale. Humour mordant. □ 13 ans+ ➔ DVD $

FÊTE DES ROIS, LA ▷5
QUÉ. 1994. Drame de Marquise LEPAGE avec Marc-André Grondin, Monique Mercure et Marie-Elaine Berthiaume. - Un garçonnet observe les comportements des membres de sa famille réunis à l'occasion d'une fête.

FEU DE LA DANSE, LE *voir* **Flashdance**

FEU DE ST-ELME, LE *voir* **St. Elmo's fire**

FEU FOLLET, LE [Fire Within, The] ►2
FR. 1963. Drame psychologique de Louis MALLE avec Maurice Ronet, Bernard Noël et Jeanne Moreau. - Avant de se suicider, un homme découragé tente de trouver chez ses amis une raison de vivre. - Déroulement d'une logique implacable. Mise en scène précise et efficace. Ensemble d'une beauté glaciale où perce une certaine émotion. Excellents interprètes. ➔ DVD $

FEU SACRÉ, LE *voir* **Holy Smoke**

FEUILLES D'AUTOMNE *voir* **Autumn Leaves**

FEUX D'ARTIFICE *voir* **Fireworks**

FEUX DANS LA PLAINE, LES [Fires on the Plain] ▷3
JAP. 1960. Drame de guerre de Kon ICHIKAWA avec Eiji Funakoshi, Osamu Takizawa et Michey Curtis. - À la fin de la guerre, des survivants japonais, épuisés, tentent de rejoindre leur base. - Images d'une grande beauté tragique. Film dur et douloureux. Interprétation hallucinante de vérité. □ 13 ans+ ➔ DVD $

FEUX DE LA RAMPE, LES *voir* **Limelight**

FEUX DU MUSIC-HALL, LES [Variety Lights] ▷4
ITA. 1952. Drame de mœurs de Federico FELLINI et Alberto LATTUADA avec Peppino De Filippo, Carla del Poggio et Giulietta Masina. - Une jeune provinciale entreprend de devenir vedette de music-hall.
□ Général

FEUX ROUGES [Red Lights] ▷4
FR. 2003. Thriller de Cédric KAHN avec Jean-Pierre Darroussin, Carole Bouquet et Vincent Deniard. - Tout en recherchant sa femme qui s'est esquivée à son insu dans la nuit, un conducteur ivre recueille en stop un passager inquiétant. □ 13 ans+ ➔ DVD $

FEVER
POL. 1980. Agnieszka HOLLAND □ 13 ans+

FEVER PITCH [Match parfait] ▷4
É.-U. 2005. Comédie sentimentale de Bobby et Peter FARRELLY avec Jimmy Fallon, Drew Barrymore et Ione Skye. - Un instituteur passionné de baseball doit choisir entre son équipe préférée et sa nouvelle petite amie. □ Général ➔ DVD $

FEW DAYS IN SEPTEMBER, A
voir **Quelques jours en septembre**

FEW GOOD MEN, A [Des hommes d'honneur] ▷4
É.-U. 1992. Drame judiciaire de Rob REINER avec Tom Cruise, Demi Moore et Jack Nicholson. - L'avocat de deux fusiliers jugés pour meurtre tente de démontrer que les accusés obéissaient à un ordre donné par un de leurs supérieurs. □ Général ➔ DVD-BR$ DVD$

FEW HOURS OF SUNLIGHT, A
voir **Un peu de soleil dans l'eau froide**

FEW KILOS OF DATES FOR A FUNERAL, A
IRAN 2006. Samur SALUR

FFOLKES ▷4
ANG. 1980. Aventures d'Andrew V. McLAGLEN avec Roger Moore, Anthony Perkins et James Mason. - Un aventurier affronte des criminels qui menacent de faire sauter des plates-formes de forage en mer du Nord. □ Général ➔ DVD$

FIANCÉE À LA CARTE *voir* **Birthday Girl**

FIANCÉE SYRIENNE, LA [Syrian Bride, The] ▷3
ISR. 2004. Drame social d'Eran RIKLIS avec Hiam Abbass, Makram J. Khoury et Clara Khoury. - Diverses embûches surviennent le jour du mariage d'une jeune femme druze du plateau du Golan avec une vedette de la télévision syrienne. - Regard critique éclairant sur la situation socio-politique du Moyen-Orient. Nombreux drames brillamment enchevêtrés. Ton de dérision. Mise en scène précise. Interprétation vivante, dominée par H. Abbass. □ Général ➔ DVD$

FIANCÉS, LES [Fiances, The] ►2
ITA. 1962. Drame psychologique de Ermanno OLMI avec Carlo Cabrini et Anna Canzi. - Eloigné de sa fiancée par son travail, un ouvrier entreprend avec elle un échange épistolaire. - Étude psychologique subtile. Mise en scène dépouillée. Touches poétiques. Interprètes admirablement dirigés. ➔ DVD$

FICTION PULPEUSE *voir* **Pulp Fiction**

FIDDLER ON THE ROOF ▷3
É.-U. 1971. Comédie musicale de Norman JEWISON avec Chaim Topol, Norma Crane et Leonard Frey. - Dans un village d'Ukraine, un fermier juif, père de cinq filles, se fait du souci à cause des amours de ses trois aînées. - Vivante évocation de mœurs patriarcales. Mise en scène ample et bien rythmée. Interprétation convaincante et attachante. □ Général ➔ DVD$

FIDÈLE LASSIE, LA *voir* **Lassie Come Home**

FIDÈLE VAGABOND, LE *voir* **Old Yeller**

FIELD, THE ▷3
ANG. 1990. Drame de mœurs de Jim SHERIDAN avec Richard Harris, John Hurt et Sean Bean. - Un vieux paysan irlandais rivalise avec un industriel américain pour acquérir un petit champ de culture mis à l'encan. - Variations émouvantes sur le thème de l'attachement à la terre. Contexte naturel fort bien exploité. Tension ménagée avec force. Interprétation solide. □ Général

FIELD DIARY/ARENA OF MURDER
ISR. 1982. Amos GITAÏ

FIELD OF DREAMS [Champ de rêves, Le] ▷4
É.-U. 1989. Comédie fantaisiste de Phil Alden ROBINSON avec Kevin Costner et Amy Madigan. - À la suite d'une vision, un fermier construit sur son champ un terrain de base-ball pour que reviennent y jouer d'anciens joueurs tous décédés. □ Général ➔ DVD-BR$ DVD$

FIERCE CREATURES [Créatures féroces] ▷4
É.-U. 1996. Comédie satirique de Fred SCHEPISI et Robert M. YOUNG avec John Cleese, Jamie Lee Curtis et Kevin Kline. - Avec l'aide de leur directeur, les employés d'un zoo anglais acquis par un magnat américain luttent pour empêcher le site de devenir un parc récréatif grotesque. □ Général ➔ DVD$

FIERRO... L'ÉTÉ DES SECRETS ▷3
QUÉ. 1989. Comédie dramatique d'André MELANÇON avec Juan de Benedictis, Santiago Gonzalez et Alexandra London-Thompson. - Trois enfants vont passer l'été au ranch de leur grand-père en Argentine. - Exploration intéressante des émotions des jeunes et des adultes. Interprétation pleine de fraîcheur des enfants.

FIESTA ▷4
FR. 1995. Drame de guerre de Pierre BOUTRON avec Grégoire Colin, Jean-Louis Trintignant et Marc Lavoine. - Un adolescent de l'aristocratie sert sous les ordres d'un colonel franquiste cynique. □ 13 ans+

FIEVEL ET LE NOUVEAU MONDE *voir* **American Tail, An**

FIÈVRE AU CORPS, LA *voir* **Body Heat**

FIÈVRE DANS LE SANG, LA *voir* **Splendor in the Grass**

FIÈVRE DE DIEU, LA *voir* **Godspell**

FIÈVRE DU SAMEDI SOIR, LA *voir* **Saturday Night Fever**

FIÈVRE NOIRE *voir* **Cabin Fever**

FIFTH ELEMENT, THE [Cinquième élément, Le] ▷4
FR. 1997. Science-fiction de Luc BESSON avec Bruce Willis, Gary Oldman et Milla Jovovich. - Au XXIIIe siècle, un chauffeur de taxi new-yorkais protège une jeune femme mystérieuse qui peut sauver le monde d'une destruction certaine. □ 13 ans+ ➔ DVD$ DVD-BR$

FIGHT CLUB [Fight Club - Steelbook Collector Ed.] ▷3
É.-U. 1999. Drame de David FINCHER avec Edward Norton, Brad Pitt et Helena Bonham Carter. - Un yuppie insomniaque et déboussolé fonde avec un individu énigmatique un club secret de combats à mains nues. - Charge subversive contre la société de consommation. Récit morcelé fertile en surprises. Humour dévastateur. Réalisation fort inventive. Interprètes solides. □ 18 ans+ · Violence ➔ DVD$

FIGHT FOR TRUE FARMING, THE
voir **Pas de pays sans paysans**

FIGHTING 69TH, THE ▷4
E.-U. 1940. Drame de guerre de W. KEIGHLEY avec George Brent, James Cagney et Pat O'Brien. - Pendant la guerre 14-18, les exploits d'un régiment américain formé de soldats d'origine irlandaise. ➔ DVD$

FIGHTING ELEGY
JAP. 1966. Seijun SUZUKI □ Général ➔ DVD$

FIGHTING RATS OF TOBRUK, THE
AUS. 1944. Charles CHAUVEL ➔ DVD$

FIGHTING SULLIVANS, THE ▷4
É.-U. 1945. Drame psychologique de Lloyd BACON avec Thomas Mitchell, Ann Baxter et Edouard Ryan. - Pendant la Seconde Guerre mondiale, cinq fils d'une famille d'ascendance irlandaise établie dans l'Iowa s'engagent à servir dans la marine. □ Général

FIL DE LA VIE, LE *voir* **Strings**

FIL DU RASOIR, LE *voir* **Razor's Edge, The**

FILASSE ▷3
BEL. 1979. Comédie dramatique de Robbe DE HERT avec Eric Clerckx, Willy Vandermeulen et Blanka Heirman. - Au début du siècle, l'enfance difficile du jeune fils d'un fermier des Flandres. - Intéressante évocation d'époque. Étude psychologique fort valable.

FILATURE, LA *voir* **Stakeout**

FILIÈRE FRANÇAISE, LA *voir* **French Connection, The**

FILLE, LA ▷4
ITA. 1978. Drame psychologique d'Alberto LATTUADA avec Marcello Mastroianni, Nastassja Kinski et Monica Randall. - Au cours d'un voyage à Florence, un architecte a une aventure avec une étudiante dont il se pourrait qu'il soit le père. □ 13 ans+

FILLE À LA CASQUETTE, LA *voir* **New Kind of Love, A**

FILLE À LA VALISE, LA [Girl with a Suitcase] ▷3
ITA. 1961. Drame psychologique de Valerio ZURLINI avec Claudia Cardinale, Jacques Perrin et Romolo Valli. - Découvrant que son frère s'est mal conduit envers une chanteuse, un adolescent tente d'aider la jeune femme et s'attache à elle. - Traitement délicat et nuancé. Climat poétique. Mise en scène très soignée. Interprètes bien dirigés. ➔ DVD$

FILLE À UN MILLION DE DOLLARS
voir **Million Dollar Baby**

FILLE DE 15 ANS, LA ▷3
FR. 1989. Comédie dramatique réalisée et interprétée par Jacques DOILLON avec Judith Godrèche et Melvil Poupaud. - Le père d'un garçon de quatorze ans se sent attiré par la petite amie de celui-ci. - Intrigue riche en observations sur la psychologie amoureuse. Approche délicate et sensible. Interprétation talentueuse de de J. Godrèche. □ Général

FILLE DE D'ARTAGNAN, LA ▷4
FR. 1994. Aventures de Bertrand TAVERNIER avec Sophie Marceau, Philippe Noiret et Sami Frey. - Une jeune fille convainc son père mousquetaire de l'aider à retrouver les auteurs d'un massacre commis dans son couvent. □ Général

FILLE DE L'AIR, LA ▷4
FR. 1992. Drame policier de Maroun BAGDADI avec Béatrice Dalle, Thierry Fortineau et Hippolyte Girardot. - Convaincue que son mari est innocent du meurtre pour lequel il a été condamné, une jeune mère est décidée à le faire évader de prison. □ 13 ans+

FILLE DE MONACO, LA ▷4
FR. 2008. Comédie dramatique d'Anne FONTAINE avec Fabrice Luchini, Roschdy Zem et Louise Bourgoin. - À Monaco, un célèbre avocat, coincé sur le plan sexuel, s'éprend d'une présentatrice météo délurée qui a déjà eu une liaison avec le garde du corps chargé de veiller sur lui. □ Général

FILLE DE RYAN, LA *voir* **Ryan's Daughter**

FILLE DU JUGE, LA
FR. 2006. William KAREL ➔ DVD$

FILLE DU MINEUR, LA *voir* **Coal Miner's Daughter**

FILLE QUI EN SAVAIT TROP, LA ▷4
[Girl Who Knew Too Much, The]
ITA. 1962. Drame policier de Mario BAVA avec Leticia Roman, John Saxon et Valentina Cortese. - Témoin d'un meurtre, une jeune fille n'arrive pas à convaincre la police.

FILLE SEULE, LA [Single Girl, A] ▷4
FR. 1995. Drame psychologique de Benoît JACQUOT avec Virginie Ledoyen, Benoît Magimel et Dominique Valadie. - Une jeune fille enceinte commence à travailler dans un grand hôtel parisien tout en réfléchissant sur la suite de sa vie. ➔ DVD$

FILLE SUR LA BALANÇOIRE, LA
voir **Girl in the Red Velvet Swing**

FILLE SUR LE PONT, LA ▷4
FR. 1998. Drame sentimental de Patrice LECONTE avec Daniel Auteuil, Vanessa Paradis et Demetre Georgalas. - Une jeune femme suicidaire est prise en charge par un lanceur de couteaux qui en fait son assistante. ➔ DVD$

FILLES D'AUJOURD'HUI *voir* **Career Girls**

FILLES DU BOTANISTE, LES ▷5
FR. 2005. Drame sentimental de Dai SIJIE avec Mylène Jampanoi, Li Xiaoran et Dongfu Lin. - Dans la Chine des années 1980, une étudiante orpheline vit une passion amoureuse interdite avec la fille du botaniste chez qui elle fait un stage. □ Général · Déconseillé aux jeunes enfants ➔ DVD$

FILLES FONT LA LOI, LES *voir* **Strike!**

FILLES PERDUES, CHEVEUX GRAS ▷5
FR. 2002. Comédie de mœurs de Claude DUTY avec Marina Foïs, Olivia Bonamy et Amira Casar. - Les tribulations sentimentales et professionnelles de trois jeunes femmes qui finissent par se lier d'amitié. □ Général ➔ DVD$

FILLES UNIQUES ▷4
FR. 2003. Comédie de Pierre JOLIVET avec Sandrine Kiberlain, Sylvie Testud et Vincent Lindon. - Une jeune voleuse de chaussures se lie d'amitié avec une juge d'instruction un peu coincée qu'elle en vient à aider dans ses enquêtes. □ Général ➔ DVD$

FILM BEFORE FILM *voir* **Avant-ciné, L'**

FILS, LE ►2
BEL. 2002. Drame psychologique de Luc et Jean-Pierre DARDENNE avec Olivier Gourmet, Morgan Marinne et Isabella Soupart. - Un menuisier enseignant dans un centre de formation pour jeunes délinquants s'intéresse particulièrement à un nouveau venu dans son atelier. - Œuvre profondément sensible et d'une intensité dramatique implacable. Caméra nerveuse. Traitement dépouillé. Interprétation d'un réalisme saisissant. □ Général ➔ DVD$

FILS DE L'ÉPICIER, LE ▷4
FR. 2007. Drame psychologique d'Éric GUIRADO avec Nicolas Cazalé, Clotilde Hesme et Daniel Duval. - Après dix ans d'absence, un citadin d'adoption revient dans son village natal afin de s'occuper de l'épicerie ambulante de son père convalescent. □ Général ➔ DVD$

FILS DE LA PANTHÈRE ROSE, LE
voir **Son of the Pink Panther**

FILS DE MARIE, LES ▷5
CAN. 2002. Drame psychologique réalisé et interprété par Carole LAURE avec Félix Lajeunesse-Guy et Jean-Marc Barr. - Une mère éplorée par la mort de son adolescent place une annonce dans un journal pour se trouver un nouveau fils. □ Général ➔ DVD$

FILS DU REQUIN, LE ▷4
FR. 1993. Drame social d'Agnès MERLET avec Ludovic Vandendaele, Erick Da Silva et Sandrine Blancke. - Laissés à eux-mêmes par leur père, deux gamins vivant dans une petite ville de Normandie se livrent à des activités de petits clochards délinquants. □ 13 ans+

FILS POUR L'ÉTÉ, UN *voir* **Tribute**

FILS PRÉFÉRÉ, LE ▷4
FR. 1994. Drame de mœurs de Nicole GARCIA avec Gérard Lanvin, Bernard Giraudeau et Jean-Marc Barr. - Leur vieux père ayant fait une fugue, trois frères qui se voient rarement se retrouvent pour le rechercher.

FIN AOÛT, DÉBUT SEPTEMBRE ▷5
FR. 1998. Drame psychologique d'Olivier ASSAYAS avec Mathieu Amalric, Virginie Ledoyen et François Cluzet. - Un jeune homme qui vit une rupture avec sa compagne travaille à une émission de télévision consacrée à un ami écrivain très malade. □ 13 ans+

FIN D'UNE LIAISON, LA *voir* **End of the Affair, The**

FIN DE LA VIOLENCE, LA *voir* **End of Violence, The**

FINAL ANALYSIS [Analyse fatale] ▷4
É.-U. 1992. Drame policier de Phil JOANOU avec Richard Gere, Kim Basinger et Uma Thurman. - Un psychiatre est entraîné dans une troublante affaire de meurtre impliquant une de ses patientes et la sœur de celle-ci. □ 13 ans+ ➔ DVD$

FINAL COUNTDOWN, THE [Nimitz, retour vers l'enfer] ▷4
É.-U. 1980. Drame fantastique de Don TAYLOR avec Kirk Douglas, Martin Sheen et James Farentino. - Entraîné dans un typhon, un porte-avions américain brise la barrière du temps et se retrouve en 1941. ➔ DVD$ DVD-BR$

FIND ME GUILTY ▷4
É.-U. 2006. Comédie dramatique de Sidney LUMET avec Vin Diesel, Peter Dinklage et Linus Roache. - Le procès des membres d'un clan de la mafia du New Jersey est compromis par les révélations de l'un d'eux, qui assure lui-même sa défense. ➔ DVD$

FINDING FORRESTER [À la rencontre de Forrester] ▷4
É.-U. 2000. Drame psychologique de Gus VAN SANT avec Rob Brown, Sean Connery et F. Murray Abraham. - Un adolescent afro-américain doué pour l'écriture se lie d'amitié avec un célèbre écrivain reclus et misanthrope. □ Général ➔ DVD$

© MÉTROPOLE

FINDING NEMO [Trouver Nemo] ▷3
É.-U. 2003. Film d'animation d'Andrew STANTON. - Un poisson tropical se lance à la recherche de son fils qui a été capturé par un plongeur. - Péripéties enlevées et pleines d'humour. Personnages amusants et colorés. Quelques passages saisissants. Illustration souvent féerique. Animation par ordinateur somptueuse. □ Général ➔ DVD$

FINDING NEVERLAND [Voyage au pays imaginaire] ▷4
É.-U. 2004. Comédie dramatique de Marc FORSTER avec Johnny Depp, Kate Winslet et Freddy Highmore. - En 1903, à Londres, le dramaturge J.M. Barrie devient ami avec une veuve et ses quatre enfants, qui lui inspirent la pièce «Peter Pan». □ Général ➔ DVD$ DVD-BR$

FINE MADNESS, A ▷4
É.-U. 1966. Comédie de Irvin KERSHNER avec Sean Connery, Joanne Woodward et Patrick O'Neal. - Un poète méconnu qui vit d'expédients subit une opération au cerveau. □ Général ➔ DVD$

FINE ROMANCE, A [Tchin-Tchin] ▷5
ITA. 1991. Comédie sentimentale de Gene SAKS avec Julie Andrews, Marcello Mastroianni et Ian Fitzgibbon. - Un architecte et l'épouse de l'amant de sa femme unissent leurs efforts pour récupérer leurs conjoints respectifs. □ Général ➔ DVD$

FINGERS ▷5
É.-U. 1977. Drame de mœurs de James TOBACK avec Harvey Keitel, Tisa Farrow et Michael V. Gazzo. - Un pianiste virtuose est déchiré entre ses ambitions musicales et les rackets dirigés par son père. □ 18 ans+ ➔ DVD$

FINIAN'S RAINBOW ▷4
É.-U. 1968. Comédie musicale de Francis Ford COPPOLA avec Fred Astaire, Petula Clark et Tommy Steele. - Un vieil Irlandais et sa fille cherchent fortune aux États-Unis. □ Général ➔ DVD$

FIONA ▷5
É.-U. 1998. Drame de mœurs d'Amos KOLLEK avec Anna Thomson, Felicia Maguire et Alyssa Mulhern. - Abandonnée à sa naissance par sa mère prostituée, une jeune femme adopte le même métier et connaît divers déboires. ➔ DVD$

FIORILE ▷4
ITA. 1993. Chronique de Paolo et Vittorio TAVIANI avec Claudio Bigagli, Galatea Ranzi et Michel Vartan. - En se rendant en Toscane pour y visiter son père, un homme raconte à ses enfants la destinée tragique de quelques-uns de ses ancêtres. □ Général

FIRE ▷4
CAN. 1996. Drame sentimental de Deepa MEHTA avec Shabana Azmi, Nandita Das et Kulbushan Kharbanda. - Déçues par leurs maris respectifs, deux belles-sœurs indiennes transforment progressivement leur amitié en sentiment amoureux. □ 13 ans+ ➔ DVD$

FIRE AND ICE ▷5
E.-U. 1982. Dessins animés de R. Bakshi. - Un jeune et beau guerrier se bat pour libérer la fille d'un roi tenue prisonnière par les sbires d'un despote tyrannique. ➔ DVD$

FIRE OVER ENGLAND ▷4
ANG. 1937. Drame historique de William K. HOWARD avec Laurence Olivier, Flora Robson et Vivien Leigh. - Au XVIe siècle, un jeune officier de marine échappe aux Espagnols et contribue à la défaite de l'Invincible Armada. □ Général

FIRE THAT BURNS, THE
voir **Ville dont le prince est un enfant, La**

FIRE WITHIN, THE *voir* **Feu follet, Le**

FIREFOX ▷5
É.-U. 1982. Drame d'espionnage réalisé et interprété par Clint EASTWOOD avec Freddie Jones et Warren Clarke. - Un vétéran du Viêt-nam a pour mission de voler un avion ultramoderne mis au point par les Russes. □ Général ➔ DVD$

FIRELIGHT [Lueur magique] ▷4
É.-U. 1997. Drame de mœurs de William NICHOLSON avec Sophie Marceau, Stephen Dillane et Kevin Anderson. - Sept ans après avoir servi de mère porteuse, une Suissesse retrouve sa fille en Angleterre et se fait engager comme gouvernante de l'enfant en l'absence du père. □ Général

FIREMEN'S BALL, THE ▷3
TCH. 1967. Comédie satirique de Milos FORMAN avec Jan Vostrcil, Josef Kolb et Frantisek Debolka. - Les pompiers volontaires d'un village organisent une fête populaire. - Caricature savoureuse et caustique. Mélange de réalisme et d'humour. Mise en scène habile. Interprétation réjouissante.

FIREPROOF
É.-U. 2008. Alex KENDRICK ➔ DVD$

FIRES ON THE PLAIN
voir **Feux dans la plaine, Les**

FIREWORKS [Feux d'artifice] ▷3
JAP. 1997. Drame psychologique réalisé et interprété par Takeshi KITANO avec Kayoko Kishimoto et Ren Osugi. - Harcelé par des gangsters, un flic au lourd passé commet un vol pour partir en voyage avec sa femme mourante. - Contraste saisissant entre les moments de tendresse et de violence. Style contemplatif et lyrique. Travail sonore et visuel superbe. □ 13 ans+ · Violence

FIRM, THE ▷4
É.-U. 1993. Drame policier de Sydney POLLACK avec Tom Cruise, Jeanne Tripplehorn et Gene Hackman. - Nouvellement employé dans un prestigieux bureau d'avocats, un jeune homme découvre que ses patrons font affaire avec la mafia. □ Général ➔ DVD$

FIRST BORN ▷4
É.-U. 1984. Drame psychologique de Michael APTED avec Christopher Collet, Teri Garr et Peter Weller. - Une femme élevant seule ses deux fils s'engage à la légère dans une liaison avec un homme qui se révèle être un trafiquant de stupéfiants. □ Général

FIRST DEADLY SIN, THE ▷4
É.-U. 1980. Drame policier de Brian G. HUTTON avec Frank Sinatra, Faye Dunaway et David Dukes. - Un policier à la veille de la retraite s'entête à prouver que divers meurtres non résolus sont l'œuvre d'un même homme. □ 13 ans+ ➔ DVD$

FIRST KNIGHT [Premier chevalier, Le] ▷5
É.-U. 1995. Drame de Jerry ZUCKER avec Sean Connery, Richard Gere et Julia Ormond. - Un chevalier de la Table ronde est épris de la jeune épouse du roi Arthur qui refuse néanmoins ses avances. □ Général ➔ DVD-BR$ DVD$

FIRST MEN IN THE MOON ▷4
ANG. 1964. Science-fiction de Nathan Hertz JURAN avec Lionel Jeffries, Edward Judd et Martha Hyer. - Un vieillard raconte comment, en 1899, il s'est rendu sur la Lune. □ Général ➔ DVD$

FIRST NAME: CARMEN *voir* **Prénom: Carmen**

FIRST NUDIE MUSICAL, THE
É.-U. 1976. Mark HAGGARD, Bruce KIMMEL ➔ DVD$

FIRST WIVES CLUB, THE [Club des ex, Le] ▷4
É.-U. 1996. Comédie de Hugh WILSON avec Goldie Hawn, Bette Midler et Diane Keaton. - Trois anciennes amies de collège qui ont été plaquées par leurs riches maris concoctent ensemble des projets de vengeance. □ Général ➔ DVD$

FISH CALLED WANDA, A ▷3
[Ange dénommé Wanda, Un]
ANG. 1988. Comédie policière de Charles CRICHTON avec John Cleese, Jamie Lee Curtis et Kevin Kline. - Une jeune cambrioleuse séduit l'avocat d'un de ses complices qui a été arrêté après avoir caché le butin d'un vol de diamants. - Comique de situation. Personnages savoureux. Mise en scène pleine de vitalité. Très bonne interprétation. □ Général ➔ DVD$

FISH IN A BARREL
É.-U. 2001. Kent DALIAN ➔ DVD$

FISH'N CHIPS *voir* **East Is East**

FISHER KING, THE [Roi pêcheur, Le] ▷3
É.-U. 1991. Comédie dramatique de Terry GILLIAM avec Jeff Bridges, Robin Williams et Amanda Plummer. - Une ancienne vedette de la radio qui a tout lâché à la suite d'une tragédie se lie d'amitié avec un clochard excentrique. - Réflexion troublante sur les paradoxes de la vie moderne. Passage habile de la comédie au drame. Mise en scène percutante. Jeu exceptionnel des deux protagonistes. □ 13 ans+ ➔ DVD$

FIST OF LEGEND ▷4
H.-K. 1994. Drame de Gordon CHAN et Yuen Woo PING avec Jet Li, Chin Siu Ho et Nakayana Shinobu. - La rivalité entre deux écoles d'arts martiaux de Shanghai, l'une typiquement chinoise, l'autre japonaise. □ 13 ans+ ➔ DVD$

FISTFUL OF DOLLARS, A ▷4
[Pour une poignée de dollars]
ITA. 1964. Western de Sergio LEONE avec Clint Eastwood, Marianne Koch et Gian Maria Volontè. - Un aventurier est mêlé à la lutte de deux bandes rivales dans un village à la frontière du Mexique.
□ 13 ans+ ➔ DVD$

FISTFUL OF DYNAMITE, A [Duck, You Sucker] ▷3
ITA. 1971. Aventures de Sergio LEONE avec Rod Steiger, James Coburn et Romolo Valli. - Au Mexique, un paysan voleur et un Irlandais dynamiteur partagent des luttes révolutionnaires. - Sujet traité avec mouvement et humour. Mise en scène inventive d'une histoire picaresque. Jeu savoureux des interprètes. □ Général ➔ DVD$

FISTFUL OF HELL, A [Knock Out Cop, A] ▷5
ITA. 1973. Comédie policière de STENO avec Bud Spencer, Adalberto Maria Merli et Raymond Pellegrin. - Enquêtant sur un trafic de stupéfiants, un policier aux méthodes peu orthodoxes est suspendu mais poursuit ses recherches.

FISTS IN THE POCKET ▷3
ITA. 1965. Drame psychologique de M. BELLOCCHIO avec Lou Castel, Paola Pitagora et Marino Mase. - Le sombre univers d'une famille dont presque tous les membres sont atteints de tares physiques ou morales. - Œuvre d'une maîtrise étonnante. Réalisation habile et soignée. Bons interprètes. ➔ DVD$

FISTS OF FURY [Chinese Connection, The] ▷5
H.-K. 1972. Drame policier de Wei LO avec Bruce Lee, Marie Yi et Paul Tien. - Un jeune campagnard, expert dans les arts martiaux, découvre que la fabrique où il travaille sert de couverture à un trafic de drogue.
□ 13 ans+

FITZCARRALDO ►2
ALL. 1981. Aventures de Werner HERZOG avec Klaus Kinski, Claudia Cardinale et Jose Lewgoy. - Un aventurier irlandais entreprend de réaliser son rêve de construire un opéra dans la jungle péruvienne. - Film grandiose fertile en visions poétiques. Nombreux détails inhabituels. Présence fascinante de K. Kinski. □ Général ➔ DVD$

FITZWILLY ▷4
É.-U. 1967. Comédie policière de Delbert MANN avec Dick Van Dyke, Barbara Feldon et Edith Evans. - Le majordome d'une vieille dame ruinée organise des vols pour subvenir aux besoins de la maison.
□ Général

FIVE CAME BACK ▷4
É.-U. 1939. Drame de John FARROW avec Chester Morris, Lucille Ball et Wendy Barrie. - Un avion qui s'est écrasé dans la jungle ne peut plus transporter que cinq passagers sur douze. □ Général

FIVE DAYS, ONE SUMMER ▷3
ANG. 1982. Drame de Fred ZINNEMANN avec Sean Connery, Betsy Brantley et Lambert Wilson. - Dans les Alpes suisses, un médecin d'âge mûr s'inquiète de l'attention que porte un jeune guide à sa nièce dont il est lui-même l'amant. - Sujet brûlant développé avec pudeur et adresse. Contexte naturel bien mis en relief. Interprétation savamment maîtrisée.

FIVE DEADLY VENOMS ▷4
H.-K. 1978. Aventures de Cheh CHANG avec Kuo Chui, Chang Sheng et Sun Chien. - Le disciple préféré d'un maître de kung fu est chargé de retrouver cinq anciens élèves devenus criminels.

FIVE EASY PIECES [Cinq pièces faciles] ▷3
É.-U. 1970. Drame psychologique de Bob RAFELSON avec Jack Nicholson, Karen Black et Susan Anspach. - Après avoir vécu comme un travailleur manuel, un musicien retourne dans sa famille pour revoir son père malade. - Portrait intéressant d'un inadapté. Évocation subtile et nuancée des problèmes. Mise en scène habile. Bonne direction d'acteurs. □ 13 ans+ ➔ DVD$

FIVE LAST DAYS, THE
ALL. 1982. Percy ADLON □ Général

FIVE MILLION YEARS TO EARTH
voir **Quatermass and the Pit**

FIVE OF US *voir* **Elles étaient cinq**

FIVE PENNIES, THE ▷4
É.-U. 1959. Drame biographique de Melville SHAVELSON avec Danny Kaye, Barbara Bel Geddes et Louis Armstrong. - Au cours des années 1920, Red Nichols tente de diffuser sa musique de jazz. ➔ DVD$

FIVE SENSES, THE [Cinq sens, Les] ▷4
CAN. 1999. Drame psychologique de Jeremy PODESWA avec Mary-Louise Parker, Gabrielle Rose et Daniel McIvor. - Les destins entrecroisés de cinq locataires d'un immeuble torontois, tous en quête d'un lien véritable avec autrui. ➔ DVD$

FIXED BAYONETS! ▷4
É.-U. 1951. Drame de guerre de Samuel FULLER avec Richard Basehart, Gene Evans et Richard Hylton. - Malgré la peur de son incapacité, un soldat parvient à remplacer son chef tué au combat. ➔ DVD$

FIXER, THE ▷3
É.-U. 1968. Drame de John FRANKENHEIMER avec Alan Bates, Dirk Bogarde et Ian Holm. - En Russie tsariste, un Juif faussement accusé de meurtre résiste aux pires tortures. - Récit adapté d'un roman inspiré d'un fait authentique. Mise en scène experte. Trame musicale prenante. A. Bates remarquable de force et de sobriété. □ 13 ans+

FLAGS OF OUR FATHERS ▷4
É.-U. 2006. Drame historique de Clint EASTWOOD avec Ryan Phillippe, Jesse Bradford et Adam Beach. - Évocation du destin de trois des six soldats ayant hissé le drapeau américain lors de la prise d'Iwo Jima en février 1945. □ 13 ans+ · Violence ➔ DVD$ DVD-BR$

FLAME AND THE ARROW, THE ▷4
É.-U. 1950. Aventures de Jacques TOURNEUR avec Burt Lancaster, Virginia Mayo et Robert Douglas. - Un paysan lombard lutte pour délivrer son pays d'un tyran. ➔ DVD$

FLAME OF NEW ORLEANS, THE ▷4
É.-U. 1941. Comédie de René CLAIR avec Marlene Dietrich, Roland Young et Bruce Cabot. - Une aventurière de La Nouvelle-Orléans jette son dévolu sur un riche banquier. □ Général

FLAME OVER INDIA
voir **Northwest Frontier**

FLAMENCO ▷4
ESP. 1995. Spectacle musical de Carlos SAURA. - Des musiciens, des chanteurs et des danseurs de différentes générations donnent un aperçu de leur interprétation du flamenco. □ Général

FLAMING STAR ▷4
É.-U. 1960. Western de Don SIEGEL avec Elvis Presley, Dolores Del Rio et Barbara Eden. - Les tribulations d'un métis lors d'un affrontement entre Blancs et Indiens. □ Général ➔ DVD$

FLAMINGO KID, THE ▷4
É.-U. 1984. Comédie dramatique de Garry MARSHALL avec Matt Dillon, Richard Crenna et Hector Elizondo. - En 1963, engagé dans un club balnéaire pour l'été, un adolescent songe à abandonner ses études.
➔ DVD$

FLÂNEURS, LES *voir* **Mallrats**

FLASH GORDON [Guy l'éclair] ▷4
É.-U. 1980. Science-fiction de Mike HODGES avec Sam J. Jones, Melody Anderson et Max Von Sydow. - Ayant détecté la source de cataclysmes terrestres, un savant, un sportif et une cover-girl s'envolent vers une planète lointaine pour remédier au problème.
□ Général

FLASHBACK ▷4
É.-U. 1990. Comédie policière de Franco AMURRI avec Dennis Hopper, Kiefer Sutherland et Carol Kane. - Un policier chargé du transfert en train d'un fuyard capturé par le FBI est mêlé à divers incidents l'obligeant à prendre la fuite avec son prisonnier.
□ Général ➔ DVD$

FLASHDANCE [Feu de la danse, Le] ▷5
É.-U. 1983. Drame musical d'Adrian LYNE avec Jennifer Beals, Michael Nouri et Sunny Johnson. - Une jeune fille de Pittsburgh, qui exerce le métier de soudeur, rêve de devenir ballerine. □ 13 ans+ ➔ DVD$

FLATFOOT *voir* **Fistful of Hell, A**

FLATLINERS [Lignes interdites] ▷4
É.-U. 1990. Science-fiction de Joel SCHUMACHER avec Julia Roberts, Kiefer Sutherland et Kevin Bacon. - Cinq étudiants en médecine s'adonnent à des expériences dangereuses sur la mort.
□ 13 ans+ ➔ DVD-BR$ DVD$

FLAVIA THE HERETIC ▷5
ITA. 1974. Drame de mœurs de Gianfranco MINGOZZI avec Florinda Bolkan, Maria Casarès et Anthony Corlan. - Au début du XVe siècle, une religieuse à la vocation forcée se révolte contre son état. ➔ DVD$

FLAWLESS ▷5
É.-U. 1999. Drame psychologique de Joel SCHUMACHER avec Robert De Niro, Philip Seymour Hoffman et Barry Miller. - Après une crise cardiaque, un policier à la retraite reçoit d'un travesti des cours de chant en guise de thérapie. □ 13 ans+ · Violence ➜ DVD $

FLAWLESS ▷5
É.-U. 2007. Thriller de Michael RADFORD avec Demi Moore, Michael Caine et Lambert Wilson. - Dans les années 1960, une ex-cadre d'une joaillerie londonienne et un concierge au bord de la retraite exécutent un audacieux cambriolage dans les locaux de l'entreprise. ➜ DVD $

FLÈCHE BRISÉE, LA *voir* **Broken Arrow**

FLESH ▷5
É.-U. 1968. Drame de mœurs de Paul MORRISSEY avec Geraldine Smith, Joe Dellasandro et Maurice Bradell. - Vingt-quatre heures dans la vie d'un jeune homme qui se prostitue pour faire vivre sa femme et son enfant. □ 18 ans+ ➜ DVD $

FLESH + BLOOD ▷4
É.-U. 1985. Aventures de Paul VERHOEVEN avec Rutger Hauer, Jennifer Jason Leigh et Tom Burlinson. - Au Moyen Âge, la fiancée du fils d'un seigneur est enlevée par des mercenaires.
□ 13 ans+ · Violence ➜ DVD $

FLESH AND BONE [Lien, Le] ▷4
É.-U. 1993. Drame policier de Steve KLOVES avec Dennis Quaid, Meg Ryan et James Caan. - Une relation sentimentale s'ébauche entre un Texan solitaire et une jeune femme délurée qui sont liés, sans le savoir, par un événement tragique de leur enfance. □ 13 ans+ ➜ DVD $

FLESH FOR FRANKENSTEIN
voir **Andy Warhol's Frankenstein**

FLETCH [Fletch aux trousses] ▷4
É.-U. 1985. Comédie policière de Michael RITCHIE avec Chevy Chase, Dana Wheeler-Nicholson et Joe Don Baker. - Un journaliste enquête sur un trafic de drogues le long des plages californiennes. ➜ DVD $

FLETCH AUX TROUSSES *voir* **Fletch**

FLEUR AUX DENTS ▷4
CAN. 1975. Drame de T. VAMOS avec Claude Jutra, Lise Lasalle et Anne Dandurand. - Un technicien de radio dans la quarantaine a du mal à s'adapter à l'évolution des mœurs. ➜ DVD $

FLEUR DE CACTUS *voir* **Cactus Flower**

FLEUR DE MON SECRET, LA ▷3
[Flower of My Secret, The]
ESP. 1995. Comédie dramatique de Pedro ALMODOVAR avec Marisa Paredes, Juan Echanove et Imanol Arias. - Une auteure de romans à l'eau de rose traverse une crise existentielle. - Portrait sincère d'une héroïne atypique. Humour discret mais corrosif. Mise en scène colorée. Jeu intense de M. Paredes. □ Général

FLEUR DU MAL, LA ▷4
FR. 2002. Drame de mœurs de Claude CHABROL avec Nathalie Baye, Benoît Magimel et Suzanne Flon. - Dans le Bordelais, une candidate à la mairie est éclaboussée par un tract anonyme révélant de troublants secrets sur sa famille bourgeoise. □ Général ➜ DVD $

FLEURS BRISÉES *voir* **Broken Flowers**

FLEURS DU SOLEIL, LES [Sunflower] ▷5
ITA. 1969. Drame de Vittorio DE SICA avec Sophia Loren, Marcello Mastroianni et Ludmilla Savelyeva. - À la fin de la guerre, une Italienne part à la recherche de son mari disparu en Russie.
□ Général ➜ DVD $

FLEURS SAUVAGES, LES ▷3
CAN. 1981. Drame de mœurs de Jean-Pierre LEFEBVRE avec Marthe Nadeau, Michèle Magny et Pierre Curzi. - Une femme tente de combler le fossé psychologique qui la sépare de sa mère en séjour chez elle. - Approche délicate et subtile. Cadre estival lumineux. Fine interprétation.

FLIC DE BEVERLY HILLS, LE *voir* **Beverly Hills Cop**

FLIC DE MON CŒUR, LE *voir* **Big Easy, The**

FLIC DU FUTUR, LE *voir* **Trancers**

FLIC HORS-LA-LOI, UN *voir* **Fistful of Hell, A**

FLIC OU VOYOU ▷4
FR. 1979. Comédie policière de Georges LAUTNER avec Jean-Paul Belmondo, Marie Laforêt et Michel Galabru. - À Nice, un inspecteur d'une brigade de choc vient enquêter sur la collusion entre criminels et policiers. □ Général ➜ DVD $

FLIC RICANANT, LE *voir* **Laughing Policeman, The**

FLIC STORY ▷3
FR. 1975. Drame policier de Jacques DERAY avec Alain Delon, Jean-Louis Trintignant et Claudine Auger. - En 1947, un inspecteur est chargé de retrouver un meurtrier qui vient de s'évader d'un asile psychiatrique. - Traitement sobre et rigoureux de faits authentiques. Habile évocation d'époque. Excellent jeu des vedettes. □ Général ➜ DVD $

FLICS EN DIRECT *voir* **Showtime**

FLICS ET VOYOUS *voir* **Cops and Robbers**

FLICS NE DORMENT PAS LA NUIT, LE
voir **New Centurions, The**

FLIGHT OF DRAGONS [Vol des dragons, Le] ▷4
É.-U. 1985. Dessins animés de Jules BASS, Arthur RANKIN Jr., Fumihiko TAKAYAMA et Katsuhisa YAMADA. - Par le jeu de forces magiques, un jeune romancier du XXe siècle se retrouve dans le corps d'un dragon à une époque reculée. □ Général

FLIGHT OF THE PHOENIX ▷4
É.-U. 2004. Film d'aventures de John MOORE avec Dennis Quaid, Tyrese Gibson et Giovanni Ribisi. - Les passagers d'un avion écrasé dans le désert de Gobi tentent de construire un nouvel appareil avec les pièces récupérables de l'engin détruit. □ Général · Déconseillé aux jeunes enfants ➜ DVD $ DVD-BR $

FLIGHT OF THE PHOENIX, THE ▷4
É.-U. 1965. Drame de Robert ALDRICH avec James Stewart, Hardy Kruger et Ernest Borgnine. - Un avion s'étant écrasé dans le désert, un ingénieur en aéronautique propose de le reconstruire avec les parties récupérables. □ Général ➜ DVD $

FLIGHTPLAN [Plan de vol] ▷4
É.-U. 2005. Thriller de Robert SCHWENTKE avec Jodie Foster, Peter Sarsgaard et Sean Bean. - Dans un immense avion de ligne qui effectue le vol Berlin-New York, une passagère met tout en œuvre pour retrouver sa fillette qui a mystérieusement disparu.
□ Général · Déconseillé aux jeunes enfants ➜ DVD $

FLIM FLAM MAN, THE [Sacrée fripouille, Une] ▷4
É.-U. 1967. Comédie de Irvin KERSHNER avec George C. Scott, Michael Sarrazin et Sue Lyon. - Un jeune déserteur partage la vie aventureuse d'un vieil escroc. □ Général

FLINGUEUR ET GLORY *voir* **Mad Dog and Glory**

FLIPPER ▷4
É.-U. 1963. Aventures de James B. CLARK avec Luke Halpin, Chuck Connors et Kathleen Maguire. - Un enfant s'attache à un dauphin qu'il a secouru. ➜ DVD $

FLIPPER CITY *voir* **Heavy Traffic**

FLIRTING ▷3
AUS. 1990. Comédie dramatique de John DUIGAN avec Noah Taylor, Thandie Newton et Nicole Kidman. - En 1965, dans un collège australien, un adolescent à l'esprit romantique et la fille d'un nationaliste africain se lient d'amitié. - Regard à la fois critique et nuancé sur les valeurs morales héritées du système britannique. Mise en scène vivante. Jeu décontracté et naturel des interprètes.
□ Général ➜ DVD $

FLIRTING WITH DISASTER ▷4
[Amours, flirt et calamités]
É.-U. 1996. Comédie de mœurs de David O. RUSSELL avec Ben Stiller, Patricia Arquette et Téa Leoni. - Accompagné d'une psychologue et de son épouse, un jeune entomologiste parcourt les États-Unis afin de retrouver ses parents biologiques. □ 13 ans+ ➜ DVD $

FLOATING LIFE ▷4
AUS. 1996. Drame de mœurs réalisé par Clara LAW avec Annette Shun Wah, Annie Yip et Anthony Wong. - En 1997, un vieux couple de Hong-Kong et ses deux fils adolescents rejoignent, non sans heurts, la deuxième fille de la famille installée en Australie. □ 13 ans+

FLOCK, THE ▷4
É.-U. 2007. Thriller d'Andrew Lau avec Richard Gere, Claire Danes et KaDee Strickland. - À la veille de la retraite, un officier chargé de surveiller les contrevenants sexuels en liberté conditionnelle est forcé de former sa remplaçante. ➜ DVD $

FLORIDA, LA ▷6
QUÉ. 1993. Comédie de George MIHALKA avec Rémy Girard, Pauline Lapointe et Marie-Josée Croze. - Les tribulations d'une famille québécoise qui s'achète un motel en Floride. □ Général ➜ DVD $

FLORIDIENS, LES *voir* **Sunshine State**

FLOWER AND GARNET ▷4
CAN. 2002. Drame psychologique de Keith BEHRMAN avec Callum Keith Rennie, Jane McGregor et Colin Roberts. - Blessée par l'indifférence de son père veuf, une adolescente faisant figure de mère auprès de son jeune frère quitte le foyer familial. - □ Général · Déconseillé aux jeunes enfants ➜ DVD $

FLOWER DRUM SONG ▷4
E.-U. 1961. Comédie musicale de H. KOSTER avec Nancy Kwan, James Shigeta et Myoshi Umeki. - Une jeune Chinoise est choisie pour épouser le propriétaire d'un cabaret qui lui préfère une danseuse. ➜ DVD $

FLOWER OF MY SECRET, THE
voir **Fleur de mon secret, La**

FLOWERS OF SHANGHAI
TAÏ. 1998. Hsiao-hsien HOU

FLOWERS OF ST. FRANCIS, THE ►2
[Onze fioretti de Francois d'Assise]
ITA. 1950. Drame biographique de Roberto ROSSELLINI avec Aldo Fabrizi et des moines franciscains. - Quelques épisodes de la vie du poverello. - Ton poétique empreint d'une charmante naïveté. Mise en scène remarquable, de style néoréaliste. Interprétation juste. ➜ DVD $

FLUBBER [Plaxmol] ▷4
É.-U. 1997. Comédie fantaisiste de Les MAYFIELD avec Robin Williams, Marcia Gay Harden et Christopher McDonald. - Un savant distrait trouve par hasard une substance qui défie les lois de la gravité. □ Général ➜ DVD $

FLUSHED AWAY [Souris City] ▷4
ANG. 2006. Film d'animation de David BOWERS et Sam Fell. - Expulsée par la cuvette de son appartement, une souris domestiquée découvre dans les égouts de Londres une société de rongeurs. □ Général ➜ DVD $

FLÛTE ENCHANTÉE, LA [Magic Flute, The] ►2
SUÈ. 1974. Spectacle musical de Ingmar BERGMAN avec Joseph Kostlinger, Irma Urrila et Hackan Haggard. - Un prince accepte d'aller au secours de la fille de la Reine de la nuit enlevée par un mage. - Transposition cinématographique de l'opéra de Mozart. Traitement ingénieux. Trouvailles délicieuses. Ensemble plein de charme et de fraîcheur. Interprétation simple. □ Général ➜ DVD $

FLY, THE ▷4
É.-U. 1958. Drame d'horreur de Kurt NEUMANN avec Al Hedison, Patricia Owens et Vincent Price. - Un savant est victime d'une horrible transformation en expérimentant un appareil de son invention. □ Général

FLY, THE [Mouche, La] ▷4
É.-U. 1986. Drame d'horreur de David CRONENBERG avec Jeff Goldblum, Geena Davis et John Getz. - À la suite d'un accident survenu au cours d'une expérience de téléportation, un savant se transforme progressivement en mouche. □ 13 ans+ ➜ DVD $ DVD-BR $

FLY AWAY HOME [Premier envol, Le] ▷4
É.-U. 1996. Aventures de Carroll BALLARD avec Anna Paquin, Jeff Daniels et Dana Delany. - À bord de deux avions ultralégers, un père et sa fille guident des outardes orphelines dans leur voyage migratoire vers le sud. □ Général ➜ DVD $ DVD-BR $

FLYING DEUCES [Laurel et Hardy Conscrits] ▷4
É.-U. 1939. Comédie burlesque de A. Edward SUTHERLAND avec Stan Laurel, Oliver Hardy et Jean Parker. - Deux compères, dont l'un vient d'avoir une déception amoureuse, s'engagent dans la Légion étrangère. □ Général ➜ DVD $

FLYING LEATHERNECKS, THE ▷4
É.-U. 1951. Drame de guerre de Nicholas RAY avec John Wayne, Robert Ryan et Don Taylor. - Les pilotes d'une escadrille se heurtent à la rigueur de leur nouveau chef. ➜ DVD $

FOCUS ▷4
É.-U. 2001. Drame social de Neal SLAVIN avec William H. Macy, Laura Dern et David Paymer. - Au début des années 1940, un modeste employé d'une firme de Manhattan est ostracisé par son entourage qui le prend pour un Juif. □ Général ➜ DVD $

FOG, THE [Brouillard, Le] ▷4
É.-U. 1979. Drame d'horreur de John CARPENTER avec Tom Atkins, Adrienne Barbeau et Jamie Lee Curtis. - Un village côtier qui fête son centenaire est envahi par des fantômes. □ 13 ans+ ➜ DVD $

FOIRE AUX MALHEURS, LA *voir* **Money Pit, The**

FOIRE AUX VANITÉS, LA *voir* **Vanity Fair**

FOIRE DES TÉNÈBRES, LA
voir **Something Wicked This Way Comes**

FOLIE DES GRANDEURS, LA ▷4
FR. 1971. Comédie de Gérard OURY avec Louis de Funès, Yves Montand et Alice Sapritch. - Chassé de la cour d'Espagne, un noble décide de préparer sa vengeance en faisant passer son valet pour un neveu de retour d'Amérique. □ Général ➜ DVD $

FOLIE DU ROI GEORGE, LA
voir **Madness of King George, The**

FOLIES BOURGEOISES ▷5
FR. 1976. Comédie dramatique de Claude CHABROL avec Stéphane Audran, Bruce Dern et Jean-Pierre Cassel. - Une jeune femme délaisse son amant pour tenter de reconquérir son mari, infidèle lui aussi.

FOLIES DE FEMMES *voir* **Foolish Wives**

FOLIES DE GRADUATION *voir* **American Pie**

FOLIES DE MISS PARTY, LES *voir* **Party Girl**

FOLLE À TUER ▷4
FR. 1975. Drame policier de Yves BOISSET avec Marlène Jobert, Tomas Milian et Michel Lonsdale. - Une femme sortie de clinique psychiatrique est accusée du kidnapping de l'enfant dont elle a la garde.

FOLLE COURSE VERS SUGARLAND, LA
voir **Sugarland Express, The**

FOLLE HISTOIRE DE L'ESPACE, LA *voir* **Spaceballs**

FOLLE JOURNÉE DE FERRIS BUELLER, LA
voir **Ferris Bueller's Day Off**

FOLLES AVENTURES DE PICASSO, LES ▷3
SUÈ. 1978. Comédie de Tage DANIELSSON avec Gosta Ekman, Hans Alfredson et Brigitta Andersson. - Évocation fantaisiste de la vie du célèbre peintre espagnol. - Farce burlesque d'une folie débridée. Humour inégal mais nourri. Interprétation insolite de G. Ekman.

FOLLOW THAT DREAM ▷4
É.-U. 1962. Comédie de Gordon DOUGLAS avec Elvis Presley, Arthur O'Connell et Anne Helm. - Une famille s'installe à demeure sur une plage de Floride. ➜ DVD $

FOLLOW THE FLEET ▷4
É.-U. 1935. Comédie musicale de Mark SANDRICH avec Fred Astaire, Ginger Rogers et Randolph Scott. - Par dépit amoureux, un danseur s'engage dans la marine. □ Général ➜ DVD $

FOLLOWING [Suiveur, Le] ▷4
ANG. 1998. Thriller de Christopher NOLAN avec Jeremy Theobald, Alex Haw et Lucy Russell. - Un jeune homme met le doigt dans un engrenage diabolique après s'être acoquiné avec un mystérieux cambrioleur. ➜ DVD $

FOND KISS, A ▷4
ANG. 2004. Drame sentimental de Ken LOACH avec Atta Yaqub, Eva Birthistle et Ahmad Riaz. - Une Irlandaise qui enseigne la musique dans un institut catholique s'éprend d'un fils d'immigré pakistanais qui est DJ dans une discothèque. ➜ DVD $

FONTAINE DES AMOURS, LA
voir **Three Coins in the Fountain**

FOOL, THE ▷4
ANG. 1990. Drame de Christine EDZARD avec Derek Jacobi, Cyril Cusack et Ruth Mitchell. - En 1857, un commis londonien qui se fait passer pour un aristocrate multiplie les arnaques en vue de soutirer de l'argent aux riches. □ Général

FOOL FOR LOVE ▷4
É.-U. 1985. Drame de mœurs de Robert ALTMAN avec Sam Shepard, Kim Basinger et Harry Dean Stanton. - Un cow-boy tente de renouer des relations amoureuses avec une gérante de motel, avec laquelle il eut une liaison passionnée. □ 13 ans+

FOOL KILLER, THE ▷4
É.-U. 1965. Aventures de Servando GONZALEZ avec Edward Albert, Anthony Perkins et Henry Hull. - Les aventures d'un orphelin qui s'est enfui du foyer qui l'hébergeait.

FOOLISH WIVES ▶2
[Foolish Wives/The Man Who Loved to Hate]
É.-U. 1921. Drame de mœurs réalisé et interprété par Erich VON STROHEIM avec Maude George et Cesare Gravina. - Un escroc qui se fait passer pour un prince russe cherche à écouler des faux billets à Monte Carlo. - Manifestation intéressante du génie extravagant de Von Stroheim. Mise en scène somptueuse et inventive. Interprétation sardonique du comédien réalisateur. □ Général ➜ DVD$

FOOTLIGHT PARADE ▷3
É.-U. 1933. Comédie musicale de Lloyd BACON avec James Cagney, Joan Blondell et Ruby Keeler. - Un producteur a de la difficulté à monter un nouveau spectacle. - Scénario prétexte à des numéros musicaux spectaculaires et bien agencés réalisés par Busby Berkeley. Interprétation adéquate. □ Général

FOOTLOOSE ▷4
É.-U. 1984. Comédie musicale de Herbert ROSS avec Kevin Bacon, Lori Singer et John Lithgow. - Dans une petite ville du Kansas où la danse et la musique rock sont interdites, un adolescent se démène pour organiser une soirée dansante. □ Général ➜ DVD$

FOR A FEW DOLLARS MORE ▷4
[Pour quelques dollars de plus]
ITA. 1965. Western de Sergio LEONE avec Clint Eastwood, Lee Van Cleef et Gian Maria Volontè. - Deux chasseurs de primes se mettent à la recherche d'un criminel évadé de prison. □ 13 ans+ ➜ DVD$

FOR A LOST SOLDIER ▷4
HOL. 1992. Drame psychologique de Roeland KERBOSCH avec Maarten Smit, Andrew Kelley et Jeroen Krabbe. - Un chorégraphe hollandais se souvient d'être tombé amoureux d'un soldat canadien à la fin de la Seconde Guerre mondiale. □ 16 ans+

FOR KEEPS [Et si on le gardait?] ▷4
É.-U. 1987. Comédie dramatique de John G. AVILDSEN avec Molly Ringwald, Randall Batinkoff et Kenneth Mars. - Après avoir décidé de garder leur enfant, un jeune couple d'adolescents affrontent non sans difficultés leur nouveau rôle de parents. □ Général ➜ DVD$

FOR ME AND MY GAL ▷4
É.-U. 1942. Comédie musicale de Busby BERKELEY avec Judy Garland, Gene Kelly et George Murphy. - Un artiste de music-hall voit sa carrière et ses amours compromises par son appel sous les armes en 1916. ➜ DVD$

FOR PETE'S SAKE ▷5
É.-U. 1974. Comédie de Peter YATES avec Barbra Streisand, Michael Sarrazin et Estelle Parsons. - L'épouse d'un chauffeur de taxi est entraînée dans des aventures extravagantes en voulant aider son mari à poursuivre ses études. □ Général ➜ DVD$

FOR ROSEANNA [Pour l'amour de Roseanna] ▷4
É.-U. 1996. Comédie sentimentale de Paul WEILAND avec Jean Reno, Mercedes Ruehl et Polly Walker. - Son épouse étant condamnée par une maladie, un restaurateur veut s'assurer qu'elle aura sa place dans le cimetière déjà presque plein du village. □ Général ➜ DVD$

FOR SALE *voir* **À vendre**

FOR THE BOYS [Hier, aujourd'hui et pour toujours] ▷5
É.-U. 1991. Comédie dramatique de Mark RYDELL avec Bette Midler, James Caan et George Segal. - Les hauts et les bas d'un duo d'artistes de variété qui divertit les soldats américains, de la Seconde Guerre mondiale jusqu'à celle du Viêt-nam. □ 13 ans+ ➜ DVD$

FOR WHOM THE BELL TOLLS ▷4
É.-U. 1947. Drame de guerre de Sam WOOD avec Gary Cooper, Ingrid Bergman et Katina Paxinou. - L'idylle tragique d'un volontaire américain et d'une Espagnole durant la guerre civile d'Espagne. □ Général ➜ DVD$

FOR YOUR CONSIDERATION ▷3
É.-U. 2006. Comédie satirique de Christopher GUEST avec Catherine O'Hara, Harry Shearer et Parker Posey. - Le tournage d'un mélodrame insignifiant est bouleversé par des rumeurs prédisant des nominations aux Oscars pour trois de ses vedettes. - Récit tragi-comique intelligent et habile sur les rêves de reconnaissance et de célébrité. Scénario astucieux et bien construit. Réalisation vivante et sans apprêt. Interprétation pleine d'entrain. □ Général ➜ DVD$

FOR YOUR EYES ONLY [Rien que pour vos yeux] ▷4
ANG. 1981. Drame d'espionnage de John GLEN avec Roger Moore, Carole Bouquet et Chaim Topol. - Chargé de repérer l'épave d'un navire-espion britannique, l'agent secret James Bond doit aussi démasquer les assassins d'un savant. □ Général ➜ DVD-BR$ DVD$

FORBANS DE LA NUIT, LES *voir* **Night and the City**

FORBIDDEN CHRIST, THE *voir* **Christ interdit, Le**

FORBIDDEN GAMES *voir* **Jeux interdits**

FORBIDDEN HOMEWORK [Homework] ▷4
MEX. 1990. Comédie de mœurs de Jaime Humberto HERMOSILLO avec Maria Rojo et José Alonso. - Une étudiante en cinéma dissimule une caméra dans son appartement afin de filmer en secret ses ébats amoureux avec son amant.

FORBIDDEN KINGDOM ▷5
É.-U. 2008. Aventures de Rob MINKOFF avec Michael Angarano, Jackie Chan et Jet Li. - Un adolescent magiquement transporté dans la Chine féodale entreprend de libérer le mythique Roi Singe, détenu par un cruel seigneur de guerre ➜ DVD$

FORBIDDEN PLANET ▷4
[Forbidden Planet 50th Ann. Edition]
É.-U. 1955. Science-fiction de Fred McLEOD WILCOX avec Walter Pidgeon, Anne Francis et Leslie Nielsen. - En l'an 2200, le commandant d'un appareil interplanétaire découvre les survivants d'une expédition disparue. □ Général ➜ DVD$

FORBIDDEN PLANET 50th ANN. EDITION
voir **Forbidden Planet**

FORCE MAJEURE ▷4
FR. 1988. Drame psychologique de Pierre JOLIVET avec Patrick Bruel, François Cluzet et Kristin Scott-Thomas. - Pour sauver un ami condamné à mort pour possession de drogue en Asie, deux Français sont invités à se rendre sur place pour avouer leur complicité. □ Général

FORCE OF ARMS ▷4
É.-U. 1950. Drame de guerre de Michael CURTIZ avec William Holden, Nancy Olson et Frank Lovejoy. - Nouvellement marié, un lieutenant retourne au front et est bientôt porté disparu. □ Général

FORCE OF EVIL ▷4
É.-U. 1949. Drame d'Abraham POLONSKY avec John Garfield, Thomas Gomez et Beatrice Pearson. - Un avocat, mêlé aux combines de la pègre, se ressaisit et se livre à la justice. □ Général ➜ DVD$

FOREIGN AFFAIR, A [Scandaleuse de Berlin, La] ▷3
É.-U. 1948. Comédie dramatique de Billy WILDER avec Jean Arthur, Marlene Dietrich et John Lund. - Un comité du gouvernement enquête sur la conduite des troupes d'occupation à Berlin. - Mélange heureux de comique et de tragique. Mise en scène vivante. □ Général

FOREIGN CORRESPONDENT [Correspondant 17] ▷3
É.-U. 1940. Drame d'espionnage d'Alfred HITCHCOCK avec Joel McCrea, Laraine Day et Herbert Marshall. - Un reporter américain aide à démasquer des espions nazis. - Suite d'aventures rocambolesques conduites d'une main sûre. Touches d'humour. Interprétation alerte. □ Général ➜ DVD$

FOREIGN LAND
BRÉ. POR. 1996. Walter SALLES, Daniela THOMAS ➜ DVD$

FORÊT D'ÉMERAUDE, LA *voir* **Emerald Forest, The**

FOREVER AMBER ▷5
É.-U. 1947. Drame d'Otto PREMINGER avec Linda Darnell, Cornel Wilde et Richard Greene. - Les aventures galantes d'une jeune paysanne devenue la maîtresse du roi Charles II d'Angleterre. □ Général

FOREVER AND A DAY ▷5
É.-U. 1943. Film à sketches de René CLAIR, Edmund GOULDING, Cedric HARDWICKE, Frank LLOYD, Victor SAVILLE, Robert STEVENSON et Herbert WILCOX. - L'histoire d'une demeure londonienne construite en 1804 et détruite durant la Seconde Guerre mondiale. □ Général

FOREVER FEMALE ▷4
É.-U. 1953. Comédie de Irving RAPPER avec Ginger Rogers, William Holden et Paul Douglas. - Une actrice sur le retour s'entête à jouer des rôles trop jeunes pour elle. □ Général

FOREVER FEVER *voir* **That's the Way I Like It**

FOREVER MARY *voir* **Mary pour toujours**

FOREVER MARY ▷4
ITA. 1989. Drame social de Marco RISI avec Michele Placido, Claudio Amendola et Alessandro di Sanzo. - Un professeur de lettres qui travaille temporairement dans une maison de redressement pour adolescents tente d'amadouer les jeunes délinquants de sa classe. □ 13 ans+

FOREVER MINE ▷4
É.-U. 1999. Drame de mœurs de Paul SCHRADER avec Joseph Fiennes, Ray Liotta et Gretchen Mol. - Quatorze ans après avoir été démasqué par le mari millionnaire de sa maîtresse, un homme refait surface pour tenter de reconquérir cette dernière. ➜ DVD $

FOREVER, LULU
É.-U. 1986. Amos KOLLEK ➜ DVD $

FORGET MOZART
ALL. 1986. Salvo LUTHER □ 13 ans+

FORGET PARIS [Oublions Paris] ▷4
É.-U. 1995. Comédie sentimentale réalisée et interprétée par Billy CRYSTAL avec Debra Winger et Joe Mantegna. - Les difficultés d'adaptation d'un couple d'Américains qui se sont connus à Paris. □ Général ➜ DVD $

FORGETTING SARAH MARSHALL ▷4
É.-U. 2008. Comédie sentimentale de Nicholas STOLLER avec Jason Segel, Kristen Bell et Mila Kunis. - Afin d'oublier ses déboires sentimentaux, un jeune compositeur fait un voyage à Hawaï où il tombe sur son ex, accompagnée de son nouveau petit ami. □ Général ➜ DVD $ DVD-BR $

FORME DES CHOSES, LA *voir* **Shape of Things, The**

FORMULA, THE [Formule, La] ▷5
É.-U. 1980. Drame policier de John G. AVILDSEN avec George C. Scott, Marthe Keller et Marlon Brando. - Une enquête sur le meurtre d'un ancien policier révèle une conspiration pour cacher une formule secrète permettant de fabriquer du pétrole synthétique. □ Général

FORREST GUMP ▷3
É.-U. 1994. Comédie dramatique de Robert ZEMECKIS avec Tom Hanks, Robin Wright et Gary Sinise. - La vie d'un simple d'esprit excentrique qui se laisse guider par son grand cœur et son instinct. - Vision fantaisiste des étapes marquantes de l'histoire récente des États-Unis. Cascade d'anecdotes savoureuses. Illustration fougueuse et intelligente. Performance drôle et touchante de T. Hanks. □ Général ➜ DVD $

FORSAKING ALL OTHERS ▷4
É.-U. 1934. Comédie sentimentale de W.S. VAN DYKE avec Clark Gable, Joan Crawford et Robert Montgomery. - Abandonnée par son fiancé le matin du mariage, une jeune femme cherche à se consoler avec un autre prétendant. □ Général

FORSYTE SAGA, THE ▷3
ANG. 2002. Chronique de Christopher MENAUL et David Moore avec Damian Lewis, Gina McKee et Ioan Gruffudd. - Les tribulations d'une famille de la haute société anglaise à l'époque victorienne. - Adaptation télévisuelle très soignée de deux romans de John Galsworthy. Personnages d'une belle complexité psychologique. Réalisation à la fois subtile et luxueuse. Interprétation relevée. ➜ DVD $

FORT APACHE [Massacre de Fort Apache, Le] ▷3
É.-U. 1947. Western de John FORD avec John Wayne, Henry Fonda et Pedro Armendariz. - Un colonel orgueilleux rend impossible l'accord entre Blancs et Indiens. - Évocation romancée de faits historiques. Réalisation ample. Psychologie fouillée. Interprétation convaincante. □ Général ➜ DVD $

FORT APACHE, THE BRONX ▷4
É.-U. 1981. Drame policier de Daniel PETRIE avec Paul Newman, Edward Asner et Ken Wahl. - Les difficultés du travail policier dans un quartier de New York où la délinquance est difficilement contrôlable. □ 18 ans+ ➜ DVD $

FORT SAGANNE ▷4
FR. 1983. Aventures de Alain CORNEAU avec Philippe Noiret, Gérard Depardieu et Sophie Marceau. - Les aventures héroïques et sentimentales d'un lieutenant affecté au Sahara à l'entraînement d'un bataillon de spahis au début du siècle. □ Général

FORTERESSE CACHÉE, LA [Hidden Fortress] ▷4
JAP. 1958. Comédie dramatique d'Akira KUROSAWA avec Toshiro Mifune, Misa Uehara et Minoru Chiaki. - Deux paysans pillards acceptent de venir en aide à un couple de fugitifs qui transporte avec lui un précieux trésor. □ Général ➜ DVD $

FORTERESSE SUSPENDUE, LA ▷5
QUÉ. 2001. Comédie de Roger CANTIN avec Matthew Dupuis, Roxane Gaudette-Loiseau et Jérôme Leclerc-Couture. - Des enfants font la guerre à une bande rivale qui défend une imposante maison construite dans les arbres. □ Général

FORTUNE, THE ▷4
É.-U. 1974. Comédie de mœurs de Mike NICHOLS avec Jack Nicholson, Warren Beatty et Stockard Channing. - Au cours des années 20, deux hommes décident de liquider une jeune femme riche pour s'emparer de sa fortune. □ Général

FORTUNE COOKIE, THE ▷3
É.-U. 1966. Comédie satirique de Billy WILDER avec Jack Lemmon, Walter Matthau et Ron Rich. - Un avocat véreux convainc son beau-frère de collaborer à une fraude. - Bon dosage de drôlerie et de satire. Mise en scène fort habile. Personnages bien campés par de savoureux comédiens. □ Général ➜ DVD $

FORTY GUNS ▷4
É.-U. 1957. Western de Samuel FULLER avec Barbara Stanwyck, Barry Sullivan et Dean Jagger. - Un représentant du procureur de l'Arizona est chargé de mettre de l'ordre dans la ville de Tombstone. ➜ DVD $

FOSSE AUX SERPENTS, LA
voir **Snake Pit, The**

FOU D'ELLE *voir* **She's So Lovely**

FOUL KING
COR. 2000. Kim JI-WOON ➜ DVD $

FOUL PLAY [Drôle d'embrouille] ▷4
É.-U. 1978. Comédie policière de Colin HIGGINS avec Goldie Hawn, Chevy Chase et Burgess Meredith. - Les attentats de mystérieux agresseurs contre une bibliothécaire amènent à la découverte d'un complot pour tuer le pape. □ Général ➜ DVD $

FOUNTAIN, THE ▷4
É.-U. 2006. Drame fantastique de Darren ARONOFSKY avec Hugh Jackman, Rachel Weisz et Ellen Burstyn. - À travers les âges, un conquistador, un chercheur et un voyageur de l'espace voient leurs destinées affectives s'entrecroiser. □ 13 ans+ ➜ DVD-BR $ DVD $

FOUNTAINHEAD, THE [Rebelle, Le] ▷4
É.-U. 1949. Drame psychologique de King VIDOR avec Gary Cooper, Patricia Neal et Raymond Massey. - Un jeune architecte lutte pour imposer ses conceptions mais rencontre une vive opposition. □ Général ➜ DVD $

FOUR BROTHERS [Quatre frères] ▷4
É.-U. 2005. Drame policier de John SINGLETON avec Mark Wahlberg, Tyrese Gibson et Andre Benjamin. - Quatre hommes issus du réseau des familles d'accueil pourchassent les responsables du meurtre de leur mère adoptive. □ 13 ans+ · Violence ➜ DVD-BR $ DVD $

FOUR DAUGHTERS ▷4
É.-U. 1938. Drame de Michael CURTIZ avec John Garfield, Priscilla Lane et Claude Rains. - Les quatre filles d'un veuf connaissent des idylles diverses. □ Général

FOUR DAYS IN JULY
ANG. 1984. Mike LEIGH □ Général ➜ DVD $

FOUR DAYS IN NOVEMBER ▷4
[Quatre jours en novembre]
É.-U. 1964. Film de montage de Mel STUART - Récit des évènements qui ont entouré la mort du président des États-Unis J.F. Kennedy.

FOUR DAYS IN SEPTEMBER ▷4
BRÉ. 1997. Drame politique de Bruno BARRETO avec Alan Arkin, Pedro Cardoso et Fernanda Torres. - En septembre 1969, au Brésil, l'ambassadeur des États-Unis est kidnappé par un commando de révolutionnaires marxistes. □ Général ➜ DVD $

FOUR EYED MONSTERS
É.-U. 2005. Susan BUICE, Arin CRUMLEY ➜ DVD $

FOUR FACES WEST ▷4
É.-U. 1948. Western de Alfred E. GREEN avec Joel McCrea, Frances Dee et Charles Bickford. - Un voleur en fuite vient en aide à une famille mexicaine frappée par la maladie. □ Général

FOUR FEATHERS, THE ▷4
ANG. 1940. Aventures de Zoltan KORDA avec John Clements, Ralph Richardson et C. Aubrey Smith. - Un officier britannique qui a fait montre de lâcheté se rachète par une série d'actions d'éclat.
□ Général

FOUR FEATHERS, THE [Quatre plumes, Les] ▷5
É.-U. 2002. Aventures de Shekhar KAPUR avec Heath Ledger, Wes Bentley et Kate Hudson. - En 1884, un ex-officier britannique accusé de lâcheté rachète son honneur en allant secourir ses collègues partis combattre au Soudan. □ Général · Déconseillé aux jeunes enfants ➜ DVD $

FOUR FRIENDS [Georgia] ▷3
É.-U. 1981. Chronique d'Arthur PENN avec Craig Wasson, Jodi Thelen et Michael Huddleston. - Au long des années 1960, les expériences de vie du fils d'un immigrant yougoslave et de ses amis. - Traitement mi-nostalgique, mi-poétique. Réalisation contrôlée. Interprétation fort convaincante. □ 13 ans+ ➜ DVD $

FOUR HORSEMEN OF THE APOCALYPSE, THE ▷3
É.-U. 1961. Drame de guerre de Vincente MINNELLI avec Glenn Ford, Ingrid Thulin et Charles Boyer. - Un Argentin d'ascendance française se joint à la Résistance pendant la guerre. - Adaptation du roman de Vincente Blasco-Ibanez. Sujet intéressant. Mise en scène raffinée et élégante. Interprétation sensible. □ Général

FOUR MINUTES *voir* **Quatre minutes**

FOUR MUSKETEERS, THE ▷4
[Quatre mousquetaires, Les]
É.-U. 1974. Aventures de Richard LESTER avec Michael York, Oliver Reed et Faye Dunaway. - D'Artagnan et les trois mousquetaires luttent contre une espionne au service du cardinal de Richelieu. □ 13 ans+

FOUR ROOMS [Quatre suites] ▷5
É.-U. 1995. Film à sketches d'Allison ANDERS, Alexander ROCKWELL, Robert RODRIGUEZ et Quentin TARANTINO avec Tim Roth, Jennifer Beals et Antonio Banderas. - Le chasseur d'un grand hôtel est appelé au service d'un groupe de sorcières, d'un mari jaloux, de deux enfants et d'un réalisateur. □ 13 ans+ ➜ DVD $

FOUR SEASONS, THE ▷4
É.-U. 1981. Comédie de mœurs réalisée et interprétée par Alan ALDA avec Carol Burnett et Len Cariou. - Les rencontres fréquentes de trois couples amis sont perturbées par un divorce. □ Général ➜ DVD $

FOUR WEDDINGS AND A FUNERAL ▷4
[Quatre mariages et un enterrement]
ANG. 1993. Comédie sentimentale de Mike NEWELL avec Hugh Grant, Andie MacDowell et Kristin Scott Thomas. - Alors qu'il assiste à un mariage, un célibataire anglais a le coup de foudre pour une Américaine qu'il revoit par la suite à diverses occasions.
□ Général ➜ DVD $

FOURMIZ *voir* **Antz**

FOURTEEN HOURS [14 hours] ▷4
E.-U. 1950. Drame psychologique de H. HATHAWAY avec Richard Basehart, Paul Douglas et Barbara Bel Geddes. ➜ DVD $

FOURTH ANGEL [Vengeance secrète] ▷5
ANG. 2000. Thriller de John IRVIN avec Jeremy Irons, Forest Whitaker et Charlotte Rampling. - Un journaliste pourchasse les terroristes responsables du meurtre de sa femme et de ses deux filles. ➜ DVD $

FOURTH MAN, THE *voir* **Quatrième homme, Le**

FOURTH PROTOCOL, THE ▷4
ANG. 1987. Drame d'espionnage de John MACKENZIE avec Michael Caine, Pierce Brosnan et Joanna Cassidy. - Un agent des services de sécurité britanniques enquête sur un plan mis au point par un officier russe pour compromettre les ententes de l'OTAN. □ Général

FOURTH WAR, THE [Quatrième guerre, La] ▷4
É.-U. 1990. Aventures de John FRANKENHEIMER avec Roy Scheider, Jurgen Prochnow et Lara Harris. - Un militaire américain belliqueux, en poste en Allemagne de l'Ouest, effectue de son propre chef des incursions nocturnes de l'autre côté de la frontière. □ 13 ans+

FOUS DE BASSAN, LES ▷4
QUÉ. 1986. Drame de Yves SIMONEAU avec Bernard-Pierre Donnadieu, Steve Banner et Charlotte Valandrey. - Un homme se souvient des événements tragiques qui ont marqué son retour au village natal.
□ Général ➜ DVD $

FOUS DE LA MOTO, LES *voir* **Wild Hogs**

FOUS DU STADE, LES ▷5
FR. 1972. Comédie de C. ZIDI avec les Charlots Gérard Rinaldi, Jean-Guy Fechner, Jean Sarrus et Gérard Filipelli. - Quatre copains farfelus se trouvent mêlés à des compétitions sportives. ➜ DVD $

FOX AND HIS FRIENDS *voir* **Fox et ses amis**

FOX AND THE HOUND, THE [Rox et Rouky] ▷4
É.-U. 1981. Dessins animés de Ted BERMAN, Art STEVENS et Richard RICH - Un renardeau se lie d'amitié avec un jeune chien entraîné pour la chasse. □ Général ➜ DVD $

FOX ET SES AMIS [Fox and His Friends] ▷3
ALL. 1974. Drame de mœurs réalisé et interprété par Rainer Werner FASSBINDER avec Peter Chatel et Karlheinz Boehm. - Ayant gagné à la loterie, un homosexuel attire l'attention d'un jeune bourgeois. - Sorte de fable sur les relations de classes. Ironie subtile.
□ 18 ans+

FOXES [Ça plane les filles] ▷4
É.-U. 1979. Drame psychologique d'Adrian LYNE avec Jodie Foster, Cheri Currie et Scott Baio. - Quatre adolescentes sont aux prises avec divers problèmes. ➜ DVD $

FRACTURE ▷4
É.-U. 2007. Drame policier de Gregory HOBLIT avec Ryan Gosling, Anthony Hopkins et Rosamund Pike. - Un jeune procureur ambitieux doit trouver des preuves solides pour faire condamner un ingénieur machiavélique qui a tenté de tuer sa femme infidèle.
□ 13 ans+ ➜ DVD $

FRACTURE DU MYOCARDE, LA ▷4
FR. 1989. Comédie dramatique de Jacques FANSTEN avec Sylvain Copans, Nicolas Parodi et Cécilia Rouaud. - Un jeune garçon requiert la complicité de ses camarades pour cacher la mort de sa mère aux autorités. □ Général

FRAILTY [Frêle] ▷4
É.-U. 2001. Thriller réalisé et interprété par Bill PAXTON avec Matt O'Leary et Matthew McConaughey. - En 1979, un gamin texan s'oppose à son père veuf qui se dit investi de la mission divine de tuer des gens qui seraient des démons. □ 13 ans+ · Violence ➜ DVD $

FRAISES ET CHOCOLAT *voir* **Strawberry and Chocolate**

FRAISES SAUVAGES, LES [Wild Strawberries] ►1
SUÈ. 1957. Drame psychologique de Ingmar BERGMAN avec Victor Sjöstrom, Ingrid Thulin et Bibi Andersson. - Hanté par la mort, un vieux médecin réfléchit sur son passé et son présent. - Mélange très habile de rêve et de réalité. Excellente progression psychologique. V. Sjöstrom bouleversant de vérité. □ 13 ans+ ➜ DVD $

FRANCE BOUTIQUE ▷5
FR. 2003. Comédie de mœurs de Tonie MARSHALL avec Karin Viard, François Cluzet et Judith Godrèche. - Au moment où son entreprise de téléachat est menacée par la concurrence, un couple sent son mariage battre de l'aile. ➜ DVD $

FRANCES ▷4
É.-U. 1982. Drame biographique de Graeme CLIFFORD avec Jessica Lange, Kim Stanley et Sam Shepard. - La carrière et le triste destin de l'actrice Frances Farmer. □ 13 ans+

FRANCESCO
ITA. 1989. Liliana CAVANI □ Général

FRANCIS OF ASSISI
É.-U. 1961. Drame biographique de Michael CURTIZ avec Bradford Dillman, Dolores Hart et Stuart Whitman. ➜ DVD $

FRANÇOIS ET LE CHEMIN DU SOLEIL ►2
[Brother Sun, Sister Moon]
ITA. 1972. Drame biographique de Franco ZEFFIRELLI avec Graham Faulkner, Judi Bowker et Valentina Cortese. - Quelques épisodes de la vie de saint François d'Assise. - Évocation poétique adaptée à la sensibilité moderne. Grande richesse visuelle. Jeu spontané des acteurs. □ Général ➜ DVD $

FRANKENSTEIN *voir* **Mary Shelley's Frankenstein**

FRANKENSTEIN [Frankenstein 75th Ann Edition] ▷3
É.-U. 1931. Drame d'horreur de James WHALE avec Boris Karloff, Colin Clive et Dwight Frye. - Un médecin fabrique un monstre en utilisant les membres de divers cadavres. - Premier long métrage adapté du roman de Mary Shelley. Effets spéciaux intéressants pour l'époque. Superbes décors d'inspiration expressionniste. Composition réussie de B. Karloff dans le rôle du monstre. □ Général ➜ DVD $

FRANKENSTEIN CREATED WOMAN ▷4
[Frankenstein créa la femme]
ANG. 1967. Science-fiction de Terence FISHER avec Peter Cushing, Susan Denberg et Thorley Walters. - Le docteur Frankenstein ressuscite une jeune fille qui vengera la mort de son fiancé. □ Général

FRANKENSTEIN JUNIOR *voir* **Young Frankenstein**

FRANKENSTEIN MUST BE DESTROYED! ▷4
ANG. 1970. Drame d'horreur de Terence FISHER avec Peter Cushing, Veronica Carlson et Simon Ward. - Un chirurgien opère une greffe de cerveau qui a des conséquences tragiques. □ 13 ans+ ➜ DVD $

FRANKENSTEIN UNBOUND ▷4
É.-U. 1990. Science-fiction de Roger CORMAN avec John Hurt, Raul Julia et Bridget Fonda. - En l'an 2031, un savant poursuit des recherches qui le projettent au XIXe siècle où il rencontre un docteur qui vient de créer un monstre. □ 13 ans+ ➜ DVD $

FRANKIE AND JOHNNY ▷4
É.-U. 1991. Comédie dramatique de Garry MARSHALL avec Michelle Pfeiffer, Al Pacino et Hector Elizondo. - Un ex-détenu est embauché comme cuisinier dans un restaurant populaire où il s'éprend d'une jeune serveuse solitaire et plutôt morose. □ 13 ans+

FRANKIE STARLIGHT [Frankie] ▷5
IRL. 1995. Drame psychologique de Michael LINDSAY-HOGG avec Anne Parillaud, Corban Walker et Alan Pentony. - Une jeune femme démunie qui vient de mettre au monde un nain est secourue par un officier qui s'attache à l'enfant. □ 13 ans+

FRANTIC ▷4
É.-U. 1988. Drame policier de Roman POLANSKI avec Harrison Ford, Emmanuelle Seigner et Betty Buckley. - En voyage à Paris pour un congrès, un médecin recherche son épouse enlevée sans mobile apparent. □ Général ➜ DVD $

FREAKS ▷3
É.-U. 1932. Drame d'horreur de Tod BROWNING avec Olga Baclanova, Harry Earles et Henry Victor. - Dans un cirque, une belle trapéziste accepte d'épouser un nain, dans l'espoir de s'accaparer la fortune dont ce dernier vient d'hériter. - Œuvre insolite inspirée d'un roman de Tod Robbins. Mise en scène sobre. Passages impressionnants. Interprétation réaliste. □ Général ➜ DVD $

FREAKY FRIDAY [Vendredi dingue, dingue, dingue, Un] ▷4
É.-U. 2003. Comédie fantaisiste de Mark WATERS avec Jamie Lee Curtis, Lindsay Lohan et Mark Harmon. - La veille de son deuxième mariage, une psychologue est magiquement transportée dans le corps de sa fille adolescente et vice versa. □ Général ➜ DVD $

FRED CLAUS ▷4
É.-U. 2007. Comédie fantaisiste de David DOBKIN avec Vince Vaughn, Paul Giamatti et Miranda Richardson. - Agent de recouvrement irresponsable, le frère aîné de Santa Claus vient en aide à ce dernier pour empêcher la fermeture de sa fabrique de jouets. ➜ DVD $ DVD-BR $

FREE MONEY [Fric d'enfer] ▷5
CAN. 1998. Comédie policière d'Yves SIMONEAU avec Marlon Brando, Charlie Sheen et Mira Sorvino - Deux jeunes paumés qui ont été forcés d'épouser les jumelles d'un gardien de prison tyrannique préparent un vol afin de prendre le large. ➜ DVD $

FREE ZONE ▷4
ISR. 2005. Drame d'Amos GITAI avec Hanna Laslo, Natalie Portman et Hiam Abbass. - Les destins de trois femmes issues d'horizons différents se croisent dans une zone franche en Jordanie. ➜ DVD $

FREEDOM WRITERS ▷4
É.-U. 2006. Drame social de Richard LAGRAVENESE avec Hilary Swank et Scott Glenn. - Une enseignante débutante utilise des méthodes audacieuses auprès de ses élèves issus de quartiers pauvres et violents de Los Angeles. □ Général · Déconseillé aux jeunes enfants ➜ DVD $

FREEDOMLAND [Couleur du crime, La] ▷4
É.-U. 2006. Drame policier de Joe ROTH avec Julianne Moore, Samuel L. Jackson et Edie Falco. - Le climat s'envenime dans une cité peuplée d'Afro-Américains après qu'une mère de race blanche eut déclaré que son enfant y a été kidnappé. □ 13 ans+ · Violence ➜ DVD $

FREEWAY [Sans issue] ▷4
É.-U. 1996. Drame de mœurs réalisé par Matthew BRIGHT avec Reese Witherspoon, Kiefer Sutherland et Brooke Shields. - Une fugueuse échappe à un meurtrier en série, mais ce dernier la poursuit pour achever son œuvre. □ 16 ans+ · Violence · Langage vulgaire

FRÊLE *voir* **Frailty**

FRENCH CAN-CAN ▷3
FR. 1955. Comédie musicale de Jean RENOIR avec Jean Gabin, Françoise Arnoul et Maria Felix. - Une jeune blanchisseuse devient danseuse vedette au Moulin-Rouge. - Œuvre de qualité. Mise en scène pleine de vie. Excellente reconstitution d'époque. □ Général

FRENCH CONNECTION II ▷4
É.-U. 1975. Drame policier de John FRANKENHEIMER avec Gene Hackman, Fernando Rey et Bernard Fresson. - Un policier new-yorkais se rend à Marseille pour aider à la capture du chef d'un important trafic de stupéfiants. □ 13 ans+ ➜ DVD-BR $

FRENCH CONNECTION, THE [Filière française, La] ►2
É.-U. 1971. Drame policier de William FRIEDKIN avec Gene Hackman, Roy Scheider et Fernando Rey. - Deux policiers new-yorkais dépistent une importante affaire de contrebande de drogue. - Récit inspiré de faits authentiques. Portrait réaliste du travail policier. Scènes de poursuite haletantes. Excellente composition de G. Hackman. □ 13 ans+ ➜ DVD-BR $ DVD $

FRENCH LIEUTENANT'S WOMAN, THE ▷3
[Maîtresse du lieutenant français, La]
ANG. 1981. Drame psychologique de Karel REISZ avec Meryl Streep, Jeremy Irons et Hilton McRae. - Pendant qu'on tourne un film tiré d'un roman situé à l'époque victorienne, les deux interprètes des rôles principaux vivent une liaison. - Adaptation d'un roman de John Fowles. Traitement à deux niveaux un peu déconcertant. Forme très soignée. Jeu nuancé des acteurs. □ Général ➜ DVD $

FRENCH POSTCARDS ▷4
ALL. 1979. Comédie de W. HUYCK avec Miles Chapin, Blanche Baker et David Marshall Grant. - Les mésaventures de deux étudiants américains inscrits à une école parisienne pour y parfaire leur connaissance du français. ➜ DVD $

FRENZY [Frénésie] ▷3
ANG. 1972. Drame policier d'Alfred HITCHCOCK avec Jon Finch, Alec McCowen et Barry Foster. - La police de Londres se met à la recherche d'un meurtrier maniaque qui étrangle les femmes à l'aide d'une cravate. - Mélange expert de tension et d'humour. Mise en scène d'une grande précision. Interprètes fort bien dirigés. □ 13 ans+ ➜ DVD $

FRÉQUENCE MEURTRE ▷4
FR. 1988. Drame policier d'Élizabeth RAPPENEAU avec Catherine Deneuve, André Dussollier et Martin Lamotte. - Alors qu'elle reçoit des appels inquiétants d'un inconnu, une psychiatre apprend que l'assassin de ses parents vient d'être remis en liberté.

FREQUENCY ▷4
É.-U. 2000. Science-fiction de Gregory HOBLIT avec Dennis Quaid, Jim Caviezel et Elizabeth Mitchell. - Lors d'une tempête solaire, un policier dépressif parvient à communiquer par radio avec son père décédé en 1969 et découvre qu'il peut modifier le passé. ➜ DVD $

FRÈRE ANDRÉ, LE ▷4
QUÉ. 1987. Drame biographique de Jean-Claude LABRECQUE avec Marc Legault, Sylvie Ferlatte et André Cailloux. - Évocation des étapes marquantes de la vie du frère André qui fut réputé pour sa dévotion et ses dons de guérisseur.

FRÈRE DU GUERRIER, LE ▷4
FR. 2002. Drame de Pierre JOLIVET avec Vincent Lindon, Mélanie Doutey et Guillaume Canet. - Au XIIIe siècle, l'épouse d'un herboriste devenu amnésique part avec son beau-frère guerrier à la recherche d'un livre sur les plantes médicinales. □ 13 ans+ ➜ DVD $

FRÈRE LE PLUS FUTÉ DE SHERLOCK HOLMES, LE *voir* **Adventures of Sherlock Holmes' Smarter Brother, The**

FRÈRES *voir* **Brothers**

FRÈRES DE SANG *voir* **Prisoners of the Sun**

FRÈRES GRIMM, LES *voir* **Brothers Grimm**

FRÈRES KRAYS, LES *voir* **Krays, The**

FRÈRES MOZART, LES [Mozart Brothers, The] ▷3
SUÈ. 1986. Comédie satirique de Suzanne OSTEN avec Étienne Glaser, Philip Zanden et Henry Bronetl. - Les conceptions particulières d'un metteur en scène chargé de diriger un opéra de Mozart créent tout un brouhaha dans sa troupe. - Vision critique du milieu de l'avant-garde théâtrale. Esprit d'espièglerie. Mouvement d'ensemble impressionnant. Interprétation énergique. □ Général

FRESH ▷4
É.-U. 1994. Drame social de Boaz YAKIN avec Sean Nelson, Giancarlo Esposito et Samuel L. Jackson. - À Brooklyn, un garçon de 12 ans qui écoule de la drogue prépare un grand coup dans le but de mettre fin à la carrière d'un caïd du quartier. □ 13 ans+ · Violence ➔ DVD$

FRESH BAIT *voir* **Appât, L'**

FRESHMAN, THE [Mes premiers pas dans la mafia] ▷4
É.-U. 1990. Comédie d'Andrew BERGMAN avec Matthew Broderick, Marlon Brando et Penelope Ann Miller. - À New York, un provincial est entraîné dans des aventures rocambolesques par des trafiquants d'animaux en voie d'extinction. □ Général ➔ DVD$

FRIC D'ENFER *voir* **Free Money**

FRIDA ▷3
É.-U. 2002. Drame biographique de Julie TAYMOR avec Salma Hayek, Alfred Molina et Geoffrey Rush. - Évocation de la vie tumultueuse de la peintre mexicaine Frida Kahlo et de sa relation avec son mari, le muraliste Diego Rivera. - Récit un peu démodé largement compensé par une réalisation vivante, inspirée et colorée. Éloge vibrant de la culture mexicaine. Jeu intense et sensuel de S. Hayek.
□ 13 ans+ ➔ DVD$

FRIDAY NIGHT *voir* **Vendredi soir**

FRIDAY NIGHT LIGHTS ▷4
[Lumières du vendredi soir, Les]
É.-U. 2004. Drame sportif de Peter BERG avec Billy Bob Thornton, Derek Luke et Garrett Hedlund. - Évocation de la saison 1988 de l'équipe de football des Panthers de l'école secondaire Permian à Odessa au Texas. □ Général ➔ DVD$

FRIDAY THE 13th [Vendredi 13] ▷6
É.-U. 1980. Drame d'horreur de Sean S. CUNNINGHAM avec Betsy Palmer, Adrienne King et Harry Crosby. - Un mystérieux assassin s'en prend aux moniteurs d'une colonie de vacances. □ 18 ans+ ➔ DVD$ DVD-BR$

FRIDAY THE 13th [Vendredi 13] ▷5
É.-U. 2008. Drame d'horreur de Marcus Nispel avec Jared Padalecki, Danielle Panabaker et Derek Mears. - Isolés en forêt, des jeunes gens sont la proie d'un assassin masqué qui hante les lieux.
□ 13 ans+ · Violence · Horreur ➔ DVD$ DVD-BR$

FRIED GREEN TOMATOES ▷4
[Secret est dans la sauce, Le]
É.-U. 1991. Comédie dramatique de Jon AVNET avec Kathy Bates, Jessica Tandy et Mary Stuart Masterson. - Une vieille dame raconte à une jeune femme les aventures de deux amies qui tenaient un restaurant à l'époque de la Dépression. □ Général ➔ DVD$

FRIEND OF THE DECEASED, A ▷4
UKR. 1996. Comédie dramatique de Viatcheslav KRICHTOFOVITCH avec Alexandre Lazarev, Tatiana Krivitskaïa et Evgueni Pachin. - Retrouvant goût à la vie, un paumé doit demander à un garde du corps d'éliminer le tueur à gages qu'il a engagé pour mettre fin à ses jours.
□ Général

FRIENDLY PERSUASION [Loi du seigneur, La] ▷4
É.-U. 1956. Étude de mœurs de William WYLER avec Gary Cooper, Dorothy McGuire et Anthony Perkins. - La guerre civile américaine vient surprendre une famille de paysans quakers, pacifiste par conviction religieuse. □ Général

FRIENDS OF EDDIE COYLE, THE ▷4
[Adieu mon salaud!]
É.-U. 1973. Drame policier de Peter YATES avec Robert Mitchum, Peter Boyle et Richard Jordan. - Un homme qui sert d'intermédiaire entre des gangsters et des vendeurs d'armes clandestins est aussi informateur de police. ➔ DVD$

FRIENDS WITH MONEY ▷4
É.-U. 2006. Comédie de mœurs de Nicole HOLOFCENER avec Catherine Keener, Jennifer Aniston et Frances McDormand. - À Los Angeles, trois femmes mariées et prospères s'inquiètent pour leur jeune amie célibataire et peu fortunée. □ 13 ans+ ➔ DVD$

FRIGHT NIGHT [Vampire, vous avez dit vampire?] ▷4
É.-U. 1985. Drame d'horreur de Tom HOLLAND avec Chris Sarandon, William Ragsdale et Roddy McDowall. - La vie d'un adolescent est bouleversée par l'arrivée d'un nouveau voisin qui se révèle être un vampire. □ 13 ans+ ➔ DVD$

FRIGHTENERS, THE [Chasseurs de fantômes] ▷4
É.-U. 1996. Comédie fantaisiste de Peter JACKSON avec Michael J. Fox, Trini Alvarado et Peter Dobson. - Un chasseur de fantômes doit neutraliser un esprit meurtrier. □ 13 ans+ ➔ DVD$

FRINGE DWELLERS, THE [Aux frontières de la ville] ▷3
AUS. 1986. Drame social de Bruce BERESFORD avec Kristina Nehm, Justine Saunders et Bob Maza. - Les tribulations d'une famille d'aborigènes australiens dont une des filles rêve de se mêler à la société des Blancs. - Ensemble honnête et convaincant. Réalisation vigoureuse pleine de nuances psychologiques. □ Général

FRISCO KID, THE ▷4
É.-U. 1979. Western de Robert ALDRICH avec Gene Wilder, Harrison Ford et William Smith. - Les mésaventures d'un jeune rabbin parti de la Pologne pour rejoindre la communauté juive de San Francisco.
□ Général ➔ DVD$

FRISSON *voir* **Scream**

FRISSONS *voir* **Shivers**

FRISSONS DANS LA NUIT *voir* **Play Misty for Me**

FRITZ THE CAT ▷4
É.-U. 1972. Dessins animés de Ralph BAKSHI. - Ayant mis le feu à son collège, un étudiant commence une vie de fugitif.
□ 18 ans+ ➔ DVD$

FROGS [Grenouilles, Les] ▷4
É.-U. 1972. Drame d'horreur de George McCOWAN avec Ray Milland, Sam Elliott et Joan Van Ark. - Dans des marais de la Floride, des grenouilles et autres reptiles s'attaquent aux humains.
□ 13 ans+ ➔ DVD$

FROM A WHISPER TO A SCREAM [Offspring, The]
É.-U. 1985. Jeff BURR

FROM DUSK TILL DAWN ▷5
É.-U. 1995. Drame d'horreur de Robert RODRIGUEZ avec George Clooney, Quentin Tarantino et Harvey Keitel. - Des voleurs de banque qui ont pris un père et ses enfants en otages se retrouvent coincés pendant une nuit dans un bar infesté de vampires.
□ 18 ans+ · Horreur ➔ DVD$

FROM HELL [Sorti de l'enfer] ▷4
É.-U. 2001. Drame d'horreur d'Albert et Allen HUGUES avec Johnny Depp, Heather Graham et Robbie Coltrane. - Un inspecteur chargé d'enquêter sur les crimes de Jack l'Éventreur tombe amoureux d'une prostituée qu'il tente de protéger du tueur. □ 13 ans+ ➔ DVD$ DVD-BR$

FROM HERE TO ETERNITY ►2
[Tant qu'il y aura des hommes]
É.-U. 1953. Drame psychologique de Fred ZINNEMANN avec Burt Lancaster, Montgomery Clift et Frank Sinatra. - La vie de garnison de soldats américains à Hawaii à la veille de l'attaque de Pearl Harbor. - Psychologie juste. Peinture de mœurs saisissante. Réalisation magistrale. Interprétation vigoureuse. □ Général ➔ DVD$

FROM NOON TILL THREE ▷4
[C'est arrivé entre midi et trois heures]
É.-U. 1975. Western de Frank D. GILROY avec Charles Bronson, Jill Ireland et Douglas V. Fowley. - La rencontre d'un hors-la-loi et d'une jolie veuve donne naissance à une légende mensongère.

FROM RUSSIA WITH LOVE [Bons baisers de Russie] ▷4
ANG. 1963. Drame d'espionnage de Terence YOUNG avec Sean Connery, Daniela Bianchi et Pedro Armendariz. - L'agent secret James Bond aide une fonctionnaire russe à s'enfuir à l'Ouest avec une invention stratégique. □ Général ➔ DVD-BR$ DVD$

FROM THE LIFE OF THE MARIONETTES
voir **De la vie des marionnettes**

FROM THE TERRACE [Du haut de la terrasse] ▷5
É.-U. 1960. Drame psychologique de Mark ROBSON avec Joanne Woodward, Paul Newman et Ina Balin. - Les hauts et les bas financiers et conjugaux de la carrière d'un homme d'affaires.
□ Général ➔ DVD$

FRONT, THE ▷4
É.-U. 1976. Comédie satirique de Martin RITT avec Woody Allen, Zero Mostel et Andrea Marcovicci. - Un homme connaît des ennuis après avoir accepté de prêter son nom à un ami écrivain boycotté par la télévision. □ Général

FRONT PAGE, THE ▷4
É.-U. 1931. Comédie dramatique de Lewis MILESTONE avec Adolphe Menjou, Pat O'Brien et Mary Brian. - Un journaliste qui veut laisser le métier est entraîné dans un reportage sur l'évasion d'un condamné à mort. □ Général

FRONT PAGE, THE ▷4
É.-U. 1974. Comédie de mœurs de Billy WILDER avec Jack Lemmon, Walter Matthau et Austin Pendleton. - Un journaliste cache un condamné à mort évadé pour s'assurer l'exclusivité de ses déclarations. □ 13 ans+ ➜ DVD$

FRONTIÈRE DANGEREUSE *voir* **Across the Bridge**

FROST/NIXON ▷4
É.-U. 2008. Drame historique de Ron Howard avec Michael Sheen, Frank Langella et Matthew MacFadyen. - En 1977, l'animateur de talk-show anglais David Frost obtient une série d'entrevues exclusives avec l'ex-président américain Richard Nixon.
□ Général ➜ DVD$ DVD-BR$

FROZEN RIVER ▷3
É.-U. 2008. Drame social de Courtney HUNT avec Melissa Leo, Misty Upham et Charlie McDermott. - Afin de gagner l'argent dont elles ont besoin, une Blanche et une Mohawk, toutes deux mères célibataires, font illégalement entrer des immigrants aux États-Unis.
□ Général ➜ DVD$ DVD-BR$

FRUIT DÉFENDU, LE ▷4
FR. 1952. Drame de mœurs d'Henri VERNEUIL avec Fernandel, Françoise Arnoul et Claude Nollier. - Un médecin marié succombe aux charmes d'une jolie fille rencontrée dans une gare. □ Général

FUCKING AMAL *voir* **Qui aimes-tu?**

FUGITIF, LE *voir* **Fugitive, The**

FUGITIFS, LES ▷4
FR. 1986. Comédie policière de Francis VEBER avec Gérard Depardieu, Pierre Richard et Anaïs Bret. - Pris en otage par un chômeur aux abois, un voleur de banques repenti est entraîné dans une folle poursuite.
□ Général

FUGITIVAS
ESP. 2000. Drame de Miguel HERMOSO avec Laia Marull, Beatriz Coronel et Jesus Olmedo. - Une voleuse fuit les lieux d'un hold-up avec la jeune nièce de son petit ami, après que celui-ci fut parti de son côté avec le butin.

FUGITIVE, THE [Dieu est mort] ▷3
É.-U. 1948. Drame de John FORD avec Henry Fonda, Dolores Del Rio et Pedro Armendariz. - La police d'un gouvernement persécuteur pourchasse le dernier prêtre du pays. - Adaptation d'un roman de Graham Greene. Réalisation soignée. Belles images. Interprétation excellente.

FUGITIVE, THE [Fugitif, Le] ▷4
É.-U. 1993. Drame policier d'Andrew DAVIS avec Harrison Ford, Tommy Lee Jones et Sela Ward. - Condamné à la peine capitale pour un meurtre dont il est innocent, un fugitif tente de retrouver le véritable coupable. □ 13 ans+ ➜ DVD-BR$

FUGITIVE KIND, THE [Homme à la peau de serpent, L'] ▷5
É.-U. 1960. Drame de Sidney LUMET avec Marlon Brando, Anna Magnani et Joanne Woodward. - Un musicien vagabond s'éprend de la femme d'un commerçant invalide. □ Général ➜ DVD$

FUGITIVE PIECES ▷4
CAN. 2007. Drame psychologique de Jeremy PODESWA avec Stephen Dillane, Rade Sherbedgia et Robbie Kay. - Un écrivain juif polonais installé à Toronto est obsédé par son passé de rescapé de l'Holocauste. □ 13 ans+ ➜ DVD$

FUGUE, LA *voir* **Night Moves**

FÜHRER EX ▷4
ALL. 2002. Drame social de Winfried BONENGEL avec Christian Blümel, Aaron Hildebrandt et Jule Flierl. - Emprisonnés en 1986 pour avoir tenté de fuir la RDA, deux jeunes joignent les rangs d'un groupe néonazi. - Récit dérangeant inspiré de faits vécus. ➜ DVD$

FULL BLAST ▷4
QUÉ. 1999. Drame de mœurs de Rodrigue JEAN avec David La Haye, Martin Desgagné et Louise Portal. - La dérive existentielle et affective d'une poignée d'amis vivotant dans un village côtier du Nouveau-Brunswick. ➜ DVD$

FULL ECLIPSE ▷4
É.-U. 1993. Drame fantastique d'Anthony HICKOX avec Mario Van Peebles, Patsy Kensit et Bruce Payne. - Invité à se joindre à une unité spéciale, un policier de Los Angeles y découvre de curieuses méthodes de combats contre le crime. ➜ DVD$

FULL FRONTAL [À découvert] ▷4
É.-U. 2002. Comédie de mœurs de Steven SODERBERGH avec Blair Underwood, Julia Roberts et Catherine Keener. - La journée tumultueuse de diverses personnes invitées en soirée à une réception pour célébrer les quarante ans d'un important producteur de films.
□ 13 ans+ ➜ DVD$

FULL METAL JACKET ►2
É.-U. 1987. Drame de guerre de Stanley KUBRICK avec Matthew Modine, Adam Baldwin et Vincent D'Onofrio. - Dans un camp des Marines américains, des recrues subissent un entraînement rigoureux en vue de combattre au Viêt-nam. - Vision cynique et désabusée de la guerre et de l'armée. Traitement d'une maîtrise rigoureuse. Interprétation convaincante. □ 13 ans+ ➜ DVD-BR$ DVD$

FULL MONTY, THE [Grand jeu, Le] ▷4
ANG. 1996. Comédie dramatique de Peter CATTANEO avec Robert Carlyle, Tom Wilkinson et Mark Addy. - Six chômeurs décident de tenter leur chance comme strip-teaseurs pour dames.
□ Général ➜ DVD$

FULL MOON IN PARIS
voir **Nuits de la pleine lune, Les**

FULL OF LIFE [Pleine de vie] ▷4
É.-U. 1956. Comédie de Richard QUINE avec Judy Holliday, Richard Conte et Salvatore Baccaloni. - Le comportement d'un jeune couple en attente de son premier bébé. □ Général

FUN [Juste pour le fun] ▷4
É.-U. 1994. Drame psychologique de Rafael ZELINSKY avec Alicia Witt, Leslie Hope, Renee Humphrey et William R. Moses. - Deux adolescentes qui ont commis un meurtre gratuit sont tour à tour interrogées par un journaliste et une travailleuse sociale.
□ 13 ans+ · Violence

FUN DOWN THERE
É.-U. 1988. Roger STIGLIANO □ 18 ans+ · Érotisme

FUN WITH DICK AND JANE ▷5
[Touche pas à mon gazon]
É.-U. 1976. Comédie de mœurs de Ted KOTCHEFF avec George Segal, Jane Fonda et Ed McMahon. - Un ingénieur sans emploi et son épouse ont recours au vol pour maintenir leur train de vie.
□ Général ➜ DVD$

FUN, THE LUCK AND THE TYCOON, THE
H.-K. 1990. Johnny TO □ Général

FUNERAL, THE [Nos funérailles] ▷4
JAP. 1984. Comédie de mœurs de Juzo ITAMI avec Tsutomu Yamazaki, Nobuko Miyamoto et Kin Sugai. - Les obsèques organisées par un couple d'acteurs à la suite de la mort d'un parent donnent lieu à divers incidents étonnants. □ Général

FUNERAL, THE ▷3
É.-U. 1996. Drame de mœurs d'Abel FERRARA avec Christopher Walken, Vincent Gallo, Isabella Rossellini et Chris Penn. - Dans les années 1930, deux mafiosi sont bouleversés par l'assassinat de leur frère dont le corps est exposé à la maison. - Réflexions sur un univers de violence géré par les liens de parenté. Noirceur de la photographie bien adaptée au sujet. Excellents interprètes.
□ 16 ans+ · Violence ➜ DVD$

FUNERAL IN BERLIN ▷3
ANG. 1966. Drame d'espionnage de Guy HAMILTON avec Michael Caine, Paul Hubschmid et Eva Renzi. - Un agent secret britannique est envoyé à Berlin pour organiser la fuite d'un colonel russe. - Scénario fertile en retournements de situations. Intérêt constant. Mise en scène soignée. Interprétation au point. □ Général

FUNNY BONES ▷4
ANG. 1995. Comédie de mœurs de Peter CHELSOM avec Oliver Platt, Lee Evans et Richard Griffiths. - Les tribulations d'un comédien raté qui rêve de marcher sur les traces de son père, un comique de renommée mondiale. □ Général · Déconseillé aux jeunes enfants
➜ DVD$

FUNNY FACE ▷3
É.-U. 1956. Comédie musicale de Stanley DONEN avec Audrey Hepburn, Fred Astaire et Kay Thompson. - Une histoire d'amour dans le milieu des revues de mode. - Traitement pittoresque et cocasse. Ensemble bien rythmé. Numéros musicaux particulièrement réussis. Heureuse utilisation de la couleur. Interprétation aérienne.
□ Général ➜ DVD $

FUNNY FELIX *voir* **Drôle de Félix**

FUNNY GAMES
AUT. 1997. Michael HANEKE ➜ DVD $

FUNNY GAMES [Drôles de jeux] ▷4
É.-U. 2008. Thriller de Michael HANEKE avec Naomi Watts, Tim Roth et Michael Pitt. - Deux jeunes sociopathes s'amusent à terroriser un couple et leur enfant. □ 18 ans+ · Violence ➜ DVD $

FUNNY GAMES US *voir* **Funny Games**

FUNNY GIRL ▷3
É.-U. 1968. Comédie musicale de William WYLER avec Omar Sharif, Barbra Streisand et Kay Medford. - La carrière de Fanny Brice, vedette comique de Broadway au début du XXe siècle. - Mise en scène soignée. Allure vivante et alerte. Reconstitution d'époque somptueuse. Intelligente mise en valeur du talent de B. Streisand. □ Général ➜ DVD $

FUNNY LADY ▷4
É.-U. 1974. Comédie musicale de Herbert ROSS avec Barbra Streisand, James Caan et Omar Sharif. - Au début des années 1930, les tribulations professionnelles et sentimentales de la comédienne Fanny Brice.
□ Général ➜ DVD $

FUNNY THING HAPPENED ON THE WAY TO THE FORUM, A ▷4
ANG. 1966. Comédie de Richard LESTER avec Zero Mostel, Phil Silvers et Jack Gilford. - Dans la Rome antique, un esclave imagine divers stratagèmes pour obtenir à son maître une jeune vierge. ➜ DVD $

FUR - AN IMAGINARY PORTRAIT OF DIANE ARBUS ▷4
É.-U. 2006. Drame sentimental de Steven SHAINBERG avec Nicole Kidman, Robert Downey Jr. et Ty Burrell. - En 1958, à New York, les circonstances ayant amené une jeune mère de famille issue d'un milieu aisé à tout quitter pour faire carrière en photographie.
□ 13 ans+ ➜ DVD $

FUREUR DE VIVRE, LA *voir* **Rebel Without a Cause**

FURIES, THE ▷4
É.-U. 1950. Western de A. MANN avec Barbara Stanwyck, Walter Huston et Wendell Corey. - Un rancher autoritaire s'aliène sa fille en épousant une étrangère. ➜ DVD $

FURY ▷3
É.-U. 1936. Drame social de Fritz LANG avec Spencer Tracy, Sylvia Sidney et Bruce Cabot. - Après avoir échappé de justesse à un lynchage, un homme entreprend de se venger. - Premier film américain de F. Lang. Traitement vigoureux de style réaliste. Critique caustique de la justice sauvage. Mise en scène puissante. Jeu solide de S. Tracy.
□ Général ➜ DVD $

FURY, THE ▷4
É.-U. 1978. Drame fantastique de B. DE PALMA avec Kirk Douglas, Amy Irving et John Cassavetes. - Un ancien agent secret recherche son fils enlevé par une agence de renseignements qui veut utiliser ses pouvoirs télépathiques. - Mélange original de fantastique et d'espionnage. Passages ruisselant de lyrisme. Mise en scène d'une grande virtuosité. Interprètes de valeur. □ 13 ans+ ➜ DVD $

FURY IS A WOMAN
voir **Siberian Lady Macbeth**

FURYO *voir* **Merry Christmas, Mr. Lawrence**

FUTUR EST FEMME, LE ▷5
ITA. 1984. Drame de Marco FERRERI avec Ornella Muti, Hanna Schygulla et Niels Arestrup. - Un couple voit sa vie bouleversée par l'arrivée d'une jeune femme enceinte. □ Général

FUTUREWORLD ▷4
É.-U. 1976. Science-fiction de Richard HEFFRON avec Peter Fonda, Blythe Danner et Arthur Hill. - Les administrateurs d'un parc d'attractions futuriste remplacent certains de leurs invités par des robots à leur image. □ Général

G-MEN ▷4
É.-U. 1935. Drame policier de William KEIGHLEY avec James Cagney, Ann Dvorak et Margaret Lindsay. - Les exploits d'un agent du F.B.I. qui connaît bien le milieu de la pègre. ➔ DVD$

G.I. JANE ▷5
É.-U. 1997. Drame de guerre de Ridley SCOTT avec Demi Moore, Viggo Mortensen et Anne Bancroft. - Le dur entraînement de la première femme à être incorporée dans le corps d'élite des marines.
□ 13 ans+ · Violence ➔ DVD$ DVD-BR$

GABBEH ▷4
IRAN. 1995. Drame poétique de Mohsen MAKHMALBAF avec Hossein Moharami, Shaghayegh Djodat et Roghieh Moharami. - Le voyage d'une tribu nomade du Sud-Est de l'Iran influence le destin d'une jeune tisseuse de tapis. □ Général

GABLE AND LOMBARD ▷5
É.-U. 1976. Comédie sentimentale de Sidney J. FURIE avec James Brolin, Jill Clayburgh et Allen Garfield. - L'idylle entre deux vedettes de cinéma dans les années 1930. ➔ DVD$

GABRIELA
É.-U. 2001. Vincent Jay MILLER ➔ DVD$

GABRIELA ▷5
BRÉ. 1983. Comédie de mœurs de Bruno BARRETO avec Sonia Braga, Marcello Mastroianni et Antonio Cantafora. - En 1925, un cafetier brésilien épouse une ravissante sauvageonne dont l'ardeur amoureuse ne résiste pas à l'usure. □ 13 ans+

GABRIELLE ▷3
FR. 2005. Drame psychologique de Patrice CHÉREAU avec Isabelle Huppert, Pascal Greggory et Claudia Coli. - En 1912 à Paris, un couple de bourgeois fortunés et mondains découvrent après dix ans de mariage que leur amour s'est éteint. - Autopsie impitoyable d'une relation conjugale. Dialogues d'une extrême dureté psychologique. Images sombres. Mise en scène empreinte de théâtralité. Jeu impérial d'I. Huppert. □ Général ➔ DVD$

GABY: A TRUE STORY [Gaby: une histoire vraie] ▷4
É.-U. 1987. Drame biographique de Luis MANDOKI avec Rachel Levin, Norma Aleandro et Liv Ullmann. - Grâce à une servante, une enfant qui souffre de paralysie cérébrale arrive à communiquer avec son pied gauche. □ Général · Déconseillé aux jeunes enfants

GADJO DILO *voir* **Étranger fou, L'**

GALAXY EXPRESS ▷4
JAP. 1979. Dessins animés de Taro RIN. - Avec l'aide d'une jolie blonde à laquelle il s'est attaché, un garçon entreprend de se venger d'un comte cruel qui a tué sa mère. □ Général

GALAXY QUEST [En quête d'une galaxie] ▷4
É.-U. 1999. Comédie fantaisiste de Dean PARISOT avec Tim Allen, Sigourney Weaver et Alan Rickman. - Les vedettes d'une série télévisée de science-fiction sont entraînées par des extraterrestres dans une aventure intersidérale. □ Général ➔ DVD$

GALILEO ▷4
ANG. 1974. Drame historique de Joseph LOSEY avec Chaim Topol, Colin Blakely et Edward Fox. - Les options scientifiques de Galilée le mettent en conflit avec les autorités de l'Église. ➔ DVD$

GALLANT HOURS, THE ▷4
É.-U. 1960. Drame biographique de Robert MONTGOMERY avec James Cagney, Dennis Weaver et Les Tremayne. - La vie de l'amiral Halsey qui eut un rôle important dans la guerre du Pacifique. □ Général

GALLIPOLI ▷3
AUS. 1981. Drame de guerre de Peter WEIR avec Mark Lee, Mel Gibson et Bill Hunter. - Les expériences de deux jeunes Australiens pendant la guerre 1914-1918. - Mélange habile d'intimisme et de spectaculaire. Mise en scène colorée. Reconstitution finale impressionnante. Jeu sincère de jeunes acteurs sympathiques. □ Général ➔ DVD$

GAMBIT ▷4
ANG. 1966. Comédie policière de Ronald NEAME avec Michael Caine, Shirley MacLaine et Herbert Lom. - Avec l'aide d'une danseuse eurasienne, un aventurier veut voler une statue précieuse à un millionnaire arabe. □ Général

GAMBLER, THE ▷3
É.-U. 1974. Drame psychologique de Karel REISZ avec James Caan, Lauren Hutton et Paul Sorvino. - Un professeur endetté par sa passion pour le jeu est poussé par ses créanciers à des actions malhonnêtes. - Évocation juste du milieu. Mise en scène souple et précise. Interprétation convaincante de J. Caan. □ 13 ans+ ➔ DVD$

GAME, THE [Jouer avec la mort] ▷4
É.-U. 1997. Drame de David FINCHER avec Michael Douglas, Deborah Kara Unger et Sean Penn. - Un financier devient client d'une compagnie récréative dont les jeux dangereux et bizarres bouleversent sa vie quotidienne. □ Général · Déconseillé aux jeunes enfants ➔ DVD$

GAME IS OVER, THE *voir* **Curée, La**

GAME OF DEATH, THE ▷4
ANG. 2000. Drame de Rachel SAMUELS avec Jonathan Pryce, David Morrissey et Catherine Siggins. - En 1899, un homme désespéré se joint à un club secret de suicidaires qui jouent leur vie aux cartes.
➔ DVD$

GAME OF SEDUCTION *voir* **Une femme fidèle**

GAMLET [Hamlet]
RUS. 1963. Grigori KOZINTSEV

GAMMICK, LA ▷4
QUÉ. 1974. Drame policier de Jacques GODBOUT avec Marc Legault, André Guy et Pierre Gobeil. - Après avoir abattu un chef de la mafia, un criminel traqué entre en contact avec un animateur de tribune téléphonique à la radio. □ 13 ans+

GANDHI [Gandhi - 25th Ann. Edition] ►2
ANG. 1982. Drame biographique de Richard ATTENBOROUGH avec Ben Kingsley, Rohini Hattangady et Roshan Seth. - Évocation de la vie de l'apôtre hindou de la non-violence. - Heureux mélange d'intimisme et de spectaculaire. Mise en scène classique et soignée. Composition magistrale de B. Kingsley. □ Général ➔ DVD-BR$ DVD$

GANG DE REQUINS *voir* **Shark Tale**

GANG OF FOUR *voir* **Bande des quatre, La**

GANG'S ALL HERE, THE ▷4
É.-U. 1943. Comédie musicale de Busby BERKELEY avec Alice Faye, Carmen Miranda et James Ellison. - Le fils d'un courtier retrouve, dans une fête organisée pour lui, une chanteuse dont il s'est épris.
➔ DVD$

GANGS OF NEW YORK [Gangs de New York, Les] ►2
É.-U. 2002. Drame historique de Martin SCORSESE avec Leonardo DiCaprio, Daniel Day-Lewis et Cameron Diaz. - En 1863, dans un quartier malfamé de Manhattan, un fils d'immigrant irlandais veut venger la mort de son père tué par un chef de gang tout-puissant. - Fresque captivante intégrant faits historiques et récit classique de vengeance. Évocation minutieuse d'un New York disparu. Réalisation magistrale. Jeu viscéral de D. Day-Lewis.
□ 13 ans+ · Violence ➔ DVD$ DVD-BR$

GANGSTER NO.1 ▷4
ANG. 2000. Thriller de Paul McGUIGAN avec Paul Bettany, David Thewlis et Malcolm McDowell. - Un gangster riche et puissant apprend que son ancien patron, qu'il a jadis trahi pour prendre sa place, va sortir de prison. □ 16 ans+ ➔ DVD$

GANGSTER TRÈS BRITISH, UN
voir **Very British Gangster, A**

GANJA & HESS - UNCUT
É.-U. 1973. Fima NOVECK, Bill GUNN ➜ DVD $

GARBAGE WARRIOR
ANG. 2007. Oliver HODGE ➜ DVD $

GARBO TALKS [À la recherche de Garbo] ▷5
É.-U. 1984. Comédie de Sidney LUMET avec Ron Silver, Anne Bancroft et Catherine Hicks. - Un comptable entreprend de satisfaire le voeu de sa mère qui, avant de mourir, aimerait s'entretenir avec l'actrice Greta Garbo. □ Général

GARCE, LA ▷5
FR. 1984. Drame de mœurs de Christine PASCAL avec Isabelle Huppert, Richard Berry et Vittorio Mezzogiorno. - Après avoir fait de la prison pour viol, un détective privé se voit confier une enquête sur une femme en laquelle il reconnaît sa victime. □ 13 ans+

GARCON! ▷3
FR. 1983. Comédie dramatique de Claude SAUTET avec Yves Montand, Nicole Garcia et Jacques Villeret. - Les tribulations sentimentales d'un ancien danseur devenu serveur de restaurant. - Peinture de milieu fort alerte. Réalisation sûre. Interprétation très naturelle. □ Général

GARÇON BOUCHER, LE *voir* **Butcher Boy, The**

GARÇON D'HONNEUR *voir* **Wedding Banquet, The**

GARÇONNIÈRE, LA *voir* **Apartment, The**

GARÇONS DE SAINT-VINCENT, LES
voir **Boys of St. Vincent, The**

GARÇONS NE PLEURENT PAS, LES *voir* **Boys Don't Cry**

GARDE À VUE ▷3
FR. 1981. Drame policier de Claude MILLER avec Michel Serrault, Romy Schneider et Lino Ventura. - Un notaire soupçonné de l'assassinat de deux fillettes est interrogé par un policier. - Confrontation tendue. Dialogue sarcastique. Mise en scène habile. Passionnant duel d'acteurs.

GARDE DU CORPS, LE *voir* **Bodyguard, The**

GARDEN OF DELIGHTS, THE *voir* **Jardin des délices, Le**

GARDEN OF EDEN *voir* **Jardin d'Éden, Le**

GARDEN OF THE FINZI CONTINI, THE
voir **Jardin des Finzi Contini, Le**

GARDEN STATE ▷4
É.-U. 2004. Comédie dramatique réalisée et interprétée par Zach BRAFF avec Ian Holm et Natalie Portman. - De retour au New Jersey pour l'enterrement de sa mère, un aspirant comédien apathique reprend goût à la vie. □ Général · Déconseillé aux jeunes enfants ➜ DVD $

GARDEN, THE
ANG. 1990. Derek JARMAN □ 13 ans+

GARDENER, THE *voir* **Seeds of Evil**

GARDENS OF STONE [Jardins de pierre] ▷4
É.-U. 1987. Drame psychologique de Francis Ford COPPOLA avec James Caan, D.B. Sweeney et James Earl Jones. - Un sergent désabusé, qui fait partie d'une garde d'honneur chargée d'enterrer des combattants tués au Viêt-nam, s'intéresse au sort d'un jeune soldat. □ Général ➜ DVD $

GARDIENS DU SILENCE, LES *voir* **Silent Witness**

GARDIENS, LES *voir* **Watchmen**

GARE CENTRALE [Central Station] ▷3
BRÉ.-FR. 1998. Drame psychologique de Walter SALLES avec Fernanda Montenegro, Vinicius de Oliveira et Maria Péra. - Une écrivaine publique cynique conduit un pauvre gamin chez son père à l'autre bout du Brésil. - Road movie véhiculant de belles émotions. Réalisme social percutant. Mise en scène sobre. □ Général

GARMENT JUNGLE, THE ▷4
É.-U. 1956. Drame social de V. SHERMAN avec Lee J. Cobb, Kerwin Matthews et Richard Boone. - Un jeune homme s'emploie à rétablir la justice dans la manufacture de son père. ➜ DVD $

GAS FOOD LODGING ▷4
É.-U. 1991. Drame sentimental d'Allison ANDERS avec Brooke Adams, Ione Skye et Fairuza Balk. - Les problèmes affectifs d'une mère célibataire et de ses deux adolescentes qui vivent dans un patelin du Nouveau-Mexique. □ 13 ans+

GASLIGHT ▷3
ANG. 1940. Drame psychologique de Thorold DICKINSON avec Anton Walbrook, Diana Wynyard et Cathleen Cordell. - Par avidité, un homme amène sa jeune épouse à douter de son équilibre mental. - Développements habilement contrôlés. Mise en scène excellente. Interprétation nuancée. ➜ DVD $

GASLIGHT ▷3
É.-U. 1944. Drame psychologique de George CUKOR avec Charles Boyer, Ingrid Bergman et Joseph Cotten. - Un pianiste amène sa jeune femme à douter de son équilibre mental. - Atmosphère bien rendue. Effets de suspense habilement maîtrisés. Excellente interprétation. □ Général ➜ DVD $

GASPARD ET FILS ▷5
QUÉ. 1988. Comédie de François LABONTÉ avec Jacques Godin, Gaston Lepage et Monique Miller. - Un libraire se joint à son père dans une recherche acharnée d'un billet de loterie gagnant, oublié dans de vieux vêtements offerts à une parente. □ Général

GASPARD ET ROBINSON ▷5
FR. 1990. Comédie dramatique de Tony GATLIF avec Gérard Darmon, Vincent Lindon et Suzanne Flon. - Deux copains sans emploi qui veulent ouvrir une buvette accueillent une vieille dame abandonnée par ses proches et une mendiante avec sa fillette. □ Général

GASPARDS, LES ▷4
FR. 1973. Comédie fantaisiste de Pierre TCHERNIA avec Philippe Noiret, Michel Serrault et Michel Galabru. - Un homme à la recherche de sa fille disparue découvre un peuple vivant dans les sous-sols de Paris. □ Général

GATE OF FLESH
JAP. 1964. Seijun SUZUKI □ 16 ans+ ➜ DVD $

GATE OF HELL ►2
JAP. 1953. Drame psychologique de Teinosuke KINUGASA avec Machiko Kyo, Kazuo Hasegawa et Isao Yamagata. - Au XIIe siècle, le samouraï Morito s'éprend de la belle Kesa qui se sacrifie pour sauver son mari. - Tragédie puissante. Technique remarquable. Excellente utilisation de la couleur. Jeu nuancé des interprètes. □ Général

GATES OF HEAVEN
É.-U. 1978. Errol MORRIS □ Général

GATHERING STORM ▷4
[Churchill: pour l'amour d'un empire]
ANG. 2002. Drame historique de Richard LONCRAINE avec Albert Finney, Jim Broadbent et Vanessa Redgrave. - Dans les années 1930, l'ex-ministre anglais Winston Churchill met en garde les gouvernements européens contre la montée du nazisme. ➜ DVD $

GATTACA [Bienvenue à Gattaca] ▷3
É.-U. 1997. Science-fiction d'Andrew NICCOL avec Ethan Hawke, Uma Thurman et Alan Arkin. - Dans un futur proche, un jeune subalterne défie son destin en s'appropriant l'identité génétique d'un homme considéré comme supérieur. - Scénario original mais limité. Univers futuriste bien construit. Traitement stylistique excellent. Interprètes solides. □ Général ➜ DVD-BR $ DVD $

GAUCHO, THE ▷4
É.-U. 1928. Aventures de F. Richard JONES avec Douglas Fairbanks, Lupe Velez et Gustav von Seyffertitz. - Un gaucho et sa bande s'introduisent dans une cité miraculeuse et entreprennent de neutraliser l'armée qui y fait régner la terreur. □ Général ➜ DVD $

GAUNTLET, THE [Épreuve de force, L'] ▷5
É.-U. 1977. Drame policier réalisé et interprété par Clint EASTWOOD avec Sondra Locke et William Prince. - Dépêché à Las Vegas pour en ramener une prévenue, un officier de police devient la cible de mystérieux assaillants. □ 13 ans+ ➜ DVD $ DVD-BR $

GAY DESPERADO
É.-U. 1936. Rouben MAMOULIAN ➜ DVD $

GAY DIVORCEE, THE ▷4
É.-U. 1934. Comédie musicale de Mark SANDRICH avec Fred Astaire, Ginger Rogers et Edward Everett Horton. - Un danseur épris d'une jeune femme en instance de divorce est entraîné dans une suite de quiproquos. □ Général ➜ DVD $

GAY SEX IN THE 70'S *voir* **Gay Sex in the Seventies**

GAZ BAR BLUES ▷4
CAN. 2003. Comédie dramatique de Louis BÉLANGER avec Serge Thériault, Gilles Renaud et Sébastien Delorme. - En 1989, dans un quartier défavorisé, les tribulations professionnelles et familiales d'un veuf qui gère un poste d'essence où travaillent ses trois fils. □ Général ➔ DVD$

GAZON MAUDIT ▷4
FR. 1994. Comédie sentimentale réalisée et interprétée par Josiane BALASKO avec Victoria Abril et Alain Chabat. - Mécontente des nombreuses absences de son mari infidèle, une mère de famille se laisse séduire par une lesbienne qui s'installe chez elle. □ 13 ans+ ➔ DVD$

GÉANT *voir* **Giant**

GÉANT DE FER, LE *voir* **Iron Giant, The**

GÉANTS DE L'OUEST, LES *voir* **Undefeated, The**

GEISHA *voir* **Memoirs of a Geisha**

GEISHA BOY, THE [Kid en kimono, Le] ▷4
É.-U. 1958. Comédie de Frank TASHLIN avec Nobu McCarthy, Jerry Lewis et Sessue Hayakawa. - Un prestidigitateur maladroit fait partie d'un spectacle pour les soldats américains au Japon. □ Général

GEISHA, A
JAP. 1953. Kenji MIZOGUCHI

GENDARME À NEW YORK, LE ▷4
FR. 1965. Comédie de Jean GIRAULT avec Louis de Funès, Michel Galabru et Jean Lefebvre. - Quelques gendarmes de Saint-Tropez s'en vont représenter la police française dans un congrès international.

GENDARME DE SAINT-TROPEZ, LE ▷5
FR. 1964. Comédie de Jean GIRAULT avec Louis de Funès, Geneviève Grad et Michel Galabru. - Les aventures d'un gendarme de village muté à Saint-Tropez au milieu de la colonie des estivants. □ Général

GENDARME EN BALADE, LE ▷5
FR. 1970. Comédie de Jean GIRAULT avec Louis de Funès, Michel Galabru et Jean Lefebvre. - Des gendarmes à la retraite tentent de revivre leurs exploits passés. □ Général ➔ DVD$

GENDARME ET LES EXTRA-TERRESTRES, LE ▷5
FR. 1978. Comédie de Jean GIRAULT avec Louis de Funès, Michel Galabru et Maria Mauban. - Témoin de l'envol d'une soucoupe volante, un gendarme éprouve des difficultés avec ses supérieurs qui ne le croient pas. □ Général ➔ DVD$

GENDARME SE MARIE, LE ▷4
FR. 1968. Comédie de Jean GIRAULT avec Louis de Funès, Claude Gensac et Michel Galabru. - Un gendarme a le coup de foudre pour la veuve d'un colonel de gendarmerie. □ Général

GÉNÉALOGIES D'UN CRIME [Genealogies of a Crime] ▷4
FR. 1997. Drame psychologique de Raoul RUIZ avec Catherine Deneuve, Michel Piccoli et Melvil Poupaud. - Un jeune homme accusé du meurtre de sa tante psychanalyste est défendu par une avocate qui ressemble à la défunte. ➔ DVD$

GENERAL, THE ▶1
É.-U. 1926. Comédie réalisée et interprétée par Buster KEATON avec Marion Mack et Glen Cavender. - Un mécanicien de locomotive récupère son engin volé par des soldats nordistes. - Classique du cinéma comique. Mise en scène d'une grande virtuosité. Excellents effets. Jeu très personnel de la vedette. □ Général ➔ DVD$

GENERAL, THE ▷4
IRL. 1998. Drame biographique de John BOORMAN avec Brendan Gleeson, Adrian Dunbar et Sean McGinley. - Évocation de la vie mouvementée du célèbre gangster irlandais Martin Cahill, qui a tenu la police sur les dents durant les années 80. □ 13 ans+ · Violence

GENERAL DELLA ROVERE ▶2
ITA. 1959. Drame psychologique de Roberto ROSSELLINI avec Vittorio de Sica, Hannes Messemer et Anne Vernon. - À la fin de la guerre, un imposteur qui se fait passer pour un héros de la résistance se laisse prendre à son jeu. - Personnage central excellemment dépeint. Ambiance de l'époque recréée avec réalisme. Développement dramatique captivant. V. De Sica excellent. ➔ DVD$

GÉNÉRATION X-TRÊME *voir* **American History X**

GENEVIEVE ▷3
ANG. 1953. Comédie de Henry CORNELIUS avec John Gregson, Dinah Sheridan et Kenneth More. - Des amateurs de vieilles autos participent à un rallye. - Humour allègre. Construction vivante. Trouvailles comiques heureuses. Interprètes enjoués. □ Général

GÉNIE CRÉATEUR DE NORMAN McLAREN, LE
voir **Creative Process: Norman McLaren**

GÉNIE DU CRIME, LE ▷4
QUÉ. 2006. Comédie dramatique de Louis BÉLANGER avec Gilles Renaud, Patrick Drolet et Anne-Marie Cadieux. - Retranchés dans un motel miteux, deux petits malfrats qui ont désobéi aux ordres en refusant d'incendier un restaurant provoquent une série d'incidents meurtriers. ➔ DVD$

GÉNIE DU MAL, LE *voir* **Compulsion**

GENIUS, TWO PARTNERS AND A DUPE, A
voir **Un génie, deux associés, une cloche**

GENOU DE CLAIRE, LE [Claire's Knee] ▷3
FR. 1970. Comédie de mœurs d'Éric ROHMER avec Jean-Claude Brialy, Aurora Cornu et Béatrice Romand. - Un diplomate séjourne quelque temps à Annecy avant son mariage. - Analyse subtile et intelligente. Dialogue abondant mais plein de finesse. Décors naturels admirablement photographiés. Interprétation d'une grande distinction. □ Général

GENS DE DUBLIN, LES *voir* **Dead, The**

GENS DE LA RIZIÈRE, LES [Rice People, The] ▷4
FR. 1994. Drame de mœurs de Rithy PANH avec Peng Phan, Mom Soth et Chhim Naline. - Après la mort accidentelle de son mari, une paysanne cambodgienne doit prendre sur elle la production du riz dont dépend la survie de sa famille. ➔ DVD$

GENS NORMAUX N'ONT RIEN D'EXCEPTIONNEL, LES ▷4
FR. 1993. Comédie dramatique de Laurence FERREIRA BARBOSA avec Valeria Bruni-Tedeschi, Melvil Poupaud et Marc Citti. - Hospitalisée à la suite d'un accident, une jeune femme décide de se consacrer au bonheur des autres malades, même malgré eux. □ Général

GENTILLE ▷4
FR. 2005. Comédie sentimentale de Sophie FILLIÈRES avec Lambert Wilson, Emmanuelle Devos et Bruno Todeschini. - Attirée par un patient, une anesthésiste hésite lorsque son petit ami la demande en mariage. ➔ DVD$

GENTLEMAN D'EPSOM, LE ▷5
FR. 1962. Comédie de mœurs de Gilles GRANGIER avec Jean Gabin, Louis de Funès et Madeleine Robinson. - Un officier retraité fréquente les milieux hippiques où il monnaie sa supposée connaissance des chevaux de course. ➔ DVD$

GENTLEMAN JIM ▷4
É.-U. 1941. Drame biographique de Raoul WALSH avec Errol Flynn, Alexis Smith et Jack Carson. - Les exploits du champion boxeur Jim Corbett. □ Général ➔ DVD$

GENTLEMAN'S AGREEMENT ▷4
É.-U. 1947. Drame social d'Elia KAZAN avec Gregory Peck, Dorothy McGuire et John Garfield. - Un journaliste se fait passer pour un Juif afin d'enquêter sur l'antisémitisme. □ Général ➔ DVD$

GENTLEMEN PREFER BLONDES ▷4
[Hommes préfèrent les blondes, Les]
É.-U. 1953. Comédie musicale de Howard HAWKS avec Jane Russell, Marilyn Monroe et Charles Coburn. - Les joyeuses aventures de deux danseuses au cours d'un voyage sur un transatlantique. □ Général ➔ DVD$

GEOLIÈRE, LA *voir* **Driftwood**

GEORGE WASHINGTON
É.-U. 2000. David Gordon GREEN ➔ DVD$

GEORGES LE PETIT CURIEUX *voir* **Curious George**

GEORGIA *voir* **Four friends**

GEORGIA ▷4
AUS. 1988. Drame de Ben LEWIN avec Judy Davis, John Bach et Julia Blake. - Une agente du gouvernement qui fut adoptée en bas âge tente de faire la lumière sur les circonstances troublantes entourant la mort de sa mère biologique. □ 13 ans+

GEORGIA ▷4
É.-U. 1995. Drame psychologique de Ulu GROSBARD avec Jennifer Jason Leigh, Mare Winningham et Ted Levine. - La difficile relation entre deux sœurs chanteuses, dont l'une connaît un grand succès et l'autre pas. □ 13 ans+ ➔ DVD$

GEORGY GIRL ▷4
ANG. 1966. Comédie dramatique de Silvio NARIZZANO avec Lynn Redgrave, Alan Bates et James Mason. - Les tribulations d'une fille pataude qui partage un appartement avec une amie frivole.
➔ DVD$

GERMANY YEAR ZERO *voir* **Allemagne année zéro**

GERMANY, PALE MOTHER ▷3
[Allemagne, mère blafarde]
ALL. 1979. Drame social de H. SANDERS-BRAHMS avec Eva Mattes, Ernst Jacobi et Elisabeth Stepanek. - Un couple éprouve des difficultés d'adaptation après avoir été séparé par la guerre. - Histoire basée sur une expérience vécue. Analyse lucide des événements. Bonne composition de E. Mattes. ➔ DVD$

GERMINAL ▷3
FR. 1993. Drame social de Claude BERRI avec Renaud, Gérard Depardieu et Miou-Miou. - Sous le Second Empire, un ouvrier se révolte contre l'exploitation inhumaine des mineurs et incite ses camarades à déclarer la grève. - Adaptation spectaculaire du roman d'Émile Zola. Recréation saisissante de l'atmosphère grise et lourde de l'œuvre originale. Jeu des comédiens bien adapté au ton de l'ensemble. □ 13 ans+ ➔ DVD$

GERMINAL ▷5
FR. 1963. Drame social de Yves ALLÉGRET avec Jean Sorel, Bernard Blier et Berthe Granval. - En 1863, un homme tente d'améliorer les conditions de travail faites aux mineurs. □ 13 ans+

GERONIMO: AN AMERICAN LEGEND ▷4
É.-U. 1993. Western de Walter HILL avec Jason Patric, Wes Studi et Matt Damon. - Dans les années 1880, un jeune lieutenant se voit confier la mission d'arrêter l'Apache Geronimo qui s'est lancé dans une campagne meurtrière contre les Blancs. □ Général ➔ DVD$

GERRY ▷3
É.-U. 2002. Drame de Gus VAN SANT avec Casey Affleck et Matt Damon. - Après avoir abandonné leur voiture, deux amis se perdent dans le désert et errent pendant des jours. - Récit dépouillé. Remarquable composition visuelle. Climat poétique et étrange. Rythme lent. Jeu minimaliste des deux interprètes. □ Général ➔ DVD$

GERTRUDE [Gertrud] ▷3
DAN. 1964. Drame psychologique de Carl Theodor DREYER avec Nina Pena Rode, Axel Gebuhr et Ebbe Rode. - Une femme cherche à satisfaire dans diverses aventures un besoin d'amour exclusif. - Ensemble rigoureux et dépouillé. Beauté plastique. Mise en scène théâtrale. Excellents interprètes. □ 13 ans+

GET CARTER [Loi du milieu, La] ▷5
ANG. 1971. Drame policier de Mike HODGES avec Michael Caine, Ian Hendry et John Osborne. - Un gangster londonien retourne dans sa ville natale pour enquêter sur la mort de son frère.
□ 18 ans+ ➔ DVD$

GET ON THE BUS ▷4
É.-U. 1996. Drame social de Spike LEE avec Ossie Davis, Charles S. Dutton et Andre Braugher. - Durant leur périple de Los Angeles à Washington, où ils vont participer à un rassemblement d'Afro-Américains, des inconnus se lient d'amitié. □ Général ➔ DVD$

GET OUT YOUR HANDKERCHIEFS
voir **Préparez vos mouchoirs**

GET REAL ▷4
ANG. 1998. Comédie dramatique de Simon SHORE avec Brad Gorton, Ben Silverstone et Charlotte Brittain. - L'idylle entre deux étudiants gais qui s'efforcent de garder secrète leur orientation sexuelle.
➔ DVD$

GET SHORTY [C'est le petit qu'il nous faut] ▷4
É.-U. 1995. Comédie satirique de Barry SONNENFELD avec Gene Hackman, John Travolta et Rene Russo. - Un gangster sympathise avec un producteur de films et s'implique dans le financement de sa prochaine production. □ 13 ans+ · Langage vulgaire ➔ DVD$

GET SMART [Max la menace] ▷5
É.-U. 2008. Comédie d'espionnage de Peter SEGAL avec Steve Carell, Anne Hathaway et Alan Arkin. - Un agent secret inexpérimenté et sa collègue plus aguerrie luttent contre un consortium criminel qui planifie un attentat à l'arme nucléaire en sol américain.
➔ DVD$ DVD-BR$

GET TO KNOW YOUR RABBIT ▷5
É.-U. 1971. Comédie satirique de Brian DE PALMA avec Tom Smothers, John Astin et Katherine Ross. - Un cadre insatisfait abandonne carrière et maîtresse pour devenir prestidigitateur itinérant. □ 13 ans+

GETAWAY, THE [Guet-apens, Le] ▷4
É.-U. 1972. Drame policier de Sam PECKINPAH avec Steve McQueen, Ali MacGraw et Al Lettieri. - Pour sortir de prison, un homme accepte d'organiser un vol de banque pour le compte d'un avocat influent du Texas. □ 13 ans+ ➔ DVD$ DVD-BR$

GETAWAY, THE ▷5
É.-U. 1994. Drame policier de Roger DONALDSON avec Alec Baldwin, Kim Basinger et Michael Madsen. - Fuyant vers le Mexique après avoir commis un hold-up, un jeune couple est pris en chasse par la police et par d'anciens complices. □ 16 ans+ · Violence ➔ DVD$

GETTING ANY?
JAP. 1995. Takeshi KITANO

GHARE BAIRE *voir* **Home and the World, The**

GHOST [Mon fantôme d'amour] ▷4
É.-U. 1990. Drame fantastique de Jerry ZUCKER avec Patrick Swayze, Demi Moore et Whoopi Goldberg. - Devenu un fantôme après son assassinat, un jeune cadre se sert d'un faux médium pour entrer en contact avec sa compagne qui est aux prises avec des criminels.
□ Général ➔ DVD-BR$ DVD$

GHOST AND MRS. MUIR, THE ▷3
[Aventure de Mme Muir, L']
É.-U. 1947. Comédie fantaisiste de Joseph Leo MANKIEWICZ avec Rex Harrison, Gene Tierney et George Sanders. - Le fantôme d'un capitaine se mêle à la vie d'une jeune veuve qui s'est installée dans une maison au bord de la mer. - Aspects fantastiques évoqués avec finesse. Ton d'humour. Goût et mesure dans la mise en scène. Interprétation subtile. □ Général ➔ DVD$

GHOST AND THE DARKNESS, THE ▷4
[Fantôme et les ténèbres, Le]
É.-U. 1996. Aventures de Stephen HOPKINS avec Val Kilmer, Michael Douglas et Tom Wilkinson. - En Afrique au XIXe siècle, un ingénieur anglais et un chasseur américain s'efforcent d'abattre deux lions mangeurs d'hommes. □ 13 ans+ ➔ DVD$

GHOST BREAKERS, THE ▷4
É.-U. 1940. Comédie policière de George MARSHALL avec Paulette Goddard, Bob Hope et Richard Carlson. - Une jeune fille veut entrer en possession de son héritage, un château supposément hanté.
□ Général ➔ DVD$

GHOST DOG: THE WAY OF THE SAMURAÏ ▷3
[Ghost Dog: la voie du samouraï]
É.-U. 1999. Drame policier de Jim JARMUSCH avec Forest Whitaker, John Tormey et Cliff Gorman. - Après un contrat qui a mal tourné, un tueur à gages qui vit selon les préceptes des anciens samouraïs devient la cible d'un clan mafieux. - Relecture originale et fort réjouissante du film de gangsters. Climat envoûtant. Réalisation leste et imaginative. Jeu prenant de F. Whitaker. ➔ DVD$

GHOST GOES WEST, THE [Fantôme à vendre] ▷3
ANG. 1935. Comédie fantaisiste de René CLAIR avec Robert Donat, Jean Parker et Eugene Pallette. - Une jeune fille se prend de sympathie pour le fantôme d'un château écossais qu'elle a fait reconstruire en Amérique. - Intrigue originale conduite avec esprit. Réalisation brillante. Fine interprétation.

GHOST IN THE SHELL ▷4
JAP. 1995. Dessins animés de Mamoru OSHII.- Dans une ville futuriste, une policière mi-humaine, mi-robot, poursuit un mystérieux individu qui se sert de l'inforoute à des fins criminelles. □ 13 ans+ ➔ DVD$

GHOST OF MAE NAK
THAÏ. 2005. Mark DUFFIELD ➔ DVD$

GHOST OF THE NEEDLE
É.-U. 2003. Brian AVENET-BRADLEY ➔ DVD$

GHOST STORY [Fantôme de Milburn, Le] ▷5
É.-U. 1981. Drame fantastique de John IRVIN avec Craig Wasson, Alice Krige et Fred Astaire. - Dans une petite ville du Vermont, quatre vieillards sont tourmentés par le fantôme d'une jeune femme dont ils avaient provoqué la mort dans leur jeunesse.
□ 13 ans+ ➔ DVD$

GHOST TOWN [Ville fantôme, La] ▷4
É.-U. 2008. Comédie fantaisiste de David KOEPP avec Ricky Gervais, Greg Kinnear et Téa Leoni. - À New York, un dentiste célibataire et misanthrope est pourchassé par le fantôme d'un homme qui l'oblige à faire échouer le remariage de sa veuve. ➔ DVD-BR$ DVD$

GHOST WORLD ▷3
É.-U. 2001. Comédie dramatique de Terry ZWIGOFF avec Thora Birch, Steve Buscemi et Scarlett Johansson. - Une adolescente anticonformiste se lie d'amitié avec un célibataire quadragénaire à la vie tristounette. - Ton d'humour sec et mordant. Personnages observés avec drôlerie, tendresse et nuances. Traitement cultivant intelligemment le goût du kitsch. Alternance parfaite de candeur et d'aplomb dans le jeu de T. Birch. □ 13 ans+ ➔ DVD$

GHOSTBUSTERS [S.O.S. fantômes] ▷4
É.-U. 1984. Comédie fantaisiste de Ivan REITMAN avec Bill Murray, Sigourney Weaver et Dan Aykroyd. - Des experts en phénomènes paranormaux se lancent en affaires comme chasseurs de fantômes. □ 13 ans+ ➔ DVD$ DVD-BR$

GHOSTS OF MISSISSIPPI [Fantômes du Mississippi] ▷5
E.-U. 1996. Drame judiciaire de Rob REINER avec Alec Baldwin, Whoopi Goldberg et James Woods. - Un procureur remue ciel et terre pour faire inculper le responsable présumé d'un meurtre raciste commis trente ans auparavant. □ Général ➔ DVD$

GIA [Gia: femme de rêve] ▷4
É.-U. 1997. Drame biographique de Michael CRISTOFER avec Angelina Jolie, Elizabeth Mitchell et Faye Dunaway. - Après avoir tenté de se libérer de l'emprise de la drogue, le mannequin Gia Marie Carrangi meurt du sida en 1986, à l'âge de 26 ans. □ 16 ans+ ➔ DVD$

GIANT [Géant] ▷3
É.-U. 1956. Étude de mœurs de George STEVENS avec Elizabeth Taylor, Rock Hudson et James Dean. - Vingt-cinq années de la vie d'un couple sur une ferme immense au Texas. - Œuvre habile et attachante. Mise en scène d'un mouvement ample. Richesse de l'étude psychologique. Interprétation juste. □ Général ➔ DVD$

GIFT, THE [Don, Le] ▷4
É.-U. 2000. Drame fantastique de Sam RAIMI avec Cate Blanchett, Giovanni Ribisi et Keanu Reeves. - Après avoir contribué à faire condamner l'auteur présumé d'un meurtre, une voyante devient persuadée qu'il était innocent. □ 13 ans+ ➔ DVD$

GIGI ▷3
É.-U. 1958. Comédie musicale de Vincente MINNELLI avec Leslie Caron, Maurice Chevalier et Louis Jourdan. - Élevée en vue d'une vie galante, Gigi rêve d'amour sincère et de mariage. - Adaptation d'un roman de Colette. Reconstitution somptueuse et soignée de la Belle Époque. Mise en scène brillante. Interprétation pleine d'assurance. □ Général ➔ DVD-BR$ DVD$

GILDA ▷4
É.-U. 1947. Comédie dramatique de Charles VIDOR avec Rita Hayworth, Glenn Ford et George Macready. - Un gérant de casino épouse la femme de son patron après le suicide apparent de celui-ci. ➔ DVD$

GINA ▷4
QUÉ. 1975. Drame social de Denys ARCAND avec Céline Lomez, Claude Blanchard et Gabriel Arcand. - L'agression d'une danseuse dans un hôtel en province occasionne un règlement de comptes et cause des soucis à un groupe de cinéastes. □ 13 ans+

GINGER AND CINNAMON ▷4
ITA. 2003. Comédie sentimentale de Daniele LUCHETTI avec Stefania Montorsi, Giampaolo Morelli et Martina Merlino. - En vacances sur une île grecque, une adolescente déterminée à perdre sa virginité s'éprend de l'ex-petit ami de sa tante. ➔ DVD$

GINGER ET FRED [Ginger and Fred] ▷3
ITA. 1985. Comédie satirique de Federico FELLINI avec Giulietta Masina, Marcello Mastroianni et Franco Fabrizi. - Un homme et une femme qui formèrent autrefois un couple de danseurs de music-hall se retrouvent à Rome pour un spectacle de télévision. - Mélange adroit de satire grotesque et d'attendrissement mélancolique. Style baroque propre à l'auteur. Interprétation experte des protagonistes. ➔ DVD$

GINGER SNAPS [Entre sœurs] ▷4
CAN. 2000. Drame d'horreur de John FAWCETT avec Emily Perkins, Katharine Isabelle et Kris Lemche. - Une adolescente tente de guérir sa sœur devenue loup-garou le soir de ses premières règles. □ 16 ans+ · Horreur ➔ DVD$

GINGER SNAPS II - UNLEASHED ▷5
CAN. 2004. Drame d'horreur de Brett SULLIVAN avec Emily Perkins, Tatiana Maslany et Eric Johnson. - Hantée par un loup-garou, une adolescente, elle-même atteinte de lycanthropie, se retrouve internée dans une clinique de désintoxication. ➔ DVD$

GINGERBREAD MAN, THE ▷4
É.-U. 1997. Drame policier de Robert ALTMAN avec Kenneth Branagh, Embeth Davidtz et Robert Downey Jr. - En aidant une jeune serveuse qui se dit harcelée par son père psychotique, un avocat met en danger la sécurité de sa propre famille. □ Général · Déconseillé aux jeunes enfants ➔ DVD$

GIRL 6 ▷5
É.-U. 1996. Comédie dramatique réalisée et interprétée par Spike LEE avec Theresa Randle et Isaiah Washington. - Au bout de son rouleau, une aspirante actrice accepte un emploi de téléphoniste dans une agence érotique. □ 16 ans+ · Langage vulgaire ➔ DVD$

GIRL AT THE WINDOW *voir* **Jeune fille à la fenêtre, Une**

GIRL CAN'T HELP IT, THE ▷4
É.-U. 1956. Comédie satirique de Frank TASHLIN avec Tom Ewell, Jayne Mansfield et Edmond O'Brien. - Un gangster retraité charge un impresario de lancer une chanteuse sans talent. □ Général

GIRL FROM MISSOURI, THE ▷4
É.-U. 1934. Comédie dramatique de Jack CONWAY avec Jean Harlow, Lionel Barrymore et Franchot Tone. - Les mésaventures d'une jeune femme qui a quitté sa petite ville natale pour trouver un mari fortuné. □ Général

GIRL FROM MONDAY, THE
É.-U. 2005. Hal HARTLEY ➔ DVD$

GIRL FROM PETROVKA, THE ▷4
É.-U. 1974. Comédie dramatique de Robert Ellis MILLER avec Goldie Hawn, Hal Holbrook et Anthony Hopkins. - Un journaliste américain travaillant à Moscou s'éprend d'une jeune Russe aux allures bohèmes. □ Général

GIRL FROM RIO
ANG. ESP. 2001. Christopher MONGER ➔ DVD$

GIRL IN BLACK, A ▷3
GRÈ. 1956. Drame de Michael CACOYANNIS avec Ellie Lambetti, Dimitru Horn et Georges Foundas. - L'amour d'un jeune Athénien pour la fille d'une veuve, mise en quarantaine pour sa conduite légère, lui attire des ennuis. - Intrigue contemporaine traitée dans le style de la tragédie antique. Photographie admirablement composée. Interprétation stylisée. ➔ DVD$

GIRL IN THE CAFÉ, THE ▷4
ANG. 2005. Drame sentimental de David YATES avec Bill Nighy et Kelly Macdonald. - Un fonctionnaire travaillant sur un programme d'aide aux pays pauvres s'éprend d'une mystérieuse jeune femme. ➔ DVD$

GIRL IN THE RED VELVET SWING ▷4
[Fille sur la balançoire, La]
E.-U. 1955. Drame de R. FLEISCHER avec Joan Collins, Ray Milland et Farley Granger. - Les circonstances entourant le meurtre d'un architecte new-yorkais. ➔ DVD$

GIRL IN THE SNEAKERS, THE ▷4
IRAN. 1999. Drame de mœurs de Rasul SADRAMELI avec Pegah Ahangarani, Majid Hajizadeh et Akram Mohammadi. - Une fille de 15 ans s'enfuit de chez elle pour tenter de retrouver un garçon que la police et ses parents lui interdisent de revoir.

GIRL IN THE YELLOW PAJAMAS, THE
voir **Pyjama Girl Case, The**

GIRL IS A GIRL, A ▷4
CAN. 1999. Comédie de mœurs de Reginald HARKEMA avec Andrew McIntyre, Paige Morrison et Laurie Baranyay. - Les différentes conquêtes amoureuses d'un jeune homme à la recherche de la femme idéale.

GIRL MOST LIKELY TO... ▷4
E.-U. 1973. Comédie de L. PHILLIPS avec Stockard Channing, Edward Asner et Warren Berlinger. - Une jeune fille au physique ingrat se soumet à une opération de chirurgie plastique et prend sa revanche sur les hommes qui l'ont méprisée. ➔ DVD$

GIRL NEXT DOOR, THE
É.-U. 2007. Gregory WILSON ➔ DVD$

GIRL OF YOUR DREAMS, THE
ESP. 1998. Fernando TRUEBA ➔ DVD $

GIRL WHO KNEW TOO MUCH, THE
voir **Fille qui en savait trop, La**

GIRL WITH A PEARL EARRING ▷3
[Jeune fille à la perle, La]
ANG. 2003. Drame de mœurs de Peter WEBBER avec Colin Firth, Scarlett Johansson et Judy Parfitt. - En 1665, une jeune servante travaillant dans la demeure du peintre Vermeer devient son assistante puis son modèle. - Très belle adaptation du roman de Tracy Chevalier. Observations sociales et psychologiques éloquentes. Suite de magnifiques tableaux vivants inspirés des œuvres du maître hollandais. Interprétation délicatement nuancée de S. Johansson.
□ Général ➔ DVD $

GIRL WITH A SUITCASE *voir* **Fille à la valise, La**

GIRL WITH GREEN EYES, THE ▷4
ANG. 1964. Drame psychologique de Desmond DAVIS avec Rita Tushingham, Peter Finch et Lynn Redgrave. - Une jeune fille devient amoureuse d'un écrivain d'âge mûr. ➔ DVD $

GIRL, INTERRUPTED [Jeune fille interrompue] ▷4
É.-U. 1999. Drame de mœurs de James MANGOLD avec Winona Ryder, Angelina Jolie et Whoopi Goldberg. - À la fin des années 60, une jeune femme ayant tenté de se suicider séjourne un an dans une institution psychiatrique. ➔ DVD $

GIRL-GETTERS, THE ▷4
ANG. 1964. Drame psychologique de Michael WINNER avec Oliver Reed, Jane Merrow et Guy Doleman. - Des jeunes gens ont imaginé un système pour faire la connaissance de jolies estivantes.
□ Général

GIRLFIGHT ▷4
É.-U. 2000. Drame sportif de Karyn KUSAMA avec Michelle Rodriguez, Jaime Tirelli et Paul Calderon. - Une adolescente au tempérament violent canalise son agressivité dans la boxe et s'ouvre à la vie quand elle tombe amoureuse d'un rival. □ Général · Déconseillé aux jeunes enfants ➔ DVD $

GIRLFRIEND EXPERIENCE, THE
É.-U. 2009. Steven SODERBERGH

GIRLS IN PRISON
É.-U. 1994. John MCNAUGHTON □ 13 ans+ ➔ DVD $

GIRLS TOWN ▷4
É.-U. 1996. Drame de mœurs de Jim McKAY avec Lili Taylor, Anna Grace et Bruklin Harris. - Éprouvées par le suicide d'une amie, trois adolescentes rebelles et désabusées découvrent dans le journal intime de celle-ci les raisons de son geste. □ 13 ans+ · Langage vulgaire

GITAN, LE ▷4
FR. 1975. Drame policier de José GIOVANNI avec Alain Delon, Paul Meurisse et Marcel Bozzuffi. - En poursuivant des exploits criminels, un gitan croise un perceur de coffres recherché pour meurtre.
□ 13 ans+

GITANE, LA ▷5
FR. 1985. Comédie de Philippe DE BROCA avec Claude Brasseur, Valérie Kaprisky et Clémentine Célarié. - Un banquier, ayant des problèmes avec les femmes, tombe amoureux d'une gitane qui l'entraîne dans diverses aventures. □ Général ➔ DVD $

GLADIATOR [Gladiateur] ▷3
É.-U. 2000. Drame épique de Ridley SCOTT avec Russell Crowe, Joaquin Phoenix et Connie Nielsen. - Un général romain devenu gladiateur cherche à se venger de l'empereur qu'il tient responsable de son malheur. - Sujet traité avec un grand impact dramatique. Personnages bien développés. Mise en scène spectaculaire à souhait. Interprétation intense. □ 13 ans+ · Violence ➔ DVD $

GLASS BOTTOM BOAT, THE ▷4
É.-U. 1966. Comédie de Frank TASHLIN avec Doris Day, Rod Taylor et Dom De Luise. - Une jeune veuve est soupçonnée à tort d'être une espionne. □ Général

GLASS MENAGERIE, THE [Ménagerie de verre, La] ▷3
É.-U. 1987. Drame psychologique de Paul NEWMAN avec Joanne Woodward, Karen Allen et John Malkovich. - À la demande de sa mère, un jeune homme cherche un prétendant pour sa sœur qui est affligée d'une infirmité à la jambe et d'une timidité maladive. - Adaptation fidèle de la pièce de Tennessee Williams. Ton intimiste profondément émouvant. Illustration soignée. Excellente interprétation. □ Général

GLASS SHIELD, THE ▷4
É.-U. 1994. Drame policier de Charles BURNETT avec Lori Petty, Michael Boatman and Ice Cube. - En proie au racisme quotidien d'un commissariat de Los Angeles, un jeune policier afro-américain n'ose intervenir lorsqu'un Noir est injustement arrêté sous ses yeux.
□ Général ➔ DVD $

GLEANERS AND I *voir* **Glaneurs et la glaneuse, Les**

GLEN OR GLENDA? [I Changed My Sex] ▷7
Drame de mœurs réalisé et interprété par Edward D. WOOD Jr. avec Bela Lugosi et Lyle Talbot. - Deux individus veulent changer de sexe, l'un en s'habillant en femme, l'autre en subissant une opération.
□ Général ➔ DVD $

GLENGARRY GLEN ROSS ▷3
É.-U. 1992. Drame de mœurs de James FOLEY avec Al Pacino, Jack Lemmon et Ed Harris. - Menacés de congédiement par leur supérieur, quatre agents immobiliers cherchent le moyen d'augmenter leurs ventes. - Adaptation d'une pièce de David Mamet. Illustration tantôt stylisée tantôt réaliste. Ensemble à la fois émouvant et caustique. Texte rendu à merveille par de prestigieux interprètes.
□ 13 ans+ · Langage vulgaire

GLENN MILLER STORY, THE [Romance inachevée] ▷4
É.-U. 1954. Drame biographique d'Anthony MANN avec James Stewart, June Allyson et Charles Drake. - La vie d'un musicien de jazz des années 1930. □ Général ➔ DVD $

GLISSER VERS L'ENFER *voir* **Hell Bent**

GLOBAL METAL
CAN. É.-U. 2007. Scot MCFADYEN, Sam DUNN □ Général ➔ DVD $

GLOBE-TROTTER, LE *voir* **World Traveler**

GLOIRE DE MON PÈRE, LA [My Father's Glory] ▷3
FR. 1990. Chronique de Yves ROBERT avec Philippe Caubère, Nathalie Roussel et Julien Ciamara. - Les aventures d'un garçon de onze ans qui passe les vacances d'été avec sa famille dans une maison à la campagne. - Récit basé sur les souvenirs d'enfance de Marcel Pagnol. Film classique mais lumineux. Scènes familiales ou rurales illustrées avec une beauté simple. Interprétation fort satisfaisante.
□ Général ➔ DVD $

GLOIRE ET ROCK AND ROLL *voir* **Telling Lies in America**

GLOOMY SUNDAY
ALL. 1999. Rolf SCHÜBEL ➔ DVD $

GLORIA ▷3
É.-U. 1980. Thriller de John CASSAVETES avec Gena Rowlands, John Adames et Buck Henry. - Une femme se fait la protectrice d'un enfant dont la famille a été abattue par la mafia. - Récit habilement construit bien que légèrement invraisemblable. Traitement d'un réalisme convaincant. Mise en scène nerveuse à souhait. Interprétation forte de G. Rowlands. □ 13 ans+ ➔ DVD $

GLORIA ▷5
É.-U. 1998. Drame de Sidney LUMET avec Sharon Stone, Jean-Luke Figueroa et Jeremy Northam. - La maîtresse d'un mafioso se fait la protectrice d'un gamin dont les parents ont été assassinés par les hommes de main du gangster. □ Général · Déconseillé aux jeunes enfants

GLORY ▷3
É.-U. 1989. Drame historique d'Edward ZWICK avec Denzel Washington, Matthew Broderick et Morgan Freeman. - Durant la guerre de Sécession, un jeune officier nordiste revendique les mêmes droits pour les soldats noirs volontaires qui forment son régiment. - Récit humaniste. Traitement attentif aux émotions des personnages. Mise en scène de qualité. Très bons interprètes. □ 13 ans+ ➔ DVD-BR $ DVD $

GLORY ROAD [Chemin de la gloire, Le] ▷4
É.-U. 2006. Drame sportif de James GARTNER avec Josh Lucas, Derek Luke et Austin Nichols. - En 1966, un entraîneur de basket-ball collégial conduit en finale de championnat la première équipe entièrement composée de joueurs afro-américains.
□ Général ➔ DVD $ DVD-BR $

GLOUPS! JE SUIS UN POISSON [Help! I'm a Fish] ▷4
Dan. 2000. Dessins animés de Michael HEGNER et Stefan FJELDMARK. - Trois enfants sont transformés en poissons après avoir bu une potion inventée par un savant farfelu. □ Général

GO ▷4
É.-U. 1999. Comédie dramatique de Doug LIMAN avec Sarah Polley, Desmond Askew et Scott Wolf. - La veille de Noël, les destins de divers personnages s'entrecroisent sur fond de petites arnaques et de folles virées. □ 16 ans+ ➜ DVD $

GO FISH ▷4
É.-U. 1994. Comédie de mœurs de Rose TROCHE avec Guinevere Turner, V.S. Brodie et T. Wendy McMillan. - Une jeune romancière en herbe qui recherche désespérément l'âme sœur fait la rencontre d'une timide assistante vétérinaire. □ 16 ans+ · Érotisme ➜ DVD $

GO FOR BROKE! ▷4
É.-U. 1950. Drame de guerre de Robert PIROSH avec Van Johnson, Lane Nakano et George Miki. - Les exploits d'un régiment américain composé de soldats d'origine japonaise. □ Général

GO TELL THE SPARTANS ▷4
É.-U. 1978. Drame de guerre de Ted POST avec Burt Lancaster et Craig Wasson. - En 1964, des soldats américains tentent d'occuper une ancienne base française au Viêt-nam. □ 13 ans+ ➜ DVD $

GO WEST ▷3
É.-U. 1925. Comédie réalisée et interprétée par Buster KEATON avec Howard Truesdale et Kathleen Myers. - Un maladroit engagé sur un ranch s'attache à une vache. - Scénario amusant. Succession de gags désopilants. B. Keaton en bonne forme. □ Général ➜ DVD $

GOD'S LITTLE ACRE ▷4
É.-U. 1958. Comédie dramatique de Anthony MANN avec Robert Ryan, Aldo Ray et Tina Louise. - Un fermier creuse sa terre dans l'espoir d'y trouver un trésor et néglige sa famille. □ Général

GODDESS OF 1967, THE ▷4
AUS. 2000. Drame psychologique de Clara LAW avec Rose Byrne, Rikiya Kurokawa et Nicholas Hope. - Une jeune aveugle accompagne un Japonais qui se rend dans l'arrière-pays australien pour régler l'achat d'une voiture de collection. □ 16 ans+

GODFATHER, THE [Parrain, Le] ►1
É.-U. 1972. Drame de mœurs de Francis Ford COPPOLA avec Marlon Brando, Al Pacino et James Caan. - Malgré sa décision de ne pas se mêler aux affaires de la famille, le fils d'un chef de la mafia américaine finit pourtant par succéder à son père. - Évocation fascinante du milieu. Mise en scène vigoureuse et inventive. Photographie remarquable. Tension constante. Excellente interprétation. □ 13 ans+ ➜ DVD $

GODFATHER II, THE [Parrain II, Le] ►1
É.-U. 1974. Drame de mœurs de Francis Ford COPPOLA avec Al Pacino, Robert De Niro et Diane Keaton. - L'ascension d'un Sicilien dans le monde américain du crime et la consolidation de son empire illégal par son fils. - Complément riche et complexe du film précédent. Fresque grandiose. Cinématographie remarquable. Interprétation de première force. □ 13 ans+ ➜ DVD $

GODFATHER III, THE [Parrain III, Le] ▷3
É.-U. 1990. Drame de mœurs de Francis Ford COPPOLA avec Al Pacino, Andy Garcia et Sofia Coppola. - Après avoir fait fortune grâce au crime, le parrain de la mafia américaine cherche à œuvrer dans la légitimité tout en étant secondé par un neveu impétueux. - Portrait assez fascinant du personnage principal. Réalisation somptueuse. Séquence finale magistrale. Excellente interprétation. □ 13 ans+ ➜ DVD $

GODS AND MONSTERS ▷3
É.-U. 1998. Drame psychologique de Bill CONDON avec Ian McKellen, Brendan Fraser et Lynn Redgrave. - En 1957, un cinéaste homosexuel vieillissant et malade se lie d'amitié avec son jeune jardinier. - Récit inspiré de la vie du réalisateur James Whale. Approche sensible et spirituelle. Interprétation remarquable d'I. McKellen. □ 13 ans+

GODS MUST BE CRAZY, THE ▷3
[Dieux sont tombés sur la tête, Les]
A.S. 1981. Comédie de Jamie UYS avec Marius Weyers, Sandra Prisloo et Xao. - Un indigène du Kalahari a pour tâche de se débarrasser d'une bouteille maléfique tombée du ciel. - Fable cocasse nourrie d'observations de mœurs. Mise en scène vivante. Interprétation d'une bonhomie parfaite. □ Général ➜ DVD $

GODS MUST BE CRAZY II, THE ▷4
[Dieux sont tombés sur la tête... la suite, Les]
A.S. 1988. Comédie de Jamie UYS avec N'xau, Lena Farugia et Hans Strydom. - Un Bochiman part à la recherche de ses enfants embarqués par inadvertance à l'arrière d'un camion-citerne. □ Général

GODS OF THE PLAGUE
ALL. 1969. Rainer Werner FASSBINDER □ 13 ans+

GODS, GANGSTERS AND GAMBLERS
CHI. DIVERS ➜ DVD $

GODSPELL [Fièvre de dieu, La] ▷3
É.-U. 1973. Comédie musicale de David GREENE avec Victor Garber, David Haskell et Lynne Thigpen. - Dans les rues et sur les places de New York, dix jeunes gens revivent divers épisodes de la vie du Christ. - Spectacle vivant et inventif. Sketches de style moderne où fourmillent les trouvailles. □ Général ➜ DVD $

GODZILLA'S REVENGE ▷5
JAP. 1969. Drame d'horreur d'Inoshiro HONDA avec Kenji Sahara, Tomoneri Yazaki et Mashiko Muka. - Un garçonnet rêve à un séjour dans une île peuplée de monstres gigantesques. □ Général · Déconseillé aux jeunes enfants ➜ DVD $

GOIN' DOWN THE ROAD ▷3
CAN. 1970. Drame social de Donald SHEBIB avec Doug McGrath, Paul Bradley et Jayne Eastwood. - Les mésaventures de deux amis qui quittent la Nouvelle-Écosse pour aller tenter fortune à Toronto. - Ton de chaude humanité. Souci de réalisme. Mise en scène souple. Fines observations. Jeu naturel d'interprètes bien dirigés. ➜ DVD $

GOIN' SOUTH ▷4
É.-U. 1978. Western réalisé et interprété par Jack NICHOLSON avec Mary Steenburgen et Christopher Lloyd. - Un hors-la-loi condamné à la pendaison obtient sa grâce en épousant une jeune femme. □ Général ➜ DVD $

GOING ALL THE WAY ▷4
E.-U. 1996. Drame de mœurs de Mark PELLINGTON avec Jeremy Davies, Ben Affleck et Amy Locane. - À leur retour de la guerre de Corée, deux anciens camarades de classe réintègrent leur bourgade du Midwest avec quelques difficultés.

GOING IN STYLE ▷4
É.-U. 1979. Comédie dramatique de Martin BREST avec George Burns, Art Carney et Lee Strasberg. - Pour tromper leur ennui, trois vieillards décident de commettre un hold-up. □ Général ➜ DVD $

GOING MY WAY ▷4
É.-U. 1944. Comédie dramatique de Leo McCAREY avec Bing Crosby, Barry Fitzgerald et Risë Stevens. - Un jeune prêtre d'esprit moderne est nommé pour assister le vieux curé d'une grande paroisse. □ Général ➜ DVD $

GOING PLACES *voir* **Valseuses, Les**

GOJOE SPIRIT WAR CHRONICLE
JAP. 2000. Sogo ISHII ➜ DVD $

GOLD DIGGERS OF 1933 ▷3
É.-U. 1933. Comédie musicale de M. Le ROY avec Warren William, Joan Blondell et Aline McMahon. - Des danseuses de music-hall se cherchent de riches époux. - Scénario prétexte à d'excellents numéros de chants et de danses chorégraphiés par Busby Berkeley. Mise en scène inventive. Un classique du genre. Interprétation enjouée.

GOLD DIGGERS OF 1935 ▷4
É.-U. 1935. Comédie musicale de Busby BERKELEY avec Dick Powell, Adolphe Menjou et Gloria Stuart. - Une riche héritière s'éprend d'un chanteur de music-hall.

GOLD RUSH, THE [Ruée vers l'or, La] ►1
É.-U. 1925. Comédie dramatique réalisée et interprétée par Charlie CHAPLIN avec Mack Swain et Georgia Hale. - En Alaska, un vagabond part à la découverte d'un filon du précieux métal. - Mélange judicieux de pathétique et de comique. Nombreuses séquences inoubliables. Technique simple et efficace. Jeu de mime remarquable de C. Chaplin. ➜ DVD $

GOLDEN BALLS *voir* **Macho**

GOLDEN BOWL, THE [Coupe d'or, La] ▷4
É.-U. 2000. Drame de mœurs de James IVORY avec Uma Thurman, Jeremy Northam et Nick Nolte. - Dans les années 1910, un prince italien désargenté qui a épousé la fille d'un milliardaire s'engage dans une liaison avec la jeune épouse de ce dernier. □ Général ➜ DVD $

GOLDEN BOY [Esclave aux mains d'or, L'] ▷4
É.-U. 1940. Drame psychologique de Rouben MAMOULIAN avec William Holden, Barbara Stanwyck et Adolphe Menjou. - Ne pouvant gagner sa vie, un violoniste opte pour la boxe. □ Général ➜ DVD $

GOLDEN BOY
JAP. 1995. Hiroyuki KITAKUBO, Tatsuya EGAWA ➜ DVD$

GOLDEN BRAID ▷4
AUS. 1990. Drame de Paul COX avec Chris Haywood, Gosia Dobrowolska et Paul Chubb. - Un horloger en vient à négliger sa maîtresse lorsqu'il tombe amoureux d'une tresse dorée qu'il a dénichée dans le tiroir secret d'un buffet vénitien. □ 13 ans+ · Érotisme

GOLDEN CHICKEN 2
H.-K. 2003

GOLDEN COACH, THE *voir* **Carrosse d'or, Le**

GOLDEN COMPASS, THE ▷4
[À la croisée des mondes - la boussole d'or]
É.-U. 2007. Drame fantastique de Chris WEITZ avec Dakota Blue Richards, Nicole Kidman et Ian McKellen (voix). - Dans un univers parallèle, une orpheline part à la rescousse de son meilleur ami, enlevé par le gouvernement pour fins d'expérience scientifique.
➜ DVD$ DVD-BR$

GOLDEN DOOR, THE *voir* **Nuovomondo**

GOLDEN EIGHTIES ▷3
FR. 1985. Comédie musicale de Chantal AKERMAN avec Delphine Seyrig, Fanny Cottençon et Charles Denner. - Les échanges amoureux entre les employés d'un magasin de confection et d'un salon de coiffure se faisant face dans une galerie marchande. - Divertissement coloré. Mise en scène rythmée habilement maîtrisée. Interprétation convaincante. □ Général

GOLDEN GONG, THE
ANG. 1987. DIVERS ➜ DVD$

GOLDEN VOYAGE OF SINBAD, THE ▷4
[Voyage fantastique de Sinbad, Le]
ANG. 1973. Conte de Gordon HESSLER avec John Philip Law, Caroline Munro et Tom Baker. - Sinbad et son équipage partent à la recherche d'un trésor dans une île légendaire. □ Général ➜ DVD$

GOLDENEYE ▷4
ANG. 1995. Drame d'espionnage de Martin CAMPBELL avec Pierce Brosnan, Sean Bean et Izabella Scorupco. - En Russie, l'agent secret James Bond s'efforce de contrecarrer les plans d'un terroriste qui menace de faire sauter Londres. □ 13 ans+ ➜ DVD$

GOLDFINGER ▷3
ANG. 1964. Drame d'espionnage de Guy HAMILTON avec Sean Connery, Gert Fröbe et Honor Blackman. - L'agent secret James Bond doit surveiller un millionnaire soupçonné de faire la contrebande de l'or. - Invraisemblances colorées d'un ton de satire évident. Réalisation inventive et nerveuse. Interprétation dans le ton voulu.
□ 13 ans+ ➜ DVD$

GOLDSTEIN
É.-U. 1964. Philip KAUFMAN et Benjamin MANASTER

GOLEM DE MONTRÉAL, LE ▷5
CAN. 2004. Comédie fantaisiste d'Isabelle HAYEUR avec Zébulon Vézina, Réal Bossé et Lazlo Riccardi-Rigaud. - Grâce à une formule magique tirée d'une légende juive, trois enfants donnent naissance à un colosse qui obéit à tous leurs ordres. □ Général ➜ DVD$

GOLEM, LE [Golem: The Legend of Prague] ▷5
TCH. 1937. Drame fantastique de Julien DUVIVIER avec Harry Baur, Roger Karl et Ferdinand Hart. - Pour protéger la population juive de Cracovie, un rabbin anime une statue d'argile à l'aide de formules cabalistiques. □ Général

GOLEM, THE ▷3
ALL. 1920. Drame fantastique de Paul WEGENER et Carl BOESE avec Paul Wegener, Albert Steinruck et Lyda Salmonova. - Pour protéger la population juive de Cracovie, un rabbin anime une statue d'argile à l'aide de formules cabalistiques. - Classique du cinéma fantastique. Climat d'étrangeté. Trucages étonnamment réussis.
□ Général ➜ DVD$

GOLEM: THE PETRIFIED GARDEN
FR. 1993. Amos GITAÏ ➜ DVD$

GOMEZ ET TAVARES
FR. 2003. Gilles PAQUET-BRENNER ➜ DVD$

GOMORRA
ITA. 2008. Matteo GARRONE

GONE BABY GONE ▷4
É.-U. 2007. Drame policier de Ben AFFLECK avec Casey Affleck, Michelle Monaghan et Morgan Freeman. - Un jeune détective privé et sa conjointe enquêtent sur la disparition d'une fillette survenue dans le quartier défavorisé de Boston duquel ils sont issus.
□ 13 ans+ · Violence ➜ DVD$ DVD-BR$

GONE DU CHAÂBA, LE ▷4
FR. 1997. Chronique de Christophe RUGGIA avec Bouzid Negnoug, Mohamed Fellag et Nabil Ghalem. - Dans les années 60, les tribulations d'un gamin algérien qui vit avec sa famille dans un bidonville de Lyon. □ Général

GONE WITH THE WIND [Autant en emporte le vent] ►2
É.-U. 1939. Drame de mœurs de Victor FLEMING avec Vivien Leigh, Clark Gable et Olivia de Havilland. - Les manœuvres d'une jeune Sudiste égoïste et ambitieuse dans le cadre de la guerre de Sécession. - Adaptation spectaculaire du roman de Margaret Mitchell. Classique du cinéma populaire. Mise en scène impressionnante. Interprétation solide. □ Général

GONE WITH THE WOMAN
NOR. 2007. Petter NAESS ➜ DVD$

GONZA THE SPEARMAN ▷3
JAP. 1985. Drame de mœurs de Masahiro SHINODA avec Hiromi Goh, Shima Iwashita et Sholej Hino. - Lorsque l'épouse de son seigneur lui propose sa fille en mariage, un serviteur ambitieux accepte l'offre dans l'espoir de connaître les secrets de la cérémonie du thé. - Adaptation d'une pièce de théâtre japonaise du XVIIIe siècle. Description intéressante des mœurs de l'époque. □ 13 ans+

GOOD BYE LENIN *voir* **Au revoir Lénine**

GOOD EARTH, THE ▷3
É.-U. 1936. Étude de mœurs de Sidney FRANKLIN avec Paul Muni, Luise Rainer et Walter Connolly. - La vie d'un fermier chinois et de sa famille. - Adaptation soignée d'un roman de Pearl Buck. Tableau intéressant de la Chine traditionnelle. Construction anecdotique. Interprétation de classe. □ Général ➜ DVD$

GOOD EVENING, MR. WALLENBERG ▷4
SUÈ. 1990. Drame historique de Kjell GREDE avec Stellan Skarsgard, Katharina Thalbach et Karoly Eperjes. - Les efforts accomplis par un homme d'affaires suédois pour soustraire de nombreux juifs à l'Holocauste. □ 13 ans+ ➜ DVD$

GOOD FAIRY, THE ▷4
É.-U. 1935. Comédie sentimentale de William WYLER avec Margaret Sullavan, Herbert Marshall et Frank Morgan. - Une jeune fille candide intervient curieusement dans la vie de trois hommes. ➜ DVD$

GOOD FATHER, THE ▷3
ANG. 1986. Drame de mœurs de Mike NEWELL avec Anthony Hopkins, Jim Broadbent et Harriet Walter. - Voulant se venger de son propre échec conjugal, un homme pousse un instituteur à entreprendre des procédures judiciaires pour recouvrer la garde de son fils. - Étude de mœurs d'une intensité particulière. Contexte bien décrit. Mise en scène précise. Interprétation contrôlée. □ Général ➜ DVD$

GOOD GERMAN, THE ▷4
É.-U. 2006. Drame de Steven SODERBERGH avec George Clooney, Cate Blanchett et Tobey Maguire. - En 1945, à Berlin, un journaliste américain enquête sur le meurtre d'un caporal dont la petite amie allemande fut sa maîtresse avant la guerre. □ 13 ans+ ➜ DVD$

GOOD GIRL, THE ▷4
É.-U. 2001. Comédie dramatique de Miguel ARTETA avec Jennifer Aniston, Jake Gyllenhaal et John C. Reilly. - Pour pimenter sa vie ennuyeuse, une employée d'un magasin à rayons d'une petite ville du Texas trompe son mari avec un jeune caissier tourmenté.
□ Général ➜ DVD$

GOOD GUYS AND THE BAD GUYS, THE ▷4
É.-U. 1969. Western de Burt KENNEDY avec Robert Mitchum, George Kennedy et David Carradine. - Un shérif à la retraite et un bandit unissent leurs efforts pour empêcher le vol d'un convoi d'argent.
➜ DVD$

GOOD MARRIAGE, A
voir **Beau mariage, Le**

GOOD MORNING
JAP. 1959. Yasujiro OZU □ Général

GOOD MORNING, BABYLON ▷3
ITA. 1987. Comédie dramatique de Paolo et Vittorio TAVIANI avec Vincent Spano, Joaquim de Almeida et Greta Scacchi. - Partis faire fortune en Amérique, deux jeunes Italiens aboutissent à Hollywood en 1915 où ils travaillent comme manœuvres. - Hommage à tous les artisans obscurs du cinéma. Évocation d'une nostalgie poétique. Interprétation sympathique. □ Général

GOOD MORNING, NIGHT
ITA. 2003. Marco BELLOCCHIO ➔ DVD$

GOOD MORNING, VIETNAM [Bonjour Vietnam] ▷4
É.-U. 1987. Comédie dramatique de Barry LEVINSON avec Robin Williams, Forest Whitaker et Tung Thanh Tran. - Au Vietnam en 1965, un caporal américain devient le disc-jockey volubile et spirituel d'une émission de radio matinale diffusée par l'armée.
□ Général ➔ DVD$

GOOD MOTHER, THE [Bonne mère malgré tout] ▷4
É.-U. 1998. Drame psychologique de Leonard NIMOY avec Diane Keaton, Liam Neeson et Jason Robards. - Une jeune femme indépendante est poursuivie devant les tribunaux par son ex-mari qui veut obtenir la garde de leur fille. □ Général ➔ DVD$

GOOD NIGHT, AND GOOD LUCK ▷3
É.-U. 2005. Drame historique réalisé et interprété par George CLOONEY avec David Strathairn et Frank Langella. - En 1953, les efforts du journaliste de CBS Edward R. Murrow et de son équipe pour faire échec au sénateur Joseph McCarthy. - Étude sérieuse sur l'influence des médias, aux résonances toujours actuelles. Dialogues incisifs. Rythme alerte. Excellente reconstitution d'époque. Réalisation assurée. Interprétation de haut vol de D. Strathairn. □ Général ➔ DVD$

GOOD SHEPHERD, THE ▷4
É.-U. 2006. Drame d'espionnage de Robert De NIRO avec Matt Damon, Angelina Jolie et Alec Baldwin. - Évocation de la carrière d'un agent secret de la CIA, depuis la Deuxième Guerre mondiale jusqu'au scandale entourant le débarquement raté de la Baie des Cochons.
□ 13 ans+ ➔ DVD$

GOOD SOLDIER SCHWEIK 2, THE: BEG TO REPORT SIR
TCH. 1957. Karel STEKLY ➔ DVD$

GOOD SOLDIER SCHWEIK, THE
TCH. 1956. Karel STEKLY ➔ DVD$

GOOD THIEF, THE [Dernier coup de Monsieur Bob, Le] ▷3
ANG. 2002. Drame policier de Neil JORDAN avec Nick Nolte, Tcheky Karyo et Saïd Taghmaoui. - Un cambrioleur américain, toxicomane et ruiné, participe à un vol de tableaux dans un casino de Monte-Carlo. - Description teintée d'humour d'un milieu glauque et violent. Intrigue complexe pleine de rebondissements. Mise en scène inventive. Très bonne interprétation de N. Nolte.
□ Général · Déconseillé aux jeunes enfants ➔ DVD$

GOOD TIMES ▷5
E.-U. 1966. Comédie musicale de W. FRIEDKIN avec Sonny, Cher et George Sanders. - Un jeune chanteur qui rêve de faire du cinéma s'imagine dans divers rôles en compagnie de sa partenaire de scène.
➔ DVD$

GOOD WILL HUNTING [Destin de Will Hunting, Le] ▷4
É.-U. 1997. Drame psychologique de Gus VAN SANT avec Matt Damon, Robin Williams et Stellan Skarsgard. - Un jeune génie rebelle et issu d'un milieu défavorisé doit suivre une thérapie avec un psychologue meurtri par la vie. □ 13 ans+ · Langage vulgaire ➔ DVD-BR$ DVD$

GOOD YEAR, A [Bon cru, Un] ▷4
É.-U. 2006. Comédie dramatique de Ridley SCOTT avec Russell Crowe, Albert Finney et Marion Cotillard. - Ayant hérité de son oncle un vignoble en Provence, un loup de la finance londonien revient sur sa décision de le vendre lorsque diverses circonstances l'empêchent d'en repartir. □ Général ➔ DVD$

GOOD, THE BAD AND THE UGLY, THE ►1
[Bon, la brute et le truand, Le]
ITA. 1967. Western de Sergio LEONE avec Clint Eastwood, Eli Wallach et Lee Van Cleef. - Pendant la guerre de Sécession, trois aventuriers se disputent le secret de la cachette d'un trésor volé à l'armée confédérée. - Variations habiles et originales sur des thèmes connus. Ton d'humour particulier. Style syncopé. Musique mémorable d'Ennio Morricone. Cadrage et montage recherchés. Interprétation savoureuse.
□ 13 ans+ ➔ DVD$ DVD-BR$

GOODBYE AGAIN ▷4
É.-U. 1961. Drame psychologique d'Anatole LITVAK avec Yves Montand, Ingrid Bergman et Anthony Perkins. - Une divorcée dans la quarantaine se console avec un jeune Américain des infidélités de son amant.

GOODBYE CHARLIE [Au revoir Charlie] ▷4
É.-U. 1964. Comédie fantaisiste de Vincente MINNELLI avec Debbie Reynolds, Tony Curtis et Pat Boone. - Un séducteur impénitent est métamorphosé en femme. □ Général

GOODBYE DRAGON INN
TAÏ. 2003. Ming-liang TSAI ➔ DVD$

GOODBYE GIRL, THE [Adieu, je reste] ▷4
É.-U. 1977. Comédie sentimentale de Herbert ROSS avec Richard Dreyfuss, Marsha Mason et Quinn Cummings. - Les tribulations sentimentales entre un acteur et une ancienne danseuse qui doivent partager le même appartement. □ Général ➔ DVD$

GOODBYE MR. CHIPS ▷3
É.-U. 1939. Comédie dramatique de Sam WOOD avec Robert Donat, Greer Garson et Paul Henreid. - La carrière d'un professeur dans un collège anglais. - Approche humaine et chaleureuse du sujet. Milieu bien observé. Mise en scène soignée. Excellente interprétation.
□ Général ➔ DVD$

GOODBYE, COLUMBUS ▷3
É.-U. 1969. Drame psychologique de Larry PEERCE avec Richard Benjamin, Ali MacGraw et Jack Klugman. - Un jeune bibliothécaire devient amoureux de la fille d'un nouveau riche. - Accent mis sur la satire de mœurs. Mise en scène soignée. Images fraîches et pimpantes. Interprétation juste. ➔ DVD$

GOODBYE, MR. CHIPS ▷4
ANG. 1969. Comédie musicale de Herbert ROSS avec Peter O'Toole, Petula Clark et Michael Redgrave. - La carrière d'un professeur dans un collège anglais. □ Général ➔ DVD$

GOODBYE, MY LADY ▷4
É.-U. 1956. Conte de William A. WELLMAN avec Walter Brennan, Brandon de Wilde et Sidney Poitier. - Un orphelin trouve un chien d'une race rare et l'adopte. □ Général

GOODFELLAS [Affranchis, Les] ►1
É.-U. 1990. Drame de mœurs de Martin SCORSESE avec Robert De Niro, Ray Liotta et Joe Pesci. - Les succès et les revers d'un jeune mafioso de New York. - Scénario foisonnant d'anecdotes drôles, violentes, tragiques ou cyniques. Fresque hautement vibrante et colorée. Milieu de la pègre évoqué de façon à la fois vériste et pittoresque. Réalisation et interprétation très assurées. □ 13 ans+ ➔ DVD-BR$ DVD$

GOONIES, THE ▷4
É.-U. 1985. Comédie dramatique de Richard DONNER avec Sean Astin, Josh Brolin et Jeff Cohen. - Parti à la recherche d'un trésor, un groupe de jeunes gens rencontre des difficultés avec une famille de criminels.
□ Général ➔ DVD$

GORGEOUS HUSSY, THE
É.-U. 1936. Clarence BROWN □ Général

GORGO ▷4
ANG. 1961. Drame d'horreur de Eugene LOURIE avec Bill Travers, William Sylvester et Vincent Winter. - Un monstre préhistorique apparaît à Londres et y sème la panique. □ Général

GORGON, THE ▷4
ANG. 1964. Drame fantastique de Terence FISHER avec Peter Cushing, Christopher Lee et Richard Pasco. - Dans un petit village d'Allemagne des meurtres sont commis par un être mystérieux qui pétrifie ses victimes. □ Général

GORILLAS IN THE MIST [Gorilles dans la brume] ▷3
É.-U. 1988. Drame biographique de Michael APTED avec Sigourney Weaver, Bryan Brown et John Omirah Miluwi. - En voulant sauver les gorilles de montagne dont elle étudie les mœurs, une chercheuse est confrontée aux préoccupations économiques de la population africaine locale. - Sujet inspiré de la vie de Dian Fossey. Images colorées. Rythme enlevant. Technique bien maîtrisée. Interprétation impressionnante de S. Weaver. □ Général ➔ DVD$

GORKY PARK ▷4
É.-U. 1983. Drame policier de Michael APTED avec William Hurt, Joanna Pacula et Lee Marvin. - Un officier de police russe enquête sur la découverte de trois cadavres mutilés dans le parc Gorky, au centre de Moscou. □ 13 ans+ ➔ DVD$

GORMENGHAST ▷3
ANG. 2000. Drame fantastique d'Andy WILSON avec Jonathan Rhys-Meyers, Celia Imrie et Christopher Lee. - Dans un royaume imaginaire, un jeune aide-cuisinier machiavélique et assoiffé de pouvoir s'immisce dans l'entourage de la famille royale. - Téléfilm d'après le roman de Mervyn Peake. Imagination fertile. Personnages colorés à souhait. Illustration somptueusement baroque. Excellents interprètes.
➔ DVD$

GOSFORD PARK [Week-end à Gosford Park, Un] ▷3
É.-U. 2001. Drame de mœurs de Robert ALTMAN avec Kelly Macdonald, Emily Watson et Clive Owen. - Dans un manoir anglais où sont réunis des invités pour une partie de chasse, des tensions se font jour, tant du côté des maîtres que des serviteurs. - Scénario touffu orchestré de main de maître. Étude souvent fascinante des rapports de classes. Excellent dialogue. Formidable jeu d'ensemble.
□ Général ➔ DVD-BR$ DVD$

GOSPEL ACCORDING TO ST. MATTHEW, THE
voir **Évangile selon Saint-Matthieu, L'**

GOSPEL ROAD [Gospel Road - A Story of Jesus]
É.-U. 1973. Robert ELFSTROM ➔ DVD$

GOTHIC ▷5
ANG. 1986. Drame fantastique de Ken RUSSELL avec Gabriel Byrne, Julian Sands et Natasha Richardson. - Dans une villa du lac Léman, deux illustres poètes et leurs compagnes font un concours d'histoires macabres lors d'une nuit d'orage de 1816. □ 18 ans+

GOURDE MAGIQUE, LA *voir* **Secret of the Magic Gourd, The**

GOÛT DE LA CERISE, LE ▷3
IRAN. 1997. Drame psychologique d'Abbas KIAROSTAMI avec Homayon Ershadi, Abdolrahman Bagheri et Afshin Korshid Bakhtiari. - Un homme ayant décidé de mettre fin à ses jours part à la recherche de quelqu'un qui acceptera de l'ensevelir après sa mort. - Réflexion originale sur le suicide. Moments empreints d'une subtile poésie.
□ Général ➔ DVD$

GOÛT DES AUTRES, LE [Taste of Others, The] ▷3
FR. 2000. Comédie dramatique réalisée et interprétée par Agnès JAOUI avec Jean-Pierre Bacri et Anne Alvaro. - Un industriel peu cultivé courtise une actrice de théâtre en s'immisçant dans son cercle d'amis intellectuels. - Étude de mœurs à l'humour fin et délicat. Personnages attachants et subtilement dessinés. Dialogues spirituels. Mise en scène sûre. Jeu sensible des comédiens. □ Général ➔ DVD$

GOÛT DES JEUNES FILLES, LE ▷4
QUÉ. 2004. Comédie dramatique de John L'ÉCUYER avec Lansana Kourouma, Koumba Ball et Maka Kotto. - À Haïti, en 1971, un adolescent se croyant poursuivi par les tontons macoutes se réfugie chez une jeune fille qui l'initie à l'amour. □ 13 ans+ ➔ DVD$

GOUTTES D'EAU SUR PIERRES BRÛLANTES ▷4
[Water Drops on Burning Rocks]
FR. 1999. Comédie dramatique de François OZON avec Bernard Giraudeau, Malik Zidi et Ludivine Sagnier. - Un quinquagénaire séduit un jeune homme de trente années son cadet, puis la petite amie de ce dernier. □ 16 ans+ ➔ DVD$

GOVERNESS, THE ▷4
ANG. 1998. Drame psychologique de Sandra GOLDBACHER avec Minnie Driver, Tom Wilkinson et Jonathan Rhys Meyers. - En 1840, une Juive obtient un poste de gouvernante sous une fausse identité et tombe amoureuse de son patron, un passionné de photographie.
□ 13 ans+

GOYA À BORDEAUX ▷3
ESP. 1999. Drame biographique de Carlos SAURA avec Francisco Rabal, Jose Coronado et Dafne Fernandez. - À la veille de sa mort, le célèbre peintre Francisco de Goya raconte à sa fille les étapes décisives de sa vie - Chronique historique et biographique captivante. Traitement pictural d'un esthétisme flamboyant. Mise en scène maîtrisée. Solide composition de F. Rabal. □ Général

GOYA'S GHOSTS [Goya et ses fantômes] ▷4
ESP. 2006. Drame historique de Milos FORMAN avec Javier Bardem, Stellan Skarsgard et Natalie Portman. - En 1792, à Madrid, un membre de l'Inquisition emprisonne sous de faux prétextes une jeune bourgeoise qui a posé pour le peintre Goya. □ 13 ans+ ➔ DVD$

GOZU
JAP. 2003. Takashi MIIKE

GRACE ET CHUCK *voir* **Amazing Grace and Chuck**

GRACE IS GONE ▷4
É.-U. 2007. Drame psychologique de James C. STROUSE avec John Cusack, Shelan O'Keefe et Grace Bednarczyk. - Incapable d'annoncer à ses deux filles la mort de leur mère en Irak, un père veule décide de les emmener en voyage vers le parc d'attractions de leurs rêves.
➔ DVD$

GRACE OF MY HEART [Grace: la musique du cœur] ▷4
É.-U. 1996. Drame musical d'Allison ANDERS avec Illeana Douglas, Matt Dillon et Eric Stoltz. - Une jeune femme issue d'un milieu aisé s'établit à New York dans l'espoir de percer dans le monde de la chanson. □ Général ➔ DVD$

GRACE: LA MUSIQUE DU CŒUR *voir* **Grace of My Heart**

GRADUATE, THE [Lauréat, Le] ►2
É.-U. 1967. Comédie de mœurs de Mike NICHOLS avec Anne Bancroft, Dustin Hoffman et Katharine Ross. - À sa sortie du collège, un jeune homme est séduit par la femme de l'associé de son père puis s'éprend de la fille de celle-ci.- Scénario original et rigoureux. Ton de satire humoristique. Mise en scène très soignée. Interprétation remarquable.
□ Général ➔ DVD$ DVD-BR$

GRAFFITI AMÉRICAINS *voir* **American Graffiti**

GRAINE DE VIOLENCE *voir* **Blackboard Jungle**

GRAINE ET LE MULET, LA ▷3
FR. 2007. Drame social d'Abdellatif KECHICHE avec Habib Boufares, Hafsia Herzi et Faridah Benkhetache. - Réduit au chômage, un ouvrier d'origine maghrébine tente d'obtenir le soutien des notables de Sète pour ouvrir un restaurant à couscous sur un vieux rafiot. - Portrait ambitieux et riche en détails sociologiques d'une communauté arabe en France. Galerie imposante de personnages attachants. Caméra furtive. Interprètes d'un naturel confondant. □ Général ➔ DVD$

GRAN TORINO ▷4
É.-U. 2008. Drame social réalisé et interprété par Clint EASTWOOD avec Bee Vang et Ahney Her. - Un vieux veuf misanthrope et raciste s'ouvre aux autres après qu'un incident lui eut valu la reconnaissance de ses voisins d'origine chinoise. □ 13 ans+ ·Violence ➔ DVD$ DVD-BR$

GRAND ALIBI, LE *voir* **Stage Fright**

GRAND BLEU, LE [Big Blue, The] ▷4
FR. 1988. Comédie dramatique de Luc BESSON avec Jean-Marc Barr, Jean Reno et Rosanna Arquette. - L'amitié entre deux plongeurs célèbres continuellement en compétition. □ Général

GRAND BLOND AVEC UNE CHAUSSURE NOIRE, LE ▷3
FR. 1972. Comédie de Yves ROBERT avec Pierre Richard, Mireille Darc et Bernard Blier. - Un modeste violoniste est entraîné malgré lui dans des disputes de services secrets. - Habile mise au point des effets comiques. Plaisanteries originales et réussies. P. Richard à l'aise dans son personnage de distrait. □ Général ➔ DVD$

GRAND CANYON [Au cœur de la ville] ▷4
É.-U. 1991. Drame de mœurs de Lawrence KASDAN avec Kevin Kline, Danny Glover et Mary McDonnell. - Un garagiste et un avocat, tous deux confrontés à divers problèmes, développent une grande amitié fondée sur l'entraide. □ Général ➔ DVD$

GRAND CARNAVAL, LE ▷4
FR. 1983. Comédie dramatique d'Alexandre ARCADY avec Roger Hanin, Philippe Noiret et Fiona Gélin. - En novembre 1942, le maire d'un village algérien et son ami cafetier décident de tirer parti de l'arrivée des troupes américaines. □ Général

GRAND CHANTAGE, LE *voir* **Sweet Smell of Success**

GRAND CHEMIN, LE ▷4
FR. 1986. Comédie dramatique de Jean-Loup HUBERT avec Antoine Hubert, Anémone et Richard Bohringer. - Un enfant de la ville qui passe ses vacances dans un village découvre, grâce à une fillette, le monde des adultes. □ 13 ans+

GRAND COUP, LE *voir* **Score, The**

GRAND DÉBAT, LE *voir* **Great Debaters, The**

GRAND DÉPART, LE ▷5
QUÉ. 2008. Comédie sentimentale de Claude MEUNIER avec Marc Messier, Guylaine Tremblay et Hélène Bourgeois-Leclerc. - Un médecin quinquagénaire sème la colère autour de lui lorsqu'il prend la décision de quitter son épouse pour aller vivre avec sa maîtresse, de vingt-cinq ans sa cadette. □ Général ➔ DVD$

GRAND EMBOUTEILLAGE, LE ▷3
ITA.-FR. 1979. Comédie dramatique de Luigi COMENCINI avec Alberto Sordi, Angela Molina et Harry Baer. - Les réactions diverses d'automobilistes bloqués dans un embouteillage prolongé. - Mélange habile de comédie et de satire amère. Éléments épars adroitement intégrés. Interprétation convaincante. □ 13 ans+

GRAND ESCOGRIFFE, LE ▷4
FR. 1977. Comédie policière de Claude PINOTEAU avec Yves Montand, Claude Brasseur et Agostina Belli. - Un chevalier d'industrie entraîne un guide touristique et une comédienne dans une affaire d'enlèvement. □ Général

GRAND HOTEL ▷4
É.-U. 1932. Drame d'Edmund GOULDING avec John Barrymore, Greta Garbo et Wallace Beery. - Les destins de diverses personnes s'entrecroisent dans un hôtel de Berlin. □ Général ➜ DVD$

GRAND ILLUSION *voir* **Grande illusion, La**

GRAND JACOB, LE *voir* **Big Jake**

GRAND JEU, LE *voir* **Full Monty, The**

GRAND LEBOWSKI, LE *voir* **Big Lebowski, The**

GRAND MCLINTOCK, LE *voir* **McLintock!**

GRAND MEAULNES, LE
FR. 2006. Jean-Daniel VERHAEGHE ➜ DVD$

GRAND MEAULNES, LE [Wanderer, The] ▷4
FR. 1967. Drame de Jean-Gabriel ALBICOCCO avec Jean Blaise, Brigitte Fossey et Alain Libolt. - Un jeune homme recherche une jeune fille qu'il a rencontrée dans d'étranges circonstances.
□ Général ➜ DVD$

GRAND PARDON, LE ▷4
FR. 1982. Drame policier d'Alexandre ARCADY avec Roger Hanin, Bernard Giraudeau et Jean-Louis Trintignant. - Un jeune truand ambitieux cherche à nuire à un Juif qui a pris le contrôle des rackets d'un quartier de Paris. □ 13 ans+

GRAND PARDON II, LE [Day of Atonement] ▷5
FR. 1992. Drame de mœurs d'Alexandre ARCADY avec Roger Hanin, Richard Berry et Gérard Darmon. - Un ancien racketteur parisien parti vivre à Miami chez son fils découvre que celui-ci s'est enrichi en blanchissant l'argent de la drogue. □ 13 ans+ · Violence

GRAND PRIX ▷3
É.-U. 1966. Drame sportif de John FRANKENHEIMER avec James Garner, Yves Montand et Eva Marie Saint. - La saison des grandes courses automobiles réunit plusieurs coureurs dans une même camaraderie et une même rivalité. - Grande ingéniosité technique. Variété des prises de vue. Intrigues diverses quelque peu conventionnelles. Très bons interprètes. □ Général ➜ DVD$

GRAND RESTAURANT, LE ▷4
FR. 1966. Comédie policière de Jacques BESNARD avec Louis de Funès, Bernard Blier et Rosa Maria Rodriguez. - Le patron d'un restaurant est entraîné dans une aventure policière à la suite de la disparition d'un client. ➜ DVD$

GRAND ROCK, LE ▷5
QUÉ. 1968. Drame de Raymond GARCEAU avec Guy Thauvette, Francine Racette et Jacques Bilodeau. - Un jeune trappeur est entraîné au crime à la suite de son mariage avec une fille cupide. □ 13 ans+

GRAND RÔLE, LE
FR. 2004. Steve SUISSA ➜ DVD$

GRAND SAUT, LE *voir* **Dream with the Fishes**

GRAND SERPENT DU MONDE, LE ▷5
QUÉ.. 1998. Drame psychologique d'Yves DION avec Murray Head, Zoé Latraverse et Louise Portal. - Un chauffeur d'autobus nostalgique des voyages rencontre une jeune fille intrigante qui lui propose de partir avec lui vers le sud. □ Général

GRAND SLAM ▷4
ITA. 1967. Drame policier de Giuliano MONTALDO avec Janet Leigh, Robert Hoffman et Edward G. Robinson. - Un professeur organise un vol de banque pendant le carnaval de Rio. ➜ DVD$

GRAND SOMMEIL, LE *voir* **Big Sleep, The**

GRAND THEFT AUTO ▷5
É.-U. 1977. Comédie réalisée et interprétée par Ron HOWARD avec Nancy Morgan et Barry Cahill. - Une jeune fille s'enfuit avec un camarade dans la Rolls-Royce de son père, ce qui provoque une folle poursuite. ➜ DVD$

GRAND TIMIDE, LE *voir* **Tall Guy, The**

GRAND VOYAGE, LE ▷3
FR. 2004. Drame psychologique d'Ismaël FERROUKHI avec Nicolas Cazale, Mohamed Majd et Jacky Nercesssian. - Le fils cadet d'une famille d'immigrés marocains établie en France est contraint d'accompagner son père islamiste en pélerinage à La Mecque. - Road movie explorant avec justesse les relations père-fils. Portrait nuancé des rituels de l'islam. Paysages d'une grande puissance évocatrice. Interprétation convaincante. □ Général

GRAND ZÈLE, LE ▷5
QUÉ. 1992. Comédie satirique de Roger CANTIN avec Marc Labrèche, Raymond Cloutier et Gérard Poirier. - Promu chef de service, un employé de bureau se voit reprocher de ne pas faire des heures supplémentaires.

GRANDE BAGARRE DE DON CAMILLO, LA ▷5
FR. 1955. Comédie de Carmine GALLONE avec Fernandel, Gino Cervi et Claude Sylvain. - En période d'élection, le curé d'un village se moque du maire communiste. □ Général

GRANDE BOUFFE, LA ▷4
FR. 1973. Comédie satirique de Marco FERRERI avec Philippe Noiret, Marcello Mastroianni et Ugo Tognazzi. - En compagnie de trois prostituées et d'une institutrice, quatre amis se réunissent dans une villa pour s'y suicider par une orgie gastronomique. □ 18 ans+ ➜ DVD$

GRANDE BOURGEOISE, LA [Murri Affair, The] ▷4
ITA. 1974. Drame de mœurs de Mauro BOLOGNINI avec Catherine Deneuve, Giancarlo Giannini et Marcel Bozzuffi. - Au début du siècle, un avocat de Bologne tue son beau-frère pour libérer sa sœur d'une tutelle odieuse. □ Général ➜ DVD$

GRANDE ILLUSION, LA [Grand Illusion] ►1
FR. 1937. Drame de Jean RENOIR avec Jean Gabin, Pierre Fresnay et Erich Von Stroheim. - Dans un camp allemand, des prisonniers d'origines diverses sont amenés à fraterniser. - Œuvre puissante. Mise en scène souple et vivante. Grande richesse psychologique. Excellents interprètes. □ Général ➜ DVD$

GRANDE LESSIVE, LA ▷4
FR. 1968. Comédie satirique de Jean-Pierre MOCKY avec Bourvil, Jean Tissier et Francis Blanche. - Un instituteur part en guerre contre la télévision. □ Général ➜ DVD$

GRANDE OURSE - LA CLÉ DES POSSIBLES ▷4
QUÉ. 2009. Drame fantastique de Patrice SAUVÉ avec Marc Messier, Fanny Mallette et Normand Daneau. - Un ex-journaliste et un couple de détectives privés tentent de retrouver un objet ancien permettant de voyager au travers de réalités alternatives. □ 13 ans+

GRANDE SÉDUCTION, LA [Seducing Dr. Lewis] ▷3
QUÉ. 2003. Comédie dramatique de Jean-François POULIOT avec Raymond Bouchard, David Boutin et Benoît Brière. - Les habitants d'un village isolé organisent une vaste supercherie pour convaincre un médecin de s'installer dans leur patelin. - Portrait social plein de finesse et d'humour. Personnages colorés. Rythme soutenu. Paysages majestueux bien photographiés. Interprétation excellente.
□ Général ➜ DVD$

GRANDE VADROUILLE, LA ▷3
Fr. 1966. Comédie de Gérard OURY avec Louis de Funès, Bourvil et Terry-Thomas. - Un peintre en bâtiment et un chef d'orchestre aident des aviateurs anglais à échapper aux Allemands. - Style populaire de bon aloi. Mouvement d'ensemble fort bien réglé. Gags visuels très réussis. Interprétation enjouée. □ Général ➜ DVD$

GRANDES ESPÉRANCES, LES *voir* **Great Expectations**

GRANDES GUEULES, LES [Jailbirds' Vacation] ▷4
FR. 1965. Aventures de Robert ENRICO avec Bourvil, Lino Ventura et Jean-Claude Rolland. - Le propriétaire d'une exploitation forestière engage comme bûcherons des prisonniers en libération conditionnelle.
□ 13 ans+

GRANDES MANŒUVRES, LES ▷3
FR. 1955. Comédie dramatique de René CLAIR avec Michèle Morgan, Gérard Philipe et Jean Desailly. - Un lieutenant de dragons a parié qu'il séduirait en quinze jours la femme que le sort désignerait. - Marivaudage tendre et cruel. M. Morgan et G. Philipe excellents.

GRANDES RETROUVAILLES, LES *voir* **Mighty Wind, A**

GRANDEUR ET DESCENDANCE *voir* **Splitting Heirs**

GRANDFATHER, THE ▷4
ESP. 1998. Drame psychologique de José Luis GARCI avec Fernando Fernan Gomez, Rafael Alonso et Cayetana Guillen Cuervo. - Après le décès de son fils, un vieil homme rend visite à sa belle-fille afin de lui faire avouer lequel de ses deux enfants est illégitime. ➜ DVD $

GRANDS DUCS, LES ▷4
FR. 1995. Comédie satirique de Patrice LECONTE avec Jean-Pierre Marielle, Philippe Noiret et Jean Rochefort. - Trois comédiens vieillissants partent en tournée avec une troupe de théâtre ringarde. □ Général

GRANGES BRÛLÉES, LES ▷4
FR. 1973. Drame policier de Jean CHAPOT avec Simone Signoret, Alain Delon et Bernard LeCoq. - Un juge d'instruction chargé d'enquêter sur le meurtre d'une jeune femme voit sa tâche rendue difficile par une fermière.

GRAPES OF WRATH, THE ►1
É.-U. 1940. Drame social de John FORD avec Henry Fonda, Jane Darwell et John Carradine. - Des fermiers chassés de leurs terres par un trust agricole cherchent à trouver subsistance en Californie. - Adaptation vigoureuse du roman de John Steinbeck. Œuvre empreinte d'un humanisme profond. Mise en scène et cinématographie remarquables. Excellente interprétation. □ Général ➜ DVD $

GRASS IS GREENER, THE ▷4
[Ailleurs, l'herbe est plus verte]
É.-U. 1960. Comédie de mœurs de Stanley DONEN avec Cary Grant, Deborah Kerr et Robert Mitchum. - La femme d'un châtelain anglais est momentanément troublée par les avances d'un Américain. □ Général

GRAVE OF THE FIREFLIES ▷3
[Tombeau des lucioles, Le]
JAP. 1988. Dessins animés de Isao TAKAHATA - Un garçon et sa petite sœur laissés à eux-mêmes vivent de dures épreuves durant les bombardements américains de 1945 au Japon. - Mélange réussi de réalisme et de poésie. Vision percutante des ravages de la guerre. Animation d'une grande qualité. □ Général

GRAVEYARD OF HONOR
JAP. 1975. Kinji FUKASAKU

GRAVEYARD OF HONOR
JAP. 2002. Takashi MIIKE ➜ DVD $

GRAY'S ANATOMY ▷4
É.-U. 1996. Comédie de Steven SODERBERGH avec Spalding Gray. - Angoissé à l'idée d'avoir à se soumettre à une opération à risque, un homme envisage des thérapies alternatives pour régler ses troubles de vision. □ Général ➜ DVD $

GREASE [Brillantine] ▷5
É.-U. 1978. Comédie musicale de Randal KLEISER avec John Travolta, Olivia Newton-John et Stockard Channing. - Les difficultés sentimentales de deux étudiants provenant de milieux différents. □ Général ➜ DVD $

GREAT BALLS OF FIRE! ▷4
É.-U. 1989. Drame biographique de Jim McBRIDE avec Dennis Quaid, Winona Ryder et John Doe. - Au début d'une carrière prometteuse, le chanteur Jerry Lee Lewis connaît un échec prolongé après que son mariage avec sa petite cousine eut fait scandale. □ Général ➜ DVD $

GREAT DEBATERS, THE [Grand débat, Le] ▷4
É.-U. 2007. Drame historique réalisé et interprété par Denzel WASHINGTON avec Forest Whitaker et Nate Parker. - En 1936, l'équipe de débat du Collège Wiley, une institution texane réservée aux Noirs, affronte celle de Harvard dans une joute oratoire historique. □ Général ➜ DVD $

GREAT DICTATOR, THE [Dictateur, Le] ►1
É.-U. 1940. Comédie satirique réalisée et interprétée par Charlie CHAPLIN avec Paulette Goddard et Henry Daniell. - Dans les années 1930, un barbier juif, sosie du dictateur de la Tomagne, tente d'éviter la persécution. - Œuvre d'une invention originale. Critique acerbe de la mégalomanie nazie. Mélange d'hilarité et de mélancolie. Chaplin savoureux dans un double rôle. □ Général ➜ DVD $

GREAT ESCAPE, THE ▷3
É.-U. 1963. Drame de guerre de John STURGES avec James Garner, Richard Attenborough et Steve McQueen. - Durant la Seconde Guerre mondiale, 76 prisonniers s'évadent d'un camp allemand. - Transposition captivante d'un fait authentique. Mise en scène spectaculaire. Dosage réussi de suspense et d'humour. Personnages bien typés. Mise en scène maîtrisée. Interprétation relevée. □ Général ➜ DVD $

GREAT EXPECTATIONS [Grandes espérances, Les] ►2
ANG. 1946. Comédie dramatique de David LEAN avec John Mills, Jean Simmons et Valerie Hobson. - Par reconnaissance, un bagnard évadé fait parvenir à un jeune orphelin l'argent nécessaire pour son éducation. - Excellente adaptation du roman de Dickens. Bonne création d'atmosphère. Interprétation remarquable. □ Général ➜ DVD $

GREAT EXPECTATIONS [Grandes espérances, Les] ▷4
É.-U. 1998. Drame sentimental d'Alfonso CUARON avec Ethan Hawke, Gwyneth Paltrow et Anne Bancroft. - Un jeune peintre aidé dans sa carrière par un mystérieux bienfaiteur cherche à conquérir le cœur d'une amie d'enfance. □ Général ➜ DVD $

GREAT GATSBY, THE ▷3
É.-U. 1974. Drame sentimental de Jack CLAYTON avec Robert Redford, Mia Farrow et Bruce Dern. - Un homme qui s'est enrichi dans des affaires louches cherche à reconquérir un amour perdu. - Adaptation soignée du roman de F. Scott Fitzgerald. Rythme lent. Évocation élégiaque des années 1920. Réalisation somptueuse mais froide. Interprétation de qualité. □ Général ➜ DVD $

GREAT IMPOSTOR, THE ▷4
É.-U. 1961. Comédie dramatique de Robert MULLIGAN avec Tony Curtis, Karl Malden et Joan Blackman. - Insatisfait de sa situation sociale, un homme emprunte diverses personnalités.

GREAT LOCOMOTIVE CHASE, THE ▷4
É.-U. 1955. Drame historique de Francis D. LYON avec Fess Parker, Jeffrey Hunter et Claude Jarman. - Durant la guerre de Sécession, à Atlanta, des espions Nordistes réussissent à s'emparer d'un train appartenant aux Sudistes. ➜ DVD $

GREAT MOUSE DETECTIVE, THE ▷4
[Basil, détective privé]
É.-U. 1986. Dessins animés de Ron CLEMENTS, John MUSKER, Dave MICHENER et Burny MATTINSON - Une souris détective enquête sur la disparition d'un fabricant de jouets. □ Général ➜ DVD $

GREAT NORTHFIELD, MINNESOTA RAID, THE ▷4
É.-U. 1972. Western de Philip KAUFMAN avec Cliff Robertson, Robert Duvall et Luke Askew. - Les circonstances entourant l'attaque d'une banque du Minnesota par la bande de Jesse James. □ 13 ans+

GREAT RACE, THE ▷3
É.-U. 1965. Comédie de Blake EDWARDS avec Jack Lemmon, Natalie Wood et Tony Curtis. - Les aventures abracadabrantes de deux rivaux dans une course d'automobiles au début du XXe siècle. - Potpourri de gags et de séquences comiques dans le style de l'époque du cinéma muet. Bons trucages. Personnages pittoresques. ➜ DVD $

GREAT SANTINI, THE ▷4
É.-U. 1979. Drame psychologique de Lewis John CARLINO avec Robert Duvall, Michael O'Keefe et Blythe Danner. - Un officier exerçant son autorité paternelle de façon militaire entre en conflit avec son fils aîné. □ Général ➜ DVD $

GREAT SILENCE, THE *voir* **Grand silence, Le**

GREAT TRAIN ROBBERY, THE ▷4
ANG. 1979. Comédie policière de Michael CRICHTON avec Sean Connery, Donald Sutherland et Lesley-Anne Down. - En 1855, un aventurier entreprend de voler des chargements d'or expédiés régulièrement par chemin de fer. □ Général ➜ DVD $

GREAT WALDO PEPPER, THE ▷4
É.-U. 1975. Comédie dramatique de George Roy HILL avec Robert Redford, Bo Svenson et Susan Sarandon. - Dans les années 1920, un aviateur étonne les foules par ses exercices de voltige. □ Général

GREAT WALL, A [Great Wall Is a Great Wall, The] ▷4
É.-U. 1985. Comédie de mœurs réalisée et interprétée par Peter WANG avec Kelvin Han Yee et Li Qinqin. - Rendant visite à leurs parents de Chine, une famille américaine d'origine chinoise éprouve quelques difficultés à s'ajuster aux coutumes du pays. ➜ DVD $

GREAT WHITE HOPE, THE [Insurgé, L'] ▷4
É.-U. 1970. Drame social de Martin RITT avec James Earl Jones, Jane Alexander et Chester Morris. - Un boxeur champion de race noire s'attire des ennuis légaux à cause de sa liaison avec une jeune blanche. □ Général

GREAT ZIEGFELD, THE ▷4
É.-U. 1936. Comédie musicale de Robert Z. LEONARD avec William Powell, Luise Rainer et Myrna Loy. - La carrière et les amours d'un célèbre producteur de Broadway. □ Général ➔ DVD$

GREATEST GAME EVER PLAYED ▷4
É.-U. 2005. Drame sportif de Bill PAXTON avec Shia LaBeouf, Stephen Dillane et Josh Flitter. - En 1913, le jeune golfeur amateur Francis Ouimet remporte le U.S. Open contre le champion anglais Harry Vardon. □ Général ➔ DVD-BR$ DVD$

GREATEST SHOW ON EARTH, THE ▷4
É.-U. 1951. Comédie dramatique de Cecil B. DeMILLE avec Cornel Wilde, Betty Hutton et Charlton Heston. - Divers incidents se produisent pendant une tournée d'un grand cirque. □ Général ➔ DVD$

GREATEST STORY EVER TOLD, THE ▷3
É.-U. 1965. Drame biblique de George STEVENS avec Max Von Sydow, Dorothy McGuire et Charlton Heston. - Évocation des grands moments de la vie du Christ. - Fresque immense traitée avec respect et sincérité. Décors à la fois simples et grandioses. Composition des images remarquable. Interprétation de qualité. □ Général ➔ DVD$

GREED ►1
É.-U. 1923. Drame psychologique d'Erich VON STROHEIM avec Zasu Pitts, Gibson Gowland et Jean Hersholt. - Un rustaud, qui a été dénoncé pour pratique illégale de la dentisterie, tue son avare de femme et s'enfuit avec son or. - Classique du cinéma muet. Grande intensité dramatique. Quelques outrances. Évolution psychologique des personnages nettement marquée. Réalisation vigoureuse et réaliste. Interprétation excellente. □ Général

GREEN BUTCHERS, THE ▷4
DAN. 2003. Comédie satirique d'Anders Thomas JENSEN avec Mads Mikkelsen, Nikolaj Lie Kaas et Line Kruse. - Deux bouchers qui viennent d'ouvrir leur commerce sont amenés à offrir de la viande humaine marinée à leurs clients. ➔ DVD$

GREEN CARD [Carte verte] ▷4
AUS. 1990. Comédie sentimentale de Peter WEIR avec Andie McDowell, Gérard Depardieu et Bebe Neuwirth. - Un Français qui veut tirer profit du mariage en blanc qu'il a contracté avec une Américaine doit cohabiter avec elle afin de tromper un enquêteur de l'immigration. □ Général ➔ DVD$

GREEN FOR DANGER ▷3
ANG. 1946. Comédie policière de S. GILLIAT avec Sally Gray, Alastair Sim et Trevor Howard. - En 1944, un inspecteur de police enquête sur une série de meurtres dans un hôpital. - Scénario bien construit. Suspense et humour habilement dosés. Mise en scène efficace. Interprétation savoureuse. ➔ DVD$

GREEN MILE, THE [Ligne verte, La] ▷4
É.-U. 1999. Drame de Frank DARABONT avec Tom Hanks, Michael Clarke Duncan et David Morse. - En 1935, en Louisiane, un gardien de prison se lie d'amitié avec un condamné à mort doté de pouvoirs de guérison. ➔ DVD$

GREEN PASTURES, THE ▷3
É.-U. 1936. Comédie musicale de W. KEIGHLEY avec Rex Ingram, Oscar Polk et Eddie Anderson. - L'Ancien Testament tel qu'enseigné par un prêcheur noir. - Nombreux personnages interprétés par des Noirs. Présentation du sacré dans un style de légendes populaires. Tableaux savoureux. Interprétation vivante. ➔ DVD$

GREEN ROOM, THE *voir* **Chambre verte, La**

GREENFINGERS [Jardinage à l'anglaise] ▷5
ANG. 2000. Comédie de mœurs de Joel HERSHMAN avec Clive Owen, Helen Mirren et David Kelly. - Une célèbre horticultrice prend sous son aile un groupe de détenus qui se sont initiés à l'art du jardinage. □ Général ➔ DVD$

GREETINGS ▷4
É.-U. 1968. Comédie satirique de Brian DE PALMA avec Jonathan Warden, Robert De Niro et Gerritt Graham. - Les tribulations de trois jeunes Américains qui veulent se soustraire au service militaire. □ 13 ans+

GREGORY'S GIRL ▷3
ÉCO. 1980. Comédie de mœurs de Bill FORSYTH avec Gordon John Sinclair, Dee Hepburn et Jake D'Arcy. - Un adolescent écossais s'entiche d'une camarade d'école, nouvellement admise dans l'équipe de soccer jusque-là réservée aux garçons. - Traitement humoristique d'un sujet connu. Suite de notations bien observées. Jeune héros fort sympathique. □ Général ➔ DVD$

GREMLINS ▷4
É.-U. 1984. Conte de Joe DANTE avec Zach Galligan, Phoebe Cates et Hoyt Axton. - Un jeune homme reçoit en cadeau un curieux animal qui donne naissance à des monstres déprédateurs. □ 13 ans+ ➔ DVD$

GREMLINS 2: THE NEW BATCH ▷4
É.-U. 1990. Comédie fantaisiste de Joe DANTE avec Zach Galligan, Phoebe Cates et John Glover. - Un gratte-ciel est pris d'assaut par une multitude de petits monstres malicieux. □ 13 ans+ ➔ DVD$

GRENOUILLE ET LA BALEINE, LA ▷4
QUÉ. 1987. Comédie dramatique de Jean-Claude LORD avec Fanny Lauzier, Denis Forest et Marina Orsini. - Un jeune couple aide une fillette qui a une affinité particulière avec la vie marine à lutter contre des spéculateurs. □ Général

GRENOUILLES, LES *voir* **Frogs**

GRÈVE, LA [Strike] ►2
RUS. 1924. Drame sociale de Sergueï EISENSTEIN. En 1912, une grève dans une fonderie russe est brutalement réprimée par les forces de l'ordre. - Événements simplifiés mais illustrés dans un style grandiose. Recherches inventives dans le montage. Nombreuses images inoubliables. Interprétation toute d'une pièce. □ Général ➔ DVD$

GREY FOX, THE ▷3
CAN. 1982. Western de Phillip BORSOS avec Richard Farnsworth, Jackie Burroughs et Wayne Robson. - Sorti de prison après trente ans, un ancien voleur de diligences en vient à reprendre la voie du crime. - Intrigue intéressante. Touches originales et pittoresques. Mise en scène inventive. □ Général

GREY ZONE, THE ▷4
É.-U. 2001. Drame historique de Tim BLAKE NELSON avec David Arquette, Steve Buscemi et Harvey Keitel. - À l'automne 1944, des prisonniers du camp d'Auschwitz travaillant à la solde des nazis préparent une rébellion. □ 13 ans+ ➔ DVD$

GREYSTOKE: THE LEGEND OF TARZAN ▷3
ANG. 1983. Aventures de Hugh HUDSON avec Christopher Lambert, Andie MacDowell et Ian Holm. - Élevé dans la jungle par une guenon, un orphelin de famille aristocratique est ramené chez lui par un explorateur belge. - Renouvellement de l'histoire de Tarzan. Sujet intelligemment traité. Réalisation somptueuse. Jeu convaincant de C. Lambert. □ Général ➔ DVD$

GRIDIRON GANG ▷4
É.-U. 2006. Drame sportif de Phil JOANOU avec The Rock, Jade Yorker et Xzibit. - Dans un centre de détention pour mineurs, un conseiller forme une équipe de football avec les détenus. □ 13 ans+ · Violence ➔ DVD-BR$ DVD$

GRIEVOUS BODILY HARM ▷4
AUS. 1988. Drame policier de Mark JOFFE avec Colin Friels, John Waters et Bruno Lawrence. - Un reporter sans scrupules mène une enquête semée d'embûches pour retrouver une jeune femme qui serait liée à une série de meurtres. □ 13 ans+

GRIFFES DE LA NUIT, LES
voir **Nightmare on Elm Street, A**

GRIFTERS, THE [Arnaqueurs, Les] ▷3
É.-U. 1990. Drame de mœurs de Stephen FREARS avec Anjelica Huston, John Cusack et Annette Bening. - Un jeune arnaqueur devient l'objet d'une rivalité entre sa mère et sa petite amie qui vivent elles aussi d'activités illicites. - Adaptation d'un roman noir de Jim Thompson. Ton mordant alimenté d'effets provocants. Mise en scène habile. Interprétation nuancée et crédible. □ 13 ans+ ➔ DVD$

GRIM REAPER, THE *voir* **Commare secca, La**

GRIMM
HOL. 2003. Alex VAN WARMERDAM ➔ DVD$

GRINCHEUX QUI VOULAIT GÂCHER NOËL, LE
voir **Dr. Seuss' How the Grinch Stole Christmas**

GRINDHOUSE [Quentin Tarantino's Death Proof] ▷4
É.-U. 2007. Drame d'horreur de Robert RODRIGUEZ et Quentin TARANTINO avec Rose McGowan, Kurt Russell et Freddy Rodriguez. - Deux récits présentés en programme double, l'un portant sur une invasion de morts-vivants, l'autre sur les méfaits d'un cascadeur psychopathe. □ 16 ans+ · Violence - Horreur

GRINGO *voir* **Old Gringo**

GRISBI *voir* **Touchez pas au Grisbi**

GRISSOM GANG, THE ▷4
[Pas d'orchidées pour Miss Blandish]
É.-U. 1971. Drame de Robert ALDRICH avec Scott Wilson, Kim Darby et Tony Musante. - La fille d'un riche industriel enlevée par des criminels s'éprend d'un de ses ravisseurs. □ 18 ans+ ➜ DVD$

GRIZZLY MAN
É.-U. 2005. Werner HERZOG ➜ DVD$

GROS PLAN *voir* **Inserts**

GROSS ANATOMY ▷4
É.-U. 1989. Comédie de mœurs de Thom EBERHARDT avec Matthew Modine, Daphne Zuniga et Christine Lahti. - Un étudiant en médecine qui ne tient pas à sacrifier de longues heures aux études est attiré par une consœur ambitieuse ➜ DVD$

GROSSE FATIGUE ▷4
FR. 1994. Comédie réalisée et interprétée par Michel BLANC avec Carole Bouquet et Josianne Balasko. - Un populaire acteur de cinéma découvre qu'il a un sosie qui exploite sa ressemblance à des fins criminelles. □ Général

GROSSE PASTÈQUE, LA ▷4
ITA. 1993. Drame social de Francesca ARCHIBUGI avec Alessia Fugardi, Sergio Castellitto et Anna Galiena. - Une adolescente qui souffre d'épilepsie parvient à s'épanouir au contact d'autres patients grâce aux soins d'un médecin attentif. □ Général

GROSSE POINT BLANK [Tueur de la grosse pointe, Le] ▷4
É.-U. 1997. Comédie policière de George ARMITAGE avec John Cusack, Minnie Driver et Dan Aykroyd. - Un jeune tueur à gages ayant des assassins rivaux sur les talons retourne dans sa ville natale pour assister à une réunion d'anciens de son école.
□ 13 ans+ · Violence ➜ DVD$

GROSSESSE SURPRISE *voir* **Knocked Up**

GROUNDHOG DAY [Jour de la marmotte, Le] ▷3
É.-U. 1993. Comédie fantaisiste de Harold RAMIS avec Bill Murray, Andie MacDowell et Chris Elliott. - Un météorologue revit sans cesse la même journée de mille et une façons différentes. - Sujet original exploité de façon réjouissante. Nombreux gags amusants. Réalisation adéquate. Interprétation fort drôle de B. Murray.
□ Général ➜ DVD-BR$ DVD$

GROUP, THE ▷3
É.-U. 1965. Drame psychologique de Sidney LUMET avec Joanna Pettet, Shirley Knight et Jessica Walter. - Au cours des années 1930, huit amies de collège connaissent des sorts divers. - Habile reconstitution d'époque. Fines observations psychologiques. Pléiade de jeunes actrices de talent. □ Général

GROWN-UPS ▷4
ANG. 1980. Comédie de mœurs de Mike LEIGH avec Brenda Blethyn, Philip Davis et Lesley Manville. - Les tribulations d'un jeune couple de la classe ouvrière aux prises avec une parente extrêmement envahissante. □ Général ➜ DVD$

GRUDGE, THE *voir* **Ju-On: The Grudge**

GRUDGE, THE [Rage meurtrière] ▷4
É.-U. 2004. Drame d'horreur de Takashi SHIMIZU avec Sarah Michelle Gellar, Jason Behr et KaDee Strickland. - À Tokyo, des phénomènes mystérieux se produisent dans une maison où un mari jaloux a tué sa femme et son enfant. □ 13 ans+ · Horreur ➜ DVD-BR$ DVD$

GRUMPIER OLD MEN [Encore les vieux grincheux] ▷5
É.-U. 1995. Comédie sentimentale de Howard DEUTCH avec Walter Matthau, Jack Lemmon et Sophia Loren. - Un veuf s'éprend d'une Italienne qu'il tente d'empêcher de tranformer en restaurant une boutique d'articles de pêche. □ Général ➜ DVD$

GRUMPY OLD MEN [Vieux garçons, Les] ▷4
É.-U. 1993. Comédie de mœurs de Donald PETRIE avec Jack Lemmon, Walter Matthau et Ann-Margret. - D'anciennes rancunes refont surface entre deux vieux voisins ronchons lorsqu'ils se mettent à courtiser la même femme. □ Général ➜ DVD$

GUADALCANAL DIARY ▷4
É.-U. 1943. Drame de guerre de Lewis SEILER avec William Bendix, Richard Conte et Preston Foster. - Une compagnie de Marines reçoit l'ordre de reprendre aux Japonais l'île de Guadalcanal. □ Général

GUANTANAMERA ▷4
CUB.-ESP. 1995. Comédie satirique de Tomas Gutierrez ALEA et Juan Carlos TABIO avec Carlos Cruz, Mirtha Ibarra et Raul Eguren. - Un fonctionnaire cubain éprouve des difficultés à transporter le corps d'une parente à l'autre bout du pays. □ Général

GUARDIAN, THE [Nurse, La] ▷4
É.-U. 1990. Drame fantastique de William FRIEDKIN avec Dwier Brown, Jenny Seagrove et Carey Lowell. - Après la naissance de leur enfant, un couple engage une gardienne à plein temps qui s'avère entretenir un culte à l'endroit d'un arbre maléfique. □ 13 ans+

GUARDIAN, THE ▷5
É.-U. 2006. Drame d'Andrew DAVIS avec Kevin Costner, Ashton Kutcher et Melissa Sagemiller. - Devenu instructeur après une tragédie, un vétéran sauveteur de la garde côtière prend sous son aile une recrue indisciplinée mais prometteuse. □ Général ➜ DVD$ DVD-BR$

GUARDSMAN, THE ▷4
É.-U. 1931. Comédie de Sidney FRANKLIN avec Alfred Lunt, Lynn Fontane et Zasu Pitts. - Un acteur prétentieux veut mettre à l'épreuve la fidélité de sa femme. □ Général

GUÉPARD, LE [Leopard, The] ►2
ITA. 1963. Drame de Luchino VISCONTI avec Burt Lancaster, Alain Delon et Claudia Cardinale. - Les réactions d'un aristocrate sicilien devant la révolution menée par Garibaldi en 1860. - Fresque grandiose. Images composées avec soin. Rythme lent. Création magistrale de B. Lancaster. ➜ DVD$

GUÊPE, LA ▷6
QUÉ. 1986. Drame de mœurs de Gilles CARLE avec Chloé Sainte-Marie, Jim Cooke et Donald Pilon. - Une femme cherche à se venger d'un millionnaire qui a causé la mort de ses deux enfants.

GUERRE À SEPT ANS, LA *voir* **Hope and Glory**

GUERRE D'UN SEUL HOMME, LA ▷4
FR. 1981. Film de montage d'Edgardo COZARINSKY. - Souvenirs d'un officier allemand en poste à Paris pendant l'Occupation, illustrés par des documents d'archives. □ Général

GUERRE DES BOUTONS, LA ▷3
FR. 1961. Comédie de mœurs de Yves ROBERT avec André Treton, Martin Lartigue et Michel Isella. - Conflits entre les gosses de deux villages voisins. - Adaptation d'un roman de Louis Pergaud. Traitement d'une tendresse amusée. Heureux mélange d'humour et de poésie. Mise en scène alerte. Interprétation spontanée. □ Général

GUERRE DES BOUTONS, LA *voir* **War of the Buttons**

GUERRE DES ÉTOILES, LA *voir* **Star Wars**

GUERRE DES MONDES, LA *voir* **War of the Worlds**

GUERRE DES ROSES, LA *voir* **War of the Roses, The**

GUERRE DES TUQUES, LA ▷4
QUÉ. 1984. Comédie dramatique d'André MELANÇON avec Cédric Plourde, Julien Elie et Maripierre Arseneau-D'Amour. - Pendant les vacances d'hiver, quelques jeunes jouent à la petite guerre.
□ Général

GUERRE DU FEU, LA [Quest for Fire] ▷3
CAN. 1981. Aventures de Jean-Jacques ANNAUD avec Everett McGill, Rae Dawn Chong et Ron Perlman. - Aux temps préhistoriques, trois hommes des cavernes affrontent divers périls afin de trouver du feu pour leur tribu. - Tableau plausible de la vie des premiers ancêtres. Illustration insolite. Mise en scène ingénieuse. Interprétation efficace.
□ 13 ans+ ➜ DVD$

GUERRE EST FINIE, LA ▷3
FR. 1966. Drame psychologique d'Alain RESNAIS avec Yves Montand, Ingrid Thulin et Geneviève Bujold. - Un agent révolutionnaire espagnol vivant en France est désabusé de la lutte qu'il mène. - Récit mené avec concision et précision. Bonne création d'atmosphère. Montage habile alternant la réalité et l'imaginaire. Interprétation de qualité.
➜ DVD$

GUERRE ET PAIX [War and Peace] ▶2
RUS. 1967. Drame historique réalisé et interprété par Sergei BONDARCHUK avec Viatcheslav Tikhonov et Ludmila Savelieva. - La vie de quelques personnages de la noblesse russe dans le cadre des campagnes militaires de Napoléon. - Adaptation fidèle du roman de Tolstoï. Fresque remarquable mêlant l'intimisme au spectaculaire. Excellente reconstitution d'époque. Interprétation sensible et convaincante. □ Général ➔ DVD$

GUERRE, LA *voir* **War, The**

GUERRIÈRES, LES *voir* **Born in Flames**

GUERRIERS, LES ▷5
QUÉ. 2004. Drame de Micheline LANCTÔT avec Dan Bigras et Patrick Huard. - Deux publicitaires s'enferment pendant neuf jours afin de trouver un slogan pour l'armée canadienne. □ 13 ans+ ➔ DVD$

GUESS WHO'S COMING TO DINNER? ▷4
[Devine qui vient dîner ce soir?]
É.-U. 1967. Comédie de mœurs de Stanley E. KRAMER avec Sidney Poitier, Spencer Tracy et Katharine Hepburn. - Une jeune Blanche doit faire accepter à ses parents son mariage avec un Noir.
□ Général ➔ DVD$

GUET, LE *voir* **Lookout, The**

GUET-APENS, LE *voir* **Getaway, The**

GUEULE OUVERTE, LA ▷3
FR. 1973. Drame psychologique de Maurice PIALAT avec Philippe Léotard, Hubert Deschamps et Monique Mélinand. - Une femme atteinte du cancer et n'ayant plus que quelques mois à vivre est entourée de ses proches. - Approche sans faux-fuyants du thème de la mort. Style dépouillé et austère. Rythme lent. Climat de méditation douloureuse. □ Général

GUIDE DE LA PETITE VENGEANCE ▷4
QUÉ. 2006. Comédie dramatique de Jean-François POULIOT avec Marc Béland, Michel Muller et Pascale Bussières. - Avec la complicité d'un ancien employé de la bijouterie où il travaille, un comptable au seuil du «burnout» décide de se venger de son affreux patron.
□ Général · Déconseillé aux jeunes enfants ➔ DVD$

GUIDE FOR THE MARRIED MAN, A ▷5
É.-U. 1967. Comédie de Gene KELLY avec Walter Matthau, Robert Morse et Inger Stevens. - Tenté par le démon du midi, un homme prend conseil d'un ami sur les moyens à prendre. ➔ DVD$

GUIGNOLO, LE ▷5
FR. 1980. Comédie policière de Georges LAUTNER avec Jean-Paul Belmondo, Michel Galabru et Georges Géret. - Un escroc est entraîné dans une rocambolesque aventure d'espionnage. ➔ DVD$

GUILTY BY SUSPICION [Coupable par association] ▷4
É.-U. 1990. Drame de Irwin WINKLER avec Robert De Niro, Annette Bening et George Wendt. - En 1949, un cinéaste refuse de collaborer avec un comité du congrès américain qui veut l'obliger à dénoncer ses amis communistes. □ Général ➔ DVD$

GUINEVERE ▷4
É.-U. 1999. Drame psychologique d'Audrey WELLS avec Sarah Polley, Stephen Rea et Jean Smart. - Éprise d'un photographe d'âge mûr, une femme de vingt ans issue d'une famille aisée décide de s'installer chez lui. □ 13 ans+ ➔ DVD$

GUMSHOE ▷4
ANG. 1971. Comédie policière de Stephen FREARS avec Albert Finney, Billie Whitelaw et Frank Finlay. - Un détective improvisé est embarqué dans une ténébreuse affaire de trafic d'armes. □ Général ➔ DVD$

GUN CRAZY ▷4
É.-U. 1949. Drame policier de Joseph H. LEWIS avec Peggy Cummins, John Dall et Barry Kroeger. - Un jeune homme qui a la passion des armes à feu se laisse entraîner au crime par une femme. ➔ DVD$

GUNFIGHT AT THE O.K. CORRAL ▷3
É.-U. 1957. Western de John STURGES avec Burt Lancaster, Kirk Douglas et Rhonda Fleming. - Un shérif et un aventurier s'unissent pour lutter contre une bande de tueurs. - Traitement intéressant d'un sujet classique. Bonne construction dramatique. Interprétation solide.
□ Général ➔ DVD$

GUNFIGHTER, THE ▷3
É.-U. 1950. Western de Henry KING avec Gregory Peck, Helen Westcott et Karl Malden. - Un as du pistolet, victime de sa réputation, aspire en vain à la paix. - Scénario habilement conçu. Réalisation sobre et originale. G. Peck excellent. □ Général

GUNGA DIN ▷3
É.-U. 1939. Aventures de George STEVENS avec Cary Grant, Sam Jaffe et Joan Fontaine. - Un porteur d'eau hindou se sacrifie pour empêcher les troupes anglaises de tomber dans une embuscade. - Classique du cinéma d'aventures. Mise en scène spectaculaire et habile. Fort bonne distribution. □ Général ➔ DVD$

GUNHED
JAP. 1989. Alan SMITHEE et Masato HARADA □ Général

GUNMAN IN THE STREETS [Traque, La] ▷5
FR. 1950. Drame policier de Frank TUTTLE avec Simone Signoret, Dane Clark et Robert Duke. - Aidé de son ancienne maîtresse, un bandit tente d'échapper à la police. ➔ DVD$

GUNMAN'S WALK ▷4
É.-U. 1957. Western de Phil KARLSON avec Van Heflin, Tab Hunter et James Darren. - Un riche et puissant rancher éduque durement ses deux fils. □ Général

GUNS AT BATASI [Canons de Batasi, Les] ▷4
ANG. 1964. Drame psychologique de John GUILLERMIN avec Richard Attenborough, Flora Robson et Errol John. - Un sous-officier britannique protège un collègue africain blessé contre des rebelles. ➔ DVD$

GUNS OF NAVARONE, THE ▷4
[Canons de Navarone, Les]
ANG. 1961. Drame de guerre de J. Lee THOMPSON avec Gregory Peck, David Niven et Anthony Quinn. - Un commando britannique est chargé d'aller faire sauter deux puissants canons dans une île de la mer Égée.
□ Général ➔ DVD$

GUNS OF THE MAGNIFICENT SEVEN ▷4
[Colts des sept mercenaires, Les]
É.-U. 1969. Western de Paul WENDKOS avec George Kennedy, James Whitmore et Reni Santoni. - Sept aventuriers entreprennent de libérer un chef révolutionnaire mexicain.

GURU, THE ▷4
ANG. 2002. Comédie de Daisy Von SCHERLER MAYER avec Jimi Mistry, Heather Graham et Marisa Tomei. - Grâce aux conseils d'une actrice porno, un danseur indien devient un populaire gourou du sexe auprès du gratin new-yorkais. □ 13 ans+ ➔ DVD$

GUY L'ÉCLAIR *voir* **Flash Gordon**

GUY MADDIN'S DRACULA
voir **Dracula - Pages From a Virgin's Diary**

GUYS AND DOLLS ▷4
É.-U. 1955. Comédie musicale de Joseph Leo MANKIEWICZ avec Marlon Brando, Frank Sinatra et Jean Simmons. - Un joueur mauvais garçon relève le défi de séduire une jolie lieutenante de l'Armée du salut. □ Général ➔ DVD$

GUYS, THE [Hommes, Les] ▷4
É.-U. 2002. Drame psychologique de Jim SIMPSON avec Sigourney Weaver et Anthony LaPaglia. - À New York, une journaliste aide un chef pompier à écrire les éloges funèbres de ses hommes morts lors des attentats du 11 septembre 2001. ➔ DVD$

GYMNAST, THE ▷4
É.-U. 2006. Drame psychologique de Ned FARR avec Dreya Weber, Addie Yungmee et Allison Mackie. - Une ex-athlète de classe mondiale, dont le mariage est dans l'impasse, monte un numéro de gymnastique aérienne avec une femme dont elle s'éprend. ➔ DVD$

GYPSY ▷5
É.-U. 1962. Comédie musicale de Mervyn LeROY avec Natalie Wood, Rosalind Russell et Karl Malden. - Une femme pousse ses deux filles à faire carrière dans le monde du spectacle. □ Général ➔ DVD$

GYPSY AND THE GENTLEMAN, THE ▷4
ANG. 1958. Aventures de Joseph LOSEY avec Melina Mercouri, Keith Michell et Patrick McGoohan. - Une gitane feint d'être amoureuse d'un gentilhomme anglais dans le but de lui soutirer de l'argent.
□ Général

GYPSY MOTHS, THE [Parachutistes arrivent, Les] ▷4
É.-U. 1969. Drame psychologique de John FRANKENHEIMER avec Burt Lancaster, Deborah Kerr et Gene Hackman. - Trois parachutistes, spécialistes de la chute libre, donnent un spectacle dans une petite ville du Kansas. ➔ DVD$

H ▷4
CAN. 1990. Drame psychologique de Darrell WASYK avec Martin Neufeld et Pascale Montpetit. - Un jeune couple d'héroïnomanes s'isole dans un appartement pour s'imposer une douloureuse cure de désintoxication. □ 18 ans+

H.M. DESERTERS
POL. 1986. Janusz MAJEWSKI

HABILLEUR, L' *voir* **Dresser, The**

HABIT ▷4
É.-U. 1995. Drame d'horreur réalisé et interprété par Larry FESSENDEN avec Meredith Snaider et Aaron Beall. - Un jeune homme se persuade que sa nouvelle compagne est un vampire.
□ 16 ans+ · Érotisme ➜ DVD $

HABIT VERT, L' ▷4
FR. 1937. Comédie de Roger RICHEBÉ avec Elvire Popesco, Victor Boucher et Jules Berry. - Un duc qui fait partie de l'Académie française soutient la candidature d'un nouveau membre qui se trouve être l'amant de sa femme. □ Général

HABITANTS, LES ▷4
HOL. 1992. Comédie de mœurs réalisée et interprétée par Alex van WARMERDAM avec Leonard Lucieer et Jack Wouterse. - Les tribulations des habitants d'un lotissement modèle inachevé, situé dans un trou perdu, au début des années 1960. □ 13 ans+

HABLE CON ELLA *voir* **Parle avec elle**

HAIKU TUNNEL
É.-U. 2001. Jacob et Josh KORNBLUTH

HAIL MARY *voir* **Je vous salue Marie**

HAIL THE CONQUERING HERO ▷3
É.-U. 1944. Comédie de Preston STURGES avec Eddie Bracken, Ella Raines et Raymond Walburn. - Un brave type rejeté par l'armée fait croire à son entourage qu'il est un héros. - Bonnes trouvailles comiques. Mise en scène inventive. Excellente direction d'acteurs.
□ Général

HAINE, LA ▷3
FR. 1995. Drame social de Mathieu KASSOVITZ avec Vincent Cassel, Hubert Kounde et Saïd Taghmaoui. - Dans une cité de HLM en banlieue de Paris, un jeune Juif agressif et deux de ses amis promènent leur désœuvrement dans les rues, toujours prêts à l'affrontement. - Scénario construit avec rigueur et précision. Climat d'oppression et de haine bien traduit. Réalisation stylisée. Interprétation énergique de V. Cassel. □ 13 ans+ ➜ DVD $

HAIR ▷3
É.-U. 1979. Comédie musicale de Milos FORMAN avec John Savage, Treat Williams et Beverly D'Angelo. - Juste avant de partir faire son service militaire, un jeune homme lie amitié avec un groupe de hippies. - Adaptation réussie d'un spectacle des années 1960. Mélange d'ironie et de tendresse. Mise en scène inventive. Interprétation dynamique. □ Général ➜ DVD $

HAIRDRESSER'S HUSBAND, THE
voir **Mari de la coiffeuse, Le**

HAIRSPRAY ▷5
É.-U. 1988. Comédie musicale de John WATERS avec Ricki Lake, Leslie Ann Powers et Divine. - Désireuse de participer à une émission musicale pour jeunes, une adolescente grassouillette s'impose par son énergie et sa fougue. □ Général

HAIRSPRAY ▷4
É.-U. 2007. Comédie musicale d'Adam SHANKMAN avec John Travolta, Nikki Blonsky et Amanda Bynes. - À Baltimore, dans les années 1960, une adolescente grassouillette devient la coqueluche d'une émission musicale pour jeunes. □ Général ➜ DVD $ DVD-BR $

HAL LE SUPERFICIEL *voir* **Shallow Hal**

HALF A SIXPENCE ▷4
ANG. 1967. Comédie musicale de George SIDNEY avec Tommy Steele, Julia Foster et Penelope Horner. - Un jeune commis de magasin ayant reçu un héritage voit ses amours contrariées par sa nouvelle position sociale. ➜ DVD $

HALF NELSON ▷4
É.-U. 2006. Drame social de Ryan FLECK avec Ryan Gosling, Shareeka Epps et Anthony Mackie. - À Brooklyn, un jeune enseignant toxicomane se lie d'amitié avec une de ses élèves qui l'a surpris à consommer de la drogue. □ 13 ans+ ➜ DVD $

HALF OF HEAVEN ▷3
ESP. 1986. Chronique de Manuel GUTIERREZ ARAGON avec Angela Molina, Margarita Lozano et Antonio V. Valero. - Sous le regard bienveillant de sa grand-mère, une jeune paysanne espagnole gravit les échelons de la haute société. - Chronique sociale de l'Espagne des années 1950-1960. Traitement oscillant entre le réalisme et la métaphore. Un certain humour cynique.

HALFAOUINE, L'ENFANT DES TERRASSES ▷3
[Halfaouine: Boy of the Terraces]
TUN.-FR. 1990. Comédie dramatique de Ferid BOUGHEDIR avec Selim Boughedir, Mohamed Driss et Hélène Catzaras. - Dans un quartier populaire de Tunis, un garçonnet observe avec curiosité son entourage d'adultes et vit ses premiers désirs sexuels. - Image inhabituelle des mœurs populaires musulmanes. Commentaire parfois ironique sur le clivage entre les sexes. Tableau varié et coloré. Jeu simple et convaincant. □ 13 ans+ ➜ DVD $

HALLELUJAH ►2
É.-U. 1929. Drame de mœurs de King VIDOR avec Daniel L. Haynes, Nina Mae McKinney et William E. Fountaine. - Amoureux d'une prostituée, l'aîné d'une famille de race noire se fait pasteur après avoir accidentellement tué son jeune frère. - Un des premiers films marquants du cinéma parlant. Intrigue prenante. Imagerie captivante et poétique. Utilisation du son remarquable. Acteurs excellents.
□ Général ➜ DVD $

HALLELUJAH TRAIL, THE ▷4
É.-U. 1965. Western de John STURGES avec Burt Lancaster, Lee Remick et Jim Hutton. - Au Colorado, divers groupes opposés se disputent un convoi de whisky. □ Général ➜ DVD $

HALLOWEEN ▷4
É.-U. 1978. Drame d'horreur de John CARPENTER avec Jamie Lee Curtis, Donald Pleasence et Nancy Loomis. - Des adolescents sont tués par un déséquilibré échappé d'un asile psychiatrique.
□ 13 ans+ ➜ DVD $ DVD-BR $

HALLS OF MONTEZUMA ▷4
É.-U. 1950. Drame de guerre de Lewis MILESTONE avec Richard Widmark, Robert Wagner et Jack Palance. - Des soldats américains sont chargés de capturer des Japonais dont on veut obtenir des renseignements. ➜ DVD $

HAMBURGER HILL ▷4
É.-U. 1987. Drame de guerre de John IRVIN avec Tim Quill, Dylan McDermott et Courtney Vance. - En 1969, au Viêt-nam, une escouade américaine tente à plusieurs reprises de prendre une colline tenue par les Viêt-congs. □ 13 ans+ ➜ DVD $

HAMLET ►2
ANG. 1948. Drame réalisé et interprété par Laurence OLIVIER avec Jean Simmons et Basil Sydney. - Convaincu qu'il doit tuer son oncle pour venger son père, Hamlet ne se résout pas à commettre l'acte fatal. - Adaptation d'une tragédie de Shakespeare. Mise en scène soignée. Sens éveillé des ressources du cinéma. Interprétation remarquable. □ Général ➜ DVD $

HAMLET ▷3
ANG. 1990. Drame de Franco ZEFFIRELLI avec Mel Gibson, Glenn Close et Alan Bates. - Après l'apparition du spectre de son père lui révélant avoir été assassiné par son oncle, un prince danois feint la folie pour mieux préparer sa vengeance. - Adaptation resserrée du texte de Shakespeare. Mise en scène à la fois rugueuse et riche. Interprétation convaincante de M. Gibson. Distribution de classe.
□ Général ➔ DVD$

HAMLET ▷3
É.-U. 1996. Drame réalisé et interprété par Kenneth BRANAGH avec Derek Jacobi et Richard Briers. - Après l'apparition du spectre de son père lui révélant avoir été assassiné par son oncle, un prince danois feint la folie pour mieux préparer sa vengeance. - Adaptation intégrale de la pièce de Shakespeare. Mise en scène élaborée. Décors lumineux et raffinés. Jeu survolté de K. Branagh au sein d'une excellente distribution. □ Général ➔ DVD$

HAMLET ▷4
É.-U. 2000. Drame de mœurs de Michael ALMEREYDA avec Ethan Hawke, Kyle MacLachlan et Julia Stiles. - À Manhattan, le fils d'un industriel découvre que son oncle a assassiné son père.
□ Général · Déconseillé aux jeunes enfants ➔ DVD$

HAMLET *voir* **Gamlet**

HAMLET 2 ▷5
É.-U. 2008. Comédie d'Andrew FLEMING avec Steve Coogan, Skylar Astin et Phoebe Strole. - Un acteur raté qui enseigne le théâtre à des adolescents latinos peu motivés monte une suite de «Hamlet» sous forme de comédie musicale. □ 13 ans+ · Langage vulgaire ➔ DVD$

HAMMER
É.-U. 1972. Bruce CLARK ➔ DVD$

HAMMER, THE ▷4
É.-U. 2007. Comédie dramatique de Charles HERMAN-WURMFELD avec Adam Carolla, Heather Juergensen et Oswaldo Castillo. - Un ouvrier au chômage et abandonné par sa petite amie, renoue avec la boxe et, malgré ses quarante ans, décide de s'entraîner pour les jeux Olympiques. ➔ DVD$

HAMMETT ▷4
É.-U. 1981. Drame policier de Wim WENDERS avec Frederic Forrest, Peter Boyle et Marilu Henner. - Un ex-détective devenu écrivain se laisse entraîner par un ami dans une nouvelle enquête policière.
□ 13 ans+ ➔ DVD$

HAMSUN
SUÈ. 1996. Jan TROELL □ Général

HANA-BI *voir* **Fireworks**

HAND, THE ▷4
É.-U. 1981. Drame d'horreur d'Oliver STONE avec Michael Caine, Andrea Marcovicci et Mara Hobel. - Un auteur de bandes dessinées à succès est hanté par la main qu'il a perdue lors d'un accident d'auto. □ 13 ans+ ➔ DVD$

HANDFUL OF DUST, A ▷4
ANG. 1988. Drame de mœurs de Charles STURRIDGE avec James Wilby, Kristin Scott Thomas et Rupert Graves. - Au milieu des années 1930, un couple d'aristocrates anglais se déchire lorsque l'épouse s'entiche d'un parasite mondain. □ Général

HANDMAID'S TALE, THE ▷5
É.-U. 1990. Science-fiction de Volker SCHLÖNDORFF avec Natasha Richardson, Faye Dunaway et Aidan Quinn. - Dans une société totalitaire du futur, une jeune femme est sélectionnée par les autorités pour devenir mère-porteuse. □ 13 ans+

HANDS ACROSS THE TABLE ▷4
É.-U. 1935. Comédie sentimentale de Mitchell LEISEN avec Carole Lombard, Fred MacMurray et Ralph Bellamy. - Deux arrivistes s'éprennent l'un de l'autre. □ Général

HANDS OF ORLAC, THE *voir* **Mains d'Orlac, Les**

HANDS OVER THE CITY *voir* **Main basse sur la ville**

HANDS UP
POL. 1967. Jerzy SKOLIMOWSKI □ Général

HANG'EM HIGH ▷4
É.-U. 1967. Western de Ted POST avec Clint Eastwood, Ed Begley et Inger Stevens. - Un ex-prisonnier, devenu adjoint du shérif, recherche l'homme qui l'a fait condamner injustement pour vol.
□ 13 ans+ ➔ DVD$

HANGING GARDEN, THE [Jardin suspendu, Le] ▷3
CAN. 1997. Drame psychologique de Thom FITZGERALD avec Chris Leavins, Kerry Fox et Seana McKenna. - Un jeune homosexuel revient dans sa famille après dix ans d'absence et constate que les blessures d'hier sont encore vives. - Atmosphère proche de celle d'un conte psychanalytique. Réalisation ingénieuse.
□ 13 ans+ · Langage vulgaire

HANGMAN'S KNOT ▷4
É.-U. 1952. Western de Roy HUGGINS avec Randolph Scott, Donna Reed et Claude Jarman. - Des Sudistes s'emparent d'un convoi d'or qu'ils doivent défendre.

HANGMEN ALSO DIE ▷3
É.-U. 1943. Drame réalisé par Fritz LANG avec Brian Donlevy, Walter Brennan et Gene Lockart. - À Prague, pendant l'Occupation, les forces allemandes recherchent l'assassin d'un de leurs dignitaires. - Œuvre forte écrite en collaboration avec Bertolt Brecht. Accent mis sur l'intrigue policière. □ Général ➔ DVD$

HANNA'S WAR ▷4
É.-U. 1988. Drame de guerre de Menahem GOLAN avec Maruschka Detmers, Ellen Burstyn et Anthony Andrews. - À l'aube de la Seconde Guerre mondiale, une jeune femme s'engage dans les services secrets britanniques et se porte volontaire pour une mission en Europe occupée. □ Général

HANNAH AND HER SISTERS ►2
É.-U. 1986. Comédie dramatique réalisée et interprétée par Woody ALLEN avec Mia Farrow et Barbara Hershey. - Les tribulations de trois sœurs qui rencontrent divers problèmes dans leur carrière ou dans leur vie sentimentale. - Variations neuves sur des thèmes familiers. Situations finement observées. Approche teintée d'ironie. Interprétation de première force. □ Général ➔ DVD$

HANNAH K. ▷4
FR. 1983. Drame social de Constantin COSTA-GAVRAS avec Mohamed Bakri, Jill Clayburgh et Jean Yanne. - Pour avoir défendu un Palestinien soupçonné de terrorisme, une avocate juive s'attire des ennuis avec un procureur israélien.

HANNIBAL ▷4
É.-U. 2001. Drame policier de Ridley SCOTT avec Anthony Hopkins, Julianne Moore, Ray Liotta et Giancarlo Giannini. - Recherché de toutes parts, un célèbre tueur en série cannibale qui vit incognito à Florence est forcé de sortir de sa retraite.
□ 16 ans+ · Violence ➔ DVD$

HANNIBAL RISING ▷4
[Hannibal Lecter - les origines du mal]
FR. 2006. Thriller de Peter WEBBER avec Gaspard Ulliel, Gong Li et Rhys Ifans. - Dans les années 1950 à Paris, le jeune Hannibal Lecter entreprend de retrouver les renégats cannibales qui ont dévoré sa sœur pendant la Deuxième Guerre mondiale.
□ 13 ans+ · Violence · Horreur ➔ DVD$

HANS CHRISTIAN ANDERSEN ▷4
É.-U. 1952. Comédie musicale de Charles VIDOR avec Danny Kaye, Zizi Jeanmaire et Farley Granger. - Un cordonnier de village doublé d'un conteur populaire vient en aide à une ballerine qu'il croit malheureuse.
□ Général ➔ DVD$

HANSEL & GRETEL ▷4
COR.S. 2007. Drame fantastique de Yim PIL-SUNG avec Cheon Jeong-Myeong, Eun-Kyung Sim et Jang Yeong-Nam. - Après un accident sur une route isolée, un jeune homme est conduit dans une mystérieuse demeure au creux de la forêt où trois enfants l'accueillent.
□ 13 ans+ · Horreur ➔ DVD$

HANTISE *voir* **Haunting, The**

HANUSSEN ▷4
HON. 1988. Drame historique d'Istvan SZABO avec Klaus Maria Brandauer, Erland Josephson et Ildiko Bansagi. - Un ancien soldat hongrois possédant des dons de double vue suscite l'intérêt des nazis par ses prédictions. □ 13 ans+

HAPPENING, THE [Événement, L'] ▷5
É.-U. 2008. Film catastrophe de M. Night SHYAMALAN avec Mark Wahlberg, Zooey Deschanel et Ashlyn Sanchez. - Un professeur de sciences de Philadelphie, son épouse et la fillette d'un collègue tentent d'échapper à un vent mystérieux qui provoque une vague de suicides atroces. □ 13 ans+ ➔ DVD$ DVD-BR$

HAPPIEST DAYS OF YOUR LIFE, THE ▷4
ANG. 1950. Comédie de Frank LAUNDER avec Alastair Sim, Margaret Rutherford et Richard Wattis. - Un collège de filles vient occuper par erreur les locaux déjà employés par un collège de garçons.
□ Général

HAPPILY EVER AFTER
voir **Ils se marièrent et eurent beaucoup d'enfants**

HAPPILY N'EVER AFTER [Au royaume désenchanté] ▷5
É.-U. 2006. Film d'animation de Paul J. BOLGER. - Au royaume des contes de fées, la belle-mère de Cendrillon s'accapare la place d'un magicien pour faire triompher le Mal. □ Général ➔ DVD-BR$ DVD$

HAPPINESS ▷3
É.-U. 1998. Drame de mœurs de Todd SOLONDZ avec Jane Adams, Dylan Baker et Philip Seymour Hoffman. - Trois sœurs et leur entourage vivent de cruelles désillusions dans leur recherche mal avisée du bonheur. - Œuvre féroce et cynique. Grande acuité d'observation de mœurs. Trait vif, acéré et sans compromis sentimentaux.
□ 16 ans+ ➔ DVD$

HAPPINESS *voir* **Bonheur, Le**

HAPPINESS OF THE KATAKURIS
JAP. 2001. Takashi MIIKE

HAPPY ACCIDENTS ▷4
É.-U. 2000. Comédie sentimentale de Brad ANDERSON avec Marisa Tomei, Vincent D'Onofrio et Nadia Dajani. - Une jeune New-Yorkaise tombe amoureuse d'un homme qui prétend venir de l'an 2470.
➔ DVD$

HAPPY BIRTHDAY! (TURKE) ▷4
ALL. 1992. Drame policier de Dorris DÖRRIE avec Hansa Czypionka, Ozay et Doris Kunstmann. - À Francfort, la disparition d'un homme mène un détective d'origine turque dans les dédales d'une affaire de corruption policière. □ 13 ans+

HAPPY ENDING, THE ▷4
É.-U. 1969. Drame psychologique de Richard BROOKS avec Jean Simmons, John Forsyth et Shirley Jones. - Une femme mariée insatisfaite cherche confusément à tromper son ennui dans l'alcool.
□ 13 ans+

HAPPY ENDINGS ▷4
É.-U. 2005. Drame de mœurs de Don ROSS avec Lisa Kudrow, Steve Coogan et Jesse Bradford. - Dans la région de Los Angeles, diverses personnes en quête d'identité voient leurs destinées s'entrecroiser.
□ 13 ans+ ➔ DVD$

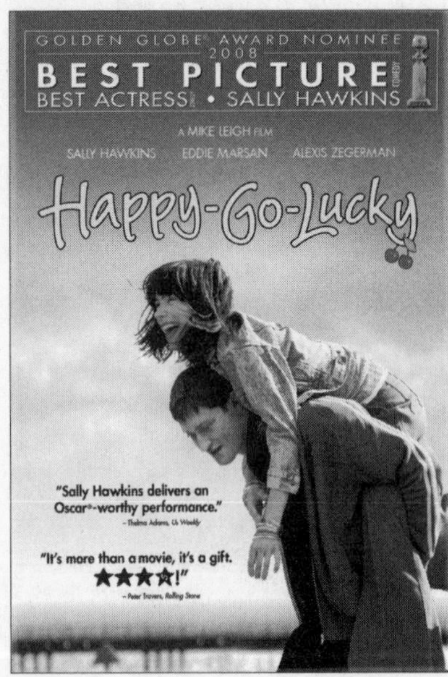

HAPPY FEET ▷3
É.-U. 2006. Film d'animation de George MILLER. - Chassé de sa tribu parce qu'il ne sait pas chanter, un jeune manchot empereur aux pieds agiles cherche la cause de la disparition des poissons. - Récit grave et poignant mâtiné de préoccupations écologiques. Réalisation admirable au souffle épique. Animation numérique d'une grande virtuosité. Numéros musicaux vivifiants.
□ Général ➔ DVD-BR$ DVD$

HAPPY HERE AND NOW
É.-U. 2002. Michael ALMEREYDA ➔ DVD$

HAPPY TIMES ▷4
CHI. 2000. Comédie dramatique de Zhang YIMOU avec Zhao Benshan, Dong Jie et Dong Lihua. - Pour plaire à une dame qu'il espère épouser prochainement, un ouvrier à la retraite prend en charge la belle-fille aveugle de celle-ci.

HAPPY TOGETHER ▷3
H.-K. 1997. Drame psychologique de WONG Kar-Wai avec Leslie Cheung, Tony Leung Chiu-wai et Chang Chen. - Après une douloureuse rupture, deux jeunes gays de Hong-Kong immigrés à Buenos Aires reprennent la vie en commun. - Sujet un peu mince traité dans un style naturaliste émaillé de flashs lyriques. Travail visuel et sonore d'un grand brio. Interprétation convaincante.
□ Général · Déconseillé aux jeunes enfants ➔ DVD$

HAPPY-GO-LUCKY ▷3
ANG. 2007. Comédie dramatique de Mike LEIGH avec Sally Hawkins, Eddie Marsan et Alexis Zegerman. - À Londres, divers incidents ponctuent la vie d'une enseignante trentenaire et célibataire à l'optimisme inébranlable. - Portrait de femme chaleureux, nuancé et coloré. Nombreuses touches d'humour. Mise en scène fluide. Interprétation remarquable de S. Hawkins. □ Général ➔ DVD$

HARAKIRI ►2
JAP. 1962. Drame de Masaki KOBAYASHI avec Tatsuya Nakadai, Shima Iwashita et Akira Ishihama. - Un guerrier exerce sa vengeance sur un seigneur qui a poussé son gendre au suicide. - Forte intensité dramatique. Style hiératique d'une grande beauté. Passages d'une violence éprouvante. Interprétation magistrale. ➔ DVD$

HARCÈLEMENT *voir* **Disclosure**

HARCELÉS *voir* **Lakeview Terrace**

HARD BOILED ▷4
H.-K. 1992. Drame policier de John WOO avec Chow Yun-Fat, Bowie Lam et Philip Chan. - Afin de venger la mort de son partenaire, un policier collabore avec un collègue qui s'est infiltré chez des trafiquants d'armes pour abattre leur chef. □ 16 ans+ · Violence ➔ DVD$

HARD CANDY [Dur à croquer] ▷4
É.-U. 2005. Thriller de David SLADE avec Ellen Page, Patrick Wilson et Sandra Oh. - Une adolescente séquestre un photographe qu'elle soupçonne de pédophilie et de meurtre. □ 16 ans+ ➔ DVD$

HARD CORE LOGO [Dernière chance, La] ▷4
CAN. 1996. Comédie de Bruce McDONALD avec Hugh Dillon, Callum Keith Rennie et John Pyper-Ferguson. - Séparé depuis des années, un groupe punk se réunit à l'occasion d'un concert bénéfice.
□ 13 ans+ ➔ DVD$

HARD COUNTRY [Texas ou la vie, Le] ▷4
É.-U. 1981. Drame de mœurs de David GREENE avec Jan-Michael Vincent, Kim Basinger et Michael Parks. - Les problèmes d'un ouvrier du Texas dont la petite amie rêve d'être hôtesse de l'air. □ 13 ans+

HARD DAY'S NIGHT, A ▷4
[Quatre garçons dans le vent]
ANG. 1964. Comédie musicale de Richard LESTER avec John Lennon, Paul McCartney, George Harrison et Ringo Starr. - Le grand-père de l'un des Beatles ne cesse de leur créer des embêtements au cours d'un voyage à Londres. □ Général ➔ DVD$

HARD EIGHT *voir* **Sydney**

HARD LABOUR
ANG. 1973. Mike LEIGH □ Général ➔ DVD$

HARD TIMES [Bagarreur, Le] ▷4
É.-U. 1975. Drame de mœurs de Walter HILL avec Charles Bronson, James Coburn et Strother Martin. - Au début des années 1930, un chômeur accepte de participer à des combats de boxe illégaux.
□ 13 ans+ ➔ DVD$

HARD TIMES ▷3
ANG. 1994. Drame de P. BARNES avec Alan Bates, Bob Peck et Beatie Edney. - Une jeune fille qui a été forcée d'épouser un vieux banquier s'éprend d'un garçon de son âge. - Téléfilm adapté d'un roman de Charles Dickens. Critique sociale d'une grande acuité. Traitement théâtral quasi surréaliste par moments. Mise en scène dépouillée. Interprétation de talent. ➔ DVD$

HARD WAY, THE [Jouer dur] ▷4
É.-U. 1991. Comédie policière de John BADHAM avec Michael J. Fox, James Woods et Stephen Lang. - Un policier se retrouve flanqué d'un acteur d'Hollywood qui veut observer son travail pour la préparation d'un rôle. □ 13 ans+ ➔ DVD$

HARDCORE ▷4
É.-U. 1978. Drame de mœurs de Paul SCHRADER avec George C. Scott, Season Hubley et Peter Boyle. - Un ouvrier aux convictions religieuses profondes part à la recherche de sa fille qui vit de la pornographie après avoir fait une fugue. □ 18 ans+ ➔ DVD$

HARDER THEY COME, THE ▷4
JAM. 1972. Drame de mœurs de Perry HENZELL avec Jimmy Cliff, Carl Bradshaw et Janet Bartley. - En Jamaïque, un jeune campagnard venu tenter fortune à Kingston où il rêve de devenir chanteur s'embarque dans une affaire de trafic de drogue. □ 13 ans+

HARDER THEY FALL, THE ▷4
É.-U. 1956. Drame de mœurs de Mark ROBSON avec Humphrey Bogart, Rod Steiger, Jan Sterling et Mike Lane. - Un journaliste en chômage accepte d'organiser la publicité de combats de boxe truqués.
□ Général

HARDWARE ▷4
ANG. 1990. Science-fiction de Richard STANLEY avec Stacey Travis, Dylan McDermott et John Lynch. - Au XXIe siècle, une jeune sculptrice est attaquée dans son appartement par un robot programmé pour tuer. □ 18 ans+

HARLEQUIN *voir* **Dark Forces**

HARLOW ▷4
É.-U. 1965. Drame biographique de Gordon DOUGLAS avec Carroll Baker, Martin Balsam et Red Buttons. - Vie d'une vedette de l'écran des années 30. - Bonne reconstitution d'époque et de milieu. Réalisation soignée. C. Baker bien dirigée.

HARMONISTES, LES [Harmonists, The] ▷4
ALL. 1997. Drame biographique de Joseph VILSMAIER avec Ulrich Noethen, Ben Becker et Meret Becker. - À Berlin, en 1928, un juif fonde un groupe vocal, dont le grand succès est compromis par l'arrivée au pouvoir des nazis. □ Général ➔ DVD$

HAROLD AND MAUDE ▷3
É.-U. 1971. Comédie de mœurs de Hal ASHBY avec Ruth Gordon, Bud Cort et Vivian Pickles. - Un jeune homme obsédé par l'idée de la mort tombe amoureux d'une octogénaire excentrique. - Vision insolite et originale de la vie et des relations humaines. Touches d'humour noir. Photographie et décors soignés. Fine interprétation des protagonistes.
□ Général ➔ DVD$

HARPER ▷4
É.-U. 1966. Drame policier de Jack SMIGHT avec Paul Newman, Arthur Hill et Julie Harris. - Un détective privé est engagé pour retrouver un mari disparu. □ Général ➔ DVD$

HARRIET THE SPY [Harriet la petite espionne] ▷4
É.-U. 1996. Comédie dramatique de Bronwen HUGHES avec Michelle Trachtenberg, Rosie O'Donnell et Vanessa Lee Chester. - Une gamine est rejetée par ses camarades de classe après que ceux-ci aient découvert les notes fantaisistes qu'elle a écrites à leur sujet.
□ Général ➔ DVD$

HARRISON'S FLOWERS [Des fleurs pour Harrison] ▷4
FR. 2002. Drame psychologique d'Elie CHOURAQUI avec Andy MacDowell, David Strathairn et Adrien Brody. - En 1991, une femme part à la recherche de son mari photographe disparu dans la Yougoslavie en guerre. ➔ DVD$

HARRY AND SON [Affrontement, L'] ▷5
É.-U. 1984. Comédie dramatique réalisée et interprétée par Paul NEWMAN avec Robby Benson et Ellen Barkin. - Un ouvrier de Floride et son fils qui veut devenir écrivain ont des relations tendues.
□ Général

HARRY AND TONTO ▷3
É.-U. 1974. Comédie dramatique de Paul MAZURSKY avec Art Carney, Melanie Mayron et Joshua Mostel. - Un septuagénaire chassé de son appartement traverse le pays pour rendre visite à ses enfants. - Approche à la fois réaliste et enjouée. Richesse d'évocation. Personnages pittoresques. Jeu excellent de Carney. □ 13 ans+ ➔ DVD$

HARRY DANS TOUS SES ÉTATS *voir* **Deconstructing Harry**

HARRY POTTER AND THE PHILOSOPHER'S STONE ▷4
[Harry Potter à l'école des sorciers]
É.-U. 2001. Conte de Chris COLUMBUS avec Daniel Radcliffe, Rupert Grint et Emma Watson. - Aidé de ses amis, un jeune apprenti sorcier part à la recherche de la pierre philosophale, également convoitée par un mage diabolique. □ Général ➔ DVD-BR$ DVD$

HARRY POTTER AND THE CHAMBER OF SECRETS ▷4
[Harry Potter et la chambre des secrets]
É.-U. 2002. Conte de Chris COLUMBUS avec Daniel Radcliffe, Rupert Grint et Emma Watson. - Au péril de leur vie, trois apprentis sorciers enquêtent sur le mystère entourant la chambre des secrets de leur école. □ Général · Déconseillé aux jeunes enfants ➔ DVD-BR$ DVD$

HARRY POTTER AND THE PRISONER OF AZKABAN ▷4
[Harry Potter et le prisonnier d'Azkaban]
É.-U. 2004. Drame fantastique d'Alfonso CUARON avec Daniel Radcliffe, Emma Watson et David Thewlis. - Un jeune sorcier apprend qu'un dangereux prisonnier en cavale chercherait à le tuer.
□ Général ➔ DVD-BR$ DVD$

HARRY POTTER AND THE GOBLET OF FIRE ▷4
[Harry Potter et la coupe de feu]
É.-U. 2005. Drame fantastique de Mike NEWELL avec Daniel Radcliffe, Emma Watson et Brendan Gleeson. - Un jeune sorcier est forcé de participer à un important tournoi dont les épreuves sont potentiellement mortelles.
□ Général · Déconseillé aux jeunes enfants ➔ DVD$ DVD-BR$

HARRY POTTER AND THE ORDER OF THE PHOENIX ▷4
É.-U. 2007. Drame fantastique de David YATES avec Daniel Radcliffe, Emma Watson et Imelda Staunton. - Un jeune sorcier crée à son école un mouvement de résistance clandestin pour combattre un être maléfique dont les autorités nient la menace.
□ Général · Déconseillé aux jeunes enfants ➔ DVD$ DVD-BR$

HARRY POTTER AND THE HALF-BLOOD PRINCE
[Harry Potter et le prince de sang-mêlé]
É.-U. 2009. David YATES

HARRY, UN AMI QUI VOUS VEUT DU BIEN ▷3
[With a Friend Like Harry...who Needs Enemies]
FR. 2000. Drame psychologique de Dominik MOLL avec Laurent Lucas, Sergi Lopez et Mathilde Seigner. - Un père de famille en vacances renoue avec un ancien copain de lycée dont l'extrême bienveillance finit par devenir inquiétante. - Suspense subtilement insidieux. Ironie légère aux traits de plus en plus féroces. Personnages habilement développés. Mise en scène sobre. Interprètes fort talentueux.
➔ DVD$

HARSH TIMES ▷4
É.-U. 2005. Drame de mœurs de David AYER avec Christian Bale, Freddy Rodriguez et Eva Longoria. - Un ex-soldat à la santé mentale instable commet divers actes violents et criminels en compagnie de son meilleur ami, sans emploi comme lui.
□ 13 ans+ · Langage vulgaire · Violence ➔ DVD$

HART'S WAR [Combat du lieutenant Hart, Le] ▷4
É.-U. 2002. Drame de guerre de Gregory HOBLIT avec Colin Farrell, Bruce Willis et Terrence Howard. - Prisonnier d'un camp allemand en 1944, un lieutenant américain assure en cour martiale la défense d'un pilote noir accusé de meurtre. □ 13 ans+ ➔ DVD$

HARVEY ▷4
É.-U. 1950. Comédie fantaisiste de Henry KOSTER avec James Stewart, Josephine Hull et Peggy Dow. - Un vieux garçon sympathique converse avec un lapin géant imaginaire. □ Général ➔ DVD$

HARVEY GIRLS, THE ▷4
É.-U. 1945. Comédie musicale de George SIDNEY avec Judy Garland, John Hodiak et Ray Bolger. - Déçue par le mari qu'on lui destine, une jeune fille se joint à un groupe de serveuses itinérantes. ➔ DVD$

HASARDS DU CŒUR, LES *voir* **Random Hearts**

HASARDS OU COÏNCIDENCES ▷5
FR. 1998. Comédie dramatique de Claude LELOUCH avec Alessandra Martines, Pierre Arditi et Marc Hollogne. - Son amant et son fils ayant péri en mer, une ancienne danseuse décide d'effectuer et de filmer le voyage qu'ils avaient prévu faire ensemble.

HATARI! ▷3
É.-U. 1962. Aventures de Howard HAWKS avec John Wayne, Elsa Martinelli et Hardy Kruger. - Des chasseurs se spécialisent dans la capture d'animaux sauvages au Tanganyika. - Scènes trépidantes. Touches d'humour. Musique intéressante. Valeur documentaire. Interprétation dégagée. ➔ DVD$

HAUNTED PALACE, THE ▷4
É.-U. 1963. Drame d'horreur de Roger CORMAN avec Vincent Price, Debra Paget et Lon Chaney Jr.. - Au XVIIIe siècle, un homme est possédé par l'âme de son ancêtre, sorcier brûlé en jurant vengeance.
□ 13 ans+

HAUNTED SUMMER [Été en enfer, Un] ▷4
É.-U. 1988. Drame de mœurs de Ivan PASSER avec Philip Anglim, Alice Krige et Eric Stoltz. - Au cours de l'été 1816, deux poètes anglais et leurs compagnes vivent dans une exaltation provoquée par l'opium.

HAUNTING, THE [Hantise] ►2
É.-U. 1963. Drame d'horreur de Robert WISE avec Julie Harris, Claire Bloom et Richard Jackson. - Un savant réunit deux femmes dans un manoir présumément hanté pour des expériences métapsychiques. - Effets de terreur réussis. Observations psychologiques fascinantes. Décor excellemment utilisé. Interprètes convaincus.
□ Général ➔ DVD$

HAUT BAS FRAGILE
FR. 1995. Jacques RIVETTE

HAUT LES CŒURS! ▷3
FR. 1999. Drame psychologique de Solveig ANSPACH avec Karin Viard, Laurent Lucas et Philippe Duclos. - Une jeune musicienne enceinte de son premier bébé apprend qu'elle est atteinte d'un cancer du sein. - Récit inspiré de l'expérience vécue par la réalisatrice. Grande qualité d'écriture. Ton d'authenticité. Réalisation précise. Interprétation mémorable de K. Viard.

HAUT LES FLINGUES *voir* **City Heat**

HAUTE FIDÉLITÉ *voir* **High Fidelity**

HAUTE TENSION *voir* **Meltdown**

HAUTE TENSION [High Tension] ▷5
FR. 2003. Drame d'horreur d'Alexandre AJA avec Cecile de France, Maïwenn Le Besco et Philippe Nahon. - Sur une ferme isolée, une jeune femme tente d'arrêter le tueur sanguinaire qui a enlevé sa copine. □ 16 ans+ · Violence ➔ DVD$

HAUTS DE HURLEVENT, LES *voir* **Wuthering Heights**

HAVANA ▷4
É.-U. 1990. Drame sentimental de Sydney POLLACK avec Robert Redford, Lena Olin et Alan Arkin. - À La Havane, un joueur de poker cynique et désengagé s'éprend de l'épouse d'un riche aristocrate et côtoie malgré lui les rouages de la révolution cubaine.
□ Général ➔ DVD$

HAVOC
É.-U. 2005. Barbara KOPPLE ➔ DVD$

HAWAII ▷4
É.-U. 1966. Drame social de George Roy HILL avec Max Von Sydow, Julie Andrews et Richard Harris. - Les tribulations d'un ministre calviniste et de son épouse à l'époque de la colonisation d'Hawaii.
➔ DVD$

HAWAII, OSLO
DAN. NOR. SUI. 2004. Erik POPPE ➔ DVD$

HAWKS AND THE SPARROWS, THE
voir **Des oiseaux petits et grands**

HÄXAN *voir* **Sorcellerie à travers les âges, La**

HE GOT GAME ▷4
É.-U. 1998. Drame psychologique de Spike LEE avec Ray Allen, Denzel Washington et Milla Jovovich. - Un prisonnier est libéré le temps de convaincre son fils basketteur d'accepter de faire partie d'une équipe appuyée par le gouverneur de l'État.
□ 13 ans+ · Langage vulgaire ➔ DVD$

HE SAID, SHE SAID [Elle et lui] ▷4
É.-U. 1991. Comédie sentimentale de Ken KWAPIS et Marisa SILVER avec Kevin Bacon, Elizabeth Perkins et Sharon Stone. - Après leur rupture, deux animateurs de télévision liés sentimentalement racontent à des amis une version différente de leur vie de couple.
□ Général

HE WALKED BY NIGHT ▷4
É.-U. 1948. Drame policier d'Alfred L. WERKER et Anthony MANN avec Richard Basehart, Scott Brady et Roy Roberts. - La police recherche l'assassin d'un policier. □ Général ➔ DVD$

HE'S JUST NOT THAT INTO YOU! ▷5
[Laisse tomber, il te mérite pas!]
É.-U. 2008. Comédie sentimentale de Ken KWAPIS avec Ginnifer Goodwin, Jennifer Aniston et Justin Long. - Les chassés-croisés sentimentaux d'un groupe de trentenaires de Baltimore.
□ Général ➔ DVD$ DVD-BR$

HEAD-ON ▷3
ALL. 2003. Drame de mœurs de Fatih AKIN avec Birol Ünel, Sibel Kekilli et Catrin Striebeck. - Deux Allemands d'origine turque blessés par la vie se marient sans réellement s'aimer pour tenter de changer leur destin respectif. - Portrait sans fard de deux écorchés vifs. Illustration précise des points de vue divergents d'une société métissée. Climat dur et pessimiste. Mise en scène rugueuse. Interprétation intense.
□ 13 ans+ ➔ DVD$

HEAR MY SONG ▷4
ANG. 1991. Comédie dramatique de Peter CHELSOM avec Adrian Dunbar, Tara Fitzgerald et Ned Beatty. - Un cabaretier crée tout un émoi en annonçant le retour d'un chanteur de charme absent de la scène depuis 30 ans. □ Général

HEART AND SOULS [Dernière chance, La] ▷4
É.-U. 1993. Comédie fantaisiste de Ron UNDERWOOD avec Robert Downey Jr, Charles Grodin et Alfre Woodard. - Quatre anges gardiens chamboulent la vie d'un jeune homme dont ils utilisent le corps pour accomplir sur Terre un dernier souhait. □ Général ➔ DVD$

HEART IS A LONELY HUNTER, THE ▷4
[Cœur est un chasseur solitaire, Le]
É.-U. 1968. Drame psychologique de Robert Ellis MILLER avec Alan Arkin, Sondra Locke et Chuck McCann. - Un sourd-muet exerce une influence bénéfique sur des amis de rencontre. □ Général ➔ DVD$

HEART OF DARKNESS ▷3
É.-U. 1993. Drame de Nicolas ROEG avec Tim Roth, John Malkovich et Isaach de Bankole. - Le périple congolais d'un jeune négociant qui remonte un fleuve en bateau afin de rencontrer un marchand d'ivoire énigmatique. - Téléfilm adapté fidèlement du roman de Joseph Conrad. Ambiance oppressante. Réalisation assurée. Acteurs de grand talent.
□ Général

HEART OF DRAGON
H.-K. 1985. Sammo HUNG □ 13 ans+ ➔ DVD$

HEART OF GLASS *voir* **Cœur de verre**

HEART'S DARK SIDE
voir **Côté obscur du cœur, Le**

HEARTBREAK HOTEL ▷4
É.-U. 1988. Comédie de Chris COLOMBUS avec David Keith, Tuesday Weld et Charlie Schlatter. - Un adolescent décide de kidnapper Elvis Presley pour en faire cadeau à sa mère qui ne peut se rendre à son concert. ➔ DVD$

HEARTBREAK KID, THE ▷4
É.-U. 1972. Comédie satirique d'E. May avec Charles Grodin, Cybil Shepherd et Jeannie Berlin. - Durant son voyage de noces, un jeune homme tombe éperdument amoureux d'une autre femme.

HEARTBREAK KID, THE ▷4
É.-U. 2007. Comédie de Peter et Bobby FARRELLY avec Ben Stiller, Malin Akerman et Michelle Monaghan. - Se découvrant mal marié, un quadragénaire flirte avec une autre femme durant son voyage de noces au Mexique. □ 16 ans+ · Langage vulgaire ➔ DVD-BR$ DVD$

HEARTBREAK RIDGE [Maître de guerre, Le] ▷5
É.-U. 1986. Comédie dramatique réalisée et interprétée par Clint EASTWOOD avec Mario Van Peebles et Marsha Mason. - Un vétéran de la guerre de Corée se voit chargé d'entraîner des jeunes recrues récalcitrantes. □ Général ➔ DVD$

HEARTBURN [Brûlure, La] ▷4
É.-U. 1986. Comédie dramatique de Mike NICHOLS avec Meryl Streep, Jack Nicholson et Stockard Channing. - Les tribulations sentimentales d'un couple de journalistes dont le mari jouit d'une certaine réputation de coureur. □ Général ➜ DVD $

HEARTLAND ▷3
É.-U. 1979. Chronique de Richard PEARCE avec Conchata Ferrell, Rip Torn et Megan Folsom. - En 1910, une veuve engagée comme ménagère par un rancher du Wyoming en vient à épouser son patron. - Évocation sobrement réaliste de la vie dure des pionniers. Climat d'époque bien rendu. Interprétation convaincante. ➜ DVD $

HEARTS AND ARMOUR
voir **Choix des seigneurs, Le**

HEARTS IN ATLANTIS [Cœurs perdus en Atlantide] ▷4
É.-U. 2001. Drame psychologique de Scott HICKS avec Anton Yelchin, Anthony Hopkins et Hope Davis. - Dans les années 1960, un gamin de onze ans qui vit seul avec sa mère se lie d'amitié avec un vieil homme doué de clairvoyance. □ Général · Déconseillé aux jeunes enfants ➜ DVD $

HEARTS OF THE WEST [Hollywood Cowboy] ▷4
É.-U. 1975. Comédie satirique de Howard ZIEFF avec Jeff Bridges, Andy Griffith et Blythe Danner. - Au début des années 30, un jeune fermier rêvant de devenir romancier connaît diverses mésaventures à Hollywood.

HEARTS OF THE WORLD
É.-U. 1918. D. W. GRIFFITH □ Général

HEAT ▷5
É.-U. 1972. Drame de mœurs de Paul MORRISSEY avec Sylvia Miles, Joe Dallesandro et Andrea Feldman. - Un jeune acteur qui a connu une gloire précoce mais éphémère devient l'amant d'une ancienne vedette de cinéma. □ 18 ans+ ➜ DVD $

HEAT ▷3
É.-U. 1995. Drame policier de Michael MANN avec Al Pacino, Robert De Niro et Val Kilmer. - Un détective met en branle une opération de surveillance afin de coincer une bande de voleurs habiles. - Ensemble captivant malgré quelques longueurs. Scènes d'action et de suspense d'une forte intensité dramatique. Excellents interprètes.
□ 16 ans+ · Violence ➜ DVD $

HEAT AND DUST [Chaleur et poussière] ▷3
ANG. 1982. Drame de mœurs de James IVORY avec Julie Christie, Greta Scacchi et Shashi Kapoor. - Une jeune Anglaise se rend en Inde pour enquêter sur l'aventure scandaleuse de sa grand-tante qui fut la maîtresse d'un rajah. - Observations de mœurs et touches psychologiques intéressantes. Interprétation intelligente et nuancée.
□ 13 ans+ ➜ DVD $

HEATHERS ▷4
É.-U. 1988. Comédie satirique de Michael LEHMANN avec Winona Ryder, Christian Slater et Shannen Doherty. - Un garçon inquiétant aide une camarade de classe à éliminer certains élèves de leur école secondaire particulièrement désagréables.
□ 13 ans+ ➜ DVD-BR $ DVD $

HEATWAVE [Vague de chaleur] ▷4
AUS. 1981. Drame social de Philip NOYCE avec Richard Moir, Judy Davis et Chris Haywood. - Divers attentats se produisent à la suite de l'annonce de la construction d'un luxueux projet domiciliaire dans un quartier populaire. □ 13 ans+

HEAVEN ▷4
É.-U. 1986. Film d'essai de Diane KEATON. - Évocation de diverses conceptions de ce à quoi pourrait ressembler la vie après la mort, au paradis ou en enfer. □ Général ➜ DVD $

HEAVEN [En enfer avec Heaven] ▷4
N.-Z. 1998. Thriller de Scott REYNOLDS avec Martin Donovan, Danny Edwards et Richard Schiff. - Une effeuilleuse transsexuelle possédant des dons de voyance vient en aide à un architecte dans la dèche.
□ 18 ans+ ➜ DVD $

HEAVEN [Paradis] ▷4
ALL. 2001. Drame de Tom TYKWER avec Cate Blanchett, Giovanni Ribisi et Remo Girone. - Arrêtée comme présumée terroriste, une jeune enseignante gagne la sympathie d'un des policiers chargés de son instruction. □ Général ➜ DVD $

HEAVEN AND EARTH ▷5
É.-U. 1993. Chronique d'Oliver STONE avec Hiep Thi Le, Tommy Lee Jones et Joan Chen. - Les tribulations d'une Vietnamienne dont la vie est bouleversée par la guerre. □ 13 ans+ ➜ DVD $

HEAVEN CAN WAIT [Ciel peut attendre, Le] ▷3
É.-U. 1943. Comédie d'Ernst LUBITSCH avec Gene Tierney, Don Ameche et Charles Coburn. - Un riche Américain qui vient de mourir raconte sa vie au gardien de l'enfer. - Sujet traité avec fantaisie et humour. Mise en scène adroite. Excellente direction d'acteurs. ➜ DVD $

HEAVEN CAN WAIT ▷4
É.-U. 1978. Comédie fantaisiste de Warren BEATTY et Buck HENRY avec Warren Beatty, Julie Christie et James Mason. - Un joueur de football mort dans un accident reprend vie dans le corps d'un richard.
□ Général ➜ DVD $

HEAVEN KNOWS, MR. ALLISON [Dieu seul le sait] ▷4
É.-U. 1956. Drame de John HUSTON avec Deborah Kerr et Robert Mitchum. - Pendant la guerre, un soldat américain et une religieuse se trouvent isolés dans une île du Pacifique. □ Général ➜ DVD $

HEAVEN ON EARTH [Paradis sur terre, Le] ▷4
CAN. 2008. Drame de Deepa MEHTA avec Preity Zinta, Vansh Bhardwaj et Balinder Johal. - Installée à Toronto à la suite d'un mariage arrangé, une jeune Indienne perd ses illusions et se réfugie dans les légendes de son enfance. □ 13 ans+ ➜ DVD $

HEAVEN'S GATE ▷4
É.-U. 1980. Western de Michael CIMINO avec Kris Kristofferson, Isabelle Huppert et Christopher Walken. - Un shérif du Wyoming prend parti pour des fermiers immigrants contre de riches éleveurs qui leur font la vie dure. □ 18 ans+ ➜ DVD $

HEAVEN'S PRISONERS ▷4
É.-U. 1995. Drame policier de Phil JOANOU avec Alec Baldwin, Teri Hatcher et Eric Roberts. - En enquêtant sur l'écrasement d'un avion transportant des immigrants clandestins, un ex-policier devient la cible de mystérieux tueurs. □ 13 ans+ · Violence ➜ DVD $

HEAVENLY CREATURES [Créatures célestes] ▷3
N.-Z. 1994. Drame psychologique de Peter JACKSON avec Melanie Lynskey, Kate Winslet et Sarah Peirse. - Menacées d'être séparées par leurs parents, deux amies adolescentes à l'imagination fertile envisagent un projet meurtrier. - Univers abordé sous un angle résolument original et troublant. Thème riche d'implications psychologiques. Moult détails fantaisistes. Illustration inventive et énergique. Interprétation fort prenante. □ 13 ans+ ➜ DVD $

HEAVY ▷4
É.-U. 1995. Drame psychologique de James MANGOLD avec Pruitt Taylor Vince, Liv Tyler et Shelley Winters. - L'existence morne et triste du cuisinier d'un bar-restaurant est bouleversée par l'arrivée d'une nouvelle serveuse. □ Général

HEAVY METAL [Métal hurlant] ▷4
CAN. 1981. Dessins animés de Gerald POTTERTON. - Suite de sept petits films d'animation ayant pour thème la science-fiction et la fantaisie. □ 13 ans+

HEAVY PETTING ▷4
É.-U. 1989. Film de montage d'Obie BENZ et Josh WALETZKY avec David Byrne, Spalding Gray et Abbie Hoffman. - Des hommes et des femmes racontent leurs premières expériences sentimentales et sexuelles dans l'Amérique des années 1950. □ 13 ans+

HEAVY TRAFFIC [Flipper City] ▷4
É.-U. 1973. Dessins animés de Ralph BAKSHI. - Un jeune New-Yorkais désireux de connaître la gloire comme dessinateur connaît diverses mésaventures. □ 18 ans+ ➔ DVD$

HECTOR ▷4
BEL. 1987. Comédie de mœurs de Stijn CONINX avec Urbanus, Sylvia Millecam et Frank Aendenboom. - Un innocent de trente ans qui a toujours vécu dans un orphelinat est invité à venir demeurer chez des parents pour travailler dans leur boulangerie. □ Général

HEDDA GABLER
ANG. 1963. Alex SEGAL ➔ DVD$

HEDWIG AND THE ANGRY INCH ▷3
É.-U. 2000. Drame musical réalisé et interprété par John Cameron MITCHELL avec Andrea Martin et Michael Pitt. - En quête d'amour et de gloire, une chanteuse transsexuelle relate sa vie au cours d'une tournée de spectacles. - Adaptation très réussie d'une pièce à succès. Humour mordant. Mélodies accrocheuses. Traitement coloré et extravagant. Interprétation brillante de J.C. Mitchell. □ 13 ans+ ➔ DVD$

HEIDI ▷4
É.-U. 1937. Comédie dramatique d'Allan DWAN avec Shirley Temple, Jean Hersholt et Mady Christians. - Une charmante orpheline apprivoise un grand-père misanthrope et contribue à la guérison d'une fillette invalide. □ Général

HEIDI ▷4
E.-U. 1993. Comédie dramatique de M. RHODES avec Noley Thornton, Jason Robards et Jane Seymour. - Une petite orpheline apprivoise un grand-père bourru et contribue à la guérison d'une jeune invalide. ➔ DVD$

© SONY

HEIGHT OF THE SKY, THE
É.-U. 1999. Lyn CLINTON ➔ DVD$

HEIGHTS ▷5
É.-U. 2004. Drame de mœurs de Chris TERRIO avec Elizabeth Banks, Glenn Close et James Marsden. - À New York, en 24 heures, les destins entrecroisés de cinq personnes qui seront amenées à prendre de grandes décisions sur leur avenir. □ Général ➔ DVD$

HEIRESS, THE [Héritière, L'] ▷3
É.-U. 1949. Drame psychologique de William WYLER avec Olivia de Havilland, Montgomery Clift et Ralph Richardson. - Une jeune fille timide et peu jolie est courtisée par un coureur de dot. - Adaptation d'un roman de Henry James. Mise en scène intelligemment discrète et efficace. Étude psychologique précise. Interprétation remarquable. ➔ DVD$

HEIST [Vol, Le] ▷4
É.-U. 2001. Thriller de David MAMET avec Gene Hackman, Danny DeVito et Delroy Lindo. - Une équipe de cambrioleurs met au point un vol audacieux de lingots d'or dans un aéroport. □ 13 ans+ ➔ DVD$

HÉLAS POUR MOI [Oh Woe Is Me] ▷4
FR. 1992. Drame poétique de Jean-Luc GODARD avec Gérard Depardieu, Laurence Masliah et Bernard Verley. - Un éditeur entreprend une enquête sur le cas d'une femme à qui Dieu aurait rendu visite en prenant l'apparence de son époux.

HELEN MORGAN STORY, THE ▷5
É.-U. 1957. Drame biographique de Michael CURTIZ avec Ann Blyth, Paul Newman et Richard Carlson. - La vie d'une chanteuse célèbre dans les clubs de nuit des années 30. □ Général ➔ DVD$

HELEN OF TROY ▷4
É.-U. 1955. Drame épique de Robert WISE avec Rossana Podesta, Jacques Sernas et Cedric Hardwicke. - Sous prétexte de délivrer la femme d'un roi, les Grecs entrent en guerre contre Troie. □ Général ➔ DVD$

HELL AND HIGH WATER ▷5
É.-U. 1953. Aventures de Samuel FULLER avec Richard Widmark, Victor Francen et Bella Darvi. - Des savants arment un sous-marin qui doit repérer une base secrète ennemie. ➔ DVD$

HELL BENT [Glisser vers l'enfer] ▷4
CAN. 1994. Drame social de John KOZAK avec Danial Sprintz, Kevin Doerksen et Alison Northcott. - Trois jeunes délinquants à la recherche de sensations fortes saccagent la demeure de deux vieillards avant de les tuer. □ 16 ans+ · Violence

HELL IN THE PACIFIC ▷4
É.-U. 1968. Drame de guerre de John BOORMAN avec Lee Marvin et Toshiro Mifune. - Un pilote américain et un officier japonais s'affrontent seuls dans une île du Pacifique. □ Général ➔ DVD$

HELL IS A CITY ▷4
ANG. 1960. Drame policier de Val GUEST avec Stanley Baker, John Crawford et Maxine Audley. - Un inspecteur de police se met à la poursuite d'un dangereux criminel qui s'est évadé de prison. ➔ DVD$

HELL IS FOR HEROES ▷4
É.-U. 1962. Drame de guerre de Don SIEGEL avec Steve McQueen, Fess Parker et Nick Adams. - Un groupe de soldats reçoit la mission de déloger les Allemands d'un blockhaus de la ligne Siegfried. ➔ DVD$

HELL'S ANGELS
É.-U. 1930. Howard HUGHES □ Général ➔ DVD$

HELL'S ANGELS ON WHEELS ▷5
É.-U. 1967. Drame social de Richard RUSH avec Adam Roarke, Jack Nicholson et Sabina Scharf. - Un employé de station-service se joint à une bande de motards et connaît des expériences violentes. □ 13 ans+ ➔ DVD$

HELL'S HIGHWAY: THE TRUE STORY OF HIGHWAY SAFETY FILMS
É.-U. 2003. Bret WOOD ➔ DVD$

HELLBOY ▷4
É.-U. 2004. Drame fantastique de Guillermo DEL TORO avec Ron Perlman, John Hurt et Selma Blair. - Un colosse à la peau rouge doté d'une force surhumaine lutte contre un être machiavélique qui veut anéantir l'humanité. □ 13 ans+ ➔ DVD-BR$ DVD$

HELLBOY - SWORD OF STORMS ▷4
É.-U. 2006. Film d'animation de Phil Weinstein WEINSTEIN et Tad STONES. - Un justicier armé d'un sabre de samouraï magique s'en va combattre dans un monde parallèle peuplé de fantômes et de créatures maléfiques.

HELLBOY II - THE GOLDEN ARMY ▷3
É.-U. 2008. Drame fantastique de Guillermo DEL TORO avec Ron Perlman, Selma Blair et Luke Goss. - Un démon grognon combat le prince des elfes qui souhaite prendre le contrôle d'une armée mythique dans le but d'anéantir l'humanité. - Suite opulente, dense, imaginative et personnelle d'un film à succès. Scénario ponctuant les passages obligés d'ingénieuses références à des contes de fées. Mise en scène maîtrisée ménageant plusieurs trouvailles. Composition attachante de R. Perlman. □ Général · Déconseillé aux jeunes enfants ➔ DVD-BR$ DVD$

HELLER IN PINK TIGHTS ▷3
É.-U. 1960. Western de George CUKOR avec Sophia Loren, Anthony Quinn et Steve Forrest. - Les aventures d'une troupe de théâtre en tournée dans l'Ouest. - Sujet original. Mise en scène de classe. Humour constant. Interprétation vivante. □ Général ➔ DVD$

HELLO, DOLLY! ▷4
É.-U. 1969. Comédie musicale de Gene KELLY avec Barbra Streisand, Walter Matthau et Michael Crawford. - Une veuve affriolante se met en frais de conquérir un riche marchand. □ Général ➔ DVD$

HELLRAISER ▷4
ANG. 1986. Drame d'horreur de Clive BARKER avec Andrew Robinson, Claire Higgins et Ashley Laurence. - Un amateur de sensations fortes disparaît après avoir pénétré un univers parallèle par l'entremise d'une boîte magique. □ 13 ans+ ➔ DVD-BR$ DVD$

HELP! ▷3
ANG. 1965. Comédie musicale de Richard LESTER avec Ringo Starr, John Lennon, Paul McCartney et George Harrison. - Le batteur des Beatles porte une bague qui le désigne comme sacrifice humain d'une secte hindoue. - Sujet délirant. Style comique inventif. Mouvement soutenu. Interprétation loufoque. □ Général ➔ DVD$

HELP! I'M A FISH *voir* **Gloups! Je suis un poisson**

HELSINKI NAPOLI [Helsinki, toute la nuit, Napoli] ▷4
FIN. 1987. Comédie policière de Mika KAURISMÄKI avec Kari Vaananen, Roberta Manfredi et Samuel Fuller. - À Berlin, un chauffeur de taxi est engagé dans une folle aventure après s'être retrouvé avec deux cadavres de truands sur les bras. □ Général

HENRY & JUNE ▷4
É.-U. 1990. Drame biographique de Philip KAUFMAN avec Maria de Medeiros, Fred Ward et Uma Thurman. - Évocation des rapports idéologiques et charnels d'Anaïs Nin avec l'écrivain américain Henry Miller et sa femme June au début des années 1930.
□ 18 ans+ ➔ DVD$

HENRY FOOL ▷4
É.-U. 1997. Comédie satirique de Hal HARTLEY avec Thomas Jay Ryan, James Urbaniak et Parker Posey. - Un éboueur placide voit sa vie profondément bouleversée par la rencontre d'un être énigmatique qui l'incite à devenir poète. □ 16 ans+

HENRY V ►2
ANG. 1945. Drame historique réalisé et interprété par Laurence OLIVIER avec Robert Newton et Leslie Banks. - Évocation de la campagne entreprise par le roi d'Angleterre Henri V pour appuyer ses prétentions à la couronne de France. - Adaptation puissante de l'œuvre de Shakespeare. Décors stylisés. Maquillages prononcés. Couleurs d'un merveilleux pastel. Interprétation remarquable. □ Général ➔ DVD$

HENRY V ►2
ANG. 1989. Drame historique réalisé et interprété par Kenneth BRANAGH avec Derek Jacobi et Paul Scofield. - Évocation de la campagne militaire entreprise par le roi d'Angleterre Henri V pour appuyer ses prétentions à la couronne de France. - Traitement plus réaliste que stylisé de la pièce de Shakespeare. Accent mis sur les aspects sombres du texte original. Rudesse de l'époque bien rendue. Interprétation solide. □ Général ➔ DVD$

HENRY VIII ▷4
ANG. 2003. Drame historique de Pete TRAVIS avec Ray Winstone, Helena Bonham Carter et David Suchet. - Intrigues et tourments à la cour d'Angleterre alors que le roi Henry VIII conspire afin de donner son trône à un héritier mâle. ➔ DVD$

HENRY: PORTRAIT OF A SERIAL KILLER ▷5
[Henry, portrait d'un tueur]
É.-U. 1986. Drame de John McNAUGHTON avec Michael Rooker, Tom Towles et Tracy Arnold. - Ayant quitté son mari, une jeune femme va vivre avec son frère, dont le colocataire est un ex-détenu qui se révèle être un meurtrier psychopathe. □ 16 ans+ · Violence ➔ DVD$

HERBIE RIDES AGAIN [Nouvel amour de coccinelle, Le] ▷5
É.-U. 1974. Comédie fantaisiste de Robert STEVENSON avec Helen Hayes, Keenan Wynn et Ken Berry. - Une automobile dotée de pouvoirs extraordinaires défend sa propriétaire contre les manœuvres d'un entrepreneur. □ Général ➔ DVD$

HERCULES ▷4
É.-U. 1997. Dessins animés de John MUSKER et Ron CLEMENTS. - Ayant grandi sur Terre parmi les humains, le demi-dieu Hercule tente de prouver à son père Zeus qu'il est un vrai héros. □ Général ➔ DVD$

HERD, THE ▷4
CAN. 1998. Aventures de Peter LYNCH avec Colm Feore, David Hemblen et Mark McKinney. - Dans les années 1930, un aventurier est engagé par le gouvernement canadien pour guider 3000 rennes sur une distance de 1550 kilomètres.

HERE COMES MR. JORDAN ▷3
É.-U. 1941. Comédie fantaisiste d'Alexander HALL avec Robert Montgomery, Rita Johnson et Claude Rains. - Un boxeur mort prématurément dans un accident d'avion revit dans le corps d'un autre homme. - Scénario original et bien construit. Réalisation habile et pleine d'humour. Interprétation alerte. □ Général ➔ DVD$

HERE COMES THE GROOM ▷4
É.-U. 1951. Comédie de Frank CAPRA avec Bing Crosby, Jane Wyman et Alexis Smith. - Pour adopter deux orphelins, un journaliste doit se marier dans les cinq jours. □ Général

HÉRITAGE, L' ▷4
ITA. 1976. Drame de mœurs de Mauro BOLOGNINI avec Dominique Sanda, Anthony Quinn et Fabio Testi. - À la fin du XIXe siècle, les astuces d'une jeune femme ambitieuse pour acquérir la fortune de son beau-père. □ Général

HÉRITIÈRE, L' *voir* **Heiress, The**

HÉRITIERS, LES [Inheritors, The] ▷4
AUT. 1999. Drame social de Stefan RUZOWITZKY avec Simon Schwarz, Sophie Rois et Lars Rudolph. - Dans l'Autriche des années 1930, sept ouvriers héritent de la ferme de leur maître, au grand dam des riches propriétaires environnants.

HERO ▷4
É.-U. 1992. Comédie dramatique de Stephen FREARS avec Dustin Hoffman, Geena Davis et Andy Garcia. - Un vagabond se fait passer pour l'auteur d'un sauvetage héroïque qui a été accompli en réalité par un petit escroc désabusé et cynique. □ Général ➔ DVD$

HERO [Héros] ►2
CHI. 2002. Drame épique de Zhang YIMOU avec Jet Li, Tony Leung Chiu-wai et Maggie Cheung. - Vers 220 avant J.-C., un guerrier raconte au roi de Qin comment il a empêché trois assassins notoires d'attenter à sa vie. - Récit fascinant et riche en rebondissements, inspiré de légendes chinoises. Propos empreint de romantisme. Traitement lyrique servi par des images d'une sidérante beauté. Interprétation de premier ordre. ➔ DVD$

HEROES OF TELEMARK, THE ▷4
ANG. 1965. Drame de guerre de Anthony MANN avec Kirk Douglas, Richard Harris et Ulla Jacobsson. - Des commandos norvégiens sabotent une usine travaillant pour les nazis. □ Général

HÉROS COMME TANT D'AUTRES, UN *voir* **In Country**

HÉROS DE LA FAMILLE, LE ▷4
FR. 2006. Comédie de Thierry KLIFA avec Gérard Lanvin, Géraldine Pailhas et Miou-Miou. - À la mort d'un cabaretier de Nice, le fils spirituel de celui-ci convoque sa famille éclatée. ➔ DVD$

HÉROS DU DIMANCHE, LES *voir* **Any Given Sunday**

HÉROS SACRILÈGE, LE *voir* **Taira Clan Saga**

HESTER STREET ▷3
É.-U. 1975. Étude de mœurs de Joan Micklin SILVER avec Steven Keats, Carol Kane et Mel Howard. - Au début du siècle, un couple d'immigrants juifs à New York éprouve des difficultés d'adaptation. - Scénario riche en notations psychologiques finement observées. Évocation captivante de milieu. Interprétation convaincante. □ Général ➔ DVD$

HEURE DES SORTILÈGES, L' ▷4
ESP. 1985. Comédie fantaisiste de Jaime DE ARMINAN avec Francisco Rabal, Concha Velasco et Victoria Abril. - Un saltimbanque et sa compagne font la rencontre d'une jeune fille dotée d'étranges pouvoirs.

HEURE DU LOUP, L' ►2
SUÈ. 1967. Drame psychologique de Ingmar BERGMAN avec Max Von Sydow, Liv Ullmann et Erland Josephson. - Réfugié avec sa femme dans une île quasi déserte, un peintre sombre peu à peu dans la folie. - Oscillation continuelle entre le réel et l'imaginaire. Thèmes habituels à l'auteur abordés de façon magistrale. Ensemble ambigu mais fascinant. Interprétation de grande classe. □ 18 ans+ ➔ DVD $

HEURE LIMITE *voir* **Rush Hour**

HEURES PRÉCIEUSES, LES ▷3
QUÉ. 1989. Drame social de Marie LABERGE et Mireille GOULET avec Denise Gagnon, Raymond Bouchard et Martin Drainville. - Les expériences d'une bénévole dans une clinique où l'on accueille des malades en phase terminale. - Téléfilm à l'approche sensible et délicate d'un thème douloureux. □ Général

HEURES, LES *voir* **Hours, The**

HEUREUX HASARD *voir* **Serendipity**

HEUREUX QUI COMME ULYSSE ▷4
FR. 1969. Comédie dramatique d'Henri COLPI avec Fernandel, Rellys et Henri Tisot. - Un valet de ferme provençal fuit en Camargue avec un vieux cheval pour lui éviter un sort cruel. ➔ DVD $

HEY BABU RIBA [Miriana] ▷4
YOU. 1986. Comédie dramatique de Jovan ACIN avec Gala Videnovic, Milan Strljic et Dragan Bjelogrlic. - À la mort d'une amie, quatre Yougoslaves vivant à l'étranger se réunissent et se remémorent leurs relations mi-amoureuses, mi-amicales avec celle-ci. □ Général

HEY, HAPPY! ▷4
CAN. 2001. Comédie de mœurs de Noam GONICK avec Jeremie Yuen, Craig Aftanas et Clayton Godson. - À Winnipeg, un DJ qui veut coucher avec son 2000e amant avant une inondation majeure voit ses plans contrecarrés par un coiffeur diabolique. ➔ DVD $

HI, MOM! ▷4
É.-U. 1970. Comédie satirique de Brian DE PALMA avec Robert De Niro, Charles Durnham et Allen Garfield. - Un cinéaste new-yorkais sème la pagaille lorsqu'il filme à leur insu la vie quotidienne de ses voisins. ➔ DVD $

HI-LO COUNTRY, THE ▷4
É.-U. 1998. Western de Stephen FREARS avec Woody Harrelson, Billy Crudup et Patricia Arquette. - Après la Seconde Guerre mondiale, au Nouveau-Mexique, deux cow-boys mettent leur amitié en péril pour l'amour d'une femme. ➔ DVD $

HIBERNATUS ▷4
FR. 1969. Comédie d'Édouard MOLINARO avec Louis de Funès, Claude Gensac et Bernard Alane. - Les tribulations d'un industriel obligé d'héberger un homme trouvé en état d'hibernation. ➔ DVD $

HIDALGO ▷4
É.-U. 2004. Aventures de Joe JOHNSTON avec Viggo Mortensen, Omar Sharif et Zuleikha Robinson. - En 1890, un cheik invite un cow-boy américain à participer à une course de chevaux à travers le désert arabe. □ Général · Déconseillé aux jeunes enfants ➔ DVD $ DVD-BR $

HIDDEN *voir* **Caché**

HIDDEN, THE ▷4
É.-U. 1987. Drame fantastique de Jack SHOLDER avec Michael Nouri, Kyle MacLachlan et Katherine Cannon. - Aidé par un curieux agent du FBI, un détective lutte contre une créature extraterrestre qui pousse à la violence les humains dans lesquels elle se glisse.
□ 13 ans+ ➔ DVD $

HIDDEN AGENDA [Secret-défense] ▷4
ANG. 1990. Drame politique de Ken LOACH avec Frances McDormand, Brian Cox et Brad Dourif. - Un policier cherche à éclaircir les circonstances ayant mené à l'assassinat d'un avocat américain par des soldats en Irlande du Nord. □ Général ➔ DVD $

HIDDEN FORTRESS *voir* **Forteresse cachée, La**

HIDE IN PLAIN SIGHT [Disparition commandée] ▷4
É.-U. 1980. Drame social réalisé et interprété par James CAAN avec Jill Eikenberry et Robert Viharo. - Un ouvrier divorcé cherche à retrouver ses enfants disparus avec leur mère. □ Général

HIDEOUS KINKY [Marrakech Express] ▷4
ANG. 1998. Drame de mœurs de Gillies MacKINNON avec Kate Winslet, Saïd Taghmaoui et Bella Riza. - Au début des années 70, une jeune Anglaise s'établit à Marrakech avec ses deux filles dans l'espoir d'y trouver la paix intérieure. □ Général

HIER, AUJOURD'HUI ET DEMAIN
voir **Yesterday, Today and Tomorrow**

HIER, AUJOURD'HUI ET POUR TOUJOURS
voir **For the Boys**

HIGH AND LOW *voir* **Entre le ciel et l'enfer**

HIGH ANXIETY ▷4
É.-U. 1977. Comédie policière réalisée et interprétée par Mel BROOKS avec Madeline Kahn et Cloris Leachman. - Le nouveau directeur d'un institut psychiatrique est aux prises avec des collègues qui séquestrent des patients. □ Général ➔ DVD $

HIGH ART [Art interdit, L'] ▷4
É.-U. 1998. Drame psychologique de Lisa CHOLODENKO avec Ally Sheedy, Radha Mitchell et Patricia Clarkson. - Une jeune adjointe à la rédaction d'un magazine d'art est subjuguée par une photographe lesbienne au mode de vie décadent. □ 13 ans+ ➔ DVD $

HIGH FIDELITY [Haute fidélité] ▷4
É.-U. 2000. Comédie sentimentale de Stephen FREARS avec John Cusack, Iben Hjejle et Jack Black. - Atterré par le départ de sa petite amie, un disquaire retrouve ses quatre plus grandes peines d'amour afin de savoir pourquoi ces femmes l'ont rejeté.
□ 13 ans+ ➔ DVD $

HIGH HEELS *voir* **Talons aiguilles**

HIGH HEELS AND LOW LIFES ▷4
ANG. 2001. Comédie policière de Mel SMITH avec Minnie Driver, Mary McCormack et Kevin McNally. - À Londres, une infirmière et une actrice américaine délurée font chanter des gangsters qui viennent de voler une banque. ➔ DVD $

HIGH HOPES ▷4
ANG. 1988. Comédie satirique de Mike LEIGH avec Philip Davis, Ruth Sheen et Edna Doré. - Un ancien contestataire, qui poursuit une existence de marginal avec sa compagne, connaît divers ennuis avec sa famille. □ Général ➔ DVD $

HIGH NOON [Train sifflera trois fois, Le] ►1
É.-U. 1952. Western de Fred ZINNEMANN avec Gary Cooper, Grace Kelly et Thomas Mitchell. - Le shérif d'une petite ville de l'Ouest doit affronter seul un bandit qui revient se venger avec des complices. - Classique incontournable du western. Structure narrative novatrice. Réalisation d'une maîtrise absolue. Tension soutenue avec art. Interprétation solide. □ Général ➔ DVD $

HIGH PLAINS DRIFTER ▷4
[Homme des hautes plaines, L']
É.-U. 1973. Western réalisé et interprété par Clint EASTWOOD avec Walter Barnes et Verna Bloom. - Un inconnu consent à assumer la protection d'un village mais impose aux habitants d'étranges conditions. □ 13 ans+ ➔ DVD $

HIGH PRICED GIFT (THE SEQUEL)
voir **Regalo Caro II (The Sequel)**

HIGH SIERRA ▷4
É.-U. 1941. Drame policier de Raoul WALSH avec Humphrey Bogart, Ida Lupino et Joan Leslie. - Un homme est sorti de prison par un ami pour diriger un vol de bijoux. □ Général ➔ DVD $

HIGH SOCIETY ▷4
É.-U. 1955. Comédie musicale de Charles WALTERS avec Bing Crosby, Frank Sinatra et Grace Kelly. - Venu faire un reportage sur le second mariage d'une riche jeune femme, un journaliste est témoin de curieuses intrigues. □ Général ➔ DVD $

HIGH SPIRITS [Fantômes sont cinglés, Les] ▷4
ANG. 1988. Comédie fantaisiste de Neil JORDAN avec Peter O'Toole, Steve Guttenberg et Daryl Hannah. - Dans l'espoir d'appâter des clients, un châtelain annonce que sa vieille résidence qu'il a transformée en hôtel est hantée. □ 13 ans+ ➔ DVD $

HIGH TENSION *voir* **Haute Tension**

HIGH TIDE
AUS. 1987. Gillian ARMSTRONG

HIGHER LEARNING ▷5
É.-U. 1994. Drame social de John SINGLETON avec Omar Epps, Kristy Swanson et Michael Rapaport. - La vie sur un campus universitaire californien vue à travers les expériences de trois étudiants.
□ 13 ans+ ➔ DVD $

HIGHWAY 61 [Autoroute 61] ▷5
CAN. 1991. Comédie dramatique de Bruce McDONALD avec Don McKellar, Valerie Buhagiar et Earl Pastko. - Un jeune barbier un peu naïf conduit à La Nouvelle-Orléans une vagabonde en fuite qui transporte de la drogue volée. □ 13 ans+

HIGHWAY PATROLMAN
MEX. 1992. Alex COX □ 13 ans+

HILARY AND JACKIE ▷4
ANG. 1998. Drame biographique d'Anand TUCKER avec Emily Watson, Rachel Griffiths et David Morrissey. - Évocation de la vie de la violoncelliste Jacqueline du Pré et de ses relations tendues avec sa sœur.
□ Général ➔ DVD $

HILL HALFON DOESN'T ANSWER
ISR. 1975. Assi DAYAN ➔ DVD $

HILL, THE [Colline des hommes perdus, La] ▷3
ANG. 1965. Drame de Sidney LUMET avec Sean Connery, Harry Andrews et Ian Hendry. - Dans un camp disciplinaire de l'armée, un sous-officier s'acharne sur de nouveaux arrivants. - Grande tension dramatique. Mise en scène vigoureuse. Interprétation solide.
□ Général ➔ DVD $

HILLS HAVE EYES, THE ▷4
É.-U. 2005. Drame d'horreur d'Alexandre AJA avec Aaron Stanford, Ted Levine et Kathleen Quinlan. - Des vacanciers en panne dans le désert du Nouveau-Mexique sont brutalement attaqués par des cannibales aux membres difformes. □ 16 ans+ · Horreur · Violence ➔ DVD $

HIMALAYA, L'ENFANCE D'UN CHEF ▷4
FR. 1999. Aventures d'Eric VALLI avec Lhakpa Tsamchoe, Thilen Lhondup et Gurgon Kyap. - Au cœur de l'Himalaya, un ancien chef tibétain prend les commandes d'une caravane de sel à la place de son fils décédé. □ Général

HIMATSURI ▷4
JAP. 1984. Drame social de Mitsuo YANAGIMACHI avec Kinya Kitaoji, Kiwako Taichi et Ryota Nakamoto. - Dans une région où règne une sourde hostilité entre pêcheurs et bûcherons, un quadragénaire vit en marge, portant à la montagne un amour sacré. □ 13 ans+

HINDENBURG, THE ▷4
É.-U. 1975. Drame de Robert WISE avec George C. Scott, William Atherton et Anne Bancroft. - Les circonstances entourant l'explosion d'un dirigeable allemand à New York en 1937. □ Général ➔ DVD $

HIROSHIMA NO PIKA [Hiroshima No Pika/Hellfire]
JAP. Toshi MARUKI ➔ DVD $

HIROSHIMA, MON AMOUR ►1
FR. 1958. Drame psychologique d'Alain RESNAIS avec Emmanuelle Riva et Eiji Okada. - Réunis par une liaison amoureuse, une Française et un Japonais évoquent un passé douloureux. - Esthétique exceptionnelle. Style méditatif. Images soignées. Dialogue remarquable. Interprétation de classe. □ 13 ans+ ➔ DVD $

HIS GIRL FRIDAY [Femme du vendredi, La] ►2
É.-U. 1939. Comédie de Howard HAWKS avec Cary Grant, Rosalind Russell et Ralph Bellamy. - Un directeur de journal cherche à se réconcilier avec son ex-femme qui est sa meilleure rédactrice. - Classique de l'âge d'or du cinéma américain. Situations traitées sur un ton alerte. Dialogue pétillant. Fine interprétation. □ Général ➔ DVD $

HIS SECRET LIFE *voir* **Tableau de famille**

HISTOIRE D'ADÈLE H., L' [Story of Adele H., The] ►2
FR. 1975. Drame psychologique de François TRUFFAUT avec Isabelle Adjani, Bruce Robinson et Sylvia Marriott. - S'étant éprise d'un officier anglais qui la repousse, la seconde fille de Victor Hugo sombre dans le déséquilibre. - Traitement sobre d'un cas authentique. Une certaine distanciation. Aspects psychologiques intelligemment évoqués. Excellente interprétation de I. Adjani. □ Général

HISTOIRE D'AIMER ▷4
ITA. 1975. Comédie de mœurs de M. FONDATO avec Claudia Cardinale, Monica Vitti et Giancarlo Giannini. - La femme d'un ingénieur siège sur un jury et s'intéresse au sort de la prévenue. □ Général

HISTOIRE D'AMOUR, UNE *voir* **Love Story**

HISTOIRE D'O [Story of O] ▷5
FR. 1975. Drame érotique de Just JAECKIN avec Corinne Cléry, Udo Kier et Anthony Steel. - Pour plaire à son amant, une jeune photographe accepte de se soumettre à une curieuse forme d'initiation érotique dans un château. □ 18 ans+

HISTOIRE D'UN PÉCHÉ ▷4
POL. 1975. Drame de mœurs de Walerian BOROWCZYK avec Grazyna Dlugolecka et Jerzy Zelnik. - Une Polonaise qui veut rejoindre son amant à Rome devient le jouet d'un aventurier. □ 13 ans+

HISTOIRE DE BUDDY HOLLY, L' *voir* **Buddy Holly Story, The**

HISTOIRE DE FAMILLE ▷5
QUÉ. 2005. Chronique de Michel POULETTE avec Danielle Proulx, Luc Proulx et Catherine Allard. - Une jeune femme interroge un pianiste ayant écrit un roman visiblement inspiré des événements qui ont marqué sa famille dans les années 1960 et 70. □ 13 ans+ ➔ DVD $

HISTOIRE DE FAMILLE, UNE *voir* **Family Thing, A**

HISTOIRE DE JOHNNY, L' *voir* **Naked**

HISTOIRE DE JOUETS *voir* **Toy Story**

HISTOIRE DE MARIE ET JULIEN
[Story of Marie and Julien, The]
FR. 2003. Jacques RIVETTE ➔ DVD $

HISTOIRE DE MON PÈRE, L' *voir* **This Is My Father**

HISTOIRE DE PEN ▷5
QUÉ. 2002. Drame de Michel JETTÉ avec Emmanuel Auger, Karyne Lemieux et David Boutin. - Les dures expériences d'un jeune criminel qui purge une peine de dix ans dans une prison à sécurité maximum.
□ 13 ans+ · Langage vulgaire · Violence ➔ DVD $

HISTOIRE DE PIERRA, L' ▷4
ITA. 1983. Drame de mœurs de Marco FERRERI avec Hanna Schygulla, Isabelle Huppert et Marcello Mastroianni. - Les curieuses relations d'une jeune femme avec son père communiste et sa mère libertaire.
□ 18 ans+

HISTOIRE DE QIU JU, L' ▷3
CHI. 1992. Comédie dramatique de Yimou ZHANG avec Gong Li, Lei Lao Sheng et Liu Pei Qi. - Une jeune femme enceinte multiplie les recours en justice afin d'obtenir réparation de la part du chef du village qui a blessé son mari. - Peinture ironique et subtile. Satire des travers de la bureaucratie. Ensemble teinté d'un bel humanisme. Illustration simple mais spontanée. Interprètes de talent. □ Général

HISTOIRE DE RUTH, L' *voir* **Story of Ruth, The**

HISTOIRE DE SIN CITY, UNE *voir* **Sin City**

HISTOIRE DE SOLDAT, UNE *voir* **Soldier's Story, A**

HISTOIRE DES BEATLES, L' *voir* **Compleat Beatles, The**

HISTOIRE DU BRONX, UNE *voir* **Bronx Tale, A**

HISTOIRE OFFICIELLE, L' [Official Story, The] ▷3
ARG. 1985. Drame social de Luis PUENZO avec Norma Aleandro, Hector Alterio et Chela Ruiz. - En Argentine, une femme apprend que sa fille adoptive pourrait être l'enfant d'une dissidente morte en prison. - Traitement intelligent d'un problème contemporain. Structure narrative bien ménagée. Rythme assuré. Prises de vues éloquentes. Interprétation d'une conviction émouvante. □ Général ➔ DVD $

HISTOIRE SANS FIN, L' *voir* **Neverending Story, The**

HISTOIRE VRAIE, UNE *voir* **Straight Story, The**

HISTOIRES À MOURIR DEBOUT *voir* **Creepshow**

HISTOIRES À RACONTER *voir* **Storytelling**

HISTOIRES D'HIVER ▷5
QUÉ. 1998. Chronique de François BOUVIER avec Joël Drapeau-Dalpé, Denis Bouchard et Diane Lavallée. - La vie d'un garçon qui, en 1966, rêve de rencontrer son idole, le joueur de hockey Henri Richard.
□ Général ➔ DVD $

HISTOIRES DE CUISINE [Kitchen Stories] ▷3
NOR. 2003. Comédie dramatique de Bent HAMER avec Joachim Calmeyer, Tomas Norström et Bjorn Floberg. - Pour les besoins d'une étude scientifique, un observateur suédois posté dans la cuisine d'un célibataire norvégien consigne les faits et gestes de ce dernier. - Sujet savoureusement absurde développé sur un ton pince-sans-rire. Habile mélange de satire et de tendresse. Mise en scène subtile et dépouillée. Interprétation faussement sérieuse. □ Général ➔ DVD $

HISTOIRES DE FANTÔMES CHINOIS ▷4
[Chinese Ghost Story, A]
CHI. 1987. Drame fantastique de Ching Siu TUNG avec Leslie Cheung, Wong Tsu Hsien et Wo Ma. - Un jeune collecteur d'impôts naïf s'éprend d'une belle fantôme qu'un monstre contraint d'attirer les hommes qui lui serviront de pâture. □ 13 ans+

HISTOIRES EXTRAORDINAIRES ▷4
[Spirits of the Dead]
FR. 1968. Drame fantastique de Roger VADIM, Louis MALLE et Federico FELLINI avec Jane Fonda, Alain Delon et Terence Stamp. - Trois contes fantastiques inspirés d'œuvres d'Edgar Allan Poe.
□ 13 ans+ ➜ DVD$

HISTORY BOYS ▷4
ANG. 2006. Comédie dramatique de Nicholas HYTNER avec Richard Griffiths, Stephen Campbell Moore et Dominic Cooper. - Un vieux professeur excentrique et un jeune enseignant pragmatique se disputent l'attention d'un groupe de lycéens doués. □ 13 ans+ ➜ DVD$

HISTORY OF VIOLENCE, A [Une histoire de violence] ▷3
É.-U. 2005. Thriller de David CRONENBERG avec Viggo Mortensen, Maria Bello et Ed Harris. - Après avoir tué deux dangereux voleurs, un restaurateur du Midwest voit sa paisible vie familiale chamboulée par la visite d'un gangster qui dit bien le connaître. - Récit à la fois subtil et fidèle aux conventions du genre. Réalisation d'une redoutable efficacité. Interprétation très solide.
□ 16 ans+ · Violence ➜ DVD-BR$ DVD$

HIT MAN FILE
THAÏ. 2005. Bangsapan SANANJIT ➜ DVD$

HIT ME
É.-U. 1996. Steven SHAINBERG ➜ DVD$

HIT! ▷4
É.-U. 1973. Drame policier de Sidney J. FURIE avec Billy Dee Williams, Richard Pryor et Paul Hampton. - À la suite de la mort de sa fille, victime de la drogue, un agent fédéral s'en prend directement aux chefs du trafic des stupéfiants. □ Général

HIT, THE [Contrat, Le] ▷3
ANG. 1984. Thriller de Stephen FREARS avec John Hurt, Terence Stamp et Laura Del Sol. - Un mouchard réfugié en Espagne est enlevé par deux tueurs à gages chargés de le conduire à Paris pour l'exécuter. - Approche originale de thèmes rebattus. Traitement sardonique. Psychologie surprenante. Suspense subtilement entretenu. Interprétation savoureuse. □ 13 ans+ ➜ DVD$

HITCH ▷4
É.-U. 2005. Comédie sentimentale d'Andy TENNANT avec Will Smith, Eva Mendes et Kevin James. - Alors qu'il conseille un client gaffeur, un consultant en séduction masculine tombe lui-même amoureux d'une journaliste effarouchée. □ Général ➜ DVD-BR$ DVD$

HITCH-HIKER, THE [Auto-stoppeur, L'] ▷4
É.-U. 1953. Drame d'Ida LUPINO avec Edmond O'Brien, Frank Lovejoy et William Talman. - Deux pêcheurs font monter dans leur auto un inconnu qui se révèle être un dangereux criminel.
□ Général ➜ DVD$

HITCHER, THE ▷4
É.-U. 1986. Drame policier de Robert HARMON avec C. Thomas Howell, Rutger Hauer et Jennifer Jason Leigh. - Un jeune homme est harcelé par un dangereux psychopathe qu'il a pris en stop.
□ 13 ans+ ➜ DVD$

HITCHHIKER'S GUIDE TO THE GALAXY ▷4
É.-U. 2005. Comédie fantaisiste de Garth Jennings avec Martin Freeman, Mos Def et Sam Rockwell. - Les aventures d'un petite groupe d'humains et d'extraterrestres qui voyagent à travers la galaxie à la recherche du sens de la vie. □ Général · Déconseillé aux jeunes enfants ➜ DVD$ DVD-BR$

HITLER: UN FILM D'ALLEMAGNE [Our Hitler] ▷3
ALL. 1978. Film d'essai de Hans-Jürgen SYBERBERG avec Heinz Schubert, Harry Baer et Hellmut Lange. - Exploration de la puissance du régime hitlérien et de ses conséquences sur l'Allemagne d'après-guerre. - Film-fleuve offrant une évocation quasi onirique de l'aventure nazie. Mélange de réflexions philosophiques et d'envolées poétiques. Traitement insolite alternant reconstitutions dramatiques, spectacles de marionnettes, pantomimes, discours et entrevues. Jeu pince-sans-rire des interprètes.

HITMAN ▷4
H.-K. 1998. Comédie policière de Tung WAI avec Jet Li, Eric Tsang et Simon Yam. - Deux apprentis tueurs à gages pourchassent un asssassin dont la tête est mise à prix. □ 13 ans+

HIVER 54, L'ABBÉ PIERRE ▷4
FR. 1989. Drame social de Denis AMAR avec Lambert Wilson, Claudia Cardinale et Robert Hirsch. - En 1954, par un hiver particulièrement rigoureux, l'abbé Pierre, apôtre des sans-abri, lance un appel à la population et aux pouvoirs publics. □ Général

HIVER BLEU, L' ▷5
QUÉ. 1979. Drame de mœurs d'André BLANCHARD avec Christiane Lévesque, Nicole Scant et Michel Chénier. - Afin d'améliorer leur sort, deux jeunes filles de la campagne se joignent à une «commune» de Rouyn. □ Général

HOAX, THE ▷4
É.-U. 2006. Comédie dramatique de Lasse HALLSTROM avec Richard Gere, Alfred Molina et Marcia Gay Harden. - En 1971, un écrivain ambitieux vend à une prestigieuse maison d'édition new-yorkaise une autobiographie autorisée de Howard Hughes, qu'il a fabriquée de toutes pièces. □ Général ➜ DVD$

HOBSON'S CHOICE [Chaussure à son pied] ▷3
ANG. 1954. Comédie de David LEAN avec Charles Laughton, John Mills et Brenda De Banzie. - Un bottier de Londres, véritable tyran domestique, est déjoué par sa fille qui devient sa concurrente en affaires. - Récit alerte et riche d'humour. Beaucoup d'atmosphère. Ensemble vivant et pittoresque. Interprétation excellente. □ Général ➜ DVD$

HOCHELAGA ▷4
QUÉ. 2000. Drame de Michel JETTÉ avec Dominic Darceuil, Jean-Nicolas Verreault et Ronald Houle. - Un jeune délinquant est recruté par une bande de motards criminalisés. □ 13 ans+ · Violence

HOCUS POCUS [Abracadabra] ▷4
É.-U. 1993. Comédie fantaisiste de Kenny ORTEGA avec Bette Midler, Sarah Jessica Parker et Kathy Najimy. - Durant la nuit de l'Halloween, trois sorcières pourchassent des enfants qui leur ont dérobé un grimoire. □ Général ➜ DVD$

HOFFA ▷4
É.-U. 1992. Drame biographique réalisé et interprété par Danny DeVITO avec Jack Nicholson et Armand Assante. - Les principales étapes de la carrière controversée du syndicaliste américain Jimmy Hoffa.
□ 13 ans+ ➜ DVD$

HOFFMAN ▷5
ANG. 1969. Comédie de mœurs d'Alvin RAKOFF avec Peter Sellers, Sinéad Cusak et Jeremy Bullock. - Forcée de passer une semaine en tête à tête avec son patron qui la fait chanter, une secrétaire finit par s'éprendre de lui. ➜ DVD$

HOLCROFT COVENANT, THE ▷4
ANG. 1985. Drame d'aventures de John FRANKENHEIMER avec Michael Caine, Anthony Andrews et Victoria Tennant. - En 1985, le fils d'un haut dignitaire nazi est convoqué en Suisse pour recevoir une importante somme d'argent sous certaines conditions. ➜ DVD$

HOLCROFT COVENANT, THE
ANG. 1985. John FRANKENHEIMER ➜ DVD$

HOLD YOU TIGHT
H.-K. 1997. Stanley KWAN ➜ DVD$

HOLD-UP ▷4
FR. 1985. Comédie policière d'Alexandre ARCADY avec Jean-Paul Belmondo, Guy Marchand et Kim Cattrall. - Un vol de banque ingénieux est commis à Montréal, mais des obstacles rendent difficile la fuite des criminels vers l'aéroport. □ Général

HOLE IN THE HEAD [Trou dans la tête, Un] ▷5
É.-U. 1959. Comédie dramatique de Frank CAPRA avec Frank Sinatra, Edward G. Robinson et Eddie Hodges. - Au bord de la faillite, un jeune veuf frivole fait appel à son frère. ➜ DVD$

HOLE, THE ▷3
TAÏ. 1997. Comédie dramatique de Ming-Liang TSAI avec Yang Kuei-mei, Lee Kang-sheng et Miao Tien. - Dans une ville polluée, un jeune homme observe sa voisine du dessous à la faveur d'un trou dans son plancher. - Mélange étonnant de désespoir et de fantaisie. Rythme lent. Réalisation à la fois rigide et colorée. Interprétation juste.
□ Général

HOLE, THE
É.-U. 2003. Wash WEST

HOLES [Passage, Le] ▷4
É.-U. 2003. Comédie dramatique d'Andrew DAVIS avec Shia LaBeouf, Sigourney Weaver et Jon Voight. - Dans un camp de jeunes prisonniers situé en plein désert, un garçon apprend que la directrice recherche activement un trésor. □ Général ➜ DVD$

HOLIDAY ▷3
É.-U. 1938. Comédie de George CUKOR avec Katharine Hepburn, Cary Grant et Lew Ayres. - Une jeune fille fantaisiste conquiert le fiancé de sa sœur. - Savoureuse étude de caractères. Mise en scène pleine de brio. Interprétation de classe. □ Général ➜ DVD$

HOLIDAY INN ▷4
É.-U. 1942. Comédie musicale de Mark SANDRICH avec Bing Crosby, Fred Astaire et Marjorie Reynolds. - Un chanteur et un danseur rivalisent pour l'amour d'une femme. □ Général ➜ DVD$

HOLIDAY, THE [Vacances, Les] ▷4
É.-U. 2006. Comédie sentimentale de Nancy MEYERS avec Kate Winslet, Cameron Diaz et Jude Law. - Toutes deux malheureuses en amour, une Anglaise et une Américaine acceptent d'échanger leurs maisons respectives durant la période des Fêtes.
□ Général ➜ DVD$

HOLLOW MAN [Homme sans ombre, L'] ▷5
É.-U. 2000. Science-fiction de Paul VERHOEVEN avec Kevin Bacon, Elisabeth Shue et Josh Brolin. - Un chercheur sombre dans une folie meurtrière après avoir absorbé une substance l'ayant rendu invisible.
□ 13 ans+ · Violence ➜ DVD$ DVD-BR$

HOLLOW TRIUMPH [Scar, The] ▷4
É.-U. 1948. Drame policier de Steve SEKELY avec Paul Henreid, Joan Bennett et Eduard Franz. - Un gangster assassine son sosie et assume son identité.

HOLLYWOOD CAVALCADE ▷4
É.-U. 1939. Comédie musicale d'Irving CUMMINGS avec Alice Faye, Don Ameche et J. Edward Bromberg. - Au début du cinéma, un réalisateur de comédies burlesques transforme en vedette une actrice inconnue.

HOLLYWOOD COWBOY *voir* **Hearts of the West**

HOLLYWOOD ENDING ▷4
É.-U. 2002. Comédie réalisée et interprétée par Woody ALLEN avec Téa Leoni et Mark Rydell. - Un réalisateur souhaitant relancer sa carrière devient aveugle psychosomatique la veille du tournage d'un film produit par son ex-femme. □ Général ➜ DVD$

HOLLYWOOD HOMICIDE [Homicide à Hollywood] ▷4
É.-U. 2003. Comédie policière de Ron SHELTON avec Harrison Ford, Josh Hartnett et Lena Olin. - Diverses tracasseries ralentissent l'enquête de deux détectives sur les meurtres des membres d'un groupe de musique hip hop. □ Général · Déconseillé aux jeunes enfants ➜ DVD$

HOLLYWOODLAND ▷4
É.-U. 2006. Drame policier d'Allen COULTER avec Adrien Brody, Diane Lane et Ben Affleck. - En 1959, un détective privé enquête sur les circonstances nébuleuses entourant le présumé suicide de l'acteur qui campait Superman au petit écran. □ 13 ans+ ➜ DVD$

HOLY GIRL, THE *voir* **Nina Santa, La**

HOLY LOLA ▷4
FR. 2004. Drame social de Bertrand TAVERNIER avec Jacques Gamblin, Isabelle Carré et Bruno Putzulu. - Venu au Cambodge pour y adopter un enfant, un couple français se bute à de nombreux obstacles qui mettent son amour à rude épreuve. □ Général ➜ DVD$

HOLY MOUNTAIN [Montagne sacrée, La] ▷4
MEX. 1973. Drame poétique réalisé et interprété par Alejandro JODOROWSKY avec Horacio Salinas et Juan Ferrara. - Un alchimiste introduit un vagabond dans un groupe de puissants de ce monde qui doivent prendre d'assaut la Montagne Sacrée pour conquérir l'immortalité. - Fable ésotérique à base de syncrétisme. Suite d'images délirantes. Style surréaliste déroutant. Mise en scène assez baroque. Interprétation artificielle. ➜ DVD$

HOLY SMOKE [Feu sacré, Le] ▷4
AUS.-É.-U. 1999. Drame psychologique de Jane CAMPION avec Kate Winslet, Harvey Keitel et Julie Hamilton. - Une jeune Australienne tombée sous le charme d'un gourou indien subit la cure de déprogrammation d'un expert américain. ➜ DVD$

HOMBRE ▷3
É.-U. 1967. Western de Martin RITT avec Paul Newman, Fredric March et Richard Boone. - Un Blanc élevé chez les Apaches affronte des bandits qui ont attaqué une diligence. - Traitement original des conventions du genre. Mise en scène vigoureuse. Comédiens de talent.
□ Général ➜ DVD$

HOMBRES COMPLICADOS
BEL. 1997. Dominique DERUDDERE □ 13 ans+

HOME ▷4
SUI. 2008. Comédie dramatique d'Ursula MEIER avec Isabelle Huppert, Olivier Gourmet et Adélaïde Leroux. - Une petite famille vivant isolée au bord d'une autoroute abandonnée menace d'éclater lorsque cette dernière est ouverte à la circulation. □ Général ➜ DVD$

HOME ALONE [Maman, j'ai raté l'avion] ▷4
É.-U. 1990. Comédie de Chris COLUMBUS avec Macaulay Culkin, Joe Pesci et Catherine O'Hara. - Oublié par sa famille partie pour les vacances de Noël, un gamin se met en frais d'assurer la garde de la maison lorsque surviennent des cambrioleurs.
□ Général ➜ DVD-BR$ DVD$

HOME AND THE WORLD, THE [Ghare Baire] ▷3
IND. 1984. Drame psychologique de Satyajit RAY avec Soumitra Chatterjee, Victor Banerjee et Swatilekha Chatterjee. - La jeune femme d'un seigneur aux idées progressistes est attirée par un politicien nationaliste, ami de son mari. - Adaptation d'un roman de Tagore. Traitement subtil et délicat. Place importante donnée aux dialogues. Contexte bien évoqué. □ Général

HOME AT THE END OF THE WORLD, A ▷5
É.-U. 2004. Chronique de Michael MAYER avec Colin Farrell, Robin Wright Penn et Dallas Roberts. - Devenus adultes, deux amis d'enfance ayant connu ensemble leurs premières expériences sexuelles forment un triangle amoureux avec une jeune femme. □ 13 ans+ ➜ DVD$

HOME FOR THE HOLIDAYS [Week-end en famille, Un] ▷5
É.-U. 1995. Comédie de mœurs de Jodie FOSTER avec Holly Hunter, Robert Downey Jr. et Anne Bancroft. - Les retrouvailles des membres d'une famille à l'occasion du week-end de l'Action de Grâce tournent aux règlements de compte. □ Général ➜ DVD$

HOME FROM THE HILL ▷4
[Celui par qui le scandale arrive]
É.-U. 1960. Drame de Vincente MINNELLI avec Robert Mitchum, Eleanor Parker et George Peppard. - Le fils d'un rancher du Texas apprend qu'un employé de son père est son demi-frère.
□ Général ➜ DVD$

HOME MOVIES ▷4
E.-U. 1979. Comédie satirique de B. DE PALMA avec Kirk Douglas, Nancy Allen et Keith Gordon. - Un professeur d'université incite un élève timide à développer le complexe du vedettariat en filmant sa propre vie.

HOME OF THE BRAVE ▷3
É.-U. 1948. Drame social de Mark ROBSON avec James Edwards, Douglas Dick et Jeff Corey. - Un psychiatre de l'armée tente de reconstituer les expériences de combat qui ont provoqué une paralysie nerveuse chez un soldat de race noire. - Scénario intéressant sur le thème du racisme. Mise en scène adroite. Interprétation convaincue.
□ Général

HOME OF THE BRAVE
É.-U. 2003. Paola DI FLORIO ➜ DVD$

HOME SWEET HOME
ANG. 1982. Mike LEIGH ➜ DVD$

HOME, SWEET HOME
É.-U. 1914. D. W GRIFFITH

HOMEBODIES ▷4
É.-U. 1973. Comédie dramatique de Larry YUST avec Paula Trueman, Ian Wolfe et Frances Fuller. - Six vieillards refusent de quitter une maison promise à la démolition. □ 13 ans+

HOMECOMING ▷4
É.-U. 1948. Drame de Mervyn LeROY avec Clark Gable, Lana Turner et Anne Baxter. - Un médecin appelé au front durant la guerre revient chez lui bouleversé par cette expérience. □ Général

HOMECOMING, THE ▷4
ANG. 1973. Drame de Peter HALL avec Paul Rogers, Vivien Merchant et Ian Holm. - De retour d'Amérique, un homme présente sa femme à son étrange famille. - Adaptation fidèle d'une pièce de Harold Pinter. ➔ DVD$

HOMÈRE: LA DERNIÈRE ODYSSÉE ▷4
ITA.-FR.-SUI. 1997. Drame psychologique de Fabio CARPI avec Claude Rich, Valeria Cavalli et Grégoire Colin. - Un vieil écrivain devenu aveugle parcourt le monde avec sa compagne pour donner une dernière série de conférences.

HOMEWORK *voir* **Forbidden Homework**

HOMICIDE ▷4
É.-U. 1991. Drame policier de David MAMET avec Joe Mantegna, William H. Macy et Natalija Nogulich. - Un inspecteur de police juif chargé d'enquêter sur le meurtre d'une vieille femme découvre l'existence d'une organisation qui lutte contre un groupe néonazi. □ 13 ans+

HOMICIDE À HOLLYWOOD *voir* **Hollywood Homicide**

HOMME À L'IMPERMÉABLE ▷4
FR. 1957. Comédie policière de Julien DUVIVIER avec Fernandel, Bernard Blier et Jacques Duby. - Soupçonné de meurtre, un clarinettiste tente de découvrir le vrai coupable. ➔ DVD$

HOMME À LA PEAU DE SERPENT, L'
voir **Fugitive Kind, The**

HOMME À TOUT FAIRE, L' ▷5
QUÉ. 1980. Comédie de Micheline LANCTÔT avec Jocelyn Bérubé, Andrée Pelletier et Gilles Renaud. - Les problèmes sentimentaux d'un brave bougre venu de Rimouski pour travailler à Montréal.

HOMME AU CHAPEAU DE SOIE: MAX LINDER, L' ▷3
FR. 1963. Film de montage de M. MAX-LINDER. - Extraits de trois films tournés aux États-Unis par l'acteur français. - Suite continue d'excellents gags. Verve étourdissante. Mise en valeur du talent comique de Max Linder.

HOMME AU COMPLET BLANC, L'
voir **Man in the White Suit, The**

HOMME AU COMPLET GRIS, L'
voir **Man in the Gray Flannel Suit, The**

HOMME AU MASQUE DE CIRE, L' *voir* **House of Wax**

HOMME AU MASQUE DE FER, L'
voir **Man in the Iron Mask, The**

HOMME AU PISTOLET D'OR, L'
voir **Man with the Golden Gun, The**

HOMME AUX DEUX CERVEAUX, L'
voir **Man with Two Brains, The**

HOMME AUX YEUX D'ARGENT, L' ▷5
FR. 1985. Drame policier de Pierre GRANIER-DEFERRE avec Alain Souchon, Jean-Louis Trintignant et Tanya Lopert. - Deux policiers prennent en filature un ex-détenu croyant qu'il tentera de récupérer le magot du hold-up qu'il a commis jadis. ➔ DVD$

HOMME BLESSÉ, L' ▷4
FR. 1983. Drame psychologique de Patrice CHÉREAU avec Jean-Hughes Anglade, Vittorio Mezzogiorno et Roland Bertin. - Attiré par un inconnu, un adolescent est entraîné dans des expériences troublantes qui lui font découvrir des tendances homosexuelles.

HOMME C'EST ELLE, L' *voir* **She's the Man**

HOMME D'EXCEPTION, UN *voir* **Beautiful Mind, A**

HOMME DANS LA LUNE, L' ▷3
DAN. 1985. Drame psychologique d'Erik CLAUSEN avec Peter Thiel, Catherine Poul Jupont et Christina Bengtsson. - Libéré après seize ans de prison pour crime passionnel, un homme ne rêve que de sa fille qu'il n'a jamais revue. - Style poétique. Contraste entre le rêve et la dure réalité. Vision insolite des êtres et des choses. □ Général

HOMME DE FER, L' ►2
POL. 1981. Drame social d'Andrzej WAJDA avec Jerzy Radziwilowicz, Krystyna Janda et Marian Opania. - Un animateur de télévision entreprend de faire un reportage défavorable sur un des chefs ouvriers d'un chantier naval. - Habile mélange de fiction et de réalité. Mise en scène remarquable. Interprétation convaincante. □ Général

HOMME DE FER, UN *voir* **Twelve O'Clock High**

HOMME DE L'ANNÉE, L' *voir* **Man of the Year**

HOMME DE L'OUEST, L' *voir* **Man of the West**

HOMME DE LA PLAINE, L' *voir* **Man from Laramie, The**

HOMME DE LA RIVIÈRE D'ARGENT, L'
voir **Man from Snowy River, The**

HOMME DE LA TOUR EIFFEL, L'
voir **Man on the Eiffel Tower, The**

HOMME DE MA VIE, L' ▷4
FR. 1992. Comédie sentimentale de Jean-Charles TACCHELLA avec Maria de Medeiros, Thierry Fortineau et Jean-Pierre Bacri. - N'arrivant pas à trouver un emploi, une jeune femme décide de se dégotter un riche mari. □ Général

HOMME DE MARBRE, L' ►2
POL. 1976. Drame social d'Andrzej WAJDA avec Krystyna Janda, Jerzy Radziwilowicz et Tadeusz Lomnicki. - Une journaliste de télévision entreprend une enquête sur le sort d'un ouvrier glorifié dans les années 1950 pour son rendement au travail. - Construction complexe mêlant le passé et le présent. Mise en scène experte. Traitement vivant. Interprétation vibrante. □ Général

HOMME DE RÊVE, L' ▷4
QUÉ. 1991. Drame psychologique de Robert MÉNARD avec Rita Lafontaine, Claude Gauthier et Michel Dumont. - Une femme de ménage de 50 ans, qui mène une existence terne auprès d'un mari malade, est troublée par la rencontre d'un étranger au profil de l'homme idéal.

HOMME DE RIO, L' **[That Man from Rio]** ▷3
FR. 1964. Comédie de Philippe DE BROCA avec Jean-Paul Belmondo, Françoise Dorléac et Jean Servais. - Un soldat en permission se rend au Brésil pour retrouver sa fiancée disparue. - Scénario débordant de verve. Décors naturels fort bien exploités. Dialogue savoureux. J-P. Belmondo en pleine forme. □ Général

HOMME DE SA VIE, L' ▷4
FR. 2006. Drame psychologique de Zabou BREITMAN avec Bernard Campan, Charles Berling et Léa Drucker. - Au cours de ses vacances à la campagne, un chimiste marié et père de famille a le coup de foudre pour un voisin graphiste. □ 13 ans+ ➔ DVD$

HOMME DES CAVERNES, L' *voir* **Caveman**

HOMME DES ÉTOILES, L' *voir* **Starman**

HOMME DES HAUTES PLAINES, L' *voir* **High Plains Drifter**

HOMME DU TRAIN, L' **[Man on the Train]** ▷3
FR. 2002. Comédie dramatique de Patrice LECONTE avec Jean Rochefort, Johnny Hallyday et Jean-François Stévenin. - Venu dévaliser une banque en province, un voleur désabusé est hébergé par un professeur à la retraite en quête d'émotions fortes. - Récit sensible au ton feutré. Humour subtil. □ Général

HOMME EN FEU, L' *voir* **Man on Fire**

HOMME EST UNE FEMME COMME LES AUTRES, L' ▷4
FR. 1997. Comédie de mœurs de Jean-Jacques ZILBERMANN avec Antoine de Caunes, Elsa Zylberstein et Gad Elmaleh. - Un musicien homosexuel juif accepte d'épouser une chanteuse très religieuse afin de toucher l'argent promis par son oncle. □ Général

HOMME IDÉAL, L' ▷5
QUÉ. 1996. Comédie de Georges MIHALKA avec Marie-Lise Pilote, Macha Grenon et Patrice L'Écuyer. - Une femme célibataire de trente-cinq ans recherche l'homme idéal pour concevoir un enfant. □ Général ➔ DVD$

HOMME IDÉAL, L' *voir* **Mr. Wonderful**

HOMME NOMMÉ CHEVAL, UN *voir* **Man called horse, A**

HOMME NU, L' ▷4
BRÉ. 1997. Comédie de mœurs de Hugo CARVANA avec Claudio Marzo, Lucia Verisimo et Daniel Dantas. - Un musicologue se retrouve nu comme un ver hors de l'appartement de sa nouvelle maîtresse et prend la fuite dans les rues de Rio pour rentrer chez lui. □ Général

HOMME ORCHESTRE, L' ▷4
FR. 1970. Comédie musicale de Serge KORBER avec Louis de Funès, Noëlle Adam et Olivier de Funès. - Le directeur d'une troupe de ballet doit s'occuper du bébé d'une de ses danseuses. ➔ DVD$

HOMME PARMI LES LIONS, UN *voir* **To Walk with Lions**

HOMME PARMI LES LOUPS, UN *voir* **Never Cry Wolf**

HOMME POUR L'ÉTERNITÉ, UN
voir **Man for All Seasons, A**

HOMME PRESQUE PARFAIT, UN *voir* **Nobody's Fool**

HOMME PRESSÉ, L' ▷4
FR. 1977. Drame psychologique d'Édouard MOLINARO avec Alain Delon, Mireille Darc et Michel Duchaussoy. - Les déboires d'un insatisfait assoiffé de temps et d'argent. □ Général

HOMME QUI AIMAIT LES FEMMES, L' ▷3
[Man Who Loved Women, The]
FR. 1977. Comédie dramatique de François TRUFFAUT avec Charles Denner, Brigitte Fossey et Nelly Borgeaud. - Un ingénieur de province entreprend d'écrire un livre sur ses conquêtes féminines. - Mélange bien dosé d'amusement, de tendresse et de gravité. Montage et découpage précis et souples. Jeu riche en nuances de C. Denner.
□ Général ➔ DVD$

HOMME QUI EN SAVAIT TROP, L'
voir **Man Who Knew Too Much, The**

HOMME QUI GRAVIT UNE COLLINE ET REDESCENDIT UNE MONTAGNE, L'
voir **Englishman Who Went Up a Hill, But Came Down a Mountain, The**

HOMME QUI MURMURAIT À L'OREILLE DES CHEVAUX, L'
voir **Horse Whisperer, The**

HOMME QUI N'A JAMAIS EXISTÉ, L'
voir **Man Who Never Was, The**

HOMME QUI N'ÉTAIT PAS LÀ, L'
voir **Man Who Wasn't There, The**

HOMME QUI PLEURAIT, L' *voir* **Man Who Cried, The**

HOMME QUI VOULAIT SAVOIR, L' [Vanishing, The] ▷3
HOL. 1988. Drame psychologique de George SLUIZER avec Gene Bervoets, Bernard-Pierre Donnadieu et Johanna Ter Steeg. - Un homme recherche inlassablement sa femme qui a été kidnappée par un professeur obsédé par la tentation du Mal. - Suspense hichtcockien mené avec sang-froid. Intrigue fertile en rebondissements. Réalisation rigoureuse et soignée. Interprétation impressionnante de B.-P. Donnadieu. □ Général ➔ DVD$

HOMME SANS ÂGE, L' *voir* **Youth Without Youth**

HOMME SANS OMBRE, L' *voir* **Hollow Man**

HOMME SANS PASSÉ, L' [Man Without a Past, The] ▷3
FIN. 2002. Comédie dramatique d'Aki KAURISMÄKI avec Markku Peltola, Kati Outinen et Juhani Niemelä. - Devenu amnésique après avoir été battu et dévalisé par des voyous, un homme est recueilli et soigné par des gens démunis. - Sujet grave abordé avec humour et beaucoup d'humanité. Critique sociale sous-jacente. Réalisation sans fioriture mais assurée. Jeu impassible des interprètes.
□ Général ➔ DVD$

HOMME SANS VISAGE, L' *voir* **Man Without a Face, The**

HOMME SAUVAGE, L' *voir* **Stalking Moon, The**

HOMME SUR LA LUNE, L' *voir* **Man on the Moon**

HOMME SUR LE FIL, L' *voir* **Man on Wire**

HOMME SUR LES QUAIS, L' ▷4
FR. 1993. Drame de Raoul PECK avec Jennifer Zubar, Toto Bissainthe et Patrick Rameau. - Dans un petit village d'Haïti, un «tonton macoute» persécute les membres de la famille d'un policier qui s'est opposé à lui. □ Général

HOMME TATOUÉ, L' *voir* **Illustrated Man, The**

HOMME TRANQUILLE, L' *voir* **Quiet Man, The**

HOMME VOIT ROUGE, UN *voir* **Terrorists, The**

HOMME, UN *voir* **One Man**

HOMME-ÉLÉPHANT, L' *voir* **Elephant Man, The**

HOMMES DU PRÉSIDENT, LES
voir **All the President's Men**

HOMMES EN NOIR *voir* **Men in Black**

HOMMES PRÉFÈRENT LES BLONDES, LES
voir **Gentlemen Prefer Blondes**

HOMMES QUI MARCHENT SUR LA QUEUE DU TIGRE, LES
[Men Who Tread on the Tiger's Tail, The]
JAP. 1945. Akira KUROSAWA □ Général

HOMMES, LES *voir* **Guys, The**

HONDO ▷4
É.-U. 1953. Western de John FARROW avec John Wayne, Geraldine Page et Ward Bond. - Un aventurier protège une jeune veuve et son fils contre une attaque d'Indiens. □ Général ➔ DVD$

HONEY & ASHES *voir* **Miel et cendres**

HONEY FOR OSHUN *voir* **Miel para Oshun**

HONEY POT, THE ▷3
É.-U. 1967. Comédie de Joseph Leo MANKIEWICZ avec Rex Harrison, Cliff Robertson et Maggie Smith. - Un millionnaire fait croire à trois anciennes maîtresses qu'il est à l'article de la mort. - Adaptation moderne de «Volpone». Dialogue intelligent et spirituel. Mise en scène élégante. Comédiens de classe. □ 13 ans+

HONEY, I SHRUNK THE KIDS ▷4
[Chérie! J'ai réduit les enfants]
É.-U. 1989. Comédie fantaisiste de Joe JOHNSTON avec Rick Moranis, Matt Frewer et Marcia Strassman. - Mise au point par un inventeur distrait, une machine à effet réducteur transforme accidentellement des enfants en êtres minuscules. □ Général ➔ DVD$

HONEYDRIPPER
É.-U. 2008. John SAYLES ➔ DVD$

HONEYSUCKLE ROSE ▷5
É.-U. 1980. Drame sentimental de J. SCHATZBERG avec Willie Nelson, Dyan Cannon et Amy Irving. - Une idylle naît entre un chanteur populaire déjà marié et une jeune fille devenue membre de son groupe musical.

HONKYTONK MAN ▷4
É.-U. 1982. Comédie dramatique réalisée et interprétée par Clint EASTWOOD avec Kyle Eastwood et Alexa Kenin. - Dans les années 1930, un chanteur sans succès, atteint de tuberculose, part avec son neveu pour Nashville où il espère acquérir une certaine notoriété.
□ 13 ans+ ➔ DVD$

HONNEUR DES PRIZZI, L' *voir* **Prizzi's Honor**

HONNEUR DES WINSLOW, L' *voir* **Winslow Boy, The**

HONNEUR PERDU DE KATHARINA BLUM, L'
[Lost Honor of Katharina Blum, The]
ALL. 1975. Margarethe VON TROTTA et Volker SCHLÖNDORFF
➔ DVD$

HONNI SOIT QUI MAL Y PENSE *voir* **Bishop's Wife, The**

HONORÉ DE MARSEILLE ▷4
FR. 1956. Comédie de Maurice REGAMEY avec Fernandel, Rellys et Andrex. - Un Marseillais raconte à un journaliste l'histoire de sa ville.
➔ DVD$

HONTE, LA [Shame, The] ▷3
SUÈ. 1968. Drame de Ingmar BERGMAN avec Liv Ullmann, Max Von Sydow et Gunnar Bjornstrand. - Un couple de musiciens vit dans une île alors que la guerre dévaste leur pays. - Parabole chargée d'un sens métaphysique. Image sobre, précise et signifiante.
□ 13 ans+ ➔ DVD$

HOODWINKED ▷4
[Véritable histoire du Petit Chaperon rouge, La]
É.-U. 2005. Film d'animation de Cory EDWARDS, Todd Edwards et Tony Leech. - Les circonstances de la visite du Petit Chaperon rouge à sa grand-mère donnent lieu à une enquête policière fertile en révélations étonnantes. □ Général ➔ DVD$

HOOK [Capitaine Crochet] ▷4
É.-U. 1991. Comédie fantaisiste de Steven SPIELBERG avec Robin Williams, Dustin Hoffman et Charlie Korsmo. - Devenu père de famille, Peter Pan doit délivrer ses enfants qui ont été kidnappés par le capitaine Crochet. □ Général ➔ DVD$

HOOSIERS ▷4
É.-U. 1986. Drame sportif de David ANSPAUGH avec Gene Hackman, Barbara Hershey et Dennis Hopper. - En 1951, dans l'Indiana, les efforts d'un entraîneur de basket-ball d'une modeste école secondaire conduisant son équipe au seuil du championnat.
□ Général ➔ DVD-BR$ DVD$

HOPE AND GLORY [Guerre à sept ans, La] ▷3
ANG. 1987. Chronique de John BOORMAN avec Sebastian Rice-Edwards, Sarah Miles et Sammi Davis. - La vie d'un jeune garçon anglais durant la Seconde Guerre mondiale. - Fresque historique dominée par la vision de l'enfant. Évocations poétiques et nostalgiques. Récit anecdotique. □ Général ➜ DVD$

HOPPITY GOES TO TOWN [Mr. Bug Goes to Town] ▷4
É.-U. 1941. Dessins animés de Dave FLEISCHER. - Une sauterelle cherche à sauver de la destruction une communauté d'insectes vivant sur un terrain vague de New York. □ Général · Enfants

HOPSCOTCH [Jeux d'espions] ▷4
É.-U. 1980. Comédie policière de Ronald NEAME avec Walter Matthau, Glenda Jackson et Ned Beatty. - Écrivant ses mémoires, un ex-agent de la CIA se fait poursuivre par ses anciens chefs.
□ Général ➜ DVD$

HORATIO HORNBLOWER ▷4
[Horatio Hornblower: The New Adventures]
ANG. 1998. Andrew GRIEVE ➜ DVD$

HORDE SAUVAGE, LA *voir* **Wild Bunch, The**

HORIZONS LOINTAINS *voir* **Far and Away**

HORLOGE BIOLOGIQUE ▷4
CAN. 2005. Comédie de mœurs de Ricardo TROGI avec Patrice Robitaille, Pierre-François Legendre et Jean-Philippe Pearson. - Trois amis au début de la trentaine vivent différemment leur rapport à la paternité avec leur conjointe. □ 13 ans+ ➜ DVD$

HORLOGER DE SAINT-PAUL, L' [Clockmaker, The] ▷3
FR. 1973. Drame psychologique de Bertrand TAVERNIER avec Philippe Noiret, Jean Rochefort et Jacques Denis. - Apprenant que son fils est recherché pour meurtre, un homme remet en question sa responsabilité paternelle. - Adaptation d'un roman de Simenon. Portrait psychologique subtil et nuancé. Réalisation fort adroite. □ Général

HORROR OF DRACULA ▷3
ANG. 1958. Drame d'horreur de Terence FISHER avec Peter Cushing, Christopher Lee et Carol Marsh. - Un savant lutte contre un vampire. - Traitement fort valable d'un thème classique. Grande beauté plastique. Climat de terreur bien créé. Composition racée de C. Lee.
□ 13 ans+ ➜ DVD$

HORRORS OF MALFORMED MEN
JAP. 1969. Teruo ISHII ➜ DVD$

HORS DE PRIX ▷4
FR. 2007. Comédie sentimentale de Pierre SALVADORIS avec Audrey Tautou, Gad Elmaleh et Marie-Christine Adam. - Follement épris d'une jeune femme entretenue, un modeste employé d'hôtel s'improvise gigolo afin de pouvoir frayer dans les mêmes cercles qu'elle.
□ Général ➜ DVD$

HORSE, LA ▷4
FR. 1969. Drame policier de Pierre GRANIER-DEFERRE avec Jean Gabin, André Weber et Éléonore Hirt. - Un riche fermier de Normandie découvre que son petit-fils est mêlé à un trafic de drogue et décide de faire justice lui-même. □ 13 ans+

HORSE FEATHERS ▷4
É.-U. 1932. Comédie de Norman Z. McLEOD avec les frères Marx, Thelma Todd et David Landau. - Un directeur de collège accepte comme élèves deux ignorants pour renforcer son équipe de football.
□ Général

HORSE OF PRIDE, THE
voir **Cheval d'orgueil, Le**

HORSE SOLDIERS, THE ▷3
É.-U. 1959. Drame de guerre de John FORD avec John Wayne, William Holden et Constance Towers. - Un régiment de cavalerie nordiste est chargé de détruire un centre de ravitaillement des Sudistes. - Scénario bien construit. Beauté plastique des images. Interprétation vigoureuse. ➜ DVD$

HORSE WHISPERER, THE ▷4
[Homme qui murmurait à l'oreille des chevaux, L']
É.-U. 1998. Drame sentimental réalisé et interprété par Robert REDFORD avec Kristin Scott Thomas et Scarlett Johansson. - Alors qu'il aide une adolescente à se remettre d'un grave accident de cheval, un cow-boy s'éprend de la mère de la jeune fille.
□ Général ➜ DVD$

HORSE'S MOUTH, THE ▷4
ANG. 1958. Comédie de Ronald NEAME avec Alec Guinness, Kay Walsh et Robert Coote. - Un peintre excentrique bouleverse un riche appartement pendant l'absence de ses propriétaires. □ Général ➜ DVD$

HORSEMAN ON THE ROOF, THE
voir **Hussard sur le toit, Le**

HORSEMEN, THE [Cavaliers, Les] ▷4
É.-U. 1970. Étude de mœurs de John FRANKENHEIMER avec Omar Sharif, Leigh Taylor-Young et Jack Palance. - Le fils d'un chef de clan afghan, humilié par une défaite à une compétition hippique, tente de retrouver son honneur.

HORTON ENTEND UN QUI!
voir **Dr. Seuss' Horton Hears a Who!**

HOSPITAL, THE ▷4
É.-U. 1971. Comédie dramatique de Arthur HILLER avec George C. Scott, Diana Rigg et Barnard Hughes. - Un médecin-chef est inquiété par une série de morts mystérieuses parmi le personnel de l'hôpital.
□ 13 ans+ ➜ DVD$

HOST, THE ▷4
COR.S. 2006. Drame d'horreur de Bong JOON-HO avec Song Kang-ho, Byeon Hie-bong et Park Hae-il. - Aidé de sa famille, un homme part à la recherche de sa fille enlevée par un monstre ayant émergé d'une rivière. ➜ DVD$ DVD-BR$

HOT FUZZ ▷4
ANG. 2007. Comédie policière d'Edgar WRIGHT avec Simon Pegg, Nick Frost et Jim Broadbent. - Un officier de police londonien trop zélé au goût de ses collègues est muté dans un village où se produisent des meurtres étranges. □ 13 ans+ · Violence ➜ DVD$

HOT MILLIONS ▷4
ANG. 1968. Comédie d'Eric TILL avec Peter Ustinov, Maggie Smith et Karl Malden. - Un escroc utilise un cerveau électronique pour effectuer des détournements de fonds. □ Général

HOT PURSUIT ▷4
É.-U. 1987. Comédie de Steven LISBERGER avec John Cusack, Wendy Gazelle et Robert Loggia. - Un étudiant doit passer par diverses épreuves avant de réussir à rejoindre le yacht sur lequel il devait passer ses vacances avec sa petite amie. ➜ DVD$

HOT SHOTS! [Des pilotes en l'air] ▷5
É.-U. 1991. Comédie satirique de Jim ABRAHAMS avec Charlie Sheen, Cary Elwes et Valeria Golino. - Un fabricant d'armes tente de saboter la mission d'un groupe d'aviateurs de la marine américaine.
□ Général

HOT SPOT, THE ▷4
É.-U. 1990. Drame policier de Dennis HOPPER avec Don Johnson, Virginia Madsen et Jennifer Connelly. - Dans une petite ville du Texas, un étranger engagé comme vendeur de voitures connaît des amours tourmentées. □ 18 ans+ ➜ DVD$

HOTEL
ANG. 2001. Mike FIGGIS ➜ DVD$

HÔTEL D'UN MILLION DE DOLLARS, L'
voir **Million Dollar Hotel**

HÔTEL DU NORD ►2
FR. 1938. Drame de Marcel CARNÉ avec Louis Jouvet, Arletty et Jean-Pierre Aumont. - Deux amoureux ont décidé de se suicider dans le cadre d'un hôtel parisien.- Étude de mœurs à la fois cinglante et poétique. Bonne création d'atmosphère. Dialogue boulevardier. Extraordinaire reconstitution de Paris en studio. Interprétation savoureuse.

HOTEL NEW HAMPSHIRE, THE ▷4
É.-U. 1984. Comédie dramatique de Tony RICHARDSON avec Jodie Foster, Rob Lowe et Beau Bridges. - La vie mouvementée d'une famille farfelue installée dans une ancienne école qu'elle a transformée en hôtel. □ 18 ans+ ➜ DVD$

HOTEL PARADISO ▷4
ANG. 1966. Comédie de Peter GLENVILLE avec Alec Guinness, Gina Lollobrigida et Robert Morley. - Négligée par son mari, une jolie femme accepte l'invitation d'un voisin galant. □ 13 ans+

HOTEL RWANDA ▷3
A.S. 2004. Drame de Terry GEORGE avec Don Cheadle, Sophie Okonedo et Nick Nolte. - En 1994, lors du génocide rwandais, le gérant hutu d'un hôtel de Kigali parvient à sauver plus de mille Tutsi du massacre.

- Récit poignant et révoltant, inspiré d'une histoire vraie. Traitement sensible évitant de sombrer dans le sensationnalisme. Réalisation à la fois nerveuse et précise. Performance remarquable de D. Cheadle □ Général · Déconseillé aux jeunes enfants ➜ DVD$

HOTTEST STATE, THE
É.-U. 2006. Ethan HAWKE ➜ DVD$

HOUND OF THE BASKERVILLES ▷4
É.-U. 1939. Drame policier de Sidney LANFIELD avec Basil Rathbone, Richard Greene et Wendy Barrie. - Sherlock Holmes enquête sur le mystère entourant une vieille famille d'Écosse. □ Général

HOUND OF THE BASKERVILLES, THE ▷4
ANG. 1959. Drame policier de Terence FISHER avec Peter Cushing, André Morell et Christopher Lee. - Le détective Sherlock Holmes tente d'éclaircir le mystère entourant la mort violente des membres d'une famille. □ 13 ans+ ➜ DVD$

HOUR OF THE GUN [Sept secondes en enfer] ▷4
É.-U. 1967. Western de John STURGES avec James Garner, Jason Robards et Robert Ryan. - Le shérif Wyatt Earp et ses frères sont aux prises avec un clan de hors-la-loi. □ Général ➜ DVD$

HOUR OF THE STAR ▷3
BRÉ. 1985. Drame social de Suzana AMARAL avec Marcelia Cartaxo, José Dumont et Tamara Taxman. - Les tribulations d'une jeune paysanne candide qui est venue à Sao Paulo pour gagner sa vie. - Étude compatissante pour les humiliés. Observations teintées d'une ironie réaliste. Mise en images originales. Jeu simple de la protagoniste. □ Général ➜ DVD$

HOUR OF THE WOLF *voir* **Heure du loup, L'**

HOURS, THE [Heures, Les] ▷3
É.-U. 2002. Drame psychologique de Stephen DALDRY avec Nicole Kidman, Julianne Moore et Meryl Streep. - La romancière Virginia Woolf en 1923, une mère de famille en 1951 et une éditrice en 2002 vivent une journée éprouvante qui les amène à réaliser leur mal-être. - Adaptation intelligente et sensible du roman de Michael Cunningham. Personnages émouvants. Réalisation sobre. Trio d'actrices remarquable. □ Général ➜ DVD$

HOUSE/A HOUSE IN JERUSALEM
ISR. 1979. Amos GITAÏ

HOUSE BY THE RIVER
É.-U. 1950. Fritz LANG ➜ DVD$

HOUSE CALLS [Appelez-moi docteur] ▷5
É.-U. 1978. Comédie de Howard ZIEFF avec Walter Matthau, Glenda Jackson et Art Carney. - Les relations difficiles entre un chirurgien veuf et une divorcée. □ Général ➜ DVD$

HOUSE OF ANGELS *voir* **Refuge des anges, Le**

HOUSE OF BAMBOO ▷4
É.-U. 1955. Drame policier de Samuel FULLER avec Robert Ryan, Robert Stack et Shirley Yamaguchi. - Un policier américain s'introduit dans une bande de gangsters opérant au Japon. ➜ DVD$

HOUSE OF CARDS ▷3
ANG. 1991. Drame politique de Paul SEED avec Ian Richardson, Susannah Harker et Miles Anderson. - Frustré d'une promotion sur laquelle il comptait, un politicien arriviste complote en vue de ternir l'image du Premier ministre. - Téléfilm inspiré du roman de Michael Dobbs. Satire politique mordante et savoureuse. Traitement sans fioritures inutiles. Réalisation et interprétation maîtrisées. ➜ DVD$

HOUSE OF CARDS ▷4
É.-U. 1993. Drame psychologique de Michael LESSAC avec Kathleen Turner, Tommy Lee Jones et Asha Menina. - La veuve d'un archéologue espère la guérison de sa fillette autistique. □ Général

HOUSE OF CARDS - THE FINAL CUT ▷3
ANG. 1995. Drame politique de M. VARDY avec Ian Richardson, Diane Fletcher et Paul Freeman. - Ayant déjà eu recours au meurtre par le passé, un Premier ministre s'accroche au pouvoir à n'importe quel prix. - Téléfilm de série inspiré du roman de Michael Dobbs. Satire politique mordante et savoureuse d'esprit shakespearienne. Mise en scène à la hauteur. Riche interprétation d'I. Richardson. ➜ DVD$

HOUSE OF CARDS - TO PLAY THE KING ▷3
ANG. 1993. Drame de Paul SEED avec Ian Richardson, Michael Kitchen et Diane Fletcher. - Un Premier ministre arriviste multiplie les manigances afin de détrôner le roi d'Angleterre qu'il juge trop populiste. - Suite du téléfilm House of Cards. Intrigue savamment compliquée. Réalisation maîtrisée. Interprétation solide. ➜ DVD$

HOUSE OF FLYING DAGGERS, THE
voir **Secret des poignards volants, Le**

HOUSE OF FOOLS ▷5
RUS. 2002. Comédie dramatique d'Andrei KONCHALOVSKY avec Julia Vysotsky, Bryan Adams et Sultan Islamov. - Dans un hôpital psychiatrique en Tchétchénie, une jeune patiente s'imagine être la fiancée d'un chanteur rock canadien. □ 13 ans+

HOUSE OF GAMES [Engrenages] ▷4
É.-U. 1987. Drame policier de David MAMET avec Lindsay Crouse, Joe Mantegna et Mike Nussbaum. - En voulant aider un patient, une psychiatre est mêlée à une arnaque qui finit par tourner mal. □ Général ➜ DVD$

HOUSE OF MIRTH, THE [Chez les heureux du monde] ▷3
ANG. 2000. Drame de mœurs de Terence DAVIES avec Gillian Anderson, Eric Stoltz et Laura Linney. - Une jeune femme de la haute société new-yorkaise du début du XXe siècle vit une série de revers qui entraîne sa disgrâce. - Adaptation rigoureuse et raffinée d'un roman d'Edith Wharton. Très beau portrait de femme. Mise en scène d'une beauté exquise. Jeu sensible de G. Anderson. □ Général ➜ DVD$

HOUSE OF SAND ▷3
BRÉ. 2005. Chronique d'Andrucha WADDINGTON avec Fernanda Montenegro, Fernanda Torres et Ruy Guerra. - En 1910, une femme enceinte et sa mère abandonnées en plein désert de Maranhao font contre leur gré l'apprentissage de l'isolement et de l'attente. - Récit profond et touchant sur l'exil, la patience et le renoncement. Ellipses nombreuses et brutales. Mise en scène élégante et effacée. F. Montenegro et F. Torres remarquables. □ 13 ans+ ➜ DVD$

HOUSE OF SAND AND FOG, THE ▷4
[Maison de sable et de brume]
É.-U. 2003. Drame de mœurs de Vadim PERELMAN avec Jennifer Connelly, Ben Kingsley et Ron Eldard. - Une jeune femme commet des actes désespérés après que sa maison eut été saisie par la cour et vendue à une famille d'immigrants iraniens. □ 13 ans+ ➜ DVD$

HOUSE OF STRANGERS [Maison des étrangers, La] ▷3
É.-U. 1949. Drame psychologique de Joseph Leo MANKIEWICZ avec Edward G. Robinson, Richard Conte et Susan Hayward. - Un banquier tyrannise sa famille et s'attire la haine de trois de ses fils. - Intrigue d'une forte puissance dramatique. Mise en scène solide. Interprétation de classe. □ Général ➜ DVD$

HOUSE OF THE SPIRITS, THE ▷4
[Maison aux esprits, La]
ALL. 1993. Chronique de Bille AUGUST avec Jeremy Irons, Meryl Streep et Winona Ryder. - Les tribulations d'un riche propriétaire terrien sud-américain qui se comporte de façon intransigeante envers les siens. □ 13 ans+

HOUSE OF USHER *voir* **Fall of the House of Usher, The**

HOUSE OF VOICES *voir* **Saint Ange**

HOUSE OF WAX [Homme au masque de cire, L'] ▷5
É.-U. 1953. Drame d'horreur d'André De TOTH avec Vincent Price, Frank Lovejoy et Phyllis Kirk. - Saisi de folie homicide, un sculpteur recouvre de cire ses victimes et les expose dans son atelier. □ 13 ans+ ➜ DVD$

HOUSE OF WAX [Maison de cire, La] ▷5
É.-U. 2005. Drame d'horreur de Jaume COLLET-SERRA avec Elisha Cuthbert, Chad Michael Murray et Brian Van Holt. - Tombés en panne de voiture, des jeunes aboutissent dans un bled où se trouve un musée de cire qui recèle de terrifiants secrets. □ 13 ans+ · Violence · Horreur ➜ DVD-BR$ DVD$

HOUSE OF YES, THE [Drôle de maisonnée] ▷5
É.-U. 1996. Comédie dramatique réalisée par Mark WATERS avec Parker Posey, Josh Hamilton et Tori Spelling. - Une jeune femme souffrant de troubles psychologiques accepte mal que son frère jumeau lui rende visite accompagné par sa fiancée. □ 13 ans+ ➜ DVD$

HOUSE ON 92nd STREET, THE ▷4
É.-U. 1944. Drame d'espionnage de Henry HATHAWAY avec Signe Hasso, William Eythe et Lloyd Nolan. - Aux États-Unis, des agents nazis tentent de pénétrer les secrets d'État. □ Général ➜ DVD$

HOUSE ON CARROLL STREET, THE ▷4
É.-U. 1988. Drame policier de Peter YATES avec Kelly McGillis, Jeff Daniels et Mandy Patinkin. - En 1951, devenue lectrice chez une vieille demoiselle, une jeune journaliste sans emploi découvre dans la maison voisine une filière d'aide à d'anciens nazis.
□ Général ➔ DVD$

HOUSE ON CHELOUCHE STREET
ISR. 1973. Moshé MIZRAHI □ Général

HOUSE ON TELEGRAPH HILL ▷4
E.-U. 1951. Drame de R. WISE avec Richard Basehart, Valentina Cortese et William Lundigan. - Une Polonaise se substitue à une amie décédée et découvre qu'on cherche à supprimer le fils de la morte. ➔ DVD$

HOUSE ON TURK STREET, THE *voir* **No Good Deed**

HOUSE PARTY ▷4
É.-U. 1990. Comédie musicale de Reginald HUDLIN avec Christopher Reid, Robin Harris et Christopher Martin. - Malgré l'interdiction de son père, un adolescent se rend à une fête organisée par un copain en l'absence de ses parents. □ 13 ans+

HOUSE THAT DRIPPED BLOOD ▷4
ANG. 1970. Film à sketches de Peter DUFFELL avec Denholm Elliott, Peter Cushing et Christopher Lee. - Un agent immobilier raconte à un policier les étranges événements survenus dans une maison isolée dont il a la charge. ➔ DVD$

HOUSE WITH THE LAUGHING WINDOW, THE
ITA. 1976. Pupi AVATI ➔ DVD$

HOUSEBOAT ▷4
É.-U. 1958. Comédie de Melville SHAVELSON avec Cary Grant, Sophia Loren et Martha Hyer. - La fille d'un musicien italien se fait engager comme bonne par un riche veuf installé sur une péniche avec ses enfants. ➔ DVD$

HOUSEHOLD SAINTS ▷4
É.-U. 1992. Comédie de mœurs de Nancy SAVOCA avec Tracey Ullman, Vincent D'Onofrio et Lili Taylor. - À New York, un couple italo-américain s'inquiète pour sa fille unique qui souhaite devenir religieuse.
□ Général

HOUSEHOLDER, THE ▷4
IND. 1963. Comédie dramatique de James IVORY avec Shashi Kapoor, Leela Naidu et Durga Khote. - Deux jeunes époux dont le mariage a été arrangé en viennent à vivre heureux ensemble après des débuts difficiles. □ Général ➔ DVD$

HOUSEKEEPING [Pas si folle] ▷3
É.-U. 1987. Comédie dramatique de Bill FORSYTH avec Christine Lahti, Sara Walker et Andrea Burchill. - Élevées par leur grand-mère après le suicide de leur mère, deux adolescentes sont prises en charge à la mort de l'aïeule par une tante attirée par l'errance. - Récit insolite. Aspects sombres et même inquiétants. Mise en scène inventive.
□ Général

HOUSEMASTER
POL. 1979. Wojciech MARCZEWSKI □ Général

HOUSESITTER [Maîtresse de maison, La] ▷4
É.-U. 1992. Comédie de Frank OZ avec Steve Martin, Goldie Hawn et Dana Delany. - Une jeune serveuse emménage dans la maison de campagne d'un architecte célibataire et se fait passer pour sa femme auprès des villageois. □ Général ➔ DVD$

HOW AWFUL ABOUT ALLAN ▷4
E.-U. 1970. Drame psychologique de C. HARRINGTON avec Anthony Perkins, Julie Harris et Joan Hackett. - Un jeune homme souffrant de troubles psychologiques est soumis à de dures expériences.

HOW CAN I *voir* **Como voy a olvidarte**

HOW GREEN WAS MY VALLEY ►2
[Qu'elle était verte ma vallée]
É.-U. 1940. Drame social de John FORD avec Walter Pidgeon, Maureen O'Hara et Roddy McDowall. - Un jeune Gallois se rappelle les transformations qui ont affecté les mineurs de son coin de pays.- Adaptation d'un roman à succès. Œuvre de qualité traitée en nuances et demi-teintes. Excellente interprétation. □ Général ➔ DVD$

HOW I WON THE WAR ▷4
ANG. 1967. Comédie satirique de Richard LESTER avec Michael Crawford, Roy Kinnear et John Lennon. - Les mésaventures d'un officier borné pendant la guerre 1939-1945.

HOW MANY MILES TO BABYLON?
ANG. 1982. Drame de Moira ARMSTRONG avec Daniel Day-Lewis et Christopher Fairbank. - Au cours de la Première Guerre mondiale, un geôlier se lie d'amitié avec un détenu condamné à la chaise électrique. □ Général

HOW SHE MOVE [Bouge de là!] ▷4
CAN. 2007. Drame musical de Ian Iqbal RASHID avec Rutina Wesley, Dwain Murphy et Tre Armstrong. - Une étudiante d'origine jamaïcaine déterminée à quitter son quartier misérable participe à un concours de «step dancing». □ Général ➔ DVD$

HOW THE WEST WAS WON ▷4
[Conquête de l'Ouest, La]
É.-U. 1962. Western de Henry HATHAWAY, George MARSHALL et John FORD avec Debbie Reynolds, George Peppard et Carroll Baker. - Différentes étapes de la conquête de l'Ouest vues à travers l'histoire d'une famille de pionniers. □ Général ➔ DVD-BR$ DVD$

HOW TO COOK YOUR LIFE
ALL. 2007. Doris DÖRRIE ➔ DVD$

HOW TO GET AHEAD IN ADVERTISING ▷4
ANG. 1989. Comédie satirique de Bruce ROBINSON avec Richard E. Grant, Rachel Ward et Richard Wilson. - Obsédé par ses préoccupations professionnelles, un publicitaire s'imagine que l'anthrax qu'il a au cou prend la forme d'une tête qui discute avec lui.
□ 13 ans+ ➔ DVD$

HOW TO MAKE AN AMERICAN QUILT ▷4
[Couvre-lit à l'américaine]
É.-U. 1995. Film à sketches de Jocelyn MOORHOUSE avec Winona Ryder, Anne Bancroft et Ellen Burstyn. - Afin de guider les choix d'une jeune femme qui hésite à se marier, des dames plus âgées lui racontent des épisodes de leurs propres vies sentimentales.
□ Général ➔ DVD$

HOW TO MARRY A MILLIONAIRE ▷5
[Comment épouser un millionnaire]
É.-U. 1953. Comédie de Jean NEGULESCO avec Marilyn Monroe, Lauren Bacall et Betty Grable. - Trois jeunes femmes se lancent à la chasse au millionnaire. □ Général ➔ DVD$

HOW TO MURDER YOUR WIFE ▷4
[Comment tuer votre femme]
É.-U. 1964. Comédie de mœurs de Richard QUINE avec Jack Lemmon, Virna Lisi et Terry-Thomas. - Un auteur de bandes dessinées trouve que la vie conjugale nuit à son inspiration. □ Général ➔ DVD$

HOW TO STEAL A MILLION ▷4
[Comment voler un million de dollars]
É.-U. 1966. Comédie policière de William WYLER avec Audrey Hepburn, Peter O'Toole et Charles Boyer. - Un détective accepte d'aider une jeune fille à voler une statue dans un musée. □ Général ➔ DVD$

HOW TO SUCCEED IN BUSINESS WITHOUT REALLY TRYING ▷4
[Comment réussir en affaires sans vraiment essayer]
É.-U. 1966. Comédie musicale de David SWIFT avec Robert Morse, Michele Lee et Rudy Vallee. - Un laveur de carreaux décide de faire son chemin dans le monde des affaires. □ Général ➔ DVD$

HOWARDS END [Retour à Howards End] ▷3
ANG. 1991. Drame de mœurs de James IVORY avec Emma Thompson, Helena Bonham Carter et Anthony Hopkins. - Les tribulations de deux sœurs de la petite-bourgeoisie londonienne qui fréquentent une famille d'aristocrates. - Adaptation d'un roman de E.M. Forster. Récit naviguant habilement entre l'ironie et le tragique. Mise en images très soignée. Comédiens de grande classe. □ Général ➔ DVD$

HOWARDS OF VIRGINIA, THE ▷4
É.-U. 1940. Drame de Frank LLOYD avec Cary Grant, Martha Scott et Cedric Hardwicke. - L'histoire d'un couple mal assorti à l'époque de la Révolution américaine.

HOWL'S MOVING CASTLE [Château ambulant, Le] ▷3
JAP. 2004. Film d'animation de Hayao MIYAZAKI. - Dans un pays en guerre, une jeune chapelière, transformée en femme de 90 ans par une sorcière, se réfugie dans le château ambulant d'un magicien. - Histoire imaginative inspirée du roman de Diana Wynne Jones. Univers magique et parfois surréaliste d'une conception fort originale. Rythme inégal. Illustration opulente. Grande maîtrise technique.
➔ DVD$

HOWLING, THE [Hurlements] ▷4
É.-U. 1980. Drame d'horreur de Joe DANTE avec Dee Wallace, Dennis Dugan et Patrick Macnee. - Soignée dans une clinique installée en pleine nature, une journaliste découvre qu'elle est entourée de loups-garous. □ 13 ans+ ➔ DVD $

HUD ▷3
É.-U. 1963. Western de Martin RITT avec Paul Newman, Brandon de Wilde et Patricia Neal. - Le fils d'un rancher du Texas vit égoïstement à la recherche des plaisirs faciles. - Évocation psychologique intéressante de l'Ouest contemporain. Mise en scène de style réaliste. Passages impressionnants. Interprétation de classe.
□ Général ➔ DVD $

HUDSUCKER PROXY, THE [Opération Hudsucker] ▷3
É.-U. 1994. Comédie satirique de Joel COEN avec Jennifer Jason Leigh, Tim Robbins et Paul Newman. - En 1958, à New York, un coursier naïf se retrouve du jour au lendemain président d'une grande compagnie. - Délirante satire du monde des affaires. Extraordinaire virtuosité technique. Superbes décors stylisés. T. Robbins merveilleux dans son rôle. □ Général ➔ DVD $

HUILE DE LORENZO, L' *voir* **Lorenzo's Oil**

HUIT EN-DESSOUS *voir* **Eight Below**

HUIT FEMMES *voir* **8 Femmes**

HUIT HEURES DE SURSIS
voir **Odd Man Out**

HUITIÈME JOUR, LE ▷4
FR. 1996. Comédie dramatique de Jaco VAN DORMAËL avec Daniel Auteuil, Pascal Duquenne et Miou-Miou. - Un banquier qui a des ennuis familiaux rencontre par hasard un jeune mongolien parti à la recherche de sa mère.

HUKKLE ▷3
HON. 2002. Comédie de mœurs de Gyorgy PALFI avec Ferenc Bandi, Jozsefné Racz, Ferenc Nagy et Agi Margitai. - Dans un village rural en apparence paisible, les hommes meurent un après l'autre de façon mystérieuse. - Œuvre insolite dissimulant sous l'allure d'un tableau pastoral les éléments d'une énigme policière. Regard partagé entre le surréalisme et le documentaire. Traitement visuel et sonore fort inventif. Interprétation d'une adéquate neutralité.
➔ DVD $

HULK, THE ▷3
É.-U. 2003. Science-fiction d'Ang LEE avec Eric Bana, Jennifer Connelly et Sam Elliott. - Victime d'une mutation génétique, un savant qui a été exposé aux rayons gamma se transforme, lorsqu'il est en colère, en un géant vert invincible. - Récit étoffé et imaginatif d'après une bande dessinée. Personnages habilement fouillés. Réalisation fougueuse inspirée de l'esthétique des comic books.
□ Général · Déconseillé aux jeunes enfants ➔ DVD $

HULLABALOO OVER GEORGIE AND BONNIE'S PICTURES ▷5
ANG. 1978. Drame de mœurs de James IVORY avec Peggy Ashcroft, Victor Bannerjee et Jane Booker. - Des amateurs d'art rivalisent pour mettre la main sur la collection de peintures miniatures d'un maharajah. ➔ DVD $

HUMAN COMEDY, THE ▷4
É.-U. 1943. Comédie dramatique de Clarence BROWN avec Mickey Rooney, Marsha Hunt et Van Johnson. - La vie d'une famille américaine pendant que le fils aîné est parti à la guerre. □ Général

HUMAN CONDITION I, THE: NO GREATER LOVE ►2
JAP. 1959. Drame social de Masaki KOBAYASHI avec Tatsuya Nakadai, Michiyo Aratama et So Yamamura. - Pour éviter d'être mobilisé, un Japonais idéaliste accepte un poste de surintendant dans une mine de Mandchourie. - Style intense et vigoureux. Scènes admirablement composées. Forte interprétation. □ Général

HUMAN CONDITION II: THE ROAD TO ETERNITY, THE ▷3
JAP. 1960. Drame social de Masaki KOBAYASHI avec Tatsuya Nakadai, Michiyo Aratama et Keiji Sada. - Un sous-officier japonais cherche à introduire dans l'armée des méthodes plus humaines. - Second épisode d'une trilogie. Mise en scène riche en détails significatifs. Interprétation excellente. □ Général

HUMAN CONDITION III, THE: A SOLDIER'S PRAYER ►2
JAP. 1961. Drame social de Masaki KOBAYASHI avec Tatsuya Nakadai, Yusuke Kawazu et Kyoko Kishida. - À la fin de la guerre, un soldat japonais entreprend un long et exténuant voyage afin de rejoindre sa femme en Mandchourie du Sud. - Tableau des conséquences de la guerre présenté avec réalisme et grandeur. Plusieurs scènes d'une force dramatique rare. Interprétation remarquable de T. Nakadai. □ Général

HUMAN NATURE [Nature humaine, La] ▷5
É.-U. 2001. Comédie fantaisiste de Michael GONDRY avec Patricia Arquette, Tim Robbins et Rhys Ifans. - Un savant et sa compagne affligée d'une pilosité excessive entreprennent de civiliser un homme ayant grandi dans la forêt à l'état sauvage. □ 13 ans+ ➔ DVD $

HUMAN RESOURCES *voir* **Ressources humaines**

HUMAN STAIN, THE [Tache, La] ▷4
É.-U. 2003. Drame psychologique de Robert BENTON avec Anthony Hopkins, Nicole Kidman et Ed Harris. -Un ex-professeur de littérature âgé de 71 ans noue une relation passionnée avec une jeune concierge abîmée par la vie. □ 13 ans+ ➔ DVD $

HUMANITÉ, L' ▷3
FR. 1999. Drame de Bruno DUMONT avec Emmanuel Schotté, Séverine Caneele et Philippe Tullier. - Un policier de province qui enquête sur le meurtre sordide d'une fillette passe beaucoup de temps avec sa voisine et le petit ami de celle-ci. - Propos ambigu. Touches insolites et surréalistes troublantes. Style préconisant de longs plans fixes. Cadrages remarquables. Acteurs très bien dirigés. □ 16 ans+

HUMORESQUE ▷4
É.-U. 1946. Drame psychologique de Jean NEGULESCO avec Joan Crawford, John Garfield et Oscar Levant. - Une femme riche mais malheureuse en ménage protège un jeune violoniste dont elle s'éprend. □ Général ➔ DVD $

HUNCHBACK OF NOTRE-DAME, THE ▷3
[Bossu de Notre-Dame, Le]
É.-U. 1923. Drame de Wallace WORSLEY avec Lon Chaney, Patsy Ruth Miller et Ernest Torrence. - Un bossu, sonneur des cloches de Notre-Dame, se fait le protecteur d'une gitane. - Adaptation d'un roman de Victor Hugo. Mise en scène spectaculaire. Mise en valeur du talent de composition de L. Chaney. □ Général ➔ DVD $

HUNCHBACK OF NOTRE-DAME ▷3
É.-U. 1939. Drame de William DIETERLE avec Charles Laughton, Maureen O'Hara et Thomas Mitchell. - Un bossu, sonneur des cloches de Notre-Dame, se fait le protecteur d'une jeune gitane. - Adaptation somptueuse d'un roman de Victor Hugo. Mise en scène soignée. Composition remarquable de C. Laughton. □ Général ➔ DVD $

HUNCHBACK OF NOTRE-DAME, THE ▷4
ANG. 1982. Drame de M. TUCHNER avec Anthony Hopkins, Lesley-Ann Down et Derek Jacobi. - Un bossu, sonneur de cloches à la cathédrale, protège une jeune gitane contre la vindicte publique. ➔ DVD $

HUNGARIAN FAIRY TALE, A ▷3
HON. 1986. Conte de Gyula GAZDAG avec Arpad Vermes, Maria Varga et Frantisek Husak. - Un orphelin va à la recherche de son père sans savoir que l'État lui en a désigné un d'office. - Satire des mœurs bureaucratiques. Mise en scène inventive. Illustration soignée.
□ Général

HUNGARIAN RHAPSODY
HON. 1983. Miklos JANCSO □ Général

HUNGER, THE ▷4
ANG. 1983. Drame fantastique de Tony SCOTT avec Catherine Deneuve, David Bowie et Susan Sarandon. - Une vampire jette son dévolu sur une femme médecin que son compagnon est allé consulter lorsqu'il s'est soudain senti vieillir. □ 16 ans+ · Violence ➔ DVD $

HUNGRY FOR MONSTERS
É.-U. Georges CSICSERY

HUNT, THE *voir* **Chasse, La**

HUNT FOR RED OCTOBER ▷4
[À la poursuite d'Octobre rouge]
É.-U. 1990. Drame d'espionnage de John McTIERNAN avec Sean Connery, Alec Baldwin et Scott Glenn. - Le commandant d'un sous-marin soviétique qui met le cap vers les États-Unis pour passer à l'Ouest éveille ainsi l'inquiétude des Américains qui ne connaissent pas ses intentions. □ Général ➔ DVD $

HUNTER, THE ▷5
É.-U. 1980. Drame policier de Buzz KULIK avec Steve McQueen, Kathryn Harrold et Eli Wallach. - Les exploits d'un chasseur de primes contemporain. □ 13 ans+ ➜ DVD $

HUNTING FLIES *voir* **Chasse aux mouches, La**

HUNTING PARTY, THE ▷5
É.-U. 1971. Western de Don MEDFORD avec Oliver Reed, Candice Bergen et Gene Hackman. - Un riche propriétaire poursuit des hors-la-loi qui ont enlevé sa femme. ➜ DVD $

HURLEMENTS *voir* **Howling, The**

HURLEVENT [Wuthering Heights]
FR. 1985. Jacques RIVETTE

HURLYBURLY ▷5
É.-U. 1998. Drame de mœurs d'Anthony DRAZAN avec Sean Penn, Kevin Spacey et Chazz Palminteri. - Les tribulations d'un agent de casting hollywoodien au mode de vie excessif et de ses amis méprisants, cyniques et misogynes. □ 13 ans+ · Langage vulgaire ➜ DVD $

HURRICANE, THE [Ouragan, L'] ▷4
É.-U. 1999. Drame biographique de Norman JEWISON avec Denzel Washington, Vicellous Reon Shannon et Deborah Kara Unger. Les efforts d'un jeune Noir et de trois activistes pour faire libérer le boxeur Rubin Carter, injustement condamné pour meurtre. ➜ DVD $

HUSBANDS ▷3
É.-U. 1970. Drame psychologique réalisé et interprété par John CASSAVETES avec Ben Gazzara et Peter Falk. - À la suite de l'enterrement d'un ami commun, trois vieux copains d'âge moyen font les quatre cents coups. - Dosage équilibré d'humanité, de pathos et d'humour. Écriture reposant en partie sur un travail d'improvisation. Mise en scène habile. Interprétation solide. □ 13 ans+

HUSBANDS AND WIVES [Maris et femmes] ▷3
É.-U. 1992. Comédie de mœurs réalisée et interprétée par Woody ALLEN avec Mia Farrow et Judy Davis. - La rupture d'un couple d'amis amène deux intellectuels à remettre en question leur propre mariage. - Scénario plein de finesses. Ton tragicomique. Mise en scène nerveuse et spontanée. Excellents interprètes. □ Général ➜ DVD $

HUSH-A-BYE-BABY ▷4
IRL. 1990. Drame social de Margo HARKIN avec Emer McCourt, Michael Liebman et Cathy Casey. - Dans un quartier catholique d'une ville d'Irlande du Nord, une élève n'ose avouer à ses parents qu'elle est enceinte d'un jeune activiste incarcéré. □ 13 ans+

HUSH... HUSH, SWEET CHARLOTTE ▷5
É.-U. 1964. Drame d'horreur de Robert ALDRICH avec Bette Davis, Olivia de Havilland et Joseph Cotten. - Une femme déséquilibrée est l'objet d'un complot de la part d'une cousine qui veut toucher son héritage. ➜ DVD $

HUSSARD SUR LE TOIT, LE ▷4
[Horseman on the Roof, The]
FR. 1995. Drame de Jean-Paul RAPPENEAU avec Olivier Martinez, Juliette Binoche et Jean Yanne. - En 1832, dans une Provence dévastée par le choléra, un colonel italien et une jeune aristocrate vivent ensemble diverses aventures. □ 13 ans+ ➜ DVD $

HUSTLE [Cité des dangers, La] ▷4
É.-U. 1975. Drame policier de Robert ALDRICH avec Burt Reynolds, Catherine Deneuve et Paul Winfield. - Les déboires professionnels et sentimentaux d'un officier de police de Los Angeles. ➜ DVD $

HUSTLE AND FLOW ▷4
É.-U. 2005. Drame musical de Craig BREWER avec Terrence Howard, Anthony Anderson et Taryn Manning. - Un souteneur aspirant à une vie meilleure cherche à réaliser ses ambitions musicales en devenant rappeur. □ 13 ans+ ➜ DVD-BR $ DVD $

HUSTLER, THE [Arnaqueur, L'] ▷3
É.-U. 1961. Étude de mœurs de Robert ROSSEN avec Paul Newman, Piper Laurie et George C. Scott. - Un as du billard connaît des échecs professionnels et sentimentaux. - Excellente étude de milieu. Habile création d'atmosphère. Personnages bien analysés et bien interprétés. □ Général ➜ DVD $

HYENAS ▷4
SÉN. 1992. Drame social de Djibril Diop MAMBÉTY avec Mansour Diouf, Ami Diakhate et Mahouredia Gueye. - Après avoir acquis une fortune colossale, une femme qui a jadis été victime d'injustice revient dans son village natal pour se venger. □ Général ➜ DVD $

HYSTERICAL BLINDNESS ▷5
É.-U. 2002. Drame de mœurs de Mira NAIR avec Uma Thurman, Juliette Lewis et Gena Rowlands. - Les tribulations de deux amies d'un quartier ouvrier du New Jersey à la recherche du bonheur et du grand amour. ➜ DVD $

I, A WOMAN [Daughter, The]
SUÈ. 1965. Mac AHLBERG □ 13 ans+

I AM A FUGITIVE FROM A CHAIN GANG ▷3
É.-U. 1932. Drame social de Mervyn LEROY avec Paul Muni, Glenda Farrell et Edward Ellis. - Mêlé involontairement à un vol, un homme est condamné à une vie de bagnard. - Critique sociale traitée avec vigueur. Construction dramatique solide. □ 13 ans+ ➜ DVD $

I AM CUBA *voir* **Je suis Cuba**

I AM CURIOUS (YELLOW)
SUÈ. 1967. Vilgot SJÖMAN

I AM DINA [Je suis Dina] ▷4
DAN. 2002. Drame d'Ole BORNEDAL avec Maria Bonnevie, Gérard Depardieu et Christopher Eccleston. - En Norvège, au XIXe siècle, une jeune femme volontaire et passionnée ne peut s'empêcher de détruire les personnes qu'elle aime. □ 13 ans+ ➜ DVD $

I AM GUILTY
ALL. 2005. Christoph HOCHHAÜSLER

I AM LEGEND ▷4
É.-U. 2007. Science-fiction de Francis LAWRENCE avec Will Smith, Alice Braga et Dash Mihok. - En 2012 à Manhattan, l'unique survivant d'une pandémie tente d'échapper aux monstres sanguinaires qui rôdent la nuit. □ 13 ans+ · Violence · Horreur ➜ DVD $ DVD-BR $

I AM SAM [Je suis Sam] ▷5
É.-U. 2001. Drame social de Jessie NELSON avec Sean Penn, Michelle Pfeiffer et Dakota Fanning. - Pour récupérer la garde de sa fille de sept ans placée en famille d'accueil, un déficient mental obtient l'aide d'une avocate efficace mais névrosée. □ Général ➜ DVD $

I CAN'T SLEEP *voir* **J'ai pas sommeil**

I CAPTURE THE CASTLE ▷3
[Demoiselles du château, Les]
ANG. 2003. Drame sentimental de Tim FYWELL avec Romola Garai, Rose Byrne et Henry Thomas. - Les démêlés sentimentaux d'une jeune Anglaise dont la famille excentrique et sans le sou habite un château délabré. Adaptation finement ciselée du roman de Dodie Smith. Récit d'un éveil à l'amour à la fois drolatique et sensible.
□ Général ➜ DVD $

I CHANGED MY SEX *voir* **Glen or Glenda?**

I... COMME ICARE ▷4
FR. 1979. Drame social d'Henri VERNEUIL avec Yves Montand, Pierre Vernier et Didier Sauvegrain. - Un procureur obtient de rouvrir l'enquête sur le meurtre d'un président. □ Général ➜ DVD $

I CONFESS [Loi du silence, La] ▷3
É.-U. 1953. Drame policier d'Alfred HITCHCOCK avec Montgomery Clift, Karl Malden et Anne Baxter. - Un prêtre accusé d'un crime dont il connaît l'auteur est lié par le secret de la confession. - Film tourné en partie à Québec. Climat dramatique habilement composé. Mise en scène experte. Interprétation solide. ➜ DVD $

I COULD NEVER BE YOUR WOMAN
É.-U. 2007. Amy HECKERLING ➜ DVD $

I'D CLIMB THE HIGHEST MOUNTAIN ▷4
É.-U. 1951. Comédie de Henry KING avec Susan Hayward, Rory Calhoun et William Lundigan. - Au début du siècle, un jeune pasteur protestant nommé dans une région rurale doit gagner la confiance de ses nouveaux fidèles. □ Général

I DIED A THOUSAND TIMES ▷4
É.-U. 1955. Drame policier de Stuart HEISLER avec Jack Palance, Shelley Winters et Lauri Nelson. - À la suite d'un vol, un gangster est cerné sur une montagne par la police. □ Général

I DON'T WANT TO TALK ABOUT IT ▷4
ARG. 1993. Comédie dramatique de Maria Luisa BEMBERG avec Marcello Mastroianni, Luisina Brando et Alejandra Podesta. - Une veuve est désespérée de voir le fortuné Italien qu'elle aime demander la main de sa fille naine. □ Général

I HEART HUCKABEES ▷4
É.-U. 2004. Comédie de mœurs de David O. RUSSELL avec Jason Schwartzman, Jude Law et Mark Wahlberg. - Un couple de détectives existentiels chamboule l'existence d'un militant écologiste en lutte contre un arrogant promoteur immobilier. □ 13 ans+ ➜ DVD $

I HIRED A CONTRACT KILLER
voir **J'ai engagé un tueur**

I INSIDE, THE
ANG. É.-U. 2003. Roland SUSO RICHTER ➜ DVD $

I KNOW WHERE I'M GOING! ▷5
ANG. 1944. Drame de Michael POWELL et Emeric PRESSBURGER avec Roger Livesey, Wendy Hiller et Pamela Brown. - Une jeune Anglaise renonce à un mariage d'argent pour épouser un jeune Écossais pauvre mais séduisant. ➜ DVD $

I LIKE IT LIKE THAT ▷3
É.-U. 1994. Comédie dramatique de Darnell MARTIN avec Lauren Velez, Jon Seda et Tomas Melly. - Lorsque son cavaleur de mari se retrouve en prison, une mère de famille du Bronx parvient grâce à son obstination à se trouver un emploi. - Peinture énergique d'un milieu ethnique. Préoccupations sociales variées. Traitement d'une justesse de ton remarquable. Interprétation spontanée et sincère.
□ 13 ans+ ➜ DVD $

I LIKE KILLING FLIES
É.-U. 2004. Matt MAHURIN ➜ DVD $

I LIVE IN FEAR ▷4
JAP. 1955. Drame psychologique d'Akira KUROSAWA avec Eiko Miyoshi, Toshiro Mifune et Takashi Shimura. - Les enfants d'un industriel obsédé par le péril atomique cherchent à le faire frapper d'incompétence.

I LIVE MY LIFE
É.-U. 1935. W.S. VAN DYKE II □ Général

I'LL BE SEEING YOU ▷4
E.-U. 1947. Mélodrame de William DIETERLE avec Ginger Rogers, Joseph Cotten et Shirley Temple. - Au cours d'une permission, une jeune détenue rencontre un soldat qui s'éprend d'elle. ➜ DVD $

I'LL CRY TOMORROW ▷4
É.-U. 1955. Drame biographique de Daniel MANN avec Susan Hayward, Richard Conte et Eddie Albert. - L'histoire de la chanteuse Lilian Roth, ses déboires sentimentaux et sa lutte contre l'alcoolisme.
□ Général ➜ DVD $

I'LL DO ANYTHING [Je ferai n'importe quoi] ▷4
É.-U. 1994. Comédie de mœurs de James L. BROOKS avec Nick Nolte, Whittni Wright et Albert Brooks. - À Hollywood, un acteur sans succès se retrouve avec la garde de sa fillette qui, contre toute attente, décroche un rôle dans une série télévisée. □ Général

I'LL SLEEP WHEN I'M DEAD ▷4
ANG. 2003. Thriller de Mike HODGES avec Clive Owen, Charlotte Rampling et Malcolm McDowell. - Un ancien gangster qui s'est retiré à la campagne revient à Londres pour venger la mort sordide de son jeune frère. ➜ DVD $

I LOVE A MAN IN UNIFORM ▷4
[Amour, obsession et uniforme]
CAN. 1993. Drame psychologique de David WELLINGTON avec Tom McCamus, Brigitte Bako et Kevin Tighe. - Un jeune comédien en vient à se confondre dans la vie de tous les jours avec le policier fictif qu'il incarne au petit écran. □ 13 ans+ · Violence

I LOVE YOU
BRÉ. 1981. Arnaldo JABOR

I LOVE YOU ▷4
FR. 1986. Comédie de Marco FERRERI avec Christophe Lambert, Eddy Mitchell et Agnès Soral. - Un homme devient obsédé par un porte-clés en forme de visage de femme qui lui murmure «I love you» lorsqu'il siffle. □ Général ➔ DVD$

I LOVE YOU AGAIN ▷4
É.-U. 1940. Comédie de W.S. VAN DYKE II avec William Powell, Myrna Loy et Edmond Lowe. - À la suite d'un choc sur la tête, un bon bourgeois sérieux devient un aventurier audacieux. □ Général

I LOVE YOU TO DEATH [Je t'aime à te tuer] ▷3
É.-U. 1990. Comédie de Lawrence KASDAN avec Kevin Kline, Tracey Ullman et Joan Plowright. - Lorsqu'elle découvre que son mari court la prétentaine, une jeune femme décide de le tuer avec l'aide de sa mère. - Scénario inspiré d'un fait divers authentique. Ton loufoque réjouissant. Rythme alerte. Interprétation vivante. □ Général ➔ DVD$

I LOVE YOU, ALICE B. TOKLAS [Kiss My Butterfly] ▷4
É.-U. 1968. Comédie de Hy AVERBACK avec Peter Sellers, Joyce Van Patten et Leigh Taylor-Young. - Par amour pour une jeune bohème, un avocat se convertit au mode de vie des «hippies».
□ 18 ans+ ➔ DVD$

I'M ALL RIGHT, JACK ▷4
ANG. 1959. Comédie satirique de John BOULTING avec Ian Carmichael, Peter Sellers et Terry-Thomas. - L'ardeur au travail d'un employé d'usine occasionne une grève.

I MARRIED A STRANGE PERSON ▷4
É.-U. 1997. Dessins animés de Bill PLYMPTON. - A la suite d'un phénomène mystérieux, un jeune homme nouvellement marié acquiert le pouvoir de matérialiser ses fantasmes. ➔ DVD$

I MARRIED A WITCH [Ma femme est une sorcière] ▷3
É.-U. 1943. Comédie fantaisiste de René CLAIR avec Fredric March, Veronica Lake et Cecil Kellaway. - Un sorcier et sa fille revivent pour se venger sur le descendant de leur bourreau. - Fantaisie et humour savamment dosés. □ Général

I MARRIED AN ANGEL ▷4
É.-U. 1941. Comédie musicale de W.S. VAN DYKE II avec Jeannette MacDonald, Nelson Eddy et Edward E. Norton. - Une humble sténographe dispute à une ambitieuse secrétaire l'amour d'un riche banquier. □ Général

I'M DANCING AS FAST AS I CAN ▷4
É.-U. 1981. Drame psychologique de J. HOFSISS avec Jill Clayburgh, Nicol Williamson et Geraldine Page. - Les difficultés d'une productrice d'émissions de télévision qui fait un usage abusif de tranquillisants.

I'M NOT RAPPAPORT [Banc de Carter, Le] ▷5
É.-U. 1996. Comédie dramatique de Herb GARDNER avec Walter Matthau, Ossie Davis et Amy Irving. - Toujours prêt à lutter contre les injustices du monde qui l'entoure, un vieillard entraîne dans ses croisades un vieux concierge au tempérament paisible.
□ Général ➔ DVD$

I'M NOT SCARED *voir* **Je n'ai pas peur**

I'M NOT THERE ►2
É.-U. 2007. Film d'essai de Todd HAYNES avec Cate Blanchett, Heath Ledger et Marcus Carl Franklin. - La vie, la carrière et les tourments de Bob Dylan, à travers les différentes facettes de l'homme. - Œuvre ambitieuse, intrigante et d'un grand raffinement. Savant amalgame narratif aux nombreuses touches oniriques et référentielles. Réalisation d'une grande maîtrise. Interprétation d'ensemble d'un naturel déconcertant. □ Général · Déconseillé aux jeunes enfants ➔ DVD$

I NEVER PROMISED YOU A ROSE GARDEN ▷3
E.-U. 1976. Drame psychologique de A. PAGE avec Kathleen Quinlan, Bibi Andersson et Sylvia Sidney. - Les dures expériences vécues en clinique par une adolescente schizophrène compliquent le travail de la psychiatre qui la soigne. - Scénario intelligemment conduit. Exploration passionnante du monde de la folie. Excellente interprétation de K. Quinlan.

I NEVER SANG FOR MY FATHER ▷3
[Mon père n'a jamais écouté mes chansons]
É.-U. 1969. Drame psychologique de Gilbert CATES avec Melvyn Douglas, Gene Hackman et Estelle Parsons. - Un professeur veuf attaché à ses vieux parents est incapable de communiquer avec son père. - Étude psychologique d'une grande densité. Rythme souple. Interprétation sensible et retenue. □ 13 ans+

I ONLY WANT YOU TO LOVE ME
ALL. 1976. Rainer Werner FASSBINDER □ Général

I OUGHT TO BE IN PICTURES [Je me fais du cinéma] ▷4
É.-U. 1982. Comédie dramatique de Herbert ROSS avec Dinah Manoff, Walter Matthau et Ann-Margret. - Désireuse de devenir actrice de cinéma, une adolescente se rend en Californie où elle retrouve, après seize ans de séparation, son père qui est scénariste. □ Général

I.Q. [Q.I.] ▷4
É.-U. 1994. Comédie sentimentale de Fred SCHEPISI avec Tim Robbins, Meg Ryan et Walter Matthau. - S'étant pris de sympathie pour un jeune mécanicien, le physicien Albert Einstein décide de l'aider à conquérir le cœur de sa nièce. □ Général ➔ DVD$

I REALLY HATE MY JOB
ANG. 2007. Oliver PARKER ➔ DVD$

I REMEMBER MAMA [Tendresse] ▷4
É.-U. 1947. Comédie dramatique de George STEVENS avec Irene Dunne, Barbara Bel Geddes et Oscar Homolka. - L'histoire d'une famille d'immigrants norvégiens installée à San Francisco.
□ Général ➔ DVD$

I, ROBOT [Robots, Les] ▷4
É.-U. 2004. Science-fiction d'Alex PROYAS avec Will Smith, Bridget Moynahan et Alan Tudyk. - En 2035, un détective soupçonne un robot d'être mêlé à l'apparent suicide d'un scientifique.
□ Général · Déconseillé aux jeunes enfants ➔ DVD-BR$ DVD$

I SEE A DARK STRANGER ▷4
ANG. 1945. Drame d'espionnage de Frank LAUNDER avec Deborah Kerr, Trevor Howard et Raymond Huntley. - Une patriote irlandaise fait de l'espionnage pour les Allemands pendant la guerre. ➔ DVD$

I SERVED THE KING OF ENGLAND ▷4
TCH. 2006. Comédie de Jiri MENZEL avec Ivan Barnev, Oldrich Kaiser et Julia Jentsch. - Dans les années 1930 à Prague, un jeune et ambitieux aide-serveur prend tous les moyens pour gravir rapidement les échelons de la société. □ Général ➔ DVD$

I SHOT ANDY WARHOL ▷3
É.-U. 1995. Drame de mœurs de Mary HARRON avec Lili Taylor, Stephen Dorff et Jared Harris. - Évocation des faits et circonstances qui ont amené une jeune auteure radicale à tirer sur un célèbre artiste newyorkais. - Portrait implacable d'une marginale. Récit aux accents féministes. Reconstitution précise du milieu. Jeu intense et plein d'humour de L. Taylor. □ 16 ans+ · Langage vulgaire

I STAND ALONE *voir* **Seul contre tous**

I, THE WORST OF ALL
ARG. 1990. Maria Luisa BEMBERG □ Général

I'VE HEARD THE MERMAIDS SINGING ▷4
[Chant des sirènes, Le]
CAN. 1987. Comédie de Patricia ROZEMA avec Sheila McCarthy, Paule Baillargeon et Ann-Marie McDonald. - Malgré son incompétence manifeste, une jeune femme se trouve un emploi temporaire dans une galerie d'art à Toronto. □ Général ➔ DVD$

I WALK THE LINE ▷3
E.-U. 1970. Drame psychologique de J. FRANKENHEIMER avec Gregory Peck, Tuesday Weld et Estelle Parsons. - Un shérif du Tennessee se prend d'une folle passion pour une adolescente dont le père est un fabricant clandestin d'alcool. - Histoire sordide racontée avec dignité. Mise en scène de classe. Interprétation nuancée. ➔ DVD$

I WALKED WITH A ZOMBIE ▷3
[I walked with a Zombie/Body Snatcher (1945)]
É.-U. 1943. Drame d'horreur de J. TOURNEUR avec Tom Conway, Frances Dee et James Ellison. - Aux Antilles, une infirmière est menacée par des pratiques superstitieuses. - Charme désuet. Très beaux éclairages tamisés. Climat envoûtant à souhait. Interprétation dans le ton.

I WANNA HOLD YOUR HAND ▷5
É.-U. 1978. Comédie de Robert ZEMECKIS avec Nancy Allen, Wendi Jo Sperber et Theresa Saldana. - En février 1964, quatre adolescentes se rendent à New York pour tenter de rencontrer les Beatles.
□ Général ➔ DVD$

I WANT TO GO HOME! ▷4
FR. 1989. Comédie d'Alain RESNAIS avec Adolph Green, Linda Lavin, Laura Benson et Gérard Depardieu. - Les mésaventures d'un dessina-

teur de bandes dessinées américain n'ayant jamais voyagé et se rendant à Paris surtout pour revoir sa fille dont il est sans nouvelles. □ Général

I WANT TO LIVE! ▷3
É.-U. 1958. Drame social de Robert WISE avec Susan Hayward, Simon Oakland et Virginia Vincent. - Une prostituée au dossier chargé est condamnée pour le meurtre d'une vieille dame. - Réquisitoire contre la peine capitale. Sujet tiré d'un fait réel. Drame prenant et bien réalisé. Interprétation brillante de S. Hayward. ➜ DVD$

I WAS A MALE WAR BRIDE ▷4
É.-U. 1949. Comédie sentimentale de Howard HAWKS avec Cary Grant, Ann Sheridan et Marion Marshall. - Les tribulations d'un officier français qui a épousé une militaire américaine. □ Général

I WILL WALK LIKE A CRAZY HORSE
voir **J'irai comme un cheval fou**

ICE AGE [Ère de glace, L'] ▷4
É.-U. 2002. Film d'animation de Chris WEDGE et Carlos SALDANHA. - Aux temps préhistoriques, un mammouth taciturne, un paresseux volubile et un tigre aux dents de sabre retors ramènent à sa tribu un bébé humain égaré. □ Général ➜ DVD$ DVD-BR$

ICE AGE - THE MELTDOWN ▷4
[Ère de glace, l' - la fonte]
É.-U. 2006. Film d'animation de Carlos SALDANHA. - À la fin de la dernière glaciation, les aventures d'un groupe d'animaux qui font un long voyage pour fuir une inondation imminente. ➜ DVD$ DVD-BR$

ICE CASTLES [Château de rêves] ▷4
É.-U. 1978. Drame sentimental de Donald WRYE avec Lynn-Holly Johnson, Robby Benson et Colleen Dewhurst. - Une jeune fille douée pour le patinage artistique fait preuve de courage à la suite d'un accident. □ Général ➜ DVD$

ICE HARVEST, THE [Moisson de glace, La] ▷4
É.-U. 2005. Comédie policière de Harold RAMIS avec John Cusack, Billy Bob Thornton et Connie Nielsen. - La veille de Noël, un avocat et son complice volent une forte somme à un chef de la pègre. □ 13 ans+ · Violence ➜ DVD$

ICE STATION ZEBRA ▷4
[Destination: Zebra, station polaire]
É.-U. 1968. Drame d'espionnage de John STURGES avec Rock Hudson, Patrick McGoohan et Ernest Borgnine. - Un sous-marin atomique est chargé de récupérer une capsule spatiale tombée au pôle Nord. □ Général ➜ DVD$

ICE STORM, THE [Tempête de glace] ▷3
É.-U. 1997. Drame de mœurs d'Ang LEE avec Kevin Kline, Joan Allen et Christina Ricci. - Au début des années 70, les parents et les enfants de deux familles bourgeoises voisines vivent entre eux des relations troubles. - Fable morale reflétant un climat de désenchantement social. Finesse du trait psychologique. Touches d'ironie. Mise en scène évocatrice. Interprètes de classe. □ 13 ans+ ➜ DVD$

ICEMAN ▷3
É.-U. 1984. Science-fiction de Fred SCHEPISI avec John Lone, Timothy Hutton et Lindsay Crouse. - Dans une station arctique, des savants découvrent le corps congelé d'un homme préhistorique qui, une fois dégelé, reprend vie. - Traitement inventif. Imagerie splendide. Éléments d'une poésie sauvage. Réalisation efficace. Composition attachante de J. Lone. □ Général ➜ DVD$

ICEMAN COMETH, THE
É.-U. 1960. Sidney LUMET ➜ DVD$

ICEMAN COMETH, THE ▷4
É.-U. 1973. Drame psychologique de John FRANKENHEIMER avec Lee Marvin, Robert Ryan et Fredric March. - Après avoir exprimé de la sympathie à un groupe de personnes qui entretiennent leurs illusions par l'alcool, un démarcheur change d'attitude. ➜ DVD$

ICHI THE KILLER [Ichi the Killer (R-Rated)] ▷5
JAP. 2001. Thriller de Takashi MIIKE avec Tadanobu Asano, Nao Omori et Shinya Tsukamoto. - Un yakuza adepte de la torture extrême se met à la recherche d'un mystérieux assassin qui décime les bandes rivales d'un quartier corrompu de Tokyo. ➜ DVD$

ICICLE THIEF, THE *voir* **Voleur de savonnette, Le**

IDAHO *voir* **My Own Private Idaho**

IDEAL HUSBAND, AN [Mari idéal, Un] ▷4
ANG. 1999. Comédie de mœurs d'Oliver PARKER avec Rupert Everett, Julianne Moore et Jeremy Northam. - À Londres, dans les années 1890, une intrigante exerce un chantage sur un jeune parlementaire bien en vue. □ Général ➜ DVD$

IDÉALISTE, L' *voir* **Rainmaker, The**

IDENTIFICATION D'UNE FEMME ▷3
ITA. 1982. Drame psychologique de Michelangelo ANTONIONI avec Tomas Milian, Daniela Silverio et Christine Boisson. - Les relations passionnées et sans issue d'un cinéaste avec une jeune femme de l'aristocratie romaine. - Variations sur le thème de la notion d'identité. Film énigmatique et fascinant. □ 13 ans+

IDENTITÉ *voir* **Identity**

IDENTITÉS *voir* **Shattered Image**

IDENTITY [Identité] ▷4
É.-U. 2003. Thriller de James MANGOLD avec John Cusack, Amanda Peet et Ray Liotta. - Coincés un soir d'orage dans un motel isolé, onze étrangers sont éliminés un après l'autre par un tueur mystérieux. □ 13 ans+ · Violence ➜ DVD-BR$

IDIOT, L' [Idiot, The]
JAP. 1951. Akira KUROSAWA ➜ DVD$

IDIOTS, LES [Idiots, The] ▷3
DAN. 1998. Drame de mœurs de Lars VON TRIER avec Bodil Jorgensen, Jens Albinus et Louise Hassing. - Une femme taciturne se joint à des marginaux qui s'amusent à se faire passer pour des handicapés mentaux en public. - Étrange mélange de drame et d'humour. □ 16 ans+ ➜ DVD$

IDLEWILD ▷5
É.-U. 2006. Drame musical de Bryan BARBER avec André Benjamin, Antwan A. Patton et Paula Patton. - Dans la Georgie des années 1930, les tribulations de deux amis qui baignent dans l'univers des boîtes de nuit de deuxième zone. □ 13 ans+ ➜ DVD$

IDOLE INSTANTANÉE ▷5
CAN. 2005. Comédie satirique de Yves DESGAGNÉS avec Claudine Mercier, Maxime Denommée et Louise Turcot. - Quatre jeunes femmes très différentes participent à une émission de téléréalité dans l'espoir de devenir en 24 heures une étoile de la chanson. □ Général

IDOLMAKER, THE [Temps du Rock'n'Roll, Le] ▷4
É.-U. 1980. Drame de mœurs de Taylor HACKFORD avec Ray Sharkey, Tovah Feldshuh et Peter Gallagher. - En 1959, un compositeur frustré devenu impresario crée de nouvelles vedettes de la chanson. □ Général ➜ DVD$

IEDEREEN BEROEMD! *voir* **Everybody's Famous**

IF THEY TELL YOU I FELL...
ESP. 1989. Vicente ARANDA ➜ DVD$

IF.... ▶2
ANG. 1968. Drame de mœurs de Lindsay ANDERSON avec Malcolm MacDowell, David Wood et Richard Warwick. - Dans un collège anglais, un conflit latent finit par éclater en révolte ouverte. - Montage brillant. Mise en scène très inventive. Passage adroit du réalisme à la fantaisie. Interprétation juste. □ 13 ans+ ➜ DVD$

IGBY GOES DOWN [Igby en chute libre] ▷4
É.-U. 2002. Comédie de mœurs de Burr STEERS avec Kieran Culkin, Susan Sarandon et Jeff Goldblum. - En révolte contre sa famille bourgeoise dysfonctionnelle, un garçon de 17 ans s'enfuit à New York où il vit diverses tribulations. - Vision caustique de l'Amérique républicaine. □ 13 ans+ ➜ DVD$

IKIRU *voir* **Vivre**

IL BELL'ANTONIO *voir* **Bel Antonio, Le**

IL DANSE AVEC LES LOUPS *voir* **Dances with Wolves**

IL DIVO
ITA. 2008. Paolo SORRENTINO

IL EST PLUS FACILE POUR UN CHAMEAU... ▷4
FR. 2003. Comédie dramatique réalisée et interprétée par Valeria BRUNI-TEDESCHI avec Chiara Mastroianni et Marysa Borini. - Se sentant coupable de son immense richesse, une dramaturge en herbe compose difficilement avec divers aspects de sa vie. □ Général ➜ DVD$

IL ÉTAIT UNE FOIS AU MEXIQUE
voir **Once Upon a Time in Mexico**

IL ÉTAIT UNE FOIS DANS L'OUEST
voir **Once Upon a Time in the West**

IL ÉTAIT UNE FOIS EN AMÉRIQUE
voir **Once Upon a Time in America**

IL ÉTAIT UNE FOIS EN ANTARCTIQUE
FR. 2004. Luc JACQUET et Jérôme MAISON ➜ DVD$

IL ÉTAIT UNE FOIS EN CHINE II
voir **Once upon a Time in China II**

IL ÉTAIT UNE FOIS LA RÉVOLUTION
voir **Fistful of Dynamite, A**

IL ÉTAIT UNE FOIS... LA PRINCESSE BOUTON D'OR
voir **Princess Bride, The**

IL FAUT MARIER PAPA
voir **Courtship of Eddie's Father, The**

IL FAUT SAUVER LE SOLDAT RYAN
voir **Saving Private Ryan**

IL FAUT TUER BIRGITT HAAS ▷4
FR. 1980. Drame d'espionnage de Laurent HEYNEMANN avec Philippe Noiret, Jean Rochefort et Lisa Kreuzer. - Les services secrets allemands choisissent un chômeur pour tuer une terroriste notoire sous couvert d'un crime passionnel. □ Général

IL GRIDO *voir* **Cri, Le**

IL PLEUT SUR SANTIAGO [It's Raining on Santiago] ▷4
FR. 1975. Drame poétique de Helvio SOTO avec Riccardo Cucciola, Laurent Terzieff et Maurice Garrel. - Rappel du coup d'état militaire monté contre le gouvernement de l'Union Populaire au Chili, le 11 septembre 1973.

IL POSTO *voir* **Emploi, L'**

IL SUFFIT D'UNE NUIT *voir* **Up at the Villa**

IL Y A DES JOURS... ET DES LUNES ▷4
FR. 1990. Comédie dramatique de Claude LELOUCH avec Gérard Lanvin, Patrick Chesnais et Vincent Lindon. - Par une journée de pleine lune et de passage à l'heure d'été, des couples ayant filé le parfait amour finissent par se déchirer. □ Général

IL Y A LONGTEMPS QUE JE T'AIME ▷4
FR. 1979. Comédie dramatique de Jean-Charles TACCHELLA avec Jean Carmet, Marie Dubois et Alain Doutey. - La séparation et le rapprochement d'un couple marié depuis vingt-cinq ans. □ Général

© MÉTROPOLE

IL Y A LONGTEMPS QUE JE T'AIME ▷4
FR. 2008. Drame psychologique de Philippe CLAUDEL avec Kristin Scott Thomas, Elsa Zylberstein et Serge Hazanavicius. - Après avoir purgé quinze ans de prison pour meurtre, une ex-médecin est accueillie dans la famille de sa sœur institutrice.
□ Général ➜ DVD$

IL Y AURA DU SANG *voir* **There will be Blood**

ÎLE AU SOLEIL, UNE *voir* **Island in the Sun**

ÎLE AU TRÉSOR, L' *voir* **Treasure Island**

ÎLE AUX BALEINES, L' *voir* **When the Whales Came**

ÎLE DE CAUCHEMAR *voir* **Island of Terror**

ÎLE DE MON ENFANCE, L' [Island on Bird Street, The] ▷4
DAN. 1997. Drame de Soren KRAGH-JACOBSEN avec Patrick Bergin, Jordan Kiziuk et Jack Warden. - Après que sa famille eut été emportée par les nazis, un gamin de onze ans apprend à survivre seul dans le ghetto juif de Varsovie. □ Général · Déconseillé aux jeunes enfants

ÎLE DE SABLE, L' ▷5
QUÉ. 1999. Drame psychologique de Johanne PRÉGENT avec Caroline Dhavernas, Sébastien Huberdeau et Anick Lemay.

ÎLE DU DOCTEUR MOREAU, L'
voir **Island of Dr. Moreau, The**

ÎLE FANTASTIQUE DE DAFFY DUCK, L'
voir **Daffy Duck's Movie: Fantastic Island**

ÎLE MYSTÉRIEUSE, L' *voir* **Mysterious Island**

ILLUMINATA ▷4
É.-U. 1998. Comédie de mœurs réalisée et interprétée par John TURTURRO avec Katherine Borowitz et Susan Sarandon. - À New York, au début du siècle, une troupe de théâtre se démène pour faire jouer la dernière pièce d'un dramaturge. □ 13 ans+ ➜ DVD$

ILLUMINATION GARANTIE *voir* **Enlightenment Guaranteed**

ILLUSIONIST, THE ▷4
É.-U. 2005. Drame sentimental de Neil BURGER avec Edward Norton, Paul Giamatti et Jessica Biel. - À Vienne, au tournant du XXe siècle, un illusionniste tente de reconquérir son amour d'adolescence, une aristocrate fiancée au prince héritier d'Autriche.
□ Général · Déconseillé aux jeunes enfants ➜ DVD-BR$ DVD$

ILLUSIONNISTE, L' ▷4
HOL. 1983. Comédie fantaisiste de Jos STELLING avec Freek de Jonge, Jim van der Woude et Catrien Wolthuizen. - Un illusionniste a une expérience étrange qui lui rappelle les tribulations qu'il a connues avec son frère, un simple d'esprit.

ILLUSTRATED MAN, THE [Homme tatoué, L'] ▷5
É.-U. 1969. Science-fiction de Jack SMIGHT avec Rod Steiger, Claire Bloom et Robert Drivas. - Les tatouages dont un homme est recouvert entraînent un compagnon dans un monde d'anticipation.
□ 13 ans+ ➜ DVD$

ILS ▷4
FR. 1970. Drame fantastique de Jean-Daniel SIMON avec Michel Duchaussoy, Charles Vanel et Alexandra Stewart. - Un peintre est désorienté par la mort d'un confrère qu'il considérait comme son père spirituel.

ILS ▷4
FR. 2006. Thriller de David MOREAU et Xavier Palud avec Michaël Cohen et Olivia Bonamy. - Un couple vivant dans une maison isolée à la campagne est terrorisé par de mystérieux intrus.
□ 13 ans+ · Violence

ILS AIMAIENT LA VIE [Kanal]
POL. 1957. Andrzej WAJDA ➜ DVD$

ILS ÉTAIENT TOUS MES FILS *voir* **All My Sons**

ILS SE MARIÈRENT ET EURENT BEAUCOUP D'ENFANTS [Happily Ever After] ▷4
FR. 2004. Comédie dramatique réalisée et interprétée par Yvan ATTAL avec Charlotte Gainsbourg et Alain Chabat. - Une jeune femme trompée par son mari se prend à rêver d'une autre vie après avoir croisé le regard d'un bel inconnu. ➜ DVD$

ILS VONT TOUS BIEN [Everybody's Fine] ▷3
ITA. 1990. Comédie dramatique de Giuseppe TORNATORE avec Michèle Morgan, Marcello Mastroianni et Valeria Cavali. - Un pensionné sicilien décide d'aller rendre visite sans s'annoncer à ses cinq enfants

dispersés dans l'Italie continentale. - Fresque sociale et familiale habilement construite. Mise en scène de métier. Interprétation nuancée de M. Mastroianni. □ Général

IMAGE, THE [Cas de conscience en direct] ▷4
É.-U. 1989. Comédie dramatique de Peter WERNER avec Albert Finney, John Malhoney et Kathy Baker. - En plus de ses problèmes conjugaux, un reporter de la télévision a des ennuis avec la veuve d'un banquier qui s'est suicidé à la suite d'une de ses émissions.

IMAGES ▷3
IRL. 1972. Drame psychologique de Robert ALTMAN avec Susannah York, René Auberjonois et Marcel Bozzuffi. - Une femme est sujette à des hallucinations au cours d'un séjour de vacances à la campagne. - Jeux entre l'imagination et la réalité. Réalisation technique de qualité. Excellente composition de S. York.

IMAGINARY CRIMES ▷4
É.-U. 1994. Drame de mœurs d'Anthony DRAZEN avec Harvey Keitel, Fairuza Balk et Kelly Lynch. - Au début des années 1960, un veuf aux entreprises financières douteuses élève seul ses deux filles.
□ Général ➜ DVD$

IMAGINARY HEROES ▷5
É.-U. 2004. Drame psychologique de Dan HARRIS avec Sigourney Weaver, Emile Hirsch et Jeff Daniels. - Après le suicide du fils aîné, les membres d'une famille vivant dans une banlieue cossue traversent une grave crise. ➜ DVD$

IMAGINING ARGENTINA
ANG. ARG. 2003. Christopher HAMPTON ➜ DVD$

IMITATEUR, L' *voir* **Copycat**

IMITATION ▷4
CAN. 2007. Drame de Federico HIDALGO avec Vanessa Bauche, Jesse Aaron Dwyre et Conrad Pla. - Un jeune Montréalais aide une énigmatique Mexicaine à retrouver un proche disparu. ➜ DVD$

IMITATION OF LIFE ▷4
É.-U. 1934. Mélodrame de John M. STAHL avec Claudette Colbert, Warren William et Louise Beavers. - L'amitié fidèle d'une femme d'affaires blanche et d'une cuisinière noire à travers les années et diverses épreuves. □ Général

IMITATION OF LIFE ▷3
É.-U. 1959. Drame sentimental de Douglas SIRK avec Lana Turner, Juanita Moore et John Gavin. - Une actrice considère sa servante de race noire comme une amie et une confidente. - Classique de l'âge d'or du mélodrame hollywoodien. Réalisation de grande qualité. Interprétation juste. □ Général ➜ DVD$

IMMEUBLE YACOUBIAN, L' ▷4
ÉGY. 2006. Drame social de Marwan HAMED avec Adel Imam, Nour El-Sherif et Hind Sabry. - Les tribulations de personnes de diverses souches habitant un vieil immeuble du Caire. □ 13 ans+ ➜ DVD$

IMMORAL STORY
POL. 1990. Barbara SASS

IMMORTAL (AD VITAM) *voir* **Immortel**

IMMORTAL BACHELOR *voir* **Histoire d'aimer**

IMMORTAL BATTALION, THE [Way Ahead, The] ▷4
ANG. 1943. Drame de guerre de Carol REED avec David Niven, John Laurie, Stanley Holloway et Raymond Huntley. - L'entraînement et les premières expériences de combat de soldats anglais en 1941.
□ Général

IMMORTAL BELOVED [Ludwig Van B.] ▷4
É.-U. 1994. Drame biographique de Bernard ROSE avec Gary Oldman, Jeroen Krabbe et Isabella Rossellini. - À la mort de Beethoven, son secrétaire découvre que le compositeur a légué tous ses biens à une mystérieuse bien-aimée dont personne ne connaît l'identité.
□ Général ➜ DVD-BR$ DVD$

IMMORTEL [Immortal (Ad Vitam)] ▷3
FR. 2004. Science-fiction d'Enki BILAL avec Linda Hardy, Thomas Kretschmann et Charlotte Rampling. - À New York, en 2095, le dieu Horus doit, pour conserver son immortalité, s'approprier un corps humain et féconder une mutante. - Scénario labyrinthique adapté de deux œuvres du réalisateur-bédéiste. Hallucinante fresque rétro-futuriste. Décors impressionnants produits par images de synthèse. Réalisation d'une froideur clinique. Interprétation un peu désincarnée.
□ 13 ans+ ➜ DVD$

IMPACT ▷4
É.-U. 1949. Drame policier d'Arthur LUBIN avec Brian Donlevy, Ella Raines et Charles Coburn. - Victime d'une tentative d'assassinat ourdie par sa femme et l'amant de celle-ci, un industriel se cache sous un faux nom chez une garagiste dont il finit par s'éprendre.
□ Général

IMPACT FATAL *voir* **Torque**

IMPARDONNABLE *voir* **Unforgiven**

IMPASSE, L' *voir* **No Way Out**

IMPORTANCE OF BEING EARNEST, THE ▷3
ANG. 1952. Comédie de mœurs d'Anthony ASQUITH avec Michael Redgrave, Joan Greenwood et Michael Denison. - À la fin du XIXe siècle, deux jeunes bourgeois oisifs cultivent les quiproquos dans leurs conquêtes amoureuses. - Adaptation élégante de la pièce d'Oscar Wilde. Dialogue spirituel et ironique. □ Général ➜ DVD$

IMPORTANCE OF BEING EARNEST, THE ▷4
[Ernest ou l'importance d'être constant]
ANG. 2002. Comédie de mœurs d'Oliver PARKER avec Rupert Everett, Colin Firth et Reese Witherspoon. - Les aventures amoureuses de deux jeunes bourgeois oisifs qui s'amusent à cultiver les quiproquos dans leur entourage. □ Général ➜ DVD$

IMPORTANT C'EST D'AIMER, L' ▷4
FR. 1974. Drame de mœurs d'Andrzej ZULAWSKI avec Romy Schneider, Fabio Testi et Jacques Dutronc. - Un photographe épris d'une actrice jadis célèbre lui obtient un rôle dans une pièce qu'il commandite par des moyens malhonnêtes. □ 18 ans+

IMPOSTEUR, L' *voir* **Deceiver**

IMPROMPTU ▷3
ANG. 1990. Comédie de mœurs de James LAPINE avec Bernadette Peters, Hugh Grant et Judy Davis. - Amoureuse du compositeur Frédéric Chopin, la romancière George Sand se rend au château où il séjourne pour lui déclarer son amour. - Intrigues sentimentales se mêlant adroitement à une satire de mœurs discrète mais savoureuse. Belle reconstitution d'époque. Mise en scène souple. Distribution judicieusement choisie. □ Général ➜ DVD$

IN & OUT [Pot aux roses, Le] ▷4
É.-U. 1997. Comédie de mœurs de Frank OZ avec Kevin Kline, Joan Cusack et Matt Dillon. - La vie d'un enseignant d'une petite ville est bouleversée par la déclaration publique d'un ancien étudiant qui le dit homosexuel. □ Général · Déconseillé aux jeunes enfants ➜ DVD$

IN A LONELY PLACE [Violent, Le] ▷4
É.-U. 1950. Drame policier de Nicholas RAY avec Humphrey Bogart, Gloria Grahame et Frank Lovejoy. - Un scénariste violent est accusé à tort de meurtre. □ Général ➜ DVD$

IN A YEAR OF THIRTEEN MOONS
[L'année des treize lunes]
ALL. 1979. Rainer Werner FASSBINDER ➜ DVD$

IN AMERICA [Bienvenue en Amérique] ▷4
IRL. 2002. Chronique de Jim SHERIDAN avec Paddy Considine, Samantha Morton et Sarah Bolger. - Un jeune couple irlandais, pauvre et traumatisé par la mort de son bébé, vient refaire sa vie à New York avec ses deux fillettes. □ Général ➜ DVD$

IN BRUGES ▷4
BEL. 2008. Comédie dramatique de Martin McDONAGH avec Colin Farrell, Brendan Gleeson et Ralph Fiennes. - À la suite d'une erreur grave, un jeune tueur à gages irlandais et son complice plus âgé sont envoyés en Belgique pour y attendre les ordres de leur patron.
□ 13 ans+ · Langage vulgaire · Violence ➜ DVD$

IN CELEBRATION ▷3
ANG. 1974. Drame psychologique de Lindsay ANDERSON avec Alan Bates, James Bolan et Brian Cox. - Trois frères s'affrontent à l'occasion du quarantième anniversaire de mariage de leurs parents. - Théâtre filmé. Mise en scène solide et souple. Dialogue abondant. Excellente interprétation. ➜ DVD$

IN COLD BLOOD [De sang froid] ▶2
É.-U. 1967. Drame policier de Richard BROOKS avec Robert Blake, Scott Wilson et John Forsythe. - Le crime et le châtiment de deux inadaptés qui ont tué une famille de fermiers du Kansas. - Reconstitution d'un fait authentique. Mise en scène remarquable par son réalisme artistique et sa tension dramatique. Acteurs fort bien dirigés.
□ 13 ans+ · Violence ➜ DVD$

IN COUNTRY [Héros comme tant d'autres, Un] ▷4
É.-U. 1989. Drame psychologique de Norman JEWISON avec Emily Lloyd, Bruce Willis et Joan Allen. - N'ayant jamais connu son père qui est mort au Viêt-nam, une adolescente cherche à en savoir plus sur lui. □ Général ➔ DVD$

IN CUSTODY ▷4
ANG. 1993. Drame d'Ismael MERCHANT avec Shashi Kapoor, Shabana Azmi et Om Puri. - En Inde, un professeur de collège éprouve des difficultés à interviewer un poète qu'il admire. □ Général ➔ DVD$

IN DREAMS [Prémonitions] ▷5
É.-U. 1998. Drame fantastique de Neil JORDAN avec Annette Bening, Robert Downey Jr. et Aidan Quinn. - Victime d'étranges cauchemars liés aux méfaits d'un tueur en série, une artiste décide de partir à la recherche de celui-ci. □ 13 ans+ · Violence ➔ DVD$

IN GOOD COMPANY [En bonne compagnie] ▷4
É.-U. 2004. Comédie dramatique de Paul WEITZ avec Dennis Quaid, Topher Grace et Scarlett Johansson. - Un cadre quinquagénaire, qui accepte mal son nouveau patron âgé de 26 ans, découvre que sa fille a une liaison avec le jeune homme. □ Général ➔ DVD$

IN HARM'S WAY ▷4
É.-U. 1965. Drame de guerre de Otto PREMINGER avec John Wayne, Patricia Neal et Kirk Douglas. - Les problèmes sentimentaux et les exploits guerriers d'officiers de marine pendant la guerre du Pacifique. □ Général ➔ DVD$

IN HER SHOES [Chaussure à son pied] ▷4
É.-U. 2005. Comédie dramatique de Curtis HANSON avec Cameron Diaz, Toni Collette et Shirley MacLaine. - Deux sœurs aux tempéraments très opposés se brouillent puis se réconcilient grâce à l'intervention de leur grand-mère. □ Général ➔ DVD$

IN JULY *voir* **Julie en juillet**

IN LIKE FLINT ▷4
É.-U. 1967. Comédie de Gordon DOUGLAS avec James COBURN, Andrew Duggan et Lee J. Cobb. - Un agent secret empêche un groupe de femmes de dominer le monde.

IN MY COUNTRY ▷5
ANG. 2004. Drame politique de John BOORMAN avec Samuel L. Jackson, Juliette Binoche et Brendan Gleeson. - En Afrique du Sud, pendant la Commission Vérité et réconciliation en 1996, deux journalistes aux visions opposées font de stupéfiantes découvertes. □ 13 ans+ ➔ DVD$

IN MY SKIN *voir* **Dans ma peau**

IN NAME ONLY ▷4
É.-U. 1939. Drame sentimental de John CROMWELL avec Cary Grant, Carole Lombard et Kay Francis. - Un homme mal marié s'éprend d'une jeune veuve. □ Général

IN OLD ARIZONA
É.-U. 1928. Raoul WALSH, Irving CUMMINGS ➔ DVD$

IN OLD CHICAGO ▷4
É.-U. 1938. Comédie dramatique de Henry KING avec Tyrone Power, Alice Faye et Don Ameche. - En 1871, le fils d'une veuve devient maire de Chicago et doit lutter contre les agissements malhonnêtes de son frère. □ Général ➔ DVD$

IN PRAISE OF LOVE *voir* **Éloge de l'amour, L'**

IN PRAISE OF OLDER WOMEN ▷5
[En hommage aux femmes de trente ans]
CAN. 1977. Comédie dramatique de George KACZENDER avec Tom Berenger, Karen Black et Susan Strasberg. - Les amours d'un Hongrois qui, au cours des années, préfère les femmes plus âgées que lui. □ 16 ans+ ➔ DVD$

IN SEARCH OF A MIDNIGHT KISS ▷4
É.-U. 2007. Comédie sentimentale d'Alex HOLDRIDGE avec Scoot McNairy, Sara Simmonds et Brian Matthew McGuire. - Par l'intermédiaire d'un service Internet, un écrivain californien obtient un rendez-vous galant un soir de St-Sylvestre. ➔ DVD$

IN SEARCH OF THE CASTAWAYS ▷4
[Enfants du capitaine Grant, Les]
É.-U. 1962. Aventures de Robert STEVENSON avec Hayley Mills, Maurice Chevalier, George Sanders et Wilfrid Hyde-White. - Un vieux savant et deux enfants partent à la recherche d'un naufragé. □ Général ➔ DVD$

IN THE BEDROOM [Sans issue] ▷3
É.-U. 2001. Drame de Todd FIELD avec Tom Wilkinson, Sissy Spacek et Marisa Tomei. - Les épreuves d'un couple dont le fils a été tué d'une balle à la tête par un homme qui a obtenu d'être libéré sous caution en attendant son procès. - Enjeux sociaux et humains exposés avec intelligence et sensibilité. Psychologie nuancée et convaincante. Passages déchirants. Réalisation tout en retenue. Excellents interprètes. □ 13 ans+ ➔ DVD$

IN THE BLOOD
É.-U. 2006. Lou PETERSON

IN THE COMPANY OF MEN ▷4
É.-U. 1997. Drame de mœurs de Neil LaBUTE avec Aaron Eckhart, Stacy Edwards et Matt Malloy. - Deux hommes d'affaires désabusés des femmes décident de se faire aimer d'une secrétaire avec l'intention de la laisser tomber brutalement. □ 13 ans+ ➔ DVD$

IN THE CUT [À vif] ▷5
É.-U. 2003. Drame policier de Jane CAMPION avec Meg Ryan, Mark Ruffalo et Jennifer Jason Leigh. - À Manhattan, une professeure d'anglais s'engage dans une relation sexuelle intense avec un policier à la recherche d'un tueur en série. □ 13 ans+ · Érotisme ➔ DVD$

IN THE ELECTRIC MIST
É.-U. 2009. Bertrand TAVERNIER ➔ DVD-BR$ DVD$

IN THE GOOD OLD SUMMERTIME ▷4
É.-U. 1950. Comédie musicale de Robert Z. LEONARD avec Judy Garland, Van Johnson et S.Z. Sakall. - Un magasin de musique de Chicago sert de cadre à des complications sentimentales au début du XXe siècle. □ Général ➔ DVD$

IN THE HEAT OF THE NIGHT ▷3
[Dans la chaleur de la nuit]
É.-U. 1967. Drame policier de Norman JEWISON avec Sidney Poitier, Rod Steiger et Warren Oates. - Un détective de race noire aide un shérif du Mississippi à résoudre une affaire de meurtre. - Mélange de constat social et d'intrigue policière. Mise en scène vigoureuse. Très bons interprètes. □ Général ➔ DVD$

IN THE LAND OF THE DEAF *voir* **Pays des sourds, Le**

IN THE LINE OF FIRE [Sur la ligne de feu] ▷3
É.-U. 1993. Drame policier de Wolfgang PETERSEN avec Clint Eastwood, John Malkovich et Rene Russo. - Un agent des services secrets s'efforce de coincer un psychopathe qui menace de tuer le président des États-Unis. - Thriller solide et original. Climat de tension efficacement créé. Séquences de poursuite menées avec maestria. Interprétation irréprochable. □ 13 ans+ ➔ DVD-BR$ DVD$

IN THE MOOD ▷4
É.-U. 1987. Comédie de mœurs de Phil Alden ROBINSON avec Patrick Dempsey, Talia Balsam et Beverly D'Angelo. - Dans les années 1940, un adolescent se met à défrayer la chronique lorsque, pour son premier succès sentimental, il épouse une jeune mère de famille. □ Général

IN THE MOOD FOR LOVE *voir* **Silences du désir, Les**

IN THE MOUTH OF MADNESS [Antre de la folie, L'] ▷4
É.-U. 1994. Drame fantastique de John CARPENTER avec Sam Neill, Julie Carmen et Jurgen Prochnow. - Un enquêteur recherche un écrivain disparu dont les romans exercent un étrange pouvoir hallucinatoire sur les lecteurs. □ 13 ans+ · Horreur ➔ DVD$

IN THE NAME OF THE FATHER [Au nom du père] ▷3
IRL. 1993. Drame judiciaire de Jim SHERIDAN avec Daniel Day-Lewis, Pete Postlethwaite et Emma Thompson. - Injustement accusés d'avoir participé à un attentat terroriste, un jeune Irlandais et son père purgent une longue peine d'emprisonnement. - Histoire tirée d'une expérience vécue. Accent mis sur les aspects humains du récit. Mise en scène vigoureuse. Jeu poignant des interprètes. □ 13 ans+ ➔ DVD$

IN THE NAME OF THE POPE KING
voir **Au nom du pape roi**

IN THE REALM OF PASSION [Empire de la passion, L'] ▷3
JAP. 1978. Drame fantastique de Nagisa OSHIMA avec Kazuko Yoshiyuki, Tatsuya Fuji et Takahiro Tamura. - Deux amants qui ont supprimé un mari gêneur sont hantés par le fantôme de leur victime. - Thème fantastique bien traité. Mise en scène rigoureuse. Rythme plutôt lent. Nature admirablement photographiée. Interprétation convaincante. □ 18 ans+ ➔ DVD$

IN THE REALM OF SENSES [Empire des sens, L'] ▷3
JAP. 1976. Drame de mœurs de Nagisa OSHIMA avec Eiko Matsuda, Tatsuya Fuji et Aoi Nakajima. - En 1936, une servante d'auberge devient la maîtresse du mari de sa patronne. - Traitement audacieux. Exploration cruelle de relations perverses. Mise en scène maîtrisée. Acteurs de talent. ➜ DVD$

IN THE SPIRIT ▷4
É.-U. 1990. Comédie de Sandra SEACAT avec Elaine May, Marlo Thomas et Jeannie Berlin. - Les mésaventures d'une décoratrice, d'une prostituée et d'une épouse dont les destins séparés se croisent occasionnellement.

IN THE VALLEY OF ELAH ▷4
É.-U. 2007. Drame policier de Paul HAGGIS avec Tommy Lee Jones, Charlize Theron et Jason Patric. - Un vétéran de l'armée américaine enquête avec une détective de police sur la disparition de son fils, un soldat rentré d'Irak traumatisé. □ 13 ans+ ➜ DVD-BR$ DVD$

IN THE WINTER DARK ▷4
AUS. 1998. Thriller de James BOGLE avec Brenda Blethyn, Ray Barrett et Richard Roxburgh. - Dans une vallée isolée, des tensions divisent un couple et deux voisins terrorisés par une bête sanguinaire qui rôde dans les environs. □ 13 ans+

IN THIS WORLD ▷4
ANG. 2002. Drame social de Michael WINTERBOTTOM avec Jamal Udin Torabi, Enayatullah et Imran Paracha. - Deux jeunes Afghans vivant dans un camp de réfugiés au Pakistan décident d'entreprendre un long périple à destination de Londres.

IN WHICH WE SERVE ▷3
ANG. 1942. Drame de guerre de Noel COWARD et David LEAN avec Noel Coward, John Mills et Celia Johnson. - L'histoire d'un navire de guerre et des membres de son équipage. - Scénario de style documentaire, simple et discret. Mise en scène réaliste et sobre. Effets dramatiques et techniques équilibrés. Interprétation excellente. □ Général

INADAPTÉS, LES *voir* **Outsiders, The**

INCIDENT AT LOCH NESS ▷4
É.-U. 2004. Comédie dramatique réalisée et interprétée par Zak PENN avec Werner Herzog et Kitana Baker. - Divers incidents vont interrompre le tournage d'un documentaire de Werner Herzog sur le monstre du Loch Ness. □ Général ➜ DVD$

INCIDENT, THE ▷3
É.-U. 1967. Thriller de Larry PEERCE avec Tony Musante, Martin Sheen et Beau Bridges. - Deux voyous terrorisent les passagers d'un wagon de métro. - Sujet inspiré d'un fait divers. Dramatisation d'une grande intensité. Montage rapide et nerveux. Interprétation d'une belle solidité.

INCIDENT, THE [Incident, L'] ▷4
É.-U. 1990. Drame policier de Joseph SARGENT avec Walter Matthau, Peter Firth et William Schallert. - Un avocat découvre un sombre secret en enquêtant sur son client, un prisonnier de guerre allemand accusé du meurtre d'un médecin. □ Général

INCOMPARABLE MADEMOISELLE C, L' ▷4
QUÉ. 2004. Comédie fantaisiste de Richard CIUPKA avec Marie-Chantal Perron, Mylène St-Sauveur et Pierre Lebeau. - Une jeune femme excentrique redonne de la joie de vivre aux habitants moroses d'une ville menacée par les plans d'un roi du casino véreux. □ Général

INCONNU DANS LA MAISON, L' ▷5
FR. 1992. Drame judiciaire de Georges LAUTNER avec Jean-Paul Belmondo, Cristiana Reali et Renée Faure. - Un avocat apathique et alcoolique assume la défense de l'amant de sa fille qu'il croit innocent du crime dont on l'accuse. □ Général

INCONNU DE LAS VEGAS, L' *voir* **Ocean's 11**

INCONNUS DANS LA MAISON, LES ▷3
FR. 1942. Drame policier de Henri DECOIN avec Raimu, Juliette Faber et Mouloudji. - Un avocat déchu reprend conscience de sa responsabilité et prouve l'innocence d'un accusé. - Adaptation réussie d'un roman de Simenon. Bonne création d'atmosphère. Composition remarquable de Raimu.

INCORRUPTIBLES, LES *voir* **Untouchables, The**

INCREDIBLE HULK, THE ▷4
É.-U. 2008. Science-fiction de Louis LETERRIER avec Edward Norton, Liv Tyler et Tim Roth. - Un scientifique qui se mue en géant violent lorsque son pouls s'accélère tente d'échapper à l'armée américaine qui veut l'utiliser comme arme guerrière. □ Général · Déconseillé aux jeunes enfants ➜ DVD$ DVD-BR$

INCREDIBLE JOURNEY, THE ▷4
[Incroyable randonnée, L']
É.-U. 1963. Conte de Fletcher MARKLE avec Émile Genest, John Drainie et Tommy Tweed. - Deux chiens et un chat connaissent diverses mésaventures en voulant retourner à leur ancien foyer. □ Général

INCREDIBLE MR. LIMPET, THE ▷4
É.-U. 1964. Comédie d'Arthur LUBIN avec Don Knotts, Carole Cook et Andrew Duggan. - Un passionné des poissons se voit, selon son rêve le plus cher, changé en poisson, ce qui lui vaut la célébrité. □ Général ➜ DVD$

INCREDIBLE SHRINKING MAN, THE ▷4
É.-U. 1957. Science-fiction de Jack ARNOLD avec Grant Williams, Randy Stuart et Paul Langton. - Après avoir traversé un nuage radioactif, un homme se met à rétrécir.

INCREDIBLE SHRINKING WOMAN, THE ▷4
É.-U. 1981. Comédie fantaisiste de Joel SCHUMACHER avec Lily Tomlin, Charles Grodin et Ned Beatty. - À cause de l'effet conjugué des produits chimiques qu'elle emploie dans ses tâches domestiques, une femme se met à rétrécir. □ Général

INCREDIBLES, THE [Incroyables, Les] ▷3
É.-U. 2004. Film d'animation de Brad BIRD. - Les exploits d'une famille de superhéros en lutte contre un inventeur mégalomane. - Intrigue pleine de fantaisie, d'humour et de trouvailles inventives. Parodie savoureuse des films de superhéros et des James Bond. Formidable design rétro dans le style moderniste des années 1950 et 60. Animation somptueuse. □ Général ➜ DVD$

INCREDIBLY TRUE ADVENTURE OF TWO GIRLS IN LOVE, THE ▷4
É.-U. 1995. Comédie sentimentale de Maria MAGGENTI avec Laurel Hollomon, Nicole Parker et Maggie Moore. - Deux adolescentes, l'une blanche et l'autre noire, vivent avec une relative sérénité une idylle amoureuse qui provoque la consternation dans leur entourage. □ 13 ans+ ➜ DVD$

INDECENT PROPOSAL [Proposition indécente] ▷5
É.-U. 1993. Drame sentimental d'Adrian LYNE avec Demi Moore, Woody Harrelson et Robert Redford. - Un milliardaire offre un million de dollars à une jeune femme mariée en échange d'une nuit d'amour. □ 13 ans+ · Érotisme ➜ DVD-BR$ DVD$

INDÉPENDANT... DIX ANS... TOUTES SES DENTS!
QUÉ. 2005. Jacques BÉRUBÉ ➜ DVD$

INDESTRUCTIBLE, L' *voir* **Unbreakable**

INDIA SONG ▷3
FR. 1975. Drame psychologique de Marguerite DURAS avec Delphine Seyrig, Michel Lonsdale et Mathieu Carrière. - À Calcutta, dans les années 30, la femme de l'ambassadeur de France aux Indes est l'objet de l'attention de plusieurs hommes. - Film étrange et déconcertant. Commentaires ou dialogues en voix off. Création d'un climat onirique. □ Général

INDIAN FIGHTER, THE [Or des Sioux, L'] ▷4
É.-U. 1955. Western d'André De TOTH avec Kirk Douglas, Elsa Martinelli et Walter Matthau. - Deux aventuriers tentent de s'approprier une mine d'or exploitée par des Indiens. □ Général ➜ DVD$

INDIAN IN THE CUPBOARD, THE ▷4
[Indien du placard, L']
É.-U. 1995. Conte de Frank OZ avec Hal Scardino, Litefoot et Lindsay Crouse. - Grâce à une armoire antique dotée de pouvoirs magiques, un gamin donne vie à une figurine en plastique représentant un guerrier iroquois. □ Général

INDIAN RUNNER, THE ▷4
É.-U. 1990. Drame psychologique de Sean PENN avec David Morse, Viggo Mortensen et Valeria Golino. - À son retour du Viêt-nam, un jeune homme instable parvient difficilement à se réintégrer dans la société malgré le soutien de son frère policier. □ 13 ans+ · Violence ➜ DVD$

INDIAN TOMB, THE ▷5
ALL. 1958. Aventures de Fritz LANG avec Debra Paget, Paul Hubschmidt et Claus Holm. - Rêvant de s'emparer du trône, le frère d'un maharadjah veut amener celui-ci à épouser une danseuse sacrée afin que le peuple se dresse contre lui. ➜ DVD$

INDIANA JONES & THE TEMPLE OF DOOM ▷4
[Indiana Jones et le temple maudit]
É.-U. 1984. Aventures de Steven SPIELBERG avec Harrison Ford, Kate Capshaw et Ke Huy Quan. - En 1935, un archéologue aventureux enquête sur d'étranges agissements dans le palais d'un maharadjah. □ 13 ans+ ➜ DVD$

INDIANA JONES AND THE LAST CRUSADE ▷4
[Indiana Jones et la dernière croisade]
É.-U. 1989. Aventures de Steven SPIELBERG avec Harrison Ford, Sean Connery et Allison Doody. - En 1938, un archéologue aventurier tente de retrouver son père retenu prisonnier en Europe. ➜ DVD$

INDIANA JONES AND THE KINGDOM OF THE CRYSTAL SKULL ▷3
[Indiana Jones et le royaume du crâne de cristal]
É.-U. 2008. Aventures de Steven SPIELBERG avec Harrison Ford, Cate Blanchett et Shia LaBeouf. - En 1957, un archéologue aventureux part à la recherche d'un mystérieux crâne de cristal convoité par un commando soviétique. - Retour en force du personnage après 19 ans d'absence. Variations enlevées sur une trame connue. Réalisation percutante et stimulante. Interprétation savoureuse et solide de H. Ford. □ Général · Déconseillé aux jeunes enfants ➜ DVD-BR$ DVD$

INDIEN DU PLACARD, L' *voir* **Indian in the Cupboard, The**

INDISCREET ▷4
É.-U. 1958. Comédie sentimentale de Stanley DONEN avec Ingrid Bergman, Cary Grant et Phyllis Calvert. - Une actrice découvre que le diplomate dont elle est amoureuse n'est pas marié comme il l'affirme. □ Général

INDISCRETION OF AN AMERICAN WIFE ▷4
ITA. 1953. Drame psychologique de Vittorio DE SICA avec Jennifer Jones, Montgomery Clift et Gino Cervi. - À la gare centrale de Rome, une Américaine tente de rompre avec son amant italien. □ Général ➜ DVD$

INDISCRÉTION, L' ▷4
FR. 1982. Drame policier de Pierre LARY avec Jean Rochefort, Jean-Pierre Marielle et Dominique Sanda. - Un homme est entraîné dans une étrange aventure alors qu'il découvre que son poste de radio capte les bruits émanant d'un logement voisin. ➜ DVD$

INDOCHINE ▷4
FR. 1991. Chronique de Régis WARGNIER avec Catherine Deneuve, Vincent Perez et Linh Dan Pham. - Follement éprise d'un officier de la marine française, la propriétaire d'une plantation en Indochine voit sa fille adoptive s'amouracher du même homme. □ Général

© PARAMOUNT

INDOCTRINATION
ALL. Harun FAROCKI

INÉVITABLE CATASTROPHE, L'
voir **Swarm, The**

INFAMOUS ▷4
É.-U. 2006. Drame biographique de Douglas McGRATH avec Toby Jones, Daniel Craig et Sandra Bullock. - Au début des années 1960, l'amitié trouble de Truman Capote avec l'un des auteurs du meurtre qui lui a inspiré son roman «In Cold Blood». □ 13 ans+ ➜ DVD$

INFERNAL AFFAIRS [Affaires internes] ▷4
H.-K. 2002. Drame policier de Andrew Lau Wai KEUNG et Alan Mak Siu Fai avec Andy Lau, Tony Leung Chiu-wai et Anthony Wong. - Un flic qui enquête incognito au sein de la pègre et un gangster infiltré parmi les forces policières sont amenés à se démasquer mutuellement. ➜ DVD$

INFERNO ▷4
ITA. 1979. Drame d'horreur de Dario ARGENTO avec Leigh McCloskey, Irene Miracle et Sacha Pitoeff. - Une jeune femme soupçonne la présence de forces maléfiques dans le vieil immeuble qu'elle habite à New York. ➜ DVD$

INFIDÈLE *voir* **Unfaithful**

INFIDÈLE *voir* **Faithless**

INFIDÈLEMENT VÔTRE *voir* **Unfaithfully Yours**

INFINITY ▷4
É.-U. 1996. Drame sentimental réalisé et interprété par Matthew BRODERICK avec Patricia Arquette et Peter Riegert. - Tout en contribuant à mettre au point la première bombe atomique, le physicien Richard Feynman doit prendre soin de sa jeune épouse qui se meurt de la tuberculose. □ Général

INFORMATEUR, L' *voir* **Inside Man**

INFORMER, THE ►2
É.-U. 1935. Drame psychologique de John FORD avec Victor McLaglen, Preston Foster et Margot Grahame. - Pour toucher une prime, un miséreux trahit un ami dont la tête est mise à prix. - Adaptation d'un roman de Liam O'Flaherty. Drame puissant. Réalisation magistrale. Forte composition de V. McLaglen. □ Général

INHERIT THE WIND ▷4
É.-U. 1999. Drame social de Daniel PETRIE Jr. avec Jack Lemmon, George C. Scott et Beau Bridges. - En 1925, un instituteur du Tennessee est poursuivi pour avoir enseigné en classe la théorie de l'évolution de Darwin.

INHERIT THE WIND [Souffle de la haine, Le] ▷4
É.-U. 1960. Drame social de Stanley E. KRAMER avec Spencer Tracy, Fredric March et Gene Kelly. - En 1925, un instituteur est arrêté pour avoir enseigné en classe la théorie de Darwin. □ Général ➜ DVD$

INHERITANCE, THE *voir* **Héritage, L'**

INHERITORS, THE *voir* **Héritiers, Les**

INITIATION, L' ▷6
QUÉ. 1969. Drame psychologique de Denis HÉROUX avec Chantal Renaud, Jacques Riberolles et Danielle Ouimet. - Une étudiante en lettres est initiée aux plaisirs de l'amour par un écrivain. □ 16 ans+ · Érotisme

INITIÉ, L' *voir* **Insider, The**

INKHEART [Cœur d'encre] ▷5
ALL. 2008. Drame fantastique de Iain SOFTLEY avec Brendan Fraser, Paul Bettany et Helen Mirren. - Un homme ayant le pouvoir de donner vie aux personnages de livres tente de retrouver son épouse enlevée par ceux sortis d'un roman médiéval. □ Général · Déconseillé aux jeunes enfants ➜ DVD-BR$ DVD$

INLAND EMPIRE ▷3
É.-U. 2006. Drame fantastique de David LYNCH avec Laura Dern, Jeremy Irons et Justin Theroux. - Lors du tournage d'un film, une actrice vit d'étranges expériences qui l'amènent à confondre sa vie avec celle de son personnage. - Récit labyrinthique et foncièrement énigmatique. Exploration à la fois fascinante et déboussolante de tous les thèmes chers à l'auteur. Remarquable création d'un climat onirique. Performance impressionnante de L. Dern dans plusieurs rôles. ➜ DVD$

INN OF THE FRIGHTENED PEOPLE
voir **Terror from Under the House**

INN OF THE SIXTH HAPPINESS, THE ▷4
ANG. 1958. Drame de Mark ROBSON avec Ingrid Bergman, Robert Donat et Curt Jurgens. - Les expériences d'une jeune Anglaise qui s'est rendue en Chine comme missionnaire. □ Général ➔ DVD$

INNER CIRCLE, THE *voir* **Cercle des intimes, Le**

INNERSPACE [Aventure intérieure, L'] ▷4
É.-U. 1987. Comédie fantaisiste de Joe DANTE avec Martin Short, Dennis Quaid et Meg Ryan. - Pour échapper à des espions, un sous-marin et son pilote ont été miniaturisés et injectés dans le corps d'un passant. □ Général ➔ DVD$

INNOCENCE ▷3
AUS. 2000. Drame psychologique de Paul COX avec Julia Blake, Charles Tingwell et Terry Norris. - Une septuagénaire mariée renoue avec un musicien veuf qui fut son premier amour il y a quarante ans. - Étude sensible du désir amoureux et sexuel chez les gens du troisième âge. Approche à la fois osée et pudique. Réalisation assurée. Jeu poignant des principaux interprètes. □ Général ➔ DVD$

INNOCENCE ▷4
FR. 2004. Conte de Lucile HADZIHALILOVIC avec Zoé Auclair, Bérangère Haubruge et Hélène de Fougerolles. - Une année dans la vie de jeunes filles qui apprennent la danse classique dans un internat coupé du reste du monde où règne une atmosphère mystérieuse.
□ Général ➔ DVD$

INNOCENCE SANS PROTECTION, L' ▷4
[Innocence Unprotected]
YOU. 1968. Film d'essai de Dusan MAKAVEJEV avec Dragoljub Aleksic, Ana Milosavljevic et Beba Jovanovic. - Rappel des circonstances de la réalisation du premier film parlant serbe. □ Général

INNOCENT BLOOD [Sang des innocents, Le] ▷5
É.-U. 1992. Drame d'horreur de John LANDIS avec Anne Parillaud, Anthony LaPaglia et Robert Loggia. - Une femme vampire et un policier font équipe pour éliminer un mafioso qui a été transformé en mort-vivant. □ 16 ans+ · Horreur ➔ DVD$

INNOCENT SORCERERS *voir* **Innocents charmeurs, Les**

INNOCENTE, L' [Innocent, The] ▷3
ITA. 1976. Drame psychologique de Luchino VISCONTI avec Giancarlo Giannini, Laura Antonelli et Jennifer O'Neil. - En 1900, un comte affichant des théories libertaires est troublé lorsqu'il apprend que sa femme attend un enfant à la suite d'une aventure passagère. - Mise en scène fort soignée d'un récit mélodramatique. Reconstitution d'époque réussie. Interprétation emphatique. □ 13 ans+

INNOCENTS AUX MAINS SALES, LES ▷4
[Innocents with Dirty Hands]
FR.-ITA.-ALL. 1975. Drame policier de Claude CHABROL avec Romy Schneider, Rod Steiger et Paolo Giusti. - Une jeune femme complote avec son amant l'assassinat de son mari pour s'emparer de sa fortune.
□ 13 ans+

INNOCENTS, THE ►2
ANG. 1961. Drame fantastique de Jack CLAYTON avec Deborah Kerr, Martin Stephens et Pamela Franklin. - La gouvernante de deux orphelins croit discerner autour d'eux des influences maléfiques. - Adaptation magistrale d'un roman d'Henry James. Climat envoûtant créé avec beaucoup d'habileté. Photographie expressive. Interprètes admirablement dirigés. □ Général ➔ DVD$

INNOCENTS, LES [Dreamers, The] ▷4
FR. 2003. Drame de mœurs de Bernardo BERTOLUCCI avec Michael Pitt, Eva Green et Louis Garrel. - Au printemps 1968, à Paris, un étudiant américain forme un ménage à trois avec une jeune Française et son frère jumeau. □ 16 ans+ · Érotisme ➔ DVD$

INNOCENTS CHARMEURS, LES [Innocent Sorcerers]
POL. 1960. Andrzej WAJDA □ Général ➔ DVD$

INQUIRY, THE
ITA. 1987. Damiano DAMIANI □ Général

INSATIABILITY
POL. 2003. Wiktor GRODECKI ➔ DVD$

INSECT WOMAN *voir* **Femme insecte, La**

INSÉPARABLES ▷4
FR. 1999. Comédie dramatique de Michel COUVELARD avec Jean-Pierre Darroussin, Catherine Frot et Fabienne Babe. - Traversant une crise existentielle tenace, un acteur désoeuvré retourne dans sa ville natale dans l'espoir d'y trouver réconfort. □ Général

INSERTS [Gros plan] ▷4
ANG. 1975. Drame de mœurs de John BYRUM avec Richard Dreyfuss, Jessica Harper et Veronica Cartwright. - Dans les années 30, un jeune réalisateur en pleine déchéance en est réduit à tourner des films pornographiques. □ 18 ans+ ➔ DVD$

INSIDE ▷4
É.-U. 1996. Drame policier d'Arthur PENN avec Louis Gossett Jr, Eric Stoltz et Nigel Hawthorne. - Après la chute de l'apartheid, un policier tortionnaire doit rendre des comptes à un enquêteur noir qui a été témoin de ses méthodes brutales. □ 13 ans+ · Violence

INSIDE DAISY CLOVER [Daisy Clover, la jeune rebelle] ▷4
É.-U. 1965. Drame psychologique de Robert MULLIGAN avec Natalie Wood, Christopher Plummer et Robert Redford. - Un producteur fait d'une jeune fille pauvre une vedette de cinéma. □ Général

INSIDE DEEP THROAT
É.-U. 2005. Fenton BAILEY et Randy BARBATO ➔ DVD$

INSIDE I'M DANCING *voir* **Rory O'Shea Was Here**

INSIDE MAN [Informateur, L'] ▷4
É.-U. 2006. Drame policier de Spike LEE avec Denzel Washington, Clive Owen et Jodie Foster. - La mission d'un détective négociant la libération d'otages par des braqueurs de banque est compromise par une émissaire du président de l'institution.
□ 13 ans+ ➔ DVD-BR$ DVD$

INSIDE MOVES ▷4
É.-U. 1980. Drame psychologique de Richard DONNER avec John Savage, David Morse et Diana Scarwid. - Devenu infirme à la suite d'un suicide raté, un jeune homme se lie d'amitié avec un barman.
□ Général ➔ DVD$

INSIDER, THE [Initié, L'] ▷3
É.-U. 1999. Drame de Michael MANN avec Al Pacino, Russell Crowe et Christopher Plummer. - Un journaliste de la télévision se bat pour faire diffuser un reportage controversé dans lequel un scientifique s'attaque à l'industrie du tabac. - Sujet inspiré d'une histoire vraie. Intrigue racontée avec limpidité et intelligence. Traitement tendu et maîtrisé. Interprétation prenante. □ Général ➔ DVD$

INSIGNIFICANCE [Nuit de réflexion, Une] ▷4
ANG. 1985. Comédie de Nicolas ROEG avec Theresa Russell, Michael Emil et Tony Curtis. - Une nuit d'été favorise des rencontres entre une actrice de cinéma, un savant réputé, un champion de base-ball et un sénateur. □ 13 ans+

INSOMNIA ▷3
NOR. 1997. Thriller d'Erik SKJOLDBJAERG avec Stellan Skarsgard, Sverre Anker Ousdal et Bjorn Floberg. - En voulant tendre un piège au meurtrier d'une adolescente, un détective insomniaque tue accidentellement son partenaire. - Suspense psychologique adroitement construit. Climat de mystère et de menace savamment entretenu. Style visuel recherché. Interprétation de premier ordre.
□ 13 ans+ ➔ DVD$

INSOMNIA [Insomnie] ▷3
É.-U. 2002. Drame policier de Christopher NOLAN avec Al Pacino, Robin Williams et Hilary Swank. - En Alaska, un détective insomniaque tue accidentellement son partenaire en voulant tendre un piège au meurtrier d'une adolescente. - Remake habile et intelligent d'un suspense norvégien. Personnages nuancés. Réalisation alerte. Atmosphère glauque parfois presque onirique. Interprétation excellente. □ 13 ans+ ➔ DVD$

INSOUMISE, L' *voir* **Jezebel**

INSOUTENABLE LÉGÈRETÉ DE L'ÊTRE, L'
voir **Unbearable Lightness of Being, The**

INSPECTEUR HARRY, L' *voir* **Dirty Harry**

INSPECTEUR LA BAVURE ▷4
FR. 1980. Comédie de Claude ZIDI avec Michel Coluche, Gérard Depardieu et Dominique Lavanant. - Les mésaventures d'un policier dont les maladresses sont exploitées par une journaliste. □ Général

INSPECTEUR LAVARDIN ▷4
FR. 1986. Comédie policière de Claude CHABROL avec Jean Poiret, Jean-Claude Brialy et Bernadette Lafont. - Un inspecteur qui enquête sur le meurtre d'un écrivain catholique réputé reconnaît dans la veuve un amour de jeunesse. ➔ DVD$

INSPECTEUR NE RENONCE JAMAIS, L' *voir* **Enforcer, The**

INSPECTOR GENERAL, THE ▷4
É.-U. 1949. Comédie de Henry KOSTER avec Danny Kaye, Barbara Bates et Walter Slezak. - Un vagabond est pris pour un fonctionnaire impérial. ➜ DVD$

INSPIRATION
É.-U. 1931. Clarence BROWN □ Général

INSTANT D'INNOCENCE, UN ▷3
[Moment of Innocence, A]
IRAN. 1996. Comédie dramatique réalisée et interprétée par Mohsen MAKHMALBAF avec Mirhadi Tayebi et Ali Bakhshi. - Un cinéaste propose à un policier de reconstituer devant la caméra l'altercation qu'ils ont eue 22 ans plus tôt. - Variation subtile sur le thème du cinéma comme révélateur de vérité. Production artisanale. □ Général ➜ DVD$

INSTANT ET LA PATIENCE, L'
QUÉ. 1994. Bernard ÉMOND ➜ DVD$

INSTINCT DE TUER, L' *voir* **Better Tomorrow, A**

INSTINCT DE VENGEANCE
voir **Quick and the Dead, The**

INSTITUTE BENJAMENTA ▷4
[This Dream People Call Human Life]
ANG. 1995. Drame fantastique des Brothers QUAY avec Mark Rylance, Alice Krige et Gottfried John. - Un jeune homme s'inscrit comme élève dans un institut à l'ambiance mystérieuse où un frère et une sœur dispensent une formation pour domestiques. □ 13 ans+

INSURGÉ, L' *voir* **Great White Hope, The**

INTACTO ▷4
ESP. 2001. Thriller de Juan Carlos FRESNADILLO avec Eusebio Poncela, Leonardo Sbaraglia et Monica Lopez. - Pour exercer une vengeance, un rescapé d'un tremblement de terre se sert d'un survivant d'un accident d'avion qu'il entraîne dans une série de compétitions étranges. □ 13 ans+ ➜ DVD$

INTENDANT SANSHO, L' *voir* **Sansho the Bailiff**

INTERIORS ▷4
É.-U. 1978. Drame psychologique de Woody ALLEN avec Marybeth Hurt, Diane Keaton et Geraldine Page. - Trois sœurs se confient leurs problèmes à l'occasion de la séparation de leurs parents.
□ Général ➜ DVD$

INTERKOSMOS
É.-U. 2006. Jim JINN

INTERMÈDE *voir* **Intermission**

INTERMEZZO ▷4
SUÈ. 1937. Drame sentimental de Gustaf MOLANDER avec Gosta Ekman, Ingrid Bergman et Inga Tidblad. - Un violoniste de renom s'engage dans une liaison adultère avec une jeune pianiste qui l'accompagne durant une tournée. □ Général

INTERMISSION [Intermède] ▷4
IRL. 2003. Comédie dramatique de John CROWLEY avec Cillian Murphy, Kelly Macdonald et Colin Farrell. - À Dublin, les destins entrecroisés de divers individus engagés dans des projets d'ordre sentimental, professionnel ou criminel □ 13 ans+ ➜ DVD$

INTERNAL AFFAIRS [Enquêtes internes] ▷4
É.-U. 1990. Drame policier de Mike FIGGIS avec Richard Gere, Andy Garcia et Nancy Travis. - Un nouvel enquêteur de la police découvre qu'un collègue est l'auteur de crimes graves. □ 18 ans+ ➜ DVD$

INTERNATIONAL HOUSE ▷4
É.-U. 1933. Comédie de A. Edward SUTHERLAND avec W.C. Fields, George Burns et Gracie Allen. - Diverses personnes sont réunies dans un hôtel de Shanghai à l'occasion des essais d'une nouvelle invention, la télévision.

INTERNATIONAL, THE [International, L'] ▷5
É.-U. 2009. Drame politique de Tom TYKWER avec Clive Owen, Naomi Watts et Armin Mueller-Stahl. - Un agent d'Interpol et une procureure new-yorkaise tentent d'épingler le pdg d'une banque luxembourgeoise impliquée dans le trafic d'armes et le financement de coups d'État.
□ 13 ans+ · Violence ➜ DVD-BR$ DVD$

INTERNES CAN'T TAKE MONEY ▷4
É.-U. 1937. Drame d'Alfred SANTELL avec Barbara Stanwyck, Joel McCrea et Lloyd Nolan. - Un chirurgien fait une opération d'urgence qui lui vaut la gratitude d'un gang de criminels. □ Général

INTERPRETER, THE [Interprète, L'] ▷4
É.-U. 2005. Thriller de Sydney POLLACK avec Nicole Kidman, Sean Penn et Catherine Keener. - Une interprète aux Nations Unies surprend dans ses écouteurs une conversation où il est question d'assassiner le dictateur d'un pays africain. □ Général · Déconseillé aux jeunes enfants ➜ DVD$

INTERVENTION DIVINE ▷3
PAL. 2002. Comédie satirique réalisée et interprétée par Elia SULEIMAN avec Manal Khader et Nayef Fahoum Daher. - Un Palestinien de Jérusalem ne peut voir son amoureuse, qui vit à Ramallah, que dans le stationnement d'un poste de contrôle israélien. - Scénario axé sur les travers de la vie quotidienne. Féroce satire politique en filigrane. Structure plutôt éclatée. Réalisation souple. Jeu d'ensemble dans le ton voulu. □ Général ➜ DVD$

INTERVIEW
HOL. 2003. Theo VAN GOGH ➜ DVD$

INTERVIEW ▷4
É.-U. 2006. Comédie dramatique réalisée et interprétée par Steve BUSCEMI avec Sienna Miller et Tara Elders. - Un reporter politique déchu se voit forcé d'interviewer une très populaire actrice de films de série B. □ 13 ans+ ➜ DVD$

INTERVIEW, THE
ALL. 1996. Harun FAROCKI

INTERVIEW, THE ▷4
AUS. 1998. Drame policier de Craig MONAHAN avec Hugo Weaving, Tony Martin et Aaron Jeffery. - Soupçonné d'un crime mystérieux, un individu est interrogé par deux enquêteurs tenaces.
□ Général ➜ DVD$

INTERVIEW WITH THE ASSASSIN
É.-U. 2002. Neil BURGER ➜ DVD$

INTERVIEW WITH THE VAMPIRE ▷3
[Entretien avec un vampire]
É.-U. 1994. Drame d'horreur de Neil JORDAN avec Tom Cruise, Brad Pitt et Kirsten Dunst. - Un vampire raconte à un intervieweur les événements qu'il a vécus au XIXe siècle auprès de deux autres vampires, un dandy cynique et une gamine. - Adaptation fort satisfaisante du roman d'Anne Rice. Atmosphère de mélancolie lugubre. Réalisation poétique. Composition réussie de T. Cruise.
□ 16 ans+ · Horreur ➜ DVD$ DVD-BR$

INTIMACY [Intimité] ▷3
FR. 2000. Drame de mœurs de Patrice CHÉREAU avec Mark Rylance, Kerry Fox et Timothy Spall. - Un barman entretient avec une inconnue une liaison purement physique qui prend une autre tournure lorsqu'il en découvre plus sur la vie de celle-ci. - Portrait pessimiste et cru des relations amoureuses. Climat déprimant. Images sombres. Réalisation très souple. Interprètes jouant avec une rare conviction des rôles exigeants. □ 16 ans+ · Érotisme ➜ DVD$

INTIMATE AFFAIRS [Investigating Sex]
É.-U. 2001. Alan RUDOLPH ➜ DVD$

INTIME *voir* **Closer**

INTIME ET PERSONNEL *voir* **Up Close and Personal**

INTIMITÉ *voir* **Intimacy**

INTO THE NIGHT ▷4
É.-U. 1985. Drame policier de John LANDIS avec Jeff Goldblum, Michelle Pfeiffer et Kathryn Harrold. - Un ingénieur se retrouve mêlé malgré lui dans une affaire de contrebande d'émeraudes.
□ 13 ans+ ➜ DVD$

INTO THE WEST [Chevauchée magique, La] ▷3
IRL. 1992. Aventures de Mike NEWELL avec Gabriel Byrne, Ciaran Fitzgerald et Ruaidhri Conroy. - Après la confiscation par la police de leur cheval, deux enfants de Dublin fuient avec la bête en s'imaginant être des héros de western. - Conte de fées moderne se présentant comme un «road movie» initiatique. Équilibre réussi entre le fantastique et le social. Beau travail de caméra. Jeu naturel des enfants.
□ Général

INTO THE WILD [Vers l'inconnu] ▷3
É.-U. 2007. Chronique de Sean PENN avec Emile Hirsch, Marcia Gay Harden et William Hurt. - Le voyage à travers les États-Unis d'un jeune idéaliste qui, après avoir fait don de toutes ses économies, a pris le chemin de l'Alaska. - Adaptation intelligente et subtile d'un livre tiré

d'un fait vécu. Récit riche et complexe sur le poids des autres dans l'existence des individus. Réalisation ample, sans afféteries. Distribution impeccable. Jeu puissant d'E. Hirsch. □ Général ➜ DVD-BR$ DVD$

INTOLERABLE CRUELTY [Intolérable cruauté] ▷4
É.-U. 2003. Comédie sentimentale de Joel COEN avec George Clooney, Catherine Zeta-Jones et Paul Adelstein. - En quête de défis, un avocat renommé trouve une adversaire à sa taille en la personne d'une redoutable croqueuse de diamants. □ Général ➜ DVD$

INTOLERANCE ►1
É.-U. 1916. Drame social de D.W. GRIFFITH avec Lilian Gish, Mea Marsh et Robert Harron. - Quatre épisodes évoquant l'idée d'intolérance à travers les âges. - Œuvre marquante des débuts du cinéma. Fresque monumentale. Mise en scène des plus inventives. Direction d'acteurs éblouissante. □ Général ➜ DVD$

INTOUCHABLE, L'
FR. 2006. Benoît JACQUOT ➜ DVD$

INTROUVABLE *voir* **Untraceable**

INTROUVABLE, L' *voir* **Thin Man, The**

INTRUDER IN THE DUST ▷3
É.-U. 1950. Drame social de Clarence BROWN avec Juano Hernandez, Claude Jarman jr et Elizabeth Patterson. - Dans une ville du Sud, une vieille dame et un adolescent s'emploient à innocenter un Noir accusé de meurtre. - Adaptation soignée d'un roman de William Faulkner. Sujet développé avec rigueur et intelligence. Mise en scène sobre et efficace. □ Général

INTRUDER, THE ▷4
É.-U. 1961. Drame social de Roger CORMAN avec William Shatner, Leo Gordon et Beverly Lunsford. - Dans une petite ville du Sud, un prétendu travailleur social sème la zizanie en poussant les citoyens à s'opposer par la force à une loi anti-raciste.

INTRUS, L' ▷4
FR. 1984. Drame psychologique d'Irène JOUANNET avec Marie Dubois, Richard Anconina et Christine Murillo. - Pour échapper à la police, un jeune homme se réfugie chez une femme solitaire et cherche à percer les secrets de celle-ci. □ Général

INTRUS, L' [Intruder, The] ▷4
FR. 2004. Drame psychologique de Claire DENIS avec Michel Subor, Grégoire Colin et Katia Golubeva. - Un quinquagénaire solitaire ayant besoin d'une greffe cardiaque tente de retrouver la trace du fils qu'il a abandonné autrefois. ➜ DVD$

INTRUSO
ESP. 1993. Vicente ARANDA □ 16 ans+

INUTILES, LES [Vitelloni, I] ▷3
ITA. 1952. Drame de mœurs de Federico FELLINI avec Franco Fabrizi, Franco Interlenghi et Leonora Ruffo. - Forcé d'épouser la mère de son enfant, un jeune homme oisif supporte mal le poids de ses nouvelles responsabilités. - Thème original. Peinture des caractères diversifiée. Approche subtile. Réalisation souple et sensible. Très bonne interprétation. ➜ DVD$

INVASION ,THE ▷4
É.-U. 2007. Science-fiction d'Olivier HIRSCHBIEGEL avec Daniel Craig, Nicole Kidman et Jeremy Northam. - Une psychologue de Washington tente de retrouver son fils à l'heure où un virus venu d'une autre planète dépossède les humains de leurs sentiments.
□ Général · Déconseillé aux jeunes enfants ➜ DVD$ DVD-BR$

INVASION LOS ANGELES *voir* **They Live**

INVASION OF THE BODY SNATCHERS ▷3
[Invasion des profanateurs, L']
É.-U. 1978. Science-fiction de Philip KAUFMAN avec Brooke Adams, Donald Sutherland et Leonard Nimoy. - Un inspecteur sanitaire découvre que ses concitoyens sont transformés par des êtres d'origine mystérieuse. - Remake d'un classique du genre. Mise en scène réussie. Détails inquiétants suggérés par des moyens subtils. Suspense ingénieux et bien dosé. Bonne interprétation de D. Sutherland.
□ 13 ans+ ➜ DVD$

INVASION OF THE BODY SNATCHERS, THE ▷3
É.-U. 1955. Science-fiction de Don SIEGEL avec Kevin McCarthy, Dana Wynter et Larry Gates. - Le médecin d'un village de Californie découvre que ses concitoyens sont transformés par des êtres d'origine mystérieuse. - Intrigue classique conduite avec beaucoup de savoir-faire. Climat de tension soutenu. Aspects symboliques fort intéressants. Interprétation dans le ton voulu. □ Général

INVASIONS BARBARES, LES ▷3
QUÉ. 2003. Comédie dramatique de Denys ARCAND avec Rémy Girard, Stéphane Rousseau et Marie-Josée Croze. - Un jeune et riche financier entreprend d'adoucir les derniers jours de son père, un universitaire atteint du cancer. - Scénario touffu dressant un constat cynique des valeurs de la société actuelle. Méditation poignante sur la peur de la mort. Dialogues incisifs. Réalisation assurée. Interprétation un peu disparate. □ 13 ans+ ➜ DVD$

INVENTING THE ABBOTTS ▷4
É.-U. 1997. Drame de mœurs de Pat O'CONNOR avec Joaquin Phoenix, Billy Crudup et Liv Tyler. - Dans une petite ville de l'Illinois à la fin des années 1950, les destins des trois filles d'une famille aisée et de deux garçons d'un milieu plus modeste se croisent à plus d'une reprise.
□ Général ➜ DVD$

INVENTION DE L'AMOUR, L' ▷5
QUÉ. 2000. Drame sentimental de Claude DEMERS avec David La Haye, Pascale Montpetit et Delphine Brodeur. - Un écrivain et une mère de famille vivent une relation passionnée dans laquelle vient s'immiscer une jeune prostituée. □ 13 ans+ · Érotisme ➜ DVD$

INVESTIGATING SEX *voir* **Intimate Affairs**

INVESTIGATION, THE: INSIDE A TERRORIST BOMBING *voir* **Who Bombed Birmingham?**

INVINCIBLE ▷4
É.-U. 2006. Drame sportif d'Ericson CORE avec Mark Wahlberg, Greg Kinnear et Elizabeth Banks. - En 1976, un barman de 30 ans doué pour le football joint les rangs des Eagles de Philadelphie, galvanisant une population durement touchée par le chômage.
□ Général ➜ DVD$ DVD-BR$

INVINCIBLE *voir* **Undisputed**

INVINCIBLE [Invinsible] ▷4
ALL. 2001. Drame de Werner HERZOG avec Tim Roth, Jouko Ahola et Anna Gourari. - À Berlin, en 1932, un colosse juif se produit dans un spectacle de cabaret dirigé par un hypnotiseur fanatique d'Hitler.
➜ DVD$

INVISIBLE MAN, THE ▷3
É.-U. 1933. Science-fiction de James WHALE avec Claude Rains, Gloria Stuart et William Harrigan. - Un chimiste devenu invisible grâce à un produit qu'il a découvert fait des recherches pour revenir à son état premier. - Scénario tiré d'un roman de H.G. Wells. Trucages fort habiles. Mise en scène inventive. □ Général

© SÉVILLE

INVISIBLE MAN RETURNS, THE ▷4
É.-U. 1940. Drame policier de Joe MAY avec Cedric Hardwicke, Vincent Price et John Sutton. - Inventeur d'une formule pour se rendre invisible, un chimiste sauve un ami de la pendaison. □ Général

INVITATION, L' ▷3
SUI. 1972. Comédie satirique de Claude GORETTA avec Jean-Luc Bideau, Jean Champion et Michel Robin. - Un employé de bureau invite ses collègues à une fête champêtre qui dégénère en un désagréable affrontement. - Sens précis de la description. Volonté de critique sociale. Personnages bien typés. □ Général

INVITATION AU VOYAGE ▷4
FR. 1982. Drame psychologique de Peter DEL MONTE avec Laurent Malet, Nina Scott et Aurore Clément. - Un jeune homme enferme dans un étui à violoncelle le corps de sa sœur morte accidentellement et part à l'aventure. □ 13 ans+

INVITATION TO A GUNFIGHTER ▷4
[Mercenaire de minuit, Le]
É.-U. 1964. Western de Richard WILSON avec Yul Brynner, George Segal et Janice Rule. - Un tueur prend le parti de l'homme qu'il doit abattre pour toucher une prime. □ Général ➜ DVD $

INVITATION TO HELL ▷4
É.-U. 1984. Drame fantastique de Wes CRAVEN avec Susan Lucci, Robert Urich et Joanna Cassidy. - La famille d'un ingénieur tombe sous l'emprise d'une femme diabolique qui dirige un club select. - Téléfilm au mélange astucieux de fantastique et de modernisme. Mise en scène convaincante d'éléments peu plausibles. Interprétation acceptable.

INVITATIONS DANGEREUSES, LES *voir* **Last of Sheila, The**

INVITÉ D'HONNEUR, L' ▷4
ITA. 1997. Comédie sentimentale de Pupi AVATI avec Diego Abatantuono, Inès Sastre et Dario Cantarelli. - Lors d'un mariage de raison, la future épouse s'éprend du témoin de celui qui doit devenir son mari. □ Général

INVITÉ D'HONNEUR, L' *voir* **Best Man, The**

IP5 - L'ÎLE AUX PACHYDERMES ▷5
FR. 1992. Drame de Jean-Jacques BEINEIX avec Olivier Martinez, Sekkou Sall et Yves Montand. - Deux jeunes marginaux vivent diverses aventures avec un étrange vieillard qui tente de retrouver l'emplacement d'un lac où il connut jadis l'amour de sa vie. □ Général

IPCRESS FILE, THE [Ipcress danger immédiat] ▷4
ANG. 1964. Drame d'espionnage de Sidney J. FURIE avec Michael Caine, Nigel Green et Sue Lloyd. - Un agent secret démasque un traître parmi ses supérieurs. □ 13 ans+

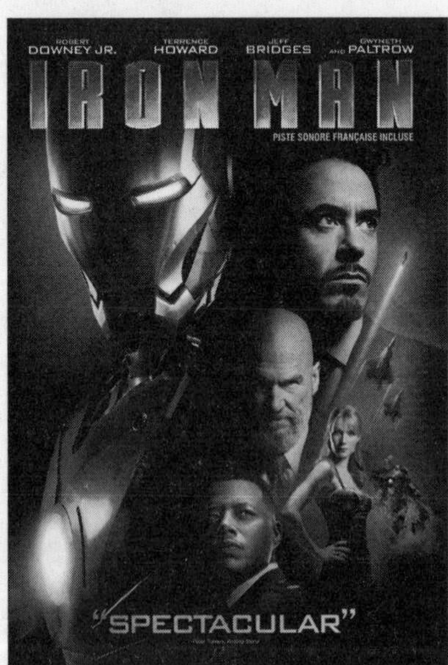

© PARAMOUNT

IPHIGÉNIE [Iphigenia]
GRÈ. 1977. Michael CACOYANNIS □ Général ➜ DVD $

IRA & ABBY
É.-U. 2007. Robert CARY ➜ DVD $

IRAQ FOR SALE: WAR PROFITEERS
É.-U. 2006. Robert GREENWALD ➜ DVD $

IRAQ IN FRAGMENTS *voir* **Fragments d'Irak**

IRINA PALM ▷4
BEL. 2006. Drame psychologique de Sam GARBARSKI avec Marianne Faithfull, Miki Manojlovic et Kevin Bishop. - Afin d'aider son fils à aller faire soigner son enfant malade en Australie, une veuve anglaise s'improvise travailleuse du sexe dans un peep-show de Londres. ➜ DVD $

IRIS [Poèmes pour Iris] ▷4
ANG. 2001. Drame biographique de Richard EYRE avec Judi Dench, Jim Broadbent et Kate Winslet. - Mariée depuis 40 ans au critique littéraire John Bayley, l'écrivaine Iris Murdoch se découvre atteinte de la maladie d'Alzheimer. ➜ DVD $

IRLANDAIS, L' *voir* **Prayer for the Dying, A**

IRMA LA DOUCE ▷3
É.-U. 1963. Comédie de Billy WILDER avec Shirley MacLaine, Jack Lemmon et Herschel Bernardi. - Un ancien gendarme devient le protecteur d'une prostituée. - Satire inventive. Nombreuses trouvailles comiques. Interprétation brillante. □ Général ➜ DVD $

IRMA VEP ▷4
FR. 1996. Drame de mœurs d'Olivier ASSAYAS avec Maggie Cheung, Jean-Pierre Léaud et Nathalie Richard. - Un cinéaste dépressif accepte de tourner un remake d'un vieux film muet, espérant ainsi redorer son blason. □ Général

IRON FISTED MONK
H.-K. 1977. Sammo HUNG ➜ DVD $

IRON GIANT, THE [Géant de fer, Le] ▷3
É.-U. 1999. Dessins animés de Brad BIRD. - En 1957, un garçon de neuf ans se lie d'amitié avec un gigantesque robot venu de l'espace. - Illustration remarquable d'un livre pour enfants. Réalisation inventive au rythme trépidant. Scénario ingénieux. Idées amusantes. □ Général ➜ DVD $

IRON HORSE, THE
É.-U. 1924. John FORD ➜ DVD $

IRON MAN ▷4
É.-U. 2008. Drame fantastique de Jon FAVREAU avec Robert Downey Jr., Jeff Bridges et Gwyneth Paltrow. - Transformé par une éprouvante expérience, un riche marchand d'armes se consacre désormais au Bien en se glissant dans une armure superpuissante de son invention. □ Général · Déconseillé aux jeunes enfants ➜ DVD $ DVD-BR $

IRON MASK, THE ▷4
É.-U. 1929. Aventures d'Allan DWAN avec Douglas Fairbanks, Ulrich Haupt et Marguerite de la Motte. - D'Artagnan et ses compagnons volent au secours du roi Louis XIV enfermé dans un château par son frère jumeau. □ Général ➜ DVD $

IRON MONKEY ▷3
H.-K. 1993. Aventures de Yuen WOO-PING avec Yu Rong-Guang, Donnie Yen et Jean Wang. - Un gouverneur corrompu kidnappe le fils d'un champion d'arts martiaux pour forcer ce dernier à le débarrasser d'un justicier masqué. - Scénario bien construit multipliant les combats époustouflants. Personnages habilement typés. Sens de l'humour et de la fantaisie. Mise en scène souple et inventive. Interprétation vigoureuse à souhait. □ 13 ans+ ➜ DVD $

IRONIE DU SORT, L' ▷4
FR. 1973. Drame d'Édouard MOLINARO avec Pierre Clémenti, Jacques Spiesser et Marie-Hélène Breillat. - Hypothèse sur la vie d'un couple qui aurait pu être formé si le jeune homme n'était pas mort sous l'Occupation. □ Général

IRONWEED ▷3
É.-U. 1987. Drame psychologique d'Hector BABENCO avec Jack Nicholson, Meryl Streep et Carroll Baker. - Un père de famille au passé malheureux partage sa vie de vagabond avec une compagne de fortune. - Mouvement lent et mesuré. Contexte social évoqué avec précision. Compositions poignantes des deux protagonistes. □ 13 ans+

IRRÉVERSIBLE ▷4
FR. 2002. Drame de Gaspar NOÉ avec Monica Bellucci, Vincent Cassel et Albert Dupontel. - Deux hommes cherchent à venger le viol atroce d'une amie. □ 18 ans+ · Violence ➜ DVD $

IS PARIS BURNING? *voir* **Paris brûle-t-il?**

ISABELLA
H.-K. 2006. Pang HO-CHEUNG ➜ DVD $

ISADORA ▷3
ANG. 1968. Drame biographique de Karel REISZ avec Jason Robards, Vanessa Redgrave et James Fox. - La vie passionnée de la danseuse Isadora Duncan. - Intéressante évocation d'époque. Construction complexe. Mise en scène brillante. Jeu fervent de V. Redgrave. □ 13 ans+

ISLAM: WHAT THE WEST NEEDS TO KNOW
É.-U. 2006. Brian DALY et Gregory M. DAVIS ➜ DVD $

ISLAND, THE ▷5
É.-U. 2005. Science-fiction de Michael BAY avec Ewan McGregor, Scarlett Johansson et Djimon Hounsou. - En 2019, un couple découvre un terrible secret au sujet de la ville intérieure où vivent les humains à la suite d'une catastrophe écologique.
□ Général · Déconseillé aux jeunes enfants ➜ DVD $

ISLAND IN THE SUN [Île au soleil, Une] ▷4
É.-U. 1956. Drame de Robert ROSSEN avec James Mason, Harry Belafonte et Joan Fontaine. - Les problèmes que rencontre une famille anglaise établie dans une île des Antilles. □ Général ➜ DVD $

ISLAND OF DR. MOREAU, THE ▷5
[Île du Docteur Moreau, L']
É.-U. 1977. Science-fiction de Don TAYLOR avec Burt Lancaster, Michael York et Nigel Davenport. - Un savant habitant une île isolée tente de transformer des animaux en êtres humains.
□ 13 ans+ ➜ DVD $

ISLAND OF DR. MOREAU, THE ▷5
[Île du Docteur Moreau, L']
É.-U. 1996. Drame d'horreur de John FRANKENHEIMER avec David Thewlis, Val Kilmer et Marlon Brando. - Après un naufrage, un avocat est recueilli dans une île du Pacifique par un savant qui se livre à des expériences génétiques sur les animaux.
□ 13 ans+ · Horreur ➜ DVD $

ISLAND OF LOST SOULS ▷4
É.-U. 1933. Drame d'horreur de Erle C. KENTON avec Charles Laughton, Kathleen Burke et Bela Lugosi. - Dans une île du Pacifique, un savant fou transforme des animaux en êtres d'apparence humaine.
□ Général

ISLAND OF TERROR [Île de cauchemar] ▷4
ANG. 1966. Drame d'horreur de Terence FISHER avec Peter Cushing, Carole Gray et Edward Judd. - En voulant fabriquer un remède contre le cancer, des savants donnent naissance à des bêtes monstrueuses.
□ Général

ISLAND OF THE DAMNED *voir* **Los niños**

ISLAND ON BIRD STREET, THE *voir* **Île de mon enfance, L'**

ISLANDS IN THE STREAM ▷4
É.-U. 1976. Drame de Franklin J. SCHAFFNER avec George C. Scott, David Hemmings et Claire Bloom. - Un sculpteur américain vivant en solitaire dans une île reçoit la visite de ses trois fils et de son ex-femme. □ Général ➜ DVD $

ISLE, THE ▷4
COR. 2000. Drame de mœurs de Ki-duk KIM avec Suh Jung, Kim Yoo-suk et Park Sung-hee. - Une femme muette, gardienne d'un parc de maisons flottantes, s'éprend d'un jeune meurtrier après l'avoir sauvé du suicide. □ 16 ans+ ➜ DVD $

ISLE OF THE DEAD/BEDLAM *voir* **Bedlam**

IT ALL STARTS TODAY *voir* **Ça commence aujourd'hui**

IT HAPPENED IN THE PARK
voir **Amants de Villa Borghese, Les**

IT HAPPENED ON 5th AVENUE ▷4
É.-U. 1947. Comédie de mœurs de R. Del RUTH avec Don De Fore, Ann Harding et Victor Moore. - Un vagabond philosophe habite avec ses amis de somptueuses demeures de New York pendant l'absence des propriétaires. ➜ DVD $

IT HAPPENED ONE NIGHT ▷3
É.-U. 1934. Comédie de Frank CAPRA avec Clark Gable, Claudette Colbert et Walter Connolly. - Un journaliste vient en aide à la fille d'un milliardaire qui a fui son foyer pour rejoindre celui qu'elle aime. - Classique de la comédie américaine. Ensemble savoureux bien que désuet. Mise en scène enjouée. Interprétation séduisante. ➜ DVD $

IT HAPPENED ONE SUMMER *voir* **State Fair**

IT HAPPENED TO JANE ▷4
É.-U. 1959. Comédie de Richard QUINE avec Doris Day, Jack Lemmon et Ernie Kovacs. - Une jeune veuve qui fait le commerce des homards a maille à partir avec une compagnie de chemin de fer. ➜ DVD $

IT HAPPENED TOMORROW [C'est arrivé demain] ▷4
É.-U. 1944. Comédie fantaisiste de René CLAIR avec Dick Powell, Linda Darnell et Jack Oakie. - Un journaliste reçoit d'un fantôme les nouvelles du lendemain. □ Général ➜ DVD $

IT HAPPENS EVERY SPRING ▷4
É.-U. 1949. Comédie de Lloyd BACON avec Ray Milland, Jean Peters et Paul Douglas. - Un professeur de chimie découvre un moyen infaillible de gagner au base-ball. □ Général

IT SHOULD HAPPEN TO YOU ▷4
[Femme qui s'affiche, Une]
É.-U. 1954. Comédie satirique de George CUKOR avec Judy Holliday, Jack Lemmon et Peter Lawford. - Pour se faire connaître à New York, une jeune femme loue un panneau publicitaire. □ Général

IT STARTED IN NAPLES [C'est arrivé à Naples] ▷5
É.-U. 1960. Comédie de Melville SHAVELSON avec Clark Gable, Sophia Loren et Vittorio de Sica. - Un homme dispute la garde de son neveu à une parente danseuse de cabaret. ➜ DVD $

IT TAKES A THIEF
É.-U. 1960. John GILLING ➜ DVD $

IT'S A FREE WORLD... [Un monde sans frontières] ▷3
ANG. 2007. Drame social de Ken LOACH avec Kierston Wareing, Juliet Ellis et Leslaw Zurek. - À Londres, une jeune mère célibataire ambitieuse démarre une agence de recrutement en embauchant des immigrants illégaux. - Récit riche en observations sociologiques et livré d'un point de vue original. Mise en scène aux accents naturalistes. Interprétation forte de K. Wareing. □ Général ➜ DVD $

IT'S A MAD, MAD, MAD, MAD WORLD ▷4
É.-U. 1963. Comédie burlesque de Stanley E. KRAMER avec Spencer Tracy, Ethel Merman et Sid Caesar. - Un gangster mourant révèle à plusieurs personnes la cachette du butin d'un vol et la course au trésor commence. □ Général ➜ DVD $

© UNIVERSAL

IT'S A WONDERFUL LIFE [Vie est belle, La] ►2
É.-U. 1946. Comédie fantaisiste de Frank CAPRA avec James Stewart, Donna Reed et Lionel Barrymore. - Un ange descend du ciel pour montrer à un ingénieur découragé tout le bien qu'il a réalisé dans sa vie.- Traitement original et souvent touchant. Mise en scène inventive. Œuvre empreinte d'un humanisme chaleureux. Interprétation fort sympathique de J. Stewart. □ Général → DVD$

IT'S ALIVE! [Monstre est vivant, Le] ▷5
É.-U. 1974. Drame d'horreur de Larry COHEN avec John Ryan, Sharon Farrell et James Dixon. - Un nouveau-né monstrueux, doué d'une force prodigieuse, s'enfuit dans la nuit en semant la mort sur son passage. □ 13 ans+ → DVD$

IT'S ALL GONE PETE TONG! [Quel délire, Pete Tong!] ▷4
ANG. 2004. Comédie de mœurs de Michael DOWSE avec Paul Kaye, Beatriz Batarda et Mike Wilmot. - Un célèbre D.J. anglais devenu complètement sourd réussit à relancer sa carrière après une période de déchéance. □ 13 ans+ · Langage vulgaire → DVD$

IT'S ALWAYS FAIR WEATHER ▷3
[Beau fixe sur New York]
É.-U. 1955. Comédie musicale de Gene KELLY et Stanley DONEN avec Gene Kelly, Dan Dailey et Michael Kidd. - Trois compagnons d'armes se retrouvent après dix ans de séparation. - Adroit mélange de critique sociale et de numéros musicaux. Mise en scène souple. Bons interprètes. → DVD$

IT'S IN THE BAG ▷4
É.-U. 1945. Comédie de Richard WALLACE avec Fred Allen, Binnie Barnes et Robert Benchley. - Un saltimbanque recherche de l'argent caché dans le dossier d'une chaise. □ Général

IT'S MY PARTY [Dernier anniversaire, Le] ▷4
É.-U. 1995. Drame de Randal KLEISER avec Eric Roberts, Gregory Harrison et Lee Grant. - Un jeune architecte atteint du sida invite ses proches parents et amis à venir passer un week-end d'adieux en sa compagnie. □ 13 ans+ → DVD$

IT'S MY TURN [C'est ma chance] ▷4
É.-U. 1980. Comédie sentimentale de Claudia WEILL avec Jill Clayburgh, Michael Douglas et Charles Grodin. - Vivant en ménage avec un divorcé, une universitaire repense à sa situation après une aventure sentimentale.

IT'S RAINING ON SANTIAGO
voir **Il pleut sur Santiago**

ITALIAN, THE ▷4
RUS. 2005. Drame social d'Andrei KRAVCHUK avec Kolya Spiridonov, Denis Moiseenko et Sasha Kyrotkin. - Alors qu'un couple d'Italiens est sur le point de l'adopter, un orphelin russe âgé de 6 ans décide de retrouver sa mère naturelle. □ Général · Déconseillé aux jeunes enfants → DVD$

ITALIAN JOB, THE ▷4
ANG. 1969. Comédie policière de Peter COLLINSON avec Michael Caine, Noel Coward et Maggie Blye. - Un petit escroc anglais conçoit le projet d'un vol de quatre millions en lingots d'or à Turin. □ Général → DVD$

ITALIAN JOB, THE [Boulot à l'italienne, Un] ▷4
É.-U. 2003. Thriller de F. Gary GRAY avec Mark Wahlberg, Charlize Theron et Edward Norton. - Cinq cambrioleurs entreprennent de voler un butin en lingots d'or à un complice qui les a trahis. □ Général · Violence → DVD-BR$ DVD$

ITALIEN POUR DÉBUTANTS [Italian for Beginners] ▷3
DAN. 2000. Comédie de mœurs de Lone SCHERFIG avec Anders W. Berthelsen, Lars Kaalund et Anette Stovelbaek. - Dans la grisaille d'une petite ville de banlieue, un cours d'italien contribue à rapprocher trois hommes et trois femmes esseulés. - Film choral aux personnages attachants. Accent mis sur le caractère humain du sujet. Mise en scène rugueuse. Distribution vivante. □ Général → DVD$

ITINÉRAIRE D'UN ENFANT GÂTÉ ▷4
FR. 1988. Comédie dramatique de Claude LELOUCH avec Jean-Paul Belmondo, Richard Anconina et Marie-Sophie L. - Un homme quinquagénaire abandonne famille et travail et se fait passer pour mort afin de courir l'aventure autour du monde.

IVAN LE TERRIBLE, 1re PARTIE ►1
RUS. 1944. Drame historique de Sergei EISENSTEIN avec Nikolai Tcherkassov, Serafina Birman et Piotr Kadochnikov. - Couronné tsar de toutes les Russies, Ivan IV doit lutter contre ses ennemis. - Monument épique remarquable. Images lyriques et dramatiques. Rythme lent. N. Tcherkassov excellent. □ Général → DVD$

IVAN LE TERRIBLE, 2e PARTIE ►1
RUS. 1945. Drame historique de Sergei EISENSTEIN avec Nikolai Tcherkassov, Serafina Birman et Andrei Abrikosov. - Parvenu au sommet de la puissance, le tsar Ivan IV doit lutter contre une révolte des nobles. - Psychologie complexe du personnage. Atmosphère de noblesse et d'horreur. Images admirablement composées. Musique puissante de Prokofiev. Interprétation stylisée. □ Général → DVD$

IVAN'S CHILDHOOD *voir* **Enfance d'Ivan, L'**

IVANHOE ▷4
É.-U. 1951. Aventures de Richard THORPE avec Robert Taylor, Elizabeth Taylor et Joan Fontaine. - À la tête des Saxons, Ivanhoe parvient à réinstaller sur son trône le roi Richard Cœur de Lion. → DVD$

IVANS XTC
ANG. É.-U. 2000. Bernard ROSE → DVD$

IVRE D'AMOUR *voir* **Punch-Drunk Love**

IVRE DE FEMMES ET DE PEINTURE ▷3
COR. 2002 Drame biographique de Im KWON-TAEK avec Choi Min-sik, Ahn Sung-ki et Yu Ho-jung. - La vie et l'œuvre de Jang Seung-Up, peintre coréen qui fut témoin des grands bouleversements de son pays dans la deuxième moitié du XIXe siècle. - Illustration évocatrice du parcours d'un artiste rebelle mis en parallèle avec de nombreux événements historiques. Approche distanciée du sujet. Compositions visuelles remarquables. Intense Choi Min-sik. □ Général → DVD$

IVRESSE AU COMBAT *voir* **Drunken Master II**

IVRESSE DU POUVOIR, L' ▷4
FR. 2005. Drame judiciaire de Claude CHABROL avec Isabelle Huppert, François Berléand et Thomas Chabrol. - Après avoir fait arrêter un industriel important, une juge d'instruction s'emploie obsessivement à punir les coupables d'une vaste affaire frauduleuse. □ Général → DVD$

IXE-13 ▷4
QUÉ. 1971. Comédie musicale de Jacques GODBOUT avec André Dubois, Marc Laurendeau et Louise Forestier. - L'as des espions canadiens a maille à partir avec une espionne chinoise. → DVD$

IZO [Miike's Izo]
JAP. 2004. Takashi MIIKE → DVD$

IZZY ET SAM *voir* **Crossing Delancey**

J'ACCUSE ▷3
FR. 1938. Drame social de Abel GANCE avec Victor Francen, Jean Max et Renée Devillers. - Refusant toute nouvelle guerre, un ancien combattant fait appel aux morts du dernier conflit pour obliger les hommes à oublier leurs querelles. - Réquisitoire généreux et sincère contre la guerre. Souffle lyrique impressionnant. Quelques exagérations de style. Jeu théâtral des acteurs. □ Général

J'AI CONNU ERNEST HEMINGWAY
voir **Wrestling Ernest Hemingway**

J'AI ENGAGÉ UN TUEUR [I Hired a Contract Killer] ▷3
FIN. 1991. Comédie dramatique d'Aki KAURISMÄKI avec Jean-Pierre Léaud, Margi Clarke et Kenneth Colley. - Un chômeur malheureux engage un tueur à gages pour mettre fin à ses jours. - Préoccupations existentielles traitées avec un humour particulier. Absurdité des situations bien rendue par le montage et les cadrages. Très bonne composition de J.-P. Léaud. □ Général

J'AI MON VOYAGE! [Enuff Is Enuff] ▷5
QUÉ. 1973. Comédie de Denis HÉROUX avec Jean Lefebvre, Dominique Michel et René Simard. - Un Français établi au Québec entraîne sa famille dans un voyage à travers le Canada après avoir accepté une situation à Vancouver. □ Général

J'AI PAS SOMMEIL [I Can't Sleep] ▷4
FR. 1994. Drame de mœurs de Claire DENIS avec Katherine Golubeva, Richard Gourcet et Line Renaud. - Une jeune Lithuanienne nouvellement débarquée à Paris découvre qu'un homosexuel logeant dans son hôtel est un tueur en série. ➔ DVD $

J'AI SERRÉ LA MAIN DU DIABLE
voir **Shake Hands with the Devil: the Journey of Romeo Dallaire**

J'AIME, J'AIME PAS ▷5
QUÉ. 1995. Drame de mœurs de Sylvie GROULX avec Lucie Laurier, Dominic Darceuil et Patrick Labbé. - Une jeune mère célibataire tombe amoureuse d'un étudiant qui tourne une vidéo sur ses conditions de vie. □ Général ➔ DVD $

J'ATTENDS QUELQU'UN ▷3
FR. 2007. Comédie dramatique de Jérôme BONNELL avec Jean-Pierre Darroussin, Emmanuelle Devos et Sylvain Dieuaide. - Les remises en question sentimentales d'un divorcé, patron d'un petit café-restaurant, d'une institutrice mariée et d'un jeune homme mystérieux. - Chronique douce-amère de gens ordinaires à la recherche du bonheur. Histoire finement écrite. Personnages riches psychologiquement. Réalisation discrète. Interprétation sensible. □ Général ➔ DVD $

J'EMBRASSE PAS ▷3
FR. 1991. Drame psychologique d'André TÉCHINÉ avec Manuel Blanc, Philippe Noiret et Emmanuelle Béart. - Un jeune campagnard venu à Paris pour suivre des cours d'art dramatique en vient à faire le trottoir pour gagner sa vie. - Étonnant mélange de pudeur visuelle, de dialogues décapants et de scènes troublantes. Traitement détaché. Goût prononcé pour la métaphore. Interprètes de talent. □ 13 ans+

J'EN SUIS! ▷6
QUÉ. 1997. Comédie de mœurs de Claude FOURNIER avec Roy Dupuis et Patrick Huard. - Un jeune architecte se fait passer pour homosexuel auprès d'un employeur gay. □ 13 ans+ · Érotisme ➔ DVD $

J'IRAI AU PARADIS CAR L'ENFER EST ICI ▷4
FR. 1997. Drame de mœurs de Xavier DURRINGER avec Arnaud Giovaninetti, Gérald Laroche et Claire Keim. - Le fils rebelle d'un gangster influent se joint à un petit groupe de bandits bientôt plongé dans une guerre intestine sanglante. □ 16 ans+ · Violence

J'IRAI COMME UN CHEVAL FOU ▷5
[I Will Walk Like a Crazy Horse]
FR. 1973. Drame poétique de Fernando ARRABAL avec Hachemi Marzouk et George Shannon. - Soupçonné de meurtre, un homme se réfugie au désert et y rencontre un homme sans âge à qui il décide de faire connaître la civilisation. □ 18 ans+ ➔ DVD $

J. S. A. JOINT SECURITY AREA
COR. 2000. Park CHAN-WOOK

J.A. MARTIN, PHOTOGRAPHE ▷3
QUÉ. 1976. Drame psychologique de Jean BEAUDIN avec Marcel Sabourin, Monique Mercure et Jean Lapointe. - Au début du XXe siècle, un photographe ambulant effectuant une tournée annuelle se voit obligé d'emmener sa femme. - Étude intéressante des relations d'un couple mêlée à l'évocation des mœurs d'une époque. Mise en scène soignée. Ton intimiste. Interprétation juste. □ Général ➔ DVD $

J.W. COOP ▷4
É.-U. 1971. Drame psychologique réalisé et interprété par Cliff ROBERTSON avec Christina Ferrare et Geraldine Page. - Après dix ans de prison, un champion de rodéo est décontenancé par les changements effectués dans son milieu. □ Général ➔ DVD $

JABBERWOCKY ▷4
ANG. 1977. Comédie de Terry GILLIAM avec Michael Palin et Deborah Fallender. - Au Moyen Âge, le fils d'un tonnelier est amené par diverses circonstances à affronter une bête monstrueuse. □ 13 ans+

JACK & SARAH ▷4
ANG. 1995. Comédie sentimentale de Tim SULLIVAN avec Richard E. Grant, Samantha Mathis et Ian McKellen. - Devant s'occuper seul de son bébé après le décès de sa femme, un avocat engage comme gardienne une jeune serveuse sans expérience. □ Général ➔ DVD $

JACK BROOKS: MONSTER SLAYER ▷4
CAN. 2008. Drame d'horreur de Jon KNAUTZ avec Trevor Matthews, Robert Englund et Rachel Skarsten. - Alors qu'il fait face à ses démons intérieurs, un plombier est amené à confronter des monstres bien réels libérés par une force maléfique. ➔ DVD $

JACK PARADISE: LES NUITS DE MONTRÉAL ▷5
QUÉ. 2004. Drame musical de Gilles NOËL avec Roy Dupuis, Dawn Tyler Watson et Geneviève Rioux. - La vie d'un pianiste de jazz montréalais de race blanche, des années 1930 à la fin des années 1960. □ Général ➔ DVD $

JACK THE BEAR ▷4
É.-U. 1992. Drame psychologique de Marshall HERSKOVITZ avec Danny DeVito, Robert J. Steinmiller Jr et Miko Hughes. - Les problèmes rencontrés par un veuf qui doit élever seul ses deux fils de 3 et 12 ans. □ Général ➔ DVD $

JACKET, THE [Camisole de force, La] ▷5
É.-U. 2005. Thriller de John MAYBURY avec Keira Knightley, Adrien Brody et Jennifer Jason Leigh. - Condamné pour meurtre, un ex-soldat amnésique subit en institut psychiatrique un traitement expérimental qui lui permet de voir son avenir. □ 13 ans+ ➔ DVD $

JACKIE BROWN ▷3
É.-U. 1997. Drame policier de Quentin TARANTINO avec Pam Grier, Samuel L. Jackson et Robert Forster. - Une hôtesse de l'air échafaude un plan audacieux pour s'emparer d'une importante somme d'argent appartenant à un trafiquant d'armes. - Intrigue riche et complexe quant aux motivations des personnages. Réalisation assurée. Solide interprétation. □ 13 ans+ · Langage vulgaire · Violence ➔ DVD $

JACKNIFE ▷4
É.-U. 1988. Drame psychologique de David JONES avec Robert De Niro, Kathy Baker et Ed Harris. - Difficilement remis de ses expériences de guerre au Viêt-nam, un camionneur vivant seul avec sa sœur reçoit la visite impromptue d'un vieux compagnon d'armes. □ Général

JACKPOT, THE ▷4
É.-U. 1950. Comédie de Walter LANG avec James Stewart, Barbara Hale et James Gleason. - L'heureux gagnant d'un concours connaît de multiples complications financières et matrimoniales. □ Général

JACOB'S LADDER [Échelle de Jacob, L'] ▷4
É.-U. 1990. Drame fantastique d'Adrian LYNE avec Tim Robbins, Elizabeth Pena et Danny Aiello. - Un facteur new-yorkais souffrant d'hallucinations est convaincu que ses maux proviennent d'une épreuve subie durant la guerre du Viêt-nam. □ 13 ans+ ➜ DVD$

JACQUES BREL IS ALIVE AND WELL AND LIVING IN PARIS ▷5
CAN. 1974. Comédie musicale de Denis HÉROUX avec Elly Stone, Mort Shuman et Joe Masiell. - Une série d'expériences bizarres au son des chansons de Jacques Brel. ➜ DVD$

JACQUES ET NOVEMBRE ▷3
QUÉ. 1984. Drame psychologique de Jean BEAUDRY et François BOUVIER avec Jean Beaudry, Carole Fréchette et Marie Cantin. - Pour occuper ses derniers jours, un jeune homme atteint d'une maladie incurable réalise un journal filmé à l'aide d'une caméra vidéo. - Étude intelligente d'une attitude humaniste devant la mort. Traitement chaleureux. Touches poétiques. J. Beaudry d'une vérité bouleversante. □ Général

JAGGED EDGE [À double tranchant] ▷4
É.-U. 1985. Drame policier de Richard MARQUAND avec Glenn Close, Jeff Bridges et Peter Coyote. - Une avocate tombe amoureuse d'un de ses clients soupçonné d'avoir assassiné son épouse. □ 18 ans+ ➜ DVD$

JAILBIRDS' VACATION *voir* **Grandes gueules, Les**

JAMAICA INN [Taverne de la Jamaïque, La] ▷4
ANG. 1939. Drame d'Alfred HITCHCOCK avec Charles Laughton, Maureen O'Hara et Horace Hodges. - Au début du XIXe siècle, un policier arrive à s'introduire dans un groupe de naufrageurs. □ Général ➜ DVD$

JAMAIS LE DIMANCHE [Never on Sunday] ▷3
GRÈ. 1960. Comédie satirique réalisée et interprétée par Jules DASSIN avec Melina Mercouri et Georges Foundas. - Un touriste américain tombe amoureux d'une prostituée grecque qu'il tente de réformer. - Récit enlevé. Mise en scène vivante. Musique envoûtante. M. Mercouri remarquable. □ Général ➜ DVD$

JAMAIS PLUS JAMAIS *voir* **Never Say Never Again**

JAMAIS SANS MA FILLE *voir* **Not Without My Daughter**

JAMBON JAMBON ▷4
ESP. 1992. Drame de mœurs de Bigas LUNA avec Penelope Cruz, Javier Bardem et Stefania Sandrelli. - Une mère dominatrice complote pour empêcher son fils d'épouser la fille d'une tenancière de bordel qu'il a rendue enceinte. □ 13 ans+ · Érotisme

JAMES AND THE GIANT PEACH [James et la pêche géante] ▷3
É.-U. 1996. Conte de Henry SELICK avec Paul Terry, Joanna Lumley et Miriam Margolyes. - Un gamin fait un voyage fabuleux à bord d'une pêche géante avec des insectes aussi grands que lui et doués de la parole. - Mélange d'animation avec figurines et d'action réelle avec acteurs. Fantaisie raffinée et poétique. Conception visuelle saisissante. □ Général ➜ DVD$

JAMES JOYCE'S WOMEN ▷4
É.-U. 1983. Drame biographique de Michael PEARCE avec Fionnula Flanagan, Timothy E. O'Grady et Chris O'Neill. - En 1957, un journaliste a un entretien avec la veuve de l'écrivain irlandais James Joyce, qui évoque divers moments de sa vie. □ 18 ans+

JAMES JOYCE: A PORTRAIT OF THE ARTIST AS A YOUNG MAN ▷3
ANG. 1977. Drame psychologique de Joseph STRICK avec Bosco Hogan, T.P. McKenna et Rosaleen Linehan. - L'enfance et l'adolescence d'un jeune Irlandais qui veut devenir écrivain. - Adaptation soignée du roman de James Joyce. Photographie admirable. Dialogue important à saveur littéraire. □ 13 ans+

JAN DARA ▷5
THAÏ. 2001. Chronique de Nonzee NIMIBUTR avec Suwinit Panjamawat, Christy Cheung et Eakarat Sarsukh. - Dans les années 1930, au sein d'une famille aisée de Bangkok, un adolescent détesté par son père a une liaison avec l'ex-maîtresse de ce dernier. □ 16 ans+ · Érotisme ➜ DVD$

JANE AUSTEN BOOK CLUB, THE ▷4
É.-U. 2007. Comédie dramatique de Robin SWICORD avec Kathy Baker, Maria Bello et Hugh Dancy. - Les démêlés familiaux et sentimentaux de cinq femmes et d'un homme formant un club de lecture consacré aux romans de Jane Austen. □ Général ➜ DVD-BR$ DVD$

JANE AUSTEN IN MANHATTAN ▷5
É.-U. 1980. Comédie dramatique de James IVORY avec Anne Baxter, Robert Powell et Sean Young. - Une pièce inédite de Jane Austen est au centre d'une rivalité entre deux troupes de théâtre, l'une d'avant-garde, l'autre classique. ➜ DVD$

JANE AUSTEN'S EMMA ▷4
ANG. 1997. Comédie de mœurs de D. LAWRENCE avec Kate Beckinsale, Samantha Morton et Harriet Smith. - Au début du XIXe siècle, une jeune célibataire aisée passe son temps à se mêler des aventures sentimentales de son entourage. ➜ DVD$

JANE B. PAR AGNÈS V. ▷3
FR. 1987. Documentaire d'Agnès VARDA avec Jane Birkin, Philippe Léotard et Jean-Pierre Léaud. - Portrait de l'actrice Jane Birkin alternant avec des saynètes sur des thèmes variés. - Traitement original. Mise en scène vive et colorée. □ Général

JANE EYRE ▷4
ANG. 1997. Drame psychologique de Robert YOUNG avec Samantha Morton, Ciaran Hinds et Gemma Jones. - Une jeune femme devient gouvernante dans un manoir appartenant à un homme sévère dont elle s'éprend. □ Général ➜ DVD$

JANE EYRE ▷4
É.-U. 1943. Drame psychologique de Robert STEVENSON avec Orson Welles, Joan Fontaine et Margaret O'Brien. - Un amour profond naît entre une jeune gouvernante et le propriétaire d'un riche manoir. □ Général ➜ DVD$

JANE EYRE ▷4
ANG. 1970. Drame sentimental de Daniel MANN avec Susannah York, George C. Scott et Rachel Kempson. - Une orpheline est employée comme gouvernante chez un seigneur campagnard qui s'éprend d'elle.

JANE EYRE ▷4
ANG. 1996. Drame psychologique de Franco ZEFFIRELLI avec William Hurt, Charlotte Gainsbourg et Joan Plowright. - Une jeune femme devient gouvernante dans un manoir appartenant à un homme sévère duquel elle s'éprend. □ Général ➜ DVD$

JANIS & JOHN ▷4
FR. 2003. Comédie dramatique de Samuel BENCHETRIT avec Sergi Lopez, Marie Trintignant et François Cluzet. - Un assureur demande à sa femme et à un acteur de se faire passer pour Janis Joplin et John Lennon afin d'escroquer un cousin cinglé qui admire les deux vedettes. ➜ DVD$

JANUARY MAN, THE [Calendrier meurtrier] ▷4
É.-U. 1988. Drame policier de Pat O'CONNOR avec Kevin Kline, Mary Elizabeth Mastrantonio et Rod Steiger. - Un ex-policier est rappelé en service pour traquer un mystérieux meurtrier qui commet un crime par mois depuis un an. □ Général ➜ DVD$

JAPAN, JAPAN
ISR. 2007. Lior SHAMRIZ ➜ DVD$

JAPANESE STORY
AUS. 2003. Sue BROOKS

JAPON ▷3
MEX. 2001. Drame poétique de Carlos REYGADAS avec Alejandro Ferretis, Magdalena Flores et Carlos Reygadas Barquin. - Un peintre suicidaire quitte Mexico pour un bled perdu en montagne et retrouve goût à la vie grâce à une vieille métisse qui l'héberge. - Rugueuse étude de mœurs aux accents lyriques. Images d'une beauté sauvage. Réalisation atypique au style dépouillé et âpre. Interprétation naturaliste. □ 13 ans+ ➜ DVD$

JARDIN D'ÉDEN, LE ▷4
MEX. 1994. Drame de mœurs de Maria NOVARO avec Renée Coleman, Bruno Bichir et Gabriela Roel. - Les hauts et les bas quotidiens de divers personnages vivant dans une petite ville-frontière au nord du Mexique. □ Général

JARDIN DES DÉLICES, LE [Garden of Delights, The] ►2
ESP. 1970. Comédie satirique de Carlos SAURA avec Jose Luis Lopez Vasquez, Lucky Seto et Francisco Pierra. - La famille d'un amnésique cherche à découvrir l'endroit où il a déposé sa fortune. - Mélange de réalisme et de fantaisie. Montage complexe et intelligent. Touches satiriques mordantes. Protagoniste excellent. □ Général

JARDIN DES FINZI CONTINI, LE ▷3
[Garden of the Finzi Contini, The]
ITA. 1971. Drame psychologique de Vittorio DE SICA avec Dominique Sanda, Lino Capolicchio et Helmut Berger. - Une riche famille juive italienne sort de son isolement alors que s'amorce une persécution antisémite. - Drame d'époque évoqué avec élégance et sensibilité. Psychologie juste. Mise en scène intimiste. □ Général

JARDIN SECRET, LE *voir* **Secret Garden, The**

JARDIN SUSPENDU, LE *voir* **Hanging Garden, The**

JARDINAGE À L'ANGLAISE *voir* **Greenfingers**

JARDINIER D'ARGENTEUIL, LE ▷5
FR. 1966. Comédie de Jean-Paul LE CHANOIS avec Liselotte Pulver, Jean Gabin et Pierre Vernier. - Un vieux jardinier imprime des billets de banque pour joindre les deux bouts. □ Général

JARDINS DE PIERRE *voir* **Gardens of Stone**

JARHEAD ▷4
É.-U. 2005. Drame de guerre de Sam MENDES avec Jake Gyllenhaal, Peter Sarsgaard et Jamie Fox. - Stationnés dans le désert de l'Arabie Saoudite avant le début de la Guerre du Golfe, des jeunes Marines attendent impatiemment d'aller au combat.
□ Langage vulgaire ➜ DVD-BR$ DVD$

JASON AND THE ARGONAUTS ▷4
ANG. 1963. Drame fantastique de Don CHAFFEY avec Todd Armstrong, Nancy Kovack et Niall MacGinnis. - Aidé par les dieux de l'Olympe, le prince Jason ramène la Toison d'or dans son royaume.
□ Général ➜ DVD$

JAWS [Dents de la mer, Les] ►2
É.-U. 1975. Drame de Steven SPIELBERG avec Roy Scheider, Richard Dreyfuss et Robert Shaw. - Un requin fait des ravages près des plages d'une île côtière. - Scénario savamment construit. Personnages pittoresques. Réalisation impeccable. Tension soutenue. Souci du détail percutant. Interprétation savoureuse. □ 13 ans+ ➜ DVD$

JAZZ SINGER ▷4
É.-U. 1927. Comédie musicale d'Alan CROSLAND avec Al Jolson, May McAvoy et Warner Oland. - Le fils d'un chantre de synagogue fait carrière dans le monde du spectacle. □ Général ➜ DVD$

JAZZ SINGER ▷5
É.-U. 1952. Comédie musicale de Michael CURTIZ avec Danny Thomas, Peggy Lee et Mildred Dunnock. - Le fils d'un chantre de synagogue cherche à faire carrière dans le monde du spectacle. □ Général

JAZZ SINGER, THE ▷5
É.-U. 1980. Comédie musicale de Richard FLEISCHER avec Laurence Olivier, Neil Diamond et Lucie Arnaz. - Le fils d'un chantre de synagogue cherche à faire carrière dans le monde du spectacle.
□ Général ➜ DVD$

JE CROIS QUE JE L'AIME ▷4
FR. 2007. Comédie sentimentale de Pierre JOLIVET avec Sandrine Bonnaire, Vincent Lindon et François Berléand. - Amoureux d'une artiste, le pdg d'une entreprise charge un détective d'enquêter sur elle afin d'améliorer ses chances de la conquérir.
□ Général ➜ DVD$

JE FERAI N'IMPORTE QUOI *voir* **I'll Do Anything**

JE ME FAIS DU CINÉMA *voir* **I Ought to Be in Pictures**

JE ME FAIS MON CINÉMA
voir **Kid Stays in the Picture, The**

JE ME SOUVIENS ▷4
QUÉ. 2009. Comédie dramatique d'André FORCIER avec Céline Bonnier, Pierre-Luc Brillant et Roy Dupuis. - Dans les années 1950 en Abitibi, la fillette illégitime d'un ex-syndicaliste apprend le gaélique auprès d'un révolutionnaire irlandais dont sa mère s'éprend.
□ Général · Déconseillé aux jeunes enfants

JE N'AI PAS PEUR [I'm Not Scared] ▷4
ITA. 2003. Drame de Gabriele SALVATORES avec Giuseppe Cristiano, Mattia Di Pierro et Aitana Sanchez Gijon. - À l'été de 1978, en Sicile, un gamin découvre dans un trou creusé dans la terre un enfant nu, couvert de plaies et enchaîné. □ Général · Déconseillé aux jeunes enfants ➜ DVD$

JE NE REGRETTE PAS MA JEUNESSE
[No Regrets for Our Youth]
JAP. 1946. Akira KUROSAWA □ Général

JE NE SUIS PAS LÀ POUR ÊTRE AIMÉ ▷3
FR. 2005. Drame psychologique de Stéphane BRIZÉ avec Patrick Chesnais et Anne Consigny. - Au contact d'une jeune femme avec qui il prend des cours de tango, un huissier quinquagénaire et divorcé se rend compte qu'il a raté sa vie. - Scénario solide faisant place au mystère, aux silences et à l'émotion. Mise en scène rigoureuse et précise. Acteurs habités et admirablement dirigés. □ Général ➜ DVD$

JE PENSE À VOUS ▷4
FR. 2006. Comédie dramatique de Pascal BONITZER avec Édouard Baer, Géraldine Pailhas et Marina De Van. - En voulant revenir dans la vie de son ex, éditeur parisien bien en vue, une déséquilibrée provoque la jalousie de la conjointe de ce dernier. ➜ DVD$

JE RÈGLE MON PAS SUR LE PAS DE MON PÈRE ▷4
FR. 1998. Comédie de Rémi WATERHOUSE avec Jean Yanne, Guillaume Canet et Laurence Côte. - Un jeune cuisinier retrouve son père illégitime, un petit escroc qui le prend comme associé en ignorant sa véritable identité. □ 13 ans+

JE RENTRE À LA MAISON ▷4
FR. 2001. Comédie dramatique de Manoel de OLIVEIRA avec Michel Piccoli, Antoine Chappey et John Malkovich. - Confronté à un drame personnel, un acteur prestigieux mais vieillissant s'accroche à son amour du métier. □ Général ➜ DVD$

JE RESTE! ▷5
FR. 2003. Comédie sentimentale de Diane KURYS avec Vincent Perez, Sophie Marceau et Charles Berling. - Se pliant depuis des années aux mille et un caprices de son mari égoïste et infidèle, une femme décide de le rejeter, mais il refuse de partir. □ Général ➜ DVD$

JE SAIS QUE TU SAIS ▷4
ITA. 1982. Comédie de mœurs réalisée et interprétée par Alberto SORDI avec Monica Vitti et Isabelle de Bernardi. - Par suite d'une erreur d'un détective privé, un employé de banque apprend des choses surprenantes sur la vie de sa femme et de sa fille.
□ 13 ans+

JE SUIS CUBA [I Am Cuba] ►2
RUS. 1964. Film à sketches de Mikhail KALATOZOV avec Luz Maria Collazo, Jean Bouise et Sergio Corrieri. - Quatre histoires se déroulant à Cuba à l'aube de la révolution de Fidel Castro. - Œuvre propagandiste rendant hommage aux Cubains et à leur pays. Traitement à la fois sensuel, poétique et onirique. Utilisation étonnante de la caméra.
□ Général

JE SUIS DINA *voir* **I Am Dina**

JE SUIS LE SEIGNEUR DU CHÂTEAU ▷3
FR. 1989. Drame psychologique de Régis WARGNIER avec Régis Arpin, David Behar et Jean Rochefort. - Le fils de douze ans d'un hobereau de province accepte mal de partager son domaine avec le garçon de la nouvelle gouvernante. - Adaptation intelligente d'un roman de Susan Hill. Intrigue finement nuancée. Illustration de qualité. Jeu d'une intensité surprenante.

JE SUIS LOIN DE TOI MIGNONNE ▷5
QUÉ. 1976. Comédie de mœurs de Claude FOURNIER avec Dominique Michel, Denise Filiatrault et Marc Legault. - En 1940, les aventures de deux sœurs qui travaillent dans une usine de munitions en espérant un mariage prochain. □ 13 ans+

JE SUIS SAM *voir* **I Am Sam**

JE SUIS TIMIDE... MAIS JE ME SOIGNE ▷4
FR. 1978. Comédie réalisée et interprétée par Pierre RICHARD avec Aldo Maccione et Mimi Coutelier. - Un grand timide quitte son emploi pour suivre à Nice une jeune fille dont il s'est épris sans oser l'aborder.
□ Général

JE T'AIME À TE TUER *voir* **I Love You to Death**

JE VAIS BIEN, NE T'EN FAIS PAS ▷3
FR. 2006. Drame psychologique de Philippe LIORET avec Mélanie Laurent, Kad Merad et Julien Boisselier. - Une étudiante de 19 ans tente désespérément de retrouver son frère jumeau, disparu sans laisser d'adresse. - Pari audacieux brillamment relevé. Scénario délicat, aux revirements subtils. Réalisation précise, sensible et sans afféteries. M. Laurent et K. Merad admirables. □ Général

JE VOUS SALUE MARIE [Hail Mary] ▷4
FR. 1984. Drame poétique de Jean-Luc GODARD avec Myriem Roussel, Thierry Rode et Philippe Lacoste. - Transposition dans un contexte moderne de l'histoire de Marie et Joseph. □ 13 ans+

JE VOUS TROUVE TRÈS BEAU ▷5
FR. 2005. Comédie sentimentale d'Isabelle MERGAULT avec Michel Blanc, Medeea Marinescu et Wladimir Yordanoff. - Un agriculteur grincheux devenu veuf se rend en Roumanie à la recherche d'une épouse pour l'aider aux travaux de sa ferme. □ Général ➜ DVD $

JEALOUSY *voir* **Celos**

JEAN DE FLORETTE ▷3
FR. 1986. Comédie dramatique de Claude BERRI avec Daniel Auteuil, Gérard Depardieu et Yves Montand. - En bouchant la source qui se trouve sur la terre d'un voisin décédé, deux cultivateurs espèrent pousser son héritier à quitter le domaine. - Récit âpre et lumineux. Images soignées. Interprétation fortement contrastée. □ Général

JEAN-PHILIPPE ▷4
FR. 2006. Comédie fantaisiste de Laurent TUEL avec Fabrice Luchini, Johnny Hallyday et Guilaine Londez. - À la suite d'un bref coma, un fan absolu de Johnny Hallyday se retrouve dans un univers parallèle où son idole n'existe pas. □ Général ➜ DVD $

JEANNE D'ARC *voir* **Joan of Arc**

JEANNE ET LE GARÇON FORMIDABLE ▷4
[Jeanne and the Perfect Guy]
FR. 1998. Comédie musicale d'Olivier DUCASTEL avec Virginie Ledoyen, Mathieu Demy et Jacques Bonnaffé. - Une jeune standardiste ayant déjà deux amants tombe amoureuse d'un jeune séropositif. □ 13 ans+

JEANNE LA PUCELLE 1: LES BATAILLES ▷3
[Joan the Maid: The Battles]
FR. 1993. Drame historique de Jacques RIVETTE avec Sandrine Bonnaire, André Marcon et Jean-Louis Richard. - En 1428, forte de certaines révélations divines, une jeune campagnarde prend le commandement d'une armée pour aller délivrer Orléans des mains des Anglais. - Fresque minutieuse au style narratif dépouillé. Réalisation simple et austère. Excellente partition musicale. Interprétation terre-à-terre de S. Bonnaire. □ Général

JEANNE LA PUCELLE 2: LES PRISONS ▷3
[Joan the Maid: The Prisons]
FR. 1993. Drame historique de Jacques RIVETTE avec Sandrine Bonnaire, André Marcon et Jean-Louis Richard. - Jeanne d'Arc va combattre l'ennemi anglais en Normandie où elle se fait arrêter puis emprisonner, pour être ensuite abandonnée par son roi et excommuniée par l'Église. - Fresque minutieuse au style narratif dépouillé. Réalisation simple et austère. Excellente partition musicale. Interprétation terre-à-terre de S. Bonnaire. □ Général

JEFFERSON IN PARIS [Jefferson à Paris] ▷4
É.-U. 1995. Drame biographique de James IVORY avec Nick Nolte, Greta Scacchi et Thandie Newton. - À la fin du XVIIIe siècle, l'ambassadeur américain à Paris s'adonne aux plaisirs de la cour et courtise la belle épouse d'un peintre anglais. □ Général ➜ DVD $

JEFFREY ▷4
É.-U. 1995. Comédie de mœurs de Christopher ASHLEY avec Steven Weber, Patrick Stewart et Michael T. Weiss. - Fatigué de vivre avec la peur du sida, un jeune homosexuel décide de mettre un terme à sa vie sexuelle. □ 13 ans+ · Langage vulgaire ➜ DVD $

JELLYFISH [Méduses, Les] ▷4
ISR. 2007. Drame psychologique de Etgar KERET et Shira GEFFEN avec Sarah Adler, Nikol Leidman et Ma-Nenita De Latorre. - À Tel-Aviv, les destins de trois jeunes femmes aux prises avec des difficultés familiales et professionnelles se croisent lors d'un mariage. ➜ DVD $

JENNIFER 8 ▷4
É.-U. 1992. Drame policier de Bruce ROBINSON avec Andy Garcia, Uma Thurman et Lance Henricksen. - Un détective enquête sur une sombre affaire de meurtres en série, dont les victimes sont de jeunes femmes aveugles. □ 13 ans+ ➜ DVD $

JEOPARDY ▷4
E.-U. 1953. Drame de J. STURGES avec Barbara Stanwyck, Barry Sullivan et Ralph Meeker. - Une femme cherche quelqu'un qui puisse dégager son mari coincé sous l'effondrement d'un ponton.

JEREMIAH JOHNSON ▷3
É.-U. 1971. Western de Sydney POLLACK avec Robert Redford, Delle Bolton et Will Geer. - Les expériences d'un trappeur qui s'est installé dans une région sauvage des Rocheuses pour fuir la civilisation. - Style ample fait de grandeur et de simplicité. Évocation d'époque réussie. Admirables paysages d'une sauvage splendeur. R. Redford excellent. □ Général ➜ DVD $

JERICHO MANSIONS [Résidence Jéricho] ▷5
ANG. 2003. Thriller d'Alberto SCIAMMA avec James Caan, Geneviève Bujold et Maribel Verdu. - Le concierge agoraphobe d'un immeuble peuplé d'excentriques est soupçonné du meurtre d'un de ses locataires. ➜ DVD $

JERRY CHEZ LES CINOQUES *voir* **Disorderly Orderly, The**

JERRY MAGUIRE ▷4
É.-U. 1996. Comédie dramatique de Cameron CROWE avec Tom Cruise et Renée Zellweger. - Congédié de l'agence d'athlètes professionnels qui l'employait, un agent ambitieux investit toutes ses énergies dans la carrière d'un jeune joueur de football intraitable. ➜ DVD $

JERUSALEM ▷3
SUÈ. 1996. Chronique de Bille AUGUST avec Maria Bonnevie, Ulf Friberg et Pernilla August. - L'arrivée d'un prédicateur charismatique bouleverse la vie des habitants d'un village suédois au début du XXe siècle. - Saga inspirée d'un roman de Selma Lagerlöf. Style ample et mesuré. Passages d'une grande beauté. Interprétation de qualité. □ Général

JESS FRANCO'S DRACULA *voir* **Nuits de Dracula, Les**

JESSE JAMES ▷4
É.-U. 1939. Western de Henry KING avec Tyrone Power, Henry Fonda et Nancy Kelly. - Spoliés par des profiteurs, les deux fils d'un fermier du Missouri deviennent des hors-la-loi. □ Général ➜ DVD $

JESUS CHRIST SUPERSTAR ▷4
É.-U. 1973. Drame musical de Norman JEWISON avec Ted Neeley, Carl Anderson et Yvonne Elliman. - Évocation des derniers jours de la vie de Jésus sous forme de spectacle musical. □ Général ➜ DVD $

JÉSUS DE MONTRÉAL ▷3
QUÉ. 1989. Drame de Denys ARCAND avec Lothaire Bluteau, Catherine Wilkening et Johanne-Marie Tremblay. - Sollicité par un religieux pour rénover la présentation d'un chemin de croix dramatique, un jeune acteur met au point une version révisée de la passion du Christ. - Intrigue intelligemment construite. Vision critique riche et complexe. Ruptures de ton bien utilisées. Interprétation prenante. □ 13 ans+

JESUS OF NAZARETH [Jésus de Nazareth] ▷3
ANG. 1976. Drame biblique de Franco ZEFFIRELLI avec Robert Powell, Olivia Hussey et James Farentino. - Illustration des principales étapes de la vie du Christ. - Téléfilm à la production somptueuse. Évocation bien située dans le contexte historique. Mise en scène habile et soignée. Quelques libertés sur le plan dramatique. Interprétation de classe. □ Général ➜ DVD $

JESUS' SON ▷4
É.-U. 1999. Drame de mœurs d'Alison MACLEAN avec Billy Crudup, Samantha Morton et Denis Leary. - Durant les années 1970, les tribulations d'un jeune junkie de 20 ans qui ne vit que pour se défoncer. □ 13 ans+ ➜ DVD $

JET PILOT ▷4
É.-U. 1950. Comédie dramatique de Josef VON STERNBERG avec John Wayne, Janet Leigh et Jay C. Flippen. - Les aventures d'une jeune femme pilote venue de Russie atterrir sur une base militaire américaine en Alaska.

JEU D'ENFANT *voir* **Child's Play**

JEU DE L'ANGE, LE *voir* **Favourite Game, The**

JEU DE MASSACRE [Killing Game, The] ▷3
FR. 1966. Comédie satirique d'Alain JESSUA avec Jean-Pierre Cassel, Claudine Auger et Michel Duchaussoy. - Un jeune couple, auteur de bandes dessinées, vient près d'être désuni par la rencontre d'un mythomane riche et oisif. - Œuvre brillante malgré quelques aspects un peu gratuits. Jeu de l'esprit transposé en des images originales. Utilisation expressive de la couleur. Interprètes bien dirigés. □ Général

JEU DU FAUCON, LE *voir* **Falcon and the Snowman, The**

JEUNE ADAM *voir* **Young Adam**

JEUNE EINSTEIN, LE *voir* **Young Einstein**

JEUNE FEMME CHERCHE COLOCATAIRE
voir **Single White Female**

JEUNE FILLE À LA FENÊTRE, UNE ▷4
[Girl at the Window]
QUÉ. 2001. Drame psychologique de Francis LECLERC avec Fanny Mallette, Evelyne Rompré et Hugues Frenette. - Se sachant condamnée par une maladie, une jeune villageoise part étudier le piano à Québec, où elle découvre une vie animée et exaltante. ➜ DVD $

JEUNE FILLE À LA PERLE, LA *voir* **Girl with a Pearl Earring**

JEUNE FILLE ET LA MORT, LA *voir* **Death and the Maiden**

JEUNE FILLE INTERROMPUE *voir* **Girl, Interrupted**

JEUNE MAGICIEN, LE [Young Magician, The] ▷4
CAN. 1986. Comédie fantaisiste de Waldemar DZIKI avec Rusty Jedwab, Edward Garson et Natasza Maraszek. - Un jeune garçon découvre qu'il possède un pouvoir de télékinésie dont il contrôle mal les effets.
□ Général

JEUNE WERTHER, LE ▷3
FR. 1992. Drame de mœurs de Jacques DOILLON avec Ismaël Jolé-Ménébhi, Mirabelle Rousseau et Thomas Brémond. - Des adolescents entreprennent une enquête afin de découvrir les raisons du suicide d'un camarade. - Scénario exprimant admirablement le désarroi des jeunes face à la mort. Propos allégé par un humour salutaire. Mise en scène précise et fluide. Jeunes interprètes criants de naturel.
□ Général

JEUNES ADULTES QUI BAISENT
voir **Young People Fucking**

JEUNES FAUVES, LES *voir* **To Sir, with Love**

JEUNESSE EN FOLIE *voir* **Kitchen Party**

JEUX D'ARTIFICES ▷4
FR. 1987. Comédie dramatique de Virginie THÉVENET avec Myriam David, Gaël Séguin et Ludovic Henry. - À la mort de leur mère, un frère et une sœur sont livrés à eux-mêmes et à leurs fantasmes.
□ Général

JEUX D'ENFANTS ▷4
FR. 2003. Chronique de Yann SAMUELL avec Guillaume Canet, Marion Cotillard et Thibault Verhaeghe. - Une fille et un garçon qui n'osent pas s'avouer leur amour s'amusent au fil des ans à se lancer des défis de plus en plus hasardeux. □ 13 ans+ ➔ DVD$

JEUX D'ESPIONNAGE *voir* **Spy Game**

JEUX D'ESPIONS *voir* **Hopscotch**

JEUX D'ÉTÉ ▷3
SUÈ. 1950. Drame psychologique de Ingmar BERGMAN avec Maj-Britt Nilsson, Birger Malmsten et Alf Kjellin. - Une ballerine revit en pensée les jours heureux du passé. - Œuvre de jeunesse où l'auteur transpose une expérience personnelle. Images d'une grande beauté. Interprétation juste et nuancée. □ 13 ans+

JEUX DE GUERRE *voir* **Wargames**

JEUX DE GUERRE *voir* **Patriot Games**

JEUX INTERDITS [Forbidden Games] ►2
FR. 1952. Drame de René CLÉMENT avec Brigitte Fossey, Georges Poujouly et Lucien Hubert. - Un garçonnet prend sous sa protection une orpheline recueillie par ses parents. - Analyse subtile et pénétrante de l'univers des enfants. Vision critique de la guerre située dans un univers poétique. Remarquable direction des jeunes interprètes.
□ Général ➔ DVD$

JEUX SONT FAITS, LES *voir* **Reindeer Games**

JEWEL OF THE NILE, THE [Diamant du Nil, Le] ▷4
É.-U. 1985. Aventures de Lewis TEAGUE avec Kathleen Turner, Michael Douglas et Spiros Focas. - Un couple, croyant s'emparer d'un magnifique diamant, s'aperçoit que le joyau en question n'est autre qu'un vieux sage emprisonné par un potentat arabe.
□ Général ➔ DVD-BR$ DVD$

JEZEBEL [Insoumise, L'] ▷3
É.-U. 1938. Drame psychologique de William WYLER avec Bette Davis, Henry Fonda et George Brent. - Dans les années 1850, une jeune femme qui a éloigné son fiancé par ses caprices le retrouve dans des circonstances dramatiques. - Somptueuse évocation d'époque. Climat romantique bien dosé. Réalisation soignée et précise. Très bonne interprétation. □ Général ➔ DVD$

JFK ▷3
É.-U. 1991. Drame judiciaire d'Oliver STONE avec Kevin Costner, Sissy Spacek et Joe Pesci. - En 1966, un procureur de La Nouvelle-Orléans ouvre une enquête sur l'assassinat du président John F. Kennedy. - Scénario touffu fondé à la fois sur des faits réels et des hypothèses. Utilisation astucieuse de documents d'archives. Suspense d'une intensité certaine. Interprètes talentueux.
□ 13 ans+ ➔ DVD$ DVD-BR$

JIM THORPE - ALL AMERICAN ▷4
É.-U. 1951. Drame biographique de Michael CURTIZ avec Burt Lancaster, Charles Bickford et Phyllis Thaxter. - Les succès et défaites d'un joueur de football amérindien. □ Général ➔ DVD$

JIMMY CARTER: MAN FROM PLAINS
É.-U. 2007. Jonathan DEMME ➔ DVD$

JIMMY NEUTRON BOY GENIUS ▷4
[Jimmy Neutron: un garçon génial]
É.-U. 2001. Film d'animation de John A. DAVIS - Un garçon surdoué organise le sauvetage des parents de sa ville enlevés par des extraterrestres. ➔ DVD$

JIMMYWORK ▷5
CAN. 2004. Comédie de Simon SAUVÉ avec James G. Weber, Manzur Ahsan Chowdhury et SQ Moshiqur Rahman. - Fatigué de vivre de petites combines, un magouilleur quinquagénaire tente un grand coup sous l'œil inquiet d'un documentariste. □ Général · Déconseillé aux jeunes enfants ➔ DVD$

JINDABYNE ▷4
AUS. 2006. Drame psychologique de Ray LAWRENCE avec Laura Linney, Gabriel Byrne et Deborra-Lee Furness. - Une femme est bouleversée par la négligence de son mari, qui a tardé à rapporter la découverte du cadavre d'une jeune aborigène lors d'un voyage de pêche.
□ Général · Déconseillé aux jeunes enfants ➔ DVD$

JOAN OF ARC ▷4
É.-U. 1948. Drame historique de FLEMING, Victor avec Ingrid Bergman, Jose Ferrer et Francis L. Sullivan. - Une simple paysanne devient chef de guerre pour répondre à une inspiration céleste.

JOAN OF ARC [Jeanne d'Arc] ▷4
É.-U. 1999. Drame historique de Christian DUGUAY avec Leelee Sobieski, Chad Willett et Jacqueline Bisset. - Au XVe siècle, une simple paysanne prend la tête de l'armée française au nom de Dieu afin de combattre l'occupant anglais. □ Général ➔ DVD$

JOAN THE MAID: THE BATTLES
voir **Jeanne La Pucelle 1: les batailles**

JOAN THE MAID: THE PRISONS
voir **Jeanne La Pucelle 2: les prisons**

JOAN THE WOMAN
É.-U. 1917. Cecil B. DEMILLE □ Général ➔ DVD$

JOB, THE *voir* **Emploi, L'**

JODY ET LE FAON *voir* **Yearling, The**

JOE ▷4
É.-U. 1970. Drame psychologique de John G. AVILDSEN avec Dennis Patrick, Peter Boyle et Susan Sarandon. - Un ouvrier gueulard se lie d'amitié avec un homme qui vient de tuer un hippie dans un moment de colère. □ 13 ans+ · Violence ➔ DVD$

JOE GOULD'S SECRET ▷4
É.-U. 2000. Drame biographique réalisé et interprété par Stanley TUCCI, avec Ian Holm et Hope Davis. - Dans les années 1940, un journaliste du New Yorker devient le biographe d'un excentrique sans-abri aux ambitions littéraires. ➔ DVD$

JOE KIDD ▷4
É.-U. 1972. Western de John STURGES avec Clint Eastwood, Robert Duvall et John Saxon. - Un rancher engagé dans une expédition punitive contre des Mexicains finit par s'allier à ceux-ci.
□ Général ➔ DVD$

JOE LOUIS STORY, THE ▷4
E.-U. 1953. Drame biographique de R. GORDON avec Coley Wallace, Paul Stewart et Hilda Simms. - La carrière tumultueuse du célèbre boxeur Joe Louis. □ Général

JOE VERSUS THE VOLCANO [Joe contre le volcan] ▷4
É.-U. 1990. Comédie fantaisiste de John Patrick SHANLEY avec Tom Hanks, Meg Ryan et Lloyd Bridges. - Un homme détestant son travail et n'ayant plus que six mois à vivre reçoit la visite d'un excentrique milliardaire qui lui offre de terminer sa vie sur un coup d'éclat.
□ Général ➔ DVD$

JOE'S SO MEAN TO JOSEPHINE ▷4
CAN. 1996. Drame psychologique de Peter WELLINGTON avec Eric Thal, Sarah Polley et Don McKellar. - Une jeune étudiante en journalisme et un beau ténébreux vivent une relation sentimentale tumultueuse.
□ 13 ans+

JOFROI ▷4
FR. 1934. Comédie de Marcel PAGNOL avec Vincent Scotto, Henri Poupon et Annie Toinon. - Un paysan est bouleversé à la pensée qu'on doit abattre les arbres de son verger. □ Général

JOHAN
FR. 1976. Philippe VALLOIS ➔ DVD$

JOHN AND JULIE [Voyageur sans billet, Le] ▷4
ANG. 1954. Comédie de William FAIRCHILD avec Colin Gibson, Lesley Dudley et Constance Cummings. - Deux enfants font l'école buissonnière pour assister au couronnement de la reine.

JOHN AND MARY ▷4
É.-U. 1969. Drame sentimental de Peter YATES avec Mia Farrow, Dustin Hoffman et Michael Tolan. - Deux jeunes gens apprennent à s'aimer après une aventure d'une nuit. ➔ DVD$

JOHN AND THE MISSUS [Exil déchirant, L'] ▷4
CAN. 1986. Drame social réalisé et interprété par Gordon PINSENT avec Jackie Burroughs et Randy Follett. - Au début des années 1960, un Terre-Neuvien refuse de quitter son village lorsque la mine de cuivre où il travaillait s'apprête à fermer. □ Général

JOHN CARPENTER'S VAMPIRES ▷5
É.-U. 1997. Drame d'horreur de John CARPENTER avec James Woods, Daniel Baldwin et Sheryl Lee. - Un chasseur de vampires et son équipe affrontent un redoutable buveur de sang âgé de 600 ans.
□ 16 ans+ · Horreur ➔ DVD$

JOHN MCCABE *voir* **McCabe & Mrs. Miller**

JOHNNY BELINDA ▷4
É.-U. 1948. Drame de mœurs de Jean NEGULESCO avec Jane Wyman, Lew Ayres et Charles Bickford. - Un médecin s'intéresse au sort d'une jeune sourde-muette devenue mère après avoir été violée. ➔ DVD$

JOHNNY CURE-DENT [Johnny Stecchino] ▷5
ITA. 1991. Comédie policière réalisée et interprétée par Roberto BENIGNI avec Nicoletta Braschi et Paolo Bonacelli. - Un pauvre mal-aimé est confondu avec un mafioso repenti à qui toute la Sicile veut faire la peau. □ Général

JOHNNY ENGLISH ▷5
ANG. 2003. Comédie satirique de Peter HOWITT avec Rowan Atkinson, Natalie Imbruglia et John Malkovich. - Un agent secret timide et maladroit tente de déjouer les plans d'un riche Français qui rêve d'usurper le trône d'Angleterre. □ Général ➔ DVD$

JOHNNY GOT HIS GUN [Johnny s'en va-t-en guerre] ▷3
É.-U. 1971. Drame social de Dalton TRUMBO avec Timothy Bottoms, Jason Robards et Diane Varsi. - Un soldat dont les bras, les jambes et le visage ont été emportés par une bombe est maintenu en vie dans un hôpital militaire. - Sujet nettement antibelliciste. Traitement poignant d'un cas pathétique. Quelques envolées imaginatives un peu hors contexte. Interprétation sobre. □ 13 ans+ ➔ DVD$

JOHNNY GUITAR ►2
É.-U. 1954. Western de Nicholas RAY avec Sterling Hayden, Joan Crawford et Scott Brady. - Grâce à un ancien amoureux, la propriétaire d'un saloon réussit à l'emporter sur une ennemie. - Classique du western. Approche originale du genre. Climat dramatique très réussi. Réalisation d'une grande maîtrise. Forte interprétation. □ Général

JOHNNY MNEMONIC ▷5
CAN. 1995. Science-fiction de Robert LONGO avec Keanu Reeves, Dolph Lundgren et Takeshi. - En 2021, un jeune courrier entreprend une mission périlleuse consistant à transporter une formule secrète implantée dans son cerveau. □ 13 ans+ · Violence ➔ DVD$

JOHNNY STECCHINO *voir* **Johnny cure-dent**

JOHNNY SUEDE ▷5
É.-U. 1991. Comédie dramatique de Tom DiCILLO avec Brad Pitt, Calvin Levels et Alison Moir. - Les tribulations sentimentales d'un jeune excentrique qui rêve de devenir vedette de rock'n roll. □ 13 ans+

JOLIE FEMME, UNE *voir* **Pretty Woman**

JOLSON STORY, THE ▷4
É.-U. 1946. Drame biographique d'Alfred E. GREEN avec Larry Parks, Evelyn Keyes et William Demarest. - La vie du célèbre chanteur de jazz Al Jolson. ➔ DVD$

JONAS QUI AURA 25 ANS EN L'AN 2000 ▷3
[Jonah Who Will Be 25 in the Year 2000]
SUI. 1976. Comédie de mœurs d'Alain TANNER avec Jean-Luc Bideau, Jacques Denis et Miou-Miou. - À Genève, les circonstances mettent en contact divers jeunes gens d'esprit contestataire. - Étude primesautière de problèmes contemporains. Ton ironique. Effets de distanciation. □ Général

JONATHAN LIVINGSTON SEAGULL ▷3
[Jonathan Livingston le Goéland]
É.-U. 1973. Conte de Hall BARTLETT. - Les rêves et les exploits d'un goéland désireux de se livrer à des choses plus importantes que la chasse quotidienne pour la survie.- Adaptation du livre de Richard Bach. Illustration riche. Certains développements un peu lents. Amples paysages marins. Envolées lyriques. □ Général ➔ DVD$

JOSEPH ANDREWS ▷4
[Aventures amoureuses de Joseph Andrews, Les]
ANG. 1976. Comédie de mœurs de Tony RICHARDSON avec Peter Firth, Ann-Margret et Michael Hordern. - Un jeune valet convoité par la femme de son maître est entraîné dans de folles aventures.

JOSÉPHA ▷4
FR. 1981. Comédie dramatique de Christopher FRANK avec Miou-Miou, Claude Brasseur et Bruno Cremer. - Les difficultés professionnelles et sentimentales d'un couple de comédiens. □ Général

JOSEY WALES, HORS-LA-LOI *voir* **Outlaw Josey Wales, The**

JOSHUA ▷4
É-U. 2007. Thriller de George RATLIFF avec Sam Rockwell, Jacob Kogan et Vera Farmiga. - Troublé par la naissance de sa petite sœur, un garçon surdoué adopte un comportement qui inquiète ses parents. □ 13 ans+ ➔ DVD$

JOSHUA THEN AND NOW [Joshua, hier et aujourd'hui] ▷4
CAN. 1985. Comédie dramatique de Ted KOTCHEFF avec James Woods, Gabrielle Lazure et Alan Arkin. - À l'occasion d'une crise familiale, un écrivain se remémore les étapes de sa carrière. □ 13 ans+

JOSHUA, HIER ET AUJOURD'HUI
voir **Joshua Then and Now**

JOUE-LA COMME BECKHAM *voir* **Bend it Like Beckham**

JOUER AVEC LA MORT *voir* **Game, The**

JOUER DUR *voir* **Hard Way, The**

JOUET, LE ▷4
FR. 1976. Comédie satirique de Francis VEBER avec Pierre Richard, Michel Bouquet et Fabrice Gréco. - Un journaliste doit accepter de se soumettre aux caprices du jeune fils de son patron qui l'a choisi comme «jouet». □ Général ➔ DVD$

JOUET DANGEREUX, UN ▷4
ITA. 1978. Drame psychologique de Giuliano MONTALDO avec Nino Manfredi, Marlène Jobert et Vittorio Mezzogiorno. - Un comptable se passionne pour les armes et l'auto-défense après avoir été blessé dans un hold-up.

JOUETS *voir* **Toys**

JOUEUR, LE ▷4
FR. 1958. Drame psychologique de Claude AUTANT-LARA avec Gérard Philipe, Liselotte Pulver et Françoise Rosay. - Après des déboires amoureux, un jeune homme se livre à la passion du jeu. □ Général

JOUJOU, LE *voir* **Toy, The**

JOUR «S...», LE ▷4
QUÉ. 1984. Comédie dramatique de Jean-Pierre LEFEBVRE avec Pierre Curzi, Marie Tifo et Marcel Sabourin. - Au cours d'une journée, un éditeur quadragénaire vit divers incidents lui rappelant les étapes de sa vie dans un contexte québécois en changement. □ Général

JOUR AVANT LE LENDEMAIN, LE *voir* **Before Tomorrow**

JOUR DE COLÈRE [Day of Wrath] ►1
DAN. 1942. Drame de Carl Theodor DREYER avec Thorkild Roose, Lisbeth Movin et Preben Lerdorff. - Ayant provoqué la mort de son mari, une femme est accusée de sorcellerie. - Œuvre d'une valeur exceptionnelle. Beauté plastique des images. Interprétation remarquable. □ Général

JOUR DE FÊTE ▷3
FR. 1949. Comédie réalisée et interprétée par Jacques TATI avec Guy Decomble et Paul Frankeur. - Un facteur s'efforce tant bien que mal de donner un coup de main à des forains pour les préparatifs d'une fête de village. - Premier long métrage de J. Tati restauré avec les négatifs couleurs originaux. Gags visuels efficaces. Notations de mœurs amusantes. Personnage central cocasse. □ Général

JOUR DE FORMATION *voir* **Training Day**

JOUR DE LA MARMOTTE, LE *voir* **Groundhog Day**

JOUR DU DAUPHIN, LE *voir* **Day of the Dolphin, The**

JOUR LE PLUS LONG, LE *voir* **Longest Day, The**

JOUR OÙ LA TERRE S'ARRÊTA, LE
voir **Day the Earth Stood Still, The**

JOUR SE LÈVE, LE ►2
FR. 1939. Drame de Marcel CARNÉ avec Jean Gabin, Arletty et Jules Berry. - Un ouvrier est poussé au désespoir quand il apprend l'infidélité de celle qu'il aime. - Film de classe. Excellente photographie. Beaucoup de rythme. Interprétation puissante. □ Général

JOURNAL D'UN CURÉ DE CAMPAGNE, LE ►1
[Diary of a Country Priest]
FR. 1950. Drame religieux de Robert BRESSON avec Claude Laydu, Armand Guibert et Nicole Ladmiral. - Le ministère difficile d'un jeune curé pauvre et malade. - Adaptation fidèle du roman de Georges Bernanos. Réalisation sobre, soignée, au rythme méditatif. Jeu admirablement contrôlé des comédiens. □ Général → DVD$

JOURNAL D'UNE FEMME DE CHAMBRE, LE ▷3
[Diary of a Chambermaid]
FR. 1964. Drame de mœurs de Luis BUÑUEL avec Jeanne Moreau, George Géret et Michel Piccoli. - Une femme s'engage comme domestique chez des gens au comportement bizarre. - Adaptation d'un roman d'Octave Mirbeau. Riche observation de mœurs. Beauté formelle. Mise en scène d'une grande précision. Ton de satire accentué. J. Moreau excellente. □ 13 ans+

JOURNAL D'UNE FILLE PERDUE [Diary of a Lost Girl]
ALL. 1929. Georg Wilhelm PABST □ Général → DVD$

JOURNAL D'UNE NANNY, LE *voir* **Nanny Diaries**

JOURNAL DE BRIDGET JONES, LE
voir **Bridget Jones's Diary**

JOURNAL DE KNUD RASMUSSEN, LE ▷4
[Journals of Knud Rasmussen, The]
CAN. 2006. Chronique de Zacharias KUNUK et Norman COHN avec Pakak Innukshuk, Leah Angutimarik et Jens Jorn Spottag. - En 1922, des explorateurs danois se rendent dans l'Arctique canadien, où ils se lient d'amitié avec un chamane et sa famille. □ Général → DVD$

JOURNAL DE LADY M., LE ▷5
SUI. 1993. Drame d'Alain TANNER avec Myriam Mézières, Juanjo Puligcorbé et Félicité Wouassi. - Après avoir découvert que son amant est père de famille, une chanteuse de cabaret lui suggère de venir habiter chez elle avec sa femme et ses enfants.
□ 16 ans+ · Érotisme

JOURNAL INTIME [Caro diario] ▷3
ITA. 1993. Film à sketches réalisé et interprété par Nanni MORETTI avec Renato Carpentieri et Antonio Neiwiller. - Trois épisodes dans la vie d'un cinéaste romain. - Tableau vivant et personnel de l'Italie contemporaine. Œuvre attachante et sereine. Traitement varié allant de la fantaisie à la satire. Musique irrésistible. N. Moretti fort à l'aise.
□ Général

JOURNAL, LE *voir* **Paper, The**

JOURNALS OF KNUD RASMUSSEN, THE
voir **Journal de Knud Rasmussen, Le**

JOURNÉE D'IVAN DENISSOVICH, UNE
voir **One Day in the Life of Ivan Denisovich**

JOURNÉE EN TAXI, UNE ▷5
QUÉ. 1981. Comédie dramatique de Robert MÉNARD avec Jean Yanne, Gilles Renaud et Michel Forget. - L'amitié progressive entre un chauffeur de taxi et un prisonnier libéré pour trente-six heures.

JOURNEY, THE
IND. 2004. Ligy J. PULLAPPALLY → DVD$

JOURNEY FOR MARGARET ▷4
É.-U. 1942. Drame de guerre de W.S. VAN DYKE II avec Robert Young, Laraine Day et Margaret O'Brien. - Un correspondant de presse et sa femme s'attachent à deux enfants victimes des bombardements.
□ Général

JOURNEY INTO FEAR ▷4
É.-U. 1943. Drame d'espionnage de Norman FOSTER avec Joseph Cotten, Dolores Del Rio et Orson Welles. - Pendant un voyage en Turquie, un Américain est poursuivi par des agents allemands.

JOURNEY OF HOPE *voir* **Voyage vers l'espoir**

JOURNEY OF NATTY GANN, THE [Natty Gann] ▷4
É.-U. 1985. Aventures de Jeremy KAGAN avec Meredith Salenger, Ray Wise et John Cusack. - Dans les années 1930, une fillette aux allures de garçon décide de traverser les États-Unis pour rejoindre son père.

JOURNEY TO KAFIRISTAN
ALL. 2001. Donatello DUBINI, Fosco DUBINI → DVD$

JOURNEY TO THE CENTER OF THE EARTH ▷4
É.-U. 1959. Science-fiction de Henry LEVIN avec Pat Boone, James Mason et Arlene Dahl. - Un professeur d'université veut parvenir au centre de la Terre en passant par un volcan éteint. → DVD$

JOURNEY TO THE CENTER OF THE EARTH ▷5
É.-U. 2007. Science-fiction d'Eric Brevig avec Brendan Fraser, Josh Hutcherson et Anita Briem. - Alors qu'ils enquêtent sur un phénomène géosismique, un scientifique américain, son neveu et leur guide se retrouvent piégés au centre de la Terre.
□ Général · Déconseillé aux jeunes enfants → DVD$

JOURNEY TO THE SUN [Voyage vers le soleil] ▷4
TUR. 1999. Drame de mœurs de Yesim USTAOGLU avec Newroz Baz, Nazmi Qirix et Mizgin Kapazan. - À travers son amitié avec un jeune vendeur de la rue, un employé de la voirie d'Istanbul découvre la répression dont sont victimes les Kurdes. → DVD$

JOURNEY TO THE WESTERN XIA EMPIRE
CHI. 1997. Lu WEI

JOURS DE TONNERRE *voir* **Days of Thunder**

JOURS SOMBRES *voir* **Dark Days**

JOURS TRANQUILLES À CLICHY ▷5
[Quiet Days in Clichy]
FR. 1989. Comédie dramatique de Claude CHABROL avec Andrew McCarthy, Nigel Havers et Stéphanie Cotta. - Un écrivain américain se remémore les aventures qu'il a vécues à Paris dans les années 1930 avec un photographe et une aguichante adolescente. □ 13 ans+

JOY HOUSE *voir* **Félins, Les**

JOY LUCK CLUB, THE [Club de la chance, Le] ▷3
É.-U. 1993. Chronique de Wayne WANG avec Tsai Chin, Kieu Chinh et Lisa Lu. - Les tribulations de quatre femmes chinoises qui traversent diverses épreuves dans leur pays d'origine avant d'immigrer aux États-Unis. - Scénario fluide et captivant divisé en sketches. Ensemble touchant. Mise en scène soignée mettant en valeur d'excellentes comédiennes. □ Général → DVD$

JOY RIDE [Virée d'enfer] ▷4
É.-U. 2001. Thriller de John DAHL avec Steve Zahn, Paul Walker et Leelee Sobieski. - Deux frères vivent un véritable cauchemar après avoir joué une mauvaise plaisanterie à un mystérieux camionneur.
□ 13 ans+ → DVD$

JOYEUSE PARADE, LA
voir **There's No Business Like Show Business**

JOYEUSES FUNÉRAILLES *voir* **Death at a Funeral**

JOYEUX CALVAIRE [Poverty and Other Delights] ▷4
QUÉ. 1996. Drame de mœurs de Denys ARCAND avec Gaston Lepage, Benoît Brière et Chantal Baril. - Tout en déambulant dans Montréal, deux clochards se racontent des anecdotes et rencontrent plusieurs personnages excentriques. □ 13 ans+

JOYEUX NOËL ▷3
FR. 2005. Drame de guerre de Christian CARION avec Diane Kruger et Benno Fürmann. - En 1914, à la veille de Noël dans les tranchées, trois régiments, français, écossais et allemands, décrètent une trêve et fraternisent. - Fable antimilitariste librement inspirée de faits réels. Scénario attachant truffé de détails évocateurs. Traitement pittoresque agrémenté de touches lyriques. Illustration soignée. Interprétation de qualité. □ Général · Déconseillé aux jeunes enfants → DVD$

JOYLESS STREET *voir* **Rue sans joie, La**

JOYRIDE
É.-U. 1977. Joseph RUBEN → DVD$

JU-DOU ▷3
CHI. 1990. Drame de mœurs de Yimou ZHANG avec Gong Li, Li Baotian et Li Wei. - Le neveu adoptif d'un vieux teinturier s'éprend de la jeune épouse maltraitée de ce dernier. - Évocation fascinante et détaillée de traditions oubliées. Drame âpre et cruel. Illustration soignée. Interprétation soutenue de G. Li. □ Général

JU-ON: THE GRUDGE [Grudge, The] ▷4
É.-U. 2004. Drame d'horreur de Takashi SHIMIZU avec Sarah Michelle Gellar, Jason Behr et KaDee Strickland. - À Tokyo, des phénomènes mystérieux se produisent dans une maison où un mari jaloux a tué sa femme et son enfant. ➜ DVD$

JUAREZ ▷4
É.-U. 1939. Drame historique de William DIETERLE avec Paul Muni, Bette Davis et Brian Aherne. - Un homme politique mexicain mène la résistance contre un souverain imposé par des puissances étrangères.

JUBAL
É.-U. 1956. Delmer DAVES ➜ DVD$

JUBILEE
ANG. 1977. Derek JARMAN □ 16 ans+ ➜ DVD$

JUDE ▷4
É.-U. 1996. Mélodrame de Michael WINTERBOTTOM avec Christopher Eccleston, Kate Winslet et Liam Cunningham. - Dans l'Angleterre de la fin du XIXe siècle, un aspirant universitaire vit un amour passionné et scandaleux avec sa cousine. □ 13 ans+

JUDEX
FR. 1916. Louis FEUILLADE ➜ DVD$

JUDGMENT AT NUREMBERG ▷3
É.-U. 1961. Drame social de Stanley E. KRAMER avec Spencer Tracy, Richard Widmark et Maximilian Schell. - Histoire romancée d'un procès intenté par les Américains aux dirigeants nazis. - Œuvre forte et honnête. Style sobre et concis. Texte d'une grande intelligence. Distribution remarquable. □ Général ➜ DVD$

JUDGMENT NIGHT [Nuit du jugement, La] ▷4
É.-U. 1993. Drame policier de Stephen HOPKINS avec Emilio Estevez, Cuba Gooding Jr. et Denis Leary. - Quatre amis qui se sont égarés dans un quartier industriel sont pris en chasse par des tueurs après avoir été témoins d'un meurtre. □ 13 ans+ · Violence ➜ DVD$

JUDY BERLIN ▷4
É.-U. 1998. Comédie dramatique d'Eric MENDELSOHN avec Edie Falco, Aaron Harnick et Barbara Barrie. - Alors qu'une éclipse solaire plonge leur petite ville dans la pénombre, quelques individus en crise font le point sur leur existence. □ Général ➜ DVD$

JUGÉ COUPABLE *voir* **True Crime**

JUGE ET HORS-LA-LOI
voir **Life and Times of Judge Roy Bean**

JUGE ET L'ASSASSIN, LE ▷3
FR. 1976. Drame social de Bertrand TAVERNIER avec Philippe Noiret, Michel Galabru et Jean-Claude Brialy. - À la fin du XIXe siècle, un juge d'instruction circonvient un assassin pour faire progresser sa carrière. - Tableau complexe et critique de l'époque. Progression intelligente et vigoureuse. Interprétation remarquable. □ 13 ans+

JUGE FAYARD DIT «LE SHÉRIF», LE ▷4
FR. 1977. Drame policier de Yves BOISSET avec Patrick Dewaere, Aurore Clément et Philippe Léotard. - Un juge d'instruction tente de démanteler une bande avec laquelle sont acoquinés des politiciens.

JUGGERNAUT ▷4
ANG. 1974. Drame policier de Richard LESTER avec Richard Harris, Omar Sharif et David Hemmings. - Un inconnu place des bombes à bord d'un paquebot et réclame une rançon au directeur de la ligne transatlantique. □ Général ➜ DVD$

JUICE ▷4
É.-U. 1992. Drame social d'Ernest R. DICKERSON avec Omar Epps, Khalil Kain et Jermaine Hopkins. - Un adolescent de Harlem participe avec des copains à un hold-up qui a des conséquences tragiques. □ 13 ans+ ➜ DVD$

JULES DE LONDRES
voir **Wrong Arm of The Law, The**

JULES ET JIM ►1
FR. 1961. Drame sentimental de François TRUFFAUT avec Jeanne Moreau, Oskar Werner et Henri Serre. - Deux amis aiment la même femme qui répond à l'amour de chacun d'eux. - Adaptation brillante du roman d'Henri-Pierre Roché. Curieux mélange d'amertume et de désinvolture. Montage audacieux. Mise en scène inventive. Œuvre importante de la Nouvelle Vague. Excellente interprétation. □ Général ➜ DVD$

JULIA ▷3
É.-U. 1977. Drame psychologique de Fred ZINNEMANN avec Jane Fonda, Vanessa Redgrave et Jason Robards. - Une dramaturge retrouve une amie de jeunesse engagée dans la résistance anti-nazie. - Scénario tiré d'un livre autobiographique de Lillian Hellman. Mélange habile de réalisme et d'art. Excellente interprétation. □ Général ➜ DVD$

JULIA AND JULIA ▷4
ITA. 1987. Drame psychologique de Peter DEL MONTE avec Kathleen Turner, Gabriel Byrne et Sting. - La vie d'une veuve bascule brusquement dans une autre dimension où elle vit l'existence qu'elle aurait eue si son mari n'était pas mort six ans auparavant. □ 13 ans+

JULIAN PO ▷4
É.-U. 1997. Comédie dramatique d'Alan WADE avec Christian Slater, Robin Tunney et Michael Parks. - Retenu dans un bled perdu par une panne de voiture, un comptable dépressif aux tendances suicidaires devient le centre d'attraction des habitants. ➜ DVD$

JULIE EN JUILLET [In July] ▷4
ALL. 2000. Comédie sentimentale de Fatih AKIN avec Moritz Bleibtreu, Christiane Paul et Mehmet Kurtulus. - Flanqué d'une compagne de voyage secrètement amoureuse de lui, un jeune professeur fait le trajet Hambourg-Istanbul pour rejoindre une femme dont il est épris. □ Général ➜ DVD$

JULIE WALKING HOME ▷5
CAN. 2001. Drame d'Agnieszka HOLLAND avec Miranda Otto, William Fichtner et Lothaire Bluteau. - Accompagnée de son fils cancéreux, une jeune Canadienne part à la rencontre d'un guérisseur russe résidant en Pologne. □ Général · Déconseillé aux jeunes enfants

JULIETTE DES ESPRITS [Juliet of the Spirits] ►2
ITA. 1965. Drame psychologique de Federico FELLINI avec Giulietta Masina, Sandra Milo et Mario Pisu. - Se sentant négligée par son mari, une femme se laisse aller à des visions fantastiques. - Style flamboyant. Opulence visuelle remarquable où abondent les images baroques. Réalisation d'une grande souplesse. Rôle plutôt effacé de la protagoniste. □ 13 ans+ ➜ DVD$

JULIETTE ET JULIETTE ▷5
FR. 1973. Comédie de mœurs de Rémo FORLANI avec Annie Girardot, Marlène Jobert et Pierre Richard. - Venant de milieux différents, deux femmes se rencontrent, sympathisent et fondent un magazine féministe.

JULIUS CAESAR ▷3
É.-U. 1953. Drame historique de Joseph Leo MANKIEWICZ avec Marlon Brando, James Mason et John Gielgud. - À Rome, en l'an 44 avant J.-C., des sénateurs, inquiets de la puissance de César, décident de l'assassiner. - Scénario fidèle au texte de Shakespeare. Réalisation habile. Admirable dialogue servi par d'excellents interprètes. □ Général ➜ DVD$

JULIUS CAESAR ▷5
É.-U. 1970. Drame historique de Stuart BURGE avec Charlton Heston, Jason Robards et Richard Johnson. - Après avoir participé à l'assassinat de César, Brutus doit affronter Marc-Antoine et Octave. □ Général

JUMANJI ▷4
É.-U. 1995. Drame fantastique de Joe JOHNSTON avec Robin Williams, Bonnie Hunt et Kirsten Dunst. - En jouant à un jeu de dés aux pouvoirs surnaturels, des enfants libèrent dans notre monde des créatures fantastiques. □ Général ➜ DVD$

JUMEAU, LE ▷5
FR. 1984. Comédie de Yves ROBERT avec Pierre Richard, Carey More et Camilla More. - Pour faire la cour à deux jumelles, un séducteur s'invente un frère jumeau. □ Général

JUMENT-VAPEUR, LA ▷5
FR. 1978. Comédie dramatique de Joyce BUÑUEL avec Carole Laure, Pierre Santini et Liliane Roveyre. - Après sept ans de mariage, une épouse insatisfaite tente de résister aux avances d'un architecte. □ Général

JUMPIN' JACK FLASH ▷5
É.-U. 1986. Comédie policière de Penny MARSHALL avec Whoopi Goldberg, Stephen Collins et John Wood. - Après avoir capté sur son ordinateur un message d'un agent secret britannique, une employée de banque est traquée par des tueurs. □ Général ➜ DVD$

JUNE BRIDE ▷4
É.-U. 1948. Comédie sentimentale de Bretaigne WINDUST avec Bette Davis, Robert Montgomery et Fay Bainter. - Deux journalistes tentent de faire un reportage sur un mariage typiquement américain.

JUNE NIGHT
SUÈ. 1940. Per LINDBERG □ Général

JUNEBUG ▷4
É.-U. 2004. Drame psychologique de Phil MORRISON avec Embeth Davidtz, Amy Adams et Alessandro Nivola - La directrice d'une galerie d'art de Chicago est accueillie avec suspicion par la famille de son jeune époux originaire de la Caroline du Nord. ➜ DVD $

JUNGLE BOOK ▷4
É.-U. 1942. Aventures de Zoltan KORDA avec Sabu, Patricia O'Rourke et Joseph Calleia. - Trois hommes essaient de s'emparer d'un trésor qu'un enfant sauvage a découvert. □ Général

JUNGLE BOOK, THE [Livre de la jungle, Le] ▷4
É.-U. 1967. Dessins animés de Wolfgang REITHERMAN. - Une panthère au bon cœur découvre un bébé abandonné dans la jungle et le confie à une louve pour qu'elle l'élève. □ Général ➜ DVD $

JUNGLE BOOK, THE [Livre de la jungle, Le] ▷4
É.-U. 1994. Aventures de Stephen SOMMERS avec Jason Scott Lee, Cary Elwes et Lena Headey. - En voulant retrouver celle qu'il aime, un garçon qui a grandi parmi les animaux sauvages de la jungle entre en lutte avec un militaire anglais. □ Général

JUNGLE FEVER ▷4
É.-U. 1991. Drame de mœurs de Spike LEE avec Wesley Snipes, Annabella Sciorra et John Turturro. - L'idylle entre un architecte de race noire et sa jeune secrétaire italo-américaine a des conséquences néfastes sur la vie de l'un et de l'autre. □ 13 ans+ ➜ DVD $

JUNIOR BONNER ▷3
É.-U. 1972. Étude de mœurs de Sam PECKINPAH avec Steve McQueen, Robert Preston et Ida Lupino. - Un champion de rodéos revient dans sa ville natale à l'occasion d'une compétition. - Regard sympathique sur l'Ouest contemporain. Observations intéressantes. Mise en scène souple. Interprétation convaincante. □ Général ➜ DVD $

JUNIPER TREE, THE ▷4
SUÈ. 1990. Drame de Nietzchka KEENE avec Björk Gudmundsdottir, Bryndis Petra Bragadottir et Valdimar Orn Flygenring. - Au Moyen Âge, après que sa mère ait été brûlée pour sorcellerie, une Islandaise va vivre avec son nouvel époux et son beau-fils. □ 13 ans+ ➜ DVD $

JUNIPER TREE, THE
voir **Piège d'Issoudun, Le**

JUNK MAIL ▷3
NOR. 1997. Comédie dramatique de Pal SLETAUNE avec Robert Skjaerstad, Andrine Saether et Per Egil Aske. - Un facteur minable s'immisce dans l'intimité d'une jeune femme sourde mêlée à un vol qui a mal tourné. - Univers glauque dépeint à l'aide de trouvailles drolatiques ou insolites. □ 13 ans+

JUNO ▷3
É.-U. 2007. Comédie dramatique de Jason REITHMAN avec Ellen Page, Michael Cera et Jennifer Garner. - Une jeune fille tombée enceinte par inadvertance décide de trouver des parents adoptifs pour l'enfant qu'elle porte. - Portrait sensible et touchant d'une adolescente irrévérencieuse. Dialogues mordants. Virages dramatiques bien amenés. Réalisation vivante et colorée. E. Page irrésistible.
□ Général ➜ DVD $ DVD-BR $

JUNO AND THE PAYCOCK
ANG. 1929. Alfred HITCHCOCK □ Général

JUPON ROUGE, LE ▷4
FR. 1986. Drame psychologique de Geneviève LEFEBVRE avec Marie-Christine Barrault, Alida Valli et Guillemette Grobon. - Les relations sentimentales tourmentées entre trois femmes d'âges différents.
□ Général

JURASSIC PARK [Parc Jurassique, Le] ▷3
É.-U. 1993. Science-fiction de Steven SPIELBERG avec Sam Neill, Laura Dern et Richard Attenborough. - Grâce au clônage, un promoteur réussit à peupler une île déserte de dinosaures en vue d'en faire un parc d'attractions. - Adaptation nerveuse et inventive d'un roman de Michael Crichton. Touches d'humour et d'ironie. Trucages étonnants. Interprétation sensible et énergique. □ Général ➜ DVD $

JURASSIC PARK: THE LOST WORLD ▷4
[Monde perdu: Jurassic Park, Le]
É.-U. 1997. Aventures de Steven SPIELBERG avec Jeff Goldblum, Julianne Moore et Pete Postlethwaite. - Deux expéditions rivales se rendent dans une île peuplée de dinosaures. □ 13 ans+ ➜ DVD $

JURASSIC PARK III [Parc Jurassique III, Le] ▷5
É.-U. 2001. Science-fiction de Joe JOHNSTON avec Sam Neill, William H. Macy et Tea Leoni. - Un couple recrute un paléontologue pour retrouver son fils disparu dans une île peuplée de dinosaures.
□ Général ➜ DVD $

JURY OF ONE *voir* **Verdict**

JUSQU'AU BOUT DU MONDE
voir **Until the End of the World**

JUSQU'AU CŒUR ▷4
QUÉ. 1968. Comédie satirique de Jean-Pierre LEFEBVRE avec Robert Charlebois, Claudine Monfette et Pierre Dufresne. - La société entreprend de réformer un jeune bohème. ➜ DVD $

JUST ADD WATER ▷4
É.-U. 2007. Comédie de Hart BOCHNER avec Dylan Walsh, Tracy Middendorf et Danny DeVito. - La vie d'une petite communauté est chamboulée lorsque l'approvisionnement en eau est coupé.
➜ DVD $

JUST LIKE HEAVEN [Et si c'était vrai] ▷4
É.-U. 2005. Comédie sentimentale de Mark WATERS avec Reese Witherspoon, Mark Ruffalo et Dina Waters. - Un veuf dépressif découvre dans son nouvel appartement le spectre d'une jeune femme ayant été victime d'un accident de voiture. □ Général ➜ DVD $

JUSTE POUR LE FUN *voir* **Fun**

JUSTICE AU CŒUR, LA *voir* **Sling Blade**

JUSTICE POUR TOUS *voir* **And Justice for All**

JUSTICIER HORS-LA-LOI *voir* **Stander**

K ▷4
FR. 1997. Drame policier d'Alexandre ARCADY avec Patrick Bruel, Isabella Ferrari et Marthe Keller. - Un policier français enquête à Berlin sur un Allemand qu'un vieil ami juif avait abattu avant de mourir de façon suspecte. □ 13 ans+

K-19: THE WIDOWMAKER ▷4
[K-19: terreur sous la mer]
É.-U. 2002. Drame de guerre de Kathryn BIGELOW avec Harrison Ford, Liam Neeson et Peter Sarsgaard. - En 1961, une fuite dans le réacteur d'un sous-marin soviétique menace de provoquer une fusion nucléaire aux conséquences catastrophiques.
□ Général · Déconseillé aux jeunes enfants → DVD $

K-PAX [K-pax l'homme qui vient de loin] ▷4
É.-U. 2001. Drame fantastique de Iain SOFTLEY avec Kevin Spacey, Jeff Bridges et Mary McCormack. - Dans un institut psychiatrique, un patient cherche à convaincre son médecin traitant qu'il est un extraterrestre sur le point de retourner sur sa planète. → DVD $

KABLOONAK ▷4
CAN. 1994. Drame biographique de Claude MASSOT avec Charles Dance, Adamie Inukpuk et Seporah Q. Ungalaq. - En 1920, un cinéaste passe plusieurs mois en compagnie d'un chasseur inuit et de sa famille. □ Général

KADOSH ▷3
ISR. 1999. Drame de mœurs d'Amos GITAÏ avec Yaël Abecassis, Meital Barda et Yoram Hattab. - Deux sœurs vivant dans une communauté ultra-orthodoxe de Jérusalem cherchent à échapper à la sujétion que leur impose leur religion. - Critique sérieuse de l'intégrisme religieux. Rythme lent. Mise en scène sobre. Jeu très intérieur des interprètes.
□ Général → DVD $

KAENA: LA PROPHÉTIE [Kaena: The Prophecy] ▷4
FR. 2003. Film d'animation de Chris DELAPORTE et Tarik HAMDINE. - Sur une planète constituée d'un entrelacs gigantesque de racines et de troncs d'arbres, une jeune fille cherche à libérer son peuple du joug d'étranges créatures. → DVD $

KAFKA ▷3
É.-U. 1991. Drame fantastique de Steven SODERBERGH avec Jeremy Irons, Theresa Russell et Joel Grey. - En 1919, à Prague, un employé de bureau enquête sur la disparition mystérieuse d'un collègue de travail. - Climat de cauchemar kafkaïen bien traduit. Mise en scène inventive et raffinée. Moments de terreur palpable. Interprétation remarquable de J. Irons. □ 13 ans+

KAGEMUSHA ►2
JAP. 1980. Drame épique d'Akira KUROSAWA avec Tatsuya Nakadai, Tsutomu Yamazaki et Kenichi Hagiwara. - Au XVIe siècle, les membres d'un clan guerrier cachent la mort de leur seigneur en utilisant un sosie. - Spectacle d'envergure riche en morceaux de bravoure impressionnants. Réalisation magistrale. Acteurs admirablement dirigés.
□ Général → DVD $

KAGERO-ZA
JAP. 1981. Seijun SUZUKI → DVD $

KALAMAZOO ▷5
QUÉ. 1988. Comédie fantaisiste d'André FORCIER avec Rémy Girard, Marie Tifo et Tony Nardi. - Un sexagénaire n'ayant jamais connu d'aventure sentimentale tombe follement amoureux d'une femme qui semble avoir une queue de poisson à la place des jambes.
□ Général

KALEIDOSCOPE ▷4
É.-U. 1966. Comédie policière de Jack SMIGHT avec Warren Beatty, Susannah York et Clive Revill. - Un habile joueur affronte au poker un chef de la pègre. □ Général

KALIFORNIA ▷4
É.-U. 1993. Drame de mœurs de Dominic SENA avec Brad Pitt, Juliette Lewis et David Duchovny. - Un meurtrier et sa petite amie répondent à l'annonce d'un jeune couple qui se cherche des compagnons de route pour un voyage vers la Californie.
□ 16 ans+ · Violence → DVD $

KAMA SUTRA: A TALE OF LOVE ▷4
IND. 1996. Mélodrame de Mira NAIR avec Indira Varma, Sarita Choudhury et Ramon Tikaram. - Au XVIe siècle en Inde, une jeune reine et la fille d'un serviteur se disputent le cœur d'un roi.
□ 16 ans+ · Érotisme

KAMATAKI ▷4
CAN. 2005. Drame psychologique de Claude GAGNON avec Matt Smiley, Tatsuya Fuji et Lisle Wilkerson. - Dépressif depuis la mort de son père, un jeune Montréalais est envoyé par sa mère au Japon chez son oncle, un maître potier hédoniste.
□ Général · Déconseillé aux jeunes enfants → DVD $

KAMERADSCHAFT *voir* **Tragédie de la mine, La**

KAMOURASKA ▷3
QUÉ. 1973. Drame sentimental de Claude JUTRA avec Geneviève Bujold, Richard Jordan et Philippe Léotard. - Rendue malheureuse par son mari, le seigneur de Kamouraska, une jeune femme pousse un médecin américain à le tuer. - Adaptation soignée du roman d'Anne Hébert. Climat d'envoûtement poétique. Forte interprétation de G. Bujold. □ 13 ans+

KANAL *voir* **Ils aimaient la vie**

KANDAHAR ▷4
IRAN. 2001. Drame social de Moshen MAKHMALBAF avec Nelofer Pazira, Hassan Tantai et Sadou Teymouri. - Une journaliste d'origine afghane tente de rejoindre la ville de Kandahar pour ramener sa sœur infirme qui a fait le voeu de se suicider. □ Général → DVD $

KANGAROO ▷4
AUS. 1986. Drame de mœurs de Tim BURSTALL avec Colin Friels, Judy Davis et John Walton. - En 1922, un écrivain anglais installé en Australie avec sa femme est mêlé à des luttes politiques. □ Général

KANSAS CITY ▷4
É.-U. 1996. Drame psychologique de Robert ALTMAN avec Jennifer Jason Leigh, Miranda Richardson et Harry Belafonte. - Une femme kidnappe l'épouse d'un gouverneur pour faire libérer son mari aux prises avec la pègre. □ 13 ans+ → DVD $

KANTO WANDERER
JAP. 1963. Seijun SUZUKI → DVD $

KAOS ►2
ITA. 1984. Film à sketches de Paolo et Vittorio TAVIANI avec Margarita Lozano, Claudio Bigagli et Omero Antonutti. - Illustration de contes siciliens tirés de l'œuvre de Pirandello. - Évocation diversifiée de la Sicile ancienne. Problèmes humains traités avec un mélange de rudesse et de sensibilité. Mise en scène ample et aérée. Interprétation d'une force naturelle contrôlée. □ Général

KAOSU *voir* **Chaos**

KARATE KID, THE [Moment de vérité, Le] ▷4
É.-U. 1984. Comédie dramatique de John G. AVILDSEN avec Ralph Macchio, Noriyuki Morita et Elisabeth Shue. - Souffre-douleur de ses camarades d'école, un adolescent de petite taille est initié aux arts martiaux par un vieux Japonais. □ Général → DVD $

KARMEN [Karmen geï] ▷5
SÉN. 2001. Drame musical de Joseph Gaï RAMAKA avec Djeïnaba Diop Gaï, Magaye Adama Niang et El Hadji N'Diaye. - À Dakar, la romance entre un officier et une femme intrigante connaît une issue tragique.
□ Général

KARMINA ▷5
QUÉ. 1996. Comédie fantaisiste de Gabriel PELLETIER avec Isabelle Cyr, Robert Brouillette et Yves Pelletier. - Fuyant un mariage imposé par ses parents, une vampire trouve refuge auprès de sa tante qui l'incite à redevenir humaine. □ 13 ans+ → DVD $

KARMINA 2 ▷5
QUÉ. 2001. Comédie fantaisiste de Gabriel PELLETIER avec Gildor Roy, Diane Lavallée et Yves Pelletier. - Un douanier tente de retrouver le secret d'une potion permettant aux vampires de garder forme humaine. □ Général · Déconseillé aux jeunes enfants

KARNAVAL ▷4
FR. 1998. Drame de mœurs de Thomas VINCENT avec Sylvie Testud, Amar Ben Abdallah et Clovis Cornillac. - Lors du carnaval de Dunkerque, la jeune épouse d'un gardien de sécurité a une brève aventure avec un mécanicien beur. □ 13 ans+

KASPAR HAUSER ▷4
ALL. 1993. Chronique historique de Peter SEHR avec André Eisermann, Katharina Thalbach et Uwe Ochsenknecht. - La destinée tragique d'un jeune prince héritier du grand-duché de Bade qui, victime de machinations, grandit dans l'anonymat et la misère. □ 13 ans+ → DVD $

KATE & LEOPOLD [Kate et Léopold] ▷5
É.-U. 2001. Comédie sentimentale de James MANGOLD avec Hugh Jackman, Meg Ryan et Liev Schreiber. - Un jeune duc new-yorkais du XIXe siècle est transporté magiquement en 2001 par un de ses descendants dont il s'éprend de la voisine. → DVD $

KATIA ▷4
FR. 1959. Drame sentimental de Robert SIODMAK avec Romy Schneider, Curd Jurgens et Pierre Blanchar. - Le tsar Alexandre II s'éprend d'une jeune fille de petite noblesse. □ Général

KATIA ISMAÏLOVA ▷4
RUS. 1994. Drame psychologique de Valeri TODOROVSKI avec Alice Freindlikh, Ingeborga Dapkounaite et Vladimir Machkov. - Une jeune femme qui séjourne avec sa belle-mère dans une datcha près de Moscou s'engage dans une relation adultère passionnée. □ 13 ans+

KEANE ▷3
É.-U. 2004. Drame psychologique de Lodge KERRIGAN avec Damian Lewis, Amy Ryan et Abigail Breslin. - Dans les rues de Manhattan, un homme souffrant de schizophrénie recherche sa petite fille qui a été kidnappée. - Portrait filmé dans un style narratif et visuel très dépouillé. Sentiment de claustrophobie créé par les plans rapprochés et la caméra à l'épaule. Jeu d'une intensité bien contrôlée de D. Lewis. □ 13 ans+ → DVD $

KEBAB CONNECTION ▷4
ALL. 2004. Comédie sentimentale d'Anno SAUL avec Denis Moschitto, Nora Tschirner et Guven Kirac. - Un jeune cinéaste en herbe d'origine turque hésite à faire face à ses responsabilités lorsque sa copine, Allemande de souche, tombe enceinte. □ Général · Déconseillé aux jeunes enfants → DVD $

KEDMA
FR. ISR. ITA. 2002. Amos GITAÏ → DVD $

KEEP WALKING
ITA. 1982. Ermanno OLMI → DVD $

KEEP YOUR RIGHT UP! *voir* **Soigne ta droite!**

KEEPER, THE ▷4
É.-U. 1996. Drame psychologique de Joe BREWSTER avec Giancarlo Esposito, Regina Taylor et Isaach de Bankole. - Un gardien de prison oublie ses convictions idéalistes lorsque sa femme s'éprend d'un ancien détenu. □ 13 ans+ · Langage vulgaire → DVD $

KEEPER OF THE FLAME ▷4
É.-U. 1942. Drame de George CUKOR avec Spencer Tracy, Katharine Hepburn et Richard Whorf. - Un journaliste découvre un mystère dans la vie d'un homme public décédé. □ Général

KEEPING MUM [Secrets de famille] ▷4
ANG. 2005. Comédie de Niall JOHNSON avec Rowan Atkinson, Kristin Scott Thomas et Maggie Smith. - La vie familiale d'un pasteur timide et de son épouse insatisfaite est transformée à l'arrivée d'une mystérieuse gouvernante. □ Général · Déconseillé aux jeunes enfants → DVD $

KEEPING THE FAITH [Au nom d'Anna] ▷4
É.-U. 2000. Comédie sentimentale réalisée et interprétée par Edward NORTON avec Ben Stiller et Jenna Elfman. - À New York, un prêtre catholique et un rabbin tombent tous les deux amoureux d'une amie d'enfance devenue une séduisante femme d'affaires. → DVD $

KEETJE TIPPEL
HOL. 1976. Paul VERHOEVEN □ 16 ans+ · Érotisme → DVD $

KELLY'S HEROES [De l'or pour les braves] ▷4
É.-U. 1970. Comédie de Brian G. HUTTON avec Clint Eastwood, Telly Savalas et Donald Sutherland. - Des soldats américains traversent les lignes allemandes en francs-tireurs pour s'emparer de l'or conservé dans une banque. □ Général → DVD $

KENNEDY ET MOI ▷4
FR. 1999. Comédie dramatique de Sam KARMANN avec Jean-Pierre Bacri, Nicole Garcia et François Chattot. - Un écrivain dépressif en vient à convoiter la montre de son psychanalyste, qu'aurait portée John F. Kennedy le jour de sa mort. □ Général

KENNY *voir* **Kid Brother, The**

KENNY AND CO. ▷4
É.-U. 1976. Comédie dramatique de Don COSCARELLI avec Dan McCann, Mike Baldwin et Jeff Roth. - Trois jeunes garçons sont victimes d'un aîné qui profite de sa force pour exiger d'eux des tributs en argent. → DVD $

KENTUCKY FRIED MOVIE
É.-U. 1976. John LANDIS → DVD $

KENTUCKY KERNELS
É.-U. 1934. George STEVENS

KERMESSE DE L'OUEST, LA *voir* **Paint Your Wagon**

KERMESSE HÉROÏQUE, LA [Carnival in Flanders] ►2
FR. 1935. Comédie satirique de Jacques FEYDER avec Françoise Rosay, Jean Murat et Louis Jouvet. - Les femmes d'un village des Flandres se chargent d'amadouer les envahisseurs espagnols. - Excellente reconstitution de l'époque. Images remarquables inspirées des peintres flamands. Interprétation de première classe. □ Général

KEY, THE ▷4
ANG. 1958. Drame de guerre de Carol REED avec William Holden, Sophia Loren et Trevor Howard. - Un marin confie sa fiancée à un ami au cas où il ne reviendrait pas d'une mission périlleuse. □ Général

KEY LARGO ▷3
É.-U. 1949. Drame psychologique de John HUSTON avec Humphrey Bogart, Lauren Bacall et Edward G. Robinson. - Un ancien combattant doit affronter des gangsters redoutables. - Climat de tension habilement créé. Personnages campés avec netteté. Mise en scène vigoureuse. Jeu solide des interprètes. □ Général → DVD $

KEYS OF THE KINGDOM, THE ▷4
É.-U. 1946. Drame psychologique de John M. STAHL avec Gregory Peck, Thomas Mitchell et Vincent Price. - La vie d'un missionnaire catholique anglais en Chine. □ Général → DVD $

KHALED ▷4
CAN. 2001. Drame d'Asghar MASSOMBAGI avec Michael D'Ascenzo, Michèle Duquet et Lynne Deragon. - Un gamin replié sur lui-même garde le secret sur la mort de sa mère avec qui il vivait seul dans un taudis de Toronto. → DVD $

KHARTOUM ▷4
ANG. 1965. Drame historique de Basil DEARDEN avec Charlton Heston, Laurence Olivier et Richard Johnson. - Un agitateur musulman assiège la ville de Khartoum défendue par une garnison britannique. □ Général → DVD $

KID BROTHER, THE [Kenny] ▷4
CAN. 1987. Drame psychologique de Claude GAGNON avec Kenny Easterday, Caitlin Clarke et Liane Curtis. - Privé de la moitié de son corps, un adolescent vit sa situation d'infirme avec un courage serein et une débrouillardise étonnante. □ Général

KID DE CINCINNATI, LE *voir* **Cincinnati Kid, The**

KID EN KIMONO, LE *voir* **Geisha Boy, The**

KID FOR TWO FARTHINGS, A ▷4
ANG. 1955. Comédie de mœurs de Carol REED avec Jonathan Ashmore, Celia Johnson et Diana Dors. - Dans un quartier pauvre de Londres, un garçonnet croit avoir trouvé un animal magique. □ Général → DVD $

KID FROM BROOKLYN, THE ▷4
É.-U. 1949. Comédie de Norman Z. McLEOD avec Danny Kaye, Virginia Mayo et Vera-Ellen. - Pour avoir voulu dépanner une chanteuse, un simple livreur de lait est pris pour un champion boxeur. □ Général

KID GALAHAD ▷5
É.-U. 1962. Drame de P. KARLSON avec Elvis Presley, Gig Young et Joan Blackman. - Un jeune fermier devient un habile boxeur malgré de nombreuses embûches. ➔ DVD$

KID GALAHAD [Battling Bellhop] ▷4
É.-U. 1937. Drame de Michael CURTIZ avec Edward G. Robinson, Wayne Morris et Humphrey Bogart. - Le gérant d'un jeune boxeur se retourne contre son poulain lorsque sa sœur s'éprend de lui. □ Général

KID MILLIONS ▷3
É.-U. 1934. Comédie musicale de Roy DEL RUTH avec Eddie Cantor, Ann Sothern et George Murphy. - Un pauvret de Brooklyn s'en va réclamer un héritage de plusieurs millions en Égypte. - Production fastueuse. Scènes fort réussies. Ensemble plaisant. Jeu trépidant de E. Cantor. □ Général

KID SENTIMENT ▷5
QUÉ. 1968. Étude de mœurs de Jacques GODBOUT avec François Guy, Louis Parizeau et Michèle Mercure. - Deux adolescents se trouvent des partenaires féminines pour une soirée. □ 13 ans+

KID, THE [Kid, The/Dog's Life, A] ▶1
É.-U. 1921. Comédie dramatique réalisée et interprétée par Charles CHAPLIN avec Jackie Coogan et Carl Miller. - Un vagabond adopte un gamin abandonné par sa mère. - Premier long métrage de C. Chaplin. Sorte d'hymne à l'amour, à l'amitié et à la complicité entre générations. Efficacité lapidaire du récit. Gags désopilants. Interprétation sublime. □ Général ➔ DVD$

KIDNAPPED
ITA. 1974. Mario BAVA ➔ DVD$

KIDS [Ados] ▷4
É.-U. 1995. Drame de mœurs de Larry CLARK avec Leo Fitzpatrick, Sarah Henderson et Justin Pierce. - À Manhattan, en plein été, une bande d'adolescents ratisse les rues de la ville à la recherche de sensations fortes. □ 16 ans+ · Langage vulgaire ➔ DVD$

KIDS RETURN ▷4
JAP. 1996. Comédie dramatique de Takeshi KITANO avec Masanobu Ando, Ken Kanedo et Leo Morimoto. - Deux amis cancres quittent leur lycée pour se lancer sans succès, l'un dans la boxe, l'autre dans le gangstérisme. □ Général

KIKA ▷4
ESP. 1993. Comédie de mœurs de Pedro ALMODOVAR avec Veronica Forqué, Peter Coyote et Victoria Abril. - Les tribulations d'une jeune maquilleuse à l'optimisme inébranlable qui évolue parmi des gens excentriques et souvent sans scrupule. □ 16 ans+ · Langage vulgaire ➔ DVD$

KIKI'S DELIVERY SERVICE ▷3
JAP. 1989. Dessins animés de Hayao MIYAZAKI. - Dans le cadre d'une épreuve initiatique, une apprentie sorcière de 13 ans, flanquée de son chat, devient livreuse dans une boulangerie d'une ville côtière. - Récit d'apprentissage imaginatif, tendre et gentiment comique. Décor insolite de ville européenne composite. Dessins magnifiques et très colorés. Cachet artisanal de l'animation. ➔ DVD$

KIKOKU *voir* **Yakuza Demon**

KIKUJIRO ▷4
JAP. 1999. Comédie dramatique réalisée et interprétée par Takeshi KITANO avec Yusuke Sekiguchi et Kayoko Kishimoto. - Un quinquagénaire bourru et magouilleur devient le compagnon de voyage d'un enfant à la recherche de sa mère. □ Général ➔ DVD$

KILL! [Kiru]
JAP. 1968. Kihachi OKAMOTO ➔ DVD$

KILL BABY KILL ▷4
ITA. 1966. Drame d'horreur de M. BAVA avec Erika Blanc, Giacomo Rossi Stuart et Fabienne Dali. - Les habitants d'un petit village sont terrifiés à la suite d'une série de morts violentes et mystérieuses.

KILL BILL I [Tuer Bill I] ▷3
É.-U. 2003. Thriller de Quentin TARANTINO avec Uma Thurman, Lucy Liu et Sonny Chiba. - Laissée pour morte à son mariage par les membres d'une organisation criminelle, une ex-tueuse professionnelle exerce sur eux une terrible vengeance. - Hommage déroutant et ludique aux films de samouraï et aux westerns spaghetti. Réalisation fulgurante et constamment inventive. Passages d'une violence inouïe. Jeu très intense d'U. Thurman. □ 16 ans+ · Violence ➔ DVD$ DVD-BR$

KILL BILL II [Tuer Bill II] ▷3
É.-U. 2004. Thriller de Quentin TARANTINO avec Uma Thurman, David Carradine et Michael Madsen. - Victime d'un attentat perpétré par ses anciens complices, une ex-tueuse exerce sur eux une terrible vengeance. - Suite complétant parfaitement le premier volet, malgré un rythme plus lent. Clins d'œil stylistiques et thématiques au western spaghetti. Trouvailles surprenantes et réjouissantes. Réalisation et direction d'acteurs originales.
□ 13 ans+ · Violence ➔ DVD$ DVD-BR$

KILL ME AGAIN ▷4
É.-U. 1989. Drame policier de John DAHL avec Val Kilmer, Joanne Whalley et Michael Madsen. - Un détective privé s'attire des ennuis en montant une supercherie pour faire croire à la mort d'une cliente. □ 13 ans+ · Violence ➔ DVD$

KILLER, THE ▷4
H.-K. 1989. Drame policier de John WOO avec Chow Yun-Fat, Danny Lee et Sally Yeh. - Un policier lancé aux trousses d'un tueur professionnel se retrouve mêlé à un affrontement entre celui-ci et un gangster. □ 18 ans+

KILLER ELITE, THE ▷4
É.-U. 1975. Drame d'espionnage de Sam PECKINPAH avec James Caan, Robert Duvall et Arthur Hill. - Un agent spécial blessé par un faux ami au cours d'une mission veut se venger. □ 13 ans+ ➔ DVD$

KILLER KONDOM ▷5
ALL. 1996. Comédie policière de Martin WALZ avec Udo Samel, Peter Lohmeyer et Leonard Lansink. - À New York, un détective gay enquête sur les mystérieuses castrations dont sont victimes les clients d'un hôtel miteux. ➔ DVD$

KILLER ME
É.-U. 2001. Zachary HANSEN ➔ DVD$

KILLER'S KISS ▷4
É.-U. 1955. Drame policier de Stanley KUBRICK avec Frank Silvera, Jamie Smith et Irene Kane. - Un boxeur s'éprend d'une danseuse et la défend contre des gangsters. ➔ DVD$

KILLERS, THE ▷3
É.-U. 1946. Drame policier de Robert SIODMAK avec Burt Lancaster, Ava Gardner et Edmond O'Brien. - Deux enquêtes sont menées parallèlement au sujet d'un meurtre commis par des tueurs professionnels. - Sujet tiré d'une nouvelle d'Ernest Hemingway. Récit compliqué mais bien mené. Mise en scène habile. Interprétation solide. □ Général

KILLERS, THE ▷4
É.-U. 1964. Drame policier de Don SIEGEL avec John Cassavetes, Lee Marvin et Angie Dickinson. - Surpris de l'attitude d'une de leurs victimes devant la mort, deux tueurs à gages entreprennent une enquête sur son passé. □ Général

KILLERS TWO
H.-K. 1989. John WOO □ 13 ans+ · Violence

KILLING FIELDS, THE [Déchirure, La] ▷3
É.-U. 1984. Drame social de Roland JOFFE avec Sam Waterston, Haing S. Ngor et John Malkovich. - Lorsqu'il est fait prisonnier par des Khmers rouges, un journaliste cambodgien est laissé à lui-même malgré les efforts d'un collègue américain pour l'aider. - Récit fondé sur une expérience vécue. Passages intenses. Illustration inspirée. Interprétation sobre et convaincante. □ 13 ans+ ➔ DVD$

KILLING FLOOR, THE ▷3
É.-U. 1984. Drame social de Bill DUKE avec Damien Leake, Clarence Felder et Moses Gunn. - Évocation dramatique de luttes raciales et syndicales dans les abattoirs de Chicago en 1919. - Scénario résultant d'une recherche historique scrupuleuse. Mise en scène forte et réaliste. □ Général

KILLING GAME, THE *voir* **Jeu de massacre**

KILLING KIND, THE
É.-U. 1973. Curtis HARRINGTON ➔ DVD$

KILLING MACHINE
JAP. 1975. Norifumi SUZUKI ➔ DVD$

KILLING ME SOFTLY ▷5
É.-U. 2002. Thriller de Chen KAIGE avec Heather Graham, Joseph Fiennes et Natasha McElhone. - À Londres, une Américaine mariée à un alpiniste caractériel tente de faire la lumière sur le passé mystérieux de celui-ci. ➔ DVD$

KILLING OF A CHINESE BOOKIE, THE ▷3
É.-U. 1976. Drame social de John CASSAVETES avec Ben Gazzara, Timothy Carey et Seymour Cassell. - Un joueur invétéré doit éliminer un Chinois pour s'acquitter d'une dette qu'il a contractée envers des gangsters. - Curieux contraste entre le monde violent décrit et le style introspectif de la mise en scène. Improvisations contrôlées propres à l'auteur. Jeu fort convaincant de B. Gazzara.
□ 13 ans+ ➔ DVD$

KILLING OF JOHN LENNON, THE ▷3
ANG. 2006. Drame psychologique d'Andrew PIDDINGTON avec Jonas Ball, Mie Omori et Krisha Fairchild. - Les circonstances ayant conduit Mark David Chapman à abattre l'ex-Beatles John Lennon devant le Dakota Hotel à New York, le 8 décembre 1980. - Étude psychologique fascinante, basé sur le journal intime du tueur. Réalisation nerveuse et inventive, épousant l'état psychotique du protagoniste. Performance impressionnante de J. Ball dans le rôle de Chapman. ➔ DVD$

KILLING OF SISTER GEORGE, THE ▷4
ANG. 1968. Drame psychologique de Robert ALDRICH avec Beryl Reid, Susannah York et Coral Browne. - Une comédienne lesbienne est aux prises avec des difficultés sentimentales et professionnelles.
➔ DVD$

KILLING ZOE ▷4
É.-U. 1993. Drame policier de Roger AVARY avec Eric Stoltz, Jean-Hugues Anglade et Julie Delpy. - Un jeune perceur de coffres-forts américain vient rejoindre un ami français à Paris pour participer avec lui à un audacieux vol de banque. □ 16 ans+ · Violence ➔ DVD$

KILLING, THE [Coup manqué] ▷3
É.-U. 1956. Drame policier de Stanley KUBRICK avec Sterling Hayden, Coleen Gray et Vince Edwards. - Un ex-bagnard organise avec des complices un vol de deux millions de dollars dans un hippodrome. - Structure narrative innovatrice. Style abrupt et explosif. Étonnantes prises de vues. Interprétation efficace. □ Général ➔ DVD$

KIM ▷5
É.-U. 1950. Aventures de Victor SAVILLE avec Dean Stockwell, Errol Flynn et Paul Lukas. - En Inde, un orphelin élevé par un vieux lama sert d'espion aux Anglais. □ Général ➔ DVD$

KIND HEARTS AND CORONETS ▷3
ANG. 1949. Comédie satirique de Robert HAMER avec Alec Guinness, Dennis Price et Valerie Hobson. - Renié par les siens à cause de la mésalliance de sa mère, un descendant de famille noble décide de supprimer les héritiers légaux qui le précèdent. - Humour britannique savoureux. Mise en scène adroite. Composition pittoresque de plusieurs personnages par A. Guinness.

KING, THE ▷3
É.-U. 2005. Drame de mœurs de James MARSH avec Gael Garcia Bernal, William Hurt et Paul Dano. - Au Texas, un jeune soldat d'origine mexicaine tente en vain de lier connaissance avec son père biologique, un prêcheur de l'Église du renouveau chrétien. - Troublante étude psychologique. Développements sordides illustrés avec une étonnante sobriété. Mise en scène retenue et nuancée. Interprétation de haut niveau. ➔ DVD$

KING & COUNTRY [Pour l'exemple] ▷3
ANG. 1964. Drame de guerre de Joseph LOSEY avec Dirk Bogarde, Tom Courtenay et Leo McKern. - En 1917, un jeune soldat britannique est accusé de désertion. - Style soigné et vigoureux. Contexte de guerre évoqué avec réalisme. Interprétation excellente. □ Général

KING AND HIS MOVIES, THE
ARG. 1985. Carlos SORIN

KING AND I, THE ▷4
É.-U. 1955. Comédie musicale de Walter LANG avec Deborah Kerr, Yul Brynner et Rita Moreno. - En 1862, une veuve anglaise est chargée de l'éducation des enfants du roi de Siam. □ Général ➔ DVD$

KING CREOLE [Bagarre au King Créole] ▷5
É.-U. 1958. Mélodrame de Michael CURTIZ avec Elvis Presley, Dolores Hart et Carolyn Jones. - Malgré l'opposition de son père, un jeune homme entreprend une carrière de chanteur dans les cafés de La Nouvelle-Orléans. □ Général ➔ DVD$

KING IN NEW YORK, A ▷4
ANG. 1956. Comédie satirique réalisée et interprétée par Charles CHAPLIN avec Dawn Addams et Michael Chaplin. - Un roi détrôné connaît à New York diverses mésaventures. □ Général

KING KONG ▷4
É.-U. 1976. Drame fantastique de John GUILLERMIN avec Jeff Bridges, Jessica Lange et Charles Grodin. - Des explorateurs s'emparent d'un gorille géant et l'emmènent à New York où il cause des ravages.
□ Général ➔ DVD$

KING KONG ▶2
É.-U. 1933. Drame fantastique d'Ernest B. SCHOEDSACK et Merian C. COOPER avec Bruce Cabot, Fay Wray et Robert Armstrong. - Des explorateurs s'emparent d'un gorille géant dans une île du Pacifique. - Œuvre capitale du cinéma fantastique. Mélange de romantisme et d'horreur. Illustration fascinante et souvent poétique. Trucages réussis. Interprétation dans le ton. □ Général ➔ DVD$

KING KONG [King Kong - Deluxe Extended Edition] ▷3
É.-U. 2005. Drame fantastique de Peter JACKSON avec Naomi Watts, Adrien Brody et Jack Black. - Au début des années 1930, une équipe de cinéma découvre une île du Pacifique habitée par des dinosaures et un gorille géant. - Remake opulent et parfois excessif du classique de 1933. Plusieurs séquences d'action et d'affrontements saisissantes. Trucages réussis. Décors et paysages d'une rare beauté. Jeu senti et fougueux de N. Watts. □ 13 ans+ ➔ DVD$

KING LEAR ▷3
ANG. 1970. Drame de Peter BROOK avec Paul Scofield, Irene Worth et Ian Hogg. - Un vieux roi est dépouillé par ses filles à qui il a cédé son royaume. - Œuvre de Shakespeare traitée dans le style du théâtre de l'absurde. Ensemble doté de force et de grandeur. P. Scofield excellent dans le rôle-titre. □ Général

KING LEAR (TV) ▷3
ANG. 1983. Drame de Michael ELLIOTT avec Lawrence Olivier, John Hurt et Anna Calder-Marshall. - Un vieux roi est dépouillé par ses filles à qui il a cédé son royaume. - Téléfilm adapté de la pièce de Shakespeare. Mise en scène soignée. Distribution de choix. Jeu excellent de L. Olivier. ➔ DVD$

KING LEAR ▷4
É.-U. 1987. Film d'essai de Jean-Luc GODARD avec Peter Sellers, Burgess Meredith et Molly Ringwald. - Un descendant de Shakespeare cherche à produire une nouvelle version cinématographique de la pièce Le Roi Lear. □ Général

KING OF CALIFORNIA ▷4
É.-U. 2007. Comédie dramatique de Mike CAHILL avec Evan Rachel Wood, Michael Douglas et Willis Burks II. - Dans une ultime tentative pour donner un sens à sa vie, un homme excentrique entraîne sa fille dans une improbable chasse au trésor. □ Général · Déconseillé aux jeunes enfants ➔ DVD$

KING OF COMEDY, THE [Valse des pantins, La] ▷3
É.-U. 1982. Comédie satirique de Martin SCORSESE avec Robert De Niro, Jerry Lewis et Sandra Bernhard. - Un homme enlève l'animateur d'un talk-show pour obtenir de présenter un monologue comique à la télévision. - Vision critique du rêve de succès à l'américaine. Humour grinçant. Style fruste et direct. Interprètes très bien dirigés.
□ Général ➔ DVD$

KING OF HEARTS *voir* **Roi de cœur, Le**

KING OF KINGS ▷4
É.-U. 1961. Drame biblique de Nicholas RAY avec Jeffrey Hunter, Siobhan McKenna et Robert Ryan. - Présentation de la vie et de la passion de Jésus. □ Général ➔ DVD$

KING OF KINGS, THE
É.-U. 1927. Cecil B. DEMILLE □ Général ➔ DVD$

KING OF MARVIN GARDENS, THE ▷5
É.-U. 1972. Drame psychologique de Bob RAFELSON avec Jack Nicholson, Bruce Dern et Ellen Burstyn. - Un animateur radiophonique est entraîné par son frère mégalomane dans une aventure tragique.
□ 13 ans+ ➔ DVD$

KING OF MASKS, THE ▷4
CHI. 1995. Drame de Wu TIANMING avec Chu Yuk, Chao Yimyim et Zhao Zhigang. - Un vieux maître de l'opéra chinois, soucieux de transmettre son savoir à un héritier, adopte un enfant de la rue.
□ Général ➔ DVD$

KING OF NEW YORK [Roi de New York, Le] ▷5
É.-U. 1989. Drame policier d'Abel FERRARA avec Christopher Walken, Victor Argo et Janet Julian. - À New York, un policier décide d'éliminer un gangster récemment sorti de prison qui veut prendre le contrôle du trafic des stupéfiants. □ 18 ans+ ➔ DVD$ DVD-BR$

KING OF THE ANTS ▷4
É.-U. 2003. Thriller de Stuart GORDON avec Chris McKenna, Kari Wuhrer et Daniel Baldwin. - Un jeune peintre en bâtiment se compromet dans une sordide histoire de meurtre. ➔ DVD $

KING OF THE GYPSIES [Roi des gitans, Le] ▷5
É.-U. 1978. Drame de mœurs de Frank PIERSON avec Eric Roberts, Susan Sarandon et Sterling Hayden. - Parvenu à l'adolescence, le fils du roi des gitans cherche à échapper à son milieu.
□ 13 ans+ ➔ DVD $

KING OF THE HILL [Seul dans son royaume] ▷4
É.-U. 1993. Drame de mœurs de Steven SODERBERGH avec Jesse Bradford, Jeroen Krabbé et Lisa Eichhorn. - À Saint Louis, dans les années 1930, un jeune garçon doit se débrouiller seul pour subvenir à ses besoins après avoir été séparé des siens. □ Général

KING RAT ▷3
É.-U. 1965. Drame de guerre de Bryan FORBES avec George Segal, James Fox et Tom Courtenay. - Dans un camp de prisonniers, un Américain astucieux se crée une situation privilégiée. - Bonne reconstitution du contexte des camps. Mise en scène soignée. Personnages bien campés. Interprétation de classe. □ Général ➔ DVD $

KING SOLOMON'S MINES ▷4
ANG. 1937. Aventures de R. STEVENSON avec Cedric Hardwicke, Paul Robeson et Anna Lee. - En Afrique, des explorateurs recherchent une mine de diamants légendaire. ➔ DVD $

KING SOLOMON'S MINES [Mines du roi Salomon, Les] ▷4
É.-U. 1950. Aventures de Compton BENNETT et Andrew MARTON avec Deborah Kerr, Stewart Granger et Richard Carlson. - Une femme part au Congo à la recherche de son mari disparu. □ Général ➔ DVD $

KING'S WHORE *voir* **Putain du roi, La**

KINGDOM 1, THE ▷3
DAN. 1994. Drame fantastique de Lars VON TRIER avec Ernst Hugo Jaregard, Kirsten Rolffes et Ghita Norby. - Diverses intrigues se déroulent parmi les employés et les patients d'un hôpital soumis à des phénomènes surnaturels. - Téléfilm à l'univers d'une étrangeté savamment créée. Nombreux détails à la fois fascinants et déconcertants. Humour sardonique. Illustration stylisée. Interprétation dans le ton voulu. □ 13 ans+ ➔ DVD $

KINGDOM 2, THE ▷3
DAN. 1997. Drame fantastique de Lars VON TRIER avec Ernst Hugo Jaregard, Kirsten Rolffes et Udo Kier. - Diverses intrigues se déroulent parmi les employés et les patients d'un hôpital soumis à des phénomènes surnaturels. - Suite d'un téléfilm à succès. Intrigues poussant un cran plus loin l'humour absurde et le fantastique horrifiant. Mise en scène maîtrisée. Interprétation dans le ton. □ 13 ans+

KINGDOM OF HEAVEN [Royaume des cieux, Le] ▷4
ANG. 2005. Drame épique de Ridley SCOTT avec Orlando Bloom, Eva Green et Marton Csokas. - À la fin du XIIe siècle, un jeune chevalier français qui s'est joint aux croisés doit défendre Jérusalem contre les troupes musulmanes. □ 13 ans+ · Violence ➔ DVD $ DVD-BR $

KINGS GO FORTH ▷5
É.-U. 1958. Drame de Delmer DAVES avec Frank Sinatra, Tony Curtis et Natalie Wood. - Deux soldats s'éprennent de la même fille qui se révèle de sang mêlé. ➔ DVD $

KINI & ADAMS ▷4
FR. 1997. Comédie dramatique d'Idrissa OUEDRAOGO avec Vusi Kunene, David Mohloki et Nthati Moshesh. - Dans un village africain, l'amitié entre deux hommes de condition modeste est mise à mal par la soudaine réussite sociale de l'un d'eux.

KINKY BOOTS ▷4
ANG. 2005. Comédie dramatique de Julian JARROLD avec Joel Edgerton, Chiwetel Ejiofor et Sarah-Jane Potts. - Héritier d'une usine de chaussures au bord de la faillite, un jeune Anglais se lance dans la fabrication de bottes à talons hauts destinées aux «drag queens».
□ Général ➔ DVD $

KINSEY ▷3
É.-U. 2004. Drame biographique de Bill CONDON avec Liam Neeson, Laura Linney et Peter Sarsgaard. - L'existence tumultueuse du scientifique Alfred Kinsey, dont les ouvrages sur la sexualité ont bouleversé les États-Unis dans les années 1950. - Récit mêlant habilement histoire personnelle et portrait d'époque. Traitement intelligent et sensible de sujets parfois délicats. Style vivant et expressif. Distribution remarquable dominée par L. Neeson. □ 13 ans+ ➔ DVD $

KIPPUR ▷3
ISR. 2000. Drame de guerre d'Amos GITAÏ avec Liron Levo, Tomer Ruso et Uri Ran Klauzner. - Pendant la guerre du Yom Kippour, deux réservistes de l'armée israélienne se joignent à une unité portant secours aux combattants blessés. - Scénario basé sur une expérience personnelle du réalisateur. Traitement très réaliste. Virtuosité technique. Interprétation intense. □ 13 ans+ ➔ DVD $

KIRA'S REASON - DOGME #21
DAN. 2001. Ole Christian MADSEN ➔ DVD $

KIRIKOU ET LA SORCIÈRE [Kirikou and the Sorceress] ▷3
FR. 1998. Dessins animés de Michel OCELOT. - Un tout petit garçon tient tête à la méchante sorcière qui terrorise son village africain. - Fable charmante et d'un bel humanisme inspirée de contes d'Afrique occidentale. Chansons toutes simples ponctuant agréablement l'action. Graphisme savamment stylisé. Couleurs éclatantes. Animation vivante. □ Général ➔ DVD $

KIRIKOU ET LES BÊTES SAUVAGES ▷3
FR. 2005. Dessins animés de Michel OCELOT et Bénédicte GALUP. - Un minuscule garçonnet rencontre divers animaux qui viennent troubler la quiétude de son village africain. - Second volet des aventures de Kirikou, inspirées de contes d'Afrique occidentale. Fable tout aussi charmante et humaniste que son modèle. Animation vivante aux couleurs éclatantes. □ Général ➔ DVD $

KIRU *voir* **Kill!**

KISMET ▷5
É.-U. 1955. Comédie musicale de Vincente MINNELLI avec Howard Keel, Ann Blyth et Dolores Gray. - À Bagdad, un poète mendiant est nommé émir par le grand vizir, à condition d'empêcher le mariage que veut contracter le calife.

KISS BEFORE DYING, A ▷5
É.-U. 1956. Drame policier de Gerd OSWALD avec Robert Wagner, Virginia Leith et Jeffrey Hunter. - Une étudiante démasque le meurtrier de sa sœur. ➔ DVD $

KISS BEFORE DYING, A [Baiser avant de mourir, Un] ▷5
É.-U. 1991. Drame policier de James DEARDEN avec Matt Dillon, Sean Young et Max Von Sydow. - Une jeune femme de famille riche en vient à craindre pour sa vie quand elle découvre que son mari est un arriviste aux intentions malveillantes. □ 13 ans+ ➔ DVD $

KISS KISS BANG BANG ▷4
É.-U. 2005. Comédie policière de Shane BLACK avec Robert Downey Jr., Val Kilmer et Michelle Monaghan. - À Los Angeles, un apprenti acteur et un détective privé qui l'aide à se préparer pour un rôle se retrouvent mêlés à une sombre histoire de meurtre.
□ 13 ans+ · Violence ➔ DVD-BR $ DVD $

KISS ME DEADLY [En quatrième vitesse] ▷3
É.-U. 1954. Drame policier de Robert ALDRICH avec Ralph Meeker, Albert Dekker et Paul Stewart. - Un détective privé mène une enquête sur la mort d'une jeune femme. - Œuvre forte. Réalisation vigoureuse. Conclusion originale. Interprétation convaincue. □ Général

KISS ME GUIDO [Embrasse-moi Gino] ▷4
É.-U. 1997. Comédie de mœurs de Tony VITALE avec Nick Scotti, Anthony Barrile et Anthony DeSando. - Un livreur de pizza qui rêve de devenir acteur éprouve des réticences à partager un logement avec un chorégraphe gay. □ Général · Déconseillé aux jeunes enfants
➔ DVD $

KISS ME KATE ▷4
É.-U. 1953. Drame policier de George SIDNEY avec Kathryn Grayson, Howard Keel et Ann Miller. - Des époux divorcés doivent jouer ensemble à la scène une parodie de «La Mégère apprivoisée». ➔ DVD $

KISS ME MONSTER
ESP. 1967. Jess (Jesus) FRANCO □ 13 ans+

KISS ME, STUPID [Embrasse-moi idiot] ▷5
É.-U. 1964. Comédie de Billy WILDER avec Dean Martin, Kim Novak et Ray Walston. - Pour retenir un chanteur à qui il veut vendre ses œuvres, un homme lui présente une prostituée comme sa femme. ➔ DVD $

KISS MY BUTTERFLY *voir* **I Love You, Alice B. Toklas**

KISS OF DEATH ▷4
É.-U. 1946. Drame policier de Henry HATHAWAY avec Richard Widmark, Victor Mature et Brian Donlevy. - Devenu mouchard pour aider sa famille, un gangster affronte ses anciens complices.
□ Général ➔ DVD $

KISS OF DEATH [Baiser de la mort, Le] ▷5
É.-U. 1994. Drame policier de Barbet SCHROEDER avec David Caruso, Nicolas Cage et Samuel L. Jackson. - Afin d'exercer une vengeance personnelle, un ex-détenu accepte de s'infiltrer dans l'entourage d'un mafioso pour le compte d'un procureur.
□ 13 ans+ · Violence ➔ DVD $

KISS OF DEATH [Baiser de la mort, Le]
ANG. 1977. Mike LEIGH □ Général ➔ DVD $

KISS OF THE SPIDER WOMAN ▷3
[Baiser de la femme araignée, Le]
BRÉ. 1984. Drame d'Hector BABENCO avec William Hurt, Raul Julia et Sonia Braga. - Deux détenus qui partagent la même cellule, l'un étalagiste homosexuel, l'autre prisonnier politique, en viennent à sympathiser. - Jeu de contrastes entre la fiction filmique et la réalité. Mise en scène solide. Interprétation intelligente et nuancée.
□ Général ➔ DVD $ DVD-BR $

KISS OF THE VAMPIRE ▷4
ANG. 1963. Drame d'horreur de Don SHARP avec Noel Willman, Edward de Souza et Jennifer Daniel. - Les mésaventures d'un couple de jeunes mariés aux prises avec le grand-prêtre d'une secte de vampires.
□ Général

KISS THEM FOR ME ▷5
É.-U. 1957. Comédie de Stanley DONEN avec Cary Grant, Jayne Mansfield et Suzy Parker. - Les mésaventures de trois militaires en permission à San Francisco. ➔ DVD $

KISSED [Extase] ▷5
CAN. 1996. Drame psychologique de Lynne STOPKEWICH avec Molly Parker, Peter Outerbridge et Jay Brazeau. - Une jeune employée de salon funéraire qui s'adonne à des actes de nécrophilie s'éprend d'un étudiant en médecine. □ 18 ans+ ➔ DVD $

KISSED BY WINTER
NOR. 2005. Sara JOHNSEN ➔ DVD $

KISSING JESSICA STEIN ▷4
[Aventures romantiques de Jessica Stein, Les]
É.-U. 2001. Comédie sentimentale de Charles HERMAN-WURMFELD avec Jennifer Westfeldt, Heather Juergensen et Scott Cohen. - Bien que résolument hétérosexuelle, une jeune rédactrice s'éprend d'une galeriste tentée par la bisexualité. □ Général ➔ DVD $

KIT KITTREDGE - AN AMERICAN GIRL ▷5
É.-U. 2008. Comédie dramatique de Patricia ROZEMA avec Abigail Breslin, Julia Ormond et Chris O'Donnell. - Dans les années 1930 à Cincinnati, une fillette rêvant d'être journaliste documente dans ses articles les bouleversements provoqués par le krach boursier.
□ Général ➔ DVD $

KITCHEN PARTY [Jeunesse en folie] ▷4
CAN. 1997. Comédie de mœurs de Gary BURNS avec Scott Speedman, Laura Harris et Gillian Barber. - Deux soirées entre amis, l'une réunissant des adultes et l'autre, leurs enfants adolescents, tournent au vinaigre. □ 13 ans+ · Langage vulgaire ➔ DVD $

KITCHEN STORIES *voir* **Histoires de cuisine**

KITCHEN TOTO, THE ▷4
ANG. 1987. Drame social de Harry HOOK avec Edwin Mahinda, Bob Peck et Phyllis Logan. - Au Kenya en 1952, un jeune Noir de treize ans, témoin du meurtre de son père par un groupe indépendantiste, est placé par sa mère comme marmiton chez le chef britannique de la police locale. □ 13 ans+

KITE RUNNER, THE [Cerfs-volants de Kaboul, Les] ▷4
É.-U. 2007. Drame de Marc FORSTER avec Khalid Abdalla, Homayoun Ershadi et Zekiria Ebrahimi. - Vingt ans après avoir trahi son meilleur ami, un écrivain afghan exilé aux États-Unis revient sauver le fils orphelin de ce dernier, menacé par les talibans.
□ 13 ans+ ➔ DVD-BR $ DVD $

KITTY FOYLE ▷4
É.-U. 1940. Comédie de Sam WOOD avec Ginger Rogers, Dennis Morgan et James Craig. - Humiliée par la famille de son mari, une jeune femme demande le divorce. ➔ DVD $

KLIMT ▷5
AUT. 2006. Drame biographique de Raoul RUIZ avec John Malkovich, Veronica Ferres et Saffron Burrows. - Évocation de la vie et de l'œuvre du peintre autrichien Gustav Klimt. □ 13 ans+ ➔ DVD $

KLUTE ▷3
É.-U. 1971. Drame policier de Alan J. PAKULA avec Donald Sutherland, Jane Fonda et Charles Cioffi. - Venu à New York pour enquêter sur une disparition, un policier s'éprend d'une call-girl. - Habile mélange d'étude psychologique et d'enquête policière. Traitement humain. Bonne création d'ambiance. Excellente interprétation de J. Fonda.
□ 13 ans+ ➔ DVD $

KM. 0 ▷4
ESP. 2000. Comédie de mœurs de Yolanda GARCIA SERRANO et Juan Luis IBORRA avec Concha Velasco, Georges Corraface et Silke. - Au cours d'une soirée à Madrid, des couples se font et se défont au gré de divers concours de circonstances. ➔ DVD $

KNACK, AND HOW TO GET IT, THE ▷3
ANG. 1964. Comédie fantaisiste de Richard LESTER avec Rita Tushingham, Michael Crawford et Ray Brooks. - Un jeune homme envie la facilité d'un ami pour la conquête des filles. - Trouvailles originales. Rythme alerte. Réalisation inventive. Interprétation enjouée.
□ Général ➔ DVD $

KNIFE IN THE WATER *voir* **Couteau dans l'eau, Le**

KNIGHT WITHOUT ARMOUR [Chevalier sans armure] ▷3
ANG. 1937. Aventures de Jacques FEYDER avec Robert Donat, Marlene Dietrich et Irene Vanburgh. - Un Anglais aide une comtesse à s'enfuir de Russie lors de la révolution bolchévique. - Évocation somptueuse de la Russie tsariste et révolutionnaire. Mise en scène de qualité.
□ Général

KNIGHTRIDERS ▷5
É.-U. 1981. Drame de George A. ROMERO avec Ed Harris, Gary Lahti et Tom Savini. - Un groupe de motards monte un spectacle forain conçu comme un tournoi médiéval où les motocyclettes remplacent les chevaux. □ 13 ans+ ➔ DVD $

KNIGHTS OF THE ROUND TABLE ▷4
[Chevaliers de la Table ronde, Les]
É.-U. 1954. Drame de Richard THORPE avec Robert Taylor, Ava Gardner et Mel Ferrer. - Le chevalier Lancelot s'éprend de la femme de son suzerain, le roi Arthur. ➔ DVD $

KNIGHTS OF THE TEUTONIC ORDER
voir **Chevaliers teutoniques, Les**

KNOCK *voir* **Docteur Knock, Le**

KNOCK ON ANY DOOR ▷4
É.-U. 1949. Drame de Nicholas RAY avec Humphrey Bogart, John Derek et George Macready. - L'enfance malheureuse d'un meurtrier dans les quartiers populaires de New York. □ Général

KNOCK OUT COP, A *voir* **Fistful of Hell, A**

KNOCKED UP ▷4
É.-U. 2007. Comédie de Judd APATOW avec Seth Rogen, Katherine Heigl et Paul Rudd. - Un jeune glandeur tente maladroitement de prendre ses responsabilités auprès d'une journaliste qu'il a mise enceinte lors d'une aventure d'un soir. □ 13 ans+ ➔ DVD-BR $ DVD $

KNUTE ROCKNE, ALL AMERICAN ▷4
É.-U. 1940. Drame biographique de Lloyd BACON avec Pat O'Brien, Ronald Reagan et Gale Page. - La vie d'un célèbre entraîneur de football de l'université Notre Dame. ➔ DVD $

KOLYA ▷3
TCH. 1996. Comédie dramatique de Jan SVERAK avec Zdenek Sverak, Andrej Chalimon et Libuse Safrankova. - Un musicien tchèque dans la cinquantaine se retrouve avec la garde d'un gamin russe de cinq ans. - Histoire toute simple racontée de façon attendrissante. Sens affiné de l'observation des petits détails drôles ou touchants. Illustration très soignée. Excellente interprétation. □ Général ➔ DVD $

KONTROLL ▷4
HON. 2003. Drame de Nimrod ANTAL avec Sandor Csanyi, Zoltan Mucsi et Sandor Badar. - Les tribulations d'un contrôleur du métro de Budapest, dans lequel sévit un tueur masqué. ➔ DVD $

KORCZAK ▷3
POL. 1990. Drame biographique d'Andrzej WAJDA avec Wojtek Pszoniak, Eva Dalkowska et Piotr Kozlowski. - En 1939, à Varsovie, le directeur d'un orphelinat pour enfants juifs doit faire face à de nombreuses difficultés lorsque les Allemands envahissent le pays. - Évocation d'une figure héroïque polonaise. Tension dramatique appréciable. Illustration directe et précise. Jeu nuancé et convaincant de W. Pszoniak. □ Général

KOTCH ▷4
É.-U. 1971. Comédie dramatique de Jack LEMMON avec Walter Matthau, Deborah Winters et Felicia Farr. - Alors que son fils et sa bru veulent le placer dans une institution, un vieillard part à l'aventure.
□ 13 ans+ ➜ DVD$

KRAMER VS. KRAMER ▷3
É.-U. 1979. Drame psychologique de Robert BENTON avec Dustin Hoffman, Meryl Streep et Justin Henry. - La vie d'un publicitaire est perturbée par le départ de sa femme qui lui laisse la garde de leur jeune fils. - Suite de scènes rapides et éloquentes. Mise en scène habile. Touches psychologiques valables. Interprétation de classe.
□ Général ➜ DVD-BR$ DVD$

KRAPATCHOUK - LES HOMMES DE NULLE PART ▷4
FR. 1991. Comédie dramatique d'Enrique Gabriel LIPSCHUTZ avec Guy Pion, Piotr Zaitchenko et Angela Molina. - À la suite d'un concours de circonstances, deux ouvriers d'Europe de l'Est en séjour à Paris sont pris pour des espions russes. □ Général

KRAYS, THE [Frères Krays, Les] ▷3
ANG. 1990. Drame biographique de Peter MEDAK avec Gary Kemp, Martin Kemp et Billie Whitelaw. - Élevés dans un quartier pauvre de Londres, deux jumeaux s'imposent avec une violence sadique dans le milieu du crime organisé. - Portrait de criminels psychopathes brossé avec un souci marqué de réalisme social. Climat oppressant habilement créé. Réalisation expressive. Très bons comédiens.
□ 18 ans+

KRIEMHILDE'S REVENGE
voir **Nibelungen, Les**

KRULL ▷4
É.-U. 1983. Drame fantastique de Peter YATES avec Ken Marshall, Lysette Anthony et Freddie Jones. - S'étant fait enlever sa jeune épouse par les envahisseurs de sa planète, un prince recrute des brigands pour aller la délivrer. □ Général ➜ DVD$

KRZYZACY *voir* **Chevaliers teutoniques, Les**

KUNDUN ▷4
É.-U. 1997. Drame biographique de Martin SCORSESE avec Tenzin Thuthob Tsarong, Gyurme Tethong et Tencho Gyalpo. - Évocation de la jeunesse du quatorzième dalaï-lama, chef spirituel des Tibétains exilé en Inde. □ Général ➜ DVD$

KUNG FU HUSTLE ▷3
H.-K. 2004. Comédie fantaisiste réalisée et interprétée par Stephen CHOW avec Yuen Wah et Yuen Qiu. - Au tournant des années 1940, des as du kung-fu se font les protecteurs d'un quartier populaire où des gangsters veulent imposer leur loi. - Mélange décoiffant d'arts martiaux et de slapstick. Clins d'œil aux films de gangsters, d'horreur et aux cartoons. Réalisation énergique truffée d'effets numériques. Interprétation dans le ton voulu.
□ 13 ans+ · Violence ➜ DVD-BR$ DVD$

KUNG FU PANDA ▷4
[Kung Fu Panda/Secrets of the Furious Five]
É.-U. 2008. Film d'animation de John STEVENSON et Mark OSBORNE. - Un panda obèse, élu Dragon Guerrier par un maître du kung fu, subit un rude entraînement afin de pouvoir neutraliser un vilain tigre des neiges. □ Général ➜ DVD$ DVD-BR$

KUNG-FU MASTER! ▷3
FR. 1987. Comédie dramatique d'Agnès VARDA avec Jane Birkin, Mathieu Demy et Charlotte Gainsbourg. - Une Anglaise trouve le moyen de revoir un camarade de sa fille qu'elle a remarqué lors d'une réception. - Approche pleine de tact et de justesse. Interprétation d'un naturel convaincant. □ Général

KWAIDAN ►2
JAP. 1965. Film à sketches de Masaki KOBAYASHI avec Tatsuya Nakadai, Rentaro Mikuni et Tetsuro Tamba. - Quatre histoires fantastiques. - Thèmes insolites. Mise en scène luxueuse. Admirables compositions picturales. Interprétation contrôlée. □ Général ➜ DVD$

L.627 ▷3
FR. 1992. Drame policier de Bertrand TAVERNIER avec Didier Bezace, Jean-Paul Comart et Charlotte Kady. - Les difficultés quotidiennes rencontrées par les membres d'une brigade anti-drogue installée dans des baraquements minables à Paris. - Sujet traité avec une énergie et un brio peu communs. Constat social critique. Mise en scène réaliste. Interprétation empreinte d'une force étonnante. □ 13 ans+

L.A. CONFIDENTIAL [Los Angeles interdite] ▷3
É.-U. 1997. Drame policier de Curtis HANSON avec Kevin Spacey, Russell Crowe et Guy Pearce. - À Los Angeles, dans les années 1950, trois policiers aux méthodes bien différentes enquêtent sur une fusillade dans un snack-bar. - Film noir au scénario d'une complexité étourdissante. Reconstitution d'époque soignée. Mise en scène énergique. Excellents numéros d'acteur.
□ 16 ans+ · Violence ➔ DVD$ DVD-BR$

L.A. STORY ▷4
É.-U. 1991. Comédie fantaisiste de Mick JACKSON avec Steve Martin, Victoria Tennant et Sarah Jessica Parker. - Un météorologue farfelu travaillant pour un poste de télévision de Los Angeles s'éprend d'une journaliste anglaise venue faire un reportage dans la région.
□ Général ➔ DVD$

L.I.E. [L.I.E. l'autoroute de Long Island] ▷4
É.-U. 2001. Drame psychologique de Michael CUESTA avec Paul Franklin Dano, Brian Cox et Billy Kay. - Se sentant négligé par son père, un adolescent se lie d'amitié avec un sexagénaire pédophile.
□ 16 ans+ ➔ DVD$

LA BAMBA ▷4
É.-U. 1987. Drame biographique de Luis VALDEZ avec Lou Diamond Phillips, Esai Morales et Rosana De Soto. - Évocation de la brève carrière d'un jeune chanteur «chicano» de la fin des années 1950.
□ Général ➔ DVD$

LA BAULE-LES PINS [C'est la vie] ▷3
FR. 1989. Comédie dramatique de Diane KURYS avec Julie Bataille, Candice Lefranc et Nathalie Baye. - Leurs parents en mésentente étant restés à Lyon, deux gamines sont obligées de passer les vacances avec leur bonne. - Dernier chapitre d'une trilogie à saveur autobiographique. Ton juste et tendre. Mise en scène aérée et vivante. Interprétation naturelle. □ Général

LA LA LA HUMAN STEP: AMÉLIA *voir* **Amélia**

LA LEÓN
ARG. 2006. Santigo OTHEGUY

LA MALQUERIDA [Woman Who Was Never Loved, The]
MEX. 1949. Emilio FERNANDEZ

LA MORTE NEGLI OCCHI DEL GATTO [Seven Deaths in the Cat's Eye]
ITA. 1973. Antonio MARGHERITI ➔ DVD$

LA RUMEUR COURT *voir* **Rumour Has It ...**

LA SIERRA
COL. É.-U. 2005. Scott DALTON et Margarita MARTINEZ ➔ DVD$

LA SIRÈNE DES TROPIQUES *voir* **Siren of the Tropics**

LÀ-BAS MON PAYS ▷4
FR. 2000. Drame d'Alexandre ARCADY avec Antoine de Caunes, Nozha Khouadra et Mathilda May. - Un lecteur de nouvelles reprend contact avec son pays natal, l'Algérie, 30 ans après l'avoir quitté.

LABYRINTH [Labyrinthe] ▷3
ANG. 1986. Conte de Jim HENSON avec Jennifer Connelly, David Bowie et Toby Froud. - Une adolescente retrouvera son petit frère si elle parvient à traverser en temps voulu le labyrinthe qui mène au château du roi des lutins. - Scénario inspiré de diverses œuvres classiques. Ensemble imaginatif. Réalisation ingénieuse. □ Général ➔ DVD$

LABYRINTH OF PASSION ▷5
ESP. 1982. Comédie de mœurs de Pedro ALMODOVAR avec Cecilia Roth, Imanol Arias et Helga Line. - À Madrid, le hasard ménage de multiples rencontres autour d'une nymphomane avouée et d'une psychologue. □ 18 ans+

LABYRINTHE DE PAN, LE [Pan's Labyrinth] ►2
ESP. 2006. Drame fantastique de Guillermo DEL TORO avec Ivana Baquero, Sergi Lopez et Maribel Verdu. - En 1944 en Espagne, près de la demeure de son beau-père franquiste, une fillette découvre un labyrinthe mystérieux habité par un faune magique. - Juxtaposition astucieuse d'éléments historiques et merveilleux. Grande justesse psychologique. Moments de violence inouïe. Réalisation fluide rehaussée par une somptueuse photographie. Excellents interprètes.
□ 13 ans+ · Violence ➔ DVD$ DVD-BR$

LACENAIRE [Élégant criminel, L'] ▷4
FR. 1990. Drame de mœurs de Francis GIROD avec Daniel Auteuil, Jean Poiret et Maiwenn Le Besco. - Les tribulations d'un criminel notoire du XIXe siècle. □ Général

LÂCHETÉ, LA ▷5
QUÉ. 2007. Drame psychologique de Marc BISAILLON avec Denis Trudel, Hélène Florent et Geneviève Rioux. - Un fossoyeur mal marié est impliqué dans une affaire d'enlèvement qui tourne mal.
➔ DVD$

LACOMBE, LUCIEN ►2
FR. 1974. Drame psychologique de Louis MALLE avec Pierre Blaise, Aurore Clément et Holger Lowenadler. - En 1944, un jeune paysan entre dans une milice française au service de l'occupant. - Évocation habile du climat de l'occupation à travers un cas d'espèce. Suite de tableaux significatifs. Mise en scène vigoureuse. Direction habile d'acteurs non-professionnels. ➔ DVD$

LADIES FROM THE PARK
voir **Dames du bois de Boulogne, Les**

LADIES IN LAVENDER [Parfum de lavande] ▷4
ANG. 2004. Comédie dramatique de Charles DANCE avec Judi Dench, Maggie Smith et Daniel Bruhl. - En 1936, dans un village côtier de l'Angleterre, deux sœurs âgées accueillent chez elles un jeune naufragé polonais qui s'avère être un violoniste prodige.
□ Général ➔ DVD$

LADIES OF THE BOIS DE BOULOGNE, THE
voir **Dames du bois de boulogne, Les**

LADIES' MAN, THE ▷4
É.-U. 1961. Comédie réalisée et interprétée par Jerry LEWIS avec Helen Traubel et Pat Stanley. - Un misogyne trouve un emploi dans une pension pour jeunes filles. □ Général ➔ DVD$

LADO OSCURO DEL CORAZON, EL
voir **Coté obscur du cœur, Le**

LADY AND THE DUKE, THE *voir* **Anglaise et le duc, L'**

LADY AND THE OUTLAW, THE *voir* **Billy Two Hats**

LADY AND THE TRAMP [Belle et le clochard, La] ▷4
É.-U. 1954. Dessins animés de Hamilton LUSKE, Clyde GERONIMI et Wilfred JACKSON. - Frustrée de l'affection de ses maîtres par la naissance d'un enfant, une gentille chienne s'enfuit et gagne la protection d'un sympathique chien errant. □ Général

LADY CAROLINE LAMB ▷3
ANG. 1972. Drame de Robert BOLT avec Sarah Miles, Jon Finch et Richard Chamberlain. - Au début du XIXe siècle, l'épouse fantasque d'un homme politique anglais se prend d'une passion dévorante pour le poète Byron. - Traitement d'une exubérance romantique. Satire implicite. Ensemble intelligent et plein de finesse. Interprétation brillante.

LADY CHATTERLEY ▷5
ANG. 1992. Drame de mœurs de Ken RUSSELL avec Joely Richardson, Sean Bean et James Wilby. -La femme d'un noble anglais paralysé par des blessures de guerre s'engage dans une relation amoureuse avec son garde-chasse. □ 13 ans+ ➔ DVD$

LADY CHATTERLEY ▷3
FR. 2006. Drame sentimental de Pascale FERRAN avec Marina Hands, Jean-Louis Coulloc'h et Hippolyte Girardot. - En Angleterre, en 1921, la jeune épouse d'un patron de mines handicapé et impotent vit une passion amoureuse avec le garde-chasse de leur propriété. - Adaptation délicate et sensuelle de la deuxième version du roman de D.H. Lawrence. Quelques longueurs. Mise en scène subtile, impressionniste. Performance vibrante et entière de M. Hands dans le rôle-titre. □ 13 ans+ · Érotisme ➔ DVD$

LADY CHATTERLEY'S LOVER ▷5
ANG. 1981. Drame de mœurs de Justin JAECKIN avec Sylvia Kristel, Nicholas Clay et Shane Briant. - La femme d'un noble anglais paralysé par des blessures de guerre est attirée par les charmes de son garde-chasse. ➔ DVD$

LADY EVE, THE [Cœur pris au piège] ▷3
É.-U. 1941. Comédie de Preston STURGES avec Barbara Stanwyck, Henry Fonda et Charles Coburn. - À bord d'un paquebot, une aventurière cherche à faire la conquête d'un riche explorateur. - Divertissement mené avec brio. Bons passages comiques. Interprétation alerte. ➔ DVD$

LADY FOR A DAY ▷4
É.-U. 1933. Comédie de Frank CAPRA avec Warren William, May Robson et Guy Kibbee. - Un joueur professionnel transforme une vendeuse de pommes de façon à ce que la fille de celle-ci pense qu'elle est une dame du monde. □ Général

LADY FROM SHANGHAI, THE [Dame de Shanghai, La] ▷3
É.-U. 1947. Drame policier réalisé et interprété par Orson WELLES avec Rita Hayworth et Everett Sloane. - Un marin irlandais rencontre une femme qui l'entraîne dans des aventures crapuleuses. - Scénario bien structuré. Style brillant. Effets visuels et dramatiques remarquables. Interprétation de classe. □ Général ➔ DVD$

LADY IN QUESTION, THE ▷4
É.-U. 1940. Comédie de Charles VIDOR avec Rita Hayworth, Brian Aherne et Glenn Ford. - Un juré se fait le protecteur d'une jeune femme qu'il a fait acquitter dans un procès pour meurtre.

LADY IN THE LAKE ▷4
É.-U. 1947. Drame policier réalisé et interprété par Robert MONTGOMERY avec Audrey Totter et Lloyd Nolan. - Chargé par une femme d'une enquête, un détective privé court plusieurs périls.

LADY IN THE WATER [Dame de l'eau, La] ▷4
É.-U. 2006. Conte de M. Night SHYAMALAN avec Paul Giamatti, Bryce Dallas Howard et Jeffrey Wright. - Avec les locataires de son immeuble, un concierge de Philadelphie tente d'aider une nymphe à retourner dans son monde. □ Général · Déconseillé aux jeunes enfants ➔ DVD-BR$ DVD$

LADY IN WHITE ▷4
É.-U. 1988. Drame fantastique de Frank LALOGGIA avec Lukas Haas, Len Cariou et Alex Rocco. - De retour dans sa ville natale, un célèbre écrivain de romans d'épouvante se remémore les événements fantastiques qui ont marqué son enfance. □ 13 ans+ ➔ DVD$

LADY IS WILLING, THE ▷4
É.-U. 1941. Comédie de Mitchell LEISEN avec Marlene Dietrich, Fred MacMurray et Aline MacMahon. - Les mésaventures d'une vedette célibataire qui a recueilli un bébé abandonné. □ Général

LADY JANE ▷4
ANG. 1985. Drame historique de Trevor NUNN avec Helena Bonham Carter, Cary Elwes et John Wood. - Son fils étant marié avec la cousine du roi Edouard VI, un lord anglais fait en sorte que le monarque la nomme comme héritière de la couronne.

LADY KILLER
É.-U. 1933. Roy DEL RUTH ➔ DVD$

LADY L ▷4
ANG. 1965. Comédie de Peter USTINOV avec Sophia Loren, Paul Newman et David Niven. - L'épouse d'un aristocrate britannique raconte ses amours de jeunesse avec un anarchiste. □ Général

LADY OF BURLESQUE ▷5
É.-U. 1943. Drame policier de William WELLMAN avec Barbara Stanwyck, Michael O'Shea et J. Edward Bromberg. - Plusieurs crimes sont commis dans les coulisses d'un music-hall de Broadway. ➔ DVD$

LADY SINGS THE BLUES ▷4
É.-U. 1972. Drame biographique de Sidney J. FURIE avec Diana Ross, Billy Dee Williams et Richard Pryor. - La vie dramatique de la célèbre chanteuse de race noire Billie Holiday. □ 13 ans+ ➔ DVD$

LADY SNOWBLOOD
JAP. 1973. Toshiya FUJITA ➔ DVD$

LADY SNOWBLOOD: LOVE SONG OF VENGEANCE
JAP. 1974. Toshiya FUJITA ➔ DVD$

LADY VANISHES, THE ▷3
ANG. 1938. Drame d'espionnage d'Alfred HITCHCOCK avec Michael Redgrave, Margaret Lockwood et Paul Lukas. - Une jeune Anglaise s'inquiète de la disparition mystérieuse d'une voyageuse sur un train. - Intrigue ingénieuse. Mise en scène inventive. Interprétation sympathique. □ Général ➔ DVD$

LADY VANISHES, THE [Femme disparaît, Une] ▷4
ANG. 1979. Comédie policière d'Anthony PAGE avec Cybill Shepherd, Elliott Gould et Herbert Lorn. - En 1939, une Américaine s'inquiète de la disparition mystérieuse d'une voyageuse sur un train allemand.

LADY VENGEANCE *voir* **Sympathy for Lady Vengeance**

LADY WITH THE DOG, THE *voir* **Dame au petit chien, La**

LADY'S NOT FOR BURNING, THE
ANG. 1987. Film de Julian AMYES avec Kenneth Branagh, Cherie Lunghi et Bernard Hepton. - Téléfilm adapté d'une pièce de théâtre. □ Général

LADYBIRD, LADYBIRD [Mère indigne] ▷3
ALL. 1994. Drame social de Ken LOACH avec Crissy Rock, Vladimir Vega et Ray Winstone. - Bien que l'assistance sociale lui ait enlevé ses quatre enfants, une mère décide de fonder une nouvelle famille avec un réfugié paraguayen. - Récit tiré d'une histoire vraie. Approche épousant le point de vue de l'héroïne. Portrait de femme riche et incisif. Réalisation intransigeante. Interprétation d'un naturel désarmant. □ 13 ans+ · Langage vulgaire

LADYHAWKE [Femme de la nuit, La] ▷4
É.-U. 1985. Drame fantastique de Richard DONNER avec Matthew Broderick, Rutger Hauer et Michelle Pfeiffer. - Au Moyen Âge, un jeune tire-laine trouve le moyen de réunir des amants ensorcelés par un cruel évêque. □ 13 ans+ ➔ DVD$

LADYKILLERS, THE [Tueurs de dames, Les] ▷3
ANG. 1955. Comédie d'Alexander MACKENDRICK avec Alec Guinness, Katie Johnson et Cecil Parker. - Des gangsters se servent de la maison d'une vieille dame pour organiser un hold-up. - Humour macabre mais fort drôle. Traitement original et spirituel. Mise en scène alerte. Excellents interprètes. □ Général

LADYKILLERS, THE [Tueurs de dames, Les] ▷4
É.-U. 2003. Comédie policière de Joel et Ethan COEN avec Tom Hanks, Irma P. Hall et Marlon Wayans. - Des criminels se servent de la maison d'une veuve pour organiser le cambriolage d'un casino flottant d'une petite ville du Mississippi. □ Général · Déconseillé aux jeunes enfants ➔ DVD$

LAGAAN: ONCE UPON A TIME IN INDIA
IND. 2001. Drame musical d'Ashutosh GOWARIKER avec Rachel Shelley, Gracy Singh et Aamir Khan. - À l'époque victorienne, des villageois indiens mettent en jeu leurs droits territoriaux dans un match de criquet contre les Britanniques.

LAIR OF THE WHITE WORM, THE ▷4
ANG. 1988. Drame fantastique de Ken RUSSELL avec Amanda Donohue, Hugh Grant et Sammi Davis. - Un jeune archéologue entre en lutte contre une femme aux allures reptiliennes qui est en quête d'une victime pour un sacrifice humain. □ 18 ans+ ➔ DVD$

LAISSE TES MAINS SUR MES HANCHES ▷4
FR. 2003. Comédie sentimentale réalisée et interprétée par Chantal LAUBY avec Jean-Pierre Martins et Armelle Deutsch. - Une actrice quadragénaire un peu déprimée s'éprend d'un forain d'origine andalouse plutôt bourru.

LAISSE TOMBER, IL TE MÉRITE PAS!
voir **He's Just Not That Into You!**

LAISSEZ-PASSER ▷3
FR. 2001. Comédie dramatique de Bertrand TAVERNIER avec Jacques Gamblin, Denis Podalydès et Marie Gillain. - À Paris, durant la Seconde Guerre mondiale, un scénariste et un assistant-réalisateur luttent chacun à sa façon contre l'occupant allemand. - Récit librement inspiré de faits vécus. Sujet grave abordé avec légèreté. Personnages pittoresques. Mise en scène dynamique. Distribution impeccable. ➔ DVD$

LAKE HOUSE ▷4
É.-U. 2006. Drame sentimental d'Alejandro AGRESTI avec Keanu Reeves, Sandra Bullock et Dylan Walsh. - Habitant à tour de rôle la même maison lacustre, une femme médecin et un architecte entament une idylle, bien que lui vive en 2004 et elle, en 2006.
□ Général ➔ DVD-BR$ DVD$

LAKEVIEW TERRACE [Harcelés] ▷5
É.-U. 2008. Thriller de Neil LaBUTE avec Samuel L. Jackson, Patrick Wilson et Kerry Washington. - Sitôt après avoir emménagé dans une banlieue tranquille de Los Angeles, un couple interracial a maille à partir avec son nouveau voisin, un policier veuf afro-américain.
□ 13 ans+ · Violence ➔ DVD-BR$ DVD$

LAMERICA ▷3
ITA. 1994. Drame social de Gianni AMELIO avec Carmelo Di Mazzarelli, Enrico Lo Verso et Michele Placido. - Un entrepreneur italien éprouve beaucoup de difficultés à ramener à Tirana un ex-prisonnier politique à l'esprit troublé servant de prête-nom pour l'achat d'une usine. - Scénario touffu. Fines observations politiques et sociales. Climat dur et étouffant. Style apparenté au néoréalisme. Duo d'acteurs contrasté.
□ Général

LAN YU ▷4
H.-K. 2001. Drame de mœurs de Stanley KWAN avec Liu Ye, Hu Jun et Su Jin. - À Pékin, en 1988, un homme d'affaires prospère s'engage dans une liaison avec un étudiant venu de la campagne. ➔ DVD$

LANCE BRISÉE, LA *voir* **Broken Lance**

LANCE-PIERRES, LE [Slingshot, The] ▷4
SUÈ. 1993. Chronique d'Ake SANDGREN avec Jesper Salen, Stellan Skarsgard et Basia Frydman. - À Stockholm, dans les années 1920, un gamin est victime d'ostracisme à l'école parce qu'il est juif et que son père s'avoue publiquement socialiste. □ Général

LANCELOT DU LAC [Lancelot of the Lake] ►2
FR. 1974. Drame de Robert BRESSON avec Luc Simon, Laura Duke Condominas et Humbert Balsan. - Un Chevalier de la Table Ronde se sent coupable, à cause de son amour pour la reine, de l'échec encouru dans la quête du Graal. - Vieille légende représentée dans un style très personnel. Spectacle quasi abstrait à force de dépouillement. Interprétation dans le ton particulier à l'auteur.

LANCER-FRAPPÉ *voir* **Slap Shot**

LAND AND FREEDOM [Terre et liberté] ▷3
ANG. 1995. Drame historique de Ken LOACH avec Ian Hart, Rosana Pastor, Tom Gilroy, Marc Martínez et Iciar Bollain.- Une jeune femme découvre que son défunt grand-père a combattu contre les fascistes durant la guerre civile d'Espagne. - Point de vue bien documenté. Dimension humaine omniprésente. Reconstitution d'époque réaliste.
□ Général

LAND BEFORE TIME, THE [Petit-Pied le dinosaure] ▷3
É.-U. 1988. Dessins animés de Don BLUTH. - Un groupe de jeunes dinosaures affrontent plusieurs dangers pour atteindre une vallée paradisiaque. - Sujet ne manquant ni de charme ni d'humour. Illustration très soignée. Animation de qualité. □ Général ➔ DVD$

LAND OF PLENTY
ALL. É.-U. 2004. Wim WENDERS ➔ DVD$

LAND OF THE DEAD ▷4
É.-U. 2005. Drame d'horreur de George A. ROMERO avec Simon Baker, John Leguizamo et Asia Argento. - Dans un monde post-apocalyptique infesté de zombies, des survivants vivent retranchés dans une ville fortifiée. □ 13 ans+ · Horreur ➔ DVD-BR$ DVD$

LAND OF THE PHARAOHS [Terre des Pharaons, La] ▷4
É.-U. 1955. Drame historique de Howard HAWKS avec Jack Hawkins, Joan Collins, Alex Minotis et Dewey Martin. - Le pharaon Chéops fait construire une pyramide qui doit lui servir de tombeau.
□ Général ➔ DVD$

LANDLORD, THE ▷4
É.-U. 1970. Comédie dramatique de Hal ASHBY avec Beau Bridges, Lee Grant et Diana Sands. - Un jeune oisif de famille riche acquiert le sens des responsabilités au contact d'une population défavorisée.
□ 13 ans+

LANDSCAPE AFTER BATTLE
POL. 1970. Andrzej WAJDA

LANDSCAPE IN THE MIST ►2
[Paysage dans le brouillard]
GRÈ. 1988. Drame poétique de Theo ANGELOPOULOS avec Tania Paleologou, Michalis Zeke et Stratos Giorgioglou. - Une adolescente grecque et son petit frère entreprennent un long voyage vers l'Allemagne où ils croient que réside leur père. - Périple initiatique et symbolique. Approche réaliste. Éléments d'observations sociologiques. Traitement stylisé. Jeu grave des enfants.

LANGUE DES PAPILLONS, LA *voir* **Butterfly**

LANTANA ▷3
AUS. 2001. Drame psychologique de Ray LAWRENCE avec Anthony LaPaglia, Geoffrey Rush et Barbara Hershey. - Un policier infidèle enquête sur la disparition d'une psychiatre que sa femme consultait à son insu. - Enchevêtrement fluide de diverses histoires. Accent mis davantage sur les liens psychologiques que sur l'enquête policière. Réalisation alerte. Interprétation d'ensemble excellente. □ Général

LAPUTA ▷3
ALL. 1986. Drame sentimental de Helma SANDERS-BRAHMS avec Sami Frey et Krystyna Janda. - Un architecte français passe quelques heures à Berlin avec une Polonaise qui est sa maîtresse. - Intrigue amoureuse à connotations politiques. Traitement intellectuel. Excellent duel d'acteurs. □ Général

LARAMIE PROJECT, THE ▷4
É.-U. 2002. Drame social de Moisés KAUFMAN avec Nestor Carbonell, Amy Madigan et Christina Ricci. - Une troupe de théâtre recueille les témoignages des habitants d'une ville du Wyoming où a eu lieu le meurtre d'un étudiant gay en 1998. ➔ DVD$

LARKS ON A STRING ▷3
TCH. 1969. Comédie dramatique de Jiri MENZEL avec Rudolf Hrusinsky, Vaclav Neckar et Jitka Zelenohorska. - Dans les années 1950, un groupe d'hommes et de femmes que le nouveau régime tient pour des bourgeois travaille sur une décharge de ferraille sous la surveillance d'un gardien débonnaire. - Critique satirique du stalinisme. Fresque intimiste et délicate. Réalisation vive. Humour très caustique. Excellente interprétation. □ Général

LARMES AMÈRES DE PETRA VON KANT, LES ▷3
[Bitter Tears of Petra Von Kant]
ALL. 1972. Drame psychologique de Rainer Werner FASSBINDER avec Margit Carstensen, Hanna Schygulla et Irm Hermann. - Une dessinatrice de mode a une liaison homosexuelle avec un mannequin. - Style flamboyant adapté au caractère de la protagoniste. Origine théâtrale évidente. Thème traité avec rigueur. □ 13 ans+

LARMES D'UN HOMME, LES *voir* **Man Who Cried, The**

LAROSE, PIERROT ET LA LUCE ▷5
QUÉ. 1982. Comédie dramatique de Claude GAGNON avec Richard Niquette, Luc Matte et Louise Portal. - Deux anciens amis se retrouvent à l'occasion de la restauration d'une vieille demeure appartenant à l'un d'eux. □ Général

LARS AND THE REAL GIRL [Lars et l'amour en boîte] ▷4
É.-U. 2007. Comédie dramatique de Craig GILLESPIE avec Emily Mortimer, Ryan Gosling et Paul Schneider. - Un jeune homme entretient une relation amoureuse avec une poupée grandeur nature qu'il traite comme une vraie femme. □ Général ➔ DVD$

LARS ET L'AMOUR EN BOÎTE
voir **Lars and the Real Girl**

LAS HURDES *voir* **Un Chien Andalou/Land without Bread**

LASSIE COME HOME [Fidèle Lassie, La] ▷4
É.-U. 1943. Aventures de Fred M. WILCOX avec Roddy McDowall, Donald Crisp et Edmund Gwenn. - Une chienne séparée de son jeune maître entreprend une longue randonnée pour le retrouver.
➔ DVD$

LAST ACT, THE
IRAN 1991. Varuzh KARIM-MASIHI □ Général

LAST ACTION HERO [Dernier des héros, Le] ▷4
É.-U. 1993. Comédie fantaisiste de John McTIERNAN avec Arnold Schwarzenegger, Austin O'Brien et Charles Dance. - Grâce à un billet magique, un garçon est projeté à l'intérieur du film d'action de son héros préféré. □ 13 ans+ · Violence ➜ DVD $

LAST AMERICAN HERO ▷4
É.-U. 1973. Drame de L. JOHNSON avec Jeff Bridges, Valerie Perrine et Geraldine Fitzgerald. - Pour venir en aide à son père emprisonné pour fabrication clandestine d'alcool, un jeune campagnard se lance dans les compétitions automobiles. ➜ DVD $

LAST ANGRY MAN, THE ▷4
É.-U. 1959. Drame social de Daniel MANN avec Paul Muni, David Wayne et Joby Baker. - Un vieux médecin est appelé à participer à une émission de télévision.

LAST BLUES, THE
HON. ITA. POL. 2002. Péter GARDOS

LAST CHANCE HARVEY [Dernière chance d'Harvey, La] ▷4
É.-U. 2008. Comédie dramatique de Joel HOPKINS avec Emma Thompson, Dustin Hoffman et Eileen Atkins. - À Londres, une fonctionnaire anglaise et un compositeur américain se lient d'amitié après que ce dernier eut déserté la noce de sa fille.
□ Général ➜ DVD-BR $ DVD $

LAST CONTRACT, THE
FIN. NOR. SUÈ. 1998. Kjell SUNDVALL □ 13 ans+ · Violence

LAST DANCE [Dernière danse, La] ▷5
É.-U. 1995. Drame judiciaire de Bruce BERESFORD avec Rob Morrow, Sharon Stone et Randy Quaid. - Un jeune avocat tente désespérément d'obtenir une commutation de peine pour une meurtrière condamnée à mort. □ 13 ans+ ➜ DVD $

LAST DAYS ▷3
É.-U. 2005. Drame de mœurs de Gus VAN SANT avec Michael Pitt, Lukas Haas et Scott Green. - Installé avec quelques compagnons dans une maison de campagne décrépite, un musicien troublé vit ses derniers jours. - Évocation du destin tragique de la rock star Kurt Cobain. Composition visuelle fascinante. Réalisation mariant poésie et expérimentation. Interprétation un peu désincarnée.
□ Général ➜ DVD $

LAST DAYS OF CHEZ NOUS, THE ▷4
AUS. 1990. Drame psychologique de Gillian ARMSTRONG avec Lisa Harrow, Bruno Ganz et Kerry Fox. - Une romancière parvient difficilement à vaincre l'indifférence que lui manifestent de plus en plus souvent son mari et son propre père. □ Général

LAST DAYS OF DISCO, THE ▷4
É.-U. 1998. Drame de mœurs de Whit STILLMAN avec Chloe Sevigny, Kate Beckinsale et Chris Eigeman. - Au début des années 80, des amis dans la vingtaine vivent divers chassés-croisés amoureux et professionnels. □ Général

LAST DAYS OF MUSSOLINI, THE ▷3
IT. 1974. Drame historique de C. LIZZANI avec Rod Steiger, Lisa Gastoni et Henry Fonda. - En avril 1945, la fin ignominieuse du dictateur italien. - Reconstitution rigoureuse d'un événement historique. Récit linéaire mais complexe. Mise en scène efficace. Interprétation convaincante de R. Steiger. ➜ DVD $

LAST DAYS OF PATTON, THE ▷4
É.-U. 1986. Drame historique de Delbert MANN avec George C. Scott, Eva Marie Saint et Murray Hamilton. - Alors qu'il a un commandement dans l'Allemagne occupée après la guerre, le général américain George Patton est victime d'un accident. □ Général

LAST DETAIL, THE [Dernière corvée, La] ▷3
É.-U. 1973. Comédie dramatique de Hal ASHBY avec Jack Nicholson, Otis Young et Randy Quaid. - Deux marins chargés de conduire en prison un jeune matelot se prennent de sympathie pour lui. - Scénario riche d'humanité. Mise en scène attentive aux détails significatifs. Personnages frustes interprétés de façon nuancée.
□ 13 ans+ ➜ DVD $

LAST DIVA, THE
ITA. 1982. Gianfranco MINGOZZI □ Général

LAST EMBRACE ▷4
É.-U. 1979. Drame policier de Jonathan DEMME avec Roy Scheider, Janet Margolin et John Glover. - Un agent secret qui sort d'une grave dépression est aux prises avec un meurtrier déséquilibré. □ 13 ans+

LAST EMPEROR, THE [Dernier empereur, Le] ►2
ITA. 1987. Drame biographique de Bernardo BERTOLUCCI avec John Lone, Joan Chen et Peter O'Toole. - L'histoire de Pu Yi, le dernier empereur à régner sur la Chine. - Vaste fresque illustrant soixante ans d'histoire chinoise. Séquences d'une munificence éblouissante tournées dans la Cité interdite. Rythme solennel. Illustration majestueuse. Ensemble à la fois instructif et fascinant. Très bonne interprétation.
□ Général ➜ DVD $ DVD-BR $

LAST EXIT TO BROOKLYN ▷3
[Dernière sortie pour Brooklyn]
ALL. 1989. Drame social de Uli EDEL avec Stephen Lang, Jennifer Jason-Leigh et Burt Young. - En 1952, une grève interminable génère à Brooklyn des tensions sociales extrêmes. - Scénario dispersé illustrant un climat social désespérant. Traitement réaliste de situations sordides. Technique maîtrisée. □ 18 ans+

LAST HOLIDAY ▷4
ANG. 1950. Comédie dramatique de Henry CASS avec Alec Guinness, Beatrice Campbell et Kay Walsh. - Se croyant atteint d'une maladie mortelle, un modeste employé décide de profiter de la vie.
□ Général

LAST HUNT, THE [Dernière chasse, La] ▷3
É.-U. 1955. Western de Richard BROOKS avec Robert Taylor, Stewart Granger et Debra Paget. - Un chasseur de bisons est conduit à sa perte par sa haine pour les Indiens. - Étude d'un cas limite. Tension dramatique. Aspects documentaires valables. □ Général

LAST HURRAH, THE ▷4
É.-U. 1958. Comédie de mœurs de John FORD avec Spencer Tracy, Jeffrey Hunter et Dianne Foster. - La dernière campagne électorale du maire irlandais d'une grande ville américaine. □ Général ➜ DVD $

LAST KING OF SCOTLAND, THE ▷4
ANG. 2006. Drame biographique de Kevin McDONALD avec Forest Whitaker, James McAvoy et Kerry Washington. - En 1971, alors qu'il travaille en Ouganda, un jeune médecin écossais devient le médecin et le confident du dictateur Idi Amin Dada.
□ 13 ans+ · Violence ➜ DVD $

LAST KISS [Dernier baiser, Le] ▷4
É.-U. 2006. Comédie dramatique de Tony GOLDWYN avec Zach Braff, Jacinda Barrett et Rachel Bilson. - Ne se sentant pas prêt à fonder une famille avec sa compagne enceinte, un architecte de 29 ans se laisse tenter par une aventure avec une jeune étudiante.
□ 13 ans+ ➜ DVD-BR $ DVD $

LAST LAUGH, THE *voir* **Dernier des hommes, Le**

LAST LIEUTENANT, THE
NOR. 1993. Hans Petter MOLAND

LAST LIFE IN THE UNIVERSE
JAP. Thaï. 2003. Pen-Ek RATANARUANG ➜ DVD $

LAST METRO, THE *voir* **Dernier métro, Le**

LAST NIGHT [Minuit] ▷4
CAN. 1998. Drame réalisé et interprété par Don McKELLAR avec Sandra Oh et Callum Keith Rennie. - À quelques heures de la fin du monde, des hommes et des femmes occupent de manières diverses leurs derniers moments de vie. □ 13 ans+ ➜ DVD $

LAST OF ENGLAND, THE
ANG. 1987. Derek JARMAN ➜ DVD $

LAST OF MRS. CHEYNEY, THE ▷4
É.-U. 1937. Comédie de Richard BOLESLAWSKI avec Joan Crawford, William Powell et Robert Montgomery. - Un aristocrate anglais s'éprend d'une élégante voleuse de bijoux. □ Général

LAST OF SHEILA, THE [Invitations dangereuses, Les] ▷5
É.-U. 1973. Drame policier de Herbert ROSS avec Richard Benjamin, James Mason et James Coburn. - Un producteur d'Hollywood invite des amis à jouer à un jeu au cours duquel il est assassiné.
□ 13 ans+ ➜ DVD $

LAST OF THE AKO CLAN, THE *voir* **Sword of Vengeance**

LAST OF THE MOBILE HOT SHOTS
É.-U. 1969. Sidney LUMET □ 13 ans+

LAST OF THE MOHICANS, THE ▷5
É.-U. 1936. Aventures de George B. SEITZ avec Randolph Scott, Binnie Barnes et Heather Angel. - Un trappeur et un Indien mohican protègent les filles d'un général anglais contre les Hurons. □ Général

LAST OF THE MOHICANS, THE
É.-U. 1920. Clarence BROWN et Maurice TOURNEUR □ Général

LAST OF THE MOHICANS, THE ▷4
[Dernier des Mohicans, Le]
É.-U. 1992. Aventures de Michael MANN avec Daniel Day-Lewis, Madeleine Stowe et Russel Means. - En 1757, un jeune aventurier blanc, fils adoptif d'un Mohican, est mêlé à la guerre opposant Anglais et Français. □ 13 ans+ · Violence

LAST OF THE RED HOT LOVERS ▷4
[Don Juan de New York, Le]
É.-U. 1972. Comédie de Gene SAKS avec Alan Arkin, Sally Kellerman et Paula Prentiss. - Saisi par la tentation de l'infidélité, un quadragénaire marié a des rendez-vous avec trois femmes.
□ Général ➔ DVD $

LAST ORDERS [Dernière tournée, La] ▷3
ANG. 2001. Drame psychologique de Fred SCHEPISI avec Michael Caine, Bob Hoskins et Ray Winstone. - Trois sexagénaires londoniens accompagnent le fils de leur ami récemment décédé pour aller disperser les cendres du défunt dans la mer. - Adaptation fort réussie d'un roman de Graham Swift. Récit alternant habilement les points de vue et les époques. Personnages prenants. Mise en scène sobre. Excellente interprétation.

LAST PICTURE SHOW, THE [Dernière séance, La] ▷3
É.-U. 1971. Drame psychologique de Peter BOGDANOVICH avec Timothy Bottoms, Jeff Bridges et Cybill Shepherd. - Les aventures amoureuses de deux adolescents vivant dans un village du Texas en 1950. - Évocation d'époque réussie. Climat pessimiste. Mise en scène adroite. Interprètes talentueux. □ 18 ans+ ➔ DVD $

LAST SAMURAI, THE [Dernier samurai, Le] ▷4
É.-U. 2003. Drame de guerre d'Edward ZWICK avec Tom Cruise, Ken Watanabe et Koyuki. - En 1876, un capitaine américain venu entraîner les troupes de l'empereur japonais est fait prisonnier par un samouraï rebelle dont il épouse la cause.
□ 13 ans+ · Violence ➔ DVD-BR $ DVD $

LAST SEDUCTION, THE [Séduction fatale] ▷3
É.-U. 1993. Drame policier de John DAHL avec Linda Fiorentino, Peter Berg et Bill Pullman. - Une femme machiavélique séduit un jeune homme inoffensif afin de l'amener à tuer son mari à qui elle a dérobé une forte somme. - Utilisation astucieuse des codes du film noir. Intrigue aux développements parfois surprenants. Montage fluide. Illustration soignée. Mise en scène précise. Très bonne interprétation de L. Fiorentino. □ 16 ans+ · Érotisme ➔ DVD $

LAST SEPTEMBER ▷4
IRL. 1998. Drame de mœurs de Deborah WARNER avec Maggie Smith, Michael Gambon et Keeley Hawes. - En 1920, une jeune aristocrate anglo-irlandaise est courtisée par un soldat britannique mais se sent plutôt attirée par un rebelle irlandais.

LAST STAND AT SABER RIVER ▷4
É.-U. 1996. Western de Dick LOWRY avec Tom Selleck, Suzy Amis et Rachel Duncan. - Après avoir combattu dans l'armée sudiste, un fermier découvre que son ranch en Arizona a été réquisitionné par des Nordistes. ➔ DVD $

LAST STARFIGHTER, THE ▷4
É.-U. 1984. Science-fiction de Nick CASTLE avec Lance Guest, Robert Preston et Catherine Mary Stewart. - Un adolescent habile aux jeux vidéo est recruté par des extraterrestres pour combattre dans une guerre interplanétaire. □ Général ➔ DVD $

LAST SUMMER IN THE HAMPTONS ▷3
E.-U. 1995. Comédie dramatique d'Henry JAGLOM avec Victoria Foyt, Viveca Lindfors et Jon Robin Baitz. - Une actrice monte une dernière pièce de théâtre dans sa résidence de campagne. - Réflexion fascinante sur le métier d'acteur. Structure anecdotique. Réalisation simple et chaleureuse. Distribution talentueuse. Dernier rôle émouvant de V. Lindfors. □ 13 ans+

LAST SUPPER, THE ▷3
CUB. 1977. Drame social de Tomas GUTIERREZ ALEA avec Silvano Rey, Nelson Villagra et Luis Alberto Garcia. - À la fin du XVIIIe siècle, un riche propriétaire de plantations sucrières convie à sa table douze de ses esclaves le soir du Jeudi Saint. - Curieuse parabole sur l'exploitation du sentiment religieux. Contexte historique bien évoqué. Réalisation d'une vigueur convaincante. Personnages campés avec force.

LAST SUPPER, THE ▷5
É.-U. 1995. Comédie de Stacy TITLE avec Cameron Diaz, Ron Eldard et Annabeth Gish. - Cinq jeunes intellectuels de gauche invitent à dîner chaque semaine un représentant de l'extrême droite afin de l'assassiner. □ 13 ans+ ➔ DVD $

LAST TANGO IN PARIS *voir* **Dernier tango à Paris, Le**

LAST TEMPTATION OF CHRIST, THE ▷3
[Dernière tentation du Christ, La]
É.-U. 1988. Drame religieux de Martin SCORSESE avec Willem Dafoe, Harvey Keitel et Barbara Hershey. - Crucifié, Jésus est l'objet d'un délire hallucinatoire qui lui fait entrevoir une vie paisible de patriarche. - Adaptation d'un roman de Kazantsakis. Exploration insolite du thème de l'humanité du Christ. Illustration soignée. Interprétation inégale.
□ 18 ans+ ➔ DVD $

LAST TIME I SAW PARIS, THE ▷5
[Dernière fois que j'ai vu Paris, La]
É.-U. 1954. Drame de Richard BROOKS avec Elizabeth Taylor, Van Johnson et Walter Pidgeon. - La vie insouciante et légère d'un couple conduit leur union à un fiasco. □ Général ➔ DVD $

LAST TRAIN FROM GUN HILL ▷4
É.-U. 1959. Western de John STURGES avec Kirk Douglas, Anthony Quinn et Carolyn Jones. - Un représentant de la loi se rend à Gun Hill pour y rechercher les meurtriers de sa femme. ➔ DVD $

LAST TRAIN, THE *voir* **Train, Le**

LAST TUNNEL, THE *voir* **Dernier tunnel, Le**

LAST TYCOON, THE ▷3
É.-U. 1976. Drame psychologique d'Elia KAZAN avec Robert De Niro, Ingrid Boulting et Robert Mitchum. - La vie d'un producteur de films est bouleversée par son attachement à une jeune étrangère ressemblant à sa femme décédée. - Adaptation d'un roman de F. Scott Fitzgerald. Évocation élégante du milieu cinématographique des années 1930. Excellente interprétation de R. De Niro. □ Général ➔ DVD $

LAST UNICORN [Last Unicorn, The - 25th Ann. Edition] ▷4
É.-U. 1982. Dessins animés de Jules BASS et Arthur RANKIN Jr. - Aidée par un apprenti magicien, une licorne part à la recherche de ses congénères retenues captives par un roi cruel. □ Général ➔ DVD $

LAST VALLEY, THE ▷4
ANG. 1970. Drame de James CLAVELL avec Michael Caine, Omar Sharif et Florinda Bolkan. - Pendant la guerre de trente ans, le chef d'une bande de mercenaires accepte d'épargner un village éloigné.
➔ DVD $

LAST VOYAGE, THE [Panique à bord] ▷4
É.-U. 1960. Drame d'Andrew L. STONE avec Robert Stack, Dorothy Malone et George Sanders. - Alors qu'un paquebot est en train de couler, un homme tente de sauver sa femme clouée par des débris au sol de sa cabine. □ Général ➔ DVD $

LAST WAGON, THE [Dernière caravane, La] ▷4
E.-U. 1955. Western de D. DAVES avec Richard Widmark, Felicia Farr et Susan Kohner. - Un homme accusé de meurtre conduit en lieu sûr les survivants d'une attaque indienne. ➔ DVD $

LAST WAVE, THE ▷4
AUS. 1977. Drame fantastique de Peter WEIR avec Olivia Hamnett, Richard Chamberlain et David Gulpilil. - Un avocat de Sydney assurant la défense d'aborigènes fait de curieux rêves prémonitoires. ➔ DVD $

LAST WILL OF DR. MABUSE, THE
voir **Testament du Dr. Mabuse, Le**

LAST YEAR AT MARIENBAD
voir **Année dernière à Marienbad, L'**

LATE AUGUST AT HOTEL OZONE
voir **End of August at the Hotel Ozone, The**

LATE CHRYSANTHEMUMS *voir* **Chrysanthème tardif, Le**

LATE MARRIAGE *voir* **Mariage tardif**

LATE NIGHT SHOPPING
ALL. ANG. 2001. Saul METZSTEIN ➔ DVD $

LATE SHOW, THE ▷3
É.-U. 1976. Drame policier de Robert BENTON avec Art Carney, Lily Tomlin et Bill Macy. - Un détective privé à la retraite découvre un lien entre la disparition d'un chat et le meurtre d'un ancien associé. - Intrigue sinueuse. Sens précis du détail pittoresque. Mélange insolite de drame et d'humour. Interprétation savoureuse. □ Général ➔ DVD $

LATE SPRING *voir* **Printemps tardif**

LATITUDE ZERO ▷5
JAP. 1969. Science-fiction de I. HONDA avec Joseph Cotten, Cesar Romero et Akira Takarada. - Les membres d'une expédition sous-marine découvrent une étrange cité sous les eaux du Pacifique. ➔ DVD$

LAUGHING POLICEMAN, THE [Flic ricanant, Le] ▷4
É.-U. 1973. Drame policier de Stuart ROSENBERG avec Walter Matthau, Bruce Dern et Lou Gossett. - La police de San Francisco recherche un inconnu qui a tué tous les passagers d'un autobus. □ 13 ans+

LAUGHTER AND PUNISHMENT *voir* **Rire et châtiment**

LAURA ▷3
É.-U. 1944. Drame policier d'Otto PREMINGER avec Gene Tierney, Dana Andrews et Clifton Webb. - Une jeune femme qu'on croit victime d'un meurtre reparaît soudain bien vivante. - Scénario astucieusement construit. Réalisation adroite. Climat de mystère bien entretenu. Excellents interprètes. □ Général ➔ DVD$

LAURA CADIEUX... LA SUITE ▷5
QUÉ. 1999. Comédie de mœurs de Denise FILIATRAULT avec Ginette Reno, Pierrette Robitaille et Sonia Vachon. - Un groupe de femmes issues d'un milieu populaire se payent du bon temps lors d'une croisière sur le Saint-Laurent. □ Général ➔ DVD$

LAURA LAUR ▷5
QUÉ. 1989. Drame psychologique de Brigitte SAURIOL avec Paula de Vasconcelos, Dominique Briand et André Lacoste. - Un quinquagénaire fait la connaissance d'une jeune femme impulsive et fuyante qui trouble son existence en devenant sa maîtresse. □ 18 ans+

LAURÉAT, LE *voir* **Graduate, The**

LAUREL & HARDY'S LAUGHING 20'S ▷3
É.-U. 1965. Film de montage de Robert YOUNGSON. - Quelques séquences des meilleurs courts métrages de Stan Laurel et Oliver Hardy. - Extraits bien choisis parmi les plus drôles. Bonne démonstration du talent comique des deux acteurs. Choix limité à l'époque du muet. ➔ DVD$

LAUREL & HARDY: BABES IN TOYLAND ▷4
[Un jour, une bergère]
É.-U. 1939. Comédie de Charley B. ROGERS avec Stan Laurel, Oliver Hardy et Charlotte Henry. - Un vieil harpagon convoite une jeune fille amoureuse d'un jouvenceau. ➔ DVD$

LAUREL CANYON ▷4
É.-U. 2002. Drame de mœurs de Lisa CHOLODENKO avec Christian Bale, Frances McDormand et Kate Beckinsale. - À Los Angeles, une productrice de disques qui fait montre d'une grande liberté de mœurs accueille son fils conservateur et sa fiancée. □ 13 ans+ ➔ DVD$

LAUREL ET HARDY CONSCRITS *voir* **Flying Deuces**

LAURIER BLANC *voir* **White Oleander**

LAUTLOS *voir* **Soundless**

LAUTREC ▷4
FR. 1998. Drame biographique de Roger PLANCHON avec Régis Royer, Elsa Zylberstein et Anémone. - La vie mouvementée du peintre Henri de Toulouse-Lautrec. □ 13 ans+

LAVENDER HILL MOB, THE [De l'or en barres] ▷3
ANG. 1951. Comédie de Charles CRICHTON avec Alec Guinness, Stanley Holloway et Sidney James. - Un employé de la Banque d'Angleterre organise un vol après vingt ans de travail honnête. - Traitement original. Rythme vif. Humour constant. Savoureuse composition de A. Guinness.

LAW AND DISORDER [Loi et le désordre, La] ▷4
É.-U. 1974. Comédie de mœurs de Ivan PASSER avec Carroll O'Connor, Ernest Borgnine et Ann Wedgworth. - Un chauffeur de taxi forme un corps auxiliaire de police pour mettre fin aux déprédations de quelques voyous. ➔ DVD$

LAW AND JAKE WADE, THE ▷4
É.-U. 1958. Western de John STURGES avec Robert Taylor, Richard Widmark et Patricia Owens. - Un ex-bandit devenu shérif doit faire face à un ancien complice. □ Général ➔ DVD$

LAW AND THE FIST, THE
POL. 1964. Jerzy HOFFMAN

LAW OF DESIRE *voir* **Loi du désir, La**

LAW OF ENCLOSURES, THE ▷5
CAN. 2000. Drame psychologique de John GREYSON avec Sarah Polley, Brendan Fletcher et Diane Ladd. - Dans une ville, à une même époque, les tribulations d'un jeune couple et d'un autre d'âge mûr qui sont en fait le même. □ Général

LAWLESS HEART ▷4
ANG. 2001. Drame de mœurs de Neil HUNTER et Tom HUNSINGER avec Tom Hollander, Douglas Henshall et Bill Nighy. - Dans une petite ville d'Angleterre, la mort d'un jeune restaurateur gay a diverses répercussions sur ses proches. □ 13 ans+ · Langage vulgaire ➔ DVD$

LAWMAN ▷4
É.-U. 1970. Western de Michael WINNER avec Burt Lancaster, Robert Ryan et Lee J. Cobb. - Un shérif part au Nouveau-Mexique à la recherche des responsables de la mort d'un homme de son village. □ 13 ans+ ➔ DVD$

LAWN DOGS ▷4
ANG. 1997. Comédie dramatique de John DUIGAN avec Mischa Barton, Sam Rockwell et Kathleen Quinlan. - L'amitié entre une fillette et un tondeur de pelouse de dix ans son aîné cause un certain émoi dans une banlieue du Kentucky. ➔ DVD$

LAWRENCE OF ARABIA ►1
ANG. 1962. Drame historique de David LEAN avec Peter O'Toole, Alec Guinness et Anthony Quinn. - Pendant la Première Guerre mondiale, un lieutenant britannique devient le commandant de troupes arabes au Moyen-Orient. - Film à grand spectacle doté de valeurs psychologiques. Portrait nuancé du héros. Remarquables images du désert. Mise en scène ample et spectaculaire. Excellente distribution. □ Général ➔ DVD$

LAYER CAKE *voir* **Méli-Mélo**

LAYER CAKE ▷3
ANG. 2004. Thriller de Matthew VAUGHN avec Daniel Craig, Colm Meaney et George Harris. - Alors qu'il désire se retirer du milieu, un trafiquant de drogue londonien se retrouve au centre d'une guerre opposant trois dangereux gangsters. - Récit ingénieux et compliqué à souhait. Réalisation précise et inventive. Rythme soutenu. Interprétation finement ciselée. □ 13 ans+ · Violence ➔ DVD-BR$ DVD$

LE BANC DE CARTER *voir* **I'm Not Rappaport**

LE MANS ▷4
É.-U. 1971. Drame sportif de Lee H. KATZIN avec Steve McQueen, Siegfried Rauch et Elga Andersen. - Un pilote de course américain participe aux 24 heures du Mans. □ Général ➔ DVD$

LÉA ▷3
ALL. 1996. Mélodrame d'Ilvan FILA avec Lenka Vlasakova, Christian Redl et Hanna Schygulla. - Une jeune femme traumatisée par une enfance malheureuse est forcée d'épouser un ancien légionnaire taciturne et brutal. - Récit insolite et touchant inspiré de faits réels. Poésie prenante. Climat sombre et oppressant. Réalisation assurée, aux effets parfois appuyés. Interprétation très émouvante. □ Général · Déconseillé aux jeunes enfants

LEADING MAN, THE
ANG. 1996. John DUIGAN □ Général

LEAGUE OF GENTLEMEN, THE ▷3
ANG. 1960. Drame policier de Basil DEARDEN avec Jack Hawkins, Nigel Patrick et Richard Attenborough. - Un colonel limogé décide d'accomplir un audacieux vol de banque à la façon d'une opération militaire. - Sujet original. Réalisation de qualité. Montage habile. Touches d'humour appréciables. Excellents interprètes. □ Général

LEAGUE OF THEIR OWN, A [Ligue en jupon, Une] ▷5
É.-U. 1992. Comédie dramatique de Penny MARSHALL avec Geena Davis, Tom Hanks et Lori Petty. - Durant la Seconde Guerre mondiale, deux sœurs sont repêchées pour jouer dans une équipe féminine de base-ball. □ Général ➔ DVD$

LEAN ON ME [École de l'espoir, L'] ▷4
É.-U. 1989. Drame social de John G. AVILDSEN avec Morgan Freeman, Robert Guillaume et Beverly Todd. - Le nouveau directeur autoritaire d'une école secondaire subit la résistance de certains parents et professeurs. □ 13 ans+

LEARNING TREE, THE ▷4
É.-U. 1969. Étude de mœurs de Gordon PARKS avec Kyle Johnson, Alex Clarke et Estelle Evans. - Dans les années 1920, un adolescent noir fait l'apprentissage de la vie dans un village du Kansas. □ Général

LEATHER BOYS, THE ▷4
ANG. 1963. Drame psychologique de Sidney J. FURIE avec Rita Tushingham, Colin Campbell et Dudley Sutton. - Un jeune blouson noir motocycliste quitte sa nouvelle épouse qu'il juge trop immature pour aller vivre avec un de ses amis.

LEATHERHEADS ▷4
É.-U. 2008. Comédie réalisée et interprétée par George CLOONEY avec Renée Zellweger et John Krasinski. - En 1925, le propriétaire d'une équipe de football s'éprend d'une journaliste qui enquête sur le prétendu héroïsme guerrier de sa populaire recrue.
□ Général ➜ DVD $ DVD-BR $

LEAVE HER TO HEAVEN ▷4
É.-U. 1946. Drame de John M. STAHL avec Gene Tierney, Cornel Wilde et Vincent Price. - Une femme jalouse ne supporte personne entre elle et son mari. □ Général ➜ DVD $

LEAVE ME ALONE
H.-K. Danny PANG

LEAVES FROM SATAN'S BOOK
voir **Pages arrachées du livre de Satan**

LEAVING LAS VEGAS [Adieu Las Vegas] ▷3
É.-U. 1995. Drame psychologique de Mike FIGGIS avec Nicolas Cage, Elisabeth Shue et Julian Sands. - À Las Vegas, une jeune prostituée s'attache à un scénariste paumé que l'alcool est en train de tuer à petit feu. - Œuvre lyrique et envoûtante. Détresse des personnages rendue de façon déchirante. Élans oniriques subtils. Jeu remarquable des deux vedettes. □ 16 ans+ ➜ DVD $

LEAVING METROPOLIS ▷5
CAN. 2002. Drame de mœurs de Brad FRASER avec Troy Ruptash, Vincent Corazza et Cherilee Taylor. - Un peintre gay, devenu depuis peu serveur dans un restaurant de quartier, entreprend de séduire son patron hétérosexuel et marié. □ 16 ans+ ➜ DVD $

LEÇON D'AMOUR, UNE *voir* **Une leçon d'amour**

LEÇON DE PIANO, LA *voir* **Piano, The**

LEÇONS SUR L'OREILLER
voir **Sleeping Dictionary**

LECTRICE, LA ▷3
FR. 1988. Comédie de mœurs de Michel DEVILLE avec Miou-Miou, Patrick Chesnais et Maria Casarès. - Offrant ses services comme lectrice à domicile, une jeune femme rencontre des clients aux goûts divers. - Suite de saynètes décrites avec justesse et malice. Mouvement alerte. Images gracieuses. Interprétation pleine de finesse de Miou-Miou. □ 13 ans+

LEFT HAND OF GOD, THE ▷4
[Main gauche du seigneur, La]
É.-U. 1955. Drame psychologique d'Edward DMYTRYK avec Humphrey Bogart, Gene Tierney et Lee J. Cobb. - Un aventurier, prisonnier d'un bandit chinois, s'évade en empruntant les vêtements et l'identité d'un prêtre.

LEFT LUGGAGE [À la recherche du passé] ▷5
HOL. 1998. Drame de mœurs de Jeroen KRABBÉ avec Laura Fraser, Isabella Rossellini et Maximilian Schell. - En 1972, à Anvers, une jeune Juive se trouve un emploi de gouvernante dans une famille hassidique traditionaliste où elle s'attache à un enfant renfermé. ➜ DVD $

LEFT-HANDED GUN, THE ▷3
É.-U. 1958. Western d'Arthur PENN avec Paul Newman, Lita Milan et John Dehner. - Pour venger la mort de son patron, Billy le Kid commet plusieurs meurtres. - Traitement original d'un thème classique. Psychologie et symbolisme bien dosés. Cadrages recherchés. Interprétation solide.

LEGAL EAGLES ▷4
É.-U. 1986. Comédie policière d'Ivan REITMAN avec Robert Redford, Debra Winger et Daryl Hannah. - L'assistant d'un procureur est sollicité par une collègue pour venir en aide à une cliente accusée de vol de tableau. □ Général ➜ DVD $

LEGEND ▷4
ANG. 1985. Conte de Ridley SCOTT avec Tom Cruise, Mia Sara et Tim Curry. - Un jeune garçon et une bande de lutins volent au secours d'une princesse enlevée par le prince des Ténèbres.
□ Général ➜ DVD $

LEGEND OF 1900, THE ▷5
[Leggenda del Pianista Sull'Oceano, La]
ITA. 1999. Conte de Giuseppe TORNATORE avec Tim Roth, Pruitt Taylor Vince et Mélanie Thierry. - Né au début du XXe siècle sur un transatlantique, un pianiste prodige passe sa vie sur le bateau sans jamais poser le pied à terre. ➜ DVD $

LEGEND OF BAGGER VANCE, THE ▷5
É.-U. 2000. Drame sportif de Robert REDFORD avec Matt Damon, Will Smith et Charlize Theron. - En 1931, un jeune golfeur traumatisé par les horreurs de la guerre retrouve un sens à sa vie grâce à l'aide d'un mystérieux caddy noir. □ Général ➜ DVD $

LEGEND OF HELL HOUSE, THE ▷4
[Maison des damnés, La]
ANG. 1973. Drame fantastique de John HOUGH avec Clive Revill, Pamela Franklin et Roddy McDowall. - Un financier engage un physicien pour mener une enquête scientifique dans une de ses propriétés qui a la réputation d'être hantée. □ 13 ans+ ➜ DVD $

LEGEND OF RED DRAGON
voir **New Legend of Shaolin, The**

LEGEND OF RITA, THE [Trois vies de Rita Vogt, Les] ▷4
ALL. 2000. Chronique de Volker SCHLÖNDORFF avec Bibiana Beglau, Martin Wuttke et Nadja Uhl. - Durant les années 1980, une jeune terroriste d'Allemagne de l'Ouest se réfugie à l'Est où les autorités lui procurent une nouvelle identité. □ 13 ans+

LÉGENDE DE LA CITADELLE DE SOURAM, LA ►2
[Legend of Suram Fortress, The]
RUS. 1984. Chronique de Sergei PARADJANOV avec Zourab Kipchidzé, Levan Outchanetchvili et Veneriko Andjaparidzé. - Un esclave affranchi donne naissance à un fils qui est destiné à terminer la construction d'une forteresse dont l'un des murs s'écroule régulièrement. - Suite de courts tableaux vivants. Éléments historiques confondus avec la légende. Illustration colorée. Style hiératique de l'interprétation.
□ Général ➜ DVD $

LÉGENDE DES BALEINES, LA *voir* **Whale Rider**

LÉGENDE DU GRAND JUDO, LA [Sanshiro Sugata]
JAP. 1943. Akira KUROSAWA □ Général

LÉGENDE DU PIANISTE SUR L'OCÉAN, LA
voir **Legend of 1900, The**

LÉGENDES D'AUTOMNE *voir* **Legends of the Fall**

LÉGENDES DE RITA, LES *voir* **Legend of Rita, The**

LEGENDS OF THE FALL [Légendes d'automne] ▷5
É.-U. 1994. Chronique d'Edward ZWICK avec Brad Pitt, Aidan Quinn et Anthony Hopkins. - Au début du XXe siècle dans le Montana, trois frères vivent tour à tour une aventure sentimentale avec la même jeune femme. □ Général ➜ DVD $ DVD-BR $

LEGGENDA DEL PIANISTA SULL'OCEANO, LA
voir **Legend of 1900, The**

LEILA ▷3
IRAN. 1996. Drame de mœurs de Dariush MEHRJUI avec Leila Hatami, Ali Mosaffa et Jamileh Sheikhi. - Sous la pression de sa belle-mère, une jeune Iranienne infertile se résout à trouver une deuxième épouse à son mari. - Histoire déchirante racontée avec beaucoup d'intelligence. Réalisation sobre attentive aux personnages. Interprétation tout en retenue de L. Hatami. ➜ DVD $

LEMMING ▷3
FR. 2005. Drame psychologique de Dominik MOLL avec Laurent Lucas, Charlotte Gainsbourg et Charlotte Rampling. - La découverte par un jeune couple d'un rongeur dans le tuyau d'évacuation de l'évier de leur cuisine inaugure pour eux une série d'épreuves déconcertantes. - Récit insolite et ludique admirablement écrit et structuré. Réalisation élégante, froide et maîtrisée. Interprétation de haut vol. ➜ DVD $

LEMON DROP KID, THE ▷4
É.-U. 1951. Comédie de Sidney LANFIELD avec Bob Hope, Marilyn Maxwell et Lloyd Nolan. - Un pauvre diable fait perdre une forte somme à un bandit et est sommé de le dédommager.

LEMONADE JOE ▷3
TCH. 1964. Comédie satirique de O. LIPSKY avec Karel Fiala, Olga Schoberova et Rudolf Deyl. - Un redresseur de torts défend deux belles contre les entreprises d'un sombre individu. - Pastiche réussi et fort drôle des clichés du western. Nombreuses trouvailles de mise en scène. Personnages bien campés. ➜ DVD $

LEMONY SNICKET'S A SERIES OF UNFORTUNATE EVENTS ▷3
[Lemony Snickets: désastreuses aventures des orphelins Baudelaire, Les]
É.-U. 2004. Comédie fantaisiste de Brad SILBERLING avec Jim Carrey, Emily Browning et Liam Aiken. - Après la mort tragique de leurs parents, trois enfants sont placés sous la garde d'un comte sans scrupules qui convoite leur héritage. - Adaptation imaginative des trois premiers romans de la série Lemony Snicket. Croisement habile d'humour, de macabre et de fantastique. Décors d'une fantaisie délirante. Superbes prouesses techniques. Excellente direction d'acteurs. ➜ DVD$

LEMOYNE
QUÉ. 2005. Simon BEAULIEU ➜ DVD$

LENDEMAIN DU CRIME, LE *voir* **Morning After, The**

LENINGRAD COWBOYS GO AMERICA ▷4
FIN. 1989. Comédie satirique d'Aki KAURISMÄKI avec Matti Pellonpaa, Kari Vaananen et Sakke Jarvenpaa. - Un groupe de musiciens folkloriques russes à l'allure punk tente sa chance aux États-Unis. □ Général

LENNY ▷3
É.-U. 1975. Drame biographique de Bob FOSSE avec Dustin Hoffman, Valerie Perrine et Jan Miner. - Durant les années 1960, le monologuiste Lenny Bruce atteint une certaine notoriété grâce à l'anticonformisme de ses numéros. - Vision plutôt réaliste d'un personnage mythifié. Montage complexe et fort habile. Emploi heureux d'une photographie en noir et blanc. Interprétation de premier ordre. □ 18 ans+ ➜ DVD$

LEO TOLSTOY'S ANNA KARENINA ▷4
[Anna Karenine d'après Léon Tolstoï]
É.-U. 1997. Drame sentimental de Bernard ROSE avec Sophie Marceau, Sean Bean et Alfred Molina. - L'histoire d'amour entre une femme mariée et un officier de l'armée russe connaît une issue dramatique.

LÉOLO ▷4
QUÉ. 1992. Chronique de Jean-Claude LAUZON avec Maxime Collin, Ginette Reno et Roland Blouin. - Un jeune garçon qui vit dans un quartier populaire de Montréal tente d'oublier sa dure réalité familiale en cultivant son goût pour le rêve. ➜ DVD$

LÉON MORIN, PRÊTRE ▷3
FR. 1961. Drame psychologique de Jean-Pierre MELVILLE avec Jean-Paul Belmondo, Emmanuelle Riva et Irène Tunc. - Une jeune femme incroyante s'éprend du prêtre qui la ramène lentement au christianisme. - Bonne création d'atmosphère. Excellents interprètes. □ Général

LEON TOLSTOY'S ANNA KARENINA *voir* **Anna Karenina**

LEON: THE PROFESSIONAL *voir* **Professional, The**

LEOPARD, THE *voir* **Guépard, Le**

LES GIRLS ▷4
É.-U. 1957. Comédie musicale de George CUKOR avec Kay Kendall, Mitzi Gaynor et Gene Kelly. - À Londres, un procès oppose deux ex-danseuses de cabaret. □ Général ➜ DVD$

LES TIENS, LES MIENS ET LES NÔTRES *voir* **Yours, Mine and Ours**

LESS THAN ZERO ▷4
É.-U. 1987. Drame psychologique de Marek KANIEVSKA avec Andrew McCarthy, Robert Downey Jr. et Jami Gertz. - Avec l'aide d'une copine mannequin, un étudiant cherche à aider un ami d'enfance devenu esclave de la drogue. □ 13 ans+ ➜ DVD$

LESSON IN LOVE, A *voir* **Une leçon d'amour**

LET 'EM HAVE IT
É.-U. 1935. Sam WOOD ➜ DVD$

LET HIM HAVE IT ▷4
ANG. 1991. Drame social de Peter MEDAK avec Chris Eccleston, Paul Reynolds et Tom Courtenay. - Un garçon de 19 ans, d'une intelligence inférieure à la moyenne, est injustement accusé de meurtre. □ 13 ans+

LET JOY REIGN SUPREME *voir* **Que la fête commence!**

LET THE RIGHT ONE IN [Morse] ▷3
SUÈ. 2008. Drame fantastique de Tomas ALFREDSON avec Kare Hedebrant, Lina Leandersson et Per Ragnar. - Un écolier solitaire, persécuté par des camarades de classe, se lie d'amitié avec une jeune vampire qui l'aide à trouver en lui-même le courage de se défendre. - Variation intelligente et fine sur un mythe connu. Scénario habile reposant sur la psychologie des personnages. Climat insolite bien forgé. Photographie nocturne sublime. Réalisation experte, économe d'effets. Jeunes interprètes très convaincants. □ 13 ans+ · Horreur ➜ DVD$ DVD-BR$

LET'S DANCE ▷4
É.-U. 1950. Comédie musicale de Norman Z. McLEOD avec Fred Astaire, Betty Hutton et Roland Young. - Deux partenaires de music-hall se retrouvent après quelques années. □ Général

LET'S DO IT AGAIN ▷4
É.-U. 1975. Comédie réalisée et interprétée par Sidney POITIER avec Bill Cosby et John Amos. - Deux ouvriers noirs d'Atlanta exécutent un plan extravagant pour renflouer les fonds du club social dont ils sont membres. □ Général ➜ DVD$

LET'S MAKE LOVE [Milliardaire, Le] ▷4
É.-U. 1960. Comédie musicale de George CUKOR avec Yves Montand, Marilyn Monroe et Tony Randall. - Un milliardaire s'éprend d'une danseuse à qui il cache son identité. □ Général ➜ DVD$

LET'S SCARE JESSICA TO DEATH ▷5
É.-U. 1971. Drame d'horreur de John HANCOCK avec Zohra Lampert, Barton Hayman et Kevin O'Connor. - Une jeune femme s'installe avec son mari dans une ferme du Connecticut qui a la réputation d'être hantée. ➜ DVD$

LETHAL WEAPON [Arme fatale, L'] ▷4
É.-U. 1987. Drame policier de Richard DONNER avec Mel Gibson, Danny Glover et Gary Busey. - Sa fille ayant été enlevée par des trafiquants de drogues, un policier et son collègue se lancent à sa rescousse au péril de leur vie. □ 18 ans+ ➜ DVD-BR$ DVD$

LETHAL WEAPON 2 [Arme fatale 2, L'] ▷4
É.-U. 1989. Drame policier de Richard DONNER avec Mel Gibson, Danny Glover et Joe Pesci. - Deux inspecteurs disparates poursuivent des truands qui se révèlent être des agents sud-africains protégés par leur immunité diplomatique. □ 13 ans+ ➜ DVD-BR$ DVD$

LETHAL WEAPON 3 [Arme fatale 3, L'] ▷5
É.-U. 1992. Comédie policière de Richard DONNER avec Mel Gibson, Danny Glover et Joe Pesci. - Deux policiers casse-cou enquêtent sur les activités d'un ex-flic qui s'est converti dans le trafic d'armes. □ 13 ans+ ➜ DVD$

LETHAL WEAPON 4 [Arme fatale 4, L'] ▷5
É.-U. 1998. Comédie policière de Richard DONNER avec Mel Gibson, Danny Glover et Jet Li. - Deux inspecteurs de Los Angeles ont maille à partir avec des membres des triades chinoises établis dans la ville. □ 13 ans+ · Violence ➜ DVD$

LETTER, THE ▷4
É.-U. 1940. Drame psychologique de William WYLER avec Bette Davis, Herbert Marshall et James Stephenson. - Une femme mariée tue son amant qui l'avait délaissée. □ Général ➜ DVD$

LETTER FROM AN UNKNOWN WOMAN ▷3
[Lettre d'une inconnue]
É.-U. 1948. Drame sentimental de Max OPHÜLS avec Joan Fontaine, Louis Jourdan et Mady Christians. - Un musicien libertin reçoit une lettre d'une inconnue en qui il découvre la seule femme qu'il ait vraiment aimée. - Adaptation réussie de la nouvelle de Stefan Zweig. Traitement nostalgique et poétique. Mise en scène maîtrisée. Très belle photographie. Souci du détail. J. Fontaine excellente. □ Général

LETTER TO BREZHNEV ▷4
ANG. 1985. Comédie sentimentale de Chris BERNARD avec Alexandra Pigg, Margi Clarke et Peter Firth. - Les tribulations sentimentales de deux Anglaises qui ont rencontré deux matelots russes dont le navire a fait escale à Liverpool. □ Général

LETTER TO THREE WIVES, A ▷3
É.-U. 1948. Comédie de mœurs de Joseph Leo MANKIEWICZ avec Jeanne Crain, Linda Darnell et Ann Sothern. - Craignant d'être abandonnées par leurs maris respectifs, trois jeunes femmes revivent en esprit leur vie conjugale. - Original et bien construit. Réalisation soignée. Style discret et allusif. Interprétation nuancée. □ Général

LETTERS FROM IWO JIMA ▷3
É.-U. 2006. Drame historique de Clint EASTWOOD avec Ken Watanabe, Kazunari Ninomiya et Tsuyoshi Ihara. - En février 1945, l'affrontement meurtrier entre les soldats japonais et les troupes américaines sur l'île d'Iwo Jima. - Récit jetant un éclairage différent sur l'épisode historique exploré dans Flags of Our Fathers. Réalisation sobre et touchante. Traitement visuel remarquable. Performance de haut niveau de K. Watanabe. ➜ DVD-BR$ DVD$

LETTERS FROM THE PARK ▷4
CUB. 1988. Drame poétique de Tomàs Gutiérrez ALEA avec Victor Laplace, Ivonne Lopez et Miguel Paneque. - Un écrivain public continue d'envoyer des lettres d'amour à la fiancée d'un jeune homme bien que ce dernier se soit désintéressé d'elle. □ Général

LETTRE D'UNE INCONNUE
voir **Letter from an Unknown Woman**

LETTRE ÉCARLATE, LA ▷5
ALL. 1972. Drame de mœurs de Wim WENDERS avec Senta Berger, Lou Castel et Hans Christian Blech. - Au XVIIe siècle, un médecin revient incognito dans un village puritain de la Nouvelle-Angleterre afin de se venger d'un pasteur qui a séduit sa femme. □ Général

LETTRE ÉCARLATE, LA *voir* **Scarlet Letter, The**

LETTRES DE MANSFIELD *voir* **Mansfield Park**

LETTRES DE MON MOULIN I, LES ▷4
FR. 1954. Film à sketches de Marcel PAGNOL avec Rellys, Henri Vilbert et Édouard Delmont. - Deux contes d'Alphonse Daudet: «Le secret de maître Cornille» et «L'élixir du père Gaucher». □ Général

LETTRES DE MON MOULIN II, LES ▷4
FR. 1954. Film à sketches de Marcel PAGNOL avec Rellys, Henri Vilbert et Édouard Delmont. - Deux contes d'Alphonse Daudet: «Les trois messes basses» et «Le curé de Cucugnan». □ Général

LEVITY [Salut, Le] ▷5
É.-U. 2003. Drame d'Ed SOLOMON avec Billy Bob Thornton, Morgan Freeman et Holly Hunter. - Après avoir purgé une longue peine de prison pour meurtre, un homme fait la rencontre de la sœur de la victime sans lui révéler son secret. ➜ DVD$

LÈVRES ROUGES, LES [Daughters of Darkness] ▷4
BEL. 1971. Drame d'horreur de Harry KUMEL avec Delphine Seyrig, Danielle Ouimet et John Karlen. - Une jeune mariée en voyage de noces tombe sous la coupe d'une femme-vampire.
□ 18 ans+ ➜ DVD$

LEVY ET GOLIATH ▷4
FR. 1986. Comédie dramatique de Gérard OURY avec Richard Anconina, Michel Boujenah et Souad Amidou. - Bien qu'ayant suivi des chemins opposés, deux frères, issus d'une famille juive, décident d'affronter ensemble un redoutable caïd. □ Général

LEY LINES
JAP. 1999. Takashi MIIKE ➜ DVD$

LI *voir* **Between the Devil and the Deep Blue Sea**

LIAISON FATALE *voir* **Fatal Attraction**

LIAISONS DANGEREUSES, LES ▷5
FR. 1959. Étude de mœurs de Roger VADIM avec Gérard Philippe, Jeanne Moreau et Annette Stroyberg. - Les aventures extra-conjugales de deux jeunes époux qui se racontent mutuellement leurs entreprises de séduction. □ Général

LIAISONS DANGEREUSES, LES
voir **Dangerous Liaisons**

LIAISONS INTERDITES *voir* **Bound**

LIAM ▷4
ANG. 2000. Drame de mœurs de Stephen FREARS avec Ian Hart, Claire Hackett et Anthony Borrows. - À Liverpool, dans les années 1930, les tribulations d'un gamin de sept ans, cadet d'une famille ouvrière catholique très pauvre. □ Général ➜ DVD$

LIANNA
É.-U. 1983. John SAYLES ➜ DVD$

LIAR LIAR [Menteur menteur] ▷4
É.-U. 1997. Comédie de Tom SHADYAC avec Jim Carrey, Maura Tierney et Justin Cooper. - Le fils délaissé d'un avocat particulièrement menteur fait le voeu que son père ne puisse dire que la vérité durant vingt-quatre heures. □ Général ➜ DVD$

LIBELED LADY ▷4
É.-U. 1936. Comédie de Jack CONWAY avec William Powell, Myrna Loy et Spencer Tracy. - Un directeur de journal cherche à échapper à une poursuite pour libelle diffamatoire. □ Général ➜ DVD$

LIBERA ME ▷3
FR. 1993. Film d'essai d'Alain CAVALIER avec Pierre Concha, Annick Concha et Thierry Labelle. - Dans un pays où règne un régime répressif, un réseau de résistants rivalise d'ingéniosité pour mettre en échec cette dictature. - Récit plutôt abstrait développé sans dialogue ou commentaire. Succession de brèves scènes filmées sans décors. Ensemble fascinant et déroutant. □ Général

LIBERO ▷4
ITA. 2006. Drame psychologique réalisé et interprété par Kim ROSSI STUART avec Alessandro Morace et Barbora Bobulova. - Un jeune garçon solitaire et incompris, vivant avec son père et sa grande sœur, accepte tant bien que mal le retour de sa mère. □ Général ➜ DVD$

LIBERTARIAS ▷5
ESP. 1995. Drame historique de Vincente ARANDA avec Ana Belen, Ariadna Gil et Victoria Abril. - Durant la guerre civile espagnole, une jeune nonne se joint à un groupe de miliciennes combattant les fascistes. □ 13 ans+ · Violence

LIBERTIN, LE ▷5
FR. 2000. Comédie de Gabriel AGHION avec Vincent Pérez, Fanny Ardant et Michel Serrault. - Alors qu'il rédige l'article de son Encyclopédie traitant de la morale, le philosophe Diderot se complaît dans une vie de libertinage et de provocations.
□ 13 ans+ · Érotisme ➜ DVD$

LIBERTINE, THE [Rochester, le dernier des Libertins] ▷5
ANG. 2005. Drame historique de Laurence DUNMORE avec Johnny Depp, Samantha Morton et John Malkovich. - Vie et mort de John Wilmot, poète et libre-penseur du XVIIe siècle, dont la quête perpétuelle des plaisirs charnels a choqué la cour du roi Charles II. □ 13 ans+ · Langage vulgaire · Érotisme ➜ DVD$

LIBERTY HEIGHTS ▷3
É.-U. 1999. Chronique de Barry LEVINSON avec Ben Foster, Adrien Brody et Joe Mantegna. - Les tribulations d'une famille juive de Baltimore au milieu des années 50. - Tableau de mœurs pittoresque et nostalgique. Évocation douce-amère des préjugés de classe et de race. Climat d'époque chatoyant. Interprétation sensible et attachante. ➜ DVD$

LIBRE COMME RORY O'SHEA *voir* **Rory O'Shea Was Here**

LICENCE TO KILL [Permis de tuer] ▷4
ANG. 1989. Drame policier de John GLEN avec Timothy Dalton, Carey Lowell et Robert Davi. - L'agent secret James Bond se lance aux trousses d'un trafiquant de drogue qui a cruellement attaqué un couple d'amis. □ 13 ans+ ➜ DVD$ DVD-BR$

LIE WITH ME ▷5
CAN. 2005. Drame de mœurs de Clement VIRGO avec Lauren Lee Smith, Eric Balfour et Don Francks. - Une jeune femme avide d'expériences purement sexuelles voit son existence bouleversée par sa rencontre avec un homme dont elle tombe amoureuse.
□ 18 ans+ · Érotisme ➜ DVD$

LIEBELEI
ALL. 1932. Max OPHÜLS □ Général

LIEBESTRAUM ▷4
É.-U. 1991. Drame psychologique de Mike FIGGIS avec Kevin Anderson, Pamela Gildley et Bill Pullman. - En se glissant dans une bâtisse abandonnée depuis 30 ans, un architecte est étrangement assailli par des images d'un drame passionnel lointain. ➜ DVD$

LIEN, LE *voir* **Flesh and Bone**

LIENS DE SANG, LES [Blood Relatives] ▷5
FR. 1977. Drame policier de Claude CHABROL avec Donald Sutherland, Aude Landry et Lisa Langlois. - Un inspecteur de police tente d'éclaircir un meurtre dans lequel une adolescente incrimine son frère.
□ 13 ans+

LIENS DU SANG, LES
FR. 2008. Jacques MAILLOT ➜ DVD$

LIENS DU SOUVENIR, LES *voir* **Unstrung Heroes**

LIEU DU CRIME, LE ▷4
FR. 1985. Drame de mœurs d'André TÉCHINÉ avec Catherine Deneuve, Wadeck Stanczak et Nicolas Giraudi. - La vie rangée d'une femme est bousculée lorsque son fils fait la rencontre d'un évadé de prison.
□ Général ➜ DVD$

LIFE AND DEATH OF COLONEL BLIMP, THE ▷4
ANG. 1943. Comédie de Michael POWELL et Emeric PRESSBURGER avec Anton Walbrook, Roger Livesey et Deborah Kerr. - L'amitié entre un officier anglais et un Allemand survit aux conflits entre leurs deux pays. ➜ DVD$

LIFE AND DEATH OF PETER SELLERS, THE ▷4
É.-U. 2004. Drame biographique de Stephen HOPKINS avec Geoffrey Rush, Charlize Theron et Emily Watson. - La vie tumultueuse et la carrière de l'acteur anglais Peter Sellers, le célèbre interprète de l'inspecteur Clouseau. ➔ DVD$

LIFE AND HARD TIMES OF GUY TERRIFICO
CAN. 2005. Michael MABBOTT ➔ DVD$

LIFE AND NOTHING BUT *voir* **Vie et rien d'autre, La**

LIFE AND TIMES OF JUDGE ROY BEAN ▷4
[Juge et hors-la-loi]
É.-U. 1972. Western de John HUSTON avec Paul Newman, Victoria Principal et Ned Beatty. - Après avoir échappé de justesse à la pendaison, un hors-la-loi s'institue lui-même défenseur de la loi sous le titre de juge. ➔ DVD$

LIFE BEFORE HER EYES
É.-U. 2007. Vadim PERELMAN ➔ DVD$

LIFE CLASSES ▷4
CAN. 1987. Drame de mœurs de David McGILLIVRAY avec Jacinta Cormier, Leon Dubinsky et Evelyn Garbary. - Après diverses expériences, une jeune femme qui s'était installée à Halifax pour élever son enfant retourne dans son île natale.

LIFE IN THE THEATER, A ▷4
É.-U. 1993. Drame de Gregory MOSHER avec Jack Lemmon et Matthew Broderick. - Deux acteurs s'observent et s'affrontent lors d'une saison de théâtre. □ Général

LIFE IS BEAUTIFUL *voir* **Vie est belle, La**

LIFE IS SWEET [Drôle de vie] ▷4
ANG. 1990. Comédie de mœurs de Mike LEIGH avec Alison Steadman, Jim Broadbent et Timothy Spall. - Les hauts et les bas d'un couple au tempérament jovial dont les deux filles jumelles ne partagent pas vraiment la joie de vivre. □ 13 ans+

LIFE LESS ORDINARY, A ▷4
É.-U. 1997. Comédie fantaisiste de Danny BOYLE avec Ewan McGregor, Cameron Diaz et Holly Hunter. - Deux anges doivent favoriser une histoire amoureuse entre un concierge récemment congédié et la fille de son riche patron qu'il a kidnappée. □ 13 ans+ ➔ DVD$

LIFE OF BUDDHA
FR. 2003. Martin MEISSONNIER ➔ DVD$

LIFE OF DAVID GALE, THE [Vie de David Gale, La] ▷5
É.-U. 2003. Thriller d'Alan PARKER avec Kevin Spacey, Kate Winslet et Laura Linney. - Une journaliste s'efforce en 24 heures d'innocenter un condamné à mort dont elle a recueilli le témoignage.
□ 13 ans+ ➔ DVD$

LIFE OF EMILE ZOLA, THE ▷4
É.-U. 1937. Drame historique de William DIETERLE avec Paul Muni, Gloria Holden et Donald Crisp. - Romancier célèbre, Émile Zola se porte à la défense du capitaine Dreyfus faussement accusé de trahison. □ Général ➔ DVD$

LIFE OF OHARU *voir* **Vie d'Oharu, La**

LIFE ON A STRING ▷4
CHI. 1991. Drame poétique de Chen KAIGE avec Liu Zhongyuan, Huang Lei et Xu Qing. - Un vieux sage et son jeune disciple, tous deux aveugles et musiciens, parcourent la Chine en jouant des airs traditionnels pour apaiser les humains. □ Général ➔ DVD$

LIFE STINKS [Chienne de vie] ▷5
É.-U. 1991. Comédie satirique réalisée et interprétée par Mel BROOKS avec Lesley Ann Warren et Jeffrey Tambor. - À la suite d'un pari, un milliardaire doit vivre en clochard pendant un mois dans le quartier le plus défavorisé de Los Angeles. □ Général ➔ DVD$

LIFE WITH JUDY GARLAND: ME & MY SHADOWS ▷3
É.-U. 2001. Drame biographique de Robert Allan ACKERMAN avec Judy Davis, Victor Garber et Tammy Blanchard. - Les hauts et les bas de la vie et de la carrière de Judy Garland. - Téléfilm brossant un portrait à la fois vibrant et touchant de la femme meurtrie derrière la légende. Vision critique du star-system hollywoodien. Scénario bien construit. Réalisation de classe. Excellents interprètes. ➔ DVD$

LIFE WITH MIKEY [Enfance de l'art, L'] ▷5
É.-U. 1993. Comédie de James LAPINE avec Michael J. Fox, Christina Vidal et Nathan Lane. - Une fillette au franc-parler qui a décroché le premier rôle dans une série de publicités de biscuits décide de venir habiter chez son impresario. ➔ DVD$

LIFE, AND NOTHING MORE *voir* **And Life Goes On...**

LIFEBOAT ▷3
É.-U. 1943. Drame de guerre d'Alfred HITCHCOCK avec Tallulah Bankhead, William Bendix et Walter Slezak. - Le drame de neuf rescapés d'un double naufrage en haute mer. - Ensemble remarquable de sobriété et de vérité. Montage habile. Très belles images. Interprétation de qualité. □ Général ➔ DVD$

LIFEGUARD ▷5
E.-U. 1975. Comédie dramatique de D. PETRIE avec Sam Elliott, Anne Archer et Kathleen Quinlan. - Les aventures amoureuses d'un gardien de plage.

LIGHT IN THE FOREST, THE [Lueur dans la forêt] ▷4
É.-U. 1958. Drame de Herschel DAUGHERTY avec Fess Parker, James MacArthur et Carol Lynley. - Au XVIIIe siècle, les problèmes de réadaptation d'un jeune Blanc qui a grandi chez les Indiens. □ Général

LIGHT OF DAY ▷4
É.-U. 1987. Drame de mœurs de Paul SCHRADER avec Michael J. Fox, Joan Jett et Gena Rowlands. - Un jeune ouvrier de Cleveland et sa sœur font partie d'un groupe amateur de musique rock, ce qui les met en conflit avec leur mère. □ Général

LIGHT SLEEPER ▷4
É.-U. 1991. Drame de mœurs de Paul SCHRADER avec Willem Dafoe, Susan Sarandon et Dana Delany. - Un livreur de drogue se met à se questionner sur le bien-fondé de ses activités illicites et prend conscience de sa solitude. □ 13 ans+ · Langage vulgaire ➔ DVD$

LIGHT YEARS [Enfance de l'art, L'] ▷4
FR. 1987. Dessins animés de René LALOUX. - Un jeune prince livre une lutte sans merci contre des forces maléfiques qui ont envahi sa paisible planète.

LIGHTNING OVER WATER [Nick's Movie] ▷3
ALL. 1980. Film d'essai réalisé et interprété par Wim WENDERS et Nicholas RAY avec Ronee Blakley. - Avec l'aide d'un cinéaste allemand, un réalisateur américain atteint d'un cancer incurable décide de tourner un film sur ses propres expériences. - Œuvre intelligente, riche en éléments humains. Mélange de réalité et de fiction. Quelques passages pénibles. □ Général ➔ DVD$

LIGHTSHIP, THE [Bateau-phare, Le] ▷4
É.-U. 1985. Drame psychologique de Jerzy SKOLIMOWSKI avec Klaus Maria Brandauer, Robert Duvall et Michael Lyndon. - Trois bandits en fuite prennent le contrôle d'un bateau-phare et tiennent en otage le capitaine et son fils. □ Général ➔ DVD$

LIGNE BRISÉE, LA ▷5
QUÉ. 2008. Drame sportif de Louis CHOQUETTE avec David Boutin, Guillaume Lemay-Thivierge et Fanny Mallette. - Cinq ans après un événement tragique, deux boxeurs autrefois amis en viennent à s'affronter dans le ring. □ Général ➔ DVD$

LIGNE VERTE, LA *voir* **Green Mile, The**

LIGNES INTERDITES *voir* **Flatliners**

LIGUE EN JUPON, UNE *voir* **League of Their Own, A**

LIGUE MAJEURE *voir* **Major League**

LIKE WATER FOR CHOCOLATE ▷4
[Saveur de passion, Une]
MEX. 1992. Comédie dramatique d'Alfonso ARAU avec Lumi Cavazos, Marco Leonardi et Regina Torné John. - Une mère tyrannique vivant dans un ranch oblige sa plus jeune fille à lui servir de bonne et de cuisinière. □ Général

LILI ▷4
É.-U. 1952. Comédie musicale de Charles WALTERS avec Leslie Caron, Mel Ferrer et Jean-Pierre Aumont. - Une orpheline recueillie par un cirque ambulant finit par devenir amoureuse d'un montreur de marionnettes. □ Général

LILIAN' STORY ▷4
AUS. 1995. Drame de mœurs de Jerzy DOMARADZKI avec Ruth Cracknell, Barry Otto et Toni Collette. - Victime d'un père abusif, une femme qui a passé 40 ans de sa vie dans un institut psychiatrique doit se réadapter à la société. ➔ DVD$

LILIES [Feluettes, Les] ▷3
CAN. 1996. Drame psychologique de John GREYSON avec Jason Cadieux, Danny Gilmore et Brent Carver. - Un détenu demande à être entendu en confession par l'évêque responsable de sa condamnation

quarante ans plus tôt. - Excellente adaptation de la pièce Les Feluettes de Michel Marc Bouchard. Récit complexe abordé avec finesse. Facture audacieuse axée sur l'imaginaire. Excellente composition de B. Carver. □ 13 ans+ ➔ DVD$

LILIES OF THE FIELD ▷3
É.-U. 1963. Comédie dramatique de Ralph NELSON avec Sidney Poitier, Lilia Skala et Stanley Adams. - Un ouvrier itinérant construit une chapelle pour une communauté de religieuses. - Approche simple et humoristique. Images claires et poétiques. Jeu souple et nuancé de S. Poitier. □ Général

LILIOM
FR. 1934. Fritz LANG ➔ DVD$

LILITH ▷4
É.-U. 1964. Drame psychologique de Robert ROSSEN avec Jean Seberg, Warren Beatty et Peter Fonda. - Dans une clinique psychiatrique, l'amour d'un infirmier pour une patiente a des conséquences dramatiques. □ Général ➔ DVD$

LILLIAN RUSSELL ▷5
É.-U. 1940. Comédie musicale d'Irving CUMMINGS avec Alice Faye, Don Ameche et Henry Fonda. - La carrière et les amours d'une célèbre chanteuse américaine du XIXe siècle. ➔ DVD$

LILO AND STITCH [Lilo et Stitch] ▷4
É.-U. 2002. Dessins animés de Chris SANDERS et Dean DeBLOIS. - Une petite orpheline d'Hawaii adopte une créature extraterrestre recherchée par son inventeur. □ Général ➔ DVD$

LIMBO ▷4
É.-U. 1999. Drame psychologique de John SAYLES avec Mary Elizabeth Mastrantonio, David Strathairn et Vanessa Martinez. - Naufragés dans une île en Alaska, un pêcheur, sa nouvelle compagne et la fille de celle-ci apprennent à survivre et à se rapprocher.
□ Général ➔ DVD$

LIMELIGHT [Feux de la rampe, Les] ►2
É.-U. 1952. Comédie dramatique réalisée et interprétée par Charles CHAPLIN avec Claire Bloom et Sidney Chaplin. - Un vieux clown sauve une jeune danseuse du suicide et lui redonne le goût de vivre. - Œuvre simple, poignante et d'une grande richesse psychologique. Méditation élégiaque sur la jeunesse et la vieillesse. Fine composition de Chaplin.
□ Général ➔ DVD$

LIMEY, THE [Anglais, L'] ▷3
É.-U. 1999. Drame policier de Steven SODERBERGH avec Terence Stamp, Peter Fonda et Luis Guzman. - Un repris de justice anglais se rend à Los Angeles dans le but avoué de tuer les responsables de la mort de sa fille. - Brillant exercice de style. Ingénieux retours en arrière. Rythme sans faille. Réalisation assurée. Jeu intense de T. Stamp.
□ 13 ans+ · Violence ➔ DVD$

LIMIER, LE *voir* **Sleuth**

LIMITE EXTRÊME *voir* **Vertical Limit**

LINA WERTMULLER COLL., THE
ITA. Lina WERTMULLER ➔ DVD$

LINDA LINDA LINDA
JAP. 2005. Nobuhiro YAMASHITA ➔ DVD$

LINDBERGH KIDNAPPING CASE, THE ▷4
É.-U. 1976. Drame de Buzz KULIK avec Cliff DeYoung, Anthony Hopkins et Joseph Cotten. - Rappel des faits entourant l'enlèvement du bébé d'un héros de l'aviation au début des années 1930. □ Général

LINK ▷4
ANG. 1985. Drame d'horreur de Richard FRANKLIN avec Elisabeth Shue, Terence Stamp et Steven Pinner. - En stage chez un professeur spécialisé dans l'étude des primates, une zoologue s'inquiète de l'attitude menaçante d'un chimpanzé dressé. ➔ DVD$

LION DU DÉSERT, LE *voir* **Lion of the Desert**

LION IN WINTER, THE [Lion en hiver, Le] ▷4
ANG. 1968. Drame historique d'Anthony HARVEY avec Peter O'Toole, Katharine Hepburn et Jane Merrow. - Henri II d'Angleterre a avec sa femme et ses fils une réunion de famille acrimonieuse.
□ 13 ans+ ➔ DVD$

LION IS IN THE STREETS, A ▷4
É.-U. 1953. Drame social de Raoul WALSH avec James Cagney, Barbara Hale et Anne Francis. - Un homme généreux se lance en politique et se laisse corrompre par l'appétit du pouvoir. □ Général

LION KING, THE [Roi lion, Le] ▷3
É.-U. 1994. Dessins animés de Roger ALLERS et Rob MINKOFF - Destiné à devenir le roi de la jungle, un lionceau a maille à partir avec son oncle machiavélique qui manœuvre pour usurper le trône. - Fable initiatique prenante. Personnages bien typés. Bonne dose d'humour.
□ Général

LION OF THE DESERT [Lion du désert, Le] ▷4
ANG. ITA. LIB. LIBYE 1981. Drame de guerre de Moustapha AKKAD avec Anthony Quinn, Oliver Reed et Rod Steiger. - À la fin des années 20, un vieil instituteur de village devient le chef de la résistance à l'occupation de la Lybie par l'Italie. □ Général ➔ DVD$

LIONS FOR LAMBS ▷4
É.-U. 2007. Drame politique réalisé et interprété par Robert REDFORD avec Meryl Streep et Tom Cruise. - L'impact de la nouvelle stratégie militaire des États-Unis en Afghanistan sur les vies d'un sénateur, d'une journaliste et d'un professeur de sciences politiques.
□ Général · Déconseillé aux jeunes enfants ➔ DVD$ DVD-BR$

LIPSTICK [Viol et châtiment] ▷5
É.-U. 1976. Drame psychologique de Lamont JOHNSON avec Margaux Hemingway, Chris Sarandon et Anne Bancroft. - Une cover-girl intente un procès pour viol à un professeur de musique. ➔ DVD$

LIQUID SKY ▷5
É.-U. 1982. Drame fantastique de Slava TSUKERMAN avec Anna Carlisle, Paula E. Sheppard et Bob Brady. - Un jeune mannequin dont la vie est dominée par la drogue et le sexe voit ses compagnons de plaisir décimés par des extraterrestres. □ 18 ans+

LISA AND THE DEVIL ▷4
ITA. 1972. Drame fantastique de Mario BAVA avec Elke Sommer, Telly Savalas et Sylva Koscina. - Une jeune touriste se retrouve perdue dans une villa où elle vit des expériences bizarres et terrifiantes.

LISBON [Lisboa]
ESP. 1998. Thriller d'Antonio HERNANDEZ avec Carmen Maura, Sergi Lopez et Federico Luppi. - Un voyageur de commerce se retrouve compromis dans une dangereuse histoire après avoir eu une aventure avec une inconnue. ➔ DVD$

LISBON STORY ▷4
ALL. 1994. Film d'essai de Wim WENDERS avec Rudiger Vogler, Patrick Bauchau et Teresa Salgueiro. - Un preneur de son allemand rejoint à Lisbonne un ami compatriote qui y tourne un film à la manière des pionniers du cinéma. ➔ DVD$

LISE ET ANDRÉ ▷4
FR. 2000. Drame de Denis DERCOURT avec Isabelle Candelier, Michel Duchaussoy et Hélène Surgère. - Pour sauver son fils dans le coma, une call-girl force un prêtre désabusé à l'accompagner dans un village où la Vierge aurait accompli un miracle. □ Général

LISEUR, LE *voir* **Reader, The**

LIST OF ADRIAN MESSENGER, THE ▷4
É.-U. 1963. Comédie policière de John HUSTON avec Kirk Douglas, George C. Scott et Dana Wynter. - Un détective recherche un criminel maniaque et habile. □ Général

LISTE D'ATTENTE [Waiting List] ▷4
CUB. 2000. Conte de Juan Carlos TABÌO avec Vladimir Cruz, Tahimi Alvarino et Jorge Perugorria. - Désespérés d'attendre un autobus qui ne vient pas, des passagers d'une gare routière s'unissent pour réparer le car de la station. □ Général

LISTE DE SCHINDLER, LA *voir* **Schindler's List**

LISTE NOIRE ▷5
QUÉ. 1995. Drame judiciaire de Jean-Marc VALLÉE avec Michel Côté, Geneviève Brouillette et Sylvie Bourque. - Lors de son procès, une prostituée remet à un juge la liste de ses clients où figurent des hauts magistrats. □ 13 ans+ · Érotisme ➔ DVD$

LISTEN, DARLING ▷4
É.-U. 1938. Comédie sentimentale de Edwin L. MARIN avec Judy Garland, Freddie Bartholomew et Walter Pidgeon. - La fille d'une jeune veuve entreprend de lui choisir un second mari à sa convenance. □ Général

LISZTOMANIA ▷5
ANG. 1975. Comédie musicale de Ken RUSSELL avec Roger Daltrey, Sarah Kestelman et Paul Nicholas. - Après plusieurs démêlés sentimentaux, le compositeur Franz Liszt rentre dans les ordres et reçoit la mission de combattre l'influence de Richard Wagner. □ 13 ans+

LITTLE BIG MAN ▷3
[Extravagantes aventures d'un visage pâle, Les]
É.-U. 1970. Western d'Arthur PENN avec Dustin Hoffman, Dan George et Faye Dunaway. - Les mésaventures d'un jeune Blanc élevé par les Indiens puis ramené parmi les siens. - Mythes du western pris à partie en un joyeux jeu de massacre. Évocation savoureuse du contexte d'époque. Éléments caricaturaux. Excellente interprétation.
□ Général ➜ DVD $

LITTLE BUDDHA [Petit Bouddha] ▷3
FR. 1993. Conte de Bernardo BERTOLUCCI avec Keanu Reeves, Alex Wiesendanger et Ying Ruocheng. - Un garçonnet de Seattle qui pourrait être la réincarnation d'un lama tibétain découvre dans un livre la légende du prince Siddhartha, le futur Bouddha. - Histoire envoûtante développée avec une belle fluidité. Aspects féeriques bien rendus par une réalisation somptueuse. Interprétation sans apprêt.
□ Général

LITTLE CAESAR ▷3
É.-U. 1931. Drame policier de Mervyn LeROY avec Edward G. Robinson, Douglas Fairbanks Jr. et Glenda Farrell. - L'ascension et la chute d'un chef de gang à l'époque de la prohibition. - Classique du genre. Approche réaliste. Mise en scène alerte. E.G. Robinson remarquable.
□ Général ➜ DVD $

LITTLE CANNON *voir* **Cannon serenade**

LITTLE CHILDREN [Enfants de chœur, Les] ▷3
É.-U. 2006. Drame de mœurs de Todd FIELD avec Kate Winslet, Patrick Wilson et Jennifer Connelly. - Dans une banlieue chamboulée par la présence d'un pédophile, une mère de famille malheureuse amorce une liaison torride avec un jeune père à la maison. - Analyse puissante et universelle de la dictature du conformisme et de la déroute masculine. Riche sous-texte. Mise en scène sophistiquée, inductrice d'un climat quasi onirique. Interprétation de haut vol.
□ 13 ans+ ➜ DVD $

LITTLE COLONEL, THE ▷4
É.-U. 1935. Comédie dramatique de David BUTLER avec Shirley Temple, Lionel Barrymore et Evelyn Venable. - Un vieux Sudiste qui n'a pas pardonné à sa fille d'avoir épousé un Nordiste est conquis par la gentillesse de sa petite-fille. □ Général

LITTLE DIETER NEEDS TO FLY ▷4
ALL. 1997. Documentaire de Werner HERZOG avec Dieter Dengler. - Après la Seconde Guerre mondiale, un Allemand immigre aux États-Unis où il réalise son rêve de devenir pilote juste au moment où éclate la guerre du Viêt-nam. ➜ DVD $

LITTLE DORRIT: LITTLE DORRIT'S STORY ▷3
ANG. 1987. Drame social de Christine EDZARD avec Sarah Pickering, Alec Guinness et Amelda Brown. - En Angleterre au XIXe siècle, une jeune fille qui a grandi en prison devient la couturière d'une vieille femme. - Récit adapté d'un roman de Charles Dickens. Rigueur narrative. Habile reconstitution d'époque. Réalisation maîtrisée. Excellents comédiens. □ Général

LITTLE DORRIT: NOBODY'S FAULT ▷3
ANG. 1987. Drame social de Christine EDZARD avec Derek Jacobi, Joan Greenwood et Roshan Seth. - En Angleterre au XIXe siècle, une jeune couturière, qui vit en prison avec son père endetté, reçoit l'aide du fils de sa patronne. - Récit adapté d'un roman de Charles Dickens. Personnages pittoresques. Habile reconstitution d'époque. Réalisation maîtrisée. Interprétation colorée de grands comédiens. □ Général

LITTLE DRUMMER GIRL, THE ▷4
É.-U. 1984. Drame d'espionnage de George Roy HILL avec Diane Keaton, Yorgo Voyagis et Klaus Kinski. - Une actrice américaine est engagée par des agents israéliens dans le but d'éliminer un chef terroriste arabe. □ 13 ans+

LITTLE ERIN MERRYWEATHER
É.-U. 2003. David MORWICK ➜ DVD $

LITTLE FISH ▷4
AUS. 2005. Drame de mœurs de Rowan WOODS avec Cate Blanchett, Hugo Weaving et Dustin Nguyen. - Désireuse de se lancer en affaires, une ex-toxicomane se bute à l'incompréhension de la banque et aux activités illicites de ses proches. □ 13 ans+

LITTLE FOXES, THE ▷3
É.-U. 1941. Drame psychologique de William WYLER avec Bette Davis, Herbert Marshall et Teresa Wright. - Une femme cupide provoque la mort de son mari pour s'approprier sa fortune. - Adaptation d'une pièce de Lillian Hellman. Excellente étude psychologique. Réalisation soignée. Interprétation remarquable. □ Général ➜ DVD $

LITTLE FUGITIVE, THE
É.-U. 1953. Morris ENGEL □ Général ➜ DVD $

LITTLE GIRL WHO LIVES DOWN THE LANE, THE ▷4
[Petite fille au bout du chemin, La]
CAN. 1976. Drame policier de Nicolas GESSNER avec Jodie Foster, Scott Jacoby et Martin Sheen. - Une petite fille mystérieuse vit seule dans une maison isolée louée par son père.

LITTLE LETTER TO MOTHER
POL. 1938. Joseph GREEN □ Général

LITTLE MAN TATE [Petit homme, Le] ▷3
É.-U. 1991. Comédie dramatique réalisée et interprétée par Jodie FOSTER avec Adam Hann-Byrd et Dianne Wiest. - Une serveuse célibataire inscrit son fils prodige de sept ans dans un institut pour jeunes génies. - Sujet abordé avec sensibilité et humour. Récit plein de finesse et de vivacité. Réalisation bien maîtrisée. Performances touchantes des interprètes. □ Général ➜ DVD $

LITTLE MERMAID ▷3
É.-U. 1989. Dessins animés de John MUSKER et Ron CLEMENTS. - Une sirène signe un pacte avec une sorcière pour retrouver un prince qu'elle a sauvé de la noyade. - Adaptation étoffée d'un conte de Hans Christian Andersen. Techniques d'animation très réussies. Numéros musicaux mémorables. □ Général ➜ DVD $

LITTLE MINISTER, THE ▷4
É.-U. 1934. Drame sentimental de Richard WALLACE avec Katharine Hepburn, John Beal et Donald Crisp. - Une jeune aristocrate aux allures fantasques s'éprend d'un pasteur débutant. □ Général

LITTLE MISS SUNSHINE ▷4
É.-U. 2006. Comédie dramatique de Jonathan DAYTON et Valerie Faris avec Abigail Breslin, Greg Kinnear et Toni Collette. - Accompagnée de sa famille dysfonctionnelle, une fillette se rend à un concours de beauté à bord d'une camionnette en piteux état. □ Général · Déconseillé aux jeunes enfants ➜ DVD $ DVD-BR $

LITTLE MURDERS ▷4
É.-U. 1971. Comédie satirique d'Alan ARKIN avec Elliott Gould, Marcia Rodd et Vincent Gardenia. - Lorsque sa jeune épouse est tuée de façon brutale, un photographe apathique devient dangereusement agressif.

LITTLE NIGHT MUSIC, A ▷5
AUS. 1977. Comédie musicale de H. PRINCE avec Elizabeth Taylor, Len Cariou et Diana Rigg. - Suite de chassés-croisés amoureux dans un château. ➜ DVD $

LITTLE ODESSA [Odessa U.S.A.] ▷3
É.-U. 1994. Drame psychologique de James GRAY avec Tim Roth, Edward Furlong et Moira Kelly. - Lorsqu'un contrat l'oblige à revenir dans le ghetto russe new-yorkais de son enfance, un tueur à gages ravive de vieilles querelles avec son père. - Accent mis sur la psychologie des personnages. Tension sourde. Réalisation d'une force dramatique étonnante. □ 13 ans+ · Violence

LITTLE OTIK ▷4
TCH. 2000. Conte de Jan SVANKMAJER avec Veronika Zilkova, Jan Hartl et Kristina Adamcova. - Un couple adopte un bébé ayant la forme d'une souche d'arbre et qui s'avère bientôt si affamé qu'il en vient à dévorer des humains.

LITTLE PRINCE, THE ▷4
ANG. 1974. Comédie musicale de Stanley DONEN avec Steven Warner, Richard Kiley et Bob Fosse. - Un aviateur en panne dans le désert fait la connaissance d'un étrange enfant qui dit venir d'un lointain astéroïde. □ Général ➜ DVD $

LITTLE PRINCESS, THE ▷4
É.-U. 1939. Mélodrame de Walter LANG avec Shirley Temple, Richard Greene et Anita Louise. - La fillette d'un officier est traitée en paria après la mort présumée de son père. □ Général

LITTLE PRINCESS, A [Petite princesse, La] ▷3
É.-U. 1995. Conte d'Alfonso CUARON avec Liesel Matthews, Eleanor Bron et Liam Cunningham. - Une fillette dont le père serait mort ruiné est réduite à l'état de servante par l'acariâtre directrice d'une école huppée où elle avait été placée en pension. - Adaptation enchanteresse du conte de Frances Hodgson Burnett. Œuvre sensible et charmante. Illustration inventive. Interprétation impeccable. □ Général ➜ DVD $

LITTLE ROMANCE, A ▷4
É.-U. 1979. Comédie sentimentale de George Roy HILL avec Diane Lane, Thelonious Bernard et Laurence Olivier. - Un vieux pickpocket parisien favorise les amours candides d'une petite Américaine et d'un jeune Français. □ Général ➜ DVD$

LITTLE SHOP OF HORRORS ▷4
[Petite boutique des horreurs, La]
É.-U. 1986. Comédie musicale de Frank OZ avec Rick Moranis, Ellen Greene et Vincent Gardenia. - Un jeune fleuriste alimente une plante étrange qui se nourrit exclusivement de sang humain.
□ Général ➜ DVD$

LITTLE THEATRE OF JEAN RENOIR, THE
voir **Petit théâtre de Jean Renoir, Le**

LITTLE VERA *voir* **Petite Vera, La**

LITTLE VOICE ▷4
ANG. 1998. Comédie dramatique de Mark HERMAN avec Jane Horrocks, Brenda Blethyn et Michael Caine. - Un impresario ringard s'intéresse à une jeune femme renfermée, qui imite à la perfection ses chanteuses favorites. □ Général · Déconseillé aux jeunes enfants ➜ DVD$

LITTLE WOMEN ▷3
É.-U. 1933. Chronique de George CUKOR avec Katharine Hepburn, Joan Bennett et Paul Lukas. - Au XIXe siècle, les problèmes sentimentaux des quatre filles d'un médecin parti à la guerre. - Adaptation d'un classique de la littérature enfantine. Traitement sincère et raffiné. Mise en scène experte. Interprétation juste. □ Général ➜ DVD$

LITTLE WOMEN [Quatre filles du Dr. March, Les] ▷4
É.-U. 1949. Comédie dramatique de Mervyn LeROY avec June Allyson, Margaret O'Brien et Janet Leigh. - La vie de quatre sœurs éduquées par leur mère en l'absence de leur père pendant la guerre civile américaine. □ Général ➜ DVD$

LITTLE WOMEN [Quatre filles du Dr. March, Les] ▷3
É.-U. 1994. Drame de mœurs de Gillian ARMSTRONG avec Winona Ryder, Gabriel Byrne et Trini Alvarado. - Durant la guerre de Sécession, les quatre filles d'un médecin parti au front s'épanouissent au contact de leur mère. - Adaptation captivante du roman de Louisa May Alcott. Illustration réaliste d'une grande beauté plastique. Réalisation d'une souplesse exemplaire. □ Général ➜ DVD$

LITTLEST REBEL, THE ▷4
É.-U. 1935. Comédie dramatique de David BUTLER avec Shirley Temple, John Boles et Bill Robinson. - La fillette d'un officier sudiste obtient la libération de son père capturé par l'ennemi. □ Général

LITTORAL ▷4
QUÉ. 2004. Drame psychologique de Wajdi MOUAWAD avec Steve Laplante, Gilles Renaud et Miro. - Malgré l'hostilité de sa famille, un jeune Québécois décide d'aller enterrer son père dans son village natal au Liban. □ Général · Déconseillé aux jeunes enfants ➜ DVD$

LIVE AND LET DIE [Vivre et laisser mourir] ▷4
ANG. 1973. Drame policier de Guy HAMILTON avec Roger Moore, Yaphet Kotto et Jane Seymour. - James Bond enquête sur la mort de trois agents britanniques assassinés le même jour en des lieux différents. □ Général ➜ DVD-BR$ DVD$

LIVE BAIT ▷4
CAN. 1995. Comédie de mœurs de Bruce SWEENEY avec Tom Scholte, Micki Maunsell et Kevin McNulty. - Un jeune homme de 23 ans malchanceux en amour s'engage dans une liaison avec une sexagénaire.
□ Général

LIVE FLESH *voir* **En chair et en os**

LIVE FREE OR DIE HARD ▷4
[Die Hard IV: Live Free or Die Hard]
É.-U. 2007. Drame policier de Len WISEMAN avec Bruce Willis, Justin Long et Timothy Olyphant. - Un détective protège un pirate informatique menacé par des cybercriminels qui ont provoqué une panne majeure dans les infrastructures du pays.
□ 13 ans+ · Violence ➜ DVD$ DVD-BR$

LIVE FROM BAGHDAD [En direct de Bagdad] ▷4
É.-U. 2002. Drame de Mick JACKSON avec Michael Keaton, Helena Bonham Carter et Jeffrey Wright. - Les tribulations d'un groupe de journalistes de la chaîne américaine CNN envoyés à Bagdad pour couvrir la guerre du Golfe. ➜ DVD$

LIVES OF A BENGAL LANCER, THE ▷4
É.-U. 1935. Aventures de Henry HATHAWAY avec Gary Cooper, Franchot Tone et Richard Cromwell. - En Inde, au siècle dernier, trois soldats anglais partagent diverses aventures.

LIVES OF OTHERS, THE *voir* **Vie des autres, La**

LIVING DAYLIGHTS, THE [Tuer n'est pas jouer] ▷4
ANG. 1987. Drame d'espionnage de John GLEN avec Timothy Dalton, Maryam d'Abo et Jeroen Krabbé. - L'agent secret James Bond doute de la sincérité d'un général du KGB qui a fait défection.
□ Général ➜ DVD$

LIVING END, THE ▷4
É.-U. 1992. Drame de mœurs de Gregg ARAKI avec Mike Dytri, Craig Gilmore et Darcy Marta. - Un jeune écrivain séropositif vit une relation amoureuse intense avec un vagabond lui aussi atteint du sida et dont le désespoir l'entraîne dans des actions autodestructrices.
□ 18 ans+ · Violence

LIVING IN OBLIVION [Ça tourne à Manhattan] ▷4
É.-U. 1994. Comédie de Tom DICILLO avec Steve Buscemi, Catherine Keener et Dermot Mulroney. - Un jeune réalisateur doit faire face à toutes sortes de problèmes lors du tournage de son premier film.
□ Général

LIVING OUT LOUD [Bonjour la vie] ▷4
É.-U. 1998. Comédie dramatique de Richard LaGRAVENESE avec Holly Hunter, Danny DeVito et Queen Latifah. - Une femme qui se remet difficilement de son divorce se lie d'amitié avec l'opérateur d'ascenseur de sa luxueuse résidence.
□ Général · Déconseillé aux jeunes enfants ➜ DVD$

LIVRE DE LA JUNGLE, LE *voir* **Jungle Book, The**

LLOYD'S OF LONDON ▷4
É.-U. 1936. Chronique de Henry KING avec Tyrone Power, Madeleine Carroll et C. Aubrey Smith. - Au XVIIIe siècle, un jeune homme fait carrière à la compagnie d'assurances Lloyds à Londres. □ Général

LOCAL HERO ▷3
ANG. 1983. Comédie de Bill FORSYTH avec Peter Riegert, Denis Lawson et Burt Lancaster. - Le représentant d'une compagnie de pétrole du Texas négocie l'achat d'un territoire sur la côte d'Écosse. - Observation pertinente et contrastée de conceptions de vie différentes. Détails d'une fantaisie insolite. Interprétation savoureuse.
□ Général ➜ DVD$

LOCATAIRE, LE [Tenant, The] ▷3
FR. 1976. Drame psychologique réalisé et interprété par Roman POLANSKI avec Isabelle Adjani et Melvyn Douglas. - Un homme emménage dans un appartement laissé libre par le suicide de sa locataire et se laisse envahir par l'angoisse. - Climat obsessionnel. Mélange bien dosé de réalisme et d'onirisme. Interprétation convaincante d'un personnage déséquilibré. □ 13 ans+

LOCK, STOCK & TWO SMOKING BARRELS ▷4
[Arnaques, crimes et botanique]
ANG. 1998. Comédie policière de Guy RITCHIE avec Jason Flemyng, Dexter Fletcher et Nick Moran. - Quatre petits arnaqueurs sont mêlés à un sanglant imbroglio impliquant des gangsters rivaux.
□ 16 ans+ · Violence ➜ DVD$

LODGER, THE ▷4
ANG. 1926. Drame policier d'Alfred HITCHCOCK avec Ivor Novello, Malcolm Keen et Marie Ault. - Un homme qui vient d'emménager dans une pension de famille est accusé d'être l'auteur de nombreux meurtres. □ Général ➜ DVD$

LOGAN'S RUN [Âge de cristal, L'] ▷4
É.-U. 1976. Science-fiction de Michael ANDERSON avec Michael York, Jenny Agutter et Peter Ustinov. - Dans une civilisation de l'avenir, les citoyens sont éliminés lorsqu'ils atteignent l'âge de trente ans.
□ Général

LOI DE LA NUIT, LA *voir* **Night and the City**

LOI DE LA RUE, LA *voir* **Boyz'n the Hood**

LOI DE MILIEU, LA *voir* **Get Carter**

LOI DU COCHON, LA ▷5
QUÉ. 2001. Thriller d'Érik CANUEL avec Isabel Richer, Sylvain Marcel et Catherine Trudeau. - La vie de deux sœurs tourne au drame lorsque l'aînée s'en prend à deux criminels qui font pousser de la marijuana sur la terre familiale. □ 13 ans+ · Violence ➜ DVD$

LOI DU DÉSIR, LA [Law of Desire] ▷4
ESP. 1986. Comédie dramatique de Pedro ALMODOVAR avec Eusebio Poncela, Carmen Maura et Antonio Banderas. - Un cinéaste homosexuel qui souffre d'amnésie est injustement soupçonné du meurtre d'un ancien amant. □ 18 ans+

LOI DU SEIGNEUR, LA *voir* **Friendly Persuasion**

LOI DU SILENCE, LA *voir* **I Confess**

LOI ET LE DÉSORDRE, LA *voir* **Law and Disorder**

LOIN D'ELLE *voir* **Away from Her**

LOIN DE CHEZ EUX *voir* **Dirty Pretty Things**

LOIN DE LA TERRE *voir* **Outland**

LOIN DES REGARDS *voir* **Out of Sight**

LOIN DU PARADIS *voir* **Return to Paradise**

LOIN DU PARADIS *voir* **Far from Heaven**

LOINTAIN [Distant] ▷3
TUR. 2002. Drame psychologique de Nuri Bilge CEYLAN avec Muzaffer Ozdemir, Mehmet Emin Toprak et Zuhal Gencer Erkaya. - Espérant trouver du travail à Istanbul, un chômeur quitte sa campagne et débarque chez son cousin, un photographe désabusé et peu accueillant. - Autopsie froide et implacable du mal de vivre de deux solitaires. Climat morose. Dialogues réduits au minimum. Mise en scène à la fois austère et poétique. Jeu d'une belle sobriété. ➜ DVD $

LOLA ▷3
FR. 1960. Comédie dramatique de Jacques DEMY avec Anouk Aimée, Marc Michel et Elina Labourdette. - Une jeune femme espère toujours le retour de l'homme dont elle a eu un enfant. - Récit léger et fantaisiste. Conte de fées à la moderne. Imagerie soignée.

LOLA ▷5
ANG. 1969. Drame psychologique de Richard DONNER avec Charles Bronson, Susan George et Orson Bean. - Un écrivain d'âge mûr épouse une adolescente capricieuse et fantasque. □ Général

LOLA MONTÈS ►1
FR. 1955. Drame biographique de Max OPHÜLS avec Martine Carol, Peter Ustinov et Anton Walbrook. - Les étapes de la vie aventureuse d'une célèbre courtisane.- Film insolite au style baroque. Utilisation remarquable d'une construction en flash-back. Décors, costumes et photographie superbes. Mise en scène d'une admirable virtuosité. Distribution de classe. □ Général

LOLITA ▷3
É.-U. 1962. Drame psychologique de Stanley KUBRICK avec James Mason, Sue Lyon et Shelley Winters. - Les tribulations d'un professeur d'âge mûr qui s'éprend de la fille adolescente d'une veuve chez qui il loge. - Adaptation intelligente d'un roman audacieux de Vladimir Nabokov. Mise en scène fort maîtrisée. Interprétation remarquable. □ Général ➜ DVD $

LOLITA ▷5
É.-U. 1997. Drame psychologique d'Adrian LYNE avec Jeremy Irons, Dominique Swain et Melanie Griffith. - Un professeur d'âge mûr entretient une relation trouble avec une nymphette dont il a épousé la mère. □ 16 ans+

LONE STAR ▷5
É.-U. 1951. Western de Vincent SHERMAN avec Clark Gable, Ava Gardner et Broderick Crawford. - En 1848, les partisans de l'indépendance du Texas s'opposent à ceux qui préfèrent l'annexion aux États-Unis. □ Général

LONE STAR ▷3
É.-U. 1995. Drame policier de John SAYLES avec Chris Cooper, Elizabeth Pena et Joe Morton. - Dans une petite localité frontalière du Texas, un shérif enquête sur un meurtre vieux de près de 40 ans dans lequel serait impliqué son père. - Intrigue complexe et détaillée. Étude de milieu intéressante. □ 13 ans+ ➜ DVD $

LONELINESS OF THE LONG DISTANCE RUNNER, THE ▷3
ANG. 1962. Drame social de Tony RICHARDSON avec Tom Courtenay, Michael Redgrave et James Bolam. - Un délinquant excellent coureur doit représenter un institut de réhabilitation dans une compétition. - Traitement original. Forte peinture de caractères. Mise en scène inventive de style réaliste. Jeu intelligent des acteurs. ➜ DVD $

LONELY ARE THE BRAVE ▷4
É.-U. 1962. Western de David MILLER avec Kirk Douglas, Walter Matthau et Gena Rowlands. - Un cow-boy s'échappe de prison et tient tête à la police. □ Général

LONELY HEARTS ▷3
AUS. 1982. Comédie sentimentale de Paul COX avec Norman Kaye, Wendy Hughes et Jon Finlayson. - Après la mort de sa vieille mère dont il prenait soin, un célibataire fait la rencontre d'une employée de banque qui souffre d'une timidité maladive. - Tableau à la fois ironique et sympathique de gens moyens qui découvrent l'amour. Ensemble au charme particulier. Humour insolite. □ Général ➜ DVD $

LONELY HEARTS ▷5
É.-U. 2006. Drame policier de Todd ROBINSON avec John Travolta, James Gandolfini et Salma Hayek. - Dans les années 1940, deux policiers tentent de remonter la piste d'un couple de tueurs en série qui s'en prend aux veuves de guerre. ➜ DVD $

LONELY PASSION OF JUDITH HEARNE, THE ▷4
ANG. 1987. Drame psychologique de Jack CLAYTON avec Maggie Smith, Bob Hoskins et Marie Kean. - Une déception amoureuse porte un dur coup à l'équilibre psychologique d'une célibataire d'âge mûr. □ Général

LONELY WIFE, THE
IND. 1964. Satyajit RAY

LONELY WOMAN, A
POL. 1981. Agnieszka HOLLAND □ Général

LONELYHEARTS ▷5
É.-U. 1959. Drame psychologique de Vincent J. DONEHUE avec Montgomery Clift, Robert Ryan et Dolores Hart. - Un journaliste qui tient le courrier du cœur est impliqué dans les problèmes d'une correspondante.

LONESOME JIM ▷4
É.-U. 2005. Comédie dramatique de Steve BUSCEMI avec Casey Affleck, Liv Tyler et Mary Kay Place. - Après plusieurs années d'absence, un jeune écrivain raté revient vivre chez ses parents en Indiana, où il renoue avec les sentiments qui l'en avaient fait partir. ➜ DVD $

LONG DAY CLOSES, THE ▷3
ANG. 1992. Chronique de Terence DAVIES avec Marjorie Yates, Leigh McCormack et Anthony Watson. - Dans un quartier ouvrier de Liverpool dans les années 1950, un garçonnet friand de cinéma éprouve de la difficulté à s'adapter à sa nouvelle école. - Enfilade d'instants de vie croqués au fil du temps qui passe. Climat discret de nostalgie. Illustration splendide. Interprétation dans le ton de l'ensemble. □ Général

LONG DAY'S JOURNEY INTO NIGHT ►2
É.-U. 1962. Drame psychologique de Sidney LUMET avec Katharine Hepburn, Ralph Richardson et Jason Robards Jr. - Les tribulations d'une famille dont chacun des membres, malade ou déséquilibré, est un poids pour les autres. - Adaptation remarquable d'une pièce de théâtre de Eugene O'Neill. Découpage intelligent. Bons jeux de caméra. Interprétation de classe.

LONG DAY'S JOURNEY INTO NIGHT ▷4
CAN. 1996. Drame psychologique de David WELLINGTON avec William Hutt, Martha Henry et Tom McCamus. - Une famille évoque souvenirs et rancœurs au cours d'une chaude journée d'été. □ Général

LONG GOOD FRIDAY, THE ▷4
ANG. 1979. Drame policier de John MACKENZIE avec Bob Hoskins, Helen Mirren et Derek Thompson. - Alors qu'il négocie une entente avec la mafia américaine, un caïd de la pègre londonienne est confronté à des attentats contre ses proches. □ 13 ans+ ➜ DVD $

LONG GOODBYE, THE [Privé, Le] ▷3
É.-U. 1973. Drame policier de Robert ALTMAN avec Elliott Gould, Nina van Pallandt et Sterling Hayden. - Un détective privé doit se démêler avec une affaire de meurtre et avec la disparition d'un homme. - Traitement très personnel d'un roman de Raymond Chandler. Mise en images inventive. Humour particulier. Interprétation originale d'E. Gould. □ 13 ans+ ➜ DVD $

LONG GRAY LINE, THE [Ce n'est qu'un au revoir] ▷4
É.-U. 1954. Drame biographique de John FORD avec Tyrone Power, Maureen O'Hara et Robert Francis. - La carrière de Marty Maher, instructeur sportif à l'école militaire de West Point. ➜ DVD $

LONG HAIR OF DEATH
ITA. 1964. Antonio MARGHERITI ➜ DVD$

LONG HOT SUMMER, THE ▷4
É.-U. 1958. Drame psychologique de Martin RITT avec Paul Newman, Joanne Woodward et Orson Welles. - Un jeune homme hardi s'engage chez un tyrannique planteur du sud des États-Unis.

LONG KISS GOODNIGHT, THE ▷5
[Souviens-toi, Charlie]
É.-U. 1996. Drame d'espionnage de Renny HARLIN avec Geena Davis, Samuel L. Jackson et Patrick Malahide. - Avec l'aide d'un détective privé, une institutrice amnésique découvre qu'elle était un agent secret et que son ancien chef veut l'éliminer.
□ 13 ans+ · Violence ➜ DVD$

LONG NIGHT, THE
É.-U. 1947. Anatole LITVAK ➜ DVD$

LONG PANTS [Sa première culotte] ▷3
É.-U. 1927. Comédie de Frank CAPRA avec Harry Langdon, Alma Bennett et Priscilla Bonner. - Les mésaventures d'un campagnard naïf qui s'est épris d'une criminelle. - Œuvre marquante du cinéma comique muet. Mise en scène inventive. □ Général

LONG RETOUR, LE *voir* **Long Way Home, The**

LONG RIDERS, THE ▷4
É.-U. 1980. Western de Walter HILL avec James Keach, Stacy Keach et David Carradine. - Les exploits d'une bande de hors-la-loi unis par des liens familiaux. □ 13 ans+ ➜ DVD$

LONG VOYAGE HOME, THE ▷3
É.-U. 1940. Drame de John FORD avec John Wayne, Thomas Mitchell et Barry Fitzgerald. - La vie des matelots d'un cargo transportant des munitions pendant la guerre. - Adaptation soignée d'une pièce de Eugene O'Neil. Attention apportée au climat plus qu'à l'intrigue.
➜ DVD$

LONG WALK HOME, THE [Marche pour la liberté, La] ▷3
É.-U. 1990. Drame social de Richard PEARCE avec Sissy Spacek, Whoopi Goldberg et Dwight Schultz. - En 1955, en Alabama, une bourgeoise soutient la cause des Noirs qui protestent contre la ségrégation. - Évocation d'un moment clé de la lutte des Noirs aux États-Unis. Description convaincante du contexte. Mise en scène d'une précision éloquente. Interprétation sobre des protagonistes.
□ Général

LONG WAY HOME, THE [Long retour, Le] ▷3
É.-U. 1997. Documentaire de Mark Jonathan HARRIS. - Les dures épreuves subies par les survivants de l'Holocauste durant la période entre la fin de la guerre et la fondation de l'État d'Israël. - Leçon d'histoire bouleversante. Aspects critiques incisifs. Recueil impressionnant de films d'archives. Commentaires sobres.

LONG WEEKEND, THE ▷4
AUS. 1977. Drame fantastique de Colin EGGLESTON avec John Hargreaves, Briony Behets et Mike McEwen. - Un couple affronte divers phénomènes bizarres sur une plage isolée. □ 13 ans+

LONG, LONG TRAILER, THE ▷4
É.-U. 1954. Comédie de Vincente MINNELLI avec Lucille Ball, Desi Arnaz et Marjorie Main. - Un couple fait son voyage de noces dans une roulotte géante. □ Général ➜ DVD$

LONGEST DAY, THE [Jour le plus long, Le] ▷3
É.-U. 1962. Drame de guerre de Ken ANNAKIN, Andrew MARTON, Bernhard WICKI et Gerd OSWALD avec John Wayne, Robert Mitchum et Hans Christian Blech. - Le débarquement allié en Normandie, le 6 juin 1944. - Reconstitution historique impressionnante. Suite d'anecdotes véridiques. Distribution composée de nombreuses vedettes. □ Général ➜ DVD$ DVD-BR$

LONGEST YARD, THE ▷4
É.-U. 1974. Drame social de Robert ALDRICH avec Burt Reynolds, Eddie Albert et Ed Lauter. - Un ancien joueur de football échoue en prison et accepte de former une équipe de prisonniers pour l'opposer à celle des gardiens dans un match. □ 13 ans+ ➜ DVD$

LONGEST YARD, THE ▷5
É.-U. 2005. Comédie sportive de Peter SEGAL avec Adam Sandler, Chris Rock et Burt Reynolds. - Un ex-footballeur envoyé derrière les barreaux recrute des bagnards pour affronter l'équipe des gardiens de son pénitencier. □ Général ➜ DVD$

LONGFORD ▷4
ANG. 2006. Drame biographique de Tom HOOPER avec Jim Broadbent, Samantha Morton et Lindsay Duncan. - Les relations d'amitié entre une meurtrière d'enfants et le duc de Longford, fervent catholique, qui tentait d'obtenir sa libération conditionnelle. ➜ DVD$

LONGTIME COMPANION ▷4
[Compagnon de longue date, Un]
É.-U. 1990. Drame de mœurs de Norman RENÉ avec Campbell Scott, Bruce Davison et Stephen Caffrey. - Ravagé par le virus du sida, un groupe d'homosexuels new-yorkais développe un sens aigu de solidarité. □ Général ➜ DVD$

LOOK AT ME *voir* **Comme une image**

LOOK BACK IN ANGER
ANG. É.-U. 1980. Lindsay ANDERSON

LOOK BACK IN ANGER [Corps sauvages, Les] ▷3
ANG. 1959. Étude de mœurs de Tony RICHARDSON avec Richard Burton, Mary Ure et Claire Bloom. - Un homme névrosé rend la vie impossible à sa femme. - Psychologie fouillée. Réalisation habile. Interprétation excellente. ➜ DVD$

LOOK BOTH WAYS
AUS. 2005. Sarah WATT ➜ DVD$

LOOK WHO'S TALKING [De quoi j'me mêle] ▷4
É.-U. 1989. Comédie sentimentale d'Amy HECKERLING avec Kirstie Alley, John Travolta et George Segal. - Ayant rompu avec son amant, une jeune femme entreprend de trouver un nouveau père à son bébé avec l'aide d'un chauffeur de taxi. □ Général ➜ DVD$

LOOKING FOR COMEDY IN THE MUSLIM WORLD ▷5
É.-U. 2005. Comédie réalisée et interprétée par Albert BROOKS avec Sheetal Sheth et John Carroll Lynch. - Un comédien est mandaté par la Maison-Blanche pour mener en Inde et au Pakistan une enquête sur ce qui fait rire les musulmans. □ Général ➜ DVD$

LOOKING FOR MR. GOODBAR ▷3
[À la recherche de M. Goodbar]
É.-U. 1977. Drame psychologique de Richard BROOKS avec Diane Keaton, Tuesday Weld et William Atherton. - Une enseignante préfère les amants d'un soir à un engagement sentimental durable. - Intrigue basée sur un fait divers transposé en roman. Critique de milieu valable. Interprétation nuancée de D. Keaton. □ 18 ans+

LOOKING FOR RICHARD ▷4
É.-U. 1996. Film d'essai réalisé et interprété par Al PACINO avec Harris Yulin et Penelope Allen. - Évocation des recherches menées par le cinéaste sur les contextes artistique et historique de la pièce «Richard III» de William Shakespeare. □ Général

LOOKING GLASS WAR, THE ▷4
[Miroir aux espions, Le]
ANG. 1969. Drame d'espionnage de Frank R. PIERSON avec Ralph Richardson, Christopher Jones et Anthony Hopkins. - Les services secrets anglais envoient un agent enquêter sur l'installation de fusées russes en Allemagne de l'Est. ➜ DVD$

LOOKOUT, THE [Guet, Le] ▷3
É.-U. 2007 Drame policier de Scott FRANK avec Joseph Gordon Levitt, Jeff Daniels et Matthew Goode. - Un infirme devient à son insu complice de voleurs qui planifient de dévaliser la banque où il est concierge. - Récit intimiste aux allures trompeuses de thriller. Intrigue très bien ficelée. Remarquables compositions visuelles. Interprétation sobre et évocatrice de J. Gordon-Levitt. ➜ DVD$ DVD-BR$

LOOPHOLE ▷5
ANG. 1980. Drame policier de J. QUESTED avec Albert Finney, Martin Sheen et Susannah York. - Un architecte participe à son insu à l'élaboration d'un plan permettant le cambriolage d'une importante banque de Londres. ➜ DVD$

LORD JIM ▷4
ANG. 1964. Aventures de Richard BROOKS avec Peter O'Toole, Paul Lukas et James Mason. - Un officier de marine dégradé trouve l'occasion de se réhabiliter dans un pays d'Asie. □ Général

LORD LOVE A DUCK ▷5
É.-U. 1966. Comédie de George AXELROD avec Roddy McDowall, Tuesday Weld et Martin West. - Un étudiant farfelu choisit une condisciple comme objet d'expériences psychologiques. ➜ DVD$

LORD OF ILLUSIONS [Maître de l'illusion, Le] ▷4
É.-U. 1995. Drame d'horreur de Clive BARKER avec Scott Bakula, Kevin J. O'Connor et Famke Janssen. - Un détective privé est mêlé à une sombre affaire de sorcellerie alors qu'il enquête sur le meurtre d'un célèbre illusionniste. □ 16 ans+ · Horreur ➔ DVD$

LORD OF THE FLIES ▷3
ANG. 1963. Drame poétique de Peter BROOK avec James Aubrey, Tom Chapin et Hugh Edwards. - Naufragés dans une île, des enfants adoptent des coutumes bizarres. - Parabole morale et sociale très originale. Style direct et vivant. Excellente direction des enfants. □ Général ➔ DVD$

LORD OF THE FLIES ▷4
É.-U. 1990. Drame de Harry HOOK avec Balthazar Getty, Chris Furrh et Danuel Pipoly. - De jeunes naufragés sont pris en charge par un colonel et un adolescent belliqueux qui profitent de leur autorité pour faire régner un climat d'affrontement. □ 13 ans+ ➔ DVD$

LORD OF THE RINGS, THE [Seigneur des anneaux, Le] ▷4
É.-U. 1978. Dessins animés de Ralph BAKSHI. - Trois gnomes entreprennent un long voyage en vue de détruire la puissance d'un anneau magique, convoité par un sinistre seigneur. □ Général ➔ DVD$

LORD OF THE RINGS: THE FELLOWSHIP OF THE RING ►2
[Seigneur des anneaux: la communauté de l'anneau, Le]
É.-U. 2001. Conte de Peter JACKSON avec Elijah Wood, Ian McKellen et Viggo Mortensen. - Un groupe d'humains et de personnages fabuleux entreprennent un périple pour détruire un anneau magique convoité par un sinistre seigneur. - Brillante adaptation du premier tome du roman de J.R.R. Tolkien. Récit imaginatif. Impressionnante conception visuelle. Réalisation au souffle épique majestueux. Interprétation convaincue.
□ Général · Déconseillé aux jeunes enfants ➔ DVD$

LORD OF THE RINGS: THE TWO TOWERS, THE ►2
[Seigneur des anneaux: les deux tours, Le]
É.-U. 2002. Conte de Peter JACKSON avec Elijah Wood, Sean Astin et Viggo Mortensen. - Des humains et des êtres fabuleux combattent les armées d'un sinistre seigneur et d'un sorcier qui convoitent un anneau magique. - Adaptation fulgurante du second tome du roman de J.R.R. Tolkien. Décors monumentaux magnifiquement photographiés. Réalisation spectaculaire. Interprétation intense.
□ Général · Déconseillé aux jeunes enfants ➔ DVD$

LORD OF THE RINGS: THE RETURN OF THE KING ►2
[Seigneur des anneaux: le retour du roi]
É.-U. 2003. Conte de Peter JACKSON avec Viggo Mortensen, Elijah Wood et Ian McKellen. - Des humains et des êtres fabuleux livrent un dernier combat contre la gigantesque armée d'un sinistre seigneur qui convoite un anneau maléfique. - Adaptation titanesque du dernier tome du roman de Tolkien. Multiples intrigues savamment imbriquées. Passages prenants. Scènes de bataille d'une magnificence et d'une ampleur inégalées. Interprétation saisissante d'E. Wood.
□ Général · Déconseillé aux jeunes enfants ➔ DVD$

LORD OF WAR [Seigneur de guerre] ▷4
É.-U. 2005. Thriller d'Andrew NOCCOL avec Nicolas Cage, Jared Leto et Bridget Moynahan. - Pourchassé par un agent d'Interpol, un trafiquant d'armes américain d'origine ukrainienne s'interroge sur les implications morales de son métier. □ 13 ans+ · Violence ➔ DVD-BR$ DVD$

LORDS OF DISCIPLINE, THE ▷4
É.-U. 1982. Drame de mœurs de Franc RODDAM avec David Keith, Robert Prosky et G.D. Spradlin. - En 1964, dans une académie militaire d'un État du Sud, un aîné est chargé de protéger un nouvel élève de race noire. ➔ DVD$

LORDS OF DOGTOWN [Seigneurs de Dogtown, Les] ▷5
É.-U. 2005. Drame sportif de Catherine HARDWICKE avec Emile Hirsch, John Robinson et Victor Rasuk. - En 1975, trois adolescents californiens révolutionnent la pratique de la planche à roulettes et deviennent des grandes vedettes de ce sport. □ Général · Déconseillé aux jeunes enfants ➔ DVD$

LORDS OF FLATBUSH, THE ▷4
[Mains dans les poches, Les]
É.-U. 1974. Étude de mœurs de Martin DAVIDSON et Stephen F. VERONA avec Perry King, Sylvester Stallone et Susan Blakely. - Les déboires sentimentaux de deux adolescents faisant partie d'un club de Brooklyn dans les années 1950. □ 13 ans+ ➔ DVD$

LORENZO'S OIL [Huile de Lorenzo, L'] ▷3
É.-U. 1992. Drame de George MILLER avec Nick Nolte, Susan Sarandon et Peter Ustinov. - Un couple s'efforce de mettre au point un traitement qui guérirait leur fils atteint d'une dystrophie très rare et fatale. - Récit basé sur une histoire aussi étonnante que véridique. Structure dramatique puissante. Éléments médicaux présentés avec rigueur. Mise en scène sobre. Interprétation d'une intensité bien contrôlée.
□ 13 ans+ ➔ DVD$

LORNA DOONE
É.-U. 1922. Maurice TOURNEUR ➔ DVD$

LOS AMANTES DE LA ISLA DEL DIA
voir **Quartier de femmes**

LOS ANGELES INTERDITE
voir **L.A. Confidential**

LOS NIÑOS [Who Can Kill a Child?] ▷4
ESP. 1976. Drame d'horreur de Chicho IBANEZ-SERRADOR avec Lewis Fiander, Prunella Ransome et Antonio Iranzo. - Un jeune couple en vacances dans une île est aux prises avec des enfants meurtriers.
□ 13 ans+ ➔ DVD$

LOS OLVIDADOS ►2
MEX. 1950. Drame social de Luis BUÑUEL avec Alfonso Mejia, Roberto Cobo et Estella Inda. - Dans un quartier misérable, des enfants abandonnés vivent sous la conduite d'un évadé de pénitencier. - Peinture sociale empreinte de cruauté et de poésie âpre. Traitement de style néoréaliste avec des touches surréalistes. Photographie d'une beauté sombre. Excellente interprétation. □ 13 ans+

LOSS OF SEXUAL INNOCENCE, THE ▷4
É.-U. 1999. Drame de mœurs de Mike FIGGIS avec Julian Sands, Saffron Burrows et Stefano Dionisi. - L'aventure sexuelle d'un réalisateur et de son assistante se termine sur une note tragique lors d'un tournage en Tunisie. □ 16 ans+

LOST AND DELIRIOUS [Rebelles] ▷4
CAN. 2001. Drame psychologique de Léa POOL avec Mischa Barton, Piper Perabo et Jessica Paré. - Dans un collège privé huppé, trois jeunes filles découvrent l'amour et l'amitié dans des circonstances dramatiques. □ 13 ans+ ➔ DVD$

LOST ANGELS [Carrefour des Innocents] ▷4
É.-U. 1989. Drame social de Hugh HUDSON avec Adam Horovitz, Donald Sutherland et Amy Locane. - À la suite de délits mineurs, un adolescent vivant avec sa mère divorcée est placé dans une institution pour jeunes mésadaptés. □ Général

LOST BOYS, THE ▷4
É.-U. 1987. Drame d'horreur de Joel SCHUMACHER avec Jason Patric, Corey Haim et Kiefer Sutherland. - Un adolescent se rend compte que son frère est devenu un vampire après un rite d'initiation bizarre que lui a fait subir une bande de motards. □ 13 ans+ ➔ DVD$ DVD-BR$

LOST CITY ▷4
É.-U. 2005. Drame réalisé et interprété par Andy GARCIA avec Tomas Milian et Inès Sastre. - À la fin des années 1950, les tribulations d'une famille aisée de La Havane secouée par la révolution cubaine.
□ 13 ans+ · Violence ➔ DVD$

LOST COMMAND [Centurions, Les] ▷4
É.-U. 1966. Drame de guerre de Mark ROBSON avec Anthony Quinn, Alain Delon et Maurice Ronet. - Un épisode de la lutte entre l'armée française et les fellaghas durant la guerre d'Algérie. ➔ DVD$

LOST HIGHWAY [Route perdue] ▷3
É.-U. 1996. Drame fantastique de David LYNCH avec Patricia Arquette, Balthazar Getty, Louis Eppolito et Bill Pullman. - Un musicien et un jeune garagiste sont plongés dans une mystérieuse histoire de meurtres. - Lieux communs du film noir greffés sur une toile de fond onirique et bizarre. Péripéties déconcertantes. Climat de mystère habilement entretenu. Interprétation dans le ton voulu.
□ 16 ans+ · Érotisme ➔ DVD$

LOST HONOR OF KATHARINA BLUM, THE
voir **Honneur perdu de Katharina Blum, L'**

LOST HORIZON ▷4
É.-U. 1936. Aventures de Frank CAPRA avec Ronald Colman, Jane Wyatt et Sam Jaffe. - Cinq Européens qui ont fui la révolution chinoise entrent dans une sorte de paradis terrestre au cœur des monts Himalaya.
□ Général ➔ DVD$

LOST IN AMERICA ▷4
É.-U. 1985. Comédie réalisée et interprétée par Albert BROOKS avec Julie Hagerty et Garry Marshall. - Les aventures d'un publicitaire qui quitte son emploi et convainc sa femme de partir sur les routes à la recherche de l'Amérique et d'eux-mêmes. □ Général ➔ DVD $

LOST IN TRANSLATION [Traduction infidèle] ▷3
É.-U. 2003. Comédie sentimentale de Sofia COPPOLA avec Bill Murray, Scarlett Johansson et Giovanni Ribisi. - Une tendre complicité se développe entre un acteur hollywoodien venu à Tokyo tourner une publicité et une jeune compatriote délaissée par son mari. - Mélange à la fois triste et euphorique de romantisme, de satire et de poésie urbaine. □ Général ➔ DVD $

LOST IN YONKERS [Vie de famille à Yonkers] ▷4
É.-U. 1993. Comédie dramatique de Martha COOLIDGE avec Mercedes Ruehl, Brad Stoll et Mike Damus. - Au début des années 1940, une célibataire de 36 ans vit toujours chez sa mère dont elle craint l'autorité. □ Général ➔ DVD $

LOST LANGUAGE OF CRANES, THE ▷4
ANG. 1991. Drame de mœurs de Nigel FINCH avec Brian Cox, Eileen Atkins et Angus MacFadyen. - Confus quant à sa propre orientation sexuelle, un professeur est troublé par l'annonce de l'homosexualité de son fils. □ 16 ans+ ➔ DVD $

LOST MOMENT, THE ▷4
É.-U. 1947. Drame psychologique de Martin GABEL avec Robert Cummings, Susan Hayward et Agnes Moorehead. - À Venise, un éditeur américain cherche à obtenir d'une vieille femme les lettres d'amour que lui a écrites un poète disparu. □ Général

LOST PATROL, THE [Patrouille perdue, La] ▷3
É.-U. 1934. Drame de John FORD avec Victor McLaglen, Boris Karloff et Wallace Ford. - Une patrouille anglaise, perdue dans le désert, est traquée par les Arabes. - Traitement sobre et dépouillé. Mise en scène solide. □ Général

LOST SON, THE ▷4
ANG. 1999. Drame policier de Chris MENGES avec Daniel Auteuil, Katrin Cartlidge et Nastassja Kinski. - Un détective privé tente d'identifier la tête dirigeante d'un réseau de prostitution qui exploite des enfants. ➔ DVD $

LOST SONG ▷3
QUÉ. 2008. Drame psychologique de Rodrigue JEAN avec Suzie LeBlanc, Patrick Goyette et Ginette Morin. - Après la naissance de son premier enfant, une chanteuse soprano dépassée par l'ampleur de la tâche adopte un comportement étrange. - Approche poétique et nuancée du phénomène de la dépression post-partum. Mise en scène savamment dépouillée. Paysages naturels à la beauté évocatrice. Interprétation sensible de S. LeBlanc. □ 13 ans+ ➔ DVD $

LOST WEEKEND, THE ▷3
É.-U. 1945. Drame psychologique de Billy WILDER avec Ray Milland, Jane Wyman et Philip Terry. - Quelques journées critiques dans la vie d'un alcoolique. - Étude psychologique assez poussée. Style vigoureux. Composition remarquable de R. Milland. □ Général ➔ DVD $

LOST WORLD, THE ▷4
É.-U. 1925. Drame fantastique de Harry HOYT avec Wallace Beery, Bessie Love et Lewis Stone. - Des explorateurs découvrent une région où vivent encore des animaux préhistoriques. □ Général ➔ DVD $

LOTNA *voir* **Dernière charge, La**

LOUIS 19, LE ROI DES ONDES ▷6
QUÉ. 1994. Comédie de Michel POULETTE avec Martin Drainville, Agathe de la Fontaine et Dominique Michel. - Un modeste vendeur remporte un concours dont le prix consiste à diffuser en direct, 24 heures sur 24, la vie quotidienne du gagnant. □ Général ➔ DVD $

LOUIS, ENFANT ROI ▷5
FR. 1992. Drame historique de Roger PLANCHON avec Maxime Mansion, Carmen Maura et Paolo Graziosi. - En 1649, alors que la reine-mère assure la régence jusqu'à la majorité de Louis XIV, une révolte fomentée par des nobles éclate à Paris. □ 13 ans+ · Érotisme

LOULOU [Pandora's Box] ►1
ALL. 1928. Drame de Georg Wilhelm PABST avec Louise Brooks, Fritz Karnter et Franz Lederer. - La déchéance d'une jeune femme trop belle. - Œuvre marquante de la fin du cinéma muet. Utilisation magistrale des jeux d'ombres et de lumière. Interprétation extraordinaire de L. Brooks. ➔ DVD $

LOULOU [Pandora's Box] ▷4
FR. 1979. Drame de mœurs de Maurice PIALAT avec Isabelle Huppert, Gérard Depardieu et Guy Marchand. - Une jeune femme quitte son mari pour aller vivre avec un désoeuvré. □ 18 ans+

LOUP *voir* **Wolf**

LOUVRE TREASURE, A: AWEKENING APOLLO
voir **Réveil d'Apollon, Le**

LOVE *voir* **Amour**

LOVE! VALOUR! COMPASSION! ▷4
É.-U. 1996. Comédie dramatique de Joe MANTELLO avec Jason Alexander, Randy Becker et Stephen Bogardus. - Un groupe d'amis homosexuels se réunit dans une maison de campagne au cours de trois week-ends estivaux. □ 16 ans+ ➔ DVD $

LOVE & ANARCHY ▷3
ITA. 1973. Comédie satirique de Lina WERTMÜLLER avec Giancarlo Giannini, Mariangela Melato et Lina Polito. - Venu à Rome pour tuer Mussolini, un paysan s'installe dans une maison de passe. - Sorte de fable à saveur politique. Caricature mordante. Description baroque. □ 13 ans+

LOVE ACTUALLY [Réellement l'amour] ▷4
ANG. 2003. Comédie sentimentale de Richard CURTIS avec Hugh Grant, Laura Linney et Colin Firth. - À Londres, à l'approche des Fêtes, plusieurs personnes de tous âges rencontrent l'amour ou vivent des déceptions sentimentales. □ 13 ans+ ➔ DVD $

LOVE AFFAIR ▷4
É.-U. 1939. Comédie sentimentale de Leo McCAREY avec Charles Boyer, Irene Dunne et Lee Bowman. - Deux jeunes gens aux mœurs frivoles épris l'un de l'autre décident de se séparer pour éprouver leur amour. □ Général

LOVE AFFAIR: OR THE CASE OF THE MISSING SWITCHBOARD OPERATOR
voir **Une affaire de cœur**

LOVE AMONG THE RUINS ▷3
É.-U. 1975. Comédie de mœurs de George CUKOR avec Katharine Hepburn, Laurence Olivier et Colin Blakely. - Un éminent avocat londonien est consulté par une riche veuve qu'il aime en secret depuis cinquante ans. - Téléfilm aux nuances psychologiques subtiles. Mise en scène élégante et sûre.

LOVE AND A .45 [Amour et un .45, L'] ▷4
É.-U. 1994. Drame policier de C.M. TALKINGTON avec Gil Bellows, Renee Zellweger et Rory Cochrane. - Recherché de toutes parts, un jeune couple est obligé de fuir et de vivre en hors-la-loi. □ 18 ans+ · Violence

LOVE AND ANGER [Contestation, La] ▷5
FR. 1968. Film à sketches de C. LAZZANI, B. BERTOLUCCI, P.P. PASOLINI, J.-L. GODARD et M. BELLOCHIO avec Julian Beck, Tom Baker et Nino Castelnuovo. - Diverses réflexions sur le thème de la contestation.

LOVE AND BASKETBALL [Amour et basketball] ▷4
É.-U. 2000. Drame sentimental de Gina PRINCE-BYTHEWOOD avec Sanaa Lathan, Omar Epps et Alfre Woodard. - De 1981 à 1993, un garçon et une fille aspirant tous deux à devenir basketteurs professionnels vivent une relation amoureuse compliquée. □ Général ➔ DVD $

LOVE AND DEATH ▷3
É.-U. 1975. Comédie réalisée et interprétée par Woody ALLEN avec Diane Keaton et Harold Gould. - Les tribulations militaires et sentimentales d'un paysan russe pendant les campagnes de Napoléon. - Parodie loufoque de «Guerre et paix» de Tolstoï. Nombreux gags visuels. Réalisation technique soignée. Excellente interprétation. □ Général ➔ DVD $

LOVE AND DEATH ON LONG ISLAND ▷4
[Rendez-vous à Long Island]
ANG. 1997. Comédie dramatique de Richard KWIETNIOWSKI avec John Hurt, Jason Priestley et Fiona Loewi. - Obsédé par la beauté d'un jeune acteur américain, un vieil intellectuel anglais décide de s'introduire dans sa vie. □ Général

LOVE AND HUMAN REMAINS ▷4
[De l'amour et des restes humains]
CAN. 1993. Drame de mœurs de Denys ARCAND avec Thomas Gibson, Ruth Marshall et Cameron Bancroft. - Les tribulations amoureuses d'un groupe de jeunes gens aux diverses orientations sexuelles. □ 16 ans+ · Érotisme

LOVE AT LARGE **[Amour poursuite, L']** ▷4
É.-U. 1990. Comédie policière d'Alan RUDOLPH avec Tom Berenger, Elizabeth Perkins et Anne Archer. - Engagé par une femme riche pour enquêter sur un amant mystérieux, un détective découvre qu'il est lui-même l'objet d'une filature. □ Général ➔ DVD $

LOVE AT STAKE
É.-U. 1988. John MOFFITT ➔ DVD $

LOVE AT THE TOP *voir* **Mouton enragé, Le**

LOVE BUG, THE **[Amour de coccinelle, Un]** ▷4
É.-U. 1968. Comédie de Robert STEVENSON avec Dean Jones, Michele Lee et David Tomlinson. - Un amateur de courses automobiles achète une Volkswagen qui se révèle dotée de qualités extraordinaires.
□ Général

LOVE CAN SERIOUSLY DAMAGE YOUR HEALTH ▷4
ESP. 1996. Comédie de Manuel Gomez PEREIRA avec Penelope Cruz, Gabino Diego et Ana Belen. - Durant 30 ans, une femme collectionne les maris célèbres pendant que son amour de jeunesse mène une vie conjugale plus conventionnelle. □ Général ➔ DVD $

LOVE CRAZY ▷4
É.-U. 1941. Comédie de Jack CONWAY avec William Powell, Myrna Loy et Gail Patrick. - Injustement accusé d'infidélité, un homme se fait passer pour fou afin d'empêcher sa femme de demander le divorce.
□ Général

LOVE FIELD ▷4
É.-U. 1991. Drame de Jonathan KAPLAN avec Michelle Pfeiffer, Dennis Haysbert et Stephanie McFadden. - Après avoir mis la police aux trousses d'un Noir qu'elle soupçonnait injustement d'avoir kidnappé une fillette, une femme s'efforce de lui venir en aide.
□ Général ➔ DVD $

LOVE FINDS ANDY HARDY ▷4
É.-U. 1938. Comédie de George B. SEITZ avec Lewis Stone, Mickey Rooney et Judy Garland. - Un juge doit sermonner son fils qui s'engage trop facilement dans des aventures sentimentales.
□ Général ➔ DVD $

LOVE HAPPY ▷4
É.-U. 1949. Comédie de David MILLER avec les frères Marx, Vera Ellen et Ilona Massey. - Divers personnages recherchent un collier de diamants volé. □ Général

LOVE HURTS ▷4
É.-U. 1989. Comédie dramatique de Bud YORKIN avec Jeff Daniels, Judith Ivey et Cynthia Sikes. - Les tribulations d'un jeune père de famille infidèle qui participe aux préparatifs du mariage de sa sœur.
□ Général

LOVE IN GERMANY, A *voir* **Un amour en Allemagne**

LOVE IN THE AFTERNOON *voir* **Amour l'après-midi, L'**

LOVE IN THE AFTERNOON ▷4
É.-U. 1956. Comédie sentimentale de Billy WILDER avec Gary Cooper, Audrey Hepburn et Maurice Chevalier. - La fille d'un détective privé s'éprend d'un libertin que son père est chargé de surveiller. □ Général
➔ DVD $

LOVE IN THE CITY *voir* **Amour à la ville, L'**

LOVE IN THE TIME OF CHOLERA ▷4
[Amour aux temps du choléra, L']
É.-U. 2007. Drame sentimental de Mike NEWELL avec Javier Bardem, Giovanna Mezzogiorno et Benjamin Bratt. - La femme qu'il aime éperdument ayant épousé un riche médecin, un modeste employé des postes multiplie les conquêtes en attendant que le destin les réunisse. □ 13 ans+ ➔ DVD $

LOVE IS A MANY-SPLENDORED THING ▷4
É.-U. 1955. Drame sentimental de Henry KING avec William Holden, Jennifer Jones et Torin Thatcher. - À Hong-Kong, une Eurasienne s'éprend d'un journaliste américain en instance de divorce.
□ Général

LOVE IS THE DEVIL ▷4
ANG. 1997. Drame biographique de John MAYBURY avec Derek Jacobi, Daniel Craig et Tilda Swinton. - La vie et la carrière du peintre anglais Francis Bacon, qui a vécu plusieurs années avec un amant qui lui servait de modèle.

LOVE JONES ▷4
É.-U. 1997. Comédie sentimentale réalisée par Theodore WITCHER avec Larenz Tate, Nia Long et Isaiah Washington. - Deux jeunes artistes hésitent à s'engager dans une relation stable, préoccupés qu'ils sont par leur indépendance et leur carrière. □ Général

LOVE LIZA ▷5
É.-U. 2002. Drame psychologique de Todd LOUISO avec Philip Seymour Hoffman, Kathy Bates et Jack Kehler. - Dévasté par le suicide de sa femme, un concepteur de sites Internet ne peut se résoudre à lire la lettre d'adieu qu'elle lui a laissée.

LOVE ME OR LEAVE ME ▷4
É.-U. 1955. Drame biographique de Charles VIDOR avec Doris Day, James Cagney et Cameron Mitchell. - La carrière de la chanteuse Ruth Etting dans les années 1920. □ Général ➔ DVD $

LOVE MEETINGS
ITA. 1963. Pier Paolo PASOLINI □ Général ➔ DVD $

LOVE NEST ▷5
É.-U. 1952. Comédie de Joseph M. NEWMAN avec June Haver, William Lundigan et Marilyn Monroe. - Un ancien combattant et sa femme gèrent une pension de famille. □ Général ➔ DVD $

LOVE OF JEANNE NEY, THE **[Amour de Jeanne Ney, L']**
ALL. 1927. Georg Wilhelm PABST □ Général ➔ DVD $

LOVE ON THE RUN *voir* **Amour en fuite, L'**

LOVE ON THE RUN ▷4
É.-U. 1936. Comédie de W.S. VAN DYKE II avec Joan Crawford, Clark Gable et Franchot Tone. - Remettant en question son futur mariage avec un espion, une riche Américaine invite deux journalistes à l'accompagner dans sa fuite à travers l'Europe. □ Général

LOVE REINVENTED
É.-U. 2000. Merzak ALLOUACHE ➔ DVD $

LOVE SERENADE ▷4
AUS. 1996. Comédie dramatique de Shirley BARRETT avec Miranda Otto, Rebecca Frith et George Shevtsov. - Dans une petite ville isolée, une rivalité fait surface entre deux sœurs célibataires vivant ensemble lorsqu'un disc-jockey très populaire loue la maison voisine.
□ Général ➔ DVD $

LOVE STORY **[Histoire d'amour, Une]** ▷4
É.-U. 1970. Comédie dramatique d'Arthur HILLER avec Ali MacGraw, Ryan O'Neal et Ray Milland. - Un fils de bonne famille étudiant en droit s'éprend d'une camarade d'origine modeste.
□ Général ➔ DVD $

LOVE STREET *voir* **Rue des plaisirs**

LOVE TO HIDE, A *voir* **Un amour à taire**

LOVE WITH THE PROPER STRANGER ▷3
[Certaine rencontre, Une]
É.-U. 1963. Comédie dramatique de Robert MULLIGAN avec Natalie Wood, Steve McQueen et Edie Adams. - Une jeune fille enceinte qui songe à se faire avorter reprend contact avec son amant d'un jour. - Histoire bien racontée. Jeu spontané et nuancé des interprètes.
□ Général

LOVE'S A BITCH *voir* **Amours chiennes**

LOVE'S LABOUR'S LOST **[Peines d'amour perdues]** ▷4
ANG. 1999. Comédie musicale réalisée et interprétée par Kenneth BRANAGH avec Alessandro Nivola et Alicia Silverstone. - En 1639, le voeu de chasteté du roi de Navarre et de ses amis est menacé par la visite de la princesse de France et de ses suivantes.
□ Général ➔ DVD $

LOVE, ETC. ▷4
FR. 1996. Drame sentimental de Marion VERNOUX avec Charlotte Gainsbourg, Yvan Attal et Charles Berling. - Une jeune femme entretient une liaison avec le meilleur ami de son mari. □ 13 ans+

LOVE, SEX AND EATING THE BONES ▷4
[Amour en chair et en os, L']
CAN. 2003. Comédie dramatique de David SUTHERLAND avec Hill Harper, Marlyne N. Afflack et Mark Taylor. - Avide consommateur de films pornos, un aspirant photographe éprouve des difficultés érectiles en compagnie de sa nouvelle copine.
□ 13 ans+ · Érotisme ➔ DVD $

LOVE-MOI ▷4
QUÉ. 1991. Drame social de Marcel SIMARD avec Germain Houde, Paule Baillargeon et Mario St-Armand. - Un auteur découvre la triste réalité de six jeunes délinquants en travaillant avec eux à la mise sur pied d'une pièce de théâtre. □ 13 ans+

LOVED ONE, THE [Cher disparu, Le] ▷4
É.-U. 1965. Comédie satirique de Tony RICHARDSON avec Robert Morse, Anjanette Comer et Rod Steiger. - Un jeune Anglais se trouve un emploi dans un cimetière de luxe à Hollywood. ➔ DVD $

LOVEFILM
HON. 1970. Istvan SZABO ➔ DVD $

LOVELY AND AMAZING ▷4
É.-U. 2002. Comédie de mœurs de Nicole HOLOFCENER avec Catherine Keener, Brenda Blethyn et Emily Mortimer. - Trois sœurs complexées par leur apparence physique ou leur statut social font face à diverses déconvenues dans leur recherche du bonheur. □ 13 ans+ ➔ DVD $

LOVER, THE *voir* **Milena**

LOVER, THE [Amant, L'] ▷4
FR. 1991. Drame sentimental de Jean-Jacques ANNAUD avec Jane March, Tony Leung et Frédérique Méninger. - En 1929, à Saïgon, une adolescente française devient la maîtresse d'un riche Chinois. □ 16 ans+ · Érotisme ➔ DVD $

LOVER COME BACK ▷4
É.-U. 1961. Comédie de Delbert MANN avec Doris Day, Rock Hudson et Tony Randall. - À l'emploi d'agences de publicité rivales, un homme et une femme se font la lutte pour obtenir de gros contrats. ➔ DVD $

LOVER OF THE LAST EMPRESS
H.-K. 1995. Wai Keung LAU □ 16 ans+ · Érotisme

LOVERS ▷3
ESP. 1991. Drame sentimental de Vincente ARANDA avec Victoria Abril, Jorge Sanz et Maribel Verdu. - Une veuve endettée pousse son amant à subtiliser les économies que la fiancée de celui-ci amasse en vue du mariage. - Intrigue fort bien nouée inspirée d'un fait divers survenu dans les années 1950. Atmosphère d'époque crédible. Caméra habile et inquisitrice. Interprétation solide. □ 13 ans+ · Érotisme

LOVERS ▷5
FR. 1999. Drame de mœurs de Jean-Marc BARR avec Élodie Bouchez, Sergeï Trifunovic et Dragan Nicolic. - À Paris, une jeune libraire vit une relation amoureuse intense avec un peintre yougoslave sans-papiers. ➔ DVD $

LOVERS AND OTHER STRANGERS ▷4
[Lune de miel aux orties]
É.-U. 1970. Comédie de Cy HOWARD avec Bonnie Bedelia, Michael Brandon et Gig Young. - Diverses complications sentimentales dans une famille, à l'occasion d'un mariage. ➔ DVD $

LOVERS OF DEVIL'S ISLAND *voir* **Quartier de femmes**

LOVERS OF THE ARCTIC CIRCLE, THE
voir **Amants du cercle polaire, Les**

LOVERS ON THE BRIDGE *voir* **Amants du Pont-Neuf, Les**

LOVERS, THE *voir* **Amants, Les**

LOVES OF A BLONDE *voir* **Amours d'une blonde, Les**

LOVES OF CARMEN, THE [Amours de Carmen, Les] ▷5
É.-U. 1948. Drame sentimental de Charles VIDOR avec Rita Hayworth, Glenn Ford et Ron Randell. - Un officier est entraîné au banditisme par sa passion pour une gitane volage. □ Général

LOVIN' MOLLY ▷5
É.-U. 1973. Drame de mœurs de Sidney LUMET avec Blythe Danner, Anthony Perkins et Beau Bridges. - Au Texas une jeune paysanne accorde ses faveurs à deux amis épris d'elle et épouse un troisième homme.

LOVING COUPLES ▷5
É.-U. 1980. Comédie de Jack SMIGHT avec Shirley MacLaine, James Coburn et Susan Sarandon. - Chassés-croisés sentimentaux entre deux couples de générations différentes. ➔ DVD $

LOVING COUPLES [Amoureux, Les] ▷4
SUÈ. 1965. Drame psychologique de M. ZETTERLING avec Gio Petre, Harriet Andersson et Gunnel Lindblom. - Trois jeunes femmes qui se trouvent dans une clinique revivent leur passé.

LOVING WALTER *voir* **Walter**

LOWER DEPTHS *voir* **Bas-fonds, Les**

LUCAS ▷4
É.-U. 1986. Comédie dramatique de David SELTZER avec Corey Haim, Kerri Green et Charlie Sheen. - Un jeune génie force l'entraîneur du club de football de son école secondaire à l'accepter malgré qu'il soit le souffre-douleur des costauds de l'équipe. □ Général

LUCIE AUBRAC ▷4
FR. 1997. Drame historique de Claude BERRI avec Carole Bouquet, Daniel Auteuil et Jean-Roger Milo. - Durant la Seconde Guerre mondiale à Lyon, l'épouse d'un résistant détenu par les nazis échafaude un audacieux plan pour le libérer. □ Général

LUCIEN BROUILLARD ▷4
QUÉ. 1983. Drame social de Bruno CARRIÈRE avec Pierre Curzi, Marie Tifo et Roger Blay. - Un contestataire soucieux de justice sociale est entraîné par un ami dans un complot meurtrier. □ Général

LUCIO FLAVIO: PASSAGER DE L'AGONIE
[Lucio Flavio, o passageiro da agonia]
BRÉ. 1977. Hector BABENCO

LUCKY LUCIANO ▷3
ITA. 1973. Drame biographique de Francesco ROSI avec Gian Maria Volontè, Rod Steiger et Charles Siragusa. - En 1946, un policier américain tente de réunir des preuves contre l'un des chefs de la pègre américaine déporté dans son Italie natale. - Contexte politique et sociologique bien évoqué. Reconstitution rigoureuse des faits. Interprétation efficace de G.M. Volontè. □ 13 ans+

LUCKY YOU ▷5
É.-U. 2007. Comédie dramatique de Curtis HANSON avec Eric Bana, Drew Barrymore et Robert Duvall. - Un joueur de poker s'éprend d'une aspirante chanteuse peu avant de participer à un important tournoi auquel prend également part son père. □ Général ➔ DVD $

LUCRÈCE BORGIA [Lucrezia Borgia]
FR. 1935. Abel GANCE

LUDWIG [Crépuscule des dieux, Le] ►2
ITA. 1972. Drame historique de Luchino VISCONTI avec Helmut Berger, Romy Schneider et Trevor Howard. - La vie de plus en plus déséquilibrée du roi Louis II de Bavière. - Fresque historique impressionnante. Construction quelque peu morcelée. Mise en scène soignée et intelligente. Trame musicale admirable. Interprétation fort valable. ➔ DVD $

LUDWIG VAN B. *voir* **Immortal Beloved**

LUEUR DANS LA FORÊT *voir* **Light in the Forest, The**

LUEUR DANS LA NUIT, UNE *voir* **Shining Through**

LUEUR MAGIQUE *voir* **Firelight**

LUI, MOI, ELLE ET L'AUTRE *voir* **Chances Are**

LUKE LA MAIN FROIDE *voir* **Cool Hand Luke**

LULU ON THE BRIDGE [Lulu sur le pont] ▷4
É.-U. 1998. Drame fantastique de Paul AUSTER avec Harvey Keitel, Mira Sorvino et Willem Dafoe. - Un saxophoniste dont la carrière a pris fin à la suite d'une grave blessure découvre une mystérieuse pierre qui l'amène à rencontrer le grand amour. □ Général ➔ DVD $

LUMIÈRE ET COMPAGNIE ▷4
FR. 1995. Film d'essai de Sarah MOON. - Trente-neuf cinéastes tournent chacun un film de 52 secondes avec une caméra identique à celle des frères Lumière.

LUMIÈRE SILENCIEUSE [Silent Light] ▷3
MEX. 2007. Drame poétique de Carlos REYGADAS avec Cornelio Wall Fehr, Maria Pankratz et Miriam Toews. - Au Mexique, un fermier mennonite est partagé entre son affection pour la mère de ses six enfants et son amour pour une restauratrice. - Puissante réflexion sur la fidélité et le désir, doublée d'une fine étude de mœurs. Quelques longueurs dans le récit. Mise en scène rigoureuse et contemplative. Interprétation touchante de comédiens non professionnels. ➔ DVD $

LUMIÈRES DU VENDREDI SOIR, LES
voir **Friday Night Lights**

LUMUMBA ▷4
FR. 2000. Drame biographique de Raoul PECK avec Eriq Ebouaney, Alex Descas et Maka Kotto. - En 1961, quelques mois après avoir été élu à la tête du premier gouvernement indépendant du Congo, Patrice Lumumba est assassiné. □ 13 ans+

LUNA PAPA ▷4
ALL. 1999. Comédie de mœurs de Bahktyar KHUDOJNAZAROV avec Chulpan Khamatova, Moritz Bleibtreu et Ato Mukhamedshanov. - Avec l'aide de son père et de son frère demeuré, une jeune femme tente de retrouver l'inconnu qui l'a mise enceinte. □ Général ➔ DVD $

LUNA PARK
voir **Montagnes russes au Luna Park**

LUNATIC, THE ▷4
É.-U. 1990. Comédie de mœurs de Lol CREME avec Paul Campbell, Julie T. Wallace et Reggie Carter. - En Jamaïque, un simple d'esprit qui discute régulièrement avec un arbre est engagé comme guide par une touriste allemande. □ Général

LUNE DANS LE CANIVEAU, LA ▷5
FR. 1983. Drame poétique de Jean-Jacques BEINEIX avec Gérard Depardieu, Nastassia Kinski et Victoria Abril. - Un débardeur obsédé par le souvenir de sa sœur qui s'est suicidée cherche l'oubli auprès d'une jeune femme riche. □ 13 ans+

LUNE DE MIEL AUX ORTIES
voir **Lovers and Other Strangers**

LUNE ROUGE *voir* **China Moon**

© SÉVILLE

LUNE VIENDRA D'ELLE-MÊME, LA ▷4
QUÉ. 2004. Drame psychologique de Marie-Jan SEILLE avec France Castel, Isabelle Leblanc et Nathalie Malette. - Par amitié, une coiffeuse quinquagénaire tente de soulager les souffrances d'une jeune sidéenne en phase terminale. □ Général ➜ DVD$

LUNES DE FIEL *voir* **Bitter Moon**

LUNETTES D'OR, LES ▷4
ITA. 1987. Drame de mœurs de Giuliano MONTALDO avec Philippe Noiret, Rupert Everett et Valeria Golino. - En 1938, la bonne société d'une petite ville italienne ne peut pardonner à un médecin, pourtant bien considéré, sa liaison homosexuelle avec un jeune boxeur.

LUNULE, LA *voir* **Pyx, The**

LURED [Des filles disparaissent] ▷5
É.-U. 1947. Comédie policière de Douglas SIRK avec George Sanders, Lucille Ball et Boris Karloff. - Une danseuse aide la police à capturer un maniaque. □ Général ➜ DVD$

LUST FOR LIFE ▷3
É.-U. 1956. Drame biographique de Vincente MINNELLI avec Kirk Douglas, Anthony Quinn et James Donald. - Les grands moments de la vie du peintre Vincent Van Gogh. - Atmosphère d'époque bien évoquée. Mise en scène soignée. Interprétation de classe. ➜ DVD$

LUST, CAUTION [Désir, danger] ▷3
H.-K. 2005. Thriller d'Ang LEE avec Tony Leung Chiu Wai, Tang Wei et Joan Chen. - Durant la Seconde Guerre mondiale, une aspirante comédienne est chargée par un groupe d'étudiants de piéger le chef des services secrets japonais en Chine. - Adaptation élégante d'une nouvelle d'Eileen Chang. Reconstitution d'époque minutieuse. Réalisation soignée. Interprétation nuancée. □ 16 ans+ · Érotisme ➜ DVD$

LUTIN, LE *voir* **Elf**

LUTTEUR, LE *voir* **Wrestler, The**

LUV [Ma femme et nous] ▷4
É.-U. 1967. Comédie satirique de Clive DONNER avec Jack Lemmon, Peter Falk et Elaine May. - Un candidat au suicide est sauvé de la mort par un vieil ami. □ Général

LUZHIN DEFENCE, THE [Défense Loujine, La] ▷4
ANG. 2000. Drame psychologique de Marleen GORRIS avec John Turturro, Emily Watson et Geraldine James. - En 1929, alors qu'il participe à un championnat, un joueur d'échecs replié sur lui-même et obsessionnel tombe amoureux d'une jeune femme.

LYDIA ▷4
É.-U. 1941. Drame sentimental de Julien DUVIVIER avec Merle Oberon, Joseph Cotten et Edna May Oliver. - Une vieille demoiselle se remémore les quatre idylles qui ont marqué sa vie. □ Général

LYS BRISÉ, LE *voir* **Broken Blossoms**

M

M LE MAUDIT ▶1
ALL. 1931. Drame policier de Fritz LANG avec Peter Lorre, Gustav Grundgens et Otto Wernicke. - Dans une ville d'Allemagne, on recherche un maniaque qui s'attaque à des petites filles. - Œuvre importante de l'école expressionniste allemande. Premier film sonore de Lang. Réussite technique. Excellente création d'atmosphère. Composition remarquable de P. Lorre. □ Général ➜ DVD $

M*A*S*H [Mash] ▷3
É.-U. 1969. Comédie de Robert ALTMAN avec Elliott Gould, Donald Sutherland et Tom Skerritt. - Pendant la guerre de Corée, trois chirurgiens militaires s'amusent à des plaisanteries baroques au détriment de leurs collègues. - Construction fragmentaire et anecdotique. Mélange de réalisme et de satire. Rythme et souplesse. Interprétation savoureuse. □ 13 ans+ ➜ DVD DVD-BR $

M. BUTTERFLY ▷4
É.-U. 1993. Drame de mœurs de David CRONENBERG avec Jeremy Irons, John Lone et Ian Richardson. - À Pékin, en 1964, un comptable de l'ambassade de France a une liaison avec une chanteuse d'opéra énigmatique. □ 13 ans+ ➜ DVD $

M. ET MME SMITH *voir* **Mr. and Mrs. Smith**

M. SAMEDI SOIR *voir* **Mr. Saturday Night**

MA BELLE-MÈRE EST UNE EXTRATERRESTRE *voir* **My Stepmother Is an Alien**

MA BLONDE, MA MÈRE ET MOI *voir* **Only the Lonely**

MA FEMME EST DINGUE *voir* **For Pete's Sake**

MA FEMME EST UNE ACTRICE [My Wife Is an Actress] ▷4
FR. 2001. Comédie dramatique réalisée et interprétée par Yvan ATTAL avec Charlotte Gainsbourg et Terence Stamp. - Un journaliste sportif traverse une crise de jalousie lorsque sa femme, une actrice célèbre, tourne avec un don juan du cinéma. □ Général ➜ DVD $

MA FEMME EST UNE SORCIÈRE *voir* **I Married a Witch**

MA FEMME ET NOUS *voir* **Luv**

MA FEMME S'APPELLE REVIENS ▷5
FR. 1981. Comédie de Patrice LECONTE avec Michel Blanc, Anémone et Xavier Saint-Macary. - Les tribulations sentimentales d'un médecin d'urgence-santé qui vient d'être plaqué par sa femme. □ Général

MA FILLE, MON ANGE ▷5
QUÉ. 2007. Drame de mœurs d'Alexis DURAND-BREAULT avec Michel Côté, Karine Vanasse et Dominique Leduc. - Un conseiller politique de Québec se rend à Montréal afin d'empêcher sa fille d'exhiber ses attributs dans un site pornographique.
□ 16 ans+ · Érotisme ➜ DVD $

MA MAISON EN OMBRIE *voir* **My House in Umbria**

MA MÈRE ▷5
FR. 2004. Drame de mœurs de Christophe HONORÉ avec Isabelle Huppert, Louis Garrel et Emma de Caunes. - À la mort de son mari, une femme initie son fils de 17 ans à la débauche dans l'espoir que celui-ci apprenne enfin qui elle est vraiment. ➜ DVD $

MA NUIT CHEZ MAUD [My Night at Maud's] ▶2
FR. 1969. Drame psychologique d'Éric ROHMER avec Jean-Louis Trintignant, Françoise Fabian et Marie-Christine Barrault. - Un jeune ingénieur croyant résiste aux avances d'une divorcée par respect pour sa future épouse. - Excellente analyse psychologique. Dialogue intelligemment soutenu. Réalisation élégante. J.-L. Trintignant remarquable d'aisance. □ 13 ans+

MA PETITE ENTREPRISE ▷4
FR. 1999. Comédie de Pierre JOLIVET avec Vincent Lindon, François Berléand et Roschdy Zem. - Le propriétaire d'une menuiserie incendiée organise un casse dans les bureaux de sa compagnie d'assurances pour modifier sa police invalidée par un courtier magouilleur.

MA SAISON PRÉFÉRÉE [My Favorite Season] ▷3
FR. 1993. Drame psychologique d'André TÉCHINÉ avec Catherine Deneuve, Daniel Auteuil et Marthe Villalonga. - Après trois ans de relations rompues, diverses difficultés familiales finissent par rapprocher un frère et une sœur d'âge mûr. - Fine analyse psychologique. Va-et-vient habile entre la tragédie et la drôlerie. Traitement sobre et touchant. Comédiens de haut vol.

MA SŒUR EST DU TONNERRE *voir* **My Sister Eileen**

MA SUPER EX-COPINE *voir* **My Super Ex-Girlfriend**

MA TANTE ALINE ▷6
CAN. 2007. Comédie de Gabriel PELLETIER avec Béatrice Picard, Sylvie Léonard et Rémi-Pierre Paquin. La vie d'une publicitaire est bouleversée lorsqu'on lui impose d'héberger pour quelques semaines une vieille tante excentrique dans le besoin. ➜ DVD $

MA VIE *voir* **My Life**

MA VIE DE CHIEN [My Life as a Dog] ▷3
SUÈ. 1985. Drame de Lasse HALLSTRÖM avec Anton Glanzelius, Tomas von Brömssen et Anki Liden. - Un enfant, envoyé chez son oncle à la campagne, se fait des amis qu'il aimerait décrire à sa mère souffrante. - Suite d'anecdotes tragicomiques. Récit émouvant. Film plein de candeur réalisé avec brio. □ Général ➜ DVD $

MA VIE EN CINÉMASCOPE ▷4
QUÉ. 2004. Drame biographique de Denise FILIATRAULT avec Pascale Bussières, Michel Barrette et Denis Bernard. - En 1952, sur le point de subir une lobotomie, la chanteuse Alys Robi se remémore les moments marquants de sa vie et de sa carrière.
□ Général · Déconseillé aux jeunes enfants ➜ DVD $

MA VIE EN L'AIR
FR. 2005. Rémi BEZANÇON ➜ DVD $

MA VIE EN ROSE [My Life in Pink] ▷3
FR.-BEL. 1997. Comédie dramatique d'Alain BERLINER avec Georges Du Fresne, Michèle Laroque et Jean-Philippe Ecoffey. - Persuadé qu'il est une fille, un gamin en vient à faire le désespoir de ses parents. - Sujet audacieux habilement traité sur un ton fantaisiste. Ensemble à la fois vivant, coloré, drôle et touchant. □ 13 ans+

MA VIE EST UN ENFER ▷5
FR. 1991. Comédie fantaisiste réalisée et interprétée par Josiane BALASKO avec Daniel Auteuil et Michael Lonsdale. - Une célibataire grassouillette fait un pacte avec un messager du diable pour être transformée en une irrésistible séductrice. □ 13 ans+

MA VIE EST UNE CHANSON *voir* **Words and Music**

MA VOISINE DANSE LE SKA ▷5
QUÉ. 2003. Comédie dramatique de Nathalie SAINT-PIERRE avec Frédéric Desager, Alexandrine Agostini et Paul Buissonneau. - À Montréal, un photographe suicidaire reprend goût à la vie au contact de sa nouvelle voisine qui souffre comme lui de solitude.
□ 13 ans+ ➜ DVD $

MABOROSI ▷4
JAP. 1995. Drame psychologique de Hirokazu KORE-EDA avec Makiko Esumi, Takashi Naito et Tadanobu Asano. - Hantée par le suicide de son mari, une jeune femme tente de refaire sa vie.
□ Général ➜ DVD $

MAC ▷4
É.-U. 1992. Comédie dramatique réalisée et interprétée par John TURTURRO avec Michael Badalucco et Carl Capotorto. - À New York, dans les années 1950, trois frères d'origine italienne vivent divers conflits après avoir fondé une petite compagnie de construction.
□ 13 ans+

MACADAM COW-BOY *voir* **Midnight Cowboy**

MACAO [Paradis des mauvais garcons, Le] ▷5
É.-U. 1952. Drame policier de Josef VON STERNBERG avec Robert Mitchum, Jane Russell et William Bendix. - Un homme achève la mission d'un policier tué par le tenancier d'une maison de jeu.
□ Général ➜ DVD$

MACARIO ▷3
MEX. 1960. Conte de Roberto GAVALDON avec Ignacio Lopez Tarso, Pina Pellicer et Enrique Lucero. - Un bûcheron devient guérisseur après s'être assuré la complicité de la Mort. - Conte folklorique aux retournements naïfs et pourtant astucieux. Imagerie intéressante. Photographie bien conçue. Interprétation fort appropriée. □ Général

MACARONI ▷4
ITA. 1985. Comédie de mœurs d'Ettore SCOLA avec Jack Lemmon, Marcello Mastroianni et Isa Danieli. - Un industriel américain de passage à Naples retrouve un ami qu'il a connu dans cette ville quarante ans auparavant. □ Général

MACARTHUR ▷4
É.-U. 1977. Drame biographique de Joseph SARGENT avec Gregory Peck, Ed Flanders et Dan O'Herlihy. - La carrière militaire du général MacArthur depuis l'attaque des Philippines par les Japonais en 1942 jusqu'à la guerre de Corée. □ Général ➜ DVD$

MACBETH ►2
É.-U. 1948. Drame réalisé et interprété par Orson WELLES avec Jeanette Nolan et Dan O'Herlihy. - Le comte Macbeth assassine le roi d'Écosse afin de prendre sa place. - Œuvre puissante et originale. Transposition audacieuse et impressionnante de la pièce de Shakespeare. Très belle photo. Interprétation magistrale. □ Général

MACBETH ▷3
ANG. 1971. Drame de Roman POLANSKI avec Jon Finch, Francesca Annis et Martin Shaw. - La déchéance de Macbeth qui s'empare du trône d'Écosse en assassinant le roi Duncan. - Adaptation impressionnante de la tragédie de Shakespeare. Nombreuses touches personnelles du réalisateur. Aspects oniriques ou fantastiques réussis. Insistance sur les aspects violents. Interprétation froide.
□ 13 ans+ ➜ DVD$

MACBETH
ANG. 1979. Philip CASSON □ Général

MACBETH
AUS. 2006. Geoffrey WRIGHT ➜ DVD$

MACHINE À EXPLORER LE TEMPS, LA
voir **Time Machine, The**

MACHINE GUN MOLLY *voir* **Monica la mitraille**

MACHINE TO KILL BAD PEOPLE
ITA. 1948. Roberto ROSSELLINI

MACHINE, LA ▷5
FR. 1994. Drame fantastique de François DUPEYRON avec Gérard Depardieu, Nathalie Baye et Didier Bourdon. - Après une expérience scientifique, l'esprit d'un meurtrier se retrouve dans le corps d'un psychiatre et vice-versa. □ 16 ans+ · Violence

MACHINIST, THE ▷4
ESP. 2004. Thriller de Brad ANDERSON avec Christian Bale, Jennifer Jason Leigh et Aitana Sanchez-Gijon. - Rongé par la culpabilité après avoir provoqué un grave accident, un machiniste insomniaque sombre dans une paranoïa grandissante. □ 13 ans+ ➜ DVD DVD-BR$

MACHO [Golden Balls] ▷5
ESP. 1993. Comédie de mœurs de Bigas LUNA avec Javier Bardem, Maribel Verdu et Maria de Medeiros. - Furieux de l'infidélité de sa maîtresse, un ouvrier décide de s'enrichir grâce aux femmes et de construire le plus haut gratte-ciel de la ville.
□ 16 ans+ · Érotisme ➜ DVD$

MACKINTOSH MAN, THE ▷4
ANG. 1973. Drame d'espionnage de John HUSTON avec Paul Newman, Dominique Sanda et James Mason. - Un voleur placé sous les ordres d'un important chef de la pègre se révèle être un agent des services secrets. □ 13 ans+

MAD CITY [Reportage en direct] ▷4
É.-U. 1997. Drame social de Constantin COSTA-GAVRAS avec Dustin Hoffman, John Travolta et Alan Alda. - Un chômeur armé, qui a pris des otages dans un musée, est manipulé par un journaliste qui désire contrôler la couverture de l'incident. □ Général ➜ DVD$

MAD DETECTIVE ▷4
H.-K. 2007. Drame policier de Johnnie TO et Wai KA-fAI avec Lau Ching-Wan, Andy On et Lam Ka-Tung. - Un détective de Hong-Kong fait appel à un ancien partenaire, congédié pour cause de folie, afin qu'il l'aide à retrouver un policier disparu. ➜ DVD$

MAD DOG AND GLORY [Flingueur et Glory] ▷4
É.-U. 1993. Comédie policière de John McNAUGHTON avec Robert De Niro, Uma Thurman et Bill Murray. - Pour remercier un policier célibataire qui lui a sauvé la vie, un mafioso lui offre en cadeau pour sept jours une de ses employées. □ 13 ans+

MAD DOGS
ANG. 2002. Ahmed A. JAMAL ➜ DVD$

MAD LOVE [Amour fou, L'] ▷4
É.-U. 1935. Drame d'horreur de Karl FREUND avec Peter Lorre, Colin Clive et Frances Drake. - Un célèbre pianiste découvre qu'un chirurgien fou lui a greffé les mains d'un tueur. □ Général

MAD LOVE ▷4
É.-U. 1995. Drame sentimental d'Antonia BIRD avec Chris O'Donnell, Drew Barrymore et Joan Allen. - Une adolescente rebelle s'échappe d'un hôpital psychiatrique et fuit en voiture avec son petit ami vers le Mexique. □ Général ➜ DVD$

MAD LOVE ▷5
ESP. 2001. Drame historique de Vicente ARANDA avec Pilar Lopez de Ayala, Daniele Liotti et Manuela Arcuri. - Au XVIe siècle, la reine Jeanne de Castille est déclarée folle par son mari infidèle, l'archiduc Philippe, qui cherche à assumer seul le pouvoir. ➜ DVD$

MAD MAX [Bolides hurlants] ▷4
AUS. 1979. Science-fiction de George MILLER avec Mel Gibson, Joanne Samuel et Hugh Keays-Byrme. - Un ex-policier poursuit des motards qui ont tué sa femme. □ 18 ans+ ➜ DVD$

MAD MAX 2: THE ROAD WARRIOR [Défi, Le] ▷3
AUS. 1981. Science-fiction de George MILLER avec Mel Gibson, Bruce Spence et Vernon Wells. - Dans un monde dévasté par la guerre, un ex-policier lutte contre des pillards à la recherche de sources d'énergie. - Suite de Mad Max. Western futuriste et apocalyptique. Scènes d'action époustouflantes. Interprétation convenable. □ 18 ans+ ➜ DVD-BR$

MAD MAX 3: BEYOND THE THUNDERDOME ▷4
AUS. 1985. Science-fiction de George MILLER et George OGILVIE avec Mel Gibson, Tina Turner et Helen Buday. - Dans un monde dévasté par une guerre nucléaire, un aventurier est recueilli par une bande d'enfants qui le prennent pour un Messie. □ 13 ans+ ➜ DVD$

MADADAYO ▷3
JAP. 1993. Drame psychologique d'Akira KUROSAWA avec Tatsuo Matsumura, Kyoko Kagawa et Hisashi Igawa. - Un professeur qui a pris sa retraite pour se consacrer à l'écriture maintient des liens privilégiés avec ses anciens étudiants. - Dernier film du cinéaste. Succession de tableaux intimistes émaillés d'humour et de poésie. Réflexion sereine sur la fuite du temps. Images composées avec art. Interprètes bien dirigés.

MADAGASCAR ▷4
É.-U. 2005. Film d'animation d'Eric DARNELL et Tom McGrath. - Par un concours de circonstances, quatre animaux nés au zoo de Central Park se retrouvent dans la jungle de Madagascar. ➜ DVD DVD-BR$

MADAGASCAR 2: ESCAPE 2 AFRICA ▷4
É.-U. 2008. Film d'animation d'Eric DARNELL et Tom McGRATH. - Partis de Madagascar à bord d'un avion artisanal, les animaux d'un zoo new-yorkais atterrissent d'urgence sur le continent africain. □ Général ➜ DVD DVD-BR$

MADAM SATAN
É.-U. 1930. Cecil B. DEMILLE □ Général

MADAME BOVARY ▷4
É.-U. 1949. Drame de Vincente MINNELLI avec Jennifer Jones, James Mason et Van Heflin. - Après avoir épousé un médecin qui ne peut lui offrir la vie de luxe dont elle est avide, une provinciale multiplie les aventures extraconjugales. □ Général ➜ DVD$

MADAME BOVARY ▷4
FR. 1991. Drame de mœurs de Claude CHABROL avec Jean-François Balmer, Isabelle Huppert et Christophe Malavoy. - La jeune épouse d'un médecin de province tente de déjouer son ennui en s'engageant dans diverses aventures galantes et en dépensant follement.
□ Général ➜ DVD$

MADAME BOVARY
FR. 1933. Jean RENOIR

MADAME BROUETTE ▷5
SÉN. 2002. Drame de mœurs de Moussa SENE ABSA avec Rokhaya Niang, Aboubacar Sadikh Bâ et Ndèye Sénéba Seck. - À Dakar, les circonstances entourant la mort d'un policier corrompu qui vivait depuis peu avec une jeune mère divorcée au caractère déterminé. ➜ DVD $

MADAME BUTTERFLY ▷3
FR. 1995. Drame musical de Frédéric MITTERRAND avec Ying Huang, Richard Troxell et Ning Liang. - Une Japonaise de quinze ans vit un grand malheur après avoir été abandonnée par son mari, un lieutenant de la marine américaine. - Adaptation tout en retenue de l'opéra de Puccini. Respect de la délicatesse et du caractère intimiste de l'œuvre. □ Général

MADAME CLAUDE ▷5
FR. 1977. Drame de Just JAECKIN avec Françoise Fabian, Murray Head et Dayle Haddon. - Un jeune photographe cause des ennuis à la directrice d'un réseau de call-girls. □ 18 ans+

MADAME CURIE ▷4
É.-U. 1943. Drame biographique de Mervyn LeROY avec Greer Garson, Walter Pidgeon et Albert Basserman. - La vie de Pierre et Marie Curie, découvreurs du radium. □ Général ➜ DVD $

MADAME DE ... ►1
FR. 1953. Drame de Max OPHÜLS avec Charles Boyer, Danielle Darrieux et Vittorio de Sica. - Un diplomate italien s'éprend d'une femme du monde et est provoqué en duel par le mari de celle-ci. - Atmosphère romantique parfaitement recréée. Caméra maniée avec une aisance prodigieuse. Montage harmonieux. Interprétation remarquable. □ Général ➜ DVD $

MADAME EDOUARD ▷5
FR. 2004. Comédie policière de Nadine MONFILS avec Michel Blanc, Didier Bourdon et Josiane Balasko. - L'enquête d'un détective de police blasé l'amène à fréquenter un café-pension miteux où se cache selon lui le tueur en série qu'il recherche. ➜ DVD $

MADAME LA BOLDUC ▷4
QUÉ. 1992. Documentaire d'Isabelle TURCOTTE avec Jacqueline Barrette, Alain Lamontagne et Robert Lavoie. - Évocation de la vie et de la carrière de La Bolduc, chanteuse populaire au Québec durant la Dépression. □ Général

MADAME MINIVER *voir* **Mrs. Miniver**

MADAME PORTE LA CULOTTE
voir **Adam's Rib**

MADAME ROSA *voir* **Vie devant soi, La**

MADAME SOUSATZKA ▷3
É.-U. 1988. Comédie dramatique de John SCHLESINGER avec Shirley MacLaine, Navin Chowdhry, Peggy Ashcroft et Shabana Azmi. - Un jeune pianiste accepte de se produire en public malgré l'opposition de son professeur qui craint qu'il ne soit pas prêt. - Ensemble très intéressant. Approche sensible des personnages. Réalisation un peu conventionnelle. Interprétation pleine de brio de S. MacLaine. □ Général

MADE [Match, Le] ▷4
É.-U. 2001. Comédie policière réalisée et interprétée par Jon FAVREAU avec Vince Vaughn et Sean Combs. - Un gangster de Los Angeles confie à deux amis néophytes une mystérieuse mission à New York. □ 13 ans+ ➜ DVD $

MADE FOR EACH OTHER ▷4
É.-U. 1938. Comédie dramatique de John CROMWELL avec James Stewart, Carole Lombard et Charles Coburn. - Un jeune ménage sans fortune connaît diverses difficultés. ➜ DVD $

MADE IN BRITAIN ▷4
ANG. 1983. Drame social d'Alan CLARKE avec Tim Roth, Terry Richards et Bill Stewart. - Un jeune skinhead résiste aux efforts de travailleurs sociaux qui tentent de le réformer. ➜ DVD $

MADELINE ▷4
É.-U. 1998. Comédie de Daisy VON SCHERLER MAYER avec Hatty Jones, Frances McDormand et Nigel Hawthorne. - Les tribulations d'une petite orpheline pleine d'entrain et de débrouillardise qui vit dans un pensionnat pour jeunes filles. □ Général ➜ DVD $

MADEMOISELLE ▷4
ANG. 1966. Drame psychologique de Tony RICHARDSON avec Jeanne Moreau, Ettore Manni et Keith Skinner. - Une institutrice de village allume des incendies et nourrit une passion secrète pour un bûcheron italien. □ 13 ans+ ➜ DVD $

MADEMOISELLE ▷4
FR. 2000. Comédie dramatique de Philippe LIORET avec Sandrine Bonnaire, Jacques Gamblin et Zinedine Soualem. - Une représentante de commerce mariée et menant une vie rangée est attirée par un comédien itinérant désabusé. □ Général ➜ DVD $

MADEMOISELLE FIFI
É.-U. 1944. Robert WISE

MADEMOISELLE JULIE [Miss Julie] ►2
SUÈ. 1950. Drame psychologique d'Alf SJÖBERG avec Anita Bjork, Ulf Palme et Anders Henrikson. - Une jeune châtelaine névrosée a une aventure amoureuse avec un domestique. - Adaptation inventive d'une pièce de Strindberg. Œuvre envoûtante, réalisée de main de maître. Montage souple se jouant des structures temporelles. Excellente interprétation. ➜ DVD $

MADHUMATI
IND. 1958. Roy BIMAL ➜ DVD $

MADIGAN ▷4
É.-U. 1968. Drame policier de Don SIEGEL avec Richard Widmark, Henry Fonda et Harry Guardino. - Un policier de New York recherche un meurtrier qui lui a volé son arme. □ Général ➜ DVD $

MADNESS OF KING GEORGE, THE ▷3
[Folie du roi George, La]
ANG. 1994. Comédie dramatique de Nicholas HYTNER avec Nigel Hawthorne, Helen Mirren et Ian Holm. - Le roi George III d'Angleterre éprouve des troubles nerveux qui provoquent chez lui des comportements grossiers et irresponsables. - Rappel historique placé sous le signe de l'humour et de l'absurde. Dialogues truculents. Production somptueuse. Acteurs admirables. □ Général

MADO POSTE RESTANTE ▷4
FR. 1989. Comédie de mœurs d'Alexandre ADABACHIAN avec Marianne Groves, Oleg Yankovsky et Isabelle Gélinas. - Les tribulations d'une grosse fille sympathique qui livre le courrier en bicyclette dans son village. □ Général

MAËLSTROM ▷4
QUÉ. 2000. Drame psychologique de Denis VILLENEUVE avec Marie-Josée Croze, Jean-Nicolas Verreault et Stéphanie Morgenstern. - Après avoir tué un homme avec sa voiture sans s'arrêter, une jeune femme rongée par la culpabilité rencontre le fils de la victime. □ 13 ans+ ➜ DVD $

MAFIOSO ▷4
ITA. 1963. Comédie dramatique d'A. LATTUADA avec Alberto Sordi, Norma Bengell et Ugo Attanasio. - En reconnaissance de faveurs passées, un ingénieur milanais doit aller tuer un homme à New York pour le compte de la mafia sicilienne. ➜ DVD $

MAGDALENE SISTERS [Sœurs Madeleine, Les] ▷3
ANG. 2002. Drame social de Peter MULLAN avec Nora-Jane Noone, Anne-Marie Duff et Geraldine McEwan. - Pour expier leurs prétendus péchés, de jeunes Irlandaises sont envoyées dans un couvent catholique dirigé par des sœurs tyranniques. - Dramatisation efficace de faits vécus. Ferme dénonciation de comportements injustes et cruels. Réalisation fort expressive. Interprétation d'ensemble remarquable. □ 13 ans+ ➜ DVD $

MAGIC [Magie] ▷5
É.-U. 1978. Drame psychologique de Richard ATTENBOROUGH avec Anthony Hopkins, Ann-Margret et Burgess Meredith. - Atteint de déséquilibre mental, un ventriloque en vient à croire que sa marionnette acquiert une vie propre. □ 13 ans+ ➜ DVD $

MAGIC CHRISTIAN, THE [Beatle au paradis, Un] ▷5
ANG. 1969. Comédie satirique de Joseph McGRATH avec Peter Sellers, Ringo Starr et Raquel Welch. - Un homme richissime s'amuse à mettre en scène des supercheries pour prouver la vénalité et le snobisme de ses contemporains. □ Général

MAGIC FLUTE, THE *voir* **Flûte enchantée, La**

MAGICIAN, THE *voir* **Visage, Le**

MAGICIEN D'OZ, LE *voir* **Wizard of Oz, The**

MAGIE DU DESTIN, LA *voir* **Sleepless in Seattle**

MAGIE NOIRE *voir* **Black Rainbow**

MAGNIFICENT AMBERSONS, THE ▶1
É.-U. 1941. Drame psychologique d'Orson WELLES avec Joseph Cotten, Tim Holt et Dolores Costello. - L'orgueilleux héritier d'une riche famille connaît des revers qui l'humaniseront. - Film d'une facture magistrale. Traitement à la fois nostalgique et moderne. Grande richesse psychologique. Interprétation excellente. □ Général

MAGNIFICENT DOLL ▷4
É.-U. 1946. Drame biographique de Frank BORZAGE avec Ginger Rogers, David Niven et Burgess Meredith. - Une jeune veuve de Virginie épouse un membre du congrès appelé à devenir président des États-Unis. □ Général

MAGNIFICENT OBSESSION ▷4
É.-U. 1954. Drame sentimental de Douglas SIRK avec Jane Wyman, Rock Hudson et Agnes Moorehead. - Un jeune homme tente de réparer le mal qu'il a involontairement causé à une femme. ➔ DVD $

MAGNIFICENT SEVEN, THE [Sept mercenaires, Les] ▷3
É.-U. 1960. Western de John STURGES avec Yul Brynner, Eli Wallach et Steve McQueen. - Des paysans font appel à sept habiles tireurs pour se défendre contre des pillards. - Adaptation fort habile d'un film japonais dans le cadre du western. Atmosphère mexicaine bien reconstituée. Mise en scène vigoureuse. Excellente distribution. □ Général ➔ DVD $

MAGNIFIQUE, LE ▷4
FR. 1973. Comédie fantaisiste de Philippe DE BROCA avec Jean-Paul Belmondo, Jacqueline Bisset et Vittorio Caprioli. - L'auteur d'une série de romans populaires s'inspire de sa voisine pour composer un personnage. □ Général

MAGNOLIA ▶2
É.-U. 1999. Drame de mœurs de Paul Thomas ANDERSON avec John C. Reilly, Tom Cruise et Julianne Moore. - Au cours d'une journée, diverses personnes habitant Los Angeles vivent des crises familiales ou professionnelles très marquantes. - Fresque ambitieuse et bouleversante où s'enchevêtrent brillamment des intrigues multiples. Réalisation d'une belle virtuosité. Interprétation exceptionnelle. ➔ DVD $

MAGNUM FORCE [À coups de magnum] ▷5
É.-U. 1973. Drame policier de Ted POST avec Clint Eastwood, Hal Holbrook et Felton Perry. - Un détective à qui on confie une enquête sur une série de meurtres découvre que des policiers sont mêlés à l'affaire. □ 18 ans+ ➔ DVD $

MAGUS, THE ▷3
ANG. 1968. Drame psychologique de G. GREEN avec Michael Caine, Anthony Quinn et Candice Bergen. - Sur une île grecque, un professeur anglais pénètre dans une propriété où il fait la connaissance de mystérieux personnages. - Scénario riche en variations énigmatiques. Images claires et somptueuses. Ensemble ambigu mais intéressant. Interprétation talentueuse. ➔ DVD $

MAHLER ▷3
ANG. 1974. Drame biographique de Ken RUSSELL avec Robert Powell, Georgina Hale et Richard Morant. - En 1911, le compositeur Gustav Mahler, tombé malade après une tournée américaine, se remémore quelques étapes de sa vie. - Sujet traité au moyen d'un flot d'images où se mêlent évocation du passé et fantasmes purs et simples. Style flamboyant et démesuré. Extraits musicaux judicieusement choisis. Interprètes talentueux. □ Général

MAIDS OF WILKO *voir* **Demoiselles de Wilko, Les**

MAIDS, THE ▷5
ANG. 1974. Drame psychologique de Christopher MILES avec Glenda Jackson, Susannah York et Vivien Merchant. - Deux sœurs se révoltent contre une riche Parisienne chez qui elles font le service domestique. ➔ DVD $

MAIN AU COLLET, LA *voir* **To Catch a Thief**

MAIN BASSE SUR LA TV *voir* **Network**

MAIN BASSE SUR LA VILLE [Hands Over the City] ▶2
ITA. 1963. Drame social de Francesco ROSI avec Rod Steiger, Salvo Randone et Guido Alberti. - Des querelles politiques éclatent à la suite de l'écrasement d'un immeuble. - Critique sociale traitée à la façon d'un reportage. Réalisation vigoureuse. Excellente interprétation. ➔ DVD $

MAIN DROITE DU DIABLE, LA *voir* **Betrayed**

MAIN GAUCHE DU SEIGNEUR, LA *voir* **Left Hand of God, The**

MAINS D'ORLAC, LES [Hands of Orlac, The] ▷4
AUT. 1924. Drame fantastique de Robert WIENE avec Conrad Veidt, Alexandra Sorina et Carmen Cartellieri. - Un pianiste croit qu'on lui a greffé les mains d'un tueur à la suite d'un accident. ➔ DVD $

MAINS DANS LES POCHES, LES *voir* **Lords of FlatBush, The**

MAINS DE DIEU, LES *voir* **Touch**

MAIS OÙ DONC EST PASSÉE LA SEPTIÈME COMPAGNIE? ▷5
FR. 1973. Comédie de Robert LAMOUREUX avec Jean Lefebvre, Pierre Mondy et Aldo Maccione. - En mai 1940, trois soldats français séparés de leur unité sèment la pagaille dans les lignes ennemies. ➔ DVD $

MAIS QUI A TUÉ HARRY? *voir* **Trouble with Harry, The**

MAISON ASSASSINÉE, LA ▷5
FR. 1987. Drame de mœurs de Georges LAUTNER avec Patrick Bruel, Anne Brochet et Roger Jendly. - Après la Grande Guerre, un homme retourne dans son village d'enfance et entreprend de percer le mystère entourant le massacre de sa famille.

MAISON AUX ESPRITS, LA *voir* **House of the Spirits, The**

MAISON DE CIRE, LA *voir* **House of Wax**

MAISON DE JEANNE, LA ▷4
FR. 1987. Comédie dramatique de Magali CLÉMENT avec Christine Boisson, Benoît Régent et Jean-Pierre Bisson. - Le nouveau propriétaire d'une auberge-restaurant s'éprend de la jeune femme mariée qui la dirige. □ Général

MAISON DE SABLE ET DE BRUME *voir* **House of Sand and Fog, The**

MAISON DES DAMNÉS, LA *voir* **Legend of Hell House, The**

MAISON DES ÉTRANGERS, LA *voir* **House of Strangers**

MAISON DU LAC, LA *voir* **On Golden Pond**

MAISON RUSSIE, LA *voir* **Russia House, The**

MAISON SOUS LES ARBRES, LA ▷4
FR. 1971. Drame policier de René CLÉMENT avec Faye Dunaway, Frank Langella et Barbara Parkins. - Deux enfants, dont les parents sont aux prises avec différents problèmes, sont victimes d'un enlèvement. □ Général

MAÎTRE À BORD: DE L'AUTRE CÔTÉ DU MONDE *voir* **Master and Commander: The Far Side of the World**

MAÎTRE D'ARMES, LE *voir* **Fearless**

MAÎTRE D'ÉCOLE, LE ▷5
FR. 1981. Comédie de Claude BERRI avec Michel Coluche, Josiane Balasko et Jacques Debary. - Un chômeur devient instituteur suppléant dans une école de province.

MAÎTRE DE GUERRE, LE *voir* **Heartbreak Ridge**

MAÎTRE DE L'ILLUSION, LE *voir* **Lord of Illusions**

MAÎTRE DE LA CAMORRA, LE ▷5
ITA. 1986. Drame policier de Giuseppe TORNATORE avec Ben Gazzara, Laura Del Sol et Leo Guillotta. - À partir de sa cellule, un criminel condamné à la prison pour meurtre réussit à s'imposer comme le chef de la mafia. □ 13 ans+

MAÎTRE DE MUSIQUE, LE ▷3
BEL. 1988. Drame musical de Gérard CORBIAU avec Jose Van Dam, Anne Roussel et Philippe Volter. - Un célèbre chanteur soumet son protégé à un concours de chant classique où le vainqueur sera départagé par un duel musical. - Intrigue sans surprise mais bien soutenue par une mise en scène soignée. Trame musicale très riche. Interprétation fort satisfaisante.

MAÎTRE DES ÉLÉPHANTS, LE ▷4
FR. 1995. Drame psychologique de Patrick GRANDPERRET avec Erwan Baynaud, Jacques Dutronc et Halibou Bouba. - À la suite du décès de sa mère, un gamin est envoyé en Afrique retrouver son père qui lui est inconnu.

MAÎTRE DU CANTON, LE [Sango malo]
BUL. CAM. 1990. Bassek BA KOBHIO □ Général

MAÎTRE DU JEU, LE *voir* **Runaway Jury**

MAÎTRE DU LOGIS, LE ▷3
DAN. 1925. Comédie dramatique de Carl Theodor DREYER avec Johannes Meyer, Astrid Holm et Mathilde Nielsen. - Un père de famille qui tyrannise sa femme pourtant dévouée se voit servir une bonne leçon par sa vieille nourrice venue demeurer chez lui quelque temps. - Huis clos à l'écriture épurée. Discours féministe d'une étonnante modernité. Grande maîtrise du langage filmique. Interprétation fort expressive. □ Général

MAÎTRES DU TEMPS, LES [Time Masters] ▷3
FR. 1982. Dessins animés de René LALOUX. - Le commandant d'un vaisseau spatial et ses passagers partent à la rescousse d'un petit orphelin égaré sur une planète éloignée. - Adaptation d'un roman de Stefan Wul. Thème classique de science-fiction doté de variations surprenantes. Illustration imaginative et soignée. Touches poétiques.

MAÎTRESSE ▷5
FR. 1976. Drame de mœurs de Barbet SCHROEDER avec Bulle Ogier, Gérard Depardieu et Holger Lowenadler. - Un ouvrier en chômage fait la connaissance d'une jeune femme qui reçoit des hommes qui la paient pour leur faire subir des tourments raffinés. ➜ DVD$

MAÎTRESSE DE MAISON, LA *voir* **Housesitter**

MAÎTRESSE DU LIEUTENANT FRANÇAIS, LA
voir **French Lieutenant's Woman, The**

MAJESTIC, THE [Majestic, Le] ▷5
É.-U. 2001. Drame de Frank DARABONT avec Jim Carrey, Laurie Holden et Martin Landau. - En 1951, un scénariste sur la liste noire perd la mémoire et aboutit dans une petite ville où il est pris pour un soldat que l'on croyait mort à la guerre ➜ DVD$

MAJOR AND THE MINOR, THE ▷4
[Uniformes et jupons courts]
É.-U. 1942. Comédie de Billy WILDER avec Ginger Rogers, Ray Milland et Rita Johnson. - Une jeune femme déguisée en fillette tombe sous la protection d'un officier qui enseigne dans une académie militaire. □ Général ➜ DVD$

MAJOR BARBARA ▷4
ANG. 1941. Comédie de mœurs de Gabriel PASCAL avec Wendy Hiller, Rex Harrison et Robert Morley. - Un riche fabricant d'armes cherche à reconquérir sa fille qui s'est engagée dans l'Armée du salut. □ Général

MAJOR DUNDEE ▷4
É.-U. 1964. Western de Sam PECKINPAH avec Charlton Heston, Richard Harris et Senta Berger. - En 1864, pour venger le massacre d'une garnison, un officier américain part en guerre contre les Apaches malgré les ordres reçus. □ Général ➜ DVD$

MAJOR LEAGUE [Ligue majeure] ▷4
É.-U. 1989. Comédie de David S. WARD avec Tom Berenger, Charlie Sheen et Corbin Bernsen. - Désireuse de transférer sa franchise à Miami, la nouvelle propriétaire d'une équipe de base-ball de Cleveland met tout en œuvre pour que celle-ci reste au dernier rang. □ Général

MAJORITY OF ONE, A ▷4
É.-U. 1961. Comédie de Mervyn LeROY avec Rosalind Russell, Alec Guinness et Ray Danton. - Une Juive de Brooklyn renonce à l'amour d'un riche Japonais sur les instances de son gendre. □ Général

MAKING LOVE ▷4
É.-U. 1982. Drame psychologique d'Arthur HILLER avec Michael Ontkean, Kate Jackson et Harry Hamlin. - Un jeune médecin révèle à sa femme une aventure homosexuelle, ce qui perturbe la vie du couple. □ 13 ans+ ➜ DVD$

MAKING MR. RIGHT ▷4
[Et la femme créa l'homme parfait]
É.-U. 1987. Comédie fantaisiste de Susan SEIDELMAN avec Ann Magnuson, John Malkovich et Ben Masters. - Chargée de promouvoir la mise au point d'un androïde, une jeune femme suscite chez l'automate des réactions non prévues. □ Général

MAL D'AIMER, LE ▷4
FR. 1986. Drame de mœurs de Giorgio TREVES avec Robin Renucci, Isabelle Pasco et Piera Degli Esposti. - Au XVIe siècle, un jeune médecin soignant des victimes de la syphillis tente d'épargner une jeune patiente qui ne présente aucun symptôme du mal. □ 13 ans+

MAL, LE *voir* **Sin**

MALA NOCHE
É.-U. 1985. Gus VAN SANT ➜ DVD$

MALA UVA
ESP. 2004. Javier DOMINGO ➜ DVD$

MALABAR PRINCESS ▷4
FR. 2003. Comédie dramatique de Gilles LEGRAND avec Jules-Angelo Bigarnet, Jacques Villeret et Michèle Laroque. - Séjournant chez son grand-père dans le massif du Mont-Blanc, un gamin entreprend de retrouver sa mère, disparue il y a cinq ans dans cette région. □ Général ➜ DVD$

MALCOLM X ▷3
É.-U. 1992. Drame biographique réalisé et interprété par Spike LEE avec Denzel Washington et Angela Bassett. - Les faits marquants de la vie de l'activiste noir Malcolm Little, surnommé Malcolm X. - Description rigoureuse de l'évolution du protagoniste. Contexte social et politique dépeint de manière vibrante. Illustration et bande sonore fort soignées. Jeu d'une grande conviction de D. Washington. □ 13 ans+ ➜ DVD$

MALDONNE ▷4
FR. 1968. Drame policier de Sergio GOBBI avec Pierre Vaneck, Elsa Martinelli et Robert Hossein. - Un homme accepte de tenir la place d'un disparu à qui il ressemble.

MALE AND FEMALE
É.-U. 1919. Cecil B. DEMILLE □ Général ➜ DVD$

MALÉDICTION DE LA PANTHÈRE ROSE, LA
voir **Revenge of the Pink Panther, The**

MALÉDICTION FINALE, LA
voir **Omen III, The: The Final Conflict**

MALÉDICTION, LA *voir* **Omen, The**

MALEFIQUE ▷5
FR. 2002. Drame d'horreur d'Éric VALETTE avec Gérald Laroche, Clovis Cornillac et Philippe Laudenbach. - Quatre détenus découvrent dans leur cellule un mystérieux bouquin renfermant des formules de magie noire. ➜ DVD$

MALÈNA ▷4
ITA. 2000. Drame de mœurs de Giuseppe TORNATORE avec Giuseppe Sulfaro, Monica Bellucci et Luciano Federico. - En 1940, dans un village sicilien, un adolescent est fasciné par la beauté d'une jeune veuve en proie aux médisances des villageoises. □ 13 ans+ ➜ DVD$

MÂLES, LES ▷4
QUÉ. 1971. Comédie de Gilles CARLE avec Donald Pilon, René Blouin et Andrée Pelletier. - Un étudiant et un bûcheron qui vivent dans les bois depuis un an et demi décident d'aller enlever une femme au village le plus proche.

MALGRÉ PICASSO *voir* **Surviving Picasso**

MALICE ▷5
É.-U. 1993. Drame policier de Harold BECKER avec Alec Baldwin, Nicole Kidman et Bill Pullman. - Un professeur met à jour une machination diabolique impliquant son épouse et un chirurgien. □ Général · Langage vulgaire

MALIN, LE *voir* **Wise Blood**

MALLRATS [Flâneurs, Les] ▷5
É.-U. 1995. Comédie de Kevin SMITH avec Jason Lee, Jeremy London et Shannen Doherty. - Quatre jeunes qui passent leur temps à hanter les allées d'un centre commercial entreprennent de saboter un jeu télévisé tourné sur place. □ 13 ans+ · Langage vulgaire ➜ DVD$

MALOTRU, LE *voir* **Brimstone & Treacle**

MALTESE FALCON, THE [Faucon maltais, Le] ▷3
É.-U. 1941. Drame policier de John HUSTON avec Humphrey Bogart, Mary Astor et Peter Lorre. - Un détective est chargé de retrouver une statuette de prix. - Récit mystérieux à souhait, d'après un roman de Dashiell Hammett. Intrigue conduite avec rigueur. Touches d'humour. Premier film de J. Huston. Interprétation solide. □ Général ➜ DVD$

MAM'ZELLE CRICRI ▷5
AUT. 1957. Comédie musicale de Ernest MARISCHKA avec Romy Schneider, Hans Moser et Magda Schneider. - La nièce d'une boulangère viennoise crée un petit scandale en voulant aider son amoureux qui a composé une marche militaire pour l'empereur.

MAMAN A CENT ANS [Mama Turns 100] ▷3
ESP. 1979. Comédie dramatique de Carlos SAURA avec Geraldine Chaplin, Rafaela Aparicio et Norman Brinsky. - À l'occasion d'une fête, une jeune femme retourne dans une famille où elle a servi comme gouvernante. - Vision satirique de la vie familiale à l'espagnole. Intentions symboliques sensibles. Interprétation savoureuse.
□ Général

MAMAN EST CHEZ LE COIFFEUR ▷4
QUÉ. 2008. Chronique de Léa POOL avec Marianne Fortier, Laurent Lucas et Céline Bonnier. - À l'été 1966, une adolescente connaît divers bouleversements à la suite du départ précipité de sa mère pour Londres. □ Général ➔ DVD $

MAMAN ET LA PUTAIN, LA ▷3
FR. 1973. Étude de mœurs de Jean EUSTACHE avec Jean-Pierre Léaud, Bernadette Lafont et Françoise Lebrun. - Un jeune homme épris de deux femmes se voit acculé à un choix. - Film insolite dominé par des dialogues aussi savoureux que crus. Traitement complexe des personnages. Mise en scène minimaliste. Interprétation désinvolte.
□ 13 ans+

MAMAN KUSTERS S'EN VA-T-AU CIEL ▷3
[Mother Kusters Goes to Heaven]
ALL. 1975. Drame de mœurs de Rainer Werner FASSBINDER avec Brigitte Mira, Ingrid Caven et Karlheinz Boehm. - La veuve d'un ouvrier qui s'est suicidé est victime de la duplicité d'un journaliste. - Charge critique présentée dans un style aparemment distant et objectif. Progression mesurée et logique. Mise en scène sobre. B. Mira remarquable de justesse.

MAMAN LAST CALL ▷5
QUÉ. 2005. Comédie de mœurs de François BOUVIER avec Sophie Lorain, Patrick Huard et Anne-Marie Cadieux. - Une journaliste de 37 ans, ardente féministe, voit sa vie bouleversée en apprenant qu'elle est enceinte. □ Général ➔ DVD $

MAMAN NE SE LAISSE PAS MARCHER SUR LES PIEDS *voir* **Serial Mom**

MAMAN TRÈS CHÈRE *voir* **Mommie Dearest**

MAMAN, J'AI RATÉ L'AVION *voir* **Home Alone**

MAMBO ITALIANO ▷4
QUÉ. 2003. Comédie de mœurs d'Émile GAUDREAULT avec Luke Kirby, Peter Miller et Claudia Ferri. - Un jeune Italo-Canadien provoque tout un tumulte dans sa famille lorsqu'il annonce à ses parents qu'il est gay. □ Général ➔ DVD $

MAMMA MIA! ▷5
É.-U. 2008. Comédie musicale de Phyllida LLOYD avec Meryl Streep, Amanda Seyfried et Pierce Brosnan. - Décidée à connaître l'identité de son père, une jeune femme invite trois géniteurs potentiels à son mariage, à l'insu de sa mère. □ Général ➔ DVD DVD-BR $

MAMMA ROMA ▷3
ITA. 1962. Drame psychologique de Pier Paolo PASOLINI avec Anna Magnani, Franco Citti et Ettore Garofolo. - Une ancienne prostituée s'efforce d'assurer l'avenir de son fils. - Portrait émouvant de gens humbles. Mise en scène expressive hésitant entre le néoréalisme et le symbolisme. Interprétation haute en couleur d'A. Magnani.

MAN AND A WOMAN, A
voir **Un homme et une femme**

MAN BITES DOG
voir **C'est arrivé près de chez vous**

MAN CALLED HORSE, A ▷4
[Homme nommé cheval, Un]
É.-U. 1969. Drame de Elliot SILVERSTEIN avec Richard Harris, Jean Gascon et Corinna Tsopei. - Chassant dans les territoires indiens d'Amérique, un aristocrate anglais est capturé par des Sioux.
□ 13 ans+ ➔ DVD $

MAN ESCAPED, A
voir **Un condamné à mort s'est échappé**

MAN FACING SOUTHEAST ▷3
ARG. 1986. Drame psychologique d'Eliseo SUBIELA avec Lorenzo Quinteros, Hugo Soto et Ines Vernengo. - Des incidents bizarres se produisent dans un hôpital psychiatrique lorsqu'arrive un patient qui se dit extraterrestre. - Scénario insolite. Climat étrange et envoûtant.
□ Général

MAN FOR ALL SEASONS, A ►2
[Homme pour l'éternité, Un]
ANG. 1966. Drame historique de Fred ZINNEMANN avec Paul Scofield, Wendy Hiller et Robert Shaw. - Évocation de la vie et du martyre de Thomas More, chancelier d'Angleterre sous Henri VIII. - Adaptation intelligente d'une œuvre théâtrale. Dialogue incisif. Mise en scène de qualité. Remarquable interprétation de P. Scofield. ➔ DVD $

MAN FROM LARAMIE, THE [Homme de la plaine, L'] ▷3
É.-U. 1955. Western d'Anthony MANN avec James Stewart, Arthur Kennedy et Cathy O'Donnell. - Un homme tente de découvrir ceux qui ont armé les Indiens responsables de la mort de son frère. - Film vigoureux aux allures de tragédie. Utilisation habile des paysages. Jeu solide de J. Stewart. □ Général ➔ DVD $

MAN FROM SNOWY RIVER, THE ▷4
[Homme de la rivière d'argent, L']
AUS. 1982. Aventures de George MILLER avec Tom Burlinson, Kirk Douglas et Sigrid Thornton. - Un jeune montagnard employé par un éleveur de chevaux se révèle habile dresseur. □ Général ➔ DVD $

MAN FROM THE ALAMO, THE ▷4
[Bastion de la liberté, Le]
É.-U. 1953. Western de Budd BOETTICHER avec Glenn Ford, Julie Adams et Chill Wills. - Considéré comme déserteur, un homme tente de prouver sa valeur.

MAN HUNT
É.-U. 1941. Fritz LANG ➔ DVD $

MAN IN THE GLASS BOOTH, THE ▷5
É.-U. 1974. Drame psychologique d'Arthur HILLER avec Maximilian Schell, Lawrence Pressman et Lois Nettleton. - Un financier juif se révèle être un ancien officier nazi des camps de la mort qui a volé l'identité d'une de ses victimes. ➔ DVD $

MAN IN THE GRAY FLANNEL SUIT, THE ▷4
[Homme au complet gris, L']
É.-U. 1955. Drame psychologique de Nunnally JOHNSON avec Gregory Peck, Jennifer Jones et Fredric March. - Un ancien officier tente de se faire une carrière dans le monde des affaires. ➔ DVD $

MAN IN THE IRON MASK, THE ▷5
[Homme au masque de fer, L']
É.-U. 1998. Aventures de Randall WALLACE avec Leonardo DiCaprio, Jeremy Irons et John Malkovich. - Trois anciens mousquetaires organisent l'évasion du frère jumeau du roi Louis XIV qui est retenu prisonnier à la Bastille. □ Général ➔ DVD $

MAN IN THE MOON, THE [Été en Louisiane, Un] ▷4
É.-U. 1991. Drame sentimental de Robert MULLIGAN avec Reese Witherspoon, Emily Warfield et Sam Waterston. - Deux jeunes sœurs tombent amoureuses du même adolescent qui préfère l'aînée malgré son affection pour la cadette. □ Général ➔ DVD $

MAN IN THE SHADOW [Salaire du diable, Le] ▷4
É.-U. 1957. Western de Jack ARNOLD avec Jeff Chandler, Orson Welles et Coleen Miller. - Un shérif tente de débarrasser une région d'un homme qui règne en despote. □ Général

MAN IN THE WHITE SUIT, THE ▷3
[Homme au complet blanc, L']
ANG. 1951. Comédie satirique d'Alexander MACKENDRICK avec Alec Guinness, Joan Greenwood et Cecil Parker. - Un inventeur fabrique un tissu inusable, ce qui bouleverse les magnats de l'industrie textile. - Thème original réalisé sur un ton humoristique. Mise en scène inventive. Fine interprétation. ➔ DVD $

MAN IN THE WILDERNESS ▷3
ANG. 1971. Aventures de Richard C. SARAFIAN avec Richard Harris, John Huston et Prunella Ransome. - En 1820, un explorateur laissé pour mort par ses compagnons parvient à se remettre sur pied. - Scénario basé sur une aventure authentique. Images d'une grande beauté. Climat de l'époque bien reconstitué. Interprétation vigoureuse.
□ 13 ans+

MAN OF A THOUSAND FACES ▷4
É.-U. 1956. Drame biographique de Joseph PEVNEY avec James Cagney, Dorothy Malone et Jane Greer. - Quelques étapes de la vie de l'acteur américain Lon Chaney, vedette du cinéma dans les années 1920. □ Général ➔ DVD $

MAN OF IRON *voir* **Homme de fer, L'**

MAN OF LA MANCHA ▷5
É.-U. 1972. Comédie musicale d'Arthur HILLER avec Peter O'Toole, Sophia Loren et James Coco. - Enfermé dans les prisons de l'Inquisition espagnole, l'écrivain Miguel Cervantes raconte à ses compagnons l'histoire de Don Quichotte. □ Général ➔ DVD$

MAN OF MARBLE *voir* **Homme de marbre, L'**

MAN OF NO IMPORTANCE, A ▷4
ANG. 1994. Drame psychologique de Suri KRISHNAMMA avec Albert Finney, Tara Fitzgerald et Brenda Fricker. - Dans les années 1960 à Dublin, un conducteur d'autobus vit des moments difficiles alors qu'il songe à monter une pièce d'Oscar Wilde avec certains de ses passagers. □ Général

MAN OF THE WEST [Homme de l'Ouest, L'] ▷4
É.-U. 1958. Western d'Anthony MANN avec Gary Cooper, Julie London et Lee J. Cobb. - Un ex-bandit devenu honnête tombe entre les mains de ses anciens complices. ➔ DVD$

MAN OF THE YEAR ▷4
É.-U. 1995. Comédie réalisée et interprétée par Dirk SHAFER avec Vivian Paxton et Mary Stein. - Un homosexuel élu «homme de l'année» par les lectrices de Playgirl doit cacher son orientation sexuelle s'il veut remplir son mandat. □ Général

MAN OF THE YEAR [Homme de l'année, L'] ▷4
É.-U. 2006. Comédie de Barry LEVINSON avec Robin Williams, Christopher Walken et Laura Linney. - Sur un coup de tête, le populaire animateur d'un talk-show satirique se lance dans la course à la présidence des États-Unis. □ Général ➔ DVD$

MAN ON FIRE [Homme en feu, L'] ▷5
É.-U. 2004. Thriller de Tony SCOTT avec Denzel Washington, Dakota Fanning et Christopher Walken. - À Mexico, après l'enlèvement de la fillette d'un riche industriel, son garde du corps décide d'éliminer les ravisseurs. ➔ DVD DVD-BR$

MAN ON THE EIFFEL TOWER, THE ▷4
[Homme de la Tour Eiffel, L']
É.-U. 1948. Drame policier réalisé et interprété par Burgess MEREDITH avec Charles Laughton et Franchot Tone. - Le commissaire Maigret enquête sur le meurtre d'une riche Américaine.

MAN ON THE MOON [Homme sur la lune, L'] ▷4
É.-U. 1999. Drame biographique de Milos FORMAN avec Jim Carrey, Danny DeVito et Courtney Love. - La vie et la carrière du comique Andy Kaufman, vedette de Saturday Night Live et de Taxi, mort d'un cancer en 1984. ➔ DVD$

MAN ON THE TRACKS
POL. 1957. Andrzej MUNK ➔ DVD$

MAN ON THE TRAIN *voir* **Homme du train, L'**

MAN TO MAN ▷4
FR. 2005. Aventures de Régis WARGNIER avec Joseph Fiennes, Kristin Scott Thomas et Iain Glen. - En 1870, un anthropologue écossais capture en Afrique deux pygmées dans l'espoir de démontrer que ceux-ci sont le chaînon manquant entre le singe et l'homme. ➔ DVD$

MAN TROUBLE ▷5
É.-U. 1992. Comédie policière de Bob RAFELSON avec Jack Nicholson, Ellen Barkin et Beverly d'Angelo. - Le propriétaire d'une agence de sécurité se voit offrir une petite fortune en échange d'un manuscrit écrit par une cliente dont il s'est épris. □ Général ➔ DVD$

MAN WHO CAME TO DINNER, THE ▷4
É.-U. 1942. Comédie de William KEIGHLEY avec Monty Woolley, Bette Davis et Ann Sheridan. - Invité chez des admirateurs, un conférencier se voit forcé d'y rester plusieurs jours par suite d'un accident. ➔ DVD$

MAN WHO CAPTURED EICHMANN, THE ▷4
É.-U. 1996. Drame de William A. GRAHAM avec Robert Duvall, Arliss Howard et Jeffrey Tambor. - En 1960, des agents secrets israéliens kidnappent un ancien officier nazi qui s'est réfugié à Buenos Aires. □ Général

MAN WHO COULD CHEAT DEATH, THE ▷4
ANG. 1959. Drame fantastique de T. FISHER avec Anton Diffring, Hazel Court et Christopher Lee. - Un médecin, sculpteur de talent, tue ses modèles pour se procurer leurs glandes thyroïdes dont il se sert pour rester jeune. ➔ DVD$

MAN WHO COULD WORK MIRACLES, THE ▷4
ANG. 1936. Comédie de Lothar MENDES avec Roland Young, Ralph Richardson et Edward Chapman. - Un homme moyen se découvre soudain le pouvoir de réaliser tous ses désirs. □ Général

MAN WHO CRIED, THE [Larmes d'un homme, Les] ▷5
ANG. 2000. Chronique de Sally POTTER avec Christina Ricci, Cate Blanchett et Johnny Depp. - En 1937, une jeune danseuse russe d'origine juive débarque à Paris où elle lie amitié avec une compatriote et s'amourache d'un ténébreux cavalier tzigane. ➔ DVD$

MAN WHO FELL TO EARTH, THE ▷4
ANG. 1976. Science-fiction de Nicolas ROEG avec David Bowie, Rip Torn et Candy Clark. - Vivant incognito sur la Terre, un extraterrestre met sa vie en danger lorsqu'il offre à un avocat de New York des plans d'inventions révolutionnaires. □ 13 ans+ ➔ DVD$

MAN WHO KNEW TOO MUCH, THE ▷4
ANG. 1934. Drame policier d'Alfred HITCHCOCK avec Leslie Banks, Edna Best et Peter Lorre. - Des espions enlèvent la fillette d'un couple anglais pour empêcher la révélation d'un complot meurtrier. □ Général ➔ DVD$

MAN WHO KNEW TOO MUCH, THE ▷3
[Homme qui en savait trop, L']
É.-U. 1956. Thriller d'Alfred HITCHCOCK avec James Stewart, Doris Day et Daniel Gélin. - Des criminels enlèvent le fils d'un médecin pour l'empêcher de révéler un complot meurtrier. - Remake d'un film de 1934 du même réalisateur. Intrigue habilement agencée. Mélange de suspense et d'humour. Séquence de l'attentat durant un concert particulièrement remarquable. Réalisation souple. Interprètes dans la note. □ Général ➔ DVD$

MAN WHO LOVED CAT DANCING, THE ▷4
[Fantôme de Cat Dancin, Le]
É.-U. 1973. Western de Richard C. SARAFIAN avec Sarah Miles, Burt Reynolds et Jack Warden. - Témoin d'un vol de train, une jeune femme est enlevée par les criminels. □ 13 ans+

MAN WHO LOVED WOMEN, THE
voir **Homme qui aimait les femmes, L'**

MAN WHO LOVED WOMEN, THE ▷4
É.-U. 1983. Comédie dramatique de Blake EDWARDS avec Julie Andrews, Burt Reynolds et Kim Basinger. - L'enterrement d'un sculpteur donne lieu à l'évocation de ses nombreuses aventures amoureuses.

MAN WHO NEVER WAS, THE ▷4
[Homme qui n'a jamais existé, L']
ANG. 1955. Drame de guerre de Ronald NEAME avec Clifton Webb, Stephen Boyd, Josephine Griffin et Gloria Grahame. - Les services secrets britanniques montent une supercherie pour tromper les Allemands. ➔ DVD$

MAN WHO SHOT LIBERTY VALANCE, THE ▷3
É.-U. 1962. Western de John FORD avec James Stewart, John Wayne et Vera Miles. - Un jeune avocat tente de débarrasser une ville d'un bandit qui la terrorise. - Bonne construction dramatique. Rythme alerte. Réalisation sûre. Interprétation solide. □ Général ➔ DVD$

MAN WHO WASN'T THERE, THE ▷3
[Homme qui n'était pas là, L']
É.-U. 2001. Drame psychologique de Joel COEN avec James Gandolfini, Billy Bob Thornton et Frances McDormand. - Dans les années 1940, un barbier au tempérament amorphe tue l'amant de sa femme, mais cette dernière est accusée du meurtre. - Film noir insolite prétexte à une analyse de caractère méticuleuse. Rythme lent et hypnotique. Magnifiques images en noir et blanc satiné. Composition sobre de B.B. Thornton. □ 13 ans+ · Violence ➔ DVD$

MAN WHO WOULD BE KING, THE ▷3
ANG. 1975. Aventures de John HUSTON avec Sean Connery, Michael Caine et Christopher Plummer. - Deux sergents de l'armée des Indes décident d'aller tenter fortune dans une région inexplorée. - Adaptation d'une nouvelle de Kipling. Vision ironique et colorée des clichés de l'impérialisme. Contexte quasi mythique. Réalisation sûre. Interprétation savoureuse. □ Général ➔ DVD$

MAN WITH ONE RED SHOE, THE ▷4
É.-U. 1985. Comédie policière de Stan DRAGOTI avec Tom Hanks, Dabney Coleman et Lori Singer. - Un jeune musicien, pris à tort pour un super-agent secret, est l'objet d'une surveillance constante. ➔ DVD$

MAN WITH THE GOLDEN ARM, THE ▷4
É.-U. 1955. Drame psychologique d'Otto PREMINGER avec Frank Sinatra, Eleanor Parker et Kim Novak. - Après une cure dans un hôpital pour narcomanes, un homme a des problèmes personnels et retombe sous l'emprise de la drogue. □ 13 ans+ ➜ DVD $

MAN WITH THE GOLDEN GUN, THE ▷5
[Homme au pistolet d'or, L']
ANG. 1974. Drame d'espionnage de Guy HAMILTON avec Roger Moore, Christopher Lee et Britt Ekland. - L'agent secret James Bond tente de démasquer un tueur à gages qui a reçu comme mission de l'abattre. □ Général ➜ DVD DVD-BR $

MAN WITH TWO BRAINS, THE ▷5
[Homme aux deux cerveaux, L']
É.-U. 1983. Comédie de Carl REINER avec Steve Martin, Kathleen Turner et David Warner. - Un chirurgien mal marié s'éprend d'un cerveau de femme conservé par un collègue autrichien.
□ 13 ans+ ➜ DVD $

MAN WITHOUT A FACE, THE [Homme sans visage, L'] ▷5
É.-U. 1993. Mélodrame réalisé et interprété par Mel GIBSON avec Nick Stahl et Margaret Whitton. - Se sentant rejeté par les siens, un garçon se lie d'amitié avec un professeur atrocement défiguré qui vit comme un reclus. □ Général ➜ DVD $

MAN WITHOUT A PAST, THE *voir* **Homme sans passé, L'**

MAN WITHOUT A STAR ▷3
É.-U. 1955. Western de King VIDOR avec Kirk Douglas, Jeanne Crain et William Campbell. - Deux amis sont mêlés à une querelle entre éleveurs de bétail. - Réalisation magistrale d'un thème classique. Photographie soignée. Bonne création de K. Douglas. □ Général

MAN'S FAVORITE SPORT? ▷3
É.-U. 1963. Comédie de Howard HAWKS avec Rock Hudson, Paula Prentiss et John McGiver. - Un vendeur d'articles de pêche passe pour une autorité en la matière et se voit forcé de participer à un tournoi. - Trouvailles heureuses. Mise en scène assurée. Interprétation enjouée. ➜ DVD $

MAN, WOMAN AND CHILD ▷4
É.-U. 1982. Drame psychologique de Dick RICHARDS avec Martin Sheen, Blythe Danner et Sebastian Dungan. - La vie de couple d'un professeur d'université, père de deux enfants, est bouleversée par l'arrivée d'un jeune garçon né d'une brève liaison. ➜ DVD $

MANCHURIAN CANDIDATE ▷3
É.-U. 1962. Drame d'espionnage de John FRANKENHEIMER avec Frank Sinatra, Laurence Harvey et Janet Leigh. - Les communistes utilisent un soldat américain comme assassin grâce à l'emprise hypnotique acquise sur lui. - Science-fiction, satire politique et suspense habilement mêlés. Réalisation originale. Interprétation de qualité. ➜ DVD $

MANCHURIAN CANDIDATE, THE ▷4
[Candidat Mandchou, Le]
É.-U. 2004. Thriller de Jonathan DEMME avec Denzel Washington, Liev Schreiber et Meryl Streep. - Un militaire découvre qu'un candidat à la vice-présidence des États-Unis serait sous l'emprise hypnotique d'une mystérieuse organisation. □ 13 ans+ ➜ DVD $

MANDAT, LE *voir* **Assignment, The**

MANDERLAY ▷4
DAN. 2005. Drame social de Lars VON TRIER avec Bryce Dallas Howard, Isaach de Bankolé et Danny Glover. - En 1933, la fille d'un gangster tente d'aider les ouvriers noirs d'une plantation isolée de l'Alabama à se libérer de leur condition d'esclaves. □ 13 ans+ ➜ DVD $

MANGO YELLOW
BRÉ. 2002. Claudio ASSIS ➜ DVD $

MANHATTAN ►1
É.-U. 1979. Comédie sentimentale réalisée et interprétée par Woody ALLEN avec Diane Keaton et Michael Murphy. - Un auteur de textes pour la télévision expérimente diverses attaches sentimentales. - Heureuse alliance de mélancolie et d'ironie. Fines notes d'observation critique. Superbe mise en valeur du caractère romantique de New York. Très belles compositions picturales en noir et blanc. Excellente interprétation. □ 13 ans+ ➜ DVD $

MANHATTAN MELODRAMA ▷4
É.-U. 1934. Drame de W.S. VAN DYKE II avec Clark Gable, William Powell et Myrna Loy. - Un procureur se voit forcé de requérir contre un ami d'enfance dans un procès pour meurtre. □ Général

MANHATTAN MURDER MYSTERY ▷4
[Meurtre mystérieux à Manhattan]
É.-U. 1993. Comédie policière réalisée et interprétée par Woody ALLEN avec Diane Keaton et Alan Alda. - Une femme sollicite l'aide de son mari et d'un ami pour enquêter sur un voisin qu'elle soupçonne de meurtre. □ Général ➜ DVD $

MANHUNTER ▷4
É.-U. 1986. Drame policier de Michael MANN avec William L. Petersen, Tom Noonan et Kim Greist. - Un ancien agent du FBI reprend du service pour aider à la capture d'un maniaque meurtrier.
□ 13 ans+ ➜ DVD $

MANIC ▷4
É.-U. 2001. Drame de Jordan MELAMED avec Joseph Gordon-Levitt, Michael Bacall et Don Cheadle. - Les tribulations de divers adolescents traités dans un institut psychiatrique réservé aux mineurs. ➜ DVD $

MANITO ▷4
É.-U. 2002. Drame social d'Eric EASON avec Franky G, Leo Minaya et Manuel Cabral. - 48 heures dans la vie d'une famille hispanophone vivant dans un quartier déshérité et violent de New York. ➜ DVD $

MANNERS OF DYING [Exécution, L'] ▷4
CAN. 2005. Drame de Jeremy Peter ALLEN avec Roy Dupuis, Serge Houde et Tony Robinow. - Un directeur de prison est troublé par la dernière volonté d'un condamné à mort qui lui demande d'envoyer à sa mère l'enregistrement vidéo de son exécution. □ 13 ans+ ➜ DVD $

MANON DES SOURCES ▷3
FR. 1952. Drame de Marcel PAGNOL avec Jacqueline Pagnol, Rellys et Raymond Pellegrin. - Apprenant qu'elle a été frustrée par des concitoyens, une jeune fille détourne la source qui alimente le patelin. - Pittoresque tableau de mœurs. Dialogue riche et poétique. Mise en scène aérée. Rellys remarquable. □ Général

MANON DES SOURCES [Manon of the Spring] ►2
FR. 1986. Comédie dramatique de Claude BERRI avec Emmanuelle Béart, Yves Montand et Daniel Auteuil. - Une sauvageonne se venge de deux cultivateurs qui ont causé indirectement la mort de son père. - Remake d'un film de 1952 et suite de «Jean de Florette». Situations dures mais émouvantes. Traitement pittoresque. Réalisation habile. Interprétation appropriée. □ Général

MANON OF THE SPRING *voir* **Manon des sources**

MANSFIELD PARK [Lettres de Mansfield] ▷3
ANG. 1999. Drame sentimental de Patricia ROZEMA avec Frances O'Connor, Jonny Lee Miller et Embeth Davidtz. - Une jeune femme d'origine modeste tente de faire sa marque chez des parents de la haute société anglaise. - Adaptation brillante d'un roman de Jane Austen. Dialogues riches et spirituels. Touches de modernité. Images somptueuses. Interprétation dans la note. □ Général ➜ DVD $

MANUEL, LE FILS EMPRUNTÉ ▷4
QUÉ. 1990. Drame psychologique de François LABONTÉ avec Nuno da Costa, Francisco Rabal et Kim Yaroshevskaya. - Le fils d'un immigrant portugais se dirige vers la délinquance jusqu'au jour où un vieil anarchiste espagnol l'initie à la lecture.

MANUSCRIT ÉROTIQUE, LE ▷5
CAN. 2002. Comédie sentimentale de Jean-Pierre LEFEBVRE avec Lyne Riel, Sylvie Moreau et François Papineau. - Une secrétaire célibataire travaillant pour une maison d'édition se laisse aller à des rêveries en lisant le manuscrit d'un roman érotique. ➜ DVD $

MANUSCRIT TROUVÉ À SARAGOSSE, LE ▷3
[Saragossa Manuscript]
POL. 1964. Drame fantastique de Wojciech HAS avec Zbigniew Cybulski, Kazimierz Opalinski et Iga Cembrynska. - Un officier polonais découvre à Saragosse un manuscrit illustré racontant l'étrange aventure d'un chevalier hollandais. - Construction complexe et ingénieuse. Réalisation à la fois somptueuse, raffinée et souple. Excellents comédiens.

MANXMAN, THE ▷5
ANG. 1929. Drame de mœurs d'Alfred HITCHCOCK avec Carl Brisson, Malcolm Keen et Anny Ondra. - De retour de l'étranger, un pêcheur de l'île de Man épouse sa fiancée, qui a eu entre-temps un enfant avec l'ami du voyageur. □ Général ➜ DVD $

MANY ADVENTURES OF WINNIE THE POOH, THE ▷4
É.-U. 1976. Dessins animés de W. REITHERMAN et J. LOUNSBERY. - Les animaux en peluche d'un enfant, dont un ourson amateur de miel, vivent des expériences colorées dans leur petit monde imaginaire.
□ Général ➜ DVD $

MAP OF THE HUMAN HEART [Cœur de métisse] ▷4
AUS. 1992. Drame de mœurs de Vincent WARD avec Jason Scott Lee, Anne Parillaud et Patrick Bergin. - Un adolescent inuit, qui s'est lié d'amitié avec une jeune métisse cri lors d'un séjour dans un sanatorium, la retrouve des années plus tard. □ Général

MAP OF THE WORLD, A [Carte du monde, La] ▷4
É.-U. 1999. Drame psychologique de Scott ELLIOTT avec Sigourney Weaver, David Strathairn et Julianne Moore. - Une mère de famille qui travaille comme infirmière dans une école élémentaire est accusée à tort d'avoir molesté un garçonnet. → DVD $

MARAIS, LE ▷4
QUÉ. 2002. Drame fantastique de Kim NGUYEN avec Gregory Hlady, Paul Ahmarani et Gabriel Gascon. - En Europe de l'Est, au XIXe siècle, des paysans superstitieux accusent de meurtre deux hommes vivant reclus au bord d'un marais. □ 13 ans+

MARAT SADE ►2
[Persecution and Assassination of Jean-Paul Marat as Performed by the Inmates of the Asylum of Charenton Under the Direction of the Marquis de Sade, The]
ANG. 1966. Drame psychologique de Peter BROOK avec Patrick Magee, Ian Richardson et Glenda Jackson. - Interné à l'asile de Charenton, le marquis de Sade monte une pièce de théâtre sur l'assassinat de Jean-Paul Marat. - Adaptation originale d'une pièce de Peter Weiss. Allégorie d'un monde absurde. Rôle primordial de la couleur et de l'éclairage. Talent remarquable des comédiens. □ 13 ans+ → DVD $

MARATHON MAN [Coureur de marathon, Le] ►2
É.-U. 1976. Drame d'espionnage de John SCHLESINGER avec Dustin Hoffman, Laurence Olivier et Marthe Keller. - La vie d'un étudiant américain est perturbée par la mort accidentelle d'un Allemand. - Intrigue complexe conduite avec savoir-faire. Climat de forte tension. Réalisation d'une grande maîtrise esthétique et technique. Interprétation convaincue. □ 13 ans+ → DVD $

MARCELINO PAN Y VINO
voir **Miracle of Marcelino, The**

MARCH OF THE WOODEN SOLDIERS
voir **Laurel & Hardy: Babes in Toyland**

MARCH OF THE WOODEN SOLDIERS ▷4
É.-U. 1939. Comédie musicale de Charles R. ROGERS et Gus MEINS avec Stan Laurel, Oliver Hardy et Felix Knight. - Au pays des jouets, deux sympathiques bouffons viennent en aide à une bergère convoitée par un vieux grigou. → DVD $

MARCHAND DE QUATRE SAISONS, LE ▷3
[Merchant of Four Seasons, The]
ALL. 1971. Drame psychologique de Rainer Werner FASSBINDER avec Hans Hirschmuller, Irm Hermann et Hanna Schygulla. - Un homme devenu marchand de primeurs à la criée sombre dans l'alcoolisme et mène la vie dure à sa femme. - Observations psychologiques et sociales. Mise en scène riche de détails significatifs. Interprétation remarquablement naturelle.

MARCHAND DE RÊVES, LE *voir* **Starmaker, The**

MARCHE À L'OMBRE ▷4
FR. 1984. Comédie de mœurs réalisée et interprétée par Michel BLANC avec Gérard Lanvin et Sophie Duez. - Les mésaventures de deux compères marseillais qui débarquent à Paris sans un sou en poche. □ Général

MARCHE OU CRÈVE: VENGEANCE DÉFINITIVE
voir **Die Hard with a Vengeance**

MARCHE POUR LA LIBERTÉ, LA
voir **Long Walk Home, The**

MARÉE ROUGE *voir* **Crimson Tide**

MARGARET'S MUSEUM [Musée de Margaret, Le] ▷4
CAN. 1995. Drame social de Mort RANSEN avec Helena Bonham Carter, Clive Russell et Kenneth Welsh. - À la fin des années 1940 au Cap Breton, une jeune femme s'oppose à ce que son mari aille risquer sa vie dans les mines. □ 13 ans+ → DVD $

MARGINAL, LE ▷5
FR. 1983. Drame policier de Jacques DERAY avec Jean-Paul Belmondo, Henry Silva et Tchéky Karyo. - Un commissaire aux méthodes peu orthodoxes est envoyé à Marseille pour lutter contre le trafic de la drogue. □ 13 ans+

MARGOT AT THE WEDDING ▷4
É.-U. 2007. Comédie dramatique de Noah BAUMBACH avec Nicole Kidman, Jennifer Jason Leigh et Jack Black. - Une écrivaine new-yorkaise bouleverse l'existence de sa sœur cadette, à qui elle rend visite avec son fils adolescent à l'occasion du mariage de celle-ci. □ 13 ans+ → DVD $

MARI DE LA COIFFEUSE, LE ▷3
[Hairdresser's Husband, The]
FR. 1990. Comédie de mœurs de Patrice LECONTE avec Anna Galiéna, Jean Rochefort et Maurice Chevit. - Fasciné par les coiffeuses depuis sa tendre enfance, un homme épouse l'une d'entre elles et passe son temps à l'observer. - Variations personnelles sur un sujet plutôt mince. Description subtile d'une obsession. Mise en scène de métier. Interprétation tout en finesse de J. Rochefort. □ 13 ans+

MARI IDÉAL, UN *voir* **Ideal Husband, An**

MARIA CHAPDELAINE ▷4
QUÉ. 1983. Drame de mœurs de Gilles CARLE avec Carole Laure, Nick Mancuso et Yoland Guérard. - La fille d'un colonisateur est courtisée par trois hommes de caractères différents. □ Général

MARIA DEMI CORAZON
MEX. 1979. Jaime Humberto HERMOSILLO □ Général

MARIA FULL OF GRACE ▷3
É.-U. 2003. Drame social de Joshua MARSTON avec Catalina Sandino Moreno, Yenny Paola Vega et Jhon Alex Toro. - Souhaitant améliorer son sort, une adolescente colombienne accepte de transporter une importante quantité d'héroïne à New York. - Récit crédible et nuancé, mariant un admirable souci d'authenticité à une grande tension dramatique. Personnages bien typés. Mise en scène assurée. Jeu intense de C.S. Moreno. □ 13 ans+ → DVD $

MARIA'S LOVERS ▷4
É.-U. 1984. Drame psychologique d'Andrei KONCHALOVSKY avec Nastassja Kinski, John Savage et Keith Carradine. - L'amour éthéré que porte un ancien prisonnier de guerre à son épouse lui fait perdre ses moyens dans les relations sexuelles. □ 13 ans+ → DVD $

MARIAGE À L'ITALIENNE [Marriage Italian Style] ▷4
ITA. 1964. Comédie dramatique de Vittorio DE SICA avec Sophia Loren, Marcello Mastroianni et Aldo Puglisi. - Une ancienne prostituée se fait épouser par un vieil amant. → DVD $

MARIAGE DE L'ANNÉE, LE
voir **My Big Fat Greek Wedding**

MARIAGE DE MARIA BRAUN, LE ▷3
[Marriage of Maria Braun, The]
ALL. 1978. Drame social de Rainer Werner FASSBINDER avec Hanna Schygulla, Klaus Lowitsch et Ivan Desny. - Les tribulations d'une femme qui atteint le succès financier dans l'Allemagne d'après-guerre. - Scénario complexe et riche en valeur symbolique. Traitement d'une froide objectivité. □ 13 ans+

MARIAGE DE MON MEILLEUR AMI, LE
voir **My Best Friend's Wedding**

MARIAGE DES MOUSSONS, LE [Monsoon Wedding] ▷4
IND. 2001. Comédie dramatique de Mira NAIR avec Naseeruddin Shah, Vijay Raaz et Vasundhara Das. - À New Delhi, diverses intrigues amoureuses et la révélation de secrets de famille douloureux troublent les préparatifs d'un mariage. □ Général → DVD $

MARIAGE DU SIÈCLE, LE ▷5
FR. 1985. Comédie satirique de Philippe GALLAND avec Anémone, Thierry Lhermitte et Jean-Claude Brialy. - Au grand scandale de la cour, une princesse est séduite par un play-boy le jour de l'annonce de son mariage avec un cousin.

MARIAGE ROYAL *voir* **Royal Wedding**

MARIAGE TARDIF [Late Marriage] ▷4
ISR. 2001. Drame de mœurs de Dover KOSASHVILI avec Lior Louie Ashkenazi, Ronit Elkabetz et Moni Moshonov. - Un Juif dans la trentaine est forcé par ses parents de quitter sa maîtresse et de se soumettre à un mariage arrangé. → DVD $

MARIAGES ▷4
QUÉ. 2001. Drame psychologique de Catherine MARTIN avec Marie-Ève Bertrand, Guylaine Tremblay et Mirianne Brûlé. - À la fin du XIXe siècle, une jeune femme promise au couvent s'éprend du fiancé de sa nièce. □ Général → DVD $

MARIAGES! ▷5
FR. 2003. Comédie de mœurs de Valérie GUIGNABODET avec Chloé Lambert, Jean Dujardin et Mathilde Seigner. - Un mariage est l'occasion pour trois couples de différentes générations de s'interroger sur l'engagement et la force du sentiment amoureux.
□ Général ➔ DVD $

MARIE ▷4
É.-U. 1985. Drame social de Roger DONALDSON avec Sissy Spacek, Jeff Daniels et Fred Thompson. - Une femme, ayant accédé à une haute fonction au ministère de la Justice, découvre des cas de corruption dans son service et refuse de s'y prêter. □ 13 ans+

MARIE A UN JE-NE-SAIS-QUOI
voir **There's Something About Mary**

MARIE ANTOINETTE ▷4
É.-U. 1939. Drame historique de W.S. VAN DYKE II avec Tyrone Power, Norma Shearer et Robert Morley. - Histoire de la reine de France, depuis son mariage jusqu'à sa mort. □ Général ➔ DVD $

MARIE ANTOINETTE ▷4
É.-U. 2005. Drame biographique de Sofia COPPOLA avec Kirsten Dunst, Jason Schwartzman et Judy Davis. - La vie de l'Autrichienne Marie Antoinette, depuis son mariage avec le futur roi de France à l'âge de 15 ans, jusqu'à la révolution de 1789. □ Général ➔ DVD DVD-BR $

MARIE DE NAZARETH ▷4
FR. 1994. Drame religieux de Jean DELANNOY avec Myriam Muller, Didier Biennaïme et Francis Lalanne. - La vie du Christ vue par les yeux de sa mère Marie de Nazareth. □ Général

MARIE STUART, REINE D'ÉCOSSE
voir **Mary, Queen of Scots**

MARIE WALEWSKA *voir* **Conquest**

MARIE-JO ET SES DEUX AMOURS ▷4
FR. 2002. Mélodrame de Robert GUÉDIGUIAN avec Ariane Ascaride, Jean-Pierre Darroussin et Gérard Meylan. - À Marseille, une ambulancière quadragénaire est tiraillée entre son mari et son amant.
□ 13 ans+ ➔ DVD $

MARIE-LINE
FR. 1999. Mehdi CHAREF

MARIÉE CADAVÉRIQUE, LA *voir* **Tim Burton's Corpse Bride**

MARIÉE EST EN FUITE, LA *voir* **Runaway Bride**

MARIÉE ÉTAIT EN NOIR, LA ▷3
FR. 1967. Drame policier de François TRUFFAUT avec Jeanne Moreau, Jean-Claude Brialy et Charles Denner. - Une jeune femme entreprend de tuer un à un les responsables de la mort de son mari. - Intrigue rigoureusement conduite. Variations ingénieuses. Réalisation experte. Excellente interprétation. □ Général ➔ DVD $

MARIÉE SANGLANTE, LA [Blood-Spattered Bride, The] ▷4
ESP. 1972. Drame fantastique de Vicente ARANDA avec Simon Andreu, Maribel Martin et Alexandra Bastedo. - L'épouse d'un noble souffre de cauchemars où une femme en robe de mariée la pousse à des violences sanglantes.

MARIÉES MAIS PAS TROP ▷5
FR. 2003. Comédie de Catherine CORSINI avec Émilie Dequenne, Jane Birkin et Jérémie Elkaïm. - Une mangeuse d'hommes donne des leçons de séduction à sa petite-fille, une jeune femme naïve et trop romantique. □ Général · Déconseillé aux jeunes enfants ➔ DVD $

MARIÉS DE L'AN DEUX, LES [Mariés de l'an II, Les] ▷4
FR. 1971. Aventures de Jean-Paul RAPPENEAU avec Marlène Jobert, Jean-Paul Belmondo et Michel Auclair. - Après avoir fait fortune en Amérique, un homme rentre en France, en 1792, pour obtenir le divorce de son épouse. ➔ DVD $

MARIO ▷3
QUÉ. 1984. Drame psychologique de Jean BEAUDIN avec Xavier Norman Petermann, Francis Reddy et Nathalie Chalifour. - Un adolescent invente des jeux guerriers pour distraire son petit frère muet. - Adaptation libre d'un roman de Claude Jasmin. Belle photographie. Mise en scène sensible. Très bonne présence du jeune protagoniste.
□ Général

MARION BRIDGE ▷4
CAN. 2002. Drame psychologique de Wiebke VON CAROSFELD avec Molly Parker, Rebecca Jenkins et Stacy Smith. - Une jeune femme revient auprès de sa mère gravement malade et renoue avec ses deux sœurs qui l'accueillent avec méfiance. □ Général ➔ DVD $

MARIS ET FEMMES *voir* **Husbands and Wives**

MARIS, LES FEMMES, LES AMANTS, LES ▷4
FR. 1989. Comédie de mœurs de Pascal THOMAS avec Jean-François Stévenin, Susan Moncur et Clément Thomas. - Les tribulations d'un groupe d'amis qui passent leurs vacances à l'île de Ré avec leurs enfants, alors que leurs épouses restent à Paris. □ Général ➔ DVD $

MARIUS ▷3
FR. 1931. Comédie dramatique d'Alexander KORDA et Marcel PAGNOL avec Pierre Fresnay, Raimu et Orane Demazis. - Un jeune homme est partagé entre son amour pour une femme et l'attirance de la mer et de l'aventure. - Présentation filmée d'une pièce de Marcel Pagnol. Atmosphère bien reconstituée. Mise en scène asservie au dialogue. Savoureuse interprétation de Raimu. □ Général

MARIUS ET JEANNETTE ▷3
FR. 1996. Drame sentimental de Robert GUÉDIGUIAN avec Ariane Ascaride, Gérard Meylan et Pascale Roberts. - La relation entre une mère de deux enfants et un gardien de cimenterie qui ont été tous deux blessés par la vie. - Milieu populaire pittoresque dépeint avec émotion. Souci du contexte social. Humour charmant. □ Général

MARK OF ZORRO, THE ▷4
É.-U. 1920. Aventures de Fred NIBLO avec Douglas Fairbanks, Noah Beery et Marguerite de la Motte. - Un justicier masqué lutte contre la tyrannie d'un gouverneur en Californie. □ Général

MARK OF ZORRO, THE ▷4
É.-U. 1941. Aventures de Rouben MAMOULIAN avec Tyrone Power, Linda Darnell et Basil Rathbone. - Un jeune aristocrate se transforme en justicier masqué pour lutter contre un tyran. □ Général ➔ DVD $

MARKED WOMAN ▷5
É.-U. 1937. Drame policier de Lloyd BACON avec Humphrey Bogart, Bette Davis et Eduardo Ciannelli. - Un procureur recherche des criminels dans un milieu de boîtes de nuit. ➔ DVD $

MARMOTTES, LES ▷5
FR. 1993. Comédie de mœurs d'Élie CHOURAQUI avec Jean-Hugues Anglade, Jacqueline Bisset et Christine Boisson. - À Noël, une réunion de parents et d'amis dans une station de ski donne lieu à diverses intrigues sentimentales. □ 13 ans+

MARNIE ▷4
É.-U. 1964. Drame psychologique d'Alfred HITCHCOCK avec Sean Connery, Tippi Hedren et Diane Baker. - Un éditeur épouse une femme qui vole par déséquilibre psychologique et tente de la guérir.
□ 13 ans+ ➔ DVD $

MAROONED ▷4
É.-U. 1969. Science-fiction de John STURGES avec Gregory Peck, Richard Crenna et Gene Hackman. - Les manœuvres entreprises pour rescaper trois astronautes dont la capsule ne peut plus revenir sur terre. □ Général ➔ DVD $

MAROONED IN IRAQ
IRAN 2002. Bahman GHOBADI

MARQUIS ▷4
FR. 1989. Comédie fantaisiste de Henri XHONNEUX. - Emprisonné à la Bastille pour blasphème, le marquis de Sade écrit des textes pornographiques satirisant les vices et les vertus de la société qui l'a condamné. □ 18 ans+

MARQUIS S'AMUSE, LE ▷4
ITA. 1981. Comédie de Mario MONICELLI avec Alberto Sordi, Paolo Stoppa et Caroline Berg. - Au début du XIXe siècle, un marquis romain, camérier du pape, ne songe qu'à s'amuser aux dépens d'autrui.
□ 13 ans+

MARQUISE ▷4
FR. 1997. Comédie dramatique de Véra BELMONT avec Sophie Marceau, Bernard Giraudeau et Lambert Wilson. - Après être passée par la troupe de Molière, une jeune danseuse devient la maîtresse de Racine et la coqueluche de Versailles. □ Général

MARQUISE D'O..., LA [Marquise of O, The] ►2
ALL. 1976. Drame de mœurs d'Éric ROHMER avec Édith Clever, Bruno Ganz et Peter Luhr. - Une jeune veuve italienne se trouve inexplicablement enceinte après avoir été sauvée d'un sort déshonorant par un officier russe. - Adaptation d'une nouvelle de Heinrich Von Kleist. Grande beauté picturale inspirée des peintres du XVIIIe siècle. Œuvre originale réalisée avec goût. Interprétation dans le ton voulu.

MARRAKECH EXPRESS *voir* **Hideous Kinky**

MARRIAGE ITALIAN STYLE *voir* **Mariage à l'italienne**

MARRIED LIFE ▷4
É.-U. 2007. Comédie dramatique d'Ira SACHS avec Pierce Brosnan, Chris Cooper et Patricia Clarkson. - Un coureur de jupons épris de la maîtresse de son meilleur ami tente de convaincre ce dernier de ne pas quitter sa femme. □ Général ➜ DVD $

MARRIED PEOPLE, SINGLE SEX
É.-U. 1993. Mike SEDAN □ 16 ans+ · Érotisme

MARRIED TO THE MOB [Veuve mais pas trop] ▷4
É.-U. 1988. Comédie policière de Jonathan DEMME avec Michelle Pfeiffer, Matthew Modine et Dean Stockwell. - Un agent du FBI est chargé de surveiller une jeune femme dont le mari vient d'être tué par un mafioso. □ Général ➜ DVD $

MARRYING KIND, THE ▷3
É.-U. 1952. Comédie de George CUKOR avec Judy Holliday, Aldo Ray et Madge Kennedy. - Un juge chargé du divorce d'un jeune couple s'emploie à les réconcilier. - Vision humoristique de la vie conjugale. Mise en scène vive et alerte. □ Général

MARS ATTACKS! [Mars attaque!] ▷3
É.-U. 1996. Comédie fantaisiste de Tim BURTON avec Jack Nicholson, Annette Bening et Glenn Close. - Des Martiens malicieux envahissent la Terre où ils s'amusent à décimer les humains et à détruire les villes. - Scénario d'une imagination fertile et délirante. Nombreux flashs satiriques ou surréalistes réjouissants. □ Général ➜ DVD $

MARSEILLAISE, LA ▷3
FR. 1938. Drame épique de Jean RENOIR avec Pierre Renoir, Andrex et Lise Delamare. - Un bataillon de Marseillais est mêlé à divers événements de la Révolution française. - Fresque qui allie l'épopée au tableau de mœurs. Mise en scène grandiose alternant avec des notes intimes ou folkloriques. □ Général

MARTHE ▷4
FR. 1997. Drame sentimental de Jean-Loup HUBERT avec Clotilde Courau, Guillaume Depardieu et Bernard Giraudeau. - Durant la Première Guerre mondiale, un soldat en convalescence se lie sentimentalement avec une institutrice. □ 13 ans+

MARTIAN CHILD ▷4
É.-U. 2007. Drame psychologique de Menno MEYJES avec John Cusack, Bobby Coleman et Amanda Peet. - Un auteur de science-fiction veuf souhaite adopter un petit orphelin au tempérament solitaire, qui prétend venir de la planète Mars. □ Général ➜ DVD $

MARTIEN DE NOËL, LE ▷4
QUÉ. 1971. Conte de Bernard GOSSELIN avec Marcel Sabourin, Catherine Leduc et François Gosselin. - Deux enfants d'un village du Québec se lient d'amitié avec un extraterrestre.

MARTIN
É.-U. 1976. George A. ROMERO □ 13 ans+ ➜ DVD $

MARTY ▷3
É.-U. 1954. Drame psychologique de Delbert MANN avec Ernest Borgnine, Betsy Blair et Esther Minciotti. - Un garçon boucher timide s'éprend d'une institutrice d'allure réservée. - Étude de milieu sobre et réaliste. Analyse psychologique subtile. Interprétation sensible. □ Général ➜ DVD $

MARVIN'S ROOM ▷4
É.-U. 1996. Comédie dramatique de Jerry ZAKS avec Meryl Streep, Diane Keaton et Leonardo DiCaprio. - Deux sœurs se réconcilient après des années de brouille lorsque l'une d'entre elles est atteinte de leucémie. □ Général ➜ DVD $

MARY OF SCOTLAND ▷3
É.-U. 1936. Drame historique de John FORD avec Katharine Hepburn, Fredric March et Florence Eldridge. - Les amours malheureuses et la fin tragique de Marie Stuart, reine d'Écosse. - Moments de grande intensité. Mise en scène de classe. Éclairages soignés. Excellente interprétation.

MARY POPPINS [Mary Poppins: 40th Anniversary] ▷3
É.-U. 1964. Comédie musicale de Robert STEVENSON avec Julie Andrews, Dick Van Dyke et David Tomlinson. - Deux enfants découvrent un monde de joie et de fantaisie grâce à une gouvernante dotée de pouvoirs magiques. - Mélange réussi d'humour et de fantaisie. Mise en scène habile. Trucages ingénieux. Interprétation enjouée. □ Général ➜ DVD $

MARY POUR TOUJOURS [Forever Mary] ▷4
ITA. 1989. Drame social de Marco RISI avec Michele Placido, Claudio Amendola et Alessandro di Sanzo. - Un professeur de lettres qui travaille temporairement dans une maison de redressement pour adolescents tente d'amadouer les jeunes délinquants de sa classe.

MARY REILLY ▷4
É.-U. 1996. Drame fantastique de Stephen FREARS avec Julia Roberts, John Malkovich et Glenn Close. - Une jeune servante découvre qu'un terrible secret unit le docteur qui l'emploie et son assistant. □ 13 ans+ · Horreur

MARY SHELLEY'S FRANKENSTEIN [Frankenstein] ▷4
É.-U. 1994. Drame fantastique réalisé et interprété par Kenneth BRANAGH avec Robert De Niro et Helena Bonham Carter. - En 1793, un étudiant en médecine réussit à donner vie à une créature composée de morceaux humains. □ 13 ans+ · Horreur ➜ DVD $

MARY, QUEEN OF SCOTS ▷4
[Marie Stuart, reine d'écosse]
ANG. 1971. Drame historique de Charles JARROTT avec Vanessa Redgrave, Glenda Jackson et Nigel Davenport. - Le destin tragique de la reine d'Écosse Marie Stuart et ses démêlés avec Elizabeth d'Angleterre.

MASADA ▷4
É.-U. 1981. Drame historique de Boris SAGAL avec Peter O'Toole, Peter Strauss et Barbara Carrera. - En l'an 73 après J.-C., une légion romaine veut s'emparer d'une forteresse où sont retranchés des rebelles palestiniens et leurs familles. ➜ DVD $

MASALA ▷4
CAN. 1991. Comédie de mœurs réalisée et interprétée par Srinivas KRISHNA avec Sakina Jaffrey et Zohra Segal. - Les tribulations des membres d'une famille indienne vivant à Toronto. □ 13 ans+ ➜ DVD $

MASCULIN, FÉMININ [Masculine, feminine] ▷4
FR. 1966. Étude de mœurs de Jean-Luc GODARD avec Jean-Pierre Léaud, Chantal Goya et Marlène Jobert. - Un apprenti journaliste devient l'amant d'une jeune chanteuse. ➜ DVD $

MASCULINE MYSTIQUE, THE ▷4
CAN. 1984. Film à sketches de John N. SMITH et Giles WALKER avec Stefan Wodoslawsky, Char Davies et Sam Grana. - Les tribulations de quatre hommes qui s'interrogent sur leurs relations avec les femmes. □ Général

MASCULINE, FEMININE *voir* **Masculin, féminin**

MASH *voir* **M*A*S*H**

MASK [Masque, Le] ▷4
É.-U. 1985. Drame psychologique de Peter BOGDANOVICH avec Eric Stoltz, Cher et Sam Elliott. - Rendu hideux par une maladie incurable, un adolescent fait face à ses problèmes avec optimisme et détermination. □ 13 ans+ ➜ DVD $

MASK, THE ▷4
É.-U. 1994. Comédie fantaisiste de Charles RUSSELL avec Jim Carrey, Cameron Diaz et Peter Greene. - Un masque ancien transforme un célibataire timoré en un exubérant personnage au faciès vert qui peut accomplir d'incroyables exploits. □ Général ➜ DVD $

MASK OF ZORRO, THE [Masque de Zorro, Le] ▷4
É.-U. 1998. Aventures de Martin CAMPBELL avec Antonio Banderas, Anthony Hopkins et Catherine Zeta-Jones. - Au XIXe siècle en Californie, un justicier masqué se trouve un successeur pour combattre un cruel gouverneur espagnol. □ Général · Déconseillé aux jeunes enfants ➜ DVD $

MASQUE DU DÉMON, LE [Black Sunday] ▷4
ITA. 1961. Drame d'horreur de Mario BAVA avec Barbara Steele, John Richardson et Andrea Checchi. - Suppliciée pour sorcellerie, une princesse reprend vie deux siècles après sa mort. □ 13 ans+ ➜ DVD $

MASQUE OF THE RED DEATH, THE ▷4
ANG. 1964. Drame fantastique de Roger CORMAN avec Vincent Price, Jane Asher et Hazel Court. - Un prince croit échapper à la mort rouge qui dévaste la région en s'enfermant dans son château avec ses invités. □ 13 ans+

MASQUERADE ▷4
É.-U. 1988. Drame de mœurs de Bob SWAIM avec Rob Lowe, Meg Tilly et Doug Savant. - Une riche orpheline s'éprend du jeune barreur d'un yacht de course sans savoir que celui-ci est mêlé à un complot criminel. □ 13 ans+ ➜ DVD $

MASQUES ▷4
FR. 1986. Drame policier de Claude CHABROL avec Philippe Noiret, Robin Renucci et Anne Brochet. - Sous prétexte d'écrire sa biographie, un romancier se rend chez une vedette de la télévision pour enquêter discrètement sur la disparition d'une jeune fille. □ Général ➜ DVD $

MASS APPEAL ▷4
É.-U. 1984. Drame de Glenn JORDAN avec Jack Lemmon, Zeljko Ivanek et Charles Durning. - Le curé d'une paroisse bourgeoise de Los Angeles voit son travail pastoral remis en question par l'arrivée d'un séminariste ardent et absolu.

MASSACRE [Come and See] ▷3
RUS. 1985. Drame de guerre d'Elem KLIMOV avec Alexei Kravchenko, Olga Mironova et Lubomiras Lauciavicus. - En 1943, les dures expériences de guerre d'un adolescent biélorusse. - Scènes hallucinantes. Situations dramatiques et guerrières quelque peu simplifiées. Passages percutants. Interprétation d'une conviction conquérante. □ 13 ans+ ➜ DVD $

MASSACRE À LA TRONÇONNEUSE *voir* **Texas Chainsaw Massacre, The**

MASSACRE DE FORT APACHE, LE *voir* **Fort Apache**

MASSACRE IN ROME *voir* **Représailles**

MASSAÏ - LES GUERRIERS DU VENT ▷5
[Massaï - les guerriers de la pluie]
FR. 2004. Conte de Pascal PLISSON avec Ngotiek Ole Mako, Paul Nteri Ole Sekenan et Parkasio Ole Muntet. - Au Kenya, des jeunes guerriers massaï partent tuer un lion mythique pour mettre fin à la sécheresse dans leur village. □ Général ➜ DVD $

MASSAÏ BLANCHE, LA [White Massai, The]
ALL. 2005. Hermine HUNTGEBURTH ➜ DVD $

MASTER AND COMMANDER: THE FAR SIDE OF THE WORLD ▷3
[Maître à bord: de l'autre côté du monde]
É.-U. 2003. Aventures de Peter WEIR avec Russell Crowe, Paul Bettany et Max Pirkis. - En 1805, durant les guerres napoléoniennes, la vie à bord d'un navire anglais qui pourchasse un vaisseau français dans les mers du sud. □ Général · Déconseillé aux jeunes enfants ➜ DVD DVD-BR $

MASTER OF BALLANTRAE, THE ▷4
É.-U. 1953. Aventures de William KEIGHLEY avec Errol Flynn, Anthony Steel et Beatrice Campbell. - Un Écossais part à l'aventure à travers le monde alors que son frère gère le manoir familial. □ Général

MASTER OF THE WORLD ▷4
É.-U. 1961. Aventures de William WITNEY avec Vincent Price, Charles Bronson et Mary Webster. - Un savant, inventeur d'un navire volant, menace le monde de destruction s'il refuse d'opter pour la paix contre la guerre.

MATA HARI ▷5
É.-U. 1932. Drame d'espionnage de George FITZMAURICE avec Greta Garbo, Ramon Novarro et Lionel Barrymore. - Une danseuse espionne en France pour le compte de l'Allemagne. □ Général ➜ DVD $

MATA HARI ▷6
E.-U. 1984. Drame d'espionnage de C. HARRINGTON avec Sylvia Kristel, Christopher Cazenove et Olivier Tobias. - Durant la Première Guerre mondiale, une séduisante danseuse est amenée à travailler comme espionne pour le compte des Allemands. ➜ DVD $

MATADOR ▷4
ESP. 1985. Drame de mœurs de Pedro ALMODOVAR avec Assumpta Serna, Nacho Martinez et Antonio Banderas. - Une avocate perverse défend un jeune torero qui s'est accusé de crimes qu'il n'a pas commis. □ 18 ans+

MATADOR, THE ▷4
É.-U. 2005. Comédie policière de Richard SHEPARD avec Pierce Brosnan, Greg Kinnear et Hope Davis. - À Mexico, un tueur à gages irlandais à quelques mois de la retraite se prend d'affection pour un Américain sans histoire. □ 13 ans+ · Érotisme · Langage vulgaire ➜ DVD $

MATCH, LE *voir* **Made**

MATCH FACTORY GIRL, THE ▷3
FIN. 1989. Drame social d'Aki KAURISMÄKI avec Kati Outinen, Elina Salo et Esko Nikkari. - Une ouvrière menant une existence monotone rencontre un homme séduisant qui la met enceinte. - Variations sur le thème des exclus de notre société. Description d'un univers sombre et déprimant. Mise en scène sobre et lente. Interprétation adéquate. □ Général

MATCH PARFAIT *voir* **Fever Pitch**

MATCH POINT ▷3
ANG. 2005. Drame de mœurs de Woody ALLEN avec Jonathan Rhys Meyers, Scarlett Johansson et Emily Mortimer. - Un professeur de tennis d'origine modeste, marié à la fille d'un riche homme d'affaires londonien, s'engage dans une liaison passionnée avec une Américaine. - Œuvre inspirée reprenant les thèmes chers au cinéaste. Subtile peinture de milieu, marquée de quelques traits d'ironie. Réalisation fluide et racée. Interprétation impeccable. □ Général · Déconseillé aux jeunes enfants ➜ DVD $

MATCHMAKER, THE ▷4
É.-U. 1958. Comédie de Joseph ANTHONY avec Shirley Booth, Anthony Perkins et Shirley MacLaine. - Une pétillante veuve d'âge moyen s'occupe de jouer à la marieuse. □ Général

MATCHMAKER, THE ▷5
IRL. 1997. Comédie sentimentale de Mark JOFFE avec Janeane Garofalo, David O'Hara et Milo O'Shea. - Un vieux marieur se met en frais de favoriser une union entre une jeune Américaine en mission d'affaires dans un village irlandais et un journaliste local. ➜ DVD $

MATCHSTICK MEN [Moins que rien, Les] ▷4
É.-U. 2003. Comédie policière de Ridley SCOTT avec Nicolas Cage, Alison Lohman et Sam Rockwell. - Un escroc souffrant de troubles obsessionnels compulsifs retrouve sa fille adolescente qu'il entraîne dans ses arnaques. □ Général ➜ DVD $

MATERNELLE, LA
FR. 1933. Jean BENOÎT-LÉVY et Marie EPSTEIN □ Général

MATEWAN ►2
É.-U. 1987. Drame social de John SAYLES avec Chris Cooper, Will Oldham et James Earl Jones. - En 1920, un organisateur syndical se rend dans un village de Virginie pour aider des mineurs engagés dans une grève. - Rappel dramatisé d'un incident réel. Traitement solide et signifiant. Tableau d'époque des plus plausibles. Photographie soignée. Interprétation pittoresque et fort convaincante. □ 13 ans+ ➜ DVD $

MATILDA ▷3
É.-U. 1996. Comédie fantaisiste réalisée et interprétée par Danny DeVITO avec Mara Wilson et Rhea Perlman. - Les tribulations d'une fillette prodige qui est envoyée par ses parents bébêtes dans une école dirigée par une tortionnaire. - Fantaisie enfantine teintée d'humour noir. Satire mordante du mode de vie matérialiste nord-américain. Ensemble original et jubilatoire réalisé avec invention. Excellente distribution.

MATINEE ▷4
É.-U. 1993. Comédie fantaisiste de Joe DANTE avec John Goodman, Cathy Moriarty et Simon Fenton. - Durant la crise des missiles cubains en 1962, la première d'un film de science-fiction provoque tout un émoi dans une petite ville de Floride. □ Général

MATINS INFIDÈLES, LES ▷4
QUÉ. 1988. Comédie dramatique de Jean BEAUDRY et François BOUVIER avec Denis Bouchard, Jean Beaudry et Violaine Forest. - Un photographe qui a entrepris avec un écrivain un projet d'envergure ne tarde pas à rompre ses engagements. □ 13 ans+

MATOU, LE ▷4
QUÉ. 1985. Comédie dramatique de Jean BEAUDIN avec Serge Dupire, Monique Spaziani et Jean Carmet. - Le jeune propriétaire d'un restaurant est en butte aux manœuvres occultes d'un mystérieux vieillard. □ Général ➜ DVD $

MATRIX, THE [Matrice, La] ▷3
É.-U. 1999. Science-fiction d'Andy et Larry WACHOWSKI avec Keanu Reeves, Laurence Fishburne et Carrie-Anne Moss. - Un informaticien découvre que les humains vivent dans une réalité virtuelle contrôlée par des machines. - Scénario imaginatif et délirant. Scènes d'action palpitantes. Technique impressionnante. Jeu racé de K. Reeves. □ 13 ans+ · Violence ➜ DVD DVD-BR $

MATRIX RELOADED, THE [Matrice rechargée, La] ▷4
É.-U. 2003. Science-fiction d'Andy et Larry WACHOWSKI avec Keanu Reeves, Laurence Fishburne et Carrie-Anne Moss. - Trois combattants cherchent dans un monde parallèle virtuel le moyen de contrer les menées d'une entité qui menace l'humanité. □ 13 ans+ · Violence ➜ DVD $

MATRIX, THE: REVOLUTIONS ▷4
[Matrice, La: révolutions]
É.-U. 2003. Science-fiction d'Andy WACHOWSKI et Larry WACHOWSKI avec Keanu Reeves, Carrie-Anne Moss et Hugo Weaving. - Des humains réfugiés dans une ville souterraine subissent l'assaut d'une armée de machines. □ 13 ans+ · Violence ➔ DVD $

MATRONI ET MOI ▷4
QUÉ. 1999. Comédie policière de Jean-Philippe DUVAL avec Alexis Martin, Pierre Lebeau et Guylaine Tremblay. - Un jeune intellectuel féru de grands principes philosophiques se retrouve mêlé à une rivalité entre gangsters. □ 13 ans+ ➔ DVD $

MATT HELM AGENT TRÈS SPÉCIAL *voir* **Silencers, The**

MATTER OF DIGNITY
GRÈ. 1957. Michael CACOYANNIS ➔ DVD $

MATTER OF LIFE AND DEATH, A *voir* **Stairway to Heaven**

MATTER OF TASTE, A *voir* **Une affaire de goût**

MATUSALEM ▷4
QUÉ. 1993. Comédie fantaisiste de Roger CANTIN avec Marc Labrèche, Émile Proulx-Cloutier et Jod Léveillé-Bernard. - Un jeune garçon vient en aide à un fantôme qui tente de récupérer un parchemin que convoitent également des pirates. □ Général

MATUSALEM 2: LE DERNIER DES BEAUCHESNE ▷5
QUÉ. 1997. Aventures de Roger CANTIN avec Marc Labrèche, Émile Proulx-Cloutier et Steve Gendron. - Quatre jeunes adolescents et un professeur d'histoire sont projetés dans le passé dans une île tropicale infestée de flibustiers. □ Général

MAUDITE APHRODITE *voir* **Mighty Aphrodite**

MAUDITE GALETTE, LA ▷4
QUÉ. 1972. Drame policier de Denys ARCAND avec Marcel Sabourin, Luce Guilbeault et René Caron. - Un meurtre crapuleux est l'occasion d'une suite de règlements de comptes. □ 13 ans+

MAUDITS SAUVAGES ▷4
CAN. 1971. Comédie satirique de Jean-Pierre LEFEBVRE avec Pierre Dufresne, Rachel Cailhier et Nicole Filion. - Un coureur des bois profite d'une jeune Amérindienne qu'il a prise comme concubine.

MAURICE ▷4
ANG. 1987. Drame psychologique de James IVORY avec James Wilby, Hugh Grant et Rupert Graves. - À Cambridge au début du siècle, deux jeunes universitaires sont liés par une amitié teintée de sentiments amoureux. □ Général ➔ DVD $

MAURICE RICHARD ▷3
CAN. 2005. Drame biographique de Charles BINAMÉ avec Roy Dupuis, Stephen McHattie et Julie Le Breton. - La vie et la carrière de Maurice Richard, hockeyeur célèbre et héros du peuple canadien français. - Scénario fin, vif et fluide. Composition visuelle fascinante. Mise en scène de qualité. Jeu intense de R. Dupuis. □ Général ➔ DVD $

MAUSOLEUM *voir* **One Dark Night**

MAUVAIS ESPRIT
FR. 2003. Patrick ALESSANDRIN ➔ DVD $

MAUVAIS GENRE [Transfixed] ▷5
FR. 1997. Comédie dramatique de Laurent BÉNÉGUI avec Jacques Gamblin, Elina Löwensohn et Monica Bellucci. - À l'insu de sa copine, un romancier suffisant suit une inconnue qui a acheté son bouquin. □ Général ➔ DVD $

MAUVAIS ŒIL *voir* **Snake Eyes**

MAUVAIS SANG ►2
FR. 1986. Drame poétique de Léos CARAX avec Denis Lavant, Juliette Binoche et Michel Piccoli. - Engagé pour cambrioler le coffre d'un laboratoire, un jeune voleur est fasciné par la maîtresse de son chef. - Intrigue policière prétexte à variations poétiques. Nombreuses références cinématographiques. Traitement original de toute beauté. Interprétation insolite. □ Général

MAUVAISE ÉDUCATION, LA [Bad Education] ▷3
ESP. 2004. Drame de mœurs de Pedro ALMODOVAR avec Gael Garcia Bernal, Fele Martinez et Daniel Giménez Cacho. - Un acteur tourmenté propose à un ami d'enfance devenu cinéaste de tourner un film inspiré de leur propre vie. - Intrigue à tiroirs mélangeant astucieusement film noir, étude de mœurs et éléments autobiographiques. Mise en scène maîtrisée. Interprétation sensible de G. Garcia Bernal. □ 13 ans+ · Érotisme ➔ DVD $

MAUVAISE GRAINE [Bad Seed]
É.-U. 1933. Billy WILDER □ Général ➔ DVD $

MAVERICK ▷4
É.-U. 1994. Western de Richard DONNER avec Mel Gibson, Jodie Foster et James Garner. - Les tribulations d'un jeune joueur professionnel qui s'efforce de trouver l'argent qui lui manque pour s'inscrire à un important tournoi de poker. □ Général ➔ DVD $

MAX DUGAN RETURNS [Retour de Max Dugan, Le] ▷4
É.-U. 1983. Comédie de Herbert ROSS avec Marsha Mason, Jason Robards et Donald Sutherland. - Une femme qui vit avec son fils adolescent voit leur existence transformée par l'arrivée de son père, absent depuis près de trente ans. □ Général ➔ DVD $

MAX ET JÉRÉMIE ▷4
FR. 1992. Drame policier de Claire DEVERS avec Philippe Noiret, Christophe Lambert et Jean-Pierre Marielle. - Un jeune voyou s'acoquine avec un vieux tueur à gages à la retraite qu'il a pour mission d'abattre.

MAX ET LES FERRAILLEURS ▷3
FR. 1970. Drame policier de Claude SAUTET avec Michel Piccoli, Romy Schneider et Bernard Fresson. - Un inspecteur de police déçu par ses échecs pousse des jeunes à commettre un vol pour mieux les prendre. - Fascinante étude psychologique. Mise en scène vigoureuse et sobre. Personnages bien campés. □ Général

MAX LA MENACE *voir* **Get Smart**

MAX, MON AMOUR ▷5
FR. 1986. Drame de mœurs de Nagisa OSHIMA avec Anthony Higgins, Charlotte Rampling et Diana Quick. - Un diplomate découvre indigné que son épouse a un amant chimpanzé. □ 13 ans+

MAY ▷4
É.-U. 2002. Drame d'horreur de Lucky McKEE avec Angela Bettis, Jeremy Sisto et Anna Faris. - À la suite de diverses déceptions amoureuses, une jeune femme solitaire et mal dans sa peau sombre dans une folie meurtrière. ➔ DVD $

MAY 6 [06/05]
HOL. 2004. Theo VAN GOGH ➔ DVD $

MAYA ▷5
IND. 2001. Drame de mœurs de Digvijay SINGH avec Nitya Shetty, Nikhil Yadav et Anant Nag. - Dans un village indien, une adolescente est soumise par sa famille à un rite de passage cruel. ➔ DVD $

MAYERLING ▷5
ANG. 1968. Drame de Terence YOUNG avec Omar Sharif, James Mason et Catherine Deneuve. - En 1888, le tragique roman d'amour de l'archiduc Rodolphe d'Autriche et de Maria Vetsera.

MAYERLING
FR. 1936. Anatole LITVAK □ Général

MAYOR OF HELL
É.-U. 1933. Michael CURTIZ et Archie MAYO ➔ DVD $

MAZEPPA ▷4
FR. 1992. Drame de mœurs réalisé et interprété par BARTABAS avec Miguel Bose et Brigitte Mary. - Afin d'étudier de plus près les chevaux, le peintre romantique Géricault séjourne parmi les membres d'un cirque spécialisé dans les spectacles équestres. □ Général

McCABE & MRS. MILLER [John McCabe] ▷3
É.-U. 1971. Western de Robert ALTMAN avec Warren Beatty, Julie Christie et René Auberjonois. - Une prostituée offre son aide à un joueur qui a établi un saloon sur un terrain qu'il a gagné. - Approche originale des traditions du western. Traitement réaliste. Images ressemblant à de vieilles photos qui s'animent. Jeu insolite des vedettes. ➔ DVD $

McKENZIE BREAK, THE ▷4
IRL.-ANG. 1970. Drame de guerre de Lamont JOHNSON avec Brian Keith, Helmut Griem et Ian Hendry. - En Écosse, un officier américain tente d'empêcher une évasion de prisonniers de guerre allemands. □ 13 ans+ ➔ DVD $

McLINTOCK! [Grand McLintock, Le] ▷4
É.-U. 1963. Western de Andrew V. McLAGLEN avec Maureen O'Hara, John Wayne et Stefanie Powers. - Un riche rancher cherche à reconquérir sa femme dont il est séparé. □ Général ➔ DVD $

ME AND THE COLONEL ▷4
É.-U. 1958. Comédie dramatique de Peter GLENVILLE avec Danny Kaye, Curt Jurgens et Nicole Maurey. - Un colonel polonais raciste se voit obligé de voyager avec un Juif pour échapper aux Allemands.

ME AND YOU AND EVERYONE WE KNOW ▷3
[Moi, toi et tous les autres]
É.-U. 2005. Comédie dramatique réalisée et interprétée par Miranda JULY avec John Hawkes et Miles Thompson. - Dans une petite ville américaine, une artiste conceptuelle excentrique tente d'établir une relation avec un vendeur de chaussures récemment divorcé. - Tableau doux-amer d'un milieu marginal. Ton humoristique et poétique. Personnages attachants. Réalisation modeste mais empreinte d'originalité. Interprétation charmante de M. July. □ 13 ans+ ➔ DVD $

ME MYSELF I [Chance de ma vie, La] ▷4
AUS. 1999. Comédie fantaisiste de Philippa KARMEL avec Rachel Griffiths, David Roberts et Sandy Winton. - Une journaliste célibataire est projetée comme par magie dans l'existence de son double, femme au foyer et mère de famille. □ Général

ME WITHOUT YOU
É.-U. 2001. Sandra GOLDBACHER ➔ DVD $

ME YOU THEM [Toi, moi et eux] ▷4
BRÉ. 2000. Comédie de mœurs d'Andrucha WADDINGTON avec Regina Casé, Lima Duarte et Stenio Garcia. - Dans la campagne brésilienne, une paysanne vit avec son vieux mari paresseux, ses deux amants et ses quatre fils.

ME, MYSELF & IRENE ▷5
É.-U. 2000. Comédie policière de Bobby et Peter FARRELLY avec Jim Carrey, Renée Zellweger et Chris Cooper. - Un policier souffrant d'un dédoublement de la personnalité assure la protection d'une jeune femme pourchassée par des tueurs.
□ 13 ans+ · Langage vulgaire ➔ DVD DVD-BR $

MEAN CREEK ▷4
É.-U. 2004. Drame de mœurs de Jacob Aaron ESTES avec Rory Culkin, Scott Mechlowicz et Trevor Morgan. - Des jeunes invitent un camarade de classe rustaud et querelleur à une randonnée sur une rivière avec l'intention de l'humilier. □ 13 ans+ ➔ DVD $

MEAN GIRLS [Méchantes ados] ▷4
É.-U. 2004. Comédie satirique de Mark WATERS avec Lindsay Lohan, Rachel McAdams et Jonathan Bennett. - En se vengeant d'une consœur populaire mais sournoise, une élève naïve tombe dans les mêmes travers qu'elle. □ Général ➔ DVD DVD-BR $

MEAN SEASON, THE ▷4
É.-U. 1985. Drame policier de Phillip BORSOS avec Kurt Russell, Mariel Hemingway et Richard Jordan. - Un maniaque avide de publicité se sert d'un journaliste comme confident téléphonique après chacun de ses crimes. □ 13 ans+ ➔ DVD $

MEAN STREETS ►2
É.-U. 1973. Drame social de Martin SCORSESE avec Harvey Keitel, Robert De Niro et Amy Robinson. - Dans le quartier italien de New York, deux jeunes hommes sont mêlés aux activités de la mafia. - Portrait à la fois dur et pittoresque du milieu. Scénario bien construit. Mise en scène inventive et efficace. Interprètes convaincants.
□ 18 ans+ ➔ DVD $

MEANTIME ▷4
ANG. 1983. Comédie dramatique de Mike LEIGH avec Phil Daniels, Tim Roth et Pam Ferris. - Le quotidien gris d'une famille de chômeurs dans une cité d'une banlieue londonienne.

MÉCANIQUES CÉLESTES [Celestial Clockwork] ▷5
FR.-VEN.-BEL.-ESP. 1994. Comédie fantaisiste de Fina TORRES avec Ariadna Gil, Arielle Dombasle et Evelyne Didi. - Une soprano vénézuélienne réfugiée à Paris veut obtenir le rôle principal d'un film-opéra.
□ Général

MÉCHANT PÈRE NOËL *voir* **Bad Santa**

MÉCHANTES ADOS *voir* **Mean Girls**

MEDEA
DAN. 1987. Lars VON TRIER

MÉDÉE [Medea] ▷3
ITA. 1969. Drame poétique de Pier Paolo PASOLINI avec Maria Callas, Giuseppe Gentile et Laurent Terzieff. - Répudiée par son époux Jason, Médée se venge cruellement sur ses enfants. - Évocation stylisée d'une tragédie grecque. Ensemble d'une grande richesse visuelle. Style insolite. □ Général

MEDICINE MAN ▷4
É.-U. 1992. Aventures de John McTIARNAN avec Sean Connery, Lorraine Bracco et Jose Wilker. - En Amazonie, une chercheuse vient en aide à un médecin sur le point de trouver la formule d'un sérum contre le cancer. □ Général ➔ DVD $

MEDITERRANEO ▷3
ITA. 1991. Comédie de mœurs de Gabriele SALVATORES avec Diego Abatantuono, Claudio Bigagli et Giuseppe Cederna. - Durant la Seconde Guerre mondiale, huit soldats italiens sympathisent avec les habitants d'une petite île grecque qu'ils occupent pendant plusieurs années. - Histoire bucolique située dans un contexte presque intemporel. Mise en images superbe. Personnages fort bien typés. Interprétation naturelle. □ Général

MEDIUM COOL ▷3
É.-U. 1969. Drame de Haskell WEXLER avec Robert Forster, Verna Bloom et Peter Bonerz. - Les problèmes professionnels et personnels d'un reporter pour la télévision. - Traitement original. Mélange de fiction et de réalité. Éléments de réflexion sur les médias. Montage adroit. Interprétation valable. □ Général ➔ DVD $

MÉDUSES, LES *voir* **Jellyfish**

MEE POK MAN
CHI. 1995. Eric KHOO □ 13 ans+ ➔ DVD $

MEET DANNY WILSON ▷5
É.-U. 1951. Comédie musicale de Joseph PEVNEY avec Frank Sinatra, Shelley Winter et Alex Nicol. - Un chanteur et un pianiste sont tous deux épris d'une vedette en vogue. □ Général

MEET JOE BLACK [Rencontre avec Joe Black] ▷5
É.-U. 1998. Drame sentimental de Martin BREST avec Brad Pitt, Anthony Hopkins et Claire Forlani. - Empruntant le corps d'un jeune homme décédé, la Mort visite le monde des vivants et s'éprend d'une jolie mortelle. □ Général ➔ DVD $

MEET JOHN DOE ▷3
É.-U. 1941. Comédie satirique de Frank CAPRA avec Gary Cooper, Barbara Stanwyck et Edward Arnold. - Un journal fabrique de toutes pièces un représentant de l'Américain type. - Traits satiriques ingénieux. Mise en scène soignée. ➔ DVD $

MEET ME IN ST. LOUIS [Chant du Missouri, Le] ►2
É.-U. 1944. Comédie musicale de Vincente MINNELLI avec Judy Garland, Margaret O'Brien et Mary Astor. - La vie paisible d'une famille de Saint Louis est bouleversée par l'annonce d'un déménagement à New York. - Charmante chronique familiale. Évocation pittoresque et colorée de la vie au tournant du XXe siècle. Numéros musicaux délicieux. Mise en scène souple. Interprétation sympathique.
□ Général ➔ DVD $

MEET THE FEEBLES [Feebles, Les] ▷4
N.-Z. 1989. Comédie fantaisiste de Peter JACKSON. - Divers incidents perturbent le travail d'une troupe d'artistes de variétés qui prépare fébrilement un spectacle pour la télévision. □ 18 ans+ ➔ DVD $

MEET THE FOCKERS [Autre belle-famille, L'] ▷5
É.-U. 2004. Comédie de Jay ROACH avec Ben Stiller, Robert De Niro et Dustin Hoffman. - Après avoir été accepté de haute lutte par son futur beau-père, un infirmier doit lui présenter ses parents, un couple d'excentriques □ Général · Déconseillé aux jeunes enfants ➔ DVD $

MEET THE PARENTS [Belle famille, La] ▷4
É.-U. 2000. Comédie de Jay ROACH avec Robert De Niro, Ben Stiller Barbra Streisand et Blythe Danner. - Un infirmier désirant épouser sa petite amie ne répond guère aux exigences de son futur beau-père, un ancien psychologue de la CIA. □ Général ➔ DVD $

MEETING VENUS [Tentation de Vénus, La] ▷4
ANG. 1991. Drame de mœurs d'Istvan SZABO avec Niels Arestrup, Glenn Close et Erland Josephson. - Un chef d'orchestre qui éprouve des difficultés dans les préparatifs d'un spectacle d'opéra a une liaison avec la soprano vedette. □ Général

MEETINGS WITH REMARKABLE MEN
[Rencontres avec des hommes remarquables]
ANG. 1979. Peter BROOK ➔ DVD $

MÉGÈRE APPRIVOISÉE, LA *voir* **Taming of the Shrew, The**

MEILLEUR ESPOIR FÉMININ ▷4
FR. 2000. Comédie dramatique réalisée et interprétée par Gérard JUGNOT avec Bérénice Bejo et Antoine Duléry. - Un coiffeur de province vivant seul avec sa fille adolescente s'oppose vivement à ce que celle-ci tourne dans un film à Paris. □ Général

MEILLEUR QUE LE CHOCOLAT *voir* **Better Than Chocolate**

MEILLEUR, LE *voir* **Natural, The**

MEILLEURE FAÇON DE MARCHER, LA ▷3
[Best Way to Walk, The]
FR. 1975. Drame psychologique de Claude MILLER avec Patrick Dewaere, Patrick Bouchitey et Christine Pascal. - Un conflit personnel se développe entre deux moniteurs dans une colonie de vacances. - Approche psychologique intelligente. Climat d'opposition dramatique maintenu avec adresse. Interprétation contrastée.

MEILLEURES INTENTIONS, LES ▷3
[Best Intentions, The]
SUÈ. 1992. Drame biographique de Bille AUGUST avec Pernilla August, Samuel Fröler et Max von Sydow. - En Suède, à la fin du XIXe siècle, deux jeunes époux aux tempéraments différents vivent une relation tumultueuse. - Scénario intimiste écrit par Ingmar Bergman. Traitement d'un classicisme rigoureux. Images magnifiques. Interprétation émouvante de P. August. □ Général

MÉLI-MÉLO [Layer Cake]
POL. 1968. Andrzej WAJDA □ Général

MELINDA AND MELINDA ▷4
É.-U. 2004. Comédie dramatique de Woody ALLEN avec Radha Mitchell, Will Ferrell et Chiwetel Ejiofor. - Quatre intellectuels s'amusent à débattre du caractère à la fois tragique et comique d'une anecdote rapportée par l'un d'entre eux. □ Général ➔ DVD$

MÉLO ▷3
FR. 1986. Drame sentimental d'Alain RESNAIS avec Sabine Azéma, André Dussollier et Pierre Arditi. - La femme d'un violoniste devient la maîtresse d'un ami de son mari et songe à tuer ce dernier. - Adaptation fort habile d'une pièce d'Henry Bernstein. Ton intimiste. Mise en scène élégante et souple. Interprétation prenante. ➔ DVD$

MÉLODIE DES PRAIRIES, LA
voir **Prairie Home Companion, A**

MÉLODIE DU BONHEUR, LA *voir* **Sound of Music, The**

MÉLODIE EN SOUS-SOL [Any Number Can Win] ▷4
FR. 1962. Thriller de Henri VERNEUIL avec Jean Gabin, Alain Delon et Maurice Biraud. - Un gangster mûrissant met au point un vol important au Casino de Cannes. ➔ DVD$

MÉLODIE MEURTRIÈRE ▷4
ITA. 1978. Comédie policière de Sergio CORBUCCI avec Marcello Mastroianni, Ornella Muti et Michel Piccoli. - Un mandoliniste impécunieux est entraîné dans une affaire ténébreuse après avoir accepté de jouer la sérénade devant un immeuble.

MELODY ▷3
ANG. 1970. Comédie dramatique de W. HUSSEIN avec Mark Lester, Jack Wild et Tracy Hyde. - Un gamin et une fillette de onze ans vivent une idylle innocente et déclarent au directeur de leur école qu'ils veulent se marier. - Ton de fantaisie. Monde de l'enfance évoqué avec charme et humour. Mise en scène vive et souple. Jeunes interprètes remarquablement bien dirigés. ➔ DVD$

MELTDOWN [Haute Tension] ▷4
H.-K. 1995. Thriller de Wong JING avec Jet Li, Jackie Cheung et Chingmy Yau. - Un ancien policier devenu cascadeur lutte contre des criminels qui retiennent plusieurs otages dans un gratte-ciel. ➔ DVD$

MELVIN AND HOWARD ▷4
É.-U. 1980. Comédie dramatique de Jonathan DEMME avec Paul Le Mat, Mary Steenburgen et Jason Robards. - Les tribulations d'un brave garçon qui croit avoir fait la rencontre d'un milliardaire excentrique. □ 13 ans+ ➔ DVD$

MELVIN GOES TO DINNER ▷4
É.-U. 2003. Comédie dramatique de Bob ODENKIRK avec Michael Blieden, Stephanie Courtney et Matt Price. - Réunis dans un restaurant, deux hommes et deux femmes se racontent leur vie tout en discutant de sujets aussi variés que le sexe et la religion. ➔ DVD$

MEMBER OF THE WEDDING, THE ▷3
É.-U. 1953. Drame psychologique de Fred ZINNEMANN avec Julie Harris, Ethel Waters et Brandon De Wilde. - Les tourments d'une adolescente fantasque se font jour à l'occasion du mariage de son frère. - Adaptation soignée d'une pièce de Carson McCullers. Thème riche en observations subtiles. Mise en scène d'une grande finesse de touche. Excellente interprétation. □ Général

MÊME LES COW-GIRLS ONT LE VAGUE À L'ÂME
voir **Even Cowgirls Get the Blues**

MEMENTO ▷3
É.-U. 2000. Drame policier de Christopher NOLAN avec Guy Pearce, Carrie-Anne Moss et Joe Pantoliano. - Un homme qui recherche l'assassin de sa femme souffre d'une forme d'amnésie effaçant de sa mémoire les choses vécues l'instant d'avant. - Chronologie des événements défilant à rebours. Tour de force narratif insolite et fascinant. Réalisation fort habile. Jeu expressif et nuancé de G. Pearce. □ 13 ans+ · Violence ➔ DVD DVD-BR$

MÉMOIRE DANS LA PEAU, LA *voir* **Bourne Identity, The**

MÉMOIRE DES ANGES, LA ▷3
QUÉ. 2008. Film de montage de Luc BOURDON. - Le Montréal d'autrefois, tel que vu à travers les images d'une centaine de productions de l'Office national du film du Canada. - Savant hommage à la ville, sous forme de patchwork. Extraits choisis d'une valeur inestimable. Montage consciencieux. □ Général ➔ DVD$

MÉMOIRE, LA [An Egyptian Story] ▷4
ÉGY. 1982. Drame psychologique de Youssef CHAHINE avec Nour El Cherif, Magda El Khatib et Soheir El Bably. - Alors qu'il subit une opération cardiaque, un cinéaste plonge dans un curieux rêve surréaliste où défile tout son passé.

MÉMOIRES AFFECTIVES ▷4
QUÉ. 2004. Drame psychologique de Francis LECLERC avec Roy Dupuis, Rosa Zacharie et Guy Thauvette. - Émergeant d'un long coma, un vétérinaire se retrouve totalement amnésique et hanté par d'étranges visions. □ Général ➔ DVD$

MÉMOIRES DE BRIGHTON BEACH
voir **Brighton Beach Memoirs**

MÉMOIRES DE FEMMES *voir* **Woman's Tale, A**

MEMOIRS OF A GEISHA [Geisha] ▷4
É.-U. 2005. Drame de mœurs de Rob MARSHALL avec Zhang Ziyi, Ken Watanabe et Michelle Yeoh. - À Kyoto, dans les années 1930, une jeune geisha suscite la convoitise de tous les hommes et la jalousie d'une rivale. □ Général ➔ DVD DVD-BR$

MEMOIRS OF A SURVIVOR ▷4
ANG. 1981. Science-fiction de David GLADWELL avec Julie Christie, Christopher Guard et Leonie Mellinger. - Une femme observe le monde dévasté qui l'entoure où les enfants revenus à l'état préhistorique se livrent à l'anthropophagie. ➔ DVD$

© MÉTROPOLE

MEMORIES OF A MARRIAGE ▷4
DAN. 1989. Comédie dramatique de Kaspar ROSTRUP avec Frits Helmuth, Ghita Norby et Mikael Helmuth. - Au cours d'une fête, un ouvrier à la retraite se remémore sa vie commune avec sa femme.
□ Général

MEMORIES OF MURDER
COR. 2003. Joon-Ho BONG ➜ DVD $

MEMPHIS BELLE ▷4
ANG. 1990. Drame de guerre de Michael CATON-JONES avec Matthew Modine, Eric Stoltz et Tate Donovan. - En 1943, un capitaine aux commandes d'un bombardier B-17 espère réussir une mission qui fera de ses hommes et de lui des héros. □ Général ➜ DVD $

MEN *voir* **Mes deux hommes**

MEN DON'T LEAVE ▷4
É.-U. 1989. Drame psychologique de Paul BRICKMAN avec Jessica Lange, Chris O'Donnell et Arliss Howard. - Les difficultés rencontrées par une jeune mère qui doit élever seule ses deux garçons après la mort de son mari. □ Général

MEN IN BLACK [Hommes en noir] ▷4
É.-U. 1997. Comédie fantaisiste de Barry SONNENFELD avec Tommy Lee Jones, Will Smith et Linda Fiorentino. - Deux agents secrets sont chargés de contrôler les activités d'extraterrestres séjournant incognito sur la Terre. □ Général ➜ DVD DVD-BR $

MEN IN BLACK II [Hommes en noir II] ▷4
É.-U. 2002. Comédie fantaisiste de Barry SONNENFELD avec Tommy Lee Jones, Will Smith et Lara Flynn Boyle. - Deux agents secrets doivent protéger la Terre des manigances d'une extraterrestre. ➜ DVD $

MEN IN WAR ►2
É.-U. 1956. Drame de guerre de Anthony MANN avec Robert Ryan, Aldo Ray et Robert Keith. - Pendant la guerre de Corée, un peloton d'infanterie, cerné par l'ennemi, tente de rejoindre son bataillon. - Caractère d'authenticité. Réalisation vigoureuse. Excellents interprètes.
➜ DVD $

MEN OF THE FIGHTING LADY [Escadrille panthère] ▷4
É.-U. 1954. Drame de guerre de Andrew MARTON avec Van Johnson, Walter Pidgeon et Dewey Martin. - Les exploits d'une escadrille d'avions américains durant la guerre de Corée.

MEN WHO TREAD ON THE TIGER'S TAIL, THE
voir **Hommes qui marchent sur la queue du tigre, Les**

MEN WITH GUNS ▷3
É.-U. 1997. Drame social de John SAYLES avec Federico Luppi, Damian Delgado et Dan Rivera Gonzalez. - Dans un contexte de guerre civile, un vieux médecin latino-américain entreprend un voyage en vue de renouer avec ses étudiants partis pratiquer en régions rurales. - Critique politique et sociale teintée d'humanisme. Rythme lent. Climat de violence latente. □ Général

MEN, THE ▷3
É.-U. 1949. Drame psychologique de Fred ZINNEMANN avec Marlon Brando, Teresa Wright et Everett Sloane. - Un jeune soldat grièvement blessé retrouve son équilibre grâce au dévouement de sa fiancée. - Traitement sobre mais émouvant. Style dépouillé. Interprétation de classe. Premier film de M. Brando.

MENACE II SOCIETY [Menace pour la société] ▷4
É.-U. 1993. Drame social de Allen HUGHES et Albert HUGHES avec Tyrin Turner, Jada Pinkett et Vonte Sweet. - Un adolescent de Los Angeles qui vit du trafic de la drogue en vient à recourir à des actes de violence extrême pour régler ses différends avec autrui.
□ 16 ans+ · Violence ➜ DVD $

MENACE SUR LA GARENNE *voir* **Watership Down**

MENACE, LA ▷4
FR. 1977. Drame policier d'Alain CORNEAU avec Yves Montand, Carole Laure et Jean-François Balmer. - Le directeur d'une entreprise de camionnage tente de disculper sa jeune maîtresse d'une accusation de meurtre. □ Général

MÉNAGERIE DE VERRE, LA *voir* **Glass Menagerie, The**

MENEUR, LE *voir* **Player, The**

MENSONGE ▷4
FR. 1992. Drame psychologique de François MARGOLIN avec Nathalie Baye, Didier Sandre et Hélène Lapiower. - Ayant découvert qu'elle est séropositive, une jeune mère de famille qui a toujours été fidèle enquête sur le passé de son mari. □ Général

MENSONGES ET TRAHISONS ET PLUS SI AFFINITÉS ▷4
FR. 2004. Comédie de mœurs de Laurent TIRARD avec Édouard Baer, Marie-Josée Croze et Alice Taglioni. - Un écrivain qui gagne sa vie à rédiger des biographies de vedettes est tiraillé entre deux femmes.
□ Général ➜ DVD $

MENTALE, LA
FR. 2002. Manuel BOURSINHAC

MENTEUR MENTEUR *voir* **Liar Liar**

MÉPHISTO ▷3
HON. 1981. Drame social d'Istvan SZABO avec Klaus Maria Brandauer, Rolf Hoppe et Karin Boyd. - Un acteur ambitieux met son talent au service du régime nazi. - Évocation d'époque stylisée. Psychologie fouillée. Mise en scène ample et colorée. Interprétation nuancée.
□ Général

MEPHISTO WALTZ, THE [Satan, mon amour] ▷5
É.-U. 1971. Drame fantastique de P. WENDKOS avec Jacqueline Bisset, Alan Alda et Curd Jurgens. - Un pianiste adepte du satanisme fait passer son âme dans le corps d'un jeune homme pour s'assurer une survie.

MÉPRIS, LE [Contempt] ▷3
FR. 1963. Drame psychologique de Jean-Luc GODARD avec Brigitte Bardot, Michel Piccoli et Jack Palance. - Un scénariste se plie aux exigences d'un producteur et perd l'amour de sa femme. - Adaptation à la fois fascinante et irritante du roman d'Alberto Moravia. Évolution psychologique fort intéressante. Mise en scène d'un style insolite. Interprétation relevée. □ Général ➜ DVD $

MER, LA [Sea, The] ▷4
ISL. 2002. Drame de mœurs de Baltasar KORMAKUR avec Gunnar Eyjolfsson, Hilmir Snaer Gudnason et Gudrun S. Gisladottir. - Désirant désigner son successeur, le directeur d'une conserverie de poissons convoque un conseil de famille qui s'avère acrimonieux.
□ 13 ans+ ➜ DVD $

MER DE SALTON, LA *voir* **Salton Sea, The**

MER INTÉRIEURE, LA [Sea Inside, The] ▷3
ESP. 2004. Drame biographique d'Alejandro AMENABAR avec Javier Bardem, Belen Rueda et Lola Duenas. - Avec l'aide d'une avocate, et malgré son entourage, un quadriplégique cloué à son lit depuis 28 ans tente d'obtenir le droit de mourir. - Récit basé sur la vie et l'œuvre du militant espagnol Ramon Sampedro. Réflexion nuancée sur l'euthanasie. Personnages attachants. Mise en scène soignée. Interprétation magistrale de J. Bardem.
□ Général · Déconseillé aux jeunes enfants ➜ DVD $

MERCENAIRE DE MINUIT, LE
voir **Invitation to a Gunfighter**

MERCENAIRES DE L'ESPACE, LES
voir **Battle beyond the Stars**

MERCHANT OF FOUR SEASONS, THE
voir **Marchand de quatre saisons, Le**

MERCHANT OF VENICE ▷4
[William Shakespeare's the Merchant of Venice]
É.-U. 2004. Drame de Michael RADFORD avec Al Pacino, Jeremy Irons et Joseph Fiennes. - À Venise en 1596, un armateur emprunte une importante somme d'argent à un usurier juif qui exige une livre de sa chair en cas de non-remboursement. □ Général ➜ DVD $

MERCI D'AVOIR ÉTÉ MA FEMME *voir* **Starting Over**

MERCI LA VIE ▷3
FR. 1991. Comédie dramatique de Bertrand BLIER avec Charlotte Gainsbourg, Anouk Grinberg et Gérard Depardieu. - Une jeune étudiante est entraînée dans une folle randonnée par une fille étrange et particulièrement délurée. - Exercice de style excentrique où l'imaginaire se mêle à la réalité. Grande virtuosité narrative et technique. Jeux temporels déconcertants. Interprétation enthousiaste.
□ 13 ans+

MERCI POUR LE CHOCOLAT [Nightcap] ▷4
FR. 2000. Drame psychologique de Claude CHABROL avec Isabelle Huppert, Anna Mouglalis et Jacques Dutronc. - À la recherche de ses origines, une jeune pianiste côtoie la famille d'une femme d'affaires dont l'amabilité cache une redoutable perversité.
□ Général ➜ DVD $

MERCREDI DES CENDRES, LE *voir* **Ash Wednesday**

MERCREDI, FOLLE JOURNÉE!
FR. 2001. Pascal THOMAS

MÈRE ET FILS [Mother and Son] ►2
RUS. 1997. Drame poétique d'Alexandre SOKOUROV avec Alexei Ananishnov et Gudrun Geyer. - Une vieille femme mourante est réconfortée par son fils dévoué et aimant. - Élégie contemplative sur l'humanité confrontée à la nature et la mort. Suite d'images d'une stupéfiante beauté composées avec une minutie extrême. Interprétation prenante. ➜ DVD$

MÈRE INDIGNE *voir* **Ladybird, Ladybird**

MÈRE JEANNE DES ANGES [Mother Joan of the Angels]
POL. 1960. Jerzy KAWALEROWICZ □ Général ➜ DVD$

MÉRIDIENNE, LA ▷3
SUI. 1987. Comédie de mœurs de J.-F. AMIGUET avec Jérôme Angé, Kristin Scott Thomas et Sylvie Orcier. - Un don Juan qui a décidé de se trouver une épouse est aidé dans ses recherches par sa colocataire. - Chassé-croisé d'intrigues amoureuses. Contexte estival dessiné avec justesse. Psychologie des personnages esquissée en finesse. Langueur plaisante. Interprétation dans le ton. ➜ DVD$

MERLIN L'ENCHANTEUR *voir* **Sword in the Stone, The**

MERMAIDS [Sirènes, Les] ▷4
É.-U. 1990. Comédie dramatique de Richard BENJAMIN avec Winona Ryder, Cher et Bob Hoskins. - En pleine crise d'adolescence, la fille aînée d'une femme excentrique hésite entre devenir religieuse ou céder aux avances d'un jeune homme. □ Général ➜ DVD$

MERRILL'S MARAUDERS ▷3
É.-U. 1962. Drame de guerre de Samuel FULLER avec Jeff Chandler, Ty Hardin et Andrew Duggan. - Un régiment américain affronte les Japonais dans la jungle birmane. - Approche réaliste. Mise en scène vigoureuse et soignée. Excellente interprétation d'ensemble. □ Général

MERRY CHRISTMAS, MR. LAWRENCE [Furyo] ►2
ANG. 1982. Drame de guerre de Nagisa OSHIMA avec David Bowie, Ryuichi Sakamoto et Tom Conti. - Les difficiles relations entre des prisonniers de guerre anglais et leurs geôliers japonais. - Contexte dramatique intense et prenant. Photographie soignée. Climat d'étrangeté bien créé. Interprétation solide. □ Général

MERRY WAR, A ▷4
ANG. 1997. Comédie de mœurs de Robert BIERMAN avec Richard E. Grant, Helena Bonham Carter et Julian Wadham. - À Londres, dans les années 30, un publicitaire quitte son emploi et sacrifie son confort matériel pour devenir poète. □ Général

MERRY WIDOW, THE ▷5
É.-U. 1953. Comédie musicale de Curtis BERNHARDT avec Lana Turner, Fernando Lamas et Una Merkel. - Le roi de Marsovie charge son neveu de séduire une riche veuve pour sauver les finances du pays. □ Général

MERRY WIDOW, THE [Veuve joyeuse, La] ▷4
É.-U. 1935. Comédie musicale de Ernst LUBITSCH avec Jeanette MacDonald, Maurice Chevalier et Edward Everett Horton. - Un aristocrate est chargé de séduire une riche veuve pour sauver les finances de son pays.

MERTON OF THE MOVIES ▷4
É.-U. 1947. Comédie de Robert ALTON avec Red Skelton, Virginia O'Brien et Gloria Grahame. - Au temps du cinéma muet, un maladroit rêve de devenir un grand acteur dramatique.

MERVEILLEUSE VISITE, LA
FR. 1974. Marcel CARNÉ □ Général

MERVEILLEUX EMPORIUM DE M. MAGORIUM, LE
voir **Mr. Magorium's Wonder Emporium**

MES AMIS, MES AMOURS
FR. 2008. Lorraine LÉVY ➜ DVD$

MES CHERS VOISINS *voir* **Comunidad, La**

MES DEUX HOMMES [Men] ▷4
ALL. 1985. Comédie de mœurs de Dorris DÖRRIE avec Ulrike Kriena, Heiner Lauterbach et Uwe Ochsenknecht. - Un publicitaire entreprend de pousser l'amant bohème de sa femme à se ranger pour mettre fin à leur liaison. □ Général

MES ENFANTS NE SONT PAS COMME LES AUTRES ▷4
FR. 2002. Drame psychologique de Denis DERCOURT avec Richard Berry, Élodie Peudepièce et Frédéric Roullier. - Un veuf pousse ses deux enfants à devenir des musiciens virtuoses au prix de maints sacrifices. ➜ DVD$

MES MEILLEURS COPAINS ▷5
FR. 1989. Comédie de Jean-Marie POIRÉ avec Gérard Lanvin, Christian Clavier et Louise Portal. - Au cours d'un week-end, cinq hommes se remémorent leur jeunesse passée aux côtés de leur copine québécoise revenue en France pour donner un concert rock. □ 13 ans+

MES NUITS SONT PLUS BELLES QUE VOS JOURS
FR. 1989. Andrzej ZULAWSKI ➜ DVD$

MES PREMIERS PAS DANS LA MAFIA
voir **Freshman, The**

MES STARS ET MOI ▷4
FR. 2008. Comédie de Laetitia COLOMBANI avec Kad Merad, Catherine Deneuve et Emmanuelle Béart. - Un admirateur envahissant s'attire les foudres de trois actrices. ➜ DVD$

MESDAMES ET MESSIEURS, BONSOIR
FR. 1976. Ettore SCOLA, Mario MONICELLI et Luigi COMENCINI □ Général

MESMER ▷4
ANG. 1994. Drame biographique de Roger SPOTTISWOODE avec Alan Rickman, Amanda Ooms et Jan Rubes. - À cause de ses théories, un médecin autrichien du XVIIIe siècle est obligé de se réfugier à Paris. □ 13 ans+

MESMERIZED [Shocked] ▷5
ANG.-AUS.-N.-Z. 1986. Drame judiciaire de Michael LAUGHLIN avec Jodie Foster, John Lithgow et Michael Murphy. - Au XIXe siècle, une jeune orpheline est jugée pour le meurtre de son mari, un homme d'âge mûr au comportement fort étrange. □ Général

MESSAGE, THE [Mohammed, Messenger of God] ▷5
ANG. 1976. Drame historique de Moustapha AKKAD avec Anthony Quinn, Michael Ansara et Irène Papas. - Évocation des débuts de la religion islamique. □ Général ➜ DVD$

MESSENGER, THE: THE STORY OF JOAN OF ARC ▷4
[Messagère: l'histoire de Jeanne d'Arc, La]
FR. 1999. Drame historique de Luc BESSON avec Milla Jovovich, John Malkovich et Faye Dunaway. - En 1429, forte de supposées révélations divines, une simple paysanne devient chef des armées du roi de France Charles VII. □ 16 ans+ · Violence ➜ DVD DVD-BR$

MESSIAH, THE
ITA. 1978. Roberto ROSSELLINI □ Général

MÉTAL HURLANT *voir* **Heavy Metal**

MÉTAMORPHOSE *voir* **Mimic**

METEOR ▷5
É.-U. 1979. Drame de Ronald NEAME avec Sean Connery, Karl Malden et Brian Keith. - Des savants russes et américains unissent leurs forces pour détruire un météore se dirigeant vers la Terre. □ 13 ans+ ➜ DVD$

MÉTISSE *voir* **Café au lait**

METROLAND ▷4
FR.-ANG. 1997. Drame de mœurs de Philip SAVILLE avec Christian Bale, Emily Watson et Lee Ross. - Un père de famille qui mène une vie confortable et rangée voit ressurgir son passé de jeune bohème contestataire lorsqu'il renoue avec un vieil ami. □ 13 ans+ ➜ DVD$

METROPOLIS ►1
ALL. 1926. Science-fiction de Fritz LANG avec Brigitte Helm, Alfred Abel et Gustav Froehlich. - Dans une cité de l'avenir, sous la conduite d'un robot d'allure féminine, les travailleurs se révoltent contre la classe dirigeante. - Œuvre visionnaire au message social critique. Quelques naïvetés. Décors futuristes habilement imaginés. Nombreuses scènes impressionnantes. Trucages étonnants pour l'époque. Interprétation dans la note. □ Général ➜ DVD$

METROPOLIS ▷3
JAP. 2001. Dessins animés de RINTARO. - Dans une cité du futur, le neveu d'un détective qui recherche un savant fou tombe amoureux de la jeune androïde créée par ce dernier. - Récit s'inspirant d'un classique de la science-fiction réalisé par Fritz Lang. Traitement sérieux des aspects politiques et philosophiques du sujet. Touches de poésie visuelle. Animation d'une grande richesse. ➜ DVD$

METROPOLITAN ▷4
É.-U. 1989. Comédie de mœurs de Whit STILLMAN avec Edward Clements, Carolyn Farina et Christopher Eigeman. - Un étudiant sans le sou est invité à se joindre à un groupe de jeunes New-Yorkais de familles fortunées qui se réunissent par simple distraction.
□ Général ➜ DVD $

MEURS UN AUTRE JOUR *voir* **Die Another Day**

MEURTRE À HOLLYWOOD *voir* **Sunset**

MEURTRE AU GALOP *voir* **Murder at the Gallop**

MEURTRE AU SOLEIL *voir* **Evil Under the Sun**

MEURTRE AVEC PRÉMÉDITATION *voir* **Murder in the First**

MEURTRE DANS LE SANG, LE *voir* **Natural Born Killers**

MEURTRE DANS UN JARDIN ANGLAIS *voir* **Draughtsman's Contract, The**

MEURTRE MYSTÉRIEUX À MANHATTAN *voir* **Manhattan Murder Mystery**

MEURTRE PAR DÉCRET *voir* **Murder by Decree**

MEURTRE PARFAIT *voir* **Perfect Murder, A**

MEURTRES ▷4
FR. 1950. Drame psychologique de Richard POTTIER avec Fernandel, Jeanne Moreau et Raymond Souplex. - Coupable d'euthanasie, un homme a des ennuis avec ses frères qui ont peur du scandale.
➜ DVD $

MEURTRES À BROOKLYN *voir* **Strapped**

MEURTRES EN DIRECT *voir* **Wrong Is Right**

MEXICAN, THE [Mexicain, Le] ▷4
É.-U. 2001. Comédie policière de Gore VERBINSKI avec Brad Pitt, Julia Roberts et James Gandolfini. - Alors qu'il se trouve au Mexique en mission pour la pègre, un jeune homme apprend que sa petite amie a été kidnappée. □ 13 ans+ · Violence ➜ DVD $

MI-FUGUE, MI-RAISIN ▷5
ESP. 1994. Comédie de Fernando COLOMO avec Pere Ponce, Penelope Cruz et Rosa Maria Sarda. - Un jeune musicien homosexuel aux prises avec une mère possessive s'amourache d'une amie. □ Général

MIA ET LE MIGOU ▷4
FR. 2008. Film d'animation de Jacques-Rémy GIRERD. - En Amérique du Sud, une fillette à la recherche de son père ouvrier croise une créature protéiforme et fantasque qui protège un arbre séculaire aux mystérieux pouvoirs. □ Général ➜ DVD $

MIAMI RHAPSODY ▷4
É.-U. 1995. Comédie de mœurs de David FRANKEL avec Sarah Jessica Parker, Antonio Banderas et Gil Bellows. - En découvrant les déboires conjugaux de quelques couples de son entourage, une jeune publiciste en vient à remettre en question son futur mariage. ➜ DVD $

MIAMI VICE ▷4
É.-U. 2006. Drame policier de Michael MANN avec Colin Farrell, Jamie Foxx et Gong Li. - Deux détectives de la brigade des stupéfiants de Miami se font passer pour des trafiquants de drogue afin d'éclaircir une affaire de meurtre. □ 13 ans+ · Violence ➜ DVD $

MIAOU! ▷5
HOL. 2001. Comédie fantaisiste de Vincent BAL avec Carice van Houten, Theo Maasen et Sarah Bannier. - Une chatte mystérieusement transformée en jeune femme lie amitié avec un timide journaliste.
□ Général ➜ DVD $

MICHAEL
DAN. 1924. Carl Theodor DREYER ➜ DVD $

MICHAEL [Archange, L'] ▷4
É.-U. 1996. Comédie fantaisiste de Nora EPHRON avec John Travolta, William Hurt et Andie MacDowell. - Une équipe d'un journal à sensation se rend dans une petite ville de l'Iowa afin de faire un reportage sur un ange. □ Général ➜ DVD $

MICHAEL CLAYTON ▷3
É.-U. 2007. Thriller de Tony GILROY avec George Clooney, Tilda Swinton et Tom Wilkinson. - Un avocat travaillant pour une grande firme est chargé d'un dossier qui le plonge dans un dilemme moral. - Thèmes sociaux riches et porteurs. Scénario habilement construit. Mise en scène rigoureuse. Rythme un peu laborieux. Jeu sensible de G. Clooney.
□ Général ➜ DVD DVD-BR $

MICHAEL COLLINS ▷4
ANG. 1996. Drame historique de Neil JORDAN avec Liam Neeson et Julia Roberts. - Les activités terroristes et politiques d'un révolutionnaire irlandais jusqu'à son assassinat en 1922. □ 13 ans+ ➜ DVD $

MICHOU D'AUBERT ▷4
FR. 2007. Chronique de Thomas GILOU avec Gérard Depardieu, Nathalie Baye et Samy Seghir. - Au début des années 1960, un jeune Parisien d'origine algérienne et de confession musulmane est placé chez un couple de provinciaux catholiques, où il doit camoufler sa véritable identité. □ Général

MICKEY BLUE EYES [Mickey belle gueule] ▷4
É.-U. 1999. Comédie policière de Kelly MAKIN avec Hugh Grant, James Caan et Jeanne Tripplehorn. - En voulant épouser la fille d'un gangster, un Anglais, directeur d'une salle de ventes new-yorkaise, se voit malgré lui impliqué dans la mafia. □ Général ➜ DVD $

MICKI + MAUDE ▷5
É.-U. 1984. Comédie de Blake EDWARDS avec Dudley Moore, Amy Irving et Ann Reinking. - Un reporter de télévision, devenu bigame, est décontenancé lorsque ses deux compagnes sont enceintes en même temps. □ Général ➜ DVD $

MIDAQ ALLEY
MEX. 1995. Jorge FONS □ 13 ans+

MIDDLEMAN
IND. 1975. Satyajit RAY

MIDNIGHT
BRÉ. 1998. Walter SALLES et Daniela THOMAS

MIDNIGHT ▷4
É.-U. 1939. Comédie de Mitchell LEISEN avec Claudette Colbert, John Barrymore et Don Ameche. - Les aventures d'une jeune Américaine en voyage à Paris. □ Général ➜ DVD $

MIDNIGHT CLEAR, A [Section 44] ▷4
É.-U. 1992. Drame de guerre de Keith GORDON avec Ethan Hawke, Peter Berg et Kevin Dillon. - Au cours de la campagne des Ardennes, des soldats américains cherchent à gagner la confiance de leur ennemi démoralisé. □ Général ➜ DVD $

MIDNIGHT COWBOY [Macadam cow-boy] ►2
É.-U. 1969. Drame psychologique de John SCHLESINGER avec Jon Voight, Dustin Hoffman et Sylvia Miles. - Les déboires d'un jeune homme qui part du Texas pour se rendre à New York dans l'espoir d'y faire fortune en se prostituant. - Subtil mélange d'amertume et de drôlerie. Imagerie stupéfiante. Réalisation brillante. Excellente interprétation. □ 18 ans+ ➜ DVD $

MIDNIGHT EXPRESS [Express de minuit, L'] ▷4
ANG. 1978. Drame d'Alan PARKER avec Brad Davis, John Hurt et Randy Quaid. - Un jeune Américain est enfermé dans une prison turque pour trafic de drogues. □ 18 ans+ ➜ DVD $

MIDNIGHT IN THE GARDEN OF GOOD AND EVIL [Minuit dans le jardin du bien et du mal] ▷4
É.-U. 1997. Drame judiciaire de Clint EASTWOOD avec Kevin Spacey, John Cusack et Jack Thompson. - Un journaliste new-yorkais suit le procès pour meurtre d'un riche antiquaire homosexuel de Georgie.
□ Général ➜ DVD $

MIDNIGHT LACE ▷4
É.-U. 1960. Drame policier de David MILLER avec Doris Day, Rex Harrison et Myrna Loy. - L'épouse d'un financier reçoit de mystérieuses menaces de mort. □ Général

MIDNIGHT RUN ▷4
É.-U. 1988. Comédie policière de Martin BREST avec Robert De Niro, Charles Grodin et Yaphet Kotto. - Un chasseur de primes doit ramener de New York à Los Angeles un comptable qui a volé des millions de dollars à son patron mafioso. □ Général ➜ DVD $

MIDNIGHT STALLION, THE *voir* **Caballo Prieto Azabache**

MIDSUMMER NIGHT'S DREAM ▷4
É.-U. 1935. Comédie de M. REINHARDT et W. Dieterle avec James Cagney, Olivia de Havilland et Dick Powell. - Les dieux de la forêt viennent en aide à des amoureux. □ Général ➜ DVD $

MIDSUMMER NIGHT'S DREAM, A ▷5
É.-U. 1999. Comédie fantaisiste de Michael HOFFMAN avec Kevin Kline, Calista Flockhart et Michelle Pfeiffer. - Au XIXe siècle, dans un bois enchanté de la Toscane, un lutin espiègle provoque de surprenants chassés-croisés amoureux. □ Général ➜ DVD $

MIDSUMMER NIGHT'S SEX COMEDY, A ▷3
[Comédie érotique d'une nuit d'été]
É.-U. 1982. Comédie de mœurs réalisée et interprétée par Woody ALLEN avec Mia Farrow et Jose Ferrer. - Au début du siècle, un courtier new-yorkais excentrique invite quelques amis à sa maison de campagne. - Aimable pochade. Amusants chassés-croisés amoureux. Jolies illustrations champêtres. Touches d'ironie. Interprétation fantaisiste. □ 13 ans+ ➔ DVD $

MIDWAY [Bataille de Midway, La] ▷5
É.-U. 1976. Drame de guerre de Jack SMIGHT avec Charlton Heston, Henry Fonda et Toshiro Mifune. - Six mois après Pearl Harbor, les Américains déjouent une attaque de la flotte japonaise contre l'île Midway. □ Général ➔ DVD $

MIDWINTER'S TALE, A [Au beau milieu de l'hiver] ▷4
ANG. 1995. Comédie de Kenneth BRANAGH avec Michael Maloney, Richard Briers et Mark Hadfield. - Un acteur désoeuvré entreprend de monter «Hamlet» dans une vieille église de campagne. □ Général

MIEL ET CENDRES [Honey & Ashes] ▷5
SUI. 1995. Drame social de Nadia FARÈS avec Nozha Khouadra, Amel Ledhili et Naji Najeh. - Le destin de trois femmes tunisiennes qui cherchent à s'émanciper dans une société dominée par l'autorité masculine. ➔ DVD $

MIEL PARA OSHUN [Honey for Oshun]
CUB. ESP. 2001. Humberto SOLAS

MIFUNE ▷4
DAN. 1999. Comédie dramatique de Soren KRAGH-JACOBSEN avec Anders W. Berthelsen, Iben Hjejle et Jesper Asholt - À la mort de son père, un yuppie marié retourne seul à la ferme familiale et s'éprend de la gouvernante qu'il a engagée pour s'occuper de son frère simple d'esprit. □ 13 ans+

MIGHTY, THE [Croisade des braves, La] ▷4
É.-U. 1998. Drame psychologique de Peter CHELSOM avec Elden Henson, Kieran Culkin et Sharon Stone. - Deux adolescents rejetés, l'un costaud mais analphabète, l'autre surdoué mais handicapé, s'allient pour affronter l'adversité. □ Général ➔ DVD $

MIGHTY APHRODITE [Maudite Aphrodite] ▷3
É.-U. 1995. Comédie réalisée et interprétée par Woody ALLEN avec Mira Sorvino et F. Murray Abraham. - Le père adoptif d'un enfant très intelligent découvre que la mère biologique est une prostituée plutôt gourde. - Humour savamment ironique. Personnages subtilement dépeints. Réalisation légère. Interprétation savoureuse. □ 13 ans+ · Langage vulgaire ➔ DVD $

MIGHTY HEART, A [Cœur invaincu, Un] ▷4
É.-U. 2007. Drame politique de Michael WINTERBOTTOM avec Angelina Jolie, Dan Futterman et Archie Panjabi. - Les circonstances entourant l'enlèvement du journaliste américain Daniel Pearl par des intégristes islamistes en janvier 2002 au Pakistan. □ 13 ans+ ➔ DVD DVD-BR $

MIGHTY WIND, A [Grandes retrouvailles, Les] ▷3
É.-U. 2003. Comédie satirique réalisée et interprétée par Christopher GUEST avec Bob Balaban and Eugene Levy. - Les retrouvailles houleuses des membres de trois groupes de musique folk lors d'un concert en hommage à leur producteur décédé. - Brillante satire d'un genre musical et de son passé glorieux. Heureux mélange de cynisme et de nostalgie. Utilisation judicieuse du style faux documentaire. Jeu impeccable des interprètes. □ Général ➔ DVD $

MIIKE'S IZO *voir* **Izo**

MIKADO, THE ▷4
ANG. 1938. Comédie musicale de Victor SCHERTZINGER avec Kenny Baker, Martyn Green et Sydney Granville. - Les tribulations d'un troubadour qui s'éprend de la pupille du grand exécuteur de l'empereur du Japon. ➔ DVD $

MIKADO, THE ▷4
ANG. 1967. Spectacle musical de Stuart BURGE avec Philip Potter, Valerie Masterson et John Reed. - Présentation sur scène de la célèbre opérette du duo anglais Gilbert et Sullivan.

MIKEY AND NICKY ▷5
É.-U. 1976. Drame policier d'Elaine MAY avec Peter Falk, John Cassavetes et Ned Beatty. - Deux amis d'enfance à l'emploi de la pègre se retrouvent alors que l'un d'eux se sent menacé de mort.

MILAGRO BEANFIELD WAR, THE ▷4
É.-U. 1988. Comédie dramatique de Robert REDFORD avec John Heard, Sonia Braga et Carlos Riquelme. - Au Nouveau-Mexique, des villageois prennent la défense d'un fermier qui a utilisé l'eau destinée à un riche promoteur pour arroser son champ. □ Général ➔ DVD $

MILDRED PIERCE ▷4
É.-U. 1945. Drame de Michael CURTIZ avec Joan Crawford, Jack Carson et Zachary Scott. - Une jeune femme se tue au travail pour élever sa fille et n'en retire qu'une suite de déceptions. ➔ DVD $

MILENA [Lover, The] ▷4
FR. 1990. Drame biographique de Véra BELMONT avec Valérie Kaprisky, Stacy Keach et Gudrun Landgrebe. - En 1920, une jeune femme abandonne ses études de médecine et s'installe à Vienne où elle fréquente le milieu des artistes et des écrivains. □ Général

MILES FROM HOME ▷4
É.-U. 1988. Drame social de Gary SINISE avec Richard Gere, Kevin Anderson et Penelope Ann Miller. - Ayant été avisés par leur banque d'une saisie prochaine, deux frères mettent le feu à leur ferme et partent à l'aventure sur les routes. □ Général ➔ DVD $

MILK ▷3
É.-U. 2008. Drame biographique de Gus VAN SANT avec Sean Penn, James Franco et Emile Hirsch. - La vie du militant pour les droits des gays Harvey Milk, assassiné en 1978 par un confrère homophobe, moins d'un an après avoir été élu au conseil municipal de San Francisco. - Portrait fascinant et honnête d'un homme politique qui a marqué l'histoire américaine. Scénario rigoureux maniant fort bien l'ellipse. Réalisation élégante, dans la retenue. Production technique haut de gamme. Interprétation supérieure. □ Général · Déconseillé aux jeunes enfants ➔ DVD DVD-BR $

MILKY WAY, THE ▷4
É.-U. 1936. Comédie de Leo McCAREY avec Harold Lloyd, Adolphe Menjou et Verree Teasdale. - Un laitier timide devenu boxeur est vainqueur à son insu de combats truqués.

MILKY WAY, THE
ISR. 1997. Ali NASSER □ Général

MILKY WAY, THE *voir* **Voie lactée, La**

MILLE BOLLE BLU ▷4
ITA. 1992. Comédie de mœurs de Leone POMPUCCI avec Paolo Bonacelli, Clelia Rodinella et Stefania Montorsi. - Chronique de la vie des résidents d'un quartier populaire de Rome à la veille de l'éclipse solaire de 1961. □ Général

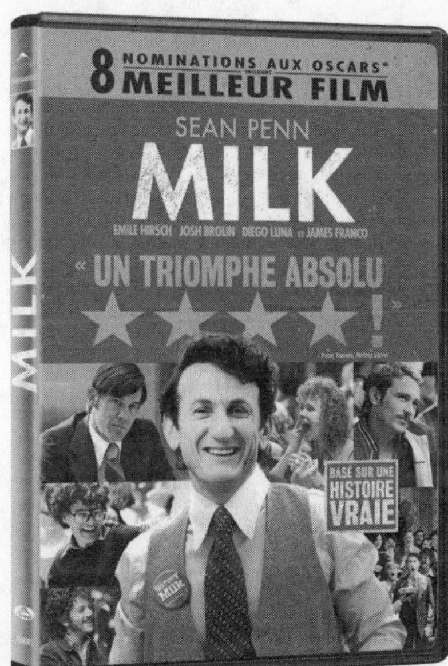

© ALLIANCE

MILLE ET UNE NUITS, LES [Arabian Nights] ▷4
ITA. 1974. Conte de Pier Paolo PASOLINI avec Ines Pellegrini, Ninetto Davoli et Franco Citti. - Enlevée à son maître, une belle esclave passe par d'étonnantes aventures. □ 18 ans+

MILLE MILLIARDS DE DOLLARS ▷4
FR. 1981. Drame social d'Henri VERNEUIL avec Patrick Dewaere, Caroline Cellier et Mel Ferrer. - Un journaliste enquête sur un industriel qui, à la tête d'une entreprise nationale, s'est laissé acheter par une multinationale américaine. □ Général ➜ DVD$

MILLENIUM MAMBO
TAÏ. 2001. Hou HSIAO-HSIEN ➜ DVD$

MILLER'S CROSSING [Cadavre sous le chapeau, Un] ▷3
É.-U. 1990. Drame policier de Joel COEN avec Gabriel Byrne, Marcia Gay Harden et Albert Finney. - Après une liaison avec la maîtresse de son patron, le bras droit d'un magnat de la pègre se met au service d'un rival méfiant. - Pastiche soigné des films de gangsters des années 1930. Illustration intelligemment stylisée. Forte interprétation. □ 13 ans+ ➜ DVD$

MILLIARDAIRE, LE *voir* **Let's Make Love**

MILLIE *voir* **Thoroughly Modern Millie**

MILLION, LE ▷3
FR. 1931. Comédie fantaisiste de René CLAIR avec René Lefèvre, Annabella et Paul Olivier. - Un homme qui a gagné un million à la loterie cherche son billet qu'il a égaré. - Fantaisie alerte. Réalisation maîtrisée. □ Général ➜ DVD$

MILLION DOLLAR BABY [Fille à un million de dollars] ►2
É.-U. 2004. Drame réalisé et interprété par Clint EASTWOOD avec Hilary Swank et Morgan Freeman. - Un vieil entraîneur macho accepte d'aider une jeune boxeuse ambitieuse issue d'un milieu très modeste. - Récit d'une sensibilité rare sur le monde de la boxe. Réalisation en tous points remarquable. Composition énergique et bouleversante d'H. Swank. □ 13 ans+ ➜ DVD DVD-BR$

MILLION DOLLAR HOTEL ▷5
[Hôtel d'un million de dollars, L']
ALL. 2000. Drame policier de Wim WENDERS avec Jeremy Davies, Mel Gibson et Milla Jovovich. - Dans un hôtel décrépit peuplé de marginaux, un agent du FBI enquête sur la mort suspecte du fils d'un magnat de la presse. □ 13 ans+ ➜ DVD$

MILLION DOLLAR LEGS ▷4
É.-U. 1932. Comédie de Edward CLINE avec W.C. Fields, Jack Oakie et Lyda Roberti. - Le président d'un petit pays veut renflouer sa caisse avec les talents athlétiques de ses compatriotes. □ Général

MILLION POUND NOTE, THE ▷4
ANG. 1954. Comédie de Ronald NEAME avec Gregory Peck, Jane Griffiths et Ronald Squire. - Grâce à l'effet produit sur son entourage par un billet de banque d'un million de livres qu'on lui a remis, un jeune homme devient riche. □ Général

MILLIONS ▷4
ANG. 2004. Comédie fantaisiste de Danny BOYLE avec Alex Etel, Lewis McGibbon et James Nesbitt. - Un gamin fasciné par les saints se retrouve en possession d'un gros magot qu'il décide d'utiliser pour aider les pauvres. □ Général ➜ DVD$

MILOU EN MAI ▷3
FR. 1989. Comédie de mœurs de Louis MALLE avec Michel Piccoli, Miou-Miou et Michel Duchaussoy. - À la suite du décès de leur aïeul au mois de mai 1968, les membres d'une famille se réunissent dans le domaine familial et organisent tant bien que mal la succession. - Évocation légère et ironique d'événements historiques. Rythme soutenu. Illustration plaisante. Jeu candide et nuancé de M. Piccoli. □ 13 ans+

MIMI MÉTALLO BLESSÉ DANS SON HONNEUR ▷4
[Seduction of Mimi, The]
ITA. 1972. Comédie satirique de Lina WERTMÜLLER avec Giancarlo Giannini, Mariangela Melato et Agostina Belli. - Rapatrié par la mafia, qu'il avait défiée, un Sicilien s'irrite de voir que sa femme attend un enfant d'un autre homme. □ 13 ans+

MIMIC [Métamorphose] ▷4
É.-U. 1997. Drame d'horreur de Guillermo DEL TORO avec Mira Sorvino, Jeremy Northam et Charles S. Dutton. - Des insectes créés par manipulation génétique pour enrayer une épidémie subissent une mutation et en viennent à menacer l'espèce humaine. □ 13 ans+ · Horreur ➜ DVD$

MINA TANNENBAUM ▷4
FR. 1993. Comédie dramatique de Martine DUGOWSON avec Romane Bohringer, Elsa Zylberstein et Jean-Philippe Ecoffey. - Les hauts et les bas de l'amitié entre deux jeunes Parisiennes juives nées le même jour à la fin des années 1950. □ Général

MINCE LIGNE ROUGE, LA *voir* **Thin Red Line, The**

MINES DU ROI SALOMON, LES
voir **King Solomon's Mines**

MINISTRY OF FEAR [Espions sur la Tamise] ▷3
E.-U. 1944. Drame d'espionnage de Fritz LANG avec Ray Milland, Marjorie Reynolds et Carl Esmond. - Un ancien détenu parvient à démasquer une bande d'espions nazis. - Sujet ingénieux tiré du roman de Graham Greene. □ Général

MINIVER STORY, THE ▷4
É.-U. 1950. Drame psychologique de H.C. POTTER avec Greer Garson, Walter Pidgeon et Leo Genn. - Une mère de famille atteinte d'un mal incurable consacre ses derniers mois de vie au bonheur des siens. □ Général

MINNIE AND MOSKOWITZ ▷3
É.-U. 1971. Comédie de mœurs réalisée et interprétée par John CASSAVETES avec Gena Rowlands et Seymour Cassel. - L'idylle surprenante entre deux personnes de milieux différents. - Suite de saynètes riches en observations savoureuses. Structure dramatique plutôt lâche. Interprétation excellente. □ Général

MINORITY REPORT [Rapport minoritaire] ▷3
É.-U. 2002. Science-fiction de Steven SPIELBERG avec Tom Cruise, Colin Farrell et Samantha Morton. - En l'an 2054, une invention capable de prédire les meurtres permet aux policiers d'arrêter les suspects avant que les crimes soient commis. - Adaptation inventive d'une nouvelle de Philip K. Dick. Suspense policier campé dans un contexte futuriste fascinant. Réalisation d'une grande virtuosité. Jeu vigoureux de T. Cruise. □ 13 ans+ ➜ DVD$

MINUIT *voir* **Last Night**

MINUIT DANS LE JARDIN DU BIEN ET DU MAL
voir **Midnight in the Garden of Good and Evil**

MINUS MAN, THE ▷4
É.-U. 1999. Drame psychologique de Hampton FANCHER avec Owen Wilson, Brian Cox et Janeane Garofalo. - Un jeune homme réservé cachant des pulsions meurtrières vient s'installer dans une petite ville paisible. □ 13 ans+ ➜ DVD$

MIRACLE
ITA. 1948. Roberto ROSSELLINI

MIRACLE, THE ▷4
ANG. 1990. Drame sentimental de Neil JORDAN avec Niall Byrne, Beverly D'Angelo et Donal McCann. - Un jeune saxophoniste poursuit de ses avances une vedette américaine de music-hall dont le passé semble receler un secret. □ 13 ans+

MIRACLE À MILAN [Miracle in Milan] ►2
ITA. 1950. Comédie fantaisiste de Vittorio DE SICA avec Francesco Golisano, Emma Grammatica et Paolo Stoppa. - Un orphelin aux pouvoirs magiques veut aider des gagne-petit à sortir de leur misère. - Œuvre originale. Mélange de réalisme et de féerie. Nombreuses trouvailles. Interprétation remarquable. □ Général

MIRACLE AT ST. ANNA ▷5
É.-U. 2008. Drame de guerre de Spike LEE avec Omar Benson Miller, Laz Alonso et Derek Luke. - En septembre 1944, en Toscane, quatre soldats afro-américains se retrouvent isolés derrière les lignes ennemies après avoir sauvé la vie d'un petit orphelin. □ 13 ans+ · Violence ➜ DVD DVD-BR$

MIRACLE DE FATIMA, LE
voir **Miracle of Our Lady of Fatima, The**

MIRACLE MAKER, THE ▷4
ANG. 2000. Drame biblique de Deker W. HAYES et Stanislav Sokolov. - Évocation de la vie et de la passion de Jésus au moyen de figurines en pâte à modeler. ➜ DVD$

MIRACLE OF MARCELINO, THE ▷4
[Marcelino pan y vino]
ESP. 1954. Conte de Ladislao VAJDA avec Pablito Calvo, Rafael Rivelles et Juan Calvo. - Un garçonnet remuant et espiègle cause bien des problèmes aux moines espagnols qui l'élèvent. □ Général

MIRACLE OF MORGAN'S CREEK, THE ▷4
É.-U. 1943. Comédie de Preston STURGES avec Betty Hutton, Eddie Bracken et Diana Lynn. - Un jeune naïf se met dans le pétrin en tentant de venir en aide à une amie enceinte. □ Général ➔ DVD$

MIRACLE OF OUR LADY OF FATIMA, THE ▷5
[Miracle de Fatima, Le]
É.-U. 1953. Drame religieux de John BRAHM avec Susan Whitney, Gilbert Roland et Angela Clarke. - Récit romancé des apparitions de la Vierge à des enfants portugais. ➔ DVD$

MIRACLE ON 34th STREET ▷4
[Miracle de la 34e rue, Le]
É.-U. 1947. Comédie de George SEATON avec Edmund Gwenn, Maureen O'Hara et Natalie Wood. - Engagé comme père Noël dans un magasin, un vieux monsieur prétend être le véritable Santa Claus. □ Général ➔ DVD$

MIRACLE ON 34th STREET [Miracle sur la 34e rue] ▷4
É.-U. 1994. Conte de Les MAYFIELD avec Richard Attenborough, Mara Wilson et Elizabeth Perkins. - Un sympathique vieillard engagé pour personnifier le père Noël dans un grand magasin new-yorkais prétend être le seul et unique Santa Claus. □ Général · Enfants ➔ DVD$

MIRACLE POUR RALPH, UN *voir* **Saint Ralph**

MIRACLE WOMAN, THE
É.-U. 1931. Frank CAPRA □ Général

MIRACLE WORKER, THE ▷3
É.-U. 1962. Drame psychologique d'Arthur PENN avec Anne Bancroft, Patty Duke et Victor Jory. - Une jeune femme entreprend l'éducation d'une petite fille sourde, muette et aveugle. - Scénario rappelant l'histoire authentique d'Helen Keller. Sujet exploité avec talent et originalité. Interprétation exceptionnelle. □ Général ➔ DVD$

MIRACLES
H.-K. 1989. Jackie CHAN

MIRACULÉ, LE ▷5
FR. 1986. Comédie burlesque de Jean-Pierre MOCKY avec Michel Serrault, Jean Poiret et Jeanne Moreau. - Un inspecteur d'assurances muet surveille un clochard qui a touché une forte prime à cause d'une paralysie et qui se rend à Lourdes pour obtenir sa prétendue guérison.

MIRAGE ▷4
É.-U. 1965. Drame policier d'Edward DMYTRYK avec Gregory Peck, Diane Baker et Walter Matthau. - Un homme se rend compte qu'il a perdu la mémoire et se voit poursuivi par des personnages mystérieux.

MIRCH MASALA *voir* **Spices**

MIRIANA *voir* **Hey Babu Riba**

MIROIR À DEUX VISAGES, LE *voir* **Mirror Has Two Faces**

MIROIR AUX ESPIONS, LE *voir* **Looking Glass War, The**

MIROIR DU CŒUR *voir* **Winter Guest, The**

MIROIR SE BRISA, LE *voir* **Mirror Crack'd, The**

MIROIR, LE [Mirror, The] ►1
RUS. 1974. Drame poétique d'Andrei TARKOVSKY avec Margarita Terekhova, Oleg Yankovsky et Ignat Daniltsev. - Sur le point de se séparer de sa femme, un cinéaste se remémore la vie de sa mère en songeant aussi aux liens qui l'unissent à son fils. - Fresque mémorielle envoûtante proposant un hommage unique à la mère et la mère patrie. Style hermétique renouvelant le cinéma onirique et poétique. Images d'une beauté saisissante. Interprétation subtile et lumineuse de M. Terekhova dans un double rôle. □ Général ➔ DVD$

MIRROR CRACK'D, THE [Miroir se brisa, Le] ▷4
ANG. 1980. Drame policier de Guy HAMILTON avec Angela Lansbury, Elizabeth Taylor et Rock Hudson. - Une vieille demoiselle aide son neveu policier à résoudre une affaire de meurtre.
□ Général ➔ DVD$

MIRROR HAS TWO FACES [Miroir à deux visages, Le] ▷5
É.-U. 1996. Comédie sentimentale réalisée et interprétée par Barbra STREISAND avec Jeff Bridges et Lauren Bacall. - Une enseignante assoiffée de romantisme s'engage dans une relation avec un collègue qui prône l'amour platonique. □ Général ➔ DVD$

MIRROR, THE
IRAN 1997. Jafar PANAHI ➔ DVD$

MISE À NUE *voir* **Suddenly Naked**

MISÉRABLES DU XXe SIÈCLE, LES ▷4
FR. 1995. Chronique de Claude LELOUCH avec Jean-Paul Belmondo, Michel Boujenah et Alessandra Martines. - Les tribulations d'un déménageur qui vient en aide à une famille juive durant l'Occupation. □ Général

MISÉRABLES, LES ▷4
FR. 1934. Drame de Raymond BERNARD avec Harry Baur, Charles Vanel et Florelle. - La vie tourmentée d'un forçat évadé au début du XIXe siècle.

MISÉRABLES, LES [Misérables, Les (1935-1952)] ▷4
É.-U. 1935. Drame de Richard BOLESLAWSKI avec Fredric March, Charles Laughton et Rochelle Hudson. - Un ancien forçat est poursuivi par la haine d'un policier. □ Général ➔ DVD$

MISÉRABLES, LES ▷5
FR. 1957. Drame de Jean-Paul LE CHANOIS avec Jean Gabin, Bernard Blier et Bourvil. - Un ancien forçat recherche le bonheur en faisant le bien. □ Général

MISÉRABLES, LES ▷3
FR. 1982. Drame de Robert HOSSEIN avec Lino Ventura, Michel Bouquet et Jean Carmet. - Un ancien forçat est poursuivi par la haine implacable d'un policier. - Adaptation soignée du roman de Victor Hugo. Suite de scènes composées avec vigueur. Tableau d'époque réussi. □ Général

MISÉRABLES, LES ▷4
É.-U. 1998. Drame de Bille AUGUST avec Liam Neeson, Geoffrey Rush et Uma Thurman. - Un ex-bagnard qui a entrepris de recueillir une petite orpheline est inlassablement traqué par son ancien geôlier. □ Général

MISERY ▷5
É.-U. 1989. Drame d'horreur de Rob REINER avec James Caan, Kathy Bates et Richard Farnsworth. - Victime d'un accident d'automobile, un romancier à succès est recueilli et soigné par une infirmière qui s'avère être une admiratrice tortionnaire. □ 13 ans+ ➔ DVD$

MISFITS, THE ►2
É.-U. 1961. Drame psychologique de John HUSTON avec Clark Gable, Marilyn Monroe et Montgomery Clift. - À Reno, une jeune femme qui vient de divorcer s'éprend d'un cow-boy solitaire. - Œuvre insolite et vivante. Psychologie fouillée. Excellents moments cinématographiques. Interprétation remarquable. □ Général ➔ DVD$

MISHIMA [Mishima - A Life in Four Chapters] ▷3
É.-U. 1985. Drame biographique de Paul SCHRADER avec Ken Ogata, Masayuki Shionoya et Naoko Otani. - Guidé par l'amour des armes et de l'art, l'écrivain Yukio Mishima proclame sa fidélité à l'empereur et couronne son existence en se faisant hara-kiri. - Récit vigoureusement construit. Formalisme du traitement reflétant bien l'œuvre de l'écrivain. Interprétation intense. □ 13 ans+ ➔ DVD$

MISS DAISY ET SON CHAUFFEUR *voir* **Driving Miss Daisy**

MISS EUROPE *voir* **Prix de beauté**

MISS GRANT TAKES RICHMOND ▷4
É.-U. 1949. Comédie de Lloyd BACON avec Lucille Ball, William Holden et Janis Certer. - Une secrétaire peu douée prend en l'absence de son patron malhonnête des initiatives que celui-ci ne peut désavouer. □ Général

MISS JULIE *voir* **Mademoiselle Julie**

MISS JULIE ▷4
ANG. 1999. Drame psychologique de Mike FIGGIS avec Peter Mullan, Saffron Burrows et Maria Doyle Kennedy. - Durant une journée d'été, une jeune châtelaine aux émotions fragiles fait des avances à un domestique qui se jouera de ses sentiments. ➔ DVD$

MISS MARY ▷4
ARG. 1986. Drame de mœurs de Maria Luisa BEMBERG avec Julie Christie, Sofia Viruboff et Donald McIntire. - En 1938, un riche Argentin de la haute bourgeoisie engage une gouvernante anglaise pour veiller à l'éducation de ses trois enfants. □ Général

MISS MÉTÉO ▷4
QUÉ. 2005. Comédie de François BOUVIER avec Anne-Marie Cadieux, Patrice Robitaille et Sophie Prégent. - À l'approche de ses quarante ans, une présentatrice de la météo traverse une crise personnelle et professionnelle. ➔ DVD$

MISS MONA ▷4
FR. 1986. Drame de mœurs de Mehdi CHAREF avec Jean Carmet, Ben Smail et Albert Delpy. - À Paris, un Nord-Africain et un travesti s'unissent pour obtenir l'argent voulu pour la réalisation de leur rêve.
□ 13 ans+

MISS MOSCOU ▷5
QUÉ. 1991. Comédie satirique de Gilles CARLE avec Renée Faure, Chloé Sainte-Marie et Michel Côté. - Les colocataires d'un logement de Moscou accueillent un des leurs qui vit depuis quinze ans au Canada.

MISS PETTIGREW LIVES FOR A DAY ▷4
ANG. 2007. Comédie sentimentale de Bharat NALLURI avec Frances McDormand, Amy Adams et Ciaran Hinds. - En 1939, à Londres, une ex-gouvernante est engagée comme «secrétaire sociale» par une jeune actrice américaine courtisée par trois hommes. □ Général ➔ DVD$

MISS POTTER ▷4
ANG. 2006. Drame biographique de Chris NOONAN avec Ewan McGregor, Renée Zellweger et Emily Watson. - La vie et l'œuvre de l'auteure de romans pour enfants Beatrix Potter dans l'Angleterre du début du XXe siècle. □ Général ➔ DVD$

MISS SADIE THOMPSON [Belle du Pacifique, La] ▷5
É.-U. 1953. Drame de Curtis BERNHARDT avec Rita Hayworth, Jose Ferrer et Aldo Ray. - Dans une île du Pacifique, un pasteur puritain lutte contre l'influence d'une entraîneuse.

MISSING [Porté disparu] ▷3
É.-U. 1981. Drame social de Constantin COSTA-GAVRAS avec Jack Lemmon, Sissy Spacek et John Shea. - Un Américain se rend au Chili à la recherche de son fils disparu lors du coup d'État de 1973. - Sujet tiré d'une expérience vécue. Mise en scène adroite. Passages particulièrement percutants. Interprétation fort convaincante. ➔ DVD$

MISSING, THE [Disparues, Les] ▷4
É.-U. 2003. Western de Ron HOWARD avec Cate Blanchett, Tommy Lee Jones et Evan Rachel Wood. - En 1885, une femme qui recherche sa fille kidnappée par des Apaches obtient l'aide de son père revenu après des années d'absence. ➔ DVD DVD$

MISSION, THE ▷3
ANG. 1986. Drame historique de Roland JOFFÉ avec Robert De Niro, Jeremy Irons et Ray McAnally. - Au cours du XVIIIe siècle en Amérique du Sud, des jésuites qui ont fondé des missions destinées à protéger les indigènes des esclavagistes reçoivent l'ordre d'abandonner leur œuvre. - Intrigue à saveur politique. Bonne mise en images. Décor naturel éblouissant. Interprétation intense. □ Général ➔ DVD$

MISSION: IMPOSSIBLE ▷3
É.-U. 1996. Drame d'espionnage de Brian DE PALMA avec Tom Cruise, Jon Voight et Emmanuelle Béart. - Un agent secret s'efforce de démasquer le responsable de la mort de ses coéquipiers. - Scénario complexe inspiré d'une série télévisée. Impressionnants morceaux de bravoure. Réalisation d'une grande virtuosité. Jeu convaincu de T. Cruise. □ Général ➔ DVD DVD-BR$

MISSION: IMPOSSIBLE II [Mission: Impossible 2] ▷4
É.-U. 2000. Drame d'espionnage de John WOO avec Tom Cruise, Thandie Newton et Dougray Scott. - Un agent secret lutte contre un espion renégat qui a dérobé un virus mortel qu'il menace de répandre sur la ville de Sydney. ➔ DVD DVD-BR$

MISSION: IMPOSSIBLE III [Mission Impossible 3] ▷4
É.-U. 2006. Drame d'espionnage de J.J. ABRAMS avec Tom Cruise, Philip Seymour Hoffman et Michelle Monaghan. - Un ex-agent secret doit reprendre du service pour combattre un redoutable trafiquant d'armes qui a kidnappé son épouse.
□ 13 ans+ · Violence ➔ DVD DVD-BR$

MISSION KASHMIR [Mission Cachemire]
IND. 2000. Drame de Vidhu Vinod CHOPRA avec Sanjay Dutt et Hrithik Roshan. - Un policier du Cachemire adopte le fils d'un couple qui a péri lors d'un raid contre des séparatistes musulmans. ➔ DVD$

MISSION TO MARS [Mission sur mars] ▷5
É.-U. 2000. Science-fiction de Brian DE PALMA avec Gary Sinise, Tim Robbins et Connie Nielsen. - Deux expéditions américaines se rendent sur Mars et y découvrent le secret de la vie sur Terre. ➔ DVD$

MISSIONARY, THE ▷4
ANG. 1982. Comédie de mœurs de Richard LONCRAINE avec Michael Palin, Maggie Smith et Denholm Elliott. - Après avoir servi en Afrique, un jeune pasteur anglican se voit confier un apostolat auprès de filles de joie. □ 13 ans+

MISSISSIPPI BURNING [Mississippi brûle, Le] ▷4
É.-U. 1988. Drame social d'Alan PARKER avec Gene Hackman, Willem Dafoe et Frances McDormand. - Durant l'été 1964, dans une région rurale du Mississippi, deux agents du FBI sont chargés d'enquêter sur la disparition de trois activistes qui militaient en faveur des droits civiques. □ 13 ans+ ➔ DVD$

MISSISSIPPI MASALA ▷4
É.-U. 1991. Drame de mœurs de Mira NAIR avec Sarita Choudhury, Denzel Washington et Roshan Seth. - Une fille d'immigrants indiens doit faire face aux préjugés défavorables de sa famille lorsqu'elle s'éprend d'un jeune Noir. □ Général ➔ DVD$

MISSISSIPPI MERMAID, THE
voir **Sirène du Mississippi, La**

MISSOURI BREAKS, THE [Duel des géants, Le] ▷4
É.-U. 1976. Western d'Arthur PENN avec Jack Nicholson, Marlon Brando et Kathleen Lloyd. - Au Montana, un riche rancher engage un aventurier pour éliminer des voleurs de chevaux qui lui occasionnent des pertes. □ Général ➔ DVD$

MISSOURI TRAVELER, THE
É.-U. 1958. Jerry HOPPER □ Général

MIST, THE ▷4
É.-U. 2007. Drame fantastique de Frank DARABONT avec Thomas Jane, Laurie Holden et Marcia Gay Harden. - Une cinquantaine de personnes se retrouvent coincées dans un supermarché du Maine entouré par une étrange brume opaque qui cache des créatures immondes.
□ Horreur · Violence ➔ DVD DVD-BR$

MISTER BEAN'S HOLIDAY ▷4
[Vacances de Mr. Bean, Les]
ANG. 2007. Comédie de Steve BENDELACK avec Rowan Atkinson, Willem Dafoe et Emma de Caunes. - Gagnant d'un voyage sur la Côte d'Azur, un hurluberlu anglais connaît diverses péripéties en traversant la France. □ Général ➔ DVD$

MISTER FREEDOM ▷4
FR. 1968. Comédie satirique de William KLEIN avec John Abbey, Delphine Seyrig et Philippe Noiret. - Un super-héros américain affronte à Paris les champions des pays communistes, Moujik-Man et Red China Man.

MISTER FROST ▷4
ANG. 1990. Drame fantastique de Philip SETBON avec Jeff Goldblum, Kathy Baker et Alan Bates. - Une jeune psychiatre s'intéresse au cas d'un meurtrier qui lui affirme être le diable. □ Général

MISTER LONELY ▷5
ANG. 2007. Comédie dramatique de Harmony KORINE avec Diego Luna, Samantha Morton et Denis Lavant. - À Paris, un imitateur de Michael Jackson fait la connaissance d'une fausse Marilyn Monroe qui l'invite dans une commune en Écosse. ➔ DVD$

MISTER ROBERTS ▷4
É.-U. 1955. Comédie dramatique de John FORD et Mervyn LeROY avec Henry Fonda, Jack Lemmon et James Cagney. - Un officier d'un petit cargo s'entend mal avec son capitaine. □ Général ➔ DVD$

MISTS OF AVALON ▷4
É.-U. 2001. Drame fantastique d'Uli EDEL avec Anjelica Huston, Julianna Margulies et Joan Allen. - L'histoire du roi Arthur racontée du point de vue des personnages féminins de la légende. ➔ DVD$

MIXED BLOOD
É.-U. 1985. Paul MORRISSEY □ 13 ans+

MO' BETTER BLUES ▷4
É.-U. 1990. Drame musical réalisé et interprété par Spike LEE avec Denzel Washington et Cynda Williams. - Les tribulations sentimentales et professionnelles d'un trompettiste réputé se produisant avec un groupe de jazz. □ Général

MOBY DICK ►2
É.-U. 1956. Drame épique de John HUSTON avec Gregory Peck, Richard Basehart et Leo Genn. - Les aventures fantastiques d'un équipage parti chasser une monstrueuse baleine blanche. - Adaptation soignée du roman de Herman Melville. Aspects symboliques et philosophiques. Ensemble spectaculaire. Interprétation de classe.
□ Général ➔ DVD$

MODEL COUPLE, THE *voir* **Couple témoin, Le**

MODELS
AUT. 1998. Ulrich SEIDL ➔ DVD$

MODERN ROMANCE ▷5
É.-U. 1981. Comédie de mœurs réalisée et interprétée par Albert BROOKS avec Kathryn Harrold et Bruno Kirby. - Les difficultés sentimentales d'un monteur de films velléitaire. ➜ DVD $

MODERN TIMES ▶1
É.-U. 1936. Comédie satirique réalisée et interprétée par Charlie CHAPLIN avec Paulette Goddard et Henry Bergman. - Les mésaventures d'un ouvrier d'usine rendu fou par le travail à la chaîne. - Chef-d'œuvre du cinéma comique. Dernier film «muet» de Chaplin. Construction anecdotique. Charme et humour constants. Gags inventifs. Charlot à son meilleur. □ Général ➜ DVD $

MODERNS, THE [Modernes, Les] ▷4
É.-U. 1988. Drame de mœurs d'Alan RUDOLPH avec Keith Carradine, Linda Fiorentino et John Lone. - Dans les années 1920 à Paris, un artiste américain tente de reconquérir son ex-épouse qui est maintenant mariée à un collectionneur au tempérament violent.
□ Général ➜ DVD $

MODESTY BLAISE ▷4
ANG. 1966. Comédie policière de Joseph LOSEY avec Monica Vitti, Dirk Bogarde et Terence Stamp. - Une criminelle réformée est chargée de la protection d'un envoi de diamants.

MODIGLIANI
ALL. ANG. É.-U. FR. ITA. 2004. Mick DAVIS ➜ DVD $

MOGAMBO ▷4
É.-U. 1953. Aventures de John FORD avec Clark Gable, Ava Gardner et Grace Kelly. - Au cœur de l'Afrique, des aventures de chasse alternent avec des escarmouches sentimentales. ➜ DVD $

MOHAMMED, MESSENGER OF GOD *voir* **Message, The**

MOI, CÉSAR, 10 ANS 1/2, 1m39 ▷4
FR. 2003. Comédie de Richard BERRY avec Jules Sitruk, Mabo Kouyaté et Joséphine Berry. - Un écolier parisien aide son meilleur ami à retrouver son père à Londres, en compagnie d'une camarade de classe dont il est épris. ➜ DVD $

MOI, CHRISTIANE F., 13 ANS, DROGUÉE, PROSTITUÉE [Christiane F.: A True Story] ▷4
ALL. 1981. Drame social d'Uli EDEL avec Natja Burnkhorst, Thomas Hausten et Jens Kuphal. - Une adolescente laissée le plus souvent à elle-même par sa mère divorcée tombe dans l'engrenage de la drogue et de la prostitution. □ 13 ans+

MOI, TOI ET TOUS LES AUTRES
voir **Me and You and Everyone We Know**

MOINE ET LA SORCIÈRE, LE [Sorceress] ▷4
FR. 1986. Drame historique de Suzanne SCHIFFMAN avec Tcheky Karyo, Christine Boisson et Jean Carmet. - Au XIIIe siècle, arrivé dans un village pour vérifier le culte qu'on y porte à un saint inconnu, un moine accuse de sorcellerie une femme qui soigne les gens par des plantes.
□ Général

MOINS QUE RIEN, LES *voir* **Matchstick Men**

MOIS À LA CAMPAGNE, UN
voir **Month in the Country, A**

MOÏSE: L'AFFAIRE ROCH THÉRIAULT ▷4
[Savage Messiah]
CAN. 2002. Drame de Mario AZZOPARDI avec Polly Walker, Luc Picard et Isabelle Blais. - Dans les années 1980, en Ontario, une travailleuse sociale s'emploie à neutraliser un Québécois psychopathe qui a fondé une secte. □ 13 ans+ ➜ DVD $

MOISSON DE GLACE, LA *voir* **Ice Harvest, The**

MOISSONS DE LA COLÈRE, LES *voir* **Country**

MOITIÉ GAUCHE DU FRIGO, LA ▷4
QUÉ. 2000. Comédie dramatique de Philippe FALARDEAU avec Paul Ahmarani, Stéphane Demers et Geneviève Néron. - En recherche active d'emploi, un jeune ingénieur permet à son colocataire de tourner un documentaire sur sa vie de tous les jours. □ Général ➜ DVD $

MOLIÈRE ▶2
FR. 1978. Drame biographique d'Ariane MNOUCHKINE avec Philippe Caubère, Joséphine Derenne et Brigitte Catillon. - Évocation de la vie et de l'œuvre du grand dramaturge français du XVIIe siècle. - Suite de tableaux hauts en couleur. Fresque impressionnante. Mise en scène enlevée. Interprétation vivante. ➜ DVD $

MOLIÈRE ▷4
FR. 2006. Comédie dramatique de Laurent TIRARD avec Romain Duris, Fabrice Luchini et Laura Morante. - En 1644, le jeune Molière est engagé par un riche marchand marié qui désire apprendre l'art dramatique pour mieux séduire une marquise. □ Général ➜ DVD $

MOLLY MAGUIRES, THE ▷3
É.-U. 1969. Drame social de Martin RITT avec Sean Connery, Richard Harris et Samantha Eggar. - Au XIXe siècle, un policier infiltre une société secrète de mineurs de Pennsylvanie qui luttent contre des conditions de vie injustes. - Tableau sombre et réaliste de la situation. Intérêt soutenu. Réalisation vigoureuse. Excellents interprètes.
□ 13 ans+ ➜ DVD $

MOLLYCODDLE, THE ▷4
É.-U. 1920. Comédie de Victor FLEMING avec Douglas Fairbanks, Wallace Beery et Ruth Renick. - Un contrebandier s'en prend à un jeune Américain élevé en Angleterre qu'il croit être un agent secret.
□ Général

MOLOCH ▷4
ALL. 1999. Drame historique d'Aleksandr SOKUROV avec Elena Rufanova, Leonid Mosgovoi et Leonid Sokol. - Au printemps de 1942, Hitler passe une journée de repos auprès de sa maîtresse Eva Braun dans la forteresse de Berchtesgaden. ➜ DVD $

MOM *voir* **Big Dreams in Little Hope**

MÔME, LA *voir* **Vie en rose, La**

MÔME, LE
FR. 1986. Alain CORNEAU

MOMENT DE VÉRITÉ, LE *voir* **Karate Kid, The**

MOMENT OF INNOCENCE, A *voir* **Instant d'innocence, Un**

MOMMIE DEAREST [Maman très chère] ▷4
É.-U. 1981. Drame biographique de Frank PERRY avec Faye Dunaway, Diana Scarwid et Mara Hobel. - Les relations éprouvantes d'une actrice célèbre avec sa fille adoptive. □ 13 ans+ ➜ DVD $

MON AMI LE TRAÎTRE ▷4
FR. 1988. Drame de guerre de José GIOVANNI avec Thierry Frémont, André Dussollier et Valérie Kaprisky. - À la Libération, un petit voyou ayant servi dans la Gestapo durant la guerre tente de se «racheter» en collaborant avec la Sûreté française.

MON AMIE MAX ▷4
QUÉ. 1993. Drame psychologique de Michel BRAULT avec Geneviève Bujold, Marthe Keller et Johanne McKay. - Une pianiste s'efforce de retrouver son fils qu'elle a été forcée d'abandonner à sa naissance, vingt-cinq ans plus tôt. □ Général

MON AMIE PIERRETTE ▷4
QUÉ. 1968. Comédie de mœurs de Jean-Pierre LEFEBVRE avec Francine Mathieu, Yves Marchand et Raoûl Duguay. - Un étudiant va rejoindre une jeune amie au chalet d'été loué par les parents de celle-ci.
□ Général

MON CHER PETIT VILLAGE [My Sweet Little Village] ▷3
TCH. 1986. Comédie de mœurs de Jiri MENZEL avec Janos Ban, Marian Labuda et Rudolf Hrusinsky. - Un chauffeur de camion tente de contrecarrer les manœuvres de certains officiels qui guignent la maison de son assistant un peu simple d'esprit. - Observations ironiques et sympathiques de mœurs villageoises. Interprétation pittoresque. □ Général

MON CHER SUJET ▷3
FR. 1988. Drame psychologique d'Anne-Marie MIÉVILLE avec Gaële Le Roi, Anny Romand et Hélène Roussel. - Les relations complexes qui réunissent une grand-mère, sa fille et sa petite-fille. - Sensibilité intéressante. Montage kaléidoscopique et impressionniste. Interprétation sobre et juste. □ Général

MON CHIEN SKIP *voir* **My Dog Skip**

MON COIN DE PARADIS *voir* **My Blue Heaven**

MON COUSIN AMÉRICAIN *voir* **My American Cousin**

MON COUSIN VINNY *voir* **My Cousin Vinny**

MON DIEU, COMMENT SUIS-JE TOMBÉE SI BAS? ▷4
[Till Marriage Do Us Part]
ITA. 1974. Comédie de Luigi COMENCINI avec Laura Antonelli, Alberto Lionello et Michele Placido. - Les mésaventures d'une aristocrate qui a fait un mariage malheureux. □ 13 ans+

MON ÉPOUSE FAVORITE *voir* **My Favorite Wife**

MON ÉTÉ D'AMOUR *voir* **My Summer of Love**

MON FANTÔME D'AMOUR *voir* **Ghost**

MON FILS EST FANATIQUE *voir* **My Son the Fanatic**

MON FRÈRE EST FILS UNIQUE *voir* **My Brother Is an Only Child**

MON FRÈRE VENU D'AILLEURS *voir* **Brother from Another Planet, The**

MON HOMME ▷4
FR. 1995. Comédie de mœurs de Bertrand BLIER avec Anouk Grinberg, Gérard Lanvin et Valéria Bruni Tedeschi. - Une prostituée heureuse de son métier demande à un clochard de devenir son proxénète.
□ 16 ans+ · Érotisme

MON IDOLE ▷5
FR. 2002. Comédie dramatique réalisée et interprétée par Guillaume CANET avec François Berléand et Diane Kruger. - Un jeune ambitieux rêvant de devenir animateur de télévision tombe sous la coupe d'un puissant producteur et de son épouse □ 13 ans+

MON MEILLEUR AMI ▷4
FR. 2006. Comédie dramatique de Patrice LECONTE avec Daniel Auteuil, Dany Boon et Julie Gayet. -Accusé d'être insociable par ses proches, un marchand d'art fait le pari de se trouver un meilleur ami.
□ Général → DVD $

MON NOM EST JOE *voir* **My Name Is Joe**

MON NOM EST PERSONNE *voir* **My Name Is Nobody**

MON ONCLE ►1
FR. 1957. Comédie satirique réalisée et interprétée par Jacques TATI avec Alain Bécourt et Jean-Pierre Zola. - Un sympathique hurluberlu réussit à distraire son jeune neveu qui s'ennuie dans le confort moderne où vivent ses parents. - Satire admirable d'un monde dépersonnalisé. Traitement d'une grande tendresse et d'une belle finesse. Suite ininterrompue de gags visuels. Thème musical allègre. Jeu parfait de Tati. □ Général → DVD $

MON ONCLE ANTOINE ►2
QUÉ. 1971. Comédie dramatique de Claude JUTRA avec Jean Duceppe, Jacques Gagnon et Olivette Thibault. - Un jeune garçon donne un coup de main au magasin général de son oncle et l'accompagne aussi dans sa fonction de croque-mort.- Grande richesse d'observation. Climat de tranquille désespérance. Sens intelligent du populisme. Interprétation juste et pittoresque. □ Général

MON ONCLE D'AMÉRIQUE ►1
FR. 1980. Drame psychologique d'Alain RESNAIS avec Gérard Depardieu, Nicole Garcia et Roger Pierre. - Les destins entrecroisés de divers personnages viennent illustrer des théories sur le comportement humain. - Présentation passionnante des théories du professeur Henri Laborit. Mise en scène intelligente. Montage souple. Excellente interprétation. → DVD $

MON PÈRE *voir* **Dad**

MON PÈRE CE HÉROS *voir* **My Father the Hero**

MON PÈRE N'A JAMAIS ÉCOUTÉ MES CHANSONS *voir* **I Never Sang for My Father**

MON PÈRE, CE HÉROS ▷4
FR. 1991. Comédie de mœurs de Gérard LAUZIER avec Marie Gillain, Gérard Depardieu et Patrick Mille. - Pour impresssionner un garçon qui lui plaît, une adolescente fait passer son père pour son amant.
□ Général

MON PETIT DOIGT M'A DIT ▷4
FR. 2005. Comédie policière de Pascal THOMAS avec Catherine Frot, André Dussollier et Geneviève Bujold. - Une détective amateure et son mari enquêtent sur la disparition de la pensionnaire excentrique d'une maison de retraite cossue. → DVD $

MON XXe SIÈCLE [My Twentieth Century] ▷3
HON. 1988. Comédie fantaisiste d'Ildiko ENYEDI avec Dorotha Segda, Oleg Jankovski et Peter Andorai. - Ayant été élevées séparément, deux jumelles de Budapest mènent une existence différente à l'aube du XXe siècle. - Ensemble touffu rempli d'apartés et de références cinématographiques. Heureux mélange d'effets gratuits et d'exigences picturales. Verve visuelle certaine. Interprétation amusée. □ 13 ans+

MONA LISA ▷3
ANG. 1986. Comédie dramatique de Neil JORDAN avec Bob Hoskins, Cathy Tyson et Michael Caine. - Engagé comme chauffeur d'une call-girl, un truand de petite envergure fraîchement sorti de prison est entraîné dans une aventure sordide et violente. - Évocation réaliste d'un milieu interlope. Touches sensibles de stylisation romantique. Interprétation convaincante de B. Hoskins. □ 13 ans+ → DVD $

MONA LISA SMILE [Sourire de Mona Lisa, Le] ▷5
É.-U. 2003. Drame psychologique de Mike NEWELL avec Julia Roberts, Kirsten Dunst et Dominic West. - En 1953, une professeure d'histoire de l'art dans un collège huppé tente d'élargir les horizons étriqués de ses brillantes étudiantes. □ Général → DVD $

MONDAYS IN THE SUN ▷3
ESP. 2002. Drame social de Fernando LEON de Aranoa avec Javier Bardem, Luis Tosar et José Angel Egido. - Les hauts et les bas de trois ouvriers au chômage dans une ville portuaire d'Espagne. - Suite d'anecdotes où se mêlent drame et comédie douce-amère. Personnages sympathiques et pleins d'authenticité. Peinture sociale vivante et d'une sobre intensité. Interprétation formidable.

MONDE À PART, UN *voir* **World Apart, A**

MONDE D'APU, LE ►1
IND. 1959. Drame psychologique de Satyajit RAY avec Soumitra Chatterji, Sharmila Tagore et Alok Chakravarty. - Un jeune écrivain est bouleversé par la mort de son épouse. - Œuvre d'une fine sensibilité chargée d'une émotion latente. Observation patiente et attentive de la vie quotidienne en Inde. Réalisation de qualité. Excellents interprètes. □ Général

MONDE DE L'OUEST, LE *voir* **Westworld**

MONDE IDÉAL, UN *voir* **Perfect World, A**

MONDE NE SUFFIT PAS, LE *voir* **World Is Not Enough, The**

MONDE PERDU: JURASSIC PARK, LE *voir* **Jurassic Park: The Lost World**

MONDE PSYCHÉDÉLIQUE, UN *voir* **Psych-Out**

MONDE SANS TERRE, UN *voir* **Waterworld**

MONDE SELON GARP, LE *voir* **World According to Garp**

MONDE SELON WAYNE, LE *voir* **Wayne's World**

MONDES POSSIBLES *voir* **Possible Worlds**

MONDO ▷3
FR. 1995. Conte de Tony GATLIF avec Ovidiu Balan, Pierrette Fesch et Jerry Smith. - À Nice, un jeune orphelin vagabond découvre le monde avec émerveillement, tout en se débrouillant pour subsister. - Regard affectueux et idéaliste sur un milieu marginal. Émotion et poésie à fleur de peau. Mise en images éloquente. □ Général

MONDO TRASHO
É.-U. 1969. John WATERS

MONEY PIT, THE [Foire aux malheurs, La] ▷5
É.-U. 1986. Comédie de Richard BENJAMIN avec Tom Hanks, Shelley Long et Alexander Godunov. - Après s'être acheté à prix raisonnable une belle maison de banlieue, un jeune couple new-yorkais se voit obligé d'entreprendre une restauration en règle de l'édifice.
□ Général → DVD $

MONGOL ▷4
RUS. 2007. Drame biographique de Sergei BODROV avec Tadanobu Asano, Honglei Sun et Khulan Chuluun. - Les éprouvantes années de formation du futur empereur mongol Genghis Khan.
□ 13 ans+ → DVD DVD-BR $

MONICA LA MITRAILLE [Machine Gun Molly] ▷4
QUÉ. 2004. Drame biographique de Pierre HOULE avec Céline Bonnier, Frank Schorpion et Patrick Huard. - Dans les années 1960, à Montréal, le parcours d'une criminelle notoire surnommée Monica la Mitraille.
□ 13 ans+ → DVD $

MONIKA ▷3
SUÈ. 1953. Drame psychologique de Ingmar BERGMAN avec Harriet Andersson, Lars Ekberg et John Harryson. - Deux jeunes gens s'évadent en pleine nature mais connaissent bientôt des désillusions. - Bonne étude de caractères. Photographie admirable. Excellente interprétation de H. Andersson. □ 13 ans+

MONKEY BUSINESS ▷4
É.-U. 1931. Comédie burlesque de Norman Z. McLEOD avec les frères Marx, Thelma Todd et Tom Kennedy. - Quatre loustics embarquent sur un paquebot comme passagers clandestins. □ Général

MONKEY BUSINESS [Chérie, je me sens rajeunir] ▷4
É.-U. 1952. Comédie de Howard HAWKS avec Cary Grant, Ginger Rogers et Marilyn Monroe. - Un savant et sa femme ont de curieuses réactions après avoir absorbé un élixir de jeunesse. □ Général

MONKEY HUSTLE
É.-U. 1976. Arthur MARKS

MONKEY SHINES ▷4
É.-U. 1987. Drame d'horreur de George A. ROMERO avec Jason Beghe, John Pankow et Kate McNeil. - Une guenon qui a reçu des injections de cellules de cerveau humain s'en prend aux personnes contre lesquelles son maître a des griefs. □ 13 ans+ ➜ DVD $

MONKEY WARFARE
CAN. 2006. Reginald HARKEMA ➜ DVD $

MONNAIE COURANTE *voir* **Quick Change**

MONSIEUR ▷3
BEL. 1990. Comédie de Jean-Philippe TOUSSAINT avec Dominic Gould, Wojtek Pszoniak et Alexandra Stewart. - Un jeune cadre au comportement amoureux plutôt étrange connaît diverses mésaventures avant de rencontrer la femme de sa vie. - Observations acides sur les comportements contemporains. Ton d'humour insolite. Superbes images en noir et blanc. □ Général

MONSIEUR BATIGNOLE ▷4
FR. 2001. Comédie dramatique réalisée et interprétée par Gérard JUGNOT avec Jules Sitruk et Jean-Paul Rouve. - En 1942, un charcutier parisien entreprend d'escorter trois enfants juifs jusqu'à la frontière suisse. □ Général ➜ DVD $

MONSIEUR HIRE ▷3
FR. 1989. Drame policier de Patrice LECONTE avec Michel Blanc, Sandrine Bonnaire et Luc Thuillier. - Un homme réservé et peu affable, sur qui pèsent des soupçons de meurtre, observe secrètement sa voisine d'en face dont il est amoureux. - Adaptation habile d'un roman de Georges Simenon. Traitement insolite. Réalisation dépouillée. Bonne création d'atmosphère. Interprétation sobre et convaincante.

MONSIEUR IBRAHIM ET LES FLEURS DU CORAN ▷4
FR. 2003. Comédie dramatique de François DUPEYRON avec Omar Sharif, Pierre Boulanger et Gilbert Melki. - Dans les années 1960 à Paris, un adolescent juif laissé à lui-même se lie d'amitié avec un vieux musulman qui lui fait découvrir la vie.
□ Général · Déconseillé aux jeunes enfants ➜ DVD $

MONSIEUR KLEIN [Mr. Klein] ▷3
FR. 1976. Drame social de Joseph LOSEY avec Alain Delon, Michel Lonsdale et Juliet Berto. - Un homme qui profite de l'Occupation pour s'enrichir cherche à prouver qu'il n'est pas Juif. - Thème traité avec habileté. Suspense quasi abstrait. Traitement plutôt froid. A. Delon fort bien dirigé.

MONSIEUR MÉTÉO *voir* **Weather Man, The**

MONSIEUR OUI *voir* **Yes Man**

MONSIEUR QUIGLEY L'AUSTRALIEN
voir **Quigley Down Under**

MONSIEUR RIPOIS ▷4
FR. 1993. Comédie de mœurs de Luc BÉRAUD avec Laurent Malet, Bernadette Lafont et Jean-Louis Roux. - L'itinéraire d'un immigré français échoué à Montréal qui est obsédé par son besoin de séduction et de liberté. □ Général

MONSIEUR SCHMIDT *voir* **About Schmidt**

MONSIEUR VERDOUX ▷3
É.-U. 1947. Comédie dramatique réalisée et interprétée par Charles CHAPLIN avec Martha Raye et Isobel Elsom. - Licencié après trente ans de service, un caissier de banque décide de recourir à des moyens extrêmes pour faire vivre sa famille. - Thème inspiré de l'affaire Landru. Humour noir intelligemment nuancé mais néanmoins assez mordant. Scénario dominé par le comique verbal. Portrait du héros teinté d'amertume. Interprétation excellente. □ Général ➜ DVD $

MONSIEUR VINCENT ▷3
FR. 1947. Drame biographique de Maurice CLOCHE avec Pierre Fresnay, Aimé Clariond et Yvonne Gaudeau. - Quelques épisodes de la vie de saint Vincent de Paul. - Œuvre remarquable. Mise en scène appliquée aux images soignées. Dialogue expressif écrit par Jean Anouilh. Création saisissante de P. Fresnay. □ Général ➜ DVD $

MONSIGNOR ▷5
É.-U. 1982. Drame de Frank PERRY avec Christopher Reeve, Fernando Rey et Geneviève Bujold. - Les entreprises douteuses d'un prêtre américain engagé dans l'administration financière du Vatican.
□ 13 ans+

MONSOON WEDDING *voir* **Mariage des moussons, Le**

MONSTER [Monstre] ▷4
É.-U. 2003. Drame biographique de Patty JENKINS avec Charlize Theron, Christina Ricci et Bruce Dern. - À la fin des années 1980, peu après avoir entamé une liaison avec une jeune fille, la prostituée Aileen Wuornos se met à tuer ses clients. □ 16 ans+ · Violence

MONSTER AND THE GIRL, THE
É.-U. 1941. Stuart HEISLER □ Général

MONSTER HOUSE ▷4
É.-U. 2006. Film d'animation de Gil KENAN. - Trois enfants tentent de percer le secret entourant la maison d'un voisin dotée de pouvoirs maléfiques. □ Général · Déconseillé aux jeunes enfants
➜ DVD DVD-BR $

MONSTER'S BALL [Bal du monstre, Le] ▷4
É.-U. 2001. Drame de Marc FORSTER avec Billy Bob Thornton, Halle Berry et Heath Ledger. - Un ancien gardien de prison s'éprend de la veuve d'un détenu qu'il a accompagné dans le couloir de la mort.
➜ DVD DVD-BR $

MONSTERS INC. [Monstres, inc] ▷3
E.-U. 2001. Film d'animation de Peter DOCTER, David SILVERMAN et Lee UNKRICH - Un yéti se fait le protecteur d'une fillette qui s'est retrouvée dans l'univers parallèle où vivent les monstres chargés de hanter les garde-robes des enfants. - Idée de départ originale et fantaisiste à souhait. Traitement constamment drôle et enlevé. Personnages désopilants. Scènes d'action particulièrement ébouriffantes. Illustration colorée et inventive. Animation par ordinateur raffinée.
➜ DVD $

MONSTRE DES MARAIS, LE
voir **Creature from the Black Lagoon**

MONSTRE DES TEMPS PERDUS, LE
voir **Beast from 20,000 Fathoms, The**

MONSTRE EST VIVANT, LE *voir* **It's Alive!**

© ALLIANCE

MONSTRE, LE [Monster, The] ▷5
ITA. 1994. Comédie policière réalisée et interprétée par Roberto BENIGNI avec Nicoletta Braschi et Michel Blanc. - Confondu avec un meurtrier, un hurluberlu s'éprend de la policière qui est chargée de le piéger. □ 13 ans+

MONSTRES DE L'ESPACE, LES
voir **Quatermass and the Pit**

MONTAGNE DU DIEU CANNIBALE, LA ▷5
[Slave of the Cannibal God]
ITA. 1978. Aventures de Sergio MARTINO avec Ursula Andress, Claudio Cassinelli et Stacy Keach. - Une jeune femme fait face à divers dangers pour retrouver son mari disparu en Nouvelle-Guinée. ➜ DVD $

MONTAGNE ÉLECTORALE, LA *voir* **Silver City**

MONTAGNE ENSORCELÉE, LA
voir **Escape to Witch Mountain**

MONTAGNE SACRÉE, LA *voir* **Holy Mountain**

MONTAGNES RUSSES AU LUNA PARK [Luna Park] ▷4
RUS. 1992. Drame de mœurs de Pavel LOUNGUINE avec Andrei Goutine, Oleg Borisov et Natalia Egorova. - N'ayant jamais connu son père, un jeune Moscovite fasciste apprend que celui-ci est un musicien juif.

MONTE LÀ-D'SSUS *voir* **Absent-Minded Professor, The**

MONTE WALSH ▷4
É.-U. 1970. Western de William A. FRAKER avec Lee Marvin, Jeanne Moreau et Jack Palance. - Un vieux cow-boy se met à la recherche de l'assassin d'un ancien compagnon de travail. □ Général

MONTH BY THE LAKE, A [Romance sur le lac] ▷4
ANG. 1995. Comédie sentimentale de John IRVIN avec Vanessa Redgrave, James Fox et Uma Thurman. - Lors d'un séjour en Italie, une Anglaise d'un certain âge tombe amoureuse d'un major qui se laisse cependant désirer. □ Général ➜ DVD $

MONTH IN THE COUNTRY, A ▷3
[Mois à la campagne, Un]
ANG. 1987. Drame psychologique de Pat O'CONNOR avec Colin Firth, Kenneth Branagh et Natasha Richardson. - Durant l'été 1920, un ancien soldat traumatisé par ses expériences dans les tranchées retrouve la paix mentale en restaurant la fresque d'une église. - Récit plein de finesse et de mélancolie. Ensemble dépouillé et subtil. Belle photographie. □ Général

MONTPARNASSE 19 ▷4
FR. 1957. Drame biographique de Jacques BECKER avec Anouk Aimée, Gérard Philipe et Lino Ventura. - La destinée tragique du peintre Modigliani. □ 13 ans+

MONTPARNASSE-PONDICHÉRY ▷5
FR. 1993. Comédie réalisée et interprétée par Yves ROBERT avec Miou-Miou et Jacques Perrin. - L'amitié entre une mère célibataire de quarante ans et un septuagénaire qui tentent tous les deux de passer leur bac.

MONTRÉAL VU PAR... [Montreal Sextet] ▷3
QUÉ. 1991. Film à sketches de Denys ARCAND, Michel BRAULT, Atom EGOYAN, Jacques LEDUC, Léa POOL et Patricia ROZEMA avec Sheila McCarthy, Hélène Loiselle et Maury Chaykin. - Six histoires se déroulant à Montréal. - Visions personnelles et plutôt intimistes de Montréal. Discours à la fois passionné et réfléchi sur la ville. Technique impeccable. Interprétation de premier ordre. □ 13 ans+

MONTY PYTHON AND THE HOLY GRAIL ▷4
ANG. 1975. Comédie satirique réalisée et interprétée par Terry GILLIAM et Terry JONES avec Graham Chapman et John Cleese. - Ayant reçu du ciel la mission de rechercher le Saint Graal, le roi Arthur et ses preux se lancent dans l'aventure. □ Général ➜ DVD $

MONTY PYTHON'S LIFE OF BRIAN ▷3
ANG. 1979. Comédie satirique réalisée et interprétée par Terry JONES avec Graham Chapman et John Cleese. - La vie d'un jeune homme né à Bethléem en même temps qu'un certain Jésus. - Parodie des récits bibliques aussi farfelue qu'irrévérencieuse. Mise en scène habile. Plaisanteries servies avec verve. Excellents interprètes.
□ 18 ans+ ➜ DVD DVD-BR $

MONTY PYTHON'S THE MEANING OF LIFE ▷4
[Monty Python: le sens de la vie]
ANG. 1983. Comédie satirique réalisée et interprétée par Terry JONES et Terry GILLIAM avec John Cleese et Michael Palin. - Diverses étapes de la vie depuis la naissance jusqu'à la mort. □ 13 ans+ ➜ DVD $

MONUMENT AVE. ▷4
É.-U. 1997. Drame de mœurs de Ted DEMME avec Denis Leary, Colm Meaney et Famke Janssen. - Témoin du meurtre d'un ami, un voleur de voitures membre d'une bande d'escrocs hésite à dénoncer le parrain local, qui en est responsable. □ 13 ans+ ➜ DVD $

MOODY BEACH ▷4
QUÉ. 1990. Drame sentimental de Richard ROY avec Michel Côté, Claire Nebout et Andrée Lachapelle. - Un quadragénaire tourmenté abandonne son travail et part pour la Floride où il possède une maison qu'il découvre occupée par une jeune inconnue. □ Général

MOOLAADÉ ▷3
SÉN. 2004. Drame social d'Ousmane SEMBÈNE avec Fatoumata Coulibaly, Maïmouna Hélène Diarra et Rasmane Ouedraogo. - Dans un village africain, quatre fillettes fuient l'excision et trouvent refuge chez une femme ayant jadis refusé que sa fille subisse cette pratique. - Dénonciation virulente de l'excision au sein d'une vibrante chronique villageoise. Grande importance accordée aux rituels. Réalisation maîtrisée. Images composées avec soin. Interprétation tour à tour naturelle et stylisée. □ 13 ans+ ➜ DVD $

MOON AND SIXPENCE, THE ▷4
É.-U. 1942. Drame psychologique d'Albert LEWIN avec George Sanders, Herbert Marshall et Doris Dudley. - Un courtier anglais quitte sa famille pour se consacrer à la peinture dans les mers du Sud. □ Général

MOON FOR THE MISBEGOTTEN
É.-U. 1975. José QUINTERO et Gordon RIGSBY ➜ DVD $

MOON IS BLUE, THE ▷4
É.-U. 1952. Comédie sentimentale d'Otto PREMINGER avec William Holden, David Niven et Maggie MacNamara. - Deux hommes deviennent amoureux d'une charmante jeune fille. □ Général

MOON OVER PARADOR [Pleine lune sur Parador] ▷4
É.-U. 1988. Comédie de Paul MAZURSKY avec Richard Dreyfuss, Raul Julia et Sonia Braga. - Un acteur est appelé à remplacer le président d'un petit pays d'Amérique du Sud, mort d'une crise cardiaque.
□ Général ➜ DVD $

MOONLIGHT AND VALENTINO ▷4
É.-U. 1995. Comédie dramatique de David ANSPAUGH avec Elizabeth Perkins, Gwyneth Paltrow et Whoopi Goldberg. - Après la mort accidentelle de son mari, une jeune femme est consolée par sa sœur, par sa meilleure amie et par l'ex-épouse de son père.
□ Général ➜ DVD $

MOONLIGHT MILE ▷5
É.-U. 2002. Drame psychologique de Brad SIBERLING avec Dustin Hoffman, Jake Gyllenhaal et Susan Sarandon. - Un couple qui se remet lentement de la mort de sa fille vit une relation affective particulière avec le jeune homme qui devait épouser celle-ci. □ Général ➜ DVD $

MOONLIGHT WHISPERS [Sasayaki] ▷4
JAP. 1999. Drame de mœurs d'Akihiko SHIOTA avec Kenji Mizuhashi, Tsugumi et Kota Kusano. - Un adolescent aux tendances fétichistes et masochistes s'engage dans une relation trouble avec une fille de son âge. □ 16 ans+ ➜ DVD $

MOONLIGHTING ▷3
ANG. 1982. Comédie satirique de Jerzy SKOLIMOWSKI avec Jeremy Irons, Eugene Lipinski et Jiri Stanislav. - Les difficultés de quatre ouvriers polonais qui se rendent à Londres pour y travailler clandestinement. - Mélange adroit de tragique et de comique. Traitement humoristique décapant. Mise en scène efficace aux détails parfois déconcertants. Interprétation convaincante de J. Irons.
□ Général ➜ DVD $

MOONRAKER ▷4
ANG. 1979. Science-fiction de Lewis GILBERT avec Roger Moore, Lois Chiles et Michel Lonsdale. - L'agent secret James Bond est chargé d'enquêter sur la disparition en plein ciel d'une navette spatiale.
□ Général ➜ DVD DVD-BR $

MOONRISE ▷4
É.-U. 1948. Drame de Frank BORZAGE avec Dane Clark, Gail Russell et Ethel Barrymore. - Le fils d'un meurtrier en vient lui-même à tuer un camarade qui le persécute. □ Général

MOONSTRUCK [Éclair de lune] ▷4
É.-U. 1987. Comédie de mœurs de Norman JEWISON avec Cher, Nicolas Cage et Olympia Dukakis. - Les tribulations sentimentales d'une veuve qui se laisse prendre par la passion tumultueuse du frère de son fiancé. □ Général ➜ DVD $

MOONTIDE
É.-U. 1942. Archie MAYO ➜ DVD $

MORE ▷4
LUX. 1969. Drame psychologique de Barbet SCHROEDER avec Klaus Grunberg, Mimsy Farmer et Heinz Engelman. - Un étudiant allemand est entraîné dans l'enfer de la drogue par une jeune Américaine. □ 13 ans+ ➜ DVD $

MORE ABOUT THE CHILDREN OF NOISY VILLAGE ▷4
SUÈ. 1986. Drame de Lasse HALLSTRÖM avec Linda Bergström, Crispin Dickson Wendenius et Henrik Larsson. - Les aventures de six jeunes Suédois dans un petit village de province au cours des années 1920. □ Général

MORE THE MERRIER, THE ▷3
É.-U. 1943. Comédie de George STEVENS avec Jean Arthur, Joel McCrea et Charles Coburn. - Pendant une crise de logement à Washington, une jeune fille partage son appartement avec un vieux monsieur et un aviateur. - Scénario fertile en situations amusantes. Mise en scène précise et efficace. Interprétation brillante. ➜ DVD $

MORENO
PHI. 2007. Crisaldo PABLO ➜ DVD $

MORGAN: A SUITABLE CASE FOR TREATMENT ▷3
ANG. 1966. Comédie dramatique de Karel REISZ avec David Warner, Vanessa Redgrave et Irene Handl. - Un peintre excentrique met tout en œuvre pour empêcher sa femme de divorcer et de se remarier. - Style résolument insolite. Intérêt constant. Fines observations psychologiques. Interprétation de premier ordre. ➜ DVD $

MORITURI ▷4
É.-U. 1965. Drame de guerre de Bernhard WICKI avec Marlon Brando, Yul Brynner et Janet Margolin. - Un espion américain est placé à bord d'un cargo allemand transportant du caoutchouc. □ 13 ans+

MORLANG ▷4
P.-B. 2002. Drame de Tjebbo PENNING avec Paul Freeman, Diana Kent et Susan Lynch. - Alors qu'il emménage avec sa nouvelle muse, un célèbre artiste anglais reçoit des messages semblant provenir de son épouse décédée. ➜ DVD $

MORNING AFTER, THE [Lendemain du crime, Le] ▷4
É.-U. 1986. Drame policier de Sidney LUMET avec Jane Fonda, Jeff Bridges et Raul Julia. - Un policier à la retraite entreprend d'innocenter une alcoolique qui s'est réveillée un matin aux côtés d'un homme mort poignardé. □ Général ➜ DVD $

MORNING DEPARTURE ▷3
ANG. 1950. Drame de R. BARKER avec John Mills, Nigel Patrick et Richard Attenborough. - Le sort tragique de l'équipage d'un sous-marin échoué au fond de la mer. - Thème développé avec sobriété et vigueur. Psychologie nuancée. Mise en scène efficace. Excellente interprétation. ➜ DVD $

MORNING GLORY ▷3
É.-U. 1933. Drame psychologique de Lowell SHERMAN avec Katharine Hepburn, Douglas Fairbanks Jr. et Adolphe Menjou. - Une jeune fille se donne tout entière à sa passion pour le théâtre. - Milieu bien décrit. Mise en scène soignée. Interprétation remarquable de K. Hepburn. □ Général

MOROCCO ▷3
É.-U. 1930. Drame sentimental de Josef VON STERNBERG avec Marlene Dietrich, Gary Cooper et Adolphe Menjou. - L'idylle tumultueuse d'une chanteuse de cabaret et d'un soldat de la légion étrangère.- Intrigue romanesque abordée avec un certain sens de l'ironie. Mise en scène stylisée. Photographie superbe. Interprètes de valeur. □ Général

MORS AUX DENTS, LE *voir* **Rounders, The**

MORSE *voir* **Let the Right One In**

MORT À VENISE ▶1
ITA. 1971. Drame psychologique de Luchino VISCONTI avec Dirk Bogarde, Bjorn Anderssen et Silvana Mangano. - Un compositeur faisant une cure de repos à Venise est attiré par la beauté d'un adolescent polonais. - Adaptation magistrale du roman de Thomas Mann. Reconstitution d'époque finement stylisée. Rythme lent et méditatif. Images superbement composées. Jeu excellent de D. Bogarde. □ Général ➜ DVD $

MORT AUX TROUSSES, LA *voir* **North by Northwest**

MORT D'UN BÛCHERON, LA ▷4
QUÉ. 1973. Comédie dramatique de Gilles CARLE avec Carole Laure, Daniel Pilon et Denise Filiatrault. - Une jeune fille venue à Montréal pour retrouver son père est exploitée par un tenancier de cabaret. □ 13 ans+

MORT D'UN COMMIS VOYAGEUR
voir **Death of a Salesman**

MORT D'UN CYCLISTE, LA [Death of a Cyclist] ▷3
ESP. 1954. Drame psychologique de Juan Antonio BARDEM avec Lucia Bosè, Alberto Closas et Carlos Casarevilla. - La mort accidentelle d'un cycliste provoque des tribulations dans les relations de deux amants. - Argument simple traité de main de maître. Nuances psychologiques. Montage savant. Excellents interprètes.

MORT D'UN POURRI ▷4
FR. 1977. Drame policier de Georges LAUTNER avec Alain Delon, Ornella Muti et Michel Aumont. - Un homme est entraîné dans une sombre affaire par un ami député qui meurt assassiné. □ Général ➜ DVD $

MORT D'UN PRÉSIDENT, LA *voir* **Death of a President**

MORT DANS LA PEAU, LA *voir* **Bourne Supremacy, The**

MORT DANS LE SANG, LA *voir* **Romper Stomper**

MORT DE MARIO RICCI, LA ▷3
SUI. 1983. Drame de mœurs de Claude GORETTA avec Gian Maria Volontè, Magali Noël et Heinz Bennent. - De passage dans un village suisse pour une interview, un reporter de télévision tente d'éclaircir les circonstances entourant la mort d'un ouvrier italien. - Œuvre sérieuse et mûre. Réalisation sûre. Jeu intelligent de G.M. Volontè.

MORT EN DIRECT, LA ▷3
FR. 1979. Science-fiction de Bertrand TAVERNIER avec Harvey Keitel, Romy Schneider et Harry Dean Stanton. - Une malade incurable est épiée par la télévision comme un objet de spectacle. - Évocation déroutante de la société de l'avenir. Montage précis. Interprétation touchante de R. Schneider. □ Général

MORT ÉTAIT AU RENDEZ-VOUS, LA *voir* **Conflict**

MORT ÉTAIT AU RENDEZ-VOUS, LA [Death Rides a Horse] ▷4
ITA. 1967. Western de Giulio PETRONI avec Lee Van Cleef, John Philip Law et Luigi Pistilli. - Deux hommes rivalisent dans l'assouvissement d'une vengeance sur des ennemis communs.

MORT FRAPPE TROIS FOIS, LA *voir* **Dead Ringer**

MORT PRÉMÉDITÉE *voir* **Shot in the Heart**

MORT SUR LE NIL *voir* **Death on the Nile**

MORT UN DIMANCHE DE PLUIE ▷5
FR. 1986. Drame policier de Joël SANTONI avec Nicole Garcia, Jean-Pierre Bacri et Jean-Pierre Bisson. - Engagé par un architecte pour entretenir sa maison, un couple cherche à se venger d'un accident dont il le croit responsable. □ 18 ans+

MORT VOUS VA SI BIEN, LA *voir* **Death Becomes Her**

MORTAL STORM, THE ▷4
É.-U. 1940. Drame psychologique de Frank BORZAGE avec James Stewart, Margaret Sullavan et Robert Young. - Les débuts de l'hitlérisme en Allemagne causent la mésentente dans une famille d'intellectuels. □ Général

MORTAL THOUGHTS [Pensées mortelles] ▷5
É.-U. 1991. Drame policier d'Alan RUDOLPH avec Demi Moore, Glenne Headly et Bruce Willis. - Un policier tente d'éclaircir les circonstances entourant le meurtre d'un homme brutal qui a été tué par sa femme avec l'aide d'une amie. □ 13 ans+ ➜ DVD $

MORTELLE RANDONNÉE ▷3
FR. 1983. Drame policier de Claude MILLER avec Michel Serrault, Isabelle Adjani et Guy Marchand. - Un détective privé s'attache à une jeune criminelle et la suit de loin dans ses déplacements. - Traitement subtil. Variations ingénieuses. Bonnes compositions de M. Serrault et I. Adjani. ➜ DVD $

MORTS SUSPECTES *voir* **Coma**

MORVERN CALLAR [Voyage de Morvern Callar, Le] ▷4
ANG. 2001. Drame de mœurs de Lynne RAMSAY avec Samantha Morton, Kathleen McDermott et Raife Patrick Burchell. - À la suite du suicide de son petit ami, une jeune femme désaxée part en voyage en Espagne avec une copine. □ 13 ans+ ➜ DVD $

MOSCOU À NEW YORK *voir* **Moscow on the Hudson**

MOSCOU EST INSENSIBLE AUX LARMES ▷4
[Moscow Does Not Believe in Tears]
RUS. 1980. Drame sentimental de Vladimir MENSHOV avec Vera Alentova, Alexei Batalov et Raissa Riasanova. - Les problèmes sentimentaux de trois jeunes filles russes qui vivent dans un foyer pour ouvrières. □ Général ➜ DVD $

MOSCOW DOES NOT BELIEVE IN TEARS
voir **Moscou est insensible aux larmes**

MOSCOW ON THE HUDSON [Moscou à New York] ▷4
É.-U. 1984. Comédie dramatique de Paul MAZURSKY avec Robin Williams, Maria Conchita Alonso et Cleavent Derricks. - À l'occasion d'un voyage en Amérique, un membre de l'orchestre d'un cirque russe fait défection. □ 13 ans+

MOSQUITO COAST, THE ▷4
É.-U. 1986. Aventures de Peter WEIR avec Harrison Ford, River Phoenix et Helen Mirren. - Un inventeur désabusé entraîne sa famille en Amérique centrale et devient le chef d'un village qu'il dote d'une glacière géante. □ Général ➜ DVD $

MOST DANGEROUS GAME, THE ▷4
[Chasses du comte Zaroff, Les]
É.-U. 1932. Drame d'horreur d'Ernest B. SCHOEDSACK avec Leslie Banks, Joel McCrea et Fay Wray. - Des naufragés abordent une île habitée par un mégalomane qui organise des parties de chasse à l'homme. □ Général ➜ DVD $

MOST TERRIBLE TIME IN MY LIFE, THE
JAP. 1994. Kaizo HAYASHI ➜ DVD $

MOSTLY MARTHA [Comme il faut] ▷4
ALL. 2001. Comédie dramatique de Sandra NETTELBECK avec Martina Gedeck, Maxime Foerste et Sergio Castellitto. - À la mort de sa sœur, une chef renommée au tempérament difficile recueille sa jeune nièce qu'elle arrive à amadouer grâce aux conseils de son aide-cuisinier. □ Général ➜ DVD $

MOTARD TÉMÉRAIRE, LE *voir* **Reckless**

MOTHER ►2
RUS. 1926. Drame social de Vsevolod POUDOVKINE avec Nikolaï Batalov, Vera Baranovskaia et Anna Semtzova. - Une femme du peuple en vient à partager l'idéal socialiste de son fils militant. - Adaptation sensible d'un roman de Maxime Gorki. Mise en scène admirablement composée. Montage lyrique. Interprétation juste. Classique du cinéma muet.

MOTHER ▷4
É.-U. 1996. Comédie de mœurs réalisée et interprétée par Albert BROOKS avec Debbie Reynolds et Rob Morrow. - Un homme dans la quarantaine retourne vivre avec sa mère avec qui il a toujours entretenu une relation tendue. □ Général ➜ DVD $

MOTHER, THE ▷3
ANG. 2003. Drame de mœurs de Roger MICHELL avec Anne Reid, Daniel Craig et Cathryn Bradshaw. - Récemment veuve, une sexagénaire noue une liaison avec l'amant de sa propre fille. - Illustration à la fois dure et compatissante d'une relation interdite. Sujet délicat traité avec nuance et sensibilité. Grande finesse psychologique. Excellente interprétation. □ 13 ans+

MOTHER AND SON *voir* **Mère et fils**

MOTHER JOAN OF THE ANGELS
voir **Mère Jeanne des anges**

MOTHER KUSTERS GOES TO HEAVEN
voir **Maman Kusters s'en va-t-au ciel**

MOTHER NIGHT [Nuit noire] ▷4
É.-U. 1996. Drame d'espionnage de Keith GORDON avec Nick Nolte, Sheryl Lee et Alan Arkin. - Dans les années 1940, à Berlin, un dramaturge américain espionne pour les alliés en se faisant passer pour un sympathisant nazi. □ 13 ans+ ➜ DVD $

MOTHER OF TEARS [Mother of Tears: The Third Mother]
ITA. 2007. Dario ARGENTO ➜ DVD $

MOTHER'S BOYS [Obsession] ▷5
É.-U. 1993. Thriller de Yves SIMONEAU avec Jamie Lee Curtis, Peter Gallagher et Joanne Whalley-Kilmer. - Une femme malveillante implique ses fils dans un complot visant à éliminer la nouvelle compagne de son mari.

MOTHER, JUGS & SPEED ▷5
É.-U. 1976. Comédie dramatique de Peter YATES avec Bill Cosby, Raquel Welch et Harvey Keitel. - Les mésaventures de trois employés d'un service privé d'ambulances. □ 13 ans+ ➜ DVD $

MOTHMAN PROPHECIES, THE ▷4
[Prophétie des ombres, La]
É.-U. 2001. Drame fantastique de Mark PELLINGTON avec Richard Gere, Laura Linney et Will Patton. - Dans une petite ville de Virginie, un journaliste et une policière enquêtent sur d'étranges phénomènes, annonciateurs d'une terrible tragédie. □ Général ➜ DVD $

MOTOR PSYCHO ▷6
É.-U. 1965. Drame de Russ MEYER avec Stephen Oliver, Alex Rocco et Haji. - Après avoir violé une femme et tué un vieillard, trois motards sont pris en chasse par les époux respectifs des victimes. □ 18 ans+ ➜ DVD $

MOTORCYCLE DIARIES, THE *voir* **Carnets de voyage**

MOTS BLEUS, LES ▷4
FR. 2004. Drame psychologique d'Alain CORNEAU avec Sylvie Testud, Sergi Lopez et Camille Gauthier. - Une jeune femme volontairement illettrée inscrit sa fillette mutique à une école pour sourds-muets dirigée par un enseignant meurtri par la vie. □ Général · Déconseillé aux jeunes enfants ➜ DVD $

MOTS D'AKEELAH, LES *voir* **Akeelah and the Bee**

MOTS POUR LE DIRE, LES ▷4
FR. 1983. Drame psychologique de José PINHEIRO avec Nicole Garcia, Marie-Christine Barrault et Daniel Mesguich. - Une jeune mère dans la trentaine, angoissée et souffrant d'hémorragies, entreprend une thérapie avec un psychiatre. □ 13 ans+

MOUCHE, LA *voir* **Fly, The**

MOUCHETTE ►1
FR. 1967. Drame psychologique de Robert BRESSON abec Nadine Nortier, Jean-Claude Guilbert et Marie Cardinal. - Une adolescente taciturne et malheureuse finit par s'enlever la vie. - Adaptation fidèle au roman de Bernanos. Style épuré, d'une grand pouvoir de suggestion. Interprètes admirablement dirigés. □ Général ➜ DVD $

MOULIN ROUGE ▷3
ANG. 1952. Drame biographique de John HUSTON avec Jose Ferrer, Colette Marchand et Zsa Zsa Gabor. - Quelques épisodes de la vie du célèbre peintre Toulouse-Lautrec. - Excellente reconstitution d'époque. Étude psychologique intéressante. Interprétation de classe. ➜ DVD $

MOULIN ROUGE ▷3
É.-U. 2001. Comédie musicale de Baz LUHRMANN avec Nicole Kidman, Ewan McGregor et Richard Roxburgh. - À Paris, en 1900, un poète et une chanteuse du Moulin-Rouge vivent un grand amour placé sous le signe de la tragédie. - Tourbillon effréné de numéros musicaux exubérants et de scènes burlesques. Utilisation efficace de chansons pop. Style d'un baroque délirant. Interprétation vibrante. □ Général ➜ DVD DVD $

MOUNT PLEASANT ▷4
CAN. 2006. Drame de mœurs de Ross WEBER avec Shawn Doyle, Ben Ratner et Kelly Rowan. - La vie de trois couples d'un même quartier se trouve chambardée après qu'une fillette eut découvert une seringue usagée dans sa cour. □ 13 ans+ ➜ DVD $

MOUNTAIN, THE ▷4
É.-U. 1956. Drame psychologique d'Edward DMYTRYK avec Spencer Tracy, Robert Wagner et Claire Trevor. - Un vieux guide et son jeune frère gravissent une montagne pour retrouver les survivants d'un accident d'avion. □ Général

MOUNTAIN OF THE CANNIBAL GOD
voir **Montagne du dieu cannibale, La**

MOUNTAIN PATROL
CHI. H.-K. 2004. Chuan LU ➜ DVD $

MOUNTAINS OF THE MOON ▷3
É.-U. 1989. Drame historique de Bob RAFELSON avec Patrick Bergin, Iain Glen et Fiona Shaw. - Un géographe irlandais et un explorateur anglais se lancent à la recherche des sources du Nil au siècle dernier. - Situations dramatiques donnant lieu à d'intéressantes confrontations. Effets spéciaux admirablement exécutés. Paysages magnifiques. Reconstitution d'époque juste. Interprétation convaincante. □ 13 ans+ ➜ DVD $

MOURIR À TUE-TÊTE ▷3
QUÉ. 1979. Drame social d'Anne-Claire POIRIER avec Julie Vincent, Germain Houde et Monique Miller. - Bouleversée par un viol, une infirmière n'arrive pas à retrouver son équilibre. - Sujet vivement et crûment engagé. Illustration stylisée. Une certaine distanciation intellectuelle. Tendances démonstratives. Interprétation juste.
➔ DVD$

MOURIR D'AIMER ▷4
FR. 1970. Drame psychologique de André CAYATTE avec Annie Girardot, Bruno Pradal et François Simon. - À la suite d'une liaison avec un de ses élèves, une enseignante est emprisonnée et subit un procès.
□ 13 ans+

MOUSE ON THE MOON, THE [Souris sur la lune, La] ▷4
ANG. 1963. Comédie de Richard LESTER avec Ron Moody, David Kossoff et Bernard Cribbins. - Un petit pays qu'aident les États-Unis et la Russie devance ceux-ci sur la Lune. ➔ DVD$

MOUSE THAT ROARED, THE [Souris qui rugissait, La] ▷4
ANG. 1959. Comédie satirique de Jack ARNOLD avec Peter Sellers, Jean Seberg et David Kossoff. - Un minuscule pays déclare la guerre aux États-Unis pour régler ses problèmes financiers.
□ Général ➔ DVD$

MOUSTACHE, LA ▷3
FR. 2005. Drame psychologique d'Emmanuel CARRÈRE avec Vincent Lindon, Emmanuelle Devos et Hippolyte Girardot. - Un architecte s'étant rasé la moustache plonge dans l'abîme du doute lorsque ni sa femme, ni ses amis ne remarquent le changement. - Intrigue cauchemardesque et prenante. Crescendo dramatique crédible. Réalisation réaliste et élégante. Climat à la limite du fantastique. Interprétations nuancées et attachantes de V. Lindon et E. Devos.
□ Général ➔ DVD$

MOUSTACHU, LE ▷4
FR. 1987. Comédie policière de Dominique CHAUSSOIS avec Jean Rochefort, Jean-Claude Brialy et Grace de Capitani. - La mission d'un agent secret français est sabotée de façon à discréditer le nouveau patron des services de sécurité. □ Général

MOUTH TO MOUTH *voir* **Bouche à bouche**

MOUTH TO MOUTH
ALL. ANG. 2004. Alison MURRAY ➔ DVD$

MOUTON ENRAGÉ, LE [Love at the Top] ▷4
FR. 1973. Comédie de mœurs de Michel DEVILLE avec Jean-Louis Trintignant, Jean-Pierre Cassel et Romy Schneider. - Sur les conseils d'un ami romancier, un employé de banque timide gagne la confiance d'un riche financier et fait des conquêtes féminines.

MOUVEMENTS DU DÉSIR ▷5
QUÉ. 1993. Drame sentimental de Léa POOL avec Valérie Kaprisky, Jean-François Pichette et Jolianne L'Allier-Matteau. - Deux jeunes gens vivent une aventure amoureuse dans un train à destination de Vancouver.

MOZART BROTHERS, THE
voir **Frères Mozart, Les**

MR. & MRS. BRIDGE ▷4
É.-U. 1990. Drame psychologique de James IVORY avec Paul Newman, Joanne Woodward et Margaret Welsh. - Un avocat austère et sa femme, passive et soumise, voient leurs trois enfants quitter le foyer familial dans des circonstances parfois difficiles. □ Général ➔ DVD$

MR. AND MRS. SMITH ▷4
É.-U. 1941. Comédie d'Alfred HITCHCOCK avec Robert Montgomery, Carole Lombard et Gene Raymond. - Mésententes et réconciliations d'un jeune couple. ➔ DVD$

MR. AND MRS. SMITH [M. et Mme Smith] ▷4
É.-U. 2005. Comédie policière de Doug LIMAN avec Brad Pitt, Angelina Jolie et Vince Vaughn. - Deux époux menant une petite vie bourgeoise tranquille découvrent qu'ils exercent, chacun à l'insu de l'autre, le métier d'assassin. □ 13 ans+ · Violence ➔ DVD DVD-BR$

MR. ARKADIN *voir* **Confidential Report (Mr. Arkadin)**

MR. BLANDINGS BUILDS HIS DREAM HOUSE ▷4
É.-U. 1948. Comédie de H.C. POTTER avec Cary Grant, Myrna Loy et Melvyn Douglas. - Un couple new-yorkais achète une vieille maison en banlieue. □ Général ➔ DVD$

MR. BUG GOES TO TOWN *voir* **Hoppity Goes to Town**

MR. DEEDS GOES TO TOWN ▷3
[Extravagant M. Deeds, L']
É.-U. 1936. Comédie de Frank CAPRA avec Gary Cooper, Jean Arthur et Douglas Dumbrille. - Héritier d'une fortune considérable, M. Deeds est traduit en justice pour sa prodigalité. - Touches d'humour et de fantaisie. Éléments de satire sociale. Mise en scène inventive. Fine interprétation. □ Général ➔ DVD$

MR. DESTINY ▷4
É.-U. 1990. Comédie fantaisiste de James ORR avec James Belushi, Linda Hamilton et Hart Bochner. - Un barman a le pouvoir de faire vivre à un homme l'existence qu'il aurait eue s'il avait su frapper la balle lors d'un match fatidique de baseball vingt ans auparavant.
➔ DVD$

MR. HOBBS TAKES A VACATION ▷4
É.-U. 1962. Comédie de Henry KOSTER avec James Stewart, Maureen O'Hara et Lauri Peters. - Les vacances mouvementées d'une famille dans un chalet au bord de la mer. □ Général ➔ DVD$

MR. HOLLAND'S OPUS ▷4
É.-U. 1995. Comédie dramatique de Stephen HEREK avec Richard Dreyfuss, Glenne Headly et Jay Thomas. - Un compositeur se dévoue pendant trente ans à l'enseignement de la musique dans une école secondaire. □ Général ➔ DVD$

MR. HULOT'S HOLIDAY
voir **Vacances de monsieur Hulot, Les**

MR. JONES ▷4
É.-U. 1993. Comédie dramatique de Mike FIGGIS avec Richard Gere, Lena Olin et Delroy Lindo. - Une jeune psychiatre peu heureuse dans sa vie affective succombe au charme d'un maniaco-dépressif.
□ 13 ans+ ➔ DVD$

MR. KLEIN *voir* **Monsieur Klein**

MR. LOVE
ANG. 1985. Roy BATTERSBY

MR. MAGORIUM'S WONDER EMPORIUM ▷5
[Merveilleux emporium de M. Magorium, Le]
É.-U. 2007. Comédie fantaisiste de Zach HELM avec Dustin Hoffman, Natalie Portman et Jason Bateman. - Lorsque le propriétaire d'un magasin de jouets lègue ce dernier à sa jeune protégée, la magie de l'endroit menace de disparaître. □ Général ➔ DVD DVD-BR$

MR. NORTH ▷4
É.-U. 1988. Comédie de Danny HUSTON avec Anthony Edwards, Robert Mitchum et Lauren Bacall. - Dans les années 1920, un mystérieux jeune homme connaît divers ennuis à cause de l'étrange particularité qu'il semble avoir de soulager les migraines. □ Général ➔ DVD$

MR. PEABODY AND THE MERMAID ▷4
É.-U. 1948. Comédie de Irving PICHEL avec William Powell, Ann Blyth et Irene Hervey. - Un pêcheur attrape une sirène et la ramène chez lui. □ Général

MR. SATURDAY NIGHT [M. Samedi soir] ▷4
É.-U. 1992. Comédie dramatique réalisée et interprétée par Billy CRYSTAL avec David Paymer et Julie Warner. - Un comédien qui a eu son heure de gloire dans les années 1950 tente de raviver sa carrière.
□ Général ➔ DVD$

MR. SKEFFINGTON ▷5
É.-U. 1943. Drame psychologique de Vincent SHERMAN avec Bette Davis, Claude Rains et Walter Abel. - Une femme vaniteuse qui a raté son mariage s'assagit en vieillissant. ➔ DVD$

MR. SMITH GOES TO WASHINGTON ▷3
É.-U. 1939. Comédie satirique de Frank CAPRA avec James Stewart, Jean Arthur et Claude Rains. - Un chef scout est choisi pour remplacer un sénateur décédé. - Critique sociale présentée sur un ton spirituel et léger. Réalisation adroite. Interprétation pleine de finesse.
□ Général ➔ DVD$

MR. TOAD'S WILD RIDE
ANG. 1996. Terry JONES □ Général ➔ DVD$

MR. WONDERFUL [Homme idéal, L'] ▷4
É.-U. 1993. Comédie sentimentale d'Anthony MINGHELLA avec Matt Dillon, Annabella Sciorra et Mary-Louise Parker. - Pour ne plus devoir verser une grosse pension alimentaire à son ex-épouse, un jeune électricien tente de lui trouver un nouveau mari.
□ Général ➔ DVD$

MR. WOODCOCK ▷6
É.-U. 2007. Comédie de Craig GILLESPIE avec Seann William Scott, Billy Bob Thornton et Susan Sarandon. - De retour dans sa ville natale du Nebraska, un écrivain découvre que sa mère va marier son ancien prof d'éducation physique, qui l'a humilié durant tout le secondaire. □ Général · Déconseillé aux jeunes enfants ➜ DVD DVD-BR$

MR73 ▷4
FR. 2007. Drame policier d'Olivier MARCHAL avec Daniel Auteuil, Olivia Bonamy et Catherine Marchal. - Bien que dessaisi du dossier, un policier alcoolique et brisé par un drame personnel poursuit son enquête sur une série de meurtres sadiques. ➜ DVD$

MRS. BROWN [Dame Brown] ▷4
ANG. 1997. Drame biographique de John MADDEN avec Judi Dench, Billy Connolly et Geoffrey Palmer. - Après la mort de son époux, la reine Victoria sympathise avec un palefrenier au franc-parler, ce qui suscite de nombreuses rumeurs. □ Général ➜ DVD$

MRS. DALLOWAY ▷4
ANG. 1997. Drame psychologique de Marleen GORRIS avec Vanessa Redgrave, Natasha McElhone et Rupert Graves. - Les souvenirs d'une femme d'âge mûr refont surface le jour où elle donne une réception chez elle. □ Général

MRS. DOUBTFIRE ▷4
É.-U. 1993. Comédie dramatique de Chris COLUMBUS avec Robin Williams, Sally Field et Pierce Brosnan. - N'ayant pu obtenir la garde de ses enfants, un père divorcé se déguise en vieille dame anglaise et se fait engager comme bonne par son ex-femme.
□ Général ➜ DVD DVD-BR$

MRS. HARRIS ▷4
É.-U. 2005. Drame de Phyllis NAGY avec Annette Bening, Ben Kingsley et Ellen Burstyn. - La directrice d'une école privée est accusée du meurtre de son amant, un médecin en vue réputé pour ses conquêtes féminines. ➜ DVD$

MRS. HENDERSON PRESENTS ▷4
ANG. 2005. Comédie dramatique de Stephen FREARS avec Judi Dench, Bob Hoskins et Will Young. - Dans les années 1930, à Londres, une riche veuve a maille à partir avec le directeur artistique du théâtre qu'elle a acheté pour tromper son ennui. □ Général · Déconseillé aux jeunes enfants ➜ DVD$

MRS. MINIVER [Madame Miniver] ▷3
É.-U. 1943. Étude de mœurs de William WYLER avec Greer Garson, Walter Pidgeon et Teresa Wright. - La vie d'une famille anglaise durant la Seconde Guerre mondiale. - Peinture très intéressante. Réalisation soignée. Simplicité et sobriété. Interprétation juste et nuancée.
□ Général ➜ DVD$

MRS. PALFREY AT THE CLAREMONT
ANG. É.-U. 2005. Dan IRELAND ➜ DVD$

MRS. PARKER AND THE VICIOUS CIRCLE ▷4
É.-U. 1994. Drame biographique d'Alan RUDOLPH avec Jennifer Jason Leigh, Matthew Broderick, Peter Gallagher et Campbell Scott. - Dans les années 1920, une écrivaine new-yorkaise à l'esprit raffiné cache des amours malheureuses et un profond mal de vivre.
□ Général ➜ DVD$

MRS. SOFFEL ▷4
É.-U. 1984. Drame de Gillian ARMSTRONG avec Diane Keaton, Mel Gibson et Matthew Modine. - Subjuguée par un condamné à mort, l'épouse d'un directeur de prison accepte de collaborer à une évasion.
□ Général ➜ DVD$

MUCH ADO ABOUT NOTHING ▷3
[Beaucoup de bruit pour rien]
ANG. 1993. Comédie sentimentale réalisée et interprétée par Kenneth BRANAGH avec Emma Thompson et Denzel Washington. - De retour d'une campagne militaire, un prince et ses soldats se livrent aux jeux de l'amour avec les belles d'un village toscan. - Adaptation exubérante d'une pièce de Shakespeare. Ronde grouillante de vie et de bonne humeur. Décors naturels enchanteurs. Numéros d'acteurs formidables.
□ Général

MULAN ▷4
É.-U. 1998. Dessins animés de Barry COOK et Tony BANCROFT. - Une jeune Chinoise impétueuse se déguise en homme pour se joindre à l'armée impériale en lutte contre des hordes barbares.
□ Général ➜ DVD$

MULHOLLAND DRIVE ►2
É.-U. 2001. Thriller de David LYNCH avec Naomi Watts, Laura Elena Harring et Justin Theroux. - À Hollywood, les destins d'une jeune femme amnésique, d'une starlette et d'un cinéaste aux prises avec la mafia se croisent de façon mystérieuse. - Récit énigmatique au grand pouvoir de fascination. Climat d'inquiétude admirablement soutenu. Flashs satiriques d'un humour féroce. Images et bande sonore envoûtantes. Excellente direction d'acteurs. □ 13 ans+ ➜ DVD$

MULHOLLAND FALLS [Chutes Mulholland, Les] ▷4
É.-U. 1996. Drame policier de Lee TAMAHORI avec Nick Nolte, Melanie Griffith et Chazz Palminteri. - Enquêtant sur le meurtre de son ancienne maîtresse, un policier de choc est amené à s'intéresser aux activités d'une base militaire. □ 13 ans+ · Violence ➜ DVD$

MULTIPLE MANIACS
É.-U. 1970. John WATERS □ 16 ans+ · Langage vulgaire

MULTIPLICITY [Multiplicité] ▷4
É.-U. 1996. Comédie de Harold RAMIS avec Michael Keaton, Andie MacDowell et Harris Yulin. - Un homme affairé a recours au clonage pour répondre à ses nombreuses obligations familiales et professionnelles. □ Général ➜ DVD$

MUMFORD ▷5
É.-U. 1999. Comédie dramatique de Lawrence KASDAN avec Loren Dean, Hope Davis et Jason Lee. - Un ancien fonctionnaire qui se fait passer pour un psychologue se lie d'amitié avec ses clients.
□ 13 ans+ ➜ DVD$

MUMMY, THE ▷4
É.-U. 1932. Drame d'horreur de Karl FREUND avec Boris Karloff, Zita Johann et David Manners. - Un prêtre de l'ancienne Égypte reprend vie au XXe siècle. □ Général ➜ DVD$

MUMMY, THE ▷4
ANG. 1959. Drame d'horreur de Terence FISHER avec Peter Cushing et Christopher Lee. - Un archéologue anglais faisant des fouilles en Égypte est aux prises avec une momie ressuscitée. ➜ DVD$

MUNCHHAÜSEN
ALL. 1943. Josef VON BAKY ➜ DVD$

MUNICH ▷3
É.-U. 2005. Drame d'espionnage de Steven SPIELBERG avec Eric Bana, Daniel Craig et Ciaran Hinds. - Des agents recrutés par le Mossad pourchassent les responsables de l'assassinat de onze athlètes israéliens lors des Jeux Olympiques de 1972 à Munich. - Récit haletant à portée symbolique, inspiré d'événements réels. Personnages d'une grande complexité. Réalisation brillante et inventive. Interprétation solide. □ 13 ans+ · Violence ➜ DVD$

MUPPET MOVIE, THE ▷4
[Muppets, ça c'est du cinéma, Les]
É.-U. 1979. Comédie musicale de James FRAWLEY avec Mel Brooks, Charles Durning et Austin Pendleton. - Une grenouille quitte ses marais pour aller tenter sa chance à Hollywood. □ Général ➜ DVD$

MUPPETS TAKE MANHATTAN, THE ▷4
[Muppets attaquent Broadway, Les]
É.-U. 1984. Comédie fantaisiste de Frank OZ avec Juliana Donald et Lonny Price. - Les tribulations d'une grenouille et de ses compagnons venus à New York pour monter un spectacle musical. ➜ DVD$

MUPPET CHRISTMAS CAROL, THE ▷4
[Noël chez les Muppets]
É.-U. 1992. Conte de Brian HENSON avec Michael Caine, Steve Whitmire et Jerry Nelson. - La veille de Noël, un vieil homme riche et avare reçoit la visite de trois spectres qui lui font prendre conscience de ses fautes. □ Général ➜ DVD$

MUPPET TREASURE ISLAND ▷4
É.-U. 1995. Comédie fantaisiste de Brian HENSON avec Tim Curry, Kevin Bishop et Jennifer Saunders. - Parti à la recherche d'un trésor enfoui dans une île, l'équipage d'un navire doit faire face à des pirates. □ Général ➜ DVD$

MUPPETS, ÇA C'EST DU CINÉMA, LES
voir **Muppet Movie, The**

MUR DE L'ATLANTIQUE, LE ▷5
FR. 1970. Comédie de Marcel CAMUS avec Bourvil, Peter McEnery et Sophie Desmarets. - Un aubergiste normand est mêlé malgré lui à l'évasion d'un aviateur anglais et à un vol de documents à l'état-major allemand. □ Général

MUR, LE ▷4
FR.-TUR. 1983. Drame social de Yilmaz GÜNEY avec Tuncel Kurtiz, Ahmet Ziyrek et Nicolas Hossein. - Dans une prison turque, des jeunes détenus se rebellent pour obtenir un meilleur traitement. □ 13 ans+

MURDER ▷4
ANG. 1930. Drame policier d'Alfred HITCHCOCK avec Herbert Marshall, Norah Baring et Edward Chapman. - Juré dans un procès pour meurtre, un acteur s'emploie à disculper l'accusée. □ Général

MURDER À LA MOD [Murder a la mod/Moving Finger]
É.-U. 1968. Brian DE PALMA ➔ DVD$

MURDER AHOY [Passage à tabac] ▷4
ANG. 1964. Comédie policière de George POLLOCK avec Margaret Rutherford, Charles Tingwell et Lionel Jeffries. - Une vieille demoiselle enquête sur la mort d'un administrateur d'une œuvre de rééducation pour jeunes délinquants.

MURDER AT THE GALLOP [Meurtre au galop] ▷4
ANG. 1963. Comédie policière de George POLLOCK avec Margaret Rutherford, Robert Morley et Flora Robson. - Une vieille demoiselle enquête sur la mort étrange d'un riche vieillard.

MURDER AT THE VANITIES
É.-U. 1934. Mitchell LEISEN

MURDER BY DEATH [Cadavre au dessert, Un] ▷4
É.-U. 1976. Comédie policière de Robert MOORE avec Peter Falk, David Niven et Peter Sellers. - Un millionnaire excentrique réunit dans son manoir cinq détectives célèbres avec promesse d'un meurtre mystérieux à élucider. □ Général ➔ DVD$

MURDER BY DECREE [Meurtre par décret] ▷4
CAN. 1978. Drame policier de Bob CLARK avec Christopher Plummer, James Mason et David Hemmings. - Le détective Sherlock Holmes entreprend de résoudre l'énigme d'un meurtrier mystérieux s'attaquant aux prostituées. □ 13 ans+ ➔ DVD$

MURDER IN THE FIRST [Meurtre avec préméditation] ▷4
É.-U. 1994. Drame judiciaire de Mark ROCCO avec Christian Slater, Kevin Bacon et Gary Oldman. - L'avocat d'un prisonnier d'Alcatraz qui est accusé du meurtre d'un codétenu veut prouver que son client a souffert de conditions de détention inhumaines.
□ 13 ans+ · Violence ➔ DVD$

MURDER ON THE ORIENT EXPRESS ▷4
ANG. 1974. Drame policier de Sidney LUMET avec Albert Finney, Lauren Bacall et Martin Balsam. - Le détective Hercule Poirot enquête sur l'assassinat d'un industriel américain à bord d'un train de luxe.
➔ DVD$

MURDER SHE SAID [Train de 16h50, Le] ▷4
ANG. 1962. Comédie policière de George POLLOCK avec Margaret Rutherford, Arthur Kennedy et James Robertson Justice. - Une vieille demoiselle témoin d'un meurtre décide de mener sa propre enquête.

MURDER, HE SAYS ▷4
É.-U. 1945. Comédie de George MARSHALL avec Fred MacMurray, Helen Walker et Marjorie Main. - Un agent recenseur a des ennuis avec une famille de montagnards. □ Général

MURDER, INC. [Crime société anonyme] ▷4
É.-U. 1960. Drame policier de S. ROSENBERG avec Stuart Whitman, May Britt et Peter Falk. - Un jeune homme impliqué dans le monde de la pègre est menacé de mort. ➔ DVD$

MURDER, MY SWEET ▷3
É.-U. 1946. Drame policier d'Edward DMYTRYK avec Dick Powell, Claire Trevor et Lloyd Nolan. - Après avoir enquêté sur une série de meurtres, un détective est lui-même soupçonné. - Adaptation d'un roman de Raymond Chandler. Excellente analyse de caractères. Réalisation pleine de brio. Interprétation vigoureuse. □ Général ➔ DVD$

MURDEROUS MAIDS
voir **Blessures assassines, Les**

MURIEL OU LE TEMPS D'UN RETOUR ►2
FR.-ITA. 1962. Drame psychologique de Alain RESNAIS avec Delphine Seyrig, Jean-Pierre Kérien et Jean-Baptiste Thierrée. - Une femme sent renaître son amour pour un ancien amant qu'elle revoit après une séparation de vingt ans. - Manifestation exemplaire du travail de l'auteur sur le thème de la mémoire. Montage fragmenté. Mise en scène d'un art consommé. Interprètes de grand talent. □ Général

MURIEL'S WEDDING [Muriel] ▷4
AUS. 1994. Comédie dramatique de Paul J. HOGAN avec Toni Collette, Rachel Griffiths et Bill Hunter. - Peu appréciée de son entourage, une fille grassouillette qui rêve d'un mariage romantique quitte son bled natal pour aller vivre à Sydney avec une copine. □ Général ➔ DVD$

MURMUR OF THE HEART *voir* **Souffle au cœur, Le**

MURPHY'S ROMANCE ▷4
É.-U. 1985. Comédie dramatique de Martin RITT avec Sally Field, James Garner et Brian Kerwin. - Installée avec son jeune fils sur un petit ranch en Arizona, une divorcée se lie d'amitié avec un veuf d'âge mûr. □ Général ➔ DVD$

MURPHY'S WAR ▷4
ANG. 1970. Drame de guerre de Peter YATES avec Philippe Noiret, Peter O'Toole et Sian Phillips. - Rescapé d'un torpillage, un matelot anglais entreprend une lutte inégale contre un sous-marin allemand.
□ Général ➔ DVD$

MURRI AFFAIR, THE *voir* **Grande bourgeoise, La**

MUSE, THE ▷4
É.-U. 1999. Comédie réalisée et interprétée par Albert BROOKS avec Sharon Stone et Andie MacDowell. - Un scénariste hollywoodien en manque d'inspiration obtient l'aide d'une femme mystérieuse qui prétend être une muse. □ Général

MUSÉE DE MARGARET, LE *voir* **Margaret's Museum**

MUSES ORPHELINES, LES ▷4
QUÉ. 2000. Drame psychologique de Robert FAVREAU avec Fanny Mallette, Marina Orsini et Céline Bonnier. - Une jeune femme réunit frère et sœurs dans la maison familiale pour annoncer le retour de leur mère, partie vingt ans plus tôt. □ 13 ans+

MUSIC AND LYRICS [Couple et couplets] ▷4
É.-U. 2007. Comédie sentimentale de Marc LAWRENCE avec Hugh Grant, Drew Barrymore et Haley Bennett. - Un ancien membre d'un populaire groupe des années 1980 fait équipe avec une parolière née pour composer une chanson destinée à une jeune star de la pop.
□ Général ➔ DVD DVD-BR$

MUSIC BOX ▷4
É.-U. 1989. Drame judiciaire de Constantin COSTA-GAVRAS avec Armin Mueller-Stahl, Jessica Lange et Frederic Forrest. - Une criminologue réputée défend son père accusé de crimes contre l'humanité commis à la fin de la Deuxième Guerre mondiale. □ Général ➔ DVD$

MUSIC LOVERS, THE ▷3
ANG. 1970. Drame biographique de Ken RUSSELL avec Richard Chamberlain, Glenda Jackson et Isabella Telezynska. - La vie du célèbre compositeur Tchaïkovski. - Style flamboyant teinté de symbolisme freudien. Images admirablement composées. Spectacle complexe. Excellents comédiens. □ 18 ans+

MUSIC MAN, THE ▷4
É.-U. 1962. Comédie musicale de Morton DA COSTA avec Robert Preston, Shirley Jones et Buddy Hackett. - Un escroc se présente aux habitants d'une petite ville comme un professeur de musique.
□ Général ➔ DVD$

MUSIC OF THE HEART [Violons du cœur, Les] ▷4
É.-U. 1999. Drame biographique de Wes CRAVEN avec Meryl Streep, Angela Bassett et Aidan Quinn. - En 1988, une mère de famille divorcée entreprend d'enseigner le violon à des écoliers d'un quartier défavorisé de New York. □ Général ➔ DVD$

MUSIC ROOM, THE ▷3
IND. 1958. Drame de Satyajit RAY avec Chabbi Biswas, Ganda Pada Basu et Kali Sarkar. - Dans son palace en ruines, un maharadjah passionné par la musique choisit de dilapider ses derniers biens afin de fêter dignement l'anniversaire de son fils. - Émouvante tragédie sur la grandeur et la décadence d'un aristocrate. Réalisation subtile et soignée. Rythme lent révélant subtilement le douloureux passage du temps. Interprétation précise.

MUSIC-HALL *voir* **Bamboozled**

MUSIQUE LA PLUS TRISTE DU MONDE, LA
voir **Saddest Music in the World**

MUSTANG ▷5
QUÉ. 1975. Comédie dramatique de Marcel LEFEBVRE et Yves GÉLINAS avec Willie Lamothe, Luce Guilbeault et Albert Millaire. - Venu donner un spectacle à un festival western, un chanteur tente d'éclaircir le mystère entourant la mort d'un vieil ami. □ Général

MUTE WITNESS [Témoin muet] ▷4
ANG. 1994. Drame policier d'Anthony WALLER avec Mary Sudina, Fay Ripley et Evan Richards. - Témoin d'un meurtre, une jeune maquilleuse muette est prise en chasse par des tueurs dans un studio de cinéma désert. □ 16 ans+ · Violence

MUTINY ON THE BOUNTY [Révoltés du Bounty, Les] ▷4
É.-U. 1935. Drame de Frank LLOYD avec Clark Gable, Charles Laughton et Franchot Tone. - En 1788, au cours d'un voyage, la tyrannie du capitaine du Bounty suscite la révolte de l'équipage.
□ Général ➔ DVD $

MUTINY ON THE BOUNTY ▷4
É.-U. 1962. Drame historique de Lewis MILESTONE avec Marlon Brando, Trevor Howard et Richard Harris. - En 1788, au cours d'un voyage dans le Pacifique, la tyrannie du capitaine du Bounty suscite la révolte de l'équipage. □ Général ➔ DVD $

MY AMERICAN COUSIN [Mon cousin américain] ▷3
CAN. 1985. Comédie dramatique de Sandy WILSON avec Margret Langrick, John Wildman et Richard Donat. - Au début de l'été 1959, une adolescente trouve sa vie ennuyeuse jusqu'au jour où survient son cousin de Californie. - Heureux mélange de gentillesse, de nostalgie et de sens du pittoresque. Rythme dégagé. Touches d'un humour discret. □ Général

MY BEAUTIFUL LAUNDRETTE ▷3
ANG. 1985. Comédie de mœurs de Stephen FREARS avec Gordon Warnecke, Daniel Day-Lewis et Saeed Jaffrey. - Le fils d'un immigrant pakistanais reçoit de son oncle la gérance d'une laverie automatique en quartier populaire. - Description insolite du vécu des immigrés en Angleterre. Variations psychologiques et sentimentales originales. Mise en scène vive et colorée. Interprétation convaincante.
□ 13 ans+ ➔ DVD $

MY BEST FRIEND'S WEDDING ▷4
[Mariage de mon meilleur ami, Le]
É.-U. 1997. Comédie sentimentale de Paul J. HOGAN avec Julia Roberts, Dermot Mulroney et Cameron Diaz. - Une jeune femme tente de faire échouer le projet de mariage entre une riche héritière et un ami qu'elle aime secrètement. □ Général ➔ DVD $

MY BIG FAT GREEK WEDDING ▷4
[Mariage de l'année, Le]
É.-U. 2002. Comédie de mœurs de Joel ZWICK avec Nia Vardalos, John Corbett et Michael Constantine. - Une jeune femme grecque de Chicago sème l'émoi dans sa famille lorsqu'elle décide d'épouser un Américain pure laine. □ Général ➔ DVD $

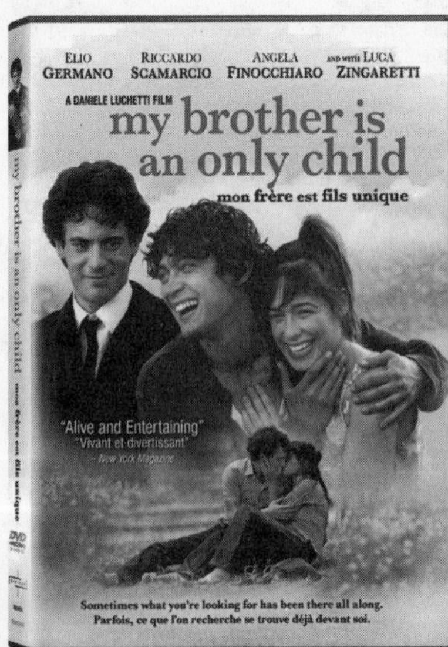

© SÉVILLE

MY BLUE HEAVEN [Mon coin de paradis] ▷4
É.-U. 1990. Comédie policière de Herbert ROSS avec Steve Martin, Rick Moranis et Joan Cusack. - Placé sous la protection d'un policier, un mafioso qui doit témoigner contre un chef de la pègre s'engage en toute impunité dans divers délits. □ Général ➔ DVD $

MY BLUEBERRY NIGHTS ▷4
H.-K. 2007. Drame sentimental de WONG Kar-Wai avec Norah Jones, Jude Law et Natalie Portman. - Une jeune femme en peine d'amour quitte New York pour devenir serveuse au Tennessee, puis au Nevada.
□ Général ➔ DVD $

MY BOY JACK ▷3
ANG. 2007. Drame biographique de Brian KIRK avec David Haig, Daniel Radcliffe et Kim Cattrall. - Au déclenchement de la Première Guerre mondiale, l'écrivain anglais Rudyard Kipling insiste pour que son fils, frêle et myope, soit tout de même envoyé au combat. - Téléfilm au message antimilitariste puissant, d'après la pièce de David Haig, inspirée d'un poème de Kipling. Réalisation vigoureuse et attentive. Interprétation nuancée. ➔ DVD $

MY BRILLIANT CAREER ▷3
AUS. 1979. Comédie dramatique de Gillian ARMSTRONG avec Judy Davis, Sam Neill et Wendy Hughes. - Les premières expériences de vie d'une adolescente désireuse de faire une carrière littéraire. - Récit d'esprit féministe. Mise en scène habile. Évocation d'époque précise et pittoresque. Interprétation spontanée de J. Davis. ➔ DVD $

MY BROTHER IS AN ONLY CHILD
[Mon frère est fils unique]
ITA. 2007. Daniele LUCHETTI ➔ DVD $

MY COUSIN VINNY [Mon cousin Vinny] ▷4
É.-U. 1992. Comédie de Jonathan LYNN avec Joe Pesci, Marisa Tomei et Ralph Macchio. - Deux jeunes collégiens accusés injustement de meurtre sont défendus par un avocat farfelu et sans expérience.
□ Général ➔ DVD $

MY DARLING CLEMENTINE [Poursuite infernale, La] ►1
É.-U. 1946. Western de John FORD avec Henry Fonda, Linda Darnell et Victor Mature. - Le shérif Wyatt Earp et ses frères affrontent un clan rival en Arizona. - Évocation épique d'un fait authentique. Progression dramatique basée sur l'évolution psychologique des personnages. Photographie de grande qualité. Interprétation sobre et puissante.
□ Général ➔ DVD $

MY DINNER WITH ANDRÉ ▷3
É.-U. 1981. Comédie de mœurs de Louis MALLE avec Wallace Shawn, Andre Gregory et Jean Leneuer. - Un dîner au restaurant est l'occasion d'un long échange entre deux amis qui se sont perdus de vue depuis quelques années. - Expérience intéressante fondée sur l'art de la conversation. Réalisation adroite. Interprétation naturelle. ➔ DVD $

MY DOG SKIP [Mon chien Skip] ▷4
É.-U. 2000. Chronique de Jay RUSSELL avec Frankie Muniz, Diane Lane et Kevin Bacon. - Au début des années 1940, dans un village au Mississippi, un gamin de huit ans et son chien vivent toutes sortes d'aventures. ➔ DVD $

MY FAIR LADY ►2
É.-U. 1964. Comédie musicale de George CUKOR avec Audrey Hepburn, Rex Harrison et Wilfrid Hyde-White. - Un expert en phonétique fait le pari de transformer en grande dame une vendeuse de fleurs au langage populacier. - Fine psychologie. Mise en scène magistrale. Musique agréable. Interprétation remarquable. □ Général ➔ DVD $

MY FAMILY [Rêves de famille] ▷4
É.-U. 1995. Chronique de Gregory NAVA avec Jimmy Smits, Esai Morales et Eduardo Lopez Rojas. - Deux jeunes Mexicains immigrés en Californie au début des années 1920 fondent une famille qui traversera diverses épreuves au fil des ans. □ Général ➔ DVD $

MY FATHER THE HERO [Mon père ce héros] ▷4
É.-U. 1994. Comédie de mœurs de Steve MINER avec Gérard Depardieu, Katherine Heigl et Dalton James. - Une adolescente fait passer son père pour son amant afin d'impressionner un garçon qui lui plaît.
□ Général ➔ DVD $

MY FATHER'S GLORY
voir **Gloire de mon père, La**

MY FAVORITE SEASON
voir **Ma saison préférée**

MY FAVORITE WIFE [Mon épouse favorite] ▷3
É.-U. 1940. Comédie de Garson KANIN avec Irene Dunne, Cary Grant et Randolph Scott. - Le jour de son remariage, un homme voit reparaître son ancienne épouse qu'il croyait morte. - Comédie menée bon train. Situations inventives. Dialogue vif. Interprètes rompus au genre. → DVD $

MY FAVORITE YEAR ▷4
É.-U. 1982. Comédie de Richard BENJAMIN avec Peter O'Toole, Mark Linn-Baker et Jessica Harper. - Un jeune gagman est chargé de veiller à ce qu'un acteur célèbre mais alcoolique se présente indemne à une émission de télévision. □ Général → DVD $

MY FIRST MISTER ▷5
É.-U. 2001. Comédie dramatique de Christine LAHTI avec Leelee Sobieski, Albert Brooks et Carol Kane. - Une adolescente marginale et mal dans sa peau se lie d'amitié avec son patron, un quinquagénaire taciturne. □ 13 ans+ → DVD $

MY FOOLISH HEART ▷4
É.-U. 1949. Drame de mœurs de Mark ROBSON avec Susan Hayward, Dana Andrews et Kent Smith. - Se découvrant enceinte, une étudiante manœuvre pour se faire épouser par le fiancé d'une amie. □ Général

MY GIRL [Été des mes 11 ans, L'] ▷5
É.-U. 1991. Comédie dramatique d'Howard ZIEFF avec Anna Chlumsky, Dan Aykroyd et Jamie Lee Curtis. - Une fillette hypocondriaque accepte difficilement que son père embaumeur se remarie avec la maquilleuse qui travaille pour lui. □ Général → DVD $

MY GRANDMOTHER IRONED THE KING'S SHIRTS
CAN. 1999. Till KOVE

MY HOUSE IN UMBRIA [Ma maison en Ombrie] ▷4
ANG. 2003. Drame de Richard LONCRAINE avec Maggie Smith, Chris Cooper et Emmy Clarke. - Quatre personnes blessées lors d'un attentat terroriste se rapprochent les unes des autres durant leur convalescence dans une villa italienne. □ Général → DVD $

MY LEFT FOOT ▷3
ANG. 1989. Drame biographique de Jim SHERIDAN avec Daniel Day-Lewis, Ray McAnally et Brenda Fricker. - Évocation de la vie d'un peintre écrivain qui est victime de paralysie cérébrale et n'a de contrôle que sur son pied gauche. - Thème touchant et profondément humain habilement traité. Style rude et sans concession. Construction classique. Interprétation remarquable de D. Day-Lewis. □ Général

MY LIFE [Ma vie] ▷4
É.-U. 1993. Drame psychologique de Bruce Joel RUBIN avec Michael Keaton, Nicole Kidman et Bradley Whitford. - Atteint d'un cancer, un homme espère vivre assez longtemps pour assister à la naissance du bébé que porte sa femme. □ Général → DVD $

MY LIFE AND TIMES WITH ANTONIN ARTAUD/ THE TRUE STORY OF ARTAUD AND MOMO
voir **En compagnie d'Antonin Artaud**

MY LIFE AS A DOG *voir* **Ma vie de chien**

MY LIFE IN PINK *voir* **Ma vie en rose**

MY LIFE SO FAR [Petit monde de Fraser, Le] ▷4
É.-U. 1999. Comédie dramatique de Hugh HUDSON avec Colin Firth, Robert Norman et Irène Jacob. - À la fin des années 1920 dans un domaine écossais, un inventeur excentrique s'éprend de la fiancée de son beau-frère. □ Général → DVD $

MY LIFE TO LIVE *voir* **Vivre sa vie**

MY LIFE WITHOUT ME ▷4
CAN. 2003. Drame psychologique d'Isabel COIXET avec Sarah Polley, Mark Ruffalo et Deborah Harry. - Apprenant qu'elle est atteinte d'un cancer incurable, une jeune mère de famille dresse la liste des choses qu'elle veut accomplir avant de mourir. □ Général → DVD $

MY LITTLE EYE [Œil témoin, L'] ▷4
ANG. 2002. Drame d'horreur de Marc EVANS avec Kris Lemche, Sean CW Johnson et Jennifer Sky. - Dans une ferme isolée, cinq jeunes participant à un projet de télé-réalité vivent des expériences terrifiantes. → DVD $

MY MAN GODFREY ▷3
É.-U. 1936. Comédie de Gregory LA CAVA avec William Powell, Carole Lombard et Eugene Pallette. - Les aventures d'un clochard que deux jeunes filles ont recueilli et installé chez elles comme maître d'hôtel. - Classique de la comédie d'avant-guerre. Réalisation alerte et soignée. □ Général → DVD $

MY MAN GODFREY ▷4
É.-U. 1957. Comédie d'Henry KOSTER avec June Allyson, David Niven et Martha Hyer. - Une famille fantaisiste recueille un pauvre hère qui devient un serviteur précieux. □ Général

MY MOTHER'S CASTLE *voir* **Château de ma mère, Le**

MY MOTHER'S COURAGE
ALL. ANG. 1995. Michael VERHOEVEN → DVD $

MY NAME IS BILL W. ▷4
É.-U. 1989. Drame de Daniel PETRIE avec James Woods, JoBeth Williams et James Garner. - Grâce aux encouragements de sa femme et de ses amis, un jeune courtier alcoolique entreprend de lutter contre son vice. □ Général → DVD $

MY NAME IS IVAN *voir* **Enfance d'Ivan, L'**

MY NAME IS JOE [Mon nom est Joe] ▷4
ANG. 1998. Drame de mœurs de Ken LOACH avec Peter Mullan, Louise Goodall et David McKay. - Un ex-alcoolique en chômage s'éprend d'une assistante sociale qui mène une vie calme et rangée. □ 13 ans+

MY NAME IS JUANI
ESP. 2006. Bigas LUNA → DVD $

MY NAME IS NOBODY [Mon nom est personne] ▷4
ITA. 1973. Western de Tonino VALERII avec Henry Fonda, Terence Hill et Jean Martin. - Un pistolero célèbre est aux prises avec les manigances d'un admirateur. □ Général → DVD $

MY NIGHT AT MAUD'S *voir* **Ma nuit chez Maud**

MY OWN COUNTRY
É.-U. 1998. Mira NAIR □ Général

MY OWN PRIVATE IDAHO [Idaho] ▷3
É.-U. 1991. Drame social de Gus VAN SANT avec River Phoenix, Keanu Reeves et William Richert. - Un jeune prostitué qui souffre de narcolepsie se lie d'amitié avec le fils rebelle du maire de la ville. - Exercice de style original sur le thème de la marginalité. Milieu décrit de manière à la fois réaliste et stylisée. Réalisation inventive. Interprètes bien dirigés. □ 13 ans+

MY REPUTATION ▷4
E.-U. 1945. Comédie de mœurs de C. BERNHARDT avec Barbara Stanwyck, George Brent et Lucile Watson. - Une veuve courtisée par un officier subit la désapprobation de ses deux fils adolescents, qui craignent les ragots. □ Général → DVD $

© ALLIANCE

MY SEX LIFE (OR HOW I GOT INTO AN ARGUMENT)
voir **Comment je me suis disputé... (ma vie sexuelle)**

MY SISTER EILEEN [Ma sœur est du tonnerre] ▷4
É.-U. 1955. Comédie musicale de Richard QUINE avec Janet Leigh, Betty Garrett et Jack Lemmon. - Deux sœurs vont chercher fortune à New York. □ Général ➜ DVD $

MY SON THE FANATIC [Mon fils est fanatique] ▷4
ANG. 1997. Comédie de mœurs d'Udayan PRASAD avec Om Puri, Rachel Griffiths et Stellan Skarsgard. - En Angleterre, un chauffeur de taxi pakistanais, dont le fils est devenu un intégriste religieux, se réfugie dans les bras d'une prostituée. □ 13 ans+ ➜ DVD $

MY STEPMOTHER IS AN ALIEN ▷4
[Ma belle-mère est une extraterrestre]
É.-U. 1988. Comédie fantaisiste de Richard BENJAMIN avec Kim Basinger, Dan Aykroyd et Alyson Hannigan. - Une belle extraterrestre, venue sur Terre pour sauver sa planète lointaine, épouse un savant candide. □ Général

MY SUMMER OF LOVE [Mon été d'amour] ▷3
ANG. 2004. Drame de mœurs de Pawel PAWLIKOWSKI avec Natalie Press, Emily Blunt et Paddy Considine. - Durant leurs vacances d'été, deux adolescentes issues de milieux différents vivent une troublante histoire d'amour. - Adaptation libre d'un roman de Helen Cross. Fine étude de caractères. Atmosphère langoureuse. Réalisation et photographie soignées. Excellents interprètes. □ 13 ans+ ➜ DVD $

MY SUPER EX-GIRLFRIEND [Ma super ex-copine] ▷5
É.-U. 2006. Comédie fantaisiste d'Ivan REITMAN avec Uma Thurman, Luke Wilson et Anna Faris. - Une superhéroïne utilise ses nombreux pouvoirs pour se venger de son petit ami qui la trompe avec une collègue de travail. □ Général ➜ DVD $

MY SWEET LITTLE VILLAGE *voir* **Mon cher petit village**

MY TWENTIETH CENTURY *voir* **Mon XXe siècle**

MY WIFE IS AN ACTRESS
voir **Ma femme est une actrice**

MY WINNIPEG ▷3
CAN. 2007. Film d'essai de Guy MADDIN avec Darcy Fehr, Ann Savage et Amy Stewart. - À bord d'un train traversant Winnipeg, un narrateur plongé dans un sommeil agité évoque les mutations de cette métropole des Prairies canadiennes. - Somptueux et bizarre collage d'influences et de réminiscences. Superbe photographie en noir et blanc. A. Savage sublime et fantomatique. □ Général ➜ DVD $

© SÉVILLE

MYSTÈRE ALEXINA, LE ▷4
FR. 1985. Drame psychologique de René FERET avec Valérie Stroh, Philippe Vuillemin et Véronique Silver. - Au XIXe siècle, les tribulations d'un garçon qu'on a élevé comme une fille.

MYSTÈRE DE LA CHAMBRE JAUNE, LE ▷4
FR. 2003. Comédie policière de Bruno PODALYDÈS avec Jean-Noël Brouté, Denis Podalydès et Pierre Arditi. - Dans les années 1920, un reporter et un photographe tentent d'élucider le mystère entourant une tentative d'assassinat contre la fille d'un savant.
□ Général ➜ DVD $

MYSTÈRE DES DOUZE CHAISES, LE
voir **Twelve Chairs, The**

MYSTÈRE SILKWOOD, LE *voir* **Silkwood**

MYSTÈRE VON BULOW, LE *voir* **Reversal of Fortune**

MYSTÈRES DE L'OUEST, LES *voir* **Wild Wild West**

MYSTÉRIEUSE MADEMOISELLE C., LA ▷4
QUÉ. 2002. Comédie fantaisiste de Richard CIUPKA avec Gildor Roy, Marie-Chantal Perron et Ève Lemieux. - Une suppléante excentrique redonne le goût d'apprendre à une classe d'élèves de sixième année peu motivés. □ Général

MYSTERIOUS HOUSE OF USHER, THE
voir **Fall of the House of Usher, The**

MYSTERIOUS ISLAND [Île mystérieuse, L'] ▷4
ANG. 1961. Aventures de Cy ENDFIELD avec Michael Craig, Joan Greenwood et Michael Callan. - Un personnage mystérieux vient en aide à des naufragés dans une île déserte. □ Général ➜ DVD $

MYSTERIOUS SKIN ▷3
É.-U. 2005. Drame de mœurs de Gregg ARAKI avec Joseph-Gordon Levitt, Brady Corbet et Jeff Licon. - Deux jeunes adultes, l'un prostitué et l'autre persuadé d'avoir déjà été kidnappé par des extraterrestres, sont liés par un troublant secret d'enfance. - Thème de la pédophilie traité par le biais d'un portrait incisif et pénétrant de marginaux. Mélange percutant de sensibilité et de cynisme. Humour acidulé. Réalisation expressive. Interprétation excellente.

MYSTERY OF CHARLES DICKENS, THE
ANG. 2002. Patrick GARLAND ➜ DVD $

MYSTERY OF EDWIN DROOD, THE ▷4
É.-U. 1935. Drame policier de Stuart WALKER avec Claude Rains, Heather Angel et Douglass Montgomery. - Un homme apparemment respectable est l'auteur de sombres forfaits. □ Général

MYSTERY OF RAMPO, THE ▷4
JAP. 1994. Drame fantastique de Kazuyoshi OKUYAMA avec Masahiro Motoki, Naoto Takenaka et Michiko Hada. - Un écrivain est intrigué par une femme accusée d'avoir asphyxié son mari de la même manière que l'héroïne de son dernier roman. □ 13 ans+

MYSTERY TRAIN ▷4
É.-U. 1989. Film à sketches de Jim JARMUSCH avec Youki Kudoh, Masatoshi Nagase et Nicoletta Braschi. - À Memphis, deux jeunes Japonais sur les traces d'Elvis Presley passent la nuit dans un hôtel miteux où séjournent une Italienne et trois loubards.
□ Général ➜ DVD $

MYSTIC MASSEUR
IND. 2001. Ismail MERCHANT

MYSTIC PIZZA ▷4
É.-U. 1988. Comédie dramatique de Donald PETRIE avec Julia Roberts, Annabeth Gish et Adam Storke. - Les tribulations sentimentales de deux sœurs au tempérament différent qui travaillent dans une pizzeria d'une petite ville. □ Général ➜ DVD $

MYSTIC RIVER ►2
É.-U. 2003. Drame policier de Clint EASTWOOD avec Sean Penn, Tim Robbins et Kevin Bacon. - Trois amis d'enfance issus d'un quartier ouvrier irlandais de Boston se retrouvent 25 ans plus tard, à la suite du meurtre de la fille de l'un d'entre eux. -Adaptation prenante du roman de Dennis Lehane. Récit intelligemment développé. Méditation profonde sur le désir de vengeance. Mise en scène dépouillée et précise. Interprétation remarquable. □ 13 ans+ ➜ DVD $

MYTH OF THE FINGERPRINTS, THE [Désillusions] ▷4
É.-U. 1996. Drame psychologique de Bart FREUNDLICH avec Noah Wyle, Julianne Moore et Blythe Danner. - Un jeune homme retrouve sa famille après trois ans d'absence et renoue avec une ancienne flamme qui l'avait abandonné.

N'IMPORTE OÙ SAUF ICI *voir* **Anywhere But Here**

N'OUBLIE PAS QUE TU VAS MOURIR ▷4
FR. 1995. Drame psychologique réalisé et interprété par Xavier BEAUVOIS avec Chiara Mastroianni et Roschdy Zem. - En apprenant qu'il est séropositif, un jeune étudiant se lance dans une série d'expériences extrêmes. □ 16 ans+ · Érotisme

NACHO LIBRE ▷4
É.-U. 2006. Comédie de Jared HESS avec Jack Black, Hector Jimenez et Ana de la Reguera. - Un moine cuisinier participe à des combats de lutte afin d'amasser des fonds pour les orphelins vivant dans son monastère. □ Général ➜ DVD $

NADA ▷3
FR. 1974. Drame policier de Claude CHABROL avec Fabio Testi, Michel Aumont et Maurice Garrel. - Des anarchistes enlèvent l'ambassadeur américain à Paris et le séquestrent dans une ferme abandonnée. - Histoire fertile en péripéties. Action menée avec brio. Traitement ironique. Personnages campés avec précision. □ 18 ans+

NADIA ▷4
É.-U. 1984. Drame sportif d'A. COOKE avec Leslie Weiner, Johann Carlo et Carrie Snodgress. - L'histoire de Nadia Comaneci, jeune gymnaste roumaine qui étonna le monde aux Jeux olympiques de Montréal. ➜ DVD $

NADINE ▷4
É.-U. 1987. Comédie policière de Robert BENTON avec Kim Basinger, Jeff Bridges et Rip Torn. - En voulant récupérer des photos compromettantes, une jeune femme et son ex-mari ont maille à partir avec un homme d'affaires véreux. □ Général ➜ DVD $

NADJA ▷4
É.-U. 1994. Drame fantastique de Michael ALMEREYDA avec Suzy Amis, Galaxy Craze et Martin Donovan. - À New York, de nos jours, la fille de Dracula tente de séduire une jeune femme dont le beau-père est un chasseur de vampires. □ 13 ans+

NAILS
RUS. 2003. Andrey ISKANOV ➜ DVD $

NAIN ROUGE, LE [Red Dwarf, The]
BEL. 1998. Yvan LE MOINE □ Général

NAISSANCE D'UNE NATION, LA *voir* **Birth of a Nation, The**

NAISSANCE DES PIEUVRES, LA [Water Lilies] ▷3
FR. 2007. Drame psychologique de Céline SCIAMMA avec Pauline Acquart, Adèle Haenel et Louise Blachère. - Dans une ville de province, l'éveil sexuel de trois adolescentes aux personnalités contrastées, qui gravitent autour d'un club de nage synchronisée. - Illustration sensible et nuancée des expériences de jeunes filles apprenant maladroitement à devenir des femmes. Grande qualité d'écriture. Réalisation précise, expressive. Interprétation attachante. ➜ DVD $

NAISSANCE, LA *voir* **Birth**

NAKED [Défi, Le] ▷5
ALL. 2002. Comédie de mœurs de Doris DÖRRIE avec Benno Fürmann, Heike Makatsch et Jürgen Vogel. - Lors d'un souper, trois couples de classes sociales différentes se remettent ouvertement en question. □ Général ➜ DVD $

NAKED [Histoire de Johnny, L'] ▷3
ANG. 1993. Drame de mœurs de Mike LEIGH avec David Thewlis, Lesley Sharp et Katrin Cartlidge. - Les tribulations d'un jeune marginal de Manchester qui s'en va retrouver son ancienne compagne à Londres. - Mélange de pathétique et de comique. Humour vif et railleur. Étude de caractères incisive. Ensemble réalisé avec énormément d'énergie brute. Interprétation remarquable. □ 16 ans+ · Langage vulgaire ➜ DVD $

NAKED BOYS SINGING!
É.-U. 2007. Robert SCHROCK et Troy CHRISTIAN

NAKED CITY, THE ▷3
É.-U. 1947. Drame policier de Jules DASSIN avec Barry Fitzgerald, Howard Duff et Dorothy Hart. - Une enquête policière dans le cadre des rues de New York. - Classique du film noir américain. Mise en scène fort adroite. Personnages bien campés. □ Général ➜ DVD $

NAKED CIVIL SERVANT, THE ▷4
ANG. 1976. Drame psychologique de Jack GOLD avec John Hurt, Patricia Hodge et Colin Higgins. - Dans les années 1930, un homosexuel décide de s'afficher comme tel en dépit des attaques de la société où il vit. ➜ DVD $

NAKED GUN, THE [Agent fait la farce, L'] ▷4
É.-U. 1988. Comédie de David ZUCKER avec Leslie Nielsen, Ricardo Montalban et Priscilla Presley. - Démis de ses fonctions, un policier maladroit mais têtu lutte seul pour empêcher l'assassinat de la reine Elisabeth de passage aux États-Unis. □ Général ➜ DVD $

NAKED GUN 2 1/2: THE SMELL OF FEAR, THE ▷5
[Agent fait la farce 2 1/2: l'odeur de la peur, L']
É.-U. 1991. Comédie policière de David ZUCKER avec Leslie Nielsen, Priscilla Presley et George Kennedy. - Un policier gaffeur découvre qu'un célèbre savant connu pour ses positions écologiques a été remplacé par un sosie à la solde des industries polluantes. □ Général

NAKED GUN 33 1/3: THE FINAL INSULT, THE ▷5
[Agent fait la farce 33 1/3: l'insulte finale, L']
É.-U. 1994. Comédie policière de Peter SEGAL avec Leslie Nielsen, Priscilla Presley et George Kennedy. - Un inspecteur de police gaffeur tente d'empêcher un criminel de commettre un attentat durant la cérémonie des Oscars. □ Général ➜ DVD $

NAKED IN NEW YORK ▷5
É.-U. 1994. Comédie dramatique de Dan ALGRANT avec Eric Stoltz, Mary Louise Parker et Ralph Macchio. - Les tribulations sentimentales et professionnelles d'un jeune dramaturge qui se rend à New York dans l'espoir d'y monter sa pièce. □ 13 ans+ ➜ DVD $

NAKED JUNGLE, THE [Quand la Marabunta gronde] ▷4
É.-U. 1953. Aventures de Byron HASKIN avec Charlton Heston, Eleanor Parker et Abraham Sofaer. - Le propriétaire d'un riche domaine d'Amérique du Sud doit faire face à une invasion de fourmis. □ Général ➜ DVD $

NAKED LUNCH [Festin nu, Le] ▷3
CAN. 1991. Drame fantastique de David CRONENBERG avec Peter Weller, Judy Davis et Ian Holm. - Après avoir accidentellement tué sa femme, un exterminateur se réfugie dans un étrange pays imaginaire peuplé de créatures bizarres. Adaptation personelle du roman de William S. Burroughs. Vision cauchemardesque du monde de la drogue. Interprétation dans le ton. □ 18 ans+ ➜ DVD $

NAKED POISON
H.-K. 2000. Man Kei CHIN

NAKED PREY, THE [Proie nue, La] ▷4
É.-U. 1964. Aventures réalisées et interprétées par Cornel WILDE avec Ken Gampu et Gert Van Der Berg. - En Afrique, un chasseur blanc est poursuivi dans la brousse par des indigènes. ➜ DVD $

NAKED SPUR, THE [Appât, L'] ▷3
É.-U. 1952. Western d'Anthony MANN avec James Stewart, Robert Ryan et Janet Leigh. - Une forte récompense est offerte pour la capture d'un tueur réfugié dans la montagne avec une orpheline. - Récit vigoureux et attachant. Paysages admirables. Forte interprétation. □ Général ➜ DVD $

NAKED WEAPON
H.-K. 2002. Siu-Tung CHING ➜ DVD $

NAKED YOU DIE
ITA. 1968. Antonio MARGHERITI ➜ DVD $

NAME OF THE ROSE, THE [Nom de la rose, Le] ▷3
ALL. 1986. Thriller de Jean-Jacques ANNAUD avec Sean Connery, Christian Slater et F. Murray Abraham. - En 1327, lors d'une importante réunion ecclésiastique dans un monastère, un moine enquête sur diverses morts étranges. - Adaptation fort réussie d'un roman d'Umberto Eco. Intrigue policière dans un contexte inusité. Utilisation inventive des décors. Rythme soutenu. Jeu intelligent de S. Connery. □ 13 ans+ ➔ DVD $

NAMELESS, THE
ESP. 1999. Jaume BALAGUERO ➔ DVD $

NAMESAKE, THE ▷4
É.-U. 2006. Drame psychologique de Mira NAIR avec Kal Penn, Tabu et Irrfan Khan. - Une incompréhension s'installe entre un jeune architecte new-yorkais d'origine indienne et ses parents, restés attachés à leurs traditions. ➔ DVD $

NANG NAK
THAÏ. 1999. Nonzee NIMIBUTR ➔ DVD $

NANNY, THE ▷5
ANG. 1965. Drame de Seth HOLT avec Bette Davis, Wendy Craig et William Dix. - Un jeune garçon qui a subi un traitement psychiatrique prétend que sa gouvernante veut le tuer. □ Général ➔ DVD $

NANNY, THE
ITA. 1999. Marco BELLOCCHIO ➔ DVD $

NANNY DIARIES [Journal d'une nanny, Le] ▷4
É.-U. 2007. Comédie dramatique de Shari SPRINGER BERMAN et Robert Pulcini avec Scarlett Johansson, Laura Linney et Nicholas Art. - Par dépit, une ex-étudiante en finances accepte un poste de nanny dans une famille riche et dysfonctionnelle de Manhattan. □ Général ➔ DVD $

NANNY MCPHEE [Nounou McPhee] ▷3
ANG. 2005. Comédie fantaisiste de Kirk Jones avec Emma THOMPSON, Colin Firth et Thomas Sangster. - Une gouvernante hideuse aux pouvoirs surnaturels vient en aide à un veuf aux prises avec sept enfants indisciplinés. - Conte spirituel et bien construit tiré des romans de Christianna Brand. Quelques développements hâtifs. Mise en scène espiègle. Direction artistique audacieuse. Excellents interprètes. □ Général ➔ DVD $

NAPOLÉON ▷4
FR. 1954. Drame historique de Sacha GUITRY avec Daniel Gélin, Raymond Pellegrin et Michèle Morgan. - Quelques moments de la vie de Napoléon. □ Général

NAPOLÉON ►1
FR. 1927. Drame historique d'Abel GANCE avec Albert Dieudonné, Antonin Artaud et Gina Manès. - Quelques étapes de la vie de Napoléon Bonaparte. - Version restaurée par un historien anglais en 1980. Style tempétueux. Souffle épique indéniable. Montage très adroit. Interprétation stylisée. □ Général

NAPOLÉON ▷4
FR. 2002. Drame historique d'Yves SIMONEAU avec Isabella Rossellini, Christian Clavier et Gérard Depardieu. - La vie de Napoléon Bonaparte, depuis le Directoire jusqu'à sa mort. ➔ DVD $

NAPOLEON AND SAMANTHA ▷5
E.-U. 1972. Comédie dramatique de B. McEVEETY avec Jodie Foster, Johnny Whitaker et Michael Douglas. - Après la mort de son grand-père, un orphelin part avec un lion inoffensif et une compagne de jeu à travers les montagnes. ➔ DVD $

NAPOLEON DYNAMITE ▷5
É.-U. 2004. Comédie de mœurs de Jared HESS avec Jon Heder, Jon Gries et Tina Majorino. - Dans un patelin de l'Idaho, un élève du secondaire excentrique et impopulaire aide son nouvel ami mexicain à devenir président de sa classe. □ Général ➔ DVD DVD-BR $

NARAYAMA BUSHI-KO ▷3
JAP. 1957. Drame de Keisuke KINOSHITA avec Kinuro Tanaka, Teiji Takahashi et Yuko Machizuki. - Une vieille femme se préoccupe de trouver une épouse à son fils veuf avant de mourir. - Curieux style théâtral. Rappel de vieilles coutumes japonaises. □ Général

NARC [Narco] ▷4
É.-U. 2002. Drame policier de Joe CARNAHAN avec Jason Patric, Ray Liotta et Krista Bridges. - À Detroit, un policier de l'escouade des narcotiques fait équipe avec un collègue belliqueux pour enquêter sur la mort d'un agent double. □ 13 ans+ · Langage vulgaire · Violence ➔ DVD $

NARCISSE NOIR, LE *voir* **Black Narcissus**

NARCO *voir* **Narc**

NARGESS
IRAN 1992. Rakhshan BANI-ETEMAD □ Général

NARROW MARGIN, THE ▷4
É.-U. 1952. Drame policier de Richard FLEISCHER avec Charles McGraw, Marie Windsor et Jacqueline White. - Des gangsters tentent d'empêcher la veuve d'un des leurs de témoigner en justice. □ Général ➔ DVD $

NASHEEM *voir* **Femmes**

NASHVILLE ►1
É.-U. 1975. Étude de mœurs de Robert ALTMAN avec Ronee Blakley, Henry Gibson et Geraldine Chaplin. - Divers incidents se produisent dans la capitale de la musique country à l'occasion de l'organisation d'une réunion politique. - Œuvre clef de l'auteur. Construction narrative riche et audacieuse. Mise en scène fort inventive. Ensemble solide et coloré. Interprétation naturelle. □ 13 ans+ ➔ DVD $

NASSER ASPHALT [Wet Asphalt]
ALL. 1958. Frank WISBAR ➔ DVD $

NASTY GIRL, THE ▷3
ALL. 1989. Comédie satirique de Michael VERHOEVEN avec Lena Stolze, Robert Giggenbach et Hans-Reinhard Müller. - Une écolière qui participe à un concours de dissertation choisit d'écrire sur le comportement de ses concitoyens durant la période nazie. - Évocation ironique de l'occultation faite en Allemagne du nazisme. Effets de mise en scène insolites. Vivacité de la vedette. □ Général

NASTY HABITS ▷5
ANG. 1976. Comédie satirique de M. LINDSAY-HOGG avec Glenda Jackson, Sandy Dennis et Geraldine Page. - Dans un couvent de Philadelphie, une religieuse, qui convoite le poste d'abbesse, utilise des moyens détournés pour contrer les menées de sa principale rivale.

NATHALIE ▷5
FR. 2003. Drame de mœurs d'Anne FONTAINE avec Fanny Ardant, Emmanuelle Béart et Gérard Depardieu. - Une gynécologue engage une prostituée de luxe qui devra séduire son mari infidèle et lui raconter ensuite leurs ébats. □ 13 ans+ ➔ DVD $

NATION SECRÈTE *voir* **Secret Nation**

NATIONAL TREASURE [Trésor national] ▷5
É.-U. 2004. Aventures de Jon TURTELTAUB avec Nicolas Cage, Diane Kruger et Justin Bartha. - Un aventurier tente de contrecarrer les plans d'un associé malhonnête qui cherche à dérober le trésor mythique des Templiers. □ Général ➔ DVD DVD-BR $

NATIONAL VELVET ▷4
É.-U. 1944. Comédie dramatique de Clarence BROWN avec Elizabeth Taylor, Mickey Rooney et Donald Crisp. - Une fillette gagne un cheval dans une loterie et le mène à la victoire dans une course importante. □ Général

NATIONALE 7 ▷3
FR. 2000. Comédie de mœurs de Jean-Pierre SINAPI avec Nadia Kaci, Olivier Gourmet et Lionel Abelanski. - Un foyer pour handicapés moteur est mis sens dessus dessous lorsqu'un patient myopathe réclame le droit à l'amour physique. - Récit humaniste inspiré de faits réels. Sujet fort délicat traité avec un humour plein de doigté. Réalisation adroite et vivante. Interprétation très convaincante. □ 16 ans+

NATIVE SON
ARG. 1950. Pierre CHENAL □ Général

NATIVITY STORY, THE ▷4
É.-U. 2006. Drame biblique de Catherine HARDWICKE avec Keisha Castle-Hugues, Oscar Isaacs et Shohreh Aghdashloo. - Les circonstances extraordinaires entourant la naissance de Jésus. □ Général ➔ DVD $

NATTY GANN *voir* **Journey of Natty Gann, The**

NATURAL BORN KILLERS [Meurtre dans le sang, Le] ▷4
É.-U. 1994. Drame social d'Oliver STONE avec Woody Harrelson, Juliette Lewis et Robert Downey Jr. - Les tribulations d'un jeune couple de tueurs dont les exploits sanglants obtiennent une large couverture médiatique. □ 18 ans+ · Violence ➔ DVD DVD-BR $

NATURAL CITY
COR. 2003. Min BYUNG-CHUN ➔ DVD $

NATURAL, THE [Meilleur, Le] ▷4
É.-U. 1984. Drame sportif de Barry LEVINSON avec Robert Redford, Robert Duvall et Wilford Brimley. - Dévié d'une carrière prometteuse par un attentat, un joueur de base-ball revient au jeu seize ans plus tard. □ Général ➔ DVD DVD-BR$

NATURE HUMAINE, LA *voir* **Human Nature**

NATURE OF NICHOLAS, THE ▷4
CAN. 2002. Drame psychologique de Jeff ERBACH avec Jeff Sutton, David Turnbull et Ardith Boxall. - À la fin des années 1950, dans les Prairies, un garçon de 12 ans embrasse son meilleur ami, qui se dédouble alors en un zombie honteux. ➔ DVD$

NAVIGATOR, THE ►1
É.-U. 1924. Comédie de Buster KEATON et Donald CRISP avec Buster Keaton, Kathryn McGuire et Frederick Vroom. - Rejeté par sa dulcinée, un jeune homme s'embarque par erreur sur un paquebot que des espions font dériver vers la haute mer. - Classique incontournable de la comédie américaine. Gags visuels mis au point avec une rare perfection. Ensemble plein d'invention et d'originalité. Composition délectable de B. Keaton. □ Général ➔ DVD$

NAVIGATOR: A MEDIEVAL ODYSSEY, THE ▷3
N.-Z. 1988. Drame fantastique de Vincent WARD avec Bruce Lyons, Hamish McFarlane et Chris Haywood. - En 1348, pour conjurer la peste qui menace leur village, cinq pèlerins creusent un tunnel qui les mène à leur grand étonnement dans une ville du XXe siècle. - Sujet allégorique et actuel traité de façon habile. Utilisation judicieuse des contrastes. Interprétation en harmonie avec l'ensemble. □ Général

NAZARIN ►2
MEX. 1959. Drame religieux de Luis BUÑUEL avec Francisco Rabal, Marga Lopez et Rita Macedo. - Un prêtre est forcé de quitter son poste et devient pèlerin mendiant. - Œuvre ambiguë d'un style très dépouillé. Notations cruelles caractéristiques de l'auteur. F. Rabal excellent dans le rôle-titre.

NÉ EN ABSURDISTAN [Born in Absurdistan] ▷4
AUT. 1999. Comédie de mœurs de Houchang ALLAHYARI avec Karl Markovics, Julia Stemberger et Ahmet Ugurlu. - Un haut fonctionnaire provoque par inadvertance la déportation d'une famille d'émigrés turcs dont le bébé a été interverti avec le sien à la pouponnière. □ Général ➔ DVD$

NE LE DIS À PERSONNE ▷4
FR. 2006. Drame policier de Guillaume CANET avec François Cluzet, André Dussollier et Marie-Josée Croze. - Huit ans après la mort de son épouse, un pédiatre reçoit des courriels inquiétants laissant croire qu'elle est toujours vivante. □ 13 ans+ · Violence ➔ DVD$

NE NOUS FÂCHONS PAS ▷4
FR. 1966. Comédie policière de Georges LAUTNER avec Lino Ventura, Mireille Darc et Jean Lefebvre. - Un ancien truand est entraîné dans un règlement de comptes en voulant rendre service à un ami. ➔ DVD$

NE PAS AVALER *voir* **Nil by Mouth**

NE RÉVEILLEZ PAS UN FILC QUI DORT ▷6
FR. 1988. Drame policier de José PINHEIRO avec Alain Delon, Michel Serrault et Patrick Catalifo. - Un commissaire découvre qu'une société secrète d'extrême-droite composée de policiers est responsable d'assassinats de criminels restés impunis. ➔ DVD$

NE TOUCHEZ PAS LA HACHE ▷4
[Duchess of Langeais, The]
FR. 2006. Drame psychologique de Jacques RIVETTE avec Guillaume Depardieu, Jeanne Balibar et Bulle Ogier. - Au XIXe siècle à Paris, un général de l'armée napoléonienne tombe éperdument amoureux d'une duchesse qui ne cesse d'attiser son tourment en repoussant ses avances. ➔ DVD$

NÉ UN QUATRE JUILLET
voir **Born on the Fourth of July**

NE VOUS RETOURNEZ PAS *voir* **Don't Look Now**

NÉANT, LE *voir* **Nothing**

NEAR DARK [Aux frontières de l'aube] ▷4
É.-U. 1987. Drame d'horreur de Kathryn BIGELOW avec Adrian Pasdar, Jenny Wright et Lance Henriksen. - En voulant faire la conquête d'une belle inconnue, un jeune fermier du Texas tombe aux mains d'une bande de vampires. □ 13 ans+ ➔ DVD$

NED KELLY ▷4
ANG. 1970. Aventures de Tony RICHARDSON avec Mick Jagger, Diane Craig et Clarissa Kaye. - Malgré sa volonté de ne plus enfreindre la loi, un jeune Irlandais établi en Australie est obligé de commettre de graves méfaits. □ Général ➔ DVD$

NED KELLY ▷4
AUS. 2003. Drame biographique de Gregor JORDAN avec Heath Ledger, Orlando Bloom et Naomi Watts. - Au XIXe siècle en Australie, un immigrant irlandais devient un héros populaire en braquant les banques au bénéfice des démunis. ➔ DVD$

NEF DES FOUS, LA *voir* **Ship of Fools**

NÈG', LE ▷3
QUÉ. 2002. Drame policier de Robert MORIN avec Vincent Bilodeau, Robin Aubert et Béatrice Picard. - Dans la campagne québécoise, deux policiers enquêtent sur un drame survenu après la destruction d'un nègre de jardin par un jeune Noir. - Dénonciation virulente du racisme et de la bêtise humaine en milieu rural. Récit pluriel adoptant les points de vue contradictoires des témoins du drame. Réalisation assurée et imaginative. Interprétation juste et souvent savoureuse. □ 13 ans+ ➔ DVD$

NEGOTIATOR, THE [Négociateur, Le] ▷4
É.-U. 1998. Drame policier de F. Gary GRAY avec Samuel L. Jackson, Kevin Spacey et David Morse. - Pour tenter de se disculper d'un meurtre qu'il n'a pas commis, un négociateur de la police de Chicago prend des collègues en otage. □ 13 ans+ · Violence ➔ DVD$

NEIGE TOMBAIT SUR LES CÈDRES, LA
voir **Snow Falling on Cedars**

NEITHER THE SEA NOR THE SAND ▷4
ANG. 1972. Drame fantastique de F. BURNLEY avec Susan Hampshire, Michael Petrovitch et Frank Finlay. - L'amant d'une jeune femme mariée semble survivre mystérieusement à une crise cardiaque.

NELL ▷4
É.-U. 1994. Drame psychologique de Michael APTED avec Jodie Foster, Liam Neeson et Natasha Richardson. - Un médecin de campagne parvient petit à petit à communiquer avec une jeune sauvageonne qui a été découverte dans une cabane isolée en forêt. ➔ DVD$

NELLIGAN ▷4
QUÉ. 1991. Drame biographique de Robert FAVREAU avec Lorraine Pintal, Marc St-Pierre et Gabriel Arcand. - Évocation des moments les plus déterminants de la vie du poète québécois Émile Nelligan. □ Général

NELLY ET MONSIEUR ARNAUD ▷3
FR. 1995. Drame psychologique de Claude SAUTET avec Emmanuelle Béart, Michel Serrault et Jean-Hugues Anglade. - Une relation ambiguë naît entre un juge à la retraite et la jeune secrétaire qui lui tape sa biographie. - Approche d'une grande sensibilité et d'une belle pudeur. Traitement raffiné. Justesse de ton de l'interprétation. □ Général

NÉNETTE ET BONI
FR. 1996. Claire DENIS

NEO NED
É.-U. 2005. Van FISCHER ➔ DVD$

NEON BIBLE, THE ▷4
ANG. 1994. Drame de mœurs de Terence DAVIES avec Gena Rowlands, Jacob Tierney et Diana Scarwid. - Dans les années 1940, un garçon grandit au sein d'une famille pauvre dans une communauté rurale et puritaine du sud des États-Unis. □ Général

NERFS À VIF, LES *voir* **Cape Fear**

NEST OF THE GENTRY
RUS. 1969. Andrei KONCHALOVSKY

NETCHAÏEV EST DE RETOUR ▷5
FR. 1991. Drame policier de Jacques DERAY avec Yves Montand, Vincent Lindon et Miou-Miou. - Tout en tentant de découvrir qui l'a trahi naguère, un ancien terroriste négocie son amnistie en échange d'informations.

NETTOYAGE À SEC [Dry Cleaning] ▷3
FR. 1997. Drame psychologique d'Anne FONTAINE avec Miou-Miou, Charles Berling et Stanislas Merhar. - Un couple de blanchisseurs se prend d'affection pour un jeune homme mystérieux qui essaie de les séduire à tour de rôle. - Variations sur le thème de l'ambiguïté de mœurs. Développements à la tension bien amenée. Mise en scène délicate et retenue. Interprètes de talent.

NETWORK **[Main basse sur la TV]** ▷3
É.-U. 1976. Comédie satirique de Sidney LUMET avec Faye Dunaway, William Holden et Peter Finch. - Apprenant son congédiement, un animateur-vedette se met en colère sur les ondes et s'attire la sympathie du public. - Charge caricaturale contre les milieux de direction de la télévision. Mise en scène vigoureuse et assurée. Progression dramatique efficace. Comédiens de talent. □ 13 ans+ ➜ DVD$

NEUF SEMAINES ET DEMIE
voir **9 1/2 Weeks**

NEUROSIA
É.-U. 1995. Rosa VON PRAUNHEIM □ 18 ans+ · Sexualité explicite

NEUVAINE, LA ▷3
CAN. 2005. Drame psychologique de Bernard ÉMOND avec Patrick Drolet, Élise Guilbault et Denise Gagnon. - À Sainte-Anne-de-Beaupré, une urgentologue suicidaire est sauvée par un jeune homme qui fait une neuvaine pour obtenir la guérison de sa grand-mère mourante. □ Général · Déconseillé aux jeunes enfants ➜ DVD$

NEUVIÈME PORTE, LA *voir* **Ninth Gate, The**

NEVADA SMITH ▷4
É.-U. 1966. Western d'Henry HATHAWAY avec Steve McQueen, Karl Malden et Brian Keith. - Un jeune métis décide de régler leur compte aux trois hommes qui ont massacré ses parents.
□ 13 ans+ ➜ DVD$

NEVER CRY WOLF **[Homme parmi les loups, Un]** ▷3
É.-U. 1983. Aventures de Carroll BALLARD avec Charles Martin Smith, Brian Dennehy et Zachary Ittimangnaq. - Les mésaventures d'un biologiste venu étudier les mœurs des loups dans le Grand Nord. - Péripéties captivantes. Réalisation pittoresque. Passages d'une beauté poétique appréciable. Jeu sympathique du protagoniste.
□ Général ➜ DVD$

NEVER GIVE A SUCKER AN EVEN BREAK ▷3
É.-U. 1941. Comédie burlesque d'Edward CLINE avec W.C. Fields, Gloria Jean et Franklin Pangborn. - Un personnage savoureux vient proposer un scénario farfelu à un producteur. - Remarquable exploitation du non-sens. Situations d'une drôlerie originale. W.C. Fields à son meilleur.

NEVER LET GO
ANG. 1960. Drame policier de John GUILLERMIN avec Richard Todd, Peter Sellers et Elizabeth Sellars. - Un modeste commis-voyageur entreprend une enquête sur le vol de son auto. ➜ DVD$

NEVER LET ME GO
É.-U. 1953. Delmer DAVES □ Général

NEVER ON SUNDAY *voir* **Jamais le dimanche**

NEVER SAY NEVER AGAIN **[Jamais plus jamais]** ▷4
ANG. 1983. Drame d'espionnage d'Irvin KERSHNER avec Sean Connery, Klaus Maria Brandauer et Barbara Carrera. - L'agent secret James Bond est chargé de retrouver deux engins nucléaires volés par une organisation criminelle internationale. □ Général ➜ DVD DVD-BR$

NEVER SO FEW ▷5
E.-U. 1959. Drame de guerre de J. STURGES avec Frank Sinatra, Gina Lollobrigida et Steve McQueen. - En Birmanie, des soldats américains aident les indigènes à combattre les Japonais. ➜ DVD$

NEVERENDING STORY, THE **[Histoire sans fin, L']** ▷3
ALL. 1984. Conte de Wolfgang PETERSEN avec Noah Hathaway, Barret Oliver et Tami Stronach. - Un jeune garçon trouve un livre merveilleux dont la lecture l'entraîne dans un monde fantaisiste. - Récit où l'imaginaire est bien exploité. Trucages appropriés à un univers fantastique. Réalisation astucieuse. □ Général ➜ DVD$

NEW AGE, THE ▷4
É.-U. 1994. Drame de mœurs de Michael TOLKIN avec Peter Weller, Judy Davis et Patrick Bauchau. - Un couple de yuppies qui traverse une crise financière et conjugale cherche réconfort dans la philosophie du «nouvel âge». □ 13 ans+ · Érotisme

NEW CENTURIONS, THE ▷4
[Flics ne dorment pas la nuit, Les]
É.-U. 1972. Drame social de Richard FLEISCHER avec Stacy Keach, Georges C. Scott et Scott Wilson. - Les dures expériences d'un jeune homme qui s'engage dans le corps policier de Los Angeles.
□ 13 ans+ ➜ DVD$

NEW EVE, THE *voir* **Nouvelle Ève, La**

NEW IN TOWN **[Casque et talons hauts]** ▷4
É.-U. 2009. Comédie dramatique de Jonas ELMER avec Harry Connick, Jr. Renée Zellweger et J.K. Simmons. - Une carriériste de Miami a maille à partir avec les ouvriers d'une usine du Minnesota dans laquelle elle doit effectuer de sévères compressions de personnel.
□ Général ➜ DVD DVD-BR$

NEW JERSEY DRIVE ▷4
É.-U. 1994. Drame social de Nick GOMEZ avec Sharron Corley, Gabriel Casseus et Saul Stein. - Les tribulations d'un adolescent de race noire dont les délits attirent l'attention de la police locale.
□ 13 ans+ · Langage vulgaire ➜ DVD$

NEW KIND OF LOVE, A **[Fille à la casquette, La]** ▷5
É.-U. 1963. Comédie de Melville SHAVELSON avec Paul Newman, Joanne Woodward et Thelma Ritter. - Une dessinatrice de mode aux allures masculines fait la conquête d'un journaliste. □ Général ➜ DVD$

NEW LAND, THE ►2
SUÈ. 1972. Drame social de Jan TROELL avec Max Von Sydow, Liv Ullmann et Eddie Axberg. - Les problèmes rencontrés par des immigrants suédois installés au Minnesota. - Suite de «The Emigrants». Fresque impressionnante. Photographie de grande beauté. Attachante description de mœurs. Interprétation d'une vérité exceptionnelle.
□ Général

NEW LEAF, A ▷4
É.-U. 1970. Comédie de mœurs réalisée et interprétée par Elaine MAY avec Walter Matthau et George Rose. - Un héritier ruiné fait un mariage d'intérêt et songe à tuer sa nouvelle épouse. □ Général

NEW LEGEND OF SHAOLIN, THE **[Legend of Red Dragon]**
H.-K. 1994. Corey YUEN et Wong JING □ 13 ans+ ➜ DVD$

NEW LIFE, A ▷4
É.-U. 1988. Comédie dramatique réalisée et interprétée par Alan ALDA avec Ann-Margret et Veronica Hamel. - Une belle entente s'établit entre une femme-médecin et un divorcé qui a du mal à se faire à sa vie d'homme seul. □ Général

NEW MEXICO *voir* **Deadly Companions, The**

NEW POLICE STORY
H.-K. 2004. Benny CHAN ➜ DVD$

NEW ROSE HOTEL ▷5
É.-U. 1998. Drame de mœurs de Abel FERRARA avec Christopher Walken, Asia Argento et Willem Dafoe. - Dans le futur, deux agents engagent une séductrice pour convaincre un savant d'offrir ses services à une grande corporation. □ 13 ans+ · Érotisme ➜ DVD$

NEW WATERFORD GIRL ▷4
CAN. 1999. Comédie de mœurs d'Allan MOYLE avec Liane Balaban, Tara Spencer Nairn et Andrew McCarthy. - Une adolescente renfermée qui rêve de quitter son village du Cap-Breton se lie d'amitié avec sa nouvelle voisine très dégourdie. □ Général ➜ DVD$

NEW WORLD, THE **[Nouveau monde, Le]** ▷3
É.-U. 2005. Drame historique de Terrence MALICK avec Colin Farrell, Q'Orianka Kilcher et Christian Bale. - En 1607, un explorateur anglais fait prisonnier en Virginie par des Amérindiens s'éprend d'une des princesses de la tribu. - Évocation lyrique de l'histoire de Pocahontas. Narration elliptique. Traitement visuel et sonore exquis. Interprètes bien dirigés. □ Général · Déconseillé aux jeunes enfants ➜ DVD$

NEW YEAR'S DAY ▷4
É.-U. 1989. Comédie de mœurs réalisée et interprétée par Henry JAGLOM avec Maggie Jakobson et Gwen Welles. - À son arrivée à New York, un jeune homme découvre que le nouvel appartement qu'il a loué est encore habité par trois jeunes femmes. □ Général

NEW YORK STORIES ▷4
É.-U. 1989. Film à sketches de Francis Ford COPPOLA, Woody ALLEN et Martin SCORSESE avec Nick Nolte, Heather McComb et Mia Farrow. - La ville de New York sert de cadre et de point commun à trois histoires légères. □ Général ➜ DVD$

NEW YORK, NEW YORK ▷3
É.-U. 1977. Drame sentimental de Martin SCORSESE avec Robert De Niro, Liza Minnelli et Barry Primus. - Les relations tumultueuses d'un couple de musiciens dans les années d'après-guerre. - Évocation nostalgique de la vie et de la musique d'une époque. Mise en scène très adroite. Musique bien choisie. Interprétation forte.
□ Général ➜ DVD$

NEWSIES ▷4
É.-U. 1992. Comédie musicale de Kenny ORTEGA avec Christian Bale, Bill Pullman et Ann-Margret. - À New York, au XIXe siècle, un jeune camelot qui a incité ses pairs à faire la grève perd leur confiance après qu'un propriétaire de journal ait acheté sa docilité.
□ Général ➔ DVD $

NEWTON BOYS, THE ▷4
É.-U. 1998. Drame policier de Richard LINKLATER avec Matthew McConaughey, Skeet Ulrich et Julianna Margulies. - Dans les années 1920, quatre frères texans forment une bande de redoutables voleurs de banques. □ Général · Déconseillé aux jeunes enfants ➔ DVD $

NEXT ▷4
É.-U. 2007. Science-fiction de Lee TAMAHORI avec Nicolas Cage, Julianne Moore et Jessica Biel. - Pour mettre en échec des terroristes voulant détruire Los Angeles, une agente du FBI fait équipe avec un magicien capable de prédire le futur immédiat.
□ 13 ans+ ➔ DVD DVD-BR $

NEXT DOOR
NOR. 2005. Pal SLETAUNE

NEXT OF KIN ▷5
CAN. 1984. Comédie de mœurs d'Atom EGOYAN avec Patrick Tierney, Berge Fazlian et Arsinee Khanjian. - Malheureux chez lui, un jeune bourgeois se fait passer pour l'enfant perdu d'une famille arménienne.
□ Général

NEXT STOP, GREENWICH VILLAGE ▷5
É.-U. 1976. Comédie de mœurs de Paul MAZURSKY avec Lenny Baker, Shelley Winters et Ellen Greene. - En 1953, un jeune homme désireux de devenir acteur quitte ses parents et s'installe à Greenwich Village.
□ 13 ans+ ➔ DVD $

NEXT STOP, WONDERLAND ▷4
É.-U. 1997. Comédie sentimentale de Brad ANDERSON avec Hope Davis, Alan Gelfant et Victor Argo. - Les tribulations sentimentales et professionnelles d'une infirmière et d'un plombier que le destin va rapprocher petit à petit. □ Général ➔ DVD $

NEZ ROUGE ▷5
QUÉ. 2003. Comédie sentimentale d'Érik CANUEL avec Patrick Huard, Michèle Barbara Pelletier et Pierre Lebeau. - Un critique littéraire condamné par la cour à travailler comme bénévole pour Nez Rouge fait équipe avec une écrivaine dont il a déjà démoli l'œuvre.
□ Général ➔ DVD $

NI POUR NI CONTRE (BIEN AU CONTRAIRE) ▷4
FR. 2002. Thriller de Cédric KLAPISCH avec Marie Gillain, Vincent Elbaz et Simon Abkarian. - Une jeune cameraman se laisse entraîner par quatre petits malfrats qui projettent de se servir d'elle pour réaliser un vol important. □ 13 ans+ · Violence

NI VU, NI CONNU ▷4
FR. 1958. Comédie de Yves ROBERT avec Louis de Funès, Noëlle Adam et Moustache . - Un braconnier malicieux fait le désespoir du garde-champêtre d'un petit village. □ Général

NIAGARA ▷5
É.-U. 1953. Drame d'Henry HATHAWAY avec Marilyn Monroe, Joseph Cotten et Jean Peters. - Avec l'aide de son amant, une femme tente de se débarrasser de son mari. □ Général ➔ DVD $

NIBELUNGEN, LES [Kriemhilde's Revenge]
ALL. ANG. 1924. Fritz LANG □ Général

NICHOLAS AND ALEXANDRA ▷3
ANG. 1971. Drame historique de Franklin J. SCHAFFNER avec Michael Jayston, Janet Suzman et Harry Andrews. - Évocation de la vie du dernier tsar de Russie. - Intérêt constant. Souci de vérité historique. Mise en images soignée. Bon usage de riches décors. Interprétation nuancée. □ Général

NICHOLAS NICKLEBY ▷4
É.-U. 2002. Chronique de Douglas MCGRATH avec Charlie Hunnam, Jamie Bell et Christopher Plummer. - Au milieu du XIXe siècle, un jeune homme s'attire la haine de son oncle tyrannique. - Adaptation vivante du roman de Dickens. ➔ DVD $

NICK & NORAH'S INFINITE PLAYLIST ▷4
É.-U. 2008. Comédie sentimentale de Peter SOLLETT avec Michael Cera, Kat Dennings et Alexis Dziena. - La virée nocturne à Manhattan d'un amoureux largué avec une inconnue bien connue de son ex prend une tournure inattendue. □ Général ➔ DVD DVD-BR $

NICK OF TIME [Par la peau des dents] ▷5
É.-U. 1995. Drame policier de John BADHAM avec Johnny Depp, Christopher Walken et Charles S. Dutton. - Deux criminels prennent en otage la fillette d'un comptable pour forcer ce dernier à commettre un meurtre. □ 13 ans+ ➔ DVD $

NICK'S MOVIE *voir* **Lightning Over Water**

NICKELODEON ▷4
[Sony Double Feature: The Last Picture Show/Nickelodeon]
É.-U. 1976. Comédie de Peter BOGDANOVICH avec Ryan O'Neal, Burt Reynolds et Jane Hitchcock. - En 1910, un avocat devient réalisateur de films et entre en conflit avec un acteur pour l'amour d'une jeune fille. ➔ DVD $

NICO & DANI ▷4
ESP. 2000. Drame de mœurs de Cesc GAY avec Fernando Ramallo, Jordi Vilches et Marieta Orozco. - Durant leurs vacances d'été, deux amis adolescents voulant perdre leur virginité réalisent qu'ils ne partagent pas la même orientation sexuelle. ➔ DVD $

NICOTINE *voir* **Smoke**

NIGAUD DE PROFESSEUR *voir* **Nutty Professor, The**

NIGHT AND FOG IN JAPAN
JAP. 1960. Nagisa OSHIMA ➔ DVD $

NIGHT AND THE CITY [Forbans de la nuit, Les] ▷3
É.-U. 1950. Drame de Jules DASSIN avec Richard Widmark, Gene Tierney et Herbert Lom. - Un aventurier rêve d'organiser des combats de lutte à Londres alors qu'un autre homme en a le monopole. - Milieu crapuleux évoqué avec force. Mise en scène vigoureuse. Photographie recherchée. R. Widmark excellent. □ Général ➔ DVD $

NIGHT AND THE CITY [Loi de la nuit, La] ▷4
É.-U. 1992. Drame de mœurs d'Irwin WINKLER avec Robert De Niro, Jessica Lange et Cliff Gorman. - Un avocat new-yorkais sans envergure décide d'organiser un combat de boxe pour faire concurrence à un promoteur influent. □ Général

NIGHT AT THE GOLDEN EAGLE
É.-U. 2002. Adam RIFKIN ➔ DVD $

NIGHT AT THE MUSEUM ▷4
É.-U. 2006. Comédie fantaisiste de Shawn LEVY avec Ben Stiller, Robin Williams et Carla Gugino. - Le nouveau gardien d'un musée d'histoire naturelle découvre que les animaux et mannequins en exposition prennent vie chaque nuit. □ Général ➔ DVD DVD-BR $

NIGHT AT THE OPERA, A ▷3
É.-U. 1935. Comédie de Sam WOOD avec les frères Marx, Allan Jones et Kitty Carlisle. - Trois compères ont résolu de faire entrer à l'Opéra un ténor sans engagement. - Scénario lâche prétexte à une suite de situations loufoques. Mise en scène solide. Invention comique exubérante des vedettes. □ Général ➔ DVD $

NIGHT CALLER FROM OUTER SPACE
ANG. 1965. John GILLING □ Général

NIGHT CAP
QUÉ. 1974. André FORCIER □ Général

NIGHT CROSSING [Nuit de l'évasion, La] ▷4
É.-U. 1981. Drame de Delbert MANN avec John Hurt, Jane Alexander et Beau Bridges. - Deux ouvriers d'Allemagne de l'Est tentent de franchir le rideau de fer avec leurs familles à l'aide d'un ballon à air chaud. ➔ DVD $

NIGHT FALLS ON MANHATTAN ▷4
[Nuit tombe sur Manhattan, La]
É.-U. 1996. Drame judiciaire de Sidney LUMET avec Andy Garcia, Ian Holm et Lena Olin. - Un procureur de New York s'occupe de cas de corruption impliquant des policiers de la ville, y compris peut-être son propre père. □ 13 ans+

NIGHT FLIGHT FROM MOSCOW [Serpent, Le] ▷4
FR. 1972. Drame d'espionnage d'Henri VERNEUIL avec Yul Brynner, Henry Fonda et Dirk Bogarde. - La C.I.A. vérifie les dires d'un colonel russe qui demande asile aux États-Unis. ➔ DVD $

NIGHT FULL OF RAIN, A ▷4
É.-U. 1977. Comédie dramatique de Lina WERTMÜLLER avec Giancarlo Giannini, Candice Bergen et Michael Tucker. - Un journaliste communiste italien et sa jeune épouse américaine se disent leurs quatre vérités au long d'une nuit pluvieuse.

NIGHT GAMES ▷5
É.-U. 1979. Drame psychologique de Roger VADIM avec Cindy Pickett, Joanna Cassidy et Barry Primus. - Pendant l'absence de son mari, une jeune femme inhibée sexuellement se soumet aux étreintes d'un visiteur nocturne affublé de costumes bizarres.

NIGHT HEAVEN FELL *voir* **Bijoutiers du clair de lune, Les**

NIGHT IN CASABLANCA, A [Une nuit à Casablanca] ▷4
É.-U. 1945. Comédie d'Archie MAYO avec les frères Marx, Lisette Verea et Charles Drake. - Un directeur d'hôtel et deux employés déjouent des espions allemands. □ Général ➔ DVD$

NIGHT LARRY KRAMER KISSED ME
É.-U. 2000. Tim KIRKMAN

NIGHT LISTENER, THE ▷4
É.-U. 2006. Drame psychologique de Patrick STETTNER avec Robin Williams, Toni Collette et Bobby Cannavale. - L'animateur d'une émission littéraire à la radio est amené à douter de l'identité de l'adolescent mourant avec lequel il converse chaque nuit au téléphone. □ 13 ans+ ➔ DVD$

NIGHT MAGIC [Nuit magique] ▷4
QUÉ. 1985. Comédie musicale de Lewis FUREY avec Nick Mancuso, Carole Laure et Jean Carmet. - En une nuit magique, trois muses viennent inspirer un chanteur réputé et l'une d'elles s'éprend de lui.

NIGHT MOVES [Fugue, La] ▷3
É.-U. 1975. Drame policier d'Arthur PENN avec Gene Hackman, Jennifer Warren et Susan Clark. - Un détective privé découvre l'infidélité de sa femme en même temps qu'il recherche une adolescente disparue. - Intrigue d'une belle densité dramatique. Climat d'inquiétude efficace. Mouvement souple et fluide. Excellente interprétation.
□ 18 ans+ ➔ DVD$

NIGHT MUST FALL ▷4
É.-U. 1937. Drame psychologique de Richard THORPE avec Robert Montgomery, Rosalind Russell et May Whitty. - Un déséquilibré gagne la confiance d'une vieille dame avant de la tuer. □ Général

NIGHT OF EVIL
É.-U. 1962. Richard GALBREATH

NIGHT OF LOVE, A
É.-U. 1987. Dusan MAKAVEJEV □ 13 ans+ · Érotisme

NIGHT OF THE COMET ▷4
É.-U. 1984. Science-fiction de Thom EBERHARDT avec Catherine Mary Stewart, Kelli Maroney et Robert Beltran. - Deux sœurs qui ont échappé aux effets radioactifs d'une comète sont secourues par des savants aux intentions non désintéressées. □ 13 ans+ ➔ DVD$

NIGHT OF THE GENERALS, THE ▷4
ANG. 1967. Drame policier d'Anatole LITVAK avec Omar Sharif, Peter O'Toole et Tom Courtenay. - Un officier allemand soupçonne un général du meurtre d'une prostituée.

NIGHT OF THE GHOULS ▷7
É.-U. 1959. Drame d'horreur d'Edward D. WOOD Jr. avec Criswell, Kenne Duncan et Duke Moore. - Un savant fou qui prétend ressusciter les morts est stupéfait de constater qu'il en est effectivement capable.
□ Général ➔ DVD$

NIGHT OF THE HUNTER, THE ►1
É.-U. 1955. Drame de Charles LAUGHTON avec Robert Mitchum, Shelley Winters et Lillian Gish. - Un prêcheur fanatique terrorise des enfants pour s'emparer de leur fortune. - Œuvre unique. Réalisation poétique teintée d'expressionnisme allemand. Mélange étonnant d'épouvante et de féerie. Interprétation saisissante de R. Mitchum.
□ Général ➔ DVD$

NIGHT OF THE IGUANA, THE ▷3
É.-U. 1964. Drame psychologique de John HUSTON avec Richard Burton, Deborah Kerr et Ava Gardner. - Un pasteur ivrogne devenu guide pour touristes échoue dans un hôtel minable du Mexique. - Adaptation d'une pièce de Tennessee Williams. Rythme et images bien adaptés au caractère sombre du sujet. Jeu subtil et nuancé des interprètes. ➔ DVD$

NIGHT OF THE LIVING DEAD ▷4
[Nuit des morts-vivants, La]
É.-U. 1968. Drame d'horreur de George A. ROMERO avec Duane Jones, Judith O'Dea et Karl Hardman. - Diverses personnes réfugiées dans une maison isolée sont assiégées par une horde de morts-vivants.
□ 18 ans+ ➔ DVD$

NIGHT OF THE SEAGULLS [Blind Dead 4, The]
ESP. 1975. Amando DE OSSORIO ➔ DVD$

NIGHT OF THE SHOOTING STARS, THE
voir **Nuit de San Lorenzo, La**

NIGHT ON EARTH ▷4
É.-U. 1991. Film à sketches de Jim JARMUSCH avec Winona Ryder, Gena Rowlands et Giancarlo Esposito. - Simultanément, autour du globe, cinq chauffeurs de taxi font la connaissance de clients très particuliers. □ 13 ans+ · Langage vulgaire ➔ DVD$

NIGHT PASSAGE ▷4
É.-U. 1957. Western de James NEILSON avec James Stewart, Audie Murphy et Brandon De Wilde. - Après une série de vols sur un train, un homme est chargé de transporter la paye d'un groupe d'ouvriers. ➔ DVD$

NIGHT PORTER, THE [Portier de nuit] ►2
ITA. 1973. Drame psychologique de Liliana CAVANI avec Dirk Bogarde, Charlotte Rampling et Philippe Leroy. - Un ancien officier nazi, devenu portier de nuit, rencontre une femme qu'il a connue et torturée en camp de concentration et reprend sur elle sa domination. - Étude bouleversante de déviations de l'instinct. Traitement d'une grande rigueur. Climat de cauchemar. Interprétation de grande classe.
□ 18 ans+ ➔ DVD$

NIGHT STALKER, THE/NIGHT STRANGLER, THE ▷4
É.-U. 1972. Dan CURTIS et John Llewellyn MOXEY ➔ DVD$

NIGHT SUN *voir* **Soleil même la nuit, Le**

NIGHT TIDE ▷4
É.-U. 1961. Drame fantastique de Curtis HARRINGTON avec Linda Lawson, Dennis Hopper et Gavin Muir. - Un marin s'éprend d'une jeune fille à la conduite bizarre. □ 13 ans+

NIGHT TO REMEMBER, A ▷3
ANG. 1958. Drame de Roy Ward BAKER avec Kenneth More, Ronald Allen et Laurence Naismith. - La tragédie du Titanic qui sombra dans l'Atlantique en 1912. - Atmosphère très bien reconstituée. Réalisation technique adroite. Interprétation excellente. □ Général ➔ DVD$

NIGHT TRAIN
É.-U. 1999. Les BERNSTIEN ➔ DVD$

NIGHT TRAIN
POL. 1959. Jerzy KAWALEROWICZ

NIGHT TRAIN MURDERS
ITA. 1975. Aldo LADO ➔ DVD$

NIGHT TRAIN TO MUNICH ▷4
ANG. 1940. Drame d'espionnage de Carol REED avec Rex Harrison, Margaret Lockwood et Paul Henreid. - Un agent secret vient en aide à un savant et à sa fille, enlevés par des nazis. □ Général

NIGHT TRAIN TO PARIS
ANG. 1964. Robert DOUGLAS ➔ DVD$

NIGHT VISITOR, THE ▷4
É.-U. 1970. Drame policier de Laslo BENEDEK avec Max Von Sydow, Trevor Howard et Liv Ullmann. - Enfermé dans un asile pour un meurtre qu'il n'a pas commis, un homme s'évade pour se venger.
□ Général

NIGHT WALKER, THE [Celui qui n'existait pas] ▷4
É.-U. 1964. Drame d'horreur de William CASTLE avec Barbara Stanwyck, Robert Taylor et Lloyd Bochner. - Une femme est ébranlée par des cauchemars continuels. □ 13 ans+

NIGHT WATCH
ARG. FR. 2005. Edgardo COZARINSKY

NIGHTBREAKER ▷4
É.-U. 1989. Drame social de Peter MARKLE avec Martin Sheen, Emilio Estevez et Lea Thompson. - Alors qu'il s'apprête à recevoir un prix honorifique, un neurologue se culpabilise d'avoir participé à de novices recherches sur le nucléaire.

NIGHTCAP *voir* **Merci pour le chocolat**

NIGHTHAWKS ▷5
É.-U. 1981. Drame policier de Bruce MALMUTH avec Sylvester Stallone, Rutger Hauer et Billy Dee Williams. - Deux policiers de New York recherchent un terroriste venu d'Europe. □ 13 ans+ ➔ DVD$

NIGHTMARE
COR. 2000. Byeong-Ki AHN ➔ DVD$

NIGHTMARE ALLEY ▷4
E.-U. 1947. Drame d'E. GOULDING avec Tyrone Power, Joan Blondell et Coleen Gray. - Un charlatan réussit à se rallier un certain public avant la découverte de ses supercheries. ➔ DVD $

NIGHTMARE BEFORE CHRISTMAS, THE ►2
[Étrange Noël de monsieur Jack, L']
É.-U. 1993. Conte de Henry SELICK. - Après avoir kidnappé Santa Claus, les monstres de l'Halloween préparent une fête de Noël aux accents lugubres. - Film d'animation utilisant de superbes petites figurines. Mélange réjouissant de fantaisie, de poésie et de macabre. Profusion de détails savoureux. Brio technique étonnant. Musique et chansons agréables. □ Général ➔ DVD DVD-BR $

NIGHTMARE DETECTIVE
JAP. 2006. Shinya TSUKAMOTO ➔ DVD $

NIGHTMARE ON ELM STREET, A ▷4
[Griffes de la nuit, Les]
É.-U. 1984. Drame d'horreur de Wes CRAVEN avec Ronee Blakley, Heather Langenkamp et John Saxon. - Une adolescente découvre que le personnage qui hante ses rêves est un meurtrier d'enfants. ➔ DVD $

NIGHTS OF CABIRIA *voir* **Nuits de Cabiria, Les**

NIGHTSONGS ▷3
É.-U. 1984. Drame social de Marva NABILI avec Mabel Kwong, David Lee et Victor Wong. - Les problèmes d'adaptation d'une réfugiée vietnamienne accueillie par une famille chinoise de New York. - Traitement naturel de style documentaire. Sujet riche en notations culturelles. □ Général

NIJINSKY [Nijinski] ▷4
ANG. 1980. Drame biographique de Herbert ROSS avec Alan Bates, George de la Pena et Leslie Browne. - La vie du célèbre danseur-étoile et chorégraphe des Ballets russes de Monte Carlo. □ 13 ans+

NIJINSKY: THE DIARIES OF VASLAV NIJINSKY
ALL. AUT. 2001. Paul COX

NIKITA [Femme Nikita, La] ▷4
FR. 1990. Drame policier de Luc BESSON avec Anne Parillaud, Jean-Hugues Anglade et Tchéky Karyo. - Officiellement morte, une criminelle est soumise à un entraînement rigoureux en vue de devenir une tueuse à l'emploi des services secrets. □ 13 ans+ ➔ DVD-BR $

NIKLASHAUSEN JOURNEY, THE
ALL. 1970. Rainer Werner FASSBINDER

NIL BY MOUTH [Ne pas avaler] ▷3
ANG. 1997. Drame de mœurs réalisé par Gary OLDMAN avec Ray Winstone, Kathy Burke et Charlie Creed-Miles. - Une femme et sa mère tentent de maintenir l'équilibre familial malgré la misère qui règne dans leur banlieue pauvre de Londres. - Peinture de mœurs très crue. Errance émotive des personnages fort bien rendue. Réalisation nerveuse. □ 13 ans+ · Violence

NIM'S ISLAND ▷4
É.-U. 2008. Comédie fantaisiste de Jennifer FLACKETT et Marc Levin avec Abigail Breslin, Jodie Foster et Gerard Butler. - Une auteure de romans d'aventures agoraphobe se porte au secours d'une de ses jeunes lectrices vivant sur une île volcanique, après que le père de celle-ci eut disparu en mer. □ Général ➔ DVD DVD-BR $

NIMITZ, RETOUR VERS L'ENFER
voir **Final Countdown, The**

NINA SANTA, LA [Holy Girl, The]
ARG. ESP. ITA. 2004. Lucrecia MARTEL ➔ DVD $

NINE LIVES
É.-U. 2004. Dean HOWELL ➔ DVD $

NINE LIVES
É.-U. 2005. Rodrigo GARCIA ➔ DVD $

NINE QUEENS ▷4
ARG. 2000. Thriller de Fabian BIELINSKI avec Ricardo Darin, Gaston Pauls et Leticia Bredice. - Deux arnaqueurs de Buenos Aires tentent de vendre une contrefaçon d'une série de timbres rares à un riche collectionneur vénézuélien. □ Général ➔ DVD $

NINES, THE
É.-U. 2007. John AUGUST ➔ DVD $

NINOTCHKA ▷3
É.-U. 1939. Comédie d'Ernst LUBITSCH avec Greta Garbo, Melvyn Douglas et Sig Rumann. - Venue à Paris pour rappeler à l'ordre des délégués soviétiques, une commissaire du peuple est prise au piège de l'amour. - Satire amusante. Réalisation habile. Interprétation tout en finesse. □ Général ➔ DVD $

NINTH CONFIGURATION, THE ▷5
É.-U. 1979. Drame psychologique de William Peter BLATTY avec Stacy Keach, Scott Wilson et Ed Flanders. - Pendant la guerre du Viêt-nam, des militaires américains souffrant de graves problèmes psychologiques sont soignés dans un château. ➔ DVD $

NINTH DAY, THE
ALL. 2004. Volker SCHLÖNDORFF ➔ DVD $

NINTH GATE, THE [Neuvième porte, La] ▷4
FR.-ESP. 1999. Drame fantastique de Roman POLANSKI avec Johnny Depp, Emmanuelle Seigner et Frank Langella. - Un chasseur de livres anciens est chargé par un riche collectionneur de retrouver les trois copies d'un ouvrage écrit par le Diable. ➔ DVD $

NITRO ▷5
QUÉ. 2007. Thriller d'Alain DESROCHERS avec Lucie Laurier, Guillaume Lemay-Thivierge et Martin Matte. - Un ex-voleur de voitures se lance dans une folle équipée afin de trouver lui-même un cœur pour sa conjointe mourante. □ 13 ans+ · Violence ➔ DVD $

NIXON ▷4
É.-U. 1995. Drame biographique d'Oliver STONE avec Anthony Hopkins, Joan Allen et Paul Sorvino. - La vie et la carrière politique du 37e président des États-Unis, Richard Nixon. □ Général ➔ DVD DVD-BR $

NÔ ▷4
QUÉ. 1998. Comédie satirique de Robert LEPAGE avec Anne-Marie Cadieux, Alexis Martin et Richard Fréchette. - En octobre 1970, une comédienne de théâtre en tournée au Japon hésite à annoncer à son ami, sympatisant du FLQ, qu'elle est enceinte. □ Général ➔ DVD $

NO COUNTRY FOR OLD MEN ►2
[Non, ce pays n'est pas pour le vieil homme]
É.-U. 2007. Drame policier de Joel et Ethan COEN avec Tommy Lee Jones, Javier Bardem et Josh Brolin. - Un shérif pourchasse un tueur psychopathe à la recherche du vaurien qui lui a subtilisé une mallette contenant plus de deux millions de dollars. - Brillante et vigoureuse adaptation du roman de Cormac McCarthy, prenant la forme d'un western contemporain. Scénario puissant à l'humour grinçant. Réalisation tendue et sans compromis. Distribution de haut vol. J. Bardem terrifiant. □ 13 ans+ · Violence ➔ DVD DVD-BR $

NO END
POL. 1985. Krzysztof KIESLOWSKI ➔ DVD $

NO GOOD DEED [House on Turk Street, The]
ALL. É.-U. 2002. Bob RAFELSON ➔ DVD $

NO HABRA MAS PENAS NI OLVIDO
ARG. 1983. Hector OLIVERA

NO HIGHWAY IN THE SKY ▷4
ANG. 1951. Comédie dramatique d'Henry KOSTER avec James Stewart, Marlene Dietrich et Glynis Johns. - Un savant parvient à faire accepter sa théorie sur la résistance des avions. □ Général

NO LOOKING BACK ▷4
É.-U. 1998. Drame psychologique réalisé et interprété par Edward BURNS avec Lauren Holly et Jon Bon Jovi. - Après trois ans d'absence, un idéaliste tente de reconquérir une ancienne flamme désormais fiancée à son meilleur ami. □ Général

NO MAN IS AN ISLAND ▷4
É.-U. 1962. Drame de guerre de Richard GOLDSTONE et John MONKS Jr. avec Jeffrey Hunter, Marshall Thompson et Barbara Perez. - Un soldat américain est caché par les habitants d'une île d'où il peut aider ses compatriotes. ➔ DVD $

NO MAN OF HER OWN ▷4
É.-U. 1932. Comédie sentimentale de Wesley RUGGLES avec Clark Gable, Carole Lombard et Grant Mitchell. - Pour gagner un pari, un joueur professionnel épouse une jeune provinciale. □ Général ➔ DVD $

NO MAN'S LAND ▷3
FR.-ITA.-ANG. 2001. Drame de guerre de Danis TANOVIC avec Branko Djuric, Rene Bitorajac et Filip Sovagovic. - En 1993, alors que la guerre bat son plein en Bosnie, deux soldats ennemis se retrouvent isolés dans une tranchée. - Fable humaniste et plaidoyer pacifiste à l'humour caustique. Réalisation conventionnelle mais jamais statique malgré le huis clos de l'intrigue. Interprétation sobre et sentie. □ 13 ans+ ➔ DVD $

NO MERCY [Sans pitié] ▷4
É.-U. 1986. Drame policier de Richard PEARCE avec Richard Gere, Kim Basinger et Jeroen Krabbé. - Un policier de Chicago se rend en Louisiane pour retrouver une jeune femme susceptible de l'éclairer sur l'identité du meurtrier de son collègue. □ 13 ans+ ➔ DVD$

NO REGRETS FOR OUR YOUTH
voir **Je ne regrette pas ma jeunesse**

NO RESERVATIONS [Table pour trois] ▷4
É.-U. 2007. Comédie sentimentale de Scott HICKS avec Catherine Zeta-Jones, Aaron Eckhart et Abigail Breslin. - À la mort de sa sœur, une chef réputée au tempérament difficile recueille sa jeune nièce qu'elle parvient à amadouer grâce aux astuces de son aide-cuisinier. □ Général ➔ DVD DVD-BR$

NO REST FOR THE BRAVE [Pas de repos pour les braves]
AUT. FR. 2003. Alain GUIRAUDIE ➔ DVD$

NO SKIN *voir* **Sans la peau**

NO SMOKING ►2
FR. 1993. Comédie dramatique d'Alain RESNAIS avec Sabine Azéma et Pierre Arditi. - Les tribulations d'un directeur d'école alcoolique et de son épouse qui songe à le quitter. - Film jumeau de Smoking. Scénario ludique offrant plusieurs variations possibles à partir d'une situation donnée. Ton enjoué et théâtral. Décors naïfs. Jeu remarquable des deux uniques comédiens dans neuf rôles différents. □ Général

NO TE ENGANES CORAZON [Don't Fool Yourself Dear]
MEX. 1937. Miguel CONTRERAS TORRES

NO TURNING BACK
É.-U. 2003. Julia MONTEJO et Jesus NEBOT ➔ DVD$

NO WAY OUT ▷4
É.-U. 1987. Drame policier de Roger DONALDSON avec Kevin Costner, Gene Hackman et Sean Young. - Alors que les preuves sont contre lui, un officier du Pentagone cherche à démasquer l'assassin de la maîtresse de son patron. □ Général ➔ DVD$

NO WAY OUT [Impasse, L'] ▷3
É.-U. 1950. Drame social de Joseph L. MANKIEWICZ avec Sidney Poitier, Richard Widmark et Linda Darnell. - Un gangster raciste tient un médecin noir responsable de la mort de son frère. - Style vigoureux. Forte tension dramatique. Interprétation solide. □ Général ➔ DVD$

NO WAY TO TREAT A LADY ▷4
É.-U. 1967. Comédie policière de Jack SMIGHT avec Rod Steiger, George Segal et Lee Remick. - À New York, un maniaque meurtrier s'attaque à des femmes d'âge mûr. □ 13 ans+ ➔ DVD$

NO, NO, NANETTE *voir* **Tea for Two**

NOBEL SON ▷4
É.-U. 2007. Comédie policière de Randall MILLER avec Alan Rickman, Bryan Greenberg et Shawn Hatosy. - Le fils du nouveau récipiendaire du prix Nobel de chimie est kidnappé par un jeune homme qui a des comptes à régler avec l'arrogant lauréat. □ 13 ans+ ➔ DVD$

NOBODY
JAP. 1999. Shundo OHKAWA ➔ DVD$

NOBODY KNOWS ►2
JAP. 2004. Drame de mœurs de Hirokazu KORE-EDA avec Yuya Yagira, Auy Kitaura et Hiei Kimura. - Quatre enfants abandonnés par leur mère vivent seuls pendant plusieurs mois dans un petit logement de Tokyo. - Récit bouleversant jouant sur une tension dramatique subtile entre le monde adulte et celui de l'enfance. Traitement au ton réaliste et allusif où percent des brèches d'attendrissement. Réalisation à la fois dépouillée et fortement expressive. Interprétation très naturelle. □ 13 ans+

NOBODY LOVES ME ▷4
ALL. 1994. Comédie de mœurs de Doris DÖRRIE avec Maria Schrader, Pierre Sanoussi-Bliss et Michael Von Au. - À l'aube de ses trente ans, une célibataire tente de séduire le gérant de son immeuble avec l'aide d'un voisin pratiquant le vaudou. □ Général

NOBODY'S FOOL [Homme presque parfait, Un] ▷3
É.-U. 1994. Drame psychologique de Robert BENTON avec Paul Newman, Jessica Tandy et Melanie Griffith. - Un sexagénaire insouciant reprend peu à peu conscience de ses responsabilités lorsque son fils qu'il connaît à peine revient en ville. - Observation attentive des relations aussi bien sentimentales que sociales. Psychologie raffinée des personnages. Humour fin. Interprétation de qualité. □ Général

NOCE, LA ▷3
RUS. 2000. Comédie de mœurs de Pavel LOUNGINE avec Marat Basharov, Maria Mironova et Andrei Panine. - Un jeune mineur qui épouse son amie d'enfance se met dans le pétrin en voulant lui offrir un cadeau de noce. - Portrait de société savoureux. Scénario d'une éxubérance bienvenue. Réalisation mouvementée. Distribution éclatante. □ Général

NOCE BLANCHE ▷3
FR. 1989. Drame psychologique de Jean-Claude BRISSEAU avec Bruno Cremer, Vanessa Paradis et Ludmila Mikael. - Un professeur de lycée s'entiche d'une de ses élèves, au point de délaisser progressivement sa femme. - Sujet délicat traité avec hardiesse. Mise en scène forte et rigoureuse. Interprétation convaincante de V. Paradis. □ 13 ans+

NOCE EN GALILÉE [Wedding in Galilee] ▷3
BEL. 1987. Drame de mœurs de Michel KHLEIFI avec Ali M. El Akili, Bushra Karaman et Makram Khouri. - Un notable palestinien obtient une exemption au couvre-feu pour les noces de son fils à condition que le gouverneur militaire israélien soit invité à la fête. - Film complexe et intéressant. Traitement critique et intelligent. Belle illustration. Réalisation maîtrisée. Interprétation nuancée. □ Général ➔ DVD$

NOCES BARBARES, LES ▷3
BEL. 1987. Drame psychologique de Marion HANSEL avec Thierry Frémont, Marianne Basler et Yves Cotton. - Après s'être échappé d'une pension pour déficients mentaux, un jeune homme se souvient des étapes de sa vie d'enfant mal aimé. - Peinture de sentiments exacerbés. Histoire pathétique. Traitement flamboyant d'une sensibilité frémissante. □ 13 ans+

NOCES DE CENDRES, LES
voir **Ash Wednesday**

NOCES DE PAPIER, LES [Paper Wedding] ▷3
QUÉ. 1988. Drame de mœurs de Michel BRAULT avec Geneviève Bujold, Manuel Aranguiz et Gilbert Sicotte. - Une enseignante accepte d'épouser un réfugié chilien pour lui éviter la déportation. - Téléfilm aux variations mi-sérieuses, mi-humoristiques. Réalisation souple. Fines observations psychologiques. Interprétation de classe.

NOCES DE SANG [Blood Wedding] ▷3
ESP. 1981. Spectacle musical de Carlos SAURA avec Antonio Gades, Cristina Hoyos et Juan Antonio. - Une troupe de danseurs se prépare à la répétition générale d'un ballet de style flamenco. - Formes chorégraphiques stylisées. Mise en scène dépouillée. Excellents danseurs.

NOCES REBELLES, LES
voir **Revolutionary Road**

NOCES ROUGES, LES ▷3
FR. 1973. Thriller de Claude CHABROL avec Michel Piccoli, Stéphane Audran et Claude Piéplu. - La femme d'un maire de province et son amant s'entendent pour supprimer le mari gênant. - Verve critique anti-bourgeoise inspirée par un fait divers. Style rigoureusement contrôlé. Forte tension. Interprétation habile de personnages peu sympathiques. □ 13 ans+

NOCTURNE INDIEN ▷3
FR. 1989. Drame psychologique d'Alain CORNEAU avec Jean-Hugues Anglade, Clémentine Célarié et Otto Tausig. - À la recherche d'un ami disparu en Inde, un homme fait diverses rencontres qui l'amènent à une réflexion sur lui-même. - Adaptation du roman d'Antonio Tabucchi. Voyage initiatique aux colorations ambiguës et intrigantes. Ensemble fort intéressant. Interprétation intelligente de J.-H. Anglade. ➔ DVD$

NOËL BLANC *voir* **White Christmas**

NOËL CHEZ LES MUPPETS
voir **Muppet Christmas Carol, The**

NOËL MAGIQUE, UN *voir* **One Magic Christmas**

NOEUDS ET DÉNOUEMENTS *voir* **Shipping News, The**

NOI
ALL. ANG. DAN. ISL. 2003. Dagur KARI ➔ DVD$

NOIR COMME LE SOUVENIR ▷5
FR. 1995. Drame policier de Jean-Pierre MOCKY avec Jane Birkin, Benoît Régent et Sabine Azéma. - Sa fille ayant été assassinée dix-sept ans auparavant, une mère perd pied lorsque les témoins du drame sont tués successivement. □ 13 ans+

NOIRS ET BLANCS EN COULEURS ▷3
[Black and White in Color]
FR. 1976. Comédie satirique de Jean-Jacques ANNAUD avec Jean Carmet, Jacques Spiesser et Jacques Dufilho. - En 1915, les Français d'un petit poste frontière en Afrique entrent en lutte avec leurs voisins allemands. - Mise en boîte du bellicisme et du colonialisme.
□ Général ➜ DVD $

NOISES OFF! ▷4
É.-U. 1992. Comédie de Peter BOGDANOVICH avec Carol Burnett, Michael Caine et Denholm Elliott. - Les nombreuses difficultés rencontrées par un metteur en scène de théâtre aux prises avec une troupe de comédiens indisciplinés. □ Général ➜ DVD $

NOM DE CODE: SHIRI ▷4
COR. 1999. Thriller de Je-gyu KANG avec Han Suk-kyu, Choi Min-sik et Kim Yoon-jin. - À Séoul, des agents spéciaux luttent contre des terroristes nord-coréens qui se sont emparés d'un liquide explosif capable de détruire la ville. ➜ DVD $

NOM DE LA ROSE, LE *voir* **Name of the Rose, The**

NOMAD THE WARRIOR
FR. 2005. Ivan PASSER et Sergei BODROV ➜ DVD $

NOMADS
É.-U. 1986. John McTIERNAN ➜ DVD $

NOMBRE 23, LE *voir* **Number 23**

NON COUPABLE *voir* **Time to Kill**

NON TI MUOVERE *voir* **Écoute-moi**

NON, CE PAYS N'EST PAS POUR LE VIEIL HOMME
voir **No Country for Old Men**

NONE BUT THE BRAVE ▷4
É.-U. 1965. Drame de guerre réalisé et interprété par Frank SINATRA avec Clint Walker et Tatsuya Mihashi. - Dans une île du Pacifique, un officier américain et un officier japonais conviennent d'une trêve afin de faire soigner un blessé. □ Général ➜ DVD $

NONE BUT THE LONELY HEART ▷4
É.-U. 1944. Drame psychologique de Clifford ODETS avec Cary Grant, Ethel Barrymore et Barry Fitzgerald. - Un jeune homme né dans un quartier misérable sacrifie tout à son esprit d'indépendance.
□ Général

NORD ▷3
FR. 1991. Drame social réalisé et interprété par Xavier BEAUVOIS avec Bernard Verley et Bulle Ogier. - Le petit quotidien déprimant d'une famille dont le père pharmacien est un alcoolique. - Décomposition d'une cellule familiale dépeinte avec une acuité surprenante. Style d'une lucidité et d'une rigueur sans concession. Interprétation d'un réalisme confondant. □ 13 ans+

NORMA JEAN AND MARILYN ▷4
É.-U. 1996. Drame biographique de Tim FYWELL avec Ashley Judd, Mira Sorvino et Josh Charles. - Évocation de la vie tourmentée de l'actrice américaine Marilyn Monroe. ➜ DVD $

NORMA RAE ▷3
É.-U. 1979. Drame social de Martin RITT avec Sally Field, Ron Leibman et Beau Bridges. - Une ouvrière de filature offre son appui à un organisateur syndical, ce qui lui amène des ennuis. - Scénario tiré d'un fait vécu. Mise en scène contrôlée. Description réaliste du milieu. Excellente interprétation de S. Field. □ Général ➜ DVD $

NORMAL ▷4
É.-U. 2003. Drame de Jane ANDERSON avec Tom Wilkinson et Jessica Lange. - Un père de famille d'âge mûr annonce aux siens qu'il veut subir une opération pour changer de sexe. ➜ DVD $

NORMAL ▷5
CAN. 2007. Drame psychologique de Carl BESSAI avec Carrie-Anne Moss, Kevin Zegers et Callum Keith Rennie. - Deux ans après un tragique accident de voiture, une mère de famille, un professeur de littérature et un adolescent tentent de retrouver un certain équilibre.
□ 13 ans+ ➜ DVD $

NORMAL LIFE ▷4
É.-U. 1995. Drame de mœurs de John McNAUGHTON avec Luke Perry, Ashley Judd et Bruce Young. - Engagé dans une relation tumultueuse avec une jeune femme rebelle, un policier n'hésite pas à recourir au crime pour la rendre heureuse. □ 16 ans+ · Violence ➜ DVD $

NORTH BY NORTHWEST [Mort aux trousses, La] ►1
É.-U. 1959. Drame d'espionnage d'Alfred HITCHCOCK avec Cary Grant, Eva Marie Saint et James Mason. - Un publicitaire pris pour un agent secret est entraîné dans une série d'aventures. - Suspense mené de façon magistrale. Tension tempérée d'humour. Suite ébouriffante d'escapades périlleuses. Réalisation d'une étourdissante invention. Interprétation dégagée. □ Général

NORTH COUNTRY ▷4
É.-U. 2005. Drame social de Niki CARO avec Charlize Theron, Frances McDormand et Sean Bean. - En 1989, au Minnesota, une mère célibataire issue d'un milieu modeste poursuit la compagnie minière où elle travaille, pour harcèlement sexuel. □ 13 ans+ ➜ DVD $

NORTH DALLAS FORTY ▷4
É.-U. 1979. Comédie dramatique de Ted KOTCHEFF avec Nick Nolte, Mac Davis et Dayle Haddon. - Un joueur professionnel de football persiste à jouer pour le club qui l'emploie même si l'on commence à négliger ses talents. □ 13 ans+ ➜ DVD $

NORTH OF PITTSBURGH ▷4
CAN. 1992. Comédie dramatique de Richard MARTIN avec Viveca Lindfors, Jeff Schultz et Bryon Lucas. - Un jeune trafiquant de marijuana ontarien accompagne sa grand-mère jusqu'à Pittsburgh où elle s'en va toucher une compensation pour la mort de son mari.
□ Général

NORTH TO ALASKA ▷4
É.-U. 1960. Comédie d'Henry HATHAWAY avec John Wayne, Stewart Granger et Capucine. - En Alaska, deux amis prospecteurs rivalisent pour l'amour d'une fille de joie. □ Général ➜ DVD $

NORTHFORK ▷4
É.-U. 2002. Drame fantastique de Michael POLISH avec James Woods, Nick Nolte et Duel Farnes. - En 1955, alors que des fonctionnaires évacuent les derniers résidents d'une petite ville condamnée, un enfant mourant rêve qu'il est un ange. - Fable crépusculaire sur le thème du passage d'un monde à un autre. □ Général ➜ DVD $

NORTHWEST FRONTIER [Flame Over India] ▷4
ANG. 1960. Aventures de J. Lee THOMPSON avec Lauren Bacall, Herbert Lom et Kenneth More. - Pendant une révolution, un capitaine anglais est chargé de conduire en lieu sûr le fils d'un maharadjah.
□ Général ➜ DVD $

NORTHWEST PASSAGE ▷3
É.-U. 1940. Aventures de King VIDOR avec Spencer Tracy, Robert Young et Walter Brennan. - En 1759, un jeune peintre se joint à un groupe de miliciens en lutte contre les Indiens. - Puissante fresque guerrière et forestière. Séquences grandioses. Moments d'émotion. Interprétation solide. □ Général

NOS ENFANTS CHÉRIS ▷4
FR. 2002. Comédie de mœurs de Benoit COHEN avec Mathieu Demy, Romane Bohringer et Laurence Côte. - En vacances avec des amis, un père de famille au début de la trentaine renoue avec son ex, mariée et mère de deux enfants. □ Général ➜ DVD $

NOS FUNÉRAILLES *voir* **Funeral, The**

NOS MEILLEURES ANNÉES [Best of Youth, The] ▷3
ITA. 2003. Chronique de Marco TULLIO Giordana avec Luigi Lo Cascio, Alessio Boni et Adriana Asti. - Les trajectoires distinctes de deux frères d'une famille romaine, du milieu des années 1960 jusqu'au début du nouveau siècle. - Mélange réussi de drames intimistes et d'événements socio-historiques. Récit fluide aux péripéties variées. Ton chaleureux. Facture classique. Interprétation de haut niveau.
□ Général ➜ DVD $

NOS PLUS BELLES ANNÉES *voir* **Way We Were, The**

NOS SOUVENIRS BRÛLÉS
voir **Things We Lost in the Fire**

NOS VOISINS LES HOMMES
voir **Over the Hedge**

NOSFERATU ►1
ALL. 1922. Drame fantastique de Friedrich Wilhelm MURNAU avec Max Schreck, Alexander Granach et Gustav von Vangengheim. - Les exploits maléfiques d'un vampire. - Première version cinématographique de la légende de Dracula. Images envoûtantes. Climat d'horreur souvent saisissant. Composition hallucinante de M. Shreck.
□ Général ➜ DVD $

NOSFERATU: FANTÔME DE LA NUIT ►2
[Nosferatu the Vampyre]
ALL.-FR. 1978. Drame fantastique de Werner HERZOG avec Klaus Kinski, Isabelle Adjani et Bruno Ganz. - Au cours d'un voyage en Transylvanie, un jeune homme devient la victime d'un vampire. - Transposition originale de la légende de Dracula. Climat de romantisme noir. Rythme lent. Composition insolite de K. Kinski. □ Général ➔ DVD $

NOSTALGHIA ►2
RUS. 1983. Drame d'Andrei TARKOVSKY avec Domiziana Giordano, Oleg Yankovsky et Erland Josephson. - Un écrivain russe recherche en Italie les traces d'un compatriote musicien dont il veut écrire la biographie. - Scénario prétexte à une réflexion poétique sur l'exil. Récit plutôt obscur. Rythme lent. □ Général

NOSTRADAMUS ▷5
FR.-ALL.-ROU. 1994. Drame biographique de Roger CHRISTIAN avec Tchéky Karyo, F. Murray Abraham et Amanda Plummer. - Évocation de la vie de Nostradamus, célèbre astrologue et médecin du XVIe siècle. □ 13 ans+

NOT AS A STRANGER [Pour que vivent les hommes] ▷5
É.-U. 1955. Drame de Stanley E. KRAMER avec Olivia de Havilland, Robert Mitchum et Frank Sinatra. - Un étudiant en médecine est prêt à tout pour devenir un chirurgien célèbre. □ Général

NOT FOR PUBLICATION
É.-U. 1984. Paul BARTEL

NOT ON THE LIPS *voir* **Pas sur la bouche**

NOT ONE LESS ▷3
CHI. 1999. Drame social de Yimou ZHANG avec Wei Minzhi, Zhang Huike et Tian Zhenda. - Une adolescente de 13 ans, désignée substitut dans une école de village, doit s'occuper d'un groupe de 28 élèves pendant un mois. - Récit sobre axé sur l'émotion. Mise en scène dépouillée et fluide. Interprétation solide d'acteurs non professionnels. □ Général ➔ DVD $

NOT WITHOUT MY DAUGHTER [Jamais sans ma fille] ▷4
É.-U. 1990. Drame de mœurs de Brian GILBERT avec Sally Field, Alfred Molina et Sheila Rosenthal. - L'épouse et la fille d'un médecin musulman installé aux États-Unis sont retenues contre leur gré en Iran. □ Général ➔ DVD $

NOTEBOOK, THE [Pages de notre amour, Les] ▷5
É.-U. 2004. Drame sentimental de Nick CASSAVETES avec Rachel McAdams, Ryan Gosling et James Garner. - Pour distraire une dame âgée qui n'a plus toute sa tête, un vieil homme lui fait la lecture d'une ancienne histoire d'amour entre un ouvrier et une jeune bourgeoise. □ Général ➔ DVD DVD-BR $

NOTES DE CHEVET *voir* **Pillow Book, The**

NOTES ON A SCANDAL ▷3
ANG. 2006. Drame de mœurs de Richard EYRE avec Judi Dench, Cate Blanchett et Bill Nighy. - Une enseignante d'âge mûr entretient une amitié ambiguë avec une jeune consœur qui a une liaison avec un élève de 15 ans. - Adaptation sensible d'un roman de Zoë Heller. Brillante étude de caractères. Réalisation attentive. Interprétation remarquable de J. Dench. □ 13 ans+ ➔ DVD $

NOTHING [Néant, Le] ▷5
CAN. 2003. Comédie fantaisiste de Vincenso NATALI avec David Hewlett, Andrew Miller et Elana Shilling. - Pour faire échec à leurs problèmes, deux copains paumés parviennent à effacer le monde qui les entoure. ➔ DVD $

NOTHING BUT A MAN ▷4
É.-U. 1964. Drame social de Michael ROEMER avec Ivan Dixon, Abbey Lincoln et Julius Harris. - Les difficultés de vie d'un ouvrier noir de l'Alabama. □ Général ➔ DVD $

NOTHING BUT TROUBLE ▷5
É.-U. 1944. Comédie de Sam TAYLOR avec Stan Laurel, Oliver Hardy et Mary Boland. - Deux chômeurs trouvent un emploi au service d'un jeune roi en exil. □ Général

NOTHING IN COMMON [Rien en commun] ▷4
É.-U. 1986. Comédie dramatique de Garry MARSHALL avec Tom Hanks, Jackie Gleason et Eva Marie Saint. - Perturbé par la séparation de ses parents, un jeune publicitaire reste auprès de son père malade. □ Général ➔ DVD $

NOTHING SACRED ▷3
É.-U. 1937. Comédie de William A. WELLMAN avec Carole Lombard, Fredric March et Walter Connolly. - Atteinte de radiations mortelles, une jeune femme est exploitée par un journaliste de New York. - Un des grands succès de la comédie d'avant-guerre. Récit drôlement excentrique. □ Général ➔ DVD $

NOTORIOUS ►2
É.-U. 1946. Drame d'espionnage d'Alfred HITCHCOCK avec Ingrid Bergman, Cary Grant et Claude Rains. - Les services secrets utilisent la fille d'un espion allemand pour retrouver ses complices. - Suspense à contenu psychologique. Scénario rigoureusement construit. Réalisation inventive. Interprétation nuancée. □ Général ➔ DVD $

NOTORIOUS ▷4
É.-U. 2009. Drame biographique de George TILLMAN Jr. avec Jamal Woolard, Angela Bassett et Derek Luke. - La vie tumultueuse et la carrière fulgurante du rappeur new-yorkais Christopher Wallace, alias Notorious B.I.G., assassiné à Los Angeles en mars 1997. □ 13 ans+ · Langage vulgaire · Érotisme ➔ DVD DVD-BR $

NOTORIOUS BETTIE PAGE, THE ▷4
É.-U. 2005. Drame biographique de Mary HARRON avec Gretchen Mol, Chris Bauer et Lili Taylor. - La carrière du modèle féminin Bettie Page, qui a connu un grand succès au début des années 1950 en posant pour des magazines érotiques. □ 16 ans+ · Érotisme ➔ DVD $

NOTRE HISTOIRE ▷4
FR. 1984. Comédie dramatique de Bertrand BLIER avec Alain Delon, Nathalie Baye et Michel Galabru. - Un homme connaît diverses tribulations après s'être installé chez une inconnue qu'il a rencontrée dans un train. □ Général

NOTRE HISTOIRE *voir* **Story of Us, The**

NOTRE MUSIQUE
FR. SUI. 2004. Jean-Luc GODARD

NOTRE UNIVERS IMPITOYABLE ▷4
FR. 2008. Comédie de Léa FRAZER avec Alice Taglioni, Jocelyn Quivrin et Thierry Lhermitte. - L'équilibre d'un couple travaillant dans le même cabinet d'avocats est bouleversé lorsque l'un des deux obtient une promotion convoitée par l'autre. ➔ DVD $

NOTRE-DAME DE PARIS ▷4
FR. 1956. Drame de Jean DELANNOY avec Anthony Quinn, Jean Danet et Gina Lollobrigida. - Au Moyen Âge, une jeune danseuse accusée de sorcellerie est défendue par un bossu. □ Général

NOTTI BIANCHE, LE *voir* **Nuits blanches**

NOTTING HILL ▷4
ANG. 1999. Comédie sentimentale de Roger MICHELL avec Hugh Grant, Julia Roberts et Rhys Ifans. - Un libraire londonien et une star américaine de cinéma tombent amoureux après plusieurs rencontres impromptues. □ Général ➔ DVD $

NOUNOU MCPHEE *voir* **Nanny McPhee**

NOUS ÉTIONS GUERRIERS *voir* **Once Were Warriors**

NOUS ÉTIONS SOLDATS *voir* **We Were Soldiers**

NOUS NOUS SOMMES TANT AIMÉS ►2
[We All Loved Each Other So Much]
ITA. 1975. Comédie dramatique d'Ettore SCOLA avec Nino Manfredi, Vittorio Gassman et Stefania Sandrelli. - Trois hommes de milieux divers qui se sont liés d'amitié dans la résistance connaissent des sorts différents. - Scénario complexe. Mouvement souple. Mise en scène fort habile. Interprétation vivante. □ Général ➔ DVD $

NOUS SOMMES DE RETOUR! - UNE HISTOIRE DE DINOSAURES
voir **We're Back! - A Dinosaur's Story**

NOUS, LES VIVANTS ▷4
SUÈ. 2007. Comédie dramatique de Roy ANDERSSON avec Jessica Lundberg, Elisabet Helander et Björn Englund. - Dans une ville européenne enveloppée de brouillard, les destins entrecroisés de divers habitants plus ou moins malheureux. □ 13 ans+

NOUVEAU MONDE, LE *voir* **New World, The**

NOUVEAU MONDE, LE ▷4
FR. 1995. Drame psychologique d'Alain CORNEAU avec Nicolas Chatel, Sarah Grappin et James Gandolfini. - À la fin des années 1950, un jeune Français se joint à un groupe de musiciens de jazz formé de soldats américains en poste près d'Orléans. □ 13 ans+

NOUVEAU PROTOCOLE, LE
FR. 2008. Thomas VINCENT ➜ DVD $

NOUVEAU TESTAMENT, LE ▷5
FR. 1936. Comédie réalisée et interprétée par Sacha GUITRY avec Jacqueline Delubac et Charles Deschamps. - L'ouverture prématurée du testament d'un médecin révèle à sa femme une vieille liaison de celui-ci. □ Général

NOUVEL AGENT, LE *voir* **Recruit, The**

NOUVEL AMOUR DE COCCINELLE, LE
voir **Herbie Rides Again**

NOUVELLE ÈVE, LA [New Eve, The] ▷4
FR. 1998. Comédie sentimentale de Catherine CORSINI avec Karin Viard, Pierre-Loup Rajot et Catherine Frot. - Une célibataire dans la trentaine tombe éperdument amoureuse d'un père de famille qu'elle va tout faire pour conquérir. □ Général

NOUVELLE VAGUE ▷4
FR. 1990. Film d'essai de Jean-Luc GODARD avec Domiziana Giordano, Alain Delon et Roland Amstutz. - Après la mort de son amant, un voyageur solitaire qu'elle a accueilli chez elle, une riche femme d'affaires devient la maîtresse du frère de celui-ci. □ Général

NOUVELLE-FRANCE ▷5
QUÉ. 2004. Drame de Jean BEAUDIN avec Noémie Godin-Vigneau, David La Haye et Juliette Gosselin. - En 1759, à Québec, les amours d'une jeune mère veuve et d'un coureur des bois connaissent une issue tragique. □ Général · Déconseillé aux jeunes enfants

NOVEMBER ▷4
É.-U. 2004. Drame de Greg HARRISSON avec Courteney Cox, James Le Gros et Anne Archer. - Après l'assassinat de son copain dans une épicerie, une photographe rongée par la culpabilité développe d'étranges visions. □ 13 ans+ ➜ DVD $

NOVO ▷5
FR. 2002. Comédie dramatique de Jean-Pierre LIMOSIN avec Eduardo Noriega, Anna Mouglalis et Nathalie Richard. - Un jeune homme privé de mémoire à long terme entreprend chaque jour une nouvelle relation amoureuse avec une de ses collègues. □ 16 ans+ ➜ DVD $

NOW YOU KNOW
É.-U. 2002. Jeff ANDERSON ➜ DVD $

NOW, VOYAGER ▷3
É.-U. 1942. Drame psychologique d'Irving RAPPER avec Bette Davis, Paul Henreid et Claude Rains. - Durant une croisière, une femme neurasthénique s'éprend d'un homme marié. - Scénario complexe mais bien raconté. Tendances mélodramatiques. Mise en scène soignée. Interprétation de classe. ➜ DVD $

NOWHERE ▷4
É.-U. 1997. Comédie de mœurs de Gregg ARAKI avec James Duval, Rachel True et Kathleen Robertson. - Lors d'une journée composée de toutes sortes d'abus de drogues et de sexe, un étudiant constate qu'un extraterrestre a kidnappé un ami. □ 16 ans+ · Violence

NOWHERE IN AFRICA ▷4
ALL. 2001. Chronique de Caroline LINK avec Merab Ninidze, Juliane Köhler et Sidede Onyulo. - Pour fuir la persécution nazie en Allemagne, une famille juive s'installe sur une ferme au Kenya.
□ Général · Érotisme ➜ DVD $

NOYADE INTERDITE ▷5
FR. 1987. Drame policier de Pierre GRANIER-DEFERRE avec Philippe Noiret, Guy Marchand et Elizabeth Bourgine. - Deux policiers qui se détestent doivent enquêter sur une série de morts mystérieuses survenues dans une petite station balnéaire. □ Général

NU DE FEMME ▷4
ITA. 1981. Comédie de mœurs réalisée et interprétée par Nino MANFREDI avec Eleonora Giorgi et Georges Wilson. - À Venise, un homme rencontre une femme légère ressemblant étrangement à son épouse. □ Général

NUDE FOR SATAN
ITA. 1974. Luigi BATZELLA ➜ DVD $

NUDE ON THE MOON
É.-U. 1961. Doris WISHMAN ➜ DVD $

NUIT AMÉRICAINE, LA [Day for Night] ▷3
FR. 1973. Comédie dramatique réalisée et interprétée par François TRUFFAUT avec Jean-Pierre Léaud et Jacqueline Bisset. - Des incidents inattendus posent des problèmes d'ordres divers à un réalisateur en plein tournage. - Chronique agréable révélant plusieurs trucs du métier. Mise en scène vivante et mobile. □ Général

NUIT AVEC HORTENSE, LA ▷5
QUÉ. 1988. Drame sentimental de Jean CHABOT avec Carole Laure, Lothaire Bluteau et Paul Hébert. - Alors qu'il se disposait à s'en aller vivre ailleurs, un jeune homme en peine d'amour fait la rencontre d'une femme qui soigne aussi une blessure sentimentale.
□ 13 ans+

NUIT D'ÉTÉ EN VILLE ▷4
FR. 1990. Comédie de mœurs de Michel DEVILLE avec Jean-Hugues Anglade et Marie Trintignant. - Deux jeunes gens, qui viennent de faire connaissance, font l'amour et passent une nuit blanche à bavarder.

NUIT D'IVRESSE ▷5
FR. 1986. Comédie de Bernard NAUER avec Josiane Balasko, Thierry Lhermitte et France Roche. - À peine sortie de prison, une jeune femme rencontre un animateur de télévision éméché qui l'entraîne dans une réception mondaine. □ Général

NUIT DE L'ÉVASION, LA *voir* **Night Crossing**

NUIT DE LA SAINT-JEAN, LA [Walpurgis Night]
SUÈ. 1935. Gustaf EDGREN □ Général

NUIT DE NOCES ▷5
QUÉ. 2001. Comédie de mœurs d'Émile GAUDREAULT avec François Morency, Geneviève Brouillette et Pierrette Robitaille. - Les mésaventures d'un jeune couple venu avec parents et amis se marier à Niagara Falls. □ Général ➜ DVD $

NUIT DE RÉFLEXION, UNE *voir* **Insignificance**

NUIT DE SAINT-GERMAIN DES PRÉS, LA ▷4
FR. 1977. Drame policier de Bob SWAIM avec Michel Galabru, Mort Shuman et Chantal Dupuy. - Recherchant des bijoux volés pour le compte d'une compagnie d'assurances, un détective est confronté à un assassinat.

NUIT DE SAN LORENZO, LA ▷3
[Night of the Shooting Stars, The]
ITA. 1981. Drame de guerre de Paolo et Vittorio TAVIANI avec Omero Antonutti, Margarita Lozano et Sabina Vannucchi. - Défiant l'ordre des Allemands de se regrouper dans une cathédrale, les habitants d'une petite ville de Toscane partent à la rencontre des Américains. - Récit basé sur un fait vécu. Fresque vivante et dramatique. Touches poétiques. Notes pittoresques. Interprétation naturelle. □ Général

NUIT DE VARENNES, LA ▷3
FR. 1982. Drame historique d'Ettore SCOLA avec Jean-Louis Barrault, Marcello Mastroianni et Hanna Schygulla. - En 1791, l'écrivain Restif de la Bretonne rencontre diverses personnalités dans une diligence qui se rend à Metz. - Fantaisie satirico-philosophique. Dialogues abondants mais pleins de finesse. □ Général

NUIT DES FORAINS, LA [Sawdust and Tinsel] ▷3
SUÈ. 1953. Drame psychologique d'Ingmar BERGMAN avec Ake Gronberg, Harriet Andersson et Hasse Ekman. - Un directeur de cirque ambulant tente une réconciliation avec sa femme. - Variations riches de signification psychologique. Image travaillée dans un mode expressionniste efficace. Interprétation de première force.
□ Général ➜ DVD $

NUIT DES MORTS-VIVANTS, LA
voir **Night of the Living Dead**

NUIT DES MOUTONS, LA *voir* **Black Sheep**

NUIT DES ROIS, LA *voir* **Twelfth Night**

NUIT DES TRAQUÉES, LA
FR. 1980. Jean ROLLIN

NUIT DU DÉLUGE ▷4
QUÉ. 1996. Drame poétique de Bernar HÉBERT avec Geneviève Rochette, Julie McClemens et Jacques Godin. - Seule survivante d'un déluge, une jeune femme met au monde un enfant avec l'aide des fantômes de ses proches. □ Général

NUIT DU JUGEMENT, LA *voir* **Judgment Night**

NUIT DU LOUP-GAROU, LA *voir* **Curse of the Werewolf, The**

NUIT FANTASTIQUE, LA [Fantastic Night] ▷4
FR. 1942. Comédie fantaisiste de Marcel L'HERBIER avec Fernand Gravey, Micheline Presle et Saturnin Fabre. - Hanté chaque nuit par une jeune fille voilée, un étudiant constate après diverses péripéties que le songe est devenu réalité.

NUIT MAGIQUE *voir* **Night Magic**

NUIT NOIRE *voir* **Mother Night**

NUIT NOIRE, 17 OCTOBRE 1961 ▷3
FR. 2005. Drame historique d'Alain TASMA avec Clotilde Courau, Jean-Michel Portal et Ouassini Embarek. - Chronique des événements ayant mené à la manifestation pacifique de vingt mille Algériens dans les rues de Paris, à laquelle la police a répondu en ouvrant le feu. - Brillant et poignant téléfilm évoquant un épisode méconnu de l'histoire de la France. Vaste mosaïque de points de vue. Réalisation nerveuse. Montage elliptique et fluide. Excellents interprètes.
□ 13 ans+ · Violence ➜ DVD $

NUIT NOUS APPARTIENT, LA
voir **We Own the Night**

NUIT TOMBE SUR MANHATTAN, LA
voir **Night Falls on Manhattan**

NUITS AVEC MON ENNEMI, LES
voir **Sleeping with the Enemy**

NUITS BLANCHES [Notti bianche, Le] ▷3
ITA. 1957. Drame poétique de Luchino VISCONTI avec Maria Schell, Marcello Mastroianni et Jean Marais. - Un homme s'éprend d'une jeune fille qui attend le retour de celui qu'elle aime. - Climat poétique. Mise en scène brillamment stylisée. Interprétation nuancée.
➜ DVD $

NUITS DE CABIRIA, LES [Nights of Cabiria] ▶1
ITA. 1957. Drame psychologique de Federico FELLINI avec Giulietta Masina, François Périer et Amedeo Nazzari. - Une prostituée connaît une amère déception amoureuse. - Œuvre riche de sens. Images pleines de vie où alternent une poésie tendre et un humour parfois féroce. Création magistrale de G. Masina, à la fois spontanée et vulnérable.

NUITS DE DRACULA, LES [Jess Franco's Dracula] ▷5
ESP. 1969. Drame d'horreur de Jess FRANCO avec Christopher Lee, Herbert Lom et Fred Williams. - Le directeur d'une clinique psychiatrique est amené à entrer en lutte avec un vampire.
□ 13 ans+ ➜ DVD $

NUITS DE LA PLEINE LUNE, LES ▷3
[Full Moon in Paris]
FR. 1984. Comédie de mœurs d'Éric ROHMER avec Pascale Ogier, Fabrice Luchini et Tchéky Karyo. - Vivant une union heureuse en banlieue, une jeune femme, par besoin d'indépendance, s'aménage un studio à Paris pour y séjourner à l'occasion. - Exploration subtile des mœurs sentimentales. Mise en scène précise. Interprétation piquante de P. Ogier. □ Général

NUITS DE TALLADEGA, LES -
LA BALLADE DE RICKY BOBBY
voir **Talladega Nights - The Ballad of Ricky Bobby**

NUITS ENDIABLÉES *voir* **Boogie Nights**

NUITS FAUVES, LES ▷3
FR. 1992. Drame de mœurs réalisé et interprété par Cyril COLLARD avec Romane Bohringer et Carlos Lopez. - Un jeune sidéen s'engage dans une liaison avec une actrice débutante tout en poursuivant une relation avec un homosexuel. - Thème sordide traité avec vérité et lucidité. Style narratif empreint d'une émotion à fleur de peau. Mise en scène énergique. Interprétation d'un naturel confondant.
□ 16 ans+

NUMBER 17 ▷5
ANG. 1932. Comédie policière d'Alfred HITCHCOCK avec Leon M. Lion, Anne Grey et John Stuart. - Une jeune voleuse de bijoux repentie aide un détective à coincer ses anciens partenaires qui cherchent à s'emparer d'un précieux collier. □ Général

NUMBER 23 [Nombre 23, Le] ▷5
É.-U. 2007. Drame psychologique de Joel SCHUMACHER avec Jim Carrey, Virginia Madsen et Logan Lerman. - Convaincu que le roman qu'il lit est calqué sur sa vie, un homme bascule dans un délire obsessionnel semblable à celui du héros du livre.
□ 13 ans+ ➜ DVD $

NUMÉRO DEUX
FR. 1975. Jean-luc GODARD

NUN AND THE BANDIT, THE ▷4
AUS. 1992. Drame psychologique de Paul COX avec Gosia Dobrowolska, Chris Haywood et Victoria Eagger. - Afin d'obtenir une compensation financière d'un oncle magouilleur, un homme séquestre la petite fille de celui-ci avec une de ses tantes qui est religieuse. □ Général

NUN'S STORY, THE [Au risque de se perdre] ▷3
É.-U. 1959. Drame psychologique de Fred ZINNEMANN avec Audrey Hepburn, Peter Finch et Edith Evans. - Après diverses obédiences, une jeune religieuse quitte sa communauté. - Œuvre de grande valeur. Partie documentaire émouvante. Interprétation remarquable.
□ Général ➜ DVD $

NUN, THE *voir* **Religieuse, La**

NUOVOMONDO [Porte d'or, La] ▷4
ITA. 2006. Chronique d'Emanuele CRIALESE avec Vincenzo Amato, Charlotte Gainsbourg et Aurora Quattrocci. - Au début du XXe siècle, sur le bateau qui l'emmène en Amérique avec les siens, un paysan sicilien fait la connaissance d'une énigmatique passagère anglaise.
□ Général ➜ DVD $

NUREMBERG ▷4
CAN. 2000. Drame historique d'Yves SIMONEAU avec Alec Baldwin, Jill Hennessy et Brian Cox. - Au lendemain de la Seconde Guerre mondiale, des criminels de guerre nazis subissent un procès à Nuremberg.
➜ DVD $

NURSE BETTY ▷4
É.-U. 2000. Comédie dramatique de Neil LaBUTE avec Renée Zellweger, Morgan Freeman et Chris Rock. - Témoin du meurtre de son mari, une jeune femme perd contact avec la réalité et se croit l'héroïne d'un soap télévisé. □ 13 ans+ ➜ DVD $

NURSE, LA *voir* **Guardian, The**

NUTCRACKER MOTION PICTURE, THE ▷3
É.-U. 1986. Spectacle musical de Carroll BALLARD avec Hugh Bigney, Patricia Barker et Vanessa Sharp. - Une jeune fille rêve qu'un casse-noisette à figure humaine s'anime et se transforme en un beau chevalier servant. - Adaptation du célèbre ballet de Tchaïkovski. Spectacle d'allure onirique. Monde fantaisiste mariant la danse et les trucages. □ Général

NUTCRACKER PRINCE, THE ▷4
[Prince casse-noisette, Le]
CAN. 1990. Dessins animés de Paul SCHIBLI. - La nuit de Noël, une fillette rêve qu'elle est transportée au royaume des jouets par un soldat de bois qui a pris forme humaine. □ Général

NUTCRACKER, THE
É.-U. 1977. Tony CHARMOLI

NUTS [Toquée] ▷4
É.-U. 1987. Drame judiciaire de Martin RITT avec Barbra Streisand, Richard Dreyfuss et Maureen Stapleton. - Un avocat défend une call-girl accusée d'homicide involontaire dont les parents voudraient qu'elle soit soignée dans une institution psychiatrique.
□ Général ➜ DVD $

NUTS IN MAY
ANG. 1976. Mike LEIGH □ Général

NUTTY PROFESSOR, THE [Nigaud de professeur] ▷3
É.-U. 1963. Comédie réalisée et interprétée par Jerry LEWIS avec Stella Stevens et Del Moore. - Un professeur timide découvre un produit qui le transforme en don Juan irrésistible. - Parodie loufoque de Dr. Jekyll et Mr. Hyde. Ensemble très drôle où perce un accent de tendresse. J. Lewis remarquable dans un double rôle. □ Général ➜ DVD $

NUTTY PROFESSOR, THE [Nigaud de professeur] ▷4
É.-U. 1996. Comédie de Tom SHADYAC avec Eddie Murphy, Jada Pinkett et Larry Miller. - Un professeur obèse épris d'une jolie collègue devient un séducteur irrésistible après avoir absorbé une potion de son invention. □ Général ➜ DVD $

NYMPH, THE
ITA. 1996. Lina WERTMÜLLER ➜ DVD $

O (OTHELLO) ▷5
É.-U. 2001. Drame de mœurs de Tim Blake NELSON avec Mekhi Phifer, Josh Hartnett et Julia Stiles. - Envieux des succès d'un camarade de classe, un collégien cherche à le briser en lui faisant croire que sa petite amie le trompe. □ 13 ans+ ➜ DVD $

O BROTHER, WHERE ART THOU? ▷3
É.-U. 2000. Comédie de Joel COEN avec George Clooney, Tim Blake Nelson et John Turturro. - Dans le Sud profond, durant la Grande Dépression, trois bagnards en fuite vivent des aventures rocambolesques. - Péripéties truculentes et pleines d'imagination. Personnages d'un pittoresque irrésistible. Dialogues savoureux. Réalisation enlevante. Comédiens fort inspirés. □ Général ➜ DVD $

O LUCKY MAN! ▷3
ANG. 1973. Comédie satirique de Lindsay ANDERSON avec Malcolm McDowell, Ralph Richardson et Rachel Roberts. - Un jeune homme ayant obtenu le poste de représentant d'une compagnie de café dans un vaste territoire est pris dans toutes sortes de mésaventures. - Satire bouffonne et cruelle de la vie contemporaine. Unité de style respectée. Interprétation enthousiaste de M. McDowell. □ 13 ans+ ➜ DVD $

O PIONEERS! ▷4
É.-U. 1991. Drame social de Glenn JORDAN avec Jessica Lange, Tom Aldredge et David Strathairn. - Au tournant du XXe siècle, une fille d'immigrants suédois se retrouve à la tête d'une vaste exploitation agricole au Nebraska. ➜ DVD $

O. HENRY'S FULL HOUSE ▷4
E.-U. 1951. Film à sketches de H. KOSTER, H. HATHAWAY, J. NEGULESCO et H. KING avec Jeanne Crain, Anne Baxter et Charles Laughton. - Cinq histoires tirées de l'œuvre du célèbre humoriste O. Henry.
□ Général ➜ DVD $

O.K... LALIBERTÉ ▷4
QUÉ. 1973. Comédie dramatique de Marcel CARRIÈRE avec Jacques Godin, Luce Guilbeault et Jean Lapointe. - Ayant perdu son emploi et quitté sa femme, un homme de 40 ans doit s'adapter à un changement de vie. ➜ DVD $

OASIS
COR. 2002. Lee CHANG-DONG ➜ DVD $

OBJECTIVE BURMA! [Cross My Heart] ▷4
É.-U. 1944. Drame de guerre de Raoul WALSH avec Errol Flynn, William Prince et James Brown. - En Birmanie, des parachutistes en mission derrière les lignes ennemies tentent de regagner leurs troupes.
➜ DVD $

OBLOMOV ▷3
RUS. 1979. Comédie sentimentale de Nikita MIKHALKOV avec Oleg Tabakov, Youri Bogatyrev et Elena Solovei. - Sorti de sa torpeur par un ami commerçant, un propriétaire terrien entreprend une idylle avec une jeune fille rencontrée à une réunion sociale. - Film poétique célébrant l'âme russe. Réflexions pertinentes. Mise en scène ample et colorée. Interprétation savoureuse. □ Général ➜ DVD $

OBSÉDÉ EN PLEIN JOUR, L' [Violence at Noon]
JAP. 1966. Nagisa OSHIMA

OBSÉDÉ, L' *voir* **Collector, The**

OBSERVE AND REPORT
É.-U. 2009. Jody HILL

OBSESSION *voir* **Mother's Boys**

OBSESSION ▷3
É.-U. 1975. Drame policier de Brian DE PALMA avec Cliff Robertson, Geneviève Bujold et John Lithgow. - Un homme d'affaires s'éprend d'une jeune Italienne qui ressemble étrangement à sa femme morte au cours d'un enlèvement. - Suspense romantique au style fluide. Climat d'inquiétude admirablement créé. Trame musicale efficace. Interprétation prenante. □ 13 ans+

OBSESSION À BERLIN [Berlin Affair, The] ▷5
ITA. 1985. Drame psychologique de Liliana CAVANI avec Gudrun Landgrebe, Kevin McNally et Mio Takaki. - En 1938, une élève de l'Institut des Beaux-Arts de Berlin entretient une liaison avec la fille de l'ambassadeur du Japon.

OBSESSION FATALE *voir* **Unlawful Entry**

OBSESSION, L' *voir* **Crossing Guard, The**

OCÉAN NOIR *voir* **Open Water**

OCEAN'S 11 [Inconnu de Las Vegas, L'] ▷5
É.-U. 1960. Comédie dramatique de Lewis MILESTONE avec Frank Sinatra, Dean Martin, Peter Lawford et Richard Conte. - Un vétéran réunit d'anciens compagnons d'armes pour effectuer un vol à Las Vegas. ➜ DVD $

OCEAN'S ELEVEN [Inconnu de Las Vegas, L'] ▷3
E.-U. 2001. Thriller de Steven SODERBERGH avec George Clooney, Brad Pitt et Julia Roberts. - Un criminel réunit autour de lui dix experts dans différents domaines pour cambrioler trois casinos à Las Vegas. - Suspense au scénario ingénieux et spirituel. Sens de l'humour réjouissant. Rebondissements nombreux et bien amenés. Réalisation souple et élégante. Excellente distribution. ➜ DVD $

OCEAN'S 12 [Retour de Danny Ocean, Le] ▷4
É.-U. 2004. Comédie policière de Steven SODERBERGH avec George Clooney, Brad Pitt et Catherine Zeta-Jones. - Un cambrioleur et sa bande doivent perpétrer divers casses en Europe pour rembourser une ancienne victime qui n'entend pas à rire. ➜ DVD $

OCEAN'S THIRTEEN [Danny Ocean 13] ▷4
É.-U. 2007. Thriller de Steven SODERBERGH avec George Clooney, Brad Pitt et Al Pacino. - À Las Vegas, un criminel et sa bande planifient le cambriolage du casino appartenant à l'homme qui a bafoué l'honneur d'un des leurs. □ Général ➜ DVD DVD-BR $

OCTOBER MOON
É.-U. 2005. Jason paul COLLUM ➜ DVD $

OCTOBER SKY [Ciel d'octobre] ▷3
É.-U. 1999. Drame biographique de Joe JOHNSTON avec Chris Cooper, Jake Gyllenhall et Laura Dern. - En 1957, le passage de Spoutnik incite un adolescent de la Virginie de l'ouest à construire des fusées, malgré la désapprobation de son père. - Récit inspiré de la vie de Homer Hickam. Contexte social bien cerné. Réalisation vivante. Excellents interprètes. □ Général ➜ DVD $

OCTOBRE [October] ▶1
RUS. 1928. Drame épique de Sergei EISENSTEIN avec Nikandlov, Vladimir Popov et Boris Livanov. - Évocation de la révolution bolchevique d'octobre 1917 en Russie. - Œuvre marquante du cinéma russe. Traitement grandiose. Style dynamique. Art raffiné du montage. Interprétation appropriée. □ Général

OCTOBRE ▷4
QUÉ. 1994. Drame social de Pierre FALARDEAU avec Hugo Dubé, Luc Picard, Julie Castonguay et Pierre Rivard. - En octobre 1970, quatre membres du Front de Libération du Québec kidnappent un ministre et le séquestrent plusieurs jours dans un bungalow.
□ 13 ans+ ➜ DVD $

OCTOPUSSY ▷5
ANG. 1983. Drame d'espionnage de John GLEN avec Roger Moore, Maud Adams et Louis Jourdan. - L'agent secret James Bond évente un complot d'un général russe pour miner le système de défense occidental. □ Général ➜ DVD $

ODD COUPLE, THE [Drôle de couple] ▷4
É.-U. 1967. Comédie de Gene SAKS avec Jack Lemmon, Walter Matthau et John Fielder. - Rejeté par sa femme, un homme se réfugie chez un ami divorcé. □ Général ➜ DVD $

ODD MAN OUT [Huit heures de Sursis] ▷3
ANG. 1946. Drame de Carol REED avec James Mason, Kathleen Ryan et Robert Newton. - Blessé au cours d'un cambriolage, le chef d'une organisation politique erre dans les rues de Belfast. - Sujet intéressant. Forte tension dramatique. □ Général

ODD OBSESSION *voir* **Étrange obsession, L'**

ODDS AGAINST TOMORROW ▷3
É.-U. 1959. Drame policier de Robert WISE avec Harry Belafonte, Robert Ryan et Ed Begley. - Un ancien policier organise un vol de banque avec un Noir qui s'est endetté aux courses et un ex-détenu au chômage. - Incidences raciales bien amenées. Réalisation brillante. Suspense soutenu. Montage nerveux. Très bonne interprétation.
□ Général ➔ DVD $

ODESSA FILE, THE ▷4
ANG. 1974. Thriller de Ronald NEAME avec Jon Voight, Mary Tamm et Maximilian Schell. - Un journaliste tente de démasquer les membres d'une association secrète d'anciens SS. □ Général ➔ DVD $

ODESSA U.S.A. *voir* **Little Odessa**

ODETTE TOULEMONDE ▷4
FR. 2006. Comédie sentimentale d'Éric-Emmanuel SCHMITT avec Catherine Frot, Albert Dupontel et Fabrice Murgia. - Une modeste vendeuse, veuve et mère de deux adolescents, recueille chez elle son romancier préféré, plongé dans la dépression.

ODEUR DE LA PAPAYE VERTE, L' ▷3
[Scent of Green Papaya, The]
FR. 1993. Drame de mœurs de Tran Anh HUNG avec Tran Nu Yên-Khê, Lu Man San et Truong Thi Lôc. - À Saïgon, une jeune servante à l'emploi de commerçants passe au service d'un musicien dont elle est amoureuse. - Observations minutieuses mettant en lumière la poésie cachée des gestes quotidiens. Sensualité merveilleusement suggérée par la caméra et la bande sonore. Interprétation dans le ton voulu.

ODEUR DES FAUVES, L' [Scandal Man] ▷5
FR. 1971. Drame de Richard BALDUCCI avec Josephine Chaplin, Maurice Ronet et Vittorio De Sica. - Un journaliste déchu s'attire des ennuis en révélant la liaison de la fille d'un politicien américain avec un Noir.

ODYSSÉE D'ALICE TREMBLAY, L' ▷5
QUÉ. 2002. Comédie fantaisiste de Denise FILIATRAULT avec Sophie Lorain, Martin Drainville et Pierrette Robitaille. - Une jeune mère célibataire est projetée magiquement dans un monde fantaisiste où elle croise des personnages de contes célèbres. □ Général ➔ DVD $

ODYSSEY, THE [Odyssée, L'] ▷4
É.-U. 1997. Drame épique d'Andrei KONCHALOVSKY avec Armand Assante, Greta Scacchi et Geraldine Chaplin. - Le guerrier Ulysse et ses hommes doivent surmonter maintes épreuves durant leur voyage de retour après la guerre de Troie. □ Général

ODYSSEY OF THE PACIFIC, THE ▷4
[Empereur du Pérou, L']
CAN. 1981. Conte de Fernando ARRABAL avec Mickey Rooney, Jonathan Starr et Anick. - Un vieux cheminot et deux enfants décident d'aider un jeune réfugié cambodgien à retrouver sa mère restée au Cambodge.
□ Général

OEDIPE ROI [Oedipus Rex] ►2
ITA. 1967. Drame de Pier Paolo PASOLINI avec Franco Citti, Silvana Mangano et Ninetto Davoli. - Un prince de Thèbes est condamné par le destin à tuer son père et à épouser sa mère. - Traitement poétique d'un vieux mythe grec. Recréation imaginative de décors à l'antique. Mise en scène riche d'idées. Interprétation stylisée.
□ Général ➔ DVD $

OEDIPUS REX *voir* **Oedipe roi**

ŒIL AU BEUR(RE) NOIR, L' ▷4
FR. 1987. Comédie de mœurs de Serge MEYNARD avec Smaïn, Julie Jézéquel et Pascal Légitimus. - Un peintre de race noire et son copain Arabe unissent leurs efforts pour dénicher un appartement à Paris.
□ Général

ŒIL DU DIABLE, L' [Devil's Eye, The] ▷3
SUÈ. 1960. Comédie d'Ingmar BERGMAN avec Jarl Kulle, Bibi Andersson et Nils Poppe. - Le diable confie à Don Juan la mission de séduire une jeune fille dont la vertu l'offense. - Plein de fantaisie et d'ironie. Mise en scène experte mêlant le raffinement au burlesque. □ 13 ans+

ŒIL DU TÉMOIN, L' *voir* **Eyewitness**

ŒIL DU TIGRE, L' *voir* **Rocky III**

ŒIL POUR ŒIL *voir* **Eye for an Eye**

ŒIL PUBLIC, L' *voir* **Public Eye, The**

ŒIL TÉMOIN, L' *voir* **My Little Eye**

ŒUVRE DE DIEU, LA PART DU DIABLE, L'
voir **Cider House Rules, The**

OF FREAKS AND MEN
RUS. 1998. Aleksei BALABANOV

OF HUMAN BONDAGE ▷4
É.-U. 1934. Drame psychologique de John CROMWELL avec Bette Davis, Leslie Howard et Frances Dee. - Un étudiant en médecine tombe sous l'emprise d'une femme ambitieuse et sans scrupules.
□ Général ➔ DVD $

OF HUMAN HEARTS ▷4
É.-U. 1938. Drame de Clarence BROWN avec James Stewart, Walter Huston et Beulah Bondi. - Au milieu du XIXe siècle, le fils d'un pasteur sévère quitte sa famille pour étudier la médecine. □ Général

OF LOVE AND SHADOWS ▷5
ESP. 1994. Drame de Betty KAPLAN avec Jennifer Connelly, Antonio Banderas et Camilo Gallardo. - Au Chili, en 1978, une journaliste de mode et un photographe rebelle mènent une dangereuse enquête sur les abus de l'armée. ➔ DVD $

OF MICE AND MEN [Des souris et des hommes] ▷4
É.-U. 1939. Drame de mœurs de Lewis MILESTONE avec Burgess Meredith, Lon Chaney Jr. et Betty Field. - Un colosse simple d'esprit, protégé par un ami débrouillard, en vient à commettre un meurtre.
□ Général ➔ DVD $

OF MICE AND MEN [Des souris et des hommes] ▷4
É.-U. 1992. Drame de mœurs réalisé et interprété par Gary SINISE avec John Malkovich et Ray Walston. - En Californie, durant la Dépression, deux amis vagabonds se trouvent un emploi dans une ferme dirigée par un homme belliqueux. □ Général ➔ DVD $

OF UNKNOWN ORIGIN [Terreur à domicile] ▷4
CAN. 1983. Drame d'horreur de George P. COSMATOS avec Peter Weller, Jennifer Dale et Shannon Tweed. - Un jeune cadre est obsédé par la présence d'un rat dans sa maison qu'il a lui-même restaurée.
□ 13 ans+ ➔ DVD $

OFF LIMITS ▷4
É.-U. 1988. Drame policier de Christopher CROWE avec Willem Dafoe, Gregory Hines et Fred Ward. - À Saïgon en 1968, deux sergents de l'armée américaine enquêtent sur des meurtres dont l'auteur présumé serait un officier.

OFF SEASON, THE
É.-U. 2004. James Felix MCKENNEY ➔ DVD $

OFF THE BLACK
É.-U. 2006. James PONSOLDT ➔ DVD $

OFF THE MAP ▷4
É.-U. 2003. Drame de Campbell SCOTT avec Joan Allen, Valentina de Angelis et Sam Elliott. - L'existence d'une famille qui vit recluse sur une ferme du Nouveau-Mexique est bousculée par la visite d'un agent des impôts. ➔ DVD $

OFFICER AND A GENTLEMAN, AN ▷4
É.-U. 1981. Drame psychologique de Taylor HACKFORD avec Richard Gere, Debra Winger et David Keith. - Un jeune défavorisé s'inscrit à une école d'officiers-pilotes de la marine où il subit un entraînement fort exigeant. □ 13 ans+ ➔ DVD $

OFFICIAL STORY, THE *voir* **Histoire officielle, L'**

OFFSIDE ▷3
IRAN. 2006. Comédie dramatique de Jafar PANAHI avec Shayesteh Irani, Sima Mobarak Shahi et Safar Samandar. - À Téhéran, des jeunes filles déguisées en garçon tentent d'assister à un match de soccer malgré une loi interdisant la présence des femmes dans les stades. - Témoignage puissant dénonçant la rigidité de la loi islamique. Nombreuses situations cocasses. Réalisation souple au style documentaire. Interprétation spontanée par des acteurs non professionnels. □ Général ➔ DVD $

OFFSPRING, THE
voir **From a Whisper to a Scream**

OGRE, THE [Roi des Aulnes, Le] ▷4
ALL. 1996. Drame de Volker SCHLÖNDORFF avec John Malkovich, Armin Mueller-Stahl et Gottfried John. - Fait prisonnier en 1939, un Français simple d'esprit kidnappe des enfants pour le compte de l'armée allemande. □ 13 ans+

OH GOD: BOOK 2
É.-U. 1980. Gilbert CATES ➔ DVD $

OH IN OHIO, THE ▷5
É.-U. 2006. Comédie de Billy KENT avec Parker Posey, Paul Rudd et Danny DeVito. - N'ayant jamais atteint l'orgasme, une femme d'affaires de Cleveland tente, après dix ans de mariage, de remédier à la situation. ➔ DVD $

OH WOE IS ME *voir* **Hélas pour moi**

OIES SAUVAGES, LES *voir* **Wild Geese, The**

OISEAU AU PLUMAGE DE CRISTAL, L' *voir* **Bird with the Crystal Plumage, The**

OISEAU D'ARGILE, L' ▷4
BAN. 2001. Chronique de Tareque MASUD avec Nurul Islam Bablu, Russell Farazi et Jayanto Chattopadhyay. - À la fin des années 1960, au Pakistan oriental, un médecin rigoriste envoie son jeune fils dans une école coranique. □ Général

OKLAHOMA! ▷4
É.-U. 1955. Comédie musicale de Fred ZINNEMANN avec Gordon MacRae, Shirley Jones et Rod Steiger. - Drame de jalousie entre les deux prétendants d'une jeune fermière. □ Général ➔ DVD $

OKOGE ▷4
JAP. 1992. Drame social de Takehiro NAKAJIMA avec Misa Shimizu, Takehiro Murata et Takao Nakahara. - Une jeune Japonaise célibataire et hétérosexuelle observe avec curiosité un couple homosexuel qu'elle a accueilli dans son appartement. □ 16 ans+ · Érotisme

OLD ACQUAINTANCE ▷4
E.-U. 1943. Drame psychologique de V. SHERMAN avec Bette Davis, Miriam Hopkins et John Loder. - Les tribulations sentimentales de deux amies devenues romancières. ➔ DVD $

OLD DARK HOUSE, THE ▷4
É.-U. 1932. Drame d'horreur de James WHALE avec Boris Karloff, Melvyn Douglas et Charles Laughton. - Des voyageurs trouvent refuge dans une vieille demeure où résident des individus tous plus excentriques et bizarres les uns que les autres. □ Général ➔ DVD $

OLD GRINGO [Gringo] ▷4
É.-U. 1989. Aventures de Luis PUENZO avec Gregory Peck, Jane Fonda et Jimmy Smits. - Se rendant au Mexique en 1910, une femme se fait enlever par un chef rebelle qui veut s'emparer de l'hacienda où elle devait travailler.

OLD HOTTABYCH
RUS. 1956. Gennadi KAZANSKY ➔ DVD $

OLD JOY
É.-U. 2006. Kelly REICHARDT ➔ DVD $

OLD MAN AND THE SEA, THE ▷4
É.-U. 1958. Drame de John STURGES avec Spencer Tracy, Felipe Pazos et Harry Bellaver. - Un vieux pêcheur malchanceux capture un énorme espadon. □ Général ➔ DVD $

OLD YELLER [Fidèle Vagabond, Le] ▷4
É.-U. 1957. Western de Robert STEVENSON avec Dorothy McGuire, Tommy Kirk et Fess Parker. - Au Texas, un jeune garçon se prend d'amitié pour un chien errant qui devient le protecteur de ses nouveaux maîtres. □ Général

OLDBOY [15 ans volés] ▷3
COR. 2003. Thriller de Park CHAN-WOOK avec Choi Min-Sik, Yoo Ji-Tae et Gang Hye-Jung. - Un homme d'affaires séquestré pendant 15 ans par un mystérieux ravisseur cherche à se venger lorsqu'il recouvre sa liberté. - Variation audacieuse sur le thème de la vengeance, oscillant entre la tragédie grecque et les manga. Récit aux développements surprenants. Traitement stylisé de la violence. Interprétation forte de Choi Min-Sik. □ 16 ans+ · Violence ➔ DVD $

OLIVER! ▶2
ANG. 1968. Comédie musicale de Carol REED avec Mark Lester, Ron Moody et Jack Wild. - En Angleterre, au XIXe siècle, un orphelin tombe aux mains de voleurs avant de rencontrer un protecteur. - Excellente transposition du roman de Dickens. Ballets d'une grande beauté. Mise en scène très soignée. Jeu pittoresque des interprètes. ➔ DVD $

OLIVER AND COMPANY [Oliver et compagnie] ▷4
É.-U. 1988. Dessins animés de George SCRIBNER. - Un chaton abandonné est recueilli par une bande de chiens errants, puis adopté par une riche fillette. ➔ DVD $

OLIVER TWIST
É.-U. 1922. Frank LLOYD □ Général ➔ DVD $

OLIVER TWIST ▶2
ANG. 1948. Drame de David LEAN avec John Howard Davis, Robert Newton et Alec Guinness. - Un orphelin tombe entre les mains de pickpockets mais est recueilli par un vieil homme. - Adaptation d'un roman de Dickens. Excellente création d'atmosphère. Mise en scène et interprétation remarquables. □ Général ➔ DVD $

OLIVER TWIST ▷4
FR. 2005. Drame de Roman POLANSKI avec Barney Clark, Ben Kingsley et Jamie Foreman. - Un orphelin tombé aux mains de malfaiteurs est recueilli par un vieil homme bon. □ Général ➔ DVD $

OLIVIER, OLIVIER ▷4
FR. 1992. Drame d'Agnieszka HOLLAND avec Brigitte Roüan, François Cluzet et Grégoire Colin. - Six ans après la disparition inexpliquée d'un garçon de neuf ans, un policier croit le retrouver en la personne d'un adolescent prostitué. □ 13 ans+

OMAGH ▷3
IRL. 2004. Drame social de Pete TRAVIS avec Gerard McSorley, Michèle Forbes et Pauline Hutton. - En 1998, les familles des victimes d'un attentat perpétré par une cellule radicale de l'IRA forment un comité de soutien pour obtenir justice. - Récit prenant et souvent révoltant, inspiré de faits vécus. Grande tension dramatique dans la première partie. Traitement réaliste. Caméra à l'épaule nerveuse et inquisitrice. Jeu à la fois sobre et intense de G. McSorley. □ 13 ans+ ➔ DVD $

OMBRE D'EMMA, L' [Emma's Shadow] ▷4
DAN. 1988. Comédie dramatique de Soeren KRAGH-JACOBSEN avec Line Kruse, Borje Ahlstedt et Henrik Larsen. - Se sentant négligée par ses parents fortunés, une enfant décide de faire croire à son propre kidnapping. □ Général

OMBRE D'UN DOUTE, L' *voir* **Before and After**

OMBRE D'UN GÉANT, L' *voir* **Cast a Giant Shadow**

OMBRE DE LA TERRE, L' ▷3
TUN. 1982. Chronique de Taib LOUHICHI avec Despina Tomazani, Abdellatif Hamrouni et Hélène Catzaras. - Les difficultés d'une famille de nomades berbères vivant au bord du désert saharien. - Intrigue révélatrice de coutumes particulières. Illustration sobre et envoûtante. □ Général

OMBRE DU VAMPIRE, L' *voir* **Shadow of the Vampire**

OMBRE ROUGE, L' ▷4
FR. 1981. Drame d'espionnage de Jean-Louis COMOLLI avec Claude Brasseur, Jacques Dutronc et Nathalie Baye. - En 1937, un agent soviétique en France est chargé par un ami de s'occuper de trafic d'armes. □ Général ➔ DVD $

OMBRES ET BROUILLARD *voir* **Shadows and Fog**

OMEGA MAN, THE [Survivant, Le] ▷4
É.-U. 1971. Science-fiction de Boris SAGAL avec Charlton Heston, Anthony Zerbe et Rosalind Cash. - Un savant est le seul rescapé d'une épidémie universelle dont les victimes deviennent des monstres meurtriers. □ 13 ans+ ➔ DVD DVD-BR $

OMEN, THE [Omen 1, The] ▷4
É.-U. 1976. Drame fantastique de Richard DONNER avec Gregory Peck, Lee Remick et David Warner. - Des incidents troublants sont provoqués par la présence d'un enfant adopté à sa naissance par un diplomate. □ 13 ans+ ➔ DVD DVD-BR $

OMEN III, THE: THE FINAL CONFLICT [Malédiction finale, La] ▷5
É.-U. 1981. Drame fantastique de Graham BAKER avec Sam Neill, Lisa Harrow et Rossano Brazzi. - Convaincus qu'un jeune ambassadeur américain est le fils de Satan, des moines s'engagent à le tuer. □ 13 ans+ ➔ DVD $

OMEN, THE ▷5
É.-U. 2006. Drame fantastique de John MOORE avec Liev Schreiber, Julia Stiles et Mia Farrow. - Des événements tragiques amènent un diplomate américain à découvrir que son fils adoptif serait l'incarnation de l'Antéchrist. □ 13 ans+ · Horreur ➔ DVD DVD-BR $

ON A CLEAR DAY ▷4
ANG. 2004. Comédie dramatique de Gaby DELLAL avec Peter Mullan, Brenda Blethyn et Jamie Sives. - À Glasgow, un chef de chantier naval réduit au chômage décide de traverser la Manche à la nage pour redonner un sens à sa vie. □ Général ➜ DVD $

ON A CLEAR DAY YOU CAN SEE FOREVER ▷4
É.-U. 1969. Comédie musicale de Vincente MINNELLI avec Barbra Streisand, Yves Montand et Bob Newhart. - Un professeur de psychologie entreprend une série d'expériences avec une jeune fille particulièrement vulnérable à l'hypnotisme. □ Général ➜ DVD $

ON A RETROUVÉ LA SEPTIÈME COMPAGNIE ▷5
FR. 1975. Comédie de Robert LAMOUREUX avec Pierre Mondy, Jean Lefebvre et Henri Guybet. - En 1940, les aventures de trois soldats français séparés de leur unité. ➜ DVD $

ON A VOLÉ LA CUISSE DE JUPITER ▷4
FR. 1979. Comédie policière de Philippe DE BROCA avec Annie Girardot, Philippe Noiret et Francis Perrin. - Un couple en voyage de noces en Grèce est mêlé aux tribulations d'un jeune archéologue.

ON ACHÈVE BIEN LES CHEVAUX
voir **They Shoot Horses, Don't They?**

ON APPROVAL ▷4
ANG. 1944. Comédie réalisée et interprétée par Clive BROOK avec Beatrice Lillie, Googie Withers et Roland Culver. - Au début du siècle, une jeune veuve entreprend de passer quelque temps avec son soupirant avant d'accepter de l'épouser. □ Général

ON BORROWED TIME ▷4
É.-U. 1939. Comédie fantaisiste de Harold S. BUCQUET avec Lionel Barrymore, Cedric Hardwicke et Bobs Watson. - Un vieil homme retient la mort prisonnière dans un pommier. □ Général

ON CONNAÎT LA CHANSON ▷3
FR. 1997. Comédie de mœurs d'Alain RESNAIS avec Sabine Azéma, Agnès Jaoui et André Dussollier. - Deux sœurs sont au centre de divers chassés-croisés amoureux et professionnels impliquant des parents, des amis et des amants. - Dialogues émaillés d'extraits de chansons du répertoire français. Écriture pleine de fraîcheur et de finesse. □ Général

ON EDGE
É.-U. 2001. Karl SLOVIN ➜ DVD $

ON EST LOIN DU SOLEIL ▷3
QUÉ. 1970. Drame de Jacques LEDUC avec J. Léo Gagnon, Esther Auger et Marcel Sabourin. - La vie quotidienne et sans éclat d'une famille empreinte de l'esprit de renoncement.- Œuvre d'un grand humanisme. Structure narrative complexe. Esthétisme austère et dépouillé. Jeu fort prenant d'E. Auger. □ Général

ON GOLDEN POND [Maison du lac, La] ▷4
É.-U. 1981. Comédie dramatique de Mark RYDELL avec Henry Fonda, Katharine Hepburn et Jane Fonda. - La visite de leur fille et de son ami vient compliquer le séjour estival de vieux époux près d'un lac. □ Général ➜ DVD $

ON GUARD! *voir* **Bossu, Le**

ON HER MAJESTY'S SECRET SERVICE ▷4
[Au service secret de sa majesté]
ANG. 1969. Drame d'espionnage de Peter HUNT avec George Lazenby, Diana Rigg et Telly Savalas. - L'agent secret James Bond réussit à découvrir le repaire d'un vieil ennemi. □ Général ➜ DVD $

ON N'Y JOUE QU'À DEUX *voir* **Only Two Can Play**

ON NE MEURT QUE DEUX FOIS ▷4
FR. 1985. Drame policier de Jacques DERAY avec Michel Serrault, Charlotte Rampling et Xavier Deluc. - Un inspecteur aux méthodes originales enquête sur le meurtre d'un pianiste réputé. □ 13 ans+

ON NE VIT QUE DEUX FOIS
voir **You Only Live Twice**

ON PEUT TOUJOURS RÊVER ▷4
FR. 1991. Comédie réalisée et interprétée par Pierre RICHARD avec Smaïn et Jacques Seiler. - Un riche financier désabusé qui s'adonne au vol à l'étalage par distraction se prend d'affection pour un jeune Arabe l'ayant un jour pris à partie en public.

ON S'FAIT LA VALISE, DOCTEUR
voir **What's Up, Doc?**

ON THE AIR
MEX. 1995. Juan Carlos DE LLACA

ON THE BANKS OF THE NIEMEN
POL. 1987. Zbigniew KUZMINSKI ➜ DVD $

ON THE BEACH ▷4
É.-U. 1959. Drame de Stanley E. KRAMER avec Ava Gardner, Gregory Peck et Fred Astaire. - Les derniers survivants d'une guerre atomique attendent une extermination certaine. ➜ DVD $

ON THE NICKEL
É.-U. 1980. Ralph WAITE

ON THE OUTS
É.-U. 2005. Lori SILVERBUSH et Michael SKOLNIK ➜ DVD $

ON THE SILVER GLOBE
POL. 1987. Andrzej ZULAWSKI

ON THE TOWN [Un jour à New York] ►2
É.-U. 1949. Comédie musicale de Gene KELLY et Stanley DONEN avec Frank Sinatra, Betty Garrett et Gene Kelly. - Les aventures de trois marins en permission pour vingt-quatre heures à New York. - Adaptation très réussie d'un spectacle de Broadway. Ballets imaginatifs et remarquablement menés. Mise en scène entraînante. Excellents interprètes. □ Général ➜ DVD $

ON THE WATERFRONT [Sur les quais] ►1
É.-U. 1954. Drame social d'Elia KAZAN avec Marlon Brando, Eva Marie Saint et Karl Malden. - Dans le port de New York, un ancien boxeur et un prêtre s'opposent à des criminels qui exploitent les débardeurs. - Œuvre phare du cinéma américain. Discours humaniste alliant réalisme et pathos. Réalisation d'une grande richesse d'expression. Interprétation inoubliable. □ Général ➜ DVD $

ON TOP OF THE WHALE *voir* **Toit de la baleine, Le**

ONCE ▷3
IRL. 2006. Drame musical de John CARNEY avec Glen Hansard, Marketa Irglova et Bill Hodnett. - À Dublin, un auteur-compositeur-interprète jouant dans la rue s'éprend d'une jeune immigrante tchèque, également musicienne. - Récit sentimental d'une sincérité désarmante. Nombreuses chansons accrocheuses aux accents folk. Traitement minimaliste et sans apprêt. Complicité parfaite entre les deux protagonistes. ➜ DVD $

ONCE AROUND [Ce cher intrus] ▷4
É.-U. 1991. Comédie sentimentale de Lasse HALLSTRÖM avec Richard Dreyfuss, Holly Hunter et Danny Aiello. - Un homme heureux en mariage éprouve des difficultés à se faire accepter par sa belle-famille. □ Général ➜ DVD $

ONCE MORE *voir* **Encore: Once More**

ONCE UPON A HONEYMOON ▷4
É.-U. 1942. Comédie de Leo McCAREY avec Ginger Rogers, Cary Grant et Walter Slezak. - En 1939, un journaliste américain s'attache à une compatriote qui a épousé à son insu un espion nazi. □ Général

ONCE UPON A TIME IN AMERICA ►1
[Il était une fois en Amérique]
ITA. 1984. Drame de mœurs de Sergio LEONE avec Robert De Niro, James Woods et Elizabeth McGovern. - L'ascension et la chute d'une bande de gangsters de New York. - Évocation symbolique de la dégradation du rêve américain. Scénario riche et puissant. Montage complexe. Climat à la fois ironique et mélancolique. Images superbes. Interprétation fort convaincante. □ 13 ans+ ➜ DVD $

ONCE UPON A TIME IN CHINA II
[Il était une fois en Chine II]
H.-K. 1993. Lee LIK-CHI □ 13 ans+ · Violence ➜ DVD $

ONCE UPON A TIME IN CHINA III
H.-K. 1993. Hark TSUI □ Général ➜ DVD $

ONCE UPON A TIME IN CHINA V
H.-K. 1994. Hark TSUI □ Général

ONCE UPON A TIME IN MEXICO ▷5
[Il était une fois au Mexique]
É.-U. 2003. Thriller de Robert RODRIGUEZ avec Antonio Banderas, Johnny Depp et Salma Hayek. - Un agent corrompu de la CIA recrute un jeune guitariste et tireur d'élite pour affronter un criminel qui fomente un coup d'État contre le président du Mexique. □ 16 ans+ ➜ DVD $

ONCE UPON A TIME IN THE MIDLANDS ▷4
ANG. 2002. Comédie dramatique de Shane MEADOWS avec Robert Carlyle, Rhys Ifans et Shirley Henderson. - Un truand revient dans sa ville natale pour tenter de reconquérir son ex-copine qui a refusé la demande en mariage de son nouveau conjoint. □ Général · Déconseillé aux jeunes enfants ➜ DVD $

ONCE UPON A TIME IN THE WEST ►1
[Il était une fois dans l'Ouest]
ITA. 1968. Western de Sergio LEONE avec Charles Bronson, Henry Fonda et Claudia Cardinale. - Un inconnu au passé mystérieux se fait le protecteur d'une femme menacée par des bandits. - Western au souffle opératique grandiose. Notes d'humour sarcastique. Mise en scène spectaculaire et fort inventive. Traitement stylisé. Montage remarquable. Musique inoubliable d'Ennio Morricone. Très bonne distribution. □ 13 ans+ ➜ DVD $

ONCE UPON A TIME, CINEMA
IRAN 1992. Mohsen MAKHMALBAF □ Général

ONCE WERE WARRIORS [Nous étions guerriers] ►2
N.-Z. 1994. Drame social de Lee TAMAHORI avec Rena Owen, Temuera Morrison et Mamaengaroa Kerr-Bell. - Une mère de famille aborigène accepte de plus en plus mal le climat de violence que fait régner autour d'elle son mari macho. - Drame familial d'une justesse et d'une intelligence surprenantes. Réalisation d'une efficacité à couper le souffle. Interprétation d'un naturel confondant. □ 13 ans+ · Violence

ONCLE ROGER *voir* **Roger Dodger**

ONE DARK NIGHT [Mausoleum] ▷6
É.-U. 1982. Drame d'horreur de T. McLOUGHLIN avec Meg Tilly, Melissa Newman et Robin Evans. - Pour faire partie d'un club sélect, une étudiante doit passer une nuit dans le mausolée où l'on vient d'ensevelir un homme aux pouvoirs mystérieux. ➜ DVD $

ONE DAY IN THE LIFE OF IVAN DENISOVICH ▷3
[Journée d'Ivan Denissovich, Une]
ANG. 1971. Drame social de Casper WREDE avec Tom Courtenay, Alfred Burke et James Maxwell. - La vie dans un camp de travail soviétique. - Adaptation fidèle du roman de Soljenitsyne. Traitement sobre et retenu.

ONE FALSE MOVE ▷4
É.-U. 1990. Drame policier de Carl FRANKLIN avec Bill Paxton, Cynda Williams et Billy Bob Thornton. - Deux policiers de Los Angeles et le shérif d'une petite localité tentent de capturer trois fugitifs qui ont commis un vol de cocaïne. □ 16 ans+ · Violence ➜ DVD $

ONE FINE DAY [Beau jour, Un] ▷4
É.-U. 1996. Comédie sentimentale de Michael HOFFMAN avec Michelle Pfeiffer, George Clooney et Mae Whitman. - Forcés de passer la journée avec leurs enfants respectifs, une architecte et un journaliste décident de s'entraider afin que chacun puisse venir à bout d'importantes obligations professionnelles. □ Général ➜ DVD $

ONE FLEW OVER THE CUCKOO'S NEST ►2
[Vol au-dessus d'un nid de coucou]
É.-U. 1975. Comédie dramatique de Milos FORMAN avec Louise Fletcher, Jack Nicholson et Will Sampson. - Un délinquant admis en observation psychiatrique pousse les autres patients à contester l'autorité de l'infirmière en charge. - Fable originale sur le thème de l'anarchie versus l'ordre établi. Drôlerie et pathétique bien dosés. Climat de forte tension créé par l'antagonisme des deux personnages principaux, remarquablement interprétés.
□ 13 ans+ ➜ DVD DVD-BR $

ONE FROM THE HEART ▷3
É.-U. 1982. Drame sentimental de Francis Ford COPPOLA avec Frederic Forrest, Teri Garr et Nastassia Kinski. - Après une dispute de couple, un mécanicien de Las Vegas a une aventure avec une artiste de cirque alors que sa femme s'éprend d'un prétendu chanteur. - Exercice de style peu ordinaire sur fond de romance douce-amère. Effets de montage réussis. Emploi sophistiqué de la couleur. Direction d'acteurs fort valable. □ 13 ans+ ➜ DVD $

ONE HOUR PHOTO [Photo Obsession] ▷4
É.-U. 2002. Thriller de Mark ROMANEK avec Robin Williams, Connie Nielsen et Michael Vartan. - Un homme solitaire devient obsédé par le bonheur apparemment parfait d'une famille qui est cliente du laboratoire de photos où il travaille. □ 13 ans+ ➜ DVD $

ONE HUNDRED AND ONE NIGHT
voir **Cent et une nuits, Les**

ONE MAGIC CHRISTMAS [Noël magique, Un] ▷4
CAN. 1985. Conte de Phillip BORSOS avec Mary Steenburgen, Harry Dean Stanton et Elizabeth Harnois. - Chaque année, un ange a pour mission de redonner l'esprit de Noël à une personne déprimée.

ONE MAN [Homme, Un] ▷4
CAN. 1977. Drame social de Robin SPRY avec Len Cariou, Jayne Eastwood et Carol Lazare. - Un reporter de télévision met la main sur des documents compromettants au sujet d'un cas de pollution industrielle. □ Général

ONE MISSED CALL
JAP. 2003. Takashi MIIKE ➜ DVD $

ONE MORE KISS
ANG. 1999. Vadim JEAN ➜ DVD $

ONE MORE TIME ▷5
ANG. 1969. Comédie policière de J. LEWIS avec Sammy Davis Jr., Peter Lawford et Leslie Sands. - Un directeur de club emprunte l'identité de son riche frère jumeau lorsque celui-ci est assassiné.

ONE NIGHT AT MCCOOL'S [Soir au bar McCool, Un] ▷4
É.-U. 2001. Comédie policière de Harald ZWART avec Matt Dillon, Liv Tyler et John Goodman. - Un barman naïf, un avocat marié et un détective veuf tombent sous le charme d'une jeune femme manipulatrice. □ 13 ans+ · Violence ➜ DVD $

ONE NIGHT STAND [Pour une nuit] ▷5
É.-U. 1997. Drame sentimental de Mike FIGGIS avec Wesley Snipes, Nastassja Kinski et Robert Downey Jr. - Durant sa visite à New York à un ami mourant, un publicitaire marié rencontre une jeune femme qui va bouleverser sa vie sentimentale. □ 16 ans+ · Érotisme ➜ DVD $

ONE TAKE ONLY
THAÏ. 2001. Oxide PANG ➜ DVD $

ONE THAT GOT AWAY, THE ▷4
ANG. 1958. Drame de guerre de R. BAKER avec Michael Goodliffe, Hardy Kruger et Colin Gordon. - Les tentatives d'évasion d'un pilote allemand prisonnier de guerre. ➜ DVD $

ONE THAT GOT AWAY, THE ▷5
ANG. 1995. Drame de guerre de P. GREENGRASS avec Paul McGann, David Morrissey et Steven Waddington. - Durant la guerre du Golfe, des soldats britanniques doivent lutter pour leur survie lorsqu'ils se retrouvent en territoire ennemi. ➜ DVD $

ONE TOUCH OF VENUS ▷4
É.-U. 1949. Comédie musicale de William SEITER avec Ava Gardner, Robert Walker et Eve Arden. - Après avoir embrassé une statue de Vénus, un étalagiste timide et naïf voit celle-ci prendre vie pour ensuite lui compliquer l'existence. □ Général

ONE TRUE THING [Contre cœur] ▷4
É.-U. 1998. Drame psychologique de Carl FRANKLIN avec Meryl Streep, Renée Zellweger et William Hurt. - À la demande de son père, une journaliste interrompt sa carrière pour s'occuper de sa mère atteinte d'un cancer incurable. □ Général ➜ DVD $

ONE WEEK ▷4
CAN. 2008. Comédie dramatique de Michael McGOWAN avec Joshua Jackson, Liane Balaban et Campbell Scott. - Apprenant qu'il est atteint d'un cancer, un jeune enseignant torontois quitte tout pour aller parcourir le Canada à moto. □ Général ➜ DVD DVD-BR $

ONE WEEK
É.-U. 2001. Carl SEATON ➜ DVD $

ONE WONDERFUL SUNDAY *voir* **Un merveilleux dimanche**

ONE, TWO, THREE ▷4
É.-U. 1961. Comédie satirique de Billy WILDER avec James Cagney, Horst Buchholz et Pamela Tiffin. - À Berlin, malgré la surveillance d'un employé de son père, une Américaine épouse un communiste.
□ Général ➜ DVD $

ONE-EYED JACKS [Vengeance aux deux visages, La] ▷3
É.-U. 1961. Western réalisé et interprété par Marlon BRANDO avec Karl Malden et Pina Pellicer. - Après sa libération, un bandit décide de se venger d'un complice qui l'a trahi. - Traitement personnel d'un thème classique. Mise en scène concertée. Beauté formelle des images. Interprétation pittoresque. □ 13 ans+ ➜ DVD $

ONE-TRICK PONY ▷4
É.-U. 1980. Drame psychologique de Robert M. YOUNG avec Paul Simon, Blair Brown et Rip Torn. - Les difficultés professionnelles et conjugales d'un chanteur de rock qui fut jadis célèbre. □ 13 ans+

ONEGIN ▷5
ANG. 1999. Drame sentimental de Martha FIENNES avec Ralph Fiennes, Liv Tyler, Toby Stephens. L'histoire d'amour tragique entre un aristocrate et une campagnarde dans la Russie du XIXe siècle. ➜ DVD $

ONG BAK 2 *voir* **Protector, The**

ONG-BAK - LE GUERRIER [Ong Bak] ▷4
THAÏ. 2003. Film d'arts martiaux de Prachya PINKAEW avec Tony Jaa, Petchthai Wongkamlao et Pumwaree Yodkamol. - Un jeune paysan se rend à Bangkok pour récupérer une statue de bouddha volée dans son village par des brigands. ➜ DVD $

ONIBABA *voir* **Femme diabolique, La**

ONION FIELD, THE [Tueurs de flics] ▷4
É.-U. 1979. Drame social de Harold BECKER avec James Woods, John Savage et Franklyn Seales. - Les complications judiciaires qui suivent le meurtre d'un policier par un voyou. □ 13 ans+ ➜ DVD $

ONLY ANGELS HAVE WINGS ▷4
É.-U. 1939. Aventures d'Howard HAWKS avec Cary Grant, Jean Arthur et Rita Hayworth. - Une jeune artiste se joint à une équipe d'aviateurs qui tentent d'établir un courrier postal en Amérique du Sud. ➜ DVD $

ONLY HUMAN [Tellement proches!] ▷4
ESP. 2004. Comédie de Teresa de PELEGRI et Dominic Harari avec Marian Aguilera, Guillermo Toledo et Norma Aleandro. - Une suite de quiproquos se produit le soir où une jeune femme juive présente son nouveau petit ami palestinien à sa famille. □ Général · Déconseillé aux jeunes enfants ➜ DVD $

ONLY ONE NIGHT
SUÈ. 1942. Drame de mœurs de Gustaf MOLANDER avec Ingrid Bergman, Edvin Adolphson et Alno Taube. - En apprenant qu'il est le fils illégitime d'un baron, un employé de cirque se met à fréquenter le grand monde et tente de séduire une jolie aristocrate. □ Général

ONLY THE BRAVE
AUS. 1994. Ana KOKKINOS

ONLY THE LONELY [Ma blonde, ma mère et moi] ▷4
É.-U. 1991. Comédie sentimentale de Chris COLUMBUS avec John Candy, Maureen O'Hara et Ally Sheedy. - Nouvellement fiancé, un célibataire de 38 ans a du mal à se libérer de l'emprise de sa mère, une femme possessive avec qui il demeure. □ Général ➜ DVD $

ONLY TWO CAN PLAY [On n'y joue qu'à deux] ▷4
ANG. 1962. Comédie de Sidney GILLIAT avec Peter Sellers, Virginia Maskell et Mai Zetterling. - Un bibliothécaire marié se laisse prendre aux charmes d'une femme riche et légère.

ONLY YOU [Seulement toi] ▷5
É.-U. 1994. Comédie sentimentale de Norman JEWISON avec Marisa Tomei, Robert Downey Jr. et Bonnie Hunt. - Se croyant prédestinée à épouser un inconnu avec qui elle a parlé une fois au téléphone, une jeune femme s'envole pour l'Italie afin de le retrouver. □ Général ➜ DVD $

ONZE FIORETTI DE FRANCOIS D'ASSISE
voir **Flowers of St. Francis, The**

OPAL DREAM [Secret de Kelly-Anne, Le]
ANG. AUS. 2005. Peter CATTANEO

OPEN CITY *voir* **Rome, ville ouverte**

OPEN HEARTS [Cœurs ouverts] ▷3
DAN. 2002. Drame sentimental de Susanne BIER avec Sonja Richter, Mads Mikkelsen et Nikolaj Lie Kaas. - Une jeune femme entame une liaison avec l'époux de celle qui a provoqué la paralysie de son fiancé lors d'un accident de voiture. - Personnages émouvants et complexes. Traitement réaliste et dépouillé soutenu par une caméra nerveuse. Film réalisé selon les principes de Dogme 95. Jeu d'ensemble remarquable. □ 13 ans+ ➜ DVD $

OPEN LETTER TO THE EVENING NEWS
ITA. 1970. Francesco MASELLI ➜ DVD $

OPEN RANGE [Ouest sauvage, L'] ▷4
É.-U. 2003. Western réalisé et interprété par Kevin COSTNER avec Robert Duvall et Annette Bening. - De passage dans un village du Montana, deux éleveurs de bétail itinérants affrontent un puissant propriétaire de ranch et un shérif corrompu. □ Général · Déconseillé aux jeunes enfants ➜ DVD $

OPEN SEASON [Rebelles de la forêt, Les] ▷4
É.-U. 2006. Film d'animation de Jill CULTON et Roger Allers. - En compagnie d'un cerf volubile, un grizzly domestiqué relâché dans la nature tente de retrouver sa protectrice. ➜ DVD DVD-BR $

OPEN WATER [Océan noir] ▷5
É.-U. 2004. Thriller de Chris KENTIS avec Blanchard Ryan, Daniel Travis et Saul Stein. - Un jeune couple faisant de la plongée sous-marine se retrouve abandonné en haute mer dans un secteur infesté de requins. □ Général · Déconseillé aux jeunes enfants ➜ DVD $

OPEN YOUR EYES *voir* **Ouvre les yeux**

OPENING NIGHT ►2
É.-U. 1977. Drame psychologique de John CASSAVETES avec Gena Rowlands, Ben Gazzara et Joan Blondell. - Bouleversée par la mort accidentelle d'une jeune admiratrice, une actrice qui accepte mal le passage du temps a de la difficulté à répéter une nouvelle pièce. - Illustration prenante du problème du vieillissement. Style d'improvisation contrôlée propre à l'auteur. Quelques explorations psychologiques surprenantes. Jeu convaincant de G. Rowlands. □ Général

OPERA
ITA. 1987. Dario ARGENTO ➜ DVD $

OPÉRA DE LA TERREUR: LE LIVRE DES MORTS
voir **Evil Dead, The**

OPÉRA DE QUAT'SOUS, L' [Threepenny Opera, The] ▷3
ALL. 1931. Comédie musicale de Georg Wilhelm PABST avec Rudolph Forster, Lotte Lenya et Carola Neher. - À Londres, un roi de la pègre s'attire des ennuis en épousant la fille du roi des mendiants. - Transposition réussie d'une pièce de Kurt Weill et Bertolt Brecht. Approche novatrice pour l'époque. Réalisation de métier. Bonne interprétation. □ Général ➜ DVD $

OPERATION AMSTERDAM ▷4
ANG. 1958. Drame de guerre de Michael McCARTHY avec Peter Finch, Eva Bartok et Tony Britton. - En 1940, trois hommes sont chargés de soustraire à l'occupant les diamants d'Amsterdam. ➜ DVD $

OPÉRATION BEURRE DE PINOTTES
voir **Peanut Butter Solution, The**

OPÉRATION CHIMPANZÉ *voir* **Project X**

OPÉRATION DIABOLIQUE *voir* **Seconds**

OPÉRATION DRAGON *voir* **Enter the Dragon**

OPÉRATION HUDSUCKER *voir* **Hudsucker Proxy, The**

OPERATION PETTICOAT ▷4
É.-U. 1959. Comédie de Blake EDWARDS avec Cary Grant, Tony Curtis et Joan O'Brien. - L'équipage d'un sous-marin connaît diverses mésaventures causées par les frasques d'un officier.

OPERATION SCORPIO
H.-K. 1991. David LAI

OPÉRATION SWORDFISH *voir* **Swordfish**

OPERATION VALKYRIE
ALL. 2004. Jo BAIER ➜ DVD $

OPERATION Y & OTHER SHURIK'S ADVENTURES
RUS. 1965. Leonid GAIDAI

OPINION PUBLIQUE, L' *voir* **Woman of Paris, A**

OPNAME [En observation] ▷3
HOL. 1979. Drame social de E. VAN ZUYLER et Marja KOK avec Helmert Woundenberg, Frank Groothof et Hans Man In't Velol. - Admis à l'hôpital pour des examens, un homme s'étonne de voir son séjour se prolonger. - Essai cinématographique d'un groupe expérimental de théâtre. Vision critique habilement nuancée. □ Général

OPPOSITE OF SEX, THE [Envers du sexe, L'] ▷4
É.-U. 1998. Comédie de mœurs de Don ROOS avec Christina Ricci, Martin Donovan et Lisa Kudrow. - Un professeur homosexuel voit sa vie professionnelle et sa vie amoureuse chamboulées par les frasques de sa demi-sœur impudente. □ 13 ans+ · Langage vulgaire ➜ DVD $

OR - MON TRÉSOR ▷3
ISR. 2004. Drame de mœurs de Keren YEDAYA avec Dana Ivgi, Ronit Elkabetz et Meshar Cohen. - Une étudiante dégourdie tente par tous les moyens d'éloigner sa mère de la prostitution tout en assurant le roulement du ménage familial. - Récit douloureux traité de façon frontale et sans aucun sentimentalisme. Climat à la fois sordide et tendre. Réalisation rigoureuse et dépouillée. Interprétation vibrante. ➜ DVD $

ORA DES SIOUX, L' *voir* **Indian Fighter, The**

ORANGE MÉCANIQUE *voir* **Clockwork Orange, A**

ORANGES ARE NOT THE ONLY FRUIT ▷3
ANG. 1990. Drame psychologique de Beeban KIDRON avec Geraldine McEwan, Kenneth Cranham et Charlotte Coleman. - Dans les années 1960, une jeune fille élevée par une mère fanatiquement puritaine se découvre lesbienne. - Exploration riche et percutante du thème du passage à l'âge adulte. Mélange incisif d'humour, de cruauté et de tendresse. Réalisation évocatrice. Excellente distribution. Téléfilm.

ORCA [Orca the Killer Whale] ▷4
É.-U. 1977. Aventures de Michael ANDERSON avec Richard Harris, Charlotte Rampling et Bo Derek. - Un épaulard courroucé par la mort de sa femelle fait des ravages dans un petit port de Terre-Neuve.
□ 13 ans+ ➔ DVD $

ORCA THE KILLER WHALE *voir* **Orca**

ORDET *voir* **Parole, La**

ORDINARY DECENT CRIMINAL ▷4
IRL. 2000. Drame policier de Thaddeus O'SULLIVAN avec Kevin Spacey, Linda Fiorentino et Peter Mullan. - À Dublin, la carrière d'un cambrioleur prend un virage inattendu après qu'il eut dérobé dans une galerie une toile inestimable du peintre Caravaggio. ➔ DVD $

ORDINARY PEOPLE [Des gens comme les autres] ▷3
É.-U. 1980. Drame psychologique de Robert REDFORD avec Donald Sutherland, Mary Tyler Moore et Timothy Hutton. - Un adolescent supporte mal la mort accidentelle de son frère aîné. - Sujet intéressant. Aspects sociologiques et psychologiques valables. Mise en scène sûre. Acteurs bien dirigés. □ 13 ans+ ➔ DVD $

ORDO ▷4
FR. 2003. Comédie dramatique de Laurence FERREIRA Barbosa avec Roschdy Zem, Marie-Josée Croze et Scali Delpeyrat. - Un officier de marine découvre par hasard qu'une star de cinéma serait la jeune femme avec laquelle il a été brièvement marié 16 ans plus tôt.
□ Général · Déconseillé aux jeunes enfants ➔ DVD $

ORDRES, LES ►2
QUÉ. 1974. Drame social de Michel BRAULT avec Jean Lapointe, Hélène Loiselle et Guy Provost. - Évocation du sort de cinq personnes victimes de l'application des mesures de guerre en octobre 1970 au Québec. - Style réaliste d'allure documentaire. Dramatisation percutante. Mise en images sobre et juste. Interprétation prenante.
□ Général ➔ DVD $

OREILLE D'UN SOURD, L' ▷5
QUÉ. 1996. Comédie satirique de Mario BOLDUC avec Micheline Lanctôt, Marcel Sabourin et Paul Hébert. - Une institutrice fait appel à son amant truand afin d'assassiner son beau-père dans l'espoir de toucher un héritage prétendument substantiel. □ 13 ans+

ORFEU
BRÉ. 1999. Carlos DIEGUES ➔ DVD $

ORFEU NEGRO [Black Orpheus] ▷3
BRÉ.-FR.-ITA. 1959. Drame poétique de Marcel CAMUS avec Breno Mello, Marpessa Dawn et Lourdes de Oliveira. - À Rio, un jeune homme se fait le protecteur d'une adolescente qui fuit un mystérieux poursuivant. - Transposition heureuse de la légende d'Orphée. Spectacle envoûtant et coloré. Interprétation chaleureuse. ➔ DVD $

ORGANIZATION, THE ▷4
É.-U. 1971. Drame policier de Don MEDFORD avec Sidney Poitier, Gerald S. O'Loughlin et Sheree North. - Aidé par un groupe clandestin, un officier de police enquête sur le meurtre d'un trafiquant de drogue.
□ 13 ans+ ➔ DVD $

ORGANIZER, THE *voir* **Camarades, Les**

ORGAZMO ▷5
É.-U. 1998. Comédie satirique réalisée et interprétée par Trey PARKER avec Dian Bachar et Robyn Lynne. - Un jeune acteur mormon qui a besoin d'argent pour se marier accepte à contrecœur d'être la vedette d'un film porno. □ 16 ans+ · Langage vulgaire ➔ DVD $

ORGUEIL ET PASSION *voir* **Pride and the Passion, The**

ORGUEIL ET PRÉJUGÉS *voir* **Pride & Prejudice**

ORGUEILLEUX, LES ▷3
FR. 1953. Drame de Yves ALLÉGRET avec Gérard Philipe, Michèle Morgan et Carlos Lopez Moctezuma. - Au Mexique, une Française s'intéresse à un médecin déchu. - Œuvre de qualité. Très bonne reconstitution d'atmosphère. Interprétation remarquable. □ Général

ORLANDO ▷4
ANG. 1992. Étude de mœurs de Sally POTTER avec Tilda Swinton, Billy Zane et Lothaire Bluteau. - Au fil d'un capricieux destin, un noble anglais est tour à tour poète et ambassadeur, avant de se réveiller dans le corps d'une femme. □ Général

ORPHANAGE, THE *voir* **Orphelinat, L'**

ORPHANS ▷4
É.-U. 1987. Drame psychologique d'Alan J. PAKULA avec Matthew Modine, Albert Finney et Kevin Anderson. - Un gangster en fuite exerce un irrésistible ascendant sur deux orphelins qui vivent seuls dans une maison délabrée. □ Général

ORPHANS OF THE STORM [Deux orphelines, Les] ▷3
É.-U. 1921. Mélodrame de David W. GRIFFITH avec Lillian Gish, Dorothy Gish et Joseph Schildkraut. - Les tribulations de deux sœurs adoptives dans le contexte de la Révolution française. - Adaptation somptueuse d'un mélodrame classique. Échantillon intéressant du travail d'un pionnier du cinéma. Interprétation vivante.
□ Général ➔ DVD $

ORPHÉE ►2
FR. 1949. Drame poétique de Jean COCTEAU avec Jean Marais, Maria Casarès et François Périer. - Un poète connaît une aventure étonnante après avoir été entraîné dans l'au-delà par la Mort. - Méditation poétique sur l'amour et la mort. Conception étrange de l'au-delà. Mise en scène pleine de brio. Excellents interprètes. □ Général

ORPHELINAT, L' [Orphanage, The] ▷4
ESP. 2007. Drame fantastique de Juan Antonio BAYONA avec Belen Rueda, Fernando Cayo et Roger Princep. - Revenue s'établir dans l'orphelinat de son enfance avec son mari et son fils adoptif, une femme s'inquiète de voir ce dernier adopter des comportements étranges. □ 13 ans+ ➔ DVD $

ORPHEUS DESCENDING ▷4
É.-U. 1990. Drame psychologique de Peter HALL avec Vanessa Redgrave, Kevin Anderson et Brad Sullivan. - Une commerçante mariée à un homme malade et hargneux se laisse séduire par un vagabond qu'elle engage comme commis.

OSAKA ELEGY
JAP. 1936. Kenji MIZOGUCHI □ Général

OSAMA ▷3
AFG. 2003. Drame social de Siddik BARMAK avec Marina Golbahari, Khwaja Nader et Arif Herati. - Sous le régime des talibans, une fille de douze ans se déguise en garçon pour trouver le travail qui lui permettra d'aider sa famille. - Dénonciation accablante de l'intégrisme. Sujet grave traité sans effets mélodramatiques. Illustration sobre, proche du documentaire. Jeu naturel des interprètes non professionnels.
➔ DVD $

OSCAR ▷4
FR. 1967. Comédie de Édouard MOLINARO avec Louis de Funès, Claude Rich et Claude Gensac. - Un industriel apprend que son comptable le vole et est l'amant de sa fille. □ Général ➔ DVD $

OSCAR ▷4
É.-U. 1991. Comédie de John LANDIS avec Sylvester Stallone, Tim Curry et Vincent Spano. - Un gangster désirant œuvrer dans le droit chemin tente de démêler un quiproquo impliquant sa fille, son chauffeur, son comptable et la fiancée de ce dernier. □ Général ➔ DVD $

OSCAR AND LUCINDA ▷4
AUS. 1997. Drame psychologique de Gillian ARMSTRONG avec Ralph Fiennes, Cate Blanchett et Tom Wilkinson. - Dans l'Australie du XIXᵉ siècle, un pasteur et une riche héritière donnent libre cours à leur amour né d'une passion commune pour le jeu. □ Général ➔ DVD $

OSMOSIS JONES ▷5
É.-U. 2001. Comédie fantaisiste de Peter et Bobby FARRELLY, P. KROON et T. SITO avec Bill Murray, Elena Franklin et Molly Shannon. - Un globule blanc affronte un dangereux virus à l'intérieur du corps d'un employé de zoo qui a avalé un aliment contaminé.
□ Général ➔ DVD $

OSS 117 ▷4
FR. 2006. Comédie d'espionnage de Michel HAZANAVICIUS avec Jean Dujardin, Bérénice Bejo et Aure Atika. - En 1955, un agent des services secrets français est envoyé en Égypte afin de découvrir l'identité des auteurs du meurtre de son prédécesseur. □ Général ➔ DVD $

OSSESSIONE [Amants diaboliques, Les] ▷3
ITA. 1942. Drame de mœurs de Luchino VISCONTI avec Clara Calamai, Massimo Girotti et Juan de Landa. - Une femme pousse son amant à assassiner son mari. - Premier film de Visconti. Intrigue inspirée du Facteur sonne toujours deux fois. Traitement précurseur du néoréalisme. Réalisation à la fois rugueuse et maîtrisée. □ Général

OTALIA DE BAHIA ▷4
FR. 1976. Comédie dramatique de Marcel CAMUS avec Mira Fonseca, Antonio Pitanga et Maria Viana. - Abandonnée après s'être refusée à celui qu'elle aime, une jeune fille se laisse mourir de langueur. □ Général

OTHELLO
ALL. 1922. Dimitri BUCHOWETZKI ➜ DVD$

OTHELLO ►1
É.-U. 1951. Drame réalisé et interprété par Orson WELLES avec Suzanne Cloutier et Michéal MacLiammoir. - Un intrigant cherche à causer la chute d'un officier noir en le rendant jaloux à tort de sa femme. - Adaptation éblouissante de l'œuvre de Shakespeare. Images en noir et blanc d'une beauté exceptionnelle. Décors magnifiques. Interprétation remarquable. □ Général

OTHELLO
ANG. 1965. Stuart BURGE ➜ DVD$

OTHELLO ▷3
ITA. 1986. Drame musical de Franco ZEFFIRELLI avec Placido Domingo, Katia Ricciarelli et Justino Diaz. - Un intrigant cherche à causer la chute d'un officier maure au service de Venise en le rendant jaloux à tort de sa femme. - Adaptation austère d'un opéra de Verdi tiré de la pièce de Shakespeare. Partie lyrique et composition des images impressionnantes. □ Général

OTHELLO ▷4
É.-U. 1995. Drame d'Oliver PARKER avec Laurence Fishburne, Irène Jacob et Kenneth Branagh. - Le lieutenant perfide d'un officier maure de Venise fait croire à ce dernier que son épouse lui est infidèle, ce qui attise sa jalousie meurtrière. □ 13 ans+ ➜ DVD$

OTHER BOLEYN GIRL, THE ▷4
ANG. 2008. Drame historique de Justin CHADWICK avec Natalie Portman, Scarlett Johansson et Eric Bana. - À la cour du roi Henry VIII, les intrigues d'Anne Boleyn afin de supplanter sa sœur Mary dans le cœur du souverain. □ Général · Déconseillé aux jeunes enfants ➜ DVD DVD-BR$

OTHER PEOPLE'S MONEY ▷5
É.-U. 1991. Comédie de Norman JEWISON avec Danny DeVito, Penelope Ann Miller et Gregory Peck. - Alors qu'il cherche à liquider une usine, un requin de la finance tombe amoureux de la jeune avocate engagée par ses adversaires. □ Général ➜ DVD$

OTHER VOICES, OTHER ROOMS
É.-U. 1995. David ROCKSAVAGE

OTHER, THE ►2
É.-U. 1972. Drame psychologique de Robert MULLIGAN avec Chris Udvarnoky, Martin Udvarnoky et Uta Hagen. - Sur une ferme du Connecticut dans les années 1930, un jeune garçon attribue à son frère jumeau les méfaits et accidents qui se produisent. - Éléments de mystère habilement entretenus. Très belle évocation du climat de l'époque. Réalisation poétique et intelligente. Interprètes dirigés de main de maître. □ 13 ans+ ➜ DVD$

OTHERS, THE [Autres, Les] ▷3
É.-U. 2001. Drame fantastique d'Alejandro AMENABAR avec Nicole Kidman, Fionnula Flanagan et Alakina Mann. - D'étranges phénomènes viennent troubler la quiétude d'une mère qui vit dans un manoir avec ses deux enfants et trois domestiques. - Histoire de maison hantée racontée selon toutes les règles de l'art. Climat d'angoisse enveloppant et bien soutenu. Ensemble mystérieux à souhait. Interprètes de grand talent. □ Général · Déconseillé aux jeunes enfants ➜ DVD$

OTOMO
ALL. 1999. Freider SCHLAICH

OÙ ÊTES-VOUS DONC? ▷3
QUÉ. 1969. Comédie satirique de Gilles GROULX avec Georges Dor, Christian Bernard et Claudine Monfette. - Les aventures d'un jeune campagnard venu tenter sa chance à la ville. - Ensemble de facture moderne et insolite. Réflexion désinvolte sur le contexte québécois. Interprétation détendue. □ Général

OÙ LE SOLEIL EST FROID ▷4
ROU. 1990. Drame sentimental de Bogdan DUMITRESCU avec Oana Pellea et Gheorghe Visu. - Au bord de la mer Noire, le gardien d'un phare héberge pendant quelques jours une jeune campeuse égarée. □ Général

OUBLIER CHEYENNE ▷4
FR. 2004. Drame sentimental de Valérie MINETTO avec Mila Dekker, Aurélia Petit et Malik Zidi. - Après sa rupture avec une journaliste au chômage partie vivre à la campagne, une enseignante noue d'autres liaisons pour tenter de l'oublier. □ Général ➜ DVD$

OUBLIONS PARIS *voir* **Forget Paris**

OUEST SAUVAGE, L' *voir* **Open Range**

OUI OU NON AVANT LE MARIAGE *voir* **Under the Yum-Yum Tree**

OUIJA BOARD, THE *voir* **Bunshinsaba**

OUR DAILY BREAD ▷3
É.-U. 1934. Drame social de King VIDOR avec Karen Morley, Tom Keene et John Qualen. - Des chômeurs cherchent à se refaire une vie sur une ferme abandonnée. - Approche réaliste et humaine des problèmes de la dépression économique. Images poétiques. Un certain souffle épique. Interprétation un peu faible. □ Général

OUR DANCING DAUGHTERS
É.-U. 1928. Harry BEAUMONT □ Général

OUR HOSPITALITY ▷3
É.-U. 1923. Comédie de Buster KEATON et Jack BLYSTONE avec Buster Keaton, Natalie Talmadge et Joe Roberts. - Introduit au sein d'une famille ennemie, un jeune homme est sauvé de la mort par les lois de l'hospitalité.

OUR LADY OF THE ASSASSINS *voir* **Vierge des tueurs, La**

OUR MAN FLINT ▷4
É.-U. 1965. Comédie de Daniel MANN avec James Coburn, Lee J. Cobb et Gila Golan. - Un agent secret lutte contre un groupe de savants qui veut dominer le monde en contrôlant le climat. □ Général

OUR MAN IN HAVANA ▷4
ANG. 1959. Comédie satirique de Carol REED avec Alec Guinness, Maureen O'Hara et Burl Ives. - Un commerçant envoie à l'Intelligence Service des rapports fictifs d'espionnage. ➜ DVD$

OUR MODERN MAIDENS
É.-U. 1929. Jack CONWAY □ Général

OUR RELATIONS ▷4
É.-U. 1936. Comédie de Harry LACHMAN avec Stan Laurel, Oliver Hardy et James Finlayson. - La rencontre de deux couples de jumeaux séparés depuis longtemps provoque des quiproquos et des situations cocasses. □ Général

OUR SONS [Au-delà du désespoir] ▷4
É.-U. 1991. Drame psychologique de John ERMAN avec Julie Andrews, Ann-Margret et Hugh Grant. - Lorsque l'amant de son fils se révèle atteint du sida, une femme prend contact avec la mère du malade. ➜ DVD$

OUR TOWN ▷4
É.-U. 1945. Drame de Sam WOOD avec William Holden, Martha Scott et Frank Craven. - Les heurs et malheurs des habitants d'une petite ville américaine. □ Général

OUR VERY OWN
É.-U. 2005. Cameron WATSON ➜ DVD$

OUR VINES HAVE TENDER GRAPES ▷4
É.-U. 1945. Comédie dramatique de Roy ROWLAND avec Edward G. Robinson, Margaret O'Brien et Jackie Jenkins. - La vie simple d'une famille de fermiers au Wisconsin. □ Général

OURAGAN SUR LE CAINE *voir* **Caine Mutiny, The**

OURAGAN,L *voir* **Hurricane, The**

OURS ET LA POUPÉE, L' [Bear & the Doll, The] ▷3
FR. 1969. Comédie sentimentale de Michel DEVILLE avec Brigitte Bardot, Jean-Pierre Cassel et Daniel Ceccaldi. - Une divorcée capricieuse s'éprend d'un violoncelliste bourru qui résiste à ses avances. - Marivaudage spirituel. Heureux effets de montage. Mise en scène d'une fantaisie charmante. Fine interprétation.

OURS, L' *voir* **Bear, The**

OUT OF AFRICA [Souvenirs d'Afrique] ▷3
É.-U. 1985. Drame sentimental de Sydney POLLACK avec Meryl Streep, Robert Redford et Klaus Maria Brandauer. - En 1913, en Afrique, une riche Danoise, séparée de son mari, se met à cultiver du café et à sympathiser avec un chasseur anglais dont elle tombe amoureuse. - Adaptation d'un roman d'Isak Dinesen. Réalisation de belle facture. Traitement envoûtant. Interprétation nuancée et sobre.
□ Général ➔ DVD $

OUT OF BOUNDS
ANG. 2000. Thriller de Merlin WARD avec Sophia Myles, Sophie Ward et George Asprey. - Une jeune fille fréquentant une école privée craint pour sa vie à la suite de divers incidents mystérieux. ➔ DVD $

OUT OF HAND
ALL. AUT. ITA. 2005. Eva URTHALER ➔ DVD $

OUT OF SIGHT [Loin des regards] ▷3
É.-U. 1998. Comédie policière de Steven SODERBERGH avec George Clooney, Jennifer Lopez et Ving Rhames. - Une jeune policière se lance aux trousses d'un criminel évadé de prison pour qui elle a eu le coup de foudre. - Intrigue riche en situations jouissives et en personnages savoureusement typés. Réalisation intelligente. □ 13 ans+ ➔ DVD $

OUT OF THE BLUE [Plus rien à perdre] ▷4
É.-U. 1980. Drame psychologique réalisé et interprété par Dennis HOPPER avec Linda Manz et Sharon Farrell. - Les problèmes émotifs et familiaux d'une adolescente qui, sous des allures punk, cache une sensibilité blessée. □ 18 ans+ ➔ DVD $

OUT OF THE PAST ►2
É.-U. 1947. Drame policier de Jacques TOURNEUR avec Kirk Douglas, Jane Greer et Robert Mitchum. - Un détective privé au passé chargé a maille à partir avec un gangster. - Classique du film noir américain. Excellents dialogues. Réalisation soignée. Belles images. Interprétation dans le ton voulu. □ Général ➔ DVD $

OUT OF TIME [Temps limite] ▷4
É.-U. 2003. Thriller de Carl FRANKLIN avec Denzel Washington, Eva Mendes et Sanaa Lathan. - Un policier ayant volé une forte somme d'argent pour aider sa maîtresse découvre qu'il a été manipulé et risque d'être inculpé pour meurtre. □ Général · Déconseillé aux jeunes enfants ➔ DVD DVD-BR $

OUT-OF-TOWNERS, THE ▷4
É.-U. 1969. Comédie d'Arthur HILLER avec Jack Lemmon et Sandy Dennis. - Un couple se rend à New York pour affaires et est victime de plusieurs contrariétés. □ Général ➔ DVD $

OUT-OF-TOWNERS, THE ▷5
[Banlieusards arrivent en ville, Les]
É.-U. 1999. Comédie de Sam WEISMAN avec Goldie Hawn, Steve Martin et John Cleese. - Un couple du Midwest connaît diverses mésaventures lors d'un séjour à New York. □ Général ➔ DVD $

OUTBREAK [Épidémie, L'] ▷4
É.-U. 1995. Drame de Wolfgang PETERSEN avec Dustin Hoffman, Rene Russo et Morgan Freeman. - Un bactériologiste s'efforce de sauver les habitants d'une petite ville qui sont atteints d'un virus mortel se propageant rapidement. □ Général · Déconseillé aux jeunes enfants ➔ DVD DVD-BR $

OUTLAND [Loin de la terre] ▷4
É.-U. 1981. Science-fiction de Peter HYAMS avec Sean Connery, Frances Sternhagen et Peter Boyd. - Sur une station spatiale, un directeur de police découvre un trafic de drogue et entre en lutte avec des tueurs. □ 13 ans+ ➔ DVD $

OUTLAW, THE ▷4
[Banni, le - la véritable histoire de Billy the Kid]
É.-U. 1946. Western d'Howard HUGHES avec Jane Russell, Jack Buetel et Walter Huston. - Billy le Kid est aux prises avec un shérif tenace et une femme vengeresse. □ Général ➔ DVD $

OUTLAW AND HIS WIFE, THE
voir **Proscrits, Les**

OUTLAW JOSEY WALES, THE ▷4
[Josey Wales, hors-la-loi]
É.-U. 1976. Western réalisé et interprété par Clint EASTWOOD avec Dan George et Sondra Locke. - Après la guerre civile, un fermier du Missouri considéré comme un hors-la-loi tente de rejoindre les territoires indiens. □ 13 ans+ ➔ DVD $

OUTRAGE, THE ▷4
É.-U. 1964. Drame de Martin RITT avec Paul Newman, Claire Bloom et Laurence Harvey. - Quatre personnes mêlées à un meurtre donnent des versions différentes de l'affaire. □ Général ➔ DVD $

OUTRAGEOUS! ▷4
CAN. 1977. Drame psychologique de R. BENNER avec Craig Russell, Hollis McLaren et Allan Moyle. - Une jeune femme s'enfuit d'une clinique psychiatrique et se réfugie chez un ami homosexuel. ➔ DVD $

OUTRAGEOUS FORTUNE [Chance pas croyable, Une] ▷4
É.-U. 1987. Comédie policière d'Arthur HILLER avec Shelley Long, Bette Midler et Peter Coyote. - Deux rivales font équipe pour retrouver leur amant commun qui a disparu mystérieusement. ➔ DVD $

OUTREMER ▷4
FR. 1989. Drame psychologique réalisé et interprété par Brigitte ROÜAN avec Nicole Garcia et Marianne Basler. - Les destins différents de trois sœurs, filles de colons français vivant en Algérie dans les années 1940 et 1950. □ Général

OUTSIDE CHANCE OF MAXIMILIAN GLICK, THE ▷4
CAN. 1989. Comédie dramatique d'Allan A. GOLDSTEIN avec Noam Zylberman, Saul Rubinek et Fairuza Balk. - Les mésaventures d'un jeune garçon juif qui prépare un concours de piano avec une catholique de son âge. □ Général

OUTSIDE MAN, THE *voir* **Un homme est mort**

OUTSIDER, THE
HON. 1981. Béla TARR ➔ DVD $

OUTSIDERS, THE [Inadaptés, Les] ▷4
É.-U. 1983. Drame de mœurs de Francis Ford COPPOLA avec C. Thomas Howell, Ralph Macchio et Matt Dillon. - Au début des années 1960, des adolescents des quartiers pauvres de Tulsa sont en rivalité avec ceux de milieux plus favorisés. □ Général ➔ DVD $

OUTSKIRTS, THE
RUS. 1998. Petr LUTSIK ➔ DVD $

OUVRE LES YEUX [Open Your Eyes] ▷4
ESP. 1997. Science-fiction d'Alejandro AMENABAR avec Eduardo Noriega, Penelope Cruz et Chete Lera. - Un jeune play-boy défiguré à la suite d'un accident est accusé d'un meurtre dont il n'a aucun souvenir. □ 13 ans+ ➔ DVD $

OVER HER DEAD BODY [Fantôme de son ex, Le] ▷5
É.-U. 2007. Comédie sentimentale de Jeff LOWELL avec Lake Bell, Eva Longoria Parker et Paul Rudd. - Le fantôme d'une jeune femme écrasée par une statue de glace le jour de ses noces revient perturber la vie d'une voyante tombée amoureuse de son ex-fiancé.
□ Général ➔ DVD $

OVER THE HEDGE [Nos voisins les hommes] ▷4
É.-U. 2006. Film d'animation de Tim JOHNSON et Karey Kirkpatrick. - Menés par un raton laveur retors, des animaux volent la nourriture des humains qui ont construit un quartier résidentiel dans leur forêt alors qu'ils hibernaient. □ Général ➔ DVD $

OVERBOARD [Belle naufragée, La] ▷5
É.-U. 1987. Comédie de Garry MARSHALL avec Goldie Hawn, Kurt Russell et Edward Herrmann. - Rabroué par une millionnaire, un menuisier profite que celle-ci soit devenue amnésique pour se venger en lui faisant croire qu'elle est sa femme. □ Général ➔ DVD $

OVERTURE TO GLORY
ISR. 1940. Max NOSSECK □ Général

OVERTURE, THE
THAÏ. 2004. Itthisoontorn VICHAILAK ➔ DVD $

OWL AND THE PUSSYCAT, THE ▷4
É.-U. 1970. Comédie d'Herbert ROSS avec Barbra Streisand, George Segal et Robert Klein. - Une fille facile s'installe chez un romancier qui l'a fait chasser de sa pension pour conduite immorale.
□ 18 ans+ ➔ DVD $

OWL'S CASTLE
JAP. 1999. Masahiro SHINODA ➔ DVD $

OWNING MAHOWNY [Double vie de Mahowny, La] ▷4
CAN. 2003. Drame psychologique de Richard KWIETNIOWSKI avec Philip Seymour Hoffman, John Hurt et Minnie Driver. - Un banquier d'allure réservée détourne des millions de dollars à même la marge de crédit de ses clients pour jouer au casino.
□ Général · Langage vulgaire ➔ DVD $

OX, THE ▷4

SUÈ. 1991. Drame de mœurs de Sven NYKVIST avec Stellan Skarsgard, Ewa Fröling et Lennart Hjulstrom. - Au XIXe siècle, un paysan suédois est condamné à la prison à perpétuité pour avoir tué le bœuf de son maître afin de sauver sa famille de la famine. □ 13 ans+

OX-BOW INCIDENT, THE ▷3

É.-U. 1943. Western de William A. WELLMAN avec Henry Fonda, Dana Andrews et Anthony Quinn. - À la suite de l'assassinat d'un rancher, la population d'un village lynche trois innocents. - Traitement original. Vision critique. Mise en scène sobre et expressive. Interprétation homogène. □ Général ➔ DVD $

OYSTER PRINCESS, THE

ALL. 1919. Ernst LUBITSCH ➔ DVD $

OZ, UN MONDE EXTRAORDINAIRE

voir **Return to Oz**

OZIAS LEDUC

QUÉ. 1996. Michel BRAULT □ Général

P
ANG. Thaï. 2005. Paul SPURRIER

P'TIT CON ▷4
FR. 1983. Comédie satirique de Gérard LAUZIER avec Bernard Brieux, Guy Marchand et Caroline Cellier. - Les tribulations d'un adolescent de dix-huit ans complexé et révolté contre son milieu. □ 13 ans+

P.S.
É.-U. 2004. Dylan KIDD → DVD $

P.S. I LOVE YOU ▷5
É.-U. 2007. Drame sentimental de Richard LAGRAVENESE avec Hilary Swank, Gerard Butler et Kathy Bates. - Une jeune New-Yorkaise reçoit de son mari récemment décédé des lettres lui indiquant la marche à suivre pour passer à travers son deuil. □ Général → DVD $

PACHA, LE ▷4
FR. 1968. Drame policier de Georges LAUTNER avec Jean Gabin, Dany Carrel et Jean Gaven. - Un commissaire de police tend un piège à l'assassin d'un de ses inspecteurs. → DVD $

PACIFIC EXPRESS *voir* **Union Pacific**

PACIFIC HEIGHTS [Fenêtre sur Pacifique] ▷4
É.-U. 1990. Drame psychologique de John SCHLESINGER avec Michael Keaton, Melanie Griffith et Matthew Modine. - Un jeune couple de propriétaires engage une guerre des nerfs avec un locataire aux attitudes bizarres. □ 13 ans+ → DVD $

PACK, THE ▷4
É.-U. 1977. Drame d'horreur de Robert CLOUSE avec Joe Don Baker, Richard B. Shull et Hope Alexander-Willis. - Dans une île éloignée, des chiens abandonnés par des touristes de passage se réunissent en meute et se mettent à attaquer la population. □ 13 ans+

PACTE AVEC UN TUEUR *voir* **Best Seller**

PACTE DES LOUPS, LE ▷4
FR. 2000. Aventures de Christophe GANS avec Samuel Le Bihan, Mark Dacascos et Emilie Dequenne. - En 1766, un chevalier est chargé par le roi de France de capturer une bête monstrueuse qui sème la terreur dans le Gévaudan. □ 13 ans+ · Violence → DVD $

PADRE, PADRONE ►2
ITA. 1977. Drame social de Paolo et Vittorio TAVIANI avec Saverio Marconi, Omero Antonutti et Marcella Michelangeli. - La vie d'un jeune Sarde arraché à l'école par son père pour garder les moutons dans la montagne. - Transposition d'une expérience vécue. Images dépouillées d'une sévère beauté. Contexte sociologique bien observé. Interprétation d'un naturel discret. □ Général → DVD $

PAGAILLE, LA ▷5
FR. 1991. Comédie de mœurs de Pascal THOMAS avec Rémy Girard, Coralie Seyrig et Sabine Haudepin. - Un couple séparé depuis sept ans projette de revivre ensemble malgré l'opposition de son entourage. □ Général

PAGEMASTER, THE ▷4
[Richard et le secret des livres magiques]
É.-U. 1994. Conte de Maurice HUNT et Joe JOHNSTON avec Macaulay Culkin, Christopher Lloyd et Ed Begley Jr. - Durant un violent orage, un gamin trouve refuge dans une bibliothèque où il est projeté dans l'univers des livres d'aventures et d'horreur.
□ Général · Enfants → DVD $

PAGES ARRACHÉES DU LIVRE DE SATAN
[Leaves from Satan's Book]
DAN. 1919. Carl Theodor DREYER □ Général → DVD $

PAGES DE NOTRE AMOUR, LES *voir* **Notebook, The**

PAIN ET CHOCOLAT [Bread and Chocolate] ▷3
ITA. 1973. Comédie de mœurs de Franco BRUSATI avec Nino Manfredi, Anna Karina et Johnny Dorelli. - Un Italien tente de se trouver du travail en Suisse. - Traitement aigre-doux d'un problème social. Mise en scène alerte. □ Général → DVD $

PAIN IN THE A.., A *voir* **Emmerdeur, L'**

PAIN, AMOUR ET FANTAISIE ▷4
[Bread, Love and Dreams]
ITA. 1953. Comédie de Luigi COMENCINI avec Vittorio de Sica, Gina Lollobrigida et Roberto Risso. - Une jolie sauvageonne, amoureuse d'un carabinier, est victime des mauvaises langues de son pays.

PAIN, TULIPES ET COMÉDIE [Bread and Tulips] ▷4
ITA. 2000. Comédie sentimentale de Silvio SOLDINI avec Bruno Ganz, Licia Maglietta et Giuseppe Battiston. - Par un concours de circonstances, une mère au foyer désenchantée fait une escapade à Venise où elle reprend goût à la vie et trouve l'amour véritable. → DVD $

PAINT YOUR WAGON [Kermesse de l'Ouest, La] ▷5
É.-U. 1969. Comédie musicale de Joshua LOGAN avec Lee Marvin, Clint Eastwood et Jean Seberg. - En Californie, des mineurs privés de femmes convainquent un Mormon de passage de vendre à l'encan une de ses épouses. □ Général → DVD $

PAINTED LIPS
ARG. 1974. Leopoldo TORRE NILSSON

PAINTED VEIL, THE ▷4
É.-U. 2006. Drame sentimental de John CURRAN avec Naomi Watts, Edward Norton et Toby Jones. - En 1925, un médecin anglais accepte un poste dans un village chinois décimé par le choléra afin d'éprouver son épouse infidèle forcée de l'accompagner. → DVD $

PAISÀ [Paisan] ►2
ITA. 1946. Film à sketches de Roberto ROSSELLINI avec Carmela Sagio, Maria Michi et Dots Johnson. - Six courts épisodes relatifs à la campagne d'Italie, en 1943. - Un classique du néoréalisme. Mélange de documentaire et de fiction. Portrait extrêmement évocateur des conséquences dramatiques de la guerre. Simplicité de ton. Sens du rythme. Interprétation excellente. □ Général

PAJAMA GAME, THE ▷4
É.-U. 1957. Comédie musicale de George ABBOTT et Stanley DONEN avec Doris Day, John Raitt et Carol Haney. - Une syndicaliste s'éprend de son patron en dépit d'un conflit au sujet d'une augmentation de salaire. □ Général → DVD $

PAJARICO - PETIT OISEAU SOLITAIRE ▷4
ESP. 1997. Comédie dramatique de Carlos SAURA avec Alejandro Martinez, Dafne Fernandez et Manuel Bandera. - Un petit garçon dont les parents sont en instance de divorce séjourne quelque temps chez ses oncles dans le sud de l'Espagne. □ 13 ans+

PAL JOEY [Blonde et la rousse, La] ▷4
É.-U. 1957. Comédie musicale de George SIDNEY avec Frank Sinatra, Rita Hayworth et Kim Novak. - Un chanteur de music-hall hésite entre deux femmes qui sollicitent son amour. □ Général → DVD $

PALACE ▷5
FR. 1984. Comédie dramatique d'Édouard MOLINARO avec Claude Brasseur, Daniel Auteuil et Gudrun Landgrebe. - Un prisonnier de guerre français retrouve en Allemagne son frère qui s'est créé en captivité une situation confortable. □ Général

PALACE ▷4
ESP. 1995. Comédie burlesque réalisée et interprétée par TRICICLE avec Jean Rochefort et Lydia Bosch. - Divers incidents cocasses se produisent parmi le personnel et les clients d'un grand hôtel dirigé par trois frères écervelés. □ Général

PALAIS ROYAL! ▷4
FR. 2005. Comédie satirique réalisée et interprétée par Valérie LEMERCIER avec Lambert Wilson et Catherine Deneuve. - Après avoir subi diverses humiliations, une reine timide et maladroite se révolte contre la monarchie en manipulant les médias à son avantage.

PALE RIDER [Cavalier solitaire, Le] ▷4
É.-U. 1985. Western réalisé et interprété par Clint EASTWOOD avec Sydney Penny et Michael Moriarty. - Un cavalier mystérieux vient en aide à des prospecteurs tourmentés par les hommes de main d'un riche entrepreneur. □ 13 ans+ ➔ DVD DVD-BR$

PALEFACE, THE ▷4
É.-U. 1948. Comédie de Norman Z. McLEOD avec Bob Hope, Jane Russell et Robert Armstrong. - Chargée de démasquer des trafiquants d'armes, une aventurière s'assure l'aide involontaire d'un dentiste ambulant. □ Général ➔ DVD$

PALINDROMES ▷4
É.-U. 2004. Comédie dramatique de Todd SOLONDZ avec Rachel Corr, Stephen Adly Guirgis et Ellen Barkin. - Forcée par sa mère à se faire avorter, une adolescente du New Jersey décide de fuguer et vit diverses expériences plus ou moins pénibles. ➔ DVD$

PALLBEARER, THE [Porteur, Le] ▷4
É.-U. 1996. Comédie sentimentale de Matt REEVES avec David Schwimmer, Gwyneth Paltrow et Barbara Hershey. - Un jeune homme devient l'amant d'une femme d'âge mûr au moment même où la fille qu'il aime secrètement s'intéresse enfin à lui. □ Général

PALM BEACH STORY, THE ▷4
É.-U. 1941. Comédie de Preston STURGES avec Claudette Colbert, Joel McCrea et Mary Astor. - Une jeune femme croit rendre service à son mari, inventeur impécunieux, en obtenant un divorce. ➔ DVD$

PALMES DE M. SCHUTZ, LES ▷3
FR. 1996. Comédie de Claude PINOTEAU avec Charles Berling, Isabelle Huppert et Philippe Noiret. - La découverte de la radioactivité et du radium par Pierre et Marie Curie provoque des étincelles dans le monde scientifique. - Évocation réussie de la rencontre de deux grands esprits. Peinture amusée et intelligente de la recherche scientifique. □ Général

PALMETTO ▷5
É.-U. 1997. Drame policier de Volker SCHLÖNDORFF avec Woody Harrelson, Elisabeth Shue et Gina Gershon. - À peine sorti de prison, un journaliste se laisse entraîner par une belle inconnue dans une histoire de faux enlèvement qui tournera mal. □ Général · Déconseillé aux jeunes enfants ➔ DVD$

PALOMBELLA ROSSA ▷3
ITA. 1989. Comédie satirique réalisée et interprétée par Nanni MORETTI avec Mariella Valentini et Silvio Orlando. - Un député communiste italien qui a perdu la mémoire participe avec son équipe à un match décisif de water-polo. - Métaphore subtile sur le discours politique. Climat d'amerturme tempéré par un humour irrésistible. Mise en scène intelligente et dynamique. Interprétation savoureuse. □ Général

PALOOKAVILLE ▷4
É.-U. 1995. Comédie policière d'Alan TAYLOR avec Vincent Gallo, William Forsythe et Adam Trese. - Trois amis chômeurs projettent le vol d'un camion blindé en dépit des soupçons du beau-frère policier de l'un d'entre eux. □ 13 ans+ ➔ DVD$

PAN TADEUSZ
POL. 1999. Andrzej WAJDA ➔ DVD$

PAN'S LABYRINTH *voir* **Labyrinthe de Pan, Le**

PANDAEMONIUM [Pandémonium]
ANG. 2000. Julien TEMPLE ➔ DVD$

PANDORA AND THE FLYING DUTCHMAN ▷4
ANG. 1951. Drame fantastique d'Albert LEWIN avec Ava Gardner, James Mason et Nigel Patrick. - Une jeune Américaine s'éprend d'un héros légendaire et consent à mourir pour lui. □ Général ➔ DVD$

PANDORA'S BOX *voir* **Loulou**

PANIC ▷4
E.-U. 2001. Drame psychologique de H. BROMELL avec William H. Macy, Donald Sutherland et Neve Campbell. - Un père de famille qui travaille pour l'agence d'assassins de son père traverse une douloureuse période de remise en question. ➔ DVD$

PANIC IN NEEDLE PARK ▷3
É.-U. 1971. Drame social de Jerry SCHATZBERG avec Kitty Winn, Al Pacino et Alan Vint. - Venue étudier à New York, une jeune fille connaît l'expérience des stupéfiants et est entraînée dans une déchéance progressive. - Tableau véridique du monde des habitués de la drogue. Ensemble dur mais prenant. Jeu sincère des interprètes. ➔ DVD$

PANIC IN THE STREETS ▷4
É.-U. 1950. Drame policier d'Elia KAZAN avec Richard Widmark, Paul Douglas et Barbara Bel Geddes. - Pour éviter une épidémie, on recherche l'assassin d'un homme atteint d'une maladie contagieuse. □ Général ➔ DVD$

PANIC ROOM [Chambre forte, La] ▷4
É.-U. 2002. Thriller de David FINCHER avec Forest Whitaker, Jodie Foster et Dwight Yoakam. - Une mère et sa fille se réfugient dans une chambre fortifiée lorsque des voleurs s'introduisent la nuit dans leur somptueuse demeure. □ 13 ans+ · Violence ➔ DVD$

PANIQUE ▷5
QUÉ. 1977. Drame social de Jean-Claude LORD avec Paule Baillargeon, Jean Coutu et Gérard Poirier. - Des produits chimiques provenant d'une usine de pâte à papier contaminent l'eau potable d'une grande ville et provoquent la maladie et la mort de plusieurs enfants. □ 13 ans+

PANIQUE À BORD *voir* **Last voyage, The**

PANTALEON Y LAS VISITADORAS
ESP. PÉR. 1999. Francisco J. LOMBARDI

PANTHÈRE ROSE, LA *voir* **Pink Panther, The**

PAPA EST EN VOYAGE D'AFFAIRES ▷3
[Father Is Away on Business]
YOU. 1985. Comédie dramatique d'Emir KUSTURICA avec Moreno de Bartoli, Miki Manojlovic et Mirjana Karanovic. - Dans les années 1950, les tribulations d'une famille yougoslave dont le père est emprisonné à tort pour déviation politique. - Mélange astucieux de candeur et de truculence. Rythme allègre. Mise en scène révélatrice et ironique. Interprètes fort bien dirigés. □ 13 ans+ ➔ DVD$

PAPA LONGUES JAMBES *voir* **Daddy Long Legs**

PAPA'S DELICATE CONDITION ▷4
É.-U. 1962. Comédie de G. MARSHALL avec Jackie Gleason, Glynis Johns et Linda Bruhl. - Une fillette parvient à réconcilier ses parents en brouille. ➔ DVD$

PAPARAZZI ▷4
FR. 1998. Comédie d'Alain BERBERIAN avec Patrick Timsit, Vincent Lindon et Catherine Frot. - Un concours de circonstances plonge un sympathique veilleur de nuit dans l'univers excitant et frénétique d'un paparazzi. □ Général

PAPE DE GREENWICH VILLAGE, LE
voir **Pope of Greenwich Village, The**

PAPER CHASE, THE ▷4
É.-U. 1973. Drame de James BRIDGES avec Timothy Bottoms, Lindsay Wagner et John Houseman. - Les problèmes scolaires et sentimentaux d'un étudiant en droit à l'université Harvard. □ Général ➔ DVD$

PAPER MARRIAGE
ANG. POL. 1992. Krzysztof LANG ➔ DVD$

PAPER MOON [Barbe à papa, La] ▷4
É.-U. 1973. Comédie dramatique de Peter BOGDANOVICH avec Ryan O'Neal, Tatum O'Neal et Madeline Kahn. - Durant la Dépression, une orpheline se fait la complice d'un escroc chargé de la conduire chez sa tante. □ 13 ans+ ➔ DVD$

PAPER MOON AFFAIR
CAN. 2005. David TAMAGI ➔ DVD$

PAPER WEDDING *voir* **Noces de papier, Les**

PAPER, THE [Journal, Le] ▷4
É.-U. 1994. Comédie dramatique de Ron HOWARD avec Michael Keaton, Robert Duvall et Glenn Close. - Une lutte de pouvoir féroce se déclare entre le rédacteur en chef d'un journal à sensations et sa supérieure immédiate. □ Général ➔ DVD$

PAPERHOUSE ▷4
ANG. 1988. Drame fantastique de Bernard ROSE avec Charlotte Burke, Glenne Headly et Elliott Spears. - Lors d'expériences oniriques, une écolière croit pouvoir modifier le destin de ses compagnons. □ Général

PAPILLON ▷3
É.-U. 1973. Drame social de Franklin J. SCHAFFNER avec Steve McQueen, Dustin Hoffman et Victor Jory. - Envoyé à une colonie pénitentiaire en Guyane, un voleur tente plusieurs fois de s'évader. - Adaptation vigoureuse du livre d'Henri Charrière. Reconstitution convaincante des événements et des lieux. Interprétation de première force. □ 13 ans+ ➔ DVD$

PAPILLON, LE [Butterfly, The] ▷4
FR. 2002. Comédie dramatique de Philippe MUYL avec Michel Serrault, Claire Bouanich et Nade Dieu. - Une fillette négligée par sa mère impose sa présence à un vieux collectionneur de papillons lors d'une expédition à la montagne. □ Général ➔ DVD $

PAPILLON BLEU, LE *voir* **Blue Butterfly, The**

PAPRIKA ▷3
JAP. 2006. Film d'animation de Satoshi KON. - Aidée de son alter ego onirique, une psychothérapeute tente de contrer un malfaiteur qui s'est emparé d'une machine à pénétrer les rêves. - Récit de science-fiction labyrinthique offrant un délire d'images psychédéliques. Touches surréalistes et humoristiques. Rythme enlevé. Animation très fluide de type traditionnel sur fond de décors baroques en 3D.
□ Général · Déconseillé aux jeunes enfants ➔ DVD DVD-BR $

PAPY FAIT DE LA RÉSISTANCE ▷4
FR. 1983. Comédie de Jean-Marie POIRÉ avec Christian Clavier, Martin Lamotte et Dominique Lavanant. - En 1943, les membres d'une famille de musiciens se retrouvent mêlés à la Résistance.

PAR AMOUR POUR ELLE *voir* **When a Man Loves a Woman**

PAR LA PEAU DES DENTS *voir* **Nick of Time**

PAR-DELÀ LES NUAGES [Beyond the Clouds] ▷4
ITA. 1995. Film à sketches de Michelangelo ANTONIONI et Wim WENDERS avec John Malkovich, Sophie Marceau et Irène Jacob. - Un cinéaste qui voyage en Italie et en France imagine quatre histoires d'amours impossibles.

PARACHUTISTES ARRIVENT, LES *voir* **Gypsy Moths, The**

PARADE ▷4
FR. 1974. Spectacle musical réalisé et interprété par Jacques TATI avec Karl Kassmayer et Pia Colombo. - Sur une piste de cirque, Jacques Tati se fait le présentateur de diverses attractions et exécute quelques numéros de mime. □ Général

PARADE DU PRINTEMPS *voir* **Easter Parade**

PARADINE CASE, THE ▷3
É.-U. 1947. Drame policier d'Alfred HITCHCOCK avec Gregory Peck, Alida Valli et Charles Laughton. - Un jeune et brillant avocat défend une femme accusée de meurtre. - Construction dramatique solide. Mise en scène d'une grande virtuosité. Excellente distribution.
□ Général ➔ DVD $

PARADIS *voir* **Heaven**

PARADIS DES MAUVAIS GARÇONS, LE *voir* **Macao**

PARADIS POUR TOUS ▷4
FR. 1982. Comédie dramatique d'Alain JESSUA avec Patrick Dewaere, Fanny Cottençon et Jacques Dutronc. - Un homme vit dans un optimisme béat après avoir subi une cure spéciale. □ 13 ans+

PARADIS SUR TERRE, LE *voir* **Heaven on earth**

PARADISE LOST 2: REVELATIONS
É.-U. Joe BERLINGER ➔ DVD $

PARADISE ROAD ▷4
AUS. 1997. Drame de guerre de Bruce BERESFORD avec Glenn Close, Pauline Collins et Cate Blanchett. - Dans un camp japonais lors de la Seconde Guerre mondiale, des prisonnières de diverses nationalités montent un ensemble vocal. □ 13 ans+ ➔ DVD $

PARALLAX VIEW, THE [À cause d'un assassinat] ▷3
É.-U. 1974. Drame policier d'Alan J. PAKULA avec Warren Beatty, Hume Cronyn et Paula Prentiss. - Un journaliste entreprend une enquête personnelle autour de l'assassinat d'un sénateur dont il a été témoin. - Suspense fascinant et astucieusement agencé. Progression logique de l'intrigue vers une fin surprenante. Jeu aisé de W. Beatty.
□ Général

PARANO ▷4
FR. 1993. Film à sketches de Yann PIQUER, Alain ROBAK, Manuel FLÈCHE, Anita ASSAL et John HUDSON avec Gustave Parking, Smaïn et Patrick Bouchitey. - Une belle jeune fille raconte à un timide des anecdotes inquiétantes. □ 16 ans+

PARANOÏAK *voir* **Disturbia**

PARANOID PARK ▷3
É.-U. 2007. Drame psychologique de Gus VAN SANT avec Gabe Nevins, Dan Liu et Jake Miller. - Ayant causé accidentellement la mort d'un gardien de sécurité, un adolescent de Portland décide de garder le silence. - Fascinante incursion dans l'univers adolescent. Récit habile et complexe cousu d'ellipses et de flash-backs. Forme audacieuse, déroutante et libre, misant sur l'expérimentation. Habillage sonore remarquable. Excellente direction d'acteurs. □ 13 ans+ ➔ DVD $

PARAPLUIES DE CHERBOURG, LES ▶1
[Umbrellas of Cherbourg, The]
FR. 1963. Drame musical de Jacques DEMY avec Catherine Deneuve, Nino Castelnuovo et Anne Vernon. - Une jeune fille s'éprend d'un garagiste qui doit bientôt la quitter pour l'Algérie. - Thème mélodramatique. Traitement d'une grande fraîcheur. Musique et images harmonieusement conjuguées. Dialogues entièrement chantés. Interprétation charmante. ➔ DVD $

PARASITE MURDERS, THE *voir* **Shivers**

PARC JURASSIQUE, LE *voir* **Jurassic Park**

PARDON US ▷4
É.-U. 1931. Comédie de James PARROTT avec Stan Laurel, Oliver Hardy et Wilfrid Lucas. - Deux bons bougres emprisonnés pour un délit mineur font échouer une mutinerie. □ Général

PARENTHÈSE ENCHANTÉE, LA ▷4
FR. 1999. Étude de mœurs de Michel SPINOSA avec Vincent Elbaz, Clotilde Courau et Karin Viard. - En pleine période de libération sexuelle, cinq amis vivent divers émois et déchirements amoureux dans leur passage à la vie adulte. □ 13 ans+

PARENTHOOD [Portrait craché d'une famille modèle] ▷4
É.-U. 1989. Comédie dramatique de Ron HOWARD avec Steve Martin, Mary Steenburgen et Dianne Wiest. - Les divers problèmes que rencontrent les membres d'une même famille à élever leurs enfants.
□ Général ➔ DVD $

PARENTS ▷4
É.-U. 1988. Comédie dramatique de Bob BALABAN avec Bryan Madorsky, Randy Quaid et Mary Beth Hurt. - Victime de cauchemars à cause des goûts culinaires de ses parents, un jeune homme découvre que ceux-ci raffolent de la chair humaine. □ 13 ans+

PARENTS TERRIBLES, LES [Storm within, The] ▷3
FR. 1948. Drame de Jean COCTEAU avec Jean Marais, Yvonne de Bray et Gabrielle Dorziat. - Un jeune homme s'est épris de la maîtresse de son père et veut l'épouser. - Adaptation fidèle de la pièce de Cocteau. Atmosphère morbide suggérée par les décors et les éclairages.
□ Général

PARFAIT AMOUR [Perfect Love]
FR. 1996. Catherine BREILLAT ➜ DVD $

PARFAIT INCONNU *voir* **Perfect Stranger**

PARFAITEMENT NORMAL *voir* **Perfectly Normal**

PARFUM D'YVONNE, LE ▷4
FR. 1993. Drame sentimental de Patrice LECONTE avec Jean-Pierre Marielle, Hippolyte Girardot et Sandra Majani. - À la fin des années 1950, un jeune Parisien qui séjourne en Suisse tombe amoureux d'une actrice toujours flanquée de son mentor homosexuel. □ 13 ans+

PARFUM DE FEMME [Scent of a Woman] ▷3
ITA. 1974. Comédie dramatique de Dino RISI avec Vittorio Gassman, Alessandro Momo et Agostina Belli. - Un jeune soldat accompagne un capitaine rendu aveugle par une explosion dans un voyage de Milan à Naples. - Passages équilibrés de la comédie au drame. Mise en scène vivante et assurée. □ 13 ans+

PARFUM DE LAVANDE *voir* **Ladies in Lavender**

PARFUM DE SCANDALE *voir* **Widow's Peak**

PARFUM: HISTOIRE D'UN MEURTRIER, LE
voir **Perfume: The Story of a Murderer**

PARI, LE ▷5
FR. 1997. Comédie réalisée et interprétée par Didier BOURDON et Bernard CAMPAN avec Isabelle Ferron. - Les tribulations de deux beaux-frères qui font le pari de cesser de fumer. □ Général

PARINEETA
IND. 1953. Bimal ROY ➜ DVD $

PARIS ▷4
FR. 2008. Comédie dramatique de Cédric KLAPISCH avec Romain Duris, Juliette Binoche et Fabrice Luchini. - À Paris, les destins entrecroisés d'hommes et de femmes d'origines sociales et ethniques diverses. □ Général ➜ DVD $

PARIS BLUES ▷4
É.-U. 1961. Drame musical de Martin RITT avec Paul Newman et Sidney Poitier. - Deux musiciens de jazz américains résidant à Paris ont chacun une idylle avec une compatriote de passage. □ Général

PARIS BRÛLE-T-IL? [Is Paris Burning?] ▷4
FR. 1966. Drame de guerre de René CLÉMENT avec Gert Froebe, Orson Welles et Bruno Cremer. - Au début d'août 1944, le nouveau commandant de la place de Paris reçoit d'Hitler l'ordre de détruire la Ville lumière. ➜ DVD $

PARIS BY NIGHT ▷4
ANG. 1989. Drame de mœurs de D. HARE avec Charlotte Rampling, Michael Gambon et Robert Hardy. - Durant un séjour à Paris durant lequel elle a une liaison adultère, une politicienne tue un présumé maître-chanteur.

PARIS DOES STRANGE THINGS *voir* **Éléna et les hommes**

PARIS MINUIT ▷4
FR. 1986. Drame policier réalisé et interprété par Frédéric ANDRÉI avec Isabelle Texier et Gabriel Cattand. - Après un vol de bijouterie manqué, un garçon et une fille s'enfuient chacun de son côté en communiquant par code. □ Général

PARIS TROUT [Crimes sans remords] ▷4
É.-U. 1991. Drame de mœurs de Stephen GYLLENHAAL avec Dennis Hopper, Barbara Hershey et Ed Harris. - Un avocat vient en aide à l'épouse d'un de ses clients, un commerçant meurtrier qui menace de s'en prendre à elle. □ 18 ans+

PARIS UNDERGROUND
É.-U. 1945. Gregory RATOFF ➜ DVD $

PARIS VU PAR... [Paris vu par (Six in Paris)] ▷4
FR. 1965. Film à sketches de Jean DOUCHET, Jean ROUCH, Jean-Luc GODARD, Jean-Daniel POLLET, Éric ROHMER et Claude CHABROL. Incidents situés dans divers quartiers de Paris.

PARIS WHEN IT SIZZLES [Deux têtes folles] ▷4
É.-U. 1963. Comédie de Richard QUINE avec Audrey Hepburn, William Holden et Grégoire Aslan. - Un scénariste et sa secrétaire imaginent diverses variations au sujet d'un film. □ Général ➜ DVD $

PARIS, JE T'AIME ▷4
FR. 2006. Film à sketches collectif avec Bruno Podalydès, Gena Rowlands et Juliette Binoche. - Dix-huit courtes histoires portant sur le thème de l'amour, se déroulant dans autant d'arrondissements parisiens. □ Général ➜ DVD $

PARIS, TEXAS ►2
ALL. 1984. Drame de Wim WENDERS avec Harry Dean Stanton, Hunter Carson et Nastassja Kinski. - Après une longue errance, un homme regagne l'affection de son jeune fils et se met à la recherche de son épouse. - Traitement insolite de thèmes psychologiques ou sociaux. Style poétique d'une grande beauté. Interprétation remarquable du protagoniste. □ Général ➜ DVD $

PARISIAN LOVE [Parisian Love/Down to the Sea in Ships]
É.-U. 1925. Louis J. GASNIER □ Général ➜ DVD $

PARLE AVEC ELLE [Hable con ella] ►2
ESP. 2001. Drame de Pedro ALMODOVAR avec Javier Camara, Dario Grandinetti et Leonor Watling. - Un infirmier solitaire qui aime secrètement une patiente comateuse se lie d'amitié avec un écrivain dont la compagne est elle aussi dans le coma. - Réflexion vibrante et touchante sur l'amour fou. Récit magistralement construit. Réalisation originale et pleine d'aisance. Jeu intense des protagonistes. □ 13 ans+ ➜ DVD $

PARLEZ-MOI D'AMOUR ▷5
FR. 2002. Drame psychologique de Sophie MARCEAU avec Judith Godrèche, Niels Arestrup et Anne Le Ny. - Chronique du divorce entre une jeune femme et un écrivain alcoolique d'âge mûr avec qui elle a eu trois enfants. ➜ DVD $

PARLEZ-MOI DE LA PLUIE ▷4
FR. 2008. Comédie dramatique réalisée et interprétée par Agnès JAOUI avec Jean-Pierre Bacri et Jamel Debbouze. - De retour dans son patelin natal afin d'y lancer sa carrière en politique, une écrivaine féministe se remet en question au contact de deux documentaristes désorganisés qui tournent un film sur elle. □ Général ➜ DVD $

PARLEZ-NOUS D'AMOUR ▷5
QUÉ. 1976. Drame de mœurs de Jean-Claude LORD avec Jacques Boulanger, Monique Mercure et Claude Michaud. - Les désenchantements de l'animateur d'une émission de variétés à la télévision. □ 13 ans+

PAROLE, LA [Ordet] ►1
DAN. 1955. Drame religieux de Carl Theodor DREYER avec Henrik Malberg, Preben Lerdorff Rye et Brigitte Federspiel. - Se prenant pour Jésus, un fils de fermier annonce la mort et la résurrection de sa belle-sœur qui souffre d'un enfantement difficile. - Sujet abordé avec un dépouillement exemplaire. Rythme hiératique. Réalisation admirable. Images particulièrement soignées. Interprétation quelque peu théâtrale. □ Général ➜ DVD $

PARRAIN D'UN JOUR, LE *voir* **Things Change**

PARRAIN, LE *voir* **Godfather, The**

PARS VITE ET REVIENS TARD ▷5
FR. 2007. Drame policier de Régis WARGNIER avec José Garcia, Lucas Belvaux et Marie Gillain. - À Paris, un commissaire de police enquête sur une série de décès qui seraient attribuables à la peste. □ 13 ans+ ➜ DVD $

PART DES TÉNÈBRES, LA *voir* **Dark Half, The**

PARTICULES ÉLÉMENTAIRES, LES [Elementary Particles]
ALL. 2006. Oskar ROEHLER ➜ DVD $

PARTIE D'ÉCHECS, LA ▷5
FR. 1993. Drame de Yves HANCHAR avec Denis Lavant, Pierre Richard et Catherine Deneuve. - Au XIXe siècle, un jeune champion d'échecs participe à un tournoi organisé par une marquise qui a promis d'offrir sa fille au vainqueur. □ Général

PARTIE DE CHASSE, LA *voir* **Shooting Party, The**

PARTIR, REVENIR ▷4
FR. 1985. Drame de Claude LELOUCH avec Evelyne Bouix, Richard Anconina et Annie Girardot. - Rescapée des camps nazis, une Juive cherche à découvrir le délateur qui a provoqué l'extermination de sa famille.

PARTIS POUR LA GLOIRE ▷4
QUÉ. 1975. Drame de mœurs de Clément PERRON avec Rachel Cailhier, Serge L'Italien et Jacques Thisdale. - En 1942, deux jeunes Beaucerons tentent d'échapper à la conscription. □ Général ➜ DVD $

PARTITION ▷4
CAN. 2007. Drame de Vic SARIN avec Jimi Mistry, Kristin Kreuk et Neve Campbell. - En 1947, après la séparation de l'Inde et du Pakistan, un soldat sikh tombe amoureux d'une jeune musulmane, au mépris des affrontements qui déchirent leurs communautés. ➜ DVD $

PARTITION INACHEVÉE POUR PIANO MÉCANIQUE ►2
[Unfinished Piece for Mechanical Piano, An]
RUS. 1976. Comédie dramatique de Nikita MIKHALKOV avec Alexandre Kaliaguine, Elena Solovei et Evguénia Glouchenko. - Lors d'une réception champêtre donnée par la veuve d'un général, un instituteur marié renoue avec un amour de jeunesse. - Adaptation fort réussie de pièces de Tchékhov. Images d'une grande beauté. Mouvement souple et fluide. Interprètes talentueux. □ Général

PARTNER ▷4
ITA. 1968. Drame fantastique de Bernardo BERTOLUCCI avec Pierre Clementi, Tina Aumont et Sergio Tofano. - Un jeune metteur en scène de théâtre se sent poussé par son double à des entreprises hasardeuses. □ Général

PARTNER(S)
É.-U. 2005. Dave DIAMOND ➔ DVD $

PARTY ▷4
POR. 1996. Drame psychologique de Manoel de OLIVEIRA avec Michel Piccoli, Irène Papas et Leonor Silveira. - Un couple marié depuis dix ans se remet en question à la suite de la visite d'une actrice grecque et de son amant français.

PARTY
IRAN 2000. Saman MOGHADDAM

PARTY, LE ▷5
QUÉ. 1990. Drame social de Pierre FALARDEAU avec Lou Babin, Julien Poulin et Charlotte Laurier. - Dans un pénitencier, au cours d'un spectacle présenté par des artistes venus de l'extérieur, un détenu tente de s'évader et un autre de se suicider. □ 18 ans+ ➔ DVD $

PARTY, THE [Party, La] ▷3
É.-U. 1967. Comédie de Blake EDWARDS avec Peter Sellers, Claudine Longet et Steve Franken. - Un producteur d'Hollywood donne une réception qui est bouleversée par un acteur maladroit. - Situation de base très simple. Nombreuses variations comiques. Accent mis sur les gags visuels. P. Sellers au sommet de sa forme. □ Général ➔ DVD $

PARTY GIRL [Folies de Miss Party, Les] ▷4
É.-U. 1994. Comédie de Daisy VON SCHERLER MAYER avec Parker Posey, Omar Townsend et Sacha von Scherler. - Une jeune femme qui gravite dans les milieux branchés et ne pense qu'à s'amuser finit par changer ses habitudes après avoir obtenu un emploi de bibliothécaire. □ Général

PARTY GIRL [Traquenard] ▷4
É.-U. 1958. Drame policier de Nicholas RAY avec Robert Taylor, Cyd Charisse et Lee J. Cobb. - À Chicago, un avocat s'est mis au service d'un chef de gang.

PARTY MONSTER ▷5
É.-U, 2003. Drame biographique de Fenton BAILEY et Randy Barbato avec Macaulay Culkin, Seth Green et Chloe Sevigny. - L'ascension et la déchéance de Michael Alig, personnalité marquante de la «club culture» new-yorkaise au milieu des années 1990.
□ 16 ans+ ➔ DVD $

PAS BESOIN DES HOMMES *voir* **Boys on the Side**

PAS D'ORCHIDÉES POUR MISS BLANDISH
voir **Grissom Gang, The**

PAS DE RÉPIT POUR MÉLANIE ▷3
QUÉ. 1990. Comédie dramatique de Jean BEAUDRY avec Kesnamelly Neff, Marie-Stéphane Gaudry et Vincent Bolduc. - En lisant le livre Le Petit Prince, une fillette tente d'apprivoiser une vieille dame recluse dans sa maison depuis la mort de son mari. - Film de la série «Contes pour tous». Histoire habilement construite. Suspense bien maintenu. □ Général

PAS DE REPOS POUR LES BRAVES
voir **No Rest for the Brave**

PAS SI FOLLE *voir* **Housekeeping**

PAS SI MÉCHANT QUE ÇA ▷4
FR. 1974. Comédie dramatique de Claude GORETTA avec Gérard Depardieu, Marlène Jobert et Dominique Labourier. - À la mort de son père, un jeune homme constate la mauvaise situation de l'entreprise familiale et se met à faire des hold-up.

PAS SUR LA BOUCHE [Not on the Lips] ▷3
FR. 2003. Comédie musicale d'Alain RESNAIS avec Sabine Azéma, Lambert Wilson et Jalil Lespert. - Dans les années 1920, un industriel parisien songe à s'associer avec un homme d'affaires américain, en ignorant qu'il s'agit du premier mari de sa femme. - Adaptation vive et intelligente de l'opérette d'André Barde et Maurice Yvain. Galerie de personnages attachants. Paroles des chansons amusantes et spirituelles. Réalisation somptueuse, précise et subtile. Interprétation excellente. □ Général ➔ DVD $

PAS SUSPENDU DE LA CIGOGNE, LE ►2
FR. 1991. Drame de Theo ANGELOPOULOS avec Gregory Karr, Marcello Mastroianni et Jeanne Moreau. - Dans un ghetto de réfugiés en Grèce, un journaliste croit reconnaître un politicien qui a disparu voilà quelques années. - Œuvre rigoureuse et grave sur les thèmes de l'exil et de la séparation. Ensemble émouvant et fascinant. Rythme lent. Images magnifiques. Comédiens de très grande valeur. □ Général

PAS TRÈS CATHOLIQUE ▷4
FR. 1993. Comédie dramatique de Tonie MARSHALL avec Anémone, Grégoire Colin et Denis Podalydes. - Chargée de surveiller des dealers à la sortie d'un lycée, une détective quadragénaire à la vie dissolue tombe sur son fils qui ne l'a jamais connue.

PASCALI'S ISLAND ▷4
ANG. 1988. Drame de James DEARDEN avec Ben Kingsley, Charles Dance et Helen Mirren. - En 1908, sur la petite île de Nisi, un informateur à la solde des Turcs offre ses services à un Anglais qui se dit archéologue. □ Général

PASQUALINO *voir* **Seven Beauties**

PASSAGE, LE *voir* **Holes**

PASSAGE À TABAC *voir* **Murder Ahoy**

PASSAGE TO INDIA, A [Route des Indes, La] ▷3
ANG. 1984. Drame de mœurs de David LEAN avec Judy Davis, Victor Banerjee et Peggy Ashcroft. - En Inde, dans les années 1920, une jeune Anglaise accuse de tentative de viol un médecin musulman avec qui elle avait lié amitié. - Adaptation intelligente d'un roman de E.M. Forster. Traitement subtil d'un thème connu. Illustration d'un classicisme raffiné. Interprétation de qualité. □ Général ➔ DVD DVD-BR $

PASSAGER CLANDESTIN, LE ▷4
HOL. 1997. Drame psychologique de Ben Van LIESHOUT avec Bekzod Mukhamedkarimov, Ariane Schluter et Sjamoerat Oetemratov. - Las de la vie qu'il mène dans son petit village, un Ouzbek s'embarque clandestinement sur un navire et se retrouve à Rotterdam.
□ Général

PASSANTE DU SANS-SOUCI, LA ▷4
FR. 1981. Drame de Jacques ROUFFIO avec Romy Schneider, Michel Piccoli et Gérard Klein. - Après avoir tué l'ambassadeur du Paraguay en France, un homme se livre à la police et explique à sa femme les raisons de son geste. □ Général

PASSCHENDAELE [Bataille de Passchendaele, La] ▷5
CAN. 2008. Drame de guerre réalisé et interprété par Paul GROSS avec Caroline Dhavernas et Joe Dinicol. - En 1917, un sergent rentré traumatisé du front accepte d'y retourner afin de protéger le frère de l'infirmière dont il est amoureux.
□ 13 ans+ · Violence ➔ DVD DVD-BR $

PASSE DU SIÈCLE, LA *voir* **Deal of the Century**

PASSÉ REVIENT, LE *voir* **Dead Again**

PASSE-MURAILLE, LE ▷4
FR. 1950. Comédie fantaisiste de Jean BOYER avec Bourvil, Joan Greenwood et Marcelle Arnold. - Un fonctionnaire découvre qu'il a le don de traverser les murs. □ Général

PASSENGER, THE ►2
POL. 1961. Drame de guerre d'Andrzej MUNK avec Aleksandra Slaka, Anna Ciepielewska et Marek Walczewski. - Dans un camp de concentration nazi, une gardienne tente de se soumettre une prisonnière par un traitement de faveur. - Œuvre singulièrement attachante quoiqu'inachevée. Images sobres et bouleversantes. Interprètes féminines admirablement dirigées. □ Général · Déconseillé aux jeunes enfants

PASSENGER, THE *voir* **Profession: reporter**

PASSION ▷3
FR. 1982. Drame de Jean-Luc GODARD avec Isabelle Huppert, Michel Piccoli et Jerzy Radziwilowicz. - Alors qu'il tourne en Suisse un film sur des œuvres d'art célèbres, un cinéaste polonais se lie d'amitié avec une jeune ouvrière. - Sorte de patchwork sur le sens de l'art, du cinéma et de la société. Idées symboliques tantôt simplistes, tantôt ingénieuses. Mise en scène fouillée. Interprètes de talent.

PASSION ANDALOUSE ▷4
ESP. 1989. Drame musical de Vincente ESCRIVA avec Juan Paredes, Esperanza Campuzano et Cristina Hoyos. - Les amours contrariées d'un couple de gitans espagnols dont les familles poursuivent une rivalité qui dure depuis longtemps. □ Général

PASSION BÉATRICE, LA ▷3
FR. 1987. Drame de mœurs de Bertrand TAVERNIER avec Bernard-Pierre Donnadieu, Julie Delpy et Nils Tavernier. - Au XIVe siècle, après une longue captivité, un chevalier tourmenté et violent pille les villages d'alentour et va jusqu'à violer sa fille pour défier Dieu. - Drame pur et dépouillé inspiré de loin d'un fait divers.

PASSION D'AMOUR ▷3
ITA. 1980. Drame psychologique d'Ettore SCOLA avec Valeria d'Obici, Bernard Giraudeau et Jean-Louis Trintignant. - En 1862, un officier de cavalerie est poursuivi par les attentions d'une femme d'une laideur exceptionnelle. - Sujet insolite. Climat d'époque bien créé. Mise en scène rigoureuse. Interprétation convaincante. □ Général

PASSION DE JEANNE D'ARC, LA ►1
[Passion of Joan of Arc]
FR. 1928. Drame historique de Carl T. DREYER avec Renée Falconetti, Silvain et Antonin Artaud. - Le procès et la mort de Jeanne d'Arc. - Drame psychologique d'une puissance remarquable. Décors sobres et stylisés. Utilisation saisissante des gros plans. Jeu admirable de R. Falconetti. □ Général

PASSION FISH [Passion d'amour] ▷4
É.-U. 1992. Comédie dramatique de John SAYLES avec Alfre Woodard, Mary McDonnell et David Strathairn. - Victime d'un accident qui l'a condamnée au fauteuil roulant, une actrice aigrie s'attache à l'infirmière qui prend soin d'elle. □ Général ➔ DVD $

PASSION IN THE DESERT [Passion dans le désert] ▷4
É.-U. 1997. Aventures de Lavinia CURRIER avec Ben Daniels, Michel Piccoli et Paul Meston. - En 1798, un officier français perdu dans le désert égyptien se lie d'amitié avec un léopard. □ 13 ans+

PASSION MEURTRIÈRE *voir* **Prick Up Your Ears**

PASSION OF ANNA, THE *voir* **Une passion**

PASSION OF MIND ▷5
É.-U. 2000. Drame psychologique d'Alain BERLINER avec Demi Moore, Stellan Skarsgard et William Fichtner. - Une jeune femme en vient à confondre sa vraie vie avec celle, très différente, qu'elle rêve la nuit. □ Général

PASSION OF THE CHRIST, THE ▷4
[Passion du Christ, La]
É.-U. - 2004. Drame religieux de Mel GIBSON avec Jim Caviezel, Maia Morgenstern et Monica Bellucci. - Les douze dernières heures de la vie de Jésus. - Illustration percutante et ultraviolente du supplice du Christ. Utilisation de langues anciennes dans les dialogues. □ 16 ans+ · Violence

PASSIONADA ▷4
É.-U. 2003. Comédie sentimentale de Dan IRELAND avec Jason Isaacs, Sofia Milos et Emmy Rossum. - En Nouvelle-Angleterre, la veuve d'un pêcheur tente de résister aux avances d'un joueur fauché se faisant passer pour un homme d'affaires prospère.

PASSIONATE FRIENDS, THE [Amants passionnés, Les] ▷4
ANG. 1949. Drame psychologique de David LEAN avec Ann Todd, Trevor Howard et Claude Rains. - La femme d'un riche financier est tentée de partir avec un ami d'enfance.

PASSIONNÉMENT ▷5
FR. 1999. Drame psychologique de Bruno NUYTTEN avec Gérard Lanvin, Charlotte Gainsbourg et Eric Ruff. - Une adolescente se fait raconter par un ami les circonstances de la mort de son père, victime d'un drame passionnel. □ Général

PASSIONS
RUS. 1994. Kira MURATOVA

PASSIONS TOURMENTÉES *voir* **Steel Magnolias**

PAT AND MIKE ▷3
É.-U. 1952. Comédie de George CUKOR avec Katharine Hepburn, Spencer Tracy et Aldo Ray. - Un promoteur sportif pousse une monitrice de culture physique à se lancer dans les compétitions professionnelles. - Fine satire des milieux sportif et universitaire. Mise en scène souple et vivante. Excellents interprètes. □ Général ➔ DVD $

PAT GARRETT & BILLY THE KID ▷4
[Pat Garrett et Billy le kid]
É.-U. 1973. Western de Sam PECKINPAH avec James Coburn, Kris Kristofferson et Bob Dylan. - La fin du célèbre bandit Billy le Kid poursuivi par son ami le shérif Pat Garrett. □ 13 ans+ ➔ DVD $

PATCH OF BLUE, A ▷3
É.-U. 1965. Drame sentimental de Guy GREEN avec Sidney Poitier, Elizabeth Hartman et Shelley Winters. - Un Noir s'intéresse à une jeune aveugle et l'aide à sortir de son milieu sordide. - Œuvre pleine de charme et de délicatesse. Réalisation sobre et efficace. Interprètes bien dirigés. □ Général ➔ DVD $

PATH TO WAR [Sur le chemin de la guerre] ▷4
É.-U. 2002. Drame politique de John FRANKENHEIMER avec Michael Gambon, Alec Baldwin et Donald Sutherland. - Dans les années 1960, le président Lyndon B. Johnson et ses conseillers décident s'ils poursuivront ou non la guerre au Viêt-nam. ➔ DVD $

PATHER PANCHALI *voir* **Complainte du sentier, La**

PATHS OF GLORY [Sentiers de la gloire, Les] ►2
É.-U. 1957. Drame de guerre de Stanley KUBRICK avec Kirk Douglas, Adolphe Menjou et Ralph Meeker. - Durant la Première Guerre mondiale, trois soldats sont traduits en cour martiale pour avoir fui devant l'ennemi. - Récit antibelliciste captivant et d'une brutale ironie. Scènes de combat hallucinantes. Réalisation de grande qualité. Personnages fort bien dessinés et interprétés avec un cynisme calculé. □ Général ➔ DVD $

PATIENCE DES FEMMES FAIT LA FORCE DES HOMMES, LA ▷4
ALL. 1980. Drame social de Cristina PERINCIOLI avec Elisabeth Walinski, Eberhard Feik et Dora Kuerten. - Les problèmes d'une femme battue désireuse de se séparer de son mari.

PATIENT ANGLAIS, LE *voir* **English Patient, The**

PATRICIA ET JEAN-BAPTISTE ▷5
CAN. 1967. Comédie satirique réalisée et interprétée par Jean-Pierre LEFEBVRE avec Patricia Kaden-Lacroix. - Un petit employé d'une fabrique de Montréal aide une jeune Française à se trouver un logis. ➔ DVD $

PATRIOT GAMES [Jeux de guerre] ▷4
É.-U. 1992. Drame d'espionnage de Phillip NOYCE avec Harrison Ford, Anne Archer et Patrick Bergin. - Un ancien agent de la CIA et sa famille deviennent la cible d'un terroriste irlandais. □ 13 ans+ ➔ DVD $

PATRIOT, THE ▷4
É.-U. 2000. Drame historique de Roland EMMERICH avec Mel Gibson, Heath Ledger et Jason Isaacs. - En 1776, un fermier pacifique se résout à prendre part à l'insurrection des colons américains contre l'autorité britannique. □ 13 ans+ · Violence ➔ DVD DVD-BR $

PATRIOTES, LES ▷4
FR. 1994. Drame d'espionnage d'Éric ROCHANT avec Yvan Attal, Yossi Banai et Sandrine Kiberlain. - Un jeune Juif d'origine française exécute des missions d'espionnage à Paris et à Washington pour le compte du Mossad, l'agence de renseignements israélienne. □ Général

PATRIOTISM
JAP. 1966. Yukio MISHIMA ➔ DVD $

PATROUILLE PERDUE, LA *voir* **Lost Patrol, The**

PATROUILLEURS DE L'ESPACE, LES
voir **Starship Troopers**

PATSY, THE ▷4
É.-U. 1964. Comédie réalisée et interprétée par Jerry LEWIS avec Ina Balin et Everett Sloane. - Un jeune homme un peu benêt est choisi pour remplacer un comédien célèbre. □ Général ➔ DVD $

PATTERNS ▷4
É.-U. 1955. Drame social de F. COOK avec Van Heflin, Everett Sloane et Beatrice Straight. - Le président d'une grande compagnie compte sur un jeune directeur pour évincer un associé. ➔ DVD $

PATTES BLANCHES
FR. 1949. Jean GRÉMILLON □ Général

PATTON ▷3
É.-U. 1969. Drame biographique de Franklin J. SCHAFFNER avec George C. Scott, Karl Malden et Stephen Young. - Les péripéties de la carrière d'un général américain. - Portrait complexe d'une forte personnalité. Mise en scène intelligente. Interprétation nuancée et réfléchie. □ Général ➔ DVD DVD-BR $

PAUL BOWLES: THE COMPLETE OUTSIDER
É.-U. 1994. Catherine WARNOW et Regina WEINRICH ➜ DVD $

PAULIE ▷4
É.-U. 1998. Comédie fantaisiste de John ROBERTS avec Tony Shalhoub, Gena Rowlands et Cheech Marin. - Un perroquet capable de converser comme un humain fait un long voyage pour retrouver sa jeune propriétaire. □ Général ➜ DVD $

PAULINE À LA PLAGE ▷3
FR. 1982. Comédie de mœurs d'Éric ROHMER avec Arielle Dombasle, Amanda Langlet et Féodor Atkine. - Au cours d'un séjour sur la côte normande, une adolescente et sa cousine divorcée vivent des déceptions amoureuses. - Fines observations de mSurs sous une apparence frivole. Marivaudage intelligemment conduit. Illustration soignée. Interprétation dans le ton voulu. □ 13 ans+

PAULINE ET PAULETTE ▷4
BEL. 2001. Comédie dramatique de Lieven DEBRAUWER avec Dora Van Der Groen, Ann Petersen et Rosemarie Bergmans. - Dans un village flamand, une handicapée intellectuelle sexagénaire tente de gagner l'affection de sa sœur qui désire la placer en institution. □ Général

PAUMES ET CORROMPUS *voir* **Doom Generation, The**

PAVILION OF WOMEN [Pavillon des femmes, Le] ▷5
É.-U. 2000. Drame de mœurs de Yim HO avec Willem Dafoe, Luo Yan et Shek Sau. - Dans la Chine de 1938, un missionnaire américain s'éprend d'une des concubines d'un riche seigneur. ➜ DVD $

PAVILLON DE L'OUBLI, LE *voir* **Sleep Room, The**

PAVILLON DES FEMMES, LE *voir* **Pavilion of Women**

PAWNBROKER, THE ▷3
É.-U. 1964. Drame psychologique de Sidney LUMET avec Rod Steiger, Jaime Sanchez et Brock Peters. - Un vieux Juif, victime des camps de concentration, exerce avec dureté son métier de prêteur sur gages. - Étude psychologique présentée avec force et réalisme. Réalisation de qualité. Solide composition de R. Steiger. □ Général

PAYBACK [Règlement, Le] ▷5
É.-U. 1999. Drame policier de Brian HELGELAND avec Mel Gibson, Gregg Henry et Maria Bello. - Un escroc doit affronter une meute de gangsters pour récupérer un magot qu'on lui a dérobé.
□ 16 ans+ · Violence ➜ DVD $

PAYDAY
É.-U. 1973. Daryl DUKE ➜ DVD $

PAYS OÙ RÊVENT LES FOURMIS VERTES, LE ▷4
[Where the Green Ants Dream]
ALL. 1984. Drame social de Werner HERZOG avec Bruce Spence, Wandjuk Marika et Roy Marika. - En Australie, des aborigènes s'opposent à des explorations minières dans des terres qu'ils considèrent comme sacrées. □ Général

PAYSAGE DANS LE BROUILLARD
voir **Landscape in the Mist**

PEACE HOTEL
H.-K. 1995. Kai-Fei WAI □ 13 ans+ · Violence ➜ DVD $

PEANUT BUTTER SOLUTION, THE ▷4
[Opération beurre de pinottes]
QUÉ. 1985. Comédie fantaisiste de Michael RUBBO avec Mathew Mackay, Siluk Saysanasy et Alison Podbrey. - Après avoir subi une grande frayeur, un jeune garçon perd puis regagne ses cheveux dans des conditions fantastiques. □ Général

PEANUTS: A BOY NAMED CHARLIE BROWN ▷4
E.-U. 1969. Dessins animés de B. MELENDEZ. - Un garçonnet ne connaît que l'échec dans tout ce qu'il entreprend. ➜ DVD $

PEARLS OF THE CROWN, THE
voir **Perles de la couronne, Les**

PEASANTS IN DISTRESS
CAMB. 1995. Sihanouk NORODOM □ Général

PEASANTS, THE
POL. 1972. Jan RYBKOWSKI □ 13 ans+ ➜ DVD $

PEAU BLANCHE, LA ▷4
QUÉ. 2004. Drame fantastique de Daniel ROBY avec Marc Paquet, Marianne Farley et Frédéric Pierre. - Un étudiant tombe amoureux d'une jeune femme rousse au tempérament sauvage, dont la famille recèle de troublants secrets. □ 13 ans+ ➜ DVD $

PEAU D'ÂNE [Donkey Skin] ▷3
FR. 1970. Conte de Jacques DEMY avec Catherine Deneuve, Jean Marais et Jacques Perrin. - Pour échapper à son père qui désire l'épouser, une princesse s'enfuit du château revêtue d'une peau d'âne. - Adaptation charmante et élégante du conte de Perrault. Évocation simple et poétique du merveilleux. ➜ DVD $

PEAU D'HOMME, CŒUR DE BÊTE
[Skin of Man, Heart of Beast]
FR. 1999. Hélène ANGEL ➜ DVD $

PEAU DE BANANE ▷4
FR. 1963. Comédie de Marcel OPHULS avec Jean-Paul Belmondo, Jeanne Moreau et Gert Froebe. - Une jeune femme aidée de son ex-mari monte deux magistrales escroqueries.

PEAU DOUCE, LA [Soft Skin, The] ▷3
FR. 1964. Drame psychologique de François TRUFFAUT avec Jean Desailly, Françoise Dorléac et Nelly Benedetti. - La liaison d'un homme marié avec une hôtesse de l'air a des conséquences tragiques. - Renouvellement d'un sujet conventionnel. Style sobre et classique, attentif aux détails significatifs. □ Général

PEAUX DE VACHES ▷4
FR. 1988. Drame de mœurs de Patricia MAZUY avec Sandrine Bonnaire, Jean-François Stévenin et Jacques Spiesser. - Le retour inopiné d'un fermier qui a été condamné pour un homicide involontaire provoque des tensions familiales que cherche à comprendre sa nouvelle belle-sœur. □ Général

PÉCHÉ DU FRÈRE AMARO, LE ▷4
[Crime of Father Amaro, The]
MEX. 2002. Drame de mœurs de Carlos CARRERA avec Gael Garcia Bernal, Ana Claudia Talancon, Angélica Aragón et Sancho Gracia. - Un jeune prêtre nouvellement arrivé dans une paroisse rurale du Mexique s'engage dans une liaison secrète avec une adolescente.
□ 13 ans+ ➜ DVD $

PECK ON THE CHEEK, A ▷4
IND. 2002. Mélodrame de Mani RATNAM avec Madhavan, Simran et Prakashraj. - Une enfant apprend par ses parents indiens qu'elle a été adoptée à la naissance après que sa mère tamoule eut été forcée de l'abandonner. ➜ DVD $

PECKER ▷5
É.-U. 1998. Comédie satirique de John WATERS avec Edward Furlong, Christina Ricci et Lili Taylor. - Un jeune photographe issu d'un milieu prolétaire connaît la célébrité grâce à une exposition de ses œuvres à Manhattan. □ 13 ans+ ➜ DVD $

PÉDALE DOUCE ▷5
FR. 1996. Comédie de mœurs de Gabriel AGHION avec Patrick Timsit, Fanny Ardant et Richard Berry. - Une restauratrice qui a accepté de se faire passer pour l'épouse d'un homme d'affaires homosexuel s'éprend d'un client homophobe de ce dernier. □ 13 ans+

PEDDLER, THE
IRAN 1986. Mohsen MAKHMALBAF □ Général

PEDESTRIAN, THE
ALL. 1974. Maximilian SCHELL

PEE-WEE'S BIG ADVENTURE ▷4
É.-U. 1985. Comédie burlesque de Tim BURTON avec Paul Reubens, Elizabeth Daily et Mark Holton. - S'étant fait voler sa bicyclette, un homme-enfant la récupère après une folle poursuite qui le mène dans un studio hollywoodien. □ Général ➜ DVD $

PEEP TV SHOW
JAP. 2003. Yutaka TSUCHIYA

PEEPER ▷5
E.-U. 1975. Comédie policière de P. HYAMS avec Michael Caine, Natalie Wood et Kitty Winn. - En 1947, à Los Angeles, un détective privé recherche la fille d'un racketeur qui se promène avec une valise bourrée d'argent. ➜ DVD $

PEEPING TOM [Voyeur, Le] ▷3
ANG. 1959. Drame d'horreur de Michael POWELL avec Carl Boehm, Moira Shearer, Maxine Audley et Anna Massey. - Un technicien de cinéma à l'esprit dérangé se délecte en filmant la peur qu'il provoque chez des jeunes filles qu'il tue. - Observation morbide d'un cas pathologique. Mise en scène soignée. Interprétation de qualité.
□ Général ➜ DVD $

PEGGY SUE GOT MARRIED [Peggy Sue s'est mariée] ▷4
É.-U. 1986. Comédie fantaisiste de Francis Ford COPPOLA avec Kathleen Turner, Nicolas Cage et Barry Miller. - Au cours d'une fête, une femme de quarante-trois ans s'évanouit et se retrouve à son réveil vingt-cinq ans plus tôt alors qu'elle était adolescente.
□ Général → DVD $

PEINDRE OU FAIRE L'AMOUR ▷3
FR. 2005. Comédie de mœurs d'Arnaud et Jean-Marie LARRIEU avec Sabine Azéma, Daniel Auteuil et Sergi Lopez. - Dans le Vercors, un couple de quinquagénaires se laisse tenter par une expérience échangiste avec un aveugle hédoniste et sa jeune épouse. - Œuvre à la fois fine et coquine, déjouant constamment les attentes du spectateur. Ambiance bucolique. Paysages magnifiques. Interprétation attachante. □ 13 ans+ → DVD $

PEINES D'AMOUR PERDUES *voir* **Love's Labour's Lost**

PELICAN BRIEF, THE [Affaire Pélican, L'] ▷4
É.-U. 1993. Drame politique d'Alan J. PAKULA avec Julia Roberts, Denzel Washington et Sam Shepard. - Une étudiante en droit devient la cible d'assassins après avoir rédigé un exposé sur le meurtre mystérieux de deux juges de la Cour suprême.
□ Général → DVD DVD-BR $

PELLE LE CONQUÉRANT [Pelle the Conqueror] ►2
DAN. 1987. Drame de mœurs de Bille AUGUST avec Pelle Hvenegaard, Max Von Sydow et Bjorn Granath. - Au début du XXe siècle, un ouvrier suédois se rend au Danemark avec son fils et trouve un emploi dans un domaine rural. - Récit basé sur le roman de Martin Andersen Nexö. Fresque impressionnante sur la vie rurale de l'époque. Intérêt constant. Mise en scène de qualité. Interprétation excellente.
□ Général → DVD $

PENALTY, THE
É.-U. 1920. Wallace WORSLEY □ Général → DVD $

PENNIES FROM HEAVEN ▷3
É.-U. 1981. Comédie musicale de Herbert ROSS avec Steve Martin, Bernadette Peters et Jessica Harper. - Dans les années 1930, les problèmes financiers et sentimentaux d'un vendeur de partitions musicales. - Hommage au cinéma d'antan. Numéros musicaux bien conçus. Mise en scène stylisée. Interprétation dans la note voulue.
□ 13 ans+ → DVD $

PENNIES FROM HEAVEN ▷4
É.-U. 1936. Comédie musicale de Norman Z. McLEOD avec Bing Crosby, Madge Evans et Louis Armstrong. - Un chanteur de rues s'occupe d'une orpheline.

PENNY SERENADE ▷4
É.-U. 1941. Comédie sentimentale de George STEVENS avec Irene Dunne, Cary Grant et Edgar Buchanan. - Sur le point de quitter son mari, une jeune femme écoute un disque qui lui rappelle ses expériences conjugales. □ Général

PENSÉES MORTELLES *voir* **Mortal Thoughts**

PEOPLE UNDER THE STAIRS, THE ▷4
[Sous-sol de la peur, Le]
É.-U. 1991. Drame d'horreur de Wes CRAVEN avec Brandon Adams, Everett McGill et Wendy Robie. - Un adolescent s'introduit par effraction dans une grande demeure qui recèle des secrets horrifiants.
□ 13 ans+ → DVD $

PEOPLE VS. JEAN HARRIS
É.-U. 1981. George SCHAEFER → DVD $

PEOPLE VS. LARRY FLYNT, THE ▷4
É.-U. 1996. Drame biographique de Milos FORMAN avec Courtney Love, Woody Harrelson et Edward Norton. - Les démêlés avec la justice américaine de Larry Flynt, fondateur du magazine pornographique Hustler. □ 13 ans+ · Érotisme → DVD $

PEOPLE WILL TALK ▷4
É.-U. 1951. Comédie dramatique de Joseph Leo MANKIEWICZ avec Cary Grant, Jeanne Crain et Hume Cronyn. - Un médecin qui prône des méthodes nouvelles réussit à confondre un collègue envieux.
□ Général → DVD $

PÉPÉ LE MOKO ▷3
FR. 1937. Drame policier de Julien DUVIVIER avec Jean Gabin, Mireille Balin et Charpin. - Un criminel s'est réfugié dans le quartier de la casbah à Alger pour échapper à la police. - Intrigue habilement conduite. Excellent jeu de J. Gabin. → DVD $

PEPI, LUCI, BOM AND THE OTHER GIRLS ▷6
ESP. 1980. Comédie satirique de Pedro ALMODOVAR avec Carmen Maura, Eva Siva et Alaska. - Une jeune femme violée par un policier véreux débauche l'épouse de ce dernier avec l'aide d'une chanteuse punk lesbienne. □ 16 ans+ · Langage vulgaire

PEPPERMINT FRAPPÉ ▷3
ESP. 1967. Drame de mœurs de Carlos SAURA avec Geraldine Chaplin, Jose Luis Lopez Vasquez et Alfredo Mayo. - Obsédé par l'épouse d'un ami d'enfance, un médecin oblige son assistante à devenir le sosie de celle-ci. - Variations sur des thèmes chers à Buñuel et Hitchcock. Charge féroce sur la bourgeoisie provinciale. Réalisation aboutie. G. Chaplin excellente dans un double rôle. □ Général

PERCEVAL LE GALLOIS [Perceval] ►2
FR. 1978. Drame de Éric ROHMER avec André Dussollier, Fabrice Luchini et Arielle Dombasle. - Un jeune homme candide aspire à devenir chevalier à la cour du roi Arthur. - Transcription originale d'une chanson de geste. Décors stylisés. Ton finement archaïque. Interprètes bien dirigés.

PERCY
ANG. 1971. Ralph THOMAS → DVD $

PÈRE [Father] ▷3
HON. 1966. Drame historique d'Istvan SZABO avec Miklos Gabor, Andras Balint et Dani Erdelyi. - Un jeune homme n'arrive pas à se libérer de l'image fabuleuse qu'il s'est forgée dans son enfance de son père mort à la guerre. - Histoire contemporaine de la Hongrie évoquée à travers le destin du héros. Imagination et réalité habilement entremêlées. Style lyrique. Excellente interprétation. → DVD $

PÈRE DE FAMILLE *voir* **Family Man, The**

PÈRE DE LA MARIÉE, LE *voir* **Father of the Bride**

PÈRE ET FILS ▷4
FR. 2003. Comédie dramatique de Michel BOUJENAH avec Philippe Noiret, Charles Berling et Pascal Elbé. - Un veuf septuagénaire joue au malade imaginaire afin de convaincre ses trois fils de l'accompagner au Québec pour y admirer les baleine □ Général → DVD $

PÈRE ET FILS [Father and Son] ▷4
RUS. 2003. Drame poétique d'Alexandre SOKOUROV avec Andrei Shetinin, Alexei Neimyshev et Alexandre Rasbash. - Les liens ambigus entre un ancien officier veuf et son fils soldat qui vivent dans le même appartement. → DVD $

PÈRE MALGRÉ LUI *voir* **Tunnel of Love**

PÈRE NOËL EST UNE ORDURE, LE ▷4
FR. 1982. Comédie de Jean-Marie POIRÉ avec Thierry Lhermitte, Anémone et Gérard Jugnot. - La veille de Noël, divers incidents perturbent le travail des employés d'une association d'aide aux désespérés. □ Général → DVD $

PEREZ FAMILY, THE [Famille Perez, La] ▷4
É.-U. 1995. Comédie dramatique de Mira NAIR avec Marisa Tomei, Alfred Molina et Chazz Palminteri. - À la suite d'un malentendu au bureau d'immigration, deux Cubains venant à peine de se rencontrer sont inscrits comme mari et femme dans leurs demandes de statut de réfugiés. □ Général

PERFECT COUPLE, THE ▷4
É.-U. 1979. Comédie de mœurs de Robert ALTMAN avec Paul Dooley, Marta Heflin et Ted Neeley. - Deux personnes provenant de milieux différents font connaissance par l'intermédiaire d'une agence de rencontres. → DVD $

PERFECT FIT, A
É.-U. 2005. Ron BROWN → DVD $

PERFECT LOVE *voir* **Parfait amour**

PERFECT MURDER, A [Meurtre parfait] ▷5
É.-U. 1998. Drame policier d'Andrew DAVIS avec Michael Douglas, Gwyneth Paltrow et Viggo Mortensen. - Un financier conclut une entente avec l'amant de sa femme pour qu'il assassine cette dernière.
□ 13 ans+ → DVD $

PERFECT MURDER, THE
ANG. 1988. Zafar HAI → DVD $

PERFECT SON, THE [Secret de famille] ▷4
CAN. 2000. Drame psychologique de Leonard FARLINGER avec Colm Feore, David Cubitt et Chandra West. - Un jeune aspirant écrivain sortant d'une cure de désintoxication donne un sens à sa vie en veillant sur son frère aîné atteint du sida. □ Général

PERFECT STORM, THE [Tempête, La] ▷5
É.-U. 2000. Aventures de Wolfgang PETERSEN avec George Clooney, Mark Wahlberg et Diane Lane. - Des pêcheurs doivent braver une terrible tempête provoquée par la convergence de plusieurs systèmes météorologiques. □ Général · Déconseillé aux jeunes enfants ➔ DVD $

PERFECT STRANGER [Parfait inconnu] ▷5
É.-U. 2007. Thriller de James FOLEY avec Halle Berry, Bruce Willis et Giovanni Ribisi. - Une journaliste se fait embaucher incognito dans une grande boîte de publicité afin de démasquer le patron qu'elle soupçonne d'avoir assassiné son amie. □ 13 ans+ ➔ DVD DVD-BR $

PERFECT WORLD, A [Monde idéal, Un] ▷4
É.-U. 1993. Drame policier réalisé et interprété par Clint EASTWOOD avec Kevin Costner et T.J. Lowther. - Pourchassé par la police, un détenu évadé parvient à transformer cette cavale en un jeu pour l'enfant qu'il a pris en otage. □ 13 ans+ ➔ DVD $

PERFECTLY NORMAL [Parfaitement normal] ▷4
CAN. 1990. Comédie dramatique d'Yves SIMONEAU avec Michael Riley, Robbie Coltrane et Deborah Duchene. - Un modeste chauffeur de taxi qui a hérité d'une vaste maison ramène chez lui un client rêvant de diriger un restaurant pour mélomanes. □ Général

PERFUME: THE STORY OF A MURDERER ▷4
[Parfum: histoire d'un meurtrier, Le]
ALL. 2006. Thriller de Tom TYKWER avec Ben Whishaw, Dustin Hoffman et Rachel Hurd-Wood. - Au XVIIIe siècle en France, un orphelin à l'odorat exceptionnel, initié à l'univers des parfumiers, développe une obsession pathologique pour l'odeur des jeunes filles en fleur.
□ 13 ans+ ➔ DVD $

PERHAPS LOVE
CHI. H.-K. 2005. Peter CHAN ➔ DVD $

PÉRIL EN LA DEMEURE ▷3
FR. 1984. Drame policier de Michel DEVILLE avec Christophe Malavoy, Nicole Garcia et Anémone. - En acceptant de donner des cours de guitare à la fille d'un couple fortuné, un musicien est entraîné dans une sombre intrigue. - Histoire troublante aux retournements déroutants. Dialogues intelligents.

PÉRIL JEUNE, LE ▷3
FR. 1994. Comédie dramatique de Cédric KLAPISCH avec Romain Duris, Julien Lambroschini et Nicolas Koretzky. - Quatre copains se remémorent leur année de terminale en 1975 au cours de laquelle ils séchaient impunément les cours. - Juxtaposition habile des souvenirs de plusieurs personnages. Sens poussé de l'observation psychologique. Réalisation sensible. Jeunes interprètes de talent.

PERIOD OF ADJUSTMENT ▷4
É.-U. 1962. Comédie de George Roy HILL avec Jim Hutton, Tony Franciosa et Jane Fonda. - Les problèmes d'adaptation d'un jeune couple en voyage de noces. □ Général

PERLE NOIRE, LA *voir* **Black Pearl, The**

PERLES DE LA COURONNE, LES ▷4
[Pearls of the Crown, The]
FR. 1937. Comédie réalisée et interprétée par Sacha GUITRY et CHRISTIAN-JAQUE avec Raimu et Jacqueline Delubac. - L'histoire supposée de sept perles de valeur est l'occasion d'une promenade à travers l'histoire. □ Général

PERMANENT RECORD [À la vie, à la mort] ▷4
É.-U. 1988. Drame psychologique de Marisa SILVER avec Keanu Reeves, Alan Boyce et Michelle Meyrink. - Un adolescent est bouleversé par le suicide de son meilleur ami qui était un élève talentueux et fort apprécié. □ Général ➔ DVD $

PERMIS DE CONDUIRE, LE
FR. 1973. Jean GIRAULT □ Général

PERMIS DE TUER *voir* **Licence to Kill**

PERMISSION, LA *voir* **Story of a Three-Day Pass**

PERSECUTION AND ASSASSINATION OF JEAN-PAUL MARAT AS PERFORMED BY THE INMATES OF THE ASYLUM OF CHARENTON UNDER THE DIRECTION OF THE MARQUIS DE SADE, THE *voir* **Marat Sade**

PERSEPOLIS ▷3
FR. 2007. Film d'animation de Marjane SATRAPI et Vincent Paronnaud. - De 1979 à nos jours, les expériences d'une jeune Iranienne au tempérament frondeur. - Adaptation vive et réjouissante des romans illustrés autobiographiques de M. Satrapi. Humour mordant et impertinent. Critique sociale et politique implacable. Animation fluide. Ligne claire du dessin, au noir et blanc épuré. Performance vocale fort expressive de C. Mastroianni. □ Général ➔ DVD DVD-BR $

PERSONA ►1
SUÈ. 1966. Drame psychologique d'Ingmar BERGMAN avec Bibi Andersson, Liv Ullmann et Margaretha Krook. - D'étranges relations s'établissent entre une infirmière et une actrice devenue muette à la suite d'un choc psychique.- Récit énigmatique. Exploration de thèmes fascinants. Réalisation d'une grande richesse esthétique. Excellente interprétation. □ 18 ans+ ➔ DVD $

PERSONAL BEST ▷4
É.-U. 1982. Drame sportif de Robert TOWNE avec Mariel Hemingway, Patrice Donnelly et Scott Glenn. - Une liaison amoureuse se développe entre deux jeunes femmes qui s'entraînent à la course en vue de participer aux Jeux olympiques de 1980. □ 13 ans+ ➔ DVD $

PERSONAL PROPERTY
É.-U. 1937. W.S. VAN DYKE II □ Général

PERSONAL SERVICES ▷4
ANG. 1986. Comédie de mœurs de Terry JONES avec Julie Walters, Alec McCowen et Danny Schiller. - Afin d'arrondir ses fins de mois, une mère célibataire en vient à ouvrir une maison de passe à l'intention d'une clientèle d'âge mûr. □ 13 ans+

PERSONAL VELOCITY ▷4
É.-U. 2002. Film à sketches de Rebecca MILLER avec Kyra Sedgwick, Parker Posey et Fairuza Balk. - Trois histoires mettant en scène des femmes qui sont à un tournant décisif dans leur vie.
□ 13 ans+ ➔ DVD $

PERSONNE NE M'AIME ▷4
FR. 1993. Comédie dramatique de Marion VERNOUX avec Bernadette Lafont, Bulle Ogier et Lio. - Accompagnée de sa sœur et de deux amies de fortune, une femme lunatique se rend à la mer pour aller rejoindre son mari qu'elle soupçonne d'infidélité. □ Général

PERSONNEL [Subsidiaries]
POL. 1975. Krzysztof KIESLOWSKI □ Général

PERSUASION ▷3
ANG. 1995. Drame de mœurs de Roger MICHELL avec Amanda Root, Ciaran Hinds et Susan Fleetwood. - En 1814, une jeune femme n'ose pas avouer ses sentiments à un officier de la marine dont elle est secrètement amoureuse. - Adaptation délicate du dernier roman de Jane Austen. Progression lente mais néanmoins prenante. Mise en scène souple. Interprétation sensible. □ Général ➔ DVD $

© SONY

PERVERT!
É.-U. 2005. Jonathan YUDIS

PESTE, LA [Plague, The] ▷5
FR. 1992. Drame de Luis PUENZO avec William Hurt, Sandrine Bonnaire et Jean-Marc Barr. - Dans une ville d'Amérique du Sud, un docteur s'acharne à enrayer une épidémie de peste tandis qu'une journaliste et un caméraman cherchent à quitter les lieux. □ Général

PET, THE
É.-U. 2006. D. STEVENS

PETE N' TILLIE ▷4
É.-U. 1972. Comédie dramatique de Martin RITT avec Walter Matthau, Carol Burnett et Geraldine Page. - Les joies et les épreuves d'un couple qui s'est uni à un âge déjà mûr. ➔ DVD$

PETE'S DRAGON [Peter et Elliott le dragon] ▷4
É.-U. 1977. Comédie musicale de Don CHAFFEY avec Sean Marshall, Helen Reddy et Jim Dale. - Grâce à un dragon débonnaire, un jeune orphelin échappe à des tuteurs cruels et se réfugie dans un village côtier. □ Général

PETER PAN
É.-U. 1924. Herbert BRENON □ Général ➔ DVD$

PETER PAN ▷4
É.-U. 1952. Dessins animés de Hamilton LUSKE, Clyde GERONIMI et Wilfred JACKSON. - Trois enfants sont entraînés par un petit garçon qui a refusé de grandir dans une île où ils doivent affronter des pirates qui ont enlevé une princesse indienne. □ Général ➔ DVD$

PETER PAN ▷4
É.-U. 2003. Comédie fantaisiste de P.J. HOGAN avec Jeremy Sumpter, Rachel Hurd-Wood et Jason Isaacs. - Au début du XXe siècle, trois enfants sont entraînés par un petit garçon qui a refusé de grandir dans un pays imaginaire où sévissent des pirates.
□ Général ➔ DVD$

PETER WRIGHT'S PRODUCTION OF THE NUTCRACKER
ANG. 1989. Peter WRIGHT ➔ DVD$

PETER'S FRIENDS [Amis de Peter, Les] ▷3
ANG. 1992. Comédie dramatique réalisée et interprétée par Kenneth BRANAGH avec Stephen Fry et Emma Thompson. - Un châtelain célibataire invite pour le nouvel an ses anciens amis d'université, dont plusieurs ne se sont pas revus depuis dix ans. - Habile équilibre entre le drame et la comédie. Ton comique piquant souvent teinté d'ironie douce-amère. Réalisation attentive au jeu d'excellents acteurs.
□ 13 ans+ ➔ DVD$

PETIT BAIGNEUR, LE ▷4
FR. 1968. Comédie réalisée et interprétée par Robert DHÉRY avec Louis de Funès et Colette Brosset. - Un constructeur de voiliers cherche à réengager un ingénieur qu'il a congédié cavalièrement.
□ Général ➔ DVD$

PETIT BONHOMME *voir* **Big**

PETIT BOUDDHA *voir* **Little Buddha**

PETIT CRIMINEL, LE ▷3
FR. 1990. Drame de mœurs de Jacques DOILLON avec Richard Anconina, Gérald Thomassin et Clotilde Courau. - Après avoir commis un hold-up, un adolescent force un policier à le conduire dans une ville voisine où il veut retrouver sa sœur. - Heureux mélange de finesse narrative et de précision technique. Traitement d'un intérêt soutenu. Jeu étonnant de justesse de G. Thomassin. □ Général

PETIT DIABLE, LE ▷4
ITA. 1988. Comédie fantaisiste réalisée et interprétée par Roberto BENIGNI avec Walter Matthau et Nicoletta Braschi. - Après avoir exorcisé une femme, un prêtre est poursuivi par un jeune homme bizarre qui s'avère être un démon. □ Général

PETIT HOMME, LE *voir* **Little Man Tate**

PETIT LIEUTENANT, LE ▷3
FR. 2005. Drame policier de Xavier BEAUVOIS avec Nathalie Baye, Jalil Lespert et Roschdy Zem. - Après trois années de purgatoire, une détective alcoolique obtient un poste de commandement à la brigade judiciaire parisienne. - Incursion fascinante dans l'univers policier. Scénario solide et riche misant sur la finesse de l'étude psychologique. Traitement naturaliste, favorisé par une réalisation gracieuse. Interprétation remarquable de N. Baye. □ 13 ans+ ➔ DVD$

PETIT MONDE DE CHARLOTTE, LE *voir* **Charlotte's Web**

PETIT MONDE DE DON CAMILLO, LE [Don Camillo] ▷3
FR. 1952. Comédie de Julien DUVIVIER avec Fernandel, Gino Cervi et Sylvie. - Le curé d'une petite localité d'Italie a maille à partir avec le maire communiste. - Adaptation vivante des contes de Guareschi. Réalisation de qualité. Bons dialogues. □ Général

PETIT MONDE DE FRASER, LE *voir* **My Life So Far**

PETIT MONDE DES EMPRUNTEURS, LE
voir **Borrowers, The**

PETIT MUSÉE DE VELASQUEZ, LE
[Petit musée de Velasquez, Le]
QUÉ. 1994. Bernar HÉBERT □ Général

PETIT POW! POW! NOËL ▷4
CAN. 2005. Film d'essai réalisé et interprété par Robert MORIN avec André Morin. - La veille de Noël, dans un centre hospitalier, un cinéaste entreprend de régler pour de bon ses comptes avec son père handicapé et autiste. □ 13 ans+ ➔ DVD$

PETIT PRINCE A DIT, LE ▷3
FR. 1992. Drame psychologique de Christine PASCAL avec Richard Berry, Marie Kleiber et Anémone. - Une fillette atteinte d'une tumeur incurable au cerveau tente de rapprocher ses parents divorcés. - Sujet délicat traité avec un doigté remarquable. Scénario épuré et sensible. Réalisation sobre. Acteurs faisant preuve d'une grande présence. □ Général

PETIT SOLDAT, LE ▷3
FR. 1961. Drame psychologique de Jean-Luc GODARD avec Michel Subor, Anna Karina et Henri-Jacques Huet. - Un déserteur qui travaille pour une organisation terroriste est capturé par des rivaux. - Séduisant et irritant à la fois. Commentaire chargé de citations. Mise en scène désinvolte. Bonne direction d'acteurs.

PETIT STUART *voir* **Stuart Little**

PETIT THÉÂTRE DE JEAN RENOIR, LE ▷4
[Little Theatre of Jean Renoir, The]
FR. 1969. Film à sketches de Jean RENOIR avec Jeanne Moreau, Fernand Sardou et Nino Formicola. - Le dernier réveillon, La Belle Époque, La cireuse électrique et Le roi d'Yvetot. □ Général

PETIT-PIED LE DINOSAURE *voir* **Land Before Time, The**

PETITE APOCALYPSE, LA ▷4
FR. 1992. Comédie satirique de Constantin COSTA-GAVRAS avec Jiri Menzel, André Dussollier et Pierre Arditi. - Un éditeur veut organiser un formidable coup médiatique pour lancer l'œuvre d'un écrivain polonais réfugié en France. □ Général

PETITE AURORE L'ENFANT MARTYRE, LA ▷7
QUÉ. 1952. Mélodrame de Jean-Yves BIGRAS avec Yvonne Laflamme, Lucie Mitchell et Paul Desmarteaux. - La deuxième femme d'un fermier inflige des mauvais traitements à la fillette de celui-ci. □ 13 ans+

PETITE BANDE, LA ▷3
FR. 1982. Conte de Michel DEVILLE avec François Marthouret, Andrew Chandler et Hélène Dassule. - Sept petits Anglais aventureux font une escapade en France où ils connaissent diverses tribulations. - Récit inspiré d'un fait divers authentique. Traitement inventif fondé sur la puissance de l'image. □ Général

PETITE BOUTIQUE DES HORREURS, LA
voir **Little Shop of Horrors**

PETITE CHÉRIE ▷4
FR. 1999. Drame de mœurs d'Anne VILLACÈQUE avec Corinne Debonnière, Jonathan Zaccaï et Laurence Février. - Un séducteur désoeuvré et manipulateur épouse une femme au physique ingrat qui vit encore chez ses parents. □ 13 ans+

PETITE FILLE AU BOUT DU CHEMIN, LA
voir **Little Girl Who Lives Down the Lane, The**

PETITE FILLE EN VELOURS BLEU, LA ▷4
FR. 1978. Drame de mœurs d'Alan BRIDGES avec Michel Piccoli, Claudia Cardinale et Lara Wendel. - En juin 1940, un chirurgien autrichien réfugié à Nice accueille chez lui une baronne italienne et sa fille adolescente. □ Général

PETITE JÉRUSALEM, LA ▷4
FR. 2005. Drame psychologique de Karin ALBOU avec Fanny Valette, Elsa Zylberstein et Bruno Todeschini. - En banlieue de Paris, une étudiante juive qui tente de s'affranchir du joug familial se découvre une attirance pour un collègue musulman. □ Général · Déconseillé aux jeunes enfants ➔ DVD$

PETITE LILI, LA ▷4
FR. 2003. Drame de mœurs de Claude MILLER avec Ludivine Sagnier, Robinson Stévenin et Nicole Garcia. - Chassés-croisés professionnels et amoureux entre une comédienne célèbre, un réalisateur établi, un apprenti cinéaste et une aspirante actrice. □ Général

PETITE PRINCESSE, LA *voir* **Little Princess, A**

PETITE SIRÈNE, LA ▷4
FR. 1980. Comédie dramatique de Roger ANDRIEUX avec Laura Alexis, Philippe Léotard et Evelyne Dress. - Une adolescente de quatorze ans tente de conquérir l'amour d'un mécanicien de quarante ans.
□ 13 ans+

PETITE VERA, LA [Little Vera] ▷3
RUS. 1988. Drame social de Vasily PICHUL avec Natalia Niegoda, Andrei Sokolov et Youri Nazarov. - Après avoir obtenu de son amoureux une promesse de mariage, une adolescente reçoit l'accord de ses parents en faisant croire qu'elle est enceinte. - Vision acerbe de l'insatisfaction des jeunes. Approche réaliste et critique de la vie d'une famille d'ouvriers. Suite de scènes vives et caustiques.
□ 13 ans+ ➔ DVD $

PETITE VOITURE, LA [El cochecito]
ESP. 1960. Marco FERRERI □ Général

PETITE VOIX DU CŒUR, LA *voir* **Where the Heart Is**

PETITE VOLEUSE, LA ▷3
FR. 1988. Drame de mœurs de Claude MILLER avec Didier Bezace, Charlotte Gainsbourg et Simon de la Brosse. - Dans les années 1950, une adolescente mal dans sa peau quitte sa famille pour mener une vie libre qui la conduit en maison de redressement. - Récit mis en valeur par de petites touches pleines de justesse et de tendresse amusée. Cadre d'époque bien reconstitué. Interprétation sensible de C. Gainsbourg. □ Général ➔ DVD $

PETITS DÉSORDRES AMOUREUX ▷4
FR. 1997. Comédie de mœurs d'Olivier PÉRAY avec Bruno Putzulu, Smadi Wolfman et Vincent Elbaz. - Un jeune homme fait le pari de pouvoir séduire une inconnue et passer la nuit avec elle sans lui faire l'amour.

PETITS FRÈRES ▷4
FR. 1998. Drame social de Jacques DOILLON avec Stéphanie Touly, Iliès Sefraoui et Mustapha Goumane. - Une adolescente en fugue rencontre dans une cité HLM quatre garçons magouilleurs qui l'aident à chercher sa chienne enlevée. - Portrait social parfois cruel et inquiétant. Mise en scène nerveuse. Jeu d'un naturel désarmant de jeunes non-professionnels. □ 13 ans+ ➔ DVD $

PETITS MEURTRES ENTRE AMIS *voir* **Shallow Grave**

PETRIFIED FOREST, THE ▷4
É.-U. 1935. Drame psychologique d'Archie MAYO avec Leslie Howard, Bette Davis et Humphrey Bogart. - Un gangster en fuite tient sous la menace diverses personnes dans un restaurant isolé dans le désert.
□ Général ➔ DVD $

PETULIA ▷3
É.-U. 1968. Drame psychologique de Richard LESTER avec Julie Christie, George C. Scott et Richard Chamberlain. - Un médecin en instance de divorce s'éprend d'une jeune femme excentrique. - Procédés originaux et raffinés de mise en scène. Film conçu en forme de puzzle. Interprétation de classe. ➔ DVD $

PEU IMPORTE L'AMOUR
voir **What's Love Got to Do With It?**

PEUR DU LOUP, LA *voir* **Woodsman, The**

PEUR ET DÉGOÛT À LAS VEGAS
voir **Fear and Loathing in Las Vegas**

PEUR, LA [Fear] ▷3
ALL. 1954. Drame psychologique de Roberto ROSSELLINI avec Ingrid Bergman, Mathias Wieman et Kurt Kreuger. - Un mari terrorise sa femme dans le but de lui faire avouer une faute. - Étude psychologique pénétrante. Style dépouillé. Bonne création d'atmosphère. Bergman remarquable.

PEUT-ÊTRE ▷5
FR. 1999. Science-fiction de Cédric KLAPISCH avec Romain Duris, Jean-Paul Belmondo et Géraldine Pailhas. - Un jeune Parisien qui hésite à devenir père se retrouve projeté dans le futur où il rencontre son fils âgé de 70 ans. □ Général

PEYTON PLACE ▷4
É.-U. 1957. Drame de Mark ROBSON avec Lana Turner, Hope Lange et Diane Varsi. - Dans une petite ville, des conflits naissent entre des jeunes et leurs parents. □ Général ➔ DVD $

PHANTASM [Fantasme] ▷4
É.-U. 1979. Drame d'horreur de Don COSCARELLI avec Michael Baldwin, Bill Thornbury et Reggie Bannister. - En explorant une grande maison au centre d'un cimetière, un jeune garçon y découvre des activités surprenantes. □ 13 ans+ ➔ DVD $

PHANTOM LADY ▷4
É.-U. 1944. Drame policier de Robert SIODMAK avec Alan Curtis, Ella Raines et Franchot Tone. - Un architecte accusé du meurtre de son épouse cherche une femme mystérieuse qui pourrait le disculper.

PHANTOM OF THE OPERA ▷4
É.-U. 1942. Drame d'horreur d'Arthur LUBIN avec Nelson Eddy, Susanna Foster et Claude Rains. - Un personnage mystérieux favorise la carrière d'une jeune chanteuse. □ Général

PHANTOM OF THE OPERA
ITA. 1998. Dario ARGENTO

PHANTOM OF THE OPERA, THE ▷3
[Fantôme de l'opéra, Le]
É.-U. 1925. Drame d'horreur de Rupert JULIAN avec Lon Chaney, Mary Philbin et Norman Kerry. - Un musicien défiguré se terre dans les sous-sols de l'Opéra de Paris. - Classique du cinéma d'horreur. Climat fort bien créé pour l'époque. Suspense habilement construit. Composition remarquable de Chaney. □ Général ➔ DVD $

PHANTOM OF THE OPERA, THE ▷4
[Fantôme de l'opéra, Le]
ANG. 1962. Drame d'horreur de Terence FISHER avec Herbert Lom, Heather Sears et Edward de Souza. - Un personnage mystérieux favorise la carrière d'une jeune chanteuse d'opéra. □ Général

PHANTOM OF THE OPERA, THE ▷5
[Fantôme de l'opéra, Le]
É.-U. 1989. Drame d'horreur de Dwight H. LITTLE avec Robert Englund, Jill Schoelen et Alex Hyde-White. - Transportée dans l'Angleterre victorienne, une chanteuse d'opéra voit sa carrière facilitée par l'action d'un inconnu vivant dans le sous-sol du théâtre. □ 18 ans+ ➔ DVD $

PHANTOM OF THE OPERA [Fantôme de l'opéra, Le] ▷5
ANG. 2004. Drame musical de Joel SCHUMACHER avec Emmy Rossum, Gerard Butler et Patrick Wilson. - À Paris, en 1870, un personnage mystérieux qui hante les coulisses d'une salle d'opéra s'éprend d'une jeune chanteuse. □ Général ➔ DVD DVD-BR $

PHANTOM OF THE PARADISE ▷3
É.-U. 1974. Drame musical de Brian DE PALMA avec William Finley, Paul Williams et Jessica Harper. - Le compositeur d'un opéra rock se fait voler son œuvre par un imprésario machiavélique. - Transposition inventive du «Fantôme de l'opéra». Climat hystérique approprié. Style d'un baroque délirant. Interprétation dans la note.
□ 13 ans+ ➔ DVD $

PHANTOM SHIP
ANG. 1935. Jack KING ➔ DVD $

PHANTOM TOLLBOOTH, THE ▷4
É.-U. 1969. Dessins animés de Chuck JONES et Abe LEVITOW. - Un écolier entreprend un voyage fantastique grâce à une boîte immense contenant un poste à péage magique. □ Général · Enfants

PHAR LAP ▷4
AUS. 1983. Drame sportif de Simon WINCER avec Tom Burlinson, Martin Vaughan et Ron Liebman. - Dans les années 1920, un entraîneur de chevaux transforme un poulain sans prestance en un champion invincible. □ Général

PHARAON, LE ▷3
POL. 1965. Drame historique de Jerzy KAWALEROWICZ avec Barbara Bryl et Jerzy Selnik. - Un jeune pharaon lutte contre l'influence exercée par les prêtres dans le gouvernement du pays. - Reconstitution de grande classe. Mise en scène quelque peu statique. □ 13 ans+

PHASE IV ▷3
É.-U. 1974. Science-fiction de Saul BASS avec Nigel Davenport, Michael Murphy et Lynne Frederick. - Deux savants étudient le comportement de fourmis semblant avoir été l'objet d'une mutation qui les rend capables d'actions surprenantes. - Intrigue insolite. Mise en scène inventive. Grande réussite technique. □ 13 ans+ ➔ DVD $

PHENOMENA *voir* **Creepers**

PHÉNOMÈNES *voir* **Creepers**

PHILADELPHIA [Philadelphie] ▷4
É.-U. 1993. Drame judiciaire de Jonathan DEMME avec Tom Hanks, Denzel Washington et Mary Steenburgen. - Un avocat poursuit en justice ses anciens patrons qui l'ont congédié après avoir appris qu'il était homosexuel et atteint du sida. □ Général ➔ DVD $

PHILADELPHIA STORY, THE ►2
É.-U. 1940. Comédie de mœurs de George CUKOR avec Katharine Hepburn, James Stewart et Cary Grant. - Un journaliste et sa photographe se rendent à Philadelphie pour un reportage sur le second mariage d'une fille de riche famille. - Théâtre filmé avec goût, finesse et élégance. Décors somptueux. Dialogue fort spirituel. Interprètes remarquables. □ Général ➔ DVD $

PHONE BOOTH [Cabine, La] ▷4
É.-U. 2002. Thriller de Joel SCHUMACHER avec Colin Farrell, Forest Whitaker et Radha Mitchell. - À Manhattan, un relationniste se retrouve piégé dans une cabine téléphonique par un tireur embusqué qui dicte ses volontés au bout du fil. □ 13 ans+ ➔ DVD DVD-BR $

PHONE CALL FROM A STRANGER ▷4
É.-U. 1952. Film à sketches de Jean NEGULESCO avec Gary Merrill, Shelley Winters, Keenan Wynn et Bette Davis. - Le survivant d'un accident d'avion entre en contact avec les parents des victimes. □ Général ➔ DVD $

PHÖRPA *voir* **Cup, The**

PHOTO OBSESSION *voir* **One Hour Photo**

PHYSICAL EVIDENCE ▷5
É.-U. 1988. Drame policier de Michael CRICHTON avec Burt Reynolds, Theresa Russell et Ned Beatty. - Une avocate de l'aide juridique se porte à la défense d'un policier réputé violent qui est accusé de meurtre. ➔ DVD $

PI ▷4
É.-U. 1997. Drame psychologique de Darren ARONOFSKY avec Sean Gullette, Mark Margolis et Ben Shenkman. - Un mathématicien schizophrène est pris en filature par des gens qui cherchent à exploiter ses découvertes sur la théorie du chaos. □ 13 ans+ ➔ DVD $

PIAF ▷4
FR. 1973. Drame biographique de Guy CASARIL avec Brigitte Ariel, Pascale Christophe et Guy Tréjan. - La jeunesse et les débuts difficiles de la célèbre chanteuse Edith Piaf. □ Général

PIANIST, THE [Pianiste, Le] ▷3
FR. 2001. Drame biographique de Roman POLANSKI avec Adrien Brody, Frank Finlay et Ed Stoppard. - Durant la Seconde Guerre mondiale, un célèbre pianiste juif polonais parvient à survivre en restant caché près du ghetto de Varsovie. - Adaptation sentie et fort efficace des mémoires de Wladyslaw Szpilman. Réalisation maîtrisée. Ambitieuse reconstitution d'époque. Jeu prenant d'A. Brody. □ 13 ans+ ➔ DVD DVD-BR $

PIANISTE, LA [Piano Teacher, The] ▷3
AUT. 2001. Drame de mœurs de Michael HANEKE avec Isabelle Huppert, Benoît Magimel et Annie Girardot. - À Vienne, une professeure de piano quadragénaire à la sexualité déviante est courtisée par un de ses jeunes étudiants. - Adaptation dérangeante du roman d'Elfriede Jelinek. Quelques passages confinant au grotesque. Mise en scène élégante et contrôlée. Performance magistrale d'I. Huppert. □ 18 ans+ ➔ DVD $

PIANO, THE [Leçon de piano, La] ►2
AUS. 1992. Drame sentimental de Jane CAMPION avec Holly Hunter, Harvey Keitel et Anna Paquin. - Vers 1850, en Nouvelle-Zélande, une jeune muette venue vivre avec un colon qu'elle a épousé par correspondance s'éprend d'un voisin. - Récit d'une belle et moderne intensité romanesque. Apprentissage de l'amour scruté avec acuité. Grande beauté formelle. Interprétation superbe. □ 13 ans+

PIANO LESSON, THE ▷4
É.-U. 1995. Drame de Lloyd RICHARDS avec Charles Dutton, Alfre Woodard et Carl Gordon. - Afin de s'acheter une terre, un Noir tente de convaincre sa sœur de vendre le piano familial. □ Général

PIANO TEACHER, THE *voir* **Pianiste, La**

PICCADILLY
ANG. 1929. E.A. DUPONT ➔ DVD $

PICCADILLY JIM ▷4
ANG. 2005. Comédie de John McKAY avec Sam Rockwell, Frances O'Connor et Tom Wilkinson. - Un jeune Londonien noceur et décadent se fait passer pour un homme droit et sans reproche auprès d'une jeune Américaine dont il est épris.

PICK A STAR
É.-U. 1937. Richard SEDGWICK □ Général

PICKPOCKET ►1
FR. 1959. Drame psychologique de Robert BRESSON avec Martin Lassalle, Marika Green et Pierre Leymarie. - Arrêté par la police, un pickpocket se réhabilite grâce au souvenir de sa mère et à la sympathie d'une jeune fille. - Quête allégorique sur les profondeurs de l'âme. Traitement austère et dépouillé. Montage d'une exactitude remarquable. ➔ DVD $

PICKUP ON SOUTH STREET ▷4
É.-U. 1953. Drame policier de Samuel FULLER avec Richard Widmark, Jean Peters et Thelma Ritter. - En volant un portefeuille, un pickpocket est mêlé à une affaire d'espionnage. ➔ DVD $

PICNIC ▷3
É.-U. 1955. Drame psychologique de Joshua LOGAN avec William Holden, Kim Novak et Rosalind Russell. - À l'occasion d'un pique-nique, un jeune homme s'éprend de la fiancée d'un ami. - Adaptation réussie d'une pièce de William Inge. Analyse psychologique subtile. ➔ DVD $

PICNIC AT HANGING ROCK ▷3
AUS. 1975. Drame de Peter WEIR avec Rachel Roberts, Dominic Guard et Helen Morse. - Trois adolescents disparaissent mystérieusement au cours d'une excursion scolaire dans une région volcanique. - Climat d'étrangeté. Scénario inspiré d'un fait divers. Images d'une exquise beauté. Trame musicale appropriée. Bon jeu des interprètes.

PICONE [Where's Picone?] ▷4
ITA. 1983. Comédie de mœurs de Nanni LOY avec Giancarlo Giannini, Lina Sastri et Aldo Giuffré. - Un chômeur débrouillard consent à aider une jeune femme qui lui demande d'enquêter sur la mort de son mari. □ Général

PICTURE BRIDE, THE ▷4
JAP. 1994. Drame social de Kayo HATTA avec Youki Kudoh, Akira Takayama et Tamlyn Tomita. - En 1918, une Japonaise mariée à un ouvrier agricole observe les dures conditions de vie dans les plantations de canne à sucre d'Hawaï. □ Général

PICTURE OF DORIAN GRAY, THE ▷3
[Portrait de Dorian Gray, Le]
É.-U. 1945. Drame fantastique d'Albert LEWIN avec George Sanders et Donna Reed. - Un viveur obtient le pouvoir de rester jeune alors que son portrait porte les marques de la dégradation et du vieillissement. - Habile transposition du roman d'Oscar Wilde. Mise en scène bien adaptée. Éclairages étudiés. Interprétation rigoureuse. ➔ DVD $

PICTURE SNATCHER
É.-U. 1933. Lloyd BACON ➔ DVD $

PIECE OF PLEASURE, A *voir* **Une partie de plaisir**

PIECE OF THE ACTION, A ▷5
É.-U. 1977. Comédie policière réalisée et interprétée par Sidney POITIER avec Bill Cosby et Denise Nicholas. - Un policier en retraite exerce un chantage bénéfique auprès de deux escrocs. ➔ DVD $

PIECES OF APRIL [Festin à New York, Un] ▷4
É.-U. 2003. Comédie dramatique de Peter HEDGES avec Katie Holmes, Patricia Clarkson et Derek Luke. - La journée mouvementée d'une punkette qui a invité sa famille à célébrer la Thanksgiving dans son appartement miteux de Manhattan. □ Général ➔ DVD $

PIEDS FROIDS, LES *voir* **Cold Feet**

PIÉGÉ *voir* **Quicksand**

PIÈGE AMÉRICAIN, LE ▷5
QUÉ. 2008. Chronique de Charles BINAMÉ avec Rémy Girard, Gérard Darmon et Colm Feore. - La carrière du criminel québécois Lucien Rivard, qui fut mêlé aux événements ayant conduit à l'assassinat de John F. Kennedy, en 1963. □ 13 ans+ ➔ DVD $

PIÈGE D'ISSOUDUN, LE [Juniper Tree, The] ▷5
QUÉ. 2003. Drame psychologique de Micheline LANCTÔT avec Sylvie Drapeau, Frédérick de Grandpré et Shanie Beauchamps. - Interceptée près de Québec, une mère infanticide en état de choc est ramenée chez elle à Montréal par un policier qui ignore tout de son crime. □ Général · Déconseillé aux jeunes enfants ➔ DVD $

PIÈGE DE CRISTAL *voir* **Die Hard**

PIÈGE INFERNAL, LE *voir* **Squeeze, The**

PIÈGE MORTEL *voir* **Deathtrap**

PIERRE DU DESTIN, LA *voir* **Stone of Destiny**

PIERREPOINT: THE LAST HANGMAN ▷4
ANG. 2005. Drame biographique d'Adrian SHERGOLD avec Timothy Spall, Juliet Stevenson et Eddie Marsan. - De 1932 à 1956, la double vie d'Albert Pierrepoint, un modeste propriétaire de pub, qui fut également le dernier bourreau d'Angleterre. ➔ DVD $

PIERROT LE FOU ►2
FR. 1965. Comédie dramatique de Jean-Luc GODARD avec Jean-Paul Belmondo, Anna Karina et Dirk Sanders. - Un homme marié s'enfuit avec une amie qui fait partie d'un groupe terroriste. - Style brillant et insolite. Construction désinvolte. Collage de pièces disparates. J.-P. Belmondo excellent. □ 13 ans+

PIGEON, LE [Big Deal on Madonna Street] ▷3
ITA. 1958. Comédie de Mario MONICELLI avec Vittorio Gassman, Marcello Mastroianni et Renato Salvatori. - À Rome, de modestes escrocs décident de réaliser un grand coup. - Savoureux pastiche du film policier. Scénario fertile en détails comiques et en rebondissements. Personnages dessinés avec une ironie teintée de tendresse. Réalisation habile. Excellents interprètes. □ Général ➔ DVD $

PILES NON COMPRISES *voir* **Batteries Not Included**

PILGRIMAGE [Pilgrimage/Born Reckless] ▷3
E.-U. 1933. Mélodrame de John FORD avec Heather Angel, Henrietta Crosman et Norman Foster. - Une mère dominatrice envoie son fils à la guerre lorsqu'il refuse de demeurer auprès d'elle sur la ferme familiale. - Thème connu traité avec sensibilité et réalisme. Réalisation stylisée. Interprétation tout en finesse de H. Crosman. ➔ DVD $

PILLOW BOOK, THE [Notes de Chevet] ▷3
ANG. 1996. Drame psychologique de Peter GREENAWAY avec Vivian Wu, Ewan McGregor et Ken Ogata. - Une jeune femme qui calligraphie ses écrits sur les corps d'hommes de passage en vient à exercer une cruelle vengeance sur un éditeur. - Discours intelligent et pertinent sur la passion de l'écriture. Réalisation somptueuse, rigoureuse et complexe. Interprètes excellents. □ 13 ans+ · Érotisme

PILLOW TALK ▷4
É.-U. 1959. Comédie de Michael GORDON avec Doris Day, Rock Hudson et Tony Randall. - Une idylle s'ébauche entre un chansonnier et une décoratrice qui partagent la même ligne téléphonique.
➔ DVD $

PILOT, THE ▷4
É.-U. 1979. Drame psychologique réalisé et interprété par Cliff ROBERTSON avec Diane Baker et Gordon MacRae. - Après avoir échappé de justesse à des situations critiques, un pilote de ligne alcoolique se résout à consulter un médecin. □ Général

PIN ▷4
CAN. 1988. Drame psychologique de Sandor STERN avec David Hewlett, Cyndy Preston et John Ferguson. - Un jeune homme est convaincu que le mannequin anatomique dont se servait son père médecin est animé d'une vie propre. □ Général ➔ DVD $

PIN DOWN GIRL
É.-U. 1951. Robert C. DETRANO

PIN UP GIRL ▷5
É.-U. 1944. Comédie musicale de Bruce HUMBERSTONE avec Betty Grable, John Harvey et Martha Raye. - Durant une soirée organisée en son honneur, un militaire est perturbé par une jeune fille du Missouri.
□ Général ➔ DVD $

PINEAPPLE EXPRESS [Ananas Express] ▷4
É.-U. 2008. Comédie policière de David Gordon GREEN avec Seth Rogen, James Franco et Danny McBride. - Seul témoin d'un meurtre commis par un trafiquant de drogue et une policière corrompue, un huissier prend la fuite en compagnie de son propre dealer.
□ Violence · Langage vulgaire ➔ DVD DVD-BR $

PING PONG
JAP. 2002. Sori FUMIHIKO ➔ DVD $

PINK FLAMINGOS ▷7
É.-U. 1972. Comédie satirique de John WATERS avec Divine, David Lochary et Mary Vivian Pearce. - Un travesti meurtrier défend son titre de «personne la plus dégueulasse au monde».
□ 18 ans+ · Violence ➔ DVD $

PINK FLOYD - THE WALL [Wall, The] ▷3
É.-U. 1982. Drame de guerre de Robert MARKOWITZ avec Tom Conti, Lisa Eichhorn et Eli Wallach. - Les Juifs parqués par les Allemands dans le ghetto de Varsovie se soulèvent contre leurs oppresseurs en 1943. - Téléfilm adapté d'un roman de John Hersey. Sujet fortement dramatique. Tension soutenue. Réalisation vigoureuse. Interprétation solide.
□ 13 ans+ ➔ DVD $

PINK PANTHER, THE [Panthère rose, La] ▷4
ANG. 1963. Comédie policière de Blake EDWARDS avec Peter Sellers, David Niven et Capucine . - Un policier maladroit tente d'empêcher un gentleman cambrioleur de s'emparer d'un bijou de grand prix.
□ Général ➔ DVD DVD-BR $

PINK PANTHER STRIKES AGAIN, THE ▷4
ANG. 1976. Comédie policière de Blake EDWARDS avec Peter Sellers, Herbert Lom et Lesley Anne Down. - Un fou menace le monde de destruction à moins qu'on n'élimine l'inspecteur Clouseau.
□ Général ➔ DVD $

PINK PANTHER, THE ▷5
É.-U. 2006. Comédie policière de Shawn LEVY avec Steve Martin, Jean Reno et Kevin Kline. - À Paris, un inspecteur gaffeur enquête sur le meurtre de l'entraîneur de l'équipe française de soccer.
□ Général ➔ DVD $

PINKY ▷3
É.-U. 1949. Drame social d'Elia KAZAN avec Jeanne Crain, Ethel Barrymore et Ethel Waters. - Les problèmes d'une jeune infirmière de race noire qui passe pour une Blanche. - Thème humain traité avec adresse. Mise en scène solide. Interprétation prenante.
□ Général ➔ DVD $

PINOCCHIO ▷3
É.-U. 1940. Dessins animés de Ben SHARPSTEEN et Hamilton LUSKE. - Une fée exauce le souhait d'un vieux sculpteur en donnant vie à une marionnette à l'effigie d'un petit garçon. - Histoire inspirée d'un conte de Collodi. Ensemble coloré, fantaisiste et joyeux. Minutie des détails. Complexité des mouvements. □ Général ➔ DVD DVD-BR $

PINOCCHIO ▷5
ITA. 2002. Conte réalisé et interprété par Roberto BENIGNI avec Nicoletta Braschi et Carlo Giuffre. - Animé d'une vie propre, un pantin de bois insouciant et espiègle cause bien des ennuis à son vieux père sculpteur. ➔ DVD $

PINOT, SIMPLE FLIC ▷4
FR. 1984. Comédie policière réalisée et interprétée par Gérard JUGNOT avec Fanny Bastien et Pierre Mondy. - Un gendarme peu futé s'occasionne des problèmes en voulant réformer une jeune délinquante.
□ 13 ans+

PIONEERS IN INGOLSTADT
ALL. 1971. Rainer Werner FASSBINDER

PIONNIERS DE L'ESPACE, LES *voir* **Space Cowboys**

PIPE DREAM
É.-U. 2002. John WALSH ➔ DVD $

PIPICACADODO [Seeking Asylum] ▷4
IT. 1979. Comédie dramatique de Marco FERRERI avec Roberto Begnini, Dominique Laffin et Chiara Moretti. - Un éducateur dans un jardin d'enfants utilise des méthodes insolites pour attirer l'attention des petits. □ Général

PIQUE-NIQUE DE LULU KREUTZ, LE ▷5
FR. 1999. Comédie dramatique de Didier MARTINY avec Philippe Noiret, Carole Bouquet et Niels Arestrup. - Lors d'un pique-nique en montagne, un célèbre musicien risque de provoquer un drame en tentant de reconquérir une collègue accompagnée de son mari.
□ Général

PIRATE, LA ▷4
FR. 1984. Drame de mœurs de Jacques DOILLON avec Jane Birkin, Maruschka Detmers et Philippe Léotard. - Une femme quitte son mari pour renouer une liaison tourmentée avec une autre femme.
□ 18 ans+

PIRATE, THE ▷3
É.-U. 1948. Comédie musicale de Vincente MINNELLI avec Gene Kelly, Judy Garland et Walter Slezak. - Un saltimbanque se fait passer pour un pirate afin de gagner le cœur d'une jeune fille romantique. - Spectacle plein de vie. Chansons entraînantes de Cole Porter. Mise en scène inventive et colorée. Vedettes à leur meilleur. □ Général ➔ DVD $

PIRATE DES CARAÏBES, LE *voir* **Swashbuckler**

PIRATE NOIR, LE *voir* **Black Pirate, The**

PIRATES ▷4
FR. 1986. Aventures de Roman POLANSKI avec Walter Matthau, Cris Campion et Charlotte Lewis. - Au XVIIe siècle, un vieux forban et son jeune disciple s'en prennent à un galion espagnol chargé d'un trésor aztèque. □ Général

PIRATES OF THE CARIBBEAN: AT WORLD'S END ▷4
É.-U. 2007. Aventures de Gore VERBINSKI avec Johnny Depp, Geoffrey Rush et Keira Knightley. - Un pirate flamboyant et ses complices tentent de déjouer les plans d'un monstre au service du gouvernement britannique. □ Général · Déconseillé aux jeunes enfants → DVD DVD-BR$

PIRATES OF THE CARIBBEAN: DEAD MAN'S CHEST ▷4
É.-U. 2006. Aventures de Gore VERBINSKI avec Johnny Depp, Orlando Bloom et Keira Knightley. - Aidé de deux anciens acolytes, un flibustier cherche à éviter le règlement d'une vieille dette en déjouant les plans de son créancier. □ Général · Déconseillé aux jeunes enfants → DVD DVD-BR$

PIRATES OF THE CARIBBEAN: THE CURSE OF THE BLACK PEARL ▷4
[Pirates des Caraïbes: la malédiction de la perle noire]
É.-U. 2003. Aventures de Gore VERBINSKI avec Johnny Depp, Geoffrey Rush et Orlando Bloom. - Un jeune armurier et un flibustier font équipe pour secourir la fille d'un gouverneur anglais qui a été enlevée par des pirates morts-vivants. □ Général · Déconseillé aux jeunes enfants → DVD DVD-BR$

PIRATES OF THE XXTH CENTURY
RUS. 1979. Boris DUROV

PISCINE, LA ▷3
FR. 1968. Drame psychologique de Jacques DERAY avec Alain Delon, Romy Schneider et Maurice Ronet. - Un écrivain raté se prend de querelle avec un ami et le noie dans la piscine d'une villa. - Facture très soignée. Rythme lent. Psychologie bien observée. Fort bonne interprétation. □ 13 ans+

PISCINE, LA [Swimming Pool] ▷4
FR. 2003. Drame de mœurs de François OZON avec Ludivine Sagnier, Charlotte Rampling et Jean-Marie Lamour. - Une romancière anglaise réservée tisse des liens troubles avec une jeune Française qui partage avec elle une maison de campagne.
□ 13 ans+ · Érotisme → DVD$

PISTE DE SANTA FE, LA *voir* **Santa Fe Trail**

PISTES TROUBLES *voir* **Twisted**

PIT AND THE PENDULUM, THE ▷4
É.-U. 1961. Drame d'horreur de Roger CORMAN avec Vincent Price, John Kerr et Barbara Steele. - Un seigneur retiré dans son château est soupçonné d'avoir tué sa femme. □ 13 ans+ → DVD$

PITCH BLACK [Chronicles of Riddick - Pitch Black] ▷4
É.-U. 2000. Science-fiction de David N. TWOHY avec Radha Mitchell, Vin Diesel et Cole Hauser. - Naufragés sur une planète désertique, une dizaine de personnes sont menacées par des monstres qui attaquent à la faveur de la nuit. → DVD$

PITFALL ▷4
É.-U. 1948. Drame psychologique d'André De TOTH avec Dick Powell, Lizabeth Scott et Jane Wyatt. - Un inspecteur d'assurances est entraîné dans une aventure sanglante à cause de son engouement pour une aventurière. □ Général

PIXOTE ▷3
BRÉ. 1980. Drame social d'Hector BABENCO avec Fernando Ramos da Silva, Jorge Juliao et Marilia Pera. - Les tribulations d'un gamin sans foyer qui s'est évadé d'une institution pour mineurs et qui a formé une petite bande de voleurs. - Regard lucide et brutal sur la grande misère des enfants abandonnés du Brésil. □ 18 ans+

PIZZA
É.-U. 2006. Mark CHRISTOPHER → DVD$

PIZZERIA EN RÉVOLTE, LA *voir* **Do the Right Thing**

PIZZICATA
ITA. 1996. Edoardo WINSPEARE

PLACARD, LE ▷4
FR. 2000. Comédie de mœurs de Francis VEBER avec Daniel Auteuil, Gérard Depardieu et Michèle Laroque. - Pour éviter d'être licencié, un comptable d'une usine de préservatifs se fait passer pour un homosexuel auprès de ses patrons. □ Général → DVD$

PLACE FOR LOVERS, A
voir **Temps des amants, Le**

PLACE IN THE SUN, A ►2
É.-U. 1950. Drame psychologique de George STEVENS avec Elizabeth Taylor, Montgomery Clift et Shelley Winters. - Un ambitieux songe à tuer une ancienne maîtresse qui nuit à son ascension sociale. - Adaptation d'un roman de Theodore Dreiser. Grande densité dramatique. Mise en scène particulièrement soignée. Interprétation de classe.
□ Général → DVD$

PLACE IN THE WORLD, A
ARG. FR. URU. 1992. Adolfo ARISTARAIN □ Général

PLACE VENDÔME ▷4
FR. 1997. Drame psychologique de Nicole GARCIA avec Catherine Deneuve, Jean-Pierre Bacri et Emmanuelle Seigner. - Après le suicide d'un joaillier, son épouse alcoolique sort de sa réclusion et entreprend de vendre des pierres volées qu'il détenait. □ Général

PLACES IN THE HEART [Saisons du cœur, Les] ▷3
É.-U. 1984. Drame de Robert BENTON avec Sally Field, Danny Glover et John Malkovich. - Les épreuves d'une jeune veuve au Texas dans les années 1930. - Vision convaincante de la vie rurale américaine. Traitement riche en chaleur humaine. Photographie soignée et poétique. Interprétation solide. □ Général → DVD$

PLAGE, LA *voir* **Beach, The**

PLAGUE OF THE ZOMBIES, THE ▷5
ANG. 1965. Drame d'horreur de John GILLING avec Andre Morell, Diane Clare et John Carson. - Deux médecins découvrent que le châtelain d'un village s'adonne à des pratiques de sorcellerie. □ Général

PLAGUE, THE *voir* **Peste, La**

PLAINSMAN, THE ▷4
É.-U. 1936. Western de Cecil B. DeMILLE avec Gary Cooper, Jean Arthur et Charles Bickford. - Wild Bill Hickok et ses amis, Buffalo Bill et Calamity Jane, combattent des scélérats qui vendent des armes aux Indiens. □ Général → DVD$

PLAISIR DE LA PEUR, LE *voir* **Tenebre**

PLAISIR, LE ►2
FR. 1951. Film à sketches de Max OPHÜLS avec Jean Gabin, Claude Dauphin et Danielle Darrieux. - Adaptation de trois contes de Maupassant: Le Masque, Le Modèle et La Maison Tellier. - Mise en scène d'une habileté étourdissante. Rythme souple. Beaux décors. Éclatante distribution. □ Général → DVD$

PLAISIRS INCONNUS [Unknown Pleasures] ▷4
CHI. 2002. Étude de mœurs de Jia ZHANG-KE avec Wu Qiong, Zhao Wei Wei et Zhao Tao. - Dans une ville industrielle du Nord de la Chine, deux jeunes hommes mènent une vie insouciante et infructueuse.
□ Général → DVD$

PLAN 9 FROM OUTER SPACE ▷7
É.-U. 1958. Science-fiction d'Edward D. WOOD Jr. avec Gregory Walcott, Mona McKinnon et Dudley Mæanlove. - Des extraterrestres tentent de ressusciter les morts et d'en faire des ennemis destructeurs du genre humain. □ Général → DVD$

PLAN DE VOL *voir* **Flightplan**

PLANES, TRAINS AND AUTOMOBILES ▷5
[Voyage tous risques]
É.-U. 1987. Comédie de John HUGHES avec Steve Martin, John Candy, Michael McKean et Laila Robins. - Bien qu'il ait hérité d'un compagnon de voyage plutôt encombrant, un cadre tente désespérément et par tous les moyens de rejoindre sa famille à Chicago.
□ Général → DVD$

PLANET OF THE APES ▷3
É.-U. 1967. Science-fiction de Franklin J. SCHAFFNER avec Charlton Heston, Kim Hunter et Maurice Evans. - Trois astronautes débarquent sur une planète dominée par un peuple de singes intelligents. - Allégorie prémonitoire originale. Analogies amusantes. Mise en scène ingénieuse. Masques mobiles étonnamment réussis. Interprétation savoureuse. □ Général → DVD DVD-BR$

PLANET OF THE APES [Planète des singes, La] ▷4
É.-U. 2001. Science-fiction de Tim BURTON avec Mark Wahlberg, Helena Bonham Carter et Tim Roth. - Un pilote se retrouve naufragé sur une planète où des singes intelligents ont réduit les humains à l'esclavage. □ Général · Déconseillé aux jeunes enfants
➔ DVD DVD-BR$

PLANET TERROR - UNCUT
É.-U. 2007. Robert RODRIGUEZ ➔ DVD DVD-BR$

PLANÈTE AU TRÉSOR, LA *voir* **Treasure Planet**

PLANÈTE DES SINGES, LA *voir* **Planet of the Apes**

PLANÈTE SAUVAGE, LA [Fantastic Planet] ►2
FR. 1973. Dessins animés de René LALOUX. - Sur une planète habitent des créatures intelligentes à la peau bleue qui emploient comme animaux domestiques des êtres plus petits à la forme humaine. - Intrigue de science-fiction fort originale. Méthodes d'animation inventives. Touches poétiques. □ Général ➔ DVD$

PLANK, THE ▷4
ANG. 1967. Comédie burlesque réalisée et interprétée par Erik SYKES avec Tommy Cooper et Jimmy Edwards. - Les tribulations d'une planche qui cause un tas d'ennuis à ceux qui la manipulent.
□ Général

PLANQUE, LA ▷5
QUÉ. 2004. Drame policier d'Alexandre CHARTRAND et Thierry GENDRON avec Martin Desgagné, Pierre-Antoine Lasnier et Marie-Josée Forget. - En route vers les États-Unis, deux trafiquants de drogue sont forcés de revoir leurs plans et de se cacher dans une usine désaffectée. □ 13 ans+ ➔ DVD$

PLANTE HUMAINE, LA ▷4
QUÉ. 1996. Dessins animés de Pierre HÉBERT. - Le monde vu à travers l'imaginaire et le regard d'un veuf retraité qui mène une petite vie tranquille. □ Général

PLAQUES TECTONIQUES, LES *voir* **Tectonic Plates**

PLASTIC AGE, THE
É.-U. 1925. Wesley RUGGLES □ Général

PLATINUM BLONDE ▷4
É.-U. 1931. Comédie de mœurs de Frank CAPRA avec Robert Williams, Jean Harlow et Loretta Young. - Un journaliste qui a épousé une riche héritière n'arrive pas à s'adapter aux mœurs aristocratiques de sa belle-famille. □ Général ➔ DVD$

PLATOON [Platoon - Collector's Edition] ▷3
É.-U. 1986. Drame de guerre d'Oliver STONE avec Charlie Sheen, Tom Berenger et Willem Dafoe. - S'étant porté volontaire pour aller combattre au Viêt-nam, un jeune homme découvre la dure réalité de la guerre. - Portrait sans concession. Intrigue un peu forcée. Style réaliste d'une intensité impressionnante. Rythme soutenu. Interprétation crédible. □ 13 ans+ ➔ DVD$

PLAXMOL *voir* **Flubber**

PLAY FOR ME
ARG. 2001. Rodrigo FURTH

PLAY IT AGAIN, SAM ▷4
É.-U. 1972. Comédie satirique d'Herbert ROSS avec Woody Allen, Diane Keaton et Tony Roberts. - Un critique de cinéma timide s'identifie à Humphrey Bogart pour s'encourager dans ses poursuites amoureuses.
□ Général

PLAY MISTY FOR ME [Frissons dans la nuit] ▷4
É.-U. 1971. Drame policier réalisé et interprété par Clint EASTWOOD avec Jessica Walter et Donna Mills. - L'animateur d'une émission radiophonique est aux prises avec une admiratrice déséquilibrée.
□ 18 ans+ ➔ DVD$

PLAY TIME ►1
FR. 1967. Comédie satirique réalisée et interprétée par Jacques TATI avec Barbara Dennek et Bill Kearns. - Un homme s'égare dans les corridors d'un building ultra-moderne et connaît diverses mésaventures. - Satire sociale ambitieuse et fort originale. Riche succession de trouvailles comiques. Galerie variée de personnages finement dessinés. Décors utilisés avec génie. Interprétation sympathique de J. Tati. □ Général ➔ DVD$

PLAYA AZUL
MEX. 1992. Alfredo JOSKOWICZ

PLAYAS BALL
É.-U. 2003. Jennifer HARPER ➔ DVD$

PLAYBOYS, THE [Secret de Tara, Le] ▷3
IRL. 1992. Drame sentimental de Gillies MacKINNON avec Robin Wright, Albert Finney et Aidan Quinn. - En 1957, dans un village d'Irlande du Sud, un policier alcoolique est amoureux d'une jeune mère célibataire qui lui préfère un comédien ambulant. - Sujet abordé avec justesse et sensibilité. Mise en scène délicate et nuancée. Interprétation intense de A. Finney. □ Général ➔ DVD$

PLAYED
ANG. 2006. Sean STANEK ➔ DVD$

PLAYER, THE [Meneur, Le] ►2
É.-U. 1992. Comédie satirique de Robert ALTMAN avec Tim Robbins, Greta Scacchi et Whoopi Goldberg. - Un jeune cadre d'Hollywood vit des heures d'angoisse après avoir tué accidentellement un scénariste. - Scénario particulièrement bien construit. Critique mordante des milieux du cinéma hollywoodien. Mise en scène à la fois souple et complexe. Distribution réunissant plusieurs vedettes. □ Général

PLAZA SUITE ▷4
É.-U. 1970. Film à sketches d'Arthur HILLER avec Walter Matthau, Maureen Stapleton, Barbara Harris et Lee Grant. - Trois incidents se situant dans une même chambre d'hôtel. □ 13 ans+ ➔ DVD$

PLEASANTVILLE [Bienvenue à Pleasantville] ▷3
É.-U. 1998. Comédie fantaisiste de Gary ROSS avec Tobey Maguire, Reese Witherspoon et Joan Allen. - Un adolescent timoré et sa sœur plus délurée sont projetés dans l'univers d'une série télévisée des années 50. - Fable amusante et caustique sur la liberté et la tolérance. Effets visuels impressionnants. Interprétation sensible.
□ Général ➔ DVD$

PLEASE DON'T EAT MY MOTHER!
É.-U. 1972. Carl MONSON □ 18 ans+ · Érotisme ➔ DVD$

PLEASE DON'T EAT THE DAISIES ▷4
É.-U. 1960. Comédie de Charles WALTERS avec David Niven, Doris Day et Janis Paige. - Les tribulations familiales et professionnelles d'un critique théâtral. ➔ DVD$

PLEASURE PARTY *voir* **Une partie de plaisir**

PLEDGE, THE [Promesse, La] ▷4
É.-U. 2000. Drame policier de Sean PENN avec Jack Nicholson, Robin Wright Penn et Aaron Eckhart. - Un policier à la retraite est obsédé par son désir de remplir la promesse qu'il a faite à une mère de retrouver l'assassin de sa fillette. □ 13 ans+ ➔ DVD$

PLEIN FER ▷4
FR. 1990. Drame de mœurs de Josée DAYAN avec François Negret, Jean-Pierre Bisson et Serge Reggiani. - Une sombre affaire de meurtre semble être à l'origine d'un duel opposant deux champions de la pétanque. □ Général

PLEIN SOLEIL [Purple Noon] ▷3
FR. 1959. Thriller de René CLÉMENT avec Alain Delon, Marie Laforêt et Maurice Ronet. - Un jeune homme sans scrupules tue son ami et se fait passer pour lui afin de s'emparer de sa fortune. - Suspense racé d'après le roman Le Talentueux M. Ripley de Patricia Highsmith. Coup de théâtre final assez surprenant. Traitement d'une grande beauté formelle. Rythme soutenu. Interprétation solide. ➔ DVD$

PLEIN SUD ▷4
FR. 1980. Comédie dramatique de Luc BÉRAUD avec Patrick Dewaere, Clio Goldsmith et Jeanne Moreau. - Un professeur d'université vit une relation amoureuse tumultueuse avec une belle inconnue.
□ 13 ans+

PLEINE DE VIE *voir* **Full of Life**

PLEINE LUNE SUR PARADOR *voir* **Moon Over Parador**

PLENTY ▷4
ANG. 1985. Drame psychologique de Fred SCHEPISI avec Meryl Streep, Charles Dance et Tracey Ullman. - Une Anglaise aigrie qui a tendance à idéaliser son passé dans la Résistance éprouve de la difficulté à trouver le bonheur. □ Général ➔ DVD$

PLEURE PAS GERMAINE ▷4
BEL. 2000. Comédie dramatique d'Alain de HALLEUX avec Dirk Roofthooft, Rosa Renom et Cathy Grosjean. - Un père de famille belge déménage en Espagne avec les siens, dans le but secret d'y retrouver celui qui aurait causé la mort de sa fille aînée. □ 13 ans+

PLOT AGAINST HARRY, THE ▷4
É.-U. 1968. Comédie de Michael ROEMER avec Martin Priest, Ben Lang et Henry Nemo. - Ses problèmes familiaux se mêlant à ses activités professionnelles, un bookmaker minable éprouve bien du mal à reprendre ses affaires en main à sa sortie de prison. ➜ DVD $

PLOTS WITH A VIEW *voir* **Undertaking Betty**

PLOUFFE, LES ▷3
QUÉ. 1981. Comédie dramatique de Gilles CARLE avec Gabriel Arcand, Émile Genest et Pierre Curzi. - À la fin des années 1930, les membres d'une famille habitant la basse-ville de Québec affrontent diverses situations. - Adaptation du roman de Roger Lemelin. Suite de scènes colorées. Évocation juste de l'époque. □ Général ➜ DVD $

PLOUGHMAN'S LUNCH
ANG. 1983. Richard EYRE ➜ DVD $

PLUCKING THE DAISY *voir* **En effeuillant la marguerite**

PLUIE D'ÉTÉ *voir* **Summer Rain**

PLUIE NOIRE [Black Rain] ►2
JAP. 1989. Drame social de Shohei IMAMURA avec Yoshiko Tanaka, Kazuo Kitamura et Etsuko Ichihara. - Après avoir subi les effets d'une pluie radioactive lors du bombardement d'Hiroshima, des habitants d'un village voisin tentent de reprendre le cours de la vie. - Entrée en matière au ton cauchemardesque. Évocation sobre des conséquences d'un désastre atomique. Réalisation fort maîtrisée. Excellente interprétation.

PLUMBER, THE [Plombier, Le] ▷4
AUS. 1979. Comédie satirique de Peter WEIR avec Judy Morris, Robert Coleby et Ivar Kants. - Un plombier impose sa présence à un couple d'universitaires.

PLUME ET LE SANG, LA *voir* **Quills**

PLUNDER OF THE SUN
É.-U. 1953. John FARROW ➜ DVD $

PLUNKETT & MACLEANE ▷4
ANG.-TCH. 1999. Aventures de Jake SCOTT avec Jonny Lee Miller, Robert Carlyle et Liv Tyler. - En 1748, deux voleurs de grand chemin évoluent dans la haute société londonienne en se faisant passer pour un gentleman et son serviteur. □ 13 ans+

PLUS BEAU MÉTIER DU MONDE, LE ▷4
FR. 1996. Comédie de mœurs de Gérard LAUZIER avec Gérard Depardieu, Michèle Laroque et Souad Amidou. - Un professeur d'histoire quitte la campagne pour s'installer à Paris où il hérite d'une classe formée d'élèves particulièrement difficiles.

PLUS BEL ÂGE, LE ▷5
FR. 1994. Drame de mœurs de Didier HAUDEPIN avec Élodie Bouchez, Melvil Poupaud et Gaël Morel. - Une étudiante tente de découvrir les motifs du suicide d'une brillante consœur. □ Érotisme

PLUS BELLES ANNÉES DE NOTRE VIE, LES
voir **Best Years of Our Lives, The**

PLUS ÇA VA, MOINS ÇA VA ▷4
FR. 1977. Comédie policière de Michel VIANEY avec Jean-Pierre Marielle, Jean Carmet et Louis Jourdan. - À Saint-Tropez, deux policiers enquêtent sur un meurtre dont la victime a été trouvée près d'une riche villa. □ 13 ans+

PLUS LONGUE NUIT DU DIABLE, LA ▷4
[Devil's Nightmare]
BEL. 1972. Drame d'horreur de Jean BRISMÉE avec Erika Blanc, Jean Servais et Daniel Emilfork. - Un groupe de touristes est accueilli par un soir d'orage dans un château sur lequel pèse une malédiction. □ 18 ans+ · Horreur

PLUS RIEN À PERDRE *voir* **Out of the Blue**

PLUS TARD, TU COMPRENDRAS ▷4
FR. 2008. Drame d'Amos GITAI avec Jeanne Moreau, Hippolyte Girardot et Emmanuelle Devos. - Apprenant qu'il est juif, un quadragénaire parisien tente de faire la lumière sur les agissements de ses parents durant la Deuxième Guerre mondiale. ➜ DVD $

POCAHONTAS ▷4
É.-U. 1995. Dessins animés de Mike GABRIEL et Eric GOLDBERG. - Au début du XVIIe siècle, l'amour naissant entre une jeune Amérindienne et un capitaine anglais est menacé par l'antagonisme qui divise leurs peuples respectifs. □ Général ➜ DVD $

POCKETFUL OF MIRACLES ▷4
É.-U. 1961. Comédie de Frank CAPRA avec Bette Davis, Glenn Ford et Hope Lange. - Un gangster transforme une pauvresse en grande dame pour qu'elle puisse marier sa fille à un noble espagnol. □ Général

POCKETFUL OF RYE, A ▷4
ANG. 1989. Drame policier de Guy SLATER avec Joan Hickson, Fabia Drake et Timothy West. - Une vieille dame futée enquête sur l'empoisonnement mystérieux d'un financier bougon peu apprécié par son entourage. □ Général

PODIUM ▷4
FR. 2003. Comédie fantaisiste de Yann MOIX avec Benoît Poelvoorde, Jean-Paul Rouve et Julie Depardieu. - Un ex-sosie du chanteur Claude François reprend son personnage à l'occasion d'un concours organisé par une grande chaîne de télévision. □ Général ➜ DVD $

POÈMES POUR IRIS *voir* **Iris**

POÈTES MAUDITS, LES *voir* **Total Eclipse**

POETIC JUSTICE ▷4
É.-U. 1993. Drame psychologique de John SINGLETON avec Janet Jackson, Tupac Shakur et Tyra Ferrell. - Une coiffeuse qui se remet difficilement de la mort de son copain se joint à une amie pour un périple avec deux postiers. □ 13 ans+ · Langage vulgaire ➜ DVD $

POIDS DE L'EAU, LE *voir* **Weight of Water, The**

POINT BLANK [Point de non-retour, Le] ▷4
É.-U. 1967. Drame policier de John BOORMAN avec Lee Marvin, Angie Dickinson et Keenan Wynn. - Laissé pour mort après sa participation à un vol, un criminel cherche à récupérer sa part du magot. □ 13 ans+ ➜ DVD $

POINT BREAK [Extrême Limite] ▷4
É.-U. 1991. Drame policier de Kathryn BIGELOW avec Keanu Reeves et Patrick Swayze. - Un agent du FBI enquête sur une série de vols de banque commis par des adeptes du surf. □ 13 ans+ ➜ DVD $

POINT DE CHUTE *voir* **Terminal Velocity**

POINT DE NON-RETOUR, LE *voir* **Point Blank**

POINT LIMITE *voir* **Fail-Safe**

POINT LIMITE ZÉRO *voir* **Vanishing Point**

POINT ZABRISKIE *voir* **Zabriskie Point**

POINTSMAN, THE ▷4
HOL. 1986. Comédie dramatique de Jos STELLING avec Jim van der Woude, Stéphanie Excoffier et John Kraaykamp. - Descendue d'un train par erreur en rase campagne, une voyageuse cherche refuge chez un aiguilleur aux comportements bizarres. □ 13 ans+

POISON ▷4
É.-U. 1990. Film à sketches de Todd HAYNES avec Edith Meeks, Larry Maxwell et Scott Renderer. - L'histoire d'un garçon qui a commis un parricide, d'un jeune savant qui se transforme en monstre libidineux et d'un bagnard qui s'éprend d'un codétenu. □ 18 ans+

POISON, LA ▷4
FR. 1951. Comédie dramatique de Sacha GUITRY avec Michel Simon, Jean Debucourt et Pauline Carton. - Un homme trouve le moyen de se débarrasser impunément de son épouse qui veut aussi l'assassiner.

POLA X ▷4
FR. 1999. Drame de mœurs de Leos CARAX avec Guillaume Depardieu, Katerina Golubeva et Catherine Deneuve. - Sur le point de se marier, un jeune écrivain de famille aisée s'enfuit avec une inconnue qui prétend être sa sœur.

POLAR ▷4
FR. 1983. Drame policier de Jacques BRAL avec Jean-François Balmer, Sandra Montaigu et Pierre Santini. - Un détective privé plutôt paumé s'attire de nombreux ennuis lorsqu'il décide d'aider une jeune inconnue à éclaircir les circonstances entourant un meurtre.

POLAR EXPRESS [Boréal-Express] ▷4
É.-U. 2004. Film d'animation de Robert ZEMECKIS. - La veille de Noël, un petit garçon qui ne croit pas à Santa Claus monte à bord d'un train magique à destination du Pôle Nord. □ Général ➜ DVD DVD-BR $

POLICE ▷3
FR. 1985. Drame policier de Maurice PIALAT avec Gérard Depardieu, Sophie Marceau et Richard Anconina. - Un commissaire s'éprend de la maîtresse d'un trafiquant de drogue qu'il vient d'arrêter. - Réalisation personnelle. Intrigue peu serrée. Traitement réaliste. Ton de mélancolie. Bonne interprétation. □ Général

POLICE PUISSANCE 7 *voir* **Seven-Ups, The**

POLICE PYTHON 357 ▷4
FR. 1975. Drame policier d'Alain CORNEAU avec Yves Montand, Simone Signoret et François Périer. - Un policier chargé d'enquêter sur le meurtre d'une amie s'aperçoit que les indices peuvent l'incriminer. □ Général

POLISH WEDDING ▷5
É.-U. 1997. Comédie de mœurs de Theresa CONNELLY avec Lena Olin, Gabriel Byrne et Claire Danes. - Les membres d'une famille d'origine polonaise vivant dans un quartier ouvrier de Detroit affrontent divers problèmes sentimentaux. □ Général ➔ DVD $

POLLO, LE CHAT SANS QUEUE ▷5
SUÈ. 1985. Dessins animés de Stig LASSEBY et Jan GISSBERG. - Souffre-douleur des félins délinquants de son quartier, un chat doit pourtant faire preuve de valeur pour impressionner son amie.

POLLOCK ▷4
É.-U. 2000. Drame biographique réalisé et interprété par Ed HARRIS avec Marcia Gay Harden et Amy Madigan. - La vie professionnelle et sentimentale du peintre abstrait new-yorkais Jackson Pollock, de 1941 jusqu'à sa mort en 1956. □ Général ➔ DVD $

POLLUX, LE MANÈGE ENCHANTÉ ▷4
FR. 2005. Film d'animation de Jean DUVAL, Frank PASSINGHAM et David BORTHWICK. - Un chien et ses amis tentent d'empêcher un méchant sorcier d'emprisonner la planète dans les glaces. □ Général ➔ DVD $

POLLYANNA ▷4
É.-U. 1960. Conte de David SWIFT avec Hayley Mills, Jane Wyman et Karl Malden. - Une orpheline de treize ans réussit à ramener la joie dans le cœur de plusieurs personnes aigries. □ Général ➔ DVD $

POLTERGEIST [Vengeance des fantômes, La] ▷3
É.-U. 1982. Drame fantastique de Tobe HOOPER avec JoBeth Williams, Craig T. Nelson et Beatrice Straight. - D'étranges phénomènes surnaturels se font sentir dans une maison de banlieue. - Histoire de fantômes au superlatif. Trucages étonnants. Habileté technique remarquable. Interprètes convaincants. □ 13 ans+ ➔ DVD DVD-BR $

POLTERGEIST II ▷4
É.-U. 1986. Drame fantastique de Brian GIBSON avec Craig T. Nelson, JoBeth Williams et Will Sampson. - Chassée de sa maison californienne par des fantômes, une famille doit une nouvelle fois les affronter en Arizona. □ 13 ans+

POLTERGEIST II/POLTERGEIST III
É.-U. 1986. Gary SHERMAN, Brian GIBSON ➔ DVD $

POLYESTER *voir* **Desperate Living**

POLYESTER ▷6
É.-U. 1981. Comédie de John WATERS avec Divine, Tab Hunter et Edith Massey. - Les problèmes d'une ménagère de banlieue dont la famille s'en va à la débandade. □ 18 ans+

POLYGRAPHE, LE ▷4
QUÉ. 1996. Drame psychologique de Robert LEPAGE avec Patrick Goyette, Marie Brassard et Peter Stormare. - Le meurtre non résolu d'une jeune femme bouleverse l'existence de son compagnon qui n'a plus aucun souvenir de la nuit du drame. □ 13 ans+

POLYTECHNIQUE ▷4
QUÉ. 2008. Drame social de Denis VILLENEUVE avec Maxim Gaudette, Karine Vanasse et Sébastien Huberdeau. - Évocation du massacre de l'école Polytechnique, le 6 décembre 1989, selon les points de vue du tueur et de deux étudiants, une survivante et un témoin impuissant. □ 13 ans+ · Violence

POMME, LA ▷3
IRAN. 1998. Drame de mœurs de Samira MAKHMALBAF avec Massoumeh Naderi, Zahra Naderi et Ghorban Ali Naderi. - Une assistante sociale vient en aide à deux fillettes séquestrées pendant onze ans par leur vieux père et leur mère aveugle. - Reconstitution tragicomique d'une situation peu banale avec les protagonistes réels du drame. Critique en filigrane du patriarcat. Style apparenté au néo-réalisme. Mise en scène discrète. □ Général

POMME, LA QUEUE ET LES PÉPINS, LA ▷7
QUÉ. 1974. Comédie de mœurs de Claude FOURNIER avec Donald Lautrec, Han Masson et Janine Sutto. - Durant son voyage de noces, une homme devenu soudainement impuissant cherche à retrouver sa virilité par tous les moyens.

POMPIERS EN ALERTE *voir* **Backdraft**

PONETTE ▶2
FR. 1996. Drame psychologique de Jacques DOILLON avec Victoire Thivisol, Matiaz Bureau Caton et Xavier Beauvois. - Une petite fille qui a perdu sa mère dans un accident de voiture ne peut se résoudre à ne plus jamais la revoir. - Sujet grave traité avec une grande finesse. Mise en scène d'une infinie délicatesse. Interprétation poignante de l'adorable V. Thivisol. □ Général

PONT DE CASSANDRA, LE
voir **Cassandra Crossing, The**

PONT DE TERABITHIA, LE *voir* **Bridge to Terabithia**

PONT SUR LA RIVIÈRE KWAI, LE
voir **Bridge on the River Kwai, The**

PONTYPOOL ▷4
CAN. 2008. Drame d'horreur de Bruce McDONALD avec Stephen McHattie, Lisa Houle et Georgina Reilly. - Un animateur de radio d'un petit bled et son équipe se retrouvent prisonniers de leur station alors qu'au dehors, un mystérieux virus fait des ravages. □ 13 ans+ · Horreur ➔ DVD $

POOKIE *voir* **Sterile Cuckoo, The**

POOR BOY'S GAME ▷4
CAN. 2007. Drame sportif de Clément VIRGO avec Rossif Sutherland, Danny Glover et Flex Alexander. - Après dix ans en prison pour un crime raciste, un boxeur blanc est appelé à retourner dans le ring face à un champion de race noire. □ 13 ans+ · Violence · Langage vulgaire ➔ DVD $

POOR WHITE TRASH
É.-U. 2000. Michael ADDIS ➔ DVD $

POP AMÉRICAIN *voir* **American Pop**

POPE JOAN
ANG. ITA. 1972. Michael ANDERSON ➔ DVD $

POPE OF GREENWICH VILLAGE, THE ▷4
[Pape de Greenwich Village, Le]
É.-U. 1984. Drame de mœurs de Stuart ROSENBERG avec Mickey Rourke, Eric Roberts et Daryl Hannah. - Congédiés de leur travail, deux jeunes gens réalisent un cambriolage sans se douter que l'argent volé appartient à un caïd de la pègre. □ 13 ans+ ➔ DVD $

POPEYE ▷4
É.-U. 1980. Comédie de Robert ALTMAN avec Robin Williams, Shelley Duvall et Paul L. Smith. - Un marin solitaire à la recherche de son vieux père arrive dans un village côtier dominé par un despote. □ Général ➔ DVD $

POPI ▷4
É.-U. 1969. Comédie d'Arthur HILLER avec Alan Arkin, Rita Moreno et Miguel Alejandro. - Un veuf portoricain vivant pauvrement dans un quartier de New York cherche à assurer l'avenir de ses deux fils. ➔ DVD $

POR LA LIBRE [Dust to Dust]
MEX. 2000. Juan Carlos DE LLACA

PORCELAIN DOLL, THE
HON. 2005. Péter GARDOS

PORCHERIE [Porcile] ▷3
ITA. 1969. Drame poétique de Pier Paolo PASOLINI avec Jean-Pierre Léaud, Pierre Clémenti et Anne Wiazemsky. - L'étrange histoire d'un jeune homme attiré par les porcs s'entremêle à celle d'un vagabond coupable de cannibalisme. - Recherche poétique tourmentée. Œuvre insolite et intéressante. Contrastes bien évoqués entre les deux récits. Interprétation stylisée. □ 13 ans+ ➔ DVD $

PORCO ROSSO
FR. JAP. 1992. Hayao MIYAZAKI ➔ DVD $

PORK CHOP HILL ▷3
É.-U. 1959. Drame de guerre de Lewis MILESTONE avec Gregory Peck, Harry Guardino et Rip Torn. - À la fin de la guerre de Corée, un lieutenant américain reçoit l'ordre d'attaquer une colline de valeur stratégique douteuse. - Vision critique de la guerre. Habile reconstitution. Ensemble convaincant. Jeu sincère des interprètes. □ Général ➔ DVD $

PORNOGRAFIA
POL. 2003. Jan Jakub KOLSKI

PORNOGRAPHE, LE ▷3
FR. 2001. Drame psychologique de Bertrand BONELLO avec Jean-Pierre Léaud, Jérémie Renier et Dominique Blanc. - Inactif depuis quinze ans, un réalisateur de films pornos tournant un nouveau projet tente de regagner l'estime de son fils adolescent. - Regard lucide sur une génération à travers le portrait sensible d'un cas particulier. Approche critique du milieu. Réalisation sobre et précise. Jeu maîtrisé de J.-P. Léaud. □ 18 ans+

PORNOGRAPHER, THE
É.-U. 1999. Doug ATCHISON ➔ DVD $

PORNOGRAPHERS, THE
JAP. 1966. Shohei IMAMURA □ Général ➔ DVD $

PORT DJEMA ▷4
FR. 1996. Drame psychologique d'Eric HEUMANN avec Jean-Yves Dubois, Nathalie Boutefeu et Christophe Odent. - Afin d'élucider les circonstances de la mort d'un ami, un médecin français se rend dans une région d'Afrique de l'Est déchirée par la guerre civile. □ Général

PORT OF CALL *voir* **Ville portuaire**

PORT OF SHADOWS *voir* **Quai des brumes**

PORTE D'OR, LA *voir* **Nuovomondo**

PORTE DE L'ENFER, LA *voir* **Gate of Hell**

PORTÉ DISPARU *voir* **Missing**

PORTE S'OUVRE, LA *voir* **No Way Out**

PORTE-BONHEUR, LE *voir* **Two Bits**

PORTES DE L'ESPRIT, LES *voir* **Stir of Echoes**

PORTES DU DESTIN, LES *voir* **Sliding Doors**

PORTES TOURNANTES, LES ▷4
QUÉ. 1988. Drame de Francis MANKIEWICZ avec Monique Spaziani, Gabriel Arcand et François Méthé. - À partir de documents adressés à son père, un jeune garçon revit l'histoire de sa grand-mère, une ancienne pianiste du cinéma muet. □ Général ➔ DVD $

PORTEUR D'EAU, LE *voir* **Waterboy, The**

PORTEUR DE SERVIETTE, LE ▷4
ITA. 1991. Comédie satirique de Daniele LUCHETTI avec Silvio Orlando, Nanni Moretti et Anne Roussel. - Engagé pour écrire les discours d'un politicien populaire qu'il admire, un professeur découvre avec surprise le cynisme et l'opportunisme de cet individu. □ Général

PORTEUR, LE *voir* **Pallbearer, The**

PORTIER DE NUIT *voir* **Night porter, The**

PORTION D'ÉTERNITÉ ▷4
QUÉ. 1989. Drame social de Robert FAVREAU avec Danielle Proulx, Marc Messier et Patricia Nolin. - Une femme cadre du ministère de la Santé enquête sur les activités d'un laboratoire spécialisé en manipulations génétiques.

PORTRAIT CRACHÉ D'UNE FAMILLE MODÈLE *voir* **Parenthood**

PORTRAIT D'UN ASSASSIN ▷4
FR. 1949. Drame de Bernard ROLAND avec Arletty, Pierre Brasseur et Erich Von Stroheim. - Une femme qui travaille dans les milieux du cirque fait courir un grave péril à un acrobate.

PORTRAIT DE DORIAN GRAY, LE *voir* **Picture of Dorian Gray, The**

PORTRAIT OF A LADY, THE [Portrait de femme] ▷4
É.-U. 1996. Drame psychologique de Jane CAMPION avec Nicole Kidman, John Malkovich et Barbara Hershey. - Bien qu'elle soit éprise de liberté, une jeune Américaine ayant hérité d'une fortune se précipite dans un mariage qui lui causera une amère déception. □ Général

PORTRAIT OF HELL
JAP. 1969. Shiro TOYODA ➔ DVD $

PORTRAIT OF JENNIE ▷4
É.-U. 1948. Drame fantastique de William DIETERLE avec Joseph Cotten, Jennifer Jones et Ethel Barrymore. - Un peintre désillusionné est réconforté par ses rencontres avec une mystérieuse jeune fille. □ Général ➔ DVD $

POSERS [Vipères]
CAN. 2002. Katie TALLO ➔ DVD $

POSITION DE L'ESCARGOT, LA ▷5
QUÉ. 1998. Drame psychologique de Michka SAÄL avec Mirella Tomassini, Victor Lanoux et Jude-Antoine Jarda. - À Montréal, une jeune Juive maghrébine renoue avec son père disparu depuis vingt ans et s'amourache d'un squatter jamaïcain. □ 13 ans+

POSITIVELY TRUE ADVENTURE OF THE ALLEGED TEXAS CHEERLEADER-MURDERING MOM, THE ▷4
É.-U. 1993. Comédie dramatique de Michael RITCHIE avec Holly Hunter, Beau Bridges et Swoosie Kurtz. - Une Texane veut faire assassiner la mère d'une rivale de sa fille afin d'assurer à cette dernière une place au sein d'un groupe de meneuses de claque. ➔ DVD $

POSSE ▷4
É.-U. 1975. Western réalisé et interprété par Kirk DOUGLAS avec Bruce Dern et Bo Hopkins. - Un marshall désireux d'accéder au poste de sénateur compte sur la capture d'un voleur de trains pour favoriser sa campagne électorale. □ Général ➔ DVD $

POSSESSED
H.-K. 2002. Siu (Billy Chung) HUNG ➔ DVD $

POSSESSION ▷4
É.-U. 2002. Drame sentimental de Neil LaBUTE avec Aaron Eckhart, Gwyneth Paltrow et Jeremy Northam. - À Londres, deux universitaires tombent amoureux en découvrant des lettres qui révèlent la liaison passionnée de deux poètes du XIXe siècle. □ Général ➔ DVD $

POSSESSION [Possession/Shock] ▷3
FR. 1981. Drame fantastique d'Andrzej ZULAWSKI avec Isabelle Adjani, Sam Neill et Heinz Bennent. - De retour à Berlin après une longue absence, un homme découvre que sa femme se terre dans un logement minable avec un compagnon mystérieux. - Récit déroutant enrichi de touches insolites. Traitement particulier de la couleur. Style recherché fondé sur l'outrance. Passages pénibles. Solide interprétation de I. Adjani. □ 18 ans+

POSSESSION OF JOEL DELANEY, THE ▷5
ANG. 1971. Drame fantastique de W. HUSSEIN avec Shirley MacLaine, Perry King et Barbara Trentham. - Une femme croit que l'esprit d'un jeune meurtrier décédé a pris possession de son frère. ➔ DVD $

POSSIBLE WORLDS [Mondes possibles] ▷5
QUÉ. 2000. Science-fiction de Robert LEPAGE avec Tom McCamus, Tilda Swinton et Sean McCann. - Un homme retrouvé mort vit simultanément plusieurs existences au cours desquelles il tombe amoureux de la même femme. □ Général ➔ DVD $

POST COÏTUM, ANIMAL TRISTE ▷3
FR. 1997. Drame psychologique réalisé et interprété par Brigitte ROÜAN avec Patrick Chesnais et Boris Terral. - Une quadragénaire mariée vit le choc d'une relation passionnée avec un amant beaucoup plus jeune qu'elle. - Dissection d'une passion amoureuse et de ses séquelles. Récit bien construit. Quelques touches fantaisistes. □ 13 ans+

POST MORTEM ▷4
QUÉ. 1999. Drame psychologique de Louis BÉLANGER avec Sylvie Moreau, Gabriel Arcand et Hélène Loiselle. - Le destin d'une jeune mère célibataire qui vit d'expédients croise celui d'un gardien de morgue solitaire. ➔ DVD $

POSTCARDS FROM AMERICA
ANG. É.-U. 1994. Steve MCLEAN ➔ DVD $

POSTCARDS FROM THE EDGE ▷4
[Bons baisers d'Hollywood]
É.-U. 1990. Comédie satirique de Mike NICHOLS avec Meryl Streep, Shirley MacLaine et Gene Hackman. - Une actrice de cinéma traverse une période difficile après être sortie d'une cure de désintoxication. □ Général ➔ DVD $

POSTE RESTANTE *voir* **84 Charing Cross Road**

POSTIÈRE, LA ▷4
QUÉ. 1992. Comédie de mœurs de Gilles CARLE avec Chloé Sainte-Marie, Nicolas François Rives et Steve Gendron. - En 1935, dans un village québécois, un jeune garçon observe avec curiosité les petites intrigues du monde adulte.

POSTINO, IL [Facteur de Neruda, Le] ▷3
ITA. 1994. Comédie dramatique de Michael RADFORD avec Massimo Troisi, Philippe Noiret et Maria Grazia Cucinotta. - Un célèbre poète chilien réfugié dans une île de la Méditerranée se lie d'amitié avec un modeste et timide fils de pêcheur. - Sujet abordé avec charme, simplicité et douceur. Mise en scène sobre et soignée. Connivence chaleureuse entre les deux principaux interprètes. □ Général ➔ DVD $

POSTMAN ALWAYS RINGS TWICE, THE ▷4
É.-U. 1946. Drame de Tay GARNETT avec John Garfield, Lana Turner et Cecil Kellaway. - La femme et l'employé d'un garagiste deviennent amants et décident de supprimer le mari gênant.
□ Général ➔ DVD $

POSTMAN ALWAYS RINGS TWICE, THE ▷4
[Facteur sonne toujours deux fois, Le]
É.-U. 1981. Drame de mœurs de Bob RAFELSON avec Jack Nicholson, Jessica Lange et John Colicos. - La femme et l'employé d'un garagiste deviennent amants et décident de supprimer le mari gênant.
□ 18 ans+ ➔ DVD $

POSTMAN FIGHTS BACK, THE
H.-K. 1981. Ronny YU ➔ DVD $

POT AUX ROSES, LE *voir* **In & Out**

POTEMKIN *voir* **Cuirassé Potemkine, Le**

POTINS DU SUD *voir* **Something to Talk About**

POTLUCK
É.-U. 2002. Allison THOMPSON ➔ DVD $

POTS CASSÉS, LES ▷5
QUÉ. 1993. Comédie dramatique de François BOUVIER avec Gilbert Sicotte, Marie Tifo et Marc Messier. - Un homme d'affaires taciturne qui rêve de devenir romancier et son épouse au tempérament suicidaire traversent une crise conjugale.

POUIC POUIC ▷4
FR. 1963. Comédie de Jean GIRAULT avec Louis de Funès, Mireille Darc et Philippe Nicaud. - Voyant sa fortune compromise par les excentricités de sa femme, un homme d'affaires essaie de vendre des actions au prétendant de sa fille.

POULET AU VINAIGRE [Cop au vin] ▷4
FR. 1984. Drame policier de Claude CHABROL avec Jean Poiret, Michel Bouquet et Stéphane Audran. - Trois notables d'une petite ville utilisent des moyens malhonnêtes pour mener à bien leur entreprise immobilière. □ Général ➔ DVD $

POULETS EN FUITE *voir* **Chicken Run**

POUPÉES RUSSES, LES ▷4
FR. 2005. Comédie sentimentale de Cédric KLAPISCH avec Romain Duris, Kelly Reilly et Audrey Tautou. - Les tribulations professionnelles et sentimentales d'un aspirant écrivain, de Paris à Londres en passant par Saint-Petersbourg. □ Général ➔ DVD $

POUR 100 BRIQUES, T'AS PLUS RIEN ▷4
FR. 1982. Comédie policière d'Édouard MOLINARO avec Daniel Auteuil, Gérard Jugnot et Anémone. - Deux chômeurs mettent au point un hold-up de banque avec prise d'otages. □ Général

POUR L'AMOUR DE NOS FILS *voir* **Some Mother's Son**

POUR L'AMOUR DE ROSEANNA *voir* **For Roseanna**

POUR L'AMOUR DE THOMAS ▷4
FR. 1994. Drame psychologique de Claude GAGNON avec Brigitte Fossey, Mathieu Rozé et Marie Tifo. - Voulant fuir la sollicitude envahissante de sa mère, un jeune séropositif se réfugie dans une île où il est accueilli comme un fils par une femme.

POUR L'EXEMPLE *voir* **King & Country**

POUR LA PEAU D'UN FLIC ▷4
FR. 1981. Drame policier réalisé et interprété par Alain DELON avec Anne Parillaud et Michel Auclair. - Un détective privé rencontre plusieurs obstacles dans sa détermination à retrouver une aveugle disparue. □ 13 ans+

POUR LE PIRE ET POUR LE MEILLEUR
voir **As Good as It Gets**

POUR QUE LES AUTRES VIVENT *voir* **Abandon Ship!**

POUR QUE VIVENT LES HOMMES *voir* **Not as a Stranger**

POUR QUELQUES DOLLARS DE PLUS
voir **For a Few Dollars More**

POUR TOUJOURS *voir* **Always**

POUR UNE NUIT *voir* **One Night Stand**

POUR UNE POIGNÉE D'HERBE ▷4
ALL. 2000. Drame social de Roland SUSO RICHTER avec Arman Inci, Oliver Korittke et Ercan Durmaz. - À Hambourg, un garçonnet kurde qui revend de la drogue pour son oncle se lie d'amitié avec un chauffeur de taxi cachant un lourd secret. □ 13 ans+

POUR UNE POIGNÉE DE DOLLARS *voir* **Fistful of Dollars, A**

POURQUOI PAS! ▷4
FR. 1977. Comédie de mœurs de Coline SERREAU avec Sami Frey, Christine Murillo et Mario Gonzales. - Une jeune femme séparée de son mari vit un curieux ménage à trois avec deux hommes.
□ 18 ans+

POURSUITE INFERNALE, LA *voir* **My Darling Clementine**

POURVU QUE CE SOIT UNE FILLE ▷4
ITA. 1985. Comédie dramatique de Mario MONICELLI avec Liv Ullmann, Philippe Noiret et Giuliana De Sio. - La mort d'un comte provoque la dispersion momentanée de sa famille, mais celle-ci se réunira bientôt sur des bases nouvelles. □ Général

POUSSE MAIS POUSSE ÉGAL ▷6
QUÉ. 1974. Comédie de Denis HÉROUX avec Gilles Latulippe, Céline Lomez et Denis Drouin. - Un père est exaspéré par l'intérêt que porte sa fille à un hurluberlu maladroit. □ Général

POUSSIÈRE D'ANGE ▷4
FR. 1987. Drame policier d'Édouard NIERMANS avec Bernard Giraudeau, Fanny Bastien et Michel Aumont. - Un inspecteur dépressif est amené à enquêter sur deux meurtres ayant un rapport avec une jeune fille bizarre qu'il s'efforce de protéger.

POUSSIÈRE, LA SUEUR ET LA POUDRE, LA
voir **Culpepper Cattle Company**

POUVOIR D'EXÉCUTER *voir* **Absolute Power**

POUVOIR INTIME ▷4
QUÉ. 1986. Drame policier d'Yves SIMONEAU avec Marie Tifo, Pierre Curzi et Jacques Godin. - Le hold-up d'un camion de sécurité est mis au point grâce à de nombreuses connivences, mais l'affaire tourne mal. □ Général

POVERTY AND OTHER DELIGHTS *voir* **Joyeux calvaire**

POWDER ▷4
É.-U. 1995. Drame fantastique de Victor SALVA avec Sean Patrick Flanery, Lance Henriksen et Mary Steenburgen. - L'existence marginale d'un adolescent né sans pigmentation et sans pilosité, mais doté d'une intelligence prodigieuse et de dons surnaturels.
□ Général ➔ DVD $

POWER ▷4
É.-U. 1986. Drame social de Sidney LUMET avec Richard Gere, Julie Christie et Gene Hackman. - Un conseiller en médias, qui ne se préoccupe pas de l'idéologie de ses clients, révise ses positions lorsqu'un vieil ami sénateur abandonne son poste. □ Général ➔ DVD $

POWWOW HIGHWAY ▷4
É.-U. 1988. Comédie dramatique de Jonathan WACKS avec A. Martinez, Gary Farmer et Joanelle Nadine Romero. - Un Cheyenne contestataire part libérer sa sœur que des promoteurs véreux ont fait incarcérer dans l'intention de l'intimider. □ Général ➔ DVD $

PRAIRIE HOME COMPANION, A ▷4
[Mélodie des prairies, La]
É.-U. 2006. Comédie dramatique de Robert ALTMAN avec Garrison Keillor, Meryl Streep et Kevin Kline. - La dernière présentation devant public d'une émission radiophonique de musique country est perturbée par divers incidents. ➔ DVD $

PRANCER ▷4
É.-U. 1989. Comédie fantaisiste de John HANCOCK avec Rebecca Harrell, Sam Elliott et Cloris Leachman. - À quelques jours de Noël, une fillette de neuf ans prend soin d'un renne blessé sans prévenir son père. □ Général ➔ DVD $

PRAYER FOR THE DYING, A [Irlandais, L'] ▷4
ANG. 1987. Drame policier de Mike HODGES avec Mickey Rourke, Bob Hoskins et Alan Bates. - Désireux de fuir son pays et d'abandonner ses activités, un terroriste irlandais se voit obligé de commettre un nouveau meurtre en échange d'un passeport. □ Général ➔ DVD $

PREDATOR [Prédateur, Le] ▷4
É.-U. 1987. Science-fiction de John McTIERNAN avec Arnold Schwarzenegger, Carl Weathers et Elpidia Carrillo. - Un commando qui s'est aventuré dans la jungle dans le but de libérer un sénateur enlevé par des guérilleros doit faire face à un extraterrestre.
□ 13 ans+ ➔ DVD DVD-BR $

PRÉDICATEUR, LE *voir* **Apostle, The**

PREFAB PEOPLE
HON. 1982. Béla TARR ➔ DVD $

PREMIER CHEVALIER, LE *voir* **First Knight**

PREMIER ENVOL, LE *voir* **Fly Away Home**

PREMIER JOUR DU RESTE DE TA VIE, LE ▷5
FR. 2008. Comédie dramatique de Rémi BEZANÇON avec Jacques Gamblin, Zabou Breitman et Marc-André Grondin. - La vie des membres d'une famille de classe moyenne, en cinq moments importants répartis entre 1988 et 2000. □ Général ➜ DVD $

PREMIER JUILLET - LE FILM ▷5
QUÉ. 2004. Comédie de mœurs de Philippe GAGNON avec Martin Laroche, Sabine Karsenti et Christian Brisson Dargis. - Les tribulations d'une famille, d'un trio d'amis et d'un jeune couple emportés par la vague de déménagements qui frappe Montréal chaque premier juillet. ➜ DVD $

PREMIER VOYAGE ▷4
FR. 1980. Comédie dramatique de Nadine TRINTIGNANT avec Marie Trintignant, Vincent Trintignant et Richard Berry. - À la mort de leur mère, deux enfants partent à la recherche de leur père dont ils sont sans nouvelles. □ Général

PREMIÈRE AVENTURE DE SHERLOCK HOLMES, LA *voir* **Young Sherlock Holmes**

PREMIÈRE FOIS QUE J'AI EU 20 ANS, LA ▷4
FR. 2004. Comédie dramatique de Lorraine LÉVY avec Marilou Berry, Catherine Jacob et Serge Riaboukine. - Dans les années 1960, une adolescente au physique ingrat qui joue de la contrebasse veut faire partie d'un ensemble de jazz traditionnellement réservé aux garçons. □ Général ➜ DVD $

PRÉMONITIONS *voir* **In Dreams**

PREMONITION ▷4
JAP. 2004. Drame d'horreur de Norio TSURUTA avec Hiroshi Mikami, Noriko Sakai et Hana Inoue. - Un professeur découvre un mystérieux journal dans lequel sont rapportés des événements funestes du futur. ➜ DVD $

PREMONITION ▷5
É.-U. 2007. Drame fantastique de Mennan YAPO avec Sandra Bullock, Julian McMahon et Nia Long. - Ayant appris la mort de son mari, une jeune mère est abasourdie de découvrir le lendemain que celui-ci est vivant. ➜ DVD DVD-BR $

PRÉNOM: CARMEN **[First Name: Carmen]** ▷3
FR. 1983. Drame de mœurs réalisé et interprété par Jean-Luc GODARD avec Maruschka Detmers et Jacques Bonaffé. - Prétextant y tourner un film, une jeune femme demande à emprunter l'appartement de son oncle où elle compte se réfugier après un hold-up. - Transposition moderne d'un thème classique. Traitement désinvolte et parodique. Mise en scène inventive. Interprétation assurée. □ 13 ans+

PRÉPAREZ VOS MOUCHOIRS ▷4
[Get Out Your Hankerchiefs]
FR. 1977. Comédie de mœurs de Bertrand BLIER avec Patrick Dewaere, Gérard Depardieu et Carole Laure. - Décontenancé par la mélancolie chronique de sa femme, un homme invite un inconnu à lui venir en aide. □ 18 ans+ ➜ DVD $

PRESAGIO
MEX. 1975. Luis ALCORIZA

PRÉSIDENT
FR. 2006. Lionel DELPLANQUE ➜ DVD $

PRÉSIDENT AMÉRICAIN, UN *voir* **American President, The**

PRÉSIDENT D'UN JOUR *voir* **Dave**

PRESIDENT'S LAST BANG
COR. 2005. Im SANG-SOO ➜ DVD $

PRÉSIDENT, LE ▷4
FR. 1960. Drame social d'Henri VERNEUIL avec Jean Gabin, Bernard Blier et Renée Faure. - Un président du Conseil lutte pour soutenir l'économie de la France. ➜ DVD $

PRESQUE CÉLÈBRE *voir* **Almost Famous**

PRESSENTIMENT, LE ▷3
FR. 2006. Drame psychologique réalisé et interprété par Jean-Pierre DARROUSSIN avec Valérie Stroh et Amandine Janin. - Déçu par le monde mesquin dans lequel il évolue, un avocat bourgeois quitte les siens pour un appartement modeste dans un quartier populaire. - Adaptation fine et sensible du roman d'Emmanuel Bove. Scénario économe d'effets mais aux nombreux traits d'esprit. Réalisation consciencieuse et mesurée. Interprétation nuancée. □ Général ➜ DVD $

PRESSURE POINT ▷4
É.-U. 1962. Drame psychologique de Hubert CORNFIELD avec Sidney Poitier, Bobby Darin et Peter Falk. - Dans une prison fédérale, un psychiatre de race noire tente de libérer de ses complexes un Blanc raciste. □ 13 ans+ ➜ DVD $

PRESTIGE, THE ▷3
É.-U. 2006. Drame fantastique de Christopher NOLAN avec Hugh Jackman, Christian Bale et Scarlett Johansson. - À Londres, au tournant du XXe siècle, la rivalité entre deux grands prestidigitateurs, autrefois amis, atteint des proportions alarmantes. - Scénario brillant et astucieux tiré d'un roman de Christopher Priest. Récit insolite et savamment désorganisé, au carrefour du réel et du merveilleux. Réalisation et photographie somptueuses. Excellents interprètes. □ Général · Déconseillé aux jeunes enfants ➜ DVD DVD-BR $

PRESUMED INNOCENT ▷3
É.-U. 1990. Drame policier d'Alan J. PAKULA avec Harrison Ford, Greta Scacchi et Brian Dennehy. - Soupçonné d'avoir tué une collègue dont il était l'amant, un avocat marié cherche à prouver son innocence. - Histoire bien ficelée. Climat de suspicion et de suspense habilement entretenu. Mise en scène précise. Interprétation juste. □ Général ➜ DVD $

PRÊT-À-PORTER **[Ready to Wear]** ▷4
É.-U. 1994. Comédie satirique de Robert ALTMAN avec Sophia Loren, Marcello Mastroianni et Kim Basinger. - Les plus grands couturiers internationaux se réunissent à Paris pour le lancement annuel des nouvelles lignes de prêt-à-porter. □ Général ➜ DVD $

PRÊTE-MOI TA MAIN ▷4
FR. 2006. Comédie sentimentale d'Éric LARTIGAU avec Alain Chabat, Charlotte Gainsbourg et Bernadette Lafont. - Pressé de se marier par sa famille, un célibataire endurci fait passer pour sa future épouse une jeune femme dont il loue les services. □ Général ➜ DVD $

PRÊTRE *voir* **Priest**

PRETTY BABY ▷3
É.-U. 1977. Drame de mœurs de Louis MALLE avec Brooke Shields, Keith Carradine et Susan Sarandon. - Ayant grandi dans une maison close de La Nouvelle-Orléans, la fille d'une prostituée est initiée au métier à l'âge de douze ans. - Sujet fort délicat abordé avec un certain tact. Bonne évocation d'époque. Mise en images soignée. Interprètes bien dirigés. □ 18 ans+ ➜ DVD $

PRETTY BOY FLOYD ▷6
E.-U. 1960. Drame policier de H.J.LEDER avec John Ericson, Joan Harvey et Carl York. - Un jeune délinquant devient célèbre par les vols et meurtres qu'il commet. □ Général ➔ DVD $

PRETTY IN PINK [Rose Bonbon] ▷4
É.-U. 1986. Comédie dramatique de Howard DEUTCH avec Molly Ringwald, Andrew McCarthy et Jon Cryer. - Les tribulations sentimentales d'une adolescente, fille de chômeur, étudiant dans une école fréquentée par des jeunes de milieu aisé. □ Général ➔ DVD $

PRETTY PERSUASION ▷5
É.-U. 2005. Comédie dramatique de Marcos SIEGA avec Evan Rachel Wood, Elisabeth Harnois et Adi Schnall. - Trois adolescentes fréquentant une école secondaire privée de Beverly Hills accusent injustement un professeur de harcèlement sexuel.
□ 13 ans+ · Langage vulgaire ➔ DVD $

PRETTY POISON ▷4
É.-U. 1968. Drame policier de Noel BLACK avec Tuesday Weld, Anthony Perkins et Beverly Garland. - Un jeune déséquilibré entraîne une adolescente dans une aventure criminelle. ➔ DVD $

PRETTY VILLAGE, PRETTY FLAME
GRÈ. YOU. 1996. Srdjan DRAGOJEVIC ➔ DVD $

PRETTY WOMAN [Jolie femme, Une] ▷4
É.-U. 1990. Comédie sentimentale de Garry MARSHALL avec Julia Roberts, Richard Gere et Laura San Giacomo. - Une prostituée de Los Angeles ayant tiré d'affaire un financier new-yorkais est invitée à passer, contre rémunération, quelques jours avec lui.
□ Général ➔ DVD DVD-BR $

PREUVE DE VIE *voir* **Proof of Life**

PREUVE IRRÉFUTABLE, LA *voir* **Proof**

PREUVE, LA *voir* **Proof**

PRICK UP YOUR EARS [Passion meurtrière] ▷3
ANG. 1987. Drame biographique de Stephen FREARS avec Gary Oldman, Alfred Molina et Vanessa Redgrave. - La relation tumultueuse entre le célèbre dramaturge Joe Orton et son ami homosexuel connaît un dénouement tragique. - Ton de loufoquerie sardonique. Retours en arrière brefs et percutants. □ 13 ans+ ➔ DVD $

PRIDE & PREJUDICE [Orgueil et préjugés] ▷3
ANG. 2005. Drame sentimental de Joe WRIGHT avec Keira Knightley, Matthew MacFadyen et Rosamund Pike. - À la fin du XVIIIe siècle, la fille d'un bourgeois désargenté repousse les avances d'un aristocrate qu'elle juge arrogant. - Adaptation soignée du roman de Jane Austen. Réalisation fort habile. Caméra très fluide. Bonne interprétation.
□ Général ➔ DVD DVD-BR $

PRIDE AND GLORY ▷4
É.-U. 2008. Drame policier de Gavin O'CONNOR avec Edward Norton, Colin Farrell et Jon Voight. - Un policier enquêtant sur l'assassinat de quatre confrères par des dealers met au jour un clan de flics corrompus dirigé par son beau-frère.
□ 13 ans+ · Violence ➔ DVD DVD-BR $

PRIDE AND PREJUDICE ▷3
É.-U. 1940. Comédie de mœurs de Robert Z. LEONARD avec Greer Garson, Laurence Olivier et Mary Boland. - Au XIXe siècle, cinq filles d'une famille bourgeoise anglaise déshéritée aspirent au mariage. - Transposition théâtrale du roman de Jane Austen. Tableau d'un charme désuet. Intéressantes observations de mœurs. Dialogue fin. Interprétation de qualité. □ Général ➔ DVD $

PRIDE AND THE PASSION, THE ▷4
[Orgueil et passion]
É.-U. 1957. Drame de Stanley E. KRAMER avec Cary Grant, Frank Sinatra et Sophia Loren. - Des guérilleros espagnols s'emparent d'un immense canon pour tenter d'enlever Avila aux soldats de Napoléon.
□ Général ➔ DVD $

PRIDE OF THE YANKEES, THE ▷4
É.-U. 1942. Drame biographique de Sam WOOD avec Gary Cooper, Teresa Wright et Walter Brennan. - La carrière du champion de baseball Lou Gehrig. □ Général ➔ DVD $

PRIEST [Prêtre] ▷3
ANG. 1994. Drame de mœurs d'Antonia BIRD avec Linus Roache, Tom Wilkinson et Robert Carlyle. - Un jeune prêtre catholique se retrouve au centre d'un scandale après avoir eu une relation homosexuelle. - Propos audacieux soulevant de nombreux tabous. Sujet abordé avec sincérité et authenticité. Mise en scène sobre. Interprétation pleine de conviction. □ 13 ans+ ➔ DVD $

PRIMARY COLORS [Couleurs primaires] ▷4
É.-U. 1998. Comédie dramatique de Mike NICHOLS avec Adrian Lester, John Travolta et Emma Thompson. - Les tribulations du chef de campagne d'un politicien adultère qui brigue la direction du parti démocrate. □ Général ➔ DVD $

PRIME [Entre elles et lui] ▷5
É.-U. 2005. Comédie sentimentale de Ben YOUNGER avec Uma Thurman, Meryl Streep et Bryan Greenberg. - À New York, une divorcée de 37 ans s'éprend d'un peintre juif beaucoup plus jeune qu'elle, en ignorant que c'est le fils de sa psychothérapeute.
□ Général ➔ DVD $

PRIME CUT ▷4
É.-U. 1972. Drame policier de Michael RITCHIE avec Lee Marvin, Gene Hackman et Sissy Spacek. - Un racketter entre en lutte avec un envoyé du syndicat du crime. □ 13 ans+

PRIME OF MISS JEAN BRODIE, THE ▷3
ANG. 1969. Drame psychologique de Ronald NEAME avec Maggie Smith, Robert Stephens et Pamela Franklin. - Dans les années 1930, une institutrice qui se veut d'avant-garde a une mauvaise influence sur ses élèves. - Scénario bien construit. Analyse psychologique heureuse. Climat d'époque habilement reconstitué. Jeu remarquable de M. Smith. □ 13 ans+ ➔ DVD $

PRIMER ▷4
É.-U. 2004. Science-fiction réalisée et interprétée par Shane CARRUTH avec David Sullivan et Casey Gooden. - Deux ingénieurs conçoivent une machine à voyager dans le temps dont l'utilisation aura des conséquences imprévues. □ Général ➔ DVD $

PRIMROSE PATH, THE ▷4
É.-U. 1940. Comédie dramatique de Gregory LA CAVA avec Ginger Rogers, Joel McCrea et Marjorie Rambeau. - Le mariage de deux jeunes gens est mis en péril quand le mari découvre les antécédents peu respectables de sa belle-famille. □ Général

PRINCE À NEW YORK, UN *voir* **Coming to America**

PRINCE AND THE PAUPER, THE ▷4
É.-U. 1937. Aventures de William KEIGHLEY avec Errol Flynn, Claude Rains et les jumeaux Mauch. - Un enfant des rues est pris pour le prince héritier auquel il ressemble. □ Général ➔ DVD $

PRINCE AND THE SHOWGIRL, THE ▷4
[Prince et la danseuse, Le]
ANG. 1956. Comédie satirique réalisée et interprétée par Laurence OLIVIER avec Marilyn Monroe et Sybil Thorndike. - Un grand-duc décide de tromper son ennui avec une danseuse américaine.

PRINCE CASSE-NOISETTE, LE
voir **Nutcracker Prince, The**

PRINCE D'ÉGYPTE, LE *voir* **Prince of Egypt, The**

PRINCE DE NEW YORK, LE *voir* **Prince of the City**

PRINCE DES MARÉES, LE *voir* **Prince of Tides, The**

PRINCE DES TÉNÈBRES *voir* **Prince of Darkness**

PRINCE ET LA DANSEUSE, LE
voir **Prince and the Showgirl, The**

PRINCE IN HELL
ALL. 1993. Michael STOCK ➔ DVD $

PRINCE OF DARKNESS [Prince des ténèbres] ▷5
É.-U. 1987. Drame fantastique de John CARPENTER avec Donald Pleasence, Victor Wong et Lisa Blount. - Un prêtre fait appel à un professeur pour lutter contre Satan qui s'avère être une entité extraterrestre détenue provisoirement en état de sommeil.
□ 13 ans+ ➔ DVD $

PRINCE OF EGYPT, THE [Prince d'Égypte, Le] ▷4
É.-U. 1998. Dessins animés de Brenda CHAPMAN, Steve HICKNER et Simon WELLS. - L'histoire de Moïse, qui libéra le peuple hébreu du joug des Égyptiens. □ Général ➔ DVD $

PRINCE OF FOXES [Échec à Borgia] ▷4
É.-U. 1949. Drame historique de Henry KING avec Tyrone Power, Orson Welles et Wanda Hendrix. - Un capitaine de César Borgia se range aux côtés des ennemis de son maître. ➔ DVD $

PRINCE OF THE CITY [Prince de New York, Le] ▷3
É.-U. 1981. Drame policier de Sidney LUMET avec Treat Williams, Jerry Orbach et Norman Parker. - Un jeune policier accepte de participer à une enquête fédérale sur la corruption policière. - Scénario particulièrement complexe. Sujet inspiré d'une expérience vécue. Approche réaliste. Mise en scène rigoureuse. Interprétation convaincante.
□ 13 ans+ ➜ DVD $

PRINCE OF TIDES, THE [Prince des marées, Le] ▷4
É.-U. 1991. Drame psychologique réalisé et interprété par Barbra STREISAND avec Nick Nolte et Blythe Danner. - En vue d'aider la psychiatre qui soigne sa sœur, un enseignant au chômage accepte de lui décrire le milieu familial où ils ont grandi. □ 13 ans+ ➜ DVD $

PRINCE VALIANT ▷4
É.-U. 1953. Aventures d'Henry HATHAWAY avec James Mason, Robert Wagner et Janet Leigh. - Sacré chevalier, le fils d'un roi exilé tente de démasquer un traître. □ Général ➜ DVD $

PRINCES DE LA GÂCHETTE, LES *voir* **Young Guns**

PRINCES ET PRINCESSES ▷3
FR. 1999. Dessins animés de Michel OCELOT. - Aidés par un vieux technicien et son ordinateur magique, deux enfants inventent des fables dont ils deviennent les héros. - Contes pleins de finesse, d'humour et de poésie. Graphisme raffiné inspiré de la technique des ombres chinoises. Climat d'une féerie toute simple mais séduisante.
□ Général

PRINCES IN EXILE [Princes en exil] ▷5
CAN. 1990. Drame psychologique de Giles WALKER avec Zachary Ansley, Stacie Mistysyn et Nicholas Shields. - Des adolescents souffrant du cancer passent ensemble leur été dans un camp de vacances.
□ Général

PRINCESS AND THE PEA, THE
RUS. 1976. Boris RYTSAREV

PRINCESS AND THE PIRATE, THE ▷4
É.-U. 1944. Comédie de David BUTLER avec Bob Hope, Virginia Mayo et Victor McLaglen. - Un comédien et une princesse sont faits prisonniers par des pirates. ➜ DVD $

PRINCESS AND THE WARRIOR, THE ▷4
ALL. 2000. Drame de Tom TYKWER avec Benno Fürmann, Franka Potente et Joachim Krol. - Une infirmière timide part à la recherche du mystérieux jeune homme qui lui a sauvé la vie sur les lieux d'un terrible accident. □ 13 ans+ ➜ DVD $

PRINCESS BRIDE, THE ▷4
[Il était une fois... la princesse bouton d'or]
É.-U. 1987. Comédie fantaisiste de Rob REINER avec Robin Wright, Cary Elwes et Mandy Patinkin. - Un grand-père raconte à son petit-fils malade l'histoire d'une princesse qui est délivrée des griffes d'un prince infâme par son chevalier bien-aimé.
□ Général ➜ DVD DVD-BR $

PRINCESS CARABOO ▷4
ANG. 1994. Comédie dramatique de Michael AUSTIN avec Phoebe Cates, Wendy Hughes et Kevin Kline. - En Angleterre, au XIXe siècle, une aristocrate prend sous son aile une jeune inconnue qui s'exprime dans une langue exotique et semble être de sang royal.
□ Général ➜ DVD $

PRINCESS IRON FAN
CHI. 1941. Guchan WAN, Laiming WAN ➜ DVD $

PRINCESS MONONOKE [Princesse mononoke] ▷3
JAP. 1997. Dessins animés de Hayao MIYAZAKI. - Cherchant le remède d'un mal inconnu, un jeune prince arrive dans une forêt magique où une guerre oppose hommes et animaux. - Conte fantastique aux images riches et somptueuses. Scénario complexe et captivant. Approche nuancée à l'imagination fertile. □ Général ➜ DVD $

PRINCESS RACCOON
JAP. 2005. Seijun SUZUKI ➜ DVD $

PRINCESS YANG KWEI FEI ►2
JAP. 1955. Drame historique de Kenji MIZOGUCHI avec Machiko Kyo, Masayuki Mori et So Yamamura. - La rébellion gronde à la cour de l'empereur de Chine après qu'une belle jeune fille issue d'une famille d'intrigants eut été choisie pour devenir sa future épouse. - Production luxueuse et élégante, la première en couleur du cinéaste. Intrigues de palais complexes au doux parfum de nostalgie. Réalisation raffinée misant sur la beauté picturale. Jeu digne et fervent des interprètes.

PRINCESSE TAM-TAM ▷5
FR. 1935. Comédie d'Edmond GRÉVILLE avec Joséphine Baker, Albert Préjean et Robert Arnoux. - Un auteur parisien ramène d'un voyage en Afrique une jeune indigène qu'il fait passer pour une princesse.
□ Général ➜ DVD $

PRINTEMPS DE GLACE, UN *voir* **Early Frost, An**

PRINTEMPS TARDIF [Late Spring] ►2
JAP. 1949. Drame psychologique de Yasujiro OZU avec Stesuko Hara, Chishu Ryu et Haruko Sugimura. - Pour décider sa fille à se marier, un veuf lui annonce son propre remariage. - Style sobre et discret. Observations précises. Interprétation juste. ➜ DVD $

PRINTEMPS, ÉTÉ, AUTOMNE, HIVER... ET PRINTEMPS
voir **Spring, Summer, Fall, Winter & Spring**

PRIS AU JEU *voir* **Two for the Money**

PRISE DE POUVOIR PAR LOUIS XIV, LA ▷3
[Taking of Power by Louis XIV, The]
FR. 1966. Drame historique de Roberto ROSSELLINI avec Jean-Marie Patte, Raymond Jourdan et Françoise Ponty. - À la mort de son ministre Mazarin, le jeune roi Louis XIV prend lui-même en mains la direction de la France. - Téléfilm au souci minutieux de reconstitution historique. Acteurs peu connus mais bien dirigés. □ Général ➜ DVD $

PRISONER, THE ▷3
ANG. 1955. Drame psychologique de Peter GLENVILLE avec Alec Guinness, Jack Hawkins et Wilfrid Lawson. - Dans un pays totalitaire, un cardinal emprisonné est soumis à une série d'interrogatoires destinés à le briser psychologiquement. - Œuvre austère. Réalisation inventive. Interprétation remarquable de Guinness.

PRISONER 13
MEX. 1933. Fernando DE FUENTES

PRISONER OF HONOR ▷4
É.-U. 1991. Drame historique de Ken RUSSELL avec Richard Dreyfuss, Oliver Reed et Peter Firth. - Au XIXe siècle, un colonel français cherche à prouver la responsabilité d'un chef d'état-major dans l'arrestation d'un capitaine juif accusé injustement de trahison. ➜ DVD $

PRISONER OF SECOND AVENUE, THE ▷4
É.-U. 1975. Comédie de mœurs de Melvin FRANK avec Jack Lemmon, Anne Bancroft et Gene Saks. - Supportant mal les frustrations de la vie dans un grand ensemble urbain, un homme perd son emploi et tombe dans un état dépressif. □ Général ➜ DVD $

PRISONER OF SHARK ISLAND ▷3
É.-U. 1936. Drame historique de John FORD avec Warner Baxter, Gloria Stuart et Claude Gillingwater. - Injustement accusé de complicité dans le meurtre d'Abraham Lincoln, un médecin est condamné à la détention perpétuelle. - Scénario intéressant. Mise en scène experte. Bonne reconstitution historique. Interprétation convaincante.
➜ DVD $

PRISONER OF THE MOUNTAINS ▷4
RUS. 1996. Drame de guerre de Sergei BODROV avec Oleg Menshikov, Sergei Bodrov Jr et Djemal Sikharulidze. - Durant la guerre opposant Moscou à la Tchétchénie, deux soldats russes sont faits prisonniers par des paysans. □ 13 ans+ ➜ DVD $

PRISONER OF ZENDA, THE ▷4
É.-U. 1937. Aventures de John CROMWELL avec Ronald Colman, Madeleine Carroll et Douglas Fairbanks Jr. - Un Anglais prend temporairement la place d'un roi dont il est le sosie.

PRISONER OF ZENDA, THE ▷4
É.-U. 1952. Aventures de Richard THORPE avec Stewart Granger, Deborah Kerr et James Mason. - Un roi enlevé à la veille de son couronnement est remplacé par un sosie. □ Général ➜ DVD $
➜ DVD $

PRISONERS OF THE SUN [Frères de sang] ▷4
AUS. 1991. Drame judiciaire de Stephen WALLACE avec Bryan Brown, George Takei et Terry O'Quinn. - À la fin de la Seconde Guerre mondiale, des soldats japonais soupçonnés d'avoir massacré des prisonniers australiens subissent un procès.

PRISONNIER DU PASSÉ *voir* **Random Harvest**

PRISONNIÈRE, LA ▷3
FR. 1968. Drame psychologique d'Henri-Georges CLOUZOT avec Laurent Terzieff, Elisabeth Wiener et Bernard Fresson. - La jeune femme d'un peintre tombe sous l'influence d'un pervers. - Traitement sérieux d'un sujet scabreux. Montage d'une grande précision.

PRISONNIÈRE ESPAGNOLE, LA *voir* **Spanish Prisoner, The**

PRIVATE BENJAMIN [Bidasse, La] ▷5
É.-U. 1980. Comédie de Howard ZIEFF avec Goldie Hawn, Eileen Brennan et Armand Assante. - Une jeune veuve s'engage dans l'armée et se fait remarquer au cours de grandes manœuvres.
□ 18 ans+ ➜ DVD $

PRIVATE CONFESSIONS ▷3
SUÈ. 1997. Drame psychologique de Liv ULLMANN avec Pernilla August, Max von Sydow et Samuel Fröler. - Une mère de famille troublée par sa liaison avec un séminariste se confie à un vieux pasteur qu'elle connaît depuis l'enfance. - Téléfilm intelligemment structuré, écrit par Ingmar Bergman. Grande acuité psychologique. Réalisation soignée. Interprétation vibrante.

PRIVATE FUNCTION, A ▷3
ANG. 1984. Comédie satirique de Malcolm MOWBRAY avec Maggie Smith, Michael Palin et Denholm Elliott. - En Angleterre, en 1947, en plein rationnement, un couple s'empare d'une truie que des notables élevaient en cachette. - Tableau satirique de la société anglaise. Traitement humoristique approprié. Personnages savoureux. Interprétation pittoresque de M. Smith. □ Général

PRIVATE LESSONS ▷6
É.-U. 1980. Comédie de mœurs d'Alan MYERSON avec Sylvia Kristel, Eric Brown et Howard Hesseman. - Une gouvernante et un chauffeur imaginent un stratagème pour obtenir du fils de leur riche patron une somme rondelette. ➜ DVD $

PRIVATE LIFE
RUS. 1982. Yuli RAIZMAN □ Général

PRIVATE LIFE OF DON JUAN, THE ▷4
ANG. 1934. Comédie satirique d'Alexander KORDA avec Douglas Fairbanks, Merle Oberon et Benita Hume. - Après avoir fait croire à sa mort, Don Juan voit ses charmes tourner court. □ Général

PRIVATE LIFE OF HENRY VIII, THE ▷4
ANG. 1933. Drame historique d'Alexander KORDA avec Merle Oberon, Charles Laughton et Binnie Barnes. - Les mésaventures matrimoniales du célèbre roi d'Angleterre.

PRIVATE LIFE OF SHERLOCK HOLMES, THE ▷4
ANG. 1970. Comédie policière de Billy WILDER avec Robert Stephens, Colin Blakely et Genevieve Page. - Le célèbre détective est mêlé à une affaire d'espionnage où il n'a pas le beau rôle. □ Général ➜ DVD $

PRIVATE LIVES ▷4
É.-U. 1931. Comédie de Sidney FRANKLIN avec Norma Shearer, Robert Montgomery et Reginald Denny. - S'étant retrouvés par hasard, des époux divorcés se rendent compte qu'ils s'aiment toujours.
□ Général

PRIVATE LIVES OF ELIZABETH AND ESSEX, THE ▷4
[Vie privée d'Elisabeth d'Angleterre, La]
É.-U. 1939. Drame historique de Michael CURTIZ avec Bette Davis, Errol Flynn et Olivia de Havilland. - Les relations sentimentales et politiques de la reine d'Angleterre avec le comte d'Essex.
□ Général ➜ DVD $

PRIVATE PARTS ▷4
É.-U. 1997. Comédie de Betty THOMAS avec Howard Stern, Robin Quivers et Alison Stern. - L'ascension fulgurante d'un animateur radiophonique au style provocant. □ 16 ans+ · Langage vulgaire ➜ DVD $

PRIVATE'S PROGRESS ▷4
ANG. 1955. Comédie satirique de John BOULTING avec Richard Attenborough, Dennis Price et Ian Carmichael. - Un étudiant mobilisé par l'armée britannique est incapable de s'adapter à la vie militaire. - Peinture humoristique du milieu. Rythme alerte. Gags amusants. Bonne interprétation.

PRIVATES ON PARADE ▷4
É.-U. 1984. Comédie satirique de Michael BLAKEMORE avec John Cleese, Denis Quilley et Michael Elphick. - À Singapour, à la fin de la Seconde Guerre mondiale, un major est chargé d'organiser des spectacles pour les troupes bloquées loin de l'Angleterre.
□ 13 ans+ · Violence ➜ DVD $

PRIVÉ, LE *voir* **Long Goodbye, The**

PRIVILEGE ▷3
ANG. 1967. Drame social de P. WATKINS avec Paul Jones, Jean Shrimpton et Mark London. - Un chanteur populaire est utilisé pour des campagnes publicitaires. - Anticipation chargée de verve pamphlétaire. Style quasi documentaire. Montage nerveux. Excellent jeu de P. Jones.

PRIX À PAYER, LE ▷5
FR. 2007. Comédie dramatique d'Alexandra LECLÈRE avec Christian Clavier, Nathalie Baye et Gérard Lanvin. - Suivant le conseil de son chauffeur, qui vit des moments difficiles avec sa conjointe, un homme d'affaires coupe les vivres à son épouse qui le prive de sexe.
□ Général · Déconseillé aux jeunes enfants ➜ DVD $

PRIX DE BEAUTÉ [Miss Europe]
FR. 1930. Augusto GENINA ➜ DVD $

PRIX DE LA SURVIE, LE
ALL. 1979. Hans NOEVER

PRIX DU DANGER, LE ▷5
FR. 1982. Science-fiction d'Yves BOISSET avec Gérard Lanvin, Michel Piccoli et Marie-France Pisier. - Participant à un jeu télévisé basé sur le principe de la chasse à l'homme, un jeune chômeur découvre que la compétition est truquée. □ 13 ans+

PRIX DU DÉSIR, LE ▷4
ITA. 2004. Drame de mœurs de Roberto ANDO avec Daniel Auteuil, Anna Mouglalis et Greta Scacchi. - Un auteur célèbre écrivant sous un pseudonyme voit son secret menacé après avoir eu une aventure avec la future femme de son beau-fils. □ 13 ans+ · Érotisme ➜ DVD $

PRIZE WINNER OF DEFIANCE OHIO ▷4
É.-U. 2005. Drame de Jane ANDERSON avec Julianne Moore, Woody Harrelson et Laura Dern. - Dans les années 1950, l'épouse d'un ouvrier assure la subsistance de leurs dix enfants en participant à des concours radiophoniques. ➜ DVD $

PRIZE, THE ▷4
É.-U. 1963. Drame policier de Mark ROBSON avec Paul Newman, Edward G. Robinson et Elke Sommer. - Un romancier, gagnant du prix Nobel, démasque un complot. □ Général

PRIZZI'S HONOR [Honneur des Prizzi, L'] ▷3
É.-U. 1985. Comédie policière de John HUSTON avec Jack Nicholson, Kathleen Turner et William Hickey. - Un tueur à gages travaillant pour une famille de la pègre s'éprend d'une femme qui exerce le même métier que lui. - Parodie joyeusement féroce des films de gangsters. Intrigue savamment compliquée. Bonne dose d'humour noir. Réalisation fort adroite. Interprétation savoureuse. □ 13 ans+ ➜ DVD $

PRO, LE *voir* **Tin Cup**

PRODIGE, LE *voir* **Shine**

PRODUCERS, THE - DELUXE ED. *voir* **Producers, The**

PRODUCERS, THE [Producteurs, Les] ▷5
É.-U. 1968. Comédie de Mel BROOKS avec Zero Mostel, Gene Wilder et Dick Shawn. - Un producteur tente par des moyens malhonnêtes de faire fortune avec une pièce. ➜ DVD $

PRODUCERS, THE [Producteurs, Les] ▷4
É.-U. 2005. Comédie musicale de Susan STROMAN avec Nathan Lane, Matthew Broderick et Uma Thurman. - Un producteur de Broadway au bord de la faillite et un comptable timide échafaudent un projet malhonnête afin de s'enrichir rapidement. □ Général ➜ DVD $

PRODUCING ADULTS
FIN. SUI. 2004. Aleksi SALMENPERÄ ➜ DVD $

PROF, LE ▷5
FR. 1999. Comédie de mœurs d'Alexandre JARDIN avec Jean-Hugues Anglade, Yvan Attal et Hélène de Fougerolles. - Pressenti pour un poste de proviseur, un enseignant compromet ses chances en remettant en question les méthodes d'éducation actuelles.

PROFANATEURS: L'INVASION CONTINUE, LES
voir **Body Snatchers**

PROFESSION: GÉNIE *voir* **Real Genius**

PROFESSION: HÔTESSE DE L'AIR
voir **View from the Top, A**

PROFESSION: REPORTER [Passenger, The] ▷3
ITA. 1975. Drame de Michelangelo ANTONIONI avec Jack Nicholson, Maria Schneider et Jenny Runacre. - De passage en Afrique, un journaliste désabusé emprunte l'identité d'un autre voyageur qui vient de mourir. - Scénario ambigu et complexe. Traitement formel d'une fascinante beauté. Personnages énigmatiques interprétés avec talent.
□ Général ➜ DVD $

PROFESSIONAL, THE [Professionnel, Le] ▷4
FR. 1994. Drame policier de Luc BESSON avec Jean Reno, Natalie Portman et Gary Oldman. - Un redoutable tueur à gages recueille une adolescente dont la famille a été décimée par un détective véreux et psychopathe. □ 16 ans+ · Violence ➜ DVD $

PROFESSIONALS, THE ▷3
É.-U. 1966. Western de Richard BROOKS avec Burt Lancaster, Lee Marvin et Claudia Cardinale. - Quatre aventuriers se rendent au Mexique pour retrouver une femme enlevée par un hors-la-loi. - Décors grandioses d'une farouche splendeur. Mise en scène vigoureuse et spectaculaire. □ 13 ans+ ➜ DVD DVD-BR $

PROFESSIONNEL, LE ▷4
FR. 1981. Drame policier de Georges LAUTNER avec Robert Hossein, Jean-Paul Belmondo et Jean-Louis Richard. - Les services secrets français tentent de neutraliser un ancien agent qui veut tuer un homme politique africain. □ Général

PROFESSOR DOWELL'S TESTAMENT
RUS. 1984. Leonid MENAKER

PROFIL BAS ▷5
FR. 1993. Drame policier de Claude ZIDI avec Patrick Bruel, Sandra Speichert et Didier Bezace. - Pour humilier un commissaire de police qui a tenté de le faire abattre, un jeune flic organise une série de hold-up audacieux. □ 13 ans+

PROIE NUE, LA *voir* **Naked Prey, The**

PROIES, LES *voir* **Beguiled, The**

PROJECT X [Opération chimpanzé] ▷4
É.-U. 1987. Science-fiction de Jonathan KAPLAN avec Helen Hunt, Matthew Broderick et Bill Sadler. - Un chimpanzé capable de communiquer par signes est envoyé dans un centre de recherches de l'aviation où il sert de cobaye. □ Général

PROJET BLAIR, LE *voir* **Blair Witch Project, The**

PROJET D'ALEXANDRA, LE *voir* **Alexandra's Project**

PROM QUEEN [Reine du bal, La] ▷5
CAN. 2004. Drame social de John L'ECUYER avec Aaron Ashmore, Marie Tifo et Jean-Pierre Bergeron. - Un jeune gay entre en lutte avec le directeur de son école secondaire qui lui interdit de venir au bal des finissants avec son petit ami. ➜ DVD $

PROMENEUR DU CHAMPS DE MARS, LE ▷4
FR. 2004. Chronique de Robert GUÉDIGUIAN avec Michel Bouquet, Jalil Lespert et Philippe Fretun. - Un journaliste idéaliste recueille les dernières confidences du président français François Mitterrand afin d'écrire les mémoires de celui-ci. □ Général ➜ DVD $

PROMESSE, LA *voir* **Pledge, The**

PROMESSE, LA ▷5
ALL. 1994. Drame sentimental de Margarethe VON TROTTA avec Corinna Harfouch, Meret Becker et August Zirner. - Les tribulations de deux amants qui ont été séparés après avoir tenté de traverser le Mur de Berlin. □ Général

PROMESSE, LA ▷3
BEL. 1996. Drame social de Jean-Pierre et Luc DARDENNE avec Jérémie Renier, Olivier Gourmet et Assita Ouedraogo. - Un adolescent s'oppose à son père après la mort accidentelle d'un des ouvriers clandestins de ce dernier. - Thème de l'immigration clandestine abordé avec franchise. Portrait d'une relation filiale d'une justesse de ton remarquable. □ 13 ans+

PROMESSES DE L'OMBRE *voir* **Eastern Promises**

PROMISE, LA *voir* **Bride, The**

PROMISE, THE
ESP. 2004. Hector CARRÉ ➜ DVD $

PROMISE, THE ▷5
[Wu Ji - la légende des cavaliers du vent]
CHI. 2005. Drame d'aventures de Chen KAIGE avec Hiroyuki Sanada, Cecilia Cheung et Jang Dong-kun. - Un général et un duc se disputent une princesse éprise d'un esclave. □ 13 ans+ ➜ DVD $

PROMISED LAND ▷5
É.-U. 1987. Drame psychologique de Michael HOFFMAN avec Jason Gedrick, Kiefer Sutherland et Meg Ryan. - De jeunes adultes ayant suivi des chemins différents depuis leur adolescence se retrouvent après plusieurs années dans leur ville natale. □ Général

PROMISED LAND, THE
voir **Terre de la grande promesse, La**

PROMOTER, THE *voir* **Card, The**

PROMOTION CANAPÉ ▷5
FR. 1990. Comédie satirique de Didier KAMINKA avec Margot Abascal, Grace de Capitani et Thierry Lhermitte.- À Paris, deux employées du service des postes utilisent leurs charmes pour gravir rapidement les échelons.

PROMOTION, THE ▷4
É.-U. 2008. Comédie de Steve CONRAD avec Seann William Scott, John C. Reilly et Jenna Fischer. - Deux assistants-gérants d'une grande épicerie convoitent la gérance d'une succursale qui sera bientôt construite. □ Général · Déconseillé aux jeunes enfants ➜ DVD $

PROOF [Preuve, La] ▷3
AUS. 1991. Drame psychologique de Jocelyn MOORHOUSE avec Hugo Weaving, Russell Crowe et Geneviève Picot. - Un jeune aveugle qui prend des photos pour conserver une preuve du monde dans lequel il vit demande à un plongeur de restaurant de les lui décrire. - Émotions humaines peintes avec une rigueur presque cruelle. Progression narrative habile. Interprétation nuancée. □ 13 ans+

PROOF [Preuve irréfutable, La] ▷4
É.-U. 2005. Drame psychologique de John MADDEN avec Gwyneth Paltrow, Anthony Hopkins et Hope Davis. - Les retrouvailles difficiles de deux sœurs après le décès de leur père, un mathématicien célèbre qui souffrait d'aliénation mentale. □ Général ➜ DVD $

PROOF OF LIFE [Preuve de vie] ▷4
É.-U. 2000. Drame de Taylor HACKFORD avec Meg Ryan, Russell Crowe et David Morse. - Un expert en kidnapping se prend d'affection pour l'épouse d'un ingénieur américain dont il doit négocier la libération auprès de terroristes sud-américains. □ 13 ans+ · Violence ➜ DVD $

PROPAGANDA ▷4
TUR. 1999. Comédie dramatique de Sinan CETIN avec Kemal Sunal, Metin Akpinar et Meltem Cumbul. - En 1948, dans le sud-est de la Turquie, un douanier doit ériger une frontière qui sépare son village natal en deux. □ Général

PROPHECY ▷5
É.-U. 1979. Drame d'horreur de John FRANKENHEIMER avec Robert Foxworth, Talia Shire et Armand Assante. - Un médecin enquêtant sur la pollution dans une région sauvage découvre d'étranges mutations animales. □ 13 ans+ ➜ DVD $

PROPHECY, THE [Prophétie, La] ▷4
É.-U. 1995. Drame fantastique de Gregory WIDEN avec Christopher Walken, Elias Koteas et Eric Stoltz. - Décidé à anéantir l'espèce humaine, l'archange Gabriel voit ses plans contrecarrés par un détective et une jeune enseignante. □ 13 ans+ · Horreur ➜ DVD $

PROPHÉTIE DES GRENOUILLES, LA ▷3
FR. 2003. Dessins animés de Jacques-Rémy GIRERD. - À la suite d'un terrible déluge, un groupe d'humains et d'animaux sont forcés de cohabiter dans une grange transformée en bateau de fortune. - Ravissant conte à saveur écologique. Message pacifiste limpide livré au sein d'une fable pleine d'humour, de finesse et de tendresse. Récit habilement construit. Dessins ensoleillés. Performances vocales inspirées □ Général ➜ DVD $

PROPHÉTIE DES OMBRES, LA
voir **Mothman Prophecies, The**

PROPOS ET CONFIDENCES *voir* **Walking and Talking**

PROPOSITION INDÉCENTE *voir* **Indecent Proposal**

PROPOSITION, THE ▷3
AUS. 2005. Western de John HILLCOAT avec Guy Pearce, Ray Winstone et Emily Watson. - Au XIXe siècle, le meurtre sordide d'une famille de fermiers force le shérif à pactiser avec un des criminels impliqués afin de capturer le chef de sa bande. - Scénario riche et puissant sur la genèse du Nouveau Monde austral. Profils psychologiques complexes et bien dessinés. Réalisation au scalpel. Quelques violences excessives. Interprètes bien dirigés. □ 13 ans+ · Langage vulgaire · Violence ➜ DVD $

PROPRIETOR, THE [Propriétaire, La] ▷5
É.-U. 1996. Drame psychologique d'Ismail MERCHANT avec Jeanne Moreau, Sean Young et Sam Waterston. - Après trente ans à New York, une romancière française retourne à Paris afin d'acquérir la maison de son enfance. □ Général

PROSCRITS, LES [Outlaw and His Wife, The]
SUÈ. 1917. Victor SJÖSTRÖM □ Général ➜ DVD $

PROSPERO'S BOOKS ▷4
ANG. 1991. Drame poétique de Peter GREENAWAY avec John Gielgud, Isabelle Pasco et Michael Clark. - Ayant été victime d'un complot, un vieux duc imagine une grande tempête faisant échouer dans son île ceux qui l'ont obligé à s'exiler. □ 13 ans+

PROTECTOR, THE [Ong Bak 2]
THAÏ. 2005. Prachya PINKAEW ➜ DVD $

PROTEST, THE
IRAN 2000. Massoud KIMIAYI

PROTEUS ▷5
CAN. 2003. Drame de mœurs de John GREYSON avec Rouxnet Brown, Shaun Smyth et Neil Sandilands. - En 1735, dans une prison près de Cape Town, un prisonnier hollandais a une relation amoureuse avec un détenu africain. ➜ DVD $

PROTOCOL ▷4
É.-U. 1984. Comédie satirique de Herbert ROSS avec Goldie Hawn, Chris Sarandon et Gail Strickland. - Devenue par pur hasard une héroïne nationale, une serveuse de cabaret est manoeuvrée par les services diplomatiques pour amadouer un émir arabe.

PROUD ONES [Shérif, Le] ▷4
E.-U. 1955. Western de R.D. WEBB avec Robert Ryan, Virginia Mayo et Jeffrey Hunter. - Un jeune cowboy aide un shérif à faire régner la paix dans une petite ville. ➜ DVD $

PROUD REBEL, THE ▷4
É.-U. 1958. Western de Michael CURTIZ avec Alan Ladd, David Ladd et Olivia de Havilland. - Un homme tente de gagner l'argent nécessaire à l'opération de son fils muet. □ Général

PROVA D'ORCHESTRA ▷3
ITA. 1978. Comédie satirique de Federico FELLINI avec Balduin Baas, Clara Colosimo et Elisabeth Labi. - Un chef d'orchestre voit son autorité contestée puis réaffirmée à la suite d'un événement insolite. - Réjouissante parabole politique. Détails burlesques inattendus. □ Général

PROVIDENCE ►2
FR. 1976. Drame psychologique d'Alain RESNAIS avec Dirk Bogarde, Ellen Burstyn et John Gielgud. - Au long d'une nuit d'insomnie, un romancier guetté par la mort imagine les développements d'une nouvelle intrigue. - Œuvre complexe et énigmatique. Mélange de réel et d'imaginaire. Mise en scène contrôlée. Montage précis. Interprètes habilement dirigés. □ Général

PROZAC NATION
ALL. É.-U. 2001. Erik SKJOLDBJAERG ➜ DVD $

PSY ▷5
FR. 1980. Comédie de Philippe DE BROCA avec Patrick Dewaere, Anny Duperey et Michel Creton. - Une séance de psychothérapie de groupe est perturbée par l'arrivée d'un trio poursuivi par la police. □ Général

PSYCH-OUT [Monde psychédélique, Un] ▷5
É.-U. 1967. Drame psychologique de Richard RUSH avec Susan Strasberg, Jack Nicholson et Dean Stockwell. - Une jeune sourde est entraînée dans le monde de trois musiciens hippies, à San Francisco. □ 18 ans+

PSYCHO [Psychose] ►1
É.-U. 1960. Drame policier d'Alfred HITCHCOCK avec Janet Leigh, Anthony Perkins et Vera Miles. - Des meurtres successifs se produisent dans un motel géré par un jeune homme étrange. - Œuvre clé dans l'histoire du cinéma de terreur. Scénario construit avec une habileté diabolique. Photographie et montage étonnamment percutants. Épisodes terrifiants. Interprétation de qualité. □ 13 ans+ ➜ DVD $

PSYCHO II ▷4
É.-U. 1983. Drame psychologique de Richard FRANKLIN avec Anthony Perkins, Meg Tilly et Vera Miles. - De nouveaux assassinats se produisent dans un motel géré par un homme qui a été soigné pour sa folie meurtrière. □ 18 ans+ ➜ DVD $

PSYCHO III ▷5
É.-U. 1986. Drame policier réalisé et interprété par Anthony PERKINS avec Diana Scarwid et Roberta Maxwell. - Après avoir été incarcéré pendant vingt ans, un homme rouvre un motel et croit reconnaître, dans sa première cliente, une de ses victimes d'autrefois. □ 18 ans+ ➜ DVD $

PSYCHO [Psychose] ▷4
É.-U. 1998. Drame policier de Gus VAN SANT avec Vince Vaughn, Anne Heche et Julianne Moore. - Des meurtres successifs se produisent dans un motel géré par un jeune homme étrange. □ 13 ans+ · Violence ➜ DVD $

PSYCHOPATHIA SEXUALIS
É.-U. 2006. Bret WOOD ➜ DVD $

PSYCHOSE *voir* **Psycho**

PTU
H.-K. 2003. Johnny TO

PUBERTY BLUES ▷4
AUS. 1981. Comédie de mœurs de Bruce BERESFORD avec Nell Schofield, Jad Capelja et Geoff Rhoe. - Les expériences de deux adolescentes admises dans un club consacré à l'admiration des garçons qui font de l'aquaplane. □ 13 ans+

PUBLIC ACCESS ▷4
É.-U. 1992. Drame de mœurs réalisé par Bryan SINGER avec Ron Marquette, Dina Brooks et Burt Williams. - Un inconnu aux intentions mystérieuses sème la pagaille dans une bourgade paisible par l'entremise d'une émission télévisée de tribune téléphonique. □ 13 ans+

PUBLIC ENEMIES
É.-U. 2009. Michael MANN

PUBLIC ENEMY, THE ▷4
É.-U. 1931. Drame policier de William A. WELLMAN avec James Cagney, Jean Harlow et Eddie Woods. - La carrière d'un gangster au temps de la prohibition. □ Général ➜ DVD $

PUBLIC EYE, THE [Œil public, L'] ▷4
É.-U. 1992. Drame policier de Howard FRANKLIN avec Joe Pesci, Barbara Hershey et Stanley Tucci. - À New York, dans les années 1940, un photographe se laisse impliquer par une riche héritière dans une affaire opposant des gangsters. □ 13 ans+

PUDDING CHÔMEUR ▷5
QUÉ. 1996. Comédie de Gilles CARLE avec Chloé Ste-Marie, Louis-Philippe Davignon-Daigneault et François Léveillée. - Une jeune idéaliste fait croire que son neveu possède des dons miraculeux. □ Érotisme ➜ DVD $

PUFF THE MAGIC DRAGON [Puff, le dragon magique]
É.-U. 1978. Romeo MULLER ➜ DVD $

PUFFY CHAIR, THE ▷4
É.-U. 2005. Comédie de Jay DUPLASS avec Mark Duplass, Kathryn Aselton et Rhett Wilkins. - À sa sortie de l'université, un jeune homme prend la route avec sa copine et son frère afin d'aller livrer un fauteuil inclinable à son père. ➜ DVD $

PULP ▷5
ANG. 1972. Comédie policière de K. HODGES avec Michael Caine, Lionel Stander et Nadia Cassini. - Un comédien spécialisé dans les rôles de gangsters engage un auteur de romans policiers pour écrire sa biographie. ➜ DVD $

PULP FICTION [Fiction pulpeuse] ►2
É.-U. 1994. Drame de mœurs de Quentin TARANTINO avec Bruce Willis, John Travolta et Samuel L. Jackson. - Deux tueurs à la solde d'un caïd de la drogue sont amenés à croiser les destins de divers personnages aussi louches qu'eux. - Récits parallèles brillamment enchevêtrés. Situations souvent drôles et surprenantes. Réalisation maîtrisée. Excellents interprètes. □ 16 ans+ · Violence ➜ DVD $

PUMP UP THE VOLUME ▷4
É.-U. 1990. Comédie dramatique d'Allan MOYLE avec Christian Slater, Samantha Mathis et Ellen Greene. - Un étudiant timide et solitaire se défoule en animant incognito à la radio une émission pirate où il tient des propos provocateurs. □ 13 ans+

PUMPKIN EATER, THE ▷3
ANG. 1964. Drame psychologique de Jack CLAYTON avec Peter Finch, Anne Bancroft et James Mason. - Malgré plusieurs mariages, une femme ne réussit pas à se défaire de son insécurité émotionnelle. - Vision critique de personnages déséquilibrés. Écriture recherchée et audacieuse. Comédiens remarquables. □ Général

PUNCH-DRUNK LOVE [Ivre d'amour] ▷3
É.-U. 2002. Comédie sentimentale de Paul Thomas ANDERSON avec Adam Sandler, Emily Watson et Luis Guzman. - Un célibataire au tempérament instable vit un premier grand amour qui lui donne le courage de tenir tête à des escrocs qui le harcèlent. - Scénario traitant les conventions du genre à rebrousse-poil. Situations imprévisibles et déroutantes. Mise en scène virtuose. Interprétation dans le ton voulu. □ 13 ans+ ➔ DVD DVD$

PUNCHLINE [Rien que pour rire] ▷4
É.-U. 1988. Comédie dramatique de David SELTZER avec Tom Hanks, Sally Field et John Goodman. - Délaissant ses études pour présenter des monologues comiques, un étudiant aide une collègue à améliorer son numéro. □ Général ➔ DVD$

PUNISH ME
ALL. 2006. Angelina MACCARONE ➔ DVD$

PUNISHMENT PARK ▷3
É.-U. 1971. Drame social de Peter WATKINS avec Mark Keats, Jim Bohan et Kent Foreman. - Suivis par une équipe de télé et sous surveillance policière, des dissidents politiques sont soumis à une rude épreuve dans un désert. - Œuvre-choc de politique-fiction, conçue à la façon d'un documentaire. Mélange de commentaires structurés et d'improvisations. Réalisation technique virtuose. Acteurs non professionnels crédibles, dans des rôles correspondant à leurs convictions respectives.

PUPPETMASTER, THE
TAÏ. 1993. Hsiao-Hsien HOU

PURE ▷5
CAN. 2005. Drame de mœurs de Jim DONOVAN avec Laura Jordan, Gianpaolo Venuta et Tim Rozon. - Les déceptions vécues par une ancienne «clubbeuse» de 22 ans qui veut retourner étudier et se trouver un appartement à Montréal. □ 13 ans+ ➔ DVD$

PURGATORY ▷4
É.-U. 1999. Western d'Uli EDEL avec Sam Shepard, Eric Roberts et Peter Stormare. - Des hors-la-loi en fuite trouvent refuge dans un étrange village qui recèle un secret terrifiant. ➔ DVD$

PURITAINE, LA ▷3
FR. 1986. Drame psychologique de Jacques DOILLON avec Michel Piccoli, Sandrine Bonnaire et Sabine Azéma. - En attendant le retour de sa fille, un metteur en scène fait jouer à ses jeunes comédiennes diverses variations sur le thème de leurs retrouvailles. - Thème de la relation père/fille joliment développé. Interprétation habile. □ Général

PURPLE HEART, THE ▷4
É.-U. 1944. Drame de guerre de Lewis MILESTONE avec Dana Andrews, Richard Conte et Farley Granger. - Huit aviateurs américains prisonniers des Japonais sont soumis à un procès public. ➔ DVD$

PURPLE MONSTER STRIKES
É.-U. 1945. Spencer Gordon BENNET et Fred C. BRANNON □ Général

PURPLE NOON *voir* **Plein soleil**

PURPLE PLAIN, THE ▷4
ANG. 1954. Drame de guerre de Robert PARRISH avec Gregory Peck, Bernard Lee et Brenda de Branzie. - En Birmanie, un pilote de guerre est démoralisé par la mort de sa femme. □ Général

PURPLE RAIN ▷5
É.-U. 1984. Comédie musicale d'Albert MAGNOLI avec Prince Rogers Jackson, Apollonia Kotero et Morris Day. - Tout en cherchant à lancer sa carrière, un jeune chanteur rock s'intéresse à une jolie fille qui a les mêmes ambitions que lui. □ 13 ans+ ➔ DVD$

PURPLE ROSE OF CAIRO, THE ▷3
[Rose pourpre du Caire, La]
É.-U. 1985. Comédie fantaisiste de Woody ALLEN avec Mia Farrow, Jeff Daniels et Danny Aiello. - Un personnage de film quitte l'écran en pleine projection pour aller conter fleurette à une spectatrice. - Fines variations sur les rapports entre le cinéma et la vie. Évocation plutôt caricaturale des années 1930. Réussites techniques. Interprétation touchante de M. Farrow. □ Général ➔ DVD$

PURSUED ▷4
É.-U. 1947. Western de Raoul WALSH avec Robert Mitchum, Teresa Wright et Judith Anderson. - Des circonstances tragiques font naître la haine entre un orphelin et sa famille adoptive. □ Général

PURSUED
CAN. É.-U. 2004. Kristoffer TABORI ➔ DVD$

PURSUIT OF HAPPINESS, THE ▷4
É.-U. 1970. Drame psychologique de Robert MULLIGAN avec Michael Sarrazin, Barbara Hershey et Arthur Hill. - Un jeune bohème tente d'échapper aux conséquences judiciaires d'un accident. □ 13 ans+

PURSUIT OF HAPPYNESS, THE ▷5
É.-U. 2006. Drame psychologique de Gabriele MUCCINO avec Will Smith, Jaden Christopher Syre Smith et Thandie Newton. - En 1981, à San Francisco, un vendeur impécunieux ayant la charge de son jeune fils s'inscrit à un stage de six mois non rémunéré dans une firme de courtage. □ Général ➔ DVD DVD-BR$

PUSH - LA DIVISION *voir* **Push**

PUSH [Push - la division] ▷4
É.-U. 2008. Science-fiction de Paul McGUIGAN avec Chris Evans, Dakota Fanning et Camilla Belle - À Hong Kong, trois expatriés américains dotés de pouvoirs psychiques tentent de mettre en échec l'ambitieux projet de leur ex-organisation. □ Général · Déconseillé aux jeunes enfants ➔ DVD DVD-BR$

PUSHER ▷4
DAN. 1996. Drame de mœurs de Nicolas Winding REFN avec Kim Bodnia, Zlatko Buric et Laura Drasbaek. - Un jeune revendeur de drogues craint les représailles d'un gangster qui lui avait confié un lot d'héroïne que la police a confisqué. ➔ DVD$

PUSHING HANDS ▷4
TAÏ. 1991. Comédie dramatique d'Ang LEE avec Sihung Lung, Deb Snyder et Bo Z. Wang. - Un vieux professeur de tai-chi quitte Beijing pour venir s'installer chez son fils à New York où il a du mal à s'adapter à ses nouvelles conditions de vie. □ Général

PUSHING TIN [À la limite] ▷4
É.-U. 1999. Comédie dramatique de Mike NEWELL avec John Cusack, Billy Bob Thornton et Cate Blanchett. - À New York, la rivalité entre deux contrôleurs aériens a des répercussions sur leurs vies de couple. □ Général ➔ DVD$

PUTAIN DU ROI, LA [King's Whore] ▷4
FR. 1990. Drame historique d'Axel CORTI avec Timothy Dalton, Valeria Golino et Stéphane Freiss. - Au XVIIe siècle, l'épouse d'un comte désargenté accepte à contrecœur les avances d'un monarque qu'elle s'emploie ensuite à faire souffrir. □ 13 ans+

PYGMALION ▷3
ANG. 1938. Comédie d'Anthony ASQUITH avec Leslie Howard, Wendy Hiller et Wilfrid Lawson. - Un expert en phonétique fait le pari de transformer en grande dame une vendeuse de fleurs au langage populacier. - Adaptation soignée de la pièce de G.B. Shaw. Dialogue abondant et brillant. Mise en scène sobre et subtile. Direction sûre d'habiles comédiens. □ Général ➔ DVD$

PYJAMA GIRL CASE, THE
[Girl in the Yellow Pajamas, The]
ITA. 1977. Flavio MOGHERINI ➔ DVD$

PYX, THE [Lunule, La] ▷4
CAN. 1973. Drame policier de Harvey HART avec Christopher Plummer, Karen Black et Yvette Brind'Amour. - Un inspecteur enquête sur la mort d'une prostituée tombée du toit d'un hôtel de passe de Montréal. □ 18 ans+

Q & A [Contre-enquête] ▷3
É.-U. 1990. Drame policier de Sidney LUMET avec Timothy Hutton, Nick Nolte et Armand Assante. - En enquêtant sur la mort d'un trafiquant portoricain abattu par un flic, un avocat découvre des relents de corruption et de racisme dans le corps policier. - Récit complexe mais intéressant. Traitement réaliste. Illustration fort soignée. Interprétation solide. □ 13 ans+ ➜ DVD $

Q.I. *voir* **I.Q.**

Q: THE WINGED SERPENT [Épouvante sur New York] ▷4
É.-U. 1982. Drame d'horreur de Larry COHEN avec Michael Moriarty, David Carradine et Richard Roundtree. - En fuyant des complices, un gangster découvre le nid géant d'un monstre ailé responsable de meurtres horribles. □ 18 ans+

QU'ELLE ÉTAIT VERTE MA VALLÉE
voir **How Green Was My Valley**

QU'EST-CE QU'ON ATTEND POUR ÊTRE HEUREUX? ▷4
FR. 1982. Comédie dramatique de Coline SERREAU avec Henri Garcin, André Julien et Mathé Souverbie. - Les comédiens réunis pour le tournage d'un film publicitaire se révoltent contre les exigences du réalisateur. □ Général

QU'EST-IL ARRIVÉ À TANTE ALICE?
voir **What Ever Happened to Aunt Alice?**

QUACKSER FORTUNE HAS A COUSIN IN THE BRONX ▷4
É.-U. 1970. Comédie de Waris HUSSEIN avec Gene Wilder, Margot Kidder et May Ollis. - Une jeune Américaine étudiant en Irlande s'intéresse à un modeste marchand d'engrais. ➜ DVD $

QUADROPHENIA ▷4
ANG. 1979. Drame de mœurs de Franc RODDAM avec Phil Daniels, Leslie Ash et Mark Wingett. - En 1963, un garçon de bureau participe à un affrontement violent qui oppose sa bande de «Mods» à leurs rivaux, les «Rockers». □ 13 ans+

QUAI DES BRUMES [Port of Shadows] ►2
FR. 1938. Drame de Marcel CARNÉ avec Jean Gabin, Michèle Morgan et Michel Simon. - Un déserteur devient meurtrier par amour pour une jeune fille. - Sujet sombre. Réalisation de qualité. Progression dramatique remarquable. Jeu solide des acteurs. □ Général ➜ DVD $

QUAI DES ORFÈVRES, LE ►2
FR. 1947. Drame policier de Henri-Georges CLOUZOT avec Louis Jouvet, Bernard Blier et Suzy Delair. - Un mari jaloux est accusé du meurtre d'un rival. - Intrigue policière doublée d'une étude de mœurs fort intelligente. Très bonne création d'atmosphère campée dans le milieu du music-hall parisien. Mise en scène précise. Jeu intelligent de comédiens de premier ordre.

QUAND EST-CE QU'ON ARRIVE? *voir* **Are We There Yet?**

QUAND HARRY RENCONTRE SALLY
voir **When Harry Met Sally**

QUAND J'AVAIS CINQ ANS, JE M'AI TUÉ ▷5
FR. 1994. Drame psychologique de Jean-Claude SUSSFELD avec Dimitri Rougeul, Hippolyte Girardot et Patrick Bouchitey. - Dans un institut psychiatrique pour enfants, un gamin rêveur établit une belle complicité avec un jeune stagiaire. □ Général

QUAND J'ÉTAIS CHANTEUR ▷4
FR. 2006. Comédie dramatique de Xavier GIANNOLI avec Gérard Depardieu, Cécile de France et Mathieu Amalric. - Un chanteur de bal quinquagénaire tente de conquérir une jeune agente immobilière à la croisée des chemins. □ Général

QUAND JE SERAI PARTI... VOUS VIVREZ ENCORE ▷5
QUÉ. 1998. Drame historique de Michel BRAULT avec Francis Reddy, David Boutin et Claude Gauthier. - En 1839, un jeune Patriote est condamné à mort pour avoir pris part à la révolte contre l'autorité britannique au Bas-Canada. □ Général

QUAND L'INSPECTEUR S'EMMÊLE
voir **Shot in the Dark, A**

QUAND LA MARABUNTA GRONDE
voir **Naked Jungle, The**

QUAND LA MER MONTE ▷3
FR. 2004. Comédie sentimentale de Yolande MOREAU et Gilles PORTE avec Yolande Moreau, Wim Willaert et Jacky Berroyer. - Pendant la tournée de son spectacle solo dans le nord de la France, une comédienne quinquagénaire s'éprend d'un jeune homme marginal. - Intrigue d'une grande finesse sur le thème de la fragilité du sentiment amoureux. Nombreuses touches de fantaisie. Réalisation dépouillée. Jeu candide et touchant des deux interprètes. □ Général ➜ DVD $

QUAND LES ÉTOILES RENCONTRENT LA MER ▷4
[When the Stars Meet the Sea]
FR.-MAD. 1996. Conte de Raymond RAJAONARIVELO avec Rondro Rasoanaivo, Jean Rabenjamina et Aimée Razafindrafarasoa. - À Madagascar, un enfant né lors d'une éclipse se révèle doté de pouvoirs magiques. □ Général

QUAND LES FEMMES S'EN MÊLENT *voir* **Working Girl**

QUAND PASSENT LES CIGOGNES ►2
[Cranes Are Flying, The]
RUS. 1957. Drame psychologique de Mikhail KALATOZOV avec Tatiana Samoilova, Alexis Batalov et Vassili Merkuryev. - La guerre vient détruire l'idylle de deux jeunes gens. - Histoire banale renouvelée par un traitement frais et poétique. Grande virtuosité technique. Interprétation sensible de T. Samoilova. □ Général ➜ DVD $

QUAND SOUFFLE LE VENT *voir* **When the Wind Blows**

QUAND TOMBE LA NUIT *voir* **When Night Is Falling**

QUAND TU SERAS DÉBLOQUÉ, FAIS-MOI SIGNE ▷5
FR. 1981. Comédie de François LETERRIER avec Christian Clavier, Marie-Anne Chazel et Philippe Léotard. - Après s'être querellé avec sa femme, un cadre parisien décide d'aller passer ses vacances dans une communauté hippie.

QUANTUM OF SOLACE [007 Quantum] ▷4
ANG. 2008. Drame d'espionnage de Marc FORSTER avec Daniel Craig, Olga Kurylenko et Mathieu Amalric. - Un agent secret britannique tente de démasquer une organisation criminelle de mèche avec un faux environnementaliste. □ 13 ans+ · Violence ➜ DVD DVD-BR $

QUARANTAINE, LA ▷5
QUÉ. 1982. Étude de mœurs d'Anne-Claire POIRIER avec Monique Mercure, Roger Blay et Jacques Godin. - La réunion d'un groupe d'amis d'enfance donne lieu à un déballage de secrets. □ Général

QUARANTIÈMES RUGISSANTS, LES ▷4
FR. 1981. Drame psychologique de Christian DE CHALONGE avec Jacques Perrin, Julie Christie et Michel Serrault. - Un homme s'improvise navigateur pour expérimenter un radar anti-collision au cours d'une course en solitaire autour du monde.

QUARRY, THE ▷5
BEL. 1998. Drame de Marion HANSEL avec John Lynch, Jonne Phillips et Oscar Petersen. - Un fugitif tue accidentellement un pasteur en route pour sa nouvelle paroisse dans la brousse et prend son identité. ➜ DVD $

QUARTET ▷4
ANG. 1948. Film à sketches de Ken ANNAKIN, Ralph SMART, Harold FRENCH et Arthur CRABTREE avec Cecil Parker, Dirk Bogarde, George Cole et Basil Radford. - Quatre histoires humoristiques tirées de nouvelles de W. Somerset Maugham. □ Général

QUARTET ▷4
ANG. 1980. Drame de mœurs de James IVORY avec Alan Bates, Isabelle Adjani et Maggie Smith. - À Paris, dans les années 1920, la jeune épouse d'un Polonais emprisonné pour trafic d'œuvres d'art a une liaison avec un riche Anglais. □ 13 ans+ ➔ DVD$

QUARTIER DE FEMMES [Devil's Island Lovers]
ESP. FR. 1974. Jess (Jesus) FRANCO ➔ DVD$

QUARTIER MOZART
CAM. 1992. Jean-Pierre BEKOLO □ Général

QUATERMASS 2 [Enemy from Space] ▷4
ANG. 1957. Science-fiction de Val GUEST avec Brian Donlevy, John Longden et Sydney James. - Après une étrange pluie de météorites, des extraterrestres se sont emparés du corps de certains humains. □ Général

QUATERMASS AND THE PIT ▷4
[Five Million Years to Earth]
ANG. 1967. Science-fiction de Roy Ward BAKER avec Andrew Keir, James Donald et Barbara Shelley. - Un bolide étrange est découvert par des ouvriers dans le sous-sol de Londres. □ Général ➔ DVD$

QUATERMASS XPERIMENT, THE ▷4
ANG. 1955. Science-fiction de Val GUEST avec Jack Warner, Brian Donlevy et Margia Dean. - Une fusée revient sur Terre avec seulement un de ses trois passagers, lequel est l'objet d'inquiétantes transformations. □ Général

QUATRE AVENTURES DE REINETTE ET MIRABELLE ▷4
FR. 1986. Comédie de mœurs d'Éric ROHMER avec Jessica Forde, Joëlle Miquel et Philippe Laudenbach. - Une jeune campagnarde intéressée par la peinture et une étudiante parisienne apprennent à se connaître à travers diverses aventures. □ Général

QUATRE CHARLOTS MOUSQUETAIRE, LES ▷5
FR. 1974. Comédie d'André HUNEBELLE et Jacques Besnard avec Gérard Rinaldi, Gérard Filipelli et Jean Sarrus. - Les valets de mousquetaires aventureux s'emploient à protéger leurs maîtres dans leurs folles équipées. ➔ DVD$

QUATRE CHARLOTS MOUSQUETAIRES 2, LES
voir **Charlots en folie: à nous quatre cardinal!**

QUATRE FILLES DU DR. MARCH, LES *voir* **Little Women**

QUATRE FILLES ET UN JEAN
voir **Sisterhood of the Traveling Pants**

QUATRE FRÈRES *voir* **Four Brothers**

QUATRE GARÇONS DANS LE VENT
voir **Hard Day's Night, A**

QUATRE MARIAGES ET UN ENTERREMENT
voir **Four Weddings and a Funeral**

QUATRE MINUTES [Four Minutes] ▷4
ALL. 2006. Drame psychologique de Chris KRAUS avec Monica Bleibtreu, Hannah Herzsprung et Sven Pippig. - En prévision d'un concours, une vieille femme aigrie donne des leçons de piano à une jeune prisonnière agressive mais talentueuse. □ Général · Déconseillé aux jeunes enfants ➔ DVD$

QUATRE MOUSQUETAIRES, LES
voir **Four Musketeers, The**

QUATRE PLUMES, LES *voir* **Four Feathers, The**

QUATRE SUITES *voir* **Four Rooms**

QUATRIÈME DIMENSION, LA *voir* **Twilight Zone: The Movie**

QUATRIÈME GUERRE, LA *voir* **Fourth War, The**

QUATRIÈME HOMME, LE [Fourth Man, The] ▷4
HOL. 1983. Drame de Paul VERHOEVEN avec Jeroen Krabbe, Renée Soutendijk et Thom Hoffman . - Porté à fantasmer sur la mort, un écrivain bisexuel redoute d'être assassiné par la veuve chez qui il séjourne. □ 18 ans+

QUE DIEU BÉNISSE L'AMÉRIQUE ▷4
CAN. 2005. Comédie dramatique de Robert MORIN avec Gildor Roy, Sylvain Marcel et Sylvie Léonard. - Le 11 septembre 2001, un pédophile menacé par un tueur en série fait diverses rencontres avec ses voisins banlieusards à qui il n'avait jamais parlé. □ 13 ans+ ➔ DVD$

QUE FAISAIENT LES FEMMES PENDANT QUE L'HOMME MARCHAIT SUR LA LUNE?
FR. 2000. Chris VANDER STAPPEN

QUE LA BÊTE MEURE [This Man Must Die] ▷3
FR. 1969. Thriller de Claude CHABROL avec Michel Duchaussoy, Jean Yanne et Caroline Cellier. - Un romancier recherche pour se venger le chauffard qui a tué son jeune fils. - Suspense prenant. Mise en scène sûre. Enjeux moraux habilement nuancés. Personnages bien dessinés. Excellents interprètes.

QUE LA FÊTE COMMENCE! [Let Joy Reign Supreme] ▷3
FR. 1974. Drame historique de Bertrand TAVERNIER avec Philippe Noiret, Jean Rochefort et Jean-Pierre Marielle. - En 1719, l'abbé Dubois, conseiller du régent Philippe d'Orléans, profite d'une insurrection pour arriver à ses fins. - Chronique historique vivante. Tableau critique d'une époque décadente. □ 13 ans+ ➔ DVD$

QUE LA LUMIÈRE SOIT
FR. 1998. Arthur JOFFE ➔ DVD$

QUE LE SPECTACLE COMMENCE *voir* **All That Jazz**

QUE VIVA MEXICO! ▷3
RUS. 1979. Étude de mœurs de Sergei EISENSTEIN. - Fresque historico-romancée sur le Mexique. - Remontage d'un film inachevé d'Eisenstein datant de 1931. Savoir-faire technique indéniable. Décors étonnants. Commentaire parfois envahissant. □ Général ➔ DVD$

QUÉBEC-MONTRÉAL ▷4
QUÉ. 2002. Comédie de mœurs de Ricardo TROGI avec Patrice Robitaille, Jean-Philippe Pearson et Isabelle Blais. - Les tribulations sentimentales de divers jeunes adultes qui font le trajet Québec-Montréal en voiture. □ 13 ans+ ➔ DVD$

QUEEN, THE [Sa majesté la reine] ▷3
ANG. 2006. Drame historique de Stephen FREARS avec Helen Mirren, Michael Sheen et James Cromwell. - Les efforts du premier ministre britannique Tony Blair pour convaincre la reine Elizabeth II de s'adresser à ses sujets dans les jours qui ont suivi la mort de Lady Diana. - Récit captivant, intelligent et patient misant sur les non-dits et la retenue. Regard allumé empreint à la fois d'ironie et de sympathie. Réalisation sobre et effacée. Excellents interprètes. H. Mirren magistrale. □ Général ➔ DVD DVD-BR$

QUEEN BEE [Femme diabolique, Une] ▷5
É.-U. 1955. Drame psychologique de Ranald MacDOUGALL avec Joan Crawford, Barry Sullivan et John Ireland. - Une femme s'acharne à gâcher la vie de son entourage. □ Général ➔ DVD$

QUEEN CHRISTINA [Reine Christine, La] ▷4
É.-U. 1933. Drame historique de Rouben MAMOULIAN avec Greta Garbo, John Gilbert et Lewis Stone. - La reine de Suède s'éprend d'un ambassadeur et abdique pour le suivre. □ Général ➔ DVD$

QUEEN KELLY ▷3
É.-U. 1929. Drame d'Erich VON STROHEIM avec Gloria Swanson, Walter Byron et Seena Owen. - Une couventine est remarquée par le fiancé de la reine, ce qui l'entraîne dans de sinistres mésaventures. - Restauration d'un film inachevé. Style extravagant. Invention visuelle. Jeu maniéré de G. Swanson. □ Général ➔ DVD$

QUEEN MARGOT *voir* **Reine Margot, La**

QUEEN OF HEARTS [Dame de cœur] ▷4
ANG. 1988. Comédie dramatique de Jon AMIEL avec Anita Zagaria, Joseph Long et Eileen Way. - Le jeune fils d'un couple italien installé à Londres compte sur une boîte magique pour régler les problèmes de sa famille. □ Général

QUEEN OF SOUTH *voir* **Reyna del sur, La**

QUEENIE IN LOVE ▷5
É.-U. 2001. Comédie de mœurs d'Amos KOLLEK avec Valerie Geffner, Victor Argo et Louise Lasser. - Une jeune New-Yorkaise de famille aisée aspirant à devenir actrice s'attache peu à peu à un ex-policier sexagénaire qui vit seul. □ 13 ans+

QUEENS LOGIC ▷4
É.-U. 1990. Drame psychologique de Steve RASH avec Joe Mantegna, Linda Fiorentino et Kevin Bacon. - Les tribulations sentimentales et professionnelles d'un groupe d'amis vivant dans un quartier populaire de New York. - □ Général ➔ DVD$

QUEL DÉLIRE, PETE TONG! *voir* **It's All Gone Pete Tong!**

QUELLE AFFAIRE! *voir* **Risky Business**

QUELLE FAMILLE! *voir* **Used People**

QUELLE HEURE EST-IL? ▷3
ITA. 1989. Comédie dramatique d'Ettore SCOLA avec Marcello Mastroianni, Massimo Troisi et Anne Parillaud. - Un riche avocat au tempérament expansif et généreux organise un avenir confortable à son fils qui préférerait pourtant une vie plus simple. - Thème du conflit des générations abordé avec intelligence et sensibilité. Réalisation attentive aux personnages. Interprétation excellente.

QUELLE NUIT DE GALÈRE *voir* **After Hours**

QUELLE VIE DE CHIEN *voir* **Shaggy Dog, The**

QUELQUE CHOSE D'INATTENDU
voir **Something's Gotta Give**

QUELQUE PART DANS LE TEMPS
voir **Somewhere in Time**

QUELQUES ARPENTS DE NEIGE ▷5
QUÉ. 1972. Drame de Denis HÉROUX avec Daniel Pilon, Christine Olivier et Jean Duceppe. - Une histoire d'amour située dans le cadre de l'insurrection de 1837. □ Général

QUELQUES JOURS AVEC MOI ▷3
FR. 1987. Comédie dramatique de Claude SAUTET avec Daniel Auteuil, Sandrine Bonnaire et Jean-Pierre Marielle. - Un jeune cadre s'éprend de la domestique du directeur d'un supermarché dont il doit vérifier les comptes. - Peinture pittoresque d'un milieu provincial. Mise en scène souple et précise. □ Général

QUELQUES JOURS EN SEPTEMBRE
[Few Days in September, A]
FR. 2006. Santiago AMIGORENA ➔ DVD$

QUENTIN TARANTINO'S DEATH PROOF
voir **Grindhouse**

QUERELLE ▷4
ALL. 1982. Drame de mœurs de Rainer Werner FASSBINDER avec Brad Davis, Franco Nero et Jeanne Moreau. - En permission à Brest, un beau matelot suscite maints désirs tant chez les hommes que chez les femmes. □ 18 ans+

QUEST FOR FIRE *voir* **Guerre du feu, La**

QUESTION HUMAINE, LA ▷3
FR. 2007. Drame social de Nicolas KLOTZ avec Mathieu Amalric, Michael Lonsdale et Jean-Pierre Kalfon. - Un psychologue industriel est chargé d'enquêter discrètement sur l'état de santé mentale du directeur général d'une multinationale allemande. - Récit passant habilement du drame personnel au film à thèse. Démonstration magistrale de la façon dont le passé peut contaminer le présent. Regard critique sur le monde de l'entreprise. Mise en scène dépouillée. Jeu d'ensemble admirable. □ Général ➔ DVD$

QUESTION OF SILENCE, A ▷4
HOL. 1981. Drame judiciaire de Marleen GORRIS avec Cox Habbema, Nelly Frijda et Henriette Tol. - Une psychiatre interroge trois femmes accusées de complicité de meurtre, mais qui ne se connaissaient pas avant le crime. □ 13 ans+

QUESTION PIÈGE *voir* **Quiz Show**

QUI A TIRÉ SUR NOS HISTOIRES D'AMOUR? ▷5
QUÉ. 1986. Drame de mœurs de Louise CARRÉ avec Monique Mercure, Guylaine Normandin et August Schellenberg. - Une femme indépendante accueille durant l'été sa fille qui doit partir suivre des cours en Californie.

QUI A TUÉ BAMBI? [Who Killed Bambi?]
FR. 2003. Gilles MARCHAND

QUI AIMES-TU? [Fucking Amal] ▷4
SUÈ. 1998. Drame de mœurs de Lukas MOODYSSON avec Alexandra Dahlström, Rebecca Liljeberg et Erica Carlson. - Une adolescente donne par bravade un baiser à une copine lesbienne, ce qui déclenche en elle des sentiments insoupçonnés.

QUI EST GILBERT GRAPE?
voir **What's Eating Gilbert Grape?**

QUI ÊTES-VOUS POLLY MAGOO? ▷4
[Who Are You Polly Maggoo?]
FR. 1966. Comédie satirique de William KLEIN avec Dorothy McGowan, Jean Rochefort et Sami Frey. - Polly Magoo, mannequin de mode, est choisie comme sujet d'une émission de télévision.

QUI SUIS-JE? *voir* **Who Am I This Time?**

QUI VEUT LA PEAU DE ROGER RABBIT?
voir **Who Framed Roger Rabbit?**

QUICK AND THE DEAD, THE ▷4
[Instinct de vengeance]
É.-U. 1995. Western de Sam RAIMI avec Sharon Stone, Gene Hackman et Russell Crowe. - Une jeune femme au passé mystérieux s'inscrit à un tournoi de duels au pistolet organisé par le maire corrompu d'une petite ville de l'Ouest. □ 13 ans+ · Violence ➔ DVD$

QUICK CHANGE [Monnaie courante] ▷5
É.-U. 1990. Comédie policière de Howard FRANKLIN et Bill MURRAY avec Bill Murray, Geena Davis et Randy Quaid. - Après avoir commis un vol de banque, des criminels éprouvent maintes difficultés à se rendre à l'aéroport. □ Général ➔ DVD$

QUICKIE, THE ▷5
ALL. 2001. Drame de mœurs de Sergei BODROV avec Vladimir Mashkov, Jennifer Jason Leigh et Henry Thomas. - Un parrain de la mafia russe qui a reçu des menaces de mort donne une grande réception dans sa villa de Los Angeles. ➔ DVD$

QUICKSAND [Piégé]
É.-U. 2001. John MACKENZIE ➔ DVD$

QUICKSILVER ▷5
É.-U. 1986. Comédie dramatique de Tim DONNELLY avec Kevin Bacon, Jami Gertz et Rudy Ramos. - Un messager cycliste défie un trafiquant de drogues avec lequel des camarades de travail ont eu maille à partir. ➔ DVD$

QUICONQUE MEURT, MEURT À DOULEUR ▷4
QUÉ. 1997. Drame de Robert MORIN avec Claude, Alain et Patrick. - Lors d'une descente policière dans une piquerie, deux flics et un cameraman de la télévision sont pris en otages par des junkies. □ 16 ans+ · Langage vulgaire

QUIET, THE ▷5
É.-U. 2005. Drame de Jamie BABBIT avec Camilla Belle, Elisha Cuthbert et Martin Donovan. - Devenue orpheline, une adolescente sourde-muette est adoptée par son parrain, dont la famille cache de troublants secrets. □ 13 ans+ · Langage vulgaire ➔ DVD$

QUIET AMERICAN, THE ▷4
É.-U. 1957. Drame d'espionnage de Joseph L. MANKIEWICZ avec Audie Murphy, Michael Redgrave et Georgia Moll. - En Indochine, un jeune Américain intervient maladroitement dans les conflits locaux. ➔ DVD$

© K-FILMS

QUIET AMERICAN, THE [Américain bien tranquille, Un] ▷3
AUS. 2002. Drame de Philip NOYCE avec Michael Caine, Brendan Fraser et Do Thin Hai Yen. - À Saïgon, durant la guerre d'Indochine, un correspondant anglais rivalise avec un Américain pour l'amour d'une jeune Vietnamienne. - Adaptation intelligente d'un roman de Graham Greene. Trame sentimentale adroitement intégrée à un thriller de guerre et d'espionnage. Réalisation de qualité. Interprétation riche et nuancée de M. Caine. □ 13 ans+ ➔ DVD $

QUIET CHAOS *voir* **Caos Calmo**

QUIET DAYS IN CLICHY
DAN. 1970. Jens jorgen THORSEN ➔ DVD $

QUIET DAYS IN CLICHY *voir* **Jours tranquilles à Clichy**

QUIET EARTH, THE [Dernier survivant, Le] ▷4
N.-Z. 1985. Science-fiction de Geoff MURPHY avec Bruno Lawrence, Alison Routledge et Peter Smith. - Se croyant seul rescapé d'une catastrophe nucléaire, un savant découvre deux autres survivants qui l'aideront à conjurer une nouvelle calamité. □ Général ➔ DVD $

QUIET FAMILY
COR. 1998. Kim JI-WOON ➔ DVD $

QUIET FLOWS THE DON
RUS. 1957. Sergei GERASIMOV ➔ DVD $

QUIET MAN, THE [Homme tranquille, L'] ▷3
É.-U. 1952. Comédie de John FORD avec John Wayne, Maureen O'Hara et Barry Fitzgerald. - Un boxeur américain revient dans son pays natal, l'Irlande, et songe à se marier. - Peinture de mœurs pittoresque et pleine de fraîcheur. Mise en scène souple et vigoureuse. Interprétation savoureuse. □ Général ➔ DVD $

QUIET ROOM, THE ▷4
AUS. 1996. Drame psychologique de Rolf DE HEER avec Celine O'Leary, Chloe Ferguson et Paul Blackwell. - Vivant mal la discorde qui s'est installée entre ses parents, une fillette a décidé de ne plus leur parler.

QUIGLEY DOWN UNDER ▷4
[Monsieur Quigley l'Australien]
É.-U. 1990. Aventures de Simon WINCER avec Tom Selleck, Laura San Giacomo et Alan Rickman. - Un aventurier américain prend fait et cause en faveur d'aborigènes australiens menacés par un rancher meurtrier. □ 13 ans+ ➔ DVD $

QUILL
JAP. 2004. Yoichi SAI ➔ DVD $

QUILLER MEMORANDUM, THE ▷4
ANG. 1966. Drame d'espionnage de Michael ANDERSON avec George Segal, Max Von Sydow et Senta Berger. - Un agent secret est chargé de démasquer un groupe de néonazis à Berlin. □ Général ➔ DVD $

QUILLS [Plume et le sang, La] ▷3
É.-U. 2000. Drame de Philip KAUFMAN avec Geoffrey Rush, Kate Winslet et Joaquin Phoenix. - Interné à l'hospice de Charenton, le Marquis de Sade défie les autorités qui lui interdisent d'écrire. - Discours caustique sur la liberté d'expression. Développements dramatiques percutants. Dialogue tonique et abrasif. Réalisation riche et vigoureuse. Interprétation forte. □ 16 ans+ ➔ DVD $

QUILOMBO ▷3
BRÉ. 1984. Drame épique de Carlos DIEGUES avec Antonio Pompeo, Zézé Motta et Toni Tornado. - Au milieu du XVIIe siècle, des esclaves en fuite forment une république autonome dans les montagnes. - Sorte d'opéra primitif. Nombreux chants et danses. Illustration de qualité. Spectacle impressionnant. Présence étonnante des interprètes.

QUINCEANERA ▷4
É.-U. 2006. Drame social de Richard GLATZER et Wash WESTMORELAND avec Emily Rios, Jesse Garcia et Chalo Gonzalez. - Rejetés par leur famille, une adolescente enceinte et son cousin homosexuel trouvent refuge chez leur grand-oncle. □ Général ➔ DVD $

QUINTET ▷3
É.-U. 1978. Science-fiction de Robert ALTMAN avec Paul Newman, Vittorio Gassman et Bibi Andersson. - Dans un monde de l'avenir envahi par le froid, des hommes s'adonnent à un jeu étrange dont l'enjeu est la mort. - Parabole futuriste sur le thème de la survie. Tourné dans les décors de l'Expo 67 de Montréal. Réalisation fort intelligente. Interprétation solide. □ Général

QUIZ SHOW [Question piège] ▷3
É.-U. 1994. Drame social de Robert REDFORD avec Ralph Fiennes, John Turturro et Rob Morrow. - En 1958, un avocat découvre que le producteur d'un jeu télévisé s'arrange pour faire gagner un jeune concurrent populaire auprès du public. - Scénario basé sur une histoire vraie. Traitement rigoureux du thème de l'éthique dans le monde du spectacle. Psychologie fouillée. Illustration fort soignée. Distribution de grande classe. □ Général ➔ DVD $

QUO VADIS? ▷3
É.-U. 1951. Drame historique de Mervyn LeROY avec Peter Ustinov, Robert Taylor et Deborah Kerr. - Durant la persécution de Néron, un général romain s'éprend d'une jeune chrétienne. - Adaptation spectaculaire du roman de Sienkiewicz. Intérêt soutenu. Mouvements de foule réussis. Bonne distribution. □ Général ➔ DVD DVD-BR $

QUO VADIS? ▷5
ITA. 1985. Drame historique de Franco ROSSI avec Klaus Maria Brandauer, Frederic Forrest et Marie-Thérèse Relin. - L'empereur romain Néron persécute les chrétiens et déclenche l'incendie de Rome en 64 après J.-C.

LES COFFRETS DE COLLECTION

© Lion's Gate

AGATHA CHRISTIE MYSTERY COLLECTION

3 films: Evil under the Sun, Death on the Nile, The Mirror Crack'd

ALAIN DELON 5-FILM COLLECTION

5 films: La piscine, Diaboliquement vôtre, La veuve Couderc, Le gitan, Notre histoire

© Universal

ALFRED HITCHCOCK MASTERPIECE COLLECTION

14 films: Saboteur, Shadow of a Doubt, Rope, Rear Window, The Trouble with Harry, The Man Who Knew Too Much (1956), Vertigo, Psycho, The Birds, Marnie, Torn Curtain, Topaz, Frenzy, Family Plot

© Warner

ALFRED HITCHCOCK SIGNATURE COLLECTION

9 films: Stage Fright, The Wrong Man, Foreign Correspondent, North by Northwest, Strangers on a Train, I Confess, Mr. & Mrs. Smith, Dial M for Murder, Suspicion

© Fox

ALIEN QUADRILOGY

4 films: Alien, Aliens, Alien 3, Alien Resurrection, Disque Bonus

© Paradox

AMARCORD (THE CRITERION BOX SET)

© Fox

AMERICAN SILENT HORROR COLLECTION

5 films: The Man Who Laughs, The Penalty, The Cat and the Canary, Dr. Jekyll and Mr. Hyde, Kingdom of Shadows

© Maple

ANGÉLIQUE, LA COLLECTION COMPLÈTE

5 films: Angélique, marquise des anges, Indomptable Angélique, Merveilleuse Angélique, Angélique et le Roy, Angélique et le Sultan

© Kino

THE ART OF BUSTER KEATON

10 films: Saphead, Three Ages, Our Hospitality, Seven Chances, Go West, Battling Butler, The General, College, Steamboat Bill Jr, Keaton Plus

© Warner

ASTAIRE & ROGERS ULTIMATE COLLECTION
10 films: Flying Down to Rio, The Gay Divorcee, Roberta, Top Hat, Follow the Fleet, Swing Time, Shall We Dance, Carefree, The Story of Vernon and Irene Castle, The Barkleys of Broadway

© DEP

LES BELLES HISTOIRES DES PAYS D'EN HAUT – 50IÈME ANNIVERSAIRE:
20 DVD + 8 CD: 23 épisodes radio «Un homme et son péché», Émission de radio: «La belle histoire... des Belles histoires des pays d'en haut» animée par Pauline Martin

© Fox

BEST PICTURE COLLECTION
5 films: Gentleman's Agreement, French Connection, All About Eve, The Sound of Music, How Green Was My Valley

© Fox

BETTE DAVIS CENTENARY CELEBRATION COLLECTION
5 films: The Nanny, Virgin Queen, Phone Call from a Stranger, Hush...Hush Sweet Charlotte, All About Eve

© MGM - Fox

BILLY WILDER
8 films: The Apartment, Avanti, The Fortune Cookie, Irma la douce, Kiss Me Stupid, One, Two, Three, The Private Life of Sherlock Holmes, Some Like It Hot

© Warner

BOGIE & BACALL SIGNATURE COLLECTION
4 films: The Big Sleep, Dark Passage, Key Largo, To Have and Have Not

© Criterion

BRD TRILOGY: REINER WERNER FASSBINDER (3 FILMS)
The marriage of Maria Braun, Veronika Voss / Lola

© DEP

BRIGITTE BARDOT COLLECTION
8 films: Les grandes manœuvres, Don Juan '73, En effeuillant la marguerite, Les bijoutiers du clair de lune, Et dieu créa la femme, Brigitte Bardot... une, première, Une Parisienne, Histoires extraordinaires

© Warner

THE BUSBY BERKELEY VOL. 2
4 films: Gold Diggers of 1937, Gold Diggers in Paris, Hollywood Hotel, Varsity Show

© Warner

CASABLANCA COLLECTOR'S EDITION

© Koch

CATHERINE DENEUVE DANS LES FILMS DE JACQUES DEMY
4 films: Peau d'âne, Les parapluies de Cherbourg, Les demoiselles de Rochefort, L'événement le plus important depuis que l'homme a marché sur la lune

© Warner

THE CHAPLIN COLLECTION VOL. 1
4 films: Gold Rush, The Great Dictator, Limelight, Modern Times

© Warner

CLARK GABLE SIGNATURE COLLECTION
6 films: Boom Town, China Seas, Dancing Lady, Mogambo, San Francisco, Wife vs . Secretary

© DEP

CLAUDE LELOUCH COFFRET 3
7 films: Les uns et les autres, L'aventure c'est l'aventure, Toute une vie, Une fille et des fusils, La bonne année, Attention bandit, L'amour avec des si

© Universal

CLINT EASTWOOD AMERICAN ICON COLLECTION
4 films: Play Misty for Me, The Eiger Sanction, Coogan's Bluff, The Beguiled

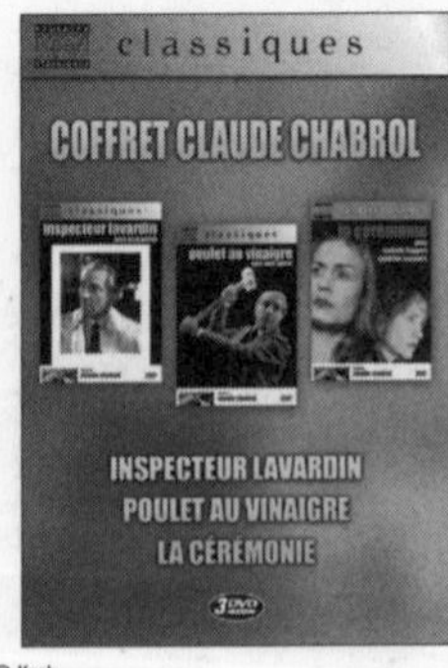

© Koch

COFFRET CLAUDE CHABROL
3 films: Inspecteur Lavardin, Poulet au vinaigre, La cérémonie

© Koch

LE COFFRET COLUCHE
3 films: Tchao Pantin, Inspecteur Labavure, Deux heures moins le quart avant Jésus-Christ

© Sony

THE COLLECTOR'S CHOICE: MICHAEL POWELL
2 films: A Matter of Life and Death (Stairway to Heaven), Age of Consent: Director's Cut

© Paradox

THE COMPLETE MONTY PYTHON' FLYING CIRCUS COLLECTOR'S EDITION

© Warner

CONTROVERSIAL CLASSICS VOL. 2

3 films: All the President's Men Sp. Ed., Dog Day Afternoon Sp. Ed., Network Sp. Ed.

© Warner

DEADWOOD COMPLETE SERIES

© Paradox

EISENSTEIN THE SOUND YEARS

3 films: Alexander Nevsky, Ivan the Terrible Part I, Ivan the Terrible Part I

© Warner

ERROL FLYNN SIGNATURE COLLECTION VOL.1

6 films: Captain Blood, The Private Lives of Elizabeth and Essex, The Sea Hawk, They Died with Their Boots On, Dodge City, The Adventures of Errol Flynn

© Kino

FILM NOIR – FIVE CLASSICS FROM THE STUDIO VAULT

5 films: Scarlet Street, Contraband, Strange Impersonation, They Made Me a Fugitive, The Hitch-Hiker (1953)

© Kino

THE FILMS OF MICHAEL HANEKE

6 films: Piano Teacher, The Castle, The Seventh Continent, Benny's Video, 71 Fragments of a Chronology of Chance, Funny Games

© Kino

THE FILMS OF SERGEI PARADJANOV

5 films: Shadows of Forgotten Ancestors, The Legend of Suram Fortress, Ashik Kerib, The Color of Promegranades, Paradjanov, A Requiem

© Fox

FORD AT FOX: THE ESSENTIAL JOHN FORD

5 films: Drums Along The Mohawk, The Grapes of Wrath, My Darling Clementine, How Green Was My Valley, Becoming John Ford

© Warner

FRANK SINATRA THE GOLDEN YEARS COLLECTION

5 films: The Man with the Golden Arm, Some Came Running, The Tender Trap, Marriage on the Rocks, None but the Brave

© Warner

GANGSTERS COLLECTION VOL. 1

6 films: Angels With Dirty Faces, Little Caesar, The Petrified Forest, Public Enemy, The Roaring Twenties, White Heat

© Warner

GENE KELLY COLLECTION

4 films: Singin' in the Rain, An American in Paris, On the town, Gene Kelly: Anatomy of a Dancer

© Olivi

GÉRARD PHILIPE COFFRET COLLECTION

2 films: La beauté du diable, Le rouge et le noir

© DEP

GILLES CARLE

La vie heureuse de Léopold Z, La vraie nature de Bernadette, La tête de Normande St-Onge, La mort d'un bûcheron, Les corps

célestes

© Kino

GLAMOUR GIRLS

5 films: Blue Angel, Lured, Pandora and the Flying Dutchman, The Good Fairy, Love Me

Tonight

© Paramount

THE GODFATHER TRILOGY: THE COPPOLA RESTORATION

© Olivi

LES GRANDS CLASSIQUES DE JEAN GABIN VOL. 1

4 films: La minute de vérité, La vérité sur bébé Donge, La traversée de Paris, Crime et châtiment

© DEP

LES GRANDS CLASSIQUES DE PIERRE RICHARD COFFRET 3

3 films: Les compères, Un chien dans un jeu de quilles, Les fugitifs

© DEP

LES GRANDS CLASSIQUES DE PIERRE RICHARD COFFRET 4

3 films: C'est pas moi, c'est lui, Le jumeau, On peut toujours rêver

© Koch

LES GRANDS CLASSIQUES NOIR ET BLANC

5 films: La chaleur du sein, Un chien qui rapporte, L'abbé Constantin, Remorques, Hôtel du Nord

© Universal

THE GREGORY PECK FILM COLLECTION

6 films: To Kill a Mockingbird, Cape Fear, Arabesque, Mirage, Captain Newman, M.D., The World in His Arms

© Warner

GRETA GARBO SIGNATURE COLLECTION

8 films: Anna Christie, Mata Hari, Grand Hotel, Queen Christina, Anna Karenina, Camille, Ninotchka, Garbo Silents

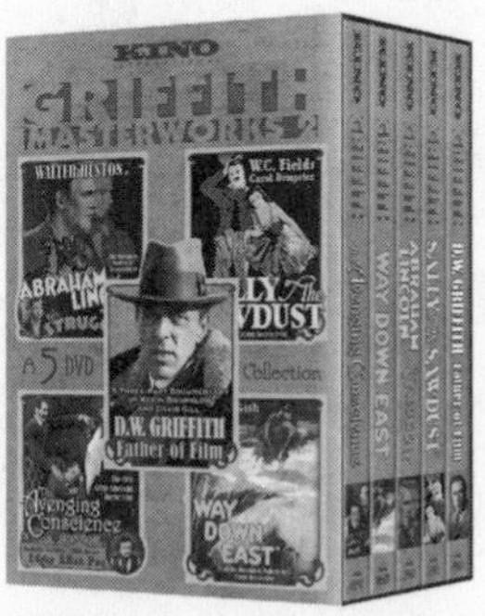

© Kino

GRIFFITH MASTERWORKS VOL. 2

6 films: Way Down East, The Avenging Conscience, Abraham Lincoln, The Struggle, Sally of the Sawdust, D.W. Griffith: Father of Film

© Warner

HOW THE WEST WAS WON ULTIMATE COLLECTION

© Warner

IMAX ULTIMATE COLLECTION

20 films: Space Station, Mission to Mir, Blue Planet, Destiny in Space, Cosmic Voyage, L5: First City in Space, The Dream is Alive, Hail Columbia !, Deep Sea, Into the Deep, Galapagos, Survival Island, The Hidden Dimension, The Secret of Life on Earth, China: The Panda Adventure, Mountain Gorilla, NASCAR, Mark Twain's America, Fires of Kuwait, T-Rex: Back to the Cretaceous

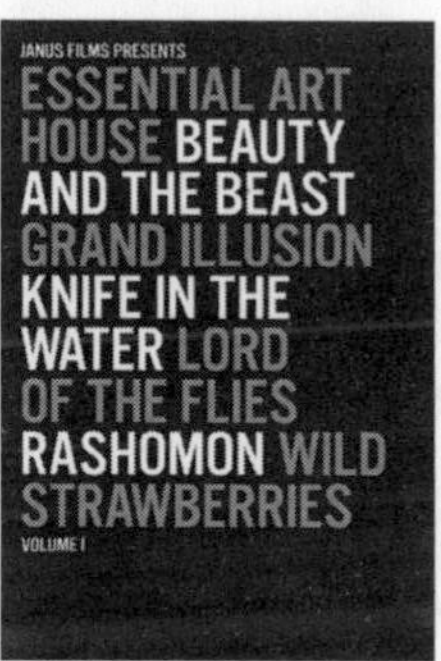

© Paradox

JANUS FILMS PRESENTS ESSENTIAL ART HOUSE VOL. 1

6 films: Beauty and the Beast, Grand Illusion, Knife in the Water, Lord of the Flies, Rashomon, Wild Strawberries

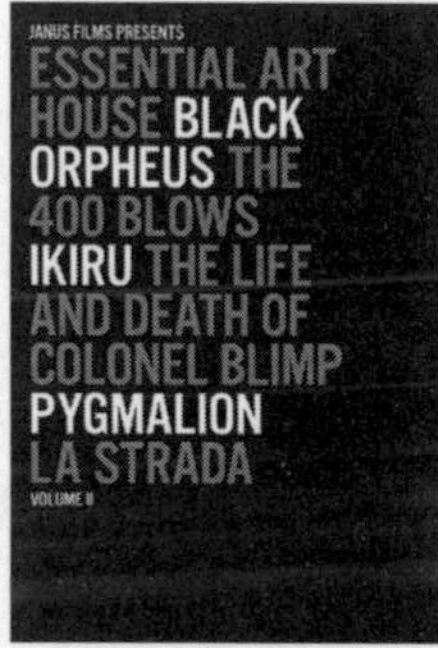

© Paradox

JANUS FILMS PRESENTS ESSENTIAL ART HOUSE VOL. 2

6 films: Pygmalion, La strada, The 400 Blows, Black Orpheus, Ikiru, The Life and Death of Colonel Blimp

© Maple

JEAN RENOIR COLLECTOR'S EDITION
7 films: La fille de l'eau, Nana, Sur un air de Charleston, La petite marchande d'allumettes, La Marseillaise, Le testament du docteur Cordelier, Le caporal épinglé

© Warner

JFK'S ULTIMATE COLLECTOR'S EDITION

© Warner

JOAN CRAWFORD COLLECTION VOL. 2
5 films: A Woman's Face, Flamingo Road, Sadie McKee, Strange Cargo, Torch Song

© Warner

JOHN FORD COLLECTION
5 films: The Lost Patrol, The Informer, Cheyenne Autumn, Mary of Scotland, Sergeant Rutledge

© Warner

JOHN WAYNE LEGENDARY HEROES COLLECTION
5 films: Blood Alley, McQ, The Sea Chase, Tall in the Saddle, The Train Robbers

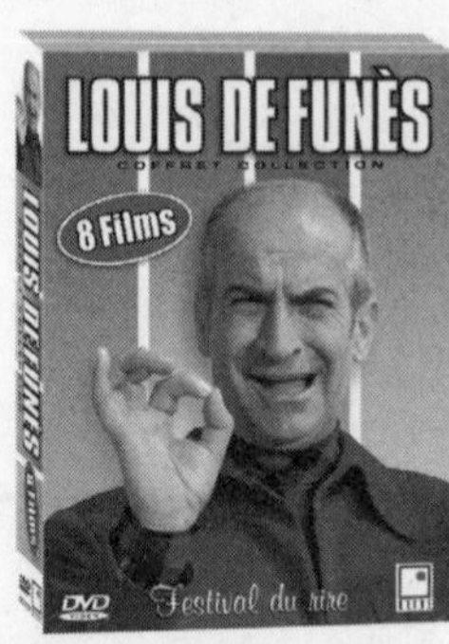

© Olivi

LOUIS DE FUNÈS COLLECTION
8 films: La folie des grandeurs, Oscar, Taxi, Roulotte et corrida, Carambolages, L'homme orchestre, Fantômas, Fantômas contre Scotland Yard, Fantômas se déchaîne

© Olivi

LOUIS JOUVET
2 films: Knock, Une histoire d'amour

© Olivi

MARCEL PAGNOL
4 films: Jean de Florette, Manon des sources, La gloire de mon père, Le château de ma mère

© Paradox

THE MARIO BAVA COLLECTION VOL. 1
5 films: Black Sabbath, Black Sunday, The Girl Who Knew Too Much, Knives of the Avenger, Kill Baby Kill

© ONF

MICHEL BRAULT
13 films: Pour la suite du monde, Les raquetteurs, Entre la mer et l'eau douce, Les enfants du silence, Le temps perdu, Geneviève, Les enfants du néant, Éloge du chiac, L'acadie, L'acadie?!?, Les ordres, Le bras de levier et la rivière, Le cheval de Troie de l'esthétique, Le direct avant la lettre

© Warner

THE MISS MARPLE MOVIE COLLECTION
4 films: Murder Ahoy!, Murder Most Foul, Murder at the Gallop, Murder, She Said

© Sony

MONTY PYTHON'S HOLY TRINITY
3 films: The Holy Grail, The Life of Brian, The Meaning of Life

© Kino

THE MOVIES BEGIN

© Kino

MURNAU FILM COLLECTION
6 films: Nosferatu, The Last Laugh, Faust, Tartuffe, The Finances of the Grand Duke, The Haunted Castle

© Fox

MURNAU, BORZAGE AND FOX
12 films: Sunrise, City Girl, Lazybones, 7th Heaven, Street Angel, Lucky Star, They Had to See Paris, Song O'My Heart, Liliom, Bad Girl, After Tomorrow, Young America

© Paradox

NARUTO VOLUME 1 UNCUT BOX SET
3 DVD

© Warner

THE NATALIE WOOD COLLECTION
6 films: Splendor in the Grass, Sex and the Single Girl, Inside Daisy Clover, Gypsy, Bombers B-52, Cash McCall

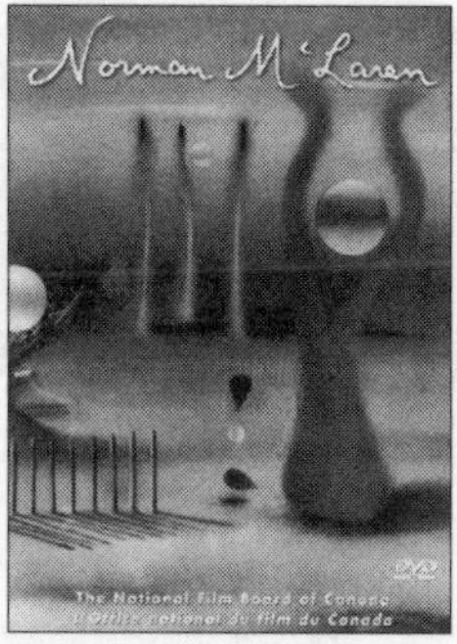

© ONF

NORMAN McLAREN MASTER'S EDITION

© Olivi

PATRICK DEWAERE
3 films: Les valseuses, Préparez vos mouchoirs, Mille milliards de dollars

© Maple

PETER SELLERS 5-FILM COLLECTION
5 films: I'm All Right Jack, The Smallest Show on Earth, Carlton-Brown of The F.O., Two-Way Stretch, Heavens Above

© Olivi

PHILIPE NOIRET, 3 GRANDS FILMS
3 films: La fille de D'Artagnan, La vie de château, Tout l'or du monde

© Distribution Sélect

PLANÈTE TERRE COMME VOUS NE L'AVEZ JAMAIS VUE – LA SÉRIE COMPLÈTE

© Warner

PRE-CODE HOLLYWOOD COLLECTION
6 films: The Cheat, Merrily We Go to Hell, Hot Saturday, Torch Singer, Murder at the Vanities, Search for Beauty

© Paradox

PRIDE & PREJUDICE 10th ANNIVERSARY BOX SET

© Warner

ROOTS: THE COMPLETE COLLECTION
Roots, The Original Series Sp.Ed., Roots, The Next Generation

© Paradox

ROSSELLINI HISTORY FILMS – RENAISSANCE AND ENLIGHTENMENT
3 films: The Age of Medici, Blaise Pascal, Cartesius

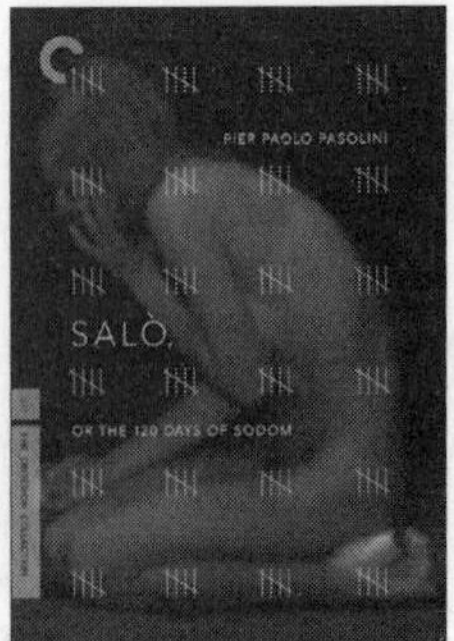

© Paradox

SALO OR 120 DAYS OF SODOM (THE CRITERION BOX SET)

© Warner

SAM PECKINPAH'S THE LEGENDARY WESTERN COLLECTION
4 DVD: The Wild Bunch: Sp. Ed., Ride the High Country, Pat Garrett & Billy the Kid: Special Edition, Ballad of Cable Hogue

© Paradox

SAMURAI CHAMPLOO COMPLETE COLLECTION

© Warner

THE SEARCHERS 50th ANNIVERSARY EDITION

© Warner

TCM FORBIDDEN HOLLYWOOD VOL. 2
6 films: Free Soul, The Divorcee, Night Nurse, Illicit, Three on a Match, Female

© Warner

TENNESSEE WILLIAMS FILM COLLECTION
7 films: A Streetcar Named Desire Vo Sp. Ed., Cat on a Hot Tin Roof Sp. Ed., Sweet Bird of Youth VO-VF, Night of the Iguana VO-VF, Baby Doll VO, The Roman Spring of Mrs. Stone VO-VF + Tennessee Williams' South

© ONF

LA TRILOGIE DE L'ÎLE-AUX-COUDRES
3 films: Pour la suite du monde, Le règne du jour, Les voitures d'eau

© Paradox

VAMPYR (THE CRITERION BOX SET)

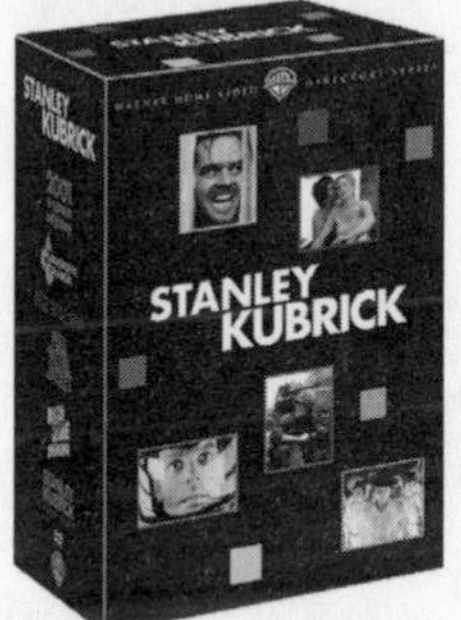

© Warner

WHV'S DIRECTOR SERIES: THE STANLEY KUBRICK COLLECTION
6 films: 2001: A Space Odyssey: Sp. Ed., A Clockwork Orange: Sp. Ed., Eyes Wide Shut: Sp. Ed., Full Metal Jacket: Deluxe Edition, The Shining: Sp. Ed., Stanley Kubrick: A Life in Pictures

© Warner

THE WIRE COMPLETE SERIES

LES RÉÉDITIONS CLASSIQUES

© Maple Pictures

L'ARMÉE DES OMBRES

© Olivi

LA BEAUTÉ DU DIABLE

© Warner Bros.

BEING THERE: DELUXE EDITION

© Maple Pictures

LA BÊTE HUMAINE

© Universal Studios

BIG LEBOWSKI, THE: 10TH ANNIVERSARY LIMITED EDITION

© Paramount Pictures

THE BOYS IN THE BAND

© Paramount Pictures

BREAKFAST AT TIFFANY'S: 2-DISC CENTENNIAL COLLECTION

© Universal Studios

THE BREAKFAST CLUB: FLASHBACK EDITION

© Maple Pictures

CASQUE D'OR

© Criterion

CHUNGKING EXPRESS

© Universal Studios

CLEOPATRA: 75TH ANNIVERSARY EDITION

© Maple Pictures

LE CORBEAU

© Lions Gate Films

CROSS CREEK

© Koch/Legend Films/Paramount

DANIEL

© Maple Pictures

DELICATESSEN: ÉDITION SPÉCIALE

© Criterion

LE DERNIER MÉTRO: 2-DISC EDITION

© Koch/Legend Films/Paramount

DESPERATE CHARACTERS

© Warner Bros.

DIRTY HARRY: DELUXE EDITION

© Universal Studios

DO THE RIGHT THING: 20TH ANNIVERSARY EDITION

© Warner Bros.

FAR FROM THE MADDING CROWD

© Koch/Legend Films/Paramount

LA FILLE SUR LE PONT

© Criterion

THE FRIENDS OF EDDIE COYLE

© Criterion

HIT, THE

© Warner Bros.

HOW THE WEST WAS WON: ULTIMATE COLLECTOR'S EDITION

© Warner Bros.

JFK: DIRECTOR'S CUT SPECIAL EDITION

© Universal Studios

LONELY ARE THE BRAVE: BACKLOT UNIVERSAL SERIES

© Warner Bros.

M. BUTTERFLY

© Criterion

MADAME DE...

© Criterion

MAGNIFICENT OBSESSION

© Criterion

MISSING: 2-DISC EDITION

© Universal Studios

THE MUMMY (1932): 2-DISC UNIVERSAL LEGACY SERIES

© Sony Pictures

NICKELODEON/ THE LAST PICTURE SHOW: DIRECTOR'S CHOICE EDITION

© Koch/Legend Films/Paramount

PHASE IV

© Warner Bros.

THE PICTURE OF DORIAN GRAY

© Universal Studios

PSYCHO: 2-DISC UNIVERSAL LEGACY SERIES

© Warner Bros.

RACHEL, RACHEL

© Criterion

REPULSION

© Criterion

LA RONDE

© Criterion

SIMON OF THE DESERT

© Sony Pictures

THE STRANGE ONE

© Paramount Pictures

SUNSET BOULEVARD: 2-DISC CENTENNIAL COLLECTION

© Paramount Pictures

TO CATCH A THIEF: 2 DISC CENTENNIAL COLLECTION

© Universal Studios

TOUCH OF EVIL: 50TH ANNIVERSARY EDITION

© Criterion

TWENTY-FOUR EYES

© Universal Studios

VERTIGO: 2-DISC UNIVERSAL LEGACY SERIES

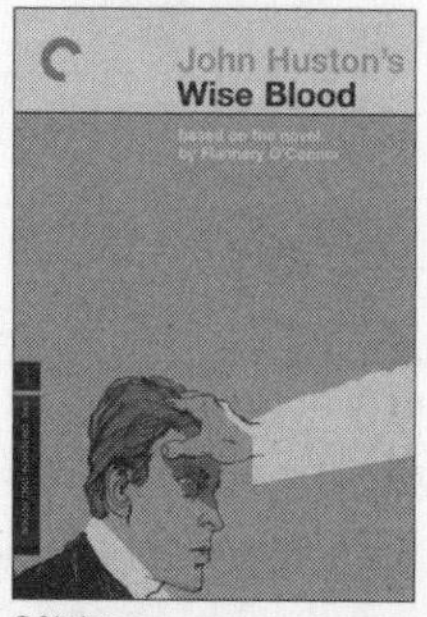

© Criterion

WISE BLOOD

© Warner Bros.

YELLOW ROLLS-ROYCE, THE

© Warner Bros.

ZABRISKIE POINT

R-POINT
COR. 2004. Kong SU-CHANG ➔ DVD $

R.P.M. ▷5
É.-U. 1970. Drame social de Stanley E. KRAMER avec Anthony Quinn, Ann-Margret et Gary Lockwood. - Un professeur aux idées avancées est nommé à la tête d'une université pour faire échec à la contestation étudiante. □ 13 ans+

R2PC
É.-U. 2000. Bret STERN ➔ DVD $

RABBIT-PROOF FENCE ▷3
[Enfants de la liberté, Les]
AUS. 2002. Drame de Philip NOYCE avec Everlyn Sampi, Tianna Sansbury et Kenneth Branagh. - Dans l'Australie de 1931, trois jeune filles s'évadent d'une institution pour métis afin de regagner à pied leur communauté aborigène. - Récit humaniste touchant inspiré de faits vécus. Dialogues peu abondants. Belle création d'atmosphère. Photographie superbe. Forte présence d'E. Sampi. ➔ DVD $

RABID [Rage] ▷5
CAN. 1976. Drame d'horreur de David CRONENBERG avec Marilyn Chambers, Frank Moore et Joe Silver. - Un docteur expérimente sur une jeune femme de nouvelles méthodes de greffe qui ont d'étranges résultats. □ 13 ans+ ➔ DVD $

RACCOURCI, LE *voir* **Time to Kill**

RACCROCHEZ, C'EST UNE ERREUR
voir **Sorry, Wrong Number**

RACE DES SEIGNEURS, LA ▷5
[Creezy (la race des seigneurs)]
FR. 1973. Drame psychologique de Pierre GRANIER-DEFERRE avec Alain Delon, Sydne Rome et Jeanne Moreau. - Le chef d'un parti de gauche s'efforce de servir à la fois ses ambitions politiques et son amour pour un mannequin dont il a fait sa maîtresse.
□ 13 ans+ ➔ DVD $

RACE WITH THE DEVIL ▷5
É.-U. 1975. Aventures de Jack STARRETT avec Peter Fonda, Warren Oates et Loretta Swit. - Des vacanciers sont poursuivis par les adeptes d'un culte satanique dont ils ont surpris par hasard les cérémonies secrètes. □ 13 ans+

RACHEL AND THE STRANGER ▷4
É.-U. 1948. Western de Norman FOSTER avec Loretta Young, William Holden et Robert Mitchum. - Vers 1800, dans le Nord-Ouest, les aventures d'un veuf qui a acheté et épousé une jeune fille pour prendre soin de son enfant.

RACHEL GETTING MARRIED ▷3
É.-U. 2008. Drame psychologique de Jonathan DEMME avec Bill Irwin, Anne Hathaway et Rosemarie De Witt. - Par sa franchise et sa promptitude, une ex-junkie rongée par le remords sème le désordre et la confusion dans sa famille réunie pour le mariage de sa sœur aînée. - Production singulière et libre, dans l'esprit de «Dogme». Scénario misant sur la vérité psychologique davantage que sur les rebondissements de l'intrigue. Réalisation vivante, à la manière d'un documentaire tourné sur le vif. Excellente distribution. A. Hathaway formidable.
□ Général · Déconseillé aux jeunes enfants ➔ DVD DVD-BR $

RACHEL, RACHEL ▷3
É.-U. 1968. Drame psychologique de Paul NEWMAN avec Joanne Woodward, Estelle Parsons, Estelle Parsons et James Olson. - Dans une petite ville de province, le drame d'une institutrice célibataire sentant venir l'âge mûr avec inquiétude. - Étude psychologique et sociale sensible et juste. Approche chaleureuse des personnages. Mise en scène de style intimiste. J. Woodward remarquable.
□ 13 ans+ ➔ DVD $

RACHIDA
ALG. FR. 2002. Yamina BACHIR

RACING WITH THE MOON ▷4
É.-U. 1984. Drame psychologique de Richard BENJAMIN avec Sean Penn, Elizabeth McGovern et Nicolas Cage. - Les tribulations amoureuses de deux adolescents californiens en 1942, à la veille de leur mobilisation pour l'armée. □ 13 ans+ ➔ DVD $

RACKET, THE ▷4
É.-U. 1951. Drame policier de John CROMWELL avec Robert Mitchum, Robert Ryan et Lizabeth Scott. - Un policier lutte contre des criminels qui ont l'appui de politiciens malhonnêtes.

RADAR MEN FROM THE MOON
É.-U. 1952. Fred C. BRANNON ➔ DVD $

RADIANCE ▷4
AUS. 1998. Drame de mœurs de Rachel PERKINS avec Rachel Maza, Deborah Mailman et Trisha Morton-Thomas. - Trois sœurs aborigènes ravivent les plaies du passé à l'occasion des funérailles de leur mère.

RADIO DAYS ▷3
É.-U. 1987. Chronique de Woody ALLEN avec Seth Green, Julie Kavner et Dianne Wiest. - Un narrateur évoque l'influence des émissions radiophoniques durant son enfance dans un quartier new-yorkais au début des années 1940. - Adroit mélange de nostalgie rêveuse et d'ironie tendre. Climat d'époque habilement recréé. Récit anecdotique bien rythmé. Bonne interprétation. □ Général ➔ DVD $

RADIO FLYER [Rêve de Bobby, Le] ▷4
É.-U. 1992. Comédie dramatique de Richard DONNER avec Joseph Mazzello, Elijah Wood et Lorraine Bracco. - Un garçonnet maltraité par son beau-père obtient l'aide de son frère pour construire un objet volant dans l'espoir de s'enfuir. □ Général ➔ DVD $

RAFALES ▷4
QUÉ. 1990. Drame policier d'André MELANÇON avec Marcel Lebœuf, Denis Bouchard et Claude Blanchard. - Après un hold-up raté, un cambrioleur désemparé obtient l'aide d'un animateur de radio qui lui donne l'occasion de parler sur les ondes. □ Général

RAFFLES HOTEL
JAP. 1989. Ryu MURAKAMI

RAFIOT HÉROÏQUE, LE *voir* **Wackiest Ship in the Army, The**

RAGE *voir* **Rabid**

RAGE ▷5
É.-U. 1972. Drame réalisé et interprété par George C. SCOTT avec Richard Basehart et Martin Sheen. - Le fils d'un éleveur de moutons de l'Arizona est victime d'un gaz expérimental échappé d'un avion militaire par accident. □ Général

RAGE AU CŒUR, LA *voir* **Devil's Own, The**

RAGE DE L'ANGE, LA ▷5
CAN. 2006. Drame social de Dan BIGRAS avec Alexandre Castonguay, Isabelle Guérard et Patrick Martin. - Après une enfance difficile, trois adolescents se retrouvent dans la rue et attisent malgré eux les rivalités entre deux bandes criminelles. □ 13 ans+ · Violence ➜ DVD $

RAGE IN HARLEM, A ▷4
É.-U. 1991. Comédie policière de Bill DUKE avec Forest Whitaker, Gregory Hines et Robin Givens. - Mêlée à un coup qui tourne mal, l'amie d'un chef de bande s'enfuit avec une malle pleine d'or et se réfugie chez un comptable inoffensif à qui elle simule le grand amour. □ 13 ans+

RAGE IN PLACID LAKE, THE
AUS. 2003. Tony McNAMARA ➜ DVD $

RAGE MEURTRIÈRE *voir* **Grudge, The**

RAGGEDY MAN ▷4
É.-U. 1981. Drame de Jack FISK avec Sissy Spacek, Eric Roberts et Henry Thomas. - En 1944, la vie difficile d'une mère de famille divorcée, standardiste dans une petite ville du Texas.

RAGGEDY RAWNEY, THE ▷4
ANG. 1988. Drame réalisé et interprété par Bob HOSKINS avec Dexter Fletcher et Zoe Nathenson. - Revêtu de vêtements féminins, un jeune déserteur rejoint une troupe de gitans avec qui il connaît divers malheurs. □ 13 ans+

RAGING BULL ▶1
É.-U. 1980. Drame biographique de Martin SCORSESE avec Robert De Niro, Cathy Moriarty et Joe Pesci. - La carrière et les problèmes personnels du champion boxeur Jake La Motta. - Œuvre maîtresse de l'auteur. Mise en scène brillamment vigoureuse. Photographie et montage d'une force peu commune. Remarquable composition de R. De Niro. □ 13 ans+ ➜ DVD DVD-BR $

RAGTIME ▷3
É.-U. 1981. Drame de Milos FORMAN avec Howard E. Rollins, James Olson et Brad Dourif. - Une famille de la banlieue de New York est mêlée à divers événements qui font la manchette des journaux au début du XXe siècle. - Scénario tiré du roman de E.L. Doctorow. Fresque impressionnante de la vie américaine. Forme dramatique rigoureuse tempérée d'ironie. Interprétation fort convaincante. □ Général ➜ DVD $

RAIDERS OF LEYTE GULF, THE
É.-U. 1963. Eddie ROMERO ➜ DVD $

RAIDERS OF THE LOST ARK ▷3
[Aventuriers de l'arche perdue, Les]
É.-U. 1981. Aventures de Steven SPIELBERG avec Harrison Ford, Karen Allen et Paul Freeman. - Un professeur aventureux se rend en Égypte où il doit retrouver l'Arche d'alliance avant les nazis. - Intrigue invraisemblable menée avec verve. Passages brillants. Rythme soutenu. Interprètes fort convaincants. □ 13 ans+ ➜ DVD $

RAILROAD MAN, THE
ITA. 1956. Pietro GERMI ➜ DVD $

RAILROADED
É.-U. 1947. Anthony MANN □ Général ➜ DVD $

RAIN ▷4
É.-U. 1932. Drame de mœurs de Lewis MILESTONE avec Joan Crawford, Walter Huston et William Gargan. - Dans une île du Pacifique, une prostituée est en butte aux pressions d'un pasteur qui veut l'amener à changer de vie. □ Général

RAIN
É.-U. 2001. Katherine LINDBERG ➜ DVD $

RAIN
N.-Z. 2001. Christine JEFFS ➜ DVD $

RAIN MAN ▷3
É.-U. 1988. Drame psychologique de Barry LEVINSON avec Dustin Hoffman, Tom Cruise et Valeria Golino. - Son frère autiste ayant hérité de la fortune de leur père, un vendeur de voitures décide de l'enlever dans le but de faire valoir ses droits. - Scénario original. «Road movie» d'allure intimiste. Composition exceptionnelle de D. Hoffman. □ Général ➜ DVD $

RAIN PEOPLE, THE ▷3
É.-U. 1969. Drame psychologique de Francis Ford COPPOLA avec Shirley Knight, James Caan et Robert Duvall. - Une jeune femme ayant quitté son mari part à l'aventure en automobile et accepte la présence d'un auto-stoppeur. - Étude riche en approches psychologiques et en valeurs humaines. Montage inventif. Images expressives. Interprétation convaincante. □ 13 ans+

RAINBOW
CHI. 2004. Gao XIAO-SONG

RAINBOW THIEF, THE
ANG. 1990. Alejandro JODOROWSKY □ Général

RAINBOW, THE ▷4
ANG. 1988. Drame de mœurs de Ken RUSSELL avec Sammi Davis, Paul McGann et Amanda Donohoe. - Les premières expériences sentimentales et professionnelles d'une jeune fille qui a subi l'influence des idées libertines de la monitrice sportive de son école.

RAINING STONES ▷3
ANG. 1993. Drame social de Ken LOACH avec Bruce Jones, Julie Brown et Ricky Tomlinson. - Alors qu'il a promis d'acheter une robe à sa fille pour sa première communion, un chapardeur voit ses activités illégales paralysées par le vol de sa camionnette. - Œuvre tragi-comique pleine d'entrain et d'esprit. Description de milieu intelligente. Réalisation spontanée. Interprétation d'un naturel confondant. □ 13 ans+ ➜ DVD $

RAINMAKER, THE [Idéaliste, L'] ▷4
É.-U. 1956. Drame psychologique de Joseph ANTHONY avec Burt Lancaster, Katharine Hepburn et Wendell Corey. - Une célibataire endurcie tombe amoureuse d'un charlatan. □ Général

RAINMAKER,THE ▷4
É.-U. 1997. Drame judiciaire de Francis Ford COPPOLA avec Matt Damon, Danny DeVito et Claire Danes. - Un avocat sans expérience poursuit une grande firme d'assurances qui a escroqué une femme dont le fils se meurt de leucémie. □ Général · Déconseillé aux jeunes enfants ➜ DVD $

RAINS CAME, THE ▷4
É.-U. 1939. Drame de Clarence BROWN avec Myrna Loy, Tyrone Power et George Brent. - Mariée à un noble Anglais, une Américaine s'éprend d'un médecin hindou. □ Général ➜ DVD $

RAINTREE COUNTY [Arbre de vie, L'] ▷5
É.-U. 1957. Drame psychologique d'Edward DMYTRYK avec Elizabeth Taylor, Montgomery Clift et Eva Marie Saint. - À l'époque de la guerre de Sécession, un jeune campagnard épouse une névrosée et connaît maintes mésaventures. □ Général

RAINY DOG
JAP. 1997. Takashi MIIKE ➜ DVD $

RAISE THE RED LANTERN
voir **Épouses et concubines**

RAISIN IN THE SUN, A ▷4
É.-U. 1961. Drame social de Daniel PETRIE avec Sidney Poitier, Claudia McNeil et Ruby Dee. - Les tribulations d'une famille de Noirs pauvres mais courageux qui rêvent d'une meilleure condition sociale. □ Général ➜ DVD $

RAISING ARIZONA [Arizona junior] ▷3
É.-U. 1987. Comédie de Joel COEN avec Nicolas Cage, Holly Hunter et Trey Wilson. - Ne pouvant pas avoir d'enfant, un jeune couple décide de voler un des nouveau-nés d'une famille de quintuplés.- Série de situations extravagantes. Plusieurs gags bien amenés. Beaucoup de rythme. Mise en scène inventive. Interprétation dynamique. □ Général ➜ DVD $

RAISING CAIN [Esprit de Caïn, L'] ▷4
É.-U. 1992. Drame policier de Brian DE PALMA avec John Lithgow, Lolita Davidovich et Steven Bauer. - Un psychologue kidnappe des bambins pour les livrer à son père qui poursuit des recherches mystérieuses sur l'enfance. □ 16 ans+ ➔ DVD$

RAISING HEROES
É.-U. 1996. Douglas LANGWAY □ 16 ans+ · Violence ➔ DVD$

RAISING VICTOR VARGAS [Victor Vargas] ▷3
É.-U. 2002. Drame de mœurs de Peter SOLLETT avec Victor Rasuk, Judy Marte et Altagracia Guzman. - Les difficultés sentimentales et familiales d'un garçon de seize ans d'origine hispanique vivant à New York. - Regard nuancé sur les tourments de l'adolescence. Mise en scène souple et empreinte d'authenticité. Jeu naturel et spontané des interprètes. □ Général · Déconseillé aux jeunes enfants ➔ DVD$

RAISON D'ÉTAT, LA ▷4
FR. 1978. Drame social d'André CAYATTE avec Monica Vitti, Jean Yanne et Michel Bouquet. - Une biologiste italienne entreprend de divulguer un dossier contre les trafics d'armes établi par un collègue assassiné. □ Général

RAISON DU PLUS FAIBLE, LA
BEL. FR. 2006. Lucas BELVAUX ➔ DVD$

RAISON ET SENTIMENTS *voir* **Sense and Sensibility**

RAJA ▷4
FR. 2003. Drame de Jacques DOILLON avec Pascal Greggory, Najat Benssallem et Ilham Abdelwahed. - Établi à Marrakesh, un riche Français quadragénaire tente de séduire la jeune orpheline qui entretient son jardin.

RALLY 'ROUND THE FLAG, BOYS ▷5
[Brune brûlante, Une]
E.-U. 1959. Comédie de mœurs de L. McCAREY avec Paul Newman, Joanne Woodward et Joan Collins. - Un agent de presse a des difficultés conjugales en même temps qu'il est mêlé à un conflit entre l'armée et les citoyens d'une petite ville. ➔ DVD$

RAMBLING ROSE [Rose Passion] ▷4
É.-U. 1991. Comédie de mœurs de Martha COOLIDGE avec Laura Dern, Lukas Haas et Robert Duvall. - Engagée comme ménagère par une famille du Sud, une jeune fille aux mœurs légères bouleverse la vie tranquille d'un village. □ 13 ans+ ➔ DVD$

RAMBO - FIRST BLOOD [Rambo] ▷5
É.-U. 1982. Drame de Ted KOTCHEFF avec Sylvester Stallone, Brian Dennehy et Richard Crenna. - Un vétéran du Viêt-nam est traqué par la police dans une région boisée. □ 18 ans+ ➔ DVD DVD-BR$

RAMBO: FIRST BLOOD PART 2 ▷5
É.-U. 1985. Aventures de George P. COSMATOS avec Sylvester Stallone, Julia Nickson et Charles Napier. - Un ancien soldat d'élite reçoit pour mission de prouver que les Vietnamiens détiennent encore, dans des camps secrets, des prisonniers de guerre américains.
➔ DVD DVD-BR$

RAMBO ▷5
É.-U. 2007. Drame de guerre réalisé et interprété par Sylvester STALLONE avec Julie Benz et Paul Schulze. - Retiré en Thaïlande, un ancien soldat d'élite américain reprend du service pour sauver des missionnaires chrétiens détenus dans la Birmanie voisine par un chef de guerre sadique. □ 16 ans+ · Violence ➔ DVD DVD-BR$

RAMI & JULIET ▷4
DAN. 1988. Drame social d'Erik CLAUSEN avec Sogie Grobel, Seleh Malek et Steen Jägensen. - Malgré les tensions raciales qui sévissent dans son pays, une jeune Danoise a une idylle avec un réfugié palestinien. □ Général

RAMPAGE [Enragé] ▷4
É.-U. 1987. Drame policier de William FRIEDKIN avec Michael Biehn, Alex McArthur et Nicholas Campbell. - Malgré ses convictions libérales, un procureur exige la peine capitale pour un accusé qui a commis des meurtres particulièrement sadiques. □ 16 ans+ · Violence

RAN ▶2
JAP. 1985. Drame d'Akira KUROSAWA avec Tatsuya Nakadai, Mieko Harada et Akira Terao. - Dans le Japon du Moyen Âge, la décision d'un vieux chef de clan de partager son fief entre ses fils provoque des guerres intestines. - Transposition magistrale du «Roi Lear» de Shakespeare. Mise en scène énergique et superbement contrôlée. Judicieuse utilisation des couleurs. □ Général ➔ DVD$

RANCHO DELUXE ▷5
É.-U. 1975. Comédie de mœurs de Frank PERRY avec Jeff Bridges, Sam Waterston et Clifton James. - Au Montana, deux hommes vivent en désoeuvrés et subviennent à leurs besoins en tuant des bêtes isolées. □ 13 ans+ ➔ DVD$

RANCHO NOTORIOUS ▷4
É.-U. 1952. Western de Fritz LANG avec Marlene Dietrich, Mel Ferrer et Arthur Kennedy. - Pour trouver l'assassin de sa fiancée, un cow-boy se mêle à une bande de hors-la-loi.

RANÇON *voir* **Ransom**

RANDOM HARVEST [Prisonnier du passé] ▷4
É.-U. 1945. Drame sentimental de Mervyn LeROY avec Greer Garson, Ronald Colman et Susan Peters. - À la suite de la guerre 14-18, une femme cherche à regagner l'amour de son mari devenu amnésique. □ Général ➔ DVD$

RANDOM HEARTS [Hasards du cœur, Les] ▷5
É.-U. 1999. Drame sentimental de Sydney POLLACK avec Harrison Ford, Kristin Scott Thomas et Charles S. Dutton. - Un policier, dont l'épouse a péri dans un accident d'avion avec son amant, s'éprend de la veuve de ce dernier, une politicienne en réélection. □ Général ➔ DVD$

RANDONNÉE POUR UN TUEUR *voir* **Shoot to Kill**

RANDONNEURS, LES ▷4
FR. 1997. Comédie de mœurs réalisée et interprétée par Philippe HAREL avec Benoît Poelvoorde et Karin Viard. - Lors d'une randonnée dans les montagnes corses, la tension monte entre quatre Parisiens et leur guide. □ Général

RANSOM [Rançon] ▷4
É.-U. 1996. Drame policier de Ron HOWARD avec Mel Gibson, Rene Russo et Gary Sinise. - Lorsque son jeune fils est kidnappé, un riche financier décide d'offrir le montant de la rançon en récompense pour la capture des ravisseurs. □ 13 ans+ · Violence ➔ DVD$

RAPA-NUI ▷5
É.-U. 1994 Aventures de Kevin REYNOLDS avec Jason Scott Lee, Esai Morales et Sandrine Holt. - Dans l'île de Pâques, deux amis sont obligés de s'affronter dans une compétition qui déterminera le prochain seigneur des lieux. □ Général

RAPACE, LE ▷4
FR.-ITA. 1968. Aventures de José GIOVANNI avec Lino Ventura, Xavier Marc et Rosa Furman. - En 1938, des révolutionnaires mexicains engagent un homme pour tuer le président du pays. □ Général

RAPHAËL LE TATOUÉ ▷4
FR. 1938. Comédie de CHRISTIAN-JAQUE avec Fernandel, Madeleine Sologne et Armand Bernard. - Son patron l'ayant aperçu dans un parc d'attractions durant ses heures de travail, un veilleur de nuit lui explique qu'il a un frère jumeau.

RAPIDES ET DANGEREUX 2 *voir* **2 Fast 2 Furious**

RAPPORT MINORITAIRE *voir* **Minority Report**

RARE BREED, THE ▷4
É.-U. 1965. Western d'Andrew V. McLAGLEN avec James Stewart, Maureen O'Hara et Brian Keith. - Une veuve vend un taureau de race à un rancher du Texas. □ Général · Déconseillé aux jeunes enfants ➔ DVD$

RASHOMON ▶1
JAP. 1952. Drame psychologique d'Akira KUROSAWA avec Toshiro Mifune, Machiko Kyo et Masayuki Mori. - Quatre témoins apportent des versions différentes d'un assaut meurtrier. - Scénario d'une grande richesse psychologique. Mise en scène superbement orchestrée. Très belles images. Interprétation forte. □ Général ➔ DVD$

RASPOUTINE ▷5
FR. 1954. Drame historique de Georges COMBRET avec Pierre Brasseur, Claude Laydu et Isa Miranda. - Un guérisseur devient tout-puissant à la cour du Tsar. □ Général

RASPUTIN ▷4
É.-U. 1995. Drame biographique de Uli EDEL avec Alan Rickman, Greta Scacchi et Ian McKellen. - Un moine étrange acquiert du pouvoir à la cour impériale de Russie. □ Général

RASPUTIN AND THE EMPRESS ▷4
É.-U. 1933. Drame historique de Richard BOLESLAWSKI avec John, Ethel et Lionel Barrymore. - À la cour de Russie, en 1913, Raspoutine devient le favori de la tzarine. □ Général

RASPUTIN/AGONY [Agony] ▷3
RUS. 1977. Elem KLIMOV □ Général ➔ DVD $

RAT ▷5
ANG. 2000. Comédie fantaisiste de Steve BARRON avec Imelda Staunton, Pete Postlethwaite et Frank Kelly. - Le père d'une famille ouvrière irlandaise se transforme du jour au lendemain en rat blanc. □ Général ➔ DVD $

RATATOUILLE ▷3
É.-U. 2007. Film d'animation de Brad BIRD. - Par l'entremise d'un apprenti cuistot timide, un rat réalise son rêve d'être un grand cuisinier dans un restaurant parisien. - Récit très original et fertile en trouvailles comiques. Célébration intelligente de la fine cuisine et des splendeurs de la Ville Lumière. Personnages savoureux. Animation par ordinateur de très haut niveau. □ Général ➔ DVD DVD-BR $

RATCATCHER ▷4
ANG. 1999. Drame de mœurs de Lynne RAMSAY avec William Eadie, Tommy Flanagan et Leanne Mullen. - Au cours des années 1970 dans un quartier défavorisé de Glasgow, un gamin porteur d'un lourd secret vit diverses expériences. ➔ DVD $

RAVAGERS, THE
É.-U. 1965. Eddie ROMERO ➔ DVD $

RAVEN, THE ▷4
É.-U. 1935. Drame d'horreur de Louis FRIEDLANDER avec Boris Karloff, Bela Lugosi et Irene Ware. - Un chirurgien influencé par les œuvres d'Edgar Allan Poe exerce des tortures sur diverses personnes. □ Général

RAVEN, THE ▷4
É.-U. 1963. Comédie fantaisiste de Roger CORMAN avec Vincent Price, Boris Karloff et Peter Lorre. - Un corbeau qui prend forme humaine suscite un duel entre deux sorciers. □ 13 ans+

RAVENOUS ▷4
É.-U. 1999. Drame d'horreur d'Antonia BIRD avec Guy Pearce, Robert Carlyle et Jeremy Davies. - En 1847, des soldats isolés dans un avant-poste militaire de la Sierra Nevada sont aux prises avec un cannibale. □ 16 ans+ · Horreur ➔ DVD $

RAWHIDE [Attaque de la malle-poste, L'] ▷4
É.-U. 1951. Western de Henry HATHAWAY avec Tyrone Power, Susan Hayward et Hugh Marlowe. - Quatre bandits s'installent en maîtres dans une station-relais. - Récit bien construit. Intérêt soutenu. Interprétation valable. □ Général

© ALLIANCE

RAY ▷4
É.-U. 2004. Drame biographique de Taylor HACKFORD avec Jamie Foxx, Kerry Washington et Clifton Powell. - La vie et la carrière du musicien Ray Charles, qui a perdu la vue à l'âge de sept ans. □ Général ➔ DVD $

RAYON VERT, LE [Summer] ▷3
FR. 1986. Comédie dramatique d'Éric ROHMER avec Marie Rivière, Vincent Gauthier et Carita. - Les problèmes de vacances d'une jeune fille solitaire qui cherche l'âme sœur. - Climat de détente et de liberté. Bonne part d'improvisation. Sens raffiné de l'observation des mœurs. □ Général ➔ DVD $

RAZMOKET, LES *voir* **Rugrats Movie, The**

RAZON DE LA CULPA, LA [Reason for Your Mistake, The]
MEX. 1943. Juan Jose ORTEGA

RAZOR'S EDGE, THE [Fil du rasoir, Le] ▷4
É.-U. 1946. Drame psychologique d'Edmund GOULDING avec Tyrone Power, Gene Tierney et Clifton Webb. - Désorienté après sa démobilisation, un homme se met à voyager dans le but de découvrir le sens de la vie. □ Général ➔ DVD $

RAZOR'S EDGE, THE [Sur le fil du rasoir] ▷5
É.-U. 1984. Drame psychologique de John BYRUM avec Bill Murray, Theresa Russell et Catherine Hicks. - Éprouvé par la guerre, un homme abandonne sa carrière de financier et perd sa fiancée en cherchant à donner un sens à sa vie. □ Général ➔ DVD $

RAZZIA SUR LA CHNOUF ▷4
FR. 1955. Drame policier d'Henri DECOIN avec Jean Gabin, Lino Ventura et Magali Noël. - Un policier réussit à s'introduire dans une bande de trafiquants de drogue. ➔ DVD $

RE-ANIMATOR [Réanimateur, Le] ▷4
É.-U. 1985. Dame d'horreur de Stuart GORDON avec Jeffrey Combs, Bruce Abbott et Barbara Crampton. - Un étudiant en médecine met au point un sérum qui rend possible la réanimation des cadravres. □ 13 ans+ ➔ DVD $

REACHING FOR THE MOON ▷4
E.-U. 1931. Comédie sentimentale d'E. GOULDING avec Douglas Fairbanks, Bebe Daniels et Edward Everett Horton. - Un financier sans expérience sentimentale entreprend de faire la conquête d'une belle. ➔ DVD $

READER, THE [Liseur, Le] ▷3
É.-U. 2008. Drame de Stephen DALDRY avec Kate Winslet, Ralph Fiennes et David Kross. - En 1966, un étudiant en droit reconnaît son ancienne maîtresse parmi un groupe de femmes accusées de crimes de guerre durant le régime nazi. - Adaptation délicate et retenue du best seller de Bernhard Schlink. Méditation subtile sur le fossé des générations dans l'Allemagne d'après-guerre. Mise en scène raffinée et un brin éthérée. Interprétation relevée. □ 13 ans+ · Érotisme ➔ DVD DVD-BR $

READY TO WEAR *voir* **Prêt-à-porter**

READY? OK!
CAN. 2008. James VASQUEZ ➔ DVD $

REAL BLONDE, THE ▷4
É.-U. 1997. Comédie satirique de Tom DiCILLO avec Matthew Modine, Catherine Keener et Daryl Hannah. - Poussé par son amie, un aspirant acteur qui cherche vainement un rôle sérieux finit par accepter de tourner dans un vidéoclip. □ Général ➔ DVD $

REAL FICTION
COR. 2000. Kim KI-DUK

REAL GENIUS [Profession: génie] ▷4
É.-U. 1985. Comédie de Martha COOLIDGE avec Val Kilmer, Gabe Jarret et William Atherton. - Deux étudiants brillants sont chargés de mettre au point un rayon laser surpuissant sans savoir qu'on veut s'en servir à des fins militaires. □ Général ➔ DVD $

REAL GLORY, THE ▷4
É.-U. 1939. Aventures de Henry HATHAWAY avec Gary Cooper, David Niven et Andrea Leeds. - Des officiers américains aident des indigènes philippins à combattre des brigands. □ Général

REAL LIFE ▷5
É.-U. 1979. Comédie satirique réalisée et interprétée par Albert BROOKS avec Charles Grodin et Frances Lee McCain. - Une petite équipe de cinéastes réalise un documentaire sur la vie quotidienne d'une famille américaine. □ Général ➔ DVD $

REAL WOMEN HAVE CURVES
É.-U. 2002. Patricia CARDOSO ➜ DVD $

REALITY BITES [Realité mordante] ▷5
É.-U. 1994. Comédie de mœurs réalisée et interprétée par Ben STILLER avec Winona Ryder et Ethan Hawke. - Une jeune vidéaste a le cœur tiraillé entre un musicien indolent et un yuppie qui travaille pour une station de télévision. □ Général ➜ DVD $

RÉANIMATEUR, LE *voir* **Re-Animator**

REAP THE WILD WIND ▷4
É.-U. 1942. Aventures de Cecil B. DeMILLE avec Ray Milland, Paulette Goddard et John Wayne. - Au XIXe siècle, un capitaine de navire lutte contre des pilleurs d'épaves. □ Général ➜ DVD $

REAR WINDOW [Fenêtre sur cour] ►1
É.-U. 1954. Thriller d'Alfred HITCHCOCK avec James Stewart, Grace Kelly et Wendell Corey. - En observant ses voisins, un photographe pressent un meurtre et tente de confondre l'assassin. - Scénario d'une grande puissance dramatique, agrémenté de nombreuses touches d'humour. Belle densité psychologique. Réalisation magistrale. Ambiance sonore finement élaborée. Excellents interprètes. □ Général ➜ DVD $

REASON FOR YOUR MISTAKE, THE
voir **Razon de la culpa, La**

REBECCA ▷3
É.-U. 1939. Drame psychologique d'Alfred HITCHCOCK avec Laurence Olivier, Joan Fontaine et Judith Anderson. - L'épouse d'un aristocrate anglais s'inquiète du mystère qui entoure la mort de la première femme de son mari. - Atmosphère de tension fort bien créée. Maîtrise technique. Interprètes habilement dirigés. □ Général ➜ DVD $

REBEL WITHOUT A CAUSE [Fureur de vivre, La] ►2
É.-U. 1955. Drame psychologique de Nicholas RAY avec James Dean, Natalie Wood et Sal Mineo. - Le drame d'adolescents en mal d'affection aboutit à trois morts violentes. - Constat lucide du désarroi de l'adolescence. Construction dramatique solide. Mise en scène efficace. Remarquable création de J. Dean. □ 13 ans+ ➜ DVD $

REBELLE DE LA PRAIRIE *voir* **Light in the Forest, The**

REBELLE, LE *voir* **Fountainhead, The**

REBELLES *voir* **Lost and Delirious**

REBELLES DE LA FORÊT, LES *voir* **Open Season**

REBELS OF THE NEON GOD ▷4
TAÏ. 1992. Drame psychologique de Tsai MING-LIANG avec Chao-jung Chen, Yu-wen Wang et Kang-sheng Lee. - Le quotidien de quatre jeunes sans avenir qui promènent leur solitude dans les quartiers chauds de Taipei. □ 13 ans+ ➜ DVD $

REC *voir* **[Rec]**

RECHERCHE SUSAN, DÉSESPÉRÉMENT
voir **Desperately Seeking Susan**

RECHERCHER VICTOR PELLERIN ▷4
CAN. 2006. Comédie satirique réalisée et interprétée par Sophie DERASPE avec Eudore Belzile et Élisabeth Legrand. - Une documentariste tente de retrouver la trace d'un peintre disparu quinze ans plus tôt après avoir brûlé toute son œuvre. □ Général

RECKLESS
É.-U. 1935. Victor FLEMING

RECKLESS ▷4
É.-U. 1995. Comédie fantaisiste de Norman RENÉ avec Mia Farrow, Scott Glenn et Mary-Louise Parker. - Une femme se réfugie chez des inconnus lorsque son époux lui annonce qu'il a engagé un tueur pour se débarrasser d'elle. □ Général

RECKLESS [Motard téméraire, Le] ▷5
É.-U. 1984. Drame social de James FOLEY avec Aidan Quinn, Daryl Hannah et Kenneth McMillan. - Un adolescent rebelle, fils d'un ouvrier alcoolique, s'éprend d'une jeune fille de milieu aisé.

RECKONING, THE ▷4
ANG. 2004. Drame de Paul McGUIGAN. avec Paul Bettany, Willem Dafoe et Gina McKee. - En 1380, un prêtre défroqué qui s'est joint à des acteurs ambulants cherche à disculper une sourde-muette accusée de meurtre □ Général · Déconseillé aux jeunes enfants ➜ DVD $

RECONSTRUCTION
DAN. 2003. Christoffer BOE ➜ DVD $

RÉCRÉATION, LA ▷5
FR. 1961. Drame psychologique de François MOREUIL avec Jean Seberg, Christian Marquand et Françoise Prévost. - Une adolescente a une aventure amoureuse dont elle sort désemparée.

RECRUE, LA *voir* **Rookie, The**

RECRUIT, THE [Nouvel agent, Le] ▷5
É.-U. 2003. Drame d'espionnage de Roger DONALDSON avec Colin Farrell, Al Pacino et Bridget Moynahan. - Un jeune génie de l'informatique est recruté par un vétéran de la CIA qui lui donne la mission de débusquer un traître au sein de l'agence. □ Général ➜ DVD $

RED ▷4
QUÉ. 1970. Drame de Gilles CARLE avec Daniel Pilon, Geneviève Deloir et Gratien Gélinas. - Un métis soupçonné de l'assassinat de sa demi-sœur s'enfuit dans la nature puis revient châtier le vrai coupable. □ 13 ans+

RED AND THE WHITE, THE *voir* **Rouges et blancs**

RED BADGE OF COURAGE, THE ▷3
[Charge victorienne, La]
É.-U. 1951. Drame de guerre de John HUSTON avec Audie Murphy, Bill Mauldin et Douglas Dick. - Les premières heures au combat d'un jeune fermier durant la guerre de Sécession. - Étude psychologique intéressante. Ensemble d'une concision classique. Excellents interprètes. □ Général ➜ DVD $

RED BALLOON, THE *voir* **Ballon rouge, Le**

RED BARON *voir* **Von Richthofen and Brown**

RED BEARD *voir* **Barbe-Rousse**

RED CHERRY
CHI. 1995. Ye DAYING □ 13 ans+ · Violence ➜ DVD $

RED CORNER [Coin rouge] ▷5
É.-U. 1997. Drame judiciaire de Jon AVNET avec Richard Gere, Bai Ling et Tsai Chin. - Lors d'un voyage d'affaires en Chine, un avocat américain est accusé à tort du meurtre de la fille d'un général. ➜ DVD $

RED DESERT, THE *voir* **Désert rouge, Le**

RED DOORS
É.-U. 2005. Georgia LEE ➜ DVD $

RED DRAGON [Dragon rouge] ▷4
É.-U. 2002. Drame policier de Brett RATNER avec Edward Norton, Anthony Hopkins et Ralph Fiennes. - Un agent du FBI consulte en prison un brillant psychopathe qui pourrait l'aider à arrêter un dangereux tueur en série. □ 16 ans+ · Violence ➜ DVD $

RED DUST
A.S. ANG. 2004. Tom HOOPER ➜ DVD $

RED DWARF, THE *voir* **Nain rouge, Le**

RED EYE [Vol sous haute pression] ▷4
É.-U. 2005. Thriller de Wes CRAVEN avec Rachel McAdams, Cillian Murphy et Brian Cox. - Sur le vol Dallas-Miami, un passager prend discrètement en otage sa voisine de siège pour l'obliger à participer à un attentat contre un politicien. □ 13 ans+ ➜ DVD $

RED FIRECRACKER, GREEN FIRECRACKER
CHI. H.-K. 1994. He PING

RED GARTERS ▷4
É.-U. 1954. Comédie musicale de George MARSHALL avec Rosemary Clooney, Jack Carson et Guy Mitchell. - Un cow-boy recherche le meurtrier de son frère. □ Général

RED HEAT [Double détente] ▷4
É.-U. 1988. Drame policier de Walter HILL avec Arnold Schwarzenegger, James Belushi et Peter Boyle. - Un policier de Chicago fait équipe avec un collègue moscovite chargé de ramener des États-Unis un dangereux trafiquant de drogue géorgien. □ 13 ans+

RED HOUSE, THE ▷4
É.-U. 1947. Drame de Delmer DAVES avec Edward G. Robinson, Lon McCallister et Allene Roberts. - Un jeune homme engagé par un fermier infirme s'intéresse au mystère qui entoure un bois voisin. □ Général

RED LIGHTS *voir* **Feux rouges**

RED LION
JAP. 1969. Kihachi OKAMOTO ➜ DVD $

RED MEAT
É.-U. 1998. Allison BURNETT

RED PONY, THE ▷4
É.-U. 1949. Western de Lewis MILESTONE avec Robert Mitchum, Peter Miles et Myrna Loy. - Un cow-boy aide le jeune fils d'un rancher à élever un poulain que son père lui a donné. □ Général

RED RIVER [Rivière rouge, La] ▷3
É.-U. 1948. Western de Howard HAWKS avec John Wayne, Montgomery Clift et Walter Brennan. - Au cours de la transhumance de leur troupeau de bestiaux, une rivalité naît entre deux hommes. - Scénario bien construit. Souffle et ampleur dans la mise en scène. Interprétation excellente. □ Général ➜ DVD $

RED RIVER VALLEY
CHI. 1997. Feng XIANING

RED ROCK WEST ▷4
É.-U. 1992. Drame policier de John DAHL avec Nicolas Cage, Dennis Hopper et Lara Flynn Boyle. - Un jeune Texan qui se retrouve sans le sou dans un bled perdu est confondu avec un tueur à gages.
□ 13 ans+ · Violence

RED SHADOW
JAP. 2001. Hiroyuki NAKANO ➜ DVD $

RED SHOES
COR. 2005. Kim YONG-GYUN ➜ DVD $

RED SHOES, THE [Chaussons rouges, Les] ▷3
ANG. 1947. Drame musical de Michael POWELL avec Moira Shearer, Anton Walbrook et Ludmilla Tcherina. - Une ballerine n'arrive pas à choisir entre l'art et l'amour. - Intrigue conventionnelle. Partie chorégraphique exceptionnellement réussie. Technique inventive. Interprétation stylisée. □ Général ➜ DVD $

RED SORGHUM ▷3
CHI. 1987. Drame de mœurs de Yimou ZHANG avec Gong Li, Jiang Wen et Teng Rujun. - La vie d'une femme, de son arrivée à une fabrique de vin dont elle prendra la direction à son action de résistance contre l'envahisseur japonais. - Récit à saveur historique. Traitement lyrique. Décor naturel évocateur. Forte présence des protagonistes. □ 13 ans+

RED SUN *voir* **Soleil rouge**

RED TENT, THE ▷4
ITA. 1969. Drame de Mikhail KALATOZOV avec Peter Finch, Claudia Cardinale et Sean Connery. - En 1928, neuf membres d'une expédition au Pôle Nord réussissent à survivre après l'écrasement de leur dirigeable sur une banquise. □ Général

RED VIOLIN, THE *voir* **Violon rouge, Le**

RED-HEADED WOMAN
É.-U. 1932. Jack CONWAY □ Général

REDACTED ▷3
É.-U. 2007. Drame de guerre de Brian DE PALMA avec Rob Devaney, Daniel Stewart Sherman et Patrick Carroll. - Laissés à eux-mêmes, deux soldats américains violent et tuent une jeune fille de Samarra puis massacrent les membres de sa famille. - Vision critique et frontale d'une page honteuse de l'intervention américaine en Iraq. Réflexion sur le pouvoir et le contrôle des images en temps de guerre. Mise en scène éclatée utilisant divers modes d'expression. Interprétation criante de vérité. □ 13 ans+ · Violence · Horreur ➜ DVD $

REDBELT ▷4
É.-U. 2008. Drame sportif de David MAMET avec Chiwetel Ejiofor, Emily Mortimer et Max Martini. - Un professeur de jiu-jitsu au bord de la faillite est forcé de remettre en question son code d'honneur.
□ Général · Déconseillé aux jeunes enfants ➜ DVD DVD-BR $

REDBOY 13
É.-U. 1997. Marcus VAN BAVEL ➜ DVD $

REDHEAD FROM WYOMING, THE ▷5
É.-U. 1952. Western de Lee SHOLEM avec Maureen O'Hara, Alex Nicol et Alexander Scourby. - La directrice d'une maison de jeu est soupçonnée de complicité avec des voleurs de bétail. ➜ DVD $

REDS ►2
É.-U. 1981. Drame biographique réalisé et interprété par Warren BEATTY avec Diane Keaton et Jack Nicholson. - L'idylle du journaliste John Reed avec Louise Bryant et l'engagement du couple dans la révolution russe. - Œuvre parvenant à concilier intimisme romantique et spectacle historique. Captivante évocation du mouvement radical américain du début du XXe siècle. Réalisation complexe et fort adroitement contrôlée. Interprétation nuancée et convaincante.
□ Général ➜ DVD DVD-BR $

RÉELLEMENT L'AMOUR *voir* **Love Actually**

REF, THE [Drôles d'otages] ▷4
É.-U. 1994. Comédie satirique de Ted DEMME avec Denis Leary, Judy Davis et Kevin Spacey. - À la veille de Noël, un cambrioleur activement recherché par la police se réfugie à la pointe du fusil chez un couple bourgeois en pleine crise conjugale.
□ 13 ans+ · Langage vulgaire ➜ DVD $

REFLECTING SKIN, THE [Enfant miroir, L'] ▷3
ANG. 1990. Drame psychologique de Philip RIDLEY avec Viggo Mortensen, Lindsay Duncan et Jeremy Cooper. - Un jeune garçon s'inquiète lorsque son grand frère s'amourache de leur mystérieuse voisine qu'il croit être une vampire. - Exploration douloureuse et poétique de l'enfance. Traitement singulier et puissant. Réalisation d'une grande beauté picturale. Interprétation dans le ton. □ 13 ans+

REFLECTIONS IN A GOLDEN EYE ▷4
É.-U. 1967. Drame psychologique de John HUSTON avec Elizabeth Taylor, Marlon Brando et Brian Keith. - Un major développe une passion pour un soldat qui s'éprend quant à lui de l'épouse de l'officier.
□ Général

REFUGE DES ANGES, LE [House of Angels] ▷4
SUÈ. 1993. Comédie dramatique de Colin NUTLEY avec Helena Bergstrom, Richard Wolff et Sven Wollter. - Venue prendre possession d'une ferme qu'elle a eue en héritage, une jeune citadine excentrique sème malgré elle la zizanie parmi les villageois. □ 13 ans+

REGAIN ▷3
FR. 1937. Drame social de Marcel PAGNOL avec Orane Demazis, Fernandel et Marguerite Moreno. - Un homme et une femme tentent de faire revivre un village abandonné. - Adaptation poétique d'un roman de Giono. Belles images. Dialogue riche. Excellents interprètes.
□ Général

REGALO CARO II (THE SEQUEL)
[High Priced Gift (The Sequel)]
MEX. 2002. Jose luis VERA

REGARD D'ULYSSE, LE [Ulysse's Gaze] ►2
GRÈ. 1995. Drame de Theo ANGELOPOULOS avec Harvey Keitel, Maïa Morgenstern et Erland Josephson. - En pleine crise personnelle et professionnelle, un cinéaste américain d'origine grecque parcourt les Balkans dévastés par la guerre. - Œuvre philosophique et humaniste au rythme méditatif. Nombreuses trouvailles narratives et formelles. H. Keitel remarquable de sobriété dans le rôle principal. □ Général

REGARDE LA MER [See the Sea]
FR. 1997. François OZON ➜ DVD $

REGARDE LES HOMMES TOMBER ▷4
[See How They Fall]
FR. 1994. Drame policier de Jacques AUDIARD avec Jean Yanne, Jean-Louis Trintignant et Mathieu Kassovitz. - Un vieux commis voyageur abandonne épouse et boulot afin de poursuivre à travers la France deux truands qui ont agressé son meilleur ami. □ 13 ans+

REGARDING HENRY [À propos d'Henry] ▷4
É.-U. 1991. Drame psychologique de Mike NICHOLS avec Harrison Ford, Annette Bening et Bill Nunn. - Après un accident qui l'a rendu amnésique, un avocat cynique reprend sa vie professionnelle et familiale avec de meilleurs sentiments. □ Général ➜ DVD $

REGINA! ▷4
ISL. 2002. Comédie musicale de Maria SIGURDARDOTTIR avec Benedikt Clausen, Sigurbjörg Alma Ingolfsdottir et Baltasar Kormakur. - Une fillette ayant le pouvoir d'obtenir des autres tout ce qu'elle veut en chantant entreprend de neutraliser un voleur de bijoux.

RÈGLE DU JEU, LA [Rules of the Game] ►1
FR. 1939. Comédie de Jean RENOIR avec Mila Parély, Marcel Dalio et Roland Toutain. - À l'occasion d'une réception dans un château, des chassés-croisés amoureux s'engagent tant entre invités et maîtres qu'entre serviteurs. - Œuvre clé de son auteur. Habile entrecroisement d'intrigues. Sens marqué de l'observation de mœurs. Réalisation brillante. Interprétation intelligente. □ Général ➜ DVD $

RÈGLEMENT, LE *voir* **Payback**

RÈGLEMENTS DE COMPTE *voir* **Big Heat, The**

RÈGLES D'ENGAGEMENT, LES *voir* **Rules of Engagement**

RÈGNE DE FEU *voir* **Reign of Fire**

REGULAR GUYS
ALL. 1996. Rolf SILBER

REIGN OF FIRE [Règne de feu] ▷4
É.-U. 2002. Drame fantastique de Rob BOWMAN avec Christian Bale, Matthew McConaughey et Izabella Scorupco. - Dans un futur post-apocalyptique, des humains réfugiés dans un château fort sont en proie aux attaques de dragons. □ Général ➔ DVD DVD-BR$

REIGN OVER ME ▷4
É.-U. 2007. Drame psychologique de Mike BINDER avec Adam Sandler, Don Cheadle et Jada Pinkett Smith. - Un dentiste new-yorkais renoue avec un camarade d'université qui a perdu sa famille dans les attentats du 11 septembre □ 13 ans+ ➔ DVD DVD-BR$

REINDEER GAMES [Jeux sont faits, Les] ▷5
É.-U. 2000. Drame policier de John FRANKENHEIMER avec Ben Affleck, Charlize Theron et Gary Sinise. - À sa sortie de prison, un voleur d'automobiles est entraîné malgré lui dans le hold-up d'un casino. ➔ DVD DVD-BR$

REINE AFRICAINE, LA *voir* **African Queen, The**

REINE BLANCHE, LA ▷5
FR. 1991. Mélodrame de Jean-Loup HUBERT avec Catherine Deneuve, Richard Bohringer et Bernard Giraudeau. - De retour dans sa ville natale après vingt ans d'absence, un père de famille retrouve son amour de jeunesse. □ Général

REINE CHRISTINE, LA *voir* **Queen Christina**

REINE DES BANDITS, LA *voir* **Bandit Queen**

REINE DU BAL, LA *voir* **Prom Queen**

REINE MARGOT, LA ▷4
FR. 1954. Drame historique de Jean DRÉVILLE avec Jeanne Moreau, Françoise Rosay et Armando Francioli. - Une tranche de la vie de l'intrigante et frivole Marguerite de Valois.

REINE MARGOT, LA [Queen Margot] ▷3
FR. 1993. Drame historique de Patrice CHÉREAU avec Isabelle Adjani, Daniel Auteuil et Jean-Hugues Anglade. - En 1572, à Paris, après le mariage de la sœur du roi Charles IX, les extrémistes papistes se livrent au massacre des protestants durant la nuit de la Saint-Barthélémy. - Adaptation du roman d'Alexandre Dumas. Déploiement de cruauté et d'amour exacerbés. Ensemble réglé avec virtuosité. Acteurs de haut vol. □ 13 ans+ · Violence ➔ DVD$

REINES D'UN JOUR ▷4
FR. 2001. Comédie de mœurs de Marion VERNOUX avec Karin Viard, Hélène Fillières et Victor Lanoux.- Durant 24 heures, quatre personnes vivent des contrariétés de toutes sortes. □ Général

REIVERS, THE ▷4
É.-U. 1969. Comédie dramatique de Mark RYDELL avec Steve McQueen, Mitch Vogel et Rupert Crosse. - En l'absence de ses parents, un jeune garçon de douze ans se laisse entraîner dans une escapade avec un employé. □ Général ➔ DVD$

RÉJEANNE PADOVANI ▷3
CAN. 1973. Drame social de Denys ARCAND avec Jean Lajeunesse, Luce Guilbeault et Pierre Thériault. - Une réception offerte par un entrepreneur en construction est troublée par le retour de son ex-femme. - Critique sociale présentée sur un ton retenu. Mise en scène adroitement contrôlée. Interprétation stylisée.

RELATIVE STRANGERS
É.-U. 2006. Greg GLIENNA ➔ DVD$

RELAX...IT'S JUST SEX ▷5
É.-U. 1999. Comédie dramatique de P.J. CASTELLANETA avec Cynda Williams, Jennifer Tilly et Mitchell Anderson. - Un groupe d'amis composé d'hétérosexuels et de gais connaît diverses tribulations sentimentales.

RELIGIEUSE, LA [Nun, The] ▷3
FR. 1966. Drame psychologique de Jacques RIVETTE avec Anna Karina, Liselotte Pulver et Francine Bergé. - L'histoire d'une vocation forcée au XVIIIe siècle. - Style classique. Mise en images sobre.

RELUCTANT DEBUTANTE, THE ▷3
É.-U. 1958. Comédie de mœurs de Vincente MINNELLI avec Kay Kendall, Rex Harrison et Sandra Dee. - Une jeune fille de bonne société parvient à épouser celui qu'elle aime malgré l'opposition de ses parents. - Ton satirique et humoristique. Fine observations des mœurs de la haute société. Interprétation brillante.

REMAINS OF THE DAY, THE [Vestiges du jour, Les] ▷3
É.-U. 1993. Drame psychologique de James IVORY avec Anthony Hopkins, Emma Thompson et James Fox. - Un majordome zélé et loyal envers son maître fait passer son travail avant sa vie personnelle. - Sujet traité en demi-teinte. Mise en scène élégante et maîtrisée. Illustration recherchée. Interprétation magistrale de A. Hopkins. □ Général ➔ DVD$

REMBETIKO
GRÈ. 1983. Costas FERRIS

REMBRANDT ▷3
ANG. 1936. Drame biographique d'Alexander KORDA avec Charles Laughton, Gertrude Lawrence et Elsa Lanchester. - Les dernières années de la vie du célèbre peintre hollandais. - Intéressante évocation d'époque. Riche dialogue. Mise en scène spectaculaire et soignée. Jeu nuancé et intelligent de C. Laughton. □ Général

REMBRANDT ▷5
FR. 1999. Drame biographique de Charles MATTON avec Klaus Maria Brandauer, Romane Bohringer et Jean Rochefort. - À la veille de sa mort, le peintre Rembrandt van Rijn se remémore les moments marquants de sa vie. □ Général · Déconseillé aux jeunes enfants

REMBRANDT-1669
HOL. 1977. Jos STELLING □ Général

REMEMBER ME, MY LOVE ▷4
ITA. 2003. Drame de mœurs de Gabriele MUCCINO avec Fabrizio Bentivoglio, Laura Morante et Nicoletta Romanoff. - Un couple en pleine crise de la quarantaine et ses deux enfants adolescents vivent des hauts et des bas dans leur recherche du bonheur. ➔ DVD$

REMEMBER THE NIGHT ▷4
É.-U. 1939. Comédie de Mitchell LEISEN avec Barbara Stanwyck, Fred MacMurray et Beulah Bondi. - Un assistant-procureur accueille chez lui une voleuse de bijoux. □ Général

REMEMBER THE TITANS [En souvenir des Titans] ▷4
É.-U. 2000. Drame sportif de Boaz YAKIN avec Denzel Washington, Will Patton et Donald Adeosun Faison. - En 1971, l'entraîneur noir d'une équipe de football interraciale inculque à ses joueurs des valeurs qui font d'eux des champions respectés. □ Général ➔ DVD$

REMEMBERING THE COSMOS FLOWER
JAP. 1998. Junichi SUZUKI ➔ DVD$

REMONTONS LES CHAMPS-ÉLYSÉES ▷4
FR. 1938. Comédie réalisée et interprétée par Sacha GUITRY avec Lisette Lanvin et Jean Davy. - Broderies sur la petite histoire, aux alentours des Champs-Elysées.

REMORQUES ▷4
FR. 1942. Drame psychologique de Jean GRÉMILLON avec Jean Gabin, Michèle Morgan et Madeleine Renaud. - Le capitaine d'un petit navire dont l'épouse est malade s'éprend d'une autre femme. ➔ DVD$

RENAISSANCE ▷4
FR. 2006. Film d'animation de Christian VOLCKMAN. - Dans un Paris futuriste, un policier enquête sur la disparition d'une jeune femme. □ 13 ans+ ➔ DVD$

RENARD DU DÉSERT, LE *voir* **Desert Fox, The**

RENARD S'ÉVADE À TROIS HEURES, LE
voir **After the Fox**

RENCONTRE AVEC JOE BLACK *voir* **Meet Joe Black**

RENCONTRE FATALE *voir* **Sea of Love**

RENCONTRES AVEC DES HOMMES REMARQUABLES
voir **Meetings with Remarkable Men**

RENCONTRES DU TROISIÈME TYPE
voir **Close Encounters of the Third Kind**

RENDEZ-VOUS ▷4
FR. 1985. Drame d'André TÉCHINÉ avec Juliette Binoche, Lambert Wilson et Wadeck Stanczak. - Une jeune actrice est aimée par deux hommes dont l'un a des tendances perverses. □ 18 ans+ ➔ DVD$

RENDEZ-VOUS À LONG ISLAND
voir **Love and Death on Long Island**

RENDEZ-VOUS D'ANNA, LES ▷3
BEL. 1978. Drame psychologique de Chantal AKERMAN avec Aurore Clément, Helmut Griem et Léa Massari. - Une jeune cinéaste célibataire qui voyage de ville en ville pour présenter son nouveau film fait diverses rencontres. - Suite de confidences filmées de façon relativement neutre. Nombreux plans-séquences fixes. Rythme lent bien contrôlé. Belle lumière naturelle. Jeu détaché de A. Clément. □ Général

RENDEZ-VOUS DE JUILLET ▷3
FR. 1949. Étude de mœurs de Jacques BECKER avec Daniel Gélin, Nicole Courcel et Brigitte Auber. - Les conflits de quelques jeunes Parisiens avec leurs parents. - Sujet intéressant. Personnages bien dessinés. Réalisation habile. □ Général

RENDEZ-VOUS DE PARIS, LES ▷4
FR. 1994. Film à sketches d'Éric ROHMER avec Clara Bellar, Antoine Basler et Aurore Rauscher. - Trois histoires portant sur les caprices amoureux de jeunes Parisiens. □ Général

RENDITION [Détention secrète] ▷4
É.-U. 2007. Drame politique de Gavin HOOD avec Jake Gyllenhaal, Reese Witherspoon et Meryl Streep. - Les circonstances entourant l'enlèvement par la CIA d'un Américain d'origine égyptienne soupçonné de terrorisme. □ 13 ans+ · Violence ➜ DVD $

RENEGADE ▷5
FR. 2003. Western de Jan KOUNEN avec Vincent Cassel, Michael Madsen et Juliette Lewis. - Initié aux rites chamanistes, un marshall lutte contre des bandits qui recherchent un trésor dans un territoire indien sacré. ➜ DVD $

RENEGADES [Renégats, Les] ▷4
É.-U. 1989. Drame policier de Jack SHOLDER avec Kiefer Sutherland, Lou Diamond Phillips et Rob Knepper. - À la suite d'un incident très éprouvant, un jeune Indien s'associe contre son gré à un policier blanc pour faire face à des criminels. □ 13 ans+ ➜ DVD $

RENÉGATS, LES *voir* **Renegades**

RENT ▷4
É.-U. 2005. Drame musical de Chris COLUMBUS avec Adam Pascal, Rosario Dawson et Anthony Rapp. - En 1989, à New York, un groupe de jeunes s'efforcent de surmonter les nombreux obstacles qu'ils rencontrent dans leur recherche du bonheur et de la réussite. □ Général · Déconseillé aux jeunes enfants ➜ DVD $

REPAS DES FAUVES, LE ▷4
FR. 1964. Drame de CHRISTIAN-JAQUE avec Claude Rich, Francis Blanche et France Anglade. - En 1942, un officier SS fait irruption lors d'un dîner d'anniversaire et exige deux otages à fusiller. ➜ DVD $

REPENTANCE, THE
RUS. 1984. Tengiz ABULADZE

RÉPÉTITION, LA [Replay] ▷4
FR. 2001. Drame psychologique de Catherine CORSINI avec Pascale Bussières, Emmanuelle Béart et Jean-Pierre Kalfon. - Après dix années de silence, une comédienne de théâtre retrouve une amie d'enfance admirative et envieuse qui devient vite envahissante. □ 13 ans+

RÉPÉTITION D'ORCHESTRE *voir* **Prova d'orchestra**

REPO MAN ▷4
É.-U. 1984. Comédie fantaisiste d'Alex COX avec Emilio Estevez, Harry Dean Stanton et Olivia Barash. - La découverte et la prise en charge d'une voiture remplie de substances radioactives par un jeune punk entraîne celui-ci dans une série d'aventures. □ 18 ans+ ➜ DVD $

REPORT TO THE COMMISSIONER ▷4
É.-U. 1974. Drame policier de Milton KATSELAS avec Michael Moriarty, Yaphet Kotto et Susan Blakely. - Un jeune policier est accusé du meurtre d'un collègue qui travaillait incognito dans les milieux de la drogue.

REPORT, THE *voir* **Reportaje**

REPORTAGE EN DIRECT *voir* **Mad City**

REPORTAJE [Report, The]
MEX. 1953. Emilio FERNANDEZ

REPOS DU GUERRIER, LE ▷5
FR. 1962. Drame psychologique de Roger VADIM avec Brigitte Bardot, Robert Hossein et James Robertson. - Une jeune bourgeoise s'éprend d'un désoeuvré qu'elle a sauvé du suicide. □ Général

REPRÉSAILLES [Massacre in Rome] ▷4
ITA. 1973. Drame de guerre de George P. COSMATOS avec Richard Burton, Marcello Mastroianni et Leo Mckern. - Les autorités nazies décident, à la suite d'une attaque des résistants, de fusiller dix Italiens pour chaque Allemand tué. ➜ DVD $

RÉPRESSION ▷4
ARG. 1986. Drame social d'Hector OLIVERA avec Alejo Carcia Pintos, Vita Escardo et Pablo Novarro. - À Buenos Aires, des étudiants qui ont pris part à un mouvement contestataire sont arrêtés et torturés par des militaires.

REPRISE ▷4
NOR. 2006. Drame psychologique de Joachim TRIER avec Espen Klouman Hoiner, Anders Danielsen Lie et Viktoria Winge. - L'amitié de deux écrivains en herbe est mise à l'épreuve lorsque l'un d'eux connaît la gloire instantanée puis sombre dans la folie. ➜ DVD $

REPTILE, THE
É.-U. 1966. John GILLING □ Général

REPUBLIC OF LOVE [République de l'amour, La] ▷5
CAN. 2004. Comédie dramatique de Deepa MEHTA avec Bruce Greenwood, Emilia Fox et Edward Fox. - À la veille de son mariage avec celui qu'elle croit être l'homme de sa vie, une jeune femme remet tout en question lorsque ses parents se séparent. □ Général ➜ DVD $

RÉPUBLIQUE DE L'AMOUR, LA *voir* **Republic of Love**

REPULSION ►2
ANG. 1965. Drame psychologique de Roman POLANSKI avec Catherine Deneuve, Yvonne Furneaux et Ian Hendry. - Une jeune fille angoissée finit par sombrer dans une folie meurtrière. - Analyse clinique d'un cas pathologique. Réalisation fort adroite. Images hallucinantes. Bonne création d'atmosphère. C. Deneuve remarquable. □ Général ➜ DVD DVD-BR $

REQUIEM ▷3
ALL. 2006. Drame de Hans-Christian SCHMID avec Sandra Hueller, Imogen Kogge et Burghart Klaussner. - Dans les années 1970 en Allemagne, une étudiante timide et dévote, qui se croit possédée du démon, se soumet à un exorcisme.- Étude de caractères complexe et riche, inspirée d'un fait divers sordide. Excellente création d'atmosphère. Réalisation fine et insolite. S. Hueller bouleversante. ➜ DVD $

REQUIEM FOR A DREAM [Retour à Brooklyn] ▷3
É.-U. 2000. Drame de mœurs de Darren ARONOFSKY avec Ellen Burstyn, Jared Leto et Jennifer Connelly. - La descente aux enfers de quatre personnes ayant développé une dépendance aux drogues. - Adaptation dérangeante et percutante du roman de Hubert Selby Jr. Traitement visuel et sonore possédant un grand pouvoir d'évocation. Interprétation intense. □ 16 ans+ ➜ DVD DVD-BR $

REQUIEM FOR A HEAVYWEIGHT ▷4
É.-U. 1962. Drame psychologique de Ralph NELSON avec Anthony Quinn, Jackie Gleason et Julie Harris. - Un boxeur déchu est victime d'exploiteurs. □ Général ➜ DVD $

REQUIEM POUR UN BEAU SANS-CŒUR ▷4
QUÉ. 1992. Drame policier de Robert MORIN avec Gildor Roy, Jean-Guy Bouchard et Brigitte Paquette. - Un dangereux criminel qui s'est évadé de prison renoue avec ses proches et se venge de ses ennemis. □ 16 ans+ ➜ DVD $

RESCAPÉS, LES *voir* **Survivors, The**

RESCUE DAWN ▷4
É.-U. 2006. Drame de guerre de Werner HERZOG avec Christian Bale, Steve Zahn et Jeremy Davies. - Durant la guerre du Viêt-nam, un pilote américain tente de s'évader d'un camp de prisonniers au Laos. □ 13 ans+ ➜ DVD DVD-BR $

RESCUERS DOWN UNDER, THE ▷3
É.-U. 1990. Dessins animés de Hendel BUTOY et Mike GABRIEL. - Deux souris viennent au secours d'un jeune garçon qui a été fait prisonnier par un braconnier. - Histoire parsemée d'humour et dotée d'un rythme vif. Graphisme soigné. □ Général ➜ DVD $

RESCUERS, THE [Bernard et Bianca] ▷4
É.-U. 1977. Dessins animés de Wolfgang REITHERMAN, Art STEVENS et John LOUNSBERY. - Deux souris viennent en aide à une orpheline séquestrée par une femme cupide. □ Général ➜ DVD $

RESERVATION ROAD [Au bout de la route] ▷5
É.-U. 2007. Thriller de Terry GEORGE avec Joaquin Phoenix, Mark Ruffalo et Jennifer Connelly. - À la recherche du chauffard qui a tué son fils, un homme engage un avocat sans savoir que celui-ci est le responsable du crime. □ Général · Déconseillé aux jeunes enfants ➜ DVD $

RESERVOIR DOGS [Reservoir Dogs: Mr. Orange] ▷3
É.-U. 1991. Drame policier de Quentin TARANTINO avec Harvey Keitel, Tim Roth et Steve Buscemi. - Surpris par la police alors qu'ils cambriolent un diamantaire, cinq escrocs battent en retraite et en viennent à se soupçonner mutuellement de trahison. - Récit aux dialogues incisifs. Mise en scène dépouillée et rigoureuse. Montage dynamique. Distribution solide. □ 18 ans+ · Violence ➜ DVD DVD-BR $

RÉSIDENCE JÉRICHO *voir* **Jericho Mansions**

RESPIRO ▷4
ITA. 2002. Comédie dramatique d'Emanuele CRIALESE avec Valeria Golino, Vincenzo Amato et Francesco Casisa. - Dans un village de pêcheurs dans une île au sud de la Sicile, une jeune mère de famille au tempérament fantasque suscite l'hostilité de son entourage. □ Général ➜ DVD $

RESSOURCES HUMAINES [Human Resources] ▷4
FR. 1999. Drame social de Laurent CANTET avec Jalil Lespert, Jean-Claude Vallod et Chantal Barré. - Un étudiant en gestion qui fait un stage à l'usine où son père est ouvrier se retrouve au centre d'un conflit de travail. □ Général

RESSUSCITER LES MORTS *voir* **Bringing out the Dead**

RESTE *voir* **Stay**

RESTLESS [Agité, L'] ▷4
ISR. 2007. Drame psychologique d'Amos KOLLEK avec Moshe Ivgy, Ran Danker et Karen Young. - À la mort de sa mère, un tireur d'élite de l'armée israélienne se rend à New York pour confronter son père, un poète provocateur qui les avait abandonnés il y a plus de vingt ans. □ 13 ans+ ➜ DVD $

RESTORATION [Restauration] ▷4
É.-U. 1995. Comédie dramatique de Michael HOFFMAN avec Robert Downey Jr., Sam Neill et Meg Ryan. - Les tribulations d'un médecin anglais du XVIIe siècle qui, après un séjour à la cour du roi, s'en va soigner les plus démunis. □ 13 ans+ ➜ DVD $

RESURRECTING THE CHAMP ▷4
É.-U. 2007. Drame social de Rod LURIE avec Josh Hartnett, Samuel L. Jackson et Kathryn Morris. - Un journaliste sportif obtient le scoop du siècle lorsqu'il reconnaît en un itinérant de Denver une ancienne gloire de la boxe. □ Général ➜ DVD $

RESURRECTION ▷5
É.-U. 1980. Drame fantastique de Daniel PETRIE avec Ellen Burstyn, Sam Shepard et Roberts Blossom. - Une jeune femme devenue infirme à la suite d'un accident de voiture découvre qu'elle possède des dons de guérisseuse.

RETOUR, LE [Return, The] ▷3
RUS. 2003. Drame psychologique d'Andrei ZVIAGUINTSEV avec Ivan Dobronravov, Vladimir Garine et Konstantin Lavronenko. - De retour après douze ans d'absence, un homme part quelques jours en voyage de pêche avec ses deux fils adolescents. - Récit énigmatique empruntant plusieurs voies imprévues. Sens poétique de l'image. Climat de sourde violence. Réalisation assurée. Interprétation criante de vérité. ➜ DVD $

RETOUR À BROOKLYN *voir* **Requiem for a Dream**

RETOUR À COLD MOUNTAIN *voir* **Cold Mountain**

RETOUR À HOWARDS END *voir* **Howards End**

RETOUR À L'ÉCOLE *voir* **Back to School**

RETOUR DE BATMAN, LE *voir* **Batman Returns**

RETOUR DE CASANOVA, LE ▷4
FR. 1992. Comédie dramatique d'Édouard NIERMANS avec Fabrice Luchini, Alain Delon et Elsa. - Un séducteur vieillissant et ruiné s'efforce en vain de conquérir le cœur d'une belle jeune fille érudite. □ Général

RETOUR DE DANNY OCEAN, LE *voir* **Ocean's 12**

RETOUR DE DON CAMILLO, LE ▷4
[Return of Don Camillo, The]
FR. 1952. Comédie de Julien DUVIVIER avec Fernandel, Gino Cervi et Édouard Delmont. - Le curé d'un village italien est de nouveau aux prises avec le maire communiste. □ Général

RETOUR DE L'ÉTALON NOIR, LE
voir **Black Stallion Returns, The**

RETOUR DE L'INSPECTEUR HARRY, L'
voir **Sudden Impact**

RETOUR DE LA PANTHÈRE ROSE, LE
voir **Return of the Pink Panther, The**

RETOUR DE MARTIN GUERRE, LE ▷3
[Return of Martin Guerre, The]
FR. 1982. Drame de mœurs de Daniel VIGNE avec Gérard Depardieu, Nathalie Baye et Roger Planchon. - Au milieu du XVIe siècle, un tribunal du parlement de Toulouse doit se prononcer sur une accusation d'imposture contre un paysan. - Tableau de mœurs bien reconstitué. Traitement sérieux et documenté. □ Général

RETOUR DE MAX DUGAN, LE *voir* **Max Dugan Returns**

RETOUR DES AVENTURIERS DU TIMBRE PERDU, LE
voir **Return of Tommy Tricker, The**

RETOUR DES MORTS VIVANTS, LE
voir **Return of the Living Dead, The**

RETOUR DU GRAND BLOND, LE ▷4
FR. 1974. Comédie policière d'Yves ROBERT avec Pierre Richard, Mireille Darc et Jean Rochefort. - Un capitaine des services secrets s'associe à un violoniste de concert pour prouver la culpabilité meurtrière d'un de ses supérieurs. □ Général ➜ DVD $

RETOUR DU JEDI, LE *voir* **Return of the Jedi**

RETOUR VERS LE FUTUR *voir* **Back to the Future**

RETRIBUTION
JAP. 2006. Kiyoshi KUROSAWA ➜ DVD $

RETURN, THE ▷5
É.-U. 2006. Thriller d'Asif KAPADIA avec Sarah Michelle Gellar, Peter O'Brien et Sam Shepard. - Une voyageuse de commerce revient sur les lieux de son enfance afin d'élucider le mystère entourant ses étranges et terrifiantes visions. ➜ DVD $

RETURN FROM WITCH MOUNTAIN ▷4
[Visiteurs d'un autre monde, Les]
É.-U. 1978. Comédie fantaisiste de John HOUGH avec Kim Richards, Christopher Lee et Bette Davis. - Deux orphelins d'origine extra-terrestre servent de cobayes à un savant qui veut conquérir le monde. ➜ DVD $

RETURN OF A MAN CALLED HORSE, THE ▷4
É.-U. 1976. Western de Irvin KERSHNER avec Richard Harris, Gale Sondergaard et Geoffrey Lewis. - Un gentilhomme anglais retourne en Amérique pour retrouver une tribu indienne avec laquelle il a vécu quelque temps. □ Général ➜ DVD $

RETURN OF CHANDU
É.-U. 1934. Ray TAYLOR ➜ DVD $

RETURN OF COUNT YORGA, THE ▷5
É.-U. 1971. Drame d'horreur de Bob KELLJAN avec Robert Quarry, Mariette Hartley et Roger Perry. - Un jeune homme s'efforce de libérer sa fiancée tombée sous l'emprise d'un vampire.

RETURN OF DRACULA, THE ▷5
É.-U. 1957. Drame d'horreur de Paul LANDRES avec Francis Lederer, Norma Eberhardt et Ray Stricklyn. - Un vampire assassine un artiste et prend sa place auprès de sa famille établie en Californie.

RETURN OF FRANK JAMES, THE ▷4
É.-U. 1940. Western de Fritz LANG avec Henry Fonda, Gene Tierney et John Carradine. - Un hors-la-loi réformé part à la recherche des assassins de son frère. □ Général ➜ DVD $

RETURN OF THE DRAGON ▷5
H.-K. 1973. Aventures réalisées et interprétées par Bruce LEE avec Nora Miao et Jon T. Benn. - Un jeune Chinois, expert en arts martiaux, se rend à Rome pour aider une compatriote aux prises avec un gangster. □ Général

RETURN OF THE EVIL DEAD
[Return of the Blind Dead]
ESP. 1973. Amando DE OSSORIO ➜ DVD $

RETURN OF THE JEDI [Retour du Jedi, Le] ▷4
É.-U. 1983. Science-fiction de Richard MARQUAND avec Mark Hamill, Carrie Fisher et Harrison Ford. - Quelques rebelles luttent contre l'empereur tyrannique de la galaxie. □ Général ➜ DVD $

RETURN OF THE KING, THE ▷4
É.-U. 1980. Dessins animés de Jules BASS et Arthur RANKIN Jr. - Un nain entreprend un périlleux voyage pour sauver du Mal sa région natale. □ Général · Enfants ➜ DVD $

RETURN OF THE LIVING DEAD, THE ▷4
[Retour des morts vivants, Le]
É.-U. 1984. Drame d'horreur de Dan O'BANNON avec Clu Gulager, Don Calfa et James Karen. - Deux employés d'une firme de produits médicaux libèrent par mégarde un gaz qui s'avère susceptible de réanimer les morts. □ 13 ans+ ➜ DVD-BR $

RETURN OF THE MUSKETEERS, THE ▷4
ANG. 1989. Aventures de Richard LESTER avec Michael York, Richard Chamberlain et Oliver Reed. - D'Artagnan, aidé de ses trois amis mousquetaires, lutte contre le cardinal Mazarin qui complote pour éloigner du pouvoir le jeune roi Louis XIV. □ Général

RETURN OF THE PINK PANTHER, THE ▷4
[Retour de la panthère rose, Le]
ANG. 1974. Comédie policière de Blake EDWARDS avec Peter Sellers, Christopher Plummer et Catherine Schell. - Un inspecteur français est appelé à enquêter sur le vol d'un énorme diamant dans un musée arabe. □ Général ➜ DVD$

RETURN OF THE SECAUCUS 7 ▷4
É.-U. 1979. Étude de mœurs de John SAYLES avec Adam Lefevre, Bruce MacDonald et Jean Passanante. - Des amis qui se sont connus lors de manifestations étudiantes se réunissent comme chaque année dans une maison de campagne. □ 13 ans+ ➜ DVD$

RETURN OF THE VAMPIRE, THE
É.-U. 1943. Lew LANDERS et Kurt NEUMANN □ Général ➜ DVD$

RETURN OF TOMMY TRICKER, THE ▷5
[Retour des aventuriers du Timbre Perdu, Le]
QUÉ. 1994. Comédie fantaisiste de Michael RUBBO avec Michael Stevens, Joshawa Mathers et Heather Goodsell. - Des amis philatélistes s'efforcent de libérer un jeune garçon retenu prisonnier dans un timbre depuis 65 ans. □ Général

RETURN TO ME ▷4
É.-U. 2000. Comédie sentimentale de Bonnie HUNT avec David Duchovny, Minnie Driver et Carroll O'Connor. – Un architecte s'éprend d'une jeune serveuse en ignorant qu'on lui a transplanté le cœur de sa défunte épouse. □ Général ➜ DVD$

RETURN TO OZ [Oz, un monde extraordinaire] ▷4
É.-U. 1985. Conte de Walter MURCH avec Nicol Williamson, Fairuza Balk et Jean Marsh. - Au cours d'un voyage dans un pays imaginaire, une petite fille vient à bout des maléfices d'un roi malveillant et rend le trône à son héritière légitime. □ Général ➜ DVD$

RETURN TO PARADISE ▷4
É.-U. 1953. Aventures de Mark ROBSON avec Gary Cooper, Roberta Haynes et Barry Jones. - Dans une île du Pacifique, un aventurier entre en conflit avec un pasteur fanatique. □ Général

RETURN TO PARADISE [Loin du paradis] ▷4
É.-U. 1998. Drame judiciaire de Joseph RUBEN avec Vince Vaughn, Anne Heche et David Conrad. - Pour sauver un ami condamné à mort pour possession de drogue en Asie, deux Américains sont invités à se rendre sur place pour avouer leur complicité. □ 13 ans+ ➜ DVD$

RETURN TO PEYTON PLACE ▷5
É.-U. 1961. Drame de mœurs de José FERRER avec Carol Lynley, Jeff Chandler et Mary Astor. - Une adolescente provoque un scandale en publiant un roman où elle met en scène les habitants de sa petite ville. ➜ DVD$

RETURN TO SALEM'S LOT, A [Enfant lumière, L'] ▷5
É.-U. 1987. Drame d'horreur de Larry COHEN avec Michael Moriarty, Samuel Fuller et Richard Addison Reed. - Un anthropologue cynique lutte contre des villageois aux comportements vampiriques pour enlever son fils à leur influence.

RETURNER, THE
JAP. 2002. Takeshi YAMAZAKI

REVANCHE *voir* **Revenge**

REVANCHE, LA *voir* **Rocky II**

RÊVE AVEUGLE ▷5
QUÉ. 1994. Drame psychologique de Diane BEAUDRY avec Linda Sorgini, Antoine Durand et Ai Thuy Huynh. - Les tribulations d'un couple qui a entrepris des démarches afin d'adopter une jeune Asiatique.

RÊVE DE BOBBY, LE *voir* **Radio Flyer**

RÊVE DE SINGE [Bye Bye Monkey] ▷4
ITA. 1977. Comédie dramatique de Marco FERRERI avec Gérard Depardieu, Marcello Mastroianni et Gail Lawrence. - Un Français vivant à New York se prend d'affection pour un bébé chimpanzé qu'un ami italien lui a confié. □ 18 ans+

REVENANTS, LES [They Came Back] ▷4
FR. 2004. Drame fantastique de Robin CAMPILLO avec Géraldine Pailhas, Jonathan Zaccaï et Frédéric Pierrot. - Après que les morts du monde entier eurent mystérieusement repris vie, les autorités cherchent à faciliter leur réinsertion sociale.

REVENGE *voir* **Terror from Under the House**

REVENGE [Revanche] ▷5
É.-U. 1989. Drame de mœurs de Tony SCOTT avec Kevin Costner, Anthony Quinn et Madeleine Stowe. - Après avoir découvert que sa femme le trompe avec un jeune pilote, un riche propriétaire mexicain exerce une dure vengeance contre eux. □ 18 ans+ ➜ DVD DVD-BR$

REVENGE OF A KABUKI ACTOR
JAP. 1963. Kon ICHIKAWA ➜ DVD$

REVENGE OF FRANKENSTEIN, THE ▷4
ANG. 1958. Drame d'horreur de Terence FISHER avec Peter Cushing, Francis Matthews et Eunice Gayson. - Un savant mutile les patients d'un hôpital afin de se servir de leurs membres pour créer un nouveau corps humain et lui donner vie. ➜ DVD$

REVENGE OF THE PINK PANTHER, THE ▷4
[Malédiction de la panthère rose, La]
ANG. 1978. Comédie policière de Blake EDWARDS avec Peter Sellers, Dyan Cannon et Herbert Lom. - Le représentant français d'un syndicat du crime veut se valoriser en assassinant l'inspecteur Clouseau. □ Général ➜ DVD$

REVENGE OF THE STOLEN STARS
É.-U. 1985. Ulli LOMMEL

REVENGE, THE *voir* **Zemsta**

REVENGERS TRAGEDY
ANG. 2002. Alex COX

REVERSAL OF FORTUNE [Mystère Von Bulow, Le] ▷3
É.-U. 1990. Drame judiciaire de Barbet SCHROEDER avec Jeremy Irons, Ron Silver et Glenn Close. - Un avocat assume en appel la défense d'un richard reconnu coupable d'avoir provoqué l'état comateux de sa femme. - Reconstitution détaillée d'une affaire notoire. Réalisation intelligente et méthodique. Interprétation brillante de J. Irons et de R. Silver. □ Général ➜ DVD$

RÊVES [Dreams] ▷3
JAP. 1990. Film à sketches d'Akira KUROSAWA avec Akira Terao, Toshihiko Nakano et Mitsunori Isaki. - Huit histoires inspirées des rêves de l'auteur. - Œuvre personnelle et poétique sur les thèmes de la vie et de la nature. Propos parfois inutilement appuyés. Mise en images de toute beauté. □ Général ➜ DVD$

RÊVES DE FAMILLE *voir* **My Family**

RÊVES DE FEMMES [Dreams] ▷3
SUÈ. 1955. Drame d'Ingmar BERGMAN avec Eva Dahlbeck, Harriet Andersson et Gunnar Bjornstrand. - Deux jeunes femmes se rendent travailler dans une ville où elles nouent diverses relations amoureuses. - Construction rigoureuse. Excellente technique. Objectivité un peu froide. □ 13 ans+

RÊVES DE POUSSIÈRE ▷4
FR. 2006. Drame de Laurent SALGUES avec Fatou Tall-Salgues, Makena Diop et Rasmané Ouedraogo. - Éprouvé par un drame récent, un paysan nigérien se rend au Burkina Faso pour travailler dans une mine d'or artisanale. □ Général ➜ DVD$

RÊVES EN CAGE *voir* **Train of Dreams**

RÊVES SANGLANTS *voir* **Sender, The**

RÊVEURS MAGNIFIQUES *voir* **Beautiful Dreamers**

REVOIR JULIE ▷5
CAN. 1998. Comédie dramatique de Jeanne CRÉPEAU avec Dominique Leduc, Stéphanie Morgenstern et Marcel Sabourin. - Une anglophone de Montréal part à la campagne retrouver une amie francophone après quinze années sans nouvelles d'elle.

RÉVOLTE DES ANGES, LA *voir* **Falling Angels**

RÉVOLTÉS DE L'AN 2000, LES *voir* **Los Niños**

RÉVOLTÉS DU BOUNTY, LES
voir **Mutiny on the Bounty**

REVOLUTION #9
É.-U. 2001. Tim McCANN ➜ DVD$

RÉVOLUTION FRANÇAISE 1:
LES ANNÉES LUMIÈRE, LA ▷4
FR. 1989. Drame historique de Robert ENRICO avec Klaus Maria Brandauer, François Cluzet et Peter Ustinov - Évocation des faits entourant la Révolution française, de 1789 à l'été 1792. □ Général

RÉVOLUTION FRANÇAISE 2: LES ANNÉES TERRIBLES, LA ▷4
FR. 1989. Drame historique de Richard HEFFRON avec Klaus Maria Brandauer, Andrzej Seweryn et François Cluzet. - Évocation des faits entourant la Révolution française, à partir de 1792 jusqu'à l'exécution de Robespierre en 1794. □ 13 ans+

REVOLUTIONARY ROAD [Noces rebelles, Les] ▷4
É.-U. 2008. Drame psychologique de Sam MENDES avec Leonardo DiCaprio, Kate Winslet et Michael Shannon. - En 1955, une mère au foyer d'une banlieue proprette, mariée à un employé de bureau engoncé dans sa routine, rêve d'un nouveau départ à Paris avec lui. □ 13 ans+ ➜ DVD DVD-BR$

REVUE DES REVUE, LA
FR. 1927. Joe FRANCYS ➜ DVD$

REYNA DEL SUR, LA [Queen of South]
MEX. 2003. Luis ESTRADA

RHAPSODY IN AUGUST ▷3
JAP. 1991. Drame psychologique d'Akira KUROSAWA avec Sachiko Murase, Hidetaka Yoshioka et Mie Suzuki. - Une survivante du bombardement nucléaire de Nagasaki fait prendre conscience de cette tragédie à ses quatre petits-enfants. - Portrait familial intimiste et poétique. Profonde sincérité du propos. Composition picturale impressionnante. Interprétation bien dosée. □ Général ➜ DVD$

RHAPSODY OF SPRING
CHI. 1998. Teng WENJI

RHINOCEROS ▷5
E.-U. 1973. Comédie satirique de Tom O'HORGAN avec Gene Wilder, Zero Mostel et Karen Black. - Dans une petite ville américaine les habitants se transforment un à un en rhinocéros. ➜ DVD$

RHINOCEROS EYES ▷5
É.-U. 2003. Drame psychologique d'Aaron WOODLEY avec Michael Pitt, Paige Turco et Gale Harold. - Pour plaire à une décoratrice qui lui demande des objets insolites, un accessoiriste de cinéma commet une série de vols au fil desquels il perd contact avec la réalité. ➜ DVD$

RHYTHM ON THE RIVER ▷5
É.-U. 1940. Comédie musicale de Victor SCHERTZINGER avec Bing Crosby, Mary Martin et Oscar Levant. - Un jeune homme et une jeune fille à l'emploi d'un compositeur de chansons décident d'unir leurs talents. □ Général

RHYTHM ROMANCE
É.-U. 1939. George ARCHAINBAUD □ Général

RHYTHM THIEF
É.-U. 1994. Matthew HARRISON ➜ DVD$

RICE PEOPLE, THE *voir* **Gens de la rizière, Les**

RICH AND STRANGE ▷4
ANG. 1929. Comédie sentimentale d'Alfred HITCHCOCK avec Harry Kendall, Joan Barry et Percy Marmont. - Un jeune couple s'offre une croisière autour du monde à la suite d'un héritage. □ Général

RICH IN LOVE [Amour en trop, L'] ▷4
É.-U. 1992. Chronique de Bruce BERESFORD avec Albert Finney, Jill Clayburgh et Kathryn Erbe. - Lorsque sa mère quitte le foyer familial sans crier gare, une adolescente s'efforce tant bien que mal de prendre en charge les affaires de la maison. □ Général

RICHARD ET LE SECRET DES LIVRES MAGIQUES *voir* **Pagemaster, The**

RICHARD III
ANG. 1912. James KEANE ➜ DVD$

RICHARD III ▷3
ANG. 1955. Drame historique réalisé et interprété par Laurence OLIVIER avec Ralph Richardson et Claire Bloom. - La carrière chargée de meurtres et d'intrigues d'un roi d'Angleterre du XVe siècle. - Adaptation soignée d'une pièce de Shakespeare. Grande beauté visuelle. Réalisation souple. Interprétation hors pair. □ Général ➜ DVD$

RICHARD III ▷4
ANG. 1995. Drame de Richard LONCRAINE avec Ian McKellen, Annette Bening et Jim Broadbent. - Dans une Angleterre meurtrie par la guerre civile, un lord sanguinaire entreprend de décimer la famille royale afin d'usurper la couronne. □ 13 ans+

RICKSHAW BOY
CHI. 1982. Ling ZIFENG ➜ DVD$

RICOCHET ▷5
É.-U. 1991. Drame policier de Russell MULCAHY avec John Lithgow, Denzel Washington et Ice T. - Un évadé de prison conçoit un plan diabolique en vue de ruiner la vie du policier qui l'avait appréhendé. □ 18 ans+

RIDDANCE ▷4
HON. 1973. Drame psychologique de Marta MESZAROS avec Erzsebet Kutvolgyi, Gabor Nagy et Marianne Moor. - Une jeune ouvrière, fille de parents divorcés, est honteuse de sa condition et ment pour impressionner celui qu'elle aime. □ 13 ans+

RIDDLE, THE ▷4
ANG. 2007. Thriller de Brendan FOLEY avec Vinnie Jones, Derek Jacobi et Julie Cox. - Un journaliste enquête sur une série de morts suspectes survenues à la suite de la découverte d'un manuscrit inédit de Charles Dickens. ➜ DVD$

RIDE BACK, THE ▷5
É.-U. 1957. Western de Allen H. MINER avec Anthony Quinn, William Conrad et Lita Milan. - Un shérif et un hors-la-loi qu'il ramène du Mexique font face à divers dangers. ➜ DVD$

RIDE BEYOND VENGEANCE ▷5
E.-U. 1966. Western de B. McEVEETY avec Chuck Connors, Kathryn Hays et Michael Rennie. - Un chasseur de bisons s'en prend à trois hommes qui l'ont dépouillé de sa fortune. ➜ DVD$

RIDE IN THE WHIRLWIND ▷4
É.-U. 1966. Western de Monte HELLMAN avec Cameron Mitchell, Jack Nicholson et Brandon Carroll. - Trois cow-boys qui sont confondus avec des voleurs de diligence doivent fuir le shérif et ses hommes.

RIDE ME [Ego Trip] ▷5
QUÉ. 1994. Comédie policière de Bashar SHBIB avec Bianca Rossini, Frédérick Duval et Adam Coleman Howard. - Une femme charge un détective d'enquêter sur les circonstances entourant la mort de son frère et le suicide de la petite amie de celui-ci. □ Général

RIDE THE HIGH COUNTRY ▷3
[Coups de feu dans la sierra]
É.-U. 1962. Western de Sam PECKINPAH avec Joel McCrea, Randolph Scott et Mariette Hartley. - Un ancien shérif est engagé pour assurer le transport d'une cargaison d'or. - Traitement original et savoureux d'un thème classique. Intérêt soutenu. Paysages bien intégrés à l'action. Interprétation solide de vétérans du genre. ➜ DVD$

RIDE WITH THE DEVIL ▷4
É.-U. 1999. Chronique d'Ang LEE avec Tobey Maguire, Skeet Ulrich et Jewel. - Durant la guerre de Sécession, des jeunes civils voués à la cause sudiste participent au conflit sans supervision militaire. □ 13 ans+ ➜ DVD$

RIDER NAMED DEATH, THE
RUS. 2004. Karen SHAKHNAZAROV ➜ DVD$

RIDICULE ▷3
FR. 1996. Comédie dramatique de Patrice LECONTE avec Charles Berling, Jean Rochefort et Fanny Ardant. - Grâce à son bel esprit, un gentilhomme se fait connaître à Versailles où il espère obtenir une audience avec le roi afin de plaider la cause des paysans de sa région. - Dialogues de grande qualité aux nombreuses reparties savoureuses. Ton ironique et mordant. □ 13 ans+ ➜ DVD$

RIDING ALONE FOR THOUSANDS OF MILES ▷4
CHI. 2005. Drame psychologique de Zhang YIMOU avec Ken Takakura, Shinobu Terajima et Li Jiamin. - Afin de se rapprocher de son fils mourant, un pêcheur japonais entreprend un voyage en Chine pour filmer un chanteur d'opéra populaire cher au cœur du malade. ➜ DVD$

RIDING HIGH ▷4
É.-U. 1950. Comédie de Frank CAPRA avec Bing Crosby, Coleen Gray et Charles Bickford. - Les problèmes professionnels et amoureux d'une jeune propriétaire de chevaux de course. □ Général ➜ DVD$

RIDING IN CARS WITH BOYS ▷5
[Au volant avec les garçons]
É.-U. 2001. Chronique de Penny MARSHALL avec Drew Barrymore, Steve Zahn et Brittany Murphy. - Dans les années 1960, une adolescente enceinte renonce à l'université pour épouser le père, un irresponsable héroïnomane. □ Général ➜ DVD$

RIDING THE BULLET ▷6
É.-U. 2004. Drame d'horreur de Mick GARRIS avec Jonathan Jackson, David Arquette et Erika Christensen. - Durant une nuit, un jeune homme fait d'étranges rencontres alors qu'il voyage en stop pour aller rendre visite à sa mère hospitalisée. ➜ DVD$

RIEL ▷5
CAN. 1979. Drame historique de George BLOOMFIELD avec Raymond Cloutier, Christopher Plummer et Roger Blay. - Louis Riel prend la tête des métis de l'Ouest canadien pour lutter contre les empiètements des colons anglais. □ Général

RIEN À FAIRE ▷4
FR. 1999. Comédie dramatique de Marion VERNOUX avec Valeria Bruni Tedeschi, Patrick Dell'Isola et Sergi Lopez. - Une ouvrière au chômage et un cadre récemment congédié deviennent amis puis amants, en dépit de leurs conjoints respectifs. □ Général

RIEN EN COMMUN *voir* **Nothing in Common**

RIEN NE VA PLUS ▷4
FR. 1997. Comédie policière de Claude CHABROL avec Michel Serrault, Isabelle Hupert et François Cluzet. - Un duo de malfaiteurs entreprend de dérober une importante somme d'argent à la mafia antillaise.

RIEN QU'UN JEU ▷5
QUÉ. 1983. Drame de Brigitte SAURIOL avec Jennifer Grenier, Raymond Cloutier et Marie Tifo. - Une adolescente se rebelle contre son père qui l'a entraînée dans des relations incestueuses. □ 13 ans+

RIEN QUE POUR RIRE *voir* **Punchline**

RIEN QUE POUR VOS YEUX *voir* **For Your Eyes Only**

RIEN SUR ROBERT ▷5
FR. 1998. Comédie de mœurs de Pascal BONITZER avec Fabrice Luchini, Sandrine Kiberlain et Valentina Cervi. - À la suite d'une bourde professionnelle, un critique voit son amie remettre en question leur relation. □ 13 ans+

RIENS DU TOUT
FR. 1992. Cédric KLAPISCH ➜ DVD$

RIFF RAFF ▷5
É.-U. 1935. Drame social de J. Walter RUBEN avec Spencer Tracy, Jean Harlow et Joseph Calleia. - Les ennuis d'un pêcheur de thon insatisfait de sa situation.

RIFF-RAFF ▷4
ANG. 1991. Drame social de Ken LOACH avec Robert Carlyle, Emer McCourt et Jimmy Coleman. - Épris d'une jeune chanteuse, un ouvrier de la construction découvre qu'elle se drogue. □ 13 ans+

RIFIFI *voir* **Du rififi chez les hommes**

RIGHT STUFF, THE [Étoffe des héros, L'] ▷3
É.-U. 1983. Chronique de Philip KAUFMAN avec Sam Shepard, Scott Glenn et Ed Harris. - Les exploits des pilotes d'essai et des premiers astronautes américains qui ont contribué à la conquête de l'espace. - Traitement critique et humoristique. Agréable dosage de vulgarisation scientifique et de drame humain. Effets visuels réussis. Interprétation solide. □ Général ➜ DVD$

RIGHTEOUS KILL ▷5
É.-U. 2008. Drame policier de Jon AVNET avec Robert De Niro, Al Pacino et Carla Gugino. - Par dépit, un détective vétéran en vient à faire sa propre justice et ce, au nez et à la barbe de son coéquipier de longue date. □ 13 ans+ ➜ DVD DVD-BR$

RING, LE ▷4
CAN. 2007. Drame social d'Anaïs BARDEAU-LAVALETTE avec Maxime Desjardins-Tremblay, Maxime Dumontier et Julianne Côté. - Dans un quartier pauvre de Montréal, le quotidien d'un garçon de onze ans dont la mère héroïnomane a quitté la maison. □ 13 ans+ ➜ DVD$

RING, THE
ANG. 1927. Alfred HITCHCOCK □ Général

RING, THE [Cercle, Le] ▷4
É.-U. 2002. Drame d'horreur de Gore VERBINSKI avec Naomi Watts, Martin Henderson et David Dorfman. - Une journaliste enquête sur une mystérieuse cassette vidéo qui a causé la mort de quatre adolescents. □ 13 ans+ ➜ DVD$

RING TWO, THE [Cercle 2, Le] ▷5
É.-U. 2005. Drame d'horreur de Hideo NAKATA avec Naomi Watts, David Dorfman et Simon Baker. - Une journaliste cherche à sauver son petit garçon qui est possédé par l'esprit d'une fillette morte dans des circonstances horribles. □ 13 ans+ ➜ DVD$

RING OF BRIGHT WATER ▷4
ANG. 1969. Comédie dramatique de Jack COUFFER avec Bill Travers, Virginia McKenna et Peter Jeffrey. - Un modeste employé achète une loutre et s'installe à la campagne pour mieux l'observer. □ Général ➜ DVD$

RING OF FEAR
É.-U. 1954. William A. WELLMAN et James Edward GRANT ➜ DVD$

RING VIRUS, THE
COR. 1999. Kim DONG-BIN ➜ DVD$

RINGU
JAP. 1998. Hideo NAKATA ➜ DVD$

RINGU 2
JAP. 1999. Hideo NAKATA ➜ DVD$

RIO BRAVO [Rio Bravo Ultimate Collector's Edition] ▷3
É.-U. 1959. Western de Howard HAWKS avec John Wayne, Dean Martin et Walter Brennan. - Un shérif arrête un dangereux bandit et doit affronter ceux qui le protègent. - Construction dramatique solide. Rythme vivant alternant des moments de tension et de détente. Mise en scène pleine d'assurance. Interprétation savoureuse de personnages bien typés. ➜ DVD DVD-BR$

RIO CONCHOS ▷4
É.-U. 1964. Western de Gordon DOUGLAS avec Stuart Whitman, Richard Boone et Tony Franciosa. - Un officier de cavalerie est chargé de retrouver des criminels qui ont volé une cargaison d'armes. □ Général

RIO DAS MORTES
ALL. 1971. Rainer Werner FASSBINDER

RIO GRANDE ▷3
É.-U. 1950. Western de John FORD avec John Wayne, Maureen O'Hara et Claude Jarman. - Un colonel en lutte contre les Indiens a sous ses ordres son fils séparé de lui depuis plusieurs années. - Intrigue habilement développée. Passages spectaculaires. Interprétation vigoureuse. □ Général ➜ DVD$

RIO LOBO ▷4
É.-U. 1970. Western de Howard HAWKS avec John Wayne, Jorge Rivero et Jennifer O'Neill. - Après la guerre civile, un colonel du Texas recherche le traître qui a causé la capture d'un train chargé d'or. □ Général ➜ DVD$

RIO NEGRO [Black River] ▷5
VÉN. 1990. Drame historique d'Atahualpa LICHY avec Frank Ramirez, Angela Molina et Daniel Alvarado. - Dans les années 1910, la province du Rio Negro en Amazonie tombe sous le joug d'un gouverneur corrompu, puis d'un tyran cruel.

RIPLEY'S GAME [Ripley s'amuse] ▷4
ITA. 2002. Thriller de Liliana CAVANI avec John Malkovich, Dougray Scott et Ray Winstone. - Deux criminels peu scrupuleux se servent d'un encadreur sans histoire pour assassiner des mafieux. ➜ DVD$

RIPOUX, LES ▷4
FR. 1984. Comédie policière de Claude ZIDI avec Philippe Noiret, Thierry Lhermitte et Grace de Capitani. - Les combines d'un inspecteur débrouillard sont compromises par l'arrivée d'un jeune collègue intègre. □ Général ➜ DVD$

RIPOUX CONTRE RIPOUX ▷4
FR. 1990. Comédie policière de Claude ZIDI avec Philippe Noiret, Thierry Lhermitte et Guy Marchand. - Suspendus après avoir été accusés de recel, deux policiers parisiens tentent de déjouer les manœuvres malhonnêtes de leurs remplaçants. □ Général ➜ DVD$

RIPOUX 3, LES ▷5
FR. 2003. Comédie policière de Claude ZIDI avec Philippe Noiret, Thierry Lhermitte et Lorant Deutsch. - Un inspecteur de police à la retraite impliqué malgré lui dans une affaire de blanchiment d'argent demande l'aide de son ancien partenaire. □ Général ➜ DVD$

RIRE ET CHÂTIMENT [Laughter and Punishment] ▷5
FR. 2003. Comédie sentimentale réalisée et interprétée par Isabelle DOVAL avec José Garcia et Laurent Lucas. - Un ostéopathe boute-en-train entreprend de reconquérir sa femme qui l'a quitté en lui reprochant son égocentrisme. □ Général ➜ DVD$

RISE AND FALL OF LEGS DIAMOND, THE ▷4
É.-U. 1960. Drame policier de Budd BOETTICHER avec Ray Danton, Karen Steele et Elaine Stewart. - La carrière d'un gangster des années 1920. □ Général

RISE OF CATHERINE THE GREAT, THE ▷4
ANG. 1934. Drame historique de Paul CZINNER avec Elisabeth Bergner, Douglas Fairbanks jr et Flora Robson. - Évocation de la vie d'une princesse allemande qui devint impératrice de Russie. □ Général

RISING SUN [Soleil levant] ▷4
É.-U. 1993. Drame policier de Philip KAUFMAN avec Wesley Snipes, Sean Connery et Harvey Keitel. - Deux policiers de Los Angeles enquêtent sur un meurtre commis dans les bureaux d'une grande entreprise japonaise. □ 13 ans+ · Érotisme ➜ DVD DVD-BR$

RISKY BUSINESS [Quelle affaire!] ▷5
É.-U. 1983. Comédie de mœurs de Paul BRICKMAN avec Tom Cruise, Rebecca De Mornay et Joe Pantoliano. - Pendant que ses parents sont en voyage, un étudiant de high school est entraîné par un camarade dans une aventure avec une prostituée.
□ 13 ans+ ➜ DVD DVD-BR$

RITE, LE [Rite, The]
SUÈ. 1969. Ingmar BERGMAN □ 13 ans+

RITO TERMINAL
MEX. 2000. Oscar URRUTIA LAZO

RITZ, THE ▷5
É.-U. 1976. Comédie de Richard LESTER avec Jack Weston, Rita Moreno et Jerry Stiller. - Pour échapper à son beau-frère qui menace de le tuer, un homme se réfugie dans un établissement fréquenté par des homosexuels. □ 13 ans+ ➜ DVD$

RIVE DROITE, RIVE GAUCHE ▷5
FR. 1984. Drame de Philippe LABRO avec Gérard Depardieu, Nathalie Baye et Bernard Fresson. - Les difficultés professionnelles et sentimentales d'un avocat prospère au service d'un armateur malhonnête.
□ Général ➜ DVD$

RIVER, THE ▶2
É.-U. 1951. Drame de mœurs de Jean RENOIR avec Patricia Walters, Adrienne Corri et Arthur Shields. - Les tribulations d'une adolescente anglaise qui vit avec sa famille sur les bords du Gange en Inde. - Scénario assez mince prétexte à une description admirable de l'Inde. Approche psychologique de l'adolescence traitée avec beaucoup de tact. Mise en scène maîtrisée. Bonne interprétation. ➜ DVD$

RIVER, THE [Rivière, La] ▷4
É.-U. 1984. Drame social de Mark RYDELL avec Mel Gibson, Sissy Spacek et Scott Glenn. - Les ennuis d'une famille de fermiers dont la terre longe une rivière qui a tendance à déborder.
□ Général ➜ DVD$

RIVER, THE ▷3
TAÏ. 1996. Drame de mœurs de Tsai MING-LIANG avec Lee Kang-sheng, Miao Tien et Lu Hsiao-ling. - Atteint d'une étrange douleur au cou, un jeune homme qui vit avec ses parents désunis fait la tournée des guérisseurs avec son père. - Récit métaphorique et audacieux illustrant avec une pénétrante subtilité le drame de l'incommunicabilité entre les êtres. Mise en scène précise et soignée. Interprétation dans le ton.
□ 13 ans+

RIVER CALLED TITAS, A
IND. 1973. Ritwik GHATAK ➜ DVD$

RIVER OF NO RETURN ▷4
É.-U. 1953. Western d'Otto PREMINGER avec Robert Mitchum, Marilyn Monroe et Tommy Rettig. - Pour fuir les Indiens, un veuf, son jeune fils et une chanteuse s'aventurent en radeau sur une rivière dangereuse.

RIVER RAT, THE ▷4
É.-U. 1984. Drame psychologique de Tom RICKMAN avec Tommy Lee Jones, Martha Plimpton et Brian Dennehy. - Après avoir retrouvé sa fille à sa sortie de prison, un homme a une confrontation violente avec un fonctionnaire du pénitencier. □ Général

RIVER RUNS THROUGH IT, A ▷5
[Rivière du sixième jour, La]
É.-U. 1992. Drame de mœurs de Robert REDFORD avec Craig Sheffer, Brad Pitt et Tom Skerritt. - Une passion commune pour la pêche à la truite sauvegarde l'amitié entre deux frères aux tempéraments fort différents. □ Général ➜ DVD$

RIVER WILD, THE [Rivière sauvage, La] ▷4
É.-U. 1994. Aventures de Curtis HANSON avec Meryl Streep, Kevin Bacon et David Strathairn. - Durant une expédition en rafting, un couple et son fils tombent sur deux fugitifs qui leur réservent un mauvais sort. □ Général ➜ DVD$

RIVER'S EDGE ▷4
É.-U. 1986. Drame social de Tim HUNTER avec Keanu Reeves, Crispin Glover et Ione Skye Leitch. - Des camarades d'école vivent des moments troubles après qu'un des leurs ait étranglé sa petite amie.
□ 13 ans+ ➜ DVD$

RIVIÈRE DE NOS AMOURS, LA *voir* **Indian Fighter, The**

RIVIÈRE ROUGE, LA *voir* **Red River**

RIVIÈRE SAUVAGE, LA *voir* **River Wild, The**

RIVIÈRES POURPRES, LES [Crimson Rivers, The] ▷4
FR. 2000. Drame policier de Mathieu KASSOVITZ avec Jean Reno, Vincent Cassel et Nadia Fares. - Dans une ville universitaire des Alpes, deux policiers font équipe pour élucider une série de meurtres aussi atroces que mystérieux. □ 16 ans+ ➜ DVD$

RIZ AMER [Bitter Rice] ▷3
ITA. 1949. Drame social de Giuseppe De SANTIS avec Doris Dowling, Silvana Mangano et Vittorio Gassman. - La vie pénible des femmes qui travaillent dans les rizières du nord de l'Italie. - Œuvre saisissante, de grande qualité. Valeur documentaire. S. Mangano remarquable.
□ Général

ROAD, THE
ARG. 2000. Javier OLIVERA

ROAD GAMES ▷4
AUS. 1980. Drame de R. FRANKLIN avec Stacy Keach, Jamie Lee Curtis et Marion Edward. - Un chauffeur de camion poursuit un automobiliste qu'il croit être un tueur recherché.

ROAD HOME, THE *voir* **Souvenirs**

ROAD TO EL DORADO, THE ▷4
É.-U. 2000. Dessins animés d'Eric Bibo BERGERON et Don PAUL. - Au XVIe siècle, en Amérique, deux petits escrocs espagnols trouvent l'El Dorado, la légendaire cité de l'or. ➜ DVD$

ROAD TO GUANTANAMO ▷3
ANG. 2005. Chronique de Michael WINTERBOTTOM et Mat Whitecross avec Rizwan Ahmed, Farhad Harun et Afran Usman. - Peu après le 11 septembre 2001, trois touristes anglais d'origine pakistanaise sont capturés en Afghanistan et emprisonnés sur la base militaire des États-Unis à Cuba. - Reconstitution percutante d'un fait vécu dénonçant les méthodes douteuses de l'armée américaine. Traitement mêlant habilement fiction et documentaire. Réalisation précise et sobre. Bons interprètes. □ 13 ans+ ➜ DVD$

ROAD TO HONG KONG, THE [Astronautes malgré eux] ▷5
É.-U. 1962. Comédie de Norman PANAMA avec Bing Crosby, Bob Hope et Joan Collins. - Deux amis, mêlés à une affaire d'espionnage, sont envoyés dans l'espace à bord d'un missile interplanétaire.
□ Général ➜ DVD$

ROAD TO MOROCCO ▷5
É.-U. 1942. Comédie de David BUTLER avec Bing Crosby, Bob Hope et Dorothy Lamour. - Deux naufragés connaissent des aventures étonnantes au Maroc. □ Général

ROAD TO PERDITION [Voie de perdition] ▷3
É.-U. 2002. Drame de mœurs de Sam MENDES avec Tom Hanks, Tyler Hoechlin et Paul Newman. - Dans les années 1930, un tueur à gages tente de protéger son jeune fils d'un criminel qui veut sa peau. - Variation originale sur le thème du gangstérisme. Réalisation inspirée. Grande qualité picturale. Interprétation nuancée.
□ 13 ans+ · Violence ➜ DVD$

ROAD TO RIO [En route vers Rio] ▷5
É.-U. 1947. Comédie de Norman Z. McLEOD avec Bing Crosby, Bob Hope et Dorothy Lamour. - Embarqués clandestinement sur un bateau, deux compères se disputent l'amour d'une fille. □ Général

ROAD TO SINGAPORE [En route pour Singapour] ▷5
É.-U. 1940. Comédie musicale de Victor SCHERTZINGER avec Bing Crosby, Bob Hope et Dorothy Lamour. - Deux individus, réfugiés dans une île pour éviter le mariage, tombent amoureux d'une danseuse.
□ Général

ROAD TO UTOPIA ▷5
É.-U. 1945. Comédie de Hal WALKER avec Bob Hope, Bing Crosby et Dorothy Lamour. - Deux gais lurons disputent à deux redoutables bandits les plans d'une mine d'or. □ Général

ROAD TO WELLVILLE, THE ▷5
[Aux bons soins du docteur Kellogg]
É.-U. 1994. Comédie de mœurs de Alan PARKER avec Anthony Hopkins, Bridget Fonda et Matthew Broderick. - En 1907, un jeune couple séjourne dans un sanatorium où il suit une cure de santé aux méthodes farfelues. □ 13 ans+ ➔ DVD $

ROAD TO ZANZIBAR ▷5
É.-U. 1941. Comédie de Victor SCHERTZINGER avec Bing Crosby, Bob Hope et Dorothy Lamour. - Deux Américains arrivent à Zanzibar où ils connaissent les aventures les plus abracadabrantes. □ Général

ROADKILL ▷5
CAN. 1989. Comédie musicale de Bruce McDONALD avec Valerie Buhagiar, Gerry Quigley et Larry Hudson. - Partie à la recherche d'un groupe rock, une jeune femme à l'emploi d'un promoteur de concerts fait diverses rencontres surprenantes. □ Général ➔ DVD $

ROADS TO KOKTEBEL
RUS. 2003. Boris KHLEBNIKOV et Aleksei POPOGREBSKY ➔ DVD $

ROARING TWENTIES, THE ▷3
É.-U. 1939. Drame policier de Raoul WALSH avec James Cagney et Humphrey Bogart. - Un chauffeur de taxi affronte un ancien ami devenu chef de gang à l'époque de la prohibition. - Tableau d'époque percutant. Mise en scène énergique. Solide distribution. ➔ DVD $

ROB ROY ▷4
É.-U. 1995. Aventures de Michael CATON-JONES avec Liam Neeson, Jessica Lange et John Hurt. - En Écosse, au début du XVIIIe siècle, le chef d'un clan de montagnards entre en lutte contre un aristocrate qui persécute les siens. □ Général · Déconseillé aux jeunes enfants ➔ DVD $

ROBBY, KALLE ET PAUL ▷4
ALL. 1988. Comédie de mœurs réalisée et interprétée par Dani LEVY avec Frank Beilicke et Josef Hofmann. - À la suite de diverses déceptions, trois célibataires qui partagent le même appartement décident de ne plus recevoir de filles. □ Général

ROBE, THE [Tunique, La] ▷5
É.-U. 1953. Drame biblique d'Henry KOSTER avec Richard Burton, Jean Simmons et Victor Mature. - Les tribulations d'un officier romain qui a gagné aux dés la tunique du Christ lors de la crucifixion.
□ Général ➔ DVD DVD-BR $

ROBE NOIRE *voir* **Black Robe**

ROBERT ET ROBERT ▷4
FR. 1978. Comédie de Claude LELOUCH avec Charles Denner, Jacques Villeret et Jean-Claude Brialy. - Un timide sympathise avec un chauffeur de taxi solitaire inscrit comme lui à une agence de rencontres.

ROBERT RODRIGUEZ'S PLANET TERROR
voir **Grindhouse**

ROBERTA ▷4
É.-U. 1935. Comédie musicale de William SEITER avec Irene Dunne, Fred Astaire et Ginger Rogers. - Un musicien américain hérite d'une maison de couture à Paris. □ Général ➔ DVD $

ROBERTO SUCCO ▷3
FR. 2001. Drame policier de Cédric KAHN avec Stefano Cassetti, Isild Le Besco et Patrick Dell'Isola. - Pendant qu'il accumule de graves délits en France, un jeune parricide italien s'éprend d'une lycéenne naïve. - Intrigue basée sur des faits réels. Portrait psychologique confondant. Réalisation volontairement neutre. Composition saisissante de S. Cassetti. □ 13 ans+ ➔ DVD $

ROBIN AND MARIAN [Rose et la flèche, La] ▷3
ANG. 1976. Comédie dramatique de Richard LESTER avec Sean Connery, Audrey Hepburn et Robert Shaw. - De retour après vingt ans d'absence, Robin des Bois apprend que son amie Marianne est menacée d'emprisonnement par un shérif. - Mélange de romantisme et de réalisme. Mise en scène aisée et inventive. Interprétation convaincue d'acteurs de talent. □ Général ➔ DVD $

ROBIN AND THE SEVEN HOODS ▷5
É.-U. 1964. Comédie musicale de Gordon DOUGLAS avec Frank Sinatra, Dean Martin et Bing Crosby. - À Chicago, dans les années 1920, un membre de la pègre se fait passer pour un nouveau Robin des Bois. ➔ DVD $

ROBIN DES BOIS *voir* **Robin Hood**

ROBIN DES BOIS: HÉROS EN COLLANTS
voir **Robin Hood: Men in Tights**

ROBIN HOOD ▷3
É.-U. 1922. Aventures d'Allan DWAN avec Douglas Fairbanks, Enid Bennett et Wallace Beery. - Un jeune seigneur se fait hors-la-loi pour lutter contre les exactions d'un tyran. - Classique du cinéma d'aventures. Illustration somptueuse d'une légende célèbre. Jeu bondissant de D. Fairbanks. □ Général ➔ DVD $

ROBIN HOOD [Robin des bois] ▷4
É.-U. 1973. Dessins animés de Wolfgang REITHERMAN. - Sous les traits d'un renard, Robin des Bois tente de tenir tête au prince Jean qui opprime le peuple en l'absence du roi Richard. □ Général

ROBIN HOOD: MEN IN TIGHTS ▷5
[Robin des bois: héros en collants]
É.-U. 1993. Comédie réalisée et interprétée par Mel BROOKS avec Cary Elwes, Richard Lewis et Roger Rees. - Un noble anglais entre en lutte contre un prince tyrannique et son shérif qui l'ont dépossédé de ses terres. □ Général ➔ DVD $

ROBIN HOOD: PRINCE OF THIEVES ▷4
[Robin Hood: prince des voleurs]
É.-U. 1991. Aventures de Kevin REYNOLDS avec Kevin Costner, Morgan Freeman et Alan Rickman. - Au XIIe siècle, un noble anglais fait équipe avec des hors-la-loi pour combattre un despote qui l'a dépossédé de ses terres. □ 13 ans+ ➔ DVD DVD-BR $

ROBINSON CRUSOE (BUÑUEL, 1954)
voir **Aventures de Robinson Crusoé, Les**

ROBINSON CRUSOE ON MARS ▷4
E.-U. 1964. Science-fiction de B. HASKIN avec Paul Mantee, Vic Lundin et Adam West. - Un astronaute revit l'aventure de Robinson sur la planète Mars. ➔ DVD $

ROBINSON DES MERS DU SUD, LES
voir **Swiss Family Robinson**

ROBINSON'S GARDEN
JAP. 1987. Masashi YAMAMOTO

ROBOCOP [Robocop - 20th Anniversary Edition] ▷3
É.-U. 1987. Science-fiction de Paul VERHOEVEN avec Peter Weller, Nancy Allen et Ronny Cox. - À Detroit, au XXIe siècle, le corps d'un policier assassiné sert de soutien à un androïde programmé pour lutter contre les malfaiteurs. - Variations intéressantes sur des sujets d'actualité. Réalisation énergique et originale. Ensemble impressionnant. Interprétation efficace. □ 13 ans+ ➔ DVD DVD-BR $

ROBOT STORIES
É.-U. 2004. Greg PAK ➔ DVD $

ROBOTS ▷3
É.-U. 2005. Film d'animation de Chris WEDGE et Carlos SALDANHA. - Dans un monde peuplé uniquement de robots, un jeune inventeur doit contrecarrer les plans machiavéliques d'un tyran. - Récit enlevé à l'humour savoureux. Monde imaginaire d'une fantaisie inventive. Galerie de personnages attachants. Éléments de satire du capitalisme. Réalisation d'une grande virtuosité. □ Général ➔ DVD $

ROBOTS, LES *voir* **I, Robot**

ROCCO ET SES FRÈRES [Rocco & His Brothers] ▷3
ITA. 1960. Drame social de Luchino VISCONTI avec Alain Delon, Renato Salvatori et Annie Girardot. - Les tribulations d'une famille calabraise venue s'installer à Milan. - Fresque mouvementée et vigoureuse de style néo-réaliste. Excellente direction d'acteurs.

ROCHER, LE *voir* **Rock, The**

ROCHESTER, LE DERNIER DES LIBERTINS
voir **Libertine, The**

ROCK, THE [Rocher, Le] ▷4
É.-U. 1996. Drame policier de Michael BAY avec Sean Connery, Nicolas Cage et Ed Harris. - Des militaires rebelles se sont emparés de la prison d'Alcatraz d'où ils menacent de faire sauter des bombes sur San Francisco. □ 13 ans+ · Violence ➔ DVD $

ROCK HAVEN
É.-U. 2007. David LEWIS

ROCK STAR ▷4
É.-U. 2001. Drame de mœurs de Stephen HEREK avec Mark Wahlberg, Jennifer Aniston et Dominic West. - Au milieu des années 1980, un adolescent de Pittsburgh qui joue dans un groupe de garage remplace au pied levé son idole à la tête d'une formation rock réputée.
□ 13 ans+ ➔ DVD $

ROCK'N NONNE *voir* **Sister Act**

ROCK-A-BYE BABY [Trois bébés sur les bras] ▷4
É.-U. 1958. Comédie de Frank TASHLIN avec Jerry Lewis, Marilyn Maxwell et Connie Stevens. - Une vedette d'Hollywood donne naissance à trois bébés qu'elle confie à un ami d'enfance.

ROCK-A-DOODLE [Rock-O-Rico] ▷4
IRL. 1991. Dessins animés de Don BLUTH. - Un gamin transformé en chat tente de déjouer les plans d'un hibou sorcier qui veut faire régner une nuit d'orage éternelle sur la campagne. □ Général

ROCKET SCIENCE ▷4
É.-U. 2007. Comédie dramatique de Jeffrey BLITZ avec Reece Daniel Thompson, Anna Kendrick et Nicholas D'Agosto. - Un adolescent timide et bègue se laisse convaincre par une élève populaire de son école de participer à un concours de débat. ➔ DVD $

ROCKETEER, THE ▷4
É.-U. 1991. Science-fiction de Joe JOHNSTON avec Bill Campbell, Jennifer Connelly et Timothy Dalton. - Un espion nazi convoite une fusée tombée entre les mains d'un jeune pilote qui s'en sert pour voler comme un oiseau. □ Général ➔ DVD $

ROCKING HORSE WINNER, THE ▷4
ANG. 1949. Drame fantastique d'Anthony PELISSIER avec John Howard Davies, Valerie Hobsen et John Mills. - Un garçonnet acquiert le pouvoir de discerner les futurs gagnants de courses de chevaux. □ Général ➔ DVD $

ROCKING POPENGUINE
SÉN. 1994. Moussa SENE ABSA □ Général

ROCKING SILVER ▷4
DAN. 1983. Comédie dramatique réalisée et interprétée par Erik CLAUSEN avec Leif Sylvester Petersen et Eva Madsen. - Un débardeur quitte son foyer pour partir à la recherche des membres du groupe rock qu'il avait formé à l'âge de vingt ans. □ Général

ROCKNROLLA ▷3
ANG. 2008. Drame de mœurs de Guy RITCHIE avec Gerard Butler, Tom Wilkinson et Thandie Newton. - Un petit escroc se retrouve embourbé bien malgré lui dans une complexe histoire de fraude immobilière et de vol de tableau. - Intrigue ludique mariant habilement glauque et burlesque. Réalisation mouvementée, très imaginative. Traitement visuel riche en trouvailles. Interprétation jouissive dominée par le jeu viril mais détendu de G. Butler. □ 13 ans+ · Violence ➔ DVD DVD-BR $

ROCKY ▷4
É.-U. 1976. Comédie dramatique de John G. AVILDSEN avec Sylvester Stallone, Talia Shire et Burgess Meredith. - Un boxeur de troisième ordre a l'occasion d'affronter un champion. □ Général ➔ DVD DVD-BR $

ROCKY BALBOA ▷5
É.-U. 2006. Drame psychologique réalisé et interprété par Sylvester STALLONE avec Burt Young et Geraldine Hugues. - Rendu dans la cinquantaine, un ex-champion du monde de boxe poids lourd se laisse convaincre de remonter dans le ring afin d'y affronter l'actuel détenteur du titre. □ Général · Déconseillé aux jeunes enfants ➔ DVD DVD-BR $

ROCKY HORROR PICTURE SHOW, THE ▷5
ANG. 1975. Comédie musicale de Jim SHARMAN avec Tim Curry et Susan Sarandon. - Par une nuit d'orage, deux jeunes gens trouvent refuge chez un savant créateur d'un colosse musclé. ➔ DVD $

ROCKY II [Revanche, La] ▷5
É.-U. 1979. Comédie dramatique réalisée et interprétée par Sylvester STALLONE avec Talia Shire et Carl Weathers. - Après une gloire passagère, un boxeur retombé dans la dèche accepte un combat revanche. □ Général ➔ DVD $

ROCKY III [Œil du tigre, L'] ▷4
É.-U. 1982. Drame sportif réalisé et interprété par Sylvester STALLONE avec Talia Shire et Carl Weathers. - Après avoir défendu son titre dans des combats faciles, un champion de boxe doit affronter un adversaire dangereux. □ Général ➔ DVD $

ROCKY IV ▷5
É.-U. 1985. Drame sportif réalisé et interprété par Sylvester STALLONE avec Dolph Lundgren et Talia Shire. - Un boxeur américain décide d'affronter un colosse russe dans un match dont l'issue peut avoir des retombées politiques. □ Général ➔ DVD $

ROCKY V ▷5
É.-U. 1990. Drame sportif de John G. AVILDSEN avec Sylvester Stallone, Tommy Morrison et Talia Shire. - Un champion de boxe entraîne un jeune pugiliste qui, après quelques succès, tombe entre les mains d'un promoteur malhonnête. □ Général ➔ DVD $

RODRIGO D. - NO FUTURE ▷5
COL. 1991. Drame social de Victor GAVIRIA avec Ramiro Meneses, Carlos Mario Resrepo. - Les tribulations d'un groupe de jeunes délinquants vivant dans un quartier pauvre de Medellin en Colombie. □ 13 ans+ ➔ DVD $

ROGER DODGER [Oncle Roger] ▷4
É.-U. 2002 Drame de mœurs de Dylan KIDD avec Campbell Scott, Jesse Eisenberg et Isabella Rossellini. - Un publicitaire cynique et désabusé par les relations amoureuses prend sous son aile son neveu adolescent qui veut perdre sa virginité □ 13 ans+ ➔ DVD $

ROGOPAG
ITA. 1962. Jean-Luc GODARD, Pier Paolo PASOLINI, Roberto ROSSELLINI et Ugo GREGORETTI □ Général

ROGUE ▷4
AUS. 2007. Drame d'horreur de Greg McLEAN avec Radha Mitchell, Michael Vartan et Sam Worthington. - Dans l'outback australien, des touristes échouent sur une île qui, une fois engloutie par la marée montante, les livrera au crocodile géant qui a causé leur naufrage. ➔ DVD $

ROGUE TRADER ▷5
ANG. 1999. Drame biographique de James DEARDEN avec Ewan McGregor, Anna Friel et Tom Wu. - L'histoire du courtier Nick Leeson, dont les manœuvres frauduleuses ont entraîné la faillite d'une prestigieuse banque anglaise en 1995. □ Général ➔ DVD $

ROI DANSE, LE ▷4
FR. 2000. Drame historique de Gérard CORBIAU avec Benoît Magimel, Boris Terral et Tcheky Karyo. - L'ascension du compositeur Jean-Baptiste Lully à la cour du roi Louis XIV.
□ Général · Déconseillé aux jeunes enfants

ROI DE CŒUR, LE [King of Hearts] ▷3
FR. 1966. Comédie fantaisiste de Philippe DE BROCA avec Alan Bates, Jean-Claude Brialy et Geneviève Bujold. - Pendant la guerre 1914-1918, un soldat écossais arrive dans une petite ville de France où seuls sont demeurés les pensionnaires d'un asile d'aliénés. - Comédie douce-amère où s'entremêlent fantaisie, satire et humour. Mise en scène élégante et inventive. Interprètes bien dirigés. □ 13 ans+

ROI DE NEW YORK, LE *voir* **King of New York**

ROI DES AULNES, LE *voir* **Ogre, The**

ROI DES DISTRAITS, LE *voir* **Absent-Minded Professor, The**

ROI DES GITANS, LE *voir* **King of the Gypsies**

© WARNER

ROI ET L'OISEAU, LE ▷3
FR. 1979. Dessins animés de Paul GRIMAULT. - Un jeune ramoneur enlève une bergère au roi prétentieux qui veut l'épouser. - Adaptation fantaisiste par Jacques Prévert d'un conte d'Andersen. Version amplifiée du film «La Bergère et le ramoneur». Touches d'ironie et de poésie.
□ Général → DVD $

ROI LION, LE *voir* **Lion King, The**

ROI PÊCHEUR, LE *voir* **Fisher King, The**

ROIS DU GAG, LES ▷5
FR. 1984. Comédie de Claude ZIDI avec Michel Serrault, Gérard Jugnot et Thierry Lhermitte. - Pour renouveler le contenu de son émission de télévision, un comédien vedette engage deux comiques de banlieue comme «gagmen». □ Général → DVD $

ROIS DU KIDNAPPING, LES *voir* **Suicide Kings**

ROIS DU PATIN, LES *voir* **Blades of Glory**

RÔLE DE SA VIE, LE ▷4
FR. 2004. Comédie dramatique de François FAVRAT avec Karin Viard, Agnès Jaoui et Jonathan Zaccaï. - Une modeste journaliste voit sa vie bouleversée lorsqu'elle devient l'assistante personnelle de son actrice de cinéma préférée. □ Général → DVD $

ROLLERBALL ▷4
É.-U. 1975. Science-fiction de Norman JEWISON avec James Caan, John Houseman et Maud Adams. - En 2018, dans un monde pacifié, un sport a été mis au point pour satisfaire les instincts de violence de la populace. □ 13 ans+ → DVD $

ROLLERCOASTER ▷4
É.-U. 1977. Drame policier de James GOLDSTONE avec George Segal, Timothy Bottoms et Susan Strasberg. - Pour cesser ses attentats à la bombe contre des parcs d'attractions, un jeune homme exige une forte rançon. □ Général → DVD $

ROLLS-ROYCE JAUNE, LA *voir* **Yellow Rolls-Royce, The**

ROMAINE ▷5
FR. 1996. Comédie de mœurs réalisée et interprétée par Agnès OBADIA avec Eva Ionesco et Martine Delumeau. - Une jeune célibataire mal dans sa peau rencontre des garçons et des filles avec qui elle se lie d'amitié avant d'être frappée d'amnésie temporaire.
□ Général · Déconseillé aux jeunes enfants

ROMAN
É.-U. 2006. Angela BETTIS → DVD $

ROMAN D'UN TRICHEUR, LE ►2
FR. 1936. Comédie satirique réalisée et interprétée par Sacha GUITRY avec Serge Grave et Jacqueline Delubac. - Assis à la terrasse d'un café, un homme d'un certain âge se remémore son passé de tricheur professionnel. - Scénario original au style révolutionnaire pour l'époque. Ensemble spirituel et humoristique. Mise en scène alerte. Comédiens au meilleur de leur forme. □ Général

ROMAN DE GARE ▷4
FR. 2007. Comédie dramatique de Claude LELOUCH avec Dominique Pinon, Audrey Dana et Fanny Ardant. - Pendant qu'il cherche des idées pour un nouveau livre, le nègre d'une romancière à succès fait la rencontre d'une coiffeuse larguée par son amant.
□ Général → DVD $

ROMAN DE MARGUERITE GAUTHIER, LE *voir* **Camille**

ROMAN HOLIDAY [Vacances romaines] ▷3
É.-U. 1953. Comédie sentimentale de William WYLER avec Audrey Hepburn, Gregory Peck et Eddie Albert. - Une jeune princesse en visite à Rome fait une escapade avec un journaliste. - Thème conventionnel traité de façon charmante. Réalisation souple. Décors naturels bien exploités. A. Hepburn exquise dans son premier rôle important.
□ Général → DVD $

ROMAN SCANDALS ▷4
É.-U. 1933. Comédie musicale de Frank TUTTLE avec Eddie Cantor, Ruth Etting et Gloria Stuart. - Un jeune amateur d'Histoire rêve qu'il se trouve dans la Rome antique. □ Général

ROMAN SPRING OF MRS. STONE, THE
É.-U. 2003. Robert Allan ACKERMAN → DVD $

ROMAN SPRING OF MRS. STONE, THE ▷4
[Visage du plaisir, Le]
É.-U. 1961. Drame psychologique de Jose QUINTERO avec Vivien Leigh, Warren Beatty et Lotte Lenya. - Une veuve s'éprend d'un gigolo.
→ DVD $

ROMANCE ▷4
FR. 1999. Drame de mœurs de Catherine BREILLAT avec Caroline Ducey, Sagamore Stévenin et François Berléand. - Frustrée par le refus de son compagnon de lui faire l'amour, une jeune enseignante vit des expériences sexuelles avec d'autres hommes.
□ 18 ans+ · Érotisme → DVD $

ROMANCE
É.-U. 1930. Clarence BROWN □ Général

ROMANCE AND CIGARETTES
É.-U. 2006. John TURTURRO → DVD $

ROMANCE INACHEVÉE *voir* **Glenn Miller Story, The**

ROMANCE OF THE WESTERN CHAMBER
CHI. H.-K. 1927. Li MIN WEI et Yao HOU → DVD $

ROMANCE SUR LE LAC *voir* **Month by the Lake, A**

ROMANCING THE STONE ▷4
[À la poursuite du diamant vert]
É.-U. 1984. Aventures de Robert ZEMECKIS avec Kathleen Turner, Michael Douglas et Danny DeVito. - Une romancière se rend en Colombie pour secourir sa sœur enlevée par des bandits.
□ Général → DVD DVD-BR $

ROMANTIC COMEDY
É.-U. 2000. Michael ROBERTS

ROMANTIC ENGLISHWOMAN, THE ▷4
[Anglaise romantique, Une]
ANG. 1975. Comédie dramatique de Joseph LOSEY avec Glenda Jackson, Michael Caine et Helmut Berger. - Un romancier imagine, pour les besoins d'un scénario, une liaison de sa femme avec un personnage étrange qui s'est imposé chez eux.

ROMANZO CRIMINALE [Crime Novel] ▷4
ITA. 2005. Chronique historique de Michele PLACIDO avec Kim Rossi Stuart, Pierfrancesco Favino et Anna Mouglalis. - Une vingtaine d'années dans la vie des membres d'un gang de criminels ayant conquis le monde interlope de Rome. □ 13 ans+ · Violence → DVD $

ROME, VILLE OUVERTE [Open City] ►1
ITA. 1946. Drame de guerre de Roberto ROSSELLINI avec Anna Magnani, Aldo Fabrizi et Marcello Pagliero. - Quelques aspects de la Résistance italienne durant la dernière guerre mondiale. - Chef-d'œuvre du néoréalisme italien. Peinture authentique, objective et extrêmement tragique d'une communauté vivant sous occupation. Sujet traité avec un rare souci de vérité. Réalisation d'une extraordinaire simplicité d'expression. Interprétation remarquable. □ Général → DVD $

ROMÉO ▷4
HOL. 1990. Drame psychologique de Rita HORST avec Monique Van de Ven, Johan Leysen et Ottolien Boeschoten. - Un couple se déchire lorsque son premier enfant meurt à la naissance. □ Général

ROMEO & JULIET ►2
ANG. 1968. Drame de Franco ZEFFIRELLI avec Olivia Hussey, Leonard Whiting et Milo O'Shea. - Deux adolescents s'aiment d'un amour ardent en dépit de la haine qui divise leurs familles. - Rajeunissement de la pièce de Shakespeare grâce au jeu d'acteurs adolescents. Mise en scène somptueuse. Excellente direction d'acteurs.
□ Général → DVD $

ROMÉO & JULIETTE DE WILLIAM SHAKESPEARE
voir **William Shakespeare's Romeo & Juliet**

ROMEO AND JULIET ▷4
É.-U. 1936. Drame de George CUKOR avec Leslie Howard, Norma Shearer et John Barrymore. - L'amour de deux jeunes gens est voué à la tragédie à cause de l'hostilité de leurs familles. → DVD $

ROMEO AND JULIET ▷3
ANG. 1954. Drame de Renato CASTELLANI avec Laurence Harvey, Susan Shentall et Flora Robson. - La haine qui oppose deux familles fait obstacle à l'amour d'un couple d'adolescents. - Excellente adaptation de l'œuvre de Shakespeare. Très beaux décors. Interprétation sensible.

ROMEO AND JULIET GET MARRIED
BRÉ. 2005. Bruno BARRETO → DVD $

ROMÉO ET JULIETTE ▷6
CAN. 2006. Drame sentimental de Yves DESGAGNÉS avec Thomas Lalonde, Charlotte Aubin et Jeanne Moreau. - Dans le Québec contemporain, l'histoire d'amour de la fille d'un juge et du fils d'un gangster connaît un dénouement tragique. □ 13 ans+ → DVD $

ROMEO IS BLEEDING [Roméo pris au piège] ▷4
É.-U. 1993. Drame policier de Peter MEDAK avec Gary Oldman, Lena Olin et Annabella Sciorra. - Un policier corrompu a maille à partir avec une tueuse à gages qu'il tente d'abattre pour le compte d'un chef de la mafia. □ 18 ans+ · Violence ➜ DVD $

ROMERO ▷4
É.-U. 1989. Drame social de John DUIGAN avec Raul Julia, Richard Jordan et Ana Alicia. - Nommé archevêque du Salvador pour ses positions modérées, le père Romero ne peut rester indifférent face aux atrocités commises par les militaires. □ 13 ans+

ROMPER STOMPER [Mort dans le sang, La] ▷5
AUS. 1992. Drame de mœurs de Geoffrey WRIGHT avec Russell Crowe, Daniel Pollock et Jacqueline McKenzie. - Une fille de bonne famille se joint à un groupe de skinheads qui multiplie les affrontements violents avec de jeunes Asiatiques. □ 18 ans+ · Violence

ROMUALD ET JULIETTE ▷4
FR. 1989. Comédie dramatique de Coline SERREAU avec Daniel Auteuil, Firmine Richard et Pierre Vernier. - Une femme de ménage dans une compagnie laitière aide son jeune directeur, qui est victime d'un complot, à retrouver son poste. □ Général

ROMULUS, MY FATHER ▷4
AUS. 2007. Drame psychologique de Richard ROXBURGH avec Eric Bana, Franka Potente et Marton Csokas. - Dans les années 1960 en Australie, un forgeron roumain, son épouse dépressive et leur fils de neuf ans connaissent plusieurs revers de fortune. ➜ DVD $

ROMY & MICHELE'S HIGH SCHOOL REUNION ▷4
[Romy et Michèle, les reines de la soirée]
É.-U. 1996. Comédie de David MIRKIN avec Mira Sorvino, Lisa Kudrow et Janeane Garofalo. - Deux copines un peu paumées font croire qu'elles mènent la grande vie afin de bien paraître lors d'une réunion d'anciens de leur école. □ Général ➜ DVD $

RONDE, LA ►2
FR. 1950. Film à sketches de Max OPHÜLS avec Simone Signoret, Simone Simon et Danielle Darrieux. - Un «meneur de jeu» présente une suite d'histoires de passions amoureuses dans la Vienne des années 1900. - Scénario bien construit adapté d'une pièce d'Arthur Schnitzler. Mise en scène de classe. Ton de légèreté et d'ironie. Excellente distribution. ➜ DVD $

RONDE, LA
FR. 1964. Roger VADIM ➜ DVD $

RONDE DES COCUS, LA *voir* **Town and Country**

RONIN ▷4
É.-U. 1998. Drame d'espionnage de John FRANKENHEIMER avec Robert De Niro, Jean Reno et Natascha McElhone. - Un groupe d'ex-agents secrets devenus mercenaires doit s'emparer d'une mystérieuse valise convoitée par de nombreux pays.
□ 13 ans+ · Violence ➜ DVD DVD-BR $

RONIN GAI
JAP. 1990. Kazuo KUROKI ➜ DVD $

ROOF *voir* **Toit, Le**

ROOFTOPS ▷4
É.-U. 1989. Drame social de Robert WISE avec Jason Gedrick, Troy Beyer et Eddie Vélez. - Une guerre de gangs éclate entre les acolytes d'un vendeur de drogue et des adolescents sans logis de Manhattan dont le passe-temps est une danse de combat. □ 13 ans+

ROOKIE, THE ▷5
É.-U. 1990. Drame policier réalisé et interprété par Clint EASTWOOD avec Charlie Sheen et Raul Julia. - Un jeune détective fait équipe avec un policier expérimenté qui ne recule devant aucune irrégularité pour inculper un dangereux criminel. □ 13 ans+ ➜ DVD $

ROOKIE, THE [Recrue, La] ▷4
É.-U. 2002. Drame sportif de John Lee HANCOCK avec Dennis Quaid, Rachel Griffiths et Brian Cox. - À la suite d'un pari avec ses élèves, un professeur de chimie dans la trentaine rejoint les rangs d'une équipe de baseball professionnel. □ Général ➜ DVD $

ROOM
É.-U. 2005. Kyle HENRY ➜ DVD $

ROOM AT THE TOP [Chemins de la haute ville, Les] ▷3
ANG. 1959. Drame psychologique de Jack CLAYTON avec Simone Signoret, Laurence Harvey et Heather Sears. - Un jeune ambitieux séduit une riche héritière qu'il veut épouser. - Étude critique du milieu social. Valeur psychologique. Excellents dialogues. Réalisation attentive aux détails réalistes. S. Signoret remarquable.

ROOM TO RENT [Chambre à louer] ▷5
ANG. 2000. Comédie de mœurs de Khalid AL- HAGGAR avec Saïd Taghmaoui, Juliette Lewis et Rupert Graves. - À Londres, un jeune scénariste égyptien dont le visa va bientôt expirer décide de faire un mariage en blanc pour rester en Angleterre. ➜ DVD $

ROOM WITH A VIEW, A [Chambre avec vue] ▷3
ANG. 1985. Comédie dramatique de James IVORY avec Helena Bonham Carter, Julian Sands et Maggie Smith. - Au début du siècle, dans une pension de Florence, une jeune Anglaise rencontre un compatriote et sa vie s'en trouve bouleversée. - Adaptation fort agréable du roman de E.M. Forster. Fine étude de mœurs. Romantisme d'un charme désuet. Contexte d'époque fort habilement recréé.
□ Général ➜ DVD DVD-BR $

ROOMMATES [Attachement filial] ▷5
É.-U. 1994. Comédie dramatique de Peter YATES avec Peter Falk, D.B. Sweeney et Julianne Moore. - Un jeune homme qui termine ses études de médecine est forcé d'accueillir chez lui son grand-père dont le vieux logement a été démoli. □ Général ➜ DVD $

ROOSTER COGBURN ▷4
É.-U. 1975. Western de Stuart MILLAR avec John Wayne, Katharine Hepburn et Richard Jordan. - Une institutrice d'âge mûr et un jeune Indien s'attachent aux pas d'un vieux policier et l'assistent dans sa lutte contre des criminels. □ Général ➜ DVD $

ROPE [Corde, La] ▷3
É.-U. 1948. Thriller d'Alfred HITCHCOCK avec James Stewart, John Dall et Farley Granger. - Après avoir commis un meurtre gratuit, deux jeunes gens offrent une réception aux parents et amis de la victime. - Adaptation souple d'une pièce de théâtre filmée en une série de plans-séquences de huit minutes. Technique précise. Tension soutenue. Interprétation convaincante. □ Général ➜ DVD $

RORY O'SHEA WAS HERE [Inside I'm Dancing] ▷4
ANG. 2004. Drame psychologique de Damien O'DONNELL avec James McAvoy, Steven Robertson et Romola Garai. - Deux handicapés, l'un timide et l'autre rebelle, décident de s'installer en appartement et tombent amoureux de la jeune femme qui s'occupe d'eux.
□ Général ➜ DVD $

ROSA LUXEMBOURG ▷4
ALL. 1985. Drame biographique de Margarethe VON TROTTA avec Barbara Sukowa, Daniel Olbrychski et Otto Sander. - La vie mouvementée et difficile de la célèbre doctrinaire socialiste du début du dernier siècle.

ROSALIE FAIT SES COURSES [Rosalie Goes Shopping] ▷4
ALL. 1988. Comédie de Percy ADLON avec Marianne Sagebrecht, Brad Davis et Judge Reinhold. - Mariée à un pilote qui n'arrive pas à faire vivre sa famille, une ménagère use et abuse des cartes de crédit.
□ Général

ROSE, THE ▷4
É.-U. 1979. Drame psychologique de Mark RYDELL avec Bette Midler, Frederic Forrest et Alan Bates. - Entraînée dans des tournées épuisantes, une chanteuse populaire cherche un remède à la tension dans l'alcool et la drogue. □ 18 ans+ ➜ DVD $

ROSE BONBON *voir* **Pretty in Pink**

ROSE DE FER, LA
FR. 1973. Jean ROLLIN □ 13 ans+

ROSE ET LA FLÈCHE, LA *voir* **Robin and Marian**

ROSE GARDEN, THE
É.-U. 1989. Fons RADEMAKERS

ROSE PASSION *voir* **Rambling Rose**

ROSE POURPRE DU CAIRE, LA
voir **Purple Rose of Cairo, The**

ROSE TATTOO, THE ▷4
É.-U. 1955. Comédie dramatique de Daniel MANN avec Anna Magnani, Burt Lancaster et Marisa Pavan. - Une émigrée italienne qui vit en Floride avec sa fille ne peut se consoler de la mort de son époux.
□ Général ➜ DVD $

ROSE'S SONGS
HON. 2003. Andor SZILÁGYI

ROSEAUX SAUVAGES, LES [Wild Reeds] ▷3
FR. 1994. Drame d'André TÉCHINÉ avec Élodie Bouchez, Gaël Morel et Stéphane Rideau. - En 1962, un jeune homme timide se lie d'amitié avec un pied-noir révolté, une jeune communiste et un paysan rustre qui fréquentent le même lycée. - Évocation habile de l'éveil sexuel et politique du protagoniste. Mise en scène souple et discrète. Photographie lumineuse. Excellente distribution. □ Général

ROSEBUD ▷5
É.-U. 1974. Drame policier de Otto PREMINGER avec Peter O'Toole, Cliff Gorman et Claude Dauphin. - Des terroristes palestiniens enlèvent la petite-fille d'un riche financier et quatre de ses amies. □ Général

ROSELAND ▷4
É.-U. 1977. Film à sketches de James IVORY avec Teresa Wright, Lou Jacobi et Geraldine Chaplin. - Une salle de danse de New York sert de cadre à trois intrigues. □ Général ➔ DVD $

ROSELYNE ET LES LIONS ▷4
FR. 1989. Comédie dramatique de Jean-Jacques BEINEIX avec Isabelle Pasco, Gérard Sandoz et Philippe Clévenot. - Chassés du zoo où ils ont appris le dressage de fauves, deux jeunes partent sur les routes à la recherche d'un cirque où ils pourront déployer leurs talents.

ROSEMARY'S BABY [Bébé de Rosemary, Le] ►2
É.-U. 1968. Drame fantastique de Roman POLANSKI avec Mia Farrow, John Cassavetes et Ruth Gordon. - Une jeune femme enceinte se convainc d'être en butte à des manifestations de sorcellerie. - Histoire bizarre. Fantastique rendu quasi vraisemblable. Progression savamment contrôlée. Suspense prenant. Composition sensible de M. Farrow. □ 18 ans+ ➔ DVD $

ROSENCRANTZ AND GUILDENSTERN ARE DEAD ▷4
ANG. 1990. Comédie dramatique de Tom STOPPARD avec Gary Oldman, Tim Roth et Richard Dreyfuss. - Deux amis du prince Hamlet sont les témoins impuissants des épreuves que doit endurer le jeune homme à la suite de l'assassinat du roi. □ Général ➔ DVD $

ROSENSTRASSE ▷4
ALL. 2003. Drame de Margarethe VON TROTTA avec Katja Riemann, Maria Schrader et Martin Feifel. - À la mort de son mari, une New-Yorkaise se remet à pratiquer sa religion juive, un comportement lié à un moment tragique de son enfance à Berlin en 1943. □ Général

ROSETTA ▷3
BEL. 1999. Drame social de Jean-Pierre et Luc DARDENNE avec Emilie Dequenne, Fabrizio Rongione et Anne Yernaux. - La fille adolescente d'une alcoolique irresponsable est prête à tout pour obtenir un travail et accéder à une vie normale. - Constat social implacable, comparant le marché de l'emploi à une jungle. Caméra à l'épaule traquant sans répit la protagoniste. Interprétation énergique et touchante d'E. Dequenne.

ROSEWOOD ▷4
É.-U. 1997. Drame social réalisé par John SINGLETON avec Jon Voight, Ving Rhames et Don Cheadle. - En 1923 en Floride, une jeune Blanche accuse injustement un Noir d'un village voisin de l'avoir violée, ce qui déclenche des représailles sanglantes. □ 13 ans+ · Violence ➔ DVD $

ROSIE ▷4
BEL. 1998. Drame psychologique de Patrice TOYE avec Sara de Roo, Aranka Coppens et Franck Vercruyssen. - Une adolescente de treize ans, vivant avec sa mère et un oncle qu'elle n'aime pas, décroche progressivement de la réalité. □ 13 ans+

ROUGE
H.-K. 1987. Stanley KWAN

ROUGE AUX LÈVRES, LE *voir* **Lèvres rouges, Les**

ROUGE BAISER ▷4
FR. 1985. Comédie dramatique de Véra BELMONT avec Charlotte Valandrey, Lambert Wilson et Marthe Keller. - En 1952, une adolescente qui milite au Parti communiste s'éprend d'un photographe de «Paris-Match». □ Général

ROUGE EST MIS, LE ▷4
FR. 1957. Drame policier de Gilles GRANGIER avec Jean Gabin, Annie Girardot et Paul Frankeur. - À la veille de prendre leur retraite, quatre gangsters tentent un dernier vol à main armée. ➔ DVD $

ROUGE ET LE NOIR, LE [Rouge et le noir, le - tome 1] ▷4
FR. 1954. Drame psychologique de Claude AUTANT-LARA avec Gérard Philipe et Danielle Darrieux. - Un jeune ambitieux choisit la carrière ecclésiastique pour réussir dans la société. □ Général ➔ DVD $

ROUGE VENISE ▷4
ITA. 1988. Comédie policière d'Étienne PÉRIER avec Vincent Spano, Wojtek Pszoniak et Isabel Russinova. - À Venise en 1735, un jeune dramaturge injustement accusé d'avoir tué ses mécènes entreprend de dénoncer le vrai coupable au moyen d'un spectacle. □ Général

ROUGES ET BLANCS [Red and the White, The] ▷3
HON. 1967. Drame de guerre de Miklos JANCSO avec Andras Kovaks, Mikhael Kozakov et Tibor Molnar. - Des volontaires hongrois sont mêlés à la guerre civile en Russie en 1918. - Œuvre fascinante malgré un récit difficile à suivre. Mise en scène au style original favorisant des déplacements de personnages ou de caméra dans de vastes espaces. Interprétation sobre. ➔ DVD $

ROUGH NIGHT IN JERICHO [Violence à Jéricho] ▷4
É.-U. 1967. Western d'Arnold LAVEN avec Dean Martin, George Peppard et Jean Simmons. - Un homme règle son compte à un aventurier qui tient sous sa coupe une petite ville. □ 13 ans+

ROULETTE CHINOISE [Chinese Roulette] ▷4
ALL. 1976. Drame de Rainer Werner FASSBINDER avec Margit Carstensen, Alexander Allerson et Andrea Schober. - Une adolescente infirme rejoint ses parents qui sont avec leurs amants respectifs dans leur villa de montagne. □ Général

ROULEZ JEUNESSE ▷4
FR. 1992. Comédie dramatique de Jacques FANSTEN avec Daniel Gélin, Jean Carmet et Grégoire Colin. - Un groupe de retraités vivent une aventure avec deux jeunes délinquants qu'ils ont fait sortir de prison. □ Général

ROUND MIDNIGHT [Autour de minuit] ►2
FR. 1986. Drame musical de Bertrand TAVERNIER avec Dexter Gordon, François Cluzet et Gabrielle Haker. - Un jeune Parisien, amateur de jazz, se lie d'amitié avec un vieux saxophoniste américain alcoolique et devient son gérant. - Scénario nourri par l'amour du jazz. Séquences musicales de premier ordre. Réalisation d'une authenticité sensible et d'une mélancolie nuancée. Interprétation prenante. □ Général ➔ DVD $

ROUNDERS [Dernier tour de table] ▷5
É.-U. 1998. Drame de mœurs de John DAHL avec Matt Damon, Edward Norton et Gretchen Mol. - Un étudiant doué pour les cartes effectue une tournée des tables de poker new-yorkaises afin de rembourser la dette d'un copain. □ 13 ans+ ➔ DVD DVD-BR $

ROUNDERS, THE [Mors aux dents, Le] ▷4
É.-U. 1964. Western de Burt KENNEDY avec Glenn Ford, Henry Fonda et Chill Wills. - Deux cow-boys à court d'argent tentent d'exploiter un cheval très rétif. □ 13 ans+

ROUTE DE CORINTHE, LA ▷4
[Who's Got the Black Box?]
FR. 1967. Comédie policière de Claude CHABROL avec Jean Seberg, Maurice Ronet et Michel Bouquet. - La femme d'un agent secret assassiné poursuit l'enquête de son mari. □ Général

ROUTE DES INDES, LA *voir* **Passage to India, A**

ROUTE PERDUE *voir* **Lost Highway**

ROUTES DU SUD, LES ▷4
FR. 1978. Drame psychologique de Joseph LOSEY avec Yves Montand, Miou-Miou et Laurent Malet. - Un scénariste d'origine espagnole s'interroge sur sa vie après la mort de sa femme dans une mission clandestine. □ Général

ROVER DANGERFIELD ▷4
É.-U. 1991. Dessins animés de Jim GEORGE et Bob SEELEY. - Les mésaventures d'un chien citadin qui aboutit dans une ferme où il doit s'adapter à la vie campagnarde. □ Général

ROX ET ROUKY *voir* **Fox and the Hound, The**

ROXANNE ▷4
É.-U. 1987. Comédie sentimentale de Fred SCHEPISI avec Steve Martin, Daryl Hannah et Rick Rossovich. - Un pompier affligé d'un très long nez écrit pour un collègue des lettres d'amour destinées à une astronome dont il est également épris. □ Général ➔ DVD $

ROXIE HART ▷4
É.-U. 1942. Comédie satirique de William A. WELLMAN avec Ginger Rogers, Adolphe Menjou et Robert Montgomery. - Dans les années 1920, une danseuse avide de publicité s'accuse d'un meurtre qu'elle n'a pas commis. □ Général ➔ DVD $

ROYAL BONBON ▷5
FR. 2002. Drame poétique de Charles NAJMAN avec Dominique Batraville, Benji et Anne-Louise Mesadieux. - À Cap-Haïtien, un vagabond qui se prend pour un roi du XIXe siècle recrée la cour de ce dernier en s'entourant de villageois superstitieux. □ Général

ROYAL DECEIT [Prince de Jutland, Le]
DAN. 1994. Gabriel AXEL □ 13 ans+ ➜ DVD$

ROYAL FLASH ▷4
ANG. 1975. Comédie de Richard LESTER avec Malcolm McDowell, Oliver Reed et Alan Bates. - Un officier anglais est entraîné dans un complot ourdi par Bismarck pour prendre le contrôle d'un duché allemand. ➜ DVD$

ROYAL TENENBAUMS, THE ▷4
[Famille Tenenbaum, La]
É.-U. 2001. Comédie de mœurs de Wes ANDERSON avec Anjelica Huston, Gene Hackman et Ben Stiller. - Un père excentrique prétend être mourant afin de se rapprocher de sa femme et de ses trois enfants dysfonctionnels qui l'ont renié. ➜ DVD$

ROYAL WARRIORS
H.-K. 1986. David CHUNG □ 13 ans+ ➜ DVD$

ROYAL WEDDING [Mariage royal] ▷4
É.-U. 1951. Comédie musicale de Stanley DONEN avec Fred Astaire, Jane Powell et Peter Lawford. - Deux danseurs, frère et sœur, sont engagés à Londres dans une revue musicale à l'occasion du mariage de la princesse héritière. □ Général ➜ DVD$

ROYAUME DES CIEUX, LE *voir* **Kingdom of Heaven**

RUBBER'S LOVER
JAP. 1996. Shozin FUKUI ➜ DVD$

RUBY ▷6
E.-U. 1977. Drame fantastique de C. HARRINGTON avec Piper Laurie, Stuart Whitman et Roger Davis. - La fille d'un gangster assassiné sert de medium à l'esprit vengeur de son père. ➜ DVD$

RUBY GENTRY ▷4
É.-U. 1953. Drame de King VIDOR avec Jennifer Jones, Charlton Heston et Karl Malden. - Les amours contrariées d'une femme ambitieuse.

RUCKUS
É.-U. 1982. Max KLEVEN ➜ DVD$

RUDE ▷5
CAN. 1995. Film à sketches de Clement VIRGO avec Maurice Dean Wint, Rachael Crawford et Clark Johnson. - Trois histoires se déroulant dans un quartier noir de Toronto à l'approche de Pâques.
□ 16 ans+ · Langage vulgaire

RUDE BOY ▷3
ANG. 1980. Drame social de Jack HAZAN et David MINGWAY avec Ray Gange, Joe Strummer et Mike Jones. - Un paumé réussit à obtenir une place dans l'organisation technique des concerts d'un groupe punk. - Mi-constat social, mi-spectacle musical. Contexte de dégradation urbaine saisi avec dureté. Traitement d'une objectivité froide. Interprétation remarquable de R. Gange. □ 13 ans+

RUDE JOURNÉE POUR LA REINE ▷4
FR. 1973. Drame psychologique de René ALLIO avec Simone Signoret, Jacques Debary et Olivier Perrier. - Une femme de ménage oublie ses problèmes quotidiens dans des rêves de grandeur.

RUE ARLINGTON *voir* **Arlington Road**

RUE BARBARE ▷5
FR. 1983. Drame de mœurs de Gilles BÉHAT avec Bernard Giraudeau, Bernard-Pierre Donnadieu et Jean-Pierre Sentier. - Un ouvrier paisible s'attire des ennuis lorsqu'il vient en aide à une jeune femme victime de viol et d'enlèvement. □ 18 ans+

RUE CASES-NÈGRES ▷3
FR. 1983. Drame social de Euzhan PALCY avec Garry Cadenat, Darling Légitimus et Joël Palcy. - Dans les années 1930, l'enfance d'un jeune Martiniquais doué pour les études. - Traitement chaleureux. Illustration soignée. Interprétation d'un grand naturel.

RUE CHAUDE, LA *voir* **Walk on the Wild Side**

RUE DE LA HONTE, LA [Street of Shame] ▷3
JAP. 1956. Drame de mœurs de Kenji MIZOGUCHI avec Machiko Kyo, Aiko Mimasu et Ayako Wakao. - Le sort pitoyable de femmes qui se livrent à la prostitution à Tokyo. - Sujet traité avec tact et intelligence. Excellente direction d'acteurs. □ Général

RUE DE LA SARDINE *voir* **Cannery Row**

RUE DES PLAISIRS [Love Street] ▷5
FR. 2001. Drame sentimental de Patrice LECONTE avec Patrick Timsit, Laetitia Casta et Vincent Elbaz. - Un homme candide qui a grandi heureux dans un bordel parisien tombe amoureux d'une jeune prostituée dont il devient le protecteur. ➜ DVD$

RUE SANS JOIE, LA [Joyless Street] ▷3
ALL. 1925. Drame social de Georg Wilhelm PABST avec Greta Garbo, Asta Nielsen et Werner Krauss. - La crise économique pousse vers la déchéance une jeune Viennoise de bonne famille. - Œuvre représentative d'un courant réaliste du cinéma muet en Allemagne. Tendances mélodramatiques. Mise en scène forte. Interprétation typée.

RUÉE VERS L'OR, LA *voir* **Gold Rush, The**

RUES DE FEU, LES *voir* **Streets of Fire**

RUES DE MON ENFANCE, LES ▷3
DAN. 1986. Drame social d'Astrid HENNING-JENSEN avec Sofie Graböl, Louise Fribo et Vigga Bro. - Dans les années 1930, une jeune fille d'un milieu ouvrier voit sa vie perturbée par son entrée dans l'adolescence. - Traitement sensible et plein de tact. Bonne reconstitution d'époque. □ Général

RUFFIAN, LE ▷4
FR. 1982. Aventures de José GIOVANNI avec Lino Ventura, Bernard Giraudeau et Claudia Cardinale. - Un Français immigré au Canada tente, avec quelques amis, de récupérer un chargement d'or perdu dans une chute d'eau du Grand Nord. □ Général

RUGGLES OF RED GAP ▷4
É.-U. 1935. Comédie de Leo McCAREY avec Charles Laughton, Zasu Pitts et Charles Ruggles. - Un valet britannique bien stylé est amené dans une bourgade de l'Ouest par ses nouveaux maîtres.

RUGRATS IN PARIS: THE MOVIE ▷4
É.-U. 2000. Dessins animés de Stig BERGQVIST et Paul DEMEYER. - En voyage à Paris avec ses amis, un gamin tente d'empêcher son papa veuf d'épouser la méchante directrice d'un parc d'attractions.
□ Général ➜ DVD$

RUGRATS MOVIE, THE [Razmoket, Les] ▷4
É.-U. 1998. Dessins animés de Igor KOVALYOV et Norton VIRGIEN. - Quatre bambins et un nourrisson se retrouvent perdus en forêt, où ils vivent de périlleuses aventures. □ Général · Enfants ➜ DVD$

RULES
É.-U. 2000. Juan E. MARTINEZ Jr. ➜ DVD$

RULES OF ATTRACTION, THE ▷5
É.-U. 2002. Comédie dramatique de Roger AVARY avec James Van Der Beek, Shannyn Sossamon et Ian Somerhalder. - Les comportements amoureux débridés de quelques étudiants d'un collège de la Nouvelle-Angleterre. □ 16 ans+ ➜ DVD$

RULES OF ENGAGEMENT [Règles d'engagement, Les] ▷5
É.-U. 2000. Drame judiciaire de William FRIEDKIN avec Samuel L. Jackson, Tommy Lee Jones et Guy Pearce. - Un colonel de l'armée responsable d'un massacre au Yémen demande à un vieux compagnon d'armes de le défendre en cour martiale.
□ 13 ans+ · Violence ➜ DVD$

RULES OF THE GAME *voir* **Règle du jeu, La**

RULING CLASS, THE ▷3
ANG. 1972. Comédie satirique de Peter MEDAK avec Peter O'Toole, Carolyn Seymour et William Mervyn. - Un homme cupide tente de s'emparer de la fortune de son neveu qui est fou à lier en le mariant à sa propre maîtresse. - Satire féroce de l'aristocratie anglaise. Traitement fort inventif proche du théâtre de l'absurde.
□ 13 ans+ ➜ DVD$

RUMBLE FISH [Rusty James] ▷3
É.-U. 1983. Drame social de Francis Ford COPPOLA avec Matt Dillon, Mickey Rourke et Diane Lane. - Un ancien chef de bande qui a renoncé à la violence s'efforce de montrer à son frère l'inutilité de ces affrontements entre clans. - Adaptation d'un roman de S.E. Hinton. Nombreux effets stylistiques. Réalisation originale. Interprétation convaincante. □ 13 ans+ ➜ DVD$

RUMOUR HAS IT ... [Rumeur court, La] ▷5
É.-U. 2005. Comédie sentimentale de Rob REINER avec Jennifer Aniston, Kevin Costner et Mark Ruffalo. - Après avoir découvert que sa famille a inspiré l'histoire du film «The Graduate», une jeune femme cherche à en savoir plus sur ses véritables origines. □ Général ➜ DVD$

RUN LOLA RUN *voir* **Cours, Lola, cours**

RUN SILENT, RUN DEEP ▷4
É.-U. 1958. Drame de guerre de Robert WISE avec Clark Gable, Burt Lancaster et Jack Warden. - Un commandant engage son sous-marin dans un combat audacieux contre un convoi japonais.
□ Général ➜ DVD $

RUN TIGER RUN
H.-K. 1985. John WOO □ Général

RUN, MAN, RUN ▷4
ITA. 1968. Western de Sergio SOLLIMA avec Tomas Milian, Donal O'Brien et Chelo Alonso. - Un jeune voleur mexicain habile à lancer le couteau contribue à l'évasion d'un chef révolutionnaire. - Longue poursuite pleine de péripéties et de retournements de situation. T. Milian mène le jeu avec entrain. ➜ DVD $

RUNAWAY BRIDE [Mariée est en fuite, La] ▷5
É.-U. 1999. Comédie sentimentale de Garry MARSHALL avec Julia Roberts, Richard Gere et Joan Cusack. - Un journaliste s'intéresse à une jeune femme qui a pris l'habitude de fuir chaque fois qu'elle est sur le point de se marier. □ Général ➜ DVD $

RUNAWAY JURY [Maître du jeu, Le] ▷4
É.-U, 2003. Drame judiciaire de Gary FLEDER avec John Cusack, Gene Hackman et Dustin Hoffman. - Une poursuite intentée contre un important fabricant d'armes devient le jouet d'un juré manipulateur et de sa mystérieuse amie. □ Général ➜ DVD $

RUNAWAY TRAIN [À bout de course] ▷3
É.-U. 1985. Drame d'Andrei KONCHALOVSKY avec Jon Voight, Eric Roberts et John P. Ryan. - Deux forçats s'échappent à bord d'un train dont ils s'aperçoivent trop tard qu'il est hors de contrôle. - Scénario fondé sur un incident réel. Nombreuses scènes hallucinantes. Mise en scène impressionnante. Interprétation de haut niveau.
□ 13 ans+ ➜ DVD $

RUNDOWN, THE [Traqueur, Le] ▷4
É.-U. 2003. Aventures de Peter BERG avec The Rock, Seann William Scott et Rosario Dawson. - Un dur à cuire est engagé par un millionnaire pour retrouver son fils parti à la recherche d'un précieux artefact dans la jungle du Brésil. □ Général · Déconseillé aux jeunes enfants
➜ DVD DVD-BR $

RUNNING ON EMPTY ▷4
É.-U. 1988. Drame social de Sidney LUMET avec Christine Lahti, River Phoenix et Judd Hirsch. - Recherché depuis 1971 par le FBI, un couple d'anciens activistes vit depuis lors sous différentes identités avec leurs deux enfants. □ Général ➜ DVD $

RUNNING SCARED [Sauve qui peut] ▷5
É.-U. 1986. Comédie policière de Peter HYAMS avec Billy Crystal, Gregory Hines et Darlanne Fluegel. - Deux policiers de Chicago cherchent à prendre sur le fait un important trafiquant de drogue.
➜ DVD $

RUNNING SCARED [Traqué] ▷5
É.-U. 2006. Thriller de de Wayne KRAMER avec Paul Walker, Cameron Bright et Vera Farmiga. - Un gangster doit retrouver un revolver incriminant qui a passé entre les mains d'un gamin russe et de divers individus crapuleux. □ 16 ans+ · Violence ➜ DVD DVD-BR $

RUNNING TIME
É.-U. 1997. Josh BECKER ➜ DVD $

RUNNING WITH SCISSORS ▷4
É.-U. 2006. Comédie dramatique de Ryan MURPHY avec Annette Bening, Joseph Cross et Brian Cox. - Dans les années 1970, le fils d'un alcoolique et d'une poétesse déséquilibrée est forcé d'habiter avec la famille excentrique du psychiatre de sa mère.
□ 13 ans+ ➜ DVD DVD-BR $

RUPTURE(S) ▷5
FR. 1993. Comédie dramatique de Christine CITTI avec Michel Piccoli, Emmanuelle Béart et Nada Strancar. - Des amis éprouvent de la difficulté à se remettre du suicide d'une de leurs camarades.
□ Général

RUPTURE, LA ▷3
FR. 1970. Drame psychologique de Claude CHABROL avec Stéphane Audran, Jean-Pierre Cassel et Michel Bouquet. - Un industriel cherche à compromettre sa bru qui veut obtenir le divorce d'avec son fils. - Intrigue assez compliquée teintée d'un ton d'ironie sèche. Personnages bien campés. □ 18 ans+

RUSH ▷4
É.-U. 1991. Drame policier de Lili Fini ZANUCK avec Jason Patric, Jennifer Jason Leigh, Max Perlich et Sam Elliott. - Deux jeunes enquêteurs œuvrent incognito dans l'entourage d'un propriétaire de bar soupçonné de diriger un réseau de trafic de drogue.
□ 13 ans+ ➜ DVD $

RUSH HOUR [Heure limite] ▷4
É.-U. 1998. Comédie policière de Brett RATNER avec Jackie Chan, Chris Tucker et Elizabeth Peña. - Un policier de Hong-Kong et un détective de Los Angeles recherchent la fillette kidnappée d'un diplomate chinois en poste aux États-Unis. □ 13 ans+ ➜ DVD $

RUSH HOUR 3 ▷5
É.-U. 2007. Comédie policière de Brett RATNER avec Jackie Chan, Chris Tucker et Noémie Lenoir. - Un détective de la police de Hong Kong et un collègue américain ont maille à partir avec une organisation criminelle chinoise. □ Général · Déconseillé aux jeunes enfants
➜ DVD DVD-BR $

RUSHMORE ▷4
É.-U. 1998. Comédie de mœurs de Wes ANDERSON avec Jason Schwartzman, Bill Murray et Olivia Williams. - Un adolescent fantasque tombe éperdument amoureux d'une jeune enseignante courtisée par un millionnaire. □ Général ➜ DVD $

RUSLAN AND LUDMILA ▷4
RUS. 1972. Conte de Aleksandr PTOUCHKO avec Valeri Kosinets, Natalia Petrova et Vladimir Fiodorov. - Un vaillant guerrier lutte pour sauver sa jeune épouse capturée par nain maléfique.

RUSS MEYER'S PANDORA PEAKS
É.-U. 1994. Russ MEYER ➜ DVD $

RUSSES ARRIVENT, LES
voir **Russians Are Coming, the Russians Are Coming, The**

RUSSIA HOUSE, THE [Maison russie, La] ▷4
É.-U. 1990. Drame d'espionnage de Fred SCHEPISI avec Sean Connery, Michelle Pfeiffer et James Fox. - Les services secrets des forces alliées somment un éditeur anglais de se rendre en Russie pour contacter l'auteur d'un manuscrit sur la Défense soviétique.
□ Général ➜ DVD $

RUSSIAN ARK *voir* **Arche russe, L'**

RUSSIAN DOLL
AUS. 2001. Stavros KAZANTZIDIS ➜ DVD $

RUSSIANS ARE COMING, THE RUSSIANS ARE COMING, THE [Russes arrivent, Les] ▷4
É.-U. 1966. Comédie de Norman JEWISON avec Carl Reiner, Alan Arkin et Brian Keith. - L'échouage d'un sous-marin russe sème la panique dans une île côtière. ➜ DVD $

RUSTY JAMES *voir* **Rumble Fish**

RUTHLESS ▷4
É.-U. 1948. Drame psychologique d'Edgar G. ULMER avec Zachary Scott, Louis Hayward et Diana Lynn. - Bien qu'affichant des sentiments humanitaires, un magnat de l'industrie se conduit en fait comme un rapace. □ Général

RUTHLESS PEOPLE ▷4
[Y a-t-il quelqu'un pour tuer ma femme?]
É.-U. 1986. Comédie policière de Jim ABRAHAMS, David et Jerry ZUCKER avec Danny DeVito, Bette Midler et Judge Reinhold. - Ayant déjà songé à tuer sa femme, un homme d'affaires retors se garde bien de payer la rançon le jour où celle-ci se fait kidnapper.
□ 13 ans+ ➜ DVD $

RUTLES, THE: ALL YOU NEED IS CASH, THE ▷4
ANG. 1978. Comédie satirique d'Eric IDLE et Gary WEIS avec Eric Idle, Neil Innes, John Halsey et Ricky Fataar. - L'histoire fictive d'un groupe populaire de musique rock, les Rutles. □ Général ➜ DVD $

RX
É.-U. 2005. Ariel VROMEN ➜ DVD $

RYAN'S DAUGHTER [Fille de Ryan, La] ►2
ANG. 1970. Drame sentimental de David LEAN avec Sarah Miles, Robert Mitchum et Christopher Jones. - En 1916, dans un village irlandais, la jeune épouse de l'instituteur s'éprend d'un officier anglais. - Fragile histoire sentimentale située dans un cadre grandiose. Paysages et mœurs évoqués avec pittoresque. Réalisation magnifique. S. Miles admirable. □ 13 ans+ ➜ DVD $

S'EN FOUT LA MORT ▷3
FR. 1990. Drame de mœurs de Claire DENIS avec Isaach de Bankolé, Alex Descas et Jean-Claude Brialy. - Deux Noirs s'occupent de combats de coqs clandestins organisés par un restaurateur de la banlieue parisienne. - Description directe et abrupte d'un monde marginal. Aspects socio-psychologiques intéressants. Rugosité de la mise en scène. Interprètes bien choisis. □ 13 ans+

S. ▷5
BEL. 1998. Drame de mœurs de G. HENDERICKX avec Natali Broods, Dora van der Groen et Koen Van Kaam. - Meurtrie par l'existence, une jeune femme trouve dans le sexe et la violence le réconfort dont elle a besoin. □ 18 ans+ · Érotisme · Langage vulgaire - Violence

S.O.B. ▷4
É.-U. 1981. Comédie satirique de Blake EDWARDS avec Julie Andrews, William Holden et Richard Mulligan. - Les tribulations d'un producteur dont le dernier film est un fiasco artistique et financier.
□ 13 ans+ → DVD $

S.O.S. FANTÔMES *voir* **Ghostbusters**

S.O.S. ICEBERG
ALL. 1933. Tay GARNETT et Arnold FANCK → DVD $

S.O.S. LA VIE! *voir* **Two Thousand and None**

S.P.Y.S ▷5
ANG. 1974. Comédie de I. KERSHNER avec Elliott Gould, Donald Sutherland et Joss Ackland. - Deux agents américains opérant en France apprennent qu'ils vont être sacrifiés par leur chef. → DVD $

SA MAJESTÉ LA REINE *voir* **Queen, The**

SA PREMIÈRE CULOTTE *voir* **Long Pants**

SAAWARIYA
IND. 2007. Sanjay Leela BHANSALI → DVD DVD-BR $

SABAH ▷4
CAN. 2005. Comédie dramatique de Ruba NADDA avec Arsinée Khanjian, Shawn Doyle et Fadia Nadda. - À Toronto, une femme d'origine syrienne tente de cacher à sa famille très conservatrice son idylle avec un Canadien non musulman. □ Général → DVD $

SABATA ▷4
ITA. 1969. Western de Frank KRAMER avec Lee Van Cleef, William Berger et Franco Ressel. - Un aventurier récupère le butin d'un vol et en démasque les organisateurs. → DVD $

SABATA RETURNS ▷5
ITA. 1971. Western de F. KRAMER avec Lee Van Cleef, Reiner Schone et Giampiero Albertini. - Un ancien officier s'associe avec un ami pour combattre un Irlandais qui domine une petite région. → DVD $

SABLES MORTELS *voir* **White Sands**

SABLES MOUVANTS, LES ▷4
FR. 1995. Drame social de Paul CARPITA avec Beppé Clerici, Daniel San Pedro et Guy Belaidi. - En Camargue, un mécanicien espagnol est exploité comme d'autres clandestins par l'homme de main d'un promoteur véreux. □ Général

SABOTAGE [Sabotage/Secret Agent] ▷3
ANG. 1936. Drame d'espionnage d'Alfred HITCHCOCK avec Sylvia Sidney, Oscar Homolka et John Loder. - Une jeune femme découvre que son mari, gérant de cinéma, est un agent à la solde de l'étranger. - Suspense construit avec savoir-faire. Mise en scène habile. Scènes prenantes. Interprétation solide. → DVD $

SABOTEUR ▷4
É.-U. 1942. Drame d'espionnage d'Alfred HITCHCOCK avec Priscilla Lane, Robert Cummings, Alan Baxter et Otto Kruger. - Un individu accusé à tort de sabotage entreprend de découvrir les vrais coupables.
→ DVD $

SABRINA ▷4
É.-U. 1954. Comédie sentimentale de Billy WILDER avec Audrey Hepburn, Humphrey Bogart et William Holden. - Un homme d'affaires tente de mettre un terme à l'idylle de son frère avec la fille de leur chauffeur. □ Général → DVD $

SABRINA ▷4
É.-U. 1995. Comédie dramatique de Sydney POLLACK avec Harrison Ford, Julia Ormond et Greg Kinnear. - Les deux héritiers d'une famille fortunée tombent sous le charme de la fille de leur chauffeur qui rentre de Paris métamorphosée en femme du monde.
□ Général → DVD $

SABU
JAP. 2002. Takashi MIIKE → DVD $

SACCO & VANZETTI ▷3
ITA. 1971. Drame social de Giuliano MONTALDO avec Gian-Maria Volontè, Riccardo Cucciola et Cyril Cusack. - À Boston, en 1920, deux immigrants italiens sont accusés d'avoir participé à un hold-up. - Évocation prenante d'une affaire célèbre. Mise en scène dépouillée et réaliste. □ Général

SACRÉE FRIPOUILLE, UNE
voir **Flim Flam Man, The**

SACRIFICE, LE [Sacrifice, The] ►2
SUÈ. 1986. Drame poétique d'Andrei TARKOVSKY avec Allan Edwall, Erland Josephson et Susan Fleetwood. - À l'annonce d'une catastrophe nucléaire, un écrivain prie Dieu d'épargner sa famille, offrant en échange un sacrifice. - Film poétique et énigmatique à connotations mystiques. Rythme lent et envoûtant. Beauté formelle éblouissante. Interprétation grave et prenante. □ Général → DVD $

SADA
JAP. 1998. Nobuhiko OBAYASHI → DVD $

SADDEST MUSIC IN THE WORLD ▷4
[Musique la plus triste du monde, La]
CAN. 2003. Comédie dramatique de Guy MADDIN avec Mark McKinney, Isabella Rossellini et Maria de Medeiros. - En 1933, à Winnipeg, une baronne de la bière lance un concours pour déterminer quelle est la musique la plus triste au monde. → DVD $

SADDLE THE WIND ▷4
É.-U. 1957. Western de R. PARRISH avec Robert Taylor, Julie London et John Cassavetes. - Un ancien hors-la-loi devenu rancher a des ennuis avec son jeune frère. → DVD $

SADE ▷4
FR. 2000. Drame historique de Benoît JACQUOT avec Daniel Auteuil, Isild Le Besco et Marianne Denicourt. - Transféré en 1794 de la prison de Saint-Lazarre à la clinique de Picpus, le Marquis de Sade y fait l'éducation d'une jeune noble. → DVD $

SADIE MCKEE
É.-U. 1934. Clarence BROWN

SADIE THOMPSON ▷5
É.-U. 1928. Drame de mœurs de Raoul WALSH avec Gloria Swanson, Lionel Barrymore et Blanche Friderici. - Un homme sévère s'entiche d'une fille de petite vertu qu'il voulait chasser de l'île qui est sous son contrôle. □ Général → DVD $

SAFE ▷3
É.-U. 1994. Drame de Todd HAYNES avec Julianne Moore, Xander Berkeley et Peter Friedman. - Une ménagère qui mène une vie monotone dans une maison cossue de banlieue se met à souffrir d'étranges malaises qui attaquent son système immunitaire. - Cas pathologique bizarre évoqué de façon clinique. Utilisation habile du son et de la lumière. Mise en scène dépouillée. Jeu très sensible de J. Moore.
□ Général

SAFETY OF OBJECTS, THE [Confort des objets, Le] ▷5
É.-U. 2001. Drame psychologique de Rose TROCHE avec Glenn Close, Dermot Mulroney et Patricia Clarkson. - Quelques jours dans l'existence tourmentée de quatre familles voisines vivant en banlieue. □ 13 ans+ ➜ DVD $

SAGA OF GOSTA BERLING, THE
SUÈ. 1920. Mauritz STILLER ➜ DVD $

SAGAN ▷4
FR. 2008. Drame biographique de Diane KURYS avec Sylvie Testud, Pierre Palmade et Jeanne Balibar. - La vie et la carrière tumultueuses de l'écrivain Françoise Sagan, de son premier roman publié en 1954 à sa mort en 2004 à l'âge de 69 ans. □ Général ➜ DVD $

SAGE HUNTER
H.-K. 2005. Tony CHEUNG ➜ DVD $

SAHARA ▷5
E.-U. 1983. Aventures de A.V. McLAGLEN avec Brooke Shields, Lambert Wilson et Horst Buchholz. - Pour honorer la mémoire de son père, constructeur d'autos de courses, une jeune fille se lance dans une compétition automobile en plein désert.

SAHARA ▷4
É.-U. 1942. Drame de guerre de Zoltan KORDA avec Humphrey Bogart, Bruce Bennett et Lloyd Bridges. - Pendant la retraite de Lybie, l'équipage d'un tank résiste aux attaques nazies. □ Général ➜ DVD $

SAHARA ▷5
É.-U. 2005. Aventures de Breck EISNER avec Matthew McConaughey, Steve Zahn et Penélope Cruz. - Deux chercheurs de trésors et une femme médecin découvrent l'origine d'une mystérieuse épidémie qui décime la population du Mali. □ Général ➜ DVD $

SAIGON: YEAR OF THE CAT ▷3
ANG. 1983. Drame psychologique de Stephen FREARS avec Judi Dench, Frederic Forrest et E.G. Marshall. - Alors que s'achève la guerre du Viêt-nam, une Anglaise d'âge mûr a une liaison avec un diplomate américain qui se révèle être un agent secret. - Intrigue intéressante bien qu'un peu confuse. Bonne saisie du contexte. Réalisation vivante. Interprétation solide. Film tourné pour la télévision.

SAINT, THE [Saint, Le] ▷5
É.-U. 1997. Aventures de Phillip NOYCE avec Val Kilmer, Elisabeth Shue et Rade Serbedzija. - Un aventurier charme une jeune physicienne afin de lui soutirer une formule secrète pour le compte d'un gangster russe. □ Général ➜ DVD $

SAINT ANGE [House of Voices] ▷5
FR. 2004. Drame fantastique de Pascal LAUGIER avec Virginie Ledoyen, Lou Doillon et Catriona MacColl. - Une jeune femme engagée pour nettoyer un orphelinat désaffecté y est témoin d'étranges phénomènes. ➜ DVD $

SAINT CLARA ▷5
ISR. 1995. Comédie fantaisiste d'Ari FOLMAN et Uri SIVAN avec Lucy Dubinchik, Halil Elohev et Johnny Peterson. - Une jeune clairvoyante bouleverse son école et sa ville lorsqu'elle devine les questions d'un examen de mathématiques. □ Général ➜ DVD $

SAINT JACK ▷4
É.-U. 1979. Drame réalisé et interprété par Peter BOGDANOVICH avec Ben Gazzara et Denholm Elliott. - Un Américain vivant à Singapour exerce la fonction d'entremetteur auprès de quelques prostituées locales. □ 18 ans+

SAINT JOAN ▷4
É.-U. 1956. Drame d'Otto PREMINGER avec Jean Seberg, Richard Widmark et Richard Todd. - La vie de Jeanne d'Arc vue par le dramaturge George Bernard Shaw. □ Général

SAINT MONICA [Sainte Monica]
CAN. 2002. Terrance ODETTE ➜ DVD $

SAINT RALPH [Miracle pour Ralpn, Un] ▷5
CAN. 2004. Comédie dramatique de Michael McGOWAN avec Adam Butcher, Campbell Scott et Gordon Pinsent. - Dans les années 1950 à Hamilton, un garçon de 14 ans croit que sa victoire au marathon de Boston pourra tirer sa mère d'un profond coma. □ Général ➜ DVD $

SAINT-CYR ▷4
FR. 2000. Drame historique de Patricia MAZUY avec Isabelle Huppert, Nina Meurisse et Morgane Moré. - Une ancienne courtisane de Louis XIV qui dirige un institut modèle pour jeunes filles dérive peu à peu dans la folie.

SAINT-JACQUES... LA MECQUE ▷5
FR. 2005. Comédie dramatique de Coline SERREAU avec Artus de Penguern, Muriel Robin et Pascal Légitimus. - Pour toucher l'héritage de leur mère, deux frères et une sœur à couteaux tirés doivent se joindre à un groupe de pélerins qui marche jusqu'à Saint-Jacques de Compostelle. □ Général ➜ DVD $

SAINT-MICHEL AVAIT UN COQ ▷3
[St. Michael Had a Rooster]
ITA. 1971. Drame psychologique de Paolo et Vittorio TAVIANI avec Giulio Brogi, Renato Scarpa et Vittorio Fantoni. - En Italie, à la fin du XIXe siècle, un anarchiste emprisonné rêve à son action future. - Grande beauté formelle. Réflexions politiques intéressantes. Mise en scène d'une belle intelligence. Trame musicale de qualité. Interprétation solide.

SAINTS-MARTYRS-DES-DAMNÉS ▷5
CAN. 2005. Drame fantastique de Robin AUBERT avec François Chénier, Isabelle Blais et Luc Senay. - Un journaliste est dépêché avec son ami photographe dans un village perdu pour enquêter sur des disparitions mystérieuses. □ 13 ans+ · Horreur ➜ DVD $

SAISON BLANCHE ET SÈCHE, UNE
voir **Dry White Season, A**

SAISONS DU CŒUR, LES *voir* **Places in the Heart**

SAKHAROV ▷4
ANG. 1984. Drame biographique de Jack GOLD avec Jason Robards, Glenda Jackson et Paul Freeman. - La vie du célèbre dissident soviétique Andrei Sakharov.

SALAAM BOMBAY! ▷3
IND. 1988. Drame social de Mira NAIR avec Shafik Syed, Sarfuddin Qurassi et Raju Barnard. - Chassé de sa famille, un jeune garçon se débrouille pour survivre dans le quartier des prostituées de Bombay. - Histoire poignante. Traitement convaincant. Rythme soutenu. Interprétation naturelle. □ Général

SALAIRE DE LA PEUR, LE [Wages of Fear, The] ►2
FR. 1952. Drame psychologique d'Henri-Georges CLOUZOT avec Yves Montand, Charles Vanel et Peter Van Eyck. - Quatre hommes déchus acceptent de convoyer deux camions de nitroglycérine. - Forte intensité dramatique. Virtuosité technique. Excellents interprètes. □ Général ➜ DVD $

SALAIRE DU DIABLE, LE *voir* **Man in the Shadow**

SALE COMME UN ANGE ▷5
FR. 1990. Drame psychologique de Catherine BREILLAT avec Claude Brasseur, Lio, Nils Tavernier. - Un inspecteur de police solitaire et misogyne profite de l'absence forcée de son adjoint pour séduire sa belle épouse. □ 13 ans+

SALÉ SUCRÉ [Eat Drink Man Woman] ▷4
TAÏ. 1994. Comédie dramatique d'Ang LEE avec Sihung Lung, Kuei-Mei Yang et Chien-Lien Wu. - Les tribulations sentimentales et professionnelles d'un vieux chef cuisinier et de ses trois filles adultes qui demeurent encore avec lui. □ Général

SALE TEMPS POUR LES MOUCHES ▷5
FR. 1966. Comédie policière de Guy LEFRANC avec Gérard Barray, Jean Richard et Philippe Clay. - Un policier s'introduit dans un gang responsable de l'enlèvement de deux savants. ➜ DVD$

SALEM'S LOT: THE MOVIE ▷4
É.-U. 1979. Drame d'horreur de Tobe HOOPER avec James Mason, David Soul et Bonnie Bedelia. - Un romancier enquêtant sur une maison hantée la trouve occupée par des vampires.
□ 13 ans+ · Horreur ➜ DVD$

SALLAH ▷4
ISR. 1964. Comédie d'Ephraim KISHON avec Haym Topol, Shraga Friedman et Geula Noni. - Les difficultés d'un Juif venu s'installer en Israël avec sa famille. □ Général

SALLE DE BAIN, LA ▷3
FR. 1988. Comédie de mœurs de John LVOFF avec Tom Novembre, Gunilla Karlzen et Jiri Stanislav. - Un individu étrange qui vit dans sa salle de bain voit son intimité troublée par les travaux de rénovation que fait effectuer sa compagne. - Adaptation réussie d'un livre de Jean-Philippe Toussaint. Traitement à la fois sobre et stylisé. □ Général

SALLY OF THE SAWDUST ▷4
É.-U. 1925. Comédie de David Wark GRIFFITH avec Carol Dempster, W. C. Fields et Alfred Lunt. - Un forain veille de son mieux au bonheur de l'orpheline dont il a la garde. □ Général ➜ DVD$

SALMONBERRIES ▷4
ALL. 1991. Drame psychologique de Percy ADLON avec K.D. Lang, Rosel Zech et Chuck Connors. - En Alaska, une jeune métisse aux allures d'androgyne se lie d'amitié avec une bibliothécaire d'origine est-allemande qui vit dans l'ombre d'un passé tragique.
□ 13 ans+ ➜ DVD$

SALO OU LES CENT VINGT JOURNÉES DE SODOME ▷4
[Salo or the 120 Days of Sodom]
ITA. 1975. Drame de Pier Paolo PASOLINI avec Paolo Bonacelli, Giorgio Cataldi et Uberto P. Quintavalle. - À la fin de la Seconde Guerre mondiale, quatre notables fascistes assouvissent leurs plaisirs particuliers en soumettant des jeunes gens à des jeux pervers.
□ 18 ans+ ➜ DVD$

SALOME ▷5
É.-U. 1953. Drame biblique de William DIETERLE avec Rita Hayworth, Stewart Granger et Charles Laughton. - Salomé sert d'instrument à sa mère pour obtenir d'Hérode la mort du Précurseur. □ Général

SALOME'S LAST DANCE ▷4
ANG. 1988. Comédie dramatique de Ken RUSSELL avec Imogen Millais-Scott, Glenda Jackson et Stratford Johns. - En 1892, le dramaturge anglais Oscar Wilde assiste à la représentation de sa nouvelle pièce «Salomé», mise à l'index par le gouvernement.
□ 13 ans+ ➜ DVD$

SALSA ▷5
FR. 1999. Comédie sentimentale de Joyce SHERMAN BUÑUEL avec Vincent Lecœur, Christianne Gout et Catherine Samie. - Un pianiste classique se joint à un groupe de musique salsa en se faisant passer pour un Cubain.

SALT AND PEPPER ▷5
ANG. 1968. Comédie policière de R. DONNER avec Peter Lawford, Sammy Davis Jr. et Michael Bates. - Les directeurs d'un cabaret londonien sont mêlés à leur corps défendant à une affaire de meurtre.

SALT OF THE EARTH [Sel de la terre, Le] ▷3
É.-U. 1954. Drame social d'Hector BIBERMAN avec Rosaura Revueltas, Juan Chacon et Will Geer. - Les ouvriers d'une mine du Nouveau-Mexique se mettent en grève. - Moyens sobres de style néoréaliste. Direction d'acteurs excellente. □ Général

SALT ON OUR SKIN [Vaisseaux du cœur, Les] ▷5
ALL. 1992. Mélodrame d'Andrew BIRKIN avec Greta Scacchi, Vincent d'Onofrio et Anaïs Jeanneret. - La longue liaison amoureuse d'une intellectuelle française et d'un marin écossais. □ Général

SALTON SEA, THE [Mer de Salton, La] ▷4
É.-U. 2001. Thriller de D.J. CARUSO avec Val Kilmer, Peter Sarsgaard et Vincent D'Onofrio. - Pour venger le meurtre de sa femme tuée lors d'une descente de police, un musicien de jazz toxicomane devient informateur. □ 16 ans+ · Violence ➜ DVD$

SALUT COUSIN! ▷3
FR.-ALG.-BEL.-LUX. 1996. Comédie de mœurs de Merzak ALLOUACHE avec Gad Elmaleh, Mess Hattou et Magaly Berdy. - Débarquant à Paris chez son cousin, un jeune Algérien naïf, venu accomplir une transaction douteuse, vit certaines désillusions. - Intéressante comparaison de cultures. Réalisation sensible aux affects des personnages.
□ Général

SALUT L'ARTISTE! ▷4
FR. 1973. Comédie de mœurs de Yves ROBERT avec Marcello Mastroianni, Françoise Fabian et Jean Rochefort. - Les ennuis professionnels et sentimentaux d'un acteur de second plan.

SALUT VICTOR! ▷3
QUÉ. 1988. Drame psychologique d'Anne-Claire POIRIER avec Jean-Louis Roux, Jacques Godin et Julie Vincent. - Une chaude amitié se développe entre deux vieillards qui résident dans une maison de retraite huppée. - Téléfilm au ton intimiste fort bien soutenu. Bonne étude de caractères. Mise en scène nuancée. Excellente interprétation.
□ Général

SALUT, LE *voir* **Levity**

SALVADOR ▷4
É.-U. 1985. Drame social d'Oliver STONE avec James Woods, Elpedia Carrillo et John Savage. - Lors d'un reportage sur la crise politique du Salvador, un journaliste est témoin des exactions des troupes pro-gouvernementales. □ 13 ans+

SALVATORE GIULIANO ▶2
ITA. 1962. Drame social de Francesco ROSI avec Frank Wolff, Cicero Fernando et Salvo Randone. - La vie d'un célèbre bandit sicilien. - Tableau social complexe et captivant. Austère et dépouillé. Interprètes vrais. ➜ DVD$

SAM & ME [Sam et moi] ▷4
CAN. 1991. Comédie de mœurs de Deepa MEHTA avec Peter Boretski, Ranjit Chowdhry et Om Puri. - Fraîchement débarqué à Toronto, un jeune Indien se lie d'amitié avec un vieux Juif excentrique qu'il est chargé de surveiller. □ Général

SAM WHISKEY ▷5
É.-U. 1969. Western de Arnold LAVEN avec Burt Reynolds, Clint Walker et Angie Dickinson. - Un aventurier est engagé par une femme pour récupérer de l'or volé autrefois par son défunt mari. ➜ DVD$

SAMARITAN GIRL
COR. 2004. Ki-Duk KIM ➜ DVD$

SAME SEX PARENTS
voir **Des parents pas comme les autres**

SAMMY & ROSIE GET LAID ▷3
ANG. 1987. Drame de mœurs de Stephen FREARS avec Shashi Kapoor, Frances Barber et Ayub Khan Din. - À Londres, un jeune couple qui vit avec une grande liberté de mœurs accueille le père du mari, un politicien pakistanais. - Exploration des problèmes de l'Angleterre thatchérienne. Approche explosive et virulente. Traitement vif et précis. Interprétation étonnante. □ 13 ans+

SAMOURAÏ, LE ▷3
FR. 1967. Thriller de Jean-Pierre MELVILLE avec Alain Delon, François Périer et Nathalie Delon. - Un tueur à gages qui agit en solitaire est recherché à la fois par la police et par des criminels. - Drame policier se haussant jusqu'à la tragédie. Mise en scène fignolée. Jeu contrôlé de A. Delon. □ 13 ans+ ➜ DVD$

SAMSARA ▷4
IND. 2001. Chronique de Pan NALIN avec Shawn Ku, Christy Chung et Kelsang Tashi. - Ayant quitté son monastère en raison d'obsédants désirs charnels, un jeune moine bouddhiste travaille dans une ferme où il s'éprend d'une paysanne. □ Général · Déconseillé aux jeunes enfants ➜ DVD$

SAMURAI 1: MUSASHI MYAMOTO ▷3
JAP. 1954. Aventures de Hiroshi INAGAKI avec Toshiro Mifune, Kaoru Yachigusa et Mariko Okada. - Les exploits d'un noble et courageux samuraï dans le Japon du XVIIe siècle. - Premier épisode d'une trilogie. Chronique au récit feuilletonesque. Traitement à la fois épique et pittoresque. □ Général ➜ DVD $

SAMURAI 2: DUEL AT ICHIJOJI ▷3
JAP. 1954. Aventures de Hiroshi INAGAKI avec Toshiro Mifune, Kaoru Yachigusa et Mariko Okada. - Les exploits d'un noble et courageux samouraï dans le Japon du XVIIe siècle. - Deuxième épisode d'une trilogie. Chronique au récit feuilletonesque. Traitement à la fois épique et pittoresque. □ Général ➜ DVD $

SAMURAI 3: DUEL AT GANRYU ▷3
JAP. 1954. Aventures de Hiroshi INAGAKI avec Toshiro Mifune, Kaoru Yachigusa et Mariko Okada. - Les exploits d'un noble et courageux samouraï dans le Japon du XVIIe siècle. - Troisième épisode d'une trilogie. Chronique au récit feuilletonesque. Traitement à la fois épique et pittoresque. □ Général ➜ DVD $

SAMURAI ASSASSIN
JAP. 1965. Kihachi OKAMOTO ➜ DVD $

SAMURAI BANNERS
JAP. 1969. Hiroshi INAGAKI ➜ DVD $

SAMURAI CHAMPLOO II
JAP. 2004. Shinichirô WATANABE ➜ DVD $

SAMURAI CHAMPLOO III
2004. Shinichirô WATANABE ➜ DVD $

SAMURAI FICTION
JAP. 1998. Hiroyuki NAKANO ➜ DVD $

SAMURAI REBELLION ►2
JAP. 1967. Drame de Masaki KOBAYASHI avec Toshiro Mifune, Takeshi Kato et Tatsuya Nakadai. - Un samouraï et son fils résistent à une réclamation injuste de leur seigneur. - Progression lente entrecoupée de duels savamment réglés. Composition hiératique des images. Dignité d'inspiration confinant à la tragédie. Interprétation forte. □ Général ➜ DVD $

SAMURAI SPY
JAP. 1965. Masahiro SHINODA ➜ DVD $

SAN ANTONIO ▷6
FR. 2004. Comédie policière de Frédéric AUBURTIN avec Gérard Lanvin, Gérard Depardieu et Michel Galabru. - Un commissaire de la police française est chargé d'enquêter sur la disparition du président de la République. □ Général · Déconseillé aux jeunes enfants ➜ DVD $

SAN FRANCISCO ▷4
É.-U. 1936. Drame de W.S. VAN DYKE II avec Clark Gable, Spencer Tracy et Jeanette MacDonald. - Un libertin s'amende sous l'influence d'une jeune fille honnête. □ Général ➜ DVD $

SAN QUENTIN ▷4
É.-U. 1937. Drame de Lloyd BACON avec Pat O'Brien, Ann Sheridan et Humphrey Bogart. - Le nouveau directeur d'une prison s'éprend de la sœur d'un détenu. ➜ DVD $

SANCTION, LA *voir* **Eiger Sanction, The**

SAND AND SORROW
É.-U. 2007. Paul FREEDMAN ➜ DVD $

SAND PEBBLES, THE ▷3
É.-U. 1966. Drame social de Robert WISE avec Steve McQueen, Richard Attenborough et Richard Crenna. - En Chine, en 1926, une canonnière reçoit mission de veiller à la sécurité des ressortissants américains. - Fresque impressionnante. Mise en scène soignée. Intérêt constant. Interprétation juste. □ Général · Déconseillé aux jeunes enfants ➜ DVD DVD-BR $

SANDLOT, THE ▷4
É.-U. 1993. Comédie fantaisiste de David Mickey EVANS avec Tom Guiry, Mike Vitar et Patrick Renna. - Des gamins tentent par divers stratagèmes de récupérer une balle autographiée par Babe Ruth que l'un d'eux a frappée jusque dans la cour d'un voisin inquiétant. □ Général · Enfants ➜ DVD $

SANDPIPER, THE [Chevalier des sables, Le] ▷5
É.-U. 1965. Drame psychologique de Vincente MINNELLI avec Richard Burton, Elizabeth Taylor et Eva Marie Saint. - Un ministre protestant marié se laisse entraîner par la passion qu'il éprouve pour une artiste bohème. □ Général

SANDRA [Sandra of a Thousand Delights] ▷3
ITA. 1965. Drame psychologique de Luchino VISCONTI avec Claudia Cardinale, Jean Sorel et Michael Craig. - L'amitié trouble entre un jeune homme et sa sœur compromet le mariage de cette dernière. - Transposition à l'époque moderne du mythe d'Électre. Œuvre solennelle et froide aux images d'une grande beauté. Interprètes de valeur.

SANDS OF IWO JIMA ▷4
É.-U. 1949. Drame de guerre d'Allan DWAN avec John Wayne, John Agar et Forrest Tucker. - L'entraînement puis l'entrée en action d'une escouade de fusiliers marins durant la dernière guerre. □ Général ➜ DVD $

SANG DES AUTRES, LE ▷5
FR.-CAN. 1983. Drame de Claude CHABROL avec Jodie Foster, Michael Ontkean et Sam Neill. - Par amour pour un militant communiste, une jeune styliste s'engage dans la Résistance.

SANG DES INNOCENTS, LE *voir* **Innocent Blood**

SANGLANTES CONFESSIONS *voir* **True Confessions**

SANGO MALO *voir* **Maître du Canton, Le**

SANGUINAIRES, LES
FR. 1997. Drame de mœurs Laurent CANTET avec Frédéric Pierrot, Catherine Baugué et Djallil Lespert. - Pour échapper à la folie du 31 décembre 1999, une bande de Parisiens stressés décident de se retrancher dans une île déserte.

SANJURO ▷3
JAP. 1962. Aventures d'Akira KUROSAWA avec Toshiro Mifune, Tatsuya Nakadai et Reiko Dan. - Un samouraï errant vient en aide à neuf jeunes gens en révolte contre la corruption qui s'est installée dans leur clan. - Film d'action mené avec brio. Touches d'humour rude. Mise en scène pleine d'aisance. Interprétation truculente de Mifune. □ 13 ans+ ➜ DVD $

SANS AMOUR *voir* **Without Love**

SANS ANESTHÉSIE [Without Anesthesia] ▷3
POL. 1978. Drame psychologique de Andrzej WAJDA avec Zbigniew Zapasiewicz, Eva Dalkowska et Andrzej Seweryn. - Un grand reporter fait face à un échec conjugal doublé d'une disgrâce professionnelle. - Sujet intéressant. Mélange habile de notations psychologiques et sociales. Mise en scène vigoureuse. Interprètes bien dirigés.

SANS ELLE ▷5
Can. 2006. Drame psychologique de Jean BEAUDIN avec Karine Vanasse, Marie-Thérèse Fortin et Maxim Gaudette. - À son retour de Florence, une jeune violoniste atteinte du syndrome de Stendhal entreprend des recherches pour retrouver sa mère disparue. □ Général ➜ DVD $

SANS ISSUE *voir* **In the Bedroom**

SANS ISSUE *voir* **Freeway**

SANS LA PEAU ▷4
ITA. 1994. Comédie dramatique d'Alessandro D'ALATRI avec Anna Galiena, Massimo Ghini et Kim Rossi Stuart. - Un jeune couple vient en aide à un garçon qui souffre d'une curieuse maladie mentale se traduisant par une incapacité à contrôler ses émotions les plus intimes. □ Général · Déconseillé aux jeunes enfants

SANS LAISSER DE TRACES ▷5
HON. 1982. Drame policier de Peter FABRY avec Tamas Cseh, Miklos B. Szekely et Karoly Dunai. - Un décorateur d'étalage imagine un ingénieux stratagème pour commettre des vols audacieux.

SANS LIMITES *voir* **Without Limits**

SANS PAROLE *voir* **Speechless**

SANS PEUR *voir* **Fearless**

SANS PITIÉ *voir* **No Mercy**

SANS RÉMISSION *voir* **American Me**

SANS SOLEIL/LA JETÉE *voir* **Sans soleil**

SANS SOLEIL [Sans soleil/La jetée] ▷3
FR. 1982. Film d'essai de Chris MARKER. - Un cameraman livre pêle-mêle des observations filmées à l'occasion de voyages au Japon et en Afrique comme l'illustration de lettres à une amie. - Œuvre dense. Montage complexe. Ensemble captivant. ➜ DVD $

SANS TOIT NI LOI [Vagabond] ►2
FR. 1985. Drame de mœurs d'Agnès VARDA avec Sandrine Bonnaire, Macha Méril et Yolande Moreau. - Diverses personnes évoquent leurs contacts avec une jeune vagabonde trouvée morte dans un champ. - Réflexions pertinentes sur les rapports de la société avec les marginaux. Traitement réaliste et prenant. Mise en scène dépouillée. S. Bonnaire remarquable dans un rôle exigeant. □ Général

SANS UN CRI ▷4
FR. 1991. Drame psychologique de Jeanne LABRUNE avec Rémi Martin, Nicolas Prive et Lio. - Un camionneur souvent absent reproche à son enfant d'accaparer toute l'attention de sa mère. □ 13 ans+

SANSHIRO SUGATA *voir* **Légende du grand judo, La**

SANSHO THE BAILIFF [Intendant Sansho, L'] ►2
Jap. 1954. Drame de Kenji MIZOGUCHI avec Kinuyo Tanaka, Kyoko Kagawa et Yoshiyaki Hanayaki. - Le fils d'un gouverneur déchu retrouve son rang après avoir été traité comme un esclave. - Éléments mélodramatiques transfigurés par un style raffiné. Images remarquables. Tableau vivant et nuancé du Japon féodal. Interprétation retenue. ➔ DVD$

SANTA CLAUS: THE MOVIE ▷5
ANG. 1985. Conte de Jeannot SZWARC avec David Huddleston, Dudley Moore et John Lithgow. - Un vieux forestier qui, depuis des siècles, distribue des jouets la nuit de Noël doit contrer les manigances d'un financier mégalomane. □ Général ➔ DVD$

SANTA FE TRAIL [Piste de Santa Fe, La] ▷4
É.-U. 1940. Drame historique de Michael CURTIZ avec Errol Flynn, Olivia de Havilland et Raymond Massey. - En 1850, l'abolitionniste John Brown tente d'imposer ses idées par la force. □ Général ➔ DVD$

SANTA SANGRE
MEX. 1989. Alejandro JODOROWSKY □ 18 ans+

SANTO VS THE RIDERS OF TERROR
MEX. 1970. René CARDONA

SAPHEAD, THE [Ce crétin de Malec] ▷3
É.-U. 1921. Comédie d'Herbert BLACHE avec Buster Keaton, Beula Booker et Irving Cummings. - Pour se valoriser auprès de celle qu'il aime, un riche innocent devient courtier à la bourse. - Premier long métrage de Keaton. Touches satiriques amusantes. Habile mélange de sentiments et d'humour. Jeu contrôlé du comédien. □ Général ➔ DVD$

SARABAND ►2
SUÉ. 2003. Drame psychologique d'Ingmar BERGMAN avec Liv Ullmann, Erland Josephson et Börje Ahlstedt. - Venue visiter son premier mari, une avocate d'âge mûr découvre des tensions familiales qui couvent depuis trente ans. - Réunion prenante des deux protagonistes de «Scènes de la vie conjugale». Dialogues touffus donnant lieu à de brillantes variations sur les thèmes chers à l'auteur. Mise en scène très maîtrisée. Jeu vibrant d'interprètes de grand talent. □ Général ➔ DVD$

SARAFINA! ▷5
A.S. 1992. Drame musical de Darrell James ROODT avec Leleti Khumalo, Whoopi Goldberg et Miriam Makeba. - Une jeune Noire sud-africaine qui rêve de devenir une star participe à une rébellion d'étudiants qui protestent contre l'apartheid. □ 13 ans+ · Violence

SARAGOSSA MANUSCRIPT
voir **Manuscrit trouvé à Saragosse, Le**

SARAH ▷4
FR. 1983. Drame poétique de Maurice DUGOWSON avec Jacques Dutronc, Gabrielle Lazure et Heinz Bennent. - Un expert en assurances est intrigué par la disparition de l'interprète du rôle-titre d'un film. □ Général

SARAH, PLAIN AND TALL ▷4
É.-U. 1991. Drame de mœurs de Glenn JORDAN avec Glenn Close, Christopher Walken et Lexi Randall. - Une célibataire va vivre pendant un mois chez un fermier veuf, père de deux enfants, qui cherche à se remarier.

SARAJEVO, MON AMOUR
ALL. AUT. BOS. 2006. Jasmila ZBANIC ➔ DVD$

SARRASINE, LA ▷4
QUÉ. 1992. Drame social de Paul TANA avec Enrica Maria Modugno, Tony Nardi et Jean Lapointe. - À Montréal, en 1904, un tailleur d'origine sicilienne est condamné à mort pour avoir tué accidentellement un Canadien français. □ Général

SASAYAKI *voir* **Moonlight Whispers**

SATAN BUG, THE ▷4
É.-U. 1964. Science-fiction de John STURGES avec George Maharis, Anne Francis et Richard Basehart. - Un paranoïaque menace d'utiliser des liquides mortels pour établir la paix dans le monde. □ Général

SATAN NEVER SLEEPS ▷5
É.-U. 1962. Drame religieux de Léo McCAREY avec Clifton Webb, William Holden et France Nuyen. - Une jeune Chinoise s'éprend d'un prêtre dont la mission est occupée par les communistes. ➔ DVD$

SATAN'S BED
É.-U. 1965. Marshall SMITH □ 16 ans+

SATAN'S BREW ▷4
ALL. 1976. Comédie de Rainer W. FASSBINDER avec Kurt Raab, Margit Carstensen et Helen Vita. - Un poète en mal d'inspiration vit diverses expériences inspirées de fantasmes délirants.

SATAN'S SADIST
É.-U. 1970. Al ADAMSON ➔ DVD$

SATAN, MON AMOUR *voir* **Mephisto Waltz, The**

SATANIC RITES OF DRACULA ▷5
ANG. 1973. Drame d'horreur de Alan GIBSON avec Christopher Lee, Peter Cushing et Michael Cole. - Les services secrets britanniques font appel à un spécialiste en sciences occultes pour contrecarrer les projets du comte Dracula. □ 13 ans+ ➔ DVD$

SATANTANGO
ALL. HON. SUI. 1994. Béla TARR

SATIN ROUGE ▷4
TUN. 2001. Comédie dramatique de Raja AMARI avec Hiam Abbass, Hend el Fahem et Maher Kamoun. - Issue d'une famille traditionaliste, une veuve s'affirme en découvrant les plaisirs de la danse orientale dans un cabaret de Tunis. □ Général ➔ DVD$

SATIN STEEL
H.-K. 1994. Siu-Hung ALEX LEUNG □ 16 ans+ · Violence

SATURDAY
ARG. 2001. Juan VILLEGAS

SATURDAY NIGHT AND SUNDAY MORNING ▷3
[Cabochard, Le]
ANG. 1961. Drame psychologique de Karel REISZ avec Albert Finney, Shirley Ann Field et Rachel Roberts. - Les liaisons amoureuses d'un jeune ouvrier anglais. - Bonnes observations de comportement. Interprétation sobre et juste. □ Général ➔ DVD$

SATURDAY NIGHT FEVER [Fièvre du samedi soir, La] ▷5
É.-U. 1977. Étude de mœurs de John BADHAM avec John Travolta, Karen Lynn Gorney et Donna Pescow. - Les ambitions d'un adolescent de Brooklyn qui fréquente les discothèques pour oublier un quotidien banal. □ 13 ans+ ➔ DVD$

SATURN 3 ▷5
ANG. 1980. Science-fiction de Stanley DONEN avec Kirk Douglas, Farrah Fawcett et Harvey Keitel. - Sur la troisième lune de Saturne, l'arrivée d'un officier chargé de fabriquer un robot perturbe la vie d'un couple déjà installé. □ 13 ans+

SAUF LE RESPECT QUE JE VOUS DOIS ▷4
FR. 2005. Drame social de Fabienne GODET avec Olivier Gourmet, Dominique Blanc et Julie Depardieu. - Une tragédie ayant frappé son collègue et ami, un cadre jusque-là dévoué cherche à s'en prendre à son patron. □ 13 ans+ ➔ DVD$

SAUF-CONDUITS, LES ▷4
QUÉ. 1991. Drame psychologique de Manon BRIAND avec Patrick Goyette, Julie Lavergne et Luc Picard. - Des complications surgissent lorsque l'amitié qui unit une femme et deux hommes se transforme peu à peu en sentiment amoureux. □ Général

SAULABI
COR. 2002. Mun JONG-GEUM ➔ DVD$

SAULES EN HIVER, LES *voir* **Willows in Winter, The**

SAUT DE L'ANGE, LE ▷4
FR. 1971. Drame policier d'Yves BOISSET avec Jean Yanne, Senta Berger et Sterling Hayden. - Ayant échappé à un attentat organisé par un politicien véreux, un jeune homme cherche vengeance. □ 13 ans+

SAUT PÉRILLEUX *voir* **Somersault**

SAUVAGE, LE ▷4
FR. 1975. Comédie sentimentale de Jean-Paul RAPPENEAU avec Yves Montand, Catherine Deneuve et Tony Roberts. - Une jeune femme s'impose à un homme qui s'est retiré dans une île isolée. □ Général

SAUVE QUI PEUT *voir* **Running Scared**

SAUVE-TOI LOLA ▷5
FR. 1986. Comédie dramatique de Michel DRACH avec Carole Laure, Jeanne Moreau et Dominique Labourier. - Se découvrant atteinte du cancer, une jeune avocate décide, avec d'autres femmes dans le même cas, de faire face à la maladie. □ Général

SAVAGE GRACE [Délicate sauvagerie] ▷4
É.-U. 2007. Drame psychologique de Tom KALIN avec Julianne Moore, Eddie Redmayne et Stephen Dillane. - Après le départ de son mari, une riche divorcée entretient une relation de plus en plus malsaine avec son fils. ➜ DVD$

SAVAGE INNOCENTS, THE [Dents du diable, Les] ▷4
ITA.-FR.-ANG. 1959. Drame de mœurs de Nicholas RAY avec Anthony Quinn, Yoko Tani et Peter O'Toole. - Un Esquimau est recherché par la police après avoir tué accidentellement un missionnaire.

SAVAGE MESSIAH ▷4
ANG. 1972. Drame biographique de Ken RUSSELL avec Scott Anthony, Dorothy Tutin et Helen Mirren. - Un jeune sculpteur français et une Polonaise de vingt ans son aînée vivent une étrange relation platonique. □ 13 ans+

SAVAGE MESSIAH *voir* **Moïse: l'affaire Roch Thériault**

SAVAGES ▷3
É.-U. 1972. Drame de James IVORY avec Louis J. Stadlen, Kathleen Widdoes et Anne Francine. - Une tribu primitive investit un manoir abandonné et y élabore un simulacre de civilisation. - Récit résolument insolite aux allures de parabole. Traits caricaturaux. Réalisation précise. Interprétation stylisée. □ 13 ans+ ➜ DVD$

SAVAGES, THE ▷3
É.-U. 2007. Comédie dramatique de Tamara JENKINS avec Laura Linney, Philip Seymour Hoffman et Philip Bosco. - Une aspirante dramaturge névrosée et son frère, professeur de théâtre plus terre à terre, doivent s'occuper de leur père atteint de démence précoce. - Récit au ton doux-amer écrit avec intelligence et sensibilité. Réalisation attentive, parsemée de touches d'humour insolite. Interprètes formidables. □ Général ➜ DVD$

SAVANNAH, LA BALLADE ▷5
FR. 1988. Comédie policière de Marco PICO avec Jacques Higelin, Daniel Martin et Élodie Gaultier. - Croyant à un enlèvement, la police traque la voiture de deux truands où s'est cachée la fillette en fugue d'un politicien. □ Général

SAVE THE GREEN PLANET!
COR. 2003. Jun-Hwan JEONG ➜ DVD$

SAVE THE TIGER ▷4
É.-U. 1972. Drame psychologique de John G. AVILDSEN avec Jack Lemmon et Jack Gilford. - Le directeur d'une maison de couture tente de se tirer d'une mauvaise posture financière. □ 13 ans+ ➜ DVD$

SAVED BY THE BELLES ▷5
CAN. 2003. Comédie dramatique de Ziad TOUMA avec Brian C. Warren, Karen Simpson et Steven Turpin. - À Montréal, un travesti et une VJ excentrique traversent une crise d'identité après avoir recueilli un jeune homme amnésique. □ 13 ans+ · Langage vulgaire ➜ DVD$

SAVED! ▷4
É.-U. 2004. Comédie de mœurs de Brian DANNELLY avec Jena Malone, Mandy Moore et Macaulay Culkin. - Dans une communauté de chrétiens fondamentalistes, une jeune fille tente de cacher sa grossesse et se lie d'amitié avec d'autres marginaux. □ Général ➜ DVD$

SAVEUR DE PASSION, UNE *voir* **Like Water for Chocolate**

SAVING FACE ▷4
É.-U. 2004. Comédie sentimentale d'Alice WU avec Michelle Krusiec, Joan Chen et Lynn Chen. - La mère et les grands-parents d'une jeune Sino-Américaine lesbienne désespèrent de la voir un jour se trouver un mari. ➜ DVD$

SAVING GRACE ▷5
ANG. 1999. Comédie de Nigel COLE avec Brenda Blethyn, Martin Clunes et Craig Ferguson. - Pour sauver son manoir convoité par des créanciers, une veuve se lance avec son jardinier dans la culture de la marijuana. □ 13 ans+ ➜ DVD$

SAVING PRIVATE RYAN [Il faut sauver le soldat Ryan] ►2
É.-U. 1998. Drame de guerre de Steven SPIELBERG avec Tom Hanks, Edward Burns et Tom Sizemore. - En juin 1944, un commando américain recherche en France un parachutiste dont les trois frères ont été tués au combat. - Œuvre magistrale d'une virtuosité époustouflante. Réflexion probante sur les enjeux de la guerre. Reconstitution minutieuse. Jeu bouleversant de T. Hanks. □ 13 ans+ · Violence ➜ DVD$

SAVIOUR OF THE SOUL
H.-K. 1991. Corey YUEN, David LAI ➜ DVD$

SAW II [Décadence II] ▷6
É.-U. 2005. Drame d'horreur de Darren Lynn BOUSMAN avec Donnie Wahlberg, Tobin Bell et Dina Meyer. - Divers individus sont séquestrés par un tueur psychopathe dans une maison truffée de pièges mortels. ➜ DVD DVD-BR$

SAW III [Décadence III] ▷6
É.-U. 2006. Drame d'horreur de Darren Lynn BOUSMAN avec Tobin Bell, Shawnee Smith et Angus Macfadyen. - Kidnappés par un tueur psychopathe et sa jeune assistante, divers individus sont soumis à d'horribles épreuves. □ 16 ans+ · Violence · Horreur ➜ DVD DVD-BR$

SAWAKO *voir* **Dolls**

SAWDUST AND TINSEL *voir* **Nuit des forains, La**

SAY ANYTHING... ▷4
É.-U. 1989. Comédie dramatique de Cameron CROWE avec John Cusack, Ione Skye et John Mahoney. - Une jeune étudiante studieuse qui vit seule avec son père se fait courtiser par un garçon timide mais original. □ Général ➜ DVD$

SAY UNCLE
É.-U. 2005. Peter PAIGE ➜ DVD$

SAYONARA ▷4
É.-U. 1957. Drame social de Joshua LOGAN avec Marlon Brando, Miko Taka et Red Buttons. - Pendant la guerre de Corée, un aviateur américain s'éprend d'une Japonaise. ➜ DVD$

SCALPHUNTERS, THE ▷4
É.-U. 1968. Western de Sydney POLLACK avec Burt Lancaster, Ossie Davis et Shelley Winters. - En compagnie d'un esclave noir, un trappeur pourchasse des Indiens qui se sont approprié ses fourrures. ➜ DVD$

SCANDAL ▷3
JAP. 1950. Drame de Akira KUROSAWA avec Toshiro Mifune, Yoshiko Yamaguchi et Takashi Shimura. - Un peintre poursuit en justice un magazine qui a publié un article diffamatoire sur sa relation avec une chanteuse célèbre. - Récit d'un intérêt soutenu. Touches subtiles d'ironie. Réalisation maîtrisée. Interprétation juste. ➜ DVD$

SCANDAL [Scandale] ▷4
ANG. 1988. Drame de mœurs de Michael CATON-JONES avec John Hurt, Joanne Whalley-Kilmer et Ian McKellen. - À Londres, au début des années 1960, une danseuse devient la maîtresse du ministre de la Guerre tout en poursuivant une liaison avec un attaché militaire russe. □ 13 ans+

SCANDAL MAN *voir* **Odeur des fauves, L'**

SCANDALE *voir* **Scandal**

SCANDALE À LA COUR *voir* **Breath of Scandal, A**

SCANDALE D'ESTHER COSTELLO, LE *voir* **Story of Esther Costello, The**

SCANDALE D'ÉTAT *voir* **Show of Force, A**

SCANDALE PRESQUE PARFAIT, UN *voir* **Almost Perfect Affair, An**

SCANDALEUSE DE BERLIN, LA *voir* **Foreign Affair, A**

SCANNER DARKLY, A ▷4
É.-U. 2006. Film d'animation de Richard LINKLATER avec Keanu Reeves, Robert Downey Jr. et Winona Ryder. - Dans un futur rapproché, un agent secret du gouvernement, trafiquant de drogue à ses heures, est chargé par ses employeurs d'enquêter sur lui-même. □ 13 ans+ ➜ DVD DVD-BR$

SCANNERS ▷5
CAN. 1980. Science-fiction de David CRONENBERG avec Stephen Lack, Michael Ironside et Patrick McGoohan. - Un vagabond doté de pouvoirs télépathiques particuliers est appelé à lutter contre un mégalomane semblablement privilégié. □ 13 ans+ ➜ DVD$

SCAPHANDRE ET LE PAPILLON, LE ▷3
[Diving Bell and the Butterfly, The]
FR. 2007. Drame biographique de Julian SCHNABEL avec Mathieu Amalric, Anne Consigny et Marie-Josée Croze. - Atteint du «locked-in syndrome», rendu totalement paralysé à l'exception de son œil gauche, un journaliste dicte par clignements de paupière un livre relatant son expérience. - Adaptation belle et intelligente de l'œuvre originale de Jean-Dominique Bauby. Récit inspirant, teinté d'humour. Réalisation experte, utilisant de façon ingénieuse la caméra subjective. Interprétation relevée, parfois bouleversante. □ Général ➔ DVD $

SCAR, THE
POL. 1976. Krzysztof KIESLOWSKI ➔ DVD $

SCAR OF SHAME
É.-U. 1927. Frank PEREGINI □ Général

SCARAMOUCHE ▷4
É.-U. 1952. Aventures de George SIDNEY avec Stewart Granger, Eleanor Parker et Mel Ferrer. - Sous le règne de Louis XVI, un jeune homme entreprend de venger un ami tué en duel par un aristocrate.
□ Général ➔ DVD $

SCARECROW ▷3
É.-U. 1973. Drame psychologique de Jerry SCHATZBERG avec Gene Hackman, Al Pacino et Penny Allen. - Deux marginaux se rencontrent par hasard le long d'une route et deviennent des amis inséparables. - Mélange de comique et de tragique. Mise en scène intelligente. Jeu exceptionnel des deux principaux interprètes. □ 13 ans+ ➔ DVD $

SCARECROW
RUS. 1985. Rolan BYKOV □ Général

SCARFACE ►2
É.-U. 1932. Drame policier de Howard HAWKS avec Paul Muni, Ann Dvorak et George Raft. - La vie et la mort d'un gangster américain à l'époque de la Prohibition. - Un classique du genre. Construction remarquable. Rythme croissant avec l'action. Mise en scène très soignée. Musique de bonne venue. Interprétation vigoureuse.
□ Général ➔ DVD $

SCARFACE [Balafré, Le] ▷4
É.-U. 1983. Drame policier de Brian DE PALMA avec Al Pacino, Steven Bauer et Michelle Pfeiffer. - L'ascension fulgurante d'un expatrié cubain dans le milieu de la pègre de Miami. □ 18 ans+ ➔ DVD $

SCARLET AND THE BLACK, THE ▷4
É.-U. 1983. Drame de guerre de Jerry LONDON avec Gregory Peck, Christopher Plummer et Olga Karlatos. - Un prélat irlandais du Vatican aide des soldats alliés à échapper aux Allemands. □ Général

SCARLET DIVA ▷5
ITA. 2000. Drame de mœurs réalisé et interprété par Asia ARGENTO avec Jean Shepherd et Vera Gemma. - Les tribulations professionnelles et amoureuses d'une jeune actrice italienne qui désire devenir réalisatrice pour tourner un récit inspiré de sa vie. □ 16 ans+ ➔ DVD $

SCARLET EMPRESS, THE ►1
É.-U. 1934. Drame de Josef VON STERNBERG avec Marlene Dietrich, John Lodge et Sam Jaffe. - En 1744, pour donner un héritier à son neveu, Élisabeth de Russie fait venir de Prusse une jeune princesse qui deviendra la grande Catherine. - Interprétation stylisée des faits historiques. Nombreuses touches d'humour noir. Décors d'un baroque extravagant. Beauté plastique exceptionnelle. M. Dietrich remarquable.
□ Général ➔ DVD $

SCARLET FLOWER, THE
RUS. 1991. Vladimir GRAMMATIKOV

SCARLET LETTER, THE [Lettre écarlate, La] ▷5
É.-U. 1995. Drame de Roland JOFFE avec Demi Moore, Gary Oldman et Robert Duvall. - Dans la Nouvelle-Angleterre puritaine du XVIIe siècle, une jeune femme qui a commis l'adultère est emprisonnée puis accusée de sorcellerie. □ 13 ans+ ➔ DVD $

SCARLET PIMPERNEL, THE ▷4
ANG. 1982. Aventures de Clive DONNER avec Anthony Andrews, Jane Seymour et Ian McKellen. - Pendant la Révolution française, un noble anglais enlève des condamnés à la guillotine. □ Général ➔ DVD $

SCARLET PIMPERNEL, THE ▷4
ANG. 1934. Aventures de Harold YOUNG avec Leslie Howard, Merle Oberon et Raymond Massey. - Pendant la Révolution française, un aristocrate anglais arrive à soustraire des condamnés à la guillotine.

SCARLET SAILS
RUS. 1961. Aleksandr PTOUCHKO

SCARLET STREET ▷4
É.-U. 1946. Drame de mœurs de Fritz LANG avec Edward G. Robinson, Joan Bennett et Dan Duryea. - Un comptable d'âge mûr s'amourache d'une fille perverse qui se joue de lui. □ Général ➔ DVD $

SCARS OF DRACULA, THE [Cicatrices de Dracula, Les] ▷5
ANG. 1970. Drame fantastique de Roy Ward BAKER avec Christopher Lee, Dennis Waterman et Jenny Hanley. - Un couple à la recherche d'un jeune libertin est aux prises avec le comte Dracula.
□ 13 ans+ · Violence ➔ DVD $

SCAVENGERS, THE ▷5
É.-U. 1959. Drame policier de John CROMWELL avec Vince Edwards, Carol Ohmart et Vic Diaz. - Un ancien contrebandier retrouve sa femme disparue et résout l'énigme d'un vol de cinq millions ➔ DVD $

SCÉNARIO EN OR, UN *voir* **Big Picture, The**

SCENE AT THE SEA, A
JAP. 1992. Takeshi KITANO

SCÈNES DE LA VIE CONJUGALE ►2
[Scenes from a Marriage]
SUÈ. 1973. Drame psychologique d'Ingmar BERGMAN avec Erland Josephson, Liv Ullmann et Bibi Andersson. - Les tiraillements dans la vie conjugale d'un couple marié depuis dix ans, dont l'union est citée en exemple. - Suite de conversations filmées. Acuité des observations. Mise en scène intelligente. Extraordinaire qualité d'interprétation.
□ 13 ans+

SCENES FROM A MALL ▷4
[Scènes de ménage dans un centre commercial]
É.-U. 1991. Comédie de mœurs de Paul MAZURSKY avec Woody Allen, Bette Midler et Bill Irwin. - Un avocat et une psychologue mariés depuis 16 ans se disputent lors d'une journée de magasinage dans un centre commercial. □ Général ➔ DVD $

SCENES FROM THE CLASS STRUGGLE IN BEVERLY HILLS ▷5
É.-U. 1989. Comédie satirique de Paul BARTEL avec Jacqueline Bisset, Ray Sharkey et Robert Beltran. - Les chassés-croisés sentimentaux entre les hôtes d'une vaste demeure appartenant à une veuve de Beverly Hills. □ 18 ans+

SCENES OF A SEXUAL NATURE ▷4
ANG. 2006. Comédie de mœurs d'Ed BLUM avec Eileen Atkins, Andrew Lincoln et Ewan McGregor. - Par une belle journée d'été dans un parc londonien, plusieurs couples vivent diverses difficultés sentimentales.
□ Général · Déconseillé aux jeunes enfants ➔ DVD $

SCENT OF A WOMAN [Parfum de femme] ▷4
É.-U. 1992. Comédie dramatique de Martin BREST avec Al Pacino, Chris O'Donnell et James Rebhorn. - Un ancien militaire aveugle au tempérament difficile entreprend un périple à New York en compagnie d'un collégien qui a été engagé pour veiller sur lui.
□ 13 ans+ · Langage vulgaire ➔ DVD $

SCENT OF GREEN PAPAYA, THE
voir **Odeur de la papaye verte, L'**

SCHINDLER'S LIST [Liste de Schindler, La] ►2
É.-U. 1993. Drame de guerre de Steven SPIELBERG avec Liam Neeson, Ben Kingsley et Ralph Fiennes. - Un industriel allemand s'arrange pour sauver de l'Holocauste les employés juifs qui travaillent dans son usine de Cracovie. - Approche dure et lucide d'une histoire authentique. Mise en scène nerveuse. Ensemble d'une beauté austère. Interprétation pleine de retenue. □ 13 ans+ · Violence ➔ DVD $

SCHIZO [Schiza]
ALL. FR. RUS. 2004. Gulshat OMAROVA ➔ DVD $

SCHIZOPOLIS ▷5
É.-U. 1996. Comédie satirique réalisée et interprétée par Steven SODERBERGH avec Betsy Brantley et David Jensen. - Un employé de bureau sombre dans une étrange dérive mentale.
□ Général ➔ DVD $

SCHOOL DAZE ▷5
É.-U. 1988. Comédie satirique réalisée et interprétée par Spike LEE avec Larry Fishburne, Giancarlo Esposito et Tisha Campbell. - Dans un collège fréquenté uniquement par des Noirs, deux groupes rivaux s'affrontent. □ Général ➔ DVD $

SCHOOL FOR SCOUNDRELS ▷5
[Académie des losers, L']
É.-U. 2006. Comédie de Todd PHILLIPS avec Jon Heder, Billy Bob Thornton et Jacinda Barrett. - Un gourou de l'affirmation de soi et un de ses élèves rivalisent pour séduire la même femme. ➜ DVD $

SCHOOL KILLER [Vigilante, El]
ESP. 2001. Carlos GIL

SCHOOL OF FLESH *voir* **École de la chair, L'**

SCHOOL OF ROCK [École du Rock, L'] ▷4
É.-U. 2003. Comédie de Richard LINKLATER avec Jack Black, Joan Cusack et Miranda Cosgrove. - Un guitariste déchu qui se fait passer pour un instituteur transforme une classe d'enfants de dix ans en groupe de rock. □ Général ➜ DVD $

SCHOOL OF SENSES
HON. 1996. Andras SOLYOM

SCHOOL OF THE HOLY BEAST
[Convent of the Sacred Beast]
JAP. 1974. Norifumi SUZUKI ➜ DVD $

SCHOOL TIES [Collège d'élite] ▷4
É.-U. 1992. Drame social de Robert MANDEL avec Brendan Fraser, Chris O'Donnell et Andrew Lowery. - Un jeune Juif d'origine modeste qui a été admis dans un collège huppé est l'objet de préjugés de classe et de religion. □ Général ➜ DVD $

SCHPOUNTZ, LE ▷4
FR. 1938. Comédie de Marcel PAGNOL avec Fernandel, Charpin et Orane Demazis. - Un garçon naïf est persuadé qu'il possède des dons d'acteur. □ Général

SCHULTZE GETS THE BLUES ▷4
ALL. 2003. Comédie dramatique de Michael SCHORR avec Horst Krause, Harald Warmbrunn et Karl-Fred Müller. - Dans un village est-allemand, un mineur à la retraite se découvre une passion pour la musique cajun, qui l'emmènera jusque dans le sud des États-Unis. □ Général

SCIENCE OF SLEEP, THE [Science des rêves, La] ▷4
FR. 2006. Comédie fantaisiste de Michel GONDRY avec Gael Garcia Bernal, Charlotte Gainsbourg et Alain Chabat. - Un jeune illustrateur franco-mexicain qui a tendance à confondre le rêve et la réalité cherche à séduire sa nouvelle voisine de palier. □ Général · Déconseillé aux jeunes enfants ➜ DVD $

SCIUSCIA [Shoe-Shine] ▶2
ITA. 1946. Drame social de Vittorio de SICA avec Rinaldo Smordoni, Franco Interlenghi et Aniello Mele. - Le drame de deux petits Italiens mêlés au marché noir dans la période d'après-guerre. - Œuvre forte, remarquable de vérité et de poésie. Style néoréaliste. Témoignage sincère sur un problème tragique de l'époque. Interprétation d'un naturel étonnant.

SCOOP ▷4
ANG. 2006. Comédie réalisée et interprétée par Woody ALLEN avec Scarlett Johansson et Hugh Jackman. - À Londres, une étudiante américaine et un vieux magicien tentent d'identifier un meurtrier en série. □ Général ➜ DVD $

SCORCHERS ▷4
É.-U. 1991. Comédie de mœurs de David BEAIRD avec Leland Crooke, Emily Lloyd et Faye Dunaway. - Deux histoires racontées parallèlement, l'une impliquant un couple de jeunes mariés et l'autre une prostituée confrontée à l'épouse d'un de ses clients. □ Général

SCORE, THE [Grand coup, Le] ▷4
É.-U. 2001. Drame policier de Frank OZ avec Robert De Niro, Edward Norton et Marlon Brando. - Des voleurs organisent un cambriolage audacieux à l'intérieur de l'édifice des Douanes du Vieux-Montréal. ➜ DVD $

SCORPIO ▷4
É.-U. 1972. Drame d'espionnage de Michael WINNER avec Alain Delon, Burt Lancaster et Paul Scofield. - Un Français au service de la CIA reçoit l'ordre de tuer son supérieur soupçonné d'être un agent double. □ Général ➜ DVD $

SCORPION
FR. 2007. Julien SERI ➜ DVD $

SCOTLAND, PA
É.-U. 2001. Billy MORRISSETTE ➜ DVD $

SCOTT OF THE ANTARTIC ▷4
ANG. 1948. Drame biographique de Charles FREND avec John Mills, Harold Warrender et Derek Bond. - L'histoire de l'expédition tragique du capitaine Scott au pôle Sud. □ Général

SCOUMOUNE, LA ▷4
FR. 1972. Drame policier de José GIOVANNI avec Jean-Paul Belmondo, Claudia Cardinale et Michel Constantin. - Les tribulations d'un truand marseillais dans les années 1930 et 1940. □ 13 ans+

SCOUNDREL, THE
POL. 1991. Tomasz WISZNIEWSKI □ Général

SCREAM [Frisson] ▷4
É.-U. 1996. Drame d'horreur de Wes CRAVEN avec David Arquette, Neve Campbell et Courteney Cox. - Une adolescente devient la cible d'un mystérieux meurtrier masqué. □ 16 ans+ · Violence ➜ DVD $

SCREAM 2 [Frissons II] ▷4
É.-U. 1997. Drame d'horreur de Wes CRAVEN avec Neve Campbell, Courteney Cox et David Arquette. - Des meurtres mystérieux se produisent dans l'entourage d'une jeune fille qui se remet à peine d'une semblable série noire. □ 16 ans+ · Violence ➜ DVD $

SCREAM 3 [Frissons III] ▷4
É.-U. 2000. Drame d'horreur de Wes CRAVEN avec Neve Campbell, Courteney Cox Arquette et David Arquette. - Le tournage d'un film d'horreur est perturbé par une série de meurtres commis par un tueur masqué. ➜ DVD $

SCREAM AND SCREAM AGAIN ▷4
ANG. 1969. Science-fiction de Gordon HESSLER avec Vincent Price, Christopher Matthews et Marshall Jones. - Après l'échec de la police, un jeune médecin légiste décide de poursuivre l'enquête sur deux meurtres mystérieux. □ 13 ans+

SCREAM, BLACULA, SCREAM! ▷5
É.-U. 1973. Drame d'horreur de Bob KELLJAN avec William Marshall, Pam Grier et Don Mitchell. - Un jeune homme fait appel à un vampire pour obtenir la direction d'un culte vaudou. □ 13 ans+

SCROOGE ▷3
ANG. 1970. Comédie musicale de Ronald NEAME avec Albert Finney, Alec Guinness et Edith Evans. - La nuit de Noël, un vieil avare fait un rêve qui l'amène à changer d'attitude. - Illustration somptueuse d'un conte de Dickens. Riche évocation des traditions de Noël à l'anglaise. □ Général ➜ DVD $

SCROOGE [Christmas Carol, A] ▷4
ANG. 1951. Conte de B.D. HURST avec Alastair Sim, Kathleen Harrison et Jack Warner. - Durant la nuit de Noël, un homme au cœur sec fait un rêve qui le décide à semer le bonheur autour de lui. ➜ DVD $

SCROOGED [Fantômes en fête] ▷4
É.-U. 1988. Comédie fantaisiste de Richard DONNER avec Bill Murray, Karen Allen et Bobcat Goldthwait. - Le président arriviste et hargneux d'un réseau de télévision reçoit la visite de fantômes qui l'incitent à reconsidérer sa vie. □ Général ➜ DVD $

SCRUBBERS ▷4
ANG. 1982. Drame social de Mai ZETTERLING avec Chrissie Cotterill, Amanda York et Elizabeth Edmonds. - Les tribulations d'un groupe de jeunes délinquantes qui séjournent dans une maison de redressement. □ 13 ans+

SCUM ▷4
ANG. 1979. Drame social d'Alan CLARKE avec Ray Winstone, Mick Ford et John Judd. - Les tribulations d'un jeune délinquant qui séjourne dans une maison de redressement. ➜ DVD $

SE SOUVENIR DES BELLES CHOSES ▷4
FR. 2001. Comédie dramatique de Zabou BREITMAN avec Isabelle Carré, Bernard Campan et Bernard Le Coq. - Une jeune femme souffrant de pertes de mémoire fréquentes s'éprend d'un veuf au passé douloureux rencontré dans une maison de santé. □ Général · Déconseillé aux jeunes enfants ➜ DVD $

SEA, THE *voir* **Mer, La**

SEA BEAST, THE
É.-U. 1926. Millard WEBB

SEA CHASE, THE ▷4
É.-U. 1955. Aventures de John FARROW avec John Wayne, Lana Turner et David Farrar. - Un navire allemand, poursuivi par les Anglais, tente de joindre un port neutre. ➜ DVD $

SEA HAWK, THE ▷4
É.-U. 1940. Aventures de Michael CURTIZ avec Errol Flynn, Brenda Marshall et Flora Robson. - Le capitaine d'un vaisseau corsaire britannique apporte son aide à la reine Elizabeth menacée par l'Armada espagnole. ➜ DVD $

SEA INSIDE, THE *voir* **Mer intérieure, La**

SEA IS WATCHING, THE
JAP. 2002. Kei KUMAI ➜ DVD $

SEA OF GRASS, THE ▷4
É.-U. 1947. Western d'Elia KAZAN avec Katharine Hepburn, Spencer Tracy et Robert Walker. - La vie conjugale difficile d'un important rancher de l'Ouest. □ Général

SEA OF LOVE [Rencontre fatale] ▷4
É.-U. 1989. Drame policier d'Harold BECKER avec Al Pacino, Ellen Barkin et John Goodman. - Enquêtant sur un meurtre, un détective de la police de New York s'éprend d'une femme qui pourrait bien être le coupable qu'il recherche. □ 13 ans+ ➜ DVD $

SEA WIFE [Épouse de la mer, L'] ▷4
É.-U. 1956. Drame de Bob McNAUGHT avec Joan Collins, Richard Burton et Cy Grant. - Au cours d'un naufrage, une religieuse se retrouve seule avec trois hommes dans un canot. ➜ DVD $

SEA WOLF, THE [Vaisseau fantôme, Le] ▷4
É.-U. 1941. Drame de Michael CURTIZ avec Edward G. Robinson, Ida Lupino et John Garfield. - Un forban de la mer fait régner la terreur sur son bateau.

SEA WOLVES, THE ▷4
É.-U. 1980. Drame de guerre d'Andrew V. McLAGLEN avec Gregory Peck, Roger Moore et David Niven. - En 1943, un commando d'anciens militaires entreprend de neutraliser un poste d'espionnage allemand dans l'océan Indien. □ Général ➜ DVD $

SEABISCUIT ▷4
É.-U. 2003. Drame sportif de Gary ROSS avec Tobey Maguire, Jeff Bridges et Chris Cooper. - Dans les années 1930, un cheval de course qu'on donnait perdant devient un champion national grâce aux efforts d'un commerçant, d'un cow-boy et d'un jockey.
□ Général ➜ DVD DVD-BR $

SEAGULL'S LAUGHTER, THE
ISL. 2001. Àgust GUÖMUNDSSON ➜ DVD $

SEALED SOIL, THE
IRAN 1977. Marva NABILI □ Général

SEANCE
JAP. 2000. Kiyoshi KUROSAWA ➜ DVD $

SEANCE ON A WET AFTERNOON ▷3
ANG. 1964. Drame psychologique de Bryan FORBES avec Kim Stanley, Richard Attenborough et Nanette Newman. - Une femme qui s'adonne au spiritisme fait enlever une fillette. - Bon film de suspense. Réalisation sobre et efficace. Excellents interprètes. □ Général ➜ DVD $

SEARCH, THE ▷3
É.-U. 1947. Drame social de Fred ZINNEMANN avec Montgomery Clift, Ivan Jandl et Aline MacMahon. - Un orphelin de guerre devient le protégé d'un soldat américain. - Valeur documentaire incontestable. Traitement sobre. Interprétation remarquable. □ Général

SEARCH AND DESTROY ▷5
É.-U. 1995. Comédie de mœurs de David SALLE avec Griffin Dunne, Illeana Douglas et Christopher Walken. - Un homme d'affaires endetté croit qu'il pourra transformer sa vie s'il réussit à porter au grand écran le roman d'un célèbre gourou. □ 13 ans+ ➜ DVD $

SEARCH FOR JOHN GISSING
É.-U. 2001. Mike BINDER ➜ DVD $

SEARCHERS, THE ►1
É.-U. 1955. Western de John FORD avec John Wayne, Jeffrey Hunter et Vera Miles. - Un aventurier se met à la poursuite des Comanches qui ont enlevé ses deux nièces.- Une des œuvres maîtresses de l'auteur. Style épique. Réalisation grandiose au rythme lent. Traitement rude et humoristique. Interprétation intense. □ Général ➜ DVD DVD-BR $

SEARCHING FOR BOBBY FISCHER ▷4
[À la recherche de Bobby Fisher]
É.-U. 1993. Drame de Steven ZAILLIAN avec Joe Mantegna, Max Pomeranc et Joan Allen. - Obnubilés par le succès de leur gamin joueur d'échecs, un couple pousse ce dernier à s'améliorer sans cesse.
□ Général ➜ DVD $

SEASON FIVE *voir* **Cinquième saison**

SEASON OF THE HUNTED
É.-U. 2003. Ron SPERLING ➜ DVD $

SEBASTIANE
ANG. 1976. Derek JARMAN □ 18 ans+ ➜ DVD $

SECOND AWAKENING OF CHRISTA KLAGES, THE ▷4
ALL. 1978. Drame psychologique de Margarethe VON TROTTA avec Tina Engel, Silvia Reize et Marius Muller-Westernhagen. - Pour sauver de la faillite la garderie où elle travaille, une femme entreprend un hold-up de banque avec deux amis. □ Général

SECOND BEST ▷4
ANG. 1994. Drame psychologique de Chris MENGES avec William Hurt, Chris Clearly Miles et Keith Allen. - Postier dans un petit village anglais, un célibataire morose décide d'adopter un garçon de dix ans qui se montre d'un abord difficile. □ Général

SECOND BEST ▷5
É.-U. 2004. Comédie dramatique d'Eric WEBER avec Joe Pantoliano, Boyd Gaines et Jennifer Tilly. - L'existence d'un quinquagénaire divorcé et chômeur est bouleversée par l'arrivée dans son patelin d'un ami d'enfance devenu producteur à Hollywood. ➜ DVD $

SECOND CHANCE
É.-U. 2006. Steve TAYLOR ➜ DVD $

SECOND CIRCLE
RUS. 1990. Aleksandr SOKUROV ➜ DVD $

SECOND GENERATION ▷4
ANG. 2003. Drame de Jon SEN avec Parminder Nagra, Om Puri et Anupam Kher. - En Angleterre, les déchirements et rancœurs des filles d'un riche immigrant indien qui vient de sortir du coma. ➜ DVD $

SECONDA VOLTA, LA ▷4
ITA. 1995. Drame psychologique de Mimmo CALOPRESTI avec Nanni Moretti, Valeria Bruni-Tedeschi et Valeria Milillo. - Un professeur turinois reconnaît dans une employée de bureau une terroriste qui, douze ans plus tôt, avait tenté de l'abattre d'une balle dans la tête lors d'un attentat. □ Général

SECONDS [Opération diabolique] ▷3
É.-U. 1966. Drame psychologique de John FRANKENHEIMER avec Rock Hudson, John Randolph et Salome Jens. - Un homme d'âge mûr change de physique et retrouve la jeunesse grâce à une intervention chirurgicale. - Sujet original. Atmosphère de cauchemar fort bien évoquée. Réalisation inventive. Interprétation intelligente.

SECRET, LE ▷3
FR. 2000. Drame psychologique de Virginie WAGON avec Anne Coesens, Michel Bompoil et Tony Todd. - Mariée et mère d'un bambin, une vendeuse d'encyclopédies âgée de 35 ans a une aventure sexuelle avec un danseur afro-américain quinquagénaire. - Exploration fine et intelligente du désir féminin. Réalisation assurée et attentive. Performance fort convaincante d'A. Coesens dans un rôle exigeant.
□ 16 ans+ · Érotisme

SECRET ADVENTURES OF TOM THUMB, THE ▷3
ANG. 1993. Conte de Dave BORTHWICK avec Nick Upton, Deborah Collar et Frank Passingham. - Un gamin haut de trois pouces est kidnappé par des savants qui l'emmènent dans un terrifiant laboratoire d'où il tente de s'évader. - Conte au climat glauque, horrifiant, fantaisiste et poétique tout à la fois. Remarquable mélange d'animation de figurines et d'action réelle avec acteurs. □ 13 ans+

SECRET AGENT ▷4
ANG. 1936. Drame d'espionnage d'Alfred HITCHCOCK avec John Gielgud, Robert Young et Madeleine Carroll. - Un écrivain est envoyé en Suisse sous un faux nom pour éliminer un espion allemand.
□ Général ➜ DVD $

SECRET AGENT, THE ▷5
É.-U. 1995. Drame d'espionnage de Christopher HAMPTON avec Bob Hoskins, Patricia Arquette et Gérard Depardieu. - À Londres, en 1907, un agent provocateur utilise le frère handicapé de sa femme pour commettre un acte de terrorisme. □ 13 ans+ ➜ DVD $

SECRET BALLOT ▷4
IRAN. 2001. Comédie satirique de Babak PAYAMI avec Nassim Abdi, Cyrus Abidi et Youssef Habashi. - Dans une île au large de l'Iran, un militaire obtus escorte une responsable électorale idéaliste chargée de faire voter les insulaires. ➜ DVD $

SECRET BEYOND THE DOOR ▷4
É.-U. 1947. Drame psychologique de Fritz LANG avec Joan Bennett, Michael Redgrave et Anne Revere. - Une femme se rend compte que son mari est un dangereux maniaque. □ Général

SECRET CEREMONY [Cérémonie secrète] ▷3
ANG. 1968. Drame psychologique de Joseph LOSEY avec Mia Farrow, Elizabeth Taylor et Robert Mitchum. - Une jeune fille, troublée par la mort de sa mère, installe chez elle une femme qui ressemble à celle-ci. - Situations peu vraisemblables. Bonne création d'atmosphère. Mise en scène experte. Interprétation talentueuse de Mia Farrow.

SECRET DE FAMILLE *voir* **Perfect Son, The**

SECRET DE JÉRÔME, LE ▷5
CAN. 1994. Drame de mœurs de Phil COMEAU avec Myriam Cyr, Germain Houde et Rémy Girard. - En 1863, dans un petit village de la Nouvelle-Écosse, un couple sans enfant recueille un inconnu amputé des deux jambes et apparemment muet.

SECRET DE KELLY-ANNE, LE *voir* **Opal Dream**

SECRET DE LA CHAMBRE CLAIRE, LE *voir* **White Room**

SECRET DE MA MÈRE, LE ▷4
CAN. 2006. Comédie dramatique de Ghyslaine CÔTÉ avec Ginette Reno, Céline Bonnier et Joëlle Morin. - À l'occasion des funérailles de son père, une jeune femme fait des découvertes bouleversantes sur sa famille. □ 13 ans+ ➜ DVD$

SECRET DE MON SUCCÈS, LE
voir **Secret of My Success, The**

SECRET DE TARA, LE *voir* **Playboys, The**

SECRET DÉFENSE ▷5
FR. 1997. Drame psychologique de Jacques RIVETTE avec Sandrine Bonnaire, Jerzy Radziwilowicz et Laure Marsac. - Une scientifique décide de régler son compte à un ancien associé de son père, qu'elle croit responsable de la mort de ce dernier.

SECRET DES CENDRES, LE *voir* **Smoke Signals**

SECRET DES POIGNARDS VOLANTS, LE ▷3
[House of Flying Daggers, The]
CHI. 2004. Film d'aventures de Zhang YIMOU avec Takeshi Kaneshiro, Zhang Ziyi et Andy Lau. - En Chine, au IXe siècle, un jeune capitaine s'éprend de la fille présumée du chef d'un clan de rebelles. - Récit d'amour et de guerre un peu naïf mais aux rebondissements bien amenés. Scènes d'arts martiaux réglées comme de magnifiques ballets. Grande beauté plastique. Interprétation vigoureuse. □ Général · Déconseillé aux jeunes enfants ➜ DVD DVD-BR$

SECRET DIARY OF SIGMUND FREUD, THE ▷5
É.-U. 1984. Comédie de Danford B. GREENE avec Bud Cort, Carol Kane et Klaus Kinski. - Amoureux d'une infirmière qui zézaie, le jeune Sigmund Freud élabore ses premières théories sur la psychanalyse. □ Général

SECRET DU BONHEUR, LE *voir* **Being Human**

SECRET EST DANS LA SAUCE, LE
voir **Fried Green Tomatoes**

SECRET GARDEN, THE [Jardin secret, Le] ▷5
É.-U. 1949. Comédie de Fred McLEOD WILCOX avec Margaret O'Brien, Dean Stockwell et Brian Roper. - Une jeune orpheline autoritaire et dure amenée des Indes chez un riche parent se transforme peu à peu au contact d'un petit paysan.

SECRET GARDEN, THE [Jardin secret, Le] ▷4
É.-U. 1993. Conte d'Agnieszka HOLLAND avec Kate Maberly, Heydon Prowse et Andrew Knott. - Après la mort de ses parents, une fillette vient habiter le château d'un oncle anglais où elle découvre un jardin secret auquel elle redonne vie. □ Général ➜ DVD$

SECRET HONOR
É.-U. 1984. Robert ALTMAN □ Général ➜ DVD$

SECRET INVASION ▷5
É.-U. 1964. Drame de guerre de Roger CORMAN avec Stewart Granger, Raf Vallone et Henry Silva. - Un commando formé de criminels a pour mission de faire évader un général prisonnier des Allemands.
➜ DVD$

SECRET LIFE OF BEES, THE ▷5
É.-U. 2008. Drame psychologique de Gina PRINCE-BYTHEWOOD avec Dakota Fanning, Queen Latifah et Jennifer Hudson. - En 1964, en Caroline du Sud, une fillette fuit son père violent et se réfugie dans la maison de trois sœurs de race noire où sa défunte mère a jadis habité.
□ Général ➜ DVD DVD-BR$

SECRET LIFE OF WALTER MITTY, THE ▷5
[Vie secrète de Walter Mitty, La]
É.-U. 1947. Comédie de Norman Z. MCLEOD avec Danny Kaye, Virginia Mayo et Boris Karloff. - Un timide rêve à des exploits imaginaires.
□ Général

SECRET LIFE OF WORDS, THE ▷4
[Vie secrète des mots, La]
ESP. 2005. Drame psychologique d'Isabel COIXET avec Sarah Polley, Tim Robbins et Javier Camara. - Une ouvrière sourde et très réservée est engagée comme infirmière sur une plate-forme pétrolière pour soigner un blessé brûlé et temporairement aveugle.
□ 13 ans+ ➜ DVD$

SECRET LIVES OF DENTISTS, THE ▷4
É.-U. 2003. Drame de mœurs d'Alan RUDOLPH avec Campbell Scott, Hope Davis et Denis Leary. - La lente désintégration d'un couple de dentistes dont le mari soupçonne sa femme d'infidélité.
□ Général ➜ DVD$

SECRET NATION [Nation secrète] ▷5
CAN. 1992. Drame politique de Michael JONES avec Cathy Jones, Mary Walsh et Michael Wade. - Quarante ans après que Terre-Neuve se soit jointe au Canada, une étudiante en histoire est intriguée par les controverses entourant cet événement. □ Général

SECRET OF MY SUCCESS, THE ▷4
[Secret de mon succès, Le]
É.-U. 1987. Comédie de Herbert ROSS avec Michael J. Fox, Helen Slater et Richard Jordan. - Voulant faire carrière dans le monde des affaires, un livreur de courrier réussit à s'immiscer parmi les cadres supérieurs de son entreprise. □ Général ➜ DVD$

SECRET OF NIMH, THE [Brisby et le secret de Nimh] ▷3
É.-U. 1982. Dessins animés de Don BLUTH. - Une souris des champs se voit obligée de demander de l'aide à une colonie de rats pour déménager son logis. - Intrigue à la fois naïve et complexe. Graphisme d'une grande précision. Personnages bien typés et pittoresques.
□ Général ➜ DVD$

SECRET OF ROAN INISH, THE ▷3
É.-U. 1994. Conte de John SAYLES avec Jeni Courtney, Mick Lally et Eileen Colgan. - Dans un village côtier irlandais, une fillette se persuade que son petit frère, prétendument mort noyé, aurait en réalité été élevé par des phoques dans une île voisine. - Atmosphère envoûtante gavée de vieux mythes gaéliques. Récit attaché aux détails du quotidien. Très beau travail d'illustration. Interprétation dans le ton voulu. □ Général ➜ DVD$

SECRET OF SANTA VITTORIA, THE ▷4
É.-U. 1969. Comédie de Stanley E. KRAMER avec Anthony Quinn, Anna Magnani et Hardy Kruger. - Les habitants d'un village italien font en sorte de cacher aux Allemands la provision de vin qui constitue leur seule richesse. □ Général ➜ DVD$

SECRET OF THE MAGIC GOURD, THE ▷4
[Gourde magique, La]
CHI. 2007. Comédie fantaisiste de John CHU et Frankie Chung avec Qilong Zhu, Peisi Chen et Gigi Leung. - Les aventures d'un garçon de onze ans qui a découvert les vertus mystérieuses d'une gourde trouvée dans la forêt. ➜ DVD$

SECRET SOCIETY
ANG. 2000. Imogen KIMMEL ➜ DVD$

SECRET WINDOW [Fenêtre secrète] ▷4
É.-U. 2004. Thriller de David KOEPP avec Johnny Depp, John Turturro et Maria Bello. - Un écrivain qui vit dans une maison isolée en forêt est harcelé par un inconnu qui l'accuse de plagiat.
□ 13 ans+ ➜ DVD DVD-BR$

SECRET-DÉFENSE *voir* **Hidden Agenda**

SECRETARY [Secrétaire, La] ▷4
É.-U. 2002. Comédie sentimentale de Steven SHAINBERG avec Maggie Gyllenhaal, James Spader et Jeremy Davies. - Une jeune secrétaire souffrant de troubles psychologiques s'engage dans une relation sadomasochiste avec son patron avocat.
□ 16 ans+ · Érotisme ➜ DVD$

SECRETO DE AMOR
MEX. 2004. Gabriel SORIANO → DVD$

SECRETS AND LIES [Secrets et mensonges] ►2
ANG. 1996. Drame psychologique de Mike LEIGH avec Brenda Blethyn, Timothy Spall et Marianne Jean-Baptiste. - Une ouvrière de race blanche voit réapparaître dans sa vie sa fille de race noire qu'elle fut forcée d'abandonner à sa naissance 27 ans auparavant. - Portrait de famille évoluant entre la tragédie et la comédie. Approche pleine d'authenticité et de compassion. Mise en scène intelligente. Interprétation remarquable. □ Général

SECRETS D'ADOS *voir* **Admissions**

SECRETS D'ÉTÉ *voir* **Who Loves the Sun**

SECRETS DE FAMILLE *voir* **Keeping Mum**

SECRETS DE LA PRINCESSE DE CARDIGNAN, LES ▷4
FR. 1982. Drame psychologique de Jacques DERAY avec Claudine Auger, Marina Vlady et François Marthouret. - Une princesse ruinée se joue des sentiments d'un écrivain naïf.

SECRETS DES BARAN, LES *voir* **Baran**

SECRETS ET MENSONGES *voir* **Secrets and Lies**

SECRETS OF THE FURIOUS FIVE *voir* **Kung Fu Panda**

SECRETS OF WOMEN *voir* **Attente des femmes, L'**

SECTION, LA *voir* **Stick, The**

SECTION 44 *voir* **Midnight Clear, A**

SECUESTRO EXPRESS
VEN. 2005. Jonathan JAKUBOWICZ → DVD$

SEDUCING DR. LEWIS *voir* **Grande séduction, La**

SEDUCING MAARYA ▷5
CAN. 1999. Drame de mœurs de Hunt HOE avec Nandana Sen, Cas Anvar et Vijay Mehta. - Un veuf d'origine indienne tombe amoureux de la femme qu'il a choisie comme épouse pour son fils. → DVD$

SÉDUCTEURS, LES *voir* **Bedtime Story**

SÉDUCTION EN MODE MINEUR *voir* **Tadpole**

SÉDUCTION FATALE *voir* **Last Seduction, The**

SEDUCTION OF JOE TYNAN, THE ▷4
É.-U. 1979. Drame social de Jerry SCHATZBERG avec Alan Alda, Meryl Streep et Barbara Harris. - Les problèmes professionnels et sentimentaux d'un sénateur aux idées libérales.

SEDUCTION OF MIMI, THE
voir **Mimi Métallo blessé dans son honneur**

SÉDUITE ET ABANDONNÉE [Seduced and Abandoned]
ITA. 1964. Pietro GERMI □ 13 ans+ → DVD$

SEE HOW THEY FALL
voir **Regarde les hommes tomber**

SEE NO EVIL [Terreur aveugle] ▷4
É.-U. 1971. Drame de Richard FLEISCHER avec Mia Farrow, Norman Eshley et Robin Bailey. - Une jeune aveugle dont les parents ont été tués pendant son absence fuit avec une preuve contre l'assassin. □ 13 ans+

SEE NO EVIL, HEAR NO EVIL ▷4
[Diable! Vois-tu ce que j'entends?]
É.-U. 1989. Comédie policière d'Arthur HILLER avec Gene Wilder, Richard Pryor et Joan Severance. - Deux vendeurs de journaux de Manhattan, l'un sourd l'autre aveugle, doivent prouver leur innocence dans une affaire de meurtre.

SEE THE SEA *voir* **Regarde la mer**

SEE YOU IN THE MORNING ▷4
É.-U. 1989. Drame psychologique d'Alan J. PAKULA avec Jeff Bridges, Alice Krige et Farrah Fawcett. - Les difficultés psychologiques et sentimentales d'un psychiatre qui s'est remarié avec une veuve après s'être séparé d'un mannequin. □ Général

SEED OF CHUCKY ▷6
É.-U. 2004. Drame d'horreur de Don MANCINI avec Jennifer Tilly, Redman et Hannah Spearritt. - Un couple de meurtriers réincarné dans deux poupées retrouve son rejeton à Hollywood pour le tournage d'un film sur leurs sinistres exploits. → DVD$

SEEDS OF EVIL [Gardener, The]
É.-U. 1975. James H. KAY → DVD$

SEEING OTHER PEOPLE ▷4
É.-U. 2004. Comédie de Wallace WOLODARSKY avec Jay Mohr, Julianne Nicholson et Josh Charles. - À la veille de se marier, un auteur de télévision et sa fiancée s'autorisent mutuellement quelques aventures d'un soir. → DVD$

SEEKER DARK IS RISING, THE ▷5
É.-U. 2007. Drame fantastique de David L. CUNNIGHAM avec Ian McShane, Alexander Ludwig et Christopher Eccleston. - Dernier représentant d'une lignée de guerriers capables de voyager dans le temps, un adolescent doit combattre un chevalier qui veut provoquer la fin du monde. → DVD$

SEEKING ASYLUM *voir* **Pipicacadodo**

SEEMS LIKE OLD TIMES ▷4
É.-U. 1980. Comédie de Jay SANDRICH avec Goldie Hawn, Chevy Chase et Charles Grodin. - Un écrivain forcé par deux bandits à commettre un vol de banque se réfugie chez son ex-femme maintenant mariée à un procureur. → DVD$

SEIGNEUR DE GUERRE *voir* **Lord of War**

SEIGNEUR DES ANNEAUX, LE *voir* **Lord of the Rings, The**

SEIGNEURS DE DOGTOWN, LES *voir* **Lords of Dogtown**

SEINS DE GLACE, LES ▷4
FR. 1974. Drame policier de Georges LAUTNER avec Alain Delon, Mireille Darc et Claude Brasseur. - Un scénariste de télévision s'éprend d'une jeune femme mystérieuse.

SEIZURE [Tango Macabre] ▷6
CAN. 1973. Drame d'horreur d'Oliver STONE avec Jonathan Frid, Martine Beswick et Christina Pickles. - Trois étranges personnages font irruption dans une maison de campagne dont ils forcent les occupants à se livrer à des jeux cruels. □ 13 ans+

SEL DE LA TERRE, LE *voir* **Salt of the Earth**

SELF MEDICATED
É.-U. 2005. Monty LAPICA

SELON CHARLIE ▷4
FR. 2005. Drame psychologique de Nicole GARCIA avec Jean-Pierre Bacri, Vincent Lindon et Benoît Poelvoorde. - Le retour d'un célèbre paléontologue dans son patelin bouleverse de façon plus ou moins directe la vie de quelques personnes. □ 13 ans+ → DVD$

SEMI-PRO ▷5
É.-U. 2008. Comédie sportive de Kent ALTERMAN avec Will Ferrell, Woody Harrelson et André Benjamin. - Dans les années 1970, l'excentrique propriétaire d'une équipe de basket-ball semi-professionnelle est prêt à tout pour que sa formation fasse partie de la NBA.
□ Général · Déconseillé aux jeunes enfants → DVD DVD-BR$

SEND ME NO FLOWERS ▷4
É.-U. 1964. Comédie de Norman JEWISON avec Rock Hudson, Doris Day et Tony Randall. - Se croyant à tort condamné à mourir sous peu, un homme cherche un nouveau mari pour sa femme.
□ Général → DVD$

SENDER, THE [Rêves sanglants] ▷4
ANG. 1982. Drame fantastique de Roger CHRISTIAN avec Kathryn Harrold, Zeljko Ivanek et Shirley Knight. - Une psychiatre vit de curieuses expériences en s'occupant d'un jeune amnésique doté d'extraordinaires pouvoirs télépathiques. □ 13 ans+ → DVD$

SÉNÉCHAL LE MAGNIFIQUE ▷5
FR. 1957. Comédie de Jean BOYER avec Fernandel , Nadia Grey et Armontel . - Un acteur sans succès se prend à jouer, dans la vie réelle, les personnages de ses rôles.

SENSE AND SENSIBILITY [Raison et sentiments] ▷3
É.-U. 1995. Comédie dramatique d'Ang LEE avec Emma Thompson, Kate Winslet et Émilie François. - Les tribulations sentimentales de deux sœurs dans l'Angleterre du XVIIIe siècle. - Adaptation alerte et spirituelle d'un roman de Jane Austen. Personnages habilement cernés. Réalisation lumineuse et aérée. Interprétation pleine de fraîcheur et d'intelligence. □ Général → DVD$

SENSO [Wanton Countess, The] ▷3
ITA. 1954. Drame sentimental de Luchino VISCONTI avec Alida Valli, Farley Granger et Massimo Girotti. - Une comtesse vénitienne s'éprend d'un aventurier qui lui soutire de l'argent. - Thème mélodramatique. Photographie admirable. □ Général

SENSUOUS NURSE, THE
ITA. 1975. Nello ROSSATI

SENTIERS DE LA GLOIRE, LES
voir **Paths of Glory**

SENTINEL, THE ▷5
É.-U. 2006. Thriller de Clark JOHNSON avec Michael Douglas, Kiefer Sutherland et Eva Longoria. - Soupçonné à tort de tremper dans un complot visant à assassiner le président des États-Unis, un agent des Services secrets cherche à se disculper.
□ 13 ans+ ➔ DVD DVD-BR$

SENTINELLE, LA ▷4
FR. 1991. Drame d'Arnaud DESPLECHIN avec Emmanuel Salinger, Thibault de Montalembert et Jean-Louis Richard. - Un étudiant en médecine est propulsé dans une affaire d'espionnage après avoir trouvé une tête momifiée dans ses bagages. □ 13 ans+

SENZA PELLE *voir* **Sans la peau**

SEPARATE BUT EQUAL [Séparés mais égaux] ▷4
É.-U. 1991. Drame historique de George STEVENS Jr. avec Sidney Poitier, Burt Lancaster et Richard Kiley. - Dans les années 1950, un avocat de New York se bat en Cour suprême pour l'abolition de la ségrégation raciale dans les écoles.

SEPARATE LIES ▷3
ANG 2005. Drame de mœurs de Julian FELLOWES avec Tom Wilkinson, Emily Watson et Rupert Everett. - Pour tromper son ennui, la jeune épouse d'un avocat londonien très respecté se met à fréquenter un aristocrate blasé. - Regard d'une ironie amère sur la désintégration d'un couple avec en toile de fond une intrigue criminelle. Portrait révélateur et subtil des personnages. Savant mélange d'élégance et de précision dans la mise en scène. Interprétation richement nuancée.
□ Général ➔ DVD$

SEPARATE PEACE, A ▷3
É.-U. 1972. Drame psychologique de Larry PEERCE avec Parker Stevenson, John Heyl et Victor Bevine. - L'amitié qui unit deux collégiens est mise à rude épreuve après que l'un d'eux fut victime d'un accident provoqué par l'autre. - Adaptation soignée d'un roman de John Knowles. Étude intéressante et positive d'un milieu d'éducation. Savoir-faire indéniable. Images expressives. Débutants talentueux.
➔ DVD$

SEPARATE TABLES ▷4
É.-U. 1958. Drame psychologique de Delbert MANN avec Deborah Kerr, David Niven et Burt Lancaster. - De petits drames se jouent dans un hôtel où viennent se réfugier des personnes solitaires.
□ Général ➔ DVD$

SÉPARATION, LA ▷3
FR. 1994. Drame psychologique de Christian VINCENT avec Daniel Auteuil, Isabelle Huppert et Jérôme Deschamps. - Les rapports entre deux époux s'enveniment de jour en jour après que le mari a découvert que sa femme aime un autre homme. - Crise conjugale analysée avec acuité. Observations psychologiques subtiles. Mise en scène d'une pudeur touchante. Comédiens de grand talent.

SÉPARÉS MAIS ÉGAUX *voir* **Separate but Equal**

SEPT *voir* **Seven**

SEPT ANS AU TIBET *voir* **Seven Years in Tibet**

SEPT ANS DE RÉFLEXION *voir* **Seven Year Itch, The**

SEPT FEMMES DE BARBE-ROUSSE, LES
voir **Seven Brides for Seven Brothers**

SEPT MERCENAIRES, LES
voir **Magnificent Seven, The**

SEPT PÉCHÉS CAPITAUX, LES ▷5
FR. 1952. Film à sketches d'Eduardo DE FILIPPO, Jean DRÉVILLE, Yves ALLÉGRET, Roberto ROSSELLINI, Carlo RIM et Claude AUTANT-LARA avec Maurice Ronet, Gérard Philipe et Viviane Romance. - Sept sketches illustrant les sept péchés capitaux.

SEPT PÉCHÉS CAPITAUX, LES ▷5
[Seven Deadly Sins, The]
FR. 1961. Film à sketches de Philippe DE BROCA, Claude CHABROL, Jacques DEMY, Sylvain DHOMME, Jean-Luc GODARD, Édouard MOLINARO et Roger VADIM. - Sept sketches illustrant les sept péchés capitaux. □ Général

SEPT SAMOURAÏS, LES [Seven Samurai, The] ►1
JAP. 1954. Aventures d'Akira KUROSAWA avec Takasi Shimura, Toshiro Mifune et Yoshio Inaba. - Sept samouraïs viennent en aide aux habitants d'un village menacé par des bandits. - Peinture remarquable, tragique et poétique à la fois. Mise en scène d'un dynamisme extraordinaire. Interprétation de grande classe. □ Général ➔ DVD$

SEPT SECONDES EN ENFER *voir* **Hour of the Gun**

SEPT VOLEURS, LES *voir* **Seven Thieves**

SEPTEMBER ▷4
É.-U. 1987. Drame psychologique de Woody ALLEN avec Mia Farrow, Dianne Wiest et Sam Waterston. - Installée dans une maison de campagne, une jeune femme dépressive reçoit divers invités de passage. □ Général ➔ DVD$

SEPTEMBER 30, 1955 [30 septembre 1955] ▷4
É.-U. 1977. Comédie dramatique de James BRIDGES avec Richard Thomas, Deborah Benson et Lisa Blount. - Bouleversé par la mort du jeune acteur James Dean, un collégien cherche à évoquer l'esprit du défunt dans de naïves expériences de spiritisme. □ Général

SEPTEMBRE 11-09-01 [September 01-09-11] ▷3
FR. 2002. Film à sketches collectif avec Maryam Karimi, Emmanuelle Laborit et Nour el-Cherif. - Onze cinéastes du monde entier donnent en 11 minutes, 9 secondes et une image leur vision des attentats du 11 septembre 2001. - Impressionnante collection de points de vue planétaires. Approches diversifiées mais complémentaires. Passages bouleversants. Interprètes convaincants. ➔ DVD$

SEPTIÈME CIEL, LE [Seventh Heaven] ▷5
FR. 1997. Drame psychologique de Benoît JACQUOT avec Sandrine Kiberlain, Vincent Lindon et François Berléand. - Une femme déprimée se métamorphose grâce à un hypnotiseur, ce qui finit par inquiéter son mari. □ Général ➔ DVD$

SEPTIÈME COMPAGNIE AU CLAIR DE LUNE, LA ▷5
FR. 1977. Comédie de R. LAMOUREUX avec Jean Lefebvre, Pierre Mondy et Henri Guybet. - Les mésaventures de trois anciens soldats partis de nuit à la chasse au lièvre. ➔ DVD$

SEPTIÈME PROPHÉTIE, LA *voir* **Seventh Sign, The**

SEPTIÈME SCEAU, LE *voir* **Seventh Seal, The**

SEPTIÈME VOYAGE DE SINBAD, LE
voir **7th Voyage of Sinbad, The**

SERAPHIM FALLS ▷5
É.-U. 2006. Western de David Von ANCKEN avec Liam Neeson, Pierce Brosnan et Anjelica Huston. - Après la guerre de Sécession, un ancien capitaine unioniste est pourchassé par un colonel du camp adverse qui lui voue une haine tenace. ➔ DVD$

SÉRAPHIN ▷5
QUÉ. 1949. Comédie dramatique de Paul GURY avec Hector Charland, Guy Provost et Suzanne Avon. - Un avare qui pressure les colonisateurs des Laurentides connaît une suite de déboires.

SÉRAPHIN, UN HOMME ET SON PÉCHÉ ▷4
[Seraphin: Heart of Stone]
QUÉ. 2002. Drame de mœurs de Charles BINAMÉ avec Pierre Lebeau, Karine Vanasse et Roy Dupuis. - En 1890, dans un village québécois miséreux, une jeune fille doit renoncer à celui qu'elle aime pour épouser un avare au cœur de pierre. □ 13 ans+ ➔ DVD$

SÉRAPHINE ▷3
Fr. 2008. Drame biographique de Martin PROVOST avec Yolande Moreau, Ulrich Tukur et Anne Bennent. - En 1912 à Senlis, un marchand d'art allemand découvre que sa femme de ménage, dévote et sans éducation, possède un talent exceptionnel pour la peinture. - Portrait sensible et intelligent d'une représentante encore méconnue de l'art naïf. Dénouement crève-cœur. Réalisation attentive, aux élans poétiques. Interprétation très juste. Y. Moreau littéralement habitée par son personnage. □ Général · Déconseillé aux jeunes enfants ➔ DVD$

SERENDIPITY [Heureux hasard] ▷4
É.-U. 2001. Comédie sentimentale de Peter CHELSOM avec John Cusack et Kate Becksinsale. - Deux jeunes gens épris l'un de l'autre décident de placer leur avenir entre les mains du destin. ➔ DVD$

SERENITY ▷4
É.-U. 2005. Science-fiction de Joss WHEDON avec Nathan Fillion, Gina Torres et Alan Tudyk. - Dans un lointain futur, des rebelles luttent contre un gouvernement totalitaire qui exerce un contrôle absolu sur les habitants du système solaire. □ 13 ans+ · Violence ➔ DVD$

SERGEANT RUTLEDGE ▷3
É.-U. 1960. Western de John FORD avec Jeffrey Hunter, Woody Strode et Constance Towers. - Un sergent de race noire est accusé injustement de meurtre et de viol. - Sujet original. Souffle épique. Photographie soignée. Interprétation solide de W. Strode. □ Général

SERGEANT YORK [Sergent York] ▷3
É.-U. 1941. Drame biographique de Howard HAWKS avec Gary Cooper, Joan Leslie et Walter Brennan. - Un fermier du Tennessee devient un des plus grands héros de la guerre 1914-1918. - Évocation pittoresque. Touches humoristiques. Mise en scène souple. Composition savoureuse de Cooper. □ Général ➜ DVD $

SERGEANTS 3
É.-U. 1962. John STURGES

SERIAL ▷4
É.-U. 1980. Comédie satirique de B. PERSKY avec Martin Mull, Tuesday Weld et Bill Macy. - Un couple de la banlieue de San Francisco fait face à divers problèmes lorsque l'épouse succombe aux tendances d'une pseudo-psychologie moderne. ➜ DVD $

SERIAL LOVER ▷5
FR. 1998. Comédie policière de James HUTH avec Michèle Laroque, Albert Dupontel et Elise Tielrooy. - Le souper d'anniversaire d'une romancière tourne au vinaigre quand elle tue accidentellement chacun de ses quatre prétendants. □ 13 ans+ · Violence

SERIAL MOM ▷4
[Maman ne se laisse pas marcher sur les pieds]
É.-U. 1994. Comédie satirique de John WATERS avec Kathleen Turner, Sam Waterston et Ricki Lake. - Une mère de famille modèle se laisse aller à des pulsions meurtrières chaque fois que quelqu'un menace le bonheur des siens. □ 13 ans+ · Langage vulgaire ➜ DVD $

SERIES 7: THE CONTENDERS ▷3
É.-U. 2000. Comédie satirique de Daniel MINAHAN avec Brooke Smith, Glenn Fitzgerald et Marylouise Burke. - Dans le cadre d'un reality show, six personnes choisies au hasard doivent s'entretuer, la victoire allant à l'ultime survivante. - Satire virulente et jouissive des dérives du voyeurisme télévisuel. Réalisation fort assurée imitant le style racoleur des reality shows. Interprétation solide. □ 16 ans+ · Violence ➜ DVD $

SERKO ▷4
FR. 2006. Aventures de Joël FARGES avec Aleksei Chadov, Jacques Gamblin et Marina Kim. - En 1889, un jeune cosaque traverse la Russie à dos de cheval afin d'aller sensibiliser le tsar au sort de sa tribu persécutée et volée par les maquignons. ➜ DVD $

SERPENT, LE [Night Flight from Moscow] ▷4
FR. 1972. Drame d'espionnage d'Henri VERNEUIL avec Yul Brynner, Henry Fonda et Dirk Bogarde. - La CIA vérifie les dires d'un colonel russe qui demande asile aux États-Unis. □ Général

SERPENT, LE ▷5
FR. 2006. Thriller d'Éric BARBIER avec Yvan Attal, Clovis Cornillac et Pierre Richard. - Un photographe en instance de divorce est l'objet d'une vengeance mystérieuse ourdie par un ancien camarade de classe. □ 13 ans+ · Violence ➜ DVD $

SERPENT AND THE RAINBOW, THE ▷4
[Emprise des ténèbres, L']
É.-U. 1987. Drame d'horreur de Wes CRAVEN avec Bill Pullman, Cathy Tyson et Zakes Mokae. - Un anthropologue se rend en Haïti dans le but de découvrir les éléments d'une potion qui plonge son consommateur dans le coma. □ 18 ans+ ➜ DVD $

SERPENT'S EGG, THE ▷3
ALL. 1977. Drame social d'Ingmar BERGMAN avec David Carradine, Liv Ullmann et Heinz Bennent. - En 1923, à Berlin, trois trapézistes se retrouvent aux prises avec un inquiétant médecin qui pratique de mystérieuses expériences sur le corps humain. - Illustration proche de l'expressionnisme des années 1920. Traitement percutant.
□ 13 ans+ ➜ DVD $

SERPENT'S KISS ▷5
FR. 1997. Drame de mœurs de Philippe ROUSSELOT avec Ewan McGregor, Greta Scacchi et Pete Postlethwaite. - En 1699, l'aménagement d'un somptueux jardin sur une riche propriété donne lieu à des intrigues amoureuses et des complots. ➜ DVD $

SERPICO ▷3
É.-U. 1973. Drame policier de Sidney LUMET avec Al Pacino, John Randolph et Tony Roberts. - Un jeune policier intègre lutte contre la corruption chez ses collègues. - Récit vigoureux et percutant tiré de faits authentiques. Suite de scènes colorées et vivantes. Excellente interprétation de A. Pacino. □ 13 ans+ ➜ DVD $

SERVANT, THE ▷3
ANG. 1963. Drame psychologique de Joseph LOSEY avec Dirk Bogarde, Sarah Miles et James Fox. - Un jeune bourgeois se laisse dominer progressivement par un serviteur pervers. - Récit ironique. Traitement baroque et insolite. Mise en scène très recherchée.
□ 13 ans+ ➜ DVD $

SERVEUSES DEMANDÉES ▷5
QUÉ. 2008. Drame de mœurs de Guylaine DIONNE avec Janaina Suaudeau, Clara Furey et Anne Dorval. - À l'expiration de son visa d'étudiante, une jeune Brésilienne se résout à travailler dans un bar de danseuses, où elle s'éprend d'une énigmatique employée québécoise. □ 13 ans+ · Érotisme ➜ DVD $

SERVING IN SILENCE:
THE MARGARETHE CAMMERMEYER STORY ▷4
É.-U. 1994. Drame social de Jeff BLECKNER avec Glenn Close, Judy Davis et Lorena Gale. - Une femme officier de l'armée américaine est licenciée à cause de son orientation sexuelle. □ Général ➜ DVD $

SESSION 9 ▷4
É.-U. 2001. Drame d'horreur de Brad ANDERSON avec Peter Mullan, David Caruso et Stephen Gevedon. - Des ouvriers engagés pour travailler dans un asile désaffecté réagissent de façon bizarre à l'atmosphère sinistre des lieux. □ 13 ans+ · Violence ➜ DVD $

SET-UP, THE ►2
É.-U. 1949. Drame de Robert WISE avec Robert Ryan, Audrey Totter et George Tobias. - Un boxeur est victime des combinards qui avaient arrangé un combat. - Remarquable document sur les milieux de la boxe. Très bonne mise en scène. Jeu expressif des interprètes.
□ Général ➜ DVD $

SETTE SCIALLI DI SETA GIALLA
[Crimes of the Black Cat, The]
ITA. 1972. Sergio PASTORE ➜ DVD $

SEUIL, LE *voir* **Threshold**

SEUL AU MONDE *voir* **Cast Away**

SEUL CONTRE TOUS [I Stand Alone] ▷4
FR. 1998. Drame de Gaspard NOÉ avec Philippe Nahon, Blandine Lenoir et Frankye Pain. - La déchéance d'un ancien détenu, paumé et violent, qui rumine des obsessions vengeresses contre ses proches et toute la société. ➜ DVD $

SEUL DANS SON ROYAUME *voir* **King of the Hill**

SEULEMENT TOI *voir* **Only You**

SEVEN [Sept] ▷3
É.-U. 1995. Drame policier de David FINCHER avec Morgan Freeman, Brad Pitt et Gwyneth Paltrow. - Deux détectives enquêtent sur les crimes d'un tueur qui s'inspire des sept péchés capitaux pour choisir ses victimes et leur châtiment. - Suspense aux idées dramatiques puissantes. Ambiance glauque et angoissante à souhait. Réalisation brillante. Interprétation pleine de conviction.
□ 16 ans+ · Horreur ➜ DVD DVD-BR $

SEVEN BEAUTIES [Pasqualino] ►2
ITA. 1975. Comédie satirique de Lina WERTMÜLLER avec Giancarlo Giannini, Shirley Stoler et Fernando Rey. - Un truand napolitain se plie à diverses exigences pour assurer sa survie, surtout lorsqu'il se retrouve en camp de concentration. - Situations paradoxales brassées avec vigueur. Vision grotesque de l'univers concentrationnaire. Éléments de réflexion. Excellente composition de G. Giannini.
□ 13 ans+ ➜ DVD $

SEVEN BRIDES FOR SEVEN BROTHERS ▷3
[Sept femmes de Barbe-Rousse, Les]
É.-U. 1954. Comédie musicale de Stanley DONEN avec Jane Powell, Howard Keel et Jeff Richards. - Sept frères montagnards enlèvent des jeunes filles au village voisin. - Mélange d'humour et de fantaisie. Danses bien exécutées. Musique entraînante. Interprétation alerte.
□ Général ➜ DVD $

SEVEN CHANCES ▷3
É.-U. 1925. Comédie réalisée et interprétée par Buster KEATON avec T. Roy Barnes et Ruth Dwyer. - Un jeune homme qui doit hériter d'une fortune s'il se marie fait face à un afflux de fiancées. - Scénario prétexte à une inénarrable poursuite. Invention comique constante. B. Keaton à son meilleur. □ Général ➜ DVD $

SEVEN CITIES OF GOLD ▷4
É.-U. 1955. Aventures de Robert D. WEBB avec Michael Rennie, Richard Egan et Anthony Quinn. - Un missionnaire participe à une expédition espagnole pour coloniser la Californie au XVIIIe siècle. □ Général

SEVEN DAYS IN MAY ▷4
É.-U. 1963. Drame social de John FRANKENHEIMER avec Kirk Douglas, Burt Lancaster et Fredric March. - Le chef du Pentagone prend la tête d'un complot pour déposer le président des États-Unis. ➔ DVD$

SEVEN DEADLY SINS, THE *voir* **Sept péchés capitaux, Les**

SEVEN DEATHS IN THE CAT'S EYE
voir **La morte negli occhi del gatto**

SEVEN DEATHS IN THE CAT'S EYE
ITA. 1973. Antonio MARGHERITI

SEVEN MEN FROM NOW
É.-U. 1956. Budd BOETTICHER ➔ DVD$

SEVEN NOTES IN BLACK [Emmurée vivante, L']
ITA. 1977. Lucio FULCI

SEVEN PERCENT SOLUTION, THE ▷3
É.-U. 1976. Comédie policière de Herbert ROSS avec Nicol Williamson, Alan Arkin et Robert Duvall. - Le docteur Sigmund Freud et le détective Sherlock Holmes unissent leurs forces pour résoudre une affaire d'enlèvement. - Point de départ ingénieux. Développements imaginatifs. Mise en scène soignée. Interprètes de talent. □ 13 ans+

SEVEN SAMURAI, THE *voir* **Sept samouraïs, Les**

SEVEN SWORDS ▷4
H.-K. 2005. Drame épique de Tsui HARK avec Donnie Yen, Leon Lai et Charlie Yeung. - En Chine, au milieu du XVIIe siècle, sept combattants aux sabres invincibles doivent protéger des villageois contre un chef de guerre sanguinaire. □ 13 ans+ ➔ DVD$

SEVEN THIEVES [Sept voleurs, Les] ▷4
É.-U. 1960. Drame policier d'Henry HATHAWAY avec Rod Steiger, Edward G. Robinson et Joan Collins. - Un professeur américain organise un hold-up audacieux au casino de Monte-Carlo. ➔ DVD$

SEVEN TIMES LUCKY ▷4
CAN. 2004. Drame policier de Gary B. YATES avec Kevin Pollak, Liane Balaban et Jonas Chernick. - Un escroc sans envergure ayant perdu une importante somme d'argent aux courses est trahi par son associée, une jeune pickpocket ambitieuse.
□ Général · Déconseillé aux jeunes enfants

SEVEN WOMEN FOR SATAN
FR. 1976. Michel LEMOINE ➔ DVD$

SEVEN YEAR ITCH, THE [Sept ans de réflexion] ▷3
É.-U. 1954. Comédie satirique de Billy WILDER avec Tom Ewell, Marilyn Monroe et Evelyn Keyes. - Pendant une absence de sa femme, un homme flirte avec une jolie voisine. - Scénario fertile en situations drôles. Ensemble plein de fraîcheur et de charme. Mise en scène fort habile. Interprétation attachante de M. Monroe dans un de ses rôles les plus célèbres. □ Général ➔ DVD$

SEVEN YEARS IN TIBET [Sept ans au Tibet] ▷4
É.-U. 1997. Drame biographique de Jean-Jacques ANNAUD avec Brad Pitt, David Thewlis et B.D. Wong. - Pendant la Seconde Guerre mondiale, un alpiniste autrichien parti à la conquête de l'Himalaya rencontre le dalaï-lama. □ Général ➔ DVD DVD-BR$

SEVEN-UPS, THE [Police puissance 7] ▷4
É.-U. 1973. Drame policier de P. D'ANTONI avec Roy Scheider, Tony Lo Bianco et Larry Haines. - Un policier est à la tête d'une équipe spécialisée dans l'arrestation de criminels passibles de fortes sentences.
➔ DVD$

SEVENTEEN YEARS
CHI. ITA. 1999. Zhang YUAN ➔ DVD$

SEVENTH CONTINENT, THE ►2
AUT. 1989. Drame psychologie de Michael HANEKE avec Dieter Berner, Udo Samel et Leni Tanzer. - Une famille à la vie monotone décide de fuir son passé et d'émigrer en Australie. ➔ DVD$

SEVENTH CROSS, THE ▷3
É.-U. 1944. Drame de Fred ZINNEMANN avec Spencer Tracy, Signe Hasso et Hume Cronyn. - Sept hommes s'échappent d'un camp de concentration allemand en 1936 et sont pourchassés impitoyablement. - Traitement réaliste et sombre. Mise en scène prenante. Jeu excellent de S. Tracy. □ Général

SEVENTH HEAVEN *voir* **Septième ciel, Le**

SEVENTH SEAL, THE [Septième sceau, Le] ►1
SUÈ. 1957. Drame d'Ingmar BERGMAN avec Gunnar Bjornstrand, Bibi Andersson et Max Von Sydow. - Un chevalier revenu des Croisades alors que son pays est en proie à la peste obtient un sursis de la Mort. - Légende symbolique aux images merveilleuses. Œuvre d'une grande richesse. Jeu remarquable des interprètes.
□ 13 ans+ ➔ DVD DVD-BR$

SEVENTH SIGN, THE [Septième prophétie, La] ▷5
É.-U. 1988. Drame fantastique de Carl SCHULTZ avec Demi Moore, Jurgen Prochnow et Michael Biehn. - Une jeune femme enceinte croit que son nouveau locataire est impliqué dans des phénomènes cataclysmiques. □ 13 ans+ ➔ DVD$

SEVENTH VEIL, THE ▷4
ANG. 1945. Drame psychologique de Compton BENNETT avec James Mason, Ann Todd et Herbert Lom. - Un psychiatre tente de découvrir les causes du déséquilibre d'un pianiste. - Atmosphère bien créée. Technique classique. Situations dramatiques judicieusement exploitées. Bons interprètes. □ Général

SEVERANCE [Coupures] ▷4
ANG. 2006. Comédie d'horreur de Christopher SMITH avec Danny Dyer, Laura Harris et Tim McInnerny. - Lors d'un stage en plein air en Hongrie, les employés d'une multinationale spécialisée dans la vente d'armes sont attaqués par des tueurs psychopathes.
□ 13 ans+ · Horreur · Violence ➔ DVD$

SEVILLANAS ▷4
ESP. 1992. Spectacle musical de Carlos SAURA avec Rocio Jurado, Paco de Lucia et Manolo Sanlucar. - Présentation d'une dizaine de numéros de danse flamenco chorégraphiés par Matilde Coral.

SEX AND A GIRL [Alex in Wonder]
É.-U. 2001. Drew Ann ROSENBERG ➔ DVD$

SEX AND LUCIA ▷5
ESP. 2001. Drame sentimental de Julio MEDEM avec Paz Vega, Tristan Ulloa et Najwa Nimri. - Croyant son conjoint romancier mort dans un accident, une jeune serveuse madrilène fuit dans une île paradisiaque dont lui avait parlé l'écrivain. □ 16 ans+ · Érotisme ➔ DVD$

SEX AND THE CITY [Sex and the City: The Movie] ▷5
É.-U. 2008. Comédie sentimentale de Michael Patrick KING avec Sarah Jessica Parker, Kim Cattrall et Cynthia Nixon. - Les tribulations sentimentales de quatre amies new-yorkaises qui en sont à réévaluer leurs relations respectives. □ 13 ans+ ➔ DVD DVD-BR$

SEX IN CHAINS
ALL. 1928. William DIETERLE ➔ DVD$

SEX IS COMEDY
FR. 2002. Catherine BREILLAT ➔ DVD$

SEX IS COMEDY/À MA SŒUR
FR. Catherine BREILLAT ➔ DVD$

SEX WITH LOVE
BRÉ. CHL. 2003. Boris QUERCIA

SEX, DRUGS, ROCK & ROLL ▷4
É.-U. 1991. Drame social de John McNAUGHTON avec Eric Bogosian. - Spectacle filmé mettant en valeur le monologuiste Eric Bogosian.
□ 13 ans+

SEX, LIES, AND VIDEOTAPE ▷4
[Sexe, mensonges et vidéos]
É.-U. 1989. Drame de mœurs de Steven SODERBERGH avec Andie MacDowell, James Spader et Laura San Giacomo. - Une épouse trompée se confie à un jeune homme qui passe son temps à enregistrer les confidences intimes des femmes qu'il rencontre.
□ 13 ans+ ➔ DVD$

SEX, POLITICS AND COCKTAILS
É.-U. 2002. Julien HERNANDEZ

SEX, SECRETS AND LIES
É.-U. 2001. Stan ALLEN ➔ DVD$

SEX-SHOP ▷5
FR. 1972. Comédie satirique réalisée et interprétée par Claude BERRI avec Juliet Berto et Jean-Pierre Marielle. - Un libraire transforme son établissement en boutique spécialisée dans la vente de livres et gadgets érotiques.

SEXE À NEW YORK *voir* **Sex and the City**

SEXE DES ÉTOILES, LE ▷4
QUÉ. 1993. Drame psychologique de Paule BAILLARGEON avec Marianne-Coquelicot Mercier, Denis Mercier, Tobie Pelletier et Sylvie Drapeau. - Vivant seule avec sa mère, une fillette de 12 ans renoue avec son père qui a changé de sexe depuis qu'il les a quittées.
□ 13 ans+ ➜ DVD$

SEXE, MENSONGES ET VIDÉOS
voir **Sex, Lies, and Videotape**

SEXMISSION
POL. 1984. Juliusz MACHULSKI

SEXPHONE AND THE GIRL NEXT DOOR
[Sexphone and the Lonely Wave]
THAÏ. 2003. Chalermpol (Heman Chetamee) BUNNAG ➜ DVD$

SEXTETTE ▷7
É.-U. 1979. Comédie musicale de Ken HUGHES avec Mae West, Timothy Dalton et Dom De Luise. - Une vedette de cinéma vieillissante qui vient d'épouser son sixième mari voit sa nuit de noces gâchée par divers incidents. ➜ DVD$

SEXUAL DEPENDENCY
É.-U. 2003. Rodrigo BELLOTT

SEXY BEAST ▷4
ANG. 2000. Thriller de Jonathan GLAZER avec Ray Winstone, Ben Kingsley et Ian McShane. - Un criminel à la retraite est relancé par un ancien complice tyrannique qui veut l'obliger à participer à un cambriolage. □ 13 ans+ · Langage vulgaire · Violence ➜ DVD$

SGT. PEPPER'S LONELY HEART CLUB BAND ▷5
É.-U. 1978. Comédie musicale de Michael SCHULTZ avec Peter Frampton, Sandy Farina et Frankie Howerd. - Un groupe de musiciens revient à son village d'origine pour défendre les habitants contre un escroc. □ Général ➜ DVD$

SHABBAT SHALOM! ▷4
QUÉ. 1992. Drame psychologique de Michel BRAULT avec Gilbert Sicotte, Robert Brouillette et Popeck. - Le fils d'un maire s'indigne devant l'opposition de son père au projet de construction d'une nouvelle synagogue. □ Général

SHACKLETON ▷4
ANG. 2001. Aventures de Charles STURRIDGE avec Kenneth Branagh, Lorcan Cranitch et Kevin McNally. - En 1914, l'explorateur anglais Ernest Shackleton dirige une périlleuse expédition maritime dans l'Antarctique.

SHADE
É.-U. 2003. Damian NIEMAN ➜ DVD$

SHADOW
POL. 1956. Jerzy KAWALEROWICZ

SHADOW, THE ▷4
É.-U. 1994. Drame fantastique de Russell MULCAHY avec Alec Baldwin, John Lone et Penelope Ann Miller. - Un justicier capable de se rendre invisible affronte un guerrier asiatique qui veut faire exploser une bombe atomique sur New York. □ Général ➜ DVD$

SHADOW OF ANGELS
ALL. 1976. Daniel SCHMID □ 13 ans+ · Langage vulgaire

SHADOW HUNTERS
JAP. 1972. Toshio MASUDA ➜ DVD$

SHADOW MAGIC ▷4
É.-U. 2000. Drame biographique d'Ann HU avec Xia Yu, Jared Harris et Liu Peiqi. - En 1902, à Pékin, un photographe s'associe à un entrepreneur anglais pour ouvrir le premier cinéma chinois.

SHADOW OF A DOUBT ►2
É.-U. 1942. Drame policier d'Alfred HITCHCOCK avec Teresa Wright, Joseph Cotten et Patricia Collinge. - Se voyant soupçonné d'un crime par sa nièce, un homme tente de l'éliminer. - Suspense psychologique intelligemment développé. Contexte social et familial fort habilement décrit. Réalisation parfaitement maîtrisée. Interprétation impeccable.
□ Général ➜ DVD$

SHADOW OF CHINA ▷5
JAP. 1990. Drame de mœurs de Mitsuo YANAGIMACHI avec John Lone, Koichi Sato et Sammi Davis. - Un journaliste japonais enquête sur le passé secret d'un financier de Hong Kong.

SHADOW OF THE VAMPIRE [Ombre du vampire, L'] ▷4
ANG. 2000. Drame fantastique d'E. Elias MERHIGE avec Willem Dafoe, John Malkovich et Udo Kier. - En 1921, un cinéaste recrute un vrai vampire pour jouer dans une adaptation de Dracula.
□ Général · Déconseillé aux jeunes enfants ➜ DVD$

SHADOW RIDERS ▷5
É.-U. 1982. Western d'A.V. McLAGLEN avec Tom Selleck, Sam Elliott et Ben Johnson. - Les aventures de trois frères partis chercher fortune dans l'Ouest.

SHADOW YOU SOON WILL BE, A
ARG. 1994. Hector OLIVERA □ Général

SHADOWLANDS [Univers des ombres, L'] ▷4
ANG. 1993. Drame sentimental de Richard ATTENBOROUGH avec Anthony Hopkins, Debra Winger et Edward Hardwicke. - Un écrivain réputé qui enseigne à Oxford se lie d'une amitié polie mais un peu froide avec une admiratrice new-yorkaise qu'il finit pourtant par épouser. □ Général

SHADOWS ▷3
É.-U. 1960. Étude de mœurs de John CASSAVETES avec Lelia Goldoni, Ben Carruthers et Hugh Hurd. - Une jeune New-Yorkaise de race noire à la peau blanche s'éprend d'un Blanc qui hésite à l'épouser lorsqu'il fait la connaissance de ses frères noirs. - Première œuvre du réalisateur. Dramatisation en grande partie improvisée. Ensemble vrai et attachant. Cadrages très expressifs. Interprétation naturelle.
□ Général ➜ DVD$

SHADOWS
É.-U. 1922. Tom FORMAN □ Général

SHADOWS AND FOG [Ombres et brouillard] ▷3
É.-U. 1991. Comédie réalisée et interprétée par Woody ALLEN avec Mia Farrow et John Malkovich. - Dans une ville d'Europe centrale, un modeste employé est enrôlé à son corps défendant par des citoyens à la recherche d'un étrangleur. - Amusant pastiche des films expressionnistes allemands. Décors et photographie superbes. ➜ DVD$

SHADOWS IN A CONFLICT [Sombras en una batalla]
ESP. 1993. Mario CAMUS

SHADOWS IN PARADISE ▷3
FIN. 1987. Drame de mœurs de Amos KAURISMAKI avec Matti Pellonpää, Kati Outinen et Saku Kuosmanen. - Les tribulations d'un éboueur porté sur l'alcool qui s'éprend d'une caissière de supermarché. - Regard émouvant sur la détresse de laissés-pour-compte. Grande sobriété de style et d'images. Interprétation distanciée.

SHADOWS IN THE SUN
É.-U. 2005. Brad MIRMAN ➜ DVD$

SHADOWS OF FORGOTTEN ANCESTORS
voir **Chevaux de feu, Les**

SHADOWS ON THE STAIRS
É.-U. 1941. D. Ross LEDERMAN □ Général

SHAFT ▷4
É.-U. 1971. Drame policier de Gordon PARKS avec Richard Roundtree, Moses Gunn et Christopher St.John. - Un détective privé est engagé par le chef de la pègre du quartier noir de Harlem pour retrouver sa fille enlevée par la Mafia. □ 13 ans+ ➜ DVD$

SHAFT ▷5
É.-U. 2000. Drame policier de John SINGLETON avec Samuel L. Jackson, Christian Bale et Geoffrey Wright. - Devant l'inefficacité de la justice, un policier donne sa démission pour prendre sur lui de neutraliser un jeune et riche meurtrier raciste. □ 13 ans+ ➜ DVD$

SHAFT IN AFRICA ▷5
É.-U. 1973. Drame policier de John GUILLERMIN avec Frank Finlay, Richard Roundtree et Vonetta McGee. - Un détective de race noire entreprend de démanteler un trafic de travailleurs émigrés.
□ 18 ans+ ➜ DVD$

SHAFT'S BIG SCORE! ▷4
É.-U. 1972. Drame policier de Gordon PARKS avec Richard Roundtree, Joseph Mascolo et Wally Taylor. - Un détective privé de race noire enquête sur l'assassinat du frère de sa maîtresse, entrepreneur en assurances et en pompes funèbres. □ 13 ans+ ➜ DVD$

SHAGGY DOG, THE [Quelle vie de chien] ▷4
É.-U. 1959. Comédie fantaisiste de Charles BARTON avec Tommy Kirk, Fred MacMurray et Kevin Corcoran. - Un adolescent trouve une bague magique du Moyen Âge qui le transforme en chien. ➜ DVD$

SHAKE HANDS WITH THE DEVIL ▷4
É.-U. 1959. Drame historique de Michael ANDERSON avec James Cagney, Don Murray et Dana Wynter. - Un jeune homme est amené à participer à la lutte pour l'indépendance de l'Irlande. □ Général

SHAKE HANDS WITH THE DEVIL ▷4
[J'ai serré la main du diable]
CAN. 2007. Drame historique de Roger SPOTTISWOODE avec Roy Dupuis, Tom McCamus et Deborah Kara Unger. - Le génocide rwandais de 1994, à travers la douloureuse expérience du général Roméo Dallaire, qui était à l'époque à la tête des casques bleus de l'ONU. □ 13 ans+ · Violence ➜ DVD $

SHAKE IT ALL ABOUT ▷4
DAN. 2001. Comédie de mœurs de Hella JOOF avec Mads Mikkelsen, Troels Lyby et Charlotte Munck. - Un architecte homosexuel a une aventure avec la belle-sœur de son amant. ➜ DVD $

SHAKES THE CLOWN ▷4
É.-U. 1991. Comédie dramatique réalisée et interprétée par Bobcat GOLDTHWAIT avec Julie Brown et Tom Kenny. - Un clown essaie de se disculper du meurtre de son impresario dont il est accusé. □ 13 ans+ · Langage vulgaire

SHAKESPEARE IN LOVE [Shakespeare et Juliette] ▷3
É.-U. 1998. Comédie sentimentale de John MADDEN avec Joseph Fiennes, Gwyneth Paltrow et Colin Firth. - À Londres, en 1593, un dramaturge trouve l'inspiration en tombant amoureux d'une jeune noble promise à un lord. - Fantaisie charmante autant que bouffonne pastichant l'œuvre de Shakespeare. Interprétation de première classe. □ Général ➜ DVD $

SHAKESPEARE WALLAH ▷4
ANG. 1965. Étude de mœurs de James IVORY avec Geoffrey Kendal, Felicity Kendal et Shashi Kapoor. - Une troupe d'acteurs anglais tente sans succès de jouer le répertoire de Shakespeare en Inde. ➜ DVD $

SHALAKO ▷5
ANG. 1968. Western d'Edward DMYTRYK avec Sean Connery, Brigitte Bardot et Peter Van Eyck. - Un éclaireur de l'armée vient en aide à des aristocrates qui se sont aventurés en territoire indien au cours d'une expédition de chasse. □ 13 ans+ ➜ DVD $

SHALL WE DANCE ▷4
É.-U. 1937. Comédie musicale de Mark SANDRICH avec Fred Astaire, Ginger Rogers et Edward Everett Horton. - Un danseur classique s'éprend d'une danseuse à claquettes. □ Général ➜ DVD $

SHALL WE DANCE? ▷4
JAP. 1996. Comédie de mœurs de Masayuki SUO avec Koji Yakusho, Tamiyo Kusakari et Naoto Takenaka. - Un comptable décide de prendre des cours de danse sociale à l'insu de sa femme et de sa fille. □ Général ➜ DVD $

SHALL WE DANCE? [Si on dansait] ▷5
É.-U. 2004. Comédie sentimentale de Peter CHELSOM avec Richard Gere, Jennifer Lopez et Susan Sarandon. - À l'insu de sa famille, un avocat décide de prendre des cours de danse sociale pour se rapprocher d'une danseuse dont il est tombé amoureux. □ Général ➜ DVD DVD-BR $

SHALLOW GRAVE [Petits meurtres entre amis] ▷3
ANG. 1994. Drame policier de Danny BOYLE avec Kerry Fox, Christopher Eccleston et Ewan McGregor. - Trois amis habitant un grand appartement découvrent leur nouveau colocataire sans vie dans son lit avec une valise pleine d'argent. - Astucieux cocktail d'humour noir et de suspense macabre. Dénouement surprenant. Réalisation percutante. Interprétation fort convaincante. □ 16 ans+ · Violence

SHALLOW GROUND [Écorché, L'] ▷5
É.-U. 2005. Drame d'horreur de Sheldon WILSON avec Timothy V. Murphy, Stan Kirsch et Lindsey Stoddart. - Le shérif d'une petite ville cherche à éclaircir le mystère entourant un étrange garçon muet ayant été découvert en pleine nuit, le corps couvert de sang. ➜ DVD $

SHALLOW HAL [Hal le superficiel] ▷5
É.-U. 2001. Comédie fantaisiste de Bobby et Peter FARRELLY avec Jack Black, Gwyneth Paltrow et Jason Alexander. - Après avoir subi un lavage de cerveau, un homme s'éprend d'une jeune femme obèse qu'il perçoit comme une svelte déesse blonde. □ Général ➜ DVD $

SHAME, THE *voir* **Honte, La**

SHAMPOO [Shampooing] ▷5
É.-U. 1974. Comédie de mœurs de Hal ASHBY avec Warren Beatty, Julie Christie et Goldie Hawn. - Les aventures sentimentales d'un coiffeur pour dames à Los Angeles. □ 13 ans+ ➜ DVD $

SHANDURAÏ *voir* **Besieged**

SHANE ▷3
É.-U. 1953. Western de George STEVENS avec Alan Ladd, Brandon de Wilde et Jean Arthur. - Un aventurier s'unit à des fermiers qu'on veut chasser d'une région de l'Ouest. - Western en forme de chanson de geste. Présentation originale des personnages et de l'époque. Style sobre et vigoureux. Interprétation juste. □ Général ➜ DVD $

SHANGHAI EXPRESS ▷3
É.-U. 1932. Aventures de Josef VON STERNBERG avec Marlene Dietrich, Clive Brook et Warner Oland. - Dans un train de voyageurs retenu par des rebelles chinois, une prostituée est prête à se sacrifier pour un amour ancien. - Climat exotique recréé avec faste. Mise en scène raffinée. Bonne utilisation des interprètes. □ Général

SHANGHAI GESTURE, THE
É.-U. 1941. Josef VON STERNBERG □ Général

SHANGHAI KNIGHTS ▷4
[Chevaliers de Shanghai, Les]
É.-U. 2003. Comédie policière de David DOBKIN avec Jackie Chan, Owen Wilson et Aaron Johnson. - Un Chinois expert en arts martiaux et son compagnon d'aventures américain luttent contre un lord anglais qui complote contre la famille royale. □ Général ➜ DVD $

SHANGHAI NOON [Cowboy de Shanghai, Le] ▷4
É.-U. 2000. Comédie de Tom DEY avec Jackie Chan, Owen Wilson et Lucy Liu. - En 1887, un garde impérial de Chine se rend dans l'Ouest américain pour sauver une princesse kidnappée par des malfaiteurs. □ Général ➜ DVD $

SHANGHAI SURPRISE ▷5
ANG. 1986. Aventures de Jim GODDARD avec Sean Penn, Madonna et Paul Freeman. - À Shanghai, en 1938, une jeune missionnaire demande à un aventurier de retrouver une importante quantité d'opium abandonnée par un trafiquant.

SHANGHAI TRIAD
voir **Triade de Shanghai, La**

SHAOLIN SOCCER ▷4
H.-K. 2001. Comédie fantaisiste réalisée et interprétée par Stephen CHOW avec Vicki Zhao Wei et Ng Man Tat. - Les exploits presque surhumains d'une équipe de joueurs de soccer qui utilisent des techniques spéciales de kung-fu. □ Général ➜ DVD $

SHAPE OF THINGS TO COME ▷5
CAN. 1979. Science-fiction de George McGOWAN avec Barry Morse, Nicholas Campbell et Eddie Benton. - Installée sur la Lune après une guerre destructrice, la race humaine est aux prises avec un ennemi provenant d'une planète lointaine. ➜ DVD $

SHAPE OF THINGS, THE [Forme des choses, La] ▷4
É.-U. 2002. Drame de mœurs de Neil LaBUTE avec Paul Rudd, Rachel Weisz et Gretchen Mol. - Une étudiante aux Beaux-Arts encourage son nouveau petit ami, un garçon timide et empoté, à changer son apparence physique. □ Général ➜ DVD $

SHARK BAIT [Festin de requin] ▷4
É.-U. 2006. Film d'animation de Howard E. BAKER et John FOX. - Un jeune poisson promet à sa bien-aimée de repousser un vilain requin qui veut la forcer à devenir sa compagne. □ Général

SHARK SKIN MAN AND PEACH HIP GIRL
JAP. 1999. Katsuhito ISHII ➜ DVD $

SHARK TALE [Gang de requins] ▷4
É.-U. 2004. Film d'animation de Vicky JENSON, Bibo BERGERON et Rob LETTERMAN. - Avec l'aide d'un requin végétarien, un ambitieux poisson se fait passer pour un redoutable tueur de squales. □ Général ➜ DVD $

SHATTERED [Troubles] ▷3
É.-U. 1991. Drame policier de Wolfgang PETERSEN avec Tom Berenger, Greta Scacchi et Bob Hoskins. - Devenu amnésique à la suite d'un accident de voiture, un homme demande à un détective d'enquêter sur son passé. - Déferlement de rebondissements surprenants. Bonne création d'ambiance. Suspense mené avec beaucoup d'assurance. Interprétation solide. □ 13 ans+ ➜ DVD $

SHATTERED [Vies brisées] ▷4
É.-U. 2007. Thriller de Mike BARKER avec Pierce Brosnan, Maria Bello et Gerard Butler. - Afin de retrouver leur fille kidnappée par un maniaque, un homme et son épouse se soumettent à toutes les épreuves imposées par celui-ci. ➔ DVD $

SHATTERED GLASS ▷3
É.-U. 2003. Drame de Billy RAY avec Hayden Christensen, Hank Azaria et Peter Sarsgaard. - Un jeune journaliste travaillant pour un prestigieux magazine est soupçonné d'avoir fabriqué de toutes pièces les éléments d'un reportage. - Scénario intelligent et nuancé, inspiré de l'histoire vraie du journaliste Stephen Glass. □ Général ➔ DVD $

SHATTERED IMAGE [Identités] ▷5
ANG. 1998. Drame fantastique de Raul RUIZ avec Anne Parillaud, William Baldwin et Lisanne Falk. - Une jeune mariée, hantée par des rêves où elle se voit dans la peau d'une tueuse à gages, découvre que son mari veut l'assassiner. □ 13 ans+ · Violence

SHAUN OF THE DEAD ▷4
ANG. 2004. Comédie d'horreur d'Edgar WRIGHT avec Simon Pegg, Nick Frost et Kate Ashfield. - Tandis qu'il tente de reconquérir sa petite amie, un jeune vendeur londonien doit lutter contre une invasion soudaine de morts-vivants. □ 13 ans+ · Horreur ➔ DVD $

SHAWSHANK REDEMPTION, THE ▷4
[À l'ombre de Shawshank]
É.-U. 1994. Drame de Frank DARABONT avec Tim Robbins, Morgan Freeman et Bob Gunton. - Injustement condamné pour meurtre, un jeune banquier passe vingt ans en prison avant d'apprendre par un autre détenu l'identité du véritable assassin.
□ 13 ans+ · Langage vulgaire ➔ DVD DVD-BR $

SHE ▷4
É.-U. 1935. Aventures de Irving PICHEL et Lansing C. HOLDEN avec Helen Gahagan, Randolph Scott et Helen Mack. - Des explorateurs découvrent en Sibérie une oasis tropicale souterraine où règne une femme possédant le secret de la vie éternelle. □ Général ➔ DVD $

SHE DONE HIM WRONG ▷4
É.-U. 1933. Comédie de Lowell SHERMAN avec Mae West, Cary Grant et Owen Moore. - Les amours tumultueuses d'une aventurière.
□ Général ➔ DVD $

SHE HATE ME ▷5
É.-U. 2004. Comédie dramatique de Spike LEE avec Anthony Mackie, Kerry Washington et Ellen Barkin. - Congédié pour avoir dénoncé ses patrons corrompus, un cadre afro-américain gagne ensuite sa vie en faisant des enfants à de riches lesbiennes. ➔ DVD $

SHE MUST BE SEEING THINGS
É.-U. 1990. Sheila McLAUGHLIN □ 13 ans+

SHE WORE A YELLOW RIBBON [Charge héroïque, La] ▷3
É.-U. 1949. Western de John FORD avec John Wayne, Joanne Dru et Victor McLaglen. - La dernière mission militaire d'un vétéran de l'armée américaine contre les indiens. - Œuvre de qualité. Très bons moments épiques. Photographie souvent grandiose. Solide interprétation. □ Général ➔ DVD $

SHE'S GOTTA HAVE IT ▷4
É.-U. 1986. Comédie de mœurs réalisée et interprétée par Spike LEE avec Tracy Camilla Johns et Tommy Redmond Hicks. - Une jeune Noire de New York tente en vain de créer une entente entre ses trois amoureux. □ 13 ans+ ➔ DVD $

SHE'S HAVING A BABY ▷4
É.-U. 1987. Comédie dramatique de John HUGHES avec Kevin Bacon, Elizabeth McGovern et Alec Baldwin. - Alors que sa femme accouche, un jeune publicitaire se rappelle les principaux événements de sa vie avec elle. □ Général ➔ DVD $

SHE'S SO LOVELY [Fou d'elle] ▷4
É.-U. 1997. Comédie dramatique de Nick CASSAVETES avec Sean Penn, Robin Wright Penn et John Travolta. - L'amour fou d'un couple de paumés est mis à rude épreuve lorsque le mari est condamné à dix ans de prison. □ 13 ans+

SHE'S THE MAN [Homme c'est elle, L'] ▷5
É.-U. 2005. Comédie sentimentale d'Andy FICKMAN avec Amanda Bynes, Channing Tatum et Laura Ramsey. - Une adolescente se travestit en son frère jumeau afin de pouvoir participer à une compétition masculine de soccer. □ Général ➔ DVD $

SHE'S THE ONE [C'est elle] ▷4
É.-U. 1996. Comédie de mœurs réalisée et interprétée par Edward BURNS avec Mike McGlone et John Mahoney. - Deux frères, l'un chauffeur de taxi, l'autre courtier à Wall Street, éprouvent chacun des difficultés à vivre une relation amoureuse stable.
□ Général ➔ DVD $

SHE-DEVIL [Diable, La] ▷4
É.-U. 1989. Comédie de Susan SEIDELMAN avec Roseanne Barr, Meryl Streep et Ed Begley Jr. - Découvrant que son mari la trompe avec une riche romancière, une femme obèse jure de détruire la vie de celui-ci.
□ 13 ans+ ➔ DVD $

SHEENA ▷5
É.-U. 1984. Aventures de John GUILLERMIN avec Tanya Roberts, Ted Wass et Trevor Thomas. - Une petite Américaine perdue dans la jungle africaine devient à l'âge adulte la protectrice de la tribu qui l'a élevée.
□ Général ➔ DVD $

SHEER MADNESS *voir* **Amie, L'**

SHEIK, THE
É.-U. 1921. George MELFORD □ Général

SHEITAN
FR. 2006. Kim CHAPIRON ➔ DVD $

SHELTER OF THE WINGS *voir* **À l'abri de leurs ailes**

SHELTERING SKY, THE [Thé au Sahara, Un] ▷3
ANG. 1990. Drame psychologique de Bernardo BERTOLUCCI avec Debra Winger, John Malkovich et Campbell Scott. - Lors d'un voyage en Afrique du Nord, un couple de New-Yorkais traverse une grave crise conjugale. - Œuvre fascinante et déconcertante. Description percutante du choc des cultures. Nombreuses ellipses. Excellent travail d'illustration. Interprètes de talent. □ 13 ans+ ➔ DVD $

SHENANDOAH ▷4
É.-U. 1965. Drame d'Andrew V. McLAGLEN avec James Stewart, Glenn Corbett et Rosemary Forsyth. - Une famille de fermiers de Virginie subit les contrecoups de la guerre de Sécession. ➔ DVD $

SHEPHERD OF THE HILLS, THE ▷4
É.-U. 1940. Drame de Henry HATHAWAY avec John Wayne, Betty Field et Harry Carey. - Un étranger s'impose à un clan de rudes montagnards.
□ Général

SHÉRIF, LE *voir* **Proud Ones**

SHÉRIF EST EN PRISON, LE *voir* **Blazing Saddles**

SHÉRIF NE PARDONNE PAS, LE *voir* **Blazing Saddles**

SHERLOCK JR. [Sherlock Jr./Our Hospitality] ►1
É.-U. 1924. Comédie réalisée et interprétée par Buster KEATON avec Kathryn McGuire et Ward Crane. - Un jeune projectionniste qui rêve de devenir détective pénètre en pensée dans le film policier qu'il projette sur l'écran. - Œuvre marquante du cinéaste. Scénario d'une invention comique constante. Notes poétiques savoureuses. Interprétation finement bouffonne. □ Général ➔ DVD $

SHERRYBABY
É.-U. 2006. Laurie COLLYER ➔ DVD $

SHIKOKU
JAP. 1999. Shunichi NAGASAKI

SHINE [Prodige, Le] ▷3
AUS. 1996. Drame psychologique de Scott HICKS avec Noah Taylor, Armin Mueller-Stahl et Geoffrey Rush. - Un pianiste prodige sombre dans la dépression après avoir brisé les liens avec son père tyrannique. - Récit inspiré de la vie du virtuose David Helfgott. Regard précis et sensible. Mise en scène ample et gracieuse. N. Taylor et G. Rush prodigieux. □ Général

SHINER
É.-U. 2004. Christian CALSON

SHINING, THE [Enfant-lumière, L'] ►2
É.-U. 1980. Drame d'horreur de Stanley KUBRICK avec Jack Nicholson, Shelley Duvall et Scatman Crothers. - Engagé comme gardien d'un hôtel en montagne pendant l'hiver, un homme subit une étrange transformation mentale. - Fantastique mâtiné de psychologique. Séquences impressionnantes. Mise en scène brillante. Interprétation excellente. □ 18 ans+ ➔ DVD DVD-BR $

SHINING HOUR
É.-U. 1938. Frank BORZAGE □ Général

SHINING THROUGH [Lueur dans la nuit, Une] ▷4
É.-U. 1992. Drame d'espionnage de David SELTZER avec Melanie Griffith, Michael Douglas et Liam Neeson. - Une jeune employée des services secrets américains est envoyée en mission à Berlin pour espionner un dirigeant nazi. □ 13 ans+ ➜ DVD $

SHINJUKU TRIAD SOCIETY
JAP. 1995. Takashi MIIKE ➜ DVD $

SHINOBI - HEART UNDER BLADE
JAP. 2005. Shimoyama TEN ➜ DVD $

SHINSENGUMI: ASSASINS OF HONOR
JAP. 1969. Tadashi SAWASHIMA ➜ DVD $

SHIP OF FOOLS [Nef des fous, La] ▷3
É.-U. 1965. Drame social de Stanley E. KRAMER avec Oskar Werner, Simone Signoret et Vivien Leigh. - Diverses intrigues se font jour entre les passagers d'un navire voguant vers l'Allemagne en 1933. - Intrigues multiples habilement construites. Scénario enrichi d'intentions symboliques. Réalisation recherchée. Équipe prestigieuse d'interprètes. □ 13 ans+ ➜ DVD $

SHIPPING NEWS, THE [Noeuds et dénouements] ▷4
É.-U. 2001. Drame de mœurs de Lasse HALLSTRÖM avec Kevin Spacey, Julianne Moore et Judi Dench. - Déboussolés par diverses épreuves familiales, un père, sa fillette et sa tante s'efforcent de panser les blessures de leur passé □ 13 ans+ ➜ DVD $

SHIPWRECKED ▷4
NOR. 1990. Aventures de Nils GAUP avec Stian Smedstad, Gabriel Byrne et Louisa Haigh. - Naufragés dans une île déserte, un jeune mousse et ses compagnons entrent en lutte contre un flibustier. □ Général

SHIRI *voir* **Nom de code: Shiri**

SHIRLEY VALENTINE ▷4
ANG. 1989. Comédie sentimentale de Lewis GILBERT avec Pauline Collins, Tom Conti et Bernard Hill. - Une ménagère dans la quarantaine remet en question sa façon de vivre et profite d'un voyage en Grèce pour connaître quelques moments de folie. □ Général ➜ DVD $

SHIVERS [Frissons] ▷6
CAN. 1974. Drame d'horreur de David CRONENBERG avec Paul Hampton, Lynn Lowry et Alan Migicovsky. - Une maison de rapport est envahie par des parasites maléfiques créés par un savant qui s'est suicidé. □ 13 ans+ · Horreur

SHOCK ▷4
ITA. 1977. Drame d'horreur de Mario BAVA avec Daria Nicolodi, John Steiner et David Colin Jr. - Habité par l'esprit vengeur de son défunt père, un gamin trouble l'existence de sa mère remariée. ➜ DVD $

SHOCK
É.-U. 1946. Alfred L. WERKER ➜ DVD $

SHOCK TO THE SYSTEM, A ▷4
É.-U. 1990. Comédie satirique de Jan EGLESON avec Michael Caine, Elizabeth McGovern et Peter Riegert. - Frustré d'une promotion sur laquelle il comptait, un publicitaire décide de régler ses problèmes en provoquant autour de lui quelques morts «accidentelles».

SHOCK WAVES [Damnés du passé, Les] ▷5
É.-U. 1975. Drame d'horreur de Ken WIEDERHORN avec Brooke Adams, Peter Cushing et John Carradine. - Des naufragés sont pourchassés dans une île par des soldats nazis que des expériences scientifiques ont transformés en êtres monstrueux. ➜ DVD $

SHOCK, THE
É.-U. 1923. Lambert HILLYER □ Général

SHOCKED *voir* **Mesmerized**

SHOE, THE
ALL. 1998. Laila PAKALNINA

SHOE-SHINE *voir* **Sciuscia**

SHOES OF THE FISHERMAN, THE ▷4
[Souliers de Saint-Pierre, Les]
É.-U. 1968. Drame de Michael ANDERSON avec Anthony Quinn, Oskar Werner et Lee McKern. - Un évêque russe libéré d'un camp de travail se rend à Rome et est élu pape. □ Général ➜ DVD $

SHOGUN ▷4
É.-U. 1980. Aventures de Jerry LONDON avec Richard Chamberlain, Yoko Shimada et Toshiro Mifune. - Les aventures d'un navigateur anglais dans le Japon du XVIIe siècle. ➜ DVD $

SHOGUN'S NINJA
JAP. 1980. Norifumi SUZUKI

SHOGUN'S SAMURAI
JAP. 1978. Kinji FUKASAKU

SHOOT OR BE SHOT
É.-U. 2002. Randy ARGUE ➜ DVD $

SHOOT THE MOON ▷3
É.-U. 1981. Drame psychologique d'Alan PARKER avec Albert Finney, Diane Keaton et Dana Hill. - Un écrivain quitte sa famille pour aller vivre avec une jeune maîtresse. - Détails révélateurs de tensions. Notations justes. Mise en scène nerveuse. Interprétation fort satisfaisante. □ Général ➜ DVD $

SHOOT THE PIANO PLAYER
voir **Tirez sur le pianiste**

SHOOT TO KILL [Randonnée pour un tueur] ▷4
É.-U. 1988. Drame policier de Roger SPOTTISWOODE avec Sidney Poitier, Tom Berenger et Kirstie Alley. - Avec l'aide d'un guide de montagne, un policier se lance aux trousses d'un criminel à travers les Rocheuses. □ 13 ans+ ➜ DVD $

SHOOT'EM UP ▷4
É.-U. 2007. Thriller de Michael DAVIS avec Clive Owen, Monica Bellucci et Paul Giamatti. - Après un accouchement survenu lors d'une fusillade, un habile tireur anglais décide de protéger le nouveau-né d'un dangereux □ 16 ans+ · Violence ➜ DVD DVD-BR $

SHOOTER [Tireur d'élite] ▷5
É.-U. 2007. Thriller d'Antoine FUQUA avec Mark Wahlberg, Michael Pena et Danny Glover. - Appelé à empêcher le meurtre du président des États-Unis, un ex-tireur d'élite des Marines se retrouve piégé par ses employeurs et accusé du complot.
□ 13 ans+ · Violence ➜ DVD DVD-BR $

SHOOTING, THE ▷3
É.-U. 1966. Western de Monte HELLMAN avec Warren Oates, Millie Perkins et Will Hutchins. - Un prospecteur qui a accepté de conduire une inconnue à travers le désert découvre que celle-ci est à la poursuite de quelqu'un qu'elle veut tuer. - Approche fort originale de certains éléments habituels au genre. Sorte de parabole existentialiste au climat particulier. □ Général

SHOOTING DOGS ▷4
ANG. 2006. Drame historique de Michael CATON-JONES avec John Hurt, Hugh Dancy et Dominique Horwitz. - À Kigali, au printemps de 1993, un prêtre et un instituteur offrent l'asile à quelques milliers de Tutsis dans l'enceinte de leur école assiégée par des miliciens hutus.
□ 13 ans+ · Violence

SHOOTING LIVIEN
É.-U. 2005. Rebecca COOK ➜ DVD $

SHOOTING PARTY, THE [Partie de chasse, La]
RUS. 1977. Emil LOTEANU □ Général ➜ DVD $

SHOOTING PARTY, THE ▷3
ANG. 1984. Drame de mœurs de Alan BRIDGES avec James Mason, Judi Bowker et Rupert Frazer. - En 1913, au cours d'une partie de chasse, une rivalité sportive se dessine entre un avocat bien nanti et un aristocrate mal marié. - Étude de milieu intéressante. Mélange d'élégance et de mélancolie. □ Général

SHOOTIST, THE ▷4
É.-U. 1976. Western de Don SIEGEL avec John Wayne, Lauren Bacall et Ron Howard. - Les derniers jours d'un tireur célèbre qui se sait atteint de cancer. □ Général ➜ DVD $

SHOP AROUND THE CORNER, THE ▷3
É.-U. 1940. Comédie d'Ernst LUBITSCH avec Margaret Sullavan, James Stewart et William Tracy. - Un employé de magasin a une correspondance sentimentale avec une jeune fille qui se trouve être à son insu une compagne de travail. - Fine adaptation d'une pièce hongroise. Mise en scène alerte. Jeu approprié des vedettes.
□ Général ➜ DVD $

SHOP ON MAIN STREET, THE ▷3
TCH. 1964. Drame de guerre de Ján KADAR et Elmar KLOS avec Ida Kaminska, Josef Kroner et Hana Slivkova. - Pendant la guerre, un homme se prend d'affection pour une vieille dame juive et tente de lui éviter la déportation. - Évocation lyrique d'une période cruelle. Détails bien observés. □ Général

SHOPGIRL ▷4
É.-U. 2004. Comédie dramatique d'Anand TUCKER avec Clare Danes, Steve Martin et Jason Schwartzman. - À Los Angeles, une vendeuse au tempérament mélancolique est courtisée à la fois par un jeune musicien fauché et un millionnaire d'âge mûr.
□ Général · Déconseillé aux jeunes enfants ➔ DVD $

SHOPPING FOR FANGS
CAN. É.-U. 1997. Quentin LEE, Justin LIN □ 13 ans+ ➔ DVD $

SHORT CIRCUIT [Cœur Circuit] ▷4
É.-U. 1986. Comédie fantaisiste de John BADHAM avec Ally Sheedy, Steve Guttenberg et Austin Pendleton. - Un jeune savant a mis au point un robot perfectionné auquel s'intéressent les autorités militaires.
□ Général ➔ DVD DVD-BR $

SHORT CUTS [Chassés-croisés, Les] ▷3
É.-U. 1993. Étude de mœurs de Robert ALTMAN avec Andie MacDowell, Bruce Davison et Chris Penn. - Quelques jours dans la vie de diverses personnes vivant dans la région de Los Angeles. - Fresque vivante et variée. Regard satirique sur les mœurs de notre époque. Ensemble monté avec brio. Extraordinaire équipe d'interprètes.
□ 13 ans+ · Langage vulgaire ➔ DVD $

SHORTBUS ▷4
É.-U. 2006. Comédie de mœurs de John CAMERON MITCHELL avec Sook-Yin Lee, Paul Dawson et Lindsay Beamish. - À New York, les démêlés de jeunes gens aux prises avec des problèmes sexuels et sentimentaux. □ 18 ans+ · Sexualité explicite ➔ DVD $

SHOT IN THE DARK, A [Quand l'inspecteur s'emmêle] ▷4
ANG. 1964. Comédie de Blake EDWARDS avec Peter Sellers, Elke Sommer et Herbert Lom. - Un inspecteur maladroit enquête sur le meurtre du chauffeur d'un industriel français. □ 13 ans+ ➔ DVD $

SHOT IN THE HEART [Mort préméditée] ▷4
É.-U. 2001. Drame d'Agnieszka HOLLAND avec Sam Shepard, Elias Koteas et Giovanni Ribisi. - Un meurtrier condamné à mort refuse de lutter pour obtenir une commutation de peine, malgré les pressions de sa famille. ➔ DVD $

SHOTTAS
É.-U. JAM. 2002. Cess SILVERA ➔ DVD $

SHOUJYO - AN ADOLESCENT
JAP. 2001. Eiji OKUDA □ 18 ans+ ➔ DVD $

SHOUT, THE ▷3
ANG. 1978. Drame psychologique de Jerzy SKOLIMOWSKI avec Alan Bates, Susannah York et John Hurt. - Un jeune écrivain fait la connaissance d'un homme qui se prétend doté de dons surnaturels. - Récit capricieux. Nombreux détails insolites. Fascinant exercice de style.
□ 13 ans+

SHOUT AT THE DEVIL ▷4
ANG. 1976. Aventures de Peter R. HUNT avec Lee Marvin, Roger Moore et Barbara Parkins. - En Afrique, deux trafiquants d'ivoire s'en prennent à un cuirassé allemand pour exercer une vengeance. □ Général

SHOW BOAT ▷3
É.-U. 1936. Comédie musicale de James WHALE avec Irene Dunne, Allan Jones et Helen Morgan. - Abandonnée par son mari, une chanteuse fait de leur fille la vedette d'un spectacle flottant. - Adaptation réussie d'une œuvre théâtrale. Réalisation souple et vivante. Jolies mélodies de Jerome Kern. Distribution de classe. □ Général

SHOW BOAT ▷4
É.-U. 1951. Comédie musicale de George SIDNEY avec Ava Gardner, Kathryn Grayson et Howard Keel. - Intrigues sentimentales sur un bateau-théâtre le long du Mississippi. □ Général ➔ DVD $

SHOW ME LOVE *voir* **Qui aimes-tu?**

SHOW OF FORCE, A [Scandale d'État] ▷5
É.-U. 1990. Drame social de Bruno BARRETO avec Amy Irving, Andy Garcia et Lou Diamond Philips. - À Porto Rico, en 1978, une journaliste de la télévision enquête sur la mort de deux jeunes séparatistes abattus par la police. ➔ DVD $

SHOW TRUMAN, LE *voir* **Truman Show, The**

SHOWER ▷4
CHI. 1999. Comédie dramatique de Yang ZHANG avec Zhu Xu, Pu Cunxin et Jiang Wu. - De retour dans sa petite ville natale, un homme d'affaires de Pékin se prend d'affection pour les clients qui fréquentent le bain public de son vieux père. □ Général ➔ DVD $

SHOWTIME [Flics en direct] ▷5
É.-U. 2002. Comédie policière de Tom DEY avec Robert De Niro, Eddie Murphy et Rene Russo. - Contraint de participer à un reality show, un détective renfrogné doit faire équipe avec un policier gaffeur mais qui crève l'écran. □ Général · Déconseillé aux jeunes enfants ➔ DVD $

SHREK ▷3
É.-U. 2001. Film d'animation d'Andrew ADAMSON et Vicky JENSON. - Un ogre mesquin délivre une princesse irascible des griffes d'un dragon pour le compte d'un vil petit seigneur. - Pastiche mordant et ironique des contes de fées. Nombreux gags savoureux. Invention visuelle constante. Images de synthèse d'une étonnante fluidité.
□ Général ➔ DVD $

SHREK 2 ▷3
É.-U. 2004. Film d'animation d'Andrew ADAMSON Kelly Asbury et Conrad Vernon. - Une fée intrigante cherche à briser l'union entre un ogre et une princesse afin de favoriser le mariage de son propre fils. - Suite fidèle à l'esprit satirique réjouissant du premier film. Caricature mordante et inspirée de certains aspects de la culture américaine. Intrigue fourmillant de gags, de clins d'œil et d'anachronismes savoureux. Technique éblouissante. ➔ DVD $

SHREK THE THIRD [Shrek le troisième] ▷4
É.-U. 2007. Film d'animation de Chris MILLER - Refusant de succéder à son beau-père le roi, un ogre part à la recherche d'un jeune cousin de son épouse qui ferait selon lui un meilleur souverain.
□ Général ➔ DVD DVD-BR $

SHUCKING THE CURVE
É.-U. 1998. Todd VEROW ➔ DVD $

SI JE T'AIME... PRENDS GARDE À TOI ▷5
FR. 1998. Drame psychologique de Jeanne LABRUNE avec Nathalie Baye, Daniel Duval et Jean-Pierre Darroussin. - Une romancière entame une relation destructrice avec un hystérique jaloux et violent.
□ 16 ans+ ➔ DVD $

SI LOIN, SI PROCHE [Far Away, So Close] ▷4
ALL. 1992. Conte de Wim WENDERS avec Otto Sander, Horst Buchholz et Willem Dafoe. - Un ange qui s'est vu accorder une courte période de vie humaine sur la terre doit réapprendre à vivre comme un mortel.
□ Général

SI ON DANSAIT *voir* **Shall We Dance?**

SIAM SUNSET [Soleil de Siam] ▷4
AUS. 1999. Comédie dramatique de John POLSON avec Linus Roache, Danielle Cormack et Ian Bliss. - Inconsolable depuis la mort de sa femme et convaincu d'être la cible d'une conspiration cosmique, un Anglais s'embarque pour un voyage organisé en Australie.
□ 13 ans+

SIBERIADE ▷4
RUS. 1979. Drame épique d'Andrei KONCHALOVSKY avec Vitale Solomina, Nikita Mikhalkov, Vladimir Samojlov et Ludmila Gourtchenko. - La vie des gens d'un village de Sibérie au début du siècle.
□ Général ➔ DVD $

SIBERIAN LADY MACBETH [Fury Is a Woman]
YOU. 1962. Andrzej WAJDA □ Général ➔ DVD $

SICILIAN, THE ▷4
É.-U. 1987. Drame social de Michael CIMINO avec Christophe Lambert, Joss Ackland et Giulia Baschi. - En Sicile, dans les années 1940, un hors-la-loi marginal qui refuse de s'allier avec la mafia s'attire l'admiration du peuple qu'il défend contre les oppresseurs. □ Général

SID AND NANCY ▷4
ANG. 1986. Drame de mœurs d'Alex COX avec Gary Oldman, Chloe Webb et David Hayman. - La relation perturbée entre un bassiste punk et une jeune Américaine adepte des drogues dures connaît une longue déchéance. □ 13 ans+

SIDDHARTHA ▷4
É.-U. 1972. Drame poétique de Conrad ROOKS avec Shashi Kapoor, Simi Karemal et Romesh Sharma. - Un jeune brahmane quitte la riche demeure de son père pour partir avec un compagnon à la recherche de la sagesse. ➔ DVD $

SIDE STREET ▷4
E.-U. 1949. Drame policier de A. MANN avec Farley Granger, Cathy O'Donnell et James Craig. - Un jeune employé des postes est mêlé à une affaire criminelle.

SIDEWALKS OF NEW YORK ▷5
É.-U. 2001. Comédie sentimentale réalisée et interprétée par Edward BURNS avec Heather Graham et Stanley Tucci. - À New York, des couples se forment et se défont au hasard des rencontres.
□ 13 ans+ · Langage vulgaire ➔ DVD $

SIDEWALKS OF NEW YORK ▷5
É.-U. 1931. Comédie de Jules WHITE avec Buster Keaton, Anita Page et Cliff Edwards. - Un millionnaire candide entreprend de réformer une bande de jeunes voyous. □ Général

SIDEWAYS [À la dérive] ▷3
É.-U. 2004. Comédie dramatique d'Alexander PAYNE avec Thomas Haden Church, Paul Giamatti et Virginia Madsen. - À une semaine de son mariage, un incorrigible coureur de jupons fait la tournée des vignobles californiens avec un copain dépressif. - Étude de mœurs écrite avec finesse et sensibilité. Humour doux-amer pimenté d'ironie. Personnages bien développés. Réalisation souple et alerte. Interprétation inspirée. □ 13 ans+ ➔ DVD DVD-BR $

SIEGE, THE [Siège, Le] ▷4
É.-U. 1998. Drame politique d'Edward ZWICK avec Denzel Washington, Annette Bening et Bruce Willis. - À New York, un agent du FBI lutte contre des terroristes arabes alors que l'armée occupe le district de Brooklyn. □ 13 ans+ · Violence ➔ DVD DVD-BR $

SIÈGE DE L'ÂME, LE ▷4
QUÉ. 1997. Conte d'Olivier ASSELIN avec Emmanuel Bilodeau, Lucille Fluet et Rémy Girard. - À la fin du XIXe siècle, un jeune scientifique un peu rêveur cherche à retracer l'existence de l'âme dans le corps d'une momie dont le cœur bat encore. □ Général

SIEGFRIED
ALL. 1924. Fritz LANG

SIESTA ▷4
É.-U. 1987. Drame psychologique de Mary LAMBERT avec Ellen Barkin, Gabriel Byrne et Julian Sands. - Une cascadeuse, vedette de spectacles aériens audacieux, retrouve un ancien amant qui vient d'épouser une jeune femme jalouse. □ 13 ans+

SIGN OF THE CROSS, THE ▷5
É.-U. 1933. Drame historique de Cecil B. DeMILLE avec Frederic March, Claudette Colbert et Charles Laughton. - Quelques phases de l'histoire romaine, au temps de Néron et de la persécution des chrétiens.
□ Général

SIGNORA DI TUTTI, LA *voir* **Dame de tout le monde, La**

SIGNS [Signes] ▷3
É.-U. 2002. Drame fantastique de M. Night SHYAMALAN avec Mel Gibson, Joaquin Phoenix et Rory Culkin. - Sur une ferme en Pennsylvanie, un ex-révérend veuf, ses deux enfants et son frère appréhendent une invasion de la planète par des extraterrestres. - Scénario astucieux. Touches d'humour irrésistibles. Réalisation maîtrisée créant un intense climat d'angoisse. Interprétation relevée. □ Général · Déconseillé aux jeunes enfants ➔ DVD $

SIGNS AND WONDERS ▷3
FR. 2000. Drame de mœurs de Jonathan NOSSITER avec Stellan Skarsgard, Charlotte Rampling et Deborah Kara Unger. - Un Américain établi à Athènes se convainc de la pertinence de divers signes et prémonitions qui l'amènent à bouleverser sa vie familiale. - Fin regard sur les superstitions et leurs conséquences. Virtuosité technique. Réalisation très souple. Interprètes de grand talent.
□ 13 ans+ ➔ DVD $

SILENCE, LE [Silence, The] ►2
SUÈ. 1963. Drame d'Ingmar BERGMAN avec Ingrid Thulin, Gunnel Lindblom et Jorgen Lindstrom. - À l'occasion d'un voyage, deux femmes et un enfant descendent dans un hôtel d'une ville inconnue. - Images d'une grande beauté. Climat de lourdeur et d'amertume. Mise en scène parfaitement maîtrisée. Images d'une grande beauté. Interprétation remarquable. □ 13 ans+

SILENCE, LE [Silence, The] ▷5
IRAN. 1998. Conte de Mohsen MAKHMALBAF avec Tahmineh Normatova, Nadereh Abdelahyeva et Golbibi Ziadolahyeva. - Au Tadjikistan, un gamin aveugle a des ennuis pour avoir suivi un musicien au lieu d'aller travailler chez un luthier. □ Général ➔ DVD $

SILENCE, LE ▷4
FR. 2004. Drame psychologique d'Orso MIRET avec Mathieu Demy, Natacha Régnier et Thierry De Peretti. - Dans un village corse, un vacancier est témoin d'un meurtre et hésite à dénoncer le coupable par crainte de représailles. □ Général · Déconseillé aux jeunes enfants ➔ DVD $

SILENCE DE LA MER, LE ▷3
FR. 1948. Drame psychologique de Jean-Pierre MELVILLE avec Howard Vernon, Nicole Stéphane et Jean-Marie Robain. - Logeant chez des Français pendant la guerre, un officier allemand est en butte au silence de ses hôtes. - Atmosphère extraordinairement prenante. Excellente interprétation. □ Général

SILENCE DE LORNA, LE ▷3
BEL. 2008. Drame social de Jean-Pierre et Luc DARDENNE avec Arta Dobroshi, Jérémie Renier et Fabrizio Rongione. - Une Albanaise soutenue par un réseau d'immigration clandestine s'attache au toxicomane qu'elle a épousé afin d'obtenir la citoyenneté belge. - Peinture sociale éloquente et d'une grande précision. Scénario vigoureux versant peu à peu dans l'insolite. Personnages bien définis. Mise en scène de métier, au souffle parfaitement contrôlé. Interprètes criants de vérité. □ 13 ans+

SILENCE DES PALAIS, LE ▷3
TUN.-FR. 1994. Drame de Moufida TLATLI avec Hend Sabri, Amel Hedhili et Najia Ouerghi. - Une chanteuse se souvient de son enfance passée comme fille de servante dans le palais d'un prince de Tunis. - Conditions d'existence des femmes dépeintes avec beaucoup de sensibilité. Luminosité de la photographie. □ Général

SILENCE OF THE LAMBS, THE ▷3
É.-U. 1991. Drame policier de Jonathan DEMME avec Jodie Foster, Anthony Hopkins et Scott Glenn. - Une jeune stagiaire du FBI est chargée d'interroger un dangereux meurtrier afin d'obtenir de lui des informations sur un autre tueur recherché par la police. - Suspense d'une efficacité peu commune. Réalisation précise et habile. Interprétation de première force. □ 18 ans+ ➔ DVD DVD-BR $

SILENCERS, THE [Matt Helm agent très spécial] ▷5
É.-U. 1965. Comédie policière de Phil KARLSON avec Dean Martin, Stella Stevens et Victor Buono. - Un agent secret doit découvrir la source d'une entreprise de sabotage des missiles américains.
□ Général ➔ DVD $

SILENCES DU DÉSIR, LES [In the Mood for Love] ►2
H.-K. 2000. Drame sentimental de WONG Kar-Wai avec Maggie Cheung Man-yuk, Tony Leung Chiu-wai et Rebecca Pan. - Découvrant que leurs époux respectifs ont une liaison, un journaliste et une secrétaire se sentent attirés l'un par l'autre. - Regard pudique sur le désir. Traitement visuel d'un lyrisme magnifique. Musique envoûtante. Jeu retenu mais très senti des deux vedettes. □ Général ➔ DVD $

SILENCIO ROTO [Broken Silence]
MEX. 2001. Montxo ARMENDARIS

SILENT ENEMY, THE
É.-U. 1930. H.P. CARVER □ Général

SILENT FALL [Témoin silencieux] ▷5
É.-U. 1994. Drame psychologique de Bruce BERESFORD avec Richard Dreyfuss, Ben Faulkner et Linda Hamilton. - Témoin du meurtre de ses parents, un enfant autistique est confié aux soins d'un psychologue qui tente de découvrir l'identité du meurtrier. □ Général ➔ DVD $

SILENT HILL ▷5
CAN. 2006. Drame d'horreur de Christophe GANS avec Radha Mitchell, Sean Bean et Laurie Holden. - Voulant guérir sa fille de ses crises de somnambulisme, une jeune mère débarque dans une ville étrange dont les habitants sont prisonniers des forces de la nuit.
□ 13 ans+ · Horreur · Violence ➔ DVD DVD-BR $

SILENT LIGHT *voir* **Lumière silencieuse**

SILENT LOVE, A [Un amour muet] ▷4
CAN. 2003. Comédie dramatique de Federico HIDALGO avec Noel Burton, Vanessa Bauche et Susana Salazar. - Un quinquagénaire montréalais épouse une jeune Mexicaine qui exige que sa mère vienne habiter avec eux au Canada pour quelque temps. ➔ DVD $

SILENT MOVIE ▷3
É.-U. 1976. Comédie réalisée et interprétée par Mel BROOKS avec Marty Feldman et Dom DeLuise. - Un réalisateur fait la chasse aux vedettes pour le tournage d'un film muet. - Pastiche inventif d'un style de cinéma révolu. Cascade de gags désopilants. Collaboration amusée de vedettes connues. □ Général ➔ DVD $

SILENT NIGHT, DEADLY NIGHT ▷6
E.-U. 1984. Drame d'horreur de C.E. SELLIER avec Robert Brian Wilson, Gilmer McCormick et Lilyan Chauvin. - Traumatisé par l'assassinat de ses parents par un bandit déguisé en Père Noël, un jeune homme perd la raison lorsqu'on lui demande de s'habiller de même. ➜ DVD $

SILENT PARTNER, THE [Argent de la banque, L'] ▷4
CAN. 1978. Drame policier de Daryl DUKE avec Elliott Gould, Céline Lomez et Christopher Plummer. - Un caissier d'une banque de Toronto profite d'un hold-up pour détourner à son profit une somme importante. □ 13 ans+

SILENT RUNNING ▷4
É.-U. 1972. Science-fiction de Douglas TRUMBULL avec Bruce Dern, Cliff Potts et Ron Rifkin. - Un astronaute refuse d'obéir à l'ordre de détruire d'immenses serres convoyées dans l'espace.
□ Général ➜ DVD $

SILENT TOUCH, THE [Ange de la musique, L'] ▷4
DAN. 1992. Drame psychologique de Krzysztof ZANUSSI avec Max Von Sydow, Lothaire Bluteau et Sarah Miles. - Un vieux musicien reclus voit sa vie bouleversée à la suite de sa rencontre avec un jeune musicologue qui l'incite à se remettre au piano. □ Général

SILENT WATERS
ALL. FR. PAK. 2003. Sabiha SUMAR ➜ DVD $

SILK [Soie] ▷4
CAN. 2007. Drame psychologique de François GIRARD avec Michael Pitt, Keira Knightley et Alfred Molina. - Au cours d'une expédition au Japon, un jeune Français en quête de vers à soie est subjugué par la beauté d'une femme mystérieuse. □ 13 ans+ ➜ DVD $

SILK STOCKINGS ▷4
É.-U. 1957. Comédie musicale de Rouben MAMOULIAN avec Fred Astaire, Cyd Charisse et Janis Paige. - Une représentante du Parti arrive à Paris pour forcer trois délégués russes à rentrer dans leur pays.
□ Général ➜ DVD $

SILKWOOD [Mystère Silkwood, Le] ▷3
É.-U. 1983. Drame social de Mike NICHOLS avec Meryl Streep, Kurt Russell et Cher . - Une ouvrière dans une fabrique d'éléments radioactifs milite pour la sécurité au travail. - Évocation engagée de faits vécus. Traitement réaliste. Réalisation sobre et vivante. Interprétation étonnamment colorée de M. Streep. □ Général ➜ DVD $

SILLY AGE, THE
CUB. 2006. Pavel GIROUD

SILVER
JAP. 1999. Takashi MIIKE ➜ DVD $

SILVER BULLET ▷5
E.-U. 1985. Drame d'horreur de D. ATTIAS avec Corey Haim, Megan Follows et Gary Busey. - Un adolescent handicapé affronte un loup-garou responsable de nombreuses morts dans le village. ➜ DVD $

SILVER CITY [Montagne électorale, La] ▷4
É.-U. 2004. Drame policier de John SAYLES avec Danny Huston, Chris Cooper et Maria Bello. - En menant une enquête sur une mort suspecte, un détective privé met au jour un scandale qui pourrait compromettre un politicien en vue. □ Général ➜ DVD $

SILVER LODE ▷4
É.-U. 1954. Western d'Allan DWAN avec John Payne, Lizabeth Scott et Dan Duryea. - Dans une bourgade de l'Ouest, quatre cavaliers viennent arrêter pour meurtre un homme qui va se marier.

SILVER STREAK ▷4
É.-U. 1976. Comédie policière d'Arthur HILLER avec Gene Wilder, Jill Clayburgh et Patrick McGoohan. - Au cours d'un voyage en train, un éditeur est mêlé à une affaire de meurtre. □ Général ➜ DVD $

SILVERADO ▷4
É.-U. 1985. Western de Lawrence KASDAN avec Scott Glenn, Kevin Kline et Brian Dennehy. - Quatre aventuriers s'unissent pour éliminer un puissant rancher qui domine la ville de Silverado. □ Général ➜ DVD $

SIMBA ▷4
ANG. 1955. Aventures de Brian Desmond HURST avec Dirk Bogarde, Donald Sinden et Virginia McKenna. - Au Kenya, un jeune homme tente de démasquer le chef des Mau-Mau qui ont tué son frère. □ Général

SIMON BIRCH ▷5
É.-U. 1998. Comédie dramatique de Mark Steven JOHNSON avec Ian Michael Smith, Joseph Mazzello et Oliver Platt. - L'amitié entre un jeune garçon qui cherche à connaître l'identité de son père et un gamin qui souffre d'un syndrome retardant sa croissance.
□ Général ➜ DVD $

SIMON LES NUAGES ▷4
QUÉ. 1990. Conte de Roger CANTIN avec Hugolin Chevrette-Landesque, Patrick St-Pierre et Jessica Barker. - Un été, à la campagne, des enfants partent à la recherche d'un monde fantastique où vivent des animaux disparus du reste du monde. □ Général

SIMON OF THE DESERT
MEX. 1965. Luis BUÑUEL □ 13 ans+ ➜ DVD $

SIMON THE MAGICIAN
HON. 1999. Ildiko ENYEDI ➜ DVD $

SIMONE ▷4
É.-U. 2001. Comédie satirique d'Andrew NICCOL avec Al Pacino, Simone (Rachel Roberts) et Catherine Keener. - Un réalisateur déchu relance sa carrière en créant secrètement une actrice virtuelle qui devient une star mondiale. □ Général ➜ DVD $

SIMONE BARBÈS OU LA VERTU
FR. 1980. Marie-Claude TREILHOU ➜ DVD $

SIMPLE CURVE, A ▷4
CAN. 2005. Drame d'Aubrey NEALON avec Kris Lemche, Michael Hogan et Matt Craven. - Dans les Rocheuses canadiennes, la vie d'un ébéniste et de son fils est perturbée par l'arrivée inopinée d'un Américain venu implanter une pourvoirie. ➜ DVD $

SIMPLE MEN ▷4
É.-U. 1991. Comédie policière de Hal HARTLEY avec Robert Burke, William Sage et Karen Sillas. - Deux frères s'emploient à retrouver leur père anarchiste qui s'est échappé de prison. □ Général ➜ DVD $

SIMPLE PLAN, A ▷4
É.-U. 1998. Drame policier de Sam RAIMI avec Bill Paxton, Billy Bob Thornton et Bridget Fonda. - La découverte d'un gros magot plonge trois hommes dans un engrenage fatal nourri de paranoïa et de trahison. □ 13 ans+ · Violence ➜ DVD $

SIMPLE WISH, A [Simple souhait, Un] ▷4
É.-U. 1997. Comédie fantaisiste de Michael RITCHIE avec Martin Short, Mara Wilson et Kathleen Turner. - Un magicien novice plonge une fillette dans une suite de mésaventures en voulant exaucer son souhait le plus cher. □ Général

SIMPSONS MOVIE, THE ▷4
É.-U. 2007. Film d'animation de David SILVERMAN. - À Springfield, une catastrophe écologique provoquée par Homer le force à prendre la fuite en Alaska avec sa famille. □ Général ➜ DVD DVD-BR $

SIN
IND. 2003. Pooja BHATT ➜ DVD $

SIN [Mal, Le]
É.-U. 2003. Michael STEVENS

SIN CITY [Histoire de Sin City, Une] ▷4
É.-U. 2005. Thriller de Frank MILLER et Robert RODRIGUEZ avec Mickey Rourke, Bruce Willis et Clive Owen. - Trois histoires se déroulant dans une ville où règnent la dépravation et la corruption.
□ 16 ans+ · Violence ➜ DVD DVD-BR $

SIN DEJAR HUELLA
ESP. MEX. 2000. Maria NOVARO

SIN DESTINO
MEX. 2002. Leopoldo LABORDE

SIN OF HAROLD DIDDLEBOCK, THE ▷4
É.-U. 1950. Comédie de Preston STURGES avec Harold Lloyd, Frances Ramsden et Jimmy Colin. - À la suite de son congédiement, après 22 ans de service, un homme rangé s'enivre et gagne une fortune aux courses. □ Général

SIN OF MADELON CLAUDET, THE
É.-U. 1931. Edgar SELWYN □ Général

SINBAD ▷3
HON. 1972. Drame poétique de Zoltan HUSZARIIK avec Margit Dayka, Zoltan Latinovits et Eva Ruttkay. - Alors qu'il va mourir, un séducteur voit défiler dans son esprit les souvenirs de ses diverses conquêtes amoureuses. - Photographie nuancée et de toute beauté constituant une expérience visuelle peu commune. Interprétation dans la note.
□ Général

SINBAD AND THE EYE OF THE TIGER ▷5
[Sinbad et l'œil du tigre]
É.-U. 1977. Drame fantastique de Sam WANAMAKER avec Patrick Wayne, Patrick Troughton et Jane Seymour. - Sinbad entreprend un voyage pour trouver une solution au problème d'un prince transformé en babouin. □ Général ➜ DVD $

SINBAD OF THE SEVEN SEAS
É.-U. ITA. 1989. Enzo G. CASTELLARI ➜ DVD $

SINBAD THE SAILOR ▷4
É.-U. 1949. Aventures de Richard WALLACE avec Maureen O'Hara, Douglas Fairbanks Jr. et Walter Slezak. - Les tribulations d'un marin à la recherche d'une île mystérieuse contenant un fabuleux trésor. □ Général

SINCERELY YOURS ▷5
É.-U. 1955. Mélodrame de Gordon DOUGLAS avec Liberace, Joanne Dru et Dorothy Malone. - S'apercevant qu'il devient sourd, un pianiste se met à observer son entourage.

SINFUL NUNS OF ST-VALENTINE
ITA. 1973. Sergio GRIECO □ 16 ans+ · Érotisme

SINGAPORE ▷5
É.-U. 1947. Aventures de John BRAHM avec Fred MacMurray, Ava Gardner et Roland Culver. - De retour à Singapour après cinq ans, un trafiquant retrouve amnésique sa fiancée qu'il croyait morte. □ Général

SINGIN' IN THE RAIN [Chantons sous la pluie] ►1
É.-U. 1952. Comédie musicale de Gene KELLY et Stanley DONEN avec Gene Kelly, Debbie Reynolds et Donald O'Connor. - À la naissance du cinéma parlant, une jeune inconnue détrône une vedette. - Numéros musicaux parfaitement réussis. Utilisation ingénieuse des effets sonores. Bonne humeur constante. Interprétation enjouée. □ Général ➜ DVD $

SINGING BLACKSMITH, THE
É.-U. 1937. Edgar G. ULMER □ Général

SINGING DETECTIVE, THE ▷5
É.-U. 2003. Comédie dramatique de Keith GORDON avec Robert Downey Jr., Robin Wright Penn et Mel Gibson. - Hospitalisé pour une maladie de la peau, un auteur de romans policiers en vient à mélanger la réalité avec l'univers de son œuvre. □ 13 ans+ ➜ DVD $

SINGING FOREST, THE
É.-U. 2003. Jorge AMEER ➜ DVD $

SINGLE GIRL, A *voir* **Fille seule, La**

SINGLE STANDARD, THE
É.-U. 1929. John S. ROBERTSON

SINGLE WHITE FEMALE ▷4
[Jeune femme cherche colocataire]
É.-U. 1992. Drame psychologique de Barbet SCHROEDER avec Bridget Fonda, Jennifer Jason Leigh et Steven Weber. - Une jeune libraire introvertie adopte une attitude dangereusement possessive à l'égard de sa nouvelle colocataire. □ 16 ans+ ➜ DVD $

SINGLES [Célibataires] ▷4
É.-U. 1992. Comédie sentimentale de Cameron CROWE avec Bridget Fonda, Campbell Scott et Kyra Sedwick. - Les hauts et les bas sentimentaux d'un groupe de jeunes célibataires vivant à Seattle. □ Général ➜ DVD $

SINGULIER DIRECTEUR, UN *voir* **Barefoot Executive, The**

SINK THE BISMARCK! ▷4
ANG. 1960. Drame de guerre de Lewis GILBERT avec Kenneth More, Dana Wynter et Carl Mohner. - La marine anglaise parvient à couler le plus gros des cuirassés allemands. ➜ DVD $

SIR ARNE'S TREASURE
SUÈ. 1919. Mauritz STILLER ➜ DVD $

SIREN OF THE TROPICS [La sirène des tropiques]
FR. 1927. Mario NALPAS et Henri ÉTIÉVANT ➜ DVD $

SIRÈNE DU MISSISSIPPI, LA ▷4
[Mississippi Mermaid, The]
FR. 1969. Drame policier de François TRUFFAUT avec Catherine Deneuve, Jean-Paul Belmondo et Michel Bouquet. - Un jeune et riche planteur épouse une aventurière qui s'enfuit bientôt avec sa fortune. □ 13 ans+ ➜ DVD $

SIRÈNE ROUGE, LA ▷5
FR. 2002. Thriller d'Olivier MEGATON avec Jean-Marc Barr, Alexandra Negrao et Asia Argento. - Pourchassée par les hommes de main de sa mère meurtrière, une fillette en fugue est protégée par un mercenaire. ➜ DVD $

SIRÈNES, LES *voir* **Mermaids**

SIRENS [Sirènes] ▷4
AUS. 1994. Comédie de mœurs de John DUIGAN avec Tara Fitzgerald, Hugh Grant et Sam Neill. - Dans les années 1930 en Australie, la femme d'un pasteur protestant sent s'éveiller en elle une sensualité insoupçonnée au contact de l'univers d'un peintre. □ 16 ans+ · Érotisme

SIROCCO ▷5
É.-U. 1951. Aventures de Curtis BERNHARDT avec Humphrey Bogart, Marta Toren et Lee J. Cobb. - En 1925, à Damas, un trafiquant d'armes est mêlé à des conflits entre Français et Syriens. □ Général

SISSI ▷4
AUT. 1955. Comédie sentimentale d'Ernst MARISCHKA avec Romy Schneider, Karlheinz Boehm et Magda Schneider. - Le jeune empereur d'Autriche venu en Bavière pour rencontrer la princesse qu'on lui destine lui préfère sa sœur. □ Général

SISSI ET SON DESTIN ▷5
AUT. 1957. Drame historique d'Ernst MARISCHKA avec Romy Schneider, Karlheinz Boehm et Magda Schneider. - La jeune impératrice Sissi rentre à Vienne auprès de son mari après un séjour en Hongrie où elle a contracté une maladie de poitrine. □ Général

SISSI IMPÉRATRICE ▷4
AUT. 1956. Drame historique d'Ernst MARISCHKA avec Romy Schneider, Karlheinz Boehm et Vilma Degischer. - La jeune femme de l'empereur François-Joseph d'Autriche se heurte à l'hostilité de sa belle-mère.

SISTER ACT [Rock'n nonne] ▷5
É.-U. 1992. Comédie d'Emile ARDOLINO avec Whoopi Goldberg, Maggie Smith et Kathy Najimy. - Afin de protéger une chanteuse de variétés, témoin d'un meurtre, un policier la cache dans un couvent où elle doit se déguiser en nonne. □ Général ➜ DVD $

SISTER KENNY ▷4
É.-U. 1946. Drame biographique de Dudley NICHOLS avec Alexander Knox, Rosalind Russell et Dean Jagger. - Une infirmière lutte pour faire admettre une nouvelle méthode de traitement de la poliomyélite.

SISTER, MY SISTER ▷4
ANG. 1994. Drame de mœurs de Nancy MECKLER avec Jodhi May, Joely Richardson et Julie Walters. - En 1932, la relation passionnée entre deux sœurs travaillant comme domestiques chez une bourgeoise acariâtre connaît une fin tragique. □ 16 ans+ ➜ DVD $

SISTER, SISTER
É.-U. 1987. Bill CONDON

SISTERHOOD OF THE TRAVELING PANTS ▷4
[Quatre filles et un jean]
É.-U. 2005. Comédie dramatique de Ken KWAPIS avec Amber Tamblyn, America Ferrara et Alexis Bledel. - Quatre amies qui seront séparées pendant l'été décident de se partager une paire de jeans en guise de porte-bonheur. □ Général ➜ DVD $

SISTERS ▷4
É.-U. 1972. Drame policier de Brian DE PALMA avec Margot Kidder, Jennifer Salt et Bill Finley. - Une journaliste ayant été témoin d'un meurtre essaie de prouver la véracité de ses dires. □ 18 ans+ ➜ DVD $

SISTERS, THE [Sœurs, Les] ▷5
É.-U. 2005. Drame psychologique d'Arthur Allan SEIDELMAN avec Maria Bello, Mary Stuart Masterson et Erika Christensen. - À l'occasion d'une fête d'anniversaire, les membres d'une famille dysfonctionnelle se déchirent en évoquant le souvenir de leur défunt patriarche. ➜ DVD $

SISTERS OF THE GION
JAP. 1936. Kenji MIZOGUCHI □ Général

SISTERS, OR THE BALANCE OF HAPPINESS ▷3
ALL. 1979. Drame psychologique de Margarethe VON TROTTA avec Jutta Lampe, Gudrun Gabriel et Jessica Früh. - Après avoir poussé sa sœur au suicide par ses exigences, une femme entreprend la formation d'une compagne de travail. - Intrigue menée avec assurance. Mise en scène bien contrôlée. □ Général

SITCOM ▷5
FR. 1998. Comédie satirique de François OZON avec Evelyne Dandry, François Marthouret et Marina De Van. - Une famille bourgeoise se transforme radicalement après que le père eut ramené à la maison un petit rat de laboratoire. □ 16 ans+

SITTING DUCKS ▷4
É.-U. 1978. Comédie de Henry JAGLOM avec Michael Emil, Zack Norman et Patrice Townsend. - Partis à l'aventure à bord d'une limousine, deux quinquagénaires font la rencontrent d'un duo de jeunes femmes qui s'avèrent être de dangereuses tueuses à gages. ➔ DVD $

SITTING IN LIMBO [Dure réalité] ▷3
QUÉ. 1986. Drame social de John N. SMITH avec Pat Dillon, Fabian Gibbs et Sylvie Clarke. - Une jeune Noire se révèle enceinte par suite de relations amoureuses avec un camarade d'école charmant mais irresponsable. - Sujet abordé avec un grand souci d'authenticité. Comédiens non professionnels jouant avec une spontanéité convaincante. □ Général

SITTING PRETTY [Bonne à tout faire] ▷4
É.-U. 1948. Comédie de Walter LANG avec Clifton Webb, Maureen O'Hara et Robert Young. - Un original s'engage comme bonne d'enfants pour avoir le loisir d'écrire un roman. □ Général

SITUATION, THE
É.-U. 2006. Philip HAAS ➔ DVD $

SITUATIONS COMPROMETTANTES
voir **Compromising Positions**

SIX DAYS, SEVEN NIGHTS [Six jours, sept nuits] ▷5
É.-U. 1998. Comédie sentimentale d'Ivan REITMAN avec Harrison Ford, Anne Heche et David Schwimmer. - Après s'être écrasé dans une île du Pacifique, un pilote d'avion au tempérament indépendant doit endurer le caractère explosif de sa passagère. □ Général ➔ DVD $

SIX DEGREES OF SEPARATION ▷4
É.-U. 1993. Comédie dramatique de Fred SCHEPISI avec Stockard Channing, Donald Sutherland et Will Smith. - Un jeune inconnu qui se fait passer pour le fils de Sidney Poitier s'immisce dans la vie d'un couple de riches New-Yorkais. □ Général ➔ DVD $

SIX OF A KIND ▷4
É.-U. 1933. Comédie de Leo McCAREY avec Mary Boland, Charlie Ruggles, George Burns et Gracie Allen. - Deux couples entreprennent un voyage en automobile à travers les États-Unis. □ Général

SIX STRING SAMURAI
É.-U. 1998. Lance MUNGIA ➔ DVD $

SIXTEEN CANDLES [Amour à seize ans, L'] ▷5
É.-U. 1984. Comédie de mœurs de John HUGHES avec Molly Ringwald, Anthony Michael Hall et Michael Schoeffling. - Les difficultés familiales et sentimentales d'une adolescente qui vient d'avoir seize ans. ➔ DVD $

SIXTH SENSE, THE [Sixième sens, Le] ▷3
É.-U. 1999. Drame fantastique de M. Night SHYAMALAN avec Bruce Willis, Haley Joel Osment et Toni Collette. - Un psychologue s'occupe d'un jeune garçon fréquemment visité par des esprits qui le chargent de messages particuliers. - Intrigue fort habilement construite. Écriture rigoureuse et subtile. Mise en scène raffinée. Interprétation souvent bouleversante. □ 13 ans+ ➔ DVD $

SIXTY-NINE *voir* **6ixtynin9**

SKELETON KEY, THE ▷5
É.-U. 2005. Drame d'horreur de Iain SOFTLEY avec Kate Hudson, Gena Rowlands et John Hurt. - En Louisiane, une infirmière découvre des traces de magie noire dans la demeure décrépite de son patient paralysé et muet. □ 13 ans+ · Horreur ➔ DVD $

SKELTON OF MRS. MORALES
MEX. 1960. Rogelio A. GONZALEZ

SKI TRIP, THE
É.-U. 2004. Maurice JAMAL ➔ DVD $

SKIN DEEP [Amour est une grande aventure, L'] ▷5
É.-U. 1989. Comédie de mœurs de Blake EDWARDS avec John Ritter, Alyson Reed, Joel Brooks et Vincent Gardenia. - Un romancier à succès cherche à reconquérir le cœur de son ex-épouse malgré qu'il se sente irrésistiblement attiré par toutes les jolies femmes. □ 13 ans+ ➔ DVD $

SKIN GAME ▷4
É.-U. 1971. Comédie de Paul BOGART avec James Garner, Lou Gossett et Susan Clark. - En 1857, deux compères mettent au point un stratagème pour se faire de l'argent au profit des naïfs. □ Général

SKIN GAME, THE ▷4
ANG. 1931. Drame de mœurs d'Alfred HITCHCOCK avec Edmund Gwenn, C.V. France et Jill Esmond. - Des propriétaires terriens entrent en lutte avec des voisins qu'ils considèrent comme des parvenus. □ Général

SKIN OF MAN, HEART OF BEAST
voir **Peau d'homme, cœur de bête**

SKOKIE [Skokie, le village de la colère] ▷4
É.-U. 1981. Drame social de Herbert WISE avec Danny Kaye, John Rubinstein et Kim Hunter. - Les habitants juifs d'une petite ville américaine cherchent à empêcher une manifestation organisée par un parti nazi.

SKULL, THE ▷4
ANG. 1965. Drame d'horreur de Freddie FRANCIS avec Peter Cushing, Christopher Lee et Patrick Wymark. - Un savant achète le crâne du marquis de Sade qui exerce sur lui une influence maléfique. □ Général ➔ DVD $

SKY CAPTAIN AND THE WORLD OF TOMORROW [Capitaine Sky et le monde de demain] ▷4
É.-U. 2004. Science-fiction de Kerry CONRAN avec Jude Law, Gwyneth Paltrow et Angelina Jolie. - En 1939, un aviateur intrépide et une journaliste téméraire cherchent à neutraliser un savant fou qui veut détruire le monde. □ Général ➔ DVD $

SKY CRAWLERS, THE
JAP. 2008. Mamoru OSHII ➔ DVD DVD-BR $

SKY HIGH [Sky High - école des superhéros] ▷4
É.-U. 2005. Comédie fantaisiste de Mike MITCHELL avec Michael Angarano, Kurt Russell et Danielle Panabaker. - Dans une école située dans les nuages, la première année au secondaire d'un fils de superhéros qui n'a pas encore découvert ses superpouvoirs. □ Général ➔ DVD $

SKY IS FALLING, THE *voir* **Ciel tombe, Le**

SKY IS FALLING, THE
ITA. 2000. Andrea FRAZZI et Antonio FRAZZI ➔ DVD $

SKYJACKED ▷4
É.-U. 1972. Drame de John GUILLERMIN avec Charlton Heston, Yvette Mimieux et James Brolin. - Le pilote d'un avion américain reçoit l'ordre de détourner son appareil vers l'Union soviétique sous peine d'explosion. ➔ DVD $

SKYLINE
ESP. 1983. Fernando COLOMO □ Général

SKYSCRAPER SOULS
É.-U. 1932. Edgar SELWYN □ Général

SLACKER ▷5
É.-U. 1991. Film à sketches réalisé et interprété par Richard LINKLATER avec Rudy Basquez et Jean Caffeine. - Un bref moment dans la vie d'une centaine de Texans qui, en solo ou en petits groupes, vaquent à leurs occupations. □ Général ➔ DVD $

SLAM ▷4
É.-U. 1998. Drame social de Marc LEVIN avec Saul Williams, Sonja Sohn et Bonz Malone. - Encouragé par une jeune bénévole qu'il a connue dans un pénitencier, un revendeur de drogues doué pour la poésie tente de repartir à neuf. □ 13 ans+ · Langage vulgaire

SLAM DANCE [Danse mortelle] ▷4
É.-U. 1987. Drame policier de Wayne WANG avec Tom Hulce, Mary Elizabeth Mastrantonio et Virginia Madsen. - Alors qu'il cherche à se réconcilier avec sa femme, un caricaturiste se trouve mêlé à une affaire de meurtre et entreprend de mener sa propre enquête. □ 13 ans+ ➔ DVD $

SLAP SHOT [Lancer-frappé] ▷4
É.-U. 1976. Comédie de George Roy HILL avec Paul Newman, Michael Ontkean et Lindsay Crouse. - Les tentatives du gérant d'une équipe de hockey pour sauver l'avenir de son club. □ 13 ans+ ➔ DVD $

SLASHERS
CAN. 2001. Maurice DEVEREAUX ➔ DVD $

SLAUGHTER IN THE SNOW
JAP. 1973. Kazuo IKEHIRO ➜ DVD $

SLAUGHTERHOUSE-FIVE ▷3
É.-U. 1971. Drame fantastique de George Roy HILL avec Michael Sacks, Valerie Perrine et Eugene Roche. - Un optométriste qui voyage dans le temps est placé sous observation par des extraterrestres. - Adaptation soignée du roman de Kurt Vonnegut. Jeux avec le temps et l'espace. Transitions d'une rare souplesse. Interprétation sensible de M. Sacks. □ Général ➜ DVD $

SLAVE OF THE CANNIBAL GOD
voir **Montagne du dieu cannibale, La**

SLAYGROUND
ANG. 1983. Terry BEDFORD ➜ DVD $

SLEAZY UNCLE, THE ▷4
ITA. 1989. Comédie de mœurs de Franco BRUSATI avec Vittorio Gassman, Giancarlo Giannini et Stefania Sandrelli. - Appelé à payer les frais d'hôpital de son oncle, un père de famille morose cherche à découvrir qui est ce parent excentrique.

SLEEP ROOM, THE [Pavillon de l'oubli, Le] ▷4
CAN. 1997. Drame social d'Anne WHEELER avec Leon Pownall, Macha Grenon et Nicola Cavendish. - Vers la fin des années 50, les patients d'un institut psychiatrique de Montréal sont utilisés comme cobayes pour des recherches sur le lavage de cerveau subventionnées par la CIA. □ 13 ans+

SLEEP WITH ME [Femme de mon ami, La] ▷5
É.-U. 1994. Comédie de Rory KELLY avec Eric Stoltz, Meg Tilly et Craig Sheffer. - Une rivalité se dessine entre deux amis de longue date lorsque l'un d'eux avoue être amoureux de l'épouse de l'autre. □ 13 ans+ ➜ DVD $

SLEEPER ▷4
É.-U. 1973. Science-fiction réalisée et interprétée par Woody ALLEN avec Diane Keaton et John Beck. - Un homme du XXe siècle se réveille après avoir été conservé en hibernation pendant 200 ans. □ 13 ans+ ➜ DVD $

SLEEPERS [Correction, La] ▷5
É.-U. 1995. Drame de Barry LEVINSON avec Jason Patric, Robert De Niro et Kevin Bacon. - En maison de correction, quatre jeunes subissent les sévices d'un garde sadique dont ils se vengeront des années plus tard. □ 16 ans+ ➜ DVD $

SLEEPING BEAUTY [Belle au bois dormant, La] ▷3
É.-U. 1958. Dessins animés de Clyde GERONIMI. - Victime d'un mauvais sort que lui a jeté une sorcière, une princesse est sauvée par le prince d'un royaume voisin. - Illustration à la fois classique et neuve du conte de Charles Perrault. Mélange de sentimentalité gentillette et d'affrontements cauchemardesques. Bon sens du mouvement. Habile dosage d'humour et de suspense. Production de Walt Disney. □ Général ➜ DVD DVD-BR $

SLEEPING DICTIONARY [Leçons sur l'oreiller]
É.-U. 2002. Drame sentimental de Guy JENKIN avec Hugh Dancy, Jessica Alba et Bob Hoskins. - Dans les années 1930, en Malaisie, un jeune fonctionnaire britannique tombe éperdument amoureux d'une belle indigène. ➜ DVD $

SLEEPING TIGER ▷5
ANG. 1954. Drame psychologique de Joseph LOSEY avec Dirk Bogarde, Alexis Smith et Alexander Knox. - Un psychiatre recueille chez lui un jeune voyou qu'il va tenter de guérir de ses complexes l'incitant à la violence.

SLEEPING WITH THE ENEMY ▷5
[Nuits avec mon ennemi, Les]
É.-U. 1991. Drame psychologique de Joseph RUBEN avec Julia Roberts, Patrick Bergin et Elizabeth Lawrence. - L'épouse d'un homme froid et brutal se fait passer pour morte et s'établit dans une petite ville sous un nom d'emprunt. □ 13 ans+ ➜ DVD $

SLEEPLESS ▷6
ITA. 2001. Drame d'horreur de Dario ARGENTO avec Max Von Sydow, Stefano Dionisi et Chiari Caselli. - Un inspecteur de police à la retraite s'intéresse à une série de meurtres qui semble reliée à un cas non résolu sur lequel il a enquêté jadis. ➜ DVD $

SLEEPLESS IN SEATTLE [Magie du destin, La] ▷4
É.-U. 1993. Comédie sentimentale de Nora EPHRON avec Tom Hanks, Meg Ryan et Bill Pullman. - Convaincue qu'il est l'homme de sa vie, une journaliste de Baltimore cherche à rencontrer un veuf de Seattle qu'elle a entendu sur une tribune téléphonique. □ Général ➜ DVD $

SLEEPWALK
É.-U. 1987. Sara DRIVER

SLEEPY HOLLOW ▷3
É.-U. 1999. Drame fantastique de Tim BURTON avec Johnny Depp, Christina Ricci et Miranda Richardson. - En 1799, un policier enquête sur des meurtres bizarres que des villageois attribuent à un cavalier fantôme. - Scénario ingénieux. Touches d'ironie dans les dialogues. Climat envoûtant de conte de fées lugubre. Illustration magnifique. Jeu excentrique de J. Depp. □ 13 ans+ · Horreur ➜ DVD $

SLENDER THREAD, THE ▷4
É.-U. 1965. Drame psychologique de Sydney POLLACK avec Sidney Poitier, Anne Bancroft et Telly Savalas. - Par téléphone, un étudiant tente de sauver une femme qui a avalé une forte dose de somnifères.

SLEUTH [Limier, Le] ▷3
ANG. 1972. Comédie policière de Joseph L. MANKIEWICZ avec Laurence Olivier, Michael Caine et Eve Channing. - Un auteur de romans policiers invite à son manoir l'amant de sa femme pour discuter à l'amiable de la situation. - Transposition inventive d'une pièce d'Anthony Shaffer. Intrigue riche en retournements de situations. Éléments de satire sur la lutte des classes. Décors somptueux. Mise en scène souple. Étonnant duel d'acteurs. □ Général

SLEUTH ▷5
ANG. 2007. Thriller de Kenneth BRANAGH avec Michael Caine et Jude Law. - Un acteur au chômage se rend chez un écrivain à succès, mari de sa maîtresse, afin de le convaincre de divorcer. □ Général · Déconseillé aux jeunes enfants ➜ DVD DVD-BR $

SLIDING DOORS [Portes du destin, Les] ▷4
ANG. 1997. Comédie sentimentale de Peter HOWITT avec Gwyneth Paltrow, John Hannah et John Lynch. - Une jeune Londonienne connaît deux destins différents, l'un heureux et l'autre malheureux, selon qu'elle rate ou non un métro. □ Général ➜ DVD $

SLIGHT CASE OF MURDER, A ▷4
É.-U. 1938. Comédie policière de L. BACON avec Edward G. Robinson, Jane Bryan et Willard Parker. - À la fin de la Prohibition, un gangster a de la difficulté à se transformer en honnête commerçant de bière. ➜ DVD $

SLIGHTLY PREGNANT MAN, A
voir **Événement le plus important depuis que l'homme a marché sur la lune, L'**

SLIM SUSIE
SUÈ. 2003. Ulf MALMROS ➜ DVD $

SLING BLADE [Justice au cœur, La] ▷3
É.-U. 1995. Drame psychologique réalisé et interprété par Billy Bob THORNTON avec Dwight Yoakam et J.T. Walsh. - Un simple d'esprit qui a passé les 30 dernières années de sa vie dans un asile retourne vivre dans sa petite ville natale du Sud. - Scénario sensible et intelligent. Étude de milieu nuancée. Dialogues évocateurs. Réalisation d'une rigueur exemplaire. Jeu inoubliable du protagoniste. □ 13 ans+ ➜ DVD $

SLINGSHOT
É.-U. 2005. Jay ALAIMO ➜ DVD $

SLINGSHOT, THE *voir* **Lance-pierres, Le**

SLIP SLIDE ADVENTURES *voir* **Water Babies, The**

SLIPPER AND THE ROSE, THE ▷4
ANG. 1976. Comédie musicale de B. FORBES avec Gemma Craven, Richard Chamberlain et Michael Hordern. - Une orpheline trouve moyen d'aller au bal royal et conquiert le cœur du prince héritier. ➜ DVD $

SLIPPING DOWN LIFE, A
É.-U. 1999. Toni KALEM ➜ DVD $

SLITHER ▷4
É.-U. 1973. Comédie policière de Howard ZIEFF avec James Caan, Sally Kellerman et Peter Boyle. - Deux escrocs unissent leurs efforts pour chercher un magot bien caché.

SLITHER ▷5
É.-U. 2006. Drame d'horreur de James GUNN avec Nathan Fillion, Elizabeth Banks et Michael Rooker. - Un homme devenu hideux au contact d'une sangsue extraterrestre sème la panique dans son village. □ Langage vulgaire · Horreur ➜ DVD DVD-BR $

SLIVER ▷5
É.-U. 1993. Drame policier de Phillip NOYCE avec Sharon Stone, William Baldwin et Tom Berenger. - Une jeune éditrice qui demeure depuis peu dans un gratte-ciel de Manhattan soupçonne tour à tour deux de ses voisins d'être des meurtriers. □ 16 ans+ · Érotisme ➜ DVD$

SLOGAN
FR. 1969. Pierre GRIMBLAT ➜ DVD$

SLOGANS ▷3
FR. 2001. Comédie satirique de Gjergj XHUVANI avec Artur Gorishti, Luiza Xhuvani et Agim Qirjaqi. - Un jeune professeur vient enseigner dans un village albanais où maîtres et élèves doivent construire à flanc de montagne des slogans avec des pierres. - Dénonciation par l'humour des injustices et absurdités d'un régime totalitaire. Traitement à mi-chemin entre poésie et surréalisme. Mise en scène dépouillée. Jeu parfaitement adapté des comédiens. □ Général

SLUMDOG MILLIONAIRE [Pouilleux millionnaire, Le] ▷3
ANG. 2008. Comédie dramatique de Danny BOYLE avec Dev Patel et Freida Pinto. - À une question près de remporter le gros lot d'un quiz télévisé, un garçon issu d'un bidonville de Mumbai est interrogé par la police sur des soupçons de tricherie. - Récit puissant et brillamment articulé autour de nombreux flash-backs. Scénario habile évoquant en parallèle le miracle économique indien. Réalisation virevoltante. Jeu criant de vérité de D. Patel. □ 13 ans+ ➜ DVD DVD-BR$

SLUTTY SUMMER
É.-U. 2004. Casper ANDREAS

SMALL BACK ROOM, THE ▷4
ANG. 1948. Drame de guerre de Emeric PRESSBURGER et Michael POWELL avec David Farrar, Kathleen Byron et Jack Hawkins. - Un savant infirme se libère de ses complexes en désamorçant une bombe.

SMALL CHANGE *voir* **Argent de poche, L'**

SMALL CIRCLE OF FRIENDS, A ▷4
É.-U. 1980. Drame social de Rob COHEN avec Brad Davis, Jameson Parker et Karen Allen. - Réunis par le hasard, deux anciens étudiants de Harvard évoquent leurs souvenirs. ➜ DVD$

SMALL FACES ▷4
ANG. 1995. Drame de Gillies et Billy MacKINNON avec Iain Robertson, Joseph MacFadden et J.S. Duffy. - À Glasgow en 1968, un jeune garçon hésite entre l'influence de ses deux frères, l'un membre d'un gang et l'autre artiste. □ 13 ans+

SMALL TIME ▷4
ANG. 1996. Comédie de mœurs réalisée et interprétée par Shane MEADOWS avec Mat Hand et Dena Smiles. - Dans une ville ouvrière anglaise, quatre amis sans emploi font équipe pour commettre divers larcins.

SMALL TIME CROOKS [Escrocs mais pas trop] ▷4
É.-U. 2000. Comédie de mœurs réalisée et interprétée par Woody ALLEN avec Tracey Ullman et Hugh Grant. - Devenu riche du jour au lendemain, un couple ignare et vulgaire tente d'évoluer parmi la haute société de Manhattan. □ Général ➜ DVD$

SMALL TOWN GIRL
É.-U. 1953. Leslie KARDOS □ 18 ans+

SMALLEST SHOW ON EARTH ▷5
ANG. 1956. Comédie de Basil DEARDEN avec Bill Travers, Virginia MacKenna et Peter Sellers. - Un jeune couple prend en main la gérance d'une vieille salle de cinéma. ➜ DVD$

SMART MONEY ▷4
E.-U. 1931. Comédie policière de A.E. GREEN avec Edward G. Robinson, James Cagney et Margaret Livingstone. - Un barbier de province s'en va satisfaire sa passion du jeu dans la grande ville. ➜ DVD$

SMART PEOPLE ▷5
É.-U. 2007. Comédie sentimentale de Noam MURRO avec Dennis Quaid, Sarah Jessica Parker et Thomas Haden Church. - Les tribulations professionnelles, sentimentales, et familiales d'un professeur de littérature veuf et misanthrope, contraint d'héberger son encombrant frère adoptif. □ Général ➜ DVD DVD-BR$

SMASH PALACE ▷4
N.-Z. 1981. Drame psychologique de Roger DONALDSON avec Bruno Lawrence, Anna Jamison et Greer Robson. - Le propriétaire d'une entreprise de récupération d'autos endommagées voit sa vie bouleversée par le départ de sa femme et de sa fillette.

SMASH-UP, THE STORY OF A WOMAN ▷4
[Vie perdue, Une]
É.-U. 1947. Comédie dramatique de Stuart HEISLER avec Susan Hayward, Lee Bowman et Eddie Albert. - Une ancienne chanteuse sombre dans l'alcoolisme lorsque son mari connaît le succès comme chanteur populaire. □ Général

SMASHING TIME [Deux Anglaises en délire] ▷4
ANG. 1967. Comédie de Desmond DAVIS avec Lynn Redgrave, Rita Tushingham et Michael York. - Les diverses mésaventures de deux Juives provinciales venues à Londres pour acquérir la gloire. □ Général

SMELL OF CAMPHOR, FRAGRANCE OF JASMINE ▷4
IRAN. 2000. Drame psychologique réalisé et interprété par Bahman FARMANARA avec Roya Nonahali et Reza Kianian. - Les hauts et les bas d'un cinéaste vieillissant et malade qui en est réduit à tourner un film de commande sur les rites funéraires. ➜ DVD$

SMIC, SMAC, SMOC ▷4
FR. 1971. Comédie de Claude LELOUCH avec Charles Gérard, Amidou et Jean Collomb. - Deux ouvriers d'un chantier naval organisent une fête pour un ami qui se marie. □ Général

SMILE ▷4
É.-U. 1974. Étude de mœurs de Michael RITCHIE avec Bruce Dern, Barbara Feldon et Michael Kidd. - Les organisateurs et les candidates d'un concours de beauté vivent diverses mésaventures. □ 13 ans+ ➜ DVD$

SMILES OF A SUMMER NIGHT
voir **Sourires d'une nuit d'été**

SMILEY FACE
É.-U. 2007. Gregg ARAKI ➜ DVD$

SMILIN' THROUGH
É.-U. 1932. Sidney FRANKLIN □ Général

SMILLA'S SENSE OF SNOW ▷5
ALL. 1996. Drame policier de Bille AUGUST avec Julia Ormond, Gabriel Byrne et Richard Harris. - Une jeune mathématicienne entreprend sa propre enquête sur la mort mystérieuse d'un voisin de six ans avec qui elle avait lié amitié. □ 13 ans+ ➜ DVD$

SMITHEREENS ▷4
É.-U. 1982. Drame de mœurs de S. SEIDELMAN avec Susan Berman, Brad Rinn et Richard Hell. - Les tribulations d'une jeune fille venue tenter fortune à New York en espérant faire son chemin dans le monde du rock. ➜ DVD$

© FOX

SMOKE [Nicotine] ▷4
É.-U. 1995. Drame de mœurs de Wayne WANG avec William Hurt, Harvey Keitel et Harold Perrineau Jr. - Entrecroisement de diverses intrigues ayant pour héros le proriétaire d'une tabagie, son ancienne maîtresse, un romancier et un adolescent bohème.
□ Général ➔ DVD $

SMOKE SIGNALS [Secret des cendres, Le] ▷4
É.-U. 1997. Comédie dramatique de Chris EYRE avec Adam Beach, Evan Adams et Irene Bedard. - Une amitié se dessine entre deux jeunes Amérindiens aux tempéraments différents qui font ensemble un voyage en dehors de leur réserve. □ Général

SMOKEY AND THE BANDIT [Cours après moi Shérif] ▷5
É.-U. 1977. Comédie de Hal NEEDHAM avec Burt Reynolds, Sally Field et Jackie Gleason. - Un chauffeur de camion est chargé de rapporter du Texas en Géorgie un chargement de bière de contrebande.
□ Général ➔ DVD $

SMOKEY AND THE BANDIT 2 ▷5
[Tu fais pas le poids, Shérif]
É.-U. 1980. Comédie de Hal NEEDHAM avec Burt Reynolds, Jackie Gleason et Sally Field. - Un chauffeur de camion transporte un éléphant de Miami à Dallas pour un congrès républicain. □ Général

SMOKING ►2
FR. 1993. Comédie dramatique d'Alain RESNAIS avec Sabine Azéma et Pierre Arditi. - Les tribulations d'un directeur d'école alcoolique et de son épouse qui aimerait changer sa vie. - Film jumeau de No Smoking. Scénario ludique offrant plusieurs variations possibles à partir d'une situation donnée. Ton enjoué et théâtral. Décors naïfs. Jeu remarquable des deux uniques comédiens dans neuf rôles différents.
□ Général

SMOKING ROOM
ESP. 2002. Roger GUAL

SMOOTH TALK ▷3
É.-U. 1985. Drame psychologique de Joyce CHOPRA avec Laura Dern, Mary Kay Place et Treat Williams. - Une adolescente qui s'ennuie dans sa petite ville a une étrange rencontre avec un étranger suspect. - Adaptation d'une nouvelle de Joyce Carol Oates. Mélange de réalisme et de poésie. Mise en scène inventive. Très bonne caractérisation de l'héroïne. ➔ DVD $

SNAKE AND CRANE ARTS OF SHAOLIN
H.-K. 1978. Jackie CHAN

© SÉVILLE

SNAKE EYES [Mauvais œil] ▷4
É.-U. 1998. Drame policier de Brian DE PALMA avec Nicolas Cage, Gary Sinise et Carla Gugino. - Un policier s'efforce de reconstituer le fil des événements entourant un assassinat qui a été commis durant un match de boxe. □ Général · Déconseillé aux jeunes enfants ➔ DVD $

SNAKE FIST FIGHTER
H.-K. 1971. Hsin CHIN □ 13 ans+

SNAKE OF JUNE, A ▷4
JAP. 2002. Thriller réalisé et interprété par Shinya TSUKAMOTO avec Asuka Kurosawa et Yuji Koutari. - Un désaxé exerce un chantage sur un couple qu'il force à commettre divers actes déviants ou humiliants.
➔ DVD $

SNAKE PIT, THE [Fosse aux serpents, La] ▷3
É.-U. 1948. Drame psychologique d'Anatole LITVAK avec Olivia de Havilland, Leo Genn et Mark Stevens. - Une femme souffrant de déséquilibre mental fait un séjour pénible dans un asile d'aliénés. - Scénario tiré d'une expérience vécue. Réalisation habile d'un dur réalisme. Interprétation prenante. □ Général ➔ DVD $

SNAKE WOMAN'S CURSE
JAP. 1968. Nobuo NAKAGAWA ➔ DVD $

SNAKES ON A PLANE ▷5
É.-U. 2006. Thriller de David R. ELLIS avec Samuel L. Jackson, Julianna Margulies et Kenan Thompson. - Les passagers d'un avion de ligne doivent se défendre contre l'assaut de centaines de serpents venimeux lâchés à bord par un dangereux criminel.
□ 13 ans+ · Violence ➔ DVD $

SNAPPER, THE [Bébé, Le] ▷3
ANG. 1993. Comédie de mœurs de Stephen FREARS avec Colm Meaney, Tina Kellegher et Ruth McCabe. - L'aînée d'une famille de cinq enfants vivant dans un quartier ouvrier de Dublin provoque tout un émoi lorsqu'elle tombe enceinte. - Téléfilm au récit savoureux. Alliage de tendresse et d'humour. Personnages pleins de verve. Style naturaliste tout simple. Interprétation volubile. □ Général

SNATCH [Tu braques ou tu raques] ▷4
ANG. 2000. Comédie policière de Guy RITCHIE avec Jason Statham, Dennis Farina et Brad Pitt. - Le vol d'un diamant et la tenue d'un combat de boxe clandestin donnent lieu à divers affrontements et règlements de comptes entre gangsters. □ 16 ans+ ➔ DVD $

SNEAKERS [Escrocs, Les] ▷4
É.-U. 1992. Comédie policière de Phil Alden ROBINSON avec Robert Redford, Dan Aykroyd et Mary McDonnell. - Des voleurs professionnels férus d'électronique sont engagés pour dérober une mystérieuse boîte noire. □ Général ➔ DVD $

SNOW ANGELS [Des anges dans la neige] ▷3
É.-U. 2006. Drame psychologique de David GORDON GREEN avec Sam Rockwell, Kate Beckinsale et Michael Angarano. - Les destins d'une mère séparée de son mari violent et d'un adolescent vivant son premier amour se croisent de manière tragique au cours d'un morne hiver. - Adaptation sans fard d'un roman de Stewart O'Nan. Approche naturaliste au lyrisme subtil. Climat de sourde menace habilement forgé. Interprétation très juste dominée par un S. Rockwell à vif.
□ 13 ans+ ➔ DVD $

SNOW CAKE ▷4
ANG. 2006. Drame psychologique de Marc EVANS avec Alan Rickman, Sigourney Weaver et Carrie-Anne Moss. - À la suite d'un accident de la route ayant provoqué la mort d'une jeune fille, un homme s'installe chez la mère de la victime, une autiste autonome. ➔ DVD $

SNOW FALLING ON CEDARS ▷4
[Neige tombait sur les cèdres, La]
É.-U. 1999. Drame de mœurs de Scott HICKS avec Ethan Hawke, Youki Kudoh et Max Von Sydow. - En 1950, lors d'un procès pour meurtre, un journaliste hésite à divulguer de l'information qui innocenterait le mari d'une Japonaise dont il est amoureux. □ Général · Déconseillé aux jeunes enfants ➔ DVD $

SNOW MAIDEN, THE
RUS. 1969. Pavel KADOCHNIKOV

SNOW WALKER, THE [Détour, Le] ▷4
CAN. 2003. Aventures de Charles Martin SMITH avec Barry Pepper, Annabella Piugattuk et James Cromwell. - Son hydravion s'étant écrasé dans l'Arctique, un pilote raciste doit survivre avec l'aide d'une jeune Inuit tuberculeuse. ➔ DVD $

SNOW WHITE AND THE SEVEN DWARFS ▷3
[Blanche Neige et les sept nains]
É.-U. 1936. Dessins animés de Dave HAND. - Une princesse poursuivie par la haine de sa belle-mère la reine trouve refuge chez les nains dans la forêt. - Adaptation enjouée d'un conte des frères Grimm. Mélange d'humour bon enfant, de charmante féerie et d'épouvante. Invention technique. Trame musicale pleine d'entrain. Premier long métrage en dessins animés produit par Walt Disney. □ Général

SNOWS OF KILIMANJARO ▷4
É.-U. 1952. Drame psychologique de Henry KING avec Gregory Peck, Susan Hayward et Ava Gardner. - Perdu dans la brousse africaine, un écrivain-explorateur qui se meurt évoque son passé. ➔ DVD$

SO CLOSE [Arme virtuelle]
H.-K. 2002. Corey YUEN ➔ DVD$

SO CLOSE TO PARADISE
CHI. 1998. Wang XIAOSHUAI ➔ DVD$

SO DEAR TO MY HEART ▷4
[Danny, le petit mouton noir]
É.-U. 1948. Conte d'Harold SCHUSTER et Hamilton LUSKE avec Bobby Driscoll, Luana Patten et Beulah Bondi. - Un orphelin s'attache à un agneau noir et décide de l'inscrire à un concours agricole.
□ Général ➔ DVD$

SO ENDS OUR NIGHT ▷4
É.-U. 1941. Drame de John CROMWELL avec Fredric March, Glenn Ford et Margaret Sullavan. - Avant la guerre, des Allemands anti-nazis ou juifs essaient de fuir leur pays. □ Général

SO MUCH RICE
CHI. 2005. Hong-Qi LI

SO PROUDLY WE HAIL ▷5
É.-U. 1944. Drame de guerre de Mark SANDRICH avec Claudette Colbert, Paulette Goddard et Walter Abel. - La vie des infirmières de l'armée américaine durant la guerre du Pacifique.
□ Général ➔ DVD$

SO THIS IS NEW YORK ▷4
É.-U. 1948. Comédie de mœurs de Richard FLEISCHER avec Henry Morgan, Rudy Vallee et Virginia Grey. - Un commercant naïf débarque à New York avec sa femme et sa sœur pour trouver un mari à cette dernière. □ Général

SOAP AND WATER [Acqua e sapone]
ITA. 1983. Carlo VERDONE

SOAPDISH [Vie est un téléroman, La] ▷4
É.-U. 1991. Comédie satirique de Michael HOFFMAN avec Sally Field, Kevin Kline et Cathy Moriarty. - Les tribulations d'une vedette de téléromans qui doit faire face à une rivale intrigante tout en s'occupant de sa jeune nièce qui veut devenir actrice. □ Général ➔ DVD$

SOCIÉTÉ DES POÈTES DISPARUS, LA
voir **Dead Poets Society**

SOCKET
É.-U. 2007. Sean ABLEY

SODOM AND GOMORRAH ▷5
ITA. 1962. Drame de Robert ALDRICH avec Stewart Granger, Pier Angeli et Anouk Aimée. - Les événements conduisant à la destruction de Sodome et Gomorrhe.

SODOM KILLER
JAP. 2007. Hiroshi TAKAHASHI ➔ DVD$

SŒURS CASSE-COU, LES
voir **Come to the Stable**

SŒURS FÂCHÉES, LES ▷4
FR. 2004. Comédie dramatique d'Alexandra LECLÈRE avec Isabelle Huppert, Catherine Frot et François Berléand. - Une Parisienne oisive et aigrie reçoit la visite de sa sœur esthéticienne venue de leur province natale pour rencontrer un éditeur intéressé par son premier roman. □ Général ➔ DVD$

SŒURS HAMLET, LES ▷5
FR. 1996. Drame d'Abdelkrim BAHLOUL avec Émilie Altmayer, Berenice Bejo et Mouloud Tadjer. - Un Maghrébin vient en aide à deux sœurs banlieusardes bloquées en pleine nuit à Paris. □ Général

SŒURS MADELEINE, LES *voir* **Magdalene Sisters**

SŒURS, LES *voir* **Sisters, The**

SOFIE ▷4
DAN. 1992. Drame de mœurs de Liv ULLMANN avec Karen-Lise Mynster, Erland Josephson et Ghita Norby. - Une jeune Juive se soumet à la volonté de ses parents qui veulent la voir épouser un fils de bonne famille qu'elle n'aime pas. □ Général

SOFT FRUIT ▷4
AUS. 1999. Comédie dramatique de Christina ANDREEF avec Jeanie Drynan, Linal Haft et Russell Dykstra. - Les membres d'une famille dysfonctionnelle se réunissent autour de leur mère malade qui veut profiter de la vie au maximum avant de mourir.

SOFT SKIN, THE *voir* **Peau douce, La**

SOIE *voir* **Silk**

SOIF, LA [Three Strange Loves] ▷3
SUÈ. 1949. Drame psychologique d'Ingmar BERGMAN avec Eva Henning, Birger Malmsten et Birgit Tengroth. - Les relations douloureuses d'une femme et de son mari. - Construction dramatique complexe. Excellents interprètes.

SOIGNE TA DROITE! [Keep Your Right Up!] ▷4
FR. 1987. Comédie réalisée et interprétée par Jean-Luc GODARD avec Jacques Villeret et Michel Galabru. - Les tribulations d'un auteur de films qui s'efforce de livrer sa dernière œuvre à un distributeur.
➔ DVD$

SOIR AU BAR McCOOL, UN *voir* **One Night at McCool's**

SOIRÉE D'ANNIVERSAIRE *voir* **Anniversary Party, The**

SOIS BELLE ET TAIS-TOI ▷5
FR. 1958. Comédie policière de Marc ALLÉGRET et Henri VERNEUIL avec Henri Vidal, Mylène Demongeot et Darry Cowl. - Évadée d'une maison de rééducation, une jeune fille épouse un policier.
□ Général

SOLARIS ▶2
RUS. 1972. Science-fiction d'Andrei TARKOVSKY avec Youri Jarvet, Donatas Banjonis et Natalya Bondartchouk. - Un psychologue appelé à faire enquête sur une station orbitale est victime d'expériences bizarres. - Exploration complexe des thèmes de science-fiction. Images fascinantes. Mise en scène imposante. Interprétation solide.
□ Général ➔ DVD$

SOLARIS ▷3
É.-U. 2002. Science-fiction de Steven SODERBERGH avec George Clooney, Natascha McElhone et Jeremy Davies. - Les occupants d'une station spatiale, en orbite autour d'une planète au pouvoir mystérieux, sont soumis à d'étranges phénomènes. - Œuvre éthérée au style froid et rigoureux. Rythme engourdi bien adapté au climat onirique recherché. Style visuel raffiné empreint de poésie. Interprétation dans le ton voulu. □ Général ➔ DVD$

SOLAS ▷4
ESP. 1999. Drame psychologique de Benito ZAMBRANO avec Ana Fernandez, Maria Galiana et Carlos Alvarez-Novoa. - Une célibataire alcoolique, qui attend un enfant d'un homme marié, accueille temporairement sa mère dont le mari est à l'hôpital. ➔ DVD$

SOLDATS SANS BATAILLE *voir* **Buffalo Soldiers**

SOLDIER OF ORANGE [Dernier des héros, Le] ▷4
HOL. 1978. Drame de guerre de Paul VERHOEVEN avec Rutger Hauer, Peter Faber et Jeroen Krabbe. - Les tribulations d'un étudiant hollandais devenu pilote et agent secret durant la Seconde Guerre mondiale.
□ 13 ans+

SOLDIER'S DAUGHTER NEVER CRIES, A ▷4
É.-U. 1998. Chronique de James IVORY avec Leelee Sobieski, Kris Kristofferson et Barbara Hershey. - Les tribulations de la famille d'un écrivain américain installée à Paris dans les années 60 et 70.
□ Général ➔ DVD$

SOLDIER'S STORY, A [Histoire de soldat, Une] ▷4
É.-U. 1984. Drame social de Norman JEWISON avec Howard E. Rollins Jr., Adolph Caesar et Art Evans. - En 1944, un officier afro-américain est envoyé en Floride pour enquêter sur le meurtre d'un sergent-instructeur de race noire. □ Général ➔ DVD$

SOLEIL ▷4
FR. 1997. Chronique réalisée et interprétée par Roger HANIN avec Sophia Loren et Nicolas Olczyk. - Pendant la Seconde Guerre mondiale, un garçon juif accepte mal les sacrifices que doit faire sa mère pour élever seule sa famille en Algérie. □ Général

SOLEIL, LE ▷3
RUS. 2005. Drame historique d'Alexandre SOKOUROF avec Issey Ogata, Robert Dawson et Shiro Sano. - Le 15 août 1945, l'empereur Hirohito reconnaît l'amère défaite du Japon face aux forces alliées. - Évocation intimiste d'événements historiques marquants. Mise en scène stylisée. Effets sonores saisissants. Interprétation raffinée d'I. Ogata. □ Général ➜ DVD$

SOLEIL BRILLE POUR TOUT LE MONDE, LE *voir* **Sun Shines Bright, The**

SOLEIL DE NUIT *voir* **White Nights**

SOLEIL DE SIAM *voir* **Siam Sunset**

SOLEIL LEVANT *voir* **Rising Sun**

SOLEIL MÊME LA NUIT, LE [Night Sun] ▷3
ITA. 1989. Drame psychologique de Paolo et Vittorio TAVIANI avec Julian Sands, Nastassja Kinski et Charlotte Gainsbourg. - Lorsqu'il apprend, à la veille de ses noces, que sa future épouse a été la maîtresse du roi, un jeune baron décide de devenir moine et de mener une vie d'ermite. - Adaptation fidèle d'un roman de Tolstoï. Illustration soignée. Traitement fort intéressant. Interprétation assez sensible de J. Sands. □ Général

SOLEIL NOIR, LE *voir* **Threads**

SOLEIL ROUGE [Red Sun] ▷4
FR. 1971. Western de Terence YOUNG avec Charles Bronson, Toshiro Mifune et Alain Delon. - En compagnie d'un samouraï, un aventurier recherche un sabre précieux volé à l'ambassadeur du Japon. □ Général

SOLEIL SE LÈVE EN RETARD, LE ▷4
QUÉ. 1976. Comédie sentimentale d'André BRASSARD avec Rita Lafontaine, Yvon Deschamps et Denise Filiatrault. - Ayant fait appel à une agence de rencontres, une jeune femme fait la connaissance d'un célibataire timide.

SOLEIL TROMPEUR [Burnt by the Sun] ▷3
RUS. 1994. Drame psychologique réalisé et interprété par Nikita MIKHALKOV avec Oleg Menchikov et Ingeborga Dapkounaite. - En 1936, alors qu'il passe un dimanche en famille, un colonel soviétique voit débarquer l'ancien amant de sa femme qu'il avait jadis contraint à l'exil. - Charge anti-stalinienne savamment construite. Habile peinture de mœurs au ton nostalgique et tragique. Interprétation de qualité. □ Général

SOLEIL VERT *voir* **Soylent Green**

SOLID GOLD CADILLAC, THE [CADILLAC EN OR MASSIF, UNE] ▷4
É.-U. 1955. Comédie satirique de Richard QUINE avec Judy Holliday, Paul Douglas et Fred Clark. - Une petite actionnaire d'une compagnie inquiète les administrateurs par ses interventions. □ Général

SOLITAIRE, LE ▷5
FR. 1987. Drame policier de Jacques DERAY avec Jean-Paul Belmondo, Jean-Pierre Malo et Franck Ayas. - Un policier entreprend de venger la mort d'un collègue abattu par un dangereux gangster. □ 13 ans+

SOLITAIRE DE FORT HUMBOLDT, LE *voir* **Breakheart Pass**

SOLO ▷5
QUÉ. 1991. Drame psychologique de Paule BAILLARGEON avec Julie Vincent, Marc Messier et Johanne Fontaine. - À la recherche de la compagne idéale, un homme aigri par un amour déçu fait la connaissance d'une jeune femme rangée et solitaire. □ Général

SÓLO CON TU PAREJA
MEX. 1991. Alfonso CUARON ➜ DVD$

SOLO MIA ▷4
ESP. 2001. Drame de Javier BALAGUER avec Sergi Lopez, Paz Vega et Elvira Minguez. - Les expériences pénibles d'une jeune femme mariée à un homme violent.

SOLO POUR DEUX *voir* **All of Me**

SOLOIST, THE [Soliste, Le]
É.-U. 2009. Joe WRIGHT

SOLOMON AND SHEBA ▷5
É.-U. 1959. Drame de King VIDOR avec Yul Brynner, Gina Lollobrigida et George Sanders. - Le roi Salomon lutte contre la reine de Saba qui veut s'emparer d'Israël. □ Général ➜ DVD$

SOMBRAS EN UNA BATALLA *voir* **Shadows in a Conflict**

SOMBRE
FR. 1998. Philippe GRANDRIEUX ➜ DVD$

SOME CAME RUNNING ▷3
É.-U. 1959. Drame psychologique de Vincente MINNELLI avec Frank Sinatra, Shirley MacLaine et Dean Martin. - Un romancier désabusé revient dans sa petite ville natale. - Bonne étude de milieu. Réalisation soignée. Interprétation saisissante de S. MacLaine. □ Général ➜ DVD$

SOME FOLKS CALL IT A SLING BLADE
É.-U. 1993. George HICKENLOOPER ➜ DVD$

SOME GIRLS [Trois grâces et moi, Les] ▷4
É.-U. 1988. Comédie dramatique de Michael HOFFMAN avec Patrick Dempsey, Jennifer Connelly et Lila Kedrova. - Ayant accepté de passer Noël à Québec dans la famille d'une amie, un jeune Américain est confronté à l'excentricité de ses riches hôtes. □ Général ➜ DVD$

SOME KIND OF WONDERFUL ▷4
É.-U. 1987. Comédie sentimentale de Howard DEUTCH avec Eric Stoltz, Mary Stuart Masterson et Lea Thompson. - Amoureux d'une camarade de classe, un étudiant d'un «high school» s'engage dans des frais exceptionnels pour sortir avec elle. □ Général ➜ DVD$

SOME LIKE IT HOT ►2
É.-U. 1959. Comédie de Billy WILDER avec Marilyn Monroe, Tony Curtis et Jack Lemmon. - Pour fuir la pègre, deux témoins d'un meurtre se travestissent et se joignent à un orchestre féminin. - Scénario fertile en situations drôles. Personnages savoureux et attachants. Bon accompagnement musical. Mise en scène fort alerte. Interprétation dégagée. □ Général ➜ DVD$

SOME MOTHER'S SON [Pour l'amour de nos fils] ▷3
IRL. 1996. Drame réalisé par Terry GEORGE avec Helen Mirren, Fionnula Flanagan et Aidan Gillen. - En 1981, en Irlande du Nord, deux femmes ont à décider si elles doivent accepter que les autorités interrompent de force la grève de la faim de leurs fils respectifs. - Drame puissant inspiré de faits vécus. Scénario captivant et implacable. □ Général

SOMEBODY TO LOVE
É.-U. 1994. Alexandre ROCKWELL □ 13 ans+ · Langage vulgaire

SOMEBODY UP THERE LIKES ME ▷3
É.-U. 1955. Drame psychologique de Robert WISE avec Paul Newman, Pier Angeli et Everett Sloane. - Un jeune homme révolté se réhabilite en devenant boxeur. - Film inspiré de la vie de l'ancien champion Rocky Graziano. Peinture réussie des milieux de la boxe. Mise en scène brillante, teintée d'expressionnisme. Jeu vigoureux de P. Newman. □ Général

SOMEONE ELSE'S AMERICA *voir* **Amérique des autres, L'**

SOMEONE TO LOVE ▷4
É.-U. 1987. Comédie de mœurs réalisée et interprétée par Henry JAGLOM avec Orson Welles et Andrea Marcovicci. - Souffrant lui-même de problèmes sentimentaux, un réalisateur réunit diverses personnes en mal d'amour pour discuter de relations humaines devant une équipe de tournage. □ Général

SOMEONE'S WATCHING ME
É.-U. 1978. John CARPENTER ➜ DVD$

SOMERSAULT [Saut périlleux] ▷4
AUS. 2004. Drame de Cate SHORTLAND avec Abbie Cornish, Sam Worthington et Lynette Curran. - Une adolescente en fugue s'installe dans une région montagneuse de l'Australie où elle s'éprend d'un gosse de riches à l'humeur changeante. ➜ DVD$

SOMETHING LIKE HAPPINESS ▷3
TCH. 2005. Drame de Bohdan SLAMA avec Tatiana Vilhelmova, Pavel Liska et Ana Geislerova. - Une jeune employée d'épicerie et son ami d'enfance secrètement épris d'elle recueillent les enfants de leur copine internée dans un institut psychiatrique. - Récit prenant et chaleureux mais ultimement désespérant. Décor industriel urbain évocateur. Réalisation attentive aux personnages. Interprètes justes et touchants. □ Général ➜ DVD$

SOMETHING OF VALUE [Carnaval des dieux, Le] ▷4
É.-U. 1956. Drame social de Richard BROOKS avec Rock Hudson, Sidney Poitier et Dana Wynter. - L'amitié tourmentée entre un Blanc et un Noir dans le cadre de la révolte des Mau-Mau.

SOMETHING THE LORD MADE ▷4
É.-U. 2004. Drame biographique de Joseph SARGENT avec Mos Def, Alan Rickman et Mary Stuart Masterson. - L'histoire de deux pionniers de la chirurgie cardiaque, Alfred Blalock et son assistant afro-américain Vivien Thomas. ➔ DVD $

SOMETHING TO TALK ABOUT [Potins du Sud] ▷5
É.-U. 1995. Comédie dramatique de Lasse HALLSTRÖM avec Julia Roberts, Robert Duvall et Gena Rowlands. - Ayant surpris son époux dans les bras d'une autre femme, une jeune mère de famille quitte la maison avec sa fillette et retourne chez ses parents.
□ Général ➔ DVD $

SOMETHING WICKED THIS WAY COMES ▷4
[Foire des ténèbres, La]
É.-U. 1983. Drame fantastique de Jack CLAYTON avec Jason Robards, Vidal Peterson et Shawn Carson. - Deux jeunes garçons aventureux enquêtent sur la vraie nature des attractions offertes par d'étranges forains aux allures sinistres. □ Général ➔ DVD $

SOMETHING WILD ▷4
[Dangereuse sous tous rapports]
É.-U. 1986. Comédie dramatique de Jonathan DEMME avec Jeff Daniels, Melanie Griffith et Ray Liotta. - Un cadre new-yorkais est entraîné dans une randonnée impromptue par une jeune femme fantasque. □ 13 ans+ ➔ DVD $

SOMETHING'S GOTTA GIVE ▷4
[Quelque chose d'inattendu]
É.-U. 2003. Comédie sentimentale de Nancy MEYERS avec Jack Nicholson, Diane Keaton et Amanda Peet. - Un riche coureur de jupons sexagénaire qui ne fréquente que des jeunes femmes tombe pourtant amoureux de la mère de sa nouvelle conquête. □ Général ➔ DVD $

SOMETIMES A GREAT NOTION ▷3
É.-U. 1971. Drame social réalisé et interprété par Paul NEWMAN avec Henry Fonda et Michael Sarrazin. - Les tribulations d'une famille dirigeant une exploitation forestière indépendante. - Valeur dramatique indéniable. Approche documentaire et humaine. Photographie admirable. Excellente composition de H. Fonda. □ Général

SOMETIMES IN APRIL ▷4
É.-U. 2005. Drame de Raoul PECK avec Idris Elba, Debra Winger et Carole Karemera. - En 2004, au Rwanda, un ancien officier hutu se rend au procès de son frère jugé pour son implication dans le génocide de 1994. ➔ DVD $

SOMEWHERE I'LL FIND YOU ▷5
É.-U. 1942. Drame de guerre de Wesley RUGGLES avec Clark Gable, Lana Turner et Robert Sterling. - Deux frères, correspondants de guerre, se disputent l'amour d'une infirmière.

SOMEWHERE IN THE NIGHT ▷4
É.-U. 1945. Drame psychologique de Joseph MANKIEWICZ avec John Hodiak, Nancy Guild et Lloyd Nolan. - Un amnésique essaie de retrouver son passé et sa personnalité. ➔ DVD $

SOMEWHERE IN TIME [Quelque part dans le temps] ▷4
É.-U. 1980. Drame fantastique de Jeannot SZWARC avec Christopher Reeve, Jane Seymour et Christopher Plummer. - Un jeune dramaturge traverse la barrière du temps afin de rencontrer une actrice du début XXe siècle. □ Général ➔ DVD $

SOMME DE TOUTES LES PEURS, LA
voir **Sum of All Fears, The**

SOMMERSBY ▷4
É.-U. 1993. Drame sentimental de Jon AMIEL avec Richard Gere, Jodie Foster et Bill Pullman. - Après la fin de la guerre de Sécession, un soldat revient complètement transformé dans son village où il retrouve sa femme qui le croyait mort. □ Général ➔ DVD $

SON OF DRACULA ▷4
É.-U. 1943. Drame d'horreur de Robert SIODMAK avec Lon Chaney Jr., Louise Albritton et Robert Paige. - Un comte mystérieux épouse une jolie fille et la transforme en vampire.
□ Général · Déconseillé aux jeunes enfants

SON OF FRANKENSTEIN ▷4
É.-U. 1938. Drame d'horreur de Rowland V. LEE avec Boris Karloff, Basil Rathbone et Bela Lugosi. - Le fils du baron Frankenstein poursuit l'œuvre de son père en ranimant le monstre que ce dernier avait créé.
□ Général

SON OF FURY ▷4
É.-U. 1942. Aventures de John CROMWELL avec Tyrone Power, Gene Tierney et George Sanders. - Un Anglais, dépossédé de ses biens, fait fortune dans les mers du Sud. □ Général ➔ DVD $

SON OF PALEFACE ▷4
É.-U. 1952. Comédie de Frank TASHLIN avec Bob Hope, Jane Russell et Roy Rogers. - Le fils d'un tueur d'Indiens recherche un trésor caché par son père.

SON OF RAMBOW ▷4
ANG. 2008. Comédie dramatique de Garth JENNINGS avec Bill Milner, Will Poulter et Jules Sitruk. - Dans les années 1980, un gamin, membre d'une secte rigoriste, participe au tournage d'un remake fauché de «First Blood», sous la direction de la brute de son école.
□ Général · Déconseillé aux jeunes enfants ➔ DVD $

SON OF THE BRIDE, THE ▷4
ARG. 2001. Comédie dramatique de Juan Jose CAMPANELLA avec Ricardo Darin, Hector Alterio et Norma Aleandro. - Un restaurateur quadragénaire de Buenos Aires néglige sa famille au profit de son boulot. □ Général

SON OF THE PINK PANTHER ▷5
[Fils de la panthère rose, Le]
É.-U. 1993. Comédie policière de Blake EDWARDS avec Roberto Benigni, Herbert Lom et Claudia Cardinale. - Un commissaire de police chargé de retrouver une princesse kidnappée par des terroristes doit faire appel aux services d'un gendarme gaffeur. □ Général ➔ DVD $

SON OF THE SHEIK ▷4
É.-U. 1926. Mélodrame de George FITZMAURICE avec Vilma Banky, Rudolph Valentino et Montague Love. - Le fils d'un sheik s'éprend d'une belle danseuse qui sert d'appât à des voleurs. ➔ DVD $

SON'S ROOM, THE *voir* **Chambre du fils, La**

SONATE D'AUTOMNE *voir* **Autumn Sonata**

SONATINE ▷4
QUÉ. 1983. Drame psychologique de Micheline LANCTÔT avec Pascale Bussières, Marcia Pilote et Pierre Fauteux. - Les problèmes de deux adolescentes qui souffrent de l'indifférence du monde qui les entoure.
□ 13 ans+

SONATINE ▷4
JAP. 1993. Drame policier réalisé et interprété par Takeshi KITANO avec Aya Kokumai et Tetsu Watanabe - Le chef d'un groupe de yakuzas attend avec ses hommes au bord de la mer la reprise éventuelle d'une sanglante guerre de gangs. □ 13 ans+ · Violence

SONG FOR A RAGGY BOY
ANG. DAN. IRL. 2003. Aisling WALSH ➔ DVD $

SONG FOR MARTIN, A ▷3
DAN. 2001. Drame psychologique de Bille AUGUST avec Sven Wollter, Viveka Seldahl et Reine Brynolfsson. - La vie heureuse d'un compositeur de renom marié à une violoniste bascule dans le drame lorsqu'il se découvre atteint de la maladie d'Alzheimer. - Sujet douloureux abordé avec sensibilité et retenue. Climat mélancolique. Rythme lent. Réalisation assurée. Interprétation bouleversante. ➔ DVD $

SONG IS BORN, A [Chanson est née, Une] ▷4
É.-U. 1948. Comédie musicale de Howard HAWKS avec Danny Kaye, Virginia Mayo et Benny Goodman. - Un jeune musicologue découvre le jazz et l'amour à travers de curieuses mésaventures. ➔ DVD $

SONG OF BERNADETTE, THE ▷4
É.-U. 1944. Drame biographique de Henry KING avec Jennifer Jones, Charles Bickford et Anne Revere. - L'histoire des apparitions de la Vierge à la petite Bernadette Soubirous. □ Général

SONG OF LOVE ▷4
É.-U. 1947. Drame biographique de Clarence BROWN avec Katharine Hepburn, Paul Henried et Robert Walker. - Les joies et les épreuves de la pianiste Clara Wieck, épouse du compositeur Robert Schumann.
□ Général

SONG OF SONGS, THE ▷4
É.-U. 1933. Drame de Rouben MAMOULIAN avec Marlene Dietrich, Brian Aherne et Lionel Atwill. - Une jeune paysanne connaît une vie orageuse après avoir servi de modèle à un sculpteur. □ Général

SONG OF THE EXILE ▷4
H.-K. 1990. Drame psychologique d'Ann HUI avec Shwu-Fen Chang, Maggie Cheung et Chi-Hung Lee. - Une jeune Chinoise qui part à la découverte de ses racines se heurte à sa mère d'origine japonaise.

SONG OF THE THIN MAN ▷4
É.-U. 1947. Comédie policière d'Edward BUZZELL avec William Powell, Myrna Loy et Keenan Wynn. - Un détective à la retraite résoud le mystère entourant un meurtre commis à bord d'un navire de plaisance. □ Général

SONG TO REMEMBER, A ▷5
É.-U. 1945. Drame biographique de Charles VIDOR avec Paul Muni, Cornel Wilde et Merle Oberon. - Évocation des amours de Chopin et de George Sand.

SONG WITHOUT END ▷4
É.-U. 1960. Drame musical de Charles VIDOR et George CUKOR avec Dirk Bogarde, Capucine et Geneviève Page. - Les amours contrariées du compositeur Franz Liszt avec une princesse autrichienne. □ Général

SONGE D'UNE NUIT D'ÉTÉ, LE
voir **Midsummer Night's Dream, A**

SONGS FROM THE SECOND FLOOR
voir **Chansons du deuxième étage**

SONGWRITER ▷4
É.-U. 1984. Comédie musicale d'Alan RUDOLPH avec Willie Nelson, Lesley Ann Warren et Kris Kristofferson. - Les difficultés professionnelles d'un chanteur-compositeur de musique country lié par contrat à un promoteur malhonnête. □ Général ➜ DVD $

SONIA
QUÉ. 1986. Paule BAILLARGEON □ Général

SONJA
ALL. 2006. Kirsi LIIMATAINEN ➜ DVD $

SONNY ▷5
É.-U. 2002. Drame de mœurs de Nicolas CAGE avec James Franco, Brenda Blethyn et Mena Suvari. - À la Nouvelle-Orléans, les tribulations d'un jeune homme que sa mère pousse à se prostituer. ➜ DVD $

SONS OF KATIE ELDER, THE ▷4
É.-U. 1965. Western d'Henry HATHAWAY avec John Wayne, Dean Martin et James Gregory. - Quatre frères se retrouvent pour venger la mort de leur mère. □ Général ➜ DVD $

SONS OF THE DESERT ▷3
É.-U. 1934. Comédie de William SEITER avec Stan Laurel, Oliver Hardy et Mae Busch. - Deux compères tentent d'assister à un congrès malgré le refus de leurs épouses. - Gags réjouissants. Subtilité dans les relations entre les personnages. Un des meilleurs films de Laurel et Hardy. □ Général

SOPHIE SCHOLL - THE FINAL DAYS ▷4
[Sophie Scholl - les derniers jours]
ALL. 2005. Drame historique de Marc ROTHEMUND avec Julia Jentsch, Alexander Held et Fabian Hinrichs. - En 1943, une étudiante allemande, membre d'une association clandestine opposée à Hitler, est capturée puis exécutée au terme d'un procès-éclair. □ Général ➜ DVD $

SOPHIE'S CHOICE [Choix de Sophie, Le] ▷3
É.-U. 1982. Drame psychologique d'Alan J. PAKULA avec Meryl Streep, Kevin Kline et Peter MacNicol. - Un jeune écrivain découvre progressivement le passé douloureux d'une Polonaise rescapée des camps nazis. - Adaptation prenante du roman de William Styron. Mise en images soignée. Intérêt soutenu. Interprétation remarquable de M. Streep. □ 13 ans+ ➜ DVD $

SORCERER ▷4
É.-U. 1977. Aventures de William FRIEDKIN avec Roy Scheider, Bruno Cremer et Francisco Rabal. - Sur des routes difficiles en pleine jungle, quatre hommes transportent en camion des explosifs particulièrement dangereux. □ 13 ans+ ➜ DVD $

SORCERESS *voir* **Moine et la sorcière, Le**

SORCIER D'OZ, LE *voir* **Wizard of Oz**

SORCIÈRES, LES *voir* **Witches, The**

SORCIÈRES D'EASTWICK, LES
voir **Witches of Eastwick, The**

SORCIÈRES DE SALEM, LES [Crucible, The] ▷4
ALL.-FR. 1956. Drame social de Raymond ROULEAU avec Yves Montand, Simone Signoret et Mylène Demongeot. - Dans une ville où règne le puritanisme, un incident déclenche une chasse aux sorcières.

SORRY HATERS
É.-U. 2005. Jeff STANZLER ➜ DVD $

SORRY, WRONG NUMBER ▷3
[Raccrochez, c'est une erreur]
É.-U. 1948. Drame policier d'Anatole LITVAK avec Barbara Stanwyck, Burt Lancaster et Wendell Corey. - Une infirme apprend au téléphone qu'on veut la tuer. - Tension soutenue avec habileté et efficacité. Excellente interprétation. □ Général ➜ DVD $

SORTI DE L'ENFER *voir* **From Hell**

SORTILÈGE DU SCORPION DE JADE, LE
voir **Curse of the Jade Scorpion, The**

SORUM
COR. 2001. Jong-Chan YUN ➜ DVD $

SOTTO, SOTTO
ITA. 1984. Lina WERTMÜLLER □ Général

SOUFFLE AU CŒUR, LE [Murmur of the Heart] ▷3
FR. 1971. Drame psychologique de Louis MALLE avec Benoît Ferreux, Lea Massari et Daniel Gélin. - Un adolescent atteint d'un souffle au cœur doit faire un séjour dans une ville d'eau avec sa mère. - Tableau satirique d'une société bourgeoise. Construction anecdotique. Traitement léger d'éléments troubles. Interprétation vivante et naturelle. □ 18 ans+ ➜ DVD $

SOUFFLE DE LA HAINE, LE *voir* **Inherit the Wind**

SOUFFLE DE LA TEMPÊTE, LE *voir* **Comes a Horseman**

SOUFFLE DE LA VIOLENCE, LE *voir* **Violent Men, The**

SOUFFLE SAUVAGE *voir* **Blowing Wild**

SOUL HAUNTED BY PAINTING, A
CHI. 1995. Shuqin HUANG

SOUL VENGEANCE
É.-U. 1975. Jamaa FANAKA ➜ DVD $

SOULIERS DE SAINT-PIERRE, LES
voir **Shoes of the Fisherman, The**

SOULS AT SEA ▷4
É.-U. 1937. Drame d'Henry HATHAWAY avec Gary Cooper, George Raft et Frances Dee. - Un négrier passe en jugement pour avoir abandonné dix-neuf personnes sur un navire en perdition. □ Général

SOULTAKER
É.-U. 1990. Michael RISSI

SOUND OF MUSIC, THE [Mélodie du bonheur, La] ▷3
É.-U. 1965. Comédie musicale de Robert WISE avec Julie Andrews, Christopher Plummer et Eleanor Parker. - Devenue gouvernante des enfants d'un noble autrichien, une novice entraîne toute la famille au chant choral. - Agréable transposition de l'histoire de la famille Trapp. Photographie grandiose. Musique plaisante. Mise en scène fort adroite. Interprétation des plus sympathiques. □ Général ➜ DVD $

SOUND OF THE SEA ▷5
ESP. 2001. Drame de mœurs de Bigas LUNA avec Jordi Molla, Leonor Watling et Eduard Fernandez. - Son époux étant disparu durant une tempête en mer, une jeune femme de condition modeste se remarie avec un riche prétendant. ➜ DVD $

SOUND OF THUNDER, A ▷6
É.-U. 2005. Science-fiction de Peter HYAMS avec Edward Burns, Catherine McCormack et Ben Kingsley. - En 2055, un voyageur temporel parti chasser le dinosaure à l'ère préhistorique déclenche une chaîne d'événements qui met l'humanité en péril. □ Général · Déconseillé aux jeunes enfants ➜ DVD $

SOUNDER ▷3
É.-U. 1972. Drame de Martin RITT avec Kevin Hooks, Paul Winfield et Cicely Tyson. - Au début des années 1930, les difficultés d'une famille de race noire en Louisiane. - Intrigue simple mais riche en aspects humains. Évocation intéressante de l'époque. Interprétation sobre et prenante. □ Général ➜ DVD $

SOUNDLESS [Lautlos]
ALL. 2004. Mennan YAPO ➜ DVD $

SOUNDMAN
É.-U. 1999. Steven HO ➜ DVD $

SOUPÇON DE ROSE, UN
voir **Touch of Pink**

SOUPE AUX CHOUX, LA ▷4
FR. 1981. Comédie fantaisiste de Jean GIRAULT avec Louis de Funès, Jean Carmet et Jacques Villeret. - Deux vieux paysans reçoivent la visite d'un extraterrestre. □ Général ➜ DVD $

SOUPER, LE ▷4
FR. 1992. Drame historique d'Édouard MOLINARO avec Claude Brasseur, Claude Rich et Ticky Holgado. - À la suite de la défaite de Napoléon, le politicien Talleyrand et le chef de la police Fouché se réunissent autour d'un souper pour discuter de l'avenir de la France. □ Général

SOURCE, LA [Virgin Spring, The] ►1
SUÈ. 1959. Drame poétique d'Ingmar BERGMAN avec Max Von Sydow, Brigitta Petersson et Gunnel Lindblom. - Des bergers violent et tuent une jeune fille puis demandent asile à ses parents. - Sujet d'une profondeur spirituelle incontestable. Contexte médiéval poétiquement évoqué. Traitement remarquable de dépouillement et de beauté formelle. Excellente interprétation. □ 13 ans+ ➜ DVD $

SOURIRE, LE ▷4
FR. 1993. Comédie dramatique de Claude MILLER avec Jean-Pierre Marielle, Emmanuelle Seigner et Richard Bohringer. - Un sexagénaire qui n'en a plus pour longtemps à vivre fait la connaissance d'une ravissante jeune femme à qui il propose une aventure galante. □ 13 ans+ · Érotisme

SOURIRE DE MONA LISA, LE *voir* **Mona Lisa Smile**

SOURIRES D'UNE NUIT D'ÉTÉ ►2
[Smiles of a Summer Night]
SUÈ. 1955. Comédie d'Ingmar BERGMAN avec Eva Dalhbeck, Gunnar Bjornstrand et Ulla Jacobsson. - Suite de chassés-croisés amoureux dans un milieu bourgeois suédois. - Comédie à la fois enjouée et amère. Sens du dialogue. Acuité psychologique. Œuvre empreinte d'une ironie désabusée. Interprétation de qualité. □ 13 ans+ ➜ DVD $

SOURIS CITY *voir* **Flushed Away**

SOURIS QUI RUGISSAIT, LA *voir* **Mouse that Roared, The**

SOURIS SUR LA LUNE, LA *voir* **Mouse on the Moon, The**

SOUS LE CIEL DU NEVADA *voir* **Blue Sky**

SOUS LE SABLE ▷3
FR. 2000. Drame psychologique de François OZON avec Charlotte Rampling, Bruno Cremer et Jacques Nolot. - Une femme dont le mari a mystérieusement disparu lors d'une baignade à la mer se comporte comme s'il vivait toujours à ses côtés. - Étude d'un cas pathologique ménageant des effets de surprise. Traitement dépouillé. Mise en scène astucieuse. Jeu un peu froid, mais fort sensible de C. Rampling. □ 13 ans+ ➜ DVD $

SOUS LE SIGNE DE MONTE-CRISTO ▷4
FR. 1968. Aventures d'André HUNEBELLE avec Paul Barge, Paul Le Person et Anny Duperey. - Injustement condamné, un prisonnier s'évade et revient se venger une fois devenu riche.

SOUS LE SOLEIL DE SATAN [Under Satan's Sun] ▷3
FR. 1987. Drame religieux réalisé et interprété par Maurice PIALAT avec Gérard Depardieu et Sandrine Bonnaire. - Un curé de campagne tente en vain de ramener un jeune prêtre robuste mais tourmenté à un certain équilibre. - Adaptation d'un roman de Bernanos. Traitement austère et sombre. Ellipses surprenantes. Mise en scène très dépouillée. Interprétation d'une densité appréciable. □ Général

SOUS LE SOLEIL DE TOSCANE *voir* **Under the Tuscan Sun**

SOUS LES DRAPS, LES ÉTOILES ▷5
QUÉ. 1989. Drame sentimental de Jean-Pierre GARIÉPY avec Guy Thauvette, Marie-Josée Gauthier et Marcel Sabourin. - Un astronome qui revient d'un long voyage s'éprend d'une femme obsédée par le désir de s'enfuir à l'étranger.

SOUS LES TOITS DE PARIS [Under the Roofs of Paris] ▷4
FR. 1930. Comédie de René CLAIR avec Albert Préjean, Pola Illery et Gaston Modot. - Une jeune fille fait la coquette avec un chanteur de rues. □ Général ➜ DVD $

SOUS-DOUÉS EN VACANCES, LES ▷5
FR. 1981. Comédie de Claude ZIDI avec Daniel Auteuil, Guy Marchand et Grace de Capitani. - Un naïf tente de retrouver une belle avec qui il s'est trouvé des affinités sentimentales grâce à un ordinateur. ➜ DVD $

SOUS-DOUÉS PASSENT LE BAC, LES ▷5
[Sous-doués, Les]
FR. 1980. Comédie de Claude ZIDI avec Maria Pacôme, Daniel Auteuil et Michel Galabru. - La directrice d'un collège privé a des problèmes divers avec des cancres qu'elle doit préparer à l'épreuve du baccalauréat. ➜ DVD $

SOUS-SOL ▷5
QUÉ. 1996. Drame psychologique de Pierre GANG avec Louise Portal, Richard Moffatt et Isabelle Pasco. - Depuis que son père est mort après une nuit d'ébats amoureux, un adolescent refuse de grandir, prisonnier de sa peur du sexe. □ 16 ans+

SOUS-SOL DE LA PEUR, LE
voir **People under the Stairs, The**

SOUTH CENTRAL ▷4
É.-U. 1992. Drame social de Steve ANDERSON avec Glenn Plummer, Byron Keith Minns et Lexie D. Bigham. - À sa sortie d'un long séjour en prison, un criminel de Los Angeles entreprend d'éloigner son fils d'un puissant gang. □ 13 ans+

SOUTH PACIFIC ▷4
É.-U. 1958. Comédie musicale de Joshua LOGAN avec Mitzi Gaynor, Rossano Brazzi et John Kerr. - Les aventures sentimentales d'une infirmière et d'un aviateur dans une île du Pacifique pendant la guerre. □ Général ➜ DVD DVD-BR $

SOUTH PARK: BIGGER, LONGER AND UNCUT ▷4
[South Park: plus grand, plus long et sans coupure]
É.-U. 1999. Dessins animés de Trey PARKER. - Dans une petite ville du Colorado, des parents sont outrés par le langage ordurier que leurs enfants ont appris au cinéma. ➜ DVD $

SOUTH RIDING ▷4
ANG. 1938. Drame de Victor SAVILLE avec Ralph Richardson, Edna Best et Edmund Gwenn. - Un aristocrate anglais voit sa fortune se réduire de plus en plus. □ Général

SOUTHERN COMFORT ▷4
É.-U. 1981. Drame de Walter HILL avec Keith Carradine, Powers Boothe et Fred Ward. - L'attitude irréfléchie de certains réservistes de la milice d'État de Louisiane suscite la colère des trappeurs d'une région marécageuse. □ 18 ans+ ➜ DVD $

SOUTHERNER, THE ▷3
É.-U. 1945. Drame social de Jean RENOIR avec Zachary Scott, Betty Field et Beulah Bondi. - Les difficultés d'une famille installée sur une terre en friche. - Thème humain traité avec un souci de vérité. Jeu solide de Z. Scott. □ Général ➜ DVD $

SOUTHLAND TALES
É.-U. 2007. Richard KELLY ➜ DVD DVD-BR $

SOUVENIRS [Road Home, The] ▷4
CHI. 1999. Drame sentimental de Yimou ZHANG avec Zhang Ziyi, Sun Honglei et Zheng Hao. - À la mort de son père, un homme se remémore l'histoire d'amour vécue par ses parents dans la Chine des années 1950. □ Général ➜ DVD $

SOUVENIRS D'AFRIQUE *voir* **Out of Africa**

SOUVENIRS DE BROKEBACK MOUNTAIN
voir **Brokeback Mountain**

SOUVENIRS INTIMES ▷5
QUÉ. 1999. Drame psychologique de Jean BEAUDIN avec James Hyndman, Pascale Bussières, Yves Jacques, Jacynthe René et Pierre-Luc Brillant. - Un peintre paraplégique reçoit des appels nocturnes d'une ancienne amie qui partage avec lui un lourd secret. □ 13 ans+ ➜ DVD $

SOUVIENS-TOI, CHARLIE
voir **Long Kiss Goodnight, The**

SOYLENT GREEN [Soleil vert] ▷4
É.-U. 1973. Science-fiction de Richard FLEISCHER avec Charlton Heston, Edward G. Robinson et Leigh Taylor-Young. - En l'an 2022, à New York, un policier enquête sur l'assassinat d'un directeur d'une usine de nourriture synthétique. □ 13 ans+

SPACE CAMP [Cap sur les étoiles] ▷4
É.-U. 1986. Science-fiction de Harry WINER avec Kate Capshaw, Lea Thompson et Tate Donovan. - Alors qu'ils visitent une navette spatiale de la NASA, des adolescents se trouvent propulsés dans l'espace par erreur. □ Général ➜ DVD $

SPACE COWBOYS [Pionniers de l'espace, Les] ▷4
É.-U. 2000. Science-fiction réalisée et interprétée par Clint EASTWOOD avec Tommy Lee Jones et Marcia Gay Harden. - Quatre pilotes d'essai à la retraite sont envoyés dans l'espace pour réparer un satellite soviétique menaçant de s'écraser sur la Terre. ➔ DVD DVD-BR$

SPACEBALLS [Folle histoire de l'espace, La] ▷5
É.-U. 1987. Science-fiction de Mel BROOKS avec Bill Pullman, Daphne Zuniga et Mel Brooks. - Convoitant l'atmosphère d'une planète, un cruel mercenaire lutte contre un aventurier qui tente de l'empêcher d'enlever la fille du roi régnant sur cet astre.
□ Général ➔ DVD DVD-BR$

SPAIN AGAIN [Espana otra vez]
ESP. 1969. Jaime CAMINO ➔ DVD$

SPANGLISH [Spanglish: j'en perds mon latin] ▷4
É.-U. 2004. Comédie dramatique de James L. BROOKS avec Paz Vega, Adam Sandler et Tea Leoni. - Une jeune immigrante mexicaine se trouve un emploi de ménagère dans une famille aisée dont les membres traversent diverses crises. ➔ DVD$

SPANISH FLY
É.-U. 1998. Daphna KASTNER ➔ DVD$

SPANISH PRISONER, THE [Prisonnière espagnole, La] ▷3
É.-U. 1997. Drame policier de David MAMET avec Campbell Scott, Rebecca Pidgeon et Steve Martin. - En voulant protéger sa dernière découverte, un jeune inventeur met le doigt dans l'engrenage d'un complot diabolique. - Brillant échafaudage de faux-semblants et de rebondissements. Dialogues fort réussis. □ Général

SPANKING THE MONKEY ▷4
É.-U. 1994. Comédie dramatique de David O. RUSSELL avec Jeremy Davies, Alberta Watson et Carla Gallo. - Un rapport troublant se développe entre une mère convalescente et son fils adolescent.
□ 13 ans+

SPARE PARTS
RUS. 2003. Damjan KOZOLE ➔ DVD$

SPARKLE ▷5
É.-U. 1976. Drame musical de Sam O'STEEN avec Philip M. Thomas, Irene Cara et Lonette McKee. - Trois sœurs issues d'un ghetto noir de New York aspirent à devenir chanteuses. ➔ DVD$

SPARROWS
É.-U. 1926. William BEAUDINE □ Général

SPARTACUS ▷3
É.-U. 1960. Drame historique de Stanley KUBRICK avec Kirk Douglas, Laurence Olivier et Jean Simmons. - En 73 avant J.-C., le gladiateur Spartacus se fait le chef d'une révolte contre les Romains. - Données historiques assez bien respectées. Mise en scène intelligemment spectaculaire. Ensemble impressionnant. Bonne interprétation.
□ Général ➔ DVD$

SPARTAN ▷4
É.-U. 2003. Thriller de David MAMET avec Val Kilmer, Derek Luke et Kristin Bell. - Les services secrets américains font appel à un militaire d'élite pour retrouver la fille du président qui a été kidnappée.
□ 13 ans+ · Violence ➔ DVD$

SPAWN OF THE NORTH ▷4
É.-U. 1938. Aventures de Henry HATHAWAY avec George Raft, Henry Fonda et Dorothy Lamour. - Devenus adultes, deux amis d'enfance se retrouvent dans des situations qui les opposent. □ Général

SPEAK EASILY
É.-U. 1932. Edward SEDGWICK □ Général

SPEAKEASY
É.-U. 2002. Brendan MURPHY ➔ DVD$

SPEAKING PARTS ▷4
CAN. 1989. Comédie dramatique d'Atom EGOYAN avec Michael McManus, Arsinée Khanjian et Gabrielle Rose. - Un garçon d'étage dans un hôtel profite du séjour d'une scénariste pour faire progresser sa carrière d'acteur. □ 13 ans+ ➔ DVD$

SPECIAL BULLETIN [Bulletin spécial] ▷3
É.-U. 1982. Drame social de Edward ZWICK avec Christopher Allport, Ed Flanders et Kathryn Walker. - Des terroristes menacent de faire sauter une bombe atomique. - Sujet tourné à la façon d'un reportage télévisé en direct. Mise en scène très convaincante. Effets impressionnants. Interprétation dans le ton voulu.

SPECIAL DAY, A *voir* **Une journée particulière**

SPÉCIALISTES, LES ▷4
FR. 1985. Drame policier de Patrice LECONTE avec Bernard Giraudeau et Gérard Lanvin. - Deux évadés s'associent pour réaliser un cambriolage audacieux dans un casino appartenant à la pègre.

SPECTATOR, THE
ITA. 2004. Paolo FRANCHI

SPEECHLESS [Sans parole] ▷4
É.-U. 1994. Comédie sentimentale de Ron UNDERWOOD avec Michael Keaton, Geena Davis et Christopher Reeve. - Un rédacteur qui écrit les discours d'un politicien tombe amoureux d'une jeune femme qui exerce le même métier pour le compte d'un candidat rival.
□ Général ➔ DVD$

SPEED [Clanches!] ▷4
É.-U. 1994. Drame policier de Jan DE BONT avec Keanu Reeves, Sandra Bullock et Dennis Hopper. - Un jeune policier s'efforce de secourir les passagers d'un autobus piégé qui ne peut rouler à moins de 80 km/h. □ Général ➔ DVD DVD-BR$

SPEED RACER ▷4
É.-U. 2008. Drame sportif d'Andy et Larry WACHOWSKI avec Emile Hirsch, Christina Ricci et John Goodman. - Un jeune coureur automobile intègre s'attire les foudres d'un milliardaire corrompu après avoir refusé de joindre sa prestigieuse écurie. □ Général ➔ DVD DVD-BR$

SPELLBOUND ▷3
É.-U. 1945. Drame policier d'Alfred HITCHCOCK avec Ingrid Bergman, Gregory Peck et Leo G. Carroll. - Le nouveau directeur d'une clinique psychiatrique se révèle être un imposteur soupçonné de meurtre. - Excellent film policier mâtiné de psychologie. Trouvailles de style originales. Interprétation de qualité. □ Général ➔ DVD$

SPETTERS ▷4
HOL. 1980. Drame social de Paul VERHOEVEN avec Hans van Tongeren, Renee Soutendijk et Toon Agterberg. - Les désillusions de trois jeunes Hollandais passionnés de moto qui côtoient une jeune fille délurée et opportuniste. □ 18 ans+ ➔ DVD$

SPHERE ▷5
É.-U. 1998. Science-fiction de Barry LEVINSON avec Dustin Hoffman, Sharon Stone et Samuel L. Jackson. - En explorant un vaisseau spatial gisant au fond de la mer, des scientifiques affrontent une sphère mystérieuse. □ Général · Déconseillé aux jeunes enfants ➔ DVD$

SPHINX ▷5
É.-U. 1980. Aventures de Franklin J. SCHAFFNER avec Lesley-Anne Down, Frank Langella et Maurice Ronet. - Une jeune égyptologue met à jour un trafic clandestin de trésors archéologiques. □ Général

SPHINX, LE ▷5
QUÉ. 1995. Comédie dramatique de Louis SAÏA avec Marc Messier, Céline Bonnier et Serge Thériault. - Un homme marié quitte sa famille pour aller vivre avec une chanteuse de boîte de nuit érotique dont il est tombé amoureux. □ 13 ans+

SPICES [Mirch Masala]
IND. 1986. Ketan MEHTA □ Général

SPIDER ▷3
CAN. 2002. Drame psychologique de David CRONENBERG avec Ralph Fiennes, Miranda Richardson et Gabriel Byrne. - Un homme qui a passé 20 ans dans un institut psychiatrique se souvient des événements traumatisants de son enfance ayant conduit à son internement. - Scénario rigoureux entraînant le spectateur au cœur de l'univers intérieur d'un schizophrène. Rythme très posé. Mise en scène dépouillée. Jeu intériorisé de R. Fiennes. □ 13 ans+ ➔ DVD$

SPIDER BABY
É.-U. 1964. Jack HILL □ Général ➔ DVD$

SPIDER FOREST
Cor. 2004. Song IL-GON ➔ DVD$

SPIDER LILIES
TAÏ. 2007. Zero CHOU ➔ DVD$

SPIDER'S STRATAGEM, THE
voir **Stratégie de l'araignée, La**

SPIDER-MAN ▷4
É.-U. 2002. Drame fantastique de Sam RAIMI avec Tobey Maguire, Kirsten Dunst et Willem Dafoe. - Après avoir été piqué par une araignée mutante, un collégien timoré acquiert d'étonnantes facultés qui lui permettent de devenir un justicier. □ Général · Déconseillé aux jeunes enfants ➔ DVD$

SPIDER-MAN 2 ▷3
É.-U. 2004. Drame fantastique de Sam RAIMI avec Tobey Maguire, Kirsten Dunst et Alfred Molina. - Un justicier masqué qui vit une crise d'identité décide d'abandonner ses activités au moment où sévit un redoutable savant fou. - Scénario très solide dosant habilement péripéties spectaculaires et approfondissement psychologique. Réalisation assurée aux effets spéciaux fort réussis. Interprétation attachante de T. Maguire. □ Général · Déconseillé aux jeunes enfants → DVD $

SPIDER-MAN 3 ▷4
É.-U. 2007. Drame fantastique de Sam RAIMI avec Tobey Maguire, Kirsten Dunst et James Franco. - L'âme d'un héros masqué aux facultés arachnéennes est parasitée par une substance maligne qui le rend agressif. □ Général · Déconseillé aux jeunes enfants → DVD DVD-BR $

SPIDERS *voir* **Araignées, Les**

SPIDERWICK CHRONICLES, THE ▷4
É.-U. 2008. Drame fantastique de Mark WATERS avec Freddie Highmore, Mary-Louise Parker et David Strathairn. - Un garçon perturbé par la séparation de ses parents découvre que les bois entourant sa nouvelle maison grouillent de créatures inquiétantes.
□ Général → DVD DVD-BR $

SPIES *voir* **Espions, Les**

SPIES LIKE US ▷4
É.-U. 1985. Comédie de John LANDIS avec Chevy Chase, Dan Aykroyd et Donna Dixon. - Pour faire diversion face aux Russes, les services secrets américains envoient au Pakistan deux employés incompétents.
□ Général

SPIKE OF BENSONHURST ▷4
É.-U. 1988. Comédie de mœurs de Paul MORRISSEY avec Sasha Mitchell, Ernest Borgnine et Anne De Salvo. - À Brooklyn, un jeune boxeur cherche à attirer l'attention d'un caïd local tout en faisant la cour à sa fille. □ Général

SPINOUT [Tombeur de ces demoiselles, Le] ▷5
É.-U. 1966. Comédie musicale de Norman TAUROG avec Elvis Presley, Deborah Walley et Carl Betz. - La popularité d'un jeune chanteur et pilote d'autos de courses lui crée toutes sortes d'ennuis. → DVD $

SPIRAL STAIRCASE, THE ▷3
É.-U. 1945. Drame policier de Robert SIODMAK avec Dorothy McGuire, George Brent et Ethel Barrymore. - Une jeune muette est menacée par un meurtrier dont elle a surpris le crime. - Construction ingénieuse. Tension habilement soutenue. Jeu intelligent et sensible de D. McGuire.
→ DVD $

SPIRAL STAIRCASE, THE ▷5
ANG. 1975. Drame policier de Peter COLLINSON avec Jacqueline Bisset, Christopher Plummer et John Philip Law. - Une jeune muette se sent menacée par un tueur mystérieux qui s'attaque à des infirmes.
□ Général

SPIRIT OF MY MOTHER [Espiritu de mi mama, el]
É.-U. 1999. Ali ALLIE → DVD $

SPIRIT OF ST. LOUIS, THE ▷3
É.-U. 1957. Drame biographique de Billy WILDER avec James Stewart, Murray Hamilton et Patricia Smith. - En 1927, la traversée aérienne de l'Atlantique par Charles Lindbergh. - Reconstitution réussie d'un exploit important. Réalisation ingénieuse faisant un usage habile du retour en arrière. Interprétation naturelle. □ Général → DVD $

SPIRIT OF THE BEEHIVE, THE *voir* **Esprit de la ruche, L'**

SPIRIT: STALLION OF THE CIMARRON ▷4
[Spirit: l'étalon des plaines]
É.-U. 2002. Film d'animation réalisé par Kelly ASBURY et Leslie COOK. - Capturé par des soldats de la cavalerie, un mustang sauvage, fougueux et extrêmement rapide devient l'ami d'un jeune Amérindien.
□ Général → DVD $

SPIRITED KILLER
THAÏ. 1999. Prachya PINKAEW → DVD $

SPIRITS OF THE DEAD *voir* **Histoires extraordinaires**

SPITE MARRIAGE
É.-U. 1929. Buster KEATON □ Général

SPITFIRE ▷4
É.-U. 1943. Drame biographique réalisé et interprété par Leslie HOWARD avec David Niven et Rosamund John. - Récit de la carrière de Reginald Mitchell, inventeur d'un avion de combat. □ Général

SPITFIRE GRILL, THE ▷5
É.-U. 1995. Drame social de Lee David ZLOTOFF avec Alison Elliott, Ellen Burstyn et Marcia Gay Harden. - Dans un village, un notable voit d'un mauvais œil qu'une ancienne détenue devienne serveuse dans un restaurant local. □ Général → DVD $

SPLASH ▷4
É.-U. 1984. Comédie fantaisiste de Ron HOWARD avec Daryl Hannah, Tom Hanks et John Candy. - Un jeune commerçant célibataire se désole de n'avoir jamais connu l'amour véritable, jusqu'au jour où une sirène le sauve de la noyade. □ Général → DVD $

SPLENDOR
ANG. É.-U. 1999. Gregg ARAKI □ 13 ans+

SPLENDOR IN THE GRASS ▷3
[Fièvre dans le sang, La]
É.-U. 1961. Drame psychologique d'Elia KAZAN avec Natalie Wood, Warren Beatty et Pat Hingle. - Dans les années 1920, l'amour de deux jeunes gens aux prises avec l'incompréhension de leurs parents. - Traitement intelligent. Mise en scène brillante. Habile reconstitution d'époque. Bonne direction d'acteurs. → DVD $

SPLIT IMAGE ▷4
É.-U. 1982. Drame psychologique de Ted KOTCHEFF avec Michael O'Keefe, Brian Dennehy et James Woods. - Un adolescent sportif est entraîné par une jeune femme dans une organisation qui se révèle être une secte.

SPLIT SECOND ▷4
É.-U. 1953. Drame de Dick POWELL avec Stephen McNally, Alexis Smith et Jan Sterling. - Des bandits se cachent avec des otages dans une mine choisie pour l'explosion d'une bombe atomique. □ Général

SPLITTING HEIRS [Grandeur et descendance] ▷4
ANG. 1993. Comédie satirique de Robert YOUNG avec Eric Idle, Rick Moranis et Barbara Hershey. - Un modeste employé de banque découvre que son riche patron et lui ont été interchangés lorsqu'il étaient bébés. □ Général → DVD $

SPOILERS, THE ▷4
É.-U. 1942. Aventures de Ray ENRIGHT avec John Wayne, Marlene Dietrich et Randolph Scott. - En Alaska, au début du siècle, deux hommes et une femme se disputent la propriété d'une mine d'or.
→ DVD $

SPONGEBOB SQUAREPANTS MOVIE, THE ▷4
[Bob l'éponge: le film]
É.-U. 2004. Film d'animation de Stephen HILLENBURG. - Bob l'éponge et son ami, l'étoile de mer Patrick, doivent retrouver la couronne du roi Neptune qui a été volée. □ Général → DVD $

SPOTSWOOD *voir* **Efficiency Expert, The**

SPRING, SUMMER, FALL, WINTER & SPRING ▷3
[Printemps, été, automne, hiver... et printemps]
COR.S. 2003. Drame poétique de Kim KI-DUK avec Oh Yeong-Su, Kim Yeong-Min et Ha Yeo-Jin. - Évocation des étapes de la vie d'un moine bouddhiste et de son vieux maître à travers le passage des saisons dans un temple flottant au milieu d'un étang. - Touchante réflexion spirituelle sur l'existence humaine. Schéma narratif simple mais efficace. Images bucoliques tout à fait exquises. Réalisation précise au rythme méditatif. Interprétation naturelle. □ 13 ans+ → DVD $

SPRINGTIME IN A SMALL TOWN
CHI. FR. H.-K. HOL. 2002. Zhuangzhuang TIAN

SPRINGTIME IN THE ROCKIES ▷5
É.-U. 1942. Comédie musicale d'Irving CUMMINGS avec Betty Grable, John Payne et Carmen Miranda. - Un danseur cherche à reconquérir son ancienne partenaire en tournée au Canada. □ Général

SPUN ▷4
É.-U. 2002. Drame de mœurs de Jonas AKERLUND avec Jason Schwartzman, Brittany Murphy et Mickey Rourke. - En échange de substances hallucinogènes, un jeune homme accepte d'être le chauffeur d'un étrange fabricant de drogues chimiques.
□ 18 ans+ → DVD $

SPY GAME [Jeux d'espionnage] ▷4
É.-U. 2001. Drame d'espionnage de Tony SCOTT avec Robert Redford, Brad Pitt et Catherine McCormack. - En 1991, un agent de la CIA à la veille de prendre sa retraite n'a que 24 heures pour organiser l'évasion d'un jeune collègue détenu en Chine. - □ 13 ans+ → DVD DVD-BR $

SPY IN BLACK, THE ▷5
ANG. 1939. Drame d'espionnage de Michael POWELL avec Conrad Veidt, Valerie Hobson et Marius Goring. - Le capitaine d'un sous-marin allemand débarque dans une île écossaise pour prendre contact avec un espion. □ Général

SPY KIDS ▷4
É.-U. 2001. Comédie fantaisiste de Robert RODRIGUEZ avec Alexa Vega, Daryl Sabara et Antonio Banderas. - Deux enfants entreprennent de sauver leurs parents agents secrets qui ont été faits prisonniers par un mégalomane voulant dominer le monde. □ Général → DVD$

SPY KIDS 2: THE ISLAND OF LOST DREAMS ▷4
[Espions en herbe II, Les: l'île des rêves perdus]
É.-U. 2002. Comédie fantaisiste de Robert RODRIGUEZ avec Alexa Vega, Daryl Sabara et Antonio Banderas. - Faisant partie d'une élite juvénile d'espions américains, deux enfants se rendent dans une île secrète pour récupérer une invention diabolique.
□ Général → DVD$

SPY WHO CAME IN FROM THE COLD, THE ▷3
ANG. 1965. Drame d'espionnage de Martin RITT avec Richard Burton, Claire Bloom et Oskar Werner. - Pour remplir une mission, un espion britannique feint d'être prêt à livrer ses secrets aux communistes. - Adaptation d'un roman de John Le Carré. Intrigue complexe. Réalisation sobre et efficace. Interprètes remarquables. → DVD$

SPY WHO LOVED ME, THE [Espion qui m'aimait, L'] ▷4
ANG. 1977. Drame d'espionnage de Lewis GILBERT avec Roger Moore, Barbara Bach et Curt Jurgens. - L'agent secret James Bond et une collègue soviétique enquêtent sur la disparition de deux sous-marins atomiques. □ Général

SQUEEZE ▷4
É.-U. 1997. Drame de mœurs de Robert PATTON-SPRUILL avec Tyrone Burton, Eddie Cutanda et Phuong Duong. - Dans un quartier déshérité de Boston, trois adolescents naviguent entre la délinquance et le désir de mener une vie honnête. □ 13 ans+ · Violence

SQUEEZE, THE [Piège infernal, Le] ▷5
ANG. 1977. Drame policier de Michael APTED avec Stacy Keach, David Hemmings et Stephen Boyd. - Un policier déchu pourchasse des gangsters qui ont enlevé son ex-femme.

SQUID AND THE WHALE, THE ▷4
É.-U. 2005. Drame psychologique de Noah BAUMBACH avec Jeff Daniels, Laura Linney et Jesse Eisenberg. - La séparation d'un couple d'écrivains chamboule la vie de leurs fils âgés de seize et douze ans.
□ 13 ans+ → DVD$

SS HELL CAMP
ITA. 1977. Luigi BATZELLA → DVD$

SSSSSSS [Cobra, Le] ▷5
É.-U. 1973. Drame d'horreur de Bernard L. KOWALSKI avec Strother Martin, Dirk Benedict et Heather Menzies. - Un savant passionné par l'étude des serpents expérimente un traitement sur un étudiant.
□ 13 ans+ → DVD$

ST-JOHN'S WORT
JAP. 2001. Shimoyama TEN → DVD$

ST-MARTIN'S LANE/WINGS OF THE MORNING
ANG. 1937. Tim WHELAN et Harold D. SCHUSTER → DVD$

ST. ELMO'S FIRE [Feu de St-Elme, Le] ▷4
É.-U. 1985. Comédie dramatique de Joel SCHUMACHER avec Rob Lowe, Mare Winningham et Emilio Estevez. - Les ambitions et les affections d'un groupe de jeunes gens qui se retrouvent régulièrement dans un café-restaurant de Washington. □ 13 ans+ → DVD$

ST. IVES ▷5
É.-U. 1976. Drame policier de J. Lee THOMPSON avec Charles Bronson, Jacqueline Bisset et John Houseman. - Les mésaventures d'un journaliste chargé de livrer la rançon demandée pour le retour de documents volés. → DVD$

ST. MICHAEL HAD A ROOSTER
voir **Saint-Michel avait un coq**

ST. VALENTINE'S DAY MASSACRE, THE ▷4
É.-U. 1967. Drame de Roger CORMAN avec Jason Robards, George Segal et Ralph Meeker. - À Chicago, la rivalité entre deux bandes criminelles provoque des tueries. □ 13 ans+ → DVD$

STACY
JAP. 2001. Naoyuki TOMOMATSU → DVD$

STAGE BEAUTY [Belle de scène] ▷4
ANG. 2004. Comédie de mœurs de Richard EYRE avec Billy Crudup, Claire Danes et Rupert Everett. - Au XVIIe siècle, la carrière d'un acteur spécialisé dans les rôles féminins est menacée lorsque le roi redonne le droit aux femmes de jouer au théâtre.
□ Général · Déconseillé aux jeunes enfants → DVD$

STAGE DOOR ▷3
É.-U. 1937. Drame psychologique de Gregory La CAVA avec Katharine Hepburn, Adolphe Menjou et Ginger Rogers. - Les tribulations d'une jeune débutante dans le monde du spectacle. - Adaptation fort réussie d'une pièce de théâtre. Réalisation de qualité. K. Hepburn excellente. □ 13 ans+ → DVD$

STAGE FRIGHT [Grand alibi, Le] ▷3
É.-U. 1950. Drame policier d'Alfred HITCHCOCK avec Jane Wyman, Richard Todd et Marlene Dietrich. - Une jeune femme s'efforce d'aider un ami accusé de meurtre. - Ensemble d'une grande virtuosité narrative. Très bonne réalisation. Suspense soutenu. Interprètes bien dirigés.
→ DVD$

STAGECOACH [Chevauchée fantastique, La] ►1
É.-U. 1939. Western de John FORD avec John Wayne, Thomas Mitchell et Claire Trevor. - Le voyage périlleux en diligence de neuf personnes. - Classique incontournable du western. Caractères bien typés. Ton épique nuancé de touches psychologiques. Paysages de l'Ouest remarquablement photographiés. Interprétation très juste. → DVD$

STAGEFRIGHT ▷5
ITA. 1986. Drame d'horreur de Michele SOAVI avec Barbara Cupisti, David Brandon et Jo Ann Smith. - Un maniaque meurtrier s'attaque à des acteurs isolés dans un théâtre où ils répètent un spectacle musical. □ 13 ans+ → DVD$

STAGGERED ▷4
ANG. 1994. Comédie réalisée et interprétée par Martin CLUNES avec Michael Praed et Anna Chancellor. - Un jeune Londonien est abandonné dans une île déserte d'Écosse par un rival, trois jours avant son mariage. □ 13 ans+

STAIRWAY TO HEAVEN [Matter of Life and Death, A] ▷3
ANG. 1946. Drame fantastique de Emeric PRESSBURGER et Michael POWELL avec David Niven, Roger Livesey et Kim Hunter. - Alors qu'il est entre la vie et la mort, un aviateur blessé subit un procès dans l'au-delà. - Thème original. Fantaisie et humour. Réalisation soignée.
□ Général

STAIRWAY TO THE DISTANT PAST
JAP. 1995. Kaizo HAYASHI → DVD$

STAKEOUT [Filature, La] ▷4
É.-U. 1987. Drame policier de John BADHAM avec Richard Dreyfuss, Madeleine Stowe et Emilio Estevez. - Deux policiers sont chargés de surveiller la maison de l'ancienne maîtresse d'un criminel dangereux qui vient de s'évader. □ 13 ans+ → DVD$

STALAG 17 ▷3
É.-U. 1952. Drame de guerre de Billy WILDER avec William Holden, Don Taylor et Otto Preminger. - Dans un camp de concentration, un prisonnier débrouillard est soupçonné de traîtrise par ses compagnons. - Adaptation réussie d'une pièce à succès. Touches d'un humour sardonique. Mise en scène soignée. Création vigoureuse de W. Holden.
□ Général → DVD$

STALIN'S BRIDE
HON. 1990. Péter BACSÓ

STALINGRAD
ALL. 1959. Frank WISBAR → DVD$

STALINGRAD ▷4
ALL. 1992. Drame historique de Joseph VILSMAIER avec Dominique Horwitz, Thomas Kretschmann et Jochen Nickel. - En 1942, commence la bataille la plus sanglante de la Seconde Guerre mondiale lorsque l'armée allemande se retrouve encerclée dans Stalingrad.
□ 13 ans+ → DVD$

STALKER ►2
RUS. 1979. Drame fantastique d'Andrei TARKOVSKY avec Alexandre Kaidanovski, Anatoli Solonitsine et Nikolaï Grinko. - Un guide amène un écrivain et un savant dans une région dont l'accès est interdit. - Fascinante allégorie sur la quête des connaissances. Récit sombre mais significatif. Ensemble assez exigeant. Forme très soignée. Interprétation appropriée. □ Général → DVD$

STALKING MOON, THE [Homme sauvage, L'] ▷4
É.-U. 1968. Western de Robert MULLIGAN avec Gregory Peck, Eva Marie Saint et Robert Forster. - Un homme aide une jeune femme et son enfant à fuir les Apaches qui la gardent captive depuis dix ans.
□ Général ➔ DVD $

STAN THE FLASHER ▷6
FR. 1989. Drame psychologique de Serge GAINSBOURG avec Claude Berri, Aurore Clément et Élodie. - Méprisé et trompé par sa femme, un enseignant qui affiche une attitude provocante cherche des consolations auprès de ses étudiantes. □ 13 ans+

STAND AND DELIVER [Envers et contre tout] ▷4
É.-U. 1988. Drame social de Ramon MENENDEZ avec Edward James Olmos, Lou Diamond Phillips, Mark Phelan et Rosana De Soto. - Un immigrant enseigne avec succès les mathématiques à de jeunes délinquants dans un «high school» de Los Angeles.
□ Général ➔ DVD $

STAND BY ME [Compte sur moi] ▷3
É.-U. 1986. Comédie dramatique de Rob REINER avec Wil Wheaton, River Phoenix et Corey Feldman. - En apprenant la mort de son ami d'enfance, un romancier se remémore une aventure qu'ils ont vécue à l'âge de douze ans. - Adaptation d'une nouvelle autobiographique de Stephen King. Traitement chaleureux et sensible. Contexte campagnard pittoresque. Jeunes interprètes fort bien dirigés.
□ Général ➔ DVD $

STAND UP AND CHEER ▷4
É.-U. 1934. Comédie musicale de Hamilton MacFADDEN avec Warner Baxter, Madge Evans et James Dunn. - Un producteur théâtral reçoit un poste au gouvernement pour divertir le peuple de ses problèmes.

STAND-IN, THE ▷4
É.-U. 1937. Comédie satirique de Tony GARNETT avec Leslie Howard, Joan Blondell et Humphrey Bogart. - Un banquier venu à Hollywood pour vérifier la situation financière d'un studio s'éprend de la doublure d'une vedette. ➔ DVD $

STANDER [Justicier hors-la-loi] ▷4
CAN. 2003. Drame policier de Bronwen HUGHES avec Tom Jane, Dexter Fletcher et David Patrick O'Hara. - En 1976, un policier de Johannesburg révolté par l'apartheid tourne le dos à la loi et devient un braqueur de banques notoire. □ 13 ans+ ➔ DVD $

STANDING STILL ▷5
É.-U. 2005. Comédie dramatique de Matthew COLE WEISS avec Adam Garcia, Amy Adams et Aaron Stanford. - Les retrouvailles tumultueuses d'anciens amis d'université à l'occasion du mariage de deux d'entre eux. ➔ DVD $

STANLEY & IRIS ▷4
É.-U. 1989. Drame psychologique de Martin RITT avec Robert De Niro, Jane Fonda et Martha Plimpton. - Une ouvrière, veuve de fraîche date, sympathise avec un cuisinier analphabète auquel elle apprend à lire et à écrire. □ Général ➔ DVD $

STANLEY AND LIVINGSTONE ▷3
É.-U. 1939. Drame historique de Henry KING avec Spencer Tracy, Nancy Kelly et Richard Greene. - Un reporter est envoyé en Afrique afin de retrouver la trace du docteur Livingstone. - Film bien monté, d'une valeur historique certaine. Interprétation intelligente et forte de S. Tracy. □ Général

STAR, THE ▷4
É.-U. 1952. Drame psychologique de Stuart HEISLER avec Bette Davis, Sterling Hayden et Natalie Wood. - Une vedette de cinéma vieillissante accepte mal le déclin de sa carrière. ➔ DVD $

STAR! ▷3
É.-U. 1968. Comédie musicale de Robert WISE avec Julie Andrews, Daniel Massey et Richard Crenna. - Une artiste anglaise de music-hall, Gertrude Lawrence, devient l'idole du public américain. - Remarquable reconstitution de l'atmosphère d'époque. Réalisation originale. Montage réussi. Distribution solide. □ Général

STAR 80 ▷3
É.-U. 1983. Drame de mœurs de Bob FOSSE avec Mariel Hemingway, Eric Roberts et Cliff Robertson. - Le destin tragique d'une jeune «playmate» canadienne, assassinée par son mari à l'aube d'une carrière au cinéma. - Scénario tiré d'un fait réel. Traitement vigoureux. Aperçus incisifs sur certaines mœurs contemporaines. Composition fort convaincante de E. Roberts. □ 18 ans+ ➔ DVD $

STAR CHAMBER, THE ▷4
É.-U. 1983. Drame policier de Peter HYAMS avec Michael Douglas, Hal Holbrook et Yaphet Kotto. - Un juge se joint à une association clandestine de magistrats qui se donne pour mission de faire exécuter les criminels impunis. □ Général ➔ DVD $

STAR IS BORN, A ▷3
É.-U. 1937. Drame psychologique de William A. WELLMAN avec Janet Gaynor et Fredric March. - Un comédien de renom voit son étoile pâlir alors que sa jeune femme connaît la gloire. - Première version d'un sujet souvent repris. Bonne peinture du milieu du cinéma. ➔ DVD $

STAR IS BORN, A [Star is born, A] ▷3
É.-U. 1954. Comédie musicale de George CUKOR avec Judy Garland, James Mason et Jack Carson. - Un comédien sombre dans l'alcoolisme alors que sa jeune épouse connaît la gloire. - Habile mélange d'éléments dramatiques et de numéros musicaux. Mise en scène souple et inventive. Excellents interprètes. ➔ DVD $

STAR IS BORN, A [Étoile est née, Une] ▷5
É.-U. 1976. Drame musical de Frank PIERSON avec Barbra Streisand, Kris Kristofferson et Gary Busey. - Un chanteur populaire sombre dans l'alcoolisme alors que son épouse connaît la gloire. ➔ DVD $

STAR TREK
É.-U. 2009. J.J. ABRAMS

STAR TREK I: THE MOTION PICTURE ▷4
É.-U. 1979. Science-fiction de Robert WISE avec William Shatner, Leonard Nimoy et Persis Khambatta. - Au XXIVe siècle, un amiral reprend la direction d'un vaisseau spatial pour affronter une force mystérieuse et destructrice. □ Général

STAR TREK II: THE WRATH OF KHAN ▷4
É.-U. 1982. Science-fiction de Nicholas MEYER avec William Shatner, Leonard Nimoy et Ricardo Montalban. - Le commandant d'un vaisseau spatial entre en lutte avec un vieil ennemi. □ Général ➔ DVD $

STAR TREK III: THE SEARCH FOR SPOCK ▷4
É.-U. 1984. Science-fiction de Leonard NIMOY avec William Shatner, Christopher Lloyd et Robin Curtis. - Le commandant d'un vaisseau spatial s'en va récupérer le cadavre de son second sur une planète fertilisée artificiellement. □ Général ➔ DVD $

STAR TREK IV: THE VOYAGE HOME ▷4
É.-U. 1986. Science-fiction réalisée et interprétée par Leonard NIMOY avec William Shatner et Catherine Hicks. - Pour sauver la Terre d'un grave péril, l'équipage d'un vaisseau spatial du futur est obligé de revenir au XXe siècle. □ Général

STAR TREK V: THE FINAL FRONTIER ▷5
É.-U. 1989. Science-fiction réalisée et interprétée par William SHATNER avec Leonard Nimoy et Laurence Luckinbill. - Au XXIVe siècle, un vaisseau spatial est dépêché sur une planète lointaine pour y régler une prise d'otages qui menace la paix interplanétaire. □ Général

STAR TREK VI: THE UNDISCOVERED COUNTRY ▷4
É.-U. 1991. Science-fiction de Nicholas MEYER avec William Shatner, Leonard Nimoy et DeForest Kelley. - Tenus responsables de la mort d'un chancelier, le capitaine et le docteur d'un vaisseau spatial sont condamnés à l'exil sur une planète de glace. □ Général

STAR TREK: GENERATIONS ▷5
É.-U. 1994. Science-fiction de David CARSON avec Patrick Stewart, William Shatner et Jonathan Frakes. - Au XXIVe siècle, deux capitaines de vaisseau spatial affrontent un docteur fou dont les expériences risquent de détruire tout un système solaire.

STAR TREK: FIRST CONTACT ▷4
É.-U. 1996. Science-fiction de Jonathan FRAKES avec Patrick Stewart, Brent Spiner et Alfre Woodard. - Le capitaine d'un vaisseau spatial du XXIVe siècle revient sur la Terre en 2063 afin d'empêcher la destruction de l'humanité. □ Général ➔ DVD $

STAR TREK IX: INSURRECTION ▷5
É.-U. 1998. Science-fiction de Jonathan FRAKES avec Patrick Stewart, Brent Spiner et Donna Murphy. - Le capitaine d'un vaisseau spatial vient en aide à une civilisation dont la planète agit comme une fontaine de Jouvence. □ Général ➔ DVD $

STAR TREK: NEMESIS ▷5
É.-U. 2002. Science-fiction de Stuart BAIRD avec Patrick Stewart, Tom Hardy et Brent Spiner. - Au XXIVe siècle, le capitaine d'un vaisseau spatial affronte un ennemi qui se révèle être son propre clone.
□ Général ➔ DVD $

STAR WARS **[Guerre des étoiles, La]** ▷3
É.-U. 1977. Science-fiction de George LUCAS avec Mark Hamill, Carrie Fisher et Alec Guinness. - Ayant appris d'un robot qu'une princesse est gardée prisonnière par un tyran, le fils d'un chevalier de l'espace part à son secours. - Scénario inventif. Habile création d'un monde fantastique. Excellente réalisation technique. Interprétation convaincue. □ Général → DVD $

STAR WARS EPISODE I - THE PHANTOM MENACE ▷4
É.-U. 1999. Science-fiction de George LUCAS avec Liam Neeson, Ewan McGregor et Natalie Portman. - Recueilli par deux chevaliers de l'espace, un garçon vient en aide à une jeune reine dont la planète est en guerre. □ Général → DVD $

STAR WARS EPISODE II: ATTACK OF THE CLONES ▷3
[Star Wars épisode II: attaque des clones]
É.-U. 2002. Science-fiction de George LUCAS avec Ewan McGregor, Natalie Portman et Hayden Christensen. - Dans une galaxie en guerre, deux chevaliers de l'espace se font les protecteurs d'une jeune sénatrice menacée par des assassins. - Aventures au mouvement ample, émaillées de nombreux flashs inventifs. Conception visuelle imaginative et spectaculaire. Interprétation satisfaisante.
□ Général → DVD $

STAR WARS EPISODE III - REVENGE OF THE SITH ▷3
É.-U. 2005. Science-fiction de George LUCAS avec Ewan McGregor, Hayden Christensen et Ian McDiarmid. - Convoitant un pouvoir indicible, un chevalier Jedi en vient à trahir les siens en s'associant à un vil sénateur qui complote pour devenir empereur de la galaxie. - Tragédie épique au traitement solennel. Illustration luxuriante et grandiose. Nombreux morceaux de bravoure spectaculaires. Réalisation parfois lourde. Interprètes de première force.
□ Général · Déconseillé aux jeunes enfants → DVD $

STAR WARS EPISODE V: EMPIRE STRIKES BACK
voir **Empire Strikes Back, The**

STAR WARS EPISODE VI: RETURN OF THE JEDI
voir **Return of the Jedi**

STAR WARS: CLONE WARS ▷5
[Star Wars: la guerre des clones]
É.-U. 2008. Film d'animation de Dave FILONI. - Flanqué d'une apprentie, un chevalier Jedi part délivrer le fils kidnappé d'un influent criminel qui peut aider la République dans sa guerre contre les forces séparatistes. □ Général → DVD DVD-BR $

STARDOM ▷5
QUÉ. 2000. Comédie satirique de Denys ARCAND avec Jessica Paré, Dan Aykroyd et Thomas Gibson. - Une hockeyeuse adolescente d'une grande beauté connaît une ascension fulgurante dans le monde de la mode et du jet-set international. □ Général → DVD $

STARDUST **[Stardust: le mystère de l'étoile]** ▷4
É.-U. 2007. Drame fantastique de Matthew VAUGHN avec Charlie Cox, Clare Danes et Michelle Pfeiffer. - Un jeune homme part à la recherche d'une étoile filante tombée dans un royaume enchanté.
□ Général · Déconseillé aux jeunes enfants → DVD $

STARDUST MEMORIES ▷3
É.-U. 1980. Comédie satirique réalisée et interprétée par Woody ALLEN avec Charlotte Rampling et Jessica Harper. - Les ennuis d'un auteur de films à l'occasion d'un stage de discussion sur son œuvre. - Variations sur les relations entre le cinéma et la vie. Utilisation subtile du noir et blanc. Envolées loufoques. Interprétation comiquement morose.
□ Général → DVD $

STARKWEATHER
É.-U. 2004. Byron WERNER → DVD $

STARLIGHT HOTEL ▷4
N.-Z. 1987. Drame social de Sam PILLSBURY avec Greer Robson, Peter Phelps et Marshall Napier. - En tentant de rejoindre son père, une enfant fait la rencontre d'un vagabond avec lequel elle connaît diverses mésaventures. □ Général

STARMAKER, THE **[Marchand de rêves, Le]** ▷4
ITA. 1995. Drame de mœurs de Giuseppe TORNATORE avec Sergio Castellitto, Tiziana Lodato et Franco Scaldati. - En 1953, un escroc parcourt les villages de Sicile en se faisant passer pour un recruteur de talents envoyé par un studio de cinéma. □ 13 ans+ → DVD $

STARMAN **[Homme des étoiles, L']** ▷4
É.-U. 1984. Science-fiction de John CARPENTER avec Jeff Bridges, Karen Allen et Charles Martin Smith. - Naufragé sur Terre, un extraterrestre prend les traits d'un homme et tente de rejoindre les siens avec l'aide d'une jeune femme. □ Général → DVD $

STARS AND BARS ▷5
É.-U. 1988. Comédie de mœurs de Pat O'CONNOR avec Daniel Day-Lewis, Harry Dean Stanton et Martha Plimpton. - Les tribulations d'un jeune Anglais qui veut absolument réussir son intégration en Amérique.

STARS FELL ON HENRIETTA, THE ▷4
[Ciel sourit à Henrietta, Le]
É.-U. 1995. Comédie dramatique de James KEACH avec Robert Duvall, Aidan Quinn et Frances Fisher. - En 1935, un couple de paysans texans démunis accueille un vieux bourlingueur excentrique qui prétend pouvoir repérer les gisements de pétrole. □ Général

STARS LOOK DOWN, THE ▷4
ANG. 1939. Drame social de Carol REED avec Michael Redgrave, Margaret Lockwood et Emlyn Williams. - Un fils de mineur devenu instituteur prend la défense de ses concitoyens contre des conditions de travail dangereuses.

STARSHIP INVASIONS ▷5
CAN. 1977. Science-fiction d'Ed HUNT avec Robert Vaughn, Christopher Lee et Daniel Pilon. - Des extraterrestres veulent conquérir la Terre pour y transporter la population de leur planète menacée de disparition. □ Général

STARSHIP TROOPERS ▷5
[Patrouilleurs de l'espace, Les]
É.-U. 1997. Science-fiction de Paul VERHOEVEN avec Casper Van Dien, Dina Meyer et Denise Richards. - Dans le futur, l'espèce humaine déclare la guerre à des extraterrestres belliqueux ayant la forme d'insectes géants. □ 13 ans+ · Violence → DVD DVD-BR $

STARSKY & HUTCH ▷5
É.-U. 2004. Comédie policière de Todd PHILLIPS avec Ben Stiller, Owen Wilson et Vince Vaughn. - Au milieu des années 1970, deux jeunes policiers aux méthodes opposées luttent contre un trafiquant de drogue. □ Général · Déconseillé aux jeunes enfants → DVD $

STARSTRUCK ▷5
AUS. 1982. Drame musical de G. ARMSTRONG avec Jo Kennedy, Ross O'Donovan et Pat Evison. - Deux adolescents s'activent à sauver de la faillite l'entreprise familiale en organisant un concours de talent.
→ DVD $

START THE REVOLUTION WITHOUT ME ▷5
É.-U. 1969. Comédie de Bud YORKIN avec Gene Wilder, Donald Sutherland et Hugh Griffith. - Deux couples de jumeaux intervertis à leur naissance sont mêlés à divers quiproquos à la veille de la Révolution française. → DVD $

STARTER FOR 10 ▷4
ANG. 2006. Comédie sentimentale de Tom VAUGHAN avec James McAvoy, Alice Eve et Rebecca Hall. - Un étudiant issu d'un milieu ouvrier est amené à participer à un populaire quiz télévisé dans lequel s'affrontent les équipes de deux institutions. → DVD $

STARTING OUT IN THE EVENING ▷4
É.-U. 2007. Drame psychologique d'Andrew WAGNER avec Frank Langella, Lili Taylor et Lauren Ambrose. - Un vieil écrivain tombé dans l'oubli retrouve un certain regain d'énergie au contact d'une jeune étudiante qui prépare une thèse sur son œuvre. □ Général → DVD $

STARTING OVER **[Merci d'avoir été ma femme]** ▷4
É.-U. 1979. Comédie sentimentale de Alan J. PAKULA avec Candice Bergen, Burt Reynolds et Jill Clayburgh. - Un écrivain dans la trentaine tente de refaire sa vie après s'être séparé de sa femme sur l'initiative de celle-ci. □ 13 ans+ → DVD $

STATE AND MAIN **[Attention on tourne]** ▷3
É.-U. 2000. Comédie de mœurs de David MAMET avec Philip Seymour Hoffman, William H. Macy et Rebecca Pidgeon. - L'arrivée impromptue d'une équipe de tournage hollywoodienne met en émoi la communauté d'une petite ville. - Fable morale très ludique. Récit intelligent aux dialogues truculents. Mise en scène d'un art consommé. Excellent jeu d'ensemble des interprètes. □ Général → DVD $

STATE FAIR **[It Happened One Summer]** ▷4
É.-U. 1945. Comédie musicale de Walter LANG avec Jeanne Crain, Dana Andrews et Dick Haymes. - Les aventures et mésaventures d'une famille de fermiers à une foire locale. □ Général

STATE OF GRACE [Anges de la nuit, Les] ▷4
É.-U. 1990. Drame policier de Phil JOANOU avec Sean Penn, Gary Oldman et Robin Wright. - Un jeune policier s'infiltre dans une bande de mafiosi irlandais de New York dont fait partie un de ses amis d'enfance. □ 18 ans+ ➔ DVD $

STATE OF MIND
ANG. 2003. Christopher MENAUL ➔ DVD $

STATE OF PLAY
É.-U. 2009. Kevin MACDONALD

STATE OF THE UNION ▷4
É.-U. 1948. Comédie dramatique de Frank CAPRA avec Spencer Tracy, Katharine Hepburn et Angela Lansbury. - Un directeur de journal devient candidat à la présidence des États-Unis. □ Général ➔ DVD $

STATE'S ATTORNEY ▷4
É.-U. 1932. Drame judiciaire de George ARCHAINBAUD avec John Barrymore, Helen Twelvetrees et William Boyd. - Un jeune avocat attaché au bureau du procureur s'efforce d'inculper un influent mafioso.

STATEMENT, THE [Exposé] ▷5
CAN. 2003. Thriller de Norman JEWISON avec Michael Caine, Tilda Swinton et Jeremy Northam. - Dans les années 1990, une juge pourchasse un ex-milicien du régime de Vichy accusé de crimes contre l'humanité, qui jouit toujours de la protection de l'Église.
□ Général ➔ DVD $

STATESIDE
ALL. É.-U. 2004. Reverge ANSELMO ➔ DVD $

STATION, THE ▷5
ITA. 1990. Comédie dramatique réalisée et interprétée par Sergio RUBINI avec Margherita Buy et Ennio Fantastichini. - Le travail routinier d'un chef de gare est perturbé par l'arrivée d'une belle blonde qui fuit son fiancé. □ Général

STATION AGENT, THE [Agent de la gare, L'] ▷4
É.-U. 2003. Comédie dramatique de Thomas McCARTHY avec Peter Dinklage, Patricia Clarkson et Bobby Cannavale. - À la mort de son seul ami, un nain peu sociable et passionné par les trains hérite d'une ancienne gare où il liera de nouvelles amitiés. ➔ DVD $

STATION NORD ▷6
QUÉ. 2002. Conte de Jean-Claude LORD avec Xavier Morin-Lefort, Benoît Brière et Roxane Gaudette-Loiseau. - Après avoir péri en forêt durant une tempête de neige, un jeune facteur devient un lutin chargé de répondre au courrier du Père Noël. □ Général

STAVISKY ▷3
FR.-ITA. 1974. Drame social d'Alain RESNAIS avec Jean-Paul Belmondo, Charles Boyer et Claude Rich. - Évocation de la vie d'un escroc célèbre des années 1930. - Style souple et élégant. Structure complexe. Conception raffinée de la mise en scène. □ Général

STAY [Reste] ▷5
É.-U. 2005. Thriller de Marc FORSTER avec Ewan McGregor, Ryan Gosling et Naomi Watts. - Tandis qu'il cherche à empêcher un étudiant de se suicider, un psychiatre en vient à croire qu'il évolue dans un univers parallèle à la réalité. □ 13 ans+ ➔ DVD $

STAY HUNGRY ▷5
É.-U. 1976. Comédie de mœurs de Bob RAFELSON avec Jeff Bridges, Sally Field et Arnold Schwarzenegger. - Un agent immobilier qui négocie l'achat d'un club sportif s'intéresse à ceux qui le fréquentent.
□ 13 ans+ ➔ DVD $

STAYING ALIVE ▷5
É.-U. 1983. Comédie dramatique de Sylvester STALLONE avec John Travolta, Cynthia Rhodes et Finola Hughes. - Sorti vainqueur d'un concours de danse, un jeune homme entreprend une carrière de danseur à New York. ➔ DVD $

STEALING BEAUTY ▷4
ITA. 1996. Drame psychologique de Bernardo BERTOLUCCI avec Liv Tyler, Jeremy Irons et Sinead Cusack. - Une jeune Américaine passe ses vacances en Toscane chez des amis de sa mère récemment décédée. □ 13 ans+ · Érotisme ➔ DVD $

STEALING HEAVEN ▷5
ANG. 1986. Drame historique de Clive DONNER avec Derek de Lint, Kim Thompson et Denholm Elliott. - Au XIIe siècle, à Paris, une couventine s'engage dans une liaison avec un clerc, de vingt ans son aîné.

STEAMBOAT BILL JR. ▶1
É.-U. 1928. Comédie de Charles REISNER avec Buster Keaton, Ernest Torrence et Tom McGuire. - Un jeune homme maladroit s'éprend de la fille du concurrent de son père qui est capitaine de bateau à vapeur. - Excellente comédie de l'époque du muet. Charme nostalgique. Remarquable mise au point des gags. B. Keaton attendrissant et drôle. □ Général ➔ DVD $

STEAMING
ANG. 1984. Joseph LOSEY □ Général

STEEL MAGNOLIAS [Passions tourmentées] ▷4
É.-U. 1989. Comédie dramatique d'Herbert ROSS avec Sally Field, Dolly Parton et Shirley MacLaine. - Dans une petite ville, un groupe d'amies se retrouve régulièrement au salon de coiffure de l'une d'elles pour y échanger propos et confidences. □ Général ➔ DVD $

STEFANO QUANTESTORIE ▷4
ITA. 1993. Comédie fantaisiste réalisée et interprétée par Maurizio NICHETTI avec Elena Sofia Ricci et Amanda Sandrelli. - Un Romain qui mène une vie sans surprises rêve à ce qu'aurait été son existence s'il n'était pas devenu un gendarme. □ Général

STELLA ▷4
GRÈ. 1955. Drame psychologique de Michael CACOYANNIS avec Melina Mercouri, Georges Foundas et Sophia Vembo. - La vedette d'un cabaret va d'amour en amour mais refuse toujours le mariage.
□ Général ➔ DVD $

STELLA ▷5
FR. 1983. Drame de guerre de Laurent HEYNEMANN avec Nicole Garcia, Thierry Lhermitte et Jean-Claude Brialy. - À l'été 1944, un jeune Parisien qui travaille pour la Gestapo afin d'obtenir la libération de sa maîtresse juive doit fuir avec celle-ci à l'approche des forces alliées.

STELLA ▷5
É.-U. 1990. Mélodrame de John ERMAN avec Bette Midler, Stephen Collins et Trini Alvarado. - N'étant plus en mesure d'assurer l'avenir de sa fille, une serveuse de bar fait en sorte que son père légitime l'accueille chez lui et veille à ses études. □ Général ➔ DVD $

STELLA DALLAS ▷4
É.-U. 1937. Mélodrame de King VIDOR avec Barbara Stanwyck, John Boles et Anne Shirley. - Devant le manque d'éducation de sa fille, une mère s'efface et accepte que celle-ci aille vivre avec son père qui s'est remarié. □ Général ➔ DVD $

STELLA DOES TRICKS ▷4
ANG. 1996. Comédie de mœurs de Coky GIEDROYC avec James Bolam, Kelly MacDonald et Hans Mathieson. - Une jeune prostituée qui a connu une enfance malheureuse s'efforce d'améliorer son sort et de régler des comptes avec son passé.

STELLA MARIS
É.-U. 1918. Marshall NEILAN □ Général

STENDHAL SYNDROME, THE ▷5
ITA. 1996. Drame d'horreur de Dario ARGENTO avec Asia Argento, Thomas Kretschmann et Marco Leonardi. - Une jeune policière hantée par d'étranges visions se lance aux trousses d'un tueur en série.
➔ DVD DVD-BR $

STEP UP ▷5
É.-U. 2006. Drame musical d'Anne FLETCHER avec Channing Tatum, Jenna Dewan et Damaine Radcliff. - Un délinquant doué pour la danse de rue devient le partenaire d'une jeune ballerine issue d'un milieu aisé. □ Général ➔ DVD $

STEPFATHER, THE ▷4
É.-U. 1986. Drame policier de Joseph RUBEN avec Terry O'Quinn, Jill Schoelen et Shelley Hack. - Un psychopathe qui a massacré sa femme et ses enfants change d'identité et se bâtit une nouvelle existence avec une veuve et sa fille. □ 13 ans+

STEPFORD WIVES, THE [Épouses modèles, Les] ▷4
É.-U. 1975. Drame psychologique de Bryan FORBES avec Katharine Ross, Paula Prentiss et Patrick O'Neal. - Une jeune femme constate que la majorité des épouses d'une localité de banlieue ont subi des transformations de personnalité. □ Général ➔ DVD $

STEPFORD WIVES, THE [Femmes de Stepford, Les] ▷5
É.-U. 2004. Comédie fantaisiste de Frank OZ avec Nicole Kidman, Matthew Broderick et Bette Midler. - Une mère dépressive constate que la majorité des épouses de sa nouvelle ville de banlieue ont subi des transformations de personnalité. □ Général ➔ DVD $

STEPHANIE DALEY
É.-U. 2006. Hilary BROUGHER ➔ DVD $

STEPMOM [Blonde de mon père, La] ▷5
É.-U. 1998. Mélodrame de Chris COLUMBUS avec Julia Roberts, Susan Sarandon et Ed Harris. - Une jeune photographe de mode a de la difficulté à se faire accepter par les enfants de son nouveau compagnon de vie. □ Général ➔ DVD $

STEPPENWOLF ▷4
ALL. 1974. Drame psychologique de Fred HAINES avec Max Von Sydow, Dominique Sanda et Pierre Clémenti. - La vie d'un écrivain misanthrope est bouleversée par sa rencontre avec une entraîneuse. □ 13 ans+ ➔ DVD $

STEPPING OUT [Amour de prof, Un] ▷4
É.-U. 1991. Comédie dramatique de Lewis GILBERT avec Liza Minnelli, Sheila McCarthy et Shelley Winters. - Une danseuse professionnelle entreprend de monter un numéro avec des amateurs pour un spectacle de charité. □ Général

STEPPING RAZOR - RED X ▷4
CAN. 1993. Documentaire de Nicholas CAMPBELL avec Lloyd «Rocky» Allen, Edward «Bigs» Allen et Andrea Davis. - Évocation de la vie de Peter Tosh, star du reggae et activiste politique jamaïquain. □ Général

STERILE CUCKOO, THE [Pookie] ▷4
É.-U. 1969. Drame psychologique de Alan J. PAKULA avec Liza Minnelli, Wendell Burton et Tim McIntire. - Une adolescente traumatisée par une enfance frustrée recherche l'amour et la sécurité auprès d'un étudiant. □ 13 ans+

STEVEN SPIELBERG PRESENTS: TAKEN [Taken: 01]
É.-U. 2002. Breck EISNER et Felix ENRIQUEZ-ALCALA ➔ DVD $

STICK, THE [Section, La] ▷4
A.S. 1988. Drame de guerre de Darrell James ROODT avec Sean Taylor, Greg Latter et Frantz Dobrowsky. - Quelque part en Afrique, sept soldats blancs qui doivent capturer un sorcier influent sont assaillis par un ennemi invisible. □ 13 ans+

STILL CRAZY [Cinglés, Les] ▷4
ANG. 1998. Comédie de Brian GIBSON avec Stephen Rea, Billy Connolly et Jimmy Nail. - Les membres d'un groupe rock à succès des années 70 décident de reprendre la carrière musicale et les tournées. □ Général ➔ DVD $

STILL LIFE ▷3
CHI. 2006. Drame social de Jia ZHANG-KE avec Zhao Tao, Han Sanming et Li Zhubin. - Un travailleur minier et une infirmière tentent de retrouver leurs conjoints respectifs dans une ville sur le point d'être engloutie sous les eaux d'un immense barrage. - Récit mélancolique sur les bouleversements de la société chinoise. Mise en scène d'une grande beauté contemplative. Prenant témoignage visuel d'un lieu en transformation. Interprétation dans le ton. □ Général ➔ DVD $

STILL OF THE NIGHT ▷4
É.-U. 1982. Drame policier de Robert BENTON avec Roy Scheider, Meryl Streep et Sara Botsford. - Un psychiatre soupçonne une jeune femme mystérieuse du meurtre d'un de ses patients. □ Général

STILL SMOKIN' ▷7
É.-U. 1983. Comédie réalisée et interprétée par Thomas CHONG avec Cheech Marin et Hans Van In't Veld. - Deux hurluberlus américains sont appelés à participer à un festival du film à Amsterdam, où ils ne tardent pas à semer le désordre. □ 13 ans+

STING, THE [Arnaque, L'] ▷3
É.-U. 1973. Comédie policière de George Roy HILL avec Paul Newman, Robert Redford et Robert Shaw. - Deux escrocs montent une habile supercherie pour se venger d'un chef de la pègre. - Évocation réussie du climat et du style des films de gangsters des années 1930. Retournements de l'intrigue fort bien agencés. Interprétation pleine d'aisance. □ Général ➔ DVD $

STIR CRAZY [Faut s'faire la malle] ▷5
É.-U. 1980. Comédie de Sydney POITIER avec Gene Wilder, Richard Pryor et Georg Stanford Brown. - Accusés à tort d'un vol de banque, un dramaturge et un acteur font l'expérience de la vie en prison. □ 13 ans+

STIR OF ECHOES [Portes de l'esprit, Les] ▷4
É.-U. 1999. Drame fantastique de David KOEPP avec Kevin Bacon, Kathryn Erbe et Kevin Dunn. - Un père de famille de Chicago est en proie à des visions fantomatiques après avoir été hypnotisé. □ 13 ans+ · Violence ➔ DVD $

STOLEN KISSES *voir* **Baisers volés**

STOLEN LIFE ▷5
É.-U. 1947. Drame sentimental de Curtis BERNHARDT avec Bette Davis, Dane Clark et Glenn Ford. - Les tribulations de deux jumelles amoureuses du même homme.

STONE ANGEL [Ange de pierre, L'] ▷5
CAN. 2007. Drame psychologique de Kari SKOGLAND avec Ellen Burstyn, Christine Horne et Cole Hauser. - Une vieille femme au tempérament rebelle et à la santé chancelante se remémore divers moments tumultueux de son existence. ➔ DVD $

STONE BOY ▷4
É.-U. 1983. Drame psychologique de C. CAIN avec Jason Presson, Robert Duvall et Glenn Close. - Un adolescent de douze ans se referme sur lui-même après avoir tué accidentellement son frère aîné.

STONE COUNCIL, THE *voir* **Concile de pierre, Le**

STONE OF DESTINY [Pierre du destin, La] ▷4
ANG. 2008. Drame historique de Charles Martin SMITH avec Charlie Cox, Kate Mara et Billy Boyd. - En 1950, des étudiants écossais organisent le vol d'un symbole national exposé dans l'abbaye de Westminster à Londres. □ Général ➔ DVD $

STONE PILLOW ▷5
E.-U. 1985. Comédie dramatique de G. SCHAEFER avec Lucille Ball, Daphne Zuniga et Stefan Schnabel. - Une jeune assistante sociale s'intéresse au cas d'une vieille femme sans foyer qui vit dans les rues. ➔ DVD $

STONED
ANG. 2005. Stephen WOOLLEY ➔ DVD $

STOP-LOSS ▷4
É.-U. 2007. Drame social de Kimberly PEIRCE avec Ryan Phillippe, Abbie Cornish et Channing Tatum. - Apprenant qu'il est à nouveau mobilisé pour aller combattre en Irak, un soldat américain décoré décide spontanément de déserter. □ 13 ans+ · Violence ➔ DVD $

STOPOVER TOKYO ▷5
E.-U. 1957. Drame d'espionnage de R.L. BREEN avec Robert Wagner, Joan Collins et Edmond O'Brien. - Un agent secret est envoyé au Japon pour empêcher un assassinat politique. ➔ DVD $

STORM IN A TEACUP ▷4
ANG. 1937. Comédie de Victor SAVILLE avec Rex Harrison, Vivien Leigh et Cecil Parker. - Un politicien est pris à partie par un journaliste pour un incident banal. - □ Général

STORM OF THE CENTURY ▷4
É.-U. 1999. Drame fantastique de Craig R. BAXLEY avec Tim Daly, Colm Feore et Debrah Farentino. - À l'approche d'une violente tempête hivernale, un inconnu aux pouvoirs surnaturels cause la mort de plusieurs habitants d'un village côtier.

STORM OVER ASIA
RUS. 1928. Vsevolod PUDOVKIN □ Général ➔ DVD $

STORM OVER MONT BLANC
ALL. 1930. Arnold FANCK ➔ DVD $

STORM WITHIN, THE *voir* **Parents terribles, Les**

STORMY MONDAY ▷4
ANG. 1988. Drame de mœurs de Mike FIGGIS avec Melanie Griffith, Sean Bean et Sting. - Une serveuse et un apprenti écrivain sont mêlés à une lutte entre un gérant de club et un homme d'affaires véreux. □ Général ➔ DVD $

STORMY WEATHER ▷4
É.-U. 1943. Comédie musicale d'Andrew L. STONE avec Lena Horne, Bill Robinson et Fats Waller. - Un vétéran de la Grande Guerre traverse des difficultés diverses avant de devenir une vedette de music-hall. □ Général ➔ DVD $

STORMY WEATHER ▷4
FR. 2003. Drame psychologique de Solveig ANSPACH avec Élodie Bouchez, Didda Jonsdottir et Baltasar Kormakur. - Se rendant en Islande pour soigner une de ses patientes, une psychiatre française est confrontée à une situation déstabilisante. □ Général ➔ DVD $

STORY OF A CLOISTERED NUN
ITA. 1973. Domenico PAOLELLA ➔ DVD $

STORY OF A LOVE AFFAIR
ITA. 1950. Michelangelo ANTONIONI ➜ DVD$

STORY OF A THREE-DAY PASS [Story of a 3-Day Pass]
É.-U. FR. 1968. Melvin VAN PEEBLES ➜ DVD$

STORY OF ADELE H., THE *voir* **Histoire d'Adèle H., L'**

STORY OF ALEXANDER GRAHAM BELL, THE ▷4
É.-U. 1939. Drame biographique d'Irving CUMMINGS avec Don Ameche, Henry Fonda et Loretta Young. - Les tribulations de l'inventeur du téléphone. □ Général

STORY OF DR. WASSELL, THE ▷4
É.-U. 1944. Drame de guerre de Cecil B. DeMILLE avec Gary Cooper, Laraine Day et Signe Hasso. - Un médecin américain, surpris en Chine par la guerre, accomplit plusieurs exploits. □ Général

STORY OF ESTHER COSTELLO, THE ▷4
[Scandale d'Esther Costello, Le]
ANG. 1957. Drame psychologique de David MILLER avec Rossano Brazzi, Joan Crawford et Heather Sears. - Une jeune femme recueille une enfant sourde-muette-aveugle et entreprend sa rééducation. □ Général

STORY OF FAUSTA, THE ▷4
BRÉ. 1988. Drame social de Bruno BARRETO avec Betty Faria, Daniel Filho et Brandao Filho. - Une femme de ménage brésilienne se révolte contre ses dures conditions de vie. □ Général

STORY OF G.I. JOE, THE ▷4
É.-U. 1945. Drame de guerre de William A. WELLMAN avec Burgess Meredith, Robert Mitchum et Freddy Steele. - La vie d'une compagnie d'infanterie pendant la campagne d'Afrique du Nord et d'Italie. □ 13 ans+ ➜ DVD$

STORY OF JACOB AND JOSEPH, THE ▷4
ANG. 1973. Drame biblique de Michael CACOYANNIS avec Keith Michell, Tony Lo Bianco et Colleen Dewhurst. - Évocation de la vie du patriarche Jacob et de celle de son fils Joseph, intendant d'Égypte.

STORY OF LOUIS PASTEUR, THE ▷3
É.-U. 1936. Drame biographique de William DIETERLE avec Paul Muni, Henry O'Neill et Josephine Hutchinson. - Évocation de la carrière d'un grand savant français. - Scénario intéressant. Mise en scène imposante. □ Général

STORY OF MARIE AND JULIEN, THE
voir **Histoire de Marie et Julien**

STORY OF O *voir* **Histoire d'O**

STORY OF QIU JU, THE *voir* **Histoire de Qiu Ju, L'**

STORY OF ROBIN HOOD, THE ▷4
ANG. 1951. Aventures de Ken ANNAKIN avec Richard Todd, Joan Rice et James Hayter. - Robin des Bois tente de tenir tête au prince Jean qui opprime le peuple en l'absence du roi Richard. □ Général

STORY OF RUTH, THE [Histoire de Ruth, L'] ▷5
É.-U. 1960. Drame biblique de Henry KOSTER avec Elana Eden, Stuart Whitman et Tom Tryon. - Une jeune Moabite, veuve d'un Israélite, suit sa belle-mère à Bethléem. □ Général ➜ DVD$

STORY OF SEABISCUIT, THE
É.-U. 1949. David BUTLER

STORY OF THE LAST CHRYSANTHEMUM, THE
JAP. 1939. Kenji MIZOGUCHI □ Général

STORY OF THE WEEPING CAMEL, THE ▷4
ALL. 2003. Conte de Byambasuren DAVAA et Luigi FALORNI avec Janchiv Ayurzana, Amgaabazar Gonson et Chimed Ohin. - Dans le désert de Gobi, une famille de nomades tente d'amadouer une chamelle qui refuse d'allaiter son nouveau-né.

STORY OF US, THE [Notre histoire] ▷5
É.-U. 1999. Comédie sentimentale de Rob REINER avec Bruce Willis, Michelle Pfeiffer et Tim Matheson. - Au moment où il envisage la séparation après quinze ans de mariage, un couple fait le point sur les moments marquants de sa vie conjugale. □ Général ➜ DVD$

STORY OF VERNON & IRENE CASTLE, THE ▷4
É.-U. 1939. Comédie musicale de H.C. POTTER avec Fred Astaire, Ginger Rogers et Walter Brennan. - Vie romancée de deux danseurs célèbres. □ Général

STORY OF WOMEN *voir* **Une affaire de femmes**

STORY OF XINGHUA, THE
CHI. 1996. Yin LI □ Général

STORYTELLING [Histoires à raconter] ▷4
É.-U. 2001. Drame de mœurs de Todd SOLONDZ avec Selma Blair, Mark Webber et Paul Giamatti. - L'histoire d'une étudiante qui a une humiliante aventure d'un soir avec son professeur et celle d'un jeune décrocheur qui vit au sein d'une famille aisée. □ 16 ans+ ➜ DVD$

STOWAWAY IN THE SKY *voir* **Voyage en ballon, Le**

STRADA, LA ►1
ITA. 1954. Drame poétique de Federico FELLINI avec Giulietta Masina, Anthony Quinn et Richard Basehart. - La vie de nomades d'un couple mal assorti composé d'un saltimbanque brutal et d'une adolescente un peu simple d'esprit. - Histoire simple et tragique admirablement racontée. Climat poétique soutenu. Interprétation remarquable. □ Général ➜ DVD$

STRADA BLUES [Sud] ▷4
ITA. 1990. Comédie de mœurs de Gabriele SALVATORES avec Diego Abatantuono, Fabrizio Bentivoglio et Laura Morante. - Deux vieux copains quadragénaires partagent une passion identique du théâtre et aiment la même femme. □ Général

STRAIGHT FOR THE HEART *voir* **À corps perdu**

STRAIGHT STORY, THE [Histoire vraie, Une] ►2
É.-U. 1999. Drame de David LYNCH avec Richard Farnsworth, Sissy Spacek et Wiley Harker. - Un homme de 73 ans entreprend un long voyage au volant d'une tondeuse à gazon pour se réconcilier avec son frère malade. - Récit humaniste inspiré d'un fait vécu. Traitement privilégiant la simplicité. Réalisation fluide et maîtrisée. Performance prenante de R. Farnsworth. □ Général ➜ DVD$

STRAIGHT TO HELL ▷5
É.-U. 1987. Comédie satirique d'Alex COX avec Sy Richardson, Joe Strummer et Dick Rude. - Après un audacieux vol de banque, quatre gangsters entrent en conflit avec des hors-la-loi qui veulent s'emparer de leur butin. ➜ DVD$

STRAIT-JACKET ▷5
É.-U. 1964. Drame d'horreur de William CASTLE avec Joan Crawford, Diane Baker et Leif Erickson. - Une meurtrière revient chez sa fille après avoir passé vingt ans dans un asile d'aliénés. □ 13 ans+ ➜ DVD$

STRANGE AFFAIR OF UNCLE HARRY, THE ▷4
É.-U. 1945. Drame policier de Robert SIODMAK avec George Sanders, Geraldine Fitzgerald et Ella Raines. - Un célibataire dominé par ses deux sœurs a recours au meurtre pour échapper à leur influence. □ Général

STRANGE BEDFELLOWS ▷4
É.-U. 1964. Comédie de Melvin FRANK avec Rock Hudson, Edward Judd et Gina Lollobrigida. - Au cours d'un voyage d'affaires, un homme renoue avec sa femme dont il s'était séparé. □ Général ➜ DVD$

STRANGE CARGO ▷4
É.-U. 1940. Drame de Frank BORZAGE avec Clark Gable, Ian Hunter et Joan Crawford. - Dans un bagne de Guyane, des prisonniers tentent une évasion à travers la jungle.

STRANGE CASE OF DR. JEKYLL AND MR. HYDE, THE ▷4
CAN. 1968. Drame fantastique de Charles JARROTT avec Jack Palance, Oscar Homolka et Billie Whitelaw. - Un savant se transforme en monstre en expérimentant une formule nouvelle. ➜ DVD$

STRANGE CASE OF THE END OF CIVILISATION AS WE KNOW IT, THE
ANG. 1977. Joseph McGRATH □ Général ➜ DVD$

STRANGE CIRCUS
JAP. 2005. Sion SONO

STRANGE DAYS ▷4
É.-U. 1995. Science-fiction de Kathryn BIGELOW avec Ralph Fiennes, Angela Bassett et Juliette Lewis. - En 1999, un trafiquant d'enregistrements virtuels illégaux est mêlé à une affaire de meurtre qui risque d'entraîner une escalade de violence raciale sans précédent. □ 16 ans+ · Violence ➜ DVD$

STRANGE DOOR, THE ▷5
É.-U. 1951. Drame d'horreur de Joseph PEVNEY avec Charles Laughton, Boris Karloff et Sally Forrest. - Un seigneur corrompu veut forcer sa nièce à épouser un débauché. □ Général

STRANGE FRUIT
É.-U. 2004. Kyle SCHICKNER

STRANGE INTERLUDE ▷5
É.-U. 1932. Mélodrame de Robert Z. LEONARD avec Norma Shearer, Clark Gable et Alexander Kirkland. - Une femme fait preuve d'une possessivité excessive envers son fils qui est né d'une relation adultère. □ Général

STRANGE INVADERS ▷4
É.-U. 1983. Science-fiction de Michael LAUGHLIN avec Paul LeMat, Nancy Allen et Michael Lerner. - S'inquiétant de l'absence prolongée de son ex-femme, un professeur découvre que le village de celle-ci est occupé par des extra-terrestres. ➜ DVD $

STRANGE ONE, THE [Demain ce seront des hommes] ▷4
É.-U. 1956. Drame de Jack GARFEIN avec Ben Gazzara, Pat Hingle et George Peppard. - Dans une école militaire, un cadet sadique terrorise ses camarades. □ Général

STRANGER, THE ▷3
É.-U. 1945. Drame d'espionnage réalisé et interprété par Orson WELLES avec Loretta Young et Edward G. Robinson. - Un policier trouve un criminel de guerre nazi qui se cache sous une fausse identité dans une petite ville américaine. - Intrigue conventionnelle renouvelée par une mise en scène brillante. □ Général ➜ DVD $

STRANGER, THE
IND. 1990. Satyajit RAY

STRANGER AMONG US, A ▷5
[Étrangère parmi nous, Une]
É.-U. 1992. Drame policier de Sidney LUMET avec Melanie Griffith, Eric Thal et Tracey Pollan. - Afin d'enquêter sur le meurtre d'un bijoutier juif, une policière demande à un rabbi de la faire passer pour une membre de sa communauté. □ Général ➜ DVD $

STRANGER FROM VENUS
É.-U. 1954. Burt BALABAN □ Général

STRANGER ON MY LAND ▷4
É.-U. 1987. Drame social de Larry ELIKANN avec Tommy Lee Jones, Dee Wallace Stone et Terry O'Quinn. - Un fermier lutte contre l'établissement d'une base aérienne sur ses terres. □ Général

STRANGER THAN FICTION ▷3
É.-U. 2006. Comédie fantaisiste de Marc FORSTER avec Will Ferrell, Emma Thompson et Maggie Gyllenhaal. - Réalisant qu'il est un personnage dans le roman en gestation d'une écrivaine, un comptable se lance à la recherche de celle-ci. - Méditation intelligente et ludique sur le destin et le contrôle de soi. Scénario astucieux fertile en péripéties. Réalisation solide mêlant habilement réalisme et fantaisie. Interprétation de haut vol.
□ Général ➜ DVD DVD-BR $

STRANGER THAN PARADISE ▷3
É.-U. 1984. Comédie de mœurs de Jim JARMUSCH avec John Lurie, Esther Balint et Richard Edson. - Accompagné d'un copain, un émigré hongrois invite sa cousine à se joindre à eux pour un périple en Floride. - Approche rappelant l'école tchèque des années 1960. Dialogue éloquent dans sa banalité. Mise en scène minimale mais expressive. □ Général

STRANGER WORE A GUN, THE ▷5
É.-U. 1952. Western d'André De TOTH avec Randolph Scott, Claire Trevor et Joan Weldon. - Un homme dresse deux bandes de pillards l'une contre l'autre. - Intrigue conventionnelle. Poursuites spectaculaires. Interprétation dans la note. □ Général

STRANGERS *voir* **Voyage in Italy**

STRANGERS ON A TRAIN ►2
É.-U. 1951. Drame policier d'Alfred HITCHCOCK avec Farley Granger, Robert Walker et Ruth Roman. - Un dément tue la femme encombrante d'un joueur de tennis et en retour exige de lui un meurtre. - Adaptation d'un roman de Patricia Highsmith. Grande qualité technique. Forte tension. Passages d'un rare brio. Interprètes convaincants.
□ Général ➜ DVD $

STRANGERS WITH CANDY ▷5
É.-U. 2005. Comédie de Paul DINELLO avec Amy Sedaris, Deborah Rush et Carlo Alban. - À sa sortie de prison, une ex-prostituée junkie de 46 ans décide de reprendre sa vie en main en retournant à l'école secondaire. ➜ DVD $

STRANGERS, THE ▷5
É.-U. 2007. Drame d'horreur de Bryan BERTINO avec Liv Tyler, Scott Speedman et Gemma Ward. - Un homme et deux femmes, masqués et solidement armés, tentent d'entrer dans la maison isolée où séjourne un couple en crise. □ 13 ans+ · Violence ➜ DVD DVD-BR $

STRAPLESS ▷4
ANG. 1989. Drame psychologique de David HARE avec Blair Brown, Bruno Ganz et Bridget Fonda. - Une femme médecin constate que l'homme qu'elle a épousé n'est pas celui qu'elle croyait connaître.
□ Général

STRAPPED [Meurtres à Brooklyn] ▷4
É.-U. 1993. Drame social de Forest WHITAKER avec Bokeem Woodbine, Kia Joy Goodwin et Fredro. - Un ex-vendeur de drogue est obligé de devenir indicateur pour la police s'il veut que sa fiancée sorte de prison. □ 13 ans+ · Langage vulgaire

STRASS CAFÉ ▷4
QUÉ. 1980. Drame poétique de Léa POOL et Luc CARON. - Évocation de l'aventure amoureuse d'une chanteuse employée dans un café près du port. □ Général

STRATEGIC AIR COMMAND ▷4
É.-U. 1955. Comédie dramatique d'Anthony MANN avec James Stewart, June Allyson et Frank Lovejoy. - Les problèmes conjugaux et professionnels d'un pilote de bombardier dans l'aviation américaine.

STRATÉGIE DE L'ARAIGNÉE, LA ▷3
[Spider's Stratagem, The]
ITA. 1970. Drame psychologique de Bernardo BERTOLUCCI avec Giulio Brogi, Alida Valli et Tino Scotti. - Un jeune homme tente d'éclaircir les circonstances entourant la mort de son père, considéré comme un héros de la Résistance. - Montage très élaboré. Riche invention visuelle. Interprétation excellente. □ Général

STRATTON STORY, THE ▷4
É.-U. 1948. Drame sportif de Sam WOOD avec James Stewart, June Allyson et Frank Morgan. - Un joueur de base-ball voit sa carrière brisée par un accident de chasse. □ Général ➜ DVD $

STRAW DOGS ▷3
ANG. 1971. Thriller de Sam PECKINPAH avec Dustin Hoffman, Susan George et Peter Vaughan. - Un universitaire pacifique est poussé à la violence pour défendre sa femme et ses biens. - Sujet traité de façon très convaincante. Tension maintenue avec habileté. Réalisation d'une grande rigueur. Scène finale très réussie. Interprétation intense de D. Hoffman. □ 18 ans+

STRAWBERRY AND CHOCOLATE [Fraises et chocolat] ▷3
CUB. 1993. Drame de mœurs de Tomas Gutiérrez ALEA et Juan Carlos TABIO avec Vladimir Cruz, Jorge Perugorria et Mirta Ibarra. - Un jeune étudiant cubain fidèle à la ligne révolutionnaire devient l'ami d'un artiste homosexuel. - Intéressante confrontation entre deux aspects de la société cubaine. Sens marqué de l'observation. Mise en scène intelligente. Jeu touchant de J. Perugorria. ➜ DVD $

STRAY CAT ROCK: SEX HUNTER
JAP. 1970. Yasuharu HASEBE ➜ DVD $

STRAY DOG *voir* **Un chien enragé**

STRAY DOGS *voir* **Chiens égarés**

STREAMERS
É.-U. 1983. Robert ALTMAN □ 13 ans+

STREET MOBSTER
JAP. 1972. Kinji FUKASAKU ➜ DVD $

STREET OF LOVE AND HOPE
JAP. 1959. Nagisa OSHIMA

STREET OF SHAME *voir* **Rue de la honte, La**

STREET SCENE ▷4
É.-U. 1931. Drame de mœurs de King VIDOR avec Sylvia Sidney, William Collier Jr. et Estelle Taylor. - Les habitants d'une rue de quartier dans une grande ville vivent divers incidents dramatiques dont un meurtre.
➜ DVD $

STREET SMART ▷4
É.-U. 1986. Drame policier de Jerry SCHATZBERG avec Christopher Reeve, Morgan Freeman et Kathy Baker. - Après avoir inventé de toutes pièces un reportage sur la vie d'un souteneur, un journaliste a des ennuis avec un dangereux proxénète poursuivi pour meurtre.
□ 13 ans+ ➜ DVD $

STREET WITH NO NAME, THE ▷5
É.-U. 1948. Drame policier de William KEIGHLEY avec Mark Stevens, Richard Widmark et Barbara Lawrence. - Afin de déjouer une bande de gangsters, un policier s'introduit dans le groupe. ➜ DVD $

STREETCAR NAMED DESIRE, A ▷3
[Tramway nommé désir, Un]
É.-U. 1951. Drame psychologique d'Elia KAZAN avec Vivien Leigh, Marlon Brando et Kim Hunter. - Le séjour d'une femme déchue chez sa sœur mariée à un ouvrier brutal tourne à la tragédie. - Habile reconstitution du climat propre aux pièces de Tennessee Williams. Mélange de réalisme sordide et de poésie. Interprétation de première force. □ 13 ans+ ➔ DVD $

STREETCAR NAMED DESIRE, A ▷4
É.-U. 1995. Drame psychologique de Glenn JORDAN avec Jessica Lange, Alec Baldwin et Diane Lane. - Une femme déchue séjourne chez sa sœur, mariée à un ouvrier brutal. □ 13 ans+

STREETS OF FIRE [Rues de feu, Les] ▷5
É.-U. 1984. Drame musical de Walter HILL avec Michael Pare, Amy Madigan et Diane Lane. - Un ancien soldat d'élite se lance à la poursuite d'une bande de motards qui ont enlevé une chanteuse de rock. □ 13 ans+ ➔ DVD $

STRICTLY BALLROOM [Fais-moi danser] ▷4
AUS. 1992. Comédie dramatique de Baz LUHRMANN avec Tara Morice, Paul Mercurio et Bill Hunter. - Un jeune couple de danseurs refuse de se plier aux codes de chorégraphie dictés par les organisateurs d'une épreuve nationale. □ Général

STRIKE *voir* **Grève, La**

STRIKE! [Filles font la loi, Les] ▷4
É.-U. 1998. Comédie de Sarah KERNOCHAN avec Kirsten Dunst, Gaby Hoffmann et Lynn Redgrave. - En 1963, dans un pensionnat pour jeunes filles en Nouvelle-Angleterre, des élèves s'opposent à un projet de fusion avec une école pour garçons. □ Général

STRIKE OF DEATH
H.-K. 1996. John WOO □ 13 ans+ · Violence

STRIKE UP THE BAND ▷4
É.-U. 1940. Comédie musicale de Busby BERKELEY avec Mickey Rooney, Judy Garland et Paul Whiteman. - Les difficultés d'un étudiant désireux de former un orchestre. □ Général

STRINGS [Fil de la vie, Le] ▷3
DAN. 2004. Conte d'Anders Ronnow KLARLUND. - Croyant à tort que son père le roi a été assassiné, un jeune prince traverse le pays afin de le venger. - Riche évocation des tragédies anciennes au moyen de marionnettes à fils. Intrigue minimaliste aux articulations parfois grinçantes. Réalisation poétique au souffle épique. Ton solennel. ➔ DVD $

STRIP NUDE FOR YOUR KILLER
ITA. 1975. Andrea BIANCHI ➔ DVD $

STRIPES ▷5
É.-U. 1981. Comédie de Ivan REITMAN avec Bill Murray, Harold Ramis et Warren Oates. - Les mésaventures de deux amis qui s'engagent dans l'armée et se retrouvent dans un bataillon d'inadaptés. □ 13 ans+ ➔ DVD $

STRIPTEASE ▷5
É.-U. 1996. Comédie policière d'Andrew BERGMAN avec Demi Moore, Ving Rhames et Burt Reynolds. - Une jeune strip-teaseuse est mêlée malgré elle à une affaire de meurtre impliquant un politicien. □ 13 ans+ · Érotisme ➔ DVD $

STROMBOLI ▷3
ITA. 1949. Drame psychologique de Roberto ROSSELLINI avec Ingrid Bergman, Mario Vitale et Renzo Cezana. - Une réfugiée lithuanienne souffre de la vie misérable qu'elle mène auprès de son mari italien dans une île de la Méditerranée. - Tableau émouvant de la souffrance humaine. Style néoréaliste épuré et volontairement austère. Mise en scène des plus rigoureuses. Interprétation sincère de I. Bergman. □ Général

STRONG MAN, THE ►2
É.-U. 1926. Comédie de Frank CAPRA avec Harry Langdon, Priscilla Bonner et Arthur Thalasso. - Un Belge candide, devenu l'associé d'un Hercule de foire, recherche aux États-Unis sa marraine de guerre. - Classique du cinéma muet. Grande invention comique. Mise en scène précise. Jeu à la fois touchant et drôle de H. Langdon. □ Général

STROSZEK *voir* **Ballade de Bruno, La**

STRUGGLE, THE
É.-U. 1931. D. W GRIFFITH □ Général

STUART LITTLE [Petit Stuart] ▷4
É.-U. 1999. Comédie fantaisiste de Rob MINKOFF avec Geena Davis, Hugh Laurie et Jonathan Lipnicki. - Une famille new-yorkaise adopte une souris dotée de la parole, au grand dam du chat de la maison. □ Général ➔ DVD $

STUART LITTLE 2 [Petit Stuart 2, Le] ▷4
É.-U. 2002. Comédie fantaisiste de Rob MINKOFF avec Geena Davis, Hugh Laurie et Jonathan Lipnicki. - Une souris adoptée par une famille humaine de Manhattan vient en aide à une oiselle persécutée par un faucon. □ Général ➔ DVD $

STUCK
É.-U. 2007. Stuart GORDON ➔ DVD DVD-BR $

STUCK ON YOU [Collé à toi] ▷5
É.-U. 2003. Comédie de Bobby FARRELLY et Peter FARRELLY avec Greg Kinnear, Matt Damon et Wen Yann Shih. - Les aventures professionnelles et amoureuses de deux frères siamois à Hollywood. □ Général ➔ DVD $

STUD, THE ▷5
ANG. 1978. Drame de mœurs de Quentin MASTERS avec Joan Collins, Oliver Tobias et Emma Jacobs. - Les tribulations sentimentales d'un jeune homme qui dirige une boîte de nuit, grâce à l'argent de son insatiable maîtresse. □ 18 ans+ ➔ DVD $

STUDENT OF PRAGUE, THE
ALL. 1913. Ewers HEINZ HANNS et Stellan RYE

STUDY IN TERROR, A ▷4
ANG. 1965. Drame policier de James HILL avec John Neville, Donald Houston et Anthony Quayle. - À la fin du XIXe siècle, Sherlock Holmes enquête sur le meurtre de trois femmes de mœurs légères. □ 13 ans+

STUNT MAN, THE [Diable en boîte, Le] ▷3
É.-U. 1979. Comédie dramatique de Richard RUSH avec Peter O'Toole, Steve Railsback et Barbara Hershey. - Un jeune homme qui fuit la police est engagé comme cascadeur par un réalisateur fantasque. - Démystification ludique et astucieuse des artifices du cinéma. Jeu constant entre l'illusion et la réalité. Habile utilisation de trucages. Mise en scène souple. Bonne composition de P. O'Toole. □ 13 ans+

STUPEUR ET TREMBLEMENTS ▷4
FR. 2003. Comédie dramatique d'Alain CORNEAU avec Sylvie Testud, Kaori Tsuji et Taro Suwa. - Une interprète d'origine belge engagée dans une grande compagnie de Tokyo subit diverses humiliations de la part de sa supérieure. □ Général · Déconseillé aux jeunes enfants ➔ DVD $

SUBSIDIARIES *voir* **Personnel**

SUBSTANCE OF FIRE, THE ▷4
É.-U. 1996. Drame psychologique de Daniel J. SULLIVAN avec Ron Rifkin, Tony Goldwyn et Sarah Jessica Parker. - La lente érosion du pouvoir qu'exerce un éditeur tyrannique sur sa compagnie et ses enfants. ➔ DVD $

SUBURBAN ROULETTE
É.-U. 1967. Herschell Gordon LEWIS

SUBURBIA ▷4
É.-U. 1996. Drame social de Richard LINKLATER avec Jayce Bartok, Amie Carey et Nicky Katt. - Un groupe de jeunes paumés se réunissent un soir pour attendre le retour d'un ancien camarade de classe qui est devenu chanteur vedette. □ 13 ans+ · Langage vulgaire

SUBURBIA
É.-U. 1984. Penelope SPHEERIS ➔ DVD $

SUBWAY ▷4
FR. 1985. Drame policier de Luc BESSON avec Christophe Lambert, Isabelle Adjani et Michel Galabru. - Poursuivi par les hommes de main d'un affairiste malhonnête, un jeune homme se réfugie dans les couloirs interdits du métro. □ Général

SUBWAY TO THE STARS
BRÉ. 1987. Carlos DIEGUES

SUCCESS IS THE BEST REVENGE ▷3
ANG. 1984. Drame psychologique de Jerzy SKOLIMOWSKI avec Michael York, Michael Lyndon et Anouk Aimée. - Les problèmes professionnels et familiaux d'un metteur en scène polonais exilé à Londres avec sa femme et ses deux fils. - Constat douloureux et amer. Mise en images inventive et vigoureuse. □ Général

SUCCESSFUL MAN, A
CUB. 1985. Humberto SOLAS ➜ DVD$

SUCCUBUS *voir* **Plus longue nuit du diable, La**

SUCH A LONG JOURNEY ▷5
CAN. 1998. Drame de mœurs de Sturla GUNNARSSON avec Roshan Seth, Soni Razdan et Om Puri. - En Inde, un père de famille sans histoire se laisse entraîner par un ami d'enfance dans une sale affaire de blanchiment d'argent. □ 13 ans+

SUCH IS LIFE
MEX. 2000. Arturo RIPSTEIN

SUD *voir* **Strada Blues**

SUDDEN FEAR ▷4
É.-U. 1952. Drame psychologique de David MILLER avec Joan Crawford, Jack Palance et Gloria Grahame. - Une riche femme de lettres apprend que son mari veut l'assassiner. □ Général ➜ DVD$

SUDDEN IMPACT [Retour de l'inspecteur Harry, L'] ▷5
É.-U. 1983. Drame policier réalisé et interprété par Clint EASTWOOD avec Sondra Locke et Pat Hingle. - Un inspecteur de police aux méthodes brutales est chargé d'enquêter sur une affaire de meurtre. □ 18 ans+ ➜ DVD$

SUDDEN MANHATTAN
É.-U. 1997. Adrienne SHELLY ➜ DVD$

SUDDEN TERROR *voir* **Eyewitness**

SUDDENLY
ARG. HOL. 2002. Diego LERMAN ➜ DVD$

SUDDENLY ▷4
É.-U. 1953. Drame policier de Lewis ALLEN avec Frank Sinatra, Sterling Hayden et Nancy Gates. - Chargés d'assassiner le président des États-Unis, un tueur à gages et ses complices s'installent de force dans une maison privée. □ Général ➜ DVD$

SUDDENLY NAKED [Mise à nue] ▷5
CAN. 2001. Comédie sentimentale d'Anne WHEELER avec Wendy Crewson, Peter Coyote et Joe Cobden. - Une romancière de 39 ans en manque d'inspiration s'éprend d'un écrivain prodige âgé de 20 ans. ➜ DVD$

SUDDENLY, LAST SUMMER ▷3
É.-U. 1959. Drame de Joseph Leo MANKIEWICZ avec Elizabeth Taylor, Montgomery Clift et Katharine Hepburn. - Un médecin soigne une jeune fille traumatisée par la mort horrible de son cousin. - Adaptation intelligente d'une pièce de Tennessee Williams. Mise en scène soignée. Interprétation remarquable. □ 13 ans+ ➜ DVD$

SUDS
É.-U. 1920. John francis DILLON ➜ DVD$

SUE PERDUE DANS MANHATTAN ▷4
[Sue Lost in Manhattan]
É.-U. 1997. Drame psychologique d'Amos KOLLEK avec Anna Thomson, Matthew Powers et Tahnee Welch. - Après avoir perdu son emploi de secrétaire, une New-Yorkaise sombre dans le désespoir et la déchéance. □ 13 ans+

SUEURS FROIDES *voir* **Vertigo**

SUGAR ▷4
CAN. 2004. Drame de mœurs de John PALMER avec Andre Noble, Brendan Fehr et Maury Chaykin. - À Toronto, un banlieusard gay de dix-huit ans qui cherche à perdre sa virginité se lie d'amitié avec un jeune prostitué. ➜ DVD$

SUGAR DADDIES
É.-U. 1927. Fred GUIOL □ Général

SUGARBABY ▷4
ALL. 1985. Comédie satirique de Percy ADLON avec Eisi Gulp, Marianne Sägebrecht et Manuela Denz. - Une femme peu attirante tombe amoureuse d'un conducteur de métro marié. □ 13 ans+

SUGARLAND EXPRESS, THE ▷3
[Folle course vers Sugarland, La]
É.-U. 1974. Comédie dramatique de Steven SPIELBERG avec Goldie Hawn, Michael Sacks et William Atherton. - Un couple de délinquants s'empare de la voiture d'un policier pour aller reprendre leur enfant confié en adoption. - Récit rocambolesque inspiré de faits réels. Ingénieuse utilisation du pittoresque de la route. Personnages vivants et touchants. Grande habileté technique. Interprètes d'un naturel étonnant. □ 13 ans+ ➜ DVD$

SUICIDE À WETHERBY *voir* **Wetherby**

SUICIDE CLUB - UNRATED *voir* **Suicide Club**

SUICIDE CLUB [Suicide Club - Unrated]
JAP. 2002. Sion SONO

SUICIDE KINGS [Rois du kidnapping, Les] ▷5
É.-U. 1997. Drame policier de Peter O'FALLON avec Sean Patrick, Christopher Walken Flanery et Jay Mohr. - Quatre fils de familles aisées enlèvent un ex-mafioso pour le contraindre à retrouver les ravisseurs de la sœur de l'un d'eux. □ 13 ans+ · Violence ➜ DVD$

SUITE 16 [Suite Sixteen] ▷4
BEL. 1994. Drame de mœurs de Dominique DERUDDERE avec Pete Postlethwaite, Antonie Kamerling et Geraldine Pailhas. - Un jeune gigolo profite des largesses d'un riche invalide qui exige en retour des faveurs troublantes. □ 16 ans+ · Érotisme

SUITE SIXTEEN *voir* **Suite 16**

SUIVEUR, LE *voir* **Following**

SUJET CAPITAL, UN *voir* **Citizen Ruth**

SUKIYAKI WESTERN DJANGO ▷4
JAP. 2007. Western de Takashi MIIKE avec Hideaki Ito, Kaori Momoi et Koichi Sato. - Un cavalier solitaire entreprend de débarrasser un village minier des deux clans rivaux qui y font régner la terreur. □ 13 ans+ · Violence ➜ DVD$

SULLIVAN'S TRAVELS ►2
É.-U. 1941. Comédie de Preston STURGES avec Joel McCrea, Veronica Lake et Robert Warwick. - Pour étudier la misère de plus près, un cinéaste se déguise en clochard. - Œuvre maîtresse d'un excellent auteur comique. Mise en scène vivante. Interprétation de qualité. ➜ DVD$

SUM OF ALL FEARS, THE ▷4
[Somme de toutes les peurs, La]
É.-U. 2002. Drame d'espionnage de Phil Alden ROBINSON avec Ben Affleck, Morgan Freeman et James Cromwell. - Un groupe de néo-nazis se procure une bombe nucléaire dont il entend se servir pour provoquer un conflit entre la Russie et les États-Unis. □ 13 ans+ ➜ DVD$

SUM OF US, THE [Un peu de nous deux] ▷4
FR. 1979. Comédie policière de Claude LELOUCH avec Catherine Deneuve, Jacques Dutronc et Jacques Villeret. - La police à leurs trousses, une aventurière et un truand fuient jusqu'en Amérique. □ 13 ans+ ➜ DVD$

SUMMER *voir* **Rayon vert, Le**

SUMMER '04 [Summer 04]
ALL. 2006. Stefan KROHMER → DVD $

SUMMER AND SMOKE ▷4
É.-U. 1962. Drame psychologique de Peter GLENVILLE avec Laurence Harvey, Geraldine Page et John McIntire. - Un jeune médecin viveur connaît une rude épreuve qui l'amène à changer de vie. □ Général

SUMMER AT GRANDPA'S
TAÏ. 1984. Hsiao-Hsien HOU

SUMMER AT LA GOULETTE *voir* **Un été à la Goulette**

SUMMER HEAT [Été dans la peau, L'] ▷4
É.-U. 1987. Drame de mœurs de Michie GLEASON avec Anthony Edwards, Lori Singer et Bruce Abbott. - Un homme à l'emploi d'un fermier en vient à le tuer afin de s'enfuir avec sa femme dont il est amoureux.

SUMMER HOLIDAY ▷4
ANG. 1963. Comédie musicale de Peter YATES avec Cliff Richard, Lauri Peters et Melvyn Hayes. - Quatre jeunes Anglais font un voyage à travers l'Europe à bord d'un autobus à deux étages. → DVD $

SUMMER HOUSE, THE ▷4
ANG. 1992. Comédie de mœurs de Waris HUSSEIN avec Jeanne Moreau, Lena Headey et Julie Walters. - Une vieille dame délurée trouve un subterfuge pour faire avorter le mariage d'une jeune fille qui souhaite en fait devenir religieuse. □ Général

SUMMER IN ST. TROPEZ, A
voir **Un été à Saint-Tropez**

SUMMER INTERLUDE *voir* **Jeux d'été**

SUMMER LOVERS ▷5
É.-U. 1982. Comédie sentimentale de Randal KLEISER avec Peter Gallagher, Daryl Hannah et Valérie Quennessen. - Dans les îles grecques, l'aventure amoureuse entre un étudiant américain, son amie et une jeune Française. → DVD $

SUMMER NIGHT WITH A GREEK PROFILE, ALMOND EYES AND A SCENT OF BASIL [Summer Night]
ITA. 1987. Lina WERTMÜLLER

SUMMER OF '42 ▷4
É.-U. 1971. Drame psychologique de Robert MULLIGAN avec Gary Grimes, Jennifer O'Neil et Jerry Houser. - Un adolescent en vacances se prend d'affection pour la jeune femme d'un aviateur parti à la guerre. □ 18 ans+ → DVD $

SUMMER OF AVIYA, THE [L'été d'Aviya] ▷4
ISR. 1988. Drame psychologique réalisé et interprété par Eli COHEN avec Gila Almagor et Kaipo Cohen. - Son père ayant disparu durant l'Holocauste, une fillette voit dans la complicité entre sa mère et un voisin un remède à l'absence paternelle. □ Général

SUMMER OF SAM ▷4
É.-U. 1999. Drame social de Spike LEE avec John Leguizamo, Adrien Brody et Mira Sorvino. - Au cours de l'été 1977, les crimes d'un tueur en série créent des tensions sociales dans un quartier populaire de New York. □ 16 ans+ → DVD $

SUMMER PALACE
CHI. FR. 2006. Lou YE → DVD $

SUMMER RAIN [Pluie d'été] ▷4
ESP. 2006. Comédie dramatique d'Antonio BANDERAS avec Alberto Amarilla, Maria Ruiz et Félix Gomez. - Au cours d'un été, un groupe d'amis dans la jeune vingtaine voient leurs rêves et leurs illusions voler en éclats. → DVD $

SUMMER SCHOOL [Classes vacances] ▷5
É.-U. 1987. Comédie de Carl REINER avec Mark Harmon, Kirstie Alley et Robin Thomas. - Un professeur est chargé de donner des cours de rattrapage en anglais à de jeunes cancres durant les vacances d'été. → DVD $

SUMMER WISHES, WINTER DREAMS ▷3
É.-U. 1973. Drame psychologique de Gilbert CATES avec Joanne Woodward, Martin Balsam et Sylvia Sidney. - Avec l'aide de son mari, une femme d'âge mûr arrive à affronter franchement ses angoisses. - Ton sobre et convaincant. Mise en scène discrète. Interprétation prenante. □ Général

SUMMER'S TALE, A *voir* **Conte d'été**

SUMMERTIME ▷3
ANG. 1955. Comédie dramatique de David LEAN avec Katharine Hepburn, Rossano Brazzi et Darren McGavin. - Une célibataire américaine en voyage à Venise a une aventure sentimentale avec un antiquaire. - Nuances psychologiques bien rendues. Excellente utilisation du décor. Humour fin. Jeu remarquable de la vedette. □ Général → DVD $

SUMURUN
ALL. 1920. Ernst LUBITSCH → DVD $

SUN ALSO RISES, THE ▷5
É.-U. 1957. Drame psychologique de H. KING avec Tyrone Power, Ava Gardner et Errol Flynn. - Les problèmes sentimentaux d'Américains vivant en Europe dans les années 1930. → DVD $

SUN SHINES BRIGHT, THE ▷3
[Soleil brille pour tout le monde, Le]
É.-U. 1953. Comédie de mœurs de John FORD avec Charles Winninger, Arleen Whelan et John Russell. - Dans une petite ville du Sud, un juge généreux n'hésite pas à poser des actes populaires. - Thème original. Mise en scène experte. Interprétation savoureuse.

SUN VALLEY SERENADE ▷4
É.-U. 1944. Comédie musicale de Bruce HUMBERSTONE avec Sonja Henie, John Payne et Lynn Bari. - Une jeune Norvégienne adoptée par un pianiste de jazz s'éprend de son protecteur.

SUN, THE MOON AND THE STARS, THE
AUS. 1995. Geraldine CREED □ Général

SUNCHASER [À la poursuite du soleil] ▷5
É.-U. 1996. Drame de Michael CIMINO avec Woody Harrelson, Jon Seda et Anne Bancroft. - Un jeune métis atteint d'un cancer kidnappe un médecin pour l'obliger à le conduire auprès d'un sorcier navajo en Arizona. □ 13 ans+

SUNDAY ▷3
É.-U. 1997. Drame psychologique réalisé par Jonathan NOSSITER avec David Suchet, Lisa Harrow et Jared Harris. - Un dimanche, à New York, une étrange relation s'amorce entre un clochard et une actrice qui croit reconnaître en lui un célèbre cinéaste. - Observations psychologiques complexes et riches. Mise en scène très assurée. Interprétation hors-pair d'acteurs peu connus. □ 13 ans+ · Langage vulgaire

SUNDAY IN NEW YORK [Dimanche à New York, Un] ▷5
É.-U. 1963. Comédie de Peter TEWKSBURY avec Jane Fonda, Rod Taylor et Cliff Robertson. - Surprise par son fiancé avec un autre homme, une jeune fille lui fait croire qu'il s'agit de son frère. □ Général

SUNDAY IN THE COUNTRY
voir **Dimanche à la campagne, Un**

SUNDAY'S CHILDREN *voir* **Enfants du dimanche, Les**

SUNDAY, BLOODY SUNDAY ►2
ANG. 1971. Drame psychologique de John SCHLESINGER avec Peter Finch, Glenda Jackson et Murray Head. - Un jeune sculpteur, une divorcée et un médecin homosexuel semblent s'accommoder du genre de relations existant entre eux. - Exploration critique du monde contemporain. Mise en scène précise et raffinée. Interprétation remarquable. → DVD $

SUNDOWNERS, THE ▷3
É.-U. 1960. Étude de mœurs de Fred ZINNEMANN avec Deborah Kerr, Robert Mitchum et Peter Ustinov. - Un berger australien impose à sa famille une vie de nomades. - Scénario intelligent. Superbe photo d'extérieurs. Interprétation de qualité. □ Général → DVD $

SUNFLOWER *voir* **Fleurs du soleil, Les**

SUNFLOWER ▷4
CHI. 2005. Chronique de Zhang YANG avec Sun Haiying, Joan Chen et Gao Ge. - Les tribulations d'une famille chinoise ordinaire du milieu des années 1970 jusqu'au début du nouveau siècle. □ Général → DVD $

SUNSET [Meurtre à Hollywood] ▷5
É.-U. 1988. Drame policier de Blake EDWARDS avec Bruce Willis, James Garner et Malcom McDowell. - En 1929, un ancien marshall de l'Ouest tente d'innocenter le fils d'un producteur hollywoodien soupçonné de meurtre. □ Général

SUNSET AT CHAOPRAYA
THAÏ. 1996. Euthana MUKDASANIT □ 13 ans+

SUNSET BOULEVARD ►1
É.-U. 1950. Drame psychologique de Billy WILDER avec William Holden, Gloria Swanson et Erich Von Stroheim. - Un scénariste criblé de dettes vit aux dépens d'une ancienne vedette qui espère revenir à l'écran. - Univers bizarre traité sur le mode expressionniste. Photographie remarquable. Ensemble à la fois puissant et fascinant. Interprétation hallucinante de G. Swanson. □ Général ➔ DVD $

SUNSET PASS
É.-U. 1933. Henry HATHAWAY ➔ DVD $

SUNSET STRIP ▷5
É.-U. 2000. Drame de mœurs d'Adam COLLIS avec Simon Baker, Anna Friel et Nick Stahl. - À Los Angeles, en 1972, un groupe de jeunes tente de se faire une place au soleil dans l'industrie de la musique rock. ➔ DVD $

SUNSHINE ▷4
HON. 1999. Chronique d'Istvan SZABÔ avec Ralph Fiennes, Rosemary Harris et Rachel Weisz. - Les joies et peines d'une grande famille juive de Budapest, de la fin du XVIIIe siècle à nos jours.
□ 13 ans+ ➔ DVD $

SUNSHINE ▷3
ANG. 2006 Science-fiction de Danny BOYLE avec Cillian Murphy, Rose Byrne et Cliff Curtis. - En 2057, huit astronautes sont en route vers le soleil sur le point de s'éteindre afin de le rallumer au moyen d'une charge nucléaire. - Savant divertissement fertile en questionnements philosophiques. Climat d'angoisse d'une grande puissance. Mise en scène sophistiquée mais peu voyante, au service des interprètes. Acteurs bien dirigés. □ 13 ans+ ➔ DVD DVD-BR $

SUNSHINE
ANG. 2007. Danny BOYLE

SUNSHINE BOYS, THE [Ennemis comme avant] ▷4
É.-U. 1975. Comédie de Herbert ROSS avec Walter Matthau, George Burns et Richard Benjamin. - Après huit ans de séparation, deux artistes de music-hall sont invités à refaire équipe.
□ Général ➔ DVD $

SUNSHINE CLEANING ▷4
É.-U. 2008. Comédie dramatique de Christine JEFFS avec Amy Adams, Emily Blunt et Alan Arkin. - Une mère célibataire ambitieuse mais fauchée décide de fonder un entreprise de nettoyage des scènes de crime avec l'aide de sa sœur irresponsable. □ 13 ans+

SUNSHINE STATE [Floridiens, Les] ▷4
É.-U. 2002. Drame social de John SAYLES avec Edie Falco, Angela Bassett et Timothy Hutton. - Une vague de spéculation immobilière affecte de diverses façons les habitants d'une petite ville de la Floride.

SUPER FLY T.N.T. ▷5
É.-U. 1973. Aventures réalisées et interprétées par Ron O'NEAL avec Roscoe Lee Browne et Sheila Frazier. - Un trafiquant accepte de négocier un achat d'armes pour des révolutionnaires africains.

SUPER FUZZ ▷4
É.-U.- ITA. 1980. Comédie de Sergio CORBUCCI avec Terence Hill, Ernest Borgnine et Joanne Dru. - Un policier doté de pouvoirs extraordinaires entre en lutte avec l'organisateur d'un trafic de fausse monnaie.

SUPER FUZZ *voir* **Drôle de flic, Un**

SUPER VIXENS ▷6
É.-U. 1975. Comédie satirique de Russ MEYER avec Shari Eubank, Charlies Napier et Uschi Digard. - Après que sa femme ait été tuée par un policier sadique, un pompiste prend la fuite de peur d'être accusé du crime. □ 18 ans+

SUPERBAD ▷4
É.-U. 2007. Comédie de Greg MOTTOLA avec Jonah Hill, Michael Cera et Christopher Mintz-Plasse. - Trois adolescents puceaux tentent de se procurer de l'alcool pour impressionner des filles de leur école.
□ 13 ans+ · Langage vulgaire ➔ DVD DVD-BR $

SUPERGIRL: THE MOVIE ▷5
ANG. 1984. Drame fantastique de Jeannot SZWARC avec Helen Slater, Faye Dunaway et Peter O'Toole. - Une jeune extra-terrestre lutte contre une sorcière pour récupérer une sphère précieuse. - Scénario inspiré de bandes dessinées. ➔ DVD $

SUPERMAN: THE MOVIE [Superman] ▷4
É.-U. 1978. Science-fiction de Richard DONNER avec Christopher Reeve, Gene Hackman et Margot Kidder. - Un enfant venu d'une autre planète et doté de pouvoirs extraordinaires se transforme en justicier.
□ Général ➔ DVD DVD-BR $

SUPERMAN II [Superman II - Richard Donner's Cut] ▷4
ANG. 1980. Science-fiction de Richard LESTER avec Christopher Reeve, Margot Kidder et Terence Stamp. - Un extra-terrestre vivant sur la Terre entre en lutte avec trois criminels issus de la même planète que lui.
□ Général ➔ DVD DVD-BR $

SUPERMAN III ▷4
ANG. 1983. Science-fiction de Richard LESTER avec Christopher Reeve, Richard Pryor et Robert Vaughn. - Les plans criminels d'un financier qui utilise les talents d'un spécialiste en ordinateurs sont contrecarrés par un surhomme. □ Général ➔ DVD $

SUPERMAN RETURNS ▷3
É.-U. 2006. Science-fiction de Bryan SINGER avec Brandon Routh, Kate Bosworth et Kevin Spacey. - De retour sur Terre après cinq ans d'absence, Superman tente de renouer avec Lois Lane au moment où son ennemi Lex Luthor lui dérobe les secrets de son pouvoir. - Œuvre dense et respectueuse du mythe entourant le personnage. Relecture approfondie du film de 1978. Illustration grandiose et spectaculaire. B. Routh parfait dans le rôle-titre. □ Général · Déconseillé aux jeunes enfants ➔ DVD DVD-BR $

SUPERNATURAL
É.-U. 1933. Victor HALPERIN □ Général

SUR LA LIGNE DE FEU *voir* **In the Line of Fire**

SUR LA ROUTE DE MADISON
voir **Bridges of Madison County, The**

SUR LA TERRE COMME AU CIEL ▷4
BEL. 1991. Drame de Marion HANSEL avec Carmen Maura, Didier Bezace et Samuel Mussen. - Dans la semaine où elle doit accoucher, une journaliste entend son futur bébé lui faire part de son refus de venir au monde. □ Général

SUR LA TRACE D'IGOR RIZZI ▷4
CAN. 2006. Drame de Noël MITRANI avec Laurent Lucas, Pierre-Luc Brillant et Isabelle Blais. - Ruiné et solitaire, un ex-footballeur français devenu cambrioleur à Montréal accepte de commettre un meurtre en échange d'une forte somme. □ Général ➔ DVD $

SUR LE CHEMIN DE LA GUERRE *voir* **Path to War**

SUR LE FIL DU RASOIR *voir* **Razor's Edge, The**

SUR LE SEUIL [Evil Words] ▷5
QUÉ. 2003. Drame fantastique d'Éric TESSIER avec Michel Côté, Patrick Huard et Catherine Florent. - Un psychiatre désabusé doit s'occuper d'un écrivain suicidaire dont les romans d'horreur semblent anticiper des faits divers atroces. □ 13 ans+ · Violence · Horreur ➜ DVD$

SUR LES QUAIS *voir* **On the Waterfront**

SUR MES LÈVRES ▷3
FR. 2001. Drame psychologique de Jacques AUDIARD avec Vincent Cassel, Emmanuelle Devos et Olivier Gourmet. - Une employée d'agence immobilière atteinte de surdité s'attache à un ex-prisonnier qui s'apprête à voler un petit malfrat. - Réflexion judicieuse sur la vie moderne doublée d'un étonnant portrait de femme. Intrigue de film noir habilement menée. Réalisation minutieuse et stylisée. Interprétation sensible. □ 13 ans+

SUR UN ARBRE PERCHÉ ▷4
FR. 1971. Comédie de Serge KORBER avec Louis de Funès, Geraldine Chaplin et Olivier de Funès. - Un automobiliste et ses passagers quittent la route accidentellement pour aller se percher sur un arbre au flanc d'une falaise. □ Général

SURE DEATH
JAP. 1984. Kinji FUKASAKU ➜ DVD$

SURE FIRE
É.-U. 1993. Jon JOST □ Général

SURE THING, THE ▷4
É.-U. 1985. Comédie sentimentale de Rob REINER avec John Cusack, Daphne Zuniga et Nicolette Sheridan. - Un universitaire qui poursuit de ses avances une camarade de classe plutôt distante la retrouve par hasard lors d'un voyage vers la Californie. □ Général ➜ DVD$

SURF'S UP ▷4
É.-U. 2007. Film d'animation de Ash BRANNON et Chris Buck. - Un jeune pingouin de l'Antarctique se rend à Hawaii pour participer à une importante compétition de surf. □ Général ➜ DVD$

SURFACING ▷5
CAN. 1981. Drame psychologique de Claude JUTRA avec Kathleen Beller, Joseph Bottoms et R.H. Thomson. - Une jeune femme entraîne quelques amis dans la forêt du Grand Nord à la recherche de son père disparu. □ 13 ans+

SURPRISE PARTY ▷5
FR. 1982. Comédie dramatique de Roger VADIM avec Christian Vadim, Philippine Leroy-Beaulieu et Caroline Cellier. - Les aventures amoureuses de quelques adolescents d'Amboise au début des années 1950. □ 13 ans+

SURRENDER DOROTHY
É.-U. 1998. Kevin DINOVIS

SURVENANT, LE ▷4
QUÉ. 2005. Drame de mœurs d'Érik CANUEL avec Anick Lemay, Jean-Nicolas Verreault et Gilles Renaud. - En 1910, un étranger à l'esprit libre bouleverse la quiétude d'une petite communauté rurale vivant en autarcie. □ Général ➜ DVD$

SURVIVAL
É.-U. 1992. Sergio GOYRI

SURVIVANT, LE *voir* **Omega Man, The**

SURVIVANTS, LES *voir* **Alive**

SURVIVING DESIRE
É.-U. 1991. Hal HARTLEY □ Général ➜ DVD$

SURVIVING MY MOTHER ▷4
[Comment survivre à sa mère]
CAN. 2007. Comédie dramatique d'Émile GAUDREAULT avec Caroline Dhavernas, Ellen David et Adam J. Harrington. - Troublée par une révélation-choc de sa mère mourante, une femme tente de se rapprocher de sa fille de 21 ans. □ 13 ans+ ➜ DVD$

SURVIVING PICASSO [Malgré Picasso] ▷4
É.-U. 1996. Drame biographique de James IVORY avec Natascha McElhone, Anthony Hopkins et Julianne Moore. - Dix ans dans la vie tumultueuse et parfois scandaleuse du peintre espagnol Pablo Picasso. □ Général

SURVIVORS, THE [Rescapés, Les] ▷4
É.-U. 1983. Comédie satirique de Michael RITCHIE avec Robin Williams, Walter Matthau et Jerry Reed. - Après avoir réussi à désarmer un bandit dans un hold-up, un chômeur s'inscrit dans une société d'autodéfense. □ Général ➜ DVD$

SUSAN AND GOD ▷4
É.-U. 1940. Drame psychologique de George CUKOR avec Joan Crawford, Fredric March et Ruth Hussey. - Prise par son intérêt pour une secte religieuse, une femme risque de briser son foyer. □ Général

SUSAN LENOX: HER FALL AND RISE
É.-U. 1931. Robert Z. LEONARD □ Général

SUSANA
MEX. 1950. Luis BUÑUEL □ Général ➜ DVD$

SUSIE ET LES BAKER BOYS *voir* **Fabulous Baker Boys, The**

SUSPECT ▷4
É.-U. 1987. Drame judiciaire de Peter YATES avec Cher, Dennis Quaid et Liam Neeson. - Chargée de défendre un vagabond accusé de meurtre, une avocate est aidée par un membre du jury dans son enquête. □ 13 ans+ ➜ DVD$

SUSPECT ZERO ▷5
É.-U. 2004. Drame policier d'E. Elias MERHIGE avec Aaron Eckhart, Ben Kingsley et Carrie-Anne Moss. - Un jeu du chat et de la souris s'engage entre un agent du FBI et un tueur en série qui lui envoie des indices sur ses crimes. □ 13 ans+ ➜ DVD$

SUSPECTS DE CONVENANCE *voir* **Usual Suspects, The**

SUSPICION *voir* **Under Suspicion**

SUSPICION ▷3
É.-U. 1941. Drame d'Alfred HITCHCOCK avec Joan Fontaine, Cary Grant et Cedric Hardwicke. - Une femme soupçonne son mari de vouloir la tuer. - Sujet prenant. Rythme soutenu. Photographie soignée. Excellents interprètes. □ Général ➜ DVD$

SUSPICIOUS RIVER ▷5
CANADA. 2000. Drame de mœurs de Lynne STOPKEWICH avec Molly Parker, Callum Keith Rennie et Joel Bissonnette. - Une jeune employée de motel qui se prostitue avec des clients s'engage dans une relation trouble avec l'un d'eux. □ 16 ans+ ➜ DVD$

SUSPIRIA ▷4
ITA. 1977. Drame fantastique de Dario ARGENTO avec Jessica Harper, Stefania Casini et Joan Bennett. - Une jeune Américaine s'inscrit à une académie de danse à Munich qui s'avère être le gîte d'un groupe de sorcières. □ 18 ans+ ➜ DVD$

SUSSURO NEL BUIO, UN [Whisper in the Dark, A]
ITA. 1976. Marcello ALIPRANDI ➜ DVD$

SUTURE ▷3
É.-U. 1993. Drame policier de Scott McGEHEE et David SIEGEL avec Dennis Haysbert, Mel Harris et Sab Shimono. - Un Noir amnésique que son frère blanc a tenté de tuer est curieusement pris pour ce dernier par son entourage. - Brillante réflexion sur les thèmes de l'identité et le regard porté par les autres sur soi. Recherche formelle abstraite et intellectualisée. Images insolites. Interprétation appropriée. □ 13 ans+

SUZANNE ▷5
QUÉ. 1980. Drame sentimental de Robin SPRY avec Jennifer Dale, Winston Rekert et Gabriel Arcand. - Les difficultés sentimentales d'une adolescente dont la mère est francophone et le père écossais. □ 18 ans+

SVENGALI ▷4
É.-U. 1931. Drame d'Archie MAYO avec John Barrymore, Marian Marsh et Bramwell Fletcher. - Un hypnotiseur tente par son pouvoir de faire d'une jeune fille une grande cantatrice. ➜ DVD$

SWAMP THING [Créature des marais, La] ▷5
É.-U. 1981. Drame fantastique de Wes CRAVEN avec Adrienne Barbeau, Louis Jourdan et Dick Durock. - Un jeune savant entre en contact avec un liquide de son invention et se transforme en un mutant végétal. □ 13 ans+ ➜ DVD$

SWAN, THE ▷4
É.-U. 1955. Comédie dramatique de Charles VIDOR avec Grace Kelly, Alec Guinness et Louis Jourdan. - Une jeune aristocrate destinée à un prince est amoureuse d'un simple précepteur.

SWANN ▷4
CAN.-ANG. 1995. Drame psychologique de Anna BENSON avec Miranda Richardson, Brenda Fricker et Michael Ontkean. - Une romancière choisit comme sujet la vie d'une poétesse morte tragiquement. □ 13 ans+

SWANN IN LOVE *voir* **Un amour de Swann**

SWARM, THE [Inévitable catastrophe, L'] ▷5
É.-U. 1978. Drame de Irwin ALLEN avec Michael Caine, Richard Widmark et Henry Fonda. - Des manœuvres de défense sont organisées contre l'invasion d'un essaim d'abeilles meurtrières d'origine africaine. □ Général ➜ DVD $

SWASHBUCKLER [Pirate des caraïbes, Le] ▷5
É.-U. 1976. Aventures de James GOLDSTONE avec Robert Shaw, Geneviève Bujold et Peter Boyle. - En Jamaïque, la fille d'un magistrat emprisonné fait appel à un pirate pour délivrer son père. □ Général ➜ DVD $

SWEDENHIELMS [Swedenhielm, Les] ▷5
SUÈ. 1935. Comédie dramatique de Gustaf MOLANDER avec Gosta Ekman, Hakan Westergren et Ingrid Bergman. - Un scientifique pressenti pour obtenir le prix Nobel découvre qu'un membre de sa famille est un fraudeur.

SWEENEY TODD: THE DEMON BARBER OF FLEET STREET
É.-U. 1982. Harold PRINCE et Terry HUGUES ➜ DVD $

SWEENEY TODD - THE DEMON BARBER OF FLEET STREET ▷3
É.-U. 2007. Comédie musicale de Tim BURTON avec Johnny Depp, Helena Bonham Carter et Alan Rickman. - De retour à Londres après quinze ans de bagne en Australie, un barbier déchu entreprend de se venger du juge corrompu qui a ruiné sa vie. - Adaptation fidèle de la comédie musicale grand-guignolesque de Stephen Sondheim. Illustration au charme délétère recherché. Jeu virtuose des deux vedettes. □ 13 ans+ · Violence ➜ DVD DVD-BR $

SWEET AND LOWDOWN [Accords et désaccords] ▷4
É.-U. 1999. Comédie dramatique de Woody ALLEN avec Sean Penn, Samantha Morton et Uma Thurman. - Évocation de la vie sentimentale et professionnelle d'un jazzman américain des années 1930.

SWEET BIRD OF YOUTH ▷4
É.-U. 1962. Drame psychologique de Richard BROOKS avec Paul Newman, Geraldine Page et Ed Begley. - Un jeune homme revient dans sa ville natale en compagnie d'une ancienne actrice d'Hollywood. □ 13 ans+ ➜ DVD $

SWEET CHARITY ▷3
É.-U. 1968. Comédie musicale de Bob FOSSE avec Shirley MacLaine, John McMartin et Chita Rivera. - Une danseuse employée dans une boîte minable rêve de mariage en dépit d'expériences décevantes avec les hommes. - Adaptation à l'américaine des «Nuits de Cabiria» de Fellini. Trouvailles ingénieuses. Ensemble attachant et savoureux. Brio de S. MacLaine. □ Général ➜ DVD $

SWEET COUNTRY
É.-U. 1988. Michael CACOYANNIS □ 13 ans+

SWEET DREAMS ▷4
É.-U. 1985. Drame biographique de Karel REISZ avec Jessica Lange, Ed Harris et Ann Wedgeworth. - Évocation de la vie sentimentale tumultueuse de la vedette de musique country Patsy Cline qui a disparu dans un accident d'avion en 1963. □ Général ➜ DVD $

SWEET ECSTASY [Sweet Ecstacy] ▷6
FR. 1962. Drame de M. PECAS avec Elke Sommer, Pierre Brice et Christian Pezey. - Un garçon, faisant partie d'une bande de jeunes gens, convoite la petite amie du chef du groupe. ➜ DVD $

SWEET EMMA, DEAR BÖBE ▷3
HON. 1991. Drame d'Istvan SZABO avec Johanna Ter Steege, Eniko Börcsök et Peter Andorai. - À Budapest, après la chute du communisme, deux institutrices qui enseignent maintenant l'anglais luttent contre la dureté de la vie quotidienne. - Constat politique plutôt sombre. Regard attentif et lyrique par moments. Réalisation épurée. Solide composition des interprètes.

SWEET HEARTS DANCE ▷4
É.-U. 1988. Comédie dramatique de Robert GREENWALD avec Don Johnson, Jeff Daniels et Susan Sarandon. - Les tribulations sentimentales de deux amis d'enfance, dont l'un est célibataire et l'autre marié. □ Général

SWEET HEREAFTER, THE [De beaux lendemains] ▷3
CAN. 1997. Drame psychologique d'Atom EGOYAN avec Ian Holm, Sarah Polley et Bruce Greenwood. - Un avocat tente de convaincre les parents des victimes d'une tragédie routière de participer à un recours collectif. - Approche très sensible d'un drame aux résonances universelles. Construction à la fois complexe et fluide. □ Général ➜ DVD $

SWEET HOME ALABAMA ▷5
É.-U. 2002. Comédie sentimentale d'Andy TENNANT avec Reese Witherspoon, Josh Lucas et Patrick Dempsey. - Fiancée au fils de la mairesse de New York, une jeune designer de mode doit se rendre dans son Alabama natal pour divorcer de son premier mari. □ Général ➜ DVD $

SWEET LAND
É.-U. 2005. Ali SELIM ➜ DVD $

SWEET LIBERTY ▷4
É.-U. 1986. Comédie réalisée et interprétée par Alan ALDA avec Lise Hilboldt et Michael Caine. - Un écrivain tente de remédier au fait qu'un réalisateur de films a l'intention de tourner une comédie burlesque en se servant du scénario d'un de ses romans. □ Général ➜ DVD $

SWEET LORRAINE [Douce Lorraine] ▷4
É.-U. 1986. Comédie dramatique de Steve GOMER avec Maureen Stapleton, Trini Alvarado et Lee Richardson. - Alors que ses parents s'apprêtent à divorcer, une jeune fille s'en va passer l'été dans le vieil hôtel que possède sa grand-mère. □ Général

SWEET MOVIE
ALL. CAN. FR. 1974. Dusan MAKAVEJEV □ 18 ans+ ➜ DVD $

SWEET MUD ▷4
IRS. 2006. Drame psychologique de Dror SHAUL avec Tomer Steinhof, Ronit Yudkevitch et Henri Garcin. - Dans les années 1970, un garçon de 12 ans ayant grandi dans un kibboutz découvre la lâcheté et l'hypocrisie des adultes qui l'entourent. □ Général ➜ DVD $

SWEET NOTHING ▷4
É.-U. 1995. Drame de mœurs de Gary WINICK avec Michael Imperioli, Mira Sorvino et Paul Calderon. - Devenu trafiquant de drogue, un modeste employé de Wall Street sombre vite dans l'enfer du crack. □ 13 ans+ · Langage vulgaire

SWEET NOVEMBER [Amant de novembre, L'] ▷5
E.-U. 1967. Comédie dramatique de Robert Ellis MILLER avec Sandy Dennis, Anthony Newley et Theodore Bikel. - Une jeune femme atteinte d'une maladie incurable entreprend des liaisons successives avec des hommes qu'elle juge complexés.

SWEET NOVEMBER ▷5
É.-U. 2001. Drame sentimental de Pat O'CONNOR avec Keanu Reeves, Charlize Theron et Jason Isaacs. - Une jeune femme atteinte d'une maladie incurable entreprend une liaison d'un mois avec un jeune publicitaire qu'elle juge complexé. □ Général ➜ DVD $

SWEET SIXTEEN ▷3
ANG. 2002. Drame de mœurs de Ken LOACH avec Martin Compston, William Ruane et Annmarie Fulton. - Un jeune décrocheur devient revendeur d'héroïne dans l'espoir d'offrir une vie confortable à sa mère qui doit bientôt sortir de prison. - Mélange bien dosé de désespoir, d'humour et de compassion. Tableau social réaliste et sans concession sentimentale, empreint d'un humanisme touchant. Réalisation souple et très expressive. Excellente direction d'acteurs. □ 13 ans+ · Langage vulgaire ➜ DVD $

SWEET SMELL OF SUCCESS [Grand chantage, Le] ►2
É.-U. 1956. Drame d'Alexander MACKENDRICK avec Burt Lancaster, Tony Curtis et Susan Harrison. - Un journaliste se plaît à salir la réputation des gens. - Critique acerbe du milieu. Forte consistance dramatique. Photographie remarquable. Interprétation impeccable. □ Général ➜ DVD $

SWEET SWEETBACK'S BAAD ASSSSS SONG ▷5
É.-U. 1971. Drame de mœurs réalisé et interprété par Melvin Van PEEBLES avec Simon Chuckster et Hubert Scales. - Les tribulations d'un jeune fugitif noir qui a tué deux policiers blancs.

SWEETHEARTS ▷5
É.-U. 1937. Comédie musicale de W.S. VAN DYKE II avec Jeanette MacDonald, Nelson Eddy et Frank Morgan. - Le producteur d'une opérette cherche à empêcher ses vedettes de partir pour Hollywood. □ Général

SWEETIE ▷5
AUS. 1989. Drame psychologique de Jane CAMPION avec Genevieve Lemon, Karen Colston et Tom Lycos. - Déjà préoccupée par sa vie sentimentale, une ouvrière supporte mal la présence chez elle de sa sœur obèse et vulgaire. □ 13 ans+ ➜ DVD $

SWEPT AWAY
voir **Vers un destin insolite sur les flots bleus de l'été**

SWEPT AWAY [À la dérive] ▷5
É.-U. 2002. Comédie de mœurs de Guy RITCHIE avec Adriano Giannini, Madonna et Bruce Greenwood. - Une femme riche se retrouve naufragée dans une île déserte avec un serviteur qu'elle traitait avec mépris. □ Général ➜ DVD $

SWEPT FROM THE SEA [Balayés par la mer] ▷5
ANG. 1997. Drame sentimental de Beeban KIDRON avec Rachel Weisz, Vincent Perez et Ian McKellen. - Au XIXe siècle, dans un village côtier anglais, une servante rêveuse s'éprend d'un naufragé ukrainien mal accueilli par la communauté ➜ DVD $

SWIMMER, THE ▷5
É.-U. 1967. Drame psychologique de Frank PERRY avec Burt Lancaster, Janice Rule et Janet Landgard. - Un homme décide de rentrer chez lui en traversant à la nage les piscines du voisinage. □ Général

SWIMMING ▷4
É.-U. 2000. Drame de mœurs de Robert J. SIEGEL avec Lauren Ambrose, Jennifer Dundas Lowe et Joelle Carter. - Les premiers émois amoureux d'une adolescente qui travaille avec son frère dans un snack-bar sur le bord d'une plage en Caroline du Sud. ➜ DVD $

SWIMMING POOL *voir* **Piscine, La**

SWIMMING UPSTREAM ▷4
AUS. 2002. Drame de Russell MULCAHY avec Geoffrey Rush, Judy Davis et Jesse Spencer. - À Brisbane, dans les années 1950-60, un père alcoolique et violent entraîne ses deux fils à la natation. ➜ DVD $

SWIMMING WITH SHARKS [Bye Bye Boss] ▷5
É.-U. 1995. Drame de George HUANG avec Kevin Spacey, Frank Whaley et Michelle Forbes. - L'assistant d'un producteur de films tyrannique se révolte après avoir été longtemps son souffre-douleur. □ 13 ans+ ➜ DVD $

SWINDLE, THE *voir* **Bidone, Il**

SWINDLED
ESP. 2004. Miguel BARDEM ➜ DVD $

SWING ▷4
FR. 2001. Chronique de Tony GATLIF avec Oscar Copp, Lou Rech et Tchavolo Schmitt. - Un gamin issu d'un milieu cossu s'aventure dans une banlieue pauvre où il découvre la culture des gitans et leur musique. □ Général ➜ DVD $

SWING KIDS ▷4
É.-U. 1993. Drame de Thomas CARTER avec Robert Sean Leonard, Christian Bale et Frank Whaley. - En 1939, de jeunes rebelles allemands s'adonnent aux joies d'une danse américaine malgré la désapprobation des autorités nazies. □ 13 ans+ ➜ DVD $

SWING SHIFT ▷4
É.-U. 1984. Comédie dramatique de Jonathan DEMME avec Goldie Hawn, Kurt Russell et Christine Lahti. - En 1941, une jeune femme dont le mari s'est engagé dans la marine s'en va travailler dans une usine. □ Général ➜ DVD $

SWING TIME ▷3
É.-U. 1936. Comédie musicale de George STEVENS avec Fred Astaire, Ginger Rogers et Victor Moore. - Après avoir promis le mariage à une jeune fille de bonne famille, un danseur tombe amoureux de sa partenaire. - Scénario prétexte à d'excellents numéros de danse. Intermèdes comiques bien amenés. Interprétation dégagée. □ Général ➜ DVD $

SWING VOTE ▷4
É.-U. 2008. Comédie de Joshua Michael STERN avec Kevin Costner, Madeline Carroll et Paula Patton. - Par un concours de circonstances, le vote d'un père divorcé irresponsable devient crucial pour l'élection du prochain président des États-Unis. □ Général ➜ DVD DVD-BR $

SWINGERS [Célibataires en cavale] ▷4
É.-U. 1996. Comédie de mœurs de Doug LIMAN avec Jon Favreau, Vince Vaughn et Ron Livingston. - À Hollywood, un comédien au chômage qui espère renouer avec son ex-copine fait la tournée des bars branchés de la ville avec ses copains. □ 13 ans+ · Langage vulgaire ➜ DVD $

SWISS FAMILY ROBINSON ▷4
[Robinson des mers du Sud, Les]
É.-U. 1960. Aventures de Ken ANNAKIN avec John Mills, Dorothy McGuire et James MacArthur. - Une famille suisse échouée dans une île du Pacifique est aux prises avec des pirates qui détiennent une jeune fille. □ Général ➜ DVD $

SWITCHING CHANNELS ▷4
É.-U. 1987. Comédie de Ted KOTCHEFF avec Kathleen Turner, Burt Reynolds et Christopher Reeve. - Une brillante journaliste accepte de faire un dernier reportage sur un condamné à mort avant de quitter la station de télévision dirigée par son ex-mari. □ Général

SWOON
É.-U. 1991. Tom KALIN □ 16 ans+ · Érotisme

SWORD IN THE STONE, THE [Merlin l'enchanteur] ▷4
É.-U. 1963. Dessins animés de Wolfgang REITHERMAN. - L'enchanteur Merlin entreprend l'éducation d'un jeune orphelin en qui il voit le futur roi d'Angleterre. □ Général ➜ DVD $

SWORD OF DOOM
JAP. 1967. Kihachi OKAMOTO □ 16 ans+ ➜ DVD $

SWORD OF GIDEON ▷3
E.-U. 1986. Drame d'espionnage de M. ANDERSON avec Steven Bauer, Michael York et Rod Steiger. - Un commando est créé pour venger les onze athlètes israéliens tués dans un attentat lors des Jeux olympiques de Munich. - Téléfilm au scénario prenant. Nombreux rebondissements. Mise en scène soignée. Distribution prestigieuse. □ Général ➜ DVD $

SWORD OF VENGEANCE [Fall of Ako Castle, The]
JAP. 1978. Kinji FUKASAKU

SWORDFISH [Opération Swordfish] ▷5
É.-U. 2001. Drame policier de Dominic SENA avec John Travolta, Hugh Jackman et Halle Berry. - Un jeune pirate de l'informatique se compromet dans une dangereuse escroquerie montée par un criminel mégalomane. □ 13 ans+ ➜ DVD $

SYBIL ▷4
É.-U. 1976. Drame psychologique de Daniel PETRIE avec Joanne Woodward, Sally Field et Brad Davis. - Une femme psychiatre s'emploie à guérir une jeune fille souffrant d'une forme de schizophrénie l'amenant à emprunter diverses personnalités. ➜ DVD $

SYDNEY [Hard Eight] ▷4
É.-U. 1996. Drame de mœurs de Paul Thomas ANDERSON avec Philip Baker Hall, John C. Reilly et Gwyneth Paltrow. - Un jeune homme démuni qui a perdu tout son argent au casino devient le protégé d'un joueur vétéran au passé secret. □ 13 ans+

SYLVIA ▷4
ANG. 2003. Drame biographique de Christine JEFFS avec Gwyneth Paltrow, Daniel Craig et Jared Harris. - Dans les années 1960, le mariage tumultueux de l'écrivain anglais Ted Hugues et de la poétesse américaine Sylvia Plath ravive les tendances suicidaires de celle-ci. □ 13 ans+ ➜ DVD $

SYLVIA SCARLETT ▷4
É.-U. 1936. Comédie de George CUKOR avec Katharine Hepburn, Cary Grant et Brian Aherne. - Déguisée en garçon, la fille d'un escroc connaît diverses aventures.

SYLVIE ET LE FANTÔME ▷3
FR. 1945. Comédie fantaisiste de Claude AUTANT-LARA avec Odette Joyeux, François Périer et Pierre Larquey. - Les mésaventures d'une adolescente qui s'est éprise du fantôme qui hante le château qu'elle habite. - Joli conte. Réalisation légère et soignée.

SYMPATHY FOR LADY VENGEANCE ▷3
[Vengence d'une femme, La]
COR. S. 2005. Thriller de Park CHAN-WOOK avec Lee Young-ae, Choi Min-sik et Kwon Yae-young. - Une femme ayant purgé 13 ans de prison pour l'enlèvement et le meurtre d'un petit garçon entreprend de se venger du véritable responsable de ces crimes. - Récit troublant parsemé de touches fantaisistes ou oniriques. Chronologie éclatée. Réalisation inventive. Plusieurs images d'une beauté exquise. Interprétation solide. □ 16 ans+ ➜ DVD $

SYMPATHY FOR MR. VENGEANCE ▷4
COR. S. 2002. Thriller de Park CHAN-WOOK avec Song Kang-ho, Shin Ha-gyun et Bae Du-na. - Un homme d'affaires se venge des kidnappeurs de sa fille, un jeune sourd-muet et son amie, eux-mêmes floués par des trafiquants d'organes. ➜ DVD $

SYMPATHY FOR THE UNDERDOG
JAP. 1971. Kinji FUKASAKU ➜ DVD $

SYMPHONIE LOCASS
QUÉ. 2006. Martine ASSELIN et Marco DUBÉ ➜ DVD $

SYMPHONIE PASTORALE, LA ▷**3**
FR. 1946. Drame psychologique de Jean DELANNOY avec Michèle Morgan, Pierre Blanchar et Line Noro. - Un pasteur protestant convoite une jeune aveugle qu'il a élevée. - Adaptation libre d'un roman d'André Gide. Grande valeur dramatique. Interprétation touchante de M. Morgan. □ Général

SYNDROME CHINOIS, LE
voir **China Syndrome, The**

SYNECDOCHE, NEW YORK ▷**3**
É.-U. 2008. Comédie dramatique de Charlie KAUFMAN avec Philip Seymour Hoffman, Samantha Morton et Tom Noonan. - Après le départ de sa femme, un dramaturge new-yorkais monte une pièce monumentale dans laquelle la fiction se confond bizarrement avec la réalité. - Méditation décalée et mélancolique sur la création, la vie, l'amour et la mort. Scénario complexe mais très précis, truffé de fantaisie et d'humour absurde. Réseau de mises en abyme proprement vertigineux. Réalisation sobre. Interprétation touchante.
□ 13 ans+ ➜ DVD DVD-BR$

SYRIAN BRIDE, THE
voir **Fiancée syrienne, La**

SYRIANA ▷**4**
É.-U. 2005. Drame de Stephen GAGHAN avec George Clooney, Matt Damon et Jeffrey Wright. - La fusion entre deux pétrolières américaines et la lutte de pouvoir entre deux princes du golfe Persique a des répercussions sur la vie de divers individus.
□ 13 ans+ ➜ DVD DVD-BR$

T'EMPÊCHES TOUT LE MONDE DE DORMIR! ▷5
FR. 1982. Comédie de Gérard LAUZIER avec Daniel Auteuil, Catherine Alric et Anne Jousset. - Un joyeux bohème impose sa présence à deux jeunes femmes chez qui il s'est introduit.

T'ES BELLE JEANNE ▷4
QUÉ. 1988. Drame social de Robert MÉNARD avec Marie Tifo, Michel Côté et Pierre Curzi. - À la suite d'un accident, une enseignante se retrouve paralysée et se voit confrontée à une dure réalité. □ Général

T-MEN
É.-U. 1947. Anthony MANN ➔ DVD $

TABAGIE EN FOLIE, LA *voir* **Blue in the Face**

TABLE FOR FIVE ▷5
É.-U. 1983. Drame sentimental de Robert LIEBERMAN avec Jon Voight, Marie-Christine Barrault et Richard Crenna. - Pour renouer avec ses trois enfants, un divorcé les emmène en croisière en Europe. □ Général

TABLE POUR TROIS *voir* **No Reservations**

TABLEAU DE FAMILLE [His Secret Life] ▷4
ITA. 2001. Drame de mœurs de Ferzan OZPETEK avec Margherita Buy, Stefano Accorsi et Serra Yilmaz. - Après la mort accidentelle de son mari, une femme découvre qu'il avait une liaison avec un homme. □ Général ➔ DVD $

TABOO *voir* **Tabou**

TABOU [Taboo] ▷3
JAP. 1999. Drame de mœurs de Nagisa OSHIMA avec Beat Takeshi, Ryuhei Matsuda et Shinji Takeda. - La beauté délicate d'un guerrier appartenant à la milice d'un shogun déclenche dissensions et jalousie parmi cette troupe d'élite. - Analogies fascinantes entre le désir sexuel et les rituels guerriers. Traitement stylisé et un peu froid. Réalisation d'une grande rigueur. Interprètes intenses. □ 13 ans+ ➔ DVD $

TACHE, LA *voir* **Human Stain, The**

TADPOLE [Séduction en mode mineur] ▷4
É.-U. 2002. Comédie de mœurs de Gary WINICK avec Aaron Stanford, Sigourney Weaver et John Ritter. - Un adolescent brillant et cultivé entreprend de séduire la seconde épouse de son père. □ Général ➔ DVD $

TAI CHI MASTER, THE [Twin Warriors] ▷4
H.-K. 1994. Drame de Yuen Woo PING avec Jet Li, Michelle Yeoh et Chin Siu-hou. - Un moine bouddhiste devient général d'un empereur tyrannique, tandis que son ancien confrère joint les rangs de la résistance. □ 13 ans+

TAILOR OF PANAMA, THE [Tailleur de Panama, Le] ▷4
É.-U. 2001. Drame d'espionnage de John BOORMAN avec Pierce Brosnan, Geoffrey Rush et Jamie Lee Curtis. - Un tailleur anglais installé à Panama est entraîné dans une affaire d'espionnage par un agent secret roublard. □ 13 ans+ ➔ DVD DVD-BR $

TAIRA CLAN SAGA [Héros sacrilège, Le] ▷3
JAP. 1955. Drame de Kenji MIZOGUCHI avec Raizo Ichikawa, Yoshiko Kiga et Michiyo Kogure. - Au XVIIe siècle, le fils d'un samourai se porte à la défense de celui-ci lorsque les autorités monacales tentent d'empêcher son anoblissement par l'empereur. - Admirable étude de mœurs. Traitement hiératique du sujet. Réalisation inspirée. Bons interprètes.

TAIS-TOI ▷5
FR. 2003. Comédie policière de Francis VEBER avec Gérard Depardieu, Jean Reno et Jean-Pierre Malo. - Un tueur assoiffé de vengeance s'évade de prison en compagnie d'un imbécile heureux fort comme un bœuf qui veut être son ami. □ Général

TAKE IT ALL *voir* **À tout prendre**

TAKE ME OUT TO THE BALL GAME ▷4
É.-U. 1949. Comédie musicale de Busby BERKELEY avec Frank Sinatra, Esther Williams et Gene Kelly. - Deux membres d'une équipe championne de base-ball se disputent le cœur de la jolie propriétaire du club. □ Général ➔ DVD $

TAKE THE LEAD ▷4
É.-U. 2006. Drame social de Liz FRIEDLANDER avec Antonio Banderas, Rob Brown et Yaya DaCosta. - Un professeur de danse sociale tente d'enseigner son art à un groupe d'élèves difficiles d'une école publique de Manhattan. □ Général ➔ DVD $

TAKE THE MONEY AND RUN ▷4
É.-U. 1969. Comédie réalisée et interprétée par Woody ALLEN avec Janet Margolin et Marcel Hillaire. - Un adolescent maladroit décide de faire carrière dans le vol. □ Général ➔ DVD $

TAKESHIS'
JAP. 2006. Takeshi KITANO ➔ DVD $

TAKING OF PELHAM 1 2 3, THE
É.-U. 2009. Tony SCOTT

TAKING OF PELHAM ONE TWO THREE, THE ▷4
É.-U. 1974. Drame policier de Joseph SARGENT avec Walter Matthau, Robert Shaw et Martin Balsam. - Quatre hommes s'emparent d'un train du métro de New York et tiennent les passagers en otage. □ 13 ans+ ➔ DVD $

TAKING OF POWER BY LOUIS XIV, THE *voir* **Prise de pouvoir par Louis XIV, La**

TAKING SIDES: LE CAS FURTWANGLER ▷4
ALL. 2001. Drame historique d'Istvan SZABO avec Harvey Keitel, Stellan Skarsgard et Moritz Bleibtreu. - À Berlin, en 1946, un officier américain interroge le chef d'orchestre Wilhelm Furtwängler, soupçonné de complicité avec le régime nazi. □ Général ➔ DVD $

TALE OF DESPEREAUX, A ▷4
É.-U. 2008. Film d'animation de Sam FELL et Robert STEVENHAGEN. - Une souris vient en aide à une princesse enfermée par son père à la suite de la mort accidentelle de sa mère, provoquée par un rat. □ Général ➔ DVD DVD-BR $

TALE OF SPRINGTIME, A *voir* **Conte de printemps**

TALE OF SWEENEY TODD, THE
É.-U. IRL. 1998. John SCHLESINGER ➔ DVD $

TALE OF TIME LOST, THE
RUS. 1964. Aleksandr PTOUCHKO

TALE OF TSAR SALTAN, THE
RUS. 1966. Aleksandr PTOUSHKO

TALE OF TWO CITIES, A ▷3
É.-U. 1935. Drame de Jack CONWAY avec Ronald Colman, Elizabeth Allen et Edna May Oliver. - Un avocat anglais déchu tait son amour pour la fiancée d'un aristocrate français dont il a sauvé la vie.- Illustration soignée d'un roman de Dickens. Scènes de foule impressionnantes. Humour pittoresque. Interprétation de qualité. □ Général ➔ DVD $

TALE OF TWO CITIES, A ▷5
ANG. 1958. Drame de Ralph THOMAS avec Dirk Bogarde, Dorothy Tutin et Cecil Parker. - Un avocat anglais sauve de la guillotine un aristocrate français. □ Général ➔ DVD $

TALE OF TWO SISTERS, A ▷3
COR.S. 2003. Drame fantastique de Kim JEE-WOON avec Im Soo-jung, Yeom Jeong-a et Moon Geun-young. - Dans une grande maison de campagne, deux sœurs adolescentes tourmentées par leur belle-mère sont témoins d'incidents étranges. - Récit triste, poétique et angoissant. Habile mélange d'étude psychologique et d'horreur. Rebondissements surprenants. Rythme d'une lenteur savamment calculée. Mise en scène raffinée. Interprètes convaincus. □ 13 ans+ ➔ DVD $

TALENTED MR. RIPLEY, THE ▷3
[Énigmatique monsieur Ripley, L']
É.-U. 1999. Drame policier d'Anthony MINGHELLA avec Matt Damon, Gwyneth Paltrow et Jude Law. - Un jeune homme de condition modeste qui éprouve du désir et de l'envie pour un ami fortuné en vient à le tuer, puis emprunte son identité. - Adaptation fignolée d'un roman de Patricia Highsmith. Personnages approfondis. Réalisation et interprétation de grande classe. ➔ DVD $

TALES FROM THE CRYPT ▷4
É.-U. 1972. Film à sketches de Freddie FRANCIS avec Joan Collins, Ralph Richardson et Ian Hendry. - Cinq personnes égarées dans une crypte font la rencontre d'un moine étrange qui leur révèle la conséquence possible de leurs passions. □ 13 ans+

TALES FROM THE DARKSIDE: THE MOVIE ▷4
É.-U. 1990. Film à sketches de John HARRISON avec Deborah Harry, Christian Slater et Steve Buscemi. - Un jeune garçon raconte trois histoires d'horreur à une femme cannibale dans l'espoir que celle-ci ne le dévore pas. □ 13 ans+ ➔ DVD $

TALES FROM THE GIMLI HOSPITAL ▷4
CAN. 1988. Comédie fantaisiste de Guy MADDIN avec Kyle McCulloch, Michael Gottli et Angela Heck. - Au début du XXe siècle, dans un hôpital de fortune, une âpre rivalité naît entre deux hommes liés par un terrible secret. □ Général ➔ DVD $

TALES OF BEATRIX POTTER ▷3
ANG. 1971. Spectacle musical de Reginald MILLS avec les danseurs du Royal Ballet. - Une fillette vivant à la campagne imagine diverses aventures survenant aux animaux qui lui sont familiers. - Musique agréable. Masques ingénieusement conçus. Danseurs agiles et sympathiques. □ Général ➔ DVD $

TALES OF HOFFMANN [Contes d'Hoffmann, Les] ▷3
ANG. 1950. Spectacle musical de Emeric PRESSBURGER, Michael POWELL avec Moira Shearer, Ludmilla Tcherina et Robert Helpmann. - Dans une taverne allemande, Hoffmann évoque le souvenir des femmes qu'il a aimées. - Adaptation soignée de l'opéra d'Offenbach. Images somptueuses. Œuvre charmante pleine de symbolisme. Interprètes de valeur. ➔ DVD $

TALES OF MANHATTAN ▷4
É.-U. 1942. Film à sketches de Julien DUVIVIER avec Charles Boyer, Edward G. Robinson et Rita Hayworth. - Un habit de soirée porte malheur à ses propriétaires successifs. □ Général

TALES OF ORDINARY MADNESS
voir **Conte de la folie ordinaire**

TALES OF TERROR ▷5
É.-U. 1962. Drame d'horreur de Roger CORMAN avec Vincent Price, Peter Lorre et Debra Paget. - Trois contes horrifiques tirés de l'œuvre d'Edgar Allan Poe. □ Général

TALES THAT WITNESS MADNESS
ANG. 1973. Freddie FRANCIS □ 13 ans+

TALK OF THE TOWN, THE ▷3
É.-U. 1942. Comédie dramatique de George STEVENS avec Ronald Colman, Cary Grant et Jean Arthur. - Un juriste protège un ouvrier faussement accusé d'avoir mis le feu à un atelier. - Intrigue originale. Mise en scène nerveuse et dynamique. Interprétation sympathique. □ Général ➔ DVD $

TALK RADIO ▷4
É.-U. 1988. Drame social d'Oliver STONE avec Eric Bogosian, Ellen Greene et Leslie Hope. - Un animateur de radio, aux méthodes abruptes et cyniques, reçoit des menaces de mort durant son émission nocturne de tribune téléphonique. □ 13 ans+ ➔ DVD $

TALK TO HER *voir* **Parle avec elle**

TALK TO ME [Voix du peuple, La] ▷4
É.-U. 2007. Drame biographique de Kasi LEMMONS avec Don Cheadle, Chiwetel Ejiofor et Taraji P. Henson. - La vie et la carrière d'un animateur de radio afro-américain qui, dans les années 1960, a donné une voix aux Noirs de son pays. □ 13 ans+ · Langage vulgaire ➔ DVD $

TALKING PICTURE, A
POR. 2003. Manoel DE OLIVEIRA ➔ DVD $

TALL GUY, THE [Grand timide, Le] ▷5
ANG. 1989. Comédie satirique de Mel SMITH avec Jeff Goldblum, Emma Thompson et Rowan Atkinson. - À la suite de son renvoi d'un théâtre, un acteur de second ordre voit sa carrière prendre un nouvel envol et ses amours s'embrouiller. □ 13 ans+

TALL IN THE SADDLE ▷5
É.-U. 1944. Western d'Edwin L. MARIN avec John Wayne, Ella Raines et Ward Bond. - Un contremaître de ranch et sa fiancée sont mêlés à l'assassinat d'un fermier. □ Général ➔ DVD $

TALL STORY [Tête à l'envers, La] ▷5
É.-U. 1960. Comédie de Joshua LOGAN avec Anthony Perkins, Jane Fonda et Ray Walston. - Une jeune fille s'inscrit dans un collège avec l'intention d'y dénicher un mari.

TALL TALE [Tall Tale: Unbelievable Adventure] ▷4
É.-U. 1995. Aventures de Jeremiah CHECHIK avec Nick Stahl, Patrick Swayze et Oliver Platt. - Pour contrecarrer les manœuvres d'un entrepreneur véreux qui veut s'emparer de la ferme familiale, un gamin obtient l'aide de trois héros de l'Ouest. □ Général ➔ DVD $

TALLADEGA NIGHTS - THE BALLAD OF RICKY BOBBY ▷4
[Nuits de Talladega, Les - La ballade de Ricky Bobby]
É.-U. 2006. Comédie d'Adam McKAY avec Will Ferrell, John C. Reilly et Sacha Baron Cohen. - L'ascension, la chute et la remontée d'un coureur automobile dans le circuit NASCAR. □ Général · Déconseillé aux jeunes enfants ➔ DVD DVD-BR $

TALONS AIGUILLES [High Heels] ▷3
ESP. 1991. Comédie dramatique de Pedro ALMODOVAR avec Victoria Abril, Marisa Paredes et Miguel Bose. - Les retrouvailles tendues entre une ancienne vedette de la chanson et sa fille qui s'est mariée avec un vieil amant de celle-ci.- Goût insolite pour les effets kitsch. Personnages décrits avec un humour ironique. Mise en scène colorée. Interprétation dans le ton voulu. □ Général

TAMAS & JULI ▷4
HONG. 1997. Drame sentimental d'Ildiko ENYEDI avec David Janosi, Marta Angyal et Gyorgy Barko. - Une idylle se développe petit à petit entre un jeune mineur et une timide institutrice de maternelle. ➔ DVD $

TAMBOUR, LE [Tin Drum, The] ▷3
ALL. 1979. Chronique de V. SCHLÖNDORFF avec David Bennent, Angela Winkler et Mario Adorf. - Dégoûté par le monde des adultes, un enfant traverse sans grandir la période du nazisme en Allemagne. - Adaptation du roman de Günter Grass. Vision satirique mordante de vingt années tragiques de l'histoire allemande. Situations tantôt absurdes, tantôt pathétiques. Style baroque parfois flamboyant. Détails insolites dans la mise en scène. D. Bennent remarquablement dirigé. □ 13 ans+ ➔ DVD $

TAMING OF THE SHREW, THE ▷3
[Mégère apprivoisée, La]
ANG. 1966. Comédie de Franco ZEFFIRELLI avec Elizabeth Taylor, Richard Burton et Michael York. - Un gentilhomme ruiné accepte d'épouser une jeune fille au caractère difficile qu'il se charge d'amadouer. - Écrit de Shakespeare transposé avec verve. Mise en scène somptueuse et vivante. Interprétation de premier ordre. ➔ DVD $

TAMPOPO ▷3
JAP. 1986. Comédie satirique de Juzo ITAMI avec Tsutomu Yamazaki, Nobuko Miyamoto et Koji Yakusho. - Après avoir défendu une restauratrice contre des gangsters, un camionneur entreprend de faire d'elle la meilleure cuisinière de nouilles du Japon. - Histoire curieusement conçue. Série d'anecdotes comiques sur le thème de la bouffe. Traitement soigné. Interprétation dans le ton voulu. □ Général

TANG LE ONZIÈME ▷4
FR. 1998. Conte de Dai SIJIE avec Akihiro Nishida, Tapa Sudana et Nguyen Minh Chau. - Un Vietnamien, père de neuf enfants, et sa femme enceinte sont attirés dans un village de montagne afin que le nouveau-né réalise une vieille prophétie.

TANGO ▷4
FR. 1992. Comédie satirique de Patrice LECONTE avec Richard Bohringer, Thierry Lhermitte et Philippe Noiret. - Six ans après qu'un juge l'a acquitté du meurtre de son épouse, un pilote d'avion se voit obligé par celui-ci d'aller tuer une autre femme. □ 13 ans+

TANGO ▷4
ESP.-ARG. 1998. Drame musical de Carlos SAURA avec Miguel Angel Sola, Mia Maestro et Cecilia Narova. - Un metteur en scène préparant un spectacle de tango est séduit par une de ses danseuses, maîtresse d'un producteur mafieux. □ Général ➔ DVD $

TANGO LESSON, THE ▷4
ANG. 1997. Drame psychologique réalisé et interprété par Sally POTTER avec Pablo Veron et Gustavo Naveira. - Une cinéaste anglaise demande à un danseur argentin renommé de lui donner des cours de tango. □ Général

TANGO MACABRE *voir* **Seizure**

TANGOS: L'EXIL DE GARDEL ▷3
FR. 1985. Drame musical de Fernando SOLANAS avec Marie Laforêt, Miguel Angel Sola et Philippe Léotard. - À Paris, un groupe d'Argentins en exil cherche à monter un spectacle musical placé sous le patronage d'un chanteur de tango mort en 1935. - Sorte de collage politique, poétique et musical sur les thèmes de l'absence et de la nostalgie. Mise en scène adroite.

TANGUY ▷4
FR. 2001. Comédie de mœurs d'Étienne CHATILIEZ avec Sabine Azéma, André Dussollier et Eric Berger. - Un universitaire de 28 ans qui vit toujours chez ses parents résiste aux tentatives de ceux-ci de le mettre à la porte. ➔ DVD $

TANT QU'IL Y AURA DES HOMMES
voir **From Here to Eternity**

TANTE JULIA ET LE SCRIBOUILLARD
voir **Tune in Tomorrow...**

TAO OF STEVE ▷4
É.-U. 2000. Comédie sentimentale de Jenniphr GOODMAN avec Donal Logue, Greer Goodman et Kimo Wills. - Un séducteur bedonnant et bohème cherche à reconquérir une femme avec qui il a eu une aventure au temps du collège. □ Général ➔ DVD $

TAPE ▷3
É.-U. 2001. Drame psychologique de Richard LINKLATER avec Ethan Hawke, Robert Sean Leonard et Uma Thurman. - À l'occasion d'une réunion d'anciens élèves, un dealer et un cinéaste remuent leur passé trouble avec une camarade de classe. - Huis clos au ton caustique adapté d'une pièce de Stephen Belber. Dialogue mordant habilement ciselé. Tension psychologique adroitement soutenue. Réalisation précise. Excellents interprètes. ➔ DVD $

TAPS [Dernier clairon, Le] ▷4
É.-U. 1981. Drame social d'Harold BECKER avec George C. Scott, Timothy Hutton et Sean Penn. - Des élèves d'une école militaire occupent l'institution pour en empêcher la fermeture.
□ 13 ans+ ➔ DVD $

TAR ANGEL *voir* **Ange de Goudron, L'**

TARAS BULBA ▷5
É.-U. 1962. Aventures de J. Lee THOMPSON avec Yul Brynner, Tony Curtis et Christine Kaufman. - Vers la fin du XVe siècle, un chef cosaque considère comme traître son fils qui s'est épris d'une Polonaise.
➔ DVD $

TAREA PROHIBIDA, LA
MEX. 1992. Jaime Humberto HERMOSILLO ➔ DVD $

TAREA, LA *voir* **Forbidden Homework**

TARGET ▷4
É.-U. 1985. Drame d'espionnage d'Arthur PENN avec Gene Hackman, Matt Dillon et Joseph Sommer. - Révélant sa vie antérieure à son fils, un ancien agent secret doit se rendre à Paris où sa femme a été enlevée par un espion communiste. □ Général

TARGETS ▷4
É.-U. 1968. Drame policier de Peter BOGDANOVICH avec Boris Karloff, Tom O'Kelly et Nancy Hsuch. - Un déséquilibré commet quelques assassinats pour ensuite se réfugier derrière l'écran d'un ciné-parc où est présenté le dernier film d'un acteur à la retraite. □ Général

TARKA THE OTTER ▷4
ANG. 1978. Étude de mœurs de David COBHAM avec Peter Bennett, Edward Underdown et Brenda Cavendish. - Les diverses aventures d'une loutre. ➔ DVD $

TARTUFFE, LE ▷4
FR. 1984. Drame réalisé et interprété par Gérard DEPARDIEU avec François Périer et Élisabeth Depardieu. - Un bourgeois s'entiche d'un faux dévot qu'il favorise au détriment de sa famille. □ Général

TARZAN ▷4
É.-U. 1999. Dessins animés de Kevin LIMA et Chris BUCK. - Au XIXe siècle dans la jungle africaine, un homme-singe est séduit par une jeune exploratrice escortée par un chasseur menaçant. ➔ DVD $

TARZAN, THE APE MAN [Tarzan, l'homme-singe] ▷4
É.-U. 1932. Aventures de W.S. VAN DYKE II avec Johnny Weissmuller, Maureen O'Sullivan et C. Aubrey Smith. - La fille d'un explorateur, à la recherche de son père dans la jungle, est enlevée par un curieux homme-singe. □ Général

TARZAN THE APE MAN ▷7
É.-U. 1981. Aventures de J. DEREK avec Bo Derek, Richard Harris et Miles O'Keeffe. - Au cours d'une expédition dans une région inexplorée d'Afrique, une jeune femme aventureuse rencontre un homme-singe.
➔ DVD $

TARZOON! LA HONTE DE LA JUNGLE ▷4
BEL. 1975. Dessins animés de Jean-Paul PICHA et Boris SZULZINGER. - Tarzoon l'homme-singe part à la rescousse de sa compagne enlevée par les soldats d'une méchante reine. □ 13 ans+

TASTE OF CHERRY, THE *voir* **Goût de la cerise, Le**

TASTE OF OTHERS, THE *voir* **Goût des autres, Le**

TASTE THE BLOOD OF DRACULA ▷4
ANG. 1969. Drame d'horreur de Peter SASDY avec Christopher Lee, Geoffrey Keen et Linda Hayden. - Trois bourgeois anglais à la recherche de sensations nouvelles se trouvent aux prises avec un aristocrate en qui s'est réincarné Dracula. □ 13 ans+ ➔ DVD $

TATIE DANIELLE ▷4
FR. 1990. Comédie satirique d'Étienne CHATILIEZ avec Tsilla Chelton, Catherine Jacob et Isabelle Nanty. - Une petite vieille acariâtre se retrouve aux soins d'une gardienne qui ne s'en laisse pas imposer.
□ Général

TATTOO ▷4
É.-U. 1981. Drame psychologique de Bob BROOKS avec Bruce Dern, Maud Adams et Leonard Frey. - Un tatoueur déséquilibré retient prisonnière une jeune femme dont il est épris. □ 18 ans+

TATTOOED LIFE
JAP. 1965. Seijun SUZUKI ➔ DVD $

TAUREAU ▷5
QUÉ. 1972. Drame de mœurs de Clément PERRON avec Monique Lepage, André Melançon et Michèle Magny. - Dans un village de la Beauce, un simple d'esprit est en butte à l'hostilité des habitants.
□ 13 ans+ ➔ DVD $

TAVERNE DE LA JAMAÏQUE, LA *voir* **Jamaica Inn**

TAXI ▷5
FR. 1997. Comédie policière de Gérard PIRÈS avec Samy Nacéri, Frédéric Diefenthal et Marion Cotillard. - Un chauffeur de taxi fou du volant doit collaborer avec un policier maladroit pour coincer un gang de braqueurs de banques. □ Général ➔ DVD $

TAXI ▷5
É.-U. 2004. Comédie policière de Tim STORY avec Jimmy Fallon, Queen Latifah et Jennifer Esposito. - Ayant perdu son permis de conduire, un policier new-yorkais fait équipe avec une chauffeuse de taxi maniaque de la vitesse pour capturer des braqueuses de banques.
□ Général ➔ DVD $

TAXI 2 ▷5
FR. 2000. Comédie policière de Gérard KRAWCZYK avec Samy Naceri, Frédéric Diefenthal et Emma Sjöberg. - Un chauffeur de taxi marseillais porté sur la vitesse et son copain policier se lancent aux trousses de yazukas qui ont kidnappé un ministre japonais. □ Général

TAXI 3 ▷6
FR. 2003. Comédie policière de Gérard KRAWCZYK avec Samy Naceri, Frédéric Diefenthal et Bernard Farcy. - Un chauffeur de taxi marseillais porté sur la vitesse et son copain policier cherchent à coincer des braqueurs de banques déguisés en pères Noël. □ Général ➔ DVD $

T4XI [Taxi 4] ▷5
FR. 2007. Comédie de Gérard KRAWCZYK avec Sami Naceri, Frédéric Diefenthal et Bernard Farcy. - À Marseille, un chauffeur de taxi amateur de vitesse aide un policier maladroit à coffrer un dangereux braqueur de banques belge. □ Général ➔ DVD $

TAXI BLUES ▷3
RUS. 1990. Drame de mœurs de Pavel LOUNGUINE avec Vladimir Kachpur, Piotr Mamonov et Piotr Zaitchenko. - À Moscou, un saxophoniste excentrique vit une amitié ambiguë avec un chauffeur de taxi entêté à qui il doit de l'argent. - Récit grouillant de vie. Approche teintée d'ironie corrosive. Réalisation un peu rugueuse mais efficace. Interprétation réussie. □ 13 ans+ ➔ DVD $

TAXI DE NUIT ▷4
FR. 1993. Drame policier de Serge LEROY avec Laure Marsac, Bruno Cremer et Didier Bezace. - À Paris, dans un proche futur, une jeune infirmière, un chauffeur de taxi et un hôtelier sont soumis durant une nuit à un rigoureux contrôle policier. □ Général

TAXI DRIVER [Chauffeur de taxi] ►1
É.-U. 1976. Drame psychologique de Martin SCORSESE avec Robert De Niro, Cybill Shepherd et Jodie Foster. - Un jeune homme devient chauffeur de taxi et supporte mal le monde sordide qu'il doit côtoyer. - Vision hallucinante de la corruption dans les grandes villes. Style insolite d'une vigueur peu commune. Excellente interprétation de R. De Niro. □ 13 ans+ ➔ DVD DVD-BR$

TAXI ZUM KLO [En taxi aux toilettes] ▷5
ALL. 1980. Étude de mœurs réalisée et interprétée par Frank RIPPLOH avec Bernd Broaderup et Gitte Lederer. - Un instituteur homosexuel court l'aventure la nuit dans les boîtes spécialisées de la ville. □ 18 ans+

TAXI, ROULOTTE ET CORRIDA
FR. 1958. André HUNEBELLE ➔ DVD$

TAXING WOMAN, A ▷4
JAP. 1987. Comédie satirique de Juzo ITAMI avec Nobuko Miyamoto, Tsutomu Yamazaki et Masahiko Tsugawa. - Une inspectrice des impôts s'attaque à un homme d'affaires retors qui a des intérêts dans une chaîne d'hôtels. □ Général

TAXING WOMAN RETURN, A ▷4
JAP. 1988. Comédie satirique de Juzo ITAMI avec Nobuko Miyamoto, Rentaro Mikuni et Toru Masuoka. - Une inspectrice des impôts s'attaque à un doyen d'un faux culte religieux en rupture avec la loi. □ Général

TCHAIKOVSKY ▷4
RUS. 1970. Drame biographique d'Igor TALANKIN avec Innokenti Smoktounovski, Antonia Chouranova et Evgueni Leonov. - La vie du compositeur Piotr Illitch Tchaïkovski. □ Général ➔ DVD$

TCHAO PANTIN ▷4
FR. 1983. Drame policier de Claude BERRI avec Michel Coluche, Richard Anconina et Agnès Soral. - Avec l'aide d'une fille délurée, un pompiste de nuit entreprend de venger la mort d'un jeune ami abattu par des truands. □ 13 ans+

TCHIN-TCHIN *voir* **Fine Romance, A**

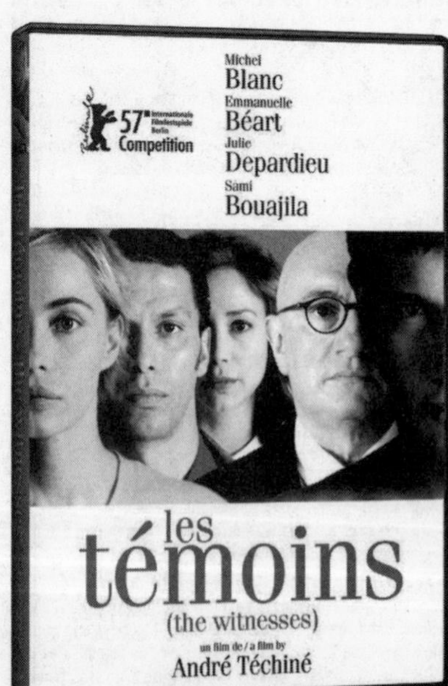

© MÉTROPOLE

TE SOUVIENS-TU DE DOLLY BELL?
[Do you Remember Dolly Bell?]
YOU. 1981. Emir KUSTURICA ➔ DVD$

TEA AND SYMPATHY ▷4
É.-U. 1955. Drame psychologique de Vincente MINNELLI avec Deborah Kerr, John Kerr et Leif Erickson. - La femme d'un professeur d'université s'intéresse à un élève méprisé de ses camarades. □ Général

TEA FOR TWO [No, No, Nanette] ▷5
É.-U. 1950. Comédie musicale de David BUTLER avec Doris Day, Gordon MacRae et Gene Nelson. - Après s'être engagée à financer une revue, une jeune femme apprend qu'elle est ruinée.

TEA WITH MUSSOLINI ▷5
ITA 1999. Chronique de Franco ZEFFIRELLI avec Cher, Judi Dench et Joan Plowright. - Élevé par la secrétaire anglaise de son père, un jeune garçon grandit dans l'Italie de l'ère fasciste. □ Général ➔ DVD$

TEACHER'S PET [Chouchou du professeur, Le] ▷4
É.-U. 1957. Comédie de George SEATON avec Doris Day, Clark Gable et Gig Young. - Un reporter aguerri participe incognito à des cours de journalisme et s'éprend de son professeur. ➔ DVD$

TEACHERS ▷4
É.-U. 1984. Comédie satirique d'Arthur HILLER avec Nick Nolte, JoBeth Williams et Ralph Macchio. - Un professeur de sciences sociales est amené à lutter contre le climat de pagaille et d'incurie qui règne dans son école. □ 13 ans+ ➔ DVD$

TEAHOUSE OF THE AUGUST MOON, THE ▷4
É.-U. 1956. Comédie satirique de Daniel MANN avec Marlon Brando, Glenn Ford et Eddie Albert. - Un officier américain de l'armée d'occupation est chargé de démocratiser les habitants d'une île japonaise. □ Général

TEAM AMERICA: WORLD POLICE ▷4
[Escouade américaine: police du monde]
É.-U. 2004. Comédie fantaisiste de Trey PARKER. - Une escouade anti-terroristes américaine lutte contre le président de la Corée du Nord, qui a imaginé un plan diabolique pour détruire le monde. □ 13 ans+ ➔ DVD$

TECTONIC PLATES [Plaques tectoniques, Les] ▷4
QUÉ. 1991. Film d'essai de Peter METTLER avec Michael Benson, Normand Bissonnette et Céline Bonnier. - Un homme part pour New York retrouver un ancien amant après avoir discuté avec une enseignante qui l'a également aimé. □ Général

TED BUNDY
É.-U. 2002. Matthew BRIGHT

TEDDY BEAR
POL. 1981. Stanislaw BAREJA

TEENAGE CATGIRLS IN HEAT
É.-U. 1997. Scott PERRY □ 13 ans+ · Érotisme

TEENAGE CAVEMAN
É.-U. 1958. Roger CORMAN □ Général

TEENAGE CRIME WAVE
É.-U. 1955. Fred F. SEARS □ Général

TEHERAN 43 ▷5
RUS.-FR. 1981. Drame d'espionnage de Alexander ALOV et Vladimir NAUMOV avec Natacha Belokhvostikova, Igor Kostolevsky et Alain Delon. - La vente à Paris de documents sur un attentat à Téhéran pendant la guerre ravive la lutte entre agents secrets et terroristes jadis mêlés à l'affaire.

TEKKON KINKREET
JAP. 2006. Michael ARIAS ➔ DVD DVD-BR$

TELEFON ▷4
É.-U. 1977. Drame d'espionnage de Don SIEGEL avec Charles Bronson, Lee Remick et Donald Pleasence. - Un fonctionnaire russe tente d'appliquer aux États-Unis une opération de sabotage mise au point sous le régime stalinien. □ Général

TÉLÉPHONE SONNE TOUJOURS DEUX FOIS, LE ▷5
FR. 1985. Comédie policière de Jean-Pierre VERGNE avec Didier Bourdon, Seymour Brussel et Bernard Campan. - Un jeune détective privé entreprend de démasquer un sadique qui tue des vieilles dames après leur avoir téléphoné.

TELL ME A RIDDLE
É.-U. 1980. Lee GRANT □ Général ➔ DVD$

TELL ME SOMETHING
Cor. 1999. Yoon-Hyun CHANG ➔ DVD$

TELL THEM WILLIE BOY IS HERE ▷3
É.-U. 1969. Western d'Abraham POLONSKY avec Robert Redford, Robert Blake et Katharine Ross. - Au début du XXe siècle, un Indien est l'objet d'une poursuite après avoir tué le père de celle qu'il aime. - Récit intelligemment mené. Intentions symboliques. Mise en scène vigoureuse. Interprétation sobre. □ Général

TELLEMENT PROCHES! *voir* **Only Human**

TELLING LIES IN AMERICA [Gloire et Rock and Roll] ▷5
CAN. 1997. Drame de mœurs de Guy FERLAND avec Kevin Bacon, Brad Renfro et Calista Flockhart. - Le fils adolescent d'un nouvel immigrant subit l'influence néfaste d'un animateur de radio malhonnête.
□ Général · Déconseillé aux jeunes enfants ➔ DVD$

TÉMOIN À CHARGE *voir* **Witness for the Prosecution**

TÉMOIN MUET *voir* **Mute Witness**

TÉMOIN SILENCIEUX *voir* **Silent Fall**

TÉMOIN SOUS SURVEILLANCE *voir* **Witness**

TÉMOINS, LES ▷3
FR. 2006. Drame de mœurs d'André TÉCHINÉ avec Emmanuelle Béart, Sami Bouajila et Michel Blanc. - En 1984, l'existence d'un policier marié à une écrivaine est chamboulée par un jeune provincial. - Chronique aérienne et colorée évoquant l'éclosion de l'épidémie du sida. Scénario à intrigues multiples habilement déployées. Mise en scène fluide. Interprètes de grand talent. □ 13 ans+ ➔ DVD$

TEMPEST ▷4
É.-U. 1928. Mélodrame de Sam TAYLOR avec John Barrymore, Camilla Horn et Louis Wolheim. - Amoureux de la fille d'un général, un jeune officier est accusé de trahison à la suite d'un malheureux quiproquos. ➔ DVD$

TEMPEST ▷4
É.-U. 1982. Comédie satirique de Paul MAZURSKY avec Raul Julia, John Cassavetes et Susan Sarandon. - Installé dans une île grecque, un architecte new-yorkais réserve à son ex-femme une curieuse réception. □ Général ➔ DVD$

TEMPÊTE DE GLACE *voir* **Ice Storm, The**

TEMPÊTE, LA *voir* **Perfect Storm, The**

TEMPS D'UNE CHASSE, LE ▷4
QUÉ. 1972. Étude de mœurs de Francis MANKIEWICZ avec Guy L'Écuyer, Pierre Dufresne et Marcel Sabourin. - Trois amis consacrent une fin de semaine d'automne à une partie de chasse. □ Général

TEMPS DE L'AVANT, LE ▷3
QUÉ. 1975. Drame psychologique d'Anne-Claire POIRIER avec Luce Guilbeault, Paule Baillargeon et Pierre Gobeil. - En apprenant qu'elle est enceinte, une mère de famille âgée de quarante ans songe à se faire avorter. - Film prenant conçu comme un instrument de réflexion. Ton intimiste. Dialogues riches. Images chaleureuses. Interprètes jouant avec une émotion contenue.

TEMPS DE L'INNOCENCE, LE *voir* **Age of Innocence, The**

TEMPS DES AMANTS, LE [Place for Lovers, A] ▷5
ITA. 1969. Drame sentimental de Vittorio DE SICA avec Marcello Mastroianni, Faye Dunaway et Caroline Mortimer. - Une riche Américaine, atteinte d'une maladie incurable, a une liaison avec un ingénieur italien. □ 13 ans+

TEMPS DES BARBARES, LE ▷4
QUÉ. 1999. Film d'essai de Jean-Daniel LAFOND avec Olivier Perrier. - Un fermier invite les habitants de son village à une conférence traitant de l'état du monde et du rôle qu'y jouent les médias en cette fin de XXe siècle.

TEMPS DES GITANS, LE [Time of the Gypsies] ►2
YOU. 1988. Drame de mœurs d'Emir KUSTURICA avec Davor Dujmovic, Bora Todorovic et Ljubica Adzovic. - Deux jeunes gitans sont confiés à un affairiste qui dirige un réseau d'enfants entraînés à voler et à se prostituer. - Réalisme sombre allégé par des touches de fantastique. Critique sociale pertinente agrémentée de détails pittoresques. Mise en scène foisonnante. Interprétation savoureuse. □ 13 ans+

TEMPS DES LOUPS, LE ▷4
FR. 1969. Drame policier de Sergio GOBBI avec Robert Hossein, Charles Aznavour et Virna Lisi. - Un commissaire de police cherche à arrêter les exploits d'un gangster qui se trouve être un camarade d'enfance. □ 13 ans+

TEMPS DU LOUP, LE [Time of the Wolf] ▷4
FR. 2003. Drame de Michael HANEKE avec Isabelle Huppert, Maurice Benichou et Lucas Biscombe. - Chassée de sa maison de campagne par des intrus qui ont tué son mari, une femme s'enfonce dans la nuit avec ses deux enfants.

TEMPS DU ROCK'N'ROLL, LE *voir* **Idolmaker, The**

TEMPS DU SILENCE, LE ▷4
ESP. 1986. Drame de mœurs de Vincente ARANDA avec Imanol Arias, Victoria Abril et Francisco Rabal. - À la fin des années 1940, un jeune médecin qui fait des recherches sur le cancer se fait prendre dans une histoire d'avortement. □ 13 ans+

TEMPS ET LE LIEU, LE
QUÉ. 1999. Bernard ÉMOND ➔ DVD$

TEMPS FOU, LE *voir* **Box of Moonlight**

TEMPS LIMITE *voir* **Out of Time**

TEMPS QUI CHANGENT, LES ▷4
FR. 2004. Drame psychologique d'André TÉCHINÉ avec Catherine Deneuve, Gérard Depardieu et Gilbert Melki. - Un ingénieur cherche à reconquérir la femme qu'il aime depuis 30 ans, une animatrice de radio établie à Tanger. ➔ DVD$

TEMPS QUI RESTE, LE ▷4
FR. 2005. Drame de François OZON avec Melvil Poupaud, Valeria Bruni-Tedeschi et Jeanne Moreau. - Atteint d'un grave cancer, un jeune photographe de mode refuse de se faire traiter et décide de vivre ses dernières semaines comme il l'entend. □ 16 ans+ ➔ DVD$

TEMPS RETROUVÉ, LE [Time Regained] ▷3
FR. 1999. Comédie dramatique de Raul RUIZ avec Emmanuelle Béart, Marcello Mazzarella et Pascal Greggory. - En 1922, un romancier à l'article de la mort revit en esprit l'univers de ses récits. - Adaptation audacieuse et intelligente de l'œuvre de Marcel Proust. Mise en scène imaginative. Illustration luxueuse. Interprétation de haut calibre.
□ Général ➔ DVD$

TEMPTATION OF A MONK ▷4
H.-K. 1993. Drame de Clara LAW avec Wu Hsin-Kuo, Joan Cheng et Zhang Fengyi. - Après avoir été entraîné dans un complot, un général chinois se réfugie dans un monastère, où il se fait passer pour un moine afin d'échapper à ses ennemis. □ 13 ans+ · Violence

TEMPTRESS MOON ▷4
H.-K. 1996. Drame de mœurs de Chen KAIGE avec Leslie Cheung, Gong Li et Kevin Lin. - Un gigolo a pour mission de séduire la riche héritière de la demeure où il a vécu étant enfant. □ Général ➔ DVD$

TEN ▷3
IRA. 2002. Drame d'Abbas KIAROSTAMI avec Mania Akbari, Amin Maher et Roya Arabshahi. - Une femme divorcée discute à bord de son auto avec son jeune fils, qui lui adresse toutes sortes de reproches, ainsi qu'avec diverses passagères. □ Général ➔ DVD$

TEN CANOES ▷3
AUS. 2006. Conte de Rolf de HEER avec Crusoe Kurddal, Jamie Dayindi Gulpilil Dalaithngu et Richard Birrinbirrin. - Sa plus jeune épouse étant convoitée par son frère cadet, un chasseur aborigène raconte à ce dernier une histoire mythique afin de le ramener à la raison. - Premier film australien entièrement tourné en langue aborigène. Récit à tiroirs fascinant sur le plan ethnographique. Humour goguenard fort réjouissant. Réalisation maîtrisée. Interprétation naturelle. ➔ DVD$

TEN COMMANDMENTS, THE ▷5
É.-U. 1923. Drame biblique de Cecil B. DeMILLE avec Theodore Roberts et Richard Dix. - Le thème des dix commandements est illustré à travers l'histoire de Moïse et par le biais d'un mélodrame contemporain sur la rivalité entre deux frères. □ Général

TEN COMMANDMENTS, THE ▷4
[Dix commandements, Les]
É.-U. 1956. Drame biblique de Cecil B. DeMILLE avec Charlton Heston, Anne Baxter et Yvonne De Carlo. - Moïse, révolté par la condition servile de ses frères israélites, entreprend de les faire sortir d'Égypte. - Œuvre spectaculaire. Reconstitution historique minutieuse. Très bonne interprétation. □ Général ➔ DVD$

TEN DAYS THAT SHOCK THE WORLD *voir* **Octobre**

TEN DAYS WONDER *voir* **Décade prodigieuse, La**

TEN LITTLE INDIANS ▷4
É.-U. 1965. Drame policier de George POLLOCK avec Hugh O'Brian, Shirley Eaton et Wilfrid Hyde-White. - Dix personnes réunies dans un lieu inaccessible sont tuées l'une après l'autre par un mystérieux assassin. □ Général → DVD $

TEN LITTLE INDIANS [Dix petits nègres, Les] ▷5
ANG. 1975. Drame policier de Peter COLLINSON avec Oliver Reed, Elke Sommer et Richard Attenborough. - Dix personnes réunies dans un lieu inaccessible sont tuées l'une après l'autre par un mystérieux assassin. □ Général

TENACIOUS D IN THE PICK OF DESTINY ▷4
É.-U. 2006. Comédie musicale de Liam LYNCH avec Jack Black, Kyle Gass et JR Reed. - Deux musiciens qui veulent composer la meilleure chanson de tous les temps projettent de voler un «pick» de guitare magique dans un musée du Rock.
□ 13 ans+ · Langage vulgaire → DVD $

TENANT OF WILDFELL HALL, THE ▷3
ANG. 1996. Drame de mœurs de Mike BARKER avec Tara Fitzgerald, Rupert Graves et Toby Stephens. - Contrairement aux règles de la société victorienne, une aristocrate fuit son mari alcoolique et s'installe dans un coin reculé avec son fils. - Téléfilm adapté consciencieusement du roman d'Anne Brontë. Modernité du contenu psychologique. Mise en scène soignée. Fort bonne interprétation.
□ Général · Déconseillé aux jeunes enfants → DVD $

TENANT, THE *voir* **Locataire, Le**

TENDER COMRADE ▷5
É.-U. 1944. Drame sentimental d'Edward DMYTRYK avec Ginger Rogers, Robert Ryan et Ruth Hussey. - Cinq jeunes femmes dont les maris sont à la guerre partagent le même logement.

TENDER MERCIES ▷3
É.-U. 1982. Drame de mœurs de Bruce BERESFORD avec Robert Duvall, Tess Harper et Betty Buckley. - Un ancien chanteur de musique country s'attache à une veuve et à son jeune garçon. - Étude réaliste de gens simples. Climat mélancolique. Belles images. Interprétation juste.
□ Général → DVD $

TENDER TRAP, THE ▷5
É.-U. 1955. Comédie de Charles WALTERS avec Frank Sinatra, Debbie Reynolds et David Wayne. - Une ingénue maligne entreprend la conquête d'un célibataire endurci. □ Général → DVD $

TENDERNESS OF THE WOLVES
ALL. 1973. Ulli LOMMEL

TENDRE CLARA *voir* **Clara's Heart**

TENDRE GUERRE ▷6
QUÉ. 1993. Drame psychologique de Daniel MORIN avec Gérald Thomassin, Marcel Lebœuf et Francis Patenaude. - Après la mort de sa mère, un adolescent va vivre avec son père, un vétéran canadien de la guerre du Viêt-nam qui se terre dans un village depuis dix ans.
□ Général

TENDRES COUSINES ▷6
FR. 1980. Comédie dramatique de David HAMILTON avec Thierry Tevini, Anja Shute et Macha Méril. - À l'été 1939, les expériences amoureuses d'un adolescent de quatorze ans en vacances à la ferme familiale.
□ 18 ans+

TENDRES PASSIONS *voir* **Terms of Endearment**

TENDRESSE *voir* **I Remember Mama**

TENEBRE [Plaisir de la peur, Le]
ITA. 1982. Dario ARGENTO □ 18 ans+ → DVD $

TENSION *voir* **Heat**

TENSION, LA *voir* **Tribute**

TENTATION DE VÉNUS, LA *voir* **Meeting Venus**

TENUE CORRECTE EXIGÉE ▷4
FR. 1997. Comédie de Philippe LIORET avec Jacques Gamblin, Elsa Zylberstein et Zabou. - Un sans-abri tente de rejoindre sa riche épouse dans un hôtel chic pour qu'elle signe les papiers de leur divorce.
□ Général

TENUE DE SOIRÉE ▷3
FR. 1986. Comédie de mœurs de Bertrand BLIER avec Michel Blanc, Gérard Depardieu et Miou-Miou. - Un couple de paumés tombe sous l'emprise d'un personnage douteux qui vit de cambriolages. - Parabole insolente sur un certain déséquilibre moral contemporain. Ton du théâtre de l'absurde. Situations extravagantes. Humour cynique. Interprètes savoureux et très à l'aise.

TEOREMA ►1
ITA. 1968. Drame poétique de Pier Paolo PASOLINI avec Terence Stamp, Silvana Mangano et Massimo Girotti. - De passage dans une famille bourgeoise de Milan, un jeune étranger en séduit chaque membre. - Allégorie mystérieuse aux scènes elliptiques. Mise en scène d'un art rigoureusement contrôlé. Interprétation stylisée.
□ 18 ans+ → DVD $

TEQUILA SUNRISE ▷3
É.-U. 1988. Drame policier de Robert TOWNE avec Mel Gibson, Michelle Pfeiffer et Kurt Russell. - Un détective de la brigade des narcotiques surveille un vieil ami qui serait lié à un mystérieux criminel mexicain. - Scénario nourri de complexités et d'ambiguïtés intrigantes. Climat romantique dans la tradition du film noir. Illustration contrastée. Interprétation attrayante. □ Général → DVD $

TERMINAL, THE [Terminal, Le] ▷4
É.-U. 2004. Comédie dramatique de Steven SPIELBERG avec Tom Hanks, Catherine Zeta-Jones et Stanley Tucci. - Un voyageur d'Europe de l'Est sans visa reste bloqué dans un aéroport de New York pendant des mois. □ Général → DVD $

TERMINAL MAN, THE ▷5
É.-U. 1974. Science-fiction de Mike HODGES avec George Segal, Joan Hackett et Richard A. Dysart. - Un homme subit une opération chirurgicale devant l'aider à maîtriser des crises de violence incontrôlables.
□ 13 ans+

TERMINAL STATION
ITA. 1953. Vittorio DE SICA

TERMINAL VELOCITY [Point de chute] ▷5
É.-U. 1994. Drame d'espionnage de Deran SERAFIAN avec Charlie Sheen, Nastassja Kinski et James Gandolfini. - Un instructeur de parachutisme se voit impliqué dans la mission d'une ancienne espionne du KGB qui tente de déjouer les plans de gangsters russes.
□ 13 ans+ → DVD $

TERMINATOR, THE ▷4
É.-U. 1984. Science-fiction de James CAMERON avec Linda Hamilton, Arnold Schwarzenegger et Michael Biehn. - Un androïde cherche à tuer une jeune femme qui a pour protecteur un homme venu de l'avenir. □ 18 ans+ → DVD DVD-BR $

TERMINATOR 2: JUDGMENT DAY ▷4
[Terminator Ii: The Ultimate Dvd Edition]
É.-U. 1991. Science-fiction de James CAMERON avec Linda Hamilton, Arnold Schwarzenegger et Robert Patrick. - Menacés par un robot meurtrier venu du futur, une mère et son garçon sont secourus par un cyborg d'apparence humaine. □ 13 ans+ → DVD DVD-BR $

TERMINATOR III: RISE OF THE MACHINES ▷4
[Terminator III: la guerre des machines]
É.-U. 2003. Science-fiction de Jonathan MOSTOW avec Nick Stahl, Arnold Schwarzenegger et Claire Danes. - Un couple destiné à mener la rébellion des humains contre la domination des machines est au centre d'un duel entre deux robots destructeurs.
□ 13 ans+ · Violence → DVD DVD-BR $

TERMINI STATION ▷4
CAN. 1989. Drame psychologique d'Allan KING avec Megan Follows, Colleen Dewhurst et Gordon Clapp. - Une jeune prostituée essaie de convaincre sa mère alcoolique de la suivre à Montréal pour y refaire leur vie. □ Général

TERMINATOR: SALVATION
É.-U. 2009. Joseph McGINTY NICHOL

TERMS OF ENDEARMENT [Tendres passions] ▷4
É.-U. 1983. Drame psychologique de James L. BROOKS avec Debra Winger, Shirley MacLaine et Jack Nicholson. - Les relations d'une veuve avec sa fille au long d'une trentaine d'années. □ 13 ans+ → DVD $

TERRA TREMA, LA [Terre tremble, La] ►2
ITA. 1948. Drame social de Luchino VISCONTI - Les conditions de vie misérables des pêcheurs siciliens, pressurés par des mareyeurs injustes. - Œuvre puissante. Grande beauté plastique. Jeu sincère d'interprètes non professionnels choisis sur place.

TERRE, LA
FR. 1921. André ANTOINE → DVD $

TERRE, LA [Earth] ►1
RUS. 1930. Drame social d'Alexander DOVZHENKO avec Semyon Svashenko, Stepan Shkurat et Mikola Nademsky. - Au début du régime soviétique, des paysans ukrainiens reçoivent leur premier tracteur et sont confrontés à un riche propriétaire qui refuse de partager sa terre. - Classique du cinéma soviétique. Œuvre d'une grande ferveur. Réalisation empreinte de lyrisme et de poésie. □ Général ➔ DVD $

TERRE DAMNÉE *voir* **Copper Canyon**

TERRE DE LA GRANDE PROMESSE, LA ►2
[Promised Land, The]
POL. 1975. Drame social d'Andrzej WAJDA avec Daniel Olbrychski, Wojciech Pszoniak et Andrzej Seweryn. - En Pologne vers la fin du XIXe siècle, trois amis s'associent pour exploiter une filature. - Fresque impressionnante. Rythme nerveux. Mise en scène précise. Interprétation animée. □ Général

TERRE DES PHARAONS, LA *voir* **Land of the Pharaohs**

TERRE EN TRANSES [Terra em transe] ▷3
BRÉ. 1967. Drame social de Glauber ROCHA avec Jardel Filho, Glauce Rocha et Jose Lewgoy. - Les désillusions d'un jeune journaliste face aux hommes politiques de son pays. - Souffle grandiose et poétique. Images expressives. Réalisation soignée. Interprétation vigoureuse.

TERRE ET LIBERTÉ *voir* **Land and Freedom**

TERREUR À DOMICILE *voir* **Of Unknown Origin**

TERREUR AVEUGLE *voir* **See No Evil**

TERREUR SUR LA LIGNE *voir* **When a Stranger Calls**

TERRIBLE PARENTS, THE *voir* **Parents terribles, Les**

TERROR, THE ▷5
É.-U. 1963. Drame d'horreur de Roger CORMAN avec Boris Karloff, Jack Nicholson et Sandra Knight. - Un homme part à la recherche d'une mystérieuse jeune fille. □ Général

TERROR FROM UNDER THE HOUSE [Revenge] ▷6
ANG. 1971. Drame de S. HAYERS avec James Booth, Joan Collins et Ray Barrett. - Après le meurtre de sa fillette, un cabaretier malmène et garde prisonnier dans sa cave le présumé coupable.

TERROR OF DR. MABUSE, THE
voir **Testament du Dr. Mabuse, Le**

TERROR OF FRANKENSTEIN ▷4
IRL. 1977. Drame d'horreur de Calvin FLOYD avec Leon Vitali, Per Oscarsson et Nicholas Clay. - Un jeune savant donne vie à une créature humaine formée avec des pièces de divers cadavres. ➔ DVD $

TERROR OF MECHAGODZILLA ▷5
JAP. 1975. Science-fiction d'Inoshiro HONDA avec Katsuhiko Sasaki, Tomoko Ai et Akihika Hirata. - Godzilla protège le Japon contre l'attaque de monstres gigantesques. □ Général

TERRORIST, THE ▷3
IND. 1998. Drame psychologique de Santosh SIVAN avec Ayesha Dharkar, Parmeshwaran et Vishnu Vardhan. - Sur le point de perpétrer un attentat suicide, une jeune révolutionnaire est amenée à remettre en question ses convictions et son sens du sacrifice. - Méditation simple et poignante sur la vie et la mort. Réalisation tour à tour nerveuse et lyrique. Illustration inspirée. Jeu intense d'A. Dharkar. ➔ DVD $

TERRORISTS, THE [Homme voit rouge, Un] ▷4
ANG. 1974. Drame policier de Caspar WREDE avec Sean Connery, Ian McShane et Jeffry Wickham. - Dans un pays scandinave, un colonel s'efforce de déjouer les plans d'un groupe de terroristes anglais. ➔ DVD $

TESIS [Thesis] ▷4
ESP. 1996. Drame policier d'Alejandro AMENABAR avec Ana Torrent, Fele Martinez et Eduardo Noriega. - Une étudiante d'une université de Madrid cherche à démasquer un auteur de «snuff movies» qui sévit dans son entourage.

TESS [Tess - Viattomuuden Tarina] ▷3
FR. 1979. Chronique de Roman POLANSKI avec Nastassia Kinski, Peter Firth et Leigh Lawson. - La fille d'un ivrogne descendant d'une noble famille connaît diverses mésaventures sentimentales. - Illustration somptueuse d'un roman de Thomas Hardy. Mise en scène d'un ton retenu. Images d'une beauté constante. Interprètes dirigés de façon stylisée. □ Général ➔ DVD $

TESS OF THE D'URBERVILLES ▷4
ANG. 1998. Mélodrame d'Ian SHARP avec Justine Waddell, Jason Flemyng et Oliver Milburn. - Une servante, fille d'un ivrogne descendant d'une famille noble, connaît diverses mésaventures sentimentales. ➔ DVD $

TESS OF THE STORM COUNTRY
É.-U. 1922. John S. ROBERTSON □ Général ➔ DVD $

TEST PILOT ▷4
É.-U. 1938. Drame sentimental de Victor FLEMING avec Clark Gable, Myrna Loy et Spencer Tracy. - Les épreuves sentimentales et professionnelles d'un pilote d'essai.

TESTAMENT [Dernier testament, Le] ▷4
É.-U. 1983. Drame social de Lynne LITTMAN avec Jane Alexander, William Devane et Ross Harris. - Les effets d'une guerre atomique sur une famille d'une petite ville de Californie. □ Général

TESTAMENT D'ORPHÉE, LE ▷3
FR. 1959. Drame poétique réalisé et interprété par Jean COCTEAU avec Edouard Dermit et Maria Casarès. - Un poète évoque les mythes à travers lesquels il s'est dépeint. □ Général

TESTAMENT D'UN POÈTE JUIF ASSASSINÉ, LE ▷4
FR. 1987. Drame social de Frank CASSENTI avec Michel Jonasz, Erland Josephson et Wojtech Pszoniak. - Un jeune garçon apprend l'histoire de son père, un Juif communiste qui avait été accusé injustement de trahison par la police de Staline.

TESTAMENT DU DR. MABUSE, LE ▷3
[Testament of Dr. Mabuse, The]
ALL. 1932. Drame policier de Fritz LANG avec Otto Ernicke, Oskar Beregi et Gustav Diessl. - Un commissaire enquête sur un docteur enfermé dans une clinique psychiatrique qui serait à l'origine d'une vague de crimes. - Éléments politiques prémonitoires. Atmosphère inquiétante. Intrigue un peu chargée. Savoir-faire technique. Interprétation convaincue. □ Général ➔ DVD $

TÊTE À L'ENVERS, LA *voir* **Tall Story**

TÊTE DANS LES NUAGES, LA *voir* **Dazed and Confused**

TÊTE DE MAMAN, LA ▷4
FR. 2006. Drame psychologique de Carine TARDIEU avec Karin Viard, Chloé Coulloud et Kad Merad. - Afin d'aider sa mère célibataire à guérir une dépression chronique, une adolescente tente de retrouver un de ses amours de jeunesse. ➔ DVD $

TÊTE DE NORMANDE ST-ONGE, LA ▷4
QUÉ. 1975. Drame psychologique de Gilles CARLE avec Carole Laure, Renée Girard et Raymond Cloutier. - Une jeune fille sort clandestinement sa mère de l'hôpital et l'installe chez elle.

TÊTES VIDES CHERCHENT COFFRE PLEIN
voir **Brink's Job, The**

TEX ▷4
É.-U. 1982. Drame psychologique de Tim HUNTER avec Matt Dillon, Jim Metzler et Emilio Estevez. - Les tribulations d'un adolescent qui vit sur une ferme de l'Oklahoma avec son frère pendant que leur père court les rodéos. □ Général ➔ DVD $

TEXAS ▷4
É.-U. 1941. Western de George MARSHALL avec Glenn Ford, William Holden et Claire Trevor. - Deux amis d'enfance se retrouvent au Texas dans des camps opposés. □ Général ➔ DVD $

TEXAS ACROSS THE RIVER ▷4
É.-U. 1966. Western de Michael GORDON avec Dean Martin, Alain Delon et Rosemary Forsyth. - Un aristocrate espagnol et un aventurier texan connaissent ensemble diverses aventures. □ Général

TEXAS CHAINSAW MASSACRE, THE ▷4
[Massacre à la tronçonneuse]
É.-U. 1974. Drame d'horreur de Tobe HOOPER avec Marilyn Burns, Allen Danziger et Paul A. Partain. - Passant la nuit dans une maison abandonnée, cinq jeunes gens deviennent les victimes d'une famille de maniaques meurtriers. □ 18 ans+ ➔ DVD DVD-BR $

TEXAS CHAINSAW MASSACRE, THE ▷5
[Massacre à la tronçonneuse]
É.-U. 2003. Drame d'horreur de Marcus NISPEL avec Jonathan Tucker, Jessica Biel et Mike Vogel. - Cinq jeunes roulant sur une route secondaire du Texas sont victimes d'une famille de maniaques se livrant à d'atroces pratiques meurtrières. □ 16 ans+ · Horreur ➔ DVD $

TEXAS OU LA VIE, LE *voir* **Hard Country**

TEXASVILLE ▷5
É.-U. 1990. Étude de mœurs de Peter BOGDANOVICH avec Jeff Bridges, Cybill Sheperd et Annie Potts. - Un père de famille retrouve une ancienne camarade de classe qu'il a aimée. □ Général ➔ DVD$

THANK YOU FOR SMOKING ▷4
É.-U. 2005. Comédie satirique de Jason REITMAN avec Aaron Eckhart, Cameron Bright et Katie Holmes. - Les tribulations professionnelles et personnelles d'un lobbyiste redoutable et charmeur à la solde des multinationales du tabac. □ 13 ans+ ➔ DVD$

THAT BEAUTIFUL SOMEWHERE ▷4
CAN. 2006. Drame policier de Robert BUDREAU avec Roy Dupuis, Jane McGregor et Gordon Tootoosis. - Un détective et une archéologue enquêtent sur l'identité d'un cadavre retrouvé dans une tourbière du nord de l'Ontario. □ 13 ans+ ➔ DVD$

THAT CERTAIN THING
É.-U. 1928. Frank CAPRA ➔ DVD$

THAT COLD DAY IN THE PARK ▷4
CAN. 1969. Drame psychologique de Robert ALTMAN avec Sandy Dennis, Michael Burns et Luana Anders. - Une célibataire frustrée donne refuge à un jeune inconnu qui garde avec elle un mutisme complet.

THAT DARN CAT! [Espion aux pattes de velours, L'] ▷4
É.-U. 1965. Comédie policière de Robert STEVENSON avec Hayley Mills, Dean Jones et Dorothy Provine. - Deux gangsters ayant dévalisé une banque et kidnappé la caissière sont découverts grâce à un chat siamois. □ Général

THAT DAY *voir* **Ce jour-là**

THAT FORSYTE WOMAN ▷4
É.-U. 1949. Drame de Compton BENNETT avec Errol Flynn, Greer Garson et Walter Pidgeon. - Une jeune femme mal mariée s'éprend du mari de sa cousine. □ Général

THAT FUNNY FEELING ▷5
É.-U. 1965. Comédie de Richard THORPE avec Sandra Dee, Bobby Darin et Donald O'Connor. - Une jeune fille profite de l'absence du propriétaire d'un appartement pour y donner un rendez-vous à un jeune homme. ➔ DVD$

THAT HAMILTON WOMAN ▷4
É.-U. 1941. Drame historique d'Alexander KORDA avec Vivien Leigh, Laurence Olivier et Alan Mowbray. - La vie scandaleuse d'une pauvresse devenue la femme d'un lord et la maîtresse de l'amiral Nelson.

THAT MAN FROM RIO *voir* **Homme de Rio, L'**

THAT NIGHT IN RIO ▷5
É.-U. 1941. Comédie musicale d'Irving CUMMINGS avec Alice Faye, Don Ameche et Carmen Miranda. - Un chanteur de music-hall se trouve être le sosie d'un riche Brésilien. ➔ DVD$

THAT OBSCURE OBJECT OF DESIRE
voir **Cet obscur objet du désir**

THAT SINKING FEELING
ANG. 1979. Bill FORSYTH □ Général

THAT THING YOU DO! [Wonders, Les] ▷4
É.-U. 1996. Comédie dramatique réalisée et interprétée par Tom HANKS avec Tom Everett Scott et Liv Tyler. - En 1964, l'ascension fulgurante mais courte d'un groupe de rock'n'roll.
□ Général ➔ DVD$

THAT TOUCH OF MINK ▷5
É.-U. 1962. Comédie sentimentale de Delbert MANN avec Doris Day, Cary Grant et Gig Young. - Les aventures sentimentales d'un homme d'affaires avec une jeune fille naïve et réservée. □ Général

THAT UNCERTAIN FEELING ▷4
É.-U. 1941. Comédie d'Ernst LUBITSCH avec Merle Oberon, Melvyn Douglas et Burgess Meredith. - Un pianiste excentrique vient déranger les habitudes d'un ménage bourgeois de New York.
□ Général ➔ DVD$

THAT'LL BE THE DAY ▷4
ANG. 1973. Drame psychologique de Claude WHATHAM avec David Essex, Ringo Starr et Rosemary Leach. - Les tribulations d'un adolescent qui abandonne ses études et finit par se joindre à un groupe musical. □ Général

THAT'S LIFE! [C'est la vie] ▷4
É.-U. 1986. Comédie dramatique de Blake EDWARDS avec Jack Lemmon, Julie Andrews et Robert Loggia. - Les tribulations d'une famille qui s'apprête à fêter les 60 ans du père. □ Général

THAT'S THE WAY I LIKE IT [Forever Fever] ▷5
SIN. 1999. Comédie de mœurs de Glen GOEI avec Adrian Pang, Medaline Tan et Anna Belle Francis. - Pour se procurer la moto de ses rêves, un jeune homme s'inscrit à une compétition de danse disco.
□ Général ➔ DVD$

THÉ AU HAREM D'ARCHIMÈDE, LE ▷3
FR. 1985. Étude de mœurs de Mehdi CHAREF avec Kader Boukhanef, Rémi Martin et Laure Duthilleul. - L'amitié de deux adolescents, dont l'un est d'origine nord-africaine, dans un quartier pauvre de Paris. - Situations critiques décrites avec un réalisme teinté de compassion. Interprétation d'une spontanéité appréciable.

THÉ AU SAHARA, UN
voir **Sheltering Sky, The**

THE DAUGHTER *voir* **I, a Woman**

THE HATCHET MURDERS *voir* **Deep Red**

THE LIFE AQUATIC WITH STEVE ZISSOU ▷4
[Vie aquatique, La]
É.-U. 2004. Comédie de Wes ANDERSON avec Bill Murray, Owen Wilson et Cate Blanchett. - Un océanographe sur le déclin part en expédition, flanqué d'un soi-disant fils illégitime et d'une journaliste fuyant une vie personnelle tourmentée.
□ Général · Déconseillé aux jeunes enfants ➔ DVD$

THE SCAR *voir* **Hollow Triumph**

THE WRONG ARM OF THE LAW ▷4
[Jules de Londres]
ANG. 1963. Comédie policière de Cliff OWEN avec Peter Sellers, Lionel Jeffries, Davy Kaye et Nanette Newman. - Des voleurs londoniens s'entendent avec Scotland Yard pour faire arrêter une bande rivale.
➔ DVD$

THEATER OF BLOOD [Théâtre de sang] ▷3
ANG. 1973. Drame d'horreur de Douglas HICKOX avec Vincent Price, Diana Rigg et Ian Hendry. - Après un suicide apparent, un acteur shakespearien entreprend de tuer les critiques qui lui ont été défavorables. - Humour noir dans un style flamboyant. Développements inventifs. Scènes de meurtres d'une conception extravagante. Réalisation adroite et inventive. Cabotinage inspiré de V. Price.
□ 13 ans+

THELMA & LOUISE ▷3
É.-U. 1991. Drame policier de Ridley SCOTT avec Susan Sarandon, Geena Davis et Harvey Keitel. - Après avoir abattu un violeur, une serveuse et une femme au foyer deviennent des fugitives qui s'enfoncent de plus en plus dans le crime. - Road movie à saveur féministe ponctué de scènes d'action palpitantes. Héroïnes attachantes. Sens de l'image étonnant. Interprétation à la fois humaine et pittoresque.
□ 18 ans+ ➔ DVD$

THEM! ▷4
É.-U. 1954. Science-fiction de Gordon DOUGLAS avec Edmund Gwenn, James Whitmore et Joan Weldon. - Des radiations provoquées par une explosion atomique ont transformé des fourmis en bêtes monstrueuses.
□ Général ➔ DVD$

THÈME, LE ▷3
RUS. 1979. Drame psychologique de Gleb PANFILOV avec Mikhail Oulianov, Inna Tchourikova et Evgueni Vesnik. - Un dramaturge reconnu s'intéresse à une jeune femme qui lui fait connaître un poète oublié. - Sujet peu banal. Thèmes développés avec nuances dans un climat feutré. Touches d'humour critique. Belles images. Interprétation à la hauteur.

THEODORA GOES WILD ▷4
É.-U. 1936. Comédie de Richard BOLESLAWSKI avec Irene Dunne, Melvyn Douglas et Thomas Mitchell. - Sous un pseudonyme, une jeune fille écrit un roman qui révolutionne sa ville. □ Général

THEORY OF FLIGHT, THE ▷5
ANG. 1998. Comédie dramatique de Paul GREENGRASS avec Kenneth Branagh, Helena Bonham Carter et Gemma Jones. - Un excentrique passionné de machines volantes aide une handicapée dans son projet de ne pas mourir vierge. □ 13 ans+

THÉRAPIE DE DÉTRAQUÉS
voir **Beyond Therapy**

THERE WAS A CROOKED MAN ▷3
É.-U. 1970. Western de Joseph Leo MANKIEWICZ avec Kirk Douglas, Henry Fonda et Hume Cronyn. - Un prisonnier profite de la libéralité d'un nouveau directeur du bagne pour s'établir un plan d'évasion. - Action menée avec maîtrise et entrain. Conflits exposés de façon originale et vivante. Personnages tracés avec un humour vigoureux. Interprétation solide. □ 13 ans+ → DVD$

THERE WILL BE BLOOD [Il y aura du sang] ►2
É.-U. 2007. Chronique de Paul Thomas ANDERSON avec Daniel Day Lewis, Paul Dano et Kevin J. O'Connor. - Au tournant du XXe siècle en Californie, l'ascension d'un prospecteur de pétrole ambitieux et misanthrope appelé à croiser le fer avec un prédicateur illuminé. - Brillante saga sur les dérives du pétrole et de la foi. Écriture vive, aux ellipses fluides. Réalisation maîtrisée. Jeu formidable de D. Day Lewis et P. Dano. □ 13 ans+ → DVD DVD-BR$

THERE'S A GIRL IN MY SOUP ▷5
ANG. 1970. Comédie de Roy BOULTING avec Peter Sellers, Goldie Hawn et Tony Britton. - Un gastronome don Juan se laisse prendre au charme d'une jeune hippie. □ 13 ans+

THERE'S NO BUSINESS LIKE SHOW BUSINESS ▷5
[Joyeuse parade, La]
É.-U. 1954. Comédie musicale de Walter LANG avec Ethel Merman, Donald O'Connor et Marilyn Monroe. - Deux époux, vedettes de music-hall élèvent trois enfants dont certains suivent leurs traces.
→ DVD$

THERE'S SOMETHING ABOUT MARY ▷4
[Marie a un je-ne-sais-quoi]
É.-U. 1998. Comédie sentimentale de Peter et Bobby FARRELLY avec Ben Stiller, Cameron Diaz et Matt Dillon. - Chargé de retrouver l'amour de jeunesse d'un client, un privé minable en tombe amoureux et entreprend de la séduire. □ 13 ans+ → DVD DVD-BR$

THÉRÈSE ►2
FR. 1986. Drame biographique d'Alain CAVALIER avec Catherine Mouchet, Aurore Prieto et Hélène Alexandridis. - La vie au Carmel de Lisieux de la jeune Thérèse Martin en route vers la sainteté. - Évocation admirable. Traitement d'un dépouillement exemplaire. Mise en scène remarquable. Jeu conquérant de C. Mouchet.

THÉRÈSE RAQUIN ▷3
FR. 1953. Drame de M. CARNÉ avec Simone Signoret, Raf Vallone et Jacques Duby. - Un camionneur tue le mari de celle qu'il aime et est l'objet d'un chantage. - Bonne transposition du roman de Zola. Réalisation très habile. Excellents interprètes. → DVD$

THESE THOUSAND HILLS [Duel dans la boue] ▷5
E.-U. 1959. Western de R. FLEISCHER avec Don Murray, Richard Egan et Lee Remick. - Un jeune ambitieux vient chercher fortune au Montana. → DVD$

THESE THREE ▷3
É.-U. 1935. Drame psychologique de William WYLER avec Merle Oberon, Miriam Hopkins et Joel McCrea. - Une adolescente calomnie les directrices de son école. - Adaptation d'une pièce de Lillian Hellman. Drame rigoureusement construit. Mise en scène intelligente. Excellente interprétation. □ Général

THESIS *voir* **Tesis**

THEY ALL LAUGHED [Et tout le monde riait] ▷4
É.-U. 1981. Comédie de mœurs de Peter BOGDANOVICH avec Ben Gazzara, Audrey Hepburn et John Ritter. - Les chassés-croisés amoureux de deux détectives new-yorkais qui s'éprennent des femmes qu'ils sont censés surveiller. □ Général → DVD$

THEY CALL ME MISTER TIBBS! ▷5
É.-U. 1970. Drame policier de Gordon DOUGLAS avec Sidney Poitier, Martin Landau et Barbara McNair. - Un détective enquête sur l'assassinat d'une call-girl. □ Général → DVD$

THEY CAME BACK *voir* **Revenants, Les**

THEY CAME TO CORDURA ▷3
É.-U. 1959. Drame de Robert ROSSEN avec Gary Cooper, Rita Hayworth et Van Heflin. - Une expédition permet à un officier qui se croit lâche de se conduire en héros. - Étude psychologique intéressante. Mise en scène vigoureuse. G. Cooper convaincant. □ Général

THEY DIED WITH THEIR BOOTS ON ▷4
[Charge fantastique, La]
É.-U. 1942. Western de Raoul WALSH avec Errol Flynn, Olivia de Havilland et Arthur Kennedy. - La carrière du général Custer, vaincu par les Sioux à la bataille de Little Big Horn. □ Général → DVD$

THEY DRIVE BY NIGHT ▷5
É.-U. 1940. Drame de Raoul WALSH avec George Raft, Humphrey Bogart et Ann Sheridan. - Les difficultés professionnelles et sentimentales de deux frères qui ont monté une petite compagnie de transport. □ Général → DVD$

THEY LIVE [Invasion Los Angeles] ▷4
É.-U. 1988. Drame fantastique de John CARPENTER avec Roddy Piper, Keith David et Meg Foster. - Un travailleur itinérant découvre que des extraterrestres se sont emparés de postes de commande et soumettent l'humanité à leur vouloir. □ 13 ans+ → DVD$

THEY LIVE BY NIGHT ▷4
E.-U. 1947. Drame policier de Nicholas RAY avec Farley Granger, Cathy O'Donnell et Howard Da Silva. - Entraîné malgré lui dans des affaires criminelles, un jeune homme s'enfuit accompagné d'une adolescente.

THEY MADE ME A CRIMINAL ▷4
É.-U. 1939. Drame policier de Busby BERKELEY avec John Garfield, Ann Sheridan et Claude Rains. - Un boxeur est injustement soupçonné de meurtre. □ Général

THEY MET IN BOMBAY ▷4
É.-U. 1941. Comédie de Clarence BROWN avec Clark Gable, Rosalind Russell et Peter Lorre. - Venu à Bombay pour dérober un pendentif de diamants, un voleur affronte une jolie aventurière. □ Général

THEY SHALL HAVE MUSIC ▷4
É.-U. 1939. Comédie musicale d'Archie MAYO avec Jascha Heifetz, Andrea Leeds et Joel McCrea. - Une école de musique pour orphelins est sauvée de la ruine par un violoniste célèbre. □ Général

THEY SHOOT HORSES, DON'T THEY? ►2
[On achève bien les chevaux]
É.-U. 1969. Drame social de Sydney POLLACK avec Jane Fonda, Michael Sarrazin et Gig Young. - Durant la Dépression, une jeune femme meurtrie participe à un marathon de danse. - Parabole amère sur la vie en société. Tableau d'époque impressionnant. Vigueur et efficacité de la description. Interprétation de premier ordre.
□ 13 ans+ → DVD$

THEY WERE EXPENDABLE ▷3
É.-U. 1945. Drame de guerre de John FORD avec Robert Montgomery, John Wayne et Donna Reed. - En 1941, dans le Pacifique, des vedettes lance-torpilles combattent la flotte japonaise. - Œuvre d'une vérité saisissante et d'une grande beauté. Passages impressionnants. Personnages conventionnels mais bien campés. □ Général → DVD$

THEY WON'T BELIEVE ME ▷4
É.-U. 1947. Drame d'Irving PICHEL avec Robert Young, Susan Hayward et Jane Greer. - Un homme est accusé du meurtre de sa femme qui s'est pourtant suicidée.

THICKER THAN WATER ▷4
ANG. 1994. Drame de Marc EVANS avec Theresa Russell, Jonathan Pryce et Robert Pugh. - Une jeune femme qui pouvait communiquer par télépathie avec sa sœur jumelle est soupçonnée du meurtre de celle-ci. → DVD$

THIEF ▷4
É.-U. 1981. Drame policier de Michael MANN avec James Caan, Tuesday Weld et Robert Prosky. - Un cambrioleur expert de caractère indépendant accepte de travailler pour un receleur notoire.
□ 13 ans+ → DVD$

THIEF, THE *voir* **Voleur et l'enfant, Le**

THIEF, THE ▷4
É.-U. 1952. Drame d'espionnage de Russell ROUSE avec Ray Milland, Rita Gam et Martin Gabel. - Un savant qui a livré des secrets à des agents étrangers est traqué par les services du contre-espionnage.

THIEF AND THE COBBLER, THE ▷4
[Voleur et le cordonnier, Le]
É.-U. 1993. Dessins animés de Richard WILLIAMS. - Une princesse et un cordonnier sauvent le royaume enchanté de Bagdad menacé par un barbare qui possède une gigantesque machine de guerre.
→ DVD$

THIEF OF BAGDAD, THE ▷4
ANG. 1940. Drame fantastique de Ludwig BERGER, Michael POWELL et Tim WHELAN avec Conrad Veidt, Sabu et June Duprez. - Un voleur débrouillard aide un jeune calife à reprendre son trône.
□ Général ➔ DVD $

THIEF OF BAGDAD, THE ▷3
É.-U. 1924. Aventures de Raoul WALSH avec Douglas Fairbanks, Julanne Johnston et Snitz Edwards. - Un habile voleur à la tire s'éprend de la fille du calife de Bagdad. - Féerie pseudo-orientale aux effets spectaculaires. Trucages réussis. Rythme allègre et soutenu. Jeu bondissant de la vedette. Un classique du cinéma muet.
□ Général ➔ DVD $

THIEVES LIKE US ▷3
É.-U. 1974. Drame policier de Robert ALTMAN avec Keith Carradine, Shelley Duvall et John Schuck. - En 1937, trois voleurs de banque sont séparés à la suite d'un hold-up et traqués par la police. - Climat d'époque bien évoqué. Réalisation sobre et réaliste. Interprétation juste. □ 13 ans+ ➔ DVD $

THIEVES' HIGHWAY
É.-U. 1949. Jules DASSIN ➔ DVD $

THIN MAN GOES HOME, THE ▷4
É.-U. 1944. Comédie policière de Richard THORPE avec William Powell, Myrna Loy et Lucile Watson. - Un détective, en visite dans son village natal, doit enquêter sur l'assassinat mystérieux d'un jeune peintre.
□ Général

THIN MAN, THE [Introuvable, L'] ▷3
É.-U. 1934. Comédie policière de W.S. VAN DYKE II avec William Powell, Myrna Loy et Maureen O'Sullivan. - Un détective amateur et son épouse mènent une enquête privée sur une étrange affaire de meurtre. - Heureux mélange de comédie et de suspense. Mise en scène alerte. Gags inventifs. Interprétation agréablement dégagée des deux vedettes. □ Général ➔ DVD $

THIN RED LINE, THE ►2
É.-U. 1998. Drame de guerre de Terrence MALICK avec Sean Penn, Jim Caviezel et Ben Chaplin. - En 1942, une troupe de soldats américains affronte des Japonais dans l'île de Guadalcanal. - Œuvre intense adaptée du roman de James Jones. Mosaïque impressionniste riche en observations contemplatives sur le comportement humain. Distribution remarquable. □ 13 ans+ · Violence ➔ DVD $

THIN RED LINE, THE [Attaque dura sept jours, L'] ▷4
É.-U. 1964. Drame de guerre d'Andrew MARTON avec Keir Dullea, Jack Warden et Ray Daley. - Dans l'île de Guadalcanal, des soldats américains parviennent à déloger des mitrailleurs japonais.
□ Général ➔ DVD $

THING, THE *voir* **Thing from Another World, The**

THING, THE [Effroyable chose, L'] ▷3
É.-U. 1982. Science-fiction de John CARPENTER avec Kurt Russell, Wilford Brimley et Richard Dysart. - La vie d'une station de recherche en Antarctique est perturbée par l'intrusion d'un extraterrestre polymorphe. □ 13 ans+ ➔ DVD DVD-BR $

THING CALLED LOVE, THE ▷5
[Cette chose qu'on appelle l'amour]
É.-U. 1993. Drame sentimental de Peter BOGDANOVICH avec River Phoenix, Samantha Mathis et Dermot Mulroney. - À Nashville, une serveuse qui aspire à devenir chanteuse de musique country a le cœur tiraillé entre deux jeunes musiciens. □ Général ➔ DVD $

THING FROM ANOTHER WORLD, THE [Thing, The] ▷4
É.-U. 1951. Drame fantastique de Christian NYBY avec Margaret Sheridan, Kenneth Tobey et James Arness. - Des savants tentent de détruire un monstre venant d'une autre planète. □ Général ➔ DVD $

THINGS BEHIND THE SUN ▷4
É.-U. 2001. Drame psychologique d'Allison ANDERS avec Kim Dickens, Gabriel Mann et Don Cheadle. - Un journaliste recueille le témoignage d'une jeune chanteuse de rock encore traumatisée par un viol dont elle a été victime durant son adolescence. ➔ DVD $

THINGS CHANGE [Parrain d'un jour, Le] ▷4
É.-U. 1988. Comédie de David MAMET avec Don Ameche, Robert Prosky et Joe Mantegna. - Un mafioso prend en pitié un vieux cireur de chaussures qui a accepté, contre une forte somme d'argent, d'aller en prison à la place d'un meurtrier auquel il ressemble.
□ Général ➔ DVD $

THINGS TO COME ▷4
ANG. 1936. Science-fiction de William Cameron MENZIES avec Ralph Richardson, Raymond Massey et Margaretta Scott. - Après une guerre mondiale, une société de savants prend la direction des destinées de la Terre. □ Général ➔ DVD $

THINGS TO DO ▷4
CAN. 2006. Comédie de Theodore BEZAIRE avec Mike Stasko, Daniel Wilson et Amy Ballantyne. - Un jeune homme dépressif quitte son boulot en ville pour retourner vivre à la campagne chez ses parents.
➔ DVD $

THINGS TO DO IN DENVER WHEN YOU'RE DEAD ▷4
É.-U. 1995. Drame policier de Gary FLEDER avec Andy Garcia, Gabrielle Anwar et Christopher Walken. - Après avoir salopé une mission que leur avait confiée un puissant mafioso, des criminels deviennent la cible d'un redoutable tueur à gages. □ 16 ans+ · Violence ➔ DVD $

THINGS WE LOST IN THE FIRE [Nos souvenirs brûlés] ▷4
É.-U. 2007. Drame sentimental de Susanne BIER avec Halle Berry, Benicio Del Toro et David Duchovny. - Après la mort brutale de son mari, une jeune mère désespérée se rapproche du meilleur ami du défunt, un toxicomane. □ 13 ans+ ➔ DVD DVD-BR $

THINGS YOU CAN TELL JUST BY LOOKING AT HER ▷4
É.-U. 2000. Drame de mœurs de Rodrigo GARCIA avec Glenn Close, Cameron Diaz et Holly Hunter. - Les destins entrecroisés de sept femmes habitant à Los Angeles. ➔ DVD $

THINNER ▷5
É.-U. 1996. Drame fantastique de Tom HOLLAND avec Robert John Burke, Lucinda Jenney et Joe Mantegna. - Victime d'un mauvais sort, un avocat obèse se met à perdre du poids à une vitesse affolante.
➔ DVD $

THIRD GENERATION, THE
ALL. 1979. Rainer Werner FASSBINDER

THIRD MAN ON THE MOUNTAIN ▷4
[Troisième homme sur la montagne, Le]
É.-U. 1959. Drame de K. ANNAKIN avec James MacArthur, Janet Munro et Michael Rennie. - Un jeune homme veut devenir guide alpestre comme son père, mort en montagne. □ Général ➔ DVD $

THIRD MAN, THE ►1
ANG. 1949. Drame policier de Carol REED avec Joseph Cotten, Alida Valli et Orson Welles. - À Vienne, juste après la guerre, un journaliste défend la mémoire d'un ami accusé de marché noir. - Scénario mystérieux à souhait et bien construit, écrit par Graham Greene. Réalisation brillante d'une grande beauté plastique. Superbe création d'atmosphère apparentée au film noir. Interprétation mémorable.
□ Général

THIRD MIRACLE, THE [Troisième miracle, Le] ▷4
É.-U. 1999. Drame religieux d'Agnieszka HOLLAND avec Ed Harris, Anne Heche et Armin Mueller-Stahl. Un prêtre à la foi chancelante enquête sur des soi-disant miracles attribués à une immigrante autrichienne morte à Chicago. ➔ DVD $

THIRD SECRET, THE ▷5
ANG. 1964. Drame policier de C. CRICHTON avec Stephen Boyd, Pamela Franklin et Diane Cilento. - Pour découvrir le meurtrier d'un psychiatre éminent, un des patients de la victime risque sa propre vie.
➔ DVD $

THIRST ▷4
AUS. 1979. Drame d'horreur de Ron HARDY avec Chantal Contouri, David Hemmings et Henry Silva. - Une secte qui se nourrit de sang humain séquestre une jeune femme qu'elle estime être la lointaine descendante de leur fondatrice. □ 13 ans+ ➔ DVD $

THIRTEEN [Treize ans] ▷4
É.-U. 2003. Drame de mœurs de Catherine HARDWICKE avec Evan Rachel Wood, Nikki Reed et Holly Hunter. - Dans une banlieue de Los Angeles, la vie d'une adolescente timide prend un virage malsain lorsqu'elle devient amie avec une élève délinquante.
□ 13 ans+ ➔ DVD $

THIRTEEN DAYS [13 days] ▷4
É.-U. 2000. Drame historique de Roger DONALDSON avec Kevin Costner, Bruce Greenwood et Steven Culp. - La crise des missiles cubains d'octobre 1962, racontée du point de vue de John F. Kennedy et de ses conseillers. □ Général ➔ DVD $

THIRTY SECONDS OVER TOKYO ▷4
É.-U. 1944. Drame de guerre de Mervyn LeROY avec Spencer Tracy, Van Johnson et Phyllis Thaxter. - Un jeune pilote participe à une mission de bombardement sur Tokyo. □ Général → DVD $

THIRTY-NINE STEPS, THE ▷4
ANG. 1978. Drame d'espionnage de Don SHARP avec Robert Powell, David Warner et Karen Dotrice. - En 1914, un ingénieur assiste la police dans le démantèlement d'un piège monté par des espions allemands visant à assassiner un chef d'État.

THIS BOY'S LIFE [Tu seras un homme...] ▷4
É.-U. 1993. Drame psychologique de Michael CATON-JONES avec Robert De Niro, Ellen Barkin et Leonardo DiCaprio. - Croyant trouver en lui le modèle idéal pour son jeune fils, une divorcée se remarie avec un homme qui se révèle tyrannique et très violent.
□ 13 ans+ · Langage vulgaire → DVD $

THIS DREAM PEOPLE CALL HUMAN LIFE
voir **Institute Benjamenta**

THIS GUN FOR HIRE ▷4
É.-U. 1942. Drame policier de Frank TUTTLE avec Veronica Lake, Alan Ladd et Robert Preston. - Un tueur à gages, payé avec de la fausse monnaie, tente de démasquer celui qui l'a employé.
□ Général → DVD $

THIS IS MY FATHER [Histoire de mon père, L'] ▷4
CAN. 1998. Drame sentimental de Paul QUINN avec Aidan Quinn, James Caan et Moya Farrelly. - Un professeur américain qui n'a jamais connu son père découvre l'histoire d'amour que ses parents ont vécue à la fin des années 30 en Irlande. □ Général → DVD $

THIS IS NOT A LOVE SONG
ANG. 2002. Bille ELTRINGHAM

THIS IS SPINAL TAP ▷4
É.-U. 1983. Comédie satirique réalisée et interprétée par Rob REINER avec Michael McKean et Christopher Guest. - Un cinéaste américain accompagne des musiciens rock anglais en tournée aux États-Unis.
□ Général → DVD-BR $

THIS ISLAND EARTH ▷4
É.-U. 1955. Science-fiction de Joseph M. NEWMAN avec Jeff Morrow, Faith Domergue et Rex Reason. - Des habitants de l'espace kidnappent deux savants de la Terre. □ Général → DVD $

THIS LAND IS MINE ▷4
É.-U. 1943. Drame de guerre de Jean RENOIR avec Charles Laughton, Maureen O'Hara et George Sanders. - Un maître d'école est mêlé à une affaire de sabotage. □ Général

THIS MAN MUST DIE *voir* **Que la bête meure**

THIS NIGHT I'LL POSSESS YOUR CORPSE
BRÉ. 1966. José Mojica MARINS □ 16 ans+ · Horreur

THIS PROPERTY IS CONDEMNED ▷4
É.-U. 1966. Drame psychologique de Sydney POLLACK avec Natalie Wood, Robert Redford et Kate Reid. - Les tristes expériences sentimentales d'une jeune femme dont la mère tient une pension fréquentée par des cheminots. → DVD $

THIS SPORTING LIFE ▷3
ANG. 1963. Drame psychologique de L. ANDERSON avec Richard Harris, Rachel Roberts et Alan Badel. - Un mineur devenu célèbre au rugby cherche à conquérir le cœur d'une jeune veuve chez qui il a pris pension. - Exploration psychologique intéressante. Utilisation habile du procédé du retour en arrière. Mise en scène inventive. Excellente composition de R. Harris. □ Général → DVD $

THIS STRANGE PASSION *voir* **El**

THOMAS CROWN AFFAIR, THE ▷4
É.-U. 1968. Drame policier de Norman JEWISON avec Steve McQueen, Faye Dunaway et Paul Burke. - Un financier de Boston organise des vols de banque pour le plaisir. □ 13 ans+ → DVD $

THOMAS CROWN AFFAIR, THE ▷4
É.-U. 1999. Drame policier de John McTIERNAN avec Pierce Brosnan, Rene Russo et Denis Leary. - Une investigatrice d'une compagnie d'assurances cherche à piéger un millionnaire qui a volé une toile de maître juste pour le plaisir de la chose. □ Général → DVD DVD-BR $

THOMAS EST AMOUREUX [Thomas in Love] ▷4
BEL. 2000. Comédie dramatique de Pierre-Paul RENDERS avec Benoît Verhaert, Aylin Yay et Magali Pinglaut. - Ne communiquant avec le monde extérieur que par écrans interposés, un agoraphobe s'éprend d'une prostituée pour handicapés. □ 13 ans+ → DVD $

THOMAS IN LOVE
voir **Thomas est amoureux**

THORNBERRYS, LE FILM: LES FOLLES AVENTURES DE LA FAMILLE DE LA JUNGLE
voir **Wild Thornberrys Movie, The**

THOROUGHLY MODERN MILLIE [Millie] ▷4
É.-U. 1967. Comédie musicale de George Roy HILL avec Julie Andrews, James Fox et Mary Tyler Moore. - Dans les années 20, une jeune provinciale arrive à New York à la recherche du prince charmant.
□ Général → DVD $

THOSE DARING YOUNG MEN IN THEIR JAUNTY JALOPIES ▷4
ANG.-FR.-ITA. 1969. Comédie de Ken ANNAKIN avec Terry-Thomas, Tony Curtis et Susan Hampshire. - Des coureurs de divers pays participent en 1927 au rallye automobile de Monte-Carlo. □ Général → DVD $

THOSE MAGNIFICENT MEN IN THEIR FLYING MACHINES ▷3
ANG. 1965. Comédie de Ken ANNAKIN avec Stuart Whitman, Sarah Miles et James Fox. - La traversée Londres-Paris en avion au début du XXe siècle. - Évocation d'époque pittoresque. Trucages au point. Humour et satire. Distribution de classe. □ Général

THOSE WHO LOVE ME CAN TAKE THE TRAIN
voir **Ceux qui m'aiment prendront le train**

THOUSAND ACRES, A ▷5
É.-U. 1997. Mélodrame de Jocelyn MOORHOUSE avec Jessica Lange, Michelle Pfeiffer et Jason Robards. - Une querelle entre un fermier à la retraite et ses trois filles réveille de vieux démons.
□ Général → DVD $

THOUSAND CLOWNS, A ▷4
É.-U. 1965. Comédie de Fred COE avec Jason Robards, Barbara Harris et Barry Gordon. - Une assistante sociale s'éprend d'un charmant bohème. □ Général

THOUSANDS CHEER ▷4
É.-U. 1943. Comédie musicale de George SIDNEY avec Kathryn Grayson, Gene Kelly et John Boles. - Une jeune chanteuse, fille d'un colonel, organise un spectacle pour les soldats de son père.
□ Général

THREADS [Soleil noir, Le] ▷3
ANG. 1984. Science-fiction de Mick JACKSON avec Karen Meagher, Rita May et David Brierly. - Les conséquences d'une attaque nucléaire sur une ville industrielle anglaise. - Téléfilm aux détails percutants. Interprétation prenante.

THREE
COR. H.-K. THAÏ. 2002. Nonzee NIMIBUTR, Kim JI-WOON et Peter CHAN

THREE AGES, THE ▷4
É.-U. 1923. Comédie de Buster KEATON et Edward CLINE avec Buster Keaton, Wallace Beery et Margaret Leahy. - Rivalités amoureuses entre un timide et un fanfaron aux temps préhistoriques, sous l'empire romain et à l'époque contemporaine. □ Général → DVD $

THREE AMIGOS! ▷4
É.-U. 1986. Comédie de John LANDIS avec Steve Martin, Chevy Chase et Martin Short. - Pour se défendre contre des bandits, les habitants d'un village mexicain font appel à trois acteurs qui s'imaginent qu'on leur demande de donner un spectacle. □ Général → DVD $

THREE BROTHERS *voir* **Trois frères**

THREE BURIALS OF MELQUIADES ESTRADA, THE ▷3
[Trois enterrements]
É.-U. 2005. Drame réalisé et interprété par Tommy Lee JONES avec Barry Pepper et Julio Cesar Cedillo. - Le propriétaire d'un ranch texan force le meurtrier de son ami mexicain à aller avec lui l'enterrer dans son village natal. - Scénario habilement construit comportant de nombreux enjeux moraux. Personnages complexes et nuancés. Réalisation maîtrisée. Interprétation remarquable. □ 13 ans+ → DVD $

THREE CABALLEROS, THE [Trois caballeros, Les] ▷4
É.-U. 1945. Dessins animés de Norman FERGUSON. - Les aventures d'un canard qui célèbre son anniversaire en compagnie d'un perroquet brésilien et d'un coq mexicain. □ Général

THREE CAME HOME [Captives à Bornéo] ▷3
É.-U. 1950. Drame de guerre de Jean NEGULESCO avec Claudette Colbert, Patric Knowles et Sessue Hayakawa. - Dans un camp de concentration japonais, des femmes luttent contre la maladie et le désespoir. - Œuvre vigoureuse et sobre. Cachet d'authenticité. Photo soignée. C. Colbert émouvante.

THREE CASES OF MURDER ▷4
ANG. 1954. Film à sketches de David EADY, Wendy TOYE et George More O'FERRALL avec Orson Welles, Allan Badel et John Gregson. - Trois contes abordant de façon mystérieuse le thème de la mort.
□ Général

THREE COINS IN THE FOUNTAIN ▷4
[Fontaine des amours, La]
É.-U. 1954. Comédie dramatique de Jean NEGULESCO avec Dorothy McGuire, Jean Peters et Clifton Webb. - Trois jeunes Américaines, en séjour à Rome, sont à la recherche du bonheur. □ Général ➔ DVD $

THREE COMRADES ▷4
É.-U. 1938. Drame de Frank BORZAGE avec Franchot Tone, Robert Young et Margaret Sullavan. - Dans l'Allemagne des années 1920, la vie de trois amis est bouleversée par la rencontre d'une jeune femme.
□ Général

THREE DANCING SLAVES *voir* **Clan, Le**

THREE FACES OF EVE, THE ▷4
É.-U. 1957. Drame psychologique de Nunnaly JOHNSON avec Joanne Woodward, Lee J. Cobb et David Wayne. - Une jeune femme souffre de dédoublement de personnalité. □ Général ➔ DVD $

THREE FACES WEST ▷5
É.-U. 1940. Drame de Bernard VORHAUS avec John Wayne, Charles Coburn et Sigrid Curie. - Un chirurgien viennois fuyant les nazis s'installe avec sa fille dans une région aride des États-Unis.
➔ DVD $

THREE FOR THE SHOW [Tout le plaisir est pour moi] ▷6
É.-U. 1955. Comédie musicale de H.C. POTTER avec Betty Grable, Jack Lemmon et Gower Champion. - Remariée, une actrice voit reparaître son premier époux qu'elle croyait mort. □ Général

THREE FUGITIVES [Trois fugitifs] ▷4
É.-U. 1989. Comédie de Francis VEBER avec Nick Nolte, Martin Short et James Earl Jones. - Pris en otage par un apprenti voleur de banques, un ex-détenu vient en aide à son ravisseur bien malgré lui. □ Général
➔ DVD $

THREE KINGS [Trois rois] ▷4
É.-U. 1999. Drame de guerre de David O. RUSSELL avec George Clooney, Mark Wahlberg et Ice Cube. - À la fin de la guerre du Golfe, quatre soldats américains partent à la recherche d'or koweitien stocké dans des bunkers irakiens. □ 13 ans+ · Violence ➔ DVD $

THREE MEN AND A BABY [Trois hommes et un bébé] ▷4
É.-U. 1987. Comédie de Leonard NIMOY avec Tom Selleck, Steve Guttenberg et Ted Danson. - Un acteur et deux amis qui partagent le même appartement vont devoir se transformer en pères adoptifs d'un bébé déposé devant leur porte. ➔ DVD $

THREE MEN AND A CRADLE
voir **Trois hommes et un couffin**

THREE MEN AND A LITTLE LADY ▷5
[Trois hommes et une jeune demoiselle]
É.-U. 1990. Comédie d'Emile ARDOLINO avec Tom Selleck, Ted Danson et Nancy Travis. - Trois célibataires qui se sont attachés à une fillette tentent de faire échouer les plans de mariage de sa mère. ➔ DVD $

THREE MEN ON A HORSE ▷4
É.-U. 1936. Comédie de Mervyn LeROY avec Frank McHugh, Joan Blondell et Guy Kibbee. - Un timide se révèle avoir un talent infaillible pour discerner les chevaux gagnants aux courses.

THREE MUSKETEERS, THE ▷4
É.-U. 1948. Aventures de George SIDNEY avec Gene Kelly, Lana Turner et Van Heflin. - Quatre camarades sauvent la reine de France d'un complot politique. □ Général ➔ DVD $

THREE MUSKETEERS, THE
É.-U. 1921. Fred NIBLO □ Général ➔ DVD $

THREE MUSKETEERS, THE [Trois mousquetaires, Les] ▷4
ANG. 1974. Aventures de Richard LESTER avec Michael York, Charlton Heston et Oliver Reed. - D'Artagnan obtient l'aide de trois mousquetaires pour remplir une mission reçue de la reine. □ Général

THREE MUSKETEERS, THE [Trois mousquetaires, Les] ▷5
É.-U. 1993. Aventures de Stephen HEREK avec Chris O'Donnell, Kiefer Sutherland et Tim Curry. - Un jeune aventurier fougueux se joint à trois mousquetaires afin de déjouer un complot visant à faire assassiner le roi. □ Général ➔ DVD

THREE MUSKETEERS, THE (MICKEY MOUSE) ▷4
[Trois mousquetaires, Les (Mickey Mouse)]
É.-U. 2004. Dessins animés de Donovan COOK. - Trois mousquetaires se font les protecteurs d'une princesse qui a reçu des menaces d'enlèvement. ➔ DVD $

THREE ROBBERS, THE *voir* **Trois Brigands, Les**

THREE SEASONS *voir* **Trois Saisons**

THREE SMART GIRLS ▷4
É.-U. 1937. Comédie d'Henry KOSTER avec Deanna Durbin, Binnie Barnes et Charles Winninger. - Trois adolescentes dont les parents vivent séparés décident de les réunir. □ Général

THREE SMART GIRLS GROW UP ▷4
É.-U. 1939. Comédie d'Henry KOSTER avec Deanna Durbin, Charles Winninger et Nan Grey. - Une adolescente s'efforce maladroitement de favoriser les idylles de ses deux sœurs aînées. □ Général

THREE STRANGE LOVES *voir* **Soif, La**

THREE TIMES
FR. TAÏ. 2005. Hsiao-Hsien HOU

THREE... EXTREMES *voir* **3 Extremes**

THREEPENNY OPERA, THE *voir* **Opéra de quat'sous, L'**

THRESHOLD [Seuil, Le] ▷4
CAN. 1981. Drame de Richard PEARCE avec Donald Sutherland, Jeff Goldblum et Mare Winningham. - Un chirurgien spécialisé en greffes cardiaques s'intéresse aux recherches d'un confrère qui cherche à mettre au point un cœur artificiel.

THRILL OF IT ALL, THE ▷4
É.-U. 1963. Comédie de Norman JEWISON avec Doris Day, James Garner et Edward Andrews. - Une épouse modèle est engagée pour faire des messages publicitaires à la télévision. □ Général ➔ DVD $

THRONE OF BLOOD *voir* **Château de l'araignée, Le**

THROUGH A GLASS DARKLY *voir* **Comme dans un miroir**

THROW MOMMA FROM THE TRAIN ▷4
[Balance maman hors du train]
É.-U. 1987. Comédie policière réalisée et interprétée par Danny DeVITO avec Billy Crystal et Anne Ramsey. - Un romancier spolié par sa femme et un apprenti écrivain étouffé par une mère infernale ont envie de voir disparaître la cause de leurs tourments. □ Général ➔ DVD $

THUMBSUCKER ▷4
É.-U. 2004. Drame psychologique de Mike MILLS avec Lou Pucci, Tilda Swinton et Vince Vaughn. - Un adolescent timide ayant l'habitude de sucer son pouce voit sa vie transformée le jour où on lui impose de prendre du Ritalin. □ 13 ans+ ➔ DVD $

THUNDER BAY ▷4
É.-U. 1953. Aventures d'Anthony MANN avec James Stewart, Joanne Dru et Dan Duryea. - Deux hommes qui ont découvert du pétrole doivent lutter contre les pêcheurs de l'endroit. □ Général

THUNDER BIRDS
É.-U. 1942. William A. WELLMAN ➔ DVD $

THUNDER OF DRUMS, A ▷4
É.-U. 1961. Western de Joseph M. NEWMAN avec Richard Boone, George Hamilton et Luana Patten. - Un lieutenant entre en conflit avec son commandant.

THUNDERBALL ▷4
ANG. 1965. Drame d'espionnage de Terence YOUNG avec Sean Connery, Claudine Auger et Adolfo Celi. - L'agent secret James Bond est aux prises avec une organisation criminelle qui exige une rançon sous peine d'anéantir une ville importante. ➔ DVD DVD-BR $

THUNDERBOLT [Thunderbolt - pilote de l'extrême]
H.-K. 1995. Gordon CHAN ➔ DVD $

THUNDERBOLT AND LIGHTFOOT ▷4
É.-U. 1974. Drame policier de Michael CIMINO avec Clint Eastwood, Jeff Bridges et George Kennedy. - Un jeune vagabond se lie d'amitié avec un criminel en fuite et est entraîné dans un cambriolage.
□ 13 ans+ ➔ DVD $

THUNDERHEART [Cœur de tonnerre] ▷4
É.-U. 1992. Drame policier de Michael APTED avec Val Kilmer, Sam Shepard et Graham Greene. - Un jeune agent du FBI est envoyé dans une réserve amérindienne du Dakota pour y élucider un meurtre.
□ 13 ans+ ➜ DVD$

THX-1138 ▷3
É.-U. 1970. Science-fiction de George LUCAS avec Robert Duvall, Donald Pleasence et Maggie McOmie. - Dans une société de l'avenir, un technicien tente de s'évader d'une clinique où on le tient prisonnier. - Style épuré quasi abstrait. Propos ambitieux. Ensemble assez fascinant. Interprétation froide. □ Général ➜ DVD$

TI-CUL TOUGAS ▷4
QUÉ. 1975. Comédie de mœurs de Jean-Guy NOËL avec Micheline Lanctôt, Claude Maher et Suzanne Garceau. - Réfugiés aux îles de la Madeleine avec de l'argent volé, un musicien et son amie préparent leur fuite en Californie. □ 13 ans+

TI-MINE, BERNIE PIS LA GANG ▷4
QUÉ. 1976. Comédie de mœurs de Marcel CARRIÈRE avec Marcel Sabourin, Jean Lapointe et Rita Lafontaine. - Un homme ayant accueilli son frère à sa sortie de communauté décide de réaliser avec lui le vieux rêve de la famille d'aller vivre en Floride. □ Général ➜ DVD$

TICKET TO HEAVEN ▷4
CAN. 1981. Drame psychologique de R.L. THOMAS avec Nick Mancuso, Saul Rubinek et R.H. Thomson. - Un jeune homme embrigadé dans une secte religieuse est enlevé par ses parents et amis.

TICKETS
ANG. IRAN ITA. 2004. Abbas KIAROSTAMI, Ermanno OLMI et Ken LOACH

TIDELAND ▷5
CAN. 2005. Drame fantastique de Terry GILLIAM avec Jodelle Ferland, Brendan Fletcher et Janet McTeer. - À la mort de ses parents junkies, une fillette à l'imagination débordante se retrouve seule dans la maison de sa défunte grand-mère au milieu des Prairies.
□ 13 ans+ ➜ DVD$

TIE ME UP, TIE ME DOWN! *voir* **Attache-moi!**

TIEFLAND
ALL. 1954. Leni RIEFENSTAHL ➜ DVD$

TIERRA *voir* **Earth**

TIETA OF AGRESTE ▷4
BRÉ. 1996. Comédie de mœurs de Carlos DIEGUES avec Sonia Braga, Marilia Pera et Chico Anysio. - Vingt-six ans après avoir été chassée de son village natal, une femme y revient pour étaler sa nouvelle richesse. □ 13 ans+ ➜ DVD$

TIGER AND THE PUSSYCAT, THE ▷4
ITA. 1967. Comédie satirique de Dino RISI avec Vittorio Gassman, Ann-Margret et Eleanor Parker. - Un industriel marié se laisse prendre aux avances d'une jeune capricieuse. □ 13 ans+

TIGER AND THE SNOW, THE *voir* **Tigre et la neige, Le**

TIGER BAY [Yeux du témoin, Les] ▷3
ANG. 1959. Drame policier de Jack Lee THOMPSON avec Hayley Mills, Horst Buchholz et John Mills. - Une fillette gagne la sympathie d'un meurtrier. - Bon suspense. Interprètes très bien dirigés.

TIGERLAND ▷4
É.-U. 2000. Drame de guerre de Joel SCHUMACHER avec Colin Farrell, Matthew Davis et Clifton Collins Jr. - En 1971, dans un camp militaire, des recrues subissent un entraînement rigoureux en prévision de leur départ pour le Viêt-nam. ➜ DVD$

TIGHT LITTLE ISLAND, THE *voir* **Whiskey Galore**

TIGHT SPOT ▷4
É.-U. 1955. Drame policier de Phil KARLSON avec Edward G. Robinson, Ginger Rogers et Brian Keith. - Une prisonnière est libérée pour aider la police à mettre la main sur un dangereux chef de gang.
□ Général

TIGHTROPE [Corde raide, La] ▷4
É.-U. 1984. Drame policier de Richard TUGGLE avec Clint Eastwood, Geneviève Bujold et Alison Eastwood. - Un détective qui enquête sur une série de meurtres dont les victimes sont des femmes se découvre des affinités perverses avec l'assassin. □ 18 ans+ ➜ DVD$

TIGRE ET DRAGON *voir* **Crouching Tiger, Hidden Dragon**

TIGRE ET LA NEIGE, LE [Tiger and the Snow, The]
ITA. 2005. Roberto BENIGNI ➜ DVD$

TIGRE SE PARFUME À LA DYNAMITE, LE ▷5
FR. 1965. Comédie policière de Claude CHABROL avec Roger Hanin, Margaret Lee et Michel Bouquet. - Un agent secret est chargé de protéger un trésor.

TILAÏ ▷3
BUR.-FR.-SUI. 1990. Drame de mœurs d'Idrissa OUEDRAOGO avec Rasmane Ouedraogo, Ina Cissé et Roukietou Barry. - Un jeune Africain a une liaison amoureuse avec la deuxième épouse de son père. - Traditions et coutumes ancestrales abordées sous un angle critique. Tragédie exposée dans un style dépouillé. Œuvre à la fois simple et forte. Interprétation sans artifices.

TILL HUMAN VOICES WAKE US ▷5
AUS. 2001. Drame fantastique de Michael PETRONI avec Guy Pearce, Helena Bonham Carter et Lindley Joyner. - Un jeune homme est confronté aux fantômes de son passé lorsqu'il revient dans sa ville natale où il a vécu jadis une terrible tragédie ➜ DVD$

TILL MARRIAGE DO US PART
voir **Mon dieu, comment suis-je tombée si bas?**

TILL THE END OF TIME ▷4
É.-U. 1946. Drame psychologique d'Edward DMYTRYK avec Dorothy McGuire, Guy Madison et Robert Mitchum. - Un soldat démobilisé se réadapte difficilement à la vie civile.

TILLIE'S PUNCTURED ROMANCE ▷3
É.-U. 1914. Comédie burlesque de Mack SENNETT avec Charlie Chaplin, Marie Dressler et Mabel Normand. - Les aventures rocambolesques d'un escroc mondain en quête d'une bonne fortune. - Ensemble d'une fantaisie loufoque éblouissante. C. Chaplin savoureux.
□ Général ➜ DVD$

TIM BURTON'S CORPSE BRIDE ►2
[Mariée cadavérique, La]
É.-U. 2005. Film d'animation de Tim BURTON et Mike JOHNSON. - À la suite d'un malentendu, un jeune homme se retrouve malgré lui fiancé à un spectre féminin qui l'emmène dans l'au-delà. - Délicieuse fantaisie musicale mêlant poésie, humour noir, mélancolie et satire sociale. Récit truffé de trouvailles inventives. Grande beauté visuelle. Réalisation technique éblouissante. □ Général · Déconseillé aux jeunes enfants ➜ DVD DVD-BR$

TIME
COR. 2006. Kim KI-DUK ➜ DVD$

TIME AFTER TIME [C'était demain] ▷4
É.-U. 1979. Science-fiction de Nicholas MEYER avec Malcolm McDowell, David Warner et Mary Steenburgen. - L'écrivain H.G. Wells poursuit dans l'avenir Jack l'Éventreur qui lui a emprunté sa machine à voyager dans le temps. □ 13 ans+ ➜ DVD$

TIME AND TIDE [Contre courant] ▷5
H.-K. 2000. Drame policier de Hark TSUI avec Nicholas Tse, Wu Bai et Anthony Wong. - Un jeune garde du corps se retrouve dans le feu de l'action lorsque l'assassinat d'un client par des gangsters provoque une explosion de violences. □ 16 ans+ · Violence

TIME BANDITS ▷4
ANG. 1981. Comédie fantaisiste de Terry GILLIAM avec Craig Warnock, David Rappaport et David Warner. - Un jeune garçon connaît diverses aventures lorsqu'il est entraîné par six nains dans un voyage dans le temps. □ Général ➜ DVD$

TIME CODE ▷4
É.-U. 2000. Drame de mœurs de Mike FIGGIS avec Jeanne Tripplehorn, Salma Hayek et Stellan Skarsgard. - Diverses intrigues se déroulent au cours d'un après-midi dans les bureaux d'une compagnie de production de films. □ Général

TIME FOR DRUNKEN HORSES, A
voir **Un temps pour l'ivresse des chevaux**

TIME FOR DYING, A ▷3
É.-U. 1971. Western de Budd BOETTICHER avec Richard Lapp, Anne Randall et Audie Murphy. - Un jeune chasseur de primes rêvant de se mesurer à Jesse James et Billy le Kid connaît toutes sortes de mésaventures. - Récit picaresque teinté d'amertume. Portrait démystificateur du Far West. Réalisation sobre et effacée. Interprétation solide.

TIME FOR REVENGE ▷4
ARG. 1981. Drame d'Adolfo ARISTARAIN avec Federico Luppi, Haydee Padilla et Julio de Grazia. - Un homme simule un accident pour escroquer la compagnie minière qui l'emploie. □ Général

TIME LIMIT ▷3
É.-U. 1957. Drame de Karl MALDEN avec Richard Widmark, Richard Basehart et Dolores Michaels. - Un colonel est chargé d'enquêter sur un prisonnier de guerre accusé d'avoir collaboré avec les communistes. - Œuvre personnelle et de qualité. Forte tension. Très bonne interprétation. ➜ DVD $

TIME MACHINE, THE ▷4
[Machine à explorer le temps, La]
É.-U. 1960. Science-fiction de George PAL avec Rod Taylor, Yvette Mimieux et Alan Young. - Un savant anglais est transporté dans l'avenir par un appareil de son invention. - D'après le roman de H.G. Wells. □ Général ➜ DVD $

TIME MACHINE, THE ▷5
[Machine à explorer le temps, La]
É.-U. 2002. Science-fiction de Simon WELLS avec Guy Pearce, Jeremy Irons et Samantha Mumba. - Un savant de la fin du XIXe siècle voyage dans le futur jusqu'en l'an 800 000 grâce à une machine de son invention. □ Général · Déconseillé aux jeunes enfants ➜ DVD $

TIME MASTERS *voir* **Maîtres du temps, Les**

TIME OF FAVOR ▷4
ISR. 2000. Drame de Joseph CEDAR avec Aki Avni, Tinkerbell et Edan Alterman. - En Israël, un jeune soldat s'éprend de la fille d'un rabbin orthodoxe promise en mariage à un élève de ce dernier. ➜ DVD $

TIME OF THE GYPSIES *voir* **Temps des gitans, Le**

TIME OF THE WOLF *voir* **Temps du loup, Le**

TIME REGAINED *voir* **Temps retrouvé, Le**

TIME TO KILL [Non coupable] ▷4
ITA. 1989. Drame pychologique de Giuliano MONTALDO avec Nicolas Cage, Ricky Tognazzi et Giancarlo Giannini. - En Éthiopie, à la fin des années 1930, un lieutenant de l'armée italienne vit des moments difficiles après avoir violé et tué une jeune indigène. □ 13 ans+

TIME TO KILL, A ▷5
É.-U. 1996. Drame judiciaire de Joel SCHUMACHER avec Matthew McConaughey, Samuel L. Jackson et Sandra Bullock. - Une ville du sud des États-Unis est secouée par des tensions raciales durant le procès d'un Noir qui a abattu deux jeunes violeurs blancs.
□ 13 ans+ ➜ DVD DVD-BR $

TIME WITHOUT PITY ▷4
ANG. 1956. Drame policier de Joseph LOSEY avec Michael Redgrave, Ann Todd et Peter Cushing. - Un écrivain alcoolique tente d'innocenter son fils d'une accusation de meurtre. □ Général ➜ DVD $

TIMES TO COME ▷5
ARG. 1988. Drame politique de Gustavo MOSQUERA avec Hugo Soto, Juan Leyrado et Charly Garcia. - Dans un État totalitaire de l'Amérique du Sud, un jeune homme est blessé lors d'une manifestation par un policier sadique qui tente d'étouffer l'affaire. □ 13 ans+

TIMESCAPE ▷4
É.-U. 1991. Science-fiction de David N. TWOHY avec Jeff Daniels, Ariana Richards et Emilia Crow. - Un aubergiste découvre que l'étrange groupe de touristes qu'il héberge vient du futur pour assister aux plus importants désastres du passé. □ Général

TIN CUP [Pro, Le] ▷4
É.-U. 1996. Comédie sentimentale de Ron SHELTON avec Rene Russo, Kevin Costner et Don Johnson. - Un ex-champion golfeur reprend goût à la compétition au contact d'une séduisante psychologue.
□ Général ➜ DVD $

TIN DRUM, THE *voir* **Tambour, Le**

TIN MEN ▷4
É.-U. 1987. Comédie de Barry LEVINSON avec Richard Dreyfuss, Danny DeVito et Barbara Hershey. - Se rejetant mutuellement la responsabilité d'un accident de voiture, deux vendeurs d'aluminium se lancent dans une escalade de mesquineries. □ Général ➜ DVD $

TIN STAR, THE ▷3
É.-U. 1957. Western d'Anthony MANN avec Henry Fonda, Anthony Perkins et Betsy Palmer. - Un ancien shérif désabusé est amené à faire l'éducation d'un jeune confrère. - Traitement original d'un thème classique. Mise en scène contrôlée. Personnages bien dessinés. Interprétation solide. □ Général ➜ DVD $

TINAMER ▷4
QUÉ. 1987. Drame poétique de Jean-Guy NOËL avec Sarah Jeanne Salvy, Gilles Vigneault et Louise Portal. - Un médecin qui choie particulièrement sa fille s'oppose à ce qu'elle aille à l'école avant d'avoir cueilli une branche d'un arbre mythique. □ Général

TINGLER, THE
É.-U. 1959. William CASTLE □ Général ➜ DVD $

TINKER BELL [Clochette] ▷4
É.-U. 2008. Film d'animation de Bradley RAYMOND. - Une fée ouvrière rêvant d'accomplir de grandes choses doit se résoudre à gravir les échelons de sa communauté. ➜ DVD $

TINTIN ET LE MYSTÈRE DE LA TOISON D'OR ▷4
FR. 1961. Aventures de Jean-Jacques VIERNE avec Jean-Pierre Talbot, Georges Wilson et Georges Loriot. - Tintin aide le capitaine Haddock à se débarrasser de bandits qui veulent s'emparer d'un bateau dont il a hérité. □ Général ➜ DVD $

TINTIN ET LES ORANGES BLEUES ▷5
FR. 1964. Aventures de Philippe CONDROYER avec Jean-Pierre Talbot, Jean Bouise et Alvarez. - Le reporter Tintin et ses amis vont en Espagne à la recherche d'une mystérieuse orange bleue. □ Général ➜ DVD $

TIPTOES
É.-U. FR. 2003. Matthew BRIGHT ➜ DVD $

TIR À VUE ▷5
FR. 1984. Drame policier de Marc ANGELO avec Laurent Malet, Jean Carmet et Sandrine Bonnaire. - Les tribulations d'un jeune homme révolté et d'une adolescente délurée qui défient la police en commettant des crimes selon leurs caprices du moment.

TIR GROUPÉ ▷4
FR. 1982. Drame policier de Jean-Claude MISSIAEN avec Gérard Lanvin, Véronique Jannot et Michel Constantin. - Insatisfait du travail des policiers, un homme s'efforce de traquer les assassins de sa fiancée.

TIRELIRE, COMBINES ET CIE ▷4
QUÉ. 1992. Comédie de Jean BEAUDRY avec Vincent Bolduc, Pierre-Luc Brillant et Delphine Piperni. - Croyant son père en difficulté financière, un garçonnet décide de se lancer en affaires avec un ami. □ Général

TIRESIA ▷3
FR. 2003. Drame de mœurs de Bertrand BONELLO avec Laurent Lucas, Clara Choveaux et Thiago Telès. - Une transsexuelle recueillie par une adolescente muette hérite du don de voyance après qu'un exalté qui l'avait séquestrée lui eut crevé les yeux. - Relecture ambiguë et moderne d'un mythe grec. Traitement mi-poétique, mi-réaliste. Grande beauté formelle. Réalisation épurée. Interprétation volontairement figée. □ 16 ans+ ➜ DVD $

TIREUR D'ÉLITE *voir* **Shooter**

TIREZ SUR LE PIANISTE [Shoot the Piano Player] ▷3
FR. 1960. Drame de François TRUFFAUT avec Charles Aznavour, Marie Dubois et Nicole Berger. - Les tribulations d'un pianiste déchu qui fait danser les habitués d'un bistro minable. - Traitement à la fois grave et désinvolte. C. Aznavour remarquable. □ Général

TITAN A.E. [Titan après la terre] ▷4
É.-U. 2000. Dessins animés de Don BLUTH et Gary GOLDMAN. - En l'an 3043, après que la Terre eut été détruite par des extraterrestres, des humains recherchent dans l'espace un engin capable de créer une nouvelle planète. □ Général · Déconseillé aux jeunes enfants
➜ DVD $

TITANIC ▷4
É.-U. 1952. Drame de Jean NEGULESCO avec Clifton Webb, Barbara Stanwyck et Richard Basehart. - Récit de la catastrophe maritime du Titanic. □ Général ➜ DVD $

TITANIC ▷3
É.-U. 1997. Drame sentimental de James CAMERON avec Leonardo DiCaprio, Kate Winslet et Billy Zane. - Une dame de 101 ans raconte l'aventure amoureuse qu'elle a vécue à bord du Titanic en 1912. - Œuvre personnelle à la fois intimiste et spectaculaire. Portrait attachant d'une jeune femme moderne. Reconstitution impressionnante. Effets spéciaux étonnants. □ Général · Déconseillé aux jeunes enfants ➜ DVD $

TITUS ▷4
É.-U. 1999. Drame de Julie TAYMOR avec Anthony Hopkins, Jessica Lange et Alan Cumming. - Un général romain s'attire la haine éternelle de la reine des Goths en sacrifiant l'un de ses fils après une conquête. ➔ DVD$

TMNT - TEENAGE MUTANT NINJA TURTLES ▷5
É.-U. 2007. Film d'animation de Kevin MUNROE. - Quatre tortues géantes expertes en arts martiaux combattent des monstres pourchassés par des généraux en pierre dirigés par un milliardaire mégalomane. □ Général ➔ DVD DVD-BR$

TO BE OR NOT TO BE [Être ou ne pas être] ▷3
É.-U. 1941. Comédie satirique d'Ernst LUBITSCH avec Jack Benny, Carole Lombard et Robert Stack. - Pendant la guerre, une troupe d'acteurs polonais réussit à mystifier les Allemands. - Récit peu vraisemblable mais bien mené. Mise en scène habile. ➔ DVD$

TO BE OR NOT TO BE [Être ou ne pas être] ▷5
É.-U. 1983. Comédie d'Alan JOHNSON avec Mel Brooks, Anne Bancroft et Tim Matheson. - Pendant la guerre, une troupe d'acteurs polonais réussit à mystifier les Allemands. □ Général ➔ DVD$

TO CATCH A THIEF [Main au collet, La] ▷3
É.-U. 1955. Comédie policière d'Alfred HITCHCOCK avec Cary Grant, Grace Kelly et Charles Vanel. - Un ex-voleur tente de prouver son innocence à la suite d'une série de vols sensationnels. - Ton badin. Rythme trépidant. Caméra habile. Beaux paysages. Interprétation dégagée. □ Général ➔ DVD$

TO DIE (OR NOT)
ESP. 2000. Ventura PONS ➔ DVD$

TO DIE FOR ▷4
É.-U. 1995. Comédie satirique de Gus VAN SANT avec Nicole Kidman, Joaquin Phoenix et Matt Dillon. - Obsédée par l'idée de devenir une personnalité de la télévision, une femme fait assassiner son mari pour l'empêcher de freiner son plan de carrière. □ 13 ans+ ➔ DVD$

TO END ALL WARS ▷5
ANG. 2002. Drame de guerre de David L. CUNNINGHAM avec Robert Carlyle, Ciaran McMenamin et Kiefer Sutherland. - Les dures expériences d'un groupe de prisonniers dans un camp japonais durant la Seconde Guerre mondiale. ➔ DVD$

TO HAVE AND HAVE NOT ▷4
É.-U. 1944. Aventures de Howard HAWKS avec Humphrey Bogart, Lauren Bacall et Walter Brennan. - Le propriétaire d'un bateau de pêche aide un agent de la France libre à échapper à la police de Vichy. □ Général ➔ DVD$

TO JOY *voir* **Vers la joie**

TO KILL A MOCKINGBIRD ▷3
É.-U. 1962. Drame social de Robert MULLIGAN avec Gregory Peck, Mary Badham et Philip Alford. - En 1932, dans un village de l'Alabama, un avocat humaniste défend un Noir injustement accusé du viol d'une Blanche. - Récit sensible empruntant le point de vue des enfants du protagoniste. Réalisation maîtrisée. Création remarquable de G. Peck. Enfants très bien dirigés. □ Général ➔ DVD$

TO KILL A PRIEST [Complot, Le] ▷3
É.-U. 1988. Drame social d'Agnieszka HOLLAND avec Christophe Lambert, Ed Harris et Joanne Whalley. - Dans la Pologne de 1981, un milicien s'en prend à un prêtre dont les sermons restent vigoureux malgré la proclamation de l'État de guerre. - Intrigue inspirée de faits réels. Interprétation impressionnante. □ 13 ans+

TO LIVE *voir* **Vivre**

TO LIVE AND DIE IN L.A. ▷4
É.-U. 1985. Drame policier de William FRIEDKIN avec Willem Dafoe, William L. Petersen et John Pankow. - Un agent du gouvernement tente par tous les moyens de coincer un habile faux-monnayeur. □ 18 ans+ ➔ DVD DVD-BR$

TO PLAY OR TO DIE
HOL. 1990. Frank KROM □ 13 ans+

TO PLEASE A LADY ▷5
É.-U. 1950. Drame de Clarence BROWN avec Clark Gable, Barbara Stanwyck et Adolphe Menjou. - Une journaliste entreprend une campagne de presse contre un pilote de courses automobiles qui a causé la mort d'un rival. □ Général

TO SEE PARIS AND DIE
RUS. 1993. Alexander PROSHKIN □ 13 ans+

TO SIR, WITH LOVE [Jeunes fauves, Les] ▷4
ANG. 1967. Drame social de James CLAVELL avec Sidney Poitier, Judy Geeson et Christian Roberts. - Un instituteur improvisé parvient à apprivoiser une classe d'élèves à problèmes. □ Général

TO SLEEP WITH ANGER ▷4
É.-U. 1989. Comédie dramatique de Charles BURNETT avec Danny Glover, Paul Butler et Mary Alice. - Les tensions entre deux frères différents augmentent encore lorsqu'un ami de leur père vient s'installer dans la maison. □ Général

TO THE DEVIL... A DAUGHTER ▷5
ANG. 1976. Drame fantastique de Peter SYKES avec Richard Widmark, Christopher Lee et Nastassja Kinski. - Spécialiste en sciences occultes, un romancier est appelé au secours d'une adolescente sous l'emprise d'un prêtre excommunié démoniaque. □ 18 ans+ ➔ DVD$

TO WALK WITH LIONS [Homme parmi les lions, Un] ▷5
CAN. 1999. Drame d'aventures de Carl SCHULTZ avec Richard Harris, John Michie et Kerry Fox. - Au Kenya, un jeune Anglais devient l'assistant d'un écologiste qui a mis sur pied une réserve destinée à retourner dans la brousse des lions domestiqués.

TO WONG FOO, THANKS FOR EVERYTHING, JULIE NEWMAR ▷4
[À Wong Foo, merci pour tout, Julie Newmar]
É.-U. 1995. Comédie de mœurs de Beeban KIDRON avec Wesley Snipes, Patrick Swayze et John Leguizamo. - Trois travestis tombent en panne d'automobile dans un bled perdu du Nebraska où ils demeurent coincés pendant 48 heures. □ Général ➔ DVD$

TOAST OF NEW ORLEANS, THE ▷5
É.-U. 1950. Comédie musicale de Norman TAUROG avec Kathryn Grayson, Mario Lanza et David Niven. - Un pêcheur qui est devenu chanteur d'opéra tombe amoureux de la soprano de la troupe. □ Général

TOBY MCTEAGUE ▷5
QUÉ. 1985. Aventures de Jean-Claude LORD avec Yannick Bisson, Winston Rekert et Liliane Clune. - Dans un village isolé du Nord, un adolescent entreprend de remplacer son père dans une course de traîneaux tirés par des chiens.

TODAY WE LIVE
É.-U. 1933. Howard HAWKS □ Général

TOGETHER *voir* **Tous ensemble**

TOGETHER *voir* **Virtuose, Le**

TOGETHER *voir* **Tous ensemble**

TOI ▷4
CAN. 2007. Drame psychologique de François DELISLE avec Anne-Marie Cadieux, Laurent Lucas et Marc Béland. - Une femme tourmentée vit des moments difficiles après avoir quitté son mari, son fils et son emploi pour rejoindre un amant musicien. □ 13 ans+ ➔ DVD$

TOI ET MOI ▷4
FR. 2006. Comédie sentimentale de Julie LOPES-CURVAL avec Julie Depardieu, Marion Cotillard et Jonathan Zaccaï. - Les mésaventures amoureuses de deux sœurs, l'une violoncelliste, l'autre rédactrice de romans-photos. ➔ DVD$

TOI ET MOI AUSSI ▷4
ALL. 1986. Comédie dramatique d'Helmut BERGER avec Anja Franke, Dani Levy et Jens Naumann. - À Berlin, un couple qui est en train de vivre une mauvaise passe sentimentale se trouve embarqué dans une étrange aventure policière. □ Général

TOI, MOI ET EUX *voir* **Me You Them**

TOILE D'ARAIGNÉE, LA *voir* **Drowning Pool, The**

TOIT DE LA BALEINE, LE [On Top of the Whale]
FR. 1981. Raul (Raoul) RUIZ

TOIT, LE [Roof] ▷3
ITA. 1956. Drame social de Vittorio DE SICA avec Gabriella Pallotta, Giorgio Listuzzi et Gastone Rengelli. - Profitant d'une loi défendant d'expulser les habitants d'un logis où le toit est posé, un jeune couple se bâtit une maison en une nuit. - Peinture réaliste des personnages et de leurs problèmes. Ton chaleureux. Interprétation simple et naturelle.

TOKYO!
ALL. COR. FR. JAP. 2008. Léos CARAX, Michel GONDRY et Joon-Ho BONG ➔ DVD DVD-BR$

TOKYO COWBOY ▷4
CAN. 1994. Comédie de mœurs de Kathy GARNEAU avec Hiromoto Ida, Christianne Hirt et Janne Mortil. - Les tribulations d'un jeune Japonais en visite chez une artiste canadienne avec laquelle il entretient une correspondance de longue date. □ Général

TOKYO DECADENCE ▷5
JAP. 1992. Drame de mœurs de Kyu MUKARAMI avec Miho Nikaido, Sayoko Amano et Tenmei Kano. - Une prostituée, spécialisée dans les pratiques sadomasochistes, recherche un ancien client dont elle est amoureuse. □ 18 ans+ · Érotisme ➔ DVD $

TOKYO DRIFTER
JAP. 1966. Seijun SUZUKI □ 13 ans+ ➔ DVD $

TOKYO EYES ▷4
FR. 1998. Drame policier de Jean-Pierre LIMOSIN avec Shinji Takeda, Hinano Yoshikawa et Kaori Mizushima. - À Tokyo, une adolescente sympathise avec un jeune criminel activement recherché par la police. ➔ DVD $

TOKYO JOE ▷5
É.-U. 1949. Drame d'espionnage de Stuart HEISLER avec Humphrey Bogart, Alexander Knox et Florence Marly. - Un Japonais fait chanter un homme dont la femme a trahi la cause américaine.

TOKYO RAIDERS ▷5
H.-K. 2000. Comédie policière de Jingle MA avec Tony Leung Chiu-wai, Kelly Chen et Cecilia Cheung. - La disparition mystérieuse d'un homme d'affaires lié à la pègre déclenche une chasse à l'homme semée de rebondissements. ➔ DVD $

TOKYO STORY ►1
JAP. 1953. Drame de mœurs de Yasujiro OZU avec Chishu Tyu, Chiyeko Higashiyama et Setsuko Hara. - Pris par leurs préoccupations, un médecin et une coiffeuse négligent leurs vieux parents venus à Tokyo pour passer du temps avec eux. - Réflexion profonde sur le sens des liens familiaux. Grande finesse d'observation. Réalisation attentive. Interprètes parfaitement dirigés. ➔ DVD $

TOLÉRANCE ▷5
FR. 1989. Comédie satirique de Pierre-Henry SALFATI avec Ugo Tognazzi, Rupert Everett et Anne Brochet. - La vie d'un petit noble italien est perturbée le jour où sa femme hérite d'un ermite dont la présence sème la zizanie. □ 13 ans+ ➔ DVD $

TOM & VIV ▷4
ANG. 1994. Drame biographique de Brian GILBERT avec Miranda Richardson et Willem Dafoe. - Un jeune poète épouse une fille de bonne famille sans savoir qu'elle souffre d'un déséquilibre mental.

TOM AND JERRY: THE MOVIE [Tom et Jerry: le film] ▷4
É.-U. 1992. Dessins animés de Phil ROMAN. - Un chat et une souris viennent en aide à une fillette qui a maille à partir avec sa méchante tutrice. □ Général

TOM EST TOUT SEUL ▷5
FR. 1994. Comédie dramatique de Fabien OTENIENTE avec Florent Pagny, Jean Rochefort et Martin Lamotte. - Après le départ de sa fiancée, un pianiste se met à fréquenter une laverie automatique où il rencontre un vieux dandy expert en thérapie du cœur. □ Général

TOM ET LOLA ▷5
FR. 1989. Drame fantastique de Bertrand ARTHUYS avec Neil Stubbs, Mélodie Collin et Cécile Magnet. - Deux enfants sans défenses immunitaires s'échappent des bulles stérilisées où ils ont toujours vécu et projettent de fuir vers les montagnes. □ Général

TOM HORN ▷4
É.-U. 1980. Western de William WIARD avec Steve McQueen, Richard Farnsworth et Linda Evans. - En 1901, un ancien héros des guerres indiennes est engagé par une association d'éleveurs pour faire la lutte aux voleurs de bétail. □ 13 ans+ ➔ DVD $

TOM JONES ▷3
ANG. 1963. Comédie de Tony RICHARDSON avec Albert Finney, Susannah York et Hugh Griffith. - Les aventures d'un séduisant gaillard d'origine illégitime dans l'Angleterre du XVIIIe siècle. - Adaptation vivante d'un roman d'Henry Fielding. Chronique truculente menée bon train. Mise en scène alerte. Bons interprètes. □ Général ➔ DVD $

TOM JONES ▷4
ANG. 1997. Comédie de mœurs de Metin HÜSEYIN avec Max Beesley, Samantha Morton et Brian Blessed. - Les aventures d'un séduisant gaillard d'origine illégitime dans l'Angleterre du XVIIIe siècle.

TOM SAWYER ▷4
É.-U. 1972. Comédie musicale de Don TAYLOR avec Johnny Whitaker, Jeff East et Celeste Holm. - Au cours d'une escapade nocturne, un garçonnet devient témoin d'un meurtre. □ Général ➔ DVD $

TOM THUMB ▷3
É.-U. 1958. Conte de George PAL avec Russ Tamblyn, Alan Young et Terry-Thomas. - Pour les récompenser d'une bonne action, une fée donne à un bûcheron et à sa femme un enfant minuscule. - Heureux agencement de marionnettes, de dessins animés et d'acteurs vivants. Climat de bonne humeur. Interprétation délicieuse de R. Tamblyn. □ Général ➔ DVD $

TOMAHAWK ▷5
É.-U. 1951. Western de George SHERMAN avec Van Heflin, Yvonne de Carlo et Preston Foster. - Un trappeur sert de médiateur entre Blancs et Indiens pour tenter d'éviter un conflit. □ Général

TOMB OF LIGEIA ▷4
ANG. 1965. Drame d'horreur de Roger CORMAN avec Vincent Price, Elizabeth Shepherd et John Westbrook. - Une jeune fille épouse un veuf hanté par le fantôme de sa première femme. □ 13 ans+

TOMBEAU DES LUCIOLES, LE
voir **Grave of the Fireflies**

TOMBÉS DU CIEL [Fallen from Heaven] ▷3
PÉR.-ESP. 1990. Drame de mœurs de Francisco J. LOMBARDI avec Gustavo Bueno, Diana Quijano et Leontina Antonina. - Un animateur de radio, un vieux couple de bourgeois ainsi qu'une pauvre servante et ses deux petits-fils essuient plusieurs revers dans leur recherche du bonheur. - Entremêlement habile de trois récits. Ensemble dominé par l'obsession de la mort et des inégalités sociales. □ 13 ans+

TOMBEUR DE CES DEMOISELLES, LE *voir* **Spinout**

TOMBSTONE [Duel au soleil] ▷4
É.-U. 1993. Western de George P. COSMATOS avec Kurt Russell, Val Kilmer et Michael Biehn. - Un shérif à la retraite qui désire mener une existence tranquille décide pourtant de reprendre les armes afin de mater une bande de hors-la-loi. □ 13 ans+ · Violence ➔ DVD $

TOMMY ▷3
ANG. 1975. Drame musical de Ken RUSSELL avec Ann-Margret, Oliver Reed et Roger Daltrey. - Les tribulations peu ordinaires d'un orphelin de guerre qu'une expérience traumatisante a rendu sourd, muet et aveugle. - Adaptation cinématographique d'un opéra rock. Outrance et démesure propres au réalisateur. Grande invention visuelle. Interprétation caricaturale. □ Général ➔ DVD $

TOMMY TRICKER AND THE STAMP TRAVELLER ▷4
[Aventuriers du timbre perdu, Les]
CAN. 1988. Comédie fantaisiste de Michael RUBBO avec Lucas Evans, Anthony Rogers et Jill Stanley. - Miniaturisés grâce à une formule magique, deux enfants se rendent en Australie à bord d'un timbre, afin de retrouver une collection philatélique exceptionnelle. □ Général

TOMORROW ▷3
É.-U. 1971. Drame psychologique de Joseph ANTHONY avec Robert Duvall, Olga Bellin et Sudie Bond. - Un ouvrier agricole recueille une femme enceinte qui a fui son mari et sa famille. - Film prenant inspiré par une nouvelle de William Faulkner. Mise en scène sobre et éloquente. Belles images. Interprétation solide de R. Duvall.

TOMORROW IS FOREVER ▷5
É.-U. 1949. Mélodrame d'Irving PICHEL avec Claudette Colbert, Orson Welles et George Brent. - Un homme qu'on croyait mort réapparaît après vingt ans pour retrouver sa femme remariée et son fils. □ Général

TOMORROW NEVER COMES ▷5
CAN. 1978. Drame policier de P. COLLINSON avec Oliver Reed, Susan George et Stephen McHattie. - Après avoir tué un policier par accident, un jeune homme se barricade dans l'appartement d'une amie.

TOMORROW NEVER DIES [Demain ne meurt jamais] ▷4
ANG. 1997. Drame d'espionnage de Roger SPOTTISWOODE avec Pierce Brosnan, Jonathan Pryce et Michelle Yeoh. - Un agent secret affronte un magnat des médias qui veut faire éclater une guerre mondiale afin de faire mousser ses cotes d'écoute. □ 13 ans+ · Violence ➔ DVD $

TOMORROW WE MOVE
voir **Demain on déménage**

TONI ▷3
FR. 1935. Drame de Jean RENOIR avec Edouard Delmont, Charles Blavette et Célia Montalvan. - Dans un milieu d'immigrés, l'amour d'un ouvrier italien pour une voisine espagnole se termine en tragédie. - Peinture réaliste. Aperçus sociaux. Découpage soigné. Interprétation sobre.

TONIGHT OR NEVER
É.-U. 1931. Mervyn LEROY ➜ DVD $

TONNERRE DE FEU *voir* **Blue Thunder**

TONTONS FARCEURS, LES
voir **Family Jewels, The**

TONTONS FLINGUEURS, LES ▷4
FR. 1963. Comédie policière de Georges LAUTNER avec Lino Ventura, Bernard Blier et Sabine Sinjen. - En mourant, un gangster confie ses affaires et sa fille à un ami. - Humour et désinvolture. Dialogues savoureux. Rythme alerte. Interprétation amusée.

TONY ROME ▷4
É.-U. 1967. Drame policier de Gordon DOUGLAS avec Frank Sinatra, Jill St. John et Simon Oakland. - Les mésaventures d'un détective privé aux prises avec les exigences de plusieurs membres d'une même famille. ➜ DVD $

TOO BEAUTIFUL FOR YOU *voir* **Trop belle pour toi!**

TOO HOT TO HANDLE ▷5
É.-U. 1938. Aventures de Jack CONWAY avec Clark Gable, Myrna Loy et Walter Pidgeon. - Rivalité de deux firmes d'actualités cinématographiques entraînées dans des reportages coloniaux. □ Général

TOO HOT TO HANDLE ▷5
ANG. 1960. Drame policier de Terence YOUNG avec Jayne Mansfield, Leo Glenn et Karl Boehm. - Enquêtant sur les boîtes de nuit, un journaliste est témoin de la guerre que se livrent deux propriétaires et qui aboutit au meurtre d'une danseuse. ➜ DVD $

TOO LATE THE HERO ▷4
É.-U. 1969. Drame de guerre de Robert ALDRICH avec Cliff Robertson, Michael Caine et Ian Bannen. - Un officier américain reçoit l'ordre de se joindre à une patrouille britannique en mission spéciale dans une île des Nouvelles-Hébrides. □ Général ➜ DVD $

TOO MUCH FLESH ▷4
FR. 2000. Drame de mœurs de Jean-Marc BARR et Pascal ARNOLD avec Jean-Marc Barr, Élodie Bouchez et Rosanna Arquette. - Dans une communauté puritaine de l'Illinois, un fermier marié à une femme frigide découvre la sexualité auprès d'une jeune Française. ➜ DVD $

TOOLBOX MURDERS ▷5
É.-U. 2003. Drame d'horreur de Tobe HOOPER avec Angela Bettis, Brent Roam et Juliet Landau. - À Los Angeles, des meurtres sanglants se produisent dans un vieil immeuble à logements où vient d'emménager un jeune couple. ➜ DVD $

TOOTSIE ▷3
É.-U. 1982. Comédie de mœurs de Sydney POLLACK avec Dustin Hoffman, Jessica Lange et Teri Garr. - Un acteur au chômage décide de se déguiser en femme pour solliciter un rôle dans un feuilleton télévisé. - Développements comiques enrichis d'observations sociales. Ton juste. Ensemble d'un équilibre surprenant. Tour de force d'interprétation de D. Hoffman. □ 13 ans+ ➜ DVD $

TOP GUN ▷5
É.-U. 1986. Drame de Tony SCOTT avec Tom Cruise, Kelly McGillis et Anthony Edwards. - Ayant fait montre de courage, un jeune pilote est envoyé dans une école où l'on forme l'élite de l'aviation navale américaine. □ Général ➜ DVD DVD-BR $

TOP HAT ▷3
É.-U. 1935. Comédie musicale de Mark SANDRICH avec Fred Astaire, Ginger Rogers et Edward Everett Horton. - À la suite d'un malentendu, une jeune femme croit qu'un danseur qui lui fait la cour est le mari d'une amie. - Intrigue mince prétexte à d'excellents numéros de danse. Ton de légèreté et de fantaisie. Interprétation dans la note. □ Général ➜ DVD $

TOP SECRET! ▷5
É.-U. 1984. Comédie de Jim ABRAHAMS, David et Jerry ZUCKER avec Val Kilmer, Lucy Gutteridge et Jeremy Kemp. - Un chanteur américain de rock'n'roll est entraîné dans une aventure d'espionnage abracadabrante en Allemagne de l'Est. □ 13 ans+ ➜ DVD $

TOPAZ ▷4
É.-U. 1969. Drame d'espionnage d'Alfred HITCHCOCK avec Frederick Stafford, John Forsythe et John Vernon. - Un agent français obtient des renseignements à Cuba pour le compte des Américains. □ Général ➜ DVD $

TOPAZE ▷4
FR. 1933. Comédie satirique de Louis GASNIER avec Louis Jouvet, Edwige Feuillère et Marcel Vallée. - Un professeur timide est entraîné dans des escroqueries financières.

TOPAZE ▷4
FR. 1950. Comédie satirique de Marcel PAGNOL avec Fernandel, Pierre Larquey et Hélène Perdrière. - Renvoyé de son école à cause de sa probité professionnelle, un professeur devient l'homme de paille d'un politicien véreux.

TOPKAPI ▷3
É.-U. 1964. Comédie policière de Jules DASSIN avec Melina Mercouri, Maximilian Schell et Peter Ustinov. - Une femme organise le vol d'un objet précieux dans un musée d'Istanbul. - Suspense adroitement maîtrisé. Touches d'humour. Séquence de vol particulièrement réussie. Comédiens de classe. □ Général

TOPPER RETURNS ▷4
É.-U. 1941. Comédie fantaisiste de Roy DEL RUTH avec Roland Young, Joan Blondell et Carole Landis. - Un brave homme visité par des fantômes est mêlé à une affaire de meurtre.

TOPSY-TURVY ▷3
ANG. 1999. Comédie de mœurs de Mike LEIGH avec Jim Broadbent, Allan Corduner et Timothy Spall. - En 1885, à Londres, les tribulations entourant la création d'un opéra comique du célèbre duo Gilbert et Sullivan. - Coulisses du théâtre explorées avec finesse et humanité. Personnages savoureusement typés. Dialogue d'un grand brio. Réalisation mettant parfaitement en valeur le jeu d'excellents comédiens. ➜ DVD $

TOQUÉE *voir* **Nuts**

TORA! TORA! TORA! ▷3
É.-U. 1970. Drame historique de Richard FLEISCHER, Toshio MASUDA et Kinji FUKASUKU avec George Macready, So Yamamura et Martin Balsam. - En 1941, les Japonais attaquent la base américaine de Pearl Harbor. - Reconstitution impressionnante et convaincante. Interprétation fort satisfaisante. □ Général ➜ DVD $

TORCH SONG TRILOGY ▷5
É.-U. 1988. Comédie dramatique de Paul BOGART avec Harvey Fierstein, Anne Bancroft et Matthew Broderick. - Les tribulations amoureuses tumultueuses d'un homosexuel new-yorkais qui recherche le grand amour. □ 13 ans+

TORMENT *voir* **Tourments**

TORN CURTAIN ▷4
É.-U. 1966. Drame d'espionnage d'Alfred HITCHCOCK avec Paul Newman, Julie Andrews et Hansjörg Felmy. - Un savant américain se rend en Allemagne de l'Est où il joue la comédie de la défection pour obtenir des secrets importants. ➜ DVD $

TORNADE *voir* **Twister**

TORQUE [Impact fatal] ▷5
É.-U. 2004. Thriller de Joseph KAHN avec Martin Henderson, Monet Mazur et Ice Cube. - Un motard et son ex-petite amie se retrouvent aux prises avec deux bandes rivales de motards criminalisés. □ Général · Déconseillé aux jeunes enfants ➜ DVD $

TORRENTS OF SPRING *voir* **Eaux printanières, Les**

TORRID ZONE ▷5
E.-U. 1940. Aventures de W. KEIGHLEY avec James Cagney, Pat O'Brien et Ann Sheridan. - Passions amoureuses et problèmes de main-d'œuvre dans une plantation d'Amérique centrale. ➜ DVD $

TORTILLA FLAT ▷4
É.-U. 1942. Drame de mœurs de Victor FLEMING avec Spencer Tracy, Hedy Lamarr et John Garfield. - Des oisifs d'un village de Californie tentent d'empêcher l'un des leurs de se marier. □ Général

TORTILLA SOUP
É.-U. 2001. Maria RIPOLL ➜ DVD $

TORTUES VOLENT AUSSI, LES
voir **Turtles Can Fly**

TORTURE CHAMBER OF BARON BLOOD, THE ▷5
ITA. 1972. Drame d'horreur de Mario BAVA avec Joseph Cotten, Elke Sommer et Massimo Girotti. - Un jeune aristocrate autrichien fait revivre un ancêtre sanguinaire par des incantations magiques. □ Général

TORTURE GARDEN ▷4
ANG. 1967. Drame d'horreur de F. FRANCIS avec Michael Bryant, Beverly Adams et Jack Palance. - Un bateleur prédit un avenir horrifique à quatre personnes. ➔ DVD$

TOTAL ECLIPSE [Poètes maudits, Les] ▷5
FR. 1995. Drame biographique d'Agnieszka HOLLAND avec Leonardo DiCaprio, David Thewlis et Romane Bohringer. - Au début des années 1870, le jeune poète Arthur Rimbaud s'engage dans une liaison orageuse avec l'écrivain Paul Verlaine. □ 13 ans+ ➔ DVD$

TOTAL RECALL [Voyage au centre de la mémoire] ▷4
É.-U. 1990. Science-fiction de Paul VERHOEVEN avec Rachel Ticotin, Arnold Schwarzenegger et Michael Ironside. - En l'an 2084, un ouvrier est pourchassé jusque sur la planète Mars par des agresseurs mystérieux. □ 18 ans+ ➔ DVD DVD-BR$

TOTALE, LA ▷4
FR. 1991. Comédie de Claude ZIDI avec Thierry Lhermitte, Miou-Miou et Eddy Mitchell. - Un agent secret qui a toujours laissé croire aux siens qu'il n'était qu'un modeste fonctionnaire décide de monter une mascarade pour épater son épouse infidèle. □ Général

TOTALLY F*ED UP**
É.-U. 1996. Gregg ARAKI □ 13 ans+ · Langage vulgaire

TOTO LE HÉROS ▷3
BEL. 1990. Comédie dramatique de Jaco VAN DORMAEL avec Michel Bouquet, Jo De Backer et Thomas Godet. - Un vieil homme qui a mené une existence morose veut tuer un ancien voisin d'enfance qu'il considère responsable de ses malheurs. - Scénario complexe mais limpide. Climat de nostalgie quasi onirique. Ensemble tantôt drôle tantôt poignant. Grande maîtrise technique. Interprétation superbe de vérité.

TOUCH [Mains de Dieu, Les] ▷4
É.-U. 1996. Comédie satirique de Paul SCHRADER avec Bridget Fonda, Christopher Walken et Skeet Ulrich. - Voulant exploiter les dons d'un jeune guérisseur charismatique, un escroc convainc sa partenaire de gagner sa confiance. □ Général

TOUCH OF CLASS, A ▷4
ANG. 1973. Comédie sentimentale de Melvin FRANK avec George Segal, Glenda Jackson et Paul Sorvino. - Un Américain travaillant à Londres a une liaison avec une divorcée. □ 13 ans+ ➔ DVD$

TOUCH OF EVIL ►1
É.-U. 1958. Drame policier réalisé et interprété par Orson WELLES avec Charlton Heston et Janet Leigh. - Un policier mexicain démasque les méthodes peu orthodoxes d'un collègue américain. - Traitement fort original d'un sujet classique. Style éblouissant. Excellents interprètes. □ 13 ans+ ➔ DVD$

TOUCH OF PINK [Soupçon de rose, Un] ▷4
CAN. 2004. Comédie sentimentale de Ian Iqbal RASHID avec Jimi Mistry, Kyle MacLachlan et Suleka Mathew. - Un photographe d'origine pakistanaise qui hésite à révéler à sa mère son homosexualité reçoit les conseils divergents de son amant et d'un ami imaginaire. □ Général ➔ DVD$

TOUCHE PAS À MON GAZON
voir **Fun with Dick and Jane**

TOUCHE PAS LA FEMME BLANCHE ▷5
[Don't Touch the White Woman]
FR. 1973. Comédie satirique de Marco FERRERI avec Catherine Deneuve, Marcello Mastroianni et Michel Piccoli. - Le général Custer lance une expédition contre les Sioux et se fait massacrer avec ses hommes. □ Général ➔ DVD$

TOUCHEZ PAS AU GRISBI [Grisbi] ►2
FR. 1954. Drame policier de Jacques BECKER avec Jean Gabin, René Dary et Jeanne Moreau. - Après avoir réussi un coup important, deux gangsters sont trahis par la maîtresse de l'un d'eux qui les dénonce à une bande rivale. - Atmosphère prenante. Rythme admirablement soutenu. Mise en scène excellente. Interprétation remarquable de J. Gabin. ➔ DVD$

TOUKI BOUKI ▷4
SÉN. 1972. Comédie policière de Djibril Diop MAMBETY avec Magaye Niang, Mareme Niang et Moustapha Touré. - Un jeune Sénégalais essaie par divers moyens malhonnêtes de se procurer l'argent voulu pour aller à Paris avec sa petite amie. □ Général ➔ DVD$

TOUR DU MONDE EN 80 JOURS, LE
voir **Around the World in 80 Days**

TOURMENTS [Torment] ▷3
SUÈ. 1944. Drame psychologique d'Alf SJÖBERG avec Stig Jarrel, Alf Kjellin et Mai Zetterling. - Un étudiant s'éprend d'une fille déchue qui se dit terrorisée par un sadique. - Scénario d'Ingmar Bergman. Réalisation teintée d'expressionnisme. □ 13 ans+

TOURNEUSE DE PAGES, LA ▷3
FR. 2006. Thriller de Denis DERCOURT avec Déborah François, Pascal Greggory et Catherine Frot. - Une jeune femme devient tourneuse de pages pour la célèbre concertiste qui, par sa désinvolture dix ans plus tôt, l'a décidée à renoncer à une carrière de pianiste. - Récit précis et subtil dans sa manière d'illustrer une froide vengeance. Réalisation à la fois élégante et tendue. Contrepoint musical bien choisi. Interprétation de qualité. ➔ DVD$

TOUS À L'OUEST -
UNE AVENTURE DE LUCKY LUKE ▷4
FR. 2007. Film d'animation d'Olivier JEAN-MARIE. - Tout en surveillant les frères Dalton, Lucky Luke accompagne d'Est en Ouest des immigrants qui risquent de perdre les terres qu'ils ont achetées à un filou. □ Général ➔ DVD$

TOUS EN SCÈNE *voir* **Band Wagon, The**

TOUS ENSEMBLE [Togheter] ▷4
SUÈ. 2000. Comédie dramatique de Lukas MOODYSSON avec Gustaf Hammarsten, Lisa Lindgren et Mikael Nykvist. - En 1975, une femme battue s'en va vivre avec ses deux enfants chez son frère qui habite en communauté avec des amis. □ 13 ans+

TOUS LES AUTRES S'APPELLENT ALI ▷3
[Ali: Fear Eats the Soul]
ALL. 1973. Drame psychologique de Rainer Werner FASSBINDER avec Brigitte Mira, El Hedi Ben Salem et Barbara Valentin. - Une femme de ménage dans la soixantaine songe à épouser un Marocain, ce qui lui occassionne des ennuis. - Présentation intéressante de diverses formes de préjugés. Personnages plutôt schématiques. □ Général ➔ DVD$

TOUS LES AUTRES, SAUF MOI ▷4
CAN. 2006. Comédie dramatique réalisée et interprétée par Ann ARSON avec Johanne Marie Tremblay et Tania Kontoyanni. - Tombée enceinte par accident, une cinéaste prétexte le tournage d'un documentaire afin de sonder l'opinion de son entourage sur la maternité. □ Général ➔ DVD$

TOUS LES CHIENS VONT AU PARADIS
voir **All Dogs Go to Heaven**

TOUS LES MATINS DU MONDE ▷3
FR. 1991. Drame d'Alain CORNEAU avec Jean-Pierre Marielle, Anne Brochet et Gérard Depardieu. - Un virtuose de la viole vivant en reclus avec ses deux filles accepte difficilement la présence d'un jeune élève. - Récit raconté avec une grande sobriété de ton. Évocation fastueuse et précise. Images composées comme des tableaux d'époque. Musique admirable. Jeu tout en retenue des interprètes. □ Général

TOUT ÇA... POUR ÇA! ▷4
FR. 1992. Comédie de mSurs de Claude LELOUCH avec Marie-Sophie L., Fabrice Luchini et Francis Huster. - Les mésaventures de cinq couples éprouvant diverses difficultés conjugales. □ Général

TOUT CE QUE LE CIEL PERMET
voir **All That Heaven Allows**

TOUT CE QUE VOUS AVEZ TOUJOURS VOULU SAVOIR SUR LE SEXE SANS JAMAIS OSER LE DEMANDER
voir **Everything You Always Wanted to Know About Sex but Were Afraid to Ask**

TOUT EST À VENDRE [Everything for Sale] ▷3
POL. 1968. Drame psychologique de Andrzej WAJDA avec Elsbieta Czyzewska, Beata Tyszkiewicz et Andrzej Lapicki. - Un acteur meurt pendant le tournage d'un film. - Passionnante étude sur les rapports entre le cinéma et la vie. Montage complexe. Mise en scène brillante. Interprétation solide. ➔ DVD$

TOUT EST PARFAIT ▷4
CAN. 2008. Drame psychologique de Yves Christian FOURNIER avec Maxime Dumontier, Chloé Bourgeois et Normand D'Amour. - Avare de réponses quant aux raisons qui ont poussé quatre de ses amis à conclure un pacte de suicide, un garçon de 16 ans se replie sur lui-même. □ 16 ans+ ➜ DVD$

TOUT FEU, TOUT FLAMME ▷4
FR. 1981. Comédie de Jean-Paul RAPPENEAU avec Yves Montand, Isabelle Adjani et Jean-Luc Bideau. - Un père prodigue entraîne sa fille dans ses manœuvres financières. □ Général ➜ DVD$

TOUT LE MONDE DIT: I LOVE YOU
voir **Everyone Says I Love You**

TOUT LE MONDE N'A PAS EU LA CHANCE D'AVOIR DES PARENTS COMMUNISTES ▷4
FR. 1993. Comédie dramatique de Jean-Jacques ZILBERMANN avec Josiane Balasko, Maurice Benichou et Catherine Hiégel. - En 1958, une mère de famille se voue à la cause du Parti communiste malgré les objections de son mari. □ Général

TOUT LE MONDE PEUT SE TROMPER ▷5
FR. 1982. Comédie policière de Jean COUTURIER avec Bernard Le Coq, Fanny Cottençon et Francis Perrin. - À la suite d'un hold-up, une employée de bijouterie s'empare d'une partie du butin, ce qui l'entraîne dans une série de mésaventures.

TOUT LE PLAISIR EST POUR MOI ▷5
FR. 2004. Comédie de mœurs d'Isabelle BROUÉ avec Marie Gillain, Julien Boisselier et Garance Clavel. - La vie d'une jeune femme épanouie sexuellement est chamboulée lorsqu'elle croit avoir «perdu» son clitoris. □ 13 ans+ · Érotisme ➜ DVD$

TOUT LE PLAISIR EST POUR MOI *voir* **Three for the Show**

TOUT POUR PLAIRE ▷5
FR. 2005. Comédie dramatique de Cécile TELERMAN avec Anne Parillaud, Mathilde Seigner et Judith Godrèche. - Les difficultés conjugales et professionnelles de trois amies d'enfance aux personnalités contrastées. □ Général · Déconseillé aux jeunes enfants ➜ DVD$

TOUT SUR MA MÈRE [All About My Mother] ▷3
ESP.-FR. 1999. Drame de mœurs de Pedro ALMODOVAR avec Cecilia Roth, Marisa Paredes et Penélope Cruz. - La mère d'un adolescent tué dans un accident tente de retrouver le père de ce dernier qu'elle avait quitté dix-huit ans plus tôt. - Vibrant hommage aux femmes. Accents mélodramatiques. Mise en scène très relevée. Jeu sensible de C. Roth.

TOUT VA BIEN ▷4
FR. 1972. Drame social de Jean-Luc GODARD et Jean-Paul GORIN avec Yves Montand, Jane Fonda et Vittorio Caprioli. - Une journaliste et son mari sont retenus dans un bureau par des ouvriers en grève. ➜ DVD$

TOUT VA BIEN... ON S'EN VA ▷4
FR. 2000. Drame psychologique de Claude MOURIÉRAS avec Miou-Miou, Natacha Régnier et Michel Piccoli. - À Lyon, la vie de trois sœurs est perturbée par le retour de leur père absent depuis quinze ans. □ Général

TOUTE LA BEAUTÉ DU MONDE ▷4
FR. 2006. Comédie sentimentale de Marc ESPOSITO avec Marc Lavoine, Zoé Félix et Jean-Pierre Darroussin. - À Bali, un importateur français de bois exotiques tente de gagner le cœur d'une compatriote inconsolable depuis le décès de son mari. ➜ DVD$

TOUTE LA VILLE ACCUSE ▷4
FR. 1956. Comédie de Claude BOISSOL avec Jean Marais, Etchika Choureau et Noël Roquevert. - Tous les matins, un jeune romancier peu fortuné découvre à sa porte un sac d'argent. □ Général

TOUTE UNE NUIT ▷4
BEL. 1982. Film d'essai de Chantal AKERMAN avec Aurore Clément, Pierre Forget et Véronique Silver. - Par une chaude nuit d'été à Bruxelles, des couples se forment ou se brisent dans diverses parties de la ville. □ Général

TOUTE UNE VIE ▷5
FR. 1975. Chronique de Claude LELOUCH avec Marthe Keller, André Dussollier et Charles Denner. - Divers incidents menant à la rencontre de l'héritière d'un riche industriel avec un jeune voleur devenu réalisateur de films. □ Général

TOUTES CES FEMMES [All These Women] ▷4
SUÉ. 1964. Comédie satirique de Ingmar BERGMAN avec Jarl Kulle, Bibi Andersson et Eva Dahlbeck. - Un critique qui veut écrire la biographie d'un violoniste défunt assiste au défilé de ses nombreuses veuves.

TOUTES LES FILLES SONT FOLLES ▷5
FR. 2002. Comédie sentimentale de Pascale POUZADOUX avec Barbara Schulz, Camille Japy et Antoine Duléry. - Avec la complicité involontaire de sa sœur, une enseignante solitaire kidnappe celui qu'elle croit être l'homme idéal. □ Général ➜ DVD$

TOUTES PEINES CONFONDUES ▷3
FR. 1992. Drame policier de Michel DEVILLE avec Patrick Bruel, Jacques Dutronc et Mathilda May. - Un inspecteur de police voit son intégrité mise au défi lorsqu'il est appelé à enquêter dans l'entourage d'un trafiquant de drogue. - Thriller déroutant fondé sur le jeu subtil des relations entre les personnages. Mise en scène d'une élégance glaciale. Climat quasi surréaliste. Bons interprètes. □ Général

TOWELHEAD
É.-U. 2008. Alan BALL ➜ DVD$

TOWERING INFERNO, THE ▷4
É.-U. 1974. Drame de John GUILLERMIN et Irwin ALLEN avec Paul Newman, Steve McQueen et William Holden. - Un incendie se déclare au 81e étage d'un gratte-ciel de San Francisco alors qu'une réception est en cours au 135e. □ 13 ans+ ➜ DVD$

TOWN AND COUNTRY [Ronde des cocus, La] ▷5
É.-U. 2001. Comédie de mœurs de Peter CHELSOM avec Warren Beatty, Diane Keaton et Goldie Hawn. - Un architecte qui a toujours été fidèle à sa femme se laisse tenter par le démon du midi. □ Général · Déconseillé aux jeunes enfants ➜ DVD$

TOWN WITHOUT PITY [Ville sans pitié] ▷5
É.-U. 1961. Drame de Gottfried REINHARDT avec Kirk Douglas, E.G. Marshall et Robert Blake. - Quatre soldats américains cantonnés en Allemagne sont traduits en cour martiale pour viol. □ 13 ans+ ➜ DVD$

TOXIC AFFAIR ▷5
FR. 1993. Comédie dramatique de Philomène ESPOSITO avec Isabelle Adjani, Clémentine Célarié et Sergio Castellitto. - Complètement esseulée depuis que son amant l'a quittée, une jeune femme s'efforce difficilement de reprendre sa vie en main. □ Général

TOY, THE [Joujou, Le] ▷5
É.-U. 1982. Comédie de Richard DONNER avec Richard Pryor, Jackie Gleason et Scott Schwartz. - Un journaliste dans la dèche accepte de devenir pour une semaine le jouet du jeune fils de son patron.

TOY STORY [Histoire de jouets] ▷3
É.-U. 1995. Dessins animés de John LASSETER. - Animés d'une vie propre, les jouets d'un petit garçon vivent des aventures périlleuses lorsqu'ils tombent entre les mains d'un jeune voisin malicieux. - Premier long métrage entièrement animé par ordinateur. Récit imaginatif et plein d'humour. Aspects techniques remarquables. Héros attachants. □ Général · Enfants ➜ DVD$

TOY STORY 2 ▷3
É.-U. 1999. Dessins animés de John LASSETER, Lee UNKRICH et Ash BRANNON. - Des jouets animés d'une vie propre partent à la rescousse d'un des leurs enlevé par un collectionneur cupide. - Récit très bien construit. Mélange habile d'humour, d'action et d'émotion. Animation par ordinateur de grande qualité. Réalisation sans faille. ➜ DVD$

TOYS [Jouets] ▷5
É.-U. 1992. Comédie dramatique de Barry LEVINSON avec Robin Williams, Michael Gambon et Joan Cusack. - Un homme tente de déjouer les plans machiavéliques de son oncle militaire qui fabrique des armes dans une usine de jouets. □ Général ➜ DVD$

TRACE OF STONES
ALL. 1966. Frank BEYER ➜ DVD$

TRACEY FRAGMENTS, THE ▷4
CAN. 2007. Drame psychologique de Bruce McDONALD avec Ellen Page, Max McCabe-Lokos et Ari Cohen. - Une adolescente rebelle, tourmentée et rejetée de tous, quitte sa famille dysfonctionnelle et fait d'étranges rencontres. □ 13 ans+ ➜ DVD$

TRACK 29
ANG. 1988. Nicolas ROEG □ 13 ans+

TRACK OF THE CAT ▷4
É.-U. 1954. Western de William A. WELLMAN avec Robert Mitchum, Teresa Wright et Diana Lynn. - Les membres d'une famille pourchassent un félin prédateur. □ Général ➜ DVD$

TRADER HORN ▷4
É.-U. 1931. Aventures de W.S. Van DYKE avec Harry Carey, Edwina Booth et Duncan Renaldo. - Dans la jungle africaine, des explorateurs délivrent une jeune Blanche captive d'une tribu indigène. □ Général

TRADING PLACES [Fauteuil pour deux, Un] ▷4
É.-U. 1983. Comédie de John LANDIS avec Dan Aykroyd, Eddie Murphy et Jamie Lee Curtis. - Pour les besoins d'un pari, deux hommes d'affaires remplacent leur directeur par un Noir sans formation financière. □ 13 ans+ ➜ DVD$

TRADUCTION INFIDÈLE
voir **Lost in Translation**

TRAFFIC [Trafic] ▷3
É.-U. 2000. Drame de Steven SODERBERGH avec Michael Douglas, Benicio Del Toro et Catherine Zeta-Jones. - Trois histoires entremêlées racontant les efforts de politiciens et de policiers engagés dans la lutte contre le trafic des stupéfiants. - Fresque ample et fort bien construite. Grande maîtrise esthétique et technique. Distribution de haut vol. □ 13 ans+ ➜ DVD DVD-BR$

TRAFIC ▷3
FR. 1971. Comédie réalisée et interprétée par Jacques TATI avec Maria Kimberly et Marcel Fraval. - Un dessinateur industriel se rend en Hollande pour la présentation d'une camionnette à une exposition. - Satire du rôle qu'occupe l'automobile dans notre société. Gags nombreux et réussis. Observation précise. Climat euphorique. Présence amusante de J. Tati dans le rôle de M. Hulot. □ Général

TRAGÉDIE D'UN HOMME RIDICULE, LA
ITA. 1981. Bernardo BERTOLUCCI □ Général

TRAGÉDIE DE LA MINE, LA [Kameradschaft] ▷3
ALL. 1931. Drame de Georg Wilhelm PABST avec Alexandre Granach, Fritz Kampers et Georges Chalia. - Des mineurs allemands secourent des mineurs français bloqués dans une galerie. - Intérêt documentaire. Excellente construction dramatique. Mise en scène vigoureuse et réaliste.

TRAGEDY OF A RIDICULOUS MAN
voir **Tragédie d'un homme ridicule, La**

TRAIL OF THE LONESOME PINE, THE ▷4
É.-U. 1936. Drame de Henry HATHAWAY avec Fred MacMurray, Henry Fonda et Sylvia Sidney. - Deux familles vivent isolées dans les montagnes du Cumberland, en inimitié l'une envers l'autre. □ Général

TRAIL OF THE PINK PANTHER ▷5
É.-U. 1982. Comédie policière de Blake EDWARDS avec Peter Sellers, Joanna Lumley et Richard Mulligan. - Une journaliste de la télévision entreprend une enquête sur la disparition d'un policier célèbre dans un accident d'avion. □ Général ➜ DVD$

TRAIN, THE ▷4
FR. 1964. Drame de guerre de John FRANKENHEIMER avec Burt Lancaster, Jeanne Moreau et Paul Scofield. - Des cheminots français cherchent à empêcher le transport d'œuvres d'art en Allemagne, à la fin de la guerre. □ Général

TRAIN, LE [Last Train, The] ▷4
FR. 1973. Drame sentimental de Pierre GRANIER-DEFERRE avec Jean-Louis Trintignant, Romy Schneider et Maurice Biraud. - Alors que les Allemands entrent en France, un homme séparé de sa femme est attiré par une inconnue sur un train bondé. □ Général

TRAIN DE 16H50, LE *voir* **Murder She Said**

TRAIN DE VIE ▷4
FR. 1998. Comédie dramatique de Radu MIHAILEANU avec Lionel Abelanski, Rufus et Clément Harari. - Avant l'arrivée des nazis, les habitants d'un village juif d'Europe de l'Est décident de fuir en organisant un faux train de déportés.

TRAIN OF DREAMS [Rêves en cage] ▷4
CAN. 1987. Drame social de John N. SMITH avec Jason St. Amour, Marcella Santa Maria et Fred Ward. - Purgeant une sentence dans un centre de redressement, un adolescent rebelle est amené par un éducateur à réfléchir sur sa situation. □ Général

TRAIN RIDE TO HOLLYWOOD
É.-U. 1978. Charles R. RONDEAU □ Général

TRAIN SIFFLERA TROIS FOIS, LE *voir* **High Noon**

TRAINING DAY [Jour de formation] ▷4
É.-U. 2001. Drame policier d'Antoine FUQUA avec Ethan Hawke, Denzel Washington et Scott Glenn. - Un jeune policier de Los Angeles passe un jour de formation avec un détective de l'escouade des narcotiques qui s'avère corrompu. □ 13 ans+ ➜ DVD DVD-BR$

TRAINS ÉTROITEMENT SURVEILLÉS ▷3
[Closely Watched Trains]
TCH. 1966. Comédie dramatique de Jiri MENZEL avec Vaclav Neckar, Jitka Bendova et Joseph Somr. - Après une expérience amoureuse manquée, un jeune homme tente de se suicider. - Approche ironique et sympathique du sujet. Humour surgissant de détails minutieusement observés. Ton caricatural tempéré de chaleur humaine. Photographie soignée. Interprétation naturelle. □ Général ➜ DVD$

TRAINSPOTTING [Ferrovipathes] ▷3
ANG. 1995. Comédie de mœurs de Danny BOYLE avec Ewan McGregor, Robert Carlyle et Kelly Macdonald. - La vie quotidienne d'un petit groupe de toxicomanes de la banlieue d'Édimbourg à la fin des années 1980. - Approche à la fois provocatrice et énergisante. Fantaisie flirtant avec le surréalisme.
□ 16 ans+ · Langage vulgaire ➜ DVD DVD-BR$

TRAITEMENT DE CHOC ▷4
FR. 1972. Drame d'Alain JESSUA avec Annie Girardot, Alain Delon et Robert Hirsch. - La directrice d'une boutique de vêtements de Paris se rend en Bretagne pour suivre en clinique une cure de rajeunissement. □ 18 ans+

TRAITOR ▷4
É.-U. 2008. Thriller de Jeffrey NACHMANOFF avec Don Cheadle et Guy Pearce. - Un enquêteur du FBI tente de mettre la main au collet d'un ancien agent spécial des services secrets américains, un musulman très pieux. □ 13 ans+ · Violence ➜ DVD DVD-BR$

TRAITORS, THE
ARG. 1972. Raymundo GLEYZER

TRAMP, TRAMP, TRAMP ▷3
É.-U. 1926. Comédie d'Harry EDWARDS avec Harry Langdon, Joan Crawford et Tom Murray. - Pour sauver son père de la ruine, un jeune homme participe à un concours de marche. - Classique du cinéma muet. Scénario amusant. Gags inventifs. Interprétation candide de H. Langdon. □ Général

TRAMWAY NOMMÉ DÉSIR, UN
voir **Streetcar Named Desire, A**

TRANCE *voir* **Fan, The**

TRANCERS [Flic du futur, Le] ▷4
É.-U. 1984. Science-fiction de Charles BAND avec Tim Thomerson, Helen Hunt et Michael Stefani. - En l'an 2247, un policier en chasse d'un criminel notoire que l'on croit mort retourne dans le passé et emprunte l'identité d'un aïeul pour poursuivre ses recherches.
□ 13 ans+

TRANSAMERICA ▷4
É.-U. 2005. Comédie dramatique de Duncan TUCKER avec Felicity Huffman, Kevin Zegers et Elizabeth Pena. - Un transsexuel sur le point d'être opéré pour devenir une femme se rend à New York retrouver un fils dont il ignorait l'existence. □ 16 ans+ ➜ DVD $

TRANSFIXED *voir* **Mauvais genre**

TRANSIT ▷6
QUÉ. 2008. Drame policier réalisé et interprété par Christian de la CORTINA avec Luc Morissette et Julie Du Page. - Infiltré dans un gang de voleurs de voitures, un agent de la GRC voit son opération mise en péril par un pugnace détective de la police de Montréal.
□ 13 ans+ ➜ DVD $

TRANSSIBERIAN
ALL. ANG. ESP. 2008. Brad ANDERSON ➜ DVD DVD-BR $

TRANSYLVANIA ▷4
FR. 2006. Drame de mœurs de Tony GATLIF avec Asia Argento, Birol Unel et Amira Casar. - Une jeune Italienne quitte la France pour la Roumanie où elle espère retrouver un musicien tzigane dont elle attend un enfant. ➜ DVD $

TRAPEZE ▷3
É.-U. 1955. Drame de Carol REED avec Burt Lancaster, Gina Lollobrigida et Tony Curtis. - Une brune capiteuse sème la discorde dans un cirque. - Triangle classique. Extraordinaire numéro de trapèze. Aspects techniques remarquables. Interprètes à la hauteur. □ Général

TRAPPE DANS LE PLANCHER, LA *voir* **Door in the Floor**

TRAPPE, LA ▷4
SUÈ. 1987. Comédie policière de Jonas FRICK avec Bjorn Skifs, Gunnel Fred et Gino Samil. - Emprisonné à tort, un professeur de chimie découvre une vaste conspiration criminelle. □ Général

TRAQUÉ *voir* **Running Scared**

TRAQUE, LA *voir* **Gunman in the Streets**

TRAQUENARD *voir* **Party Girl**

TRAQUÉS, LES ▷4
FR. 1976. Drame policier de Serge LEROY avec Jean-Louis Trintignant, Bernard Fresson et Mireille Darc. - Un homme et son jeune beau-fils sont pris en chasse par un inconnu sur la route entre Rome et Paris.

TRAQUEUR, LE *voir* **Rundown, The**

TRASH ▷5
É.-U. 1970. Drame de mœurs de Paul MORRISSEY avec Holly Woodlawn, Joe Dallesandro et Jane Forth. - Les tribulations d'un jeune héroïnomane et de son ami travesti qui vivent de divers expédients.
□ 18 ans+ ➜ DVD $

TRAVELLERS AND MAGICIANS ▷4
BHO. 2003. Conte de Khyentse NORBU avec Tshewang Dendup, Ap Dochu et Sonam Kinga. - En route pour chercher son visa, un fonctionnaire fait la rencontre d'un moine bouddhiste qui veut le dissuader de partir pour les États-Unis. □ Général

TRAVELLING AVANT ▷4
FR. 1987. Drame de Jean-Charles TACCHELLA avec Thierry Frémont, Ann-Gisel Glass et Simon de la Brosse. - Les aventures sentimentales de trois amis, passionnés de cinéma, les empêchent de fonder ensemble un ciné-club. □ Général

TRAVELS WITH MY AUNT ▷4
ANG. 1972. Comédie policière de George CUKOR avec Maggie Smith, Lou Gossett et Alec McCowen. - Un austère comptable londonien est entraîné dans une folle aventure par une tante excentrique.
□ Général

TRAVERSÉE DE PARIS, LA ▷3
FR. 1956. Comédie dramatique de Claude AUTANT-LARA avec Jean Gabin, Bourvil et Louis de Funès. - En 1942, les tribulations de deux hommes mêlés à des opérations de marché noir. - Ton d'humour noir. Interprétation remarquable. □ Général

TRAVERSÉES ▷4
TUN. 1982. Drame social de Mahmoud Ben MAHMOUD avec Fadhel Jaziri, Julian Negulesco et Eva Darlan. - Deux réfugiés sont retenus sur un traversier après avoir été rejetés de chaque côté de la Manche par les douanes anglaise et belge.

TRAVIATA, LA ►2
ITA. 1982. Spectacle musical de Franco ZEFFIRELLI avec Teresa Stratas, Placido Domingo et Cornell McNeil. - Un jeune homme s'éprend d'une courtisane qui le quitte pour sauvegarder son avenir et son honneur. - Adaptation somptueuse de l'opéra de Verdi. Images imprégnées de lyrisme. Décors luxueux. Interprétation admirable de T. Stratas. □ Général

TREASURE ISLAND ▷4
É.-U. 1934. Aventures de Victor FLEMING avec Wallace Beery, Jackie Cooper et Lionel Barrymore. - Un jeune garçon fait partie d'une expédition organisée pour trouver le trésor d'un pirate.
□ Général ➜ DVD $

TREASURE ISLAND ▷4
É.-U. 1950. Aventures de Byron HASKIN avec Robert Newton, Bobby Driscoll et Basil Sidney. - Un jeune garçon et un chef de pirates font partie d'une expédition à la recherche d'un trésor.
□ Général ➜ DVD $

TREASURE ISLAND ▷5
ANG. 1972. Aventures de John HOUGH avec Orson Welles, Kim Burfield et Walter Slezak. - Un jeune garçon et un chef de pirates font partie d'une même expédition à la recherche d'un trésor. - Beaux décors naturels. Mise en scène correcte. O. Welles pittoresque dans le rôle du pirate.

TREASURE ISLAND [Île au trésor, L'] ▷4
É.-U. 1990. Aventures de Fraser C. HESTON avec Charlton Heston, Christian Bale et Richard Johnson. - Après avoir reçu d'un marin mourant la carte d'une île où se trouve un trésor caché par des pirates, le fils d'un aubergiste part à sa recherche en compagnie de notables.

TREASURE OF THE AMAZON ▷6
MEX. 1985. Aventures de R. CARDONA avec Stuart Whitman, Ann Sidney et Emilio Fernandez. - Divers aventuriers se disputent la possession d'un lot de pierres précieuses en Amazonie.

TREASURE OF THE SIERRA MADRE, THE ►1
É.-U. 1948. Drame de John HUSTON avec Humphrey Bogart, Walter Huston et Tim Holt. - Trois aventuriers cherchent un gisement d'or au Mexique. - Adaptation d'un roman de B. Traven. Œuvre humaine et très dramatique. Mise en scène soignée. Interprétation remarquable.
➜ DVD $

TREASURE PLANET [Planète au trésor, La] ▷4
É.-U. 2002. Film d'animation de John MUSKER et Ron CLEMENTS - Un garçon se joint à une expédition à la recherche d'une planète où se trouve un trésor également convoité par des pirates de l'espace.
□ Général ➜ DVD $

TREE GROWS IN BROOKLYN, A ▷4
É.-U. 1948. Comédie dramatique d'Elia KAZAN avec Joan Blondell, Peggy Ann Garner et Dorothy McGuire. - Les problèmes familiaux d'une adolescente au début du siècle. □ Général

TREE OF THE WOODEN CLOGS, THE
voir **Arbre aux sabots, L'**

TREES LOUNGE ▷4
É.-U. 1996. Drame de mœurs réalisé et interprété par Steve BUSCEMI avec Mark Boone Junior et Chloe Sevigny. - Les tribulations d'un célibataire paumé et sans emploi qui passe son temps à pinter dans un bar minable. □ 13 ans+ ➜ DVD $

TREIZE À LA DOUZAINE *voir* **Cheaper by the Dozen**

TREIZE ANS *voir* **Thirteen**

TREIZE JOURS *voir* **Thirteen Days**

TREMORS ▷5
É.-U. 1989. Drame d'horreur de Ron UNDERWOOD avec Kevin Bacon, Fred Ward et Finn Carter. - Dans une petite ville du Nevada, deux travailleurs itinérants et une jeune sismologue doivent contrer les assauts d'étranges créatures. □ 13 ans+ ➜ DVD $

TRENTE-SIX HEURES AVANT LE DÉBARQUEMENT
voir **36 Hours**

TRÉSOR DE CANTENAC, LE ▷4
FR. 1950. Conte réalisé et interprété par Sacha GUITRY avec Lana Marconi et Pauline Carton. - Après avoir découvert un trésor caché dans son château par un de ses ancêtres, un comte emploie sa fortune à faire le bonheur des villageois.

TRÉSOR NATIONAL *voir* **National Treasure**

TRÈVE, LA [Truce, The] ▷4
ITA. 1996. Drame biographique de Francesco ROSI avec John Turturro, Massimo Ghini et Rade Serbedzija. - Libéré du camp d'Auschwitz en 1945, un juif italien entreprend un voyage parsemé d'embûches pour rentrer dans son pays. □ Général ➜ DVD $

TRÈVE POUR L'AMOUR, UNE *voir* **Dying Young**

TRIAD ELECTION *voir* **Election 2**

TRIADE DE SHANGHAI, LA [Shanghai Triad] ▷4
CHI. 1995. Drame de Yimou ZHANG avec Gong Li, Li Baotian et Wang Xiaoxiao. - En 1930, un jeune garçon découvre le monde de la pègre chinoise en étant au service de la maîtresse d'un mafioso.
□ Général ➜ DVD $

TRIAL, THE ►2
FR. 1962. Drame réalisé et interprété par Orson WELLES avec Romy Schneider et Anthony Perkins. - Un homme en état d'arrestation n'arrive pas à savoir de quel crime on l'accuse. - Œuvre insolite et hardie. Récit fidèle à l'esprit du roman de Kafka. Décors hallucinants. A. Perkins excellent. □ 13 ans+ ➜ DVD $

TRIBUTE [Fils pour l'été, Un] ▷4
CAN. 1980. Drame psychologique de Bob CLARK avec Jack Lemmon, Robby Benson et Lee Remick. - Apprenant qu'il ne lui reste que quelques mois à vivre, un écrivain raté tente de renouer avec son fils.
□ Général

TRIBUTE TO A BAD MAN ▷4
É.-U. 1955. Western de Robert WISE avec James Cagney, Irene Papas et Don Dubbins. - Un éleveur dur et impitoyable finit par reconnaître l'odieux de sa conduite. □ Général

TRICHE, LA ▷4
FR. 1984. Drame de mœurs de Yannick BELLON avec Victor Lanoux, Xavier Deluc et Anny Duperey. - Un commissaire de police marié et père de famille s'engage dans une liaison avec un jeune musicien qu'il a rencontré en enquêtant sur un meurtre. □ 13 ans+

TRICHEURS ▷5
FR. 1983. Drame de mœurs de Barbet SCHROEDER avec Jacques Dutronc, Bulle Ogier et Kurt Raab. - Un joueur invétéré devient le complice d'un tricheur professionnel qui a mis au point une méthode infaillible pour tromper les croupiers. ➜ DVD $

TRICK ▷4
É.-U. 1999. Comédie de mœurs de Jim FALL avec Christian Campbell, John Paul Pitoc et Tori Spelling. - À New York, deux jeunes homosexuels qui viennent de faire connaissance passent la nuit à chercher un endroit pour faire l'amour. □ 13 ans+ ➜ DVD $

TRILOGY OF TERROR ▷4
É.-U. 1975. Film à sketches de Dan CURTIS avec Karen Black, Robert Burton et John Karlin. - Trois récits étranges basés sur des nouvelles du romancier Richard Matheson. □ 13 ans+ · Horreur ➜ DVD $

TRIO INFERNAL, LE ▷4
FR. 1974. Drame policier de Francis GIROD avec Michel Piccoli, Romy Schneider et Mascha Gomska. - Au cours des années 1920, un avocat s'engage dans une série de crimes crapuleux avec la complicité de deux sœurs allemandes. □ 18 ans+ ➜ DVD $

TRIP, THE ▷4
É.-U. 1967. Drame psychologique de Roger CORMAN avec Peter Fonda, Bruce Dern et Dennis Hopper. - Initié par son ami au LSD, un jeune homme vit diverses aventures durant ses hallucinations.

TRIP TO BOUNTIFUL, THE ▷3
É.-U. 1985. Drame psychologique de Peter MASTERSON avec Geraldine Page, John Heard et Carlin Glynn. - Voulant échapper à une existence familiale médiocre, une vieille dame tente de retourner sur les lieux de son enfance. - Film modeste et nostalgique. Mise en scène retenue. Observations psychologiques intéressantes. Ton de vraisemblance. Composition touchante de G. Page. □ Général ➜ DVD $

TRIPLE AGENT ▷3
FR. 2004. Drame d'espionnage d'Éric ROHMER avec Serge Renko, Katerina Didaskalou et Cyrielle Clair. - Dans les années 1930, un jeune général tsariste exilé à Paris cache à son épouse la véritable nature de ses activités d'espionnage. - Récit intrigant inspiré d'un événement véridique jamais élucidé. Dialogue omniprésent mais d'une grande intelligence. Fascinante leçon d'histoire. Réalisation maîtrisée. Interprétation dans la note. ➜ DVD $

TRIPLETTES DE BELLEVILLE, LES ►2
[Belleville Rendez-Vous]
FR. 2003. Dessins animés de Sylvain CHOMET. - Aidée d'un trio de chanteuses excentriques et d'un chien débrouillard, une vieille dame tente de libérer son petit-fils cycliste qui a été kidnappé par la mafia française. - Œuvre cultivant avec beaucoup d'esprit un humour d'observation à la Tati. Personnages aux idiosyncrasies insolites et savoureuses. Facture visuelle d'une formidable originalité. Chanson thème mémorable. □ Général ➜ DVD $

TRISTAN ▷4
FR. 2003. Thriller de Philippe HAREL avec Mathilde Seigner, Jean-Jacques Vanier et Jean-Louis Loca. - Une jeune commissaire de police croit être sur la piste d'un tueur en série qui séduit ses victimes puis les pousse au suicide. □ Général · Déconseillé aux jeunes enfants
➜ DVD $

TRISTAN AND ISOLDE [Tristan et Yseult] ▷4
ANG. 2005. Drame sentimental de Kevin REYNOLDS avec James Franco, Sophia Myles et Rufus Sewell. - Au début du Moyen-Âge, un chevalier anglais et une princesse irlandaise vivent une passion secrète malgré la rivalité qui oppose leurs peuples respectifs.
□ Général · Déconseillé aux jeunes enfants ➜ DVD-BR $

TRISTANA ►2
ESP. 1970. Drame psychologique de Luis BUÑUEL avec Catherine Deneuve, Fernando Rey et Franco Nero. - Une orpheline tombe amoureuse d'un jeune peintre et s'enfuit avec lui pour échapper à son tuteur qui a fait d'elle sa maîtresse. - Style d'une rigueur exceptionnelle. Mise en scène dépouillée. Interprètes dirigés avec sûreté.
□ 13 ans+

TRISTESSE ET BEAUTÉ ▷5
FR. 1985. Drame psychologique de Joy FLEURY avec Myriem Roussel, Charlotte Rampling et Andrzej Zulawski. - Pour venger une amie, une jeune peintre espère détruire le bonheur familial de l'ancien amant de celle-ci. □ 13 ans+

TRISTRAM SHANDY - A COCK & BULL STORY ▷3
ANG. 2005. Comédie de Michael WINTERBOTTOM avec Steve Coogan, Rob Brydon et Keeley Hawes. - Les tribulations de l'acteur Steve Coogan lors du tournage d'un film inspiré d'un roman satirique du XVIIIe siècle. - Transposition espiègle de l'œuvre de Laurence Sterne. Sens de la digression répondant à celui de l'œuvre originale. Rythme alerte. Images soignées lors des séquences du film dans le film. Jouissif exercice d'autodérision de la part de S. Coogan.
□ 13 ans+ ➜ DVD $

TRIUMPH OF THE SPIRIT ▷4
É.-U. 1989. Drame biographique de Robert M. YOUNG avec Willem Dafoe, Edward James Olmos et Wendy Gazelle. - Emprisonné dans le camp de concentration d'Auschwitz, un Grec juif survit en participant à des matches de boxe pour le plaisir de ses gardiens.
□ 13 ans+ ➜ DVD $

TRIXIE ▷5
É.-U. 2000. Comédie policière d'Alan RUDOLPH avec Emily Watson, Dermot Mulroney et Nick Nolte. - Victime de sa candeur, une gardienne de sécurité se compromet dans une sombre histoire de meurtre et de chantage.

TROG ▷5
ANG. 1970. Science-fiction de Freddie FRANCIS avec Joan Crawford, Michael Gough et Joe Cornelius. - Une anthropologue étudie les réactions d'un homme primitif découvert dans une caverne.
□ 13 ans+ ➜ DVD $

TROIE *voir* **Troy**

TROIS BÉBÉS SUR LES BRAS
voir **Rock-a-Bye Baby**

TROIS CABALLEROS, LES
voir **Three Caballeros, The**

TROIS COULEURS - BLANC ▷3
FR. 1993. Comédie dramatique de Krzysztof KIESLOWSKI avec Julie Delpy, Zbigniew Zamachowski et Janusz Gajos. - Toujours amoureux de son ex-épouse qui vit à Paris, un nouveau riche polonais se fait passer pour mort afin d'appâter celle-ci avec son héritage. - Histoire d'amour singulière évoquant de manière métaphorique les liens entre l'Est et l'Ouest. Ironie douce-amère. Interprètes magnifiquement dirigés. □ Général ➜ DVD$

TROIS COULEURS - BLEU ▶2
FR. 1993. Drame psychologique de Krzysztof KIESLOWSKI avec Juliette Binoche, Benoît Régent et Florence Pernel. - Après avoir perdu son mari et sa fillette dans un accident, une jeune femme tente d'effacer toute trace de son passé. - Récit bouleversant raconté par petites touches allusives. Ton de mystère envoûtant. Grande profondeur psychologique. Composition visuelle admirable. Jeu sobre et sensible de J. Binoche. □ Général ➜ DVD$

TROIS COULEURS - ROUGE ▶2
FR. 1994. Drame psychologique de Krzysztof KIESLOWSKI avec Irène Jacob, Jean-Louis Trintignant et Jean-Pierre Lorit. - Une complicité inattendue se développe entre un vieux juge cynique et une jeune femme sensible. - Œuvre subtilement émouvante et intelligente. Jeux du destin évoqués avec une grande aisance d'écriture. Psychologie pénétrante. Images recherchées. I. Jacob radieuse. ➜ DVD$

TROIS COURONNES DU MATELOTS, LES
FR. 1983. Raul (Raoul) RUIZ

TROIS ENTERREMENTS
voir **Three Burials of Melquiades Estrada, The**

TROIS FRÈRES [Three Brothers] ▶2
ITA. 1981. Drame social de Francesco ROSI avec Philippe Noiret, Michele Placido et Vittorio Mezzogiorno. - Les trois fils d'un fermier sont réunis dans la maison familiale à l'occasion de la mort de leur mère. - Scénario inspiré d'une nouvelle russe. Film intelligemment réflexif. Mise en images admirable. Interprétation solide.
□ Général ➜ DVD$

TROIS FRÈRES, LES ▷5
FR. 1995. Comédie de mœurs réalisée et interprétée par Didier BOURDON et Bernard CAMPAN avec Pascal Légitimus. - Trois frères qui ne se sont connus qu'à la mort de leur mère sont obligés de cohabiter après avoir perdu leur héritage. □ Général

TROIS FUGITIFS *voir* **Three Fugitives**

TROIS GRÂCES ET MOI, LES *voir* **Some Girls**

TROIS HOMMES ET UN BÉBÉ *voir* **Three Men and a Baby**

TROIS HOMMES ET UN COUFFIN ▷4
[Three Men and a Cradle]
FR. 1985. Comédie de mœurs de Coline SERREAU avec Roland Giraud, Michel Boujenah et André Dussollier. - Trois célibataires endurcis partageant un grand appartement vont devoir se transformer en pères adoptifs d'un bébé déposé devant leur porte. □ Général ➜ DVD$

TROIS HOMMES ET UNE JEUNE DEMOISELLE
voir **Three Men and a Little Lady**

TROIS JOURS À VIVRE ▷5
FR. 1957. Drame policier de Gilles GRANGIER avec Daniel Gélin, Jeanne Moreau et Lino Ventura. - Un acteur témoin d'un meurtre est poursuivi par celui qu'il a fait condamner injustement.

TROIS MOUSQUETAIRES, LES *voir* **Three Musketeers, The**

TROIS PLACES POUR LE 26 ▷5
FR. 1988. Comédie musicale de Jacques DEMY avec Yves Montand, Mathilda May et Françoise Fabian. - Arrivé à Marseille pour y monter une comédie musicale qui retrace les plus importantes étapes de sa carrière, Yves Montand tombe amoureux d'une jeune danseuse.

TROIS POMMES À CÔTÉ DU SOMMEIL ▷4
QUÉ. 1988. Drame psychologique de Jacques LEDUC avec Paule Baillargeon, Normand Chouinard et Josée Chaboillez. - Le jour de ses quarante ans, un journaliste se souvient de certaines étapes de sa vie.

TROIS ROIS *voir* **Three Kings**

TROIS SAISONS [Three Seasons] ▷4
É.-U.-VIET. 1999. Drame de mœurs de Tony BUI avec Don Duong, Nguyen Ngoc Hiep et Nguyen Huu Duoc. - À Ho Chi Minh-Ville, les tribulations de divers habitants et d'un ex-soldat américain.
□ Général ➜ DVD$

TROIS SŒURS ▷3
ITA. 1988. Comédie dramatique de Margarethe VON TROTTA avec Fanny Ardant, Greta Scacchi et Valeria Golino. - Les élans sentimentaux et les déceptions amoureuses de trois sœurs vivant en Italie du Nord. - Récit rappelant l'œuvre de Tchekhov. Réflexions amères et ironiques sur la vie et l'amour. Ensemble complexe mais fort bien orchestré. Jeu brillant des protagonistes.

TROIS VIES DE RITA VOGT, LES *voir* **Legend of Rita, The**

TROIS VIES ET UNE SEULE MORT ▷4
FR. 1995. Comédie dramatique de Raul RUIZ avec Anna Galiena, Marcello Mastroianni et Marisa Paredes. - Quatre histoires vécues par un homme atteint du syndrome de la «personnalité multiple».
□ 13 ans+

TROIS VISAGES DE LA PEUR, LES [Black Sabbath] ▷3
ITA. 1963. Drame d'horreur de Mario BAVA avec Jacqueline Pierreux, Michèle Mercier et Boris Karloff. - Trois histoires de fantômes. - Climat de terreur habilement créé. Nombreuses touches originales. Sens marqué de l'image. Bons interprètes. ➜ DVD$

TROISIÈME HOMME SUR LA MONTAGNE, LE
voir **Third Man on the Mountain**

TROISIÈME MIRACLE, LE *voir* **Third Miracle, The**

TROJAN WOMEN, THE [Troyennes, Les] ▷3
ANG.-É.-U. 1971. Drame de Michael CACOYANNIS avec Katharine Hepburn, Geneviève Bujold et Vanessa Redgrave. - Après la chute de Troie, les femmes des vaincus attendent qu'on statue sur leur sort. - Adaptation prenante de la tragédie classique d'Euripide. Aspect intemporel de l'œuvre accentué. □ Général ➜ DVD$

TROMPÉE *voir* **Deceived**

TRON ▷3
É.-U. 1982. Science-fiction de Steven LISBERGER avec Jeff Bridges, David Warner et Bruce Boxleitner. - Un ingénieur en électronique se retrouve à l'intérieur d'un ordinateur sophistiqué où il découvre un mini-monde surprenant. - Vision imaginative d'un monde fantastique. Traitement fascinant. Réalisation fort originale. Interprétation dans le ton voulu. □ Général ➜ DVD$

TROP BELLE POUR TOI! [Too Beautiful for You] ▷3
FR. 1989. Comédie sentimentale de Bertrand BLIER avec Gérard Depardieu, Josiane Balasko et Carole Bouquet. - L'époux d'une femme superbe se prend d'une folle passion pour une secrétaire sans charme apparent. - Variations originales sur le thème du triangle sentimental. Développements ingénieux. Trame musicale habilement utilisée. Réalisation brillante. Interprétation pleine d'aisance.
□ 13 ans+ ➜ DVD$

TROP C'EST TROP *voir* **Two Much**

TROP PLEIN D'AMOUR *voir* **Amour dangereux, L'**

TROP TARD ▷4
ROU. 1996. Drame policier de Lucian PINTILIE avec Razvan Vasilescu, Cecilia Barbora et Ion Fiscuteanu. - Malgré l'hostilité ambiante, un procureur enquête sur des meurtres mystérieux commis dans une mine. □ 13 ans+

TROPIC OF CANCER ▷4
É.-U. 1969. Drame psychologique de Joseph STRICK avec Rip Torn, James Callahan et David Bauer. - Les problèmes d'un écrivain américain installé à Paris. □ 13 ans+ · Langage vulgaire

TROPIC THUNDER ▷5
É.-U. 2008. Comédie satirique réalisée et interprétée par Ben STILLER avec Robert Downey Jr. et Jack Black. - Cinq acteurs, dont deux prima donna, sont confrontés à des trafiquants d'héroïne alors qu'ils se croient toujours en tournage dans la jungle vietnamienne.
□ 13 ans+ · Violence ➜ DVD DVD-BR$

TROPICAL MALADY
ALL. FR. ITA. Thaï. 2004. Apichatpong WEERASETHAKUL

TROU, LE ▶2
FR. 1959. Thriller de Jacques BECKER avec Philippe Leroy, Jean Kéraudy et Marc Michel. - La tentative d'évasion de quatre détenus est mise en péril par l'arrivée d'un nouveau compagnon de cellule. - Sujet traité avec authenticité et sobriété. Bande sonore d'une puissance d'expression exceptionnelle. Mise en scène précise et efficace. Acteurs fort bien dirigés. □ Général ➜ DVD$

TROU DANS LA TÊTE, UN *voir* **Hole in the Head**

TROU NOIR, LE *voir* **Black Hole, The**

TROUBLE EN DOUBLE *voir* **Big Business**

TROUBLE EVERY DAY
FR. 2001. Claire DENIS

TROUBLE IN PARADISE ▷3
É.-U. 1932. Comédie de Ernst LUBITSCH avec Herbert Marshall, Miriam Hopkins et Kay Francis. - Deux escrocs amants et associés décident de faire main basse sur la fortune d'une jeune veuve. - Sujet satirique traité avec fantaisie et humour. Personnages très typés. Montage nerveux. Acteurs de grand talent. ➜ DVD $

TROUBLE WITH ANGELS, THE ▷4
É.-U. 1965. Comédie d'Ida LUPINO avec Rosalind Russell, Hayley Mills et June Harding. - Les frasques d'une adolescente espiègle dans un pensionnat dirigé par des religieuses. □ Général ➜ DVD $

TROUBLE WITH HARRY, THE [Mais qui a tué Harry?] ▷3
É.-U. 1955. Comédie policière d'Alfred HITCHCOCK avec Shirley MacLaine, John Forsythe et Edmund Gwenn. - La découverte d'un cadavre dans les bois complique la vie de diverses personnes. - Exercice d'humour noir sur un ton léger. Mise en scène efficace. Décor automnal bien utilisé. Interprétation piquante de S. MacLaine.
□ Général ➜ DVD $

TROUBLES *voir* **Shattered**

TROUVER NEMO *voir* **Finding Nemo**

TROY [Troie] ▷4
É.-U. 2004. Drame épique de Wolfgang PETERSEN avec Brad Pitt, Eric Bana et Orlando Bloom. - L'enlèvement de la reine Hélène de Sparte par le jeune prince Pâris provoque la guerre de Troie.
□ 13 ans+ · Violence ➜ DVD DVD-BR $

TROYENNES, LES *voir* **Trojan Women, The**

TRUCE, THE *voir* **Trève, La**

TRUDEAU ▷4
CAN. 2002. Drame biographique de Jerry CICCORITTI avec Colm Feore, Polly Shannon et Patrick McKenna. - La vie et la carrière politique de l'ancien premier ministre canadien Pierre Elliott Trudeau. ➜ DVD $

TRUE BELIEVER ▷4
É.-U. 1988. Drame judiciaire de Joseph RUBEN avec James Woods, Robert Downey Jr. et Margaret Colin. - Un avocat contestataire qui a accepté de défendre un Coréen accusé à tort de meurtre découvre d'étranges failles dans l'enquête policière. □ 13 ans+ ➜ DVD $

TRUE CONFESSIONS [Sanglantes Confessions] ▷3
É.-U. 1981. Drame policier d'Ulu GROSBARD avec Robert Duvall, Robert De Niro et Charles Durning. - À la fin des années 1940, deux frères, l'un policier et l'autre prêtre, voient leurs vies bouleversées par une affaire de meurtre. - Film complexe mais fort intéressant. Bonne évocation d'époque. Climat d'opacité et de mystère. Interprétation de première force. □ 13 ans+ ➜ DVD $

TRUE CRIME [Jugé coupable] ▷4
É.-U. 1999. Drame judiciaire réalisé et interprété par Clint EASTWOOD avec Isaiah Washington et James Woods. - Un reporter croit pouvoir prouver en quelques heures l'innocence d'un condamné à mort.
□ 13 ans+ ➜ DVD $

TRUE GRIT [100$ pour le shérif] ▷4
É.-U. 1969. Western de Henry HATHAWAY avec John Wayne, Kim Darby et Glen Campbell. - Une adolescente et deux hommes se mettent à la recherche d'un meurtrier enfui en territoire indien.
□ Général ➜ DVD $

TRUE LIES [Vrai mensonge] ▷4
É.-U. 1994. Comédie de James CAMERON avec Arnold Schwarzenegger, Jamie Lee Curtis et Tom Arnold. - Sur les traces d'un dangereux terroriste, un agent secret néglige sa mission afin d'espionner sa femme infidèle. □ 13 ans+ · Violence ➜ DVD $

TRUE LOVE ▷4
É.-U. 1989. Comédie de mœurs de Nancy SAVOCA avec Annabella Sciorra, Ron Eldard et Star Jasper. - À quelques jours de son mariage, une jeune femme s'interroge sur l'attitude de son fiancé qui semble avoir du mal à renoncer à sa vie de célibataire. □ Général ➜ DVD $

TRUE ROMANCE [À cœur perdu] ▷5
É.-U. 1993. Drame policier de Tony SCOTT avec Christian Slater, Patricia Arquette et Dennis Hopper. - La pègre et la police à ses trousses, un jeune couple de Detroit se rend à Hollywood dans l'espoir d'y vendre une cargaison de cocaïne volée.
□ 16 ans+ · Violence ➜ DVD DVD-BR $

TRUE STORIES ▷4
É.-U. 1986. Comédie satirique réalisée et interprétée par David BYRNE avec John Goodman et Swoosie Kurtz. - Un guide invite le spectateur à explorer une petite ville du Texas. □ Général ➜ DVD $

TRUE STORY OF JESSE JAMES, THE ▷4
[Brigand bien-aimé, Le]
É.-U. 1956. Western de Nicholas RAY avec Robert Wagner, Jeffrey Hunter et Hope Lange. - Les aventures du célèbre bandit américain Jesse James. ➜ DVD $

TRUFFE ▷4
QUÉ. 2008. Science-fiction de Kim NGUYEN avec Céline Bonnier, Roy Dupuis et Jean-Nicolas Verreault. - Une jeune femme tente de comprendre le comportement étrange de son mari, un cueilleur de truffes nouvellement embauché par une mystérieuse compagnie.
□ Général · Déconseillé aux jeunes enfants ➜ DVD $

TRUITE, LA ▷4
FR. 1982. Drame de mœurs de Joseph LOSEY avec Isabelle Huppert, Jean-Pierre Cassel et Jeanne Moreau. - Les tribulations d'une jeune arriviste qui a pour politique de tout obtenir des hommes qui la désirent, sans rien leur donner en échange. □ 13 ans+ ➜ DVD $

TRULY, MADLY, DEEPLY ▷4
[Beaucoup, passionnément, à la folie]
ANG. 1991. Drame fantastique d'Anthony MINGHELLA avec Juliet Stevenson, Alan Rickman et Bill Paterson. - Une jeune traductrice a la surprise de voir réapparaître en chair et en os son défunt mari revenu d'outre-tombe. □ Général

TRUMAN SHOW, THE [Show Truman, Le] ▷3
É.-U. 1998. Comédie dramatique de Peter WEIR avec Jim Carrey, Laura Linney et Noah Emmerich. - Un banlieusard découvre que, depuis sa naissance, des caméras le surveillent et diffusent à travers le monde sa vie quotidienne. - Ambitieuse métaphore satirique sur les dérives médiatiques. Facture luxueuse et élaborée. Mise en scène assurée. Jeu typé de J. Carrey. □ Général ➜ DVD DVD-BR $

TRUST ▷4
É.-U. 1990. Comédie de mœurs de Hal HARTLEY avec Adrienne Shelly, Martin Donovan et Merritt Nelson. - Un adolescent au tempérament rebelle qui s'est lié avec une fille à problèmes s'en va vivre avec elle chez sa mère. □ 13 ans+

TRUST THE MAN ▷5
É.-U. 2005. Comédie sentimentale de Bart FREUNDLICH avec Julianne Moore, David Duchovny et Billy Crudup. - Au même moment, à New York, deux couples remettent en question leurs unions respectives. □ 13 ans+ ➜ DVD $

TRUTH ABOUT CATS AND DOGS, THE ▷4
[Vérité sur les chats et les chiens, La]
É.-U. 1996. Comédie sentimentale de Michael LEHMANN avec Janeane Garofalo, Uma Thurman et Ben Chaplin. - Une animatrice de radio demande à sa jolie voisine de se faire passer pour elle auprès d'un jeune homme qui lui plaît. □ Général ➜ DVD $

TRUTH ABOUT CHARLIE, THE ▷5
[Vérité à propos de Charlie, La]
É.-U. 2002. Thriller de Jonathan DEMME avec Thandie Newton, Mark Wahlberg et Tim Robbins. - À la mort de son mari, une jeune Américaine résidant à Paris apprend que le défunt a caché une grosse somme convoitée par divers individus. □ Général ➜ DVD $

TRUTH OR CONSEQUENCES N.M. ▷5
[Évidences ou conséquences N.M.]
É.-U. 1997. Drame policier réalisé et interprété par Kiefer SUTHERLAND avec Vincent Gallo et Mykelti Williamson. - Après un vol qui a mal tourné, quatre truands prennent un couple en otages, alors que la police et la mafia sont à leurs trousses. □ 16 ans+ · Violence ➜ DVD $

TSOTSI ▷3
A.S. 2005. Drame policier de Gavin HOOD avec Presley Chweneyagae, Terry Pheto et Kenneth Nkosi. - Un délinquant du ghetto ramène chez lui le bébé qui se trouvait sur la banquette arrière de la voiture qu'il a volée. - Portrait puissant et sans fard de la misère et de l'exclusion d'une frange de la société noire d'Afrique du Sud. Approche naturaliste aux accents poétiques. Réalisation sobre, mesurée et tendue. Jeu poignant de T. Pheto. □ 13 ans+ · Violence ➜ DVD $

TU BRAQUES OU TU RAQUES *voir* **Snatch**

TU COURS POUR RIEN NELSON *voir* **Wrong Guy, The**

TU FAIS PAS LE POIDS, SHÉRIF
voir **Smokey and the Bandit 2**

TU PEUX COMPTER SUR MOI *voir* **You Can Count on Me**

TU RIS [You Laugh]
ITA. 1998. Vittorio et Paolo TAVIANI ➜ DVD $

TU SERAS UN HOMME... *voir* **This Boy's Life**

TUCK EVERLASTING ▷4
É.-U. 2002. Drame fantastique de Jay RUSSELL avec Alexis Bledel, Jonathan Jackson et William Hurt. - En 1914, une adolescente découvre dans une forêt l'existence d'une famille d'immortels dont elle s'éprend du fils cadet. ➜ DVD $

TUCKER: THE MAN AND HIS DREAM ▷3
É.-U. 1988. Drame social de Francis Ford COPPOLA avec Jeff Bridges, Joan Allen et Martin Landau. - Dans les années 1940, un entrepreneur indépendant qui a conçu une nouvelle automobile a des ennuis avec les grosses sociétés concurrentes. - Scénario inspiré de faits authentiques. Récit habilement évocateur de l'époque illustrée. Mise en scène énergique. Détails précis. Interprétation sûre. □ Général ➜ DVD $

TUER BILL I *voir* **Kill Bill I**

TUER N'EST PAS JOUER *voir* **Living Daylights, The**

TUEUR, LE ▷5
FR. 1972. Drame policier de Denys de La PATELLIÈRE avec Jean Gabin, Fabio Testi et Uschi Glas. - Un commissaire chargé de retracer un assassin est contré dans ses recherches par un supérieur partisan des méthodes scientifiques. □ Général

TUEUR, LE ▷5
FR. 2007. Thriller de Cédric ANGER avec Gilbert Melki, Grégoire Colin et Mélanie Laurent. - Un spécialiste en investissements convainc le tueur à gages chargé de l'éliminer de lui accorder quelques jours de sursis pour mettre de l'ordre dans ses affaires. □ 13 ans+ ➜ DVD $

TUEUR DE LA GROSSE POINTE, LE
voir **Grosse Point Blank**

TUEURS DE DAMES, LES *voir* **Ladykillers, The**

TUEURS DE FLICS *voir* **Onion Field, The**

TUEZ CHARLEY VARRICK *voir* **Charley Varrick**

TULIPE NOIRE, LA ▷4
FR. 1964. Aventures de CHRISTIAN-JAQUE avec Alain Delon, Virna Lisi et Adolfo Marsillach. - Pour ne pas être démasqué, un justicier se fait remplacer par son frère jumeau.

TULLY ▷4
É.-U. 2000. Drame de mœurs de Hilary BIRMINGHAM avec Anson Mount, Glenn Fitzgerald et Julianne Nicholson. - Les relations entre deux frères et leur père fermier, un veuf dont le passé recèle de troublants secrets. ➜ DVD $

TUMBLEWEEDS
É.-U. 1925. King BAGGOT □ Général ➜ DVD $

TUMBLEWEEDS [Vagabondes, Les] ▷4
É.-U. 1998. Drame réalisé et interprété par Gavin O'CONNOR avec Janet McTeer et Kimberly J. Brown. - Les tribulations d'une mère immature et bohème et de sa fille adolescente qui rêve d'une vie plus stable. □ Général ➜ DVD $

TUMULTES ▷4
BEL. 1990. Drame psychologique de Bertrand VAN EFFENTERRE avec Bruno Crémer, Nelly Borgeaud et Julie Jézéquel. - La brusque disparition d'un des leurs bouleverse profondément les membres d'une famille. □ Général

TUNE, THE ▷4
É.-U. 1991. Dessins animés de Bill PLYMPTON. - S'étant perdu en se rendant à un rendez-vous avec un producteur, un auteur en profite pour composer de nouvelles chansons. □ Général ➜ DVD $

TUNE IN TOMORROW... [Tante Julia et le Scribouillard] ▷4
É.-U. 1990. Comédie dramatique de Jon AMIEL avec Keanu Reeves, Barbara Hershey et Peter Falk. - L'élan amoureux d'un jeune journaliste pour sa tante inspire un auteur de feuilleton radiophonique qui s'arrange même pour que le couple vive les situations qu'il imagine. □ Général ➜ DVD $

TUNES OF GLORY ▷4
ANG. 1960. Comédie dramatique de Ronald NEAME avec Alec Guinness, John Mills et Susannah York. - Les conflits entre l'ancien et le nouveau commandant d'un régiment écossais. □ Général ➜ DVD $

TUNIQUE, LA *voir* **Robe, TheTunnel, Le]** ▷3
ALL. 2001. Drame de Roland SUSO RICHTER avec Heino Ferch, Sebastian Koch et Nicolette Krebitz. - En 1961, un nageur est-allemand ayant passé à l'Ouest creuse avec un petit groupe un tunnel sous le mur de Berlin pour favoriser d'autres évasions. - Touchante ode à la liberté basée sur une histoire authentique. Récit d'une grande densité dramatique. Réalisation efficace. Interprètes solides.

TUNNEL OF LOVE [Père malgré lui] ▷5
É.-U. 1958. Comédie de Gene KELLY avec Doris Day, Richard Widmark et Gia Scala. - Un homme croit être le père d'un enfant que sa femme veut adopter. □ Général

TURBULENCE DES FLUIDES, LA ▷4
[Chaos and Desire]
QUÉ. 2002. Drame de Manon BRIAND avec Pascale Bussières, Jean-Nicolas Verreault et Julie Gayet. - Une jeune sismologue appelée à enquêter sur la disparition mystérieuse de la marée à Baie-Comeau s'éprend d'un pilote d'avion-citerne. □ Général ➜ DVD $

TURK 182 ▷4
É.-U. 1985. Comédie dramatique de Bob CLARK avec Timothy Hutton, Robert Culp et Kim Cattrall. - Un pompier et son frère, en conflit avec le maire de New York, contribuent à sa défaite électorale. □ Général

TURKISH DELIGHT ▷4
HOL. 1973. Drame de mœurs de Paul VERHOEVEN avec Rutger Hauer, Monique Van de Ven et Tonny Huudeman. - Un jeune sculpteur farouchement non conformiste tombe passionnément amoureux de la fille d'un commerçant. □ 18 ans+ · Érotisme

TURN LEFT AT THE END OF THE WORLD
FR. ISR. 2004. Avi NESHER ➜ DVD $

TURN OF THE SCREW, THE ▷5
E.-U. 1974. Drame fantastique de D. CURTIS avec Lynn Redgrave, Megs Jenkins et Jasper Jacob. - La gouvernante de deux enfants croit discerner autour d'eux la présence d'esprits maléfiques. ➜ DVD $

TURNING POINT, THE ▷4
É.-U. 1977. Comédie dramatique d'Herbert ROSS avec Shirley MacLaine, Anne Bancroft et Leslie Browne. - Une ancienne ballerine qui a renoncé à une carrière prometteuse retrouve une camarade devenue une étoile du ballet. □ Général

TURTLE DIARY ▷4
ANG. 1985. Comédie dramatique de John IRVIN avec Glenda Jackson, Ben Kingsley et Michael Gambon. - Deux solitaires songent à rendre les tortues du zoo de Londres à leur habitat naturel. □ Général

TURTLES CAN FLY [Tortues volent aussi, Les] ▷3
IRAN. 2004. Comédie dramatique de Bahman GHOBADI avec Soran Ebrahim, Avaz Latif et Hirsh Feyssal. - En 2003, dans un camp de réfugiés kurde à la frontière de la Turquie et de l'Irak, divers orphelins tentent d'améliorer leur sort. - Chronique de temps de guerre mêlant le comique et le tragique. Récit peu banal et souvent poignant. Mise en scène assurée. Jeunes interprètes non professionnels efficacement dirigés. □ 13 ans+ ➜ DVD $

TUTTLES OF TAHITI, THE ▷4
É.-U. 1942. Comédie de Charles VIDOR avec Charles Laughton, Jon Hall et Peggy Drake. - Un jeune sang-mêlé sauve sa famille de difficultés financières.

TUVALU ▷4
ALL. 1999. Conte de Veit HELMER avec Denis Lavant, Philippe Clay et Chulpan Khamatova. - Les amours et les rêves d'un jeune homme qui se bat pour empêcher la destruction du vieux bain public délabré de son père. ➜ DVD $

TWELFTH NIGHT [Nuit des rois, La] ▷4
ANG. 1996. Comédie dramatique de Trevor NUNN avec Imogen Stubbs, Helena Bonham Carter et Toby Stephens. - Une jeune femme se déguise en homme afin d'entrer au service d'un duc dont elle s'éprend secrètement, tandis que lui aime une comtesse qui s'entiche de la «travestie». □ Général

TWELVE CHAIRS, THE
CUB. 1962. Tomàs GUTIERREZ ALEA ➜ DVD $

TWELVE CHAIRS, THE [Mystère des douze chaises, Le] ▷4
É.-U. 1970. Comédie de Mel BROOKS avec Ron Moody, Frank Langella et Dom DeLuise. - Diverses personnes sont à la recherche d'une fortune cachée dans le siège d'une chaise de style.
□ Général ➜ DVD $

TWELVE O'CLOCK HIGH [Homme de fer, Un] ▷4
É.-U. 1950. Drame de guerre d'Henry KING avec Gregory Peck, Hugh Marlowe et Dean Jagger. - Le commandant de bombardiers américains est chargé d'organiser des raids de jour sur l'Allemagne.
□ Général ➜ DVD $

TWENTIETH CENTURY ▷4
É.-U. 1934. Comédie d'Howard HAWKS avec John Barrymore, Carole Lombard et Walter Connolly. - Abandonné par sa vedette qui est en même temps sa femme, un directeur de théâtre est acculé à la ruine.
□ Général ➜ DVD $

TWENTY BUCKS ▷4
É.-U. 1994. Comédie dramatique de Keva ROSENFELD avec Linda Hunt, Brendan Fraser et Elizabeth Shue. - La trajectoire d'un billet de vingt dollars passant de main en main après qu'une jeune femme l'ait laissé tomber. □ 13 ans+ ➜ DVD $

TWENTY-FOUR EYES [Vingt-quatre prunelles] ▷3
JAP. 1954. Comédie dramatique de K. KINOSHITA avec Hideko Takamine, Yumeji Tsukioka et Takahuro Tamura. - Une jeune institutrice nommée dans une île de la mer intérieure japonaise se dévoue pour tous ceux qui l'entourent ou lui sont confiés. - Traitement sensible et délicat. Rythme lent. Beauté plastique des images. Excellente interprétation. ➜ DVD $

TWENTYFOURSEVEN ▷4
ANG. 1997. Drame social de Shane MEADOWS avec Bob Hoskins, Danny Nussbaum et James Hooton. - Un homme entreprend d'arracher un groupe de jeunes à leur monde de violence en les convainquant de s'adonner à la boxe. □ 13 ans+

TWENTYNINE PALMS
ALL. ANG. FR. 2003. Bruno DUMONT ➜ DVD $

TWICE A WOMAN *voir* **Un homme, deux femmes**

TWICE-TOLD TALES ▷5
É.-U. 1963. Drame d'horreur de Sidney SALKOW avec Vincent Price, Sebastian Cabot et Brett Halsey. - Trois histoires fantastiques tirées de l'œuvre de l'écrivain américain Nathaniel Hawthorne. □ Général

TWILIGHT ▷4
É.-U. 1997. Drame policier de Robert BENTON avec Paul Newman, Susan Sarandon et Gene Hackman. - Un détective privé vieillissant enquête sur une affaire de chantage dont est victime un couple d'anciennes stars de cinéma. □ 13 ans+ ➜ DVD $

TWILIGHT - THE FASCINATION ▷4
[Twilight - la fascination]
É.-U. 2008. Drame fantastique de Catherine HARDWICKE avec Kristen Stewart, Robert Pattinson et Billy Burke. - Une adolescente découvre que le camarade de classe dont elle s'est éprise est un vampire.
□ Général · Déconseillé aux jeunes enfants ➜ DVD DVD-BR $

TWILIGHT ZONE: THE MOVIE ▷4
[Quatrième dimension, La]
É.-U. 1983. Film à sketches de Joe DANTE, John LANDIS, George MILLER et Steven SPIELBERG avec Vic Morrow, Scatman Crothers, Kathleen Quinlan et John Lithgow. - Quatre histoires extraordinaires inspirées d'une série de télévision à succès des années 1960.
□ 13 ans+ ➜ DVD DVD-BR $

TWILIGHT'S LAST GLEAMING ▷4
É.-U.-ALL. 1977. Drame de Robert ALDRICH avec Burt Lancaster, Charles Durning et Richard Widmark. - Un ancien général s'empare d'une base de lancement de missiles nucléaires et exerce un chantage sur le gouvernement américain. □ Général

TWIN FALLS IDAHO ▷4
É.-U. 1998. Drame psychologique réalisé et interprété par Michael POLISH avec Mark Polish et Michele Hicks. - Une prostituée rencontre deux frères siamois rattachés au niveau du torse et tombe amoureuse de l'un d'eux. □ Général

TWIN PEAKS [Twin Peaks: 01-07] ▷3
É.-U. 1990. Drame policier de David LYNCH avec Kyle MacLachlan, Michael Ontkean et Piper Laurie. - Un inspecteur du FBI est appelé à enquêter sur la mort violente d'une étudiante dans une petite ville en apparence paisible. - Téléfilm à l'atmosphère macabre et déroutante habilement créée. Touche d'humour noir. Réalisation inventive. Bonne interprétation de Kyle MacLachlan. ➜ DVD $

TWIN PEAKS: FIRE WALK WITH ME ▷4
É.-U. 1992. Drame fantastique de David LYNCH avec Sheryl Lee, Moira Kelly et Ray Wise. - Une lycéenne qui mène une vie secrète marquée par la drogue et la prostitution est tourmentée par des visions étranges. □ 16 ans+

TWIN SISTERS ▷4
P.-B. 2002. Chronique de Ben SOMBOGAART avec Thekla Reuten, Nadja Uhl et Ellen Vogel. - Les destins parallèles de deux jumelles allemandes séparées à l'âge de six ans après la mort de leurs parents en 1926. ➜ DVD $

TWIN TOWN ▷4
ANG. 1997. Comédie dramatique de Kevin ALLEN avec Llyr Evans, Rhys Ifans et Dorien Thomas. - À la suite d'un accident de travail dont est victime leur père, deux frères délinquants affrontent l'employeur afin d'obtenir compensation. □ 16 ans+

TWIN WARRIORS [Tai Chi Master] ▷4
H.-K. 1994. Drame de Woo-ping YUEN avec Jet Li, Michelle Yeoh et Chin Siu-hou. - Un moine bouddhiste devient général d'un empereur tyrannique, tandis que son ancien confrère joint les rangs de la résistance.

TWIST ▷4
CAN. 2003. Drame social de Jacob TIERNEY avec Nick Stahl, Joshua Close et Michèle-Barbara Pelletier. - Sous la domination d'un violent proxénète, un prostitué toxicomane recrute un jeune fugueur naïf qui s'éprend vite de lui. □ 16 ans+ ➜ DVD $

TWIST AGAIN À MOSCOU ▷4
FR. 1986. Comédie satirique de Jean-Marie POIRÉ avec Philippe Noiret, Christian Clavier et Agnès Soral. - Le directeur d'un grand hôtel de Moscou aide son beau-frère et sa famille à fuir à l'étranger.
□ Général

TWIST AND SHOUT
DAN. 1984. Bille AUGUST □ 13 ans+

TWISTED [Pistes troubles] ▷5
É.-U. 2003. Drame policier de Philip KAUFMAN avec Ashley Judd, Andy Garcia et Samuel L. Jackson. - Une détective de San Francisco enquête sur une série de meurtres dont les victimes sont toutes d'anciens amants. □ 13 ans+ ➜ DVD $

TWISTED OBSESSION ▷4
ESP. 1988. Drame psychologique de Fernando TRUEBA avec Jeff Goldblum, Miranda Richardson et Liza Walker. - Un scénariste voit sa vie bouleversée après avoir accepté d'adapter un roman qu'il a jadis écrit sous un nom d'emprunt.

TWISTER [Tornade] ▷4
É.-U. 1996. Drame de Jan DE BONT avec Helen Hunt, Bill Paxton et Jami Gertz. - Des scientifiques tentent de percer le mystère des tornades en les étudiant de près, souvent au risque de leur vie.
□ Général ➜ DVD $

TWITCH OF THE DEATH NERVE *voir* **Baie sanglante, La**

TWO BITS [Porte-bonheur, Le] ▷4
É.-U. 1995. Comédie dramatique de James FOLEY avec Jerry Barone, Al Pacino et Mary Elizabeth Mastrantonio. - À Philadelphie en 1933, le petit-fils d'un vieil Italien mourant tente de réunir les 25 cents nécessaires pour pouvoir se payer un billet de cinéma.
□ Général ➜ DVD $

TWO BROTHERS *voir* **Deux frères**

TWO BROTHERS AND TWO OTHERS
É.-U. 2000. Richard BELL et Lawrence FERBER ➜ DVD $

TWO DAUGHTERS ▷3
IND. 1961. Conte de Satyajit RAY avec Anil Chatterji, Chandana Banerji et Soumitra Chatterji. - Deux histoires d'amour mettant en scène un maître de poste et un diplômé en droit. - Œuvre chaleureuse et émouvante. Interprétation naturelle.

TWO DEATHS ▷4
ANG. 1995. Drame psychologique de Nicolas ROEG avec Michael Gambon, Sonia Braga et Patrick Malahide. - Un docteur fait des révélations troublantes à des amis, lors d'un souper se déroulant pendant le coup d'État de 1989 en Roumanie. □ 13 ans+ · Violence

TWO ENGLISH GIRLS *voir* **2 Anglaises et le continent, Les**

TWO EVIL EYES ▷5
ITA. 1990. Drame d'horreur de George A. ROMERO et Dario ARGENTO avec Bingo O'Malley, Adrienne Barbeau et Harvey Keitel. - Adaptation de deux contes d'Edgar Allan Poe, «L'étrange cas de M. Valdemar» et «Le chat noir». ➔ DVD DVD-BR$

TWO FACES OF DR. JEKYLL, THE ▷4
ANG. 1961. Drame d'horreur de Terence FISHER avec Paul Massie, Dawn Adams et Christopher Lee. - Le docteur Jekyll assume une seconde personnalité à l'aide d'une drogue de son invention. □ Général

TWO FOR THE MONEY [Pris au jeu] ▷5
É.-U. 2005. Thriller de D.J. CARUSO avec Matthew McConaughey, Al Pacino et Rene Russo. - Un ex-footballeur recyclé dans le pari sportif tente sa chance avec une importante firme de consultants new-yorkaise. □ Général · Déconseillé aux jeunes enfants ➔ DVD$

TWO FOR THE ROAD ▷3
ANG. 1967. Comédie de Stanley DONEN avec Audrey Hepburn, Albert Finney et Claude Dauphin. - La vie d'un couple vue à travers le prisme de voyages en France. - Analyse pleine de finesse des aléas de la vie conjugale. Mise en scène alerte. Interprétation nuancée. ➔ DVD$

TWO FOR THE SEESAW ▷4
É.-U. 1962. Drame psychologique de Robert WISE avec Shirley MacLaine, Robert Mitchum et Edmon Ryan. - En instance de divorce, un homme s'éprend d'une femme bohème. □ Général

TWO GIRLS AND A GUY ▷5
É.-U. 1997. Comédie dramatique de James TOBACK avec Heather Graham, Natasha Gregson Wagner et Robert Downey Jr. - Découvrant qu'elles partagent le même amant depuis dix mois, deux femmes décident de confronter ce dernier. □ 13 ans+ · Langage vulgaire ➔ DVD$

TWO HANDS ▷4
AUS. 1999. Comédie policière de Gregor JORDAN avec Heath Ledger, Bryan Brown et Rose Byrne. - Les ennuis d'un petit escroc qui a égaré les dix mille dollars qu'un mafioso lui avait confiés pour une livraison. ➔ DVD$

TWO JAKES, THE ▷3
É.-U. 1990. Drame policier réalisé et interprété par Jack NICHOLSON avec Harvey Keitel et Meg Tilly. - Un détective privé cherche à démêler une sombre affaire de meurtre dans laquelle est impliqué un de ses clients. - Suite du film «Chinatown». Œuvre fort complexe. Intérêt soutenu. Mise en scène précise et intelligente. Climat envoûtant. Excellents interprètes. □ Général ➔ DVD$

TWO LANE BLACKTOP ▷4
É.-U. 1971. Étude de mœurs de Monte HELLMAN avec Warren Oates, James Taylor et Dennis Wilson. - Deux jeunes conduisent de ville en ville une bagnole dotée d'un moteur puissant et acceptent les défis pour des courses improvisées. ➔ DVD$

TWO LOVERS [Deux amants] ▷3
É.-U. 2008. Drame psychologique de James GRAY avec Joaquin Phoenix, Gwyneth Paltrow et Vinessa Shaw. - Un fils de teinturier maniaco-dépressif tente d'échapper à son destin en s'éprenant d'une voisine délurée et excessive. - Réflexion intelligente et riche sur l'appartenance et l'indépendance. Scénario sophistiqué, aux nombreux sens cachés. Réalisation feutrée et intimiste, attentive aux non-dits. Profil new-yorkais habilement exploité. Interprétation très solide. J. Phoenix fort attachant. □ 13 ans+ ➔ DVD$

TWO MEN IN TOWN *voir* **Deux hommes dans la ville**

TWO MUCH [Trop c'est trop] ▷5
É.-U. 1996. Comédie de Fernando TRUEBA avec Antonio Banderas, Melanie Griffith et Daryl Hannah. - Afin de courtiser en toute impunité la sœur de sa future épouse, le directeur d'une galerie d'art s'invente un jumeau. ➔ DVD$

TWO MULES FOR SISTER SARA ▷4
É.-U. 1969. Western de Don SIEGEL avec Shirley MacLaine, Clint Eastwood et John Kelly. - Au Mexique, un aventurier se fait le protecteur d'une fausse religieuse pourchassée par des soldats français. □ Général ➔ DVD$

TWO NIGHTS WITH CLEOPATRA
ITA. 1953. Mario MATTOLI ➔ DVD$

TWO OF US, THE
ANG. 1987. Roger TONGE

TWO OR THREE THINGS I KNOW ABOUT HER
voir **Deux ou trois choses que je sais d'elle**

TWO THOUSAND AND NONE [S.O.S. la vie!] ▷4
CAN. 2000. Comédie dramatique d'Arto PARAGAMIAN avec John Turturro, Katherine Borowitz et Oleg Kisseliov. - Atteint d'une maladie incurable au cerveau, un paléontologue vit ses derniers jours avec légèreté, ce qui déconcerte ses proches. □ Général

TWO WOMEN [Ciociara, La] ▷3
ITA. 1960. Drame de Vittorio DE SICA avec Sophia Loren, Eleonora Brown et Jean-Paul Belmondo. - Pendant la guerre, une femme gagne son village natal avec sa fillette. - Grand souci de vérité. Interprétation saisissante.

TWO YEARS BEFORE THE MAST ▷4
É.-U. 1945. Aventures de John FARROW avec Alan Ladd, Brian Donlevy et William Bendix. - La dure existence des matelots à bord d'un navire marchand au XIXe siècle. □ Général

TWO-FACED WOMAN ▷4
É.-U. 1941. Comédie de George CUKOR avec Greta Garbo, Melvyn Douglas et Roland Young. - Afin d'éprouver son mari, une jeune femme se fait passer pour sa sœur jumelle. □ Général

TWO-MINUTE WARNING ▷4
É.-U. 1976. Drame policier de Larry PEERCE avec Charlton Heston, John Cassavetes et Beau Bridges. - La police cherche à neutraliser un tueur qui se manifeste à l'occasion d'une partie de football. ➔ DVD$

TWO-WAY STRETCH ▷5
ANG. 1961. Comédie policière de Robert DAY avec Peter Sellers, Wilfrid White et Lionel Jeffries. - Trois prisonniers s'évadent pour réaliser un vol puis rentrent en prison pour s'assurer un alibi. ➔ DVD$

TY-PEUPE ▷4
QUÉ. 1971. Comédie fantaisiste de Fernand BÉLANGER avec Yves Angrignon, Élizabeth Bart et Gilbert Roudier. - Deux jeunes gens fantasques cherchent du travail sans vraiment vouloir en trouver. □ Général

TYCOON ▷5
É.-U. 1948. Drame sentimental de Richard WALLACE avec John Wayne, Laraine Day et Cedric Hardwicke. - Un ingénieur éprouve des difficultés lorsqu'il s'éprend de la fille de son patron. □ Général ➔ DVD$

TYKHO MOON ▷4
FR. 1996. Science-fiction d'Enki BILAL avec Julie Delpy, Johan Leysen et Michel Piccoli. - Sur la Lune, un dictateur mourant recherche un homme amnésique dont les cellules pourraient lui sauver la vie. □ Général · Déconseillé aux jeunes enfants

U [«U» (La Licorne - film d'animation)] ▷3
FR. 2006. Film d'animation de Serge ELISSALDE. - Une jeune princesse isolée par sa famille adoptive se lie d'amitié avec une licorne qui l'aidera, malgré elle, à trouver l'amour. - Conte décalé, joyeux et impertinent sur le thème du passage à l'adolescence. Dialogues d'un naturel étonnant. Mouvements fluides et graphisme simple. Musique entraînante, aux accents manouches. Personnages atypiques et attachants. ➜ DVD$

U-571 ▷4
É.-U. 2000. Drame de guerre de Jonathan MOSTOW avec Matthew McConaughey, Bill Paxton et Harvey Keitel - Durant la Seconde Guerre mondiale, des marins américains détournent un sous-marin allemand pour y subtiliser un décodeur secret. ➜ DVD$

U-TURN [Demi-tour] ▷5
É.-U. 1997. Drame de mœurs d'Oliver STONE avec Sean Penn, Jennifer Lopez et Nick Nolte. - Un jeune homme tombe en panne de voiture dans un bled miteux où il est entraîné dans une sombre histoire de meurtre. □ 16 ans+ · Violence ➜ DVD$

U.S. MARSHALS [Des hommes de loi] ▷5
É.-U. 1998. Drame policier de Stuart BAIRD avec Tommy Lee Jones, Wesley Snipes et Robert Downey Jr. - Un policier tenace pourchasse un évadé accusé du meurtre de deux agents des services secrets. □ 13 ans+ ➜ DVD$

U.S.S. TEAKETTLE *voir* **You're in the Navy Now**

UGETSU MONOGATARI
voir **Contes de la lune vague après la pluie, Les**

UGLY, THE [Bête, La] ▷5
N.-Z. 1996. Drame d'horreur de Scott REYNOLDS avec Paolo Rotondo, Rebecca Hobbs et Jennifer Ward-Lealand. - Une psychiatre interroge un tueur en série interné dans une clinique afin de découvrir les véritables motifs derrière ses nombreux crimes. □ 16 ans+ · Horreur ➜ DVD$

UGLY AMERICAN, THE [Vilain Américain, Le] ▷5
É.-U. 1963. Drame social de George ENGLUND avec Marlon Brando, Eiji Okada et Pat Hingle. - Un ambassadeur américain commet des maladresses qui compromettent sa mission en Asie.

UGOLIN ▷3
FR. 1952. Drame de Marcel PAGNOL avec Jacqueline Pagnol, Rellys et Raymond Pellegrin. - Les habitants d'un village provençal tentent de se faire pardonner le mal qu'ils ont pu occasionner à une jeune sauvageonne. - Deuxième partie du film Manon des Sources. Pittoresque tableau de mœurs. Dialogue riche et poétique. Rellys remarquable. □ Général

ULEE'S GOLD ▷4
É.-U. 1996. Drame psychologique de Victor NUÑEZ avec Peter Fonda, Patricia Richardson et Jessica Biel. - Un apiculteur au tempérament passif et réservé doit agir lorsque des criminels menacent la sécurité des siens. □ Général ➜ DVD$

ULTIMATE WARRIOR, THE ▷5
É.-U. 1975. Science-fiction de Robert CLOUSE avec Yul Brynner, Max Von Sydow et Joanna Miles. - En l'an 2012, après des épidémies consécutives à une crise d'énergie, quelques survivants se disputent les ressources matérielles dans les rues de New York. □ 13 ans+

ULTIME ATTAQUE, L' *voir* **Zulu Dawn**

ULTIME PASSION, L' *voir* **Elegy**

ULYSSE'S GAZE *voir* **Regard d'Ulysse, Le**

ULYSSES ▷4
ANG. 1966. Drame psychologique de Joseph STRICK avec Milo O'Shea, Barbara Jefford et Maurice Roëves. - Une journée dans la vie de trois personnages vivant à Dublin. ➜ DVD$

ULZANA'S RAID ▷4
É.-U. 1972. Western de Robert ALDRICH avec Burt Lancaster, Bruce Davison et Jorge Luke. - Un jeune officier prend la tête d'un détachement lancé à la poursuite d'un chef apache. □ 13 ans+

UMBERTO D. ►1
ITA. 1951. Drame social de Vittorio DE SICA avec Carlo Battisti, Maria Pia Casilio et Lina Gennari. - Un vieux retraité est aux prises avec les difficultés de la vie. - Chef-d'œuvre poignant de sincérité et de sobriété. Un sommet du néoréalisme. Photo remarquable. Excellente direction d'acteurs. □ Général ➜ DVD$

UMBRELLAS OF CHERBOURG, THE
voir **Parapluies de Cherbourg, Les**

UN 32 AOÛT SUR TERRE ▷4
QUÉ. 1998. Comédie dramatique de Denis VILLENEUVE avec Pascale Bussières, Alexis Martin et Richard S. Hamilton. - Une jeune femme ayant survécu à un accident de voiture convainc son meilleur ami de lui faire un enfant dans le désert de sel près de Salt Lake City.

UN AIR DE FAMILLE [Family Resemblances] ▷3
FR. 1996. Comédie de mœurs de Cédric KLAPISCH avec Jean-Pierre Bacri, Agnès Jaoui et Jean-Pierre Darroussin. - De vieilles querelles familiales refont surface à l'occasion d'un dîner d'anniversaire. - Observation caustique de mœurs familiales. Personnages finement dessinés et interprétés avec justesse. □ Général

UN AMOUR À TAIRE [Love to Hide, A]
FR. 2005. Christian FAURE ➜ DVD$

UN AMOUR DE CHIEN *voir* **Dog Gone Love**

UN AMOUR DE SWANN [Swann in Love] ▷4
FR. 1983. Drame psychologique de Volker SCHLÖNDORFF avec Jeremy Irons, Ornella Muti et Alain Delon. - Un aristocrate, pris d'une passion ardente pour une demi-mondaine, cherche à la retrouver au long d'une journée particulière. □ 13 ans+ ➜ DVD$

UN AMOUR EN ALLEMAGNE [Love in Germany, A] ▷4
ALL. 1983. Drame de mœurs d'Andrzej WAJDA avec Hanna Schygulla, Piotr Lysak et Marie-Christine Barrault. - En 1941, dans un village allemand, les conséquences dramatiques de la liaison d'une épicière avec un prisonnier de guerre polonais. □ 13 ans+

UN AMOUR MUET *voir* **Silent Love, A**

UN ASSASSIN QUI PASSE ▷4
FR. 1981. Drame policier de Michel VIANEY avec Jean-Louis Trintignant, Richard Berry et Carole Laure. - Un commissaire de police enquête sur une série de meurtres similaires dont les victimes sont des femmes. □ 13 ans+

UN BAISER S'IL VOUS PLAÎT ▷4
FR. 2007. Comédie sentimentale réalisée et interprétée par Emmanuel MOURET avec Virginie Ledoyen et Julie Gayet. - Afin de prévenir l'homme qui veut l'embrasser du danger d'une telle intimité, une Parisienne mariée lui raconte l'histoire d'un baiser aux conséquences inattendues. □ Général ➜ DVD$

UN BON PETIT DIABLE ▷4
FR. 1983. Comédie dramatique de Jean-Claude BRIALY avec Paul Courtois, Alice Sapritch et Bernadette Lafont. - Les tribulations d'un jeune orphelin espiègle confié à la tutelle d'une cousine vieille et revêche. □ Général

UN CAPITALISME SENTIMENTAL ▷3
QUÉ. 2008. Comédie satirique d'Olivier ASSELIN avec Lucille Fluet et Alex Bisping. - En 1929, une femme sans intérêt, cotée en bourse à la suite d'un curieux pari, provoque une grave crise financière en décidant de faire la grève. - Fable grinçante sur les abus et les aberrations du capitalisme. Mélange des genres aussi insolite qu'amusant. Réalisation bricolée bien que fort soignée. Séduisants décors en animation 3D, aux perspectives savamment déformées. □ Général ➜ DVD$

UN CHANT D'AMOUR
FR. 1950. Jean GENET ➔ DVD$

UN CHIEN ENRAGÉ [Stray Dog] ▷3
JAP. 1949. Drame policier d'Akira KUROSAWA avec Toshiro Mifune, Takashi Shimura et Keiko Awaji. - Un jeune policier se lance sur les traces d'un criminel qui lui a volé son revolver dans un train. - Récit riche en résonances humaines. Personnages dépeints avec acuité. Saisissant portrait du Tokyo d'après-guerre. Interprétation forte.
□ Général ➔ DVD$

UN CŒUR EN HIVER ▷3
FR. 1992. Drame psychologique de Claude SAUTET avec Daniel Auteuil, Emmanuelle Béart et André Dussollier. - Engagée dans une liaison avec un luthier, une jeune violoniste s'éprend follement du collègue de celui-ci. - Histoire d'amour peu banale. Psychologie du héros bien observée. Mise en scène sobre et rigoureuse. Bonne utilisation de la musique de Ravel. Interprétation admirable. □ Général ➔ DVD$

UN CŒUR QUI BAT ▷4
FR. 1991. Drame sentimental de François DUPEYRON avec Dominique Faysse, Thierry Fortineau et Jean-Marie Winling. - Une femme mariée s'engage dans une liaison adultère avec un inconnu qui l'a accostée dans le métro. □ Général

UN CONDAMNÉ À MORT S'EST ÉCHAPPÉ ▶1
[Man Escaped, A]
FR. 1956. Drame de Robert BRESSON avec François Leterrier, Charles Le Clainche et Roland Monod. - Un maquisard, prisonnier des Allemands, prépare patiemment son évasion. - Une des œuvres maîtresses de l'auteur. Forte intensité dramatique. Réalisation minutieuse d'un style dépouillé. Interprétation parfaitement contrôlée.

UN CONTE DE NOËL ▶2
FR. 2008. Drame psychologique d'Arnaud DESPLECHIN avec Catherine Deneuve, Mathieu Amalric et Jean-Paul Roussillon. - Une famille réunie pour les Fêtes doit faire face à la grave maladie de la mère, ainsi qu'au retour du cadet excentrique après cinq années de bannissement. - Hommage généreux et moderne à la famille et aux films d'Ingmar Bergman. Écriture fine, spirituelle, souvent cruelle. Mise en scène virtuose, aux échappées contrôlées. Distribution de haut calibre, parfaite à tous égards. □ Général

UN CRABE DANS LA TÊTE ▷4
QUÉ. 2001. Comédie dramatique d'André TURPIN avec David La Haye, Isabelle Blais et Chantal Giroux. - Un jeune photographe séducteur en vient à réaliser que sa peur de l'engagement cause beaucoup de mal à son entourage.
□ Général · Érotisme · Langage vulgaire ➔ DVD$

UN CRI AU BONHEUR ▷4
QUÉ. 2007. Film d'essai collectif avec Isabelle Blais, Claude Gauthier et Micheline Lanctôt. - Vingt et un poèmes traitant du bonheur sont mis en images par onze cinéastes. ➔ DVD$

UN CRIME AU PARADIS ▷4
FR. 2000. Comédie dramatique de Jean BECKER avec Jacques Villeret, Josiane Balasko et André Dussollier. - En 1980, un fermier qui veut tuer sa détestable épouse soutire à un brillant avocat la recette du crime parfait. □ Général ➔ DVD$

UN DIMANCHE À KIGALI ▷4
CAN. 2006. Drame sentimental de Robert FAVREAU avec Luc Picard, Fatou N'Diaye et Céline Bonnier. - En 1994, quelques mois après avoir fui le génocide rwandais, un journaliste québécois revient à Kigali dans l'espoir d'y retrouver la femme qu'il aime. □ 13 ans+ · Violence

UN DIVAN À NEW YORK [Couch in New York, A] ▷4
FR. 1995. Comédie sentimentale de Chantal AKERMAN avec William Hurt, Juliette Binoche et Paul Guilfoyle. - Une jeune danseuse française se met à traiter les patients du psychanalyste new-yorkais dont elle a sous-loué l'appartement. □ Général

UN DRÔLE DE PAROISSIEN ▷4
FR. 1963. Comédie de Jean-Pierre MOCKY avec Bourvil, Francis Blanche et Jean Poiret. - Un homme prétend avoir reçu du ciel un signe qui l'incite à piller les troncs d'église. ➔ DVD$

UN ÉTÉ À LA GOULETTE [Summer at La Goulette] ▷4
TUN.-FR.-BEL. 1996. Comédie dramatique de Ferid BOUGHEDIR avec Gamil Ratib, Mustapha Adouani et Guy Nataf. - Durant l'été de 1967, dans une banlieue de Tunis, trois adolescentes de religions différentes font le pari de perdre leur virginité. □ Général

UN ÉTÉ À SAINT-TROPEZ [Summer in St. Tropez, A]
ALL. FR. 1984. David HAMILTON

UN ÉTÉ APRÈS L'AUTRE ▷4
BEL. 1989. Chronique d'Anne-Marie ÉTIENNE avec Annie Cordy, Paul Crauchet et Olivia Capeta. - Les hauts et les bas d'une famille belge à travers trois générations.

UN ÉTÉ INOUBLIABLE ▷4
ROU. 1994. Drame psychologique de Lucian PINTILIE avec Kristin Scott Thomas, Claudiu Bleont et Marcel Iurès. - Assigné aux commandes d'un poste frontière dans une région sauvage de la Roumanie des années 1920, un militaire s'adapte avec sa famille à la dureté de l'endroit. ➔ DVD$

UN ÉTÉ SANS POINT NI COUP SÛR ▷4
QUÉ. 2008. Chronique de Francis LECLERC avec Patrice Robitaille, Pier-Luc Funk et Jacinthe Laguë. - À l'été 1969, le père d'un jeune passionné de baseball forme une équipe avec les enfants recalés par l'entraîneur de la paroisse. □ Général ➔ DVD$

UN FIL À LA PATTE ▷4
FR. 2004. Comédie de Michel DEVILLE avec Charles Berling, Patrick Timsit et Emmanuelle Béart. - Avant de faire un riche mariage, un noble désargenté doit d'abord rompre avec sa maîtresse, une ravissante chanteuse de café-concert. □ Général · Déconseillé aux jeunes enfants ➔ DVD$

UN FLIC ▷3
FR. 1972. Drame policier de Jean-Pierre MELVILLE avec Alain Delon, Richard Crenna et Catherine Deneuve. - Un commissaire de police découvre qu'un vieil ami est le chef de bande qu'il poursuit à la suite d'un vol. - Œuvre fignolée et un peu froide. Style rigoureux. Traitement ambigu des relations entre les personnages. Interprétation retenue. ➔ DVD$

UN GÉNIE, DEUX ASSOCIÉS, UNE CLOCHE ▷4
[Genius, Two Partners and a Dupe, A]
ITA. 1975. Western de Damiano DAMIANI avec Terence Hill, Robert Charlebois et Miou-Miou. - Un aventurier tente, avec le concours de son amie et d'un métis, de dépouiller un officier de cavalerie qui s'est enrichi sur le dos des Indiens.

UN GRAND AMOUR DE BEETHOVEN ▷4
FR. 1936. Drame biographique d'Abel GANCE avec Harry Baur, Annie Ducaux et Jany Holt. - Évocation de la vie sentimentale tumultueuse du grand compositeur Ludwig van Beethoven. □ Général

© K-FILMS

UN HÉROS TRÈS DISCRET ►2
FR. 1996. Drame de mœurs de Jacques AUDIARD avec Anouk Grinberg, Mathieu Kassovitz et Sandrine Kiberlain. - Après la guerre 1939-1945, un jeune Français s'invente un passé de résistant et réussit à devenir un officier réputé au sein de l'armée. - Récit complexe d'une grande richesse. Réalisation inventive et dépouillée. Montage elliptique raffiné. Intermèdes pseudo-documentaires amusants. Jeu nuancé et subtil de M. Kassovitz. □ Général

UN HOMME À ABATTRE ▷4
FR. 1967. Drame policier de Philippe CONDROYER avec Jean-Louis Trintignant, Valérie Lagrange et André Oumansky. - Un groupe d'hommes recherchent en Amérique du Sud un ancien nazi chef de camp de concentration.

UN HOMME EST MORT [Outside Man, The] ▷4
FR. 1972. Drame policier de Jacques DERAY avec Ann-Margret, Jean-Louis Trintignant et Roy Scheider. - Après avoir assassiné un chef de la pègre, un tueur à gages se rend compte qu'il a un collègue à ses trousses. □ Général

UN HOMME EST PASSÉ *voir* **Bad Day at Black Rock**

UN HOMME ET DEUX FEMMES ▷4
FR. 1991. Drame de mœurs réalisé et interprété par Valérie STROH avec Lambert Wilson et Diane Pierens. - Une jeune femme écrit des histoires dans lesquelles elle imagine pousser son amant dans les bras de sa meilleure amie. □ 13 ans+

UN HOMME ET SON PÉCHÉ ▷5
QUÉ. 1948. Drame de mœurs de Paul GURY avec Hector Charland, Nicole Germain et Guy Provost. - Un usurier arrive à s'emparer de la terre d'un jeune défricheur.

UN HOMME ET UNE FEMME [Man and a Woman, A] ▷3
FR. 1966. Drame psychologique de Claude LELOUCH avec Jean-Louis Trintignant, Anouk Aimée et Pierre Barouh. - Un veuf aime une veuve hantée par le souvenir de son mari. - Ensemble intelligent, sensible et techniquement brillant. Intrigue plutôt mince. Jeu naturel des interprètes. □ Général → DVD $

UN HOMME ET UNE FEMME: VINGT ANS DÉJÀ ▷4
FR. 1986. Comédie dramatique de Claude LELOUCH avec Anouk Aimée, Jean-Louis Trintignant et Évelyne Bouix. - Après un échec professionnel, une productrice de films songe à monter une comédie musicale fondée sur une expérience sentimentale qu'elle a vécue 20 ans auparavant.

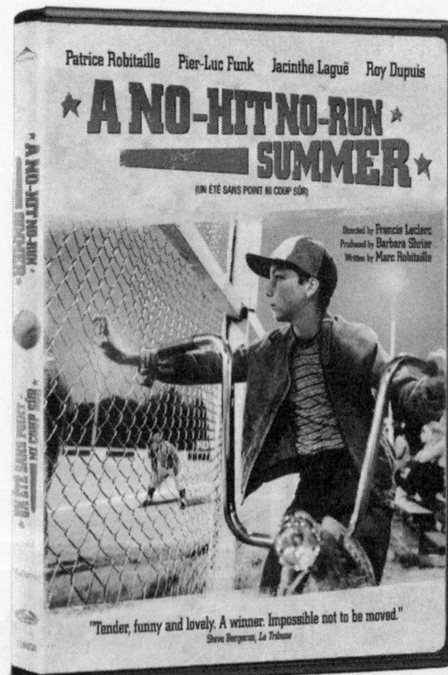

© ALLIANCE

UN HOMME, DEUX FEMMES [Twice a Woman]
HOL. 1979. George SLUIZER

UN JEU D'ENFANTS ▷5
FR. 2001. Drame fantastique de Laurent TUEL avec Karin Viard, Charles Berling et Camille Vatel. - Une jeune mère de famille soupçonne ses deux enfants d'être possédés par des esprits malins. □ 13 ans+ · Horreur

UN JOUR À NEW YORK *voir* **On the Town**

UN JOUR, UNE BERGÈRE
voir **Laurel & Hardy: Babes in Toyland**

UN LONG DIMANCHE DE FIANÇAILLES ▷3
[Very Long Engagement, A]
FR. 2004. Drame de Jean-Pierre JEUNET avec Audrey Tautou, Gaspard Ulliel et Albert Dupontel. - En 1919, une jeune Bretonne qui refuse de croire à la mort de son fiancé sur le front de la Somme mène une enquête pour le retrouver. - Adaptation réussie du roman de Sébastien Japrisot. Récit touffu mené d'une main sûre. Touches de fantaisie. Mise en scène souvent spectaculaire. Reconstitution d'époque très crédible. Interprétation de qualité. □ 13 ans+ → DVD $

UN MERVEILLEUX DIMANCHE [One Wonderful Sunday]
JAP. 1947. Akira KUROSAWA □ Général

UN MONDE SANS FRONTIÈRES *voir* **It's a Free World...**

UN MONDE SANS PITIÉ ▷3
FR. 1989. Comédie de mœurs d'Éric ROCHANT avec Hippolyte Girardot, Mireille Perrier et Yvan Attal. - Grand désabusé, un jeune homme prend la vie comme elle vient jusqu'au jour où il rencontre une jeune fille sérieuse dont il tombe amoureux. - Étude de milieu teintée d'ironie. Dialogues savoureux. Personnages typés et attachants. Mise en scène sobre et efficace. Interprétation d'un naturel convaincant.

UN NOMME CABLE HOGUE
voir **Ballad of Cable Hogue, The**

UN PETIT VENT DE PANIQUE ▷5
QUÉ. 1999. Comédie de mœurs de Pierre GRECO avec Marie-Joanne Boucher, Martin Laroche et Geneviève Bilodeau. - Habitant ensemble, deux sœurs et leur frère se compliquent la vie en se croyant la cible d'un tueur en série. □ Général

UN PEU DE NOUS DEUX *voir* **Sum of Us, The**

UN PEU DE SOLEIL DANS L'EAU FROIDE ▷4
[Few Hours of Sunlight, A]
FR. 1971. Drame psychologique de Jacques DERAY avec Claudine Auger, Marc Porel et Bernard Fresson. - Une femme mariée abandonne sa vie provinciale pour aller vivre avec un journaliste parisien.
→ DVD $

UN PONT ENTRE DEUX RIVES [Bridge, The] ▷4
FR. 1998. Drame sentimental de Gérard DEPARDIEU et Frédéric AUBURTIN avec Carole Bouquet, Gérard Depardieu et Charles Berling. - Au début des années 60, une jeune mère au foyer s'engage dans une liaison adultère avec un ingénieur. □ Général → DVD $

UN RÊVE JAPONAIS *voir* **Cherry Blossoms**

UN SECRET ▷4
FR. 2007. Drame de Claude MILLER avec Patrick Bruel, Cécile de France et Ludivine Sagnier. - En 1962, un garçon d'origine juive apprend d'une voisine de troublants secrets sur sa famille.
□ Général → DVD $

UN SI JOLI VILLAGE ▷4
FR. 1978. Drame policier d'Étienne PÉRIER avec Victor Lanoux, Jean Carmet et Valérie Mairesse. - Un juge d'instruction enquête sur la disparition mystérieuse de la femme du propriétaire d'une tannerie.

UN SINGE EN HIVER ▷4
FR. 1962. Comédie de mœurs d'Henri VERNEUIL avec Jean Gabin, Jean-Paul Belmondo et Suzanne Flon. - Influencé par un jeune client, un aubergiste alcoolique manque momentanément à sa promesse de ne plus boire. → DVD $

UN SOIR APRÈS LA GUERRE ▷4
FR. 1998. Drame social de Rithy PANH avec Chea Lyda Chan, Narith Roeun et Ratha Keo. - Au Cambodge, un militaire démobilisé survit péniblement avec une prostituée qu'il tente d'arracher à l'emprise d'un proxénète.

UN SOIR AU MUSIC-HALL
FR. 1956. Henri DECOIN → DVD $

UN SOLDAT AMÉRICAIN [American Soldier, The] ▷4
ALL. 1970. Drame policier de Rainer Werner FASSBINDER avec Karl Scheydt, Elga Sorbas et Jan George. - Un jeune Allemand ayant servi dans l'armée américaine au Viêt-nam devient tueur à gages.

UN TAXI MAUVE ▷3
FR. 1977. Drame psychologique d'Yves BOISSET avec Philippe Noiret, Peter Ustinov et Charlotte Rampling. - Un Français qui s'est installé en Irlande est mêlé au destin de curieux personnages. - Transcription fidèle d'un roman de Michel Déon. Mise en scène élégante et souple.

UN TAXI POUR TOBROUK ▷4
FR. 1960. Drame de guerre de Denys DE LA PATELLIÈRE avec Lino Ventura, Charles Aznavour et Hardy Kruger. - Quatre soldats français regagnent leurs lignes avec un prisonnier allemand. ➜ DVD $

UN TEMPS POUR L'IVRESSE DES CHEVAUX ▷3
[Time for Drunken Horses, A]
IRAN. 2000. Drame de mœurs de Bahman GHOBADI avec Ayoub Ahmadi, Madi Ekhtiar-Dini et Nezhad Ekhtiar-Dini. - Dans le Kurdistan iranien, quatre orphelins se débattent pour financer l'opération de leur frère atteint d'une forme grave de nanisme. - Récit profondément humaniste inspiré de faits réels. Réalisation simple et directe proche du documentaire. Jeu sincère de non-professionnels. □ Général

UN VAMPIRE AU PARADIS ▷4
FR. 1991. Comédie fantaisiste d'Abdelkrim BAHLOUL avec Bruno Cremer, Farid Chopel et Laure Marsac. - Un Arabe qui se prend pour un vampire vient en aide à un couple de Français bourgeois dont la fille semble victime d'un mystérieux envoûtement. □ Général

UN VISAGE DE FEMME [Woman's Face, A] ▷4
SUÈ. 1939. Drame psychologique de Gustaf MOLANDER avec Ingrid Bergman, Anders Henrikson et Karin Carlsson-Kavil. - Une femme défigurée retrouve la beauté grâce à une chirurgie plastique, mais ne peut échapper à son passé de criminelle.

UN VRAI CRIME D'AMOUR ▷3
ITA. 1973. Drame sentimental de Luigi COMENCINI avec Stefania Sandrelli, Giuliano Gemma et Brizio Montinaro. - Une Sicilienne venue travailler à Milan et un jeune ouvrier d'usine tombent amoureux l'un de l'autre malgré leurs différences d'origine et de tempérament. - Sorte de mélodrame néoréaliste comportant des notations sociales fort valables. Réalisation discrète.

UN WEEK-END SUR DEUX ▷4
FR. 1989. Drame psychologique de Nicole GARCIA avec Nathalie Baye, Joachim Serreau et Félicie Pasotti. - Une actrice séparée de son mari qui ne voit ses deux enfants qu'à l'occasion entraîne ces derniers dans une errance de quelques jours sur la route. □ Général

UN ZOO LA NUIT ▷4
QUÉ. 1987. Drame de mœurs de Jean-Claude LAUZON avec Gilles Maheu, Roger Le Bel et Germain Houde. - Harcelé par un policier véreux, un ex-détenu reprend contact avec son père dont il tente de rendre les dernières heures plus agréables. □ 13 ans+

UN, DEUX, TROIS SOLEIL ▷4
FR. 1993. Comédie dramatique de Bertrand BLIER avec Marcello Mastroianni, Anouk Grinberg et Myriam Boyer. - Élevée dans une cité-dortoir par une mère infantile et un père alcoolique, une jeune fille essuie bien des revers dans sa recherche du bonheur.
□ 13 ans+ ➜ DVD $

UNA SOMBRA YA PRONTO SERAS
ARG. 1994. Hector OLIVERA

UNAPPROACHABLE, THE
ALL. 1982. Krzysztof ZANUSSI

UNBEARABLE LIGHTNESS OF BEING, THE ▷3
[Insoutenable légèreté de l'être, L']
É.-U. 1988. Drame de mœurs de Philip KAUFMAN avec Daniel Day-Lewis, Juliette Binoche et Lena Olin. - Les tribulations d'un chirurgien volage et d'une jeune provinciale qui ont quitté la Tchécoslovaquie en 1968 pour s'installer en Suisse. - Adaptation réussie du roman de M. Kundera. Évocation habile du contexte social et politique. Mélange d'émotion et d'ironie. Interprétation nuancée et attachante.
□ 13 ans+ ➜ DVD $

UNBELIEVABLE TRUTH, THE ▷4
É.-U. 1989. Comédie de mœurs de Hal HARTLEY avec Adrienne Shelly, Robert Burke et Christopher Cooke. - Malgré le désaccord de son père, une jeune fille de 18 ans s'intéresse à un ex-détenu de retour dans sa ville natale. □ Général

UNBREAKABLE [Indestructible, L'] ▷3
É.-U. 2000. Drame fantastique de M. Night SHYAMALAN avec Bruce Willis, Samuel L. Jackson et Robin Wright Penn. - Sorti indemne d'un terrible accident de train, un garde de sécurité apprend d'un homme mystérieux qu'il serait doté de pouvoirs surnaturels. - Thème original développé avec rigueur et intelligence. Ton de gravité mélancolique. Réalisation inspirée. Interprétation sentie.
□ Général · Déconseillé aux jeunes enfants ➜ DVD DVD-BR $

UNCLE TOM'S CABIN
É.-U. 1927. Harry POLLARD □ Général

UNCLES, THE ▷4
CAN. 2000. Comédie dramatique de Jim ALLODI avec Chris Owens, Kelly Harms et Tara Rosling. - Le jeune gérant d'un restaurant torontois est confronté à divers problèmes familiaux, sentimentaux et professionnels. □ Général

UNCONQUERED ▷4
É.-U. 1947. Aventures de Cecil B. DeMILLE avec Gary Cooper, Paulette Goddard et Howard Da Silva. - Un milicien déjoue les projets d'un commerçant qui veut provoquer une guerre avec les Indiens.
□ Général ➜ DVD $

UNCUT ▷5
CAN. 1997. Film d'essai de John GREYSON avec Matthew Ferguson, Michael Achtman et Damon D'Oliveira. - Trois jeunes homosexuels sont accusés d'avoir produit un vidéoclip jugé diffamatoire envers un célèbre politicien. □ 13 ans+ · Érotisme ➜ DVD $

UNDEAD ▷6
AUS. 2002. Drame d'horreur de Peter et Michael SPIERIG avec Felicity Mason, Mungo McKay et Rob Jenkins. - À la suite d'une pluie de météores, les habitants d'un petit village australien sont transformés en zombies. □ 13 ans+ · Horreur ➜ DVD $

UNDEFEATED, THE [Géants de l'Ouest, Les] ▷4
É.-U. 1969. Western d'Andrew V. McLAGLEN avec John Wayne, Rock Hudson et Roman Gabriel. - Après la guerre civile, des Nordistes sont amenés à secourir des Sudistes au Mexique. □ Général ➜ DVD $

UNDER CAPRICORN [Amants du Capricorne, Les] ▷3
É.-U. 1949. Drame psychologique d'Alfred HITCHCOCK avec Ingrid Bergman, Joseph Cotten et Michaël Wilding. - Un aristocrate irlandais retrouve en Australie sa cousine mariée à un ex-bagnard enrichi. - Atmosphère lourde. Interprétation dans la note voulue. ➜ DVD $

UNDER FIRE ▷3
É.-U. 1983. Drame social de Roger SPOTTISWOODE avec Nick Nolte, Joanna Cassidy et Gene Hackman. - Les aventures de trois journalistes américains qui se retrouvent au Nicaragua en 1979 pendant la guerre civile. - Incidents réels transposés dans une fiction dramatique. Mise en scène sûre. Interprétation solide. □ Général ➜ DVD $

UNDER SATAN'S SUN *voir* **Sous le soleil de Satan**

UNDER SIEGE [Cuirassé en péril] ▷5
É.-U. 1992. Drame de guerre d'Andrew DAVIS avec Steven Seagal, Tommy Lee Jones et Gary Busey. - Un officier de la Marine américaine entreprend d'éliminer un à un des terroristes qui se sont emparés d'un cuirassé. □ 16 ans+ · Violence ➜ DVD $

UNDER SUSPICION [Suspicion] ▷4
É.-U. 1999. Drame policier de Stephen HOPKINS avec Gene Hackman, Morgan Freeman et Monica Bellucci. - À Porto Rico, un détective tente de faire avouer à un riche avocat qu'il a tué deux fillettes.
□ 13 ans+

UNDER SUSPICION [Faute de preuves] ▷4
ANG. 1991. Drame policier de Simon MOORE avec Liam Neeson, Laura San Giacomo et Kenneth Cranham. - Soupçonné du meurtre de sa femme et d'un de ses clients, un détective privé tente de prouver qu'il est innocent. □ 13 ans+ ➜ DVD $

UNDER THE DOMIM TREE ▷4
ISR. 1994. Drame d'Eli COHEN avec Kaipo Cohen, Riki Blich et Orli Perl. - Dans un kibboutz d'Israël, des orphelins rescapés des camps nazis cherchent à panser les cicatrices du passé. □ Général

UNDER THE FLAG OF THE RISING SUN
JAP. 1972. Kinji FUKASAKU ➜ DVD $

UNDER THE PAVEMENT LIES THE STRAND
ALL. 1975. Helma SANDERS-BRAHMS

UNDER THE ROOFS OF PARIS *voir* **Sous les toits de Paris**

UNDER THE SAME MOON ▷4
MEX. 2007. Drame social de Patricia RIGGEN avec Adrian Alonso, Kate del Castillo et Eugenio Derbez. - Un gamin mexicain traverse la frontière afin de retrouver sa mère, qui travaille illégalement comme femme de ménage à Los Angeles depuis quatre ans.
□ Général ➜ DVD$

UNDER THE SKIN ▷5
ANG. 1997. Drame psychologique de Carine ADLER avec Samantha Morton, Claire Rushbrook et Rita Tushingham. - À la mort de sa mère, une jeune femme traverse une période de crise qu'elle tente d'apaiser par un comportement sexuel débridé. □ 16 ans+ · Érotisme

UNDER THE TUSCAN SUN ▷4
[Sous le soleil de Toscane]
É.-U. 2003. Chronique d'Audrey WELLS avec Diane Lane, Sandra Oh et Lindsay Duncan. - Lors d'un voyage en Italie, une écrivaine américaine, désabusée depuis son divorce, décide d'acheter une villa décrépite pour y refaire sa vie. □ Général ➜ DVD$

UNDER THE VOLCANO ▷3
E.-U. 1984. Drame psychologique de John HUSTON avec Albert Finney, Jacqueline Bisset et Anthony Andrews. - Au Mexique, en 1938, la lente dérive de l'ex-consul britannique qui a sombré dans l'alcool pour oublier la réalité. - Scénario tiré du roman de Malcolm Lowry. Belle sûreté dramatique. Contexte pittoresque. Notations allégoriques. Forte composition d'A. Finney. □ 13 ans+ ➜ DVD$

UNDER THE YUM-YUM TREE ▷5
[Oui ou non avant le mariage]
É.-U. 1963. Comédie de David SWIFT avec Jack Lemmon, Carol Lynley et Dean Jones. - Deux jeunes gens tentent une expérience platonique de vie commune avant leur mariage. □ Général

UNDERGROUND ▷5
E.-U. 1941. Drame de guerre de V. SHERMAN avec Jeffrey Lynn, Philip Dorn et Kaaren Verne. - L'affrontement de deux frères aux convictions sociales opposées sous le régime nazi. ➜ DVD$

UNDERGROUND ►2
FR. 1995. Comédie dramatique d'Emir KUSTURICA avec Lazar Ristovski, Miki Manojlovic et Mirjana Jokovic. - Des Yougoslaves sont cachés dans une cave pendant 20 ans par un profiteur qui leur fait croire que la guerre 1939-1945 n'est pas terminée. - Fresque surréaliste d'une folle démesure sur l'histoire de la Yougoslavie communiste. Métaphores puissantes. Mise en scène d'une énergie peu commune. Interprètes de talent. □ 13 ans+

UNDERNEATH, THE ▷4
É.-U. 1994. Drame policier de Steven SODERBERGH avec Alison Elliott, Peter Gallagher et William Fichtner. - Surpris avec la fiancée d'un truand, un jeune homme fait diversion en proposant à ce dernier de voler un fourgon blindé. □ Général ➜ DVD$

UNDERTAKING BETTY [Plots with a View]
ALL. ANG. É.-U. 2002. Nick HURRAN ➜ DVD$

UNDERTOW ▷4
É.-U. 2004. Drame de mœurs de David GORDON GREEN avec Jamie Bell, Josh Lucas et Davon Alan. - En Georgie, un adolescent et son petit frère fuient leur oncle qui a tué leur père pour un paquet de pièces d'or mexicaines. □ 13 ans+ ➜ DVD$

UNDERWORLD BEAUTY
JAP. 1958. Seijun SUZUKI ➜ DVD$

UNDERWORLD U.S.A. [Bas-fonds New-Yorkais, Les] ▷3
É.-U. 1959. Drame policier de Samuel FULLER avec Cliff Robertson, Dolores Dorn et Beatrice Kay. - Un jeune voyou, témoin du meurtre de son père, retrouve, vingt ans plus tard, les quatre meurtriers. - Ensemble aussi violent que nerveux. Réalisation efficace. Interprètes convaincants. □ Général

UNDISPUTED [Invincible] ▷4
É.-U. 2002. Drame sportif de Walter HILL avec Ving Rhames, Wesley Snipes et Peter Falk. - Dans une prison à sécurité maximum, un champion de boxe condamné pour viol accepte d'affronter un codétenu qui n'a jamais perdu un match. □ 13 ans+ ➜ DVD$

UNE AFFAIRE D'HOMMES ▷4
FR. 1981. Drame policier de Nicolas RIBOWSKI avec Claude Brasseur, Jean-Louis Trintignant et Patrice Kerbrat. - Un policier s'efforce de disculper un ami accusé de meurtre. □ Général

UNE AFFAIRE DE CŒUR ▷3
[Love Affair: Or the Case of the Missing Switchboard Operator]
YOU. 1967. Drame de Dusan MAKAVEJEV avec Eva Ras et Ruzica Sokic. - Une opératrice de téléphone a une liaison avec un inspecteur sanitaire. - Montage complexe et inventif. Amalgame curieux d'observation sociale et de satire. Passages audacieux. □ 18 ans+

UNE AFFAIRE DE FEMMES [Story of Women] ►2
FR. 1988. Drame social de Claude CHABROL avec Isabelle Huppert, François Cluzet et Marie Trintignant. - Sous l'Occupation, un homme qui revient de captivité accepte mal la situation de sa femme qui s'est procuré une modeste aisance en pratiquant des avortements. - Récit basé sur un fait réel. Explorations fictives sur les plans psychologique et sociologique. Construction rigoureuse. Interprétation pleine de justesse. □ 13 ans+ ➜ DVD$

UNE AFFAIRE DE GOÛT [Matter of Taste, A] ▷4
FR. 1999. Drame psychologique de Bernard RAPP avec Jean-Pierre Lorit, Bernard Giraudeau et Florence Thomassin. - Un grand industriel engage un goûteur personnel et développe avec lui un étrange jeu de fascination mutuelle. □ Général ➜ DVD$

UNE AFFAIRE PRIVÉE
FR. 2002. Guillaume NICLOUX ➜ DVD$

UNE CHANTE, L'AUTRE PAS, L' ▷4
FR. 1976. Étude de mœurs d'Agnès VARDA avec Valérie Mairesse, Thérèse Liotard et Ali Raffi. - En 1962 à Paris, deux jeunes femmes se lient d'amitié et connaissent diverses aventures. □ Général

UNE ÉPOQUE FORMIDABLE ▷4
FR. 1991. Comédie de mœurs réalisée et interprétée par Gérard JUGNOT avec Richard Bohringer et Ticky Holgado. - Licencié de son poste de cadre, un père de famille quitte le domicile conjugal et se lie d'amitié avec trois clochards.

UNE ÉQUIPE D'ENFER *voir* **Bad News Bears**

UNE FEMME À SA FENÊTRE ▷4
FR. 1976. Drame sentimental de Pierre GRANIER-DEFERRE avec Romy Schneider, Philippe Noiret et Victor Lanoux. - À Athènes, en 1936, la femme d'un diplomate italien s'éprend d'un agitateur communiste qui a trouvé refuge chez elle. □ Général

UNE FEMME DE MÉNAGE ▷4
FR. 2002. Comédie dramatique de Claude BERRI avec Jean-Pierre Bacri, Émilie Dequenne et Jacques Frantz. - Largué par sa femme, un ingénieur du son quinquagénaire engage une jeune femme de ménage qui s'éprend bientôt de lui. □ Général ➜ DVD$

UNE FEMME FIDÈLE [Game of Seduction] ▷5
FR. 1976. Drame de mœurs de Roger VADIM avec Sylvia Kristel, Jon Finch et Nathalie Delon. - Une jeune femme mariée est aux prises avec un aristocrate libertin qui tente de la séduire.

UNE FEMME FRANÇAISE ▷5
FR. 1994. Mélodrame de Régis WARGNIER avec Emmanuelle Béart, Daniel Auteuil et Gabriel Barylli. - Les aventures extra-conjugales d'une femme mariée à un militaire qui s'absente à plusieurs reprises au fil des ans pour aller au combat.
Déconseillé aux jeunes enfants

UNE FEMME SANS AMOUR [Woman Without Love, A]
MEX. 1951. Luis BUÑUEL □ Général ➜ DVD$

UNE FILLE ET DES FUSILS ▷4
FR. 1965. Comédie policière de Claude LELOUCH avec Jean-Pierre Kalfon, Janine Magnan et Pierre Barouh. - Quatre bandits improvisés décident de kidnapper une actrice. □ 13 ans+

UNE HIRONDELLE A FAIT LE PRINTEMPS ▷4
FR. 2001. Chronique de Christian CARION avec Mathilde Seigner, Michel Serrault et Jean-Paul Roussillon. - Un vieux veuf bougon vend sa ferme du Vercors à une jeune Parisienne, à la condition de pouvoir continuer à habiter la maison pendant les 18 prochains mois. ➜ DVD$

UNE HISTOIRE D'AMOUR ▷4
Fr. 1951. Drame de Guy LEFRANC avec Louis Jouvet, Dany Robin et Daniel Gélin. - L'enquête d'un policier fait revivre l'histoire de jeunes amoureux qui se sont suicidés. ➜ DVD$

UNE HISTOIRE DE VENT ▷4
FR. 1988. Film d'essai de Joris IVENS et Marceline LORIDAN avec Joris Ivens, Liu Guilian et Liu Zhuang. - Un vieil homme retourne en Chine afin de capter et de filmer le vent. □ Général

UNE HISTOIRE DE VIOLENCE *voir* **History of Violence, A**

UNE HISTOIRE INVENTÉE ▷4
QUÉ. 1990. Comédie dramatique d'André FORCIER avec Jean Lapointe, Louise Marleau et Charlotte Laurier. - Une femme aux multiples amants et sa fille, déçue par un amour récent, courtisent le même homme.

UNE HISTOIRE SIMPLE ▷3
FR. 1978. Drame psychologique de Claude SAUTET avec Bruno Cremer, Romy Schneider et Arlette Bonnard. - Les circonstances amènent une femme séparée de son mari à reprendre contact avec lui. - Enchevêtrement de situations diverses. Mise en scène précise. Excellents interprètes. □ Général

UNE JOURNÉE PARTICULIÈRE [Special Day, A] ▷3
ITA. 1977. Comédie de mœurs d'Ettore SCOLA avec Sophia Loren, Marcello Mastroianni et Françoise Berd. - Restée seule dans son appartement pendant un défilé marquant le passage d'Hitler à Rome, une femme rencontre un autre locataire. - Observations pertinentes d'ordre politique autant que psychologique. Excellents comédiens. □ Général

UNE LEÇON D'AMOUR [Leçon d'amour, Une] ▷3
SUÈ. 1954. Comédie de mœurs de Ingmar BERGMAN avec Gunnar Bjornstrand, Eva Dahlbeck et Harriet Andersson. - Un gynécologue s'efforce de reconquérir sa femme qui veut le quitter. - Agréable comédie. Ton ironique. Interprétation fine et pleine de brio.

UNE LIAISON PORNOGRAPHIQUE [Affair of Love, An] ▷4
FR. BEL. SUI. LUX. 1999. Drame de mœurs de Frédéric FONTEYNE avec Nathalie Baye, Sergi Lopez et Jacques Viala. - Un homme et une femme vivant une liaison purement sexuelle hésitent à s'engager dans une véritable relation amoureuse. ➔ DVD$

UNE NUIT À CASABLANCA *voir* **Night in Casablanca, A**

UNE NUIT AVEC TOI
QUÉ. 1993. Claude DEMERS □ Général

UNE NUIT TRÈS MORALE ▷4
HON. 1977. Comédie de Karoly MAKK avec Carla Romanelli, Margit Makay et Irène Psota. - À la fin du siècle, un étudiant tente de cacher à sa mère, venue le visiter, qu'il habite dans une maison close.

UNE PARISIENNE ▷4
FR. 1957. Comédie de Michel BOISROND avec Brigitte Bardot, Charles Boyer et Henri Vidal. - La jeune épouse d'un haut fonctionnaire courtise un prince en visite à Paris afin d'exciter la jalousie de son mari. □ Général

UNE PART DU CIEL [Piece of Sky, A] ▷4
FR. 2002. Drame social de Bénédicte LIÉNARD avec Séverine Caneele, Sofia Leboutte et Josiane Stoléru. - Le combat d'une prisonnière et de son amie ouvrière pour retrouver leur dignité se heurte aux réalités de leurs mondes respectifs.

UNE PARTIE DE CAMPAGNE ►2
FR. 1936. Comédie sentimentale de Jean RENOIR avec Sylvia Bataille, Georges Darnoux et Gabriello . - Au cours d'une sortie à la campagne, la fille et la femme d'un brave commerçant font la rencontre de deux séducteurs. - Adaptation d'une nouvelle de Guy de Maupassant. Sujet délicat traité avec une justesse de ton remarquable. Mélange de réalisme critique et de poésie. Excellente direction d'acteurs. □ Général

UNE PARTIE DE PLAISIR [Piece of Pleasure, A] ▷5
FR. 1974. Drame psychologique de Claude CHABROL avec Danièle Gégauff, Paul Gégauff et Paula Moore. - Un couple se désagrège après entente sur une mutuelle liberté sexuelle. □ 13 ans+ ➔ DVD$

UNE PASSION [Passion of Anna, The] ▷3
SUÈ. 1969. Drame psychologique d'Ingmar BERGMAN avec Max Von Sydow, Liv Ullmann et Bibi Andersson. - Deux femmes tentent de combler la solitude d'un peintre qui s'est retiré dans une île. - Exploration des thèmes chers à l'auteur. Mise en scène maîtrisée et austère. Interprétation forte. □ 13 ans+ ➔ DVD$

UNE PAUSE... QUATRE SOUPIRS
voir **Bodies, Rest and Motion**

UNE PIERRE DANS LA BOUCHE ▷4
FR. 1983. Drame policier de Jean-Louis LECONTE avec Harvey Keitel, Michel Robin et Catherine Frot. - D'étranges rapports s'établissent entre un acteur devenu aveugle et un fugitif blessé qui s'est réfugié chez lui. □ Général

UNE POUR TOUTES ▷5
FR. 1999. Comédie de Claude LELOUCH avec Anne Parillaud, Jean-Pierre Marielle et Marianne Denicourt. - Trois actrices dans la dèche séduisent de riches passagers du Concorde Paris-New York afin de leur soutirer de l'argent. □ Général

UNE PURE FORMALITÉ ▷3
ITA. 1994. Drame policier de Giuseppe TORNATORE avec Gérard Depardieu, Roman Polanski et Sergio Rubini. - Impliqué dans des événements tragiques dont il n'a aucun souvenir, un écrivain est interrogé toute une nuit par un commissaire énigmatique. - Huis clos aux accents kafkaïens. Climat glauque et oppressant. Mise en scène pleine d'aisance. Impressionnant duel d'acteurs.

UNE RAVISSANTE IDIOTE ▷4
FR. 1963. Comédie de Edouard MOLINARO avec Brigitte Bardot, Anthony Perkins et Grégoire Aslan. - Un jeune espion se sert de celle qu'il aime pour subtiliser des dossiers.

UNE SAISON DANS LA VIE D'EMMANUEL ▷6
FR. 1972. Drame de Claude WEISZ avec Germaine Montero, Manuel Pinto et Georges Domergue. - Le sort malheureux des divers membres d'une famille de miséreux.

UNE VIE À T'ATTENDRE ▷4
FR. 2004. Drame sentimental de Thierry KLIFA avec Nathalie Baye, Patrick Bruel et Géraldine Pailhas. - Un restaurateur parisien sur le point de se marier est bouleversé par le retour dans sa vie d'une femme avec qui il a entretenu autrefois une liaison passionnelle. ➔ DVD$

UNE VIE INACHEVÉE *voir* **Unfinished Life, An**

UNE VIEILLE MAÎTRESSE ▷4
FR. 2007. Drame de mœurs de Catherine BREILLAT avec Asia Argento, Fu'ad Aït Aatou et Claude Sarraute. - Un libertin sur le point de se marier se remémore sa liaison passionnée avec une ex-courtisane espagnole. □ 13 ans+ · Érotisme ➔ DVD$

UNFAIR COMPETITION *voir* **Concurrence déloyale**

UNFAITHFUL [Infidèle] ▷5
É.-U. 2002. Drame de mœurs d'Adrian LYNE avec Diane Lane, Richard Gere et Olivier Martinez. - Une mère de famille s'engage dans une liaison adultère qui aura des conséquences tragiques lorsque son mari découvrira la vérité. □ 13 ans+ · Érotisme ➔ DVD DVD-BR$

UNFAITHFULLY YOURS [Infidèlement vôtre] ▷3
É.-U. 1948. Comédie de Preston STURGES avec Rex Harrison, Linda Darnell et Barbara Lawrence. - Durant un concert, un chef d'orchestre évoque différents moyens de tuer son épouse infidèle. - Scénario amusant. Mise en scène brillante. Interprétation excellente. □ Général ➔ DVD$

UNFAITHFULLY YOURS [Faut pas en faire un drame] ▷4
É.-U. 1984. Comédie d'Howard ZIEFF avec Dudley Moore, Nastassja Kinski et Armand Assante. - Parce qu'il soupçonne son épouse de l'avoir trompé avec un violoniste, un chef d'orchestre imagine un plan machiavélique pour se débarrasser d'eux. □ Général

UNFINISHED LIFE, AN [Une vie inachevée] ▷5
É.-U. 2005. Drame psychologique de Lasse HALLSTRÖM avec Robert Redford, Jennifer Lopez et Morgan Freeman. - Fuyant son petit ami violent, une femme se réfugie avec sa fille adolescente au ranch du père de son défunt mari, avec qui elle a de vieux comptes à régler. □ Général ➔ DVD$

UNFINISHED PIECE FOR MECHANICAL PIANO, AN
voir **Partition inachevée pour piano mécanique**

UNFORGETTABLE [Double mémoire] ▷5
É.-U. 1996. Drame fantastique de John DAHL avec Ray Liotta, Linda Fiorentino et Peter Coyote. - Afin d'élucider le meurtre de sa femme, un médecin utilise une nouvelle formule qui permet de s'injecter la mémoire d'une autre personne. □ 13 ans+ · Violence ➔ DVD$

UNFORGIVEN [Impardonnable] ►2
É.-U. 1992. Western réalisé et interprété par Clint EASTWOOD avec Gene Hackman et Morgan Freeman. - Un vieux hors-la-loi repenti et son ancien compagnon décident de reprendre les armes afin de retrouver deux voyous dont les têtes ont été mises à prix. - Critique assez virulente de l'héroïsme viril. Ensemble contemplatif, intelligent et sensible. Mise en scène sobre et précise. Interprétation impeccable. □ 13 ans+ ➔ DVD DVD-BR$

UNFORGIVEN, THE [Vent de la plaine, Le] ▷3
É.-U. 1960. Western de John HUSTON avec Audrey Hepburn, Burt Lancaster et Lillian Gish. - Un cavalier excentrique révèle que la benjamine d'une famille de colons est une Indienne. - Belle création d'atmosphère. Photographie soignée. Mise en scène ample et vigoureuse. Interprètes bien dirigés. □ Général ➜ DVD $

UNHOOK THE STARS [Décroche les étoiles] ▷4
É.-U. 1997. Drame psychologique de Nick CASSAVETES avec Gena Rowlands, Marisa Tomei et Gérard Depardieu. - Veuve et esseulée, une sexagénaire s'occupe du petit garçon d'une jeune voisine en difficulté.
□ Général ➜ DVD $

UNIFORMES ET JUPONS COURTS
voir **Major and the Minor, The**

UNINVITED, THE ▷5
É.-U. 1946. Drame de Lewis ALLEN avec Ray Milland, Gail Russell et Donald Crisp. - Croyant leur maison hantée, deux jeunes gens tentent d'éclaircir le problème. □ Général

UNINVITED, THE ▷5
É.-U. 2009. Drame d'horreur de Charles et Thomas GUARD avec Emily Browning, Elizabeth Banks et Arielle Kebbel. - Avec l'aide de sa sœur, une adolescente en proie à des visions terrifiantes tente de prouver que sa mère a été tuée par la nouvelle compagne de son père.
□ 13 ans+ · Horreur ➜ DVD DVD-BR $

UNINVITED GUEST, THE
ESP. 2004. Guillem MORALES

UNION PACIFIC [Pacific Express] ▷3
É.-U. 1940. Western de Cecil B. DeMILLE avec Barbara Stanwyck, Joel McCrea et Robert Preston. - Les constructeurs du premier chemin de fer dans l'Ouest font face à diverses difficultés. - Un classique du genre. Mise en scène somptueuse. Beaucoup d'action. Interprètes de valeur. □ Général

UNITED 93 [United vol 93] ▷3
ANG. 2006. Drame historique de Paul GREEGRASS avec Christian Clemenson, Ben Sliney et Omar Berdouni. - Reconstitution des incidents ayant entouré le détournement du vol 93 de la United Airlines par des terroristes, le 11 septembre 2001. - Sujet exploré avec sobriété et méticulosité. Récit raconté en temps réel. Mise en scène haletante. Interprétation convaincante.
□ 13 ans+ · Violence ➜ DVD $

UNITED STATES OF LELAND ▷5
É.-U. 2003. Drame psychologique de Matthew RYAN HOGE avec Don Cheadle, Ryan Gosling et Chris Klein. - Après avoir tué un enfant handicapé, le fils sensible et timide d'un écrivain célèbre se lie d'amitié avec un professeur du pénitencier où il est détenu.
□ 13 ans+

UNIVERS DES OMBRES, L'
voir **Shadowlands**

UNKNOWN PLEASURES
voir **Plaisirs inconnus**

UNLAWFUL ENTRY [Obsession fatale] ▷5
É.-U. 1992. Drame policier de Jonathan KAPLAN avec Kurt Russell, Ray Liotta et Madeleine Stowe. - Un jeune couple se lie d'amitié avec un policier en apparence très sympathique mais qui se révèle être un psychopathe dangereux. □ 13 ans+

UNMARRIED WOMAN, AN [Femme libre, La] ▷3
É.-U. 1977. Drame psychologique de Paul MAZURSKY avec Alan Bates, Jill Clayburgh et Michael Murphy. - Bouleversée par le départ de son mari, une femme tente de reconquérir son indépendance. - Touches d'humour. Personnages plausibles. □ 13 ans+ ➜ DVD $

UNREMARKABLE LIFE, AN ▷4
É.-U. 1988. Drame psychologique de Amin Q. CHAUDHRI avec Patricia Neal, Shelley Winters, Jenny Chrisinger et Mako. - Une célibataire à la retraite, qui fréquente depuis peu un garagiste chinois, éprouve de la difficulté à se dégager de l'influence de sa sœur veuve.
➜ DVD $

UNS ET LES AUTRES, LES ▷4
FR. 1980. Chronique de Claude LELOUCH avec Robert Hossein, Nicole Garcia et Daniel Olbrychski. - Cinquante ans d'histoire contemporaine vus à travers le destin de divers personnages de quatre pays différents.
□ Général

UNSINKABLE MOLLY BROWN, THE ▷4
É.-U. 1964. Comédie musicale de Charles WALTERS avec Debbie Reynolds, Harve Presnell et Ed Begley. - Les aventures d'une jeune fermière qui, après avoir épousé un bûcheron, devient millionnaire.
□ Général ➜ DVD $

UNSTRUNG HEROES [Liens du souvenir, Les] ▷4
É.-U. 1995. Comédie dramatique de Diane KEATON avec Nathan Watt, Andie MacDowell et John Turturro. - Sa mère souffrant d'une grave maladie, un jeune garçon va vivre chez ses deux oncles excentriques qui auront une influence positive sur lui. □ Général ➜ DVD $

UNTAMED HEART [Cœur sauvage] ▷4
É.-U. 1993. Drame sentimental de Tony BILL avec Marisa Tomei, Christian Slater et Rosie Perez. - La relation amoureuse entre une serveuse et un jeune plongeur de restaurant au tempérament fragile et taciturne. □ Général ➜ DVD $

UNTIL SEPTEMBER ▷5
É.-U. 1984. Drame sentimental de Richard MARQUAND avec Karen Allen, Thierry Lhermitte et Christopher Cazenove. - Une Américaine de passage à Paris entame une liaison avec un banquier dont l'épouse s'est absentée pour quelques jours. □ 13 ans+ ➜ DVD $

UNTIL THE END OF THE WORLD ▷4
[Jusqu'au bout du monde]
ALL. 1991. Science-fiction de Wim WENDERS avec Solveig Dommartin, William Hurt , Chick Ortega et Sam Neill. - Parcourant le monde pour remplir une mission secrète, le fils d'un inventeur est pourchassé par divers individus, dont une jeune femme qui s'est éprise de lui.
□ Général

UNTIL THEY SAIL [Femmes coupables] ▷5
É.-U. 1957. Drame de Robert WISE avec Joan Fontaine, Paul Newman et Jean Simmons. - Les aventures de quatre femmes dont la vie a été bouleversée par la guerre. □ Général

UNTOLD SCANDAL
COR. 2003. Lee JE-YONG ➜ DVD $

UNTOLD STORY OF EMMETT LOUIS TILL, THE
É.-U. 2005. Keith BEAUCHAMP ➜ DVD $

UNTOUCHABLES, THE [Incorruptibles, Les] ▷3
É.-U. 1987. Drame policier de Brian DE PALMA avec Kevin Costner, Sean Connery et Robert De Niro. - À Chicago en 1930, l'agent fédéral Eliot Ness est chargé de mettre fin aux activités du mafioso Al Capone qui dirige un vaste réseau de contrebande. - Récit solidement structuré. Réalisation inventive. Interprétation d'une assurance peu commune. □ 13 ans+ ➜ DVD DVD-BR $

UNTRACEABLE [Introuvable] ▷4
É.-U. 2008. Drame policier de Gregory HOBLIT avec Diane Lane, Billy Burke et Colin Hanks. - Une agente du FBI spécialisée dans la traque de cybercriminels tente de stopper un psychopathe qui assassine ses victimes en direct dans Internet.
□ 16 ans+ · Violence ➜ DVD DVD-BR $

UP
É.-U. 2009. Bob PETERSON et Pete DOCTER

UP AND DOWN ▷4
TCH. 2004. Drame social de Jan HREBEJK avec Petr Forman, Emilia Vasaryova et Natasa Burger. - À Prague, un bébé abandonné transforme l'existence de personnes issues de diverses classes sociales.
□ 13 ans+ ➜ DVD $

UP AT THE VILLA [Il suffit d'une nuit] ▷4
É.-U. 2000. Drame de mœurs de Philip HAAS avec Sean Penn, Kristin Scott Thomas, James Fox et Anne Bancroft. - En 1938, à Florence, une jeune veuve anglaise courtisée par plusieurs hommes se retrouve compromise dans un sombre drame passionnel.
□ Général ➜ DVD $

UP CLOSE AND PERSONAL [Intime et personnel] ▷5
É.-U. 1996. Comédie sentimentale de Jon AVNET avec Robert Redford, Michelle Pfeiffer et Stockard Channing. - Un reporter réputé s'éprend d'une jeune femme à qui il enseigne le journalisme télévisé.
□ Général ➜ DVD $

UP IN ARMS ▷4
É.-U. 1944. Comédie musicale de Elliott NUGENT avec Danny Kaye, Dinah Shore et Dana Andrews. - Les mésaventures d'un malade imaginaire appelé à servir dans l'armée. □ Général

UP THE DOWN STAIRCASE ▷3
É.-U. 1967. Drame psychologique de Robert MULLIGAN avec Sandy Dennis, Patrick Bedford et Eileen Heckart. - Les débuts difficiles d'une jeune institutrice dans un quartier populaire de New York. - Ton d'authenticité exceptionnel. Intérêt social évident. Réalisation de qualité. Interprétation juste. □ 13 ans+ ➔ DVD$

UP THE RIVER [Up the River/When Willie Comes] ▷4
É.-U. 1930. Comédie dramatique de John FORD avec Spencer Tracy, Warren Hymer et Humphrey Bogart. - Deux prisonniers viennent en aide à un compagnon de cellule aux prises avec un courtier malhonnête. ➔ DVD$

UP THE SANDBOX ▷5
É.-U. 1972. Comédie satirique de Irvin KERSHNER avec David Selby, Barbra Streisand et Jane Hoffman. - La femme d'un professeur, mère de deux enfants, laisse aller son imagination à diverses fantaisies. ➔ DVD$

UP TO A CERTAIN POINT ▷4
CUB. 1983. Comédie dramatique de Tomas GUTIERREZ ALEA avec Oscar Alvarez, Mirta Ibarra et Coralia Veloz. - Un cinéaste marié qui prépare un film sur le machisme s'entiche d'une ouvrière qui vit seule avec son fils.

UPRISING, THE ▷4
É.-U. 2001. Drame de guerre de Jon AVNET avec Leelee Sobieski, Hank Azaria et Donald Sutherland. - Dans le ghetto de Varsovie, un groupe de juifs organise la résistance contre l'oppresseur nazi. ➔ DVD$

UPSIDE OF ANGER, THE [Femme en colère, Une] ▷4
É.-U. 2005. Comédie dramatique de Mike BINDER avec Joan Allen, Kevin Costner et Erika Christensen. - Rendue cynique par l'abandon inexpliqué de son mari, une femme au foyer déverse sa rogne sur ses quatre filles et s'engage dans une liaison avec son voisin. □ Général · Déconseillé aux jeunes enfants ➔ DVD$

UPTOWN SATURDAY NIGHT ▷4
É-U. 1974. Comédie réalisée et interprétée par Sidney POITIER avec Bill Cosby et Harry Belafonte. - Apprenant qu'il a gagné le gros lot, un ouvrier tente de trouver les voleurs qui lui ont pris son portefeuille. □ Général ➔ DVD$

URANUS ▷4
FR. 1990. Drame de mœurs de Claude BERRI avec Philippe Noiret, Gérard Depardieu et Michel Blanc. - Dans une petite ville de France peu après la guerre, un cabaretier est injustement accusé d'avoir caché un collaborateur. □ Général

URBAN COWBOY ▷4
É.-U. 1980. Drame de mœurs de James BRIDGES avec John Travolta, Debra Winger et Scott Glenn. - Les problèmes sentimentaux d'un jeune Texan qui fréquente une salle de danse populaire. □ Général ➔ DVD$

URBANIA ▷3
É.-U. 2000. Drame de mœurs de Jon SHEAR avec Dan Futterman, Matt Keeslar et Alan Cumming. - Un jeune homme en deuil de son amoureux erre dans les rues de Manhattan où il fait des rencontres insolites. - Scénario personnel et inventif. Heureuse alternance entre la rage et la tendresse. Montage audacieux. Interprétation remarquable. □ 13 ans+

URGA [Close to Eden] ►2
RUS. 1991. Drame de mœurs de Nikita MIKHALKOV avec Bayaertu, Badema et Vladimir Gostukhrin. - Après avoir sympathisé avec un routier russe dont le camion est tombé en panne, un éleveur mongol l'accompagne en ville pour y faire des courses. - Fable simple mais fort émouvante sur la perte d'identité culturelle. Souffle lyrique teinté d'une douce mélancolie et d'une fine ironie. Mise en scène d'une sobriété éloquente. Interprétation magnifique. □ Général

USED PEOPLE [Quelle famille!] ▷4
É.-U. 1992. Comédie dramatique de Beeban KIDRON avec Shirley MacLaine, Marcello Mastroianni et Kathy Bates. - Veuve depuis peu, une femme d'âge mûr crée des remous dans sa famille immédiate lorsqu'elle se met à fréquenter un vieux prétendant. □ 13 ans+

USUAL SUSPECTS, THE [Suspects de convenance] ▷3
É.-U. 1995. Drame policier de Bryan SINGER avec Gabriel Byrne, Chazz Palminteri et Kevin Spacey. - Interrogé par un enquêteur à la suite de l'explosion d'un cargo, un criminel lui raconte les événements qui sont à l'origine de cette affaire énigmatique. - Intrigue habilement tricotée. Réalisation très léchée sans être maniérée. Excellente partition musicale. Belles performances des acteurs. □ 13 ans+ · Langage vulgaire ➔ DVD DVD-BR$

UTZ ▷4
ANG. 1992. Drame de George SLUIZER avec Armin Mueller-Stahl, Brenda Fricker, Paul Scofield et Peter Riegert. - À la mort d'un important collectionneur tchèque, le propriétaire d'une galerie d'art new-yorkaise cherche à récupérer de précieuses figurines de porcelaine. □ Général

UZAK *voir* **Lointain**

V FOR VENDETTA ▷4
É.-U. 2005. Drame fantastique de James McTEIGUE avec Natalie Portman, Hugo Weaving et Stephen Rea. - Dans une société totalitaire, une jeune femme se lie à un justicier masqué qui cherche à renverser le gouvernement en commettant des actes terroristes.
□ 13 ans+ · Violence ➜ DVD DVD-BR$

VA SAVOIR ▷3
FR. 2001. Comédie sentimentale de Jacques RIVETTE avec Jeanne Balibar, Sergio Castellitto et Jacques Bonnaffé. - Chassés-croisés sentimentaux autour d'une actrice française vivant à Rome qui revoit son ex-amant lors d'une tournée à Paris. - Marivaudages élevés au rang de grand art. Intrigue aux rebondissements audacieux. Mise en scène réglée comme un ballet. Interprétation aérienne. ➜ DVD$

VA, VIS ET DEVIENS ▷4
FR. 2005. Chronique de Radu MIHAILEANU avec Moshe Agazai, Yaël Abecassis et Sirak M. Sabahat. - À Tel-Aviv, les expériences d'un jeune Éthiopien chrétien qui a échappé à la famine en 1984 en se faisant passer pour juif. □ Général ➜ DVD$

VACANCES, LES *voir* **Holiday, The**

VACANCES DE MONSIEUR HULOT, LES ►1
[Mr. Hulot's Holiday]
FR. 1953. Comédie satirique réalisée et interprétée par Jacques TATI avec Louis Perrault et André Dubois. - Un vacancier un peu lunatique multiplie les incidents cocasses dans une station balnéaire. - Suite de situations finement observées. Abondance de gags ingénieux. Étude de milieu fort subtile. Personnage original créé par J. Tati.
□ Général ➜ DVD$

VACANCES DE MR. BEAN, LES *voir* **Mister Bean's Holiday**

VACANCES ROMAINES *voir* **Roman Holiday**

VACHE ET LE PRISONNIER, LA ▷4
FR. 1959. Comédie d'Henri VERNEUIL avec Fernandel, René Havard et Inge Schoener. - Un prisonnier de guerre conçoit un moyen ingénieux de s'évader. □ Général

VACUUMING COMPLETELY NUDE IN PARADISE ▷4
ANG. 2001. Comédie de mœurs de Danny BOYLE avec Timothy Spall, Michael Begley et David Crellin. - À la recherche d'un emploi stable, un jeune homme accepte par dépit de devenir l'apprenti d'un vendeur d'aspirateurs obsessif. ➜ DVD$

VAGABOND *voir* **Sans toit ni loi**

VAGABONDES, LES *voir* **Tumbleweeds**

VAGUE DE CHALEUR *voir* **Heatwave**

VAISSEAU FANTÔME, LE *voir* **Sea Wolf, The**

VAISSEAUX DU CŒUR, LES *voir* **Salt on Our Skin**

VAL ABRAHAM, LE [Abraham's Valley] ►2
POR. 1993. Drame de mœurs de Manoel DE OLIVEIRA avec Leonor Silveira, Luis Miguel Cintra et Rui de Carvalho. - La jeune épouse d'un médecin de campagne trompe son ennui auprès de divers amants. - Scénario proposant une lecture personnelle et contemporaine du «Madame Bovary» de Flaubert. Mise en scène majestueuse d'une lenteur contemplative. Jeu sobre de L. Silveira. □ Général ➜ DVD$

VALACHI PAPERS, THE ▷4
ITA. 1972. Drame policier de Terence YOUNG avec Charles Bronson, Lino Ventura et Joseph Wiseman. - Un membre de la mafia accepte de témoigner devant une commission sénatoriale américaine.
➜ DVD$

VALENTIN ▷5
ARG. 2002. Comédie dramatique réalisée et interprétée par Alejandro AGRESTI avec Rodrigo Noya et Carmen Maura. - À Buenos Aires, dans les années 1960, un gamin abandonné par sa mère et délaissé par son père rêve d'une famille unie. ➜ DVD$

VALENTINO ▷5
ANG. 1977. Drame biographique de Ken RUSSELL avec Leslie Caron, Rudolf Noureev et Michelle Phillips. - Évocation de la carrière et des amours de Rudolf Valentino, vedette du cinéma muet. □ 13 ans+

VALÉRIE ▷6
QUÉ. 1969. Mélodrame de Denis HÉROUX avec Danielle Ouimet, Guy Godin et Kim Wilcox. - Alors qu'un peintre veuf s'éprend d'elle, une jeune femme entreprend de vendre ses charmes en tant que call-girl.
□ 13 ans+ · Érotisme

VALERIE AND HER WEEK OF WONDERS
TCH. 1970. Jaromil JIRES ➜ DVD$

VALEURS DE LA FAMILLE ADDAMS, LES
voir **Addams Family Values, The**

VALIANT ▷5
ANG. 2005. Film d'animation de Gary CHAPMAN. - En 1944, des pigeons voyageurs chargés de livrer un message urgent à l'état-major de Londres sont interceptés par des rapaces nazis.
□ Général ➜ DVD$

VALKYRIE ▷4
É.-U. 2008. Drame historique de Bryan SINGER avec Tom Cruise, Kenneth Branagh et Bill Nighy. - En 1944, un colonel se joint à un groupe de dissidents du régime nazi, déterminé à assassiner Adolf Hitler et à renverser son gouvernement. □ Général · Déconseillé aux jeunes enfants ➜ DVD DVD-BR$

VALLÉE, LA ▷5
FR. 1972. Drame de Barbet SCHROEDER avec Bulle Ogier, Michael Gothard et Jean-Pierre Kalfon. - En Nouvelle-Guinée, la femme d'un diplomate français se joint à un groupe de jeunes hippies qui recherchent une vallée mystérieuse. ➜ DVD$

VALLÉE DE LA VENGEANCE, LA *voir* **Vengeance Valley**

VALLÉE DES GÉANTS, LA *voir* **Big Trees, The**

VALLÉE DES NUAGES, LA *voir* **Walk in the Clouds, A**

VALLEY GIRL ▷4
É.-U. 1983. Comédie de mœurs de Martha COOLIDGE avec Deborah Foreman, Nicolas Cage et Elizabeth Daily. - Une adolescente d'un quartier bourgeois de Los Angeles s'éprend d'un garçon de milieu populaire. □ 18 ans+ ➜ DVD$

VALLEY OF DECISION, THE ▷4
É.-U. 1945. Drame sentimental de Tay GARNETT avec Greer Garson, Gregory Peck et Donald Crisp. - Le fils aîné d'un maître de forges s'éprend de la femme de chambre de sa mère. □ Général

VALLEY OF THE BEES, THE
TCH. 1967. Frantisek VLACIL

VALLEY OF THE DOLLS ▷5
É.-U. 1967. Drame psychologique de Mark ROBSON avec Barbara Parkins, Patty Duke et Sharon Tate. - Une secrétaire dans un bureau d'avocats est témoin des malheurs de quelques actrices.
□ 18 ans+ ➜ DVD$

VALLEY OF THE KINGS ▷5
É.-U. 1954. Aventures de Robert PIROSH avec Robert Taylor, Eleanor Parker et Carlos Thompson. - Les tribulations de la fille d'un égyptologue en voyage en Égypte avec son mari. □ Général

VALMONT ▷3
ANG. 1989. Comédie de mœurs de Milos FORMAN avec Colin Firth, Annette Bening et Meg Tilly. - Une marquise fait appel à un vieux complice de plaisir pour se venger de son amant qui vient de l'abandonner pour épouser une fille de quinze ans. - Adaptation libre du roman «Les Liaisons dangereuses» de Choderlos de Laclos. Illustration somptueuse, élégante et rythmée. Interprétation vive et nuancée.
□ 13 ans+ ➜ DVD$

VALSE AVEC BASHIR ►2
ISR. 2008. Film d'animation d'Ari FOLMAN. - Un cinéaste israélien, qui n'a aucun souvenir de son passé de soldat au Liban dans les années 1980, part à la recherche de ceux qu'il a côtoyés durant cette guerre. - Patiente quête intérieure illustrée dans un très original amalgame d'animation et de documentaire. Charge antimilitariste d'une foudroyante efficacité. Échappées oniriques envoûtantes, sensuelles. Utilisation fort inventive de différentes techniques d'animation.
□ 13 ans+ · Violence · Érotisme

VALSE DES PANTINS, LA *voir* **King of Comedy, The**

VALSEUSES, LES [Going Places] ▷4
FR. 1973. Drame de mœurs de Bertrand BLIER avec Gérard Depardieu, Patrick Dewaere et Miou-Miou . - Deux voyous partent à l'aventure en entraînant une jeune coiffeuse avec eux. □ 18 ans+ ➜ DVD $

VAMPIRE LOVERS, THE ▷4
ANG. 1970. Drame fantastique de Roy Ward BAKER avec Ingrid Pitt, Madeleine Smith et Peter Cushing. - Deux jeunes filles de notables meurent étrangement après le passage d'une étrangère qui se révèle être une vampire.

VAMPIRE, VOUS AVEZ DIT VAMPIRE? *voir* **Fright Night**

VAMPYR ►2
FR. 1932. Drame fantastique de Carl Theodor DREYER avec Julian West, Maurice Schutz et Sybille Schmitz. - Un jeune homme arrive dans un village où il est témoin de phénomènes étranges. - Classique du cinéma fantastique. Œuvre insolite et onirique au rythme lent. Récit mystérieux. Climat de cauchemar envoûtant. Photographie remarquable. Interprétation bien accordée au ton particulier de l'ensemble.
□ Général ➜ DVD $

VAMPYR, THE
ANG. 1993. Nigel FINCH □ 13 ans+ · Érotisme

VAMPYROS LESBOS ▷7
ESP. 1970. Drame fantastique de Jesus FRANCO avec Soledad Miranda, Dennis Price et Ewa Stroemberg. - Sur le bord de la Méditerranée, une descendante du comte Dracula jette son dévolu sur une jeune avocate.
□ 16 ans+

VAN, THE ▷4
ANG. 1996. Comédie dramatique de Stephen FREARS avec Colm Meaney, Donal O'Kelly et Ger Ryan. - À Dublin, un chômeur s'achète une vieille camionnette délabrée pour la transformer, avec l'aide d'un copain, en snack-bar ambulant. □ Général

VAN GOGH ▷3
FR. 1991. Drame biographique de Maurice PIALAT avec Jacques Dutronc, Alexandra London et Gérard Sety. - Évocation du séjour au printemps 1890 du peintre Van Gogh chez un docteur amateur d'art. - Derniers moments de la vie du peintre évoqués avec certaines libertés historiques. Suite de tableaux pittoresques aux tonalités propres à l'artiste. J. Dutronc crédible. □ Général

VANDALE, LE *voir* **Come and Get It**

VANILLA SKY [Ciel couleur vanille, Un] ▷4
É.-U. 2001. Thriller de Cameron CROWE avec Tom Cruise, Penelope Cruz et Cameron Diaz. - Un riche play-boy devenu défiguré est accusé d'un meurtre commis dans des circonstances où le rêve se confondait avec la réalité. □ 13 ans+ ➜ DVD $

VANINA VANINI ▷4
ITA. 1961. Drame de Roberto ROSSELLINI avec Sandra Milo, Laurent Terzieff et Martine Carol. - La fille d'un prince s'éprend d'un fugitif qui lutte contre l'oppresseur autrichien.

VANISHING POINT [Point limite zéro] ▷5
É.-U. 1971. Drame de Richard C. SARAFIAN avec Barry Newman, Cleavon Little et Dean Jagger. - Chargé de conduire une auto de Denver à Los Angeles, un chauffeur part à une vitesse folle sur la route.
□ 13 ans+ ➜ DVD DVD-BR $

VANISHING, THE *voir* **Homme qui voulait savoir, L'**

VANISHING, THE [Disparue, La] ▷5
É.-U. 1993. Drame psychologique de George SLUIZER avec Jeff Bridges, Kiefer Sutherland et Nancy Travis. - Un jeune homme recherche inlassablement son amie qui a été kidnappée par un professeur en apparence inoffensif. □ Général ➜ DVD $

VANITY FAIR [Foire aux vanités, La] ▷4
É.-U. 2004. Chronique de Mira NAIR avec Reese Witherspoon, James Purefoy et Romola Garai. - Au début du XIXe siècle, en Angleterre, une jeune orpheline met tout en œuvre pour favoriser son ascension dans la haute société. ➜ DVD $

VANTAGE POINT ▷5
É.-U. 2008. Thriller de Pete TRAVIS avec Dennis Quaid, William Hurt et Sigourney Weaver. - L'assassinat du président américain à travers le point de vue de cinq témoins de la scène survenue dans le cadre d'un sommet mondial en Espagne. □ 13 ans+ · Violence ➜ DVD DVD-BR $

VANYA ON 42nd STREET ▷3
É.-U. 1994. Drame de Louis MALLE avec Wallace Shawn, Julianne Moore et Brooke Smith. - Réunie dans un théâtre abandonné de New York, une troupe d'acteurs répète la pièce «Oncle Vania» de Tchekhov. - Chassé-croisé de désillusions politiques, d'amours secrètes et de trahisons. Traitement privilégiant le verbe à l'état brut. Montage dynamique. Mise en images dépouillée. Distribution excellente.
□ Général

VARIAN'S WAR ▷4
CAN. 2000. Drame biographique de Lionel CHETWYND avec William Hurt, Julia Ormond et Matt Craven. - En 1940, le journaliste américain Varian Fry entreprend de sauver des artistes, des intellectuels et des scientifiques européens menacés par les nazis. □ Général ➜ DVD $

VARIETY LIGHTS *voir* **Feux du Music-Hall, Les**

VASSILY BUSLAYEV
RUS. 1982. Gennadi VASILYEV

VATEL ▷4
FR. 2000. Drame historique de Roland JOFFÉ avec Gérard Depardieu, Uma Thurman et Tim Roth. - En 1671, au château de Chantilly, l'intendant du prince de Condé organise trois jours de fêtes et de banquets en l'honneur du roi Louis XIV et de sa cour.
□ Général ➜ DVD $

VELVET GOLDMINE ▷4
ANG.-É.-U. 1998. Drame musical de Todd HAYNES avec Jonathan Rhys Meyers, Christian Bale et Ewan McGregor. - En 1984, un journaliste doit retrouver un célèbre chanteur de «Glam Rock» qui était son idole de jeunesse. □ 13 ans+ · Érotisme ➜ DVD $

VENDREDI 13 *voir* **Friday the 13th**

VENDREDI DINGUE, DINGUE, DINGUE, UN *voir* **Freaky Friday**

VENDREDI SOIR [Friday Night]
FR. 2002. Claire DENIS

VENGEANCE AUX DEUX VISAGES, LA *voir* **One-Eyed Jacks**

VENGEANCE D'UNE BLONDE, LA ▷5
FR. 1993. Comédie de mœurs de Jeannot SZWARC avec Christian Clavier, Marie-Anne Chazel et Clémentine Célarié. - Un présentateur de journal télévisé s'engage dans une course au succès qui menace de briser son mariage et de ruiner sa réputation. □ Général

VENGEANCE D'UNE FEMME, LA ▷3
FR. 1989. Drame psychologique de Jacques DOILLON avec Isabelle Huppert, Béatrice Dalle et Jean-Louis Murat. - Croyant que son mari s'est suicidé après avoir été abandonné par sa maîtresse, une femme pousse une amie à lui avouer qu'elle est celle-ci. - Long tête-à-tête habilement tendu. Jeu nuancé et solide des protagonistes.
□ Général

VENGEANCE DE LA FEMME EN NOIR, LA ▷5
QUÉ. 1997. Comédie fantaisiste de Roger CANTIN avec Germain Houde, Marc Labrèche et Raymond Bouchard. - Un comédien est persécuté par un inspecteur de police qui le croit impliqué dans une affaire d'enlèvement. □ Général ➜ DVD $

VENGEANCE DES FANTÔMES, LA *voir* **Poltergeist**

VENGEANCE DU SERPENT À PLUMES, LA ▷5
FR. 1984. Comédie de Gérard OURY avec Coluche, Marusckha Detmers et Luis Rego. - Un homme hérite d'un appartement qui est le repaire d'un groupe de terroristes, ce qui l'entraîne dans une folle aventure au Mexique.

VENGEANCE QUI EST MIENNE, LA [Vengeance Is Mine] ▷3
JAP. 1979. Drame psychologique de Shohei IMAMURA avec Ken Ogata, Rentaro Mikuni et Chocho Mikayo. - Les tribulations d'un meurtrier devenu l'ennemi public numéro un au Japon dans les années 60. - Scénario inspiré de faits vécus. Construction complexe utilisant de nombreux flash-back. Réalisation percutante. Interprétation dans le ton voulu. □ 13 ans+ · Violence ➜ DVD $

VENGEANCE SECRÈTE *voir* **Fourth Angel**

VENGEANCE VALLEY [Vallée de la vengeance, La] ▷4
É.-U. 1950. Western de Richard THORPE avec Burt Lancaster, Robert Walker et Joanne Dru. - Un cow-boy adopté par un rancher s'efforce de réparer les fredaines du fils de son bienfaiteur. □ Général ➜ DVD$

VENGEANCE D'UNE FEMME, LA
voir **Sympathy for Lady Vengeance**

VENGO ▷4
ESP. 2000. Drame musical de Tony GATLIF avec Antonio Canales, Orestes Villasan Rodriguez et Antonio Perez Dechent. - Le chef d'un clan gitan s'efforce de protéger son neveu handicapé qui est menacé par la vendetta d'une famille rivale. ➜ DVD$

VÉNITIENNE, LA ▷5
ITA. 1986. Comédie de mœurs de Mauro BOLOGNINI avec Laura Antonelli, Monica Guerritore et Jason Connery. - Au XVIe siècle, deux Vénitiennes se partagent le cœur d'un bel étranger.

VENT DE GALERNE ▷5
FR. 1988. Drame historique de Bernard FAVRE avec Jean-François Casabonne, Charlotte Laurier et Roger Jendly. - En 1793, un mouvement de révolte se répand en Vendée contre l'armée républicaine.
□ Général

VENT DE LA PLAINE, LE *voir* **Unforgiven, The**

VENT DU WYOMING, LE ▷5
QUÉ. 1994. Comédie dramatique d'André FORCIER avec Sarah-Jeanne Salvy, François Cluzet et Marc Messier. - Une jeune fille qui s'est fait voler son amoureux par sa mère décide de séduire un écrivain français que sa sœur convoite. □ 13 ans+ · Érotisme

VENT NOUS EMPORTERA, LE ▷3
[Wind Will Carry Us, The]
FR. 1999. Drame de mœurs d'Abbas KIAROSTAMI avec Behzad Dourani. - Trois hommes de Téhéran s'installent dans un village reculé du Kurdistan pour mener une mission aux objectifs obscurs. - Écriture sobre, voire minimaliste. Récit envoûtant à portée métaphysique. Réalisation d'une grande minutie. Interprétation à la hauteur.
➜ DVD$

VENT SE LÈVE, LE *voir* **Wind that Shakes the Barley, The**

VENUS ▷4
ANG. 2006. Comédie dramatique de Roger MICHELL avec Peter O'Toole, Jodie Whittaker et Leslie Phillips. - Apprenant qu'il est condamné par la maladie, un vieil acteur s'attache à une jeune provinciale revêche, petite-nièce de son meilleur ami.
□ Général · Déconseillé aux jeunes enfants ➜ DVD$

VÉNUS & FLEUR ▷4
FR. 2003. Comédie sentimentale d'Emmanuel MOURET avec Isabelle Pirès, Verouschka Knoge et Julien Imbert. - À Marseille, pendant les vacances d'été, une Russe délurée et sa nouvelle amie, une Parisienne coincée, recherchent le garçon idéal. □ Général ➜ DVD$

VÉNUS AU VISON *voir* **Butterfield 8**

VÉNUS BEAUTÉ (INSTITUT) ▷4
FR. 1998. Comédie dramatique de Tonie MARSHALL avec Nathalie Baye, Bulle Ogier et Samuel Le Bihan. - Une esthéticienne quadragénaire et célibataire se fait courtiser par un jeune homme qui a eu le coup de foudre pour elle. ➜ DVD$

VENUS DE MILO
QUÉ. 2002. Diana LEWIS ➜ DVD$

VERA
ALL. É.-U. FR. MEX. 2003. Francisco ATHIÉ

VERA CRUZ ▷3
É.-U. 1953. Western de Robert ALDRICH avec Gary Cooper, Denise Darcel et Burt Lancaster. - Des aventuriers tentent de s'emparer d'un convoi d'or devant servir à la révolution mexicaine. - Habile reconstitution du contexte d'époque. Rythme rapide. Beaux paysages. Excellent duel d'acteurs. □ Général ➜ DVD$

VERA DRAKE ►2
ANG. 2004. Drame social de Mike LEIGH avec Imelda Staunton, Phil Davis et Peter Wight. - En 1950, dans un quartier ouvrier de Londres, une mère de famille dévouée est arrêtée pour avoir pratiqué des avortements illégaux. - Sujet délicat traité avec une profonde humanité. Mise en scène totalement maîtrisée. Reconstitution d'époque criante de vérité. Performance inoubliable d'I. Staunton.
□ Général ➜ DVD$

VERAZ ▷5
FR. 1991. Drame de Xavier CASTANO avec Jean-Michel Portal, Kirk Douglas et Marie Fugain. - Un garçon en fugue est secouru par un vieux bûcheron bourru et solitaire qui vit dans les espaces sauvages des Pyrénées.

VERDICT [Jury of One] ▷4
FR. 1974. Drame judiciaire de André CAYATTE avec Jean Gabin, Sophia Loren et Michel Albertini. - La mère d'un jeune homme accusé de meurtre fait enlever la femme du juge pour obtenir par la force un acquittement.

VERDICT, THE [Verdict, Le] ▷4
É.-U. 1982. Drame judiciaire de Sidney LUMET avec Paul Newman, Charlotte Rampling et James Mason. - Un avocat déchu se voit confier une cause importante qui lui permettra de reprendre en main sa carrière. □ Général ➜ DVD$

VEREDA TROPICAL
ARG. 2004. Javier TORRE ➜ DVD$

VÉRITABLE HISTOIRE DU PETIT CHAPERON ROUGE, LA
voir **Hoodwinked**

VÉRITÉ À PROPOS DE CHARLIE, LA
voir **Truth About Charlie, The**

VÉRITÉ NUE, LA *voir* **Where the Truth Lies**

VÉRITÉ OU PRESQUE, LA ▷4
FR. 2007. Comédie de mœurs de Sam KARMANN avec Karin Viard, André Dussollier et François Cluzet. - À Lyon, les tribulations sentimentales d'un écrivain homosexuel, d'une animatrice de la télévision et des membres de leur entourage. ➜ DVD$

VÉRITÉ SI JE MENS, LA ▷4
FR. 1996. Comédie de Thomas GILOU avec Richard Anconina, Elie Kakou et José Garcia. - Un jeune chômeur se fait passer pour un Juif afin de gagner la confiance d'un commerçant de tissus.
□ Général · Déconseillé aux jeunes enfants

VÉRITÉ SI JE MENS II, LA ▷4
FR. 2000. Comédie de Thomas GILOU avec José Garcia, Richard Anconina et Elisa Tovati. - Avec l'aide de quatre amis, un fabricant de vêtements d'un quartier juif de Paris se venge d'un gros distributeur qui l'a escroqué. □ Général ➜ DVD$

VÉRITÉ SUR LES CHATS ET LES CHIENS, LA
voir **Truth about Cats and Dogs, The**

VERONICA GUERIN ▷5
É.-U. 2003. Drame social de Joel SCHUMACHER avec Cate Blanchett, Ciaran Hinds et Gerald McSorley. - En 1994, une journaliste de Dublin entreprend au péril de sa vie de prouver que certains criminels locaux sont liés au trafic de drogue. □ 13 ans+ ➜ DVD$

VERONICO CRUZ *voir* **Dette, La**

VERONIKA VOSS ►2
ALL. 1982. Drame de Rainer Werner FASSBINDER avec Rosel Zech, Hilmar Thate et Annemarie Dueringer. - En 1955, un journaliste sportif s'intéresse au sort d'une ancienne star de cinéma victime des manigances de sa psychanalyste. - Scénario complexe et profond. Traitement raffiné du noir et blanc. Compositions picturales rappelant le cinéma d'antan. Interprétation admirable. □ Général

VERS L'INCONNU *voir* **Into the Wild**

VERS LA JOIE [To Joy] ▷3
SUÈ. 1954. Drame d'Ingmar BERGMAN avec Maj Britt Nilsson, Stig Olin, John Ekman et Victor Sjostrom. - Les déboires d'un couple de musiciens. - Étude psychologique intéressante. Très bonne interprétation.

VERS LE SUD ▷4
FR. 2005. Drame de mœurs de Laurent CANTET avec Charlotte Rampling, Karen Young et Ménothy Cesar. - À Haïti, à la fin des années 1970, deux touristes américaines d'âge mûr se disputent les faveurs d'un jeune prostitué. □ 13 ans+ ➜ DVD$

VERS UN DESTIN INSOLITE SUR LES FLOTS BLEUS DE L'ÉTÉ [Swept Away] ▷4
ITA. 1974. Comédie satirique de Lina WERTMÜLLER avec Giancarlo Giannini et Mariangela Melato. - Naufragés dans une île, la femme d'un industriel et un matelot communiste ont de curieux rapports.
□ 18 ans+ ➜ DVD$

VERSAILLES ▷4
FR. 2008. Drame social de Pierre SCHOELLER avec Max Baissette de Malglaive, Guillaume Depardieu et Judith Chemla. - Un vagabond vivant dans la forêt bordant le château de Versailles prend sous son aile un enfant que sa mère a abandonné temporairement.
□ Général ➔ DVD $

VERSAILLES RIVE GAUCHE ▷4
FR. 1991. Comédie de mœurs de Bruno PODALYDÈS avec Denis Podalydès, Isabelle Candelier et Philippe Uchan. - Ayant invité une jeune fille à un tête-à-tête galant dans son minuscule appartement, un garçon un peu gêné s'emmêle dans une série de mensonges.

VERTICAL LIMIT [Limite extrême] ▷4
É.-U. 2000. Aventures de Martin CAMPBELL avec Chris O'Donnell, Robin Tunney et Bill Paxton. - Six alpinistes risquent leur vie pour secourir trois des leurs qui ont été victimes d'une avalanche.
□ Général · Déconseillé aux jeunes enfants ➔ DVD $

VERTICAL RAY OF THE SUN, THE
voir **À la verticale de l'été**

VERTIGO [Sueurs froides] ▶1
É.-U. 1958. Thriller d'Alfred HITCHCOCK avec James Stewart, Kim Novak et Barbara Bel Geddes. - Un détective à la retraite est bouleversé par l'apparent suicide d'une femme qu'on l'avait chargé de surveiller. - Œuvre clé de l'auteur et du genre. Scénario ingénieux et riche. Suspense évoluant à la lisière du fantastique. Réalisation de grande classe profitant d'une illustration somptueuse. Remarquable musique de Bernard Herrmann. Jeu excellent de J. Stewart.
□ Général ➔ DVD $

VERY LONG ENGAGEMENT, A
voir **Un long dimanche de fiançailles**

VERY PRIVATE AFFAIR, A *voir* **Vie privée**

VERY SERIOUS PERSON, A
É.-U. 2006. Charles BUSCH ➔ DVD $

VESTIGES DU JOUR, LES *voir* **Remains of the Day, The**

VEUVE COUDERC, LA ▷3
FR. 1971. Drame de mœurs de Pierre GRANIER-DEFERRE avec Simone Signoret, Alain Delon et Jean Tissier. - Une veuve embauche un inconnu qui se révèle être un prisonnier en fuite. - Adaptation réussie du roman de Georges Simenon. Bonne évocation d'époque. Contexte paysan décrit avec un mélange heureux de réalisme et de poésie. Interprétation sobre et réfléchie. □ Général

VEUVE DE SAINT-PIERRE, LA ▷4
[Widow of Saint-Pierre, The]
FR. 1999. Drame de Patrice LECONTE avec Juliette Binoche, Daniel Auteuil et Emir Kusturica. - En 1850, à Saint-Pierre-et-Miquelon, un condamné à mort devient le protégé de l'épouse du capitaine qui en a la garde. □ Général

VEUVE JOYEUSE, LA *voir* **Merry Widow, The**

VEUVE MAIS PAS TROP *voir* **Married to the Mob**

VEUVE NOIRE, LA *voir* **Black Widow**

VICE VERSA ▷4
É.-U. 1988. Comédie fantaisiste de Brian GILBERT avec Judge Reinhold, Fred Savage et Corinne Bohrer. - Par l'action d'un crâne doté de pouvoirs mystérieux, la personnalité d'un garçon de 11 ans se retrouve dans le corps de son père et vice versa. □ Général ➔ DVD $

VICES PRIVÉS ET VERTUS PUBLIQUES ▷4
[VICES AND PLEASURES]
HON. 1976. Drame de mœurs de Miklos JANCSO avec Teresa Ann Savoy, Lajos Balazsovits et Franco Branciaroli. - Le prince héritier d'un empire européen qui conspire contre son père organise une orgie impliquant plusieurs nobles pour provoquer un scandale. □ 18 ans+

VICKY CRISTINA BARCELONA ▷4
ESP. 2008. Comédie sentimentale de Woody ALLEN avec Scarlett Johansson, Javier Bardem et Rebecca Hall. - Les vies de deux amies américaines en séjour estival dans la capitale catalane sont bouleversées, à différents degrés, par leur rencontre avec un séduisant peintre. □ Général ➔ DVD DVD-BR $

VICTIM ▷3
ANG. 1961. Drame social de Basil DEARDEN avec Dirk Bogarde, Sylvia Sims et Dennis Price. - La police est sur la piste d'un maître-chanteur qui s'en prend aux homosexuels. - Œuvre sobre, prenante et bien écrite. Problème délicat traité avec tact. □ 13 ans+ ➔ DVD $

VICTIMES DU VIÊT-NAM *voir* **Casualties of War**

VICTOIRE SUR LA NUIT *voir* **Dark Victory**

VICTOR VARGAS *voir* **Raising Victor Vargas**

VICTOR/VICTORIA ▷4
ANG. 1982. Comédie de Blake EDWARDS avec Julie Andrews, James Garner et Robert Preston. - Dans le Paris des années 1930, une chanteuse sans emploi se fait passer pour un travesti.
□ 13 ans+ ➔ DVD $

VICTORY ▷4
É.-U. 1981. Drame de guerre de John HUSTON avec Sylvester Stallone, Michael Caine et Max Von Sydow. - Des prisonniers de guerre ont l'occasion de former une équipe de soccer et d'affronter des sportifs allemands pour un match. □ Général ➔ DVD $

VICTORY AT ENTEBBE ▷5
É.-U. 1976. Drame de Marvin J. CHOMSKY avec Burt Lancaster, Helen Hayes et Helmut Berger. - Un commando israélien se rend en Ouganda rescaper les passagers d'un avion détourné par des terroristes palestiniens. □ Général

VIDEODROME ▷5
CAN. 1982. Drame fantastique de David CRONENBERG avec James Woods, Deborah Harry et Sonja Smits. - En enquêtant sur une chaîne de télévision clandestine, le directeur d'une station indépendante est entraîné dans un monde hallucinatoire. □ 18 ans+ ➔ DVD $

VIDOCQ ▷5
FR. 2001. Drame fantastique de PITOF avec Gérard Depardieu, Guillaume Canet et Inès Sastre. - En 1830, à Paris, le soi-disant biographe d'un célèbre détective disparu poursuit l'enquête entamée par ce dernier sur un redoutable meurtrier masqué.
□ 13 ans+ · Violence ➔ DVD $

VIE À L'ENVERS, LA ▷3
FR. 1963. Drame d'Alain JESSUA avec Charles Denner, Anna Gaylor et Nane Germon. - Un homme trouve un charme étrange à s'enfermer de plus en plus dans la solitude. - Style très personnel. Insolite. Excellente réalisation. Interprètes bien dirigés.

VIE APRÈS L'AMOUR, LA ▷5
QUÉ. 2000. Comédie sentimentale de Gabriel PELLETIER avec Michel Côté, Sylvie Léonard et Patrick Huard. - Quand son épouse le quitte après 20 ans de mariage, un homme tente par tous les moyens de redonner un sens à sa vie. □ Général ➔ DVD $

VIE AQUATIQUE, LA *voir* **The Life Aquatic with Steve Zissou**

© ALLIANCE

VIE AVEC MON PÈRE, LA ▷4
QUÉ. 2005. Comédie dramatique de Sébastien ROSE avec Raymond Bouchard, Paul Ahmarani et David La Haye. - Connaissant des problèmes de santé, un écrivain célèbre revient auprès de ses deux fils aux caractères très opposés. □ 13 ans+ ➜ DVD$

VIE CRIMINELLE D'ARCHIBALD DE LA CRUZ, LA ▷3
MEX. 1955. Drame psychologique de Luis BUÑUEL avec Ernesto Alonso, Miroslava Stern et Ariadna Welter. - Un homme retrouve une boîte à musique qu'il avait reçue en cadeau étant enfant et à qui il attribuait le pouvoir de réaliser ses désirs homicides. - Scénario insolite aux accents surréalistes. Touches d'humour noir.

VIE D'OHARU, LA [Life of Oharu] ►2
JAP. 1952. Drame de Kenji MIZOGUCHI avec Kinuyo Tanaka, Ichiro Sugai et Toshiko Yanane. - Une jeune fille noble attire le déshonneur sur sa famille en répondant à l'amour d'un roturier. - Magnifique fresque sociale empreinte de tendresse. Style raffiné transcendant les éléments mélodramatiques de l'intrigue. Caméra gracieuse. Interprétation sobre et émouvante. □ Général

VIE D'UN HÉROS, LA ▷4
QUÉ. 1994. Étude de mœurs de Micheline LANCTÔT avec Véronique Le Flaguais, Gilbert Sicotte et Marie Cantin. - Dans les années 1940, une famille de riches cultivateurs des Cantons de l'Est recueille un prisonnier allemand détenu dans une base militaire voisine.

VIE DE BESTIOLE, UNE *voir* **Bug's Life, A**

VIE DE BOHÈME, LA
FIN. 1992. Aki KAURISMÄKI

VIE DE CHÂTEAU, LA ▷3
FR. 1965. Comédie sentimentale de Jean-Paul RAPPENEAU avec Catherine Deneuve, Philippe Noiret et Pierre Brasseur. - Chassés-croisés amoureux dans un château de Normandie pendant la guerre. - Légèreté de touche. Images gracieuses. Dialogue spirituel. Interprétation juste.

VIE DE DAVID GALE, LA *voir* **Life of David Gale, The**

VIE DE FAMILLE À YONKERS *voir* **Lost in Yonkers**

VIE DE JÉSUS, LA ▷3
FR. 1997. Drame social de Bruno DUMONT avec David Douche, Marjorie Cottreel et Kader Chaatouf. - Dans une petite ville du Nord de la France, un jeune homme désœuvré s'en prend, avec l'aide de ses copains, à un jeune Maghrébin qui tourne autour de sa petite amie. - Description implacable d'une problématique sociale propre à un milieu défavorisé. Traitement hyperréaliste. □ 16 ans+

VIE DE MENSONGES, UNE *voir* **Body of Lies**

VIE DES AUTRES, LA [Lives of Others, The] ▷3
ALL. 2006. Drame psychologique de Florian Henckel Von DONNERSMARCK avec Ulrich Mühe, Sebastian Koch et Martina Gedeck. - Dans les années 1980, un officier de la Stasi est de plus en plus fasciné par le couple d'artistes est-berlinois qu'il est chargé d'épier. - Œuvre dense portée par un scénario brillant. Mécanismes dramatiques bien huilés. Réalisation classique et élégante. Interprétation de premier ordre. □ Général · Déconseillé aux jeunes enfants ➜ DVD$

VIE DEVANT SOI, LA [Madame Rosa] ▷3
FR. 1977. Drame de mœurs de Moshe MIZHARI avec Simone Signoret, Samy Ben Youb et Claude Dauphin. - Une ancienne prostituée gagne sa vie en prenant en pension les enfants des filles de joie. - Adaptation chaleureuse du roman d'Émile Ajar. Excellente composition de S. Signoret. □ Général

VIE EN ROSE, LA [Môme, La] ▷4
FR. 2007. Drame biographique d'Olivier DAHAN avec Sylvie Testud, Marion Cotillard et Pascal Greggory. - La vie et la carrière tumultueuses de la chanteuse française Édith Piaf, morte en 1963 à l'âge de 47 ans. □ Général ➜ DVD DVD-BR$

VIE EST BELLE, LA
ZAÏ. 1987. Benoît LAMY

VIE EST BELLE, LA *voir* **It's a Wonderful Life**

VIE EST BELLE, LA [Life Is Beautiful] ▷3
ITA. 1997. Comédie dramatique réalisée et interprétée par Roberto BENIGNI avec Nicoletta Braschi et Giorgio Cantarini. - Déporté dans un camp de concentration avec son jeune fils, un libraire juif tente de lui faire croire qu'il ne s'agit que d'un jeu. - Œuvre farcie de trouvailles comiques tout en atteignant une grande humanité. Touches poétiques attendrissantes. Construction solide. □ Général ➜ DVD$

VIE EST UN LONG FLEUVE TRANQUILLE, LA ▷4
FR. 1987. Comédie d'Étienne CHATILIEZ avec Hélène Vincent, André Wilms et Benoît Magimel. - Intervertis à leur naissance par une infirmière, deux enfants ont été élevés dans des milieux diamétralement opposés à celui de leurs parents naturels. □ Général ➜ DVD$

VIE EST UN MIRACLE, LA ▷4
SER. 2004. Comédie dramatique d'Emir KUSTURICA avec Natasa Solak, Slavko Stimac et Vesna Trivalic. - Au moment où la guerre éclate en Bosnie, un Serbe tombe amoureux d'une otage musulmane dont il a la garde. □ 13 ans+ ➜ DVD$

VIE EST UN TÉLÉROMAN, LA *voir* **Soapdish**

VIE ET RIEN D'AUTRE, LA [Life and Nothing But] ►2
FR. 1989. Drame social de Bertrand TAVERNIER avec Philippe Noiret, Sabine Azéma et Pascale Vignal. - En 1920, un commandant de l'armée française qui est chargé d'identifier les disparus de la Grande Guerre s'éprend d'une femme à la recherche de son mari. - Tableau saisissant et plein d'ironie. Climat quasi surréaliste. Mise en scène rigoureuse et minutieuse. Jeu intense et nuancé de P. Noiret. □ Général ➜ DVD$

VIE FANTÔME, LA ▷4
QUÉ. 1992. Drame de mœurs de Jacques LEDUC avec Ron Lea, Pascale Bussières et Johanne-Marie Tremblay. - Un homme marié entretient une relation extra-conjugale avec une jeune libraire. □ 16 ans+

VIE HEUREUSE DE LÉOPOLD Z., LA ▷4
QUÉ. 1965. Comédie de Gilles CARLE avec Guy L'Écuyer, Paul Hébert et Suzanne Valéry. - La veille de Noël, un déneigeur s'efforce de compléter ses achats de cadeaux en pleine tempête de neige. □ Général ➜ DVD$

VIE NOUVELLE, LA ▷5
FR. 2002. Drame de mœurs de Philippe GRANDRIEUX avec Zach Knighton, Anna Mouglalis et Marc Barbé. - Un jeune militaire américain en permission dans les Balkans entreprend de sauver de la déchéance une prostituée ukrainienne. □ 16 ans+ ➜ DVD$

VIE PERDUE, UNE *voir* **Smash-up, the Story of a Woman**

VIE PRIVÉE [Very Private Affair, A] ▷3
FR. 1962. Drame psychologique de Louis MALLE avec Brigitte Bardot, Marcello Mastroianni et Ursula Kubler. - Une cover-girl connaît un succès rapide au cinéma. - Transposition habile du «mythe» Bardot. Grande qualité picturale. Ensemble un peu froid. Montage soigné. Interprètes bien dirigés. □ Général

VIE PRIVÉE D'ÉLISABETH D'ANGLETERRE, LA
voir **Private Lives of Elizabeth and Essex, The]**

VIE PROMISE ▷5
FR. 2002. Drame psychologique d'Olivier DAHAN avec Pascal Greggory, Isabelle Huppert et Maud Forget. - Une prostituée prend la fuite avec sa fille adolescente après que celle-ci a tué un souteneur. ➜ DVD$

VIE RÊVÉE DES ANGES, LA ▷3
[Dreamlife of Angels, The]
FR. 1998. Drame de mœurs d'Erick ZONCA avec Elodie Bouchez, Natacha Régnier et Grégoire Colin. - Une jeune routarde fraîchement débarquée à Lille se lie d'amitié avec une jeune ouvrière qui vit diverses déceptions amoureuses. - Portrait juste et âpre d'une certaine jeunesse. Mise en scène très fluide. Interprétation contrastée des deux comédiennes. □ 13 ans+

VIE SAUVAGE, LA *voir* **Wild, The**

VIE SECRÈTE DE WALTER MITTY, LA
voir **Secret Life of Walter Mitty, The**

VIE SECRÈTE DES GENS HEUREUX, LA ▷5
CAN. 2006. Comédie dramatique de Stéphane LAPOINTE avec Marc Paquet, Gilbert Sicotte et Catherine De Léan. - Tandis que ses parents vivent une crise conjugale, un étudiant timoré s'éprend d'une jeune serveuse dégourdie et insaisissable. □ Général ➜ DVD$

VIE SECRÈTE DES MOTS, LA
voir **Secret Life of Words, The**

VIEILLE FILLE, LA ▷3
FR. 1971. Comédie satirique de Jean-Pierre BLANC avec Annie Girardot, Philippe Noiret et Marthe Keller. - Au cours de vacances, un homme d'âge mûr réussit à forcer l'intimité d'une demoiselle solitaire. - Chronique humoristique de la vie des vacanciers. Souci du détail significatif. Touches caricaturales. Excellente interprétation. □ Général

VIEILLE QUI MARCHAIT DANS LA MER, LA ▷4
FR. 1991. Comédie dramatique de Laurent HEYNEMANN avec Jeanne Moreau, Michel Serrault et Luc Thuillier. - Une vieille arnaqueuse s'acoquine avec un jeune play-boy au grand dam de son associé. □ 13 ans+

VIENS CHEZ MOI, J'HABITE CHEZ UNE COPINE ▷4
FR. 1981. Comédie de Patrice LECONTE avec Michel Blanc, Bernard Giraudeau et Thérèse Liotard. - Réfugié chez un couple ami, un chômeur sème la pagaille en prenant de plus en plus ses aises. □ Général

VIERGE DES TUEURS, LA [Our Lady of the Assassins] ▷4
COL. 2000. Drame de mœurs de Barbet SCHROEDER avec German Jaramillo, Anderson Ballasteros et Juan David Restrepo. - À Medellin, un écrivain désabusé s'éprend d'un jeune de la rue employé comme tueur à gages par les cartels de la drogue.
□ 16 ans+ · Violence ➔ DVD $

VIES BRISÉES *voir* **Shattered**

VIES DE LOULOU, LES [Ages of Loulou, The]
ESP. 1990. Bigas LUNA □ 18 ans+ · Érotisme ➔ DVD $

VIEUX FUSIL, LE ▷3
FR. 1975. Drame de guerre de Robert ENRICO avec Philippe Noiret, Romy Schneider et Joachim Hansen. - Un chirurgien exerce une vengeance meurtrière sur les soldats allemands qui ont massacré sa femme et sa fille. - Construction solide. Interprétation convaincue de P. Noiret. □ 13 ans+

VIEUX GARÇONS, LES *voir* **Grumpy Old Men**

VIEUX PAYS OÙ RIMBAUD EST MORT, LE ▷4
CAN. 1977. Comédie satirique de Jean-Pierre LEFEBVRE avec Marcel Sabourin, Anouk Ferjac et Myriam Boyer. - Les observations d'un Québécois venu en France vérifier ses sources nationales. ➔ DVD $

VIEW FROM THE BRIDGE *voir* **Vu du pont**

VIEW FROM THE TOP, A [Profession: hôtesse de l'air] ▷5
É.-U. 2003. Comédie de Bruno BARRETO avec Gwyneth Paltrow, Mark Ruffalo et Mike Myers. - Une jeune femme poursuit sans relâche son rêve de devenir une hôtesse de l'air de prestige. □ Général ➔ DVD $

VIEW TO A KILL, A [Dangereusement vôtre] ▷5
ANG. 1985. Drame d'espionnage de John GLEN avec Roger Moore, Christopher Walken et Grace Jones. - L'agent secret James Bond est chargé de surveiller un industriel richissime qui veut prendre le contrôle mondial de l'informatique. □ Général

VIGILANTE, EL *voir* **School Killer**

VIGO: A PASSION FOR LIFE ▷5
[Vigo: histoire d'une passion]
FR. 1998. Drame biographique de Julien TEMPLE avec James Frain, Romane Bohringer et Nicholas Barnes. - La vie et la carrière du cinéaste Jean Vigo qui est mort de la tuberculose en 1934 après avoir réalisé son chef-d'œuvre, L'Atalante.

VIGO: HISTOIRE D'UNE PASSION
voir **Vigo: A Passion for Life**

VIKING, THE ▷4
CAN. 1930. Drame de G. MELFORD avec Charles Starrett, Louise Huntington et Arthur Vinton. - À l'occasion d'une chasse aux phoques, un postier a l'occasion de sauver la vie de son rival pour l'amour d'une jeune fille.

VIKINGS, THE ▷3
É.-U. 1958. Aventures de Richard FLEISCHER avec Kirk Douglas, Tony Curtis et Janet Leigh. - Un chef viking a, sans le savoir, son demi-frère comme principal adversaire. - Film à grand spectacle. Reconstitution historique réussie. Interprétation excellente. □ Général ➔ DVD $

VILAIN AMÉRICAIN, LE *voir* **Ugly American, The**

VILLA PARANOÏA ▷4
DAN. 2004. Comédie dramatique réalisée et interprétée par Erik CLAUSEN avec Sonja Richter et Frits Helmuth. - Une actrice névrosée accepte un emploi d'aide-soignante auprès du vieux père paralysé et muet d'un éleveur de poulets célibataire. □ Général ➔ DVD $

VILLAGE, THE [Village, Le] ▷5
É.-U. 2004. Thriller de M. Night SHYAMALAN avec Joaquin Phoenix, Bryce Dallas Howard et William Hurt. - Les habitants d'un village isolé ne s'aventurent jamais dans la forêt voisine où vivraient de terrifiantes créatures. □ Général · Déconseillé aux jeunes enfants ➔ DVD $

VILLAGE OF DREAMS ▷3
JAP. 1995. Chronique de Yoichi HIGASHI avec Keigo Matsuyama, Shogo Matsuyama et Mieko Harada. - Dans le Japon rural de la fin des années 1940, les escapades et les jeux de deux frères jumeaux qui partagent un imaginaire fertile. - Récit oscillant entre réalisme et rêverie. Climat d'insouciance enfantine obscurci par quelques zones d'ombres. Réalisation délicate. Jeunes comédiens bien dirigés.
➔ DVD $

VILLAGE OF THE DAMNED [Village des damnés, Le] ▷4
ANG. 1960. Science-fiction de Wolf RILLA avec George Sanders, Martin Stephens et Barbara Shelley. - À la suite d'un phénomène inexplicable, les femmes d'un village donnent naissance à des enfants dotés de pouvoirs étranges. □ Général

VILLAGE OF THE DAMNED [Village des damnés, Le] ▷4
É.-U. 1995. Science-fiction de John CARPENTER avec Christopher Reeve, Kirstie Alley et Linda Kozlowski. - À la suite d'un phénomène mystérieux, les jeunes femmes d'un village donnent naissance à d'étranges enfants doués de pouvoirs télépathiques.
□ 13 ans+ ➔ DVD $

VILLE ABANDONNÉE, LA *voir* **Yellow Sky**

VILLE CONQUISE *voir* **City for Conquest**

VILLE DONT LE PRINCE EST UN ENFANT, LA ▷4
[Fire that Burns, The]
FR. 1996. Drame psychologique réalisé et interprété par Christophe MALAVOY avec Naël Marandin et Clément Van den Bergh. - Dans une école catholique, un abbé épris d'un élève rebelle prend ombrage de l'amitié qui lie l'enfant à un garçon plus âgé.

VILLE EST TRANQUILLE, LA ▷4
FR. 2000. Drame social de Robert GUÉDIGUIAN avec Ariane Ascaride, Jean-Pierre Darroussin et Gérard Meylan. - À Marseille, les destins entrecroisés de diverses personnes confrontées à la drogue, la prostitution, le chômage et la violence raciale. □ 13 ans+

VILLE ET LES CHIENS, LA [City of the Dogs, The] ▷4
PÉR. 1984. Drame de mœurs de Francisco J. LOMBARDI avec Pablo Serra, Gustavo Bueno et Juan M. Ochoa. - Un nouvel élève d'une académie militaire prend en charge les trafics illicites qui ont cours dans l'école. □ 13 ans+ ➔ DVD $

VILLE FANTÔME, LA *voir* **Ghost Town**

VILLE PORTUAIRE [Port of Call] ▷4
SUÈ. 1948. Drame psychologique d'Ingmar BERGMAN avec Nine-Christine Jonsson, Bengt Eklund et Berta Hall. - Un marin s'engage comme débardeur et fait la connaissance d'une jeune fille en proie à diverses difficultés.

VILLE PRÈS DE LA MER, UNE *voir* **City by the Sea**

VILLE SANS PITIÉ *voir* **Town without Pity**

VINCENT AND ME [Vincent et moi] ▷4
CAN. 1990. Comédie dramatique de Michael RUBBO avec Nina Petronzio, Christopher Forrest et Paul Klerk. - Une jeune artiste de 13 ans se rend à Amsterdam pour démasquer les faussaires qui ont vendu un de ses dessins comme une œuvre de Vincent Van Gogh.
□ Général

VINCENT AND THEO ▷3
ANG. 1990. Drame biographique de Robert ALTMAN avec Tim Roth, Paul Rhys et Johanna Ter Steege. - La vie miséreuse du peintre Vincent Van Gogh et ses rapports parfois houleux avec son frère Théo. - Récit fort évocateur. Réalisation maîtrisée. Montage particulièrement riche. T. Roth et P. Rhys remarquables d'émotion. □ Général ➔ DVD $

VINCENT, FRANÇOIS, PAUL ET LES AUTRES ▷3
FR. 1974. Chronique de Claude SAUTET avec Yves Montand, Michel Piccoli et Stéphane Audran. - La vie et les problèmes d'un petit groupe de bons amis qui se retrouvent souvent en famille. - Tableau sympathique et humoristique. Rythme fluide créé par une mise en scène précise et souple. Jeu juste et naturel des interprètes. □ Général

VINGT-QUATRE PRUNELLES *voir* **Twenty-Four Eyes**

VIOL D'UNE JEUNE FILLE DOUCE, LE ▷4
QUÉ. 1968. Comédie satirique de Gilles CARLE avec Julie Lachapelle, Daniel Pilon et Katherine Mousseau. - Une jeune fille attend un enfant sans savoir qui en est le père. □ 13 ans+

VIOL ET CHÂTIMENT *voir* **Lipstick**

VIOLENCE À JÉRICHO *voir* **Rough Night in Jericho**

VIOLENCE AT NOON *voir* **Obsédé en plein jour, L'**

VIOLENCE ET PASSION [Conversation Piece] ▷3
ITA. 1973. Drame psychologique de Luchino VISCONTI avec Burt Lancaster, Silvana Mangano et Helmut Berger. - Forcé de louer une partie de son appartement, un professeur à la retraite devient l'observateur de curieuses mœurs. - Vision critique de la décadence des mœurs. Rythme ample et méditatif. □ 13 ans+

VIOLENT CITY *voir* **Cité de la violence**

VIOLENT COP
JAP. 1989. Takeshi KITANO □ 18 ans+ · Violence

VIOLENT MEN, THE [Souffle de la violence, Le] ▷4
É.-U. 1954. Western de Rudolph MATÉ avec Barbara Stanwyck, Glenn Ford et Edward G. Robinson. - Un jeune rancher décide de tenir tête à un éleveur de troupeaux ambitieux. □ Général ➔ DVD $

VIOLENT, LE *voir* **In a Lonely Place**

VIOLET ▷5
CAN. 2000. Comédie dramatique de Ron HOUSE avec Mary Walsh, Peter MacNeill et Andrew Younghusband. - Les tribulations d'une famille d'excentriques Terre-Neuviens dont la mère superstitieuse est convaincue qu'elle mourra bientôt.

VIOLETTE NOZIÈRE ►2
FR. 1977. Drame psychologique de Claude CHABROL avec Isabelle Huppert, Stéphane Audran et Jean Carmet. - En 1934, une jeune fille subit un procès pour avoir empoisonné ses parents. - Évocation discrète et elliptique d'un fait divers authentique. Ton d'objectivité. Excellente interprétation. ➔ DVD $

VIOLON ROUGE, LE [Red Violin, The] ▷4
QUÉ.-ANG.-ITA. 1998. Chronique de François GIRARD avec Samuel L. Jackson, Jean-Luc Bideau et Sylvia Chang. - Après avoir traversé les époques et les continents, un superbe violon italien du XVIIe siècle est mis aux enchères à Montréal. □ Général · Déconseillé aux jeunes enfants ➔ DVD $

VIOLON, LE
MEX. 2005. Francisco VARGAS ➔ DVD $

VIOLONS DU BAL, LES ▷4
FR. 1973. Chronique de Michel DRACH avec Marie-José Nat, David Drach et Jean-Louis Trintignant. - Un cinéaste veut filmer ses souvenirs d'enfant juif sous l'Occupation. □ Général

© SÉVILLE

VIOLONS DU CŒUR, LES
voir **Music of the Heart**

VIP, MON FRÈRE LE SURHOMME ▷4
ITA. 1968. Dessins animés de Bruno BOZZETTO. - Le frère rachitique d'un surhomme connaît des aventures surprenantes dans une île supposément déserte.

VIPÈRE AU POING ▷4
FR. 2004. Comédie dramatique de Philippe de BROCA avec Jules Sitruk, Catherine Frot et Jacques Villeret. - Dans les années 1920, un gamin d'une famille bourgeoise désargentée se révolte contre sa mère autoritaire et cruelle. □ Général ➔ DVD $

VIPÈRES *voir* **Posers**

VIRÉE D'ENFER *voir* **Joy Ride**

VIRGIN ISLAND ▷5
ANG. 1958. Comédie de Pat JACKSON avec John Cassavetes, Virginia Maskell et Sidney Poitier. - Un jeune couple s'installe dans une île inhabitée des Antilles. □ Général

VIRGIN MACHINE
É.-U. 1988. Monika TREUT □ 16 ans+ · Érotisme ➔ DVD $

VIRGIN QUEEN, THE ▷5
É.-U. 1954. Drame historique d'Henry KOSTER avec Bette Davis, Richard Todd et Joan Collins. - Sous le règne d'Elizabeth, Walter Raleigh envisage la possibilité de conquérir le Nouveau Monde. □ Général ➔ DVD $

VIRGIN SPRING, THE *voir* **Source, La**

VIRGIN SUICIDES, THE ▷3
É.-U. 1999. Comédie dramatique de Sofia COPPPOLA avec Kirsten Dunst, James Woods et Kathleen Turner. - Dans une banlieue cossue, des adolescents sont fascinés par leurs voisines, des beautés blondes surprotégées par leurs parents. - Étude à la fois lyrique et caustique de l'éveil sexuel. Personnages féminins énigmatiques. Photographie magnifique. Interprètes de talent. □ Général ➔ DVD $

VIRGINIA CITY ▷4
É.-U. 1940. Western de Michael CURTIZ avec Errol Flynn, Randolph Scott et Miriam Hopkins. - Des Sudistes tentent de faire parvenir une importante cargaison d'or à une bande d'amis.

VIRGINIAN, THE ▷4
É.-U. 1929. Western de Victor FLEMING avec Gary Cooper, Walter Huston et Richard Arlen. - Le contremaître d'un ranch se voit forcé de pendre un ami, devenu voleur de bétail.

VIRIDIANA ►2
ESP.-MEX. 1961. Drame de Luis BUÑUEL avec Silvia Pinal, Francisco Rabal et Fernando Rey. - Une jeune fille transforme le domaine de son oncle décédé en asile pour mendiants. - Ensemble violemment satirique réalisé avec un talent remarquable. Images d'une grande valeur poétique. Excellents interprètes. □ 13 ans+ ➔ DVD $

VIRTUOSE, LE [Together] ▷4
CHI. 2002. Mélodrame de Chen KAIGE avec Tang Yun, Liu Peiqi et Chen Hong. - Déterminé à faire de son fils un violoniste célèbre, un cuisinier campagnard s'installe avec lui à Beijing, au prix de nombreux sacrifices. - □ Général ➔ DVD $

VIS LIBRE OU CRÈVE *voir* **Live Free or Die Hard**

VISAGE, LE [Magician, The] ►2
SUÈ. 1959. Drame psychologique d'Ingmar BERGMAN avec Max Von Sydow, Ingrid Thulin et Gunnar Bjornstrand. - Un illusionniste ambulant fait croire à sa propre mort. - Film déroutant. Variations originales sur le thème de l'illusion. Atmosphère envoûtante. Interprétation de classe. □ Général

VISAGE DE LA PEUR, LE
voir **Hills Have Eyes, The**

VISAGE DU PLAISIR, LE
voir **Roman Spring of Mrs. Stone, The**

VISAGE PÂLE ▷4
QUÉ. 1984. Drame de mœurs de Claude GAGNON avec Luc Matte, Allison Odjig et Guy Thauvette. - Un instructeur sportif, en vacances dans une région du nord du Québec, est en butte à l'hostilité d'un trio de désœuvrés.

VISIONS OF SUGARPLUMS
É.-U. 2001. Edward G. FASULO ➔ DVD $

VISITE DE LA FANFARE, LA ▷3
ISR. 2007. Comédie dramatique d'Eran KOLIRIN avec Sasson Gabai, Ronit Elkabetz et Saleh Bakri. - En visite en Israël, les membres d'une fanfare égyptienne s'égarent et aboutissent dans un bled au milieu du désert où une restauratrice leur offre l'hospitalité. - Fable savoureuse sur la fraternité interculturelle. Scénario minimaliste à l'ironie discrète. Réalisation soignée misant sur la puissance d'évocation du silence et des décors. Excellents interprètes.
□ Général → DVD DVD-BR$

VISITEURS D'UN AUTRE MONDE, LES
voir **Return from Witch Mountain**

VISITEURS DU SOIR, LES ►2
FR. 1942. Drame fantastique de Marcel CARNÉ avec Arletty, Alain Cuny et Jules Berry. - Un ménestrel, serviteur du diable, s'éprend de la fille d'un baron. - Histoire poétique conçue par Jacques Prévert. Rythme lent et envoûtant. Beauté plastique des images. Interprétation stylisée.
□ Général

VISITEURS, LES ▷4
FR. 1993. Comédie de Jean-Marie POIRÉ avec Christian Clavier, Jean Reno et Valérie Lemercier. - Un chevalier du XIIe siècle et son valet sont projetés en l'an 1993 par un magicien. □ Général

VISITING HOURS ▷5
QUÉ. 1981. Drame de Jean-Claude LORD avec Michael Ironside, Lee Grant et Linda Purl. - Un déséquilibré pourchasse dans un hôpital une animatrice de télévision qui a dénoncé la violence faite aux femmes.
□ 18 ans+ → DVD$

VISITOR, THE ▷3
É.-U. 2007. Comédie dramatique de Thomas McCARTHY avec Richard Jenkins, Hiam Abbass et Haaz Sleiman. - La vie d'un professeur du Connecticut veuf et démotivé est bouleversée par la découverte d'un couple d'immigrants illégaux dans son appartement new-yorkais. - Récit tour à tour désopilant et poignant, ancré avec intelligence dans la réalité post-11 septembre. Scénario fort bien écrit déjouant constamment les attentes du spectateur. Réalisation précise. Interprétation sobre et attachante. □ Général → DVD DVD-BR$

VISITOR Q ▷5
JAP. 2001. Drame de mœurs de Takashi MIIKE avec Kenichi Endo, Shungiku Uchida et Kazushi Watanabe. - Un jeune inconnu vient bouleverser la vie des membres d'une famille dysfonctionnelle, amenant ceux-ci à se libérer par le sexe et la violence.
□ 18 ans+ · Érotisme · Violence → DVD$

VISITORS
AUS. 2003. Richard FRANKLIN → DVD$

VISITORS, THE ▷3
É.-U. 1971. Drame psychologique d'Elia KAZAN avec Patrick McVey, Patricia Joyce et James Woods. - Deux vétérans du Viêt-nam veulent se venger d'un camarade qui les avait dénoncés pour le viol et le meurtre d'une jeune Vietnamienne. - Parabole dénonçant la guerre et ses répercussions psychologiques. Réalisation de qualité. Interprétation excellente. □ 13 ans+

VITE, VITE [Deprisa, deprisa]
ESP. FR. 1981. Carlos SAURA □ 13 ans+ · Violence

VITELLONI, I *voir* **Inutiles, Les**

VITUS ▷4
SUI. 2006. Drame psychologique de Fredi M. MURER avec Fabrizio Borsani, Teo Gheorghiu et Julika Jenkins. - Un garçon surdoué, à la fois pour le piano et les mathématiques, tente de résister aux pressions de ses ambitieux parents. → DVD$

VIVA LA MUERTE ▷4
FR. 1970. Drame psychologique de Fernando ARRABAL avec Madhi Chaouch, Nuria Espert et Anouk Ferjac. - Les troubles affectifs et psychologiques d'un jeune Espagnol dont le père a été fusillé pendant la guerre civile. → DVD$

VIVA LA VIE ▷4
FR. 1983. Drame de Claude LELOUCH avec Michel Piccoli, Evelyne Bouix et Charlotte Rampling. - Un industriel et une actrice disparus semblent avoir été enlevés par des extraterrestres. □ Général

VIVA LALDJÉRIE ▷4
FR. 2004. Drame de mœurs de Nadir MOKNÈCHE avec Lubna Azabal, Biyouna et Nadia Kaci. - Alors que les islamistes font régner la terreur à Alger, une veuve, sa fille et leur voisine prostituée tentent de trouver un sens à leur vie. → DVD$

VIVA MARIA ▷4
FR. 1965. Comédie de Louis MALLE avec Brigitte Bardot, Jeanne Moreau et Claudio Brook. - Les aventures de deux chanteuses mêlées à la révolution mexicaine. □ Général

VIVA VILLA! ▷3
É.-U. 1934. Aventures de Jack CONWAY avec Wallace Beery, Fay Wray et Leo Carillo. - Un chef de bande s'unit à un riche propriétaire pour faire une révolution au Mexique. - Évocation fictive de faits réels. Mise en scène puissante et efficace. Photographie admirable. Création magistrale de W. Beery. □ Général

VIVA ZAPATA! ►2
É.-U. 1952. Drame historique d'Elia KAZAN avec Marlon Brando, Jean Peters et Anthony Quinn. - Au Mexique, en 1911, un paysan entreprend la lutte contre la dictature aristocratique. - Remarquable étude de caractères. Climat d'époque bien rendu. Mise en scène vigoureuse et précise. Excellente interprétation. □ Général

VIVE L'AMOUR ▷3
TAI. 1994. Drame psychologique de Tsai MING-IIANG avec Lee Kang-sheng, Yang Kuei-mei et Chen Chao-jung. - Le hasard réunit une agente immobilière, un jeune homme suicidaire et un vendeur itinérant dans un appartement désert. - Étude poignante sur la difficile quête de l'amour. Rythme méditatif. Cadrages recherchés. Mise en scène dépouillée. Jeu intériorisé des comédiens. □ 13 ans+

VIVE LA RÉPUBLIQUE! ▷4
FR. 1997. Comédie de mœurs d'Éric ROCHANT avec Hippolyte Girardot, Antoine Chappey et Gad Elmaleh. - Trois chômeurs décident de fonder leur propre parti politique. □ Général

VIVEMENT DIMANCHE! [Confidentially Yours] ▷3
FR. 1983. Comédie policière de François TRUFFAUT avec Fanny Ardant, Jean-Louis Trintignant et Philippe Laudenbach. - Une secrétaire délurée se lance dans une enquête afin de sauver son patron accusé d'un double meurtre. - Transposition habile d'un roman américain. Retournements surprenants. Jeu plein de brio de F. Ardant. □ Général

VIVRE [Ikiru] ►2
JAP. 1952. Drame psychologique d'Akira KUROSAWA avec Takashi Shimura, Miki Odagiri et Nobuo Kaneko. - Un fonctionnaire atteint de cancer cherche à donner un sens à sa vie. - Ensemble mélangeant l'étude psychologique et le drame social. Récit très bien mené. Interprétation sincère et convaincante. □ Général → DVD$

© ALLIANCE

VIVRE [To Live] ▷3
CHI. 1994. Chronique de Yimou ZHANG avec Ge You, Gong Li et Niu Ben. - Un couple de prolétaires subit les contrecoups des divers bouleversements politiques qui secouent la Chine à partir des années 1940. - Survol de l'histoire contemporaine chinoise. Esthétisme classique et sophistiqué. Éléments mélodramatiques. Étincelles d'humour noir. Imagerie colorée. Interprètes d'une crédibilité admirable. □ Général

VIVRE ET LAISSER MOURIR *voir* **Live and Let Die**

VIVRE LIBRE *voir* **Born Free**

VIVRE SA VIE [My Life to Live] ▷3
FR. 1962. Drame psychologique de Jean-Luc GODARD avec Anna Karina, Saddy Rebot et André S. Labarthe. - Une prostituée a maille à partir avec son souteneur lorsqu'elle décide de tout quitter pour un homme qui l'aime. - Chronique traitée en profondeur. Désinvolture tempérée par une certaine stylisation. Facture originale. Tentative valable de cinéma intimiste. A. Karina émouvante. □ Général

VIXEN ▷5
É.-U. 1968. Mélodrame de Russ MEYER avec Erica Gavin, Harrison Page et Garth Pillsbury. - Les aventures extraconjugales de la femme d'un pilote de brousse du Nord-Ouest canadien.
□ 18 ans+ ➔ DVD$

VOCE DELLA LUNA, LA ▷4
ITA. 1990. Comédie fantaisiste de Federico FELLINI avec Roberto Benigni, Paolo Villaggio et Nadia Ottaviani. - Se sentant appelé par la voix de la lune venue du fond d'un puits, un villageois candide se voit entraîné dans une curieuse aventure où il fait d'étranges rencontres. □ Général

VOGUE OF 1938
É.-U. 1937. Irving CUMMINGS ➔ DVD$

VOIE DE PERDITION *voir* **Road to Perdition**

VOIE LACTÉE, LA [Milky Way, The] ▷3
FR. 1968. Comédie satirique de Luis BUÑUEL avec Laurent Terzieff, Paul Frankeur et Delphine Seyrig. - Évocation de problèmes d'ordre religieux rencontrés par deux hommes qui se rendent à Saint-Jacques de Compostelle. - Survol caustique des recherches théologiques. Épisodes humoristiques. Style sec et précis teinté de surréalisme. Interprétation détachée. □ Général

VOISINS, LES ▷4
CAN. 1987. Comédie satirique de Micheline GUERTIN avec Marc Messier, Serge Thériault et Murielle Dutil. - Trois couples de banlieusards se réunissent pour une soirée qui tourne au vinaigre. ➔ DVD$

VOIX DES VENTS, LA *voir* **Windtalkers**

VOIX DU PEUPLE, LA *voir* **Talk to Me**

VOIX LOINTAINES, VIES IMMOBILES
voir **Distant Voices, Still Lives**

VOL AU-DESSUS D'UN NID DE COUCOU
voir **One Flew Over the Cuckoo's Nest**

VOL DES DRAGONS, LE *voir* **Flight of Dragons**

VOL DU SPHINX, LE ▷5
FR. 1984. Aventures de Laurent FERRIER avec Alain Souchon, Miou-Miou et François Perrot. - Un pilote d'avion, établi dans le Sud du Maroc, est entraîné malgré lui dans une dangereuse affaire de trafic d'armes.

VOL SOUS HAUTE PRESSION *voir* **Red Eye**

VOL, LE *voir* **Heist**

VOLERE, VOLARE *voir* **Amour avec des gants, L'**

VOLEUR D'ENFANTS, LE ▷3
ITA. 1992. Drame psychologique de Gianni AMELIO avec Enrico Lo Verso, Valentina Scalici et Giuseppe Ieracitano. - Un carabinier s'attache à deux enfants qu'il doit escorter jusque dans un foyer d'accueil. - «Road Movie» de style néoréaliste. Émotions exprimées avec pudeur et délicatesse. Mise en scène sensible et feutrée. Interprétation sobre. □ Général

VOLEUR DE BICYCLETTE, LE [Bicycle Thief, The] ►1
ITA. 1948. Drame social de Vittorio DE SICA avec Lamberto Maggiorani, Lianella Carrel et Enzo Staiola. - Un père de famille se fait voler la bicyclette dont il a besoin pour son travail. - Œuvre maîtresse du néoréalisme. Technique simple mais précise. Remarquable direction d'acteurs non professionnels. □ Général ➔ DVD$

VOLEUR DE CAMÉRA, LE ▷5
QUÉ. 1992. Film d'essai réalisé et interprété par Claude FORTIN avec Madeleine Bélair et Jacinthe Marceau. - Un jeune homme utilise une caméra volée pour tourner un document soi-disant révolutionnaire sur les jeunes et la télévision. □ Général

VOLEUR DE CRIMES, LE ▷4
FR. 1969. Drame psychologique de Nadine TRINTIGNANT avec Jean-Louis Trintignant, Robert Hossein et Florinda Bolkan. - Un déséquilibré s'accuse du meurtre d'une jeune fille qui s'est suicidée.

VOLEUR DE SAVONNETTE, LE [Icicle Thief, The] ▷4
ITA. 1989. Comédie fantaisiste réalisée et interprétée par Maurizio NICHETTI avec Caterina Sylos Labini et Federico Rizzo. - Lors de sa diffusion au petit écran, un film en noir et blanc est transformé par l'irruption de personnages issus de messages publicitaires.

VOLEUR DE VIE ▷5
FR. 1998. Drame psychologique d'Yves ANGELO avec Emmanuelle Béart, Sandrine Bonnaire et André Dussollier. - La relation entre une jeune enseignante aux mœurs légères et sa sœur, qui mène une existence austère. □ 13 ans+

VOLEUR ET L'ENFANT, LE [Thief, The] ▷4
RUS. 1997. Drame de mœurs de Pavel TCHOUKHRAÏ avec Vladimir Machkov, Ekatarina Rednikova et Micha Philiptchouk. - Dans l'URSS des années 50, un cambrioleur qui se fait passer pour un militaire prend sous son aile une veuve et son petit garçon.
□ Général · Déconseillé aux jeunes enfants

VOLEUR ET LE CORDONNIER, LE
voir **Thief and the Cobbler, The**

VOLEURS, LES ▷3
FR. 1996. Drame psychologique d'André TÉCHINÉ avec Daniel Auteuil, Catherine Deneuve et Laurence Côte. - À Lyon, un policier solitaire et taciturne tente de se lier à une professeure de philosophie qui entretient, comme lui, une liaison amoureuse avec une jeune voleuse exaltée. - Scénario touffu. Construction morcelée intégrant plusieurs procédés narratifs. Interactions complexes entre les personnages. Distribution de grande classe. □ 13 ans+

VOLGA BOATMAN, THE
É.-U. 1926. Cecil B. DEMILLE □ Général

VOLT *voir* **Bolt**

VOLVER ►2
ESP. 2006. Comédie dramatique de Pedro ALMODOVAR avec Penélope Cruz, Carmen Maura et Lola Duenas. - La vie d'une ouvrière madrilène est chamboulée lorsque sa fille adolescente tue son mari et que le fantôme de sa mère s'installe chez sa sœur. - Récit sublime, brillamment articulé, aux thèmes puissants. Exercice de style cohérent et vigoureux. Réalisation solide et maîtrisée. Interprétation savoureuse. P. Cruz admirable. □ 13 ans+ ➔ DVD$

VON RICHTHOFEN AND BROWN [Baron rouge, Le] ▷4
É.-U. 1971. Drame de guerre de Roger CORMAN avec John Phillip Law, Don Stroud et Barry Primus. - Durant la Première Guerre mondiale, un jeune fermier canadien affronte victorieusement dans un combat aérien l'as de l'aviation allemande. □ Général ➔ DVD$

VON RYAN'S EXPRESS ▷4
É.-U. 1965. Drame de guerre de Mark ROBSON avec Frank Sinatra, Trevor Howard et Edward Mulhare. - Un colonel organise l'évasion d'un groupe de prisonniers de guerre. □ Général ➔ DVD$

VOTEZ McKAY *voir* **Candidate, The**

VOULEZ-VOUS DANSER AVEC MOI? [Come Dance with Me] ▷5
FR. 1959. Comédie policière de Michel BOISROND avec Henri Vidal, Brigitte Bardot et Noël Roquevert. - Une jeune femme mène sa propre enquête sur le meurtre dont son mari est accusé. □ Général

VOUS AVEZ UN MESSAGE *voir* **You've got mail**

VOUS NE L'EMPORTEREZ PAS AVEC VOUS
voir **You Can't Take It with You**

VOYAGE, LE ▷3
ARG.-FR.-ESP. 1992. Drame poétique de Fernando SOLANAS avec Walter Quiroz, Soledad Alfaro et Ricardo Bartis. - Un adolescent argentin traverse l'Amérique latine du sud au nord afin d'aller rejoindre son père qui est parti en Amazonie. - «Road Movie» insolite. Réflexions sociales servies dans un écrin surréaliste. Moments de tendresse et d'humour. Illustration magnifique. Interprètes excellents.

VOYAGE À ROME ▷5
FR. 1992. Comédie de mœurs de Michel LENGLINEY avec Gérard Jugnot, Suzanne Flon et François Périer. - Apprenant que sa mère veut quitter son père, un quadragénaire au bord du divorce emmène celle-ci à Rome afin de lui faire changer d'avis.

VOYAGE AU CENTRE DE LA MÉMOIRE *voir* **Total Recall**

VOYAGE AU DÉBUT DU MONDE ▷4
[Voyage to the Beginning of the World]
POR. 1997. Drame psychologique de Manoel de OLIVEIRA avec Marcello Mastroianni, Jean-Yves Gautier et Leonor Silveira. - Accompagné d'un vieux cinéaste avec qui il tourne un film au Portugal, un acteur français visite la région natale de son père.

VOYAGE AU PAYS IMAGINAIRE *voir* **Finding Neverland**

VOYAGE AUX PYRÉNÉES, LE ▷4
FR. 2008. Comédie d'Arnaud et Jean-Marie LARRIEU avec Jean-Pierre Darroussin, Sabine Azéma et Arly Jover. - Les expériences bizarres vécues par un couple de comédiens célèbres, venus passer trois jours en montagne afin de soigner la nymphomanie de madame.
□ Général ➜ DVD$

VOYAGE DE FELICIA, LE *voir* **Felicia's Journey**

VOYAGE DE MORVERN CALLAR, LE *voir* **Morvern Callar**

VOYAGE DU BALLON ROUGE, LE ▷4
FR. 2007. Comédie dramatique de Hsiao-hsien HOU avec Juliette Binoche, Simon Iteanu et Fang Song. - À Paris, une étudiante en cinéma d'origine chinoise devient la baby-sitter du jeune fils d'une actrice divorcée, débordée par ses nombreuses activités.

VOYAGE DU CAPITAINE FRACASSE, LE ▷4
FR. 1991. Comédie dramatique d'Ettore SCOLA avec Vincent Perez, Emmanuelle Béart et Ornella Muti. - Au XVIIe siècle, un jeune baron désargenté se joint à une troupe de saltimbanques. □ Général

VOYAGE EN ARMÉNIE, LE ▷4
FR. 2006. Drame psychologique de Robert GUÉDIGUIAN avec Ariane Ascaride, Gérard Meylan et Chorik Grigorian. - Débarquant en Arménie à la recherche de son père malade, une cardiologue de Marseille se transforme au gré de ses rencontres. □ Général · Déconseillé aux jeunes enfants ➜ DVD$

VOYAGE EN BALLON, LE [Stowaway in the Sky]
FR. 1960. Albert LAMORISSE □ Général

VOYAGE EN DOUCE, LE ▷3
FR. 1980. Comédie dramatique de Michel DEVILLE avec Dominique Sanda et Geraldine Chaplin. - Une jeune femme en dispute avec son ami se réfugie chez une amie et toutes deux font une escapade à la campagne. - Traits anecdotiques fondus en un ensemble harmonieux. Mise en scène souple. Interprètes fort bien dirigées.

VOYAGE FANTASTIQUE DE SINBAD, LE
voir **Golden Voyage of Sinbad, The**

VOYAGE IN ITALY [Voyage en Italie, Le] ▷3
ITA. 1953. Drame psychologique de Roberto ROSSELLINI avec Ingrid Bergman, George Sanders et Anna Proclemer. - Des malentendus éclatent dans un ménage mal assorti, à l'occasion d'un séjour en Italie. - Partie documentaire intéressante. Mise en scène dépouillée. Ensemble froid. I. Bergman émouvante. □ Général

VOYAGE OF THE DAMNED ▷4
ANG. 1976. Drame social de Stuart ROSENBERG avec Max Von Sydow, Faye Dunaway et Oskar Werner. - Le capitaine d'un navire ayant à son bord des Juifs libérés par les Allemands se voit refuser l'entrée du pays de sa destination. □ Général ➜ DVD$

VOYAGE TO THE BEGINNING OF THE WORLD
voir **Voyage au début du monde**

VOYAGE TOUS RISQUES
voir **Planes, Trains and Automobiles**

VOYAGE VERS L'ESPOIR [Journey of Hope] ▷3
SUI. 1990. Drame social de Xavier KOLLER avec Necmettin Cobanoglu, Nur Sürer et Emin Sivas. - Accompagnés d'un de leurs fils, des paysans turcs quittent leur pays pour un voyage à l'issue duquel ils espèrent s'installer en Suisse. - Équipée tragique abordée avec un grand souci d'authenticité. Mise en images classique et efficace. Interprétation d'une simplicité émouvante. □ Général

VOYAGE VERS LE SOLEIL *voir* **Journey to the Sun**

VOYAGER ▷4
ALL. 1991. Mélodrame de Volker SCHLÖNDORFF avec Sam Shepard, Julie Delpy et Barbara Sukowa. - Lors d'un séjour en Europe, un ingénieur américain s'éprend d'une jeune femme dont il apprend qu'elle est la fille d'une amie d'études. □ Général

VOYAGES ▷3
FR. 1999. Drame psychologique d'Emmanuel FINKIEL avec Shulamit Adar, Liliane Rovère et Esther Gorintin. - D'Auschwitz à Tel-Aviv en passant par Paris, les destins entrecroisés de trois femmes juives ayant survécu à l'Holocauste. - Triptyque intelligemment conçu. Traitement profondément sensible et humaniste. Réalisation d'une exquise délicatesse. Interprétation fort émouvante. □ Général ➜ DVD$

VOYAGES DE GULLIVER, LES
voir **3 Worlds of Gulliver, The**

VOYAGEUR MALGRÉ LUI
voir **Accidental Tourist, The**

VOYAGEUR SANS BILLET, LE
voir **John and Julie**

VOYEUR *voir* **Eye of the Beholder**

VOYEUR, LE *voir* **Peeping Tom**

VOYOU, LE [Crook, The] ▷3
FR. 1970. Thriller de Claude LELOUCH avec Jean-Louis Trintignant, Christine Lelouch et Charles Denner. - Un homme organise avec minutie l'enlèvement de l'enfant d'un employé de banque et réclame une rançon aux patrons du père. - Construction habile et riche en surprises. Réalisation désinvolte. Interprétation d'une grande aisance ➜ DVD$

VRAI MENSONGE *voir* **True Lies**

VRAIE NATURE DE BERNADETTE, LA ▷3
CAN. 1972. Comédie dramatique de Gilles CARLE avec Micheline Lanctôt, Donald Pilon et Reynald Bouchard. - Une femme imbue de théories naturistes et libertaires quitte son foyer pour s'en aller vivre à la campagne avec son jeune fils. - Récit plein de fantaisie et de pittoresque. Quelques éléments de charge caricaturale. Contexte rural illustré avec verve. Excellente interprétation de M. Lanctôt.
□ Général

VU DU PONT [View from the Bridge] ▷3
FR. 1961. Drame psychologique de Sidney LUMET avec Raf Vallone, Maureen Stapleton et Carol Lawrence. - À New York, un émigré italien s'éprend de la nièce de sa femme. - Adaptation soignée d'une pièce d'Arthur Miller. Grande intensité dramatique. Atmosphère bien reconstituée. Interprétation magistrale de R. Vallone

VUKOVAR
YOU. 1995. Boro DRASKOVIC □ 13 ans+ · Violence

W. ▷4
É.-U. 2008. Drame biographique d'Oliver STONE avec Josh Brolin, Elizabeth Banks et James Cromwell. - La vie intime et professionnelle du président américain George W. Bush, marquée par son brûlant désir de susciter la fierté de son père. □ Général ➔ DVD DVD-BR$

WACKIEST SHIP IN THE ARMY, THE ▷4
[Rafiot héroïque, Le]
É.-U. 1960. Comédie de Richard MURPHY avec Jack Lemmon, Ricky Nelson et Chips Rafferty. - Un officier d'infanterie reçoit mission de commander un vieux voilier pendant la guerre du Pacifique.

WACKNESS, THE ▷4
É.-U. 2008. Comédie dramatique de Jonathan LEVINE avec Josh Peck, Ben Kingsley et Olivia Thirlby. - Un jeune dealer noue une amitié inattendue avec un client psychiatre alors que tous deux traversent une crise existentielle. □ 13 ans+ ➔ DVD DVD-BR$

WAG THE DOG [Des hommes d'influence] ▷4
É.-U. 1997. Comédie satirique de Barry LEVINSON avec Robert de Niro, Dustin Hoffman et Anne Heche. - Afin de minimiser dans les médias les effets d'un scandale, la Maison-Blanche invente une guerre entre les États-Unis et l'Albanie. □ Général ➔ DVD$

WAGES OF FEAR, THE
voir **Salaire de la peur, Le**

WAGNER ▷4
ANG. 1983. Drame biographique de Tony PALMER avec Richard Burton, Vanessa Redgrave et Gemma Craven. - La vie, les œuvres et les amours du célèbre compositeur allemand. □ Général ➔ DVD$

WAGON MASTER ▷4
É.-U. 1950. Western de John FORD avec Ward Bond, Ben Johnson et Harry Carey Jr. - Des bandits sèment la terreur dans une caravane de Mormons.

WAH-WAH ▷4
ANG. 2005. Comédie dramatique de Richard E. GRANT avec Nicholas Hoult, Gabriel Byrne et Emily Watson. - Au Swaziland, en 1969, les tribulations du fils adolescent d'un colon britannique qui vient d'épouser une Américaine. ➔ DVD$

WAIKIKI WEDDING ▷4
É.-U. 1937. Comédie musicale de Frank TUTTLE avec Bing Crosby, Bob Burns et Martha Raye. - Les mésaventures d'un publicitaire chargé d'accompagner à Hawaii la gagnante d'un concours de beauté.

WAIT UNTIL DARK ▷4
É.-U. 1967. Drame policier de Terence YOUNG avec Audrey Hepburn, Richard Crenna et Alan Arkin. - Une aveugle est traquée par des criminels qui recherchent de la drogue. ➔ DVD$

WAIT UNTIL SPRING, BANDINI ▷3
BEL. 1989. Drame de mœurs de Dominique DERUDDERE avec Joe Mantegna, Ornella Muti et Michael Bacall. - En 1928, dans une petite ville du Colorado, un jeune adolescent s'emploie à réconcilier ses parents lorsque ceux-ci se séparent. - Récit au ton pudique et mélancolique. Climat d'époque bien évoqué. Nombreux détails bien observés. Très bonne interprétation. □ Général

WAITER ▷4
P.-B. 2006. Comédie réalisée et interprétée par Alex van WARNERDAM avec Ariane Schulter et Jaap Spijkers. - Un personnage de film de fiction se retourne contre le scénariste prétentieux et nihiliste qui lui invente un destin minable et des épreuves sinistres. ➔ DVD$

WAITING ▷4
AUS. 1990. Comédie de mœurs de Jackie McKIMMIE avec Noni Hazlehurst, Deborra-Lee Furness et Frank Whitten. - Enceinte d'un enfant qu'elle a conçu à la demande d'une amie stérile, une femme réunit chez elle son entourage afin qu'il assiste à l'accouchement.
□ 13 ans+ · Langage vulgaire

WAITING FOR GUFFMAN ▷4
É.-U. 1996. Comédie satirique réalisée et interprétée par Christopher GUEST avec Eugene Levy et Fred Willard. - Une troupe d'artistes amateurs monte un spectacle pour fêter l'anniversaire de fondation d'un patelin du Midwest. □ Général ➔ DVD$

WAITING LIST *voir* **Liste d'attente**

WAITRESS ▷4
É.-U. 2007. Comédie dramatique d'Adrienne SHELLY avec Keri Russell, Nathan Fillion et Jeremy Sisto. - Apprenant qu'elle est enceinte, une jeune serveuse malheureuse en ménage amorce une liaison avec son gynécologue. □ Général ➔ DVD$

WAKE ISLAND ▷4
É.-U. 1942. Drame de guerre de John FARROW avec Brian Donlevy, Robert Preston et Macdonald Carey. - La garnison militaire d'une île du Pacifique subit l'assaut des forces japonaises.
□ Général ➔ DVD$

WAKING LIFE ▷4
É.-U. 2001. Film d'animation de Richard LINKLATER. - Les déambulations et les rencontres d'un jeune homme qui en vient à réaliser qu'il rêve sa propre vie. □ Général ➔ DVD$

WAKING NED DEVINE ▷4
ANG. 1998. Comédie de mœurs de Kirk JONES avec Ian Bannen, David Kelly et Fionnula Flanagan. - Deux septuagénaires montent une combine pour tirer profit d'un billet gagnant de loterie appartenant à un ami qui vient de mourir. □ Général ➔ DVD$

WAKING THE DEAD ▷5
É.-U. 1999. Drame de Keith GORDON avec Billy Crudup, Jennifer Connelly et Molly Parker. - Dix ans après avoir perdu sa bien-aimée dans une explosion de voiture, un politicien est hanté par des visions de la jeune femme. □ 13 ans+ · Érotisme ➔ DVD$

WALK HARD - THE DEWEY COX STORY ▷4
É.-U. 2007. Comédie satirique de Jake KASDAN avec John C. Reilly, Jenna Fischer et Tim Meadows. - La fulgurante ascension et les déboires personnels d'une vedette de la chanson.
□ 13 ans+ ➜ DVD DVD-BR $

WALK IN THE CLOUDS, A [Vallée des nuages, La] ▷4
É.-U. 1995. Drame sentimental d'Alfonso ARAU avec Keanu Reeves, Aitana Sanchez-Gijon et Giancarlo Giannini. - En 1945, une jeune fille enceinte qui craint la colère de son père demande à un soldat de jouer le rôle de son mari pour sauver les apparences.
□ Général ➜ DVD $

WALK IN THE SPRING RAIN ▷5
É.-U. 1969. Drame sentimental de Guy GREEN avec Anthony Quinn, Ingrid Bergman et Fritz Weaver. - La femme d'un professeur d'université installé à la campagne se sent attirée par un homme fruste.
□ Général

WALK IN THE SUN, A [Commando de la mort, Le] ▷3
É.-U. 1946. Drame de guerre de Lewis MILESTONE avec Dana Andrews, Richard Conte et Sterling Holloway. - Compte rendu, heure par heure, de la mission d'un commando américain en Italie. - Dialogue discret. Psychologie juste. □ Général

WALK ON THE MOON, A ▷4
É.-U. 1998. Drame psychologique de Tony GOLDWYN avec Diane Lane, Liev Schreiber et Viggo Mortensen. - Durant l'été 1969, une jeune mère délaissée par son mari a une liaison avec un vendeur ambulant au mode de vie hippie. □ Général

WALK ON THE WILD SIDE [Rue chaude, La] ▷4
É.-U. 1962. Drame social d'Edward DMYTRYK avec Laurence Harvey, Barbara Stanwyck et Jane Fonda. - Un jeune homme libère sa fiancée d'une maison close. □ Général

WALK ON WATER ▷4
ISR. 2004. Drame psychologique d'Eytan FOX avec Lior Ashkenazi, Knut Berger et Caroline Peters. - Au contact d'un homosexuel allemand qu'il est chargé d'espionner, un agent des services secrets israéliens remet en question divers aspects de son existence. □ Général · Déconseillé aux jeunes enfants

WALK THE LINE ▷4
É.-U. 2005. Drame biographique de James MANGOLD avec Joaquin Phoenix, Reese Witherspoon et Ginnifer Goodwin. - La carrière du musicien américain Johnny Cash et sa relation avec la chanteuse June Carter. □ Général ➜ DVD $

WALK, DON'T RUN ▷4
É.-U. 1966. Comédie de Charles WALTERS avec Cary Grant, Samantha Eggar et Jim Hutton. - Pendant les Jeux olympiques à Tokyo, un industriel et un étudiant partagent l'appartement d'une jeune fille.
□ Général ➜ DVD $

WALKABOUT ▷4
AUS. 1970. Aventures de Nicolas ROEG avec Jenny Agutter, David Gumpilil et Lucien John. - Un indigène débrouillard vient en aide à deux enfants égarés dans une région désertique.
□ 13 ans+ ➜ DVD $

WALKER ▷5
É.-U. 1987. Drame historique d'Alex COX avec Ed Harris, Peter Boyle et René Auberjonois. - En 1855, un millionnaire soucieux de protéger ses intérêts financiers charge un aventurier de faire cesser une guerre civile au Nicaragua. □ Général

WALKER, THE
ANG. É.-U. 2007. Paul SCHRADER ➜ DVD $

WALKING AND TALKING [Propos et confidences] ▷4
É.-U. 1995. Comédie sentimentale de Nicole HOLOFCENER avec Catherine Keener, Anne Heche et Liev Schreiber. - L'amitié entre deux inséparables copines d'enfance connaît des moments difficiles quand l'une d'elles décide de se marier. □ Général ➜ DVD $

WALL STREET ▷3
É.-U. 1987. Drame de mœurs d'Oliver STONE avec Charlie Sheen, Michael Douglas et Daryl Hannah. - Un important spéculateur s'intéresse à un courtier ambitieux qu'il mêle à quelques-unes de ses affaires aventureuses. - Vision privilégiée du milieu des affaires. Récit nerveux et complexe. Réalisation contrôlée et souvent inventive. Interprétation solide de M. Douglas. □ Général ➜ DVD DVD-BR $

WALL, THE *voir* **Pink Floyd - The Wall**

WALL, THE ▷3
É.-U. 1982. Drame de guerre de Robert MARKOWITZ avec Tom Conti, Lisa Eichhorn et Eli Wallach. - Les Juifs parqués par les Allemands dans le ghetto de Varsovie se soulèvent contre leurs oppresseurs en 1943. - Téléfilm adapté d'un roman de John Hersey. Sujet fortement dramatique. Tension soutenue. Réalisation vigoureuse. Interprétation solide.
➜ DVD $

WALL-E [Wall-E - Collector's Edition] ▷3
É.-U. 2008. Film d'animation d'Andrew STANTON. - En 2775, sur la Terre dépeuplée et en ruines, un robot esseulé se prend d'affection pour une automate en quête de traces de vie sur la planète. - Fable écologique à la fois puissante et d'une grande simplicité. Écriture audacieuse, sortant des sentiers battus. Quelques baisses de régime dans la seconde partie. Animation à la fine pointe.
□ Général ➜ DVD DVD-BR $

WALLACE & GROMIT THE CURSE OF THE WERE-RABBIT ▷3
[Wallace et Gromit - le mystère du lapin-garou]
ANG. 2005. Film d'animation de Nick PARK et Steve BOX - Un inventeur et son fidèle petit chien cherchent à capturer un lapin géant qui festoie la nuit dans les potagers de leur village. - Récit fertile en gags amusants et spirituels. Gentille caricature de la société anglaise provinciale. Galerie de personnages colorés et délicieux. Scènes de poursuites ébouriffantes. Excellente qualité technique.
□ Général ➜ DVD $

WALLACE AND GROMIT IN THREE AMAZING ADVENTURES
[Wallace and Gromit in Three Amazing Adventures/ Shaun of the Sheep: Off the Baa!]
ANG. Nick PARK ➜ DVD $

WALPURGIS NIGHT *voir* **Nuit de la Saint-Jean, La**

WALTER [Loving Walter] ▷3
ANG. 1982. Drame psychologique de Stephen FREARS avec Ian McKellen, Barbara Jefford et Arthur Whybrow. - Chronique retraçant la vie pénible d'un déficient mental et ses relations difficiles avec sa mère. - Téléfilm adapté d'un roman de David Cook. Suite efficace de petites scènes. Traitement réaliste. Scènes parfois dures. Réalisation précise. Interprétation dans la note. ➜ DVD $

WALTZ OF THE TOREADORS ▷4
ANG. 1962. Comédie dramatique de John GUILLERMIN avec Peter Sellers, Dany Robin et Margaret Leighton. - Un général à la retraite se laisse aller à des amours faciles. □ Général

WANDA NEVADA ▷5
É.-U. 1979. Aventures réalisées et interprétées par Peter FONDA avec Brooke Shields et Luke Askew. - Un aventurier et une adolescente entrent en lutte avec des criminels pour prendre possession d'une mine d'or.

WANDERER, THE *voir* **Grand Meaulnes, Le**

WANDERERS, THE ▷4
É.-U. 1979. Drame de mœurs de Philip KAUFMAN avec Ken Wahl, John Friedrich et Karen Allen. - Au début des années 1960, alors qu'ils terminent leurs études, les membres d'un gang non violent du Bronx sentent que leur vie est en train de changer. □ 18 ans+ ➔ DVD $

WANDERING SWORDSMAN
H.-K. 1970. Cheh CHANG ➔ DVD $

WANNSEE CONFERENCE, THE ▷3
ALL. 1984. Drame historique de Heinz SCHIRK avec Gerd Böckmann, Dietrich Mattausch et Harald Dietl. - Reconstitution de la réunion du 20 janvier 1942 à Berlin durant laquelle de hauts dignitaires nazis discutèrent de l'extermination totale des Juifs. - Évocation détaillée d'un fait authentique. Interprétation fort convaincante. □ Général

WANTED ▷4
É.-U. 2008. Thriller de Timur BEKMAMBETOV avec James McAvoy, Angelina Jolie et Morgan Freeman. - Pour venger la mort de son père, un modeste employé de bureau aux habiletés insoupçonnées joint une fraternité millénaire de tueurs d'élite.
□ 13 ans+ · Violence ➔ DVD DVD-BR $

WANTON COUNTESS, THE *voir* **Senso**

WAR, THE [Guerre, La] ▷5
É.-U. 1994. Drame de mœurs de Jon AVNET avec Elijah Wood, Kevin Costner et Mare Winningham. - Bien que leur père, vétéran du Viêtnam, les incite à rejeter la violence, des enfants ne cessent de se battre avec des voyous du voisinage. □ Général ➔ DVD $

WAR AND PEACE ►2
ITA. 1955. Drame historique de King VIDOR avec Audrey Hepburn, Henry Fonda et Mel Ferrer. - Intrigues amoureuses dans la noblesse russe à l'époque des guerres napoléoniennes. - Adaptation fastueuse du roman de Tolstoï. Réalisation intelligente et soignée. Distribution brillante. ➔ DVD $

WAR AND PEACE *voir* **Guerre et paix**

WAR BETWEEN MEN AND WOMEN, THE ▷4
É.-U. 1972. Comédie sentimentale de Melville SHAVELSON avec Jack Lemmon, Barbara Harris et Jason Robards. - Un humoriste faisant profession de misogynie s'éprend pourtant d'une charmante divorcée.

© DISNEY

WAR HUNT ▷4
É.-U. 1962. Drame de guerre de Denis SANDERS avec John Saxon, Robert Redford et Tommy Matsuda. - Durant la guerre de Corée, un soldat américain est troublé par la conduite étrange d'un compagnon de combat. ➔ DVD $

WAR LOVER, THE ▷4
É.-U. 1962. Drame psychologique de Philip LEACOCK avec Steve McQueen, Robert Wagner et Shirley Ann Field. - Durant la Seconde Guerre mondiale, les mésaventures d'un pilote d'avion téméraire et indiscipliné. □ Général ➔ DVD $

WAR OF THE BUTTONS [Guerre des Boutons, La] ▷4
ANG. 1994. Comédie de John ROBERTS avec Gregg Fitzgerald, John Coffey et Eveanna Ryan. - Les conflits entre les enfants de deux petits villages voisins de l'Irlande profonde. □ Général

WAR OF THE ROSES, THE [Guerre des roses, La] ▷4
É.-U. 1989. Comédie de mœurs réalisée et interprétée par Danny DeVITO avec Michael Douglas et Kathleen Turner. - Espérant conserver la maison familiale après son divorce, une épouse avide d'indépendance se bute au refus de son mari de quitter les lieux.
□ 13 ans+ ➔ DVD $

WAR OF THE WORLDS ▷5
É.-U. 1952. Science-fiction de Byron HASKIN avec Gene Barry, Ann Robinson et Les Tremayne. - Des Martiens envahissent la Terre et y sèment la terreur. □ Général ➔ DVD $

WAR OF THE WORLDS [Guerre des mondes, La] ▷3
É.-U. 2005. Science-fiction de Steven SPIELBERG avec Tom Cruise, Dakota Fanning et Miranda Otto. - Un père de famille et ses deux enfants vivent de terribles épreuves alors que des extraterrestres envahissent la Terre. - Adaptation moderne et spectaculaire du roman de H.G. Wells. Intrigue fertile en péripéties menées tambour battant. Réalisation technique impressionnante. Interprétation convaincante.
□ 13 ans+ ➔ DVD $

WAR REQUIEM
ANG. 1988. Derek JARMAN □ 13 ans+ ➔ DVD $

WAR STORIES ▷5
É.-U. 2002. Drame de guerre de Robert SINGER avec Lake Bell, Jeff Goldblum et Louise Lombard. - Les expériences de deux reporters américains couvrant la guerre civile en Ouzbékistan. ➔ DVD $

WAR WAGON, THE [Caravane de feu, La] ▷4
É.-U. 1967. Western de Burt KENNEDY avec John Wayne, Kirk Douglas et Robert Walker. - Un ancien rancher organise l'attaque d'un wagon blindé chargé d'or. □ Général ➔ DVD $

WAR WITHIN, THE ▷4
É.-U. 2005. Drame de Joseph CASTELO avec Ayad Akhtar, Firdous Bamji et Nandana Sen. - Hébergé à New York par la famille d'un ami d'enfance, un terroriste pakistanais se met à douter du bien-fondé de l'attentat suicide qu'il se prépare à commettre.
□ 13 ans+ ➔ DVD $

WAR ZONE, THE ▷3
ANG. 1998. Drame de mœurs de Tim ROTH avec Ray Winstone, Lara Belmont et Freddie Cunliffe. - Un garçon de quinze ans vivant dans un coin retiré de la campagne anglaise soupçonne son père d'abuser sexuellement de sa sœur aînée. - Approche dure et hyperréaliste du thème de l'inceste. Atmosphère sombre et étouffante. Réalisation sans apprêt. Interprétation sobre. □ 16 ans+ ➔ DVD $

WARGAMES [Jeux de guerre] ▷4
É.-U. 1983. Comédie dramatique de John BADHAM avec Matthew Broderick, Ally Sheedy et Dabney Coleman. - Un passionné d'informatique provoque un état d'alerte en entrant en contact, par inadvertance, avec l'ordinateur qui contrôle le programme de défense américain. □ Général ➔ DVD $

WARLOCK ▷4
É.-U. 1959. Western d'Edward DMYTRYK avec Henry Fonda, Richard Widmark et Anthony Quinn. - Un habile tireur impose sa loi à une ville de l'Ouest. □ Général ➔ DVD $

WARLOCK [Warlock le sorcier] ▷5
É.-U. 1989. Drame fantastique de Steve MINER avec Julian Sands, Lori Singer et Richard E. Grant. - Victime d'un sort qui la fait vieillir prématurément, une femme se joint à un inconnu pour tenter d'anéantir un sorcier nanti de pouvoirs étonnants. □ 13 ans+ ➔ DVD $

WARLORD, THE ▷4
É.-U. 1965. Drame de Franklin J. SCHAFFNER avec Charlton Heston, Rose-Mary Forsyth et Richard Boone. - Un seigneur du Moyen Âge s'éprend de la fiancée d'un paysan. □ Général

WARM DECEMBER, A ▷5
É.-U. 1973. Drame sentimental réalisé et interprété par Sidney POITIER avec Esther Anderson et Yvette Curtis. - Une idylle se développe entre un veuf américain de passage en Angleterre et une jeune Africaine souffrant d'une maladie incurable. □ Général

WARM SUMMER RAIN ▷5
E.-U. 1988. Drame de mœurs de J. GAYTON avec Kelly Lynch, Barry Tubb et Ron Sloan. - Après avoir tenté de se suicider, une jeune femme un peu confuse se retrouve avec un inconnu dans une maison abandonnée. ➜ DVD $

WARM WATER UNDER A RED BRIDGE
voir **De l'eau tiède sous un pont rouge**

WARRIOR, THE
ALL. ANG. FR. 2001. Asif KAPADIA ➜ DVD $

WARRIORS, THE ▷4
É.-U. 1979. Drame social de Walter HILL avec Michael Beck, Deborah Van Valkenburgh et James Remar. - Tenus responsables du meurtre d'un chef de bande, des adolescents ont à faire un trajet éprouvant pour rentrer dans leur quartier. □ 18 ans+ ➜ DVD $

WARRIORS OF HEAVEN AND EARTH ▷4
H.-K. 2003. Aventures de He PING avec Jiang Wen, Kiichi Nakai et Wang Xueqi. - Dans la Chine ancienne, un samouraï japonais et un lieutenant rebelle de l'armée chinoise se font les protecteurs d'un jeune moine menacé par un cruel seigneur. ➜ DVD DVD-BR $

WARSZAWA, ANNÉE 5703 ▷5
FR. 1992. Drame psychologique de Janusz KIJOWSKI avec Lambert Wilson, Hannah Schygulla et Julie Delpy. - Un couple ayant fui le ghetto juif de Varsovie trouve refuge chez la voisine d'un ami en se faisant passer pour frère et sœur. □ 13 ans+

WASABI ▷5
FR. 2001. Comédie policière de Gérard KRAWCZYK avec Jean Reno, Ryoko Hirosue et Michel Muller. - À Tokyo, un inspecteur de police parisien s'emploie à protéger sa fille japonaise menacée par de dangereux yakuzas. □ 13 ans+ ➜ DVD $

WASH, THE ▷4
É.-U. 1988. Drame psychologique de Michael TOSHIYUKI UNO avec Mako, Nobu McCarthy et Patti Yasutake. - Bien qu'elle ait quitté son époux après quarante ans de mariage, une Japonaise installée en Californie continue de faire sa lessive. □ Général

WASHINGTON SQUARE ▷4
É.-U. 1997. Mélodrame d'Agneszka HOLLAND avec Jennifer Jason Leigh, Albert Finney et Ben Chaplin. - Une jeune fille riche et peu jolie tombe amoureuse d'un coureur de dot, défiant ainsi les volontés de son père. □ Général ➜ DVD $

WASP WOMAN, THE ▷6
É.-U. 1959. Science-fiction de Roger CORMAN avec Susan Cabot et Fred Eisley. - Une femme qui utilise un élixir de jeunesse à base d'enzymes de guêpes se voit transformée en meurtrière femme-insecte.

WATCH ON THE RHINE ▷4
É.-U. 1943. Drame de Herman SHUMLIN avec Bette Davis, Paul Lukas et Geraldine Fitzgerald. - Une jeune Américaine se réfugie chez ses parents avec son mari, un Allemand poursuivi par des agents nazis.

WATCH THE BIRDIE ▷4
É.-U. 1951. Comédie de Jack DONOHUE avec Red Skelton, Arlene Dahl et Ann Miller. - Un photographe au bord de la faillite s'éprend d'une riche femme d'affaires. □ Général

WATCHER, THE ▷5
É.-U. 2000. Drame policier de Joe CHARBANIC avec James Spader, Keanu Reeves et Marisa Tomei. - À Chicago, un ex-agent du FBI surmené reprend du service pour coincer un tueur en série qui joue au chat et à la souris avec lui. □ 13 ans+ · Violence ➜ DVD $

WATCHER IN THE WOODS, THE ▷4
[Yeux de la forêt, Les]
ANG. 1981. Drame fantastique de John HOUGH avec Lynn-Holly Johnson, Kyle Richards et Bette Davis. - Après l'installation de sa famille dans une vieille maison, une adolescente ne tarde pas à être le centre de curieux phénomènes. □ 13 ans+ ➜ DVD $

WATCHMEN [Gardiens, Les] ▷4
É.-U. 2009. Drame fantastique de Zack SNYDER avec Malin Akerman, Billy Crudup et Patrick Wilson. - Des superhéros tombés dans l'oubli sortent de leur retraite après que l'un d'eux eut été assassiné dans des circonstances étranges. □ 13 ans+ · Violence - Horreur

WATER ▷4
CAN. 2005. Drame social de Deepa MEHTA avec Sarala, Seema Biswas et Lisa Ray. - En 1938 aux Indes, une fillette perd son mari et se voit forcée de vivre recluse dans un ahsram en compagnie d'autres veuves. □ Général ➜ DVD $

WATER BABIES, THE [Enfants de la rivière, Les] ▷4
ANG. 1979. Comédie musicale de L. JEFFRIES avec James Mason, Billie Whitelaw et Tommy Pender. - Un petit ramoneur accusé de vol plonge dans un étang et découvre un étrange monde aquatique. ➜ DVD $

WATER DROPS ON BURNING ROCKS
voir **Gouttes d'eau sur pierres brûlantes**

WATER ENGINE, THE ▷4
É.-U. 1992. Drame de Steven SCHACHTER avec Charles Durning, Patti LuPone et William H. Macy. - À Chicago, dans les années 30, un jeune inventeur a maille à partir avec un financier véreux. □ Général

WATER HORSE - LEGEND OF THE DEEP, THE ▷4
É.-U. 2007. Drame fantastique de Jay RUSSELL avec Alex Etel, Emily Watson et Ben Chaplin. - Pendant la Deuxième Guerre mondiale en Écosse, un garçon solitaire fait la découverte d'un oeuf qui contient un dragon dont il se fait le protecteur. □ Général ➜ DVD DVD-BR $

WATER LILIES *voir* **Naissance des pieuvres, La**

WATER UNDER THE BRIDGE
É.-U. 2003. Clark BIGHAM ➜ DVD $

WATERBOY, THE [Porteur d'eau, Le] ▷5
É.-U. 1998. Comédie de Frank CORACI avec Adam Sandler, Kathy Bates et Henry Winkler. - Le porteur d'eau d'une équipe de football devient un joueur redoutable en extériorisant sa rage d'éternel souffre-douleur. ➜ DVD $

WATERDANCE, THE ▷4
É.-U. 1992. Drame psychologique de Neal JIMENEZ et Michael STEINBERG avec Eric Stoltz, Wesley Snipes et William Forsythe. - Un jeune écrivain hospitalisé à la suite d'un accident trouve réconfort auprès de deux compagnons de convalescence. □ Général

WATERLAND ▷4
ANG. 1992. Drame de mœurs de Stephen GYLLENHAAL avec Jeremy Irons, Ethan Hawke et Sinead Cusack. - Un enseignant britannique tente de sensibiliser ses élèves américains à l'histoire en leur racontant sa vie durant la Seconde Guerre mondiale. □ 13 ans+ · Érotisme

WATERLOO ▷3
ITA. 1971. Drame historique de Sergei BONDARCHUK avec Rod Steiger, Christopher Plummer et Dan O'Herlihy. - Reconstitution de la dernière bataille de l'empereur Napoléon contre l'alliance des nations européennes en 1815. - Moyens somptueux intelligemment utilisés. Évocation d'époque réussie. Éléments stratégiques et atouts spectaculaires bien mis en valeur. Excellents interprètes. □ Général

WATERLOO BRIDGE ▷4
É.-U. 1940. Drame psychologique de Mervyn LeROY avec Robert Taylor, Vivien Leigh et Lucile Watson. - Croyant son fiancé mort à la guerre, une jeune fille tombe de déchéance en déchéance. □ Général ➜ DVD $

WATERMELON MAN, THE ▷5
É.-U. 1970. Comédie de Melvin VAN PEEBLES avec Godfrey Cambridge, Estelle Parsons et Howard Caine. - Un Blanc se réveille un matin pour s'apercevoir qu'il s'est transformé en Noir. □ 13 ans+

WATERSHIP DOWN [Menace sur la garenne] ▷3
ANG. 1978. Dessins animés de Martin ROSEN. - Leur terrier étant menacé de destruction, des lapins sauvages se cherchent un nouveau foyer. - Scénario tiré d'un livre de Richard Adams. Campagne anglaise évoquée avec finesse. Réalisation technique souple. Ensemble fort intéressant. □ Général ➜ DVD $

WATERWORLD [Monde sans terre, Un] ▷4
É.-U. 1995. Science-fiction de Kevin REYNOLDS avec Kevin Costner, Dennis Hopper et Jeanne Tripplehorn. - Dans le futur, après que la fonte des glaces ait submergé les continents, un marin solitaire protège une femme et une fillette contre des pirates. □ 13 ans+ ➜ DVD $

WAXWORKS
ALL. 1924. Paul LENI → DVD $

WAY AHEAD, THE *voir* **Immortal Battalion, The**

WAY DOWN EAST [À travers l'orage] ►2
É.-U. 1920. Mélodrame de David W. GRIFFITH avec Lilian Gish, Richard Barthelmess et Lowell Sherman. - Une orpheline trompée par un séducteur est chassée par les fermiers chez qui elle s'est engagée comme servante. - Classique du cinéma muet. Transposition inventive d'une pièce à succès. Affabulation naïve. Séquence finale particulièrement réussie. □ Général → DVD $

WAY HOME, THE ▷4
COR. 2002. Comédie dramatique de Jeong-Hyang LEE avec Seung-Ho Yoo, Eul-Boon Kim et Hyo-hee Dong. - Un gamin égoïste habitué au confort de la grande ville séjourne chez sa grand-mère qui vit pauvrement dans une cabane à la campagne. □ Général → DVD $

WAY OUT WEST ▷4
É.-U. 1937. Comédie de James W. HORNE avec Stan Laurel, Oliver Hardy et James Finlayson. - Deux bons bougres sont chargés de remettre des titres de propriété à une serveuse de cabaret.

WAY TO FIGHT, THE
JAP. 1996. Takashi MIIKE → DVD $

WAY WE LIVE NOW, THE ▷4
ANG. 2001. Drame de mœurs de David YATES avec David Suchet, Matthew MacFadyen et Paloma Baeza. - Dans le Londres des années 1870, un financier aussi mystérieux que charismatique devient la coqueluche d'un cercle d'aristocrates. → DVD $

WAY WE WERE, THE [Nos plus belles années] ▷4
É.-U. 1973. Drame sentimental de Sydney POLLACK avec Barbra Streisand, Robert Redford et Bradford Dillman. - L'idylle tumultueuse d'une jeune femme aux idées radicales et d'un romancier désengagé. □ Général → DVD $

WAYNE'S WORLD [Monde selon Wayne, Le] ▷5
É.-U. 1992. Comédie de Penelope SPHEERIS avec Mike Myers, Dana Carvey et Rob Lowe. - Deux adolescents qui animent un talk-show pseudo-culturel signent un contrat avec une importante chaîne de télévision. □ Général → DVD $

WAYNE'S WORLD 2 ▷5
É.-U. 1993. Comédie de Stephen SURJIK avec Mike Myers, Dana Carvey et Christopher Walken. - Les deux animateurs farfelus d'un talk-show diffusé sur une chaîne communautaire tentent d'organiser un gigantesque festival rock. □ Général → DVD $

WE ALL LOVED EACH OTHER SO MUCH
voir **Nous nous sommes tant aimés**

WE DIVE AT DAWN ▷4
ANG. 1943. Drame de guerre d'Anthony ASQUITH avec John Mills, Eric Portman et Leslie Weston. - L'histoire d'un sous-marin de guerre et des membres de son équipage. □ Général

WE DON'T LIVE HERE ANYMORE ▷4
[Chemin de nos foyers, Le]
É.-U. 2004. Drame de mœurs de John CURRAN avec Mark Ruffalo, Laura Dern et Peter Krause. - Deux couples voient leur amitié et leur mariage mis en péril lorsque le mari de l'une a une liaison avec la femme de l'autre □ 13 ans+ → DVD $

WE FAW DOWN
É.-U. 1928. Leo McCAREY

WE LIVE AGAIN ▷4
É.-U. 1934. Drame de Rouben MAMOULIAN avec Fredric March, Anna Sten et Jane Baxter. - Un prince russe veut réparer le mal qu'il a fait à une servante. → DVD $

WE OWN THE NIGHT [Nuit nous appartient, La] ▷3
É.-U. 2007. Drame policier de James GRAY avec Joaquin Phoenix, Mark Wahlberg et Robert Duvall. - Le gérant d'une boîte de nuit doit choisir son camp lorsque son père et son frère, dans la police, menacent de faire tomber son patron, parrain de la mafia russe. - Réflexion porteuse et subversive sur l'appartenance, la trahison et le repentir. Scénario bien construit misant sur la profondeur psychologique des personnages. Réalisation costaude et tendue. Interprètes très bien dirigés. □ 13 ans+ · Violence → DVD DVD-BR $

WE THINK THE WORLD OF YOU ▷5
ANG. 1988. Comédie de mœurs de Colin GREGG avec Alan Bates, Gary Oldman et Liz Smith. - Un bureaucrate homosexuel se prend d'affection pour la chienne d'un ancien amant maintenant en prison pour cambriolage. □ Général

WE WERE SOLDIERS [Nous étions soldats] ▷4
É.-U. 2002. Drame de guerre de Randall WALLACE avec Mel Gibson, Sam Elliott et Barry Pepper. - En 1965, un officier américain prend la tête d'un bataillon dans la première attaque héliportée contre les Nord-Vietnamiens. □ 13 ans+ · Violence → DVD DVD-BR $

WE WERE STRANGERS ▷4
É.-U. 1949. Drame historique de John HUSTON avec Jennifer Jones, John Garfield et Pedro Armendariz. - Des révolutionnaires tentent de tuer les chefs du gouvernement cubain. → DVD $

WE'RE BACK! - A DINOSAUR'S STORY ▷4
[Nous sommes de retour! - une histoire de dinosaures]
É.-U. 1993. Dessins animés de Dick ZONDAG, Ralph ZONDAG, Phil NIBBELINK et Simon WELLS. - À bord de son vaisseau spatio-temporel, un capitaine se rend à l'époque préhistorique afin d'en ramener quatre dinosaures. □ Général · Enfants

WE'RE GOING TO EAT YOU
H.-K. 1980. Hark TSUI → DVD $

WE'RE NO ANGELS ▷4
É.-U. 1955. Comédie de Michael CURTIZ avec Humphrey Bogart, Peter Ustinov et Aldo Ray. - Trois bagnards évadés viennent en aide à une famille de commerçants. □ Général

WE'RE NO ANGELS ▷5
É.-U. 1989. Comédie de Neil JORDAN avec Robert De Niro, Sean Penn et Demi Moore. - Entraînés malgré eux dans l'évasion d'un condamné à mort, deux prisonniers se font passer pour des prêtres dans le but de franchir la frontière canadienne toute proche.
□ 13 ans+ → DVD $

WE'RE NOT DRESSING ▷4
É.-U. 1934. Comédie musicale de Norman TAUROG avec Bing Crosby, Carole Lombard et George Burns. - Après le naufrage d'un yacht privé, un jeune marin prend la direction d'un groupe de richards.
□ Général

WE'RE NOT MARRIED ▷5
É.-U. 1952. Film à sketches d'Edmund GOULDING avec Ginger Rogers, Fred Allen et Marilyn Monroe. - Deux ans après leur mariage, cinq couples apprennent que leur union n'était pas légale. → DVD $

WEATHER MAN, THE [Monsieur météo] ▷4
É.-U. 2005. Comédie dramatique de Gore VERBINSKI avec Nicolas Cage, Michael Caine et Hope Davis. - Un présentateur météo récemment divorcé tente de mettre de l'ordre dans sa vie personnelle.
□ 13 ans+ → DVD $

WEDDING, A ▷4
É.-U. 1978. Comédie de mœurs de Robert ALTMAN avec Carol Burnett, Vittorio Gassman et Geraldine Chaplin. - Diverses intrigues s'entrecroisent au cours d'une réception somptueuse donnée à l'occasion d'un mariage. □ 13 ans+ → DVD $

WEDDING BANQUET, THE [Garçon d'honneur] ▷4
TAI. 1993. Comédie de mœurs d'Ang LEE avec Winston Chao, May Chin et Mitchell Lichtenstein. - Pour faire plaisir à ses parents qui ignorent son homosexualité, un Taiwanais habitant New York décide d'épouser une compatriote. □ Général → DVD $

WEDDING BELL BLUES ▷4
É.-U. 1996. Comédie de mœurs de Dana LUSTIG avec Illeana Douglas, Paulina Porizkova et Julie Warner. - Lassées des remarques de leurs parents, trois jeunes femmes au bord de la trentaine décident de se dénicher un mari d'un jour à Las Vegas. □ Général

WEDDING CRASHERS ▷5
É.-U. 2005. Comédie de David DOBKIN avec Owen Wilson, Vince Vaughn et Rachel McAdams. - Deux célibataires endurcis s'invitent à des réceptions de mariage où ils multiplient les conquêtes amoureuses sans lendemain. □ 13 ans+ → DVD DVD-BR $

WEDDING IN GALILEE *voir* **Noce en Galilée**

WEDDING IN WHITE ▷3
CAN. 1972. Drame de mœurs de William FRUET avec Carol Kane, Donald Pleasence et Doris Petrie. - Une adolescente violée par un camarade de son frère et devenue enceinte est poussée par ses parents à épouser un vieil homme. - Sens critique très aigu. Mise en scène réaliste et vivante. Mise en images nette et précise. Interprétation d'une rare vérité.

WEDDING MARCH, THE ▷3
É.-U. 1928. Drame de mœurs réalisé et interprété par Erich VON STROHEIM avec Fay Wray et Zasu Pitts. - Le fils d'une famille aristocratique désargentée est forcé d'abandonner celle qu'il aime afin de se plier à un mariage de convenance. - Portrait féroce d'un monde de privilégiés. Réalisation inventive. Interprétation solide d'E. Von Stroheim. □ 13 ans+

WEDDING NIGHT, THE ▷4
É.-U. 1935. Drame de King VIDOR avec Gary Cooper, Anna Sten et Ralph Bellamy. - Un romancier s'éprend d'une jeune paysanne d'origine polonaise promise au fils d'un fermier voisin. □ Général ➜ DVD $

WEDDING PARTY, THE
É.-U. 1969. Brian DE PALMA, Wilford LEACH et Cynthia MUNROE □ 13 ans+ ➜ DVD $

WEDDING PARTY, THE
ALL. BEL. 2005. Dominique DERUDDERE □ 13 ans+

WEDDING SINGER, THE [Chanteur de noces, Le] ▷5
É.-U. 1998. Comédie sentimentale de Frank CORACI avec Drew Barrymore, Adam Sandler et Christine Taylor. - Laissé pour compte le jour de son mariage, un chanteur de noces tombe amoureux d'une jeune serveuse promise à un autre. □ Général ➜ DVD $

WEDDINGS AND BABIES
É.-U. 1958. Morris ENGEL □ Général

WEEDS ▷4
É.-U. 1987. Drame social de John HANCOCK avec Nick Nolte, Rita Taggart et Lane Smith. - Un prisonnier retrouve le courage de vivre en montant une troupe de théâtre dans son pénitencier. □ 13 ans+

WEEK-END [Weekend] ▷3
FR. 1967. Comédie satirique de Jean-Luc GODARD avec Mireille Darc et Jean Yanne. - Les mésaventures d'un couple qui se rend à la campagne en fin de semaine dans l'espoir de toucher un héritage. - Poème surréaliste sur l'état de la civilisation moderne. Humour cruel. Images d'un style pop-art prononcé. Interprétation dans la note voulue.

WEEK-END À GOSFORD PARK, UN *voir* **Gosford Park**

WEEK-END EN FAMILLE, UN *voir* **Home for the Holidays**

WEEK-END IN HAVANA ▷5
É.-U. 1941. Comédie musicale de Walter LANG avec Alice Faye, John Payne et Carmen Miranda. - À la suite d'un accident, un employé d'une compagnie de navigation doit s'occuper de distraire une jeune vendeuse en vacances. □ Général ➜ DVD $

WEEKEND, THE ▷5
É.-U. 1999. Drame de B. SKEET avec Jared Harris, Deborah Kara Unger et David Conrad. - Des conflits éclatent entre des parents et amis qui se sont réunis pour marquer le premier anniversaire du décès d'un proche, emporté par le sida. ➜ DVD $

WEEKEND AT BERNIE'S ▷4
É.-U. 1989. Comédie de Ted KOTCHEFF avec Andrew McCarthy, Mary Stewart et Jonathan Silverman. - Craignant d'être accusés de meurtre, deux employés dissimulent la mort de leur patron en laissant son corps à la vue de tous. □ Général ➜ DVD $

WEEKEND AT THE WALDORF ▷4
É.-U. 1945. Comédie de Robert Z. LEONARD avec Ginger Rogers, Walter Pidgeon et Van Johnson. - Diverses intrigues s'entremêlent dans le cadre d'un hôtel de New York. □ Général

WEIGHT OF WATER, THE [Poids de l'eau, Le] ▷5
É.-U. 2000. Thriller de Kathryn BIGELOW avec Sarah Polley, Catherine McCormack et Sean Penn. - Une reporter dont le mariage bat de l'aile enquête sur le mystère entourant un double meurtre à la hache qui s'est produit au XIXe siècle. ➜ DVD $

WEIRDSVILLE ▷4
É.-U. 2007. Comédie dramatique d'Allan MOYLE avec Scott Speedman, Wes Bentley et Taryn Manning. - En voulant enterrer le cadavre de leur amie morte d'une surdose, deux vendeurs de drogue se retrouvent aux prises avec un groupe satanique.

WELCOME HOME *voir* **Bienvenue à la maison**

WELCOME TO COLLINWOOD ▷4
[Bienvenue à Collinwood]
É.-U. 2002. Comédie policière d'Anthony RUSSO et Joe RUSSO avec Sam Rockwell, William H. Macy et Michael Jeter. - De nombreux ennuis s'abattent sur des petits truands qui organisent un important cambriolage. □ Général ➜ DVD $

WELCOME TO L.A. ▷4
É.-U. 1976. Drame de mœurs d'Alan RUDOLPH avec Geraldine Chaplin, Keith Carradine et Harvey Keitel. - Après une absence de trois ans, un jeune écrivain revient à Los Angeles et y fait de curieuses rencontres. □ 13 ans+

WELCOME TO MOOSEPORT [Bienvenue à Mooseport] ▷5
É.-U. 2003. Comédie de Donald PETRIE avec Gene Hackman, Ray Romano et Maura Tierney. - Un ancien président des États-Unis et un modeste quincaillier s'affrontent pour le poste de maire. □ Général ➜ DVD $

WELCOME TO SARAJEVO [Bienvenue à Sarajevo] ▷4
ANG. 1997. Drame de guerre de Michael WINTERBOTTOM avec Stephen Dillane, Woody Harrelson et Emira Nusevic. - Durant le siège de Sarajevo, un journaliste britannique s'efforce de sauver les enfants d'un orphelinat fréquemment bombardé. □ 13 ans+ · Violence ➜ DVD $

WELCOME TO THE DOLLHOUSE ▷4
[Bienvenue dans l'âge ingrat]
É.-U. 1995. Comédie dramatique de Todd SOLONDZ avec Heather Matarazzo, Daria Kalinina et Matthew Faber. - Les frustrations d'une jeune fille de 11 ans qui est le souffre-douleur de son entourage alors qu'elle vit un éveil sexuel douloureux. □ 13 ans+ · Langage vulgaire ➜ DVD $

WENDIGO ▷5
É.-U. 2002. Drame fantastique de Larry FESSENDEN avec Patricia Clarkson, Jake Weber et Erik Per Sullivan. - Une famille de New York venue passer des vacances hivernales dans une région montagneuse est confrontée à des incidents surnaturels étranges. ➜ DVD $

WENDY AND LUCY ▷4
É.-U. 2008. Drame psychologique de Kelly REICHARDT avec Michelle Williams, Walter Dalton et Will Patton. - Une jeune femme en route pour l'Alaska tombe en panne et perd son chien dans une petite ville de l'Oregon, ce qui l'oblige à y prolonger son séjour. □ Général ➜ DVD $

WENT TO CONEY ISLAND ON A MISSION FROM GOD... BE BACK BY FIVE
É.-U. 1998. Richard SCHENKMAN ➜ DVD $

WEREWOLF OF LONDON ▷4
É.-U. 1935. Drame d'horreur de Stuart WALKER avec Henry Hull, Valerie Hobson et Warner Oland. - Un botaniste devient victime d'une malédiction orientale et se transforme en loup-garou. □ Général

WERNER HERZOG'S WOYZECK *voir* **Woyzeck**

WES CRAVEN'S NEW NIGHTMARE ▷5
[Cauchemar insolite de Wes Craven, Le]
É.-U. 1994. Drame d'horreur de Wes CRAVEN avec Robert Englund, Heather Langenkamp et Miko Hughes. - Une vedette de films d'horreur est tourmentée par des visions montrant le spectre meurtrier qu'elle affrontait au cinéma. □ 16 ans+ · Horreur ➜ DVD $

WEST BEYROUTH ▷4
FR.-LIB. 1998. Chronique de Ziad DOUEIRI avec Rami Doueiri, Rola Al Amin et Mohammad Chamas. - Durant la guerre civile au Liban, un adolescent facétieux prend peu à peu conscience de la gravité de la situation. □ Général

WEST SIDE STORY ►1
É.-U. 1961. Comédie musicale de Robert WISE et Jerome ROBBINS avec Natalie Wood, Richard Beymer et George Chakiris. - La sœur du chef d'une bande d'adolescents s'éprend d'un membre d'une bande rivale. - Sorte de Roméo et Juliette à New York. Danses et chants parfaitement intégrés à l'action. Musique mémorable de Leonard Bernstein. Rythme enlevant. Mise en scène brillante. Interprétation dans la note. □ Général ➜ DVD DVD $

WESTERN ▷4
FR. 1997. Comédie dramatique de Manuel POIRIER avec Sergi Lopez, Sacha Bourdo et Elisabeth Vitali. - Deux copains partent ensemble sur les routes de Bretagne à la recherche de l'amour en connaissant des fortunes diverses. □ Général

WESTERN UNION ▷4
É.-U. 1940. Western de Fritz LANG avec Randolph Scott, Robert Young et Dean Jagger. - Illustration romantique de l'établissement de la première ligne télégraphique reliant l'est et l'ouest des États-Unis. □ Général

WESTERNER, THE [Cavalier du désert, Le] ▷3
É.-U. 1940. Western de William WYLER avec Gary Cooper, Walter Brennan et Doris Davenport. - Faussement accusé de vol de chevaux, un cow-boy errant est aux prises avec un propriétaire de saloon qui s'est institué juge. - Approche psychologique valable. Humour constant. Belle photographie. Interprétation savoureuse. □ Général

WESTWARD THE WOMEN ▷4
É.-U. 1952. Western de William A. WELLMAN avec Robert Taylor, Denise Darcel et Julie Bishop. - Un convoi transporte dans l'Ouest des femmes destinées en mariage à des colons. □ Général

WESTWORLD [Monde de l'Ouest, Le] ▷4
É.-U. 1973. Science-fiction de Michael CRICHTON avec Yul Brynner, Richard Benjamin et James Brolin. - Un parc d'attractions offre à ses visiteurs l'illusion de vivre à trois époques différentes grâce à des robots programmés à forme humaine. □ 13 ans+ ➔ DVD$

WET ASPHALT *voir* **Nasser Asphalt**

WET HOT AMERICAN SUMMER ▷5
E.-U. 2001. Comédie de D. WAIN avec Janeane Garofalo, David Hyde Pierce et Michael Showalter. - La dernière journée de travail mouvementée des moniteurs d'un camp d'été. ➔ DVD$

WETHERBY [Suicide à Wetherby] ▷3
ANG. 1985. Drame psychologique de David HARE avec Tim McInnerny, Vanessa Redgrave et Stuart Wilson. - Un policier s'interroge sur les motifs qui ont poussé un jeune homme à se suicider alors qu'il rendait visite à une institutrice. - Analyse subtile de rapports humains douloureux. Interprétation d'une fine intelligence.
□ 13 ans+ ➔ DVD$

WHALE RIDER [Légende des baleines, La] ▷3
N.-Z. 2002. Drame de Niki CARO avec Keisha Castle-Hughes, Rawiri Paratene et Vicky Haughton. - En Nouvelle-Zélande, une jeune Maorie défie son grand-père en suivant l'enseignement de la tradition orale réservé aux garçons. - Évocation sensible d'un mode de vie ancestral confronté au monde moderne. Réalisation sobre.
□ Général ➔ DVD$

WHALES OF AUGUST, THE ▷3
[Baleines du mois d'août, Les]
É.-U. 1987. Drame psychologique de Lindsay ANDERSON avec Lillian Gish, Bette Davis et Vincent Price. - Passant l'été dans une île côtière comme elles le font depuis plusieurs années, deux sœurs âgées reçoivent la visite d'une vieille amie et d'un voisin. - Étude de personnages fort intéressante. Mise en scène classique et maîtrisée.
□ Général ➔ DVD$

WHAT? *voir* **Diary of Forbidden Dreams**

WHAT A WAY TO GO! ▷4
E.-U. 1964. Comédie de J. Lee THOMPSON avec Shirley MacLaine, Paul Newman et Gene Kelly. - Une jeune femme devient multimillionnaire par suite de quatre veuvages. ➔ DVD$

WHAT ABOUT BOB? [Comment ça va Bob?] ▷4
É.-U. 1991. Comédie de Frank OZ avec Bill Murray, Richard Dreyfuss et Julie Hagerty. - En vacances à la campagne avec sa famille, un psychiatre réputé reçoit la visite inopinée d'un patient trop dépendant qui souffre de paranoïa. □ Général ➔ DVD$

WHAT DO YOU THINK?
MEX. 1985. Paul LEDUC

WHAT DREAMS MAY COME [Au-delà de nos rêves] ▷4
É.-U. 1998. Drame fantastique de Vincent WARD avec Robin Williams, Annabella Sciorra et Cuba Gooding Jr. - Un pédiatre mort dans un accident part rechercher en enfer son épouse qui vient de se suicider.
□ Général ➔ DVD$

WHAT EVER HAPPENED TO AUNT ALICE? ▷4
[Qu'est-il arrivé à tante Alice?]
É.-U. 1969. Drame policier de Lee H. KATZIN avec Geraldine Page, Ruth Gordon et Rosemary Forsyth. - Une veuve ruinée assassine ses employées après les avoir dépouillées de leurs économies. ➔ DVD$

WHAT EVER HAPPENED TO BABY JANE? ▷3
É.-U. 1962. Drame d'horreur de Robert ALDRICH avec Bette Davis, Joan Crawford et Victor Buono. - Une ancienne vedette de cinéma devenue infirme est tourmentée par sa sœur. - Suspense psychologique nourri de touches d'humour noir. Traitement insolite. Mise en scène contrôlée. Interprétation remarquable. □ Général ➔ DVD$

WHAT HAPPENED WAS... ▷4
É.-U. 1993. Drame psychologique réalisé et interprété par Tom NOONAN avec Karen Sillas. - Un dîner en tête-à-tête entre deux employés d'une firme d'avocats tourne au vinaigre lorsque les banalités qu'ils échangent révèlent progressivement leur insécurité et leur solitude. □ Général

WHAT HAVE I DONE TO DESERVE THIS? ▷4
ESP. 1984. Comédie de mœurs de Pedro ALMODOVAR avec Carmen Maura, Luis Hostalot et Ryo Hiruma. - Les tribulations d'une femme de ménage qui s'éreinte du matin au soir pour faire vivre sa famille.
- □ 13 ans+ ➔ DVD$

WHAT JUST HAPPENED? ▷4
É.-U. 2008. Comédie satirique de Barry LEVINSON avec Robert De Niro, Robin Wright-Penn et Michael Wincott. - Un producteur de Hollywood tente de garder la tête hors de l'eau alors que son prochain film promet d'être un désastre. □ 13 ans+ ➔ DVD$

WHAT LIES BENEATH [Apparences] ▷4
É.-U. 2000. Drame fantastique de Robert ZEMECKIS avec Michelle Pfeiffer, Harrison Ford et Diana Scarwid. - Témoin de phénomènes bizarres, une femme devient persuadée que la maison qu'elle habite avec son mari est hantée. □ 13 ans+ ➔ DVD$

WHAT PLANET ARE YOU FROM? ▷5
É.-U. 2000. Comédie fantaisiste de Mike NICHOLS avec Annette Bening, Garry Shandling et Greg Kinnear. - Un extraterrestre est dépêché sur Terre avec pour mission d'avoir un enfant d'une humaine. ➔ DVD$

WHAT PRICE GLORY? ▷4
É.-U. 1952. Comédie dramatique de John FORD avec James Cagney, Dan Dailey et Corinne Calvet. - La rivalité de deux militaires américains dans le contexte de la guerre 1914-1918. ➔ DVD$

WHAT PRICE HOLLYWOOD? ▷4
É.-U. 1932. Comédie dramatique de George CUKOR avec Constance Bennett, Lowell Sherman et Neil Hamilton. - Une actrice de cinéma doit faire face à un scandale lorsqu'un réalisateur alcoolique se suicide chez elle.

WHAT THE BLEEP DO WE KNOW? ▷5
[What the Bleep - Down the Rabbit Hole]
É.-U. 2004. Film d'essai de Mark VINCENTE, Betsy CHASE et William ARNTZ avec Marlee Matlin, Elaine Hendrix et Barry Newman. - À travers diverses expériences, une jeune femme déprimée découvre les grandes lignes de la théorie quantique. ➔ DVD$

WHAT TIME IS IT THERE
TAÏ. 2001. Ming-Liang TSAI ➔ DVD$

WHAT WOMEN WANT [Ce que femme veut] ▷4
É.-U. 2000. Comédie sentimentale de Nancy MEYERS avec Mel Gibson, Helen Hunt et Marisa Tomei. - Un publicitaire qui a le don de lire dans les pensées des femmes chipe les idées d'une rivale dont il s'éprend.
□ Général ➔ DVD$

WHAT'S EATING GILBERT GRAPE? ▷4
[Qui est Gilbert Grape?]
É.-U. 1993. Drame de mœurs de Lasse HALLSTRÖM avec Johnny Depp, Leonardo DiCaprio et Juliette Lewis. - Un livreur d'épicerie qui veille sur sa mère obèse et son frère simple d'esprit vit une amourette avec une jeune fille de passage dans la région. □ Général ➔ DVD$

WHAT'S IT ALL ABOUT? *voir* **Comment et le pourquoi, Le**

WHAT'S LOVE GOT TO DO WITH IT? ▷4
[Peu importe l'amour]
É.-U. 1993. Drame biographique de Brian GIBSON avec Angela Bassett, Laurence Fishburne et Vanessa Bell Calloway. - Évocation de la vie privée et de la carrière de la chanteuse Tina Turner.
□ 13 ans+ ➔ DVD$

WHAT'S NEW, PUSSYCAT? ▷5
É.-U. 1965. Comédie de Clive DONNER avec Peter Sellers, Peter O'Toole et Romy Schneider. - Un psychiatre a pour client un homme qui se désole de l'attrait qu'il éprouve pour les femmes.
□ 18 ans+ ➔ DVD$

WHAT'S THE MATTER WITH HELEN? ▷4
É.-U. 1971. Drame policier de Curtis HARRINGTON avec Shelley Winters, Debbie Reynolds et Dennis Weaver. - Des violences criminelles se produisent dans une école de danse d'Hollywood dirigée par deux vieilles amies. □ 13 ans+

WHAT'S UP, DOC? [On s'fait la valise, Docteur] ▷4
É.-U. 1972. Comédie de Peter BOGDANOVICH avec Barbra Streisand, Ryan O'Neal et Madeline Kahn. - Un musicologue est importuné par une jeune fille excentrique. □ Général

WHAT'S UP, TIGER LILY? ▷6
JAP.-É.-U. 1966. Comédie d'espionnage de Senkichi TANIGUCHI et Woody ALLEN avec Tatsuya Mihashi, Mie Hama et Tadao Nakamaru. - Le potentat d'un petit État d'Asie charge un agent secret de récupérer une recette de salade aux oeufs qu'on lui a volée. □ Général

WHATEVER HAPPENED TO HAROLD SMITH ▷4
ANG. 1999. Comédie de mœurs de Peter HEWITT avec Michael Legge, Tom Courtenay et Laura Fraser. - En 1977, un jeune homme féru de musique disco, dont le père possède des pouvoirs paranormaux, se transforme en punk pour séduire une collègue. □ Général ➔ DVD $

WHEN A MAN LOVES A WOMAN ▷5
[Par amour pour elle]
É.-U. 1994. Drame psychologique de Luis MANDOKI avec Andy Garcia, Meg Ryan et Lauren Tom. - Après avoir suivi avec succès une cure de désintoxication, une mère de famille pose un regard neuf sur sa vie. □ Général ➔ DVD $

WHEN A STRANGER CALLS [Terreur sur la ligne] ▷5
É.-U. 1979. Drame policier de Fred WALTON avec Charles Durning, Tony Beckley et Carol Kane. - Un inconnu terrorise au téléphone une gardienne d'enfants. □ 13 ans+ ➔ DVD $

WHEN A STRANGER CALLS ▷6
É.-U. 2006. Drame d'horreur de Simon WEST avec Camilla Belle, Tommy Flanagan et Tessa Thompson. - Une adolescente est terrorisée par des appels anonymes provenant de l'intérieur de la vaste maison où elle garde deux enfants. □ 13 ans+ · Violence ➔ DVD $

WHEN A WOMAN ASCENDS THE STAIRS
voir **Femme monte l'escalier, Une**

WHEN BRENDAN MET TRUDY ▷5
IRL. 2000. Comédie sentimentale de K.J. WALSH avec Marie Mullen, Peter MacDonald et Flora Montgomery. - Un cinéphile timoré tombe amoureux d'une jeune femme délurée qui se révèle être une cambrioleuse. ➔ DVD $

WHEN COMEDY WAS KING ▷3
E.-U. 1960. Film de montage de R. YOUNGSON avec Buster Keaton, Stan Laurel, Oliver Hardy et autres . - Montage composé d'extraits de comédies de l'époque du muet. - Mélange de documentaire et de film comique. Ensemble hilarant. Narration et musique très à point.

WHEN DID YOU LAST SEE YOUR FATHER ▷4
ANG. 2007. Drame psychologique d'Anand TUCKER avec Colin Firth, Jim Broadbent et Juliet Stevenson. - Au chevet de son père mourant, un écrivain tente de redéfinir sa relation avec lui et cherche à percer un secret de famille. □ Général ➔ DVD $

WHEN DINOSAURS RULED THE EARTH ▷5
ANG. 1970. Aventures de Val GUEST avec Victoria Vetri, Robin Hawdon et Patrick Allen. - À une époque préhistorique, une jeune fille destinée à être sacrifiée par les siens obtient la protection d'un chasseur d'une autre tribu. □ Général

WHEN EVERYTHING IS IN ORDER
ESP. 2002. César Martinez HERRADA

WHEN FATHER IS AWAY ON BUSINESS
voir **Papa est en voyage d'affaires**

WHEN HARRY MET SALLY ▷4
[Quand Harry rencontre Sally]
É.-U. 1989. Comédie sentimentale de Rob REINER avec Billy Crystal, Meg Ryan et Carrie Fisher. - Une amitié de longue date entre un homme et une femme est remise en question quand ils vivent ensemble une aventure amoureuse d'un soir. □ Général ➔ DVD $

WHEN NIGHT IS FALLING [Quand tombe la nuit] ▷4
CAN. 1995. Drame psychologique de Patricia ROZEMA avec Pascale Bussières, Rachael Crawford et Henry Czerny. - Une enseignante qui doit bientôt se marier est troublée par sa rencontre avec une flamboyante artiste de cirque qui la désire.
□ 13 ans+ · Érotisme ➔ DVD $

WHEN STRANGERS APPEAR [Au hasard de l'étranger] ▷4
N.-Z. 2001. Thriller de Scott REYNOLDS avec Radha Mitchell, Josh Lucas et Barry Watson. - Un jeune homme fait irruption dans un snack-bar isolé tenu par une jeune femme et prétend être la cible de dangereux criminels.

WHEN THE CAT'S AWAY *voir* **Chacun cherche son chat**

WHEN THE DALTONS RODE ▷4
É.-U. 1940. Western de George, MARSHALL avec Randolph Scott, Kay Francis et Brian Donlevy. - Les déprédations d'une famille de hors-la-loi au Kansas. ➔ DVD $

WHEN THE PARTY'S OVER ▷4
E.-U. 1991. Comédie de mœurs de M. IRMAS avec Elizabeth Berridge, Rae Dawn Chong et Sandra Bullock. - Les tribulations sentimentales et professionnelles de trois jeunes New-Yorkaises. ➔ DVD $

WHEN THE STARS MEET THE SEA
voir **Quand les étoiles rencontrent la mer**

WHEN THE WHALES CAME [Île aux baleines, L'] ▷4
ANG. 1983. Drame de mœurs de Clive REES avec Max Rennie, Helen Pearce et Paul Scofield. - En 1914, dans une petite île au large de l'Angleterre, deux enfants lient amitié avec un vieil homme solitaire et sourd. □ Général

WHEN THE WIND BLOWS ▷4
ANG. 1986. Dessins animés de Jimmy MURAKAMI. - Sous le regard étonné de sa femme, un vieil homme se prépare au conflit nucléaire qui risque de dévaster leur région. □ Général

WHEN WORLDS COLLIDE ▷5
É.-U. 1951. Science-fiction de Rudolph MATÉ avec Richard Derr, Barbara Rush et John Hoyt. - Grâce à une fusée construite par un millionnaire, quarante personnes échappent à la destruction de la Terre. □ Général ➔ DVD $

WHERE ANGELS FEAR TO TREAD ▷3
ANG. 1991. Comédie dramatique de Charles STURRIDGE avec Helen Mirren, Rupert Graves et Helena Bonham Carter. - Lorsque sa femme meurt en accouchant, un jeune Italien entre en conflit avec sa belle-famille anglaise au sujet de la garde de l'enfant. - Adaptation délicate et sensible d'un roman de E.M. Forster. Différences culturelles habilement illustrées. Interprétation nuancée. □ Général

WHERE DANGER LIVES ▷5
E.-U. 1950. Drame policier de J. FARROW avec Robert Mitchum, Faith Domergue et Claude Rains. - Un jeune médecin se fait entraîner dans une affaire de meurtre par une patiente déséquilibrée.

WHERE EAGLES DARE ▷4
ANG. 1968. Drame d'espionnage de Brian G. HUTTON avec Richard Burton, Clint Eastwood et Mary Ure. - Les services secrets envoient un commando délivrer un général prisonnier dans une forteresse nazie. □ 13 ans+ ➔ DVD $

WHERE IS THE FRIEND'S HOME? ▷4
IRAN. 1987. Drame d'Abbas KIAROSTAMI avec Babak Ahmadpoor, Ahmad Ahmadpoor et Khodabakhsh Defai. - Un écolier tente de trouver la maison d'un camarade de classe dans le village voisin pour lui rendre un cahier qu'il lui a pris par mégarde. □ Général

WHERE THE GREEN ANTS DREAM
voir **Pays où rêvent les fourmis vertes, Le**

WHERE THE HEART IS ▷5
É.-U. 1990. Comédie de mœurs de John BOORMAN avec Dabney Coleman, Uma Thurman et Suzy Amis. - Mis à la porte par leur père et relogés dans un édifice désaffecté, trois jeunes gens tirent habilement parti de la situation. □ Général ➔ DVD $

WHERE THE HEART IS [Petite voix du cœur, La] ▷5
É.-U. 2000. Chronique de Matt WILLIAMS avec Natalie Portman, James Frain et Ashley Judd. - Les tribulations d'une mère adolescente démunie qui parvient à s'en sortir grâce à la générosité des gens qu'elle rencontre. □ Général

WHERE THE LILIES BLOOM ▷4
É.-U. 1974. Comédie dramatique de William A. GRAHAM avec Julie Gholson, Jan Smithers et Matthew Burrill. - À la mort de leur père, un fermier pauvre, trois enfants s'entendent pour cacher ce décès afin d'éviter d'être placés dans des institutions. □ Général

WHERE THE RIVERS FLOW NORTH ▷4
É.-U. 1993. Drame de Jay CRAVEN avec Rip Torn, Tantoo Cardinal et Bill Raymond. - Dans les années 1920, au Vermont, un vieux rustre et sa compagne résistent aux manœuvres d'hommes d'affaires qui veulent acquérir leur propriété. □ Général

WHERE THE SIDEWALK ENDS ▷4
É.-U. 1950. Drame policier d'Otto PREMINGER avec Dana Andrews, Gene Tierney et Gary Merrill. - Un fils de gangster devenu policier tue accidentellement le témoin d'un meurtre.

WHERE THE TRUTH LIES [Vérité nue, La] ▷3
CAN. 2005. Drame de mœurs d'Atom EGOYAN avec Kevin Bacon, Colin Firth et Alison Lohman. - En 1974, une journaliste enquête sur la mort d'une femme de chambre retrouvée 15 ans auparavant dans la suite d'hôtel d'un célèbre duo d'artistes de variétés. - Adaptation personnelle d'un roman de Rupert Holmes. Récit complexe habilement construit. Atmosphère élégante et sulfureuse. Réalisation maîtrisée. Interprétation impeccable des deux vedettes masculines.
□ 16 ans+ · Érotisme ➔ DVD $

WHERE THERE'S LIFE ▷5
É.-U. 1947. Comédie de Sidney LANFIELD avec Bob Hope, Signe Hasso et William Bendix. - Un animateur d'émissions radiophoniques apprend qu'il est l'héritier d'un trône. □ Général

WHERE WERE YOU WHEN THE LIGHTS WENT OUT? ▷5
É.-U. 1968. Comédie de Hy AVERBACK avec Doris Day, Robert Morse et Patrick O'Neal. - Une panne d'électricité à New York provoque des quiproquos dans un ménage. □ Général

WHERE'S PICONE? *voir* **Picone**

WHERE'S POPPA? ▷4
É.-U. 1970. Comédie de Carl REINER avec George Segal, Ruth Gordon et Trish Van Devere. - Un avocat de New York s'éprend de l'infirmière qu'il a engagée pour prendre soin de sa vieille mère.
□ 13 ans+ ➔ DVD $

WHIP AND THE BODY, THE ▷5
ITA. 1963. Drame d'horreur de Mario BAVA avec Christopher Lee, Daliah Lavi et Tony Kendall. - Une jeune femme est obsédée par le fantôme de son beau-frère assassiné.

WHIRLPOOL ▷5
É.-U. 1949. Drame policier d'Otto PREMINGER avec Gene Tierney, Jose Ferrer et Richard Conte. - Une kleptomane est aux prises avec un hypnotiseur sans scrupules. ➔ DVD $

WHISKEY GALORE [Whisky à Gogo] ▷3
ANG. 1949. Comédie de Alezander MACKENDRICK avec Basil Radford, Joan Greenwood et James Robertson Justice. - En 1943, un cargo chargé de whisky échoue près d'une île écossaise dont les habitants sont privés d'alcool. - Étude de mœurs intéressante et fort pittoresque. Gags nombreux et savoureux. Mise en scène vivante. Interprétation enjouée.

WHISPER IN THE DARK, A
voir **Sussuro nel buio, Un**

WHISPER OF THE HEART
JAP. 1995. Yoshifumi KONDO ➔ DVD $

WHISPERING CHORUS, THE
É.-U. 1918. Cecil B. DEMILLE □ Général

WHISTLE BLOWER, THE ▷4
ANG. 1986. Drame d'espionnage de Simon LANGTON avec Michael Caine, Nigel Havers et Felicity Dean. - Son fils ayant trouvé la mort dans des circonstances mystérieuses, un vétéran de la guerre de Corée entreprend ses propres recherches pour éclaircir l'affaire. □ Général

WHISTLING IN BROOKLYN
É.-U. 1943. Sylvan SIMON S. □ Général

WHISTLING IN DIXIE
É.-U. 1942. Sylvan SIMON S. □ Général

WHISTLING IN THE DARK ▷4
É.-U. 1940. Comédie policière de S. Sylvan SIMON avec Red Skelton, Conrad Veidt et Ann Rutherford. - Un animateur radiophonique spécialisé en récits policiers est mêlé à un complot meurtrier par un charlatan. □ Général

WHITE BALLOON [Ballon blanc, Le] ▷3
IRAN. 1995. Comédie de mœurs de Jafar PANAHI avec Aida Mohammadkhani, Mohsen Kalifi et Fereshteh Sadr Orfani. - Une fillette de sept ans s'efforce de récupérer un billet de banque qu'elle a perdu dans un soupirail fermé par une grille. - Œuvre simple et charmante. Suspense d'une réelle efficacité. Savoureuse peinture de mœurs. Réalisation souple et aérée. Jeune héroïne attachante.

WHITE BUFFALO, THE ▷4
É.-U. 1977. Western de J. Lee THOMPSON avec Charles Bronson, Will Sampson et Jack Warden. - Un aventurier et un Indien unissent leurs forces pour abattre un bison blanc qui fait des ravages au Dakota.
□ 13 ans+

WHITE CHRISTMAS [Noël blanc] ▷4
É.-U. 1954. Comédie musicale de Michael CURTIZ avec Danny Kaye, Bing Crosby et Rosemary Clooney. - Deux ex-soldats devenus vedettes de music-hall décident d'égayer le Noël de leur ancien général.
□ Général ➔ DVD $

WHITE CLIFFS OF DOVER, THE ▷4
É.-U. 1943. Drame sentimental de Clarence BROWN avec Irene Dunne, Alan Marshall et Van Johnson. - Une Américaine mariée à un Anglais perd son mari à la guerre et élève seule leur fils. □ Général

WHITE COUNTESS, THE ▷4
ANG. 2005. Drame sentimental de James IVORY avec Ralph Fiennes, Natasha Richardson et Vanessa Redgrave. - À Shanghaï, en 1936, un riche Américain aveugle est secrètement épris d'une aristocrate russe déchue, obligée de se vendre pour nourrir sa famille.
□ Général ➔ DVD $

WHITE DAWN, THE ▷3
É.-U. 1974. Aventures de Philip KAUFMAN avec Warren Oates, Timothy Bottoms et Lou Gossett. - Trois marins séparés de leur baleinier sont recueillis par des Esquimaux. - Confrontation intéressante entre les races et les cultures. Paysages admirablement photographiés. Interprétation simple et naturelle. ➔ DVD $

WHITE DOG ▷4
É.-U. 1982. Thriller de S. FULLER avec Kristy McNichol, Paul Winfield et Burl Ives. - En soignant un chien qu'elle a renversé avec sa voiture, une jeune actrice remarque que celui-ci a été dressé pour attaquer les Noirs. ➔ DVD $

WHITE DOVE, THE
TCH. 1960. Frantisek VLACIL ➔ DVD $

WHITE FANG [Croc-Blanc] ▷4
É.-U. 1991. Aventures de Randal KLEISER avec Ethan Hawke, Klaus Maria Brandauer et James Remar. - Venu au Yukon réclamer le terrain censément aurifère exploité par son père décédé, un adolescent se lie à un chien-loup qui lui a sauvé la vie. □ Général ➔ DVD $

WHITE HEAT ▷3
É.-U. 1949. Drame policier de Raoul WALSH avec Virginia Mayo, James Cagney et Edmond O'Brien. - Un policier arrive à s'introduire dans l'entourage d'un bandit redoutable. - Clichés du genre traités de façon vigoureuse et parfois neuve. Mise en scène experte. Jeu solide des interprètes. □ Général ➔ DVD $

WHITE HUNTER, BLACK HEART ▷4
[Chasseur blanc, cœur noir]
É.-U. 1990. Drame psychologique réalisé et interprété par Clint EASTWOOD avec Jeff Fahey et George Dzundza. - Un scénariste découvre que le réalisateur d'un film tourné en Afrique voue un intérêt démesuré à la chasse à l'éléphant. □ Général ➔ DVD $

WHITE LIES ▷4
CAN. 1997. Drame social de Kari SKOGLAND avec Sarah Polley, Tanya Allen et Jonathan Scarfe. - Une étudiante qui a rejoint un groupe raciste via Internet finit par se questionner sur son engagement.
□ 16 ans+ · Violence ➔ DVD $

WHITE LIGHTNING ▷5
É.-U. 1973. Drame policier de Joseph SARGENT avec Burt Reynolds, Jennifer Billingsley et Ned Beatty. - Pour obtenir sa libération, un prisonnier accepte d'aider des agents du gouvernement à prouver la complicité d'un shérif avec des contrebandiers d'alcool. ➔ DVD $

WHITE LINE FEVER ▷5
É.-U. 1975. Drame social de Jonathan KAPLAN avec Jan-Michael Vincent, Kay Lenz et L.Q. Jones. - Un jeune camionneur refuse de se mêler à des trafics illégaux et en subit de durs contrecoups.
□ 13 ans+

WHITE LIONESS, THE ▷4
SUÈ. 1996. Drame policier de Per BERGLUND avec Rolf Lassgård, Marius Weyers et Basil Appollis. - Un policier établit un lien entre le meurtre mystérieux d'une femme dans un village suédois et un complot en vue d'assassiner Nelson Mandela. ➔ DVD $

WHITE MANE *voir* **Crin-Blanc**

WHITE MASSAI, THE *voir* **Massaï blanche, La**

WHITE MEN CAN'T JUMP ▷5
[Blancs ne savent pas sauter, Les]
É.-U. 1992. Comédie de Ron SHELTON avec Wesley Snipes, Woody Harrelson et Rosie Perez. - Un Noir et un Blanc, particulièrement doués pour le basket-ball et pour l'escroquerie, s'associent afin de participer à un tournoi très lucratif. □ 13 ans+ ➜ DVD $

WHITE MISCHIEF ▷4
ANG. 1987. Drame de mœurs de Michael RADFORD avec Greta Scacchi, Charles Dance et Joss Ackland. - En 1940, au Kenya, un Anglais de petite noblesse voit sa jeune épouse tomber amoureuse d'un aristocrate élégant et débauché. □ Général

WHITE NIGHTS [Soleil de nuit] ▷4
É.-U. 1985. Drame musical de Taylor HACKFORD avec Gregory Hines, Mikhail Baryshnikov et Jerzy Skolimowski. - Après l'atterrissage forcé de son avion en U.R.S.S., un danseur russe, passé à l'Ouest, se voit obligé de donner un spectacle à Leningrad. □ Général ➜ DVD $

WHITE OLEANDER [Laurier blanc] ▷4
É.-U. 2002. Drame psychologique de Peter KOSMINSKY avec Alison Lohman, Michelle Pfeiffer et Patrick Fugit. - Lorsque sa mère artiste est condamnée pour meurtre, une adolescente de Los Angeles passe d'une famille d'accueil à une autre. □ Général ➜ DVD $

WHITE ROOM [Secret de la chambre claire, Le] ▷4
CAN. 1990. Drame psychologique de Patricia ROZEMA avec Kate Nelligan, Maurice Godin et Sheila McCarthy. - Dans l'espoir de percer le secret d'une femme solitaire et mystérieuse, un jeune homme se fait engager par elle comme jardinier. □ 13 ans+ ➜ DVD $

WHITE SANDS [Sables mortels] ▷5
É.-U. 1992. Drame policier de Roger DONALDSON avec Willem Dafoe, Mary Elizabeth Mastrantonio et Mickey Rourke. - Afin d'élucider le mystère entourant la mort d'un escroc, un policier décide de prendre l'identité de celui-ci. □ 13 ans+ ➜ DVD $

WHITE SHEIK, THE
voir **Courrier du cœur, Le**

WHITE ZOMBIE ▷4
É.-U. 1932. Drame fantastique de Victor HALPERIN avec Bela Lugosi, Madge Bellamy et John Harrow. - Au cours d'un voyage à Haïti, une jeune femme est victime d'un sorcier. □ Général

WHITE-COLLAR WORKER KINTARO
JAP. 1999. Takashi MIIKE ➜ DVD $

WHO AM I THIS TIME? [Qui suis-je?] ▷4
É.-U. 1982. Comédie de mœurs de Jonathan DEMME avec Susan Sarandon, Christopher Walken et Robert Ridgely. - Une idylle se dessine entre un quincaillier timide et une jeune téléphoniste qui jouent ensemble dans un spectacle de théâtre amateur.

WHO ARE YOU POLLY MAGGOO?
voir **Qui êtes-vous Polly Magoo?**

WHO BOMBED BIRMINGHAM? ▷3
[Investigation, The: Inside a Terrorist Bombing]
ANG. 1989. Drame judiciaire de Mickael BECKHAM avec John Hurt, Martin Shaw et Roger Allam. - Dix ans après la condamnation de six Irlandais accusés de terrorisme, des journalistes anglais remettent en question les conclusions de l'enquête. - Téléfilm relatant des faits réels. Construction rigoureuse et convaincante. Ensemble mené avec assurance. Très bons interprètes. ➜ DVD $

WHO CAN KILL A CHILD?
ESP. 1976. Chicho IBANEZ-SERRADOR

WHO CAN KILL A CHILD? *voir* **Los Niños**

WHO FINDS A FRIEND FINDS A TREASURE
ITA. 1981. Sergio CORBUCCI ➜ DVD $

WHO FRAMED ROGER RABBIT? ▷3
[Qui veut la peau de Roger Rabbit?]
É.-U. 1988. Comédie de Robert ZEMECKIS avec Christopher Lloyd, Bob Hoskins et Joanna Cassidy. - En 1947, dans un Hollywood imaginaire, un détective tente d'innocenter un personnage de dessins animés accusé à tort de meurtre. - Intrigue d'une fantaisie réjouissante. Prouesses techniques peu communes. Réalisation ingénieuse. Bonne composition d'acteurs. □ Général ➜ DVD $

WHO IS HARRY KELLERMAN AND WHY IS HE TELLING THOSE TERRIBLE THINGS ABOUT ME? ▷5
É.-U. 1971. Comédie dramatique de Ulu GROSBARD avec Dustin Hoffman, Jack Warden et Barbara Harris. - Un chanteur populaire parvenu au faîte de la gloire songe pourtant au suicide. □ Général

WHO IS KILLING THE GREAT CHEFS OF EUROPE? ▷4
É.-U. 1978. Comédie policière de Ted KOTCHEFF avec George Segal, Jacqueline Bisset et Robert Morley. - Un assassin mystérieux s'en prend à divers cuisiniers réputés.

WHO IS KK DOWNEY? ▷4
CAN. 2008. Comédie réalisée et interprétée par Darren CURTIS et Pat Kiely avec Matt Silver et Kristin Adams. - Afin de se faire publier, un écrivain accepte que son ami se fasse passer pour lui et prenne l'apparence du personnage principal de son roman, un flamboyant gigolo transgenre. □ 13 ans+ · Langage vulgaire ➜ DVD $

WHO KILLED BAMBI? *voir* **Qui a tué Bambi?**

WHO LOVES THE SUN [Secrets d'été] ▷5
CAN. 2006. Comédie dramatique de Matt BISSONNETTE avec Lukas Haas, Adam Scott et Molly Parker. - Cinq ans après avoir quitté son épouse qu'il avait surprise au lit avec son meilleur ami, un homme vit des retrouvailles acrimonieuses avec ces derniers.
□ 13 ans+ ➜ DVD $

WHO SAW HER DIE
ITA. 1972. Aldo LADO ➜ DVD $

WHO THE HELL IS JULIETTE?
MEX. 1997. Carlos MARCOVICH □ Général ➜ DVD $

WHO WANTS TO KILL JESSE?
TCH. 1966. Vaclav VORLICEK

WHO'LL STOP THE RAIN ▷4
É.-U. 1978. Drame policier de Karel REISZ avec Nick Nolte, Michael Moriarty et Tuesday Weld. - Troublé par ses expériences au Viêt-nam, un journaliste entreprend de faire passer aux États-Unis deux kilos d'héroïne brute. □ 13 ans+ ➜ DVD $

WHO'S AFRAID OF VIRGINIA WOOLF? ▷3
É.-U. 1966. Drame psychologique de Mike NICHOLS avec Richard Burton, Elizabeth Taylor, George Segal et Sandy Dennis. - Un professeur et sa femme se querellent devant des invités. - Œuvre vigoureuse fidèle à la pièce originale d'Edward Albee. Grande valeur psychologique. Interprétation d'une rare qualité. □ Général ➜ DVD $

WHO'S GOT THE BLACK BOX? *voir* **Route de Corinthe, La**

WHO'S MINDING THE MINT? ▷4
É.-U. 1967. Comédie de Howard MORRIS avec Jim Hutton, Milton Berle et Walter Brennan. - Un employé du trésor américain cherche à remplacer de l'argent qu'il a détruit par inadvertance. □ Général

WHO'S MINDING THE STORE? ▷4
[Chef de rayon explosif, Un]
É.-U. 1963. Comédie burlesque de Frank TASHLIN avec Jerry Lewis, Jill St. John et Agnes Moorehead. - Une femme riche veut détacher sa fille d'un prétendant en confiant à ce dernier les tâches les plus ingrates dans un magasin.

WHO'S THAT GIRL? ▷5
É.-U. 1987. Comédie de James FOLEY avec Madonna, Griffin Dunne et Haviland Morris. - La veille de son mariage, un avocat est entraîné dans une folle aventure par une jeune femme libérée sur parole.
□ Général ➜ DVD $

WHO'S THAT KNOCKING AT MY DOOR? ▷4
É.-U. 1968. Drame de mœurs de Martin SCORSESE avec Harvey Keitel, Zina Bethune et Lennard Kuras. - Un jeune Italo-Américain issu d'une famille catholique très religieuse apprend que sa nouvelle petite amie a déjà été victime d'un viol. ➜ DVD $

WHO'S WHO
ANG. 1978. Mike LEIGH □ Général

WHOEVER SLEW AUNTIE ROO? ▷4
ANG. 1971. Drame de Curtis HARRINGTON avec Shelley Winters, Mark Lester et Chloe Franks. - Une riche veuve invite pour Noël des enfants d'un orphelinat et s'attache à une fillette. □ 13 ans+

WHOLE NEW THING ▷4
CAN. 2005. Comédie dramatique d'Amnon BUCHBINDER avec Aaron Webber, Daniel MacIvor et Rebecca Jenkins. - Élevé par des parents hippies, un jeune adolescent bisexuel tombe amoureux de son nouveau professeur d'anglais. ➜ DVD $

WHOLE TOWN'S TALKING, THE ▷3
É.-U. 1935. Comédie policière de John FORD avec Edward G. Robinson, Jean Arthur et Wallace Ford. - Un timide employé de banque est le sosie d'un criminel notoire. - Développements alertes sur un thème classique. Réalisation vivante et drôle. □ Général

WHOLE WIDE WORLD, THE ▷4
É.-U. 1996. Drame sentimental de Dan IRELAND avec Vincent d'Onofrio, Renée Zellweger et Ann Wedgeworth. - Au Texas, dans les années 1930, une jeune institutrice et un écrivain misanthrope vivent une relation d'amour difficile. □ Général ➜ DVD $

WHOOPS APOCALYPSE! ▷4
ANG. 1986. Comédie de T. BUSSMAN avec Loretta Swit, Peter Cook et Michael Richards. - Un pays d'Amérique centrale reçoit un ultimatum de la Grande-Bretagne après avoir envahi une colonie de celle-ci.

WHORE'S SON
AUT. LUX. 2004. Michael STURMINGER ➜ DVD $

WHOSE LIFE IS IT ANYWAY? ▷3
[C'est ma vie après tout]
E.-U. 1981. Drame psychologique de J. BADHAM avec Richard Dreyfuss, John Cassavetes et Christine Lahti. - Paralysé à la suite d'un accident, un sculpteur exige qu'on le laisse mourir. - Scénario tiré d'une pièce à succès. Réalisation fort efficace. Dialogues bien rendus. Jeu prenant de R. Dreyfuss. □ Général ➜ DVD $

WHY DID YOU PICK ON ME?
ITA. 1980. Michele LUPO

WHY DO THEY CALL IT LOVE WHEN THEY MEAN SEX?
ESP. 1992. Manuel GOMEZ PEREIRA

WHY HAS BODHI-DHARMA LEFT FOR THE EAST? ▷4
COR. 1989. Drame poétique de Yong Kyun BAE avec Pan-Yong Yi, Won-Sop Sin et Hae-Jin Huang. - Un vieux maître bouddhiste vivant isolé dans les montagnes partage son savoir avec un jeune moine et un enfant. ➜ DVD $

WHY ROCK THE BOAT? ▷4
QUÉ. 1974. Comédie de mœurs de John HOWE avec Stuart Gillard, Tiiu Leek et Ken James. - À Montréal dans les années 1940, les premières expériences professionnelles et amoureuses d'un jeune journaliste. □ Général

WICKER MAN, THE ▷4
ANG. 1974. Drame d'horreur de Robin HARDY avec Christopher Lee, Edward Woodward et Britt Ekland. - En enquêtant sur une disparition d'enfant dans une île au large de l'Écosse, un policier découvre que les habitants s'adonnent à des rites païens. □ Général ➜ DVD $

WICKER MAN, THE ▷5
ALL. 2006. Drame d'horreur de Neil LABUTE avec Nicolas Cage, Kate Beahan et Ellen Burstyn. - En enquêtant sur la disparition d'une fillette dans une île au large de l'État de Washington, un policier découvre que les habitants s'adonnent à des rites païens.
□ 13 ans+ ➜ DVD DVD-BR $

WICKER PARK [Appartement, L'] ▷5
É.-U. 2004. Drame sentimental de Paul McGUIGAN avec Josh Hartnett, Rose Byrne et Diane Kruger. - Croyant avoir reconnu une femme qu'il a déjà aimée, un homme sur le point de se marier décide de la retrouver à tout prix. ➜ DVD $

WIDE AWAKE ▷5
É.-U. 1998. Comédie dramatique de M. Night SHYAMALAN avec Joseph Cross, Timothy Reifsnyder et Dana Delany. - Secoué par la mort de son bien-aimé grand-père, un garçon de dix ans cherche une preuve de l'existence de Dieu. ➜ DVD $

WIDE BLUE ROAD, THE *voir* **Dénommé Squarcio, Un**

WIDE SARGASSO SEA ▷4
AUS. 1992. Mélodrame de John DUIGAN avec Karina Lombard, Nathaniel Parker et Claudia Robinson. - En Jamaïque au XIXe siècle, l'épouse d'un Anglais fait appel aux pouvoirs vaudous de sa nourrice lorsqu'elle sent celui-ci lui échapper. □ 16 ans+ · Érotisme ➜ DVD $

WIDOW OF SAINT-PIERRE, THE
voir **Veuve de Saint-Pierre, La**

WIDOW'S PEAK [Parfum de scandale] ▷5
ANG. 1994. Comédie dramatique de John IRVIN avec Mia Farrow, Joan Plowright et Natasha Richardson. - Au milieu des années 1920, dans un village irlandais, un profond antagonisme entre deux voisines donne lieu à un affrontement nourri de scandales. □ Général ➜ DVD $

WIFE, THE ▷4
É.-U. 1996. Drame psychologique réalisé et interprété par Tom NOONAN avec Julie Hagerty et Wallace Shawn. - Un couple de thérapeutes nouvel âge passe une soirée avec un patient et son épouse durant laquelle se multiplient les psychodrames. ➜ DVD $

WIFE VS SECRETARY ▷5
E.-U. 1936. Comédie dramatique de C. BROWN avec Clark Gable, Myrna Loy et Jean Harlow. - L'épouse d'un éditeur se méprend sur la nature des relations entre son mari et sa secrétaire. ➜ DVD $

WILBUR (WANTS TO KILL HIMSELF) ▷4
DAN. 2002. Comédie dramatique de Lone SCHERFIG avec Jamie Sives, Adrian Rawlins et Shirley Henderson. - Un jeune homme qui tente à répétition de se suicider tombe amoureux de la nouvelle épouse de son frère qui se meurt d'un cancer. □ 13 ans+ ➜ DVD $

WILBY CONSPIRACY, THE ▷5
É.-U. 1975. Drame social de Ralph NELSON avec Michael Caine, Sidney Poitier et Nicol Williamson. - Un ingénieur anglais de passage en Afrique du Sud se voit forcé de partager la fuite d'un activiste noir. □ 13 ans+ ➜ DVD $

WILD ANGELS, THE ▷5
É.-U. 1966. Drame social de Roger CORMAN avec Peter Fonda, Nancy Sinatra et Bruce Dern. - Une bande de motocyclistes parcourt les routes de Californie en quête de sensations vives. □ 18 ans+

WILD AT HEART ▷4
É.-U. 1990. Drame de mœurs de David LYNCH avec Nicolas Cage, Laura Dern et Diane Ladd. - Un voyou et sa maîtresse tentent d'échapper à des tueurs lancés à leurs trousses par la mère de la jeune femme. □ 18 ans+

WILD BILL ▷4
É.-U. 1995. Western de Walter HILL avec Jeff Bridges, Ellen Barkin et John Hurt. - Évocation de la vie tumultueuse du légendaire tireur Wild Bill Hickok et de sa rencontre avec Calamity Jane.
□ 13 ans+ ➜ DVD $

WILD BUNCH, THE [Horde sauvage, La] ►2
É.-U. 1969. Western de Sam PECKINPAH avec William Holden, Ernest Borgnine et Robert Ryan. - En 1913, des hors-la-loi américains s'entendent avec un général mexicain pour lui vendre des armes volées. - Classique du genre. Tableau sauvage et réaliste de l'époque. Réalisation vigoureuse et inventive. Interprétation robuste.
□ 13 ans+ · Violence ➜ DVD DVD-BR $

WILD CHILD, THE *voir* **Enfant sauvage, L'**

WILD DOGS, THE ▷4
CAN. 2002. Drame social réalisé et interprété par Thom FITZGERALD avec Mihai Calota et Alberta Watson. - Envoyé à Bucarest afin d'y photographier des filles d'âge mineur, un pornographe canadien est bouleversé par la misère endémique de la ville. □ 13 ans+ ➜ DVD $

WILD GEESE, THE [Oies sauvages, Les] ▷4
ANG. 1978. Aventures de Andrew V. McLAGLEN avec Richard Burton, Richard Harris et Roger Moore. - Un mercenaire expérimenté accepte de mener en Afrique une expédition dangereuse pour libérer un chef d'État déposé.

WILD HEARTS CAN'T BE BROKEN ▷4
[À cœur vaillant]
É.-U. 1991. Comédie dramatique de Steve MINER avec Gabrielle Anwar, Michael Schoeffling et Cliff Robertson. - Au début des années 1930, une orpheline engagée par un forain comme palefrenier s'entraîne en cachette pour devenir plongeuse à cheval. □ Général

WILD HOGS [Fous de la moto, Les] ▷5
É.-U. 2007. Comédie de Walt BECKER avec John Travolta, Tim Allen et William H. Macy. - Motards du dimanche en mal d'aventure, quatre amis partent sur les routes, où ils rencontrent de vrais motards qui n'entendent pas à rire. □ Général ➜ DVD DVD-BR $

WILD HORSE MESA
É.-U. 1932. Henry HATHAWAY ➜ DVD $

WILD IN THE COUNTRY ▷5
É.-U. 1961. Drame psychologique de Philip DUNNE avec Elvis Presley, Hope Lange et Tuesday Weld. - Un jeune garçon de ferme révolté s'adoucit au contact d'une femme psychiatre. ➜ DVD $

WILD ONE, THE ▷3
É.-U. 1953. Drame psychologique de Laslo BENEDEK avec Marlon Brando, Mary Murphy et Robert Keith. - Deux bandes rivales de motocyclistes sèment la terreur dans une petite ville. - Étude psychologique d'un vif intérêt. Forte interprétation de M. Brando.
□ 13 ans+ ➜ DVD $

WILD PARTY, THE ▷4
É.-U. 1975. Drame de mœurs de James IVORY avec James Coco, Raquel Welch et Perry King. - Un acteur comique du cinéma muet organise une réception à l'occasion de la sortie de son film.
□ 18 ans+ ➜ DVD $

WILD REEDS *voir* **Roseaux sauvages, Les**

WILD ROVERS ▷4
É.-U. 1971. Western de Blake EDWARDS avec William Holden, Ryan O'Neal et Karl Malden. - Après un vol de banque, deux cow-boys partent pour le Mexique et sont poursuivis par les fils de leur ancien employeur. □ 13 ans+

WILD SEARCH
H.-K. 1989. Ringo LAM ➜ DVD $

WILD STRAWBERRIES *voir* **Fraises sauvages, Les**

WILD THORNBERRYS MOVIE, THE ▷4
[Thornberrys, le film: les folles aventures de la famille de la jungle]
É.-U. 2002. Dessins animés de Jeff McGRATH et Cathy MALKASIAN - En Afrique, une fillette anglaise ayant le don de parler aux animaux entreprend de sauver des éléphants menacés par des braconniers.
□ Général ➜ DVD $

WILD WEST ▷4
É.-U. 1992. Comédie de mœurs de David ATTWOOD avec Naveen Andrews, Sarita Choudhury et Ronny Jhutti. - Les tribulations d'un groupe de musiciens country de Londres composé d'Anglo-Pakistanais.
□ 13 ans+

WILD WILD WEST [Mystères de l'Ouest, Les] ▷5
É.-U. 1999. Comédie fantaisiste de Barry SONNENFELD avec Will Smith, Kevin Kline et Kenneth Branagh. - En 1869, deux agents fédéraux affrontent un mégalomane sudiste qui veut anéantir les États-Unis.
□ Général · Déconseillé aux jeunes enfants ➜ DVD $

WILD, THE [Vie sauvage, La] ▷5
É.-U. 2006. Film d'animation de Steve «Spaz» WILLIAMS - Son fils s'étant par erreur embarqué sur un navire en partance pour l'Afrique, un lion du zoo de New York se lance à sa poursuite, en compagnie de plusieurs amis. □ Général ➜ DVD $

WILDCATS [Femme de choc] ▷4
É.-U. 1985. Comédie de mœurs de Michael RITCHIE avec Goldie Hawn, James Keach et Swoosie Kurtz. - Ayant accepté le défi d'entraîner une équipe de football dans un quartier défavorisé, une jeune femme obtient de haute lutte l'appui de ses joueurs. ➜ DVD $

WILDE ▷5
ANG. 1997. Drame biographique de Brian GILBERT avec Stephen Fry, Jude Law et Jennifer Ehle. - Les principaux événements ayant marqué la vie amoureuse et publique de l'écrivain homosexuel Oscar Wilde.
□ 13 ans+ ➜ DVD $

WILDFLOWER ▷4
É.-U. 1991. Drame psychologique de Diane KEATON avec Beau Bridges, Susan Blakely et Patricia Arquette. - En Georgie, dans les années 1930, un frère et une sœur se lient d'amitié avec une adolescente épileptique qui vit en recluse sous la domination de son beau-père.

WILL PENNY [Will Penny, le solitaire] ▷4
É.-U. 1967. Western de Tom GRIES avec Charlton Heston, Joan Hackett et Donald Pleasence. - Un cow-boy d'âge mûr est aux prises avec une famille de rôdeurs. ➜ DVD $

WILL SUCCESS SPOIL ROCK HUNTER? ▷4
É.-U. 1956. Comédie de Frank TASHLIN avec Jayne Mansfield, Tony Randall et Betsy Drake. - Un agent de publicité a recours à une vedette pour lancer un nouveau rouge à lèvres. □ Général

WILLARD ▷5
É.-U. 1970. Drame d'horreur de Daniel MANN avec Bruce Davison, Ernest Borgnine et Sondra Locke. - Un jeune homme qui élève des rats dans ses temps libres lance un jour ses rongeurs à l'assaut de son patron qui lui mène la vie dure. □ 13 ans+

WILLARD ▷4
É.-U. 2003. Drame d'horreur de Glen MORGAN avec Crispin Glover, R. Lee Ermey et Laura Elena Harring. - Un jeune commis de bureau solitaire réussit à dresser des centaines de rats qu'il utilise pour se venger de son odieux patron. □ 13 ans+ ➜ DVD $

WILLIAM SHAKESPEARE'S ROMEO & JULIET ▷4
[Roméo & Juliette de William Shakespeare]
É.-U. 1996. Drame de Baz LUHRMANN avec Leonardo DiCaprio, Claire Danes et John Leguizamo. - Dans une grande ville industrielle, deux jeunes issus de familles riches et rivales s'éprennent l'un de l'autre.
□ 13 ans+ ➜ DVD $

WILLIAM SHAKESPEARE'S THE MERCHANT OF VENICE
voir **Merchant of Venice**

WILLIE AND PHIL ▷4
É.-U. 1980. Comédie de mœurs de Paul MAZURSKY avec Michael Ontkean, Ray Sharkey et Margot Kidder. - Deux amis aiment la même femme qui répond à l'amour de chacun d'eux. □ 13 ans+

WILLOW ▷4
É.-U. 1988. Conte de Ron HOWARD avec Warwick Davis, Val Kilmer et Jean Marsh. - Un nain est chargé de conduire dans un château lointain un bébé qui est menacé par une cruelle reine. □ Général ➜ DVD $

WILLOWS IN WINTER, THE [Saules en hiver, Les] ▷4
ANG. 1996. Dessins animés de Dave UNWIN. - L'amitié entre une taupe, un rat, une loutre, un blaireau et un crapaud qui vivent sur le bord d'une belle rivière.

WILLY WONKA AND THE CHOCOLATE FACTORY ▷4
[Willy Wonka au pays enchanté]
É.-U. 1971. Conte de Mel STUART avec Gene Wilder, Peter Ostrum et Jack Albertson. - Un confiseur cache dans les enveloppes de ses produits cinq billets donnant droit à une visite de sa merveilleuse fabrique de sucreries. □ Général ➜ DVD $

WILSON ▷3
É.-U. 1944. Drame biographique d'Henry KING avec Alexander Knox, Geraldine Fitzgerald et Charles Coburn. - Woodrow Wilson, professeur d'université, devient président des États-Unis en 1912. - Fresque impressionnante dont l'élément humain n'est pas exclu. Mise en scène très soignée. Excellente interprétation. □ Général

WIMBLEDON ▷4
É.-U. 2004. Comédie sentimentale de Richard LONCRAINE avec Paul Bettany, Kirsten Dunst et Sam Neill. - Lors de son tournoi d'adieu, un joueur de tennis sur le déclin se remet à gagner lorsqu'il s'éprend d'une jeune consœur américaine. □ Général ➜ DVD $

WINCHESTER '73 ▷4
É.-U. 1950. Western d'Anthony MANN avec James Stewart, Shelley Winters et Dan Duryea. - Une rivalité éclate entre deux frères au sujet d'une carabine d'un nouveau modèle. □ Général ➜ DVD $

WIND, THE ▶1
É.-U. 1928. Western de Victor SJÖSTRÖM avec Lillian Gish, Lars Hanson et Montagu Love. - Pour échapper à la méchanceté de la femme de son cousin chez qui elle séjourne, une jeune naïve se marie avec le premier venu. - Classique du cinéma muet. Adaptation dépouillée d'une œuvre de Dorothy Scarborough. Intrigue mélodramatique aux accents tragiques. Réalisation technique fort soignée. Interprétation éthérée et touchante de L. Gish. □ Général

WIND AND THE LION, THE ▷4
É.-U. 1975. Aventures de John MILIUS avec Sean Connery, Candice Bergen et Brian Keith. - En 1904, au Maroc, un chef berbère provoque un incident international en enlevant une Américaine et ses deux enfants. □ Général ➜ DVD $

WIND CHILL
ANG. É.-U. 2007. Gregory JACOBS ➜ DVD $

WIND THAT SHAKES THE BARLEY, THE ▷3
[Vent se lève, Le]
IRL. 2006. Drame de guerre de Ken LOACH avec Cillian Murphy, Padraic Delaney et Orla Fitzgerald. - Au début des années 1920, la lutte pour l'indépendance de l'Irlande rapproche puis divise deux frères ayant grandi dans le sud du pays. - Évocation vigoureuse, poignante, révoltante et nuancée des victoires et des désillusions d'un peuple en quête de liberté. Quelques passages un peu didactiques. Traitement réaliste. Interprétation très solide. □ 13 ans+ · Violence ➜ DVD $

WIND WILL CARRY US, THE *voir* **Vent nous emportera, Le**

WINDIGO ▷4
QUÉ. 1994. Drame de mœurs de Robert MORIN avec Guy Nadon, Donald Morin et Richard Kistabish. - Un journaliste de télévision se rend dans le nord du Québec pour rencontrer un leader amérindien qui a déclaré l'indépendance de son peuple. □ Général

WINDOW, THE ▷4
É.-U. 1949. Drame policier de Ted TETZLAFF avec Bobby Driscoll, Arthur Kennedy et Barbara Hale. - Un garçonnet est témoin d'un meurtre mais personne ne veut le croire.

WINDOW TO PARIS ▷5
RUS. 1993. Comédie fantaisiste de Yuri MAMIN avec Agnès Soral, Sergei Dontsov et Viktor Mikhailov. - Un professeur de musique découvre dans son logement de Saint-Pétersbourg une fenêtre magique qui débouche sur Paris. □ Général

WINDTALKERS [Voix des vents, La] ▷4
É.-U. 2002. Drame de guerre de John WOO avec Nicolas Cage, Adam Beach et Peter Stormare. - En 1944, durant l'invasion d'une île du Pacifique, un officier américain accompagne un soldat navajo qui détient le secret d'un important code radio.
□ 13 ans+ · Violence ➜ DVD DVD-BR $

WING AND A PRAYER ▷5
É.-U. 1944. Drame de guerre de Henry HATHAWAY avec Don Ameche, Dana Andrews et Charles Bickford. - Un porte-avions sert de leurre au début de la guerre du Pacifique pour tromper les Japonais sur l'état de la flotte américaine. ➜ DVD $

WINGS ▷4
É.-U. 1927. Drame de guerre de William A. WELLMAN avec Clara Brown, Charles Buddy Rogers et Richard Arlen. - Les exploits de deux jeunes aviateurs durant la Première Guerre mondiale. □ Général

WINGS OF DESIRE *voir* **Ailes du désir, Les**

WINGS OF EAGLES, THE [Aigle vole au soleil, L'] ▷5
É.-U. 1956. Drame biographique de John FORD avec John Wayne, Maureen O'Hara et Dan Dailey. - Les problèmes professionnels et matrimoniaux d'un pilote de guerre devenu scénariste à Hollywood.
□ Général ➜ DVD $

WINGS OF THE DOVE ▷4
ANG. 1997. Drame de mœurs de Iain SOFTLEY avec Helena Bonham Carter, Linus Roache et Alison Elliott. - En 1910, une aristocrate pousse son amant démuni dans les bras d'une riche amie gravement malade dans l'espoir qu'il hérite de sa fortune. ➜ DVD $

WINGS OF THE MORNING ▷4
ANG. 1937. Comédie dramatique d'Harold D. SCHUSTER avec Henry Fonda, Annabella et Stewart Rome. - Une jeune gitane se déguise en garçon pour s'occuper d'un cheval de course auquel elle s'est attachée. □ Général

WINNING ▷4
É.-U. 1969. Drame de James GOLDSTONE avec Paul Newman, Joanne Woodward et Robert Wagner. - Le mariage d'un pilote d'autos de course est mis en péril à cause de sa passion pour son métier.
□ Général ➜ DVD $

WINSLOW BOY, THE [Honneur des Winslow, L'] ▷4
É.-U. 1998. Drame de mœurs de David MAMET avec Nigel Hawthorne, Jeremy Northam et Rebecca Pidgeon. - En Angleterre, en 1912, le père d'un élève de l'école navale accusé de vol intente un retentissant procès pour rétablir l'honneur de la famille. □ Général

WINTER GUEST, THE [Miroir du cœur] ▷4
ANG. 1997. Drame psychologique d'Alan RICKMAN avec Phyllida Law, Emma Thompson et Gary Hollywood. - Une jeune femme et sa vieille mère se disent leurs quatre vérités à la faveur d'une promenade au bord de la mer en hiver. □ Général

WINTER KILLS ▷4
É.-U. 1979 Drame policier de William RICHERT avec Jeff Bridges, John Huston et Belinda Bauer. - Un homme enquête sur la mort de son frère qui fut assassiné alors qu'il exerçait la présidence des États-Unis.
➜ DVD $

WINTER LIGHT *voir* **Communiants, Les**

WINTER MEETING ▷5
É-U. 1948. Drame sentimental de Bretaigne WINDUST avec Bette Davis, James Davis et Janis Paige. - Une célibataire s'éprend d'un héros de guerre qui songe à devenir prêtre.

WINTER PASSING ▷5
É.-U. 2005. Drame d'Adam RAPP avec Ed Harris, Zooey Deschanel et Will Ferrell - Une jeune actrice tourmentée rend visite à son père, un écrivain célèbre, afin de le convaincre de la laisser publier la correspondance qu'il a entretenue avec sa mère récemment décédée. ➜ DVD $

WINTER SLEEPERS ▷4
ALL. 1997. Drame de Tom TYKWER avec Ulrich Matthes, Marie-Lou Sellem et Floriane Daniel. - Un grave accident de voitures près d'une station de ski affecte de diverses façons le destin de cinq personnes.
□ 13 ans+ ➜ DVD $

WINTERSET ▷4
É.-U. 1936. Drame d'Alfred SANTELL avec Burgess Meredith, Eduardo Ciannelli et Margo . - Un jeune homme tente de prouver que son père était innocent du crime pour lequel on l'a exécuté.

WISDOM [Engrenage fatal] ▷6
É.-U. 1987. Drame de mœurs réalisé et interprété par Emilio ESTEVEZ avec Demi Moore et William Allen. - Poursuivi par la police pour vols de banques, un jeune criminel entraîne son amie dans une fuite à travers le pays. □ 13 ans+

WISE BLOOD [Malin, Le] ▷3
É.-U. 1979. Drame psychologique de J. HUSTON avec Brad Dourif, Amy Wright et Daniel Shor. - À son retour de guerre, le petit-fils d'un prédicateur se met à prêcher une religion sans Christ. - Scénario tiré d'un roman de Flannery O'Connor. Récit anecdotique riche en surprises. Mise en scène vivante. Interprètes adroitement dirigés.
□ Général ➜ DVD $

WISE GUYS [Deux nigauds dans la mafia, Les] ▷4
É.-U. 1986. Comédie de Brian DE PALMA avec Danny DeVito, Joe Piscopo et Harvey Keitel. - Deux petits malfrats doivent trouver un moyen de rembourser l'argent qu'ils ont fait perdre à leur chef.
□ Général ➜ DVD $

WISH YOU WERE HERE ▷4
ANG. 1987. Drame psychologique de David LELAND avec Emily Lloyd, Geoffrey Hutchings et Tom Bell. - Se sentant étouffée par la mesquinerie de sa petite ville, une adolescente rebelle des années 1950 se défend par une effronterie manifeste. □ Général

WIT [Bel esprit] ▷3
É.-U. 2001. Drame psychologique de Mike NICHOLS avec Emma Thompson, Eileen Atkins et Audra McDonald. - Une professeure de littérature se découvre atteinte d'un cancer en phase terminale. - Téléfilm d'après une pièce de Margaret Edson. Monologues finement écrits. Climat de tristesse tempéré par un humour doux-amer. Mise en scène épurée. Interprétation bouleversante d'E. Thompson.
➜ DVD $

WITCH FROM NEPAL
CHI. 1985. Siu-Tung CHING □ 13 ans+ ➜ DVD $

WITCH HUNT [Chasse aux sorcières] ▷4
É.-U. 1994. Drame fantastique de Paul SCHRADER avec Dennis Hopper, Penelope Ann Miller et Eric Bogosian. - Sur les traces d'un riche et infidèle producteur de films, un détective se retrouve au centre d'une sombre affaire de magie noire. □ Général

WITCH WHO CAME FROM THE SEA, THE ▷5
É.-U. 1976. Drame d'horreur de M. CIMBER avec Millie Perkins, Lonny Chapman et Vanessa Brown. - Hantée par les souvenirs d'un père abuseur, une femme exerce une vengeance meurtrière sur deux footballeurs. □ 18 ans+ ➜ DVD $

WITCHES, THE [Sorcières, Les] ▷4
ANG. 1989. Comédie fantaisiste de Nicolas ROEG avec Jasen Fisher, Anjelica Huston et Mai Zetterling. - Transformé en souris par des sorcières réunies en congrès dans un hôtel, un gamin doit compter sur l'aide de sa grand-mère pour lutter contre ces méchantes femmes.
□ Général

WITCHES OF EASTWICK, THE ▷4
[Sorcières d'Eastwick, Les]
É.-U. 1987. Comédie fantaisiste de George MILLER avec Cher, Jack Nicholson et Susan Sarandon. - Dans un village de Nouvelle-Angleterre, trois jeunes femmes esseulées sont séduites par un étranger qui semble être le diable en personne. □ Général ➜ DVD $

WITCHES' HAMMER
TCH. 1969. Otakar VAVRA ➜ DVD $

WITCHFINDER GENERAL, THE
voir **Conqueror Worm, The**

WITH A FRIEND LIKE HARRY...WHO NEEDS ENEMIES
voir **Harry, un ami qui vous veut du bien**

WITH FIRE AND SWORD
POL. 1999. Jerzy HOFFMAN

WITH SIX YOU GET EGGROLL ▷4
E.-U. 1968. Comédie de mœurs de H. MORRIS avec Doris Day, Brian Keith et Barbara Hershey. - Une veuve mère de trois garçons épouse un veuf lui-même père d'une grande fille. ➔ DVD$

WITHNAIL AND I ▷4
ANG. 1986. Comédie de mœurs de Bruce ROBINSON avec Paul McGann, Richard E. Grant et Richard Griffiths. - Fatigué de leur existence étriquée, deux acteurs sans emploi décident d'aller vivre quelque temps à la campagne. □ Général

WITHOUT A CLUE ▷4
ANG. 1988. Comédie policière de Thom EBERHARDT avec Michael Caine, Ben Kingsley et Lysette Anthony. - Attribuant ses exploits à un personnage fictif, un médecin mêlé à des enquêtes policières pousse la supercherie jusqu'à engager un comédien pour tenir ce rôle. □ Général ➔ DVD$

WITHOUT A TRACE ▷4
É.-U. 1983. Drame policier de Stanley R. JAFFE avec Kate Nelligan, Judd Hirsch et David Dukes. - La police enquête afin de retrouver un petit garçon de huit ans disparu un matin en se rendant à l'école.

WITHOUT ANESTHESIA
voir **Sans anesthésie**

WITHOUT LIMITS [Sans limites] ▷4
É.-U. 1998. Drame biographique de Robert TOWNE avec Billy Crudup, Donald Sutherland et Monica Potter. - La carrière du coureur de longue distance américain Steve Prefontaine qui a fait sa marque au début des années 70. □ Général ➔ DVD$

WITHOUT LOVE [Sans amour] ▷4
É.-U. 1945. Comédie de Harold S. BUCQUET avec Katharine Hepburn, Spencer Tracy et Lucille Ball. - Un inventeur contracte un mariage blanc avec une jeune veuve. □ Général

WITHOUT RESERVATIONS ▷5
É.-U. 1946. Comédie de Mervyn Le ROY avec Claudette Colbert, John Wayne et Don DeFore. - En se rendant à Hollywood, une romancière croit trouver en un aviateur l'interprète idéal du héros de son livre. ➔ DVD$

WITHOUT YOU I'M NOTHING: SANDRA BERNHARD ▷4
É.-U. 1990. Spectacle musical de John BOSKOVICH avec Sandra Bernhard. - Enregistrement d'un spectacle de monologues et de chansons donné par Sandra Bernhard. □ 13 ans+ ➔ DVD$

WITNESS [Témoin sous surveillance] ▷4
É.-U. 1985. Drame policier de Peter WEIR avec Harrison Ford, Kelly McGillis et Josef Sommer. - Un policier doit protéger un jeune garçon, membre d'une secte rigoriste, qui a été le témoin d'un meurtre. □ 13 ans+ ➔ DVD$

WITNESS FOR THE PROSECUTION [Témoin à charge] ▷3
É.-U. 1957. Drame judiciaire de Billy WILDER avec Charles Laughton, Tyrone Power et Marlene Dietrich. - Un vieil avocat accepte de plaider une cause perdue, persuadé de l'innocence de son client. - Adaptation d'une pièce d'Agatha Christie. Réalisation brillante. Touches d'humour. C. Laughton excellent. □ Général ➔ DVD$

WITTGENSTEIN ▷4
ANG. 1993. Film d'essai de Derek JARMAN avec Karl Johnson, Michael Gough et John Quentin. - La vie et l'œuvre du célèbre philosophe viennois Ludwig Wittgenstein. □ Général

WIZ, THE ▷4
É.-U. 1978. Comédie musicale de Sidney LUMET avec Diana Ross, Michael Jackson et Nipsey Russell. - Une jeune institutrice de race noire est emportée avec son chien par une bourrasque de neige dans le merveilleux pays d'Oz. □ Général ➔ DVD$

WIZARD OF GORE, THE
É.-U. 1970. Herschell Gordon LEWIS ➔ DVD$

WIZARD OF OZ [Sorcier d'Oz, Le]
É.-U. 1925. Larry SEMON □ Général

WIZARD OF OZ, THE [Magicien d'Oz, Le] ▶2
É.-U. 1939. Comédie musicale de Victor FLEMING avec Judy Garland, Bert Lahr et Ray Bolger. - Une petite fille du Kansas est emportée par un cyclone dans un pays féerique. - Récit fantaisiste à souhait. Trucages ingénieux. Mise en scène imaginative. Utilisation assez saisissante de la couleur après une première partie en noir et blanc. Jeu plein de fraîcheur de J. Garland. □ Général

WIZARDS ▷4
É.-U. 1976. Dessins animés de Ralph BAKSHI. - Dans un monde de l'avenir, deux jumeaux s'affrontent, l'un luttant pour les forces du bien et l'autre pour l'emprise du mal. □ Général ➔ DVD$

WOLF [Loup] ▷4
É.-U. 1994. Drame fantastique de Mike NICHOLS avec Jack Nicholson, Michelle Pfeiffer et James Spader. - Après avoir été mordu par un loup, un éditeur apathique constate d'étranges transformations dans son physique et sa personnalité. □ 13 ans+ · Violence ➔ DVD$

WOLF CREEK ▷4
AUS. 2004. Drame d'horreur de Greg McLEAN avec Nathan Phillips, Cassandra Magrath et Kestie Morassi. - Dans une région sauvage de l'Australie, trois jeunes touristes sont enlevés et torturés par un meurtrier psychopathe. □ 18 ans+ ➔ DVD$

WOLF MAN, THE ▷4
É.-U. 1941. Drame d'horreur de George WAGGNER avec Claude Rains, Lon Chaney Jr. et Ralph Bellamy. - Après avoir été mordu par un loup, un homme se transforme en loup-garou. □ Général

WOLFEN ▷4
É.-U. 1981. Drame fantastique de Michael WADLEIGH avec Albert Finney, Diane Venora et Gregory Hines. - En enquêtant sur des morts brutales, un détective découvre la présence dans sa ville de loups dotés de facultés extraordinaires. □ 13 ans+ ➔ DVD$

WOMAN CALLED GOLDA, A ▷4
É.-U. 1982. Drame biographique d'Alan GIBSON avec Ingrid Bergman, Judy Davis et Jack Thompson. - La vie de Golda Meir qui dirigea l'État d'Israël au cours des années 70. ➔ DVD$

WOMAN IN QUESTION, THE ▷3
É.-U. 1950. Drame policier d'Anthony ASQUITH avec Jean Kent, Dirk Bogarde et Susan Shaw. - Un inspecteur interroge successivement diverses personnes qui ont cotoyé une cartomancienne retrouvée morte assassinée et que chacun dépeint sous un jour différent. - Thème intelligent habilement développé. Mise en scène soignée. □ Général

WOMAN IN RED, THE ▷5
É.-U. 1984. Comédie de mœurs réalisée et interprétée par Gene WILDER avec Charles Grodin et Kelly Le Brock. - Un cadre de San Francisco, réservé et mari fidèle, voit sa vie perturbée par la rencontre d'une éblouissante jeune femme. ➔ DVD$

WOMAN IN THE DUNES *voir* **Femme de sable, La**

WOMAN IN THE MOON
ALL. 1929. Fritz LANG ➔ DVD$

WOMAN IN THE WINDOW, THE ▷3
É.-U. 1944. Drame policier de Fritz LANG avec Joan Bennett, Edward G. Robinson et Raymond Massey. - Un respectable professeur commet un crime pour les beaux yeux d'une jeune femme inconnue. - Atmosphère lourde et angoissante. Remarquable utilisation des effets sonores. Décors fantastiques. Excellente interprétation. □ Général ➔ DVD$

WOMAN IS A WOMAN, A *voir* **Femme est une femme, Une**

WOMAN NEXT DOOR, THE *voir* **Femme d'à côté, La**

WOMAN OF AFFAIRS, A
É.-U. 1928. Clarence BROWN

WOMAN OF PARIS, A [Opinion publique, L'] ▷3
É.-U. 1923. Drame de Charles CHAPLIN avec Edna Purviance, Carl Miller et Adolphe Menjou. - Une provinciale devenue la maîtresse d'un riche Parisien retrouve un amour de jeunesse. - Intrigue naïve traitée avec finesse. Touches ironiques bien amenées. Réalisation souple. Interprétation un peu guindée.

WOMAN OF THE YEAR ▷4
É.-U. 1942. Comédie de George STEVENS avec Spencer Tracy, Katharine Hepburn et Fay Bainter. - Chassés-croisés sentimentaux entre une journaliste et un reporter sportif. □ Général ➔ DVD$

WOMAN TIMES SEVEN ▷5
É.-U. 1967. Film à sketches de Vittorio DE SICA avec Shirley MacLaine, Peter Sellers et Alan Arkin. - Aventures montrant plusieurs types de femmes et leurs problèmes. □ 13 ans+ ➜ DVD $

WOMAN UNDER THE INFLUENCE, A ►2
[Femme sous influence, Une]
É.-U. 1974. Drame psychologique de John CASSAVETES avec Gene Rowlands, Peter Falk et Katherine Cassavetes. - La femme d'un ouvrier souffre d'un déséquilibre mental. - Traitement riche en observations vivantes. Mise en scène tablant sur l'improvisation. Interprétation prenante. □ 13 ans+ ➜ DVD $

WOMAN WHO WAS NEVER LOVED, THE
voir **La malquerida**

WOMAN WITH RED BOOTS, THE
voir **Femme aux bottes rouges, La**

WOMAN WITHOUT LOVE, A *voir* **Une femme sans amour**

WOMAN'S FACE, A *voir* **Un visage de femme**

WOMAN'S SECRET, A ▷5
É.-U. 1949. Drame policier de Nicholas RAY avec Maureen O'Hara, Gloria Grahame et Melvyn Douglas. - Une femme s'accuse d'avoir tiré sur une chanteuse dont elle supervisait la carrière.

WOMAN'S TALE, A [Mémoires de femmes] ▷3
AUS. 1990. Drame psychologique de Paul COX avec Sheila Florance, Gosia Dobrowolska et Norman Kaye. - Une vieille dame atteinte d'un cancer tient mordicus à finir ses jours dans sa demeure. - Sujet empreint de gravité et de mélancolie. Traitement chaleureux et positif. Réalisation sobre. Composition magnifique de S. Florance.

WOMAN'S WORLD ▷4
É.-U. 1954. Comédie dramatique de Jean NEGULESCO avec Clifton Webb, Cornel Wilde et June Allyson. - Des intrigues se nouent autour d'un poste à obtenir dans une grande compagnie. □ Général

WOMEN, THE ▷3
É.-U. 1939. Comédie satirique de George CUKOR avec Norma Shearer, Joan Crawford et Rosalind Russell. - Après avoir divorcé de son mari qui l'a trompée, une femme décide de le reprendre à sa rivale. - Théâtre filmé. Dialogue mordant. Mise en scène variée. Portrait critique d'une certaine société. Brillante distribution exclusivement féminine. □ Général ➜ DVD $

WOMEN FROM THE LAKE OF SCENTED SOULS, THE ▷3
CHI. 1993. Drame de mœurs de Fei XIE avec Siqin Gaowa, Wu Yujuan et Lei Luosheng. - Dans la Chine du Nord, une mère de famille à la tête d'une entreprise d'huile de sésame complote afin de marier son fils épileptique. - Scénario adapté d'un roman de Zhou Daxin. Intéressants aperçus sur la Chine actuelle. Traitement lyrique. Réalisation méticuleuse. Interprétation fort nuancée.

WOMEN IN LOVE ▷4
ANG. 1969. Drame psychologique de Ken RUSSELL avec Alan Bates, Glenda Jackson et Oliver Reed. - Deux sœurs élevées dans un village minier ont une vie sentimentale compliquée. □ 18 ans+ ➜ DVD $

WOMEN ON THE ROOF, THE ▷5
SUÈ. 1989. Drame de Carl-Gustav NYKVIST avec Amanda Ooms, Helena Bergström et Stellan Skarsgard. - Durant l'été de 1914, une jeune fille réservée voit sa vie bouleversée par une excentrique voisine photographe. □ 16 ans+

WOMEN ON THE VERGE OF A NERVOUS BREAKDOWN
voir **Femmes au bord de la crise de nerfs**

WONDER BOYS ▷4
É.-U. 2000. Comédie dramatique de Curtis HANSON avec Michael Douglas, Tobey Maguire et Frances McDormand. - Un écrivain qui éprouve de la difficulté à terminer son nouveau roman a des ennuis avec son éditeur, sa maîtresse et un étudiant dépressif.
□ Général ➜ DVD $

WONDER MAN ▷4
É.-U. 1945. Comédie de Bruce HUMBERSTONE avec Virginia Mayo, Danny Kaye et Vera-Ellen. - Poussé par l'esprit de son jumeau assassiné, un homme se sent obligé de le venger. □ Général

WONDERFUL LIFE ▷4
ANG. 1964. Comédie musicale de Sidney J. FURIE avec Cliff Richard, Susan Hampshire et Walter Slezak. - Des jeunes gens ajoutent à un scénario ordinaire une version musicale ingénieuse.

WONDERFUL WORLD OF THE BROTHERS GRIMM, THE ▷4
É.-U. 1962. Drame biographique d'Henry LEVIN et George PAL avec Laurence Harvey, Karl Boehm et Claire Bloom. - Les tribulations de deux frères écrivains, auteurs de contes de fées.

WONDERLAND ▷4
ANG. 1999. Drame de mœurs de Michael WINTERBOTTOM avec Shirley Henderson, Gina McKee et Molly Parker. - À Londres, un week-end dans la vie un peu morose des membres d'une famille ordinaire en quête d'amour et de bonheur. □ Général · Déconseillé aux jeunes enfants ➜ DVD $

WONDERLAND ▷4
É.-U. 2003. Drame de mœurs de James COX avec Val Kilmer, Kate Bosworth et Josh Lucas. - En 1981, un acteur de films pornographiques est impliqué dans un quadruple meurtre commis dans la maison d'un dealer de Los Angeles. - Récit sordide inspiré de faits vécus.
□ 16 ans+ · Violence

WONDERS, LES *voir* **That Thing You Do!**

WOODEN MAN'S BRIDE ▷3
CHI. 1994. Drame de mœurs de Jianxin HUANG avec Wang Lan, Chang Shih et Ku Paoming. - Dans les années 1920, en Chine, une jeune fille se voit forcée par sa belle-mère de vivre comme une épouse avec une statue de son mari, mort le jour de leurs noces. - Peinture allégorique et subtile de la Chine féodale. Touches mordantes et inattendues. Réalisation adroite. Interprétation solide. ➜ DVD $

WOODS, THE ▷5
É.-U. 2006. Drame d'horreur de Lucky McKEE avec Agnes Bruckner, Patricia Clarkson et Bruce Campbell. - Dans un pensionnat jouxtant une forêt habitée par des esprits maléfiques, une nouvelle élève vit des expériences traumatisantes. ➜ DVD $

WOODSMAN, THE [Peur du loup, La] ▷3
É.-U. 2004. Drame psychologique de Nicole KASSELL avec Kevin Bacon, Kyra Sedgwick et Benjamin Bratt. - Hanté par ses pulsions sexuelles déviantes, un pédophile tente de reprendre une vie normale à Philadelphie après douze ans passés en prison. - Puissante étude psychologique. Sujet délicat traité avec retenue. Réalisation minutieuse au montage fluide. Quelques moments de forte tension. Jeu sobre et nuancé de K. Bacon. □ 13 ans+ ➜ DVD $

WOOL CAP, THE
É.-U. 2004. Steven SCHACHTER ➜ DVD $

WORDS AND MUSIC [Ma vie est une chanson] ▷4
É.-U. 1948. Comédie musicale de Norman TAUROG avec Tom Drake, Mickey Rooney et June Allyson. - Évocation de la carrière en tandem de Richard Rodgers et Lorenz Hart, auteurs de comédies musicales.
➜ DVD $

WORKER AND THE HAIRDRESSER IN WHIRL OF SEX AND POLITICS, THE
ITA. 1996. Lina WERTMÜLLER

WORKING GIRL [Quand les femmes s'en mêlent] ▷4
É.-U. 1988. Comédie dramatique de Mike NICHOLS avec Melanie Griffith, Harrison Ford et Sigourney Weaver. - Après avoir découvert que sa patronne a utilisé à son profit une de ses idées, une secrétaire profite de son absence pour prendre sa place.
□ 13 ans+ ➜ DVD $

WORKING GIRLS
É.-U. 1986. Lizzie BORDEN □ 18 ans+ ➜ DVD $

WORLD ACCORDING TO GARP ▷3
[Monde selon Garp, Le]
É.-U. 1982. Comédie dramatique de George Roy HILL avec Robin Williams, Mary Beth Hurt et Glenn Close. - Les problèmes familiaux d'un jeune écrivain. - Adaptation intéressante du roman de John Irving. Vision excentrique de la vie. Traitement primesautier. Style vif et percutant. Interprétation dans le ton voulu. ➜ DVD $

WORLD APART, A [Monde à part, Un] ▷3
ANG. 1988. Drame social de Chris MENGES avec Barbara Hershey, Jodhi May et Linda Mvusi. - Une adolescente de 13 ans est troublée par les activités de ses parents engagés dans une lutte contre l'apartheid en Afrique du Sud. - Intrigue tirée de faits vécus. Approche intimiste convaincante. Réalisation et interprétation sobres.
□ Général ➜ DVD $

WORLD IN HIS ARMS, THE ▷5
É.-U. 1952. Aventures de Raoul WALSH avec Gregory Peck, Ann Blyth et Anthony Quinn. - Un corsaire, chasseur de phoques, tombe amoureux d'une comtesse russe. □ Général

WORLD IS NOT ENOUGH, THE ▷5
[Monde ne suffit pas, Le]
É.-U. 1999. Drame d'espionnage de Michael APTED avec Pierce Brosnan, Sophie Marceau et Robert Carlyle. - Au Moyen-Orient, l'agent secret James Bond doit protéger une riche héritière contre un dangereux terroriste. □ 13 ans+ ➜ DVD DVD-BR$

WORLD OF APU, THE *voir* **Monde d'Apu, Le**

WORLD OF HENRY ORIENT, THE ▷4
É.-U. 1964. Comédie de George Roy HILL avec Peter Sellers, Tippy Walker et Merrie Spaeth. - Deux adolescentes entreprennent d'étudier les habitudes de vie d'un musicien qui est leur idole.
□ Général ➜ DVD$

WORLD OF STRANGERS, A *voir* **Dilemme**

WORLD OF SUZIE WONG, THE ▷5
É.-U. 1960. Drame psychologique de Richard QUINE avec William Holden, Nancy Kwan et Michael Wilding. - Un peintre américain travaillant à Hong-Kong s'éprend d'une jeune prostituée chinoise qui lui sert de modèle. ➜ DVD$

WORLD TRADE CENTER ▷4
É.-U. 2006. Drame d'Oliver STONE avec Nicolas Cage, Michael Pena et Maria Bello. - Lorsque le World Trade Center s'effondre après avoir été percuté par deux avions de ligne, deux policiers se retrouvent coincés sous les décombres. □ Général · Déconseillé aux jeunes enfants ➜ DVD DVD-BR$$$

WORLD TRAVELER [Globe-trotter, Le] ▷5
É.-U. 2001. Drame psychologique de Bart FREUNDLICH avec Billy Crudup, Julianne Moore et Clevant Derricks. - Pris d'un besoin soudain de donner un nouveau sens à sa vie, un jeune architecte abandonne femme et enfant pour prendre la route. ➜ DVD$

WORLD WITHOUT THIEVES, A
CHI. H.-K. 2004. Xiaogang FENG ➜ DVD$

WORLD'S FASTEST INDIAN, THE ▷4
N.-Z. 2005. Drame biographique de Roger DONALDSON avec Anthony Hopkins, Annie Whittle et Aaron Murphy. - En 1962, un Néo-Zélandais sexagénaire se rend au Speed Week de Bonneville en Utah pour briser un record de vitesse avec sa vieille moto.
□ Général ➜ DVD DVD-BR$

WORLD'S GREATEST LOVER ▷5
E.-U. 1977. Comédie réalisée et interprétée par Gene WILDER avec Carol Kane et Dom De Luise. - Profitant d'un concours organisé pour trouver un rival à Rudolph Valentino, un couple se rend à Hollywood.
➜ DVD$

WORLD, THE
CHI. FR. JAP. 2004. Ke Jia ZHANG

WOYZECK [Werner Herzog's Woyzeck]
ALL. 1979. Werner HERZOG ➜ DVD$

WR: MYSTERIES OF THE ORGANISM ▷3
YOU. 1971. Film d'essai de Dusan MAKAVEJEV avec Milens Dravic, Tuli Kupferberg et Ivida Vidovic. - Présentation alternée de la vie et de l'œuvre de Wilhelm Reich et des efforts d'une militante communiste pour convertir son entourage à la libération sexuelle. - Œuvre à la fois irritante et brillante. Montage particulièrement astucieux.
□ 18 ans+ ➜ DVD$

WRECK OF THE MARY DEARE, THE ▷4
[Cargaison dangereuse]
É.-U. 1959. Drame policier de Michael ANDERSON avec Gary Cooper, Charlton Heston et Michael Redgrave. - Le capitaine d'un remorqueur aide un collègue à se justifier d'une accusation de sabordage.
□ Général

WRESTLER, THE [Lutteur, Le] ▷3
É.-U. 2008. Drame de mœurs de Darren ARONOFSKY avec Mickey Rourke, Marisa Tomei et Evan Rachel Wood. - À la suite d'un arrêt cardiaque, un lutteur autrefois célèbre se retire pour tenter de mener une existence normale auprès de sa fille et d'une stripteaseuse. - Incursion fascinante dans l'univers de la lutte. Traitement d'un réalisme saisissant soutenu par une caméra nerveuse. Jeu remarquable de M. Rourke. □ 13 ans+ · Violence · Érotisme ➜ DVD DVD-BR$

WRESTLING ERNEST HEMINGWAY ▷5
[J'ai connu Ernest Hemingway]
É.-U. 1993. Drame psychologique de Randa HAINES avec Richard Harris, Robert Duvall et Shirley MacLaine. - Malgré leur différence de tempérament, un ancien marin irlandais et un barbier cubain à la retraite se lient d'une profonde amitié. □ Général

WRITTEN ON THE WIND ▷3
É.-U. 1956. Drame de Douglas SIRK avec Rock Hudson, Lauren Bacall et Robert Stack. - Les déboires sentimentaux des enfants d'un magnat du pétrole. - Thème surchargé mais fort intéressant. Réalisation et décors soignés. Jeu stylisé des interprètes. ➜ DVD$

WRONG BOX, THE [Corbillard s'emballe, Le] ▷3
ANG. 1966. Comédie de Bryan FORBES avec John Mills, Michael Caine et Ralph Richardson. - Divers individus se retrouvent mêlés à des intrigues et des imbroglios pour obtenir un héritage. - Comédie noire d'un style à l'emporte-pièce. Époque victorienne évoquée avec beaucoup de saveur. Excellente interprétation. □ Général

WRONG GUY, THE [Tu cours pour rien Nelson] ▷6
CAN. 1997. Comédie policière de David STEINBERG avec Dave Foley, David Higgins et Jennifer Tilly. - Croyant que la police va le prendre pour le meurtrier de son patron, un abruti s'enfuit à travers le pays.
□ Général ➜ DVD$

WRONG IS RIGHT [Meurtres en direct] ▷4
É.-U. 1982. Comédie satirique de Richard BROOKS avec Sean Connery, George Grizzard et Henri Silva. - Dans un pays arabe, un journaliste est témoin d'événements durant lesquels des fanatiques tentent de s'approprier des bombes atomiques. □ Général

WRONG MAN, THE ▷3
É.-U. 1956. Drame policier d'Alfred HITCHCOCK avec Henry Fonda, Vera Miles et Anthony Quayle. - Un musicien est emprisonné à cause de sa ressemblance avec un voleur. - Reconstitution d'un fait réel. Mise en scène étonnamment sobre de la part d'Hitchcock. Jeu retenu et convaincant de H. Fonda. □ Général ➜ DVD$

WRONG MOVE, THE *voir* **Faux mouvement**

WU JI - LA LÉGENDE DES CAVALIERS DU VENT
voir **Promise, The**

WUTHERING HEIGHTS *voir* **Hurlevent**

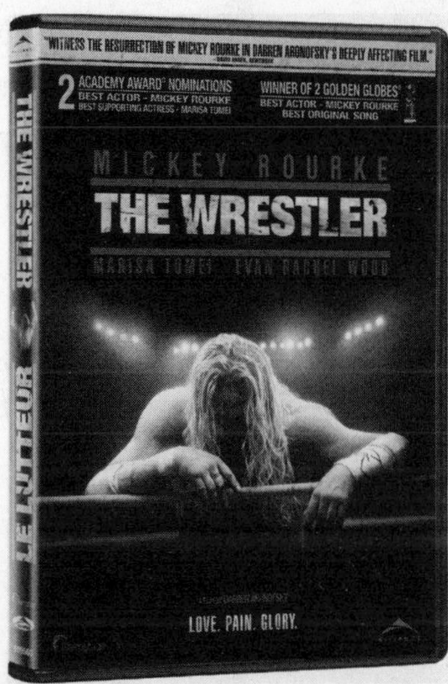

© MAPLE/LIONS GATE

WUTHERING HEIGHTS [Hauts de Hurlevent, Les] ▷3
É.-U. 1938. Drame sentimental de William WYLER avec Laurence Olivier, Merle Oberon et David Niven. - L'amour passionné entre la fille d'un bourgeois anglais et un garçon que celui-ci a recueilli. - Adaptation soignée du roman d'Emily Brontë. Nuances psychologiques bien rendues. Interprétation adaptée au romantisme de l'œuvre. □ Général

WUTHERING HEIGHTS [Abismos de pasion] ▷4
MEX. 1953. Drame de Luis BUÑUEL avec Jorge Mistral, Irasema Dilian et Lilia Padro. - L'amour passionné entre la fille de riches propriétaires terriens et un garçon que ceux-ci ont adopté. □ Général

WUTHERING HEIGHTS [Hauts de Hurlevent, Les] ▷4
ANG. 1970. Drame sentimental de Robert FUEST avec Timothy Dalton, Anna Calder-Marshall et Ian Ogilvie. - Un enfant trouvé qui a été élevé dans une famille riche devient amoureux de la fille de son bienfaiteur. □ Général ➜ DVD $

WYATT EARP ▷4
É.-U. 1994. Western de Lawrence KASDAN avec Kevin Costner, Dennis Quaid et Gene Hackman. - Les tribulations d'un héros de l'Ouest qui s'impose comme shérif malgré des méthodes peu orthodoxes.
□ 13 ans+ · Violence ➜ DVD DVD-BR $

X, Y AND ZEE ▷4
ANG. 1971. Drame de Brian G. HUTTON avec Elizabeth Taylor, Michael Caine et Susannah York. - Une femme jalouse met tout en œuvre pour briser la liaison de son mari avec une jeune veuve.

X-15 ▷5
É.-U. 1961. Drame de mœurs de Richard DONNER avec David McLean, Charles Bronson et Ralph Taeger. - Les difficultés que doivent affronter des pilotes d'essai. ➔ DVD $

X-FILES: THE MOVIE ▷4
[Aux frontières du réel: le film]
É.-U. 1998. Science-fiction de Rob BOWMAN avec David Duchovny, Gillian Anderson et Martin Landau. - Deux agents du FBI enquêtent sur un groupe paragouvernemental qui cherche à cacher la présence d'extraterrestres sur la Terre. □ 13 ans+

X-MEN [X-Men 1.5] ▷4
É.-U. 2000. Science-fiction de Bryan SINGER avec Hugh Jackman, Patrick Stewart et Anna Paquin. - Des mutants aux pouvoirs fantastiques, voués à faire le bien, entrent en lutte avec des congénères maléfiques. □ 13 ans+ ➔ DVD DVD-BR $

X-MEN II [X-Men 2] ▷4
É.-U. 2003. Science-fiction de Bryan SINGER avec Patrick Stewart, Hugh Jackman et Ian McKellen. - Deux bandes de mutants, l'une belliqueuse, l'autre pacifique, font équipe pour lutter contre un militaire qui veut les annihiler. □ Général · Déconseillé aux jeunes enfants ➔ DVD DVD-BR $

X-MEN X3 - THE LAST STAND ▷4
[X-Men X3 - l'engagement ultime]
É.-U. 2006. Science-fiction de Brett RATNER avec Hugh Jackman, Ian McKellen et Halle Berry. - Une découverte scientifique permettant de neutraliser les pouvoirs surnaturels des mutants provoque des affrontements entre ces derniers et les forces de l'ordre.
□ Général · Déconseillé aux jeunes enfants ➔ DVD DVD-BR $

X-MEN ORIGINS: WOLVERINE
É.-U. 2009. Gavin HOOD

X: THE MAN WITH THE X-RAY EYES ▷5
É.-U. 1963. Science-fiction de Roger CORMAN avec Ray Milland, Diana Van Der Vlis et Harold J. Stone. - Un savant expérimente un sérum qui permet de voir à travers les matières solides. □ Général

XANADU ▷5
É.-U. 1980. Comédie musicale de Robert GREENWALD avec Olivia Newton-John, Michael Beck et Gene Kelly. - La vie d'un artiste-peintre est bouleversée par la rencontre d'une mystérieuse jeune femme et d'un musicien à la retraite. □ Général ➔ DVD $

XIU-XIU, THE SENT DOWN GIRL ▷4
CHI. 1998. Drame de Joan CHEN avec Lu Lu et Gao Jie. - Durant la révolution culturel le chinoise, une adolescente est confinée dans une région isolée pour y apprendre le dressage des chevaux. □ 13 ans+

XXL ▷5
FR. 1997. Comédie de mœurs d'Ariel ZEITOUN avec Michel Boujenah, Gérard Depardieu et Elsa Zylberstein. - Un commerçant juif parisien entre en rivalité avec un restaurateur qui a séduit sa fiancée en plus de convoiter le même local que lui. □ Général

XXX ▷5
É.-U. 2002. Drame d'espionnage de Rob COHEN avec Vin Diesel, Asia Argento et Marton Csokas. - Un criminel casse-cou est forcé par les services secrets américains d'infiltrer à Prague un gang d'anarchistes russes ayant conçu une redoutable arme chimique.
□ 13 ans+ · Violence ➔ DVD DVD-BR $

Y A-T-IL QUELQU'UN POUR TUER MA FEMME?
voir **Ruthless People**

Y A-T-IL UN FRANÇAIS DANS LA SALLE? ▷5
FR. 1982. Comédie satirique de Jean-Pierre MOCKY avec Victor Lanoux, Marion Peterson et Jacques Dutronc. - Un homme politique voit sa carrière mise en péril par le suicide d'un vieil oncle qui l'a élevé.

Y A-T-IL UN PILOTE DANS L'AVION? *voir* **Airplane!**

Y AURA-T-IL DE LA NEIGE À NOËL? ▷3
FR. 1996. Drame social de Sandrine VEYSSET avec Daniel Duval, Dominique Reymond et Jessica Martinez. - Une cultivatrice tente de protéger ses sept enfants de leur père dont le foyer légitime est ailleurs. - Grande justesse de ton dans ce portrait d'une situation familiale douloureuse. Accent mis sur les gestes quotidiens. Style visuel brut. Jeu fort naturel des enfants. □ Général

Y TU MAMA TAMBIEN *voir* **Et... Ta mère aussi**

YAKUZA, THE ▷4
É.-U. 1974. Drame policier de Sydney POLLACK avec Robert Mitchum, Ken Takakura et Keiko Kishi. - Un ex-policier américain se rend au Japon pour retrouver la fille d'un ami enlevée par un clan criminel.
□ 13 ans+ → DVD $

YAKUZA DEMON [Kikoku]
JAP. 2003. Takashi MIIKE → DVD $

YAKUZA GRAVEYARD
JAP. 1976. Kinji FUKASAKU → DVD $

YANA'S FRIENDS ▷4
ISR. 1999. Comédie dramatique d'Arik KAPLUN avec Evlyn Kaplun, Nir Levi et Dalia Friedland. - En 1991 dans un immeuble de Tel-Aviv, les tribulations d'une jeune émigrée russe et de ses voisins.
□ Général → DVD $

YANKEE DOODLE DANDY ▷3
É.-U. 1942. Drame biographique de Michael CURTIZ avec James Cagney, Walter Huston et Joan Leslie. - La vie de George M. Cohan, vedette du music-hall au début du siècle. - Scénario anecdotique. Traitement chaleureux. Excellents numéros musicaux. Mise en scène inventive. Jeu énergique de J. Cagney. → DVD $

YANKS ▷3
ANG. 1979. Drame de guerre de John SCHLESINGER avec Richard Gere, Lisa Eichhorn et Vanessa Redgrave. - Les relations établies entre les habitants d'une petite ville anglaise et les soldats américains cantonnés près de là. - Traitement nostalgique. Interprétation sobre.
□ 13 ans+ → DVD $

YARDS, THE ▷3
É.-U. 2000. Drame de James GRAY avec Mark Wahlberg, Joaquin Phoenix et Charlize Theron. - À peine sorti de prison, un jeune homme issu d'un milieu ouvrier se laisse compromettre dans une sale histoire de corruption et de meurtre. - Thriller axé sur l'analyse des relations entre les personnages. Climat de film noir à la fois tendu et envoûtant. Réalisation maîtrisée. Excellente distribution.
□ Général · Déconseillé aux jeunes enfants → DVD $

YEAR MY VOICE BROKE, THE ▷4
AUS. 1987. Comédie dramatique de John DUIGAN avec Noah Taylor, Loene Carmen et Ben Mendelsohn. - Les tribulations sentimentales d'un jeune provincial amoureux d'une amie d'enfance qui a une liaison avec un délinquant. □ Général

YEAR OF LIVING DANGEROUSLY, THE ▷3
[Année de tous les dangers, L']
AUS. 1982. Drame de Peter WEIR avec Mel Gibson, Sigourney Weaver et Linda Hunt. - En 1965, les expériences d'un jeune journaliste australien en Indonésie. - Tableau social vigoureusement brossé. Réalisation sûre. Personnages intéressants interprétés avec conviction.
□ Général → DVD $

YEAR OF THE DOG ▷4
É.-U. 2007. Comédie dramatique de Mike WHITE avec Molly Shannon, Laura Dern et Peter Sarsgaard. - Après la mort de son chien adoré, une secrétaire célibataire et timide traverse une période de profonds changements. □ Général → DVD $

YEAR OF THE GUN [Année de violence, Une] ▷5
É.-U. 1991. Drame social de John FRANKENHEIMER avec Andrew McCarthy, Valeria Golino et Sharon Stone. - En 1978, à Rome, un journaliste américain qui rédige un roman inspiré par les activités des Brigades rouges doit faire face à des terroristes qui le soupçonnent d'être un informateur. □ 13 ans+

YEAR OF THE QUIET SUN, A
voir **Année du soleil tranquille, L'**

YEAR ZERO, THE
ISR. 2004. Joseph PITCHHADZE → DVD $

YEARLING, THE [Jody et le faon] ▷4
É.-U. 1946. Drame de Clarence BROWN avec Gregory Peck, Claude Jarman Jr. et Jane Wyman. - L'attachement d'un enfant pour un faon qu'il a élevé est mis à rude épreuve lorsque l'animal devient nuisible.
→ DVD $

YEELEN ▷3
MAL. 1987. Drame poétique de Souleymane CISSÉ avec Issiaka Kane, Niamanto Sanogo et Aoua Sangare. - Fuyant la colère d'un père qui le refuse comme son égal, un jeune Africain découvre qu'il a lui aussi certains pouvoirs magiques. - Évocation de traditions ancestrales fondées sur des croyances animistes. Développements plutôt sybillins. Images d'une grande beauté. Mouvement lent et solennel. Interprétation d'un hiératisme un peu forcé. → DVD $

YELLOW ROLLS-ROYCE, THE ▷5
[Rolls-Royce jaune, La]
ANG. 1965. Film à sketches d'Anthony ASQUITH avec Jeanne Moreau, Shirley MacLaine et Ingrid Bergman. - Une voiture de luxe est le point de rencontre de diverses aventures galantes. → DVD $

YELLOW SKY [Ville abandonnée, La] ▷4
É.-U. 1948. Western de W. WELLMAN avec Gregory Peck, Anne Baxter et Richard Widmark. - Des hors-la-loi se réfugient dans une ville abandonnée où habitent un vieux chercheur d'or et sa petite-fille.
→ DVD $

YELLOW SUBMARINE ▷3
ANG. 1968. Dessins animés de George DUNNING. - À l'aide de chansons, les Beatles chassent de Pepperland les «Blues Meanies» réfractaires au bonheur et à la musique. - Film d'animation au style moderne et fantaisiste. Feu d'artifice vibrant de couleurs.

YELLOWKNIFE ▷4
CAN. 2002. Drame de mœurs de Rodrigue JEAN avec Hélène Florent, Sébastien Huberdeau et Philippe Clément. - En route pour Yellowknife, deux jeunes de Moncton font diverses rencontres troublantes.
□ 16 ans+ → DVD $

YENTL ▷3
É.-U. 1983. Comédie musicale réalisée et interprétée par Barbra STREISAND avec Mandy Patinkin et Amy Irving. - Au début du XXe siècle, une jeune Juive se déguise en garçon pour poursuivre des études. - Climat de conte folklorique. Traitement à la fois intimiste et spectaculaire. Mise en scène adroite. Interprétation savoureuse.
□ Général → DVD $

YES ▷5
ANG. 2004. Drame de mœurs de Sally POTTER avec Joan Allen, Simon Abkarian et Sam Neill. - À Londres, une biologiste mariée à un politicien infidèle s'engage dans une liaison passionnée avec un cuisinier d'origine libanaise. □ Général → DVD $

YES MAN [Monsieur Oui] ▷5
É.-U. 2008. Comédie sentimentale de Peyton REED avec Jim Carrey, Zooey Deschanel et Bradley Cooper. - Suivant la consigne d'un gourou, un employé de banque déprimé se met à dire oui à toutes les propositions qu'on lui fait. □ Général · Déconseillé aux jeunes enfants
➔ DVD DVD-BR$

YESTERDAY ▷4
A.S. 2004. Drame de Darrell James ROODT avec Leleti Khumalo, Lihle Mvelase et Kenneth Kambule. - Les épreuves d'une femme zulu atteinte du sida qui s'accroche à la vie pour s'occuper de sa petite fille. ➔ DVD$

YESTERDAY, TODAY AND TOMORROW ▷4
[Hier, aujourd'hui et demain]
ITA. 1964. Film à sketches de Vittorio DE SICA avec Sophia Loren, Marcello Mastroianni et Aldo Guiffre. - Une vendeuse de cigarettes, l'épouse d'un industriel et une call-girl connaissent diverses formes d'amour. □ Général ➔ DVD$

YEUX BANDÉS, LES ▷3
ESP. 1978. Drame psychologique de Carlos SAURA avec Geraldine Chaplin, Jose Luis Gomez et Xavier Elorriaga. - Bouleversé par le témoignage d'une femme qui a été torturée, un metteur en scène décide de monter une pièce sur ce thème. - Enchevêtrement ardu de rêve et de réalité, de sentiment et de politique.

YEUX D'UN ANGE, LES *voir* **Angel Eyes**

YEUX DE BRAISE, LES *voir* **Blink**

YEUX DE LA FORÊT, LES *voir* **Watcher in the Woods, The**

YEUX DE LAURA MARS, LES *voir* **Eyes of Laura Mars, The**

YEUX DU TÉMOIN, LES *voir* **Tiger Bay**

YEUX GRANDS FERMÉS, LES *voir* **Eyes Wide Shut**

YEUX NOIRS, LES [Dark Eyes] ►2
ITA. 1987. Comédie sentimentale de Nikita MIKHALKOV avec Marcello Mastroianni, Elena Sofonova et Silvana Mangano. - Sur un bateau de croisière, un Italien raconte à un Russe les tribulations sentimentales qu'il a vécues lors de ses séjours en Russie. - Film complexe et charmeur inspiré de Tchekhov. Mélange d'exubérance et de mélancolie. Mise en scène souple et colorée. Interprétation pleine de finesse.
□ Général

YEUX ROUGES, LES ▷4
QUÉ. 1982. Drame policier d'Yves SIMONEAU avec Marie Tifo, Jean-Marie Lemieux et Pierre Curzi. - À Québec, la police recherche un assassin qui s'en prend aux jeunes femmes. □ Général

YEUX SANS VISAGE, LES [Eyes without a Face] ▷3
FR. 1959. Drame d'horreur de Georges FRANJU avec Pierre Brasseur, Edith Scob et Alida Valli. - Un médecin tente de donner un nouveau visage à sa fille défigurée. - Mélange de poésie et d'épouvante. Scènes d'un réalisme impressionnant. Traitement insolite. Bons interprètes.
➔ DVD$

YEUX, LA BOUCHE, LES ▷4
ITA. 1982. Drame de Marco BELLOCCHIO avec Lou Castel, Angela Molina et Emmanuelle Riva. - Un comédien revient à la maison familiale à l'occasion de la mort de son frère jumeau qui s'est suicidé.
□ Général

YI YI ►2
TAÏ. 1999. Comédie dramatique d'Edward YANG avec Wu Nianzhen, Kelly Lee et Jonathan Chang. - Un homme vit divers bouleversements familiaux et professionnels après avoir croisé par hasard un amour de jeunesse. - Chronique douce-amère mêlant drôlerie, poésie et réalisme quotidien. Harmonisation limpide de plusieurs intrigues. Mise en scène brillante. Interprètes d'un naturel rafraîchissant.
□ Général ➔ DVD$

YIDDISH CONNECTION ▷5
FR. 1986. Comédie policière de Paul BOUJENAH avec Charles Aznavour, Ugo Tognazzi et André Dussollier. - Ayant un pressant besoin d'argent, quatre Juifs parisiens décident de cambrioler un malfrat avec l'aide d'un voleur professionnel. □ Général ➔ DVD$

YOJIMBO ▷3
JAP. 1961. Aventures d'Akira KUROSAWA avec Toshiro Mifune, Tatsuya Nakadai et Eijiro Tono. - Un samouraï errant arrive dans un village divisé en deux factions rivales. - Film nippon aux allures de western. Style d'une grande habileté. Détails d'une ironie savoureuse. Composition originale et vigoureuse de T. Mifune. □ Général ➔ DVD$

YOL ►2
TUR. 1982. Étude de mœurs de Yilmaz GÜNEY et Serif GOREN avec Tarik Akan, Serif Sezer et Halil Ergün. - Durant une permission de sortie, cinq détenus vivent des expériences différentes. Intéressante évocation d'un pays aux traditions oppressives. Tableau de mœurs passionnant. Images à la fois réalistes et poétiques. Interprétation simple et efficace. □ Général

YOLANDA AND THE THIEF ▷4
É.-U. 1945. Comédie musicale de Vincente MINNELLI avec Fred Astaire, Lucille Bremer et Frank Morgan. - Un escroc se présente comme l'ange gardien de la jeune héritière d'une immense fortune. □ Général

YOM YOM
FR. ISR. 1998. Amos GITAÏ ➔ DVD$

YOU AND ME
É.-U. 1938. Fritz LANG □ Général

YOU ARE NOT ALONE
DAN. 1978. Ernst JOHANSEN et Lasse NIELSEN

YOU CAN COUNT ON ME [Tu peux compter sur moi] ▷3
É.-U. 2000. Drame psychologique de Kenneth LONERGAN avec Laura Linney, Mark Ruffalo et Rory Culkin. - Devenus orphelins en bas âge, une mère célibataire à l'existence rangée et son frère paumé vivent des retrouvailles houleuses. - Grande finesse d'écriture. Psychologie d'une rare justesse. Dénouement authentiquement émouvant. Réalisation discrète. Interprétation nuancée et prenante. □ Général

YOU CAN'T TAKE IT WITH YOU ▷3
[Vous ne l'emporterez pas avec vous]
É.-U. 1938. Comédie de Frank CAPRA avec James Stewart, Jean Arthur et Lionel Barrymore. - Le fils d'un banquier entre en contact avec une famille d'excentriques. - Adaptation fort réussie d'une pièce de théâtre à succès. Rythme alerte. Touches de critique sociale. Interprétation spirituelle. □ Général ➔ DVD$

YOU KILL ME
É.-U. 2007. John DAHL ➔ DVD$

YOU LAUGH *voir* **Tu ris**

YOU ONLY LIVE ONCE ►2
É.-U. 1937. Drame policier de Fritz LANG avec Henry Fonda, Sylvia Sidney et Barton MacLane. - Un ancien forçat est condamné à mort pour un crime qu'il n'a pas commis. - Climat de tragédie. Eléments percutants de critique sociale. Touches d'expressionnisme. Excellente création d'H. Fonda. ➔ DVD$

YOU ONLY LIVE TWICE [On ne vit que deux fois] ▷4
ANG. 1967. Drame d'espionnage de Lewis GILBERT avec Sean Connery, Tetsuro Tamba et Donald Pleasence. - L'agent secret James Bond recherche au Japon le repaire d'un syndicat international du crime.
➔ DVD$

YOU WERE NEVER LOVELIER ▷5
É.-U. 1942. Comédie musicale de William SEITER avec Fred Astaire, Rita Hayworth et Adolphe Menjou. - Une jeune fille riche devient amoureuse d'un artiste de music-hall. ➔ DVD$

YOU'LL NEVER GET RICH [Amour vient en dansant, L'] ▷4
É.-U. 1940. Comédie musicale de Sidney LANFIELD avec Fred Astaire, Rita Hayworth et Robert Benchley. - Deux hommes ont le béguin pour une jolie ballerine.

YOU'RE A BIG BOY NOW ▷4
É.-U. 1967. Comédie de Francis Ford COPPOLA avec Peter Kastner, Elizabeth Hartman et Geraldine Page. - Un jeune homme qui cherche à manifester son indépendance s'éprend d'une actrice. □ Général

YOU'RE IN THE NAVY NOW [U.S.S. Teakettle] ▷4
É.-U. 1951. Comédie de Henry HATHAWAY avec Gary Cooper, Millard Mitchell et Eddie Albert. - Des réservistes sans expérience sont engagés à bord d'un bateau équipé d'un nouveau modèle de chaudière qui ne s'avère pas au point. ➔ DVD$

YOU'RE TELLING ME! ▷4
É.-U. 1934. Comédie d'Erle KENTON avec W.C. Fields, Joan Marsh et Buster Crabbe. - Les tribulations d'un inventeur malchanceux.
□ Général

YOU'VE GOT MAIL [Vous avez un message] ▷5
É.-U. 1998. Comédie de Nora EPHRON avec Tom Hanks, Meg Ryan et Parker Posey. - Une jeune libraire part en guerre contre un riche concurrent sans se rendre compte qu'il s'agit de son bien-aimé correspondant anonyme sur Internet. □ Général ➔ DVD$

YOUCEF: LA LÉGENGE DU 7e DORMANT ▷4
ALG. 1993. Conte de Mohamed CHOUIKH avec Mohamed Ali Allalou, Selma Shiraz et Youcef Benadouda. - Un ancien combattant du FLN algérien qui souffre d'amnésie depuis trente ans s'enfuit d'une clinique en croyant son pays toujours sous occupation.

YOUNG ADAM [Jeune Adam] ▷4
ANG. 2002. Drame de mœurs de David MACKENZIE avec Ewan McGregor, Tilda Swinton et Peter Mullan. - Dans les années 1950, en Écosse, une mère qui habite et travaille sur une péniche a une liaison adultère avec un jeune vagabond au passé trouble.
□ 13 ans+ · Érotisme

YOUNG AMERICANS ▷4
É.-U. 1993. Drame policier de Danny CANNON avec Harvey Keitel, Iain Glen et John Wood. - Un policier américain se rend à Londres afin d'assister la police locale dans sa guerre contre des caïds de la drogue. □ 13 ans+ ➔ DVD$

YOUNG AND INNOCENT ▷4
ANG. 1937. Drame policier d'Alfred HITCHCOCK avec Nova Pilbeam, Derrick de Marney et Percy Marmont. - La fille d'un commissaire de police vient en aide à un jeune homme soupçonné du meurtre d'une actrice. □ Général ➔ DVD$

YOUNG APHRODITES ▷3
GRÈ. 1962. Drame poétique de Nikos KOUNDOUROS avec Takis Emmanouel, Vangelis Joannides et Kleopatra Rota. - Les amours contrariées d'un jeune berger et d'une adolescente. - Scénario dépouillé servant de support à un poème en images. ➔ DVD$

YOUNG AT HEART ▷5
É.-U. 1954. Comédie dramatique de Gordon DOUGLAS avec Frank Sinatra, Doris Day et Ethel Barrymore. - Deux musiciens se disputent l'amour d'une jeune provinciale. □ Général

YOUNG BESS ▷4
É.-U. 1953. Drame historique de George SIDNEY avec Jean Simmons, Charles Laughton et Stewart Granger. - La jeunesse d'Elizabeth d'Angleterre. □ Général

YOUNG EINSTEIN [Jeune Einstein, Le] ▷4
AUS. 1988. Comédie réalisée et interprétée par Yahoo SERIOUS avec Odile Le Clezio et John Howard. - En 1905, un jeune Australien, qui a découvert le moyen de mettre des bulles dans la bière, connaît diverses aventures. □ Général ➔ DVD$

YOUNG FRANKENSTEIN [Frankenstein junior] ▷3
É.-U. 1974. Comédie de Mel BROOKS avec Gene Wilder, Peter Boyle et Marty Feldman. - Ayant hérité du domaine familial, un descendant du baron Frankenstein reprend les expériences de son ancêtre. - Rappel satirique des films d'horreur des années 1930. Scènes réussies de parodie loufoque. Interprétation habilement caricaturale. □ 13 ans+ ➔ DVD DVD-BR$

YOUNG GIRLS OF ROCHEFORT, THE
voir **Demoiselles de Rochefort, Les**

YOUNG GIRLS OF WILKO *voir* **Demoiselles de Wilko, Les**

YOUNG GUNS [Princes de la gâchette, Les] ▷4
É.-U. 1988. Western de Christopher CAIN avec Emilio Estevez, Kiefer Sutherland et Lou Diamond Phillips. - Après s'être fait justice en exécutant les meurtriers de leur bienfaiteur, de jeunes cow-boys sont poursuivis par les hommes de main d'un entrepreneur véreux.
□ Général ➔ DVD$

YOUNG GUNS II ▷4
É.-U. 1990. Western de Geoff MURPHY avec Emilio Estevez, William L. Petersen et Christian Slater. - Un hors-la-loi notoire et sa bande sont pourchassés par un ancien complice devenu shérif. □ 13 ans+

YOUNG LIONS, THE [Bal des maudits, Le] ▷3
É.-U. 1958. Drame de guerre d'Edward DMYTRYK avec Marlon Brando, Montgomery Clift et Dean Martin. - La Seconde Guerre mondiale telle que vécue par un officier allemand et deux soldats américains. - Thème anti-belliciste intelligemment développé. Mise en scène vigoureuse. Montage parallèle habilement utilisé. Mélange de puissance et de sensibilité dans l'interprétation. □ Général ➔ DVD$

YOUNG MAGICIAN, THE *voir* **Jeune magicien, Le**

YOUNG MAN WITH A HORN ▷4
É.-U. 1950. Drame psychologique de Michael CURTIZ avec Lauren Bacall, Kirk Douglas et Hoagy Carmichael. - Après avoir connu la célébrité, un trompettiste déchoit mais retrouve finalement son équilibre. ➔ DVD$

YOUNG MR. LINCOLN ►2
É.-U. 1939. Drame biographique de John FORD avec Henry Fonda, Alice Brady et Marjorie Weaver. - L'apprentissage rural d'un jeune avocat destiné à devenir président des États-Unis. - Excellente évocation d'époque. Réalisation souple et colorée, d'une grande maîtrise. H. Fonda parfaitement à l'aise dans le rôle-titre. □ Général ➔ DVD$

YOUNG PEOPLE FUCKING ▷5
[Jeunes adultes qui baisent]
CAN. 2007. Comédie de mœurs de Martin GERO avec Carly Pope, Callum Blue et Diora Baird. - L'espace d'une nuit, quatre couples et un trio vivent diverses expériences sexuelles illustrées en six étapes.
□ 16 ans+ · Langage vulgaire · Érotisme ➔ DVD DVD-BR$

YOUNG POISONER'S HANDBOOK, THE ▷4
ANG. 1995. Comédie dramatique de Benjamin ROSS avec Hugh O'Conor, Antony Sher et Ruth Sheen. - Un adolescent fasciné par les poisons se met à intoxiquer tous ceux et celles qui lui rendent la vie difficile. □ 13 ans+

YOUNG SHERLOCK HOLMES ▷3
[Première aventure de Sherlock Holmes, La]
É.-U. 1986. Comédie policière de Barry LEVINSON avec Nicholas Rowe, Alan Cox et Sophie Ward. - À la suite de la mort mystérieuse de leur professeur, deux adolescents enquêtent sur une série de décès semblables survenus à Londres. - Variation inédite sur un thème connu. Ton humoristique. Illustration efficace. Réalisation fort adroite. Interprétation convaincante. □ 13 ans+ ➔ DVD$

YOUNG THUGS: INNOCENT BLOOD
JAP. 1997. Takashi MIIKE ➔ DVD$

YOUNG THUGS: NOSTALGIA
JAP. 1998. Takashi MIIKE ➔ DVD$

YOUNG TOM EDISON ▷4
É.-U. 1944. Drame biographique de Norman TAUROG avec Mickey Rooney, George Bancroft et Fay Bainter. - Les mésaventures d'un jeune bricoleur aux idées inventives. □ Général

YOUNGER AND YOUNGER ▷4
ALL. 1993. Comédie dramatique de Percy ADLON avec Brendan Fraser, Donald Sutherland et Lolita Davidovich. - Un veuf rêveur et idéaliste, propriétaire d'un entrepôt, croit apercevoir en chair et en os sa défunte épouse.

YOUR FRIENDS & NEIGHBORS [Amis et voisins] ▷5
É.-U. 1998. Drame de mœurs de Neil LaBUTE avec Ben Stiller, Aaron Eckhart et Jason Patric. - Divers chassés-croisés amoureux et des aventures adultères viennent chambouler la vie d'un groupe d'amis dans la trentaine. □ 16 ans+ ➔ DVD$

YOURS, MINE AND OURS ▷4
É.-U. 1968. Comédie de Melville SHAVELSON avec Lucille Ball, Henry Fonda et Van Johnson. - Un veuf père de dix enfants épouse une veuve elle-même mère de huit enfants. □ Général

YOURS, MINE AND OURS ▷5
[Les tiens, les miens et les nôtres]
É.-U. 2005. Comédie de Raja GOSNELL avec Dennis Quaid, Rene Russo et Sean Faris. - Les difficultés rencontrées par un amiral veuf et père de huit enfants, qui épouse une designer veuve et mère de dix enfants.
□ Général ➔ DVD$

YOUTH OF THE BEAST
JAP. 1963. Seijun SUZUKI □ 13 ans+ ➔ DVD$

YOUTH WITHOUT YOUTH [Homme sans âge, L'] ▷5
É.-U. 2007. Drame fantastique de Francis Ford COPPOLA avec Tim Roth, Alexandra Maria Lara et Bruno Ganz. - En 1938, un professeur roumain septuagénaire est frappé par la foudre et retrouve miraculeusement sa jeunesse. □ Général · Déconseillé aux jeunes enfants
➔ DVD DVD-BR$

YUL 871 ▷5
QUÉ. 1966. Drame psychologique de Jacques GODBOUT avec Charles Denner, Andrée Lachapelle et Paul Buissonneau. - Un ingénieur européen est de passage à Montréal pour traiter une affaire.
➔ DVD$

YUMEJI
JAP. 1991. Seijun SUZUKI ➔ DVD$

Z

Z [Z.] ►2
FR. 1969. Drame politique de Constantin COSTA-GAVRAS avec Yves Montand, Jean-Louis Trintignant et Jacques Perrin. - En Grèce, un juge d'instruction intègre enquête sur un assassinat politique. - Scénario très bien construit. Mise en scène sobre et dense. Style nerveux. Rythme rapide. Personnages campés avec beaucoup de justesse. □ Général

ZABRISKIE POINT [Point Zabriskie] ▷3
É.-U. 1970. Drame de Michelangelo ANTONIONI avec Mark Frechette, Daria Halprin et Rod Taylor. - Après une manifestation contestataire, un étudiant s'enfuit au désert et y passe quelque temps avec une amie de rencontre. - Vision insolite du contexte américain. Suite d'images poétiques. Bonne utilisation du décor naturel. Interprétation correcte. □ 18 ans+ ➜ DVD$

ZACHARIAH ▷4
É.-U. 1970. Western de George ENGLUND avec John Rubinstein, Don Johnson et William Challee. - Après s'être joints à des hors-la-loi, deux amis habiles au pistolet viennent près de s'affronter. □ Général ➜ DVD$

ZACK AND MIRI MAKE A PORNO ▷4
É.-U. 2008. Comédie de Kevin SMITH avec Elizabeth Banks, Seth Rogen et Traci Lords. - Pour se sortir de la pauvreté, un employé de café et sa colocataire décident de produire ensemble un film pornographique. □ 16 ans+ · Langage vulgaire · Érotisme ➜ DVD DVD-BR$

ZANDY'S BRIDE ▷4
É.-U. 1974. Western de Jan TROELL avec Gene Hackman, Liv Ullmann et Eileen Heckart. - Un rancher installé dans une région sauvage épouse une jeune femme connue par correspondance. □ 13 ans+

ZARDOZ ▷4
ANG. 1973. Science-fiction de John BOORMAN avec Sean Connery, Charlotte Rampling et Sara Kestelman. - En 2293, un guerrier arrive à pénétrer dans un domaine clos où vit une caste de privilégiés. □ 13 ans+ ➜ DVD$

ZATHURA ▷4
É.-U. 2005. Science-fiction de Jon FAVREAU avec Jonah Bobo, Josh Hutcherson et Dax Shephard. - En jouant à un jeu de société doté de propriétés magiques, deux garçonnets sont précipités dans l'espace où ils vivent diverses péripéties. □ Général ➜ DVD$

ZATOICHI ▷3
JAP. 2003. Aventures réalisées et interprétées par Takeshi KITANO avec Tadanobu ASANO et Michiyo OGUSU. - Au XIXe siècle, un ancien samouraï devenu aveugle affronte un puissant gang pour aider deux geishas à venger la mort de leurs parents. - Scénario habilement construit, inspiré des exploits d'un héros très populaire au Japon. Mariage admirable de la bande sonore avec le montage. Réalisation astucieuse et énergique. Jeu savoureux de T. Kitano. ➜ DVD$

ZAZIE DANS LE MÉTRO ►2
FR. 1960. Comédie de Louis MALLE avec Catherine Demongeot, Philippe Noiret et Vittorio Caprioli. - Une fillette qui rêve d'aller en métro s'échappe de chez son oncle afin d'errer à sa guise. - Adaptation désinvolte du roman de Raymond Queneau. Traitement brillant, original et d'une rare virtuosité. Scénario savoureux. Interprétation pittoresque.

ZEBRAHEAD ▷4
É.-U. 1991. Drame social d'Anthony DRAZAN avec Michael Rapaport, N'Bushe Wright et Paul Butler. - Un jeune étudiant afro-américain est jaloux de l'idylle entre un Blanc et une consœur noire. □ 13 ans+ · Langage vulgaire ➜ DVD$

ZÈBRE, LE ▷4
FR. 1992. Comédie dramatique de Jean POIRET avec Thierry Lhermitte, Caroline Cellier et Christian Pereira. - De peur que son mariage ne sombre dans la monotonie, un notaire invente diverses excentricités pour raviver la passion amoureuse de sa femme.

ZELARY ▷4
TCH. 2003. Drame de guerre d'Ondrej TROJAN avec Anna Geislerova, György Cserhalmi et Jaroslava Adamova. - En 1943, pour fuir la Gestapo, une infirmière pragoise suit dans son village isolé un paysan dont elle a sauvé la vie. □ 13 ans+ · Violence ➜ DVD$

ZELIG ►2
É.-U. 1983. Comédie réalisée et interprétée par Woody ALLEN avec Mia Farrow et Ellen Garrison. - À la fin des années 1920, un homme attire l'attention de la presse par ses facultés de transformation. - Fiction présentée comme un documentaire. Trucages habiles donnant une impression de vraisemblance à de pseudo-documents d'époque. Ton d'humour permanent. Fine interprétation. □ Général ➜ DVD$

ZEMSTA [Revenge, The]
POL. 2002. Andrzej WAJDA ➜ DVD$

ZENTROPA *voir* **Europa**

ZEPPELIN ▷5
ANG. 1971. Drame d'espionnage d'Étienne PÉRIER avec Michael York, Elke Sommer et Marius Goring. - Au cours de la guerre 1914-1918, des Allemands veulent utiliser un ballon dirigeable pour s'emparer de documents historiques en Écosse. □ Général

ZÉRO DE CONDUITE ►2
FR. 1933. Comédie satirique de Jean VIGO avec Jean Dasté, Robert Le Flon et Du Veron. - Les élèves d'un collège se révoltent contre la discipline imposée. - Tableau poétique de l'enfance. Observations sarcastiques. Mise en scène inventive. Personnages caricaturés.

ZERO HOUR ▷4
É.-U. 1957. Drame de H. BARTLETT avec Dana Andrews, Linda Darnell et Sterling Hayden. - Un ancien pilote de guerre sauve de la mort les passagers d'un avion commercial en péril. ➜ DVD$

ZHOU YU'S TRAIN ▷5
CHI. 2003. Drame sentimental de Sun ZHOU avec Gong Li, Tony Leung Kar-fai et Sun Honglei. - Une jeune porcelainière qui prend le train deux fois par semaine pour rendre visite à son amant poète se fait courtiser par un autre homme.

ZIEGFELD FOLLIES ▷4
É.-U. 1946. Comédie musicale de Vincente MINNELLI avec Fred Astaire, William Powell et Gene Kelly. - Au ciel, un grand producteur de music-hall rêve à un spectacle. □ Général ➜ DVD$

ZIEGFELD GIRL ▷4
É.-U. 1941. Comédie musicale de Robert Z. LEONARD avec Lana Turner, Judy Garland et James Stewart. - Les expériences de trois jeunes femmes engagées dans un fastueux spectacle de music-hall. □ Général ➜ DVD$

ZIGEUNERWEISEN
JAP. 1980. Seijun SUZUKI ➜ DVD$

ZIGGY STARDUST AND THE SPIDERS FROM MARS
ANG. 1983. Don A. PENNEBAKER □ Général ➜ DVD$

ZIGRAIL ▷3
QUÉ. 1995. Drame psychologique d'André TURPIN avec André Charlebois, Dorothée Berryman et Ariane Cordeau. - Un jeune Montréalais s'en va rejoindre sa copine enceinte qui séjourne à Istanbul où elle songe à se faire avorter. - «Road-Movie» initiatique. Structure narrative libre. Traitement expérimental aux effets recherchés. Œuvre insolite et envoûtante. Interprétation naturelle. □ Général

ZIZANIE, LA ▷5
FR. 1978. Comédie de Claude ZIDI avec Louis de Funès, Annie Girardot et Julien Guiomar. - Un industriel, maire de son village, contrarie sa femme qui le quitte et devient son adversaire aux élections. □ Général ➜ DVD$

ZODIAC ▷3
É.-U. 2007. Drame policier de David FINCHER avec Jake Gyllenhaal, Mark Ruffalo et Robert Downey Jr. - Au tournant des années 1970 à San Francisco, un caricaturiste d'un grand quotidien devient obsédé par les messages encryptés qu'un tueur en série envoie à la rédaction. - Captivante adaptation du livre de Robert Graysmith. Récit fragmenté aux ellipses savantes. Réalisation feutrée, précise et maîtrisée. Distribution solide, admirablement dirigée. □ 13 ans+ ➜ DVD DVD-BR $

ZOLTAN: HOUND OF DRACULA ▷5
É.-U. 1977. Drame d'horreur de Albert BAND avec Michael Pataki, Jose Ferrer et Reggie Nalder. - En Roumanie, des militaires mettent à jour la crypte de Dracula d'où s'échappent un ancien serviteur du comte et son chien vampire. □ 13 ans+

ZOMBI - DAWN OF THE DEAD ▷4
É.-U. 1978. Drame d'horreur de George A. ROMERO avec David Emge, Ken Foree et Scott Reiniger. - Menacées par l'attaque de morts vivants, quatre personnes trouvent refuge dans un centre d'achats de banlieue. ➜ DVD $

ZOMBIE - LE CRÉPUSCULE DES MORTS-VIVANTS
voir **Dawn of the Dead**

ZOMBIE [Enfer des zombies, L'] ▷6
ITA. 1979. Drame d'horreur de Lucio FULCI avec Richard Johnson, Tisa Farrow et Ian McCulloch. - Après avoir été attaqué par une créature étrange, un policier aide une jeune fille à retrouver son père disparu dans une île des Caraïbes. ➜ DVD $

ZOMBIE AND THE GHOST TRAIN
FIN. 1993. Mika KAURISMÄKI □ Général

ZOMBIES *voir* **Dawn of the Dead**

ZONE NEUTRE, LA *voir* **Dead Zone, The**

ZONZON ▷4
FR. 1998. Drame social de Laurent BOUHNIK avec Pascal Greggory, Gaël Morel et Jamel Debbouze. - Trois détenus issus de milieux différents en viennent à cohabiter dans une même cellule de prison.

ZOO - A ZED AND TWO NOUGHTS ▷3
ANG. 1985. Comédie dramatique de Peter GREENAWAY avec Brian Deacon, Eric Deacon et Andréa Ferréol. - Après la mort accidentelle de leurs épouses, deux frères jumeaux deviennent obsédés par la décomposition chez les animaux et les plantes. - Scénario déconcertant. Personnages insolites. Images savamment composées. Jeu énergique d'A. Ferréol.

ZOOLANDER ▷4
É.-U. 2001. Comédie réalisée et interprétée par Ben STILLER avec Owen Wilson et Christine Taylor. - Un couturier fait subir un lavage de cerveau à un top modèle masculin pour qu'il assassine un chef d'État. □ Général ➜ DVD $

ZOOT SUIT ▷4
É.-U. 1981. Drame musical de Luis VALDEZ avec Edward James Olmos, Daniel Valdez et Tyne Daly. - Le procès pour meurtre du chef d'une bande d'adolescents d'origine mexicaine se déroule dans un climat chargé de préjugés. ➜ DVD $

ZORBA LE GREC [Zorba the Greek] ▷3
GRÈ. 1964. Étude de mœurs de Michael CACOYANNIS avec Anthony Quinn, Alan Bates et Irene Papas. - Un jeune écrivain anglais se lie d'amitié avec un Grec exubérant et original. - Adaptation d'un roman de Kazantzakis. Traitement énergique. Mélange habile de comique et de dramatique. A. Quinn remarquable. □ 13 ans+ ➜ DVD $

ZORRO ▷4
ITA. 1975. Aventures de Duccio TESSARI avec Alain Delon, Stanley Baker et Ottavia Piccolo. - Un justicier masqué emprunte l'identité d'un gouverneur assassiné.

ZOUZOU ▷4
FR. 1934. Comédie dramatique de Marc ALLÉGRET avec Joséphine Baker, Yvette Lebon, Jean Gabin et Pola Illery. - Une jeune blanchisseuse mulâtre devient danseuse vedette aux Folies Bergère. □ Général ➜ DVD $

ZULU ▷4
ANG. 1963. Drame historique de Cy ENDFIELD avec Stanley Baker, Michael Caine et Ulla Jacobsson. - Les soldats d'une garnison britannique soutiennent l'assaut d'une troupe de Zoulous. □ Général ➜ DVD $

ZULU DAWN [Ultime attaque, L'] ▷4
ANG. 1979. Drame de guerre de Douglas HICKOX avec Peter O'Toole, Burt Lancaster et Simon Ward. - En 1878, au Natal, le commandant de l'armée britannique envisage une guerre préventive contre les Zoulous. □ Général

ZUS & ZO ▷5
ANG. 2001. Comédie de mœurs de Paula VAN DER OEST avec Monic Hendrickx, Anneke Blok et Sylvia Poorta. - Pour hériter de la villa de ses parents, un jeune gay décide d'épouser une femme, au grand dam de ses trois sœurs. ➜ DVD $

CHIFFRES

.45
É.-U. 2006. Gary LENNON ➜ DVD$

007 QUANTUM *voir* **Quantum of Solace**

1 CHANCE SUR 2 ▷5
FR. 1997. Comédie policière de Patrice LECONTE avec Jean-Paul Belmondo, Alain Delon et Vanessa Paradis. - Poursuivie par la mafia russe, une jeune voleuse de voitures est aidée par deux anciens amants de sa mère, dont l'un serait son père. □ 13 ans+

1-900 (SEX WITHOUT HANGUPS) ▷4
HOL. 1994. Drame de mœurs de Theo VAN GOGH avec Ariane Schluter et Ad Van Kempen. - Chaque semaine, deux solitaires se téléphonent pour partager leurs fantasmes tout en étant d'accord pour ne jamais se rencontrer. □ 18 ans+ · Érotisme

2 ANGLAISES ET LE CONTINENT, LES ▷3
[Two English Girls]
FR. 1971. Drame sentimental de François TRUFFAUT avec Jean-Pierre Léaud, Kika Markham et Stacey Tendeter. - Au tournant du XXe siècle, un jeune Français s'éprend successivement des deux filles d'une amie anglaise de sa mère. - Style sobre et intimiste. Ensemble mené avec une rare maîtrise. Jeu retenu et touchant des deux jeunes actrices anglaises. □ Général

2 DAYS IN PARIS ▷3
FR. 2006. Comédie de mœurs réalisée et interprétée par Julie DELPY avec Adam Goldberg et Albert Delpy. - Pendant un court séjour à Paris, une Française et un Américain vivant à New York sont amenés à remettre leur couple en question. - Agréable exercice d'autofiction. Observations judicieuses sur la complexité de la vie commune et les fossés culturels. Dialogues savoureux. Structure épisodique compensée par une réalisation désinvolte et vivante. Excellents interprètes. □ 13 ans+ ➜ DVD$

2 DAYS IN THE VALLEY [2 jours dans la vallée] ▷4
É.-U. 1996. Drame policier de John HERZFELD avec Danny Aiello, James Spader et Eric Stoltz. - Trahi par son complice après avoir commis un meurtre, un tueur à gages vieillissant se cache dans une riche demeure où il séquestre les occupants. □ 13 ans+ · Violence ➜ DVD$

2 FAST 2 FURIOUS [Rapides et dangereux 2] ▷5
É.-U. 2003. Drame policier de John SINGLETON avec Paul Walker, Tyrese et Eva Mendes. - Deux coureurs automobiles casse-cou sont recrutés par le FBI pour infiltrer l'entourage d'un dangereux criminel. □ 13 ans+ ➜ DVD$

2 HOMMES, 2 FEMMES, 4 PROBLÈMES ▷4
ALL. 1997. Comédie sentimentale de Vivian NAEFE avec Heino Ferch, Aglaia Szyszkowitz et Gedeon Burkhard. - Apprenant que son époux est à Venise avec sa maîtresse, une serveuse allemande part à sa recherche, flanquée de ses enfants et du mari de sa rivale. □ Général

2 JOURS DANS LA VALLÉE *voir* **2 Days in the Valley**

2 SECONDES [2 Seconds] ▷5
QUÉ. 1998. Comédie de mœurs de Manon BRIAND avec Charlotte Laurier, Dino Tavarone et Yves Pelletier. - Devenue courrier à bicyclette à Montréal, une ex-championne de vélo de montagne sympathise avec un ancien coureur cycliste italien. □ Général

2 SIDES OF THE BED, THE
ESP. 2005. Emilio MARTINEZ LAZARO ➜ DVD$

2:37
AUS. 2006. Murali K. THALLURI ➜ DVD$

3 AMIS ▷4
FR. 2007. Comédie de Michel BOUJENAH avec Mathilde Seigner, Pascal Elbé et Kad Merad. - De brouilles en réconciliations, les liens indéfectibles entre trois amis d'enfance. □ Général ➜ DVD$

3 DAYS OF THE CONDOR ▷3
É.-U. 1975. Drame d'espionnage de Sydney POLLACK avec Robert Redford, Faye Dunaway et Cliff Robertson. - Un employé d'un bureau de décodage de la CIA devient fugitif à la suite du massacre de ses collègues. - Scénario rocambolesque mis en scène avec savoir-faire et efficacité. Tension soutenue. Bonne utilisation de décors réels. Interprétation convaincante. □ 13 ans+ ➜ DVD-BR$ DVD$

3 EXTREMES [Three... extremes] ▷3
H.-K. 2004. Drame d'horreur de Fruit CHAN, Park CHAN-WOOK et Takashi MIIKE avec Bai Ling, Lee Byung-Hu et Kyoko Hasegawa. - Trois histoires où des gens ordinaires sont amenés par les circonstances à commettre des actes horribles. - Fables modernes cultivant l'insolite et le macabre avec beaucoup d'imagination. Démonstration impressionnante de la virtuosité des cinéastes. Interprétation plus que satisfaisante. □ 16 ans+ · Horreur ➜ DVD$

3 GODFATHERS ▷4
É.-U. 1949. Western de John FORD avec John Wayne, Harry Carey Jr. et Pedro Armendariz - Trois hors-la-loi en fuite dans le désert prennent en charge un nouveau-né. □ Général ➜ DVD$

3 HOMMES À ABATTRE ▷4
FR. 1980. Drame policier de Jacques DERAY avec Alain Delon, Dalila di Lazzaro et Michel Auclair. - En portant secours à un automobiliste blessé, un homme se trouve entraîné dans une sombre affaire. □ 18 ans+

3 MOUSQUETAIRES, LES ▷4
FR. 1953. Aventures d'André HUNEBELLE avec Georges Marchal, Bourvil et Gino Cervi. - Le chevalier D'Artagnan et ses trois amis mousquetaires remplissent une mission pour le compte de la reine.

3 NEEDLES ▷4
CAN. 2005. Drame social de Thom FITZGERALD. Avec Chloë Sevigny, Lucy Liu et Shawn Ashmore. - Au même moment, sur trois continents, trois histoires mettent en lumière les différents modes de transmission du virus du sida. □ 13 ans+ ➜ DVD$

3 P'TITS COCHONS, LES ▷5
QUÉ. 2007. Comédie dramatique de Patrick HUARD avec Claude Legault, Guillaume Lemay-Thivierge et Paul Doucet. - Tandis que leur mère repose à l'hôpital dans un profond coma, trois frères connaissent diverses mésaventures conjugales et extraconjugales. □ 13 ans+ · Érotisme ➜ DVD$

3 WOMEN ►2
É.-U. 1977. Drame psychologique de Robert ALTMAN avec Shelley Duvall, Sissy Spacek et Janice Rule. - Une jeune fille s'attache à une compagne de travail dont la logeuse peint d'étranges murales. - Film chargé d'images symboliques. Variations insolites sur le thème de l'identité. Climat onirique subtil. Photographie et interprétation admirables. ➜ DVD$

3 WORLDS OF GULLIVER, THE ▷4
[Voyages de Gulliver, Les]
ANG. 1960. Conte de Jack SHER avec Kerwin Mathews, June Thorburn et Jo Morrow. - Un jeune homme échoue dans une île peuplée de nains, puis dans une autre où vivent des géants. □ Général ➜ DVD$

3-IRON ▷4
COR.S. 2004. Drame de mœurs de Kim KI-DUK avec Lee Seung-yeon, Jae Hee et Gweon Hyeok-ho. - Un jeune homme solitaire qui squatte les demeures de diverses personnes tombe un jour sur une femme battue avec qui il prend la fuite. ➜ DVD$

3:10 TO YUMA ▷3
É.-U. 1956. Western de Delmer DAVES avec Glenn Ford, Van Heflin et Felicia Farr. - Un fermier accepte de surveiller un hors-la-loi jusqu'à l'arrivée du train qui l'emmènera en prison. - Récit créant un climat de suspense prenant. Belle photographie. Interprètes solides. □ Général ➜ DVD$

3:10 TO YUMA ▷3
É.-U. 2007. Western de James MANGOLD avec Russell Crowe, Christian Bale et Logan Lerman. - Moyennant récompense, un rancher endetté accepte d'escorter un bandit redoutable jusqu'à la gare d'un village voisin. - Habile remake d'un film de 1957. Scénario bien construit. Mise en scène studieuse et respectueuse des codes du genre. Climat de tension soutenu. Interprétation très solide.
□ 13 ans+ · Violence ➜ DVD-BR$ DVD$

4 FOR TEXAS ▷5
É.-U. 1963. Western de Robert ALDRICH avec Frank Sinatra, Dean Martin et Ursula Andress. - Un shérif malhonnête et un aventurier se disputent la possession d'un magot. ➜ DVD$

4 MOIS, 3 SEMAINES, 2 JOURS ►2
ROU. 2007. Drame social de Cristian MUNGIU avec Anamaria Marinca, Laura Vasiliu et Vlad Ivanov. - En 1987 en Roumanie, la journée éprouvante d'une étudiante qui aide son amie à se faire avorter clandestinement. - Admirable leçon de cinéma. Scénario au scalpel évoquant avec véracité les heures noires du régime de Ceausescu. Climat de tension sourde. Mise en scène précise, épurée, aux longs plans magistralement composés. Jeu à la fois puissant et retenu d'A. Marinca. □ 13 ans+ ➜ DVD$

4e POUVOIR, LE ▷4
FR. 1985. Drame social de Serge LEROY avec Philippe Noiret, Nicole Garcia et Roland Blanche. - Un journaliste et une présentatrice de télévision détiennent des preuves de l'implication du gouvernement français dans un assassinat politique. □ Général

4th FLOOR, THE ▷5
É.-U. 1999. Drame d'horreur de Josh KLAUSNER avec Juliette Lewis, William Hurt et Shelley Duvall. - Récemment installée dans un vieil immeuble d'appartements, une jeune femme est terrorisée par une voisine mystérieuse et recluse. ➜ DVD$

5 CARD STUD [Cinq cartes à abattre] ▷4
É.-U. 1968. Western de Henry HATHAWAY avec Dean Martin, Robert Mitchum et Roddy McDowall. - Un mystérieux assassin se met à tuer ceux qui ont lynché un tricheur. □ Général ➜ DVD$

5 CHILDREN AND IT ▷5
ANG. 2004. Conte de John STEPHENSON avec Freddie Highmore, Kenneth Branagh et Zoe Wanamaker. - Durant la Première Guerre mondiale, des enfants séjournant chez leur oncle excentrique font la connaissance d'une créature capable d'exaucer leurs vœux.
➜ DVD$

PALME D'OR
FESTIVAL DE CANNES
4 mois
3 semaines
2 jours
un film de Cristian Mungiu

© MÉTROPOLE

5 CORNERS ▷4
ANG. 1987. Drame psychologique de Tony BILL avec Jodie Foster, John Turturro et Tim Robbins. - Après avoir fait de la prison pour tentative de viol, un déséquilibré revient dans son quartier de New York pour revoir sa victime. □ 13 ans+

5 DOLLS FOR AUGUST MOON ▷5
[Cinq filles par une nuit chaude d'été]
ITA. 1970. Drame policier de Mario BAVA avec William Berger, Ira Furstenberg et Howard Ross. - Une série de meurtres se commet dans une île où sont réunies dix personnes. ➜ DVD$

5 FINGERS [Affaire Cicéron, L'] ▷3
É.-U. 1952. Drame d'espionnage de Joseph Leo MANKIEWICZ avec James Mason, Danielle Darrieux et Michael Rennie. - Les exploits véridiques de l'espion Ulysse Diello, alias Cicéron, durant la dernière guerre mondiale. - Suspense bien construit. Mise en scène très habile. Interprétation brillante. □ Général

5 X 2 [5x2] ▷4
FR. 2004. Drame de mœurs de François OZON avec Stéphane Freiss, Valeria Bruni-Tedeschi et Géraldine Pailhas. - Cinq étapes distinctes et déterminantes de la vie d'un couple, de la prononciation du divorce à la première rencontre. □ 13 ans+ · Érotisme ➜ DVD$

6IXTYNIN9 [69]
THAÏ. 1999. Pen-Ek RATANARUANG ➜ DVD$

6th DAY, THE [6e jour, Le] ▷5
É.-U. 2000. Science-fiction de Roger SPOTTISWOODE avec Arnold Schwarzenegger, Tony Goldwyn, Michael Rooker et Michael Rapaport. - Dans le futur, un pilote d'hélicoptère découvre qu'il a été remplacé auprès des siens par un clone.
□ 13 ans+ · Violence ➜ DVD-BR$ DVD$

7 ANS DE MARIAGE ▷5
FR. 2003. Comédie de mœurs réalisée et interprétée par Didier BOURDON avec Catherine Frot et Jacques Weber. - Marié depuis sept ans, un urgentologue cherche à raviver la flamme dans son couple en partageant ses fantasmes sexuels avec sa femme.
□ 13 ans+ ➜ DVD$

7 DAYS TO LIVE ▷5
ALL. 2000. Drame d'horreur de Sebastian NIEMANN avec Amanda Plummer, Sean Pertwee et Nick Brimble. - Après le décès tragique de son fils, un couple emménage dans une vieille maison où l'épouse a des visions annonçant sa propre mort. ➜ DVD$

7 FACES OF DR. LAO ▷4
É.-U. 1964. Conte de George PAL avec Tony Randall, Arthur O'Connell et Barbara Eden. - Un mystérieux Chinois présente un curieux spectacle dans un village de l'Ouest. □ Général ➜ DVD$

7 FOIS... (PAR JOUR) ▷6
QUÉ. 1971. Comédie de Denis HÉROUX avec Jean Coutu, Rosanna Schiaffino et Dalia Friedland. - Un architecte canadien installé en Israël souffre d'une propension au donjuanisme. □ 18 ans+

7 MORTS SUR ORDONNANCE ▷3
FR. 1975. Drame psychologique de Jacques ROUFFIO avec Michel Piccoli, Charles Vanel et Gérard Depardieu. - À dix ans d'intervalle, des querelles entre médecins ont des conséquences tragiques dans une ville de province. - Récit complexe. Réalisation adroite et précise. Forte tension dramatique. Peinture de mœurs corrosive. Interprétation exceptionnelle. □ 18 ans+

71 FRAGMENTS OF A CHRONOLOGY OF CHANCE
ALL. AUT. 1994. Michael HANEKE ➜ DVD$

7e CIEL *voir* **Cloud 9**

7h58 CE SAMEDI-LÀ
voir **Before the Devil Knows You're Dead**

7th DAWN, THE ▷5
É.-U. 1964. Drame de Lewis GILBERT avec William Holden, Capucine et Susannah York. - En Malaisie, trois anciens compagnons d'armes doivent sacrifier leur amitié à leur loyauté envers la cause qu'ils défendent. □ Général

7th VOYAGE OF SINBAD, THE ▷4
[Septième voyage de Sinbad, Le]
É.-U. 1958. Conte de Nathan Hertz JURAN avec Kerwin Mathews, Kathryn Grant et Torin Thatcher. - Un hardi marin entreprend un périlleux voyage pour sauver sa fiancée des maléfices d'un magicien.
□ Général ➜ DVD$ DVD-BR$

8 FEMMES [Huit femmes] ▷4
FR. 2001. Comédie policière de François OZON avec Catherine Deneuve, Isabelle Huppert et Emmanuelle Béart. - Dans un manoir isolé, la découverte du maître de maison poignardé dans son lit éveille des soupçons mutuels chez les huit femmes de son entourage immédiat. □ Général ➜ DVD$

8 MILE ▷3
É.-U. 2002. Drame de mœurs de Curtis HANSON avec Eminem, Kim Basinger et Brittany Murphy. - Vivant dans un quartier pauvre de Detroit, un jeune ouvrier blanc aspire à devenir une vedette de la musique hip hop. - Incursion fascinante dans la culture du rap. Milieu dur décrit avec justesse. Réalisation sobre et intimiste. Interprétation énigmatique de la vedette.
□ 13 ans+ · Langage vulgaire ➜ DVD-BR$ DVD$

8 MILLION WAYS TO DIE ▷4
É.-U. 1986. Drame policier de Hal ASHBY avec Jeff Bridges, Rosanna Arquette et Andy Garcia. - Un policier déchu et alcoolique enquête sur le meurtre d'une call-girl qui lui avait demandé son aide pour échapper à son souteneur. □ 13 ans+

8 MM (EIGHT MILLIMETER) ▷5
É.-U. 1999. Drame policier de Joel SCHUMACHER avec Nicolas Cage, Joaquin Phoenix et James Gandolfini. - En enquêtant sur le meurtre présumé d'une adolescente, un détective se retrouve plongé dans le monde de la pornographie clandestine. □ 18 ans+ ➜ DVD$

8 1/2 ▶1
ITA. 1963. Drame psychologique de Federico FELLINI avec Marcello Mastroianni, Anouk Aimée et Sandra Milo. - En cure de repos, un réalisateur prépare de peine et de misère son prochain film. - Scénario fait d'allusions à l'œuvre et à la vie de l'auteur. Ensemble insolite et poétique. Mise en scène magistrale. Jeu souple de M. Mastroianni.
□ Général ➜ DVD$

8 1/2 WOMEN [8 femmes ½] ▷5
ANG. 1999. Comédie dramatique de Peter GREENAWAY avec John Standing, Matthew Delamere et Polly Walker. - À la mort de son épouse, un riche homme d'affaires et son fils réunissent dans leur manoir diverses femmes qui doivent satisfaire leurs désirs sexuels particuliers.
➜ DVD$

9 DEAD GAY GUYS
ANG. 2002. Lab KY MO

9 SONGS ▷5
ANG. 2004. Drame érotique de Michael WINTERBOTTOM avec Kieran O'Brien et Margo Stilley. - Un glaciologue anglais se remémore sa récente liaison avec une jeune étudiante américaine.
□ 18 ans+ · Érotisme ➜ DVD$

9 TO 5 [Comment se débarrasser de son patron] ▷4
É.-U. 1980. Comédie de Colin HIGGINS avec Lily Tomlin, Jane Fonda et Dolly Parton. - Ayant des raisons différentes d'en vouloir à leur patron, trois secrétaires trouvent l'occasion de se venger.
□ Général ➜ DVD$

9 1/2 WEEKS [Neuf semaines et demie] ▷5
É.-U. 1985. Drame psychologique de Adrian LYNE avec Kim Basinger, Mickey Rourke et Margaret Whitton. - Une divorcée fait la rencontre d'un homme d'allure mystérieuse qui l'entraîne progressivement dans ses fantasmes sexuels. □ 18 ans+ ➜ DVD$

10 [Elle] ▷4
É.-U. 1979. Comédie de mœurs de Blake EDWARDS avec Dudley Moore, Julie Andrews et Bo Derek. - Un compositeur de chansons à succès dans la quarantaine est ébloui par la beauté d'une jeune femme qu'il cherche à revoir. □ 13 ans+ ➜ DVD$

10 ITEMS OR LESS
É.-U. 2006. Brad SILBERLING ➜ DVD$

10 RILLINGTON PLACE ▷3
ANG. 1971. Drame policier de Richard FLEISCHER avec Richard Attenborough, John Hurt et Pat Heywood. - Un déséquilibré tue une femme dont le mari est condamné à sa place. - Histoire basée sur une cause célèbre des archives judiciaires anglaises. Traitement réaliste et sobre. Contexte social bien exposé. Interprétation remarquable. □ 13 ans+

10 THINGS I HATE ABOUT YOU ▷5
[10 choses que je déteste de toi]
É.-U. 1999. Comédie sentimentale de Gil JUNGER avec Heath Ledger, Julia Stiles et Larisa Oleynik. - Une adolescente se voit interdire par son père de sortir avec un garçon tant que sa grande sœur revêche n'aura pas elle aussi un compagnon. □ Général ➜ DVD$

10:30 P.M. SUMMER
É.-U. ESP. 1966. Jules DASSIN ➜ DVD$

10th VICTIM *voir* **Dixième victime, La**

11:14 ▷4
É.-U. 2003. Comédie dramatique de Greg MARCKS avec Henry Thomas, Blake Heron et Barbara Hershey. - Dans une petite ville américaine, des liens inattendus émergent entre divers incidents se déroulant presque simultanément. ➜ DVD$

11:59
É.-U. 2005. Jamin WINANS ➜ DVD$

11h11 HELL'S GATE [11h11 les portes de l'enfer]
CAN. 2004. Michael BAFARO ➜ DVD$

12 ▷4
RUS. 2007. Drame judiciaire de Nikita MIKHALKOV avec Sergey Garmash, Sergey Makovetsky et Yuri Stoyanov. - À Moscou, les délibérations d'un jury dans la cause d'un Tchétchène de 18 ans accusé du meurtre de son père adoptif, ancien officier de l'armée russe. □ 13 ans+

12 ANGRY MEN ▶1
É.-U. 1957. Drame psychologique de Sidney LUMET avec Henry Fonda, Lee J. Cobb et Martin Balsam. - La délibération d'un jury dans une affaire de meurtre. - Tour de force de mise en scène dans un espace restreint. Discussions intelligemment et vivement menées. Solide équipe d'interprètes. □ Général ➜ DVD$

12 ANGRY MEN ▷4
É.-U. 1997. Drame judiciaire de William FRIEDKIN avec Jack Lemmon, George C. Scott et Courtney B. Vance . - Les membres d'un jury délibèrent à l'issue du procès d'un jeune latino accusé de meurtre.
□ Général

12 MONKEYS [12 singes] ▷3
É.-U. 1995. Science-fiction de Terry GILLIAM avec Bruce Willis, Brad Pitt et Madeleine Stowe. - Un homme du futur recherche en 1996 l'origine d'un virus mystérieux qui a décimé 99% de l'humanité. - Œuvre complexe inspirée de «La Jetée» de Chris Marker. Vision pessimiste du proche avenir. Réalisation baroque et onirique. Rebondissement parfois déroutants. Interprètes convaincus.
□ 13 ans+ · Violence ➜ DVD$

12h08 À L'EST DE BUCAREST ▷3
ROU. 2006. Comédie de Corneliu PORUMBOIU avec Mircea Andreescu, Teo Corban, Ion Sapdaru. - Seize ans après la chute du communisme en Roumanie, l'animateur d'un talk-show de province tente de savoir si ses concitoyens ont réellement pris part à la révolution. - Réflexion originale et bien articulée sur le courage, l'opportunisme et les dérapages de la mémoire. Scénario étrangement construit comportant deux segments distincts. Humour acide. Mise en scène décalée. Interprétation convaincante. □ Général ➜ DVD$

13 CONVERSATIONS ABOUT ONE THING ▷4
É.-U. 2001. Drame de mœurs de Jill SPRECHER avec John Turturro, Matthew McConaughey et Alan Arkin. - Voyant leur vie bousculée par des événements marquants, quatre personnes de milieux différents s'interrogent sur la poursuite du bonheur. □ Général ➜ DVD$

13 DAYS *voir* **Thirteen Days**

13 GOING ON 30 [13 ans, bientôt 30] ▷4
É.-U. 2004. Comédie fantaisiste de Gary WINICK avec Jennifer Garner, Mark Ruffalo et Judy Greer. - À la suite d'un voeu, une adolescente de 1987 se retrouve en 2004, dans le corps d'une femme de carrière âgée de 30 ans. ➜ DVD$

13 JOURS *voir* **Thirteen Days**

13 RUE MADELEINE ▷4
É.-U. 1946. Drame de guerre de Henry HATHAWAY avec James Cagney, Annabella et Richard Conte. - Des agents secrets américains parachutés en France sont mis en péril par la présence d'un espion allemand dans leur groupe. □ Général ➜ DVD$

13 TZAMETI ▷4
FR. 2005. Thriller de Gela BABLUANI avec Georges Babluani, Pascal Bongard et Aurélien Recoing. - Pensant faire un coup d'argent, un jeune couvreur d'origine géorgienne aboutit dans un dangereux réseau de paris clandestins. □ 18 ans+ · Violence ➜ DVD$

13: GAME OF DEATH
THAÏ. 2006. Chukiat SAKVEERAKUL ➜ DVD $

13th WARRIOR, THE [13e guerrier, Le] ▷5
É.-U. 1999. Aventures de John McTIERNAN avec Antonio Banderas, Vladimir Kulich et Diane Venora. - Un jeune Arabe érudit prête main-forte à des guerriers vikings aux prises avec un clan de barbares cannibales. □ 13 ans+ · Violence ➜ DVD $

14 HOURS *voir* **Fourteen Hours**

15 ANS VOLÉS *voir* **Oldboy**

15-AUG ▷5
FR. 2001. Comédie de mœurs de Patrick ALESSANDRIN avec Richard Berry, Charles Berling et Jean-Pierre Darroussin. - Leurs femmes ayant déguerpi durant les vacances, trois hommes doivent s'occuper seuls des enfants et des tâches ménagères. ➜ DVD $

15 FÉVRIER 1839 ▷4
QUÉ. 2000. Drame historique de Pierre FALARDEAU avec Luc Picard, Frédéric Gilles et Sylvie Drapeau. - En 1839, les dernières vingt-quatre heures en prison de deux patriotes condamnés à mort par les Anglais. □ Général

15 MINUTES ▷5
É.-U. 2001. Drame policier de John HERZFELD avec Robert De Niro, Edward Burns et Karel Roden. - La police recherche deux meurtriers qui espèrent devenir riches et célèbres en filmant leurs crimes avec une caméra vidéo. □ 13 ans+ · Violence ➜ DVD-BR $ DVD $

16 BLOCKS ▷5
É.-U. 2006. Drame policier de Richard DONNER avec Bruce Willis, Mos Def et David Morse. - Alors qu'il escorte à pied un criminel jusqu'au palais de justice, un détective désabusé affronte des collègues désireux d'éliminer son prisonnier.
□ 13 ans+ · Violence ➜ DVD-BR $ DVD $

16 YEARS OF ALCOHOL
ANG. 2003. Richard JOBSON ➜ DVD $

17th BRIDE, THE
ISR. 1985. Nadav LEVITAN ➜ DVD $

18 ANS APRÈS ▷5
FR. 2003. Comédie de mœurs de Coline SERREAU avec Madeleine Besson, André Dussollier et Michel Boujenah. - Les trois pères adoptifs d'une adolescente parisienne partent la rejoindre en Provence où elle passe ses vacances avec sa mère. ➜ DVD $

18 FINGERS OF DEATH
É.-U. 2006. James LEW ➜ DVD $

19 MONTHS ▷5
CAN. 2002. Comédie de Randall COLE avec Benjamin Ratner, Angela Vint et Kari Matchett. - Une petite équipe de cinéma capture sur le vif les tribulations d'un jeune couple en instance de rupture.
➜ DVD $

20 CENTIMETERS
ESP. 2005. Ramon SALAZAR

20 FINGERS
IRAN 2004. Mania AKBARI

20h17 RUE DARLING ▷4
CAN. 2003. Drame psychologique de Bernard ÉMOND avec Luc Picard, Guylaine Tremblay et Diane Lavallée. - Ayant survécu à l'explosion de son immeuble, un ex-journaliste alcoolique cherche un sens à ce drame en fouillant le passé de ses voisins disparus
□ Général ➜ DVD $

21 GRAMS [21 grammes] ▷3
É.-U. 2003. Drame d'Alejandro Gonzalez IÑARRITU avec Sean Penn, Benicio Del Toro et Naomi Watts. - Un accident tragique lie les destins d'un enseignant malade, d'une jeune mère de famille et d'un ex-détenu qui vient en aide aux délinquants. - Regard pénétrant sur la condition humaine et les tournants du destin. Récit labyrinthique multipliant les sauts dans le temps. □ 13 ans+ ➜ DVD-BR $ DVD $

21 HOURS AT MUNICH ▷4
É.-U. 1976. Drame de W.A. GRAHAM avec William Holden, Franco Nero et Shirley Knight. - En 1972, des terroristes s'en prennent aux athlètes israéliens participant aux Jeux olympiques de Munich. ➜ DVD $

24 HEURES DE LA VIE D'UNE FEMME ▷4
FR. 2002. Drame sentimental de Laurent BOUHNIK avec Agnès Jaoui, Michel Serrault et Nikolaj Coster-Waldau. - À Nice, un vieil homme désabusé raconte à une jeune fille l'intense mais brève passion d'une femme vertueuse pour un joueur compulsif au début du XXe siècle.
□ Général · Déconseillé aux jeunes enfants ➜ DVD $

24 HOUR PARTY PEOPLE ▷4
ANG. 2002. Chronique de Michael WINTERBOTTOM avec Steve Coogan, Lennie James et Shirley Anderson. - La carrière du producteur et journaliste Tony Wilson, qui a contribué à l'essor de la scène musicale new wave de Manchester dans les années 1970 et 80.
□ 13 ans+ · Langage vulgaire ➜ DVD $

25 RUE DES SAPEURS [25 Fireman's Street] ▷4
HON. 1973. Drame d'Istvan SZABO avec Rita Bekes, Lucyna Winnicka et Peter Muller. - Durant une chaude nuit d'été, les rêves entremêlés des résidents d'un immeuble de Budapest qui sera bientôt démoli.
□ Général ➜ DVD $

25 WATTS
URU. 2001. Juan Pablo REBELLA et Pablo STOLL

25th HOUR [25e heure, La] ▷4
É.-U. 2002. Drame de mœurs de Spike LEE avec Edward Norton, Philip Seymour Hoffman et Barry Pepper. - À New York, un trafiquant de drogue dispose d'une dernière journée de liberté avant de purger une peine de sept ans de prison.
□ Général · Déconseillé aux jeunes enfants ➜ DVD $

28 DAYS LATER [28 jours plus tard] ▷4
ANG. 2002. Drame d'horreur de Danny BOYLE avec Cillian Murphy, Naomie Harris et Christopher Eccleston. - Quelques individus luttent pour leur survie après qu'une épidémie virale eut transformé les habitants de l'Angleterre en zombies cannibales.
□ 16 ans+ ➜ DVD $ DVD-BR $

28 WEEKS LATER ▷4
ANG. 2007. Drame d'horreur de Juan Carlos FRESNADILLO avec Robert Carlyle, Rose Byrne et Mackintosh Muggleton. - Six mois après que la Grande-Bretagne eut été décimée par le virus de la rage, une nouvelle épidémie éclate. □ 16 ans+ · Violence · Horreur ➜ DVD $ DVD-BR $

29th & GAY
É.-U. 2005. Carrie PRESTON

30-SEP-55 *voir* **September 30, 1955**

32 SHORT FILMS ABOUT GLENN GOULD ▷3
[32 films brefs sur Glenn Gould]
QUÉ. 1993. Film d'essai de François GIRARD avec Colm Feore, Gale Garnett et David Hughes. - Trente-deux tableaux évoquant diverses étapes de la vie et de la carrière du pianiste canadien Glenn Gould. - Mosaïque impressionniste réalisée avec maestria. Ensemble riche et varié. Composition intense de C. Feore. □ Général

36 FILLETTE ▷4
FR. 1987. Drame psychologique de Catherine BREILLAT avec Delphine Zentout, Étienne Chicot et Olivier Parnière. - Une adolescente de 14 ans en vacances avec ses parents à Biarritz aguiche un quadragénaire. □ 18 ans+

36 HOURS [Trente-six heures avant le débarquement] ▷4
É.-U. 1964. Drame d'espionnage de George SEATON avec James Garner, Eva Marie Saint et Rod Taylor. - Un officier américain enlevé par les Allemands réussit à échapper au piège tendu pour le faire parler. □ Général ➜ DVD $

36 QUAI DES ORFÈVRES ▷4
FR. 2004. Drame policier d'Olivier MARCHAL avec Daniel Auteuil, Gérard Depardieu et André Dussollier. - La rivalité entre deux policiers haut gradés qui aspirent à la même promotion a des conséquences tragiques. □ 13 ans+ · Violence ➜ DVD $

36 STEPS
ARG. É.-U. ESP. 2007. Adrian Garcia BOGLIANO

36th CHAMBER OF SHAOLIN
H.-K. 1978. Liu CHIA-LIANG ➜ DVD $

37°2 LE MATIN [Betty Blue] ▷3
FR. 1986. Drame psychologique de Jean-Jacques BEINEIX avec Jean-Hughes Anglade, Béatrice Dalle et Gérard Darmon. - Une jeune femme impulsive tente vainement de trouver un éditeur pour le manuscrit de son ami avec qui elle vit une relation amoureuse passionnée. - Adaptation d'un roman de Philippe Djian. Naturalisme teinté de poésie. Interprétation intense et spontanée. □ 13 ans+

38: VIENNA BEFORE THE FALL
AUT. 1989. Wolfgang GLÜCK

39 STEPS, THE ▷3
ANG. 1935. Drame policier de Alfred HITCHCOCK avec Robert Donat, Madeleine Carroll et Godfrey Tearle. - Un jeune Canadien est mêlé malgré lui à une dramatique affaire d'espionnage. - Scénario fort bien mené. Intérêt dramatique soutenu. Touches humoristiques. Milieu bien caractérisé. Bonne interprétation. □ Général ➔ DVD$

40 DAYS AND 40 NIGHTS ▷5
[40 jours et 40 nuits]
É-U. 2002. Comédie sentimentale de Michael LEHMANN avec Josh Hartnett, Shannyn Sossamon et Vinessa Shaw. - Un jeune tombeur rencontre le grand amour juste après avoir fait voeu de chasteté pour une période de 40 jours. ➔ DVD$

40 YEAR OLD VIRGIN [40 ans et encore puceau] ▷5
É.-U. 2005. Comédie sentimentale de Judd APATOW avec Steve Carell, Catherine Keener et Paul Rudd. - Poussé par ses collègues de travail, un homme au seuil de la quarantaine entreprend de remédier à sa totale inexpérience en matière de sexualité.
□ 13 ans+ · Langage vulgaire ➔ DVD-BR$ DVD$

42nd STREET ▷3
É.-U. 1933. Comédie musicale de Lloyd BACON avec Ruby Keeler, Dick Powell et Warner Baxter. - Un producteur de Broadway lutte contre la maladie pour monter un spectacle qui le sauvera de la faillite. - Classique du genre. Intrigue prétexte à des numéros musicaux remarquables de Busby Berkeley. Interprétation dans la note.
□ Général ➔ DVD$

47 RONIN
JAP. 1994. Kon ICHIKAWA ➔ DVD$

47 RONIN, THE [47 ronins, Les] ►2
JAP. 1942. Drame épique de Kenji MIZOGUCHI avec Arashi Yashisaburo, Mimôsu Mampo et Nakamura Ganemon. - Un seigneur qu'on a forcé à se suicider est vengé par ses guerriers. - Illustration ample et solennelle d'un incident historique. Cadrages d'une élégante rigueur. Interprétation contrôlée. □ Général

48 HOURS ▷4
É.-U. 1982. Drame policier de Walter HILL avec Nick Nolte, Eddie Murphy et James Remar. - Pour retrouver un criminel qui vient de s'évader, un policier fait sortir de prison pour quarante-huit heures un ancien complice du fugitif. □ 18 ans+ ➔ DVD$

49 DAYS
H.-K. 2006. Kin-Lun LAM ➔ DVD$

49th PARALLEL, THE ▷4
ANG. 1940. Drame de guerre de Michael POWELL avec Laurence Olivier, Eric Portman et Leslie Howard. - L'équipage d'un sous-marin allemand coulé sur les côtes du Canada tente de rejoindre les États-Unis, alors pays neutre. □ Général ➔ DVD$

52 PICK-UP ▷4
É.-U. 1986. Drame policier de John FRANKENHEIMER avec Roy Scheider, Ann-Margret et John Glover. - Les maîtres-chanteurs d'un industriel qui refuse de payer tuent sa maîtresse et font en sorte qu'il puisse être accusé de ce meurtre. □ 13 ans+ ➔ DVD$

54 ▷5
É.-U. 1998. Drame de mœurs de Mark CHRISTOPHER avec Ryan Phillippe, Mike Myers et Neve Campbell. - Les tribulations d'un jeune barman d'origine modeste qui travaille dans une discothèque fréquentée par des célébrités. □ 13 ans+ ➔ DVD$

55 DAYS AT PEKING ▷4
É.-U. 1963. Drame de Nicholas RAY avec Charlton Heston, Ava Gardner et David Niven. - En 1900, l'attaque du quartier international de Pékin par les Boxers. □ Général

84 CHARING CROSS ROAD [Poste restante] ▷3
ANG. 1986. Chronique de David JONES avec Anne Bancroft, Anthony Hopkins et Judi Dench. - Un libraire londonien et une écrivaine américaine développent une amitié en entretenant une correspondance durant plus de vingt ans. - Récit riche en observations de mœurs et en touches psychologiques. Traitement subtil et délicat. Interprétation remarquable. □ Général ➔ DVD$

84 CHARLIE MOPIC ▷4
É.-U. 1988. Drame de guerre de Patrick DUNCAN avec Jonathan Emerson, Richard Brooks et Jason Tomlins. - En 1969, un caméraman militaire accompagne un peloton de soldats en mission de reconnaissance dans la brousse au Viêt-nam. □ 13 ans+

99 FRANCS ▷4
Fr. 2007. Comédie satirique de Jan KOUNEN avec Jean Dujardin, Jocelyn Quivrin et Patrick Mille. - Un rédacteur publicitaire riche, cynique et cocaïnomane se remet en question à la suite d'une rupture amoureuse et d'un revers professionnel. □ 13 ans+ ➔ DVD$

100$ POUR LE SHÉRIF *voir* **True Grit**

100 DAYS BEFORE THE COMMAND
RUS. 1990. Hussein ERKENOV ➔ DVD$

100 MEN AND A GIRL ▷4
É.-U. 1937. Comédie musicale de Henry KOSTER avec Deanna Durbin, Adolphe Menjou et Mischa Auer. - Forts de l'encouragement d'une fillette débrouillarde, des musiciens sans emploi forment un nouvel orchestre. □ Général

100 RIFLES ▷5
É.-U. 1968. Western de Tom GRIES avec Jim Brown, Burt Reynolds et Raquel Welch. - Un shérif de race noire poursuit un voleur de banque au Mexique. ➔ DVD$

100 YEARS OF OLYMPIC GLORY ▷4
É.-U. 1996. Documentaire de Bud GREENSPAN. - Rétrospective des événements qui ont marqué l'histoire des Jeux olympiques.

101 DALMATIANS [101 dalmatiens] ▷3
É.-U. 1961. Dessins animés de Wolfgang REITHERMAN, Hamilton LUSKE et Clyde GERONIMI. - Un couple de dalmatiens se lance à la recherche de ses chiots kidnappés par une femme cruelle. - Ton comique parfois assez mordant. Rythme habilement maintenu. Dessin stylisé et poétique. Animation aux mouvements énergiques et fluides. Production de Walt Disney. □ Général ➔ DVD$

101 REYKJAVIK ▷4
ISL. 2000. Comédie de mœurs de Baltasar KORMAKUR avec Hilmir Snaer Gudnason, Victoria Abril et Hanna Maria Karlsdottir. - Un jeune homme de 28 ans sans emploi et vivant chez sa mère est troublé par l'arrivée d'une amie de celle-ci, une Espagnole sulfureuse.

200 MOTELS ▷5
É.-U. 1971. Spectacle musical de Frank ZAPPA et Tony PALMER. - Dans un motel d'une petite ville américaine, Frank Zappa et son groupe musical répètent et échangent des propos divers. □ 13 ans+

300 ▷4
É.-U. 2007. Drame de guerre de Zack SNYDER avec Gerard Butler, Lena Headey et Vincent Regan. - En 480 avant Jésus-Christ, le roi de Sparte Léonidas combat avec seulement 300 hommes l'immense armée du souverain perse Xerxès. □ 13 ans+ · Violence ➔ DVD$ DVD-BR$

301, 302
COR. 1995. Cheol-Su PARK ➔ DVD$

317e SECTION, LA ▷3
FR. 1965. Drame de guerre de Pierre SCHOENDOERFFER avec Bruno Cremer, Jacques Perrin et Pierre Fabre. - En Indochine, une section française tente de rejoindre une colonne de renfort. - Souci d'authenticité. Photographie bien adaptée au sujet. □ Général

400 COUPS, LES [400 Blows, The] ►1
FR. 1958. Drame psychologique de François TRUFFAUT avec Jean-Pierre Léaud, Albert Rémy et Claire Maurier. - Le drame d'un adolescent mal compris par ses parents et ses maîtres. - Premier film marquant de la Nouvelle Vague. Plaidoyer bouleversant sur l'enfance mal aimée. Mélange innovateur de poésie et de réalisme. Interprétation naturelle et désarmante de J.-P. Léaud. □ Général ➔ DVD-BR$ DVD$

633 SQUADRON ▷4
É.-U. 1964. Drame de guerre de Walter GRAUMAN avec Cliff Robertson et Maria Perschy. - Une escadrille de bombardiers reçoit pour mission de détruire une usine allemande en Norvège. ➔ DVD$

800 BULLETS
ESP. 2002. Alex DE LA IGLESIA

976 EVIL ▷6
E.-U. 1988. Drame d'horreur de R. Englund avec Stephen Goeffreys, Sandy Dennis et Patrick O'Bryan. - Étant rentré en communication téléphonique avec le diable, un adolescent se transforme en démon et trouble la paix d'une petite ville californienne.

1000 EYES OF DR. MABUSE, THE
voir **Diabolique Dr. Mabuse, Le**

1408 ▷4

É.-U. 2007. Drame d'horreur de Mikael HAFSTROM avec John Cusack, Samuel L. Jackson et Mary McCormack. - Un spécialiste en phénomènes paranormaux séjourne dans une chambre d'hôtel ayant la réputation d'être hantée. □ 13 ans+ · Horreur ➔ DVD$ DVD-BR$

1492: CONQUEST OF PARADISE ▷5

[1492: Christophe Colomb]

ANG. 1992. Drame historique de Ridley SCOTT avec Gérard Depardieu, Armand Assante et Sigourney Weaver. - Les principales étapes de la découverte du Nouveau Monde par le navigateur génois Christophe Colomb. □ 13 ans+ · Violence

1776 ▷4

É.-U. 1972. Comédie musicale de Peter H. HUNT avec William Daniels, Howard Da Silva et Ken Howard. - Les représentants des colonies américaines réunis à Philadelphie s'entendent pour signer une déclaration d'indépendance. □ Général

1860 ▷4

ITA. 1933. Drame historique d'Alessandro BLASETTI avec Antonio Gulino, Aita Bella et Toto Maiorana. - Un jeune montagnard sicilien s'engage dans les troupes de Garibaldi lors de la guerre d'indépendance de l'Italie. □ Général

1900 ▷3

ITA. 1976. Drame social de Bernardo BERTOLUCCI avec Burt Lancaster, Robert De Niro et Gérard Depardieu. - Au long d'un demi-siècle, l'amitié entre un propriétaire terrien et un ouvrier agricole passe par de rudes épreuves. - Vision lyrique, riche en notations sociales et folkloriques. Vaste fresque à la mise en scène maîtrisée. Didactisme transparent vers la fin. Distribution de classe. □ 13 ans+ ➔ DVD$

1918 ▷3

É.-U. 1984. Drame psychologique de Ken HARRISON avec William Converse-Roberts, Hallie Foote et Matthew Broderick. - En 1918 dans un village du Texas, un père de famille contribuant à l'effort de guerre est atteint de la grippe espagnole. - Adaptation d'une pièce de Horton Foote inspirée de ses antécédents familiaux. Délicatesse dans l'approche. Climat de rêverie poétique. Interprétation mariant avec bonheur réserve et sensibilité. □ Général

1941 ▷4

É.-U. 1979. Comédie de Steven SPIELBERG avec John Belushi, Toshiro Mifune et Bobby DiCicco. - En décembre 1941, un sous-marin japonais sème la panique sur la côte Ouest des États-Unis. ➔ DVD$

1969 ▷5

É.-U. 1988. Comédie dramatique d'Ernest THOMPSON avec Kiefer Sutherland, Robert Downey Jr. et Bruce Dern. - Au printemps de 1969, deux collégiens joignent les rangs de mouvements contestataires. ➔ DVD$

1984 ▷4

ANG. 1956. Science-fiction de Michael ANDERSON avec Edmond O'Brien, Michael Redgrave et Jan Sterling. - Dans un pays totalitaire de l'avenir, un homme et une femme commettent le crime de s'éprendre l'un de l'autre.

1984 ▷3

ANG. 1984. Science-fiction de Michael RADFORD avec John Hurt, Richard Burton et Suzanna Hamilton. - Malgré les interdictions d'un régime totalitaire, un homme entretient une liaison clandestine avec une collègue. - Adaptation habile du roman de George Orwell. Traitement fidèle à la vision futuriste des années 1940. Illustration impressionnante. Interprétation juste. □ 13 ans+

2001: A SPACE ODYSSEY ►1

[2001: Odyssée de l'espace]

ANG. 1968. Science-fiction de Stanley KUBRICK avec Keir Dullea, Gary Lockwood et William Sylvester. - Une expédition se dirige vers Jupiter après la découverte d'une mystérieuse stèle sur la Lune. - Anticipation intelligente aux aspects fascinants. Mouvement ample et envoûtant. Composition visuelle magistrale. Interprètes bien dirigés. □ Général ➔ DVD$ DVD-BR$

2010: THE YEAR WE MAKE CONTACT ▷4

[2010: L'Année du premier contact]

É.-U. 1984. Science-fiction de Peter HYAMS avec Roy Scheider, Helen Mirren et John Lithgow. - Une expédition spatiale est à la recherche d'un astronef américain disparu près de Jupiter en l'an 2001. □ Général ➔ DVD$ DVD-BR$

2046 ▷3

CHI. 2004. Drame sentimental de WONG Kar-Wai avec Tony Leung Chiu-wai, Zhang Ziyi et Gong Li. - De retour à Hong Kong en 1966, un ex-journaliste qui écrit un roman de science-fiction est hanté par un amour perdu. - Intrigue labyrinthique mêlant fiction et réalité sur des thèmes d'anticipation et de romance. Ton nostalgique. Poème visuel hallucinant. Mise en scène flamboyante. Interprétation un peu somnambulesque. □ Général · Déconseillé aux jeunes enfants ➔ DVD$

20,000 LEAGUES UNDER THE SEA

É.-U. 1916. Stuart PATON

20,000 LEAGUES UNDER THE SEA ▷3

[20 000 lieues sous les mers]

É.-U. 1954. Science-fiction de Richard FLEISCHER avec Kirk Douglas, James Mason et Peter Lorre. - Au milieu du XIXe siècle, un savant et deux compagnons sont recueillis à bord d'un submersible mystérieux. - Adaptation habile d'un roman de Jules Verne. Décors fantastiques. Trucages réussis. Excellente interprétation. □ Général ➔ DVD$

LES DOCUMENTAIRES

À FORCE DE RÊVES ▷4
QUÉ. 2006. Documentaire de Serge GIGUÈRE. - Trois hommes et deux femmes, âgés entre 72 et 94 ans, témoignent de leur joie de vivre et des passions qui les animent encore au soir de leur vie.
□ Général ➔ DVD $

ABEL GANCE ET SON NAPOLÉON
[Abel Gance, hier et demain]
FR. 1963. Nelly KAPLAN ➔ DVD $

ACADIE, L'ACADIE, L' ▷3
QUÉ. 1970. Documentaire de Pierre PERRAULT et Michel BRAULT. - En février 1968, les étudiants de l'Université de Moncton, au Nouveau-Brunswick, organisent une marche sur l'hôtel de ville pour réclamer le respect du bilinguisme. - Montage habilement concerté. Exemple type de cinéma pris sur le vif. Atmosphère bien rendue. □ Général

ACCROS AU PLASTIQUE *voir* **Addicted to Plastic**

ACTION: THE OCTOBER CRISIS OF 1970 ▷4
[Événements d'octobre 1970, Les]
CAN. 1974. Documentaire de Robin SPRY. - Réunion, dans un ordre chronologique strict, d'un certain nombre de documents d'actualité relatifs à la crise d'octobre 1970. □ Général

ADAGIO POUR UN GARS DE BICYCLE ▷3
QUÉ. 2008. Documentaire de Pascale FERLAND. - Quarante-cinq ans et un grave accident de moto plus tard, René Bail entreprend de compléter son film-phare, «Les Désœuvrés». - Portrait fascinant d'un cinéaste méconnu. Approche sensible sans être complaisante. Réalisation et montage inspirés. Confidences touchantes de R. Bail.
□ Général

ADDICTED TO PLASTIC [Accros au plastique]
CAN. 2009. Ian CONNACHER ➔ DVD $

AGRONOMIST, THE [Agronome, L'] ▷3
É.-U. 2003. Documentaire de Jonathan DEMME. - Portrait du journaliste haïtien Jean Dominique, qui a été un grand défenseur des droits humains dans son pays avant d'être assassiné en avril 2000. - Étude du personnage et de ses idéaux allant de pair avec un efficace rappel historique. Document d'une indéniable valeur politique, humaine et artistique. Montage à la fois discret et très inventif.
□ Général ➔ DVD $

AIGLE AVAIT DEUX TÊTES, L' *voir* **Hitler: The Whole Story**

AIR DU PAYS, L' *voir* **Echoes of Home**

AIR GUITAR NATION ▷4
É.-U. 2006. Documentaire musical d'Alexandra LIPSITZ. - Présentation du phénomène culturel appelé air guitar et de ses principaux artisans
□ Général ➔ DVD $

ALIAS WILL JAMES ▷4
QUÉ. 1988. Documentaire de Jacques GODBOUT. - Évocation de la vie d'Ernest Dufault, un Québécois qui se fit passer pour un cow-boy de l'Ouest et qui connut plusieurs succès littéraires. □ Général

ALIENS OF THE DEEP
É.-U. 2004. James CAMERON et Steven QUALE ➔ DVD $

ALMONDS AND RAISINS ▷4
ANG. 1983. Documentaire de Russ KAREL. - L'histoire du cinéma yiddish américain des années 1930 qui a engendré plus de 300 films dont la plupart sont tombés dans l'oubli. □ Général

AMAZING EARTH ▷4
É.-U. Documentaire. - Les étapes marquantes de la formation géologique de notre planète.

AMERICAN DREAM ▷4
É.-U. 1990. Documentaire de Barbara KOPPLE. - Évocation d'un conflit de travail dans une manufacture alimentaire du Minnesota en 1984.
□ Général

AMERICAN HARDCORE ▷4
É.-U. 2006. Documentaire de Paul RACHMAN. - Histoire du mouvement «hardcore punk» aux États-Unis. □ 13 ans+
Langage vulgaire ➔ DVD $

AMERICAN MOVIE ▷4
É.-U. 1999. Documentaire de Chris SMITH. - Un cinéaste en herbe de trente ans s'efforce de terminer un court métrage avec l'aide de parents et amis. □ 13 ans+ ➔ DVD $

AMERICAN SWING
É.-U. 2008. Matthew KAUFMAN et Jon HART ➔ DVD $

AMERICANO ▷4
QUÉ. 2007. Documentaire de Carlos FERRAND. - De la Patagonie à l'Arctique, un cinéaste québécois d'origine péruvienne part à la rencontre de vieux amis et des membres de sa famille. ➔ DVD $

ANDRÉ MATHIEU: MUSICIEN ▷4
QUÉ. 1993. Documentaire de Jean-Claude LABRECQUE. - Évocation de la vie tragique et de l'œuvre méconnue d'André Mathieu, pianiste et compositeur québécois décédé à l'âge de 39 ans.

ANDY WARHOL - LIFE AND DEATH
voir **Vies et morts d'Andy Warhol**

ANGELIC CONVERSATION, THE
ANG. 1985. Derek JARMAN □ Général

ANIMAL LOVE
AUT. 1995. Ulrich SEIDL ➔ DVD $

ANIMAUX AMOUREUX, LES [Animals in Love] ▷5
FR. 2007. Documentaire de Laurent CHARBONNIER. - La reproduction animale, des rites de séduction jusqu'à la mise bas.
□ Général ➔ DVD $

ANNA 6-18 ▷3
RUS. 1993. Documentaire de Nikita MIKHALKOV. - Sur une période de vingt ans, un cinéaste russe questionne sa fille sur ses désirs, ses peurs et ses aspirations. - Œuvre empreinte d'un bel humanisme. Ensemble riche sur le plan psychologique et philosophique. Tableau émouvant de la Russie. Montage percutant. Commentaires des plus révélateurs. □ Général

ANNE FRANK REMEMBERED ▷3
É.-U. 1995. Documentaire de Jon BLAIR. - Diverses personnes qui ont côtoyé Anne Frank tracent un portrait de cette victime de l'Holocauste rendue célèbre par le journal qu'elle tint pendant la Seconde Guerre mondiale. - Nombreux témoignages émouvants et révélateurs. Travail de recherche exemplaire. Portrait nuancé de l'héroïne.
□ Général ➔ DVD $

ANSEL ADAMS: A DOCUMENTARY FILM ▷3
É.-U. 2002. Documentaire de Ric BURNS. - La vie et l'œuvre du photographe Ansel Adams, auteur de magnifiques clichés en noir et blanc de l'Ouest américain. - Hommage vibrant à un grand artiste disparu en 1984. Réalisation inspirée. Témoignages éloquents.

ANTICOSTE, L' ▷3
QUÉ. 1986. Documentaire de Bernard GOSSELIN. - Évocation de souvenirs historiques relatifs aux caractères sociaux et géographiques de l'île d'Anticosti. - Sujet agréablement présenté. Traitement exhaustif. Information riche et bien articulée. □ Général

ANTONIO GAUDI ▷3
JAP. 1985. Documentaire de Hiroshi TESHIGAHARA. - Hommage à l'œuvre unique et fascinante de l'architecte espagnol Antonio Gaudi. - Document privilégiant l'image et la musique plutôt que la narration. Illustration d'un lyrisme en parfaite symbiose avec le sujet. Excellente bande sonore composée par Toru Takemitsu. ➔ DVD $

ARAKIMENTARI
É.-U. 2004. Travis KLOSE

ARBRE AUX BRANCHES COUPÉES, L' ▷4
QUÉ. 2004. Documentaire de Pascale FERLAND. - Deux retraités russes témoignent de leur vie sous le régime soviétique, de leurs difficultés présentes et de leur passion pour la peinture. ➔ DVD $

ARCHE DE VERRE, L' ▷4
QUÉ. 1994. Documentaire de Bernard GOSSELIN. - Rétrospective des étapes ayant mené à la création du Biodôme de Montréal.
□ Général

ARISTOCRATS, THE ▷5
É.-U. 2005. Documentaire de Paul PROVENZA. - Des humoristes américains évoquent une blague célèbre dans leur milieu, caractérisée par sa très grande vulgarité. □ 18 ans+ · Langage vulgaire ➔ DVD $

ARNOLD LE MAGNIFIQUE *voir* **Pumping Iron**

ATELIER DE MON PÈRE, L' ▷4
CAN. 2007. Documentaire de Jennifer ALLEYN. - La vie et l'œuvre du peintre québécois Edmund Alleyn (1931-2004) à travers le regard de sa fille cinéaste. □ Général ➔ DVD $

ATOMIC CAFE, THE ▷4
É.-U. 1982. Film de montage de Jayne LOADER, Kevin et Pierce RAFFERTY. - Assemblage de documents de l'après-guerre traitant de la bombe atomique. □ Général ➔ DVD $

ATTILA 74: THE RAPE OF CYPRUS
GRÈ. 1974. Michael CACOYANNIS ➔ DVD $

AUTOPORTRAIT ▷4
QUÉ. 1962. Film de montage de Guy GLOVER. - Analyse de l'évolution du cinéma canadien. □ Général

AVANT-CINÉ, L' [Film before Film] ▷4
ALL. 1985. Documentaire de Werner NEKES. - Évocation des recherches et expérimentations tentées, avant l'invention du cinématographe, pour donner l'illusion d'une image en mouvement. □ Général

AVIS D'UN FOU, L' ▷4
QUÉ. 2004. Film d'essai de François GOURD et Martin LEBLANC. - Autobiographie fantaisiste du performeur, clown et entarteur François Gourd. ➔ DVD $

AYN RAND: A SENSE OF LIFE ▷4
É.-U. 1998. Documentaire de Michael PAXTON. - Biographie de la romancière et philosophe américaine Ayn Rand, rendue célèbre par le livre «The Fountainhead». ➔ DVD $

BARAKA: WORLD BEYOND WORDS ▷3
É.-U. 1992. Documentaire de Ron FRICKE. - Observations de divers aspects de l'activité humaine et animale sur notre planète. □ Général ➔ DVD DVD-BR $

BARBIERS - UNE HISTOIRE D'HOMMES ▷4
CAN. 2006. Documentaire de Claude DEMERS. - Des barbiers de toutes origines parlent de leur passion du métier et de leur inquiétude face à l'avenir. □ Général ➔ DVD $

BEASTIE BOYS - AWESOME I ... SHOT THAT! ▷4
É.-U. 2006. Documentaire musical de Nathaniel HORNBLOWER. - Spectacle de la formation hip-hop Beastie Boys en octobre 2004 au Madison Square Garden de New York. ➔ DVD $

BEATLES ANTHOLOGY, THE ▷4
ANG. 1995. Documentaire de Bob SMEATON. - Évocation chronologique de la carrière du célèbre groupe musical anglais «The Beatles». ➔ DVD $

BEFORE STONEWALL ▷4
É.-U. 1984. Documentaire de Greta SCHILLER. - Les efforts tentés par les homosexuels pour affirmer leurs droits avant les années 1970. ➔ DVD $

BELLE PAIX, LA
QUÉ. 2006. Olivier TÉTREAULT ➔ DVD $

BERGMAN ISLAND
SUÈ. 2004. Marie NYREROD ➔ DVD $

BERKELEY IN THE SIXTIES ▷3
É.-U. 1990. Documentaire de Mark KITCHELL. - La montée et le déclin de la contestation étudiante à l'université de Berkeley au cours des années 1960. - Ensemble assez percutant. Approche intéressante. Sujet traité de façon fouillée. Réalisation alerte. □ Général ➔ DVD $

BERLIN, SYMPHONY OF A GREAT CITY ►1
[Berlin, symphonie d'une grande ville]
ALL. 1927. Documentaire de Walther RUTTMANN. - Diverses impressions de la ville de Berlin au cours d'une même journée. - Mélange fascinant d'observations documentaires, d'expérimentations techniques, de poésie urbaine et de contemplation. Travail très poussé sur les cadrages, les trucages optiques et le montage. Effets sonores et musique utilisés avec art. Ensemble constituant un remarquable document historique sur le Berlin des années 1920. □ Général ➔ DVD $

BIG ONE, THE ▷4
É.-U. 1997. Documentaire de Michael MOORE. - Un cinéaste parcourt les États-Unis afin d'enquêter sur la situation des travailleurs face aux politiques de rentabilité maximum des grandes compagnies. □ Général ➔ DVD $

BIGGER, STRONGER, FASTER ▷4
É.-U. 2008. Documentaire de Chris BELL. - Regard critique sur le monde sportif et le phénomène du dopage. ➔ DVD $

BILLY WILDER SPEAKS
É.-U. 2006. Volker SCHLÖNDORFF et Gisela GRISCHOW ➔ DVD $

BIRD NOW ▷4
BEL. 1987. Documentaire de Marc HURAUX. - La vie, les succès et les malheurs du célèbre jazzman Charlie Parker. □ Général

BIRTH OF A GOLEM
FR. 1990. Amos GITAÏ ➔ DVD $

BLACK FOX, THE ▷4
É.-U. 1963. Film de montage de Louis Clyde STOUMEN. - Évocation de la carrière d'Hitler, de la montée du nazisme à son écroulement. □ Général

BLACK SUN
ANG. 2005. Gary TARN ➔ DVD $

BLACK WHITE + GREY: A PORTRAIT OF SAM WAGSTAFF AND ROBERT MAPPLETHORPE
É.-U. 2007. James CRUMP ➔ DVD $

BLEUS AU CŒUR, LES ▷4
QUÉ. 1987. Documentaire de Suzanne GUY. - Quelques détenues de la Maison Tanguay parlent de leur situation et des circonstances qui les ont conduites à la détention. □ Général

BLIND SPOT: HITLER'S SECRETARY ▷4
AUT. 2002. Documentaire d'André HELLER et Othmar SCHMIDERER. - Les confidences d'une secrétaire d'Adolf Hitler, de son entrée en fonction en 1942 jusqu'aux derniers jours du Führer dans son bunker. □ Général ➔ DVD $

BLOOD IN THE FACE ▷4
É.-U. 1991. Documentaire de Kevin RAFFERTY et Anne BOHLEN et J. RIDGEWAY. - Historique du mouvement néonazi aux États-Unis et portraits de quelques-uns de ses adeptes. □ 18 ans+ ➔ DVD $

BLOOD OF A POET *voir* **Sang d'un poète, Le**

BLUE WATER, WHITE DEATH ▷5
É.-U. 1971. Documentaire de P. GIMBEL et J. LIPSCOMB. - Les étapes d'une expédition visant à prendre des photos sous-marines des évolutions d'un requin, spécimen géant de son espèce. ➔ DVD $

BODY WITHOUT SOUL
POL. 1996. Wiktor GRODECKI ➔ DVD $

BORN IN FLAMES [Guerrières, Les] ▷5
É.-U. 1983. Science-fiction de Lizzie BORDEN avec Honey, Jeanne Satterfield et Adele Bertei. - Dix ans après la révolution socialiste américaine, divers groupes de féministes insatisfaites cherchent à s'entendre sur une action commune. □ Général ➔ DVD $

BORN INTO BROTHELS [Nés dans un bordel] ▷3
É.-U. 2004. Documentaire de Ross KAUFFMAN et Zana BRISKI. - Une photographe britannique vient en aide à des enfants vivant dans les bordels de Calcutta. - Portrait sans fard d'un milieu d'une pauvreté extrême. Utilisation éloquente de la photographie. Montage fluide. Protagonistes d'une grande spontanéité. ➔ DVD $

BOWLING FOR COLUMBINE [Bowling à Columbine] ▷3
É.-U. 2002. Documentaire de Michael MOORE - Enquête sur la fascination des Américains pour les armes à feu, qui va de pair avec un besoin maladif de sécurité. - Critique impétueuse et provocante de la société et des politiques américaines. Tableau à la fois choquant et satirique. Style documentaire d'une grande verve. Utilisation percutante de films d'archives. □ 13 ans+ ➔ DVD $

BOYS OF BARAKA, THE
É.-U. 2005. Heidi EWING et Rachel GRADY ➔ DVD $

BRAVOURE ET LE MÉPRIS, LA *voir* **Valour and the Horror**

BREASTS: A DOCUMENTARY ▷4
É.-U. 1996. Documentaire de M. SPADOLA. - Une vingtaine de femmes témoignent de l'importance qu'occupent les seins dans leur vie.

BRIEF HISTORY OF TIME, A ▷3
[Brève histoire du temps, Une]
ANG. 1992. Documentaire d'Errol MORRIS. - Le physicien Stephen Hawking explique sa théorie sur la formation de l'univers et sur l'évolution de celui-ci. - Propos illustrés avec précision par des effets spéciaux impeccables. Anecdotes biographiques et notions scientifiques subtilement liées. Traitement soigné. □ Général

BROTHER'S KEEPER ▷3
É.-U. 1992. Documentaire de Joe BERLINGER et Bruce SINOFSKY. - Les membres d'une petite localité organisent la défense d'un vieux fermier accusé du meurtre de son frère. - Portrait bouleversant empreint d'une grande délicatesse et d'une poésie légèrement austère. Réalisation assurée et souvent inventive. Charisme des intervenants mis à profit. □ Général ➔ DVD $

BUENA VISTA SOCIAL CLUB ▷4
ALL.-É.-U. 1999. Documentaire de Wim WENDERS. - Des musiciens cubains des années 1930 connaissent une renommée mondiale après avoir été redécouverts par un guitariste américain.
□ Général ➜ DVD $

BUKOWSKI: BORN INTO THIS
É.-U. 2003. John DULLAGHAN ➜ DVD $

BUSINESS OF BEING BORN, THE ▷4
É.-U. 2008. Documentaire d'Abby EPSTEIN. - Plaidoyer en faveur de l'accouchement naturel comme remède au taux alarmant de mortalité infantile et de césariennes non justifiées dans les hôpitaux américains. ➜ DVD $

CAFFÈ ITALIA MONTRÉAL ▷4
QUÉ. 1985. Documentaire de Paul TANA avec Pierre Curzi, Toni Nardi et Aldo Nova. - Kaléidoscope de l'expérience italienne au Québec.

CALCUTTA ▷3
FR. 1968. Documentaire de Louis MALLE. - Images prises sur le vif de la vie dans la ville de Calcutta en Inde. - Document éloquent offrant des éléments de réflexion sur la misère et les inégalités sociales du tiers-monde. Nombreux aspects abordés en peu de temps. Réalisation de qualité.

CALLE 54 ▷4
ESP. 2000. Documentaire de Fernando TRUEBA. - Un voyage dans l'univers du jazz latino à travers des performances de musiciens de différents pays. □ Général ➜ DVD $

CAPTURING THE FRIEDMANS ▷3
É.-U. 2003. Documentaire d'Andrew JARECKI. - Reportage sur l'enquête ayant mené en 1987 à la condamnation d'un professeur retraité et de son fils pour agressions sexuelles sur des enfants. - Description intimiste d'une famille dysfonctionnelle. Critique nuancée du système judiciaire américain. ➜ DVD $

CARMEN MIRANDA: BANANAS IS MY BUSINESS ▷4
É.-U. 1995. Documentaire de Helena SOLBERG et David MEYER. - Évocation de la vie tumultueuse et de la courte carrière de l'actrice brésilienne Carmen Miranda. □ Général

CASA, LA ▷4
QUÉ. 1986. Documentaire de Michel RÉGNIER. - En Équateur, un homme pauvre décide de construire une case en bois sur pilotis pour loger sa nombreuse famille. □ Général

CASA LOMA: JOURNAL DE BORD ▷4
Can. 2002. Documentaire de Carlos FERRAND. - L'aventure collective vécue par une troupe de théâtre expérimental formée par la comédienne et metteure en scène Pol Pelletier. □ Général

CATS OF MIRIKITANI, THE
É.-U. 2006. Linda HATTENDORF ➜ DVD $

CAUCHEMAR DE DARWIN, LE [Darwin's Nightmare] ▷3
FR. 2004. Documentaire de Hubert SAUPER. - En Tanzanie, malgré le commerce florissant de la perche du Nil, la population vit dans un dénuement extrême, décimée par la famine et le sida. - Constat implacable des ravages de la colonisation et de la mondialisation. Observations d'un réalisme saisissant. Témoignages empreints de détresse. Réalisation d'une sobriété exemplaire. ➜ DVD $

CE QU'IL RESTE DE NOUS ▷3
QUÉ. 2004. Documentaire de François PRÉVOST et Hugo LATULIPPE. - Une Québécoise née de parents tibétains en exil retourne là-bas pour diffuser clandestinement un message d'espoir du dalaï-lama. - Remarquable plaidoyer en faveur de la liberté du peuple tibétain. Démarche courageuse illustrant l'ampleur de la répression. Regard critique sur l'efficacité de la non-violence comme moyen de contestation. Montage intelligent. □ Général ➜ DVD $

CELLULOID CLOSET, THE [De l'ombre à la lumière] ▷4
É.-U. 1995. Documentaire de Rob EPSTEIN et Jeffrey FRIEDMAN. - Survol des changements d'attitude face à l'homosexualité depuis le début du cinéma hollywoodien. □ 13 ans+ ➜ DVD $

CHAGRIN ET LA PITIÉ, LE [Sorrow and the Pity, The] ▷3
SUI. 1969. Documentaire de Marcel OPHÜLS. - À l'aide d'interviews et de bandes d'actualités, le film fait revivre la période de l'occupation allemande en France. - Bain d'époque aidant à comprendre la complexité des événements et les diverses nuances d'opinion. Montage intelligent. Reflet de l'histoire contemporaine respectueux des faits et des personnes. □ Général ➜ DVD $

CHANT DE LA FORÊT, LE *voir* **Cry of the Wild**

CHEMIN BRUT DE LISETTE ET LE ROMAIN, LE ▷4
QUÉ. 1995. Documentaire de Richard BOUTET. - Deux patients ayant passé de nombreuses années dans un hôpital psychiatrique apprivoisent leurs traumatismes à travers la réalisation de peintures.

CHEMINS DE MARIE, LES [On the Road with Mary]
QUÉ. 2006. DIVERS ➜ DVD $

CHER FIDEL, L'HISTOIRE DE MARITA ▷4
ALL. 2000. Documentaire de Wilfried HUISMANN - Le destin hors du commun de l'ancienne espionne Marita Lorenz, qui fut la maîtresse de Fidel Castro.

CHEZ SCHWARTZ ▷4
CAN. 2006. Documentaire de Garry BEITEL. - Une année dans la vie d'un petit restaurant montréalais reconnu pour ses sandwiches à la viande fumée. □ Général ➜ DVD $

CHOIX D'UN PEUPLE, LE ▷5
QUÉ. 1985. Documentaire de Hugues MIGNAULT. - Évocation de l'un des événements marquants de l'histoire politique du Québec: le référendum de 1980. □ Général

CHRISTO À PARIS ▷4
FR. 1990. Documentaire de David et Albert MAYSLES. - Les efforts déployés par l'artiste Christo pour convaincre les autorités parisiennes de le laisser recouvrir le Pont-Neuf avec du tissu.

CHRONIQUE D'UN GÉNOCIDE ANNONCÉ ▷4
CAN. 1996. Documentaire de Danièle LACOURSE et Yvan PATRY. - La genèse, le déroulement et les lendemains du tragique génocide rwandais de 1994. □ Général

CIAO, FEDERICO! ▷4
É.-U. 1970. Documentaire de Gideon BACHMANN. - Reportage sur les méthodes de travail du cinéaste Federico Fellini. □ Général

CIEL ET LA BOUE, LE [Sky Above, the Mud Below, The] ▷3
FR. 1960. Documentaire de Pierre-Dominique GAISSEAU. - Ce film raconte une expédition franco-néerlandaise dans des territoires encore inconnus de la Nouvelle-Guinée. - Sincérité et vérité des images. Commentaire sobre et intelligent. Scènes délicates.

CINÉMA ET RÉALITÉ
QUÉ. 1966. Clément PERRON et Georges DUFAUX

CINÉMA, CINÉMA ▷4
QUÉ. 1985. Documentaire de Gilles CARLE et Werner NOLD. - Évocation de 25 ans de cinéma de l'Office national du film. □ Général

CINEMANIA ▷4
É.-U. 2002. Documentaire d'Angela CHRISTLIEB et Stephen Kijak. - Portraits de cinq New-Yorkais qui passent l'essentiel de leur temps à voir des films dans les différents cinémas répertoire de leur ville. □ Général

CINEMATIC ORCHESTRA: MAN WITH THE MOVIE CAMERA
voir **Man with the Movie Camera, The**

CITÉ INTERDITE, LA ▷4
CAN. 2006. Documentaire de Philippe CALDERON. - Au Burkina Faso, une termitière est attaquée par des millions de fourmis carnivores. □ Général ➜ DVD $

CITIZEN BLACK
CAN. 2004. Documentaire de Debbie MELNYK. - Les bons coups et les déboires qui ont jalonné la carrière du magnat de la presse internationale Conrad Black. ➜ DVD $

CLASSE DE MADAME LISE, LA ▷4
QUÉ. 2005. Documentaire de Sylvie GROULX. - Une année dans la vie d'une enseignante du primaire et de ses élèves issus d'un quartier multiethnique et défavorisé de Montréal. □ Général ➜ DVD $

CLAUDE SAUTET OU LA MAGIE INVISIBLE ▷4
FR. 2003. Documentaire de N.T. BINH. - Peu avant sa mort en juillet 2000, Claude Sautet accorde un entretien au cours duquel il évoque sa carrière et son métier de metteur en scène. □ Général ➜ DVD $

CLOWNS, LES ►2
ITA. 1969. Documentaire de Federico FELLINI. - Un réalisateur célèbre présente sa vision personnelle du monde du cirque. - Mélange de grotesque et de mélancolie savamment dosé avec une chaude humanité. Grande richesse imaginative. Séquence finale particulièrement colorée. □ Général

COCAINE COWBOYS ▷4
É.-U. 2006. Documentaire de Billy CORBEN. - Au début des années 1980, le parcours de deux barons colombiens de la cocaïne qui ont imposé leur loi à Miami en faisant régner la violence et la peur. ➔ DVD $

COMIC BOOK CONFIDENTIAL ▷4
CAN. 1988. Documentaire de Ron MANN. - Tour d'horizon de l'histoire de la bande dessinée américaine. □ Général ➔ DVD $

COMME EN CALIFORNIE ▷4
QUÉ. 1983. Documentaire de Jacques GODBOUT. - Les répercussions sur le milieu québécois de certaines mœurs contemporaines issues de la Californie.

COMMON THREADS: STORIES FROM THE QUILT ▷4
É.-U. 1989. Documentaire de Robert EPSTEIN et Jeffrey FRIEDMAN. - Évocation de la vie de cinq victimes du sida à l'occasion de la confection d'une courtepointe géante en leur mémoire.

COMMUNE
É.-U. 2005. Jonathan BERMAN ➔ DVD $

CONFORT ET L'INDIFFÉRENCE, LE ▷3
QUÉ. 1981. Documentaire de Denys ARCAND. - Aperçus de la campagne du référendum au Québec pendant le printemps 1980 entrecoupés de commentaires tirés de l'œuvre de Machiavel. - Utilisation ingénieuse de textes classiques sur la politique. Ton cynique et engagé. Montage astucieux. □ Général

CONGO: WHITE KING, RED RUBBER, BLACK DEATH
ALL. ANG. AUT. BEL. CAN. DAN. FIN. FR. HOL. 2004. Peter BATE

CONQUÊTE DU GRAND ÉCRAN, LA ▷3
QUÉ. 1996. Documentaire d'André GLADU. - Évocation de 100 ans de cinéma au Québec. - Ensemble bien documenté. Mélange heureux d'archives, de dramatisation et d'interviews. Montage vivant.

CONTROL ROOM [Média sous contrôle] ▷3
É.-U. 2004. Documentaire de Jehane NOUJAIM. - Durant l'invasion de l'Irak, les reportages de la chaîne d'information en langue arabe Al-Jazeera suscitent la controverse en contredisant la rhétorique des médias officiels américains. - Documentaire lucide sur le journalisme en temps de guerre. Analyse éclairante de la perception par le monde arabe de l'occupation américaine. Approche à la fois discrète et fort attentive faisant confiance à l'intelligence du spectateur. Montage alerte. □ Général ➔ DVD $

CORPORATION, THE ▷3
CAN. 2003. Documentaire de Mark ACHBAR et Jennifer ABBOTT. - Divers intervenants tracent un portrait psychologique des grandes multinationales qui dominent le monde. - Analyse étoffée d'un sujet fort ambitieux. Bon dosage d'entrevues, de films d'archives et d'exposé sociopolitique. Montage orienté selon les vues altermondialistes. Touches humoristiques parfois forcées. □ Général ➔ DVD $

COURANTS MEURTRIERS *voir* **Deadly Currents**

COURTESANS OF BOMBAY, THE ▷4
ANG. 1983. Documentaire d'Ismail MERCHANT. - La vie des habitants d'un immeuble de Bombay où des jeunes filles chantent et dansent pour un auditoire masculin. □ Général ➔ DVD $

COUSIN BOBBY ▷4
É.-U. 1992. Documentaire de Jonathan DEMME. - Portrait d'un pasteur épiscopalien de Harlem qui s'implique activement dans sa communauté afin d'améliorer la qualité de vie de ses paroissiens.

CRAZY SEXY CANCER ▷4
É.-U. 2007. Documentaire de Kris CARR. - Le combat de la réalisatrice pour trouver un traitement au cancer rare et incurable dont elle est atteinte donne de façon inattendue un nouveau sens à sa vie. ➔ DVD $

CREATIVE PROCESS: NORMAN McLAREN ▷4
[Génie créateur de Norman McLaren, Le]
CAN. 1990. Documentaire de Donald McWILLIAMS. - Évocation de la carrière du cinéaste canadien Norman McLaren. □ Général

CROSSING THE BRIDGE - THE SOUND OF ISTANBUL ▷4
[Crossing the Bridge - le son d'Istanbul]
ALL. 2005. Documentaire musical de Fatih AKIN. - En compagnie du bassiste allemand Alexander Hacke, le cinéaste Fatih Akin explore les différents courants musicaux de la métropole turque. □ Général ➔ DVD $

CRUMB ▷3
É.-U. 1994. Documentaire de Terry ZWIGOFF. - Portrait de Robert Crumb, un des chefs de file de la bande dessinée underground aux États-Unis. - Document exceptionnel tourné sur une période de dix ans. Franchise et impudeur des propos recueillis. Témoignages révélateurs. Montage dynamique. □ 13 ans+ ➔ DVD $

CRY OF THE WILD [Chant de la forêt, Le] ▷4
CAN. 1974. Documentaire de Bill MASON. - Les expériences d'un naturaliste qui étudie les mœurs des loups. □ Général

CULT OF THE SUICIDE BOMBER
ANG. 2005. Kevin TOOLIS ➔ DVD $

D.W. GRIFFITH - FATHER OF FILM ▷3
ANG. 1993. Documentaire de Kevin BROWNLOW et David GILL. - Évocation de la carrière et des méthodes de travail du cinéaste américain David Wark Griffith. - Téléfilm réunissant plusieurs documents percutants. Montage minutieux d'extraits de films et de témoignages. Sélection remarquablement cohérente et homogène.

DARFUR NOW ▷4
É-U. 2007. Documentaire de Theodore BRAUN. - Évocation de la crise du Darfour à travers l'engagement de six personnes. ➔ DVD $

DARK DAYS [Jours sombres] ▷3
É.-U. 2000. Documentaire de Marc SINGER. - Des sans-abri ayant élu domicile dans les tunnels du métro de New York racontent comment ils vivent au jour le jour. - Portrait révélateur d'une société clandestine. Accent placé sur l'aspect humain. Images rugueuses. Valeur ethnographique indéniable. □ Général

DARWIN'S NIGHTMARE *voir* **Cauchemar de Darwin, Le**

DAVE CHAPPELLE'S BLOCK PARTY ▷4
É.-U. 2005. Documentaire musical de Michel GONDRY. - L'humoriste Dave Chappelle organise un important concert de musique hip-hop et R&B à Brooklyn. □ Général · Déconseillé aux jeunes enfants ➔ DVD $

DAYTONA ▷4
CAN. 2003. Documentaire de Martin FOURNIER. - Venus à Daytona pour s'éclater durant la période de relâche scolaire du printemps, six jeunes Québécois vivent diverses frustrations. - Expérience intéressante de cinéma-vérité débouchant sur une démystification du rêve américain. Portrait amer et désenchanté d'une certaine jeunesse québécoise. Mélange habile de témoignages, d'observations neutres et de création d'atmosphère. □ 13 ans+ ➔ DVD $

DE L'AUTRE CÔTÉ DU PAYS ▷4
QUÉ. 2007. Documentaire de Catherine HÉBERT. - Aperçu des répercussions tragiques pour les habitants de l'Ouganda du Nord de la guerre civile qui y dure depuis 20 ans. ➔ DVD $

DE L'OMBRE À LA LUMIÈRE *voir* **Celluloid Closet, The**

DE MAO À MOZART
voir **From Mao to Mozart: Isaac Stern in China**

DEADLY CURRENTS [Courants meurtriers] ▷4
CAN. 1991. Documentaire de Simcha JACOBOVICI. - Évocation de la réalité quotidienne du conflit israélo-palestinien dans les territoires occupés.

DEAR AMERICA: LETTERS HOME FROM VIETNAM ▷3
É.-U. 1987. Documentaire de Bill COUTURIÉ. - Images d'archives sur la guerre du Viêt-nam accompagnées sur la bande sonore par la lecture de lettres envoyées à leurs familles par des soldats. - Œuvre issue d'un long travail de recherche et de montage. Ensemble d'une souplesse et d'une complexité impressionnantes. Documents d'archives bien choisis et d'un réalisme souvent saisissant. □ Général ➔ DVD $

DEATH IN GAZA ▷4
ANG. 2004. Documentaire de James MILLER. - Reportage sur des enfants palestiniens vivant dans la zone israélo-arabe de la bande de Gaza. ➔ DVD $

DECADE UNDER THE INFLUENCE, A ▷4
É.-U. 2003. Documentaire de Ted DEMME et Richard LaGRAVENESE. - Portrait de la nouvelle génération de cinéastes et d'interprètes qui ont apporté du sang neuf au cinéma hollywoodien au tournant des années 1960 et 70. ➔ DVD $

DEDICATED LIFE, A
JAP. 1994. Kazuo HARA

DÉFI DES VAGUES, LE *voir* **Step into Liquid**

DEFINITIVE DALI: A LIFETIME RETROSPECTIVE, THE ▷4
ANG. 1989. Documentaire d'Adam LOW. - La vie de l'artiste multidisciplinaire Salvador Dali, un des représentants les plus excentriques du mouvement surréaliste.

DELIVER US FROM EVIL ▷3
É.-U. 2006. Documentaire d'Amy BERG. - Le scandale des prêtres pédophiles, longtemps étouffé par les instances de l'Église catholique américaine, vu par un des agresseurs, ses victimes et leurs familles. - Travail d'enquête mené avec rigueur. Traitement cinématographique épuré. Nombreux témoignages bouleversants. ➔ DVD $

DERNIER CONTINENT, LE ▷4
QUÉ. 2007. Documentaire de Jean LEMIRE. - L'équipage du voilier Sedna IV, composé de scientifiques et de cinéastes, passe une année en Antarctique pour observer les changements climatiques. □ Général ➔ DVD $

DERRIÈRE L'IMAGE ▷4
QUÉ. 1978. Documentaire de Jacques GODBOUT. - Étude des différentes étapes de la préparation d'émissions d'information à la télévision.

DES LUMIÈRES DANS LA GRANDE NOIRCEUR ▷4
QUÉ. 1991. Documentaire de Sophie BISSONNETTE. - Profil de Léa Roback, octogénaire qui a milité toute sa vie dans des mouvements syndicalistes et féministes. □ Général

DES MUFFINS POUR GRAND-MAMAN *voir* **Muffins for Granny**

DEVIL AND DANIEL JOHNSTON ▷3
É.-U. 2005. Documentaire de Jeff FEUERZEIG. - Portrait de Daniel Johnston, un artiste multidisciplinaire talentueux souffrant de maniaco-dépression. - Hommage à une figure inclassable de la scène musicale américaine. Montage impressionnant d'archives personnelles, d'extraits de concert et de reconstitutions dramatiques. Témoignages touchants et parfois impudiques. □ Général ➔ DVD $

DIEUX DU STADE, LES [Olympia: Part I & II] ▷3
ALL. 1936. Documentaire de Leni RIEFENSTAHL. - Les moments les plus marquants des Jeux olympiques de 1936 à Berlin. - Document fascinant sur le plan historique en tant que manifestation de la propagande nazie. Prouesses sportives bien mises en valeur par la caméra et le montage. □ Général ➔ DVD $

DIGNITÉ DU PEUPLE, LA ▷4
ARG. 2005. Documentaire de Fernando E. SOLANAS. - À la suite de la crise économique de 2001 en Argentine, divers citoyens floués et appauvris relèvent la tête et tentent de regagner leur dignité. □ Général ➔ DVD $

DISCOVERY: GALAPAGOS-BEYOND DARWIN ▷3
ALL. 1962. Documentaire de H. SIELMANN. - Confortant la théorie de l'évolution de Darwin, des animaux en provenance d'Amérique du Sud se sont adaptés aux conditions de vie des îles Galapagos. - Sujet intéressant traité avec une grande rigueur. Quelques images saisissantes. Discrète habileté du montage.

DOGORA - OUVRONS LES YEUX ▷5
FR. 2004. Film d'essai de Patrice LECONTE. - Différentes tranches de vie urbaine et rurale saisies sur le vif au Cambodge. □ Général ➔ DVD $

DOTTIES GETS SPANKED
É.-U. 1993. Todd HAYNES ➔ DVD $

DOUBLE DARE ▷4
É.-U. 2003. Documentaire d'Amanda MICHELL. - À Hollywood, la rencontre entre deux cascadeuses, la sexagénaire Jeannie Epper et la jeune Néo-Zélandaise Zoe Bell.

DRESS REHEARSAL: THE BRAVE HURR'S TA'ZIEH
IRAN. DIVERS

DU GRAND LARGE AUX GRAND LACS ▷4
QUÉ. 1982. Documentaire de Jacques-Yves COUSTEAU. - L'équipe du commandant Cousteau explore les eaux du Saint-Laurent.

DURS À CUIRE ▷4
QUÉ. 2007. Documentaire de Guillaume SYLVESTRE. - Incursion dans l'intimité de deux chefs cuisiniers réputés de Montréal, qui se font les champions des produits du terroir. □ Général ➔ DVD $

EAST SIDE STORY ▷4
ALL. 1997. Film de montage de Dana RANGA et Andrew HORN. - Anthologie d'extraits de comédies musicales tournées à partir du début des années19 30 jusqu'aux années 1960 dans les pays de l'Est. □ Général

ECHOES OF HOME [Air du pays, L']
ALL. SUI. 2007. Stefan SCHWIETERT ➔ DVD $

ELIA KAZAN: A DIRECTOR'S JOURNEY ▷3
É.-U. 1995. Documentaire de Richard SCHICKEL. - Évocation de la carrière et des méthodes de travail du cinéaste Elia Kazan. - Téléfilm réunissant plusieurs documents percutants. Montage minutieux d'extraits de films et de témoignages. Sélection cohérente et homogène. □ Général

ELLE S'APPELLE SABINE ▷4
FR. 2007. Documentaire de Sandrine BONNAIRE. - L'actrice Sandrine Bonnaire filme le quotidien de sa sœur Sabine, une autiste de 38 ans qui vit dans un centre pour handicapés intellectuels en Charente. ➔ DVD $

ELVIS ON TOUR ▷4
É.-U. 1972. Documentaire de Robert ABEL et Pierre ADIDGE. - Reportage sur une tournée du chanteur Elvis Presley dans plusieurs grandes villes américaines. □ Général

EN DERNIER RECOURS
QUÉ. 1987. Jacques GODBOUT □ Général

ENCOUNTERS AT THE END OF THE WORLD ▷3
É.-U. 2007. Documentaire de Werner HERZOG. - Le réalisateur allemand Werner Herzog se rend en Antarctique pour rencontrer des scientifiques et se familiariser avec leurs recherches. - Réflexion très personnelle sur l'avenir de l'humanité. Intervenants aussi colorés que surprenants. Images insolites et envoûtantes. Quelques trouvailles sonores percutantes. ➔ DVD DVD-BR $

ENDLESS SUMMER ▷4
É.-U. 1966. Documentaire de B. BROWN. - Deux jeunes Américains pratiquent le surfing aux quatre coins du monde. ➔ DVD $

ENDLESS SUMMER II ▷5
É.-U. 1994. Documentaire de B. BROWN. - Deux jeunes surfeurs parcourent le monde en quête des plus belles vagues à conquérir. ➔ DVD $

ENFANTS DE LUMIÈRE, LES ▷4
FR. 1995. Film de montage d'André ASSEO, Pierre BILLARD, Alain CORNEAU, Claude MILLER, Claude SAUTET. - 100 ans de cinéma français racontés à travers quelque 300 extraits de films et de documents de tournage regroupés sous divers thèmes.

ENFANTS DE REFUS GLOBAL, LES ▷4
QUÉ. 1997. Documentaire de Manon BARBEAU. - Les répercussions qu'a eues le manifeste du Refus global sur certains enfants de signataires qui ont fait passer leur rôle d'artiste avant celui de parent. □ Général

ENIGMA - VARIATIONS
ANG. 2004 ➔ DVD $

ENRON - THE SMARTEST GUYS IN THE ROOM ▷3
[Enron - les affaires sont les affaires]
É.-U. 2005. Documentaire d'Alex GIBNEY. - Chronique des événements ayant mené à la retentissante faillite de la compagnie américaine Enron à la fin de 2001. - Œuvre bien documentée et solidement structurée. Portrait dévastateur d'une clique de dirigeants d'entreprise et de courtiers arrogants et âpres au gain. Plusieurs révélations révoltantes. Réalisation vivante agrémentée d'un humour ironique décapant. □ Général ➔ DVD $

ENTRE LES MAINS DE MICHEL TREMBLAY
QUÉ. 2007. Adrian WILLS ➔ DVD $

ERREUR BORÉALE, L' ▷4
QUÉ. 1999. Documentaire de Richard DESJARDINS et Robert MONDERIE. - Enquête sur l'état de santé précaire de la forêt boréale québécoise. □ Général ➔ DVD $

ESCAPE TO CANADA ▷4
CAN. 2005. Documentaire d'Albert NERENBERG. - En 2003, la décriminalisation de la marijuana et la légalisation des mariages gais ont transformé la perception du Canada à l'étranger. □ Général ➔ DVD $

ESPOIR VIOLENT, L' ▷4
QUÉ. 1988. Documentaire de Nicola ZAVAGLIA. - Entretiens avec des personnes qui ont été soignées pour maladies mentales. □ Général

EST-CE AINSI QUE LES HOMMES VIVENT? ▷4
QUÉ. 1992. Documentaire de Guy SIMONEAU. - Des hommes d'âges et de milieux différents racontent leur mal de vivre et le cheminement qu'ils ont entrepris pour s'épanouir. □ Général ➜ DVD $

ÊTRE ET AVOIR ▷3
FR. 2002. Documentaire de Nicolas PHILIBERT. - Incursion pendant presque toute une année scolaire dans le quotidien d'une classe unique d'une petite école française de niveau primaire en région rurale. - Regard objectif et sans fard sur le monde de l'enfance et de l'éducation. Portrait chaleureux d'un enseignant dévoué. Réalisation attentive aux détails. Sujets à l'aise devant la caméra. ➜ DVD $

ÉVÉNEMENTS D'OCTOBRE 1970, LES
voir **Action: The October Crisis of 1970**

EXILES, THE ▷3
É.-U. 1989. Documentaire de Richard KAPLAN. - Des intellectuels et des artistes européens qui ont échappé aux persécutions nazies en se réfugiant aux États-Unis racontent leur exil. - Mélange d'interviews et de documents d'époque. Nombreux aspects intéressants. Montage efficace. □ Général

EXPOSED - THE MAKING OF A LEGEND
É.-U. 2005. DIVERS

EYES OF TAMMY FAYE, THE ▷4
É.-U. 1999. Documentaire de Fenton BAILEY et Randy BARBATO. - Les nombreux déboires et scandales subis par Tammy Faye, l'ancienne épouse du télévangéliste Jim Bakker. ➜ DVD $

F FOR FAKE ▷3
É.-U. 1973. Documentaire de Orson WELLES. - Présentation d'éléments d'information sur deux faussaires célèbres. - Éléments de réflexion sur les faux-semblants et la vérité dans la pratique de l'art. Utilisation habile des mots et des images. O. Welles très à l'aise en commentateur facétieux. □ Général ➜ DVD $

FABULOUS! - THE STORY OF QUEER CINEMA ▷4
É.-U. 2006. Documentaire de Lisa ADES et Lesli KLAINBERG. - Évolution du thème de l'homosexualité dans le cinéma américain, depuis les années 1940 jusqu'à nos jours. ➜ DVD $

FAHRENHEIT 9/11 ▷3
É.-U. 2004. Documentaire de Michael MOORE. - Reportage critique sur les quatre ans de présidence de George W. Bush, marqués par les attentats du 11 septembre 2001 et la guerre en Irak. - Charge virulente bombardant le spectateur d'observations percutantes. Expérience souvent forte en émotion. Utilisation éloquente de films d'archives et d'actualités. Touches satiriques propres à l'auteur. Présence sobre de M. Moore dans son rôle de narrateur. □ Général ➜ DVD $

FAITH WITHOUT FEAR
voir **Oser sa foi - la quête d'Irshad Manji**

FAMILY ▷4
DAN. 2001. Documentaire de Sami SAIF et Phie AMBO. - Après la mort de son frère et de sa mère, un cinéaste part à la recherche de son père qui a abandonné les siens plusieurs années auparavant.

FANGORIA BLOOD DRIVE **[Fangoria Blood Drive 1]**
É.-U. . DIVERS ➜ DVD $

FANTÔME DE L'OPÉRATRICE, LE
[Phantom of the Operator, The]
QUÉ. 2004. Caroline MARTEL ➜ DVD $

FAR FROM POLAND
É.-U. 1984. Jill GODMILOW

FAST FOOD NATION ▷4
ANG. 2006. Comédie satirique de Richard LINKLATER avec Catalina Sandino Moreno, Greg Kinnear et Ashley Johnson. - Le responsable du marketing d'une chaîne de restauration rapide découvre dans quelles conditions douteuses est produite la viande hachée.
□ 13 ans+ ➜ DVD $

FAST, CHEAP AND OUT OF CONTROL ▷4
É.-U. 1997. Documentaire d'Errol MORRIS avec Dave Hoover, George Mendonça et Ray Mendez. - Quatre hommes œuvrant dans des domaines fort différents évoquent le rapport particulier qu'ils entretiennent avec le monde animal, végétal et robotique.
□ Général ➜ DVD $

FELLINI ROMA ►2
ITA. 1971. Documentaire de Federico FELLINI avec Peter Gonzales, Britta Barnes et Fionna Florence. - Vision personnelle de l'auteur de la ville éternelle depuis la découverte qu'il en fit jusqu'à l'idée qu'il a de sa permanence. - Fresque variée et pittoresque. Suite de visions poétiques extravagantes et baroques. Transposition de la réalité en images colorées dans le style propre au réalisateur.
□ 13 ans+ ➜ DVD $

FELLINI: JE SUIS UN GRAND MENTEUR ▷4
[Fellini: I'm a Born Liar]
FR. 2001. Documentaire de Damian PETTIGREW. - Portrait du cinéaste italien Federico Fellini par le biais d'une série d'entrevues réalisées en 1992, un an avant sa mort. □ Général ➜ DVD $

FEMME OUBLIÉE, LA *voir* **Forgotten Woman, The**

FIANCÉS DE LA TOUR EIFFEL, LES ▷4
QUÉ. 1993. Documentaire de Gilles BLAIS. - Sept déficients intellectuels québécois participent en France à un festival de théâtre pour artistes handicapés mentaux. □ Général

FIELD DIARY/ARENA OF MURDER
ISR. 1982. Amos GITAÏ

FIFA FEVER
2004. DIVERS

FIGHT FOR TRUE FARMING, THE
voir **Pas de pays sans paysans**

FILLE DU JUGE, LA
FR. 2006. William KAREL ➜ DVD $

FILM BEFORE FILM *voir* **Avant-ciné, L'**

FILTH AND THE FURY, THE ▷4
ANG. 1999. Documentaire de Julien TEMPLE. - Portrait du groupe The Sex Pistols, figure de proue du mouvement punk anglais du milieu des années 1970. □ Général
Langage vulgaire ➜ DVD $

FIRE ON THE MOUNTAIN ▷4
É.-U. 1996. Documentaire de Beth et George GAGE. - L'histoire d'un régiment de l'armée américaine dont les membres ont été spécialement entraînés pour combattre les nazis en montagnes.

FLEUVE HUMAIN ▷4
QUÉ. 2006. Documentaire de Sylvain L'ESPÉRANCE. - Rencontre avec les habitants du delta du Niger, dont l'existence est pulsée par les humeurs du fleuve. ➜ DVD $

FOG OF WAR, THE ▷3
É.-U. 2003. Documentaire d'Errol MORRIS. - Entrevue avec Robert S. McNamara, qui fut Secrétaire à la Défense sous les administrations de John F. Kennedy et Lyndon B. Johnson. - Fascinante leçon d'histoire illustrée par de nombreux films d'archives fort éloquents. Portrait nuancé d'un homme politique intelligent mais rempli de contradictions. Montage souple et vivant. ➜ DVD $

FOR ALL MANKIND ▷3
É.-U. 1989. Documentaire d'Al REINERT. - Meilleurs extraits des deux mille heures de pellicule filmées par les 24 astronautes des missions Apollo. - Puissance évocatrice des images. Précision remarquable. Musique envoûtante. □ Général ➜ DVD DVD-BR $

FORBIDDEN LOVE ▷4
CAN. 1992. Documentaire d'Aerlyn WEISSMAN et Lynne FERNIE. - Des Canadiennes ayant vécu leur jeunesse dans les années 1950 racontent leurs cheminements amoureux et social en tant que lesbiennes.
□ 13 ans+

FORCIER: «EN ATTENDANT...» ▷5
QUÉ. 1988. Documentaire de Marc-André BERTHIAUME et Yves BÉLANGER. - Évocation de la carrière du cinéaste québécois André Forcier.

FORGOTTEN WOMAN, THE **[Femme oubliée, La]** ▷5
CAN. 2008. Documentaire de Dilip MEHTA. - Regard sur les veuves indiennes qui, ostracisées par la société et leurs familles, mènent une existence de pénitence et de misère dans les ashrams.
□ Général ➜ DVD $

FOUR DAYS IN NOVEMBER ▷4
[Quatre jours en novembre]
É.-U. 1964. Film de montage de Mel STUART - Récit des événements qui ont entouré la mort du président des États-Unis, J.F. Kennedy.

FRAGMENTS D'IRAK [Iraq in Fragments] ▷4
É.-U. 2006. Documentaire de James LONGLEY. - Illustration du quotidien des Sunnites, Chiites et Kurdes depuis l'invasion américaine de l'Irak en 2003. □ Général · Déconseillé aux jeunes enfants ➔ DVD$

FRANCŒUR: EXIT POUR NOMADES ▷5
QUÉ. 1992. Documentaire de Pierre BASTIEN avec Lucien Francœur, Jerry Snell et Vic Vogel. - Portrait du poète rocker de l'avant-garde québécoise Lucien Francœur. □ Général ➔ DVD$

FRANÇOIS GIRARD EN TROIS ACTES ▷4
QUÉ. 2005. Documentaire de Mathieu ROY. - Réflexions du metteur en scène François Girard pendant la production d'une pièce à Montréal, d'un oratorio à New York et d'un opéra à Toronto. ➔ DVD$

FRANK LLOYD WRIGHT ▷3
É.-U. 1997. Documentaire de Ken BURNS et L. NOVICK. - La carrière et l'œuvre avant-gardiste de Frank Lloyd Wright, véritable pilier de l'architecture américaine du XXe siècle. - Téléfilm au sujet bien cerné et bien documenté. Traitement approprié. Montage vivant.
□ Général ➔ DVD$

FROM MAO TO MOZART: ISAAC STERN IN CHINA ▷3
[De Mao à Mozart]
É.-U. 1980. Documentaire de Murray LERNER avec Isaac Stern, David Golub et Tan Shuzhen. - Le voyage en Chine du violoniste américain Isaac Stern. - Mise en valeur de la personnalité du musicien. Aspects touristiques et sociologiques intéressants. Beaux moments d'émotion.
□ Général

FROM THE JOURNALS OF JEAN SEBERG ▷3
É.-U. 1995. Documentaire de Mark RAPPAPORT avec Mary Beth Hurt. - Évocation de la vie et de la carrière de l'actrice américaine Jean Seberg. - Vision désabusée et cinglante de l'industrie du cinéma. Analyse intéressante de l'image de la femme au cinéma. Interprétation sensible de Mary Beth Hurt. □ Général

GAME OVER: KASPAROV AND THE MACHINE ▷4
CAN. 2003. Documentaire de Vikram JAYANTI. - Enquête sur la partie d'échecs tenue en 1997 à New York entre le champion Garry Kasparov et un ordinateur conçu par IBM. □ Général ➔ DVD$

GANGSTER TRÈS BRITISH, UN
voir **Very British Gangster, A**

GARBAGE WARRIOR
ANG. 2007. Oliver HODGE ➔ DVD$

GARDIENS DU SILENCE, LES *voir* **Silent Witness**

GATES OF HEAVEN
É.-U. 1978. Errol MORRIS □ Général

GAY SEX IN THE SEVENTIES [Gay Sex in the 70's] ▷4
É.-U. 2005. Documentaire de Joseph F. LOVETT. - Chronique de la culture gay new-yorkaise dans les années 1970, après les émeutes de Stonewall et avant l'apparition du sida. ➔ DVD$

GÉNÉRAL IDI AMIN DADA ▷4
FR. 1974. Documentaire de Barbet SCHROEDER. - Enregistrement des déclarations du président de la république de l'Ouganda sur sa conception du gouvernement et la politique d'autres hommes d'État.
□ Général ➔ DVD$

GÉNÉRATION 101, LA ▷4
QUÉ. 2008. Documentaire de Claude GODBOUT. - Portrait de différents jeunes immigrants et de leur intégration à la société québécoise.
➔ DVD$

GENESIS ▷3
FR. 2004. Documentaire de Claude NURIDSANY et Marie PÉRENNOU avec Sotigui Kouyaté. - Un griot africain raconte la création du monde, l'apparition de la vie sur Terre ainsi que l'évolution des espèces animales. - Approche poétique de diverses théories scientifiques. Images magnifiques et fort évocatrices. Musique envoûtante. Présence chaleureuse de S. Kouyaté. ➔ DVD$

GÉNIE CRÉATEUR DE NORMAN MCLAREN, LE
voir **Creative Process: Norman McLaren**

GENOCIDE ▷4
É.-U. 1981. Documentaire de Arnold SCHWARTZMAN. - Evocation de l'extermination de millions de Juifs par les Nazis pendant la guerre 39-45. ➔ DVD$

GEORGE GERSHWIN REMEMBERED ▷4
ANG. 1987. Documentaire de P. ADAM. - La vie et la carrière du compositeur George Gershwin.

GEORGE STEVENS: A FILMAKER'S JOURNEY ▷3
É.-U. 1984. Documentaire de George STEVENS Jr. - Biographie du cinéaste George Stevens qui fut reconnu en son temps comme l'un des maître de la comédie à l'américaine. - Intéressante rétrospective. Montage adroit. Extraits de films bien choisis. □ Général ➔ DVD$

GHOSTS OF ABU GHRAIB
É.-U. 2007. Documentaire de Rory KENNEDY. - Regard sur le scandale de la prison d'Abu Ghraïb en Irak, où des soldats américains ont été impliqués dans des abus physiques sur des détenus à l'automne 2003. ➔ DVD$

GIRL TALK ▷5
É.-U. 1988. Documentaire de Kate DAVIS. - Évocation de la vie perturbée de trois adolescentes. □ Général

GLANEURS ET LA GLANEUSE, LES [Gleaners and I] ►2
FR. 2000. Documentaire d'Agnès VARDA. - Une cinéaste tente de faire un lien entre la toile de Millet «Les Glaneuses» et des gens qui, par nécessité, par choix ou par hasard, sont aujourd'hui en contact avec les rebuts des autres. - Œuvre brillante et sensible mélangeant réflexions poétiques et étude sociale. Commentaires personnels mâtinés d'un humour savoureux. Réalisation fort souple.
□ Général ➔ DVD$

GLOBAL METAL
CAN. É.-U. 2007. Scot McFADYEN et Sam DUNN □ Général ➔ DVD$

GO FURTHER ▷4
CAN. 2003. Documentaire de Ron MANN. - L'acteur Woody Harrelson effectue avec divers militants une tournée de la côte ouest américaine pour sensibiliser la population aux valeurs écologiques. ➔ DVD$

GOLDEN GONG, THE
ANG. 1987. DIVERS ➔ DVD$

GRAND SILENCE, LE [Great Silence, The] ▷3
ALL. 2005. Documentaire de Philip GRÖNING. - Le quotidien des frères contemplatifs du monastère de la Grande Chartreuse, situé dans les Alpes grenobloises. - Essai quasi silencieux en harmonie avec le sujet. Parti-pris audacieux. Suite de magnifiques tableaux immobiles. Réalisation attentive et respectueuse. □ Général ➔ DVD DVD$

GRAND-REMUE MÉNAGE, LE ▷5
QUÉ. 1978. Documentaire de Sylvie GROULX et Francine ALLAIRE. - Évolution des relations entre l'homme et la femme illustrée à travers diverses manifestations individuelles ou sociales. □ Général

GRANDE TRAVERSÉE, LA ▷4
QUÉ. 2003. Documentaire de Jean LEMIRE. - Des scientifiques qui effectuent un long voyage dans l'Arctique à bord d'un voilier constatent les effets désastreux du réchauffement de la planète.

GRASS: THE MOVIE ▷4
CAN. 1999. Documentaire de Ron MANN. - Bilan satirique et critique des efforts déployés par le gouvernement américain pour lutter contre la consommation de marijuana dès les années 1930. ➔ DVD$

GREEKS: CRUCIBLE OF CIVILIZATION, THE ▷4
É.-U. 2000. Documentaire de Cassian HARRISON. - Évocation de la grandeur, puis du déclin de l'empire grec, véritable berceau de la civilisation occidentale. ➔ DVD$

GREY GARDENS ▷5
[Grey Gardens/The Beales of Grey Garden]
É.-U. 1975. Documentaire de Albert et David MAYSLES, Ellen HOVDE et Muffie MEYER. - Portrait d'Edith Bouvier Beale et de sa fille Edie, respectivement tante et cousine de Jacqueline Kennedy Onassis, deux recluses dans une maison délabrée de Long Island. ➔ DVD$

GRIZZLY MAN
É.-U. 2005. Werner HERZOG ➔ DVD$

GUERRIÈRES, LES *voir* **Born in Flames**

GUNNER PALACE ▷4
É.-U. 2004. Documentaire de Michael TUCKER et Petra EPPERLEIN. - Deux cinéastes relatent le quotidien d'une unité de l'armée américaine installée dans un palace en ruines à Bagdad.
□ Général · Déconseillé aux jeunes enfants ➔ DVD$

HARLAN COUNTY, USA ▷3
É.-U. 1976. Documentaire de Barbara KOPPLE. - Les étapes et le contexte d'une grève dans les mines de charbon du Kentucky en 1973. - Illustration d'une situation complexe à l'aide d'interviews, de scènes prises sur le vif et de bandes d'actualités. Montage efficace. Ensemble vigoureux et instructif. ➔ DVD$

HAUNTED WORLD OF EDWARD D. WOOD JR. ▷4
É.-U. 1995. Documentaire de Brett THOMPSON. - La vie et la carrière d'Edward D. Wood Jr., considéré par plusieurs comme le plus mauvais cinéaste de tous les temps. ➔ DVD $

HÄXAN *voir* **Sorcellerie à travers les âges, La**

HEARTS AND MINDS ▷3
É.-U. 1974. Documentaire de Peter DAVIS. - Présentation des divers aspects de l'intervention militaire des États-Unis au Viêt-nam. - Approche honnête et intelligente d'un sujet vaste et complexe. Effort d'objectivité. Images éloquentes. Montage habile. ➔ DVD $

HEARTS OF DARKNESS: A FILMMAKER'S APOCALYPSE ▷3
É.-U. 1991. Documentaire de Fax BAHR et Eleanor COPPOLA. - Les nombreuses difficultés rencontrées par le cinéaste Francis Ford Coppola lors du tournage de son film « Apocalypse Now». - Témoignage révélateur de l'ambition artistique de Coppola. Traitement habilement descriptif. Ensemble captivant. □ 13 ans+ ➔ DVD $

HEAVEN ▷4
É.-U. 1986. Film d'essai de Diane KEATON. - Évocation de diverses conceptions de ce à quoi pourrait ressembler la vie après la mort, au paradis ou en enfer. □ Général ➔ DVD $

HEAVY PETTING ▷4
É.-U. 1989. Film de montage d'Obie BENZ et Josh WALETZKY avec David Byrne, Spalding Gray et Abbie Hoffman. - Des hommes et des femmes racontent leurs premières expériences sentimentales et sexuelles dans l'Amérique des années 1950. □ 13 ans+

HELL'S HIGHWAY: THE TRUE STORY OF HIGHWAY SAFETY FILMS
É.-U. 2003. Bret WOOD ➔ DVD $

HELMUT NEWTON: FRAMES FROM THE EDGE ▷4
ANG. 1988. Documentaire d'Adrian MABEN. - Portrait du célèbre photographe berlinois Helmut Newton. □ 13 ans+ ➔ DVD $

HITLER: THE WHOLE STORY ▷4
ALL. 1977. Documentaire de Christian HERRENDOERFER et Joachim C. Fest. - La vie d'Adolf Hitler, de son enfance en Autriche jusqu'à son suicide dans le bunker souterrain de la chancellerie de Berlin. ➔ DVD $

HITLER: UN FILM D'ALLEMAGNE [Our Hitler] ▷3
ALL. 1978. Film d'essai de Hans Jurgen SYBERBERG avec Heinz Schubert, Harry Baer et Hellmut Lange. - Exploration de la puissance du régime hitlérien et de ses conséquences sur l'Allemagne d'après-guerre. - Film-fleuve offrant une évocation quasi onirique de l'aventure nazie. Mélange de réflexions philosophiques et d'envolées poétiques. Traitement insolite alternant reconstitutions dramatiques, spectacles de marionnettes, pantomimes, discours et entrevues. Jeu pince-sans-rire des interprètes.

HOLLYWOODISM: JEWS, MOVIES, AND THE AMERICAN DREAM ▷4
[Hollywood...le rêve américain]
CAN. 1997. Documentaire de Simcha JACOBOVICI. - Comment le rêve américain est né de l'imaginaire des immigrants juifs qui ont fondé les studios de Hollywood au début du siècle. □ Général ➔ DVD $

HOMAGE TO CHAGALL ▷4
CAN. 1977. Documentaire de Harry RASKY. - Évocation de l'œuvre et de la vie du peintre Chagall. □ Général ➔ DVD $

HOME OF THE BRAVE
É.-U. 2003. Paola DI FLORIO ➔ DVD $

HOMME AU CHAPEAU DE SOIE: MAX LINDER, L' ▷3
FR. 1963. Film de montage de M. MAX-LINDER. - Extraits de trois films tournés aux États-Unis par l'acteur français. - Suite continue d'excellents gags. Verve étourdissante. Mise en valeur du talent comique de Max Linder.

HOMME SUR LE FIL, L' *voir* **Man on Wire**

HOOP DREAMS ▷3
É.-U. 1994. Documentaire de Steve JAMES. - Deux jeunes Afro-Américains, amateurs de basket-ball, témoignent de leurs désirs et de la dure réalité de leur existence. - Propos intelligent. Analyse pertinente du contexte socio-économique. Belle mise en images. Impact dramatique digne de certains films de fiction. Protagonistes tout à fait naturels. □ Général

HOTEL TERMINUS: THE LIFE AND TIMES OF KLAUS BARBIE ▷3
É.-U. 1988. Documentaire de Marcel OPHÜLS. - Évocation de la vie d'un ancien chef de la Gestapo condamné pour crimes contre l'humanité. - Document d'histoire assez exceptionnel. Mise en lumière d'aspects étonnants de l'agir humain. Souci du détail significatif. Montage précis. □ Général

HOW TO COOK YOUR LIFE
ALL. 2007. Doris DÖRRIE ➔ DVD $

HUMILIATED, THE ▷4
DAN. 1998. Documentaire de Jesper JARGIL. - Compte rendu sous forme de journal filmé du tournage du film «Les Idiots» de Lars von Trier. □ 13 ans+

HUNGRY FOR MONSTERS
É.-U. . Georges CSICSERY

I AM CURIOUS (YELLOW)
SUÈ. 1967. Vilgot SJÖMAN

I LIKE KILLING FLIES
É.-U. 2004. Matt MAHURIN ➔ DVD $

ICEMAN COMETH, THE
É.-U. 1960. Sidney LUMET ➔ DVD $

ICI NAJAC, À VOUS LA TERRE ▷4
FR. 2006. Documentaire de Jean-Henri MEUNIER. - La vie quotidienne et les préoccupations des habitants de Najac, un petit village de l'Aveyron, en France. ➔ DVD $

IL ÉTAIT UNE FOIS EN ANTARCTIQUE
FR. 2004. Luc JACQUET et Jérôme MAISON ➔ DVD $

IMMORTALITÉ EN FIN DE COMPTE, L'
Documentaire sur l'art improbable ➔ DVD $

IN THE LAND OF THE DEAF *voir* **Pays des sourds, Le**

IN THE REALMS OF THE UNREAL - THE MYSTERY OF HENRY DARGER ▷4
É.-U. 2004. Documentaire de Jessica YU. - Un portrait de l'artiste américain Henry Darger, dont les peintures et les écrits ont été découverts seulement après sa mort en 1973 à l'âge de 81 ans. ➔ DVD $

IN THE SHADOW OF THE MOON ▷3
ANG. 2007. Documentaire de David SINGTON. - Les astronautes ayant pris part aux missions Apollo de la NASA, entre 1968 et 1972, évoquent les souvenirs de leurs expéditions. - Regard humain et intimiste sur l'aventure spatiale américaine. Réalisation sobre. Images d'archives époustouflantes. Musique puissante et évocatrice. □ Général ➔ DVD $

INCIDENT AT OGLALA ▷4
É.-U. 1992. Documentaire de Michael APTED. - Enquête sur le procès de Leonard Peltier, un Amérindien qui aurait été injustement condamné pour le meurtre de deux agents du FBI en 1975. □ Général

INCONVENIENT TRUTH, AN ▷4
É.-U. 2005. Documentaire de Davis GUGGENHEIM. - Portrait de l'ancien vice-président américain Al Gore à travers son engagement pour l'écologie et le développement durable. □ Général ➔ DVD $

INDÉPENDANT... DIX ANS... TOUTES SES DENTS!
QUÉ. 2005. Jacques BÉRUBÉ ➔ DVD $

INDOCTRINATION
ALL. Harun FAROCKI

INSIDE DEEP THROAT
É.-U. 2005. Fenton BAILEY, Randy BARBATO ➔ DVD $

INSTANT ET LA PATIENCE, L'
QUÉ. 1994. Bernard ÉMOND ➔ DVD $

INTERVISTA ▷3
ITA. 1987. Documentaire réalisé et interprété par Federico FELLINI avec Marcello Mastroianni et Anita Ekberg. - Le réalisateur de films Federico Fellini invite une équipe de la télévision japonaise à le suivre dans ses activités. - Mélange d'informations et de réminiscences. Style fantaisiste. Passages époustouflants. Ensemble un peu dispersé. Mise en scène d'un charme efficace. □ Général ➔ DVD $

IRAQ FOR SALE: WAR PROFITEERS
É.-U. 2006. Robert GREENWALD ➔ DVD $

IRAQ IN FRAGMENTS *voir* **Fragments d'Irak**

ISLAM: WHAT THE WEST NEEDS TO KNOW
É.-U. 2006. Brian DALY et Gregory M. DAVIS ➔ DVD $

IT'S ALL TRUE ▷3
É.-U. 1993. Documentaire de Orson WELLES, Richard WILSON, Myron MEISEL et Bill KROHN. - Reportage sur les difficultés encourues par le réalisateur Orson Welles lors du tournage au Brésil en 1942 d'un film resté inachevé. - Document fascinant et émouvant. Structure des plus efficaces. □ Général ➔ DVD $

JACQUES MESRINE ▷4
FR. 1983. Documentaire de Hervé PALUD. - Documents, photos et interviews décrivent la vie d'un gangster notoire. □ Général

JANE B. PAR AGNÈS V. ▷3
FR. 1987. Documentaire d'Agnès VARDA avec Jane Birkin, Philippe Léotard et Jean-Pierre Léaud. - Portrait de l'actrice Jane Birkin alternant avec des saynètes sur des thèmes variés. - Traitement original. Mise en scène vive et colorée. □ Général

JARDIN DE CELIBIDACHE, LE ▷4
FR. 1997. Documentaire de Serge Ioan CELIBIDACHI. - Portrait du célèbre chef d'orchestre d'origine roumaine Sergiu Celibidache. □ Général

JE ME FAIS MON CINÉMA
voir **Kid Stays in the Picture, The**

JERRY SEINFELD ▷4
[Jerry Seinfeld: I'm Telling You for the Last Time]
É.-U. 2002. Documentaire de C. CHARLES. - En tournée dans des clubs de New York, le populaire comédien Jerry Seinfeld s'interroge en coulisses avec d'autres humoristes sur la nature de leur métier. ➔ DVD $

JESUS CAMP ▷4
É.-U. 2006. Documentaire de Heidi EWING et Rachel GRADY. - Des enfants de familles chrétiennes évangélistes sont envoyés dans un camp d'été spécialisé où les moniteurs s'emploient à raffermir leur foi. ➔ DVD $

JFK ASSASSINATION: JIM GARRISON ▷4
É.-U. 1992. Documentaire de John BARBOUR. - Présentation des éléments ayant servi au procureur Jim Garrison pour étayer sa thèse selon laquelle John F. Kennedy aurait été tué par des agents de la CIA.

JIMI HENDRIX ▷4
É.-U. 1973. Documentaire de Joe BOYD, John HEAD et Gary WEIS. - Évocation de la carrière de Jimi Hendrix, guitariste et chanteur mort en 1970 à l'âge de 27 ans. □ 13 ans+ ➔ DVD $

JIMMY CARTER: MAN FROM PLAINS
É.-U. 2007. Jonathan DEMME ➔ DVD $

JOE STRUMMER - THE FUTURE IS UNWRITTEN ▷3
ANG. 2007. Documentaire musical de Julien TEMPLE. - La vie et la carrière de Joe Strummer, membre fondateur du groupe punk The Clash et figure médiatique flamboyante. - Portrait sensible brossé de l'intérieur. Forme riche et éclectique. Montage dynamique et raffiné. Quelques longueurs. Ensemble fascinant. ➔ DVD $

JOHN HUSTON AND THE DUBLINERS ▷4
É.-U. 1987. Documentaire de Lilyan SIEVERNICH. - Compte rendu du tournage de «The Dead», dernier long métrage réalisé par le cinéaste John Huston. □ Général

JOHN WATERS: THIS FILTHY WORLD ▷5
É.-U. 2006. Documentaire de Jeff GARLIN. - Sur scène, le réalisateur John Waters parle de sa vie, de ses films et des limites du mauvais goût. ➔ DVD $

JOURS SOMBRES *voir* **Dark Days**

JOY DIVISION ▷3
ANG. 2007. Documentaire musical de Grant GEE. - L'histoire de Joy Division, un groupe rock de Manchester qui, après le suicide de son chanteur Ian Curtis en 1980, a connu un nouveau départ sous le nom New Order. - Portrait fascinant et admiratif d'une formation marquante. Nombreux extraits d'archives inédits. Passages très touchants. Réalisation vivante. ➔ DVD $

JUNIOR ▷4
QUÉ. 2007. Documentaire d'Isabelle LAVIGNE et Stéphane THIBAULT. - Une saison dans la vie des joueurs du Drakkar de Baie-Comeau, équipe de la Ligue de hockey junior majeur du Québec. □ Général ➔ DVD $

JUSTES, LES (TZEDEK) ▷4
FR. 1994. Documentaire de Marek HALTER. - Évocation des actes héroïques de diverses personnes qui ont sauvé des milliers de juifs durant la Seconde Guerre mondiale. □ Général

KATHARINE HEPBURN: ALL ABOUT ME ▷4
É.-U. 1993. Documentaire de David HEELEY. - L'actrice américaine Katharine Hepburn évoque divers moments de sa vie et de sa prodigieuse carrière.

KID STAYS IN THE PICTURE, THE ▷4
[Je me fais mon cinéma]
É.-U. 2002. Documentaire de Brett MORGEN et Nanette BURSTEIN. - Le producteur Robert Evans relate sa fulgurante ascension dans le monde du cinéma et ses revers de fortune dans les années 1980. □ Général ➔ DVD $

KOKO, LE GORILLE QUI PARLE ▷4
[Koko: a Talking Gorilla]
FR. 1978. Documentaire de Barbet SCHROEDER. - En Californie, une étudiante en psychologie apprend à un gorille une forme de langage par signes. □ Général ➔ DVD $

KOYAANISQATSI ▷4
É.-U. 1983. Documentaire de Godfrey REGGIO. - À travers des images éloquentes, l'instabilité d'une existence moderne trépidante est comparée à la beauté de l'ordre naturel. □ Général ➔ DVD $

KURT AND COURTNEY ▷4
ANG. 1997. Documentaire de Nick BROOMFIELD. - Enquête sur les rumeurs voulant qu'un célèbre chanteur de rock officiellement suicidé aurait plutôt été assassiné par un tueur à la solde de son épouse. □ 13 ans+

KURT COBAIN - ABOUT A SON ▷4
É.-U. 2006. Documentaire d'AJ SCHNAK. - Portrait du chanteur et guitariste de Nirvana, à partir d'entrevues enregistrées avant son suicide en 1994. □ Général ➔ DVD $

LA SIERRA
COL. É.-U. 2005. Scott DALTON et Margarita MARTINEZ ➔ DVD $

LAS HURDES
voir **Un chien Andalou/Land Without Bread**

LAST DAYS, THE ▷4
É.-U. 1998. Documentaire de James MOLL. - Témoignages de cinq Juifs originaires de la Hongrie ayant survécu aux camps nazis. □ Général ➔ DVD $

LAST DIVA, THE
ITA. 1982. Gianfranco MINGOZZI □ Général

LAST ROUND CHUVALO VS. ALI ▷4
CAN. 2004. Documentaire de Joseph BLASIOLI. - Portrait du boxeur ontarien George Chuvalo, qui a connu son heure de gloire en 1966 lors d'un combat à Toronto avec Muhammad Ali. ➔ DVD $

LATCHO DROM ▷3
FR. 1993. Documentaire de Tony GATLIF. - Voyage musical à travers les variantes que les mélodies gitanes ont adoptées de l'Asie à l'Europe. - Document inclassable ne contenant aucune narration. Propos descriptif essentiellement axé sur l'émotion du jeu des musiciens. Images belles et éloquentes. Ensemble dégageant une profonde humanité. □ Général

LATE GREAT PLANET EARTH ▷5
É.-U. 1978. Documentaire de Rolf FORSBERG. - Évocation de différents phénomènes qui annonceraient la fin du monde. ➔ DVD $

LAUREL & HARDY'S LAUGHING 20'S ▷3
É.-U. 1965. Film de montage de Robert YOUNGSON. - Quelques séquences des meilleurs courts métrages de Stan Laurel et Oliver Hardy. - Extraits bien choisis parmi les plus drôles. Bonne démonstration du talent comique des deux acteurs. Choix limité à l'époque du muet. ➔ DVD $

LAUZON LAUZONE ▷4
QUÉ. 2000. Documentaire de Louis BÉLANGER et Isabelle HÉBERT. - Portrait du cinéaste québécois Jean-Claude Lauzon, décédé prématurément dans un accident d'avion en 1997. □ Général

LEGEND OF BOGGY CREEK, THE ▷5
É.-U. 1973. Documentaire de C.B. PIERCE. - Diverses personnes affirment avoir vu un être monstrueux dans une région sauvage de l'Arkansas. ➔ DVD $

LEMOYNE
QUÉ. 2005. Simon BEAULIEU ➜ DVD $

LET IT COME DOWN: THE LIFE OF PAUL BOWLES ▷4
CAN. 1998. Documentaire de Jennifer BAICHWAL. - Évocation de la vie de l'auteur américain Paul Bowles et de ses retrouvailles en 1995 avec Allen Ginsberg et William Burroughs. □ Général ➜ DVD $

LEWIS & CLARK: THE JOURNEY OF THE CORPS OF DISCOVERY ▷3
É.-U. 1997. Documentaire de Ken BURNS. - De 1804 à 1806, Meriwether Lewis et William Clark explorent l'ouest du continent américain, du Mississippi à l'océan Pacifique, à la demande du président Jefferson. - Saisissante reconstitution, sur les lieux mêmes de cette expédition historique. Images magnifiques. Quelques longueurs. Commentaires éclairés de divers spécialistes. ➜ DVD $

LIFE AND TIMES OF ALLEN GINSBERG, THE ▷4
É.-U. 1993. Documentaire de Jerry ARONSON. - Les principaux événements qui ont marqué la vie et la carrière du poète américain Allen Ginsberg. □ Général

LIFE AND TIMES OF FRIDA KAHLO ▷4
É.-U. 2005. Documentaire d'Amy Stechler BURNS. - La vie et la carrière de l'artiste peintre mexicaine Frida Kahlo. ➜ DVD $

LIFE APART: HASIDISM IN AMERICA, A ▷4
É.-U. 1997. Documentaire de Menachem DAUM et Oren RUDAVSKY. - Portrait de la communauté hassidique de Brooklyn, dont le mode de vie très orthodoxe l'isole du reste de la population. □ Général ➜ DVD $

LIFE OF BUDDHA
FR. 2003. Martin MEISSONNIER ➜ DVD $

LIGHT FANTASTICK, THE ▷3
CAN. 1974. Documentaire de Rupert GLOVER et Michel PATENAUDE. - Rétrospective du film d'animation à l'Office National du Film. - Choix intéressant de documents. Clair exposé des diverses techniques. Montage réussi. □ Général

LIGHTNING IN A BOTTLE ▷4
É.-U. 2004. Documentaire d'Antoine FUQUA. - Les moments marquants d'un concert de blues ayant réuni plus de 50 artistes au Radio City Music Hall de New York en février 2003. ➜ DVD $

LILY TOMLIN: APPEARING NIGHTLY ▷3
É.-U. 1986. Documentaire de Nick BROOMFIELD et Joan CHURCHILL. - Présentation du long travail de préparation du «one-woman show» que Lily Tomlin devait présenter à New York en septembre 1985. - Portrait fort sympathique de l'actrice. Approche uniquement professionnelle. Ensemble captivant. □ Général

LITTLE DIETER NEEDS TO FLY ▷4
ALL. 1997. Documentaire de Werner HERZOG avec Dieter Dengler. - Après la Seconde Guerre mondiale, un Allemand immigre aux États-Unis où il réalise son rêve de devenir pilote juste au moment où éclate la guerre du Viêt-Nam. ➜ DVD $

LONG WAY HOME, THE [Long retour, Le] ▷3
É.-U. 1997. Documentaire de Mark Jonathan HARRIS. - Les dures épreuves subies par les survivants de l'Holocauste durant la période entre la fin de la guerre et la fondation de l'État d'Israël. - Leçon d'histoire bouleversante. Aspects critiques incisifs. Recueil impressionnant de films d'archives. Commentaires sobres.

LOOKING FOR RICHARD ▷4
É.-U. 1996. Film d'essai réalisé et interprété par Al PACINO avec Harris Yulin et Penelope Allen. - Évocation des recherches menées par le cinéaste sur les contextes artistique et historique de la pièce «Richard III» de William Shakespeare. □ Général

LOST IN LA MANCHA ▷4
ANG. 2001. Documentaire de K. FULTON et L. PEPE. - Chronique du tournage tumultueux et inachevé d'une adaptation du roman Don Quichotte par le cinéaste Terry Gilliam. □ Général ➜ DVD $

LOU REED BERLIN [Lou Reed's Berlin Live] ▷3
É.-U. 2007. Documentaire de Julian SCHNABEL. - Trente-trois ans après la création de son album-culte «Berlin», Lou Reed en fait l'objet d'un spectacle-événement donné dans un entrepôt de Brooklyn, en décembre 2006. - Reconstitution intimiste et fort vivante d'une aventure musicale peu banale. Réalisation recherchée, misant sur la force d'évocation des décors. ➜ DVD $

LOUISIANA STORY ►1
É.-U. 1949. Documentaire de Robert FLAHERTY. - Dans un bayou de la Louisiane, un gamin sympathise avec des ouvriers qui travaillent sur une plate-forme de forage. - Véritable poème cinématographique. Intrigue quasi inexistante. Grande qualité de la mise en images. Acteurs occasionnels excellents. □ Général ➜ DVD $

LOUVRE TREASURE, A: AWEKENING APOLLO
voir **Réveil d'Apollon, Le**

LOVE MEETINGS
ITA. 1963. Pier Paolo PASOLINI □ Général ➜ DVD $

LUMIÈRE ET COMPAGNIE ▷4
FR. 1995. Film d'essai de Sarah MOON. - Trente-neuf cinéastes tournent chacun un film de 52 secondes avec une caméra identique à celle des frères Lumière.

MAGNIFICENT OBSESSION: FRANK LLOYD WRIGHT'S BUILDINGS AND LEGACY IN JAPAN
É.-U. 2005. Karen SEVERNS, Koichi MORI

MAN OF ARAN ►2
É.-U. 1934. Documentaire de Robert FLAHERTY. - Reportage sur la rude vie quotidienne des pêcheurs de l'île d'Aran. - Ensemble d'une beauté austère. Photographie remarquable. Montage habile. □ Général ➜ DVD $

MAN ON WIRE [Homme sur le fil, L'] ▷3
ANG. 2008. Documentaire de James MARSH. - Le 7 août 1974, le funambule français Philippe Petit marche sur un fil de fer reliant les sommets des deux tours du World Trade Center de New York. - Suspense grisant sur ce qui fut appelé le «crime artistique du siècle». Agencement virtuose de films personnels et de reconstitutions soignées. Réalisation maîtrisée. Protagoniste charismatique. □ Général ➜ DVD $

MAN WITH THE MOVIE CAMERA, THE ►1
[Cinematic Orchestra: Man with the Movie Camera]
U.R.S.S. 1929. Documentaire de Dziga VERTOV. - Une journée dans la vie des habitants de Kiev, Moscou et Odessa dans la Russie soviétique des années 1920. - Film phare du cinéma muet. Réflexion puissante et vibrante sur le dynamisme du peuple russe. Invention visuelle constamment renouvelée. Réalisation fougueuse et magistrale, d'un enthousiasme communicatif. □ Général ➜ DVD $

MAN YOU LOVED TO HATE: ERICH VON STROHEIM, THE ▷4
É.-U. 1979. Documentaire de Patrick MONTGOMERY. - Évocation de la vie et de la carrière d'Erich von Stroheim, cinéaste et comédien. □ Général

MANIFESTES EN SÉRIE
QUÉ. 2008. Hugo LATULIPPE ➜ DVD $

MANUFACTURED LANDSCAPES ▷3
CAN. 2006. Documentaire de Jennifer BAICHWAL. - Lors d'un voyage en Chine, le photographe canadien Edward Burtynsky visite de multiples lieux marqués par la pollution et l'industrialisation. - Exploration fascinante d'une démarche artistique atypique. Réalisation épousant parfaitement le style singulier du photographe. Images de catastrophes environnementales d'une beauté troublante. □ Général ➜ DVD $

MANUFACTURING CONSENT: NOAM CHOMSKY AND THE MEDIAS ▷3
CAN. 1992. Documentaire de Mark ACHBAR et Peter WINTONICK. - Portrait du linguiste américain Noam Chomsky dont les théories remettent en question la pratique de la démocratie dans les sociétés occidentales. - Variété remarquable de documents d'archives et de témoignages. Vulgarisation captivante de théories complexes. Traitement ne manquant ni d'humour, ni de dynamisme. Réalisation inventive. □ Général ➜ DVD $

MANUFACTURING DISSENT ▷5
[Michael Moore: ange ou démon?]
CAN. 2007. Documentaire de Debbie MELNYK et Rick CAINE. - Regard sur les méthodes de travail controversées du documentariste Michael Moore. ➜ DVD $

MARCHE DE L'EMPEREUR, LA ▷3
[March of the Penguins]
FR. 2004. Documentaire de Luc JACQUET. - Exploration des caractéristiques et du cycle reproducteur des manchots empereurs, une

espèce animale vivant en Antarctique. - Récit documentaire sous la forme d'un conte narré à trois voix. Réalisation d'une grande virtuosité. Musique envoûtante. Images spectaculaires. ➔ DVD $

MARGOT
voir **Tony Palmer's Film About Margot Fonteyn**

MARIA CALLAS: LA DIVINA - A PORTRAIT ▷4
ANG. 1987. Documentaire de Tony PALMER. - Portrait de la soprano Maria Callas.

MARJOE [Marjoe/Toth] ▷4
É.-U. 1972. Documentaire de Howard SMITH et Sarah KERNOCHAN. - Portrait d'un prédicateur évangéliste qui explique les trucs dont il se sert pour exploiter la crédulité des gens. ➔ DVD $

MARLENE ▷4
ALL. 1983. Documentaire de Maximilian SCHELL. - Évocation de la vie et de la carrière de l'actrice Marlene Dietrich. □ Général

MARLENE DIETRICH: HER OWN SONG ▷3
ALL. 2001. Documentaire de J. David RIVA. - La vie et la carrière de l'actrice et chanteuse Marlene Dietrich. - Portrait fascinant donnant une bonne idée de la riche personnalité de la vedette. Nombreux documents d'archives. Témoignages éclairants de personnes ayant connu Dietrich. ➔ DVD $

MARTIN SCORSESE PRESENTS: VAL LEWTON
É.-U. 2007. Martin SCORSESE ➔ DVD $

MAU MAU SEX SEX
É.-U. 2001. Ted BONNITT

MAUVAISE CONDUITE
FR. 1984. Orlando JIMENEZ-LEAL et Nestor ALMENDROS

MAX ERNST ▷3
ALL. 1991. Documentaire de Peter SCHAMONI - Évocation de la vie d'un grand créateur du mouvement surréaliste. - Approche fort intéressante. Montage vivant et original. Ensemble richement documenté. ➔ DVD $

MAXED OUT - HARD TIMES, EASY CREDIT AND THE ERA OF PREDATORY LENDERS ▷4
É.-U. 2006. Documentaire de James D. SCURLOCK. - Enquête sur les pratiques douteuses des banques et des compagnies de cartes de crédit visant à favoriser l'endettement de leurs clients. ➔ DVD $

MAYOR OF THE SUNSET STRIP ▷4
É.-U. 2003. Documentaire de George HICKENLOOPER. - Portrait de Rodney Bingenheimer, un impresario et disc-jockey de Los Angeles qui a contribué au succès de nombreuses vedettes du rock. □ Général ➔ DVD $

ME & ISAAC NEWTON ▷3
É.-U. 1999. Documentaire de Michael APTED. - Portraits de sept scientifiques, quatre hommes et trois femmes, qui sont des chefs de file dans leurs domaines de recherches respectifs. - Document fascinant et intelligemment conçu. Intervenants éloquents, passionnés et parfois gentiment excentriques. Réalisation créative. Images variées provenant de différents continents. Montage expressif. ➔ DVD $

MÉDECINS DE CŒUR ▷4
QUÉ. 1993. Documentaire de Tahani RACHED. - Les activités quotidiennes de médecins qui ont choisi de soigner les personnes atteintes du sida, et plus particulièrement celles du Dr Réjean Thomas, cofondateur de la clinique l'Actuel à Montréal. □ Général

MÉDIA SOUS CONTRÔLE *voir* **Control Room**

MEIN KRIEG
ALL. 1989. Thomas KUFUS et Harriet EDER □ Général

MÉMOIRE BATTANTE ▷4
QUÉ. 1983. Documentaire d'Arthur LAMOTHE. - Évocation des mœurs, de la culture et des croyances des Montagnais du Nord-Est du Québec et dénonciation de l'ethnocentrisme des Blancs.

MÉMOIRE D'UN SACCAGE [Memoria del saqueo] ▷4
ARG. 2004. Documentaire de Fernando E. SOLANAS. - Rappel des événements ayant mené l'Argentine, un pays pourtant riche, à une grave crise financière et sociale à la fin de 2001. ➔ DVD $

METAL: A HEADBANGER'S JOURNEY ▷4
CAN. 2005. Documentaire musical de Sam DUNN, Scot McFADYEN et Jessica Joy WISE. - Vaste panoramique sur l'univers de la musique heavy metal. □ 13 ans+ ➔ DVD $

MÉTIER BOXEUR ▷4
QUÉ. 1981. Documentaire d'André GAGNON. - La boxe professionnelle telle que pratiquée au Québec.

MICHAEL MOORE: ANGE OU DÉMON?
voir **Manufacturing Dissent**

MICROCOSMOS ▷3
FR. 1996. Documentaire de Claude NURIDSANY et Marie PERENNOU. - La vie secrète des insectes habitant un pré et un étang. - Ensemble captivant. Images saisissantes. Approche parfois candide. Construction précise. Montage intelligent. Musique parfaitement dosée. □ Général ➔ DVD $

MIDNIGHT MOVIES: FROM THE MARGIN TO THE MAINSTREAM ▷4
CAN. 2005. Documentaire de Stuart SAMUELS. - Des cinéastes, des critiques et des exploitants de salles évoquent le phénomène des «midnight movies» durant les années 1970. ➔ DVD $

MIROIRS AVEUGLES, LES ▷4
QUÉ. 1999. Documentaire de Jean TESSIER. - Des hommes et des femmes à la recherche de l'âme sœur ou d'une simple rencontre font appel à l'internet et à des services téléphoniques. □ 13 ans+

MISSISSIPPI BLUES ▷4
FR. 1982. Documentaire de Bertrand TAVERNIER et Robert PARRISH. - Au Mississippi, deux cinéastes interrogent les gens sur les relations entre Noirs et Blancs et sur les origines de la musique blues. □ Général

MOI, J'ME FAIS MON CINÉMA ▷4
QUÉ. 1998. Documentaire de Gilles CARLE. - Le cinéaste Gilles Carle raconte son enfance en Abitibi et les principales étapes de sa carrière. □ Général

MON ENNEMI INTIME [My Best Fiend] ▷4
ALL. 1999. Documentaire de Werner HERZOG. - Le cinéaste Werner Herzog relate ses relations tantôt difficiles, tantôt harmonieuses avec le célèbre acteur Klaus Kinski. □ Général ➔ DVD $

MONDE DU SILENCE, LE ►2
FR. 1955. Documentaire de Louis MALLE et Jacques-Yves COUSTEAU. - Exploration des richesses et des beautés du monde sous-marin par le commandant Cousteau et son équipe. - Œuvre d'une exceptionnelle qualité. Images très belles. Utilisation habile de la musique.

MONDE SELON MONSANTO, LE ▷4
[World According to Monsanto, The]
FR. 2007. Documentaire de Marie-Monique ROBIN. - Enquête sur la multinationale américaine Monsanto et l'impact de la commercialisation de leurs semences transgéniques. ➔ DVD $

MONSTER IN A BOX ▷4
É.-U. 1991. Film d'essai de Nick BROOMFIELD avec Spalding Gray. - Le comédien Spalding Gray raconte les mésaventures qu'il a vécues en essayant d'écrire son premier roman autobiographique. □ Général

MONTAND: LE FILM ▷4
FR. 1993. Documentaire de Jean LABIB. - La vie et la carrière du comédien et chanteur Yves Montand. □ Général

MOON OVER BROADWAY ▷4
É.-U. 1997. Documentaire de Chris HEGEDUS et D.A. PENNEBAKER. - Un an dans la vie d'une troupe de théâtre préparant une pièce à Broadway dont la vedette est Carol Burnett. ➔ DVD $

MORT SUSPENDUE, LA *voir* **Touching the Void**

MOSCOW ELEGY - ANDREI TARKOVSKY
RUS. 1987. Aleksandr SOKUROV

MOTHER TERESA [Mère Teresa] ▷3
É.-U. 1985. Documentaire d'Ann et Jeanette PETRIE. - La vie et l'œuvre d'une religieuse qui s'est consacrée à servir les plus pauvres. - Présentation simple et sympathique. Matériel documentaire organisé de façon intelligente. Résultat impressionnant.

MOURIR POUR SOI ▷4
QUÉ. 2001. Documentaire de L.B. MORECO. - Un regard sur le délicat problème du suicide assisté envisagé à travers les témoignages de divers patients et médecins.

MOUTON NOIR, LE ▷4
QUÉ. 1992. Documentaire de Jacques GODBOUT. - Survol des événements politiques de l'année qui a suivi l'échec de l'accord du lac Meech. □ Général

MOVING THE MOUNTAIN
É.-U. 1994. Michael APTED □ Général

MR. DEATH: THE RISE AND FALL OF FRED A. LEUCHTER JR. ▷3
É.-U. 1999. Documentaire d'Errol MORRIS. - Un spécialiste des exécutions capitales et des chambres à gaz publie un rapport concluant que l'Holocauste n'a jamais eu lieu, ce qui soulève l'indignation et provoque sa disgrâce. - Portrait fascinant mais dérangeant d'un personnage rempli de contradictions. Réalisation stylisée aux effets recherchés. Montage alerte et fort expressif. □ Général ➔ DVD $

MUFFINS FOR GRANNY ▷5
[Des muffins pour grand-maman]
CAN. 2007. Documentaire de Nadia McLAREN. - Six Amérindiens, envoyés de force dans des pensionnats, racontent leurs douloureuses expériences dans ces établissements. ➔ DVD $

MURDERBALL ▷3
É.-U. 2005. Documentaire de Dana Adam SHAPIRO et Henry Alex RUBIN. - Des joueurs de rugby en chaise roulante s'entraînent en vue des Jeux olympiques d'Athènes. - Incursion percutante dans l'univers des athlètes handicapés. Ensemble dénué de pathos. Montage et trame sonore énergiques. Protagonistes impétueux et attachants. ➔ DVD $

MUSICALS, GREAT MUSICALS ▷4
É.-U. 1996. Documentaire de David THOMPSON. - Les moments marquants de la carrière du producteur Arthur Freed qui a signé plusieurs comédies musicales de la grande époque du studio MGM. □ Général

MY ARCHITECT: A SON'S JOURNEY ▷3
É.-U. 2003. Documentaire de Nathaniel KAHN. - Le fils illégitime de l'architecte Louis I. Kahn, décédé en 1974, rencontre ceux qui l'ont connu et explore ses plus grandes réalisations. - Vision intimiste et nuancée des multiples facettes d'un créateur de génie. Nombreux témoignages pertinents. Présence émouvante du cinéaste. Œuvres de l'architecte admirablement filmées. □ Général ➔ DVD $

MY BEST FIEND *voir* **Mon ennemi intime**

MY DATE WITH DREW ▷5
É.-U. 2003. Documentaire de Brian HERZLINGER, Brett WINN et Jon GUNN. - Un aspirant-cinéaste se donne un mois pour obtenir un rendez-vous avec son idole de jeunesse, la comédienne Drew Barrymore. □ Général ➔ DVD $

MY KID COULD PAINT THAT ▷4
É.-U. 2007. Documentaire d'Amir BAR-LEV. - Une fillette de 4 ans obtient une grande renommée grâce à ses toiles abstraites, mais des doutes sont soulevés sur la véritable identité de l'auteur de ces tableaux. □ Général ➔ DVD $

MY NAME WAS SABINA SPIELREIN
ALL. DAN. FIN. FR. SUÈ. SUI. 2002. Elisabeth MÁRTON

MY SISTER MARIA
ALL. 2002. Maximilian SCHELL ➔ DVD $

MY VOYAGE IN ITALY
É.-U. ITA. 1999. Martin SCORSESE ➔ DVD $

MYSTÈRE PICASSO, LE [Mystery of Picasso] ▷3
FR. 1956. Documentaire d'Henri-Georges CLOUZOT. - Le peintre Pablo Picasso improvise une œuvre nouvelle devant la caméra. - Aperçus étonnants sur le processus de création artistique. Réalisation technique attentive et précise. Ensemble d'un grand intérêt. □ Général ➔ DVD $

MYSTERY OF HENRY MOORE, THE ▷3
CAN. 1984. Documentaire de Harry RASKY. - La vie et les œuvres du célèbre sculpteur anglais. - Entretien agrémenté de documents d'époque. Téléfilm au montage intelligent. Éléments visuels bien choisis. Ensemble intéressant.

N IS A NUMBER: A PORTRAIT OF PAUL ERDOS
É.-U. 1993. Georges CSICSERY

NADIA'S JOURNEY *voir* **Voyage de Nadia, Le**

NAKED STATES ▷4
É.-U. 2000. Documentaire d'Arlene DONNELLY. - Le photographe Spencer Tunick parcourt les États-Unis pour demander à des gens ordinaires de poser nus dans des lieux publics. ➔ DVD $

NAKED WORLD
É.-U. 2003. Arlène DONNELLY NELSON ➔ DVD $

NANKING
É.-U. 2007. Bill GUTTENTAG et Dan STURMAN ➔ DVD $

NANOOK OF THE NORTH ►1
É.-U. 1921. Documentaire de Robert FLAHERTY. - Au gré des saisons, la vie d'une famille d'Esquimaux. - Traitement sensible et poétique de la réalité. Images admirables du contexte arctique. Ton d'authenticité remarquable. Film important dans l'histoire du documentaire. □ Général ➔ DVD $

NAQOYQATSI ▷4
É.-U. 2002. Documentaire de Godfrey REGGIO. - À travers une suite d'images éloquentes, se dégage une réflexion sur l'omniprésence de la technologie dans un monde de plus en plus violent. □ Général ➔ DVD $

NÉS DANS UN BORDEL *voir* **Born into Brothels**

NESTOR ET LES OUBLIÉS [Nestor and the Forgotten] ▷3
QUÉ. 2006. Documentaire de Benoit PILON. - Portrait d'un orphelin d'Huberdeau et la lutte qu'il mène avec ses compagnons d'infortune pour retrouver leur dignité perdue. - Étude d'un volet sombre de l'histoire sociale du Québec articulée autour d'un personnage attachant et charismatique. Certains témoignages déchirants. Réalisation discrète et respectueuse. Propos colorés du principal intéressé. □ Général ➔ DVD $

NGV: THROUGH THE LENS
É.-U. 1995. Gretchen JORDON-BASTOW ➔ DVD $

NICO ICON ▷4
ALL. 1995. Documentaire de Susanne OFTERINGER. - Biographie de Nico, qui a été mannequin pour Vogue, actrice pour Fellini et Warhol, puis chanteuse avec Lou Reed et le groupe Velvet Underground.

NO DIRECTION HOME - BOB DYLAN
É.-U. 2005. Martin SCORSESE ➔ DVD $

NO END IN SIGHT ▷3
É.-U. 2007. Documentaire de Charles FERGUSON. - Chronique de l'occupation de l'Irak par l'armée américaine, à la suite du renversement de Saddam Hussein et de la chute de Bagdad, en 2003. - Regard lucide et implacable sur les errances de la politique étrangère états-unienne. Somme impressionnante d'information. Participation de personnalités haut placées. Montage fluide. □ Général ➔ DVD $

NOBODY'S BUSINESS ▷4
É.-U. 1996. Documentaire d'Alain BERLINER. - À l'aide d'entrevues et de films d'archives, un cinéaste brosse un portrait de son père malgré les réticences de ce dernier.

NOTEBOOK ON CITIES AND CLOTHES
ALL. 1990. Wim WENDERS □ Général ➔ DVD $

NOTRE PAIN QUOTIDIEN *voir* **Our Daily Bread**

NOUVELLES DU NORD, DES ▷3
QUÉ. 2007. Documentaire de Benoît PILON. - Au fil des saisons, la vie et les espoirs des habitants du village de Radisson, dans le nord québécois. - Portrait touchant et sincère d'une communauté isolée. Connivence palpable entre l'auteur et ses sujets. Réalisation spontanée et sans apprêt. Témoignages riches. □ Général ➔ DVD $

NUIT DE LA POÉSIE 1970, LA
QUÉ. 1970. Documentaire de Jean-Claude LABRECQUE et Jean-Pierre MASSE. - Film tourné à l'occasion d'une manifestation regroupant plusieurs poètes québécois. □ Général

NUIT DE LA POÉSIE 1980, LA
QUÉ. 1980. Jean-Claude LABRECQUE et Jean-Pierre MASSE

NUIT DE LA POÉSIE 1991, LA
QUÉ. 1991. Jean-Claude LABRECQUE et Jean-Pierre MASSE

O *voir* **Claude Sautet ou la magie invisible**

O AMOR NATURAL ▷4
BRÉ. 1997. Documentaire de Heddy HONIGMANN. - À Rio de Janeiro, un cinéaste demande à diverses personnes de lire des poèmes érotiques du Brésilien Carlos Drummond de Andrade, puis recueillent leurs impressions. ➔ DVD $

OBSERVATIONS UNDER THE VOLCANO
É.-U. 1984. Christian BLACKWOOD

OCCUPATION: DREAMLAND
É.-U. 2005. Ian OLDS et Garrett SCOTT ➔ DVD $

OCCURRENCE AT OWL CREEK BRIDGE
voir **Rivière du hibou, La**

OH! CALCUTTA!
É.-U. 1972. Jacques LEVY ➜ DVD $

OLYMPIA: PART I & II *voir* **Dieux du stade, Les**

ON ANY SUNDAY ▷4
É.-U. 1971. Documentaire de Bruce BROWN. - Reportage sur diverses formes d'épreuves sportives offertes aux motocyclistes amateurs ou professionnels. ➜ DVD $

ON EST AU COTON ▷3
QUÉ. 1970. Documentaire de Denys ARCAND. - Les dures conditions de travail dans l'industrie du textile. - Description réaliste et engagée. Montage intelligent. Nombreuses scènes percutantes. Interviews révélatrices. □ Général

ON THE ROAD WITH MARY *voir* **Chemins de Marie, Les**

ON THE ROPES ▷4
É.-U. 1999. Documentaire de N. BURSTEIN et B. MORGEN. - Les rêves, les accomplissements et les désillusions de trois jeunes boxeurs issus de milieux déshérités. ➜ DVD $

ONE NATION UNDER GOD ▷4
É.-U. 1993. Documentaire de Theodore MANCIANI et F. RZEZNIK. - Les efforts déployés par divers mouvements thérapeutiques d'obédience chrétienne pour soi-disant «guérir» de l'homosexualité.
□ Général ➜ DVD $

OPERATION: FILMMAKER ▷4
É.-U. 2007. Documentaire de Nina DAVENPORT. - Les déboires d'un aspirant cinéaste irakien envoyé à Prague pour travailler comme assistant sur le tournage d'un film américain. ➜ DVD $

OSCAR THIFFAULT
QUÉ. 1987. Serge GIGUÈRE □ Général

OSER SA FOI - LA QUÊTE D'IRSHAD MANJI
[Faith without Fear]
CAN. 2007. Ishard MANJI ➜ DVD $

OT: OUR TOWN ▷4
É.-U. 2002. Documentaire de Scott Hamilton KENNEDY. - L'expérience d'un groupe d'élèves d'une école en milieu défavorisé qui monte la pièce «Our Town» de Thornton Wilder. ➜ DVD $

OUR BRAND IS CRISIS
É.-U. 2005. Rachel BOYNTON ➜ DVD $

OUR DAILY BREAD [Notre pain quotidien] ▷3
AUT. 2005. Documentaire de Nikolaus GEYRHALTER. - Aperçu des phénomène de déshumanisation et d'hypermécanisation frappant l'industrie agroalimentaire de divers pays d'Europe. - Constat frontal et glacial porté par des images éloquentes, parfois éprouvantes. Approche impressionniste. Absence de commentaire, forçant la réflexion. Travail hautement efficace sur le son. Réalisation épurée, d'une grande beauté formelle. □ Général ➜ DVD $

OUR HITLER *voir* **Hitler: un film d'Allemagne**

OUR OWN PRIVATE BIN LADEN
CAN. 2005. Samira GOETSCHEL ➜ DVD $

OUR TIMES ...
IRAN 2002. Rakhshan BANI-ETEMAD

PAINTERS PAINTING ▷4
É.-U. 1972. Documentaire d'Emile DE ANTONIO. - Panorama de la peinture américaine de tendance abstraite des années 1940-1970.
□ Général

PANACHE ▷4
CAN. 2006. Documentaire d'André-Line BEAUPARLANT. - Lors de la saison de la chasse, une cinéaste accompagne six hommes en forêt et tente de comprendre leur passion pour cette activité.
□ Général ➜ DVD $

PANAMA DECEPTION, THE ▷4
É.-U. 1992. Documentaire de Barbara TRENT. - Rappel historique de la présence américaine au Panama depuis 1903 jusqu'à l'invasion de 1989. □ Général

PAPER CLIPS [Trombones, Les] ▷4
É.-U. 2004. Documentaire de Joe FAB et Elliot BERLIN. - En 1998, des élèves d'une école secondaire du Tennessee entreprennent d'honorer la mémoire des victimes de l'Holocauste en amassant six millions de trombones. ➜ DVD $

PARADISE NOW
É.-U. 1970. Sheldon ROCHLIN

PARIS IS BURNING ▷4
É.-U. 1990. Documentaire de Jennie LIVINGSTON. - Dans les quartiers noirs de New York se tiennent des bals costumés fréquentés en majorité par des homosexuels appartenant à des minorités ethniques.
□ Général

PARTISANS OF VILNA ▷4
É.-U. 1985. Documentaire de Joshua WALTEZKY. - La résistance des Juifs aux Nazis dans le ghetto de Vilna en Pologne pendant la guerre.
➜ DVD $

PAS DE PAYS SANS PAYSANS
[Fight for True Farming, The]
QUÉ. 2006. Eve LAMONT

PATHS TO REVOLUTION: CHE GUEVARA - WHERE YOU'D NEVER IMAGINE HIM
CUB. 2004. Manuel PÉREZ PAREDES ➜ DVD $

PATTI SMITH: DREAM OF LIFE ▷3
É.-U. 2008. Documentaire musical de Steven SEBRING. - Incursion dans l'univers intime de la chanteuse, musicienne, poétesse, peintre et photographe Patti Smith. - Traitement à la fois impressionniste et cérébral, parfaitement en phase avec le sujet. Quelques passages d'une fulgurante beauté. Réalisation et montage très étudiés. Présence hypnotique de P. Smith. ➜ DVD $

PAYS DES SOURDS, LE [In the Land of the Deaf] ▷4
FR. 1992. Documentaire de Nicolas PHILIBERT. - Des malentendants décrivent leurs expériences et leurs rapports avec le reste du monde.
□ Général

PAYS HANTÉ, LE ▷4
QUÉ. 2001. Documentaire de Mary Ellen DAVIS. - Un réfugié guatémaltèque retourne dans son pays pour assister à l'exhumation des cadavres d'un massacre perpétré par l'armée en 1982, dans son village maya.

PAYS RÊVÉ, LE ▷4
QUÉ. 1996. Documentaire de Michel MOREAU. - Michel Moreau, un cinéaste d'origine française ayant immigré au Québec en 1960, évoque les étapes marquantes de sa vie.

PAYSAGE SOUS LES PAUPIÈRES ▷4
QUÉ. 1995. Documentaire de Lucie LAMBERT. - Portrait de trois femmes de générations différentes vivant dans un village sur la Haute Côte-Nord.

PEAU ET LES OS, LA ▷4
QUÉ. 1988. Documentaire de Johanne PRÉGENT avec Hélène Bélanger, Sylvie-Catherine Beaudoin et Louise Turcot. - Exploration des motivations psychologiques qui rendent certaines adolescentes anorexiques ou boulimiques. □ Général

PEAU ET LES OS... APRÈS, LA ▷4
QUÉ. 2006. Documentaire de Hélène BÉLANGER-MARTIN. - Une cinéaste ayant inspiré en 1987 un film sur l'anorexie refait le point sur la question en compagnie d'amies qui ont souffert de cette maladie. □ Général ➜ DVD $

PELLAN ▷5
QUÉ. 1986. Documentaire d'André GLADU. - La vie et l'œuvre d'un célèbre peintre québécois. □ Général

PERFECT CANDIDATE, A ▷4
É.-U. 1996. Documentaire de R.J. CUTLER. - Aperçu sur les élections sénatoriales américaines de 1994. ➜ DVD $

PEUPLE INVISIBLE, LE ▷4
QUÉ. 2007. Documentaire de Richard DESJARDINS et Robert MONDERIE. - L'histoire déchirante des Algonquins, nation autochtone disséminée dans une dizaine de réserves à travers l'Abitibi-Témiscamingue. □ Général ➜ DVD $

PEUPLE MIGRATEUR, LE ▷4
FR. 2001. Documentaire de Jacques PERRIN - Exploration des routes de migration de plusieurs espèces d'oiseaux qui parcourent des milliers de kilomètres sur toute la planète. □ Général

PEUPLE SINGE, LE ▷3
FR. 1989. Documentaire de Gérard VIENNE. - Exploration des traits communs et des particularités de divers représentants de la famille des singes. - Commentaire intelligent. Étonnante moisson de belles images. Montage inventif. Bande sonore savamment composée.
□ Général

PHANTOM OF THE OPERATOR, THE
voir **Fantôme de l'opératrice, Le**

PHILADELPHIA, HERE I COME
ANG. 1975. Brian FRIEL ➔ DVD $

PICTURE OF LIGHT ▷4
CAN. 1994. Documentaire de Peter METTLER. - Un cinéaste part vers le Nord pour y filmer les aurores boréales. □ Général

PIÈGES DE LA MER, LES ▷4
QUÉ. 1981. Documentaire de Jacques GAGNÉ. - Sous la direction du commandant Cousteau, une équipe de plongeurs explore l'estuaire du Saint-Laurent.

PITCH ▷4
CAN. 1997. Documentaire de Kenny HOTZ et Spencer RICE. - Deux aspirants réalisateurs entreprennent de vendre leur projet de film à des personnalités de Hollywood. □ Général ➔ DVD $

PLANET B-BOY ▷4
É.-U. 2007. Documentaire de Benson LEE. - Portrait de cinq équipes de breakdancers invités à participer à une compétition internationale en Allemagne. □ Général ➔ DVD $

PLANÈTE BLANCHE, LA ▷4
FR. 2006. Documentaire de Thierry RAGOBERT et Thierry PIANTANIDA. - Exploration de la faune Arctique à l'heure où celle-ci est menacée par d'importants changements climatiques. □ Général ➔ DVD $

POETRY IN MOTION ▷3
CAN. 1982. Documentaire de Ron MANN. - Vingt-quatre poètes contemporains, dont Charles Bukowski et Allen Ginsberg, lisent certains de leurs textes et commentent la poésie actuelle. - Choix d'extraits inspiré. Réalisation inventive. Ensemble passionné. ➔ DVD $

POUR LA SUITE DU MONDE ▶1
QUÉ. 1963. Documentaire de Pierre PERRAULT et Michel BRAULT. - À l'île aux Coudres, des jeunes gens cherchent à ressusciter l'ancienne coutume de la pêche aux marsouins. - Œuvre pionnière du cinéma direct. Photographie remarquablement inventive et poétique. Dialogues savoureux. Participants d'un naturel désarmant.
□ Général ➔ DVD $

POWAQQATSI
É.-U. 1988. Godfrey REGGIO □ Général ➔ DVD $

PRISONER OF PARADISE ▷3
CAN. 2002. Documentaire de Malcolm CLARKE et Stuart SENDER. - Le destin tragique du comédien et cinéaste juif Kurt Gerron, qui accepta de réaliser un film de propagande projetant une image idyllique de son camp de concentration. - Portrait fascinant d'un artiste proprement anéanti par son orgueil démesuré. Illustration révoltante du cynisme et de la cruauté des nazis. Quelques questions demeurant en suspens. Réalisation vivante, entremêlant de façon fluide films d'archives et entrevues. ➔ DVD $

PRISONER OR: HOW I PLANNED TO KILL TONY BLAIR, THE
ALL. É.-U. 2006. Michael TUCKER et Petra EPPERLEIN ➔ DVD $

PRISONNIERS DE BECKETT [Prisoners of Beckett]
FR. QUÉ. 2005. Michka SAÄL ➔ DVD $

PRIVATE DIARY
ALL. ESP. 2003. Pedro USABIAGA

PROJECT GRIZZLY ▷4
CAN. 1996. Documentaire de Peter LYNCH. - Les efforts investis par un ferrailleur ontarien dans la conception d'une armure qui lui permettrait de lutter corps à corps avec un grizzly. ➔ DVD $

PROMISES ▷3
É.-U. 2000. Documentaire de Justine SHAPIRO, B.Z. GOLDBERG et Carlos BOLADO. - En 1997, à Jérusalem, sept Israéliens et Palestiniens âgés entre 11 et 13 ans confient leurs impressions sur le conflit au Moyen-Orient. - Projet humaniste contribuant de façon touchante au rapprochement entre deux peuples ennemis. Franchise et candeur des intervenants. Mise en images variée. Montage vivant. □ Général

PROTAGONIST
É.-U. 2007. Jessica YU ➔ DVD $

PUMPING IRON [Arnold le magnifique] ▷4
É.-U. 1976. Documentaire de George BUTLER et Robert FIORE. - Incursion dans le monde particulier du culturisme, sport dont les adeptes s'appliquent à développer une musculature exceptionnelle.
➔ DVD $

QUATRE CAVALIERS DE L'APOCALYPSE ▷4
QUÉ. 1991. Documentaire de J.-F. MERCIER. - En accumulant des déchets toxiques et en détruisant les ressources naturelles, l'espèce humaine met en danger la survie de la Terre.

QUATRE DE L'INFANTERIE
ALL. 1930. Georg Wilhelm PABST

QUATRE JOURS EN NOVEMBRE
voir **Four Days in November**

QUÉBEC SUR ORDONNANCE ▷5
QUÉ. 2007. Documentaire de Paul ARCAND. - Portrait des habitudes pharmaceutiques des Québécois, dont la consommation de médicaments est en hausse. □ Général ➔ DVD $

QUÉBEC: DUPLESSIS ET APRÈS... ▷4
QUÉ. 1972. Documentaire de Denys ARCAND. - Étude politique nourrie de documents du régime Duplessis et de scènes de la campagne électorale provinciale de 1970. □ Général

QUI A TIRÉ SUR MON FRÈRE?
QUÉ. 2005. German GUTIÉRREZ ➔ DVD $

RANG 5 ▷4
QUÉ. 1994. Documentaire de Richard LAVOIE. - Des familles québécoises expliquent comment elles en sont venues à choisir de vivre de la terre sur leurs fermes respectives. □ Général

REED: INSURGENT MEXICO
MEX. 1973. Paul LEDUC □ Général

RÉFUGIÉS DE LA PLANÈTE BLEUE, LES
[Refugees of the Blue Planet, The]
QUÉ. 2006. Jean-Philippe DUVAL et Hélène CHOQUETTE ➔ DVD $

RÈGNE DU JOUR, LE ▷3
QUÉ. 1967. Documentaire de Pierre PERRAULT avec Alexis, Marie et Léopold Tremblay. - Un habitant de l'Île-aux-Coudres fait un voyage en France en compagnie de sa femme et de son fils. - Intéressantes observations de mœurs. Traitement sympathique. Moments poétiques. Réactions savoureuses des personnages. □ Général

RELIGULOUS [Relidicule] ▷4
É.-U. 2008. Documentaire de Larry CHARLES. - L'humoriste américain Bill Maher, athée avoué, questionne l'influence de la religion dans le monde contemporain. □ Général ➔ DVD $

RENÉ LÉVESQUE - HÉROS MALGRÉ LUI
QUÉ. 2003. Marc RENAUD ➔ DVD $

RÉVEIL D'APOLLON, LE ▷4
[Louvre Treasure, A: Awekening Apollo]
FR. 2004. Documentaire de Jérôme PRIEUR. - La patiente restauration de la galerie d'Apollon, au Louvre, construite au XVIIe siècle à la demande de Louis XIV. ➔ DVD $

REVOLUCION!? ▷4
CAN. 2006. Documentaire de Charles GERVAIS. - La révolution politique et sociale menée par le président vénézuelien Hugo Chavez, vue par ses fervents partisans et ses farouches opposants.
□ Général ➔ DVD $

RÉVOLUTIONNAIRE, LE
QUÉ. 1965. Jean-Pierre LEFEBVRE

RIDING GIANTS ▷4
É.-U. 2003. Documentaire de Stacy PERALTA. - L'histoire de la pratique du surf aux États-Unis, de ses origines au sein des communautés autochtones d'Hawaii jusqu'à aujourd'hui.

RISE AND FALL OF ADOLF HITLER, THE
voir **Hitler: The Whole Story**

RIVIÈRE AUX CASTORS ▷5
QUÉ. 2007. Documentaire de Philippe CALDERON. - Dans la forêt boréale canadienne, un petit castor entreprend de retrouver son père, disparu peu après sa naissance. □ Général ➔ DVD $

RIVIÈRE DU HIBOU, LA [Occurrence at Owl Creek Bridge]
FR. 1962. Robert ENRICO ➔ DVD $

RIZE ▷4
CAN. 2001. Documentaire de Jean-Claude LABRECQUE- L'histoire du Rassemblement pour l'indépendance nationale, un mouvement politique québécois fondé en 1960 qui s'est dissous en 1968.
□ Général

ROCK SCHOOL
É.-U. 2005. Don ARGOTT ➔ DVD $

ROGER & ME ▷3
É.-U. 1989. Documentaire de Michael MOORE. - Exploration des conséquences désastreuses qu'a entraînées la fermeture d'une usine d'automobiles dans la ville de Flint au Michigan. - Critique sociale nourrie de notations sarcastiques. Traitement d'une feinte bonhomie. Approche nettement subjective. Montage astucieux. ➜ DVD $

ROGER TOUPIN, ÉPICIER VARIÉTÉ ▷3
QUÉ. 2003. Documentaire de Benoît PILON. - L'existence paisible d'un petit commerçant du Plateau Mont-Royal est bousculée lorsqu'il doit se résigner à vendre son épicerie et quitter ainsi l'endroit où il a toujours vécu. - Description attentive d'un milieu de vie figé dans le temps en marge d'un quartier en pleine ébullition. Approche humaniste. Participants attachants et colorés. ➜ DVD $

ROIS DE LA NUIT, LES
QUÉ. 2006. Nicolas RUTIGLIANO ➜ DVD $

ROMAN POLANSKI - WANTED AND DESIRED ▷4
É.-U. 2008. Documentaire de Marina ZENOVICH. - Chronique des événements entourant le procès pour détournement de mineure intenté aux États-Unis en 1977 contre le cinéaste Roman Polanski. ➜ DVD $

ROMÁNTICO
É.-U. 2005. Mark BECKER ➜ DVD $

ROSAIRE ET LA PETITE NATION ▷4
QUÉ. 1997. Documentaire de Benoit PILON. - La vie quotidienne d'un vieillard très religieux et de son entourage dans un petit village du Québec profond.

ROSES IN DECEMBER
É.-U. 1982. Ana CARRIGAN et Bernard STONE ➜ DVD $

ROVING MARS
É.-U. 2006. George BUTLER ➜ DVD DVD-BR $

RUNNING WITH ARNOLD
É.-U. 2006. Dan COX ➜ DVD $

S-21 KHMER ROUGE KILLING MACHINE
CAMB. FR. 2003. Rithy PANH

SAINT OF 9/11
É.-U. 2006. Glenn HOLSTEN ➜ DVD $

SALAAM CINEMA ▷3
IRAN. 1995. Documentaire réalisé par Mohsen MAKHMALBAF. - Un réalisateur qui prépare un film pour le centenaire du cinéma fait passer une audition à de nombreux candidats. - Hommage intelligent et passionné au septième art. Aspects révélateurs de la société iranienne. □ Général

SALESMAN ▷4
É.-U. 1969. Documentaire de Albert et David MAYSLES. - Évocation de la vie de quatre colporteurs de bibles. ➜ DVD $

SALTMEN OF TIBET, THE ▷4
SUI. 1997. Documentaire d'Ulrike KOCH - Dans le Nord du Tibet, une caravane de nomades part récolter le sel des lacs sacrés, nécessaire à la subsistance de leur tribu. ➜ DVD $

SANG D'UN POÈTE, LE [Blood of a Poet] ▷3
FR. 1930. Film d'essai de Jean COCTEAU avec Enrique Rivero, Lee Miller et Pauline Carton. - Suite de tableaux cherchant à exprimer les rêves d'un poète. - Ensemble original et poétique. Œuvre s'inscrivant dans le mouvement surréaliste français. □ Général

SARAH SILVERMAN: JESUS IS MAGIC ▷4
É.-U. 2005. Documentaire de Liam LYNCH. - Captation d'un spectacle de la comédienne et humoriste Sarah Silverman, entrecoupé de sketchs et de numéros musicaux. ➜ DVD $

SATCHMO: LOUIS ARMSTRONG ▷4
É.-U. 1989. Documentaire de Gary GIDDINS et K. SIMMONS. - La vie et la carrière du célèbre musicien de jazz Louis Armstrong. □ Général

SCAREDSACRED ▷4
[Scaredsacred - dévoile la noirceur, révèle la lumière]
CAN. 2004. Documentaire de Velcrow RIPPER. - Un cinéaste parcourt le monde pour recueillir les témoignages de personnes ayant survécu à divers désastres humanitaires. ➜ DVD $

SEARCHING FOR DEBRA WINGER ▷4
É.-U. 2002. Documentaire de Rosanna ARQUETTE. - Des actrices ayant passé le cap des 40 ans témoignent des difficultés qu'elles rencontrent à Hollywood, au sein d'une industrie qui adule la jeunesse. ➜ DVD $

SEX LIFE IN L.A.
ALL. É.-U. 2005. Jochen HICK ➜ DVD $

SHAKA ZULU ▷4
A.S. 1986. Drame historique de William C. FAURE avec Henry Cele, Robert Powell et Edward Fox. - L'épopée de Shaka, le grand chef Zoulou qui fonda un véritable empire dans l'Afrique australe au début du XIXe siècle. ➜ DVD $

SHARKWATER ▷4
CAN. 2006. Documentaire de Rob STEWART. - Un biologiste et photographe sous-marin passionné par les requins fait le portrait de cette espèce mal aimée et décimée par les braconniers des mers. ➜ DVD DVD-BR $

SHERMAN'S MARCH ▷4
É.-U. 1986. Documentaire réalisé et interprété par Ross McELWEE. - En retraçant l'avance de l'armée du général Sherman dans les États du Sud pendant la guerre civile, un jeune cinéaste fait diverses rencontres sentimentales. □ Général ➜ DVD $

SHINE A LIGHT ▷4
É.-U. 2007. Documentaire musical de Martin SCORSESE. - Captation d'un concert offert par les Rolling Stones au Beacon Theatre de New York, en 2006. □ Général ➜ DVD DVD-BR $

SHOAH ►2
FR. 1985. Documentaire de Claude LANZMANN. - Évocation de l'extermination des Juifs par les nazis au cours de la guerre 1939-1945. - Leçon d'histoire exceptionnelle. Montage complexe. Traitement méticuleux et exhaustif. Expérience unique et bouleversante. □ Général

SHORT LIFE OF JOSE ANTONIO GUTIERREZ, THE
ALL. SUI. 2006. Heidi SPECOGNA

SHOWBOY
É.-U. 2002. Lindy HEYMANN et Christian TAYLOR ➜ DVD $

SHUT UP AND SING ▷4
É.-U. 2006. Documentaire de Barbara KOPPLE et Cecilia PECK. - Après avoir critiqué le président Bush sur scène, les Dixie Chicks causent un tollé dans le milieu très conservateur de la musique country. □ Général ➜ DVD $

SICK: THE LIFE AND DEATH OF BOB FLANAGAN, SUPERMASOCHIST ▷4
É.-U. 1997. Documentaire de Kirby DICK. - Évocation de la vie et de la carrière de l'artiste d'avant-garde masochiste Bob Flanagan. □ 18 ans+

SICKO ▷4
É.-U. 2007. Documentaire de Michael MOORE. - Examen du système de santé américain, à la lumière de leurs équivalents canadien, anglais, français et cubain. ➜ DVD $

SILENT WITNESS [Gardiens du silence, Les] ▷3
CAN. 1994. Documentaire de Harriet WICHIN. - Témoignages de personnes consacrant leur existence à faire survivre la mémoire des camps de concentrations nazis. - Traitement sobre et fort respectueux. Montage varié. □ Général

SILVERLAKE LIFE: THE VIEW FROM HERE ▷3
É.-U. 1992. Documentaire de Tom JOSLIN et Peter FRIEDMAN. - Sur le mode d'un journal intime, un couple d'homosexuels parlent de leurs vécus, alors que l'un d'eux se meurt du sida. - Portrait vif et authentique. Traitement souvent émouvant d'un thème fort grave. □ 13 ans+

SIX O'CLOCK NEWS ▷4
É.-U. 1997. Documentaire de Ross McELWEE. - Un cinéaste recueille les témoignages de diverses victimes de catastrophes naturelles ayant fait la Une des bulletins télévisés.

SKETCHES OF FRANK GEHRY ▷4
É.-U. 2005. Documentaire de Sydney POLLACK. - Évocation de la vie et de l'œuvre du célèbre architecte américain d'origine canadienne Frank Gehry. □ Général ➜ DVD $

SKIN FOR SALE
ESP. 2006. Vincente PÉREZ

SKY ABOVE, THE MUD BELOW, THE
voir **Ciel et la boue, Le**

SLIPPIN': TEN YEARS WITH THE BLOODS
É.-U. 2005. Joaquim SCHROEDER et Tommy SOWARDS ➜ DVD $

SMASHING MACHINE
É.-U. 2003. John HYAMS ➜ DVD $

SMOOTHIE - MAURICE CULLAZ
FR. 2005. Jean-Henri MEUNIER ➜ DVD $

SOCIAL GENOCIDE *voir* **Mémoire d'un saccage**

SOLDIERS IN THE ARMY OF GOD
É.-U. 2000. Marc LEVIN et Daphne PINKERSON ➜ DVD $

SOLEIL A PAS D'CHANCE, LE ▷4
QUÉ. 1975. Documentaire de Robert FAVREAU. - Les épreuves et les déboires des jeunes filles qui aspirent à devenir duchesses du Carnaval de Québec. □ Général

SORCELLERIE À TRAVERS LES ÂGES, LA [Häxan] ►2
SUÈ. 1921. Documentaire de Benjamin CHRISTENSEN avec Tora Teje, Alice Frederiksen et Oscar Tribolt. - Les différentes manifestations de la sorcellerie vers la fin du Moyen Âge. - Chef-d'œuvre du muet. Mélange de genres fort réussi. Très belle photographie. Style expressionniste. Ensemble parfois décousu mais teinté d'un bon humour noir. □ Général ➜ DVD $

SORROW AND THE PITY, THE *voir* **Chagrin et la pitié, Le**

SORT DE L'AMÉRIQUE, LE ▷4
QUÉ. 1996. Film d'essai réalisé et interprété par Jacques GODBOUT avec René-Daniel Dubois et Philippe Falardeau. - Un cinéaste qui prépare un documentaire sur la bataille des Plaines d'Abraham rencontre un ami dramaturge en train d'écrire un scénario hollywoodien sur ce sujet. □ Général

SOURCE, THE ▷4
É.-U. 1998. Documentaire de Chuck WORKMAN . - Analyse de l'influence du mouvement beatnik sur l'ensemble de la culture américaine. □ Général

SOUS LA CAGOULE ▷3
QUÉ. 2008. Documentaire de Patricio HENRIQUEZ. - Des victimes de torture originaires de plusieurs pays témoignent des nombreux sévices qu'ils ont subis et des séquelles qu'elles ont laissées. - Dénonciation richement documentée d'un phénomène qui s'est accentué depuis les attentats du 11 septembre 2001. Propos évocateurs et bouleversants. Images d'une violence parfois saisissante. ➜ DVD $

SOUVENIR OF CANADA
CAN. 2005. Robin NEINSTEIN ➜ DVD $

SPECIALIST, THE
voir **Un spécialiste: le portrait d'un criminel moderne**

SPELLBOUND ▷3
É.-U. 2002. Documentaire de Jeff BLITZ. - Huit adolescents américains issus de différents milieux participent à un important concours d'épellation, le *National Spelling Bee*. - Regard intelligent sur la diversité de la société américaine et les affres de la compétition. Réalisation efficace □ Général ➜ DVD $

SPENCER TRACY LEGACY: A TRIBUTE BY KATHARINE HEPBURN, THE ▷4
É.-U. 1986. Documentaire de David HEELEY. - Évocation de la vie et de la carrière de l'acteur américain Spencer Tracy, décédé en 1967.

SPOILS OF WAR
ARG. ESP. 2000. David BLAUSTEIN

STANDARD OPERATING PROCEDURE ▷3
É.-U. 2008. Documentaire d'Errol MORRIS. - Retour sur les événements survenus à la prison d'Abu Ghraib, en Irak, à la suite desquels des soldats américains ont été condamnés pour mauvais traitements des détenus. - Approche rigoureuse du sujet. Reconstitutions saisissantes faites à partir des photos incriminantes. Témoignages fascinants des soldats impliqués. □ 13 ans+ · Violence ➜ DVD DVD-BR $

STARRING ROSA FURR
É.-U. 2003. Lara MARTIN ➜ DVD $

STARTUP.COM ▷4
É.-U. 2001. Documentaire de Jehane NOUJAIM et Chris HEGEDUS. - Les succès et les revers de deux jeunes entrepreneurs qui fondent un site Internet. □ Général ➜ DVD $

STATE OF MIND, A ▷4
ANG. 2004. Documentaire de Daniel GORDON. - Deux jeunes gymnastes nord-coréennes se préparent en vue d'un fastueux spectacle de masse célébrant la naissance du fondateur de leur république populaire. ➜ DVD $

STEP INTO LIQUID [Défi des vagues, Le] ▷4
É.-U. 2003. Documentaire de Dana BROWN. - Reportage sur la pratique du surf à travers le monde et la culture entourant cette activité. ➜ DVD $

STEVIE ▷3
É.-U. 2002. Documentaire de Steve JAMES. - Un cinéaste renoue avec un jeune homme peu scolarisé au lourd dossier criminel, dont il a été le Grand Frère dix ans auparavant. - Portrait fascinant de l'Amérique profonde par le biais d'une expérience personnelle. Critique subtile du système d'éducation. Approche respectueuse et pleine de compassion. Témoignages crus et sincères. ➜ DVD $

STONE READER
É.-U. 2002. Mark MOSKOWITZ ➜ DVD $

STORM THE SKIES
ESP. 1996. Jose luis LOPEZ-LINARES et Javier RIOYO

STORY OF A PROSTITUTE
JAP. 1965. Seijun SUZUKI □ 13 ans+ ➜ DVD $

STORY OF THE GUN , THE [Story of the Gun: 01] ▷4
É.-U. 1996. Documentaire de Yann DEBONNE et Rob LIHANA. - L'évolution des armes à feu au cours des six derniers siècles.

STRAIGHT FROM THE SUBURBS
CAN. 1998. Carole DUCHARME

STRAND: UNDER THE DARK CLOTH ▷4
CAN. 1990. Documentaire de John WALKER. - La vie et l'œuvre du célèbre photographe et documentariste américain Paul Strand. □ Général ➜ DVD $

STRANGE CULTURE
ANG. 2007. Lynn HERSHMAN-LEESON ➜ DVD $

STRIP JACK NAKED
ANG. 1991. Ron PECK ➜ DVD $

STUPIDITY ▷5
CAN. 2003. Documentaire d'Albert NERENBERG. Un cinéaste entreprend une enquête sur le thème de la stupidité dans les médias, la politique et d'autres sphères de la société □ Général ➜ DVD $

SUNSET STORY
É.-U. 2003. Laura GABBERT ➜ DVD $

SUPER 8 STORIES ▷4
ALL. 2001. Documentaire d'Emir KUSTURICA. - Portrait du groupe No Smoking Orchestra, qui pratique un mélange hétéroclite de rock, de jazz et de musique gitane surnommé le punk des Balkans. ➜ DVD $

SUPER SIZE ME ▷4
[Super Size Me: malbouffe à l'américaine]
É.-U. 2004. Documentaire de Morgan SPURLOCK. - Pour les fins d'une enquête sur la malbouffe, un cinéaste mange pendant un mois uniquement des produits achetés chez McDonald's. ➜ DVD $

SUR LE YANGZI *voir* **Up the Yangtze**

SURFWISE ▷4
É.-U. 2007. Documentaire de Doug PRAY. - La vie du surfeur Dorian «Doc» Paskowitz, qui éleva ses neuf enfants dans la tradition juive et en harmonie avec la nature. □ Général ➜ DVD $

SURVIVANTS DE L'APOCALYPSE, LES ▷4
QUÉ. 1998. Documentaire de Richard BOUTET. - Regard sur le phénomène des sectes qui sévissent au Québec et portrait de différentes personnes ayant été victimes de ces groupes. ➜ DVD $

SWIMMING TO CAMBODIA ▷4
É.-U. 1987. Film d'essai de Jonathan DEMME avec Spalding Gray. - Un homme explique l'expérience qu'il a vécue lorsqu'il a été appelé à tenir un rôle secondaire dans le film «The Killing Fields». ➜ DVD $

SYNTHETIC PLEASURES ▷4
É.-U. 1995. Documentaire d'Iara LEE. - Exploration de diverses techniques de pointe permettant aux êtres humains de transcender la réalité, que ce soit pour leurs loisirs ou pour réaliser certains rêves. □ 13 ans+

TABAC: LA CONSPIRATION [Tobacco Conspiracy]
CAN. 2006. Nadia COLLOT ➜ DVD $

TABOUS ▷4
IRA. 2004. Documentaire de Mitra FARAHANI avec Coralie Revel et Sophiane Benrezzak. - Enquête sur l'amour et la sexualité dans l'Iran d'aujourd'hui, entrecoupée par l'illustration d'un poème érotique persan du XIXe siècle. □ Général ➜ DVD $

TABU ▶2
É.-U. 1931. Documentaire de Friedrich Wilhelm MURNAU et Robert FLAHERTY. - Un jeune Polynésien est séparé de celle qu'il aime par des coutumes tribales. - Images admirables. Traitement d'un grand lyrisme. Jeu sincère des indigènes. □ Général ➔ DVD $

TAKE, THE ▷4
CAN. 2004. Documentaire d'Avi LEWIS. - Dans une Argentine en pleine crise économique, des ouvriers décident d'occuper leurs usines laissées à l'abandon et de les redémarrer en créant des coopératives. □ Général ➔ DVD $

TARNATION ▷3
É.-U. 2004. Film d'essai réalisé et interprété par Jonathan CAOUETTE avec Renée Leblanc et David Sanin Paz. - Évocation de la vie du réalisateur, atteint de troubles de dépersonnalisation, et de sa relation avec sa mère adorée qui a subi de nombreux abus psychiatriques. - Autoportrait poignant réalisé sous forme de collage, mêlant divers matériaux visuels et sonores captés à différentes périodes. Montage vif. Esthétique «trash». Incursion quasi impudique dans l'univers du principal intéressé. □ 16 ans+

TAXI TO THE DARK SIDE ▷4
É.-U. 2007. Documentaire d'Alex GIBNEY. - Enquête sur les pratiques de séquestration et d'interrogatoires douteuses de l'armée américaine, depuis les attentats du 11 septembre 2001.
□ 13 ans+ ➔ DVD $

TELL THEM WHO YOU ARE
É.-U. 2005. Mark WEXLER ➔ DVD $

TERRE DES AUTRES, LA
QUÉ. 1995. Bernard ÉMOND ➔ DVD $

THAT MAN: PETER BERLIN ▷4
É.-U. 2005. Documentaire de Jim TUSHINSKI. - La vie et la carrière de l'ex-acteur porno Peter Berlin, qui a connu la célébrité dans les années 1970. ➔ DVD $

THAT'S DANCING! ▷4
É.-U. 1985. Film de montage de Jack HALEY Jr. - Sélection de numéros de danse présentés dans divers films depuis les débuts du cinéma sonore. □ Général ➔ DVD $

THAT'S ENTERTAINMENT ▷3
É.-U. 1974. Film de montage de Jack HALEY Jr. avec Fred Astaire, Gene Kelly et Judy Garland. - Anthologie d'extraits de comédies musicales tournées dans les studios de la MGM. - Spectacle impressionnant. Montage intelligemment fait. Évocation nostalgique réussie. Passages particulièrement brillants. □ Général ➔ DVD $

THAT'S ENTERTAINMENT! PART 2 ▷4
É.-U. 1976. Film de montage de Gene KELLY. - Extraits de films musicaux ou comiques produits par la MGM. □ Général ➔ DVD $

THAT'S ENTERTAINMENT! PART 3 ▷3
É.-U. 1994. Film de montage de Bud FRIEDGEN et Michael J. SHERIDAN. - Anthologie d'extraits de comédies musicales tournées dans les studios de la MGM. - Troisième volet d'un panorama nostalgique des réalisations du passé. Sélection remarquablement cohérente et homogène. Plusieurs documents inédits. Trucages numériques et restauration impressionnants. □ Général ➔ DVD $

THE LAST MOGUL: LIFE AND TIMES OF LEW WASSERMAN ▷4
É.-U. 2005. Documentaire de Barry AVRICH. - Portrait d'un géant de Hollywood qui, dans les années 1940-50, a changé les règles de rétribution des acteurs et fondé les studios Universal. ➔ DVD $

THELONIOUS MONK: STRAIGHT, NO CHASER ▷3
É.-U. 1988. Documentaire de Charlotte ZWERIN avec Charlie Rouse, Harry Colomby et Thelonious Monk Jr. - Évocation de la carrière de l'excentrique pianiste de jazz Thelonious Monk entrecoupée de documents filmés et d'interviews. - Film tiré en partie d'un documentaire tourné à la fin des années 1960. Montage adroit. Propos pertinents. Passages musicaux de qualité. ➔ DVD $

THIN ▷4
É.-U. 2006. Documentaire de Lauren GREENFIELD. - Portrait de quatre jeunes résidentes anorexiques d'une clinique floridienne spécialisée dans les troubles de l'alimentation. ➔ DVD $

THIN BLUE LINE, THE ▷3
É.-U. 1988. Documentaire d'Errol MORRIS. - Le présumé coupable d'un meurtre commis en 1976 contre un policier texan ne serait pas celui que la justice a négligemment condamné. - Sorte de contre-enquête sur un fait divers qui a permis la réouverture de la cause.
□ Général

THIS FILM IS NOT YET RATED ▷4
É.-U. 2006. Documentaire de Kirby DICK. - Enquête sur la Motion Picture Association of America, bras politique des studios hollywoodiens, responsable du classement des films par catégories d'âge.
➔ DVD $

THIS SO-CALLED DISASTER
É.-U. 2003. Sam SHEPARD et Michael ALMEREYDA ➔ DVD $

THREE KINGS OF BELIZE [Trois rois ▷4
CAN. 2007. Documentaire musical de Katia PARADIS. - Portrait de trois musiciens septuagénaires originaires du Belize. ➔ DVD $

THREE SISTERS
ANG. 1970. Laurence OLIVIER ➔ DVD $

TICKLE IN THE HEART, A ▷4
ALL. 1996. Documentaire de Stefan SCHWIETERT. - Portrait du trio The Epstein Brothers, virtuoses du klezmer, une musique traditionnelle yiddish. ➔ DVD $

TIGRERO: A FILM THAT WAS NEVER MADE ▷4
FIN. 1994. Documentaire de Mika KAURISMAKI. - Le cinéaste Samuel Fuller entraîne en Amazonie un de ses pairs, Jim Jarmush, sur les traces d'un film qu'il a failli faire quarante ans auparavant.

TOBACCO CONSPIRACY *voir* **Tabac: la conspiration**

TOKYO OLYMPIAD ▷4
JAP. 1965. Documentaire de Kon ICHIKAWA. - Évocation des événements qui ont marqué les Jeux olympiques de Tokyo en 1964.
□ Général

TOKYO-GA ▷3
ALL. 1985. Documentaire de Wim WENDERS. - Le réalisateur allemand Wim Wenders confronte ses impressions de la ville de Tokyo et les souvenirs qu'il garde de l'œuvre du cinéaste nippon Yasujiro Ozu. - Hommage sous forme de patchwork. Réflexion sur les rapports entre la réalité et le cinéma. □ Général

TONY PALMER'S FILM ABOUT MARGOT FONTEYN [Margot]
ANG. 2006. Tony PALMER ➔ DVD $

TOUCHING THE VOID [Mort suspendue, La] ▷3
ANG. 2003. Documentaire de Kevin MacDONALD. - En 1985, la conquête d'une montagne des Andes tourne au cauchemar pour les alpinistes anglais Simon Yates et Joe Simpson. - Reconstitution dramatique entrecoupée de témoignages des deux sportifs. Récit à haute tension. Paysages aussi majestueux que menaçants. Prises de vue vertigineuses. □ Général ➔ DVD $

TRACES DU RÊVE, LES ▷4
QUÉ. 1985. Documentaire de Jean-Daniel LAFOND. - Portrait du cinéaste québécois Pierre Perrault à travers ses activités professionnelles et des extraits de son œuvre. □ Général

TRAÎTRE OU PATRIOTE ▷4
QUÉ. 2000. Documentaire de Jacques GODBOUT. - Portrait du politicien Adélard Godbout, qui a été premier ministre du Québec de 1939 à 1944. - Leçon d'histoire présentée sur un ton personnel et original.

TREKKIES ▷4
É.-U. 1997. Documentaire de Roger NYGARD. - Suite de témoignages rendant compte du culte que certains spectateurs vouent à la série télévisée Star Trek et à ses interprètes. □ Général ➔ DVD $

TREMBLING BEFORE G-D ▷4
É.-U. 2001. Documentaire de Sandi SIMCHA DUBOWSKI. - Les difficultés vécues par les gays appartenant à la communauté des juifs hassidiques, où les relations homosexuelles sont résolument interdites. □ Général ➔ DVD $

TRÉSOR ARCHANGE, LE ▷4
QUÉ. 1996. Documentaire de Fernand BÉLANGER avec René Lussier, Claude Beaugrand et Thérèse Hardy. - Un musicien et un preneur de son remontent le chemin du Roy, entre Montréal et Québec, à la recherche de traces du patrimoine culturel québécois. □ Général

TRIALS OF DARRYL HUNT
É.-U. 2006. Ricki STERN et Anne SUNDBERG ➔ DVD $

TRIOMPHE DE LA VOLONTÉ, LE [Triumph of the Will]
ALL. 1935. Leni RIEFENSTAHL □ Général ➔ DVD $

TROIS MONTRÉAL DE MICHEL TREMBLAY, LES
QUÉ. 1989. Michel MOREAU

TROIS ROIS *voir* **Three Kings of Belize**

TROMBONES, LES *voir* **Paper Clips**

TROU DU DIABLE, LE ▷5
QUÉ. 1989. Documentaire de Richard LAVOIE avec Yves Bélanger, Danielle Martel et Claude Larue. - Un groupe de spéléologues découvre une caverne longue de huit cent mètres sous le village de Boischâtel. □ Général

TROUBLESOME CREEK: A MIDWESTERN ▷4
É.-U. 1995. Documentaire de Jeannie JORDAN et Steven ASCHER. - Une équipe de cinéma capte divers moments dans la vie d'un couple de fermiers forcés de liquider leurs avoirs. □ Général

TURLUTE DES ANNÉES DURES, LA ▷4
CAN. 1983. Documentaire de Richard BOUTET et Pascal GÉLINAS. - Évocation, par l'image, la chanson et le souvenir, de la crise économique des années 30.

TWIST ▷4
CAN. 1993. Documentaire de Ron MANN. - Évocation des origines du twist, danse qui fit fureur auprès des Américains dans les années 1960. □ Général → DVD$

U.S. VS. JOHN LENNON, THE ▷5
É.-U. 2006. Documentaire de David LEAF et John SCHEINFELD. - Les moments marquants du parcours antimilitariste de l'ex-Beatle John Lennon et de son bras de fer avec les autorités américaines. □ Général → DVD$

UN CHIEN ANDALOU/LAND WITHOUT BREAD
[Las hurdes]
FR. 1929. Luis BUÑUEL → DVD$

UN HOMME DE PAROLE ▷4
QUÉ. 1991. Documentaire d'Alain CHARTRAND. - Portrait du syndicaliste Michel Chartrand. □ Général

UN PAYS SANS BON SENS! ▷3
QUÉ. 1970. Documentaire de Pierre PERRAULT. - Tentative de clarification de la notion de pays à travers des conversations avec diverses personnes. - Réalisation vivante à partir d'une idée abstraite. Quelques intertitres ironiques. Montage réussi. Touches poétiques et symboliques.

UN SPÉCIALISTE: LE PORTRAIT D'UN CRIMINEL MODERNE [Specialist, The] ▷4
FR. 1998. Documentaire d'Eyal SIVAN. - Divers moments du procès du criminel nazi Adolf Eichmann, qui s'est déroulé en 1961 à Jérusalem. □ Général → DVD$

UNBORN IN THE USA: INSIDE THE WAR ON ABORTION
É.-U. 2007. Will THOMPSON → DVD$

UNE ENFANCE À NATASHQUAN ▷4
QUÉ. 1993. Documentaire de Michel MOREAU. - Le chansonnier Gilles Vigneault nous entraîne dans l'univers de ses souvenirs de jeunesse.

UNE HISTOIRE DE FEMMES ▷4
CAN. 1980. Documentaire de Sophie BISSONNETTE, Joyce ROCK et Martin DUCKWORTH. - En 1978, à Sudbury, des femmes appuient leurs maris dans une grève pour obtenir de meilleures conditions de travail. □ Général

UNE VIE COMME RIVIÈRE ▷4
QUÉ. 1996. Documentaire de Alain CHARTRAND - Évocation de la vie de la féministe Simonne Monet-Chartrand.

UNZIPPED ▷4
É.-U. 1995. Documentaire de Douglas KEEVE. - De Paris à New York, une équipe de cinéma suit le designer de mode Isaac Mizrahi dans la préparation de sa nouvelle collection. □ Général → DVD$

UP THE YANGTZE [Sur le Yangzi] ▷3
CAN. 2007. Documentaire de Yung CHANG. - Les conséquences humaines, culturelles et écologiques de la construction de l'immense barrage des Trois Gorges sur la rivière Yangzi. - Regard à la fois fascinant et désolant sur les ambitions et les excès de la nouvelle Chine. Touches d'ironie. Réalisation assurée empruntant souvent au cinéma-vérité. Paysages majestueux filmés avec lyrisme. Certains témoignages poignants. □ Général → DVD$

URGENCE! DEUXIEME SOUFFLE ▷4
QUÉ. 1999. Documentaire de Tahani RACHED. - Les problèmes que vit le personnel infirmier d'un hôpital de la banlieue montréalaise affligé par une réforme gouvernementale impopulaire.

URINAL
CAN. 1988. John GREYSON □ 16 ans+

VALOUR AND THE HORROR ▷4
[Valour and the Horror: 01]
CAN. 1991. Documentaire de T. et B. McKENNA. - Évocation de la participation canadienne à la Deuxième Guerre mondiale. → DVD$

VARIATIONS SUR UN THÈME FAMILIER ▷4
QUÉ. 1994. Documentaire de C. GARCIA et G. GUTIERREZ. - Description de sept univers familiaux différents.

VAUDEVILLE ▷4
É.-U. 1997. Documentaire de G. PALMER. - Évocation de la grande époque du vaudeville et de ses artistes les plus célèbres.

VERNON, FLORIDA
É.-U. 1982. Errol MORRIS

VERY BRITISH GANGSTER, A ▷3
[Gangster très british, Un]
ANG. 2007. Documentaire de Donal MacINTYRE. - Sur une période de trois ans, un journaliste suit le parcours de Dominic Noonan, le tout-puissant parrain de la pègre de Manchester. - Enquête en profondeur donnant lieu à un portrait passionnant. Réflexion intelligente sur la fascination engendrée par la violence et le crime. Réalisation intimiste d'une grande puissance d'évocation. → DVD$

VIE COMME ELLE VA, LA ▷3
FR. 2003. Documentaire de Jean-Henri MEUNIER. - Évocation de la vie quotidienne des habitants du petit village de Najac, dans la région de l'Aveyron. - Galerie de personnages attachants et colorés. Regard à la fois sensible et critique sur la vie paysanne. Réalisation dépouillée, épousant le rythme des saisons. □ Général → DVD$

VIES ET MORTS D'ANDY WARHOL
[Andy Warhol - Life and Death]
FR. 2005. Jean-Michel VECCHIET → DVD$

VIEW FROM THE SUMMIT *voir* **Vue du sommet**

VINCENT ▷4
AUS. 1987. Documentaire de Paul COX. - Evocation de la vie tourmentée du peintre hollandais Vincent Van Gogh. → DVD$

VINCENT THE DUTCHMAN ▷3
ANG. Documentaire de Mai ZETTERLING, J. BULMER, M. GOUGH, D. HUGHES et E. ROBERTS. - Évocation de la vie du peintre Vincent Van Gogh. - Approche fort originale basée sur les impressions personnelles des cinéastes. Sensibilité palpable. Mise en images soignée.

VISIONS OF LIGHT: THE ART OF CINEMATOGRAPHY ▷4
É.-U. 1992. Documentaire d'Arnold GLASSMAN. - Divers directeurs de la photographie s'expriment sur leur profession. □ Général → DVD$

VIVRE 120 ANS ▷4
QUÉ. 1993. Documentaire de Carlos FERRAND. - Aperçus de diverses recherches scientifiques et philosophiques visant à permettre aux humains de rester jeunes, en forme et en santé au-delà de l'âge mûr. □ Général

VOICI L'HOMME ▷5
QUÉ. 2005. Documentaire de Catherine HÉBERT. - Un prêtre sans paroisse réunit chaque année des comédiens amateurs, issus de tous les horizons, pour monter une pièce sur la vie du Christ. → DVD$

VOITURES D'EAU, LES ▷3
QUÉ. 1968. Documentaire de Pierre PERRAULT. - Peinture de la vie et des coutumes des habitants de l'île-aux-Coudres. - Traitement intelligent et savoureux. Photographie soignée. Montage habile. Touches poétiques. □ Général

VOLEUR VIT EN ENFER, LE
QUÉ. 1984. Robert MORIN

VOLEURS D'ENFANCE, LES ▷4
QUÉ. 2005. Documentaire de Paul ARCAND. - Enquête sur la situation des enfants victimes d'abus de toutes sortes et la manière dont ils sont pris en charge par la Direction de la protection de la jeunesse. □ 13 ans+ → DVD$

VOYAGE D'UNE VIE, LE ▷4
QUÉ. 2007. Documentaire de Maryse CHARTRAND. - Après un an passé à voyager autour du monde avec sa femme et ses enfants, un homme s'enlève la vie. ➜ DVD $

VOYAGE DE NADIA, LE [Nadia's Journey] ▷4
CAN. 2006. Documentaire de Nadia ZOUAOUI et Carmen GARCIA. - Mariée de force à 19 ans, une jeune Néo-Québécoise revient dans son village natal de Kabylie afin d'enquêter sur les traditions de son peuple. □ Général ➜ DVD $

VOYAGE IN TIME
ITA. 1983. Andrei TARKOVSKY et Tonino GUERRA ➜ DVD $

VUE DU SOMMET [View from the Summit] ▷4
QUÉ. 2001. Documentaire de Magnus ISAACSSON. - Reportage sur le Sommet des Amériques qui s'est tenu à Québec en avril 2001 dans un climat d'affrontements entre manifestants et forces de l'ordre.

WACO: THE RULES OF ENGAGEMENT ▷3
É.-U. 1997. Documentaire de William GAZECKI - Analyse des événements survenus en 1993, au Texas, à l'occasion du siège par le FBI d'un ranch occupé par des membres d'une secte religieuse. - Révélations troublantes. Points de vue des deux parties antagonistes avancés. Images et extraits sonores extrêmement percutants.
□ Général · Déconseillé aux jeunes enfants ➜ DVD $

WAR, THE [War, The 01] ▷3
É.-U. 2007. Documentaire de Ken BURNS et Lynn NOVICK. - Le rôle des États-Unis dans la Deuxième Guerre mondiale, raconté par les vétérans et leurs proches. - Fresque poignante scrutant la question sous tous ses angles. Travail colossal de recherche d'images d'archives. Réalisation de métier. Témoignages puissants. ➜ DVD $

WAR GAME, THE [War Game/Culloden]
ANG. 1965. Peter WATKINS □ 13 ans+

WAR PHOTOGRAPHER ▷3
Suis. 2001. Documentaire de Christian FREI. - Un portrait du photoreporter James Nachtwey tourné sur une période de deux ans dans plusieurs pays du monde. □ Général · Déconseillé aux jeunes enfants

WAR ROOM, THE ▷4
É.-U. 1993. Documentaire de Don A. PENNEBAKER et Chris HEGEDUS. - Le travail quotidien des deux principaux organisateurs de la campagne électorale de Bill Clinton en vue des élections du 3 novembre 1992. □ Général ➜ DVD $

WATERMARKS ▷4
ISR. 2004. Documentaire de Yaron ZILBERMAN. - Huit ex-nageuses et plongeuses d'un célèbre club sportif juif de Vienne, dispersées à travers le monde, se retrouvent 65 ans après sa fermeture par les nazis. □ Général ➜ DVD $

WEATHER UNDERGROUND ▷3
É.-U. 2003. Documentaire de Sam GREEN et Bill SIEGEL. - L'histoire du mouvement radical The Weather Underground, racontée par les membres de ce groupe qui s'opposa de manière violente au racisme et à la guerre du Viêt-nam. - Questionnement fascinant sur les limites morales de l'action terroriste. Critique nuancée du mouvement pacifiste américain. Portrait évocateur d'une époque troublée utilisant de percutants documents d'archives. Témoignages éloquents.
□ 13 ans+ ➜ DVD $

WESTFRONT 1918
voir **Quatre de l'infanterie**

WETBACK - THE UNDOCUMENTED DOCUMENTARY
É.-U. 2006. Arturo Perez TORRES ➜ DVD $

WHEEL OF TIME ▷4
ALL. 2003. Documentaire de Werner HERZOG. - Chaque année, des centaines de milliers de pélerins se rendent à Bhod Gaya, en Inde, pour recevoir les enseignements du dalaï-lama. □ Général

WHEN THE LEVEES BROKE ▷3
É.-U. 2006. Documentaire de Spike LEE. - Analyse de la réaction des autorités américaines dans les heures et les jours qui ont suivi le passage de l'ouragan Katrina à la Nouvelle-Orléans. - Documentaire-fleuve d'une grande puissance sur la résilience et le courage. Récit subtilement découpé en chapitres. Constat désolant des manquements du système américain de soutien aux sinistrés. Témoignages abondants et prenants. ➜ DVD $

WHEN WE WERE KINGS ▷4
É.-U. 1996. Documentaire de Leon GAST. - Évocation du célèbre combat de boxe entre Muhammad Ali et George Foreman à Kinshasa, en octobre 1974. □ Général ➜ DVD $

WHITE DIAMOND
ALL. 2004. Werner HERZOG

WHITE LIGHT, BLACK RAIN: THE DESTRUCTION OF HIROSHIMA AND NAGASAKI ▷3
É.-U. 2007. Documentaire de Steven OKAZAKI. - Plus de soixante ans après la destruction de Hiroshima et Nagasaki par la bombe atomique, des survivants racontent ce qu'ils ont vécu. - Réflexion à la fois prenante et dérangeante sur la puissance destructrice de l'Homme. Assemblage vivant de témoignages et de films d'archives. Traitement sobre, misant sur la force des mots et des images. Montage serré.
➜ DVD $

WHO KILLED THE ELECTRIC CAR? ▷4
É.-U. 2006. Documentaire de Chris PAINE. - Vie et mort de la première voiture entièrement électrique, créée en 1997 puis retirée du marché sous la pression concertée de différents lobbys. □ Général ➜ DVD $

WHO THE #$-% IS JACKSON POLLOCK?
[Who the Fuck Is Jackson Pollock?]
É.-U. 2006. Harry MOSES ➜ DVD $

WHOEVER SAYS THE TRUTH SHALL DIE: A FILM ABOUT PIER PAOLO PASOLINI
HOL. 1981. Philo BREGSTEIN ➜ DVD $

WHY WE FIGHT ▷3
É.-U. 2005. Documentaire d'Eugene JARECKI. - L'influence de l'industrie militaire américaine sur le pouvoir politique, depuis la Deuxième Guerre mondiale jusqu'au conflit en Irak. - Analyse historique et politique méticuleuse et pertinente. Points de vue nuancés et complémentaires. Images d'archives évocatrices. Témoignages émouvants.
□ Général ➜ DVD $

WIDE AWAKE ▷3
É.-U. 2006. Documentaire d'Alan BERLINER. - Un cinéaste souffrant d'insomnie chronique tente d'en savoir davantage sur la science du sommeil. - Incursion très personnelle, empreinte d'ironie, dans l'esprit d'un artiste. Réalisation inventive. Montage d'une rare intelligence.
➜ DVD $

WIGSTOCK: THE MOVIE ▷4
É.-U. 1994. Documentaire de Barry SHILS. - Une sélection des meilleurs moments d'un festival new-yorkais consacré aux performances de travestis. □ 13 ans+

WILD MAN BLUES ▷4
É.-U. 1997. Documentaire de Barbara KOPPLE. - Une équipe de tournage accompagne Woody Allen et son orchestre de jazz dans une tournée de plusieurs villes européennes. □ Général ➜ DVD $

WILD PARROTS OF TELEGRAPH HILL ▷4
É.-U. 2004. Documentaire de Judy IRVING. - Dans un quartier cossu de San Francisco, Mark Bittner, un musicien sans domicile fixe, a entrepris de prendre soin de 45 perroquets sauvages.
□ Général ➜ DVD $

WILLIAM EGGLESTON IN THE REAL WORLD
É.-U. 2005. Michael ALMEREYDA ➜ DVD $

WINGS OF COURAGE
É.-U. FR. 1995. Jean-Jacques ANNAUD □ Général

WITCHCRAFT THROUGH THE AGES
voir **Sorcellerie à travers les âges, La**

WITHOUT THE KING
É.-U. 2007. Michael SKOLNIK ➜ DVD $

WONDERFUL, HORRIBLE LIFE OF LENI RIEFENSTAHL, THE ▷3
ALL. 1993. Documentaire de Ray MÜLLER. - La vie et la carrière de l'actrice et cinéaste allemande Leni Riefenstahl qui s'attira l'admiration d'Hitler. - Portrait de femme captivant et instructif. Péripéties rivalisant avec n'importe quel scénario de fiction. Ensemble richement documenté. □ Général ➜ DVD $

WONDERLAND ▷4
É.-U. 1997. Documentaire de John O'HAGAN. - Portrait de Levittown, une ville de Long Island considérée comme le prototype de la banlieue américaine d'après-guerre.

WOODSTOCK ▷3
É.-U. 1970. Documentaire de Michael WADLEIGH. - Présentation du festival de musique populaire qui se tint près de Bethel dans l'État de New York au mois d'août 1969. - Montage très inventif. Points de vue variés. Musique entraînante. □ 13 ans+ ➔ DVD DVD-BR $

WORDPLAY ▷3
É.-U. 2006. Documentaire de Patrick CREADON. - Incursion dans le monde des amateurs de mots croisés à travers leur rendez-vous quotidien avec la grille du New York Times. - Portrait en profondeur et stimulant d'un univers méconnu. Construction astucieuse et ludique évoquant la forme et les angles d'une grille de mots croisés. Réalisation vivante. Témoignages nombreux et complémentaires. □ Général ➔ DVD $

WORLD ACCORDING TO MONSANTO, THE
voir **Monde selon Monsanto, Le**

YEAR OF THE HORSE ▷4
É.-U. 1997. Documentaire de Jim JARMUSCH. - Survol de la carrière du groupe de musique rock Neil Young & Crazy Horse. ➔ DVD $

YEAR OF THE YAO
CHI. É.-U. 2004. James D. STERN et Adam DEL DEO ➔ DVD $

YES MEN, THE ▷4
É.-U. 2003. Documentaire de Chris SMITH, Dan OLLMAN et Sarah PRICE. - Deux activistes américains se font passer pour des représentants de l'Organisation mondiale du commerce lors de diverses conférences. ➔ DVD $

YES SIR! MADAME ▷4
QUÉ. 1994. Film d'essai réalisé et interprété par Robert MORIN. - À l'aide d'une caméra, un homme scrute le récit chronologique des événements qui ont marqué sa vie. □ Général

YOUNG @ HEART ▷4
É.-U. 2007. Documentaire de Stephen WALKER. - Les répétitions d'une chorale d'aînés du Massachusetts qui, depuis 1982, revisite le répertoire rock, punk et R&B. □ Général ➔ DVD $

YVES SAINT LAURENT - 5 AVENUE MARCEAU 75116 PARIS
FR. 2002. David TEBOUL ➔ DVD $

ZOO
É.-U. 2007. Robinson DEVOR ➔ DVD $

3 PRINCESSES POUR ROLAND ▷3
QUÉ. 2001. Documentaire d'André-Line BEAUPARLANT. - Après le suicide de son oncle violent et alcoolique, la réalisatrice recueille les confidences de sa tante, de sa cousine et de sa petite-cousine. - Exploration empathique des ravages de la pauvreté et du cercle vicieux de la violence conjugale. Révélations tantôt poignantes, tantôt révoltantes. Un certain espoir. Réalisation sensible. ➔ DVD $

3 SŒURS EN 2 TEMPS ▷4
QUÉ. 2003. Documentaire de Benoît PILON. - Les étapes de la création de la pièce «Les Trois Sœurs de Tchekhov par le Théâtre de l'Opsis à l'hiver 2001. □ Général»

4 LITTLE GIRLS ▷4
É.-U. 1997. Documentaire de Spike LEE. - Enquête sur la mort de quatre fillettes de race noire tuées en 1963 dans l'explosion d'une église en Alabama. □ Général ➔ DVD $

5 GIRLS ▷4
É.-U. 2001. Documentaire de M. FINITZO. - Pendant trois ans, à Chicago, une équipe de cinéma observe le quotidien de cinq adolescentes de différentes classes sociales et origines ethniques.

7 DAYS IN SEPTEMBER ▷3
É.-U. 2002. Documentaire de Steven ROSENBAUM. - 27 cinéastes professionnels et amateurs ont filmé les attentats du 11 septembre 2001 à New York et les six jours qui ont suivi cette tragédie. - Assemblage extrêmement cohérent de films fort évocateurs et de témoignages pris sur le vif. Document authentiquement émouvant dénué de tout pathos. ➔ DVD $

10e CHAMBRE, LA - INSTANTS D'AUDIENCES ▷3
FR. 2004. Documentaire de Raymond DEPARDON. - Douze prévenus comparaissent devant le tribunal correctionnel, où ils sont jugés pour des délits mineurs. - Approche frontale de l'administration de la justice. Confrontations intéressantes et savoureuses entre les diverses parties. Humour parfois involontaire. Réalisation simple et directe. Intervenants plus ou moins conscients des caméras. □ Général

11th HOUR, THE [11e heure, La] ▷4
É.-U. 2007. Documentaire de Nadia CONNERS et Leila CONNERS PETERSEN. - Des scientifiques, des politiciens et des environnementalistes font le point sur le réchauffement de la planète. □ Général ➔ DVD $

24 HEURES OU PLUS ▷3
QUÉ. 1976. Documentaire de Gilles GROULX. - Regard critique sur le système social qui régit le Québec. - Film censuré en son temps. Pamphlet politique contre le capitalisme. Mélange particulier d'interviews et d'archives. Traitement d'une subjectivité qui interpelle le spectateur. □ Général

28 UP ▷3
ANG. 1984. Documentaire de Michael APTED. - A partir de 1964, une équipe de télévision revoit tous les sept ans un groupe de jeunes pour étudier leur évolution physique, sociale et intellectuelle. - Entreprise fort originale. Expérience riche en notations psychologiques et sociologiques. Intervenants à l'aise devant la caméra.

32 SHORT FILMS ABOUT GLENN GOULD ▷3
[32 films brefs sur Glenn Gould]
QUÉ. 1993. Film d'essai de François GIRARD avec Colm Feore, Gale Garnett et David Hughes. - Trente-deux tableaux évoquant diverses étapes de la vie et de la carrière du pianiste canadien Glenn Gould. - Mosaïque impressionniste réalisée avec maestria. Ensemble riche et varié. Composition intense de C. Feore. □ Général

35 UP ▷4
ANG. 1991. Documentaire de Michael APTED. - Depuis 1964, une équipe de télévision revoit tous les sept ans un groupe de personnes afin de suivre leur évolution physique, sociale et intellectuelle. □ Général

42 UP ▷3
ALL. 1998. Documentaire de Michael APTED. - Depuis 1964, une équipe de télévision revoit tous les sept ans un groupe de citoyens britanniques afin de suivre leur évolution physique, sociale et intellectuelle. - Projet ambitieux qui s'ennoblit avec les années. Témoignages probants et touchants. Montage révélateur des changements d'époque. □ Général

49 UP ▷3
ANG. 2005. Documentaire de Michael APTED. - Depuis 1964, une équipe de télévision revoit tous les sept ans un groupe de citoyens britanniques afin de suivre leur évolution physique, sociale et intellectuelle. - Fascinante septième partie d'un projet unique, aux riches ambitions sociologiques et psychologiques. Réalisation vivante. Montage souple, illustrant avec intelligence le parcours et les contradictions des différents participants.

75th ANNUAL ACADEMY AWARD SHORTS 2003
É.-U. 2003. DIVERS ➔ DVD $

LES SÉLECTIONS

LES GRANDS GENRES
LE CINÉMA AFRO-AMÉRICAIN

Across 110th Street
Ali
Amos & Andrew
Antwone Fisher
Any Given Sunday
Assault on Precinct 13 (1976, 2005)
Associate, The
Baadasssss!
Baby Boy
Bamboozled
Barbershop
Basquiat
Beloved
Best Man, The
Bird
Black Like Me
Blackboard Jungle
Blood of Jesus
Bloody Streetz
Body and Soul
Bones
Boomerang
Boyz'n the Hood
Breakin' All the Rules
Brother from Another Planet
Brown Sugar
Bustin' Loose
Cabin in the Sky
Car Wash
Carmen Jones
CB4
Clockers
Color Purple, The
Colors
Coming to America
Conrack
Cornbread, Earl and Me
Corrina, Corrina
Cotton Comes to Harlem
Craddle 2 the Grave
Crash (2004)
Critical Condition
Crooklyn
Daughters of the Dust
Dead Presidents
Defiant Ones, The
Devil in a Blue Dress
Do the Right Thing
Don't be a Menace to South Central While Drinking Your Juice in the Hood
Driving Miss Daisy
Family Thing, A
Fear of a Black Hat
Fear & Respect
Foreign Student
Four Brothers
Fresh
Friday
George Washington
Get on the Bus
Get Rich or Die Tryin'
Girl 6
Ghost Dog
Glass Shield, The
Glory
Go Down Death
Grand Canyon
Great White Hope, The
Guess Who's Coming to Dinner?
Half-Baked
Hallelujah!
Hangin' with the Homeboys
Harlem Nights
He Got Game
Head of State
Higher Learning
Hollywood Shuffle
Holy Man
Home of the Brave
Honeymooners, The (2005)
Hoodlum
Hoop Dreams
House Party
How Stella Got Her Groove Back
Huey P. Newton Story, A
Hurricane, The
Hustle and Flow
Imitation of Life
In the Heat of the Night
In Living Color (série)
Inkwell, The
Inside Man
Jason's Lyrics
Jesse Owen's Story, The
Jimi Hendrix
John Q
Juice
Jungle Fever
Killing Floor
King of New York
Lady Sings the Blues
Learning Tree, The
Lone Star
Long Walk Home, The
Loosing Isaiah
Lost Boundaries
Luke Cage
Lying Lips
Malcolm X
Manic
Menace II Society
Mo' Better Blues
Monster's Ball
Moon Over Harlem
Never Die Alone
New Jack City
New Jersey Drive
Nothing but a Man
Once Upon a Time When We Were Colored
One False Move
One Night Stand
One Week
Original Gangstas
Panther
Paris Is Burning
Piano Lesson, The
Piece of the Action
Poetic Justice
Posse
Pootie Tang
Preacher's Wife, The
Putney Swope
Rage in Harlem
Raisin in the Sun, A
Ray
Remember the Titans
Redemption: The Stan Tookie Williams Story
Rosewood
Roots (série)
Sarafina!
Scar of Shame
Scary Movie
School Daze
Secrets & Lies
Sergeant Ruthledge
Shadows
She's Gotta Have It
She Hate Me
Soldier's Story, A
Something of Value
Sounder
South Central
Stormy Weather
Story of a 3-Day Pass
Straight Out of Brooklyn
Strapped
Sugar Hill (1974)
Uncle Tom's Cabin
Waiting to Exhale
Walking dead
Watermelon Man, The
Wen Kuuni
What's Love Got to Do with It
White Chicks
White Men Can't Jump
White Zombie
Wire, The (série)
World of Strangers
Zebrahead
4 Little Girls

«BLAXPLOITATION»

Black Belt Jones
Black Ceasar
Black Mama, White Mama
Black Sister's Revenge
Blacula
Cleopatra Jones
Cleopatra Jones and the Casino of Gold
Coffy
Disco Godfather
Dolemite
Foxy Brown
Friday Foster
Hell Up in Harlem
Honey baby
I'm Gonna Git You Sucka
Legend of Dolemite
Penitentiary
Rude
Scream Blacula, Scream
Shaft
Shaft in Africa
Shaft's Big Score
Sheba, Baby
Slaughter
Slaughter's Big Rip Off
Soul Vengeance
Superfly
Superfly T.N.
Sweet Sweetback's Baadassss Song
That Man Bolt
Truck Turner
Willie Dynamite

LES GRANDS GENRES
ANIMATIONS INTERNATIONALES

BAKSHI, Ralph (É-U)
American Pop
Fire and Ice
Flipper City
Fritz the Cat
Heavy Traffic
Hey Good Lookin'
Lord of the Rings, The
Street Fight
Wizards

BOZZETTO, Bruno (ITA)
Allegro Non Troppo
Aventures de M. Rossi

BROTHERS QUAY (ANG)
Institute Benjamenta
Street of Crocodiles
Cabinet of Jan Svankmayer
Epic of Gilgamesh
Rehearsals for Extinct Anatomies
Nocturna Artificiala

LALOUX, René (FR)
Planète sauvage, La
Time Masters
Light Years

McLAREN, Norman (CAN)
Blinkity Blank
Génie de Norman McLaren
Norman McLaren : Masters Edition
Selected Films (Films choisis)

OCELOT, MICHEL (FR)
Kirikou et la sorcière
Princes et princesses
Azur et Asmar

PLYMPTON, Bill (É-U)
I Married a Strange Person
Plymptoons
Tune, The

SVANKMAJER, Jan (TCH)
Alice
Conspirators of Pleasure
Collected Shorts of Jan Svankmajer (vol. 1-2)
Faust
Little Otik

LES AUTRES
All Dogs Go to Heaven (IRL)
Allegro Non Troppo (ITA)
Cameraman's Revenge, The (RUS)
Chien, le général et les oiseaux, Le (FR)
Daisy Town (BEL)
Lucky Luke et les Daltons (FR)
Doggy Poo (COR.S)
Enfant qui voulait être un ours, L' (DEN, FR)
Films George Schwizgebel, Les (SUI)
Harvie Krumpet (AUS)
Histoires de fantômes chinois (CHI)
Kaena (FR)
Kirikou et la sorcière (FR)
Neurotica (CAN)
Persepolis (FR)
Pingu (SUÈ)
Pinocchio 3000 (QUÉ)
Plague Dogs (ANG)
Pollux, le manège enchanté (FR)
Prophétie des grenouilles, La (FR)
Puppet Films of Jiri
Roi et l'oiseau, Le (FR)
Sept à voir (QUÉ)
Secret Adventure of Tom Thumb, The (ANG)
Soldier's Tale, A (É-U)
Tintin (FR)
Triplettes de Belleville, Les (FR)
Valse avec Bashir (ISR)
Vampires in Havana (CUBA)
War Game (ANG)
Watership Down (ANG)
When the Wind Blows (ANG)
Wind in the Willows (ANG)

LES GRANDS GENRES
ANIMATIONS JAPONAISES

KAWAJIRA, Yoshiaki
Animatrix, The
Cyber City Oedo 808
Demon City Shinjuku
Lensman
Neo Tokyo
Vampire Hunter D
Wicked City
X

KON, Satoshi
Millenium Actress
Paranoia Agent
Perfect Blue
Tokyo Godfather

MIYAZAKI, Hayao et Studio Ghibli
Castle of Cagliostro
Cat Returns, The
Grave of the Fireflies
Howl's Moving Castle
Kiki's Delivery Service
Laputa: Castle in the Sky
Lupin III: Castle of Cagliostro
My Neighbor Totoro
Nausicaä of the Valley of the Winds
Pom Poko
Porco Rosso
Princess Mononoke
Sherlock Hound
Spirited Away
Whisper of the Heart

OSHII, Mamoru
Avalon
Ghost in the Shell
Ghost in the Shell 2: Innocence
PatLabor: The Mobile Police
PatLabor: The Movie
Red Spectacles
Stray Dogs
Talking Heads
Those Obnoxious Aliens

OTOMO, Katsuhiro
Akira
Memories
Robot Carnival
Roujin Z
SteamBoy

RIN, Taro
Armageddon
Captain Herlock: The Endless Odyssey
Galaxy Express 999
Peacock King: Spirit Warrior 1

TEZUKA, Osamu et Tezuka Productions
Astro Boy
Black Jack
Jungle Emperor Leo
Kimba the White Lion
Leo the Lion
Metropolis
Princesse Saphir

LES LONGS MÉTRAGES
Agent Akika: Final Battle
Animatrix, The
Appleseed
Arcadia of My Youth
Asunaro Story
Black Jack: Trauma
Blood the Last Vampire
Burst Angel
Cat Soup
Devilman
Final Fantasy VII: Advent Children
Final Fantasy: The Spirits Within
Ginrei Special
Heroic Legend of Arslan, The
Hiroshima No Pika
Ichi the Killer
Jin-Roh
Journey Through Fairyland, A
Kakurenbo
My My Mai
My Neighbours the Yamadas
Neon Genesis Evangelion
Night on the Galactic Railroad
Ninja Scroll
Panda! Go, Panda!
Paprika
Pokemon
Queen Emeraldas
Riding Bean
Sanctuary
Silent Service
Vampire Hunter D
Wings of Honneamise
801 T.T.S. Airbats

Les séries télévisées
Albator
Angel Cop
Armitage III
Baki the Grappler
Bible Black
Big O, The
Blue Gender
Bubblegum Crisis
Burst Angel
Cowboy Bebop
Crying Freeman
Demetan
Descendants of Darkness
Desert Punk
Devil Hunter Yohko
Dominion Tank Police
Dragon Ball
El Hazard
Escaflowne
Full Metal Alchemist
Gatchaman: Battle of the Planets
Ghost in the Shell
Giant Robo
Golden Boy
Green Legend Ran
Gun Frontier
Gundam
Gunslinger Girl
Gunsmith Cats
Haibane Remnei
Heat Guy J
Heidi
Hellsing
Heroic Legend of Arislan, The
Iria
Karas
Kimagure Orange Road
Last Exile
Legend of Condor Hero, The
Lupin III
Macross
Maya l'abeille
Minifée
Mystérieuses Cités D'Or, Les
Neon Genesis Evangelion
Petit Castor, Le
Photon: the Idiot Adventure
Please Save My Earth
Pokemon
Record of Lodoss War
Rémi
Requiem from the Darkness
Sailor Moon
Samurai 7
Samurai Champloo
Samurai X
Serial Experiment Lain
Speed Racers
Street Fighter

Tokyo Pig
Ushio & Tora
Van Dread
Violence Jack
Virus
X
8 Man After

LES GRANDS GENRES
LA COMÉDIE MUSICALE

LES VEDETTES DU GENRE

ABBOTT & COSTELLO
Buck Privates
In the Navy
Naughty Nineties, The

ANDREWS, Julie
Hey Mr. Producer!
Mary Poppins
Sound of Music, The
Star!
Throughly Modern Millie
Victor/Victoria

ASTAIRE, Fred
Band Wagon, The
Belle of New York, The
Blue Skies
Broadway Melody of 1940
Daddy Long Legs
Damsel in Distress
Easter Parade
Eddie and the Cruisers
Finian's Rainbow
Funny Face
Holiday Inn
Let's Dance
Royal Wedding
Silk Stockings
Sky's the Limit, The
That's Entertainment
Three Little Words
Yolanda and the Thief
You Were Never Lovelier
You'll Never Get Rich
Ziegfeld Follies

ASTAIRE, Fred/ROGERS, Ginger
Barkleys of Broadway, The
Carefree
Coffrets Astaire & Rogers vol. 1-2
Flying Down to Rio
Follow the Fleet
Gay Divorcee, The
Shall We Dance
Story of Vernon & Irene Castle, The
Swing Time
Top Hat
Roberta

AVALON, Frankie
Beach Blanket Bingo
Beach Party
Bikini Beach
Frankie & Annette: The Collection
Grease
How to Stuff a Wild Bikini
Jamboree!
Muscle Beach Party

BAKER, Josephine
Princess Tam Tam
Zou Zou

BEATLES, THE
Give my Regards to Broad Street
Hard Day's Night, A
Help!
Magical Mystery Tour
Yellow Submarine

CANTOR, Eddie
Kid Millions
Roman Scandals

CARON, Leslie
American in Paris, An
Daddy Long Legs
Fanny
Gigi
Glass Slipper, The
Lili

CHEVALIER, Maurice
Can-Can
Gigi
Merry Widow, The
Love Me Tonight

CROSBY, Bing
Birth of the Blues
Blue Skies
A Connecticut Yankee in King's Arthur's Court
Emperor Waltz, The
Going My Way
Here Comes the Groom
Here Come the Waves
High Society
Holiday Inn
Just for You
King of Jazz
Let's Make Love
Mr. Music
Road to Hong Kong
Road to Morocco
Road to Rio
Road to Singapore
Road to Utopia
Road to Zanzibar
Robin and the Seven
Rythm on the River
Rythm on the Range
Star Spangled Rhythm
That's Entertainment
Variety Girl
Waikiki Wedding
We're Not Dressing
White Christmas

DAY, Doris
April in Paris
By the Light of the Silvery Moon
Calamity Jane
I'll See You in My Dreams
It's a Great Feeling
Love Me or Leave Me
Lucky Me
Lullaby of Broadway
My Dream Is Yours
Pajama Game
Tea for Two
West Point Story
Young at Heart

DENEUVE, Catherine
Dancer in the Dark
Demoiselles de Rochefort, Les
Parapluies de Cherbourg, Les

DIETRICH, Marlene
Blonde Venus
Big Broadcast of 1938
Follow the Boys

DURBIN, Deanna
100 Men and a Girl
First Love
It Started with Eve
Mad About Music
Something in the Wind
Three Smart Girls
Three Smart Girls Grow Up
Up in Central Park

EDDY, Nelson
Balalaika
Bitter Sweet
Chocolate Soldier, The
Girl of the Golden West, The
I Married an Angel
Let Freedom Ring
Maytime
Naughty Marietta
New Moon
Northwest Outpost
Rosalie
Rose Marie
Sweethearts

GARDNER, Ava
Band Wagon, The
One Touch of Venus
Show Boat (1951)

GARLAND, Judy
Babes in Arms
Babes on Broadway
Broadway Melody of 1938
Easter Parade
For Me and My Gal
Harvey Girls, The
I Could Go on Singing
In the Good Old Summertime
Listen, Darling
Little Nellie Kelly
Meet Me in St. Louis
Pigskin Parade
Pirate, The
Star Is Born, A (1954)
Strike Up the Band
Summer Stock
Thousands Cheers
Wizard of Oz, The
Ziegfeld Follies
Ziegfield Girl

GRABLE, Betty
Dolly Sisters, The
Down Argentine Way
Follow the Fleet
Footlight Serenade
Gay Divorcee, The
How to Marry a Millionaire
Moon Over Miami
Mother Wore Tights
Pigskin Parade
Pin Up Girl
Song of the Islands
Springtime in the Rockies
Three for the Show
Tin Pan Alley
Yank in the R.A.F., A

HAYWORTH, Rita
Affair in Trinidad, An
Cover Girl
Down to Earth
Loves of Carmen
Miss Sadie Thompson
Pal Joey
Tonight and Every Night
You Were Never Lovelier

HEPBURN, Audrey
Funny Face
My Fair Lady

HOPE, Bob
Big Broadcast of 1938
Louisiana Purchase

KAYE, Danny
Court Jester, The
Five Pennies, The
Song Is Born, A
Up in Arms
Wonder Man

KELLY, Gene
American in Paris, An
Anchors Aweigh
Brigadoon
Cover Girl
Deep in My Heart
Demoiselles de Rochefort, Les
It's Always Fair Weather
Les Girls
Let's Make Love
Marjorie Morningstar
On the Town
Pirate, The
Singin' in the Rain
Summer Stock
Take Me Out to the Ball Game
That's Dancing
That's Entertaiment 1-2
Thousands Cheer
Words and Music
Xanadu
Ziegfield Follies

LANZA, Mario
Because You're Mine
For the Love of Mary
Great Caruso
Seven Hills of Rome
Student Prince, The
That Midnight Kiss
Toast of New Orleans, The

LAURE, Carole
Fantastica
IXE-13
Night Magic

LAUREL & HARDY
Devil's Brother, The
Hollywood Party
March of the Wooden Soldiers
Pick a Star

LEIGH, Janet
Bye Bye Birdie
My Sister Eileen
Pete Kelly's Blues
Two Tickets to Broadway

MacLAINE, Shirley
Can-Can
My Geisha (numéro)
Postcards from the Edge (numéro)
Sweet Charity

MacRAE, Gordon
Carousel
Desert Song, The
Oklahoma!
Tea for Two
West Point Story, The

MADONNA
Evita
Girls Just Want to Have Fun

MARTIN, Dean
Bells are Ringing
Robin and the Seven Hoods
That's Dancing

MENJOU, Adolphe
100 Men and a Girl
Bundle of Joy
Goldwyn Follies, The
Free and Easy
My Dream Is Yours
Star is Born (1937)
Step Lively
You Were Never Lovelier

MINNELLI, Liza
Cabaret
In the Good Old Summertime
New York, New York
Stepping Out
That's Dancing!

MIRANDA, Carmen
Copacabana
Date With Judy, A
Down Argentine Way
Scared Stiff
Springtime in the Rockies
Week-end in Havana

MONROE, Marilyn
Bus Stop
Gentlemen Prefer Blondes
How to Marry a Millionaire
Ladies of the Chorus
Let's Make Love
Some Like it Hot
There's No Business Like Show Business

NOVAK, Kim
Boy's Night Out
Eddy Duchin Story, The
French Line, The
Pal Joey

PINK FLOYD
Pink Floyd - The Wall

POWELL, Dick
In the Navy
On the Avenue

POWELL, Eleanor
Born to Dance
Broadway Melody of 1936
Broadway Melody of 1938
Broadway Melody of 1940
I Dood It
Lady Be Good
Thousands Cheer

POWELL, Jane
Rich, Young and Pretty
Seven Brides for Seven Brothers
That's Entertainment
Two Weeks with Love

POWER, Tyrone
Alexander's Ragtime Band
Eddy Duchin Story, The
Rose of Washington Square, The
Second Fiddle

PRESLEY, Elvis
Blue Hawaii
Clambake
Fun in Acapulco
G.I. Blues
Girl! Girl! Girl!
Girl Happy
Harum Scarum
Jailhouse Rock
King Creole
Kissin' Cousin
Love Me Tender
Paradise, Hawaiian Style
Roustabout
Spinout
Viva Las Vegas
Wild in the Country

PRINCE
Graffiti Bridge
Purple Rain
Under the Cherry Moon

ROGERS, Ginger
42th Street
Sitting Pretty

SINATRA, Frank
Anchors Aweigh
Can-Can
Come Blow Your Horn
Guys and Dolls
High Society
Hole in the Head
It Happened in Brooklyn
Meet Danny Wilson
On the Town
Pal Joey
Road to Hong
Robin and the Seven Hoods
Step Lively
Take Me Out to the Ball Game
That's Entertainment
Till the Clouds Roll by
Young at Heart

STREISAND, Barbra
Funny Girl
Funny Lady
Hello, Dolly!
On a Clear Day You Can See Forever
Star Is Born, A (1976)
Up the Sandbox
What's Up Doc?
Yentl

TEMPLE, Shirley
Blue Bird, The
Curly Top
Dimples
Heidi
Little Colonel, The
Little Miss Broadway, The
Little Princess, The
Littlest Rebel, The
Poor Little Rich Girl

VAN DYKE, Dick
Bye, Bye, Birdie
Chitty Chitty Bang Bang
Mary Poppins
What a Way to Go!

WATERS, Ethel
Cabin in the Sky
Cairo
Stage Door Canteen

WEST, Mae
Belle of the Nineties
Every Day's a Holiday
Goin' to town
Go West, Youngman
Heat's On, The
I'm No Angel
Klondike Annie
My Little Chickadee
Sextette
She Done Him Wrong

WILLIAMS, Esther
Bathing Beauty
Dangerous When Wet

Duchess of Idaho
Easy to Love
Easy to Wed
Million Dollar Mermaid
Neptune's Daughter
On an Island With You
Skirts Ahoy!
Take Me Out to the Ball Game
That's Entertainment
Till the Clouds Roll by
Ziegfield Follies

WOOD, Natalie
Great Race, The
Gypsy (62)
Inside Daisy Clover
Just for You
West Side Story

BOLLYWOOD
Asoka
Baazi
Bollywood/Hollywood
Brave Heart Will Take the Bride, The
Bride & Prejudice
Devdas
Dilwale Dulhania le Jayenge
God Is My Witness
I have Found It
Kaho Naa... Pyaar Hai
Kranti
Kudah Gawah
Lagaan: Once Upon a Time in India
Maa Tujhhe Salaam
Mission Kashmir
Pyaar Tune Kya Kiya
Straight From the Heart

CUVÉE INTERNATIONALE
Amour sorcier
Annie Get Your Gun
Bosta
Boy Friend, The
Broadway Melody
Brown Sugar
Camelot
Carnival Rock
College Swing
Copacabana (1985)
Damn Yankees!
Diplomaniacs
Divine Madness
Duke is Top
Everybody Sing
Everyone Says I Love You
Fabulous Baker Boys, The
Fabulous Dorseys, The
Farmer Takes a Wife, The (1953)
Fastest Guitar Alive, The
Firefly, The
Five Heartbeats, The
For the First Time
Forbidden Zone
Four Daughters
Gay Desperado, The
Giant Steps
Girl Crazy (1943)
Girls Just Want to Have Fun
Golden Eighties
Good News
Goodbye, Mr. Chips
Grace of My Heart
Great Ziegfeld, The
Gypsy (1993)
Half Six Pence
Hallelujah, I'm a Bum!
Happiest Millionaire, The
Having a Wild Weekend
Hit the Deck
House Party
How to Succeed in Business
Without Really Trying
I've Always Loved You
Imagine the Sound
Inspector General, The
IXE-13
Jericho
Jolson Sings Again
Joy of Living
King and I, The
Kismet
Kiss Me Kate
Krush Groove
Last of the Blue Devils, The
Lovely to Look at
Love's Labour Lost
Madam Satan
Man of La Mancha
Merry Widow, The (1935, 1952)
Moulin Rouge
Murder at the Vanities
Music Man, The
New Orleans
On Our Merry Way
One Night of Love
Opéra de Quat'sous, L' (1931, 1962)
Paint Your Wagon
Parade
Passion Andalouse
Pennies from Heaven
Pick-up Artist, The
Red Garters
Rhythm Romance
Rooftops
San Francisco
Show Boat (1936)
Show-Off, The (1946)
Singing Nun, The
South Pacific
Sparkle
State Fair
Stop the World, I Want to Get Off
Stormy Weather
Student Prince, The
They Shall Have Music
Three Daring Daughters
Three Little Words
Till the Clouds Roll By
Too Many Girls
Train Ride to Hollywood
Unsinkable Molly Brown, The
Vampyr, The
Variety Girl
Velvet Goldmine
Wild Guitar
Will Success Spoil Rock Hunter?
Without You I'm Nothing: Sandra Bernhard
Yankee Doodle Dandy
You got served
Zero Patience
24 Hours Party People

DISCO
Can't Stop the Music
Car Wash
Mahogany
Roller Boogie
Thank God it's Friday

ENFANTS
Animal Crackers
Annie
Bugsy Malone
Carmen Jones
Doctor Dolittle
Fiddler on the Roof, The
Hans Christian Andersen
Little Prince, The
Little Shop of Horrors
Muppet Movie, The
Oliver!
Pete's Dragon
Pirate Movie, The
Pirates of Penzance, The
Popeye
5000 Fingers of Dr. T., The

FRANÇAIS
À nous la liberté
Amants de Truel, Les
Années 80, Les
Bal des actrices, Le
Demoiselles de Rochefort, Les
Filles perdues, cheveux gras
French-CanCan
Gouttes d'eau sur pierres brûlantes
Jeanne et le garçon formidable
Lola
Million, Le
On connaît la chanson
Parapluies de Cherbourg, Les
Peau d'Âne
Sous les toits de Paris
Trois places pour le 26
Femme est une femme, Une
8 Femmes

JAZZ/BLUES
All That Jazz
Every Day's a Holiday
Five Pennies, The
Glenn Miller Story, The
Jazz Singer, The (1927, 1953, 1980)
Jolson Story, The
Mo' Better Blues
New Orleans
Orchestra Wives
Paris Blues
Pennies From Heaven (1936)
Round Midnight
Song Is Born, A
Sun Valley Serenade

MUSIC-HALL
Chicago
Chorus Line
Dreamgirls
Evita
King and I, The
Newsies
Pennies From Heaven (1981)
Phantom of the Opera (2004)
Rent
Scrooge
Spice World
Sweet Charity
Tom Sawyer
Wiz, The
Zoot Suit

MUSIQUE DU MONDE
Amour sorcier, L'
Bye Bye Brazil
Exils
Flamenco
Lagaan: Once Upon a Time in India
Latcho Drom
Mambo Kings, The
Salsa
Sarafina!
Song of Freedom

Tango (Saura)
Tangos: l'exil de Gardel
Vengo
Vie est belle, La (1987)

MUSIQUE COUNTRY
Best Little Whorehouse in Texas, The
Coal Miner's Daughter
Nashville
Songwriter
Sweet Dreams
Walk the Line

MUSIQUE ROCK
Absolute Beginners
Blues Brothers
Blues Brothers 2000
Cannibal! The Musical
Dirty Dancing
Flashdance
Footloose
Godspell
Grease 2
Hair
Hairspray
Head
Hedwig and the Angry Inch
Home For the Brave: Laurie Anderson
Jesus Christ Superstar
Kid sentiment
Phantom of the Paradise
Roadie
Roadkill
Rocky Horror Picture Show, The
Sgt Pepper's Lonely Hearts club
Song Remains the Same: Led Zepplin
Streets of Fire
Summer Holiday
True Stories
Velvet Goldmine
Wonderful Life
Young Ones
200 Motels

OPÉRA/CLASSIQUE
Aria
Bal, Le
Black Tights
Carmen (Saura et Rosi)
Diva
Fantasia
Flûte enchantée, La
Great Caruso, The
Great Waltz, The
Lisztomania
Traviata, La
Madame Butterfly
Maître de musique, Le
Noces de sang
Nutcracker: The Motion Picture
Othello
Red Shoes, The
Song Without End
Tales of Beatrix Potter
Tales of Hoffman
Two Sisters from Boston
White Nights

RENOUVEAU
Chicago
Dancer in the Dark
Moulin Rouge
Muriel's Wedding
My Best Friend's Wedding
Rent
Strictly Ballroom
Sweeney Todd - The Demon Barber of Fleet Street
Zero Patience

LES GRANDS GENRES
LA COMÉDIE ROMANTIQUE

LES REINES DU GENRE

BARRYMORE, Drew
50 First Dates
Everyone Says I Love You
Fever Pitch
Home Fries
Music and Lyrics
Never Been Kissed
Wedding Singer, The

Dameron Diaz
Holliday, The
Life Less Ordinary, A
Mask, The
She's the One
Sweetest Thing, The
There's Something About Mary
What Happens in Vegas

DAY, Doris/HUDSON, Rock
Lover Come Back
Pillow Talk
Send Me No Flowers

HEPBURN, Audrey
Breakfast at Tiffany's
Charade
Funny Face
Love in the Afternoon
Roman Holiday
Sabrina

HEPBURN, Katharine
Adam's rib
Bringing Up Baby
Pat & Mike
Summertime
Sylvia Scarlett
Woman of the Year

MONROE, Marilyn
Gentlemen Prefer Blondes
How to Marry a Millionaire
Let's Make Love
Seven Year Itch
Some Like It Hot

PFEIFFER, Michelle
Frankie and Johnny (1991)
Grease 2
Married to the Mob
Midsummer's Night Dream, A
One Fine Day
Story of Us, The
Witches of Eastwick, The

ROBERTS, Julia
American Sweetheart
Everyone Says I Love You
I Love Trouble
Mexican, The
My Best Friend's Wedding
Notting Hill
Pretty Woman
Runaway Bride
Something to Talk About

RYAN, Meg
Addicted to Love
French kiss
I.Q.
Joe versus the Volcano
Kate & Leopold
Sleepless in Seattle
When Harry Met Sally
You've Got Mail

WITHERSPOON, Reese
Importance of Being Earnest, The
Just Like Heaven
Legally Blonde (I et II)
Pleasantville
Sweet Home Alabama

LES ROIS DU GENRE

FORD, Harrison
Sabrina (1995)
Six Days Seven Nights
Working Girl

GRANT, Cary
Bishop's Wife, The
Charade
His Girl Friday
Houseboat
I Was a Male War Bride
Indiscreet
Kiss Them For Me
People Will Talk
Philadelphia Story, The
To Catch a Thief

GRANT, Hugh
About a boy
Bridget Jones' diary
Bridget Jones - The Edge of Reason
Four Weddings and a Funeral
Love Actually
Music and Lyrics
Nine Months
Notting Hill
Sense and Sensibility
Two Weeks Notice

Sarah Jessica Parker
Failure to Launch
Family Stone
Girls Just want to Have Fun
Honeymoon in Vegas
If Lucy Fell
L.A. Story
Miami Rapsody
Smart People
Sex and the City

LES ADAPTATIONS
Emma
High Fidelity
Ideal Husband, An
Importance of Being Earnest, The
Just Like Heaven
Midsummer's Night Dream
Sense and Sensibility

LES CLASSIQUES
Bell, Book and Candle
Bride Came C.O.D., The
Come September
French Line, The
Front Page, The (1931)
Funny Girl
Funny Lady
Graduate, The
His Girl Friday
It Should Happen to You
Love Is Better Than Ever
Philadelphia Story, The
Sabrina (1954)
They All Kissed the Bride

LES CONTEMPORAINS
About Last Night
Alex and Emma
Annie Hall
Anything Else

As Good As It Gets
Benny and Joon
Bull Durham
Changement d'adresse
Chasing Amy
Coming to America
Dave
Definitely Maybe
Désaccord parfait
Down with Love
Eternal Sunshine of the Spotless Mind
Everyone Says I Love You
Family Man, The
For Roseanna
Forget Paris
Forgetting Sarah Marshall
Happy Accident
In and Out
Intolerable Cruelty
Lost in Translation
Ma femme est une actrice
Manhattan
Meet the Parents
Miss Pettigrew Lives for a Day
Moonstruck
My Big Fat Greek Wedding
No Reservations
One Fine Day
Only You
Prête-moi ta ma
Punch Drunk Love
Roxanne
Shakespeare in Lovein
Shopgirl
Something's Gotta Give
Splash
Starter for 10
Story of Us, The
Stuck on You
There's Something About Mary
Threesome
Truth About Cats and Dogs
Un baiser s'il vous plaît
What Women Want
Woman on the Top

SOUVENIRS D'ADOLESCENCE

Can't Buy Me Love
Class of '42
Cry-Baby
Get Over It
Grease
Heaven Help Us!
How to Deal
Loverboy
Mannequin
Mermaids
My Girl
Peggy Sue Got Married
Pretty in Pink
Princess Bride
Sixteen Candles
Some Girls
Summer of '42
10 Things I Hate About You

LES GRANDS GENRES
L'EXPRESSIONNISME

LA QUINTESSENCE DU GENRE

Blue Angel, The (1930)
Cabinet du Dr. Caligari, Le
Faust
Frankenstein (1931)
Fury
Golem, The
Jour de colère
Kriemhilde's Revenge
Last Laugh, The (Le dernier des hommes)
M le maudit
Metropolis
Nosferatu
Pages arrachées du livre de Satan, Les
Pandora's Box
Siegfried
Spies
Student of Prague, The
Testament du Dr Mabuse, Le
Vampyr
Witchcraft Through the Ages
1000 Eyes of Dr. Mabuse

LES FILMS D'INSPIRATION

Batman
Batman Returns
Beetlejuice
Cabinet of Caligari (1962)
Crow, The
Dark City
Docteur Petiot
Edward Scissorhands
Eraserhead
Europa
Freaks
Good German, The
Hour of the Wolf (1968)
Hush... Hush, Sweet Charlotte
Institute Benjamenta
Kafka
Mad Love (1935)
Monkeybone
Nightmare Before Christmas, The
Night of the Hunter, The
Old Dark House, The
Shadows and Fog
Sleepy Hollow
Tales From the Gimli Hospital
Trial, The (1963)

LES GRANDS GENRES
LE *FEEL GOOD MOVIE*

Aimants, Les
Auberge Espagnole, L'
Avril
As Good As It Gets
Astérix et Obélix contre Cléopâtre
Aventures de Rabbi Jacob, Les
Baby Mama
Belle verte, La
Benny & Joon
Big Fish
Bonheur est dans le pré, Le
Boys on the Side
Breakfast Club, The
Calendar Girls
Charlie and the Chocolate Factory
Chat noir, chat blanc
Choristes, Les
Crème glacée, chocolat
  et autres consolations
Crustacés et coquillages
Cup, The
Devil Wears Prada, The
Dilettante, La
Dirty Dancing
Enchanted April
Enfants du marais, Les
Être et avoir
Fabuleux destin d'Amélie Poulain, Le
Ferris Bueller Day Off
Flashdance
Four Weddings and a Funeral
Frankie and Johnny (1991)
Fried Green Tomatoes
Ghost
Goodbye Lenin!
Good Morning
Grande Séduction, La
Grégoire Moulin contre l'humanité
Guarding Tess
In Her Shoes
Jane Austen Book Club
Julie en juillet
Juno
Kranti
Last Chance Harvey
Life aquatic with Steve Zissou
Little Miss Sunshine
Mad Hot Ballroom
Mamma Mia!
Millions
Minot d'or, Le
Money Pit, The
My Date with Drew
Nobody's Fool (1994)
Notting Hill
One Fine Day
Poupées russes, Les
Peggy Sue Got Married
Première fois que j'ai eu 20 ans, La
Pretty Woman
Quand la mer monte
Rushmore
Shawshank Redemption, The
Shirley Valentine
Singin' in the Rain
Soapdish
St-Elmo's Fire
Steel Magnolias
Swing
Tuvalu
Air de famille, Un
Vie comme elle va, La
Witches of Eastwick, The
Wonder Boys
Zazie dans le métro

LES GRANDS GENRES
LE FILM CULTE

LES ANTHROPOPHAGES ET LE CANNIBALISME

Amants criminels, Les
Antropophagus
Aswang
Bad Taste
Begotten
Blood Feast
Blood Feast 2: All U Can Eat
C.H.U.D.
Cannibal Apocalypse
Cannibal Ferox
Cannibal Girls
Cannibal Holocaust
Cannibal: The Musical
Conan the Barbarian
Cut and Run
Dahmer
Dans ma peau
Demon Barber of Fleeter Street
Doomsday
Eaten Alive (1980)
Eating Raoul
Emmanuelle, prisonnière des cannibales
Frightmare
Hannibal
Hannibal Rising

Hills Have Eyes, The
Hills Have Eyes 2, The
Hotel
I Eat Your Skin
Igor and the Lunatics
Leatherface: TCM III
Man from Deep River
Maniac (1934)
Microwave Massacre
Motel Hell
Mountain of the Cannibal God
Night of the Comet
Parents
Planet of the Vampires
Porcile
Ravenous
Raw Meat
Society
Spider Baby
Sweeney Todd – The Demon Barber of Fleet Street
Texas Chainsaw Massacre, The (série/remake)
Titus
Tolérance
Trouble Every Day
We're Going to Eat You

L'AUTOMOBILE & LA MOTO

Akira
American Graffiti
Betsy, The
Blonde, une brune et une moto, Une
Blues Brothers, The
Bobby Deerfield
Bourne Identity (2002), The
Bourne Supremacy, The
Breakdown
Bullitt
Cadillac Man
Cannonball Run
Car, The
Car Wash
Caro Diario
Cars That Ate Paris, The
Chitty Chitty Bang Bang
Christine
Collateral
Convoy
Coupe de ville
Crash
Days of Thunder
Death Proof
Death Race 2000
Dirty Mary Crazy Larry
Driver, The
Duel
Dukes of Hazard
Easy Rider
Electra Glide in Blue
Fast and the Furious, The
Fast Company
Faster Pussycat Kill! Kill!
Fear and Loathing in Las Vegas
French Connection, The
Girl on a Motorcycle
Grand Prix
Great Escape, The
Great Race, The
Guantanamera
Gung Ho!
Hell's Angels on Wheels
Herbie Fully Loaded
Herbie Goes Bananas
Herbie Goes to Monte Carlo
Herbie Rides Again
Kalifornia
Knightriders
Leningrad Cowboys Go America
Lost in America
Love Bug, The
Loveless, The
Mad Max (I, II & III)
Mans, Le
Mortelle Randonée
Motor Psycho
Niagara, Niagara
Night on Earth
No Man's Land
Racers, The
Raising Arizona
Rebel Rousers
Rock, The
Ronin
Salaire de la peur, Le
Satan's Sadists
Smash Palace
Smokey and the Bandit 1, 2 & 3
Sorcerer
Speed
Spetters
Streets of Fire
Sugarland Express, The
Sur un arbre perché
Sweeney Todd - The Demon Barber of Fleet Street
Taxi Blues
Taxi Driver
Thelma & Louise
Those Daring Young Men in Their Jaunty Jalopies
Thunder Road
To Live and Die in L.A.
To Please a Lady
Used Cars
Vanishing Point
Wild One, The
2 Fast 2 Furious

LES DÉMONS & LE SATANISME

Alice, Sweet Alice
Angel Heart
Antichrist, The
Army of Darkness (Evil Dead III)
Audrey Rose
Beyond the Door
Black Cat, The (1934)
Black Sunday (1960)
Bless the Child
Blood on Satan's Claw
Brotherhood of Satan
Church, The
Constantine
Curse of the Doll People, The
Damien: The Omen II
Dark Waters
Deadly Blessing
Demon Knight
Demons 1 & 2
Devil's Rain
Devil Rides Out
Diable est parmi nous, Le
Dominion: Prequel to the Exorcist
Dust Devil
Dybbuk, The
End of Days
Evil Dead I & II, The
Exorcism of Emily Rose, The
Exorcismo
Exorcist I, II & III, The
Exorcist: The beginning, The
Eyes of Fire
Faust (1926)
Faust: Love of the Damned
God Told Me To
H.P. Lovecraft's Necronomicon
Häxan (1922, 1956)
Hellraiser I, II & III
Horror Express
House
Incubus (1965)
Inferno
Maléfique
Mister Frost
Needful Things
Ninth Gate, The
Nude for Satan
Omen, The
Omen III: The Final Conflict, The
Petey Wheatstraw: The Devil's Son-in-Law
Possession
Prince of Darkness
Prophecy, The (1995)
Pyx, The
Reaping, The
Reincarnation of Isabel, The
Requiem
Resurrected
Rosemary's Baby
Seventh Victim, The
Shock
Silent Hill
Stigmata
Summer of Fear
Sur le seuil
To the Devil, a Daughter
Wishmaster
Seventh Sign, The
7 Days to Live

L'EXPLOITATION À L'ÉTAT PUR

Aventures sexuelles de Néron et Popée
Barbed Wire Dolls
Caligula réincarné en Hitler
Chain Gang Women
Concrete Jungle
Contrainte par corps
Déportées du camp SS, Les
Devil's Island Lovers
Elsa Faulein SS
Enfer du plaisir, L' (Sadomania)
Femmes contre femmes
Femmes en cage (Amazon Jail)
Flavia The Heretic
Killer Nun
Ilsa, Harem Keeper of the Oil Sheiks
Ilsa, She-Wolf of the SS
Ilsa, the Wicked Warden
Ilsa, Tigress of Siberia
Maison privée des SS, La
Meet the Feebles
Plus longues nuits de la gestapo, Les
Prison des femmes en furie
Red Nights of the Gestapo
Riki-Ho: The Story of Ricky
Séquestrée des SS, La
School of the Holy Beast
Sinful Nuns of St. Valentine, The
SS Hell Camp
Violence in a Women's Prison

LES FAMILLES PSYCHOPATHES

Basket Case 1 & 3
Dead Ringer (1964)
Deadly Blessing
Devil's Rejects, The
Hills Have Eyes, The
Hills Have Eyes 2, The
House of 1000 Corpses

Manson Family, The
Motel Hell
Mother's Boys
Other, The (1972)
Phenomena
Pin
Psycho (1960, 1998)
Sheitan
Spider
Strait-Jacket
Texas Chainsaw Massacre, The
Young Poisoner's Handbook
Wrong Turn
2000 Maniacs

LA GÉNÉTIQUE & LE VIRAL

Abominable Snowman, The
Alligator People, The
Amazing Colossal Man, The
Attack from Mars
Attack of the 50 Foot Woman
Baby Blood
Brain Damage
Breeders
Brood, The
Cabin Fever
Castle Freak
Children of the Damned
Coneheads
Continent des hommes poissons, Le
Crawling Hand, The
Crazies, The
Créature de Kolos, La
Dagon
Dark Backward, The
Deadly Weapons
Doomsday
Doomwatch
Eraserhead
eXistenZ
Fantastic four, The
Fly, The (1958, 1986)
Freaks
Gargoyles
Half Human
Happening, The
Hideous Sun Demon
Homme à deux têtes, L'
How to Get Ahead in Advertising
Impulse
Incredible Melting Man, The
Invasion of the Bee Girls
Island of Terror
Island of the Alive
It Lives Again
It's Alive!
Jeepers Creepers 1 & 2
Jeune bionique, Le
Laserblast
Leech Woman, The
Lobster Man from Mars
Man Beast
Mimic
Mole People, The
Monster of the Piedras Blancas, The
Monster Walks, The
Nails
Nightbreed
No Such Thing
Pontypool
Quartermass Experiment, The
Rabid
Relic, The
Reptile, The
Revenge of Sun Demon
Sgt. Kabukiman N.Y.P.D.
Shivers
Slime People, The
Slither
Society
Spider-Man 1 & 2
Spontaneous Combustion
Street Trash
Stuff, The
Swamp Thing
Tank Girl
Tetsuo: The Iron Man
Tetsuo II: Body Hammer
Thing, The
Toxic Avenger, The
Unnamable, The
Vicious
Videodrome
Village of the Damned (1960, 1995)
Village of the Giants
Wasp Woman, The
X-Men 1, 2 & 3

LE GIALLO

Autopsy
Blade in the Dark, A
Bird with the Crystal Plumage, The
Black Belly of the Tarantula, The
Blade of the Ripper
Blood and Black Lace
Bloodstained Shadow, The
Card Player, The
Case of the Bloody Iris, The
Cat O'Nine Tails
Cold Eyes of Fear
Crimes of the Black Cat
Death Walks at Midnight
Death Walks on High Heels
Deep Red
Fifth Cord, The
Forbidden Photos of a Lady Above Suspicion
Hatchet for the Honeymoon
Lizard in a Woman's Skin, A
My Dear Killer
Opera
Pyjama Girl Case, The
Red Queen Kills Seven Times, The
Seven Dead in a Cat's Eye
Seven Notes in Black
Short Night of the Glass Dolls
Sleepless
Spasmo
Strange Vice of Mrs. Wardh, The
Tenebre
Torso
Trauma
What Have You Done to Solange?
Who Saw Her Die?
Your Vice Is a Locked Room
and Only I Have the Key

L'HORREUR ASIATIQUE

Corée
Arang
Acacia
Bloody Reunion
Bunshinsaba
Cello
Cinderella
Face
Ghost, The
Hansel & Gretel (2007)
Isle, The
Memento mori
Nightmare (Horror Game Movie)
Phone
Quiet Family, The
R-Point
Ring Virus, The
Sorum
Spider Forest
Tale of Two Sisters, A
Tell Me Something
Three Extremes
Three Extremes 2 (Three)
Unborn but Forgotten
Whispering Corridors
Wishing Stairs

Hong Kong
Dumplings
Face to face
Koma
Three extremes
Three extremes 2 (Three)
49 Days

Japon
Audition
Black Kiss
Charisma
Crazy Lips
Cure
Dark Water
Freeze Me
Gemini
Gore from Outer Space
Ichi the Killer
Ju-On
Ju-Rei: The Uncanny
Marebito
One Missed Call
One Missed Call 2
Premonition
Pulse (Kaïro)
Reincarnation
Ringu
Ringu 2
Séance
Shikoku
St. John's Wort
Strange Circus
Suicide Club
Three Extremes
Tomie
Tomie: Forbidden Fruit
Tomie: Replay
Uzumaki

Singapore
Maid, The

Taïwan
Double Vision
Heirloom, The
Silk

Thaïlande
Ab-normal beauty
Dorm
Eye, The
Eye 2, The
Eye 10, The
Ghost Delivery
Ghost of Mae Nak
Nang Nak
Seven Days in a Coffin
Shutter
Sister, The
Three Extremes 2 (Three)
Unborn, The

LE KAIJU

Destroy All Monsters
Gamera: Attack of Legion
Gamera: Return of Giant Monster

Gamera: Revenge of the Iris
Gamera: The Guardian of the Universe
Gamera vs. Monster X
Gappa
Godzilla (1985, 1998, 2000)
Godzilla against Mechagodzilla
Godzilla, King of the Monsters
Godzilla, Mothra and King Ghidorah: Giant Monsters All Out Attack
Godzilla vs. Detroyah
Godzilla vs. Gigan
Godzilla vs. Hedorah
Godzilla vs. King Ghidora
Godzilla vs. Mechagodzilla II
Godzilla vs. Megaguirus
Godzilla vs. Megalon
Godzilla vs. Monster Zero
Godzilla vs. Mothra
Godzilla vs. Mothra: the Battle for Earth
Godzilla vs. the Sea Monster
Godzilla vs. the Smog Monster
Godzilla vs. Spacegodzilla
Godzilla: Tokyo S.O.S.
Godzilla's Revenge
Infra-Man
King Kong vs. Godzilla
Monsters All Out Attack
Mothra
Rebirth of Mothra I & II
Rodan
Son of Godzilla
Super Inframan
Terror of Mechagodzilla
Ultraman
Ultraman Gaia: The Battle in Hyperspace
Ultraman Tiga & Ultraman Dyna
Ultraman Towards the Future (série)
War of the Gargantuas

LES LOUPS-GAROUS

American Werewolf in London, An
Beast Must Die, The
Beast Within, The
Blood and Chocolate
Company of Wolves, The
Curse of the Devil
Curse of the Werewolf
Dog Soldiers
Frankenstein Meets the Wolf Man
Full Eclipse
Ginger Snaps
Ginger Snaps II: Unleashed
Howling, The
Howling II, The - Your Sister is a Werewolf
Legend of the Werewolf
She-wolf of London
Silver Bullet
Underworld
Underworld: Evolution
Van Helsing
Werewolf of London
Wolf
Wolf Man, The
Wolfen

LE MEURTRE EN SÉRIE

American Psycho
Amsterdamned
Baise-moi
Black Room, The
Blood Bride
Bone Collector
Boucher, Le
Brute Man, The
C'est arrivé près de chez vous
Candyman
Cell, The
Citizen X
Clay Pigeons
Collectionneur, Le
Curdled
Deep Crimson
Deranged
Die Screaming, Marianne
Don't Torture a Duckling
Dressed to Kill
Driller Killer, The
Eaten Alive (1977)
Ed Gein
Evilenko
Felicia's Journey
Fiend, The
Frailty
Frenzy
Frequency
From Hell
Gruesome Twosome, The
Hannibal
Harry, un ami qui vous veut du bien
Haunted Strangler, The
He Knows You're Alone
Henry, Portrait of a Serial Killer
Hitcher in the Dark
Homicidal
Honeymoon Killers, The
House of Wax (1953, 2005)
Hot Fuzz
Ichi the Killer
Identity
In Dreams
In the Cut
Jack's Back
Jack the Ripper (1976, 1987)
Knight Moves
Lodger, The
Lured
M le maudit
Manhunter
Maniac
Maniac Cop
May
Minus Man
Mystery of the Wax Museum (1933)
New York Ripper
Night Evelyn Came out of the Grave, The
Night of the Hunter
Nightmare on Elm street
Peeping Tom
Perfume: The Story of a Murderer
Red Dragon
Rivières pourpres 1 & 2, Les
Roberto Succo
Roman
Sadistic Baron Von Klaus, The
Schramm
Serial Lover
Serial Mom
Seven
Shock! Shock! Shock!
Shocker
Silence of the Lambs
Slashers
Sombre
Stendhal Syndrome, The
Sweeney Todd - The Demon Barber of Fleet Street
Tenderness of the Wolves
Terror Firmer
Thesis
Torture Chamber of Baron Blood, The
Tower of London
Visiting Hours
Witch Who Came from the Sea, The
Wolf Creek
Woyzeck
Zodiac Killer, The
5 Dolls for an August Moon
10 to Midnight
100 Proof

LES MORTS VIVANTS

Beyond, The
Boneyard, The
Braindead (Dead Alive)
Burial Ground
Buttcrack
Carnival of Souls (1962, 1998)
Cemetery Man (Dellamorte Dellamore)
Chopper Chicks in Zombietown
City of the Living Dead
Cult of the Dead (Snake people)
Dawn of the Dead (1978, 2004)
Day of the Dead
Day of the Dead 2: Contagium
Dead Next Door, The
Diary of the Dead
Ed and His Dead Mother
Evil (To Kako)
Ghost Galleon, The
Grindhouse: Planet Terror
Hell of the Living Dead
Horror Rises from the Tomb
Land of the Dead
Let Sleeping Corpses Lie
Man They Could Not Hang, The
Morte Vivante, La
Mummy, The (1932, 1959)
Nature of Nicholas, The
Night of the Living Dead (1968, 1990)
Night of the Seagulls
Night of the Zombies
Nightmare City
Oasis of the Zombies
Pet Sematary
Plague of the Zombies, The
Planet Terror
Psychomania
Resident Evil
Resident Evil: Apocalypse
Return of the Blind Dead
Return of the Living Dead I & II
Revenants, Les
Shaun of the Dead
Shockwaves
Sugar Hill
Tombs of the Blind Dead
Vengeance du Zombie, La (Voodoo Black Exorcist)
Versus
Visitor from the Grave
Zombie
Zombie 3
Zombie Lake
28 Days Later

LE PARANORMAL

Abandoned, The
Aenigma
American Haunting, An
Amityville Horror, The (1979, 2005)
Amityville II & III
Anguish
At Midnight, I'll Take Your Soul
Awakening of the Beast
Bad Dreams
Begotten
Below
Belphégor: le fantôme du Louvre
Black Sabbath
Blair Witch Project, The
Book of Shadows: Blair witch 2

Bride of Chucky
Brothers Grimm
Bubba Ho-Tep
Burnt Offerings
Candyman
Car, The
Carrie
Chambre, La
Changeling, The
Child's Play I & II
Christine
Cold Creek Manor
Crow I, II & III, The
Cthulhu Mansion
Dark Water (2005)
Darkness
Darkness Falls
Dead End
Dead Silence
Deathwatch
Démoniaques, Les
Démon dans l'île, Le
Devil in Miss Jones 1 & 2, The
Devil's Backbone, The
Die Alive
Dolls
Don't Look Now
Entity, The
Eye, The
Eyes of Laura Mars
Fallen
Fall of the House of Usher
Fat Black Pussycat
Final Destination 1, 2 & 3
Flatliners
Fog, The (1979, 2005)
Frighteners, The
Fury, The
Ghost Story
Gift, The
Grudge, The
Haunting, The (1963, 1999)
Headless Ghost, The
Hearts in Atlantis
Hidden, The
House of the Damned
House on Haunted Hill (1959, 1999)
House that Dripped Blood, The
In the Mouth of Madness
Incubus, The (1982)
Innocents, The
Jacob's Ladder
Jeu d'enfants, Un
Johnsons, The
Keep, The
Kill Me Tomorrow
Lady in White
Let's Scare Jessica To Death
Legend of Hell House, The
Lift, The
Lord of Illusions
Magic
Manhattan Baby
Manitou, The
Maximum Overdrive
Mothman Prophecies, The
Neither the Sea Nor the Sand
New Nightmare (Wes Craven's)
Nightbreed
Nightmare (1963)
Nightmare on Elm street, A 1 à 6
One Missed Call
Others, The
Patrick
Phantasm I, II & IV
Poltergeist 1, 2 & 3
Prestige, The
Pulse
Rendez-moi ma peau
Return, The
Ring 1 & 2, The
Room
Saint-Ange
Saints-Martyrs-des-Damnées
Scanners
Season of the Witch
Seed of Chucky
Serpent and the Rainbow, The
Session 9
Shallow Ground
Shining, The
Shutter
Sixth Sense, The
Skeleton Key, The
Sleepy Hollow
Stay
Stir of Echoes
Suspiria
They
Thirteen Ghosts (1960, 2001)
This Night I'll Possess Your Corpse
Ugly, The
Venus in Furs (1969, Jess Franco)
Virgin Among the Living Dead, A
Viy, or Spirit of Evil
What Lies Beneath
Whisper in the Dark, A
Wicker Man, The
Witches, The
Wizard of Gore, The
Woods, The

LE POLAR ITALIEN

Almost Human
Beast with a Gun
Big Racket, The
Cent jours à Palerme
Gambling City
Heroin Busters
Hitch-Hike
How to Kill a Judge?
Mélodie meurtrière
(La Belle, le boîteux et le gangster)
Milano rovente (Gang War in Milan)
Revolver
Street Law
Violent City
Violent Professionals, The

LE RÈGNE ANIMAL & VÉGÉTAL

Alligator
Anaconda
Anacondas: The Hunt for the Blood Orchid
Arachnaphobia
Attack of the Giant Leeches
Attack of the Killer Tomatoes
Bats
Baxter
Beast from 20,000 Fathoms, The
Beast That Killed Women
Bedtime for Bonzo
Ben
Big Alligator River, The
Black Cat, The (1941, 1981)
Blob, The (1958, 1988)
Body Snatchers
Boneyard, The
Bug
Cat's Eye
Cave, The
Creature from the Black Lagoon
Creature Walks Among Us, The
Creepshow 1 & 2
Day of the Triffids
Deadly Spawn
Deep Blue Sea
Deep Rising
Descent, The
Devil Bat
Earth vs the Spider
Eaten Alive (1976)
Eight Legged freaks
Equinox
Fat Black Pussycat
Flying Serpent, The
Frankenweenie
Frogs
Frostbiter
Giant Behemoth, The
Giant Gila Monster, The
Godmonster of Indian Flats
Gorgo
Grizzly
Hell Comes to Frogtown
Howard the Duck
Invasion of the Body Snatchers
(1956, 1978)
Jaws I, II, III & IV
King Kong (1933, 1976, 2005)
King Kong Lives
Land That Time Forgot, The
Land Unknown
Legend of Boggy Creek, The
Leopard Man, The
Link
Little Shop of Horrors, The (1960, 1986)
Lobster Man from Mars
Mighty Joe Young (1949, 1998)
Mighty Peking Man, The
Monkey Shines: An Experiment in Fear
Monster from Green Hell
Monster in the Closet
Monster on Campus
Monster That Challenged the World, The
Monstres de l'apocalypse, Les
Multiple Maniacs
Nasty Rabbit
Night Caller from Outer Space
Night of the Bloody Apes
Of Unknown Origin
Open Water
Orca the Killer Whale
Pack, The
Pacte des loups, Le
Phantom of the Rue Morgue
Phase IV
Phenomena
Piranha
Please Don't Eat My Mother
Prophecy (1979)
Q: The Winged Serpent
Rats: Night of Terror
Rawhead Rex
Razorback
Reptilicus
Return of the Killer Tomatoes
Revenge of the Creature
She Creature
Skeeter
Slime People, The
Slugs
Snakes on a Plane
Squirm
Sssssss
Swarm, The
Teenage Mutant Ninja Turtles 1, 2 & 3
Tentacles
Terror in the Midnight Sun
Terror in the Swamp

Them!
TMNT - Teenage Mutant Ninja Turtles
Tremors
Two Evil Eyes
Two Lost Worlds
Valley of Gwangi, The
Venom
Wax
Weasels Rip My Flesh
Wendigo
Willard (1970, 2003)
Wolfen
Worm Eaters, The
X from Outer Space, The
Zoltan: Hound of Dracula
20 Million Miles to Earth
7th Voyage of Sinbad, The

LES SAVANTS FOUS

Adventures of Buckaroo Bonzai
  Across the 8th Dimension, The
Altered States
Anatomy I & II
Android
Asphyx, The
Attack of the Puppet People
Awful Dr. Orlof, The
Before I Hang
Beyond Re-Animator
Black Friday
Blood Freak
Body Bags
Body Parts
Body Snatcher, The
Boogie Man Will Get You, The
Brain That Wouldn't Die, The
Bride of Frankenstein
Brides of Fu Manchu, The
Bride of Re-animator
Bride of the Monster
Cabinet of Dr. Caligari, The (1919, 1962)
Captive Wild Women
Circus of Horrors
Cité des enfants perdus, La
Climax, The
Corridors of Blood
Cronos
Curious Dr. Humpp
Curse of Frankenstein, The
Darkman
Dead Ringers
Deadly Friend
Demon Seed
Devil Bat, The
Devil Doll, The
Devil's Kiss
Die Alone!
Die, Monster, Die!
Doctor X
Donovan's Brain
Doomsday
Dr. Black, Mr. Hyde
Dr. Cyclops
Dr. Giggles
Dr. Goldfoot & the Bikini Machine
Dr. Jekyll and Sister Hyde
Evil of Frankenstein, The
Dracula vs. Frankenstein
Face of Fu Manchu, The
Faceless
Fiend Without a Face
Flesh and the Fiends, The
Flesh for Frankenstein
Fly, The (1958, 1986)
Fly II, The
Flying Serpent, The
Frankenhooker
Frankenstein (1931, 1994)
Frankenstein 90
Frankenstein 1970
Frankenstein and the Monster from Hell
Frankenstein Created Woman
Frankenstein Must Be Destroyed!
Frankenstein Unbound
Frankenstein's Castle of Freaks
Frankenstein's Daughter
From Beyond
Gamma People, The
Ghost of Frankenstein, The
Hands of Orlac, The
Hideous Sun Demon
Hollow Man
Homme à deux têtes, L'
Horror of Frankenstein, The
Horror Hospital
House of Frankenstein
Indestructible Man, The
Invisible Agent
Invisible Man, The
Invisible Man Returns, The
Invisible Man's Revenge, The
Invisible Ray, The
Invisible Woman, The
Island of Dr. Moreau, The
  (1977, 1996)
Island of Lost Souls
Kiss Me Monster
Mad Doctor of Blood Island
Mad Love (1935)
Man Made Monster
Man with the Screaming Brain, The
Mask of Fu Man Chu, The
Mr. Stitch
Murders in the Rue Morgue
Night of the Ghouls
Out of Mind
Parasite
Paris qui dort (1925, court métage)
Rasputin: The Mad Monk
Raven, The
Re-Animator
Ressurected
Return of Doctor X, The
Return of the Fly
Rocky Horror Picture Show, The
Scream and Scream Again
Shadow of Chinatown, The
She Demons
Son of Frankenstein
Strange Case of Dr. Jekyll
  & Mr. Hyde, The
Teenage Frankenstein
Terror of Frankenstein
Thirteen Ghosts
Unearthly, The
Vengeance of Fu Manchu, The
White Zombie
Yeux sans visage, Les
Young Frankenstein
Zed and Two Noughts, A

SÉRIE «MASTERS OF HORROR»

Saison 1

Argento, Dario: Jenifer
Carpenter, John: Cigarette Burns
Cohen, Larry: Pick Me Up
Coscarelli, Don: Incident on and off
  a Mountain Road
Dante, Joe: Homecoming
Garris, Mick: Chocolate
Gordon, Stuart: Dreams in the Witch-House
Hooper, Tobe: Dance of the Dead
Landis, John: Deer Woman
Malone, William: The Fair Haired Child
McKee, Lucky: Sick Girl
McNaughton, John: Haeckel's Tale
Miike, Takashi: Imprint

Saison 2

Anderson, Brad: Sounds Like
Argento, Dario: Pelts
Carpenter, John: Pro-Life
Dante, Joe: The Screwfly Solution
Dickerson, Ernest R.: The V Word
Garris, Mick: Valerie on the Stairs
Gordon, Stuart: The Black Cat
Holland, Tom: We All Scream for Ice Cream
Hooper, Tobe: The Damned Thing
Landis, John: Family
Medak, Peter: The Washingtonians
Schmidt, Rob: Right to Die
Tsuruta, Norio: Dream Cruise

LE SLASHER

Alice, Sweet Alice
Behind the Mask: The Rise of Leslie Vernon
Black Christmas
Burning, The
Cold Prey
Delirium: Photo of Gioia
Don't Answer the Phone
Final Terror, The
Friday the 13th (série)
Friday the 13th (2009)
Halloween I & II
Halloween H20: Twenty Years Later
Halloween (2007)
I Know What You Did Last Summer
I Still Know What You Did Last Summer
Just Before Dawn
Madman
My Bloody Valentine (1981; 2009)
Pieces
Popcorn
Prom Night
Promenons-nous dans les bois
Prowler, The
Scream 1, 2 & 3
Sleepaway Camp
Slumber Party Massacre 1 & 2
Stagefright (1986)
Strange Behavior
Strangers, The
Terror Train
They're Playing with Fire
Toolbox Murders, The (2003)
Twich of the Death Nerve

TERREUR SUR LA PERSONNE

Alexandra's Project
Assault on Precinct 13 (1976)
Audition
Battle Royale
Boy Meets Girl (1994)
Caché
Cape Fear (1962, 1991)
Collector, The
Creep
Dark Hours, The
Death and the Maiden
Death Wish 1, 2 & 3
Deliverance
Desperate Hours, The
Experiment, The
Funny Games
Hard Candy
Haute Tension
Hills Have Eyes, The (1976, 2005)
Hitch-Hike
Hitcher, The

History of Violence, A
Hostel Part I & II
House on the Edge of the Park, The
Hush... Hush, Sweet Charlotte
I Spit on Your Grave
Ils
Judgment Night
Kidnapped (Rabid Dogs)
Lady in a Cage
Last House on the Left, The (1972; 2009)
Martyrs
Misery
MS .45
Next Door
Night Train Murders
Panic Room
Red Eye
Saw 1 & 2
See No Evil (1971)
Severance
Single White Female
Stuff Stephanie in the Incinerator
Strangers, The
Straw Dogs
Survival Quest
Terror From Under The House
Texas Chainsaw Massacre:
The Beginning, The
Tiresia
Toolbox Murders, The (1977)
Vacancy
Visitors, The (1971)
Wait Until Dark
What Ever Happened to Baby Jane?
When a Stranger Calls (1979, 2006)
When a Stranger Calls back
Wrong Turn

LES VAMPIRES & LES SUCCUBES

Addiction, The
Atom Age Vampire
Blade I, II & III
Blood for Dracula
Blood of Dracula
Bordello of Blood
Bram Stocker's Dracula
Brides of Dracula
Captain Kronos: Vampire Hunter
Carmilla
Castle of the Walking Dead
Count Dracula (1970)
Daughters of Darkness
Deux orphelines vampires, Les
Dracula (1931, 1973, 1979)
Dracula: Dead and Loving It
Dracula: Pages from a Virgin's Diary
Dracula's Daughter
Dracula A.D. 1972
Dracula Has Risen from the Grave
Dracula père et fils
Eternal
Eternal Blood (Sangre eterna)
Fascination
Fearless Vampire Killers, The
Fiancée de Dracula, La
Fright Night
Frisson des vampires, Le
From Dusk Till Dawn
Habit
Horrible Sexy Vampire
Horror of Dracula
House of Dracula
Hunger, The
I Vampiri
Innocent Blood
Interview with the Vampire
Jesus Christ Vampire Hunter
Karmina 1 & 2
Kiss of the Vampire
Legend of the 7 Golden Vampires, The
Lightforce
Lost Boys, The
Lust for a Vampire
Mark of the Vampire
Martin
Modern Vampires
Morsures de l'aube, Les
Near Dark
Nosferatu (1922, 1978)
Once Bitten
Peau blanche, La
Plus longue nuit du diable, La
(Devil's nightmare)
Queen of the Damned
Requiem pour une vampire
Return to Salem's Lot
Salem's Lot
Satanic Rites of Dracula, The
Scars of Dracula
Shadow of the Vampire
Son of Dracula
Succubus
Taste the Blood of Dracula
Thirst
Underworld
Underworld: Evolution
Vamp
Vampire nue, La
Vampire's Kiss
Vampires, Les (Louis Feuillade)
Vampires (John Carpenter's)
Vampyros Lesbos
Van Helsing

QUELQUES RÉALISATEURS CULTES

Amando De Ossorio
Dario Argento
Mario Bava
John Carpenter
William Castle
Roger Corman
Alex Cox
Wes Craven
David Cronenberg
Guillermo del Toro
Abel Ferrara
Jess Franco
Lucio Fulci
Samuel Fuller
Umberto Lenzi
Sergio Martino
Radley Metzger
Russ Meyer
Jean Rollin
George Romero
Ken Russell
Pete Walker
John Waters
Ed Wood

LES GRANDS GENRES

LE FILM DE GUERRE

PREMIÈRE GUERRE MONDIALE

African Queen, The
All Quiet on the Western Front (1930, 1979)
Big Parade, The
Blue Max, The
Capitaine Conan
Chambre des officiers, La
Colonel Redl
Dawn Patrol, The
Doughboys
Eagle and the Hawk, The
Farewell to Arms, A (1932, 1957)
Fort Saganne
Gallipoli
Grande illusion, La
Hearts of the World
Hedd Wyn
How Many Miles to Babylon?
In Love and War
J'accuse
Johnny Got His Gun
Lafayette Escadrille
Lawrence of Arabia
Life and Death of Colonel Blimp, The
Lighthorsemen, The
Lost Patrol, The
Marthe
Paths of Glory
Regeneration
Roi de cœur, Le
Sergeant York
Spy in Black, The (1939)
Suzy
Today We Live
Vie et rien d'autre, La
Von Richtofen and Brown
Waterloo Bridge
Westfront 1918
What Price for Glory
White Cliffs of Dover, The
Wings
Wings of Eagles, The
Zeppelin

DEUXIÈME GUERRE MONDIALE

Action in Arabia
Action in the North Atlantic
Aimée et Jaguar
Amen.
Arch of Triumph
Ashes and Diamond
Assault, The
Attack
Au revoir les enfants
Aventure Malgache/Bon voyage
Away All Boats
Back to Bataan
Band of Brothers
Bataille du Rai, La
Battle Circus
Battle Cry
Battle of Britain
Battle of the Bulge
Battleground
Berlin Express
Best Years of Our Lives, The
Big Red One, The
Black Book
Blood on the Sun
Bombers B-52
Breakthrough
Bridge at Nemagen, The
Bridge on the River Kwai, The
Bridge Too Far, A
Bunker, The
Bye, Bye Blues
Caine Mutiny, The
Captain Newman M.D.
Caporal épinglé, Le
Casablanca
Catch-22
Chain Lightning
Closely Watched Trains
Code Name Emerald
Come and See

Come See the Paradise
Command Decision
Commandos Strike at Dawn
Counterfeit Traitor, The
Cranes are Flying, The
Cross of Iron
Cruel Sea, The
Darby's Rangers
Das Boot
Days of Glory
Deep Six, The
Defiance
Dernier Métro, Le
Desert Fox, The
Desert Rats, The
Destination Tokyo
Devil's Brigade, The
Diary of Anne Frank, The
Dirty Dozen, The
Eagle Has Landed, The
Empire of the Sun
Enemy at the Gates
Enemy Below, The
English Patient, The
Ensign Pulver
Escape From Sobibor
Europa, Europa
Eye of the Needle
Farewell to the King
Fat Man and Little Boy
Fighting 69th, The
Fighting Sea Bees, The
Fires on the Plain
Five Graves to Cairo
Flags of Our Fathers
Flying Leathernecks, The
For a Lost Soldier
Force 10 From Navarone
Four Horsemen of the Apocalypse, The
Gallant Hours, The
Generation, A
Go For Broke!
Good Evening Mr. Wallenberg
Great Escape, The
Grey Zone, The
Gung Ho (1943)
Guns of Navarone, The
Guy Named Joe, A
Hail the Conquering Hero
Halls of Montezuma, The
Hanover Street
Hanussen
Hart's War
Hell in the Pacific
Hell is for Herœs
Herœs of Telemark, The
Hilter, the Last Ten Days
Holocaust
Hope and Glory
Immortal Battalion, The
In Arm's Way
In Wich We Serve
I Was a Male War Bride
Indigènes
Joan of Paris
Jonah Who Lived in the Whale
Journey for Margaret
Judgment at Nuremberg
Kanal
Kelly's Herœs
King Rat
Kings Go Fourth
Korczak
Légion saute sur Kolwezi, La
Léon Morin, prêtre
Letters from Iwo Jima
Life and Death of Colonel Blimp, The
Life Boat
Longest Day, The
Love in Germany, A
MacArthur
Major Hubal
Man Who Never Was, The
Maria's Lovers
Massacre in Rome
McKenzie Break, The
Mediterraneo
Memphis Belle
Men, The
Mephisto
Merrill's Marauders
Merry Christmas Mr. Lawrence
Midnight Clear, A
Midway
Mirror, The
Mister Roberts
Morituri
Mortal Storm, The
Mr. Klein
Mr. Winkle Gœs to War
Mrs. Hendersen Presents
Mrs. Miniver
Murphy's War
Music Box
Mussolini and I
My Name is Ivan
Never so Few
Night of the Generals, The
Night Train to Munich
None but the Brave
Nuit de San Lorenzo, La
Nun's Story, The
Operation Crossbow
Paisan
Papy fait de la résistance
Paradise Road (1997)
Passage to Marseille
Patton
Pearl Harbor (2001)
Pianist, The
Pork Chop Hill
PT 109
Racing With the Moon
Redball Express
Reunion in France
Rome, ville ouverte
Run Silent, Run Deep
Saboteur
Sahara
Salo, ou les 120 jours de Sodome
Sands of Iwo Jima
Sang des autres, Le
Saving Private Ryan
Scarlet and the Black, The
Schindler's List
Sea Chase, The
Search, The
Secret War of Harry Frigg, The
Seventh Cross, The
Shining Through
Silent Enemy, The
Sink the Bismarck
Soldier of Orange
So Proudly We Hail
Stalag 17
Stalingrad
Stella
Story of Dr. Wassell, The
Story of G.I. Joe, The
Submarine Attack
Tanks Are Coming, The
They Were Expendable, The
Thin Red Line, The (1964, 1998)
Thirty Seconds Over Tokyo
Three came Home
Time of Destiny, A
Tin Drum, The
Tobruk
Too Late the Hero
Tora! Tora! Tora!
Torpedo Run
Train, Le
Train, The
Triple Cross
Triumph of the Spirit
Triumph of the Will
Tunes of Glory
Twelve O'Clock High
U-571
Until They Sail
Up Periscope
Uranus
Victory
Vieux Fusil, Le
Von Ryan's Express
Walk in the Sun, A
Wannsee Conference, The
War Lover, The
We Dive at Dawn
Where Eagles Dare
Windtalkers
Yanks
Young Lions, The
13 rue Madeleine
1941
36 Hours
49 Parallel
7th Dawn, The

BATAILLE DE MOGADISHU
Black Hawk Down

GUERRE CIVILE IRLANDAISE
Dawning, The
Michael Collins
Wind That Shakes the Barley, The

GUERRE D'ESPAGNE
Ay, Carmela!
Échine du diable, L'
Fiesta
For Whom the Bell Tolls
Land and Freedom

GUERRE DE BOSNIE
Cercle parfait, Le
Harrison's Flowers
No Man's Land (2001)
Savior

GUERRE DE CORÉE
Battle Circus
Battle Hymn
Bridges at Toko-Ri, The
M*A*S*H*
McArthur
Men in War
Men of the Fighting Lady
Objective, Burma!
One Minute to Zero
Pork Chop Hill
Sayonara

GUERRE DE SÉCESSION
Alvarez Kelly
Bad Company (1972)
Band of Angels
Beguiled, The
Birth of a Nation, The
Copper Canyon
Custer of the West

Dances with Wolves
Dark Command
Escape From Fort Bravo
Friendly Persuasion
General, The
Gettysburg
Glory
Good, the Bad and the Ugly, The
Hallelujah Trail, The
Major Dundee
Raintree County
Red Badge of Courage
Ride with the Devil
Son of the Morningstar, The
Southern Yankee, The
They Died with their Boots On

GUERRE DES SIX JOURS
Kippur
Pour Sacha

GUERRE DU GOLFE
Courage Under Fire
Gunner Palace
Jacket, The
Jareheads
Manchurian Candidate, The (2004)
Redacted
Syriana
Three Kings

GUERRE DU VIÊTNAM
Air America
Apocalypse Now
Apocalypse Now Redux
Bat 21
Birdy
Born on the Fourth of July
Bullet in the Head
Casualties of War
China Gate
Coming Home
Deer Hunter, The
Eastern Condors
Forrest Gump
Four Friends
Full Metal Jacket
Gardens of Stone
Go Tell the Spartans
Good Morning Vietnam
Green Berets, The
Hamburger Hill
Hanoi Hilton
Heaven and Earth
Jacob's Ladder
Killing Fields, The
Platoon
Rambo: First Blood Part II
Rescue Dawn
Streamers
Tigerland
Uncommon Valor
Walking Dead, The
We Were Soldiers
317ème section, La

GUERRES NAPOLÉONIENNES
Duellists, The
Master and Commander:
The Far Side of the World
Napoléon

RÉVOLUTION AMÉRICAINE
Alvarez Kelly
Bad Company (1972)
Band of Angels
Beguiled, The
Birth of a Nation, The
Cold Mountain
Copper Canyon
Dark Command
Escape From Fort Bravo
Friendly Persuasion
General, The
Gettysburg
Glory
Gone with the Wind
Hallelujah Trail, The
Howards of Virginia, The
John Paul Jones
Major Dundee
Raintree County
Red Badge of Courage
Ride with the Devil
Son of the Morningstar, The
Southern Yankee, The
They Died with their Boots On, The
Patriot, The
Revolution

RÉVOLUTION FRANÇAISE
Anglaise et le duc, L'
Cheech & Chong, the Corsican Brothers
Danton
Liberté, égalité, choucroute
Marseillaise, La
Misérables, Les
(1935, 1957, 1982, 1998)
Révolution française 1 & 2, La
Souper, Le
Start the Revolution Without Me
Tale of Two Cities, A (1935, 1958)
1776

RÉVOLUTION RUSSE
Cuirassé Potemkine, Le
Doctor Zhivago
End of St-Petersburg, The
Nicholas and Alexandra
Octobre (1928)
Reds

LES GRANDS GENRES

LE FILM NOIR

LA QUINTESSENCE DU GENRE
Angels With Dirty Faces
Asphalt Jungle, The
Big Combo, The
Big Heat, The
Big Sleep, The (1946, 1978)
Black Angel
Blue Gardenia, The
Boomrang!
Criss Cross
Dark Passage
Detour
Deuxième souffle. Le
Diaboliques, Les
Dillinger (1945)
Double Indemnity
Doulos, Le
Farewell my Lovely
Flic, Un
Force of Evil
Gilda
Hangmen Also Die
He Walked By Night
Heist
Hot Spot, The
House of Strangers
House on Telegraph Hill
I Woke up Screaming
Key Largo
Killers, The
Killing, The
Kiss Me Deadly
Kiss of Death (1946, 1977, 1994)
Lady in the Lake
Laura
Maltese Falcon, The
Man Who Wasn't There, The (2001)
Ministry of Fear
Moontide
Murder, My Sweet
Night and the City (1950)
Nightmare Alley
Out of the Past
Payback
Phantom Lady
Pick Up on South Street
Postman Always Rings Twice, The
This Gun for Hire
Public Enemy
Raw Deal (1948)
Set-Up, The
Sweet Smell of Success
Third Man, The
Where the Sidewalk Ends
Whirlpool
White Heat
Woman in the Window, The

LES FILMS D'INSPIRATION
À bout de souffle
After Dark, My Sweet
Albino Alligator
Beautiful Creatures
Behind Locked Doors
Beware, My Lovely
Big Easy, The
Birthday Girl
Black Dahlia, The
Black Widow
Blood and Wine
Blood Simple
Blue Dahlia, The
Bob le flambeur
Body Heat
Born to Kill
Bound
Branded to Kill
Brick
Caught
Cercle rouge, Le
Chinatown
City of Industry
Clash by Night
Confidence
Coup de torchon
Cross Fire
Dark Corner, The
Dead Reckoning
Devil in a Blue Dress
Deceiver
D. O. A.
Element of Crime, The
Fallen Angels (Vol. 1 & II)
Get Carter (1971, 2000)
Getaway, The
Good Thief, The
Goodbye Lover
Grifters, The
Gun Crazy
Hammett
Harper
Heat
High and Low
Hit, The

House of Games
I'll Sleep When I'm Dead
Internal Affairs
Johnny Handsome
Killer's Kiss, The
Killing Zoe
Kill Me Again
Knock on Any Door
L.A. Confidential
Lady From Shanghai, The
Last Seduction, The
Limey, The
Live Flesh
Lock, Stock and Two Smoking Barrels
Long Night, The
Man Who Wasn't There, The
Masquerade
Mauvais sang
Mildred Pierce
Mona Lisa
Mulholland Falls
Naked City, The
Narrow Margin, The (1952, 1990)
Night and the City (1992)
Nine Queens
No Way Out
Odds Against Tomorrow
On Dangerous Ground
One False Move
Out of Sight
Palmetto
Paris Trout
Perfect Murder, A
Point Blank
Poussière d'ange
Quicksand
Railroaded
Red Rock West
Regarde les hommes tomber
Reservoir Dogs
Romeo Is Bleeding
Ronin
Scarlet Street
Sexy Beast
Shallow Grave
Sur mes lèvres
Shadow of a Doubt
Shattered
Simple Plan, A
Snake Eyes
Snatch
Sonatine
Sorry, Wrong Number
Spanish Prisoner, The
Stormy Monday
Tchao pantin
They Made Me a Criminal
Things to Do in Denver
When You're Dead
This Gun's for Hire
Tokyo Drifter
Twilight
Two Jakes, The
Underneath, The
Underworld U.S.A.
Union Station
Usual Suspects, The
U-Turn
Vivement dimanche!
White Sands
Wild Things
You and Me
52 Pick Up

LE GENRE MÉTISSÉ

Amateur
Angel Heart
Bedroom Window, The
Big Lebowski, The
Blade Runner
Blue Velvet
Body Double
Bring Me the Head of Alfredo Garcia
Buffet froid
Crying Game, The
Dead Again
Dead Men Don't Wear Plaid
El Aura
Fargo
Femme Fatale
Fish Called Wanda, A
Frantic
Get Shorty
Good German, The
Gumshoe
Hard Eight
History of Violence, A
Ice Harvest
Into the Night
Kiss Kiss Bang Bang
Light Sleeper
Little Odessa
Lost Son, The
Miller's Crossing
Night Moves
Night of the Hunter, The
Pulp Fiction
Road to Perdition, The
Serial Lover
Something Wild

LES GRANDS GENRES
LE MÉLODRAME

After the Wedding
Amour de pluie, Un
place in the Sun, A
Adieu, je t'aime
All that Heaven Allows (1955)
Anna Karenina (1935)
Arbre de Noël, L'
Blonde Venus
Boys on the Side
Breaking the Waves
Choses de la vie, Les
César et Rosalie
Champ, The (1931)
Children's Hour, The
City Lights
Clash by Night
Doctor Zhivago
Far from Heaven
Femme à sa fenêtre, Une
French Lieutenant's Woman
Great Gatsby, The
Heiress, The
Humoresque
Homme et une femme, Un
Hours, The
I Could Go on Singing
I Want to Live!
Imitation of Life (Sirk)
Important c'est d'aimer, L'
In Her Shoes
Jezebel
Letter, The
Little Foxes
Loi du désir, La
Love Story
Love is a many Splendored Thing
Magnificient Obsession
Male and Female
Man in the Moon, The
Marnie
Mildred Pierce
Misfits, The
Monster
Morocco
Nights of Cabiria, The
Now, Voyager
Old Acquaintances
One True Thing
Parle avec elle
Pay It Forward
Piano, The
Rachel Is Getting Married
Roman Spring of Mrs. Stone, The
(1961, 2003)
Ryan's Daughter
Senso (Visconti)
Signora di tutti, La
Soleil se lève en retard, Le
Sophie's Choice
Splendor in the Grass
Steel Magnolias
Story of Ester Costellov, The
Straight Story
Streetcar Named Desire, A (Kazan)
Sunset Boulevard
Sylvia
They Shoot Horses Don't They?
This Property is Condemned
Tout sur ma mère
Viridiana
Volver
Walk on the Wild Side
Way We Were, The
Written in the Wind
37°2 le matin

LE MÉLO KITSCH

Angel
Autumn Leaves
Blue Lagoon, The
Champ, The (1979)
Doctor Zhivago (2002, t.v.)
Endless love
Gabrielle
Harlow
Hope Floats
Josephine Baker Story, The
Madame Bovary (1949)
Martha Inc.: The Story of Martha Stewart
Mommie Dearest
Old Maid, The
Painted Veil, The
Petite Aurore l'enfant martyre, La
Polyester
Reunion in France
Seven Sinners
Shining Hour, The
Tim
Toby McTeague
Valley of the Dolls
Whatever Happen to Baby Jane

LES GRANDS GENRES
LE NÉORÉALISME

Accatone!
Allemagne, année zéro
Amiche, Le
Bicycle Thief, The
Bitter Rice
Children are Watching Us, The
I Fidanzati
I Vitelloni
Il grido
Il posto

Mama Roma
Nights of Cabiria, The
Ossessione
Paisan
Rome, ville ouverte
Strada, La
Stromboli
Umberto D.

LES GRANDS GENRES
LA NOUVELLE VAGUE

LES PRÉCURSEURS
Ascenceur pour l'échafaud
Beau Serge, Le
Boulangère de Monceau, La
Cléo de 5 à 7
Et Dieu créa la femme
Hiroshima, mon amour
Mistons, Les (cm)
Tous les garçons s'appellent Patrick (cm)

LA QUINTESSENCE DU GENRE
À bout de souffle
Alphaville
Amour à 20 ans, L' (cm)
Année dernière à Marienbad, L'
À tout prendre
Bande à part
Bob le flambeur
Chat dans le sac, Le
Détective
Doulos, Le
Femme est une femme, Une
Femme infidèle, La
Jules et Jim
Jusqu'au cœur
Léo Morin, prêtre
Lola
Ma nuit chez Maude
Masculin, féminin
Mépris, Le
Mon amie Pierrette
Passion
Peau douce, La
Pierrot le fou
Singe en hiver, Un
Sirène du Mississippi, La
Tirez sur le pianiste
Fille et des fusils, Une
Vivre sa vie
Weekend
Yeux sans visage, Les
Zazie dans le métro
400 coups, Les

LES GRANDS GENRES
LE *REMAKE*

Absent Minded Professor, The (1997 et 1961)
Absolument fabuleux > Absolutely Fabulous
Adventures of Baron de Munchausen, The > Les aventures fantastiques du Baron Munchausen
All Quiet on the Western Front (1979 et 1930)
All the King's Men (1949 et 2006)
Always > Guy Named Joe, A
Affair to Remember, An > Love Affair (1994 et 1939)
Angels in the Outfield (1994 et 1951)
Anna and the King > The King and I > Anna and the King of Siam
Assault on Precinct 113 > Rio Bravo
Attack of the 50 Foot Woman (1993 et 1959)
Bachelor, The > Seven Chances
Belphégor, le fantôme du Louvre > La malédiction de Belphégor
Ben-Hur (1953 et 1923)
Big Sleep, The (1978 et 1946)
Birdcage, The > La Cage aux folles
Black Cat (1980, 1966, 1941 et 1934)
Blob, The (1988 et 1958)
Body Snatchers > Invasion of the Body Snatchers - The invasion (2007, 1993, 1978 et 1955)
Bourne Identity, The (2002 et 1988)
Breathless > À bout de souffle
Bride, The > The Bride of Frankenstein
Browning Version, The (1994 et 1951)
Cape Fear (1991 et 1962)
Carnival of Soul, The (1998 et 1962)
Cat and the Canary, The (1979 et 1939)
Cat People (1982 et 1943)
Champ, The (1978 et 1931)
Charade > The Truth About Charlie
Cheaper by dozen (1950 et 2003)
Chicago > Roxie Hart
City of Angels > Les ailes du désir
Cleopatra (1963 et 1934)
Cousins > Cousin, cousine
Cruel Intentions > Dangerous Liaisons > Les liaisons dangereuses
Dark Water (2005) > Dark Water (2002)
Dawn of the Dead (1978 et 2004)
De battre mon cœur s'est arrêté > Fingers
Departed, The > Infernal Affairs
Desperate Hours, The (1990 et 1955)
Diabolique > Les Diaboliques > Reflections of Murder
Doctor Dolittle (1998 et 1963)
Ed TV > Louis 19
Emmerdeur, L' (1974 et 2008) > Buddy Buddy
End of the Affair, The (1999 et 1955)
Ever After: A Cinderella Story > Cinderella
Eye, The > The Eye (Gin Gwai) (2008, 2002)
Eye of the Beholder > Mortelle randonnée
Fall of the House of Usher, The (1960 et 1928)
Fanfan La Tulipe (1951 et 2003)
Farewell, My Lovely > Murder, My Sweet
Father of the Bride (1991 et 1950)
Father's Day > Les Compères
Fled > Defiant Ones
Flight of the Phoenix (1965 et 2004)
Flubber > Son of Flubber
Fly, The (1986 et 1958)
Four Feathers, The (1978 et 1939)
Freaky Friday (1976 et 2003)
Friday the 13th (1980 et 2009)
Funny Games (2008 et 1997)
Getaway, The (1993 et 1972)
Ghost Ship, The (2002 et 1952)
Gloria (1998 et 1980)
Godzilla (1997 et 1954)
Good Thief, The > Bob le flambeur
Great Expectations (1998, 1944 et 1934)
Gun Crazy (1993 et 1949)
Hairspray (2007 et 1988)
Halloween (2007 et 1978)
Haunting, The (1999 et 1964)
Heaven Can Wait > Here Comes Mr. Jordan
High Society > The Philadelphia Story
Hills Have Eyes, The (2005) > The Hills Have Eyes (1977)
Hills Have Eyes II, The (2007) > The Hills Have Eyes II (1985)
House of Wax (1953 et 2005)
House on the Haunted Hill (1999 et 1958)
How the Grinch Stole Christmas (2000 et 1966)
Importance of Being Earnest, The (2002 et 1952)
In-laws (2003 et 1979)
Insomnia (2002 et 1998)
Intersection > Les choses de la vie
Invaders from Mars (1986 et 1953)
Invasion, The > Body Snatchers - Invasion of the Body Snatchers (2007, 1993, 1978 et 1955)
Island of Dr. Moreau (1996 et 1977) > Island of the Lost Souls
Italian Job (2003 et 1969)
Ivanhoe (1982 et 1952)
Jackal, The > Day of the Jackal
Jacob the Liar (1999 et 1974)
Julius Cesar (1970 et 1953)
Jungle Book (1994 et 1942)
Jungle to Jungle > Un indien dans la ville
Just Visiting > Les visiteurs
K-Pax > Man Facing Southeast
Killer, The > Le samouraï
Killers, The (1964 et 1946)
King Kong (2005, 1976 et 1933)
Kismet (1955 et 1944)
Lady Vanishes, The (1979 et 1938)
Last House on the Left, The (1972 et 2009)
Last of the Redmen, The > Last of the Mohicans (1992, 1936 et 1920)
Last Man Standing > A Fistful of Dollars > Yojimbo
Little Shop of Horror (1986 et 1960)
Little Women (1993, 1949 et 1933)
Lolita (1998 et 1962)
Mad Love > Hands of Orlac
Magnificent Seven, The > Seven Samourai
Man Who Know Too Much, The (1956 et 1935)
Man with the Red Shoe, The > Le grand blond avec une chaussure noire
Manchurian Candidate, The (1962 et 2004)
Manhunter > Red Dragon
Masque of the Red Death, The (1989 et 1964)
Mighty Joe Young (1998 et 1949)
Misérables du xxe siècle, Les > Les misérables (1982, 1957 et 1935)
Mixed Nuts > Le Père Noël est une ordure
Moby Dick (1997 et 1956)
Mr. Deeds > Mr. Deeds Goes to Town
Mummy, The (1999, 1959 et 1932)
My Bllody Valentine (1981 et 2009)
My Father the Hero > Mon père, ce héros
Narrow Margin (1990 et 1952)
Night in the City (1992 et 1950)
Night of the Living Death (1990 et 1964)
Nine Months > Neuf mois
Nosferatu the Vampyr > Nosferatu
Nutty Professor, The (1996 et 1963)
Of Human Bondage (1964 et 1934)
Of Mice and Men (1992 et 1939)
Oliver Twist > Oliver! (2005, 1982, 1968, 1948 et 1922)
Omen, The (1976 et 2006)
One Missed Call > One Missed Call (Chakushin Ari) (2008 et 2003)
Out-of-Towners, The (1999 et 1970)
Outland > High Noon
Parent Trap, The (1998 et 1961)
Payback > Point Blank
Pee-Wee's Big Adventure > The Bicycle Thief

Perfect Murder, The > Dial M for Murder
Peter Pan (1924, 1952 et 2003)
Phantom of the Opera, The
(1989, 1962, 1943 et 1925)
Point of No Return > Nikita
Postman Always Rings Twice, The
(1981 et 1946)
Preacher's Wife, The >
The Bishop's Wife
Prisoner of Zenda, The
(1979, 1952 et 1937)
Psycho (1998 et 1960)
Pure Luck > La Chèvre
Rat Race > It's a Mad, Mad, Mad,
Mad World
Reservoir Dogs > City on Fire
Return to Paradise > Force majeure
Rich and Famous > Old Acquaintance
Ringu > The Ring
Sabrina (1995 et 1954)
Scarface (1983 et 1932)
Scent of a Woman > Parfum de femme
Séraphin - un homme et son péché >
Un homme et son péché (1948 et 2002)
Shaft (2000 et 1971)
Shining (1997 et 1980)
Showboat (1951 et 1936)
Shutter (2004 et 2008)
Silk Stockings > Ninotchka
Singing Detective, The (1986 et 2003)
Sirène du Mississippi, La > Original Sin
Sleuth (1972 et 2007)
Solaris (2002 et 1972)
Sorcerer > Le salaire de la peur
Star Is Born, A (1976, 1954 et 1937)
Surviving Game, The > Hard Target
> The Most Dangerous Game
Swept Away (2002 et 1974)
Switching Channels > His Gril Friday
> The Front Page (1974 et 1931)
Ten Commandments, The (1956 et 1923)
Texas Chainsaw Massacre, The
(1974 et 2003)
Thing, The (1982 et 1951)
Thomas Crown Affair, The (1999 et 1968)
Three fugitives, The > Le Fugitif
Three Men and A Baby, The >
Trois hommes et un couffin
Three Musketeers, The
(1993, 1974, 1948, 1939 et 1921)
Thruth About Cats and Dogs, The
> Roxanne > Cyrano de Bergerac
(1990 et 1950)
Time Machine, The (2002 et 1960)
Toy, The > Le jouet
Underneath, The > Criss Cross
Vanishing, The > L'homme qui voulait savoir
True Lies > La totale
Under Suspicion > Garde à vue
Unfaithful > La femme infidèle
Uninvited, The > A Tale of Two Sisters
(2009 et 2003)
Vice/Versa > Freaky Friday
Village of the Damned (1995 et 1960)
Washington Square > The Heiress
When a Stranger Calls (1979 et 2006)
Wicker Man, The (1972 et 2006)
Women, The (1939 et 2009)
You've Got Mail
> The Shop Around the Corner
101 Dalmatians (1996 et 1960)
12 Angry Men (1997 et 1957)
12 Monkeys > La Jetée (cm)
20,000 Leagues Under the Sea
(1954 et 1916)
3:10 to Yuma (2007 et 1956)

LES GRANDS GENRES

LE ROAD MOVIE

À l'américaine
Adventures of Priscilla,
Queen of the Desert, The
African Queen, The
And Now Ladies and Gentlemen
Another Day in Paradise
Apocalypse Now
Around the World in 80 Days
Aventuriers du timbre perdu, Les
Badlands
Beavis and Butt-Head Do America
Blues Brothers, The
Bonneville
Bonnie & Clyde
Bound for Glory
Bottle Rocket
Boxcar Bertha
Boys on the Side
Breakdown
Brewster McCloud
Brown Bunny
Buffalo 66
Butch Cassidy and the Sundance Kid
Butterfly Kiss
Cecil B. Demented
Crazy Mama
Crossroads (1986)
Dady-O
Dead Man
Death Race 2000
Desperate (1947)
Detour (1945)
Devil's Reject
Diables, Les
Dirty Mary Crazy Larry
Dogma
Doom Generation, The
Down by Law
Dream with Fishes
Drive, She Said
Duel
Dumd and Dumber
Dust Devil
Dutch
Easy Life, The
Easy Living
Easy Rider
Eat My Dust
Elizabethtown
Even Cowgirls Get the Blues
Fandango
Fear and Loathing in Las Vegas
Feeling Minnesota
Felicia's Journey
Five Easy Pieces
Flirting with Disaster
Forrest Gump
Freeway
From Dust Till Dawn
Fugitive Kind, The
Gerry
Get on the Bus
Go
Grapes of Wrath
Great Race, The
Gumball Rally, The
Gun Crazy
Harry and Tonto
Heartlands
Heaven's Burning
Hell's Angels on Wheels
Hideous Kinky
Highwaymen
Hitcher, The
Hitch-Hicker
Honkytonk Man
Hot Rod Girl
I Dream of Africa
Into the West
Into the Wild
It Happened One Night
Jay and Silent Bob Strike Back
Jeepers Creepers
Jerôme
Joy Ride
Kalifornia
Kiss or Kill
Leaving Normal
Life Less Ordinary, A
Living End, The
Lost Highway
Lost in America
Love and A.45
Love Field, The
Mad Love (1995)
Mad Max 2, Beyond the Thunderdome
Mexican, The
Midnight Run
Music of Chance, The
My Blueberry Nights
My Own Private Idaho
Mystery Train
Natural Born Killers
Niagara, Niagara
Night on Earth
O Brother, Where Are Thou?
Odd Man out
Of Mice and Men
Palindromes
Perfect World, A
Pee Wee's Big Adventure
Planes, Trains and Automobiles
Powwow Highway
Rain Man
Rain People, The
Reckless (1935)
Reivers, The
Road Games
Road to Hong Kong, The
Road to Morocco, The
Road to Rio, The
Road to Singapore, The
Road to Utopia, The
Road to Zanzibar, The
Road to Perdition
Road Trip
Scarecrow
Searchers, The
Siam Sunset
Sideways
Slither
Smoke Signals
Smokey the Bandit 1-2
Something Wild
Sorcerer
Spies Like Us
Starlight Hotel
Straight Story
Stranger Than Paradise
Sugarland Express
Sullivan's Travel
Sure Thing, The
Tail Lights Fade
Tarnation
Transamerica
Thelma & Louise
They Drive by Night
Three Kings
To Wong Foo, Thanks for Everything,
Julie Newmar
Trigger Effect, The

Those Magnificent Men in their Flying Machines
Trouble Bound
True Romance
Truth or Consequences N.M.
Two for the Road
Two-lane Blacktop
U-Turn
Vanishing
Vanishing Point
White Line Fever
Wizard of Oz
Wild at Heart
Wiz
World Traveler

CUVÉE INTERNATIONALE

Allemagne
Alice in the Cities
Au Revoir Amerika
Bandits
Fitzcaraldo
Julie en juillet
Kings of the Road
Lisbon Story
Paris Texas
Until the End of the World
Wrong Move
2 Hommes, 2 Femmes, 4 Problèmes

Amérique latine
Carnets de voyage
Diario de una Pasante
El Norte
Guantanamera
Gare Centrale
Sex and Lucia
Voie lactée, La
Voyage, Le
Y tu mamá tambien

Asie
Ballade de Narayama, La
Life on a String
Kikujiro

France
À Bout de souffle
À vendre
Alberto Express
Arrière-Pays, L'
Aux yeux du monde
Baise-moi
Chamane
Cocktail Molotov
Cours toujours (Dad on the Run)
Des Nouvelles du Bon Dieu
Exils
Gadjo Dilo
Invitation au voyage
IP5
Massaï
Pierrot le fou
Rendez-Vous d'Anna, Les
Salaire de la peur, Le
Sans toit ni loi
Twentynine Palms
Vie rêvée des anges, La
Western

Italie
Aprile
Blonde, une brune et une moto, Une
Girl in the Sneakers, The
Hitch-Hike
Iran
Lamerica
Passenger, The
Sheltering Sky
Strada, La
Zabriski Point

Méditerranée
Bandit, Le
Born in Absurdistan
Regard d'Ulysse, Le
Pas suspendu de la cigogne, Le
Regard d'Ulysse, Le

Pays de l'est
Stalker
Voyages

Québec, Canada
Aujourd'hui et jamais
Because Why
Clandestins
Dans une Galaxie près de chez vous
États nordiques, Les
Fantômes des 3 Madeleine, Les
Fishing Trip
Highway 61
Littoral
Neuvaine, La
Québec-Montréal
Yellowknife
Zigrail
32 août sur Terre, Un

Scandinavie
Ariel
Fraises sauvages, Les
Leningrad Cowboys go America
Sawdust & Tinsel

Suisse
Journey of Hope

LES GRANDS GENRES
LA SCIENCE-FICTION

LES CIVILISATIONS DE L'AVENIR
Aeon Flux
Alphaville
Barb Wire
Blade Runner
Bunker Palace Hotel
Clockwork Orange
Dark City
Delicatessen
Equilibrium
Escape From New York
Fahrenheit 451
Fifth Element, The
Fortress
Fountain, The
Future World
Gattaca
Ghost in the Shell
Handmaid's Tale, The
Immortel
Logan's Run
Metropolis
Minority Report
Natural City
Postman, The
Renaissance
Sleeper
Soylent Green
Tank Girl
THX-1138
Tykho Moon
V For Vendetta
Wall-E
Zardoz
1984

LES ÉPOPÉES INTERGALACTIQUES
Aelita: Queen of Mars
Alien I, II, III & IV
Androide
Barbarella
Battelfield Earth
Battle Beyond the Stars
Black Hole, The
Capricorn One
Chronicles of Riddik
Dark Star
Dr. Who and the Daleks
DOOM
Dune
Empire Strikes Back
Event Horizon
Flash Gordon
Forbidden Planet
Frank Herbert's Dune
Galaxie Quest
Ghosts of Mars
Journey to the Far Side of the Sun
Mission to Mars
Moonraker
Mouse on the Moon, The
Nightfall
Outland
Pitch Black
Planet of the Apes I, II, III, IV & V
Redboy 13
Red Planet
Return of the Jedi
Scanner Darkly, A
Shape of Things to Come
Solaris
Soldier
Spaceballs
Space Cowboys
Star Crash
Star Trek I, II, III, IV, V, VI, VII , VIII & IX
Star Trek (2009)
Star Wars I, II, III, IV, V, VI
Stargate
Starship Troopers
Last Starfighter, The
Total Recall
2001: A Space Odyssey
2010: The Year We Make Contact

LA FIN DU MONDE & LES SOCIÉTÉS POST-NUCLÉAIRES
Akira
Apocalypse 2024 (A Boy and His Dog)
Blood of Heroes, The
Bunker Palace Hotel
Café Flesh
Circuitry Man
Core
Crime Zone
Day After, The
Day the Earth Caught Fire, The
Day the World Ended, The
Def-Con 4
Delicatessen
Dernier combat, Le
Doomsday
End of days
Eraserhead
Escape from New York
Escape from L.A.
Gunhead
Hardware
Jetée, La (cm)
Knowing
Last Night
Lost in Space

Marooned
Mad Max
Mad Max 2: Road Warrior
Mad Max Beyond Thunderdome
Matrix, The
Matrix Reloaded, The
New Rose Hotel
Night of the Comet
Omega Man
Panic in Year Zero
Planet of the Apes, The
Postman
Quiet Earth, The
Quintet
Reign of Fire
Returner, The
She
Solarbabies
Stalker
Stand, The (tv)
Star Trek: First Contact
Supernova
Tank Girl
Them!
Things to Come
Threads
Waterworld
Zardoz
12 Monkeys

L'INVASION DES EXTRA-TERRESTRES

Alien Nation
Body Snatchers
Close Encounters of the Third Kind
Cocoon I & II
Communion
Contact
Brother From Another Planet, The
Dark City
Day the Earth Stood Still, The
Day of the Triffids
Destroy All Monsters
E.T. the Extra-Terrestrial
Enemy Mine
L'Extraterrestre, L'
Galaxy Quest
Howard the Duck
I Come in Peace
Independance Day
Invaders From Mars
Invasion of the Body Snatchers (1955 et 1978)
It Came from Outer Space
Last Starfighter, The
Lifeforce
Mars Attacks!
Men in Black I & II
Predator I & II
Puppet Masters, The
Signs
Soupe aux Choux, La
Spaced Invaders
Starman
Starship Invasions
Supergirl
Superman I, II, III & IV
Thing, The
War of the Worlds, The
X-Files: The Movie

LES LOISIRS FUTURISTES

Antitrust
Blood of Heroes
Cube
Cube II: Hypercube
Death Race 2000
Dixième victime, La
eXistenZ
Futureworld
Gamer
Jurassic Park
Jurassic Parc III
Lost World, The
Mort en direct, La
Matrix, The
Prix du danger, Le
Quintet
Rollerball
Running Man
Strange Days
Thirteenth Floor, The
Thomas est amoureux
Truman Show, The
Westworld
What Planet Are You From?
1000 merveilles de l'univers

LES ROBOTS & LES ANDROÏDES

A.I. Artificial Intelligence
Android
Bicentennial Man
Blade Runner
Black Hole, The
Cherry 2000
Colossus: The Forbin Project
D.A.R.Y.L.
Demon Seed
Hardware
Robocop I-II-III
Man Facing Southeast, The
Man Who Fell to Earth, The
Monolith
Peacemaker, The
Plan 9 From Outer Space
Puppet Masters
Robot Monster
Screamers
Short Circuit I & II
So close
Starship Troopers
Stepford Wives (1975)
Terminator I, II & III
Tobor the Great
Transformers (2007)
Universal Soldier
Wall-E
6th Day, The

LES SAVANTS FOUS

Abominable Dr. Phibes, The
Andromeda Strain, The
Black Friday
Brainstorm
Bride, The
Bride of Frankenstein
Cabinet of Dr. Caligari, The
Cell, The
Charly
Cité des enfants perdus, La
Dans le ventre du dragon
Day of the Dead
Doomsday
Dr. Jekyll and Mr. Hyde
Dr. No
Dr. Phibes Rises Again
Dreamscape
Fantastic Voyage, The
Final Program, The
Flatliners
Fly, The (1958)
Fly, The I & II
Frankenstein
Hollow Man The Invisible Man
Inner Space
Invisible Man, The
Island of Dr. Moreau, The (1977 et 1996)
Island of Lost Souls
Jacket, The
Johnny Mnemonic
Lawnmower Man, The
Metropolis
No Such Thing
Paycheck
Pi
Re-Animator
Repo Man
Rocky Horror Picture Show, The
Sender, The
Sixth Day, The
Sky Captain and the World of Tomorrow
Spider-Man 2
Teknolust
Tron
Unborn, The
Virtuosity
X: The Man with the X-Ray Eyes
X-Men
X-Men II

LES VOYAGES DANS LE TEMPS

Back to the Future I, II & III
Buck Rogers in the 25th Century
Clockstoppers
Daleks-Invasion Earth 2150 A.D.
Dead Again
Fountain, The
Freejack
Frequency
Highlander I & II
Iceman
Land That Time Forgot
Millenium
Navigator, The: A Medieval Odyssey
Peut-être
Philadelphia Experiment, The
Possible Worlds
Slaughterhouse Five
Somewhere in Time
Time After Time
Time Bandits
Time Machine, The
Timeline
Timescape
Trancers
Visiteurs I & II, Les
Waxwork I & II
12 Monkeys

LES GRANDS GENRES

LE SPORT

BASEBALL

Angels in the Outfield (1951)
Babe
Bad News Bears (1976 et 2005)
Baseball (série Ken Burns)
Bull Durham
Charlie Brown
Cobb
Damn Yankees!
Eight Men Out
Fever Pitch
Fan, The
Field of Dreams
For Love of the Game
Jackie Robinson Story
League of Their Own, A
Major League
Mantle
Naked Gun, The

Natural, The
Pride of the Yankees
Reel Baseball: Baseball Films from the Silent Era
Rookie, The
Sandlot, The
Stratton Story, The

BASKETBALL

Basketball Diaries
Blue Chips
Coach Carter
Glory Road
He Got Game
Hoop Dream
Hoosiers
Semi-pro
Space Jam
Teen Wolf
White Men Can't Jump
Year of the Yao, The

BOXE

Ali
Against the Ropes
Battling Butler
Beautiful Boxer
Body and Soul
Bomber
Boxer, The
Champ, The (1931 et 1979)
Cinderella Man
Champion
Diggstown
Edith et Marcel
Fat City
Girlfight
Golden Gloves
Great White Hope
Great White hype
Harder They Fall, The
Hurricane, The
Kid Galahad
Killer's Kiss
Million Dollar Baby
Play It to the Bones
Raging Bull
Requiem for a Heavyweight
Ring of Fire: The Emile Griffith Story
Rocky (I, II, III, IV et V)
Rocky Balboa
Set-Up, The
Somebody Up There Likes Me
Steak, Le
Tokyo Fist
Triumph of the Spirit, The
Undisputed
When We Were Kings

FOOTBALL AMERICAIN

All the Right Moves
Any Given Sunday
Everybody's All-American
Express, The
Friday Night Lights
Gridiron Gang
Invincible
Jerry Maguire
Knute Rockne, All American
Longest Yard, The (1974 et 2005)
North Dallas Forty
Remember the Titans
Replacements, The
Rudy
Waterboy, The
We Are Marshall

HOCKEY

Boys, Les (I, II, III et IV)
Hockey : La fierté d'un peuple
Maurice Richard
Mighty Ducks (I, II et III)
Miracle on Ice
Slapshot (I et II)

GOLF

Bobby Jones, Stroke of Genius
Caddy, The
Caddyshack
Greatest Game Ever Played
Happy Gilmore
Legend of Bagger Vance, The
Tin Cup, The
hockey
Boys, Les (I, II, III et IV)
Coupe Canada 76
Histoire d'hiver
Lance et compte (I, II et III)
Lance et compte nouvelle génération
Lance et compte la reconquête
Maurice Richard
Maurice "Le Rocket" Richard – L'homme, la légende
Mighty Ducks, The (I, II et III)
Miracle
Mystery Alaska
Slap Shot
Jeu si simple, Un
Youngblood

SOCCER

Bend It Like Beckham
Cup, The
FIFA Fever
Kicking and Screaming
Nitro
Offside
Shaolin Soccer
Talladega Nights
Victory

SPORTS MOTORISÉS

Days of Thunder
Death Race 2000
Driven
Fast Company
Grand Prix
Mans, Le
Nitro
Talladega Nights
Viva Knievel!

SPORTS INVENTÉS

Baseketball
Dodgeball
Fight Club
Most Dangerous Game, The
Opération Cobra
Série Harry Potter
Rollerball (1975 et 2001)
Running Man
Sanshiro Sugata
2 secondes
10th Victim, The

AUTRES SPORTS

American Flyers
Day at the Races, A
Balls of Fury
Bête lumineuse, La
Big Blue, The
Blades of Glory
Blue Crush
Breaking Away
Brice de Nice
Cerro Torre Scream of Stone
Cliffhanger
Chariots of Fire
Colour of Money
Cool Running
Dogtown and Z-Boys
Downhill Racer
Eight Below
Endless Summer
Hustler, The
Ice Princess
Iron Ladies
Karate Kid (I, II et III)
Kingpin
Lagaan: Once Upon a Time in India
Loneliness of the Long Distance Runner, The
Lords of Dogtown
Madison
Match Point
Men with Brooms
Murderball
Personal Best
Point Break
Poolhall Junkies
Pumping Iron (I et II)
Riding Giants
Ring, Le
Seabiscuit
State of Mind, A
Thicker than Water
This Sporting Life
Tokyo Olympiad
Touching the Void
Vertical Limit
Watermarks
Wimbledon
Without Limits
Wrestler, The

LES GRANDS GENRES

LE THRILLER

BANQUES

Asphalt Jungle, The
Bandits (2001)
Bank Job, The
Bonnie & Clyde
Dead Presidents
Dernier tunnel, Le
Die Hard with a Vengeance
Dog Day Afternoon
Face
Fireworks
Flight Plan
General, The
Getaway, The
Grand Slam
Harley Davidson & the Marlboro Man
Heat
Hold-Up
In China They Eat Dog
Inside Man
Italian Job (1969, 2003)
Killing, The
Killing Zoé
League of Gentlemen, The
Monica la mitraille
Ned Kelly
Newton Boys, The
Out of Sight
Point Break
Quick Change
Sexy Beast
Small Time Crooks
Stander

Sting
Take the Money and Run
Taxi
Thieves Like Us
Thomas Crown Affair, The (1968)
Flic, Un

CASINO
Bob le flambeur
Good Thief, The
Hard Eight
Ladykillers (2004)
Ocean's Eleven
Ocean's Thirteen
Shade
Raindeer Games
Rounders
3,000 Miles to Graceland

ÉROTIQUE
American Gigolo
Angel Heart
Anna M.
Basic Instinct
Basic Instinct: Risk Addiction
The Big Easy
Body Heat
Body of Evidence
Body Double
Bound
Caught
Cold Sweat
Color of Night, The
Comfort of Strangers, The
Crimes of Passion
Disclosure
Dressed to Kill (1980)
Fatal Attraction
Fear City
In Crowd
In the Cut
Jade
Kill Me Again
The Last Seduction
Mascara
Nettoyage à sec
Night Porter
On ne meurt que deux fois
Péril en la demeure
Romeo is Bleeding
Sea of Love
Sliver
Swimming Pool
Wild Things

ESPIONNAGE
Amores Perros
Arabesque
Breach
Broken Arrow
Bourne Identity, The (1988, 2002)
Bourne Supremacy, The
Bourne Ultimatum, The
Confessions of a Dangerous Mind
Conversation, The
Hopscotch
House on 92nd Street
House on Carroll Street
Manchurian Candidate (1963 et 2004)
Mission: Impossible
Ne le dis à personne
North by Northwest
Pelican Brief
Recruit
Seven Days in May
Spy Game
Spy Who Came in from the Cold
Team America: World Police
Thirteen days
True lies
Vie des autres, La
Voir la série James Bond
Zero effect
3 Days of the Condor
39 Steps

HUIS-CLOS
And Then There Were None
Assault on Precinct 13 (1976)
Basic
Being at home with Claude
Bound
Bug
Cube
Cube 2: Hypercube
Cube Zero
Dans l'œil du chat
Das Experiment
Death and the Maiden
Deceiver
Funny Games
Gabrielle
Garde à vue
Hard Candy
Hole
Kidnapped
Misery
Open Water
Panic Room
Phone Booth
Pontypool
Reservoir Dogs
Rope
Saw (1, 2, 3)
Sleuth
Snake Eyes
Suspicion
Tape
Trespass
Trou, Le
Pure formalité, Une
8 Femmes
12 Angry men
1408

MAGOUILLES
Anthony Zimmer
Ascenseur pour l'échafaud
Attack the Gas Station
Bad Santa
Be Cool
Best Laid Plans
Big Deal on Madonna Street
Blow-Out
Body Double
Boiler Room
Boondock Saints, The
Bougons, Les
Cassandra's Dream
Catch Me If You Can
Chaos (1999)
Criminal
Fargo
First Great Train Robbery
Genie du crime, Le
Get Shorty
God of Gamblers
Gone in 60 Seconds
Infernal Affairs 1, 2 & 3
Jackie Brown
Judas Kiss
Lock, Stock & Two Smoking Barrels
Matchstick Men
Nathalie
Ni pour ni contre (bien au contraire)
Nine Queens
No Country for Old Men
Perfect Score, The
Owning Mahowny
Pulp Fiction
Rafales
Rififi
Runaway Jury
Saving Grace
SimplePlan
Snatch
Sneakers
Sur la trace d'Igor Rizzi
Sur mes lèvres
Thelma & Louise

PSYCHOLOGIQUE
Caché
Cérémonie, La
Chaos (1999)
Classe de neige, La
Clearing, The
Collateral
Convoyeur, Le
Cure
Deliverance
Diaboliques, Les
Disturbia
D.O.A.
Dressed to Kill
Duel
Enfer, L'
Falling Down
Feux Rouges
Funny Games (2008)
Funny Games
Game, The
Harry, un ami qui vous veut du bien
I'll Sleep When I'm Dead
Ils
Interview with the Assassin
In the Cut
Jacob's ladder
Killing, The
Lady Vengeance
Lemming
Locataire, Le
Machinist, The
Malice
Memento
Merci pour le chocolat
Neg', Le
Night of the Hunter
Old Boy
Open Your Eyes
Panic Room
Peeping Tom
Phone Booth
Psycho
Raising Cain
Rashomon
Rear Window
Rosemary's Baby
Salaire de la peur
Secret Window
Shallow Grave
Shattered Image
Single White Female
Sombre
Sorry Wrong Number
Statement, The
Stir of Echoes
Strawdogs
Sur mes lèvres
Suspect Zero

Swimfan
Swimming Pool
Sympathy for Mr Vengeance
Thesis
Third Man
Tirez sur le pianiste
To Have and to Have Not
Tourneuse de pages, La
Unbreakable
Unknown
Vanilla Sky
Vanishing, The
Village, The
Wait Until Dark
What Ever Happened To Baby Jane?
What Lies Beneath
When Strangers Appears
13 Tzameti

MUSÉES, ŒUVRES D'ART, BIJOUX & AUTRES

After the Sunset
Before the Devil Knows Your Dead
Blood and Wine
Blue Streak
Cercle rouge, Le
Charade
Entrapment, The
Fantômas
Femme Fatale
Flawless (2008)
Gambit
Guide de la petite vengeance
Heist
Heist, The
Hot Rock, The
How to Steal a Million
Hudson Hawk
Killing, The
Ni pour, ni contre bien au contraire
Ocean's Twelve
Once a Thief
Out of Sight
Pink Panther, The
Reservoir Dogs
Rocknrolla
Score, The
Snatch
Thomas Crown Affair (1999)
Topkapi

LES GRANDS GENRES

LE WESTERN

LES CLASSIQUES (AVANT 1960)

Across the Missouri
Alamo, The
Albuquerque
Along Came Jones
Along the Great Divide
Angel and the Badman
Annie Oakley
Apache
Arrowhead
Badlanders, The
Belle of the Yukon
Bend of the River
Big Country, The
Big Sky, The
Big Trail, The
Big Trees, The
Billy the Kid
Blood on the Moon
Blowing Wild
Broken Arrow
Broken Lance
Buffalo Bill (1944)
Canyon Passage
Cimmaron (1931)
Copper Canyon
Coroner Creek
Covered Wagon, The
Cowboy
Dallas
Dakota Lil
Desperadoes, The
Destry Rides Again
Distant Drums
Dodge City
Drums Along the Mohawk
Duel in the Sun
Escape From Fort Bravo
Far Country, The
Fastest Gun Alive, The
Fighting Kentuckian, The
Flame of Barbary Coast
Fort Apache
Forty Guns
Four Faces West
Girl Rush
Good Day for a Hanging
Great Mans Lady, The
Gun Glory
Gunfight at the O.K. Corral
Gunfighter, The
Gunman's Walk
Hangman's Knot
Harlem Rides the Range
Heller in Pink Tights
High Noon
Hondo
Honky Tonk
Horse Soldiers, The
Indian Fighter, The
Jesse James
Johnny Guitar
King and Four Queens, The
Last of the Redmen
Last Train of Gun Hill, The
Law and Jake Wade, The
Law and Order (1953)
Lawless Street, A
Left-Handed Gun, The
Lonely Man, The
Magnificent Seven, The
Man From Laramie, The
Man From the Alamo, The
Man in the Shadow
Man of the West
Man With the Gun
Man Without a Star
Montana
Montana Belle
My Darling Clementine
Naked Spur, The
No Name on the Bullet
Night of the Grizzly, The
Outlaw, The
Ox-Bow Incident, The
Painted Desert, The
Plainsman, The
Pony Express
Pursued
Rachel and the Stranger
Rancho Notorious
Red River
Return of Frank James, The
Ride Back, The
Rio Bravo
Rio Grande
Rio Lobo
Santa Fe Trail
Searchers, The
Seven Men from Now
Shalako
Shane
Shepherd of the Hill (1941)
She Wore a Yellow Ribbon
Sitting Bull
Snows of Kilimajaro, The
South of St. Louis
Springfield Rifle
Stagecoach
Station West
Stranger Wore a Gun, The
Susannah Of The Mounties
Sunset Pass
Tall in the Saddle
Texas
Texas Ranger Rides Again
They Came to Cordura
They Died With Their Boots On
Terror in a Texas Town
Tin Star, The
Tomahawk
Tribute to a Bad Man
True Story of Jesse James, The
Tumbleweeds
Unconquered
Unforgiven, The
Vengeance Valley
Vera Cruz
Violent Men, The
Virginian, The (1929, 1946)
Viva Villa!
Wagon Master
War Arrow
Warlock
Westerner, The
Western Union
Westward the Women
When the Daltons Rode
Wild Horse Mesa
Winchester '73
3 Godfathers
3:10 to Yuma

LES CONTEMPORAINS (APRÈS 1960)

And Starring Pancho Villa as Himself
Appaloosa, The (1966)
Appaloosa (2008)
And starring Pancho Villa as himself
Assassination of Jesse James, The
Bad Girls
Ballad of Cable Hogue, The
Ballad of Gregorio Cortez, The
Ballad of Little Jo, The
Bandidas
Bandolero!
Barbarosa
Belle Star
Big Jake
Billy Two Hats
Bite the Bullet
Blueberry
Bravados, The
Brokeback Mountain
Buck and the Preacher
Bullet for the General, A
Butch Cassidy and the Sundance Kid
Catlow
Charro!
Cheyenne Autumn
Chisum
Chuka
Cimarron (1960)
Comancheros, The
Comes a Horseman

Commanche Station
Conagher
Culpepper Cattle Company
Custer of the West
Dances With Wolves
Dead Man
Deadly Companions, The
Dirty Dingus Magee
Doc
Down in the Valley
Duel at Diablo
Dust
El Chuncho (Bullet for the General)
El Condor
El Diablo
El Dorado
Flaming Star
Gambler Returns: The Luck of the Draw
Geronimo: an American Legend
Goin' South
Good Guys, and the Bad Guys, The
Go West, Young Man
Great Northfield, Minnesota Raid, The
Great Train Robbery, The
Grey Fox, The
Guns of the Magnificent Seven
Hallelujah Trail, The
Hang'Em High
Hannie Caulder
Heaven's Gate
High Plain Drifters
Hombre
Hostile Guns
Hour of the Gun
How the West Was Won
Hud
Invitation to a Gunfighter
J.W. Coop
Jeremiah Johnson
Joe Kidd
Jory
Junior Bonner
Lawman
Life and Times of Judge Roy Bean, The
Little Big Man
Lonely Are the Brave
Lonesome Dove
Long Riders, The
Mackenna's Gold
Macho Callahan
Madron
Magnificent Seven Ride, The
Major Dundee
Man Called Horse, A
Man Who Shot Liberty Valance, The
Maverick
McCabe & Mrs. Miller
McLintock
Missing, The
Missoury Breaks, The
Monte Walsh
Nevada Smith
North to Alaska
One-Eyed Jacks
Open range
Outlaw Josey Wales, The
Outrage, The
Pale Rider
Patt Garrett & Billy the Kid
Pocket Money
Posse
Proposition, The
Quick and the Dead, The
Rare Breed, The
Real Glory, The
Return of a Man Called Horse, The
Return of the Magnificent Seven
Return to Lonesome Dove
Ride the High Country
Ride with the Devil
Rought Night in Jericho
Rounders, The
Scalphunters, The
Seraphim Falls
Shalako
Shenandoah
Shooting, The
Shootist, The
Soleil rouge
Silverado
Sitting in Limbo
Sons of Katie Elder, The
Stalking Moon, The
Sukiyaki Western Django
Sun Shines Bright, The
Tell Them Willie Boy is Here
Texas Across the River
There Was a Crooked Man
They Came to Cordura
Three Burials of Melquiades Estrada, The
Tombstone
Tom Horn
Train Robbers, The
Triumph of a Man Called Horse
True Grit
Two Mules for Sister Sara
Two Rode Together
Ulzana's Raid
Undefeated, The
Unforgiven
Valdez Is Coming
Venganza de Gabino Barrera
Wanda Nevada
War Wagon, The
Waterhole #3
Way West, The
Wild Bill
Wild Bunch, The
Wild Rovers
Will Penny
Wyatt Earp
Young Guns (I & II)
Zachariah
3:10 to Yuma (2007)

LES PARODIES

Billy the Kid Vs. Dracula
Blazing Saddles
Buffalo Bill and the Indians
Cat Balou
Dalton, Les
Fanny Hill
Jesse James Meets Frankenstein's Daughter
Lust in the Dust
Pardners
Terror in Tiny Town
Three Amigos!
Tokyo Cowboy
Viva Maria!
West Side Soda

LES WESTERNS «SPAGHETTI»

Ace High
Adios Sabata
Bullet For the General, A
Companeros
Death Rides a Horse
Django
Django... Kill
Django Shoots First
Django Strikes Again
Fistful of Dollars, A
Fistful of Dynamite, A (Duck You Sucker)
For a Few Dollars More
Four of the Apocalypse
Good, The Bad and the Ugly, The
Great Silence, The
Keoma
Mannaja: A Man Called Blade
Minute pour prier, une seconde pour mourir, Une
My Name Is Nobody
Once Upon a Time in the West
Return of Sabata
Run, Man, Run
Sabata
Stranger & the Gunfighter, The
Texas Adios
They Call Me Trinity
Trinity Is Still My Name

L'HISTOIRE

PRÉHISTOIRE – XIXe SIÈCLE

PRÉHISTOIRE

Caveman
Clan of the Cave Bear, The
Flinstones, The
Guerre du feu, La
Ice Age
Marie Antoinette (1939-2005)
One Million Years B.C.
Perfume – The Story of a Murderer
Three Ages, The
10,000 B.C.

ANTIQUITÉ

Message, The (Mohammed, Messenger of God)
Empereur et l'assassin, L'

ÉGYPTE ANCIENNE

Astérix et Cléopâtre (animation)
Astérix et Obélix: mission Cléopâtre
Cleopatra (1934, 1963)
Egyptian, The
Émigré, L'
Land of the Pharaohs
Moses
Pharaon, La
Prince of Egypt, The (animation)
Story of Jacob & Joseph, The
Wholly Moses!

GRÈCE ANTIQUE

Alexander the Great
Antigone
Atlantis, the Lost Continent
Bacchantes
Cabiria
Clash of the Titans
Colosse de Rhodes, Le
Greeks: Crucible of Civilization, The
Helen of Troy
Hercules (animation)
I Claudius (télévision)
Iphigenia
Jason and the Argonauts
Médée
Odyssey, The (Film & télévision)
Oedipus Rex
Socrate
Three Stooges Meet Hercules, The
Trojan Women, The
300 Spartans

ROME ANTIQUE

Androclès and the Lion

Astérix et la surprise de César
Attila
Barabbas
Ben-Hur (1926, 1956)
The Bible
Caligula
Cleopatra (1934, 1963)
Conan the Barbarian
Constantine & the Cross
Demetrius and the Gladiators
Deux heures moins le quart avant Jésus-Christ
Douze travaux d'Astérix, Les
Enlèvement des sabines, L'
Fall of the Roman Empire
Fellini Satyricon
Funny Thing Happened on the Way to the Forum, A
Gladiator, The
Greatest Story Ever Told, The
Herod the Great
Jesus of Nazareth
Julius Caesar (1953, 1970)
King of Kings
Last Days of Pompeii
Last Legion, The
Last Temptation of Christ, The
Marie de Nazareth
Masada
Monty Python's Life of Brian
Quo Vadis? (1951, 1985)
Robe, The
Roman Scandals
Salome
Samson and Dalilah
Sign of the Cross, The
Spartacus
Ten Commandments, The
Three Ages, The
Titus
Viking Queen, The

IXe AU XIVe SIÈCLES (MOYEN-ÂGE)

Adventures of Marco Polo, The
Adventures of Robin Hood, The
Alexander Nevsky
Alexander the Great
Anchoress
Andrei Roublev
Army of Darkness: Evil Dead 3
Bâtard de Dieu, Le
Becket
Being Human
Black Arrow
Braveheart
Brother Sun, Sister Moon
Camelot
Canterbury Tales
Chanson de Roland, La
Chevaliers teutoniques, Les
Company of Wolves, The
Count of Monte Cristo
Court Jester, The
Crucible, The
Crusades, The
Decameron, The
Destin, Le
Dragonheart
Dragonslayer
Edward II
El Cid
Erik the Viking
Excalibur
First Knight
Flame & the Arrow, The
Flesh + Blood
Four Musketeers
Hearts and Armours
Highlander
Hunchback of Notre-Dame
Ivan the Terrible
Ivanhœ (1952, 1982)
Jabberwocky
Jack the Giant Killer
Jeanne la pucelle
Joan of Arc
Juniper Tree, The
Just Visiting
King Lear
King Richard and the Crusaders
Kingdom of Heaven
Knights of the Round Table
Lady Godiva
Ladyhawke
Lady's Not for Burning, The
Legend
Lion in Winter, The
Lionheart
Lord of the Rings
Macbeth
Magic Hunter
Magic Sword, The
Messenger: The Story of Joan of Arc, The
Mists of Avalon
Moine et la sorcière, Le
Monty Python and the Holy Grail
Name of the Rose, The
Navigator: A Medieval Odyssey
Notre-Dame de Paris
Onibaba
Passion Béatrice, La
Passion of Joan of Arc, The
Prince Valliant
Princess Bride, The
Quest for Camelot
Retour de Martin Guerre, Le
Richard III
Robin & Marian
Robin Hood (1922,1973, 1991)
Robin Hood: Men in Tights (époque parodiée)
Robin Hood: Prince of Thieves
Rois maudits, Les (télévision)
Royal Deceit
Septième sceau, Le
Source, La
Stealing Heaven
Story of Robin Hood, The
Sword and the Sorcerer
Sword in the Stone, The
Sword of Lancelot
Sword of the Valiant
Three Musketeers, The (1939, 1974, 1993)
Time Bandits
Tower of London
Vikings, The
Visiteurs, Les
Visiteurs du soir, Les
Visiteurs II, Les: les couloirs du temps
Voie lactée, La
13th Warrior

XVIe SIÈCLE

Agony and the Ecstasy, The
Aguirre: la colère de Dieu
Apocalypto
Andrei Rublev
Anne of the Thousand Days
Blanche
Cabeza de Vaca
Captain from Castile
Christopher Columbus: the Discovery
Dames galantes
Dangerous Beauty
Décameron, Le
Diane
El Dorado
Elizabeth
Elizabeth: The Golden Age
Fire Over England
Forteresse cachée, La
Golem, The
Hamlet
Hardi! Pardaillan
Henry V (1945, 1989)
Kagemusha
Kamasutra: A Tale of Love
Lady Jane
Luther
Mal d'aimer, Le
Man for All Seasons, A
Man Who Saw Tomorrow, The
Mary of Scotland
Nicholas and Alexandra
Nostradamus
Othello
Private Life of Henry VIII, The
Private Lives of Elizabeth and Essex, The
Reine Margot, La (1954, 1993)
Richard III (1955)
Rikyu
Romeo & Juliet
Sea Hawk, The
Shakespeare in Love
Shogün
Squanto: A Warrior's Tale
Taras Bulba
Vatel
Vénitienne, La
1492: Conquest of Paradise

XVIIe SIÈCLE

Amour conjugal, L'
Artemisia
Black robe
Captain Blood
Caravaggio
Cartouche
Cromwell
Crucible, The
Cry of the Banshee
Devils, The
Don Juan
Draughtsman's Contract, The
Fifth Musketeers, The
Forever Amber
Girl With the Pearl Earring
Iron Mask, The
Lettre écarlate, La
Louis, enfant roi
Man in the Iron Mask, The
Molière
Moll Flanders
Mutiny on the Bounty
New World, The
Pirates
Pocahontas
Prise de pouvoir par Louis XIV, La
Putain du roi, La
Rembrandt
Roi danse, Le
Queen Christina
Quilombo
Restoration
Samurai I, II & III
Scarlett Letter, The
Squanto: A Warrior's Tale

Tous les matins du monde
Vatel
Voyage du capitaine Fracasse, Le
Wicked Lady, The

XVIIIe siècle
Adieu Bonaparte
Adriana Lecouvreur
Adventures of Baron Munchausen, The
Affair of the Necklace, The
Amadeus
American Haunting, An
Anglaise et le duc, L'
Arche russe, L'
Barry Lyndon
Beaumarchais l'insolent
Bounty, The
Captain Horatio Hornblower
Carrosse d'or, Le
Chouans!
Conquest
Couleur de grenade
Dangerous Liaisons
Danton
Deux fragonards, Les
Devil's Brother (Fra dia volo)
Duellists, The
Duchess, The
Fanfan la Tulipe
Germinal
Gonza the Spearman
Goya's Ghost
Guerre et paix
Horatio Hornblower
Jefferson in Paris
Last of the Mohicans, The
Libertin, Le
Light in the Forest, The
Lloyd's of London
Madness of King George, The
Marie Antoinette
Mary Shelley's Frankenstein
Mesmer
Mission, The
Molière
Mutiny on the Bounty
Napoléon (1927, 1954)
New Moon
Nomad
Northwest Passage
Nuit de Varennes, La
Patriot, The
Plunkett & Macleane
Pride & Prejudice (2005)
Que la fête commence!
Rebels, The
Religieuse, La
Revolution
Révolution française 1, La: Les années lumière
Révolution française 2, La: Les années terribles
Rise of Catherine the Great, The
Rob Roy
Rouge Venise
Sade
Scaramouche
Scarlet Empress, The
Scarlet Pimpernel, The
Secret des sélénites, Le
Sense and Sensibility
Seven Cities of Gold
Sleepy Hollow
Souper, Le
Tom Jones
Tristram Shandy – A Cock and Bull Story
Tulipe noire
Vent de galerne
War and Peace

XIXe siècle
Abominable Dr. Phibes, The
Age of Innocence, The
Alamo, The
America, America
Amistad
Andy Warhol's Dracula
Arbre aux sabots, L'
Au nom du Pape Roi
August
Ballad of Little Jo, The
Beautiful Dreamers
Becoming Colette
Beethoven's Nephew
Belle of the Nineties
Beloved
Birth of a Nation, The
Bostonians, The
Buccaneer, The
Burke & Willis
Camarades, Les
Camila
Camille
Champ d'honneur
Colonel Chabert
Come and Get It
Cousin Bette
Daens
Dances with Wolves
Dead Man
Deceivers, The
Bram Stoker's Dracula
Edvard Munch
Elvira Madigan
Emigrants, The
Emma
Enfant sauvage, L'
Enfants du paradis, Les
Far and Away
Far Country, The
Farmer Takes a Wife, The
Feast of July
Festin de Babette, Le
Gangs of New York
Germinal
Geronimo: An American Legend
Gettysburg
Ghandi
Glory
Good, the Bad and the Ulgy, The
Great Train Robbery, The
Greystoke: the Legend of Tarzan, Lord of the Apes
Haunted Summer
Henry V
House of Mirth, The
Hussard sur le toit, Le
Hypothèse du tableau volé, L'
Innocents, The
Klimt
Life of Emile Zola, The
Little Dorrit: Little Dorrit's Story
Little Women
Louisiana
Love in the Time of Cholera
Madame Bovary
Madame de...
Man for All Season, A
Man in the Wilderness
Man Who Would Be King, The
Mandingo
Marais, Le
Mariages
Mask of Zorro, The
Mayor of the Casterbridge, The
Meilleures intentions, Les
Molly Maguires, The
Mrs. Brown
Nana
Newsies
Nicholas Nickleby
Oliver
Once Upon a Time in China
Onegin
Original Sin
Ox, The
Piano, The
Pride and Prejudice (1940, 1985)
Prisoner of Honor
Project A
Proposition, The
Quand je serai parti... vous vivrez encore
Quelques arpents de neige
Quills
Rachel and the Stranger
Raspoutine
Rasputin and the Empress
Riel
Salome's Last Dance
Santa Fe Trail
Shaka Zulu
She Wore a Yellow Ribbon
Silk
Sissi impératrice
Song of Bernadette
Spoilers, The
Swept from the Sea
Tai-Pan
Terre des grandes promesses, La
Topsy-Turvy
Total Eclipse
Two Years Before the Mast
Utu
Van Gogh
Veuve de Saint-Pierre, La
Waterloo
Way We Live Now, The
Way West, The
Zulu
Zulu Dawn
1860
15 février 1839
2 Anglaises et le continent, Les
24 heures dans la vie d'une femme
20, 000 Leagues Under the Sea

Les évocations
Angel
Brigades du tigre, Les
Porte d'or, La
There Will Be blood
Wind That Shakes the Barley, The

L'HISTOIRE

LES ANNÉES 1910

Arbuckle and Keaton (vol. 1-2)
Backstage
Bell Boy, The
Butcherboy, The
Broken Blossoms
Burlesque on Carmen, A
Birth of a Nation, The
Blind Husbands)
Cabinet of Doctor Caligari, The
Cabiria
Carmen
Chaplin at Mutual (1,2 et 3)
Cheat, The

Coney Island
Day's Pleasure, A
Dog's Life, A
Female of the Species
Fool There Was, A
Good Night Nurse
Home Sweet Home
Intolerance
Judith of Bethulia
Male and Female
Manslaughter
Married Virgin, The
Sir Arne's Treasure
Out West
Outlaw and His Wife, The
Rough House, The
Tillies Punctuated Romance

LES ÉVOCATIONS

Anarchiste ou la bande à Bonnot
And Starring Pancho Villa as Himself
Behind the Sun
Carrington
Dark Journey
Dernier harem, Le
Destinées sentimentales, Les
Dishonored
Doctor Zhivago
Esclave de l'amour, L'
For Me and My Gal
Gabriela
Gabrielle (2005)
Gallipoli
Ghandi
Golden Bowl, The
Good Morning, Babylon
Grève, La (1924)
House of Sand
Howard's End
Jesuit Joe
Joyeux Noël
Lawrence of Arabia
Mahler
Maurice
Max
Michael Collins
Night to Remember, A
Noirs et blancs en couleurs
Nuits moscovites, Les
Octobre (1927)
Old Gringo
Out of Africa
Picture Bride, The
Prestige, The
Reds
Roi de cœur, Le
Ryan's Daughter
Shackleton
Shadow Magic
Shooting Party, The
Spiral Staircase, The
Titanic
Viva Zapata!
When the Whales Came
Wild Bunch, The
Wilson
Wings of the Dove, The
Winslow Boy, The
Women on the Roof, The
1918

L'HISTOIRE
LES ANNÉES 1920

Affairs of Anatole, The
America
Anna Boleyn
Arsenal
Beggars of Life
Ben-Hur
Black Pirate, The
Blood and Sand
Broadway Melody of 1929
Charley Chase Collection, The
Cheat, The
Cobra
College
Coquette
Diary of a Lost Girl, The
Docks of New York, The
Eagle, The
Ecstasy
Erotikon
Faust
Foolish Wives
Gallipoli
Gaucho, The
General, The
Girl in Every Port, A
Go West
Gold Rush, The
Greed
Hallelujah
Holy Mountain, The
It
Kiss, The
Last Command, The
Last Laugh, The
Légende de Gosta Berling, La
Loulou (Pandora's Box)
Love Light, The
Mark of Zorro, The
Marriage Circle, The
Mysterious Lady, The
Navigator, The
Nosferatu
Our Dancing Daugthers
Our Modern Maidens
Parisian Love
Passion de Jeanne-d'Arc, La
Queen Kelly
Rue sans joie, La
Sadie Thompson
Sally of the Sawdust
Saphead
Seven Chances
Sheik, The
Shock, The
Siegfried (Die niebelungen)
Sherlock Jr.
Siren of the Tropics
Sparrows
Spies
Sunrise
Thief of Bagdad, The
Three Musketeers, The
Tramp, Tramp, Tramp!
Unbeliegen
Way Down East
Wedding March, The
Woman of Affairs, A

LES ÉVOCATIONS

Affaire Matteotti, L'
Auntie Mamie
Banquière, La
Brigades du tigre, Les
Bullets Over Broadway
Caractère
Cat's Meow, The
Chariots of Fire
Children of Noisy Village, The
Commissar
Compulsion
Cotton Club, The
Coup de grâce, Le
Dangerous Man, A: Lawrence After Arabia
Eight Men Out
Épouses et concubines
Femme à sa fenêtre, Une
Fortune , The
Ghandi
Great Gatsby, The
Great Waldo Pepper, The
Harmonistes, Les
Inherit The Wind
Journals of Knud Rasmussen, The
Julia
Kabloonak
Kangaroo
Killing Floor, The
Lance-pierres, Le
Last September
Learning Tree, The
Legionnaire
Luzhin Defence
Matewan
Milena
Mille et une recettes
du cuisinier amoureux, Les
Moderns, The
Month in the Country, A
More About The Children of Noisy Village
Mr. North
Mrs. Parker and the Vicious Circle
My Family
My Life So Far
Newton Boys, The
Painted Veil, The (1935-2006)
Passage to India, A
Porte d'or, La
Quartet
Red Tent, The
Rise and Fall of Legs Diamond, The
Rose of Washington Square, The
Rosewood
Sacco & Vanzetti
Sand Pebbles, The
Shake Hands with the Devil
Sirocco
Spirit of St. Louis, The
Splendor in the Grass
Sunset
Temps retrouvé, Le
There Will Be Blood
Thoroughly Modern Millie
Those Daring Young Men
in Their Jaunty Jalopies
Three Comrades
Trio infernal, Le
Vie et rien d'autre, La
Where the Rivers Flow North
Widow's Peak
Wind That Shakes the Barley, The
Zero Kelvin
1900

L'HISTOIRE
LES ANNÉES 1930-1940

Abilene Town
Above Suspicion
Adam had Four Sons
Adventures of Huckleberry Finn, The
Âge d'or, L'
Alice Adams
All the King's Men
Allemagne année zéro
American Madness

Andy Hardy Meets Debutante
Angel With Dirty Faces
Angèle
Arch of Triumph
Big Trail, The
Black Legion
Black Narcissus
Blue Angel, The
Blue Dahlia, The
Bombshell
Casablanca
Clouds Over Europe
Curse of the Cat People
Dames du bois de Boulogne, Les
Dancing Lady, The
Detour
Dillinger
Divorcee, The
Dragon Seed
École buissonnière, L'
Enfants du paradis, Les
Femme du boulanger, La
Gilda
Girl from Missouri
Glass Key, The
Grande illusion, La
Grapes of Wrath, The
Gun Crazy
Imitation of Life
International House
It's a Gift
Jolson Sings Again
Journey for Margaret
Kameradshaft
Key Largo
Keys of the Kingdom, The
Lady in the Lake
Leopard Man, The
Little Caesar
Magic Town
Maltese Falcon, The
Meet John Doe
Merton of the Movies
Mildred Pierce
Modern Times
Murder, My Sweet
Night Train to Lonely Heart
Now, Voyager
Our Daily Bread
Out of the Past
Pennies from Heaven
Pépé le moko
Pittsburgh
Possessed (1947)
Princesse Tam-Tam
Prix de beauté
Public Enemy, The
Quai des brumes
Quai des orfèvres
Reefer Madness
Roaring Twenties, The
Roman d'un tricheur, Le
Sadie McKee
Scarface
Shall We Dance? (1937)
Sullivan's Travels
Testament of Dr. Mabuse
Theodora Gœs Wild
These Three
Thin Man
They Drive By Night
This Gun For Hire
Three Songs of Lenin
To Have and Have Not
Top Hat
Tragédie de la mine, La
Virginian
Voleur de bicyclette, Le
Wedding March, The
When the Daltons Rode
Zou Zou

LES ÉVOCATIONS

Accompagnatrice, L'
Agaguk - Shadow of the Wolf
Amarcord
Amour en Allemagne, Un
Année du soleil tranquille, L'
Another Time, Another Place
Assassination of Trotsky, The
Banquière, La
Bateau de mariage, Le
Belle époque
Berlin Affair, The
Billy Bathgate
Black Dahlia, The
Blessures Assassines
Bonheur d'occasion
Bonnie and Clyde
Borsalino
Bound for Glory
Boxcar Bertha
Brighton Beach Memoirs
Bugsy Malone
Bunker, The
Butterfly
Cabaret
Cast a Giant Shadow
Cendres et diamant
Changeling, The (2008)
Chosen, The
Chronicles of Narnia: The Lion, the Witch and the Wardrobe, The
Come See the Paradise
Conformist, The
Coup de torchon
Cradle Will Rock
Curse of the Jade Scorpion, The
Dancing at Lughnasa
Dernier métro, Le
Divided We Fall
Docteur Petiot
Dollmaker, The
Earth
Édith et Marcel
Elementary School, The
English Patient, The
Europa
F.I.S.T.
Fat Man and Little Boy
Femme à sa fenêtre, Une
Flags of Our Fathers
Flic Story
Focus
Funeral, The
Gable & Lombard
Gathering Storm
Ghandi
Good German, The
Good Shepherd, The
Gosford Park
Group, The
Handful of Dust, A
Hannibal Rising
Harlem Nights
Hindenburg, The
Hiroshima, mon amour
Indigènes
Jacquot de Nantes
Jakob the Liar
Jan Dara
Je suis loin de toi mignonne
Joe Gould's Secret
Julia
King Kong (2005)
King of the Hill
Korczak
Labyrinthe de Pan, Le
Last Tycoon, The
Legend of Bagger Vance, The
Letters from Iwo Jima
Liam
Lover, The
Lucky Luciano
Lunettes d'or, Les
Man Who Cried, The
Man Who Wasn't There, The
Margaret's Museum
Married Life
Miller's Crossing
Moloch
Mr. Klein
Neon Bible, The
Nun's Story
Open Doors
Others, The
Outremer
Partis pour la gloire
Pianist, The
Places in the Heart
Plouffe, Les
Pollock
Prime of Miss Jean Brodie, The
Private Function, A
Propaganda
Rabbit-Proof Fence
Racing with the Moon
Radio Days
Road to Perdition
Rue Cases-Nègres
Rues de mon enfance, Les
Seabiscuit
Sicilian, The
Sister, my Sister
Sleeping Dictionary
Sophie Scholl – les derniers jours
Soleil, Le
Sounder
Spirit of the Beehive
Stavisky
Sting, The
Sweet and Lowdown
Swing Shift
They Shoot Horses, Don't They?
Thieves Like Us
To Kill a Mockingbird
Traversée de Paris, La
Triade de Shanghai, La
True Confessions
Untouchables, The
Vivre
Wait Until Spring, Bandini
White Countess, The
White Mischief
Whole Wide World, The
Windtalkers
1900
1941

L'HISTOIRE
LES ANNÉES 1950

À double tour
American in Paris, An
Artists and Models
Ascenseur pour l'échafaud
Ask Any Girl
Big Heat
Blackboard Jungle
Bob le flambeur
Carnival Rock

Cat on a Hot Tin Roof
Clash By Night
Complainte du sentier, La
Crawling Eye, The
Day the Earth Stood Still, The
Diaboliques, Les
Dolly Sisters, The
Eddy Duchin Story, The
East of Eden
Et Dieu créa la femme
Father of the Bride (1950)
Forbidden Planet
Gentlemen Prefer Blondes
Giant
Girl Town (1959)
High School Confidential
Hiroshima, mon amour
How to Marry a Millionaire
Invasion of the Body Snatchers (1955)
It Came From Outer Space
Jailhouse Rock
King Creole
King in New York, A
Marjorie Morningstar
Mon oncle
Monika
Motorcycle Gang
Niagara
Parisienne, Une
Pillow Talk
Raisin in the Sun, A
Rebel Without a Cause
Robe, The
Rock it Baby, Rock it
Salaire de la peur, Le
Seven Year Itch, The
Streetcar Named Desire, A
Sudden Fear
Suddenly, Last Summer
To Catch a Thief
War of the Worlds
West Side Story
Wild One, The
400 coups, Les

LES ÉVOCATIONS

Absolute Beginners
American Graffiti
Atomic Cafe, The
Aveu, L'
Bamba, La
Bastard Out of Carolina
Big Night
Blaze
Buddy Holly Story, The
Capote
Cerf-volant bleu, Le
Chocolat
Circle of Friends
Crazy Mama
Cry-Baby
Dead Men Don't Wear Plaid
Dead Poets Society
Deuces Wild
Diner
Ed Wood
Evelyn
Far from Heaven
Foreign Student
Fur – An Imaginary Portrait of Diane Arbus
Good Night, and Good Luck
Good Shepherd, The
Great Balls of Fire!
Guilty by Suspicion
Hannibal Rising
Hollywoodland
Housekeeping
Hudsucker Proxy, The
Infamous
Insignificance
Last Exit to Brooklyn
Last Picture Show
Loneless
Long Day Closes
Long Walk Home, The
Lord of the Flatbush
Mac
Majestic, The
Matinee
Maurice Richard
Men of Honor
Mona Lisa Smile
Moscow Dœs Not Believe in Tears
Mulholland Falls
My American Cousin
My Favorite Year
Nature of Nicholas, The
Notorious Bettie Page, The
October Sky
Outremer
Pajama Game, The
Papa est en voyage d'affaires
Parents
Peggy Sue Got Married
Petite voleuse, La
Playboy, The
Pleasantville
Quiz Show
Rage in Harlem
Reflecting Skin
Rouge baiser
'Round Midnight
School Ties
Secret de ma mère, Le
Stand By Me
Starmaker, The
That'll Be the Day
This Boy's Life
Tout le monde n'a pas eu la chance d'avoir des parents communistes
Way We Were, The
West Side Story, The
Where the Truth Lies
Wooden Gun

L'HISTOIRE

LES ANNÉES 1960

À bout de souffle
À tout prendre
Accident
Allegro Non Troppo
Apartment, The
Avengers, The (télévision)
Baisers volés
Barbarella
Batman: the Movie
Belle de jour
Beyond the Valley of the Dolls
Blow Up
Bonheur, Le
Berkeley in the Sixties (documentaire)
Boucher, Le
Branded to Kill
Breakfast at Tiffany's
Bye Bye Birdie
Cactus Flower
Casino Royal
Cleopatra Jones and the Casino of Gold
Clockwork Orange
Danger: Diabolik!
Darling
Days of Wine and Roses
Dr. Goldfoot and the Bikini Machines
Dr. No
Easy Rider
Eva
Fando y Lis
Fantastic Voyage, The
Femme écarlate, La
Foxy Brown
Fritz the Cat
Graduate, The
Hair
In Like Flint
IXE-13
Knack, The
Oraliens, Les (télévision)
Magical Mystery Tour (musique)
Mépris, Le
Modesty Blaise
More
Nude on the Moon
Owl & the Pussycat, The
Parapluies de Cherbourg, Les
Party, The
Petulia
Pierrot le fou
Play Time
Point Blank
Prisonner, The (télévision)
Rosemary's Baby
Servant, The
Shaft
Shaft's Big Score
Trip, The
Twist (musique)
Valérie
Valley of the Dolls
VH-1 Psychedelic High (musique)
Victim
Vie heureuse de Léopold Z., La
Woodstock (musique)
Wow (documentaire)
Yellow Submarine (musique)
Zabriskie Point
Zazie dans le métro
100 tours de Centour, Les (télévision)
2001: A Space Odyssey

LES ÉVOCATIONS

Amants réguliers, Les
Années de rêve, Les
Apollo 13
Atomic Café
Atonement
Austin Power
Auto Focus
Baby It's You
Before Night Falls
Berkeley in the Sixties
Bobby
Bonnie and Clyde
Breakfast on Pluto
Brothers in Trouble
Butcher Boy, The
Capote
Catch Me if You Can
Certaines nouvelles
Cooley High
C.R.A.Z.Y.
Diabolo menthe
Doors, The
Dreamgirls
Drugstore Cowboy
Goodfellas
Girl, Interrupted
Équipier, L'

Été à la Goulette, Un
Factory Girl
Four Friends
Fur - An Imaginary Portrait of Diane Arbus
Good Morning, Vietnam
Good Shepherd, The
Hairspray
Histoires d'hiver
I Wanna Hold Your Hand
Infamous
Lacheté, La
Maman est chez le coiffeur
Mars Attacks!
Matinee
Mille Bolle Blu
Mississippi Burning
Nos meilleurs années
Nuit noire, octobre 1961
Once Upon a Time in America
Outsiders, The
Path to War
Secret de ma mère, Le
Stonewall
Telling Lies in America
We Were Soldiers
Zodiac

L'HISTOIRE

LES ANNÉES 1970

Action: The October Crisis of 1970
All the President's Men
American Gangster
Annie Hall
Apocalypse Now
Being There
Black Belt Jones
Clockwork Orange
Conversation, The
Deer Hunter, The
Disco Godfather
Dog Day Afternoon
Dolemite
Don't Look Now
Eau chaude, l'eau frette, L'
Exorcist, The
French Connection, The
Godfather, The
Harold and Maude
Hell Up in Harlem
Jaws
Kramer vs Kramer
Love Story
Manhattan
Nasheville
Obsession
One Flew Over the Cuckoo's Nest
Parallax View, The
Rock n'Roll High School
Rocky
Rocky Horror Picture Show, The
Rude
Saturday Night Fever
Serpico
Shampoo
Slaughter
Taxi driver
Thank God It's Friday
Underground (Emile de Antonio, documentaire)
Up!
3 Days of the Condor
3 Women
24 heures ou plus
80 Blocks from Tiffany's (documentaire)

LES ÉVOCATIONS

Ali
Almost Famous
Austin Powers
Auto Focus
Bank Job, The
Beautiful Mind, A
Bloody Sunday
Blow
Boogie Nights
Breakfast on Pluto
C'est pas moi, je le jure
Carlito's Way
Casino
C.R.A.Z.Y.
Crooklyn
Dazed and confused
Dead Presidents
Donnie Brasco
Doors, The
Dreamgirls
Falcon and the Snowman, The
Faute à Fidel, La
Fire in the Sky
Forrest Gump
Goodfellas
Gouttes d'eau sur pierres brûlantes
Hoffa
House of D.
In the Name of the Father
Ice Storm, The
Jack the Bear
Jackie Brown
Last Days of Disco, The
Last King of Scotland, The
Missing
Munich
My Girl
Nixon
Nô
Nos meilleurs années
Octobre
Pattie Hearst
Slums of Beverly Hills
Starsky and Hutch
Summer of Sam
Tales of the City (TV)
Together
Velvet Goldmine
Virgin Suicides
Waking the Dead
Where the Truth Lies

L'HISTOIRE

LES ANNÉES 1980

Adieu, je t'aime
After Hours
Angels in America
Big Chill, The
Blade Runner
Blood Simple
Blow Out
Blue Velvet
Body Double
Body Heat
Capturing the Friedmans
Cocktail
Cruising
Diable au corps, Le
Dirty Dancing
Diva
Dressed to Kill
Été meurtrier, L'
Fatal Attraction
Flamingo Kid
Flashdance
Foxes
Hangin' with the Homeboys
Hunger, The
King of Comedy, The
Less Than Zero
Loi du désir, La
Lune dans le caniveau, La
Making Love
Matador
Mon bel amour, ma déchirure
Mona Lisa
Monster
Mortelle randonnée
Ordinary People
Outsiders, The
Paradis pour tous
Péril en la demeure
Possession (1981)
Prénom: Carmen
Rayon vert, Le
Return of the Secaucus 7
Risky Business
River's Edge
Rumble Fish
Secret of My Sucess
St. Elmo's Fire
Subway
Taxi Zum Klo
Tex
Top Gun
Trainspotting
Unbearable Lightness of Being, The
Wall Street
Zoo la nuit, Un
9 ½ Weeks
37°2 le matin

LES ÉVOCATIONS

Apt Pupil
Barcelona
Basquiat
Billy Elliott
Boogie Nights
Brokeback Mountain
C.R.A.Z.Y.
Casino
Charlie Wilson's War
Citizen X (TV)
Confessions of a Dangerous Man
Donnie Darko
Fargo
Fever Pitch (1997)
Forrest Gump
Friday Night Lights
Gaz Bar Blues
Godfather Part III
In America
Miracle
Mrs. Harris (TV)
Mysterious Skin
No Country for Old Men
North Country
Nos meilleurs années
Private Parts (1997)
Rent
Rock Star
Romy and Michele High School Reunion
Selena
Squid and the Whale, The
Témoins, Les
This Is England
Waking the Dead
We Own the Night
Wedding Singer, The
Wet Hot American Summer
Wonderland (2003)
4 mois, 3 semaines, 2 jours
54

L'HISTOIRE
LES ANNÉES 1990

Ailes du désir, Les
Amants du Pont-Neuf, Les
American Beauty
Basic Instinct
Brothers McMullen
Celebration (Festen)
Cérémonie, La
Chacun cherche son chat
Chameleon Street
Chungking Express
Cosmos
Crash
Crise, La
Crying Game, The
Dead Man Walking
Double vie de Véronique, La
Edward Scissorhands
Eyes Wide Shut
Fargo
Fight Club
Ghost
Gummo
Haine, La
Hand That Rocks the Craddle, The
Happiness
Henry: Portrait of a Serial Killer
Husbands and Wives
Ice Storm
Jeffrey
Jésus de Montréal
Joy Luck Club
Kids
Kids Return
Leaving Las Vegas
Léolo
Love & Human Remains
Mari de la coiffeuse, Le
Monsieur Hire
My Left Foot
Naked Lunch
Natural Born Killers
Nikita
Nuits fauves, Les
Philadelphia
Player, The
Poison
Pure formalité, Une
Requiem pour un beau sans-cœur
Romeo is Bleeding
Short Cuts
Silence of the Lambs
Six Degrees of Separation
Slam
Smoke
Swimming with Sharks
Tie Me Up, Tie Me Down
Trois couleurs: bleu
Trop belle pour toi
Vent du Wyoming, Le
What's Eating Gilbert Grape?
Wild at Heart
32 août sur Terre, Un

LES ÉVOCATIONS

Dark Blue
Jacket, The
Jarhead
Mysterious Skin
North Country
Nos meilleurs années
Perfect Storm, The
Queen, The
Rent
Towelhead

LA SOCIÉTÉ
LA BOUFFE

Affaire de goût, Une
Air de famille, Un
Au petit Marguery
Aile ou la cuisse, L'
Big Night
Bûche, La
Charlie and the Chocolate Factory
Chef in Love, A
Chocolat (2000)
Cook, the Thief, His Wife and Her Lover, The
Cookie's Fortune
Crise, La
Cuisine au beurre, La
Delicatessen
Diner
Dinner Rush
Dumplings
Dur à cuir (documentaire)
Eat Drink Man Woman
Eating
Festin de Babette, Le
Fraises et chocolat
Fried Green Tomatoes
Grande bouffe, La
Grand restaurant, Le
J'ai faim!!!
Last Supper, The
Matou, Le
Mostly Martha
Mystic Pizza
No Reservation
Odeur de la papaye verte, L'
Salé sucré
Saveur de passion, Une
Small Time Crooks
Soupe aux choux, La
Souper, Le
Soylent Green
Tampopo
Tortilla Soup
Vatel
Willy Wonka and the Chocolate Factory
Woman On Top

LA SOCIÉTÉ
LES DROGUES ET LA TOXICOMANIE

Above the Law
Acid House
Adaptation
All That Jazz
Altered States
Amants réguliers, Les
Amongst Friends
And Then You Die
Another Day in Paradise
Arbalète, L'
Bad Boys
Bad Lieutenant
Banger Sisters
Barfly
Basketball Diaries, The
Before Night Falls
Before the Devil Knows Your Dead
Bête lumineuse, La
Betty
Big Lebowski
Billy's Hollywood Screen Kiss
Bird
Blackout, The
Blood and Concrete: A Love Story
Blood In, Blood Out
Blow
Blue Velvet
Boogie Nights
Boost, The
Borderline
Born to Win
Brain Damage
Bright Lights, Big City
Bulworth
Camorra
Carlito's Way
Casino
Cat on a Hot Tin Roof (1958-76-84)
Charlie Wilson's War
Cheech and Chong: The Movie
Chopper
Chumscrubber
Chungking Express
Cité de Dieu, La
Citizen Ruth
Clean
Clear and Present Danger
Clear and Sober
Cleopatra Jones
Clockers
Coffy
Colors
Connection, The
Countryman
Cousin, Le
Dark Days
Dazed and Confused
Days of Wine and Roses
Dead Ringers
Deep Cover
Deep, The
Desperado
Dimanche de flic, Un
Dogs in Space
Dolores Claiborne
Don't Look Back
Doom Generation
Doors, The
Dream with the Fishes
Drugstore Cowboy
Drunks
Dune
Easy Rider
Ed Wood
Enfants du désordre, Les
Everything's Gone Green
Exit Wounds
Extreme Prejudice
Face of Fu Manchu, The
Factotum
Fear and Loathing in Las Vegas
Fight Club
Fists of Fury
Flic voit rouge, Un
Force majeure
Four Friends
French Connection, The
Fresh
From Hell
Ginger Snaps
Go Ask Alice
Goodfellas
Goût des autres, Le
Gridlock'd
H
Half Baked
Half Nelson
Halloween H20
Hard Core Logo
Harder They Come, The
Hey, Happy!

High School Confidential
Highway 61
Hit!
Horse, La
Human Traffic
Hurlyburly
I Shot Andy Warhol
Igby goes Down
Jackie Chan's Police Force (Police Story)
Jacob's Ladder
Jay and Silent Bob Strike Back
Jesus' son
Joe
Juge, Le
Kids
Killing Zoe
L. 627
Lady Sings the Blues
Last Exit to Brooklyn
Laurel Canyon
Lenny
Less Than Zero
License to Kill
Light Sleeper
Liquid Sky
Little Fish
Little Miss Sunshine
Lock, Stock and Two Smoking Barrels
Loi du cochon, La
Lost Week-End
Love is the Devil
Man with the Golden Arm, The
Marginal, Le
Maria Full of Grace
Mc Bain
Meet the Feebles
Menace II Society
Midnight Cowboy
Midnight Express
Mixed Blood
Mod Squad, The
Moi, Christiane F., 13 ans
droguée, prostituée
More
My Name Is Bill W.
Naked Lunch
Narc
New Jack City
Nico Icon
Night of the Iguana
N'oublie pas que tu vas mourir
Novocaine
Nowhere
Nuits fauves, Les
One Good Cop
Organization, The
Outland
Outside Providence
Panic In Needle Park
Party Monster
People vs Larry Flint
Pepi, Luci, Bom
Permanent Midnight
Peut-être
Pink Floyd: The Wall
Place Vendôme
Police
Polyester
Postcards from the Edge
Protector, The
Prozac Nation
Pulp Fiction
Quiconque meurt, meurt à douleur
Reefer Madness
Requiem for a Dream
Return to Paradise
Reversal of Fortune
Riff Raff
Rooftops
Rose, The
Rules of Attraction, The
Rupture, La
Rush
S.L.C. Punk!
Salton Sea, The
Saving Grace
Scanner Darkly, A
Scarface (1983)
Scary Movie
Senseless
Shy People
Sid and Nancy
Slums of Beverly Hills
Stealing Beauty
Still Smokin'
Streetcar Named Desire, A (1951-95)
Substitute, The
Sweet Hereafter, The
Sweet Nothing
Swimming Pool
Synthetic Pleasures
Tchao Pantin
Tough Guys Don't Dance
Toutes peines confondues
Traffic (2000)
Training Day
Trainspotting
Trash
Trees Lounge
Trip, The
Tu as crié Let Me Go
Twin Peaks: Fire Walk With Me
Twin Town
Under Cover
Under the Volcano
Vallée, La
Valley of the Dolls
Walk the Line
Weird World of LSD
What Have I Done to Deserve This
White Oleander
Who'll Stop the Rain
Winter Passing
Withnail and I
Woodstock
Wonder Boys
Young Americans
Zanzibar
20h17 rue Darling
24 Hour Party People
28 Days
54

LA SOCIÉTÉ
L'ÉROTISME

À la folie
À nos amours
Adjuster, The
All Ladies Do It
Amant, L'
Amants réguliers, Les
Amour et anarchie
Anatomie de l'enfer
Ange et la femme, L'
Anges exterminateurs, Les
Angels & insects
Année des méduses, L'
Annulaire, L'
Aphrodite
Arabian Nights
Attache-moi!
Auto Focus
Baby Doll
Barbarella
Beau-père
Beauté du péché, La
Being Light
Belle de jour
Belle noiseuse, La
Berlin Affair, The
Better Than Sex
Bilitis
Blood Oranges
Boccace 70
Borderline
Brigitta
Café Flesh
Cashback
Cat People (1982)
Caresses
Carnal Knowledge
Ceinture de chasteté (hard)
Center of the World
Cet oscur objet du désir
Choses secrètes
Chrysanthème tardif, Le
Cité des femmes, La
Clé, La
Closer
Cold Comfort
Comédie!
Comfort of Strangers, The
Comment et le pourquoi, Le
Contes immoraux
Corps à corps
Côté obscur du cœur, Le
Côtelettes, Les
Couteau dans l'eau, Le
Cri de la soie, Le
Cook, the Thief, His Wife
and Her Lover, The
Crimes of Passion
Damage
Dames galantes
Dancing at the Blue Iguana
Dans ma peau
Daughters of Darkness
Decameron
Dernier amant romantique, Le
Derrière la porte
Diable au cœur, Le
Diable au corps, Le
Diables, Les
Die Niebelungen
Disclosure
Dolce vita
Don Juan 73
Dreamers, The
Easy
Eclisse, L'
École de la chair, L'
Ecstasy
Embrassez qui vous voudrez
Emilienne
Emily
Empire de la passion, L'
Empire des sens, L'
En chair et en os
Equateur
Erendira
Erotique
Et Dieu créa la femme
Été en pente douce, L'
Exotica
Exploits d'un Don Juan, Les
Eyes wide shut
Faites comme si je n'étais pas là
Fellini Satyricon
Female perversions

Femme flambée, La
Femme insecte, La
Femme monte l'escalier, Une
Femme pervertie, La
Femme publique, La
Fête de famille
Fil à la patte, Un
Flamme de mon cœur, Une
Folies d'Élodie, Les
Fond Kiss, A
Fritz the Cat
Full Blast
Futur est femme, Le
Gabriela
Gate of Flesh
Gate of Hell
Geisha, La
Gouttes d'eau sur pierres brûlantes
Hardcore
Happiness
Happy Men
Harem Square
Henry & June
Histoire de Piera, L'
Histoire d'O
Histoire d'O, chapitre II
Histoire inventée, L'
Homme, Mon
Hunger, The
Huevos de oro (golden balls)
I'm No Angel
I Am Curious (Blue)
I Am Curious (Yellow)
I Love You (1981)
Ice Storm, The
Idiots, Les
Important c'est d'aimer, L'
Intimacy (2000)
Intruso
Invention de l'amour, L'
Isle, The
J'aimerais pas crever un dimanche
Jambon, Jambon
Journal de Lady M., Le
Joy
Kamasutra: A tale of love
Katia Ismaïlova
Kissed
Lady Chatterley's Lovers
Larmes amères de Petra Von Kant, Les
Last tango in Paris
Laura, les ombres de l'été
Liaison pornographique, Une
Like water for chocolate
Liquid sky
Lies
Little Children
Loi du désir, La
Lola
Lolita (1962, 1997)
Looking for Mr. Goodbar
Loss of Sexual Innocence, The
Loulou (Pandora's box)
Love and Humand Remains
Lovers
Lune dans le caniveau, La
Lunes de fiel
Ma fille, mon ange
Maye, Maybe Not
Maîtresse
Maman et la putain, La
Mari de la coiffeuse, Le
Marquis
Mauvaise éducation, La
Mata-Hari
Masoch
Médéa
Misfits, The
Moine, Le
Mon bel amour, ma déchirure
Montagne sacrée, La
Montenegro
Montresses, Les
Mort d'un bûcheron, La
Moulin Rouge (2001)
Naked Lunch
Nana
Nathalie
Néa
Nettoyage à sec
Night Porter, The
Notte, La
Nuit avec Hortense, La
Nuit d'été en ville
Nuits fauves, Les
One Night Stand
Opening of Misty Beethoven, The
Original sin (2001)
P.O. Box Tinto Brass
Palmetto
Parfum de Mathilde, Le (hard)
Pantaleon y las visitadoras
Parle avec elle
Peindre ou faire l'amour
Performance
Persona
Pianiste, La
Piège de Vénus, Le
Pigalle
Piscine, La
Plein sud
Possession (1981)
Post coïtum, animal triste
Post mortem
Premiers désirs
Pretty Baby
Quiet Days in Clichy
Quills
Rendez-vous
Romance
Sade
Saisons du plaisir, Les
Salo ou les 120 jours
Secret, Le
Secretary
Sex and Lucia
Sex on the Beach
She Done Him Wrong
She's Gotta Have It
She Hate Me
Sheltering Sky
Shortbus
Sister, My Sister
Sitcom
Showgirls
Sondage très intime
Sourire, Le
Sous les draps, les étoiles
Soyons folichons vol. 1 et 2
Spanking the Monkey
Stan the Flasher
Stud, The
Sunday, Bloody Sunday
Sweet Movie
Swept Away
Swimming Pool
Tampopo
Tenue de soirée
Teorema
Toi
Too Much Flesh
Tristesse et beauté
Trop belle pour toi
Turkish Delight
Un, deux, trois soleil
Unbearable Lightness of Being, The
Valentino
Valseuses, Les
Vénitienne, La
Vénus et Fleur
Venus in furs (1969)
Vers un destin insolite
sur les flots belus de l'été
Vices privés et vertus publiques
Videodrome
Vie promise, La
Vie sexuelle des belges, La (1950, 1978)
Vie sexuelle des belges 2, La:
camping cosmos
Violence et passion
Vie d'ange
Vies de Loulou, Les
Viridiana
Visitor Q
Vraie jeune fille, Une
Walkabout
War Zone, The
X-2000 (les courts de François Ozon)
XX-XY
Y tu mama tambien
Yellowknife
Yeux, la bouche, Les
Your Friends and Neignbors
1-900 (Sex Without Hangups)
36 fillette
37,2 le matin
4th Man, The (1983)
8 Femmes
9 Weeks and a Half
2046

ÉROTICO-KITSCH

Adult Version of Jekyll and Hide,The
Alley Cats, The
Au Pair Girls
Aventures erotiques en Thaïlande
Aventures sexuelles de Popée et Néron
Bacchanales sexuelles
Bad Girls Go to Hell
Beyond the Valley of Dolls
Beyond the Valley of Ultra-Vixens
Bitch, The
Black Snake Moan
Blacksnake
Business Is Business
Caligula
Caligula réincarné en Hitler
Camilla 2000
Can You Keep It Up for a Week
Carmen, Baby
Cat and the Canary, The
Catherine chérie
Catherine la tsarine nue
Cherry...& Harry & Raquel
Cool It Carol
Common-Law Cabin
Compétition
Contrainte par corps
Daniella by Night
Daughter of Darkness
Deadly Weapons
Déclic, Le
Delirium: Photo of Gloria
Déportées du camp des SS, Les
Deux orphelines vampires, Les
Dirty Girls
Dodo
Double Agent 73

Dr. Jekyll et les femmes
Emmanuelle
Enfer du plaisir, L'
Erotic Adventures of Zorro, The
Eugenie
Even and the Handyman
Evening with Kitten, An
Exotic Dance of Betty Page
Fanny Hill
Faster Pussycat, Kill...Kill...
Femmes en cage
Flesh Gordon
Flesh Gordon and the Cosmic Cheerleaders
Finders Keepers... Lovers Weepers
Fourth Sex, The
Frightened Woman, The
Fruits de la passion, Les
Glen or Glenda?
Goodbye Emmanuelle
Good Morning... and Goodbye!
Grand décameron, Le
Gwendoline
Heavy Traffic
Hitcher in the Dark
I, a Woman
Ilsa, Harem Keeper of the Oil Sheek
Ilsa, She Wolf of the SS
Ilsa, the Tigress of Siberia
Ilsa, the Wicked Wardens
Immorale, L'
Immoral Mr. Teas, The
Initiation, L'
Opening of Misty Beethoven
Pénitencier de femmes
Plus longues nuits de la Gestapo, Les
Pornographers, The
Princess and the Call Girl, The
Punition, La
Quartier de femmes
Ramroder, The
Revanche d'Emmanuelle, La
Rose de fer, La
Sadomania
Salon Kitty
Score
Secret Lives of Romeo & Juliet, The
Sexe qui parle, Le
Sexe qui parle, Le 2
Sextette
S.N.U.F.F
Spasmo
Street of a Thousand Pleasures, The
Suburban Roulette
Super Vixens
Tarzoon! La honte de la jungle
Therese and Isabelle
Titillation
Tokyo Decadence
Tower of the Screaming Virgin
Trottoirs de Bangkok, Les
Valérie
Vampire nue, La
Vampyros Lesbos
Violence in a Woman's Prison
Voluptueuse Laura
What Have You Done to Solange?

LE THRILLER ÉROTIQUE

American Gigolo
American Psycho
Angel Heart
Appartement, L'
Assassination Tango
Basic Instinct
Basic Instinct 2 – Risk Addiction
Body Double
Body Heat
Body of Evidence
Bound (1996)
Caught
Cold Sweat
Color of Night
Crying Game, The
Derrière la porte
Double Indemnity
Dressed to Kill
En plein cœur
Fatal Attraction
Fear City
Final Analysis
Hot Spot
In the Cut
Jade
Kill Me Again
Killing Me Softly
Last Seduction, The
Love Thrill Murders, The
On ne meurt que 2 fois
Mascara
Never Talk to Strangers
Péril en la demeure
Postman Always Rings Twice, The (1981)
Rebecca
Romeo Is Bleeding
Say Nothing
Scarlett Diva
Sea of Love
Sliver
Someone to Watch Over Me
U-Turn
Under Suspicion
Taking Lives
Twentynine Palms (2003)
2 Days in the Valley

LES COMPILATIONS RÉTRO

Betty Page: Bondage Queen
Betty Page: Pin Up Queen
Bizarro Sex Loops vol.1
Exotic Dances of Betty Page
Festival du film érotique de New York
Golden Age of Erotica, vol.1
History of the Blue Movie
Hollywood Erotic Film Festival
Live Nude Girls Unite!
Nudie Classics, vol.1 (1918-1968)
Nudie Classics, vol.2 (1917-1965)
Rhino's Guide to Safe Sex
Saturday Night Sleazies, vol. 1-2
Série rose vol. 1 & vol.3 (1994)
Sleazemania, vol.1-3
Twisted Sex
100 Girls

LE DOCUMENTAIRE

Angelyne
Autopsie d'un film érotique
Bad Girls (2000)
Bloodsisters
Brain sex vol. 1: Sugar and Spice
Brain sex vol. 2: Anything You Can Do, I Can Do It Better
Brain sex vol. 3: Love, Love Me Do
Erotic Underground
Exhausted
Female misbehavior
Films interdits des années 30, Les
Girl Next Door (1999)
Give Me Your Sould (2000)
Grandir: une introduction à la sexualité
Greek fire 02: Politic and Sex
Heidi Fleiss, Hollywood Madam
History of Erotica
Hugh Heffner: American Playboy
Hugh Heffner: Once Upon a Time
Human Sexes 01, The: Different but Equal
Human Sexes 02, The: Language of the Sexes
Human Sexes 03, The: Patterns of Love
Human Sexes 04, The: Passages of Life
Human Sexes 05, The: The Maternal Dilemmal
Human Sexes 06, The: The Gender Wars
Inside Deep Throat
Love Godesses, The
Nitrate Kisses
Not a Love Story: A Film About Pornography
Playmate Bloopers
Porn Star: The Legend of Ron Jeremy
Pornography
Sex for Sale: The Extreme Experience
Sex for Sale: Around the World
Sex for Sale: Behind Closed Doors
Sex Shop vol. 1 à 4 (2000)
Sixk: The Life & Death of Bob Flanagan, Supermasochist
Sluts and Godesses Video Workshop, The
Stiletto
Story of X: 100 Years of Adult Film and Its Stars
Unveiling

LE DOCUMENTAIRE TRASH

Amérique interdite 1 et 2, L'
Mondo Cane (I-II)
Mondo Mod
Mondo New York
Mondo Topless
Mondo trasho
Montréal interdit
Saint-Tropez interdit
Sex Life in L.A. I-II
Vaudou, Le
Voyeur noirceur

LA PORNO AU CINÉMA

Attention les yeux
Already Dead
Being Ron Jeremy
Ca va faire mal
Boogie Nights
Déjà mort
Diable est parmi nous, Le
Femmes ne pensent qu'à ça, Les
Girl next door, The (2004)
Hardcore
Orgazmo
People vs. Larry Flynt
Pornographe, Le (2001)
Pornographer, The (1998)
Scandale
Silence on tourne
Sex is comedy
Wonderland

LES RADICAUX

À ma sœur!
Adjuster, The
Baise-moi
Blessures assassines
Clockwork Orange
Crash (1996)
Dead Ringers (1988)
Happiness
Histoire d'O
Kissed
Lolita (1962/1996)
Ma mère

Naked Lunch
Palindromes
Pianiste, La
Pin
Possession (1981)
Post mortem
S.
Sade
Salo ou les 120 jours
Secretary
Visitor Q
War Zone, The
Yellowknife

SÉLECTION HARD «VINTAGE»

All About Gloria Leonard
Amanda by Night 1 & 2
Anna Ventura Ultra 80's Glamour Slut
Anal fiesta
Bad Penny
Behind the Green Door
Bel ami
Beverly Hill's Cox
Blue Magic
Bon appétit
California Gigolo
Candy Stripes
Classic Seka
Ceinture de chasteté, La
Consenting Adults
Dancers, The
Delires obsènes
Devil in Miss Jones, The
Dirty Western, A
Debbie Does Dallas
Erotic Adventures of Candy
Erotic World of Angela Cash, The
Expose Me, Lovely
Fascination
Golden Age of Porn
- Christy Canyon
Inside Little Oral Annie
Inside Jennifer Welles
Inside Seka
Italian Stallion
Jack'n'jill
Lesbian Bra Busters of the 1980's
Little Girl Blue vol.1 & 2
Little Oral Annie Takes Manhattan
Little Oral Annie Rides Again
Luscious
Maraschino Cherry
Memphis Cat House Blues
People
Pizza Girls
Rêves de cuir
Roommates
Sleepy Head
Spirit of Seventy Sex
Sweet Alice
Taboo 1, 2 & 3
Taboo American Style 1, 2 & 3
Tangerine
Take Off
Temptations
Teenage Christy Canyon
Through the Looking Glass
Tigresses... And Other Man-Eaters
Top 10 Pornstars
Trouble
Ultimate Reel People, The
Vanessa's Anal Fiesta
Wanda Whips Wallstreet
White Hot
Women in Love
800 Fantasy Lane

LA SOCIÉTÉ

LES FAMILLES DYSFONCTIONNELLES

ANALYSE-MOI ÇA

About a Boy
American Beauty
American History X
Before and After
Benny & Joon
Bonheur est dans le pré, Le
Cassandra's Dream
Chumscrubber
Cœur en hiver, Un
Confessionnal, le
C.R.A.Z.Y.
Dead Ringers (1988)
Décade prodigieuse, La
Délivrez-moi
Depuis qu'Otar est parti
Desert Bloom
Door in the Floor
Eulogy
Fabulous Baker Boys, The
Face cachée de la lune, La
Familia
Fanny et Alexandre
Fists in the Pockets =
(Les Poings dans les poches)
Gas, Food, Lodging
Graduate, The
Guinevere
Howards End
Husbands and Wives
Ice Storm, The
Igby Goes Down
Imaginary Heroes
Inséparables
Juno
Lars and the Real Girl
Léolo
Little Miss Sunshine
Long Day's Journey Into Night
Maman est chez le coiffeur
Moonstruck
My First Mister
Nuit de noces
Ordinary People
Palindromes
Pecker
Petite Lili, La
Pieces of April
Pink Flamingos
Pretty Baby
Rachel Getting Married
Raising Arizona
Ref, The
Requiem for a Dream
Running on Empty
Rupture, La
Saints-Martyrs-des-Damnés
Séparation, La
Sitcom
Six Feet Under (télé)
Squid and the Whale, The
This Boy's Life
Thumbsucker
Unhook the Stars
War of the Roses
Welcome to the Dollhouse
What's Eating Gilbert Grape

LES ENFANTS TERRIBLES

Accompagnatrice, L'
Air de famille, Un
All That Heaven Allows
Angel
Before the Devil Knows You're Dead
Bell from Hell, A
Bons débarras, Les
Butcher Boy, The
C'est pas moi, je le jure
Cat on a Hot Tin Roof (1958, 1984)
Chumscrubber
Comment j'ai tué mon père
Elisa
Eulogy
Foxes
Good Son, The
Heavenly Creatures
Hamlet (1948, 1969, 1990, 1996, 2000)
Home for the Holidays
House of Yes
J'ai tué ma mère
Ma saison préférée
Muses orphelines, Les
Opposite of Sex, The
Other, The
Requiem pour un beau sans coeur
Royal Tannenbaum
We Own the Night
Welcome to the Dollhouse

MA BELLE-MÈRE EST UNE SORCIÈRE

Appointment With Death
Aurore
Beetle Juice
Family Stone, The
In Her Shoes
Junebug
Merci pour le chocolat
Petite Aurore, l'enfant martyre, La
Sleepy Hollow
Snow White – A Tale of Terror
Tale of Two Sisters, A

MAMANS TRÈS CHÈRES

Almost Famous
Anniversary, The
Aujourd'hui peut-être
Autumn Sonata
Betty Fisher et autres histoires
Borderline
Carrie (1976)
Comment ma mère accoucha de moi
durant sa ménopause
Compères, Les
Dead Girl, The
Deep End, The
Délivrez-moi
Délice Paloma
Dilettante, La
Dirty Shame
Dolores Claiborne
Garbo Talks
Glass Menagerie (1973, 1987)
Good Bye Lenin
Grifters, The
Heart Is Deceitful Above All Things, The
Home of Our Own, A
House of Sand
Interiors
J'ai tué ma mère
Keeping Mum
Laurel Canyon
Limbo
Ma mère
Maman est chez le coiffeur
Marty
Mildred Pierce
Missing, The
Mommy Dearest
Mother, The

Night' Mother
One True Thing
Pianiste, La
Polyester
Postcards From the Edge
Psycho (1960, 1998)
Sender, The
Serial Mom
Suddenly, Last Summer
Terms of Endearment
Throw Momma from the Train
Used People
Vipère au poing
Volver
Winter Guest
World According to Garp, The

À MA SŒUR!

À ma sœur!
Blessures assassines (Murderous Maids)
Crimes of the Heart
Cris et chuchotements
Dead Ringer (1964)
Enfer, L' (2005)
Georgia (1995)
Ginger Snaps
Grass Harp, The
Hannah and Her Sisters
In Her Shoes
League of Their Own, A
Man in the Moon (1991)
Marvin's Room
Pauline et Paulette
Sister, My Sister
Sister, Sister
Sisters (1973)
Sisters, The (2006)
Sœurs fâchées, Les
Sunshine Cleaning
Tale of Two Sisters, A
Three Sisters (1970)
Uninvited, The (2009)
What Ever Happened to Baby Jane?

MON PÈRE, CE HÉROS

About Schmidt
American Heart
Ange de goudron, L'
Big Fish
Class Action
Daddy nostalgie
Death of a Salesman
Family Buisness
Godfather, The (trilogie)
I Never Sang For My Father
Invasions barbares, Les
It Runs in the Family
Mon père, ce héros
Nobody's Fool (1994)
On Golden Pond
Père et fils (Sokourov)
Road to Perdition
Sexe des étoiles, Le
Smart People
Substance of Fire, The
Tribute
Vie avec mon père, La
Weather Man, The
Winter Passing
Wrestler, The
Zoo la nuit, Un

SECRETS DE FAMILLE

American Haunting, An
Beau-père
Blood Relatives
Brother's Keeper
Cap tourmente
Capturing the Friedmans
Careful
Cat People (1982)
Chinatown
Close My Eyes
Dead Ringers (1988)
Early Frost, An
Enfants terribles, Les
Été meurtrier, l'
Far From Heaven
Fête de famille (Festen)
Fleur du mal, La
Hanging Garden
Happiness
Harry + Max
Hotel New Hampshire
Hush... Hush, Sweet Charlotte
Inseste, L'
It's My Party
Lost Language of Cranes
Ma vie en rose
Maman est chez le coiffeur
Mambo Italiano
Nil by Mouth
North Country
Once Were Warriors
Passion Béatrice, La
Pin
Reflecting Skin, The
Reine Margot, La
Scarface (1983)
Secret de ma mère, Le
Son frère
Souffle au cœur, Le
Suture
Tadpole
Tarnation
This Boy's Life
Thousand Acres, A
Touch of Pink, A
Tune in Tomorrow...
Twin Peaks (télé)
Twin Peaks: Fire Walk With Me
Wedding Banquet, The
8 femmes

LA SOCIÉTÉ

L'HOMOSEXUALITÉ

LES HOMMES

Adieu, je t'aime (Fr., 1988)
Adventures of Priscilla,
  Queen of the Desert, The (Aust., 1994)
Aimée et Jaguar (All., 1999)
Alive & Kicking (U.K., 1996)
All the Rage (USA, 1997)
Amazing Grace (Israel, 1992)
America Brown (USA, 2004)
Amor de Hombre (Esp., 1997)
Andy Warhol's Dracula (USA, 1974)
Andy Warhol's Frankenstein (USA, 1973)
Angel (Grèce, 1982)
Angelic Conversation (U.K., 1985)
Another Gay Movie (USA, 2006)
Apart from Hugh (USA, 1994)
Arrière-pays, L' (Fr., 1998)
Available Men (USA, 2006)
Bathouse (Phil., 2005)
Beau travail (Fr., 1999)
Bear Cub (Espagne, 2004)
Beautiful Boxer (Thail., 2003)
Beautiful mystery (Japon, 1983)
Beautiful Thing (U.K., 1996)
Bedrooms & Hallways (U.K., 1998)
Before Night Falls (USA, 2000)
Beverly Kills (USA, 2005)
Bigger Splash, A (U.K., 1974)
Black Sheep Boy (USA, 1995)
Blue Hour, The (All., 1992)
Body Without Soul (Rép. Tchèque, 1996)
Boys Brief 2 (2002)
Boys Choir (Japan, 2000)
Boys in the Band, The (USA, 1970)
Boys Life 2 (1997)
Boys Life 3 (2000)
Boyfriends (U.K., 1998)
Breaking the Cycle (USA, 2002)
Brokeback Mountain (USA, 2005)
Brother to Brother (USA, 2004)
Butch Camp (USA, 1996)
Cage aux folles, La (1, 2 et 3)
  (Fr., 1978, 1980, 1985)
Can't Stop the Music (USA, 1980)
Capote (USA, 2005)
Caravaggio (U.K., 1988)
Caresses (Esp., 1998)
Ceux qui m'aiment prendront le train
  (Fr., 1998)
Chuck and Buck (USA, 2000)
Ciel de Paris, Le (Fr., 1991)
Circles (Phil., 2006)
Circuit (USA, 2001)
Clan, Le (Fr., 2004)
Comme un frère (Fr., 2005)
Comming out (All., 1989)
Common Ground (USA, 2000)
Compulsion (USA, 1959)
Confusion des genres, La (Fr., 2000)
Consequence, The (All., 1977)
Cowboys and Angels (Irel., 2003)
C.R.A.Z.Y. (Qué., 2005)
Creation of Adam, The (Russie, 1994)
Crocodile Tears (USA, 1998)
Cruising (USA, 1980)
Curious (USA, 2004)
Dahmer (USA, 2002)
Dante's Cove (season 1-2) (USA, 2004-)
David Searching (USA, 1997)
Death in Venice (Ital., 1971)
Denied (USA, 2004)
Derek Jarman's Blue (U.K., 1993)
Derrière, Le (Fr., 1999)
Desperate Living (USA, 1977)
Devil in the Holy Water, The (Qué., 2002)
Dona Herlinda and Her Son (Mex., 1985)
Doom Generation, The (USA, 1995)
Early Frost, An (USA, 1984)
Eating Out (USA, 2004)
Edge of Seventeen (USA, 1998)
Edward II (U.K., 1991)
Einstein of Sex, The (All., 1999)
Élève libre (Fr., 2008)
Endgame (U.K., 2001)
Escorte, L' (Qué., 1996)
Ethan Mao (Can., 2004)
Everlasting Secret Family, The (Aust., 1988)
Fag Hag (USA, 1998)
Faqs (USA, 2005)
Far from Heaven (USA, 2002)
Farewell My Concubine (Chine, 1994)
Feeding Boys, Ayaya (Chi., 2003)
Female Trouble (USA, 1974)
First Annual planetout.com
  Short Movies (2000)
First Love and Other Pains (H.-K., 1999)
Flawless (USA, 1999)
Flesh (USA, 1968)
Flirting with Anthony (USA, 2005)
Flirting with Disaster (USA, 1996)
Flow (Can., 1996)
Fluffer, The (USA, 2001)

F. est un salaud (Fr., 1998)
Folle d'elle (Fr., 1998)
For a Lost Soldier (Holl., 1992)
Forgive and Forget (U.K., 2000)
Fortune and Men's Eyes (Can., 1971)
Fox and His Friends (All., 1975)
Fraises & Chocolat (Cuba, 1994)
From the Edge of the City (Grèce, 1998)
Fun Down There (USA, 1988)
Garçon Stupide (Fr., 2004)
Garden, The (U.K., 1990)
Get Your Stuff (USA, 2000)
Glen or Glenda (USA, 1953)
Gods and Monsters (U.K., 1998)
Gouttes d'eau sur pierres brûlantes (Fr., 2000)
Grande école (Fr., 2004)
Harry + Max (USA, 2004)
Hasard fait bien les choses, Le (Fr., 2002)
Heat (USA, 1972)
Hedwig and the Angry Inch (USA, 2001)
Hey Happy! (Can., 2001)
History Boys (U.K., 2007)
Hole, The (USA, 2003)
Homme blessé, L' (Fr., 1983)
Homme est une femme comme les autres, L' (Fr., 1998)
Houseboy, The (USA, 2008)
I Like You, I Like You Very Much (Japon, 1994)
I Think I Do (USA, 1997)
I'll Always Be Anthony (USA, 1996)
I'll Make you Happy (Nouv.Zél., 1989)
In a Glass Cage (Esp., 1987)
In and Out (USA, 1997)
Infamous (USA, 2006)
It's My Party (USA, 1996)
Jeffrey (USA, 1995)
Jubilee (U.K., 1977)
Juste un peu de réconfort (A little comfort) (Fr., 2004)
KM.0-Kilometer 0 (Esp., 2000)
Kiss Me Guido (USA, 1997)
Krays, The (U.K., 1990)
Labyrinth of Passion, The (Esp., 1982)
Lan Yu (H.-K., 2001)
Laramie Project, The (USA, 2002)
Last of England (U.K., 1988)
Latin Boys Go to Hell (USA, 1997)
Latter Days (USA, 2003)
Lie Down With Dogs (USA, 1995)
Like It Is (U.K., 1998)
Living End, The (USA, 1992)
Locked Up (All., 2004)
Loi du désir, La (Esp., 1987)
Lola and Billy the Kid (All., 1999)
Long Day Close, The (U.K., 1992)
Longtime Companion (USA, 1990)
Lost Language of Cranes, The (U.K., 1991)
Love! Valour! Compassion! (USA, 1997)
Love Is the Devil (U.K., 1998)
Love of a Man (Esp., 1997)
Lunettes d'Or, Les (Ital., 1987)
Luster (USA, 2002)
Ma vie en rose (Fr., 1997)
Making Love (USA, 1982)
Man of the Year (USA, 1997)
Man of No Importance, A (U.K., 1994)
Mandragora (Rep. Tchèque, 1997)
Mango Soufflé (Inde, 2004)
Mascara (Holl., 1987)
Maurice (U.K., 1987)
Mauvaise education, La (Esp., 2004)
Maybe, Maybe Not (All., 1994)
Men's Mix: Gay Shorts Collection (Arg., 2004)
Meteor & Shadow (Grèce, 1985)
Michael (All., 1924)
Midnight Dancers (Philip., 1994)
Midnight in the Garden of Good and Evil (USA, 1997)
Mondo Trasho (USA, 1969)
Multiple Maniacs (USA, 1970)
Music Lovers, The (U.K., 1970)
More Tales of the City (USA, 1998)
My Beautiful Laundrette (U.K., 1985)
My Own Private Idaho (USA, 1991)
Mysterious Skin (USA, 2004)
Naked Civil Servant, The (U.K., 1975)
Nettoyage à sec (Fr., 1997)
Neurosia (All., 1995)
Never Look Back (USA, 1999)
Never Met Picasso (USA, 1996)
New Twenty, The (USA, 2008)
Next Year in Jerusalem (USA, 1997)
Nico and Dani (Esp., 2000)
Night Larry Kramer Kissed Me, The (USA, 2000)
Night Watch (Arg., 2005)
Nighthawks (U.K., 1978)
Noah's Arc (season 1-2) (USA, 2005-)
Nobody Loves Me (All., 1994)
Norman, Is That You? (USA, 1976)
November Moon (All., 1985)
Nuits fauves, Les (Fr., 1992)
O fantasma (le fantôme) (Port., 2000)
Object of My Affection, The (USA, 1998)
October Moon (USA, 2005)
Okoge (Japon, 1992)
Once More (Encore) (Fr., 1996)
Open Cam (USA, 2007)
Our Lady of the Assassins (Col., 2000)
Outrageous! (Can., 1977)
Parting Glances (USA, 1986)
Pédale douce (Fr., 1996)
Peoria Babylon (USA, 1997)
Pepi, Luci, Bom (Esp., 1980)
Perfect Son, A (Can., 2000)
Philadelphia (USA, 1993)
Placard, Le (Fr., 2001)
Poison (USA, 1991)
Polyester (USA, 1981)
Pourquoi pas? (Fr., 1977)
Presque rien (Fr., Bel., 2001)
Prick Up Your Ears (U.K., 1987)
Prince in Hell (All., 1993)
Private Diary (Esp., 2003)
Proteus (Can., 2003)
Queer As Folk (season one to four) (USA, 2000-2005)
Querelle (All., 1982)
Raising Heroes (USA, 1996)
Reflections in a Golden Eye (USA, 1967)
Regarde les hommes tomber (Fr., 1994)
Regular Guys (All., 1996)
Roi danse, Le (Fr., 2000)
Rope (USA, 1948)
Roseaux sauvages, Les (Fr., 1994)
Sebastiane (U.K., 1976)
Second Coming (USA, 2001)
Seducing Maarya (Can., 1999)
Sex, Politics and Cocktails (USA, 2002)
Sex in Chains (All., 1928)
Shades of Black (USA, 1994)
Shiner (USA, 2004)
Simon, El Gran Varon (Mex., 2002)
Singing Forest, The (USA, 2003)
Six Degrees of Separation (USA, 1993)
Sixth Happiness (U.K., 1997)
Slight Fever of a 20 Year Old (Japon, 1993)
Slutty Summer (USA, 2004)
Splendor (U.K., 1994)
Stonewall (USA, 1995)
Suddenly, Last Summer (USA, 1959)
Sum of Us, The (Aust., 1994)
Sunkissed (USA, 2007)
Sunday Bloody Sunday (U.K., 1971)
Swoon (USA, 1992)
Talented Mr. Ripley, The (USA, 1999)
Taxi Zum Klo (All., 1981)
Temps qui reste, Le (Fr., 2005)
Tenderness of the wolves (All., 1973)
Tenue de soirée (Fr., 1986)
Timepiece (USA, 1995)
To Play or to Die (Holl., 1995)
To Wong Foo, Thanks for Everything, Julie Newmar (USA, 1995)
Torch Song Trilogy, The (USA, 1988)
Total Eclipse (U.K., 1995)
Trash (USA, 1970).
Trevor (USA, 1994)
Triche, La (Fr., 1984)
Trick (USA, 1999)
Trip, The (USA, 2002)
Two Brothers and Two Others (Can., 2000)
Two of Us, The (U.K., 1987)
Urbania (USA, 2000)
Urinal (Pissoir) (Can., 1988)
Vanilla (USA, 2004)
Velocity of Gary, The (USA, 1998)
Vereda Tropical (Arg., 2004)
Versace Murder (USA, 1998)
Very Natural Thing, A (USA, 1974)
Victim (U.K., 1961)
Victor Victoria (USA, 1982)
Vies de Loulou, Les (Esp., 1990)
Violet's Visit (Aust., 1995)
Walker, The (USA, 2007)
Walking on Water (Israël, 2004)
Wedding Banquet, The (USA, 1993)
West Hollywood Stories vol.1 et vol.2 (USA, 1999)
What Have I Done to Deserve This? (Esp., 1984)
When Boys Fly (USA, 2002)
Wilde (U.K., 1997)
Wittgenstein (U.K., 1993)
Wolves of Kromer, The (U.K., 1998)
Yaji and Kita – Midnight Pilgrims (Jap., 2005)
Zero Patience (Can., 1993)
100 Days Before the Command (Russie, 1990)
15 (Sing., 2002)
20 Centimeters (Esp., 2005)
29th & Gay (USA, 2005)
3 garçons, 1 fille, 2 mariages (Fr., 2004)
7 Virgins
9 Dead Gay Guys (U.K., 2002)

LES FEMMES

All Over Me (USA, 1997)
Alley Cats (USA, 1966)
Amour de femme (Fr., 2001)
Anita: Dances of Vice (All., 1987)
Anne Trister (Qué., 1986)
Bar Girls (USA, 1994)
Berlin Affair, The (All., 1985)
Better Than Chocolate (Can., 1999)
Biches, Les (Fr., 1968)
Born in Flames (USA, 1983)
Bound (USA, 1996)
Boys Don't Cry (USA, 1999)
Butch Camp (USA, 1996)
Butterfly Kiss (U.K., 1995)
By Design (Can., 1982)

Carmen Baby (All., 1967)
Chasing Amy (USA, 1997)
Children's Hour, The (USA, 1961)
Claire of the Moon (USA, 1992)
Clara, cet été là (Fr., 2002)
Claude et Greta (Fr., 1970)
Collégiennes, Les (Fr., 1977)
Comfort of Strangers, The (Can., 1990)
Committed (USA, 1984)
Cynara, Poetry in Motion (USA, 1996)
Daniella By Night (All., 1961)
Desert Hearts (USA, 1985)
Desi's looking for a new girl (USA, 2000)
Desperate Living (USA, 1977)
Dirty Girls, The (USA, 1964)
Dyke Drama (USA, 1993)
Emporte-moi (Qué., 1999)
Ernestine: Peak Experiences (Lily Tomlin, live 1969)
Et l'amour (USA, 1997)
Even Cowgirls Get the Blues (USA, 1993)
Extramuros (Esp., 1985)
Female Misbehavior (All., 1992)
Femme de l'hôtel, La (Qué., 1984)
Fire (Can., 1996)
Flaming Ears (Autr., 1992)
Fanci's Persuasion (USA, 1995)
Gray Matters (USA, 2006)
Gazon maudit (Fr., 1995)
Go fish (USA, 1994)
Guinevere (USA, 1999)
Gypo (U.K., 2007)
Heavenly Creatures (Nouv.-Zél., 1994)
High Art (Can., 1998)
Hours, The (USA, 2002)
Hunger, The (U.K., 1983)
If these Walls Could Talk 2 (USA, 2000)
In the Life: the Funny Tape (USA, 1992)
Incredibly True Adventure of Two Girls in Love, The (USA, 1995)
It's in the Water (USA, 2007)
Itty Bitty Titty Committee (USA, 2008)
I've Heard the Mermaids Singing (Can., 1987)
Je, tu, il, elle (Fr., 1974)
Jupon rouge, Le (Fr., 1987)
Killing of Sister George, The (U.K., 1968)
L Word (Season One) (USA, 2004)
Leda and the Swan Nailed (Autr., 1964)
Love My Life (Jap., 2006)
Maedchen in Uniform (All., 1931)
Man Like Eva, A (All., 1984)
Mango Kiss (USA, 2004)
Monkey's Mask, The (Aust., 2000)
Montréal vu par... (Qué., 1991)
M.U.F.F. Match (U.K., 1995)
My Summer of Love (U.K., 2004)
My Father Is Coming (All., 1991)
Nobody Loves Me (All., 1994)
Notes on a Scandal (U.K., 2007)
Only the Vrave (Aust., 1994)
Pandora's Box (All., 1929)
Pas très catholique
Pepi, Luci, Bom y otras chicas del monton (Esp., 1980)
Pourquoi pas moi? (Fr., 1999)
Pretty Girls Not to Bright (Dos Fallopia) (USA, 1992)
Princess and the Call Girl, The (USA, 1984)
Que faisaient les femmes pendant que l'homme marchait sur la lune? (Belg., 2000)
Saving face (USA, 2004)
Score (Youg., 1973)
Seduction: The Cruel Woman (All., 1985)
Sex, Dykes and Rock'N'Roll (USA, 1992)
Sexus (La nuit la plus longue) (Fr., 1964)
Shades of Black (USA, 1994)
She Likes Girls (U.K., USA, 2006)
She Must Be Seing Things (USA, 1987)
Show Me Love (Fucking Amal) (Suède, 1998)
Showgirls (USA, 1995)
Significant Others (USA, 1996)
Silkwood (USA, 1983)
Siren (USA, 1996)
Size of Watermelons, The (Can., 1996)
Sister, My Sister (U.K., 1994)
Skin Deep (Can., 1997)
Sluts & Godesses Video Workshop (USA, 1994)
Somewhere in the City (USA, 1998)
Strass Café (Qué., 1980)
Suddenly (Arg., 2002)
Suzanne Westenhoefer: HBO Comedy Special (USA, 1993)
Teasers (USA, 1993)
Therese and Isabelle (All., 1968)
Three of Hearts (USA, 1993)
Timecode (USA, 2000)
This Kiss (Aus., 2007)
Tourneuse de pages, La (Fr., 2008)
Tout sur ma mère (Esp., 1999)
Vagina Monologues (USA, 2002)
Virgin Machine, The (All., 1988)
Watermelon Woman (USA, 1996)
When Night Is Falling (Can., 1995)
Women on the Roof, The (Suède, 1989)
Working Girls (USA, 1986)
2 secondes (Qué., 1998)

LES DOCUMENTAIRES ET L'AVANT-GARDE

After Stonewall (USA, 1999)
American Fabulous (USA, 1991)
Art of Cruising Men, The (U.K., 1996)
Beefcake (Can., 1998)
Before Stonewall (USA, 1984)
Black Sheep Boy (USA, 1995)
Bloodsisters (USA, 1995)
Butterflies on the Scaffold (Cuba, 1996)
Celluloid Closet (USA, 1995)
Dangerous When Wet (USA, 1992)
Desire (U.K., 1989)
Didn't do it for love (All., 1997)
Drawing the Line: A Portrait of Keith Haring (USA, 1990)
Exposed: The Making of a Legend (USA, 2005)
Fabulous! The Story of Queer Cinema (USA, 2006)
Female Misbehavior (All., 1992)
Fiction and Other Truths: Films about Jane Rule (Can., 1995)
Forbidden Love (Can., 1992)
Framing Lesbian Fashion (USA, 1992)
Gay Games IV (USA, 1994)
Gay games VI: Under New Skies (Aust., 2003)
Gay Youth (USA, 1992)
Helmut Newton: Frames from the Edge (All., 1989)
I Am My Own Woman (All., 1992)
Kenneth Anger Fireworks (USA, 1947)
Kenneth Anger Inauguration of the Pleasure Dome (USA, 1954)
Kenneth Anger: Lucifer Rising (USA, 1972)
Kenneth Anger: Scorpio Rising (USA, 1964)
Key West: City of Colors (USA, 2004)
Kizuna vol.1 & 2 (Animation) (Japon, 1994)
Lavender Limelight: Lesbians in Film (USA, 1997)
Let It Come Down: The Life of Paul Bowles (Can., 1998)
Life and Death on the A-List (USA, 1996)
Lily Tomlin in Appearing Nitely (USA, 1975)
Lily Sold Out (USA, 1981)
Lip Gloss (Qué., 1993)
Living Proof: HIV and the Pursuit of Happiness (USA, 1994)
Looking for Langston (U.K., 1988)
Making of Bar Girls, The (USA, 1994)
Man of the Year (USA, 1995)
Men in Shorts 2 (USA, 2000)
Moments... The Making of Claire of the Moon (USA, 1992)
Mortel désir (Qué., 1995)
My Sexual Harassament (Animation) (Japon, 1995)
Naked Fame (USA, 2004)
Nitrate Kisses (USA, 1992)
Not Angels but Angels (Rep. Tchèque, 1994)
One Nation Under God (USA, 1993)
Out for Laughs (USA, 1992)
Out in Suburbia (USA, 1989)
Paris Is Burning (USA, 1990)
Pierre et Gilles: Love Stories (Fr., 1997)
Quand l'amour est gai (Qué., 1994)
Queen, The (USA, 1968)
Red Ribbons (USA, 1994)
Rock Hudson's Home Movies (USA, 1992)
Sandra Bernhard: I'm Still Here Damn It! (USA, 1999)
Sandra Bernhard: Without You I'm Nothing (USA, 1990)
Sex is... (USA, 1993)
Sex life in L.A. 2: Cycles of Porn (USA, 2005)
Shake It All About (Dan., 2001)
Shiner (USA, 2004)
Sida et itinérance (Qué., 1992)
Silence = Death (All., 1990)
Silent Pioneers (USA, 1985)
Silver Screen, The: Color Me Lavender (USA, 1997)
Silverlake Life (USA, 1993)
Sluts & Goddesses Video Workshop (USA, 1994)
Split: Portrait of a Drag Queen (USA, 1993)
Stonewall 25 (USA, 1994)
Straightman (USA, 2000)
Sugar (Can., 2004)
Suzanne Westenhoefer (USA, 1993)
That Man: Peter Berlin (USA, 2005)
Timepiece (USA, 1995)
Totally F***ed Up! (USA, 1993)
Touch of Pink (Can., 2004)
Towers Open Fire (USA, 1963)
Trembling Before G-D (Israël, 2001)
Unveilling, The (USA, 1996)
Unzipped (USA, 1995)
Wigstock: The Movie (USA, 1995)

LA SOCIÉTÉ
LA LOI DE LA RUE

GANGS DE RUE

Better Luck Tomorrow
City of Men
Empire
Harsh Times
Havoc

Lost Boyz, The
Substitute, The

DÉLINQUANCE JUVÉNILE

Alpha Dog
All Over Me
American Graffiti
Ange de goudron
Basquiat
Bad Boys (1983)
Beat Street
Bomb the System
Brick
Brothers of the Head
Bully
Clockwork Orange
Cry Baby
Dangerous Minds
Gummo
Guide to Recognizing Your Saints, A
Higher Learning
Inkwell, The
Juice
Kids
La Haine
L.I.E
Lords of Dogtown
Mysterious Skin
New Jersey Drive
Nowhere
Outsiders, The
Pootie Tang
Rage de l'ange
River's Edge
Set If Off
SFW
Sid and Nancy
SLC Punk
Souffle au cœur, Le
Suburbia
Sweet Sixteen
Thicker Than Water, The
Thirteen
This Is England
Totally F*** Up
Vie de Jésus, la
12 and Holding

CORRUPTION POLICIÈRE

Assault on Precinct 13
Bad Lieutenant
Dark Blue
Departed, The
Exit Wounds
Glass Shields
L.A. Confidential
Maniac Cop
Magnum Force
Narc
Never Die Alone
Prince of the City
Q&A
Serpico
Shaft
Sting, The
Street Kings
Training Day
Violent Cop

DIFFICULTÉS RACIALES

American History X
Black and White
Blackboard Jungle
Crash
Corruptor, The
Fresh
Guess Who's Coming for Diner?
Hairspray
Idlewild
Malcolm X
Monster's Ball
Oz
Poetic Justice
Rosewood
Running Scared
Save the Last Dance
To Sir with Love
4 Little Girls

«VIGILANTE» ET DÉSORDRE CIVIL

Banlieu 13
Batman
Batman Begins
Batman Returns
Bound
Brave One, The
Daredevil
C'est arrivé près de chez vous
Crow, The
Death Wish 1-2-3
Escape from New-York
Escape from L.A
Falling Down
F.I.S.T
Ghost Dog
Judgment Night
King of the Ants
Mad Max 1-2-3
Maniac
The Punisher
Robocop
Spider-Man 1-2-3
Spawn
Summer of Sam
Streets of Fire
Taxi Driver
Teenage Mutant Ninja Turtles
Trespass
Walking Tall
Vigilante

«GHETTO» ET QUARTIERS PAUVRES

Constant Gardener, The
Délivrez-moi
Freedomland
Gone Baby Gone
Good Will Hunting
Hoop Dreams
In America
Jakob the Liar
Last Angry Man, The
Midnight Cowboy
Mouth to mouth
Once were warriors
Paris is burning
Players Club, The
Rats and Rabbits
Ring, Le
Rocky
What Doesn't Kill You

YAKUZAS

Afraid to Die
Battle Without Honor & Humanity
Black Rain (1989)
Blackmail Is My Life
Blood
Bloody Territories
Bodyguard Kiba
Boiling Point
Branded to Kill
Brother (2000)
City of Lost Souls
Cops vs. Thugs
Dead or Alive
Dead or Alive 2
Dead or Alive Final
Deadly Fight in Hiroshima
Family
Final Episode
Fudoh the New Generation
Full Metal Yakuza
Gonin
Gonin 2
Gozu
Graveyard of Honor
Ichi The Killer
Kanto Wanderer
Last Life in the Universe
Monday
Police Tactics
Proxy War
Rainy Dog
Sonatine
Street Mobster
Sympathy for the Underdog
Tokyo Drifter
Unlucky Monkey
Yakuza, The
Yakuza Demon
Yakuza Graveyard
A Yakuza in Love
Youth of the Beast

TRIADES

Les anges gardiens
Better Tomorrow, A 1-2
Breaking News
City on Fire
Corruptor, The
Election
Election 2
Full Contact
Full Time Killer
Hard Boiled
Infernal Affairs 1-2-3
Killer, The
Killers Two
Lethal Weapon 4
Ley Lines
New Police Story
Organized Crime & Triad Bureau
Police Story
PTU
The Replacement Killers
Shanghai Triad
Shinjuku Triad Society

MAFIA ITALIENNE

Al Capone
Analyze That
Analyze This
Bound
Bronx Tale, A
Bugsy
Carlito's Way
Casino
Crime Spree
Dick Tracy
Dinner Rush
Donnie Brasco
Find Me Guilty
Fingers
Ghost Dog
Godfather, The 1-2-3
GomorraGoodfellas
Il Divo
Lucky Luciano
Mafia!
Married to the Mob
Matroni et Moi

Mean Streets
Mickey Blue Eyes
Midnight Run
Miller's Crossing
Mobsters
Omerta
Once Upon a Time in America
Romanzo criminale
Sopranos, The
Seven-Ups, The
Smokin' Aces
Suicide Kings
Things Change
Untouchables, The

MAFIA RUSSE

Eastern Promises
Glimmer Man, The
Maximum Risk
Mute Witness
Red Heat
Saint, The
Snatch
Tycoon a new russian
Une chance sur deux
25th Hour

MOTARDS

Angel Enchained
Any Which Way You Can
Choppertown
Chopperchicks in Zombietown
Cobra
Death Riders
Cycle Savages, The
Dernier chapitre, Le
Hell's Angels and Wheels
Highway 61
Hochelaga
Knightriders
Leather Boys, The
Lost Boyz, The
Mad Max
Mask
Motor Psycho
Rumble Fish
Streets of Fire
Wild Hogs
Wild Angels, The
Wild One, The
Wild Rebels

MILIEUX CARCÉRAUX

Bad Boys (1983)
Chopper
Condamné à mort s'est échappé, Un
Cool Hand Lucke
Down by Law
Escape from Alcatraz
Girls in Prison
Grande illusion, La
Green Mile, The
Histoire de Pen
Ilsa
Last Castle, The
Longest Yard, The
Mean Machine
Midnight Express
Murder in the First
Ordres, Les
Oz
Papillon
Party, Le
Return to Paradise
Shawshank Redemption, The
Trou, Le

LA SOCIÉTÉ

LES MÉDIAS

LA PRESSE

Absence of Malice
Almost Famous
All About Eve
All the President's Men
Brazil
Bruce Almighty
Citizen Kane
Down With Love
Effet critique, L' (documentaire)
Foreign Correspondant
Front Page, The (1931, 1974)
Guys, The
Harrison's Flowers
His Girl Friday
Hudsucker Proxy
I Love Trouble
Impolite
In Cold Blood
Joe Gould's Secret
Just One of the Guys
Killing Fields, The
L.A. Confidential
Life or Something Like That
Mangler, The
Michael
Midnight in the Garden of Good and Evil
Odessa File, The
Paparazzi
Paper, The
Parallax View, The
Passenger, The
Pelican Brief, The
Philadelphia Story, The
Prêt-à-porter
Profession: Reporter
Reds
Rien sur Robert
RKO 281
Salvador
Scoop (télévision)
Shattered Glass
Soloist, The
Street Smart
Sweet Smell of Success
True Crime
Velvet Goldmine
Veronica Guerin
War Photographer
Year of Living Dangerously, The

LA RADIO

Airheads
Apostle, The
Choose Me
Fisher King, The
Good Morning Vietnam
Grosse Point Blank
Jackpot, The
Love Serenade
Mother Night
Play Misty for Me
Prairie Home Companion, A
Private Parts
Pump Up the Volume
Radio Days
Radioland Murders
Rafales
Sleepless in Seattle
Talk Radio
Telling Lies in America
Tune in Tomorrow...
32 Short Films About Glenn Gould

LA TÉLÉVISION

Affaire Bronswik, L'
Amazon Women on the Moon
Bamboozled
Broadcast News
China Syndrome, The
Confessions of a Dangerous Mind
Death to Smoochy
Ed TV
Eyewitness
Face in the Crowd, A
Front, The
Galaxy Quest
Ginger et Fred
Groundhog Day
Hero
He Said, She Said
Homme de fer, L'
Homme de marbre, L'
Image, The
Insider, The
Intervista
Jane White is Sick and Twisted
Kentucky Fried Movie
Live from Bagdad
Louis 19
Magnolia
Manufacturing Consent, The (documentaire)
Man on the Moon
Mars Attacks!
Masques
Medium Cool
Mort en direct, La
Mr. Deeds
My Favorite Year
Natural Born Killers
Newsroom (télévision)
Network
Osterman Weekend, The
Parlez-nous d'amour
Pleasantville
Roger and Me (documentaire)
Quiz Show
Raiders of the Storm
Requiem for a Dream
Ring, The
Robocop
Rois du gag, Les
S.F.W.
Scream
Scrooged
Showtime
Stardom
Stay Tuned
Sunshine Boys
Switching Channels
Tootsie
Truman Show
UHF
Up Close & Personal
V for Vendetta
Vengeance d'une blonde, La
Videodrome
Visitor Q
Voleur de savonnette, Le
Wag the Dog
Wayne's World
Welcome to Sarajevo
Wild Palms (télévision)
Wrong Is Right
1984
4e pouvoir, Le

INTERNET ET NOUVEAUX MÉDIAS

A.I. Artificial Intelligence
Amant diabolique, L'

American Pie
Antitrust
Feardot.com
Gamer
Hackers
Hard Candy
Minority Report
Net, The
Pulse
Start-up.com (documentaire)
Swordfish
Thomas est amoureux
Untraceable.
You've Got Mail

REALITY SHOW

Anna Nicole show
Michèle Richard
My Life on the D List
Newly Wed
Jackass
Simple Life, The
Survivor
Osbournes, The
Fat Actress

LA SOCIÉTÉ

LA POLITIQUE

COULISSES, MANIGANCES & COMPLOTS

À hauteur d'homme (documentaire)
All the President's Men
Affaire Aldo Moro, L'
Anne of the Thousand Days
Assassination of Trotsky, The
Arbre, le maire et la médiathèque, L'
Becket
Bobby
Bowling for Columbine (documentaire)
Breach
Bullworth
Candidate, The
Charlie Wilson's War
Citizen Cohn
City Hall
Constant Gardener, The
Contender, The
Conspiracy
Conspiracy Theory, The
Day of the Jackal, The
Defense of the Realm
Diplomatic Immunity
Duplessis (télévision)
Duplicity
Elizabeth
Enemy of the State
État de siège
Fahrenheit 9/11 (documentaire)
Fleur du mal, La
Fog of War, The (documentaire)
Front, The
Good Night, and Good Luck
Gorky Park
Guilty by Suspicion
Hidden Agenda
Hoffa
I... comme Icare
Insider, The
Ivresse du pouvoir, L'
J.F.K.
Kangaroo
Kansas City
Last Contract, The
Last Hurrah, The
Lions for Lambs
Lord of War
Louis, enfant roi
Madness of King Georges
Manchurian Candidate, The
Mary, Queen of Scots
Max
Missing
Munich
Murder at 1600
Nada
Nixon
No Man's Land (2002)
No Way Out (1987)
Norma Rae
Parallax View, The
Patriotes, Les
Pelican Brief, The
Pentagon Papers, The
Perfect Candidate, A
Power
Primary Color
Queen, The
Question humaine, La
Redacted
Rendition
Ridicule
Romero
Scandal
Scorpio
Secret Honor
Shoes of the Fisherman
Soleil, Le
Souper, Le
Spy Game
State of the Union
Sunshine
Syriana
Sword of Gideon
Thirteen Days
War Room, The (documentaire)
West Wing, The (télévision)
X-Files
Z
3 Days of the Condor

CAUSES NATIONALES

Action: The October Crisis (documentaire)
Battle of Algier
Beyond Rangoons
Blue Kite
Chartrand et Simonne (télévision)
Complot, Le
Confort et l'indifférence, Le (documentaire)
Conformiste, Le
Évita
Free Zone
Gandhi
Général Idi Amin Dada (documentaire)
Histoire officielle, L'
Homme sur les quais, L'
In the Name of the Father
Inner Circle, The
Intervention divine
Je suis Cuba
Kandahar
Kanehsatake: 270 ans de résistance (documentaire)
Legend of Rita
Lumumba
Michael Collins
Ochoa
Octobre
Omagh
Ordres, Les
Silencio Roto
Statement, The
Temps des bouffons, Le (documentaire)
Tsotsi
Viva Zapata!
15 février 1839

PARODIES ET SATIRES

All the Queen's Men
American President
Bananas
Blaze
Bob Roberts
Bullworth
Caïman, Le
Chasing Liberty
Citizen Ruth
Dave
Dick
Distinguished Gentleman
Election
Gabriel Over the White House
Great Dictator, The
Malibu's Most Wanted
Mr. Smith Goes to Washington
Naked Gun 2 1/2
President's Analyst, The
Propaganda
Tapeheads
Series 7: The Contender
Splitting Heirs
Stardom
Wag the Dog
Welcome to Mooseport
Yes Sir! Madame

LA SOCIÉTÉ

LA MORT VOUS VA SI BIEN

After Life
Ailes du désir, Les
Always
American Werewolf in London, An
Angel Heart
BeetleJuice
Blithe Spirit
Chances Are
Choses de la vie, Les
City of Angels
Crow, The
Dark, The
Dark Water (2002-2005)
Defending Your Life
Dona Flor et ses deux maris
Down to Earth
Échine du diable, L'
Empire de la passion, L'
Flatliners
Frighteners, The
Ghost
Ghost and Mrs. Muir, The
Ghost Story
Guy Named Joe, A
Heart and Soul
Heaven Can Wait (1943-1978)
Hello Again
Here Comes Mr. Jordan
Intersection
Jacob's Ladder
Juliette des esprits
Just Like Heaven
Kiss Me Goodbye
Meet Joe Black
Mort vous va si bien, La
Others, The
Premonition (2004-2007)
Rapture, The
Shutter
Si loin, si proche
Sixth Sense, The

Sous le sable
Stairway to Heaven
(A Matter of Life and Death)
Stay
Time of Their Lives
Three... Extremes (The Box)
Three... Extremes II (Going Home)
Truly, Madly, Deeply
Ugetsu Monogatari
Une pure formalité
What Dreams May Come

LA SOCIÉTÉ
LE RACISME

Aimée et Jaguar
Alamo Bay
Ali: Fear Eats the Soul
All My Loved Ones
American History X
Amistad
Antwone Fisher
Ange de goudron, L'
Babel
Bamboozled
Betrayed
Beyond the Walls
Birth of a Nation
Blood in the Face (TV)
Bopha!
Border, The
Boyz N the Hood
Bronx Tale, A
Caché
Caprices d'un fleuve, Les
Chamber, The
Cheb
China Girl
Clearcut
Color of a Brisk and Leaping Day
Color Purple, The
Come See the Paradise
Comment faire l'amour
avec un nègre sans se fatiguer
Convicts
Crimson Tide
Crise, La
Crossfire
Cry Freedom
Cry, the Beloved Country
Death of a Prophet
Defiant Ones, The
Die Hard 3
Dirty Pretty Thing
Divided we Fall
Do the Right Thing
Double Happiness
Driving Miss Daisy
Dry White Season, A
Empire
Einstein of Sex, The
Far From Heaven
Focus
Foxy Brown
Fringe Dwellers, The
Ghosts of Mississippi
Glory
Gone with the Wind
Green Mile, The
Guess Who's Coming to Dinner
Haine, La
Harlow
Hart's War
Heaven and Earth
Higher Learning
Home of the Brave
Hope and Glory
In Country
Inner Circle, The
In the Heat of the Night
Jungle Fever
Kedma
Kidnapped
Killing Fields, The
Kitchen Toto, The
Land and Freedom
Last Detail, The
Leopard Man
Life
Long Walk Home, The
Losing Isaiah
Love Field
Lumumba
Malcom X
Mandela
Mandela and Deklerk (TV)
Manderlay
Mississippi Burning
Mississippi Masala
Monster's ball
My Big Fat Greek Wedding
Nèg', Le
Noirs et blancs en couleurs
No Way Out (1950)
Nuit noire, 17 octobre 1961
Pinky
Panther
Paris Trout
Parlez-moi de la pluie
Patch of Blue, A
Power of One, The
Pretty Persuasion
Raisin In the Sun, A
Real Malcom X, The (doc.)
Riel
Romper Stomper
Romuald et Juliette
Roots (TV)
Rosewood
Salsa
Sarafina!
Sarrasine, La
Shabbat Shalom!
Skin Game
S.O.B.
Soldier's Story, A
Star 80
Stick, The
Sum of all Fears, The
Sunshine
Three Burials of Melquiades Estrada, The
Thug Immortal: Tupac Shakur (doc.)
To Kill a Mockingbird
Traversées
Vampire au paradis, Un
Varian's War
Voyage of La Amistad, The (doc.)
When We Were Kings (doc.)
Wilby Conspiracy, The
Windigo
World Apart, A
World of Strangers
8 Mile

LA SOCIÉTÉ
LA SPIRITUALITÉ

LE SENS DE LA VIE

Ailes du désir, Les
Alberto Express
Alice in the Cities
Another Woman
Antonia's Line
Art Meet Science (série documentaire)
Autre, L'
Awakenings
Ballade de Narayama, La
Baraka
Being Human
Being John Malkowich
Belle histoire, La
Blind Chance
Breaking the Waves
Bringing Out the Dead
Brother Sun, Sister Moon
Caro Diaro
Céline
Ceux qui m'aiment prendront le train
Ceux qui ont le pas léger meurent
sans laisser de traces
Choses de la vie, Les
City of Angels
Code Unknown
Contact
Contre toute espérance
Crabe dans la tête, Un
Crimes and Misdemeanors
Dancer in the Dark
Deadman Walking
Death Poets Society
Décalogue, Le
Defending Your Life
Des nouvelles du Bon Dieu
Destinées sentimentales, Les
Doctor, The
Dolce Vita, La
Don't Come Knocking
Double vie de Véronique, La
Dream with the Fishes
Dreams
Earth
End of the Affair, The (1999)
Enfants, Les
Essential: Allan Watts (documentaire)
Fabuleux destin d'Amélie Poulain, Le
Famille, La
Faust
Fin août, début septembre
Fire
Fisher King, The
Four Noble Truths, The
(série documentaire)
Gandhi
Greek Fire (série) (documentaire)
Hallelujah!
Hamlet
Hanna and Her Sisters
Heights
Hiroshima, mon amour
Hours, The
Huitième jour, Le
Interiors
IP5 - l'île aux pachydermes
It's a Wonderful Life
J'aimerais pas crever un dimanche
Jacques et Novembre
Jésus de Montréal
Jesus of Nazareth
Jetée, La
Joy Luck Club, The
K-Pax
Kadosh
Kundun
Last Holiday (1950/2006)
Last Temptation of the Christ, The
Leaving Las Vegas
Life on a String
Little Buddha

Livre des morts tibétains, Le
(documentaire, 2 volumes)
Loss of Sexual Innocence
Lovers of the Artic Circle
Lulu on the Bridge
Maelström
Magnolia
Man Facing Southeast
Marie de Nazareth
Meaning of Life, The
Montagne sacrée, La
Mort en direct, La
Mrs Dalloway
Neuvaine, La
Nuit du déluge, La
Open Your Eyes
Opening Night
Personal Velocity
Ponette
Power of Myth, The (série documentaire)
Pressentiment, Le
Priest
Princess and the Warrior, The
Pure formalité, Une
Sacrifice, Le
Short Cuts
Sixth Sense
Soleil même la nuit, Le
Sophie's Choice
Sunshine
Tantra, Indian Rites of Ecstasy
(documentaire)
Temps qui changent, Les
Temps retrouvé, Les
Ten Things You Can Tell Just
by Looking at Her
Teorema
Toto le héros
Trois couleurs - Blanc
Trois couleurs - Bleu
Trois couleurs - Rouge
Trois vies et une seule mort
Tu as crié Let Me Go (documentaire)
Été inoubliable, Un
Unbearable Lightness of Being, The
Uns et les autres, Les
Vie est belle, La
Vivre sa vie
Voices Vision (série documentaire)
What Dreams May Come
Who's Life Is It Anymay?
Woman in the Dunes
Woman's Tale, A
World According to Garp, World
Youth Without Youth
12 Monkeys
20h17 Rue Darling
35 Up
(Voir aussi les filmographies de Ingmar
Bergman, Tarkovsky et Kieslowski)

VOYAGES INITIATIQUES

Aguirre, la colère de Dieu
A.I. Artificial Intelligence
Alice (1988)
Alice in Wonderland
Aller simple, Un
Altered States
Amants criminels, Les
Apocalypse Now
Beyond Rangoon
Carnets de voyages
Central Station
Christian
City of Joy
Congorama
Dark Crystal
Dark Habits
Dead Man
Easy Rider
Égarés, Les
El Topo
Europa
Fando & Lis
Fil de la vie, Le
Fitzcarraldo
Gadjo Dilo
Guerre du feu, La
Heart of Darkness
Hideous Kinky
Himalaya, l'enfance d'un chef
Holy smoke
Into the West
Into the Wild
J'irai comme un cheval fou
Kikujiro
Killing Fields
Last Detail, The
Lawrence of Arabia
Lion King, The
Lost Horizon
Morvern Callar
Mahabharata
Massaï - les guerriers de la pluie
Mission, The
My Own Private Idaho
Mysterious Skin
N'oublie pas que tu vas mourir
Navigator: A Medieval Odyssey, The
Neuvaine, La
Nocturne indien
Odd Man Out
Orphée
Palindrome
Passenger, The
Razor's Edge, The (1946)
Red Desert
Regard d'Ulysse, Le
Road Home, The
Seven Years in Tibet
Sheltering Sky
Spirited Away
Stalker
Stealing Beauty
Tang le onzième
Three Burials of Melquiades Estrada, The
Until The End of the World
Urga
Voie lactée, La
Voyage, Le
Walkabout
Zabriskie Point
Zigrail
2001: A Space Odyssey

LA SOCIÉTÉ

LES VOYAGES AUTOUR DU MONDE

Villages d'**Afrique Noire**
Bal poussière
Constant Gardener
Enfant noir, L'
Dieux sont tombés sur la tête
Faro, la reine des eaux
Les Madame Brouette
Rue Cases-Nègre

Au flanc des **Alpes**
Bronzés font du ski, Les
Dis-moi que je rêve
Five Days, One Summer
Genou de Claire, Le
Rivières pourpres, Les
Tout ça... pour ça!

Rigueurs hivernales de l'**Amérique**
Affliction
Au clair de la lune
Beautiful Girls
Big White, The
Fargo
Gina
Guerre des tuques, La
Histoires d'hiver
Ice Storm
Ice Harvest
Insomnia (2002)
Last Winter ,The
Lookout
Misery
Mon oncle Antoine
Mémoires affectives
Raquetteurs, Les
Shinning, The
Simple Plan, A
Sweet Hereafter, The
Wendigo
Wind Chill
Wonder Boys

Promenade dans un jardin **anglais**
Angels and Insects
Barry Lyndon
Draughtman's Contract
Emma
Golden Bowl
Howards End
Mansfield Park
Persuasion
Possession (2002)
Pride and Prejudice
Wuthering Heights
Sense and Sensibility

Soleil des **Antilles**
Club Paradise
Countryman
How Stella Got Her Groove Back
Under Suspicion (2000)

Perdu en **Arizona**
Arizona Dream
Bagdad Café
Country Life
Rabbit-Proof Fence
Raising Arizona
Sunchaser, The
U-turn
Wolf Creek

Paysages d'**Australie**
Jusqu'au bout du monde
Shame (1988)
Siam Sunset
Coca-cola Kid
Sirens
Cocodile Dundee
Wolfcreek
Picnic at Hanging Rock

Musique et romance en **Autriche**
Amadeus
Mahler
Sissi (Trilogie)
Sound of Music
Song of Love

Les charmes de **Barcelone**
Auberge espagnole, L'
Barcelona
Land and Freedom
Passenger, The

Favelas **brésiliennes**
City of God
City of Men (2003/2007)

Randonnées en **Bretagne**
Conte d'été
Élisa
Vacances de M. Hulot, Les
Western

Aventures dans la **brousse**
Beyond Rangoon
Cannibal Holocaust
Coup de torchon
Emerald Forest
Gorillas in the Mist
Mosquito Coast, The
Out of Africa

Chaleur de la **casbah** et des **mosquées**
And now ladies and gentlemen
Bataille d'Alger, La
Born in Absurdistan
English patient, The
Halfaouine, l'enfant des terrasses
Monsieur Ibrahim
et les fleurs du Coran
Pépé le Moko
Sheltering Sky

La royauté de **Chine**
Crustacés et coquillages
Curse of the Golden Flower
Last Emperor
Empereur et l'assassin, L'
Emperor's Shadow
Hero

Vacances en **Côte d'Azur**
Et Dieu créa la Femme
Voyage à Biarritz
Gendarme de Saint-Tropez, Le
Sous-doués en vacances, Les

Traversées du **désert**
Cent mille dollars au soleil
Lawrence of Arabia
Lion in the Desert
Message, The
Thé au Sahara, Un

Plages de la **Floride**
Birdcage, The
Fascination
Florida, La
Stranger than Paradise
Wild Things

Le **Grand Nord** à perte de vue
Agaguk, Shadow of the Wolf
Atanarjuat: Fast Runner
Chamane
Journals of Knud Rasmussen
Kabloonak

Rêves et cauchemars d'**îles désertes**
Beach, The
Blue Lagoon
Bounty, The
Cast Away
Crusoe
Lost (TV)
Robinson Crusoe
Swept Away
Vers un destin insolite
sur les flots bleus de l'été

Les **îles grecques**
Captain Corelli's Mandolin
Grand Bleu, Le
Mediterraneo
Never on Sunday
Shirley Valentine
Zorba the Greek

Les facettes de l'**Inde**
Bandit Queen
Black Narcissus
City of Joy
Earth
Elephant Boy
Fire
Gandhi
Gunga Din
Holy Smoke
Kama Sutra: a Tale of Love
Kim
Lagaan
Little Buddha
Little Princess, A (1995)
Monsoon Wedding
Namesake, The
Partition
Passage to India
River, The (1951)
Salaam Bombay
Vanity Fair
Water

Nuages sur l'**Irlande**
Breakfast on Pluto
Butcher Boy, The
Crying Game, The
Field, The
General, The
In the Name of the Father
My Left Foot
Some Mother's Son

Une vue sur l'**Italie**
Enchanted April
Room with a View, A
Tea with Mussolini
Under the Tuscan Sun
Up at the Villa

Londres d'aujourd'hui
Closer
Fish & Ships
Lock, stock and Two Smoking Barrels
My Beautiful Laundrette
My Son the Fanatic
Naked
Nil by Mouth
Sammi and Rosie Get Laid
Spider

Londres en quartiers
About a Boy
Basic Instinct 2 – Risk Addiction
Blowup
Last Chance Harvey
Long Good Friday, The
Love Actually
Match Point
Mother, The (2003)
Notting Hill
Prime Suspect (TV)
Queen, The
Secrets and Lies
Sweeney Todd – The Demon Barber of
Fleet Street
Venus

Cartes postales de **Londres**
American Werewolf in London
Four Weddings and a Funeral
Hard Day's Night, A
Octopussy
What a Girl Wants

Des bayous de la **Louisiane**
All the King's Men (2006)
Apostle, The
Blaze
Carmen Jones
Eve's Bayou
Feat of All Saints (TV)
Gingerbread Man
Interview with a Vampire
Live and Let Die
Louisiana
Louisiana Story
Man in the Moon, The (1991)
Passion Fish
Rose Tattoo, The
Skeleton Key, The
Sounder
Southern Comfort
Steel Magnolias
Streetcar Named Desire, A
Suddenly, Last Summer
Uncle Tom's Cabin

Petits villages des **Maritimes**
Cap tourmente
Full Blast
Grande séduction, La
Île de sable, L'
Margaret's Museum
Mario
New Waterford Girl
Shipping News, The
Turbulence des fluides, La

Vents de la **Méditerranée**
Avventura, L'
Mediterranéo
Regard d'Ulysse, Le

Tourisme au **Mexique**
Babel
Chèvre, La
El Norte
Japon
Vengeance du serpent à plumes, La
8 Heads in a Duffel Bag

Montréal par vues
Dans les villes
Montréal vu par
Ring, Le
Sur la trace d'Iggor Rizzi
2 secondes

Montréal, une île une ville
Crabe dans la tête, Un
Crème glacée, chocolat
et autres consolations
Jésus de Montréal
Hasards ou coincidences
Ma voisine danse le ska
Matins infidèles, Les
Zoo la nuit, Un

La face cachée de **Montréal**
Audition, L'
Being at Home With Claude
Cosmos
Eldorado
Maelström
Hochelaga
20h17 rue Darling

Moscou la nuit
Arche russe, L'
Little Vera
Taxi Blues

New York, New York
Age of Innocence, The
All That Jazz
Annie Hall
Apartment, The
Bonfire of the Vanities
Birth
Crooklyn
Crossing Delancey
Devil's Advocate, The
Diner at Eight
Dog Day Afternoon
Dressed to Kill
Eyes Wide Shut
Goodfellas
Hannah and Her Sisters
Joe
Joshua
King of New York, The
Last Days of Disco
Mean Streets
Metropolitan
Midnight Cowboys
Mr. And Mrs. Smith (1941)
Ms. 45
Once Upon a Time in America
Panic in Needle Park, The
Prisoner of Second Avenue, The
Quick Change
Sex and the City (TV)
Six Degrees of Separation
Smithereens
Splash
Tadpole
Taxi Driver
When Harry Met Sally
Wolfen
Wolf
54

Je voudrais voir **New York**
Cotton Club
Fast Food, Fast Women
Fisher King, The
Ghostbuster
Hi, Mom!
Manhattan
New York Stories
People I Know
Squid annd the Whale, The
Wall Street

Cachez ce **New York**...
Clockers
Empire
Kids
Mean Streets
New York Ripper
Phone Booth
Sue Lost in Manhattan
Urbania
25th Hour

Paris lumière
Amants du Pont-Neuf, Les
Belle histoire, La
Fabuleux destin d'Amélie Poulain, Le
Tempo
Trois couleurs: bleu
Zazie dans le métro

Paris urbain
Buffet froid
Haine, La
Monde sans pitié, Un
Subway
Seul contre tous

Les Rendez-vous de **Paris**
American in Paris, An
Belle personne, La
Changement d'adresse
Chansons d'amour, Les
Ciel de Paris, Le
Comme une image
Dilettante, La
Encore
Forget Paris
Je pense à vous
Last Tango in Paris
Nelly et monsieur Arnaud
Nuits de la pleine lune, Les
Paris nous appartient
Paris vu par...
Petit lieutenant, Le
Place Vendôme
Quai des Orfèvres
Rien sur Robert
Rôle de sa vie, Le
Paris When it Sizzles
Sous les toits de Paris
Traversée de Paris, La
Un baiser s'il vous plaît
36 quai des orfèvres

Soleil de **Provence**
Château de ma mère, Le
Face cachée de la lune, La
Gloire de mon père, La
Good Year, A
Jean de florette
Manon des sources
Marius, Fanny, César
Marius et Jeanette
Ville est tranquille, La
Year in Provence, A

Les remparts de **Québec**
Bach et Bottine
Confessionnal, le
I Confess
Petit vent de panique
Plouffe, Les

Couleurs de **Rio de Janeiro**
Bossa Nova
Central Station
Cité de Dieu
Madame Sata
Orfeu Negro
Wild Orchid

Rome la magnifique
Belly of an Architect, The
Dolce Vita, La
Fellini Roma
Ils vont tous bien
Main basse sur la ville
Monsignor
Rome ville ouverte

Aux confins de la **Russie**
Noce, La
Sibériade
Urga
Voleur et l'enfant, Le

Suspense à **San Francisco**
Basic Instinct
Bullit
Conversation, The
Game, The
Pacific Heights
Vertigo

Face cachée de la **Scandinavie**
Girl in the Café, The
Histoires de cuisine
Homme sans passé, L'
I am Dina
Idiots, Les
No Such Thing
101 Reykjavik

Complots en **Sicile**
Bonanno: A Godfather's Story
Excellents Cadavres
Godfather, The
Godfather Part II, The
Je n'ai pas peur
Johnny Stecchino
Rocco et ses frères

Montagnes du **Tibet**
Coupe, La
Golden Child
Kundun
Seven Days in Tibet
Seven Years in Tibet

Tokyo d'hier à aujourd'hui
Babel
Lost in Translation
Love & Pop
Nobody Knows
Shinjuku Triad Society
Tokyo Story
Tokyo-Ga
Tokyo Olympiad
When a Woman Ascends the Stairs
Yakuza Papers

À l'ombre et au soleil en **Turquie**
Ararat
Bandit, Le
Distant
Midnight Express
Topkapi
Yol

Angoisse et passion à **Venise**
Comfort of Strangers, The
Don't Look Back
Indiana Jones and the Last Crusade
Merchant of Venice, The
Mort à Venise
Nu de femme
Othello
Ripley's Game
Senso
Summertime
Talented M. Ripley, The
Who Saw Her Die?
Wings of the Dove

Le **Viêtnam** qui n'est pas en guerre
À la verticale de l'été
Amant, L'
Cyclo
Indochine
Just Married
Odeur de la papaye verte, L'
Tang le onzième

Tours du **Monde**
Babel
Baraka
Bourne Identity
Bourne Supremacy
Catch Me if You Can
Everyone Says I Love You (Paris, Venise, New York)
Flirt (New York, Berlin, Tokyo)
Koyaanisqatsi
Munich
Napoléon
Night on Earth (Los Angeles, New York, Paris, Rome, Helsinki)

Poupées russes, Les
Red Violin, The (Italie, Québec, Chine, Autriche, Angleterre)
Sisterhood of the Travelling Pants

LES BIOGRAPHIES

GUERRE, POLITIQUE & HISTOIRE

Tony Blair: Deal, The
Napoléon Bonaparte: Conquest; Désirée; Loves and Times of Scaramouche; Napoléon (1927, 1954 et 2002); Waterloo
François-Xavier Bouchard: Quand je serai parti... vous vivrez encore
George Bryan Brummell: Beau Brummell
Julius Caesar: Cleopatra (1934 et 1953); Hail Caesar 01: Julius; Julius Caesar (1953 et 1970)
Michel Chartrand: Chartrand et Simonne; Homme de parole, Un (documentaire)
Winston Churchill: Churchill (documentaire); Eagle Has Landed, The; Gathering Storm; Young Winston
Désirée Clary: Désirée
Bill Clinton: Primary Colors
Roy Cohn: Citizen Cohn
Christophe Colomb: Christopher Columbus; 1492: Conquest of Paradise
Oliver Cromwell: Cromwell
George Armstrong Custer: Custer of the West
Général Idi Amin Dada: The Last King of Scotland
Georges Danton: Danton
François-Marie-Thomas De Lorimier: 15 février 1839
Hélène de Troie: Helen of Troy (1955, 2003); Troy
Capitaine Dreyfus: Prisoner of Honor
Jean Duceppe: Jean Duceppe (télévision)
Wyatt Earp: Wyatt Earp
Adolf Eichman: Specialist, The (documentaire)
Elizabeth 1ère: Elizabeth; Elizabeth R. (télévision); Mary of Scotland; Mary, Queen of Scots; Private Lives of Elizabeth and Essex, The; Shakespeare in Love; Virgin Queen, The; Elizabeth: The Golden Age; Elizabeth I (télévision)
Elizabeth II: The Queen
Anne Frank: Anne Frank: The Missing Chapter (documentaire); Anne Frank Remember (documentaire); Diary of Anne Frank, The
Mohandas Karamchand Gandhi: Gandhi
Geronimo: Geronimo
Adélard Godbout: Traître ou patriote (documentaire)
Martin Gray: Au nom de tous les miens
Amiral Halsey: Gallant Hours
Le Ly Hayslip: Heaven and Hearth
Adolph Hitler: Black Fox, The; Blind Spot: Hitler's Secretary (documentaire); Bunker, The; Desert Fox, The; Hitler: Last Ten Days, The (documentaire); Hitler: Rise of Evil, The (television); Moloch; Nazis, The (documentaire); Chute, La
Jimmy Hoffa: Hoffa
Tsar Ivan IV: Ivan the Terrible
Thomas Jefferson: Jefferson in Paris; 1776
John Fitzgerald Kennedy: Four Days in November; JFK; PT 109; Thirteen Days
Janusz Korczak: Korczak
Ron Kovic: Born on the Fourth of July
John Lafitte: Buccaneer, The
Laurence d'Arabie: Lawrence of Arabia
Alexandre Le Grand: Alexander the Great
Casimir Le Grand: Casimir the Great
Anna Leonowens: Anna & the King; Anna & the King of Siam; King & I, The
Abraham Lincoln: Abe Lincoln in Illinois; Abraham Lincoln; Young Mr. Lincoln
Louis XIV: Louis, Enfant Roi; Marquise; Molière; Roi danse, Le; Tous les matins du monde; Vatel
Patrice Lumumba: Lumumba
Général Douglas MacArthur: Mac Arthur; Mac Arthur (documentaire); Warlords: MacArthur (documentaire)
Baron Grégoire Ponceludon de Malavoy: Ridicule
Malcolm Little dit Malcom X: Death of a prophet; Malcolm X; Real Malcolm X, The (documentaire)
Nelson Mandela: Mandela; Mandela & Deklerk
Mickey Marcus: Cast a Giant Shadow
Marie-Antoinette: Marie Antoinette
Marie 1re Stuart: Mary, Queen of Scots; Mary of Scotland
Golda Meir: Woman Called Golda, A
Chico Mendes: Burning Season, The
Yukio Mishima: Mishima
Général Billy Mitchell: Court-Martial of Billy Mitchell
Simonne Monet-Chartrand: Chartrand et Simonne; Vie comme une rivière, Une
Lola Montès: Lola Montès
Mussolini: Lion in the Desert; Mussolini (documentaire); Mussolini & I
Richard Nixon: Frost and Nixon; Nixon; Real Richard Nixon, The (documentaire); Secret Honor
Marquise du Parc: Marquise
Général George Patton: Last Days of Patton, The; Patton
Solomon Perel: Europa, Europa
Eva Peròn: Evita
Grigori Iefimovitch Rasputin: Rasputin; Rasputin, Dark Servant of Destiny
Maximilien de Robespierre: Danton
John Reed: Reds
Louis Riel: Riel
Oscar Romero: Romero
Général Erwin Rommel: Desert Fox, The
Andrei Sakharov: Sakharov
Oskar Schindler: Schindler (documentaire); Schindler's List
Sissi (Élizabeth de Bavière): Sissi
Joseph Staline: Stalin
Colonel Paul Tibbetts: Above and Beyond
Victoria 1re: Mrs. Brown
François Villon: If I Were King
Frank «Spig» Wead: Wings of Eagles
Harold Wilson: Wilson
Arthur & Ronnie Winslow: Winslow Boy, The
Gerard Winstanley: Winstanley
Bob Woodward: All the President's Men
Chuchu & Luo Xiaoman: Red Cherry
Pu Yi: Last Emperor, The
Sergent York: Sergeant York

MÉDECINE & RECHERCHES SCIENTIFIQUES

Dr. Hunter Patch Adams: Patch Adams
Alexander Graham Bell: Story of Alexander Graham Bell, The
Dr. Norman Bethune: Bethune; Bethune: The Making of a Hero
Marie Curie: Madame Curie; Palmes de M. Schutz, Les
Thomas Edison: Edison, the Man; Young Tom Edison
Dian Fossey: Gorillas in the Mist
Sigmund Freud: Secret Diary of Sigmund Freud
Mary Kenny: Sister Kenny
Alfred Kinsey: Kinsey
Franz Anton Mesmer: Mesmer
Dr. William Morton: Great Moment, The
Michel de Nostradamus: Nostradamus
Louis Pasteur: Story of Louis Pasteur, The
Dr. Ed Rosenbaum: Doctor, The
Dr. Wassell: Story of Dr. Wassell, The
Dr. Jeffrey Wigand: Insider, The

PERSONNAGES RELIGIEUX

Frère André: Frère André, Le
Jacob: Genesis
Jeanne d'Arc: Jeanne la Pucelle: Les batailles; Jeanne la Pucelle: Les prisons; Joan of Arc (1948); Joan of Arc (TV- 1999); Messenger, The: The Story of Joan of Arc (1999); Passion of Joan of Arc, The (1928)
François d'Assise: Brother Sun, Sister Moon; Francesco
Bouddha: Little Buddha
14e Dalaï-Lama: Kundun; Seven Years in Tibet
Esther: Esther and the King
Jésus: Ben-Hur; Jesus Christ Superstar; Jesus of Nazareth; King of Kings, , The; Last Temptation of Christ, The; Marie de Nazareth; Messiah, The; Passion of the Christ, The
Étienne de Loyola: Loyola, the Soldier Saint
Martin Luther; Luther
Thérèse Martin: Thérèse; Therese - The Story of Saint Therese de Lisieux
Mohammed: Message, The
Moïse: Bible, The; Ten Commandments, The
Saint Vincent de Paul: Monsieur Vincent
Ruth: Story of Ruth
Bernadette Soubirous: Song of Bernadette, The

CRIMINELS, GANGSTERS, HORS-LA-LOI & MAFIA

Frank W. Abignale Jr.: Catch Me If You Can
Michael Alig: Party monster
Carl Bernstein: All the President's Men
Billy the Kid: Billy the Kid (documentaire); Left-Handed Gun, The; Outlaw, The
Joseph Bonanno: Bonanno: A Godfather's Story
Al Capone: Al Capone
Jeffrey Dahmer; Dahmer
Ferdinand Demara: Great Imposter, The
Phoolan Devi: Bandit Queen
Dillinger: Dillinger (1945-1973); Public Ennemies
Gaston Dominici: Affaire Dominici, L'
Ruth Ellis: Dance With a Stranger
Bill Hickok: Wild Bill
Henry Hill: Goodfellas
Jim Jones: Guyana Tragedy, The: The Jim Jones Story
George Jung: Blow
Ned Kelly: Ned Kelly

Ronnie et Reggie Kray: Krays, The
Meyer Lansky: Lansky
Lucky Luciano: Lucky Luciano
Charles Manson: Helter Skelter; Manson (documentaire)
John Mc Vicar: Mc Vicar
Jacques Mesrine: Mesrine, le film
Bonnie Parker et Clyde Barrow: Bonnie & Clyde
Martin Puccio: Bully
Sam «Ace» Rothstein: Casino
Benjamin «Bugsy» Siegel: Bugsy
Valerie Solanas: I Shot Andy Warhol
«Son of Sam» David Berkowitz: Summer of Sam; Summer of Terror: The Real Son of Sam (documentaire)
Monique Sparvieri; Monica la Mitraille
Marcel Talon; Dernier Tunnel, Le
Cordélia Viau: Cordélia
Aileen Wuornos: Monster

SPORTS

Arthur Agee et William Gates: Hoop Dreams (documentaire)
Muhammad Ali: Ali; Muhammad Ali: Trough the Eyes of the World (documentaire); When We Were Kings (documentaire)
Rubin Hurricane Carter: Hurricane
Ty Cobb: Cobb
Jim Corbett: Gentleman Jim
Lou Gehrig: Pride of the Yankees, The
Annette Kellerman: Million Dollar Mermaid
Jake La Motta: Raging Bull
Eric Liddell et Harold Abrahams: Chariots of Fire
Marty Maher: Long Gray Line, The
Steve Prefontaine: Without Limits
Knute Rockne: Knute Rockne, All American
Rudy: Rudy
Babe Ruth: Babe, The
Arnold Schwarzenegger: Pumping Iron (documentaire)
Jim Thorpe: Jim Thorpe - All American

DANSE

Isadora Duncan: Isadora
Vaslav Nijinsky: Nijinsky

MUSIQUE CLASSIQUE ET OPÉRA

Ludwig Von Beethoven: Beethoven; Beethoven's Nephew; Grand amour de Beethoven, Un; Immortal Beloved; Copying Beethoven
Enrico Caruso: Great Caruso, The
Frédéric Chopin: Impromptu; Lisztomania; Song to Remember, A
The Clash: *voir Joe Strummer*
Kurt Cobain: About a son (documentaire); Last Days
Ian Curtis: Control
Jacqueline DuPré: Hilary and Jackie
Carlo Broschi dit Farinelli: Farinelli
Philip Glass: Glass – A portrait of Philip in Twelve Parts
Glenn Gould: 32 Short Films About Glenn Gould
David Helfgott: Shine
Marjorie Lawrence: Interrupted Melody
Franz Liszt: Lisztomania; Song Without End
Gustav Mahler: Mahler
Wolfgang Amadeus Mozart: Amadeus; Mozart: A Childhood Chronicle; Whom the Gods Love
Patti Smith: Patti Smith – Dream of Life
Johann Strauss: Great Waltz, The
Joe Strummer: Joe Strummer – The Future Is Unwritten
Wladyslaw Szpilman: Pianist, The
Petr Ilitch Tchaikovsky: Music Lover, The; Tchaikovsky
Giuseppe Verdi: Life of Verdi
Wagner: Lisztomania; Wagner: The Movie

JAZZ, BLUES & MUSIQUE CONTEMPORAINE

Chet Baker: Let's Get Lost
The Beatles: Backbeat; Beatles Anthology, The (documentaire); Complete Beatles, The (documentaire)
David Bowie: Velvet Goldmine
Fanny Brice: Funny Girl; Funny Lady
Johnny Cash: Walk the Line
Ray Charles: Ray
Patsy Cline: Sweet Dreams
Kurt Cobain: About a Son (documentaire)
Ian Curtis: Control
Bobby Darin; Beyond the Sea
Sœurs Dolly: Dolly Sisters, The
Eddy Duchin: Eddy Duchin Story, The
Ruth Etting: Love Me or Leave Me
Funk Brothers: Standing in the Shadows of Motown
Bleek Gilliam: Mo'Better Blues
Benny Goodman: Benny Goodman Story, The
Roberta Guaspari: Music of the Heart
Woody Guthrie: Bound for Glory
Billie Holiday: Lady Sings the Blues
Buddy Holly: Buddy Holly Story, The
Al Jolson: Jolson Sings Again; Jolson Story, The
Gus Kahn: I'll See You in my Dreams
Gustav Klimt: Klimt
Jerry Lee Lewis: Great Balls of Fire
John Lennon: Beatles Anthology, The (documentaire); Complete Beatles, The (documentaire); Hours and Times, The
Frankie Lymon: Why Do Fools Fall in Love
Loretta Lynn: Coal Miner's Daughter
Mama Rose: Gypsy
Metallica: Some Kind of Monster
Glenn Miller: Glenn Miller Story, The
Helen Morgan: Helen Morgan Story, The
Jim Morrison: Doors, The
Edvard Munch: Munch
Red Nichols: Five Pennies, The
Charlie Parker: Bird
Edith Piaf: Edith et Marcel; Piaf; Cole Porter; De-Lovely; Night and Day
Cole Porter: De-Lovely; Night and Day; Vie en rose, La
Elvis Presley: Elvis and Me; Elvis: The Movie
Alys Robi: Ma vie en cinémascope
Lilian Roth: I'll Cry Tomorrow
Selena: Selena
Tupac Shakur: Thuq Immortal (documentaire)
Frank Sinatra: Sinatra; Rat Pack, The
Leon Theremin: Theremin: An Electronic Odyssey
Tina Turner: What's Love Got to Do With It?
Ritchie Valens: Bamba, La
Sid Vicious: Filth and the Fury, The (documentaire); Sid & Nancy
Hank Williams Jr.: Living Proof: The Hank Williams Jr. Story (documentaire)

MODE

Coco Chanel: Coco avant Chanel; Coco Chanel; Coco Chanel & Igor Stravinsky
Karl Lagerfeld: Lagerfeld Confidential

PEINTURE & SCULPTURE

Artemisia: Artemisia
Francis Bacon: Love is the Devil
Jean-Michel Basquiat: Basquiat
Brueghel: Vision On Art: Pieter Brueghel the Elder (documentaire)
Dora Carrington: Carrington
Camille Claudel: Camille Claudel
Robert Crumb: Crumb
Van Eyck: Vision On Art: Jan van Eyck
Paul Gauguin: Wolf at the Door, The
Théodore Géricault: Mazeppa
Francisco de Goya Y Lucientes: Naked Maja, The; Goya's Ghosts
Frida Kahlo: Frida (1984 et 2002)
Gustav Klimt: Klimt
Alfred Laliberté: Alfred Laliberté: sculpteur
Ozias Leduc: Ozias Leduc
Michelangelo Merisi: Agony and the Ecstasy, The; Caravaggio; Michelangelo: self portrait (documentaire)
Amedeo Modigliani: Montparnasse 19
Edvard Munch: Munch
Alfred Pellan: Pellan
Pablo Picasso: Folles aventures de Picasso, Les; Picasso: the Man and His Work (documentaire); Surviving Picasso
Jackson Pollock: Jackson Pollock: Love & Death... (documentaire); Pollock
Rembrandt: Rembrandt (1936 et 2001); Rembrandt-1669
Auguste Rodin: Camille Claudel
Petrus Paulus Rubens: Vision On Art: Pieter Paul Rubens (documentaire)
Andrei Rublev: Andrei Rublev
Séraphine de Senlis: Séraphine
Henri de Toulouse-Lautrec: Lautrec; Moulin Rouge (1952 et 2001)
Armand Vaillancourt: Vaillancourt: sculpteur
Vincent Van Gogh: Lust for Life; Van Gogh; Vincent & Me; Vincent & Theo
Johannes Vermeer: Girl with a Pearl Earring; Vermeer: Light, Love and Silence (documentaire)
Andy Warhol: I Shot Andy Warhol; Superstar: Life & Times of Andy Warhol (documentaire); Warhol: Portrait of an Artist (documentaire); Factory Girl

CINÉMA

Josephine Baker: Josephine Baker Story, The
John Belushi: Wired
Famille d'Ingmar Bergman: Fanny & Alexander; Meilleurs intentions, Les; Private Confessions
Francesca Bertini: Last Diva, The
Christy Brown: My Left Foot
John Cassavetes: I'm Almost Not Crazy: John Cassavetes (documentaire)
Lon Chaney: Man of a Thousand Faces, The
Charlie Chaplin: Chaplin; Eternal Tramp, The (documentaire); Unknown Chaplin: The Great Director, The (documentaire)
Bob Crane: Auto Focus
Joan Crawford: Mommie Dearest

Cameron Crowe: Almost Famous
James Dean: Forever James Dean (documentaire); James Dean Story
Divine: Divine Trash (documentaire)
Clint Eastwood: Directors: Clint Eastwood (documentaire); Man From Malpaso, The (documentaire)
Sergei Eisenstein: Eisenstein
Robert Evans: Kid Stays in the Picture, The (documentaire)
Frances Farmer: Frances
Rainer Werner Fassbinder: Man Like Eva, A
Federico Fellini: Amarcord
Robert Flaherty: Kabloonak
Heidi Fleiss: Hollywood Madam (documentaire)
Bob Fosse: All That Jazz
Samuel Fuller: Big Red One, The
Clark Gable: Gable and Lombard
Jean Harlow: Harlow: The Blonde Bombshell (documentaire)
Audrey Hepburn: Audrey Hepburn Story, The; Audrey Hepburn: Remembered (documentaire)
Werner Herzog: My Best Fiend (documentaire)
Alfred Hitchcock: Alfred Hitchcock: Master of... (documentaire)
John Holmes: Wonderland; John Holmes: A Tribute to the King (documentaire)
Rock Hudson: Rock Hudson's Home Movies
Howard Hughes: Amazing Howard Hughes, The; Aviator, The
John Huston: White Hunter, Black Heart
Ron Jeremy: Porn Star: The Legend of Ron Jeremy (documentaire)
Buster Keaton: Buster Keaton Rides Again/ The Railrodder (documentaire)
Klaus Kinski: My Best Fiend (documentaire)
Gertrude Lawrence: Star!
Bruce Lee: Bruce Lee: The Legend (documentaire); Dragon: The Bruce Lee Story
Max Linder: Man With the Silk Hat, The
Louis Malle: Au revoir les enfants
Marilyn Monroe: Hollywood Collection: Marilyn Monroe (documentaire); Marilyn: The Last Word (documentaire); Marilyn Monroe: Portrait of a Legend (documentaire); Marilyn Monroe: The Final Days (documentaire); Rat Pack, The
Nanni Moretti: Aprile; Caro Diario
Friedrich Wilhem Murnau: Shadow of the Vampire
Marcel Pagnol: Château de ma mère, Le; Gloire de mon père, La
Gordon Parks: Learning Tree, The
Paolo Pasolini: Whoever Says the Truth Shall Die (documentaire)
Otto Preminger: Anatomy of a Filmmaker: Otto Preminger
Leni Riefenstahl: Wonderful Horrible Life of Leni Riefenstahl
Frank Ripploh: Taxi Zum Klo
Martin Scorsese: Directors: Martin Scorsese (documentaire); Who's That Knocking at my Door
Peter Sellers: Life and Death of Peter Sellers, The
Carlos Sorin: King and His Movie, A
Melvin Van Peebles: Baadasss
Erich Von Stroheim: Man You Loved to Hate (documentaire)
Rudolph Valentino: Valentino
Jean Vigo: Vigo: Passion for Life
Veronika Voss: Veronika Voss
Orson Welles: Cradle Will Rock; RKO 281: Battle over Citizen Kane
Tony Wilson: 24 Hours Party People
Edward D. Wood Jr.: Ed Wood; Ed Wood: Look Back In Angora (documentaire); Ed Wood Story, The: The Plan 9 from Outer Space (documentaire)
Franco Zeffirelli: Tea with Mussolini

MÉDIAS & SPECTACLES

Barnum & Bailey: Greatest Show on Earth, The
Jean-Dominique Bauby: Scaphandre et le papillon, Le
Lenny Bruce: Lenny
João Francisco dos Santos: Madame Satã
Larry Flint: People vs. Larry Flint, The
William Hearst: Citizen Kane
Hugh Hefner: Hugh Hefner:American playboy (documentaire); Hugh Hefner: Once upon a time (documentaire)
Houdini: Houdini
F. Ross Johnson: Barbarians at the Gate
Andy Kaufman: Man on the Moon; My Breakfast with Blassie (documentaire)
Rodgers & Hammerstein: Topsy Turvy
Edward R. Murrow: Good Night, and Good Luck
Martha Stewart: Martha Inc.: The story of Martha Stewart (television)
Charles Van Doren: Quiz Show
Florenz Ziegfeld: Great Ziegfeld, The

PERSONNAGES CÉLÈBRES

Lucie Aubrac: Lucie Aubrac
Teena Brandon: Boys Don't Cry
Coco Chanel: Chanel Solitaire
Désirée Clary: Desiree
George M. Cohan: Yankee Doodle Dandy
Quentin Crisp: Naked Civil Servant
John & Nora Davis: Journey for Margaret
Amelia Earhart: Amelia Earhart, the Final Flight
Jim Fisk: Toast of New York, The
Frank Harris: Cowboy
Oliver Wendell Holmes: Magnificent Yankee, The
Pascal Ichac: Chef in Love, A
Helen Keller: Miracle Worker, The
Charles Lindberg: Spirit of St.Louis, The
Capitaine Joseph McConnell Jr.: McConnell Story, The
John Merrick: Elephant Man, The
Reginald Mitchell: Spitfire
Helmut Newton: Helmut Newton: Frames From the Edge (documentaire)
Annie Oakley: Annie Oakley
Aristotte Onassis: Greek Tycoon, The
Cythia Payne: Personal Services
Capitaine Robert Falcon Scott: Scott of the Antartic
Blaze Starr: Blaz
Sonora Webster: Wild Hearts Can't Be Broken
William Wilson: My Name is Bill W.

LITTÉRATURE, THÉÂTRE & POÉSIE

Antonin Artaud: En compagnie d'Antonin Artaud
Pierre-Augustin Caron de Beaumarchais: Beaumarchais l'insolent
J.M. Barrie; Finding Neverland
Paul Bowles: Let It Come Down (documentaire)
Charles Bukowski: Barfly; Factotum
William S. Burroughs: Burroughs: Commissioner of Sewers (documentaire); Source, The (documentaire); Naked Lunch
Truman Capote: Capote; Infamous
Carolyn Cassady: Heart Beat
Agatha Christie: Agatha
Rick Cluchey: Weeds
Sidonie Gabrielle Colette: Becoming Colette
Sœur Juana Ines del la Cruz: I, the Worst of All
Alfred De Musset: Impromptu; Enfants du siècle, Les
Denis Diderot: Libertin, Le
Marguerite Duras: Cet amour-là; Lover, The
Ian Fleming: Spymaker
Janet Frame: Angel at My Table, An
Gaby: Gaby-a True Story
Allen Ginsberg: Life and Times of Allen Ginsberg (documentaire); Source, The (documentaire)
Jacob et Wilhelm Grimm: Wonderful Life of the Brothers Grimm, The
Dashiell Hammett: Hammett
Ernest Hemingway et Agnes von Kurowsky: In Love & War
Adèle Hugo: Histoire d'Adèle H., L'
James Joyce: James Joyce: A Portrait of the Artist as a Young Man; James Joyce's Women
Franz Kafka: Kafka
Jack Kerouac: Heart Beat; Kerouac (documentaire); Source, The (documentaire)
Gavino Ledda: Padre Padrone
C. S. Lewis: Shadowlands
Alice Liddell: Dreamchild
Henry Miller: Henry & Jude
Molière: Molière
Chevalier Leopold von Sacher-Masoch: Masoch
Émile Nelligan: Nelligan
Anaïs Nin: Anaïs Observed (documentaire); Henry & Jude
Joe Orton: Prick Up Your Ears
Dorothy Parker: Mrs. Parker and the Vicious Circle
Harvey Pekar: American splendor
Doris Pilkington: Rabbit-Proof Fence
Harold Pinter: Betrayal
Sylvia Plath: Sylvia
Marcel Proust: Céleste; Temps retrouvé, Le
Maiprie Kinnan Rawlings: Cross Creek
Samuel Richardson: Tom & Viv
Arthur Rimbaud: Total Eclipse
Dante Gabriel Rossetti: Dante's Inferno: Life of Dante Gabriel Rossetti
Gabrielle Roy: Gabrielle Roy
Marquis de Sade: Marquis; Quills; Sade
Françoise Sagan: Sagan
George Sand: Enfants du siècle, Les; Impromptu
William Shakespeare: Shakespeare in Love
Mary Shelley: Gothic; Haunted Summer
Paul Verlaine: Total Eclipse
Oscar Wilde: Wilde
Ludwig Wittgenstein: Wittgenstein
Tobias Wolff: This Boy's Life
Hedd Wyn: Hedd Wyn

LES TRAMES SONORES (MORCEAUX CHOISIS)

QUELQUES LAURÉATS

Aimants, Les (Carl Bastien et Dumas, Jutra 2005)
Amant, L' (Gabriel Yared, César 1993)
Audition, L' (Daniel Bélanger, Jutra 2006)
Bal, Le (Vladimir Cosma, César 1984)
Barocco (Philippe Sarde, César 1977)
Breakfast at Tiffany's (Henry Mancini, Oscar 1961)
Brokeback Mountain (Gustavo Santaolalla, Oscar 2005)
Chariots of Fire (Vangelis, Oscar 1981)
Crouching Tiger, Hidden Dragon (Tan Dun, Oscar 2000)
Dernier Métro, Le (Georges Delerue, César 1981)
Diva (Vladimir Cosma, César 1982)
Doctor Zhivago (Maurice Jarre, Oscar 1963)
Double Life, A (Miklos Rozsa, Oscar 1947)
Exodus (Ernest Gold, Oscar 1960)
Fabuleux destin d'Amélie Poulin, Le (Yann Tiersen, César 2002)
Fame (Michael Gore, Oscar 1980)
Frida (Elliot Goldenthal, Oscar 2002)
Godfather Part II, The (Nino Rota et Carmine Coppola, Oscar 1974)
Grand Bleu, Le (Éric Serra, César 1989)
High Noon (Dimitri Tiomkin, Oscar 1952)
Il Postino (Luis Enrique Bacalov, Oscar 1995)
Jaws (John Williams, Oscar 1975)
Last Emperor, The (Ryuichi Sakamoto, David Byrne, Cong Su, Oscar 1987)
Lord of the Rings, The: The Return of the King (Howard Shore, Oscar 2003)
Love Story (Francis Lai, Oscar 1970)
Omen, The (Jerry Goldsmith, Oscar 1976)
Out of Africa (John Barry, Oscar 1985)
Pinocchio (Leigh Harline, Paul J. Smith, Ned Washington, Oscar 1940)
Red Shoes, The (Brian Easdale, Oscar 1948)
Red Violin, The (John Corigliano, Oscar et Jutra 1999)
'Round Midnight (Herbie Hancock, Oscar 1986, César 1987)
Schindler's List (John Williams, Oscar 1993)
Slumdog Milionnaire (A.R. Rahman, Oscar 2009)
Spellbound (Miklos Rozsa, Oscar 1945)
Star Wars (John Williams, Oscar 1977)
Summer of '42 (Michel Legrand, Oscar 1971)
Tous les matins du monde (Jordi Savall, César 1992)
Triplettes de Belleville, Les (Benoît Charest, César 2004)
Crabe dans la tête, Un (Ramachandra Borcar et Guy Pelletier, Jutra 2002)
Vengo (varié, César 2001)
Way We Were, The (Marvin Hamlisch, Oscar 1973)
Wizard of Oz, The (Herbert Stothart, Oscar 1939)

LES INCONTOURNABLES

Amarcord (Nino Rota)
Ascenseur pour l'échafaud (Miles Davis)
Belle Histoire, La (Francis Lai et Philippe Servain)
Blade Runner (Vangelis)
Choristes, Les (Christophe Barratier et Bruno Coulais)
Deliverance (Eric Weissberg)
Dolce Vita, La (Nino Rota)
Exorcist, The (varié)
Filles de Caleb, Les (Richard Grégoire)
Good, the Bad and the Ugly, The (Ennio Morricone)
Graduate, The (Simon & Garfunkel)
Halloween (John Carpenter)
Harold and Maude (Cat Stevens)
In the Heat of the Night (Quincy Jones)
Jules et Jim (Georges Delerue)
Last Temptation of Christ, The (Peter Gabriel)
Mission, The (Ennio Morricone)
North by Northwest (Bernard Herrmann)
Once Upon a Time in the West (Ennio Morricone)
Paris, Texas (Ry Cooder)
Pianist, The (Wojciech Kilar, varié)
Piano, The (Michael Nyman)
Pink Floyd The Wall (Pink Floyd)
Psycho (Bernard Herrmann)
Pulp Fiction (varié)
Rocky (Bill Conti)
Shaft (1971) (Isaac Hayes)
Sting, The (Marvin Hamlisch)
Terms of Endearment (Michael Gore)
Tirez sur le pianiste (Georges Delerue)
Tommy (The Who)
Zorba the Greek (Mikis Theodorakis)
8½ (Nino Rota)
2001: A Space Odyssey (varié)

À (RE)DÉCOUVRIR

Aventures de Rabbi Jacob, Les (Vladimir Cosma)
Beetle Juice (Danny Elfman & Harry Belafonte)
Black Beauty (1994) (Danny Elfman)
Blade Runner (Vangelis)
Bram Stoker's Dracula (Wojciech Kilar)
Cat People (Giorgio Moroder)
Ceux qui m'aiment prendront le train (varié)
Charade (Henry Mancini)
Christine (John Carpenter)
Cook, the Thief, His Wife and Her Lover, The (Michael Nyman)
Excalibur (Trevor Jones, varié)
Eyes Wide Shut (Jocelyn Pook, varié)
Fight Club (Dust Brothers)
Fog, The (John Carpenter)
Freeway (Danny Elfman)
Ghost Story (Philippe Sarde)
High Fidelity (varié)
Hiroshima mon amour (Georges Delerue)
History of Violence, A (Howard Shore)
Hours, The (Philip Glass)
In the Mood For Love (Shigeru Umebayashi et Mike Galasso)
Invasion of the Body Snatchers (1978) (Denny Zeitlin)
Locataire, Le (Philippe Sarde)
Long Day's Journey into Night (André Prévin)
Mishima – A Life in Four Chapters (Philip Glass)
Never on Sunday (Manos Hadjidakis)
Night on Earth (Tom Waits et Kathleen Brennan)
Ninth Gate, The (Wojciech Kilar)
Once Upon a Time in America (Ennio Morricone)
Parle avec elle (Alberto Iglesias)
Sorcerer (Tangerine Dream)
Strada, La (Nino Rota)
Streetcar Named Desire, A (Alex North)
Suspiria (Dario Argento & the Gobblins)
Swimming Pool (Philippe Rombi)
Sympathy For Lady Vengeance (Choi Seung-hyun)
Talented Mr. Ripley, The (Gabriel Yared)
Thief (Tangerine Dream)
Thomas Crown Affair, The (1968) (Michel Legrand)
Two for the Road (Henry Mancini)
Uns et les autres, Les (Michel Legrand)
Vertigo (Bernard Herrmann)
Yeux sans visage, Les (Maurice Jarre)
37°2 le matin (Gabriel Yared)

LES ÉVOCATIONS MUSICALES

Almost Famous (varié 1970)
Anthony Zimmer (Vertigo)
Basic Instinct (Vertigo)
C.R.A.Z.Y. (varié 1960-1980)
Donnie Darko (varié 1980)
Far From Heaven (All That Heaven Allows/ Imitation of Life)
Forrest Gump (varié 1950-1970)
I Wanna Hold Your Hand (The Beatles, 1960)
Mauvaise éducation, La (Psycho/Vertigo)
Re-Animator (Psycho)
Romy and Michele's High School Reunion (varié 1980)
Summer of Sam (varié 1970)
Swing Kids (Big Band 1940)
Wackness, The (1990's)
Wedding Singer, The (varié 1980)
24 Hour Party People (varié 1970-1980)

ŒUVRES JOUÉES ET/OU CHANTÉES

And Now... Ladies and Gentlemen... (Patricia Kaas chante Michel Legrand)
Beaches (Bette Midler, chanteuse populaire)
Belle personne, La (hommage à Demy)
Boys on the Side (Whoopi Goldberg, chanteuse au chômage)
Buddy Holly Story, The (Gary Busey joue et chante Buddy Holly)
Chansons d'amour, Les (hommage à Demy)
Clara et moi (Julien Boisselier et Julie Gayet rendent hommage à Demy)
Coal Miner's Daughter (Sissy Spacek chante Loretta Lynn; Beverley D'Angelo chante Patsy Cline)
Fabulous Baker Boys, The (Michelle Pfeiffer, chanteuse de charme; les frères Bridges, pianistes)
First Wives Club, The (Diane Keaton, Goldie Hawn et Bette Midler: You Don't Know Me)
Great Balls of Fire (Dennis Quaid au piano)
Living Out Loud (Queen Latifah, lounge singer)
Ma vie en cinémascope (Pascale Buissière chante Alice Roby)
Mamma Mia! (Meryl Streep et cie. chantent Abba)
Nashville (comédiens, interprètes... et auteurs-compositeurs!)
On connaît la chanson (varié pop française)
Postcards From the Edge (Meryl Streep et Shirley Maclaine font leur numéro)
Prairie Home Companion, A (Lily Tomlin et Meryl Streep, chanteuses country sur le retour)
Ray (Jamie Foxx au piano)

Tender Mercies (Robert Duvall auteur-compositeur-interprète)
Walk the Line (Joaquin Phoenix et Reese Witherspoon chantent Johnny et June Carter Cash)
8 femmes (varié pop française)

LA LITTÉRATURE

AUTEURS, DRAMATURGES & SCÉNARISTES

Kôbô Abe: Femme de sable, La
Marcel Achard: COMME SCÉNARISTE: Lady in Question; Madame de...; Mayerling (1936/1968); Shot in the Dark, A (L'Idiot)
Edward Albee: Ballad of Sad Café; Delicate Balance, A; Who's Afraid of Virginia Woolf?
Brian Aldiss: Artificial Intelligence: A.I.; Frankenstein Unbound
Woody Allen: Play it Again Sam?; Shadows and Fog (Death)
Eric Ambler: Hotel Reserve (Epitaph for a Spy); Journey into Fear; Passionate Friends, The; Purple Plain, The; Topkapi (The Light of Day); COMME SCÉNARISTE: Card, The; Cruel Sea, The; Night to Remember, A; Way Ahead, The; Wreck of the Mary Deare, The
Edward Anderson: They Live by Night (Thieves Like Us); Thieves Like Us
Hans Christian Anderson: Emperor's Nightingale, The (1949); Little Match Girl; Little Mermaid; Princess and the Pea, The; Red Shoes, The; Thumbelina
Jean Anouilh: Becket; Antigone (1974); COMME SCÉNARISTE: Anna Karenina (1948); Monsieur Vincent; Pattes blanches
Paul Anthelme: I Confess
Charlotte Armstrong: Don't Bother to Knock; Merci pour le Chocolat; Rupture, La
Fernando Arrabal: COMME SCÉNARISTE: Fando y Lis; J'irai comme une cheval fou; Odyssey of the Pacific; Viva la Muerte
Isaac Asimov: Bicentennial Man (The Positronic Man); I, Robot; Nightfall
Magaret Atwood: Handmaid's Tale, The; Surfacing
Jacques Audiard: COMME SCÉNARISTE: Australia; Baxter; Confessions d'un barjo; De battre mon cœur s'est arrêté (aussi réal.); Fréquence meurtre; Héros très discret, Un (aussi réal.); Mortelle randonnée; Poussière d'ange; Regarde les hommes tomber (aussi réal.); Sur mes lèvres (aussi réal.)
Michel Audiard: *Comme scénariste et/ou dialoguiste:* Animal, L'; Cage aux folles 3; Canicule; Cent mille dollars au soleil; Chasse à l'homme, La; Elle cause plus... elle flingue (aussi réal.); Entourloupe, L'; Fauve est lâché, Le; Flic ou voyou; Grand escogriffe, Le; Guarde à vue; Guignolo, Le; Marginal, Le; Mélodie en sous-sol; Misérables, Les (1957); Morfalous, Les; Mort d'un pourrit; Mortelle randonnée; On a volé la cuisse à Jupiter; On ne meurt que 2 fois; Passe-muraille, Le; Professionnel, Le (1981); Taxi pour Tobrouk; Tontons flingueurs, Les; Trois jours à vivre; Singe en hiver, Un; Under Suspicion (Guarde à vue); Souris chez les hommes, Une
Dominique Aury: Histoire d'O
Jane Austen: Bride and Prejudice; Clueless (Emma); Emma (1996); Mansfield Park (1985, 1999); Persuasion; Pride et Prejudice (1940, 1985 et 1996); Sense et Sensibility (1981 et 1995)
Paul Auster: Music of Chance, The; COMME SCÉNARISTE: Blue in the Face; Center of the World (2001); Lulu on the Bridge; Smoke (1995)
Marcel Aymé: Flavor, the Watch and the Very Big Fish, The (Rue Saint-Sulpice); Française et l'amour, La; Passe-muraille, Le; Traversée de Paris, La; Uranus
Jean-Pierre Bacri et Agnès Jaoui: Air de famille, Un; COMME SCÉNARISTES: Comme une image; Goût des autres, Le; On connaît la chanson; No smoking; Smoking
Honoré de Balzac: Belle noiseuse, La (Le chef d'œuvre inconnu); Colonel Chabert, Le; Cousin Bette (La cousine Bette); Passion in the Desert
Russell Banks: Affliction; Sweet Hereafter, The
Clive Barker: Candyman (The Forbidden); Hellbound: Hellraiser II (The Hellbound Heart); Hellraiser I et III (The Hellbound Heart); Lord of Illusions (The Last Illusion); Nightbreed (Cabal); COMME SCÉNARISTE: Rawhead Rex
Alessandro Baricco: Legend of 1900, The
J.M. Barrie: Forever Female; Hook (Peter Pan); Male and Female; Peter Pan (1924, 1953 et 2003); We're not Dressing
Stephen Belber: Laramie Project, The (TV); Tape
Tonino Benacquista: Morsures de l'aube, Les; COMME SCÉNARISTE: Débandade, La; Sur mes lèvres; Peter Benchley: Deep, The; Island, The; Jaws; Jaws 3D (Jaws)
Alan Bennett: History Boys; The Madness of King George; COMME SCÉNARISTE: Prick Up Your Ears; A Private Function
Nina Berberova: Accompagnatrice, L'
Georges Bernanos: Journal d'un curé de campagne; Mouchette (Nouvelle histoire de Mouchette); Sous le soleil de Satan
William Peter Blatty: Exorcist I, II et III (Légion), the Beginning, The; Ninth Configuration, The (Twinkle, Twinkle Killer Kane); COMME SCÉNARISTE: Promise Her Anything; Shot in the Dark, A; What Did You Do in the War, Daddy?
Peter Bloch: Psycho (1960 et 1998); Skull (The Skull of the Marquis de Sade); COMME SCÉNARISTE: Asylum; House that Dripped Blood, The; Night Walker, The; Strait-Jacket; Tales from the Darkside (TV)
Eric Bogosian: Sex Drug and Rock n' Roll; Suburbia; Talk Radio; Wake up and Smell the Coffee
Boileau et Narcejac: Body Parts; Diabolique (1996) (Celle qui n'était plus); Diaboliques, Les (1955) (Celle qui n'était plus); Meurtre en musique (À cœur perdu); Présence des ombres, La (D'entre les morts); Reflections of Murder; Vertigo (D'entre les morts); Yeux sans visage, Les
Michel-Marc Bouchard: Lilies (Les Feluettes); Muses orphelines, Les
Pierre Boulle: Bridge on the River Kwai (Le Pont de la rivière Kwaï); Planet of the Apes, The (La Planète des singes)
Ray Bradbury: Beast from 20,000 Fanthoms (The Foghorn); Farenheit 451; Illustrated Man; It Came from Outer Space; Martian Chronicles (I, II et III); Something Wicked This Way Come; Wonderful Ice Cream Suit, The; COMME SCÉNARISTES: Moby Dick (1956)
Bertold Brecht: Threepenny Opera (Opera de quat'sous); COMME SCÉNARISTE: Hangman also die
George Büchner: Woyzeck
Pearl S. Buck: Dragon Seed; Good Earth, The; Pavilion of Women; Satan Never Sleeps
Anthony Burgess: Clockwork Orange, A; Jésus de Nazareth
Charles Burkowski: Contes de la folie ordinaire; Crazy Love; COMME SCÉNARISTE: Barfly
Edgar Rice Burroughs: At the Earth's Core; Greystoke: The Legend of Tarzan (Tarzan of the Apes); Land that Time Forgot, The; People that Time Forgot, The; Tarzan, the Ape Man
William S. Burroughs: Naked Lunch; Abe Burrows et I.A.L. Diamond: Cactus Flower; Can-Can; Guys and Dolls; How to Succeed in Business Without Really Trying; Silk Stockings; Solid Gold Cadillac, The
A.S. Byatt: Angels and Insects (Morpho eugenia); Possession; James M. Cain: Double Indemnity; Mildred Pierce; Ossessione (The Postman Always Rings Twice, non-crédité); Postman Always Rings Twice, The (1981 et 1946); Serenade
Italo Calvino: Palookaville; COMME SCÉNARISTE: Boccacio '70
Albert Camus: Peste, La
Truman Capote: Breakfast at Tiffany's; Grass Harp; In Cold Blood; COMME SCÉNARISTE: Beat the Devil; Indiscretion of an American Wife; Innocents, The
Emmanuel Carrère: La Moustache
Jim Carroll: Basketball Diaries, The; Curtis's Charm
Lewis Carroll: Alice (1982 et 1988) (Alice in Wonderland); Alice in Wonderland; Neo-Tokyo (1 des 3 courts métrages, Through the Looking Glass); Jabberwocky
Raymond Carver: Short Cuts
Miguel de Cervantes: Man of La Mancha (Don Quichotte); Don Quixote
Dominic Champagne et autres: Cabaret neiges noires
Raymond Chandler: Big Sleep, The; Farewell My Love (Farewell, My Lovely); Lady in the Lake; Long Goodbye, The; Marlowe (The Little Sister); Murder, My Sweet (Farewell, My Lovely); COMME SCÉNARISTE: Blue Dahlia, The; Double Indemnity; Strangers on a Train
Paddy Chayefsky: Altered States; As Young As You Feel; Americanization of Emily, The; Bachelor Party; Catered Affair; Marty (1953 et 1955); COMME SCÉNARISTE: Hospital, The; Network; Paint Your Wagon
Agatha Christie: Alphabet Murder, The (The A.B.C. Murders); Appointment with Death; Body in the Library, The; Death on the Nile; Evil Under the Sun; Mirror Crack'd, The; Miss Marple (série); Murder Ahoy; Murder at the Gallop (After the Funeral); Murder Most Foul (Mrs. McGinty's Dead); Murder on the Orient Express; Murder She Said (4.50 from Paddington); Pocketful of Rye, A; Poirot (série); Ten Little Indians (1964/1975); Thirteen at Dinner; Witness for the Prosecution; Heure zéro, L'
Tom Clancy: Clear and Present Danger; Hunt for the Red October, The; Patriot Games; Sum of All Fears, The

Arthur C. Clarke: 2001: A Space Odyssey (The Sentinel); 2010: The Year We Made Contact

Mary Higgins Clark: Stranger Is Watching, A; Double Vision

James Clavell: King Rat; Last Valley; Shogun (TV); Tai-Pan; *COMME SCÉNARISTE:* 633 Squadron; Fly, The; Great Escape, The; Satan Bug, The; To Sir, With Love

Daniel Clowes: Art School; Confidential; Ghost World

Jean Cocteau: Aigle à deux têtes, L'; Amore (La voix humaine); Éternel retour, L'; Enfants terribles, Les; Femmes au bord de la crise de nerfs (pièce la voix humaine, non-crédité); Mistery of Oberwald, The; Parents terribles, Les

Joseph Conrad: Apocalypse Now (Hearts of Darkness); Duellists, The (Le Duel); Gabrielle (2005); Hearts of Darkness; Lord Jim; Nostromo (TV); Rover, The; Sabotage (The Secret Agent); Secret Agent, The; Swept from the Sea (nouvelle Amy Forster); Victory (1995)

Joe Connely: Bringing out the Dead

Robin Cook: Coma; Sphinx

Noel Coward: Bitter Sweet; Blithe Spirit; Brief Encounter (1945); Cavalcade; Easy Virtue; In Which We Serve; Privates Lives; This Happy Breed

Micheal Crichton: 13th Warrior; Andromeda Strain, The; Congo; Disclosure; Great Train Robbery, The (1979); Jurassic Park; Lost World, The (1997); Pursuit; Terminal Man, The; Sphere; Rising Sun; Timeline; *COMME SCÉNARISTE:* Coma; E.R. (TV); Looker; Runaway; Twister; Westworld

A.J. Cronin; Citadel, The; Keys of the Kingdom, The; Stars Look Down, The

Michael Cunningham: Hours, The; *COMME SCÉNARISTE:* Home at the End of the World, A

Roald Dahl: 36 Hours; Big Friendly Giant; James and the Giant Peach; Matilda; What Have I done to Deserve This? (nouvelle Lamb to the Slaughter, non-crédité); Willy Wonka and the Chocolate Factory (Charlie and the Chocolate Factory); Witches, The; *COMME SCÉNARISTE:* Chitty Chitty Bang Bang

Alphonse Daudet: Inspiration (roman Sapho); Lettres de mon moulin (I et II)

Daniel Defoe: Crusoe (Robinson Crusoe); Moll Flanders; Robinson Crusoe (1996 et 2003 TV)

Phillip K. Dick: Blade Runner (Do Androïds Dream of Electric Sheep?); Confession d'un barjo (Confessions of a Crap Artist); Impostor; Minority Report; Paycheck; Screamers (Second Variety); Total Recall (We Can Remember It for You Wholesale)

Charles Dickens: Christmas Carol, A (1938 et 1984); David Copperfield (1935 et 1993); Great Expectations (1934,1946 et 1998); Little Dorrit (I et II); Muppet Christmas Carol, The (A Christmas Carol); Nicholas Nickelby (9 volumes); Oliver! (Oliver Twist); Oliver Twist (1922 et 1948); Scrooge (A Christmas Carol); Scrooged (A Christmas Carol); Tale of Two Cities, A (1935 et 1958)

Philippe Dijan: 37.2 le matin; Bleu comme l'enfer

Fédor Dostoïevski: Brother Karamazov, The; Crime et Punishment (1935 et 1970); Idiot, L'; Joueur, Le; Notti Bianchi, La; Partner (Le Double); Vengeance d'une femme, La (L'éternel mari)

Sir Arthur Conan Doyle: Adventures of Sherlock Holmes, The; Dressed to Kill; Hound of the Baskervilles, The (1939 et 1959); House of Fear (The Adventures of the Five Orange Pips); Lost World, The (1925); Sherlock Holmes and the Secret Weapon (The Adventure of the Dancing Men); Tales from the Dark Side: the Movie (Lot 249); Woman in Green, The (The Adventure of the Empty House)

Roddy Doyle: Commitments, The; Snapper, The; Van, The; When Brendan Met Trudy

Réjean Ducharme: *COMME SCÉNARISTE:* Beaux souvenirs, Les; Bons débarras, Les

Marcel Dubé: Beaux dimanches, Les; Entre la mer et l'eau douce

René-Daniel Dubois: Being at Home with Claude; Sort de l'Amérique, Le

Alexandre Dumas père: At Sword's Point (20 ans après); Comte de Monte Cristo, Le; Count of Monte Cristo, The (Le Comte de Monte Cristo); Four Musketeers, The (Les Trois Mousquetaires); Fifth Musketeer, The; Iron Mask, The (L'homme au masque de fer); Man in the Iron Mask, The (Vingt ans après et Le Vicomte de Bragelone); Musketeer, The; Reine Margot, La; Three Musketeers, The (1939, 1974 et 1993) (Les Trois Mousquetaires); Tulipe Noire, La

Alexandre Dumas fils: Camille (La Dame aux Camélias); Traviata, La (La Dame aux Camélias)

Marguerite Duras: 10:30 P.M. Summer; Lover, The (L'amant); Marguerite; *COMME SCÉNARISTE:* Enfants, Les; Hiroshima mon amour; India Song; Mademoiselle

Friedrich Durrenmatt: Pledge, The; Hyènes (The Visit)

Benoît Dutrizac: Conciergerie, La

Bret Easton Ellis: American Psycho; Less Than Zero; Rules of Attraction, The

James Ellroy: Black Dahlia, The; Cop (Blood on the Moon); Dark Blue; L.A. Confidential; *COMME SCÉNARISTE:* Fallen Angels (sketch Since I Don't Have You)

Euripide: Bacchantes; Medea (1959 et 1970); Iphigenia; Trojan Women, The

Henry Farrell: Hush, Hush, Sweet Charlotte; What Ever Happened to Baby Jane?; What's the Matter With Helen?

William Faulkner: Intruder in the Dust; Long, Hot Summer, The (The Hamlet); Reivers, The; Tarnished Angels, The (Pylon); Today We Live (Turn About); Tomorrow; *COMME SCÉNARISTE:* Big Sleep, The (1946); Land of the Pharaohs; Southerner, The; To Have and Have Not

Gustave Flaubert: Madame Bovary (1952 et 1991); Val Abraham, Le (Madame Bovary)

Edna Ferber: Cimmaron (1931 et 1960); Come and Get It; Dinner at Eight; Giant; Giant Show Boat (1936 et 1951); Stage Door

F. Scott Fitzgerald: Great Gatsby, The; Last Time I Saw Paris, The; Last Tycoon, The; *COMME SCÉNARISTE:* Marie-Antoinette; Three Comrades

Ian Fleming: Casino Royale; Chitty Chitty Bang Bang; Dr. No; For Your Eyes Only (For your Eyes Only et Risico); From Russia with Love; Goldfinger; Licence to Kill (Live and Let Die et The Hilderbrand Rarity); Live and Let Die; Living Daylights, The; Man with the Golden Gun, The; Moonraker; Never Say Never Again; Octopussy (Octopussy and the Property of a lady); On Her Majesty's Secret Service; Spy Who Loved Me, The; Thunderball; View to A Kill, A; You Only Live Twice

Ken Follet: Eye of the Needle; Key to Rebecca, The; On Wings of Eagles (TV)

Horton Foote; Baby the Rain Must Fall; Chase, The (1966); Convicts; Trip to Bountiful, The; *COMME SCÉNARISTE:* Of Mice and Men (1992); Tender Mercies; To Kill a Mockingbird

Frederich Forsyth: Day of the Jackal, The; Dogs of War, The; Fourth Protocol, The; Jackal, The; Odessa File, The

E.M. Forster: Howard's End; Maurice; Passage to India, A; Room with A View, A; Where Angels Fear to Thread

Brad Fraser: Leaving Metropolis (Poor Super Man); Love and Human Remains (Unidentified Human Remains and the True Nature of Love)

Neil Gaiman: Coraline; Stardust; *COMME SCÉNARISTE:* Mirror Mask

Romain Gary: Faussaires, Les (La tête coupable); Lady L; Your Ticket Is No Longer Valid (Au-delà de cette limite, votre ticket n'est plus valable); Vie devant soi, La

Brian Garfield: Death Wish; Hopscotch; *COMME SCÉNARISTE:* Stepfather, The

Jean Genet: Balcony, The (Le Balcon); Querelle (Querelle de Brest); *COMME SCÉNARISTE:* Mademoiselle

Peter George: Dr. Strangelove

Barry Gifford: Wild at Heart; *COMME SCÉNARISTE:* City of Ghosts; Hotel Room; Lost Highway

Jean Giono: Angèle (Un de Baumugnes); Femme du boulanger, La (Jean le Bleu); Hussard sur le toit, Le; Homme qui plantait des arbres, L'; Jofroi; Regain

Goethe: Affinités électives, Les; Beauté du diable, La; Faust (1972 et 1995); Wrong Move, The

Nicolai Gogol: Black Sunday (1960 nouvelle The Vyi); Inspector General, The; Taras Bulba; Vyi, or Spirit of Evil

William Goldman: Heat (1972/1995); Magic (aussi scénariste); Marathon Man (aussi scénariste); No Way to Treat A Lady; Princess Bride, The (aussi scénariste); *COMME SCÉNARISTE:* Absolute Power; All the President's men; Bridge Too Far, A; Butch Cassidy and the Sundance Kid; Chamber, The; Chaplin; Dreamcatcher; General's Daughter; Ghost and the Darkness, The; Great Waldo Paper, The; Harper; Hearts in Atlantis; Hot Rock, The; Maverick; Memoirs of an Invisible Man; Misery; Stepford Wives, The (1975)

Davis Goodis: Dark Passage; Descente aux enfers; Lune dans le caniveau, La; Rue Barbare (Épave); Street of No Return; Tirez sur le Pianiste (Down There)

Günther Grass: Tambour, Le

Graham Greene: Across the Bridge; Beyond the Limit (The Honorary Consul); Comedians, The; End of the Affair (1955 et 1999); Fugitive, The (1947 et 1995); This Gun for Hire, The (A Gun for Sale); Human Factor; Ministry of Fear; Quiet American, The (1957 et 2002); Travels with my Aunt; *COMME SCÉNARISTE:* Third Man, The; Fallen Idol, The; Saint Joan

Claude-Henri Grignon: Belles histoires des Pays-d'en-Haut, Les; Homme et son péché, Un; Séraphin: un homme et son péché; John Grisham: Chamber, The; Client, The; Firm, The; Gingerbread Man, The; Pelican Brief, The; Rainmaker, The (1997); Runaway Jury; Time to Kill

John Guare: Six Degrees of Separation; *COMME SCÉNARISTE:* Atlantic City

Sacha Guitry: Beaumarchais l'insolent; Désirée (1937); Perles de la couronne, Les; Roman d'un tricheur, Le; *COMME SCÉNARISTE:* Adhémar; Faisons un rêve; Napoléon; Nouveau testament, Le; Remontons les Champs-Élysées; Quadrille; Vie à deux, La; Crime au paradis, Un (inspiré de La poison)

Patrick Hamilton: Gaslight (1940 et 1944); Rope

Dashiell Hammett: Glass Key, The; Last Man Standing (Red Harvest); Maltese Falcon, The; No Good Deed (nouvelle The House on Turk Street); Satan Met a Lady (The Maltese Falcon); Thin Man; *COMME SCÉNARISTE:* Watch on the Rhine

Peter Handke: *COMME SCÉNARISTE:* Ailes du désir, Les; City of Angels (Les Ailes du désir); Goalie's Anxiety at the Penalty Kick; Wrong Move

Thomas Hardy: Far From the Madding Crowd; Jude (Jude the Obscure); Mayor of Casterbridge, The (2001 tv); Tess (Tess of the D'Ubervilles); Claim, The (The Mayor of Casterbridge)

David Hare: *COMME SCÉNARISTE:* Damage; Designated Mourner, The; Hours, The; Plenty; Saigon: Year of the Cat (TV); Strapless; Via Dolorosa; Wetherby

Thomas Harris: Black Sunday; Hannibal; Manhunter (Red Dragon); Red Dragon; Silence of the Lambs, The; Jim Harrison: Carried Away (Farmer); Legends of the Fall; Revenge; *COMME SCÉNARISTE:* Cold Feet (1988); Wolf

Gustav Hasford: Full Metal Jacket

Nathaniel Hawthorne: Scarecrow (Feathertop); Scarlett Letter, The; Twice-told Tales (House of Seven Gables, Heidegger's Experiment et Rappacini's Daughter)

Anne Hébert: Fous de Bassan, Les; Kamouraska

Joseph Heller: Catch-22

Lillian Hellman: Children's Hour, The; Julia (Pentimento); Little Foxes, The; These Three (The Children's Hour); Toys in the Attic; Watch on the Rhine; Comme scénariste:; Chase, The (1966); Dark Angel, The (1935); Dead End (1936)

Ernest Hemingway: Farewell to the Arms, A; For Whom the Bells Tolls; In Love and War; Island in the Stream; Killers, The; Old Man and the Sea, The; To Have and Have Not; Snows of Kilimanjaro, The; Women and Men: Stories of Seduction (Hills like White Elephant)

Patricia Highsmith: Ami américain, L' (Ripley's Game); Cri du hibou, Le; Dites-lui que je l'aime; Plein soleil (Talented Mr. Ripley); Ripley's Game; Strangers on a Train; Talented Mr. Ripley; S.E. Hinton: Outsiders, The; Rumble Fish; Tex; That Was Then, This Is Now

Rolf Hochhuth: Amen. (Le vicaire); Love in Germany, A (Eine liebe in Deutschland)

Frances Hodgson Burnett: Little Lord Fauntleroy; Little Princess, A; Secret Garden, The

Homère: Helen of Troy (1955 et 2003 TV) (L'Iliade); O Brother Where Art Thou? (L'Odyssée); Odyssey, The (L'Odyssée); Regard d'Ulysse, Le (L'Odyssée); Troy (L'Iliade); Ulysses (1954) (L'Odyssée)

Victor Hugo: Hunchback, The (Notre-Dame de Paris); Hunchback of Notre-Dame, The (1923, 1939 et 1996) (Notre-Dame de Paris); Misérables, Les; Misérable du xxe siècle, Les (Les Misérables); Notre-Dame de Paris

Evan Hunter (aussi Ed McBain); Blackboard Jungle; Fuzz (aussi scénario); Liens de sang, Les (Blood Relatives); Stranger When We Meet (aussi scénario); *COMME SCÉNARISTE:* Birds, The

Fannie Hurst: Four Daughters (Sister Act); Humoresque; Imitation of Life (1934 et 1959); Young at Heart

Aldous Huxtley: Devils, The; *COMME SCÉNARISTE:* Jane Eyre; Pride and Prejudice

William Inge: All Fall Down; Bus Stop; Come Back, Little Shebba; Picnic; Splendor in the Grass

Enrik Ibsen: Enemy of the People, An; Doll's House

John Irving: Cider House Rules; Door in the Floor, The; Hotel New Hampshire, The; Simon Birch; World According to Garp, The

Washington Irving: Adventures od Ichabod et Mr. Taod; Fairy Tale Theater: Rip Van Winkle; Legend of Sleepy Hollow; Sleepy Hollow (The Legend of Sleepy Hollow)

Henry James: Bostonians, The; Chambre verte, La (The Altar of the Dead); Daisy Miller; Élève, L'; Europeans, The; Golden Bowl, The; Heiress, The (Washington Square); Innocents, The (The Turn of the Screw); Lost Moment, The (The Aspern Papers); Portait of a Lady, The; Turn of the Screw; Under Heaven; Washington Square; Wings of the Dove

Sébastien Japrisot: Été meurtrier, L'; Long dimanche de fiançailles, Un; *COMME SCÉNARISTE:* Histoire d'O; Juillet en Septembre; Enfants du marais, Les; Crime au paradis, Un

Alexandre Jardin: Bille en tête; Fanfan; Prof, Le (le petit sauvage); Zèbre, Le

Elfriede Jelinek: Pianiste, La

James Jones: From Here to Eternity; Longest Day, The; Some Came Running; Thin Red Line, The (1964 et 1998)

James Joyce: Dead, The; Ulysses (1966); Portrait of the Artist As aYoung Man, A; James Joyce's Women

Franz Kafka: Château, Le; Trial, The (1962, 1996) (Le Procès)

Charlie Kaufman: *COMME SCÉNARISTE:* Adaptation; Being John Malkovich; Confessions of a Dangerous Mind; Eternal Sunshine of the Spotless Mind; Human Nature; Nikos Kazantzakis: Last Temptation of Christ, The; Zorba, the Greek

Joseph Kessel: Belle de jour; Horsemen, The; Passante du Sans-Souci, La; Sirocco (Coup de grâce)

Joseph Kesserling: Arsenic and Old Lace

Stephen King: 1408; Apt Pupil; Carrie (1976/2002); Cat's Eye; Children of the Corn; Christine; Cujo; Dark Half, The; Dead Zone, The (1983/2002 TV); Desperation; Dolores Claiborne; Dreamcatcher; Firestarter; Graveyard Shift; Green Mile, The; Hearts in Atlantis; It; Landmower Man, The; Langoliers, The; Mangler, The; Maximum Overdrive (aussi scénario); Misery; Mist, The; Needful Things; Night Flier; Nightmares and Dreamscapes (TV); Pet Semetary (aussi scénario); Riding the Bullet; Running Man, The; Salem's Lot (1979/2004); Secret Window; Shawshank Redemption, The (Rita Hayworth and the Shawshank Redemption); Shining, The (1980/1997); Silver Bullet (aussi scénario); Stand, The; Stand by Me (The Body); Tales from the Dark Side: The Movie (Cat from; Hell); Tommyknockers, The; *COMME SCÉNARISTE:* Creepshow; Kingdom Hospital; Rose Red; Sleepwalkers; Storm of the Century

Rudyard Kipling: Captain Courageous; Elephant Boy (roman Toomai of the Elephants); Gunga Din; Jungle Book, The (1967 et 1994); Kim; Man Who Would Be King; Wee Willie Winki

Harmony Korine: *COMME SCÉNARISTE:* Gummo; Julien Donkey-Boy; Kids

Frederick Knott: Dial M. for Murder; Honey Pot, The (Mr. Fox in Venice); Perfect Murder, A (Dial M. for Murder); Wait until Dark

Milan Kundera: Joke, The; Unbearable Lightness of Being, The

Dany Laferrière: Comment conquérir l'Amérique en une nuit; Comment faire l'amour avec un nègre sans se fatiguer; Le Goût des jeunes filles; Vers le Sud

Gérard Lauzier: À gauche en sortant de l'ascenseur; Je vais craquer! (La course du rat); Psy; *COMME SCÉNARISTE:* Fils du Français, Le; Mon père ce héros; My Father the Hero (Mon père ce héros); Plus beau métier du monde, Le; Tranches de vie

D.H. Lawrence: Kangaroo; Lady Chatterley (Lady Chatterley's Lover); Lady Chatterley's Lover; Rainbow, The; Rocking Horse Winner, The; Women in Love

Choderlos de Laclos: Cruel Intentions (Les liaisons dangereuses); Dangerous Liaisons (1959/1988) (Les liaisons dangereuses); Untold Scandal (Les liaisons dangereuses); Valmont (Les liaisons dangereuses)

John LeCarré: Constant Gardener, The; Little Drummer Girl, The; Looking Glass War, The; Murder of Quality, A (TV); Perfect Spy, A; Russia House, The; Smiley's People; Spy Who Came In From the Cold, The; Tailor of Panama, The; Tinker, Tailor, Soldier, Spie (TV)

Stanislaw Lem: First Spaceship on Venus; Przekladaniec (Layer Cake 1968 TV); Solaris (1972 et 2002)

Roger Lemelin: Crime d'Ovide Plouffe, Le; Plouffe, Les; *COMME SCÉNARISTE:* Odyssey of the Pacific

Elmore Leonard: Be Cool; Big Bounce, The; Cat Chaser; Get Shorty; Hombre; Jackie Brown (Rum Punch); Last Stand at Saber River (TV); Out of Sight; Stick; Touch; Valdez Is Coming; 3.10 to Yuma; 52 Pick-Up; *COMME SCÉNARISTES:* Joe Kidd; Mr. Majestyk

Robert Lepage: Face cachée de la lune, La; Nô (Les sept branches de la rivière Ota); Polygraphe, Le; Possible Worlds; Tectonic

Plates (Les plaques tectoniques); *COMME SCÉNARISTE:* Confessionnal, Le

Ira Levin: Boys from Brazil, The; Deathtrap; Kiss Before Dying, A (1956 et 1991); No Time for Sergeants; Rosemary's Baby; Silver; Stepford Wives, The; Jack London: Assassination Bureau, The; By the Law; Sea Wolf, The; White Fang

Federico Garcia Lorca: Noce de sang

Pierre Louys: Aphrodite; Bilitis; Cet obscur objet du désir (La femme et le pantin); Devil is a Woman, The (La femme et le pantin)

H.P. Lovecraft: Bride of the Re-Animator; Castle Freak (The Outsider); Cthulhu Mansion; Dagon (Dagon et The Shadow Over Innsmouth); Die, Monster, Die! (The Color Out of Space); Dunwich Mansion, The; From Beyond; Haunted Palace, The; House by the Cemetery (1981); H.P. Lovecraft's Necromonicon; Out of Mind; Re-Animator; Resurected, The; Unnamable, The

Robert Ludlum: Bourne Identity, The (1988 et 2002); Bourne Supremacy, The; Holcroft Covenant, The; Osterman Weekend, The

Alistair MacLean: Bear Island; Breakheart Pass; Force 10 from Navarone; Guns of Navarone, The; Ice Station Zebra; Satan Bug, The; Where Eagles Dare

Maurice Maeterlinck: Blue Bird, The (Oiseau bleu, L')

William Makepeace Thackeray: Barry Lyndon; Vanity Fair

David Mamet: About Last Night... (Sexual Perversity in Chicago); American Buffalo; Glengarry Glen Ross; House of Games; Life in the Theater, A; Oleanna; Water Engine, The; Edmond; Redbelt; *COMME SCÉNARISTE:* Edge, The; Hannibal; Heist; Hoffa; Homicide; Lakeboat; Lansky; Postman Always Ring Twice, The (1981); Ronin; Spanish Prisoner; Spartan; State et Main; Things Changes; Untouchables, The; Verdict, The; Vanya on 42nd Street; Wag the Dog; Were no Angels; Winslow Boys; Edmond; Redbelt

Jean-Patrick Manchette: Folle à tuer; Nada; Polar (roman Morgue pleine); Trois hommes à abattre; *COMME SCÉNARISTE:* Crime, La

Gabriel Garcia Marquez: Erendira; Letters from the Park; Maria de mí Corazón; Summer of Miss Forbes; Very Old Man with Enormous Wings, A; *COMME SCÉNARISTE:* Fable of a Beautiful Pigeon Fancier; Miracle in Rome; I'm the One You're Looking For

Alexis Martin: Matroni et moi

Richard Matheson: Cold Sweat (roman Ride the Nightmare); Incredible Shrinking Man, The; Incredible Shrinking Woman, The; It's Alive (1969 TV) (nouvelle Being); Last Man on Earth; Legend of Hell House (Hell House); Omega Man (roman I Am a Legend); Seins de glace (roman Someone is Bleeding); Somewhere in Time (roman Bid Time Return); Stir of Echoes; What Dreams May Come; *COMME SCÉNARISTE:* Burn Witch Burn!; Comedy of Terrors, The; De Sade; Devil Rides Out, The; Die! Die! My Darling!; Duel; Loose Cannons The Raven; Martians Chronicles, The; Master of the World; Night Stalker, The (1972); Night Strangler, The; Pit and the Pendulum, The; Tales of Terror; Trilogy of Terror; Twilight Zone

Melissa Mathison: Kundun; E.T. the Extra-Terrestrial; *COMME SCÉNARISTE:* Indian in the Cupboard, The; Son of the Morning Star; Twilight Zone: the Movie (2e segment); Black Stalion, The

W. Somerset Maugham: Being Julia (Theatre); The Letter; Miss Sadie Thompson (Miss Thompson); The Moon and Sixpence; Of Human Bondage (1934-64); The Painted Veil (1935-2006); Rain (Miss Thompson); The Razor's Edge (1946-84); Up at the Villa

Guy de Maupassant: Albert Herring; Diary of a Mad Man (L'étrange histoire du Juge Cordier); Femme sans amour, Une (Pierre et Jean); Masculin, féminin (La femme de Paul et Le signe); Plaisir, Le; Private Affairs of Bel Ami, The (Bel Ami); Partie de campagne, Une; Woman Without Love, A

Armistead Maupin: Further Tales of the City (TV); More Tales of the City (TV); Tales of the City (TV); The Night Listner

Daphné du Maurier: Birds, The; Don't Look Now; Jamaica Inn; Rebecca

Peter Mayle: A Good Year; A Year in Provence

Pat (Patrick) McCabe; Breakfast on Pluto; Butcher Boy, The

Ian McEwan; Cement Garden, The; Comfort of Strangers, The; Enduring Love; Innocent, The (1993); Atonement; *COMME SCÉNARISTE:* Good Son, The

Patrick McGrath: Spider

Larry McMurty; Evening Star, The; Hud; Last Picture Show, The (aussi scénario); Lonesome Dove; Lovin' Molly (Leaving Cheyenne); Terms of Endearment; Texasville; *COMME SCÉNARISTE:* Brokeback Mountain; Falling From Grace; Memphis

Christopher McQuarrie: Way of the Gun, The; Usual Suspects, The; Public Access

Herman Melville: Beau Travail (Billy Budd, Sailor); Bartelby; Moby Dick (1956 et 1998); Pola X (Pierre ou les ambiguitées)

Claude Meunier et Louis Saïa: Appelez-moi Stéphane

Mike Mignola: Amazing Screw-On Head, The; Hellboy; Hellboy II - The Golden Army

Arthur Miller: All My Sons; Crucible, The; Death of a Salesman; Sorcières de Salem, Les; *COMME SCÉNARISTE:* Enemy of the People, An; Everyboby Wins; Focus; Misfits, The; Henry Miller: Jours tranquilles à Clichy (Quiet Days in Clichy); Tropic of Cancer

Margaret Mitchell: Gone with the Wind

Yukio Mishima: Black Rose Mansion; École de la chair, L'; Sailor who Fell from Grace with the Sea, The; *COMME SCÉNARISTE:* Black Lizard

Molière: Avare, L'; Don Juan; Bourgeois gentilhomme, Le; Dandin (Georges Dandin); Tartuffe, Le

Lucy Maud Montgomery; Anne of Green Gables (1934/1985); Anne of Avonlea (1975/1986) (TV); Anne – the Continuing Story; Lantern Hill (TV); Road to Avonlea (TV)

Alberto Moravia: Ciociara, La; Conformiste, Le; Ennui, L'; Husbands and Lovers (L'amour conjugal); Me and Him (Moi et lui); Mépris, Le; Peddler, The (1er segment); Yesturday, Today and Tomorrow (Troppo Ricca)

Vladimir Nabokov: Lolita (1962 et 1997); Despair; Luhzin Defence, The

Eugene O'Neill: Ah, Wilderness!; Anna Christie; Desire Under the Elms; Emperor Jones, The; Iceman Cometh, The (1960/1973); Long Day's Journey Into Night (1962/1987/1996); Long Voyage Home, The; Moon for the Misbegotten, A (TV); Mourning Becomes Electra; Strange Interlude

George Orwell: 1984 (1956 et 1984); Animal Farm (1954, 1999); Merry War, A

Marcel Pagnol: César; Château de ma mère, Le; Fanny; Gloire de mon père, La; Jean de Florette; Manon des Sources; Marius; Topaze; Trilogie marseillaise, La (TV); *COMME SCÉNARISTE:* Angèle; Femme du boulanger, La; Lettres de mon moulin, Les; Regain; Schpountz, Le

Arturo Perez-Reverte: Ninth Gate, The (Le club Damas); Uncovered

Tom Perrotta: Election; Little Children

John Pielmeier: Agnes of God

Nicholas Pileggi: Casino; Goodfellas (Wiseguy); *COMME SCÉNARISTE:* City Hall

Harold Pinter: Homecoming; *COMME SCÉNARISTE:* Accident; Comfort of Strangers, The; French Lieutenant's Woman, The; Handmaid's Tale, The; Last Tycoon, The; Pumpkin Eater, The; Quiller Memorandum, The; Servant, The; Trial, The (1993); Turtle Diary

Edgar Allan Poe: Black Cat, The (1934); Castle of the Walking Dead; Comer in Wheat (court métrage The Sealed Room) (The Cask of Amontillado); Conqueror Worm, The; Dance of Death, The; Fall of the Usher House, The; Gold Bug, The; Haunted Palace, The (The Case of the Charles Dexter Ward); Haunting Fear; Histoires extraordinaires; Maniac (The Black Cat); Masque of the Red Death (1964); Murder in the Rue Morgue (1932); Oblong Box, The; Phantom of the Rue Morgue; Pit and the Pendulum, The (1961 et 1990); Premature Burial; Raven, The (1935 et 1963); Tales of Terror; Tex Avery's Screwball Classics, vol. 4 (The Cuckoo clock); Tomb of Legeia; Two Evil Eyes

Jean Poiret: Birdcage, The (La cage aux folles); Cage aux folles, La (I, II et III); Joyeuses Pâques; Zèbre, Le

Jacques Prévert: *COMME SCÉNARISTE:* Crime de Monsieur Lange, Le; Drôle de drame; Enfants du paradis, Les; Jour se lève, Le; Notre-Dame de Paris; Quai des brumes, Le; Roi et l'oiseau, Le; Visiteurs du soir, Les

Richard Price: Bloodbrothers; Clockers; Wanderers; *COMME SCÉNARISTE:* Color of Money, The; Kiss of Death (1995); Mad Dog and Glory; New York Stories (Sketch de Scorsese); Night and the City (1992); Ransom; Sea of Love; Shaft

Marcel Proust: Amour de Swann, Un; Captive, La; Temps retrouvé, Le

Monique Proulx: Souvenirs intimes (Homme invisible à la fenêtre); *COMME SCÉNARISTE:* Cœur au poing, Le; Gaspard et fils; Grand serpent du monde, Le; Sexe des étoiles, Le

Manuel Puig: Kiss of the Spider Woman

Mario Puzo: Godfather, The (I, II et III); Sicilian, The; *COMME SCÉNARISTE:* Christopher

Columbus: The Discovery; Cotton Club, The; Earthquake; Superman; Superman II
Raymond Queneau: Zazie dans le métro
David Rabe: Casualities of War; Firm, The; Hurlyburly; Streamers
Ayn Rand: Fountainhead, The; *COMME SCÉNARISTE:* Love Letters (1945)
Ruth Rendell: Betty Fisher et autres histoires (Tree of Hands); Cérémonie, La (A Judgment in Stone); Inquiétudes; Live Flesh
Marc Robitaille: Histoires d'hiver; Petit vent de panique, Un
Henri-Pierre Roché: Deux anglaises et le continent, Les; Jules et Jim
Edmond Rostand: Cyrano de Bergerac (1925, 1950 et 1990); Roxanne (Cyrano de Bergerac)
Philip Roth: Goodbye Columbus; Human Stain, The; Portnoy's Complaint
J.K. Rowling: Harry Potter and the Chamber of Secrets; Harry Potter and the Sorcerer's Stone; Harry Potter and the Prisoner of Azkaban; Harry Potter and the Goblet of Fire; Gabrielle Roy: Bonheur d'occasion; Vieillard et l'enfant, Le
Marquis de Sade: Âge d'or, L' (non-crédité); Eugénie; Justine du Marquis de Sade; Marquis (divers écrits); Salo, ou les 120 journées de Sodome
Françoise Sagan: Bonjour tristesse; Chamade, La; Femme fardée, La; Goodbye Again (Aimez-vous Brahms?); Peu de soleil dans l'eau froide, Un
San Antonio (Frédéric Dard): Vieille qui marchait sur la mer, La; Y a-t-il un français dans la salle?
Arthur Schnitzler: Affairs of Anatole, The; Eyes Wide Shut (Traumnovelle); Christine (Libelei); Libelei; Retour de Casanova, Le (Casanova heimfart Erzählungen 1909-1917); Ronde, La (Reigen)
Hubert Selby Jr: Requiem for a Dream; Last Exit to Brooklyn
Jorge Semprun: *COMME SCÉNARISTE:* Guerre est finie, La; K; Routes du sud, Les; Stavinsky; Femme à sa fenêtre, Une; Z
Peter Shaffer: Amadeus; Equus; Follow Me
William Shakespeare: Double Life, A (Othello); Forbidden Planet (The Tempest); Hamlet (1948, 1969, 1990, 1996 et 2000); Henry IV (1945 et 1989); Julius Ceasar (1953, 1973); King Lear (1971, 1987); Kiss Me Kate (Taming of the Shrew); Looking for Richard; Love's Labour's Lost; Macbeth (1948 et 1971); Men of Respect (Macbeth); Midsummer Night's Dream, A; Midwinter's Tale, A; Much Ado About Nothing; My Own Private Idaho (Henry IV Part II); O (Othello); Othello (1952, 1965 et 1995); Prospero's Book (The Tempest); Ran (King Lear); Richard III (1912, 1955 et 1995); Romeo et Juliet (1936 et 1968); Romeo et Juliet (Romeo and Juliet, Merchant of Venice); Rosencrantz and Guildenstern Are Dead (Hamlet); Shakespeare animated: Hamlet; Shakespeare animated: Macbeth; Shakespeare animated: Romeo et Juliet; Shakespeare animated: Tempest; Shakespeare animated: Twelfth knight; Shakespeare animated: Midsummer night's dream; Silent Shakespeare (King John, The Tempest, Midsummer night's dream, King Lear, Twelfth Night, Merchant of Venice et Richard III); Strange Brew (Hamlet); Taming of the Shrew, The; Tempest; Throne of Blood (Macbeth); Titus (Titus Andronicus); Twelfth Night; West Side Story (Romeo et Juliet); William Shakespeare's Romeo and Juliet; 10 Things I Hate About You (The Taming of the Shrew)
John Patrick Shanley: Doubt; *COMME SCÉNARISTE:* Five Corners; Moonstruck; The January Man; Joe Versus the Volcano; Alive; Congo
Georges Bernard Shaw: Androcles and the Lion; Major Barbara; Maris, les femmes, les amants, Les; Millionairess, The; My Fair Lady (Pygmalion); Pygmalion; Saint-Joan
Mary Shelley: Abbott and Costello Meet Frankenstein (Frankenstein); Andy Warhol's Frankenstein; Bride, The; Bride of Frankenstein, The; Curse of Frankenstein, The; Flesh for Frankenstein; Frankenstein Unbound; Frankenstein; Horror of Frankenstein , The; Mary Shelley's Frankenstein; Son of Frankenstein; Young Frankeinstein
Sam Shepard: Curse of the Starving Class; Fool for Love; Simpatico; *COMME SCÉNARISTE:* Don't Come Knocking; Far North; Paris, Texas
Dai Sijie: Balzac et la petite tailleuse chinoise; *COMME SCÉNARISTE:* Chine, ma douleur; Tang le onzième; George Simenon: Betty; Chat, Le; En plein cœur; Equateur (Coup de lune); Feux Rouges; Fantômes du chapelier, Les; Fruit défendu, Le; Horloger de Saint-Paul, L' (L'Horloger d'Everton); Inconnu dans la maison, L'; Man on the Eiffel tower, The; Monsieur Hire (Les fiançailles de Monsieur Hire); Ours en peluche, L'; Train, Le; Veuve Couderc, Le
Neil Simon: After the fox; Barefoot in the Park; Biloxi Blues; Brighton Beach Memoirs; California Suite; Come Blow your Horn; Goodbye Girl; Good Doctor, The; I Ought to Be in Pictures; Last of the Red Hot Lovers; Lost in Yonkers; Lonely Guy, The; Marrying Man, The; Odd Couple I et II, The; Pitch; Plaza Suite; Prisoner of Second Avenue, The; Star Spangled Girl, The; Sunshine Boys; Sweet Charity *COMME SCÉNARISTE:* Cheap Detective; Heartbreak Kid, The; Max Dugan Returns; Murder by Death; Out-of-Towners, The (1970 et 1999); Seems Like Old Times; Slugger's Wife, The
Sophocle: Antigone; Oedipus Rex; Hercules Unchained (pièce Œdipe Roi)
Aaron Sorkin: Few Good Men, A; *COMME SCÉNARISTE:* American President; Malice; West Wing (TV)
L'équipe du Splendid: Père Noël est une ordure; Bronzés, Les; Bronzés font du ski, Les; Bronzés 3, Les
Joseph Stein: Fiddler on the Roof; Enter Laughing
John Steinbeck: Cannery Row; East of Eden; Grapes of Wrath, The; Lifeboat; Of Mice and Men; Red Poney, The; Tortilla Flat; *COMME SCÉNARISTE:* Viva Zapata!
Stendhal: Rouge et le noir, Le; Chartreuse de Parme, Le
Robert L. Stevenson: Black Arrow; Dr. Jeckyll et Mr. Hyde (1920, 1921 et 1941); Invasion of the Body Snatchers (1956 et 1978); Kidnapped; Master of Ballantrae, The; Strange Door; St-Ives; Treasure Island (1934, 1950, 1972 et 1990); Wrong Box, The
Bram Stoker: Awakening, The (roman The Jewel of Seven Stars); Bram Stoker's Dracula; Bloos from the Mummy's Tomb; Count Dracula (Dracula); Dracula (1931, 1973 et 1979); Dracula A.D. 1972 (Dracula); Dracula 2000; Dracula: Dead and Loving It (Dracula); Dracula's Daughter; Evil of Dracula; Horror of Dracula, The (Dracula); Lair of the White Worm, The; Nosferatu; Nosferatu, fantôme de la nuit (Nosferatu) (1922/1979); Scars of Dracula; Vampyros Lesbos
Whiteley Strieber; Communion; Hunger, The; Wolfen
August Strindberg: Miss Julie (1950/1999)
Koji Suzuki: Ring, The; Ringu
Wladyslaw Szpilman: Pianist, The
Walter Tevis: Color of Money, The; Hustler, The; Man Who Fell to Earth, The
Anton Tchekhov: August; Cherry Orchard, The (La cerisaie); Country Life (Oncle Vanya); Good Doctor, The; Lady with the Dog, The; Partition inachevée pour piano mécanique; Seagull, The (La mouette); Shooting Party, The; Three Sisters, The; Vanya on 42nd Street (Oncle Vanya)
Théâtre du Campignol: Bal, Le
Jim Thompson: After Dark, My Sweet; Coup de torchon (Pop 1280); Getaway, The (1972 et 1994); Grifters, The; Hit Me; *COMME SCÉNARISTE:* Paths of Glory
J.R.R. Tolkien: Hobbit, The; Lord of the Rings: the Fellowship of the Ring; Lord of the Rings: the Return of the King; Lord of the Rings: the Two Towers
Leon Tolstoi: Anna Karenina (1935 et 1997); Prisoner of the Mountains (non-crédité); St-Michael Had a Rooster; Soleil même la nuit, Le; We Live Again (Résurrection); War and Peace (1956, 1967 et 1973)
Robert Towne: *COMME SCÉNARISTE:* Ask the Dust (aussi réal.); Chinatown; Days of Thunder; Firm, The; Greystoke: The Legend of Tarzan, Lord of the Apes; Last Detail, The; Love Affair; Mission: Impossible I-II; Personal Best (aussi réal.); Shampoo; Tequilla Sunrise (aussi réal.); Tomb of Ligeia, The; Two Jakes, The (aussi réal.); Without Limits (aussi réal.); Yakuza, The
Michel Tremblay: Albertine en cinq temps; Françoise Durocher, waitress; Trois Montréal de Michel Tremblay, Les; *COMME SCÉNARISTE:* Parlez-nous d'amour; Soleil se lève en retard, Le; C't'a ton tour Laura Cadieux
Mark Twain: Adventures of Huck Finn, The (The Adventures of Huckleberry Finn); Adventures of Huckleberry Finn, The; Connecticut Yankee in King's Arthur Court, A; Million Pound Note, The (The Million Pound Bank Note); Prince and the Pauper, The; Tom et Huck (The Adventures of Tom Sawyer); Tom Sawyer (The Adventures of Tom Sawyer)
Leon Uris: Battle Cry; Exodus; QB VII; Topaz; *COMME SCÉNARISTES:* Gunfight at the O.K. Corral (1957)
Laurens Van Der Post: Far Off Place, A (A Story like the Wind and a Far off Place); Merry Christmas, Mr. Lawrence (The Seed and the Sower)

Francis Veber: Buddy Buddy (L'emmerdeur); Dîner de cons, Le; Emmerdeur, L'; Jouet, Le; Toy (Le Jouet); Comme scénariste: Chèvre, La; Compères, Les; Fantôme avec chauffeur; Father's Day (Les compères); Fugitifs, Les; Grand blond à la chaussure noire, Le; Jaguar, Le; Man with the Red Shoe (grand blond avec une chaussure noire); Placard, Le; Tais-toi; Three Fugitives (Les fugitifs)

Jules Verne: Around the World in 80 Days (Le tour du monde en 80 jours) (1956 et 2004); Five Weeks in a Balloon (Cinq semaines en ballon); In search of the Castaways (Les enfants du Capitaine Grant); Journey to the Center of the Earth (Voyage au centre de la Terre) (1959 et 2008); Light at the End of the World; Masters of the World (Maîtres du monde); Mysterious Island (L'île mystérieuse); Voyage dans la lune, Le; Voyage à travers l'impossible; 20,000 Leagues Under the Sea (Vingt mille lieues sous les mers)

Kurt Vonnegut Jr.: Breakfast of Champions; Mother Night; Slaughterhouse-Five; *COMME SCÉNARISTE:* Who Am I This Time?

George F. Walker: Le Génie du crime ; Niagara Motel; Rats and Rabbits

Peter Weiss: Marat Sade

H.G. Wells: Abbott and Costello Meet the Invisible Man (The Invisible Man); Empire of the Ants; First Men in the Moon; Invisible Man's Revenge, The (The Invisible Man); Invisible Agent, The; Invisible Man, The; Island of Dr. Moreau, The (1977 et 1996); Island of the Lost Souls, The (The Island of Dr. Moreau); Man Who Could Work Miracles, The; Memoirs of an Invisible Man (The Invisible Man); Passsionate Friends, The; Things to Come (The Shape of the Things to Come); Time Machine, The; Voyage dans la lune, Le; Village of the Giants (The Foods of the Gods); War of the Worlds, The

Irvine Welsh: Acid House, The; Transpotting

Donald E. Westlake (Richard Stark): Bank Shot; Cops and Robbers; Le Couperet; The Hot Rock; Le Jumeau (Two Much); Ordo; The Outfit; Payback (The Hunter); Point Blank (The Hunter); A Slight Case of Murder; Two Much; What's the Worse That Could Happen?; Comme scénariste:; The Grifters; The Stepfather

Edith Wharton: Age of Innocence, The; House of Mirth, The; Ethan Frome; Old Maid, The; Shades of Darkness (TV)

Oscar Wilde: Canterville Ghost, The; Dorian Gray (The Picture of Dorian Gray); Ideal Husband; Importance of Being Earnest, The; Picture of Dorian Gray, The; Salome

Thorton Wilder: Hello, Dolly (The Matchmaker); Matchmaker, The; Mr. North (Theophilus North); Our Town; *COMME SCÉNARISTE:* Bridge of San Luis Rey, The; Shadow of a Doubt (1943)

Charles Williams: Vivement dimanche! (The Long Saturday Night); Hot Spot, The (Hell Hath No Fury); Dead Calm; Félins, Les; Pink Jungle

Tennessee Williams: Baby Doll; Boom (The Milk Train Doesn't Stop Here Anymore); Cat on a Hot Tin Roof (1958 et 1984); Dragon Country; Eccentricities of a Nightingale; Fugitive Kind, The; Glass Menagerie, The (1973/1987); Last of the Mobile Hot Shots, The; Night of the Iguana, The; Orpheus Descending; Period of Adjustment; Roman Spring of Mrs. Stone, The (1961 et 2003); Rose Tattoo, The; Streetcar Named Desire, A (1951/1994); Suddently, Last Summer; Summer and Smoke; Sweet Bird of Youth; This Property is Condemned

Ethel Lyne White: Lady Vanishes, The (1938/1979); Spiral Staircase, The (1946/1975)

Lionel White: Pierrot le fou; Clean Break; Killing, The

Cornell Woolrich (aussi William Irish); Cloak and Dagger; Deadline at Dawn; Leopard Man, The (Black Alibi); Mariée était en noir, La; Martha; Mrs. Winterbourne (I Married a Dead Man); Phantom City; Rear Window; Sirène du Mississippi, La (Waltz into Darkness); Union City; Window, The; Original Sin (Waltz into Darkness); Black Angel; Phantom Lady

Eiji Yoshikawa: Samurai I: Musashi Miyamoto; Samurai II: Duel at Ichijoji Temple; Samurai III: Duel on Ganryu Island

Émile Zola: Bête humaine, La; Curée, La; Germinal (1963 et 1993); Thérèse Raquin (TV)

LE CINÉMA AU CINÉMA

Abbott and Costello in Hollywood
Acteurs, Les
Adaptation
All That Jazz
Almost Perfect Affair, An
America's Sweetheart
American Beauty
American Werewolf in London, An
Angelo, Frédo et Roméo
Anges exterminateurs, Les
Anguish
Animal, L'
Ararat
Auto Focus
Aviator, The (2004)
Bad and the Beautiful, The
Barefoot Contessa, The
Barton Fink
Big Knife, The
Big Picture, The
Black Dahlia, The
Blair Witch Project
Blair Witch Project 2: Book of Shadows
Blazing Saddles
Body Double
Bombshell
Boogie Nights
Bowfinger
Bugsy
Burn Hollywood Burn
C'est arrivé près de chez vous
Camera Buff
Cannibal Holocaust
Cat's Meow, The
Cecil B. DeMented
Celebrity
Chaplin
Cinema Paradiso
Cloverfield
Comeback, The
Comtesse de Baton Rouge, La
Confessionnal, Le
Cotton Club, The
CQ
Dancer in the Dark
Day of the Locust, The
Deconstructing Harry
Demons 2
Diary of the Dead
Dolce Vita, La
Don't Come Knocking
Dragon: the Bruce Lee Story
Ed Wood
Ellie Parker
End of Violence
Everything for Sale
Exorcist, The
Fade to Black
Fedora
Femme Fatale
Femme publique, La
Festival in Cannes
Final Hit
For Your Consideration
Forgotten Silver
Frances
French Lieutenant's Woman
Front, The
Fubar
Full Frontal
Get Shorty
Gods and Monsters
Good Men, Good Women
Gosford Park
Grand Canyon
Grosse fatigue
Guilty by Suspicion
Hardcore
Heights
Henry: Portrait of a Serial Killer
Hollywood Ending
Hotel
Hurlyburly
Hustle, The
I Am Curious
I Love Your Work
Icicle Thief, The (Le voleur de savonnette)
Imitation of Life
Important c'est d'aimer, L'
In the Mouth of Madness
In the Soup
Inserts
Inside Daisy Clover
Intervista
Irma Vep
James Dean Story (TV)
Jay and Silent Bob Strike Back
Je vais craquer
Kabloonak
Kentucky Fried Movie
King Kong (1933/2005)
L.A. Confidential
Laisser-passer
Last Action Hero
Last Tycoon, The
Libson Story
Life with Judy Garland: Me and My Shadows (TV)
Living in Oblivion
Lost in Translation
Lulu On the Bridge
Ma femme est une actrice
Malice in Wonderland
Man Like Eva, A
Man of a Thousand Faces
Man with Bogart's Face, The
Matinee
Meilleur espoir féminin
Mépris, Le
Mirror Crack'd, The

Moitié gauche du frigo, La
Mommie Dearest
Mon oeil pour une caméra
Mourir à tue-tête
Mulholland Drive
Mulletville
Muse, The
Mute Witness
My Geisha
My Little Eye
New York, New York
Night Moves
Notting Hill
Nuit américaine, La
Orgazmo
Oscar, The
Parlez-moi de la pluie
Paris - When It Sizzles
Party, The
Passion (1982)
Perfect Blue
Petite Lili, La
Pickle, The
Player, The
Postcards from the Edge
Purple Rose of Cairo, The
Quiconque meurt, meurt à douleur
RKO 281 (TV)
Regard d'Ulysse, Le
Requiem pour un beau sans coeur
S.
S.O.B.
Sabotage
Salaam Cinema
Schpountz, Le
Scream 3
Sex Is Comedy
Sex, Lies and Videotape
Shadow of the Vampire
Sherlock, Jr.
Show People
Sid and Nancy
Silent Movie
S1mOne
Singin' in the Rain
Special Effects
Spirit of the Beehive
Stand-In
Star, The
Star 80
Star Is Born, A
Stardust Memories
Starmaker
State and Main
Stevie
Stuck On You
Stunt Man, The
Sullivan's Travels
Sunset Blvd.
Sweet Liberty
Swimming with Sharks
Tango (1998)
Tango Lesson, The
Thesis
Tous les autres, sauf moi
Tristram Shandy - A Cock & Bull Story
Until the End of the World
Valentino
Valley of the Dolls
Venice/Venice
Venus
Veronika Voss
Videodrome
Vigo
Volere, Volare
Voleur de caméra, Le
Voleur vit en enfer, Le
Wag the Dog
West Beyrouth
What Price Hollywood?
What ever happened to Baby Jane?
What Price Hollywood?
White Hunter, Black Heart
Who Framed Roger Rabbit?
Wizard of Speed and Time, The
Wonderland (2003)
Yes sir! Madame
8 1/2
8 mm
15 Minutes

LES FILMS À VOIR EN FAMILLE

POUR LES TOUT-PETITS

Baby Einsten
Caillou
Fantasia
Pingu
Saturnin

POUR LES ENFANTS (3 À 5 ANS)

Aventures de Ludovic, Les
Azur et Asmar
Cars
Charlie Brown
Chien, le général et les oiseaux, Le
Enfant qui voulait être un ours, L'
Fanfreluche
Fifi Brin d'Acier (quadralogie)
Finding Nemo
Flushed Away
Gumby
Happy Feet
Heidi
Ini mini magi mo
Il était une fois... (la Vie, les Découvreurs, l'Espace, l'Homme)
Jungle Book, The
Kiki's Delivery Service
Kirikou et la Sorcière
Kirikou et les bêtes sauvages
Looney Tunes, The
Passe-Partout
Mary Poppins
Monster Inc.
Muppets, Les (série)
My Neighbor Totoro
Nils Holgersson
Princes et Princesses
Prophétie des Grenouilles, La
Roi et l'oiseau, Le
Shakespeare animés, Les
Schtroumpfs, Les
Stomp
Tom et Jerry
Toy Story (1-2)
Vacances de M. Rossi, Les
Wallace et Gromit (courts-métrages)
Wallace et Gromit - Curse of the Were-Rabbit
Watership Down
Winnie the Pooh (série)

POUR LES JEUNES (6 À 8 ANS)

Adventures of Baron Munchausen, The
Adventures of Huckleberry Finn, The
Adventures of Pinnochio, The
Alvin and the Chipmunks
Anne of Green Gables
Adventures of Robin Hood, The
Annie
Animal Farm
Arthur et les minimoys
Bach et Bottine
Bedtime Stories
Black Beauty
Bridge to Terabithia
Charlie and the Chocolate Factory
Chronicles of Narnia, The
Enchanted
Evan Almighty
Free Willy
Fly Away Home
Freaky Friday (1976, 2003)
George of the Jungle
Gloire de mon père, La
Gods Must Be Crazy, The
Goonies, The
Gourde magique, La
Grave of the fireflies
Gregoire Moulin contre l'humanité
Grenouille et la baleine, La
Guerre des boutons, La
Guerre des tuques, La
Hocus Pocus
Honey I Shrunk the Kids
Hook
How the Grinch Stole Christmas
Incredible Shrinking Man, The
Indien dans la ville, Un
Inkheart
Iron Giant
Jumanji
Karate Kid
Labyrinth
Last Mimzy, The
Lemony Snicket's - A Series of Unfortunate Events
Little Princess, A
Love Bug
Matusalem
Mia et le Migou
Millions
Mine, Yours, Ours
Moi César, 10 ans ½ , 1m39
Monty Python and the Holy Grail
Mrs. Doubtfire
Mystérieuses cités d'or, Les
Mystérieuse mademoiselle C., La
Neverending Story, The
Night at the Museum
Nightmare Before Christmas, The
Nim's Island
Ninja Turtles (série), The
Nanny McPhee
Papillon Bleu, Le
Pas de répit pour Mélanie
Peter Pan
Pinocchio
Pom Poko
Popeye
Princess Bride, The
Samurai Jack
Secret Garden
School of Rock
Shrek 1-2-3
Simon les nuages
Sound of Music, The
Soupe aux choux, La
Spy Kids (trilogie)
Star Wars (saga)
Station Nord
Sunny et l'éléphant
Tintin (série)
Tom Sawyer
Triplettes de Belleville, Les
Who Framed Roger Rabbit
Willow

Witches, The
Willy Wonka & the Chocolate Factory
Wizard of Oz, The
Zathura: A Space Adventure

POUR LES ADOS (9 ANS ET PLUS)

À vos marques... party!
About a Boy
Adam's Family, The
Adam's Family Values, The
A.I. Artificial Intelligence
Akira
Astérix et Obélix: Mission Cléopâtre
Audition, L'
Avare, L'
Aventures de Rabbi Jacob, Les
Back to the Future (trilogie)
Batteries Not Included
Bettlejuice
Belle verte, La
Bend It Like Beckham
Billy Elliott
Big Fish
Boys, Les
Breakfast Club, The
Brothers Grimm
Central do Brasil (Central Station)
Chocolat
Choristes, Les
Cinéma Paradiso
C.R.A.Z.Y.
Ding et Dong: le Film
Dîner de cons, Le
Enfant d'eau, L'
Fabuleux destin d'Amélie Poulain, Le
Fanfan la Tulipe
Ferris Bueller's Day Off
Finding Neverland
Footlose
Forrest Gump
Gaz Bar Blues
Ghost in the Shell
Goodbye Lenin
Grande Séduction, La
Harry Potter (quadralogie)
Histoires d'hiver
Juno
Life Aquatic with Steve Zissou, The
Lord of the Rings (trilogie)
Matou, Le
Mask, The
Mean Girls
Multiplicity
Monty Python and the Meaning of life
My Life
Nanny Diaries, The
National Treasure - Book of Secrets
Outsiders, The
Phörpa (The Cup)
Planète sauvage, La
Planet of the Apes (1968, 2001)
Pleasantville
Remember the Titans
Robin Hood: Men in Tights
Short Circuit
Sister Act
Sisterhood of the travelling pants
Spirited Away
Stand By Me
Stardust
Time Bandits
Those Magnificent Men in Their Flying Machines
Tuck Everlasting
Valentin
Waterhorse: The Legend of the Deep
Whale Rider
Young Frankenstein
Young Sherlock Holmes

LES SÉRIES TÉLÉ

10 ITEMS OR LESS (Saisons 1 à 2), É.-U.
21 JUMP STREET (Saisons 1 à 2), É.-U.
24 (Saisons 1 à 7), É.-U.
3 X RIEN (Saisons 1 à 4), QUÉ.
30 ROCK (Saisons 1 à 2), É.-U.
4400 (Saisons 1 à 4), É.-U.
A-TEAM (Saisons 1 à 2), É.-U.
ALF (Saison 1), É.-U.
ALFRED HITCHCOCK PRESENTS (Saisons 1 à 2), É.-U.
ALIAS (Saisons 1 à 5), É.-U.
ANDY GRIFFITH SHOW, THE (Saison 1), É.-U.
ANGEL (Saisons 1 à 5), É.-U.
ANNA NICOLE SHOW (Saison 1), É.-U.
ARRESTED DEVELOPMENT (Saisons 1 à 2), É.-U.
BABYLON 5 (Saisons 1 à 3), É.-U.
BATTLESTAR GALACTICA (Saisons 1 à 4), É.-U.
BATTLESTAR GALACTICA NEW SERIES (Saisons 1 à 3), É.-U.
BEASTMASTER (Saison 1), É.-U.
BEWITCHED (Saisons 1 à 2), É.-U.
BIG BANG THEORY, THE (Saison 1), É.-U.
BIG LOVE (Saisons 1 à 2), É.-U.
BIG TRAIN (Saisons 1 à 2), ANG.
BIT OF FRY AND LAURIE, A (Saisons 1 à 2), ANG.
BONES (Saisons 1 à 2), É.-U.
BOSTON LEGAL (Saisons 1 à 5), É.-U.
BOUGON, LES (Saisons 1 à 3), QUÉ.
BOYS, LES (Saison 1), QUÉ.
BREAKING BAD (Saison 1), É.-U.
BROTHERHOOD (Saisons 1 à 2), É.-U.
BROTHERS AND SISTERS (Saisons 1 à 3), É.-U.
BUFFY THE VAMPIRE SLAYER (Saisons 1 à 7), É.-U.
BURN NOTICE (Saisons 1 à 2), É.-U.
C.A. (CONSEIL D'ADMINISTRATION) (Saisons 1 à 3), QUÉ.
CALIFORNICATION (Saison 1), É.-U.
CARNIVALE (Saisons 1 à 2), É.-U.
CASTLE (Saison 1), É.-U.
CEDRIC THE ENTERTAINER PRESENTS (Saisons 1), É.-U.
CHAPPELLE'S SHOW (Saison 1), É.-U.
CHEERS (Saisons 1 à 4), É.-U.
CHIPS (Saison 1), É.-U.
CHUCK (Saison 1), É.-U.
CLOSER, THE (Saisons 1 à 4), É.-U.
CŒUR A SES RAISONS (Saisons 1 à 3), QUÉ.
COLUMBO (Saisons 1 à 7), É.-U.
COUPLING (Saisons 1 à 4), ANG.
CRACKER (Saisons 1 à 3), ANG.
CSI: CRIME SCENE INVESTIGATION (Saisons 1 à 8), É.-U.
CSI: MIAMI (Saisons 1 à 5), É.-U.
CSI: NY (Saisons 1 à 2), É.-U.
CURB YOUR ENTHUSIASM (Saisons 1 à 6), É.-U.
DA ALI G SHOW (Saisons 1 à 2), É.-U.
DALLAS (Saisons 1 à 2), É.-U.
DAMAGES (Saison 1), É.-U.
DANGERMAN (Saison 1), É.-U.
DANTE'S COVE (Saisons 1 à 3), É.-U.
DEAD LIKE ME (Saisons 1 à 2), CAN.
DEADWOOD (Saisons 1 à 3), É.-U.
DESPARATE HOUSEWIVES (Saisons 1 à 5), É.-U.
DEXTER (Saisons 1 à 2), É.-U.
DIRTY SEXY MONEY (Saison 1), É.-U.
DL CHRONICLES, THE (Saison 1), É.-U.
DORIS DAY SHOW (Saisons 1 à 2), É.-U.
DRAGNET (Saison 1), É.-U.
DUKES OF HAZARD (Saisons 1 à 4), É.-U.
E.R. (Saisons 1 à 3), É.-U.
ELI STONE (Saison 1), É.-U.
ELLEN (Saison 1), É.-U.
ENTOURAGE (Saisons 1 à 5), É.-U.
ET DIEU CRÉA... LAFLAQUE (Saisons 1 à 2), QUÉ.
ÉTOILES FLANTES, LES (Saison 1), QUÉ.
EUREKA (Saisons 1 à 2), É.-U.
EVERYBODY LOVES RAYMOND (Saison 1), É.-U.
EXTRAS (Saisons 1 à 2), É.-U.
FAME (Saison 1), É.-U.
FANTASY ISLAND (Saison 1), É.-U.
FEMME NIKITA, LA (Saisons 1 à 2), CAN.
FLIGHT OF THE CONCHORD (Saison 1), É.-U.
FORTIER (Saisons 1 à 5), QUÉ.
FRANÇOIS EN SÉRIE (Saison 1), QUÉ.
FRASIER (Saisons 1 à 3), É.-U.
FRESH PRINCE OF BEL-AIR, THE (Saison 1), É.-U.
FRIDAY NIGHT LIGHTS (Saisons 1 à 3), É.-U.
FRIENDS (Saisons 1 à 10), É.-U.
GET SMART (Saison 1), É.-U.
GILLIGAN'S ISLAND (Saisons 1 à 3), É.-U.
GILMORE GIRLS (Saisons 1 à 5), É.-U.
GOLDEN GIRLS (Saisons 1 à 3), É.-U.
GOSSIP GIRL (Saison 1), É.-U.
GREEN ACRES (Saisons 1 à 2), É.-U.
GREY'S ANATOMY (Saisons 1 à 5), É.-U.
HAPPY DAYS (Saison 1), É.-U.
HAUTS ET LES BAS DE SOPHIE PAQUIN, LES (Saisons 1 à 2), QUÉ.
HAWAII FIVE-O (Saisons 1 à 2), É.-U.
HAZEL (Saison 1), É.-U.
HEROES (Saisons 1 à 2), É.-U.
HILLS, THE (Saisons 1 à 3), É.-U.
HOGAN'S HEROES (Saison 1), É.-U.
HOMICIDE (Saisons 1 à 7), É.-U.
HOTEL BABYLON (Saisons 1 à 3), ANG.
HOUSE (Saisons 1 à 3), É.-U.
HOW I MET YOUR MOTHER (Saisons 1 à 3), É.-U.
HUFF (Saison 1), É.-U.
IN LIVING COLOR (Saisons 1 à 2), É.-U.
IN PLAIN SIGHT (Saison 1), É.-U.
INVASION (Saison 1), É.-U.
INVINCIBLES, LES (Saisons 1 à 2), QUÉ.
IRONSIDE (Saison 1), É.-U.
IT CROWD, THE (Saison 1), ANG.
JAMIE FOXX (Saison 1), É.-U.
JEREMIAH (Saison 1), É.-U.
JERICHO (Saisons 1 à 2), É.-U.
JETSONS, THE (Saison 1), É.-U.
JOHN FROM CINCINNATI (Saison 1), É.-U.
KATHY GRIFFIN: MY LIFE ON THE D-LIST (Saison 1) , É.-U.
KIDS IN THE HALL (Saisons 1 à 3), CAN.
KNIGHT RIDER (Saisons 1 à 2), É.-U.
KOJAK (Saison 1), É.-U.
KUNG FU (Saisons 1 à 2), É.-U.
KYLE XY (Saison 1), É.-U.
L WORD (Saisons 1 à 5), É.-U.
LAIR, THE (Saison 1), É.-U.
LAND OF THE LOST (Saisons 1 à 2), É.-U.
LAS VEGAS (Saisons 1 à 5), É.-U.
LAVERNE & SHIRLEY (Saison 1), É.-U.
LIPSTICK JUNGLE (Saisons 1 à 2), É.-U.
LITTLE MOSQUE ON THE PRAIRIE (Saison 1), CAN.

LIVING WITH ED (Saison 1), É.-U.
LOST (Saisons 1 à 4), É.-U.
LOST IN SPACE (Saisons 1 à 3), É.-U.
MACGYVER (Saison 1), É.-U.
MAD MEN (Saisons 1 à 2), É.-U.
MAGNUM P.I. (Saisons 1 à 2), É.-U.
MAN SHOW, THE (Saisons 1 à 2), É.-U.
MARY TYLER MOORE SHOW (Saisons 1 à 2), É.-U.
MASTERS OF HORROR (Saison 1), É.-U.
MIAMI VICE (Saisons 1 à 5), É.-U.
MILE HIGH (Saisons 1 à 2), ANG.
MILLENIUM (Saisons 1 à 2), É.-U.
MIND OF THE MARRIED MAN (Saison 1), É.-U.
MINUIT LE SOIR (Saisons 1 à 3), QUÉ.
MONK (Saisons 1 à 2), É.-U.
MONKEES, THE (Saisons 1 à 2), É.-U.
MOONLIGHT (Saison 1), É.-U.
MTV: PUNK'D (Saison 1), É.-U.
MUNSTERS, THE (Saisons 1 à 2), É.-U.
MURDER, SHE WROTE (Saison 1), É.-U.
MURPHY BROWN (Saison 1), É.-U.
MY NAME IS EARL (Saisons 1 à 3), É.-U.
NÉGOCIATEUR, LE (Saisons 1 à 2), QUÉ.
NEW ADVENTURES OF OLD CHRISTINE, THE (Saisons 1 à 2), É.-U.
NIGHT COURT (Saison 1), É.-U.
NIGHT GALLERY (Saison 1), É.-U.
NIP / TUCK (Saisons 1 à 5), É.-U.
NOAH'S ARC (Saisons 1 à 2), É.-U.
NOS ÉTÉS (Saisons 1 à 4), QUÉ.
O.C., THE (Saisons 1 à 4), É.-U.
OFFICE, THE (É-U) (Saisons 1 à 4), É.-U.
ONE TREE HILL (Saisons 1 à 5), É.-U.
OUTER LIMITS, THE (Saisons 1 à 3), É.-U.
OVER THERE (Saison 1), É.-U.
OZ (Saisons 1 à 6), É.-U.
PENN & TELLER: BULLSHIT! (Saison 1), É.-U.
PERSUADERS!, THE (Saison 1), ANG.
PETIT MONDE DE LAURA CADIEUX, LE (Saisons 1 à 3), QUÉ.
PETITE MAISON DANS LA PRAIRIE (Saisons 1 à 7), É.-U.
PRISON BREAK (Saisons 1 à 4), É.-U.
PRIVATE PRATICE (Saison 1), É.-U.
PSYCH (Saisons 1 à 2), É.-U.
PURE LAINE (Saison 1), QUÉ.
PUSHING DAISIES (Saison 1), É.-U.
QUEER AS FOLK (AMÉRICAIN) (Saisons 1 à 5), É.-U.
RAM DAM (Saison 1), QUÉ.
REGENESIS (Saison 1), CAN.
REMINGTON STEELE (Saisons 1 à 3), É.-U.
RESCUE ME (Saisons 1 à 4), É.-U.
RICHES, THE (Saisons 1 à 2), É.-U.
ROBIN HOOD (Saisons 1 à 2), ANG.
ROME (Saisons 1 à 2), ANG.
ROYLE FAMILY, THE (Saison 1), ANG.
RUMEURS (Saisons 1 à 4), QUÉ.
SAMANTHA WHO? (Saisons 1 à 2), É.-U.
SARAH SILVERMAN PROGRAM, THE (Saison 1), É.-U.
SAVING GRACE (Saisons 1 à 2), É.-U.
SCRUBS (Saisons 1 à 8), É.-U.
SECRET DIARY OF A CALL GIRL (Saison 1), ANG.
SECRET LIFE OF THE AMERICAN TEENAGER, THE (Saison 1), É.-U.
SEINFELD (Saisons 1 à 8), É.-U.
SEX AND THE CITY (Saisons 1 à 6), É.-U.
SHARK (Saison 1), É.-U.
SHIELD, THE (Saisons 1 à 2), É.-U.
SIMPLE LIFE, THE (Saisons 1 à 5), É.-U.
SIX FEET UNDER (Saisons 1 à 5), É.-U.
SMALLVILLE (Saisons 1 à 7), É.-U.
SOAP (Saison 1), É.-U.
SOEURS ELLIOT, LES (Saisons 1 à 2), QUÉ.
SOPRANOS (Saisons 1 à 6), É.-U.
STAR TREK ORIGINAL SERIES (Saison 1), É.-U.
STAR TREK VOYAGER (Saisons 1 à 4), É.-U.
STARSKY & HUTCH (Saisons 1 à 3), É.-U.
STARTER WIFE, THE (Saison 1), É.-U.
SUPERNATURAL (Saisons 1 à 3), É.-U.
SURVIVOR (Saison 1) , É.-U.
SWINGTOWN (Saison 1), É.-U.
TAXI (Saisons 1 à 2), É.-U.
TAXI 0-22 (Saisons 1 à 2), QUÉ.
TELL ME YOU LOVE ME (Saison 1), É.-U.
TEMPS D'UNE PAIX, LE (Saisons 1 à 6), QUÉ.
TERMINATOR: THE SARAH CONNOR CHRONICLES (Saison 1), É.-U.
TERRE HUMAINE (Saisons 1 à 3), QUÉ.
THAT 70'S SHOW (Saisons 1 à 8), É.-U.
THREE'S COMPANY (Saisons 1 à 8), É.-U.
TORCHWOOD (Saison 1), ANG.
TOUT SUR MOI (Saison 1), QUÉ.
TRACEY TAKES ON (Saisons 1 à 2), ANG.
TRAILER PARK BOYS (Saisons 1 à 4), CAN.
TRUE BLOOD (Saison 1), É.-U.
TUDORS, THE (Saisons 1 à 2), CAN. - É.-U. - IRL.
TWILIGHT ZONE (Saisons 1 à 2), É.-U.
TWO AND A HALF MEN (Saisons 1 à 5), É.-U.
UGLY BETTY (Saisons 1 à 3), É.-U.
UNIT, THE (Saisons 1 à 3), É.-U.
UNSUITABLE JOB FOR A WOMAN (Saisons 1 à 2), ANG.
UPSTAIRS DOWNSTAIRS (Saisons 1 à 5), ANG.
VERONICA MARS (Saisons 1 à 3), É.-U.
VICE CACHÉ (Saisons 1 à 2), QUÉ.
WAYANS BROS., THE (Saison 1), É.-U.
WEEDS (Saisons 1 à 4), É.-U.
WEEDS Saisons 2), É.-U.
WEST WING, THE (Saisons 1 à 7), É.-U.
WILDBOYZ (Saison 1), É.-U.
WILL & GRACE (Saisons 1 à 7), É.-U.
WIRE, THE (Saisons 1 à 5), É.-U.
WONDER WOMAN (Saisons 1 à 3), É.-U.
X-FILES (Saisons 1 à 9), É.-U.
XENA (Saison 1), É.-U.
XENA WARRIOR PRINCESS (Saisons 3 à 6), É.-U.

LES LAURÉATS

ACADEMY AWARDS

OSCAR DU MEILLEUR FILM

2008 : Slumdog Millionaire
2007 : No Country for Old Men
2006 : The Departed
2005 : Crash
2004 : Million Dollar Baby
2003 : The Lord of the Rings : Return of the King
2002 : Chicago
2001 : A Beautiful Mind
2000 : Gladiator
1999 : American Beauty
1998 : Shakespeare in Love
1997 : Titanic
1996 : The English Patient
1995 : Braveheart
1994 : Forrest Gump
1993 : Schindler's List
1992 : Unforgiven
1991 : Silence of the Lambs
1990 : Dances with Wolves
1989 : Driving Miss Daisy
1988 : Rain Man
1987 : The Last Emperor
1986 : Platoon
1985 : Out of Africa
1984 : Amadeus
1983 : Terms of the Endearment
1982 : Gandhi
1981 : Chariots of Fire
1980 : Ordinary People
1979 : Kramer vs. Kramer
1978 : The Deer Hunter
1977 : Annie Hall
1976 : Rocky
1975 : One Flew Over the Cuckoo's Nest
1974 : The Godfather Part II
1973 : The Sting
1972 : The Godfather
1971 : The French Connection
1970 : Patton
1969 : Midnight Cowboy
1968 : Oliver !
1967 : In the Heat of the Night
1966 : A Man for All Seasons
1965 : The Sound of Music
1964 : My Fair Lady
1963 : Tom Jones
1962 : Lawrence of Arabia
1961 : West Side Story
1960 : The Apartment
1959 : Ben-Hur
1958 : Gigi
1957 : The Bridge on the River Kwai
1956 : Around the World in 80 Days
1955 : Marty
1954 : On the Waterfront
1953 : From Here to Eternity
1952 : The Greatest Show on Earth
1951 : An American in Paris
1950 : All About Eve
1949 : All the King's Men
1948 : Hamlet
1947 : Gentlemen's Agreement
1946 : The Best Years of Our Lives
1945 : The Lost Weekend
1944 : Going My Way
1943 : Casablanca
1942 : Mrs. Miniver
1941 : How Green Was My Valley
1940 : Rebecca
1939 : Gone With the Wind
1938 : You Can't Take it With You
1937 : The Life of Emile Zola
1936 : The Great Ziegfield
1935 : Mutiny on the Bounty
1934 : It Happened One Night
1933 : Cavalcade
1932 : Grand Hotel
1931 : Cimarron
1930 : All Quiet On the Western Front
1929 : The Broadway Melody
1928 : Wings

OSCAR DU MEILLEUR ACTEUR

2008 : Sean Penn, Milk
2007 : Daniel Day-Lewis, There Will Be Blood
2006 : Forest Whitaker, The Last King of Scotland
2005 : Philip Seymour Hoffman, Capote
2004 : Jamie Foxx, Ray
2003 : Sean Penn, Mystic River
2002 : Adrien Brody, The Pianist
2001 : Denzel Washington, Training Day
2000 : Russell Crowe, Gladiator
1999 : Kevin Spacey, American Beauty
1998 : Roberto Benigni, La vie est belle
1997 : Jack Nicholson, As Good As It Gets
1996 : Geoffrey Rush, Shine
1995 : Nicolas Cage, Leaving Las Vegas
1994 : Tom Hanks, Forrest Gump
1993 : Tom Hanks, Philadelphia
1992 : Al Pacino, Scent of a Woman
1991 : Anthony Hopkins, The Silence of the Lambs
1990 : Jeremy Irons, Reversal of Fortune
1989 : Daniel Day-Lewis, My Left Foot
1988 : Dustin Hoffman, Rain Man
1987 : Michael Douglas, Wall Street
1986 : Paul Newman, The Color of Money
1985 : William Hurt, Kiss of the Spider Woman
1984 : F. Murray Abraham, Amadeus
1983 : Robert Duvall, Tender Mercies
1982 : Ben Kingsley, Gandhi
1981 : Henry Fonda, On Golden Pond
1980 : Robert De Niro, Raging Bull
1979 : Dustin Hoffman, Kramer vs. Kramer
1978 : Jon Voight, Coming Home
1977 : Richard Dreyfuss, The Goodbye Girl
1976 : Peter Finch, Network
1975 : Jack Nicholson, One Flew Over the Cuckoo's Nest
1974 : Art Carney, Harry and Tonto
1973 : Jack Lemmon, Save the Tiger
1972 : Marlon Brando, The Godfather
1971 : Gene Hackman, The French Connection
1970 : George C. Scott, Patton
1969 : John Wayne, True Grit
1968 : Cliff Robertson, Charly
1967 : Rod Steiger, In the Heat of the Night
1966 : Paul Scofield, A Man for All Seasons
1965 : Lee Marvin, Cat Ballou
1964 : Rex Harrison, My Fair Lady
1963 : Sidney Poitier, Lilies of the Field
1962 : Gregory Peck, To Kill a Mockingbird
1961 : Maximilian Schell, Judgment at Nuremberg
1960 : Burt Lancaster, Elmer Gantry
1959 : Charlton Heston, Ben-Hur
1958 : David Niven, Separate Tables
1957 : Alec Guinness, The Bridge on the River Kwai
1956 : Yul Brynner, The King and I
1955 : Ernest Borgnine, Marty
1954 : Marlon Brando, On the Waterfront
1953 : William Holden, Stalag 17
1952 : Gary Cooper, High Noon
1951 : Humphrey Bogart, The African Queen
1950 : José Ferrer, Cyrano de Bergerac
1949 : Broderick Crawford, All the King's Men
1948 : Laurence Olivier, Hamlet
1947 : Ronald Colman, A Double Life
1946 : Fredric March, The Best Years of Our Lives
1945 : Ray Milland, The Lost Weekend
1944 : Bing Crosby, Going My Way
1943 : Paul Lukas, Watch on the Rhine
1942 : James Cagney, Yankee Doodle Dandy
1941 : Gary Cooper, Sergeant York
1940 : James Stewart, The Philadelphia Story
1939 : Robert Donat, Goodbye, Mr.Chips
1938 : Spencer Tracy, Boys Town
1937 : Spencer Tracy, Captains Courageous
1936 : Paul Muni, The Story of Louis Pasteur
1935 : Victor McLaglen, The Informer
1934 : Clark Gable, It Happened One Night
1933 : Charles Laughton, The Private Life of Henry VIII
1932 : Wallace Beery, The Champ & Fredric March, Dr. Jekyll and Mr.Hyde
1931 : Lionel Barrymore, A Free Soul
1930 : George Arliss, Disraeli
1929 : Warner Baxter, In Old Arizona*
1928 : Emil Jannings, The Last Command & The Way of all Flesh

OSCAR DE LA MEILLEURE ACTRICE

2008 : Kate Winslet, The Reader
2007 : Marion Cotillard, La Môme
2006 : Helen Mirren, The Queen
2005 : Reese Witherspoon, Walk the Line
2004 : Hilary Swank, Million Dollar Baby
2003 : Charlize Theron, Monster
2002 : Nicole Kidman, The Hours
2001 : Halle Berry, Monter's Ball
2000 : Julia Roberts, Erin Brockovich
1999 : Hilary Swank, Boys Don't Cry
1998 : Gwyneth Paltrow, Shakespeare in Love
1997 : Helen Hunt, As Good As It Gets
1996 : Frances McDormand, Fargo
1995 : Susan Sarandon, Dead Man Walking
1994 : Jessica Lange, Blue Sky
1993 : Holly Hunter, The Piano
1992 : Emma Thompson, Howards End
1991 : Jodie Foster, The Silence of the Lambs
1990 : Kathy Bates, Misery
1989 : Jessica Tandy, Driving Miss Daisy
1988 : Jodie Foster, The Accused
1987 : Cher, Moonstruck
1986 : Marlee Matlin, Children of a Lesser God
1985 : Geraldine Page, The Trip to Bountiful
1984 : Sally Field, Places in the Heart
1983 : Shirley MacLaine, Terms of Endearment
1982 : Meryl Streep, Sophie's Choice
1981 : Katharine Hepburn, On Golden Pond
1980 : Sissy Spacek, Coal Miner's Daughter
1979 : Sally Field, Norma Rae
1978 : Jane Fonda, Coming Home
1977 : Diane Keaton, Annie Hall

1976 : Faye Dunaway, Network
1975 : Louise Fletcher, One Flew Over the Cuckoo's Nest
1974 : Ellen Burstyn, Alice Doesn't Live Here Anymore
1973 : Glenda Jackson, A Touch of Class
1972 : Liza Minnelli, Cabaret
1971 : Jane Fonda, Klute
1970 : Glenda Jackson, Women in Love
1969 : Maggie Smith, The Prime of Miss Jean Brodie
1968 : Barbra Streisand, Funny Girl & Katharine Hepburn, The Lion in Winter
1967 : Katharine Hepburn, Guess Who's Coming to Dinner ?
1966 : Elizabeth Taylor, Who's Afraid of Virginia Woolf ?
1965 : Julie Christie, Darling
1964 : Julie Andrews, Mary Poppins
1963 : Patricia Neal, Hud
1962 : Anne Bancroft, The Miracle Worker
1961 : Sophia Loren, La Ciociara
1960 : Elizabeth Taylor, Butterfield 8
1959 : Simone Signoret, Room at the Top
1958 : Susan Hayward, I Want to Live !
1957 : Joanne Woodward, The Three Faces of Eve
1956 : Ingrid Bergman, Anastasia
1955 : Anna Magnani, The Rose Tattoo
1954 : Grace Kelly, The Country Girl
1953 : Audrey Hepburn, Roman Holiday
1952 : Shirley Booth, Come Back, Little Sheba
1951 : Vivien Leigh, A Streetcar Named Desire
1950 : Judy Holliday, Born Yesterday
1949 : Olivia De Havilland, The Heiress
1948 : Jane Wyman, Johnny Belinda
1946 : Olivia De Havilland, To Each His Own
1945 : Joan Crawford, Mildred Pierce
1944 : Ingrid Bergman, Gaslight
1943 : Jennifer Jones, The Song of Bernadette
1942 : Greer Garson, Mrs. Miniver
1941 : Joan Fontaine, Suspicion
1940 : Ginger Rogers, Kitty Foyle
1939 : Vivien Leigh, Gone with the Wind
1938 : Bette Davis, Jezebel
1937 : Luise Rainer, The Good Earth
1936 : Luise Rainer, The Great Ziegfeld
1935 : Bette Davis, Dangerous
1934 : Claudette Colbert, It Happened One Night
1933 : Katharine Hepburn, Morning Glory
1932 : Helen Hayes, The Sin of Madelon Claudet
1931 : Marie Dressler, Min and Bill
1930 : Norma Shearer, The Divorcee
1929 : Mary Pickford, Coquette
1928 : Janet Gaynor, Seventh Heaven*

LES CÉSARS DU CINÉMA

MEILLEUR FILM

2009 : Séraphine
2008 : La Graine et le mulet
2007 : Lady Chatterley
2006 : De battre mon cœur s'est arrêté
2005 : L'esquive
2004 : Les invasions barbares
2003 : Le pianiste
2002 : Le fabuleux destin d'Amélie Poulain
2001 : Le goût des autres
2000 : Vénus beauté
1999 : La vie rêvée des anges
1998 : On connaît la chanson
1997 : Ridicule
1996 : La haine
1995 : Les roseaux sauvages
1994 : Smoking/No Smoking
1993 : Les nuits fauves
1992 : Tous les matins du monde
1991 : Cyrano de Bergerac
1990 : Trop belle pour toi
1989 : Camille Claudel
1988 : Au revoir les enfants
1987 : Thérese
1986 : Trois hommes et un couffin
1984 : Le bal
1983 : La balance
1981 : Le dernier métro
1980 : Tess
1978 : Providence
1977 : Monsieur Klein
1976 : Le vieux fusil

MEILLEUR ACTEUR

2009 : Vincent Cassel, Mesrine – L'instinct de mort
2008 : Mathieu Amalric, Le Scaphandre et le papillon
2007 : François Cluzet, Ne le dis à personne
2006 : Michel Bouquet, le promeneur du Champs de Mars
2005 : Mathieu Amalric, Rois et Reine
2004 : Omar Sharif, Monsieur Ibrahim et les fleurs du Coran
2003 : Adrien Brody, Le pianiste
2002 : Michel Bouquet, Comment j'ai tué mon père
2001 : Sergi Lopez, Harry, un ami qui vous veut du bien
2000 : Daniel Auteuil, La fille sur le pont
1999 : Jacques Villeret, Le dîner de cons
1998 : André Dussolier, On connaît la chanson
1997 : Philippe Torreton, Capitaine Conan
1996 : Michel Serrault, Nelly et Monsieur Arnaud
1995 : Gérard Lanvin, Le fils préféré
1994 : Pierre Arditi, Smoking/No Smoking
1992 : Jacques Dutronc, Van Gogh
1991 : Gérard Depardieu, Cyrano de Bergerac
1990 : Philippe Noiret, La vie et rien d'autre
1988 : Richard Bohringer, Le grand chemin
1987 : Daniel Auteuil, Jean de Florette
1986 : Christophe Lambert, Subway
1984 : Coluche, Tchao Pantin
1983 : Philippe Léotard, La balance
1981 : Gérard Depardieu, Le dernier métro
1979 : Michel Serrault, La cage aux folles
1978 : Jean Rochefort, Le crabe tambour
1977 : Michel Galabru, Le juge et l'assassin
1976 : Philippe Noiret, Le vieux fusil

MEILLEURE ACTRICE

2009 : Yolande Moreau, Séraphine
2008 : Marion Cotillard, La Môme
2007 : Marina Hands, Lady Chatterley
2006 : Nathalie Baye, Le petit lieutenant
2005 : Yolande Moreau, Quand la mer monte
2004 : Sylvie Testud, Stupeur et tremblements
2003 : Isabelle Carré, Se souvenir des belles choses
2002 : Emmanuelle Devos, Sur mes lèvres
2001 : Dominique Blanc, Stand-By*
2000 : Karin Viard, Haut les cœurs !
1999 : Élodie Bouchez, La vie rêvée des anges
1998 : Ariane Ascaride, Marius et Jeannette
1997 : Fanny Ardant, Pédale douce
1996 : Isabelle Huppert, La cérémonie
1995 : Isabelle Adjani, La reine Margot
1994 : Juliette Binoche, Trois couleurs - Bleu
1993 : Catherine Deneuve, Indochine
1991 : Anne Parillaud, Nikita
1990 : Carole Bouquet, Trop belle pour toi
1989 : Isabelle Adjani, Camille Claudel
1988 : Anémone, Le grand chemin
1986 : Sandrine Bonnaire, Sans toit ni loi
1985 : Sabine Azéma, Un dimanche à la campagne
1984 : Isabelle Adjani, L'été meurtrier
1983 : Nathalie Baye, La balance
1982 : Isabelle Adjani, Possession
1981 : Catherine Deneuve, Le dernier métro
1979 : Romy Schneider, Une histoire simple
1978 : Simone Signoret, Madame Rosa
1977 : Annie Girardot, Docteur Françoise Gallant
1976 : Romy Schneider, L'important c'est d'aimer

FESTIVAL DE CANNES

PALME D'OR

2009 : Le ruban blanc*
2008 : Entre les murs*
2007 : 4 mois, 3 semaines et 2 jours*
2006 : Le vent se lève*
2005 : L'enfant
2004 : Fahrenheit 911
2003 : Elephant
2002 : The Pianist
2001 : La chambre du fils
2000 : Dancer in the Dark
1999 : Rosetta
1998 : L'éternité et un jour*
1997 : L'anguille & Le goût de la cerise
1996 : Secrets & Lies
1995 : Underground
1994 : Pulp Fiction
1993 : The Piano & Adieu ma concubine
1992 : The New Gun* & Les meilleures intentions
1991 : Barton Fink
1990 : Wild at Heart
1989 : Sex, Lies, and Videotapes
1988 : Pelle le conquérant
1987 : Sous le soleil de Satan
1986 : The Mission
1985 : Dance With a Stranger
1984 : Paris, Texas
1983 : La ballade de Narayama
1982 : Missing & Yol
1981 : L'homme de fer
1980 : All That Jazz & Kagemusha
1979 : Apocalypse Now & Le tambour
1978 : L'arbre aux sabots
1977 : Padre, Padrone
1976 : Taxi Driver
1975 : Chronique des années de braise*
1974 : The Conversation
1973 : The Hireling* & Scarecrow
1972 : The Mattei Affair* & La classe ouvrière va au paradis*
1971 : The Go-Between*

1970 : M*A*S*H
1969 : If...
1968 : Inconnu
1967 : Blow-Up
1966 : Un homme et une femme
1965 : The Knack and How to Get It
1964 : Les parapluies de Cherbourg
1963 : Le guépard
1962 : Keeper of Promises*
1961 : Une aussi longue absence* & Viridiana
1960 : La Dolce Vita
1959 : Orfeu Negro
1958 : Quand passent les cigognes
1957 : Friendly Persuasion
1956 : Le monde du silence
1955 : Marty
1954 : La porte de l'enfer
1953 : Le salaire de la peur
1952 : Two Cents Worth of Hope* & Othello
1951 : Mademoiselle Julie & Miracle à Milan
1950 : Inconnu
1949 : The Third Man
1948 : Inconnu
1947 : Inconnu
1946 : Brief Encounter & Tourmants & The Last Chance* & The Lost Weekend & Portrait of Maria* & Lowly City* & Rome, ville ouverte & La symphonie pastorale

GRAND PRIX

2009 : Un prophète*
2008 : Gomora*
2007 : La Forêt de Mogari*
2006 : Flandres*
2005 : Broken Flowers
2004 : Old Boy
2003 : Lointain*
2002 : L'homme sans passé
2001 : La pianiste
2000 : Devils on the Door Step
1999 : L'humanité
1998 : La vie est belle
1997 : The Sweet Hereafter
1996 : Breaking the Waves
1995 : Le regard d'Ulysse
1994 : Vivre & Soleil trompeur
1993 : Si loin, si proche
1992 : Il ladro di bambini
1991 : La belle noiseuse
1990 : L'aiguillon de la mort* & Tilai
1989 : Trop belle pour toi & Cinéma paradiso
1988 : A World Apart
1987 : Repentir*
1986 : Le sacrifice
1985 : Birdy
1984 : Journal intime*
1983 : Carmen
1982 : Passion
1981 : Les uns et les autres
1980 : Le risque de vivre*
1979 : Siberiade
1978 : Pretty Baby
1976 : La marquise D'O & Cria Cuervos
1975 : L'énigme de Kaspar Hauser
1974 : Les mille et une nuit
1973 : La maman et la putain
1972 : Solaris
1971 : Taking Off* & Johnny Got his Gun
1970 : Enquête sur un citoyen au-dessus de tout soupçon*
1969 : Les troubles d'Adalen*
1967 : Accident & J'ai même rencontré des tziganes heureux*
1966 : Un homme et une femme & Ces messieurs dames
1965 : The Knack... And How to Get It
1964 : Les parapluies de Cherbourg
1963 : Hara-kiri & Un jour, un chat ?*
1962 : Procès de Jeanne d'Arc* & L'éclipse*
1961 : Mère Jeanne des anges
1960 : L'Avventura & l'étrange obsession
1958 : Visages de bronze* & Goha*
1957 : Ils aiment la vie & Le sceptième sceau
1956 : Le mystères Picasso
1955 : Continent perdu*
1954 : La porte de l'enfer
1953 : Le salaire de la peur
1952 : Deux sous d'espoir* & Othello
1951 : Miracle à Milan & Mademoiselle Julie
1949 : The Third Man

PRIX DU JURY

2009 : Thirst (Bakjwi)
2008 : Il Divo*
2007 : Persepolis* & Lumière silencieuse*
2006 : Red Road*
2005 : Shangai Dreams*
2004 : Ladykillers & Tropical Malady
2003 : À cinq heures de l'après midi
2002 : Intervention divine
2001 : Daddy's Girl* & Pizza Passionata*
2000 : Le tableau noir & Chansons du deuxième étage
1999 : La lettre*
1998 : La classe de neige & Fête de famille
1997 : Western
1996 : Crash
1995 : N'oublie pas que tu vas mourir
1994 : La reine Margot
1993 : Le maître de marionnettes & Raining Stones
1992 : Le songe de la lumière & Une vie indépendante*
1991 : Hors la vie* & Europa
1990 : Hidden Agenda
1989 : Jésus de Montréal
1988 : Tu ne tueras point
1987 : Shinran ou la voix immaculée* & La lumière
1986 : Thérèse
1985 : Colonel Redl
1983 : Affaire classée*
1980 : La constance*
1973 : La clepsydre* & L'invitation
1972 : Slaughterhouse Five
1971 : Amour & Joe Hill*
1970 : The Strawberry Statement* & Les faucons*
1969 : Z
1966 : Alfie
1965 : Kwaidan
1964 : La femme de sable
1958 : Mon oncle
1954 : Monsieur Ripoix*
1952 : Nous sommes tous des assassins*
1951 : All About Eve

MEILLEUR ACTEUR

2009 : Christoph Waltz, Inglorious Basterds
2008 : Benicio Del Toro, Che*
2007 : Konstantin Lavronenko, Le Bannissement*
2006 : Jamel Debbouze, Samy Naceri, Roschdy Zem, Sami Bouajila, Bernard Blancan, Indigènes*
2005 : Tommy Lee Jones, The Three Burials of Melquiades Estrada
2004 : Yagira Yuuya, Nobody Knows
2003 : Muzaffer Özdemir & Emin Toprak, Uzak*
2002 : Olivier Gourmet, Le fils
2001 : Benoît Magimel, La pianiste
2000 : Tony Leung Chiu Wai, In the Mood for Love
1999 : Emmanuel Schotté, L'humanité
1998 : Peter Mullan, My Name is Joe
1997 : Sean Penn, She's So Lovely
1996 : Daniel Auteuil & Pascal Duquenne, Le huitième jour
1995 : Jonathan Pryce, Carrington
1994 : You Ge, Vivre !
1993 : David Thewlis, Naked
1992 : Tim Robbins, The Player
1991 : John Turturro, Barton Fink
1990 : Gérard Depardieu, Cyrano de Bergerac
1989 : James Spader, Sex, Lies, and Videotapes
1988 : Forest Whitaker, Bird
1987 : Marcello Mastroianni, Les yeux noirs
1986 : Bob Hoskins, Mona Lisa & Michel Blanc, Tenue de soirée
1985 : William Hurt, Kiss of the Spider Woman
1984 : Francisco Rabal & Alfredo Landa, The Holy Innocents
1983 : Gian Maria Volonté, La mort de Mario Ricci
1982 : Jack Lemmon, Missing
1981 : Ugo Tognazzi, Tragedy of a Ridiculous Man
1980 : Michel Piccoli, Le saut dans le vide
1979 : Jack Lemmon, The China Syndrome
1978 : Jon Voight, Coming Home
1977 : Fernando Rey, Elisa, mon amour
1976 : José Luis Gomez, Pascual Duarte*
1975 : Vittorio Gassman, Scent of a Woman
1974 : Jack Nicholson, The Last Detail & Charles Boyer, Stavisky...
1973 : Giancarlo Giannini, Love and Anarchy
1972 : Jean Yanne, Nous ne vieillirons pas ensemble*
1971 : Riccardo Cucciolla, Sacco and Vanzetti
1970 : Marcello Mastroianni, Jealousy Italian Style*
1969 : Jean-Louis Trintignant, Z
1967 : Oded Kotler, Not Mine to Love*
1966 : Per Oscarsson, Hunger
1965 : Terence Stamp, The Collector
1964 : Antal Pager, Drama of the Lark* & Saro Urzi, Seduced & Abandoned
1963 : Richard Harris, This Sporting Life
1962 : Dean Stockwell, Jason Robards, Ralph Richardson, Long Day's Journey into Night & Murray Melvin, A Taste of Honey*
1961 : Anthony Perkins, Goodbye Again
1959 : Dean Stockwell, Bradford Dillman, Orson Welles, Compulsion
1958 : Paul Newman, The Long Hot Summer
1957 : John Kitzmiller, Sergeant Jim*
1955 : Spencer Tracy, Bad Day at Black Rock & Sergei Lukyanov, Boris Andreyev, Aleksei Batalov, Vadim Medvedev, A Big Family
1952 : Marlon Brando, Viva Zapata !

1951 : Michael Redgrave, The Browning Version
1949 : Edward G. Robinson, House of Strangers
1946 : Ray Milland, The Lost Weekend

MEILLEURE ACTRICE

2009 : Charlotte Gainsbourg, Antichrist
2008 : Sandra Corveloni, Linha De Passe*
2007 : Do-Yeon Jeon, Secret Sunshine*
2006 : Penelope Cruz, Carmen Maura, Lola Duenas, Blanca Portillo, Yohanna Cobo, Chus Lampreave, Volver*
2005 : Hanna Laslo, Free Zone
2004 : Maggie Cheung, Clean
2003 : Marie-Josée Croze, Les invasions Barbares
2002 : Kati Outinen, L'homme sans passé
2001 : Isabelle Huppert, La pianiste
2000 : Björk, Dancer in the Dark
1999 : Émilie Dequenne, Rosetta & Séverine Caneele, L'humanité
1998 : Élodie Bouchez & Natacha Régnier, La vie rêvée des anges
1997 : Kathy Burke, Nil by Mouth
1996 : Brenda Blethyn, Secrets & Lies
1995 : Helen Mirren, The Madness of King George
1994 : Virna Lisi, La reine Margot
1993 : Holly Hunter, The Piano
1992 : Pernilla August, Les meilleures intentions
1991 : Irène Jacob, La double vie de Véronique
1990 : Krystyna Janda, Interrogation*
1989 : Meryl Streep, A Cry in the Dark
1988 : Barbara Hershey, Jodhi May & Linda Mvusi, A World Apart
1987 : Barbara Hershey, Shy People
1986 : Fernanda Torres, Love Forever or Never & Barbara Sukowa, Rosa Luxemburg
1985 : Norma Aleandro, L'histoire officielle & Cher, Mask
1984 : Helen Mirren, Cal
1983 : Hannah Schygulla, L'histoire de Pierra
1982 : Jadwiga Jankowska-Cieslak, Another Way
1981 : Isabelle Adjani, Quartet
1980 : Anouk Aimée, Le saut dans le vide*
1979 : Sally Field, Norma Rae
1978 : Jill Clayburgh, An Unmarried Woman & Isabelle Huppert, Violette*
1977 : Shelley Duvall, 3 Women & Monique Mercure, J.A. Martin, photographe
1976 : Dominique Sanda, The Inheritance
1975 : Valerie Perrine, Lenny
1974 : Marie-José Nat, Les violons du bal
1973 : Joanne Woodward, The Effects of Gamma Rays on Man-in-the-Moon Marigolds*
1972 : Susannah York, Images*
1971 : Kitty Winn, The Panic in Needle Park*
1970 : Ottavia Piccolo, Metello*
1969 : Vanessa Redgrave, Isadora
1967 : Pia Degermark, Elvira Madigan
1966 : Vanessa Redgrave, Morgan : A Suitable Case for Treatment
1965 : Samantha Eggar, The Collector
1964 : Barbara Barrie, One Potato, Two Potato* & Anne Bancroft, The Pumpkin Eater
1963 : Marina Vlady, Le lit conjugal
1962 : Katharine Hepburn, Long Day's Journey into Night & Rita Tushingham, A Taste of Honey
1961 : Sophia Loren, Two Women
1960 : Jeanne Moreau, Moderato Cantabile & Melina Mercouri, Never on Sunday
1959 : Simone Signoret, Room at the Top
1958 : Bibi Andersson, Eva Dahlbeck, Ingrid Thulin, Brink of Life
1957 : Giulietta Masina, Les nuits de Cabiria
1956 : Susan Hayward, I'll Cry Tomorrow
1955 : Yelena Dobronravova, Vera Kuznetsova, Klara Luchko, Iya Arepina, A Big Family
1952 : Lee Grant, Detective Story*
1951 : Bette Davis, All About Eve
1949 : Isa Miranda, Au-delà des grilles*
1946 : Michèle Morgan, La symphonie pastorale

CAMÉRA D'OR

2009 : Samson et Deliah*
2008 : Hunger*
2007 : Meduzot*
2006 : 12h08 à l'est de Bucarest
2005 : Me, You and Everyone We Know & The Forsaken Land*
2004 : Or – mon trésor
2003 : Reconstruction
2002 : Bord de mer*
2001 : Atarnajuat
2000 : Djomet* & Un temps pour l'ivresse des cheveaux
1999 : Marana Simhasanam
1998 : Slam
1997 : Moe no suzaku*
1996 : Love Serenade
1995 : Ballon blanc, Le
1994 : Petits arrangements avec la mort
1993 : L'Odeur de la papaye verte
1992 : Mac
1991 : Toto le héros
1990 : Freeze- Die- Come to Life
1989 : Mon XXème siècle
1988 : Salaam Bombay !
1987 : Robinson Crusoe in Georgia*
1986 : Noir et blanc*
1985 : Oriana
1984 : Stranger Than Paradise
1983 : The Princess*
1982 : Mourir à trente ans*
1981 : Desperado City*
1980 : Histoire d'Adrien*
1979 : Northern Lights*
1978 : Alambrista!*
1977 : Duellists, The

FESTIVAL DE SUNDANCE

GRAND PRIX DU JURY

2009 : Push : Based on the Novel by Sapphire*
2008 : Frozen River*
2007 : Padre Nuestro*
2006 : Quinceañera*
2005 : Forty Shades of Blue
2004 : Primer
2003 : American Splendor
2002 : Personal Velocity
2001 : The Believer*
2000 : Girlfight & You Can Count on Me
1999 : Three Seasons
1998 : Slam
1997 : Sunday
1996 : Welcome to the Dollhouse
1995 : The Brothers McMullen
1994 : What Happened Was...
1993 : Public Acces & Ruby in Paradise
1992 : In the Soup
1991 : Poison
1990 : Chameleon Street
1989 : True Love
1988 : Heat + Sunlight
1987 : The Trouble with Dick* & Waiting for the Moon
1986 : Smooth Talk*
1985 : Blood Simple

FESTIVAL DES FILMS DU MONDE DE MONTRÉAL

GRAND PRIX DES AMÉRIQUES

2008 : Départs (Okuribito)*
2007 : Ben X & Un Secret
2006 : Une longue marche* & Le Plus grand amour du monde*
2005 : Off Screen
2004 : La fiancée syrienne
2003 : Le cordon
2002 : Le plus beau jour de ma vie*
2001 : Baran & Torzok (Abandonnés)*
2000 : Le goût des autres & Innocence
1999 : La couleur du paradis
1998 : The Quarry & Vollmond*
1997 : Les enfants du ciel
1996 : Different For Girls*
1995 : Georgia
1994 : Once were Warriors
1993 : Trahir*
1992 : Le côté obscur du coeur
1991 : Salmonberries
1990 : Tombés du ciel
1989 : La liberté c'est le paradis*
1988 : La lectrice
1987 : The Kid Brother
1986 : 37°2 le matin
1985 : Padre Nuestro
1984 : El Norte
1983 : The Go Masters*
1982 : Brimstone and Treacle & Tiempo de Revancha
1981 : The Chosen
1980 : The Stunt Man & Fontamara*
1979 : 1 + 1 = 3*
1978 : Ligabue*

GRAND PRIX DU JURY

2008 : Ce qu'il faut pour vivre
2007 : Noodle*
2006 : Snow in the Wind*
2005 : La Laitière & Snowland
2004 : Around the Bend & Le chef du stationnement
2003 : Gaz Bar Blues
2002 : Au pays de nulle part*
2001 : Le fils de la mariée
2000 : L'odeur du camphre, le parfum de jasmin
1999 : Hors du monde* & The Minus Man
1998 : L'oiseau de soleil*
1997 : Homère, portrait de l'artiste dans ses vieux jours
1996 : Un air de famille & L'homme qui dort*
1995 : Le musulman*
1994 : Cancion de cuna*
1993 : And the Band Played On
1992 : Sofie
1991 : Nord
1990 : Cérémonie funèbre* & La femme au paysage*

1989 : Mery per sempre & Nocturne indien*
1988 : The Dawning* & Salaam Bombay
1987 : La grande parade*
1986 : Laputa
1985 : On ne meurt que deux fois & Le matou
1984 : La femme publique & Khandar*
1983 : Bearn o la Sala de Las Munecas*
1982 : La famille de Marathon* & To Trap a Kidnapper*
1981 : Qui chante là-bas ?*
1980 : La chasse sauvage du roi Stakh*
1979 : Il y a longtemps que je t'aime
1978 : Il est dangereux de se pencher au dehors*

MEILLEUR ACTEUR

2008 : Eri Canette, Le voyage de Teo*
2007 : Filipe Duarte & Tomás Almeida, L'autre marge*
2006 : Filip Peeters, Enfer à Tanger*
2005 : Jan Decleir, Off Screen
2004 : Fan Wei, Le chef du stationnement & Christopher Walker, Around the Bend
2003 : Sylvio Orlando, Le siège de l'âme
2002 : Aleksei Chadov, War*
2001 : Robert Stadlober, Engel & Joe*
2000 : Mark Ruffalo, You Can Count on Me
1999 : Ken Takakura, Railroad Man
1998 : Hugo Weaving, The Interview
1997 : Sam Rockwell, Lawn Dogs*
1996 : Rupert Graves, Intimate Relations*
1995 : Fabrizio Bentivoglio, Ordinary Hero*
1994 : Alan Rickman, Mesmer
1993 : Denis Mercier, Le sexe des étoiles & Johan Leysen, Trahir*
1992 : Richard Berry, Le petit Prince a dit
1991 : Francisco Rabal, L'homme qui a perdu son ombre*
1990 : Marcel Leboeuf, Rafales & Andrés Pajares, Ay, Carmela !
1989 : Jiri Menzel, The End of Old Times*
1988 : Davor Janjic, The Bomb*
1987 : Leo McKern, Travelling North*
1986 : Dennis Hopper, Blue Velvet
1985 : Armin Mueller-Stahl, Angry Harvest
1984 : John Shea, Windy City*
1983 : Gérard Depardieu & Wojciech Pszoniak, Danton
1982 : Jean Rochefort, L'indiscrétion
1981 : Rod Steiger, The Chosen
1980 : Robert Duvall, The Great Santini
1979 : Giuliano Gemma, Father of the Godfathers*
1978 : Flavio Bucci, Ligabue*

MEILLEURE ACTRICE

2008 : Barbara Sukowa, L'invention de la saucisse au curry*
2007 : Andrea Sawatzki, The Other Boy*
2006 : Ni ping, Snow in the Wind*
2005 : Adriana Ozores, Heroína
2004 : Karin Viar, Le rôle de sa vie
2003 : Marina Glezer, Le petit polonais
2002 : Maria Bonnevie, I Am Dina & Leila Hatami, The Deserted Station*
2001 : Sandrine Kiberlain & Nicole Garcia & Mathilde Seigner, Betty Fisher et autres histoires*
2000 : Li Gong, Breaking the Silence & Isabelle Huppert, Merci pour le chocolat
1999 : Nina Hoss, Le volcan*
1998 : The Quarry & Vollmond*
1997 : Frances O'Connor, Kiss or Kill
1996 : Laura Dern, Citizen Ruth
1995 : Jennifer Jason Leigh, Georgia
1994 : Rena Owen, Once were Warriors & Helena Bergström, The Last Dance
1993 : Carla Gravina, The Long Silence*
1992 : Pascale Bussières, La vie fantôme
1991 : Laura Dern, Rambling Rose & Hye-Suk Lee, Silver Stallion*
1990 : Natalya Gundareva, Dogs' Feast
1989 : Danielle Proulx, Portion d'éternité
1988 : Hye-Soo Shin, Adada*
1987 : Irina Kupchenko, Lonely Woman seeks Lifetime Companion*
1986 : Krystyna Janda, Laputa
1985 : Nicole Garcia, Le 4eme pouvoir
1984 : Dorottya Udvaros, Oh, Bloody Life*
1983 : Yûko Tanaka, Amagi Pass*
1982 : Eleonora Giorgi, Borotalco*
1981 : Ewa Fröling, Sally and Freedom*
1980 : Ana Torrent, The Nest*
1979 : Louise Marleau, L'arrache-cœur & Graciela Dufau, La isla
1978 : Glenda Jackson, Stevie*

FESTIVAL DU FILM DE VENISE

LION D'OR DU MEILLEUR FILM

2008 : The Wrestler
2007 : Lust, Caution
2006 : Still Life*
2005 : Brokeback Mountain
2004 : Vera Drake
2003 : The Return
2002 : The Magdalene Sisters
2001 : Monsoon Wedding
2000 : The Circle
1999 : Not One Less
1998 : The Way We Laughed*
1997 : Feux d'artifice
1996 : Michael Collins
1995 : Cyclo
1994 : Vive l'amour & Before the Rain
1993 : Short Cuts & Trois couleurs : Bleu
1992 : L'histoire de Qiu Ju
1991 : Urga
1990 : Rosencrantz and Guildenstern Are Dead
1989 : City of Sadness*
1988 : La légende du saint buveur*
1987 : Au revoir les enfants
1986 : Le rayon vert
1985 : Sans toit ni loi
1984 : L'année du soleil tranquille
1983 : Prénom : Carmen
1982 : L'état des choses
1981 : Marianne and Julianne*
1968 : The Artist in the Circus Dome : Clueless*
1967 : Belle de jour
1966 : La bataille d'Alger
1965 : Of a Thousand Delights*
1964 : Le désert rouge
1963 : Main basse sur la ville*
1962 : L'enfance d'Ivan & Journal intime*
1961 : L'année dernière à Marienbad
1960 : Le passage du Rhin*
1959 : Le Général Della Rovere & La grande guerre*
1958 : The Life of Matsu the Untamed*
1957 : Aparajito
1955 : La parole
1954 : Romeo and Juliette (1954)*
1952 : Jeux interdits
1951 : Rashomon
1950 : Justice est faite*
1949 : Manon*
1948 : Hamlet
1947 : Siréna*
1942 : The Great King*
1941 : Ohm Krüger*
1940 : The Stationmaster*
1939 : Cardinal Messias*
1938 : Luciano Serra, Pilot*
1937 : Un carnet de bal*
1936 : The Emperor of California*
1935 : Anna Karenina
1934 : Man of Aran

LION D'OR DU MEILLEUR ACTEUR

2008 : Silvio Orlando, Il papa di Giovanna*
2007 : Brad Pitt, The Assassination of Jesse James by the Coward Robert Ford
2006 : Ben Affleck, Hollywoodland
2005 : David Strathairn, Good Night, and Good Luck
2004 : Javier Bardem, The Sea Inside
2003 : Sean Penn, 21 Grams
2002 : Stefano Accorsi, A Journey Called Love*
2001 : Luigi Lo Cascio, Light of My Eyes*
2000 : Javier Bardem, Before Night Falls
1999 : Jim Broadbent, Topsy-Turvy
1998 : Sean Penn, Hurlyburly
1997 : Wesley Snipes, One Night Stand
1996 : Liam Neeson, Michael Collins
1995 : Götz George, Deathmaker
1994 : Yu Xia, In the Heat of the Sun*
1993 : Fabrizio Bentivoglio, A Split Soul*
1992 : Jack Lemmon, Glengarry Glen Ross
1991 : River Phoenix, My Own Private Idaho
1990 : Oleg Borisov, The Only Witness*
1989 : Marcello Mastroianni & Massimo Troisi, Quelle heure est-il ?
1988 : Don Ameche & Joe Mantegna, Things Change
1987 : Hugh Grant & James Wilby, Maurice
1986 : Carlo Delle Piane, Christmas Present*
1985 : Gérard Depardieu, Police
1984 : Naseeruddin Shah, The Crossing*
1983 : Guy Boyd, George Dzundza, David A. Grier, Matthew Modine, Michael Wright, Streamers
1968 : John Marley, Faces
1967 : Ljubisa Samardzic, The Morning
1966 : Jacques Perrin, Half a Man*
1965 : Toshirô Mifune, Red Beard
1964 : Tom Courtenay, King & Country
1963 : Albert Finney, Tom Jones
1962 : Burt Lancaster, Birdman of Alcatraz
1961 : Toshirô Mifune, Yojimbo
1960 : John Mills, Tunes of Glory
1959 : James Stewart, Anatomy of a Murder
1958 : Alec Guiness, The Horse's Mouth
1957 : Anthony Franciosa, A Hatful of Rain*
1956 : Bourvil, La traversée de Paris
1955 : Kenneth More, The Deep Blue Sea* & Curd Jürgens, Les héros sont fatigués
1954 : Jean Gabin, L'air de Paris*
1953 : Henri Vilbert, Le Bon Dieu sans confession*
1952 : Fredric March, Death of a Salesman
1951 : Jean Gabin, La nuit est mon royaume*
1950 : Sam Jaffe, The Asphalt Jungle
1949 : Joseph Cotten, Portrait of Jennie

1948 : Ernst Deutsch, The Trial
1947 : Pierre Fresnay, Monsieur Vincent*
1942 : Fosco Giachetti, Bengasi*
1941 : Ermete Zacconi, Don Buonaparte*
1938 : Leslie Howard, Pygmalion
1937 : Emil Jannings, The Ruler*
1936 : Paul Muni, The Story of Louis Pasteur*
1935 : Pierre Blanchar, Crime et châtiment
1934 : Wallace Beery, Viva Villa !

LION D'OR DE LA MEILLEURE ACTRICE

2008 : Dominique Blanc, L'autre*
2007 : Cate Blanchett, I'm Not There
2006 : Helen Mirren, The Queen
2005 : Giovanna Mezzogiorno, La bestia nel cuore*
2004 : Imelda Staunton, Vera Drake
2003 : Katja Riemann, Rosenstrasse
2002 : Julianne Moore, Far from Heaven
2001 : Sandra Ceccarelli, Light of My Eyes*
2000 : Rose Byrne, The Goddess of 1967
1999 : Nathalie Baye, Une liaison pornographique
1998 : Catherine Deneuve, Place Vendôme
1997 : Robin Tunney, Niagara, Niagara
1996 : Victoire Thivisol, Ponette
1995 : Sandrine Bonnaire & Isabelle Huppert, La cérémonie
1994 : Maria de Medeiros, Two Brothers, My Sister*
1993 : Juliette Binoche, Trois couleurs : Bleu
1992 : Li Gong, L'histoire de Qiu Ju
1991 : Tilda Swinton, Edward II
1990 : Gloria Münchmeyer, The Moon in the Mirror*
1989 : Peggy Ashcroft & Geraldine James, She's Been Away*
1988 : Shirley MacLaine, Madame Sousatzka & Isabelle Huppert, Une affaire de femmes
1987 : Soo-yeon Kang, The Surrogate Woman*
1986 : Valeria Golino, Storia d'amore*
1984 : Pascale Ogier, Les nuits de la pleine lune
1983 : Darling Légitimus, Rue cases nègres
1968 : Laura Betti, Teorema
1967 : Shirley Knight, Dutchman*
1966 : Natalya Arinbasarova, The First Teacher
1965 : Annie Girardot, Trois chambres à Manhattan*
1964 : Harriet Andersson, To Love
1963 : Delphine Seyrig, Muriel ou le temps d'un retour
1962 : Emmanuelle Riva, Thérèse Desqueyroux*
1961 : Suzanne Flon, Tu ne tueras point*
1960 : Shirley Maclaine, The Apartment
1959 : Madeleine Robinson, À double tour*
1958 : Sophia Loren, The Black Orchid
1957 : Dzidra Ritenberga, Malva*
1956 : Maria Schell, Gervaise
1953 : Lilli Palmer, The Four Poster*
1951 : Vivien Leigh, A Streetcar Named Desire
1950 : Eleanor Parker, Caged*
1949 : Olivia de Havilland, The Snake Pit
1948 : Jean Simmons, Hamlet
1947 : Anna Magnani, Angelina*
1942 : Kristina Söderbaum, Goldene Stadt, Die*
1941 : Luise Ullrich, Annelie*
1938 : Norma Shearer, Marie Antoinette*
1937 : Bette Davis, Kid Galahad*
1936 : Annabella, Veille d'armes*
1935 : Paula Wessely, Episode
1934 : Katharine Hepburn, Little Women

FESTIVAL INTERNATIONAL DU FILM DE BERLIN

OURS D'OR DU MEILLEUR FILM

2009 : La teta asustada*
2008 : The Elite Squad*
2007 : Le Mariage de Tuya*
2006 : Grbavica*
2005 : U-Carmen eKhayelitsha
2004 : La tête contre le mur
2003 : In this World*
2002 : Bloody Sunday & Spirited Away
2001 : Intimacy
2000 : Magnolia
1999 : The Thin Red Line
1998 : Central Station
1997 : The People vs Larry Flint
1996 : Sense and Sensibility
1995 : L'âppat
1994 : In the Name of the Fatther
1993 : The Wedding Banquet & The Women from the Lake of Scented Souls
1992 : Grand Canyon
1991 : La Casa del sorriso*
1990 : Music Box & Larks on a String
1989 : Rain Man
1988 : Red Sorghum
1987 : Le thème
1986 : Stammheim
1985 : Wetherby
1984 : Love Streams
1983 : Ascendancy & The Beehive
1982 : Veronika Voss
1981 : Deprisa, Deprisa
1980 : Heartland & Palermo or Wolfsburg
1979 : David
1978 : Trout
1977 : Ascent
1976 : Buffalo Bill and the Indians
1975 : Overlord & Adoption
1974 : The Apprenticeship of Duddy Kravitz
1973 : Distant Thunder
1972 : Les contes de Canterbury
1971 : The Garden of the Finzi-Continis
1969 : Early Works
1968 : Who Saw Him Die ?
1967 : Le départ
1966 : Cul-de-sac
1965 : Alphaville
1964 : Dry Summer
1963 : Bushido & Il Diavolo
1962 : A Kind of Loving
1961 : La Notte
1960 : El Lazarillo de Tormes
1959 : Les cousins
1958 : Wild Strawberries
1957 : 12 Angry Men
1955 : The Rats
1954 : Hobson's Choice
1953 : Le salaire de la peur
1952 : One Smmer of Happiness

OURS D'ARGENT DU MEILLEUR FILM

2009 : Gigante*
2008 : Standard Operating Procedure
2007 : El Otro*
2006 : Isabella*
2005 : Peacock
2004 : El abrazo partido
2003 : Adaptation
2002 : Grill Point*
2001 : Beijing Bicycle
2000 : The Road Home
1999 : Mifune
1998 : Wag the Dog
1997 : The River
1996 : All Things Fair
1995 : Smoke
1994 : Strawberry and Chocolate
1993 : Arizona Dream
1992 : Sweet Emma, Dear Bob
1991 : The Conviction & The Satan*
1990 : The Asthenic Syndrome*
1989 : Evening Bells*
1988 : The Commissar
1987 : The Sea and the Poison*
1986 : The Mass is Ended*
1985 : Flowers of Revrie
1984 : Funny Dirty Little War
1983 : A Season in Hakkari*
1982 : Shivers*
1981 : In Search of Famine*
1980 : Pipicacadodo
1979 : Alexandra...Why ?
1978 : A Queda*
1977 : The Bricklayers* & A Strange Role*
1976 : The Garden of Stones*
1975 : Dupont-Lajoie & Overlord*
1974 : Pain & Chocolat
1973 : Le grand blond avec une chaussure noire
1972 : The Hospital
1971 : Decameron
1969 : Greetings
1968 : L'innocence sans protection
1967 : La collectionneuse
1966 : The Chasers* & No Shooting Time for the Foxes*
1965 : Repulsion & Le bonheur
1964 : The Guns*
1963 : The Caretaker*
1962 : To the Last Day*
1961 : That Joyous Eve*
1960 : Les jeux de l'amour*
1959 : Tiger Bay
1958 : Two Hands, Twelve Hands+
1957 : Whom God Forgives*
1956 : The long Arm* & La sorcière*
1955 : The Miracle of Marcelino
1954 : Pain, amour et fantaisie
1953 : Green Magic
1952 : Fanfan, la tulipe

MEILLEUR ACTEUR

2009 : Sotigui, Kouyaté, London River*
2008 : Reza Najie, The Song of Sparrows*
2007 : Julio Chavez, El Otro*
2006 : Moritz Bleibtreu, Elementarteil-chen*
2005 : Lou Taylor Pucci, Thumbsucker
2004 : Daniel Hendler, El abrazo partido
2003 : Sam Rockwell, Confessions of a Dangerous Mind
2002 : Jacques Gamblin, Laissez-passer
2001 : Benicio Del Toro, Traffic
2000 : Denzel Washington, The Hurricane
1999 : Michael Gwisdek, Night Shapes*
1998 : Samuel L. Jackson, Jackie Brown
1997 : Leonardo DiCaprio, Romeo + Juliet
1996 : Sean Penn, Dead Man Walking
1995 : Paul Newman, Nobody's Fool
1994 : Tom Hanks, Philadelphia

1993 : Denzel Washington, Malcolm X
1992 : Armin Mueller-Stahl, Utz
1991 : Maynard Eziashi, Mister Johnson*
1989 : Gene Hackman, Mississippi Burning
1988 : Jörg Pose & Manfred Möck, Einer trage des anderen Last*
1987 : Gian Maria Volonté, The Moro Affair
1986 : Tuncel Kurtiz, The Smile of the Lamb*
1985 : Fernando Fernan Gomez, Stico*
1984 : Albert Finney, The Dresser
1983 : Bruce Dern, That Championship Season*
1982 : Michel Piccoli, Une étrange affaire & Stellan Skarsgard, The Simple-Minded Murder*
1981 : Jack Lemmon, Tribute & Anatoli Solonitsyn, 26 Days from the Life of Dostoyevsky*
1980 : Andrzej Seweryn, The Conductor
1979 : Michele Placido, Ernesto
1978 : Craig Russell, Outrageous !*
1977 : Fernando Fernan Gomez, L'anachorète*
1976 : Gerhard Olschewski, A Lost Life*
1975 : Vlastimil Brodsky, Jacob the Liar*
1972 : Alberto Sordi, Why*
1971 : Jean Gabin, Le chat
1968 : Jean-Louis Trintignant, L'homme qui ment*
1967 : Michel Simon, Le vieil homme et l'enfant
1966 : Jean-Pierre Léaud, Masculin, féminin
1965 : Lee Marvin, Cat Ballou
1964 : Rod Steiger, The Pawnbroker
1963 : Sidney Poitier, Lilies of the Field
1962 : James Stewart, Mr. Hobbs Takes a Vacation
1961 : Peter Finch, No Love for Johnnie*
1960 : Fredric March, Inherit the Wind
1959 : Jean Gabin, Archimède, le clochard
1958 : Sidney Poitier, The Defiant Ones
1957 : Pedro Infante, Tizoc*
1956 : Burt Lancaster, Trapeze

MEILLEURE ACTRICE

2009 : Birgit Minichmayr, Alle Anderen*
2008 : Sally Hawkins, Happy-Go-Lucky*
2007 : Nina Hoos, Yella*
2006 : Sandra Hüller, Requiem*
2005 : Julia Jentsch, Sophie Scholl - The Final Days
2004 : Catalina Sandino Morenno, Maria Full of Grace & Charlize Theron, Monster
2003 : Meryl Streep & Julianne Moore & Nicole Kidman, The Hours
2002 : Halle Berry, Monster's Ball
2001 : Kerry Fox, Intimacy
2000 : Bibiana Beglau & Nadja Uhl, The Legend of Rita
1999 : Juliane Köhler & Maria Schrader, Aimée & Jaguar
1998 : Fernanda Montenegro, Central Station
1997 : Juliette Binoche, The English Patient
1996 : Anouk Grinberg, Mon homme
1995 : Josephine Siao, Summer Snow*
1994 : Crissy Rock, Ladybird, Ladybird
1993 : Michelle Pfeiffer, Love Field
1992 : Maggie Cheung, The Actress*
1991 : Victoria Abril, Lovers*
1989 : Isabelle Adjani, Camille Claudel
1988 : Holly Hunter, Broadcast News
1987 : Ana Beatriz Nogueira, Vera
1986 : Charlotte Valandrey, Rouge baiser & Marcelia Cartaxo, Hour of the Star
1985 : Jo Kennedy, Wrong World*
1984 : Inna Churikova, War-Time Romance*
1983 : Yevgeniya Glushenko
1982 : Katrin Sass
1981 : Barbara Grabowska, Fever
1980 : Renate Krössner, Solo Sunny*
1979 : Hanna Schygulla, The Marriage of Maria Braun
1978 : Gene Rowlands, Opening Nights
1977 : Lily Tomlin, The Late Show
1976 : Jadwiga Baranska, Nights and Days*
1975 : Kinuyo Tanaka, Brothel no. 8*
1972 : Elizabeth Taylor, Hammersmith Is Out*
1971 : Simone Signoret, Le chat & Shirley MacLaine, Desperate Characters
1968 : Stéphane Audran, Les biches
1967 : Edith Evans, The Whisperers*
1966 : Lola Albright, Lord Love a Duck
1965 : Madhur Jaffrey, Shakespeare-Wallah
1964 : Sachiko Hidari, She and He*
1963 : Bibi Andersson, The Mistress*
1962 : Rita Gam & Viveca Lindfors, No Exit*
1961 : Anna Karina, Une femme est une femme
1960 : Juliette Mayniel, The Fair*
1959 : Shirley MacLaine, Ask Any Girl
1958 : Anna Magnani, Wild Is the Wind*
1957 : Yvonne Mitchell, Woman in a Dressing Gown*
1956 : Elsa Martinelli, Donatella*

FESTIVAL INTERNATIONAL DU FILM DE TORONTO

MEILLEUR FILM CANADIEN

2008 : Adoration
2007 : My Winnipeg
2006 : Manufactured Landscapes
2005 : C.R.A.Z.Y., Jean-Marc Vallée
2004 : It's All Gone Pete Tong, Michael Dowse
2003 : Les invasions barbares, Denys Arcand
2002 : Spider, David Cronenberg
2001 : Inertia, Sean Garrity
2000 : Waydowntown, Gary Burns
1999 : The Five Senses, Jeremy Podeswa
1998 : Nô, Robert Lepage
1997 : The Hanging Garden, Thom Fitzgerald & The Sweet Hereafter, Atom Egoyan.
1996 : Long Day's Journey Into Night, David Wellington
1995 : Live Bait, Bruce Sweeney
1994 : Exotica, Atom Egoyan
1993 : Kanehsatake : 270 Years of Resistance, Alanis Obomsawin
1992 : Requiem pour un beau sans-cœur, Robert Morin
1991 : The Adjuster, Atom Egoyan
1990 : H, Darrell Wasyk
1989 : Roadkill, Bruce McDonald
1988 : The Outside Chance of Maximilian Glick, Allan A. Goldstein
1987 : Family Viewing, Atom Egoyan
1986 : Le déclin de l'empire américain, Denys Arcand
1985 : Canada's Sweetheart : The Saga of Hal C. Banks, Donald Brittain*
1984 : La femme de l'hôtel, Léa Pool

LA SOIRÉE DES JUTRA

JUTRA DU MEILLEUR FILM

2009 : Ce qu'il faut pour vivre
2008 : Continental, un film sans fusil
2007 : Congorama
2006 : C.R.A.Z.Y.
2005 : Mémoires affectives
2004 : Les invasions barbares
2003 : Québec-Montréal
2002 : Un crabe dans la tête
2001 : Maelström
2000 : Post Mortem
1999 : Le violon rouge

JUTRA DU MEILLEUR ACTEUR

2009 : Natar Ungalaaq, Ce qu'il faut pour vivre
2008 : Roy Dupuis, Shake Hands with the Devil
2007 : Paul Ahmarani, Olivier Gourmet, Congorama
2006 : Marc-André Grondin, C.R.A.Z.Y.
2005 : Roy Dupuis, Mémoires affectives
2004 : Serge Thériault, Gaz Bar Blues
2003 : Pierre Lebeau, Séraphin - un homme et son péché
2002 : Luc Picard, 15 février 1839
2001 : Paul Ahmarani, La moitié gauche du frigo
2000 : Gabriel Arcand, Post Mortem
1999 : Alexis Martin, Un 32 Août sur Terre

JUTRA DE LA MEILLEURE ACTRICE

2009 : Isabelle Blais, Borderline
2008 : Guylaine Tremblay, Contre toute espérance
2007 : Céline Bonnier, Délivrez-moi
2006 : Elise Guilbault, La neuvaine
2005 : Pascale Bussières, Ma vie en cinémascope
2004 : Marie-Josée Croze, Les invasions barbares
2003 : Karine Vanasse, Séraphin - un homme et son péché
2002 : Élise Guilbault, La femme qui boit
2001 : Marie-Josée Croze, Maelström
2000 : Karine Vanasse, Emporte-moi
1999 : Pascale Montpetit, Le cœur au poing

* Vidéo et DVD non disponibles

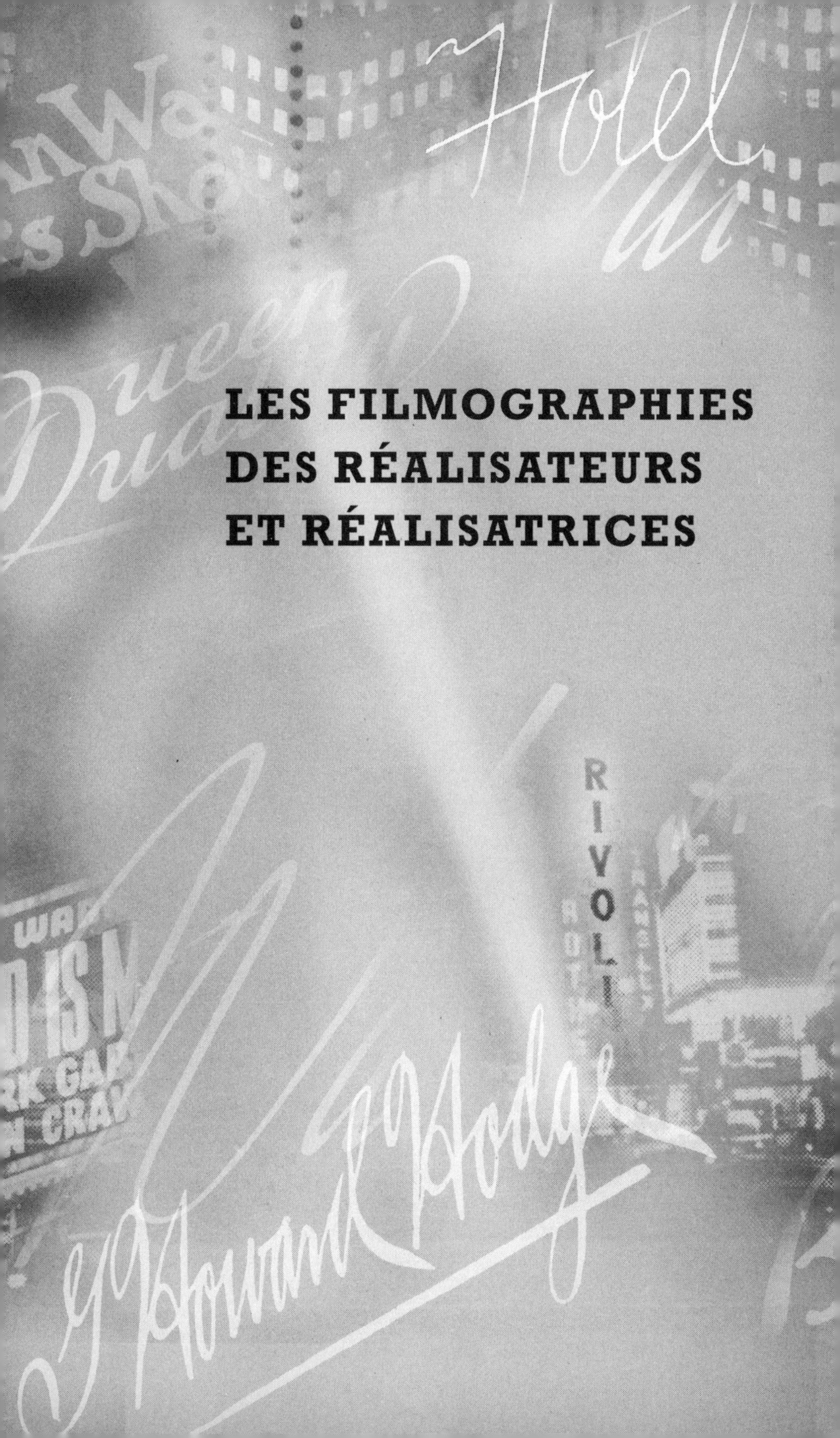

LES FILMOGRAPHIES DES RÉALISATEURS ET RÉALISATRICES

ABRAHAMS, Jim
réalisateur américain (1944-)
AIRPLANE! (1980)
TOP SECRET! (1984)
RUTHLESS PEOPLE (1986)
BIG BUSINESS (1988)
WELCOME HOME, ROXY CARMICHAEL (1990)
HOT SHOTS! (1991)
HOT SHOTS! PART DEUX (1993)
MAFIA! (1998)

ADAMSON, Al
réalisateur américain (1929-1995)
BLOOD OF GHASTLY HORROR (1969)
HORROR OF THE BLOOD MONSTERS (1970)
SATAN'S SADIST (1970)
DRACULA VS FRANKENSTEIN (1971)
ANGELS' WILD WOMEN (1972)
I SPIT ON YOUR CORPSE (1974)
DEATH DIMENSION (1978)
DOCTOR DRACULA (1981)

ADLON, Percy
réalisateur allemand (1935-)
CÉLESTE (1981)
FIVE LAST DAYS, THE (1982)
SUGARBABY (1985)
BAGDAD CAFE (1987)
ROSALIE FAIT SES COURSES (1988)
SALMONBERRIES (1991)
YOUNGER AND YOUNGER (1993)

AKERMAN, Chantal
réalisatrice belge (1950-)
JE, TU, IL, ELLE (1974)
NEWS FROM HOME (1977)
RENDEZ-VOUS D'ANNA, LES (1978)
TOUTE UNE NUIT (1982)
ANNÉES 80, LES (1985)
GOLDEN EIGHTIES (1985)
WINDOW SHOPPING (1986)
UN DIVAN À NEW YORK (1995)
CAPTIVE, LA (2000)
DEMAIN ON DÉMÉNAGE (2004)

ALDA, Alan
réalisateur américain (1936-)
MASH (1972)
FOUR SEASONS, THE (1981)
SWEET LIBERTY (1986)
NEW LIFE, A (1988)
BETSY'S WEDDING (1990)

ALDRICH, Robert
réalisateur américain (1918-1983)
APACHE (1953)
VERA CRUZ (1953)
KISS ME DEADLY (1954)
BIG KNIFE, THE (1955)
ATTACK! (1956)
AUTUMN LEAVES (1956)
SODOM AND GOMORRAH (1962)
WHAT EVER HAPPENED TO BABY JANE? (1962)
4 FOR TEXAS (1963)
HUSH... HUSH, SWEET CHARLOTTE (1964)
FLIGHT OF THE PHOENIX, THE (1965)
DIRTY DOZEN, THE (1967)
KILLING OF SISTER GEORGE, THE (1968)
TOO LATE THE HERO (1969)
GRISSOM GANG, THE (1971)
ULZANA'S RAID (1972)
EMPEROR OF THE NORTH (1973)
LONGEST YARD, THE (1974)
HUSTLE (1975)
TWILIGHT'S LAST GLEAMING (1977)
FRISCO KID, THE (1979)

ALLEN, Lewis
réalisateur anglais (1905-)
PERFECT MARRIAGE, THE (1946)
UNINVITED, THE (1946)
AT SWORD'S POINT (1950)
SUDDENLY (1953)
BULLET FOR JOEY, A (1954)
ILLEGAL (1955)
ANOTHER TIME, ANOTHER PLACE (1957)

ALLEN, Woody
réalisateur américain (1935-)
WHAT'S UP, TIGER LILY? (1966)
TAKE THE MONEY AND RUN (1969)
BANANAS (1971)
EVERYTHING YOU ALWAYS WANTED TO KNOW ABOUT SEX BUT WERE AFRAID TO ASK (1972)
SLEEPER (1973)
LOVE AND DEATH (1975)
ANNIE HALL (1977)
INTERIORS (1978)
MANHATTAN (1979)
STARDUST MEMORIES (1980)
MIDSUMMER NIGHT'S SEX COMEDY, A (1982)
ZELIG (1983)
BROADWAY DANNY ROSE (1984)
PURPLE ROSE OF CAIRO, THE (1985)
HANNAH AND HER SISTERS (1986)
RADIO DAYS (1987)
SEPTEMBER (1987)
ANOTHER WOMAN (1988)
CRIMES AND MISDEMEANORS (1989)
NEW YORK STORIES (1989)
ALICE (1990)
SHADOWS AND FOG (1991)
HUSBANDS AND WIVES (1992)
MANHATTAN MURDER MYSTERY (1993)
BULLETS OVER BROADWAY (1994)
DON'T DRINK THE WATER (1994)
MIGHTY APHRODITE (1995)
EVERYONE SAYS I LOVE YOU (1996)
DECONSTRUCTING HARRY (1997)
CELEBRITY (1998)
SWEET AND LOWDOWN (1999)
SMALL TIME CROOKS (2000)
CURSE OF THE JADE SCORPION, THE (2001)
HOLLYWOOD ENDING (2002)
ANYTHING ELSE (2003)
MELINDA AND MELINDA (2004)
WOODY ALLEN COMEDY COLLECTION (2004)
MATCH POINT (2005)
SCOOP (2006)
CASSANDRA'S DREAM (2008)
VICKY CRISTINA BARCELONA (2008)

ALLOUACHE, Merzak
réalisateur algérien (1944-)
BAB EL-OUED CITY (1994)
LUMIÈRE ET COMPAGNIE (1995)
SALUT COUSIN! (1996)
LOVE REINVENTED (2000)
CHOUCHOU (2003)

ALMEREYDA, Michael
réalisateur américain (1960-)
NADJA (1994)
HAMLET (2000)
HAPPY HERE AND NOW (2002)
THIS SO-CALLED DISASTER (2003)
WILLIAM EGGLESTON IN THE REAL WORLD (2005)

ALMODOVAR, Pedro
réalisateur espagnol (1951-)
PEPI, LUCI, BOM AND THE OTHER GIRLS (1980)
LABYRINTH OF PASSION (1982)
DARK HABITS (1983)
WHAT HAVE I DONE TO DESERVE THIS? (1984)
MATADOR (1985)
FEMMES AU BORD DE LA CRISE DE NERFS (1988)
LOI DU DÉSIR, LA (1988)
ATTACHE-MOI! (1989)
TALONS AIGUILLES (1991)
KIKA (1993)
FLEUR DE MON SECRET, LA (1995)
EN CHAIR ET EN OS (1997)
TOUT SUR MA MÈRE (1999)
PARLE AVEC ELLE (2001)
MAUVAISE ÉDUCATION, LA (2004)
VOLVER (2006)

ALTMAN, Robert
réalisateur américain (1925-)
JAMES DEAN STORY, THE (1957)
COUNTDOWN (1968)
M*A*S*H (1969)
THAT COLD DAY IN THE PARK (1969)
BREWSTER MCCLOUD (1970)
MCCABE & MRS. MILLER (1971)
IMAGES (1972)
LONG GOODBYE, THE (1973)
THIEVES LIKE US (1974)
NASHVILLE (1975)
BUFFALO BILL AND THE INDIANS (1976)
3 WOMEN (1977)
QUINTET (1978)
WEDDING, A (1978)
PERFECT COUPLE, THE (1979)
POPEYE (1980)
COME BACK TO THE FIVE AND DIME, JIMMY DEAN, JIMMY DEAN (1982)
STREAMERS (1983)
O.C. AND STIGGS (1984)
SECRET HONOR (1984)
FOOL FOR LOVE (1985)
BEYOND THERAPY (1986)
ARIA (1987)
DUMB WAITER, THE (1987)
ROOM, THE (1987)
CAINE MUTINY COURT MARTIAL, THE (1988)
TANNER '88 (1988)
VINCENT AND THEO (1990)
PLAYER, THE (1992)
SHORT CUTS (1993)
PRÊT-À-PORTER (1994)
GUN (1996)
KANSAS CITY (1996)
GINGERBREAD MAN, THE (1997)
COOKIE'S FORTUNE (1998)
DR. T AND THE WOMEN (2000)
GOSFORD PARK (2001)
COMPANY, THE (2003)
TANNER ON TANNER (2004)
PRAIRIE HOME COMPANION, A (2006)

AMIEL, Jon
réalisateur anglais (1948-)
SINGING DETECTIVE, THE (1986)
STORYTELLER, THE - DEFINITIVE COLLECTION (1987)
QUEEN OF HEARTS (1989)
TUNE IN TOMORROW... (1990)
SOMMERSBY (1993)
COPYCAT (1995)
MAN WHO KNEW TOO LITTLE, THE (1997)
ENTRAPMENT (1999)
CORE, THE (2003)

ANDERS, Allison
réalisatrice,américaine (1954-)
BORDER RADIO (1987)
GAS FOOD LODGING (1991)
MY CRAZY LIFE (1993)
FOUR ROOMS (1995)
GRACE OF MY HEART (1996)
THINGS BEHIND THE SUN (2001)

ANDERSON, Lindsay
réalisateur anglais (1923-1994)
THIS SPORTING LIFE (1963)
IF.... (1968)
O LUCKY MAN! (1973)
IN CELEBRATION (1974)
LOOK BACK IN ANGER (1980)
BRITANNIA HOSPITAL (1982)
WHALES OF AUGUST, THE (1987)

ANDERSON, Michael
réalisateur anglais (1920-)
1984 (1956)
AROUND THE WORLD IN 80 DAYS (1956)
SHAKE HANDS WITH THE DEVIL (1959)
WRECK OF THE MARY DEARE, THE (1959)
OPERATION CROSSBOW (1965)
QUILLER MEMORANDUM, THE (1966)
SHOES OF THE FISHERMAN, THE (1968)
POPE JOAN (1972)
DOC SAVAGE: THE MAN OF BRONZE (1975)
LOGAN'S RUN (1976)
ORCA (1977)
MARTIAN CHRONICLES, THE (1979)
SWORD OF GIDEON (1986)
MILLENNIUM (1989)
SEA WOLF, THE (1993)

ANDERSON, Paul Thomas
réalisateur américain (1970-)
SYDNEY (1996)
BOOGIE NIGHTS (1997)
MAGNOLIA (1999)
PUNCH-DRUNK LOVE (2002)
THERE WILL BE BLOOD (2007)

ANDERSON, Wes
réalisateur américain (1970-)
BOTTLE ROCKET (1995)
RUSHMORE (1998)
ROYAL TENENBAUMS, THE (2001)
THE LIFE AQUATIC WITH STEVE ZISSOU (2004)
DARJEELING LIMITED, THE (2007)

ANGELOPOULOS, Theo
réalisateur grec (1936-)
LANDSCAPE IN THE MIST (1988)
PAS SUSPENDU DE LA CIGOGNE, LE (1991)
LUMIÈRE ET COMPAGNIE (1995)
REGARD D'ULYSSE, LE (1995)
ÉTERNITÉ ET UN JOUR, L' (1998)

ANNAKIN, Ken
réalisateur anglais (1914-)
QUARTET (1948)
STORY OF ROBIN HOOD, THE (1951)
ACROSS THE BRIDGE (1957)
THIRD MAN ON THE MOUNTAIN (1959)
SWISS FAMILY ROBINSON (1960)
LONGEST DAY, THE (1962)
BATTLE OF THE BULGE (1965)
THOSE MAGNIFICENT MEN IN THEIR FLYING MACHINES (1965)
THOSE DARING YOUNG MEN IN THEIR JAUNTY JALOPIES (1969)
FIFTH MUSKETEER, THE (1979)
PIRATE MOVIE, THE (1982)
NEW ADVENTURES OF PIPPI LONGSTOCKING, THE (1988)

ANNAUD, Jean-Jacques
réalisateur français (1943-)
NOIRS ET BLANCS EN COULEURS (1976)
GUERRE DU FEU, LA (1981)
NAME OF THE ROSE, THE (1986)
BEAR, THE (1989)
LOVER, THE (1991)
WINGS OF COURAGE (1995)
SEVEN YEARS IN TIBET (1997)
ENEMY AT THE GATES (2000)
DEUX FRÈRES (2004)

ANTHONY, Joseph
réalisateur américain (1912-1993)
RAINMAKER, THE (1956)
MATCHMAKER, THE (1958)
MATCHMAKER, THE (1958)
ALL IN A NIGHT'S WORK (1961)
TOMORROW (1971)

ANTONIONI, Michelangelo
réalisateur italien (1912-2007)
STORY OF A LOVE AFFAIR (1950)
FEMMES ENTRE ELLES (1955)
AMOUR À LA VILLE, L' (1956)
CRI, LE (1957)
AVVENTURA, L' (1960)
NIGHT, THE (1960)
ECLIPSE, THE (1962)
DÉSERT ROUGE, LE (1964)
BLOW-UP (1966)
ZABRISKIE POINT (1970)
PROFESSION: REPORTER (1975)
MYSTERY OF OBERWALD, THE (1980)
IDENTIFICATION D'UNE FEMME (1982)
PAR-DELÀ LES NUAGES (1995)
EROS (2005)

APTED, MICHAEL
réalisateur britanique (1941-)
COLLECTION, THE (1976)
AGATHA (1977)
SQUEEZE, THE (1977)
COAL MINER'S DAUGHTER (1980)
CONTINENTAL DIVIDE (1981)
GORKY PARK (1983)
28 UP (1984)
STING: BRING ON THE NIGHT (1985)
CRITICAL CONDITION (1986)
GORILLAS IN THE MIST (1988)
CLASS ACTION (1990)
35 UP (1991)
INCIDENT AT OGLALA (1992)
THUNDERHEART (1992)
BLINK (1994)
MOVING THE MOUNTAIN (1994)
NELL (1994)
EXTREME MEASURES (1996)
INSPIRATIONS (1997)
42 UP (1998)
ME & ISAAC NEWTON (1999)
WORLD IS NOT ENOUGH, THE (1999)
ENIGMA (2001)
ENOUGH (2002)
49 UP (2005)
ROME (SEASON 1) (2005)
AMAZING GRACE (2006)

ARAKI, Gregg
réalisateur américain (1960-)
LIVING END, THE (1992)
DOOM GENERATION, THE (1995)
TOTALLY F***ED UP (1996)
NOWHERE (1997)
SPLENDOR (1999)
MYSTERIOUS SKIN (2004)
SMILEY FACE (2007)

ARANDA, Vicente
réalisateur espagnol (1926-)
EXQUISITE CADAVER, THE (1969)
MARIÉE SANGLANTE, LA (1972)
À COUPS DE CROSSE (1983)
TEMPS DU SILENCE, LE (1986)
IF THEY TELL YOU I FELL... (1989)
LOVERS (1991)
INTRUSO (1993)
LIBERTARIAS (1995)
LUMIÈRE ET COMPAGNIE (1995)
CELOS (1999)
MAD LOVE (2001)

ARANOVICH, Semyon
réalisateur ukrainien (1934-1995)
TORPEDO BOMBERS (1983)
DMITRO SHOSTAKOVICH: SONATA FOR VIOLA (1988)
ANNA ACHMATOVA FILE, THE (1989)
I WAS STALIN'S BODYGUARD (1989)
I WORKED FOR STALIN (1990)

ARCADY, Alexandre
réalisateur algérien (1947-)
COUP DE SIROCCO, LE (1978)
GRAND PARDON, LE (1982)
GRAND CARNAVAL, LE (1983)
HOLD-UP (1985)
DERNIER ÉTÉ À TANGER (1986)
POUR SACHA (1991)
GRAND PARDON II, LE (1992)
DIS-MOI OUI (1994)
K (1997)
LÀ-BAS MON PAYS (2000)

ARCAND, Denys
réalisateur québécois (1941-)
ON EST AU COTON (1970)
MAUDITE GALETTE, LA (1972)
QUÉBEC: DUPLESSIS ET APRÈS... (1972)
RÉJEANNE PADOVANI (1973)
GINA (1975)
CONFORT ET L'INDIFFÉRENCE, LE (1981)
CRIME D'OVIDE PLOUFFE, LE (1984)
DÉCLIN DE L'EMPIRE AMÉRICAIN, LE (1986)
JÉSUS DE MONTRÉAL (1989)
MONTRÉAL VU PAR... (1991)
LOVE AND HUMAN REMAINS (1993)
JOYEUX CALVAIRE (1996)
STARDOM (2000)
INVASIONS BARBARES, LES (2003)
ÂGE DES TÉNÈBRES, L' (2007)

ARDOLINO, Emile
réalisateur américain (1943-1993)
DIRTY DANCING (1987)
CHANCES ARE (1989)
THREE MEN AND A LITTLE LADY (1990)
SISTER ACT (1992)
GEORGE BALANCHINE'S THE NUTCRACKER (1993)
GYPSY (1993)

ARGENTO, Dario
réalisateur italien (1943-)
BIRD WITH THE CRYSTAL PLUMAGE, THE (1970)
CAT O'NINE TAILS, THE (1971)
DEEP RED (1976)
SUSPIRIA (1977)
INFERNO (1979)
TENEBRE (1982)
CREEPERS (1984)
OPERA (1987)
TWO EVIL EYES (1990)
TRAUMA (1993)
STENDHAL SYNDROME, THE (1996)
PHANTOM OF THE OPERA (1998)
SLEEPLESS (2001)
CARD PLAYER, THE (2004)
DO YOU LIKE HITCHCOCK? (2005)
MASTERS OF HORROR - JENIFER (2005)
MASTERS OF HORROR - PELTS (2006)
MOTHER OF TEARS (2007)

ARMSTRONG, Gillian
réalisatrice australienne (1950-)
MY BRILLIANT CAREER (1979)
STARSTRUCK (1982)
MRS. SOFFEL (1984)
HIGH TIDE (1987)
LAST DAYS OF CHEZ NOUS, THE (1990)
FIRES WITHIN (1991)
LITTLE WOMEN (1994)
OSCAR AND LUCINDA (1997)
CHARLOTTE GRAY (2001)
HOUDINI'S DEATH DEFYING ACTS (2007)

ARNOLD, Jack
réalisateur américain (1916-1992)
IT CAME FROM OUTER SPACE (1953)
CREATURE FROM THE BLACK LAGOON (1954)
REVENGE OF THE CREATURE (1955)
TARANTULA (1955)
INCREDIBLE SHRINKING MAN, THE (1957)
MAN IN THE SHADOW (1957)
HIGH SCHOOL CONFIDENTIAL (1958)
MONSTER ON THE CAMPUS (1958)
MOUSE THAT ROARED, THE (1959)
NO NAME ON THE BULLET (1959)
GLOBAL AFFAIR, A (1964)
BLACK EYE (1974)
SWISS CONSPIRACY, THE (1975)

ASHBY, Hal
réalisateur américain (1929-1988)
LANDLORD, THE (1970)
HAROLD AND MAUDE (1971)
LAST DETAIL, THE (1973)
SHAMPOO (1974)
BOUND FOR GLORY (1976)
COMING HOME (1978)
BEING THERE (1979)
LET'S SPEND THE NIGHT TOGETHER (1982)
LOOKIN' TO GET OUT (1982)
SLUGGER'S WIFE, THE (1985)
8 MILLION WAYS TO DIE (1986)

ASHER, William
réalisateur américain (1921-)
BEACH PARTY (1963)
BIKINI BEACH (1964)
MUSCLE BEACH PARTY (1964)
MUSCLE BEACH PARTY / SKI PARTY (1964)
BEACH BLANKET BINGO (1965)
HOW TO STUFF A WILD BIKINI (1965)

ASQUITH, Anthony
réalisateur anglais (1902-1968)
COTTAGE ON DARTMOOR, A (1929)
MOSCOW NIGHTS (1936)
PYGMALION (1938)
WE DIVE AT DAWN (1943)
WOMAN IN QUESTION, THE (1950)
BROWNING VERSION, THE (1951)
IMPORTANCE OF BEING EARNEST, THE (1952)
MILLIONAIRESS, THE (1960)
V.I.P.'S, THE (1963)
YELLOW ROLLS-ROYCE, THE (1965)

ASSAYAS, Olivier
réalisateur français (1955-)
DÉSORDRE (1986)
ENFANT DE L'HIVER, L' (1988)
IRMA VEP (1996)
FIN AOÛT, DÉBUT SEPTEMBRE (1998)
DESTINÉES SENTIMENTALES, LES (2000)
DEMONLOVER (2002)
CLEAN (2004)
PARIS, JE T'AIME (2006)
BOARDING GATE (2007)

ATTENBOROUGH, Richard
réalisateur anglais (1923-)
BRIDGE TOO FAR, A (1977)
MAGIC (1978)
GANDHI (1982)
CHORUS LINE, A (1985)
CRY FREEDOM (1987)
CHAPLIN (1992)
SHADOWLANDS (1993)
IN LOVE AND WAR (1996)
GREY OWL (1999)
CLOSING THE RING (2007)

AUGUST, Bille
réalisateur danois (1948-)
BASTIEN LE MAGICIEN (1984)
TWIST AND SHOUT (1984)
TWIST AND SHOUT / ZAPPA (1984)

PELLE LE CONQUÉRANT (1987)
MEILLEURES INTENTIONS, LES (1992)
HOUSE OF THE SPIRITS, THE (1993)
JERUSALEM (1996)
SMILLA'S SENSE OF SNOW (1996)
MISÉRABLES, LES (1998)
SONG FOR MARTIN, A (2001)
CONVICTED (2004)
COLOUR OF FREEDOM (2007)

AUTANT-LARA, Claude
réalisateur français (1903-2000)
SYLVIE ET LE FANTÔME (1945)
AUBERGE ROUGE, L' (1951)
SEPT PÉCHÉS CAPITAUX, LES (1952)
ROUGE ET LE NOIR, LE (1954)
TRAVERSÉE DE PARIS, LA (1956)
JOUEUR, LE (1958)

AVATI, Pupi
réalisateur italien (1938-)
HOUSE WITH THE LAUGHING WINDOW, THE (1976)
STORY OF BOYS AND GIRLS, THE (1989)
BIX (1991)
BEST MAN, THE (1997)
INVITÉ D'HONNEUR, L' (1997)
CŒUR AILLEURS, LE (2003)

AVILDSEN, John G.
réalisateur américain (1936-)
JOE (1970)
CRY UNCLE! (1971)
SAVE THE TIGER (1972)
ROCKY (1976)
FORMULA, THE (1980)
NEIGHBORS (1981)
NIGHT IN HEAVEN, A (1983)
KARATE KID, THE (1984)
KARATE KID II, THE (1986)
FOR KEEPS (1987)
KARATE KID III, THE (1989)
LEAN ON ME (1989)
ROCKY V (1990)
POWER OF ONE, THE (1992)
8 SECONDS (1994)

AVNET, Jon
réalisateur américain (1947-)
FRIED GREEN TOMATOES (1991)
WAR, THE (1994)
UP CLOSE & PERSONAL (1996)
RED CORNER (1997)
UPRISING, THE (2001)
88 MINUTES (2007)
STARTER WIFE, THE (2007)
RIGHTEOUS KILL (2008)

AZZOPARDI, Mario
réalisateur américain (1950-)
PALMER'S BONES (1998)
TOTAL RECALL 2070 (1999)
STILETTO DANCE (2001)
COURSE AUX ENFANTS, LA (2002)
MOÏSE: L'AFFAIRE ROCH THÉRIAULT (2002)

BABENCO, Hector
réalisateur argentin (1946-)
LUCIO FLAVIO: PASSAGER DE L'AGONIE (1977)
PIXOTE (1980)
KISS OF THE SPIDER WOMAN (1984)
IRONWEED (1987)
AT PLAY IN THE FIELDS OF THE LORD (1991)
CARANDIRU (2003)

BACON, Lloyd
réalisateur américain (1890-1955)
42nd STREET (1933)
FOOTLIGHT PARADE (1933)
PICTURE SNATCHER (1933)
DEVIL DOGS OF THE AIR (1935)
GOLD DIGGERS OF 1937 (1936)
MARKED WOMAN (1937)
SAN QUENTIN (1937)
BOY MEETS GIRL (1938)
SLIGHT CASE OF MURDER, A (1938)
OKLAHOMA KID (1939)
BROTHER ORCHID (1940)
KNUTE ROCKNE, ALL AMERICAN (1940)
FOOTSTEPS IN THE DARK (1941)
ACTION IN THE NORTH ATLANTIC (1943)
FIGHTING SULLIVANS, THE (1945)
IT HAPPENS EVERY SPRING (1949)
MISS GRANT TAKES RICHMOND (1949)
FULLER BRUSH GIRL, THE (1950)
FROGMEN, THE (1951)
FRENCH LINE, THE (1954)

BADHAM, John
réalisateur américain (1939-)
REFLECTIONS OF MURDER (1974)
SATURDAY NIGHT FEVER (1977)
DRACULA (1979)
WHOSE LIFE IS IT ANYWAY? (1981)
BLUE THUNDER (1982)
WARGAMES (1983)
AMERICAN FLYERS (1985)
SHORT CIRCUIT (1986)
STAKEOUT (1987)
BIRD ON A WIRE (1990)
HARD WAY, THE (1991)
ANOTHER STAKEOUT (1993)
POINT OF NO RETURN (1993)
DROP ZONE (1994)
NICK OF TIME (1995)
INCOGNITO (1997)

BAILLARGEON, Paule
réalisatrice,québécoise (1945-)
CUISINE ROUGE, LA (1979)
SONIA (1986)
SOLO (1991)
SEXE DES ÉTOILES, LE (1993)
UN CRI AU BONHEUR (2007)

BAKSHI, Ralph
réalisateur américain (1938-)
FRITZ THE CAT (1972)
HEAVY TRAFFIC (1973)
STREET FIGHT (1974)
WIZARDS (1976)
LORD OF THE RINGS, THE (1978)
AMERICAN POP (1980)
HEY GOOD LOOKIN' (1981)
FIRE AND ICE (1982)
COOL WORLD (1992)
COOL & THE CRAZY (1994)

BALDUCCI, Richard
réalisateur français (1929-)
AMOUR, L' (1968)
DANS LA POUSSIÈRE DU SOLEIL (1971)
ODEUR DES FAUVES, L' (1971)
N'OUBLIE PAS TON PÈRE AU VESTIAIRE (1982)
SALUT LA PUCE (1982)
FACTEUR DE SAINT-TROPEZ, LE (1985)
ON L'APPELLE CATASTROPHE (1985)

BALLARD, Carroll
réalisateur américain (1937-)
BLACK STALLION, THE (1979)
BLACK STALLION/THE BLACK STALLION RETURNS, THE (1979)
NEVER CRY WOLF (1983)
NUTCRACKER MOTION PICTURE, THE (1986)
WIND (1992)
FLY AWAY HOME (1996)
DUMA (2005)

BARILLÉ, Albert
réalisateur français (1921-2009)
IL ÉTAIT UNE FOIS L'HOMME (1978)
IL ÉTAIT UNE FOIS... L'HOMME (1978)
IL ÉTAIT UNE FOIS... L'ESPACE (1982)
IL ÉTAIT UNE FOIS...LA VIE (1986)
IL ÉTAIT UNE FOIS... LES AMÉRIQUES (1991)
IL ÉTAIT UNE FOIS... LES EXPLORATEURS (1995)

BARRETO, Bruno
réalisateur brésilien (1955-)
DONA FLOR ET SES DEUX MARIS (1977)
AMOR BANDIDO (1982)
GABRIELA (1983)
HAPPILY EVER AFTER (1985)
STORY OF FAUSTA, THE (1988)
SHOW OF FORCE, A (1990)
CARRIED AWAY (1995)
FOUR DAYS IN SEPTEMBER (1997)
BOSSA NOVA (1999)
VIEW FROM THE TOP, A (2003)
ROMEO AND JULIET GET MARRIED (2005)

BARRON, Steve
réalisateur irlandais (1956-)
ELECTRIC DREAMS (1984)
STORYTELLER, THE - DEFINITIVE COLLECTION (1987)
TEENAGE MUTANT NINJA TURTLES: THE MOVIE (1990)
CONEHEADS, THE (1993)
ADVENTURES OF PINOCCHIO, THE (1996)
MERLIN (1998)
RAT (2000)

BARTEL, Paul
réalisateur américain (1938-2000)
SECRET CINEMA, THE (1969)
PRIVATE PARTS (1973)
DEATH RACE 2000 (1975)
EATING RAOUL (1982)
LUST IN THE DUST (1984)
NOT FOR PUBLICATION (1984)
SCENES FROM THE CLASS STRUGGLE IN BEVERLY HILLS (1989)

BARTON, Charles T.
réalisateur américain (1902-1981)
TIME OF THEIR LIVES, THE (1946)
ABBOTT & COSTELLO MEET FRANKENSTEIN (1948)
MEXICAN HAYRIDE (1948)
NOOSE HANGS HIGH, THE (1948)
WISTFUL WIDOW OF WAGON GAP, THE (1948)
ABBOTT & COSTELLO MEET THE KILLER BORIS KARLOFF (1949)
AFRICA SCREAMS (1949)
DANCE WITH ME HENRY (1956)
SHAGGY DOG, THE (1959)

BASS, Jules
réalisateur américain (1935-)
FROSTY THE SNOWMAN (1969)
HOBBIT, THE (1977)
JACK FROST (1979)
RETURN OF THE KING, THE (1980)
LAST UNICORN (1982)
FLIGHT OF DRAGONS (1985)

BAVA, Lamberto
réalisateur italien (1944-)
MACABRE (1980)
BLADE IN THE DARK, A (1983)
DEMONS (1985)
DEMONS 2 (1986)
DELIRIUM: PHOTO OF GIOIA (1987)
MAISON DE L'OGRE, LA (1988)

BAVA, Mario
réalisateur italien (1914-1980)
ULYSSES (1954)
HERCULES IN THE HAUNTED WORLD (1961)
MASQUE DU DÉMON, LE (1961)
WONDERS OF ALADDIN, THE (1961)
FILLE QUI EN SAVAIT TROP, LA (1962)
HERCULE CONTRE LES VAMPIRES (1962)
TROIS VISAGES DE LA PEUR, LES (1963)
WHIP AND THE BODY, THE (1963)
BLOOD AND BLACK LACE (1964)
KNIVES OF THE AVENGER (1965)
PLANET OF THE VAMPIRES (1965)
DR. GOLDFOOT AND THE GIRL BOMBS (1966)
KILL BABY KILL (1966)
DANGER: DIABOLIK! (1967)
5 DOLLS FOR AUGUST MOON (1970)
ÎLE DE L'ÉPOUVANTE, L' (1970)
ROY COLT AND WINCHESTER JACK (1970)
BAIE SANGLANTE, LA (1971)
HATCHET FOR A HONEYMOON (1971)
FOUR TIMES THAT NIGHT (1972)
LISA AND THE DEVIL (1972)
TORTURE CHAMBER OF BARON BLOOD, THE (1972)
KIDNAPPED (1974)
HOUSE OF EXORCISM (1975)
SHOCK (1977)

BAXLEY, Craig R.
réalisateur américain (1949-)
I COME IN PEACE (1989)
STONE COLD (1991)
STORM OF THE CENTURY (1999)
KINGDOM HOSPITAL (2004)
LOST ROOM (2006)

BAY, Michael
réalisateur américain (1965-)
BAD BOYS (1995)
ROCK, THE (1996)
ARMAGEDDON (1998)
PEARL HARBOR (2001)
BAD BOYS II (2003)

ISLAND, THE (2005)
TRANSFORMERS (2007)

BEAUDIN, Jean
réalisateur québécois (1939-)
DIABLE EST PARMI NOUS, LE (1972)
CHER THEO (1975)
J.A. MARTIN, PHOTOGRAPHE (1976)
CORDÉLIA (1979)
MARIO (1984)
MATOU, LE (1985)
FILLES DE CALEB, LES (1990)
BEING AT HOME WITH CLAUDE (1992)
SHEHAWEH (1992)
CES ENFANTS D'AILLEURS (1997)
SOUVENIRS INTIMES (1999)
COLLECTIONNEUR, LE (2002)
NOUVELLE-FRANCE (2004)
SANS ELLE (2006)

BEAUDRY, Jean
réalisateur québécois (1947-)
JACQUES ET NOVEMBRE (1984)
MATINS INFIDÈLES, LES (1988)
PAS DE RÉPIT POUR MÉLANIE (1990)
TIRELIRE, COMBINES ET CIE (1992)
CRI DE LA NUIT, LE (1995)

BEAUMONT, Harry
réalisateur américain (1888-1966)
OUR DANCING DAUGHTERS (1928)
BROADWAY MELODY (1929)
BROADWAY MELODY OF 1929 (1929)
DANCE, FOOLS, DANCE (1931)
LAUGHING SINNERS (1931)
SHOW-OFF, THE (1946)

BECKER, Harold
réalisateur américain (1950-)
ONION FIELD, THE (1979)
BLACK MARBLE, THE (1980)
TAPS (1981)
VISION QUEST (1985)
BOOST, THE (1988)
SEA OF LOVE (1989)
MALICE (1993)
CITY HALL (1995)
MERCURY RISING (1998)
DOMESTIC DISTURBANCE (2001)

BECKER, Jacques
réalisateur français (1906-1960)
ANTOINE ET ANTOINETTE (1947)
RENDEZ-VOUS DE JUILLET (1949)
CASQUE D'OR (1951)
ALI BABA ET LES QUARANTE VOLEURS (1954)
TOUCHEZ PAS AU GRISBI (1954)
MONTPARNASSE 19 (1957)
TROU, LE (1959)

BECKER, Jean
réalisateur français (1938-)
ÉTÉ MEURTRIER, L' (1982)
ÉLISA (1994)
ENFANTS DU MARAIS, LES (1998)
UN CRIME AU PARADIS (2000)
EFFROYABLES JARDINS (2002)
DIALOGUE AVEC MON JARDINIER (2007)
DEUX JOURS À TUER (2008)

BEEBE, Ford
réalisateur américain (1888-1978)
FLASH GORDON'S TRIP TO MARS (1938)
FLASH GORDON CONQUERS THE UNIVERSE (1940)
GREEN HORNET, THE (1940)
NIGHT MONSTER (1942)
INVISIBLE MAN'S REVENGE, THE (1944)

BEINEIX, Jean-Jacques
réalisateur français (1946-)
DIVA (1980)
LUNE DANS LE CANIVEAU, LA (1983)
37°2 LE MATIN (1986)
ROSELYNE ET LES LIONS (1989)
IP5 - L'ÎLE AUX PACHYDERMES (1992)

BÉLANGER, Louis
réalisateur québécois (1964-)
POST MORTEM (1999)
LAUZON LAUZONE (2000)
GAZ BAR BLUES (2003)
4 COINS, LES (2005)
GÉNIE DU CRIME, LE (2006)

BELLOCCHIO, Marco
réalisateur italien (1939-)
FISTS IN THE POCKET (1965)
LOVE AND ANGER (1969)
YEUX, LA BOUCHE, LES (1982)
HENRY IV (1984)
DIABLE AU CORPS, LE (1986)
CONVICTION, THE (1990)
NANNY, THE (1999)
GOOD MORNING, NIGHT (2003)

BENIGNI, Roberto
réalisateur italien (1952-)
PETIT DIABLE, LE (1988)
JOHNNY CURE-DENT (1991)
MONSTRE, LE (1994)
VIE EST BELLE, LA (1997)
PINOCCHIO (2002)
TIGRE ET LA NEIGE, LE (2005)

BENJAMIN, Richard
réalisateur américain (1938-)
MY FAVORITE YEAR (1982)
CITY HEAT (1984)
RACING WITH THE MOON (1984)
MONEY PIT, THE (1986)
LITTLE NIKITA (1988)
MY STEPMOTHER IS AN ALIEN (1988)
DOWNTOWN (1989)
MERMAIDS (1990)
MADE IN AMERICA (1993)
MILK MONEY (1994)
MRS. WINTERBOURNE (1996)

BENTON, Robert
réalisateur américain (1932-)
BAD COMPANY (1972)
LATE SHOW, THE (1976)
KRAMER VS. KRAMER (1979)
STILL OF THE NIGHT (1982)
PLACES IN THE HEART (1984)
NADINE (1987)
BILLY BATHGATE (1991)
NOBODY'S FOOL (1994)
TWILIGHT (1997)
HUMAN STAIN, THE (2003)
FEAST OF LOVE (2007)

BERESFORD, Bruce
réalisateur australien (1940-)
BARRY MCKENZIE HOLDS HIS OWN (1974)
DON'S PARTY (1976)
BREAKER MORANT (1980)
PUBERTY BLUES (1981)
TENDER MERCIES (1982)
KING DAVID (1985)
CRIMES OF THE HEART (1986)
FRINGE DWELLERS, THE (1986)
ARIA (1987)
DRIVING MISS DAISY (1989)
HER ALIBI (1989)
BLACK ROBE (1991)
RICH IN LOVE (1992)
GOOD MAN IN AFRICA, A (1993)
SILENT FALL (1994)
LAST DANCE (1995)
PARADISE ROAD (1997)
DOUBLE JEOPARDY (1999)
BRIDE OF THE WIND (2001)
EVELYN (2002)
AND STARRING PANCHO VILLA AS HIMSELF (2003)
CONTRACT, THE (2006)

BERG, Peter
réalisateur américain (1964-)
VERY BAD THINGS (1998)
RUNDOWN, THE (2003)
FRIDAY NIGHT LIGHTS (2004)
KINGDOM, THE (2007)
HANCOCK (2008)

BERGMAN, Andrew
réalisateur américain (1945-)
SO FINE (1981)
FRESHMAN, THE (1990)
HONEYMOON IN VEGAS (1992)
IT COULD HAPPEN TO YOU (1994)
STRIPTEASE (1996)
ISN'T SHE GREAT (1999)

BERGMAN, Ingmar
réalisateur suédois (1918-2007)
NIGHT IS MY FUTURE (1948)
VILLE PORTUAIRE (1948)
DEVIL'S WANTON (1949)
SOIF, LA (1949)
JEUX D'ÉTÉ (1950)
ATTENTE DES FEMMES, L' (1952)
MONIKA (1953)
NUIT DES FORAINS, LA (1953)
UNE LEÇON D'AMOUR (1954)
VERS LA JOIE (1954)
RÊVES DE FEMMES (1955)
SOURIRES D'UNE NUIT D'ÉTÉ (1955)
BRINK OF LIFE (1957)
FRAISES SAUVAGES, LES (1957)
SEVENTH SEAL, THE (1957)
SOURCE, LA (1959)
VISAGE, LE (1959)
ŒIL DU DIABLE, L' (1960)
COMME DANS UN MIROIR (1962)
COMMUNIANTS, LES (1963)
SILENCE, LE (1963)
TOUTES CES FEMMES (1964)
PERSONA (1966)
HEURE DU LOUP, L' (1967)
HONTE, LA (1968)
RITE, LE (1969)
UNE PASSION (1969)
CRIS ET CHUCHOTEMENTS (1972)
SCÈNES DE LA VIE CONJUGALE (1973)
SCENES FROM A MARRIAGE (1973)
FLÛTE ENCHANTÉE, LA (1974)
SERPENT'S EGG, THE (1977)
AUTUMN SONATA (1978)
DE LA VIE DES MARIONNETTES (1980)
FANNY ET ALEXANDRE (1982)
APRÈS LA RÉPÉTITION (1984)
INGMAR BERGMAN COLLECTION (2003)
INGMAR BERGMAN TRILOGY (2003)
SARABAND (2003)

BERKELEY, Busby
réalisateur américain (1895-1976)
GOLD DIGGERS OF 1935 (1935)
HOLLYWOOD HOTEL (1937)
BABES IN ARMS (1939)
THEY MADE ME A CRIMINAL (1939)
STRIKE UP THE BAND (1940)
BABES ON BROADWAY (1941)
FOR ME AND MY GAL (1942)
GANG'S ALL HERE, THE (1943)
TAKE ME OUT TO THE BALL GAME (1949)

BERLINER, Alain
réalisateur belge (1963-)
NOBODY'S BUSINESS (1996)
MA VIE EN ROSE (1997)
WALL, THE (1998)
PASSION OF MIND (2000)
SWEETEST SOUND, THE (2001)
WIDE AWAKE (2006)

BERNDS, Edward
réalisateur américain (1905-2000)
WORLD WITHOUT END (1955)
FLY, THE / RETURN OF THE FLY (1958)
HIGH SCHOOL HELLCATS (1958)
QUEEN OF OUTER SPACE (1958)
RETURN OF THE FLY, THE (1959)
THREE STOOGES MEET HERCULES, THE (1961)
THREE STOOGES IN ORBIT (1962)

BERNHARDT, Curtis
réalisateur américain (1899-1981)
CONFLICT (1944)
MY REPUTATION (1945)
POSSESSED (1947)
STOLEN LIFE (1947)
SIROCCO (1951)
MISS SADIE THOMPSON (1953)
BEAU BRUMMELL (1954)
INTERRUPTED MELODY (1955)
KISSES FOR MY PRESIDENT (1964)

BERRI, Claude
réalisateur français (1934-2009)
SEX-SHOP (1972)
UN MOMENT D'ÉGAREMENT (1977)
MAÎTRE D'ÉCOLE, LE (1981)
TCHAO PANTIN (1983)
JEAN DE FLORETTE (1986)
MANON DES SOURCES (1986)
URANUS (1990)
GERMINAL (1993)
LUCIE AUBRAC (1997)
DÉBANDADE, LA (1999)
UNE FEMME DE MÉNAGE (2002)
ENSEMBLE, C'EST TOUT (2007)

BERTOLUCCI, Bernardo
réalisateur italien (1940-)
COMMARE SECCA, LA (1962)
BEFORE THE REVOLUTION (1964)
PARTNER (1968)

CONFORMISTE, LE (1969)
LOVE AND ANGER (1969)
STRATÉGIE DE L'ARAIGNÉE, LA (1970)
DERNIER TANGO À PARIS, LE (1972)
1900 (1976)
TRAGÉDIE D'UN HOMME RIDICULE, LA (1981)
LAST EMPEROR, THE (1987)
SHELTERING SKY, THE (1990)
LITTLE BUDDHA (1993)
STEALING BEAUTY (1996)
BESIEGED (1998)
INNOCENTS, LES (2003)

BESSON, Luc
réalisateur français (1959-)
DERNIER COMBAT, LE (1982)
SUBWAY (1985)
GRAND BLEU, LE (1988)
NIKITA (1990)
ATLANTIS (1991)
PROFESSIONAL, THE (1994)
FIFTH ELEMENT, THE (1997)
MESSENGER, THE: THE STORY OF JOAN OF ARC (1999)
ANGEL-A (2006)
ARTHUR ET LE MINIMOYS (2006)

BIER, Susanne
réalisatrice danoise (1960-)
FREUD QUITTE LA MAISON (1991)
OPEN HEARTS (2002)
BROTHERS (2004)
AFTER THE WEDDING (2006)
THINGS WE LOST IN THE FIRE (2007)

BIGELOW, Kathryn
réalisatrice, américaine (1951-)
LOVELESS, THE (1983)
NEAR DARK (1987)
BLUE STEEL (1989)
POINT BREAK (1991)
HOMICIDE: LIFE ON THE STREET (1993)
STRANGE DAYS (1995)
WEIGHT OF WATER, THE (2000)
K-19: THE WIDOWMAKER (2002)

BILL, Tony
réalisateur américain (1940-)
5 CORNERS (1987)
CRAZY PEOPLE (1990)
HOME OF OUR OWN, A (1993)
UNTAMED HEART (1993)
OLIVER TWIST (1997)
FLYBOYS (2006)

BINAMÉ, Charles
réalisateur québécois
UN AUTRE HOMME (1989)
BLANCHE (1993)
C'ÉTAIT LE 12 DU 12 ET CHILI AVAIT LES BLUES (1993)
ELDORADO (1995)
MARGUERITE VOLANT (1996)
CŒUR AU POING, LE (1998)
BEAUTÉ DE PANDORE, LA (1999)
SÉRAPHIN, UN HOMME ET SON PÉCHÉ (2002)
H2O (2005)
MAURICE RICHARD (2005)
PIÈGE AMÉRICAIN, LE (2008)

BINDER, Mike
réalisateur américain (1958-)
INDIAN SUMMER (1993)
BLANKMAN (1994)
MIND OF THE MARRIED MAN (SEASON I) (2001)
SEARCH FOR JOHN GISSING (2001)
UPSIDE OF ANGER, THE (2005)
MAN ABOUT TOWN (2006)
REIGN OVER ME (2007)

BIRD, Antonia
réalisatrice, anglaise (1959-)
CRACKER: A NEW TERROR (1993)
PRIEST (1994)
MAD LOVE (1995)
FACE (1997)
RAVENOUS (1999)

BLAKE, Andrew
réalisateur (1947-)
NIGHT TRIPS (1989)
HOUSE OF DREAMS (1990)
HIDDEN OBSESSIONS (1992)
SENSUAL EXPOSURE (1993)
VENUS DESCENDING (1995)
UNLEASHED (1996)
DELIRIOUS (1998)
WET (1998)
AROUSED (1999)
PIN-UPS (1999)
PLAYTHINGS (1999)
DECADENCE (2000)
BLOND & BRUNETTES (2002)
FEEL THE HEAT (2004)
FLIRTS (2004)
NAKED DIVA (2004)
BODY LANGUAGE (2005)
TEASERS (2005)
SULTRY (2006)
VALENTINA (2006)
ANDREW BLAKE X (2007)
PAID COMPANIONS (2008)

BLIER, Bertrand
réalisateur français (1939-)
VALSEUSES, LES (1973)
PRÉPAREZ VOS MOUCHOIRS (1977)
BUFFET FROID (1979)
BEAU-PÈRE (1981)
FEMME DE MON POTE, LA (1983)
NOTRE HISTOIRE (1984)
TENUE DE SOIRÉE (1986)
TROP BELLE POUR TOI! (1989)
MERCI LA VIE (1991)
UN, DEUX, TROIS SOLEIL (1993)
MON HOMME (1996)
ACTEURS, LES (1999)
CÔTELETTES, LES (2003)
COMBIEN TU M'AIMES? (2005)

BLUTH, Don
réalisateur américain (1938-)
SMALL ONE (1978)
BANJO THE WOODPILE CAT (1979)
SECRET OF NIMH, THE (1982)
AMERICAN TAIL, AN (1986)
LAND BEFORE TIME, THE (1988)
ALL DOGS GO TO HEAVEN (1989)
ROCK-A-DOODLE (1991)
THUMBELINA (1994)
TROLL IN CENTRAL PARK, A (1994)
PEBBLE AND THE PENGUIN, THE (1995)
ANASTASIA (1997)
BABES IN TOYLAND (1997)
TITAN A.E. (2000)

BOETTICHER, Budd
réalisateur américain (1916-)
BEHIND LOCKED DOORS (1948)
RED BALL EXPRESS (1952)
MAN FROM THE ALAMO, THE (1953)
MAGNIFICENT MATADOR, THE (1956)
SEVEN MEN FROM NOW (1956)
MAVERICK (1957)
COMANCHE STATION (1960)
RISE AND FALL OF LEGS DIAMOND, THE (1960)
TIME FOR DYING, A (1969)

BOGART, Paul
réalisateur américain (1919-)
MARLOWE (1969)
SKIN GAME (1971)
ADAMS CHRONICLES (1976)
OH GOD, YOU DEVIL! (1984)
TORCH SONG TRILOGY (1988)

BOGDANOVICH, Peter
réalisateur américain (1939-)
TARGETS (1968)
LAST PICTURE SHOW, THE (1971)
WHAT'S UP, DOC? (1972)
PAPER MOON (1973)
DAISY MILLER (1974)
SAINT JACK (1979)
THEY ALL LAUGHED (1981)
MASK (1985)
ILLEGALLY YOURS (1988)
TEXASVILLE (1990)
NOISES OFF! (1992)
THING CALLED LOVE, THE (1993)
CAT'S MEOW, THE (2001)

BOISROND, Michel
réalisateur français (1921-)
CETTE SACRÉE GAMINE (1955)
UNE PARISIENNE (1957)
CHEMIN DES ÉCOLIERS, LE (1958)
VOULEZ-VOUS DANSER AVEC MOI? (1959)
FRANCAISE ET L'AMOUR, LA (1960)
À TOUT CŒUR À TOKYO POUR OSS 117 (1966)
DU SOLEIL PLEIN LES YEUX (1970)

BOISSET, Yves
réalisateur français (1939-)
CRAN D'ARRÊT (1969)
SAUT DE L'ANGE, LE (1971)
ATTENTAT, L' (1972)
FOLLE À TUER (1975)
JUGE FAYARD DIT «LE SHÉRIF», LE (1977)
UN TAXI MAUVE (1977)
CANICULE (1983)
PRIX DU DANGER, LE (1983)
BLEU COMME L'ENFER (1986)
DOUBLE IDENTITY (1990)
AMANTS DE LA RIVIÈRE ROUGE, LES (1996)

BOLESLAWSKI, Richard
réalisateur polonais (1889-1937)
RASPUTIN AND THE EMPRESS (1933)
MISÉRABLES, LES (1935)
PAINTED VEIL, THE (1935)
GARDEN OF ALLAH, THE (1936)
THEODORA GOES WILD (1936)
LAST OF MRS. CHEYNEY, THE (1937)

BOLOGNINI, Mauro
réalisateur italien (1922-2001)
BEL ANTONIO, LE (1960)
GRANDE BOURGEOISE, LA (1974)
HÉRITAGE, L' (1976)
VÉNITIENNE, LA (1986)
HUSBANDS AND LOVERS (1991)

BOORMAN, John
réalisateur anglais (1933-)
HAVING A WILD WEEKEND (1965)
POINT BLANK (1967)
HELL IN THE PACIFIC (1968)
DELIVERANCE (1972)
ZARDOZ (1973)
EXORCIST II: THE HERETIC (1977)
EXCALIBUR (1981)
EMERALD FOREST, THE (1985)
HOPE AND GLORY (1987)
WHERE THE HEART IS (1990)
BEYOND RANGOON (1995)
LUMIÈRE ET COMPAGNIE (1995)
GENERAL, THE (1998)
TAILOR OF PANAMA, THE (2001)
IN MY COUNTRY (2004)

BORDERIE, Bernard
réalisateur français (1924-1978)
HARDI PARDAILLAN (1963)
ANGÉLIQUE, MARQUISE DES ANGES (1964)
ANGÉLIQUE ET LE ROI (1965)
MERVEILLEUSE ANGÉLIQUE (1965)
INDOMPTABLE ANGÉLIQUE (1967)
ANGÉLIQUE ET LE SULTAN (1968)
CATHERINE (1968)

BOROWCZYK, Walerian
réalisateur polonais (1923-)
CONTES IMMORAUX (1974)
BÊTE, LA (1975)
HISTOIRE D'UN PÉCHÉ (1975)
INTÉRIEUR D'UN COUVENT (1977)
DR. JEKYLL ET LES FEMMES (1981)
EMMANUELLE 5 (1986)

BORSOS, Phillip
réalisateur canadien (1953-1995)
GREY FOX, THE (1982)
MEAN SEASON, THE (1985)
ONE MAGIC CHRISTMAS (1985)
BETHUNE: THE MAKING OF A HERO (1990)
FAR FROM HOME: THE ADVENTURES OF YELLOW DOG (1994)

BORZAGE, Frank
réalisateur américain (1893-1962)
LAZYBONES (1925)
7th HEAVEN (1927)
STREET ANGEL (1928)
LUCKY STAR (1929)
THEY HAD TO SEE PARIS (1929)
LILIOM (1930)
SONG O' MY HEART (1930)
BAD GIRL (1931)
AFTER TOMORROW / YOUNG AMERICA (1932)
FAREWELL TO ARMS, A (1932)
DESIRE (1936)
MANNEQUIN (1938)
SHINING HOUR (1938)
THREE COMRADES (1938)
MORTAL STORM, THE (1940)
STRANGE CARGO (1940)
HIS BUTLER'S SISTER (1943)
STAGE DOOR CANTEEN (1943)
I'VE ALWAYS LOVED YOU (1946)
MAGNIFICENT DOLL (1946)
MOONRISE (1948)
CHINA DOLL (1958)

BOUTET, Richard
réalisateur québécois (1940-2003)
TURLUTE DES ANNÉES DURES, LA (1983)
GUERRE OUBLIÉE, LA (1987)
SPASME DE VIVRE, LE (1991)
CHEMIN BRUT DE LISETTE ET LE ROMAIN, LE (1995)
SURVIVANTS DE L'APOCALYPSE, LES (1998)
SEXE DE RUE (2003)

BOUTRON, Pierre
réalisateur français (1947-)
ANNÉES SANDWICHES, LES (1988)
LÉON MORIN, PRÊTRE (1991)
FIESTA (1995)
MESSIEURS LES ENFANTS (1996)
AFFAIRE DOMINICI, L' (2003)

BOUVIER, François
réalisateur québécois (1948-)
JACQUES ET NOVEMBRE (1984)
MATINS INFIDÈLES, LES (1988)
POTS CASSÉS, LES (1993)
HISTOIRES D'HIVER (1998)
MAMAN LAST CALL (2005)
MISS MÉTÉO (2005)

BOYER, Jean
réalisateur français (1901-1965)
PASSE-MURAILLE, LE (1950)
COIFFEUR POUR DAMES (1952)
FERNANDEL: COIFFEUR POUR DAMES/LE MOUTON À CINQ PATTES (1952)
FERNANDEL: SÉNÉCHAL LE MAGNIFIQUE/LA LOI C'EST LA LOI (1957)
SÉNÉCHAL LE MAGNIFIQUE (1957)

BOYLE, Danny
réalisateur anglais (1956-)
SHALLOW GRAVE (1994)
TRAINSPOTTING (1995)
LIFE LESS ORDINARY, A (1997)
BEACH, THE (2000)
VACUUMING COMPLETELY NUDE IN PARADISE (2001)
28 DAYS LATER (2002)
MILLIONS (2004)
SUNSHINE (2006)
SLUMDOG MILLIONAIRE (2008)

BRAHM, John
réalisateur américain (1893-1982)
WINTERTIME (1943)
SINGAPORE (1947)
MIRACLE OF OUR LADY OF FATIMA, THE (1952)
MAN FROM U.N.C.L.E, THE (1964)
HOT RODS TO HELL (1967)

BRANAGH, Kenneth
réalisateur anglais (1960-)
HENRY V (1989)
DEAD AGAIN (1991)
PETER'S FRIENDS (1992)
MUCH ADO ABOUT NOTHING (1993)
MARY SHELLEY'S FRANKENSTEIN (1994)
MIDWINTER'S TALE, A (1995)
HAMLET (1996)
LOVE'S LABOUR'S LOST (1999)
AS YOU LIKE IT (2006)
SLEUTH (2007)

BRASS, Tinto
réalisateur italien (1933-)
SALON-KITTY (1976)
CALIGULA (1979)
CLÉ, LA (1983)
MIRANDA (1985)
TOUTES LES FEMMES LE FONT (1992)
VOYEUR, THE (1994)
P.O. BOX TINTO BRASS (1995)
FRIVOLOUS LOLA (1998)

BRAULT, Michel
réalisateur québécois (1928-)
POUR LA SUITE DU MONDE (1963)
ENTRE LA MER ET L'EAU DOUCE (1967)
ACADIE, L'ACADIE, L' (1970)
ORDRES, LES (1974)
NOCES DE PAPIER, LES (1988)
MONTRÉAL VU PAR... (1991)
SHABBAT SHALOM! (1992)
MON AMIE MAX (1993)
OZIAS LEDUC (1996)
QUAND JE SERAI PARTI... VOUS VIVREZ ENCORE (1998)
UN CRI AU BONHEUR (2007)

BREILLAT, Catherine
réalisatrice,française (1948-)
UNE VRAIE JEUNE FILLE (1975)
36 FILLETTE (1988)
SALE COMME UN ANGE (1990)
PARFAIT AMOUR (1996)
ROMANCE (1999)
À MA SŒUR! (2001)
BRÈVE TRAVERSÉE (2001)
SEX IS COMEDY (2002)
ANATOMIE DE L'ENFER (2004)
UNE VIEILLE MAÎTRESSE (2007)

BRESSON, Robert
réalisateur français (1907-1999)
DAMES DU BOIS DE BOULOGNE, LES (1944)
JOURNAL D'UN CURÉ DE CAMPAGNE, LE (1950)
UN CONDAMNÉ À MORT S'EST ÉCHAPPÉ (1956)
PICKPOCKET (1959)
AU HASARD BALTHAZAR (1966)
MOUCHETTE (1967)
UNE FEMME DOUCE (1969)
LANCELOT DU LAC (1974)
DIABLE PROBABLEMENT, LE (1977)
ARGENT, L' (1983)

BREST, Martin
réalisateur américain (1951-)
GOING IN STYLE (1979)
BEVERLY HILLS COP (1984)
MIDNIGHT RUN (1988)
SCENT OF A WOMAN (1992)
MEET JOE BLACK (1998)
GIGLI (2003)

BRIDGES, James
réalisateur américain (1936-1993)
BABY MAKER, THE (1970)
PAPER CHASE, THE (1973)
SEPTEMBER 30, 1955 (1977)
CHINA SYNDROME, THE (1978)
URBAN COWBOY (1980)
MIKE'S MURDER (1984)
PERFECT (1985)
BRIGHT LIGHTS, BIG CITY (1988)

BRILL, Steven
réalisateur américain (1962-)
HEAVYWEIGHTS (1995)
LITTLE NICKY (2000)
MR. DEEDS (2002)
WITHOUT A PADDLE (2004)
DRILLBIT TAYLOR (2008)

BRISSEAU, Jean-Claude
réalisateur français (1944-)
DE BRUIT ET DE FUREUR (1987)
NOCE BLANCHE (1989)
CÉLINE (1992)
ANGE NOIR, L' (1994)
CHOSES SECRÈTES (2002)
ANGES EXTERMINATEURS, LES (2006)

BROOK, Peter
réalisateur anglais (1925-)
MODERATO CANTABILE (1960)
LORD OF THE FLIES (1963)
MARAT SADE (1966)
KING LEAR (1970)
MEETINGS WITH REMARKABLE MEN (1979)
MAHABHARATA, THE (1989)
TRAGEDY OF HAMLET, THE (2000)

BROOKS, Albert
réalisateur américain (1947-)
REAL LIFE (1979)
MODERN ROMANCE (1981)
LOST IN AMERICA (1985)
DEFENDING YOUR LIFE (1991)
MOTHER (1996)
MUSE, THE (1999)
LOOKING FOR COMEDY IN THE MUSLIM WORLD (2005)

BROOKS, James L.
réalisateur américain (1940-)
TERMS OF ENDEARMENT (1983)
BROADCAST NEWS (1987)
I'LL DO ANYTHING (1994)
AS GOOD AS IT GETS (1997)
SPANGLISH (2004)

BROOKS, Mel
réalisateur américain (1926-)
PRODUCERS, THE (1968)
TWELVE CHAIRS, THE (1970)
BLAZING SADDLES (1974)
YOUNG FRANKENSTEIN (1974)
SILENT MOVIE (1976)
HIGH ANXIETY (1977)
HISTORY OF THE WORLD, PART 1 (1981)
SPACEBALLS (1987)
LIFE STINKS (1991)
ROBIN HOOD: MEN IN TIGHTS (1993)
DRACULA: DEAD AND LOVING IT (1995)

BROOKS, Richard
réalisateur américain (1912-1992)
BATTLE CIRCUS (1953)
LAST TIME I SAW PARIS, THE (1954)
BLACKBOARD JUNGLE (1955)
CATERED AFFAIR, THE (1955)
LAST HUNT, THE (1955)
SOMETHING OF VALUE (1956)
BROTHERS KARAMAZOV, THE (1958)
CAT ON A HOT TIN ROOF (1958)
ELMER GANTRY (1960)
SWEET BIRD OF YOUTH (1962)
LORD JIM (1964)
PROFESSIONALS, THE (1966)
IN COLD BLOOD (1967)
HAPPY ENDING, THE (1969)
DOLLARS (1971)
BITE THE BULLET (1975)
LOOKING FOR MR. GOODBAR (1977)
WRONG IS RIGHT (1982)

BROOMFIELD, Nick
réalisateur (1948-)
LILY TOMLIN: APPEARING NIGHTLY (1986)
DARK OBSESSION (1989)
MONSTER IN A BOX (1991)
HEIDI FLEISS: HOLLYWOOD MADAM (1995)
KURT AND COURTNEY (1997)
AILEEN: LIFE & DEATH OF A SERIAL KILLER (2004)
BATTLE FOR HADITHA (2007)

BROWN, Clarence
réalisateur américain (1890-1987)
LAST OF THE MOHICANS, THE (1920)
EAGLE, THE (1925)
FLESH AND THE DEVIL (1926)
WOMAN OF AFFAIRS, A (1928)
ANNA CHRISTIE (1930)
ROMANCE (1930)
FREE SOUL, A (1931)
INSPIRATION (1931)
POSSESSED (1931)
CHAINED (1934)
SADIE MCKEE (1934)
AH, WILDERNESS (1935)
ANNA KARENINA (1935)
GORGEOUS HUSSY, THE (1936)
WIFE VS SECRETARY (1936)
CONQUEST (1938)
OF HUMAN HEARTS (1938)
RAINS CAME, THE (1939)
EDISON, THE MAN (1940)
THEY MET IN BOMBAY (1941)
HUMAN COMEDY, THE (1943)
WHITE CLIFFS OF DOVER, THE (1943)
NATIONAL VELVET (1944)
YEARLING, THE (1946)
SONG OF LOVE (1947)
INTRUDER IN THE DUST (1949)
TO PLEASE A LADY (1950)
ANGELS IN THE OUTFIELD (1951)

BROWNING, Tod
réalisateur américain (1882-1962)
UNHOLY THREE, THE (1925)
OUTSIDE THE LAW (1930)
DRACULA (1931)
FREAKS (1932)
MARK OF THE VAMPIRE (1935)
DEVIL DOLL, THE (1937)

BROWNLOW, Kevin
réalisateur anglais (1938-)
IT HAPPENED HERE (1966)
WINSTANLEY (1975)
UNKNOWN CHAPLIN (1980)
MILLAY AT STEEPLETOP (1983)
D.W. GRIFFITH - FATHER OF FILM (1993)

BUÑUEL, Luis
réalisateur espagnol (1900-1983)
UN CHIEN ANDALOU / LAND WITHOUT BREAD (1929)

ÂGE D'OR, L' (1930)
GREAT MADCAP, THE (1948)
LOS OLVIDADOS (1950)
SUSANA (1950)
UNE FEMME SANS AMOUR (1951)
EL (1952)
ENJÔLEUSE, L' (1952)
MEXICAN BUS RIDE (1952)
AVENTURES DE ROBINSON CRUSOE, LES (1953)
ON A VOLÉ UN TRAM (1953)
WUTHERING HEIGHTS (1953)
VIE CRIMINELLE D'ARCHIBALD DE LA CRUZ, LA (1955)
FIÈVRE MONTE À EL PAO, LA (1959)
NAZARIN (1959)
YOUNG ONE, THE (1960)
VIRIDIANA (1961)
ANGE EXTERMINATEUR, L' (1962)
JOURNAL D'UNE FEMME DE CHAMBRE, LE (1964)
SIMON OF THE DESERT (1965)
BELLE DE JOUR (1967)
VOIE LACTÉE, LA (1968)
TRISTANA (1970)
CHARME DISCRET DE LA BOURGEOISIE, LE (1972)
FANTÔME DE LA LIBERTÉ, LE (1974)
CET OBSCUR OBJET DU DÉSIR (1977)

BURNS, Edward
réalisateur américain (1968-)
BROTHERS MCMULLEN, THE (1995)
SHE'S THE ONE (1996)
NO LOOKING BACK (1998)
SIDEWALKS OF NEW YORK (2001)
ASH WEDNESDAY (2002)
LOOKING FOR KITTY (2004)

BURNS, Ken
réalisateur américain (1953-)
KEN BURNS AMERICA: THE BROOKLYN BRIDGE (1985)
BASEBALL (1994)
FRANK LLOYD WRIGHT (1997)
MARK TWAIN (2001)
WAR, THE (2007)

BURTON, Tim
réalisateur américain (1960-)
FRANKENWEENIE (1984)
PEE-WEE'S BIG ADVENTURE (1985)
BEETLEJUICE (1988)
BATMAN (1989)
EDWARD SCISSORHANDS (1990)
BATMAN RETURNS (1992)
ED WOOD (1994)
MARS ATTACKS! (1996)
SLEEPY HOLLOW (1999)
PLANET OF THE APES (2001)
BIG FISH (2003)
CHARLIE AND THE CHOCOLATE FACTORY (2005)
TIM BURTON'S CORPSE BRIDE (2005)
SWEENEY TODD - THE DEMON BARBER OF FLEET STREET (2007)

BUTLER, David
réalisateur américain (1894-1979)
CONNECTICUT YANKEE, A (1931)
BRIGHT EYES (1934)
LITTLE COLONEL, THE (1935)
LITTLEST REBEL, THE (1935)
CAPTAIN JANUARY (1936)
PIGSKIN PARADE (1936)
CAUGHT IN THE DRAFT (1941)
ROAD TO MOROCCO (1942)
THEY GOT ME COVERED (1943)
PRINCESS AND THE PIRATE, THE (1944)
IT'S A GREAT FEELING (1949)
STORY OF SEABISCUIT, THE (1949)
TEA FOR TWO (1950)
LULLABY OF BROADWAY (1951)
APRIL IN PARIS (1952)
BY THE LIGHT OF THE SILVERY MOON (1952)
CALAMITY JANE (1953)
KING RICHARD AND THE CRUSADERS (1954)

BUTLER, George
réalisateur anglais (1944-)
PUMPING IRON (1976)
ENDURANCE, THE (2000)
SHACKLETON'S ANTARCTIC ADVENTURE (2000)
GOING UPRIVER: THE LONG WAR OF JOHN KERRY (2004)
ROVING MARS (2006)

BUTLER, Robert
réalisateur américain (1927-)
COMPUTER WORE TENNIS SHOES, THE (1969)
BAREFOOT EXECUTIVE, THE (1970)
NOW YOU SEE HIM, NOW YOU DON'T! (1972)
ULTIMATE THRILL, THE (1974)
TURBULENCE (1996)

BUZZELL, Edward
réalisateur américain (1897-1985)
AT THE CIRCUS (1938)
HONOLULU (1939)
GO WEST (1941)
BEST FOOT FORWARD (1943)
EASY TO WED (1946)
SONG OF THE THIN MAN (1947)
NEPTUNE'S DAUGHTER (1949)

CACOYANNIS, Michael
réalisateur grec (1922-)
STELLA (1955)
GIRL IN BLACK, A (1956)
MATTER OF DIGNITY (1957)
ELECTRA (1962)
ZORBA LE GREC (1964)
TROJAN WOMEN, THE (1971)
STORY OF JACOB AND JOSEPH, THE (1973)
ATTILA 74: THE RAPE OF CYPRUS (1974)
IPHIGÉNIE (1977)
SWEET COUNTRY (1988)
CHERRY ORCHARD, THE (1999)

CAHN, Edward L.
réalisateur américain (1899-1963)
GIRLS IN PRISON (1955)
DRAGSTRIP GIRL (1957)
INVASION OF THE SAUCER MEN (1957)
MOTORCYCLE GANG (1957)
IT! THE TERROR FROM BEYOND SPACE (1958)
INVISIBLE INVADERS (1959)
BEAUTY AND THE BEAST (1962)

CAIN, Christopher
réalisateur américain (1943-)
STONE BOY (1983)
THAT WAS THEN, THIS IS NOW (1985)
WHERE THE RIVER RUNS BLACK (1986)
PRINCIPAL, THE (1987)
YOUNG GUNS (1988)
PURE COUNTRY (1992)
AMAZING PANDA ADVENTURE, THE (1995)
GONE FISHIN' (1997)

CAMERON, James
réalisateur canadien (1954-)
PIRANHA II: THE SPAWNING (1981)
TERMINATOR, THE (1984)
ALIENS (1986)
ABYSS, THE (1989)
TERMINATOR 2: JUDGMENT DAY (1991)
TRUE LIES (1994)
TITANIC (1997)
JAMES CAMERON'S EXPEDITION: BISMARCK (2002)
GHOSTS OF THE ABYSS (2003)
ALIENS OF THE DEEP (2004)

CAMPBELL, Martin
réalisateur néo-zélandais
EDGE OF DARKNESS (1943)
CRIMINAL LAW (1989)
DEFENSELESS (1991)
NO ESCAPE (1994)
GOLDENEYE (1995)
MASK OF ZORRO, THE (1998)
VERTICAL LIMIT (2000)
BEYOND BORDERS (2003)
LEGEND OF ZORRO, THE (2005)
CASINO ROYALE (2006)

CAMPION, Jane
réalisatrice néo-zélandaise (1954-)
TWO FRIENDS (1986)
SWEETIE (1989)
ANGEL AT MY TABLE, AN (1990)
PIANO, THE (1992)
PORTRAIT OF A LADY, THE (1996)
HOLY SMOKE (1999)
IN THE CUT (2003)

CANTET, Laurent
réalisateur allemand (1961-)
SANGUINAIRES, LES (1997)
RESSOURCES HUMAINES (1999)
EMPLOI DU TEMPS, L' (2001)
VERS LE SUD (2005)
ENTRE LES MURS (2008)

CANTIN, Roger
réalisateur québécois (1949-)
SIMON LES NUAGES (1990)
ASSASSIN JOUAIT DU TROMBONE, L' (1991)
GRAND ZÈLE, LE (1992)
MATUSALEM (1993)
MATUSALEM 2: LE DERNIER DES BEAUCHESNE (1997)
VENGEANCE DE LA FEMME EN NOIR, LA (1997)
FORTERESSE SUSPENDUE, LA (2001)
COFFRET MATUSALEM (2003)

CANUEL, Érik
réalisateur québécois
FORTIER SÉRIE 1 (1999)
FORTIER SÉRIE 2 (2000)
LOI DU COCHON, LA (2001)
NEZ ROUGE (2003)
DERNIER TUNNEL, LE (2004)
SURVENANT, LE (2005)
BON COP BAD COP (2006)
CADAVRES (2008)

CAPRA, Frank
réalisateur américain (1897-1991)
STRONG MAN, THE (1926)
LONG PANTS (1927)
THAT CERTAIN THING (1928)
MIRACLE WOMAN, THE (1931)
PLATINUM BLONDE (1931)
AMERICAN MADNESS (1932)
BITTER TEA OF GENERAL YEN, THE (1933)
LADY FOR A DAY (1933)
BROADWAY BILL (1934)
IT HAPPENED ONE NIGHT (1934)
LOST HORIZON (1936)
MR. DEEDS GOES TO TOWN (1936)
YOU CAN'T TAKE IT WITH YOU (1938)
MR. SMITH GOES TO WASHINGTON (1939)
MEET JOHN DOE (1941)
ARSENIC AND OLD LACE (1944)
WHY WE FIGHT (1944)
IT'S A WONDERFUL LIFE (1946)
STATE OF THE UNION (1948)
RIDING HIGH (1950)
HERE COMES THE GROOM (1951)
HOLE IN THE HEAD (1959)
POCKETFUL OF MIRACLES (1961)

CARAX, Léos
réalisateur français (1962-)
BOY MEETS GIRL (1985)
MAUVAIS SANG (1986)
AMANTS DU PONT-NEUF, LES (1991)
POLA X (1999)
TOKYO! (2008)

CARDONA, René
réalisateur cubain (1906-1988)
GABINO BARRERA (1964)
CABALLO PRIETO AZABACHE (1965)
NIGHT OF THE BLOODY APES / THE FEAST OF FLESH (1967)
VENGANZA DE GABINO BARRERA (1967)
SANTO IN THE TREASURE OF DRACULA (1968)
SANTO VS THE RIDERS OF TERROR (1970)

CARLE, Gilles
réalisateur québécois (1929-)
VIE HEUREUSE DE LÉOPOLD Z., LA (1965)
VIOL D'UNE JEUNE FILLE DOUCE, LE (1968)
RED (1970)
MÂLES, LES (1971)
VRAIE NATURE DE BERNADETTE, LA (1972)
CORPS CÉLESTES, LES (1973)
MORT D'UN BÛCHERON, LA (1973)
TÊTE DE NORMANDE ST-ONGE, LA (1975)
ANGE ET LA FEMME, L' (1977)
FANTASTICA (1980)
PLOUFFE, LES (1981)
MARIA CHAPDELAINE (1983)
CINÉMA, CINÉMA (1985)
GUÊPE, LA (1986)
DIABLE D'AMÉRIQUE, LE (1990)
MISS MOSCOU (1991)
MONTREAL OFF (1992)
POSTIÈRE, LA (1992)

PUDDING CHÔMEUR (1996)
ÉPOPÉE EN AMÉRIQUE (1997)
MOI, J'ME FAIS MON CINÉMA (1998)

CARNÉ, Marcel
réalisateur français (1909-1996)
DRÔLE DE DRAME (1937)
HÔTEL DU NORD (1938)
QUAI DES BRUMES (1938)
JOUR SE LÈVE, LE (1939)
VISITEURS DU SOIR, LES (1942)
ENFANTS DU PARADIS, LES (1945)
THÉRÈSE RAQUIN (1953)
ASSASSINS DE L'ORDRE, LES (1970)
MERVEILLEUSE VISITE, LA (1974)

CARON, Glenn Gordon
réalisateur américain (1954-)
MOONLIGHTING (1985)
CLEAN AND SOBER (1988)
WILDER NAPALM (1993)
LOVE AFFAIR (1994)
PICTURE PERFECT (1997)

CARPENTER, John
réalisateur américain (1948-)
DARK STAR (1974)
ASSAULT ON PRECINCT 13 (1976)
HALLOWEEN (1978)
SOMEONE'S WATCHING ME (1978)
ELVIS: THE MOVIE (1979)
FOG, THE (1979)
ESCAPE FROM NEW YORK (1981)
THING, THE (1982)
CHRISTINE (1983)
STARMAN (1984)
BIG TROUBLE IN LITTLE CHINA (1986)
PRINCE OF DARKNESS (1987)
THEY LIVE (1988)
MEMOIRS OF AN INVISIBLE MAN (1992)
BODY BAGS (1993)
IN THE MOUTH OF MADNESS (1994)
12 MONKEYS/THE THING (1995)
VILLAGE OF THE DAMNED (1995)
ESCAPE FROM L.A. (1996)
JOHN CARPENTER'S VAMPIRES (1997)
GHOSTS OF MARS (2001)
MASTERS OF HORROR - CIGARETTE BURNS (2005)
MASTERS OF HORROR - PRO-LIFE (2006)

CARTER, Thomas
réalisateur américain (1953)
CALL TO GLORY (1984)
SWING KIDS (1993)
METRO (1997)
SAVE THE LAST DANCE (2001)
COACH CARTER (2004)

CARUSO, D.J.
réalisateur (1965-)
SALTON SEA, THE (2001)
TAKING LIVES (2004)
TWO FOR THE MONEY (2005)
DISTURBIA (2007)
EAGLE EYE (2008)

CASSAVETES, John
réalisateur américain (1929-1989)
SHADOWS (1960)
CHILD IS WAITING, A (1962)
FACES (1968)
HUSBANDS (1970)
MINNIE AND MOSKOWITZ (1971)
WOMAN UNDER THE INFLUENCE, A (1974)
KILLING OF A CHINESE BOOKIE, THE (1976)
OPENING NIGHT (1977)
GLORIA (1980)
BIG TROUBLE (1985)

CASSAVETES, Nick
réalisateur américain (1959-)
SHE'S SO LOVELY (1997)
UNHOOK THE STARS (1997)
JOHN Q. (2001)
NOTEBOOK, THE (2004)
ALPHA DOG (2006)

CASTELLARI, Enzo G.
réalisateur italien (1938-)
TUEZ-LES TOUS... ET REVENEZ SEUL (1968)
COLD EYES OF FEAR (1971)
STREET LAW (1974)
LOVES AND TIMES OF SCARAMOUCHE, THE (1975)
BIG RACKET (1976)
KEOMA (1976)
HEROIN BUSTERS (1977)
SINBAD OF THE SEVEN SEAS (1989)

CASTLE, Nick
réalisateur américain (1947-)
LAST STARFIGHTER, THE (1984)
BOY WHO COULD FLY, THE (1986)
TAP (1989)
DENNIS THE MENACE (1993)
MAJOR PAYNE (1995)
MR. WRONG (1996)

CASTLE, William
réalisateur américain (1914-1977)
HOUSE ON HAUNTED HILL (1959)
TINGLER, THE (1959)
13 GHOSTS (1960)
HOMICIDAL (1960)
MR. SARDONICUS (1961)
NIGHT WALKER, THE (1964)
STRAIT-JACKET (1964)
BUSY BODY, THE (1966)

CATON-JONES, Michael
réalisateur anglais (1957-)
SCANDAL (1988)
MEMPHIS BELLE (1990)
DOC HOLLYWOOD (1991)
THIS BOY'S LIFE (1993)
ROB ROY (1995)
JACKAL, THE (1997)
CITY BY THE SEA (2002)
BASIC INSTINCT 2 - RISK ADDICTION (2006)
SHOOTING DOGS (2006)

CAVANI, Liliana
réalisatrice italienne (1936-)
NIGHT PORTER, THE (1973)
DERRIÈRE LA PORTE (1982)
OBSESSION À BERLIN (1985)
FRANCESCO (1989)
RIPLEY'S GAME (2002)

CHABROL, Claude
réalisateur français (1930-)
BEAU SERGE, LE (1957)
À DOUBLE TOUR (1959)
BONNES FEMMES, LES (1960)
SEPT PÉCHÉS CAPITAUX, LES (1961)
PARIS VU PAR... (1965)
TIGRE SE PARFUME À LA DYNAMITE, LE (1965)
BICHES, LES (1967)
ROUTE DE CORINTHE, LA (1967)
BOUCHER, LE (1968)
FEMME INFIDÈLE, LA (1968)
QUE LA BÊTE MEURE (1969)
JUSTE AVANT LA NUIT (1970)
RUPTURE, LA (1970)
DÉCADE PRODIGIEUSE, LA (1971)
NOCES ROUGES, LES (1973)
NADA (1974)
UNE PARTIE DE PLAISIR (1974)
INNOCENTS AUX MAINS SALES, LES (1975)
FOLIES BOURGEOISES (1976)
LIENS DE SANG, LES (1977)
VIOLETTE NOZIÈRE (1977)
CHEVAL D'ORGUEIL, LE (1980)
FANTÔMES DU CHAPELIER, LES (1982)
SANG DES AUTRES, LE (1983)
POULET AU VINAIGRE (1984)
INSPECTEUR LAVARDIN (1986)
MASQUES (1986)
CRI DU HIBOU, LE (1987)
UNE AFFAIRE DE FEMMES (1988)
CLUB EXTINCTION (1989)
JOURS TRANQUILLES À CLICHY (1989)
BETTY (1991)
MADAME BOVARY (1991)
ENFER, L' (1993)
ŒIL DE VICHY, L' (1993)
CÉRÉMONIE, LA (1995)
RIEN NE VA PLUS (1997)
AU CŒUR DU MENSONGE (1998)
MERCI POUR LE CHOCOLAT (2000)
FLEUR DU MAL, LA (2002)
DEMOISELLE D'HONNEUR, LA (2004)
IVRESSE DU POUVOIR, L' (2006)
CHEZ MAUPASSANT (2007)

CHADHA, Gurinder
réalisatrise britannique (1960-)
BHAJI ON THE BEACH (1993)
WHAT'S COOKING? (2000)
BEND IT LIKE BECKHAM (2002)
BRIDE AND PREJUDICE (2004)
PARIS, JE T'AIME (2006)

CHAFFEY, Don
réalisateur américain (1917-1990)
JASON AND THE ARGONAUTS (1963)
THREE LIVES OF THOMASINA, THE (1963)
ONE MILLION YEARS B.C. (1966)
VIKING QUEEN, THE (1966)
PRISONER, THE (1967)
PETE'S DRAGON (1977)

CHAHINE, Youssef
réalisateur égyptien (1926-2008)
ALEXANDRIA WHY? (1978)
MÉMOIRE, LA (1982)
ADIEU BONAPARTE (1985)
ALEXANDRIA AGAIN AND FOREVER (1990)
ÉMIGRÉ, L' (1994)
LUMIÈRE ET COMPAGNIE (1995)
DESTIN, LE (1997)
AUTRE, L' (1999)
SEPTEMBRE 11-09-01 (2002)

CHAN, Benny
réalisateur chinois
MAN WANTED (1995)
JACKIE CHAN'S WHO AM I? (1998)
NEW POLICE STORY (2004)
DIVERGENCE (2005)
INVISIBLE TARGET (2006)
ROBIN B-HOOD (2006)
CONNECTED (2008)

CHAN, Fruit
réalisateur hongkongais (1959-)
FINALE IN BLOOD (1991)
LITTLE CHEUNG (1999)
DURIAN, DURIAN (2000)
3 EXTREMES (2004)
DUMPLINGS (THREE ... EXTREMES) (2004)

CHAN, Jackie
réalisateur chinois (1954-)
SNAKE AND CRANE ARTS OF SHAOLIN (1978)
FEARLESS HYENA (1979)
DANSE DU LION, LA (1980)
DRAGON STRIKE (1982)
JACKIE CHAN'S POLICE FORCE (1985)
ARMOUR OF GOD (1986)
OPERATION CONDOR II (1986)
PROJECT A (1987)
POLICE STORY 2 (1988)
MIRACLES (1989)
ISLAND OF FIRE (1990)
OPÉRATION CONDOR (1991)
PROJECT A II (1991)
36 CRAZY FISTS (1996)
JACKIE CHAN'S WHO AM I? (1998)
JACKIE CHAN: MY STORY (1998)

CHAN-WOOK, Park
réalisateur coréen (1963-)
J. S. A. JOINT SECURITY AREA (2000)
JSA: JOINT SECURITY AREA (2000)
SYMPATHY FOR MR. VENGEANCE (2002)
OLDBOY (2003)
3 EXTREMES (2004)
SYMPATHY FOR LADY VENGEANCE (2005)

CHAPLIN, Charles
réalisateur anglais (1889-1977)
CHARLIE CHAPLIN AT MUTUAL (1914)
BURLESQUE ON CARMEN, A (1915)
KID, THE (1921)
WOMAN OF PARIS, A (1923)
GOLD RUSH, THE (1925)
GOLD RUSH, THE / PAY DAY (1925)
CIRCUS, THE (1927)
CIRCUS, THE / DAY'S PLEASURE (1928)
CITY LIGHTS (1930)
MODERN TIMES (1936)
GREAT DICTATOR, THE (1940)
MONSIEUR VERDOUX (1947)
LIMELIGHT (1952)
KING IN NEW YORK, A (1956)
COUNTESS FROM HONG KONG, A (1966)
CHAPLIN COLLECTION, THE: VOLUME 2 (2004)

CHATILIEZ, Étienne
réalisateur français (1952-)
VIE EST UN LONG FLEUVE TRANQUILLE, LA (1988)

TATIE DANIELLE (1990)
BONHEUR EST DANS LE PRÉ, LE (1995)
TANGUY (2001)
CONFIANCE RÈGNE, LA (2004)

CHECHIK, Jeremiah
réalisateur québécois (1955-)
NATIONAL LAMPOON'S CHRISTMAS VACATION (1989)
BENNY & JOON (1993)
TALL TALE (1995)
DIABOLIQUE (1996)
GUN (1996)
AVENGERS, THE (1998)

CHELSOM, Peter
réalisateur anglais (1956-)
HEAR MY SONG (1991)
FUNNY BONES (1995)
MIGHTY, THE (1998)
SERENDIPITY (2001)
TOWN AND COUNTRY (2001)
SHALL WE DANCE? (2004)

CHÉREAU, Patrice
réalisateur français (1944-)
HOMME BLESSÉ, L' (1983)
REINE MARGOT, LA (1993)
CEUX QUI M'AIMENT PRENDRONT LE TRAIN (1997)
INTIMACY (2000)
SON FRÈRE (2003)
GABRIELLE (2005)

CHIA-LIANG, Liu
réalisateur hongkongais
36th CHAMBER OF SHAOLIN (1978)
HEROES OF THE EAST (1979)
MY YOUNG AUNTIE (1981)
DRUNKEN MASTER II (1994)
DRUNKEN MONKEY (2002)

CHING, Siu-Tung
réalisateur chinois (1953-)
DUEL TO THE DEATH (1982)
WITCH FROM NEPAL (1985)
HISTOIRES DE FANTÔMES CHINOIS (1987)
CHINESE GHOST STORY 2 (1990)
CHINESE GHOST STORY 3 (1991)
LEGEND OF THE SWORDSMAN (1991)
SWORDSMAN II (1992)
WONDER SEVEN (1994)
NAKED WEAPON (2002)

CHRISTIAN-JAQUE
réalisateur français (1904-1994)
FRANÇOIS 1ER (1937)
PERLES DE LA COURONNE, LES (1937)
RAPHAËL LE TATOUÉ (1938)
CHARTREUSE DE PARME, LA (1947)
FANFAN LA TULIPE (1951)
MADAME SANS-GÊNE (1961)
REPAS DES FAUVES, LE (1964)
TULIPE NOIRE, LA (1964)
DOCTEUR JUSTICE (1975)

CIMINO, Michael
réalisateur américain (1943-)
THUNDERBOLT AND LIGHTFOOT (1974)
DEER HUNTER, THE (1978)
HEAVEN'S GATE (1980)
YEAR OF THE DRAGON (1985)
SICILIAN, THE (1987)
DESPERATE HOURS (1990)
SUNCHASER (1996)

CIUPKA, Richard
réalisateur belge (1950-)
COYOTE (1992)
DERNIER SOUFFLE, LE (1999)
MYSTÉRIEUSE MADEMOISELLE C., LA (2002)
INCOMPARABLE MADEMOISELLE C, L' (2004)
DUO (2006)

CLAIR, René
réalisateur français (1898-1981)
CHAPEAU DE PAILLE D'ITALIE, UN (1928)
SOUS LES TOITS DE PARIS (1930)
MILLION, LE (1931)
À NOUS LA LIBERTÉ (1932)
GHOST GOES WEST, THE (1935)
FLAME OF NEW ORLEANS, THE (1941)
FOREVER AND A DAY (1943)
I MARRIED A WITCH (1943)
IT HAPPENED TOMORROW (1944)
AND THEN THERE WERE NONE (1947)
BEAUTÉ DU DIABLE, LA (1949)
BELLES DE NUIT, LES (1952)
GRANDES MANŒUVRES, LES (1955)

CLARK, Bob
réalisateur américain (1941-)
DEATHDREAM (1973)
BLACK CHRISTMAS (1974)
DERANGED / MOTEL HELL (1974)
BREAKING POINT (1976)
MURDER BY DECREE (1978)
TRIBUTE (1980)
PORKY'S (1981)
CHRISTMAS STORY, A (1983)
RHINESTONE (1984)
TURK 182 (1985)
FROM THE HIP (1987)
LOOSE CANNONS (1990)
SUPERBABIES: BABY GENIUSES II (2003)

CLAYTON, Jack
réalisateur anglais (1921-1995)
ROOM AT THE TOP (1959)
INNOCENTS, THE (1961)
PUMPKIN EATER, THE (1964)
GREAT GATSBY, THE (1974)
SOMETHING WICKED THIS WAY COMES (1983)
LONELY PASSION OF JUDITH HEARNE, THE (1987)

CLÉMENT, René
réalisateur français (1913-1996)
BATAILLE DU RAIL, LA (1946)
JEUX INTERDITS (1952)
GERVAISE (1956)
PLEIN SOLEIL (1959)
FÉLINS, LES (1964)
PARIS BRÛLE-T-IL? (1966)
MAISON SOUS LES ARBRES, LA (1971)

CLEMENTS, Ron
réalisateur américain (1953-)
GREAT MOUSE DETECTIVE, THE (1986)
LITTLE MERMAID (1989)
ALADDIN (1992)
HERCULES (1997)
TREASURE PLANET (2002)

CLINE, Edward
réalisateur américain (1892-1961)
THREE AGES, THE (1923)
HOOK, LINE AND SINKER (1930)
MILLION DOLLAR LEGS (1932)
BANK DICK, THE (1940)
MY LITTLE CHICKADEE (1940)
NEVER GIVE A SUCKER AN EVEN BREAK (1941)

CLOUSE, Robert
réalisateur américain (1928-1997)
ENTER THE DRAGON (1973)
BLACK BELT JONES (1974)
ULTIMATE WARRIOR, THE (1975)
AMSTERDAM KILL, THE (1977)
PACK, THE (1977)
GAME OF DEATH (1978)
BIG BRAWL, THE (1980)
GYMKATA (1985)

CLOUZOT, Henri-Georges
réalisateur français (1907-1977)
ASSASSIN HABITE AU 21, L' (1942)
CORBEAU, LE (1943)
QUAI DES ORFÈVRES, LE (1947)
SALAIRE DE LA PEUR, LE (1952)
DIABOLIQUES, LES (1955)
MYSTÈRE PICASSO, LE (1956)
PRISONNIÈRE, LA (1968)

COCTEAU, Jean
réalisateur français (1889-1963)
SANG D'UN POÈTE, LE (1930)
BELLE ET LA BÊTE, LA (1946)
AIGLE À DEUX TÊTES, L' (1948)
PARENTS TERRIBLES, LES (1948)
ORPHÉE (1949)
TESTAMENT D'ORPHÉE, LE (1959)

COEN, Joel
réalisateur américain (1954-)
BLOOD SIMPLE (1983)
RAISING ARIZONA (1987)
MILLER'S CROSSING (1990)
BARTON FINK (1991)
HUDSUCKER PROXY, THE (1994)
FARGO (1995)
BIG LEBOWSKI, THE (1997)
O BROTHER, WHERE ART THOU? (2000)
MAN WHO WASN'T THERE, THE (2001)
INTOLERABLE CRUELTY (2003)
LADYKILLERS, THE (2003)
PARIS, JE T'AIME (2006)
NO COUNTRY FOR OLD MEN (2007)
BURN AFTER READING (2008)

COHEN, Larry
réalisateur américain (1941-)
BONE (1972)
BLACK CAESAR (1973)
HELL UP IN HARLEM (1973)
IT'S ALIVE! (1974)
GOD TOLD ME TO (1976)
IT LIVES AGAIN (1978)
Q: THE WINGED SERPENT (1982)
PERFECT STRANGERS (1983)
SPECIAL EFFECTS (1985)
STUFF, THE (1985)
RETURN TO SALEM'S LOT, A (1987)
AMBULANCE, THE (1990)
ORIGINAL GANGSTAS (1996)
MASTERS OF HORROR - PICK ME UP (2005)

COHEN, Rob
réalisateur américain (1949-)
SMALL CIRCLE OF FRIENDS, A (1980)
DRAGON: THE BRUCE LEE STORY (1993)
DAYLIGHT (1996)
DRAGONHEART (1996)
RAT PACK, THE (1998)
SKULLS, THE (2000)
FAST AND THE FURIOUS, THE (2001)
XXX (2002)
MUMMY, THE - TOMB OF THE DRAGON EMPEROR (2008)

COLLINSON, Peter
réalisateur américain (1938-1980)
ITALIAN JOB, THE (1969)
SPIRAL STAIRCASE, THE (1975)
TEN LITTLE INDIANS (1975)
SELL OUT, THE (1976)
TOMORROW NEVER COMES (1978)

COLUMBUS, Chris
réalisateur américain (1959-)
ADVENTURES IN BABYSITTING (1987)
HEARTBREAK HOTEL (1988)
HOME ALONE (1990)
ONLY THE LONELY (1991)
HOME ALONE 2: LOST IN NEW YORK (1992)
MRS. DOUBTFIRE (1993)
NINE MONTHS (1995)
STEPMOM (1998)
BICENTENNIAL MAN (1999)
HARRY POTTER AND THE PHILOSOPHER'S STONE (2001)
HARRY POTTER AND THE CHAMBER OF SECRETS (2002)
RENT (2005)

COMENCINI, Luigi
réalisateur italien (1916-)
HEIDI (1952)
PAIN, AMOUR ET FANTAISIE (1953)
DON CAMILLO EN RUSSIE (1965)
ADVENTURES OF PINOCCHIO, THE (1971)
UN VRAI CRIME D'AMOUR (1973)
MON DIEU, COMMENT SUIS-JE TOMBÉE SI BAS? (1974)
FEMME DU DIMANCHE, LA (1975)
MESDAMES ET MESSIEURS, BONSOIR (1976)
GRAND EMBOUTEILLAGE, LE (1979)

CONNOR, Kevin
réalisateur anglais (1940-)
DERANGED / MOTEL HELL (1974)
LAND THAT TIME FORGOT, THE (1974)
AT THE EARTH'S CORE (1976)
PEOPLE THAT TIME FORGOT, THE (1977)
MOTEL HELL (1980)
HOUSE WHERE EVIL DWELLS, THE (1982)
MOTHER TERESA: IN THE NAME OF GOD'S POOR (1997)

CONWAY, Jack
réalisateur américain (1887-1952)
OUR MODERN MAIDENS (1929)
RED-HEADED WOMAN (1932)
GIRL FROM MISSOURI, THE (1934)
VIVA VILLA! (1934)
TALE OF TWO CITIES, A (1935)

LIBELED LADY (1936)
SARATOGA (1937)
TOO HOT TO HANDLE (1938)
LET FREEDOM RING (1939)
HONKY TONK (1941)
LOVE CRAZY (1941)
DRAGON SEED (1944)
BOOM TOWN (1946)
HUCKSTERS, THE (1947)
JULIA MISBEHAVES (1948)

COOLIDGE, Martha
réalisatrice, américaine (1946-)
VALLEY GIRL (1983)
REAL GENIUS (1985)
RAMBLING ROSE (1991)
LOST IN YONKERS (1993)
ANGIE (1994)
OUT TO SEA (1997)
IF THESE WALLS COULD TALK II (1999)
INTRODUCING DOROTHY DANDRIDGE (1999)
MATERIAL GIRLS (2006)

COPPOLA, Francis Ford
réalisateur américain (1939-)
DEMENTIA 13 (1963)
YOU'RE A BIG BOY NOW (1967)
FINIAN'S RAINBOW (1968)
RAIN PEOPLE, THE (1969)
GODFATHER, THE (1972)
CONVERSATION, THE (1974)
GODFATHER II, THE (1974)
APOCALYPSE NOW (1979)
APOCALYPSE NOW REDUX (1979)
ONE FROM THE HEART (1982)
OUTSIDERS, THE (1983)
RUMBLE FISH (1983)
COTTON CLUB, THE (1984)
PEGGY SUE GOT MARRIED (1986)
GARDENS OF STONE (1987)
TUCKER: THE MAN AND HIS DREAM (1988)
NEW YORK STORIES (1989)
GODFATHER III, THE (1990)
BRAM STOKER'S DRACULA (1992)
GODFATHER TRILOGY, THE (1992)
JACK (1996)
RAINMAKER, THE (1997)
YOUTH WITHOUT YOUTH (2007)

CORBUCCI, Sergio
réalisateur italien (1927-1990)
DJANGO (1966)
NAVAJO JOE (1966)
GREAT SILENCE, THE (1968)
COMPAÑEROS (1970)
MÉLODIE MEURTRIÈRE (1978)
DRÔLE DE FLIC, UN (1980)
SUPER FUZZ (1980)
WHO FINDS A FRIEND FINDS A TREASURE (1981)

CORMAN, Roger
réalisateur américain (1926-)
DAY THE WORLD ENDED, THE (1955)
IT CONQUERED THE WORLD (1956)
CARNIVAL ROCK (1957)
I MOBSTER (1958)
MACHINE GUN KELLY (1958)
TEENAGE CAVEMAN (1958)
BUCKET OF BLOOD, A (1959)
WASP WOMAN, THE (1959)
FALL OF THE HOUSE OF USHER, THE (1960)
LITTLE SHOP OF HORRORS, THE (1960)
CREATURE FROM THE HAUNTED SEA (1961)
INTRUDER, THE (1961)
PIT AND THE PENDULUM, THE (1961)
MASQUE OF RED DEATH, THE / THE PREMATURE BURIAL (1962)
PREMATURE BURIAL (1962)
TALES OF TERROR (1962)
TOWER OF LONDON (1962)
HAUNTED PALACE, THE (1963)
HAUNTED PALACE/TOWER OF LONDON (1963)
RAVEN, THE (1963)
TERROR, THE (1963)
X: THE MAN WITH THE X-RAY EYES (1963)
MASQUE OF THE RED DEATH, THE (1964)
SECRET INVASION (1964)
TOMB OF LIGEIA (1965)
TOMB OF LIGEIA/ AN EVENING WITH EDGAR ALLAN POE, THE (1965)
WILD ANGELS, THE (1966)
ST. VALENTINE'S DAY MASSACRE, THE (1967)
TRIP, THE (1967)
BLOODY MAMA (1970)
GAS-S-S-S (1970)
VON RICHTHOFEN AND BROWN (1971)
VINCENT PRICE (1988)
FRANKENSTEIN UNBOUND (1990)
FIVE GUNS WEST (2002)

CORNEAU, Alain
réalisateur français (1943-)
POLICE PYTHON 357 (1975)
MENACE, LA (1977)
CHOIX DES ARMES, LE (1981)
FORT SAGANNE (1983)
MÔME, LE (1986)
NOCTURNE INDIEN (1989)
TOUS LES MATINS DU MONDE (1991)
ENFANTS DE LUMIÈRE, LES (1995)
LUMIÈRE ET COMPAGNIE (1995)
NOUVEAU MONDE, LE (1995)
COUSIN, LE (1997)
PRINCE DU PACIFIQUE, LE (2000)
STUPEUR ET TREMBLEMENTS (2003)
MOTS BLEUS, LES (2004)

COSCARELLI, Don
réalisateur lybien (1954-)
KENNY AND CO. (1976)
PHANTASM (1979)
BEASTMASTER, THE (1982)
SURVIVAL QUEST (1986)
PHANTASM II (1988)
PHANTASM III (1994)
PHANTASM IV: OBLIVION (1998)
BUBBA HO-TEP (2002)
MASTERS OF HORROR - INCIDENT ON AND OFF A MOUNTAIN ROAD (2005)

COSMATOS, George P.
réalisateur italien (1941-)
REPRÉSAILLES (1973)
CASSANDRA CROSSING, THE (1976)
ESCAPE TO ATHENA (1979)
OF UNKNOWN ORIGIN (1983)
RAMBO: FIRST BLOOD PART 2 (1985)
COBRA (1986)
LEVIATHAN (1989)
TOMBSTONE (1993)

COSTA-GAVRAS, Constantin
réalisateur grec (1933-)
Z (1969)
AVEU, L' (1970)
ÉTAT DE SIÈGE (1972)
MISSING (1981)
HANNAH K. (1983)
CONSEIL DE FAMILLE (1986)
BETRAYED (1988)
MUSIC BOX (1989)
PETITE APOCALYPSE, LA (1992)
LUMIÈRE ET COMPAGNIE (1995)
MAD CITY (1997)
AMEN. (2001)
COUPERET, LE (2004)

COX, Alex
réalisateur anglais (1954-)
REPO MAN (1984)
SID AND NANCY (1986)
STRAIGHT TO HELL (1987)
WALKER (1988)
HIGHWAY PATROLMAN (1992)
DEATH AND THE COMPASS (1996)
WINNER, THE (1996)
THREE BUSINESSMEN (1998)
REVENGERS TRAGEDY (2002)

COX, Paul
réalisateur australien (1940-)
LONELY HEARTS (1982)
CACTUS (1986)
VINCENT (1987)
ISLAND (1989)
GOLDEN BRAID (1990)
WOMAN'S TALE, A (1990)
NUN AND THE BANDIT, THE (1992)
MOLOKAÏ (1999)
INNOCENCE (2000)
NIJINSKY: THE DIARIES OF VASLAV NIJINSKY (2001)

CRAVEN, Wes
réalisateur américain (1939-)
LAST HOUSE ON THE LEFT (1972)
HILLS HAVE EYES, THE (1976)
SUMMER OF FEAR (1978)
DEADLY BLESSING (1981)
SWAMP THING (1981)
INVITATION TO HELL (1984)
NIGHTMARE ON ELM STREET, A (1984)
HILLS HAVE EYES PART II, THE (1985)
DEADLY FRIEND (1986)
SERPENT AND THE RAINBOW, THE (1987)
SHOCKER (1989)
PEOPLE UNDER THE STAIRS, THE (1991)
WES CRAVEN'S NEW NIGHTMARE (1994)
VAMPIRE IN BROOKLYN, A (1995)
SCREAM (1996)
SCREAM 2 (1997)
MUSIC OF THE HEART (1999)
SCREAM 3 (2000)
WES CRAVEN COLLECTION, THE (2003)
CURSED (2005)
RED EYE (2005)
PARIS, JE T'AIME (2006)

CRICHTON, Michael
réalisateur américain (1942-2008)
PURSUIT (1972)
WESTWORLD (1973)
COMA (1978)
GREAT TRAIN ROBBERY, THE (1979)
LOOKER (1981)
RUNAWAY (1984)
PHYSICAL EVIDENCE (1988)

CROMWELL, John
réalisateur américain (1888-1979)
OF HUMAN BONDAGE (1934)
PRISONER OF ZENDA, THE (1937)
ALGIERS (1938)
MADE FOR EACH OTHER (1938)
IN NAME ONLY (1939)
ABE LINCOLN IN ILLINOIS (1940)
SO ENDS OUR NIGHT (1941)
SON OF FURY (1942)
SINCE YOU WENT AWAY (1944)
ANNA AND THE KING OF SIAM (1946)
DEAD RECKONING (1947)
CAGED (1950)
RACKET, THE (1951)
SCAVENGERS, THE (1959)

CRONENBERG, David
réalisateur canadien (1943-)
SHIVERS (1974)
RABID (1976)
BROOD, THE (1979)
FAST COMPANY (1979)
SCANNERS (1980)
VIDEODROME (1982)
DEAD ZONE, THE (1983)
FLY, THE (1986)
DEAD RINGERS (1988)
NAKED LUNCH (1991)
M. BUTTERFLY (1993)
CRASH (1996)
EXISTENZ (1999)
SPIDER (2002)
HISTORY OF VIOLENCE, A (2005)
EASTERN PROMISES (2007)

CROWE, Cameron
réalisateur américain (1957-)
SAY ANYTHING... (1989)
SINGLES (1992)
JERRY MAGUIRE (1996)
ALMOST FAMOUS (2000)
VANILLA SKY (2001)
ELIZABETHTOWN (2005)

CUARON, Alfonso
réalisateur mexicain (1961-)
SÓLO CON TU PAREJA (1991)
LITTLE PRINCESS, A (1995)
GREAT EXPECTATIONS (1998)
ET... TA MÈRE AUSSI (2001)
HARRY POTTER AND THE PRISONER OF AZKABAN (2004)
CHILDREN OF MEN (2006)
PARIS, JE T'AIME (2006)

CUKOR, George
réalisateur américain (1899-1983)
BILL OF DIVORCEMENT, A (1932)
WHAT PRICE HOLLYWOOD? (1932)
DINNER AT EIGHT (1933)
LITTLE WOMEN (1933)
DAVID COPPERFIELD (1935)
ROMEO AND JULIET (1936)
SYLVIA SCARLETT (1936)
CAMILLE (1937)
HOLIDAY (1938)

WOMEN, THE (1939)
PHILADELPHIA STORY, THE (1940)
SUSAN AND GOD (1940)
TWO-FACED WOMAN (1941)
KEEPER OF THE FLAME (1942)
GASLIGHT (1944)
DOUBLE LIFE, A (1947)
ADAM'S RIB (1949)
BORN YESTERDAY (1950)
MARRYING KIND, THE (1952)
PAT AND MIKE (1952)
IT SHOULD HAPPEN TO YOU (1954)
STAR IS BORN, A (1954)
BHOWANI JUNCTION (1955)
LES GIRLS (1957)
HELLER IN PINK TIGHTS (1960)
LET'S MAKE LOVE (1960)
SONG WITHOUT END (1960)
MY FAIR LADY (1964)
TRAVELS WITH MY AUNT (1972)
LOVE AMONG THE RUINS (1975)
CORN IS GREEN, THE (1978)
RICH AND FAMOUS (1981)

CUMMINGS, Irving
réalisateur américain (1888-1959)
IN OLD ARIZONA (1928)
CURLY TOP (1935)
POOR LITTLE RICH GIRL (1936)
VOGUE OF 1938 (1937)
JUST AROUND THE CORNER (1938)
LITTLE MISS BROADWAY (1938)
EVERYTHING HAPPENS AT NIGHT (1939)
HOLLYWOOD CAVALCADE (1939)
STORY OF ALEXANDER GRAHAM BELL, THE (1939)
DOWN ARGENTINE WAY (1940)
LILLIAN RUSSELL (1940)
LOUISIANA PURCHASE (1941)
THAT NIGHT IN RIO (1941)
SPRINGTIME IN THE ROCKIES (1942)
DOLLY SISTERS, THE (1950)
DOUBLE DYNAMITE (1951)

CUNNINGHAM, Sean S.
réalisateur américain (1941-)
FRIDAY THE 13th (1980)
STRANGER IS WATCHING, A (1981)
NEW KIDS (1985)
DEEPSTAR SIX (1988)
TERMINAL INVASION (2008)

CURTIS, Dan
réalisateur américain (1928-)
HOUSE OF DARK SHADOWS (1970)
NIGHT OF DARK SHADOWS (1971)
NIGHT STALKER, THE / NIGHT STRANGLER, THE (1972)
DRACULA (1973)
TURN OF THE SCREW, THE (1974)
TRILOGY OF TERROR (1975)
BURNT OFFERINGS (1976)
CURSE OF THE BLACK WIDOW, THE (1977)
WAR AND REMEMBRANCE (1989)
OUR FATHERS (2005)

CURTIZ, Michael
réalisateur hongrois (1888-1962)
CABIN IN THE COTTON, THE (1932)
MAYOR OF HELL (1933)
CAPTAIN BLOOD (1934)
CHARGE OF THE LIGHT BRIGADE, THE (1936)
KID GALAHAD (1937)
ADVENTURES OF ROBIN HOOD, THE (1938)
FOUR DAUGHTERS (1938)
ANGELS WITH DIRTY FACES (1939)
DODGE CITY (1939)
PRIVATE LIVES OF ELIZABETH AND ESSEX, THE (1939)
SANTA FE TRAIL (1940)
SEA HAWK, THE (1940)
VIRGINIA CITY (1940)
CASABLANCA (1941)
DIVE BOMBER (1941)
SEA WOLF, THE (1941)
CAPTAINS OF THE CLOUDS (1942)
YANKEE DOODLE DANDY (1942)
PASSAGE TO MARSEILLE (1944)
MILDRED PIERCE (1945)
NIGHT & DAY (1946)
ROMANCE ON THE HIGH SEAS (1948)
FLAMINGO ROAD (1949)
MY DREAM IS YOURS (1949)
BREAKING POINT, THE (1950)
FORCE OF ARMS (1950)
YOUNG MAN WITH A HORN (1950)
I'LL SEE YOU IN MY DREAMS (1951)
JIM THORPE - ALL AMERICAN (1951)
JAZZ SINGER (1952)
EGYPTIAN, THE (1953)
TROUBLE ALONG THE WAY (1953)
WHITE CHRISTMAS (1954)
WE'RE NO ANGELS (1955)
HELEN MORGAN STORY, THE (1957)
KING CREOLE (1958)
PROUD REBEL, THE (1958)
ADVENTURES OF HUCKLEBERRY FINN, THE (1960)
BREATH OF SCANDAL, A (1960)
COMANCHEROS, THE (1961)
FRANCIS OF ASSISI (1961)

D'AMATO, Joe
réalisateur italien (1936-1999)
EMANUELLE IN AMERICA (1976)
IMAGES OF A CONVENT (1979)
QUEEN OF THE ZOMBIES (1980)
PORNO HOLOCAUST (1981)
TROLL/TROLL 2 (1985)
CONVENT OF SINNERS (1986)

DAHL, John
réalisateur américain (1956-)
KILL ME AGAIN (1989)
RED ROCK WEST (1992)
LAST SEDUCTION, THE (1993)
UNFORGETTABLE (1996)
ROUNDERS (1998)
JOY RIDE (2001)
GREAT RAID, THE (2004)
YOU KILL ME (2007)

DAMIANI, Damiano
réalisateur italien (1922-)
BULLET FOR THE GENERAL, A (1967)
HOW TO KILL A JUDGE (1974)
UN GÉNIE, DEUX ASSOCIÉS, UNE CLOCHE (1975)
AMITYVILLE II: THE POSSESSION (1982)
INQUIRY, THE (1987)

DANTE, Joe
réalisateur américain (1946-)
PIRANHA (1978)
HOWLING, THE (1980)
POLICE SQUAD! - COMPLETE SERIES (1982)
TWILIGHT ZONE: THE MOVIE (1983)
GREMLINS (1984)
EXPLORERS (1985)
AMAZON WOMEN ON THE MOON (1986)
INNERSPACE (1987)
BURBS, THE (1989)
GREMLINS 2: THE NEW BATCH (1990)
MATINEE (1993)
SECOND CIVIL WAR (1997)
SMALL SOLDIERS (1998)
LOONEY TUNES: BACK IN ACTION (2003)
MASTERS OF HORROR - HOMECOMING (2005)
MASTERS OF HORROR - SCREWFLY SOLUTION (2006)

DARABONT, Frank
réalisateur français (1959-)
BURIED ALIVE (1990)
SHAWSHANK REDEMPTION, THE (1994)
GREEN MILE, THE (1999)
MAJESTIC, THE (2001)
MIST, THE (2007)

DASSIN, Jules
réalisateur américain (1911-2008)
REUNION IN FRANCE (1942)
CANTERVILLE GHOST, THE (1944)
BRUTE FORCE (1947)
NAKED CITY, THE (1947)
NIGHT AND THE CITY (1950)
DU RIFIFI CHEZ LES HOMMES (1955)
LAW, THE (1958)
JAMAIS LE DIMANCHE (1960)
TOPKAPI (1964)
10:30 P.M. SUMMER (1966)
DREAM OF PASSION (1978)

DAVES, Delmer
réalisateur américain (1904-1977)
DARK PASSAGE (1947)
RED HOUSE, THE (1947)
BROKEN ARROW (1950)
NEVER LET ME GO (1953)
DEMETRIUS AND THE GLADIATORS (1954)
LAST WAGON, THE (1955)
3:10 TO YUMA (1956)
JUBAL (1956)
BADLANDERS, THE (1958)
KINGS GO FORTH (1958)
SUMMER PLACE, A (1959)
PARRISH (1961)
ROME ADVENTURE (1961)
SPENCER'S MOUNTAIN (1963)

DAVIS, Andrew
réalisateur américain (1947-)
FINAL TERROR (1982)
CODE OF SILENCE (1985)
ABOVE THE LAW (1988)
PACKAGE, THE (1989)
UNDER SIEGE (1992)
FUGITIVE, THE (1993)
STEAL BIG, STEAL LITTLE (1995)
CHAIN REACTION (1996)
PERFECT MURDER, A (1998)
COLLATERAL DAMAGE (2001)
HOLES (2003)
GUARDIAN, THE (2006)

DAVIS, Tamra
réalisatrice,américaine (1962-)
CB4 (1992)
GUNCRAZY (1992)
BILLY MADISON (1995)
BEST MEN (1997)
HALF BAKED (1997)

DAY, Robert
réalisateur anglais (1922-)
CORRIDORS OF BLOOD (1958)
HAUNTED STRANGLER, THE (1958)
TWO-WAY STRETCH (1961)
MAN WITH BOGART'S FACE, THE (1980)
QUICK AND THE DEAD (1987)

DAYAN, Josée
réalisatrice française (1943-)
PLEIN FER (1990)
COMTE DE MONTE CRISTO (1998)
BALZAC: LA PASSION D'UNE VIE (1999)
MISÉRABLES, LES (2000)
CET AMOUR-LÀ (2001)
LIAISONS DANGEREUSES, LES (2002)
ROIS MAUDITS, LES (2005) (2005)

DE BONT, Jan
éalisateur néerlandais (1944-)
SPEED (1994)
TWISTER (1996)
SPEED 2: CRUISE CONTROL (1997)
HAUNTING, THE (1999)
LARA CROFT - TOMB RAIDER: THE CRADLE OF LIFE (2003)

DE BROCA, Philippe
réalisateur français (1933-)
CARTOUCHE (1961)
SEPT PÉCHÉS CAPITAUX, LES (1961)
HOMME DE RIO, L' (1964)
ROI DE CŒUR, LE (1966)
MAGNIFIQUE, LE (1973)
ON A VOLÉ LA CUISSE DE JUPITER (1979)
PSY (1980)
AFRICAIN, L' (1982)
LOUISIANA (1983)
GITANE, LA (1985)
CHOUANS! (1988)
CLÉS DU PARADIS, LES (1991)
JARDIN DES PLANTES, LE (1996)
BOSSU, LE (1997)
AMAZONE (2000)
VIPÈRE AU POING (2004)

DE CORDOVA, Frederick
réalisateur américain (1910-)
COUNTESS OF MONTE CRISTO, THE (1948)
FOR THE LOVE OF MARY (1948)
BEDTIME FOR BONZO (1950)
I'LL TAKE SWEDEN (1964)
FRANKIE AND JOHNNY (1966)

DE OLIVEIRA, Manoel
réalisateur portugais (1908-)
VAL ABRAHAM, LE (1993)
CONVENT, THE (1995)
PARTY (1996)
VOYAGE AU DÉBUT DU MONDE (1997)
JE RENTRE À LA MAISON (2001)
TALKING PICTURE, A (2003)

DE PALMA, Brian
réalisateur américain (1940-)
GREETINGS (1968)
MURDER À LA MOD (1968)
WEDDING PARTY, THE (1969)
HI, MOM! (1970)
GET TO KNOW YOUR RABBIT (1971)
SISTERS (1972)
PHANTOM OF THE PARADISE (1974)
OBSESSION (1975)
CARRIE (1976)
FURY, THE (1978)
HOME MOVIES (1979)
DRESSED TO KILL (1980)
BLOW OUT (1981)
SCARFACE (1983)
BODY DOUBLE (1984)
WISE GUYS (1985)
UNTOUCHABLES, THE (1987)
CASUALTIES OF WAR (1989)
BONFIRE OF THE VANITIES, THE (1990)
RAISING CAIN (1992)
CARLITO'S WAY (1993)
MISSION: IMPOSSIBLE (1996)
SNAKE EYES (1998)
MISSION TO MARS (2000)
FEMME FATALE (2002)
BLACK DAHLIA, THE (2006)
REDACTED (2007)

DE SICA, Vittorio
réalisateur italien (1902-1974)
ENFANTS NOUS REGARDENT, LES (1944)
SCIUSCIA (1946)
VOLEUR DE BICYCLETTE, LE (1948)
MIRACLE À MILAN (1950)
UMBERTO D. (1951)
INDISCRETION OF AN AMERICAN WIFE (1953)
INDISCRETION OF AN AMERICAN WIFE/TERMINAL STATION (1953)
TERMINAL STATION (1953)
GOLD OF NAPLES, THE (1954)
TOIT, LE (1956)
TWO WOMEN (1960)
BOCCACE 70 (1962)
MARIAGE À L'ITALIENNE (1964)
YESTERDAY, TODAY AND TOMORROW (1964)
AFTER THE FOX (1966)
WOMAN TIMES SEVEN (1967)
FLEURS DU SOLEIL, LES (1969)
TEMPS DES AMANTS, LE (1969)
JARDIN DES FINZI CONTINI, LE (1971)
BRIEF VACATION, A (1976)

De TOTH, André
réalisateur hongrois (1913-)
RAMROD (1946)
OTHER LOVE, THE (1947)
PITFALL (1948)
STRANGER WORE A GUN, THE (1952)
CRIME WAVE (1953)
HOUSE OF WAX (1953)
INDIAN FIGHTER, THE (1955)
DAY OF THE OUTLAW (1959)
PLAY DIRTY (1968)

DEARDEN, Basil
réalisateur anglais (1911-1971)
SMALLEST SHOW ON EARTH (1956)
LEAGUE OF GENTLEMEN, THE (1960)
VICTIM (1961)
KHARTOUM (1965)
ASSASSINATION BUREAU, THE (1968)
MAN WHO HAUNTED HIMSELF, THE (1970)

DECOIN, Henri
réalisateur français (1896-1969)
INCONNUS DANS LA MAISON, LES (1942)
RAZZIA SUR LA CHNOUF (1955)
UN SOIR AU MUSIC-HALL (1956)
FEU AUX POUDRES, LE (1957)
CASABLANCA, NID D'ESPIONS (1963)

Del RUTH, Roy
réalisateur américain (1895-1961)
KID MILLIONS (1934)
BROADWAY MELODY OF 1936 (1935)
BORN TO DANCE (1936)
BROADWAY MELODY OF 1938 (1937)
ON THE AVENUE (1937)
HAPPY LANDING (1938)
MY LUCKY STAR (1938)
CHOCOLATE SOLDIER, THE (1940)
TOPPER RETURNS (1941)
DU BARRY WAS A LADY (1943)
IT HAPPENED ON 5TH AVENUE (1947)
WEST POINT STORY, THE (1950)
ON MOONLIGHT BAY (1951)
STARLIFT (1951)
PHANTOM OF THE RUE MORGUE (1954)
ALLIGATOR PEOPLE, THE (1959)

DEL TORO, Guillermo
réalisateur mexicain (1964-)
CRONOS (1992)
MIMIC (1997)
ÉCHINE DU DIABLE, L' (2001)
BLADE II (2002)
HELLBOY (2004)
LABYRINTHE DE PAN, LE (2006)
HELLBOY II - THE GOLDEN ARMY (2008)

DELANNOY, Jean
réalisateur français (1908-)
ASSASSIN A PEUR LA NUIT, L' (1942)
ÉTERNEL RETOUR, L' (1943)
SYMPHONIE PASTORALE, LA (1946)
NOTRE-DAME DE PARIS (1956)
MARIE DE NAZARETH (1994)

DELGADO, Miguel
réalisateur (1905-1994)
DONA BARBARA (1943)
BOLERO DE RAQUEL, EL (1957)
ANALFABETO, EL (1961)
PADRECITO, EL (1964)
SU EXCELENCIA (1966)
SANTO VS FRANKENSTEIN DAUGHTER (1971)
SANTO & BLUE DEMON VS DRACULA (1973)
SANTO & BLUE DEMON VS DR. FRANKENSTEIN (1974)

DeMILLE, Cecil B.
réalisateur américain (1881-1959)
CARMEN (1915)
CARMEN (1915)
CARMEN / THE CHEAT (1915)
CHEAT, THE (1915)
MANSLAUGHTER / THE CHEAT (1915)
JOAN THE WOMAN (1917)
WHISPERING CHORUS, THE (1918)
MALE AND FEMALE (1919)
AFFAIRS OF ANATOL, THE (1921)
MANSLAUGHTER, THE (1922)
TEN COMMANDMENTS, THE (1923)
VOLGA BOATMAN, THE (1926)
KING OF KINGS, THE (1927)
MADAM SATAN (1930)
SIGN OF THE CROSS, THE (1933)
CLEOPATRA (1934)
CRUSADES, THE (1935)
PLAINSMAN, THE (1936)
UNION PACIFIC (1940)
REAP THE WILD WIND (1942)
STORY OF DR. WASSELL, THE (1944)
UNCONQUERED (1947)
SAMSON AND DELILAH (1950)
GREATEST SHOW ON EARTH, THE (1951)
TEN COMMANDMENTS, THE (1956)

DEMME, Jonathan
réalisateur américain (1944-)
CAGED HEAT (1974)
CRAZY MAMA (1975)
LAST EMBRACE (1979)
MELVIN AND HOWARD (1980)
WHO AM I THIS TIME? (1982)
SWING SHIFT (1984)
TALKING HEADS: STOP MAKING SENSE (1984)
SOMETHING WILD (1986)
SWIMMING TO CAMBODIA (1987)
MARRIED TO THE MOB (1988)
SILENCE OF THE LAMBS, THE (1991)
COUSIN BOBBY (1992)
PHILADELPHIA (1993)
BELOVED (1998)
STOREFRONT HITCHCOCK (1998)
HANNIBAL / SILENCE OF THE LAMBS (2001)
TRUTH ABOUT CHARLIE, THE (2002)
AGRONOMIST, THE (2003)
MANCHURIAN CANDIDATE, THE (2004)
NEIL YOUNG - HEART OF GOLD (2006)
JIMMY CARTER: MAN FROM PLAINS (2007)
RACHEL GETTING MARRIED (2008)

DEMME, Ted
réalisateur américain (1964-2002)
REF, THE (1994)
BEAUTIFUL GIRLS (1996)
GUN (1996)
MONUMENT AVE. (1997)
ACTION - COMPLETE SERIES (1999)
LIFE (1999)
BLOW (2001)
DECADE UNDER THE INFLUENCE, A (2003)

DEMY, Jacques
réalisateur français (1931-1990)
LOLA (1960)
SEPT PÉCHÉS CAPITAUX, LES (1961)
BAIE DES ANGES, LA (1963)
PARAPLUIES DE CHERBOURG, LES (1963)
DEMOISELLES DE ROCHEFORT, LES (1967)
PEAU D'ÂNE (1970)
ÉVÉNEMENT LE PLUS IMPORTANT DEPUIS QUE L'HOMME A MARCHÉ SUR LA LUNE, L' (1973)
PARKING (1985)
TROIS PLACES POUR LE 26 (1988)

DENIS, Claire
réalisatrice,française (1948-)
CHOCOLAT (1988)
S'EN FOUT LA MORT (1990)
J'AI PAS SOMMEIL (1994)
NÉNETTE ET BONI (1996)
BEAU TRAVAIL (1998)
TROUBLE EVERY DAY (2001)
VENDREDI SOIR (2002)
INTRUS, L' (2004)

DERAY, Jacques
réalisateur français (1929-)
PISCINE, LA (1968)
BORSALINO (1970)
DOUCEMENT LES BASSES (1971)
UN PEU DE SOLEIL DANS L'EAU FROIDE (1971)
UN HOMME EST MORT (1972)
BORSALINO AND CO. (1974)
FLIC STORY (1975)
UN PAPILLON SUR L'ÉPAULE (1978)
3 HOMMES À ABATTRE (1980)
SECRETS DE LA PRINCESSE DE CARDIGNAN, LES (1982)
MARGINAL, LE (1983)
ON NE MEURT QUE DEUX FOIS (1985)
SOLITAIRE, LE (1987)
BOIS NOIRS, LES (1989)
NETCHAÏEV EST DE RETOUR (1991)
CRIME, UN (1992)
OURS EN PELUCHE, L' (1994)

DERUDDERE, Dominique
réalisateur belge (1957-)
CRAZY LOVE (1986)
WAIT UNTIL SPRING, BANDINI (1989)
SUITE 16 (1994)
HOMBRES COMPLICADOS (1997)
EVERYBODY'S FAMOUS (2000)
WEDDING PARTY, THE (2005)

DESPLECHIN, Arnaud
réalisateur français (1960-)
SENTINELLE, LA (1991)
COMMENT JE ME SUIS DISPUTÉ... (MA VIE SEXUELLE) (1995)
ESTHER KAHN (2000)
ROIS ET REINE (2004)
UN CONTE DE NOËL (2008)

DEUTCH, Howard
réalisateur américain (1950-)
PRETTY IN PINK (1986)
SOME KIND OF WONDERFUL (1987)
GREAT OUTDOORS, THE (1988)
ARTICLE 99 (1992)
GETTING EVEN WITH DAD (1994)
GRUMPIER OLD MEN (1995)
ODD COUPLE II, THE (1998)
REPLACEMENTS, THE (2000)
WHOLE TEN YARDS, THE (2004)
MY BEST FRIEND'S GIRL (2007)

DEVILLE, Michel
réalisateur français (1931-)
OURS ET LA POUPÉE, L' (1969)
FEMME EN BLEU, LA (1973)
MOUTON ENRAGÉ, LE (1973)

DOSSIER 51, LE (1978)
VOYAGE EN DOUCE, LE (1980)
PETITE BANDE, LA (1982)
PÉRIL EN LA DEMEURE (1984)
LECTRICE, LA (1988)
NUIT D'ÉTÉ EN VILLE (1990)
TOUTES PEINES CONFONDUES (1992)
AUX PETITS BONHEURS (1993)
CONFESSIONS DU DOCTEUR SACHS, LES (1999)
UN FIL À LA PATTE (2004)

DeVITO, Danny
réalisateur américain (1944-)
THROW MOMMA FROM THE TRAIN (1987)
WAR OF THE ROSES, THE (1989)
HOFFA (1992)
MATILDA (1996)
MATILDA (1996)
DEATH TO SMOOCHY (2002)
DUPLEX (2003)

DiCILLO, Tom
réalisateur américain (1954-)
JOHNNY SUEDE (1991)
LIVING IN OBLIVION (1994)
BOX OF MOONLIGHT (1996)
REAL BLONDE, THE (1997)
DOUBLE WHAMMY (2001)
DELIRIOUS (2006)

DICKERSON, Ernest
réalisateur américain (1952-)
JUICE (1992)
SURVIVING THE GAME (1994)
TALES FROM THE CRYPT PRESENTS: DEMON KNIGHT (1994)
BULLETPROOF (1996)
NEVER DIE ALONE (2004)
MASTERS OF HORROR - THE V WORD (2006)

DIEGUES, Carlos
réalisateur brésilien (1940-)
XICA (1976)
BYE BYE BRÉSIL (1980)
QUILOMBO (1984)
SUBWAY TO THE STARS (1987)
TIETA OF AGRESTE (1996)
ORFEU (1999)
GOD IS BRAZILIAN (2003)

DIETERLE, William
réalisateur allemand (1893-1972)
SEX IN CHAINS (1928)
FASHIONS OF 1934 (1934)
MIDSUMMER NIGHT'S DREAM (1935)
SATAN MET A LADY (1936)
STORY OF LOUIS PASTEUR, THE (1936)
LIFE OF EMILE ZOLA, THE (1937)
BLOCKADE (1938)
HUNCHBACK OF NOTRE-DAME (1939)
JUAREZ (1939)
DEVIL AND DANIEL WEBSTER, THE (1942)
KISMET (1944)
LOVE LETTERS (1945)
I'LL BE SEEING YOU (1947)
PORTRAIT OF JENNIE (1948)
SEPTEMBER AFFAIR (1950)
ELEPHANT WALK (1953)
SALOME (1953)

DMYTRYK, Edward
réalisateur américain (1908-)
DEVIL COMMANDS, THE (1941)
SEVEN MILES FROM ALCATRAZ (1942)
BEHIND THE RISING SUN (1943)
CAPTIVE WILD WOMAN (1943)
TENDER COMRADE (1944)
BACK TO BATAAN (1945)
CORNERED (1945)
MURDER, MY SWEET (1946)
TILL THE END OF TIME (1946)
CROSSFIRE (1947)
CHRIST IN CONCRETE (1949)
BROKEN LANCE (1953)
CAINE MUTINY, THE (1953)
END OF THE AFFAIR, THE (1954)
LEFT HAND OF GOD, THE (1955)
MOUNTAIN, THE (1956)
RAINTREE COUNTY (1957)
YOUNG LIONS, THE (1958)
WARLOCK (1959)
WALK ON THE WILD SIDE (1962)
CARPETBAGGERS, THE (1963)
WHERE LOVE HAS GONE (1964)
MIRAGE (1965)
ALVAREZ KELLY (1966)
ANZIO (1968)
SHALAKO (1968)
BARBE BLEUE (1972)

DOILLON, Jacques
réalisateur français (1944-)
PIRATE, LA (1984)
PURITAINE, LA (1986)
COMÉDIE! (1987)
FILLE DE 15 ANS, LA (1989)
VENGEANCE D'UNE FEMME, LA (1989)
PETIT CRIMINEL, LE (1990)
AMOUREUSE (1991)
JEUNE WERTHER, LE (1992)
PONETTE (1996)
PETITS FRÈRES (1998)
FESTIVAL COLLECTION, THE (2002)
RAJA (2003)

DONALDSON, Roger
réalisateur australien (1945-)
SMASH PALACE (1981)
BOUNTY, THE (1983)
MARIE (1985)
NO WAY OUT (1987)
COCKTAIL (1988)
CADILLAC MAN (1990)
WHITE SANDS (1992)
GETAWAY, THE (1994)
SPECIES (1995)
DANTE'S PEAK (1997)
THIRTEEN DAYS (2000)
RECRUIT, THE (2003)
WORLD'S FASTEST INDIAN, THE (2005)
BANK JOB, THE (2008)

DONEN, Stanley
réalisateur américain (1924-)
ON THE TOWN (1949)
ROYAL WEDDING (1951)
LOVE IS BETTER THAN EVER (1952)
SINGIN' IN THE RAIN (1952)
GIVE A GIRL A BREAK (1953)
DEEP IN MY HEART (1954)
SEVEN BRIDES FOR SEVEN BROTHERS (1954)
IT'S ALWAYS FAIR WEATHER (1955)
FUNNY FACE (1956)
KISS THEM FOR ME (1957)
PAJAMA GAME, THE (1957)
DAMN YANKEES! (1958)
INDISCREET (1958)
GRASS IS GREENER, THE (1960)
CHARADE (1963)
ARABESQUE (1966)
BEDAZZLED (1967)
TWO FOR THE ROAD (1967)
LITTLE PRINCE, THE (1974)
SATURN 3 (1980)
BLAME IT ON RIO (1983)

DONNER, Clive
réalisateur anglais (1926-)
WHAT'S NEW, PUSSYCAT? (1965)
LUV (1967)
ROGUE MALE (1976)
SHE FELL AMONG THIEVES (1978)
CHARLIE CHAN AND THE CURSE OF THE DRAGON QUEEN (1980)
NUDE BOMB, THE (1980)
OLIVER TWIST (1982)
SCARLET PIMPERNEL, THE (1982)
CHRISTMAS CAROL, A (1984)
STEALING HEAVEN (1986)
FOR BETTER AND FOR WORSE (1992)
CHARLEMAGNE (1994)

DONNER, Richard
réalisateur américain (1939-)
X-15 (1961)
MAN FROM U.N.C.L.E, THE (1964)
SALT AND PEPPER (1968)
LOLA (1969)
OMEN, THE (1976)
SUPERMAN: THE MOVIE (1978)
INSIDE MOVES (1980)
TOY, THE (1982)
GOONIES, THE (1985)
LADYHAWKE (1985)
LETHAL WEAPON (1987)
SCROOGED (1988)
LETHAL WEAPON 2 (1989)
LETHAL WEAPON 3 (1992)
RADIO FLYER (1992)
MAVERICK (1994)
ASSASSINS (1995)
CONSPIRACY THEORY (1997)
LETHAL WEAPON 4 (1998)
TIMELINE (2003)
16 BLOCKS (2006)

DONOHUE, Jack
réalisateur américain (1908-1984)
YELLOW CAB MAN, THE (1950)
WATCH THE BIRDIE (1951)
LUCKY ME (1953)
MARRIAGE ON THE ROCKS (1965)
ASSAULT ON A QUEEN (1966)

DONSKOY, Mark
éalisateur ukrainien (1901-1981)
HAPPINESS (1934)
CHILDHOOD OF MAXIM GORKY, THE (1938)
GORKY TRILOGY I: MY CHILDHOOD (1938)
GORKY TRILOGY: MY APPRENTICE (1939)
GORKY TRILOGY: MY UNIVERSITY (1940)

DORNHELM, Robert
réalisateur roumain (1947-)
ECHO PARK (1985)
COLD FEET (1988)
REQUIEM FOR DOMINIC (1990)
ANNE FRANK (2001)
SPARTACUS (2004)

DÖRRIE, Doris
réalisatrice allemande (1955-)
MES DEUX HOMMES (1985)
ME AND HIM (1988)
HAPPY BIRTHDAY! (TURKE) (1992)
NOBODY LOVES ME (1994)
ENLIGHTENMENT GUARANTEED (2000)
NAKED (2002)
HOW TO COOK YOUR LIFE (2007)
CHERRY BLOSSOMS (2008)

DOUGLAS, Gordon
réalisateur américain (1909-1993)
GIRL RUSH (1944)
BLACK ARROW, THE (1948)
KISS TOMORROW GOODBYE (1950)
SO THIS IS LOVE (1953)
THEM! (1954)
YOUNG AT HEART (1954)
MCCONNELL STORY, THE (1955)
SINCERELY YOURS (1955)
BOMBERS B-52 (1957)
UP PERISCOPE (1959)
FOLLOW THAT DREAM (1962)
CALL ME BWANA (1963)
RIO CONCHOS (1964)
HARLOW (1965)
CHUKA (1967)
IN LIKE FLINT (1967)
TONY ROME (1967)
DETECTIVE, THE (1968)
LADY IN CEMENT (1968)
THEY CALL ME MISTER TIBBS! (1970)
SLAUGHTER'S BIG RIP-OFF (1973)
VIVA KNIEVEL! (1977)

DREYER, Carl Theodor
réalisateur danois (1889-1968)
PAGES ARRACHÉES DU LIVRE DE SATAN (1919)
MICHAEL (1924)
MAÎTRE DU LOGIS, LE (1925)
PASSION DE JEANNE D'ARC, LA (1928)
VAMPYR (1932)
JOUR DE COLÈRE (1942)
PAROLE, LA (1955)
GERTRUDE (1964)

DUGAN, Dennis
réalisateur américain (1946-)
PROBLEM CHILD (1990)
BRAIN DONORS (1992)
HAPPY GILMORE (1995)
BIG DADDY (1999)
NATIONAL SECURITY (2003)
BENCHWARMERS (2006)
I NOW PRONOUNCE YOU CHUCK AND LARRY (2007)
YOU DON'T MESS WITH THE ZOHAN (2008)

DUGUAY, Christian
réalisateur québécois (1957-)
JUMELLES DIONNE, LES (1994)
SCREAMERS (1995)
ASSIGNMENT, THE (1997)
JOAN OF ARC (1999)
ART OF WAR (2000)
HITLER - THE RISE OF EVIL (2003)
HUMAN TRAFFICKING (2005)

DUIGAN, John
réalisateur australien (1949-)
YEAR MY VOICE BROKE, THE (1987)
ROMERO (1989)
FLIRTING (1990)
WIDE SARGASSO SEA (1992)
SIRENS (1994)
LEADING MAN, THE (1996)
LAWN DOGS (1997)
MOLLY (1999)
HEAD IN THE CLOUDS (2004)

DUKE, Bill
réalisateur américain (1943-)
KILLING FLOOR, THE (1984)
RAGE IN HARLEM, A (1991)
DEEP COVER (1992)
SISTER ACT II: BACK IN THE HABIT (1993)
HOODLUM (1997)

DUKE, Daryl
réalisateur canadien (1929-2006)
PAYDAY (1973)
SILENT PARTNER, THE (1978)
FLORENCE NIGHTINGALE (1985)
TAI-PAN (1986)

DUPEYRON, François
réalisateur français (1950-)
DRÔLE D'ENDROIT POUR UNE RENCONTRE (1988)
UN CŒUR QUI BAT (1991)
MACHINE, LA (1994)
CHAMBRE DES OFFICIERS, LA (2001)
PAS D'HISTOIRES (2001)
MONSIEUR IBRAHIM ET LES FLEURS DU CORAN (2003)

DUVIVIER, Julien
réalisateur français (1896-1967)
POIL DE CAROTTE (1931)
BANDERA, LA (1935)
GOLEM, LE (1937)
PÉPÉ LE MOKO (1937)
GREAT WALTZ, THE (1938)
LYDIA (1941)
TALES OF MANHATTAN (1942)
ANNA KARENINA (1947)
PETIT MONDE DE DON CAMILLO, LE (1952)
RETOUR DE DON CAMILLO, LE (1952)
HOMME À L'IMPERMÉABLE (1957)
DIABLE ET LES DIX COMMANDEMENTS, LE (1962)
FERNANDEL: LE DIABLE ET LES DIX COMMANDEMENTS/EN AVANT LA MUSIQUE (1962)
DIABOLIQUEMENT VÔTRE (1967)

DWAN, Allan
réalisateur américain (1885-1981)
ROBIN HOOD (1922)
IRON MASK, THE (1929)
HOLLYWOOD PARTY (1934)
HEIDI (1937)
REBECCA OF SUNNYBROOK FARM (1938)
THREE MUSKETEERS, THE (1939)
YOUNG PEOPLE (1940)
DRIFTWOOD (1948)
SANDS OF IWO JIMA (1949)
MONTANA BELLE (1952)
SILVER LODE (1954)
ESCAPE TO BURMA (1955)
PEARL OF THE SOUTH PACIFIC (1955)
TENNESSEE'S PARTNER (1955)
RIVER'S EDGE (1956)
NORTHWEST OUTPOST (1974)

EASTWOOD, Clint
réalisateur américain (1930-)
PLAY MISTY FOR ME (1971)
BREEZY (1973)
HIGH PLAINS DRIFTER (1973)
EIGER SANCTION, THE (1975)
OUTLAW JOSEY WALES, THE (1976)
GAUNTLET, THE (1977)
BRONCO BILLY (1980)
FIREFOX (1982)
HONKYTONK MAN (1982)
SUDDEN IMPACT (1983)
PALE RIDER (1985)
HEARTBREAK RIDGE (1986)
BIRD (1988)
ROOKIE, THE (1990)
WHITE HUNTER, BLACK HEART (1990)
UNFORGIVEN (1992)
PERFECT WORLD, A (1993)
BRIDGES OF MADISON COUNTY, THE (1995)
ABSOLUTE POWER (1996)
MIDNIGHT IN THE GARDEN OF GOOD AND EVIL (1997)
TRUE CRIME (1999)
SPACE COWBOYS (2000)
CLINT EASTWOOD (2001)
BLOOD WORK (2002)
MYSTIC RIVER (2003)
MILLION DOLLAR BABY (2004)
BATTLE FOR IWO JIMA, THE - COMMEMORATIVE COLLECTOR'S EDITION (2006)
FLAGS OF OUR FATHERS (2006)
LETTERS FROM IWO JIMA (2006)
CHANGELING, THE (2008)
GRAN TORINO (2008)

EDEL, Uli
réalisateur allemand (1947-)
MOI, CHRISTIANE F., 13 ANS, DROGUÉE, PROSTITUÉE (1981)
LAST EXIT TO BROOKLYN (1989)
BODY OF EVIDENCE (1992)
HOMICIDE: LIFE ON THE STREET (1993)
RASPUTIN (1995)
TYSON (1995)
PURGATORY (1999)
MISTS OF AVALON (2001)
JULIUS CAESAR (2002)

EDWARDS, Blake
réalisateur américain (1922-)
PERFECT FURLOUGH, THE (1958)
OPERATION PETTICOAT (1959)
BREAKFAST AT TIFFANY'S (1961)
DAYS OF WINE AND ROSES (1962)
EXPERIMENT IN TERROR (1962)
PINK PANTHER, THE (1963)
SHOT IN THE DARK, A (1964)
GREAT RACE, THE (1965)
WHAT DID YOU DO IN THE WAR, DADDY? (1966)
PARTY, THE (1967)
DARLING LILI (1969)
WILD ROVERS (1971)
CAREY TREATMENT, THE (1972)
RETURN OF THE PINK PANTHER, THE (1974)
PINK PANTHER STRIKES AGAIN, THE (1976)
REVENGE OF THE PINK PANTHER, THE (1978)
10 (1979)
S.O.B. (1981)
TRAIL OF THE PINK PANTHER (1982)
VICTOR/VICTORIA (1982)
CURSE OF THE PINK PANTHER (1983)
MAN WHO LOVED WOMEN, THE (1983)
MICKI + MAUDE (1984)
THAT'S LIFE! (1986)
BLIND DATE (1987)
SUNSET (1988)
SKIN DEEP (1989)
SWITCH (1991)
SON OF THE PINK PANTHER (1993)

EGOYAN, Atom
réalisateur canadien (1961-)
NEXT OF KIN (1984)
FAMILY VIEWING (1987)
SPEAKING PARTS (1989)
ADJUSTER, THE (1991)
MONTRÉAL VU PAR... (1991)
CALENDAR (1993)
EXOTICA (1994)
SWEET HEREAFTER, THE (1997)
FELICIA'S JOURNEY (1999)
ARARAT (2002)
WHERE THE TRUTH LIES (2005)

EISENSTEIN, Sergei
réalisateur russe (1898-1948)
GRÈVE, LA (1924)
CUIRASSÉ POTEMKINE, LE (1925)
OCTOBRE (1927)
ALEXANDER NEVSKY (1938)
IVAN LE TERRIBLE, 1re PARTIE (1944)
IVAN LE TERRIBLE, 2e PARTIE (1945)
QUE VIVA MEXICO! (1979)

EMMERICH, Roland
réalisateur allemand (1955-)
MOON 44 (1989)
UNIVERSAL SOLDIER (1992)
STARGATE (1994)
INDEPENDANCE DAY (1996)
GODZILLA (1998)
PATRIOT, THE (2000)
DAY AFTER TOMORROW, THE (2004)
10,000 B.C. (2008)

ÉMOND, Bernard
réalisateur québécois
INSTANT ET LA PATIENCE, L' (1994)
TERRE DES AUTRES, LA (1995)
ÉPREUVE DU FEU, L' (1997)
TEMPS ET LE LIEU, LE (1999)
FEMME QUI BOIT, LA (2000)
20h17 RUE DARLING (2003)
NEUVAINE, LA (2005)
CONTRE TOUTE ESPÉRANCE (2007)

ENRICO, Robert
réalisateur français (1931-2001)
RIVIÈRE DU HIBOU, LA (1962)
GRANDES GUEULES, LES (1965)
AVENTURIERS, LES (1967)
HO! (1968)
BOULEVARD DU RHUM (1971)
CAÏDS, LES (1972)
VIEUX FUSIL, LE (1975)
AU NOM DE TOUS LES MIENS (1983)
ZONE ROUGE (1986)
DE GUERRE LASSE (1987)
RÉVOLUTION FRANÇAISE 1: LES ANNÉES LUMIÈRE, LA (1989)

ENRIGHT, Ray
réalisateur américain (1896-1965)
DAMES (1934)
GOLD DIGGERS IN PARIS (1938)
WAGONS ROLL AT NIGHT, THE (1941)
SPOILERS, THE (1942)
GUNG HO! (1943)
ALBUQUERQUE (1948)
CORONER CREEK (1948)
MONTANA (1949)
SOUTH OF ST-LOUIS (1949)

EPHRON, Nora
réalisatrice,américaine (1941-)
SLEEPLESS IN SEATTLE (1993)
MIXED NUTS (1994)
MICHAEL (1996)
YOU'VE GOT MAIL (1998)
LUCKY NUMBERS (2000)
BEWITCHED (2005)

ERMAN, John
réalisateur américain (1935-)
ROOTS (1977)
ROOTS: NEXT GENERATIONS (1979)
EARLY FROST, AN (1985)
STELLA (1990)
OUR SONS (1991)
QUEEN (1993)

EYRE, Richard
réalisateur britannique (1943-)
PLOUGHMAN'S LUNCH (1983)
SUDDENLY LAST SUMMER (1993)
IRIS (2001)
STAGE BEAUTY (2004)
NOTES ON A SCANDAL (2006)

FALARDEAU, Pierre
réalisateur québécois (1946-)
SPEAK WHITE (1980)
ELVIS GRATTON (1985)
TEMPS DES BOUFFONS, LE (1985)
PARTY, LE (1990)
STEAK, LE (1992)
OCTOBRE (1994)
ELVIS GRATTON: PRÉSIDENT DU NON (1995)
ELVIS GRATTON II: MIRACLE À MEMPHIS (1999)
15 FÉVRIER 1839 (2000)
FALARDEAU POULIN: À FORCE DE COURAGE (2003)
COFFRET À FORCE DE COURAGE & LIVRE PIERRE FALARDEAU PERSISTE ET FILME (2004)
ELVIS GRATTON XXX: LA VENGEANCE D'ELVIS WONG (2004)

FARRELLY, Bobby
réalisateur américain (1958-)
KINGPIN (1996)
THERE'S SOMETHING ABOUT MARY (1998)
ME, MYSELF & IRENE (2000)
OSMOSIS JONES (2001)
SHALLOW HAL (2001)
STUCK ON YOU (2003)
FEVER PITCH (2005)
HEARTBREAK KID, THE (2007)

FARRELLY, Peter
réalisateur américain (1957-)
THERE'S SOMETHING ABOUT MARY (1998)
ME, MYSELF & IRENE (2000)
OSMOSIS JONES (2001)
SHALLOW HAL (2001)
FEVER PITCH (2005)
HEARTBREAK KID, THE (2007)

FARROW, John
réalisateur australien (1904-1963)
FIVE CAME BACK (1939)
COMMANDOS STRIKE AT DAWN (1942)
WAKE ISLAND (1942)
CHINA (1943)
BIG CLOCK, THE (1948)
COPPER CANYON (1950)
WHERE DANGER LIVES (1950)
HONDO (1953)
PLUNDER OF THE SUN (1953)
SEA CHASE, THE (1955)
JOHN PAUL JONES (1959)

FASSBINDER, Rainer Werner
réalisateur allemand (1945-1982)
GODS OF THE PLAGUE (1969)
KATZELMACHER (1969)
LOVE IS COLDER THAN DEATH (1969)
NIKLASHAUSEN JOURNEY, THE (1970)
UN SOLDAT AMÉRICAIN (1970)
WHY DOES HERR R. RUN AMOK? (1970)
BEWARE OF A HOLY WHORE (1971)
MARCHAND DE QUATRE SAISONS, LE (1971)
PIONEERS IN INGOLSTADT (1971)
RIO DAS MORTES (1971)
WHITY (1971)
LARMES AMÈRES DE PETRA VON KANT, LES (1972)
TOUS LES AUTRES S'APPELLENT ALI (1973)
EFFI BRIEST (1974)
FOX ET SES AMIS (1974)
MARTHA (1974)
FEAR OF FEAR (1975)
MAMAN KUSTERS S'EN VA-T-AU CIEL (1975)
I ONLY WANT YOU TO LOVE ME (1976)
ROULETTE CHINOISE (1976)
SATAN'S BREW (1976)
DÉSESPOIR (1977)
STATIONMASTER'S WIFE, THE (1977)
MARIAGE DE MARIA BRAUN, LE (1978)
RAINER WERNER FASSBINDER: THE BRD TRILOGY (1978)
IN A YEAR OF THIRTEEN MOONS (1979)
THIRD GENERATION, THE (1979)
BERLIN ALEXANDERPLATZ (1980)
QUERELLE (1982)
VERONIKA VOSS (1982)
FASSBINDER COLLECTION I (2003)

FAVREAU, Robert
réalisateur québécois (1948-)
SOLEIL A PAS D'CHANCE, LE (1975)
PORTION D'ÉTERNITÉ (1989)
NELLIGAN (1991)
OMBRE DE L'ÉPERVIER, L' (1998)
MUSES ORPHELINES, LES (2000)
UN DIMANCHE À KIGALI (2006)

FELLINI, Federico
réalisateur italien (1920-1993)
COURRIER DU CŒUR, LE (1952)
FEUX DU MUSIC-HALL, LES (1952)
INUTILES, LES (1952)
STRADA, LA (1954)
BIDONE, IL (1955)
NUITS DE CABIRIA, LES (1957)
DOLCE VITA, LA (1960)
BOCCACE 70 (1962)
8 1/2 (1963)
JULIETTE DES ESPRITS (1965)
FELLINI SATYRICON (1968)
HISTOIRES EXTRAORDINAIRES (1968)
CLOWNS, LES (1969)
FELLINI ROMA (1971)
AMARCORD (1973)
PROVA D'ORCHESTRA (1978)
CITÉ DES FEMMES, LA (1979)
ET VOGUE LE NAVIRE! (1983)
GINGER ET FRED (1985)
INTERVISTA (1987)
VOCE DELLA LUNA, LA (1990)

FERRARA, Abel
réalisateur américain (1952-)
DRILLER KILLER, THE (1979)
MS. 45 (1980)
FEAR CITY (1984)
CRIME STORY (1986)
GLADIATOR, THE (1986)
CHINA GIRL (1987)
CAT CHASER (1988)
KING OF NEW YORK (1989)
BAD LIEUTENANT (1992)
BODY SNATCHERS (1993)
DANGEROUS GAME (1993)
ADDICTION, THE (1995)
FUNERAL, THE (1996)
BLACKOUT, THE (1997)
NEW ROSE HOTEL (1998)

FERRERI, Marco
réalisateur italien (1928-1996)
PETITE VOITURE, LA (1960)
MARI DE LA FEMME À BARBE, LE (1964)
GRANDE BOUFFE, LA (1973)
TOUCHE PAS LA FEMME BLANCHE (1973)
RÊVE DE SINGE (1977)
PIPICACADODO (1979)
CONTE DE LA FOLIE ORDINAIRE (1981)
HISTOIRE DE PIERRA, L' (1983)
FUTUR EST FEMME, LE (1984)
I LOVE YOU (1986)

FIGGIS, Mike
réalisateur anglais (1949-)
STORMY MONDAY (1988)
INTERNAL AFFAIRS (1990)
LIEBESTRAUM (1991)
MR. JONES (1993)
BROWNING VERSION, THE (1994)
LEAVING LAS VEGAS (1995)
ONE NIGHT STAND (1997)
LOSS OF SEXUAL INNOCENCE, THE (1999)
MISS JULIE (1999)
TIME CODE (2000)
HOTEL (2001)
COLD CREEK MANOR (2003)

FILIATRAULT, Denise
réalisatrice, québécoise (1931-)
C'T'À TON TOUR, LAURA CADIEUX (1998)
LAURA CADIEUX... LA SUITE (1999)
ODYSSÉE D'ALICE TREMBLAY, L' (2002)
MA VIE EN CINÉMASCOPE (2004)
PETIT MONDE DE LAURA CADIEUX, LE (SAISON 2) (2006)
PETIT MONDE DE LAURA CADIEUX, LE (SAISON 3) (2007)

FINCHER, David
réalisateur américain (1963-)
ALIEN 3 (1992)
SEVEN (1995)
GAME, THE (1997)
FIGHT CLUB (1999)
PANIC ROOM (2002)
ZODIAC (2007)
CURIOUS CASE OF BENJAMIN BUTTON, THE (2008)

FISHER, Terence
réalisateur anglais (1904-1980)
FOUR-SIDED TRIANGLE (1952)
CURSE OF FRANKENSTEIN, THE (1957)
HORROR OF DRACULA (1958)
REVENGE OF FRANKENSTEIN, THE (1958)
HOUND OF THE BASKERVILLES, THE (1959)
MAN WHO COULD CHEAT DEATH, THE (1959)
MUMMY, THE (1959)
BRIDES OF DRACULA, THE (1960)
CURSE OF THE WEREWOLF, THE (1961)
TWO FACES OF DR. JEKYLL, THE (1961)
PHANTOM OF THE OPERA, THE (1962)
GORGON, THE (1964)
DRACULA, PRINCE OF DARKNESS (1965)
ISLAND OF TERROR (1966)
FRANKENSTEIN CREATED WOMAN (1967)
DEVIL RIDES OUT, THE (1968)
FRANKENSTEIN MUST BE DESTROYED! (1970)
FRANKENSTEIN AND THE MONSTER FROM HELL (1973)

FLAHERTY, Robert
réalisateur américain (1884-1951)
NANOOK OF THE NORTH (1921)
MOANA (1926)
TABU (1931)
MAN OF ARAN (1934)
ELEPHANT BOY (1937)
LOUISIANA STORY (1949)
TITAN: STORY OF MICHELANGELO, THE (1950)

FLEDER, Gary
réalisateur américain (1965-)
THINGS TO DO IN DENVER WHEN YOU'RE DEAD (1995)
KISS THE GIRLS (1997)
DON'T SAY A WORD (2001)
IMPOSTOR (2001)
RUNAWAY JURY (2003)
EXPRESS, THE (2008)

FLEISCHER, Richard
réalisateur américain (1916-2006)
SO THIS IS NEW YORK (1948)
FOLLOW ME QUIETLY (1949)
NARROW MARGIN, THE (1952)
20,000 LEAGUES UNDER THE SEA (1954)
GIRL IN THE RED VELVET SWING (1955)
BETWEEN HEAVEN AND HELL (1956)
VIKINGS, THE (1958)
COMPULSION (1959)
THESE THOUSAND HILLS (1959)
BARABBAS (1961)
FANTASTIC VOYAGE, THE (1966)
DOCTOR DOLITTLE (1967)
BOSTON STRANGLER, THE (1968)
TORA! TORA! TORA! (1970)
10 RILLINGTON PLACE (1971)
LAST RUN, THE (1971)
SEE NO EVIL (1971)
NEW CENTURIONS, THE (1972)
DON IS DEAD, THE (1973)
SOYLENT GREEN (1973)
MR. MAJESTYK (1974)
MANDINGO (1975)
ASHANTI (1978)
JAZZ SINGER, THE (1980)
TOUGH ENOUGH (1982)
AMITYVILLE 3-D (1983)
CONAN THE DESTROYER (1984)
RED SONJA (1985)

FLEMING, Andrew
réalisateur américain (1963-)
BAD DREAMS (1988)
THREESOME (1994)
CRAFT, THE (1996)
DICK (1999)
IN-LAWS, THE (2003)
HAMLET 2 (2008)

FLEMING, Victor
réalisateur américain (1883-1949)
MOLLYCODDLE, THE (1920)
VIRGINIAN, THE (1929)
BOMBSHELL (1932)
RED DUST (1932)
TREASURE ISLAND (1934)
RECKLESS (1935)
CAPTAINS COURAGEOUS (1937)
TEST PILOT (1938)
GONE WITH THE WIND (1939)
WIZARD OF OZ, THE (1939)
DR. JEKYLL AND MR. HYDE (1941)
TORTILLA FLAT (1942)
GUY NAMED JOE, A (1944)
ADVENTURE (1945)
JOAN OF ARC (1948)

FLOREY, Robert
réalisateur français (1900-1979)
COCOANUTS, THE (1929)
MURDERS IN THE RUE MORGUE (1931)
EX-LADY (1933)
OUTPOST IN MOROCCO (1949)
JOHNNY ONE-EYE (1950)

FLYNN, John
réalisateur américain (1932-2007)
OUTFIT, THE (1973)
ROLLING THUNDER (1977)
BEST SELLER (1987)
LOCK-UP (1989)
NAILS (1992)
SCAM (1993)

BRAINSCAN (1994)
PROTECTION (2001)

FOLEY, James
réalisateur américain (1953-)
RECKLESS (1984)
AT CLOSE RANGE (1985)
WHO'S THAT GIRL? (1987)
AFTER DARK MY SWEET (1992)
GLENGARRY GLEN ROSS (1992)
TWO BITS (1995)
FEAR (1996)
GUN (1996)
CORRUPTOR, THE (1999)
CONFIDENCE (2003)
PERFECT STRANGER (2007)

FONTAINE, Anne
réalisatrice luxembourgeoise (1959-)
AUGUSTIN (1995)
NETTOYAGE À SEC (1997)
COMMENT J'AI TUÉ MON PÈRE (2001)
NATHALIE (2003)
ENTRE SES MAINS (2005)
FILLE DE MONACO, LA (2008)

FORBES, Bryan
réalisateur anglais (1928-)
SEANCE ON A WET AFTERNOON (1964)
KING RAT (1965)
WRONG BOX, THE (1966)
DEADFALL (1968)
STEPFORD WIVES, THE (1975)
SLIPPER AND THE ROSE, THE (1976)

FORCIER, André
réalisateur québécois (1947-)
BAR SALON (1974)
NIGHT CAP (1974)
EAU CHAUDE, L'EAU FRETTE, L' (1976)
AU CLAIR DE LA LUNE (1982)
KALAMAZOO (1988)
UNE HISTOIRE INVENTÉE (1990)
VENT DU WYOMING, LE (1994)
COMTESSE DE BATON ROUGE, LA (1997)
ÉTATS-UNIS D'ALBERT, LES (2005)
UN CRI AU BONHEUR (2007)
JE ME SOUVIENS (2009)

FORD, John
réalisateur américain (1895-1973)
IRON HORSE, THE (1924)
UP THE RIVER (1930)
ARROWSMITH (1931)
PILGRIMAGE (1933)
LOST PATROL, THE (1934)
INFORMER, THE (1935)
WHOLE TOWN'S TALKING, THE (1935)
MARY OF SCOTLAND (1936)
PRISONER OF SHARK ISLAND (1936)
HURRICANE, THE (1937)
WEE WILLIE WINKIE (1937)
STAGECOACH (1939)
YOUNG MR. LINCOLN (1939)
DRUMS ALONG THE MOHAWK (1940)
GRAPES OF WRATH, THE (1940)
HOW GREEN WAS MY VALLEY (1940)
LONG VOYAGE HOME, THE (1940)
THEY WERE EXPENDABLE (1945)
MY DARLING CLEMENTINE (1946)
FORT APACHE (1947)
FUGITIVE, THE (1948)
3 GODFATHERS (1949)
SHE WORE A YELLOW RIBBON (1949)
RIO GRANDE (1950)
WAGON MASTER (1950)
QUIET MAN, THE (1952)
WHAT PRICE GLORY? (1952)
MOGAMBO (1953)
SUN SHINES BRIGHT, THE (1953)
LONG GRAY LINE, THE (1954)
MISTER ROBERTS (1955)
SEARCHERS, THE (1955)
WINGS OF EAGLES, THE (1956)
LAST HURRAH, THE (1958)
HORSE SOLDIERS, THE (1959)
SERGEANT RUTLEDGE (1960)
TWO RODE TOGETHER (1961)
HOW THE WEST WAS WON (1962)
MAN WHO SHOT LIBERTY VALANCE, THE (1962)
DONOVAN'S REEF (1963)
CHEYENNE AUTUMN (1964)

FORMAN, Milos
réalisateur tchèque (1932-)
COMPETITION (1963)
BLACK PETER (1964)
AMOURS D'UNE BLONDE, LES (1965)
FIREMEN'S BALL, THE (1967)
ONE FLEW OVER THE CUCKOO'S NEST (1975)
HAIR (1979)
RAGTIME (1981)
AMADEUS (1984)
VALMONT (1989)
PEOPLE VS. LARRY FLYNT, THE (1996)
MAN ON THE MOON (1999)
GOYA'S GHOSTS (2006)

FORSTER, Marc
réalisateur suisse (1969-)
EVERYTHING PUT TOGETHER (2000)
MONSTER'S BALL (2001)
FINDING NEVERLAND (2004)
STAY (2005)
STRANGER THAN FICTION (2006)
KITE RUNNER, THE (2007)
QUANTUM OF SOLACE (2008)

FORSYTH, Bill
réalisateur écossais (1946-)
THAT SINKING FEELING (1979)
GREGORY'S GIRL (1980)
LOCAL HERO (1983)
HOUSEKEEPING (1987)
BREAKING IN (1989)
BEING HUMAN (1994)

FOSSE, Bob
réalisateur américain (1927-1987)
SWEET CHARITY (1968)
CABARET (1972)
LIZA WITH A "Z" (1972)
LENNY (1975)
ALL THAT JAZZ (1979)
STAR 80 (1983)

FOSTER, Norman
réalisateur américain (1900-1976)
JOURNEY INTO FEAR (1943)
RACHEL AND THE STRANGER (1948)
DAVY CROCKETT, KING OF THE WILD FRONTIER (1955)
DAVY CROCKETT AND THE RIVER PIRATES (1956)
IT'S ALL TRUE (1993)

FOURNIER, Claude
réalisateur québécois (1931-)
DEUX FEMMES EN OR (1970)
CHATS BOTTÉS, LES (1971)
POMME, LA QUEUE ET LES PÉPINS, LA (1974)
JE SUIS LOIN DE TOI MIGNONNE (1976)
CHIENS-CHAUDS, LES (1980)
BONHEUR D'OCCASION (1983)
TISSERANDS DU POUVOIR 2: LA RÉVOLTE, LES (1988)
TISSERANDS DU POUVOIR, LES (1988)
J'EN SUIS! (1997)
JULIETTE POMERLEAU (1999)
BOOK OF EVE, THE (2002)
JE N'AIME QUE TOI (2003)

FRANCIS, Freddie
réalisateur anglais (1917-2007)
PARANOIAC (1962)
NIGHTMARE (1963)
EVIL OF FRANKENSTEIN, THE (1964)
DR. TERROR'S HOUSE OF HORRORS (1965)
SKULL, THE (1965)
DEADLY BEES (1967)
TORTURE GARDEN (1967)
DRACULA HAS RISEN FROM THE GRAVE (1968)
TROG (1970)
CREEPING FLESH, THE (1972)
TALES FROM THE CRYPT (1972)
TALES THAT WITNESS MADNESS (1973)
LEGEND OF THE WEREWOLF (1975)
DOCTOR AND THE DEVILS, THE (1985)

FRANCO, Jess (Jesus)
réalisateur espagnol (1930-)
HORRIBLE DR. ORLOFF, L' (1962)
SADISTIC BARON VON KLAUS, THE (1962)
KISS ME MONSTER (1967)
SUCCUBUS (1968)
NUITS DE DRACULA, LES (1969)
VENUS IN FURS (1969)
BLOODY JUDGE, THE (1970)
EUGENIE (1970)
EUGÉNIE DE SADE (1970)
VAMPYROS LESBOS (1970)
DEVIL CAME FROM AKASAVA, THE (1971)
X-312 FLIGHT TO HELL (1971)
QUARTIER DE FEMMES (1974)
BARBED WIRE DOLLS (1975)
DES DIAMANTS POUR L'ENFER (1975)
DORIANA GREY (1976)
JACK THE RIPPER (1976)
LOVE LETTER FOR A PORTUGUESE NUN (1977)
ILSA, THE WICKED WARDEN (1978)
MONDO CANNIBALE (1980)
ENFER DU PLAISIR, L' (1981)
SADOMANIA (1981)
CECILIA (1982)
OASIS OF THE ZOMBIES (1983)
FACELESS (1988)
DON QUIXOTE (1992)

FRANK, Melvin
réalisateur américain (1913-1988)
ABOVE AND BEYOND (1952)
COURT JESTER, THE (1955)
JAYHAWKERS, THE (1959)
LI'L ABNER (1959)
FACTS OF LIFE, THE (1960)
STRANGE BEDFELLOWS (1964)
BUONA SERA, MRS. CAMPBELL (1968)
TOUCH OF CLASS, A (1973)
PRISONER OF SECOND AVENUE, THE (1975)
DUCHESS AND THE DIRTWATER FOX, THE (1976)
WALK LIKE A MAN (1987)

FRANKENHEIMER, John
réalisateur américain (1930-2002)
ALL FALL DOWN (1962)
BIRDMAN OF ALCATRAZ (1962)
MANCHURIAN CANDIDATE (1962)
SEVEN DAYS IN MAY (1963)
TRAIN, THE (1964)
GRAND PRIX (1966)
SECONDS (1966)
FIXER, THE (1968)
GYPSY MOTHS, THE (1969)
HORSEMEN, THE (1970)
I WALK THE LINE (1970)
ICEMAN COMETH, THE (1973)
99 AND 44/100 % DEAD (1974)
FRENCH CONNECTION II (1975)
BLACK SUNDAY (1976)
PROPHECY (1979)
CHALLENGE, THE (1981)
HOLCROFT COVENANT, THE (1985)
52 PICK-UP (1986)
FOURTH WAR, THE (1990)
YEAR OF THE GUN (1991)
AGAINST THE WALL (1993)
BURNING SEASON, THE (1994)
ANDERSONVILLE (1996)
ISLAND OF DR. MOREAU, THE (1996)
GEORGE WALLACE (1997)
RONIN (1998)
REINDEER GAMES (2000)
PATH TO WAR (2002)

FRANKLIN, Richard
réalisateur australien (1948-)
PATRICK (1978)
ROAD GAMES (1979)
PSYCHO II (1983)
CLOAK AND DAGGER (1984)
LINK (1985)
F/X 2 (1991)
VISITORS (2003)

FRANKLIN, Sidney
réalisateur américain (1893-1972)
WILD ORCHIDS (1929)
GUARDSMAN, THE (1931)
PRIVATE LIVES (1931)
SMILIN' THROUGH (1932)
BARRETTS OF WIMPOLE STREET (1934)
GOOD EARTH, THE (1936)

FREARS, Stephen
réalisateur anglais (1941-)
GUMSHOE (1971)
SAIGON: YEAR OF THE CAT (1983)
HIT, THE (1984)
MY BEAUTIFUL LAUNDRETTE (1985)
PRICK UP YOUR EARS (1987)
SAMMY & ROSIE GET LAID (1987)

DANGEROUS LIAISONS (1988)
GRIFTERS, THE (1990)
HERO (1992)
SNAPPER, THE (1993)
MARY REILLY (1996)
VAN, THE (1996)
HI-LO COUNTRY, THE (1998)
FAIL SAFE (2000)
HIGH FIDELITY (2000)
LIAM (2000)
DIRTY PRETTY THINGS (2002)
DEAL, THE (2003)
WALTER (2003)
MRS. HENDERSON PRESENTS (2005)
QUEEN, THE (2006)
CHÉRI (2008)

FRIEDKIN, William
réalisateur américain (1939-)
GOOD TIMES (1967)
NIGHT THEY RAIDED MINSKY'S, THE (1968)
BOYS IN THE BAND, THE (1970)
FRENCH CONNECTION, THE (1971)
EXORCIST, THE (1973)
SORCERER (1977)
BRINK'S JOB, THE (1978)
CRUISING (1980)
DEAL OF THE CENTURY (1983)
TO LIVE AND DIE IN L.A. (1985)
RAMPAGE (1987)
GUARDIAN, THE (1990)
BLUE CHIPS (1994)
JADE (1995)
12 ANGRY MEN (1997)
RULES OF ENGAGEMENT (2000)
HUNTED, THE (2003)
BUG (2006)

FUEST, Robert
réalisateur anglais (1927-)
AND SOON THE DARKNESS (1970)
WUTHERING HEIGHTS (1970)
ABOMINABLE DR. PHIBES, THE (1971)
DR. PHIBES RISES AGAIN (1972)
FINAL PROGRAMME, THE (1973)
DEVIL'S RAIN, THE (1975)
GOLD BUG, THE (1981)
APHRODITE (1982)

FUKASAKU, Kinji
réalisateur japonais (1930-2003)
BLACKMAIL IS MY LIFE (1968)
GREEN SLIME, THE (1968)
LÉZARD NOIR, LE (1968)
BLACK ROSE MANSION (1969)
IF YOU WERE YOUNG: RAGE (1970)
TORA! TORA! TORA! (1970)
SYMPATHY FOR THE UNDERDOG (1971)
STREET MOBSTER (1972)
UNDER THE FLAG OF THE RISING SUN (1972)
YAKUZA PAPERS, THE: BATTLE WITHOUT HONOR AND HUMANITY (1973)
COPS VS THUGS (1975)
GRAVEYARD OF HONOR (1975)
YAKUZA GRAVEYARD (1976)
SHOGUN'S SAMURAI (1978)
SWORD OF VENGEANCE (1978)
FALL GUY (1982)
SURE DEATH (1984)
BATTLE ROYALE (2000)

FULCI, Lucio
réalisateur italien (1927-)
LIZARD IN A WOMAN'S SKIN (1971)
ALL' ONOREVOLE PIACCIONO LE DONNE (1972)
DON'T TORTURE A DUCKLING (1972)
FOUR OF THE APOCALYPSE (1975)
SEVEN NOTES IN BLACK (1977)
ZOMBIE (1979)
CITY OF THE LIVING DEAD, THE (1980)
FRAYEURS (1980)
AU-DELÀ, L' (1981)
BLACK CAT, THE (1981)
HOUSE BY THE CEMETERY (1981)
LUCIO FULCI COLLECTION (1982)
MANHATTAN BABY (1982)
NEW YORK RIPPER, THE (1982)
MURDER ROCK (1984)
MIEL DU DIABLE, LE (1986)
AENIGMA (1987)
TOUCH OF DEATH (1988)
ZOMBIE 3 (1988)
CAT IN THE BRAIN, A (1990)

FULLER, Samuel
réalisateur américain (1911-1997)
I SHOT JESSE JAMES (1949)
BARON OF ARIZONA (1950)
FIXED BAYONETS! (1951)
STEEL HELMET (1951)
HELL AND HIGH WATER (1953)
PICKUP ON SOUTH STREET (1953)
HOUSE OF BAMBOO (1955)
CHINA GATE (1956)
FORTY GUNS (1957)
UNDERWORLD U.S.A. (1959)
MERRILL'S MARAUDERS (1962)
SHOCK CORRIDOR (1963)
NAKED KISS, THE (1964)
KRESSIN, OU LE PIGEON MORT RUE BEETHOVEN (1973)
BIG RED ONE, THE (1980)
WHITE DOG (1982)
VOLEURS DE LA NUIT, LES (1984)
STREET OF NO RETURN (1989)

FUQUA, Antoine
réalisateur américain (1966-)
REPLACEMENT KILLERS, THE (1997)
BAIT (2000)
TRAINING DAY (2001)
TEARS OF THE SUN (2003)
KING ARTHUR (2004)
LIGHTNING IN A BOTTLE (2004)
SHOOTER (2007)

FURIE, Sidney J.
réalisateur canadien (1933-)
YOUNG ONES (1962)
LEATHER BOYS, THE (1963)
IPCRESS FILE, THE (1964)
WONDERFUL LIFE (1964)
APPALOOSA, THE (1966)
LADY SINGS THE BLUES (1972)
HIT! (1973)
GABLE AND LOMBARD (1976)
ENTITY, THE (1981)
PURPLE HEARTS (1984)
IRON EAGLE (1986)
SUPERMAN IV: THE QUEST FOR PEACE (1987)
HIDE AND SEEK (2000)

GAGNON, Claude
réalisateur québécois (1949-)
LAROSE, PIERROT ET LA LUCE (1982)
VISAGE PÂLE (1984)
KID BROTHER, THE (1987)
PIANIST, THE (1992)
POUR L'AMOUR DE THOMAS (1994)
KAMATAKI (2005)

GANCE, Abel
réalisateur français (1889-1981)
TORTURE OF SILENCE (1917)
ROUE, LA (1923)
NAPOLÉON (1927)
FIN DU MONDE, LA (1931)
LUCRÈCE BORGIA (1935)
UN GRAND AMOUR DE BEETHOVEN (1936)
J'ACCUSE (1938)
LOUISE (1938)
AUSTERLITZ (1960)

GARCIA, Nicole
réalisatrice,française (1948-)
UN WEEK-END SUR DEUX (1989)
FILS PRÉFÉRÉ, LE (1994)
PLACE VENDÔME (1997)
ADVERSAIRE, L' (2002)
SELON CHARLIE (2006)

GARCIA, Rodrigo
réalisateur cubain (1959-)
THINGS YOU CAN TELL JUST BY LOOKING AT HER (2000)
TEN TINY LOVE STORIES (2001)
CARNIVALE (SEASON I) (2003)
NINE LIVES (2005)
IN TREATMENT (SEASON 1) (2008)
PASSENGERS (2008)

GARNETT, Tay
réalisateur américain (1894-1977)
S.O.S. ICEBERG (1933)
CHINA SEAS (1935)
JOY OF LIVING (1938)
SEVEN SINNERS (1940)
SLIGHTLY HONORABLE (1940)
BATAAN (1943)
VALLEY OF DECISION, THE (1945)
POSTMAN ALWAYS RINGS TWICE, THE (1946)
MRS. PARKINGTON (1947)
CONNECTICUT YANKEE IN KING ARTHUR'S COURT, A (1949)
FIREBALL, THE (1950)

GARRIS, Mick
réalisateur américain (1951-)
CRITTERS 2 (1988)
SLEEPWALKERS (1992)
STAND, THE (1994)
STEPHEN KING'S THE SHINING (1997)
RIDING THE BULLET (2004)
MASTERS OF HORROR - CHOCOLATE (2005)
DESPERATION (2006)
MASTERS OF HORROR - VALERIE ON THE STAIRS (2006)

GATLIF, Tony
réalisateur français (1948-)
GASPARD ET ROBINSON (1990)
LATCHO DROM (1993)
MONDO (1995)
ÉTRANGER FOU, L' (1997)
VENGO (2000)
SWING (2001)
EXILS (2004)
TRANSYLVANIA (2006)

GERMI, Pietro
réalisateur italien (1914-1974)
TRAQUÉS DANS LA VILLE (1951)
RAILROAD MAN, THE (1956)
DIVORCE À L'ITALIENNE (1961)
SÉDUITE ET ABANDONNÉE (1964)
ALFREDO, ALFREDO (1972)

GERONIMI, Clyde
réalisateur italien (1901-1989)
PETER AND THE WOLF (1946)
MELODY TIME (1948)
ADVENTURES OF ICHABOD AND MR. TOAD, THE (1949)
CINDERELLA (1949)
ALICE IN WONDERLAND (1951)
PETER PAN (1952)
LADY AND THE TRAMP (1954)
DISNEY MINI-CLASSICS: THE LEGEND OF SLEEPY HOLLOW (1958)
SLEEPING BEAUTY (1958)
101 DALMATIANS (1961)

GERVAIS, Ricky
réalisateur britannique (1961-)
OFFICE, THE (SEASON I) (2001)
OFFICE, THE (SEASON II) (2002)
OFFICE, THE (SEASON I & II) (2004)
EXTRAS (2005)
EXTRAS: THE EXTRA SPECIAL SERIES FINALE (2008)

GIGUÈRE, Serge
réalisateur québécois
BELLE FAMILLE (1978)
DEPUIS QUE LE MONDE EST MONDE (1981)
OSCAR THIFFAULT (1987)
ROI DU DRUM, LE (1992)
9, ST-AUGUSTIN (1995)
SUZOR-CÔTÉ (2001)
À FORCE DE RÊVES (2006)

GILBERT, Brian
réalisateur
BREAKING GLASS (1980)
POLTERGEIST II (1986)
VICE VERSA (1988)
JOSEPHINE BAKER STORY, THE (1990)
NOT WITHOUT MY DAUGHTER (1990)
WHAT'S LOVE GOT TO DO WITH IT? (1993)
TOM & VIV (1994)
WILDE (1997)
STILL CRAZY (1998)
GATHERING, THE (2002)

GILBERT, Lewis
réalisateur anglais (1920-)
CARVE HER NAME WITH PRIDE (1958)
SINK THE BISMARCK! (1960)
DAMN THE DEFIANT! (1962)
7th DAWN, THE (1964)
ALFIE (1966)
YOU ONLY LIVE TWICE (1967)
FRIENDS (1970)
PAUL AND MICHELLE (1974)
OPERATION DAYBREAK (1975)
SPY WHO LOVED ME, THE (1977)
MOONRAKER (1979)
EDUCATING RITA (1982)
SHIRLEY VALENTINE (1989)
STEPPING OUT (1991)
HAUNTED (1995)

GILLIAM, Terry
réalisateur américain (1940-)
MONTY PYTHON AND THE HOLY GRAIL (1975)
JABBERWOCKY (1977)
TIME BANDITS (1981)
MONTY PYTHON'S THE MEANING OF LIFE (1983)
BRAZIL (1985)
ADVENTURES OF BARON MUNCHAUSEN, THE (1988)
FISHER KING, THE (1991)
12 MONKEYS (1995)
12 MONKEYS/THE THING (1995)
FEAR AND LOATHING IN LAS VEGAS (1998)
BROTHERS GRIMM (2005)
TIDELAND (2005)

GILLING, John
réalisateur anglais (1912-1985)
MY SON THE VAMPIRE (1952)
GAMMA PEOPLE, THE (1956)
FLESH AND THE FIENDS, THE (1959)
IT TAKES A THIEF (1960)
NIGHT CALLER FROM OUTER SPACE (1965)
PLAGUE OF THE ZOMBIES, THE (1965)
REPTILE, THE (1966)
MUMMY'S SHROUD, THE (1967)

GINGRAS, François
réalisateur québécois
FORTIER SÉRIE 1 (1999)
FORTIER SÉRIE 2 (2000)
CASINO (2006)
SŒURS ELLIOT, LES (SAISON 1) (2007)
SŒURS ELLIOT, LES (SAISON 2) (2007)

GION, Christian
réalisateur (1940-)
C'EST DUR POUR TOUT LE MONDE (1974)
JARDIN DES SUPPLICES, LE (1976)
GAGNANT, LE (1979)
PÉTROLE! PÉTROLE! (1981)
DIPLÔMÉS DU DERNIER RANG, LES (1982)
J'AI RENCONTRÉ LE PÈRE NOËL (1984)
PIZZAIOLO ET MOZZAREL (1985)

GIOVANNI, José
réalisateur français (1923-)
RAPACE, LE (1968)
DERNIER DOMICILE CONNU (1970)
SCOUMOUNE, LA (1972)
DEUX HOMMES DANS LA VILLE (1973)
GITAN, LE (1975)
COMME UN BOOMERANG (1976)
ÉGOUTS DU PARADIS, LES (1979)
RUFFIAN, LE (1982)
MON AMI LE TRAÎTRE (1988)

GIRARD, François
réalisateur québécois (1963-)
CARGO (1990)
32 SHORT FILMS ABOUT GLENN GOULD (1993)
PETER GABRIEL: SECRET WORLD LIVE (1993)
VIOLON ROUGE, LE (1998)
YO-YO MA INSPIRED BY BACH: 01 (1998)
SILK (2007)

GIRAULT, Jean
réalisateur français (1924-1982)
POUIC POUIC (1963)
FAITES SAUTER LA BANQUE (1964)
GENDARME DE SAINT-TROPEZ, LE (1964)
GORILLES, LES (1964)
GENDARME À NEW YORK, LE (1965)
GRANDES VACANCES, LES (1967)
GENDARME SE MARIE, LE (1968)
GENDARME EN BALADE, LE (1970)
CHARLOTS FONT L'ESPAGNE, LES (1972)
CONCIERGE, LE (1973)
PERMIS DE CONDUIRE, LE (1973)
ANNÉE SAINTE, L' (1976)
MILLE-PATTES FAIT DES CLAQUETTES, LE (1977)
GENDARME ET LES EXTRA-TERRESTRES, LE (1978)
AVARE, L' (1980)
SOUPE AUX CHOUX, LA (1981)
GENDARME ET LES GENDARMETTES, LE (1982)

GIROD, Francis
réalisateur français (1944-)
TRIO INFERNAL, LE (1974)
ÉTAT SAUVAGE, L' (1978)
BANQUIÈRE, LA (1980)
GRAND FRÈRE, LE (1982)
BON PLAISIR, LE (1983)
DESCENTE AUX ENFERS (1986)
LACENAIRE (1990)
LUMIÈRE ET COMPAGNIE (1995)

GITAÏ, Amos
réalisateur israélien (1950-)
HOUSE / A HOUSE IN JERUSALEM (1979)
FIELD DIARY / ARENA OF MURDER (1982)
ESTHER (1985)
AMOS GITAÏ: EXILE (1987)
BERLIN JERUSALEM (1989)
BIRTH OF A GOLEM (1990)
GOLEM: THE PETRIFIED GARDEN (1993)
DEVARIM (1995)
YOM YOM (1998)
KADOSH (1999)
KIPPUR (2000)
KEDMA (2002)
SEPTEMBRE 11-09-01 (2002)
ALILA (2003)
FREE ZONE (2005)
PLUS TARD, TU COMPRENDRAS (2008)

GLADU, André
réalisateur québécois (1945-)
RÉEL DU PENDU, LE (1972)
MARC-AURÈLE FORTIN (1983)
PELLAN (1986)
LIBERTY STREET BLUES (1988)
GASTON MIRON: LES OUTILS DU POÈTE (1994)
CONQUÊTE DU GRAND ÉCRAN, LA (1996)

GLEN, John
réalisateur anglais (1932-)
FOR YOUR EYES ONLY (1981)
OCTOPUSSY (1983)
VIEW TO A KILL, A (1985)
LIVING DAYLIGHTS, THE (1987)
LICENCE TO KILL (1989)
CHRISTOPHER COLUMBUS: THE DISCOVERY (1992)

GLENVILLE, Peter
réalisateur anglais (1913-1996)
PRISONER, THE (1955)
ME AND THE COLONEL (1958)
SUMMER AND SMOKE (1962)
BECKET (1964)
HOTEL PARADISO (1966)
COMEDIANS, THE (1967)

GOBBI, Sergio
réalisateur italien (1938-)
MALDONNE (1968)
TEMPS DES LOUPS, LE (1969)
VORACES, LES (1972)
ARBALÈTE, L' (1984)
NUIT DU RISQUE, LA (1986)
REWIND (1997)

GODARD, Jean-Luc
réalisateur français (1930-)
À BOUT DE SOUFFLE (1959)
FEMME EST UNE FEMME, UNE (1960)
PETIT SOLDAT, LE (1961)
SEPT PÉCHÉS CAPITAUX, LES (1961)
CARABINIERS, LES (1962)
ROGOPAG (1962)
VIVRE SA VIE (1962)
MÉPRIS, LE (1963)
BANDE À PART (1964)
UNE FEMME MARIÉE (1964)
ALPHAVILLE (1965)
PARIS VU PAR... (1965)
PIERROT LE FOU (1965)
MASCULIN, FÉMININ (1966)
DEUX OU TROIS CHOSES QUE JE SAIS D'ELLE (1967)
WEEK-END (1967)
GAI SAVOIR, LE (1968)
SYMPATHY FOR THE DEVIL (1968)
LOVE AND ANGER (1969)
TOUT VA BIEN (1972)
ICI ET AILLEURS (1974)
NUMÉRO DEUX (1975)
PASSION (1982)
PRÉNOM: CARMEN (1983)
JE VOUS SALUE MARIE (1984)
DÉTECTIVE (1985)
ARIA (1987)
KING LEAR (1987)
SOIGNE TA DROITE! (1987)
NOUVELLE VAGUE (1990)
ALLEMAGNE ANNÉE 90, NEUF ZÉRO (1991)
HÉLAS POUR MOI (1992)
JLG / JLG- AUTOPORTAIT DE DÉCEMBRE (1995)
FOR EVER MOZART (1996)
ÉLOGE DE L'AMOUR (2001)
NOTRE MUSIQUE (2004)

GODBOUT, Jacques
réalisateur québécois (1933-)
DIEUX, LES (1961)
ÉCOLE DES PEINTRES, L' (1962)
JACQUES DE TONNANCOUR (1962)
POUR QUELQUES ARPENTS DE NEIGE (1962)
ROSE ET LANDRY (1963)
FABIENNE SANS SON JULES (1964)
HUIT TÉMOINS (1964)
MONDE VA NOUS PRENDRE POUR DES SAUVAGES, LE (1964)
PAUL-ÉMILE BORDUAS (1964)
YUL 871 (1966)
KID SENTIMENT (1968)
VRAIS COUSINS, LES (1970)
IXE-13 (1971)
GAMMICK, LA (1974)
AIMEZ-VOUS LES CHIENS? (1975)
DERRIÈRE L'IMAGE (1978)
DEUX ÉPISODES DANS LA VIE D'HUBERT AQUIN (1979)
FEU L'OBJECTIVITÉ (1979)
UN MONOLOGUE NORD-SUD (1982)
COMME EN CALIFORNIE (1983)
QUEBEC SOFT (1985)
EN DERNIER RECOURS (1987)
ALIAS WILL JAMES (1988)
MOUTON NOIR, LE (1992)
AFFAIRE NORMAN WILLIAM, L' (1994)
SORT DE L'AMÉRIQUE, LE (1996)
INVENTION DU STRESS, L' (1998)
ANNE HÉBERT: UN LIVRE EN NOIR (2000)
TRAÎTRE OU PATRIOTE (2000)
HÉRITIERS DU MOUTON NOIR, LES (2003)

GOLAN, Menahem
réalisateur israélien (1929-)
LEPKE (1974)
DIAMONDS (1975)
OVER THE TOP (1987)
HANNA'S WAR (1988)
HIT THE DUTCHMAN (1992)
VERSACE MURDER, THE (1998)

GOLDSTONE, James
réalisateur américain (1931-1999)
WINNING (1969)
BROTHER JOHN (1971)
GANG THAT COULDN'T SHOOT STRAIGHT, THE (1971)
THEY ONLY KILL THEIR MASTERS (1972)
SWASHBUCKLER (1976)
ROLLERCOASTER (1977)
WHEN TIME RAN OUT... (1980)

GOMEZ PEREIRA, Manuel
réalisateur espagnol (1958-)
WHY DO THEY CALL IT LOVE WHEN THEY MEAN SEX? (1992)
BOUCHE À BOUCHE (1995)
LOVE CAN SERIOUSLY DAMAGE YOUR HEALTH (1996)
ENTRE LES JAMBES (1999)

GOMEZ, Nick
réalisateur américain (1963-)
LAWS OF GRAVITY (1992)
HOMICIDE: LIFE ON THE STREET (1993)
NEW JERSEY DRIVE (1994)
ILLTOWN (1996)
DROWNING MONA (2000)

GONDRY, Michel
réalisateur français (1963-)
HUMAN NATURE (2001)
WORK OF DIRECTOR MICHEL GONDRY, THE (2003)
ETERNAL SUNSHINE OF THE SPOTLESS MIND (2004)
DAVE CHAPPELLE'S BLOCK PARTY (2005)

SCIENCE OF SLEEP, THE (2006)
BE KIND REWIND (2008)
TOKYO! (2008)

GORDON, Bert I.
réalisateur américain (1922-)
AMAZING COLOSSAL MAN, THE (1957)
BEGINNING OF THE END (1957)
CYCLOPS, THE (1957)
ATTACK OF THE PUPPET PEOPLE (1958)
EARTH VS. THE SPIDER (1958)
WAR OF THE COLOSSAL BEAST (1958)
MAGIC SWORD, THE (1962)
VILLAGE OF THE GIANTS (1965)
WITCHING, THE (1972)
EMPIRE OF THE ANTS (1977)

GORDON, Michael
réalisateur américain (1909-1993)
CYRANO DE BERGERAC (1950)
PILLOW TALK (1959)
PORTRAIT IN BLACK (1960)
BOY'S NIGHT OUT (1962)
MOVE OVER, DARLING (1963)
TEXAS ACROSS THE RIVER (1966)
IMPOSSIBLE YEARS, THE (1968)

GORDON, Stuart
réalisateur américain (1946-)
RE-ANIMATOR (1985)
FROM BEYOND (1986)
DOLLS (1987)
DAUGHTER OF DARKNESS (1990)
ROBOT JOX (1990)
PIT AND THE PENDULUM, THE (1991)
FORTRESS (1992)
CASTLE FREAK (1995)
WONDERFUL ICE CREAM SUIT, THE (1998)
DAGON (2001)
KING OF THE ANTS (2003)
EDMOND (2005)
MASTERS OF HORROR - DREAMS IN THE WITCH HOUSE (2005)
MASTERS OF HORROR: THE BLACK CAT (2007)
STUCK (2007)

GOSNELL, Raja
réalisateur américain (1968-)
HOME ALONE 3 (1997)
NEVER BEEN KISSED (1999)
BIG MOMMA'S HOUSE (2000)
SCOOBY-DOO: THE MOVIE (2002)
SCOOBY-DOO 2: MONSTERS UNLEASHED (2004)
YOURS, MINE AND OURS (2005)
BEVERLY HILLS CHIHUAHUA (2008)

GOSSELIN, Bernard
réalisateur québécois (1934-)
MARTIEN DE NOËL, LE (1971)
JEAN CARIGNAN, VIOLONEUX (1975)
VEILLÉE DES VEILLÉES, LA (1976)
ANTICOSTE, L' (1986)
ARCHE DE VERRE, L' (1994)

GOULDING, Edmund
réalisateur anglais (1891-1959)
REACHING FOR THE MOON (1931)
GRAND HOTEL (1932)
RIPTIDE (1934)
THAT CERTAIN WOMAN (1937)
DAWN PATROL, THE (1938)
DARK VICTORY (1939)
GREAT LIE, THE (1941)
OLD MAID, THE (1941)
FOREVER AND A DAY (1943)
RAZOR'S EDGE, THE (1946)
NIGHTMARE ALLEY (1947)
WE'RE NOT MARRIED (1952)

GRAHAM, William A.
réalisateur (1933-)
SUBMARINE X-1 (1967)
WATERHOLE #3 (1967)
CHANGE OF HABIT (1969)
WHERE THE LILIES BLOOM (1974)
21 HOURS AT MUNICH (1976)
AMAZING HOWARD HUGHES, THE (1977)
GUYANA TRAGEDY: THE STORY OF JIM JONES (1980)
RETURN TO THE BLUE LAGOON, THE (1991)
MAN WHO CAPTURED EICHMANN, THE (1996)

GRANGIER, Gilles
réalisateur français (1911-1996)
POISSON D'AVRIL (1954)
ROUGE EST MIS, LE (1957)
TROIS JOURS À VIVRE (1957)
VIEUX DE LA VIEILLE, LES (1960)
CAVE SE REBIFFE, LE (1962)
GENTLEMAN D'EPSOM, LE (1962)
VOYAGE À BIARRITZ, LE (1962)
CUISINE AU BEURRE, LA (1963)
ÂGE INGRAT, L' (1964)

GRANIER-DEFERRE, Pierre
réalisateur français (1927-)
HORSE, LA (1969)
CHAT, LE (1971)
VEUVE COUDERC, LA (1971)
RACE DES SEIGNEURS, LA (1973)
TRAIN, LE (1973)
ADIEU POULET (1975)
UNE FEMME À SA FENÊTRE (1977)
TOUBIB, LE (1979)
AMI DE VINCENT, L' (1983)
HOMME AUX YEUX D'ARGENT, L' (1985)
COURS PRIVÉ (1986)
NOYADE INTERDITE (1987)

GREEN, Alfred E.
réalisateur américain (1889-1960)
THROUGH THE BACK DOOR (1921)
DISRAELI (1929)
SMART MONEY (1931)
DANGEROUS (1935)
MR. WINKLE GOES TO WAR (1944)
THOUSAND AND ONE NIGHTS, A (1945)
JOLSON STORY, THE (1946)
COPACABANA (1947)
FABULOUS DORSEYS, THE (1947)
FOUR FACES WEST (1948)
JACKIE ROBINSON STORY, THE (1950)
INVASION USA (1952)

GREEN, Guy
réalisateur anglais (1913-)
DIAMOND HEAD (1962)
PATCH OF BLUE, A (1965)
MAGUS, THE (1968)
WALK IN THE SPRING RAIN (1969)
LUTHER (1973)
ONCE IS NOT ENOUGH (1975)

GREEN, Joseph
réalisateur polonais (1900-1996)
YIDL WITH A FIDDLE (1936)
JESTER, THE (1937)
LETTER TO MOTHER, A (1938)
LITTLE LETTER TO MOTHER (1938)
BRAIN THAT WOULDN'T DIE, THE (1962)

GREENAWAY, Peter
réalisateur anglais (1942-)
DRAUGHTSMAN'S CONTRACT, THE (1982)
4 AMERICAN COMPOSERS (1983)
26 BATHROOMS (1985)
ZOO - A ZED AND TWO NOUGHTS (1985)
BELLY OF AN ARCHITECT, THE (1987)
DEATH IN THE SEINE (1988)
DROWNING BY NUMBERS (1988)
COOK, THE THIEF, HIS WIFE & HER LOVER, THE (1989)
PROSPERO'S BOOKS (1991)
8 MAN AFTER (1993)
LUMIÈRE ET COMPAGNIE (1995)
PILLOW BOOK, THE (1996)
8 1/2 WOMEN (1999)

GREENE, David
réalisateur anglais (1921-)
MOON OVER HARLEM (1939)
MADAME SIN (1972)
GODSPELL (1973)
COUNT OF MONTE CRISTO, THE (1976)
ROOTS (1977)
GRAY LADY DOWN (1978)
HARD COUNTRY (1981)
BUSTER (1988)

GREENWALD, Robert
réalisateur américain (1945-)
XANADU (1980)
BURNING BED, THE (1984)
SWEET HEARTS DANCE (1988)
HEAR NO EVIL (1993)
BREAKING UP (1997)
UNCOVERED: THE WHOLE TRUTH ABOUT IRAQ WAR (2003)
OUTFOXED: RUPERT MURDOCH'S WAR ON JOURNALISM (2004)
IRAQ FOR SALE: WAR PROFITEERS (2006)

GREYSON, John
réalisateur canadien (1960-)
URINAL (1988)
ZERO PATIENCE (1993)
LILIES (1996)
UNCUT (1997)
LAW OF ENCLOSURES, THE (2000)
PROTEUS (2003)

GRIES, Tom
réalisateur américain (1922-1977)
FINISHING TOUCH (1928)
MAN FROM U.N.C.L.E, THE (1964)
WILL PENNY (1967)
100 RIFLES (1968)
QB VII (1974)
BREAKHEART PASS (1975)
BREAKOUT (1975)
HELTER SKELTER (1976)
MUHAMMAD ALI: THE GREATEST (1977)

GRIFFITH, D. W.
réalisateur américain (1875-1948)
FEMALE OF THE SPECIES, THE (1912)
MUSKETEERS OF PIG ALLEY (1912)
JUDITH OF BETHULIA (1913)
AVENGING CONSCIENCE, THE (1914)
HOME, SWEET HOME (1914)
JUDITH OF BETHULIA / HOME SWEET HOME (1914)
BIRTH OF A NATION, THE (1915)
INTOLERANCE (1916)
HEARTS OF THE WORLD (1918)
BROKEN BLOSSOMS (1919)
WAY DOWN EAST (1920)
ORPHANS OF THE STORM (1921)
AMERICA (1924)
ISN'T LIFE WONDERFUL? (1924)
SALLY OF THE SAWDUST (1925)
BATTLE OF THE SEXES (1928)
ABRAHAM LINCOLN (1930)
STRUGGLE, THE (1931)

GROSBARD, Ulu
réalisateur américain (1929-)
WHO IS HARRY KELLERMAN AND WHY IS HE TELLING THOSE TERRIBLE THINGS ABOUT ME? (1971)
STRAIGHT TIME (1977)
TRUE CONFESSIONS (1981)
FALLING IN LOVE (1984)
GEORGIA (1995)
DEEP END OF THE OCEAN, THE (1999)

GROULX, Gilles
réalisateur québécois (1931-1994)
CHAT DANS LE SAC, LE (1963)
ENTRE TU ET VOUS (1969)
OÙ ÊTES-VOUS DONC? (1969)
24 HEURES OU PLUS (1976)
AU PAYS DE ZOM (1983)

GROULX, Sylvie
réalisatrice québécoise (1953-)
GRAND-REMUE MÉNAGE, LE (1978)
GRANDIR: UNE INTRODUCTION À LA SEXUALITÉ (1991)
J'AIME, J'AIME PAS (1995)
HOMME TROP PRESSÉ PREND SON THÉ À LA FOURCHETTE, L' (2003)
CLASSE DE MADAME LISE, LA (2005)

GUÉDIGUIAN, Robert
réalisateur français (1953-)
DIEU VOMIT LES TIÈDES (1989)
ARGENT FAIT LE BONHEUR, L' (1992)
À LA VIE, À LA MORT (1995)
MARIUS ET JEANNETTE (1996)
À LA PLACE DU CŒUR (1998)
À L'ATTAQUE! (2000)
VILLE EST TRANQUILLE, LA (2000)
MARIE-JO ET SES DEUX AMOURS (2002)
PROMENEUR DU CHAMPS DE MARS, LE (2004)
VOYAGE EN ARMÉNIE, LE (2006)

GUEST, Christopher
réalisateur américain (1948-)
BIG PICTURE, THE (1988)
ATTACK OF THE 50 FOOT WOMAN (1993)
WAITING FOR GUFFMAN (1996)

BEST IN SHOW (2000)
MIGHTY WIND, A (2003)
FOR YOUR CONSIDERATION (2006)

GUEST, Val
réalisateur anglais (1911-)
MR. DRAKE'S DUCK (1951)
PENNY PRINCESS (1951)
QUATERMASS XPERIMENT, THE (1955)
ABOMINABLE SNOWMAN, THE (1957)
QUATERMASS 2 (1957)
EXPRESSO BONGO (1960)
HELL IS A CITY (1960)
DAY THE EARTH CAUGHT FIRE, THE (1961)
CASINO ROYALE (1967)
WHEN DINOSAURS RULED THE EARTH (1970)
AU PAIR GIRLS (1972)

GUILLERMIN, John
réalisateur anglais (1925-)
NEVER LET GO (1960)
WALTZ OF THE TOREADORS (1962)
GUNS AT BATASI (1964)
BLUE MAX, THE (1966)
BRIDGE AT REMAGEN, THE (1969)
EL CONDOR (1970)
SKYJACKED (1972)
SHAFT IN AFRICA (1973)
TOWERING INFERNO, THE (1974)
KING KONG (1976)
DEATH ON THE NILE (1978)
SHEENA (1984)
KING KONG LIVES (1986)

GUIOL, Fred
réalisateur américain (1898-1964)
DO DETECTIVES THINK? (1927)
SAILORS BEWARE (1927)
SECOND HUNDRED YEARS, THE (1927)
SUGAR DADDIES (1927)
WITH LOVE AND HISSES (1927)

GUITRY, Sacha
réalisateur français (1885-1957)
FAISONS UN RÊVE (1936)
MON PÈRE AVAIT RAISON (1936)
NOUVEAU TESTAMENT, LE (1936)
ROMAN D'UN TRICHEUR, LE (1936)
DÉSIRÉ (1937)
PERLES DE LA COURONNE, LES (1937)
QUADRILLE (1938)
REMONTONS LES CHAMPS-ÉLYSÉES (1938)
TRÉSOR DE CANTENAC, LE (1950)
POISON, LA (1951)
NAPOLÉON (1954)
ASSASSINS ET VOLEURS (1956)

GUTIERREZ ALEA, Tomàs
réalisateur cubain (1928-1996)
CUBAN MASTERWORKS COLLECTION (1900)
TWELVE CHAIRS, THE (1962)
DEATH OF A BUREAUCRAT (1966)
MEMORIES OF UNDERDEVELOP-MENT (1968)
LAST SUPPER, THE (1977)
UP TO A CERTAIN POINT (1983)
LETTERS FROM THE PARK (1988)
STRAWBERRY AND CHOCOLATE (1993)
GUANTANAMERA (1995)

GYLLENHAAL, Stephen
réalisateur américain (1949-)
KILLING IN A SMALL TOWN, A (1990)
PARIS TROUT (1991)
WATERLAND (1992)
DANGEROUS WOMAN, A (1993)
LOSING ISAIAH (1995)
HOMEGROWN (1998)

HAAS, Philip
réalisateur américain (1954-)
DAY ON THE GRAND CANAL WITH THE EMPEROR OF CHINA OR: SURFACE IS ILLUSION BUT SO IS DEPTH, A (1988)
MUSIC OF CHANCE, THE (1993)
ANGELS & INSECTS (1995)
BLOOD ORANGES, THE (1997)
UP AT THE VILLA (2000)
SITUATION, THE (2006)

HACKFORD, Taylor
réalisateur américain (1944-)
IDOLMAKER, THE (1980)
OFFICER AND A GENTLEMAN, AN (1981)
AGAINST ALL ODDS (1984)
WHITE NIGHTS (1985)
CHUCK BERRY: HAIL! HAIL! ROCK N' ROLL (1987)
EVERYBODY'S ALL-AMERICAN (1988)
BLOOD IN... BLOOD OUT (1992)
DOLORES CLAIBORNE (1995)
DEVIL'S ADVOCATE (1997)
PROOF OF LIFE (2000)
RAY (2004)

HALL, Alexander
réalisateur américain (1894-1968)
GOIN' TO TOWN (1935)
HERE COMES MR. JORDAN (1941)
THEY ALL KISSED THE BRIDE (1942)
ONCE UPON A TIME (1944)
DOWN TO EARTH (1947)
GREAT LOVER, THE (1949)
BECAUSE YOU'RE MINE (1952)
FOREVER DARLING (1955)

HALL, Peter
réalisateur anglais (1930-)
MIDSUMMER NIGHT'S DREAM, A (1968)
HOMECOMING, THE (1973)
MIDSUMMER NIGHT'S DREAM, A (1981)
ORPHEUS DESCENDING (1990)
NEVER TALK TO STRANGERS (1995)

HALLSTRÖM, Lasse
réalisateur suédois (1946-)
ABBA: THE MOVIE (1977)
MA VIE DE CHIEN (1985)
CHILDREN OF NOISY VILLAGE, THE (1986)
MORE ABOUT THE CHILDREN OF NOISY VILLAGE (1986)
ONCE AROUND (1990)
WHAT'S EATING GILBERT GRAPE? (1993)
LUMIÈRE ET COMPAGNIE (1995)
SOMETHING TO TALK ABOUT (1995)
CIDER HOUSE RULES, THE (1999)
CHOCOLATE (2000)
SHIPPING NEWS, THE (2001)
CASANOVA (2005)
UNFINISHED LIFE, AN (2005)
HOAX, THE (2006)

HAMER, Robert
réalisateur anglais (1911-1963)
DEAD OF NIGHT (1946)
KIND HEARTS AND CORONETS (1949)
DETECTIVE, THE (1954)
TO PARIS WITH LOVE (1955)
SCHOOL FOR SCOUNDRELS (1960)

HAMILTON, David
réalisateur anglais (1933-)
BILITIS (1977)
LAURA, LES OMBRES DE L'ÉTÉ (1979)
TENDRES COUSINES (1980)
PREMIERS DÉSIRS (1983)
UN ÉTÉ À SAINT-TROPEZ (1984)
LAURA (1999)

HAMILTON, Guy
réalisateur anglais (1922-1986)
COLDITZ STORY, THE (1954)
GOLDFINGER (1964)
FUNERAL IN BERLIN (1966)
BATTLE OF BRITAIN (1969)
DIAMONDS ARE FOREVER (1971)
LIVE AND LET DIE (1973)
MAN WITH THE GOLDEN GUN, THE (1974)
FORCE 10 FROM NAVARONE (1978)
MIRROR CRACK'D, THE (1980)
EVIL UNDER THE SUN (1981)
REMO WILLIAMS: THE ADVENTURE BEGIN (1985)

HANEKE, Michael
réalisateur allemand (1942-)
MICHAEL HANEKE BOX SET (1920)
SEVENTH CONTINENT, THE (1989)
BENNY'S VIDEO (1992)
71 FRAGMENTS OF A CHRONOLOGY OF CHANCE (1994)
LUMIÈRE ET COMPAGNIE (1995)
CASTLE, THE (1997)
FUNNY GAMES (1997)
CODE INCONNU (2000)
PIANISTE, LA (2001)
TEMPS DU LOUP, LE (2003)
CACHÉ (2005)
FUNNY GAMES (2008)

HÂNSEL, Marion
réalisatrice belge (1949-)
NOCES BARBARES, LES (1987)
IL MAESTRO (1989)
SUR LA TERRE COMME AU CIEL (1991)
BETWEEN THE DEVIL AND THE DEEP BLUE SEA (1995)
QUARRY, THE (1998)

HANSON, Curtis
réalisateur américain (1945-)
AROUSERS, THE (1970)
BEDROOM WINDOW, THE (1987)
BAD INFLUENCE (1990)
HAND THAT ROCKS THE CRADLE (1992)
RIVER WILD, THE (1994)
L.A. CONFIDENTIAL (1997)
WONDER BOYS (2000)
8 MILE (2002)
IN HER SHOES (2005)
LUCKY YOU (2006)

HARADA, Masato
réalisateur japonais (1943-)
GUNHED (1989)
KAMIKAZE TAXI (1995)
ROWING THROUGH (1996)
BOUNCE KO GALS (1997)
INUGAMI (2001)
SUICIDE SONG (2007)

HARLIN, Renny
réalisateur finlandais (1959-)
NIGHTMARE ON ELM STREET IV, A: THE DREAM MASTER (1988)
PRISON (1988)
ADVENTURES OF FORD FAIRLANE, THE (1990)
DIE HARD 2: DIE HARDER (1990)
CLIFFHANGER (1993)
CUTTHROAT ISLAND (1995)
LONG KISS GOODNIGHT, THE (1996)
DEEP BLUE SEA (1999)
DRIVEN (2001)
EXORCIST, THE: BEGINNING (2004)
MINDHUNTERS (2004)
COVENANT, THE (2006)
CLEANER (2007)

HARRINGTON, Curtis
réalisateur américain (1928-)
NIGHT TIDE (1961)
HOW AWFUL ABOUT ALLAN (1970)
WHAT'S THE MATTER WITH HELEN? (1971)
WHAT'S THE MATTER WITH HELEN? / WHOEVER SLEW AUNTIE ROO? (1971)
WHOEVER SLEW AUNTIE ROO? (1971)
WHOEVER SLEW AUNTIE ROO? (1971)
KILLING KIND, THE (1973)
RUBY (1977)
MATA HARI (1984)

HARTLEY, Hal
réalisateur américain (1960-)
UNBELIEVABLE TRUTH, THE (1989)
TRUST (1990)
SIMPLE MEN (1991)
SURVIVING DESIRE (1991)
AMATEUR (1994)
FLIRT (1995)
HENRY FOOL (1997)
BOOK OF LIFE, THE (1998)
GIRL FROM MONDAY, THE (2005)
FAY GRIM (2006)

HASKIN, Byron
réalisateur américain (1899-1984)
TREASURE ISLAND (1950)
WAR OF THE WORLDS (1952)
HIS MAJESTY O'KEEFE (1953)
NAKED JUNGLE, THE (1953)
CONQUEST OF SPACE (1954)
LONG JOHN SILVER (1954)
CAPTAIN SINBAD (1963)
ROBINSON CRUSOE ON MARS (1964)

HATHAWAY, Henry
réalisateur américain (1898-1985)
WILD HORSE MESA (1932)
SUNSET PASS (1933)
NOW AND FOREVER (1934)
LIVES OF A BENGAL LANCER, THE (1935)
GO WEST, YOUNG MAN (1936)

TRAIL OF THE LONESOME PINE, THE (1936)
SOULS AT SEA (1937)
SPAWN OF THE NORTH (1938)
REAL GLORY, THE (1939)
BRIGHAM YOUNG (1940)
JOHNNY APOLLO (1940)
SHEPHERD OF THE HILLS, THE (1940)
HOUSE ON 92nd STREET, THE (1944)
WING AND A PRAYER (1944)
DARK CORNER, THE (1945)
13 RUE MADELEINE (1946)
KISS OF DEATH (1946)
CALL NORTHSIDE 777 (1948)
BLACK ROSE (1949)
FOURTEEN HOURS (1950)
DESERT FOX, THE (1951)
O. HENRY'S FULL HOUSE (1951)
RAWHIDE (1951)
YOU'RE IN THE NAVY NOW (1951)
NIAGARA (1953)
PRINCE VALIANT (1953)
RACERS, THE (1954)
LEGEND OF THE LOST (1957)
NORTH TO ALASKA (1960)
SEVEN THIEVES (1960)
HOW THE WEST WAS WON (1962)
CIRCUS WORLD (1964)
SONS OF KATIE ELDER, THE (1965)
NEVADA SMITH (1966)
LAST SAFARI, THE (1967)
5 CARD STUD (1968)
TRUE GRIT (1969)
RAID ON ROMMEL (1970)

HAWKS, Howard
réalisateur américain (1896-1977)
GIRL IN EVERY PORT, A (1928)
CRIMINAL CODE, THE (1931)
SCARFACE (1932)
TODAY WE LIVE (1933)
TWENTIETH CENTURY (1934)
BARBARY COAST (1935)
CEILING ZERO (1936)
COME AND GET IT (1936)
BRINGING UP BABY (1938)
HIS GIRL FRIDAY (1939)
ONLY ANGELS HAVE WINGS (1939)
SERGEANT YORK (1941)
BALL OF FIRE (1942)
AIR FORCE (1943)
TO HAVE AND HAVE NOT (1944)
BIG SLEEP, THE (1946)
RED RIVER (1948)
SONG IS BORN, A (1948)
I WAS A MALE WAR BRIDE (1949)
O. HENRY'S FULL HOUSE (1951)
BIG SKY, THE (1952)
MONKEY BUSINESS (1952)
GENTLEMEN PREFER BLONDES (1953)
LAND OF THE PHARAOHS (1955)
RIO BRAVO (1959)
HATARI! (1962)
MAN'S FAVORITE SPORT? (1963)
EL DORADO (1967)
RIO LOBO (1970)

HAYNES, Todd
réalisateur américain (1961-)
POISON (1990)
DOTTIES GETS SPANKED (1993)
SAFE (1994)
VELVET GOLDMINE (1998)
FAR FROM HEAVEN (2002)
I'M NOT THERE (2007)

HECKERLING, Amy
réalisatrice,américaine (1954-)
FAST TIMES AT RIDGEMONT HIGH (1982)
JOHNNY DANGEROUSLY (1984)
NATIONAL LAMPOON'S EUROPEAN VACATION (1985)
LOOK WHO'S TALKING (1989)
LOOK WHO'S TALKING TOO (1990)
CLUELESS (1995)
I COULD NEVER BE YOUR WOMAN (2007)

HEISLER, Stuart
réalisateur américain (1894-1979)
MONSTER AND THE GIRL, THE (1941)
GLASS KEY, THE (1942)
ALONG CAME JONES (1945)
BLUE SKIES (1946)
SMASH-UP, THE STORY OF A WOMAN (1947)
CHAIN LIGHTNING (1950)
DALLAS (1950)
STAR, THE (1952)
BEACHHEAD (1954)
I DIED A THOUSAND TIMES (1955)

HELLMAN, Monte
réalisateur américain (1932-)
BACK DOOR TO HELL (1964)
FLIGHT TO FURY (1966)
RIDE IN THE WHIRLWIND (1966)
SHOOTING, THE (1966)
TWO LANE BLACKTOP (1971)
COCKFIGHTER (1974)
CHINA 9, LIBERTY 37 (1978)
IGUANA (1988)

HENENLOTTER, Frank
réalisateur américain (1950-)
BASKET CASE (1982)
BRAIN DAMAGE (1988)
BASKET CASE II (1989)
FRANKENHOOKER (1990)
BASKET CASE III (1992)

HENSON, Jim
réalisateur américain (1936-1990)
EMMET OTTER'S JUG-BAND CHRISTMAS (1977)
GREAT MUPPET CAPER, THE (1981)
DARK CRYSTAL, THE (1982)
LABYRINTH (1986)
STORYTELLER, THE - DEFINITIVE COLLECTION (1987)

HEREK, Stephen
réalisateur américain (1958-)
CRITTERS (1986)
BILL AND TED'S EXCELLENT ADVENTURE (1989)
DON'T TELL MOM THE BABYSITTER'S DEAD (1991)
MIGHTY DUCKS, THE (1992)
THREE MUSKETEERS, THE (1993)
MR. HOLLAND'S OPUS (1995)
101 DALMATIANS (1996)
HOLY MAN (1998)
ROCK STAR (2001)
LIFE OR SOMETHING LIKE IT (2002)
MAN OF THE HOUSE (2005)
DEAD LIKE ME: LIFE AFTER DEATH (2008)

HERMAN, Mark
réalisateur anglais (1954-)
BLAME IT ON THE BELLBOY (1991)
BRASSED OFF (1996)
LITTLE VOICE (1998)
HOPE SPRINGS (2003)
BOY IN STRIPPED PAJAMAS (2008)

HERMOSILLO, Jaime Humberto
réalisateur mexicain (1942-)
MARIA DEMI CORAZON (1979)
DONA HERLINDA AND HER SON (1985)
FORBIDDEN HOMEWORK (1990)
HOMEWORK (1990)
TAREA PROHIBIDA, LA (1992)
ESMERALDA COMES BY NIGHT (1997)
SUMMER OF MISS FORBES, THE (1998)

HÉROUX, Denis
réalisateur québécois (1940-)
INITIATION, L' (1969)
VALÉRIE (1969)
7 FOIS... (PAR JOUR) (1971)
QUELQUES ARPENTS DE NEIGE (1972)
J'AI MON VOYAGE! (1973)
POUSSE MAIS POUSSE ÉGAL (1974)
BORN FOR HELL (1975)
JACQUES BREL IS ALIVE AND WELL AND LIVING IN PARIS (1975)

HERTZ JURAN, Nathan
réalisateur autrichien (1907-)
BLACK CASTLE, THE (1952)
LAW AND ORDER (1953)
20 MILLION MILES TO EARTH (1956)
DEADLY MANTIS, THE (1956)
ATTACK OF THE 50 FOOT WOMAN (1957)
BRAIN FROM PLANET AROUS, THE (1957)
7th VOYAGE OF SINBAD, THE (1958)
GOOD DAY FOR A HANGING (1959)
JACK THE GIANT KILLER (1962)
FIRST MEN IN THE MOON (1964)
LAND RAIDERS (1969)

HERZ, Michael
réalisateur américain (1949-)
FIRST TURN ON!!, THE (1983)
STUCK ON YOU! (1984)
TOXIC AVENGER, THE (1984)
TROMA'S WAR (1988)
TOXIC AVENGER 2, THE (1989)
TOXIC AVENGER 3, THE (1989)

HERZOG, Werner
réalisateur allemand (1942-)
EVEN DWARFS STARTED SMALL (1971)
AGUIRRE, LA COLÈRE DE DIEU (1972)
ÉNIGME DE KASPAR HAUSER, L' (1974)
CŒUR DE VERRE (1976)
BALLADE DE BRUNO, LA (1977)
NOSFERATU: FANTÔME DE LA NUIT (1978)
WOYZECK (1979)
FITZCARRALDO (1981)
PAYS OÙ RÊVENT LES FOURMIS VERTES, LE (1984)
COBRA VERDE (1988)
HERDSMEN OF THE SUN (1988)
CERRO TORRE: SCREAM OF STONE (1991)
LESSONS OF DARKNESS (1992)
GESUALDO: DEATH FOR FIVE VOICES (1995)
LITTLE DIETER NEEDS TO FLY (1997)
MON ENNEMI INTIME (1999)
INVINCIBLE (2001)
WHEEL OF TIME (2003)
WHITE DIAMOND (2004)
GRIZZLY MAN (2005)
WILD BLUE YONDER (2005)
RESCUE DAWN (2006)
ENCOUNTERS AT THE END OF THE WORLD (2008)

HESSLER, Gordon
réalisateur anglais (1941-)
OBLONG BOX, THE (1969)
OBLONG BOX, THE / SCREAM AND SCREAM AGAIN (1969)
SCREAM AND SCREAM AGAIN (1969)
CRY OF THE BANSHEE (1970)
CRY OF THE BANSHEE / MURDERS IN THE RUE MORGUE (1970)
GOLDEN VOYAGE OF SINBAD, THE (1973)
CRY IN THE WILDERNESS (1974)
KOLCHAK NIGHT STALKER ORIGINAL SERIES (1974)
RAGE OF HONOR (1987)
GIRL IN A SWING, THE (1988)

HEWITT, Peter
réalisateur birtannique (1962-)
BILL AND TED'S BOGUS JOURNEY (1991)
TOM AND HUCK (1995)
BORROWERS, THE (1997)
WHATEVER HAPPENED TO HAROLD SMITH (1999)
THUNDERPANTS (2002)
GARFIELD: THE MOVIE (2004)

HEYNEMANN, Laurent
réalisateur français (1948-)
IL FAUT TUER BIRGITT HAAS (1980)
STELLA (1983)
FAUX ET USAGE DE FAUX (1990)
VIEILLE QUI MARCHAIT DANS LA MER, LA (1991)
UN ALLER SIMPLE (2001)

HICKENLOOPER, George
réalisateur américain (1965-)
SOME FOLKS CALL IT A SLING BLADE (1993)
DOGTOWN (1997)
BIG BRASS RING, THE (1999)
SHORT (1999)
MAN FROM ELYSIAN FIELDS, THE (2001)
MAYOR OF THE SUNSET STRIP (2003)
FACTORY GIRL (2006)

HICKOX, Anthony
réalisateur anglais (1964-)
WAXWORK (1988)
HELLRAISER III: HELL ON EARTH (1992)
WAXWORK II: LOST IN TIME (1992)
FULL ECLIPSE (1993)
PRINCE VALIANT (1996)
CONTAMINATED MAN (2000)

HICKS, Scott
réalisateur australien (1953-)
SHINE (1996)
SNOW FALLING ON CEDARS (1999)
HEARTS IN ATLANTIS (2001)
GLASS - A PORTRAIT OF PHILIP IN TWELVE PARTS (2007)
NO RESERVATIONS (2007)

HILL, George Roy
réalisateur américain (1922-2002)
PERIOD OF ADJUSTMENT (1962)
TOYS IN THE ATTIC (1963)
WORLD OF HENRY ORIENT, THE (1964)
HAWAII (1966)
THOROUGHLY MODERN MILLIE (1967)
BUTCH CASSIDY & THE SUNDANCE KID (1969)
SLAUGHTERHOUSE-FIVE (1972)
STING, THE (1973)
GREAT WALDO PEPPER, THE (1975)
SLAP SHOT (1976)
LITTLE ROMANCE, A (1979)
WORLD ACCORDING TO GARP (1982)
LITTLE DRUMMER GIRL, THE (1984)
FUNNY FARM (1988)

HILL, Jack
réalisateur américain (1933-)
SPIDER BABY (1964)
CULT OF THE DEAD (1968)
INCREDIBLE INVASION, THE (1968)
TORTURE ZONE (1968)
BIG DOLL HOUSE (1971)
COFFY (1973)
FOXY BROWN (1974)
SWITCHBLADE SISTERS (1975)

HILL, Walter
réalisateur américain (1942-)
HARD TIMES (1975)
DRIVER, THE (1978)
WARRIORS, THE (1979)
LONG RIDERS, THE (1980)
SOUTHERN COMFORT (1981)
48 HOURS (1982)
STREETS OF FIRE (1984)
BREWSTER'S MILLIONS (1985)
CROSSROADS (1986)
EXTREME PREJUDICE (1987)
RED HEAT (1988)
JOHNNY HANDSOME (1989)
ANOTHER 48 HOURS (1990)
TRESPASS (1992)
GERONIMO: AN AMERICAN LEGEND (1993)
WILD BILL (1995)
LAST MAN STANDING (1996)
SUPERNOVA (1999)
UNDISPUTED (2002)

HILLER, Arthur
réalisateur canadien (1923-)
WHEELER DEALERS, THE (1963)
AMERICANIZATION OF EMILY, THE (1964)
PROMISE HER ANYTHING (1965)
TOBRUK (1966)
OUT-OF-TOWNERS, THE (1969)
POPI (1969)
LOVE STORY (1970)
PLAZA SUITE (1970)
HOSPITAL, THE (1971)
MAN OF LA MANCHA (1972)
MAN IN THE GLASS BOOTH, THE (1974)
SILVER STREAK (1976)
IN-LAWS, THE (1979)
AUTHOR! AUTHOR! (1982)
MAKING LOVE (1982)
LONELY GUY, THE (1984)
TEACHERS (1984)
OUTRAGEOUS FORTUNE (1987)
SEE NO EVIL, HEAR NO EVIL (1989)
TAKING CARE OF BUSINESS (1990)
MARRIED TO IT (1991)
BABE, THE (1992)

HILLYER, Lambert
réalisateur américain (1889-1969)
TOLL GATE, THE (1920)
SHOCK, THE (1923)
DRACULA'S DAUGHTER (1936)
INVISIBLE RAY, THE (1936)
BATMAN - SERIAL COLLECTION (1943)

HITCHCOCK, Alfred
réalisateur anglais (1899-1980)
ALFRED HITCHCOCK: MASTER OF SUSPENSE (1926)
LODGER, THE (1926)
LODGER, THE / MURDER (1926)
EASY VIRTUE (1927)
RING, THE (1927)
CHAMPAGNE (1928)
FARMER'S WIFE, THE (1928)
BLACKMAIL (1929)
JUNO AND THE PAYCOCK (1929)
MANXMAN, THE (1929)
RICH AND STRANGE (1929)
JUNO AND THE PAYCOCK / BLACKMAIL (1930)
MURDER (1930)
MURDER! / RICH AND STRANGE / SORCERER'S APPRENTICE (1930)
SKIN GAME, THE (1931)
NUMBER 17 (1932)
NUMBER 17 / THE RING (1932)
MAN WHO KNEW TOO MUCH, THE (1934)
39 STEPS, THE (1935)
SABOTAGE (1936)
SECRET AGENT (1936)
YOUNG AND INNOCENT (1937)
LADY VANISHES, THE (1938)
JAMAICA INN (1939)
REBECCA (1939)
FOREIGN CORRESPONDENT (1940)
MR. AND MRS. SMITH (1941)
SUSPICION (1941)
SABOTEUR (1942)
SHADOW OF A DOUBT (1942)
LIFEBOAT (1943)
BON VOYAGE / AVENTURE MALGACHE (1944)
SPELLBOUND (1945)
NOTORIOUS (1946)
PARADINE CASE, THE (1947)
ROPE (1948)
UNDER CAPRICORN (1949)
STAGE FRIGHT (1950)
STRANGERS ON A TRAIN (1951)
I CONFESS (1953)
DIAL M FOR MURDER (1954)
REAR WINDOW (1954)
TO CATCH A THIEF (1955)
TROUBLE WITH HARRY, THE (1955)
MAN WHO KNEW TOO MUCH, THE (1956)
WRONG MAN, THE (1956)
VERTIGO (1958)
NORTH BY NORTHWEST (1959)
PSYCHO (1960)
BIRDS, THE (1963)
MARNIE (1964)
TORN CURTAIN (1966)
TOPAZ (1969)
FRENZY (1972)
FAMILY PLOT (1975)

HOBLIT, Gregory
réalisateur américain (1944-)
PRIMAL FEAR (1996)
FALLEN (1997)
FREQUENCY (2000)
HART'S WAR (2002)
FRACTURE (2007)
UNTRACEABLE (2008)

HODGES, Mike
réalisateur anglais (1932-)
GET CARTER (1971)
PULP (1972)
TERMINAL MAN, THE (1974)
FLASH GORDON (1980)
MORONS FROM OUTER SPACE (1985)
PRAYER FOR THE DYING, A (1987)
BLACK RAINBOW (1989)
CROUPIER (1998)
I'LL SLEEP WHEN I'M DEAD (2003)

HOFFMAN, Jerzy
réalisateur polonais (1932-)
LAW AND THE FIST, THE (1964)
COLONEL WOLODYJOWSKI (1968)
DELUGE I, THE (1974)
DELUGE II, THE (1974)
DELUGE, THE (1974)
LEPER (1976)
QUACK, THE (1982)
BEAUTIFUL STRANGER (1992)
WITH FIRE AND SWORD (1999)

HOFFMAN, Michael
réalisateur américain (1956-)
PROMISED LAND (1987)
SOME GIRLS (1988)
SOAPDISH (1991)
RESTORATION (1995)
ONE FINE DAY (1996)
MIDSUMMER NIGHT'S DREAM, A (1999)
EMPEROR'S CLUB, THE (2002)
GAME 6 (2005)

HOGAN, James
réalisateur américain (1891-1943)
DESERT GOLD (1936)
BULLDOG DRUMMOND ESCAPES (1937)
TEXANS, THE (1938)
BULLDOG DRUMMOND'S SECRET POLICE (1939)
TEXAS RANGERS RIDES AGAIN (1940)
MAD GHOUL, THE (1943)

HOLCOMB, Rod
réalisateur
CAPTAIN AMERICA (1979)
CHINA BEACH (1988)
CHAINS OF GOLD (1991)
SONGS IN ORDINARY TIMES (2000)
PENTAGON PAPERS, THE (2003)

HOLLAND, Agnieszka
réalisatrice,polonaise (1948-)
FEVER (1980)
LONELY WOMAN, A (1981)
ANGRY HARVEST (1984)
TO KILL A PRIEST (1988)
EUROPA, EUROPA (1990)
OLIVIER, OLIVIER (1992)
SECRET GARDEN, THE (1993)
TOTAL ECLIPSE (1995)
WASHINGTON SQUARE (1997)
THIRD MIRACLE, THE (1999)
JULIE WALKING HOME (2001)
SHOT IN THE HEART (2001)
COPYING BEETHOVEN (2006)

HOLLAND, Tom
réalisateur américain (1943-)
FRIGHT NIGHT (1985)
FATAL BEAUTY (1987)
CHILD'S PLAY (1988)
TEMP, THE (1993)
LANGOLIERS, THE (1995)
THINNER (1996)
MASTERS OF HORROR - WE ALL SCREAM FOR ICE CREAM (2006)

HONDA, Inoshiro
réalisateur japonais (1911-1993)
GOJIRA (1954)
RODAN (1957)
HALF-HUMAN (1958)
MOTHRA (1961)
KING KONG VS GODZILLA (1962)
GHIDRAH, THE THREE-HEADED MONSTER (1965)
GODZILLA VS. MONSTER ZERO (1966)
WAR OF THE GARGANTUAS, THE (1967)
GODZILLA'S REVENGE (1969)
TERROR OF MECHAGODZILLA (1975)

HONDA, Ishirô
réalisateur japonais (1911-1993)
PRISONNIERE DES MARTIENS (1959)
GODZILLA VS. MOTHRA (1963)
GHIDORAH THE THREE-HEADED MONSTER (1964)
INVASION OF THE ASTRO MONSTER (1965)
DESTROY ALL MONSTERS! (1968)
LATITUDE ZERO (1969)

HOOKS, Kevin
réalisateur américain (1958-)
V, THE COMPLETE SERIES (1983)
STRICTLY BUSINESS (1991)
PASSENGER 57 (1992)
FLED (1996)
LOST (SEASON 1) (2004)

HOOPER, Tobe
réalisateur américain (1946-)
TEXAS CHAINSAW MASSACRE, THE (1974)
EATEN ALIVE (1976)
SALEM'S LOT: THE MOVIE (1979)
FUNHOUSE, THE (1981)
POLTERGEIST (1982)
LIFEFORCE (1985)
INVADERS FROM MARS (1986)
TEXAS CHAINSAW MASSACRE II, THE (1986)
SPONTANEOUS COMBUSTION (1989)
BODY BAGS (1993)
MANGLER, THE (1994)
TOOLBOX MURDERS (2003)

MASTERS OF HORROR - DANCE OF THE DEAD (2005)
MASTERS OF HORROR - THE DAMNED THING (2006)

HOOPER, Tom
réalisateur anglais (1972-)
LOVE IN A COLD CLIMATE (2000)
DANIEL DERONDA (2002)
PRIME SUSPECT 6: THE LAST WITNESS (2003)
RED DUST (2004)
ELIZABETH I (2005)
LONGFORD (2006)
JOHN ADAMS (2008)

HOPKINS, Stephen
réalisateur jamaïcain (1958-)
NIGHTMARE ON ELM STREET V, A: THE DREAM CHILD (1989)
PREDATOR 2 (1990)
JUDGMENT NIGHT (1993)
BLOWN AWAY (1994)
GHOST AND THE DARKNESS, THE (1996)
LOST IN SPACE (1998)
UNDER SUSPICION (1999)
LIFE AND DEATH OF PETER SELLERS, THE (2003)
TRAFFIC: THE MINISERIES (2004)
REAPING, THE (2007)

HOPPER, Dennis
réalisateur américain (1936-)
EASY RIDER (1969)
OUT OF THE BLUE (1980)
BACKTRACK (1988)
COLORS (1988)
HOT SPOT, THE (1990)

HOU, Hsiao-hsien
réalisateur chinois (1947-)
BOYS FROM FENGKUEI, THE (1983)
SUMMER AT GRANDPA'S (1984)
TIME TO LIVE AND THE TIME TO DIE, THE (1985)
DUST IN THE WIND (1986)
PUPPETMASTER, THE (1993)
GOOD MEN, GOOD WOMEN (1995)
GOODBYE SOUTH, GOODBYE (1996)
FLOWERS OF SHANGHAI (1998)
THREE TIMES (2005)
VOYAGE DU BALLON ROUGE, LE (2007)

HOUGH, John
réalisateur anglais (1941-)
EYEWITNESS (1970)
TREASURE ISLAND (1972)
LEGEND OF HELL HOUSE, THE (1973)
DIRTY MARY CRAZY LARRY (1974)
ESCAPE TO WITCH MOUNTAIN (1975)
RETURN FROM WITCH MOUNTAIN (1978)
WATCHER IN THE WOODS, THE (1981)
INCUBUS, THE (1982)
TRIUMPHS OF A MAN CALLED HORSE (1983)
HOWLING IV (1988)

HOWARD, Ron
réalisateur américain (1954-)
GRAND THEFT AUTO (1977)
NIGHT SHIFT (1982)
SPLASH (1984)
COCOON (1985)
GUNG HO (1986)
WILLOW (1988)
PARENTHOOD (1989)
BACKDRAFT (1991)
FAR AND AWAY (1992)
PAPER, THE (1994)
APOLLO 13 (1995)
RANSOM (1996)
ED TV (1999)
DR. SEUSS' HOW THE GRINCH STOLE CHRISTMAS (2000)
BEAUTIFUL MIND, A (2001)
MISSING, THE (2003)
CINDERELLA MAN (2005)
DA VINCI CODE, THE (2006)
FROST/NIXON (2008)
ANGELS & DEMONS (2009)

HUBERT, Jean-Loup
réalisateur français (1949-)
SMALA, LA (1984)
GRAND CHEMIN, LE (1986)
APRÈS LA GUERRE (1989)
REINE BLANCHE, LA (1991)
À CAUSE D'ELLE (1993)
MARTHE (1997)

HUDSON, Hugh
réalisateur anglais (1936-)
CHARIOTS OF FIRE (1981)
GREYSTOKE: THE LEGEND OF TARZAN (1983)
REVOLUTION (1985)
LOST ANGELS (1989)
MY LIFE SO FAR (1999)
I DREAMED OF AFRICA (2000)

HUGHES, John
réalisateur américain (1950-)
SIXTEEN CANDLES (1984)
BREAKFAST CLUB, THE (1985)
WEIRD SCIENCE (1985)
FERRIS BUELLER'S DAY OFF (1986)
PLANES, TRAINS AND AUTOMOBILES (1987)
SHE'S HAVING A BABY (1987)
UNCLE BUCK (1989)
CURLY SUE (1991)

HUMBERSTONE, Bruce
réalisateur américain (1903-1986)
I WAKE UP SCREAMING (1941)
ICELAND (1942)
TO THE SHORES OF TRIPOLI (1942)
HELLO FRISCO, HELLO (1943)
HELLO, FRISCO, HELLO (1943)
PIN UP GIRL (1944)
SUN VALLEY SERENADE (1944)
WONDER MAN (1945)
DESERT SONG, THE (1953)
TEN WANTED MEN (1954)

HUNEBELLE, André
réalisateur français (1896-1985)
3 MOUSQUETAIRES, LES (1953)
COLLÉGIENNES, LES (1957)
TAXI, ROULOTTE ET CORRIDA (1958)
BANCO À BANGKOK POUR OSS 117 (1964)
FANTÔMAS (1964)
FANTÔMAS SE DÉCHAÎNE (1965)
FURIA À BAHIA POUR OSS 117 (1965)
ESTOUFFADE À LA CARAÏBE (1967)
FANTÔMAS CONTRE SCOTLAND YARD (1967)
PAS DE ROSES POUR OSS 117 (1967)
SOUS LE SIGNE DE MONTE-CRISTO (1968)
CHARLOTS EN FOLIE: À NOUS QUATRE CARDINAL! (1974)
QUATRE CHARLOTS MOUSQUETAIRE, LES (1974)

HUNG, Sammo
réalisateur chinois (1952-)
IRON FISTED MONK (1977)
KNOCKABOUT (1979)
CARRY ON PICKPOCKET (1982)
PRODIGAL SON, THE (1983)
WHEELS ON MEALS (1984)
HEART OF DRAGON (1985)
HEART OF THE DRAGON (1985)
MY LUCKY STARS (1985)
EASTERN CONDORS (1986)
MILLIONAIRE'S EXPRESS, THE (1986)
SHANGAI EXPRESS (1986)
DRAGONS FOREVER (1988)
JACKIE CHAN: MR. NICE GUY (1998)

HUNTER, Tim
réalisateur américain (1947-)
TEX (1982)
RIVER'S EDGE (1986)
PAINT IT BLACK (1989)
LIES OF THE TWINS (1991)
SAINT OF FORT WASHINGTON, THE (1993)

HUSSEIN, Waris
réalisateur indien (1938-)
QUACKSER FORTUNE HAS A COUSIN IN THE BRONX (1970)
MELODY (1971)
POSSESSION OF JOEL DELANEY, THE (1972)
DIVORCE HIS - DIVORCE HERS (1973)
GLITTERING PRIZES, THE (1976)
EDWARD II AND MRS. SIMPSON (1978)
COPACABANA (1985)
SUMMER HOUSE, THE (1992)
SIXTH HAPPINESS (1997)

HUSTON, John
réalisateur américain (1906-1987)
MALTESE FALCON, THE (1941)
ACROSS THE PACIFIC (1942)
IN THIS OUR LIFE (1942)
LET THERE BE LIGHT (1945)
TREASURE OF THE SIERRA MADRE, THE (1948)
KEY LARGO (1949)
WE WERE STRANGERS (1949)
ASPHALT JUNGLE, THE (1950)
AFRICAN QUEEN, THE (1951)
RED BADGE OF COURAGE, THE (1951)
MOULIN ROUGE (1952)
BEAT THE DEVIL (1954)
HEAVEN KNOWS, MR. ALLISON (1956)
MOBY DICK (1956)
BARBARIAN AND THE GEISHA, THE (1958)
UNFORGIVEN, THE (1960)
MISFITS, THE (1961)
LIST OF ADRIAN MESSENGER, THE (1963)
NIGHT OF THE IGUANA, THE (1964)
BIBLE, THE (1966)
REFLECTIONS IN A GOLDEN EYE (1967)
FAT CITY (1971)
LIFE AND TIMES OF JUDGE ROY BEAN (1972)
MACKINTOSH MAN, THE (1973)
MAN WHO WOULD BE KING, THE (1975)
WISE BLOOD (1979)
VICTORY (1981)
ANNIE (1982)
UNDER THE VOLCANO (1984)
PRIZZI'S HONOR (1985)
DEAD, THE (1987)
PHOBIA (1989)

HUTTON, Brian G.
réalisateur américain (1935-)
WHERE EAGLES DARE (1968)
KELLY'S HEROES (1970)
X, Y AND ZEE (1971)
FIRST DEADLY SIN, THE (1980)
HIGH ROAD TO CHINA (1983)

HYAMS, Peter
réalisateur américain (1943-)
PEEPER (1975)
CAPRICORN ONE (1978)
HANOVER STREET (1979)
OUTLAND (1981)
STAR CHAMBER, THE (1983)
2010: THE YEAR WE MAKE CONTACT (1984)
RUNNING SCARED (1986)
PRESIDIO, THE (1988)
NARROW MARGIN (1990)
STAY TUNED (1992)
TIMECOP (1994)
SUDDEN DEATH (1995)
RELIC, THE (1996)
END OF DAYS (1999)
MUSKETEER, THE (2001)
SOUND OF THUNDER, A (2005)

HYTNER, Nicholas
réalisateur anglais (1956-)
MADNESS OF KING GEORGE, THE (1994)
CRUCIBLE, THE (1996)
OBJECT OF MY AFFECTION, THE (1998)
CENTER STAGE (2000)
HISTORY BOYS (2006)

ICHIKAWA, Kon
réalisateur japonais (1915-)
BURMESE HARP, THE (1956)
ÉTRANGE OBSESSION, L' (1959)
FEUX DANS LA PLAINE, LES (1960)
BEING TWO ISN'T EASY (1962)
REVENGE OF A KABUKI ACTOR (1963)
TOKYO OLYMPIAD (1965)
47 RONIN (1994)
DORA-HEITA (2000)
TEN NIGHTS OF DREAMS (2006)

IMAMURA, Shohei
réalisateur japonais (1926-)
FEMME INSECTE, LA (1963)
PORNOGRAPHERS, THE (1966)
VENGEANCE QUI EST MIENNE, LA (1979)
EIJANAIKA (1981)
BALLADE DE NARAYAMA, LA (1983)
PLUIE NOIRE (1989)
ANGUILLE, L' (1997)

DOCTEUR AKAGI (1998)
DE L'EAU TIÈDE SOUS UN PONT ROUGE (2001)
SEPTEMBRE 11-09-01 (2002)

INAGAKI, Hiroshi
réalisateur japonais (1905-)
SAMURAI 1: MUSASHI MYAMOTO (1954)
SAMURAI 2: DUEL AT ICHIJOJI (1954)
SAMURAI 3: DUEL AT GANRYU (1954)
SAMURAI TRILOGY (1954)
RIKISHA-MAN (1958)
CHUSHINGURA (1962)
SAMURAI BANNERS (1969)
INCIDENT AT BLOOD PASS (1970)

IRVIN, John
réalisateur anglais (1940-)
HARD TIMES (1977)
DOGS OF WAR, THE (1980)
GHOST STORY (1981)
TURTLE DIARY (1985)
RAW DEAL (1986)
HAMBURGER HILL (1987)
NEXT OF KIN (1989)
EMINENT DOMAIN (1990)
ROBIN HOOD (1991)
WIDOW'S PEAK (1994)
MONTH BY THE LAKE, A (1995)
CITY OF INDUSTRY (1996)
WHEN TRUMPETS FADE (1998)
NOAH'S ARK (1999)
FOURTH ANGEL (2000)
BOYS & GIRLS FROM COUNTY CLARE (2003)

ISHII, Takashi
réalisateur japonais (1946-)
GONIN (1995)
GONIN 2 (1996)
BLACK ANGEL COLLECTION, THE (1998)
FREEZE ME (2000)
FLOWER AND SNAKE (2004)
FLOWER AND SNAKE 2 (2005)

ITAMI, Juzo
réalisateur japonais (1933-1998)
FUNERAL, THE (1984)
TAMPOPO (1986)
TAXING WOMAN, A (1987)
TAXING WOMAN RETURN, A (1988)
MINBO: OR THE GENTLE ART OF JAPANESE EXTORSION (1992)

IVORY, James
réalisateur américain (1928-)
HOUSEHOLDER, THE (1963)
SHAKESPEARE WALLAH (1965)
BOMBAY TALKIE (1970)
SAVAGES (1972)
AUTOBIOGRAPHY OF A PRINCESS (1975)
WILD PARTY, THE (1975)
ROSELAND (1977)
EUROPEANS, THE (1979)
JANE AUSTEN IN MANHATTAN (1980)
QUARTET (1980)
HEAT AND DUST (1983)
BOSTONIANS, THE (1984)
ROOM WITH A VIEW, A (1985)
MAURICE (1987)
SLAVES OF NEW YORK (1989)
MR. & MRS. BRIDGE (1990)
HOWARDS END (1991)
REMAINS OF THE DAY, THE (1993)
JEFFERSON IN PARIS (1995)
LUMIÈRE ET COMPAGNIE (1995)
SURVIVING PICASSO (1996)
SOLDIER'S DAUGHTER NEVER CRIES, A (1998)
GOLDEN BOWL, THE (2000)
DIVORCE, LE (2003)
WHITE COUNTESS, THE (2005)

JACKSON, Mick
réalisateur anglais (1943-)
THREADS (1984)
CHATTAHOOCHEE (1990)
L.A. STORY (1991)
BODYGUARD, THE (1992)
CLEAN SLATE (1994)
INDICTMENT: THE MCMARTIN TRIAL (1995)
VOLCANO (1997)
LIVE FROM BAGHDAD (2002)
MEMORY KEEPER'S DAUGHTER, THE (2008)

JACKSON, Peter
réalisateur néo-zélandais (1961-)
BAD TASTE (1987)
MEET THE FEEBLES (1989)
BRAINDEAD (1992)
HEAVENLY CREATURES (1994)
FORGOTTEN SILVER (1995)
FRIGHTENERS, THE (1996)
LORD OF THE RINGS: THE FELLOWSHIP OF THE RING (2001)
LORD OF THE RINGS: THE TWO TOWERS, THE (2002)
LORD OF THE RINGS: THE RETURN OF THE KING (2003)
KING KONG (2005)
KING KONG: PETER JACKSON'S PRODUCTION DIARIES (2005)

JACOPETTI, Gualtiero
réalisateur italien (1919-)
MONDO CANE (1961)
WOMEN OF THE WORLD (1963)
MONDO CANE II (1964)
AFRICA ADDIO (1966)
GOODBYE UNCLE TOM (1971)
GODFATHERS OF MONDO, THE (2003)

JACQUOT, Benoît
réalisateur français (1947-)
DÉSENCHANTÉE, LA (1990)
FILLE SEULE, LA (1995)
SEPTIÈME CIEL, LE (1997)
ÉCOLE DE LA CHAIR, L' (1998)
SADE (2000)
PRINCESSE MARIE (2004)
INTOUCHABLE, L' (2006)

JAECKIN, Just
réalisateur français (1940-)
EMMANUELLE (1974)
HISTOIRE D'O (1975)
MADAME CLAUDE (1977)
DERNIER AMANT ROMANTIQUE, LE (1978)
FEMMES ENFANTS, LES (1979)
LADY CHATTERLEY'S LOVER (1981)
GWENDOLYNE (1983)

JAGLOM, Henry
réalisateur américain (1939-)
TRACKS (1976)
SITTING DUCKS (1978)
CAN SHE BAKE A CHERRY PIE? (1983)
ALWAYS (1985)
SOMEONE TO LOVE (1987)
NEW YEAR'S DAY (1989)
EATING (1990)
VENICE / VENICE (1992)
LAST SUMMER IN THE HAMPTONS (1995)
DÉJÀ VU (1997)
FESTIVAL IN CANNES (2001)
HOLLYWOOD DREAMS (2006)

JANCSO, Miklos
réalisateur hongrois (1921-)
ROUND UP (1965)
ROUGES ET BLANCS (1967)
ELECTRA, MY LOVE (1974)
VICES PRIVÉS ET VERTUS PUBLIQUES (1976)
HUNGARIAN RHAPSODY (1983)

JARMAN, Derek
réalisateur anglais (1942-1994)
SEBASTIANE (1976)
JUBILEE (1977)
TEMPEST, THE (1979)
ANGELIC CONVERSATION, THE (1985)
CARAVAGGIO (1986)
ARIA (1987)
LAST OF ENGLAND, THE (1987)
WAR REQUIEM (1988)
GARDEN, THE (1990)
EDWARD II (1991)
PET SHOP BOYS (1991)
DEREK JARMAN'S BLUE (1993)
WITTGENSTEIN (1993)

JARMUSCH, Jim
réalisateur américain (1953-)
STRANGER THAN PARADISE (1984)
DOWN BY LAW (1986)
MYSTERY TRAIN (1989)
NIGHT ON EARTH (1991)
DEAD MAN (1995)
YEAR OF THE HORSE (1997)
GHOST DOG: THE WAY OF THE SAMURAÏ (1999)
COFFEE & CIGARETTES (2003)
BROKEN FLOWERS (2005)

JARROLD, JULIAN
réalisateur anglais (1960-)
PAINTED LADY, THE (1997)
ALL THE KING'S MEN (1999)
GREAT EXPECTATIONS (1999)
KINKY BOOTS (2005)
BECOMING JANE (2007)
BRIDESHEAD REVISITED (2008)

JARROTT, Charles
réalisateur anglais (1927-)
STRANGE CASE OF DR. JEKYLL AND MR. HYDE, THE (1968)
ANNE OF THE THOUSAND DAYS (1969)
MARY, QUEEN OF SCOTS (1971)
DOVE, THE (1974)
LITTLEST HORSE THIEVES (1976)
OTHER SIDE OF MIDNIGHT, THE (1977)
CONDORMAN (1981)
BOY IN BLUE, THE (1985)

JESSUA, Alain
réalisateur français (1932-)
VIE À L'ENVERS, LA (1963)
JEU DE MASSACRE (1966)
TRAITEMENT DE CHOC (1972)
CHIENS, LES (1979)
PARADIS POUR TOUS (1982)
FRANKENSTEIN 90 (1984)
EN TOUTE INNOCENCE (1987)

JEUNET, Jean-Pierre
réalisateur français (1955-)
DELICATESSEN (1991)
CITÉ DES ENFANTS PERDUS, LA (1995)
ALIEN RESURRECTION (1997)
FABULEUX DESTIN D'AMÉLIE POULAIN, LE (2000)
UN LONG DIMANCHE DE FIANÇAILLES (2004)

JEWISON, Norman
réalisateur canadien (1926-)
40 POUNDS OF TROUBLE (1962)
THRILL OF IT ALL, THE (1963)
SEND ME NO FLOWERS (1964)
CINCINNATI KID, THE (1965)
RUSSIANS ARE COMING, THE RUSSIANS ARE COMING, THE (1966)
IN THE HEAT OF THE NIGHT (1967)
THOMAS CROWN AFFAIR, THE (1968)
FIDDLER ON THE ROOF (1971)
JESUS CHRIST SUPERSTAR (1973)
ROLLERBALL (1975)
F.I.S.T. (1978)
AND JUSTICE FOR ALL (1979)
BEST FRIENDS (1982)
SOLDIER'S STORY, A (1984)
AGNES OF GOD (1985)
MOONSTRUCK (1987)
IN COUNTRY (1989)
OTHER PEOPLE'S MONEY (1991)
ONLY YOU (1994)
BOGUS (1996)
HURRICANE, THE (1999)
STATEMENT, THE (2003)

JING, Wong
réalisateur chinois
GOD OF GAMBLERS (1990)
CITY HUNTER (1992)
GOD OF GAMBLER'S RETURN (1994)
NEW LEGEND OF SHAOLIN, THE (1994)
TWINKLE, TWINKLE LUCKY STAR (1996)
DEADLY CHINA HERO (1997)

JOANOU, Phil
réalisateur américain (1962-)
THREE O'CLOCK HIGH (1987)
U2 (1988)
STATE OF GRACE (1990)
FINAL ANALYSIS (1992)
HEAVEN'S PRISONERS (1995)
ENTROPY (1999)
GRIDIRON GANG (2006)

JODOROWSKY, Alejandro
réalisateur chilien (1929-)
FANDO AND LIS (1967)
EL TOPO (1971)
HOLY MOUNTAIN (1973)
SANTA SANGRE (1989)
RAINBOW THIEF, THE (1990)

JOFFE, Roland
réalisateur anglais (1945-)
KILLING FIELDS, THE (1984)
MISSION, THE (1986)
FAT MAN AND LITTLE BOY (1989)
CITY OF JOY (1992)
SCARLET LETTER, THE (1995)
GOODBYE LOVER (1998)
VATEL (2000)
CAPTIVITY (2006)

JOHNSON, Lamont
réalisateur américain (1922-)
GUNFIGHT, A (1970)
MCKENZIE BREAK, THE (1970)
GROUNDSTAR CONSPIRACY, THE (1972)
LAST AMERICAN HERO (1973)
LIPSTICK (1976)

JOHNSTON, Joe
réalisateur américain (1950-)
HONEY, I SHRUNK THE KIDS (1989)
ROCKETEER, THE (1991)
PAGEMASTER, THE (1994)
JUMANJI (1995)
OCTOBER SKY (1999)
JURASSIC PARK III (2001)
HIDALGO (2004)

JOLIVET, Pierre
réalisateur français (1952-)
COMPLEXE DU KANGOUROU, LE (1986)
FORCE MAJEURE (1988)
EN PLEIN CŒUR (1998)
MA PETITE ENTREPRISE (1999)
FRÈRE DU GUERRIER, LE (2002)
FILLES UNIQUES (2003)
JE CROIS QUE JE L'AIME (2007)

JONES, David Hugh
réalisateur anglais (1934-)
LANGRISHE GO DOWN (1978)
BETRAYAL (1983)
84 CHARING CROSS ROAD (1986)
CHRISTMAS WIFE, THE (1988)
JACKNIFE (1989)
TRIAL, THE (1993)
CHRISTMAS CAROL, A (1999)

JONES, Terry
réalisateur anglais (1942-)
MONTY PYTHON AND THE HOLY GRAIL (1975)
MONTY PYTHON'S LIFE OF BRIAN (1979)
MONTY PYTHON'S THE MEANING OF LIFE (1983)
PERSONAL SERVICES (1986)
ERIK THE VIKING (1989)
MR. TOAD'S WILD RIDE (1996)

JORDAN, Glenn
réalisateur américain (1936-)
HOGAN'S GOAT (1971)
ECCENTRICITIES OF A NIGHTINGALE, THE (1976)
MISERABLES, LES (1978)
BUDDY SYSTEM, THE (1983)
MASS APPEAL (1984)
O PIONEERS! (1991)
SARAH, PLAIN AND TALL (1991)
BARBARIANS AT THE GATE (1993)
STREETCAR NAMED DESIRE, A (1995)

JORDAN, Neil
réalisateur irlandais (1950-)
COMPANY OF WOLVES, THE (1984)
MONA LISA (1986)
HIGH SPIRITS (1988)
WE'RE NO ANGELS (1989)
MIRACLE, THE (1990)
CRYING GAME, THE (1992)
INTERVIEW WITH THE VAMPIRE (1994)
MICHAEL COLLINS (1996)
BUTCHER BOY, THE (1997)
IN DREAMS (1998)
END OF THE AFFAIR, THE (1999)
GOOD THIEF, THE (2002)
BREAKFAST ON PLUTO (2005)
BRAVE ONE, THE (2007)

JUGNOT, Gérard
réalisateur français (1951-)
PINOT, SIMPLE FLIC (1984)
SCOUT TOUJOURS... (1985)
UNE ÉPOQUE FORMIDABLE (1991)
MEILLEUR ESPOIR FÉMININ (2000)
MONSIEUR BATIGNOLE (2001)
BOUDU (2005)

JUTRA, Claude
réalisateur québécois (1930-1986)
MAINS NETTES, LES (1958)
À TOUT PRENDRE (1963)
ROULI-ROULANT (1966)
WOW (1969)
MON ONCLE ANTOINE (1971)
KAMOURASKA (1973)
BY DESIGN (1981)
SURFACING (1981)
DAME EN COULEURS, LA (1984)

KAGAN, Jeremy Paul
réalisateur américain (1945-)
HEROES (1977)
CHOSEN, THE (1981)
STING II, THE (1983)
JOURNEY OF NATTY GANN, THE (1985)
DESCENDING ANGEL (1990)
BY THE SWORD (1991)
ACLU, THE - FREEDOM FILES (2005)

KAIGE, Chen
réalisateur chinois (1952-)
YELLOW EARTH (1984)
LIFE ON A STRING (1991)
ADIEU MA CONCUBINE (1993)
EMPEREUR ET L'ASSASSIN, L' (1999)
KILLING ME SOFTLY (2002)
VIRTUOSE, LE (2002)
PROMISE, THE (2005)

KANEKO, Shusuke
réalisateur japonais (1955-)
H.P. LOVECRAFT'S NECRONOMICON (1993)
GAMERA THE GUARDIAN OF THE UNIVERSE (1995)
GAMERA ATTACK OF LEGION (1996)
GAMERA REVENGE OF IRIS (1999)
GODZILLA, MOTHRA AND KING GHIDORAH: GIANT MONSTERS ALL OUT ATTACK (2001)
DEATH NOTE (2006)

KAPLAN, Jonathan
réalisateur américain (1947-)
TRUCK TURNER (1974)
WHITE LINE FEVER (1975)
OVER THE EDGE (1979)
PROJECT X (1987)
ACCUSED, THE (1988)
IMMEDIATE FAMILY (1989)
LOVE FIELD (1991)
UNLAWFUL ENTRY (1992)
BAD GIRLS (1994)
BROKEDOWN PALACE (1999)

KARLSON, Phil
réalisateur américain (1908-1985)
LADIES OF THE CHORUS (1948)
TEXAS RANGERS, THE (1951)
KANSAS CITY CONFIDENTIAL (1952)
TIGHT SPOT (1955)
GUNMAN'S WALK (1957)
HELL TO ETERNITY (1960)
KID GALAHAD (1962)
SILENCERS, THE (1966)
WRECKING CREW, THE (1969)
BEN (1972)
WALKING TALL (1973)
FRAMED (1974)

KASDAN, Lawrence
réalisateur américain (1949-)
BODY HEAT (1981)
BIG CHILL, THE (1983)
SILVERADO (1985)
ACCIDENTAL TOURIST, THE (1988)
I LOVE YOU TO DEATH (1990)
GRAND CANYON (1991)
WYATT EARP (1994)
FRENCH KISS (1995)
MUMFORD (1999)
DREAMCATCHER (2003)

KASSOVITZ, Mathieu
réalisateur français (1968-)
CAFÉ AU LAIT (1993)
HAINE, LA (1995)
ASSASSIN(S) (1996)
RIVIÈRES POURPRES, LES (2000)
GOTHIKA (2003)
BABYLON A.D. (2008)

KATAYAMA, Kazuyoshi
réalisateur japonais (1950-)
APPLESEED (1988)
MARIS THE CHOJO (1992)
SUPER ATRAGON (1995)
BIG O, THE (1999)
BIG O, THE (1999)

KAUFMAN, Lloyd
réalisateur américain (1945-)
WAITRESS! (1981)
STUCK ON YOU! (1984)
TOXIC AVENGER, THE (1984)
TOXIC AVENGER 2, THE (1989)
TROMEO & JULIET (1996)
TERROR FIRMER (1999)
TOXIC AVENGER IV: CITIZEN TOXIE (2000)
POULTRYGEIST: NIGHT OF THE CHICKEN DEAD (2006)

KAUFMAN, Philip
réalisateur américain (1936-)
GOLDSTEIN (1964)
GREAT NORTHFIELD, MINNESOTA RAID, THE (1972)
WHITE DAWN, THE (1974)
INVASION OF THE BODY SNATCHERS (1978)
WANDERERS, THE (1979)
RIGHT STUFF, THE (1983)
UNBEARABLE LIGHTNESS OF BEING, THE (1988)
HENRY & JUNE (1990)
RISING SUN (1993)
QUILLS (2000)
TWISTED (2003)

KAURISMÄKI, Aki
réalisateur finlandais (1957-)
SHADOWS IN PARADISE (1986)
ARIEL (1988)
LENINGRAD COWBOYS GO AMERICA (1989)
MATCH FACTORY GIRL, THE (1989)
J'AI ENGAGÉ UN TUEUR (1991)
VIE DE BOHÈME, LA (1992)
BALALAIKA SHOW (1994)
HOMME SANS PASSÉ, L' (2002)

KAURISMÄKI, Mika
réalisateur finlandais (1955-)
HELSINKI NAPOLI (1987)
AMAZON (1991)
ZOMBIE AND THE GHOST TRAIN (1993)
TIGRERO: A FILM THAT WAS NEVER MADE (1994)
L.A. WITHOUT A MAP (1998)
KAWAJIRI, Yoshiaki, réalisateur japonais (1950-)
NEO TOKYO (1987)
DEMON CITY SHINJUKU (1988)
CYBER CITY OEDO 808 (1991)
NINJA SCROLL (1995)
VAMPIRE HUNTER D.: BLOOD LUST (2000)
ANIMATRIX, THE (2003)

KAWALEROWICZ, Jerzy
réalisateur ukrainien (1922-)
SHADOW (1956)
NIGHT TRAIN (1959)
MÈRE JEANNE DES ANGES (1960)
PHARAON, LE (1965)
AUSTERIA (1982)

KAZAN, Elia
réalisateur grec (1909-2003)
BOOMERANG! (1946)
GENTLEMAN'S AGREEMENT (1947)
SEA OF GRASS, THE (1947)
TREE GROWS IN BROOKLYN, A (1948)
PINKY (1949)
PANIC IN THE STREETS (1950)
STREETCAR NAMED DESIRE, A (1951)
VIVA ZAPATA! (1952)
ON THE WATERFRONT (1954)
EAST OF EDEN (1955)
BABY DOLL (1956)
FACE IN THE CROWD, A (1957)
SPLENDOR IN THE GRASS (1961)
AMERICA, AMERICA (1963)
ARRANGEMENT, THE (1969)
VISITORS, THE (1971)
LAST TYCOON, THE (1976)

KEATON, Buster
réalisateur américain (1895-1966)
OUR HOSPITALITY (1923)
THREE AGES, THE (1923)
NAVIGATOR, THE (1924)
SHERLOCK JR. (1924)
GO WEST (1925)
SEVEN CHANCES (1925)
BATTLING BUTLER (1926)

GENERAL, THE (1926)
SPITE MARRIAGE (1929)

KEIGHLEY, William
réalisateur américain (1889-1984)
G-MEN (1935)
BULLETS OR BALLOTS (1936)
GREEN PASTURES, THE (1936)
PRINCE AND THE PAUPER, THE (1937)
VARSITY SHOW (1937)
ADVENTURES OF ROBIN HOOD, THE (1938)
EACH DAWN I DIE (1939)
FIGHTING 69TH, THE (1940)
TORRID ZONE (1940)
BRIDE CAME C.O.D., THE (1941)
MAN WHO CAME TO DINNER, THE (1942)
STREET WITH NO NAME, THE (1948)
MASTER OF BALLANTRAE, THE (1953)

KELLY, Gene
réalisateur américain (1912-1996)
ON THE TOWN (1949)
INVITATION TO THE DANCE (1952)
SINGIN' IN THE RAIN (1952)
IT'S ALWAYS FAIR WEATHER (1955)
TUNNEL OF LOVE (1958)
GUIDE FOR THE MARRIED MAN, A (1967)
HELLO, DOLLY! (1969)
CHEYENNE SOCIAL CLUB, THE (1970)
THAT'S ENTERTAINMENT! PART 2 (1976)

KENNEDY, Burt
réalisateur américain (1922-2001)
ROUNDERS, THE (1964)
RETURN OF THE MAGNIFICIENT SEVEN (1966)
WAR WAGON, THE (1967)
GOOD GUYS AND THE BAD GUYS, THE (1969)
SUPPORT YOUR LOCAL SHERIFF! (1969)
YOUNG BILLY YOUNG (1969)
DIRTY DINGUS MAGEE (1970)
HANNIE CAULDER (1971)
SUPPORT YOUR LOCAL GUNFIGHTER (1971)
TRAIN ROBBERS, THE (1973)

KENTON, Erle C.
réalisateur américain (1896-1980)
ISLAND OF LOST SOULS (1933)
YOU'RE TELLING ME! (1934)
GHOST OF FRANKENSTEIN, THE (1942)
PARDON MY SARONG (1942)
HOUSE OF FRANKENSTEIN (1944)
HOUSE OF DRACULA (1945)

KERSHNER, Irvin
réalisateur américain (1923-)
HOODLUM PRIEST, THE (1961)
FINE MADNESS, A (1966)
FLIM FLAM MAN, THE (1967)
UP THE SANDBOX (1972)
FACE IN THE RAIN, A (1973)
S.P.Y.S (1974)
RETURN OF A MAN CALLED HORSE, THE (1976)
EYES OF LAURA MARS, THE (1978)
EMPIRE STRIKES BACK, THE (1980)
NEVER SAY NEVER AGAIN (1983)
ROBOCOP 2 (1990)

KI-DUK, Kim
réalisateur coréen (1960-)
BIRDCAGE INN (1998)
REAL FICTION (2000)
ADDRESS UNKNOWN (2001)
BAD GUY (2001)
COAST GUARD, THE (2002)
3-IRON (2004)
BOW, THE (2005)
TIME (2006)

KIAROSTAMI, Abbas
réalisateur iranien (1940-)
WHERE IS THE FRIEND'S HOME? (1987)
CLOSE-UP (1990)
AND LIFE GOES ON... (1992)
LUMIÈRE ET COMPAGNIE (1995)
GOÛT DE LA CERISE, LE (1997)
VENT NOUS EMPORTERA, LE (1999)
TEN (2002)
FIVE DEDICATED TO OZU (2004)
TICKETS (2004)

KIDRON, Beeban
réalisatrice,anglaise (1961-)
ORANGES ARE NOT THE ONLY FRUIT (1990)
ANTONIA & JANE (1991)
USED PEOPLE (1992)
TO WONG FOO, THANKS FOR EVERYTHING, JULIE NEWMAR (1995)
SWEPT FROM THE SEA (1997)
BRIDGET JONES: THE EDGE OF REASON (2004)

KIESLOWSKI, Krzysztof
réalisateur polonais (1941-1996)
PERSONNEL (1975)
SCAR, THE (1976)
AMATOR (1979)
BLIND CHANCE (1981)
NO END (1985)
DÉCALOGUE, LE (1987)
A SHORT FILM ABOUT KILLING (1988)
A SHORT FILM ABOUT LOVE (1988)
DOUBLE VIE DE VÉRONIQUE, LA (1991)
TROIS COULEURS - BLANC (1993)
TROIS COULEURS - BLEU (1993)
TROIS COULEURS - ROUGE (1994)

KING, Henry
réalisateur américain (1886-1982)
TOL'ABLE DAVID (1921)
MARIE GALANTE (1934)
LLOYD'S OF LONDON (1936)
ALEXANDER'S RAGTIME BAND (1938)
IN OLD CHICAGO (1938)
JESSE JAMES (1939)
STANLEY AND LIVINGSTONE (1939)
BLACK SWAN, THE (1942)
SONG OF BERNADETTE, THE (1944)
WILSON (1944)
CAPTAIN FROM CASTILE (1948)
PRINCE OF FOXES (1949)
GUNFIGHTER, THE (1950)
TWELVE O'CLOCK HIGH (1950)
DAVID AND BATHSHEBA (1951)
I'D CLIMB THE HIGHEST MOUNTAIN (1951)
O. HENRY'S FULL HOUSE (1951)
SNOWS OF KILIMANJARO, THE (1952)
CAROUSEL (1955)
LOVE IS A MANY-SPLENDORED THING (1955)
SUN ALSO RISES, THE (1957)
BRAVADOS, THE (1958)
BELOVED INFIDEL (1959)

KING, Zalman
réalisateur américain (1941-)
TWO MOON JUNCTION (1988)
WILDFIRE (1988)
WILD ORCHID (1989)
RED SHOE DIARIES (1992)
WILD ORCHID 2: BLUE MOVIE BLUE (1992)
DELTA OF VENUS (1995)
IN GOD'S HANDS (1998)

KITANO, Takeshi
réalisateur japonais (1948-)
VIOLENT COP (1989)
BOILING POINT (1990)
SCENE AT THE SEA, A (1992)
SONATINE (1993)
GETTING ANY? (1995)
KIDS RETURN (1996)
FIREWORKS (1997)
KIKUJIRO (1999)
BROTHER (2000)
DOLLS (2002)
ZATOICHI (2003)
TAKESHIS' (2006)

KLAPISCH, Cédric
réalisateur français (1962-)
RIENS DU TOUT (1992)
PÉRIL JEUNE, LE (1994)
LUMIÈRE ET COMPAGNIE (1995)
CHACUN CHERCHE SON CHAT (1996)
UN AIR DE FAMILLE (1996)
PEUT-ÊTRE (1999)
AUBERGE ESPAGNOLE, L' (2001)
NI POUR NI CONTRE (BIEN AU CONTRAIRE) (2002)
POUPÉES RUSSES, LES (2005)
PARIS (2008)

KLEISER, Randal
réalisateur américain (1946-)
GREASE (1978)
BLUE LAGOON, THE (1980)
SUMMER LOVERS (1982)
FLIGHT OF THE NAVIGATOR (1986)
BIG TOP PEE WEE (1988)
GETTING IT RIGHT (1989)
WHITE FANG (1991)
HONEY, I BLEW UP THE KID (1992)
IT'S MY PARTY (1995)

KOBAYASHI, Masaki
réalisateur japonais (1916-)
HUMAN CONDITION I: NO GREATER LOVE, THE (1959)
HUMAN CONDITION II: THE ROAD TO ETERNITY, THE (1960)
HUMAN CONDITION III: A SOLDIER'S PRAYER, THE (1961)
HARAKIRI (1962)
KWAIDAN (1965)
SAMURAI REBELLION (1967)

KOLLEK, Amos
réalisateur israélien (1947-)
FOREVER, LULU (1986)
SUE PERDUE DANS MANHATTAN (1997)
FIONA (1998)
FAST FOOD, FAST WOMEN (2000)
QUEENIE IN LOVE (2001)
RESTLESS (2007)

KONCHALOVSKY, Andrei
réalisateur russe (1937-)
NEST OF THE GENTRY (1969)
SIBERIADE (1979)
MARIA'S LOVERS (1984)
RUNAWAY TRAIN (1985)
DUET FOR ONE (1986)
TANGO & CASH (1987)
SHY PEOPLE (1988)
HOMER & EDDIE (1989)
CERCLE DES INTIMES, LE (1991)
ODYSSEY, THE (1997)
HOUSE OF FOOLS (2002)
LION IN WINTER, THE (2003)

KOPPLE, Barbara
réalisatrice,américaine (1946-)
HARLAN COUNTY, USA (1976)
AMERICAN DREAM (1990)
WILD MAN BLUES (1997)
HAVOC (2005)
SHUT UP AND SING (2006)

KORBER, Serge
réalisateur français (1936-)
HOMME ORCHESTRE, L' (1970)
SUR UN ARBRE PERCHÉ (1971)
URSULE ET GRELU (1973)
ET VIVE LA LIBERTÉ! (1977)
BIDOCHON, LES (1996)

KORDA, Alexander
réalisateur hongrois (1893-1956)
MARIUS (1931)
PRIVATE LIFE OF HENRY VIII, THE (1933)
PRIVATE LIFE OF DON JUAN, THE (1934)
REMBRANDT (1936)
THAT HAMILTON WOMAN (1941)

KORDA, Zoltan
réalisateur hongrois (1895-1961)
SANDERS OF THE RIVER (1935)
ELEPHANT BOY (1937)
DRUMS, THE (1938)
FOUR FEATHERS, THE (1940)
JUNGLE BOOK (1942)
SAHARA (1942)

KORE-EDA, Hirokazu
réalisateur japonais (1962-)
MABOROSI (1995)
AFTER LIFE (1998)
DISTANCE (2001)
--- (2004)
NOBODY KNOWS (2004)
HANA (2006)

KOSTER, Henry
réalisateur allemand (1905-1988)
100 MEN AND A GIRL (1937)
THREE SMART GIRLS (1937)
FIRST LOVE (1939)
THREE SMART GIRLS GROW UP (1939)
IT STARTED WITH EVE (1941)
TWO SISTERS FROM BOSTON (1946)
BISHOP'S WIFE, THE (1947)
COME TO THE STABLE (1949)

INSPECTOR GENERAL, THE (1949)
HARVEY (1950)
MY BLUE HEAVEN (1950)
NO HIGHWAY IN THE SKY (1951)
O. HENRY'S FULL HOUSE (1951)
ROBE, THE (1953)
DESIREE (1954)
VIRGIN QUEEN, THE (1954)
MAN CALLED PETER, A (1955)
D-DAY THE 6th OF JUNE (1956)
MY MAN GODFREY (1957)
NAKED MAJA, THE (1959)
STORY OF RUTH, THE (1960)
FLOWER DRUM SONG (1961)
MR. HOBBS TAKES A VACATION (1962)
DEAR BRIGITTE (1965)
SINGING NUN, THE (1966)

KOTCHEFF, Ted
réalisateur canadien (1931-)
BILLY TWO HATS (1973)
APPRENTICESHIP OF DUDDY KRAVITZ, THE (1974)
FUN WITH DICK AND JANE (1976)
WHO IS KILLING THE GREAT CHEFS OF EUROPE? (1978)
NORTH DALLAS FORTY (1979)
RAMBO - FIRST BLOOD (1982)
SPLIT IMAGE (1982)
UNCOMMON VALOR (1983)
JOSHUA THEN AND NOW (1985)
SWITCHING CHANNELS (1987)
WEEKEND AT BERNIE'S (1989)
WINTER PEOPLE (1989)

KOWALSKI, Bernard L.
réalisateur américain (1929-)
ATTACK OF THE GIANT LEECHES (1959)
KRAKATOA, EAST OF JAVA (1968)
MACHO CALLAHAN (1970)
SSSSSSS (1973)
NATIVITY, THE (1978)

KRAMER, Stanley E.
réalisateur américain (1913-2001)
NOT AS A STRANGER (1955)
PRIDE AND THE PASSION, THE (1957)
DEFIANT ONES, THE (1958)
ON THE BEACH (1959)
INHERIT THE WIND (1960)
JUDGMENT AT NUREMBERG (1961)
IT'S A MAD, MAD, MAD, MAD WORLD (1963)
SHIP OF FOOLS (1965)
GUESS WHO'S COMING TO DINNER? (1967)
SECRET OF SANTA VITTORIA, THE (1969)
R.P.M. (1970)
BLESS THE BEASTS AND CHILDREN (1972)
JUDGMENT: THE COURT MARTIAL OF WILLIAM CALLEY (1975)
DOMINO PRINCIPLE, THE (1977)

KRAWCZYK, Gérard
réalisateur français (1953-)
ÉTÉ EN PENTE DOUCE, L' (1986)
TAXI 2 (2000)
WASABI (2001)
FANFAN LA TULIPE (2003)
TAXI 3 (2003)
AUBERGE ROUGE, L' (2007)
T4XI (2007)

KUBRICK, Stanley
réalisateur américain (1928-1999)
KILLER'S KISS (1955)
KILLING, THE (1956)
PATHS OF GLORY (1957)
SPARTACUS (1960)
LOLITA (1962)
DR. STRANGELOVE (1963)
2001: A SPACE ODYSSEY (1968)
CLOCKWORK ORANGE, A (1971)
BARRY LYNDON (1975)
SHINING, THE (1980)
FULL METAL JACKET (1987)
EYES WIDE SHUT (1999)

KULIK, Buzz
réalisateur américain (1922-1999)
RIOT (1968)
VILLA RIDES (1968)
BRIAN'S SONG (1971)
SHAMUS (1972)
LINDBERGH KIDNAPPING CASE, THE (1976)
HUNTER, THE (1980)
AROUND THE WORLD IN 80 DAYS (1989)

KUROSAWA, Akira
réalisateur japonais (1910-1998)
LÉGENDE DU GRAND JUDO, LA (1943)
HOMMES QUI MARCHENT SUR LA QUEUE DU TIGRE, LES (1945)
JE NE REGRETTE PAS MA JEUNESSE (1946)
UN MERVEILLEUX DIMANCHE (1947)
ANGE IVRE, L' (1948)
QUIET DUEL, THE (1949)
UN CHIEN ENRAGÉ (1949)
RASHOMON (1950)
SCANDAL (1950)
IDIOT, L' (1951)
VIVRE (1952)
SEPT SAMOURAÏS, LES (1954)
I LIVE IN FEAR (1955)
CHÂTEAU DE L'ARAIGNÉE, LE (1956)
BAS-FONDS, LES (1957)
FORTERESSE CACHÉE, LA (1958)
SALAUDS DORMENT EN PAIX, LES (1960)
YOJIMBO (1961)
SANJURO (1962)
ENTRE LE CIEL ET L'ENFER (1963)
BARBE-ROUSSE (1965)
DODES 'KA-DEN (1970)
AIGLE DE LA TAÏGA, L' (1975)
KAGEMUSHA (1980)
RAN (1985)
RÊVES (1990)
RHAPSODY IN AUGUST (1991)
MADADAYO (1993)

KUROSAWA, Kiyoshi
réalisateur japonais (1955-)
CURE (1997)
CHARISMA (1999)
SEANCE (2000)
BRIGHT FUTURE (2003)
DOPPELGANGER (2003)
RETRIBUTION (2006)

KURYS, Diane
réalisatrice, française (1948-)
DIABOLO MENTHE (1977)
COCKTAIL MOLOTOV (1979)
COUP DE FOUDRE (1983)
UN HOMME AMOUREUX (1987)
LA BAULE-LES PINS (1989)
APRÈS L'AMOUR (1991)
À LA FOLIE (1994)
ENFANTS DU SIÈCLE, LES (1999)
JE RESTE! (2003)
SAGAN (2008)

KUSTURICA, Emir
réalisateur yougoslave (1955-)
TE SOUVIENS-TU DE DOLLY BELL? (1981)
PAPA EST EN VOYAGE D'AFFAIRES (1985)
TEMPS DES GITANS, LE (1988)
ARIZONA DREAM (1991)
UNDERGROUND (1995)
CHAT NOIR, CHAT BLANC (1998)
SUPER 8 STORIES (2001)
VIE EST UN MIRACLE, LA (2004)

KWAPIS, Ken
réalisateur américain
SESAME STREET: FOLLOW THAT BIRD (1985)
VIBES (1988)
HE SAID, SHE SAID (1991)
DUNSTON CHECKS IN (1995)
SISTERHOOD OF THE TRAVELING PANTS (2005)
LICENSE TO WED (2007)
HE'S JUST NOT THAT INTO YOU! (2008)

LA CAVA, Gregory
réalisateur américain (1892-1952)
RUNNING WILD (1927)
GABRIEL OVER THE WHITE HOUSE (1933)
MY MAN GODFREY (1936)
STAGE DOOR (1937)
PRIMROSE PATH, THE (1940)

LABRECQUE, Jean-Claude
réalisateur québécois (1938-)
NUIT DE LA POÉSIE 1970, LA (1970)
AFFAIRE COFFIN, L' (1980)
NUIT DE LA POÉSIE 1980, LA (1980)
ANNÉES DE RÊVES, LES (1984)
FRÈRE ANDRÉ, LE (1987)
NUIT DE LA POÉSIE 1991, LA (1991)
ANDRÉ MATHIEU: MUSICIEN (1993)
RIN, LE (2001)
HAUTEUR D'HOMME, À (2003)

LABRUNE, Jeanne
réalisatrice, française (1950-)
DE SABLE ET DE SANG (1987)
SANS UN CRI (1991)
SI JE T'AIME... PRENDS GARDE À TOI (1998)
ÇA IRA MIEUX DEMAIN (2000)
C'EST LE BOUQUET (2002)

LaBUTE, Neil
réalisateur américain (1963-)
IN THE COMPANY OF MEN (1997)
YOUR FRIENDS & NEIGHBORS (1998)
NURSE BETTY (2000)
POSSESSION (2002)
SHAPE OF THINGS, THE (2002)
WICKER MAN, THE (2006)
LAKEVIEW TERRACE (2008)

LAFOND, Jean-Daniel
réalisateur québécois
TRACES DU RÊVE, LES (1985)
MANIÈRE NÈGRE OU AIMÉ CÉSAIRE, CHEMIN FAISANT (1991)
LIBERTÉ EN COLÈRE, LA (1994)
TROPIQUE NORD (1994)
HEURE DE CUBA, L' (1999)
TEMPS DES BARBARES, LE (1999)
FOLLE DE DIEU (2008)

LaGRAVENESE, Richard
réalisateur américain (1959-)
LIVING OUT LOUD (1998)
DECADE UNDER THE INFLUENCE, A (2003)
FREEDOM WRITERS (2006)
PARIS, JE T'AIME (2006)
P.S. I LOVE YOU (2007)

LAM, Ringo
réalisateur chinois (1954-)
CITY ON FIRE (1987)
PRISON ON FIRE (1987)
PRISON ON FIRE II (1987)
SCHOOL ON FIRE (1988)
WILD SEARCH (1989)
UNDECLARED WAR (1990)
TWIN DRAGONS (1991)
FULL CONTACT (1992)
BURNING PARADISE (1994)
ADVENTURERS, THE (1995)
MAXIMUM RISK (1996)

LAMBERT, Mary
réalisatrice américaine (1951-)
SIESTA (1987)
PET SEMATARY (1989)
DRAGSTRIP GIRL (1994)
IN CROWD, THE (2000)
14 WOMEN (2007)

LAMONT, Charles
réalisateur américain (1895-1993)
HIT THE ICE (1943)
BAGDAD (1949)
ABBOTT & COSTELLO IN THE FOREIGN LEGION (1950)
ABBOTT & COSTELLO MEET THE INVISIBLE MAN (1951)
COMIN' ROUND THE MOUNTAIN (1951)
FLAME OF ARABY (1951)
ABBOTT & COSTELLO GO TO MARS (1953)
ABBOTT & COSTELLO MEET DR. JEKYLL AND MR. HYDE (1953)
ABBOTT & COSTELLO MEET THE KEYSTONE KOPS (1955)
ABBOTT & COSTELLO MEET THE MUMMY (1955)
FRANCIS IN THE HAUNTED HOUSE (1955)

LANCTÔT, Micheline
réalisatrice québécoise (1947-)
HOMME À TOUT FAIRE, L' (1980)
SONATINE (1983)
VIE D'UN HÉROS, LA (1994)
PIÈGE D'ISSOUDUN, LE (2003)
GUERRIERS, LES (2004)

LANDIS, John
réalisateur américain (1950-)
SCHLOCK (1971)
KENTUCKY FRIED MOVIE (1976)
NATIONAL LAMPOON'S ANIMAL HOUSE (1978)

BLUES BROTHERS, THE (1980)
AMERICAN WEREWOLF IN LONDON (1981)
COMING SOON (1982)
TRADING PLACES (1983)
TWILIGHT ZONE: THE MOVIE (1983)
INTO THE NIGHT (1985)
SPIES LIKE US (1985)
AMAZON WOMEN ON THE MOON (1986)
THREE AMIGOS! (1986)
COMING TO AMERICA (1988)
OSCAR (1991)
INNOCENT BLOOD (1992)
BEVERLY HILLS COP III (1994)
STUPIDS, THE (1996)
BLUES BROTHERS 2000 (1998)
SLASHER (2004)
MASTERS OF HORROR - DEER WOMAN (2005)
MASTERS OF HORROR - FAMILY (2006)

LANFIELD, Sidney
réalisateur américain (1900-1972)
ONE IN A MILLION (1936)
THIN ICE (1937)
HOUND OF THE BASKERVILLES (1939)
YOU'LL NEVER GET RICH (1940)
MY FAVORITE BLONDE (1942)
WHERE THERE IS LIFE (1947)
STATION WEST (1948)
SORROWFUL JONES (1949)
LEMON DROP KID, THE (1951)
SKIRTS AHOY! (1953)

LANG, Fritz
réalisateur allemand (1890-1976)
ARAIGNÉES, LES (1919)
DESTINY (1921)
DR. MABUSE: THE GAMBLER (1922)
DIE NIBELUNGEN (1924)
NIBELUNGEN, LES (1924)
SIEGFRIED (1924)
METROPOLIS (1926)
ESPIONS, LES (1928)
WOMAN IN THE MOON (1929)
M LE MAUDIT (1931)
TESTAMENT DU DR. MABUSE, LE (1932)
LILIOM (1934)
FURY (1936)
YOU ONLY LIVE ONCE (1937)
YOU AND ME (1938)
RETURN OF FRANK JAMES, THE (1940)
WESTERN UNION (1940)
MAN HUNT (1941)
HANGMEN ALSO DIE (1943)
MINISTRY OF FEAR (1944)
WOMAN IN THE WINDOW, THE (1944)
CLOAK AND DAGGER (1946)
SCARLET STREET (1946)
SECRET BEYOND THE DOOR (1947)
HOUSE BY THE RIVER (1950)
BIG HEAT, THE (1952)
BLUE GARDENIA, THE (1952)
CLASH BY NIGHT (1952)
RANCHO NOTORIOUS (1952)
TIGRE DU BENGALE, LE (1958)
INDIAN EPIC, THE (1959)
INDIAN TOMB, THE (1959)
DIABOLIQUE DR. MABUSE, LE (1960)
FRITZ LANG: CIRCLE OF DESTINY (1998)

LANG, Walter
réalisateur américain (1896-1972)
RED KIMONA (1925)
BLUE BIRD, THE (1939)
LITTLE PRINCESS, THE (1939)
TIN PAN ALLEY (1940)
MOON OVER MIAMI (1941)
SONG OF THE ISLANDS (1941)
WEEK-END IN HAVANA (1941)
GREENWICH VILLAGE (1944)
STATE FAIR (1945)
MOTHER WORE TIGHTS (1947)
SITTING PRETTY (1948)
CHEAPER BY THE DOZEN (1950)
JACKPOT, THE (1950)
ON THE RIVIERA (1951)
WITH A SONG IN MY HEART (1952)
THERE'S NO BUSINESS LIKE SHOW BUSINESS (1954)
KING AND I, THE (1955)
DESK SET (1957)
BUT NOT FOR ME (1959)
CAN-CAN (1960)

LARGE, Brian
réalisateur anglais (1939-)
AIDA - LUCIANO PAVAROTTI & MARGARET PRICE (1981)
MOZART - IDOMENEO (1983)
CARMEN (1987)
OTHELLO (OPÉRA) (1992)
CUNNING LITTLE VIXEN, THE (1995)

LAU, Wai Keung
réalisateur chinois (1960-)
STORM RIDERS, THE (1956)
LOVER OF THE LAST EMPRESS (1995)
LEGEND OF SPEED (1999)
MAN CALLED HERO, A (1999)
INFERNAL AFFAIRS (2002)
INFERNAL AFFAIRS 2 (2003)
INFERNAL AFFAIRS 3 (2003)
INITIAL D (2005)
FLOCK, THE (2007)

LAUTNER, Georges
réalisateur français (1926-)
TONTONS FLINGUEURS, LES (1963)
BARBOUZES, LES (1964)
NE NOUS FÂCHONS PAS (1966)
PACHA, LE (1968)
SEINS DE GLACE, LES (1974)
MORT D'UN POURRI (1977)
ILS SONT FOUS, CES SORCIERS (1978)
FLIC OU VOYOU (1979)
GUIGNOLO, LE (1980)
PROFESSIONNEL, LE (1981)
ATTENTION! UNE FEMME PEUT EN CACHER UNE AUTRE (1983)
JOYEUSES PÂQUES (1984)
CAGE AUX FOLLES 3, LA (1985)
MAISON ASSASSINÉE, LA (1987)
INCONNU DANS LA MAISON, L' (1992)

LAUZIER, Gérard
réalisateur français (1932-)
T'EMPÊCHES TOUT LE MONDE DE DORMIR! (1982)
P'TIT CON (1983)
MON PÈRE, CE HÉROS (1991)
PLUS BEAU MÉTIER DU MONDE, LE (1996)
FILS DU FRANÇAIS, LE (1999)

LAW, Clara
réalisateur chinoise (1954-)
FAREWELL CHINA (1990)
AUTUMN MOON (1992)
TEMPTATION OF A MONK (1993)
ÉROTIQUE (1994)
FLOATING LIFE (1996)
GODDESS OF 1967, THE (2000)

LEAN, David
réalisateur anglais (1908-1991)
IN WHICH WE SERVE (1942)
BLITHE SPIRIT (1945)
BRIEF ENCOUNTER (1946)
GREAT EXPECTATIONS (1946)
OLIVER TWIST (1948)
PASSIONATE FRIENDS, THE (1949)
HOBSON'S CHOICE (1954)
SUMMERTIME (1955)
BRIDGE ON THE RIVER KWAI, THE (1957)
LAWRENCE OF ARABIA (1962)
DOCTOR ZHIVAGO (1965)
RYAN'S DAUGHTER (1970)
PASSAGE TO INDIA, A (1984)

LeBORG, Reginald
réalisateur américain (1902-)
CALLING DR. DEATH (1943)
INNER SANCTUM: DEAD MAN'S EYES (1944)
INNER SANCTUM: WEIRD WOMAN (1944)
JUNGLE WOMAN (1944)
MUMMY'S GHOST, THE (1944)
DIARY OF A MADMAN (1963)

LECLERC, Francis
réalisateur québécois (1971-)
JEUNE FILLE À LA FENÊTRE, UNE (2000)
MÉMOIRES AFFECTIVES (2004)
NOS ÉTÉS (2004)
NOS ÉTÉS (SAISON 2) (2006)
UN ÉTÉ SANS POINT NI COUP SÛR (2008)

LECONTE, Patrice
réalisateur français (1947-)
BRONZÉS, LES (1978)
BRONZÉS FONT DU SKI, LES (1979)
VIENS CHEZ MOI, J'HABITE CHEZ UNE COPINE (1980)
MA FEMME S'APPELLE REVIENS (1981)
CIRCULEZ, Y'A RIEN À VOIR (1982)
SPÉCIALISTES, LES (1985)
MONSIEUR HIRE (1989)
MARI DE LA COIFFEUSE, LE (1990)
TANGO (1992)
PARFUM D'YVONNE, LE (1993)
GRANDS DUCS, LES (1995)
RIDICULE (1996)
1 CHANCE SUR 2 (1997)
FILLE SUR LE PONT, LA (1998)
VEUVE DE SAINT-PIERRE, LA (1999)
RUE DES PLAISIRS (2001)
HOMME DU TRAIN, L' (2002)
CONFIDENCES TROP INTIMES (2003)
DOGORA - OUVRONS LES YEUX (2004)
BRONZÉS 3, LES (2005)
MON MEILLEUR AMI (2006)

LEDUC, Jacques
réalisateur québécois (1941-)
ON EST LOIN DU SOLEIL (1970)
DERNIER GLACIER, LE (1984)
CHARADE CHINOISE (1987)
TROIS POMMES À CÔTÉ DU SOMMEIL (1988)
ENFANT SUR LE LAC, L' (1991)
MONTRÉAL VU PAR... (1991)
VIE FANTÔME, LA (1992)
ÂGE DE BRAISE, L' (1998)

LEE, Ang
réalisateur taïwainais (1954-)
PUSHING HANDS (1991)
WEDDING BANQUET, THE (1993)
SALÉ SUCRÉ (1994)
SENSE AND SENSIBILITY (1995)
ICE STORM, THE (1997)
RIDE WITH THE DEVIL (1999)
CROUCHING TIGER, HIDDEN DRAGON (2000)
HULK, THE (2003)
BROKEBACK MOUNTAIN (2005)
LUST, CAUTION (2005)

LEE, Rowland V.
réalisateur américain (1891-1975)
TOAST OF NEW YORK, THE (1937)
SON OF FRANKENSTEIN (1938)
TOWER OF LONDON (1939)
BRIDGE OF SAN LUIS REY, THE (1944)
CAPTAIN KIDD (1946)

LEE, Spike
réalisateur américain (1956-)
SHE'S GOTTA HAVE IT (1986)
SCHOOL DAZE (1988)
DO THE RIGHT THING (1989)
MO' BETTER BLUES (1990)
JUNGLE FEVER (1991)
MALCOLM X (1992)
CROOKLYN (1994)
CLOCKERS (1995)
LUMIÈRE ET COMPAGNIE (1995)
GET ON THE BUS (1996)
GIRL 6 (1996)
4 LITTLE GIRLS (1997)
HE GOT GAME (1998)
SUMMER OF SAM (1999)
BAMBOOZLED (2000)
ORIGINAL KINGS OF COMEDY, THE (2000)
HUEY P. NEWTON STORY, A (2001)
25th HOUR (2002)
SHE HATE ME (2004)
INSIDE MAN (2006)
WHEN THE LEVEES BROKE (2006)
MIRACLE AT ST. ANNA (2008)

LEFEBVRE, Jean-Pierre
réalisateur québécois (1941-)
RÉVOLUTIONNAIRE, LE (1965)
IL NE FAUT PAS MOURIR POUR ÇA (1967)
PATRICIA ET JEAN-BAPTISTE (1967)
JUSQU'AU CŒUR (1968)
MON AMIE PIERRETTE (1968)
MAUDITS SAUVAGES (1971)
DERNIÈRES FIANÇAILLES, LES (1973)
AMOUR BLESSÉ, L' (1975)
VIEUX PAYS OÙ RIMBAUD EST MORT, LE (1977)
FLEURS SAUVAGES, LES (1981)
JOUR «S...», LE (1984)

ALFRED LALIBERTÉ: SCULPTEUR (1987)
BOÎTE À SOLEIL, LA (1988)
FABULEUX VOYAGE DE L'ANGE, LE (1991)
AUJOURD'HUI OU JAMAIS (1998)
HOLA MADRID (2002)
IMAGES ET CHANTS DU MPLA (2002)
MANUSCRIT ÉROTIQUE, LE (2002)
MON AMI MICHEL (2004)

LEFRANC, Guy
réalisateur français (1919-1994)
DOCTEUR KNOCK, LE (1951)
UNE HISTOIRE D'AMOUR (1951)
BANDE À PAPA, LA (1956)
MALABARS SONT AU PARFUM, LES (1965)
SALE TEMPS POUR LES MOUCHES (1966)
BÉRU ET CES DAMES (1968)

LEHMANN, Michael
réalisateur américain (1957-)
HEATHERS (1989)
MEET THE APPLEGATES (1989)
HUDSON HAWK (1991)
AIRHEADS (1994)
TRUTH ABOUT CATS AND DOGS, THE (1996)
MY GIANT (1998)
40 DAYS AND 40 NIGHTS (2002)
BECAUSE I SAID SO (2007)

LEIGH, Mike
réalisateur anglais (1943-)
BLEAK MOMENTS (1971)
HARD LABOUR (1973)
NUTS IN MAY (1976)
ABIGAIL'S PARTY (1977)
KISS OF DEATH (1977)
WHO'S WHO (1978)
GROWN-UPS (1980)
HOME SWEET HOME (1982)
MEANTIME (1983)
FOUR DAYS IN JULY (1984)
HIGH HOPES (1988)
LIFE IS SWEET (1990)
NAKED (1993)
SECRETS AND LIES (1996)
CAREER GIRLS (1997)
TOPSY-TURVY (1999)
ALL OR NOTHING (2002)
MIKE LEIGH COLLECTION VOLUME I (2004)
VERA DRAKE (2004)
HAPPY-GO-LUCKY (2007)

LEISEN, Mitchell
réalisateur américain (1898-1972)
MURDER AT THE VANITIES (1934)
HANDS ACROSS THE TABLE (1935)
EASY LIVING (1937)
BIG BROADCAST OF 1938, THE (1938)
MIDNIGHT (1939)
REMEMBER THE NIGHT (1939)
LADY IS WILLING, THE (1941)
FRENCHMAN'S CREEK (1944)
GOLDEN EARRINGS (1947)
TO EACH HIS OWN (1947)

LELOUCH, Claude
réalisateur français (1937-)
UNE FILLE ET DES FUSILS (1965)
UN HOMME ET UNE FEMME (1966)
VOYOU, LE (1970)
SMIC, SMAC, SMOC (1971)
AVENTURE C'EST L'AVENTURE, L' (1972)
BONNE ANNÉE, LA (1973)
MARIAGE (1974)
BON ET LES MÉCHANTS, LE (1975)
CHAT ET LA SOURIS, LE (1975)
TOUTE UNE VIE (1975)
ROBERT ET ROBERT (1978)
À NOUS DEUX (1979)
UNS ET LES AUTRES, LES (1980)
ÉDITH ET MARCEL (1983)
VIVA LA VIE (1983)
PARTIR, REVENIR (1985)
UN HOMME ET UNE FEMME: VINGT ANS DÉJÀ (1986)
ATTENTION BANDITS (1987)
ITINÉRAIRE D'UN ENFANT GÂTÉ (1988)
IL Y A DES JOURS... ET DES LUNES (1990)
BELLE HISTOIRE, LA (1991)
TOUT ÇA... POUR ÇA! (1992)
LUMIÈRE ET COMPAGNIE (1995)
MISÉRABLES DU XXe SIÈCLE, LES (1995)
HASARDS OU COÏNCIDENCES (1998)
UNE POUR TOUTES (1999)
SEPTEMBRE 11-09-01 (2002)
AND NOW LADIES & GENTLEMEN (2003)
COURAGE D'AIMER, LE (2004)
ROMAN DE GARE (2006)

LENZI, Umberto
réalisateur italien (1931-)
MAN FROM DEEP RIVER (1972)
SEVEN BLOOD STAINED ORCHIDS (1972)
MILANO ROVENTE (1973)
ALMOST HUMAN (1974)
SPASMO (1974)
VIOLENT NAPLES (1976)
CANNIBAL FEROX (1980)
EATEN ALIVE (1980)
NIGHTMARE CITY (1980)
HITCHER IN THE DARK (1989)
BLACK DEMONS (1991)

LEONARD, Robert Z.
réalisateur américain (1889-1968)
DIVORCEE, THE (1930)
SUSAN LENOX: HER FALL AND RISE (1931)
STRANGE INTERLUDE (1932)
DANCING LADY (1933)
GREAT ZIEGFELD, THE (1936)
FIREFLY, THE (1937)
MAYTIME (1937)
GIRL OF THE GOLDEN WEST, THE (1939)
NEW MOON (1940)
PRIDE AND PREJUDICE (1940)
WHEN LADIES MEET (1941)
ZIEGFELD GIRL (1941)
WEEKEND AT THE WALDORF (1945)
DUCHESS OF IDAHO (1950)
IN THE GOOD OLD SUMMERTIME (1950)
KING'S THIEF, THE (1955)

LEONE, Sergio
réalisateur italien (1921-1989)
COLOSSE DE RHODES, LE (1961)
FISTFUL OF DOLLARS, A (1964)
FOR A FEW DOLLARS MORE (1965)
GOOD, THE BAD AND THE UGLY, THE (1967)
ONCE UPON A TIME IN THE WEST (1968)
FISTFUL OF DYNAMITE, A (1971)
UN GÉNIE, DEUX ASSOCIÉS, UNE CLOCHE (1975)
ONCE UPON A TIME IN AMERICA (1984)

LEPAGE, Robert
réalisateur québécois (1957-)
CONFESSIONNAL, LE (1995)
POLYGRAPHE, LE (1996)
NÔ (1998)
POSSIBLE WORLDS (2000)
FACE CACHÉE DE LA LUNE, LA (2003)

LeROY, Mervyn
réalisateur américain (1900-1987)
LITTLE CAESAR (1931)
TONIGHT OR NEVER (1931)
I AM A FUGITIVE FROM A CHAIN GANG (1932)
THREE ON A MATCH (1932)
GOLD DIGGERS OF 1933 (1933)
ANTHONY ADVERSE (1936)
THREE MEN ON A HORSE (1936)
BLOSSOMS IN THE DUST (1940)
WATERLOO BRIDGE (1940)
JOHNNY EAGER (1941)
MADAME CURIE (1943)
THIRTY SECONDS OVER TOKYO (1944)
RANDOM HARVEST (1945)
WITHOUT RESERVATIONS (1946)
HOMECOMING (1948)
ANY NUMBER CAN PLAY (1949)
EAST SIDE, WEST SIDE (1949)
LITTLE WOMEN (1949)
QUO VADIS? (1951)
LOVELY TO LOOK AT (1952)
MILLION DOLLAR MERMAID (1952)
LATIN LOVERS (1954)
MISTER ROBERTS (1955)
BAD SEED, THE (1956)
NO TIME FOR SERGEANTS (1958)
F.B.I. STORY, THE (1959)
DEVIL AT 4 O'CLOCK, THE (1961)
MAJORITY OF ONE, A (1961)
GYPSY (1962)
MOMENT TO MOMENT (1965)

LEROY, Serge
réalisateur français (1937-1993)
TRAQUÉS, LES (1976)
LÉGITIME VIOLENCE (1982)
INDIC, L' (1983)
4e POUVOIR, LE (1985)
CONTRAINTE PAR CORPS (1988)
TAXI DE NUIT (1993)

LESTER, Richard
réalisateur américain (1932-)
MOUSE ON THE MOON, THE (1963)
HARD DAY'S NIGHT, A (1964)
KNACK, AND HOW TO GET IT, THE (1964)
HELP! (1965)
FUNNY THING HAPPENED ON THE WAY TO THE FORUM, A (1966)
HOW I WON THE WAR (1967)
PETULIA (1968)
FOUR MUSKETEERS, THE (1974)
JUGGERNAUT (1974)
MUSKETEERS, THE (1974)
THREE MUSKETEERS, THE (1974)
ROYAL FLASH (1975)
RITZ, THE (1976)
ROBIN AND MARIAN (1976)
CUBA (1979)
SUPERMAN II (1980)
SUPERMAN III (1983)
RETURN OF THE MUSKETEERS, THE (1989)

LETERRIER, François
réalisateur français (1929-)
GOODBYE EMMANUELLE (1977)
VA VOIR MAMAN, PAPA TRAVAILLE (1977)
JE VAIS CRAQUER (1979)
QUAND TU SERAS DÉBLOQUÉ, FAIS-MOI SIGNE (1981)
GARDE DU CORPS, LE (1984)
TRANCHES DE VIE (1985)
ÎLE, L' (1987)

LEVANT, Brian
réalisateur américain (1952-)
BEETHOVEN (1991)
PROBLEM CHILD II (1991)
FLINTSTONES, THE (1994)
JINGLE ALL THE WAY (1996)
SNOW DOGS (2002)
ARE WE THERE YET? (2005)

LEVIN, Henry
réalisateur américain (1909-1980)
MAN FROM COLORADO, THE (1948)
JOLSON SINGS AGAIN (1949)
BELLES ON THEIR TOES (1952)
FARMER TAKES A WIFE, THE (1953)
LONELY MAN, THE (1957)
JOURNEY TO THE CENTER OF THE EARTH (1959)
WHERE THE BOYS ARE (1960)
WONDERS OF ALADDIN, THE (1961)
IF A MAN ANSWERS (1962)
WONDERFUL WORLD OF THE BROTHERS GRIMM, THE (1962)
MURDERER'S ROW (1966)
AMBUSHERS, THE (1967)
THAT MAN BOLT (1973)

LEVINSON, Barry
réalisateur américain (1942-)
DINER (1982)
NATURAL, THE (1984)
YOUNG SHERLOCK HOLMES (1986)
GOOD MORNING, VIETNAM (1987)
TIN MEN (1987)
RAIN MAN (1988)
AVALON (1990)
BUGSY (1991)
TOYS (1992)
DISCLOSURE (1994)
JIMMY HOLLYWOOD (1994)
SLEEPERS (1995)
WAG THE DOG (1997)
SPHERE (1998)
LIBERTY HEIGHTS (1999)
EVERLASTING PIECE, AN (2000)
BANDITS (2001)
ENVY (2004)
MAN OF THE YEAR (2006)
WHAT JUST HAPPENED? (2008)

LEVY, Shawn
réalisateur américain (1968)
BIG FAT LIAR (2002)
CHEAPER BY THE DOZEN (2003)
JUST MARRIED (2003)
NIGHT AT THE MUSEUM (2006)
PINK PANTHER, THE (2006)

LEWIS, Herschell Gordon
réalisateur américain (1926-)
BLOOD FEAST (1963)
DEFILERS: SCUM OF THE EARTH (1963)
2000 MANIACS (1964)
COLOR ME BLOOD RED (1965)
GRUESOME TWOSOME, THE (1967)
SUBURBAN ROULETTE (1967)
TASTE OF BLOOD, A (1967)
SHE-DEVILS ON WHEELS (1968)
WIZARD OF GORE, THE (1970)
BLOOD TRILOGY, THE (1996)
BLOOD FEAST 2: ALL YOU CAN EAT (2002)

LEWIS, Jerry
réalisateur américain (1926-)
BELLBOY, THE (1960)
ERRAND BOY, THE (1961)
LADIES' MAN, THE (1961)
NUTTY PROFESSOR, THE (1963)
PATSY, THE (1964)
FAMILY JEWELS, THE (1965)
BIG MOUTH, THE (1967)
ONE MORE TIME (1969)
WHICH WAY TO THE FRONT? (1970)

LEWIS, Joseph H.
réalisateur américain (1900-)
INVISIBLE GHOST, THE (1941)
GUN CRAZY (1949)
BIG COMBO, THE (1954)
LAWLESS STREET, A (1955)
TERROR IN A TEXAS TOWN (1958)

LIEBERMAN, Robert
réalisateur amércain
TABLE FOR FIVE (1983)
FIRE IN THE SKY (1993)
D3:THE MIGHTY DUCKS (1996)
TITANIC (1996)
EARTHSEA (2004)
DEXTER (SEASON 1) (2006)

LIMAN, Doug
réalisateur américain (1965-)
SWINGERS (1996)
GO (1999)
BOURNE IDENTITY, THE (2002)
MR. AND MRS. SMITH (2005)
JUMPER (2008)

LINDSAY-HOGG, Michael
réalisateur anglais (1940)
NASTY HABITS (1976)
SIMON & GARFUNKEL: CONCERT IN CENTRAL PARK (1982)
MASTER HAROLD AND THE BOYS (1985)
OBJECT OF BEAUTY, THE (1991)
FRANKIE STARLIGHT (1995)
ALONE (1997)
TWO OF US (2000)

LINKLATER, Richard
réalisateur américain (1962-)
SLACKER (1991)
DAZED AND CONFUSED (1993)
BEFORE SUNRISE (1995)
SUBURBIA (1996)
NEWTON BOYS, THE (1998)
TAPE (2001)
WAKING LIFE (2001)
SCHOOL OF ROCK (2003)
BEFORE SUNSET (2004)
BAD NEWS BEARS (2005)
FAST FOOD NATION (2006)
SCANNER DARKLY, A (2006)

LIORET, Philippe
réalisateur français (1955-)
TENUE CORRECTE EXIGÉE (1997)
MADEMOISELLE (2000)
PAS D'HISTOIRES (2001)
ÉQUIPIER, L' (2004)
JE VAIS BIEN, NE T'EN FAIS PAS (2006)

LITTLE, Dwight H.
réalisateur américain (1947-)
HALLOWEEN IV: THE RETURN OF MICHAEL MYERS (1988)
PHANTOM OF THE OPERA, THE (1989)
MARKED FOR DEATH (1990)
RAPID FIRE (1992)
FREE WILLY II: THE ADVENTURE HOME (1995)
MURDER AT 1600 (1997)
ANACONDAS: THE HUNT FOR THE BLOOD ORCHID (2004)

LITVAK, Anatole
réalisateur russe (1902-1974)
MAYERLING (1936)
AMAZING DOCTOR CLITTERHOUSE, THE (1938)
SISTERS, THE (1939)
ALL THIS AND HEAVEN TOO (1940)
CITY FOR CONQUEST (1940)
BLUES IN THE NIGHT (1941)
LONG NIGHT, THE (1947)
SNAKE PIT, THE (1948)
SORRY, WRONG NUMBER (1948)
DECISION BEFORE DAWN (1951)
ANASTASIA (1956)
GOODBYE AGAIN (1961)
FIVE MILES TO MIDNIGHT (1962)
NIGHT OF THE GENERALS, THE (1967)

LLOSA, Luis
réalisateur péruvien (1951)
CRIME ZONE (1988)
800 LEAGUES DOWN THE AMAZON (1993)
SNIPER (1993)
SPECIALIST, THE (1994)
ANACONDA (1997)

LLOYD, Frank
réalisateur écossais (1888-1960)
OLIVER TWIST (1922)
CAVALCADE (1933)
MUTINY ON THE BOUNTY (1935)
IF I WERE KING (1938)
HOWARDS OF VIRGINIA, THE (1940)
FOREVER AND A DAY (1943)
BLOOD ON THE SUN (1945)

LOACH, Ken
réalisateur anglais (1936-)
FAMILY LIFE (1971)
HIDDEN AGENDA (1990)
RIFF-RAFF (1991)
RAINING STONES (1993)
LADYBIRD, LADYBIRD (1994)
LAND AND FREEDOM (1995)
CARLA'S SONG (1996)
MY NAME IS JOE (1998)
BREAD AND ROSES (2000)
SEPTEMBRE 11-09-01 (2002)
SWEET SIXTEEN (2002)
FOND KISS, A (2004)
TICKETS (2004)
WIND THAT SHAKES THE BARLEY, THE (2006)
IT'S A FREE WORLD... (2007)

LOGAN, Joshua
réalisateur américain (1908-1988)
PICNIC (1955)
BUS STOP (1956)
SAYONARA (1957)
SOUTH PACIFIC (1958)
TALL STORY (1960)
FANNY (1961)
ENSIGN PULVER (1964)
CAMELOT (1967)
PAINT YOUR WAGON (1969)

LOMMEL, Ulli
réalisateur allemand (1944-)
TENDERNESS OF THE WOLVES (1973)
BOOGEYMAN, THE (1980)
BRAINWAVES (1983)
OLIVIA (1985)
REVENGE OF THE STOLEN STARS (1985)
MARILYN MY LOVE (1994)

LONCRAINE, Richard
réalisateur anglais (1946-)
FULL CIRCLE (1976)
BRIMSTONE & TREACLE (1982)
MISSIONARY, THE (1982)
BELLMAN AND TRUE (1987)
WEDDING GIFT, THE (1994)
RICHARD III (1995)
BAND OF BROTHERS (2001)
GATHERING STORM (2002)
MY HOUSE IN UMBRIA (2003)
WIMBLEDON (2004)
FIREWALL (2006)

LORD, Jean-Claude
réalisateur québécois (1943-)
COLOMBES, LES (1972)
BINGO (1973)
PARLEZ-NOUS D'AMOUR (1976)
PANIQUE (1977)
ÉCLAIR AU CHOCOLAT (1978)
VISITING HOURS (1981)
COVERGIRL (1982)
TOBY MCTEAGUE (1985)
GRENOUILLE ET LA BALEINE, LA (1987)
MINDFIELD (1989)
STATION NORD (2002)
LANCE ET COMPTE: LA RECONQUÊTE (2004)

LOSEY, Joseph
réalisateur américain (1909-1984)
BOY WITH GREEN HAIR, THE (1948)
SLEEPING TIGER (1954)
TIME WITHOUT PITY (1956)
GYPSY AND THE GENTLEMAN, THE (1958)
CHANCE MEETING (1959)
CRIMINAL, THE (1960)
EVA (1962)
SERVANT, THE (1963)
KING & COUNTRY (1964)
MODESTY BLAISE (1966)
ACCIDENT (1967)
BOOM! (1968)
SECRET CEREMONY (1968)
ASSASSINATION OF TROTSKY, THE (1972)
DOLL'S HOUSE (1973)
GALILEO (1974)
ROMANTIC ENGLISHWOMAN, THE (1975)
MONSIEUR KLEIN (1976)
ROUTES DU SUD, LES (1978)
DON GIOVANNI (1979)
TRUITE, LA (1982)
STEAMING (1984)

LUBIN, Arthur
réalisateur américain (1901-1995)
BLACK FRIDAY (1940)
BUCK PRIVATES (1941)
HOLD THAT GHOST (1941)
IN THE NAVY (1941)
KEEP'EM FLYING (1941)
PHANTOM OF THE OPERA (1942)
RIDE'EM COWBOY (1942)
ALI BABA AND THE FORTY THIEVES (1944)
NEW ORLEANS (1946)
FRANCIS (1949)
IMPACT (1949)
FRANCIS GOES TO THE RACES (1951)
RHUBARB (1951)
FRANCIS GOES TO WEST POINT (1952)
FRANCIS COVERS THE BIG TOWN (1953)
SOUTH SEA WOMAN (1953)
FRANCIS JOINS THE WACS (1954)
FRANCIS IN THE NAVY (1955)
LADY GODIVA (1955)
MAVERICK (1957)
INCREDIBLE MR. LIMPET, THE (1964)

LUBITSCH, Ernst
réalisateur allemand (1892-1947)
EYES OF THE MUMMY, THE (1918)
GYPSY BLOOD (1918)
DOLL, THE (1919)
MADAME DU BARRY (1919)
MEYER FROM BERLIN (1919)
OYSTER PRINCESS, THE (1919)
ANNA BOLEYN (1920)
SUMURUN (1920)
WILDCAT, THE (1921)
MARRIAGE CIRCLE, THE (1924)
SO THIS IS PARIS (1926)
STUDENT PRINCE IN OLD HEIDELBERG, THE (1927)
ETERNAL LOVE (1929)
TROUBLE IN PARADISE (1932)
MERRY WIDOW, THE (1935)
ANGEL (1937)
BLUEBEARD'S EIGHTH WIFE (1938)
NINOTCHKA (1939)
SHOP AROUND THE CORNER, THE (1940)
THAT UNCERTAIN FEELING (1941)
TO BE OR NOT TO BE (1941)
HEAVEN CAN WAIT (1943)

LUCAS, George
réalisateur américain (1944-)
THX-1138 (1970)
AMERICAN GRAFFITI (1973)
STAR WARS (1977)
STAR WARS EPISODE I - THE PHANTOM MENACE (1999)
STAR WARS EPISODE II: ATTACK OF THE CLONES (2002)
AMERICAN GRAFFITI DRIVE-IN DOUBLE FEATURE (2003)
STAR WARS EPISODE III - REVENGE OF THE SITH (2005)

LUHRMANN, Baz
réalisateur australien (1962-)
STRICTLY BALLROOM (1992)
BOHEME, LA (1993)
WILLIAM SHAKESPEARE'S ROMEO & JULIET (1996)
MOULIN ROUGE (2001)
AUSTRALIA (2008)

LUMET, Sidney
réalisateur américain (1924-)
12 ANGRY MEN (1957)
FUGITIVE KIND, THE (1960)
ICEMAN COMETH, THE (1960)
LONG DAY'S JOURNEY INTO NIGHT (1962)
FAIL-SAFE (1964)
PAWNBROKER, THE (1964)
GROUP, THE (1965)
HILL, THE (1965)
LAST OF THE MOBILE HOT SHOTS (1969)
ANDERSON TAPES, THE (1971)
LOVIN' MOLLY (1973)
OFFENCE, THE (1973)
SERPICO (1973)
MURDER ON THE ORIENT EXPRESS (1974)
DOG DAY AFTERNOON (1975)
NETWORK (1976)
EQUUS (1977)
WIZ, THE (1978)
JUST TELL ME WHAT YOU WANT (1980)
PRINCE OF THE CITY (1981)
DEATHTRAP (1982)
VERDICT, THE (1982)
DANIEL (1983)
GARBO TALKS (1984)
POWER (1985)
MORNING AFTER, THE (1986)
RUNNING ON EMPTY (1988)
FAMILY BUSINESS (1989)
Q & A (1990)
STRANGER AMONG US, A (1992)
GUILTY AS SIN (1993)
NIGHT FALLS ON MANHATTAN (1996)
CRITICAL CARE (1997)
GLORIA (1998)
FIND ME GUILTY (2006)
BEFORE THE DEVIL KNOWS YOU'RE DEAD (2007)

LUNA, Bigas
réalisateur espagnol (1946-)
ANGUISH (1987)
VIES DE LOULOU, LES (1990)
JAMBON JAMBON (1992)
MACHO (1993)
TIT AND THE MOON, THE (1994)
LUMIÈRE ET COMPAGNIE (1995)
FEMME DE CHAMBRE DU TITANIC, LA (1997)
SOUND OF THE SEA (2001)
MY NAME IS JUANI (2006)

LURIE, Rod
réalisateur israélien (1962-)
DETERRENCE (1999)
CONTENDER, THE (2000)
LAST CASTLE, THE (2001)
RESURRECTING THE CHAMP (2007)
NOTHING BUT THE TRUTH (2008)

LUSKE, Hamilton
réalisateur américain (1903-1968)
PINOCCHIO (1940)
FUN AND FANCY FREE (1947)
SO DEAR TO MY HEART (1948)
CINDERELLA (1949)
ALICE IN WONDERLAND (1951)
DISNEY MINI-CLASSICS: BEN AND ME (1953)
RELUCTANT DRAGON, THE (1957)
101 DALMATIANS (1961)

LYNCH, David
réalisateur américain (1946-)
ERASERHEAD (1976)
ELEPHANT MAN, THE (1980)
DUNE (1984)
BLUE VELVET (1986)
INDUSTRIAL SYMPHONY NO 1: JULEE CRUISE (1990)
TWIN PEAKS (1990)
TWIN PEAKS - DEFINITIVE GOLD BOX EDITION (1990)
WILD AT HEART (1990)
TWIN PEAKS: FIRE WALK WITH ME (1992)
HOTEL ROOM (1993)
LUMIÈRE ET COMPAGNIE (1995)
LOST HIGHWAY (1996)
STRAIGHT STORY, THE (1999)
MULHOLLAND DRIVE (2001)
DUMBLAND (2002)
INLAND EMPIRE (2006)

LYNE, Adrian
réalisateur américain (1941-)
FOXES (1979)
FLASHDANCE (1983)
9 1/2 WEEKS (1985)
FATAL ATTRACTION (1987)
JACOB'S LADDER (1990)
INDECENT PROPOSAL (1993)
LOLITA (1997)
UNFAITHFUL (2002)

LYNN, Jonathan
réalisateur anglais (1943-)
CLUE (1985)
NUNS ON THE RUN (1990)
DISTINGUISHED GENTLEMAN, THE (1992)
MY COUSIN VINNY (1992)
GREEDY (1994)
SGT. BILKO (1996)
TRIAL AND ERROR (1997)
WHOLE NINE YARDS, THE (2000)
FIGHTING TEMPTATIONS, THE (2003)

MacGILLIVRAY, Greg
réalisateur américain (1945-)
LIVING SEA, THE (1995)
STORMCHASERS (1995)
MAGIC OF FLIGHT (1998)
DOLPHINS (2000)
JOURNEY INTO AMAZING CAVES (2001)
CORAL REEF ADVENTURE (2002)

MACKENDRICK, Alexander
réalisateur américain (1912-1993)
WHISKEY GALORE (1949)
MAN IN THE WHITE SUIT, THE (1951)
LADYKILLERS, THE (1955)
SWEET SMELL OF SUCCESS (1956)
HIGH WIND IN JAMAICA (1965)
DON'T MAKE WAVES (1967)

MACKENZIE, John
réalisateur anglais (1932-)
LONG GOOD FRIDAY, THE (1979)
BEYOND THE LIMIT (1983)
FOURTH PROTOCOL, THE (1987)
RUBY (1992)
QUICKSAND (2001)

MacKINNON, Gillies
réalisateur anglais (1948-)
PLAYBOYS, THE (1992)
SIMPLE TWIST OF FATE, A (1994)
REGENERATION (1997)
HIDEOUS KINKY (1998)
PURE (2002)

MADDEN, John
réalisateur anglais (1949-)
STORYTELLER, THE - DEFINITIVE COLLECTION (1987)
ETHAN FROME (1992)
GOLDEN GATE (1993)
MRS. BROWN (1997)
SHAKESPEARE IN LOVE (1998)
CAPTAIN CORELLI'S MANDOLIN (2001)
PROOF (2005)
KILLSHOT (2008)

MADDIN, Guy
réalisateur canadien (1956-)
TALES FROM THE GIMLI HOSPITAL (1988)
CAREFUL (1992)
DRACULA - PAGES FROM A VIRGIN'S DIARY (2001)
SADDEST MUSIC IN THE WORLD (2003)
GUY MADDIN COLLECTION, THE (2004)
BRAND UPON THE BRAIN! (2006)
MY WINNIPEG (2007)

MAKAVEJEV, Dusan
réalisateur yougoslave (1932-)
HOMME N'EST PAS UN OISEAU, L' (1965)
UNE AFFAIRE DE CŒUR (1967)
INNOCENCE SANS PROTECTION, L' (1968)
WR: MYSTERIES OF THE ORGANISM (1971)
SWEET MOVIE (1974)
MONTENEGRO (1981)
COCA-COLA KID, THE (1985)
NIGHT OF LOVE, A (1987)

MAKHMALBAF, Mohsen
réalisateur iranien (1951-)
BOYCOTT (1985)
PEDDLER, THE (1986)
CYCLIST, THE (1989)
MARRIAGE OF THE BLESSED (1989)
ONCE UPON A TIME, CINEMA (1992)
ACTOR, THE (1993)
GABBEH (1995)
SALAAM CINEMA (1995)
INSTANT D'INNOCENCE, UN (1996)
SILENCE, LE (1998)
KANDAHAR (2001)

MALLE, Louis
réalisateur français (1932-1995)
MONDE DU SILENCE, LE (1955)
ASCENSEUR POUR L'ÉCHAFAUD (1957)
AMANTS, LES (1958)
ZAZIE DANS LE MÉTRO (1960)
VIE PRIVÉE (1962)
FEU FOLLET, LE (1963)
VIVA MARIA (1965)
CALCUTTA (1968)
HISTOIRES EXTRAORDINAIRES (1968)
SOUFFLE AU CŒUR, LE (1971)
LACOMBE, LUCIEN (1974)
PRETTY BABY (1977)
ATLANTIC CITY (1980)
MY DINNER WITH ANDRÉ (1981)
CRACKERS (1983)
ALAMO BAY (1985)
AU REVOIR LES ENFANTS (1988)
MILOU EN MAI (1989)
DAMAGE (1992)
VANYA ON 42nd STREET (1994)

MAMET, David
réalisateur américain (1947-)
HOUSE OF GAMES (1987)
THINGS CHANGE (1988)
HOMICIDE (1991)
OLEANNA (1994)
SPANISH PRISONER, THE (1997)
WINSLOW BOY, THE (1998)
STATE AND MAIN (2000)
HEIST (2001)
SPARTAN (2003)
REDBELT (2008)

MAMOULIAN, Rouben
réalisateur georgien (1897-1987)
APPLAUSE (1929)
DR. JEKYLL AND MR. HYDE (1932)
LOVE ME TONIGHT (1932)
QUEEN CHRISTINA (1933)
SONG OF SONGS, THE (1933)
WE LIVE AGAIN (1934)
GAY DESPERADO (1936)
GOLDEN BOY (1940)
BLOOD AND SAND (1941)
MARK OF ZORRO, THE (1941)
SILK STOCKINGS (1957)

MANDOKI, Luis
réalisateur mexicain (1954-)
GABY: A TRUE STORY (1987)
WHITE PALACE (1990)
BORN YESTERDAY (1993)
WHEN A MAN LOVES A WOMAN (1994)
MESSAGE IN A BOTTLE (1999)
ANGEL EYES (2001)
INNOCENT VOICES (2004)

MANGOLD, James
réalisateur américain (1964-)
HEAVY (1995)
COP LAND (1997)
GIRL, INTERRUPTED (1999)
KATE & LEOPOLD (2001)
IDENTITY (2003)
WALK THE LINE (2005)
3:10 TO YUMA (2007)

MANKIEWICZ, Francis
réalisateur québécois (1944-1993)
TEMPS D'UNE CHASSE, LE (1972)
BONS DÉBARRAS, LES (1979)
BEAUX SOUVENIRS, LES (1981)
AND THEN YOU DIE (1987)
PORTES TOURNANTES, LES (1988)

MANKIEWICZ, Joseph Leo
réalisateur américain (1909-1993)
DRAGONWYCK (1945)
SOMEWHERE IN THE NIGHT (1945)

GHOST AND MRS. MUIR, THE (1947)
LETTER TO THREE WIVES, A (1948)
HOUSE OF STRANGERS (1949)
ALL ABOUT EVE (1950)
NO WAY OUT (1950)
PEOPLE WILL TALK (1951)
5 FINGERS (1952)
JULIUS CAESAR (1953)
BAREFOOT CONTESSA, THE (1954)
GUYS AND DOLLS (1955)
QUIET AMERICAN, THE (1957)
SUDDENLY, LAST SUMMER (1959)
CLEOPATRA (1963)
HONEY POT, THE (1967)
THERE WAS A CROOKED MAN (1970)
SLEUTH (1972)

MANN, Anthony
réalisateur américain (1906-1967)
STRANGE IMPERSONATION (1946)
DESPERATE (1947)
RAILROADED (1947)
T-MEN (1947)
HE WALKED BY NIGHT (1948)
RAW DEAL (1948)
BLACK BOOK, THE (1949)
SIDE STREET (1949)
FURIES, THE (1950)
WINCHESTER '73 (1950)
BEND OF THE RIVER (1951)
NAKED SPUR, THE (1952)
THUNDER BAY (1953)
FAR COUNTRY, THE (1954)
GLENN MILLER STORY, THE (1954)
MAN FROM LARAMIE, THE (1955)
STRATEGIC AIR COMMAND (1955)
MEN IN WAR (1956)
SAVAGE WILDERNESS (1956)
SERENADE (1956)
TIN STAR, THE (1957)
GOD'S LITTLE ACRE (1958)
MAN OF THE WEST (1958)
CIMARRON (1960)
EL CID (1961)
FALL OF THE ROMAN EMPIRE, THE (1963)
HEROES OF TELEMARK, THE (1965)

MANN, Daniel
réalisateur américain (1912-1991)
COME BACK, LITTLE SHEBA (1952)
I'LL CRY TOMORROW (1955)
ROSE TATTOO, THE (1955)
TEAHOUSE OF THE AUGUST MOON, THE (1956)
LAST ANGRY MAN, THE (1959)
BUTTERFIELD 8 (1960)
WHO'S GOT THE ACTION? (1962)
OUR MAN FLINT (1965)
FOR LOVE OF IVY (1968)
WILLARD (1970)
LOST IN THE STARS (1973)
MAN WHO BROKE A 1000 CHAINS, THE (1987)

MANN, Delbert
réalisateur américain (1920-)
MARTY (1954)
DESIRE UNDER THE ELMS (1957)
SEPARATE TABLES (1958)
WHAT MAKES SAMMY RUN? (1959)
LOVER COME BACK (1961)
THAT TOUCH OF MINK (1962)
GATHERING OF EAGLES, A (1963)
DEAR HEART (1964)
FITZWILLY (1967)
PINK JUNGLE, THE (1968)
JANE EYRE (1970)
ALL QUIET ON THE WESTERN FRONT (1979)
NIGHT CROSSING (1981)
LAST DAYS OF PATTON, THE (1986)
LILY IN WINTER (1995)

MANN, Michael
réalisateur américain (1943-)
THIEF (1981)
KEEP, THE (1983)
MANHUNTER (1986)
LAST OF THE MOHICANS, THE (1992)
HEAT (1995)
INSIDER, THE (1999)
ALI (2001)
COLLATERAL (2004)
MIAMI VICE (2006)
PUBLIC ENEMIES (2009)

MANN, Ron
réalisateur canadien (1959-)
IMAGINE THE SOUND (1981)
POETRY IN MOTION (1982)
COMIC BOOK CONFIDENTIAL (1988)
TWIST (1993)
GRASS: THE MOVIE (1999)
GO FURTHER (2003)
DREAM TOWER/ECHOES WITHOUT SAYING (2004)

MARGHERITI, Antonio
réalisateur italien (1930-)
CASTLE OF BLOOD (1964)
LONG HAIR OF DEATH (1964)
NAKED YOU DIE (1968)
LA MORTE NEGLI OCCHI DEL GATTO (1973)
SEVEN DEATHS IN THE CAT'S EYE (1973)
STRANGER AND THE GUNFIGHTER, THE (1974)
CANNIBAL APOCALYPSE (1980)

MARIN, Edwin L.
réalisateur américain (1899-1951)
CHRISTMAS CAROL, A (1938)
EVERYBODY SING (1938)
LISTEN, DARLING (1938)
INVISIBLE AGENT (1942)
TALL IN THE SADDLE (1944)
ABILENE TOWN (1945)
JOHNNY ANGEL (1945)
NOCTURNE (1946)
FIGHTING MAN OF THE PLAINS (1949)
CARIBOO TRAIL, THE (1950)

MARISCHKA, Ernst
réalisateur autrichien (1883-1963)
JEUNES ANNÉES D'UNE REINE, LES (1955)
SISSI (1955)
SISSI IMPÉRATRICE (1956)
MAM'ZELLE CRICRI (1957)
SISSI ET SON DESTIN (1957)

MARKLE, Peter
réalisateur américain (1952-)
HOT DOG...THE MOVIE (1983)
YOUNGBLOOD (1986)
BAT 21 (1988)
NIGHTBREAKER (1989)
EL DIABLO (1990)
LAST DAYS OF FRANKIE THE FLY, THE (1997)
FLIGHT 93 (2006)

MARKOWITZ, Robert
réalisateur américain
WALL, THE (1982)
MURDER IN THE HEARTLAND (1993)
TUSKEGEE AIRMEN, THE (HBO) (1995)
INTO THIN AIR: DEATH ON EVEREST (1997)

MARKS, Arthur
réalisateur américain (1927-)
DETROIT 9000 (1973)
BUCKTOWN (1975)
FRIDAY FOSTER (1975)
J.D.'S REVENGE (1976)
MONKEY HUSTLE (1976)

MARQUAND, Richard
réalisateur anglais (1938-1987)
LEGACY, THE (1978)
EYE OF THE NEEDLE (1981)
RETURN OF THE JEDI (1983)
UNTIL SEPTEMBER (1984)
JAGGED EDGE (1985)

MARSHALL, Garry
réalisateur américain (1934-)
YOUNG DOCTORS IN LOVE (1982)
FLAMINGO KID, THE (1984)
NOTHING IN COMMON (1986)
OVERBOARD (1987)
BEACHES (1988)
PRETTY WOMAN (1990)
FRANKIE AND JOHNNY (1991)
EXIT TO EDEN (1994)
DEAR GOD (1996)
OTHER SISTER, THE (1999)
RUNAWAY BRIDE (1999)
PRINCESS DIARIES, THE (2001)
PRINCESS DIARIES 2: ROYAL ENGAGEMENT (2004)
RAISING HELEN (2004)
GEORGIA RULE (2007)

MARSHALL, George
réalisateur américain (1891-1975)
SHOW THEM NO MERCY (1935)
GOLDWYN FOLLIES, THE (1938)
DESTRY RIDES AGAIN (1939)
YOU CAN'T CHEAT AN HONEST MAN (1939)
GHOST BREAKERS, THE (1940)
WHEN THE DALTONS RODE (1940)
TEXAS (1941)
STAR SPANGLED RHYTHM (1942)
BLUE DAHLIA, THE (1945)
MURDER, HE SAYS (1945)
VARIETY GIRL (1947)
MONSIEUR BEAUCAIRE (1948)
MY FRIEND IRMA (1949)
FANCY PANTS (1950)
SCARED STIFF (1952)
HOUDINI (1953)
MONEY FROM HOME (1953)
RED GARTERS (1954)
MATING GAME, THE (1958)
GAZEBO, THE (1959)
IT STARTED WITH A KISS (1959)
HOW THE WEST WAS WON (1962)
PAPA'S DELICATE CONDITION (1962)
HOOK, LINE AND SINKER (1968)

MARSHALL, Penny
réalisatrice américaine (1942-)
JUMPIN' JACK FLASH (1986)
BIG (1988)
AWAKENINGS (1990)
LEAGUE OF THEIR OWN, A (1992)
RENAISSANCE MAN (1994)
PREACHER'S WIFE, THE (1996)
RIDING IN CARS WITH BOYS (2001)

MARTINO, Sergio
réalisateur italien (1938-)
BLADE OF THE RIPPER (1971)
CASE OF THE SCORPION'S TAIL (1971)
ALL THE COLORS OF THE DARK (1972)
YOUR VICE IS A LOCKED ROOM ONLY I HAVE THE KEY (1972)
GIOVANNONA LONG TIGH (1973)
TORSO (1973)
VIOLENT PROFESSIONALS (1973)
GAMBLING CITY (1975)
MANNAJA: A MAN CALLED BLADE (1977)
CONTINENT DES HOMMES-POISSONS, LE (1978)
MONTAGNE DU DIEU CANNIBALE, LA (1978)
BIG ALLIGATOR RIVER (1979)

MARTINSON, Leslie H.
réalisateur américain (1915-)
ATOMIC KID, THE (1954)
PT 109 (1963)
BATMAN (1966)
BATMAN BEYOND: THE MOVIE (1966)
FATHOM (1967)

MARTON, Andrew
réalisateur hongrois (1904-1992)
KING SOLOMON'S MINES (1950)
GREEN FIRE (1954)
MEN OF THE FIGHTING LADY (1954)
LONGEST DAY, THE (1962)
THIN RED LINE, THE (1964)
CLARENCE THE CROSS-EYED LION (1965)
AROUND THE WORLD UNDER THE SEA (1966)

MATÉ, Rudolph
réalisateur polonais (1898-1964)
DARK PAST, THE (1948)
BRANDED (1950)
D.O.A. (1950)
UNION STATION (1950)
WHEN WORLDS COLLIDE (1951)
GREEN GLOVE, THE (1952)
BLACK SHIELD OF FALWORTH, THE (1954)
VIOLENT MEN, THE (1954)
FAR HORIZONS, THE (1955)
MIRACLE IN THE RAIN (1955)
DEEP SIX, THE (1957)
THREE VIOLENT PEOPLE (1957)
FOR THE FIRST TIME (1959)
300 SPARTANS, THE (1962)

MATTEI, Bruno
réalisateur italien (1931-2007)
MAISON PRIVÉE DES SS, LA (1977)
SS GIRLS (1977)
NUN OF MONZA (1980)
OTHER HELL, THE (1980)
HELL OF THE LIVING DEAD (1981)

VIOLENCE IN A WOMEN'S PRISON (1982)
ZOMBIE 3 (1988)

MAYFIELD, Les
réalisateur américain
ENCINO MAN (1992)
MIRACLE ON 34TH STREET (1994)
FLUBBER (1997)
BLUE STREAK (1999)
MAN, THE (2005)

MAYO, Archie
réalisateur américain (1891-1968)
SVENGALI (1931)
NIGHT AFTER NIGHT (1932)
MAYOR OF HELL (1933)
PETRIFIED FOREST, THE (1935)
BLACK LEGION (1937)
ADVENTURES OF MARCO POLO, THE (1938)
THEY SHALL HAVE MUSIC (1939)
CHARLEY'S AUNT (1941)
MOONTIDE (1942)
ORCHESTRA WIVES (1942)
CRASH DIVE (1943)
NIGHT IN CASABLANCA, A (1945)
ANGEL ON MY SHOULDER (1947)

MAZURSKY, Paul
réalisateur américain (1930-)
BOB & CAROL & TED & ALICE (1969)
ALEX IN WONDERLAND (1970)
BLUME IN LOVE (1973)
HARRY AND TONTO (1974)
NEXT STOP, GREENWICH VILLAGE (1976)
UNMARRIED WOMAN, AN (1977)
WILLIE AND PHIL (1980)
TEMPEST (1982)
MOSCOW ON THE HUDSON (1984)
DOWN AND OUT IN BEVERLY HILLS (1986)
MOON OVER PARADOR (1988)
ENEMIES, A LOVE STORY (1989)
SCENES FROM A MALL (1991)
PICKLE, THE (1993)
FAITHFUL (1996)
WINCHELL (1998)

McBRIDE, Jim
réalisateur américain (1941-)
DAVID HOLZMAN'S DIARY (1967)
BREATHLESS (1983)
BIG EASY, THE (1986)
GREAT BALLS OF FIRE! (1989)
WRONG MAN, THE (1993)
UNCOVERED (1994)

McCAREY, Leo
réalisateur américain (1898-1969)
FINISHING TOUCH (1928)
WE FAW DOWN (1928)
BIG BUSINESS (1929)
LIBERTY (1929)
WRONG AGAIN (1929)
SIX OF A KIND (1933)
BELLE OF THE NINETIES (1934)
DUCK SOUP (1934)
RUGGLES OF RED GAP (1935)
MILKY WAY, THE (1936)
AWFUL TRUTH, THE (1937)
LOVE AFFAIR (1939)
ONCE UPON A HONEYMOON (1942)
GOING MY WAY (1944)
BELLS OF ST.MARY'S, THE (1945)
GOOD SAM (1948)
AFFAIR TO REMEMBER, AN (1957)
RALLY 'ROUND THE FLAG, BOYS (1959)
SATAN NEVER SLEEPS (1962)

McDONALD, Bruce
réalisateur canadien (1959-)
ROADKILL (1989)
HIGHWAY 61 (1991)
DANCE ME OUTSIDE (1994)
HARD CORE LOGO (1996)
PICTURE CLAIRE (2001)
TRACEY FRAGMENTS, THE (2007)
PONTYPOOL (2008)

McEVEETY, Vincent J.
réalisateur américain (1965-)
FIRECREEK (1967)
STRONGEST MAN IN THE WORLD, THE (1974)
WONDER WOMAN (SEASON I) (1974)
HERBIE GOES TO MONTE CARLO (1977)
HERBIE GOES BANANAS (1980)

MCGUIGAN, Paul
réalisateur anglais (1963-)
ACID HOUSE, THE (1998)
GANGSTER NO.1 (2000)
RECKONING, THE (2004)
WICKER PARK (2004)
LUCKY NUMBER SLEVIN (2006)
PUSH (2008)

McLAGLEN, Andrew V.
réalisateur anglais (1920-)
MAN IN THE VAULT (1956)
MCLINTOCK! (1963)
SHENANDOAH (1965)
RARE BREED, THE (1966)
DEVIL'S BRIGADE, THE (1967)
WAY WEST, THE (1967)
BANDOLERO! (1968)
HELLFIGHTERS (1968)
UNDEFEATED, THE (1969)
CHISUM (1970)
CAHILL: UNITED STATES MARSHALL (1973)
BREAKTHROUGH (1978)
WILD GEESE, THE (1978)
FFOLKES (1980)
SEA WOLVES, THE (1980)
BLUE AND THE GRAY, THE (1982)
SHADOW RIDERS (1982)
SAHARA (1983)
ON WINGS OF EAGLES (1986)

McLEOD WILCOX, Fred
réalisateur anglais (1907-1964)
LASSIE COME HOME (1943)
COURAGE OF LASSIE (1946)
THREE DARING DAUGHTERS (1948)
SECRET GARDEN, THE (1949)
FORBIDDEN PLANET (1955)

McLEOD, Norman Z.
réalisateur américain (1898-1964)
MONKEY BUSINESS (1931)
HORSE FEATHERS (1932)
HERE COMES COOKIE (1935)
IT'S A GIFT (1935)
PENNIES FROM HEAVEN (1936)
LADY BE GOOD (1941)
PANAMA HATTIE (1942)
ROAD TO RIO (1947)
SECRET LIFE OF WALTER MITTY, THE (1947)
PALEFACE, THE (1948)
KID FROM BROOKLYN, THE (1949)
LET'S DANCE (1950)
CASANOVA'S BIG NIGHT (1954)
ALIAS JESSE JAMES (1959)

McNAUGHTON, John
réalisateur américain (1950-)
HENRY: PORTRAIT OF A SERIAL KILLER (1986)
BORROWER, THE (1989)
SEX, DRUGS, ROCK & ROLL (1991)
MAD DOG AND GLORY (1993)
GIRLS IN PRISON (1994)
NORMAL LIFE (1995)
WILD THINGS (1998)
LANSKY (1999)
MASTERS OF HORROR - CLIVE BAKER'S HACKEL'S TALE (2005)

McTIERNAN, John
réalisateur américain (1951-)
NOMADS (1986)
PREDATOR (1987)
DIE HARD (1988)
HUNT FOR RED OCTOBER (1990)
MEDICINE MAN (1992)
LAST ACTION HERO (1993)
DIE HARD WITH A VENGEANCE (1995)
13th WARRIOR, THE (1999)
THOMAS CROWN AFFAIR (1999)
BASIC (2003)

MEADOWS, Shane
réalisateur anglais (1972-)
SMALL TIME (1996)
SMALL TIME / WHERE'S THE MONEY RONNIE? (1996)
TWENTYFOURSEVEN (1997)
ONCE UPON A TIME IN THE MIDLANDS (2003)
THIS IS ENGLAND (2006)

MEDAK, Peter
réalisateur anglais (1937-)
RULING CLASS, THE (1972)
ODD JOB, THE (1978)
CHANGELING, THE (1980)
ZORRO, THE GAY BLADE (1981)
MEN'S CLUB, THE (1986)
NABOKOV ON KAFKA (1989)
KRAYS, THE (1990)
LET HIM HAVE IT (1991)
ROMEO IS BLEEDING (1993)
PONTIAC MOON (1994)
HUNCHBACK, THE (1997)
SPECIES II (1998)
FEAST OF ALL SAINTS (2001)
MASTERS OF HORROR - THE WASHINGTONIANS (2006)
SEX AND LIES IN SIN CITY: THE TED BINION SCANDAL (2008)

MEDEM, Julio
réalisateur espagnol (1958-)
VACAS (1991)
ÉCUREUIL ROUGE, L' (1993)
EARTH (1996)
AMANTS DU CERCLE POLAIRE, LES (1998)
SEX AND LUCIA (2001)
CHAOTIC ANA (2007)

MEHTA, Deepa
réalisatrice,indienne (1950-)
SAM & ME (1991)
CAMILLA (1993)
FIRE (1996)
EARTH (1998)
BOLLYWOOD / HOLLYWOOD (2002)
REPUBLIC OF LOVE (2004)
WATER (2005)
HEAVEN ON EARTH (2008)

MELANÇON, André
réalisateur québécois (1942-)
GUERRE DES TUQUES, LA (1984)
BACH ET BOTTINE (1986)
FIERRO... L'ÉTÉ DES SECRETS (1989)
RAFALES (1990)
CHER OLIVIER (1997)
ALBERTINE EN CINQ TEMPS (1999)
DANIEL ET LES SUPERDOGS (2004)
PRINTEMPS FRAGILES (2006)

MELVILLE, Jean-Pierre
réalisateur français (1917-1973)
SILENCE DE LA MER, LE (1948)
ENFANTS TERRIBLES, LES (1950)
BOB LE FLAMBEUR (1956)
LÉON MORIN, PRÊTRE (1961)
DOULOS, LE (1962)
DEUXIÈME SOUFFLE, LE (1966)
SAMOURAÏ, LE (1967)
ARMÉE DES OMBRES, L' (1969)
CERCLE ROUGE, LE (1970)
UN FLIC (1972)

MÉNARD, Robert
réalisateur québécois (1947-)
JOURNÉE EN TAXI, UNE (1981)
T'ES BELLE JEANNE (1988)
CRUISING BAR (1989)
AMOUREUX FOU (1991)
HOMME DE RÊVE, L' (1991)
ENFANT D'EAU, L' (1995)
POLOCK, LE (1997)
JEAN DUCEPPE (2002)
CRUISING BAR 2 (2008)

MENAUL, Christopher
réalisateur
DANGEROUS MAN: LAWRENCE AFTER ARABIA, A (1992)
FATHERLAND (1994)
FEAST OF JULY (1995)
PASSION OF AYN RAND (1999)
FORSYTE SAGA, THE (2002)
STATE OF MIND (2003)

MENDES, Sam
réalisateur britannique (1965-)
AMERICAN BEAUTY (1999)
ROAD TO PERDITION (2002)
JARHEAD (2005)
REVOLUTIONARY ROAD (2008)
AWAY WE GO (2009)

METTER, Alan
réalisateur américain
BACK TO SCHOOL (1985)
GIRLS JUST WANT TO HAVE FUN (1985)
MOVING (1988)
POLICE ACADEMY VII: MISSION TO MOSCOW (1994)
PASSPORT TO PARIS (1999)

METTLER, Peter
réalisateur canadien (1958-)
SCISSERE (1982)
TOP OF HIS HEAD, THE (1989)
TECTONIC PLATES (1991)

PICTURE OF LIGHT (1994)
GAMBLING GODS AND LSD (2002)

METZGER, Radley
réalisateur américain (1929-)
DIRTY GIRLS, THE (1964)
CARMEN, BABY (1967)
ALLEY CATS, THE (1968)
THERESE AND ISABELLE (1968)
CAMILLE 2000 (1969)
LICKERISH QUARTET, THE (1970)
SCORE (1976)
CAT AND THE CANARY (1977)
PRINCESS & THE CALL GIRL, THE (1984)

MEYER, Nicholas
réalisateur américain (1945-)
TIME AFTER TIME (1979)
STAR TREK II: THE WRATH OF KHAN (1982)
DAY AFTER, THE (1983)
VOLUNTEERS (1985)
DECEIVERS, THE (1988)
COMPANY BUSINESS (1991)
STAR TREK VI: THE UNDISCOVERED COUNTRY (1991)

MEYER, Russ
réalisateur américain (1922-2004)
IMMORAL MR. TEAS, THE (1959)
RETURN OF THE ULTRA VIXENS (1960)
EVE AND THE HANDYMAN (1961)
MUDHONEY (1961)
WILD GALS OF THE NAKED WEST! (1962)
LORNA (1964)
FANNY HILL (1965)
FASTER PUSSYCAT, KILL... KILL... (1965)
MONDO TOPLESS (1966)
MOTOR PSYCHO (1966)
COMMON-LAW CABIN (1967)
GOOD MORNING... AND GOODBYE! (1967)
FINDERS KEEPERS... LOVERS WEEPERS (1968)
VIXEN (1968)
CHERRY... & HARRY & RAQUEL (1969)
BEYOND THE VALLEY OF THE DOLLS (1970)
BLACKSNAKE (1970)
SUPER VIXENS (1975)
UP! (1976)
BENEATH THE VALLEY OF THE ULTRA-VIXENS (1979)
RUSS MEYER'S PANDORA PEAKS (1994)

MICHELL, Roger
réalisateur sud-africain (1956-)
BUDDHA OF SUBURBIA, THE (1993)
PERSUASION (1995)
NOTTING HILL (1999)
CHANGING LANES (2002)
MOTHER, THE (2003)
ENDURING LOVE (2004)
VENUS (2006)

MIHALKA, George
réalisateur québécois (1952-)
MY BLOODY VALENTINE (1981)
SCANDALE (1982)
CHEMIN DE DAMAS, LE (1988)
FLORIDA, LA (1993)
BULLET TO BEIJING (1995)
HOMME IDÉAL, L' (1996)
OMERTA 3: LE DERNIER DES HOMMES D'HONNEUR (1999)
DR. LUCILLE, UN RÊVE POUR LA VIE (2000)
BOYS IV, LES (2005)

MIIKE, Takashi
réalisateur japonais (1960-)
BODYGUARD KIBA (1993)
BODYGUARD KIBA 2: COMBAT APOCALYPSE (1994)
SHINJUKU TRIAD SOCIETY (1995)
FUDOH: THE NEW GENERATION (1996)
WAY TO FIGHT, THE (1996)
FULL METAL YAKUZA (1997)
RAINY DOG (1997)
YOUNG THUGS: INNOCENT BLOOD (1997)
ANDROMEDIA (1998)
BIRD PEOPLE IN CHINA, THE (1998)
YOUNG THUGS: NOSTALGIA (1998)
AUDITION (1999)
DEAD OR ALIVE (1999)
LEY LINES (1999)
SILVER (1999)
WHITE-COLLAR WORKER KINTARO (1999)
CITY OF LOST SOULS, THE (2000)
DEAD OR ALIVE 2 (2000)
MPD PSYCHO - COMPLETE MINISERIES (2000)
FAMILY (2001)
FAMILY PART 2 (2001)
HAPPINESS OF THE KATAKURIS (2001)
ICHI THE KILLER (2001)
VISITOR Q (2001)
DEAD OR ALIVE: FINAL (2002)
DEADLY OUTLAW REKKA (2002)
GRAVEYARD OF HONOR (2002)
SABU (2002)
DEAD OR ALIVE TRILOGY (2003)
GOZU (2003)
NEGOTIATOR, THE (2003)
ONE MISSED CALL (2003)
TAKASHI MIIKE BOX SET (2003)
YAKUZA DEMON (2003)
3 EXTREMES (2004)
IZO (2004)
GREAT YOKAI WAR, THE (2005)
MASTERS OF HORROR - IMPRINT (2005)
ZEBRAMAN (2005)
BIG BANG LOVE, JUVENILE A (2006)
DEMON POND (2006)
DETECTIVE STORY (2007)
SUKIYAKI WESTERN DJANGO (2007)

MIKHALKOV, Nikita
réalisateur russe (1945-)
AT HOME AMONG STRANGERS, A STRANGER AMONG HIS OWN (1974)
PARTITION INACHEVÉE POUR PIANO MÉCANIQUE (1976)
ESCLAVE DE L'AMOUR, L' (1978)
OBLOMOV (1979)
YEUX NOIRS, LES (1987)
URGA (1991)
ANNA 6-18 (1993)
SOLEIL TROMPEUR (1994)
12 (2007)

MILESTONE, Lewis
réalisateur russe (1895-1980)
ALL QUIET ON THE WESTERN FRONT (1930)
FRONT PAGE, THE (1931)
RAIN (1932)
HALLELUJAH, I'M A BUM! (1933)
GENERAL DIED AT DAWN, THE (1936)
OF MICE AND MEN (1939)
EDGE OF DARKNESS (1943)
PURPLE HEART, THE (1944)
STRANGE LOVE OF MARTHA IVERS (1946)
WALK IN THE SUN, A (1946)
ARCH OF TRIUMPH (1947)
NO MINOR VICES (1948)
RED PONY, THE (1949)
HALLS OF MONTEZUMA (1950)
PORK CHOP HILL (1959)
OCEAN'S 11 (1960)
MUTINY ON THE BOUNTY (1962)

MILIUS, John
réalisateur américain (1944-)
WIND AND THE LION, THE (1975)
BIG WEDNESDAY (1978)
CONAN THE BARBARIAN (1981)
RED DAWN (1984)
FAREWELL TO THE KING (1989)
FLIGHT OF THE INTRUDER (1990)

MILLER, Claude
réalisateur français (1942-)
MEILLEURE FAÇON DE MARCHER, LA (1975)
DITES-LUI QUE JE L'AIME (1977)
GARDE À VUE (1981)
MORTELLE RANDONNÉE (1983)
EFFRONTÉE, L' (1985)
PETITE VOLEUSE, LA (1988)
ACCOMPAGNATRICE, L' (1992)
SOURIRE, LE (1993)
ENFANTS DE LUMIÈRE, LES (1995)
CLASSE DE NEIGE, LA (1998)
CHAMBRE DES MAGICIENNES, LA (1999)
BETTY FISHER ET AUTRES HISTOIRES (2001)
PETITE LILI, LA (2003)
UN SECRET (2007)

MILLER, David
réalisateur américain (1909-1992)
BILLY THE KID (1941)
FLYING TIGERS (1943)
LOVE HAPPY (1949)
SUDDEN FEAR (1952)
DIANE (1955)
OPPOSITE SEX, THE (1956)
STORY OF ESTHER COSTELLO, THE (1957)
MIDNIGHT LACE (1960)
BACK STREET (1961)
LONELY ARE THE BRAVE (1962)
CAPTAIN NEWMAN, M.D. (1963)
EXECUTIVE ACTION (1973)

MILLER, George
réalisateur australien (1945-)
MAD MAX (1979)
MAD MAX 2: THE ROAD WARRIOR (1981)
TWILIGHT ZONE: THE MOVIE (1983)
MAD MAX 3: BEYOND THE THUNDERDOME (1985)
WITCHES OF EASTWICK, THE (1987)
LORENZO'S OIL (1992)
BABE: PIG IN THE CITY (1998)
HAPPY FEET (2006)

MILLER, George
réalisateur anglais (1945-)
MAN FROM SNOWY RIVER, THE (1982)
AVIATOR, THE (1985)
NEVERENDING STORY II: THE NEXT CHAPTER, THE (1989)
ANDRE (1994)
ROBINSON CRUSOE (1996)
JOURNEY TO THE CENTER OF THE EARTH (1999)

MILLER, Robert Ellis
réalisateur américain (1932-)
ANY WEDNESDAY (1966)
SWEET NOVEMBER (1967)
HEART IS A LONELY HUNTER, THE (1968)
GIRL FROM PETROVKA, THE (1974)
BRENDA STARR (1987)

MINER, Steve
réalisateur américain (1951-)
FRIDAY THE 13TH II (1981)
FRIDAY THE 13TH III (1982)
HOUSE (1985)
SOUL MAN (1986)
WARLOCK (1989)
WILD HEARTS CAN'T BE BROKEN (1991)
FOREVER YOUNG (1992)
MY FATHER THE HERO (1994)
HALLOWEEN H20: TWENTY YEARS LATER (1998)
LAKE PLACID (1999)

MINGHELLA, Anthony
réalisateur anglais (1954-2008)
TRULY, MADLY, DEEPLY (1991)
MR. WONDERFUL (1993)
ENGLISH PATIENT, THE (1996)
TALENTED MR. RIPLEY, THE (1999)
COLD MOUNTAIN (2003)
BREAKING AND ENTERING (2006)

MINGOZZI, Gianfranco
réalisateur italien (1932-)
FLAVIA THE HERETIC (1974)
LAST DIVA, THE (1982)
EXPLOITS D'UN JEUNE DON JUAN, LES (1986)
BELLISSIMO: IMAGES OF THE ITALIAN CINEMA (1987)
FEMME DE MES AMOURS, LA (1989)

MINKOFF, Rob
réalisateur
LION KING, THE (1994)
STUART LITTLE (1999)
STUART LITTLE 2 (2002)
HAUNTED MANSION (2003)
FORBIDDEN KINGDOM (2008)

MINNELLI, Vincente
réalisateur américain (1910-1986)
CABIN IN THE SKY (1942)
I DOOD IT (1943)
CLOCK, THE (1944)
MEET ME IN ST. LOUIS (1944)
YOLANDA AND THE THIEF (1945)
ZIEGFELD FOLLIES (1946)
UNDERCURRENT (1947)
PIRATE, THE (1948)
MADAME BOVARY (1949)
FATHER OF THE BRIDE (1950)
AMERICAN IN PARIS, AN (1951)
FATHER'S LITTLE DIVIDEND (1951)

BAD AND THE BEAUTIFUL, THE (1952)
BAND WAGON, THE (1953)
BRIGADOON (1953)
LONG, LONG TRAILER, THE (1954)
KISMET (1955)
TEA AND SYMPATHY (1955)
DESIGNING WOMAN (1956)
LUST FOR LIFE (1956)
GIGI (1958)
RELUCTANT DEBUTANTE, THE (1958)
SOME CAME RUNNING (1959)
BELLS ARE RINGING, THE (1960)
HOME FROM THE HILL (1960)
FOUR HORSEMEN OF THE APOCALYPSE, THE (1961)
COURTSHIP OF EDDIE'S FATHER, THE (1962)
GOODBYE CHARLIE (1964)
SANDPIPER, THE (1965)
ON A CLEAR DAY YOU CAN SEE FOREVER (1969)

MISUMI, Kenji
réalisateur japonais (1921-1975)
ZATOICHI XII: ZATOICHI AND THE CHESS EXPERT (1965)
RETURN OF DAIMAJIN (1966)
ZATOICHI XVII: ZATOICHI CHALLENGED (1967)
ZATOICHI XIX: SAMARITAN ZATOICHI (1968)
LONE WOLF AND CUB (1972)
HANZO THE RAZOR (1973)
COMPLETE DAIMAJIN I (2003)

MIYAZAKI, Hayao
réalisateur japonais (1941-)
CASTLE OF CAGLIOSTRO, THE (1979)
NAUSICAA OF THE VALLEY OF THE WIND (1984)
CASTLE IN THE SKY (1986)
MY NEIGHBOR TOTORO (1988)
KIKI'S DELIVERY SERVICE (1989)
PORCO ROSSO (1992)
PRINCESS MONONOKE (1997)
SPIRITED AWAY (2001)
HOWL'S MOVING CASTLE (2004)

MIZOGUCHI, Kenji
réalisateur japonais (1898-1956)
OSAKA ELEGY (1936)
SISTERS OF THE GION (1936)
STORY OF THE LAST CHRYSANTHEMUM, THE (1939)
47 RONIN, PART 1 (1942)
47 RONIN, PART 2 (1942)
47 RONIN, THE (1942)
UTAMARO AND HIS FIVE WOMEN (1946)
WOMEN OF THE NIGHT (1948)
VIE D'OHARU, LA (1952)
CONTES DE LA LUNE VAGUE APRÈS LA PLUIE, LES (1953)
GEISHA, A (1953)
CRUCIFIED LOVERS, THE (1954)
SANSHO THE BAILIFF (1954)
PRINCESS YANG KWEI FEI (1955)
TAIRA CLAN SAGA (1955)
RUE DE LA HONTE, LA (1956)

MOCKY, Jean-Pierre
réalisateur français (1929-)
UN DRÔLE DE PAROISSIEN (1963)
GRANDE LESSIVE, LA (1968)
Y A-T-IL UN FRANÇAIS DANS LA SALLE? (1982)
À MORT L'ARBITRE (1984)
MIRACULÉ, LE (1986)
AGENT TROUBLE (1987)
SAISONS DU PLAISIR, LES (1988)
NOIR COMME LE SOUVENIR (1995)

MOLAND, Hans Petter
réalisateur norvégien (1955-)
LAST LIEUTENANT, THE (1993)
ZERO KELVIN (1995)
ABERDEEN (2001)
BEAUTIFUL COUNTRY, THE (2004)

MOLANDER, Gustaf
réalisateur finlandais (1888-1973)
SWEDENHIELMS (1935)
INTERMEZZO (1937)
DOLLAR (1938)
UN VISAGE DE FEMME (1939)
ONLY ONE NIGHT (1942)

MOLINARO, Édouard
réalisateur français (1928-)
SEPT PÉCHÉS CAPITAUX, LES (1961)
UNE RAVISSANTE IDIOTE (1963)
CHASSE À L'HOMME, LA (1964)
OSCAR (1967)
HIBERNATUS (1969)
AVEUX LES PLUS DOUX, LES (1970)
EMMERDEUR, L' (1973)
IRONIE DU SORT, L' (1973)
DRACULA PÈRE ET FILS (1976)
HOMME PRESSÉ, L' (1977)
CAGE AUX FOLLES, LA (1978)
CAUSE TOUJOURS, TU M'INTÉRESSES (1979)
CAGE AUX FOLLES 2, LA (1980)
POUR 100 BRIQUES, T'AS PLUS RIEN (1982)
PALACE (1984)
À GAUCHE EN SORTANT DE L'ASCENSEUR (1988)
SOUPER, LE (1992)
BEAUMARCHAIS L'INSOLENT (1996)

MONICELLI, Mario
réalisateur italien (1915-)
UNFAITHFULS, THE (1953)
PIGEON, LE (1958)
BOCCACE 70 (1962)
CAMARADES, LES (1963)
MESDAMES ET MESSIEURS, BONSOIR (1976)
MARQUIS S'AMUSE, LE (1981)
POURVU QUE CE SOIT UNE FILLE (1985)

MONTALDO, Giuliano
réalisateur italien (1930-)
GRAND SLAM (1967)
SACCO & VANZETTI (1971)
JOUET DANGEREUX, UN (1978)
CONTROL (1986)
LUNETTES D'OR, LES (1987)
TIME TO KILL (1989)

MOORE, Michael
réalisateur américain (1954-)
ROGER & ME (1989)
CANADIAN BACON (1995)
BIG ONE, THE (1997)
BOWLING FOR COLUMBINE (2002)
FAHRENHEIT 9/11 (2004)
SICKO (2007)
SLACKER UPRISING (2007)

MORA, Philippe
réalisateur français (1949-)
MAD DOG MORGAN (1976)
BEAST WITHIN, THE (1981)
BREED APART, A (1984)
HOWLING II: YOUR SISTER IS A WEREWOLF (1986)
HOWLING III: THE MARSUPIALS (1987)
COMMUNION (1989)

MORETTI, Nanni
réalisateur italien (1953-)
PALOMBELLA ROSSA (1989)
JOURNAL INTIME (1993)
APRILE (1998)
CHAMBRE DU FILS, LA (2001)
CAÏMAN, LE (2006)

MORIN, Robert, réalisateur québécois (1949-)
VOLEUR VIT EN ENFER, LE (1984)
REQUIEM POUR UN BEAU SANS-CŒUR (1992)
WINDIGO (1994)
YES SIR! MADAME (1995)
QUICONQUE MEURT, MEURT À DOULEUR (1997)
OPÉRATION COBRA (2001)
NÈG', LE (2002)
ROBERT MORIN, PARCOURS DU VIDÉASTE (2002)
PETIT POW! POW! NOËL (2005)
QUE DIEU BÉNISSE L'AMÉRIQUE (2005)

MORRIS, Errol
réalisateur américain (1948-)
GATES OF HEAVEN (1978)
VERNON, FLORIDA (1982)
THIN BLUE LINE, THE (1988)
BRIEF HISTORY OF TIME, A (1992)
FAST, CHEAP AND OUT OF CONTROL (1997)
MR. DEATH: THE RISE AND FALL OF FRED A. LEUCHTER JR. (1999)
FOG OF WAR, THE (2003)
STANDARD OPERATING PROCEDURE (2008)

MORRISSEY, Paul
réalisateur américain (1939-)
FLESH (1968)
TRASH (1970)
WOMEN IN REVOLT (1972)
ANDY WARHOL'S FRANKENSTEIN (1973)
ANDY WARHOL'S DRACULA (1974)
BEETHOVEN'S NEPHEW (1985)
MIXED BLOOD (1985)
SPIKE OF BENSONHURST (1988)

MOYLE, Allan
réalisateur canadien (1947-)
PUMP UP THE VOLUME (1990)
EMPIRE RECORDS (1995)
NEW WATERFORD GIRL (1999)
XCHANGE (2000)
SAY NOTHING (2001)
WEIRDSVILLE (2007)

MULCAHY, Russell
réalisateur australien (1953-)
RAZORBACK (1984)
HIGHLANDER (1986)
HIGHLANDER II: THE QUICKENING (1991)
RICOCHET (1991)
REAL MCCOY, THE (1993)
SHADOW, THE (1994)
TALE OF THE MUMMY (1998)
RESURRECTION (1999)
SWIMMING UPSTREAM (2003)
RESIDENT EVIL: EXTINCTION (2007)

MULLIGAN, Robert
réalisateur américain (1925-2008)
FEAR STRIKES OUT (1957)
COME SEPTEMBER (1961)
GREAT IMPOSTOR, THE (1961)
TO KILL A MOCKINGBIRD (1962)
LOVE WITH THE PROPER STRANGER (1963)
BABY, THE RAIN MUST FALL (1964)
INSIDE DAISY CLOVER (1965)
UP THE DOWN STAIRCASE (1967)
STALKING MOON, THE (1968)
PURSUIT OF HAPPINESS, THE (1970)
SUMMER OF '42 (1971)
OTHER, THE (1972)
BLOODBROTHERS (1978)
SAME TIME, NEXT YEAR (1978)
KISS ME GOODBYE (1982)
CLARA'S HEART (1988)
MAN IN THE MOON, THE (1991)

MURNAU, Friedrich Wilhelm
réalisateur allemand (1889-1931)
HAUNTED CASTLE, THE (1921)
NOSFERATU (1922)
DERNIER DES HOMMES, LE (1924)
FINANCES OF THE GRAND DUKE (1924)
FAUST (1926)
TARTUFFE (1926)
SUNRISE (1927)
CITY GIRL (1930)
TABU (1931)
F.W. MURNAU COLLECTION, THE (2003)

MURPHY, Geoff
réalisateur américain (1938-)
QUIET EARTH, THE (1985)
UTU (1988)
YOUNG GUNS II (1990)
FREEJACK (1992)
UNDER SIEGE 2: DARK TERRITORY (1995)
DON'T LOOK BACK (1996)

NAIR, Mira
réalisatrice indienne (1957-)
SALAAM BOMBAY! (1988)
MISSISSIPPI MASALA (1991)
PEREZ FAMILY, THE (1995)
KAMA SUTRA: A TALE OF LOVE (1996)
MY OWN COUNTRY (1998)
MARIAGE DES MOUSSONS, LE (2001)
HYSTERICAL BLINDNESS (2002)
SEPTEMBRE 11-09-01 (2002)
VANITY FAIR (2004)
NAMESAKE, THE (2006)

NAKATA, Hideo
réalisateur japonais (1961-)
RINGU (1998)
CHAOS (1999)
RINGU 2 (1999)
DARK WATER (2002)
RING TWO, THE (2005)
KAIDAN (2007)

NAVA, Gregory
réalisateur américain (1949-)
EL NORTE (1983)
TIME OF DESTINY, A (1988)
MY FAMILY (1995)
SELENA (1996)
WHY DO FOOLS FALL IN LOVE (1998)
BORDERTOWN (2006)

NEAME, Ronald
réalisateur anglais (1911-)
CARD, THE (1952)
MILLION POUND NOTE, THE (1954)
MAN WHO NEVER WAS, THE (1955)
HORSE'S MOUTH, THE (1958)
TUNES OF GLORY (1960)
I COULD GO ON SINGING (1963)
CHALK GARDEN, THE (1964)
GAMBIT (1966)
PRIME OF MISS JEAN BRODIE, THE (1969)
SCROOGE (1970)
POSEIDON ADVENTURE, THE (1972)
ODESSA FILE, THE (1974)
METEOR (1979)
HOPSCOTCH (1980)
FIRST MONDAY IN OCTOBER (1981)

NEEDHAM, Hal
réalisateur américain (1937-)
SMOKEY AND THE BANDIT (1977)
HOOPER (1978)
VILLAIN, THE (1979)
SMOKEY AND THE BANDIT 2 (1980)
CANNONBALL RUN, THE (1981)
CANNONBALL RUN II, THE (1983)
STROKER ACE (1983)

NEGULESCO, Jean
réalisateur roumain (1900-1993)
HUMORESQUE (1946)
JOHNNY BELINDA (1948)
ROAD HOUSE (1948)
THREE CAME HOME (1950)
O. HENRY'S FULL HOUSE (1951)
PHONE CALL FROM A STRANGER (1952)
TITANIC (1952)
HOW TO MARRY A MILLIONAIRE (1953)
DADDY LONG LEGS (1954)
THREE COINS IN THE FOUNTAIN (1954)
WOMAN'S WORLD (1954)
BEST OF EVERYTHING, THE (1959)
BEST OF EVERYTHING, THE (1959)

NEILL, Roy William
réalisateur américain (1887-1946)
BLACK ROOM, THE (1935)
SHERLOCK HOLMES AND THE SECRET WEAPON (1942)
SHERLOCK HOLMES COLLECTION 3 (1942)
FRANKENSTEIN MEETS THE WOLF MAN (1943)
SHERLOCK HOLMES FACES DEATH (1943)
SHERLOCK HOLMES IN WASHINGTON (1943)
PEARL OF DEATH, THE (1944)
SCARLET CLAW, THE (1944)
SHERLOCK HOLMES AND THE SPIDER WOMAN (1944)
HOUSE OF FEAR, THE (1945)
PURSUIT TO ALGIERS (1945)
WOMAN IN GREEN, THE (1945)
BLACK ANGEL (1946)
DRESSED TO KILL (1946)
TERROR BY NIGHT (1946)

NELSON, Ralph
réalisateur américain (1916-1987)
REQUIEM FOR A HEAVYWEIGHT (1962)
LILIES OF THE FIELD (1963)
FATHER GOOSE (1964)
DUEL AT DIABLO (1965)
CHARLY (1968)
SOLDIER BLUE (1970)
WILBY CONSPIRACY, THE (1975)

NEUMANN, Kurt
réalisateur allemand (1908-1958)
RETURN OF THE VAMPIRE, THE (1943)
ROCKETSHIP X-M (1950)
SON OF ALI BABA (1952)
MOHAWK (1955)
KRONOS RAVAGER OF PLANET (1956)
FLY, THE (1958)
FLY, THE / RETURN OF THE FLY (1958)

NEWELL, Mike
réalisateur anglais (1942-)
AWAKENING, THE (1980)
DANCE WITH A STRANGER (1984)
GOOD FATHER, THE (1986)
AMAZING GRACE AND CHUCK (1987)
ENCHANTED APRIL (1992)
INTO THE WEST (1992)
FOUR WEDDINGS AND A FUNERAL (1993)
AWFULLY BIG ADVENTURE, AN (1994)
DONNIE BRASCO (1997)
PUSHING TIN (1999)
MONA LISA SMILE (2003)
HARRY POTTER AND THE GOBLET OF FIRE (2005)
LOVE IN THE TIME OF CHOLERA (2007)

NEWMAN, Joseph M.
réalisateur américain (1909-)
GUNFIGHT AT DODGE CITY (1950)
LOVE NEST (1952)
PONY SOLDIER (1952)
DANGEROUS CROSSING (1953)
THIS ISLAND EARTH (1955)
THUNDER OF DRUMS, A (1961)

NIBLO, Fred
réalisateur américain (1874-1948)
MARK OF ZORRO / DON Q., SON OF ZORRO (1920)
MARK OF ZORRO, THE (1920)
THREE MUSKETEERS, THE (1921)
BLOOD AND SAND (1922)
BEN-HUR (1926)
MYSTERIOUS LADY, THE (1928)

NICHOLS, Mike
réalisateur américain (1931-)
WHO'S AFRAID OF VIRGINIA WOOLF? (1966)
GRADUATE, THE (1967)
CATCH-22 (1970)
CARNAL KNOWLEDGE (1971)
DAY OF THE DOLPHIN, THE (1973)
FORTUNE, THE (1974)
SILKWOOD (1983)
HEARTBURN (1986)
BILOXI BLUES (1988)
WORKING GIRL (1988)
POSTCARDS FROM THE EDGE (1990)
REGARDING HENRY (1991)
WOLF (1994)
BIRDCAGE, THE (1996)
PRIMARY COLORS (1998)
WHAT PLANET ARE YOU FROM? (2000)
WIT (2001)
ANGELS IN AMERICA (2003)
CLOSER (2004)
CHARLIE WILSON'S WAR (2007)

NIMOY, Leonard
réalisateur américain (1931-)
STAR TREK III: THE SEARCH FOR SPOCK (1984)
STAR TREK IV: THE VOYAGE HOME (1986)
THREE MEN AND A BABY (1987)
GOOD MOTHER, THE (1988)
FUNNY ABOUT LOVE (1990)
HOLY MATRIMONY (1994)

NOLAN, Christopher
réalisateur anglais (1970-)
FOLLOWING (1998)
MEMENTO (2000)
INSOMNIA (2002)
BATMAN BEGINS (2005)
PRESTIGE, THE (2006)
DARK KNIGHT, THE (2008)

NOYCE, Phillip
réalisateur australien (1950-)
HEATWAVE (1981)
DEAD CALM (1988)
BLIND FURY (1989)
PATRIOT GAMES (1992)
SLIVER (1993)
CLEAR AND PRESENT DANGER (1994)
SAINT, THE (1997)
BONE COLLECTOR, THE (1999)
QUIET AMERICAN, THE (2002)
RABBIT-PROOF FENCE (2002)
CATCH A FIRE (2006)

NUGENT, Elliott
réalisateur américain (1899-1980)
LOVE IN BLOOM (1935)
GIVE ME A SAILOR (1938)
GIVE ME A SAILOR (1938)
NEVER SAY DIE (1939)
MALE ANIMAL, THE (1942)
UP IN ARMS (1944)
MY FAVORITE BRUNETTE (1947)
WELCOME STRANGER (1947)
JUST FOR YOU (1952)

O'CONNOR, Pat
réalisateur irlandais (1943-)
CAL (1984)
MONTH IN THE COUNTRY, A (1987)
JANUARY MAN, THE (1988)
STARS AND BARS (1988)
CIRCLE OF FRIENDS (1995)
INVENTING THE ABBOTTS (1997)
DANCING AT LUGHNASA (1998)
SWEET NOVEMBER (2001)

OKAMOTO, Kihachi
réalisateur japonais (1923-2005)
SAMURAI ASSASSIN (1965)
JAPAN'S LONGEST DAY (1967)
SWORD OF DOOM (1967)
KILL! (1968)
RED LION (1969)
ZATOICHI XX: ZATOICHI MEETS YOJIMBO (1970)
BATTLE OF OKINAWA (1971)

OKAWARA, Takao
réalisateur japonais (1949-)
GODZILLA VS. MECHAGODZILLA (1974)
GODZILLA VS. MOTHRA: THE BATTLE FOR EARTH (1992)
GODZILLA VS MECHAGODZILLA II (1993)
GODZILLA VS. DESTROYAH (1995)
GODZILLA VS. DESTROYAH / GODZILLA VS. SPACEGODZILLA (1995)
GODZILLA 2000 (1999)
OLEN RAY, Fred,réalisateur ,,STAR SLAMMER (1984)
PHANTOM EMPIRE, THE (1986)
MOB BOSS (1990)
HAUNTING FEAR (1991)
ATTACK OF THE 60 FOOT CENTERFOLD (1995)
LAIR, THE (SEASON 1) (2007)

OLIVERA, Hector
réalisateur argentin (1931-)
EL MUERTO (1975)
FUNNY DIRTY LITTLE WAR (1983)
NO HABRA MAS PENAS NI OLVIDO (1983)
RÉPRESSION (1986)
SHADOW YOU SOON WILL BE, A (1994)
UNA SOMBRA YA PRONTO SERAS (1994)

OLIVIER, Laurence
réalisateur anglais (1907-1989)
HENRY V (1945)
HAMLET (1948)
RICHARD III (1955)
PRINCE AND THE SHOWGIRL, THE (1956)
THREE SISTERS (1970)

OLMI, Ermanno
réalisateur italien (1931-)
EMPLOI, L' (1961)
FIANCÉS, LES (1962)
ARBRE AUX SABOTS, L' (1977)
KEEP WALKING (1982)
TICKETS (2004)

OPHÜLS, Max
réalisateur allemand (1902-1957)
LIEBELEI (1932)
DAME DE TOUT LE MONDE, LA (1934)
DE MAYERLING À SARAJEVO (1940)
LETTER FROM AN UNKNOWN WOMAN (1948)
CAUGHT (1949)
RONDE, LA (1950)
PLAISIR, LE (1951)
MADAME DE ... (1953)
LOLA MONTÈS (1955)

ORTEGA, Kenny
réalisateur américain (1950-)
NEWSIES (1992)
HOCUS POCUS (1993)
HIGH SCHOOL MUSICAL (2006)

HIGH SCHOOL MUSICAL 2 (2007)
HIGH SCHOOL MUSICAL 3 (2008)

OSHII, Mamoru
réalisateur japonais (1951-)
THOSE OBNOXIOUS ALIENS! (1981)
MAMORU OSHII: RED SPECTACLES (1987)
MAMORU OSHII: STRAY DOGS (1991)
MAMORU OSHII: TALKING HEADS (1992)
GHOST IN THE SHELL (1995)
AVALON (2001)
COFFRET MAMORU OSHII (2003)
GHOST IN THE SHELL 2: INNOCENCE (2004)
SKY CRAWLERS, THE (2008)

OSHIMA, Nagisa
réalisateur japonais (1932-)
STREET OF LOVE AND HOPE (1959)
CRUEL STORY OF YOUTH (1960)
NIGHT AND FOG IN JAPAN (1960)
SUN'S BURIAL, THE (1960)
OBSÉDÉ EN PLEIN JOUR, L' (1966)
IN THE REALM OF SENSES (1976)
IN THE REALM OF PASSION (1978)
MERRY CHRISTMAS, MR. LAWRENCE (1982)
MAX, MON AMOUR (1986)
TABOU (1999)

OURY, Gérard
réalisateur français (1919-2006)
CORNIAUD, LE (1964)
GRANDE VADROUILLE, LA (1966)
CERVEAU, LE (1969)
FOLIE DES GRANDEURS, LA (1971)
AVENTURES DE RABBI JACOB, LES (1973)
AS DES AS, L' (1982)
VENGEANCE DU SERPENT À PLUMES, LA (1984)
LEVY ET GOLIATH (1986)
VANILLE FRAISE (1989)
FANTÔME AVEC CHAUFFEUR (1996)

OZ, Frank
réalisateur anglais (1944-)
DARK CRYSTAL, THE (1982)
MUPPETS TAKE MANHATTAN, THE (1984)
LITTLE SHOP OF HORRORS (1986)
DIRTY ROTTEN SCOUNDRELS (1988)
WHAT ABOUT BOB? (1991)
HOUSESITTER (1992)
INDIAN IN THE CUPBOARD, THE (1995)
IN & OUT (1997)
BOWFINGER (1999)
SCORE, THE (2001)
STEPFORD WIVES, THE (2004)
DEATH AT A FUNERAL (2007)

OZON, François
réalisateur français (1967-)
REGARDE LA MER (1997)
SITCOM (1998)
AMANTS CRIMINELS, LES (1999)
GOUTTES D'EAU SUR PIERRES BRÛLANTES (1999)
SOUS LE SABLE (2000)
8 FEMMES (2001)
PISCINE, LA (2003)
5 X 2 (2004)
TEMPS QUI RESTE, LE (2005)
ANGEL (2006)

OZU, Yasujiro
réalisateur japonais (1903-1963)
TOKYO CHORUS (1931)
I WAS BORN BUT... (1932)
PASSING FANCY (1933)
TOKYO WOMAN (1933)
AN INN IN TOKYO (1935)
RECORD OF A TENEMENT GENTLEMAN (1947)
PRINTEMPS TARDIF (1949)
EARLY SUMMER (1951)
TOKYO STORY (1953)
EQUINOX FLOWER (1958)
GOOD MORNING (1959)
HERBES FLOTTANTES (1959)
AUTUMN AFTERNOON, AN (1962)
STORIES OF FLOATING WEEDS (2004)

PABST, Georg Wilhelm
réalisateur allemand (1885-1967)
TREASURE, THE (1923)
RUE SANS JOIE, LA (1925)
SECRETS OF A SOUL (1926)
LOVE OF JEANNE NEY, THE (1927)
LOULOU (1928)
JOURNAL D'UNE FILLE PERDUE (1929)
WHITE HELL OF PITZ PALU (1929)
QUATRE DE L'INFANTERIE (1930)
OPÉRA DE QUAT'SOUS, L' (1931)
TRAGÉDIE DE LA MINE, LA (1931)
MISTRESS OF ATLANTIS, THE (1932)
DON QUICHOTTE (1933)
JACKBOOT MUTINY (1955)

PAGE, Anthony
réalisateur américain (1935)
ADAMS CHRONICLES (1976)
I NEVER PROMISED YOU A ROSE GARDEN (1976)
LADY VANISHES, THE (1979)
GRACE KELLY STORY, THE (1983)
MY ZINC BED (2008)

PAGNOL, Marcel
réalisateur français (1895-1974)
ANGÈLE (1934)
JOFROI (1934)
CÉSAR (1936)
REGAIN (1937)
FEMME DU BOULANGER, LA (1938)
SCHPOUNTZ, LE (1938)
TOPAZE (1950)
MANON DES SOURCES (1952)
MANON DES SOURCES ET UGOLIN (1952)
UGOLIN (1952)
LETTRES DE MON MOULIN I, LES (1954)
LETTRES DE MON MOULIN II, LES (1954)
LETTRES DE MON MOULIN, LES (1954)

PAKULA, Alan J.
réalisateur américain (1928-1998)
STERILE CUCKOO, THE (1969)
KLUTE (1971)
PARALLAX VIEW, THE (1974)
ALL THE PRESIDENT'S MEN (1976)
COMES A HORSEMAN (1978)
STARTING OVER (1979)
ROLLOVER (1981)
SOPHIE'S CHOICE (1982)
DREAM LOVER (1985)
ORPHANS (1987)
SEE YOU IN THE MORNING (1989)
PRESUMED INNOCENT (1990)
CONSENTING ADULTS (1992)
PELICAN BRIEF, THE (1993)
DEVIL'S OWN, THE (1997)

PAL, George
réalisateur hongrois (1908-1980)
TOM THUMB (1958)
TIME MACHINE, THE (1960)
ATLANTIS, THE LOST CONTINENT (1961)
WONDERFUL WORLD OF THE BROTHERS GRIMM, THE (1962)
7 FACES OF DR. LAO (1964)

PALMER, Tony
réalisateur anglais
200 MOTELS (1971)
WAGNER (1983)
MARIA CALLAS: LA DIVINA - A PORTRAIT (1987)
TONY PALMER'S FILM ABOUT STRAVINSKY (1998)
TONY PALMER'S FILM ABOUT MARGOT FONTEYN (2006)
TONY PALMER'S FILM OF O, FORTUNA! (2008)
WORLD OF PETER SELLERS, THE (2008)

PALUD, Hervé
réalisateur français (1953-)
JACQUES MESRINE (1983)
FRÈRES PÉTARD, LES (1986)
SECRETS PROFESSIONNELS DU DR. APFELGLÜCK, LES (1991)
UN INDIEN DANS LA VILLE (1994)
MOOKIE (1998)
ALBERT EST MÉCHANT (2003)

PANAHI, Jafar
réalisateur iranienne (1960-)
WHITE BALLOON (1995)
MIRROR, THE (1997)
CIRCLE, THE (2000)
CRIMSON GOLD (2003)
OFFSIDE (2006)

PANAMA, Norman
réalisateur américain (1914-)
ABOVE AND BEYOND (1952)
COURT JESTER, THE (1955)
TRAP, THE (1959)
ROAD TO HONG KONG, THE (1962)
NOT WITH MY WIFE, YOU DON'T! (1966)

PANG CHUN, Oxide (PANG, Oxide)
réalisateur chinois (1965-)
ONE TAKE ONLY (2001)
EYE, THE (2002)
TESSERACT, THE (2003)
AB-NORMAL BEAUTY (2004)
EYE 2, THE (2004)
EYE 10 (2005)
EYE 3, THE (2005)
DIARY (2006)
MESSENGERS, THE (2006)
RE-CYCLE (2006)
BANGKOK DANGEROUS (2008)

PANG, Danny
réalisateur chinois (1965-)
EYE, THE (2002)
EYE 2, THE (2004)
EYE 10 (2005)
EYE 3, THE (2005)
MESSENGERS, THE (2006)
RE-CYCLE (2006)
FOREST OF DEATH (2007)
BANGKOK DANGEROUS (2008)

PARIS, Jerry
réalisateur américain (1925-1986)
DON'T RAISE THE BRIDGE LOWER THE RIVER (1967)
NEVER A DULL MOMENT (1968)
GRASSHOPPER, THE (1970)
STAR SPANGLED GIRL (1971)
POLICE ACADEMY II: THEIR FIRST ASSIGNMENT (1985)
POLICE ACADEMY III: BACK IN TRAINING (1986)

PARKER, Alan
réalisateur anglais (1944-)
BUGSY MALONE (1976)
MIDNIGHT EXPRESS (1978)
FAME (1980)
SHOOT THE MOON (1981)
PINK FLOYD - THE WALL (1982)
BIRDY (1984)
ANGEL HEART (1986)
MISSISSIPPI BURNING (1988)
COME SEE THE PARADISE (1990)
COMMITMENTS, THE (1991)
ROAD TO WELLVILLE, THE (1994)
EVITA (1996)
ANGELA'S ASHES (1999)
LIFE OF DAVID GALE, THE (2003)

PARKER, Trey
réalisateur américain (1969-)
CANNIBAL: THE MUSICAL (1996)
ORGAZMO (1998)
SOUTH PARK (1999)
SOUTH PARK: BIGGER, LONGER AND UNCUT (1999)
SOUTH PARK (THIRD SEASON) (2003)
TEAM AMERICA: WORLD POLICE (2004)
TEAM AMERICA: WORLD POLICE - UNRATED (2004)
CHRISTMAS TIME IN SOUTH PARK (2007)
SOUTH PARK (SEASON 12) (2008)
SOUTH PARK: THE CULT OF CARTMAN - REVELATIONS (2008)

PARRISH, Robert
réalisateur américain (1916-1995)
CRY DANGER (1950)
PURPLE PLAIN, THE (1954)
SADDLE THE WIND (1957)
BOBO, THE (1967)
CASINO ROYALE (1967)
JOURNEY TO THE FAR SIDE OF THE SUN (1969)

PARROTT, James
réalisateur américain (1898-1939)
HABEAS CORPUS (1928)
THEIR PURPLE MOMENT (1928)
TWO TARS (1928)
THEY GO BOOM (1929)
PARDON US (1931)

PASOLINI, Pier Paolo
réalisateur italien (1922-1975)
PIER PAOLO PASOLINI COLLECTION (1960)
ACCATONE! (1962)

MAMMA ROMA (1962)
ROGOPAG (1962)
LOVE MEETINGS (1963)
ÉVANGILE SELON SAINT-MATTHIEU, L' (1964)
DES OISEAUX PETITS ET GRANDS (1966)
ŒDIPE ROI (1967)
TEOREMA (1968)
LOVE AND ANGER (1969)
MÉDÉE (1969)
PORCHERIE (1969)
DÉCAMERON, LE (1971)
MILLE ET UNE NUITS, LES (1974)
CONTES DE CANTERBURY, LES (1975)
SALO OU LES CENT VINGT JOURNÉES DE SODOME (1975)

PASSER, Ivan
réalisateur tchèque (1933-)
BORN TO WIN (1971)
LAW AND DISORDER (1974)
CUTTER'S WAY (1981)
CREATOR (1985)
HAUNTED SUMMER (1988)
STALIN (1992)
NOMAD THE WARRIOR (2005)

PAYNE, Alexander
réalisateur américain (1961-)
CITIZEN RUTH (1996)
ELECTION (1999)
ABOUT SCHMIDT (2002)
SIDEWAYS (2004)
PARIS, JE T'AIME (2006)

PEARCE, Richard
réalisateur américain (1943-)
HEARTLAND (1979)
THRESHOLD (1981)
COUNTRY (1984)
NO MERCY (1986)
LONG WALK HOME, THE (1990)
LEAP OF FAITH (1992)
FAMILY THING, A (1996)

PÉCAS, Max
réalisateur français (1925-2003)
DANIELLA BY NIGHT (1961)
DOUCE VIOLENCE (1962)
CLAUDE ET GRETA (1969)
I AM FRIGID, WHY? (1972)
ON EST VENU LÀ POUR S'ÉCLATER (1979)
MIEUX VAUT ÊTRE RICHE ET BIEN PORTANT QUE FAUCHÉ ET MAL FOUTU (1980)
ON N'EST PAS SORTI DE L'AUBERGE (1982)

PECKINPAH, Sam
réalisateur américain (1926-1984)
DEADLY COMPANIONS, THE (1961)
RIDE THE HIGH COUNTRY (1962)
MAJOR DUNDEE (1964)
BALLAD OF CABLE HOGUE, THE (1969)
WILD BUNCH, THE (1969)
STRAW DOGS (1971)
GETAWAY, THE (1972)
JUNIOR BONNER (1972)
PAT GARRETT & BILLY THE KID (1973)
BRING ME THE HEAD OF ALFREDO GARCIA (1974)
KILLER ELITE, THE (1975)
CROSS OF IRON (1977)
CONVOY (1978)
OSTERMAN WEEKEND, THE (1983)

PEERCE, Larry
réalisateur américain (1935-)
INCIDENT, THE (1967)
GOODBYE, COLUMBUS (1969)
SEPARATE PEACE, A (1972)
ASH WEDNESDAY (1973)
TWO-MINUTE WARNING (1976)
BELL JAR, THE (1979)
ELVIS AND ME (1988)
WIRED (1989)

PELLETIER, Gabriel
réalisateur québécois (1958-)
AUTOMNE SAUVAGE, L' (1992)
MEURTRE EN MUSIQUE (1994)
KARMINA (1996)
VIE APRÈS L'AMOUR, LA (2000)
KARMINA 2 (2001)
BOB GRATTON, MA VIE, MY LIFE (2007)
MA TANTE ALINE (2007)

PENN, Arthur
réalisateur américain (1922-)
LEFT-HANDED GUN, THE (1958)
MIRACLE WORKER, THE (1962)
CHASE, THE (1965)
BONNIE AND CLYDE (1967)
ALICE'S RESTAURANT (1969)
LITTLE BIG MAN (1970)
NIGHT MOVES (1975)
MISSOURI BREAKS, THE (1976)
FOUR FRIENDS (1981)
TARGET (1985)
DEAD OF WINTER (1987)
PENN & TELLER GET KILLED (1989)
INSIDE (1996)

PENN, Sean
réalisateur américain (1960-)
INDIAN RUNNER, THE (1990)
CROSSING GUARD, THE (1995)
PLEDGE, THE (2000)
SEPTEMBRE 11-09-01 (2002)
INTO THE WILD (2007)

PENNEBAKER, Don A.
réalisateur américain (1925-)
BOB DYLAN: DON'T LOOK BACK (1965)
COMPLETE MONTEREY POP FESTIVAL, THE (1968)
MONTEREY POP (1968)
ZIGGY STARDUST AND THE SPIDERS FROM MARS (1983)
WAR ROOM, THE (1993)
MOON OVER BROADWAY (1997)

PERRAULT, Pierre
réalisateur québécois (1927-1999)
POUR LA SUITE DU MONDE (1963)
RÈGNE DU JOUR, LE (1967)
VOITURES D'EAU, LES (1968)
ACADIE, L'ACADIE, L' (1970)
UN PAYS SANS BON SENS! (1970)
UN ROYAUME VOUS ATTEND (1975)
RETOUR À LA TERRE, LE (1976)
C'ÉTAIT UN QUÉBÉCOIS EN BRETAGNE, MADAME! (1977)
GOÛT DE LA FARINE, LE (1977)
GENS D'ABITIBI (1980)
PAYS DE LA TERRE SANS ARBRES OU LE MOUCHOUÂNIPI, LE (1980)
BÊTE LUMINEUSE, LA (1982)
VOILES BAS ET EN TRAVERS, LES (1983)
GRANDE ALLURE, LA (1986)
CORNOUAILLES (1994)

PERRY, Frank
réalisateur américain (1930-1995)
DAVID AND LISA (1962)
SWIMMER, THE (1967)
DOC (1971)
RANCHO DELUXE (1975)
MOMMIE DEAREST (1981)
MONSIGNOR (1982)
COMPROMISING POSITIONS (1985)
HELLO AGAIN (1987)

PETERSEN, Wolfgang
réalisateur allemand (1941-)
CONSEQUENCE, THE (1977)
BATEAU, LE (1981)
NEVERENDING STORY, THE (1984)
ENEMY MINE (1985)
SHATTERED (1991)
IN THE LINE OF FIRE (1993)
OUTBREAK (1995)
AIR FORCE ONE (1997)
PERFECT STORM, THE (2000)
TROY (2004)
POSEIDON (2006)

PETRIE, Daniel
réalisateur canadien (1920-2004)
BRAMBLE BUSH, THE (1960)
RAISIN IN THE SUN, A (1961)
STOLEN HOURS, THE (1963)
NEPTUNE FACTOR (1973)
LIFEGUARD (1975)
ELEONOR AND FRANKLIN (1976)
SYBIL (1976)
BETSY, THE (1978)
RESURRECTION (1980)
FORT APACHE, THE BRONX (1981)
BAY BOY, THE (1984)
DOLLMAKER, THE (1984)
SQUARE DANCE (1986)
COCOON: THE RETURN (1988)
ROCKET GIBRALTAR (1988)
MY NAME IS BILL W. (1989)
LASSIE (1994)
INHERIT THE WIND (1999)

PETRIE, Donald
réalisateur américain (1954-)
MYSTIC PIZZA (1988)
GRUMPY OLD MEN (1993)
FAVOR, THE (1994)
RICHIE RICH (1994)
ASSOCIATE, THE (1996)
MY FAVORITE MARTIAN (1999)
MISS CONGENIALITY (2000)
HOW TO LOSE A GUY IN 10 DAYS (2003)
WELCOME TO MOOSEPORT (2003)
JUST MY LUCK (2006)

PEVNEY, Joseph
réalisateur américain (1920-)
MEET DANNY WILSON (1951)
STRANGE DOOR, THE (1951)
AWAY ALL BOATS (1956)
ISTANBUL (1956)
MAN OF A THOUSAND FACES (1956)
TORPEDO RUN (1958)
CASH MCCALL (1959)
NIGHT OF THE GRIZZLY, THE (1966)

PIALAT, Maurice
réalisateur français (1925-2003)
GUEULE OUVERTE, LA (1973)
LOULOU (1979)
À NOS AMOURS (1983)
POLICE (1985)
SOUS LE SOLEIL DE SATAN (1987)
VAN GOGH (1991)

PICHEL, Irving
réalisateur américain (1891-1954)
SHE (1935)
O.S.S. (1946)
TOMORROW IS FOREVER (1946)
SOMETHING IN THE WIND (1947)
THEY WON'T BELIEVE ME (1947)
MIRACLE OF THE BELLS, THE (1948)
MR. PEABODY AND THE MERMAID (1948)
DESTINATION MOON (1950)
GREAT RUPERT, THE (1950)
QUICKSAND (1950)

PIERSON, Frank
réalisateur américain (1925-)
LOOKING GLASS WAR, THE (1969)
STAR IS BORN, A (1976)
SOMEBODY HAS TO SHOOT THE PICTURE (1990)
CITIZEN COHN (1992)
CONSPIRACY (2000)

PILON, Benoit
réalisateur québécois
ROSAIRE ET LA PETITE NATION (1997)
3 SŒURS EN 2 TEMPS (2003)
ROGER TOUPIN, ÉPICIER VARIÉTÉ (2003)
NESTOR ET LES OUBLIÉS (2006)
NOUVELLES DU NORD, DES (2007)
CE QU'IL FAUT POUR VIVRE (2008)

PINHEIRO, José
réalisateur français (1945-)
MOTS POUR LE DIRE, LES (1983)
PAROLE DE FLIC (1985)
MON BEL AMOUR, MA DÉCHIRURE (1987)
NE RÉVEILLEZ PAS UN FLIC QUI DORT (1988)
FEMME FARDÉE, LA (1990)

PINOTEAU, Claude
réalisateur français (1925-)
GRAND ESCOGRIFFE, LE (1977)
BOUM, LA (1980)
BOUM II, LA (1982)
7e CIBLE, LA (1984)
ÉTUDIANTE, L' (1988)
PALMES DE M. SCHUTZ, LES (1996)

PINTILIE, Lucian
réalisateur roumain (1933-)
WARD SIX (1965)
CHÊNE, LE (1992)
UN ÉTÉ INOUBLIABLE (1994)
LUMIÈRE ET COMPAGNIE (1995)
TROP TARD (1996)

PIRÈS, Gérard
réalisateur français (1942-)
FANTASIA CHEZ LES PLOUCS (1970)
ATTENTION LES YEUX (1975)
ORDINATEUR DES POMPES FUNÈBRES, L' (1976)
ENTOURLOUPE, L' (1979)
TAXI (1997)
COFFRET TAXI (1-3) (2000)
DOUBLE ZÉRO (2004)
CHEVALIERS DU CIEL, LES (2005)

PLYMPTON, Bill
réalisateur américain (1946-)
TUNE, THE (1991)
J. LYLE (1994)
GUNS ON THE CLACKAMAS (1995)
I MARRIED A STRANGE PERSON (1997)
WALT CURTIS: THE PECKERNECK POET (1997)
MUTANT ALIENS (2001)

PODZ
réalisateur québécois
3 X RIEN (SAISON I) (2003)
3 X RIEN (SAISON 2) (2004)
BOUGON, LES (SAISON 2) (2004)
3 X RIEN (SAISON 4) (2005)
AU NOM DE LA LOI (2005)
MINUIT LE SOIR (2005)
MINUIT LE SOIR (SAISON 2) (2005)
C.A. (CONSEIL D'ADMINISTRATION) - SAISON 1 (2006)
MINUIT LE SOIR (SAISON 3) (2006)
C.A. (CONSEIL D'ADMINISTRATION) - SAISON 2 (2007)
C.A. (CONSEIL D'ADMINISTRATION) - SAISON 3 (2008)

POIRÉ, Jean-Marie
réalisateur français (1945-)
HOMMES PRÉFÈRENT LES GROSSES, LES (1981)
PÈRE NOËL EST UNE ORDURE, LE (1982)
PAPY FAIT DE LA RÉSISTANCE (1983)
TWIST AGAIN À MOSCOU (1986)
MES MEILLEURS COPAINS (1989)
OPÉRATION CORNED BEEF (1990)
VISITEURS, LES (1993)
ANGES GARDIENS, LES (1994)
VISITEURS II, LES COULOIRS DU TEMPS, LES (1998)
JUST VISITING (2001)
MA FEMME S'APPELLE...MAURICE (2002)

POIRIER, Anne-Claire
réalisatrice,québécoise (1932-)
TEMPS DE L'AVANT, LE (1975)
MOURIR À TUE-TÊTE (1979)
QUARANTAINE, LA (1982)
SALUT VICTOR! (1988)
IL Y A LONGTEMPS QUE JE T'AIME (1989)
TU AS CRIÉ LET ME GO (1997)

POITIER, Sidney
réalisateur américain (1924-)
BUCK AND THE PREACHER (1971)
WARM DECEMBER, A (1973)
UPTOWN SATURDAY NIGHT (1974)
LET'S DO IT AGAIN (1975)
PIECE OF THE ACTION, A (1977)
STIR CRAZY (1980)
HANKY PANKY (1982)
FAST FORWARD (1985)

POLANSKI, Roman
réalisateur polonais (1933-)
COUTEAU DANS L'EAU, LE (1962)
REPULSION (1965)
FEARLESS VAMPIRE KILLERS, THE (1967)
ROSEMARY'S BABY (1968)
MACBETH (1971)
DIARY OF FORBIDDEN DREAMS (1972)
CHINATOWN (1974)
LOCATAIRE, LE (1976)
TESS (1979)
PIRATES (1986)
FRANTIC (1988)
BITTER MOON (1992)
DEATH AND THE MAIDEN (1994)
NINTH GATE, THE (1999)
PIANIST, THE (2001)
OLIVER TWIST (2005)

POLLACK, Sydney
réalisateur américain (1934-2008)
SLENDER THREAD, THE (1965)
THIS PROPERTY IS CONDEMNED (1966)
SCALPHUNTERS, THE (1968)
CASTLE KEEP (1969)
THEY SHOOT HORSES, DON'T THEY? (1969)
JEREMIAH JOHNSON (1971)
WAY WE WERE, THE (1973)
YAKUZA, THE (1974)
3 DAYS OF THE CONDOR (1975)
BOBBY DEERFIELD (1977)
ELECTRIC HORSEMAN, THE (1979)
ABSENCE OF MALICE (1982)
TOOTSIE (1982)
OUT OF AFRICA (1986)
HAVANA (1990)
FIRM, THE (1993)
SABRINA (1995)
EVERYTHING RELATIVE (1996)
RANDOM HEARTS (1999)
INTERPRETER, THE (2005)
SKETCHES OF FRANK GEHRY (2005)

POLLOCK, George
réalisateur anglais (1907-)
MURDER SHE SAID (1962)
MURDER AT THE GALLOP (1963)
MURDER AHOY (1964)
MURDER MOST FOUL (1964)
TEN LITTLE INDIANS (1965)

PONS, Ventura
réalisateur espagnol (1945-)
COMMENT ET LE POURQUOI, LE (1994)
ACTRICES (1996)
CARESSES (1997)
TO DIE (OR NOT) (2000)
ANITA TAKES A CHANCE (2001)

POOL, Léa
réalisatrice,suisse (1950-)
STRASS CAFÉ (1980)
FEMME DE L'HÔTEL, LA (1984)
ANNE TRISTER (1986)
À CORPS PERDU (1988)
DEMOISELLE SAUVAGE, LA (1991)
MONTRÉAL VU PAR... (1991)
MOUVEMENTS DU DÉSIR (1993)
EMPORTE-MOI (1998)
GABRIELLE ROY (1998)
LOST AND DELIRIOUS (2001)
BLUE BUTTERFLY, THE (2004)
MAMAN EST CHEZ LE COIFFEUR (2008)

POST, Ted
réalisateur américain (1918-)
HANG'EM HIGH (1967)
BENEATH THE PLANET OF THE APES (1969)
MAGNUM FORCE (1973)
GOOD GUYS WEAR BLACK (1977)
GO TELL THE SPARTANS (1978)
STAGECOACH (1986)

POTTER, H.C.
réalisateur américain (1904-1977)
SHOPWORN ANGEL, THE (1939)
STORY OF VERNON & IRENE CASTLE, THE (1939)
FARMER'S DAUGHTER, THE (1947)
MR. BLANDINGS BUILDS HIS DREAM HOUSE (1948)
TIME OF YOUR LIFE, THE (1948)
YOU GOTTA STAY HAPPY (1948)
MINIVER STORY, THE (1950)
THREE FOR THE SHOW (1955)

POWELL, Michael
réalisateur anglais (1905-1990)
EDGE OF THE WORLD, THE (1937)
SPY IN BLACK, THE (1939)
49th PARALLEL, THE (1940)
CONTRABAND (1940)
ONE OF OUR AIRCRAFT IS MISSING (1941)
LIFE AND DEATH OF COLONEL BLIMP, THE (1943)
CANTERBURY TALE, A (1944)
I KNOW WHERE I'M GOING! (1944)
BLACK NARCISSUS (1946)
STAIRWAY TO HEAVEN (1946)
RED SHOES, THE (1947)
SMALL BACK ROOM, THE (1948)
ELUSIVE PIMPERNEL, THE (1949)
TALES OF HOFFMANN (1950)
PEEPING TOM (1959)
AGE OF CONSENT (1969)

PREMINGER, Otto
réalisateur autrichien (1906-1986)
LAURA (1944)
FALLEN ANGEL (1945)
DAISY KENYON (1947)
FOREVER AMBER (1947)
WHIRLPOOL (1949)
WHERE THE SIDEWALK ENDS (1950)
ANGEL FACE (1952)
MOON IS BLUE, THE (1952)
RIVER OF NO RETURN (1954)
COURT-MARTIAL OF BILLY MITCHELL, THE (1955)
MAN WITH THE GOLDEN ARM, THE (1955)
SAINT JOAN (1956)
BONJOUR TRISTESSE (1957)
CARMEN JONES (1957)
ANATOMY OF A MURDER (1959)
EXODUS (1960)
ADVISE AND CONSENT (1962)
CARDINAL, THE (1963)
BUNNY LAKE IS MISSING (1965)
IN HARM'S WAY (1965)
ROSEBUD (1974)
HUMAN FACTOR, THE (1980)

PRESSBURGER, Emeric
réalisateur autrichien (1902-1988)
ONE OF OUR AIRCRAFT IS MISSING (1941)
LIFE AND DEATH OF COLONEL BLIMP, THE (1943)
I KNOW WHERE I'M GOING! (1944)
BLACK NARCISSUS (1946)
STAIRWAY TO HEAVEN (1946)
SMALL BACK ROOM, THE (1948)
ELUSIVE PIMPERNEL, THE (1949)

PROSPERI, Franco
réalisateur italien (1926-)
HERCULES IN THE HAUNTED WORLD (1961)
WOMEN OF THE WORLD (1963)
MONDO CANE II (1964)
AFRICA ADDIO (1966)
GOODBYE UNCLE TOM (1971)
GODFATHERS OF MONDO, THE (2003)

PROYAS, Alex
réalisateur égyptien (1963-)
CROW, THE (1994)
DARK CITY (1997)
GARAGE DAYS (2002)
I, ROBOT (2004)
KNOWING (2009)

PUDOVKIN, Vsevolod
réalisateur russe (1893-1953)
MOTHER (1926)
END OF SAINT PETERSBURG (1927)
STORM OVER ASIA (1928)
DESERTER (1933)

QUINE, Richard
réalisateur américain (1920-1989)
MY SISTER EILEEN (1955)
SOLID GOLD CADILLAC, THE (1955)
FULL OF LIFE (1956)
BELL, BOOK AND CANDLE (1958)
IT HAPPENED TO JANE (1959)
STRANGERS WHEN WE MEET (1960)
WORLD OF SUZIE WONG, THE (1960)
PARIS WHEN IT SIZZLES (1963)
HOW TO MURDER YOUR WIFE (1964)
SEX AND THE SINGLE GIRL (1964)
PRISONER OF ZENDA, THE (1979)

RACHED, Tahani
réalisatrice,égyptienne (1947-)
AU CHIC RESTO POP (1990)
MÉDECINS DE CŒUR (1993)
QUATRE FEMMES D'ÉGYPTE (1997)
URGENCE! DEUXIEME SOUFFLE (1999)
À TRAVERS CHANTS (2001)

RADFORD, Michael
réalisateur anglais (1946-)
ANOTHER TIME, ANOTHER PLACE (1982)
1984 (1984)
WHITE MISCHIEF (1987)
POSTINO, IL (1994)
B. MONKEY (1999)
DANCING AT THE BLUE IGUANA (2000)
MERCHANT OF VENICE (2004)
FLAWLESS (2008)

RAFELSON, Bob
réalisateur américain (1935-)
HEAD: STARRING THE MONKEES (1968)
FIVE EASY PIECES (1970)
KING OF MARVIN GARDENS, THE (1972)
STAY HUNGRY (1976)
POSTMAN ALWAYS RINGS TWICE, THE (1981)
BLACK WIDOW (1987)
MOUNTAINS OF THE MOON (1989)
MAN TROUBLE (1992)
BLOOD AND WINE (1996)

TALES OF EROTICA (1996)
NO GOOD DEED (2002)

RAIMI, Sam
réalisateur américain (1959-)
EVIL DEAD, THE (1980)
CRIMEWAVE (1985)
EVIL DEAD II: DEAD AT DAWN (1987)
DARKMAN (1990)
ARMY OF DARKNESS: EVIL DEAD III (1992)
QUICK AND THE DEAD, THE (1995)
SIMPLE PLAN, A (1998)
FOR LOVE OF THE GAME (1999)
GIFT, THE (2000)
SPIDER-MAN (2002)
SPIDER-MAN 2 (2004)
SPIDER-MAN 3 (2007)
DRAG ME TO HELL (2009)

RAMIS, Harold
réalisateur américain (1944-)
CADDYSHACK (1980)
NATIONAL LAMPOON'S VACATION (1983)
CLUB PARADISE (1986)
GROUNDHOG DAY (1993)
STUART SAVES HIS FAMILY (1995)
MULTIPLICITY (1996)
ANALYZE THIS (1999)
BEDAZZLED (2000)
ANALYZE THAT (2002)
ICE HARVEST, THE (2005)

RANKIN Jr., Arthur
réalisateur américain (1924-)
FROSTY THE SNOWMAN (1969)
HOBBIT, THE (1977)
JACK FROST (1979)
RETURN OF THE KING, THE (1980)
LAST UNICORN (1982)
FLIGHT OF DRAGONS (1985)

RAPPAPORT, Mark
réalisateur américain
CASUAL RELATIONS (1973)
MOZART IN LOVE (1975)
LOCAL COLOR (1977)
SCENIC ROUTE, THE (1978)
IMPOSTORS (1980)
CHAIN LETTERS (1985)
FROM THE JOURNALS OF JEAN SEBERG (1995)
SILVER SCREEN: COLOR ME LAVENDER, THE (1998)

RAPPENEAU, Jean-Paul
réalisateur français (1932-)
VIE DE CHÂTEAU, LA (1966)
MARIÉS DE L'AN DEUX, LES (1971)
SAUVAGE, LE (1975)
TOUT FEU, TOUT FLAMME (1981)
CYRANO DE BERGERAC (1990)
HUSSARD SUR LE TOIT, LE (1995)
BON VOYAGE! (2003)

RAPPER, Irving
réalisateur américain (1898-1999)
NOW, VOYAGER (1942)
ADVENTURES OF MARK TWAIN, THE (1944)
CORN IS GREEN, THE (1944)
ANOTHER MAN'S POISON (1951)
FOREVER FEMALE (1953)
BRAVE ONE, THE (1956)
MARJORIE MORNINGSTAR (1958)
MIRACLE, THE (1959)

RATNER, Brett
réalisateur américain (1970-)
MONEY TALKS (1997)
RUSH HOUR (1998)
FAMILY MAN, THE (2000)
RUSH HOUR 2 (2001)
RED DRAGON (2002)
AFTER THE SUNSET (2004)
X-MEN X3 - THE LAST STAND (2006)
RUSH HOUR 3 (2007)

RATOFF, Gregory
réalisateur russe (1897-1960)
INTERMEZZO (1939)
ROSE OF WASHINGTON SQUARE, THE (1939)
ADAM HAD FOUR SONS (1941)
FOOTLIGHT SERENADE (1942)
HEAT'S ON, THE (1943)
PARIS UNDERGROUND (1945)

RAY, Nicholas
réalisateur américain (1911-1979)
THEY LIVE BY NIGHT (1947)
KNOCK ON ANY DOOR (1949)
WOMAN'S SECRET, A (1949)
IN A LONELY PLACE (1950)
FLYING LEATHERNECKS, THE (1951)
ON DANGEROUS GROUND (1951)
JOHNNY GUITAR (1954)
REBEL WITHOUT A CAUSE (1955)
TRUE STORY OF JESSE JAMES, THE (1956)
BITTER VICTORY (1957)
PARTY GIRL (1958)
SAVAGE INNOCENTS, THE (1959)
KING OF KINGS (1961)
55 DAYS AT PEKING (1963)
LIGHTNING OVER WATER (1980)

RAY, Satyajit
réalisateur indien (1921-1992)
COMPLAINTE DU SENTIER, LA (1955)
APARAJITO (1956)
MUSIC ROOM, THE (1958)
MONDE D'APU, LE (1959)
DEVI (1960)
TWO DAUGHTERS (1961)
BIG CITY, THE (1963)
LONELY WIFE, THE (1964)
DAYS AND NIGHTS IN THE FOREST (1969)
DISTANT THUNDER (1973)
MIDDLEMAN (1975)
CHESS PLAYERS, THE (1977)
HOME AND THE WORLD, THE (1984)
STRANGER, THE (1990)

REDFORD, Robert
réalisateur américain (1937-)
ORDINARY PEOPLE (1980)
MILAGRO BEANFIELD WAR, THE (1988)
RIVER RUNS THROUGH IT, A (1992)
QUIZ SHOW (1994)
HORSE WHISPERER, THE (1998)
LEGEND OF BAGGER VANCE, THE (2000)
LIONS FOR LAMBS (2007)

REED, Carol
réalisateur anglais (1906-1976)
STARS LOOK DOWN, THE (1939)
NIGHT TRAIN TO MUNICH (1940)
IMMORTAL BATTALION, THE (1943)
ODD MAN OUT (1946)
FALLEN IDOL, THE (1948)
THIRD MAN, THE (1949)
KID FOR TWO FARTHINGS, A (1955)
TRAPEZE (1955)
KEY, THE (1958)
OUR MAN IN HAVANA (1959)
AGONY AND THE ECSTASY, THE (1965)
OLIVER! (1968)

REINER, Carl
réalisateur américain (1923-)
ENTER LAUGHING (1967)
COMIC, THE (1969)
WHERE'S POPPA? (1970)
OH, GOD! (1977)
ONE AND ONLY, THE (1977)
JERK, THE (1979)
DEAD MEN DON'T WEAR PLAID (1982)
MAN WITH TWO BRAINS, THE (1983)
ALL OF ME (1984)
SUMMER RENTAL (1985)
SUMMER SCHOOL (1987)
SIBLING RIVALRY (1990)
FATAL INSTINCT (1993)
THAT OLD FEELING (1997)

REINER, Rob
réalisateur américain (1945-)
THIS IS SPINAL TAP (1983)
SURE THING, THE (1985)
STAND BY ME (1986)
PRINCESS BRIDE, THE (1987)
WHEN HARRY MET SALLY (1989)
MISERY (1990)
FEW GOOD MEN, A (1992)
NORTH (1994)
AMERICAN PRESIDENT, THE (1995)
GHOSTS OF MISSISSIPPI (1996)
STORY OF US, THE (1999)
ALEX AND EMMA (2003)
RUMOUR HAS IT ... (2005)
BUCKET LIST, THE (2007)

REIS, Irving
réalisateur américain (1906-1953)
BIG STREET, THE (1942)
CRACK-UP (1946)
ALL MY SONS (1947)
BACHELOR AND THE BOBBY-SOXER, THE (1947)
ENCHANTMENT (1948)
OF MEN AND MUSIC (1951)

REISZ, Karel
réalisateur tchèque (1926-2002)
SATURDAY NIGHT AND SUNDAY MORNING (1961)
MORGAN: A SUITABLE CASE FOR TREATMENT (1966)
ISADORA (1968)
GAMBLER, THE (1974)
WHO'LL STOP THE RAIN (1978)
FRENCH LIEUTENANT'S WOMAN, THE (1981)
SWEET DREAMS (1985)
EVERYBODY WINS (1989)

REITHERMAN, Wolfgang
réalisateur allemand (1909-1985)
SWORD IN THE STONE, THE (1963)
JUNGLE BOOK, THE (1967)
ARISTOCATS, THE (1970)
ROBIN HOOD (1973)
MANY ADVENTURES OF WINNIE THE POOH, THE (1976)

REITMAN, Ivan
réalisateur canadien (1946-)
CANNIBAL GIRLS (1973)
MEATBALLS (1979)
STRIPES (1981)
GHOSTBUSTERS (1984)
LEGAL EAGLES (1986)
TWINS (1988)
GHOSTBUSTERS 2 (1989)
KINDERGARTEN COP (1990)
DAVE (1993)
JUNIOR (1994)
FATHER'S DAY (1997)
SIX DAYS, SEVEN NIGHTS (1998)
EVOLUTION (2001)
MY SUPER EX-GIRLFRIEND (2006)

RENOIR, Jean
réalisateur français (1894-1979)
FILLE DE L'EAU, LA (1924)
TIRE-AU-FLANC (1928)
TOURNOI DANS LA CITÉ, LE (1928)
CHIENNE, LA (1931)
BOUDU SAUVÉ DES EAUX (1932)
MADAME BOVARY (1933)
TONI (1935)
BAS-FONDS, LES (1936)
CRIME DE MONSIEUR LANGE, LE (1936)
UNE PARTIE DE CAMPAGNE (1936)
GRANDE ILLUSION, LA (1937)
BÊTE HUMAINE, LA (1938)
MARSEILLAISE, LA (1938)
RÈGLE DU JEU, LA (1939)
THIS LAND IS MINE (1943)
SOUTHERNER, THE (1945)
DIARY OF A CHAMBERMAID (1946)
RIVER, THE (1951)
CARROSSE D'OR, LE (1952)
FRENCH CAN-CAN (1955)
ÉLÉNA ET LES HOMMES (1956)
DÉJEUNER SUR L'HERBE, LE (1959)
CAPORAL ÉPINGLÉ, LE (1962)
PETIT THÉÂTRE DE JEAN RENOIR, LE (1969)

RESNAIS, Alain
réalisateur français (1922-)
NUIT ET BROUILLARD (1955)
HIROSHIMA, MON AMOUR (1958)
ANNÉE DERNIÈRE À MARIENBAD, L' (1961)
MURIEL OU LE TEMPS D'UN RETOUR (1962)
GUERRE EST FINIE, LA (1966)
STAVISKY (1974)
PROVIDENCE (1976)
MON ONCLE D'AMÉRIQUE (1980)
AMOUR À MORT, L' (1984)
MÉLO (1986)
I WANT TO GO HOME! (1989)
NO SMOKING (1993)
SMOKING (1993)
ON CONNAÎT LA CHANSON (1997)
PAS SUR LA BOUCHE (2003)
CŒURS (2006)

REYNOLDS, Kevin
réalisateur américain (1949-)
FANDANGO (1984)
BEAST, THE (1988)
ROBIN HOOD: PRINCE OF THIEVES (1991)
RAPA-NUI (1994)
WATERWORLD (1995)
187 (1997)
COUNT OF MONTE CRISTO, THE (2001)

TRISTAN AND ISOLDE (2005)

RICH, David Lowell
réalisateur américain (1923-)
HAVE ROCKET, WILL TRAVEL (1959)
MADAME X (1965)
THAT MAN BOLT (1973)
LITTLE WOMEN (1978)
AIRPORT '79: THE CONCORDE (1979)
ENOLA GAY: THE MEN, THE MISSION, THE ATOMIC BOMB (1980)

RICH, Richard
réalisateur américain
FOX AND THE HOUND, THE (1981)
BLACK CAULDRON, THE (1985)
SWAN PRINCESS II: ESCAPE FROM THE CREEK MOUNTAIN, THE (1997)
SWAN PRINCESS III, THE (1998)
KING AND I (1999)
TRUMPET OF THE SWAN, THE (2000)

RICHARDSON, Tony
réalisateur anglais (1928-1991)
LOOK BACK IN ANGER (1959)
ENTERTAINER, THE (1960)
TASTE OF HONEY, A (1961)
LONELINESS OF THE LONG DISTANCE RUNNER, THE (1962)
TOM JONES (1963)
LOVED ONE, THE (1965)
MADEMOISELLE (1966)
CHARGE OF THE LIGHT BRIGADE, THE (1968)
HAMLET (1969)
NED KELLY (1970)
DELICATE BALANCE, A (1973)
DEAD CERT (1974)
JOSEPH ANDREWS (1976)
BORDER, THE (1981)
HOTEL NEW HAMPSHIRE, THE (1984)
BLUE SKY (1991)

RISI, Dino
réalisateur italien (1917-2008)
AMOUR À LA VILLE, L' (1956)
BAMBOLE, LE (1965)
TIGER AND THE PUSSYCAT, THE (1967)
PARFUM DE FEMME (1974)
MON FILS EST ASSASSIN (CHER PAPA) (1978)

RITCHIE, Guy
réalisateur anglais (1968-)
LOCK, STOCK & TWO SMOKING BARRELS (1998)
SNATCH (2000)
SWEPT AWAY (2002)
REVOLVER (2005)
ROCKNROLLA (2008)

RITCHIE, Michael
réalisateur américain (1938-)
DOWNHILL RACER (1969)
CANDIDATE, THE (1972)
PRIME CUT (1972)
SMILE (1974)
BAD NEWS BEARS, THE (1976)
SEMI-TOUGH (1978)
ALMOST PERFECT AFFAIR, AN (1979)
DIVINE MADNESS: BETTE MIDLER (1980)
ISLAND, THE (1980)
SURVIVORS, THE (1983)
FLETCH (1985)
WILDCATS (1985)
GOLDEN CHILD, THE (1986)
COUCH TRIP, THE (1987)
DIGGSTOWN (1992)
POSITIVELY TRUE ADVENTURE OF THE ALLEGED TEXAS CHEERLEADER-MURDERING MOM, THE (1993)
COPS AND ROBBERSONS (1994)
SCOUT, THE (1994)
SIMPLE WISH, A (1997)

RITT, Martin
réalisateur américain (1919-1990)
EDGE OF THE CITY (1957)
BLACK ORCHID, THE (1958)
LONG HOT SUMMER, THE (1958)
PARIS BLUES (1961)
HUD (1963)
OUTRAGE, THE (1964)
SPY WHO CAME IN FROM THE COLD, THE (1965)
HOMBRE (1967)
BROTHERHOOD, THE (1968)
MOLLY MAGUIRES, THE (1969)
GREAT WHITE HOPE, THE (1970)
PETE N' TILLIE (1972)
SOUNDER (1972)
CONRACK (1974)
FRONT, THE (1976)
NORMA RAE (1979)
CROSS CREEK (1983)
MURPHY'S ROMANCE (1985)
NUTS (1987)
STANLEY & IRIS (1989)

RIVARD, Jean-François
réalisateur québécois
KUPROQUO (1999)
SOOWITCH (2001)
NOEL BLANK (2003)
INVINCIBLES, LES (2005)
INVINCIBLES, LES (SAISON 2) (2007)

RIVETTE, Jacques
réalisateur français (1928-)
PARIS NOUS APPARTIENT (1958)
RELIGIEUSE, LA (1966)
CÉLINE ET JULIE VONT EN BATEAU (1974)
HURLEVENT (1985)
BANDE DES QUATRE, LA (1988)
BELLE NOISEUSE, LA (1991)
JEANNE LA PUCELLE 1: LES BATAILLES (1993)
JEANNE LA PUCELLE 2: LES PRISONS (1993)
JEANNE LA PUCELLE: LES BATAILLES ET LES PRISONS (1994)
HAUT BAS FRAGILE (1995)
SECRET DÉFENSE (1997)
VA SAVOIR (2001)
HISTOIRE DE MARIE ET JULIEN (2003)
NE TOUCHEZ PAS LA HACHE (2007)

ROACH, Jay
réalisateur américain (1957-)
AUSTIN POWERS: INTERNATIONAL MAN OF MYSTERY (1997)
AUSTIN POWERS: THE SPY WHO SHAGGED ME (1999)
MYSTERY, ALASKA (1999)
MEET THE PARENTS (2000)
AUSTIN POWERS IN GOLDMEMBER (2002)
MEET THE FOCKERS (2004)
RECOUNT (2008)

ROBBINS, Brian
réalisateur américain (1966-)
GOOD BURGER (1997)
VARSITY BLUES (1998)
HARDBALL (2001)
PERFECT SCORE, THE (2004)
NORBIT (2007)
MEET DAVE (2008)

ROBERT, Yves
réalisateur français (1920-2002)
NI VU, NI CONNU (1958)
GUERRE DES BOUTONS, LA (1961)
COPAINS, LES (1964)
ALEXANDRE LE BIENHEUREUX (1967)
GRAND BLOND AVEC UNE CHAUSSURE NOIRE, LE (1972)
SALUT L'ARTISTE! (1973)
RETOUR DU GRAND BLOND, LE (1974)
JUMEAU, LE (1984)
CHÂTEAU DE MA MÈRE, LE (1990)
GLOIRE DE MON PÈRE, LA (1990)
BAL DES CASSE-PIEDS, LE (1991)
MONTPARNASSE-PONDICHÉRY (1993)

ROBSON, Mark
réalisateur américain (1913-1978)
SEVENTH VICTIM, THE (1943)
ISLE OF THE DEAD (1945)
BEDLAM (1946)
HOME OF THE BRAVE (1948)
CHAMPION (1949)
MY FOOLISH HEART (1949)
RETURN TO PARADISE (1953)
BRIDGES AT TOKO-RI, THE (1954)
HARDER THEY FALL, THE (1956)
PEYTON PLACE (1957)
INN OF THE SIXTH HAPPINESS, THE (1958)
FROM THE TERRACE (1960)
PRIZE, THE (1963)
VON RYAN'S EXPRESS (1965)
VALLEY OF THE DOLLS (1967)
DADDY'S GONE A-HUNTING (1969)
EARTHQUAKE (1974)

RODDAM, Franc
réalisateur anglais (1946-)
QUADROPHENIA (1979)
LORDS OF DISCIPLINE, THE (1983)
BRIDE, THE (1985)
ARIA (1987)
K2 (1991)
MOBY DICK (1997)

RODRIGUEZ, Robert
réalisateur américain (1969-)
ROADRACERS (1958)
EL MARIACHI (1992)
DESPERADO (1995)
FOUR ROOMS (1995)
FROM DUSK TILL DAWN (1995)
FACULTY, THE (1998)
SPY KIDS (2001)
SPY KIDS 2: THE ISLAND OF LOST DREAMS (2002)
ONCE UPON A TIME IN MEXICO (2003)
SPY KIDS 3-D: GAME OVER (2003)
ADVENTURES OF SHARKBOY AND LAVAGIRL IN 3-D (2005)
SIN CITY (2005)
GRINDHOUSE (2007)
PLANET TERROR - UNCUT (2007)

ROEG, Nicolas
réalisateur anglais (1928-)
PERFORMANCE (1968)
WALKABOUT (1970)
DON'T LOOK NOW (1973)
MAN WHO FELL TO EARTH, THE (1976)
BAD TIMING (1980)
EUREKA (1983)
INSIGNIFICANCE (1985)
CASTAWAY (1986)
TRACK 29 (1988)
WITCHES, THE (1989)
COLD HEAVEN (1991)
HEART OF DARKNESS (1993)
FULL BODY MASSAGE (1995)
TWO DEATHS (1995)

ROHMER, Éric
réalisateur français (1920-)
BOULANGÈRE DE MONCEAU, LA (1963)
CARRIÈRE DE SUZANNE, LA (1963)
PARIS VU PAR... (1965)
COLLECTIONNEUSE, LA (1966)
MA NUIT CHEZ MAUD (1969)
GENOU DE CLAIRE, LE (1970)
AMOUR L'APRÈS-MIDI, L' (1972)
MARQUISE D'O..., LA (1976)
PERCEVAL LE GALLOIS (1978)
FEMME DE L'AVIATEUR, LA (1980)
BEAU MARIAGE, LE (1981)
PAULINE À LA PLAGE (1983)
NUITS DE LA PLEINE LUNE, LES (1984)
QUATRE AVENTURES DE REINETTE ET MIRABELLE (1986)
RAYON VERT, LE (1986)
AMI DE MON AMIE, L' (1987)
CONTE DE PRINTEMPS (1989)
CONTE D'HIVER (1991)
ARBRE, LE MAIRE ET LA MÉDIATHÈQUE, L' (1993)
RENDEZ-VOUS DE PARIS, LES (1994)
CONTE D'ÉTÉ (1995)
CONTE D'AUTOMNE (1998)
ANGLAISE ET LE DUC, L' (2001)
TRIPLE AGENT (2004)
AMOURS D'ASTRÉE ET DE CÉLADON, LES (2007)

ROLLIN, Jean
réalisateur français (1938-)
VIOL DU VAMPIRE, LE (1967)
VAMPIRE NUE, LA (1969)
FRISSON DES VAMPIRES, LE (1970)
REQUIEM POUR UN VAMPIRE (1971)
BACCHANALES SEXUELLES (1973)
DEMONIACS, THE (1973)
ROSE DE FER, LA (1973)
FASCINATION (1979)
LAC DES MORTS VIVANTS, LE (1980)
NUIT DES TRAQUÉES, LA (1980)
ÉCHAPPÉES, LES (1981)
MORTE-VIVANTE, LA (1982)
TROTTOIRS DE BANGKOK, LES (1984)
PARFUM DE MATHILDE, LE (1994)
DEUX ORPHELINES VAMPIRES, LES (1997)
FIANCÉE DE DRACULA, LA (2002)

ROMERO, Eddie
réalisateur philippin (1926-)
RAIDERS OF LEYTE GULF, THE (1963)
WALLS OF HELL, THE (1964)
RAVAGERS, THE (1965)
BRIDES OF BLOOD (1969)
BLACK MAMA, WHITE MAMA (1973)

ROMERO, George A.
réalisateur américain (1940-)
NIGHT OF THE LIVING DEAD (1968)
CRAZIES, THE (1972)
SEASON OF THE WITCH (1972)
MARTIN (1976)
DAWN OF THE DEAD (1978)
ZOMBI - DAWN OF THE DEAD (1978)
KNIGHTRIDERS (1981)
CREEPSHOW (1982)
DAY OF THE DEAD (1985)
MONKEY SHINES (1987)
TWO EVIL EYES (1990)
DARK HALF, THE (1993)
BRUISER (2000)
LAND OF THE DEAD (2005)
DIARY OF THE DEAD (2008)

ROODT, Darrell James
réalisateur africain (1962-)
STICK, THE (1989)
SARAFINA! (1992)
CRY, THE BELOVED COUNTRY (1995)
SECOND SKIN (2000)
YESTERDAY (2004)

ROSE, Bernard
réalisateur anglais (1960-)
PAPERHOUSE (1988)
CHICAGO JOE AND THE SHOWGIRL (1989)
CANDYMAN (1992)
IMMORTAL BELOVED (1994)
LEO TOLSTOY'S ANNA KARENINA (1997)
IVANS XTC (2000)
KREUTZER SONATA, THE (2008)

ROSEN, Phil
réalisateur russe (1888-1951)
GANGS, INC. (1941)
CHARLIE CHAN IN THE SECRET SERVICES (1944)
CHARLIE CHAN: MEETING AT MIDNIGHT (1944)
CHARLIE CHAN: THE CHINESE CAT (1944)
CHARLIE CHAN: THE JADE MASK (1944)
CHARLIE CHAN: THE SCARLET CLUE (1945)

ROSENBERG, Stuart
réalisateur américain (1927-2007)
MURDER, INC. (1960)
COOL HAND LUKE (1967)
APRIL FOOLS, THE (1969)
POCKET MONEY (1972)
LAUGHING POLICEMAN, THE (1973)
DROWNING POOL, THE (1975)
VOYAGE OF THE DAMNED (1976)
AMITYVILLE HORROR, THE (1979)
BRUBAKER (1980)
POPE OF GREENWICH VILLAGE, THE (1984)

ROSENTHAL, Rick
réalisateur américain (1949-)
HALLOWEEN II (1981)
BAD BOYS (1983)
AMERICAN DREAMER (1984)
DISTANT THUNDER (1988)
HALLOWEEN: RESURRECTION (2002)

ROSI, Francesco
réalisateur italien (1922-)
SALVATORE GIULIANO (1962)
MAIN BASSE SUR LA VILLE (1963)
LUCKY LUCIANO (1973)
CHRIST S'EST ARRÊTÉ À EBOLI, LE (1979)
TROIS FRÈRES (1981)
CARMEN (1984)
TRÊVE, LA (1996)

ROSS, Herbert
réalisateur américain (1927-)
GOODBYE, MR. CHIPS (1969)
OWL AND THE PUSSYCAT, THE (1970)
PLAY IT AGAIN, SAM (1972)
LAST OF SHEILA, THE (1973)
FUNNY LADY (1974)
SUNSHINE BOYS, THE (1975)
SEVEN PERCENT SOLUTION, THE (1976)
GOODBYE GIRL, THE (1977)
TURNING POINT, THE (1977)
CALIFORNIA SUITE (1978)
NIJINSKY (1980)
PENNIES FROM HEAVEN (1981)
I OUGHT TO BE IN PICTURES (1982)
MAX DUGAN RETURNS (1983)
FOOTLOOSE (1984)
PROTOCOL (1984)
DANCERS (1987)
SECRET OF MY SUCCESS, THE (1987)
STEEL MAGNOLIAS (1989)
MY BLUE HEAVEN (1990)
TRUE COLORS (1991)
UNDERCOVER BLUES (1993)
BOYS ON THE SIDE (1994)

ROSSELLINI, Roberto
réalisateur italien (1906-1977)
RETURN OF THE PILOT (1942)
MAN WITH A CROSS (1943)
PAISÀ (1946)
ROME, VILLE OUVERTE (1946)
MACHINE TO KILL BAD PEOPLE (1948)
MIRACLE (1948)
VOIX HUMAINE ET LE MIRACLE, LA (1948)
ALLEMAGNE ANNÉE ZÉRO (1949)
STROMBOLI (1949)
FLOWERS OF ST. FRANCIS, THE (1950)
EUROPE 51 (1952)
SEPT PÉCHÉS CAPITAUX, LES (1952)
VOYAGE IN ITALY (1953)
PEUR, LA (1954)
GENERAL DELLA ROVERE (1959)
ÉVADÉS DE LA NUIT, LES (1960)
VANINA VANINI (1961)
ROGOPAG (1962)
PRISE DE POUVOIR PAR LOUIS XIV, LA (1966)
SOCRATE (1970)
AGE OF THE MEDICI, THE (1973)
BLAISE PASCAL (1974)
CARTESIUS (1974)
MESSIAH, THE (1978)

ROSSEN, Robert
réalisateur américain (1908-1966)
BODY AND SOUL (1948)
ALL THE KING'S MEN (1949)
ALEXANDER THE GREAT (1956)
ISLAND IN THE SUN (1956)
THEY CAME TO CORDURA (1959)
HUSTLER, THE (1961)
LILITH (1964)

ROWLAND, Roy
réalisateur américain (1910-1995)
HOLLYWOOD PARTY (1934)
OUR VINES HAVE TENDER GRAPES (1945)
TWO WEEKS WITH LOVE (1950)
BUGLES IN THE AFTERNOON (1952)
5000 FINGERS OF DR. T, THE (1953)
MANY RIVERS TO CROSS (1954)
HIT THE DECK (1955)
GUN GLORY (1957)
SEVEN HILLS OF ROME (1957)

ROY, Richard
réalisateur québécois
MOODY BEACH (1990)
CABOOSE (1996)
CAFÉ OLÉ (2000)
DERNIER CHAPITRE II, LE: LA VENGEANCE (2002)
DERNIER CHAPITRE, LE (2002)

ROZEMA, Patricia
réalisatrice canadienne (1959-)
I'VE HEARD THE MERMAIDS SINGING (1987)
WHITE ROOM (1990)
MONTRÉAL VU PAR... (1991)
WHEN NIGHT IS FALLING (1995)
MANSFIELD PARK (1999)
TELL ME YOU LOVE ME (SEASON 1) (2007)
KIT KITTREDGE - AN AMERICAN GIRL (2008)

RUBEN, Joseph
réalisateur américain (1951-)
JOYRIDE (1977)
OUR WINNING SEASON (1978)
DREAMSCAPE (1983)
STEPFATHER, THE (1986)
TRUE BELIEVER (1988)
SLEEPING WITH THE ENEMY (1991)
GOOD SON, THE (1993)
MONEY TRAIN (1995)
RETURN TO PARADISE (1998)
FORGOTTEN, THE (2004)

RUDOLPH, Alan
réalisateur américain (1943-)
WELCOME TO L.A. (1976)
ROADIE (1980)
ENDANGERED SPECIES (1982)
CHOOSE ME (1984)
SONGWRITER (1984)
TROUBLE IN MIND (1985)
MADE IN HEAVEN (1987)
MODERNS, THE (1988)
LOVE AT LARGE (1990)
MORTAL THOUGHTS (1991)
EQUINOX (1992)
MRS. PARKER AND THE VICIOUS CIRCLE (1994)
AFTERGLOW (1997)
BREAKFAST OF CHAMPIONS (1999)
TRIXIE (2000)
INTIMATE AFFAIRS (2001)
SECRET LIVES OF DENTISTS, THE (2003)

RUGGLES, Wesley
réalisateur américain (1889-1972)
PLASTIC AGE, THE (1925)
CIMARRON (1931)
NO MAN OF HER OWN (1932)
I'M NO ANGEL (1933)
ARIZONA (1940)
SOMEWHERE I'LL FIND YOU (1942)

RUIZ, Raul (Raoul)
réalisateur chilien (1941-)
QUE HACER? (1970)
HYPOTHÈSE DU TABLEAU VOLÉ, L' (1978)
TOIT DE LA BALEINE, LE (1981)
TROIS COURONNES DU MATELOTS, LES (1983)
MÉMOIRE DES APPARENCES, LA (1986)
TROIS VIES ET UNE SEULE MORT (1995)
GÉNÉALOGIES D'UN CRIME (1997)
SHATTERED IMAGE (1998)
TEMPS RETROUVÉ, LE (1999)
COMÉDIE DE L'INNOCENCE (2000)
CE JOUR-LÀ (2003)
KLIMT (2006)

RUSH, Richard
réalisateur américain (1930-)
HELL'S ANGELS ON WHEELS (1967)
PSYCH-OUT (1967)
THUNDER ALLEY (1967)
GETTING STRAIGHT (1970)
FREEBIE AND THE BEAN (1974)
STUNT MAN, THE (1979)
COLOR OF NIGHT (1994)

RUSSELL, Ken
réalisateur anglais (1927-)
BILLION DOLLAR BRAIN (1967)
DANTE'S INFERNO (1968)
WOMEN IN LOVE (1969)
MUSIC LOVERS, THE (1970)
BOY FRIEND, THE (1971)
DEVILS, THE (1971)
SAVAGE MESSIAH (1972)
MAHLER (1974)
LISZTOMANIA (1975)
TOMMY (1975)
VALENTINO (1977)
ALTERED STATES (1980)
CRIMES OF PASSION (1984)
GOTHIC (1986)
ARIA (1987)
LAIR OF THE WHITE WORM, THE (1988)
RAINBOW, THE (1988)
SALOME'S LAST DANCE (1988)
PRISONER OF HONOR (1991)
WHORE (1991)
LADY CHATTERLEY (1992)
MINDBENDER (1994)
TALES OF EROTICA (1996)
TALES OF EROTICA II (1996)
FALL OF THE LOUSE OF HUSHER, THE (2002)

RUZOWITZKY, Stefan
réalisateur autrichien (1961-)
HÉRITIERS, LES (1999)
ANATOMY (2000)

ALL THE QUEEN'S MEN (2001)
ANATOMY 2 (2002)
FAUSSAIRES, LES (2007)

RYDELL, Mark
réalisateur américain (1934-)
REIVERS, THE (1969)
COWBOYS, THE (1971)
CINDERELLA LIBERTY (1973)
ROSE, THE (1979)
ON GOLDEN POND (1981)
RIVER, THE (1984)
FOR THE BOYS (1991)
INTERSECTION (1994)
CRIME OF THE CENTURY (1996)
JAMES DEAN (2001)
EVEN MONEY (2007)

SAGAL, Boris
réalisateur américain (1923-1981)
GIRL HAPPY (1965)
MOSQUITO SQUADRON (1968)
OMEGA MAN, THE (1971)
SCARECROW (1972)
MASADA (1981)

SAÏA, Louis
réalisateur québécois (1950-)
SPHINX, LE (1995)
BOYS, LES (1997)
BOYS II, LES (1998)
BOYS III, LES (2001)
DANGEREUX, LES (2002)
LES BOYS (COFFRET) (2003)
VICE CACHÉ (2005)
BOYS, LES - LA SÉRIE (SAISON 1) (2007)

SAKS, Gene
réalisateur américain (1921-)
BAREFOOT IN THE PARK (1967)
ODD COUPLE, THE (1967)
CACTUS FLOWER (1969)
LAST OF THE RED HOT LOVERS (1972)
MAME (1974)
BRIGHTON BEACH MEMOIRS (1986)
FINE ROMANCE, A (1992)

SALLES, Walter
réalisateur brésilien (1956-)
FOREIGN LAND (1996)
GARE CENTRALE (1998)
MIDNIGHT (1998)
BEHIND THE SUN (2001)
CARNETS DE VOYAGE (2004)
DARK WATER (2005)
PARIS, JE T'AIME (2006)

SALOMON, Mikael
réalisateur danois (1945-)
FAR OFF PLACE, A (1993)
HARD RAIN (1997)
BAND OF BROTHERS (2001)
SALEM'S LOT: THE MINISERIES (2004)
OVER THERE (SEASON 1) (2005)
COMPANY, THE (2007)

SALVADORI, Pierre
réalisateur français (1964-)
CIBLE ÉMOUVANTE (1993)
APPRENTIS, LES (1995)
COMME ELLE RESPIRE (1998)
APRÈS VOUS... (2005)
HORS DE PRIX (2007)

SANDRICH, Mark
réalisateur américain (1900-1945)
GAY DIVORCEE, THE (1934)
TOP HAT (1935)
FOLLOW THE FLEET (1936)
SHALL WE DANCE (1937)
CAREFREE (1938)
HOLIDAY INN (1942)
HERE COME THE WAVES (1944)
SO PROUDLY WE HAIL (1944)

SARGENT, Joseph
réalisateur américain (1925-)
MAN FROM U.N.C.L.E, THE (1964)
COLOSSUS: THE FORBIN PROJECT (1969)
WHITE LIGHTNING (1973)
TAKING OF PELHAM ONE TWO THREE, THE (1974)
MACARTHUR (1977)
COAST TO COAST (1980)
JAWS IV: THE REVENGE (1987)
INCIDENT, THE (1990)
SKYLARK (1993)
MISS EVER'S BOYS (1996)
MANDELA AND DEKLERK (1997)
SOMETHING THE LORD MADE (2004)
WARM SPRINGS (2005)

SAURA, Carlos
réalisateur espagnol (1932-)
CHARGE DES REBELLES, LA (1963)
CHASSE, LA (1965)
PEPPERMINT FRAPPÉ (1967)
JARDIN DES DÉLICES, LE (1970)
CRIA CUERVOS (1975)
ÉLISA MON AMOUR (1976)
YEUX BANDÉS, LES (1978)
MAMAN A CENT ANS (1979)
NOCES DE SANG (1981)
VITE, VITE (1981)
ANTONIETA (1982)
CARMEN (1983)
STILTS, THE (1984)
AMOUR SORCIER, L' (1986)
EL DORADO (1988)
AY, CARMELA! (1990)
SEVILLANAS (1992)
OUTRAGE (1993)
FLAMENCO (1995)
PAJARICO - PETIT OISEAU SOLITAIRE (1997)
TANGO (1998)
GOYA À BORDEAUX (1999)

SAUTET, Claude
réalisateur français (1924-2000)
CHOSES DE LA VIE, LES (1970)
MAX ET LES FERRAILLEURS (1970)
CÉSAR ET ROSALIE (1972)
VINCENT, FRANÇOIS, PAUL ET LES AUTRES (1974)
UNE HISTOIRE SIMPLE (1978)
GARCON! (1983)
QUELQUES JOURS AVEC MOI (1989)
UN CŒUR EN HIVER (1992)
NELLY ET MONSIEUR ARNAUD (1995)

SAUVÉ, Patrice
réalisateur québécois
LA VIE, LA VIE (2001)
GRANDE OURSE I (2003)
HÉRITIÈRE DE GRANDE OURSE, L' (2004)
CHEECH (2006)
GRANDE OURSE - LA CLÉ DES POSSIBLES (2009)

SAVILLE, Philip
réalisateur anglais (1929-)
STOP THE WORLD: I WANT TO GET OFF (1966)
COUNT DRACULA (1977)
MANDELA (1987)
FELLOW TRAVELLER, THE (1989)
BUCCANEERS, THE (1995)
METROLAND (1997)

SAVILLE, Victor
réalisateur anglais (1897-1979)
DARK JOURNEY (1937)
STORM IN A TEACUP (1937)
SOUTH RIDING (1938)
FOREVER AND A DAY (1943)
GREEN DOLPHIN STREET (1946)
TONIGHT AND EVERY NIGHT (1947)
CONSPIRATOR (1950)
KIM (1950)
SILVER CHALICE, THE (1954)

SAYLES, John
réalisateur américain (1950-)
RETURN OF THE SECAUCUS 7 (1979)
BABY, IT'S YOU (1982)
LIANNA (1983)
BROTHER FROM ANOTHER PLANET, THE (1984)
MATEWAN (1987)
EIGHT MEN OUT (1988)
CITY OF HOPE (1991)
PASSION FISH (1992)
SECRET OF ROAN INISH, THE (1994)
LONE STAR (1995)
MEN WITH GUNS (1997)
LIMBO (1999)
SUNSHINE STATE (2002)
CASA DE LOS BABYS (2003)
SILVER CITY (2004)
HONEYDRIPPER (2008)

SCHACHTER, Steven
réalisateur
WATER ENGINE, THE (1992)
DOOR TO DOOR (2002)
DOOR TO DOOR (2002)
WOOL CAP, THE (2004)
DEAL, THE (2008)

SCHAFFNER, Franklin J.
réalisateur américain (1920-1989)
BEST MAN, THE (1964)
WARLORD, THE (1965)
PLANET OF THE APES (1967)
PATTON (1969)
NICHOLAS AND ALEXANDRA (1971)
PAPILLON (1973)
ISLANDS IN THE STREAM (1976)
BOYS FROM BRAZIL, THE (1978)
SPHINX (1980)
LIONHEART (1987)

SCHATZBERG, Jerry
réalisateur américain (1927-)
PANIC IN NEEDLE PARK (1971)
SCARECROW (1973)
SEDUCTION OF JOE TYNAN, THE (1979)
HONEYSUCKLE ROSE (1980)
NO SMALL AFFAIR (1984)
STREET SMART (1986)

SCHEPISI, Fred
réalisateur australien (1939-)
BARBAROSA (1982)
ICEMAN (1984)
PLENTY (1985)
ROXANNE (1987)
CRY IN THE DARK, A (1988)
RUSSIA HOUSE, THE (1990)
SIX DEGREES OF SEPARATION (1993)
I.Q. (1994)
FIERCE CREATURES (1996)
EMPIRE FALLS (2005)

SCHERTZINGER, Victor
réalisateur américain (1889-1941)
ONE NIGHT OF LOVE (1934)
SOMETHING TO SING ABOUT (1937)
MIKADO, THE (1938)
RHYTHM ON THE RIVER (1940)
ROAD TO SINGAPORE (1940)
BIRTH OF THE BLUES (1941)
ROAD TO ZANZIBAR (1941)

SCHLESINGER, John
réalisateur anglais (1926-)
BILLY LIAR (1963)
DARLING (1965)
FAR FROM THE MADDING CROWD (1967)
MIDNIGHT COWBOY (1969)
SUNDAY, BLOODY SUNDAY (1971)
DAY OF THE LOCUST, THE (1975)
MARATHON MAN (1976)
YANKS (1979)
FALCON AND THE SNOWMAN, THE (1984)
BELIEVERS, THE (1987)
MADAME SOUSATZKA (1988)
PACIFIC HEIGHTS (1990)
INNOCENT, THE (1993)
COLD COMFORT FARM (1995)
EYE FOR AN EYE (1995)
TALE OF SWEENEY TODD, THE (1998)
NEXT BEST THING, THE (2000)

SCHLÖNDORFF, Volker
réalisateur allemand (1939-)
YOUNG TORLESS (1966)
HONNEUR PERDU DE KATHARINA BLUM, L' (1975)
COUP DE GRÂCE, LE (1976)
TAMBOUR, LE (1979)
CIRCLE OF DECEIT (1981)
UN AMOUR DE SWANN (1983)
DEATH OF A SALESMAN (1985)
HANDMAID'S TALE, THE (1990)
VOYAGER (1991)
OGRE, THE (1996)
PALMETTO (1997)
LEGEND OF RITA, THE (2000)
NINTH DAY, THE (2004)
BILLY WILDER SPEAKS (2006)

SCHOEDSACK, Ernest B.
éalisateur américain (1893-1979)
CHANG (1927)
MOST DANGEROUS GAME, THE (1932)
KING KONG (1933)
SON OF KONG (1933)
LAST DAYS OF POMPEII (1935)
DR. CYCLOPS (1940)
MIGHTY JOE YOUNG (1949)

SCHRADER, Paul
réalisateur américain (1946-)
BLUE COLLAR (1978)
HARDCORE (1978)
AMERICAN GIGOLO (1980)
CAT PEOPLE (1982)
MISHIMA (1985)
LIGHT OF DAY (1987)
PATTY HEARST (1988)
COMFORT OF STRANGERS, THE (1990)
LIGHT SLEEPER (1991)
WITCH HUNT (1994)
TOUCH (1996)
AFFLICTION (1997)
FOREVER MINE (1999)
AUTO FOCUS (2002)
DOMINION - PREQUEL TO THE EXORCIST (2004)
WALKER, THE (2007)

SCHROEDER, Barbet
réalisateur français (1941-)
MORE (1969)
VALLÉE, LA (1972)
GÉNÉRAL IDI AMIN DADA (1974)
MAÎTRESSE (1976)
KOKO, LE GORILLE QUI PARLE (1978)
TRICHEURS (1983)
BARFLY (1987)
REVERSAL OF FORTUNE (1990)
SINGLE WHITE FEMALE (1992)
KISS OF DEATH (1994)
BEFORE AND AFTER (1995)
DESPERATE MEASURES (1998)
VIERGE DES TUEURS, LA (2000)
MURDER BY NUMBERS (2002)
AVOCAT DE LA TERREUR, L' (2007)

SCHULMANN, Patrick
réalisateur français (1949-2002)
ET LA TENDRESSE?... BORDEL! (1978)
RENDEZ-MOI MA PEAU (1980)
ET LA TENDRESSE?... BORDEL! II (1983)
ALDO ET JUNIOR (1985)
P.R.O.F.S. (1985)

SCHULTZ, Michael
réalisateur américain (1938-)
HONEY BABY (1974)
COOLEY HIGH (1975)
CAR WASH (1976)
GREASED LIGHTNING (1977)
WHICH WAY IS UP? (1977)
SGT. PEPPER'S LONELY HEART CLUB BAND (1978)
KRUSH GROOVE (1985)
LIVIN' LARGE (1991)
WOMAN THOU ART LOOSED (2004)

SCHUMACHER, Joel
réalisateur américain (1942-)
INCREDIBLE SHRINKING WOMAN, THE (1981)
D.C. CAB (1983)
ST. ELMO'S FIRE (1985)
LOST BOYS, THE (1987)
COUSINS (1989)
FLATLINERS (1990)
DYING YOUNG (1991)
FALLING DOWN (1992)
CLIENT, THE (1994)
BATMAN FOREVER (1995)
CHAMBER, THE (1996)
TIME TO KILL, A (1996)
BATMAN & ROBIN (1997)
8 MM (EIGHT MILIMETERS) (1999)
FLAWLESS (1999)
TIGERLAND (2000)
BAD COMPANY (2002)
PHONE BOOTH (2002)
VERONICA GUERIN (2003)
PHANTOM OF THE OPERA (2004)
NUMBER 23 (2007)

SCOLA, Ettore
réalisateur italien (1931-)
NOUS NOUS SOMMES TANT AIMÉS (1975)
AFFREUX, SALES ET MÉCHANTS (1976)
MESDAMES ET MESSIEURS, BONSOIR (1976)
UNE JOURNÉE PARTICULIÈRE (1977)
PASSION D'AMOUR (1980)
NUIT DE VARENNES, LA (1982)
BAL, LE (1983)
MACARONI (1985)
FAMILLE, LA (1987)
QUELLE HEURE EST-IL? (1989)
VOYAGE DU CAPITAINE FRACASSE, LE (1991)
MARIO, MARIA ET MARIO (1993)
CONCURRENCE DÉLOYALE (2001)

SCORSESE, Martin
réalisateur américain (1942-)
WHO'S THAT KNOCKING AT MY DOOR? (1968)
BOXCAR BERTHA (1972)
MEAN STREETS (1973)
ALICE DOESN'T LIVE HERE ANYMORE (1974)
TAXI DRIVER (1976)
NEW YORK, NEW YORK (1977)
LAST WALTZ, THE (1978)
RAGING BULL (1980)
KING OF COMEDY, THE (1982)
AFTER HOURS (1985)
COLOR OF MONEY, THE (1986)
LAST TEMPTATION OF CHRIST, THE (1988)
NEW YORK STORIES (1989)
GOODFELLAS (1990)
CAPE FEAR (1991)
AGE OF INNOCENCE, THE (1993)
CASINO (1995)
KUNDUN (1997)
BRINGING OUT THE DEAD (1999)
MY VOYAGE IN ITALY (1999)
GANGS OF NEW YORK (2002)
AVIATOR, THE (2004)
NO DIRECTION HOME - BOB DYLAN (2005)
DEPARTED, THE (2006)
MARTIN SCORSESE PRESENTS: VAL LEWTON (2007)
SHINE A LIGHT (2007)

SCOTT, Ridley
réalisateur anglais (1939-)
DUELLISTS, THE (1977)
ALIEN (1979)
BLADE RUNNER (1982)
LEGEND (1985)
SOMEONE TO WATCH OVER ME (1987)
BLACK RAIN (1989)
THELMA & LOUISE (1991)
1492: CONQUEST OF PARADISE (1992)
WHITE SQUALL (1995)
G.I. JANE (1997)
GLADIATOR (2000)
BLACK HAWK DOWN (2001)
HANNIBAL (2001)
HANNIBAL / SILENCE OF THE LAMBS (2001)
MATCHSTICK MEN (2003)
KINGDOM OF HEAVEN (2005)
GOOD YEAR, A (2006)
AMERICAN GANGSTER (2007)
BODY OF LIES (2008)

SCOTT, Tony
réalisateur anglais (1944-)
HUNGER, THE (1983)
TOP GUN (1986)
BEVERLY HILLS COP II (1987)
REVENGE (1989)
DAYS OF THUNDER (1990)
LAST BOY SCOUT, THE (1991)
TRUE ROMANCE (1993)
CRIMSON TIDE (1995)
FAN, THE (1996)
ENEMY OF THE STATE (1998)
SPY GAME (2001)
MAN ON FIRE (2004)
DOMINO (2005)
DÉJÀ VU (2006)
TAKING OF PELHAM 1 2 3, THE (2009)

SEATON, George
réalisateur américain (1911-1979)
MIRACLE ON 34th STREET (1947)
BIG LIFT, THE (1950)
COUNTRY GIRL, THE (1954)
TEACHER'S PET (1957)
COUNTERFEIT TRAITOR, THE (1961)
36 HOURS (1964)
AIRPORT (1970)

SEDGWICK, Edward
réalisateur américain (1892-1953)
CAMERAMAN, THE (1928)
DOUGHBOYS (1930)
FREE AND EASY (1930)
SPEAK EASILY (1932)
WHAT! NO BEER? (1933)
MOVIE STRUCK (1937)
SOUTHERN YANKEE, THE (1949)

SEED, PAUL
réalisateur anglais (1947-)
HOUSE OF CARDS (1990)
HOUSE OF CARDS - TO PLAY THE KING (1993)
AFFAIR, THE (1995)
DR. BELL AND MR. DOYLE - THE DARK BEGINNINGS OF SHERLOCK HOLMES (2000)
MURDER ROOMS - THE DARK BEGINNINGS OF SHERLOCK HOLMES (2001)

SEGAL, Peter
réalisateur américain (1962-)
NAKED GUN 33 1/3, THE (1994)
NAKED GUN 33 1/3: THE FINAL INSULT, THE (1994)
NUTTY PROFESSOR: THE KLUMPS (2000)
ANGER MANAGEMENT (2003)
50 FIRST DATES (2004)
LONGEST YARD, THE (2005)
GET SMART (2008)

SEIDELMAN, Susan
réalisatrice américaine (1952-)
SMITHEREENS (1982)
DESPERATELY SEEKING SUSAN (1985)
MAKING MR. RIGHT (1987)
COOKIE (1989)
SHE-DEVIL (1989)
TALES OF EROTICA (1996)
BOYNTON BEACH CLUB (2005)

SEILER, Lewis
réalisateur américain (1900-1963)
PITTSBURGH (1942)
GUADALCANAL DIARY (1943)
SOMETHING FOR THE BOYS (1944)
DOLL FACE (1946)
IF I'M LUCKY (1946)
TANKS ARE COMING, THE (1951)
YOU'RE IN THE NAVY NOW (1951)

SEITER, William
réalisateur américain (1895-1964)
DIPLOMANIACS (1933)
SONS OF THE DESERT (1934)
ROBERTA (1935)
DIMPLES (1936)
ROOM SERVICE (1938)
ALLEGHENY UPRISING (1939)
BELLE OF THE YUKON (1940)
YOU WERE NEVER LOVELIER (1942)
UP IN CENTRAL PARK (1947)
ONE TOUCH OF VENUS (1949)

SEITER, William A.
réalisateur américain (1890-1964)
STOWAWAY (1936)
SUSANNAH OF THE MOUNTIES (1939)
LADY TAKES A CHANCE, A (1943)
FOUR JILLS IN A JEEP (1944)
IT'S A PLEASURE (1945)
LITTLE GIANT (1946)
BORDERLINE (1950)

SEITZ, George B.
réalisateur américain (1888-1944)
VANISHING AMERICAN, THE (1925)
LAST OF THE MOHICANS, THE (1936)
LOVE FINDS ANDY HARDY (1938)
ANDY HARDY'S PRIVATE SECRETARY (1940)
LIFE BEGINS FOR ANDY HARDY (1940)
ANDY HARDY'S DOUBLE LIFE (1942)
ANDY HARDY MEETS DEBUTANTE (1945)

SERREAU, Coline
réalisatrice française (1948-)
POURQUOI PAS! (1977)
QU'EST-CE QU'ON ATTEND POUR ÊTRE HEUREUX? (1982)
TROIS HOMMES ET UN COUFFIN (1985)
ROMUALD ET JULIETTE (1989)
CRISE, LA (1992)
BELLE VERTE, LA (1996)
CHAOS (2001)
18 ANS APRÈS (2003)
SAINT-JACQUES... LA MECQUE (2005)

SHADYAC, Tom
réalisateur américain (1960-)
ACE VENTURA: PET DETECTIVE (1993)

NUTTY PROFESSOR, THE (1996)
LIAR LIAR (1997)
PATCH ADAMS (1998)
DRAGONFLY (2002)
BRUCE ALMIGHTY (2003)
EVAN ALMIGHTY (2007)

SHANKMAN, Adam
réalisateur américain (1964-)
WALK TO REMEMBER, A (2001)
WEDDING PLANNER, THE (2001)
BRINGING DOWN THE HOUSE (2003)
CHEAPER BY THE DOZEN 2 (2005)
PACIFIER (2005)
WORST WEEK OF MY LIFE, THE (2006)
HAIRSPRAY (2007)
BEDTIME STORIES (2008)

SHARP, Don
réalisateur anglais (1922-)
KISS OF THE VAMPIRE (1963)
FACE OF FU MANCHU, THE (1965)
BRIDES OF FU MANCHU, THE (1966)
RASPUTIN THE MAD MONK (1966)
PSYCHOMANIA (1971)
FOUR FEATHERS, THE (1977)
THIRTY-NINE STEPS, THE (1978)
BEAR ISLAND (1979)

SHAVELSON, Melville
réalisateur américain (1917-2007)
HOUSEBOAT (1958)
FIVE PENNIES, THE (1959)
IT STARTED IN NAPLES (1960)
NEW KIND OF LOVE, A (1963)
CAST A GIANT SHADOW (1966)
YOURS, MINE AND OURS (1968)
WAR BETWEEN MEN AND WOMEN, THE (1972)

SHBIB, Bashar
réalisateur québécois (1957-)
MEMOIRS (1985)
JULIA HAS TWO LOVERS (1990)
LANA IN LOVE (1992)
DRAGHOULA (1994)
RIDE ME (1994)
SENSES, THE: HOT SAUCE (1996)
SENSES, THE: PANIC (1996)
SENSES, THE: STRICTLY SPANKING (1996)
SENSES, THE: TAXI FOR L.A. (1996)
SENSES, THE: THE PERFUMER (1996)
KISS, THE (1997)

SHELTON, Ron
réalisateur américain (1945-)
BULL DURHAM (1988)
BLAZE (1989)
WHITE MEN CAN'T JUMP (1992)
COBB (1994)
TIN CUP (1996)
PLAY IT TO THE BONE (1999)
DARK BLUE (2002)
HOLLYWOOD HOMICIDE (2003)

SHERIDAN, Jim
réalisateur irlandais (1949-)
MY LEFT FOOT (1989)
FIELD, THE (1990)
IN THE NAME OF THE FATHER (1993)
BOXER, THE (1997)
IN AMERICA (2002)
GET RICH... OR DIE TRYIN (2005)

SHERMAN, Gary
réalisateur américain (1945-)
RAW MEAT (1973)
DEAD & BURIED (1981)
POLTERGEIST II/POLTERGEIST III (1986)
WANTED DEAD OR ALIVE (1987)
POLTERGEIST III (1988)

SHERMAN, George
réalisateur américain (1908-1991)
OVERLAND STAGE RAIDERS (1938)
GENE AUTRY: SOUTH OF THE BORDER (1939)
BANDIT OF SHERWOOD FOREST, THE (1946)
COMANCHE TERRITORY (1950)
TOMAHAWK (1951)
WAR ARROW (1953)
BIG JAKE (1970)

SHERMAN, Vincent
réalisateur américain (1906-)
ALL THROUGH THE NIGHT (1941)
UNDERGROUND (1941)
MR. SKEFFINGTON (1943)
OLD ACQUAINTANCE (1943)
ADVENTURES OF DON JUAN, THE (1949)
DAMNED DON'T CRY, THE (1950)
HARRIET CRAIG (1950)
LONE STAR (1951)
AFFAIR IN TRINIDAD (1952)
GARMENT JUNGLE, THE (1956)
YOUNG PHILADELPHIANS, THE (1959)

SHIMIZU, Takashi
réalisateur japonais (1972-)
JU-ON 2 (2000)
JU-ON: THE GRUDGE (2003)
GRUDGE, THE (2004)
MAREBITO (2004)
REINCARNATION (2005)
GRUDGE 2, THE (2006)
TEN NIGHTS OF DREAMS (2006)

SHINODA, Masahiro
réalisateur japonais (1931-)
PALE FLOWER (1964)
SAMURAI SPY (1965)
DOUBLE SUICIDE (1969)
GONZA THE SPEARMAN (1985)
OWL'S CASTLE (1999)

SHOLDER, Jack
réalisateur américain (1945-)
ALONE IN THE DARK (1982)
NIGHTMARE ON ELM STREET II, A: FREDDY'S REVENGE (1985)
HIDDEN, THE (1987)
RENEGADES (1989)
BY DAWN'S EARLY LIGHT (1990)
BY DAWNS EARLY LIGHT (1990)
12 DAYS OF TERROR (2004)

SHYAMALAN, M. Night
réalisateur indien (1970-)
WIDE AWAKE (1998)
SIXTH SENSE, THE (1999)
UNBREAKABLE (2000)
SIGNS (2002)
HAPPENING, THE (2008)

SHYER, Charles
réalisateur américain (1941-)
IRRECONCILABLE DIFFERENCES (1984)
BABY BOOM (1987)
FATHER OF THE BRIDE (1991)
I LOVE TROUBLE (1994)
FATHER OF THE BRIDE 2 (1995)
AFFAIR OF THE NECKLACE, THE (2001)
ALFIE (2004)

SIDNEY, George
réalisateur américain (1916-)
THOUSANDS CHEER (1943)
ANCHORS AWEIGH (1944)
BATHING BEAUTY (1944)
HARVEY GIRLS, THE (1945)
CASS TIMBERLANE (1947)
THREE MUSKETEERS, THE (1948)
ANNIE GET YOUR GUN (1949)
KEY TO THE CITY (1950)
SHOW BOAT (1951)
SCARAMOUCHE (1952)
KISS ME KATE (1953)
YOUNG BESS (1953)
EDDY DUCHIN STORY, THE (1955)
PAL JOEY (1957)
BYE BYE BIRDIE (1963)
VIVA LAS VEGAS (1964)
HALF A SIXPENCE (1967)

SIEGEL, Don
réalisateur américain (1912-1991)
BIG STEAL, THE (1949)
DUEL AT SILVER CREEK, THE (1952)
RIOT IN CELL BLOCK 11 (1954)
INVASION OF THE BODY SNATCHERS, THE (1955)
FLAMING STAR (1960)
HELL IS FOR HEROES (1962)
KILLERS, THE (1964)
COOGAN'S BLUFF (1968)
MADIGAN (1968)
TWO MULES FOR SISTER SARA (1969)
BEGUILED, THE (1970)
DIRTY HARRY (1971)
CHARLEY VARRICK (1973)
SHOOTIST, THE (1976)
TELEFON (1977)
ESCAPE FROM ALCATRAZ (1979)
JINXED! (1982)

SILVER, Joan Micklin
réalisatrice américain (1935-)
HESTER STREET (1975)
F. SCOTT FITZGERALD'S BERNICE BOBS HER HAIR (1976)
CROSSING DELANCEY (1988)
LOVERBOY (1989)
PRIVATE MATTER (1992)

SIMON S., Sylvan
réalisateur américain (1910-1951)
WHISTLING IN THE DARK (1940)
RIO RITA (1942)
WHISTLING IN DIXIE (1942)
WHISTLING IN BROOKLYN (1943)
ABBOTT & COSTELLO IN HOLLYWOOD (1945)
FULLER BRUSH MAN, THE (1947)

SIMONEAU, Yves
réalisateur québécois (1956-)
YEUX ROUGES, LES (1982)
FOUS DE BASSAN, LES (1986)
POUVOIR INTIME (1986)
DANS LE VENTRE DU DRAGON (1989)
PERFECTLY NORMAL (1990)
MEMPHIS (1991)
MOTHER'S BOYS (1993)
AMELIA EARHART, THE FINAL FLIGHT (1994)
DEAD MAN'S WALK (1996)
FREE MONEY (1998)
NUREMBERG (2000)
IGNITION (2001)
NAPOLÉON (2002)
BURY MY HEART AT WOUNDED KNEE (2007)

SINGER, Bryan
réalisateur américain (1965-)
PUBLIC ACCESS (1992)
USUAL SUSPECTS, THE (1995)
APT PUPIL (1998)
X-MEN (2000)
X-MEN II (2003)
SUPERMAN RETURNS (2006)
VALKYRIE (2008)

SINGLETON, John
réalisateur américain (1968-)
BOYZ'N THE HOOD (1991)
POETIC JUSTICE (1993)
HIGHER LEARNING (1994)
ROSEWOOD (1997)
SHAFT (2000)
BABY BOY (2001)
2 FAST 2 FURIOUS (2003)
FOUR BROTHERS (2005)

SIODMAK, Robert
réalisateur américain (1900-1973)
PEOPLE ON SUNDAY (1929)
SON OF DRACULA (1943)
PHANTOM LADY (1944)
SPIRAL STAIRCASE, THE (1945)
STRANGE AFFAIR OF UNCLE HARRY, THE (1945)
DARK MIRROR, THE (1946)
KILLERS, THE (1946)
CRISS CROSS (1949)
CRIMSON PIRATE, THE (1952)
KATIA (1959)
ROUGH AND THE SMOOTH, THE (1959)
CUSTER OF THE WEST (1967)

SIRK, Douglas
réalisateur allemand (1900-1987)
HABANERA, LA (1937)
SCANDAL IN PARIS, A (1946)
LURED (1947)
ALL I DESIRE (1953)
MAGNIFICENT OBSESSION (1954)
ALL THAT HEAVEN ALLOWS (1955)
WRITTEN ON THE WIND (1956)
BATTLE HYMN (1957)
TARNISHED ANGELS, THE (1957)
IMITATION OF LIFE (1959)

SJÖSTRÖM, Victor
réalisateur suédois (1879-1960)
MAN THERE WAS, A (1917)
PROSCRITS, LES (1917)
SECRET OF THE MONASTERY (1920)
PHANTOM CHARIOT (1921)
WIND, THE (1928)
UNDER THE RED ROBE (1936)

SKOLIMOWSKI, Jerzy
réalisateur polonais (1938-)
HANDS UP (1967)
SHOUT, THE (1978)
MOONLIGHTING (1982)
SUCCESS IS THE BEST REVENGE (1984)
LIGHTSHIP, THE (1985)

EAUX PRINTANIÈRES, LES (1989)

SLUIZER, George
réalisateur français (1932-)
UN HOMME, DEUX FEMMES (1979)
HOMME QUI VOULAIT SAVOIR, L' (1988)
UTZ (1992)
VANISHING, THE (1993)
COMMISSIONER, THE (1997)
RADEAU DE PIERRE, LE (2002)

SMIGHT, Jack
réalisateur américain (1926-)
HARPER (1966)
KALEIDOSCOPE (1966)
NO WAY TO TREAT A LADY (1967)
SECRET WAR OF HARRY FRIGG, THE (1967)
ILLUSTRATED MAN, THE (1969)
TRAVELLING EXECUTIONER, THE (1970)
FRANKENSTEIN - THE TRUE STORY (1973)
AIRPORT '75 (1974)
MIDWAY (1976)
DAMNATION ALLEY (1977)
LOVING COUPLES (1980)
NUMBER ONE WITH A BULLET (1987)

SMITH, John N.
réalisateur québécois (1943-)
MASCULINE MYSTIQUE, THE (1984)
SITTING IN LIMBO (1986)
TRAIN OF DREAMS (1987)
BOYS OF ST. VINCENT, THE (1992)
DANGEROUS MINDS (1995)
COOL DRY PLACE, A (1999)
GERALDINE'S FORTUNE (2004)

SMITH, Kevin
réalisateur américain (1970-)
CLERKS (1994)
MALLRATS (1995)
CHASING AMY (1996)
DOGMA (1999)
JAY AND SILENT BOB STRIKE BACK (2001)
JERSEY GIRL (2004)
CLERKS 2 (2006)
ZACK AND MIRI MAKE A PORNO (2008)

SODERBERGH, Steven
réalisateur américain (1963-)
YES - 9012 LIVE (1985)
SEX, LIES, AND VIDEOTAPE (1989)
KAFKA (1991)
KING OF THE HILL (1993)
UNDERNEATH, THE (1994)
GRAY'S ANATOMY (1996)
SCHIZOPOLIS (1996)
OUT OF SIGHT (1998)
LIMEY, THE (1999)
ERIN BROCKOVICH (2000)
TRAFFIC (2000)
OCEAN'S ELEVEN (2001)
FULL FRONTAL (2002)
SOLARIS (2002)
K STREET (2003)
OCEAN'S 12 (2004)
BUBBLE (2005)
EROS (2005)
UNSCRIPTED (2005)
GOOD GERMAN, THE (2006)
OCEAN'S THIRTEEN (2007)
CHE (2008)
GIRLFRIEND EXPERIENCE, THE (2009)

SOFTLEY, Iain
réalisateur anglais (1958-)
BACKBEAT (1993)
HACKERS (1995)
WINGS OF THE DOVE (1997)
K-PAX (2001)
SKELETON KEY, THE (2005)
INKHEART (2008)

SOKUROV, Aleksandr
réalisateur russe (1951-)
MOSCOW ELEGY - ANDREI TARKOVSKY (1987)
DMITRO SHOSTAKOVICH: SONATA FOR VIOLA (1988)
SECOND CIRCLE (1990)
SPIRITUAL VOICES (1995)
MÈRE ET FILS (1997)
CONFESSION (1998)
MOLOCH (1999)
ARCHE RUSSE, L' (2002)
ELEGY OF A VOYAGE (2002)
PÈRE ET FILS (2003)
SOLEIL, LE (2005)

SOLANAS, Fernando (Pino)
réalisateur argentin (1936-)
TANGOS: L'EXIL DE GARDEL (1985)
VOYAGE, LE (1992)
CLOUD, THE (1998)
MÉMOIRE D'UN SACCAGE (2004)
DIGNITÉ DU PEUPLE, LA (2005)

SOMMERS, Stephen
réalisateur américain (1962-)
ADVENTURES OF HUCK FINN, THE (1992)
JUNGLE BOOK, THE (1994)
DEEP RISING (1998)
MUMMY, THE (1999)
MUMMY RETURNS, THE (2001)
VAN HELSING (2004)

SONNENFELD, Barry
réalisateur américain (1953-)
ADDAMS FAMILY, THE (1991)
ADDAMS FAMILY VALUES, THE (1993)
FOR LOVE OR MONEY (1993)
GET SHORTY (1995)
MEN IN BLACK (1997)
WILD WILD WEST (1999)
BIG TROUBLE (2001)
MEN IN BLACK II (2002)
RV (2006)

SPHEERIS, Penelope
réalisatrice américaine (1945-)
SUBURBIA (1984)
DUDES (1987)
DECLINE OF THE WESTERN CIVILIZATION II: THE METAL YEARS, THE (1988)
WAYNE'S WORLD (1992)
LITTLE RASCALS, THE (1994)
BLACK SHEEP (1995)
SENSELESS (1998)
KID AND I, THE (2005)

SPIELBERG, Steven
réalisateur américain (1947-)
COLUMBO: MURDER BY THE BOOK (1971)
DUEL (1972)
SUGARLAND EXPRESS, THE (1974)
JAWS (1975)
CLOSE ENCOUNTERS OF THE THIRD KIND (1977)
1941 (1979)
RAIDERS OF THE LOST ARK (1981)
E.T. THE EXTRA-TERRESTRIAL (1982)
TWILIGHT ZONE: THE MOVIE (1983)
INDIANA JONES & THE TEMPLE OF DOOM (1984)
COLOR PURPLE, THE (1985)
EMPIRE OF THE SUN (1987)
ALWAYS (1989)
INDIANA JONES AND THE LAST CRUSADE (1989)
HOOK (1991)
JURASSIC PARK (1993)
SCHINDLER'S LIST (1993)
AMISTAD (1997)
JURASSIC PARK: THE LOST WORLD (1997)
SAVING PRIVATE RYAN (1998)
A.I. ARTIFICIAL INTELLIGENCE (2001)
CATCH ME IF YOU CAN (2002)
MINORITY REPORT (2002)
MINORITY REPORT/A.I. (2003)
TERMINAL, THE (2004)
MUNICH (2005)
WAR OF THE WORLDS (2005)
INDIANA JONES AND THE KINGDOM OF THE CRYSTAL SKULL (2008)

SPOTTISWOODE, Roger
réalisateur canadien (1945-)
TERROR TRAIN (1979)
UNDER FIRE (1983)
BEST OF TIMES, THE (1986)
SHOOT TO KILL (1988)
TURNER & HOOCH (1989)
AIR AMERICA (1990)
AND THE BAND PLAYED ON (1993)
MESMER (1994)
TOMORROW NEVER DIES (1997)
6th DAY, THE (2000)
ICE BOUND (2003)
SHAKE HANDS WITH THE DEVIL (2007)
CHILDREN OF HUANG SHI, THE (2008)

SPRY, Robin
réalisateur canadien (1939-)
ACTION: THE OCTOBER CRISIS OF 1970 (1974)
ONE MAN (1977)
SUZANNE (1980)
KEEPING TRACK (1986)
OBSESSED (1987)
CRY IN THE NIGHT, A (1991)

STAHL, John M.
réalisateur américain (1886-1950)
IMITATION OF LIFE (1934)
LETTER OF INTRODUCTION, A (1938)
IMMORTAL SERGEANT (1943)
KEYS OF THE KINGDOM, THE (1946)
LEAVE HER TO HEAVEN (1946)
FATHER WAS A FULLBACK (1949)

STALLONE, Sylvester
réalisateur américain (1946-)
PARADISE ALLEY (1978)
ROCKY II (1979)
ROCKY III (1982)
STAYING ALIVE (1983)
ROCKY IV (1985)
ROCKY BALBOA (2006)
RAMBO (2007)

STEVENS, George
réalisateur américain (1904-1975)
KENTUCKY KERNELS (1934)
ALICE ADAMS (1935)
ANNIE OAKLEY (1935)
SWING TIME (1936)
DAMSEL IN DISTRESS, A (1937)
QUALITY STREET (1937)
GUNGA DIN (1939)
PENNY SERENADE (1941)
TALK OF THE TOWN, THE (1942)
WOMAN OF THE YEAR (1942)
MORE THE MERRIER, THE (1943)
I REMEMBER MAMA (1947)
PLACE IN THE SUN, A (1950)
SHANE (1953)
GIANT (1956)
DIARY OF ANNE FRANK, THE (1959)
GREATEST STORY EVER TOLD, THE (1965)

STEVENSON, Robert
réalisateur anglais (1905-1986)
DR. JEKYLL AND MR. HYDE (1920)
MAN WHO CHANGED HIS MIND, THE (1936)
KING SOLOMON'S MINES (1937)
JOAN OF PARIS (1942)
FOREVER AND A DAY (1943)
JANE EYRE (1943)
DISHONORED LADY (1947)
MY FORBIDDEN PAST (1951)
WALK SOFTLY, STRANGER (1951)
OLD YELLER (1957)
DARBY O'GILL AND THE LITTLE PEOPLE (1959)
KIDNAPPED (1960)
ABSENT-MINDED PROFESSOR, THE (1961)
IN SEARCH OF THE CASTAWAYS (1962)
SON OF FLUBBER (1962)
MARY POPPINS (1964)
THAT DARN CAT! (1965)
GNOME-MOBILE, THE (1967)
BLACKBEARD'S GHOST (1968)
LOVE BUG, THE (1968)
BEDKNOBS AND BROOMSTICKS (1971)
HERBIE RIDES AGAIN (1974)
ISLAND AT THE TOP OF THE WORLD, THE (1974)
SHAGGY D.A., THE (1976)

STONE, Oliver
réalisateur americaine (1946-)
SEIZURE (1973)
HAND, THE (1981)
SALVADOR (1985)
PLATOON (1986)
WALL STREET (1987)
TALK RADIO (1988)
BORN ON THE FOURTH OF JULY (1989)
DOORS, THE (1991)
JFK (1991)
HEAVEN AND EARTH (1993)
NATURAL BORN KILLERS (1994)
NIXON (1995)
U-TURN (1997)
ANY GIVEN SUNDAY (1999)
ALEXANDER (2005)
WORLD TRADE CENTER (2006)
W. (2008)

STRICK, Joseph
réalisateur américain (1923-)
BALCONY, THE (1963)
ULYSSES (1966)
TROPIC OF CANCER (1969)
ROAD MOVIE (1974)
JAMES JOYCE: A PORTRAIT OF THE ARTIST AS A YOUNG MAN (1979)

STUART, Mel
réalisateur américain (1928-)
FOUR DAYS IN NOVEMBER (1964)
IF IT'S TUESDAY, THIS MUST BE BELGIUM (1969)
WILLY WONKA AND THE CHOCOLATE FACTORY (1971)
WATTSTAX, THE (1973)
SOPHIA LOREN: HER OWN STORY (1980)
MAN RAY: PROPHET OF THE AVANT GARDE (1997)

STURGES, John
réalisateur américain (1910-1992)
MAGNIFICENT YANKEE, THE (1950)
MYSTERY STREET (1950)
ESCAPE FROM FORT BRAVO (1953)
JEOPARDY (1953)
BAD DAY AT BLACK ROCK (1954)
UNDERWATER! (1955)
GUNFIGHT AT THE O.K. CORRAL (1957)
SADDLE THE WIND (1957)
LAW AND JAKE WADE, THE (1958)
OLD MAN AND THE SEA, THE (1958)
LAST TRAIN FROM GUN HILL (1959)
NEVER SO FEW (1959)
MAGNIFICENT SEVEN, THE (1960)
BY LOVE POSSESSED (1961)
SERGEANTS 3 (1962)
GREAT ESCAPE, THE (1963)
SATAN BUG, THE (1964)
HALLELUJAH TRAIL, THE (1965)
HOUR OF THE GUN (1967)
ICE STATION ZEBRA (1968)
MAROONED (1969)
JOE KIDD (1972)
MCQ (1973)
EAGLE HAS LANDED, THE (1976)

STURGES, Preston
réalisateur américain (1898-1959)
CHRISTMAS IN JULY (1940)
GREAT MCGINTY, THE (1940)
PALM BEACH STORY, THE (1941)
SULLIVAN'S TRAVELS (1941)
MIRACLE OF MORGAN'S CREEK, THE (1943)
GREAT MOMENT, THE (1944)
HAIL THE CONQUERING HERO (1944)
UNFAITHFULLY YOURS (1948)
BEAUTIFUL BLONDE FROM BASHFUL BEND, THE (1949)
SIN OF HAROLD DIDDLEBOCK, THE (1950)

STURRIDGE, Charles
réalisateur anglais (1951-)
ARIA (1987)
HANDFUL OF DUST, A (1988)
WHERE ANGELS FEAR TO TREAD (1991)
GULLIVER'S TRAVELS (1995)
FAIRY TALE: A TRUE STORY (1997)
LONGITUDE (2000)
SHACKLETON (2001)

SUBIELA, Eliseo
réalisateur argentin (1944-)
MAN FACING SOUTHEAST (1986)
COTÉ OBSCUR DU CŒUR, LE (1992)
DON'T DIE WITHOUT TELLING ME WHERE YOU'RE GOING (1995)
CÔTÉ OBSCUR DU CŒUR II, LE (2001)
INITIATION D'ELOY, L' (2008)

SUTHERLAND, Edward A.
réalisateur anglais (1895-1973)
INTERNATIONAL HOUSE (1933)
MURDERS IN THE ZOO (1933)
EVERY DAY'S A HOLIDAY (1937)
FLYING DEUCES (1939)
ONE NIGHT IN THE TROPICS (1940)
INVISIBLE WOMAN, THE (1941)
FOLLOW THE BOYS (1944)

SUZUKI, Seijun
réalisateur japonais (1923-)
UNDERWORLD BEAUTY (1958)
KANTO WANDERER (1963)
YOUTH OF THE BEAST (1963)
GATE OF FLESH (1964)
STORY OF A PROSTITUTE (1965)
TATTOOED LIFE (1965)
FIGHTING ELEGY (1966)
TOKYO DRIFTER (1966)
BRANDED TO KILL (1967)
ZIGEUNERWEISEN (1980)
KAGERO-ZA (1981)
YUMEJI (1991)
PISTOL OPERA (2001)
PRINCESS RACCOON (2005)

SVANKMAJER, Jan
réalisateur tchèque (1934-)
ALICE (1988)
SCENES FROM THE SURREAL (1990)
FAUST (1994)
CONSPIRATORS OF PLEASURE (1996)
LITTLE OTIK (2000)

SZABO, Istvan
réalisateur hongrois (1938-)
PÈRE (1966)
LOVEFILM (1970)
25 RUE DES SAPEURS (1973)
BUDAPEST TALES (1976)
MÉPHISTO (1981)
COLONEL REDL (1984)
HANUSSEN (1988)
MEETING VENUS (1991)
SWEET EMMA, DEAR BÖBE (1991)
SUNSHINE (1999)
TAKING SIDES: LE CAS FURTWANGLER (2001)
BEING JULIA (2004)

SZWARC, Jeannot
réalisateur français (1939-)
BUG (1975)
JAWS II (1978)
SOMEWHERE IN TIME (1980)
ENIGMA (1982)
SUPERGIRL: THE MOVIE (1984)
SANTA CLAUS: THE MOVIE (1985)
VENGEANCE D'UNE BLONDE, LA (1993)

TACCHELLA, Jean-Charles
réalisateur français (1925-)
COUSIN, COUSINE (1975)
IL Y A LONGTEMPS QUE JE T'AIME (1979)
CROQUE LA VIE (1981)
ESCALIER C (1985)
TRAVELLING AVANT (1987)
DAMES GALANTES (1990)
HOMME DE MA VIE, L' (1992)

TAMAHORI, Lee
réalisateur néo-zélandais (1950-)
ONCE WERE WARRIORS (1994)
MULHOLLAND FALLS (1996)
EDGE, THE (1997)
ALONG CAME A SPIDER (2001)
DIE ANOTHER DAY (2002)
XXX - STATE OF THE UNION (2005)
NEXT (2007)

TARANTINO, Quentin
réalisateur américain (1963-)
RESERVOIR DOGS (1991)
PULP FICTION (1994)
FOUR ROOMS (1995)
JACKIE BROWN (1997)
KILL BILL I (2003)
KILL BILL II (2004)
DEATH PROOF - UNRATED (2007)
GRINDHOUSE (2007)

TARKOVSKY, Andrei
réalisateur russe (1932-1986)
STEAMROLLER AND THE VIOLIN, THE (1960)
ENFANCE D'IVAN, L' (1961)
ANDREI RUBLEV (1966)
SOLARIS (1972)
MIROIR, LE (1974)
STALKER (1979)
NOSTALGHIA (1983)
VOYAGE IN TIME (1983)
SACRIFICE, LE (1986)

TARR, Béla
réalisateur hongrois (1955-)
FAMILY NEST (1977)
OUTSIDER, THE (1981)
PREFAB PEOPLE (1982)
ALMANAC OF FALL (1983)
DAMNATION (1987)
SATANTANGO (1994)
WERCKMEISTER HARMONIES (2000)

TASHLIN, Frank
réalisateur américain (1913-1972)
SON OF PALEFACE (1952)
ARTISTS AND MODELS (1955)
GIRL CAN'T HELP IT, THE (1956)
HOLLYWOOD OR BUST (1956)
WILL SUCCESS SPOIL ROCK HUNTER? (1956)
GEISHA BOY, THE (1958)
ROCK-A-BYE BABY (1958)
CINDERFELLA (1960)
WHO'S MINDING THE STORE? (1963)
DISORDERLY ORDERLY, THE (1964)
ALPHABET MURDERS, THE (1966)
GLASS BOTTOM BOAT, THE (1966)
CAPRICE (1967)

TATI, Jacques
réalisateur français (1908-1982)
JOUR DE FÊTE (1949)
VACANCES DE MONSIEUR HULOT, LES (1953)
MON ONCLE (1957)
PLAY TIME (1967)
TRAFIC (1971)
PARADE (1974)

TAUROG, Norman
réalisateur américain (1899-1981)
WE'RE NOT DRESSING (1934)
RHYTHM ON THE RANGE (1936)
BOYS TOWN (1938)
MAD ABOUT MUSIC (1938)
BROADWAY MELODY OF 1940 (1940)
LITTLE NELLIE KELLY (1940)
MEN OF BOYS TOWN (1941)
GIRL CRAZY (1943)
PRESENTING LILY MARS (1943)
YOUNG TOM EDISON (1944)
WORDS AND MUSIC (1948)
THAT MIDNIGHT KISS (1949)
TOAST OF NEW ORLEANS, THE (1950)
JUMPING JACKS (1951)
RICH, YOUNG AND PRETTY (1951)
CADDY, THE (1953)
STOOGE, THE (1953)
PARDNERS (1955)
BUNDLE OF JOY (1956)
ONIONHEAD (1958)
G.I. BLUES (1960)
BLUE HAWAII (1961)
GIRLS! GIRLS! GIRLS! (1962)
IT HAPPENED AT THE WORLD'S FAIR (1963)
TICKLE ME (1965)
DR. GOLDFOOT AND THE BIKINI MACHINE (1966)
SPINOUT (1966)
DOUBLE TROUBLE (1967)
LIVE A LITTLE, LOVE A LITTLE (1968)
SPEEDWAY (1968)

TAVERNIER, Bertrand
réalisateur français (1941-)
HORLOGER DE SAINT-PAUL, L' (1973)
QUE LA FÊTE COMMENCE! (1974)
JUGE ET L'ASSASSIN, LE (1976)
DES ENFANTS GÂTÉS (1977)
MORT EN DIRECT, LA (1979)
COUP DE TORCHON (1981)
MISSISSIPPI BLUES (1982)
DIMANCHE À LA CAMPAGNE, UN (1984)
ROUND MIDNIGHT (1986)
PASSION BÉATRICE, LA (1987)
VIE ET RIEN D'AUTRE, LA (1989)
DADDY NOSTALGIE (1990)
L.627 (1992)
FILLE DE D'ARTAGNAN, LA (1994)
APPÂT, L' (1995)
CAPITAINE CONAN (1996)
ÇA COMMENCE AUJOURD'HUI (1999)
LAISSEZ-PASSER (2001)
HOLY LOLA (2004)
IN THE ELECTRIC MIST (2009)

TAVIANI, Vittorio
réalisateur italien (1929-)
SAINT-MICHEL AVAIT UN COQ (1971)
ALLONSANFAN (1974)
PADRE, PADRONE (1977)
NUIT DE SAN LORENZO, LA (1981)
KAOS (1984)
GOOD MORNING, BABYLON (1987)
SOLEIL MÊME LA NUIT, LE (1989)
FIORILE (1993)
AFFINITÉS ÉLECTIVES, LES (1996)
TU RIS (1998)
SAN FELICE, LA (2004)

TAYLOR, Don
réalisateur américain (1920-1998)
ESCAPE FROM THE PLANET OF THE APES (1971)
TOM SAWYER (1972)
ISLAND OF DR. MOREAU, THE (1977)
DAMIEN - OMEN II (1978)
FINAL COUNTDOWN, THE (1980)
MY WICKED, WICKED WAYS (1985)

TEAGUE, Lewis
réalisateur américain (1941-)
ALLIGATOR (1980)
CUJO (1983)
CAT'S EYE (1984)
JEWEL OF THE NILE, THE (1985)
NAVY SEALS (1990)

TÉCHINÉ, André
réalisateur français (1943-)
BAROCCO (1976)
LIEU DU CRIME, LE (1985)
RENDEZ-VOUS (1985)
J'EMBRASSE PAS (1991)
MA SAISON PRÉFÉRÉE (1993)
ROSEAUX SAUVAGES, LES (1994)
VOLEURS, LES (1996)
ALICE ET MARTIN (1998)
ÉGARÉS, LES (2003)
TEMPS QUI CHANGENT, LES (2005)
TÉMOINS, LES (2006)

TEMPLE, Julien
réalisateur anglais (1953-)
GREAT ROCK'N'ROLL SWINDLE, THE (1980)
SECRET POLICEMAN'S OTHER BALL (1982)
HISTOIRE D'O 2 (1984)
ABSOLUTE BEGINNERS (1986)
ARIA (1987)
EARTH GIRLS ARE EASY (1989)
VIGO: A PASSION FOR LIFE (1998)
FILTH AND THE FURY, THE (1999)
PANDAEMONIUM (2000)
JOE STRUMMER - THE FUTURE IS UNWRITTEN (2007)

TENNANT, Andy
réalisateur américain (1955-)
IT TAKES TWO (1995)
FOOLS RUSH IN (1997)
EVER AFTER: A CINDERELLA STORY (1998)
ANNA AND THE KING (1999)
SWEET HOME ALABAMA (2002)
HITCH (2005)
FOOL'S GOLD (2008)

THOMAS, Betty
réalisatrice américaine (1948-)
BRADY BUNCH MOVIE, THE (1995)
LATE SHIFT, THE (1995)
PRIVATE PARTS (1997)
DOCTOR DOLITTLE (1998)
28 DAYS (2000)
I SPY (2002)
JOHN TUCKER MUST DIE (2006)

THOMAS, Pascal
réalisateur français (1945-)
MARIS, LES FEMMES, LES AMANTS, LES (1989)
PAGAILLE, LA (1991)
DILETTANTE, LA (1999)
MERCREDI, FOLLE JOURNÉE! (2001)
MON PETIT DOIGT M'A DIT (2005)
CRIME EST NOTRE AFFAIRE, LE (2008)

THOMAS, Ralph
réalisateur anglais (1915-)
CLOUDED YELLOW, THE (1951)
DOCTOR IN THE HOUSE (1954)
DOCTOR AT SEA (1955)
DOCTOR AT LARGE (1956)
CAMPBELL'S KINGDOM (1957)
TALE OF TWO CITIES, A (1958)
DOCTOR IN LOVE (1960)
DOCTOR IN DISTRESS (1963)
DOCTOR IN CLOVER (1965)
HIGH COMMISSIONER, THE (1968)
DOCTOR IN TROUBLE (1970)
PERCY (1971)

THOMPSON, J. Lee
réalisateur anglais (1914-2002)
TIGER BAY (1959)
NORTHWEST FRONTIER (1960)
GUNS OF NAVARONE, THE (1961)
CAPE FEAR (1962)
TARAS BULBA (1962)
KINGS OF THE SUN (1963)
WHAT A WAY TO GO! (1964)
MACKENNA'S GOLD (1968)
CHAIRMAN, THE (1969)
CONQUEST OF THE PLANET OF THE APES (1972)
BATTLE FOR THE PLANET OF THE APES (1973)
HUCKLEBERRY FINN (1974)
ST. IVES (1976)
WHITE BUFFALO, THE (1977)
GREEK TYCOON, THE (1978)
10 TO MIDNIGHT (1983)
EVIL THAT MEN DO, THE (1983)
KING SOLOMON'S MINES (1985)
MURPHY'S LAW (1986)
DEATH WISH 4: THE CRACKDOWN (1987)
MESSENGER OF DEATH (1988)
KINJITE: FORBIDDEN SUBJECTS (1989)

THORPE, Richard
réalisateur américain (1896-1991)
DOUBLE WEDDING (1937)
NIGHT MUST FALL (1937)
TARZAN ESCAPES (1937)
ADVENTURES OF HUCKLEBERRY FINN, THE (1939)
TARZAN FINDS A SON! (1939)
TARZAN'S SECRET TREASURE (1941)
TARZAN'S NEW YORK ADVENTURE (1942)
WHITE CARGO (1942)
ABOVE SUSPICION (1943)
THIN MAN GOES HOME, THE (1944)
TWO GIRLS AND A SAILOR (1944)
DATE WITH JUDY, A (1948)
MALAYA (1948)
ON AN ISLAND WITH YOU (1948)
SUN COMES UP, THE (1948)
GREAT CARUSO, THE (1950)
THREE LITTLE WORDS (1950)
VENGEANCE VALLEY (1950)
IVANHOE (1952)
PRISONER OF ZENDA, THE (1952)
ALL THE BROTHERS WERE VALIANT (1953)
GIRL WHO HAD EVERYTHING, THE (1953)
KNIGHTS OF THE ROUND TABLE (1954)
STUDENT PRINCE, THE (1954)
PRODIGAL, THE (1955)
JAILHOUSE ROCK (1957)
HONEYMOON MACHINE, THE (1961)
HORIZONTAL LIEUTENANT, THE (1962)
FUN IN ACAPULCO (1963)
THAT FUNNY FEELING (1965)

TO, Johnny
réalisateur hongkongais (1955-)
FUN, THE LUCK AND THE TYCOON, THE (1990)
HEROIC TRIO, THE (1992)
MISSION, THE (1999)
RUNNING OUT OF TIME (1999)
FULL TIME KILLER (2001)
RUNNING OUT OF TIME 2 (2001)
PTU (2003)
RUNNING ON KARMA (2003)
BREAKING NEWS (2004)
THROW DOWN (2004)
YESTERDAY ONCE MORE (2004)
ELECTION (2005)
ELECTION 2 (2006)
EXILED (2006)
MAD DETECTIVE (2007)
SPARROW (2008)

TOBACK, James
réalisateur américain (1944-)
FINGERS (1977)
EXPOSED (1983)
PICK-UP ARTIST, THE (1987)
TWO GIRLS AND A GUY (1997)
BLACK AND WHITE (1999)
WHEN WILL I BE LOVED (2004)

TOKAR, Norman
réalisateur américain (1920-1979)
UGLY DACHSHUND, THE (1965)
HAPPIEST MILLIONAIRE, THE (1967)
HORSE IN THE GRAY FLANNEL SUIT, THE (1968)
CANDLESHOE (1977)
CAT FROM OUTER SPACE, THE (1978)

TONG, Stanley
réalisateur hongkongais (1960-)
LEGEND OF THE SWORDSMAN (1991)
SUPERCOP (1992)
SWORDSMAN II (1992)
PROJECT S (1993)
SUPERCOP 2 (1994)
FIRST STRIKE (1996)
RUMBLE IN THE BRONX (1996)
MR. MAGOO (1997)
CHINA STRIKE FORCE (2000)
MYTH (2005)

TORNATORE, Giuseppe
réalisateur italien (1956-)
MAÎTRE DE LA CAMORRA, LE (1986)
CINÉMA PARADISO (1988)
ILS VONT TOUS BIEN (1990)
UNE PURE FORMALITÉ (1994)
STARMAKER, THE (1995)
LEGEND OF 1900, THE (1999)
MALÈNA (2000)

TOURNEUR, Jacques
réalisateur français (1904-1977)
CAT PEOPLE (1942)
I WALKED WITH A ZOMBIE (1943)
LEOPARD MAN, THE (1943)
DAYS OF GLORY (1944)
CANYON PASSAGE (1946)
OUT OF THE PAST (1947)
BERLIN EXPRESS (1948)
EASY LIVING (1949)
FLAME AND THE ARROW, THE (1950)
STARS IN MY CROWN (1950)
CURSE OF THE DEMON (1957)
GIANT OF MARATHON, THE (1959)
COMEDY OF TERRORS, THE (1963)
WAR GODS OF THE DEEP (1964)
COMEDY OF TERRORS/THE RAVEN (2003)

TOWNSEND, Robert
réalisateur américain (1957-)
EDDIE MURPHY RAW (1987)
HOLLYWOOD SHUFFLE (1987)
FIVE HEARTBEATS, THE (1991)
METEOR MAN (1993)
B.A.P.S. (1997)
HOLIDAY HEART (2000)
10, 000 BLACK MEN NAMED GEORGE (2002)

TREUT, Monika
réalisatrice allemande (1954-)
SEDUCTION: THE CRUEL WOMAN (1985)
VIRGIN MACHINE (1988)
MY FATHER IS COMING (1991)
FEMALE MISBEHAVIOR (1992)
DIDN'T DO IT FOR LOVE (1997)

TRINTIGNANT, Nadine
réalisatrice française (1934-)
VOLEUR DE CRIMES, LE (1969)
ÇA N'ARRIVE QU'AUX AUTRES (1971)
DÉFENSE DE SAVOIR (1973)
PREMIER VOYAGE (1980)
ÉTÉ PROCHAIN, L' (1984)

TROELL, Jan
réalisateur suédois (1931-)
EMIGRANTS, THE (1972)
NEW LAND, THE (1972)
ZANDY'S BRIDE (1974)
HURRICANE (1979)
HAMSUN (1996)

TRUEBA, Fernando
réalisateur espagnol (1955-)
TWISTED OBSESSION (1988)
BELLE ÉPOQUE (1992)
TWO MUCH (1996)
GIRL OF YOUR DREAMS, THE (1998)
CALLE 54 (2000)

TRUFFAUT, François
réalisateur français (1932-1984)
400 COUPS, LES (1958)
TIREZ SUR LE PIANISTE (1960)
JULES ET JIM (1961)
PEAU DOUCE, LA (1964)
FAHRENHEIT 451 (1966)
MARIÉE ÉTAIT EN NOIR, LA (1967)
BAISERS VOLÉS (1968)
ENFANT SAUVAGE, L' (1969)
SIRÈNE DU MISSISSIPPI, LA (1969)
DOMICILE CONJUGAL (1970)
2 ANGLAISES ET LE CONTINENT, LES (1971)
NUIT AMÉRICAINE, LA (1973)
ARGENT DE POCHE, L' (1975)
HISTOIRE D'ADÈLE H., L' (1975)
HOMME QUI AIMAIT LES FEMMES, L' (1977)

AMOUR EN FUITE, L' (1978)
CHAMBRE VERTE, LA (1978)
DERNIER MÉTRO, LE (1980)
FEMME D'À CÔTÉ, LA (1981)
VIVEMENT DIMANCHE! (1983)
AVENTURES D'ANTOINE DOINEL, LES (2004)

TSAI, Ming-Liang
réalisateur malaisien (1957-)
REBELS OF THE NEON GOD (1992)
VIVE L'AMOUR (1994)
RIVER, THE (1996)
HOLE, THE (1997)
WHAT TIME IS IT THERE (2001)
GOODBYE DRAGON INN (2003)

TSUI, Hark
réalisateur vietnamien (1951-)
WE'RE GOING TO EAT YOU (1980)
ZU. WARRIORS FROM THE MAGIC MOUNTAIN (1983)
BETTER TOMORROW 3, A (1989)
MASTER, THE (1989)
IL ÉTAIT UNE FOIS EN CHINE (1991)
TWIN DRAGONS (1991)
EAST IS RED, THE (1993)
GREEN SNAKE (1993)
ONCE UPON A TIME IN CHINA III (1993)
ONCE UPON A TIME IN CHINA V (1994)
CHINESE FEAST, THE (1995)
DOUBLE TEAM (1997)
KNOCK OFF (1998)
TIME AND TIDE (2000)
BLACK MASK II: CITY OF MASKS (2001)
SEVEN SWORDS (2005)

TSUKAMOTO, Shinya
réalisateur japonais (1960-)
TETSUO - THE IRON MAN (1988)
TETSUO II: THE BODY HAMMER (1992)
TOKYO FIST (1995)
BULLET BALLET (1998)
GEMINI (1999)
GEMINI (1999)
SNAKE OF JUNE, A (2002)
VITAL (2004)
NIGHTMARE DETECTIVE (2006)

TURTELTAUB, Jon
réalisateur (1964-)
COOL RUNNINGS (1993)
WHILE YOU WERE SLEEPING (1995)
PHENOMENON (1996)
INSTINCT (1999)
KID, THE (2000)
JERICHO (SEASON 1) (2006)
NATIONAL TREASURE - BOOK OF SECRETS (2007)

TWOHY, David N.
réalisateur américain (1956-)
TIMESCAPE (1991)
ARRIVAL, THE (1996)
PITCH BLACK (2000)
BELOW (2002)
CHRONICLES OF RIDDICK (2004)

TYKWER, Tom
réalisateur allemand (1965-)
PRINCESS AND THE WARRIOR, THE (2000)
HEAVEN (2001)
PARIS, JE T'AIME (2006)
PERFUME: THE STORY OF A MURDERER (2006)
INTERNATIONAL, THE (2009)

ULMER, Edgar G.
réalisateur australien (1900-1972)
PEOPLE ON SUNDAY (1929)
BLACK CAT, THE (1934)
SINGING BLACKSMITH, THE (1937)
LIGHT AHEAD, THE (1939)
MONSOON (1943)
BLUEBEARD (1944)
DETOUR (1945)
STRANGE WOMAN, THE (1946)
CARNEGIE HALL (1947)
RUTHLESS (1948)
MAN FROM PLANET X, THE (1951)
AMAZING TRANSPARENT MAN, THE (1960)
DIARY OF A NUDIST / THE NAKED VENUS (1961)

UNDERWOOD, Ron
réalisateur américain (1953-)
TREMORS (1989)
CITY SLICKERS (1991)
HEART AND SOULS (1993)
SPEECHLESS (1994)
MIGHTY JOE YOUNG (1998)
ADVENTURES OF PLUTO NASH, THE (2002)

VADIM, Roger
réalisateur français (1928-2000)
ET DIEU CRÉA LA FEMME (1956)
BIJOUTIERS DU CLAIR DE LUNE, LES (1957)
ET MOURIR DE PLAISIR (1959)
LIAISONS DANGEREUSES, LES (1959)
BRIDE SUR LE COU, LA (1960)
SEPT PÉCHÉS CAPITAUX, LES (1961)
REPOS DU GUERRIER, LE (1962)
RONDE, LA (1964)
CURÉE, LA (1966)
BARBARELLA (1968)
HISTOIRES EXTRAORDINAIRES (1968)
HELLÉ (1972)
DON JUAN 73 (1973)
UNE FEMME FIDÈLE (1976)
NIGHT GAMES (1979)
COUP DE MAITRE (1981)
SURPRISE PARTY (1982)
AND GOD CREATED WOMAN (1987)

VAN DYKE II, W.S.
réalisateur américain (1889-1943)
TRADER HORN (1931)
TARZAN, THE APE MAN (1932)
FORSAKING ALL OTHERS (1934)
MANHATTAN MELODRAMA (1934)
THIN MAN, THE (1934)
I LIVE MY LIFE (1935)
NAUGHTY MARIETTA (1935)
ROSE MARIE (1935)
LOVE ON THE RUN (1936)
SAN FRANCISCO (1936)
AFTER THE THIN MAN (1937)
PERSONAL PROPERTY (1937)
SWEETHEARTS (1937)
ROSALIE (1938)
ANDY HARDY GETS SPRING FEVER (1939)
ANOTHER THIN MAN (1939)
MARIE ANTOINETTE (1939)
BITTER SWEET (1940)
I LOVE YOU AGAIN (1940)
I MARRIED AN ANGEL (1941)
SHADOW OF THE THIN MAN (1941)
CAIRO (1942)
JOURNEY FOR MARGARET (1942)

VAN PEEBLES, Melvin
réalisateur américain (1932-)
STORY OF A 3-DAY PASS (1968)
STORY OF A THREE-DAY PASS (1968)
WATERMELON MAN, THE (1970)
SWEET SWEETBACK'S BAAD ASSSSS SONG (1971)
DON'T PLAY US CHEAP (1973)
TALES OF EROTICA (1996)

VAN SANT, Gus
réalisateur américain (1952-)
MALA NOCHE (1985)
DRUGSTORE COWBOY (1989)
MY OWN PRIVATE IDAHO (1991)
EVEN COWGIRLS GET THE BLUES (1994)
TO DIE FOR (1995)
GOOD WILL HUNTING (1997)
PSYCHO (1998)
FINDING FORRESTER (2000)
GERRY (2002)
ELEPHANT (2003)
LAST DAYS (2005)
PARIS, JE T'AIME (2006)
PARANOID PARK (2007)
MILK (2008)

VARDA, Agnès
réalisatrice française (1928-)
CLÉO DE 5 À 7 (1962)
BONHEUR, LE (1965)
UNE CHANTE, L'AUTRE PAS, L' (1976)
SANS TOIT NI LOI (1985)
JANE B. PAR AGNÈS V. (1987)
KUNG-FU MASTER! (1987)
JACQUOT DE NANTES (1991)
CENT ET UNE NUITS, LES (1994)
UNIVERS DE JACQUES DEMY, L' (1995)
GLANEURS ET LA GLANEUSE, LES (2000)
PLAGES D'AGNÈS, LES (2008)

VEBER, Francis
réalisateur français (1937-)
JOUET, LE (1976)
CHÈVRE, LA (1981)
COMPÈRES, LES (1983)
FUGITIFS, LES (1986)
THREE FUGITIVES (1989)
JAGUAR, LE (1996)
DÎNER DE CONS, LE (1998)
PLACARD, LE (2000)
TAIS-TOI (2003)
DOUBLURE, LA (2006)

VENEGAS, Olivia
réalisatrice
GTO 8: TRANSFORMATIONS (2000)
GTO 9: FIELD TRIPS (2000)
GTO 10: ACCUSATION (2003)
GTO 6: HOLY FOREST (2003)
GTO 7: SHOWBIZ (2003)

VERBINSKI, Gore
réalisateur américain (1964-)
MOUSE HUNT (1997)
MEXICAN, THE (2001)
RING, THE (2002)
PIRATES OF THE CARIBBEAN: THE CURSE OF THE BLACK PEARL (2003)
WEATHER MAN, THE (2005)
PIRATES OF THE CARIBBEAN: DEAD MAN'S CHEST (2006)
PIRATES OF THE CARIBBEAN: AT WORLD'S END (2007)

VERHOEVEN, Paul
réalisateur néerlandais (1938-)
BUSINESS IS BUSINESS (1971)
TURKISH DELIGHT (1973)
KEETJE TIPPEL (1976)
SOLDIER OF ORANGE (1978)
SPETTERS (1980)
QUATRIÈME HOMME, LE (1983)
FLESH + BLOOD (1985)
ROBOCOP (1987)
TOTAL RECALL (1990)
BASIC INSTINCT (1992)
SHOWGIRLS (1995)
STARSHIP TROOPERS (1997)
HOLLOW MAN (2000)
BLACK BOOK (2006)

VERNEUIL, Henri
réalisateur français (1920-2002)
BOULANGER DE VALORGUE, LE (1952)
FERNANDEL: COIFFEUR POUR DAMES/LE MOUTON À CINQ PATTES (1952)
FRUIT DÉFENDU, LE (1952)
ENNEMI PUBLIC NO 1, L' (1953)
MOUTON À CINQ PATTES, LE (1954)
SOIS BELLE ET TAIS-TOI (1958)
GRAND CHEF, LE (1959)
VACHE ET LE PRISONNIER, LA (1959)
PRÉSIDENT, LE (1960)
MÉLODIE EN SOUS-SOL (1962)
UN SINGE EN HIVER (1962)
CENT MILLE DOLLARS AU SOLEIL (1964)
BATAILLE DE SAN SEBASTIAN, LA (1968)
CLAN DES SICILIENS, LE (1968)
CASSE, LE (1971)
NIGHT FLIGHT FROM MOSCOW (1972)
SERPENT, LE (1972)
I... COMME ICARE (1979)
MILLE MILLIARDS DE DOLLARS (1981)
MORFALOUS, LES (1983)
588, RUE PARADIS (1991)
MAYRIG (1991)

VEROW, Todd
réalisateur américain (1966-)
LITTLE SHOTS OF HAPPINESS (1997)
SHUCKING THE CURVE (1998)
TROUBLE WITH PERPETUAL DEJA VU (1999)
BULLDOG IN THE WHITE HOUSE (2006)
VACATIONLAND (2006)
HOOKS TO THE LEFT (2007)
BETWEEN SOMETHING AND NOTHING (2008)

VIDOR, Charles
réalisateur hongrois (1900-1959)
LADY IN QUESTION, THE (1940)
DESPERADOES, THE (1942)
TUTTLES OF TAHITI, THE (1942)

COVER GIRL (1944)
SONG TO REMEMBER, A (1945)
GILDA (1947)
LOVES OF CARMEN, THE (1948)
HANS CHRISTIAN ANDERSEN (1952)
RHAPSODY (1954)
LOVE ME OR LEAVE ME (1955)
SWAN, THE (1955)
FAREWELL TO ARMS, A (1957)
SONG WITHOUT END (1960)

VIDOR, King
réalisateur américain (1894-1982)
BIG PARADE, THE (1925)
CROWD, THE (1928)
SHOW PEOPLE (1928)
HALLELUJAH (1929)
CHAMP, THE (1931)
STREET SCENE (1931)
OUR DAILY BREAD (1934)
WEDDING NIGHT, THE (1935)
STELLA DALLAS (1937)
CITADEL, THE (1939)
COMRADE X (1940)
NORTHWEST PASSAGE (1940)
DUEL IN THE SUN (1947)
ON OUR MERRY WAY (1947)
BEYOND THE FOREST (1949)
FOUNTAINHEAD, THE (1949)
RUBY GENTRY (1953)
MAN WITHOUT A STAR (1955)
WAR AND PEACE (1955)
SOLOMON AND SHEBA (1959)

VILLENEUVE, Denis
réalisateur québécois (1967-)
REW FFWD (1994)
COSMOS (1996)
UN 32 AOÛT SUR TERRE (1998)
MAËLSTROM (2000)
UN CRI AU BONHEUR (2007)

VISCONTI, Luchino
réalisateur italien (1906-1976)
OSSESSIONE (1942)
TERRA TREMA, LA (1948)
SENSO (1954)
NUITS BLANCHES (1957)
ROCCO ET SES FRÈRES (1960)
BOCCACE 70 (1962)
GUÉPARD, LE (1963)
SANDRA (1965)
DAMNÉS, LES (1969)
MORT À VENISE (1971)
LUDWIG (1972)
VIOLENCE ET PASSION (1973)
INNOCENTE, L' (1976)

VON PRAUNHEIM, Rosa
réalisatrice,russe (1942-)
ANITA: DANCES OF VICE (1987)
SILENCE = DEATH (1990)
I AM MY OWN WOMAN (1992)
NEUROSIA (1995)
EINSTEIN OF SEX, THE (1999)

VON STERNBERG, Josef
réalisateur autrichien (1894-1969)
DOCKS OF NEW YORKS, THE (1928)
LAST COMMAND, THE (1928)
ANGE BLEU, L' (1930)
MOROCCO (1930)
DISHONORED (1931)
BLONDE VENUS (1932)
SHANGHAI EXPRESS (1932)
SCARLET EMPRESS, THE (1934)
CRIME AND PUNISHMENT (1935)
DEVIL IS A WOMAN, THE (1935)
SHANGHAI GESTURE, THE (1941)
JET PILOT (1950)

VON STROHEIM, Erich
réalisateur autrichien (1885-1957)
BLIND HUSBANDS (1919)
FOOLISH WIVES (1921)
GREED (1923)
WEDDING MARCH, THE (1928)
GREAT GABBO, THE (1929)
QUEEN KELLY (1929)

VON TRIER, Lars
réalisateur danois (1956-)
ELEMENT OF CRIME (1984)
EPIDEMIC (1987)
MEDEA (1988)
EUROPA (1991)
KINGDOM 1, THE (1994)
AMOUR EST UN POUVOIR SACRÉ, L' (1996)
KINGDOM 2, THE (1997)
IDIOTS, LES (1998)
DANCER IN THE DARK (2000)
DOGVILLE (2003)
FIVE OBSTRUCTIONS, THE (2003)
MANDERLAY (2005)
DIRECTEUR, LE (2006)

VON TROTTA, Margarethe
réalisatrice allemande (1942-)
HONNEUR PERDU DE KATHARINA BLUM, L' (1975)
SECOND AWAKENING OF CHRISTA KLAGES, THE (1978)
SISTERS, OR THE BALANCE OF HAPPINESS (1979)
AMIE, L' (1983)
ROSA LUXEMBOURG (1985)
FÉLIX (1987)
TROIS SŒURS (1988)
PROMESSE, LA (1994)
ROSENSTRASSE (2003)

WACHOWSKI, Larry
réalisateur américain (1965-)
BOUND (1996)
MATRIX, THE (1999)
MATRIX RELOADED, THE (2003)
MATRIX, THE: REVOLUTIONS (2003)
SPEED RACER (2008)

WAGGNER, George
réalisateur américain (1894-1984)
MAN MADE MONSTER (1941)
WOLF MAN, THE (1941)
CLIMAX, THE (1944)
FIGHTING KENTUCKIAN, THE (1949)
OPERATION PACIFIC (1951)
COMMIES ARE COMING, THE (1962)

WAJDA, Andrzej
réalisateur polonais (1926-)
GENERATION, A (1955)
ANDRZEJ WAJDA COLLECTOR'S EDITION (1957)
ILS AIMAIENT LA VIE (1957)
CENDRES ET DIAMANTS (1958)
DERNIÈRE CHARGE, LA (1959)
INNOCENTS CHARMEURS, LES (1960)
SAMSON (1961)
SIBERIAN LADY MACBETH (1962)
MÉLI-MÉLO (1968)
CHASSE AUX MOUCHES, LA (1969)
TOUT EST À VENDRE (1969)
BOIS DE BOULEAUX, LE (1970)
LANDSCAPE AFTER BATTLE (1970)
TERRE DE LA GRANDE PROMESSE, LA (1975)
HOMME DE MARBRE, L' (1976)
SANS ANESTHÉSIE (1978)
CHEF D'ORCHESTRE, LE (1979)
DEMOISELLES DE WILKO, LES (1979)
HOMME DE FER, L' (1981)
DANTON (1982)
UN AMOUR EN ALLEMAGNE (1983)
KORCZAK (1990)
PAN TADEUSZ (1999)
ZEMSTA (2002)

WALKER, Pete
réalisateur anglais (1939-)
COOL IT CAROL (1970)
DIE SCREAMING MARIANNE (1971)
FLESH AND BLOOD SHOW, THE (1972)
FRIGHTMARE (1974)
HOUSE OF WHIPCORD (1974)
HOUSE OF MORTAL SIN (1976)
COMEBACK, THE (1978)
HOME BEFORE MIDNIGHT (1978)
HOUSE OF THE LONG SHADOWS (1982)

WALLACE, Richard
réalisateur américain (1894-1951)
LITTLE MINISTER, THE (1934)
YOUNG IN HEART, THE (1938)
NIGHT TO REMEMBER, A (1942)
FALLEN SPARROW, THE (1943)
IT'S IN THE BAG (1945)
TYCOON (1948)
LET'S LIVE A LITTLE (1949)
SINBAD THE SAILOR (1949)

WALSH, Raoul
réalisateur américain (1887-1981)
REGENERATION/YOUNG ROMANCE (1915)
THIEF OF BAGDAD, THE (1924)
IN OLD ARIZONA (1928)
SADIE THOMPSON (1928)
BIG TRAIL, THE (1930)
KLONDIKE ANNIE (1935)
COLLEGE SWING (1938)
ROARING TWENTIES, THE (1939)
DARK COMMAND (1940)
THEY DRIVE BY NIGHT (1940)
GENTLEMAN JIM (1941)
HIGH SIERRA (1941)
STRAWBERRY BLONDE, THE (1941)
DESPERATE JOURNEY (1942)
THEY DIED WITH THEIR BOOTS ON (1942)
HORN BLOWS AT MIDNIGHT, THE (1944)
OBJECTIVE BURMA! (1944)
UNCERTAIN GLORY (1944)
PURSUED (1947)
SILVER RIVER (1948)
WHITE HEAT (1949)
ALONG THE GREAT DIVIDE (1951)
CAPTAIN HORATIO HORNBLOWER (1951)
DISTANT DRUMS (1951)
LAWLESS BREED, THE (1952)
WORLD IN HIS ARMS, THE (1952)
GUN FURY (1953)
LION IS IN THE STREETS, A (1953)
BATTLE CRY (1954)
BAND OF ANGELS (1956)
KING AND FOUR QUEENS, THE (1956)
ESTHER AND THE KING (1960)

WALTERS, Charles
réalisateur américain (1911-1982)
GOOD NEWS (1947)
EASTER PARADE (1948)
BARKLEYS OF BROADWAY, THE (1949)
SUMMER STOCK (1950)
BELLE OF NEW YORK (1952)
DANGEROUS WHEN WET (1952)
LILI (1952)
EASY TO LOVE (1954)
GLASS SLIPPER, THE (1955)
HIGH SOCIETY (1955)
TENDER TRAP, THE (1955)
ASK ANY GIRL (1959)
PLEASE DON'T EAT THE DAISIES (1960)
BILLY ROSE'S JUMBO (1962)
UNSINKABLE MOLLY BROWN, THE (1964)
WALK, DON'T RUN (1966)

WANG, Wayne
réalisateur chinois (1949-)
CHAN IS MISSING (1981)
DIM SUM (1985)
SLAM DANCE (1987)
EAT A BOWL OF TEA (1988)
JOY LUCK CLUB, THE (1993)
BLUE IN THE FACE (1995)
SMOKE (1995)
CHINESE BOX (1997)
ANYWHERE BUT HERE (1999)
CENTER OF THE WORLD, THE (2001)
MAID IN MANHATTAN (2002)
BECAUSE OF WINN-DIXIE (2005)
LAST HOLIDAY (2006)

WARD BAKER, Roy
réalisateur anglais (1916-)
MORNING DEPARTURE (1950)
DON'T BOTHER TO KNOCK (1952)
NIGHT TO REMEMBER, A (1958)
ONE THAT GOT AWAY, THE (1958)
ANNIVERSARY, THE (1967)
QUATERMASS AND THE PIT (1967)
COUNTESS DRACULA/VAMPIRE LOVERS (1970)
SCARS OF DRACULA, THE (1970)
VAMPIRE LOVERS, THE (1970)
DR. JEKYLL AND SISTER HYDE (1971)
ASYLUM (1972)
AND NOW THE SCREAMING STARTS (1973)
LEGEND OF THE 7 GOLDEN VAMPIRES (1973)
MONSTER CLUB, THE (1980)

WARGNIER, Régis
réalisateur français (1948-)
FEMME DE MA VIE, LA (1986)
JE SUIS LE SEIGNEUR DU CHÂTEAU (1989)
INDOCHINE (1991)
UNE FEMME FRANÇAISE (1994)
EST-OUEST (1999)
MAN TO MAN (2005)
PARS VITE ET REVIENS TARD (2006)

WATANABE, Shinichirô
réalisateur japonais (1965-)
COWBOY BEBOP: THE MOVIE (2001)

ANIMATRIX, THE (2003)
SAMURAI CHAMPLOO COMPLETE COLLECTION (2004)
SAMURAI CHAMPLOO I (2004)
SAMURAI CHAMPLOO II (2004)
SAMURAI CHAMPLOO III (2004)

WATERS, John
réalisateur américain (1946-)
MONDO TRASHO (1969)
MULTIPLE MANIACS (1970)
PINK FLAMINGOS (1972)
FEMALE TROUBLE (1973)
DESPERATE LIVING (1977)
POLYESTER (1981)
HAIRSPRAY (1988)
CRY-BABY (1990)
SERIAL MOM (1994)
PECKER (1998)
CECIL B. DEMENTED (2000)
JOHN WATERS COLLECTION (2000)
DIRTY SHAME, A (2004)

WATERS, Mark
réalisateur américain (1964-)
HOUSE OF YES, THE (1996)
FREAKY FRIDAY (2003)
MEAN GIRLS (2004)
JUST LIKE HEAVEN (2005)
SPIDERWICK CHRONICLES, THE (2008)

WATKINS, Peter
réalisateur anglais (1935-)
BATTLE OF CULLODEN (1964)
WAR GAME, THE (1965)
PRIVILEGE (1967)
GLADIATORS, THE (1969)
PUNISHMENT PARK (1971)
EDVARD MUNCH (1976)
JOURNEY, THE (1987)
COMMUNE (PARIS 1871)
LA (2001)

WEBB, Robert D.
réalisateur américain (1903-)
BENEATH THE 12-MILE REEF (1953)
PROUD ONES (1955)
SEVEN CITIES OF GOLD (1955)
LOVE ME TENDER (1956)
PIRATES OF TORTUGA (1961)

WEIR, Peter
réalisateur australien (1944-)
CARS THAT ATE PARIS, THE (1974)
CARS THAT ATE PARIS, THE/THE PLUMBER (1974)
PICNIC AT HANGING ROCK (1975)
LAST WAVE, THE (1977)
PLUMBER, THE (1979)
GALLIPOLI (1981)
YEAR OF LIVING DANGEROUSLY, THE (1982)
WITNESS (1985)
MOSQUITO COAST, THE (1986)
DEAD POETS SOCIETY (1989)
GREEN CARD (1990)
FEARLESS (1993)
TRUMAN SHOW, THE (1998)
MASTER AND COMMANDER: THE FAR SIDE OF THE WORLD (2003)

WEISMAN, Sam
réalisateur américain
D2: THE MIGHTY DUCKS (1994)
BYE, BYE LOVE (1995)
GEORGE OF THE JUNGLE (1997)
OUT-OF-TOWNERS, THE (1999)
WHAT'S THE WORST THAT COULD HAPPEN? (2001)

WELLES, Orson
réalisateur américain (1915-1985)
CITIZEN KANE (1941)
MAGNIFICENT AMBERSONS, THE (1941)
STRANGER, THE (1946)
LADY FROM SHANGHAI, THE (1947)
MACBETH (1948)
OTHELLO (1952)
AROUND THE WORLD WITH ORSON WELLES (1955)
CONFIDENTIAL REPORT (MR. ARKADIN) (1955)
TOUCH OF EVIL (1958)
TRIAL, THE (1962)
F FOR FAKE (1973)
DON QUIXOTE (1992)
IT'S ALL TRUE (1993)

WELLMAN, William A.
réalisateur américain (1896-1975)
WINGS (1927)
BEGGARS OF LIFE (1928)
PUBLIC ENEMY, THE (1931)
CALL OF THE WILD, THE (1935)
NOTHING SACRED (1937)
BEAU GESTE (1939)
GREAT MAN'S LADY, THE (1942)
ROXIE HART (1942)
THUNDER BIRDS (1942)
OX-BOW INCIDENT, THE (1943)
BUFFALO BILL (1944)
STORY OF G.I. JOE, THE (1945)
MAGIC TOWN (1947)
BATTLEGROUND (1948)
YELLOW SKY (1948)
NEXT VOICE YOU HEAR, THE (1950)
ACROSS THE WIDE MISSOURI (1951)
WESTWARD THE WOMEN (1952)
RING OF FEAR (1954)
TRACK OF THE CAT (1954)
BLOOD ALLEY (1955)
GOODBYE, MY LADY (1956)
DARBY'S RANGERS (1957)
LAFAYETTE ESCADRILLE (1957)

WENDERS, Wim
réalisateur allemand (1945-)
LETTRE ÉCARLATE, LA (1972)
ALICE DANS LES VILLES (1974)
FAUX MOUVEMENT (1975)
AU FIL DU TEMPS (1976)
AMI AMÉRICAIN, L' (1977)
HAMMETT (1981)
ÉTAT DES CHOSES, L' (1982)
PARIS, TEXAS (1984)
TOKYO-GA (1985)
AILES DU DÉSIR, LES (1987)
NOTEBOOK ON CITIES AND CLOTHES (1990)
UNTIL THE END OF THE WORLD (1991)
SI LOIN, SI PROCHE (1992)
LISBON STORY (1994)
PAR-DELÀ LES NUAGES (1995)
END OF VIOLENCE, THE (1997)
BUENA VISTA SOCIAL CLUB (1999)
MILLION DOLLAR HOTEL (2000)
LAND OF PLENTY (2004)
WIM WENDERS COLLECTION, THE (3 TITRES) (2004)
DON'T COME KNOCKING (2005)

WENDKOS, Paul
réalisateur américain (1922-)
ATTACK ON THE IRON COAST (1967)
GUNS OF THE MAGNIFICENT SEVEN (1969)
MEPHISTO WALTZ, THE (1971)
GOLDEN GATE (1981)
WING AND A PRAYER, A (1998)

WERTMULLER, Lina
réalisatrice italienne (1926-)
MIMI MÉTALLO BLESSÉ DANS SON HONNEUR (1972)
LOVE & ANARCHY (1973)
ALL SCREWED UP (1974)
VERS UN DESTIN INSOLITE SUR LES FLOTS BLEUS DE L'ÉTÉ (1974)
SEVEN BEAUTIES (1975)
NIGHT FULL OF RAIN, A (1977)
SOTTO, SOTTO (1984)
CAMORRA (1985)
SUMMER NIGHT WITH A GREEK PROFILE, ALMOND EYES AND A SCENT OF BASIL (1987)
CIAO, PROFESSORE! (1992)
NYMPH, THE (1996)
WORKER AND THE HAIRDRESSER IN WHIRL OF SEX AND POLITICS, THE (1996)
FERDINANDO AND CAROLINA (1999)

WHALE, James
réalisateur anglais (1896-1957)
FRANKENSTEIN (1931)
OLD DARK HOUSE, THE (1932)
INVISIBLE MAN, THE (1933)
BRIDE OF FRANKENSTEIN, THE (1935)
SHOW BOAT (1936)

WHEELER, Anne
réalisatrice canadienne (1946-)
BYE BYE BLUES (1989)
ANGEL SQUARE (1990)
SLEEP ROOM, THE (1997)
BETTER THAN CHOCOLATE (1999)
SUDDENLY NAKED (2001)

WHELAN, Tim
réalisateur américain (1893-1957)
DIVORCE OF LADY X, THE (1937)
MILL ON THE FLOSS, THE (1937)
ST-MARTIN'S LANE/WINGS OF THE MORNING (1937)
ST. MARTIN'S LANE (1938)
CLOUDS OVER EUROPE (1939)
THIEF OF BAGDAD, THE (1940)
INTERNATIONAL LADY (1941)
HIGHER AND HIGHER (1943)
STEP LIVELY (1944)
RAGE AT DAWN (1955)

WILDER, Billy
réalisateur autrichien (1906-2002)
MAUVAISE GRAINE (1933)
MAJOR AND THE MINOR, THE (1942)
FIVE GRAVES TO CAIRO (1943)
DOUBLE INDEMNITY (1944)
LOST WEEKEND, THE (1945)
EMPEROR WALTZ, THE (1948)
FOREIGN AFFAIR, A (1948)
SUNSET BOULEVARD (1950)
ACE IN THE HOLE (1951)
STALAG 17 (1952)
SABRINA (1954)
SEVEN YEAR ITCH, THE (1954)
LOVE IN THE AFTERNOON (1956)
SPIRIT OF ST. LOUIS, THE (1957)
WITNESS FOR THE PROSECUTION (1957)
SOME LIKE IT HOT (1959)
APARTMENT, THE (1960)
ONE, TWO, THREE (1961)
IRMA LA DOUCE (1963)
KISS ME, STUPID (1964)
FORTUNE COOKIE, THE (1966)
PRIVATE LIFE OF SHERLOCK HOLMES, THE (1970)
AVANTI! (1972)
FRONT PAGE, THE (1974)
FEDORA (1978)
BUDDY BUDDY (1981)

WILSON, Hugh
réalisateur américain (1943-)
POLICE ACADEMY (20TH) (1984)
RUSTLERS' RHAPSODY (1985)
GUARDING TESS (1994)
FIRST WIVES CLUB, THE (1996)
BLAST FROM THE PAST (1998)

WINCER, Simon
réalisateur australien (1943-)
DARK FORCES (1980)
PHAR LAP (1983)
D.A.R.Y.L. (1985)
LIGHTHORSEMEN, THE (1987)
LONESOME DOVE (1989)
QUIGLEY DOWN UNDER (1990)
HARLEY DAVIDSON AND THE MARLBORO MAN (1991)
FREE WILLY (1993)
OPERATION DUMBO DROP (1995)
PHANTOM, THE (1996)
INTO THE WEST (2005)

WINICK, Gary
réalisateur américain (1961-)
SWEET NOTHING (1995)
TADPOLE (2002)
13 GOING ON 30 (2004)
CHARLOTTE'S WEB (2006)
BRIDE WARS (2008)

WINNER, Michael
réalisateur anglais (1935-)
GIRL-GETTERS, THE (1964)
LAWMAN (1970)
CHATO'S LAND (1971)
MECHANIC, THE (1972)
SCORPIO (1972)
DEATH WISH (1974)
WON TON TON, THE DOG WHO SAVED HOLLYWOOD (1975)
SENTINEL, THE (1976)
BIG SLEEP, THE (1978)
FIREPOWER (1978)
DEATH WISH 2 (1982)
WICKED LADY, THE (1983)
DEATH WISH 3 (1985)
APPOINTMENT WITH DEATH (1988)
CHORUS OF DISAPPROVAL, A (1988)

WINTERBOTTOM, Michael
réalisateur anglais (1961-)
BUTTERFLY KISS (1994)
GO NOW (1995)
JUDE (1996)
WELCOME TO SARAJEVO (1997)
I WANT YOU (1998)

WONDERLAND (1999)
CLAIM, THE (2000)
24 HOUR PARTY PEOPLE (2002)
IN THIS WORLD (2002)
CODE 46 (2003)
9 SONGS (2004)
ROAD TO GUANTANAMO (2005)
TRISTRAM SHANDY - A COCK & BULL STORY (2005)
MIGHTY HEART, A (2007)

WISE, Robert
réalisateur américain (1914-)
CURSE OF THE CAT PEOPLE, THE (1944)
MADEMOISELLE FIFI (1944)
BODY SNATCHER, THE (1945)
BORN TO KILL (1947)
BLOOD ON THE MOON (1948)
SET-UP, THE (1949)
DAY THE EARTH STOOD STILL, THE (1951)
HOUSE ON TELEGRAPH HILL (1951)
DESERT RATS, THE (1953)
EXECUTIVE SUITE (1954)
HELEN OF TROY (1955)
SOMEBODY UP THERE LIKES ME (1955)
TRIBUTE TO A BAD MAN (1955)
THIS COULD BE THE NIGHT (1956)
UNTIL THEY SAIL (1957)
I WANT TO LIVE! (1958)
RUN SILENT, RUN DEEP (1958)
ODDS AGAINST TOMORROW (1959)
WEST SIDE STORY (1961)
TWO FOR THE SEESAW (1962)
HAUNTING, THE (1963)
SOUND OF MUSIC, THE (1965)
SAND PEBBLES, THE (1966)
STAR! (1968)
ANDROMEDA STRAIN, THE (1971)
HINDENBURG, THE (1975)
AUDREY ROSE (1977)
STAR TREK I: THE MOTION PICTURE (1979)
ROOFTOPS (1989)

WISHMAN, Doris
réalisatrice américaine (1920-2002)
BLAZE STARR GOES NUDIST (1960)
DIARY OF A NUDIST / THE NAKED VENUS (1961)
NUDE ON THE MOON (1961)
BAD GIRLS GO TO HELL (1965)
DEADLY WEAPONS (1970)
DOUBLE AGENT 73 (1974)

WITNEY, William
réalisateur américain (1910-2002)
HAWK OF THE WILDERNESS (1938)
ZORRO'S FIGHTING LEGION (1939)
ADVENTURES OF CAPTAIN MARVEL, THE (1941)
SPY SMASHER (1942)
MASTER OF THE WORLD (1961)

WONG, Kar-Wai
réalisateur chinois (1958-)
AS TEARS GO BY (1988)
DAYS OF BEING WILD (1991)
ASHES OF TIME (1994)
CHUNGKING EXPRESS (1994)
FALLEN ANGELS (1995)
HAPPY TOGETHER (1997)
SILENCES DU DÉSIR, LES (2000)
2046 (2004)
EROS (2005)
MY BLUEBERRY NIGHTS (2007)
ASHES OF TIME REDUX (2008)

WOO, John
réalisateur chinois (1948-)
HAND OF DEATH, THE (1975)
RUN TIGER RUN (1985)
BETTER TOMORROW, A (1986)
HEROES SHED NO TEARS (1986)
BETTER TOMORROW 2, A (1987)
KILLER, THE (1989)
KILLERS TWO (1989)
BULLET IN THE HEAD (1990)
HARD BOILED (1992)
HARD TARGET (1993)
BROKEN ARROW (1996)
ONCE A THIEF (1996)
STRIKE OF DEATH (1996)
FACE/OFF (1997)
BLACKJACK (1998)
HONG KONG FACE-OFF (1998)
MISSION: IMPOSSIBLE II (2000)
WINDTALKERS (2002)
PAYCHECK (2003)
BETTER TOMORROW 1 & 2 (2004)

WOOD Jr., Edward D. (WOOD, Ed)
réalisateur américain (1922-1978)
GLEN OR GLENDA? (1952)
BRIDE OF THE MONSTER (1954)
JAIL BAIT (1954)
PLAN 9 FROM OUTER SPACE (1958)
NIGHT OF THE GHOULS (1959)
SINISTER URGE, THE (1961)

WOOD, Sam
réalisateur américain (1883-1949)
HOLD YOUR MAN (1933)
LET 'EM HAVE IT (1935)
NIGHT AT THE OPERA, A (1935)
DAY AT THE RACES, A (1937)
MADAME X (1938)
NAVY BLUE AND GOLD (1938)
GOODBYE MR. CHIPS (1939)
KITTY FOYLE (1940)
OUR TOWN (1940)
DEVIL AND MISS JONES, THE (1941)
KINGS ROW (1941)
PRIDE OF THE YANKEES, THE (1942)
CASANOVA BROWN (1944)
OUR TOWN (1945)
FOR WHOM THE BELL TOLLS (1947)
COMMAND DECISION (1948)
STRATTON STORY, THE (1948)

WYLER, William
réalisateur américain (1902-1981)
COUNSELLOR AT LAW (1933)
GOOD FAIRY, THE (1935)
COME AND GET IT (1936)
DEAD END (1936)
DODSWORTH (1936)
THESE THREE (1936)
JEZEBEL (1938)
WUTHERING HEIGHTS (1938)
LETTER, THE (1940)
WESTERNER, THE (1940)
LITTLE FOXES, THE (1941)
MRS. MINIVER (1943)
BEST YEARS OF OUR LIVES, THE (1946)
HEIRESS, THE (1949)
DETECTIVE STORY (1951)
CARRIE (1952)
ROMAN HOLIDAY (1953)
DESPERATE HOURS, THE (1955)
FRIENDLY PERSUASION (1956)
BIG COUNTRY, THE (1958)
BEN-HUR (1959)
CHILDREN'S HOUR, THE (1961)
COLLECTOR, THE (1965)
HOW TO STEAL A MILLION (1966)
FUNNY GIRL (1968)

YARBROUGH, Jean
réalisateur américain (1900-1975)
DEVIL BAT, THE (1940)
HOUSE OF HORRORS (1945)
NAUGHTY NINETIES, THE (1945)
SHE-WOLF OF LONDON (1946)
BRUTE MAN, THE (1947)
JACK AND THE BEANSTALK (1952)
HILLBILLYS IN A HAUNTED HOUSE (1967)

YASUDA, Kimiyoshi
réalisateur japonais (1911-)
DAIMAJIN (1966)
ZATOICHI XV: ZATOICHI'S CANE SWORD (1967)
ZATOICHI XVIII: ZATOICHI AND THE FUGITIVES (1968)
ZATOICHI XXII: ZATOICHI MEET THE ONE-ARMED SWORDSMAN (1970)
COMPLETE DAIMAJIN I (2003)

YATES, Peter
réalisateur anglais (1929-)
SUMMER HOLIDAY (1963)
BULLITT (1968)
JOHN AND MARY (1969)
MURPHY'S WAR (1970)
HOT ROCK, THE (1972)
FRIENDS OF EDDIE COYLE, THE (1973)
FOR PETE'S SAKE (1974)
MOTHER, JUGS & SPEED (1976)
DEEP, THE (1977)
BREAKING AWAY (1979)
EYEWITNESS (1981)
DRESSER, THE (1983)
KRULL (1983)
ELENI (1985)
SUSPECT (1987)
HOUSE ON CARROLL STREET, THE (1988)
INNOCENT MAN, AN (1989)
ROOMMATES (1994)
RUN OF THE COUNTRY, THE (1995)
DON QUIXOTE (2000)

YORKIN, Bud
réalisateur américain (1926-)
COME BLOW YOUR HORN (1963)
INSPECTOR CLOUSEAU (1968)
START THE REVOLUTION WITHOUT ME (1969)
THIEF WHO CAME TO DINNER, THE (1973)
ARTHUR 2: ON THE ROCKS (1988)
LOVE HURTS (1989)

YOUNG, Robert
réalisateur américain (1907-1998)
ROMANCE WITH A DOUBLE BASS (1974)
MAD DEATH, THE (1983)
SPLITTING HEIRS (1993)
FIERCE CREATURES (1996)
JANE EYRE (1997)
AUGUSTUS (2003)

YOUNG, Robert M.
réalisateur américain (1924-)
ONE-TRICK PONY (1980)
BALLAD OF GREGORIO CORTEZ, THE (1982)
EXTREMITIES (1986)
DOMINICK AND EUGENE (1988)
TRIUMPH OF THE SPIRIT (1989)
CAUGHT (1996)
CHINA: THE PANDA ADVENTURE (2001)

YOUNG, Roger
réalisateur américain (1942-)
TWO OF A KIND (1982)
BOURNE IDENTITY, THE (1988)
RUBY RIDGE: AN AMERICAN TRAGEDY (1995)
MOSES (1996)
KISS THE SKY (1998)
JESUS (1999)

YOUNG, Terence
réalisateur anglais (1915-1994)
CORRIDOR OF MIRRORS (1947)
TOO HOT TO HANDLE (1960)
BLACK TIGHTS (1961)
DR. NO (1962)
FROM RUSSIA WITH LOVE (1963)
THUNDERBALL (1965)
FANTASTIQUE HISTOIRE VRAIE D'EDDIE CHAPMAN, LA (1966)
ROVER, THE (1967)
WAIT UNTIL DARK (1967)
MAYERLING (1968)
ARBRE DE NOËL, L' (1969)
DE LA PART DES COPAINS (1970)
SOLEIL ROUGE (1971)
VALACHI PAPERS, THE (1972)
KLANSMAN, THE (1974)
BLOODLINE (1979)
JIGSAW MAN, THE (1984)

YU, Ronny
réalisateur chinois (1950-)
POSTMAN FIGHTS BACK, THE (1981)
LEGACY OF RAGE (1986)
BRIDE WITH WHITE HAIR II, THE (1993)
BRIDE WITH WHITE HAIR, THE (1993)
PHANTOM LOVER, THE (1995)
WARRIORS OF VIRTUE (1997)
BRIDE OF CHUCKY (1998)
FORMULA 51 (2001)
FREDDY VS. JASON (2003)
FEARLESS (2006)

YUEN, Corey
réalisateur chinois
SAVIOUR OF THE SOUL (1991)
LEGEND, THE (1993)
BODYGUARD FROM BEIJING (1994)
NEW LEGEND OF SHAOLIN, THE (1994)
SO CLOSE (2002)
TRANSPORTER, THE (2002)

YUEN, Woo-ping
réalisateur japonais (1945-)
DRUNKEN FIST BOXING (1976)
SNAKE IN THE EAGLE'S SHADOW (1978)
DRUNKEN MASTER (1979)
MAGNIFICENT BUTCHER (1979)
DREADNAUGHT (1981)
IRON MONKEY (1993)

FIRE DRAGON (1994)
FIST OF LEGEND (1994)
TAI CHI MASTER, THE (1994)
TWIN WARRIORS (1994)
WING CHUN (1994)
IRON MONKEY II (1996)
TAI CHI II (1996)

YUZNA, Brian
réalisateur (1951-)
BRIDE OF RE-ANIMATOR (1989)
SOCIETY (1992)
H.P. LOVECRAFT'S NECRONOMICON (1993)
FAUST: LOVE OF THE DAMNED (2000)
BEYOND RE-ANIMATOR (2003)

ZEFFIRELLI, Franco
réalisateur italien (1923-)
TAMING OF THE SHREW, THE (1966)
ROMEO & JULIET (1968)
FRANÇOIS ET LE CHEMIN DU SOLEIL (1972)
JESUS OF NAZARETH (1976)
CHAMP, THE (1979)
ENDLESS LOVE (1981)
TRAVIATA, LA (1982)
OTHELLO (1986)
HAMLET (1990)
JANE EYRE (1996)
TEA WITH MUSSOLINI (1999)
CALLAS FOREVER (2002)

ZEMECKIS, Robert
réalisateur américain (1952-)
I WANNA HOLD YOUR HAND (1978)
USED CARS (1980)
ROMANCING THE STONE (1984)
BACK TO THE FUTURE (1985)
WHO FRAMED ROGER RABBIT? (1988)
BACK TO THE FUTURE II (1989)
BACK TO THE FUTURE III (1990)
DEATH BECOMES HER (1992)
FORREST GUMP (1994)
CONTACT (1997)
CAST AWAY (2000)
WHAT LIES BENEATH (2000)
POLAR EXPRESS (2004)
BEOWULF (2007)

ZHANG, Yimou
réalisateur chinois (1951-)
RED SORGHUM (1987)
JU-DOU (1990)
ÉPOUSES ET CONCUBINES (1991)
HISTOIRE DE QIU JU, L' (1992)
VIVRE (1994)
TRIADE DE SHANGHAI, LA (1995)
NOT ONE LESS (1999)
SOUVENIRS (1999)
HAPPY TIMES (2000)
HERO (2002)
SECRET DES POIGNARDS VOLANTS, LE (2004)
RIDING ALONE FOR THOUSANDS OF MILES (2005)
CURSE OF THE GOLDEN FLOWER (2006)

ZI'EN, CUI
réalisateur chinois (1958-)
OLD TESTAMENT, THE (2002)
FEEDING BOYS, AYAYA (2003)
STAR APPEAL (2004)
WITHERED IN THE BLOOMING SEASON (2005)
MY FAIR SON (2007)

ZIDI, Claude
réalisateur français (1934-)
BIDASSES EN FOLIE, LES (1971)
FOUS DU STADE, LES (1972)
COURSE À L'ÉCHALOTE (1975)
AILE OU LA CUISSE, L' (1976)
ANIMAL, L' (1977)
ZIZANIE, LA (1978)
INSPECTEUR LA BAVURE (1980)
SOUS-DOUÉS PASSENT LE BAC, LES (1980)
SOUS-DOUÉS EN VACANCES, LES (1981)
BANZAÏ (1983)
RIPOUX, LES (1984)
ROIS DU GAG, LES (1984)
ASSOCIATION DE MALFAITEURS (1986)
DEUX (1989)
RIPOUX CONTRE RIPOUX (1990)
TOTALE, LA (1991)
PROFIL BAS (1993)
ARLETTE (1997)
ASTÉRIX ET OBÉLIX CONTRE CÉSAR (1998)
BOÎTE, LA (2001)
RIPOUX 3, LES (2003)

ZIEFF, Howard
réalisateur américain (1943-2009)
SLITHER (1973)
HEARTS OF THE WEST (1975)
HOUSE CALLS (1978)
MAIN EVENT, THE (1979)
PRIVATE BENJAMIN (1980)
UNFAITHFULLY YOURS (1984)
DREAM TEAM, THE (1989)
MY GIRL (1991)
MY GIRL II (1994)

ZINNEMANN, Fred
réalisateur autrichien (1907-1997)
PEOPLE ON SUNDAY (1929)
EYES IN THE NIGHT (1942)
SEVENTH CROSS, THE (1944)
SEARCH, THE (1947)
ACT OF VIOLENCE (1948)
MEN, THE (1949)
HIGH NOON (1952)
FROM HERE TO ETERNITY (1953)
MEMBER OF THE WEDDING, THE (1953)
OKLAHOMA! (1955)
NUN'S STORY, THE (1959)
SUNDOWNERS, THE (1960)
BEHOLD A PALE HORSE (1964)
MAN FOR ALL SEASONS, A (1966)
DAY OF THE JACKAL, THE (1973)
JULIA (1977)
FIVE DAYS, ONE SUMMER (1982)

ZUCKER, David
réalisateur américain (1947-)
TOP SECRET! (1984)
NAKED GUN, THE (1988)
NAKED GUN 2 1/2, THE (1991)
NAKED GUN 2 1/2: THE SMELL OF FEAR, THE (1991)
BASEKETBALL (1998)
MY BOSS'S DAUGHTER (2003)
SCARY MOVIE 3 (2003)
SCARY MOVIE 4 - UNRATED (2006)
AMERICAN CAROL, AN (2008)

ZUCKER, Jerry
réalisateur américain (1950-)
AIRPLANE! (1980)
TOP SECRET! (1984)
RUTHLESS PEOPLE (1986)
GHOST (1990)
FIRST KNIGHT (1995)
RAT RACE (2001)

ZULAWSKI, Andrzej
réalisateur polonais (1942-)
DEVIL, THE (1972)
IMPORTANT C'EST D'AIMER, L' (1974)
POSSESSION (1981)
FEMME PUBLIQUE, LA (1984)
AMOUR BRAQUE, L' (1985)
ON THE SILVER GLOBE (1987)
MES NUITS SONT PLUS BELLES QUE VOS JOURS (1989)
CHAMANKA (1996)

ZWICK, Edward
réalisateur américain (1952-)
SPECIAL BULLETIN (1982)
ABOUT LAST NIGHT (1986)
GLORY (1989)
LEAVING NORMAL (1992)
LEGENDS OF THE FALL (1994)
COURAGE UNDER FIRE (1996)
SIEGE, THE (1998)
LAST SAMURAI, THE (2003)
BLOOD DIAMOND (2006)
DEFIANCE (2008)

ZWIGOFF, Terry
réalisateur américain (1938-)
CRUMB (1994)
GHOST WORLD (2001)
BAD SANTA (2003)
BADDER SANTA (2003)
ART SCHOOL CONFIDENTIAL (2006)

LES FILMOGRAPHIES DES DIRECTEURS ARTISTIQUES

BARBASSO, Maria-Teresa
ET VOGUE LE NAVIRE
LAST EMPEROR, THE
ADVENTURES OF BARON MUNCHAUSEN, THE (
CLIFFHANGER
ONLY YOU
DAYLIGHT
KULL THE CONQUEROR
MIDSUMMER NIGHT'S DREAM, A
U-571
GANGS OF NEW YORK
COLD MOUNTAIN

BRADFORD, Daniel
SHE'S SO LOVELY
JACKIE BROWN
PANIC
BOUNCE
LEGALLY BLONDE
KILL BILL VOL.1
KILL BILL VOL.2

COURT, Ken
LADYHAWKE
ALIENS
GORILLAS IN THE MIST
BRAVEHEART
TOMORROW NEVER DIES
SLEEPY HOLLOW

DUELL, Randall
WOMAN OF THE YEAR
ANCHORS AWEIGH
POSTMAN ALWAYS RINGS TWICE, THE (1946)
ASPHALT JUNGLE, THE
SINGIN' IN THE RAIN
STUDENT PRINCE, THE
SILK STOCKINGS
PARTY GIRL

DUFFIELD, Tom
BEETLEJUICE
EDWARD SCISSORHANDS
WOLF
LITTLE PRINCESS, A
BIRDCAGE, THE
MEN IN BLACK
PRIMARY COLORS
WILD WILD WEST
WHAT PLANET ARE YOU F ROM ?

FENNER, John
FOR YOUR EYES ONLY
OCTOPUSSY
TOP SECRET
VIEW TO KILL, A
MARY SHELLEY FRANKENSTEIN
MADNESS OF KING GEORGE, THE
JACKAL, THE
EYES WIDE SHUT
LARA CROFT : TOMB RAIDER
LARA CROFT TOMB RAIDER : THE CRADLE OF LIFE
PHANTOM OF THE OPERA, THE

GIOVANNINI, Giorgio
BLACK SABBATH
SATYRICON
AMARCORD
CITY OF WOMEN
ADVENTURES OF BARON MUNCHAUSEN, THE

GÓMEZ, Antxón
GOLDEN BALLS
LIVE FLESH
ALL ABOUT MY MOTHER
TALK TO HER
SANGRE
BAD EDUCATION

KING, John
MISSION, THE
CRY FREEDOM
HENRY V
WITCHES, THE
MEMPHIS BELLE
IN LOVE AND WAR
STAR WARS : EPISODE I - THE PHANTOM MENACE
HARRY POTTER AND THE CHAMBER OF SECRETS

KNOWLES, Sarah
TERMINAL VELOCITY
GATTACA
ASTRONAUT'S WIFE
FLAWLESS
SIMONE
CATCH ME IF YOU CAN

LAMONT, Michael
TOP SECRET
ALIENS
LICENCE TO KILL
HAMLET (1990)
SHADOWLANDS
MARY REILLY
IN LOVE AND WAR
FIFTH ELEMENT, THE
EVENT HORIZON
AVENGERS, THE
HARRY POTTER AND THE SORCERER'S STONE

MARSH, Terence
DOCTOR ZHIVAGO
MAN FOR ALL SEASONS, A
OLIVER !

MARZAROLI, Louise
SÉPARATION, LA
LOST SON, THE
VATEL
CHOCOLAT

McDONALD, Leslie
FIELD OF DREAMS
GRIFTERS, THE
MILLER'S CROSSING
GUILTY BY SUSPICION
BARTON FINK
BUGSY
HERO
HUDSUCKER PROXY, THE
FORREST GUMP
MINORITY REPORT

McGAHEY, Michelle
MATRIX, THE
SAMPLE PEOPLE
MISSION : IMPOSSIBLE II
STAR WARS : EPISODE II - ATTACK OF THE CLONES
PETER PAN

PERANIO, Vincent
PINK FLAMINGOS
FEMALE TROUBLE
DESPERATE LIVING
POLYESTER
HAIRSPRAY

PROULX, Michel
GINA
ÉCLAIR AU CHOCOLAT
BONS DÉBARRAS, LES
BETHUNE : THE MAKING OF A HERO
OMERTA, LA LOI DU SILENCE (TV)
COLLECTIONNEUR, LE

RABASSE, Jean
DELICATESSEN
CITÉ DES ENFANTS PERDUS, LA
ASTÉRIX ET OBÉLIX CONTRE CÉSAR

RAZZI, Massimo
ET VOGUE LE NAVIRE
VOCE DELLA LUNA, LA
KUNDUN
TITUS

TRAUNER, Alexandre
DRÔLE DE DRAME
QUAI DES BRUMES
HÔTEL DU NORD
VISITEURS DU SOIR, LES
APARTMENT, THE
IRMA LA DOUCE
MONSIEUR KLEIN
SUBWAY

VIARD, Gérard
DANGEROUS LIAISONS
FRENCH KISS
RONIN
NINTH GATE, THE

WEYL, Carl Jules
KID GALAHAD
ADVENTURES OF ROBIN HOOD, THE
YANKEE DOODLE DANDY
CASABLANCA
BIG SLEEP, THE

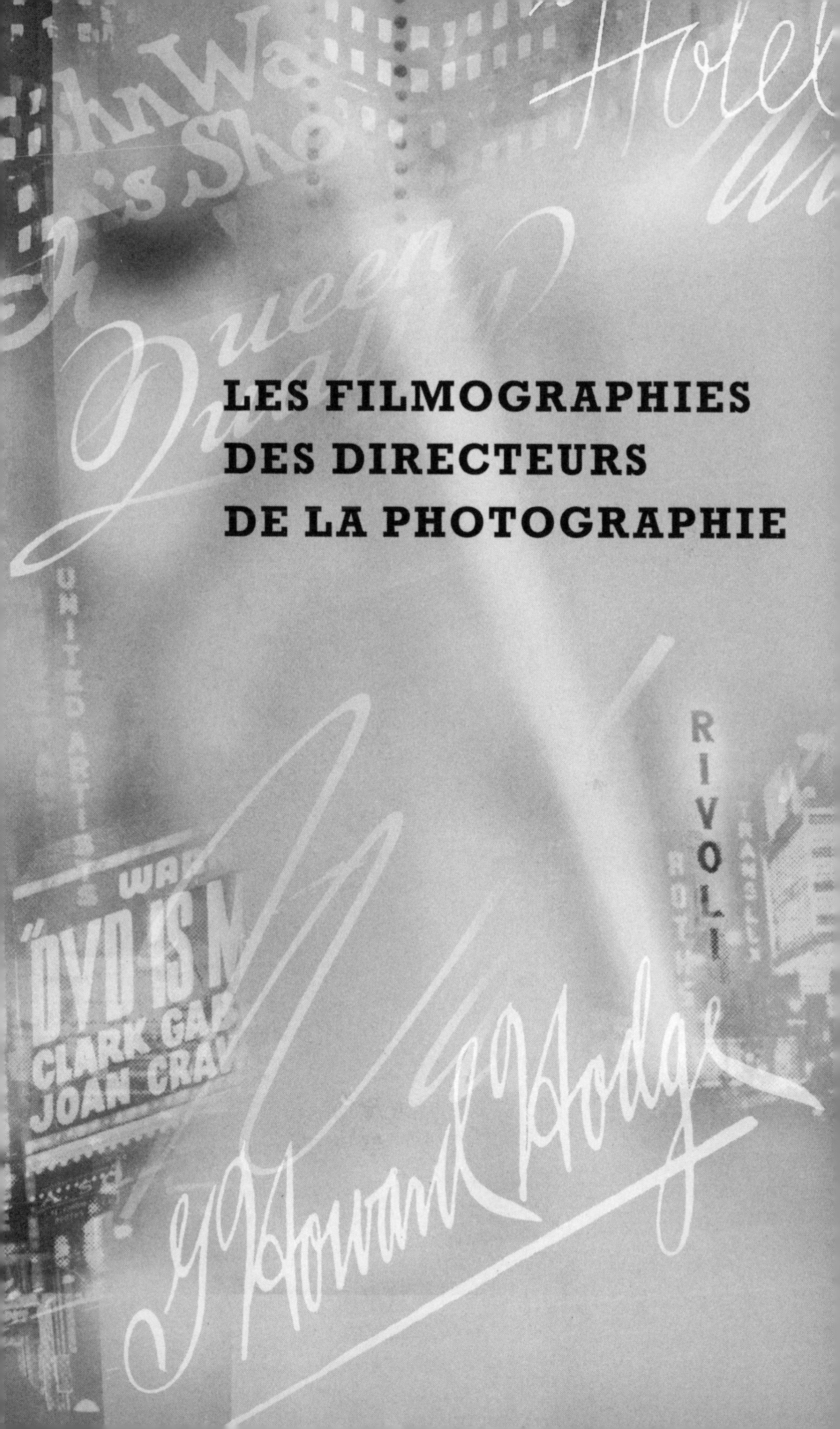

LES FILMOGRAPHIES DES DIRECTEURS DE LA PHOTOGRAPHIE

ACORD, Lance (1964-)
GENTLE GIANTS (1995)
HOW THEY GET THERE (1997)
BUFFALO '66 (1998)
FREE TIBET (1998)
LICK THE STAR (1998)
BEING JOHN MALKOVICH (1999)
EVENTUAL WIFE (2000)
DANGEROUS LIVES OF ALTAR BOYS, THE (2002)
ADAPTATION (2002)
LOST IN TRANSLATION (2003)
MARIE-ANTOINETTE (2006)

ALMENDROS, Nestor (1930-1992)
COLLECTIONNEUSE, LA (1967)
MORE (1969)
MA NUIT CHEZ MAUD (1969)
GENOU DE CLAIRE, LE (1970)
ENFANT SAUVAGE, L' (1970)
DOMICILE CONJUGAL (1970)
2 ANGLAISES ET LE CONTINENT, LES (1971)
VALLÉE, LA (1972)
AMOUR L'APRÈS-MIDI, L' (1972)
MAÎTRESSE (1973)
GENERAL IDI AMIN DADA (1974)
GUEULE OUVERTE, LA (1974)
COCKFIGHTER (1974)
HISTOIRE D'ADÈLE H, L' (1975)
MARQUISE D'O, LA (1976)
HOMME QUI AIMAIT LES FEMMES, L' (1977)
VIE DEVANT SOI, LA (1977)
CHAMBRE VERTE, LA (1978)
DAYS OF HEAVEN (1978)
GOING SOUTH (1978)
KOKO, LE GORILLE QUI PARLE (1978)
AMOUR EN FUITE, L' (1979)
PERCEVAL LE GALLOIS (1979)
KRAMER VS. KRAMER (1979)
BLUE LAGOON, THE (1980)
DERNIER MÉTRO, LE (1980)
STILL OF THE NIGHT (1982)
SOPHIE'S CHOICE (1982)
PAULINE À LA PLAGE (1983)
VIVEMENT DIMANCHE (1983)
PLACES IN THE HEART (1984)
HEARTBURN (1986)
NADINE (1987)
NEW YORK STORIES (1989)
BILLY BATHGATE (1991)

BALLHAUS, Michael (1935-)
BEWARE OF THE HOLY WHORE (1971)
WHITY (1971)
BITTER TEARS OF PETRA VON KANT (1972)
MARTHA (1974)
FOX AND HIS FRIENDS (1975)
MOTHER KUSTERS GOES TO HEAVEN (1975)
I ONLY WANT YOU TO LOVE ME (1976)
SATAN'S BREW (1976)
CHINESE ROULETTE (1976)
DESPAIR (1978)
MARRIAGE OF MARIA BRAUN (1979)
LILI MARLEEN (1981)
DEATH OF A SALESMAN (1985)
AFTER HOURS (1985)
UNDER THE CHERRY MOON (1986)
COLOR OF MONEY, THE (1986)
GLASS MENAGERIE, THE (1987)
BROADCAST NEWS (1987)
LAST TEMPTATION OF CHRIST, THE (1988)
DIRTY ROTTEN SCOUNDRELS (1988)
WORKING GIRL (1988)
FABULOUS BAKER BOYS, THE (1989)
POSTCARDS FROM THE EDGE (1990)
GOODFELLAS (1990)
GUILTY BY SUSPICION (1991)
WHAT ABOUT BOB (1992)
MAMBO KINGS, THE (1992)
BRAM STOKER'S DRACULA (1992)
AGE OF INNOCENCE, THE (1993)
I'LL DO ANYTHING (1994)
QUIZ SHOW (1994)
OUTBREAK (1995)
SLEEPERS (1996)
AIR FORCE ONE (1997)
PRIMARY COLORS (1998)
WILD WILD WEST (1999)
LEGEND OF BAGGER VANCE, THE (2000)
GANGS OF NEW YORK (2002)
UPTOWN GIRLS (2003)
SOMETHING'S GOTTA GIVE (2003)
DEPARTED, THE (2006)

BEEBE, Dion (1968-)
FLOATING LIFE (1996)
HOLY SMOKE (1999)
GODDESS OF 1967, THE (2000)
CHARLOTTE GRAY (2001)
EQUILIBRIUM (2002)
CHICAGO (2002)
IN THE CUT (2003)
COLLATERAL (2004)
MEMOIRS OF A GEISHA (2005)
MIAMI VICE (2006)
RENDITION (2007)
LAND OF THE LOST (2009)

BRAULT, Michel (1928-)
RAQUETTEURS, LES (1958)
POUR LA SUITE DU MONDE (1963)
TOUT PRENDRE, A (1964)
ROULI-ROULANT (1966)
ENTRE LA MER ET L'EAU DOUCE (1967)
ENTRE TU ET VOUS (1969)
PAYS SANS BON SENS, UN (1970)
ACADIE, L'ACADIE, L' (1971)
MON ONCLE ANTOINE (1971)
TEMPS D'UNE CHASSE, LE (1972)
KAMOURASKA (1973)
ORDRES, LES (1974)
VEILLÉE DES VEILLÉES, LA (1976)
MOURIR À TUE-TÊTE (1979)
BONS DÉBARRAS, LES (1980)
QUARANTAINE, LA (1982)
NO MERCY (1986)
GRENOUILLE ET LA BALEINE, LA (1987)
GREAT LAND OF SMALL, THE (1987

BURKS, Robert (1909-1968)
FOUNTAINHEAD, THE (1949)
BEYOND THE FOREST (1949)
ENFORCER, THE (1951)
STRANGERS ON A TRAIN (1951)
I CONFESS (1953)
DESERT SONG, THE (1953)
DIAL M FOR MURDER (1954)
REAR WINDOW (1954)
TO CATCH A THIEF (1955)
TROUBLE WITH HARRY, THE (1955)
MAN WHO KNEW TOO MUCH, THE (1956)
WRONG MAN, THE (1956)
SPIRIT OF SAINT-LOUIS, THE (1957)
VERTIGO (1958)
BLACK ORCHID, THE (1958)
NORTH BY NORTHWEST (1959)
BUT NOT FOR ME (1959)
GREAT IMPOSTOR, THE (1961)
MUSIC MAN, THE (1962)
BIRDS, THE (1963)
MARNIE (1964)
PATCH OF BLUE, A (1965)
WATERHOLE NO.3 (1967)

CARDIFF, Jack (1914-)
WINGS OF THE MORNING (1937)
STAIRWAY TO HEAVEN (1946)
BLACK NARCISSUS (1947)
RED SHOES, THE (1948)
UNDER CAPRICORN (1949)
PANDORA AND THE FLYING DUCTHMAN (1951)
AFRICAN QUEEN, THE (1951)
MASTER BAREFOOT CONTESSA, THE (1954)
WAR AND PEACE (1956)
BRAVE ONE, THE (1956)
PRINCE AND THE SHOWGIRL, THE (1957)
LEGEND OF THE LOST (1957)
VIKINGS, THE (1958)
FANNY (1961)
GIRL ON A MOTORCYCLE, THE (1968)
DEATH ON THE NILE (1978)
FIFTH MUSKETEER, THE (1979)
AWAKENING, THE (1980)
DOGS OF WAR, THE (1981)
GHOST STORY (1981)
WICKED LADY, THE (1983)
CONAN THE DESTROYER (1984)
CAT'S EYE (1984)
RAMBO: FIRST BLOOD PART2 (1985)
TAI PAN (1986)

COUTARD, Raoul (1924-)
À BOUT DE SOUFFLE (1960)
TIREZ SUR LE PIANISTE (1960)
LOLA (1961)
FEMME EST UNE FEMME, UNE (1961)
CHRONIQUE D'UN ÉTÉ (1961)
JULES ET JIM (1962)
POUPÉE, LA (1962)
PETIT SOLDAT, LE (1963)
CARABINIERS, LES (1963)
MÉPRIS, LE (1963)
PEAU DOUCE, LA (1964)
BAISERS, LES (1964)
BANDE À PART (1964)
UN MONSIEUR DE COMPAGNIE (1964)
ALPHAVILLE (1965)
PIERROT LE FOU (1965)
MADE IN U.S.A. (1966)
HORIZON, L' (1967)
CHINOISE, LA (1967)
WEEK END (1967)
Z (1969)
AVEU, L (1970)
GANG DES OTAGES (1973)
EMMERDEUR, L' (1973)
PASSION (1982)
LA GARCE (1984)
MAX MON AMOUR (1986)
BETHUNE: THE MAKING OF A HERO (1990)
IL GÈLE EN ENFER (1990)
NAISSANCE DE L'AMOUR, LA (1993)
CŒUR FANTÔME, LE (1996)
SAUVAGE INNOCENCE (2001)

DEAKINS, Roger (1949-)
ANOTHER TIME, ANOTHER PLACE (1983)
NINETEEN EIGHTY-FOUR (1984)
DEFENCE OF THE REALM (1985)
SID AND NANCY (1986)
KITCHEN TOTO, THE (1987)
PERSONAL SERVICES (1987)
WHITE MISCHIEF (1987)
PASCALI'S ISLAND (1988)
STORMY MONDAY (1988)
LONG WALK HOME, THE (1990)
AIR AMERICA (1990)
MOUNTAINS OF THE MOON (1990)
BARTON FINK (1991)
HOMICIDE (1991)
PASSION FISH (1992)
THUNDERHEART (1992)
SECRET GARDEN, THE (1993)
HUDSUCKER PROXY, THE (1994)
SHAWSHANK REDEMPTION, THE (1994)
DEAD MAN WALKING (1995)
ROB ROY (1995)
COURAGE UNDER FIRE (1996)
FARGO (1996)
KUNDUN (1997)
SIEGE, THE (1998/I)
BIG LEBOWSKI, THE (1998)
ANYWHERE BUT HERE (1999)
HURRICANE, THE (1999)
O BROTHER, WHERE ART THOU? (2000)
THIRTEEN DAYS (2000)
BEAUTIFUL MIND, A (2001)
DINNER WITH FRIENDS (2001, TV)
MAN WHO WASN'T THERE, THE (2001)
HOUSE OF SAND AND FOG (2003)
INTOLERABLE CRUELTY (2003)
LEVITY (2003)
VILLAGE, THE (2004)
LADYKILLERS, THE (2004)
JARHEAD (2005)
ASSASSINATION OF JESSE JAMES BY THE COWARD ROBERT FORD, THE (2006)
HAIL CAESAR (2006)
IN THE VALLEY OF ELAH (2007)
NO COUNTRY FOR OLD MEN (2007)
ASSASSINATION OF JESSE JAMES BY THE COWARD ROBERT FORD, THE (2007)
REVOLUTIONARY ROAD (2009)
THE READER (2009)
DOUBT (2009)

DELLI COLLI, Tonino (1923-2005)
WONDERS OF ALADDIN, THE (1961)
ACCATTONE (1961)
MAMMA ROMA (1962)
ROGOPAG (1963)
GOSPEL ACCORDING TO ST MATTHEW (1964)
LOVE MEETINGS (1965)
HAWKS AND THE SPARROWS, THE (1966)
GOOD, THE BAD AND THE UGLY, THE (1966)
SPIRITS OF THE DEAD (1968)

ONCE UPON A TIME IN THE WEST (1968)
PORCILE (1969)
DECAMERON, THE (1971)
CANTERBURY TALES, THE (1972)
SEVEN BEAUTIES (1975)
SALO, THE 120 DAYS OF SODOM (1976)
TALES OF ORDINARY MADNESS (1981)
ONCE UPON A TIME IN AMERICA (1984)
FUTUR EST FEMME, LE (1984)
GINGER AND FRED (1986)
NAME OF THE ROSE (1986)
FELLINI'S INTERVISTA (1987)
VOICE OF THE MOON (1990)
BITTER MOON (1992)
DEATH AND THE MAIDEN (1994)
VIE EST BELLE, LA (1997)

DOYLE, Christopher (1952-)
CHUNGKING EXPRESS (1994)
FALLEN ANGELS 1995)
ASHES OF TIME (1994)
4 FACES OF EVE (1996)
TEMPTRESS MOON (1996)
HAPPY TOGETHER (1997)
PSYCHO (1998)
LIBERTY HEIGHTS (1999)
IN THE MOOD FOR LOVE (2000)
MADE (2001)
RABBIT-PROOF FENCE (2002)
THREE (2002)
QUIET AMERICAN, THE (2002)
HERO (2002)
INFERNAL AFFAIRS (2002)
LAST LIFE IN THE UNIVERSE (2003)
THREE... EXTREMES (2004)
EROS (2004)
2046 (2004)
DARK MATTER (2006)
WHITE COUNTESS, THE (2005)
INVISIBLE WAVES (2006)
PARANOID PARK (2007)
DOWNLOADING NANCY (2007)
ASHES OF TIME REDUX (2008)
LADY IN THE WATER (2006)

DUFAUX, Guy (1943-)
PRIS AU PIÈGE (1981)
PIÈGES DE LA MER, LES (1981)
GRAND LARGE AUX GRANDS LACS, DU (1982)
SONATINE (1984)
JOUR S., LE (1984)
CINÉMA, CINÉMA (1985)
ÉQUINOXE (1986)
BACH ET BOTTINE (1986)
POUVOIR INTIME (1986)
DÉCLIN DE L'EMPIRE AMÉRICAIN, LE (1986)
ZOO LA NUIT, UN (1987)
PIN (1988)
PORTION D'ÉTERNITÉ (1989)
MILK AND HONEY (1988)
JÉSUS DE MONTRÉAL (1989)
AUTRE HOMME, UN (1989)
MOODY BEACH (1990)
SAM AND ME (1991)
NELLIGAN (1991)
LÉOLO (1992)
CAMILLA (1993)
JOYEUX CALVAIRE (1996)
POLYGRAPHE, LE (1997)
POLISH WEDDING (1997)
TANG LE ONZIÈME (1998)
EYE OF THE BEHOLDER (1999)
STARDOM (2000)
LOVE THE HARD WAY (2001)
ANGE DE GOUDRON, L' (2001)
NAPOLÉON (2002) (TV)
INVASIONS BARBARES, LES (2003)
RAGE DE L'ANGE, LA (2006)
FILLES DU BOTANISTE, LES (2006)
ÂGE DES TÉNÈBRES, L' (2007)
THE TIMEKEEPER (2009)
THE TROTSKY (2009)

EDESON, Arthur (1891-1970)
ROBIN HOOD (1922)
THIEF OF BAGDAD, THE (1924)
LOST WORLD, THE (1925)
IN OLD ARIZONA (1928)
ALL QUIET ON THE WESTERN FRONT (1930)
BIG TRAIL, THE (1930)
FRANKENSTEIN (1931)
OLD DARK HOUSE, THE (1932)
RED DUST (1932)
MUTINY ON THE BOUNTY (1935)
SATAN MET A LADY (1936)
EACH DAWN I DIE (1939)
THEY DRIVE BY NIGHT (1940)
MALTESE FALCON, THE (1941)
ACROSS THE PACIFIC (1942)
CASABLANCA (1942)
NEVER SAY GOOD BYE (1946)

ELMES, Frederick (1946-)
AMPUTEE, THE (1974)
ERASERHEAD (1977)
BREAKFAST IN BED (1978)
BLUE VELVET (1986
RIVER'S EDGE (1986)
HEAVEN (1987)
WILD AT HEART (1990)
NIGHT ON EARTH (1991)
TRIAL BY JURY (1994
RECKLESS (1995)
ICE STORM, THE (1997)
RIDE WITH THE DEVIL (1999)
CHAIN OF FOOLS (2000)
STORYTELLING (2001)
HULK (2003)
KINSEY (2004)
BROKEN FLOWERS (2005)
NAMESAKE, THE (2006)
DOG YEAR, A (2008)
SYNECDOCHE, NEW YORK (2008)
BRIDE WARS (2009)

FRANCIS, Freddie (1917-2007)
SONS AND LOVERS (1960)
INNOCENTS, THE (1961)
NIGHT MUST FALL (1964)
ELEPHANT MAN, THE (1980)
FRENCH LIEUTENANT'S WOMAN, THE (1981)
JIGSAW MAN, THE (1983)
DUNE (1984)
HER ALIBI (1989)
GLORY (1989)
MAN IN THE MOON, THE (1991)
CAPE FEAR (1991)
SCHOOL TIES (1992)
RAINBOW (1996)
STRAIGHT STORY, THE (1999)

HALL, Conrad L. (1926-2003)
MORITURI (1965)
PROFESSIONALS, THE (1966)
COOL HAND LUKE (1967)
IN COLD BLOOD (1967)
HELL IN THE PACIFIC (1968)
BUTCH CASSIDY AND THE SUNDANCE KID (1969)
TELL THEM WILLIE BOY IS HERE (1969)
HAPPY ENDING, THE (1969)
FAT CITY (1972)
ELECTRA GLIDE IN BLUE (1973)
DAY OF THE LOCUST, THE (1975)
SMILE (1974)
MARATHON MAN (1976)
BLACK WIDOW (1987)
TEQUILA SUNRISE (1988)
CLASS ACTION (1990)
JENNIFER 8 (1992)
SEARCHING FOR BOBBY FISHER (1993)
LOVE AFFAIR (1994)
WITHOUT LIMITS (1998)
CIVIL ACTION, A (1998)
AMERICAN BEAUTY (1999)
ROAD TO PERDITION (2002)

FUJIMOTO, Tak
BADLANDS (1973)
CAGED HEAT (1974)
DEATH RACE 2000 (1975)
DR. BLACK, MR. HYDE (1976)
CANNONBALL! (1976)
CHATTERBOX (1977)
BAD GEORGIA ROAD (1977)
REMEMBER MY NAME (1978)
STONY ISLAND (1978)
LAST EMBRACE (1979)
WHERE THE BUFFALO ROAM (1980)
MELVIN AND HOWARD (1980)
BORDERLINE (1980)
HEART LIKE A WHEEL (1983)
PRETTY IN PINK (1986)
FERRIS BUELLER'S DAY OFF (1986)
SOMETHING WILD (1986)
BACKFIRE (1987)
MARRIED TO THE MOB (1988)
COCOON: THE RETURN (1988)
MIAMI BLUES (1990)
SILENCE OF THE LAMBS, THE (1991)
CROOKED HEARTS (1991)
SINGLES (1992)
NIGHT AND THE CITY (1992)
PHILADELPHIA (1993)
DEVIL IN A BLUE DRESS (1995)
GRUMPIER OLD MEN (1995)
THAT THING YOU DO! (1996)
BELOVED (1998/I)
SIXTH SENSE, THE (1999)
REPLACEMENTS, THE (2000)
SIGNS (2002)
TRUTH ABOUT CHARLIE, THE (2002)
FINAL CUT, THE (2004)
MANCHURIAN CANDIDATE, THE (2004)
BREACH (2007)
GREAT BUCK HOWARD, THE (2007)
JOHN ADAMS (2008, TV)
HAPPENING, THE (2008)

HALLER, Ernest (1896-1970)
NIGHT AFTER NIGHT (1932)
MURDERS IN THE ZOO (1933)
INTERNATIONAL HOUSE (1933)
EMPEROR JONES (1933)
CAPTAIN BLOOD (1935)
DANGEROUS (1935)
JEZEBEL (1938)
GONE WITH THE WIND (1939)
DARK VICTORY (1939)
ROARING TWENTIES, THE (1939)
ALL THIS AND HEAVEN TOO (1940)
FOOTSTEPS IN THE DARK (1941)
BRIDE CAME C.O.D., THE (1941)
IN THIS OUR LIFE (1942)
MR. SKEFFINGTON (1943)
MILDRED PIERCE (1945)
HUMORESQUE (1946)
MY DREAM IS YOURS (1949)
CHAIN LIGHTING (1950)
FLAME AND THE ARROW, THE (1950)
DALLAS (1950)
JIM THORPE - ALL AMERICAN (1951)
REBEL WITHOUT A CAUSE (1955)
PLUNDER ROAD (1957)
GOD'S LITTLE ACRE (1958)
MAN OF THE WEST (1958)
WHAT EVER HAPPENED TO BABY JANE? (1962)
PRESSURE POINT (1962)
LILIES OF THE FIELD (1963)
DEAD RINGER (1964)

KAMINSKI, Janusz (1959-)
TERROR WITHIN II, THE (1990)
GRIM PRAIRIE TALES (1990)
RAIN KILLER (1990)
WILDFLOWER (1991) (TV)
COOL AS ICE (1991)
KILLER INSTINCT (1991)
PYRATES (1991)
TROUBLE BOUND (1993)
ADVENTURES OF HUCK FINN, THE (1993)
SCHINDLER'S LIST (1993)
LITTLE GIANTS (1994)
HOW TO MAKE AN AMERICAN QUILT (1995)
TALL TALE (1995)
LOST WORLD: JURASSIC PARK, THE (1997)
JERRY MAGUIRE (1996)
AMISTAD (1997)
SAVING PRIVATE RYAN (1998)
ARTIFICIAL INTELLIGENCE: AI (2001)
CATCH ME IF YOU CAN (2002)
MINORITY REPORT (2002)
TERMINAL, THE (2004)
WAR OF THE WORLDS (2005)
MUNICH (2005)
MISSION ZERO (2007)
SCAPHANDRE ET LE PAPILLON, LE (2007)
FOURTH INSTALLMENT OF THE INDIANA JONES ADVENTURES (2008)
LINCOLN (2009)
INTERSTELLAR (2009)

KHONDJI, Darius (1955-)
DELICATESSEN (1991)
PARANO (1994)
SE7EN (1995)
CITÉ DES ENFANTS PERDUS, LA (1995)
STEALING BEAUTY (1996)
ALIEN: RESURRECTION (1997)
EVITA (1996)
IN DREAMS (1999)
NINTH GATE, THE (1999)
MADONNA: THE VIDEO COLLECTION 93:99 (1999)
BEACH, THE (2000)
PANIC ROOM (2002)
ANYTHING ELSE (2003)

WORK OF DIRECTOR
CHRIS CUNNINGHAM, THE (2003)
WIMBLEDON (2004)
INTERPRETER, THE (2005)
MY BLUEBERRY NIGHTS (2007)
FUNNY GAMES U.S. (2007)
RUINS, THE (2008)
CHERI (2008)
LADY FROM SHANGHAI, THE (2009)

KURAS, Ellen (1959-)
SAMSARA: DEATH AND REBIRTH IN CAMBODIA (1990)
UNZIPPED (1995)
I SHOT ANDY WARHOL (1996)
SCRATCH THE SURFACE (1997)
POVERTY OUTLAW (1997)
4 LITTLE GIRLS (1997)
HE GOT GAME (1998)
JUST THE TICKET (1999/I)
MOD SQUAD, THE (1999)
SUMMER OF SAM (1999)
BAMBOOZLED (2000)
BLOW (2001)
ANALYZE THAT (2002)
ETERNAL SUNSHINE OF THE SPOTLESS MIND (2004)
BALLAD OF JACK AND ROSE, THE (2005)
NO DIRECTION HOME: BOB DYLAN (2005)
BLOCK PARTY (2005)
NEIL YOUNG: HEART OF GOLD (2006)
LOU REED'S BERLIN (2007)
BE KIND REWIND (2008)
AWAY WE GO (2009)

LABRECQUE, Jean-Claude (1938-)
À TOUT PRENDRE (1963)
CHAT DANS LE SAC, LE (1963)
VIE HEUREUSE DE LÉOPOLD Z, LA (1965)
RÈGNE DU JOUR, LE (1967)
CONTRE TOUTE ESPÉRANCE (2007)
ENTRE LA MER ET L'EAU DOUCE (1967)
NUIT DE LA POÉSIE 1970, LA (1970)
BEAUX DIMANCHES, LES (1974)
VEILLÉE DES VEILLÉES, LA (1976)
CLAUDE GAUVREAU, POÈTE (1977)
NUIT DE LA POÉSIE 1980, LA (1980)
KANEHSATAKE: 270 YEARS OF RESISTANCE (1993)
ANDRÉ MATHIEU: MUSICIEN (1993)
FEMME QUI BOIT, LA (2001)
MARIAGES (2001)
RIN, LE (2001)
À HAUTEUR D'HOMME (2003)
NEUVAINE, LA (2005)

LUBEZKI, Emmanuel (1964-)
VENGEANCE IS MINE (1983)
BANDITS (1991)
SÓLO CON TU PAREJA (1991)
LIKE WATER FOR CHOCOLATE (1992)
TWENTY BUCKS (1993)
REALITY BITES (1994)
LITTLE PRINCESS, A (1995)
WALK IN THE CLOUDS, A (1995)
BIRDCAGE, THE (1996)
GREAT EXPECTATIONS (1998)
MEET JOE BLACK (1998)
SLEEPY HOLLOW (1999)
THINGS YOU CAN TELL JUST BY LOOKING AT HER (2000)
Y TU MAMÁ TAMBIÉN (2001)
ALI (2001)
CAT IN THE HAT, THE (2003)
NEW WORLD, THE (2005)
CHILDREN OF MEN (2006)
BURN AFTER READING (2008)

MIGNOT, Pierre (1944-)
10 MILLES/HEURE (1970)
PIZZAGONE (1971)
GRIFFINTOWN (1972)
RIVES, LES (1972)
LOCATAIRES ET PROPRIÉTAIRES (1972)
QUÉBEC: DUPLESSIS ET APRÈS... (1972)
DES ARMES ET LES HOMMES (1973)
TROIS FOIS PASSERA (1973)
VIOLON DE GASTON, LE (1974)
PAR UNE BELLE NUIT D'HIVER (1974)
C'EST VOTRE PLUS BEAU TEMPS! (1974)
HISTOIRE DE PÊCHE (1975)
DENYSE BENOÎT, COMÉDIENNE (1975)
NUIT EN AMÉRIQUE, UNE (1975)
P'TITE VIOLENCE, LA (1977)
J.A. MARTIN PHOTOGRAPHE (1977)
VRAIS PERDANTS, LES (1978)
TOILE D'ARAIGNEE, LA (1979)
CORDÉLIA (1980)
FUIR (1980)
BELOVED, THE (1980/I)
JOURNÉE EN TAXI, UNE (1982)
LUCIEN BROUILLARD (1983)
MARIA CHAPDELAINE (1983)
STREAMERS (1983)
MARIO (1984)
SECRET HONOR (1984)
FOOL FOR LOVE (1985)
À CORPS PERDU (1988)
CRUISING BAR (1989)
RAFALES (1990)
AMOUREUX FOU (1991)
C'ÉTAIT LE 12 DU 12 ET CHILI AVAIT LES BLUES (1994)
READY TO WEAR (1994)
TU AS CRIÉ: LET ME GO (1997)
ALEGRÍA (1998)
NÔ (1998)
6TH DAY, THE (2000)
MUSES ORPHELINES, LES (2000)
BLUE BUTTERFLY, THE (2004)
GANT, LE (2004)
MA VIE EN CINÉMASCOPE (2004)
C.R.A.Z.Y. (2005)
DIMANCHE À KIGALI, UN (2006)
SECRET DE ME MERE, LE (2006)
SANS ELLE (2006)
ROMEO ET JULIETTE (2006)
SURVIVING MY MOTHER (2007)
ÂGE DE PASSION, L' (2008)
CRUISING BAR 2 (2009)
LE BONHEUR DE PIERRE (2009)

MIYAGAWA, Kazuo (1908-1999)
RASHOMON (1950)
UGETSU (1953)
SANSHO THE BAILIFF (1954)
STREET OF SHAME (1956)
FLOATING WEEDS (1959)
YOJIMBO (1961)
LONE WOLF AND CUB: BABY CART IN PERIL (1972)
RAZOR: THE SNARE (1973)
GONZA THE SPEARMAN (1986)

MÜLLER, Robby (1940-)
WRONG MOVE, THE (1975)
KINGS OF THE ROAD (1976)
AMERICAN FRIEND , THE (1977)
MYSTERIES (1978)
OPNAME (1979)
SAINT JACK (1979)
THEY ALL LAUGHED (1981)
TRICHEURS (1984)
REPO MAN (1984)
PARIS, TEXAS (1984)
TO LIVE AND DIE IN L.A. (1985)
DOWN BY LAW (1986)
BELIEVERS, THE (1987)
BARFLY (1987)
LITTLE DEVIL, THE (1988)
NOTEBOOK ON CLOTHES AND CITIES, A (1989)
MYSTERY TRAIN (1989)
RED HOT AND BLUE (1990) (TV)
KORCZAK (1990)
MAD DOG AND GLORY (1993)
DEAD MAN (1995)
BEYOND THE CLOUDS (1995, SEGMENT WENDERS)
BREAKING THE WAVES (1996)
TANGO LESSON, THE (1997)
SHATTERED IMAGE (1998)
BUENA VISTA SOCIAL CLUB (1999)
GHOST DOG: THE WAY OF THE SAMURAI (1999)
DANCER IN THE DARK (2000)
24 HOUR PARTY PEOPLE (2002)
COFFEE AND CIGARETTES (2003)
MAN FROM LONDON, THE (2007)

NAVARRO, Guillermo (1955-)
LOVE AROUND THE CORNER (1985)
BATHROOM INTIMACY (1985)
MORIR EN EL GOLFO (1990)
VINAYA (1992)
DOLLAR MAMBO (1993)
CRONOS (1993)
DESPERADO (1995)
FROM DUSK TILL DAWN (1996)
DREAM FOR AN INSOMNIAC (1996)
LONG KISS GOODNIGHT, THE (1996)
SPAWN (1997)
JACKIE BROWN (1997)
STUART LITTLE (1999)
SPY KIDS (2001)
DEVIL'S BACKBONE, THE (2001)
BROKEN SILENCE (2001)
IMAGINING ARGENTINA (2003)
HELLBOY (2004)
TOOTHPASTE (2004)
ZATHURA: A SPACE ADVENTURE (2005)
PAN'S LABYRINTH (2006)
NIGHT AT THE MUSEUM (2006)
HELLBOY 2: THE GOLDEN ARMY (2008)
SVEN NYKVIST (1922-2006)
CHILDREN, THE (1945)
NAKED NIGHT, THE (1953)
TRUE AND THE FALSE, THE (1955)
LADY IN BLACK, THE (1958)
SILENCE, THE (1963)
TO LOVE (1964)
LOVING COUPLES (1964)
PERSONA (1966)
HOUR OF THE WOLF (1968)
SHAME (1968)
PASSION OF ANNA, THE (1969)
FIRST LOVE (1970)
LAST RUN, THE (1971)
TOUCH, THE (1971)
CRIES AND WHISPERS (1972)
SCENES FROM A MARRIAGE (1973)
TERRORISTS, THE (1975)
TENANT, THE (1976)
SERPENT'S EGG, THE (1977)
PRETTY BABY (1978)
AUTUMN SONATA (1978)
STARTING OVER (1979)
POSTMAN ALWAYS RINGS TWICE, THE (1981)
FANNY AND ALEXANDER (1982)
AMOUR DE SWANN, UN (1984)
AGNES OF GOD (1985)
DREAM LOVER (1986)
UNBEARABLE LIGHTNESS OF BEING, THE (1988)
ANOTHER WOMAN (1988)
CRIMES AND MISDEMEANORS (1989)
CHAPLIN (1992)
SLEEPLESS IN SEATTLE (1993)
WHAT'S EATING GILBERT GRAPE (1993)
ONLY YOU (1994)
MIXED NUTS (1994)
SOMETHING TO TALK ABOUT (1995)
CELEBRITY (1998)
CURTAIN CALL (1999)
PAN'S LABYRINTH (2006)
NIGHT AT THE MUSEUM (2006)
HELLBOY II: THE GOLDEN ARMY (2008)
WHAT WE TAKE FROM EACH OTHER (2008)
IT MIGHT GET LOUD (2008)

NYKVIST, Sven (1922-2006)
CHILDREN, THE (1945)
NAKED NIGHT, THE (1953)
TRUE AND THE FALSE, THE (1955)
LADY IN BLACK, THE (1958)
SILENCE, THE (1963)
TO LOVE (1964)
LOVING COUPLES (1964)
PERSONA (1966)
HOUR OF THE WOLF (1968)
SHAME (1968)
PASSION OF ANNA, THE (1969)
FIRST LOVE (1970)
LAST RUN, THE (1971)
TOUCH, THE (1971)
CRIES AND WHISPERS (1972)
SCENES FROM A MARRIAGE (1973)
TERRORISTS, THE (1975)
TENANT, THE (1976)
SERPENT'S EGG, THE (1977)
PRETTY BABY (1978)
AUTUMN SONATA (1978)
STARTING OVER (1979)
POSTMAN ALWAYS RINGS TWICE, THE (1981)
FANNY AND ALEXANDER (1982)
AMOUR DE SWANN, UN (1984)
AGNES OF GOD (1985)
DREAM LOVER (1986)
UNBEARABLE LIGHTNESS OF BEING, THE (1988)
ANOTHER WOMAN (1988)

CRIMES AND MISDEMEANORS (1989)
CHAPLIN (1992)
SLEEPLESS IN SEATTLE (1993)
WHAT'S EATING GILBERT GRAPE (1993)
ONLY YOU (1994)
MIXED NUTS (1994)
SOMETHING TO TALK ABOUT (1995)
CELEBRITY (1998)
CURTAIN CALL (1999)

PRIETO, Rodrigo (1965-)
HOY ESTOY TRISTE (1988)
LUNA DE MIEL AL CUARTO MENGUANTE (1990)
ACOPILCO (1990)
RATAS NOCTURNAS (1991)
PATY CHULA (1991)
AMAZONA (1991)
ANATOMIA DE UNA VIOLACIÓN (1992)
LADY OF THE NIGHT (1993)
ASESINO DEL ZODÍACO, EL (1993)
FUERA DE ESTE MUNDO (1994)
OEDIPUS MAYOR (1995)
RICKY 6 (2000)
AMORES PERROS (2000)
TEN TINY LOVE STORIES (2001)
ORIGINAL SIN (2001)
FRIDA (2002)
8 MILE (2002)
25TH HOUR (2002)
COMANDANTE (2003)
ALEXANDER (2004)
BROKEBACK MOUNTAIN (2005)
BABEL (2006)
SE JIE (2007)
LUST, CAUTION (2007)
LOS ABRAZOS ROTOS (ÉTREINTES BRISÉES) (2009)
STATE OF PLAY (2009)

PROTAT, François (1928-)
RENÉ SIMARD AU JAPON (1974)
ORDRES, LES (1974)
TÊTE DE NORMANDE ST-ONGE, LA (1975)
L'ANGE ET LA FEMME (1977)
PANIQUE (1977)
TOMORROW NEVER COMES (1978)
ÉCLAIR AU CHOCOLAT (1979)
AU REVOIR À LUNDI (1979)
ARRACHE-CŒUR, L' (1979)
PLOUFFE, LES (1981)
KINKY COACHES AND THE POM POM PUSSYCATS, THE (1981)
KILLING 'EM SOFTLY (1982)
HOT TOUCH, THE (1982)
RUNNING BRAVE (1983)
CRIME D'OVIDE PLOUFFE, LE (1984)
GUERRE DES TUQUES, LA (1984)
SEPARATE VACATIONS (1986)
FLAG (1987)
SWITCHING CHANNELS (1988)
KISS, THE (1988)
WEEKEND AT BERNIE'S (1989)
BEAUTIFUL DREAMERS (1990)
CLEARCUT (1991)
BRAINSCAN (1994)
KABLOONAK (1995)
JOHNNY MNEMONIC (1995)
SENIOR TRIP (1995)
TIME AT THE TOP (1999)
LÀ-HAUT, UN ROI AU-DESSUS DES NUAGES (2003)

RICHARDSON, Robert (1955-)
SALVADOR (1986)
PLATOON (1986)
DUDES (1987)
WALL STREET (1987)
EIGHT MEN OUT (1988)
TALK RADIO (1988)
BORN ON THE FOURTH OF JULY (1989)
DOORS, THE (1991)
CITY OF HOPE (1991)
JFK (1991)
FEW GOOD MEN, A (1992)
HEAVEN AND EARTH (1993)
NATURAL BORN KILLERS (1994)
CASINO (1995)
NIXON (1995)
U-TURN (1997)
FAST, CHEAP AND OUT OF CONTROL (1997)
WAG THE DOG (1997)
HORSE WHISPERER, THE (1998)
SNOW FALLING ON CEDARS (1999)
BRINGING OUT THE DEAD (1999)
FOUR FEATHERS, THE (2002)
KILL BILL VOL.1 (2003)
KILL BILL VOL.2 (2004)
AVIATOR, THE (2004)
GOOD SHEPHERD, THE (2006)
SHINE A LIGHT (2007)
STANDARD OPERATING PROCEDURE (2008)
INGLORIOUS BASTERDS (2009)
SHUTTER ISLAND (2009

ROSSON, Hal (1895-1988)
TARZAN THE APE MAN (1932)
RED HEADED WOMAN (1932)
HOLD YOUR MAN (1933)
BOMBSHELL (1933)
SIDE OF HEAVEN, THIS (1934)
GIRL FROM MISSOURI, THE (1934)
TREASURE ISLAND (1934)
SCARLET PIMPERNEL, THE (1934)
GHOST GOES WEST, THE (1935)
AS YOU LIKE IT (1936)
CAPTAINS COURAGEOUS (1937)
TOO HOT TO HANDLE (1938)
WIZARD OF OZ, THE (1939)
EDISON, THE MAN (1940)
MEN OF BOYS TOWN, THE (1941)
HONKY TONK (1941)
CHOCOLATE SOLDIER, THE (1941)
JOHNNY EAGER (1942)
SOMEWHERE I'LL FIND YOU (1942)
THIRTY SECONDS OVER TOKYO (1944)
DUEL IN THE SUN (1946)
ANY NUMBER CAN PLAY (1949)
ON THE TOWN (1949)
KEY TO THE CITY (1950)
ASPHALT JUNGLE, THE (1950)
RED BADGE OF COURAGE, THE (1951)
LONE STAR (1952)
LOVE IS BETTER THAN EVER (1952)
SINGIN'IN THE RAIN (1952)
DANGEROUS WHEN WET (1953)
BAD SEED, THE (1956)
ENEMY BELOW, THE (1957)
NO TIME FOR SERGEANTS (1958)
ONIONHEAD (1958)
EL DORADO (1966)

SAVIDES, Harris (1957-)
HEAVEN'S PRISONERS (1996)
GAME, THE (1997)
ILLUMINATA (1998)
YARDS, THE (2000)
FINDING FORRESTER (2000)
GERRY (2002)
ELEPHANT (2003)
BIRTH (2004)
LAST DAYS (2005)
ZODIAC (2007)
MARGOT AT THE WEDDING (2007)
AMERICAN GANGSTER (2007)
WHATEVER WORKS (2009)

ST-LOUIS, Jean-Pierre
TRISTESSE MODÈLE RÉDUIT (1987)
WINDIGO (1994)
POST MORTEM (1994)
OPÉRATION COBRA (1994)
NÈG, LE (2001)
20 H 17 RUE DARLING (2003)
GAZ BAR BLUES (2003)
GOÛT DES JEUNES FILLES, LE (2004)
IMITATION (2006)
QUE DIEU BÉNISSE L'AMÉRIQUE (2006)
LE SILENCE NOUS FERA ÉCHO (2006)
MADELEINE (2008)

STORARO, Vittorio (1940-)
SPIDER'S STRATAGEM, THE (1970)
BIRD WITH THE CRYSTAL PLUMAGE, THE (1970)
CONFORMIST, THE (1970)
DERNIER TANGO À PARIS, LE (1972)
MALICIOUS (1973)
DRIVER'S SEAT, THE (1974)
1900 (1976)
APOCALYPSE NOW (1979)
REDS (1981)
ONE FROM THE HEART (1982)
WAGNER (1983)
LADYHAWKE (1985)
ISHTAR (1987)
LAST EMPEROR, THE (1987)
TUCKER (1988)
NEW YORK STORIES (1989)
DICK TRACY (1990)
SHELTERING SKY, THE (1990)
LITTLE BUDDHA (1993)
FLAMENCO (1995)
BULWORTH (1998)
TANGO (1998)
GOYA IN BORDEAUX (1999)
PICKING UP THE PIECES (2000)
FRANK HERBERT'S DUNE (2000)
EXORCIST: THE BEGINNING (2004)
DOMINION: PREQUEL TO THE EXORCIST (2005)
IO, DON GIOVANNI (2007)
DARE TO LOVE ME (2008)
IO, DON GIOVANNI (2009)
DARE TO LOVE ME (2010)

TOLAND, Gregg (1904-)
BAT, THE (1926)
QUEEN KELLY (1929)
BULLDOG DRUMMOND (1929)
STREET SCENE (1931)
TONIGHT OR NEVER (1931)
ROMAN SCANDALS (1933)
WE LIVE AGAIN (1934)
FORSAKING ALL OTHERS (1934)
WEDDING NIGHT, THE (1935)
MISÉRABLES, LES (1935)
MAD LOVE (1935)
DARK ANGEL, THE (1935)
THESE THREE (1935)
COME AND GET IT (1936)
DEAD END (1937)
WUTHERING HEIGHTS (1938)
SHALL HAVE MUSIC, THEY (1939)
INTERMEZZO (1939)
GRAPES OF WRATH, THE (1940)
WESTERNER, THE (1940)
LONG VOYAGE HOME, THE (1940)
CITIZEN KANE (1941)
LITTLE FOXES, THE (1941)
BALL OF FIRE (1941)
OUTLAW, THE (1943)
KID FROM BROOKLYN, THE (1946)
BEST YEARS OF OUR LIVES, THE (1946)
BISHOP'S WIFE, THE (1947)
SONG IS BORN, A (1948)
ENCHANTMENT (1948)

TURPIN, André (1966-)
BECAUSE WHY (1993)
ZIGRAIL (1995)
COSMOS (1996)
COMTESSE DE BÂTON ROUGE, LA (1998)
32 AOÛT SUR TERRE, UN (1998)
ATOMIC SAKE (1999)
MATRONI ET MOI (1999)
MAELSTRÖM (2000)
CRABE DANS LA TÊTE, UN (2001)
COUNTDOWN (2002)
AMELIA (2003, TV)
CHILDSTAR (2004)
FAMILIA (2005)
CONGORAMA (2006)
C'EST PAS MOI, JE LE JURE (2008)
INCENDIES (2009)

UNSWORTH, Geoffrey (1914-1978)
SIMBA (1955)
NIGHT TO REMEMBER, A (1958)
300 SPARTANS, THE (1962)
OTHELLO (1965)
2001: A SPACE ODYSSEY (1968)
ASSASSINATION BUREAU, THE (1968)
DANCE OF DEATH, THE (1971)
MAGIC CHRISTIAN, THE (1969)
CROMWELL (1970)
THREE SISTERS (1970)
CABARET (1972)
ZARDOZ (1974)
MURDER ON THE ORIENT EXPRESS (1974)
RETURN OF THE PINK PANTHER, THE (1975)
BRIDGE TOO FAR, A (1977)
SUPERMAN (1978)
TESS (1979)
SUPERMAN 2 (1980)

WILLIS, Gordon (1931-)
END OF THE ROAD (1970)
LANDLORD, THE (1970)
KLUTE (1971)
GODFATHER, THE (1972)
BAD COMPANY (1972)
UP THE SANDBOX (1972)
PAPER CHASE, THE (1973)
PARALLAX VIEW, THE (1974)
GODFATHER 2, THE (1974)
DROWNING POOL, THE (1975)
ALL THE PRESIDENT'S MEN (1976)
ANNIE HALL (1977)
INTERIORS (1978)
COMES A HORSEMAN (1978)
STARDUST MEMORIES (1980)

PENNIES FROM HEAVEN (1981)
MIDSUMMER NIGHT'S SEX COMEDY, A (1982)
ZELIG (1983)
BROADWAY DANNY ROSE (1984)
PURPLE ROSE OF CAIRO, THE (1985)
PERFECT (1985)
MONEY PIT, THE (1986)
PICK UP ARTIST, THE (1987)
BRIGHT LIGHTS, BIG CITY (1988)
PRESUMED INNOCENT (1990)
GODFATHER 3, THE (1990)
MALICE (1993)
DEVIL'S OWN (1997)

WONG HOWE, James (1899-1976)

PETER PAN (1924)
CRIMINAL CODE, THE (1931)
SHANGHAI EXPRESS (1932)
VIVA VILLA! (1934)
MANHATTAN MELODRAMA (1934)
THIN MAN, THE (1934)
HOLLYWOOD PARTY (1934)
MARK OF THE VAMPIRE (1935)
FIRE OVER ENGLAND (1937)
PRISONER OF ZENDA (1937)
THEY MADE ME A CRIMINAL (1939)
ABE LINCOLN IN ILLINOIS (1940)
CITY FOR CONQUEST (1940)
FANTASIA (1940)
STRAWBERRY BLONDE (1941)
KINGS ROW (1941)
YANKEE DOODLE DANDY (1942)
HANGMEN ALSO DIE (1943)
PASSAGE TO MARSEILLE (1944)
OBJECTIVE, BURMA! (1945)
PURSUED (1947)
BODY AND SOUL (1947)
MR. BLANDINGS BUILDS HIS DREAM HOUSE (1948)
TIME OF YOUR LIFE, THE (1948)
COME BACK, LITTLE SHEBA (1952)
PICNIC (1955)
ROSE TATTOO, THE (1955)
SWEET SMELL OF SUCCESS (1957)
FAREWELL TO ARMS (1957)
OLD MAN AND THE SEA, THE (1958)
BELL BOOK AND CANDLE (1958)
LAST ANGRY MAN, THE (1959)
SONG WITHOUT END (1960)
HUD (1963)
OUTRAGE, THE (1964)
THIS PROPERTY IS CONDEMNED (1966)
SECONDS (1966)
HOMBRE (1967)
HEART IS A LONELY HUNTER, THE (1968)
LAST OF THE MOBILE HOT SHOTS, THE (1969)
MOLLY MAGUIRES, THE (1969)
HORSEMEN, THE (1970)
FUNNY LADY (1975)

YEOMAN, Robert D. (1951-)

DEAD HEAT (1988)
RAMPAGE (1988)
DRUGSTORE COWBOY (1989
KID (1991)
TOO MUCH SUN (1991)
BOTTLE ROCKET (1996)
PERMANENT MIDNIGHT (1998
RUSHMORE (1998)
DOGMA (1999)
DOWN TO YOU (2000)
DOUBLE WHAMMY (2001)
CQ (2001)
ROYAL TENENBAUMS, THE (2001)
LIFE AQUATIC WITH STEVE ZISSOU, THE (2004)
SQUID AND THE WHALE, THE (2005)
RED EYE (2005)
DARJEELING LIMITED, THE (2007)
MARTIAN CHILD (2007)
YES MAN (2008)

YUSOV, Vadim (1929-)

STEAMROLLER AND THE VIOLIN, THE (1960)
MY NAME IS IVAN (1962)
DON'T GRIEVE (1969)
ANDREI RUBLEV (1969)
ADVENTURES OF HUCKLEBERRY FINN, THE (1972)
SOLARIS (1972)
RED BELLS (1982)
PASSPORT, THE (1990)
ANNA 6-18 (1993)
OUT OF THE PRESENT (1995)

ZSIGMOND, Vilmos (1930-)

SADIST, THE (1963)
NASTY RABBIT, THE (1964)
INCREDIBLY STRANGE CREATURES WHO STOPPED LIVING AND BECAME MIXED-UP ZOMBIES!!?, THE (1964)
MONDO MOD (1967)
FUTZ! (1969)
SATAN'S SADISTS (1969)
HORROR OF THE BLOOD MONSTERS (1970)
MCCABE & MRS. MILLER (1971)
IMAGES (1972)
DELIVERANCE (1972)
BLOOD OF GHASTLY HORROR (1972)
SCARECROW (1973)
LONG GOODBYE, THE (1973)
SUGARLAND EXPRESS, THE (1974)
GIRL FROM PETROVKA, THE (1974)
OBSESSION (1976)
CLOSE ENCOUNTERS OF THE THIRD KIND (1977)
DEER HUNTER, THE (1978)
ROSE, THE (1979)
WINTER KILLS (1979)
HEAVEN'S GATE (1980)
BLOW OUT (1981)
JINXED! (1982)
TABLE FOR FIVE (1983)
RIVER, THE (1984)
NO SMALL AFFAIR (1984)
REAL GENIUS (1985)
WITCHES OF EASTWICK, THE (1987)
FAT MAN AND LITTLE BOY (1989)
BONFIRE OF THE VANITIES, THE (1990)
TWO JAKES, THE (1990)
STALIN (1992, TV)
SLIVER (1993)
MAVERICK (1994)
INTERSECTION (1994)
ASSASSINS (1995)
CROSSING GUARD, THE (1995)
GHOST AND THE DARKNESS, THE (1996)
PLAYING BY HEART (1998)
LIFE AS A HOUSE (2001)
MISTS OF AVALON, THE (2001, TV)
BODY, THE (2001)
JERSEY GIRL (2004)
MELINDA AND MELINDA (2004)
TORN FROM THE FLAG (2006)
BLACK DAHLIA, THE (2006)
TORN FROM THE FLAG (2006)
CASSANDRA'S DREAM (2007)
BOLDEN ! (2008)
BOLDEN! (2010)
LOUIS (2010)

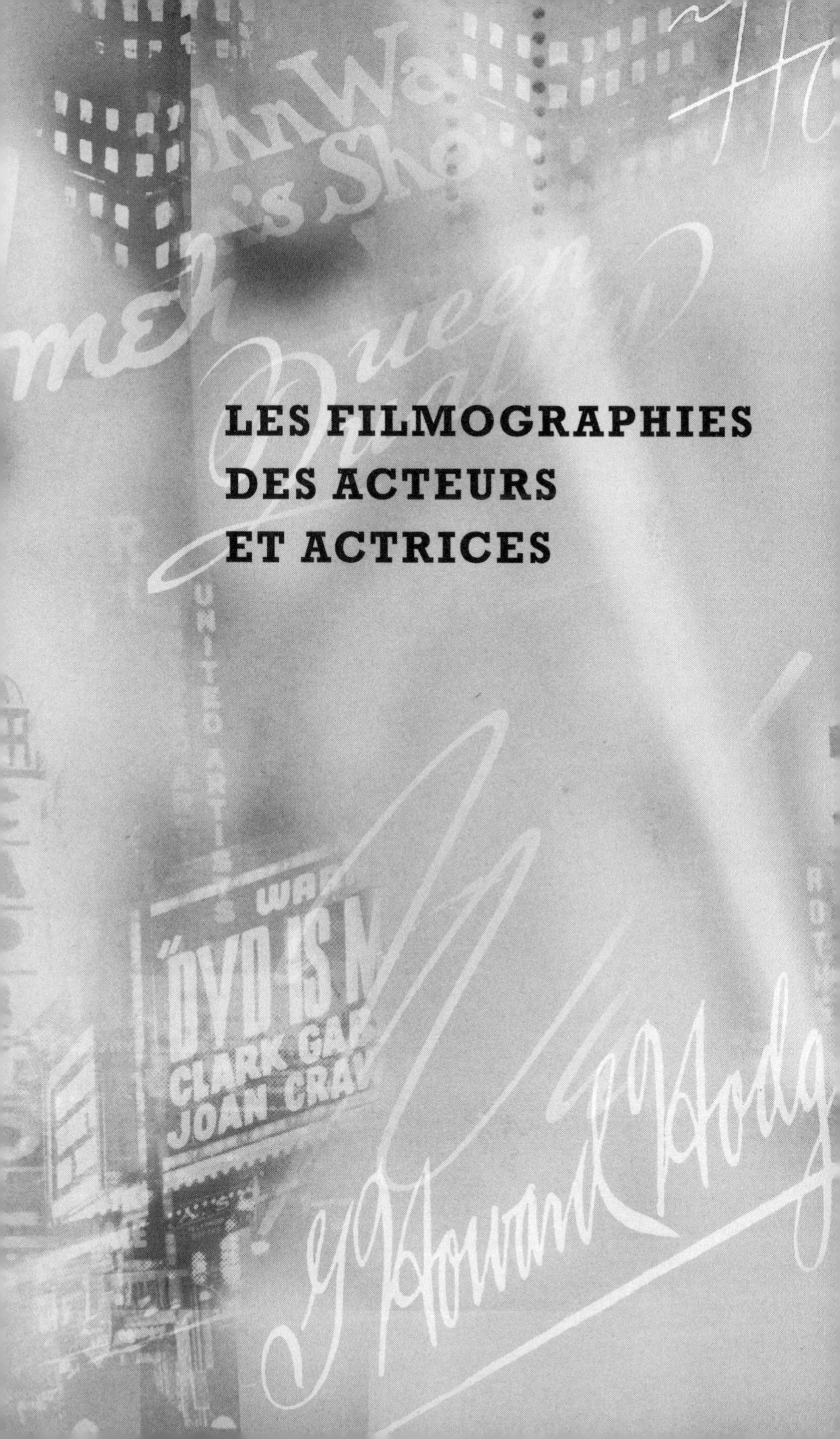

LES FILMOGRAPHIES DES ACTEURS ET ACTRICES

ABBOTT, Bud
acteur américain (1895-1974)
ONE NIGHT IN THE TROPICS (1940)
BUCK PRIVATES (1941)
HOLD THAT GHOST (1941)
IN THE NAVY (1941)
KEEP'EM FLYING (1941)
PARDON MY SARONG (1942)
RIDE'EM COWBOY (1942)
HIT THE ICE (1943)
LOST IN A HAREM (1944)
ABBOTT & COSTELLO IN HOLLYWOOD (1945)
NAUGHTY NINETIES, THE (1945)
LITTLE GIANT (1946)
TIME OF THEIR LIVES, THE (1946)
ABBOTT & COSTELLO MEET FRANKENSTEIN (1948)
MEXICAN HAYRIDE (1948)
NOOSE HANGS HIGH, THE (1948)
WISTFUL WIDOW OF WAGON GAP, THE (1948)
ABBOTT & COSTELLO MEET THE KILLER BORIS KARLOFF (1949)
AFRICA SCREAMS (1949)
ABBOTT & COSTELLO IN THE FOREIGN LEGION (1950)
ABBOTT & COSTELLO MEET THE INVISIBLE MAN (1951)
JACK AND THE BEANSTALK (1952)
ABBOTT & COSTELLO GO TO MARS (1953)
ABBOTT & COSTELLO MEET DR. JEKYLL AND MR. HYDE (1953)
ABBOTT & COSTELLO MEET THE KEYSTONE KOPS (1955)
ABBOTT & COSTELLO MEET THE MUMMY (1955)
DANCE WITH ME HENRY (1956)
BEST OF BUD ABBOTT & LOU COSTELLO II (2004)

ABRIL, Victoria
actrice espagnole (1959-)
MIEUX VAUT ÊTRE RICHE ET BIEN PORTANT QUE FAUCHÉ ET MAL FOUTU (1980)
COMIN' AT YA! (1981)
J'AI ÉPOUSÉ UNE OMBRE (1982)
BÂTARD, LE (1983)
LUNE DANS LE CANIVEAU, LA (1983)
ON THE LINE (1983)
ADDITION, L' (1984)
VOYAGE, LE (1984)
HEURE DES SORTILÈGES, L' (1985)
PADRE NUESTRO (1985)
MAX, MON AMOUR (1986)
TEMPS DU SILENCE, LE (1986)
BÂTON ROUGE (1988)
ATTACHE-MOI! (1989)
IF THEY TELL YOU I FELL... (1989)
LOVERS (1991)
TALONS AIGUILLES (1991)
UNE ÉPOQUE FORMIDABLE (1991)
INTRUSO (1993)
KIKA (1993)
GAZON MAUDIT (1994)
LIBERTARIAS (1995)
ENTRE LES JAMBES (1999)
101 REYKJAVIK (2000)
DON'T TEMPT ME (2001)
SWINDLED (2004)

ACKLAND, Joss
acteur anglais (1928-)
CRY OF THE PENGUINS (1971)
HITLER: THE LAST TEN DAYS (1973)
S.P.Y.S (1974)
OPERATION DAYBREAK (1975)
ROYAL FLASH (1975)
SAINT JACK (1979)
TINKER, TAILOR, SOLDIER, SPY (1979)
WHITE MISCHIEF (1987)
SPYMAKER (1989)
HUNT FOR RED OCTOBER (1990)
JOHN LE CARRE'S A MURDER OF QUALITY (1991)
MIGHTY DUCKS, THE (1992)
SURVIVING PICASSO (1996)
FIRELIGHT (1997)
SWEPT FROM THE SEA (1997)
PASSION OF MIND (2000)
HENRY VIII (2003)
ASYLUM (2005)
HOW ABOUT YOU (2007)
FLAWLESS (2008)

ADJANI, Isabelle
actrice française (1955-)
HISTOIRE D'ADÈLE H., L' (1975)
BAROCCO (1976)
LOCATAIRE, LE (1976)
DRIVER, THE (1978)
NOSFERATU: FANTÔME DE LA NUIT (1978)
QUARTET (1980)
POSSESSION (1981)
TOUT FEU, TOUT FLAMME (1981)
ANTONIETA (1982)
ÉTÉ MEURTRIER, L' (1982)
MORTELLE RANDONNÉE (1983)
SUBWAY (1985)
ISHTAR (1987)
CAMILLE CLAUDEL (1988)
REINE MARGOT, LA (1993)
TOXIC AFFAIR (1993)
DIABOLIQUE (1996)
BON VOYAGE! (2003)
MONSIEUR IBRAHIM ET LES FLEURS DU CORAN (2003)

AFFLECK, Ben
acteur américain (1972-)
SCHOOL TIES (1992)
CHASING AMY (1996)
GLORY DAZE (1996)
GOING ALL THE WAY (1996)
GOOD WILL HUNTING (1997)
ARMAGEDDON (1998)
200 CIGARETTES (1999)
DOGMA (1999)
FORCES OF NATURE (1999)
REINDEER GAMES (2000)
DADDY AND THEM (2001)
PEARL HARBOR (2001)
PROJECT GREENLIGHT (2001)
CHANGING LANES (2002)
SUM OF ALL FEARS, THE (2002)
THIRD WHEEL, THE (2002)
DAREDEVIL (2003)
GIGLI (2003)
PAYCHECK (2003)
JERSEY GIRL (2004)
SURVIVING CHRISTMAS (2004)
HOLLYWOODLAND (2006)
MAN ABOUT TOWN (2006)
SMOKIN' ACES (2007)
HE'S JUST NOT THAT INTO YOU! (2008)
STATE OF PLAY (2009)

AFFLECK, Casey
acteur américain (1975-)
TO DIE FOR (1995)
GOOD WILL HUNTING (1997)
DESERT BLUE (1998)
DROWNING MONA (2000)
HAMLET (2000)
OCEAN'S ELEVEN (2001)
GERRY (2002)
OCEAN'S 12 (2004)
LONESOME JIM (2005)
LAST KISS (2006)
ASSASSINATION OF JESSE JAMES BY THE COWARD ROBERT FORD, THE (2007)
GONE BABY GONE (2007)

AGAR, John
acteur américain (1921-2002)
FORT APACHE (1947)
SANDS OF IWO JIMA (1949)
SHE WORE A YELLOW RIBBON (1949)
ALONG THE GREAT DIVIDE (1951)
REVENGE OF THE CREATURE (1955)
TARANTULA (1955)
MOLE PEOPLE, THE (1956)
BRAIN FROM PLANET AROUS, THE (1957)
ATTACK OF THE PUPPET PEOPLE (1958)
INVISIBLE INVADERS (1959)
JOURNEY TO THE SEVENTH PLANET (1961)
ST. VALENTINE'S DAY MASSACRE, THE (1967)
KING KONG (1976)
MIRACLE MILE (1988)
NIGHTBREED (1990)

AGUTTER, Jenny
actrice anglaise (1952-)
WALKABOUT (1970)
THRILLER (1973)
EAGLE HAS LANDED, THE (1976)
LOGAN'S RUN (1976)
CHINA 9, LIBERTY 37 (1978)
AMERICAN WEREWOLF IN LONDON (1981)
SILAS MARNER (1985)
CHILD'S PLAY II (1990)
MI-5 (2002)

AIELLO, Danny
acteur américain (1933-)
GODFATHER II, THE (1974)
FRONT, THE (1976)
FINGERS (1977)
FORT APACHE, THE BRONX (1981)
ONCE UPON A TIME IN AMERICA (1984)
PROTECTOR, THE (1985)
PURPLE ROSE OF CAIRO, THE (1985)
MOONSTRUCK (1987)
PICK-UP ARTIST, THE (1987)
RADIO DAYS (1987)
JANUARY MAN, THE (1988)
DO THE RIGHT THING (1989)
HARLEM NIGHTS (1989)
JACOB'S LADDER (1990)
ONCE AROUND (1990)
29TH STREET (1991)
HUDSON HAWK (1991)
MISTRESS (1992)
RUBY (1992)
PROFESSIONAL, THE (1994)
CITY HALL (1995)
2 DAYS IN THE VALLEY (1996)
DINNER RUSH (2000)
BROOKLYN LOBSTER (2005)

AIMÉE, Anouk
actrice française (1932-)
MONTPARNASSE 19 (1957)
DOLCE VITA, LA (1960)
LOLA (1960)
SODOM AND GOMORRAH (1962)
8 1/2 (1963)
UN HOMME ET UNE FEMME (1966)
TRAGÉDIE D'UN HOMME RIDICULE, LA (1981)
VIVA LA VIE (1983)
SUCCESS IS THE BEST REVENGE (1984)
UN HOMME ET UNE FEMME: VINGT ANS DÉJÀ (1986)
BETHUNE: THE MAKING OF A HERO (1990)
IL Y A DES JOURS... ET DES LUNES (1990)
MARMOTTES, LES (1993)
RUPTURE(S) (1993)
CENT ET UNE NUITS, LES (1994)
PRÊT-À-PORTER (1994)
FESTIVAL IN CANNES (2001)
NAPOLÉON (2002)

AKINS, Claude
acteur américain (1918-1994)
CAINE MUTINY, THE (1953)
FROM HERE TO ETERNITY (1953)
SEA CHASE, THE (1955)
LONELY MAN, THE (1957)
DEFIANT ONES, THE (1958)
ONIONHEAD (1958)
RIO BRAVO (1959)
COMANCHE STATION (1960)
INHERIT THE WIND (1960)
MERRILL'S MARAUDERS (1962)
KILLERS, THE (1964)
RETURN OF THE MAGNIFICIENT SEVEN (1966)
WATERHOLE #3 (1967)
MAN CALLED SLEDGE, A (1970)
NIGHT STALKER (1971)
BATTLE FOR THE PLANET OF THE APES (1973)
MONSTER IN THE CLOSET (1987)
GAMBLER RETURNS: THE LUCK OF THE DRAW (1991)
FALLING FROM GRACE (1992)

ALBA, Jessica
actrice américaine (1981-)
IDLE HANDS (1999)
DARK ANGEL (2000)
SLEEPING DICTIONARY (2002)
FANTASTIC 4 (2005)
INTO THE BLUE (2005)
SIN CITY (2005)
AWAKE (2007)
FANTASTIC FOUR: RISE OF THE SILVER SURFER (2007)
GOOD LUCK CHUCK (2007)
TEN, THE (2007)
EYE, THE (2008)
LOVE GURU, THE (2008)
MEET BILL (2008)

ALBERT, Eddie
acteur américain (1908-2005)
WAGONS ROLL AT NIGHT, THE (1941)
SMASH-UP, THE STORY OF A WOMAN (1947)
YOU GOTTA STAY HAPPY (1948)
FULLER BRUSH GIRL, THE (1950)
YOU'RE IN THE NAVY NOW (1951)
ROMAN HOLIDAY (1953)

I'LL CRY TOMORROW (1955)
ATTACK! (1956)
SUN ALSO RISES, THE (1957)
BELOVED INFIDEL (1959)
GREEN ACRES (SEASON I) (1965)
COLUMBO (SEASON I) (1971)
MCQ (1973)
LONGEST YARD, THE (1974)
DEVIL'S RAIN, THE (1975)
ESCAPE TO WITCH MOUNTAIN (1975)
GABRIELLE (1979)
BEULAH LAND (1980)
BRENDA STARR (1987)

ALDA, Alan
acteur américain (1936-)
PAPER LION (1968)
MEPHISTO WALTZ, THE (1971)
TO KILL A CLOWN (1971)
MASH (1972)
CALIFORNIA SUITE (1978)
MASH (SEASON VI) (1978)
SAME TIME, NEXT YEAR (1978)
SEDUCTION OF JOE TYNAN, THE (1979)
FOUR SEASONS, THE (1981)
SWEET LIBERTY (1986)
NEW LIFE, A (1988)
CRIMES AND MISDEMEANORS (1989)
BETSY'S WEDDING (1990)
AND THE BAND PLAYED ON (1993)
MANHATTAN MURDER MYSTERY (1993)
CANADIAN BACON (1995)
EVERYONE SAYS I LOVE YOU (1996)
MAD CITY (1997)
MURDER AT 1600 (1997)
KEEPERS OF THE FRAME (1999)
WHAT WOMEN WANT (2000)
AVIATOR, THE (2004)
RESURRECTING THE CHAMP (2007)
DIMINISHED CAPACITY (2008)
FLASH OF GENIUS (2008)
NOTHING BUT THE TRUTH (2008)

ALEXANDER, Jane
actrice américaine (1939-)
GREAT WHITE HOPE, THE (1970)
GUNFIGHT, A (1970)
NEW CENTURIONS, THE (1972)
ALL THE PRESIDENT'S MEN (1976)
ELEONOR AND FRANKLIN (1976)
BETSY, THE (1978)
KRAMER VS. KRAMER (1979)
BRUBAKER (1980)
NIGHT CROSSING (1981)
TESTAMENT (1983)
CITY HEAT (1984)
RUMOR MILL, THE: MALICE IN WONDERLAND (1985)
SWEET COUNTRY (1988)
GLORY (1989)
ÂME EN JEU, L' (2002)
RING, THE (2002)
SUNSHINE STATE (2002)
WARM SPRINGS (2005)
FUR - AN IMAGINARY PORTRAIT OF DIANE ARBUS (2006)
FEAST OF LOVE (2007)
TELL ME YOU LOVE ME (SEASON 1) (2007)
UNBORN, THE (2008)
TERMINATOR: SALVATION (2009)

ALEXANDER, Jason
acteur américain (1959-)
BURNING, THE (1981)
SEINFELD (SEASON I & II) (1990)
WHITE PALACE (1990)
I DON'T BUY KISSES ANYMORE (1991)
NORTH (1994)
DUNSTON CHECKS IN (1995)
LOVE! VALOUR! COMPASSION! (1996)
ADVENTURES OF ROCKY AND BULWINKLE, THE (2000)
ON EDGE (2001)
SHALLOW HAL (2001)
IRA & ABBY (2007)

ALLEN, Joan
actrice américaine (1956-)
COMPROMISING POSITIONS (1985)
MANHUNTER (1986)
IN COUNTRY (1989)
ETHAN FROME (1992)
SEARCHING FOR BOBBY FISCHER (1993)
MAD LOVE (1995)
NIXON (1995)
CRUCIBLE, THE (1996)
FACE/OFF (1997)
ICE STORM, THE (1997)
PLEASANTVILLE (1998)
IT'S THE RAGE (1999)
CONTENDER, THE (2000)
MISTS OF AVALON (2001)
OFF THE MAP (2003)
BOURNE SUPREMACY, THE (2004)
UPSIDE OF ANGER, THE (2005)
YES (2005)
BONNEVILLE (2006)
BOURNE ULTIMATUM (2007)
DEATH RACE (2008)

ALLEN, Karen
actrice américaine (1951-)
WANDERERS, THE (1979)
CRUISING (1980)
SMALL CIRCLE OF FRIENDS, A (1980)
EAST OF EDEN (1981)
RAIDERS OF THE LOST ARK (1981)
SHOOT THE MOON (1981)
STARMAN (1984)
UNTIL SEPTEMBER (1984)
GLASS MENAGERIE, THE (1987)
SCROOGED (1988)
TURNING, THE (1992)
BASKET, THE (1999)
WHEN WILL I BE LOVED (2004)
INDIANA JONES AND THE KINGDOM OF THE CRYSTAL SKULL (2008)

ALLEN, Nancy
actrice américaine (1950-)
CARRIE (1976)
I WANNA HOLD YOUR HAND (1978)
HOME MOVIES (1979)
DRESSED TO KILL (1980)
BLOW OUT (1981)
BUDDY SYSTEM, THE (1983)
STRANGE INVADERS (1983)
PHILADELPHIA EXPERIMENT, THE (1984)
GLADIATOR, THE (1986)
ROBOCOP (1987)
POLTERGEIST III (1988)
PATRIOTES, LES (1994)

ALLEN, Tim
acteur américain (1953-)
SANTA CLAUSE, THE (1994)
JUNGLE 2 JUNGLE (1997)
GALAXY QUEST (1999)
BIG TROUBLE (2001)
CHRISTMAS WITH THE KRANKS (2004)
SANTA CLAUSE 3, THE - THE ESCAPE CLAUSE (2006)
WILD HOGS (2007)
REDBELT (2008)

ALLEN, Woody
acteur américain (1935-)
WHAT'S NEW, PUSSYCAT? (1965)
CASINO ROYALE (1967)
TAKE THE MONEY AND RUN (1969)
BANANAS (1971)
EVERYTHING YOU ALWAYS WANTED TO KNOW ABOUT SEX BUT WERE AFRAID TO ASK (1972)
PLAY IT AGAIN, SAM (1972)
SLEEPER (1973)
LOVE AND DEATH (1975)
FRONT, THE (1976)
ANNIE HALL (1977)
MANHATTAN (1979)
STARDUST MEMORIES (1980)
MIDSUMMER NIGHT'S SEX COMEDY, A (1982)
ZELIG (1983)
BROADWAY DANNY ROSE (1984)
HANNAH AND HER SISTERS (1986)
KING LEAR (1987)
CRIMES AND MISDEMEANORS (1989)
NEW YORK STORIES (1989)
SCENES FROM A MALL (1991)
SHADOWS AND FOG (1991)
HUSBANDS AND WIVES (1992)
MANHATTAN MURDER MYSTERY (1993)
DON'T DRINK THE WATER (1994)
MIGHTY APHRODITE (1995)
EVERYONE SAYS I LOVE YOU (1996)
DECONSTRUCTING HARRY (1997)
PICKING UP THE PIECES (2000)
SMALL TIME CROOKS (2000)
HOLLYWOOD ENDING (2002)
ANYTHING ELSE (2003)
SCOOP (2006)

ALLEY, Kirstie
actrice américaine (1955-)
CHEERS (SEASON TWO) (1983)
SHOOT TO KILL (1988)
LOOK WHO'S TALKING (1989)
LOOK WHO'S TALKING TOO (1990)
LOOK WHO'S TALKING NOW (1993)
VILLAGE OF THE DAMNED (1995)
DECONSTRUCTING HARRY (1997)
DROP DEAD GORGEOUS (1999)
FAT ACTRESS (2005)

ALONSO, Maria Conchita
actrice cubaine (1957-)
MOSCOW ON THE HUDSON (1984)
RUNNING MAN, THE (1987)
COLORS (1988)
VAMPIRE'S KISS (1988)
PREDATOR 2 (1990)
MCBAIN (1991)
HOUSE OF THE SPIRITS, THE (1993)
CAUGHT (1996)

AMALRIC, Mathieu
acteur français (1965-)
COMMENT JE ME SUIS DISPUTÉ... (MA VIE SEXUELLE) (1995)
JOURNAL D'UN SÉDUCTEUR, LE (1995)
ALICE ET MARTIN (1998)
DIEU SEUL ME VOIT (1998)
FIN AOÛT, DÉBUT SEPTEMBRE (1998)
MES ENFANTS NE SONT PAS COMME LES AUTRES (2002)
ROIS ET REINE (2004)
MOUSTACHE, LA (2005)
MUNICH (2005)
QUAND J'ÉTAIS CHANTEUR (2006)
MICHOU D'AUBERT (2007)
QUESTION HUMAINE, LA (2007)
SCAPHANDRE ET LE PAPILLON, LE (2007)
UN SECRET (2007)
QUANTUM OF SOLACE (2008)
UN CONTE DE NOËL (2008)

AMBROSE, Lauren
actrice américaine (1978-)
CAN'T HARDLY WAIT (1998)
SWIMMING (2000)
SIX FEET UNDER (FIRST SEASON) (2002)
SIX FEET UNDER (SEASON II) (2002)
ADMISSIONS (2004)
SIX FEET UNDER (SEASON V) (2005)
DIGGERS (2006)
STARTING OUT IN THE EVENING (2007)

AMECHE, Don
acteur américain (1908-1993)
ALEXANDER'S RAGTIME BAND (1938)
IN OLD CHICAGO (1938)
HOLLYWOOD CAVALCADE (1939)
MIDNIGHT (1939)
STORY OF ALEXANDER GRAHAM BELL, THE (1939)
THREE MUSKETEERS, THE (1939)
DOWN ARGENTINE WAY (1940)
LILLIAN RUSSELL (1940)
MOON OVER MIAMI (1941)
THAT NIGHT IN RIO (1941)
HEAVEN CAN WAIT (1943)
GREENWICH VILLAGE (1944)
IT'S IN THE BAG (1945)
COLUMBO (SEASON I) (1971)
COCOON (1985)
HARRY AND THE HENDERSONS (1987)
COCOON: THE RETURN (1988)
THINGS CHANGE (1988)
OSCAR (1991)
HOMEWARD BOUND: THE INCREDIBLE JOURNEY (1993)
CORRINA, CORRINA (1994)

ANCONINA, Richard
acteur français (1953-)
INSPECTEUR LA BAVURE (1980)
CHOIX DES ARMES, LE (1981)
BATTANT, LE (1982)
JEUNE MARIÉ, LE (1982)
CAP CANAILLE (1983)
TCHAO PANTIN (1983)
UNE PIERRE DANS LA BOUCHE (1983)
INTRUS, L' (1984)
PARTIR, REVENIR (1985)
POLICE (1985)
LEVY ET GOLIATH (1986)
MÔME, LE (1986)
ITINÉRAIRE D'UN ENFANT GÂTÉ (1988)

ENVOYEZ LES VIOLONS (1989)
PETIT CRIMINEL, LE (1990)
VÉRITÉ SI JE MENS II, LA (2000)

ANDERSON, Gillian
actrice américaine (1968-)
TURNING, THE (1992)
MIGHTY, THE (1998)
PLAYING BY HEART (1998)
X-FILES: THE MOVIE (1998)
HOUSE OF MIRTH, THE (2000)
X-FILES (SEASON VIII) (2001)
BLEAK HOUSE (2005)
TRISTRAM SHANDY - A COCK & BULL STORY (2005)
LAST KING OF SCOTLAND, THE (2006)
CLOSURE (2007)
HOW TO LOSE FRIENDS & ALIENATE PEOPLE (2008)
X-FILES, THE: I WANT TO BELIEVE (2008)

ANDERSON, Kevin
acteur américain (1960-)
ORPHANS (1987)
ORPHEUS DESCENDING (1990)
LIEBESTRAUM (1991)
NIGHT WE NEVER MET, THE (1993)
WRONG MAN, THE (1993)
EYE OF GOD (1997)
FIRELIGHT (1997)
WHEN STRANGERS APPEAR (2001)

ANDERSSON, Bibi
actrice suédoise (1935-)
SOURIRES D'UNE NUIT D'ÉTÉ (1955)
BRINK OF LIFE (1957)
FRAISES SAUVAGES, LES (1957)
SEVENTH SEAL, THE (1957)
VISAGE, LE (1959)
ŒIL DU DIABLE, L' (1960)
TOUTES CES FEMMES (1964)
DUEL AT DIABLO (1965)
PERSONA (1966)
UNE PASSION (1969)
SCÈNES DE LA VIE CONJUGALE (1973)
IL PLEUT SUR SANTIAGO (1975)
I NEVER PROMISED YOU A ROSE GARDEN (1976)
QUINTET (1978)
AIRPORT '79: THE CONCORDE (1979)
UN HOMME, DEUX FEMMES (1979)
FESTIN DE BABETTE, LE (1987)

ANDRESS, Ursula
actrice suisse (1936-)
DR. NO (1962)
4 FOR TEXAS (1963)
FUN IN ACAPULCO (1963)
DIXIÈME VICTIME, LA (1965)
WHAT'S NEW, PUSSYCAT? (1965)
BLUE MAX, THE (1966)
CASINO ROYALE (1967)
SOLEIL ROUGE (1971)
LOVES AND TIMES OF SCARAMOUCHE, THE (1975)
SENSUOUS NURSE, THE (1975)
STICK 'EM UP, DARLINGS (1975)
MONTAGNE DU DIEU CANNIBALE, LA (1978)
FIFTH MUSKETEER, THE (1979)
MONSTRESSES, LES (1979)
CLASH OF THE TITANS (1981)
LIBERTÉ, ÉGALITÉ, CHOUCROUTE (1985)

ANDREWS, Dana
acteur américain (1909-1992)
BALL OF FIRE (1942)
CRASH DIVE (1943)
OX-BOW INCIDENT, THE (1943)
LAURA (1944)
PURPLE HEART, THE (1944)
UP IN ARMS (1944)
FALLEN ANGEL (1945)
STATE FAIR (1945)
BOOMERANG! (1946)
CANYON PASSAGE (1946)
WALK IN THE SUN, A (1946)
DAISY KENYON (1947)
NO MINOR VICES (1948)
MY FOOLISH HEART (1949)
WHERE THE SIDEWALK ENDS (1950)
FROGMEN, THE (1951)
ELEPHANT WALK (1953)
CURSE OF THE DEMON (1957)
ZERO HOUR (1957)
SATAN BUG, THE (1964)
JOHNNY RENO (1965)
HOT RODS TO HELL (1967)

ANDREWS, Julie
actrice anglaise (1935-)
AMERICANIZATION OF EMILY, THE (1964)
MARY POPPINS (1964)
SOUND OF MUSIC, THE (1965)
HAWAII (1966)
TORN CURTAIN (1966)
THOROUGHLY MODERN MILLIE (1967)
STAR! (1968)
DARLING LILI (1969)
10 (1979)
LITTLE MISS MARKER (1980)
S.O.B. (1981)
VICTOR/VICTORIA (1982)
DUET FOR ONE (1986)
THAT'S LIFE! (1986)
OUR SONS (1991)
FINE ROMANCE, A (1992)
PRINCESS DIARIES, THE (2001)
PRINCESS DIARIES 2: ROYAL ENGAGEMENT (2004)

ANDREWS, Naveen
acteur anglais (1971-)
WILD WEST (1992)
BUDDHA OF SUBURBIA, THE (1993)
ENGLISH PATIENT, THE (1996)
KAMA SUTRA: A TALE OF LOVE (1996)
MIGHTY JOE YOUNG (1998)
MY OWN COUNTRY (1998)
ROLLERBALL (2001)
EASY (2003)
BRAVE ONE, THE (2007)

ANÉMONE
actrice française (1950-)
ATTENTION LES YEUX (1975)
ORDINATEUR DES POMPES FUNÈBRES, L' (1976)
COUPLE TÉMOIN, LE (1977)
VOUS N'AUREZ PAS L'ALSACE ET LA LORRAINE (1977)
FRENCH POSTCARDS (1979)
JE VAIS CRAQUER (1979)
VIENS CHEZ MOI, J'HABITE CHEZ UNE COPINE (1980)
MA FEMME S'APPELLE REVIENS (1981)
QUAND TU SERAS DÉBLOQUÉ, FAIS-MOI SIGNE (1981)
PÈRE NOËL EST UNE ORDURE, LE (1982)
POUR 100 BRIQUES, T'AS PLUS RIEN (1982)
QUART D'HEURE AMÉRICAIN, LE (1982)
UN HOMME À MA TAILLE (1983)
NANAS, LES (1984)
PÉRIL EN LA DEMEURE (1984)
MARIAGE DU SIÈCLE, LE (1985)
TRANCHES DE VIE (1985)
GRAND CHEMIN, LE (1986)
I LOVE YOU (1986)
TWISTED OBSESSION (1988)
ENVOYEZ LES VIOLONS (1989)
COUP DE JEUNE! (1991)
PETIT PRINCE A DIT, LE (1992)
AUX PETITS BONHEURS (1993)
PAS TRÈS CATHOLIQUE (1993)
CRI DE LA SOIE, LE (1996)
MARQUISE (1997)
LAUTREC (1998)
MA FEMME S'APPELLE...MAURICE (2002)
C'EST PAS MOI, C'EST L'AUTRE (2004)

ANGLADE, Jean-Hugues
acteur français (1955-)
INDISCRÉTION, L' (1982)
HOMME BLESSÉ, L' (1983)
SUBWAY (1985)
37°2 LE MATIN (1986)
NOCTURNE INDIEN (1989)
NIKITA (1990)
NUIT D'ÉTÉ EN VILLE (1990)
GAWIN (1991)
JONAH WHO LIVED IN THE WHALE (1993)
KILLING ZOE (1993)
MARMOTTES, LES (1993)
REINE MARGOT, LA (1993)
DIS-MOI OUI (1994)
NELLY ET MONSIEUR ARNAUD (1995)
AFFINITÉS ÉLECTIVES, LES (1996)
MAXIMUM RISK (1996)
EN FACE (1999)
PROF, LE (1999)
IL EST PLUS FACILE POUR UN CHAMEAU... (2003)
LAISSE TES MAINS SUR MES HANCHES (2003)
TAKING LIVES (2004)
SHAKE HANDS WITH THE DEVIL (2007)
BORDERLINE (2008)

ANISTON, Jennifer
actrice américaine (1969-)
FRIENDS (SEASON I) (1994)
FRIENDS (SEASON II) (1995)
DREAM FOR AN INSOMNIAC (1996)
FRIENDS (SEASON III) (1996)
SHE'S THE ONE (1996)
FRIENDS (SEASON IV) (1997)
PICTURE PERFECT (1997)
OBJECT OF MY AFFECTION, THE (1998)
FRIENDS (SEASON VI) (1999)
OFFICE SPACE (1999)
GOOD GIRL, THE (2001)
ROCK STAR (2001)
BRUCE ALMIGHTY (2003)
ALONG CAME POLLY (2004)
DERAILED (2005)
RUMOUR HAS IT ... (2005)
BREAK-UP, THE (2006)
FRIENDS WITH MONEY (2006)
HE'S JUST NOT THAT INTO YOU! (2008)
MARLEY AND ME (2008)

ANN-MARGRET
actrice suédoise (1941-)
POCKETFUL OF MIRACLES (1961)
BYE BYE BIRDIE (1963)
KITTEN WITH A WHIP (1964)
VIVA LAS VEGAS (1964)
CINCINNATI KID, THE (1965)
MURDERER'S ROW (1966)
TIGER AND THE PUSSYCAT, THE (1967)
R.P.M. (1970)
CARNAL KNOWLEDGE (1971)
UN HOMME EST MORT (1972)
TRAIN ROBBERS, THE (1973)
TOMMY (1975)
FOLIES BOURGEOISES (1976)
JOSEPH ANDREWS (1976)
LAST REMAKE OF BEAU GESTE, THE (1977)
CHEAP DETECTIVE, THE (1978)
MAGIC (1978)
VILLAIN, THE (1979)
RETURN OF THE SOLDIER, THE (1981)
I OUGHT TO BE IN PICTURES (1982)
LOOKIN' TO GET OUT (1982)
52 PICK-UP (1986)
NEW LIFE, A (1988)
OUR SONS (1991)
NEWSIES (1992)
GRUMPY OLD MEN (1993)
QUEEN (1993)
GRUMPIER OLD MEN (1995)
10TH KINGDOM, THE (2000)
SANTA CLAUSE 3, THE - THE ESCAPE CLAUSE (2006)

ANTONELLI, Laura
actrice italienne (1941-)
DR. GOLDFOOT AND THE GIRL BOMBS (1966)
VÉNUS EN FOURRURE, LA (1968)
MAN CALLED SLEDGE, A (1970)
MARIÉS DE L'AN DEUX, LES (1971)
ALL' ONOREVOLE PIACCIONO LE DONNE (1972)
MALICIA (1973)
MON DIEU, COMMENT SUIS-JE TOMBÉE SI BAS? (1974)
DIVINE CREATURE (1976)
INNOCENTE, L' (1976)
CHASTE ET PURE (1977)
MAÎTRESSE LÉGITIME, LA (1977)
MONSTRESSES, LES (1979)
PASSION D'AMOUR (1980)
TRANCHES DE VIE (1985)
VÉNITIENNE, LA (1986)

ANWAR, Gabrielle
actrice anglaise (1970-)
NIGHT OF LOVE, A (1987)
STORYTELLER, THE - DEFINITIVE COLLECTION (1987)
WILD HEARTS CAN'T BE BROKEN (1991)
SCENT OF A WOMAN (1992)
BODY SNATCHERS (1993)
THINGS TO DO IN DENVER WHEN YOU'RE DEAD (1995)

WATER UNDER THE BRIDGE (2003)
TUDORS, THE (SEASON 1) (2007)

APPLEGATE, Christina

actrice américaine (1971-)
DON'T TELL MOM THE BABYSITTER'S DEAD (1991)
BIG HIT, THE (1998)
MAFIA! (1998)
JUST VISITING (2001)
SWEETEST THING, THE (2002)
GRAND THEFT PARSONS (2003)
VIEW FROM THE TOP, A (2003)
ANCHORMAN: THE LEGEND OF RON BURGUNDY (2004)
ROCKER, THE (2008)
SAMANTHA WHO? (SEASON 1) (2008)

ARCAND, Gabriel

acteur québécois (1949-)
MAUDITE GALETTE, LA (1972)
RÉJEANNE PADOVANI (1973)
GINA (1975)
PARLEZ-NOUS D'AMOUR (1976)
DUPLESSIS (1977)
PANIQUE (1977)
AU REVOIR... À LUNDI (1979)
AFFAIRE COFFIN, L' (1980)
SUZANNE (1980)
PLOUFFE, LES (1981)
MÉMOIRE BATTANTE (1983)
CRIME D'OVIDE PLOUFFE, LE (1984)
AGNES OF GOD (1985)
DÉCLIN DE L'EMPIRE AMÉRICAIN, LE (1986)
PORTES TOURNANTES, LES (1988)
NELLIGAN (1991)
FABRICATION D'UN MEURTRIER, LA (1996)
POST MORTEM (1999)
TURBULENCE DES FLUIDES, LA (2002)
CONGORAMA (2006)
VIE SECRÈTE DES GENS HEUREUX, LA (2006)
MAMAN EST CHEZ LE COIFFEUR (2008)

ARDANT, Fanny

actrice française (1949-)
CHIENS, LES (1979)
UNS ET LES AUTRES, LES (1980)
FEMME D'À CÔTÉ, LA (1981)
BENVENUTA (1983)
UN AMOUR DE SWANN (1983)
VIVEMENT DIMANCHE! (1983)
AMOUR À MORT, L' (1984)
ÉTÉ PROCHAIN, L' (1984)
CONSEIL DE FAMILLE (1986)
MÉLO (1986)
FAMILLE, LA (1987)
AUSTRALIA (1989)
AFRAID OF THE DARK (1991)
AMOK, IVRE D'AMOUR (1992)
CENT ET UNE NUITS, LES (1994)
COLONEL CHABERT, LE (1994)
PAR-DELÀ LES NUAGES (1995)
SABRINA (1995)
PÉDALE DOUCE (1996)
RIDICULE (1996)
BALZAC: LA PASSION D'UNE VIE (1999)
DÉBANDADE, LA (1999)
FILS DU FRANÇAIS, LE (1999)
LIBERTIN, LE (2000)
8 FEMMES (2001)
DON'T TEMPT ME (2001)
CALLAS FOREVER (2002)
NATHALIE (2003)
PARIS, JE T'AIME (2006)
ROMAN DE GARE (2006)
SECRETS, LES (2007)

ARDITI, Pierre

acteur français (1944-)
BLAISE PASCAL (1974)
AMOUR VIOLÉ, L' (1977)
MON ONCLE D'AMÉRIQUE (1980)
MARGINAL, LE (1983)
AMOUR À MORT, L' (1984)
ENFANTS, LES (1984)
FEMMES DE PERSONNE (1984)
ÉTAT DE GRÂCE, L' (1986)
MÉLO (1986)
AGENT TROUBLE (1987)
DE GUERRE LASSE (1987)
FLAG (1987)
BONJOUR L'ANGOISSE (1988)
VANILLE FRAISE (1989)
CLÉS DU PARADIS, LES (1991)
PETITE APOCALYPSE, LA (1992)
NO SMOKING (1993)
SMOKING (1993)
HUSSARD SUR LE TOIT, LE (1995)
MESSIEURS LES ENFANTS (1996)
ON CONNAÎT LA CHANSON (1997)
COMTE DE MONTE CRISTO (1998)
HASARDS OU COÏNCIDENCES (1998)
QUE LA LUMIÈRE SOIT (1998)
ACTEURS, LES (1999)
MYSTÈRE DE LA CHAMBRE JAUNE, LE (2003)
PAS SUR LA BOUCHE (2003)
COURAGE D'AIMER, LE (2004)
PREMIÈRE FOIS QUE J'AI EU 20 ANS, LA (2004)
CŒURS (2006)

ARGENTO, Asia

actrice italienne (1975-)
DEMONS 2 (1986)
AMIES DE CŒURS, LES (1992)
TRAUMA (1993)
STENDHAL SYNDROME, THE (1996)
NEW ROSE HOTEL (1998)
PHANTOM OF THE OPERA (1998)
B. MONKEY (1999)
MORSURES DE L'AUBE, LES (2000)
SCARLET DIVA (2000)
SIRÈNE ROUGE, LA (2002)
XXX (2002)
KEEPER, THE (2003)
HEART IS DECEITFUL ABOVE ALL THINGS, THE (2004)
LAND OF THE DEAD (2005)
LAST DAYS (2005)
MARIE ANTOINETTE (2005)
TRANSYLVANIA (2006)
BOARDING GATE (2007)
MOTHER OF TEARS (2007)
UNE VIEILLE MAÎTRESSE (2007)

ARKIN, Alan

acteur américain (1937-)
RUSSIANS ARE COMING, THE RUSSIANS ARE COMING, THE (1966)
WAIT UNTIL DARK (1967)
WOMAN TIMES SEVEN (1967)
INSPECTOR CLOUSEAU (1968)
POPI (1969)
CATCH-22 (1970)
LAST OF THE RED HOT LOVERS (1972)
FREEBIE AND THE BEAN (1974)
SEVEN PERCENT SOLUTION, THE (1976)
IN-LAWS, THE (1979)
BIG TROUBLE (1985)
JOSHUA THEN AND NOW (1985)
ESCAPE FROM SOBIBOR (1987)
INDIAN SUMMER (1993)
MOTHER NIGHT (1996)
FOUR DAYS IN SEPTEMBER (1997)
GROSSE POINT BLANK (1997)
JAKOB THE LIAR (1999)
AND STARRING PANCHO VILLA AS HIMSELF (2003)
EROS (2005)
LITTLE MISS SUNSHINE (2006)
SANTA CLAUSE 3, THE - THE ESCAPE CLAUSE (2006)
RENDITION (2007)
GET SMART (2008)
MARLEY AND ME (2008)
SUNSHINE CLEANING (2008)

ARQUETTE, David

acteur américain (1971-)
DEAD MAN'S WALK (1996)
SCREAM (1996)
ALARMIST, THE (1997)
DREAM WITH THE FISHES (1997)
SCREAM 2 (1997)
MUPPETS FROM SPACE (1999)
NEVER BEEN KISSED (1999)
SCREAM 3 (2000)
3000 MILES TO GRACELAND (2001)
GREY ZONE, THE (2001)
HAPPY HERE AND NOW (2002)
NEVER DIE ALONE (2004)
RIDING THE BULLET (2004)
ADVENTURES OF SHARKBOY AND LAVAGIRL IN 3-D (2005)
SLINGSHOT (2005)
TRIPPER, THE (2006)

ARQUETTE, Patricia

actrice américaine (1968-)
NIGHTMARE ON ELM STREET III: A DREAM WARRIORS (1987)
INDIAN RUNNER, THE (1990)
WILDFLOWER (1991)
ETHAN FROME (1992)
INSIDE MONKEY ZETTERLAND (1992)
TROUBLE BOUND (1992)
TRUE ROMANCE (1993)
ED WOOD (1994)
HOLY MATRIMONY (1994)
BEYOND RANGOON (1995)
SECRET AGENT, THE (1995)
FLIRTING WITH DISASTER (1996)
INFINITY (1996)
LOST HIGHWAY (1996)
NIGHTWATCH (1997)
GOODBYE LOVER (1998)
BRINGING OUT THE DEAD (1999)
STIGMATA (1999)
LITTLE NICKY (2000)
HUMAN NATURE (2001)
SEARCHING FOR DEBRA WINGER (2002)
HOLES (2003)
TIPTOES (2003)
FAST FOOD NATION (2006)

ARQUETTE, Rosanna

actrice américaine (1959-)
S.O.B. (1981)
BABY, IT'S YOU (1982)
EXECUTIONER'S SONG, THE (1982)
WALL, THE (1982)
AFTER HOURS (1985)
AVIATOR, THE (1985)
DESPERATELY SEEKING SUSAN (1985)
SILVERADO (1985)
8 MILLION WAYS TO DIE (1986)
AMAZON WOMEN ON THE MOON (1986)
NOBODY'S FOOL (1986)
GRAND BLEU, LE (1988)
BLACK RAINBOW (1989)
NEW YORK STORIES (1989)
SON OF THE MORNING STAR (1990)
LINGUINI INCIDENT, THE (1991)
NOWHERE TO RUN (1993)
WRONG MAN, THE (1993)
PULP FICTION (1994)
SEARCH AND DESTROY (1995)
CRASH (1996)
GUN (1996)
DECEIVER (1997)
GONE FISHIN' (1997)
BUFFALO 66 (1998)
TOO MUCH FLESH (2000)
WHOLE NINE YARDS, THE (2000)
BIG BAD LOVE (2001)
DIARY OF A SEX ADDICT (2001)
EIGHT LEGGED FREAKS (2001)
THINGS BEHIND THE SUN (2001)
GROWING OP (2007)

ARTHUR, Jean

actrice américaine (1908-1991)
SEVEN CHANCES (1925)
WHOLE TOWN'S TALKING, THE (1935)
EX-MRS. BRADFORD, THE (1936)
MR. DEEDS GOES TO TOWN (1936)
PLAINSMAN, THE (1936)
EASY LIVING (1937)
YOU CAN'T TAKE IT WITH YOU (1938)
MR. SMITH GOES TO WASHINGTON (1939)
ONLY ANGELS HAVE WINGS (1939)
ARIZONA (1940)
DEVIL AND MISS JONES, THE (1941)
TALK OF THE TOWN, THE (1942)
LADY TAKES A CHANCE, A (1943)
MORE THE MERRIER, THE (1943)
FOREIGN AFFAIR, A (1948)
SHANE (1953)

ASCARIDE, Ariane

actrice française (1954-)
DIEU VOMIT LES TIÈDES (1989)
ARGENT FAIT LE BONHEUR, L' (1992)
À LA VIE, À LA MORT (1995)
MARIUS ET JEANNETTE (1996)
À LA PLACE DU CŒUR (1998)
MAUVAISES FRÉQUENTATIONS (1999)
À L'ATTAQUE! (2000)
DRÔLE DE FÉLIX (2000)
VILLE EST TRANQUILLE, LA (2000)
MA VRAIE VIE À ROUEN (2002)
MARIE-JO ET SES DEUX AMOURS (2002)
BRODEUSES (2004)
CHANGEMENT D'ADRESSE (2006)
VOYAGE EN ARMÉNIE, LE (2006)

ASSANTE, Armand
acteur américain (1949-)
LORDS OF FLATBUSH, THE (1974)
PARADISE ALLEY (1978)
PROPHECY (1979)
PRIVATE BENJAMIN (1980)
WHITE DOG (1982)
UNFAITHFULLY YOURS (1984)
BELIZAIRE THE CAJUN (1985)
Q & A (1990)
MARRYING MAN, THE (1991)
1492: CONQUEST OF PARADISE (1992)
HOFFA (1992)
MAMBO KINGS, THE (1992)
FATAL INSTINCT (1993)
TRIAL BY JURY (1994)
JUDGE DREDD (1995)
STRIPTEASE (1996)
ODYSSEY, THE (1997)
TWO FOR THE MONEY (2005)
AMERICAN GANGSTER (2007)

ASTAIRE, Fred
acteur américain (1899-1987)
DANCING LADY (1933)
FLYING DOWN TO RIO (1933)
GAY DIVORCEE, THE (1934)
ROBERTA (1935)
TOP HAT (1935)
FOLLOW THE FLEET (1936)
SWING TIME (1936)
DAMSEL IN DISTRESS, A (1937)
SHALL WE DANCE (1937)
CAREFREE (1938)
STORY OF VERNON & IRENE CASTLE, THE (1939)
BROADWAY MELODY OF 1940 (1940)
YOU'LL NEVER GET RICH (1940)
HOLIDAY INN (1942)
YOU WERE NEVER LOVELIER (1942)
SKY'S THE LIMIT, THE (1945)
YOLANDA AND THE THIEF (1945)
BLUE SKIES (1946)
ZIEGFELD FOLLIES (1946)
EASTER PARADE (1948)
BARKLEYS OF BROADWAY, THE (1949)
LET'S DANCE (1950)
ROYAL WEDDING (1951)
BELLE OF NEW YORK (1952)
BAND WAGON, THE (1953)
DADDY LONG LEGS (1954)
FUNNY FACE (1956)
SILK STOCKINGS (1957)
ON THE BEACH (1959)
PARIS WHEN IT SIZZLES (1963)
FINIAN'S RAINBOW (1968)
THAT'S ENTERTAINMENT (1974)
TOWERING INFERNO, THE (1974)
AMAZING DOBERMANS, THE (1976)
THAT'S ENTERTAINMENT! PART 2 (1976)
UN TAXI MAUVE (1977)
GHOST STORY (1981)

ASTIN, Sean
acteur américain (1971-)
GOONIES, THE (1985)
LIKE FATHER, LIKE SON (1987)
WHITE WATER SUMMER (1987)
TOY SOLDIERS (1991)
ENCINO MAN (1992)
RUDY (1993)
SAFE PASSAGE (1993)
LORD OF THE RINGS: THE FELLOWSHIP OF THE RING (2001)
LORD OF THE RINGS: THE TWO TOWERS, THE (2002)
LORD OF THE RINGS: THE RETURN OF THE KING (2003)
50 FIRST DATES (2004)
BIGGER THAN THE SKY (2005)
MARILYN HOTCHKISS BALLROOM DANCING & CHARM SCHOOL (2005)

ASTOR, Mary
actrice américaine (1906-1987)
MARK OF ZORRO / DON Q., SON OF ZORRO (1920)
DON Q, SON OF ZORRO (1925)
DON JUAN (1926)
BEHIND OFFICE DOORS (1931)
RED DUST (1932)
LISTEN, DARLING (1938)
GREAT LIE, THE (1941)
MALTESE FALCON, THE (1941)
PALM BEACH STORY, THE (1941)
ACROSS THE PACIFIC (1942)
MEET ME IN ST. LOUIS (1944)
CASS TIMBERLANE (1947)
ACT OF VIOLENCE (1948)
ANY NUMBER CAN PLAY (1949)
KISS BEFORE DYING, A (1956)
RETURN TO PEYTON PLACE (1961)

ATKINSON, Rowan
acteur anglais (1955-)
TALL GUY, THE (1989)
WITCHES, THE (1989)
FOUR WEDDINGS AND A FUNERAL (1993)
HOT SHOTS! PART DEUX (1993)
BEAN: THE ULTIMATE DISASTER MOVIE (1997)
MAYBE BABY (2001)
RAT RACE (2001)
JOHNNY ENGLISH (2003)
KEEPING MUM (2005)
MISTER BEAN'S HOLIDAY (2007)

ATTAL, Yvan
acteur israélien (1965-)
MAUVAISE FILLE (1990)
AMOUREUSE (1991)
APRÈS L'AMOUR (1991)
AUX YEUX DU MONDE (1991)
PATRIOTES, LES (1994)
LOVE, ETC. (1996)
PORTRAITS CHINOIS (1996)
PROF, LE (1999)
MA FEMME EST UNE ACTRICE (2001)
AND NOW LADIES & GENTLEMEN (2003)
BON VOYAGE! (2003)
IL EST PLUS FACILE POUR UN CHAMEAU... (2003)
ILS SE MARIÈRENT ET EURENT BEAUCOUP D'ENFANTS (2004)
ANTHONY ZIMMER (2005)
INTERPRETER, THE (2005)
SERPENT, LE (2006)

ATTENBOROUGH, Richard
acteur anglais (1923-)
IN WHICH WE SERVE (1942)
MORNING DEPARTURE (1950)
PRIVATE'S PROGRESS (1955)
I'M ALL RIGHT, JACK (1959)
LEAGUE OF GENTLEMEN, THE (1960)
ONLY TWO CAN PLAY (1962)
GREAT ESCAPE, THE (1963)
GUNS AT BATASI (1964)
SEANCE ON A WET AFTERNOON (1964)
THIRD SECRET, THE (1964)
FLIGHT OF THE PHOENIX, THE (1965)
SAND PEBBLES, THE (1966)
DOCTOR DOLITTLE (1967)
BLISS OF MRS. BLOSSOM, THE (1968)
MAGIC CHRISTIAN, THE (1969)
10 RILLINGTON PLACE (1971)
ROSEBUD (1974)
BRANNIGAN (1975)
TEN LITTLE INDIANS (1975)
HUMAN FACTOR, THE (1980)
JURASSIC PARK (1993)
MIRACLE ON 34TH STREET (1994)
ELIZABETH (1998)
LEWIS & CLARK AND OTHER GREAT ADVENTURES (2007)

AUDRAN, Stéphane
actrice française (1932-)
BONNES FEMMES, LES (1960)
PARIS VU PAR... (1965)
BICHES, LES (1967)
BOUCHER, LE (1968)
FEMME INFIDÈLE, LA (1968)
JUSTE AVANT LA NUIT (1970)
RUPTURE, LA (1970)
CHARME DISCRET DE LA BOURGEOISIE, LE (1972)
NOCES ROUGES, LES (1973)
VINCENT, FRANÇOIS, PAUL ET LES AUTRES (1974)
BLACK BIRD, THE (1975)
TEN LITTLE INDIANS (1975)
FOLIES BOURGEOISES (1976)
LIENS DE SANG, LES (1977)
MORT D'UN POURRI (1977)
VIOLETTE NOZIÈRE (1977)
GAGNANT, LE (1979)
BIG RED ONE, THE (1980)
COUP DE TORCHON (1981)
BOULEVARD DES ASSASSINS (1982)
CHOC, LE (1982)
PARADIS POUR TOUS (1982)
MORTELLE RANDONNÉE (1983)
SANG DES AUTRES, LE (1983)
POULET AU VINAIGRE (1984)
CAGE AUX FOLLES 3, LA (1985)
GITANE, LA (1985)
FESTIN DE BABETTE, LE (1987)
FACELESS (1988)
NIGHT MAGIC (1988)
SAISONS DU PLAISIR, LES (1988)
JOURS TRANQUILLES À CLICHY (1989)
BETTY (1991)
WEEP NO MORE MY LADY (1991)
AU PETIT MARGUERY (1995)
PIQUE-NIQUE DE LULU KREUTZ, LE (1999)
J'AI FAIM!!! (2001)
FILLE DE MONACO, LA (2008)

AUMONT, Jean-Pierre
acteur français (1909-2001)
DRÔLE DE DRAME (1937)
HÔTEL DU NORD (1938)
SONG OF SCHEHERAZADE (1947)
LILI (1952)
SEPT PÉCHÉS CAPITAUX, LES (1952)
DEVIL AT 4 O'CLOCK, THE (1961)
CAULDRON OF BLOOD (1967)
CASTLE KEEP (1969)
NUIT AMÉRICAINE, LA (1973)
CHAT ET LA SOURIS, LE (1975)
MAHOGANY (1975)
NANA (1982)
JAVA DES OMBRES, LA (1983)
BECOMING COLETTE (1991)
JEFFERSON IN PARIS (1995)

AUMONT, Michel
acteur français (1936-)
FEMME EN BLEU, LA (1973)
UN ANGE AU PARADIS (1973)
NADA (1974)
COURSE À L'ÉCHALOTE (1975)
JOUET, LE (1976)
DES ENFANTS GÂTÉS (1977)
GRAIN DE SABLE, LE (1982)
UNE FEMME OU DEUX (1985)
SALE DESTIN! (1986)
ALBERTO EXPRESS (1990)
AU PETIT MARGUERY (1995)
MESSIEURS LES ENFANTS (1996)
VILLE DONT LE PRINCE EST UN ENFANT, LA (1996)
1 CHANCE SUR 2 (1997)
HOMME EST UNE FEMME COMME LES AUTRES, L' (1997)
MAUVAIS GENRE (1997)
SALSA (1999)
PLACARD, LE (2000)
CLARA ET MOI (2003)
PALAIS ROYAL! (2005)
DOUBLURE, LA (2006)
EMPREINTE DE L'ANGE, L' (2008)

AUTEUIL, Daniel
acteur français (1950-)
ATTENTION LES YEUX (1975)
AMOUR VIOLÉ, L' (1977)
NUIT DE SAINT-GERMAIN DES PRÉS, LA (1977)
À NOUS DEUX (1979)
BANQUIÈRE, LA (1980)
SOUS-DOUÉS PASSENT LE BAC, LES (1980)
HOMMES PRÉFÈRENT LES GROSSES, LES (1981)
SOUS-DOUÉS EN VACANCES, LES (1981)
POUR 100 BRIQUES, T'AS PLUS RIEN (1982)
T'EMPÊCHES TOUT LE MONDE DE DORMIR! (1982)
FAUVES, LES (1983)
INDIC, L' (1983)
P'TIT CON (1983)
ARBALÈTE, L' (1984)
PALACE (1984)
JEAN DE FLORETTE (1986)
MANON DES SOURCES (1986)
QUELQUES JOURS AVEC MOI (1989)
ROMUALD ET JULIETTE (1989)
LACENAIRE (1990)
MA VIE EST UN ENFER (1991)
UN CŒUR EN HIVER (1992)
MA SAISON PRÉFÉRÉE (1993)
REINE MARGOT, LA (1993)
SÉPARATION, LA (1994)
UNE FEMME FRANÇAISE (1994)
HUITIÈME JOUR, LE (1996)
VOLEURS, LES (1996)
BOSSU, LE (1997)
LUCIE AUBRAC (1997)
FILLE SUR LE PONT, LA (1998)
LOST SON, THE (1999)
VEUVE DE SAINT-PIERRE, LA (1999)
PLACARD, LE (2000)

SADE (2000)
ADVERSAIRE, L' (2002)
36 QUAI DES ORFÈVRES (2004)
PRIX DU DÉSIR, LE (2004)
APRÈS VOUS... (2005)
CACHÉ (2005)
PEINDRE OU FAIRE L'AMOUR (2005)
DOUBLURE, LA (2006)
MON MEILLEUR AMI (2006)
DIALOGUE AVEC MON JARDINIER (2007)
MR 73 (2008)

AYKROYD, Dan
acteur canadien (1952-)
RUTLES, THE: ALL YOU NEED IS CASH, THE (1978)
1941 (1979)
BLUES BROTHERS, THE (1980)
NEIGHBORS (1981)
TRADING PLACES (1983)
TWILIGHT ZONE: THE MOVIE (1983)
GHOSTBUSTERS (1984)
INDIANA JONES & THE TEMPLE OF DOOM (1984)
INTO THE NIGHT (1985)
SPIES LIKE US (1985)
COUCH TRIP, THE (1987)
DRAGNET (1987)
MY STEPMOTHER IS AN ALIEN (1988)
DRIVING MISS DAISY (1989)
GHOSTBUSTERS 2 (1989)
LOOSE CANNONS (1990)
MY GIRL (1991)
CHAPLIN (1992)
SNEAKERS (1992)
CONEHEADS, THE (1993)
EXIT TO EDEN (1994)
MY GIRL II (1994)
NORTH (1994)
CASPER (1995)
SGT. BILKO (1996)
GROSSE POINT BLANK (1997)
BLUES BROTHERS 2000 (1998)
HOUSE OF MIRTH, THE (2000)
STARDOM (2000)
CURSE OF THE JADE SCORPION, THE (2001)
BRIGHT YOUNG THINGS (2003)
CHRISTMAS WITH THE KRANKS (2004)
INTERN ACADEMY (2004)
I NOW PRONOUNCE YOU CHUCK AND LARRY (2007)

AZARIA, Hank
acteur américain (1964-)
BIRDCAGE, THE (1996)
CELEBRITY (1998)
GODZILLA (1998)
GREAT EXPECTATIONS (1998)
HOMEGROWN (1998)
CRADLE WILL ROCK (1999)
MYSTERY MEN (1999)
MYSTERY, ALASKA (1999)
FAIL SAFE (2000)
AMERICA'S SWEETHEARTS (2001)
UPRISING, THE (2001)
SHATTERED GLASS (2003)
ALONG CAME POLLY (2004)
EULOGY (2004)
HUFF (SEASON 1) (2004)
RUN FATBOY RUN (2007)

AZÉMA, Sabine
actrice française (1952-)
DENTELLIÈRE, LA (1976)
AMOUR À MORT, L' (1984)
DIMANCHE À LA CAMPAGNE, UN (1984)
MÉLO (1986)
PURITAINE, LA (1986)
CINQ JOURS EN JUIN (1989)
VANILLE FRAISE (1989)
VIE ET RIEN D'AUTRE, LA (1989)
NO SMOKING (1993)
SMOKING (1993)
CENT ET UNE NUITS, LES (1994)
BONHEUR EST DANS LE PRÉ, LE (1995)
NOIR COMME LE SOUVENIR (1995)
ON CONNAÎT LA CHANSON (1997)
BÛCHE, LA (1999)
CHAMBRE DES OFFICIERS, LA (2001)
TANGUY (2001)
MYSTÈRE DE LA CHAMBRE JAUNE, LE (2003)
PAS SUR LA BOUCHE (2003)
PEINDRE OU FAIRE L'AMOUR (2005)
CŒURS (2006)
FAUT QUE ÇA DANSE! (2007)
VOYAGE AUX PYRÉNÉES, LE (2008)

AZNAVOUR, Charles
acteur français (1924-)
TESTAMENT D'ORPHÉE, LE (1959)
TIREZ SUR LE PIANISTE (1960)
UN TAXI POUR TOBROUK (1960)
DIABLE ET LES DIX COMMANDEMENTS, LE (1962)
CAROLINE CHÉRIE (1967)
CANDY (1968)
TEMPS DES LOUPS, LE (1969)
PART DES LIONS, LA (1971)
TEN LITTLE INDIANS (1975)
TAMBOUR, LE (1979)
FANTÔMES DU CHAPELIER, LES (1982)
VIVA LA VIE (1983)
YIDDISH CONNECTION (1986)
IL MAESTRO (1989)
ARARAT (2002)
EMMENEZ-MOI (2005)

BACALL, Lauren
actrice américaine (1924-)
TO HAVE AND HAVE NOT (1944)
BIG SLEEP, THE (1946)
DARK PASSAGE (1947)
KEY LARGO (1949)
YOUNG MAN WITH A HORN (1950)
HOW TO MARRY A MILLIONAIRE (1953)
WOMAN'S WORLD (1954)
BLOOD ALLEY (1955)
DESIGNING WOMAN (1956)
WRITTEN ON THE WIND (1956)
NORTHWEST FRONTIER (1960)
SEX AND THE SINGLE GIRL (1964)
HARPER (1966)
MURDER ON THE ORIENT EXPRESS (1974)
SHOOTIST, THE (1976)
FAN, THE (1981)
APPOINTMENT WITH DEATH (1988)
MR. NORTH (1988)
MISERY (1990)
PRÊT-À-PORTER (1994)
JOUR ET LA NUIT, LE (1996)
MIRROR HAS TWO FACES (1996)
CELO, EL (1999)
DOGVILLE (2003)
BIRTH (2004)
MANDERLAY (2005)
WALKER, THE (2007)

BACON, Kevin
acteur américain (1958-)
NATIONAL LAMPOON'S ANIMAL HOUSE (1978)
DINER (1982)
FOOTLOOSE (1984)
QUICKSILVER (1986)
SHE'S HAVING A BABY (1987)
WHITE WATER SUMMER (1987)
BIG PICTURE, THE (1988)
CRIMINAL LAW (1989)
TREMORS (1989)
FLATLINERS (1990)
QUEENS LOGIC (1990)
HE SAID, SHE SAID (1991)
JFK (1991)
FEW GOOD MEN, A (1992)
AIR UP THERE, THE (1993)
MURDER IN THE FIRST (1994)
RIVER WILD, THE (1994)
APOLLO 13 (1995)
SLEEPERS (1995)
PICTURE PERFECT (1997)
TELLING LIES IN AMERICA (1997)
DIGGING TO CHINA (1998)
WILD THINGS (1998)
STIR OF ECHOES (1999)
HOLLOW MAN (2000)
MY DOG SKIP (2000)
MYSTIC RIVER (2003)
WOODSMAN, THE (2004)
LOVERBOY (2005)
WHERE THE TRUTH LIES (2005)
AIR I BREATHE, THE (2007)
DEATH SENTENCE (2007)
FROST/NIXON (2008)
RAILS AND TIES (2008)
TAKING CHANCE (2009)

BACRI, Jean-Pierre
acteur français (1951-)
GRAND PARDON, LE (1982)
COUP DE FOUDRE (1983)
ÉDITH ET MARCEL (1983)
GRAND CARNAVAL, LE (1983)
7e CIBLE, LA (1984)
ESCALIER C (1985)
ÉTATS D'ÂME (1985)
GALETTE DU ROI, LA (1985)
ON NE MEURT QUE DEUX FOIS (1985)
SUBWAY (1985)
ÉTÉ EN PENTE DOUCE, L' (1986)
MORT UN DIMANCHE DE PLUIE (1986)
BONJOUR L'ANGOISSE (1988)
SAISONS DU PLAISIR, LES (1988)
LA BAULE-LES PINS (1989)
MES MEILLEURS COPAINS (1989)
BAL DES CASSE-PIEDS, LE (1991)
HOMME DE MA VIE, L' (1992)
UN AIR DE FAMILLE (1996)
DIDIER (1997)
ON CONNAÎT LA CHANSON (1997)
PLACE VENDÔME (1997)
KENNEDY ET MOI (1999)
GOÛT DES AUTRES, LE (2000)
UNE FEMME DE MÉNAGE (2002)
COMME UNE IMAGE (2004)
SELON CHARLIE (2006)
PARLEZ-MOI DE LA PLUIE (2008)

BAER, Edouard
acteur français (1966-)
RIEN SUR ROBERT (1998)
CHAMBRE DES MAGICIENNES, LA (1999)
ASTÉRIX ET OBÉLIX: MISSION CLÉOPÂTRE (2001)
BETTY FISHER ET AUTRES HISTOIRES (2001)
DIEU EST GRAND ET JE SUIS TOUTE PETITE (2001)
BISON, LE (2003)
DOUBLE ZÉRO (2004)
MENSONGES ET TRAHISONS ET PLUS SI AFFINITÉS (2004)
COMBIEN TU M'AIMES? (2005)
BRIGADES DU TIGRE, LES (2006)
JE PENSE À VOUS (2006)
MOLIÈRE (2006)

BAILLARGEON, Paule
actrice québécoise (1945-)
ENTRE TU ET VOUS (1969)
ET DU FILS (1971)
AMOUR BLESSÉ, L' (1975)
GINA (1975)
TEMPS DE L'AVANT, LE (1975)
PANIQUE (1977)
CUISINE ROUGE, LA (1979)
VIE D'ANGE (1979)
DAME EN COULEURS, LA (1984)
FEMME DE L'HÔTEL, LA (1984)
SONIA (1986)
I'VE HEARD THE MERMAIDS SINGING (1987)
VOISINS, LES (1987)
HEURES PRÉCIEUSES, LES (1989)
JÉSUS DE MONTRÉAL (1989)
ASSASSIN JOUAIT DU TROMBONE, L' (1991)
LOVE-MOI (1991)
MONTRÉAL VU PAR... (1991)
UN 32 AOÛT SUR TERRE (1998)
SECRET DE MA MÈRE, LE (2006)

BAKER HALL, Philip
acteur américain (1931-)
SECRET HONOR (1984)
HIT ME (1996)
SYDNEY (1996)
BOOGIE NIGHTS (1997)
PSYCHO (1998)
RUSH HOUR (1998)
WITNESS TO THE MOB (1998)
CRADLE WILL ROCK (1999)
INSIDER, THE (1999)
MAGNOLIA (1999)
RULES OF ENGAGEMENT (2000)
PATH TO WAR (2002)
AMITYVILLE HORROR, THE (2005)
MATADOR, THE (2005)
YOU KILL ME (2007)
LODGER, THE (2008)

BAKER, Carroll
actrice américaine (1931-)
EASY TO LOVE (1954)
BABY DOLL (1956)
GIANT (1956)
BIG COUNTRY, THE (1958)
BUT NOT FOR ME (1959)
MIRACLE, THE (1959)
HOW THE WEST WAS WON (1962)
CARPETBAGGERS, THE (1963)
CHEYENNE AUTUMN (1964)
HARLOW (1965)
BABA YAGA (1973)
THRILLER (1973)

ANDY WARHOL'S BAD (1976)
WATCHER IN THE WOODS, THE (1981)
STAR 80 (1983)
SECRET DIARY OF SIGMUND FREUD, THE (1984)
IRONWEED (1987)
KINDERGARTEN COP (1990)
GAME, THE (1997)

BAKER, Kathy
actrice américaine (1950-)
STREET SMART (1986)
IMAGE, THE (1989)
JACKNIFE (1989)
LUSH LIFE (1993)
MAD DOG AND GLORY (1993)
GUN (1996)
TO GILLIAN ON HER 37th BIRTHDAY (1996)
THINGS YOU CAN TELL JUST BY LOOKING AT HER (2000)
GLASS HOUSE (2001)
TEN TINY LOVE STORIES (2001)
ASSASSINATION TANGO (2002)
DOOR TO DOOR (2002)
COLD MOUNTAIN (2003)
13 GOING ON 30 (2004)
NINE LIVES (2005)
JANE AUSTEN BOOK CLUB, THE (2007)
LAST CHANCE HARVEY (2008)

BAKER, Simon
acteur australien (1969-)
ONCE IN A BLUE MOON (1995)
SMOKE SIGNALS (1997)
RIDE WITH THE DEVIL (1999)
RED PLANET (2000)
SUNSET STRIP (2000)
AFFAIR OF THE NECKLACE, THE (2001)
ON THE CORNER (2003)
LAND OF THE DEAD (2005)
RING TWO, THE (2005)
DEVIL WEARS PRADA, THE (2006)
LODGER, THE (2008)
SEX AND DEATH 101 (2008)

BALABAN, Bob
acteur américain (1945-)
ALTERED STATES (1980)
WHOSE LIFE IS IT ANYWAY? (1981)
ABSENCE OF MALICE (1982)
2010: THE YEAR WE MAKE CONTACT (1984)
AMOS & ANDREW (1993)
DECONSTRUCTING HARRY (1997)
JAKOB THE LIAR (1999)
GHOST WORLD (2001)
MAJESTIC, THE (2001)
MEXICAN, THE (2001)
MIGHTY WIND, A (2003)
MARIE AND BRUCE (2004)
CAPOTE (2005)
TRUST THE MAN (2005)
FOR YOUR CONSIDERATION (2006)
LADY IN THE WATER (2006)
DEDICATION (2007)
NO RESERVATIONS (2007)
RECOUNT (2008)

BALASKO, Josiane
actrice française (1950-)
LOCATAIRE, LE (1976)
DITES-LUI QUE JE L'AIME (1977)
BRONZÉS, LES (1978)
BRONZÉS FONT DU SKI, LES (1979)
MAÎTRE D'ÉCOLE, LE (1981)
PÈRE NOËL EST UNE ORDURE, LE (1982)
P'TIT CON (1983)
PAPY FAIT DE LA RÉSISTANCE (1983)
SMALA, LA (1984)
VENGEANCE DU SERPENT À PLUMES, LA (1984)
TRANCHES DE VIE (1985)
FRÈRES PÉTARD, LES (1986)
NUIT D'IVRESSE (1986)
TROP BELLE POUR TOI! (1989)
MA VIE EST UN ENFER (1991)
SECRETS PROFESSIONNELS DU DR. APFELGLÜCK, LES (1991)
TOUT LE MONDE N'A PAS EU LA CHANCE D'AVOIR DES PARENTS COMMUNISTES (1993)
GAZON MAUDIT (1994)
GROSSE FATIGUE (1994)
ARLETTE (1997)
ACTEURS, LES (1999)
FILS DU FRANÇAIS, LE (1999)
LIBERTIN, LE (2000)
UN CRIME AU PARADIS (2000)
ABSOLUMENT FABULEUX (2001)
CETTE FEMME-LÀ (2003)
MADAME EDOUARD (2004)
BRONZÉS 3, LES (2005)
AUBERGE ROUGE, L' (2007)
CLEF, LA (2007)

BALDWIN, Adam
acteur américain (1962-)
MY BODYGUARD (1980)
D.C. CAB (1983)
FULL METAL JACKET (1987)
NEXT OF KIN (1989)
RADIO FLYER (1992)
800 LEAGUES DOWN THE AMAZON (1993)
GARGANTUA (1998)
PATRIOT, THE (2000)
GACY (2003)
SERENITY (2005)

BALDWIN, Alec
acteur américain (1958-)
FOREVER, LULU (1986)
SHE'S HAVING A BABY (1987)
BEETLEJUICE (1988)
MARRIED TO THE MOB (1988)
TALK RADIO (1988)
WORKING GIRL (1988)
GREAT BALLS OF FIRE! (1989)
MIAMI BLUES (1989)
ALICE (1990)
HUNT FOR RED OCTOBER (1990)
MARRYING MAN, THE (1991)
GLENGARRY GLEN ROSS (1992)
MALICE (1993)
GETAWAY, THE (1994)
SHADOW, THE (1994)
HEAVEN'S PRISONERS (1995)
STREETCAR NAMED DESIRE, A (1995)
GHOSTS OF MISSISSIPPI (1996)
JUROR, THE (1996)
LOOKING FOR RICHARD (1996)
EDGE, THE (1997)
MERCURY RISING (1998)
OUTSIDE PROVIDENCE (1999)
NUREMBERG (2000)
STATE AND MAIN (2000)
FINAL FANTASY: THE SPIRITS WITHIN (2001)
PEARL HARBOR (2001)
COOLER, THE (2002)
PATH TO WAR (2002)
CAT IN THE HAT, THE (2003)
ALONG CAME POLLY (2004)
AVIATOR, THE (2004)
LAST SHOT, THE (2004)
ELIZABETHTOWN (2005)
FUN WITH DICK AND JANE (2005)
DEPARTED, THE (2006)
GOOD SHEPHERD, THE (2006)
MINI'S FIRST TIME (2006)
RUNNING WITH SCISSORS (2006)
MY BEST FRIEND'S GIRL (2007)

BALDWIN, Daniel
acteur américain (1960-)
ATTACK OF THE 50 FOOT WOMAN (1993)
HOMICIDE: LIFE ON THE STREET (1993)
HOMICIDE (SEASON IV) (1996)
HOMICIDE: LIFE ON THE STREET (THIRD SEASON) (1996)
HOMICIDE (SEASON V) (1997)
JOHN CARPENTER'S VAMPIRES (1997)
PHOENIX (1998)
KING OF THE ANTS (2003)
PAPARAZZI (2004)

BALDWIN, Stephen
acteur américain (1966-)
BITTER HARVEST (1993)
POSSE (1993)
8 SECONDS (1994)
THREESOME (1994)
BIO-DOME (1995)
FLED (1996)
XCHANGE (2000)
PROTECTION (2001)
ZEBRA LOUNGE (2001)
TARGET (2004)

BALDWIN, William
acteur américain (1963-)
BORN ON THE FOURTH OF JULY (1989)
FLATLINERS (1990)
INTERNAL AFFAIRS (1990)
BACKDRAFT (1991)
SLIVER (1993)
THREE OF HEARTS (1993)
PYROMANIAC'S LOVE STORY, A (1995)
CURDLED (1996)
SHATTERED IMAGE (1998)
SAY NOTHING (2001)
SQUID AND THE WHALE, THE (2005)
DIRTY SEXY MONEY (SEASON 1) (2008)

BALE, Christian
acteur anglais (1974-)
EMPIRE OF THE SUN (1987)
JOHN LE CARRE'S A MURDER OF QUALITY (1991)
SWING KIDS (1993)
LITTLE WOMEN (1994)
PORTRAIT OF A LADY, THE (1996)
METROLAND (1997)
VELVET GOLDMINE (1998)
ALL THE LITTLE ANIMALS (1999)
AMERICAN PSYCHO (2000)
CAPTAIN CORELLI'S MANDOLIN (2001)
EQUILIBRIUM (2001)
LAUREL CANYON (2002)
REIGN OF FIRE (2002)
MACHINIST, THE (2004)
BATMAN BEGINS (2005)
HARSH TIMES (2005)
NEW WORLD, THE (2005)
PRESTIGE, THE (2006)
RESCUE DAWN (2006)
3:10 TO YUMA (2007)
I'M NOT THERE (2007)
DARK KNIGHT, THE (2008)
PUBLIC ENEMIES (2009)
TERMINATOR: SALVATION (2009)

BALIBAR, Jeanne
actrice française (1968-)
COMMENT JE ME SUIS DISPUTÉ... (MA VIE SEXUELLE) (1995)
DIEU SEUL ME VOIT (1998)
FIN AOÛT, DÉBUT SEPTEMBRE (1998)
ÇA IRA MIEUX DEMAIN (2000)
COMÉDIE DE L'INNOCENCE (2000)
SADE (2000)
VA SAVOIR (2001)
CODE 46 (2003)
NE TOUCHEZ PAS LA HACHE (2007)
FILLE DE MONACO, LA (2008)
SAGAN (2008)
BAL DES ACTRICES, LE (2009)

BALK, Fairuza
actrice américaine (1974-)
RETURN TO OZ (1985)
WORST WITCH, THE: THE MOVIE (1986)
GAS FOOD LODGING (1991)
MURDER IN THE HEARTLAND (1993)
IMAGINARY CRIMES (1994)
CRAFT, THE (1996)
AMERICAN HISTORY X (1998)
ALMOST FAMOUS (2000)
RED LETTERS (2000)
DEUCES WILD (2002)
PERSONAL VELOCITY (2002)
DON'T COME KNOCKING (2005)
MASTERS OF HORROR - PICK ME UP (2005)
HUMBOLDT COUNTY (2008)

BALL, Lucille
actrice américaine (1911-1989)
FOLLOW THE FLEET (1936)
JOY OF LIVING (1938)
ROOM SERVICE (1938)
FIVE CAME BACK (1939)
DANCE, GIRL, DANCE (1940)
TOO MANY GIRLS (1940)
BIG STREET, THE (1942)
BEST FOOT FORWARD (1943)
DU BARRY WAS A LADY (1943)
THOUSANDS CHEER (1943)
ABBOTT & COSTELLO IN HOLLYWOOD (1945)
DARK CORNER, THE (1945)
WITHOUT LOVE (1945)
EASY TO WED (1946)
ZIEGFELD FOLLIES (1946)
EASY LIVING (1949)
MISS GRANT TAKES RICHMOND (1949)
FANCY PANTS (1950)
FULLER BRUSH GIRL, THE (1950)
LONG, LONG TRAILER, THE (1954)
FOREVER DARLING (1955)
FACTS OF LIFE, THE (1960)
CRITIC'S CHOICE (1963)
GUIDE FOR THE MARRIED MAN, A (1967)

YOURS, MINE AND OURS (1968)
STONE PILLOW (1985)
LUCILLE BALL COLLECTION (2003)

BALSAM, Martin
acteur américain (1919-1996)
ON THE WATERFRONT (1954)
12 ANGRY MEN (1957)
AL CAPONE (1958)
MARJORIE MORNINGSTAR (1958)
PSYCHO (1960)
BREAKFAST AT TIFFANY'S (1961)
CAPE FEAR (1962)
CARPETBAGGERS, THE (1963)
SEVEN DAYS IN MAY (1963)
BEDFORD INCIDENT, THE (1965)
HARLOW (1965)
THOUSAND CLOWNS, A (1965)
AFTER THE FOX (1966)
HOMBRE (1967)
GOOD GUYS AND THE BAD GUYS, THE (1969)
CATCH-22 (1970)
LITTLE BIG MAN (1970)
TORA! TORA! TORA! (1970)
ANDERSON TAPES, THE (1971)
SUMMER WISHES, WINTER DREAMS (1973)
MURDER ON THE ORIENT EXPRESS (1974)
TAKING OF PELHAM ONE TWO THREE, THE (1974)
ALL THE PRESIDENT'S MEN (1976)
LINDBERGH KIDNAPPING CASE, THE (1976)
SENTINEL, THE (1976)
TWO-MINUTE WARNING (1976)
CUBA (1979)
SALAMANDER, THE (1980)
PEOPLE VS. JEAN HARRIS (1981)
DEATH WISH 3 (1985)
ST. ELMO'S FIRE (1985)
DELTA FORCE, THE (1986)
CAPE FEAR (1991)

BANCROFT, Anne
acteur américaine (1931-2005)
DON'T BOTHER TO KNOCK (1952)
DEMETRIUS AND THE GLADIATORS (1954)
SAVAGE WILDERNESS (1956)
MIRACLE WORKER, THE (1962)
PUMPKIN EATER, THE (1964)
SLENDER THREAD, THE (1965)
GRADUATE, THE (1967)
HINDENBURG, THE (1975)
PRISONER OF SECOND AVENUE, THE (1975)
JESUS OF NAZARETH (1976)
SILENT MOVIE (1976)
TURNING POINT, THE (1977)
ELEPHANT MAN, THE (1980)
FATSO (1980)
TO BE OR NOT TO BE (1983)
GARBO TALKS (1984)
AGNES OF GOD (1985)
84 CHARING CROSS ROAD (1986)
NIGHT MOTHER (1986)
TORCH SONG TRILOGY (1988)
HONEYMOON IN VEGAS (1992)
MR. JONES (1993)
POINT OF NO RETURN (1993)
OLDEST CONFEDERATE WIDOW TELLS ALL (1994)
DRACULA: DEAD AND LOVING IT (1995)
HOME FOR THE HOLIDAYS (1995)
HOW TO MAKE AN AMERICAN QUILT (1995)
SUNCHASER (1996)
CRITICAL CARE (1997)
G.I. JANE (1997)
GREAT EXPECTATIONS (1998)
KEEPING THE FAITH (2000)
UP AT THE VILLA (2000)
HEARTBREAKERS (2001)
ROMAN SPRING OF MRS. STONE, THE (2003)

BANDERAS, Antonio
acteur espagnol (1960-)
LABYRINTH OF PASSION (1982)
STILTS, THE (1984)
MATADOR (1985)
BÂTON ROUGE (1988)
FEMMES AU BORD DE LA CRISE DE NERFS (1988)
LOI DU DÉSIR, LA (1988)
ATTACHE-MOI! (1989)
IF THEY TELL YOU I FELL... (1989)
AGAINST THE WIND (1990)
MAMBO KINGS, THE (1992)
HOUSE OF THE SPIRITS, THE (1993)
OUTRAGE (1993)
PHILADELPHIA (1993)
INTERVIEW WITH THE VAMPIRE (1994)
OF LOVE AND SHADOWS (1994)
ASSASSINS (1995)
DESPERADO (1995)
FOUR ROOMS (1995)
MIAMI RHAPSODY (1995)
NEVER TALK TO STRANGERS (1995)
EVITA (1996)
TWO MUCH (1996)
MASK OF ZORRO, THE (1998)
13TH WARRIOR, THE (1999)
PLAY IT TO THE BONE (1999)
BODY, THE (2001)
ORIGINAL SIN (2001)
SPY KIDS (2001)
BALLISTIC: ECKS VS. SEVER (2002)
FEMME FATALE (2002)
SPY KIDS 2: THE ISLAND OF LOST DREAMS (2002)
AND STARRING PANCHO VILLA AS HIMSELF (2003)
IMAGINING ARGENTINA (2003)
ONCE UPON A TIME IN MEXICO (2003)
SPY KIDS 3-D: GAME OVER (2003)
LEGEND OF ZORRO, THE (2005)
BORDERTOWN (2006)
TAKE THE LEAD (2006)
MY MOM'S NEW BOYFRIEND (2008)
CODE, THE (2009)

BARANSKI, Christine
actrice américaine (1952-)
9 1/2 WEEKS (1985)
ADDAMS FAMILY VALUES, THE (1993)
REF, THE (1994)
BIRDCAGE, THE (1996)
ODD COUPLE II, THE (1998)
BOWFINGER (1999)
CRUEL INTENTIONS (1999)
DR. SEUSS' HOW THE GRINCH STOLE CHRISTMAS (2000)
WELCOME TO MOOSEPORT (2003)
BONNEVILLE (2006)
RELATIVE STRANGERS (2006)
MAMMA MIA! (2008)

BARDEM, Javier
acteur espagnol (1969-)
VIES DE LOULOU, LES (1990)
JAMBON JAMBON (1992)
MACHO (1993)
BOUCHE À BOUCHE (1995)
EN CHAIR ET EN OS (1997)
ENTRE LES JAMBES (1999)
BEFORE NIGHT FALLS (2000)
DANCER UPSTAIRS, THE (2002)
MONDAYS IN THE SUN (2002)
COLLATERAL (2004)
MER INTÉRIEURE, LA (2004)
GOYA'S GHOSTS (2006)
LOVE IN THE TIME OF CHOLERA (2007)
NO COUNTRY FOR OLD MEN (2007)
VICKY CRISTINA BARCELONA (2008)

BARDOT, Brigitte
actrice française (1934-)
MANINA, LA FILLE SANS VOILE (1952)
CETTE SACRÉE GAMINE (1955)
EN EFFEUILLANT LA MARGUERITE (1956)
ET DIEU CRÉA LA FEMME (1956)
MARIÉE EST TROP BELLE, LA (1956)
BIJOUTIERS DU CLAIR DE LUNE, LES (1957)
UNE PARISIENNE (1957)
BRIDE SUR LE COU, LA (1960)
REPOS DU GUERRIER, LE (1962)
VIE PRIVÉE (1962)
MÉPRIS, LE (1963)
UNE RAVISSANTE IDIOTE (1963)
DEAR BRIGITTE (1965)
VIVA MARIA (1965)
À CŒUR JOIE (1966)
MASCULIN, FÉMININ (1966)
HISTOIRES EXTRAORDINAIRES (1968)
SHALAKO (1968)
FEMMES, LES (1969)
OURS ET LA POUPÉE, L' (1969)
NOVICES, LES (1970)
BOULEVARD DU RHUM (1971)
DON JUAN 73 (1973)
BRIGITTE BARDOT: LES GRANDS CLASSIQUES (2003)

BARKIN, Ellen
actrice américaine (1954-)
DINER (1982)
TENDER MERCIES (1982)
DANIEL (1983)
EDDIE AND THE CRUISERS (1983)
ADVENTURES OF BUCKAROO BANZAI ACROSS THE EIGHT DIMENSION, THE (1984)
HARRY AND SON (1984)
DESERT BLOOM (1985)
BIG EASY, THE (1986)
DOWN BY LAW (1986)
MADE IN HEAVEN (1987)
SIESTA (1987)
JOHNNY HANDSOME (1989)
SEA OF LOVE (1989)
SWITCH (1991)
INTO THE WEST (1992)
MAC (1992)
MAN TROUBLE (1992)
THIS BOY'S LIFE (1993)
BAD COMPANY (1995)
WILD BILL (1995)
FAN, THE (1996)
FEAR AND LOATHING IN LAS VEGAS (1998)
DROP DEAD GORGEOUS (1999)
PALINDROMES (2004)
SHE HATE ME (2004)
TRUST THE MAN (2005)
OCEAN'S THIRTEEN (2007)

BARR, Jean-Marc
acteur français (1960-)
KING DAVID (1985)
HOPE AND GLORY (1987)
GRAND BLEU, LE (1988)
BRASIER, LE (1990)
EUROPA (1991)
PESTE, LA (1992)
FAUSSAIRES, LES (1994)
FILS PRÉFÉRÉ, LE (1994)
AMOUR EST UN POUVOIR SACRÉ, L' (1996)
FOLLE D'ELLE (1997)
DANCER IN THE DARK (2000)
TOO MUCH FLESH (2000)
FILS DE MARIE, LES (2002)
SIRÈNE ROUGE, LA (2002)
DIVORCE, LE (2003)
DOGVILLE (2003)
CQ2 (SEEK YOU TOO) (2004)
CRUSTACÉS ET COQUILLAGES (2005)

BARRYMORE, Drew
actrice américaine (1975-)
ALTERED STATES (1980)
E.T. THE EXTRA-TERRESTRIAL (1982)
CAT'S EYE (1984)
IRRECONCILABLE DIFFERENCES (1984)
SEE YOU IN THE MORNING (1989)
GUNCRAZY (1992)
POISON IVY (1992)
WAYNE'S WORLD 2 (1993)
BAD GIRLS (1994)
BOYS ON THE SIDE (1994)
BATMAN FOREVER (1995)
MAD LOVE (1995)
EVERYONE SAYS I LOVE YOU (1996)
SCREAM (1996)
EVER AFTER: A CINDERELLA STORY (1998)
WEDDING SINGER, THE (1998)
NEVER BEEN KISSED (1999)
CHARLIE'S ANGELS (2000)
TITAN A.E. (2000)
DONNIE DARKO (2001)
RIDING IN CARS WITH BOYS (2001)
CONFESSIONS OF A DANGEROUS MIND (2002)
CHARLIE'S ANGELS: FULL THROTTLE (2003)
DUPLEX (2003)
50 FIRST DATES (2004)
FEVER PITCH (2005)
LUCKY YOU (2006)
MUSIC AND LYRICS (2007)
HE'S JUST NOT THAT INTO YOU! (2008)

BARRYMORE, John
acteur américain (1882-1942)
DR. JEKYLL AND MR. HYDE (1920)
DON JUAN (1926)
SEA BEAST, THE (1926)
BELOVED ROGUE, THE (1927)
ETERNAL LOVE (1929)
BILL OF DIVORCEMENT, A (1932)
GRAND HOTEL (1932)
STATE'S ATTORNEY (1932)
COUNSELLOR AT LAW (1933)
DINNER AT EIGHT (1933)

RASPUTIN AND THE EMPRESS (1933)
TWENTIETH CENTURY (1934)
ROMEO AND JULIET (1936)
MAYTIME (1937)
SPAWN OF THE NORTH (1938)
MARIE ANTOINETTE (1939)
MIDNIGHT (1939)
INVISIBLE WOMAN, THE (1941)
HIGH SCHOOL CONFIDENTIAL (1958)
ROMEO & JULIET (1968)

BARRYMORE, Lionel
acteur américain (1878-1954)
AMERICA (1924)
BELLS, THE (1926)
SADIE THOMPSON (1928)
FREE AND EASY (1930)
FREE SOUL, A (1931)
GRAND HOTEL (1932)
MATA HARI (1932)
DINNER AT EIGHT (1933)
RASPUTIN AND THE EMPRESS (1933)
GIRL FROM MISSOURI, THE (1934)
TREASURE ISLAND (1934)
AH, WILDERNESS! (1935)
DAVID COPPERFIELD (1935)
LITTLE COLONEL, THE (1935)
MARK OF THE VAMPIRE (1935)
RETURN OF PETER GRIMM, THE (1935)
GORGEOUS HUSSY, THE (1936)
CAMILLE (1937)
CAPTAINS COURAGEOUS (1937)
DEVIL DOLL, THE (1937)
SARATOGA (1937)
NAVY BLUE AND GOLD (1938)
TEST PILOT (1938)
YOU CAN'T TAKE IT WITH YOU (1938)
LET FREEDOM RING (1939)
ON BORROWED TIME (1939)
LADY BE GOOD (1941)
GUY NAMED JOE, A (1944)
VALLEY OF DECISION, THE (1945)
IT'S A WONDERFUL LIFE (1946)
DUEL IN THE SUN (1947)
KEY LARGO (1949)
LONE STAR (1951)

BASEHART, Richard
acteur américain (1914-1984)
CRY WOLF (1947)
HE WALKED BY NIGHT (1948)
BLACK BOOK, THE (1949)
FOURTEEN HOURS (1950)
DECISION BEFORE DAWN (1951)
FIXED BAYONETS! (1951)
HOUSE ON TELEGRAPH HILL (1951)
TITANIC (1952)
STRADA, LA (1954)
BIDONE, IL (1955)
MOBY DICK (1956)
TIME LIMIT (1957)
BROTHERS KARAMAZOV, THE (1958)
PORTRAIT IN BLACK (1960)
SATAN BUG, THE (1964)
RAGE (1972)
JUDGMENT: THE COURT MARTIAL OF WILLIAM CALLEY (1975)
21 HOURS AT MUNICH (1976)
ISLAND OF DR. MOREAU, THE (1977)
BEING THERE (1979)

BASINGER, Kim
actrice américaine (1953-)
HARD COUNTRY (1981)
MAN WHO LOVED WOMEN, THE (1983)
NEVER SAY NEVER AGAIN (1983)
NATURAL, THE (1984)
9 1/2 WEEKS (1985)
FOOL FOR LOVE (1985)
NO MERCY (1986)
BLIND DATE (1987)
NADINE (1987)
MY STEPMOTHER IS AN ALIEN (1988)
BATMAN (1989)
MARRYING MAN, THE (1991)
COOL WORLD (1992)
FINAL ANALYSIS (1992)
WAYNE'S WORLD 2 (1993)
GETAWAY, THE (1994)
PRÊT-À-PORTER (1994)
L.A. CONFIDENTIAL (1997)
BLESS THE CHILD (2000)
I DREAMED OF AFRICA (2000)
8 MILE (2002)
PEOPLE I KNOW (2002)
CELLULAR (2004)
DOOR IN THE FLOOR (2004)
SENTINEL, THE (2006)
EVEN MONEY (2007)
WHILE SHE WAS OUT (2008)

BASSETT, Angela
actrice américaine (1958-)
F/X (1985)
KINDERGARTEN COP (1990)
BOYZ'N THE HOOD (1991)
CITY OF HOPE (1991)
CRITTERS 4 (1991)
INNOCENT BLOOD (1992)
MALCOLM X (1992)
PASSION FISH (1992)
WHAT'S LOVE GOT TO DO WITH IT? (1993)
PANTHER (1995)
STRANGE DAYS (1995)
WAITING TO EXHALE (1995)
CONTACT (1997)
HOW STELLA GOT HER GROOVE BACK (1998)
MUSIC OF THE HEART (1999)
SUPERNOVA (1999)
SCORE, THE (2001)
SUNSHINE STATE (2002)
MASKED AND ANONYMOUS (2003)
MR. 3000 (2004)
AKEELAH AND THE BEE (2006)
NOTHING BUT THE TRUTH (2008)
NOTORIOUS (2009)

BATES, Alan
acteur anglais (1934-2003)
ENTERTAINER, THE (1960)
ZORBA LE GREC (1964)
GEORGY GIRL (1966)
ROI DE CŒUR, LE (1966)
FAR FROM THE MADDING CROWD (1967)
HANDS UP (1967)
FIXER, THE (1968)
WOMEN IN LOVE (1969)
BUTLEY (1973)
IN CELEBRATION (1974)
ROYAL FLASH (1975)
COLLECTION, THE (1976)
UNMARRIED WOMAN, AN (1977)
MAYOR OF CASTERBRIDGE, THE (1978)
SHOUT, THE (1978)
ROSE, THE (1979)
NIJINSKY (1980)
QUARTET (1980)
RETURN OF THE SOLDIER, THE (1981)
BRITANNIA HOSPITAL (1982)
WICKED LADY, THE (1983)
DUET FOR ONE (1986)
PRAYER FOR THE DYING, A (1987)
FORCE MAJEURE (1988)
WE THINK THE WORLD OF YOU (1988)
CLUB EXTINCTION (1989)
HAMLET (1990)
MISTER FROST (1990)
HARD TIMES (1994)
GRAVE INDISCRETION (1995)
CHERRY ORCHARD, THE (1999)
LOVE IN A COLD CLIMATE (2000)
EVELYN (2002)
STATEMENT, THE (2003)
SPARTACUS (2004)

BATES, Kathy
actrice américaine (1948-)
STRAIGHT TIME (1977)
COME BACK TO THE FIVE AND DIME, JIMMY DEAN, JIMMY DEAN (1982)
MORNING AFTER, THE (1986)
ARTHUR 2: ON THE ROCKS (1988)
MEN DON'T LEAVE (1989)
DICK TRACY (1990)
MISERY (1990)
WHITE PALACE (1990)
AT PLAY IN THE FIELDS OF THE LORD (1991)
FRIED GREEN TOMATOES (1991)
SHADOWS AND FOG (1991)
USED PEOPLE (1992)
HOME OF OUR OWN, A (1993)
CURSE OF THE STARVING CLASS, THE (1994)
ANGUS (1995)
DOLORES CLAIBORNE (1995)
DIABOLIQUE (1996)
SWEPT FROM THE SEA (1997)
TITANIC (1997)
PRIMARY COLORS (1998)
WATERBOY, THE (1998)
BRUNO (2000)
ABOUT SCHMIDT (2002)
LOVE LIZA (2002)
BRIDGE OF SAN LUIS REY (2004)
LITTLE BLACK BOOK (2004)
RUMOUR HAS IT ... (2005)
WARM SPRINGS (2005)
BONNEVILLE (2006)
FAILURE TO LAUNCH (2006)
RELATIVE STRANGERS (2006)
FRED CLAUS (2007)
P.S. I LOVE YOU (2007)
CHÉRI (2008)
DAY THE EARTH STOOD STILL, THE (2008)
FAMILY THAT PREYS, THE (2008)
REVOLUTIONARY ROAD (2008)
PERSONAL EFFECTS (2009)

BAUCHAU, Patrick
acteur belge (1938-)
COLLECTIONNEUSE, LA (1966)
ÉTAT DES CHOSES, L' (1982)
PREMIERS DÉSIRS (1983)
CREEPERS (1984)
EMMANUELLE 4 (1984)
CROSS (1986)
AUSTRALIA (1989)
DOUBLE IDENTITY (1990)
RAPTURE, THE (1991)
LISBON STORY (1994)
NEW AGE, THE (1994)
TWIN FALLS IDAHO (1998)
CELL, THE (2000)
SECRETARY (2002)
CARNIVÀLE (SEASON I) (2003)
KARLA (2005)
BOY CULTURE (2006)
CHRYSALIS (2007)

BAUER, Steven
acteur cubain (1956-)
SCARFACE (1983)
THIEF OF HEARTS (1984)
BEAST, THE (1988)
WILDFIRE (1988)
RAISING CAIN (1992)
PRIMAL FEAR (1996)
VERSACE MURDER, THE (1998)
BLOODY PROOF (2000)
TRAFFIC (2000)
MASKED AND ANONYMOUS (2003)

BAXTER, Anne
actrice américaine (1923-1985)
CHARLEY'S AUNT (1941)
MAGNIFICENT AMBERSONS, THE (1941)
SPOILERS, THE (1942)
CRASH DIVE (1943)
FIVE GRAVES TO CAIRO (1943)
FIGHTING SULLIVANS, THE (1945)
RAZOR'S EDGE, THE (1946)
ANGEL ON MY SHOULDER (1947)
HOMECOMING (1948)
YELLOW SKY (1948)
ALL ABOUT EVE (1950)
O. HENRY'S FULL HOUSE (1951)
BLUE GARDENIA, THE (1952)
I CONFESS (1953)
TEN COMMANDMENTS, THE (1956)
THREE VIOLENT PEOPLE (1957)
CIMARRON (1960)
WALK ON THE WILD SIDE (1962)
FAMILY JEWELS, THE (1965)
BUSY BODY, THE (1966)
JANE AUSTEN IN MANHATTAN (1980)
EAST OF EDEN (1981)

BAYE, Nathalie
actrice française (1948-)
GUEULE OUVERTE, LA (1973)
NUIT AMÉRICAINE, LA (1973)
HOMME QUI AIMAIT LES FEMMES, L' (1977)
CHAMBRE VERTE, LA (1978)
JE VAIS CRAQUER (1979)
BEAU-PÈRE (1981)
OMBRE ROUGE, L' (1981)
BALANCE, LA (1982)
J'AI ÉPOUSÉ UNE OMBRE (1982)
RETOUR DE MARTIN GUERRE, LE (1982)
NOTRE HISTOIRE (1984)
RIVE DROITE, RIVE GAUCHE (1984)
BEETHOVEN'S NEPHEW (1985)
DÉTECTIVE (1985)
DE GUERRE LASSE (1987)
EN TOUTE INNOCENCE (1987)
LA BAULE-LES PINS (1989)
MAN INSIDE, THE (1990)
MENSONGE (1992)
MACHINE, LA (1994)
PAPARAZZI (1998)

SI JE T'AIME... PRENDS GARDE À TOI (1998)
VÉNUS BEAUTÉ (INSTITUT) (1998)
UNE LIAISON PORNOGRAPHIQUE (1999)
ÇA IRA MIEUX DEMAIN (2000)
ABSOLUMENT FABULEUX (2001)
CATCH ME IF YOU CAN (2002)
FLEUR DU MAL, LA (2002)
FRANCE BOUTIQUE (2003)
UNE VIE À T'ATTENDRE (2004)
PETIT LIEUTENANT, LE (2005)
NE LE DIS À PERSONNE (2006)
MICHOU D'AUBERT (2007)
PRIX À PAYER, LE (2007)

BEALS, Jennifer
actrice américaine (1963-)
FLASHDANCE (1983)
BRIDE, THE (1985)
VAMPIRE'S KISS (1988)
CLUB EXTINCTION (1989)
BLOOD AND CONCRETE (1991)
FOR BETTER AND FOR WORSE (1992)
GRAND PARDON II, LE (1992)
JOURNAL INTIME (1993)
DEVIL IN A BLUE DRESS (1995)
FOUR ROOMS (1995)
TWILIGHT OF THE GOLDS, THE (1997)
ANNIVERSARY PARTY, THE (2001)
FEAST OF ALL SAINTS (2001)
ROGER DODGER (2002)
THEY SHOOT DIVAS, DON'T THEY? (2002)
RUNAWAY JURY (2003)
CATCH THAT KID (2004)
L WORD, THE (SEASON 1) (2004)
DESOLATION SOUND (2005)
L WORD, THE (SEASON 2) (2005)
GRUDGE 2, THE (2006)

BEAN, Sean
acteur anglais (1959-)
CARAVAGGIO (1986)
STORYTELLER, THE - DEFINITIVE COLLECTION (1987)
WAR REQUIEM (1988)
FIFTEEN STREETS, THE (1989)
LADY CHATTERLEY (1992)
WOMAN'S GUIDE TO ADULTERY, A (1993)
BLACK BEAUTY (1994)
GOLDENEYE (1995)
LEO TOLSTOY'S ANNA KARENINA (1997)
RONIN (1998)
DON'T SAY A WORD (2001)
EQUILIBRIUM (2001)
LORD OF THE RINGS: THE FELLOWSHIP OF THE RING (2001)
LORD OF THE RINGS: THE RETURN OF THE KING (2003)
DARK, THE (2005)
FLIGHTPLAN (2005)
ISLAND, THE (2005)
NORTH COUNTRY (2005)
SILENT HILL (2006)
HITCHER, THE (2007)

BÉART, Emmanuelle
actrice française (1965-)
PREMIERS DÉSIRS (1983)
UN AMOUR INTERDIT (1984)
MANON DES SOURCES (1986)
DATE WITH AN ANGEL (1987)
À GAUCHE EN SORTANT DE L'ASCENSEUR (1988)
ENFANTS DU DÉSORDRE, LES (1989)
BELLE NOISEUSE, LA (1991)
J'EMBRASSE PAS (1991)
VOYAGE DU CAPITAINE FRACASSE, LE (1991)
UN CŒUR EN HIVER (1992)
ENFER, L' (1993)
RUPTURE(S) (1993)
UNE FEMME FRANÇAISE (1994)
NELLY ET MONSIEUR ARNAUD (1995)
MISSION: IMPOSSIBLE (1996)
DON JUAN (1997)
VOLEUR DE VIE (1998)
BÛCHE, LA (1999)
TEMPS RETROUVÉ, LE (1999)
DESTINÉES SENTIMENTALES, LES (2000)
8 FEMMES (2001)
RÉPÉTITION, LA (2001)
SEARCHING FOR DEBRA WINGER (2002)
ÉGARÉS, LES (2003)
HISTOIRE DE MARIE ET JULIEN (2003)
NATHALIE (2003)
UN FIL À LA PATTE (2004)
ENFER, L' (2005)
CRIME, A (2006)
HÉROS DE LA FAMILLE, LE (2006)
TÉMOINS, LES (2006)
DISCO (2008)
MES STARS ET MOI (2008)
VINYAN (2008)

BEATTY, Ned
acteur américain (1937-)
DELIVERANCE (1972)
LIFE AND TIMES OF JUDGE ROY BEAN (1972)
LAST AMERICAN HERO (1973)
THIEF WHO CAME TO DINNER, THE (1973)
WHITE LIGHTNING (1973)
ALL THE PRESIDENT'S MEN (1976)
MIKEY & NICKY (1976)
NETWORK (1976)
SILVER STREAK (1976)
EXORCIST II: THE HERETIC (1977)
GUYANA TRAGEDY: THE STORY OF JIM JONES (1980)
HOPSCOTCH (1980)
SUPERMAN II (1980)
INCREDIBLE SHRINKING WOMAN, THE (1981)
BALLAD OF GREGORIO CORTEZ, THE (1982)
TOY, THE (1982)
WOMAN CALLED GOLDA, A (1982)
STROKER ACE (1983)
BIG EASY, THE (1986)
FOURTH PROTOCOL, THE (1987)
SWITCHING CHANNELS (1987)
UNHOLY, THE (1987)
PHYSICAL EVIDENCE (1988)
CAPTAIN AMERICA (1989)
REPOSSESSED (1989)
ANGEL SQUARE (1990)
CHATTAHOOCHEE (1990)
HEAR MY SONG (1991)
ED AND HIS DEAD MOTHER (1992)
HOMICIDE: LIFE ON THE STREET (1993)
RUDY (1993)
RADIOLAND MURDERS (1994)
GULLIVER'S TRAVELS (1995)
JUST CAUSE (1995)
HOMICIDE (SEASON IV) (1996)
HOMICIDE: LIFE ON THE STREET (THIRD SEASON) (1996)
HOMICIDE (SEASON V) (1997)
COOKIE'S FORTUNE (1998)
LIFE (1999)
WOOL CAP, THE (2004)
SWEET LAND (2005)
WALKER, THE (2007)
IN THE ELECTRIC MIST (2009)

BEATTY, Warren
acteur américain (1937-)
ROMAN SPRING OF MRS. STONE, THE (1961)
SPLENDOR IN THE GRASS (1961)
ALL FALL DOWN (1962)
LILITH (1964)
KALEIDOSCOPE (1966)
BONNIE AND CLYDE (1967)
DOLLARS (1971)
MCCABE & MRS. MILLER (1971)
FORTUNE, THE (1974)
PARALLAX VIEW, THE (1974)
SHAMPOO (1974)
HEAVEN CAN WAIT (1978)
REDS (1981)
ISHTAR (1987)
DICK TRACY (1990)
BUGSY (1991)
MADONNA: TRUTH OR DARE (1991)
LOVE AFFAIR (1994)
BULWORTH (1998)
TOWN AND COUNTRY (2001)

BECKINSALE, Kate
actrice anglaise (1974-)
MUCH ADO ABOUT NOTHING (1993)
ROYAL DECEIT (1994)
UNCOVERED (1994)
COLD COMFORT FARM (1995)
HAUNTED (1995)
JANE AUSTEN'S EMMA (1996)
SHOOTING FISH (1997)
LAST DAYS OF DISCO, THE (1998)
BROKEDOWN PALACE (1999)
GOLDEN BOWL, THE (2000)
PEARL HARBOR (2001)
SERENDIPITY (2001)
LAUREL CANYON (2002)
TIPTOES (2003)
UNDERWORLD (2003)
AVIATOR, THE (2004)
VAN HELSING (2004)
CLICK (2006)
SNOW ANGELS (2006)
UNDERWORLD - EVOLUTION (2006)
VACANCY (2007)
NOTHING BUT THE TRUTH (2008)

BELLAMY, Ralph
acteur américain (1904-1991)
PICTURE SNATCHER (1933)
HANDS ACROSS THE TABLE (1935)
WEDDING NIGHT, THE (1935)
AWFUL TRUTH, THE (1937)
BOY MEETS GIRL (1938)
CAREFREE (1938)
HIS GIRL FRIDAY (1939)
BROTHER ORCHID (1940)
DANCE, GIRL, DANCE (1940)
DIVE BOMBER (1941)
FOOTSTEPS IN THE DARK (1941)
WOLF MAN, THE (1941)
STAGE DOOR CANTEEN (1943)
LADY ON A TRAIN (1945)
COURT-MARTIAL OF BILLY MITCHELL, THE (1955)
SUNRISE AT CAMPOBELLO (1960)
PROFESSIONALS, THE (1966)
OH, GOD! (1977)
AMAZON WOMEN ON THE MOON (1986)

BELLO, Maria
actrice américaine (1967-)
PERMANENT MIDNIGHT (1998)
PAYBACK (1999)
AUTO FOCUS (2002)
COOLER, THE (2002)
SECRET WINDOW (2004)
SILVER CITY (2004)
ASSAULT ON PRECINCT 13 (2005)
DARK, THE (2005)
HISTORY OF VIOLENCE, A (2005)
SISTERS, THE (2005)
THANK YOU FOR SMOKING (2005)
WORLD TRADE CENTER (2006)
JANE AUSTEN BOOK CLUB, THE (2007)
SHATTERED (2007)
MUMMY, THE - TOMB OF THE DRAGON EMPEROR (2008)
TOWELHEAD (2008)

BELLOWS, Gil
acteur canadien (1967-)
SHAWSHANK REDEMPTION, THE (1994)
MIAMI RHAPSODY (1995)
SUBSTANCE OF FIRE, THE (1996)
JUDAS KISS (1998)
CHASING SLEEP (2000)
BEAR NAMED WINNIE, A (2004)
CHILDSTAR (2004)
PURSUED (2004)
WEATHER MAN, THE (2005)
PASSCHENDAELE (2008)
PROMOTION, THE (2008)
TORONTO STORIES (2008)

BELLUCCI, Monica
actrice italienne (1964-)
BRAM STOKER'S DRACULA (1992)
APPARTEMENT, L' (1996)
DOBERMANN (1997)
MAUVAIS GENRE (1997)
COMME UN POISSON HORS DE L'EAU (1999)
UNDER SUSPICION (1999)
FRANCK SPADONE (2000)
MALÈNA (2000)
PACTE DES LOUPS, LE (2000)
ASTÉRIX ET OBÉLIX: MISSION CLÉOPÂTRE (2001)
IRRÉVERSIBLE (2002)
MATRIX RELOADED, THE (2003)
MATRIX, THE: REVOLUTIONS (2003)
REMEMBER ME, MY LOVE (2003)
TEARS OF THE SUN (2003)
AGENTS SECRETS (2004)
PASSION OF THE CHRIST, THE (2004)
SHE HATE ME (2004)
BROTHERS GRIMM (2005)
COMBIEN TU M'AIMES? (2005)
CONCILE DE PIERRE, LE (2006)
SHOOT'EM UP (2007)

BELMONDO, Jean-Paul
acteur français (1933-)
SOIS BELLE ET TAIS-TOI (1958)
À BOUT DE SOUFFLE (1959)

À DOUBLE TOUR (1959)
FEMME EST UNE FEMME, UNE (1960)
MODERATO CANTABILE (1960)
TWO WOMEN (1960)
CARTOUCHE (1961)
LÉON MORIN, PRÊTRE (1961)
DOULOS, LE (1962)
UN SINGE EN HIVER (1962)
PEAU DE BANANE (1963)
CENT MILLE DOLLARS AU SOLEIL (1964)
HOMME DE RIO, L' (1964)
PIERROT LE FOU (1965)
PARIS BRÛLE-T-IL? (1966)
CASINO ROYALE (1967)
HO! (1968)
CERVEAU, LE (1969)
SIRÈNE DU MISSISSIPPI, LA (1969)
BORSALINO (1970)
CASSE, LE (1971)
MARIÉS DE L'AN DEUX, LES (1971)
SCOUMOUNE, LA (1972)
MAGNIFIQUE, LE (1973)
STAVISKY (1974)
ALPAGUEUR, L' (1976)
ANIMAL, L' (1977)
FLIC OU VOYOU (1979)
GUIGNOLO, LE (1980)
PROFESSIONNEL, LE (1981)
AS DES AS, L' (1982)
MARGINAL, LE (1983)
MORFALOUS, LES (1983)
JOYEUSES PÂQUES (1984)
HOLD-UP (1985)
SOLITAIRE, LE (1987)
ITINÉRAIRE D'UN ENFANT GÂTÉ (1988)
INCONNU DANS LA MAISON, L' (1992)
CENT ET UNE NUITS, LES (1994)
MISÉRABLES DU XXE SIÈCLE, LES (1995)
1 CHANCE SUR 2 (1997)
PUCE À L'OREILLE, LA (1997)
ACTEURS, LES (1999)
PEUT-ÊTRE (1999)
AMAZONE (2000)
AÎNÉ DES FERCHAUX, L' (2001)

BELUSHI, James
acteur américain (1954-)
THIEF (1981)
MAN WITH ONE RED SHOE, THE (1985)
SALVADOR (1985)
ABOUT LAST NIGHT (1986)
JUMPIN' JACK FLASH (1986)
LITTLE SHOP OF HORRORS (1986)
PRINCIPAL, THE (1987)
RED HEAT (1988)
HOMER & EDDIE (1989)
K-9 (1989)
MR. DESTINY (1990)
TAKING CARE OF BUSINESS (1990)
CURLY SUE (1991)
DIARY OF A HITMAN (1991)
ONLY THE LONELY (1991)
DESTINY TURNS ON THE RADIO (1995)
GANG RELATED (1997)

BENDIX, William
acteur américain (1906-1964)
WAKE ISLAND (1942)
CHINA (1943)
GUADALCANAL DIARY (1943)
LIFEBOAT (1943)
GREENWICH VILLAGE (1944)
BLUE DAHLIA, THE (1945)
DARK CORNER, THE (1945)
TWO YEARS BEFORE THE MAST (1945)
WHERE THERE'S LIFE (1947)
TIME OF YOUR LIFE, THE (1948)
BIG STEAL, THE (1949)
CONNECTICUT YANKEE IN KING ARTHUR'S COURT, A (1949)
MACAO (1952)
DEEP SIX, THE (1957)

BENIGNI, Roberto
acteur italien (1952-)
BERLINGUER, I LOVE YOU (1977)
MONSTRESSES, LES (1979)
PIPICACADODO (1979)
DOWN BY LAW (1986)
PETIT DIABLE, LE (1988)
VOCE DELLA LUNA, LA (1990)
JOHNNY CURE-DENT (1991)
NIGHT ON EARTH (1991)
SON OF THE PINK PANTHER (1993)
MONSTRE, LE (1994)
VIE EST BELLE, LA (1997)
ASTÉRIX ET OBÉLIX CONTRE CÉSAR (1998)
PINOCCHIO (2002)
COFFEE AND CIGARETTES (2003)
TIGRE ET LA NEIGE, LE (2005)

BENING, Annette
actrice américaine (1958-)
VALMONT (1989)
GRIFTERS, THE (1990)
GUILTY BY SUSPICION (1990)
POSTCARDS FROM THE EDGE (1990)
BUGSY (1991)
REGARDING HENRY (1991)
LOVE AFFAIR (1994)
AMERICAN PRESIDENT, THE (1995)
RICHARD III (1995)
MARS ATTACKS! (1996)
IN DREAMS (1998)
SIEGE, THE (1998)
AMERICAN BEAUTY (1999)
OPEN RANGE (2003)
BEING JULIA (2004)
MRS. HARRIS (2005)
RUNNING WITH SCISSORS (2006)
WOMEN, THE (2008)

BENNETT, Joan
actrice américaine (1910-1990)
BULLDOG DRUMMOND (1929)
DISRAELI (1929)
LITTLE WOMEN (1933)
VOGUE OF 1938 (1937)
TEXANS, THE (1938)
MAN HUNT (1941)
WOMAN IN THE WINDOW, THE (1944)
SCARLET STREET (1946)
SECRET BEYOND THE DOOR (1947)
HOLLOW TRIUMPH (1948)
FATHER OF THE BRIDE (1950)
FATHER'S LITTLE DIVIDEND (1951)
WE'RE NO ANGELS (1955)
HOUSE OF DARK SHADOWS (1970)
SUSPIRIA (1977)

BERENGER, Tom
acteur américain (1950-)
IN PRAISE OF OLDER WOMEN (1977)
LOOKING FOR MR. GOODBAR (1977)
DOGS OF WAR, THE (1980)
DERRIÈRE LA PORTE (1982)
BIG CHILL, THE (1983)
EDDIE AND THE CRUISERS (1983)
FEAR CITY (1984)
RUSTLERS' RHAPSODY (1985)
PLATOON (1986)
DEAR AMERICA: LETTERS HOME FROM VIETNAM (1987)
SOMEONE TO WATCH OVER ME (1987)
BETRAYED (1988)
LAST RITES (1988)
SHOOT TO KILL (1988)
BORN ON THE FOURTH OF JULY (1989)
MAJOR LEAGUE (1989)
FIELD, THE (1990)
LOVE AT LARGE (1990)
AT PLAY IN THE FIELDS OF THE LORD (1991)
SHATTERED (1991)
GETTYSBURG (1993)
SLIVER (1993)
BODY LANGUAGE (1995)
LAST OF THE DOGMEN (1995)
SUBSTITUTE, THE (1995)
GINGERBREAD MAN, THE (1997)
TRACK DOWN (2000)
TRAINING DAY (2001)

BERG, Peter
acteur américain (1964-)
SHOCKER (1989)
CROOKED HEARTS (1990)
MIDNIGHT CLEAR, A (1992)
LAST SEDUCTION, THE (1993)
GREAT WHITE HYPE, THE (1996)
COP LAND (1997)
CORKY ROMANO (2001)
COLLATERAL (2004)
LIONS FOR LAMBS (2007)
SMOKIN' ACES (2007)

BERGEN, Candice
actrice américaine (1946-)
GROUP, THE (1965)
SAND PEBBLES, THE (1966)
MAGUS, THE (1968)
ADVENTURERS, THE (1970)
GETTING STRAIGHT (1970)
SOLDIER BLUE (1970)
CARNAL KNOWLEDGE (1971)
BITE THE BULLET (1975)
WIND AND THE LION, THE (1975)
DOMINO PRINCIPLE, THE (1977)
NIGHT FULL OF RAIN, A (1977)
OLIVER'S STORY (1978)
STARTING OVER (1979)
RICH AND FAMOUS (1981)
GANDHI (1982)
MURPHY BROWN (SEASON I) (1988)
MISS CONGENIALITY (2000)
SWEET HOME ALABAMA (2002)
VIEW FROM THE TOP, A (2003)
BRIDE WARS (2008)
SEX AND THE CITY (2008)
WOMEN, THE (2008)

BERGIN, Patrick
acteur irlandais (1951-)
COURIER, THE (1988)
MOUNTAINS OF THE MOON (1989)
SLEEPING WITH THE ENEMY (1991)
MAP OF THE HUMAN HEART (1992)
LAWNMOWER MAN 2 (1995)
ÎLE DE MON ENFANCE, L' (1997)
EYE OF THE BEHOLDER (1999)
INVISIBLE CIRCUS, THE (2000)
BENEATH LOCH NESS (2001)
BLOOM (2003)
BOYS & GIRLS FROM COUNTY CLARE (2003)

BERGMAN, Ingrid
actrice suédoise (1915-1982)
COUNT OF THE OLD TOWN, THE (1934)
NUIT DE LA SAINT-JEAN, LA (1935)
SWEDENHIELMS (1935)
INTERMEZZO (1937)
DOLLAR (1938)
INTERMEZZO (1939)
UN VISAGE DE FEMME (1939)
JUNE NIGHT (1940)
ADAM HAD FOUR SONS (1941)
CASABLANCA (1941)
DR. JEKYLL AND MR. HYDE (1941)
ONLY ONE NIGHT (1942)
GASLIGHT (1944)
BELLS OF ST.MARY'S, THE (1945)
SPELLBOUND (1945)
NOTORIOUS (1946)
ARCH OF TRIUMPH (1947)
FOR WHOM THE BELL TOLLS (1947)
JOAN OF ARC (1948)
STROMBOLI (1949)
UNDER CAPRICORN (1949)
EUROPE 51 (1952)
VOYAGE IN ITALY (1953)
PEUR, LA (1954)
ANASTASIA (1956)
ÉLÉNA ET LES HOMMES (1956)
INDISCREET (1958)
INN OF THE SIXTH HAPPINESS, THE (1958)
GOODBYE AGAIN (1961)
HEDDA GABLER (1963)
YELLOW ROLLS-ROYCE, THE (1965)
CACTUS FLOWER (1969)
WALK IN THE SPRING RAIN (1969)
AUTUMN SONATA (1978)
WOMAN CALLED GOLDA, A (1982)

BERKELEY, Xander
acteur canadien (1958-)
MOMMIE DEAREST (1981)
CANDYMAN (1992)
ATTACK OF THE 50 FOOT WOMAN (1993)
SAFE (1994)
APOLLO 13 (1995)
POISON IVY II (1995)
AIR FORCE ONE (1997)
GATTACA (1997)
PHOENIX (1998)
CHERRY ORCHARD, THE (1999)
UNIVERSAL SOLDIER: THE RETURN (1999)
SHANGHAI NOON (2000)
QUICKSAND (2001)
STANDING STILL (2006)

BERLÉAND, François
acteur français (1952-)
AU REVOIR LES ENFANTS (1988)
CAPITAINE CONAN (1996)
PLACE VENDÔME (1997)
SEPTIÈME CIEL, LE (1997)
ÉCOLE DE LA CHAIR, L' (1998)
BABY BLUES (1999)
MA PETITE ENTREPRISE (1999)

PROMENONS-NOUS DANS LES BOIS (1999)
ROMANCE (1999)
UNE POUR TOUTES (1999)
PRINCE DU PACIFIQUE, LE (2000)
ADVERSAIRE, L' (2002)
FRÈRE DU GUERRIER, LE (2002)
MON IDOLE (2002)
TRANSPORTER, THE (2002)
FILLES UNIQUES (2003)
CHORISTES, LES (2004)
CONVOYEUR, LE (2004)
GRAND RÔLE, LE (2004)
SŒURS FÂCHÉES, LES (2004)
TRANSPORTER 2, THE (2005)
IVRESSE DU POUVOIR, L' (2006)
NE LE DIS À PERSONNE (2006)
JE CROIS QUE JE L'AIME (2007)
TRANSPORTER 3 (2008)

BERLING, Charles
acteur français (1958-)
LOVE, ETC. (1996)
PALMES DE M. SCHUTZ, LES (1996)
RIDICULE (1996)
CEUX QUI M'AIMENT PRENDRONT LE TRAIN (1997)
NETTOYAGE À SEC (1997)
ENNUI, L' (1998)
UNE AFFAIRE DE GOÛT (1999)
COMÉDIE DE L'INNOCENCE (2000)
DESTINÉES SENTIMENTALES, LES (2000)
STARDOM (2000)
15 AOÛT (2001)
COMMENT J'AI TUÉ MON PÈRE (2001)
UN JEU D'ENFANTS (2001)
DEMONLOVER (2002)
FILLES PERDUES, CHEVEUX GRAS (2002)
JE RESTE! (2003)
PÈRE ET FILS (2003)
UN FIL À LA PATTE (2004)
DALIDA (2005)
HOMME DE SA VIE, L' (2006)
JE PENSE À VOUS (2006)
CAOS CALMO (2008)

BERNHARD, Sandra
actrice américaine (1955-)
KING OF COMEDY, THE (1982)
TRACK 29 (1988)
HEAVY PETTING (1989)
WITHOUT YOU I'M NOTHING SANDRA BERNHARD (1990)
HUDSON HAWK (1991)
INSIDE MONKEY ZETTERLAND (1992)
BURN HOLLYWOOD BURN (1997)
SOMEWHERE IN THE CITY (1997)

BERRY, Halle
actrice américaine (1968-)
LAST BOY SCOUT, THE (1991)
STRICTLY BUSINESS (1991)
BOOMERANG (1992)
PROGRAM, THE (1993)
QUEEN (1993)
LOSING ISAIAH (1995)
EXECUTIVE DECISION (1996)
B.A.P.S. (1997)
BULWORTH (1998)
WHY DO FOOLS FALL IN LOVE (1998)
X-MEN (2000)
MONSTER'S BALL (2001)
SWORDFISH (2001)
DIE ANOTHER DAY (2002)
GOTHIKA (2003)
CATWOMAN (2004)
X-MEN X3 - THE LAST STAND (2006)
PERFECT STRANGER (2007)
THINGS WE LOST IN THE FIRE (2007)

BERRY, Richard
acteur français (1950-)
PREMIER VOYAGE (1980)
PUTAIN D'HISTOIRE D'AMOUR (1981)
UN ASSASSIN QUI PASSE (1981)
BALANCE, LA (1982)
GRAND PARDON, LE (1982)
JEUNE MARIÉ, LE (1982)
GRAND CARNAVAL, LE (1983)
ADDITION, L' (1984)
GARCE, LA (1984)
LUNE DE MIEL (1985)
TAXI BOY (1986)
UN HOMME ET UNE FEMME: VINGT ANS DÉJÀ (1986)
CAYENNE PALACE (1987)
LA BAULE-LES PINS (1989)
588, RUE PARADIS (1991)
MA VIE EST UN ENFER (1991)
POUR SACHA (1991)
GRAND PARDON II, LE (1992)
PETIT PRINCE A DIT, LE (1992)
ADULTÈRE (MODE D'EMPLOI) (1995)
APPÂT, L' (1995)
PÉDALE DOUCE (1996)
QUASIMODO D'EL PARIS (1998)
15 AOÛT (2001)
MES ENFANTS NE SONT PAS COMME LES AUTRES (2002)
TAIS-TOI (2003)
DOUBLURE, LA (2006)
INSOUMIS, LES (2008)

BETTANY, Paul
acteur anglais (1971-)
GAME OF DEATH, THE (2000)
GANGSTER NO.1 (2000)
BEAUTIFUL MIND, A (2001)
KNIGHT'S TALE, A (2001)
HEART OF ME, THE (2002)
DOGVILLE (2003)
MASTER AND COMMANDER: THE FAR SIDE OF THE WORLD (2003)
RECKONING, THE (2004)
WIMBLEDON (2004)
DA VINCI CODE, THE (2006)
FIREWALL (2006)
INKHEART (2008)
SECRET LIFE OF BEES, THE (2008)

BICKFORD, Charles
acteur américain (1891-1967)
ANNA CHRISTIE (1930)
PLAINSMAN, THE (1936)
OF MICE AND MEN (1939)
TARZAN'S NEW YORK ADVENTURE (1942)
FALLEN ANGEL (1945)
BRUTE FORCE (1947)
FARMER'S DAUGHTER, THE (1947)
FOUR FACES WEST (1948)
JOHNNY BELINDA (1948)
WHIRLPOOL (1949)
BRANDED (1950)
RIDING HIGH (1950)
JIM THORPE - ALL AMERICAN (1951)
COURT-MARTIAL OF BILLY MITCHELL, THE (1955)
DAYS OF WINE AND ROSES (1962)

BIEHN, Michael
acteur américain (1956-)
LORDS OF DISCIPLINE, THE (1983)
TERMINATOR, THE (1984)
ALIENS (1986)
RAMPAGE (1987)
SEVENTH SIGN, THE (1988)
ABYSS, THE (1989)
NAVY SEALS (1990)
K2 (1991)
CLOCKSTOPPERS (2002)
HAVOC (2005)
GRINDHOUSE (2007)
PLANET TERROR - UNCUT (2007)

BINOCHE, Juliette
actrice française (1964-)
JE VOUS SALUE MARIE (1984)
NANAS, LES (1984)
RENDEZ-VOUS (1985)
MAUVAIS SANG (1986)
UNBEARABLE LIGHTNESS OF BEING, THE (1988)
AMANTS DU PONT-NEUF, LES (1991)
DAMAGE (1992)
EMILY BRONTË'S WUTHERING HEIGHTS (1992)
TROIS COULEURS - BLEU (1993)
HUSSARD SUR LE TOIT, LE (1995)
UN DIVAN À NEW YORK (1995)
ENGLISH PATIENT, THE (1996)
ALICE ET MARTIN (1998)
ENFANTS DU SIÈCLE, LES (1999)
VEUVE DE SAINT-PIERRE, LA (1999)
CHOCOLATE (2000)
CODE INCONNU (2000)
DÉCALAGE HORAIRE (2002)
IN MY COUNTRY (2004)
BEE SEASON, THE (2005)
CACHÉ (2005)
BREAKING AND ENTERING (2006)
PARIS, JE T'AIME (2006)
QUELQUES JOURS EN SEPTEMBRE (2006)
DAN IN REAL LIFE (2007)
VOYAGE DU BALLON ROUGE, LE (2007)
PARIS (2008)

BIRCH, THORA
actrice américaine (1982-)
PARADISE (1991)
HOCUS POCUS (1993)
MONKEY TROUBLE (1994)
NOW AND THEN (1995)
ALASKA (1996)
AMERICAN BEAUTY (1999)
DUNGEONS AND DRAGONS (2000)
GHOST WORLD (2001)
HOLE, THE (2001)
SILVER CITY (2004)
SLINGSHOT (2005)
DARK CORNERS (2006)

BIRKIN, Jane
actrice anglaise (1946-)
KNACK, AND HOW TO GET IT, THE (1964)
BLOW-UP (1966)
KALEIDOSCOPE (1966)
PISCINE, LA (1968)
SLOGAN (1969)
MAY MORNING (1972)
DON JUAN 73 (1973)
LA MORTE NEGLI OCCHI DEL GATTO (1973)
MOUTON ENRAGÉ, LE (1973)
SÉRIEUX COMME LE PLAISIR (1974)
7 MORTS SUR ORDONNANCE (1975)
COURSE À L'ÉCHALOTE (1975)
DIABLE AU CŒUR, LE (1975)
ANIMAL, L' (1977)
DEATH ON THE NILE (1978)
AU BOUT DU BOUT DU BANC (1979)
EVIL UNDER THE SUN (1981)
CIRCULEZ, Y'A RIEN À VOIR (1982)
AMI DE VINCENT, L' (1983)
GARDE DU CORPS, LE (1984)
PIRATE, LA (1984)
BEETHOVEN'S NEPHEW (1985)
FEMME DE MA VIE, LA (1986)
KUNG-FU MASTER! (1987)
SOIGNE TA DROITE! (1987)
DADDY NOSTALGIE (1990)
BELLE NOISEUSE, LA (1991)
CENT ET UNE NUITS, LES (1994)
NOIR COMME LE SOUVENIR (1995)
ON CONNAÎT LA CHANSON (1997)
REINES D'UN JOUR (2001)
MARIÉES MAIS PAS TROP (2003)
TÊTE DE MAMAN, LA (2007)

BISSET, Jacqueline
actrice anglaise (1944-)
KNACK, AND HOW TO GET IT, THE (1964)
CASINO ROYALE (1967)
TWO FOR THE ROAD (1967)
BULLITT (1968)
AIRPORT (1970)
GRASSHOPPER, THE (1970)
MEPHISTO WALTZ, THE (1971)
LIFE AND TIMES OF JUDGE ROY BEAN (1972)
MAGNIFIQUE, LE (1973)
NUIT AMÉRICAINE, LA (1973)
THIEF WHO CAME TO DINNER, THE (1973)
MURDER ON THE ORIENT EXPRESS (1974)
FEMME DU DIMANCHE, LA (1975)
SPIRAL STAIRCASE, THE (1975)
ST. IVES (1976)
DEEP, THE (1977)
GREEK TYCOON, THE (1978)
WHO IS KILLING THE GREAT CHEFS OF EUROPE? (1978)
WHEN TIME RAN OUT... (1980)
RICH AND FAMOUS (1981)
CLASS (1983)
OBSERVATIONS UNDER THE VOLCANO (1984)
UNDER THE VOLCANO (1984)
HIGH SEASON (1987)
SCENES FROM THE CLASS STRUGGLE IN BEVERLY HILLS (1989)
WILD ORCHID (1989)
MARMOTTES, LES (1993)
CÉRÉMONIE, LA (1995)
DANGEROUS BEAUTY (1997)
JESUS (1999)
JOAN OF ARC (1999)
LATTER DAYS (2003)
FASCINATION (2004)
DOMINO (2005)

BJÖRNSTRAND, Gunnar
acteur suédois (1909-1986)
TOURMENTS (1944)

ATTENTE DES FEMMES, L' (1952)
NUIT DES FORAINS, LA (1953)
UNE LEÇON D'AMOUR (1954)
RÊVES DE FEMMES (1955)
SOURIRES D'UNE NUIT D'ÉTÉ (1955)
FRAISES SAUVAGES, LES (1957)
SEVENTH SEAL, THE (1957)
VISAGE, LE (1959)
ŒIL DU DIABLE, L' (1960)
COMME DANS UN MIROIR (1962)
COMMUNIANTS, LES (1963)
PERSONA (1966)
HONTE, LA (1968)
RITE, LE (1969)
AUTUMN SONATA (1978)
FANNY ET ALEXANDRE (1982)
RÊVES (1990)

BLACK, Jack
acteur américain (1969-)
AIRBORNE (1993)
NEVERENDING STORY III, THE (1994)
CABLE GUY, THE (1996)
JESUS' SON (1999)
HIGH FIDELITY (2000)
SHALLOW HAL (2001)
SCHOOL OF ROCK (2003)
ENVY (2004)
KING KONG (2005)
HOLIDAY, THE (2006)
NACHO LIBRE (2006)
TENACIOUS D IN THE PICK OF DESTINY (2006)
MARGOT AT THE WEDDING (2007)
BE KIND REWIND (2008)
TROPIC THUNDER (2008)

BLACK, Karen
actrice américaine (1942-)
YOU'RE A BIG BOY NOW (1967)
EASY RIDER (1969)
FIVE EASY PIECES (1970)
GUNFIGHT, A (1970)
BORN TO WIN (1971)
CISCO PIKE (1971)
PORTNOY'S COMPLAINT (1972)
OUTFIT, THE (1973)
PYX, THE (1973)
RHINOCEROS (1973)
AIRPORT '75 (1974)
GREAT GATSBY, THE (1974)
DAY OF THE LOCUST, THE (1975)
FAMILY PLOT (1975)
NASHVILLE (1975)
TRILOGY OF TERROR (1975)
BURNT OFFERINGS (1976)
IN PRAISE OF OLDER WOMEN (1977)
CAPRICORN ONE (1978)
CHANEL SOLITAIRE (1981)
COME BACK TO THE FIVE AND DIME, JIMMY DEAN, JIMMY DEAN (1982)
CAN SHE BAKE A CHERRY PIE? (1983)
MARTIN'S DAY (1984)
INVADERS FROM MARS (1986)
HAUNTING FEAR (1991)
PLAYER, THE (1992)
CONCEIVING ADA (1996)
DOGTOWN (1997)
HOUSE OF 1000 CORPSES (2000)
TEKNOLUST (2002)
AMERICA BROWN (2004)
HOLLYWOOD DREAMS (2006)
GHOST WRITER (2007)

BLAIR, Linda
actrice américaine (1959-)
EXORCIST, THE (1973)
VICTORY AT ENTEBBE (1976)
EXORCIST II: THE HERETIC (1977)
SUMMER OF FEAR (1978)
ROLLER BOOGIE (1979)
HELL NIGHT (1981)
RUCKUS (1982)
NIGHT PATROL (1984)
REPOSSESSED (1989)

BLAIR, Selma
actrice américaine (1972-)
CRUEL INTENTIONS (1999)
LEGALLY BLONDE (2001)
STORYTELLING (2001)
SWEETEST THING, THE (2002)
DIRTY SHAME, A (2004)
HELLBOY (2004)
FOG, THE (2005)
PRETTY PERSUASION (2005)
LIES & ALIBIS (2006)
FEAST OF LOVE (2007)
KILLING GENE, THE (2007)
HELLBOY II - THE GOLDEN ARMY (2008)
MY MOM'S NEW BOYFRIEND (2008)

BLAKE, Nelson, Tim
acteur américain (1965-)
HEAVYWEIGHTS (1995)
THIN RED LINE, THE (1998)
O BROTHER, WHERE ART THOU? (2000)
HOLES (2003)
WONDERLAND (2003)
AMATEURS, THE (2005)
BIG WHITE, THE (2005)
SYRIANA (2005)
WARM SPRINGS (2005)
COME EARLY MORNING (2006)
FIDO (2006)
INCREDIBLE HULK, THE (2008)

BLAKE, Robert
acteur américain (1933-)
I LOVE YOU AGAIN (1940)
ANDY HARDY'S DOUBLE LIFE (1942)
BIG NOISE, THE (1944)
WOMAN IN THE WINDOW, THE (1944)
HUMORESQUE (1946)
TREASURE OF THE SIERRA MADRE, THE (1948)
PORK CHOP HILL (1959)
TOWN WITHOUT PITY (1961)
PT 109 (1963)
GREATEST STORY EVER TOLD, THE (1965)
THIS PROPERTY IS CONDEMNED (1966)
IN COLD BLOOD (1967)
TELL THEM WILLIE BOY IS HERE (1969)
ELECTRA GLIDE IN BLUE (1973)
MONEY TRAIN (1995)
LOST HIGHWAY (1996)

BLANC, Dominique
actrice française (1962-)
FEMME DE MA VIE, LA (1986)
UNE AFFAIRE DE FEMMES (1988)
JE SUIS LE SEIGNEUR DU CHÂTEAU (1989)
MILOU EN MAI (1989)
QUELQUES JOURS AVEC MOI (1989)
SAVANNAH, LA BALLADE (1989)
INDOCHINE (1991)
LOIN DES BARBARES (1993)
REINE MARGOT, LA (1993)
TOTAL ECLIPSE (1995)
ALLÉE DU ROI, L' (1996)
SOLDIER'S DAUGHTER NEVER CRIES, A (1998)
ACTEURS, LES (1999)
PORNOGRAPHE, LE (2001)
C'EST LE BOUQUET (2002)
UN FIL À LA PATTE (2004)
SAUF LE RESPECT QUE JE VOUS DOIS (2005)
AMITIÉS MALÉFIQUES, LES (2006)
PLUS TARD, TU COMPRENDRAS (2008)

BLANC, Michel
acteur français (1953-)
ATTENTION LES YEUX (1975)
MEILLEURE FAÇON DE MARCHER, LA (1975)
LOCATAIRE, LE (1976)
ORDINATEUR DES POMPES FUNÈBRES, L' (1976)
BRONZÉS, LES (1978)
BRONZÉS FONT DU SKI, LES (1979)
CAUSE TOUJOURS, TU M'INTÉRESSES (1979)
RIEN NE VA PLUS (1979)
CHEVAL D'ORGUEIL, LE (1980)
VIENS CHEZ MOI, J'HABITE CHEZ UNE COPINE (1980)
MA FEMME S'APPELLE REVIENS (1981)
CIRCULEZ, Y'A RIEN À VOIR (1982)
RETENEZ-MOI... OU JE FAIS UN MALHEUR (1983)
MARCHE À L'OMBRE (1984)
FUGITIFS, LES (1986)
TENUE DE SOIRÉE (1986)
CHAMBRE À PART (1989)
MONSIEUR HIRE (1989)
URANUS (1990)
MERCI LA VIE (1991)
PROSPERO'S BOOKS (1991)
FAVOUR, THE WATCH AND THE VERY BIG FISH, THE (1992)
TOXIC AFFAIR (1993)
GROSSE FATIGUE (1994)
MONSTRE, LE (1994)
PRÊT-À-PORTER (1994)
EMBRASSEZ QUI VOUS VOUDREZ (2002)
AFFAIRE DOMINICI, L' (2003)
MADAME EDOUARD (2004)
BRONZÉS 3, LES (2005)
JE VOUS TROUVE TRÈS BEAU (2005)
TÉMOINS, LES (2006)
NOS 18 ANS (2008)

BLANCHE, Roland
acteur français (1943-)
JUGE FAYARD DIT «LE SHÉRIF», LE (1977)
DERNIER AMANT ROMANTIQUE, LE (1978)
I... COMME ICARE (1979)
ILS SONT GRANDS, CES PETITS (1979)
RIEN NE VA PLUS (1979)
IL FAUT TUER BIRGITT HAAS (1980)
CHOIX DES ARMES, LE (1981)
DANTON (1982)
TIR GROUPÉ (1982)
COMPÈRES, LES (1983)
ÉQUATEUR (1983)
ÇA N'ARRIVE QU'À MOI (1984)
SIGNÉ CHARLOTTE (1984)
TRICHE, LA (1984)
4e POUVOIR, LE (1985)
GALETTE DU ROI, LA (1985)
FUGITIFS, LES (1986)
MIRACULÉ, LE (1986)
YIDDISH CONNECTION (1986)
COMÉDIE DU TRAVAIL, LA (1987)
SAISONS DU PLAISIR, LES (1988)
TROP BELLE POUR TOI! (1989)
NIKITA (1990)
UNE ÉPOQUE FORMIDABLE (1991)
HÉLAS POUR MOI (1992)
BÂTARD DE DIEU, LE (1993)
CAPRICES D'UN FLEUVE, LES (1995)
BEAUMARCHAIS L'INSOLENT (1996)
BERNIE (1996)
SALSA (1999)

BLANCHETT, Cate
actrice australienne (1969-)
OSCAR AND LUCINDA (1997)
PARADISE ROAD (1997)
ELIZABETH (1998)
IDEAL HUSBAND, AN (1999)
PUSHING TIN (1999)
TALENTED MR. RIPLEY, THE (1999)
GIFT, THE (2000)
MAN WHO CRIED, THE (2000)
BANDITS (2001)
CHARLOTTE GRAY (2001)
HEAVEN (2001)
LORD OF THE RINGS: THE FELLOWSHIP OF THE RING (2001)
SHIPPING NEWS, THE (2001)
MISSING, THE (2003)
AVIATOR, THE (2004)
THE LIFE AQUATIC WITH STEVE ZISSOU (2004)
LITTLE FISH (2005)
BABEL (2006)
GOOD GERMAN, THE (2006)
NOTES ON A SCANDAL (2006)
ELIZABETH: THE GOLDEN AGE (2007)
I'M NOT THERE (2007)
STORIES OF LOST SOULS (2007)
CURIOUS CASE OF BENJAMIN BUTTON, THE (2008)
INDIANA JONES AND THE KINGDOM OF THE CRYSTAL SKULL (2008)

BLETHYN, Brenda
actrice anglaise (1946-)
GROWN-UPS (1980)
STORYTELLER, THE - DEFINITIVE COLLECTION (1987)
BUDDHA OF SUBURBIA, THE (1993)
SECRETS AND LIES (1996)
IN THE WINTER DARK (1998)
LITTLE VOICE (1998)
RKO 281: BATTLE OVER CITIZEN KANE (1999)
SAVING GRACE (1999)
ANNE FRANK (2001)
LOVELY AND AMAZING (2001)
PUMPKIN (2002)
SLEEPING DICTIONARY (2002)
UNDERTAKING BETTY (2002)
BEYOND THE SEA (2004)
PICCADILLY JIM (2004)
ON A CLEAR DAY (2005)
PRIDE & PREJUDICE (2005)
ATONEMENT (2007)
IN THE WINTER DARK (2007)

INTRODUCING THE DWIGHTS (2007)

BLIER, Bernard
acteur français (1916-1989)
HABIT VERT, L' (1937)
HÔTEL DU NORD (1938)
JOUR SE LÈVE, LE (1939)
QUAI DES ORFÈVRES, LE (1947)
ÉCOLE BUISSONNIÈRE, L' (1948)
CRIME ET CHÂTIMENT (1956)
HOMME À L'IMPERMÉABLE (1957)
MISÉRABLES, LES (1957)
ÉCOLE DES COCOTTES, L' (1958)
JOUEUR, LE (1958)
PRÉSIDENT, LE (1960)
CAVE SE REBIFFE, LE (1962)
CAMARADES, LES (1963)
GERMINAL (1963)
TONTONS FLINGUEURS, LES (1963)
CENT MILLE DOLLARS AU SOLEIL (1964)
GRAND RESTAURANT, LE (1966)
CAROLINE CHÉRIE (1967)
FAUT PAS PRENDRE LES ENFANTS DU BON DIEU POUR DES CANARDS SAUVAGES (1968)
DISTRAIT, LE (1970)
DOIGTS CROISÉS, LES (1970)
CRI DU CORMORAN LE SOIR AU-DESSUS DES JONQUES, LE (1971)
ELLE CAUSE PLUS... ELLE FLINGUE! (1972)
GRAND BLOND AVEC UNE CHAUSSURE NOIRE, LE (1972)
TUEUR, LE (1972)
C'EST DUR POUR TOUT LE MONDE (1974)
C'EST PAS PARCE QU'ON A RIEN À DIRE QU'IL FAUT FERMER SA GUEULE (1974)
PAR LE SANG DES AUTRES (1974)
FAUX CUL, LE (1975)
BUFFET FROID (1979)
PASSION D'AMOUR (1980)
PÉTROLE! PÉTROLE! (1981)
POURVU QUE CE SOIT UNE FILLE (1985)
TWIST AGAIN À MOSCOU (1986)

BLONDELL, Joan
actrice américaine (1906-1979)
THREE ON A MATCH (1932)
FOOTLIGHT PARADE (1933)
GOLD DIGGERS OF 1933 (1933)
DAMES (1934)
BULLETS OR BALLOTS (1936)
GOLD DIGGERS OF 1937 (1936)
STAND-IN, THE (1937)
TOPPER RETURNS (1941)
ADVENTURE (1945)
NIGHTMARE ALLEY (1947)
TREE GROWS IN BROOKLYN, A (1948)
THIS COULD BE THE NIGHT (1956)
WILL SUCCESS SPOIL ROCK HUNTER? (1956)
DESK SET (1957)
WATERHOLE #3 (1967)
STAY AWAY, JOE (1968)
SUPPORT YOUR LOCAL GUNFIGHTER (1971)
OPENING NIGHT (1977)

BLOOM, Claire
actrice anglaise (1931-)
LIMELIGHT (1952)
RICHARD III (1955)
ALEXANDER THE GREAT (1956)
BROTHERS KARAMAZOV, THE (1958)
BUCCANEER, THE (1958)
LOOK BACK IN ANGER (1959)
WONDERFUL WORLD OF THE BROTHERS GRIMM, THE (1962)
HAUNTING, THE (1963)
OUTRAGE, THE (1964)
SPY WHO CAME IN FROM THE COLD, THE (1965)
CHARLY (1968)
ILLUSTRATED MAN, THE (1969)
DOLL'S HOUSE (1973)
ISLANDS IN THE STREAM (1976)
CLASH OF THE TITANS (1981)
FLORENCE NIGHTINGALE (1985)
SAMMY & ROSIE GET LAID (1987)
CRIMES AND MISDEMEANORS (1989)
MIGHTY APHRODITE (1995)
WRESTLING WITH ALLIGATORS (1998)
BOOK OF EVE, THE (2002)
IMAGINING ARGENTINA (2003)

BLUNT, Emily
actrice anglaise (1983-)
AGATHA CHRISTIE'S: POIROT DEATH ON THE NILE (2004)
MY SUMMER OF LOVE (2004)
GIDEON'S DAUGHTER (2005)
DEVIL WEARS PRADA, THE (2006)
CHARLIE WILSON'S WAR (2007)
JANE AUSTEN BOOK CLUB, THE (2007)
WIND CHILL (2007)
SUNSHINE CLEANING (2008)

BLUTEAU, Lothaire
acteur québécois (1957-)
ANNÉES DE RÊVES, LES (1984)
FOUS DE BASSAN, LES (1986)
NUIT AVEC HORTENSE, LA (1988)
JÉSUS DE MONTRÉAL (1989)
BLACK ROBE (1991)
ORLANDO (1992)
SILENT TOUCH, THE (1992)
CONFESSIONNAL, LE (1995)
OTHER VOICES, OTHER ROOMS (1995)
BENT (1996)
I SHOT ANDY WARHOL (1996)
CONQUEST (1998)
URBANIA (2000)
JULIE WALKING HOME (2001)
DESOLATION SOUND (2005)
DISAPPEARANCES (2006)
WALK ALL OVER ME (2007)

BOGARDE, Dirk
acteur anglais (1921-1999)
QUARTET (1948)
WOMAN IN QUESTION, THE (1950)
PENNY PRINCESS (1951)
SLEEPING TIGER (1954)
SIMBA (1955)
DOCTOR AT LARGE (1956)
CAMPBELL'S KINGDOM (1957)
TALE OF TWO CITIES, A (1958)
SONG WITHOUT END (1960)
VICTIM (1961)
DAMN THE DEFIANT! (1962)
I COULD GO ON SINGING (1963)
SERVANT, THE (1963)
KING & COUNTRY (1964)
DARLING (1965)
MODESTY BLAISE (1966)
ACCIDENT (1967)
FIXER, THE (1968)
DAMNÉS, LES (1969)
MORT À VENISE (1971)
NIGHT FLIGHT FROM MOSCOW (1972)
SERPENT, LE (1972)
NIGHT PORTER, THE (1973)
PROVIDENCE (1976)
BRIDGE TOO FAR, A (1977)
DÉSESPOIR (1977)
DADDY NOSTALGIE (1990)

BOGART, Humphrey
acteur américain (1899-1957)
UP THE RIVER (1930)
PETRIFIED FOREST, THE (1935)
BULLETS OR BALLOTS (1936)
DEAD END (1936)
BLACK LEGION (1937)
KID GALAHAD (1937)
MARKED WOMAN (1937)
SAN QUENTIN (1937)
STAND-IN, THE (1937)
AMAZING DOCTOR CLITTERHOUSE, THE (1938)
ANGELS WITH DIRTY FACES (1939)
DARK VICTORY (1939)
OKLAHOMA KID (1939)
ROARING TWENTIES, THE (1939)
BROTHER ORCHID (1940)
THEY DRIVE BY NIGHT (1940)
ALL THROUGH THE NIGHT (1941)
CASABLANCA (1941)
HIGH SIERRA (1941)
MALTESE FALCON, THE (1941)
WAGONS ROLL AT NIGHT, THE (1941)
ACROSS THE PACIFIC (1942)
SAHARA (1942)
ACTION IN THE NORTH ATLANTIC (1943)
CONFLICT (1944)
PASSAGE TO MARSEILLE (1944)
TO HAVE AND HAVE NOT (1944)
BIG SLEEP, THE (1946)
DARK PASSAGE (1947)
DEAD RECKONING (1947)
TREASURE OF THE SIERRA MADRE, THE (1948)
KEY LARGO (1949)
KNOCK ON ANY DOOR (1949)
TOKYO JOE (1949)
CHAIN LIGHTNING (1950)
ENFORCER, THE (1950)
IN A LONELY PLACE (1950)
AFRICAN QUEEN, THE (1951)
SIROCCO (1951)
BATTLE CIRCUS (1953)
CAINE MUTINY, THE (1953)
BAREFOOT CONTESSA, THE (1954)
BEAT THE DEVIL (1954)
SABRINA (1954)
DESPERATE HOURS, THE (1955)
LEFT HAND OF GOD, THE (1955)
WE'RE NO ANGELS (1955)
HARDER THEY FALL, THE (1956)

BOGOSIAN, Eric
acteur américain (1953-)
SPECIAL EFFECTS (1985)
TALK RADIO (1988)
SEX, DRUGS, ROCK & ROLL (1991)
WITCH HUNT (1994)
DOLORES CLAIBORNE (1995)
UNDER SIEGE 2: DARK TERRITORY (1995)
SUBSTANCE OF FIRE, THE (1996)
ERIC BOGOSIANS: WAKE UP AND SMELL THE COFFEE (2001)
SHOT IN THE HEART (2001)
WONDERLAND (2003)
KING OF THE CORNER (2004)

BOHRINGER, Richard
acteur français (1941-)
DERNIER MÉTRO, LE (1980)
DIVA (1980)
INSPECTEUR LA BAVURE (1980)
UNS ET LES AUTRES, LES (1980)
GRAND PARDON, LE (1982)
J'AI ÉPOUSÉ UNE OMBRE (1982)
CAP CANAILLE (1983)
ADDITION, L' (1984)
JUGE, LE (1984)
PÉRIL EN LA DEMEURE (1984)
SUBWAY (1985)
GRAND CHEMIN, LE (1986)
AGENT TROUBLE (1987)
FLAG (1987)
À GAUCHE EN SORTANT DE L'ASCENSEUR (1988)
SAISONS DU PLAISIR, LES (1988)
APRÈS LA GUERRE (1989)
COOK, THE THIEF, HIS WIFE & HER LOVER, THE (1989)
STAN THE FLASHER (1989)
DAMES GALANTES (1990)
CONFESSIONS D'UN BARJO (1991)
REINE BLANCHE, LA (1991)
UNE ÉPOQUE FORMIDABLE (1991)
ACCOMPAGNATRICE, L' (1992)
TANGO (1992)
PARFUM D'YVONNE, LE (1993)
SOURIRE, LE (1993)
CAPRICES D'UN FLEUVE, LES (1995)
TYKHO MOON (1996)
VÉRITÉ SI JE MENS, LA (1996)
C'EST BEAU UNE VILLE LA NUIT (2006)

BOHRINGER, Romane
actrice française (1974-)
ACCOMPAGNATRICE, L' (1992)
NUITS FAUVES, LES (1992)
À CAUSE D'ELLE (1993)
MINA TANNENBAUM (1993)
CENT ET UNE NUITS, LES (1994)
COLONEL CHABERT, LE (1994)
LUMIÈRE ET COMPAGNIE (1995)
TOTAL ECLIPSE (1995)
APPARTEMENT, L' (1996)
PORTRAITS CHINOIS (1996)
FEMME DE CHAMBRE DU TITANIC, LA (1997)
QUELQUE CHOSE D'ORGANIQUE (1998)
VIGO: A PASSION FOR LIFE (1998)

BOISSON, Christine
actrice française (1957-)
EMMANUELLE (1974)
BORN FOR HELL (1975)
FLIC STORY (1975)
IDENTIFICATION D'UNE FEMME (1982)
RUE BARBARE (1983)
MOINE ET LA SORCIÈRE, LE (1986)
MAISON DE JEANNE, LA (1987)
IL Y A DES JOURS... ET DES LUNES (1990)
AMIES DE MA FEMME, LES (1992)

MARMOTTES, LES (1993)
PAS TRÈS CATHOLIQUE (1993)
EN FACE (1999)

BOND, Ward
acteur américain (1905-1960)
BIG TRAIL, THE (1930)
IT HAPPENED ONE NIGHT (1934)
KID MILLIONS (1934)
INFORMER, THE (1935)
DEAD END (1936)
FURY (1936)
AMAZING DOCTOR CLITTERHOUSE, THE (1938)
BRINGING UP BABY (1938)
MADE FOR EACH OTHER (1938)
DODGE CITY (1939)
GONE WITH THE WIND (1939)
THEY MADE ME A CRIMINAL (1939)
YOUNG MR. LINCOLN (1939)
DRUMS ALONG THE MOHAWK (1940)
GRAPES OF WRATH, THE (1940)
LONG VOYAGE HOME, THE (1940)
MORTAL STORM, THE (1940)
SANTA FE TRAIL (1940)
SHEPHERD OF THE HILLS, THE (1940)
GENTLEMAN JIM (1941)
MALTESE FALCON, THE (1941)
GUY NAMED JOE, A (1944)
TALL IN THE SADDLE (1944)
DAKOTA (1945)
FIGHTING SULLIVANS, THE (1945)
THEY WERE EXPENDABLE (1945)
CANYON PASSAGE (1946)
IT'S A WONDERFUL LIFE (1946)
MY DARLING CLEMENTINE (1946)
FORT APACHE (1947)
UNCONQUERED (1947)
FUGITIVE, THE (1948)
JOAN OF ARC (1948)
TIME OF YOUR LIFE, THE (1948)
3 GODFATHERS (1949)
KISS TOMORROW GOODBYE (1950)
RIDING HIGH (1950)
WAGON MASTER (1950)
ON DANGEROUS GROUND (1951)
OPERATION PACIFIC (1951)
QUIET MAN, THE (1952)
BLOWING WILD (1953)
HONDO (1953)
JOHNNY GUITAR (1954)
LONG GRAY LINE, THE (1954)
MISTER ROBERTS (1955)
SEARCHERS, THE (1955)
WINGS OF EAGLES, THE (1956)
RIO BRAVO (1959)

BONHAM CARTER, Helena
actrice anglaise (1966-)
LADY JANE (1985)
ROOM WITH A VIEW, A (1985)
MAURICE (1987)
FRANCESCO (1989)
GETTING IT RIGHT (1989)
HAMLET (1990)
HOWARDS END (1991)
WHERE ANGELS FEAR TO TREAD (1991)
MARY SHELLEY'S FRANKENSTEIN (1994)
MARGARET'S MUSEUM (1995)
MIGHTY APHRODITE (1995)
PORTRAITS CHINOIS (1996)
TWELFTH NIGHT (1996)
MERRY WAR, A (1997)
WINGS OF THE DOVE (1997)
MERLIN (1998)
THEORY OF FLIGHT, THE (1998)
FIGHT CLUB (1999)
WOMEN TALKING DIRTY (1999)
NOVOCAINE (2001)
PLANET OF THE APES (2001)
TILL HUMAN VOICES WAKE US (2001)
HEART OF ME, THE (2002)
LIVE FROM BAGHDAD (2002)
BIG FISH (2003)
HENRY VIII (2003)
CHARLIE AND THE CHOCOLATE FACTORY (2005)
CONVERSATIONS WITH OTHER WOMEN (2005)
TIM BURTON'S CORPSE BRIDE (2005)
HARRY POTTER AND THE ORDER OF THE PHOENIX (2007)
SWEENEY TODD - THE DEMON BARBER OF FLEET STREET (2007)
HARRY POTTER AND THE HALF-BLOOD PRINCE (2009)
TERMINATOR: SALVATION (2009)

BONNAIRE, Sandrine
actrice française (1967-)
À NOS AMOURS (1983)
MEILLEUR DE LA VIE, LE (1984)
TIR À VUE (1984)
BLANCHE ET MARIE (1985)
POLICE (1985)
SANS TOIT NI LOI (1985)
PURITAINE, LA (1986)
SOUS LE SOLEIL DE SATAN (1987)
PEAUX DE VACHES (1988)
MONSIEUR HIRE (1989)
QUELQUES JOURS AVEC MOI (1989)
DANS LA SOIRÉE (1990)
CIEL DE PARIS, LE (1991)
PESTE, LA (1992)
JEANNE LA PUCELLE 1: LES BATAILLES (1993)
JEANNE LA PUCELLE 2: LES PRISONS (1993)
CENT ET UNE NUITS, LES (1994)
CÉRÉMONIE, LA (1995)
SECRET DÉFENSE (1997)
AU CŒUR DU MENSONGE (1998)
VOLEUR DE VIE (1998)
EST-OUEST (1999)
MADEMOISELLE (2000)
C'EST LA VIE (2001)
CONFIDENCES TROP INTIMES (2003)
COU DE LA GIRAFE, LE (2004)
ÉQUIPIER, L' (2004)
JE CROIS QUE JE L'AIME (2007)
EMPREINTE DE L'ANGE, L' (2008)

BONNIER, Céline
actrice québécoise (1965-)
TECTONIC PLATES (1991)
JUMELLES DIONNE, LES (1994)
SPHINX, LE (1995)
CABOOSE (1996)
ASSIGNMENT, THE (1997)
MUSES ORPHELINES, LES (2000)
CIEL SUR LA TÊTE, LE (2001)
SÉRAPHIN, UN HOMME ET SON PÉCHÉ (2002)
FACE CACHÉE DE LA LUNE, LA (2003)
DERNIER TUNNEL, LE (2004)
MONICA LA MITRAILLE (2004)
ÉTATS-UNIS D'ALBERT, LES (2005)
HUMAN TRAFFICKING (2005)
DÉLIVREZ-MOI (2006)
SECRET DE MA MÈRE, LE (2006)
UN DIMANCHE À KIGALI (2006)
MAMAN EST CHEZ LE COIFFEUR (2008)
TRUFFE (2008)
JE ME SOUVIENS (2009)

BOONE, Richard
acteur américain (1917-1981)
DESERT FOX, THE (1951)
BENEATH THE 12-MILE REEF (1953)
DRAGNET (1954)
TEN WANTED MEN (1954)
AWAY ALL BOATS (1956)
GARMENT JUNGLE, THE (1956)
I BURY THE LIVING (1958)
THUNDER OF DRUMS, A (1961)
RIO CONCHOS (1964)
WARLORD, THE (1965)
ARRANGEMENT, THE (1969)
NIGHT OF THE FOLLOWING DAY, THE (1969)
BIG JAKE (1970)
MADRON (1970)
BIG SLEEP, THE (1978)
BUSHIDO BLADE, THE (1978)

BOOTHE, Powers
acteur américain (1949-)
GUYANA TRAGEDY: THE STORY OF JIM JONES (1980)
SOUTHERN COMFORT (1981)
BREED APART, A (1984)
EMERALD FOREST, THE (1985)
EXTREME PREJUDICE (1987)
BY DAWNS EARLY LIGHT (1990)
BLUE SKY (1991)
RAPID FIRE (1992)
NIXON (1995)
SUDDEN DEATH (1995)
U-TURN (1997)
JOAN OF ARC (1999)
MEN OF HONOR (2000)
FRAILTY (2001)
SIN CITY (2005)

BORGNINE, Ernest
acteur américain (1917-)
STRANGER WORE A GUN, THE (1952)
FROM HERE TO ETERNITY (1953)
VERA CRUZ (1953)
BAD DAY AT BLACK ROCK (1954)
DEMETRIUS AND THE GLADIATORS (1954)
JOHNNY GUITAR (1954)
MARTY (1954)
CATERED AFFAIR, THE (1955)
JUBAL (1956)
BADLANDERS, THE (1958)
TORPEDO RUN (1958)
VIKINGS, THE (1958)
BARABBAS (1961)
FLIGHT OF THE PHOENIX, THE (1965)
OSCAR, THE (1965)
DIRTY DOZEN, THE (1967)
ICE STATION ZEBRA (1968)
SPLIT, THE (1968)
WILD BUNCH, THE (1969)
ADVENTURERS, THE (1970)
SUPPOSE THEY GAVE A WAR AND NOBODY CAME? (1970)
WILLARD (1970)
HANNIE CAULDER (1971)
POSEIDON ADVENTURE, THE (1972)
EMPEROR OF THE NORTH (1973)
NEPTUNE FACTOR (1973)
DEVIL'S RAIN, THE (1975)
HUSTLE (1975)
JESUS OF NAZARETH (1976)
ALLO... MADAME (1977)
CONVOY (1978)
ALL QUIET ON THE WESTERN FRONT (1979)
BLACK HOLE, THE (1979)
DRÔLE DE FLIC, UN (1980)
SUPER FUZZ (1980)
ESCAPE FROM NEW YORK (1981)
SPIKE OF BENSONHURST (1988)
LASER MISSION (1989)
MISTRESS (1992)
BASEKETBALL (1998)
RENEGADE (2004)

BOUAJILA, Sami
acteur français (1966-)
SILENCE DES PALAIS, LE (1994)
BYE-BYE (1995)
SIEGE, THE (1998)
DRÔLE DE FÉLIX (2000)
FAUTE À VOLTAIRE, LA (2000)
NID DE GUÊPES (2001)
RÉPÉTITION, LA (2001)
CONCILE DE PIERRE, LE (2006)
INDIGÈNES (2006)
TÉMOINS, LES (2006)
24 MESURES (2007)
DERNIER GANG, LE (2007)

BOUCHARD, Denis
acteur québécois (1953-)
MATINS INFIDÈLES, LES (1988)
TISSERANDS DU POUVOIR 2: LA RÉVOLTE, LES (1988)
TISSERANDS DU POUVOIR, LES (1988)
UN AUTRE HOMME (1989)
DING ET DONG: LE FILM (1990)
RAFALES (1990)
LOVE-MOI (1991)
FÊTE DES ROIS, LA (1994)
FABRICATION D'UN MEURTRIER, LA (1996)
HOMME IDÉAL, L' (1996)
C'T'À TON TOUR, LAURA CADIEUX (1998)
HISTOIRES D'HIVER (1998)

BOUCHARD, Raymond
acteur québécois (1945-)
CORDÉLIA (1979)
YEUX ROUGES, LES (1982)
SMOKEY AND THE BANDIT 3 (1983)
HEURES PRÉCIEUSES, LES (1989)
DING ET DONG: LE FILM (1990)
ASSASSIN JOUAIT DU TROMBONE, L' (1991)
AUTOMNE SAUVAGE, L' (1992)
BLANCHE (1993)
FLORIDA, LA (1993)
BÂTISSEURS D'EAU, LES (1995)
VENGEANCE DE LA FEMME EN NOIR, LA (1997)
CHARTRAND ET SIMONNE (1999)
UN PETIT VENT DE PANIQUE (1999)
TRUDEAU (2002)
GRANDE SÉDUCTION, LA (2003)
VIE AVEC MON PÈRE, LA (2005)
CASINO (2006)
DÉSACCORD PARFAIT (2006)
BLUFF (2007)
NITRO (2007)
BANQUET, LE (2008)

BOUCHEZ, Élodie
actrice française (1973-)
CAHIER VOLÉ, LE (1992)
ROSEAUX SAUVAGES, LES (1994)
VIE RÊVÉE DES ANGES, LA (1998)
LOVERS (1999)
FAUTE À VOLTAIRE, LA (2000)
TOO MUCH FLESH (2000)
CQ (2001)
BEING LIGHT (2003)
PACTE DU SILENCE, LE (2003)
STORMY WEATHER (2003)
AMERICA BROWN (2004)
BRICE DE NICE (2005)

BOUISE, Jean
acteur français (1929-1989)
JE SUIS CUBA (1964)
TINTIN ET LES ORANGES BLEUES (1964)
Z (1969)
AVEU, L' (1970)
CHOSES DE LA VIE, LES (1970)
MOURIR D'AIMER (1970)
CAÏDS, LES (1972)
GRANGES BRÛLÉES, LES (1973)
RETOUR DU GRAND BLOND, LE (1974)
VIEUX FUSIL, LE (1975)
MONSIEUR KLEIN (1976)
JUGE FAYARD DIT «LE SHÉRIF», LE (1977)
MORT D'UN POURRI (1977)
UN PAPILLON SUR L'ÉPAULE (1978)
DERNIER COMBAT, LE (1982)
HÉCATE, MAÎTRESSE DE LA NUIT (1982)
AU NOM DE TOUS LES MIENS (1983)
ÉDITH ET MARCEL (1983)
ÉQUATEUR (1983)
PARTIR, REVENIR (1985)
SUBWAY (1985)
DERNIER ÉTÉ À TANGER (1986)
ÉTÉ EN PENTE DOUCE, L' (1986)
DE GUERRE LASSE (1987)
GRAND BLEU, LE (1988)
NIKITA (1990)

BOUIX, Évelyne
actrice française (1956-)
RIEN NE VA PLUS (1979)
UNS ET LES AUTRES, LES (1980)
MISÉRABLES, LES (1982)
ÉDITH ET MARCEL (1983)
VIVA LA VIE (1983)
NI AVEC TOI, NI SANS TOI (1984)
PARTIR, REVENIR (1985)
UN HOMME ET UNE FEMME: VINGT ANS DÉJÀ (1986)
CIEL DE PARIS, LE (1991)
TOUT ÇA... POUR ÇA! (1992)
BEAUMARCHAIS L'INSOLENT (1996)

BOUJENAH, Michel
acteur français (1952-)
MAIS QU'EST-CE QUE J'AI FAIT AU BON DIEU POUR AVOIR UNE FEMME QUI BOIT DANS LES CAFÉS AVEC LES HOMMES? (1980)
TRANCHES DE VIE (1985)
LEVY ET GOLIATH (1986)
MOITIÉ MOITIÉ (1989)
TOTALE, LA (1991)
NOMBRIL DU MONDE, LE (1993)
MISÉRABLES DU XXe SIÈCLE, LES (1995)
DON JUAN (1997)
XXL (1997)
18 ANS APRÈS (2003)

BOUQUET, Carole
actrice française (1957-)
CET OBSCUR OBJET DU DÉSIR (1977)
BUFFET FROID (1979)
FOR YOUR EYES ONLY (1981)
RIVE DROITE, RIVE GAUCHE (1984)
MAL D'AIMER, LE (1986)
BUNKER PALACE HOTEL (1989)
NEW YORK STORIES (1989)
TROP BELLE POUR TOI! (1989)
TANGO (1992)
GROSSE FATIGUE (1994)
LUCIE AUBRAC (1997)
ROUGE ET LE NOIR, LE (1997)
EN PLEIN CŒUR (1998)
UN PONT ENTRE DEUX RIVES (1998)
PIQUE-NIQUE DE LULU KREUTZ, LE (1999)
WASABI (2001)
EMBRASSEZ QUI VOUS VOUDREZ (2002)
BIENVENUE CHEZ LES ROZES (2003)
FEUX ROUGES (2003)
FAUTES D'ORTHOGRAPHE, LES (2004)
ENFER, L' (2005)

BOUQUET, Michel
acteur français (1925-)
MONSIEUR VINCENT (1947)
PATTES BLANCHES (1949)
TIGRE SE PARFUME À LA DYNAMITE, LE (1965)
MARIÉE ÉTAIT EN NOIR, LA (1967)
ROUTE DE CORINTHE, LA (1967)
FEMME INFIDÈLE, LA (1968)
DERNIER SAUT, LE (1969)
SIRÈNE DU MISSISSIPPI, LA (1969)
BORSALINO (1970)
JUSTE AVANT LA NUIT (1970)
RUPTURE, LA (1970)
ANGES, LES (1972)
ATTENTAT, L' (1972)
NIGHT FLIGHT FROM MOSCOW (1972)
SERPENT, LE (1972)
COMPLOT, LE (1973)
DÉFENSE DE SAVOIR (1973)
JOUET, LE (1976)
RAISON D'ÉTAT, LA (1978)
MISÉRABLES, LES (1982)
POULET AU VINAIGRE (1984)
TOTO LE HÉROS (1991)
TOUS LES MATINS DU MONDE (1991)
ÉLISA (1994)
COMMENT J'AI TUÉ MON PÈRE (2001)
CÔTELETTES, LES (2003)
PROMENEUR DU CHAMPS DE MARS, LE (2004)

BOURVIL
acteur français (1919-1970)
PASSE-MURAILLE, LE (1950)
3 MOUSQUETAIRES, LES (1953)
POISSON D'AVRIL (1954)
TRAVERSÉE DE PARIS, LA (1956)
MISÉRABLES, LES (1957)
CHEMIN DES ÉCOLIERS, LE (1958)
FORTUNA (1960)
LONGEST DAY, THE (1962)
CUISINE AU BEURRE, LA (1963)
UN DRÔLE DE PAROISSIEN (1963)
CENT MILLE DOLLARS AU SOLEIL (1964)
CORNIAUD, LE (1964)
GRANDES GUEULES, LES (1965)
GRANDE VADROUILLE, LA (1966)
CRACKS, LES (1967)
GRANDE LESSIVE, LA (1968)
ARBRE DE NOËL, L' (1969)
CERVEAU, LE (1969)
THOSE DARING YOUNG MEN IN THEIR JAUNTY JALOPIES (1969)
CERCLE ROUGE, LE (1970)
MUR DE L'ATLANTIQUE, LE (1970)

BOYER, Charles
acteur français (1897-1978)
RED-HEADED WOMAN (1932)
LILIOM (1934)
BREAK OF HEARTS (1935)
MAYERLING (1936)
ALGIERS (1938)
CONQUEST (1938)
LOVE AFFAIR (1939)
ALL THIS AND HEAVEN TOO (1940)
TALES OF MANHATTAN (1942)
GASLIGHT (1944)
ARCH OF TRIUMPH (1947)
MADAME DE ... (1953)
AROUND THE WORLD IN 80 DAYS (1956)
CHANCE D'ÊTRE FEMME, LA (1957)
UNE PARISIENNE (1957)
BUCCANEER, THE (1958)
FANNY (1961)
FOUR HORSEMEN OF THE APOCALYPSE, THE (1961)
HOW TO STEAL A MILLION (1966)
PARIS BRÛLE-T-IL? (1966)
BAREFOOT IN THE PARK (1967)
CASINO ROYALE (1967)
APRIL FOOLS, THE (1969)
STAVISKY (1974)

BOYLE, Peter
acteur américain (1933-2006)
MEDIUM COOL (1969)
JOE (1970)
CANDIDATE, THE (1972)
FRIENDS OF EDDIE COYLE, THE (1973)
YOUNG FRANKENSTEIN (1974)
SWASHBUCKLER (1976)
TAXI DRIVER (1976)
BRINK'S JOB, THE (1978)
F.I.S.T. (1978)
HARDCORE (1978)
BEYOND THE POSEIDON ADVENTURE (1979)
IN GOD WE TRUST (1980)
WHERE THE BUFFALO ROAM (1980)
HAMMETT (1981)
OUTLAND (1981)
YELLOWBEARD (1983)
JOHNNY DANGEROUSLY (1984)
MORONS FROM OUTER SPACE (1985)
TURK 182 (1985)
RED HEAT (1988)
WALKER (1988)
DREAM TEAM, THE (1989)
MEN OF RESPECT (1990)
HONEYMOON IN VEGAS (1992)
MALCOLM X (1992)
NERVOUS TICKS (1992)
SANTA CLAUSE, THE (1994)
SHADOW, THE (1994)
WHILE YOU WERE SLEEPING (1995)
THAT DARN CAT! (1996)
MONSTER'S BALL (2001)
MASTER SPY: THE ROBERT HANSSEN STORY (2002)

BRACCO, Lorraine
actrice américaine (1955-)
MAIS QU'EST-CE QUE J'AI FAIT AU BON DIEU POUR AVOIR UNE FEMME QUI BOIT DANS LES CAFÉS AVEC LES HOMMES? (1980)
PICK-UP ARTIST, THE (1987)
SOMEONE TO WATCH OVER ME (1987)
DREAM TEAM, THE (1989)
GOODFELLAS (1990)
SWITCH (1991)
MEDICINE MAN (1992)
RADIO FLYER (1992)
BEING HUMAN (1994)
EVEN COWGIRLS GET THE BLUES (1994)
BASKETBALL DIARIES, THE (1995)
HACKERS (1995)
LADIES ROOM (1999)
RIDING IN CARS WITH BOYS (2001)
SOPRANOS IV, THE (2003)

BRADFORD, Jesse
acteur américain (1979-)
KING OF THE HILL (1993)
FAR FROM HOME: THE ADVENTURES OF YELLOW DOG (1994)
HACKERS (1995)
BRING IT ON (2000)
CLOCKSTOPPERS (2002)
SWIMFAN (2002)
EULOGY (2004)
HAPPY ENDINGS (2005)
HEIGHTS (2005)
FLAGS OF OUR FATHERS (2006)

BRAGA, Sonia
actrice brésilienne (1951-)
DONA FLOR ET SES DEUX MARIS (1977)
I LOVE YOU (1981)
GABRIELA (1983)
KISS OF THE SPIDER WOMAN (1984)
MAN WHO BROKE A 1000 CHAINS, THE (1987)
MILAGRO BEANFIELD WAR, THE (1988)
ROOKIE, THE (1990)
BURNING SEASON, THE (1994)
TWO DEATHS (1995)
TIETA OF AGRESTE (1996)
ANGEL EYES (2001)
EMPIRE (2002)
MARILYN HOTCHKISS BALLROOM DANCING & CHARM SCHOOL (2005)
BORDERTOWN (2006)
HOTTEST STATE, THE (2006)

BRANAGH, Kenneth
acteur anglais (1960-)
COMING THROUGH (1985)
FORTUNES OF WAR (1987)
HIGH SEASON (1987)
LADY'S NOT FOR BURNING, THE (1987)
MONTH IN THE COUNTRY, A (1987)
HENRY V (1989)

LOOK BACK IN ANGER (1989)
DEAD AGAIN (1991)
PETER'S FRIENDS (1992)
MUCH ADO ABOUT NOTHING (1993)
SWING KIDS (1993)
MARY SHELLEY'S FRANKENSTEIN (1994)
OTHELLO (1995)
HAMLET (1996)
GINGERBREAD MAN, THE (1997)
CELEBRITY (1998)
PROPOSITION, THE (1998)
LOVE'S LABOUR'S LOST (1999)
WILD WILD WEST (1999)
CONSPIRACY (2000)
SHACKLETON (2001)
HARRY POTTER AND THE CHAMBER OF SECRETS (2002)
RABBIT-PROOF FENCE (2002)
5 CHILDREN & IT (2004)
WARM SPRINGS (2005)
VALKYRIE (2008)

BRANDAUER, Klaus Maria
acteur autrichien (1944-)
MÉPHISTO (1981)
NEVER SAY NEVER AGAIN (1983)
COLONEL REDL (1984)
LIGHTSHIP, THE (1985)
QUO VADIS? (1985)
OUT OF AFRICA (1986)
BURNING SECRET (1988)
HANUSSEN (1988)
RÉVOLUTION FRANÇAISE 1: LES ANNÉES LUMIÈRE, LA (1989)
RÉVOLUTION FRANÇAISE 2: LES ANNÉES TERRIBLES, LA (1989)
RUSSIA HOUSE, THE (1990)
BECOMING COLETTE (1991)
WHITE FANG (1991)
REMBRANDT (1999)
DRUIDS (2000)
BETWEEN STRANGERS (2002)

BRANDO, Marlon
acteur américain (1924-2004)
MEN, THE (1949)
STREETCAR NAMED DESIRE, A (1951)
VIVA ZAPATA! (1952)
JULIUS CAESAR (1953)
WILD ONE, THE (1953)
DESIREE (1954)
ON THE WATERFRONT (1954)
GUYS AND DOLLS (1955)
TEAHOUSE OF THE AUGUST MOON, THE (1956)
SAYONARA (1957)
YOUNG LIONS, THE (1958)
FUGITIVE KIND, THE (1960)
ONE-EYED JACKS (1961)
MUTINY ON THE BOUNTY (1962)
UGLY AMERICAN, THE (1963)
BEDTIME STORY (1964)
CHASE, THE (1965)
MORITURI (1965)
APPALOOSA, THE (1966)
COUNTESS FROM HONG KONG, A (1966)
REFLECTIONS IN A GOLDEN EYE (1967)
BURN! (1968)
CANDY (1968)
NIGHT OF THE FOLLOWING DAY, THE (1969)
DERNIER TANGO À PARIS, LE (1972)
GODFATHER, THE (1972)
MISSOURI BREAKS, THE (1976)
SUPERMAN: THE MOVIE (1978)
APOCALYPSE NOW (1979)
APOCALYPSE NOW REDUX (1979)
FORMULA, THE (1980)
DRY WHITE SEASON, A (1989)
FRESHMAN, THE (1990)
CHRISTOPHER COLUMBUS: THE DISCOVERY (1992)
DON JUAN DEMARCO (1995)
ISLAND OF DR. MOREAU, THE (1996)
SCORE, THE (2001)

BRASSEUR, Claude
acteur français (1936-)
YEUX SANS VISAGE, LES (1959)
BRIDE SUR LE COU, LA (1960)
SEPT PÉCHÉS CAPITAUX, LES (1961)
CAPORAL ÉPINGLÉ, LE (1962)
GERMINAL (1963)
PEAU DE BANANE (1963)
BANDE À PART (1964)
SEINS DE GLACE, LES (1974)
ATTENTION LES YEUX (1975)
GRAND ESCOGRIFFE, LE (1977)
ARGENT DES AUTRES, L' (1978)
ÉTAT SAUVAGE, L' (1978)
UNE HISTOIRE SIMPLE (1978)
AU REVOIR... À LUNDI (1979)
GUERRE DES POLICES, LA (1979)
ILS SONT GRANDS, CES PETITS (1979)
BANQUIÈRE, LA (1980)
BOUM, LA (1980)
JOSÉPHA (1981)
OMBRE ROUGE, L' (1981)
UNE AFFAIRE D'HOMMES (1981)
BOUM II, LA (1982)
LÉGITIME VIOLENCE (1982)
CRIME, LA (1983)
LÉOPARD, LE (1984)
PALACE (1984)
DÉTECTIVE (1985)
GITANE, LA (1985)
DESCENTE AUX ENFERS (1986)
TAXI BOY (1986)
DANDIN (1989)
DANCING MACHINE (1990)
SALE COMME UN ANGE (1990)
SOUPER, LE (1992)
FIL DE L'HORIZON, LE (1993)
UN, DEUX, TROIS SOLEIL (1993)
TOREROS (1997)
ACTEURS, LES (1999)
DÉBANDADE, LA (1999)
CHOUCHOU (2003)
SORAYA (2003)
MALABAR PRINCESS (2004)
FAUTEUILS D'ORCHESTRE (2005)
HÉROS DE LA FAMILLE, LE (2006)

BRATT, Benjamin
acteur américain (1963-)
BLOOD IN... BLOOD OUT (1992)
CLEAR AND PRESENT DANGER (1994)
RIVER WILD, THE (1994)
MISS CONGENIALITY (2000)
NEXT BEST THING, THE (2000)
RED PLANET (2000)
PIÑERO (2001)
ABANDON (2002)
CATWOMAN (2004)
GREAT RAID, THE (2004)
WOODSMAN, THE (2004)
THUMBSUCKER (2005)
LOVE IN THE TIME OF CHOLERA (2007)

BRAUGHER, André
acteur américain (1962-)
HOMICIDE: LIFE ON THE STREET (1993)
TUSKEGEE AIRMEN, THE (HBO) (1995)
GET ON THE BUS (1996)
HOMICIDE (SEASON IV) (1996)
CITY OF ANGELS (1998)
IT'S THE RAGE (1999)
FREQUENCY (2000)
10, 000 BLACK MEN NAMED GEORGE (2002)
SALEM'S LOT: THE MINISERIES (2004)
PASSENGERS (2008)

BRAZEAU, Jay
acteur canadien (1953-)
GROCER'S WIFE, THE (1991)
LIVE BAIT (1995)
KISSED (1996)
AIR BUD (1997)
DOUBLE JEOPARDY (1999)
BEST IN SHOW (2000)
CLIVE BARKER PRESENTS SAINT SINNER (2002)
INSOMNIA (2002)
MOVING MALCOLM (2003)

BRENNAN, Walter
acteur américain (1894-1974)
COME AND GET IT (1936)
STANLEY AND LIVINGSTONE (1939)
STORY OF VERNON & IRENE CASTLE, THE (1939)
THEY SHALL HAVE MUSIC (1939)
NORTHWEST PASSAGE (1940)
WESTERNER, THE (1940)
SERGEANT YORK (1941)
PRIDE OF THE YANKEES, THE (1942)
HANGMEN ALSO DIE (1943)
PRINCESS AND THE PIRATE, THE (1944)
DAKOTA (1945)
STOLEN LIFE (1947)
DRIFTWOOD (1948)
ALONG THE GREAT DIVIDE (1951)
BAD DAY AT BLACK ROCK (1954)
FAR COUNTRY, THE (1954)
PROUD ONES (1955)
GOODBYE, MY LADY (1956)
GNOME-MOBILE, THE (1967)
WHO'S MINDING THE MINT? (1967)
SUPPORT YOUR LOCAL SHERIFF! (1969)

BRENNEMAN, Amy
actrice américaine (1964-)
NYPD BLUE (1993)
BYE, BYE LOVE (1995)
HEAT (1995)
DAYLIGHT (1996)
YOUR FRIENDS & NEIGHBORS (1998)
OFF THE MAP (2003)
NINE LIVES (2005)
88 MINUTES (2007)
JANE AUSTEN BOOK CLUB, THE (2007)

BRIALY, Jean-Claude
acteur français (1933-2007)
ASCENSEUR POUR L'ÉCHAFAUD (1957)
BEAU SERGE, LE (1957)
400 COUPS, LES (1958)
CHEMIN DES ÉCOLIERS, LE (1958)
CHRISTINE (1958)
FEMME EST UNE FEMME, UNE (1960)
SEPT PÉCHÉS CAPITAUX, LES (1961)
CLÉO DE 5 À 7 (1962)
DIABLE ET LES DIX COMMANDEMENTS, LE (1962)
CARAMBOLAGES (1963)
CHASSE À L'HOMME, LA (1964)
RONDE, LA (1964)
ROI DE CŒUR, LE (1966)
CAROLINE CHÉRIE (1967)
MANON 70 (1967)
MARIÉE ÉTAIT EN NOIR, LA (1967)
GENOU DE CLAIRE, LE (1970)
COSA NOSTRA (1971)
FANTÔME DE LA LIBERTÉ, LE (1974)
ANNÉE SAINTE, L' (1976)
BAROCCO (1976)
JUGE ET L'ASSASSIN, LE (1976)
CHANSON DE ROLAND, LA (1977)
ROBERT ET ROBERT (1978)
BANQUIÈRE, LA (1980)
UNS ET LES AUTRES, LES (1980)
DÉMON DANS L'ÎLE, LE (1982)
FILLE DE TRIESTE, LA (1982)
NUIT DE VARENNES, LA (1982)
CAP CANAILLE (1983)
CRIME, LA (1983)
ÉDITH ET MARCEL (1983)
MORTELLE RANDONNÉE (1983)
SARAH (1983)
STELLA (1983)
PINOT, SIMPLE FLIC (1984)
4e POUVOIR, LE (1985)
EFFRONTÉE, L' (1985)
MARIAGE DU SIÈCLE, LE (1985)
TÉLÉPHONE SONNE TOUJOURS DEUX FOIS, LE (1985)
DÉBUTANT, LE (1986)
INSPECTEUR LAVARDIN (1986)
LEVY ET GOLIATH (1986)
MOUSTACHU, LE (1987)
ADRIEN ET VICKY (1989)
FAUX ET USAGE DE FAUX (1990)
RIPOUX CONTRE RIPOUX (1990)
S'EN FOUT LA MORT (1990)
REINE MARGOT, LA (1993)
UNE FEMME FRANÇAISE (1994)
BEAUMARCHAIS L'INSOLENT (1996)
PORTRAITS CHINOIS (1996)
KENNEDY ET MOI (1999)
CONCURRENCE DÉLOYALE (2001)
HASARD FAIT BIEN LES CHOSES, LE (2002)
ROIS MAUDITS, LES (2005)

BRIDGES, Beau
acteur américain (1941-)
FORCE OF EVIL (1949)
RED PONY, THE (1949)
VILLAGE OF THE GIANTS (1965)
INCIDENT, THE (1967)
FOR LOVE OF IVY (1968)
LANDLORD, THE (1970)
LOVIN' MOLLY (1973)
TWO-MINUTE WARNING (1976)
FOUR FEATHERS, THE (1977)
FIFTH MUSKETEER, THE (1979)
NORMA RAE (1979)
HONKY TONK FREEWAY (1981)
NIGHT CROSSING (1981)
HOTEL NEW HAMPSHIRE, THE (1984)
SEVEN HOURS TO JUDGMENT (1988)

FABULOUS BAKER BOYS, THE (1989)
WIZARD, THE (1989)
DADDY'S DYIN'...WHO'S GOT THE WILL? (1990)
MARRIED TO IT (1991)
WILDFLOWER (1991)
POSITIVELY TRUE ADVENTURE OF THE ALLEGED TEXAS CHEERLEADER-MURDERING MOM, THE (1993)
JUMELLES DIONNE, LES (1994)
SECOND CIVIL WAR (1997)
INHERIT THE WIND (1999)
COMMON GROUND (2000)
SONGS IN ORDINARY TIMES (2000)
SORDID LIVES (2000)
BALLAD OF JACK AND ROSE, THE (2005)
SMILE (2005)
GOOD GERMAN, THE (2006)
MAX PAYNE (2008)

BRIDGES, Jeff
acteur américain (1949-)
FAT CITY (1971)
LAST PICTURE SHOW, THE (1971)
BAD COMPANY (1972)
ICEMAN COMETH, THE (1973)
LAST AMERICAN HERO (1973)
THUNDERBOLT AND LIGHTFOOT (1974)
RANCHO DELUXE (1975)
KING KONG (1976)
STAY HUNGRY (1976)
WINTER KILLS (1979)
HEAVEN'S GATE (1980)
CUTTER'S WAY (1981)
TRON (1982)
AGAINST ALL ODDS (1984)
STARMAN (1984)
JAGGED EDGE (1985)
8 MILLION WAYS TO DIE (1986)
MORNING AFTER, THE (1986)
NADINE (1987)
COLD FEET (1988)
TUCKER: THE MAN AND HIS DREAM (1988)
FABULOUS BAKER BOYS, THE (1989)
SEE YOU IN THE MORNING (1989)
TEXASVILLE (1990)
FISHER KING, THE (1991)
AMERICAN HEART (1992)
FEARLESS (1993)
VANISHING, THE (1993)
BLOWN AWAY (1994)
WHITE SQUALL (1995)
WILD BILL (1995)
MIRROR HAS TWO FACES (1996)
BIG LEBOWSKI, THE (1997)
ARLINGTON ROAD (1999)
MUSE, THE (1999)
SIMPATICO (1999)
CONTENDER, THE (2000)
K-PAX (2001)
SCENES OF THE CRIME (2001)
MASKED AND ANONYMOUS (2003)
SEABISCUIT (2003)
DOOR IN THE FLOOR (2004)
AMATEURS, THE (2005)
TIDELAND (2005)
STICK IT (2006)
HOW TO LOSE FRIENDS & ALIENATE PEOPLE (2008)
IRON MAN (2008)

BRIDGES, Lloyd
acteur américain (1913-1998)
SAHARA (1942)
TALK OF THE TOWN, THE (1942)
HEAT'S ON, THE (1943)
MASTER RACE, THE (1944)
ABILENE TOWN (1945)
CANYON PASSAGE (1946)
RAMROD (1946)
WALK IN THE SUN, A (1946)
UNCONQUERED (1947)
HOME OF THE BRAVE (1948)
MOONRISE (1948)
ROCKETSHIP X-M (1950)
WHITE TOWER, THE (1950)
HIGH NOON (1952)
RAINMAKER, THE (1956)
AROUND THE WORLD UNDER THE SEA (1966)
ATTACK ON THE IRON COAST (1967)
HAPPY ENDING, THE (1969)
ROOTS (1977)
BEAR ISLAND (1979)
FIFTH MUSKETEER, THE (1979)
AIRPLANE! (1980)
EAST OF EDEN (1981)
AIRPLANE II: THE SEQUEL (1982)
BLUE AND THE GRAY, THE (1982)
GRACE KELLY STORY, THE (1983)
TUCKER: THE MAN AND HIS DREAM (1988)
COUSINS (1989)
WINTER PEOPLE (1989)
JOE VERSUS THE VOLCANO (1990)
HOT SHOTS! (1991)
HONEY, I BLEW UP THE KID (1992)
HOT SHOTS! PART DEUX (1993)
BLOWN AWAY (1994)

BROADBENT, Jim
acteur anglais (1949-)
GOOD FATHER, THE (1986)
LIFE IS SWEET (1990)
ENCHANTED APRIL (1992)
PRINCESS CARABOO (1994)
WEDDING GIFT, THE (1994)
RICHARD III (1995)
BORROWERS, THE (1997)
AVENGERS, THE (1998)
LITTLE VOICE (1998)
TOPSY-TURVY (1999)
BRIDGET JONES'S DIARY (2001)
IRIS (2001)
MOULIN ROUGE (2001)
GANGS OF NEW YORK (2002)
GATHERING STORM (2002)
NICHOLAS NICKLEBY (2002)
AND STARRING PANCHO VILLA AS HIMSELF (2003)
BRIGHT YOUNG THINGS (2003)
WALTER (2003)
AROUND THE WORLD IN 80 DAYS (2004)
BRIDGET JONES: THE EDGE OF REASON (2004)
CHRONICLES OF NARNIA - THE LION, THE WITCH AND THE WARDROBE (2005)
ART SCHOOL CONFIDENTIAL (2006)
LONGFORD (2006)
HOT FUZZ (2007)
VAN GOGH (2007)
WHEN DID YOU LAST SEE YOUR FATHER? (2007)
INDIANA JONES AND THE KINGDOM OF THE CRYSTAL SKULL (2008)
INKHEART (2008)
HARRY POTTER AND THE HALF-BLOOD PRINCE (2009)

BROCHET, Anne
actrice française (1966-)
MASQUES (1986)
TOLÉRANCE (1989)
CYRANO DE BERGERAC (1990)
CONFESSIONS D'UN BARJO (1991)
TOUS LES MATINS DU MONDE (1991)
CHAMBRE DES MAGICIENNES, LA (1999)
CONFIDENCES TROP INTIMES (2003)
HISTOIRE DE MARIE ET JULIEN (2003)
CONFIANCE RÈGNE, LA (2004)
COMME LES AUTRES (2008)

BRODERICK, Matthew
acteur américain (1962-)
MAX DUGAN RETURNS (1983)
WARGAMES (1983)
1918 (1984)
LADYHAWKE (1985)
MASTER HAROLD AND THE BOYS (1985)
FERRIS BUELLER'S DAY OFF (1986)
ON VALENTINE'S DAY (1986)
PROJECT X (1987)
BILOXI BLUES (1988)
TORCH SONG TRILOGY (1988)
FAMILY BUSINESS (1989)
GLORY (1989)
FRESHMAN, THE (1990)
LIFE IN THE THEATER, A (1993)
NIGHT WE NEVER MET, THE (1993)
MRS. PARKER AND THE VICIOUS CIRCLE (1994)
ROAD TO WELLVILLE, THE (1994)
CABLE GUY, THE (1996)
ADDICTED TO LOVE (1997)
GODZILLA (1998)
ELECTION (1999)
INSPECTOR GADGET (1999)
LAST SHOT, THE (2004)
MARIE AND BRUCE (2004)
STEPFORD WIVES, THE (2004)
PRODUCERS, THE (2005)
STRANGERS WITH CANDY (2005)
DIMINISHED CAPACITY (2008)
THEN SHE FOUND ME (2008)

BRODY, Adrien
acteur américain (1973-)
THIN RED LINE, THE (1998)
LIBERTY HEIGHTS (1999)
SUMMER OF SAM (1999)
BREAD AND ROSES (2000)
AFFAIR OF THE NECKLACE, THE (2001)
LOVE THE HARD WAY (2001)
PIANIST, THE (2001)
DUMMY (2002)
HARRISON'S FLOWERS (2002)
VILLAGE, THE (2004)
JACKET, THE (2005)
KING KONG (2005)
HOLLYWOODLAND (2006)
DARJEELING LIMITED, THE (2007)
CADILLAC RECORDS (2008)

BROLIN, Josh
acteur américain (1968-)
GOONIES, THE (1985)
TRASHIN' (1985)
BED OF ROSES (1995)
MIMIC (1997)
NIGHTWATCH (1997)
BEST LAID PLANS (1999)
IT'S THE RAGE (1999)
MOD SQUAD, THE (1999)
HOLLOW MAN (2000)
COASTLINES (2002)
INTO THE BLUE (2005)
INTO THE WEST (2005)
AMERICAN GANGSTER (2007)
DEAD GIRL, THE (2007)
GRINDHOUSE (2007)
NO COUNTRY FOR OLD MEN (2007)
PLANET TERROR - UNCUT (2007)
MILK (2008)
W. (2008)

BRONSON, Charles
acteur américain (1921-2003)
PAT AND MIKE (1952)
APACHE (1953)
HOUSE OF WAX (1953)
MISS SADIE THOMPSON (1953)
VERA CRUZ (1953)
JUBAL (1956)
MACHINE GUN KELLY (1958)
NEVER SO FEW (1959)
MAGNIFICENT SEVEN, THE (1960)
MASTER OF THE WORLD (1961)
X-15 (1961)
KID GALAHAD (1962)
4 FOR TEXAS (1963)
GREAT ESCAPE, THE (1963)
BATTLE OF THE BULGE (1965)
SANDPIPER, THE (1965)
THIS PROPERTY IS CONDEMNED (1966)
DIRTY DOZEN, THE (1967)
BATAILLE DE SAN SEBASTIAN, LA (1968)
ONCE UPON A TIME IN THE WEST (1968)
VILLA RIDES (1968)
LOLA (1969)
CITÉ DE LA VIOLENCE, LA (1970)
DE LA PART DES COPAINS (1970)
CHATO'S LAND (1971)
SOLEIL ROUGE (1971)
SOMEONE BEHIND THE DOOR (1971)
VALACHI PAPERS, THE (1972)
DEATH WISH (1974)
MR. MAJESTYK (1974)
BREAKHEART PASS (1975)
BREAKOUT (1975)
FROM NOON TILL THREE (1975)
HARD TIMES (1975)
ST. IVES (1976)
TELEFON (1977)
WHITE BUFFALO, THE (1977)
DEATH HUNT (1981)
DEATH WISH 2 (1982)
10 TO MIDNIGHT (1983)
DEATH WISH 3 (1985)
MURPHY'S LAW (1986)
ASSASSINATION (1987)
DEATH WISH 4: THE CRACKDOWN (1987)
MESSENGER OF DEATH (1988)
KINJITE: FORBIDDEN SUBJECTS (1989)
INDIAN RUNNER, THE (1990)

BROOKS, Albert
acteur américain (1947-)
TAXI DRIVER (1976)
REAL LIFE (1979)
MODERN ROMANCE (1981)

TWILIGHT ZONE: THE MOVIE (1983)
UNFAITHFULLY YOURS (1984)
LOST IN AMERICA (1985)
BROADCAST NEWS (1987)
DEFENDING YOUR LIFE (1991)
I'LL DO ANYTHING (1994)
MOTHER (1996)
CRITICAL CARE (1997)
OUT OF SIGHT (1998)
MUSE, THE (1999)
MY FIRST MISTER (2001)
LOOKING FOR COMEDY IN THE MUSLIM WORLD (2005)

BROSNAN, Pierce
acteur irlandais (1953-)
LONG GOOD FRIDAY, THE (1979)
NOMADS (1986)
FOURTH PROTOCOL, THE (1987)
TAFFIN (1987)
DECEIVERS, THE (1988)
AROUND THE WORLD IN 80 DAYS (1989)
LAWNMOWER MAN, THE (1992)
MRS. DOUBTFIRE (1993)
GOLDENEYE (1995)
MARS ATTACKS! (1996)
MIRROR HAS TWO FACES, THE (1996)
ROBINSON CRUSOE (1996)
DANTE'S PEAK (1997)
TOMORROW NEVER DIES (1997)
GREY OWL (1999)
THOMAS CROWN AFFAIR (1999)
WORLD IS NOT ENOUGH, THE (1999)
TAILOR OF PANAMA, THE (2001)
DIE ANOTHER DAY (2002)
EVELYN (2002)
AFTER THE SUNSET (2004)
LAWS OF ATTRACTION (2004)
MATADOR, THE (2005)
SERAPHIM FALLS (2006)
MARRIED LIFE (2007)
SHATTERED (2007)
MAMMA MIA! (2008)

BROWN, Bryan
acteur australien (1947-)
GIVE MY REGARDS TO BROAD STREET (1984)
F/X (1985)
GOOD WIFE, THE (1986)
TAI-PAN (1986)
COCKTAIL (1988)
GORILLAS IN THE MIST (1988)
BLAME IT ON THE BELLBOY (1991)
F/X 2 (1991)
PRISONERS OF THE SUN (1991)
FULL BODY MASSAGE (1995)
20,000 LEAGUES UNDER THE SEA (1997)
JOURNEY TO THE CENTER OF THE EARTH (1999)
TWO HANDS (1999)
ALONG CAME POLLY (2004)
AUSTRALIA (2008)

BROWN, Clancy
acteur américain (1959-)
BAD BOYS (1983)
BRIDE, THE (1985)
HIGHLANDER (1986)
SHOOT TO KILL (1988)
BLUE STEEL (1989)
PAST MIDNIGHT (1992)
SHAWSHANK REDEMPTION, THE (1994)
FEMALE PERVERSIONS (1996)
FLUBBER (1997)
STARSHIP TROOPERS (1997)
ROUGHNECKS: THE STARSHIP TROOPERS CHRONICLES (1999)
LARAMIE PROJECT, THE (2002)
CARNIVÀLE (SEASON II) (2005)
GUARDIAN, THE (2006)
PATHFINDER (2007)
EXPRESS, THE (2008)

BRUCE, Nigel
acteur mexicain (1895-1953)
TREASURE ISLAND (1934)
SHE (1935)
CHARGE OF THE LIGHT BRIGADE, THE (1936)
TRAIL OF THE LONESOME PINE, THE (1936)
ADVENTURES OF SHERLOCK HOLMES, THE (1939)
CHOCOLATE SOLDIER, THE (1940)
SUSAN AND GOD (1940)
JOURNEY FOR MARGARET (1942)
SHERLOCK HOLMES AND THE SECRET WEAPON (1942)
SHERLOCK HOLMES AND THE VOICE OF TERROR (1942)
SHERLOCK HOLMES FACES DEATH (1943)
SHERLOCK HOLMES IN WASHINGTON (1943)
CORN IS GREEN, THE (1944)
FRENCHMAN'S CREEK (1944)
PEARL OF DEATH, THE (1944)
SCARLET CLAW, THE (1944)
SHERLOCK HOLMES AND THE SPIDER WOMAN (1944)
HOUSE OF FEAR, THE (1945)
PURSUIT TO ALGIERS (1945)
WOMAN IN GREEN, THE (1945)
DRESSED TO KILL (1946)
TERROR BY NIGHT (1946)
JULIA MISBEHAVES (1948)

BRUEL, Patrick
acteur français (1959-)
COUP DE SIROCCO, LE (1978)
MA FEMME S'APPELLE REVIENS (1981)
DIPLÔMÉS DU DERNIER RANG, LES (1982)
BÂTARD, LE (1983)
GRAND CARNAVAL, LE (1983)
MARCHE À L'OMBRE (1984)
P.R.O.F.S. (1985)
CHAMPAGNE AMER (1986)
ATTENTION BANDITS (1987)
MAISON ASSASSINÉE, LA (1987)
FORCE MAJEURE (1988)
IL Y A DES JOURS... ET DES LUNES (1990)
TOUTES PEINES CONFONDUES (1992)
PROFIL BAS (1993)
CENT ET UNE NUITS, LES (1994)
SABRINA (1995)
JAGUAR, LE (1996)
K (1997)
UNE VIE À T'ATTENDRE (2004)
IVRESSE DU POUVOIR, L' (2006)
UN SECRET (2007)

BRUNI TEDESCHI, Valéria
actrice italienne (1964-)
GENS NORMAUX N'ONT RIEN D'EXCEPTIONNEL, LES (1993)
SECONDA VOLTA, LA (1995)
ENCORE (1996)
MON HOMME (1996)
NÉNETTE ET BONI (1996)
AMOUR ET CONFUSIONS (1997)
CEUX QUI M'AIMENT PRENDRONT LE TRAIN (1997)
AU CŒUR DU MENSONGE (1998)
NANNY, THE (1999)
RIEN À FAIRE (1999)
IL EST PLUS FACILE POUR UN CHAMEAU... (2003)
5 X 2 (2004)
TICKETS (2004)
CRUSTACÉS ET COQUILLAGES (2005)
TEMPS QUI RESTE, LE (2005)
FAUT QUE ÇA DANSE! (2007)

BRYNNER, Yul
acteur russe (1915-1985)
KING AND I, THE (1955)
ANASTASIA (1956)
TEN COMMANDMENTS, THE (1956)
BROTHERS KARAMAZOV, THE (1958)
BUCCANEER, THE (1958)
SOLOMON AND SHEBA (1959)
MAGNIFICENT SEVEN, THE (1960)
TARAS BULBA (1962)
KINGS OF THE SUN (1963)
INVITATION TO A GUNFIGHTER (1964)
MORITURI (1965)
CAST A GIANT SHADOW (1966)
PARIS BRÛLE-T-IL? (1966)
RETURN OF THE MAGNIFICIENT SEVEN (1966)
VILLA RIDES (1968)
MAGIC CHRISTIAN, THE (1969)
ADIOS SABATA (1970)
CATLOW (1971)
LIGHT AT THE EDGE OF THE WORLD, THE (1971)
NIGHT FLIGHT FROM MOSCOW (1972)
SERPENT, LE (1972)
WESTWORLD (1973)
ULTIMATE WARRIOR, THE (1975)
FUTUREWORLD (1976)

BUJOLD, Geneviève
actrice québécoise (1942-)
ROI DE CŒUR, LE (1966)
ENTRE LA MER ET L'EAU DOUCE (1967)
ANNE OF THE THOUSAND DAYS (1969)
TROJAN WOMEN, THE (1971)
KAMOURASKA (1973)
ANTIGONE (1974)
EARTHQUAKE (1974)
OBSESSION (1975)
SWASHBUCKLER (1976)
COMA (1978)
MURDER BY DECREE (1978)
FINAL ASSIGNMENT, THE (1980)
MONSIGNOR (1982)
CHOOSE ME (1984)
TIGHTROPE (1984)
TROUBLE IN MIND (1985)
DEAD RINGERS (1988)
MODERNS, THE (1988)
NOCES DE PAPIER, LES (1988)
TEMPS RETROUVÉ, LE (1991)
MON AMIE MAX (1993)
ADVENTURES OF PINOCCHIO, THE (1996)
HOUSE OF YES, THE (1996)
EYE OF THE BEHOLDER (1999)
SEX AND A GIRL (2001)
TURBULENCE DES FLUIDES, LA (2002)
FINDING HOME (2003)
JERICHO MANSIONS (2003)
MON PETIT DOIGT M'A DIT (2005)
DÉLIVREZ-MOI (2006)
DISAPPEARANCES (2006)

BULLOCK, Sandra
actrice américaine (1964-)
WHEN THE PARTY'S OVER (1991)
WHO SHOT PAT? (1992)
DEMOLITION MAN (1993)
THING CALLED LOVE, THE (1993)
VANISHING, THE (1993)
WRESTLING ERNEST HEMINGWAY (1993)
SPEED (1994)
NET, THE (1995)
TWO IF BY SEA (1995)
WHILE YOU WERE SLEEPING (1995)
IN LOVE AND WAR (1996)
TIME TO KILL, A (1996)
SPEED 2: CRUISE CONTROL (1997)
HOPE FLOATS (1998)
PRACTICAL MAGIC (1998)
ACTION - COMPLETE SERIES (1999)
FORCES OF NATURE (1999)
28 DAYS (2000)
GUN SHY (2000)
MISS CONGENIALITY (2000)
DIVINE SECRETS OF THE YA-YA SISTERHOOD (2002)
MURDER BY NUMBERS (2002)
TWO WEEKS NOTICE (2002)
CRASH (2004)
MISS CONGENIALITY 2 - ARMED AND FABULOUS (2005)
INFAMOUS (2006)
LAKE HOUSE (2006)
PREMONITION (2007)

BURNS, Edward
acteur américain (1968-)
BROTHERS MCMULLEN, THE (1995)
NO LOOKING BACK (1998)
SAVING PRIVATE RYAN (1998)
15 MINUTES (2001)
SIDEWALKS OF NEW YORK (2001)
ASH WEDNESDAY (2002)
LIFE OR SOMETHING LIKE IT (2002)
CONFIDENCE (2003)
LOOKING FOR KITTY (2004)
SOUND OF THUNDER, A (2005)
HOLIDAY, THE (2006)
27 DRESSES (2007)
ONE MISSED CALL (2007)

BURROWS, Saffron
actrice anglaise (1973-)
CIRCLE OF FRIENDS (1995)
HOTEL DE LOVE (1996)
MATCHMAKER, THE (1997)
DEEP BLUE SEA (1999)
LOSS OF SEXUAL INNOCENCE, THE (1999)
MISS JULIE (1999)
GANGSTER NO.1 (2000)
TIME CODE (2000)
ENIGMA (2001)
HOTEL (2001)
KLIMT (2006)
REIGN OVER ME (2007)
BANK JOB, THE (2008)
GUITAR, THE (2008)

BURSTYN, Ellen
actrice américaine (1932-)
TROPIC OF CANCER (1969)
ALEX IN WONDERLAND (1970)
LAST PICTURE SHOW, THE (1971)
KING OF MARVIN GARDENS, THE (1972)
EXORCIST, THE (1973)
ALICE DOESN'T LIVE HERE ANYMORE (1974)
HARRY AND TONTO (1974)
PROVIDENCE (1976)
DREAM OF PASSION (1978)
SAME TIME, NEXT YEAR (1978)
RESURRECTION (1980)
PEOPLE VS. JEAN HARRIS (1981)
DEAR AMERICA: LETTERS HOME FROM VIETNAM (1987)
HANNA'S WAR (1988)
DYING YOUNG (1991)
ROOMMATES (1994)
WHEN A MAN LOVES A WOMAN (1994)
BABY-SITTERS CLUB, THE (1995)
HOW TO MAKE AN AMERICAN QUILT (1995)
SPITFIRE GRILL, THE (1995)
DECEIVER (1997)
PLAYING BY HEART (1998)
REQUIEM FOR A DREAM (2000)
DIVINE SECRETS OF THE YA-YA SISTERHOOD (2002)
FIVE PEOPLE YOU MEET IN HEAVEN, THE (2004)
MRS. HARRIS (2005)
OUR FATHERS (2005)
FOUNTAIN, THE (2006)
WICKER MAN, THE (2006)
STONE ANGEL (2007)
W. (2008)

BURTON, Richard
acteur anglais (1925-1984)
GREEN GROW THE RUSHES (1951)
DESERT RATS, THE (1953)
ROBE, THE (1953)
DEMETRIUS AND THE GLADIATORS (1954)
ALEXANDER THE GREAT (1956)
SEA WIFE (1956)
BITTER VICTORY (1957)
LOOK BACK IN ANGER (1959)
BRAMBLE BUSH, THE (1960)
LONGEST DAY, THE (1962)
CLEOPATRA (1963)
V.I.P.'S, THE (1963)
BECKET (1964)
NIGHT OF THE IGUANA, THE (1964)
SANDPIPER, THE (1965)
SPY WHO CAME IN FROM THE COLD, THE (1965)
TAMING OF THE SHREW, THE (1966)
WHO'S AFRAID OF VIRGINIA WOOLF? (1966)
COMEDIANS, THE (1967)
DOCTOR FAUSTUS (1967)
BOOM! (1968)
CANDY (1968)
WHERE EAGLES DARE (1968)
ANNE OF THE THOUSAND DAYS (1969)
UNDER MILK WOOD (1971)
ASSASSINATION OF TROTSKY, THE (1972)
BARBE BLEUE (1972)
DIVORCE HIS - DIVORCE HERS (1973)
REPRÉSAILLES (1973)
BRIEF ENCOUNTER (1974)
KLANSMAN, THE (1974)
EQUUS (1977)
EXORCIST II: THE HERETIC (1977)
BREAKTHROUGH (1978)
LOVESPELL (1979)
WAGNER (1983)
1984 (1984)
ALICE IN WONDERLAND (1985)

BUSCEMI, Steve
acteur américain (1958-)
PARTING GLANCES (1985)
SLEEPWALK (1987)
BLOODHOUNDS OF BROADWAY (1989)
KING OF NEW YORK (1989)
MYSTERY TRAIN (1989)
NEW YORK STORIES (1989)
SLAVES OF NEW YORK (1989)
MILLER'S CROSSING (1990)
TALES FROM THE DARKSIDE: THE MOVIE (1990)
ZANDALEE (1990)
BARTON FINK (1991)
BILLY BATHGATE (1991)
RESERVOIR DOGS (1991)
TRUSTING BEATRICE (1991)
CRISSCROSS (1992)
ED AND HIS DEAD MOTHER (1992)
FLOUNDERING (1993)
RISING SUN (1993)
AIRHEADS (1994)
EVEN COWGIRLS GET THE BLUES (1994)
HUDSUCKER PROXY, THE (1994)
LIVING IN OBLIVION (1994)
PULP FICTION (1994)
SOMEBODY TO LOVE (1994)
TWENTY BUCKS (1994)
DESPERADO (1995)
FARGO (1995)
THINGS TO DO IN DENVER WHEN YOU'RE DEAD (1995)
ESCAPE FROM L.A. (1996)
TREES LOUNGE (1996)
BIG LEBOWSKI, THE (1997)
CON AIR (1997)
ARMAGEDDON (1998)
BIG DADDY (1999)
28 DAYS (2000)
DOMESTIC DISTURBANCE (2001)
DOUBLE WHAMMY (2001)
GHOST WORLD (2001)
GREY ZONE, THE (2001)
LARAMIE PROJECT, THE (2002)
LOVE IN THE TIME OF MONEY (2002)
MR. DEEDS (2002)
SPY KIDS 2: THE ISLAND OF LOST DREAMS (2002)
BIG FISH (2003)
COFFEE & CIGARETTES (2003)
TANNER ON TANNER (2004)
ISLAND, THE (2005)
DELIRIOUS (2006)
INTERVIEW (2006)
PARIS, JE T'AIME (2006)
ROMANCE AND CIGARETTES (2006)
I NOW PRONOUNCE YOU CHUCK AND LARRY (2007)

BUSEY, Gary
acteur américain (1944-)
LAST AMERICAN HERO (1973)
GUMBALL RALLY, THE (1976)
BIG WEDNESDAY (1978)
BUDDY HOLLY STORY, THE (1978)
CARNY (1980)
BARBAROSA (1982)
SILVER BULLET (1985)
LETHAL WEAPON (1987)
PREDATOR 2 (1990)
POINT BREAK (1991)
UNDER SIEGE (1992)
FIRM, THE (1993)
ROOKIE OF THE YEAR (1993)
BLACK SHEEP (1995)
CARRIED AWAY (1995)
DIARY OF A SERIAL KILLER (1997)
FEAR AND LOATHING IN LAS VEGAS (1998)
GIRL NEXT DOOR, THE (1998)
SOLDIER (1998)
INTO THE WEST (2005)

BUSSIÈRES, Pascale
actrice québécoise (1966-)
SONATINE (1983)
CHEMIN DE DAMAS, LE (1988)
VIE FANTÔME, LA (1992)
BLANCHE (1993)
ELDORADO (1995)
WHEN NIGHT IS FALLING (1995)
1000 MERVEILLES DE L'UNIVERS, LES (1996)
ÂGE DE BRAISE, L' (1998)
EMPORTE-MOI (1998)
UN 32 AOÛT SUR TERRE (1998)
BEAUTÉ DE PANDORE, LA (1999)
FIVE SENSES, THE (1999)
SOUVENIRS INTIMES (1999)
BETWEEN THE MOON AND MONTEVIDEO (2000)
BOUTEILLE, LA (2000)
FILLES NE SAVENT PAS NAGER, LES (2000)
XCHANGE (2000)
RÉPÉTITION, LA (2001)
TURBULENCE DES FLUIDES, LA (2002)
BLUE BUTTERFLY, THE (2004)
MA VIE EN CINÉMASCOPE (2004)
MOUTONS DE JACOB, LES (2004)
CŒUR A SES RAISONS, LE (2005)
RENÉ LÉVESQUE (2005)
GUIDE DE LA PETITE VENGEANCE (2006)
CAPTURE, LA (2007)

BUTLER, Gerard
acteur écossais (1969-)
ONE MORE KISS (1999)
DEAR FRANKIE (2003)
LARA CROFT - TOMB RAIDER: THE CRADLE OF LIFE (2003)
TIMELINE (2003)
PHANTOM OF THE OPERA (2004)
BEOWULF & GRENDEL (2005)
300 (2007)
P.S. I LOVE YOU (2007)
SHATTERED (2007)
NIM'S ISLAND (2008)
ROCKNROLLA (2008)

BYRNE, Gabriel
acteur irlandais (1950-)
EXCALIBUR (1981)
KEEP, THE (1983)
DEFENCE OF THE REALM (1985)
GOTHIC (1986)
HELLO AGAIN (1987)
JULIA AND JULIA (1987)
LIONHEART (1987)
SIESTA (1987)
COURIER, THE (1988)
SOLDIER'S TALE, A (1988)
DARK OBSESSION (1989)
MILLER'S CROSSING (1990)
SHIPWRECKED (1990)
COOL WORLD (1992)
INTO THE WEST (1992)
DANGEROUS WOMAN, A (1993)
POINT OF NO RETURN (1993)
LITTLE WOMEN (1994)
ROYAL DECEIT (1994)
SIMPLE TWIST OF FATE, A (1994)
TRIAL BY JURY (1994)
DEAD MAN (1995)
FRANKIE STARLIGHT (1995)
USUAL SUSPECTS, THE (1995)
SMILLA'S SENSE OF SNOW (1996)
END OF VIOLENCE, THE (1997)
POLISH WEDDING (1997)
WEAPONS OF MASS DISTRACTION (1997)
MAN IN THE IRON MASK, THE (1998)
END OF DAYS (1999)
STIGMATA (1999)
GHOST SHIP (2002)
SPIDER (2002)
SHADE (2003)
BRIDGE OF SAN LUIS REY (2004)
P.S. (2004)
VANITY FAIR (2004)
ASSAULT ON PRECINCT 13 (2005)
WAH-WAH (2005)
JINDABYNE (2006)
PLAYED (2006)
EMOTIONAL ARITHMETIC (2007)
IN TREATMENT (SEASON 1) (2008)

CAAN, James
acteur américain (1939-)
IRMA LA DOUCE (1963)
LADY IN A CAGE (1964)
EL DORADO (1967)
SUBMARINE X-1 (1967)
COUNTDOWN (1968)
RAIN PEOPLE, THE (1969)
BRIAN'S SONG (1971)
GODFATHER, THE (1972)
CINDERELLA LIBERTY (1973)
FREEBIE AND THE BEAN (1974)
FUNNY LADY (1974)
GAMBLER, THE (1974)
GODFATHER II, THE (1974)
KILLER ELITE, THE (1975)
ROLLERBALL (1975)
SILENT MOVIE (1976)
BRIDGE TOO FAR, A (1977)
COMES A HORSEMAN (1978)
HIDE IN PLAIN SIGHT (1980)
UNS ET LES AUTRES, LES (1980)
THIEF (1981)
GARDENS OF STONE (1987)
ALIEN NATION (1988)
DICK TRACY (1990)
MISERY (1990)
DARK BACKWARD, THE (1991)
FOR THE BOYS (1991)
HONEYMOON IN VEGAS (1992)
FLESH AND BONE (1993)
PROGRAM, THE (1993)
NORTH STAR (1995)
BULLETPROOF (1996)
ERASER (1996)
THIS IS MY FATHER (1998)
MICKEY BLUE EYES (1999)
CITY OF GHOSTS (2002)

NIGHT AT THE GOLDEN EAGLE (2002)
DOGVILLE (2003)
ELF (2003)
JERICHO MANSIONS (2003)
GET SMART (2008)

CAGE, Nicolas
acteur américain (1964-)
RUMBLE FISH (1983)
VALLEY GIRL (1983)
BIRDY (1984)
COTTON CLUB, THE (1984)
RACING WITH THE MOON (1984)
BOY IN BLUE, THE (1985)
PEGGY SUE GOT MARRIED (1986)
MOONSTRUCK (1987)
RAISING ARIZONA (1987)
VAMPIRE'S KISS (1988)
TIME TO KILL (1989)
FIRE BIRDS (1990)
WILD AT HEART (1990)
ZANDALEE (1990)
HONEYMOON IN VEGAS (1992)
RED ROCK WEST (1992)
AMOS & ANDREW (1993)
GUARDING TESS (1994)
IT COULD HAPPEN TO YOU (1994)
KISS OF DEATH (1994)
TRAPPED IN PARADISE (1994)
LEAVING LAS VEGAS (1995)
ROCK, THE (1996)
CON AIR (1997)
FACE/OFF (1997)
CITY OF ANGELS (1998)
SNAKE EYES (1998)
8 MM (EIGHT MILIMETERS) (1999)
BRINGING OUT THE DEAD (1999)
FAMILY MAN, THE (2000)
GONE IN SIXTY SECONDS (2000)
CAPTAIN CORELLI'S MANDOLIN (2001)
ADAPTATION (2002)
WINDTALKERS (2002)
MATCHSTICK MEN (2003)
NATIONAL TREASURE (2004)
LORD OF WAR (2005)
WEATHER MAN, THE (2005)
WICKER MAN, THE (2006)
WORLD TRADE CENTER (2006)
GHOST RIDER (2007)
GRINDHOUSE (2007)
NATIONAL TREASURE - BOOK OF SECRETS (2007)
NEXT (2007)
BANGKOK DANGEROUS (2008)
KNOWING (2009)

CAGNEY, James
acteur américain (1899-1986)
PUBLIC ENEMY, THE (1931)
SMART MONEY (1931)
FOOTLIGHT PARADE (1933)
LADY KILLER (1933)
MAYOR OF HELL (1933)
PICTURE SNATCHER (1933)
DEVIL DOGS OF THE AIR (1935)
G-MEN (1935)
MIDSUMMER NIGHT'S DREAM (1935)
CEILING ZERO (1936)
GREAT GUY (1936)
SOMETHING TO SING ABOUT (1937)
BOY MEETS GIRL (1938)
ANGELS WITH DIRTY FACES (1939)
EACH DAWN I DIE (1939)
OKLAHOMA KID (1939)
ROARING TWENTIES, THE (1939)
CITY FOR CONQUEST (1940)
FIGHTING 69th, THE (1940)
TORRID ZONE (1940)
BRIDE CAME C.O.D., THE (1941)
STRAWBERRY BLONDE, THE (1941)
CAPTAINS OF THE CLOUDS (1942)
YANKEE DOODLE DANDY (1942)
JOHNNY COME LATELY (1943)
BLOOD ON THE SUN (1945)
13 RUE MADELEINE (1946)
TIME OF YOUR LIFE, THE (1948)
WHITE HEAT (1949)
KISS TOMORROW GOODBYE (1950)
WEST POINT STORY, THE (1950)
WHAT PRICE GLORY? (1952)
LION IS IN THE STREETS, A (1953)
LOVE ME OR LEAVE ME (1955)
MISTER ROBERTS (1955)
TRIBUTE TO A BAD MAN (1955)
MAN OF A THOUSAND FACES (1956)
SHAKE HANDS WITH THE DEVIL (1959)
GALLANT HOURS, THE (1960)
ONE, TWO, THREE (1961)
RAGTIME (1981)

CAINE, Michael
acteur anglais (1933-)
DAY THE EARTH CAUGHT FIRE, THE (1961)
ZULU (1963)
IPCRESS FILE, THE (1964)
ALFIE (1966)
FUNERAL IN BERLIN (1966)
GAMBIT (1966)
BILLION DOLLAR BRAIN (1967)
WOMAN TIMES SEVEN (1967)
DEADFALL (1968)
MAGUS, THE (1968)
PLAY DIRTY (1968)
BATTLE OF BRITAIN (1969)
ITALIAN JOB, THE (1969)
TOO LATE THE HERO (1969)
LAST VALLEY, THE (1970)
GET CARTER (1971)
X, Y AND ZEE (1971)
PULP (1972)
SLEUTH (1972)
MAN WHO WOULD BE KING, THE (1975)
PEEPER (1975)
ROMANTIC ENGLISHWOMAN, THE (1975)
WILBY CONSPIRACY, THE (1975)
EAGLE HAS LANDED, THE (1976)
BRIDGE TOO FAR, A (1977)
ASHANTI (1978)
CALIFORNIA SUITE (1978)
SWARM, THE (1978)
BEYOND THE POSEIDON ADVENTURE (1979)
DRESSED TO KILL (1980)
ISLAND, THE (1980)
HAND, THE (1981)
VICTORY (1981)
DEATHTRAP (1982)
EDUCATING RITA (1982)
BEYOND THE LIMIT (1983)
BLAME IT ON RIO (1983)
JIGSAW MAN, THE (1984)
HOLCROFT COVENANT, THE (1985)
HALF MOON STREET (1986)
MONA LISA (1986)
SWEET LIBERTY (1986)
FOURTH PROTOCOL, THE (1987)
JAWS IV: THE REVENGE (1987)
DIRTY ROTTEN SCOUNDRELS (1988)
MR. DESTINY (1990)
SHOCK TO THE SYSTEM, A (1990)
DEATH BECOMES HER (1992)
MUPPET CHRISTMAS CAROL, THE (1992)
NOISES OFF! (1992)
BULLET TO BEIJING (1995)
BLOOD AND WINE (1996)
20,000 LEAGUES UNDER THE SEA (1997)
LITTLE VOICE (1998)
CIDER HOUSE RULES, THE (1999)
GET CARTER (2000)
QUILLS (2000)
LAST ORDERS (2001)
QUICKSAND (2001)
AUSTIN POWERS IN GOLDMEMBER (2002)
QUIET AMERICAN, THE (2002)
SECONDHAND LIONS (2003)
STATEMENT, THE (2003)
AROUND THE BEND (2004)
BATMAN BEGINS (2005)
BEWITCHED (2005)
WEATHER MAN, THE (2005)
CHILDREN OF MEN (2006)
PRESTIGE, THE (2006)
SLEUTH (2007)
DARK KNIGHT, THE (2008)
FLAWLESS (2008)

CALHERN, Louis
acteur américain (1895-1956)
BLOT, THE (1921)
NIGHT AFTER NIGHT (1932)
DIPLOMANIACS (1933)
DUCK SOUP (1934)
GORGEOUS HUSSY, THE (1936)
LIFE OF EMILE ZOLA, THE (1937)
ROAD TO SINGAPORE (1940)
HEAVEN CAN WAIT (1943)
BRIDGE OF SAN LUIS REY, THE (1944)
UP IN ARMS (1944)
NOTORIOUS (1946)
ARCH OF TRIUMPH (1947)
ANNIE GET YOUR GUN (1949)
RED PONY, THE (1949)
ASPHALT JUNGLE, THE (1950)
MAGNIFICENT YANKEE, THE (1950)
TWO WEEKS WITH LOVE (1950)
PRISONER OF ZENDA, THE (1952)
WE'RE NOT MARRIED (1952)
JULIUS CAESAR (1953)
EXECUTIVE SUITE (1954)
MEN OF THE FIGHTING LADY (1954)
RHAPSODY (1954)
STUDENT PRINCE, THE (1954)
BLACKBOARD JUNGLE (1955)
FOREVER DARLING (1955)
HIGH SOCIETY (1955)
PRODIGAL, THE (1955)

CAMPBELL, Neve
actrice canadienne (1973-)
CRAFT, THE (1996)
SCREAM (1996)
SCREAM 2 (1997)
54 (1998)
WILD THINGS (1998)
DROWNING MONA (2000)
PANIC (2000)
SCREAM 3 (2000)
INTIMATE AFFAIRS (2001)
LAST CALL (2002)
COMPANY, THE (2003)
REEFER MADNESS - THE MOVIE MUSICAL (2004)
WHEN WILL I BE LOVED (2004)
RELATIVE STRANGERS (2006)
CLOSING THE RING (2007)
I REALLY HATE MY JOB (2007)
PARTITION (2007)

CANDY, John
acteur canadien (1950-1994)
SILENT PARTNER, THE (1978)
1941 (1979)
BLUES BROTHERS, THE (1980)
STRIPES (1981)
SPLASH (1984)
BREWSTER'S MILLIONS (1985)
LITTLE SHOP OF HORRORS (1986)
SPACEBALLS (1987)
UNCLE BUCK (1989)
WHO'S HARRY CRUMB? (1989)
HOME ALONE (1990)
CAREER OPPORTUNITIES (1991)
DELIRIOUS (1991)
JFK (1991)
ONLY THE LONELY (1991)
ONCE UPON A CRIME (1992)
COOL RUNNINGS (1993)
CANADIAN BACON (1995)

CANET, Guillaume
acteur français (1973-)
JE RÈGLE MON PAS SUR LE PAS DE MON PÈRE (1998)
BEACH, THE (2000)
MORSURES DE L'AUBE, LES (2000)
VIDOCQ (2001)
FRÈRE DU GUERRIER, LE (2002)
MON IDOLE (2002)
JEUX D'ENFANTS (2003)
ENFER, L' (2005)
JOYEUX NOËL (2005)
NE LE DIS À PERSONNE (2006)
CLEF, LA (2007)
DARLING (2007)
ENSEMBLE, C'EST TOUT (2007)
LIENS DU SANG, LES (2008)

CAPSHAW, Kate
acteur américaine (1953-)
A LITTLE SEX (1982)
DREAMSCAPE (1983)
BEST DEFENSE (1984)
INDIANA JONES & THE TEMPLE OF DOOM (1984)
SPACE CAMP (1986)
QUICK AND THE DEAD (1987)
ALARMIST, THE (1997)
LOCUSTS, THE (1997)

CARDINALE, Claudia
actrice italienne (1939-)
PIGEON, LE (1958)
BEL ANTONIO, LE (1960)
ROCCO ET SES FRÈRES (1960)
CARTOUCHE (1961)
FILLE À LA VALISE, LA (1961)
8 1/2 (1963)
GUÉPARD, LE (1963)
PINK PANTHER, THE (1963)
CIRCUS WORLD (1964)
SANDRA (1965)
LOST COMMAND (1966)
PROFESSIONALS, THE (1966)
DON'T MAKE WAVES (1967)
ONCE UPON A TIME IN THE WEST (1968)
RED TENT, THE (1969)
SCOUMOUNE, LA (1972)

VIOLENCE ET PASSION (1973)
HISTOIRE D'AIMER (1975)
UNE BLONDE, UNE BRUNE ET UNE MOTO (1975)
JESUS OF NAZARETH (1976)
PETITE FILLE EN VELOURS BLEU, LA (1978)
ESCAPE TO ATHENA (1979)
SALAMANDER, THE (1980)
FITZCARRALDO (1981)
CADEAU, LE (1982)
RUFFIAN, LE (1982)
ÉTÉ PROCHAIN, L' (1984)
HENRY IV (1984)
HOMICIDE VOLONTAIRE (1985)
UN HOMME AMOUREUX (1987)
HIVER 54, L'ABBÉ PIERRE (1989)
RÉVOLUTION FRANÇAISE 1: LES ANNÉES LUMIÈRE, LA (1989)
RÉVOLUTION FRANÇAISE 2: LES ANNÉES TERRIBLES, LA (1989)
588, RUE PARADIS (1991)
MAYRIG (1991)
ELLES NE PENSENT QU'À ÇA (1993)
SON OF THE PINK PANTHER (1993)
AND NOW LADIES & GENTLEMEN (2003)

CARLYLE, Robert
acteur anglais (1961-)
RIFF-RAFF (1991)
PRIEST (1994)
GO NOW (1995)
TRAINSPOTTING (1995)
CARLA'S SONG (1996)
FULL MONTY, THE (1996)
FACE (1997)
ANGELA'S ASHES (1999)
PLUNKETT & MACLEANE (1999)
RAVENOUS (1999)
WORLD IS NOT ENOUGH, THE (1999)
BEACH, THE (2000)
THERE'S ONLY ONE JIMMY GRIMBLE (2000)
FORMULA 51 (2001)
TO END ALL WARS (2001)
BLACK AND WHITE (2002)
HITLER - THE RISE OF EVIL (2003)
ONCE UPON A TIME IN THE MIDLANDS (2003)
HUMAN TRAFFICKING (2005)
MARILYN HOTCHKISS BALLROOM DANCING & CHARM SCHOOL (2005)
ERAGON (2006)
28 WEEKS LATER (2007)
STONE OF DESTINY (2008)

CARMET, Jean
acteur français (1921-1994)
ENFANTS DU PARADIS, LES (1945)
MONSIEUR VINCENT (1947)
OH! QUE MAMBO (1959)
CAPORAL ÉPINGLÉ, LE (1962)
ALEXANDRE LE BIENHEUREUX (1967)
PETIT THÉÂTRE DE JEAN RENOIR, LE (1969)
POUSSEZ PAS GRAND-PÈRE DANS LES CACTUS (1969)
AND SOON THE DARKNESS (1970)
JUSTE AVANT LA NUIT (1970)
NOVICES, LES (1970)
RUPTURE, LA (1970)
ELLE CAUSE PLUS... ELLE FLINGUE! (1972)
GRAND BLOND AVEC UNE CHAUSSURE NOIRE, LE (1972)
CONCIERGE, LE (1973)
URSULE ET GRELU (1973)
RETOUR DU GRAND BLOND, LE (1974)
NOIRS ET BLANCS EN COULEURS (1976)
PLUS ÇA VA, MOINS ÇA VA (1977)
VIOLETTE NOZIÈRE (1977)
UN SI JOLI VILLAGE (1978)
BUFFET FROID (1979)
IL Y A LONGTEMPS QUE JE T'AIME (1979)
CIRCLE OF DECEIT (1981)
SOUPE AUX CHOUX, LA (1981)
UNE AFFAIRE D'HOMMES (1981)
MISÉRABLES, LES (1982)
CANICULE (1983)
CRIME D'OVIDE PLOUFFE, LE (1984)
TIR À VUE (1984)
MATOU, LE (1985)
CHAMPAGNE AMER (1986)
FUGITIFS, LES (1986)
MISS MONA (1986)
MOINE ET LA SORCIÈRE, LE (1986)
BRUTE, LA (1987)
DEUX CROCODILES, LES (1987)
NIGHT MAGIC (1988)
BAL DES CASSE-PIEDS, LE (1991)
COUP DE JEUNE! (1991)
MERCI LA VIE (1991)
REINE BLANCHE, LA (1991)
ROULEZ JEUNESSE (1992)
GERMINAL (1993)

CARON, Leslie
actrice française (1931-)
AMERICAN IN PARIS, AN (1951)
LILI (1952)
DADDY LONG LEGS (1954)
GLASS SLIPPER, THE (1955)
GIGI (1958)
FANNY (1961)
FATHER GOOSE (1964)
MADRON (1970)
HOMME QUI AIMAIT LES FEMMES, L' (1977)
VALENTINO (1977)
UNAPPROACHABLE, THE (1982)
DIAGONALE DU FOU, LA (1983)
COURAGE MOUNTAIN (1989)
DAMAGE (1992)
FUNNY BONES (1995)
CHOCOLATE (2000)
DIVORCE, LE (2003)

CARRADINE, David
acteur américain (1936-2009)
GOOD GUYS AND THE BAD GUYS, THE (1969)
YOUNG BILLY YOUNG (1969)
MACHO CALLAHAN (1970)
BOXCAR BERTHA (1972)
KUNG FU: PILOT (1972)
LONG GOODBYE, THE (1973)
MEAN STREETS (1973)
DEATH RACE 2000 (1975)
BOUND FOR GLORY (1976)
SERPENT'S EGG, THE (1977)
CIRCLE OF IRON (1978)
DEATHSPORT (1978)
GRAY LADY DOWN (1978)
LONG RIDERS, THE (1980)
Q: THE WINGED SERPENT (1982)
LONE WOLF MCQUADE (1983)
ON THE LINE (1983)
KUNG-FU: THE MOVIE (1986)
CRIME ZONE (1988)
FUTURE FORCE (1989)
BIRD ON A WIRE (1990)
GAMBLER RETURNS: THE LUCK OF THE DRAW (1991)
WAXWORK II: LOST IN TIME (1992)
LAST STAND AT SABER RIVER (1996)
KILL BILL I (2003)
DEAD AND BREAKFAST (2004)
KILL BILL II (2004)
LAST GOODBYE (2004)
BIG STAN (2008)
HELL RIDE (2008)

CARRADINE, John
acteur américain (1906-1988)
INVISIBLE MAN, THE (1933)
BLACK CAT, THE (1934)
BRIDE OF FRANKENSTEIN, THE (1935)
MISÉRABLES, LES (1935)
MARY OF SCOTLAND (1936)
CAPTAINS COURAGEOUS (1937)
HURRICANE, THE (1937)
ALEXANDER'S RAGTIME BAND (1938)
OF HUMAN HEARTS (1938)
FIVE CAME BACK (1939)
JESSE JAMES (1939)
STAGECOACH (1939)
THREE MUSKETEERS, THE (1939)
DRUMS ALONG THE MOHAWK (1940)
GRAPES OF WRATH, THE (1940)
RETURN OF FRANK JAMES, THE (1940)
WESTERN UNION (1940)
BLOOD AND SAND (1941)
MAN HUNT (1941)
REUNION IN FRANCE (1942)
CAPTIVE WILD WOMAN (1943)
ADVENTURES OF MARK TWAIN, THE (1944)
BLUEBEARD (1944)
HOUSE OF FRANKENSTEIN (1944)
INVISIBLE MAN'S REVENGE, THE (1944)
MUMMY'S GHOST, THE (1944)
HOUSE OF DRACULA (1945)
IT'S IN THE BAG (1945)
CAPTAIN KIDD (1946)
JOHNNY GUITAR (1954)
COURT JESTER, THE (1955)
FEMALE JUNGLE (1956)
UNEARTHLY, THE (1957)
LAST HURRAH, THE (1958)
INVISIBLE INVADERS (1959)
ADVENTURES OF HUCKLEBERRY FINN, THE (1960)
MAN WHO SHOT LIBERTY VALANCE, THE (1962)
CHEYENNE AUTUMN (1964)
PATSY, THE (1964)
BILLY THE KID VS. DRACULA (1966)
ASTRO ZOMBIES (1967)
HILLBILLYS IN A HAUNTED HOUSE (1967)
BLOOD OF GHASTLY HORROR (1969)
HORROR OF THE BLOOD MONSTERS (1970)
BOXCAR BERTHA (1972)
EVERYTHING YOU ALWAYS WANTED TO KNOW ABOUT SEX BUT WERE AFRAID TO ASK (1972)
NIGHT STALKER, THE / NIGHT STRANGLER, THE (1972)
SILENT NIGHT, BLOODY NIGHT (1972)
SHOCK WAVES (1975)
LAST TYCOON, THE (1976)
SENTINEL, THE (1976)
SHOOTIST, THE (1976)
WHITE BUFFALO, THE (1977)
BOOGEYMAN, THE (1980)
HOWLING, THE (1980)
MONSTER CLUB, THE (1980)
DOCTOR DRACULA (1981)
ICE PIRATES (1984)
PEGGY SUE GOT MARRIED (1986)
MONSTER IN THE CLOSET (1987)

CARRADINE, Keith
acteur américain (1949-)
GUNFIGHT, A (1970)
MCCABE & MRS. MILLER (1971)
ANTOINE ET SÉBASTIEN (1973)
EMPEROR OF THE NORTH (1973)
THIEVES LIKE US (1974)
NASHVILLE (1975)
WELCOME TO L.A. (1976)
DUELLISTS, THE (1977)
PRETTY BABY (1977)
ALMOST PERFECT AFFAIR, AN (1979)
LONG RIDERS, THE (1980)
SOUTHERN COMFORT (1981)
CHOOSE ME (1984)
MARIA'S LOVERS (1984)
TROUBLE IN MIND (1985)
INQUIRY, THE (1987)
COLD FEET (1988)
MODERNS, THE (1988)
STREET OF NO RETURN (1989)
BALLAD OF THE SAD CAFE, THE (1991)
CRISSCROSS (1992)
ANDRE (1994)
MRS. PARKER AND THE VICIOUS CIRCLE (1994)
TIE THAT BINDS, THE (1995)
WILD BILL (1995)
DEAD MAN'S WALK (1996)
LAST STAND AT SABER RIVER (1996)
THOUSAND ACRES, A (1997)
CALIFORNIANS, THE (2005)
OUR VERY OWN (2005)
LAKE CITY (2008)

CARREY, Jim
acteur canadien (1962-)
ONCE BITTEN (1985)
PEGGY SUE GOT MARRIED (1986)
DEAD POOL, THE (1988)
EARTH GIRLS ARE EASY (1989)
IN LIVING COLOR (SEASON I) (1990)
IN LIVING COLOR (SEASON II) (1991)
ACE VENTURA: PET DETECTIVE (1993)
DUMB & DUMBER (1994)
MASK, THE (1994)
ACE VENTURA: WHEN NATURE CALLS (1995)
BATMAN FOREVER (1995)
CABLE GUY, THE (1996)
LIAR LIAR (1997)
TRUMAN SHOW, THE (1998)
MAN ON THE MOON (1999)
DR. SEUSS' HOW THE GRINCH STOLE CHRISTMAS (2000)
ME, MYSELF & IRENE (2000)
MAJESTIC, THE (2001)
BRUCE ALMIGHTY (2003)

ETERNAL SUNSHINE OF THE SPOTLESS MIND (2004)
LEMONY SNICKET'S A SERIES OF UNFORTUNATE EVENTS (2004)
FUN WITH DICK AND JANE (2005)
NUMBER 23 (2007)
YES MAN (2008)

CARRIÈRE, Mathieu
acteur allemand (1950-)
YOUNG TORLESS (1966)
HOMME AU CERVEAU GREFFÉ, L' (1972)
DON JUAN 73 (1973)
INDIA SONG (1975)
POLICE PYTHON 357 (1975)
BILITIS (1977)
PASSANTE DU SANS-SOUCI, LA (1981)
BENVENUTA (1983)
FEMME FLAMBÉE, LA (1983)
BEETHOVEN'S NEPHEW (1985)
BRAS DE FER (1985)
SHINING THROUGH (1992)
AMOUR CONJUGAL, L' (1995)
GIRL CALLED ROSEMARIE, A (1996)
ARSÈNE LUPIN (2004)

CARTLIDGE, Katrin
actrice anglaise (1961-2002)
NAKED (1993)
BEFORE THE RAIN (1994)
3 STEPS TO HEAVEN (1995)
AMOUR EST UN POUVOIR SACRÉ, L' (1996)
CAREER GIRLS (1997)
CLAIRE DOLAN (1998)
CHERRY ORCHARD, THE (1999)
LOST SON, THE (1999)
FROM HELL (2001)

CARTWRIGHT, Veronica
actrice anglaise (1950-)
INSERTS (1975)
F. SCOTT FITZGERALD'S BERNICE BOBS HER HAIR (1976)
ALIEN (1979)
GUYANA TRAGEDY: THE STORY OF JIM JONES (1980)
FLIGHT OF THE NAVIGATOR (1986)
WISDOM (1987)
MONEY TALKS (1997)
RAT PACK, THE (1998)
SLIPPING DOWN LIFE, A (1999)
INVASION, THE (2007)

CARUSO, David
acteur américain (1956-)
BLUE CITY (1985)
CRIME STORY (1986)
KING OF NEW YORK (1989)
MAD DOG AND GLORY (1993)
KISS OF DEATH (1994)
JADE (1995)
GOLD COAST (1997)
PROOF OF LIFE (2000)
SESSION 9 (2001)
CSI MIAMI (SEASON I) (2002)

CASAR, Amira
actrice anglaise (1971-)
VÉRITÉ SI JE MENS, LA (1996)
MARIE BAIE DES ANGES (1997)
DERRIÈRE, LE (1999)
COMMENT J'AI TUÉ MON PÈRE (2001)
FILLES PERDUES, CHEVEUX GRAS (2002)
MARIÉES MAIS PAS TROP (2003)
SYLVIA (2003)
ANATOMIE DE L'ENFER (2004)
PEINDRE OU FAIRE L'AMOUR (2005)
TRANSYLVANIA (2006)

CASSEL, Jean-Pierre
acteur français (1932-2007)
SEPT PÉCHÉS CAPITAUX, LES (1952)
CAPORAL ÉPINGLÉ, LE (1962)
THOSE MAGNIFICENT MEN IN THEIR FLYING MACHINES (1965)
JEU DE MASSACRE (1966)
ARMÉE DES OMBRES, L' (1969)
OURS ET LA POUPÉE, L' (1969)
RUPTURE, LA (1970)
CHARME DISCRET DE LA BOURGEOISIE, LE (1972)
MOUTON ENRAGÉ, LE (1973)
FOUR MUSKETEERS, THE (1974)
MURDER ON THE ORIENT EXPRESS (1974)
MUSKETEERS, THE (1974)
THREE MUSKETEERS, THE (1974)
DOCTEUR FRANÇOISE GAILLAND (1975)
FOLIES BOURGEOISES (1976)
RENDEZ-VOUS D'ANNA, LES (1978)
WHO IS KILLING THE GREAT CHEFS OF EUROPE? (1978)
5% DE RISQUE (1979)
VILLE DES SILENCES, LA (1979)
TRUITE, LA (1982)
TRANCHES DE VIE (1985)
CHOUANS! (1988)
MISTER FROST (1990)
SUR LA TERRE COMME AU CIEL (1991)
FAVOUR, THE WATCH AND THE VERY BIG FISH, THE (1992)
CAFÉ AU LAIT (1993)
ENFER, L' (1993)
PRÊT-À-PORTER (1994)
CÉRÉMONIE, LA (1995)
BIDOCHON, LES (1996)
RIVIÈRES POURPRES, LES (2000)
SADE (2000)
CONGORAMA (2006)
CONTRE ENQUÊTE (2007)

CASSEL, Vincent
acteur français (1967-)
CAFÉ AU LAIT (1993)
ADULTÈRE (MODE D'EMPLOI) (1995)
HAINE, LA (1995)
APPARTEMENT, L' (1996)
ÉLÈVE, L' (1996)
DOBERMANN (1997)
ELIZABETH (1998)
MESSENGER, THE: THE STORY OF JOAN OF ARC (1999)
PACTE DES LOUPS, LE (2000)
RIVIÈRES POURPRES, LES (2000)
BIRTHDAY GIRL (2001)
SUR MES LÈVRES (2001)
IRRÉVERSIBLE (2002)
AGENTS SECRETS (2004)
RENEGADE (2004)
DERAILED (2005)
SHEITAN (2006)
EASTERN PROMISES (2007)

CASTEL, France
actrice québécoise (1943-)
À CORPS PERDU (1988)
UNE HISTOIRE INVENTÉE (1990)
ASSASSIN JOUAIT DU TROMBONE, L' (1991)
COYOTE (1992)
VENT DU WYOMING, LE (1994)
COSMOS (1996)
KARMINA (1996)
AFTERGLOW (1997)
COMTESSE DE BATON ROUGE, LA (1997)
J'EN SUIS! (1997)
SLEEP ROOM, THE (1997)
VENGEANCE DE LA FEMME EN NOIR, LA (1997)
ÂGE DE BRAISE, L' (1998)
CRÈME GLACÉE, CHOCOLAT ET AUTRES CONSOLATIONS (2001)
JE N'AIME QUE TOI (2003)
LUNE VIENDRA D'ELLE-MÊME, LA (2004)
BIENVENUE AU CONSEIL D'ADMINISTRATION (2005)
3 P'TITS COCHONS, LES (2007)

CASTELLITTO, Sergio
acteur italien (1953-)
ALBERTO EXPRESS (1990)
GROSSE PASTÈQUE, LA (1993)
TOXIC AFFAIR (1993)
STARMAKER, THE (1995)
CRI DE LA SOIE, LE (1996)
PORTRAITS CHINOIS (1996)
À VENDRE (1998)
CONCURRENCE DÉLOYALE (2001)
VA SAVOIR (2001)
ÉCOUTE-MOI (2004)
CHRONICLES OF NARNIA - PRINCE CASPIAN, THE (2008)

CATTRALL, Kim
actrice anglaise (1956-)
ROSEBUD (1974)
PORKY'S (1981)
TICKET TO HEAVEN (1981)
POLICE ACADEMY (20TH) (1984)
HOLD-UP (1985)
TURK 182 (1985)
BIG TROUBLE IN LITTLE CHINA (1986)
MANNEQUIN (1987)
RETURN OF THE MUSKETEERS, THE (1989)
DOUBLE VISION (1991)
STAR TREK VI: THE UNDISCOVERED COUNTRY (1991)
LIVE NUDE GIRLS (1995)
WHERE TRUTH LIES (1996)
SEX AND THE CITY (SEASON I) (1998)
MODERN VAMPIRES (1999)
SEX AND THE CITY (SEASON II) (1999)
SEX AND THE CITY (SEASON III) (2000)
15 MINUTES (2001)
SEX AND THE CITY (SEASON V) (2003)
SEX AND THE CITY (SEASON VI) (2004)
ICE PRINCESS (2005)
KIM CATTRALL - SEXUAL INTELLIGENCE (2005)
MY BOY JACK (2007)
SEX AND THE CITY (2008)

CAVIEZEL, James (Jim)
acteur américaine (1968-)
FREQUENCY (2000)
ANGEL EYES (2001)
COUNT OF MONTE CRISTO, THE (2001)
MADISON (2001)
HIGH CRIMES (2002)
HIGHWAYMEN (2003)
I AM DAVID (2003)
BOBBY JONES, STROKE OF GENIUS (2004)
FINAL CUT, THE (2004)
PASSION OF THE CHRIST, THE (2004)
DÉJÀ VU (2006)
UNKNOWN (2006)
OUTLANDER (2008)

CÉLARIÉ, Clémentine
actrice sénégalaise (1957-)
GITANE, LA (1985)
37°2 LE MATIN (1986)
COMPLEXE DU KANGOUROU, LE (1986)
DE SABLE ET DE SANG (1987)
NOCTURNE INDIEN (1989)
ADRÉNALINE (1990)
GÉNIAL, MES PARENTS DIVORCENT! (1991)
ABRACADABRA (1992)
NUITS FAUVES, LES (1992)
TOXIC AFFAIR (1993)
VENGEANCE D'UNE BLONDE, LA (1993)
REINES D'UN JOUR (2001)
MAUVAIS ESPRIT (2003)

CELLIER, Caroline
actrice française (1946-)
QUE LA BÊTE MEURE (1969)
AVEUX LES PLUS DOUX, LES (1970)
EMMERDEUR, L' (1973)
MARIAGE (1974)
UNE FEMME, UN JOUR (1977)
CERTAINES NOUVELLES (1979)
MILLE MILLIARDS DE DOLLARS (1981)
SURPRISE PARTY (1982)
P'TIT CON (1983)
ANNÉE DES MÉDUSES, L' (1984)
FEMMES DE PERSONNE (1984)
POULET AU VINAIGRE (1984)
ZÈBRE, LE (1992)
FARINELLI (1994)
ÉLÈVE, L' (1996)
DIDIER (1997)
JEAN-PHILIPPE (2006)

CHABAT, Alain
acteur algérien (1958-)
BABY BLOOD (1990)
À LA FOLIE (1994)
GAZON MAUDIT (1994)
COUSIN, LE (1997)
DIDIER (1997)
DÉBANDADE, LA (1999)
GOÛT DES AUTRES, LE (2000)
CHOUCHOU (2003)
LAISSE TES MAINS SUR MES HANCHES (2003)
ILS SE MARIÈRENT ET EURENT BEAUCOUP D'ENFANTS (2004)
PRÊTE-MOI TA MAIN (2006)
SCIENCE OF SLEEP, THE (2006)

CHAMBERLAIN, Richard
acteur américain (1935-)
PETULIA (1968)
JULIUS CAESAR (1970)
MUSIC LOVERS, THE (1970)
LADY CAROLINE LAMB (1972)

LITTLE MERMAID, THE (1973)
MUSKETEERS, THE (1974)
THREE MUSKETEERS, THE (1974)
SLIPPER AND THE ROSE, THE (1976)
LAST WAVE, THE (1977)
GOOD DOCTOR, THE (1978)
SHOGUN (1980)
KING SOLOMON'S MINES (1985)
ALLAN QUATERMAIN AND THE LOST CITY OF GOLD (1986)
CASANOVA (1987)
BOURNE IDENTITY, THE (1988)
RETURN OF THE MUSKETEERS, THE (1989)

CHAN, Jackie
acteur chinois (1954-)
CUB TIGER FROM KWANG TUNG, THE (1971)
SNAKE FIST FIGHTER (1971)
EAGLE SHADOW FIST (1973)
MASTER WITH CRACKED FINGERS (1973)
HAND OF DEATH, THE (1975)
DRUNKEN FIST BOXING (1976)
NEW FIST OF FURY (1976)
SHAOLIN WOODEN MEN (1976)
SNAKE AND CRANE ARTS OF SHAOLIN (1978)
SNAKE IN THE EAGLE'S SHADOW (1978)
DRUNKEN MASTER (1979)
FEARLESS HYENA (1979)
BIG BRAWL, THE (1980)
DRAGON STRIKE (1982)
WHEELS ON MEALS (1984)
HEART OF THE DRAGON (1985)
MY LUCKY STARS (1985)
PROTECTOR, THE (1985)
ARMOUR OF GOD (1986)
OPERATION CONDOR II (1986)
PROJECT A (1987)
DRAGONS FOREVER (1988)
POLICE STORY 2 (1988)
MIRACLES (1989)
ISLAND OF FIRE (1990)
PROJECT A II (1991)
TWIN DRAGONS (1991)
CITY HUNTER (1992)
SUPERCOP (1992)
JACKIE CHAN CRIME STORY (1993)
DRUNKEN MASTER II (1994)
SUPERCOP 2 (1994)
THUNDERBOLT (1995)
36 CRAZY FISTS (1996)
FIRST STRIKE (1996)
JACKIE CHAN'S 2ND STRIKE (1996)
RUMBLE IN HONG KONG (1996)
RUMBLE IN THE BRONX (1996)
STRIKE OF DEATH (1996)
BURN HOLLYWOOD BURN (1997)
JACKIE CHAN'S WHO AM I? (1998)
JACKIE CHAN: MR. NICE GUY (1998)
RUSH HOUR (1998)
GORGEOUS (1999)
SHANGHAI NOON (2000)
ACCIDENTAL SPY (2001)
RUSH HOUR 2 (2001)
TUXEDO, THE (2002)
MEDALLION, THE (2003)
SHANGHAI KNIGHTS (2003)
AROUND THE WORLD IN 80 DAYS (2004)
NEW POLICE STORY (2004)
MYTH (2005)
ROBIN B-HOOD (2006)
RUSH HOUR 3 (2007)
FORBIDDEN KINGDOM (2008)

CHANEY, Lon Jr.
acteur américain (1906-1973)
NOMADS OF THE NORTH (1920)
UNDERSEA KINGDOM (1936)
ALEXANDER'S RAGTIME BAND (1938)
JESSE JAMES (1939)
OF MICE AND MEN (1939)
BILLY THE KID (1941)
MAN MADE MONSTER (1941)
GHOST OF FRANKENSTEIN, THE (1942)
MUMMY'S TOMB, THE (1942)
CALLING DR. DEATH (1943)
FRANKENSTEIN MEETS THE WOLF MAN (1943)
SON OF DRACULA (1943)
HOUSE OF FRANKENSTEIN (1944)
INNER SANCTUM: DEAD MAN'S EYES (1944)
INNER SANCTUM: WEIRD WOMAN (1944)
MUMMY'S GHOST, THE (1944)
HOUSE OF DRACULA (1945)
MUMMY'S CURSE, THE (1945)
MY FAVORITE BRUNETTE (1947)
ABBOTT & COSTELLO MEET FRANKENSTEIN (1948)
ALBUQUERQUE (1948)
FLAME OF ARABY (1951)
BLACK CASTLE, THE (1952)
HIGH NOON (1952)
CASANOVA'S BIG NIGHT (1954)
I DIED A THOUSAND TIMES (1955)
INDIAN FIGHTER, THE (1955)
NOT AS A STRANGER (1955)
PARDNERS (1955)
INDESTRUCTIBLE MAN, THE (1956)
CYCLOPS, THE (1957)
DEFIANT ONES, THE (1958)
ALLIGATOR PEOPLE, THE (1959)
HAUNTED PALACE, THE (1963)
SPIDER BABY (1964)
APACHE UPRISING (1965)
JOHNNY RENO (1965)
DRACULA VS FRANKENSTEIN (1971)

CHANNING, Stockard
actrice américaine (1944-)
HOSPITAL, THE (1971)
GIRL MOST LIKELY TO ... (1973)
FORTUNE, THE (1974)
BIG BUS, THE (1976)
CHEAP DETECTIVE, THE (1978)
GREASE (1978)
WITHOUT A TRACE (1983)
HEARTBURN (1986)
MEN'S CLUB, THE (1986)
MEET THE APPLEGATES (1989)
MARRIED TO IT (1991)
BITTER MOON (1992)
SIX DEGREES OF SEPARATION (1993)
SMOKE (1995)
TO WONG FOO, THANKS FOR EVERYTHING, JULIE NEWMAR (1995)
EDIE & PEN (1996)
MOLL FLANDERS (1996)
UP CLOSE & PERSONAL (1996)
TWILIGHT (1997)
PRACTICAL MAGIC (1998)
ISN'T SHE GREAT (1999)
WEST WING, THE (SEASON I) (1999)
WHERE THE HEART IS (2000)
BUSINESS OF STRANGERS, THE (2001)
LIFE OR SOMETHING LIKE IT (2002)
DIVORCE, LE (2003)
HITLER - THE RISE OF EVIL (2003)
3 NEEDLES (2005)
MUST LOVE DOGS (2005)

CHAPLIN, Ben
acteur anglais (1970-)
FEAST OF JULY (1995)
TRUTH ABOUT CATS AND DOGS, THE (1996)
WASHINGTON SQUARE (1997)
THIN RED LINE, THE (1998)
LOST SOULS (2000)
BIRTHDAY GIRL (2001)
MURDER BY NUMBERS (2002)
STAGE BEAUTY (2004)
NEW WORLD, THE (2005)
TWO WEEKS (2007)
WATER HORSE - LEGEND OF THE DEEP, THE (2007)

CHAPLIN, Geraldine
actrice américaine (1944-)
LIMELIGHT (1952)
DOCTOR ZHIVAGO (1965)
COUNTESS FROM HONG KONG, A (1966)
PEPPERMINT FRAPPÉ (1967)
SUR UN ARBRE PERCHÉ (1971)
FOUR MUSKETEERS, THE (1974)
THREE MUSKETEERS, THE (1974)
CRIA CUERVOS (1975)
NASHVILLE (1975)
BUFFALO BILL AND THE INDIANS (1976)
ÉLISA MON AMOUR (1976)
WELCOME TO L.A. (1976)
ROSELAND (1977)
WEDDING, A (1978)
MAMAN A CENT ANS (1979)
MIRROR CRACK'D, THE (1980)
UNS ET LES AUTRES, LES (1980)
VOYAGE EN DOUCE, LE (1980)
MODERNS, THE (1988)
I WANT TO GO HOME! (1989)
RETURN OF THE MUSKETEERS, THE (1989)
BUSTER'S BEDROOM (1990)
CHAPLIN (1992)
AGE OF INNOCENCE, THE (1993)
GULLIVER'S TRAVELS (1995)
HOME FOR THE HOLIDAYS (1995)
MOTHER TERESA: IN THE NAME OF GOD'S POOR (1997)
ODYSSEY, THE (1997)
COUSIN BETTE (1998)
TO WALK WITH LIONS (1999)
PARLE AVEC ELLE (2001)
CITY OF NO LIMITS, THE (2002)
BRIDGE OF SAN LUIS REY (2004)
HEIDI (2005)
ORPHELINAT, L' (2007)

CHASE, Chevy
acteur américain (1944-)
VEGAS VACATION (1977)
FOUL PLAY (1978)
CADDYSHACK (1980)
OH! HEAVENLY DOG (1980)
SEEMS LIKE OLD TIMES (1980)
MODERN PROBLEMS (1981)
DEAL OF THE CENTURY (1983)
FLETCH (1985)
NATIONAL LAMPOON'S EUROPEAN VACATION (1985)
SPIES LIKE US (1985)
THREE AMIGOS! (1986)
NATIONAL LAMPOON'S CHRISTMAS VACATION (1989)
MEMOIRS OF AN INVISIBLE MAN (1992)
MAN OF THE HOUSE (1994)
ORANGE COUNTY (2001)
ELLIE PARKER (2005)

CHAYKIN, Maury
acteur canadien (1949-)
DEF-CON 4 (1984)
COLD COMFORT (1989)
ADJUSTER, THE (1991)
MONTRÉAL VU PAR... (1991)
BURIED ON SUNDAY (1993)
WHALE MUSIC (1994)
DEVIL IN A BLUE DRESS (1995)
UNSTRUNG HEROES (1995)
LOVE AND DEATH ON LONG ISLAND (1997)
MOUSE HUNT (1997)
ENTRAPMENT (1999)
JOAN OF ARC (1999)
ART OF WAR (2000)
ON THEIR KNEES (2001)
PAST PERFECT (2002)
OWNING MAHOWNY (2003)
INTERN ACADEMY (2004)
SUGAR (2004)
WILBY WONDERFUL (2004)
WHERE THE TRUTH LIES (2005)

CHEADLE, Don
acteur américain (1964-)
LUSH LIFE (1993)
DEVIL IN A BLUE DRESS (1995)
BOOGIE NIGHTS (1997)
ROSEWOOD (1997)
VOLCANO (1997)
BULWORTH (1998)
OUT OF SIGHT (1998)
RAT PACK, THE (1998)
FAIL SAFE (2000)
FAMILY MAN, THE (2000)
MISSION TO MARS (2000)
TRAFFIC (2000)
MANIC (2001)
SWORDFISH (2001)
THINGS BEHIND THE SUN (2001)
UNITED STATES OF LELAND (2003)
AFTER THE SUNSET (2004)
ASSASSINATION OF RICHARD NIXON, THE (2004)
CRASH (2004)
HOTEL RWANDA (2004)
OCEAN'S 12 (2004)
DOG PROBLEM, THE (2006)
OCEAN'S THIRTEEN (2007)
REIGN OVER ME (2007)
TALK TO ME (2007)
TRAITOR (2008)
HOTEL FOR DOGS (2009)

CHEN, Joan
actrice chinoise (1961-)
DIM SUM (1985)
TAI-PAN (1986)
LAST EMPEROR, THE (1987)
BLOOD OF HEROES, THE (1989)
HEAVEN AND EARTH (1993)
JUDGE DREDD (1995)
WHAT'S COOKING? (2000)
SAVING FACE (2004)
LUST, CAUTION (2005)
SUNFLOWER (2005)

CHER
actrice américaine (1946-)
GOOD TIMES (1967)
CHASTITY (1969)
SONNY AND CHER NITTY GRITTY HOUR (1970)
COME BACK TO THE FIVE AND DIME, JIMMY DEAN, JIMMY DEAN (1982)
SILKWOOD (1983)
MASK (1985)
MOONSTRUCK (1987)
SUSPECT (1987)
WITCHES OF EASTWICK, THE (1987)
MERMAIDS (1990)
PLAYER, THE (1992)
FAITHFUL (1996)
IF THESE WALLS COULD TALK (1996)
TEA WITH MUSSOLINI (1999)
STUCK ON YOU (2003)
CHER VERY BEST OF: VIDEO HITS COLLECTION (2004)

CHESNAIS, Patrick
acteur français (1947-)
DOSSIER 51, LE (1978)
AU BOUT DU BOUT DU BANC (1979)
COCKTAIL MOLOTOV (1979)
RIEN NE VA PLUS (1979)
PREMIER VOYAGE (1980)
CAP CANAILLE (1983)
FEMMES DE PERSONNE (1984)
BLANCHE ET MARIE (1985)
CIGOGNES N'EN FONT QU'À LEUR TÊTE, LES (1988)
LECTRICE, LA (1988)
THANK YOU SATAN (1988)
IL Y A DES JOURS... ET DES LUNES (1990)
PROMOTION CANAPÉ (1990)
BELLE HISTOIRE, LA (1991)
COUP DE JEUNE! (1991)
NETCHAÏEV EST DE RETOUR (1991)
PAGAILLE, LA (1991)
DRÔLES D'OISEAUX (1992)
AUX PETITS BONHEURS (1993)
PAS D'AMOUR SANS AMOUR (1993)
POST COÏTUM, ANIMAL TRISTE (1997)
KENNEDY ET MOI (1999)
JE NE SUIS PAS LÀ POUR ÊTRE AIMÉ (2005)
PRIX À PAYER, LE (2007)
JEUNE FILLE ET LES LOUPS, LA (2008)

CHEUNG, Leslie
acteur chinois (1956-2003)
HISTOIRES DE FANTÔMES CHINOIS (1987)
ROUGE (1987)
EROTIC GHOST STORY (1990)
DAYS OF BEING WILD (1991)
ADIEU MA CONCUBINE (1993)
BRIDE WITH WHITE HAIR II, THE (1993)
BRIDE WITH WHITE HAIR, THE (1993)
EAGLE SHOOTING HEROES (1993)
ASHES OF TIME (1994)
CHINESE FEAST, THE (1995)
PHANTOM LOVER, THE (1995)
TEMPTRESS MOON (1996)
HAPPY TOGETHER (1997)
ASHES OF TIME REDUX (2008)

CHEUNG, Maggie
actrice chinoise (1964-)
JACKIE CHAN'S POLICE FORCE (1985)
AS TEARS GO BY (1988)
POLICE STORY 2 (1988)
FAREWELL CHINA (1990)
SONG OF THE EXILE (1990)
WILL OF IRON (1990)
DAYS OF BEING WILD (1991)
PROJECT A II (1991)
TWIN DRAGONS (1991)
CENTRE STAGE (1992)
HEROIC TRIO, THE (1992)
SUPERCOP (1992)
EAGLE SHOOTING HEROES (1993)
ASHES OF TIME (1994)
IRMA VEP (1996)
CHINESE BOX (1997)
SOONG SISTERS (1997)
SILENCES DU DÉSIR, LES (2000)
MILLENIUM MAMBO (2001)
HERO (2002)
2046 (2004)
CLEAN (2004)

CHONG, Rae Dawn
actrice canadienne (1961-)
GUERRE DU FEU, LA (1981)
BEAT STREET (1984)
AMERICAN FLYERS (1985)
COMMANDO (1985)
SOUL MAN (1986)
PRINCIPAL, THE (1987)
BORROWER, THE (1989)
AMAZON (1991)
WHEN THE PARTY'S OVER (1991)

CHOUDHURY, Sarita
actrice anglaise (1966-)
MISSISSIPPI MASALA (1991)
WILD WEST (1992)
HOUSE OF THE SPIRITS, THE (1993)
FRESH KILL (1994)
KAMA SUTRA: A TALE OF LOVE (1996)
SUBWAY STORIES (1997)
PERFECT MURDER, A (1998)
JUST A KISS (2001)
LADY IN THE WATER (2006)

CHRISTIE, Julie
actrice anglaise (1941-)
BILLY LIAR (1963)
DARLING (1965)
DOCTOR ZHIVAGO (1965)
FAHRENHEIT 451 (1966)
FAR FROM THE MADDING CROWD (1967)
PETULIA (1968)
MCCABE & MRS. MILLER (1971)
DON'T LOOK NOW (1973)
SHAMPOO (1974)
NASHVILLE (1975)
DEMON SEED (1977)
HEAVEN CAN WAIT (1978)
MEMOIRS OF A SURVIVOR (1981)
RETURN OF THE SOLDIER, THE (1981)
QUARANTIÈMES RUGISSANTS, LES (1982)
HEAT AND DUST (1983)
POWER (1985)
CHAMPAGNE AMER (1986)
MISS MARY (1986)
AFTERGLOW (1997)
BELPHÉGOR: LE FANTÔME DU LOUVRE (2001)
NO SUCH THING (2001)
I'M WITH LUCY (2002)
FINDING NEVERLAND (2004)
SECRET LIFE OF WORDS, THE (2005)
AWAY FROM HER (2007)

CLARKSON, Patricia
actrice américaine (1959-)
QUEEN (1993)
HIGH ART (1998)
JOE GOULD'S SECRET (2000)
SAFETY OF OBJECTS, THE (2001)
WENDIGO (2001)
BARONESS AND THE PIG, THE (2002)
CARRIE (2002)
FAR FROM HEAVEN (2002)
WELCOME TO COLLINWOOD (2002)
ALL THE REAL GIRLS (2003)
DOGVILLE (2003)
MIRACLE (2003)
PIECES OF APRIL (2003)
STATION AGENT, THE (2003)
DYING GAUL, THE (2005)
GOOD NIGHT, AND GOOD LUCK (2005)
WOODS, THE (2006)
BLIND DATE (2007)
LARS AND THE REAL GIRL (2007)
MARRIED LIFE (2007)
NO RESERVATIONS (2007)
ELEGY (2008)

CLAVIER, Christian
acteur français (1951-)
QUE LA FÊTE COMMENCE! (1974)
AMOUR EN HERBE, L' (1976)
DITES-LUI QUE JE L'AIME (1977)
BRONZÉS, LES (1978)
BRONZÉS FONT DU SKI, LES (1979)
JE VAIS CRAQUER (1979)
QUAND TU SERAS DÉBLOQUÉ, FAIS-MOI SIGNE (1981)
ELLE VOIT DES NAINS PARTOUT (1982)
PÈRE NOËL EST UNE ORDURE, LE (1982)
PAPY FAIT DE LA RÉSISTANCE (1983)
TRANCHES DE VIE (1985)
TWIST AGAIN À MOSCOU (1986)
CIGOGNES N'EN FONT QU'À LEUR TÊTE, LES (1988)
MES MEILLEURS COPAINS (1989)
OPÉRATION CORNED BEEF (1990)
SECRETS PROFESSIONNELS DU DR. APFELGLÜCK, LES (1991)
VENGEANCE D'UNE BLONDE, LA (1993)
VISITEURS, LES (1993)
ANGES GARDIENS, LES (1994)
GROSSE FATIGUE (1994)
ASTÉRIX ET OBÉLIX CONTRE CÉSAR (1998)
VISITEURS II, LES COULOIRS DU TEMPS, LES (1998)
MISÉRABLES, LES (2000)
ASTÉRIX ET OBÉLIX: MISSION CLÉOPÂTRE (2001)
JUST VISITING (2001)
NAPOLÉON (2002)
ALBERT EST MÉCHANT (2003)
ENQUÊTE CORSE, L' (2003)
BRONZÉS 3, LES (2005)
AUBERGE ROUGE, L' (2007)
PRIX À PAYER, LE (2007)

CLEESE, John
acteur anglais (1939-)
BLISS OF MRS. BLOSSOM, THE (1968)
MAGIC CHRISTIAN, THE (1969)
AND NOW FOR SOMETHING COMPLETELY DIFFERENT (1971)
MONTY PYTHON AND THE HOLY GRAIL (1975)
STRANGE CASE OF THE END OF CIVILISATION AS WE KNOW IT, THE (1977)
MONTY PYTHON'S LIFE OF BRIAN (1979)
TIME BANDITS (1981)
MONTY PYTHON LIVE AT THE HOLLYWOOD BOWL (1982)
MONTY PYTHON'S THE MEANING OF LIFE (1983)
YELLOWBEARD (1983)
PRIVATES ON PARADE (1984)
CLOCKWISE (1985)
SILVERADO (1985)
SECRET POLICEMAN'S THIRD BALL (1987)
BIG PICTURE, THE (1988)
FISH CALLED WANDA, A (1988)
ERIK THE VIKING (1989)
SPLITTING HEIRS (1993)
JUNGLE BOOK, THE (1994)
MARY SHELLEY'S FRANKENSTEIN (1994)
FIERCE CREATURES (1996)
ISN'T SHE GREAT (1999)
OUT-OF-TOWNERS, THE (1999)
WORLD IS NOT ENOUGH, THE (1999)
RAT RACE (2001)
GARFIELD - A TAIL OF TWO KITTIES (2006)
MAN ABOUT TOWN (2006)
DAY THE EARTH STOOD STILL, THE (2008)
PINK PANTHER 2 (2009)

CLÉMENT, Aurore
actrice française (1945-)
LACOMBE, LUCIEN (1974)
CRABE TAMBOUR, LE (1977)
JUGE FAYARD DIT «LE SHÉRIF», LE (1977)
MON FILS EST ASSASSIN (CHER PAPA) (1978)
RENDEZ-VOUS D'ANNA, LES (1978)
5% DE RISQUE (1979)
FANTÔMES DU CHAPELIER, LES (1982)
INVITATION AU VOYAGE (1982)
TOUTE UNE NUIT (1982)
JE VOUS SALUE MARIE (1984)
PARIS, TEXAS (1984)
COMÉDIE D'AMOUR (1989)
STAN THE FLASHER (1989)
PAS D'AMOUR SANS AMOUR (1993)
À VENDRE (1998)
CAPTIVE, LA (2000)
TANGUY (2001)
TROUBLE EVERY DAY (2001)
BON VOYAGE! (2003)
DEMAIN ON DÉMÉNAGE (2004)
DEMOISELLE D'HONNEUR, LA (2004)
PETITE JÉRUSALEM, LA (2005)

CLOONEY, George
acteur américain (1961-)
RETURN OF THE KILLER TOMATOES, THE SEQUEL (1988)

E.R. (SEASON II) (1995)
FROM DUSK TILL DAWN (1995)
ONE FINE DAY (1996)
BATMAN & ROBIN (1997)
PEACEMAKER, THE (1997)
OUT OF SIGHT (1998)
THIN RED LINE, THE (1998)
THREE KINGS (1999)
FAIL SAFE (2000)
O BROTHER, WHERE ART THOU? (2000)
PERFECT STORM, THE (2000)
OCEAN'S ELEVEN (2001)
SPY KIDS (2001)
CONFESSIONS OF A DANGEROUS MIND (2002)
SOLARIS (2002)
INTOLERABLE CRUELTY (2003)
OCEAN'S 12 (2004)
GOOD NIGHT, AND GOOD LUCK (2005)
SYRIANA (2005)
GOOD GERMAN, THE (2006)
MICHAEL CLAYTON (2007)
OCEAN'S THIRTEEN (2007)
BURN AFTER READING (2008)
LEATHERHEADS (2008)

CLOSE, Glenn
actrice américaine (1947-)
BIG CHILL, THE (1983)
STONE BOY (1983)
NATURAL, THE (1984)
JAGGED EDGE (1985)
MAXIE (1985)
FATAL ATTRACTION (1987)
DANGEROUS LIAISONS (1988)
IMMEDIATE FAMILY (1989)
HAMLET (1990)
REVERSAL OF FORTUNE (1990)
HOOK (1991)
MEETING VENUS (1991)
SARAH, PLAIN AND TALL (1991)
HOUSE OF THE SPIRITS, THE (1993)
PAPER, THE (1994)
SERVING IN SILENCE: THE MARGARETHE CAMMERMEYER STORY (1994)
101 DALMATIANS (1996)
MARS ATTACKS! (1996)
MARY REILLY (1996)
AIR FORCE ONE (1997)
IN THE GLOAMING (1997)
PARADISE ROAD (1997)
COOKIE'S FORTUNE (1998)
102 DALMATIANS (2000)
THINGS YOU CAN TELL JUST BY LOOKING AT HER (2000)
SAFETY OF OBJECTS, THE (2001)
DIVORCE, LE (2003)
LION IN WINTER, THE (2003)
STEPFORD WIVES, THE (2004)
CHUMSCRUBBER, THE (2005)
HEIGHTS (2005)
NINE LIVES (2005)
DAMAGES (SEASON 1) (2007)

CLOUTIER, Raymond
acteur québécois (1944-)
TÊTE DE NORMANDE ST-ONGE, LA (1975)
DUPLESSIS (1977)
AU REVOIR... À LUNDI (1979)
CUISINE ROUGE, LA (1979)
RIEL (1979)
AFFAIRE COFFIN, L' (1980)
RIEN QU'UN JEU (1983)
FEMME DE L'HÔTEL, LA (1984)
GRAND ZÈLE, LE (1992)
CES ENFANTS D'AILLEURS (1997)
CONCIERGERIE, LA (1997)
SAINT JUDE (2000)
ANGE DE GOUDRON, L' (2001)
MARIAGES (2001)
TRUDEAU (2002)
DÉSERTEUR, LE (2008)

CLUZET, François
acteur français (1955-)
COCKTAIL MOLOTOV (1979)
CHEVAL D'ORGUEIL, LE (1980)
ÉTÉ MEURTRIER, L' (1982)
FANTÔMES DU CHAPELIER, LES (1982)
AVEUGLE, QUE VEUX-TU? (1983)
COUP DE FOUDRE (1983)
ÉTATS D'ÂME (1985)
ASSOCIATION DE MALFAITEURS (1986)
ROUND MIDNIGHT (1986)
CHOCOLAT (1988)
FORCE MAJEURE (1988)
UNE AFFAIRE DE FEMMES (1988)
DEUX (1989)
RÉVOLUTION FRANÇAISE 1: LES ANNÉES LUMIÈRE, LA (1989)
RÉVOLUTION FRANÇAISE 2: LES ANNÉES TERRIBLES, LA (1989)
TROP BELLE POUR TOI! (1989)
À DEMAIN (1992)
OLIVIER, OLIVIER (1992)
ENFER, L' (1993)
VENT DU WYOMING, LE (1994)
APPRENTIS, LES (1995)
FRENCH KISS (1995)
HUSSARD SUR LE TOIT, LE (1995)
RIEN NE VA PLUS (1997)
FIN AOÛT, DÉBUT SEPTEMBRE (1998)
ADVERSAIRE, L' (2002)
FRANCE BOUTIQUE (2003)
JANIS & JOHN (2003)
NE LE DIS À PERSONNE (2006)
VÉRITÉ OU PRESQUE, LA (2007)
LIENS DU SANG, LES (2008)
PARIS (2008)

COBB, Lee J.
acteur américain (1911-1976)
GOLDEN BOY (1940)
SONG OF BERNADETTE, THE (1944)
ANNA AND THE KING OF SIAM (1946)
CALL NORTHSIDE 777 (1948)
CAPTAIN FROM CASTILE (1948)
DARK PAST, THE (1948)
MIRACLE OF THE BELLS, THE (1948)
SIROCCO (1951)
ON THE WATERFRONT (1954)
RACERS, THE (1954)
LEFT HAND OF GOD, THE (1955)
12 ANGRY MEN (1957)
THREE FACES OF EVE, THE (1957)
BROTHERS KARAMAZOV, THE (1958)
PARTY GIRL (1958)
BUT NOT FOR ME (1959)
GREEN MANSIONS (1959)
TRAP, THE (1959)
EXODUS (1960)
HOW THE WEST WAS WON (1962)
COME BLOW YOUR HORN (1963)
OUR MAN FLINT (1965)
IN LIKE FLINT (1967)
COOGAN'S BLUFF (1968)
MACKENNA'S GOLD (1968)
LAWMAN (1970)
MACHO CALLAHAN (1970)
EXORCIST, THE (1973)
MAN WHO LOVED CAT DANCING, THE (1973)
UN FLIC VOIT ROUGE (1975)

COBURN, Charles
acteur américain (1877-1961)
MADE FOR EACH OTHER (1938)
OF HUMAN HEARTS (1938)
BACHELOR MOTHER (1939)
STANLEY AND LIVINGSTONE (1939)
STORY OF ALEXANDER GRAHAM BELL, THE (1939)
EDISON, THE MAN (1940)
THREE FACES WEST (1940)
DEVIL AND MISS JONES, THE (1941)
LADY EVE, THE (1941)
IN THIS OUR LIFE (1942)
HEAVEN CAN WAIT (1943)
MORE THE MERRIER, THE (1943)
LURED (1947)
IMPACT (1949)
MR. MUSIC (1950)
MONKEY BUSINESS (1952)
TROUBLE ALONG THE WAY (1953)
JOHN PAUL JONES (1959)

COBURN, James
acteur américain (1928-2002)
MAGNIFICENT SEVEN, THE (1960)
HELL IS FOR HEROES (1962)
CHARADE (1963)
GREAT ESCAPE, THE (1963)
AMERICANIZATION OF EMILY, THE (1964)
MAJOR DUNDEE (1964)
HIGH WIND IN JAMAICA (1965)
LOVED ONE, THE (1965)
OUR MAN FLINT (1965)
DEAD HEAT ON A MERRY-GO-ROUND (1966)
WHAT DID YOU DO IN THE WAR, DADDY? (1966)
IN LIKE FLINT (1967)
PRESIDENT'S ANALYST, THE (1967)
WATERHOLE #3 (1967)
CANDY (1968)
LAST OF THE MOBILE HOT SHOTS (1969)
FISTFUL OF DYNAMITE, A (1971)
CAREY TREATMENT, THE (1972)
LAST OF SHEILA, THE (1973)
PAT GARRETT & BILLY THE KID (1973)
BITE THE BULLET (1975)
HARD TIMES (1975)
MIDWAY (1976)
CROSS OF IRON (1977)
LOVING COUPLES (1980)
LOOKER (1981)
MARTIN'S DAY (1984)
HUDSON HAWK (1991)
PLAYER, THE (1992)
SISTER ACT II: BACK IN THE HABIT (1993)
MAVERICK (1994)
ERASER (1996)
NUTTY PROFESSOR, THE (1996)
AFFLICTION (1997)
SECOND CIVIL WAR (1997)
MAN FROM ELYSIAN FIELDS, THE (2001)
AMERICAN GUN (2002)
SNOW DOGS (2002)

COLE, Gary
acteur américain (1956-)
SON OF THE MORNING STAR (1990)
BRADY BUNCH MOVIE, THE (1995)
VERY BRADY SEQUEL, A (1996)
KISS THE SKY (1998)
OFFICE SPACE (1999)
GIFT, THE (2000)
I SPY (2002)
WIN A DATE WITH TAD HAMILTON (2004)
MOZART AND THE WHALE (2005)
RING TWO, THE (2005)
TALLADEGA NIGHTS - THE BALLAD OF RICKY BOBBY (2006)
BREACH (2007)
PINEAPPLE EXPRESS (2008)

COLEMAN, Dabney
acteur américain (1932-)
SLENDER THREAD, THE (1965)
DOWNHILL RACER (1969)
CINDERELLA LIBERTY (1973)
BITE THE BULLET (1975)
9 TO 5 (1980)
MODERN PROBLEMS (1981)
ON GOLDEN POND (1981)
YOUNG DOCTORS IN LOVE (1982)
WARGAMES (1983)
CLOAK AND DAGGER (1984)
MUPPETS TAKE MANHATTAN, THE (1984)
MAN WITH ONE RED SHOE, THE (1985)
DRAGNET (1987)
MEET THE APPLEGATES (1989)
CLIFFORD (1991)
AMOS & ANDREW (1993)
UN AMOUR DE SORCIÈRE (1997)
INSPECTOR GADGET (1999)

COLIN, Grégoire
acteur français (1975-)
ANNÉE DE L'ÉVEIL, L' (1991)
BEAU FIXE (1992)
OLIVIER, OLIVIER (1992)
ROULEZ JEUNESSE (1992)
PAS TRÈS CATHOLIQUE (1993)
REINE MARGOT, LA (1993)
BEFORE THE RAIN (1994)
FIESTA (1995)
FILS DE GASCOGNE, LE (1995)
NÉNETTE ET BONI (1996)
HOMÈRE: LA DERNIÈRE ODYSSÉE (1997)
SECRET DÉFENSE (1997)
BEAU TRAVAIL (1998)
VIE RÊVÉE DES ANGES, LA (1998)
SADE (2000)
SEX IS COMEDY (2002)
VENDREDI SOIR (2002)
INQUIÉTUDES (2003)
SNOWBOARDER SURFEUR DES NEIGES (2003)
INTRUS, L' (2004)
VOLEURS DE CHEVAUX (2006)
TUEUR, LE (2007)

COLLETTE, Toni
actrice australienne (1972-)
EFFICIENCY EXPERT, THE (1991)
MURIEL'S WEDDING (1994)
COSI (1995)
LILIAN' STORY (1995)
EMMA (1996)
PALLBEARER, THE (1996)
BOYS, THE (1997)

CLOCKWATCHERS (1997)
VELVET GOLDMINE (1998)
8 1/2 WOMEN (1999)
SIXTH SENSE, THE (1999)
SHAFT (2000)
ABOUT A BOY (2002)
CHANGING LANES (2002)
HOURS, THE (2002)
JAPANESE STORY (2003)
CONNIE AND CARLA (2004)
LAST SHOT, THE (2004)
IN HER SHOES (2005)
LITTLE MISS SUNSHINE (2006)
NIGHT LISTENER, THE (2006)
TSUNAMI - THE AFTERMATH (2006)
DEAD GIRL, THE (2007)
EVENING (2007)
TOWELHEAD (2008)

COLLINS, Joan
actrice anglaise (1933-)
VIRGIN QUEEN, THE (1954)
GIRL IN THE RED VELVET SWING (1955)
LAND OF THE PHARAOHS (1955)
ISLAND IN THE SUN (1956)
SEA WIFE (1956)
STOPOVER TOKYO (1957)
BRAVADOS, THE (1958)
RALLY 'ROUND THE FLAG, BOYS (1959)
ESTHER AND THE KING (1960)
SEVEN THIEVES (1960)
TERROR FROM UNDER THE HOUSE (1971)
FEAR IN THE NIGHT (1972)
TALES FROM THE CRYPT (1972)
TALES THAT WITNESS MADNESS (1973)
STUD, THE (1978)
BITCH, THE (1979)
ANNIE: A ROYAL ADVENTURE! (1995)

COLTRANE, Robbie
acteur anglais (1950-)
NUNS ON THE RUN (1990)
PERFECTLY NORMAL (1990)
ADVENTURES OF HUCK FINN, THE (1992)
CRACKER (SEASON 1) (1993)
CRACKER: A NEW TERROR (1993)
CRACKER (SEASON III) (1995)
BUDDY (1997)
CRACKER (SEASON II) (1997)
FROGS FOR SNAKES (1999)
MESSAGE IN A BOTTLE (1999)
WORLD IS NOT ENOUGH, THE (1999)
HARRY POTTER AND THE CHAMBER OF SECRETS (2002)
HARRY POTTER AND THE ORDER OF THE PHOENIX (2007)
HARRY POTTER AND THE HALF-BLOOD PRINCE (2009)

COMBS, Jeffrey
acteur américain (1954-)
FRIGHTMARE (1982)
RE-ANIMATOR (1985)
FROM BEYOND (1986)
H.P. LOVECRAFT'S NECRONOMICON (1993)
CASTLE FREAK (1995)
FRIGHTENERS, THE (1996)
HOUSE ON HAUNTED HILL (1999)
FAUST: LOVE OF THE DAMNED (2000)
FEAR DOT COM (2002)
BEYOND RE-ANIMATOR (2003)
EDMOND (2005)
MASTERS OF HORROR: THE BLACK CAT (2007)
WIZARD OF GORE, THE (2007)

CONNELLY, Jennifer
actrice américaine (1970-)
CREEPERS (1984)
ONCE UPON A TIME IN AMERICA (1984)
LABYRINTH (1986)
SOME GIRLS (1988)
HOT SPOT, THE (1990)
CAREER OPPORTUNITIES (1991)
ROCKETEER, THE (1991)
HIGHER LEARNING (1994)
OF LOVE AND SHADOWS (1994)
MULHOLLAND FALLS (1996)
DARK CITY (1997)
INVENTING THE ABBOTTS (1997)
POLLOCK (2000)
REQUIEM FOR A DREAM (2000)
BEAUTIFUL MIND, A (2001)
HOUSE OF SAND AND FOG, THE (2003)
HULK, THE (2003)
DARK WATER (2005)
BLOOD DIAMOND (2006)
LITTLE CHILDREN (2006)
RESERVATION ROAD (2007)
DAY THE EARTH STOOD STILL, THE (2008)
HE'S JUST NOT THAT INTO YOU! (2008)

CONNERY, Sean
acteur écossais (1930-)
ANOTHER TIME, ANOTHER PLACE (1957)
DARBY O'GILL AND THE LITTLE PEOPLE (1959)
FRIGHTENED CITY (1961)
DR. NO (1962)
LONGEST DAY, THE (1962)
FROM RUSSIA WITH LOVE (1963)
GOLDFINGER (1964)
MARNIE (1964)
HILL, THE (1965)
THUNDERBALL (1965)
FINE MADNESS, A (1966)
YOU ONLY LIVE TWICE (1967)
SHALAKO (1968)
MOLLY MAGUIRES, THE (1969)
RED TENT, THE (1969)
ANDERSON TAPES, THE (1971)
DIAMONDS ARE FOREVER (1971)
OFFENCE, THE (1973)
ZARDOZ (1973)
MURDER ON THE ORIENT EXPRESS (1974)
TERRORISTS, THE (1974)
MAN WHO WOULD BE KING, THE (1975)
WIND AND THE LION, THE (1975)
ROBIN AND MARIAN (1976)
BRIDGE TOO FAR, A (1977)
CUBA (1979)
GREAT TRAIN ROBBERY, THE (1979)
METEOR (1979)
OUTLAND (1981)
TIME BANDITS (1981)
FIVE DAYS, ONE SUMMER (1982)
WRONG IS RIGHT (1982)
NEVER SAY NEVER AGAIN (1983)
SWORD OF THE VALIANT (1984)
HIGHLANDER (1986)
NAME OF THE ROSE, THE (1986)
UNTOUCHABLES, THE (1987)
PRESIDIO, THE (1988)
FAMILY BUSINESS (1989)
INDIANA JONES AND THE LAST CRUSADE (1989)
HUNT FOR RED OCTOBER (1990)
RUSSIA HOUSE, THE (1990)
HIGHLANDER II: THE QUICKENING (1991)
ROBIN HOOD: PRINCE OF THIEVES (1991)
MEDICINE MAN (1992)
GOOD MAN IN AFRICA, A (1993)
RISING SUN (1993)
FIRST KNIGHT (1995)
JUST CAUSE (1995)
DRAGONHEART (1996)
ROCK, THE (1996)
AVENGERS, THE (1998)
PLAYING BY HEART (1998)
ENTRAPMENT (1999)
FINDING FORRESTER (2000)
LEAGUE OF EXTRAORDINARY GENTLEMEN (2003)

CONTE, Richard
acteur américain (1910-1975)
PURPLE HEART, THE (1944)
13 RUE MADELEINE (1946)
WALK IN THE SUN, A (1946)
OTHER LOVE, THE (1947)
CALL NORTHSIDE 777 (1948)
HOUSE OF STRANGERS (1949)
WHIRLPOOL (1949)
BLUE GARDENIA, THE (1952)
BIG COMBO, THE (1954)
I'LL CRY TOMORROW (1955)
FULL OF LIFE (1956)
ASSAULT ON A QUEEN (1966)
TONY ROME (1967)
LADY IN CEMENT (1968)
SECRETS OF A CALL GIRL (1973)
VIOLENT PROFESSIONALS (1973)

COOPER, Chris
acteur américain (1951-)
MATEWAN (1987)
RETURN TO LONESOME DOVE (1993)
THIS BOY'S LIFE (1993)
LONE STAR (1995)
ALONE (1997)
BREAST MEN (1997)
GREAT EXPECTATIONS (1998)
HORSE WHISPERER, THE (1998)
OCTOBER SKY (1999)
ME, MYSELF & IRENE (2000)
PATRIOT, THE (2000)
ADAPTATION (2002)
BOURNE IDENTITY, THE (2002)
MY HOUSE IN UMBRIA (2003)
SEABISCUIT (2003)
SILVER CITY (2004)
CAPOTE (2005)
JARHEAD (2005)
SYRIANA (2005)
BREACH (2007)
KINGDOM, THE (2007)
MARRIED LIFE (2007)

COOPER, Gary
acteur américain (1901-1961)
WINGS (1927)
VIRGINIAN, THE (1929)
FIGHTING CARAVANS (1930)
MOROCCO (1930)
FAREWELL TO ARMS, A (1932)
TODAY WE LIVE (1933)
NOW AND FOREVER (1934)
LIVES OF A BENGAL LANCER, THE (1935)
WEDDING NIGHT, THE (1935)
DESIRE (1936)
GENERAL DIED AT DAWN, THE (1936)
MR. DEEDS GOES TO TOWN (1936)
PLAINSMAN, THE (1936)
SOULS AT SEA (1937)
ADVENTURES OF MARCO POLO, THE (1938)
BLUEBEARD'S EIGHTH WIFE (1938)
BEAU GESTE (1939)
REAL GLORY, THE (1939)
WESTERNER, THE (1940)
MEET JOHN DOE (1941)
SERGEANT YORK (1941)
BALL OF FIRE (1942)
PRIDE OF THE YANKEES, THE (1942)
STORY OF DR. WASSELL, THE (1944)
ALONG CAME JONES (1945)
CLOAK AND DAGGER (1946)
FOR WHOM THE BELL TOLLS (1947)
UNCONQUERED (1947)
GOOD SAM (1948)
FOUNTAINHEAD, THE (1949)
DALLAS (1950)
DISTANT DRUMS (1951)
YOU'RE IN THE NAVY NOW (1951)
HIGH NOON (1952)
SPRINGFIELD RIFLE (1952)
BLOWING WILD (1953)
RETURN TO PARADISE (1953)
VERA CRUZ (1953)
COURT-MARTIAL OF BILLY MITCHELL, THE (1955)
FRIENDLY PERSUASION (1956)
LOVE IN THE AFTERNOON (1956)
MAN OF THE WEST (1958)
THEY CAME TO CORDURA (1959)
WRECK OF THE MARY DEARE, THE (1959)

CORBETT, John
acteur américain (1961-)
DON'T LOOK BACK (1996)
WEDDING BELL BLUES (1996)
DINNER RUSH (2000)
SEX AND THE CITY (SEASON III) (2000)
SERENDIPITY (2001)
MY BIG FAT GREEK WEDDING (2002)
RAISING HELEN (2004)
BIGGER THAN THE SKY (2005)
DREAMLAND (2006)
MESSENGERS, THE (2006)
STREET KINGS (2008)

COSTELLO, Lou
acteur américain (1906-1959)
ONE NIGHT IN THE TROPICS (1940)
BUCK PRIVATES (1941)
HOLD THAT GHOST (1941)
IN THE NAVY (1941)
KEEP'EM FLYING (1941)
PARDON MY SARONG (1942)
RIDE'EM COWBOY (1942)
HIT THE ICE (1943)
LOST IN A HAREM (1944)
ABBOTT & COSTELLO IN HOLLYWOOD (1945)
NAUGHTY NINETIES, THE (1945)
LITTLE GIANT (1946)
TIME OF THEIR LIVES, THE (1946)

ABBOTT & COSTELLO MEET FRANKENSTEIN (1948)
MEXICAN HAYRIDE (1948)
NOOSE HANGS HIGH, THE (1948)
WISTFUL WIDOW OF WAGON GAP, THE (1948)
AFRICA SCREAMS (1949)
ABBOTT & COSTELLO IN THE FOREIGN LEGION (1950)
ABBOTT & COSTELLO MEET THE INVISIBLE MAN (1951)
JACK AND THE BEANSTALK (1952)
ABBOTT & COSTELLO GO TO MARS (1953)
ABBOTT & COSTELLO MEET DR. JEKYLL AND MR. HYDE (1953)
ABBOTT & COSTELLO MEET THE KEYSTONE KOPS (1955)
ABBOTT & COSTELLO MEET THE MUMMY (1955)
DANCE WITH ME HENRY (1956)
30 FOOT BRIDE OF CANDY ROCK, THE (1959)
BEST OF ABBOTT & COSTELLO I (2003)
BEST OF BUD ABBOTT & LOU COSTELLO II (2004)

COSTNER, Kevin
acteur américain (1955-)
FRANCES (1982)
NIGHT SHIFT (1982)
TESTAMENT (1983)
FANDANGO (1984)
AMERICAN FLYERS (1985)
SILVERADO (1985)
NO WAY OUT (1987)
UNTOUCHABLES, THE (1987)
BULL DURHAM (1988)
FIELD OF DREAMS (1989)
GUNRUNNER, THE (1989)
REVENGE (1989)
DANCES WITH WOLVES (1990)
JFK (1991)
MADONNA: TRUTH OR DARE (1991)
ROBIN HOOD: PRINCE OF THIEVES (1991)
BODYGUARD, THE (1992)
PERFECT WORLD, A (1993)
WAR, THE (1994)
WYATT EARP (1994)
WATERWORLD (1995)
TIN CUP (1996)
POSTMAN, THE (1997)
FOR LOVE OF THE GAME (1999)
MESSAGE IN A BOTTLE (1999)
THIRTEEN DAYS (2000)
3000 MILES TO GRACELAND (2001)
DRAGONFLY (2002)
OPEN RANGE (2003)
RUMOUR HAS IT ... (2005)
UPSIDE OF ANGER, THE (2005)
GUARDIAN, THE (2006)
MR. BROOKS (2007)
SWING VOTE (2008)

CÔTÉ, Michel
acteur québécois (1950-)
AU CLAIR DE LA LUNE (1982)
T'ES BELLE JEANNE (1988)
CRUISING BAR (1989)
DANS LE VENTRE DU DRAGON (1989)
FILLE DU MAQUIGNON, LA (1990)
MOODY BEACH (1990)
MISS MOSCOU (1991)
VENT DU WYOMING, LE (1994)
ERREUR SUR LA PERSONNE (1995)
LISTE NOIRE (1995)
OMERTA II (1997)
OMERTA 3: LE DERNIER DES HOMMES D'HONNEUR (1999)
VIE APRÈS L'AMOUR, LA (2000)
SUR LE SEUIL (2003)
DERNIER TUNNEL, LE (2004)
C.R.A.Z.Y. (2005)
MA FILLE, MON ANGE (2007)
CRUISING BAR 2 (2008)

COTILLARD, Marion
actrice française (1975-)
HISTOIRE DU GARÇON QUI VOULAIT QU'ON L'EMBRASSE, L' (1993)
BELLE VERTE, LA (1996)
TAXI (1997)
FURIA (1999)
TAXI 2 (2000)
UNE AFFAIRE PRIVÉE (2002)
BIG FISH (2003)
JEUX D'ENFANTS (2003)
INNOCENCE (2004)
UN LONG DIMANCHE DE FIANÇAILLES (2004)
MA VIE EN L'AIR (2005)
SAUF LE RESPECT QUE JE VOUS DOIS (2005)
GOOD YEAR, A (2006)
TOI ET MOI (2006)
VIE EN ROSE, LA (2007)
PUBLIC ENEMIES (2009)

COTTEN, Joseph
acteur américain (1905-1994)
CITIZEN KANE (1941)
LYDIA (1941)
MAGNIFICENT AMBERSONS, THE (1941)
SHADOW OF A DOUBT (1942)
JOURNEY INTO FEAR (1943)
GASLIGHT (1944)
LOVE LETTERS (1945)
DUEL IN THE SUN (1947)
FARMER'S DAUGHTER, THE (1947)
I'LL BE SEEING YOU (1947)
PORTRAIT OF JENNIE (1948)
BEYOND THE FOREST (1949)
THIRD MAN, THE (1949)
UNDER CAPRICORN (1949)
SEPTEMBER AFFAIR (1950)
WALK SOFTLY, STRANGER (1951)
OTHELLO (1952)
NIAGARA (1953)
TOUCH OF EVIL (1958)
HUSH... HUSH, SWEET CHARLOTTE (1964)
OSCAR, THE (1965)
PETULIA (1968)
LATITUDE ZERO (1969)
GRASSHOPPER, THE (1970)
TORA! TORA! TORA! (1970)
ABOMINABLE DR. PHIBES, THE (1971)
TORTURE CHAMBER OF BARON BLOOD, THE (1972)
SOYLENT GREEN (1973)
LINDBERGH KIDNAPPING CASE, THE (1976)
SUSSURO NEL BUIO, UN (1976)
AIRPORT '77 (1977)
HEARSE, THE (1980)
HEAVEN'S GATE (1980)

COURAU, Clotilde
actrice française (1969-)
PETIT CRIMINEL, LE (1990)
ÉLISA (1994)
MARTHE (1997)
EN FACE (1999)
PARENTHÈSE ENCHANTÉE, LA (1999)
PROMENONS-NOUS DANS LES BOIS (1999)
MENTALE, LA (2002)
MON IDOLE (2002)
NUIT NOIRE, 17 OCTOBRE 1961 (2005)
VIE EN ROSE, LA (2007)
MODERN LOVE (2008)

COX, Brian
acteur américain (1946-)
NICHOLAS AND ALEXANDRA (1971)
KING LEAR (TV) (1983)
MANHUNTER (1986)
HIDDEN AGENDA (1990)
LOST LANGUAGE OF CRANES, THE (1991)
ROYAL DECEIT (1994)
BRAVEHEART (1995)
ROB ROY (1995)
CHAIN REACTION (1996)
LONG KISS GOODNIGHT, THE (1996)
BOXER, THE (1997)
KISS THE GIRLS (1997)
DESPERATE MEASURES (1998)
RUSHMORE (1998)
CORRUPTOR, THE (1999)
FOR LOVE OF THE GAME (1999)
MINUS MAN, THE (1999)
NUREMBERG (2000)
AFFAIR OF THE NECKLACE, THE (2001)
L.I.E. (2001)
SUPER TROOPERS (2001)
25th HOUR (2002)
ROOKIE, THE (2002)
X-MEN II (2003)
BOURNE SUPREMACY, THE (2004)
TROY (2004)
MATCH POINT (2005)
RED EYE (2005)
FLYING SCOTSMAN, THE (2006)
RUNNING WITH SCISSORS (2006)
ZODIAC (2007)
RED (2008)

COX, Courteney
actrice américaine (1964-)
MASTERS OF THE UNIVERSE (1987)
MR. DESTINY (1990)
ACE VENTURA: PET DETECTIVE (1993)
FRIENDS (SEASON I) (1994)
FRIENDS (SEASON II) (1995)
COMMANDMENTS (1996)
FRIENDS (SEASON III) (1996)
SCREAM (1996)
FRIENDS (SEASON IV) (1997)
SCREAM 2 (1997)
FRIENDS (SEASON VI) (1999)
SCREAM 3 (2000)
3000 MILES TO GRACELAND (2001)
NOVEMBER (2004)
TRIPPER, THE (2006)
BEDTIME STORIES (2008)

COYOTE, Peter
acteur américain (1942-)
TELL ME A RIDDLE (1980)
PEOPLE VS. JEAN HARRIS (1981)
SOUTHERN COMFORT (1981)
E.T. THE EXTRA-TERRESTRIAL (1982)
ENDANGERED SPECIES (1982)
TIMERIDER (1982)
CROSS CREEK (1983)
SLAYGROUND (1983)
JAGGED EDGE (1985)
UN HOMME AMOUREUX (1987)
CROOKED HEARTS (1990)
MAN INSIDE, THE (1990)
BITTER MOON (1992)
KIKA (1993)
THAT EYE IN THE SKY (1994)
UNFORGETTABLE (1996)
PATCH ADAMS (1998)
SPHERE (1998)
BASKET, THE (1999)
RANDOM HEARTS (1999)
ERIN BROCKOVICH (2000)
RED LETTERS (2000)
SUDDENLY NAKED (2001)
WALK TO REMEMBER, A (2001)
FEMME FATALE (2002)
NORTHFORK (2002)
BON VOYAGE! (2003)
HEBREW HAMMER, THE (2003)
GRAND RÔLE, LE (2004)
STRANGE CULTURE (2007)

CRAIG, Daniel
acteur anglais (1968-)
LOVE IS THE DEVIL (1997)
TRENCH, THE (1999)
I DREAMED OF AFRICA (2000)
ROAD TO PERDITION (2002)
MOTHER, THE (2003)
SYLVIA (2003)
ENDURING LOVE (2004)
LAYER CAKE (2004)
JACKET, THE (2005)
MUNICH (2005)
CASINO ROYALE (2006)
INFAMOUS (2006)
GOLDEN COMPASS, THE (2007)
INVASION, THE (2007)
DEFIANCE (2008)
FLASHBACKS OF A FOOL (2008)
QUANTUM OF SOLACE (2008)

CRAWFORD, Broderick
acteur américain (1911-1986)
REAL GLORY, THE (1939)
SEVEN SINNERS (1940)
SLIGHTLY HONORABLE (1940)
WHEN THE DALTONS RODE (1940)
BLACK CAT, THE (1941)
BLACK ANGEL (1946)
ALL THE KING'S MEN (1949)
BORN YESTERDAY (1950)
LONE STAR (1951)
BIDONE, IL (1955)
FASTEST GUN ALIVE, THE (1955)
NOT AS A STRANGER (1955)
BETWEEN HEAVEN AND HELL (1956)
GOLIATH AND THE DRAGON (1961)
OSCAR, THE (1965)
LITTLE ROMANCE, A (1979)
DARK FORCES (1980)
LIAR'S MOON (1981)

CRAWFORD, Joan
actrice américaine (1904-1977)
TRAMP, TRAMP, TRAMP (1926)
OUR DANCING DAUGHTERS (1928)
OUR MODERN MAIDENS (1929)
DANCE, FOOLS, DANCE (1931)
LAUGHING SINNERS (1931)
POSSESSED (1931)
GRAND HOTEL (1932)
RAIN (1932)

DANCING LADY (1933)
TODAY WE LIVE (1933)
CHAINED (1934)
FORSAKING ALL OTHERS (1934)
SADIE MCKEE (1934)
I LIVE MY LIFE (1935)
GORGEOUS HUSSY, THE (1936)
LOVE ON THE RUN (1936)
BRIDE WORE RED, THE (1937)
LAST OF MRS. CHEYNEY, THE (1937)
MANNEQUIN (1938)
SHINING HOUR (1938)
WOMEN, THE (1939)
STRANGE CARGO (1940)
SUSAN AND GOD (1940)
WHEN LADIES MEET (1941)
REUNION IN FRANCE (1942)
THEY ALL KISSED THE BRIDE (1942)
ABOVE SUSPICION (1943)
MILDRED PIERCE (1945)
HUMORESQUE (1946)
DAISY KENYON (1947)
POSSESSED (1947)
FLAMINGO ROAD (1949)
DAMNED DON'T CRY, THE (1950)
HARRIET CRAIG (1950)
SUDDEN FEAR (1952)
JOHNNY GUITAR (1954)
QUEEN BEE (1955)
AUTUMN LEAVES (1956)
STORY OF ESTHER COSTELLO, THE (1957)
BEST OF EVERYTHING, THE (1959)
WHAT EVER HAPPENED TO BABY JANE? (1962)
CARETAKERS, THE (1963)
FATAL CONFINEMENT (1964)
STRAIT-JACKET (1964)
BERSERK! (1967)
TROG (1970)

CRÉMER, Bruno
acteur français (1929-)
317e SECTION, LA (1965)
PARIS BRÛLE-T-IL? (1966)
ANARCHISTES OU LA BANDE À BONNOT, LES (1969)
CRAN D'ARRÊT (1969)
SANS SOMMATION (1972)
PROTECTEUR, LE (1973)
BON ET LES MÉCHANTS, LE (1975)
ALPAGUEUR, L' (1976)
SORCERER (1977)
UNE HISTOIRE SIMPLE (1978)
LÉGION SAUTE SUR KOLWEZI, LA (1980)
PUCE ET LE PRIVÉ, LA (1980)
JOSÉPHA (1981)
À COUPS DE CROSSE (1983)
PRIX DU DANGER, LE (1983)
TENUE DE SOIRÉE (1986)
ADIEU, JE T'AIME (1987)
DE BRUIT ET DE FUREUR (1987)
ÎLE, L' (1987)
NOCE BLANCHE (1989)
UN VAMPIRE AU PARADIS (1991)
TAXI DE NUIT (1993)
SOUS LE SABLE (2000)

CRENNA, Richard
acteur américain (1927-2003)
WAIT UNTIL DARK (1967)
STAR! (1968)
MAROONED (1969)
CATLOW (1971)
UN FLIC (1972)
JONATHAN LIVINGSTON SEAGULL (1973)
BREAKHEART PASS (1975)
RAMBO - FIRST BLOOD (1982)
TABLE FOR FIVE (1983)
FLAMINGO KID, THE (1984)
ON WINGS OF EAGLES (1986)
RAMBO III (1988)
HOT SHOTS! PART DEUX (1993)
20,000 LEAGUES UNDER THE SEA (1997)
WRONGFULLY ACCUSED (1998)

CREWSON, Wendy
actrice canadienne (1956-)
GETTING MARRIED IN BUFFALO JUMP (1990)
DOCTOR, THE (1991)
GOOD SON, THE (1993)
SANTA CLAUSE, THE (1994)
TO GILLIAN ON HER 37th BIRTHDAY (1996)
AIR FORCE ONE (1997)
BETTER THAN CHOCOLATE (1999)
BICENTENNIAL MAN (1999)
WHAT LIES BENEATH (2000)
SUDDENLY NAKED (2001)
BETWEEN STRANGERS (2002)
PERFECT PIE (2002)
CLEARING, THE (2004)
WHO LOVES THE SUN (2006)

CRISP, Donald
acteur américain (1880-1974)
BIRTH OF A NATION, THE (1915)
INTOLERANCE (1916)
JOAN THE WOMAN (1917)
BROKEN BLOSSOMS (1919)
DON Q, SON OF ZORRO (1925)
BLACK PIRATE, THE (1926)
LITTLE MINISTER, THE (1934)
MUTINY ON THE BOUNTY (1935)
CHARGE OF THE LIGHT BRIGADE, THE (1936)
MARY OF SCOTLAND (1936)
LIFE OF EMILE ZOLA, THE (1937)
THAT CERTAIN WOMAN (1937)
AMAZING DOCTOR CLITTERHOUSE, THE (1938)
DAWN PATROL, THE (1938)
JEZEBEL (1938)
WUTHERING HEIGHTS (1938)
JUAREZ (1939)
OKLAHOMA KID (1939)
PRIVATE LIVES OF ELIZABETH AND ESSEX, THE (1939)
BROTHER ORCHID (1940)
CITY FOR CONQUEST (1940)
HOW GREEN WAS MY VALLEY (1940)
KNUTE ROCKNE, ALL AMERICAN (1940)
SEA HAWK, THE (1940)
DR. JEKYLL AND MR. HYDE (1941)
OLD MAID, THE (1941)
FOREVER AND A DAY (1943)
LASSIE COME HOME (1943)
ADVENTURES OF MARK TWAIN, THE (1944)
NATIONAL VELVET (1944)
SON OF LASSIE (1945)
VALLEY OF DECISION, THE (1945)
RAMROD (1946)
UNINVITED, THE (1946)
WHISPERING SMITH (1948)
PRINCE VALIANT (1953)
LONG GRAY LINE, THE (1954)
MAN FROM LARAMIE, THE (1955)
LAST HURRAH, THE (1958)
DOG OF FLANDERS, A (1960)
POLLYANNA (1960)

CROMWELL, James
acteur américain (1940-)
EXPLORERS (1985)
CHINA BEACH (1988)
BABE, THE (1992)
BABE (1995)
PEOPLE VS. LARRY FLYNT, THE (1996)
EDUCATION OF LITTLE TREE, THE (1997)
L.A. CONFIDENTIAL (1997)
BABE: PIG IN THE CITY (1998)
DEEP IMPACT (1998)
GENERAL'S DAUGHTER, THE (1999)
GREEN MILE, THE (1999)
RKO 281: BATTLE OVER CITIZEN KANE (1999)
SLIGHT CASE OF MURDER, A (1999)
FAIL SAFE (2000)
SUM OF ALL FEARS, THE (2002)
ANGELS IN AMERICA (2003)
SNOW WALKER, THE (2003)
I, ROBOT (2004)
SALEM'S LOT: THE MINISERIES (2004)
LONGEST YARD, THE (2005)
QUEEN, THE (2006)
BECOMING JANE (2007)
SPIDER-MAN 3 (2007)
W. (2008)

CRONYN, Hume
acteur canadien (1911-2003)
PHANTOM OF THE OPERA (1942)
SHADOW OF A DOUBT (1942)
LIFEBOAT (1943)
SEVENTH CROSS, THE (1944)
POSTMAN ALWAYS RINGS TWICE, THE (1946)
ZIEGFELD FOLLIES (1946)
BRUTE FORCE (1947)
PEOPLE WILL TALK (1951)
SUNRISE AT CAMPOBELLO (1960)
CLEOPATRA (1963)
ARRANGEMENT, THE (1969)
THERE WAS A CROOKED MAN (1970)
CONRACK (1974)
PARALLAX VIEW, THE (1974)
ROLLOVER (1981)
IMPULSE (1984)
COCOON (1985)
BATTERIES NOT INCLUDED (1987)
FOXFIRE (1987)
CAMILLA (1993)
PELICAN BRIEF, THE (1993)
12 ANGRY MEN (1997)
ALONE (1997)

CROSBY, Bing
acteur américain (1904-1977)
KING OF JAZZ (1930)
WE'RE NOT DRESSING (1934)
PENNIES FROM HEAVEN (1936)
RHYTHM ON THE RANGE (1936)
WAIKIKI WEDDING (1937)
RHYTHM ON THE RIVER (1940)
ROAD TO SINGAPORE (1940)
BIRTH OF THE BLUES (1941)
ROAD TO ZANZIBAR (1941)
HOLIDAY INN (1942)
MY FAVORITE BLONDE (1942)
ROAD TO MOROCCO (1942)
STAR SPANGLED RHYTHM (1942)
GOING MY WAY (1944)
HERE COME THE WAVES (1944)
BELLS OF ST.MARY'S, THE (1945)
ROAD TO UTOPIA (1945)
BLUE SKIES (1946)
ROAD TO RIO (1947)
EMPEROR WALTZ, THE (1948)
MONSIEUR BEAUCAIRE (1948)
CONNECTICUT YANKEE IN KING ARTHUR'S COURT, A (1949)
MR. MUSIC (1950)
RIDING HIGH (1950)
HERE COMES THE GROOM (1951)
JUST FOR YOU (1952)
SON OF PALEFACE (1952)
COUNTRY GIRL, THE (1954)
WHITE CHRISTMAS (1954)
HIGH SOCIETY (1955)
LET'S MAKE LOVE (1960)
ROAD TO HONG KONG, THE (1962)
ROBIN AND THE SEVEN HOODS (1964)
THAT'S ENTERTAINMENT (1974)

CROWE, Russell
acteur néo-zélandais (1964-)
EFFICIENCY EXPERT, THE (1991)
PRISONERS OF THE SUN (1991)
PROOF (1991)
ROMPER STOMPER (1992)
SUM OF US, THE (1994)
QUICK AND THE DEAD, THE (1995)
VIRTUOSITY (1995)
NO WAY BACK (1996)
BREAKING UP (1997)
HEAVEN'S BURNING (1997)
L.A. CONFIDENTIAL (1997)
INSIDER, THE (1999)
MYSTERY, ALASKA (1999)
GLADIATOR (2000)
PROOF OF LIFE (2000)
BEAUTIFUL MIND, A (2001)
MASTER AND COMMANDER: THE FAR SIDE OF THE WORLD (2003)
CINDERELLA MAN (2005)
GOOD YEAR, A (2006)
3:10 TO YUMA (2007)
AMERICAN GANGSTER (2007)
BODY OF LIES (2008)
STATE OF PLAY (2009)

CROZE, Marie-Josée
actrice québécoise (1970-)
FLORIDA, LA (1993)
DES CHIENS DANS LA NEIGE (2000)
MAELSTRÖM (2000)
ARARAT (2002)
INVASIONS BARBARES, LES (2003)
NOTHING (2003)
ORDO (2003)
MENSONGES ET TRAHISONS ET PLUS SI AFFINITÉS (2004)
MUNICH (2005)
JACQUOU LE CROQUANT (2006)
NE LE DIS À PERSONNE (2006)
SCAPHANDRE ET LE PAPILLON, LE (2007)
DEUX JOURS À TUER (2008)
NOUVEAU PROTOCOLE, LE (2008)

CRUDUP, Billy
acteur américain (1968-)
GRIND (1997)
INVENTING THE ABBOTTS (1997)
MONUMENT AVE. (1997)
HI-LO COUNTRY, THE (1998)
WITHOUT LIMITS (1998)
JESUS' SON (1999)

WAKING THE DEAD (1999)
ALMOST FAMOUS (2000)
CHARLOTTE GRAY (2001)
WORLD TRAVELER (2001)
BIG FISH (2003)
STAGE BEAUTY (2004)
TRUST THE MAN (2005)
GOOD SHEPHERD, THE (2006)
MISSION: IMPOSSIBLE III (2006)
DEDICATION (2007)
PUBLIC ENEMIES (2009)
WATCHMEN (2009)

CRUISE, Tom
acteur américain (1962-)
ENDLESS LOVE (1981)
TAPS (1981)
ALL THE RIGHT MOVES (1983)
OUTSIDERS, THE (1983)
RISKY BUSINESS (1983)
LEGEND (1985)
COLOR OF MONEY, THE (1986)
TOP GUN (1986)
COCKTAIL (1988)
RAIN MAN (1988)
BORN ON THE FOURTH OF JULY (1989)
DAYS OF THUNDER (1990)
FAR AND AWAY (1992)
FEW GOOD MEN, A (1992)
FIRM, THE (1993)
INTERVIEW WITH THE VAMPIRE (1994)
JERRY MAGUIRE (1996)
MISSION: IMPOSSIBLE (1996)
EYES WIDE SHUT (1999)
MAGNOLIA (1999)
MISSION: IMPOSSIBLE II (2000)
VANILLA SKY (2001)
MINORITY REPORT (2002)
LAST SAMURAI, THE (2003)
COLLATERAL (2004)
WAR OF THE WORLDS (2005)
MISSION: IMPOSSIBLE III (2006)
LIONS FOR LAMBS (2007)
TROPIC THUNDER (2008)
VALKYRIE (2008)

CRUZ, Penélope
actrice espagnole (1974-)
BELLE ÉPOQUE (1992)
JAMBON JAMBON (1992)
MI-FUGUE, MI-RAISIN (1994)
LOVE CAN SERIOUSLY DAMAGE YOUR HEALTH (1996)
DON JUAN (1997)
EN CHAIR ET EN OS (1997)
OUVRE LES YEUX (1997)
GIRL OF YOUR DREAMS, THE (1998)
TALK OF ANGELS (1998)
ALL THE PRETTY HORSES (2000)
WOMAN ON TOP (2000)
BLOW (2001)
CAPTAIN CORELLI'S MANDOLIN (2001)
DON'T TEMPT ME (2001)
VANILLA SKY (2001)
FANFAN LA TULIPE (2003)
GOTHIKA (2003)
MASKED AND ANONYMOUS (2003)
ÉCOUTE-MOI (2004)
HEAD IN THE CLOUDS (2004)
SAHARA (2005)
BANDIDAS (2006)
VOLVER (2006)
ELEGY (2008)
VICKY CRISTINA BARCELONA (2008)

CRYSTAL, Billy
acteur américain (1947-)
ENOLA GAY: THE MEN, THE MISSION, THE ATOMIC BOMB (1980)
THIS IS SPINAL TAP (1983)
PRINCESS BRIDE, THE (1987)
THROW MOMMA FROM THE TRAIN (1987)
MEMORIES OF ME (1988)
WHEN HARRY MET SALLY (1989)
CITY SLICKERS (1991)
MR. SATURDAY NIGHT (1992)
CITY SLICKERS II: THE LEGEND OF CURLY'S GOLD (1994)
FORGET PARIS (1995)
DECONSTRUCTING HARRY (1997)
FATHER'S DAY (1997)
MY GIANT (1998)
ANALYZE THIS (1999)
AMERICA'S SWEETHEARTS (2001)
ANALYZE THAT (2002)

CULKIN, Macaulay
acteur américain (1980-)
ROCKET GIBRALTAR (1988)
SEE YOU IN THE MORNING (1989)
UNCLE BUCK (1989)
HOME ALONE (1990)
JACOB'S LADDER (1990)
MY GIRL (1991)
ONLY THE LONELY (1991)
HOME ALONE 2: LOST IN NEW YORK (1992)
GOOD SON, THE (1993)
GETTING EVEN WITH DAD (1994)
PAGEMASTER, THE (1994)
RICHIE RICH (1994)
PARTY MONSTER (2003)
SAVED! (2004)
SEX AND BREAKFAST (2007)

CUMMING, Alan
acteur anglais (1965-)
EMMA (1996)
ROMY & MICHELE'S HIGH SCHOOL REUNION (1996)
BUDDY (1997)
TITUS (1999)
GET CARTER (2000)
URBANIA (2000)
ANNIVERSARY PARTY, THE (2001)
INTIMATE AFFAIRS (2001)
SPY KIDS (2001)
REEFER MADNESS - THE MOVIE MUSICAL (2004)
BAM BAM AND CELESTE (2005)
NEVERWAS (2005)
SON OF THE MASK, THE (2005)
SWEET LAND (2005)
GRAY MATTERS (2006)
TIN MAN (2007)

CUMMINGS, Robert
acteur américain (1908-1990)
YOU AND ME (1938)
EVERYTHING HAPPENS AT NIGHT (1939)
ONE NIGHT IN THE TROPICS (1940)
DEVIL AND MISS JONES, THE (1941)
IT STARTED WITH EVE (1941)
KINGS ROW (1941)
MOON OVER MIAMI (1941)
SABOTEUR (1942)
LOST MOMENT, THE (1947)
BLACK BOOK, THE (1949)
LET'S LIVE A LITTLE (1949)
LUCKY ME (1953)
DIAL M FOR MURDER (1954)
BEACH PARTY (1963)
WHAT A WAY TO GO! (1964)

CURRIE, Finlay
acteur écossais (1878-1968)
49th PARALLEL, THE (1940)
GREAT EXPECTATIONS (1946)
TREASURE ISLAND (1950)
PEOPLE WILL TALK (1951)
QUO VADIS? (1951)
IVANHOE (1952)
BEAU BRUMMELL (1954)
ABANDON SHIP! (1956)
AROUND THE WORLD IN 80 DAYS (1956)
SAINT JOAN (1956)
CAMPBELL'S KINGDOM (1957)
BEN-HUR (1959)
SOLOMON AND SHEBA (1959)
ADVENTURES OF HUCKLEBERRY FINN, THE (1960)
FRANCIS OF ASSISI (1961)
BILLY LIAR (1963)
FALL OF THE ROMAN EMPIRE, THE (1963)
MURDER AT THE GALLOP (1963)
THREE LIVES OF THOMASINA, THE (1963)

CURRY, Tim
acteur anglais (1946-)
ROCKY HORROR PICTURE SHOW, THE (1975)
SHOUT, THE (1978)
ANNIE (1982)
PLOUGHMAN'S LUNCH (1983)
CLUE (1985)
LEGEND (1985)
WORST WITCH, THE: THE MOVIE (1986)
HUNT FOR RED OCTOBER (1990)
OSCAR (1991)
HOME ALONE 2: LOST IN NEW YORK (1992)
PASSED AWAY (1992)
NATIONAL LAMPOON'S LOADED WEAPON 1 (1993)
THREE MUSKETEERS, THE (1993)
SHADOW, THE (1994)
CONGO (1995)
MUPPET TREASURE ISLAND (1995)
TITANIC (1996)
CHARLIE'S ANGELS (2000)
KINSEY (2004)

CURTIS, Tony
acteur américain (1925-)
FRANCIS (1949)
WINCHESTER '73 (1950)
MEET DANNY WILSON (1951)
SON OF ALI BABA (1952)
HOUDINI (1953)
BEACHHEAD (1954)
BLACK SHIELD OF FALWORTH, THE (1954)
TRAPEZE (1955)
SWEET SMELL OF SUCCESS (1956)
DEFIANT ONES, THE (1958)
KINGS GO FORTH (1958)
PERFECT FURLOUGH, THE (1958)
VIKINGS, THE (1958)
OPERATION PETTICOAT (1959)
SOME LIKE IT HOT (1959)
SPARTACUS (1960)
GREAT IMPOSTOR, THE (1961)
40 POUNDS OF TROUBLE (1962)
TARAS BULBA (1962)
CAPTAIN NEWMAN, M.D. (1963)
LIST OF ADRIAN MESSENGER, THE (1963)
PARIS WHEN IT SIZZLES (1963)
GOODBYE CHARLIE (1964)
SEX AND THE SINGLE GIRL (1964)
BOEING BOEING (1965)
GREAT RACE, THE (1965)
NOT WITH MY WIFE, YOU DON'T! (1966)
DON'T MAKE WAVES (1967)
BOSTON STRANGLER, THE (1968)
THOSE DARING YOUNG MEN IN THEIR JAUNTY JALOPIES (1969)
SUPPOSE THEY GAVE A WAR AND NOBODY CAME? (1970)
PERSUADERS!, THE (SEASON I) (1971)
PERSUADERS!, THE (SEASON II) (1971)
LEPKE (1974)
COUNT OF MONTE CRISTO, THE (1976)
LAST TYCOON, THE (1976)
MANITOU, THE (1978)
SEXTETTE (1979)
LITTLE MISS MARKER (1980)
MIRROR CRACK'D, THE (1980)
BRAINWAVES (1983)
INSIGNIFICANCE (1985)
CENTER OF THE WEB (1992)
NAKED IN NEW YORK (1994)

CURZI, Pierre
acteur québécois (1946-)
ON EST LOIN DU SOLEIL (1970)
AMOUR BLESSÉ, L' (1975)
CUISINE ROUGE, LA (1979)
FANTASTICA (1980)
FLEURS SAUVAGES, LES (1981)
PLOUFFE, LES (1981)
YEUX ROUGES, LES (1982)
LUCIEN BROUILLARD (1983)
MARIA CHAPDELAINE (1983)
CRIME D'OVIDE PLOUFFE, LE (1984)
JOUR «S...», LE (1984)
DÉCLIN DE L'EMPIRE AMÉRICAIN, LE (1986)
POUVOIR INTIME (1986)
T'ES BELLE JEANNE (1988)
DANS LE VENTRE DU DRAGON (1989)
FILLES DE CALEB, LES (1990)
C'ÉTAIT LE 12 DU 12 ET CHILI AVAIT LES BLUES (1993)
CRI DE LA NUIT, LE (1995)
MATRONI ET MOI (1999)
INVASIONS BARBARES, LES (2003)
LITTORAL (2004)
PENSION DES ÉTRANGES, LA (2004)
ROMÉO ET JULIETTE (2006)

CUSACK, Cyril
acteur anglais (1910-1993)
ODD MAN OUT (1946)
ELUSIVE PIMPERNEL, THE (1949)
SHAKE HANDS WITH THE DEVIL (1959)
WALTZ OF THE TOREADORS (1962)
SPY WHO CAME IN FROM THE COLD, THE (1965)
FAHRENHEIT 451 (1966)
TAMING OF THE SHREW, THE (1966)
KING LEAR (1970)
HAROLD AND MAUDE (1971)

SACCO & VANZETTI (1971)
DAY OF THE JACKAL, THE (1973)
MISERABLES, LES (1978)
LOVESPELL (1979)
TRUE CONFESSIONS (1981)
WAGNER (1983)
1984 (1984)
LITTLE DORRIT: LITTLE DORRIT'S STORY (1988)
LITTLE DORRIT: NOBODY'S FAULT (1988)
MY LEFT FOOT (1989)
FOOL, THE (1990)
FAR AND AWAY (1992)

CUSACK, Joan
actrice américaine (1962-)
CLASS (1983)
BROADCAST NEWS (1987)
MARRIED TO THE MOB (1988)
WORKING GIRL (1988)
MEN DON'T LEAVE (1989)
MY BLUE HEAVEN (1990)
HERO (1992)
TOYS (1992)
CORRINA, CORRINA (1994)
NINE MONTHS (1995)
MR. WRONG (1996)
GROSSE POINT BLANK (1997)
IN & OUT (1997)
ARLINGTON ROAD (1999)
CRADLE WILL ROCK (1999)
RUNAWAY BRIDE (1999)
LOONEY TUNES: BACK IN ACTION (2003)
SCHOOL OF ROCK (2003)
RAISING HELEN (2004)
ICE PRINCESS (2005)
FRIENDS WITH MONEY (2006)
MARTIAN CHILD (2007)
KIT KITTREDGE - AN AMERICAN GIRL (2008)
WAR, INC. (2008)
CONFESSIONS OF A SHOPAHOLIC (2009)

CUSACK, John
acteur américain (1966-)
CLASS (1983)
BETTER OFF DEAD (1985)
JOURNEY OF NATTY GANN, THE (1985)
SURE THING, THE (1985)
ONE CRAZY SUMMER (1986)
STAND BY ME (1986)
BROADCAST NEWS (1987)
HOT PURSUIT (1987)
EIGHT MEN OUT (1988)
TAPEHEADS (1988)
FAT MAN AND LITTLE BOY (1989)
GRIFTERS, THE (1990)
SHADOWS AND FOG (1991)
TRUE COLORS (1991)
BOB ROBERTS (1992)
MAP OF THE HUMAN HEART (1992)
PLAYER, THE (1992)
FLOUNDERING (1993)
BULLETS OVER BROADWAY (1994)
ROAD TO WELLVILLE, THE (1994)
CITY HALL (1995)
CON AIR (1997)
GROSSE POINT BLANK (1997)
MIDNIGHT IN THE GARDEN OF GOOD AND EVIL (1997)
THIN RED LINE, THE (1998)
BEING JOHN MALKOVICH (1999)
CRADLE WILL ROCK (1999)
PUSHING TIN (1999)
HIGH FIDELITY (2000)
AMERICA'S SWEETHEARTS (2001)
SERENDIPITY (2001)
MAX (2002)
IDENTITY (2003)
RUNAWAY JURY (2003)
ICE HARVEST, THE (2005)
MUST LOVE DOGS (2005)
CONTRACT, THE (2006)
1408 (2007)
MARTIAN CHILD (2007)
GRACE IS GONE (2008)
WAR, INC. (2008)

CUSHING, Peter
acteur anglais (1913-1994)
HAMLET (1948)
MOULIN ROUGE (1952)
END OF THE AFFAIR, THE (1954)
ALEXANDER THE GREAT (1956)
TIME WITHOUT PITY (1956)
ABOMINABLE SNOWMAN, THE (1957)
CURSE OF FRANKENSTEIN, THE (1957)
HORROR OF DRACULA (1958)
REVENGE OF FRANKENSTEIN, THE (1958)
FLESH AND THE FIENDS, THE (1959)
HOUND OF THE BASKERVILLES, THE (1959)
MUMMY, THE (1959)
BRIDES OF DRACULA, THE (1960)
EVIL OF FRANKENSTEIN, THE (1964)
GORGON, THE (1964)
DOCTOR WHO (1965)
DR. TERROR'S HOUSE OF HORRORS (1965)
SKULL, THE (1965)
ISLAND OF TERROR (1966)
BLOOD BEAST TERROR, THE (1967)
FRANKENSTEIN CREATED WOMAN (1967)
TORTURE GARDEN (1967)
OBLONG BOX, THE / SCREAM AND SCREAM AGAIN (1969)
SCREAM AND SCREAM AGAIN (1969)
FRANKENSTEIN MUST BE DESTROYED! (1970)
HOUSE THAT DRIPPED BLOOD (1970)
I, MONSTER (1970)
ASYLUM (1972)
CREEPING FLESH, THE (1972)
DR. PHIBES RISES AGAIN (1972)
DRACULA A.D. 1972 (1972)
FEAR IN THE NIGHT (1972)
HORROR EXPRESS (1972)
TALES FROM THE CRYPT (1972)
AND NOW THE SCREAMING STARTS (1973)
FRANKENSTEIN AND THE MONSTER FROM HELL (1973)
FROM BEYOND THE GRAVE (1973)
SATANIC RITES OF DRACULA (1973)
BEAST MUST DIE, THE (1974)
GRANDE TROUILLE, LA (1974)
MADHOUSE (1974)
SHATTER (1974)
LEGEND OF THE WEREWOLF (1975)
SHOCK WAVES (1975)
AT THE EARTH'S CORE (1976)
STAR WARS (1977)
MONSTER ISLAND (1981)
HOUSE OF THE LONG SHADOWS (1982)
TOP SECRET! (1984)

D'ANGELO, Beverly
actrice américaine (1951-)
VEGAS VACATION (1977)
HAIR (1979)
COAL MINER'S DAUGHTER (1980)
HONKY TONK FREEWAY (1981)
BIG TROUBLE (1985)
NATIONAL LAMPOON'S EUROPEAN VACATION (1985)
IN THE MOOD (1987)
NATIONAL LAMPOON'S CHRISTMAS VACATION (1989)
DADDY'S DYIN'...WHO'S GOT THE WILL? (1990)
MIRACLE, THE (1990)
LONELY HEARTS (1991)
MAN TROUBLE (1992)
EYE FOR AN EYE (1995)
AMERICAN HISTORY X (1998)
ILLUMINATA (1998)
LANSKY (1999)

D'ONOFRIO Vincent
acteur américain (1960-)
MYSTIC PIZZA (1988)
HOUSEHOLD SAINTS (1992)
BEING HUMAN (1994)
FEELING MINNESOTA (1996)
TALES OF EROTICA II (1996)
CLAIRE DOLAN (1998)
CELL, THE (2000)
HAPPY ACCIDENTS (2000)
SALTON SEA, THE (2001)

DAFOE, Willem
acteur américain (1955-)
LOVELESS, THE (1983)
ROADHOUSE 66 (1984)
STREETS OF FIRE (1984)
TO LIVE AND DIE IN L.A. (1985)
PLATOON (1986)
DEAR AMERICA: LETTERS HOME FROM VIETNAM (1987)
LAST TEMPTATION OF CHRIST, THE (1988)
MISSISSIPPI BURNING (1988)
OFF LIMITS (1988)
BORN ON THE FOURTH OF JULY (1989)
TRIUMPH OF THE SPIRIT (1989)
CRY-BABY (1990)
WILD AT HEART (1990)
LIGHT SLEEPER (1991)
BODY OF EVIDENCE (1992)
SI LOIN, SI PROCHE (1992)
WHITE SANDS (1992)
CLEAR AND PRESENT DANGER (1994)
NIGHT AND THE MOMENT, THE (1994)
TOM & VIV (1994)
VICTORY (1995)
ENGLISH PATIENT, THE (1996)
AFFLICTION (1997)
SPEED 2: CRUISE CONTROL (1997)
LULU ON THE BRIDGE (1998)
NEW ROSE HOTEL (1998)
BOONDOCK SAINTS (1999)
EXISTENZ (1999)
AMERICAN PSYCHO (2000)
ANIMAL FACTORY (2000)
PAVILION OF WOMEN (2000)
EDGES OF THE LORD (2001)
AUTO FOCUS (2002)
SPIDER-MAN (2002)
CLEARING, THE (2004)
CONTROL (2004)
RECKONING, THE (2004)
SPIDER-MAN 2 (2004)
THE LIFE AQUATIC WITH STEVE ZISSOU (2004)
MANDERLAY (2005)
XXX - STATE OF THE UNION (2005)
AMERICAN DREAMZ (2006)
INSIDE MAN (2006)
PARIS, JE T'AIME (2006)
ANAMORPH (2007)
MISTER BEAN'S HOLIDAY (2007)
WALKER, THE (2007)

DAILY, Elizabeth
actrice américaine (1962-)
VALLEY GIRL (1983)
FANDANGO (1984)
NO SMALL AFFAIR (1984)
PEE-WEE'S BIG ADVENTURE (1985)
BAD DREAMS (1988)
DOGFIGHT (1991)
ROUGHNECKS: THE STARSHIP TROOPERS CHRONICLES (1999)
COUNTRY BEARS, THE (2002)

DALIO, Marcel
acteur français (1900-1983)
UN GRAND AMOUR DE BEETHOVEN (1936)
GRANDE ILLUSION, LA (1937)
PERLES DE LA COURONNE, LES (1937)
RÈGLE DU JEU, LA (1939)
CASABLANCA (1941)
SHANGHAI GESTURE, THE (1941)
JOAN OF PARIS (1942)
ACTION IN ARABIA (1944)
SONG OF BERNADETTE, THE (1944)
TO HAVE AND HAVE NOT (1944)
WILSON (1944)
SNOWS OF KILIMANJARO, THE (1952)
GENTLEMEN PREFER BLONDES (1953)
SABRINA (1954)
LAFAYETTE ESCADRILLE (1957)
PERFECT FURLOUGH, THE (1958)
PILLOW TALK (1959)
CAN-CAN (1960)
CARTOUCHE (1961)
DONOVAN'S REEF (1963)
LIST OF ADRIAN MESSENGER, THE (1963)
LADY L (1965)
HOW TO STEAL A MILLION (1966)
CATCH-22 (1970)
AVENTURES DE RABBI JACOB, LES (1973)
AILE OU LA CUISSE, L' (1976)

DALLE, Béatrice
actrice française (1964-)
37°2 LE MATIN (1986)
BOIS NOIRS, LES (1989)
VENGEANCE D'UNE FEMME, LA (1989)
BELLE HISTOIRE, LA (1991)
NIGHT ON EARTH (1991)
FILLE DE L'AIR, LA (1992)
À LA FOLIE (1994)
J'AI PAS SOMMEIL (1994)
BLACKOUT, THE (1997)
H STORY (2001)
TROUBLE EVERY DAY (2001)

TEMPS DU LOUP, LE (2003)
CLEAN (2004)
INTRUS, L' (2004)
À L'INTÉRIEUR (2007)
TRUANDS (2007)

DALTON, Timothy
acteur anglais (1946-)
LION IN WINTER, THE (1968)
CROMWELL (1970)
WUTHERING HEIGHTS (1970)
MARY, QUEEN OF SCOTS (1971)
AGATHA (1977)
SEXTETTE (1979)
CHANEL SOLITAIRE (1981)
JANE EYRE (1983)
DOCTOR AND THE DEVILS, THE (1985)
FLORENCE NIGHTINGALE (1985)
BRENDA STARR (1987)
LIVING DAYLIGHTS, THE (1987)
LICENCE TO KILL (1989)
PUTAIN DU ROI, LA (1990)
ROCKETEER, THE (1991)
NAKED IN NEW YORK (1994)
LOONEY TUNES: BACK IN ACTION (2003)
HOT FUZZ (2007)

DAMON, Matt
acteur américain (1970-)
SCHOOL TIES (1992)
GERONIMO: AN AMERICAN LEGEND (1993)
GOOD WILL HUNTING (1997)
RAINMAKER,THE (1997)
ROUNDERS (1998)
SAVING PRIVATE RYAN (1998)
DOGMA (1999)
TALENTED MR. RIPLEY, THE (1999)
ALL THE PRETTY HORSES (2000)
TITAN A.E. (2000)
OCEAN'S ELEVEN (2001)
PROJECT GREENLIGHT (2001)
BOURNE IDENTITY, THE (2002)
GERRY (2002)
THIRD WHEEL, THE (2002)
STUCK ON YOU (2003)
BOURNE SUPREMACY, THE (2004)
EUROTRIP (2004)
JERSEY GIRL (2004)
OCEAN'S 12 (2004)
BROTHERS GRIMM (2005)
SYRIANA (2005)
DEPARTED, THE (2006)
GOOD SHEPHERD, THE (2006)
BOURNE ULTIMATUM (2007)
OCEAN'S THIRTEEN (2007)

DANCE, Charles
acteur anglais (1946-)
PLENTY (1985)
GOLDEN CHILD, THE (1986)
WHITE MISCHIEF (1987)
PASCALI'S ISLAND (1988)
ALIEN 3 (1992)
LAST ACTION HERO (1993)
CENTURY (1994)
KABLOONAK (1994)
BLOOD ORANGES, THE (1997)
REBECCA (1997)
HILARY AND JACKIE (1998)
DR. BELL AND MR. DOYLE - THE DARK BEGINNINGS OF SHERLOCK HOLMES (2000)
DARK BLUE WORLD (2001)
ALI G INDAHOUSE: THE MOVIE (2002)
BLACK AND WHITE (2002)
PISCINE, LA (2003)
BLEAK HOUSE (2005)
DÉSACCORD PARFAIT (2006)
SCOOP (2006)
STARTER FOR 10 (2006)
INTERVENTION (2007)

DANES, Claire
actrice américaine (1979-)
LITTLE WOMEN (1994)
MY SO-CALLED LIFE (1994)
TO GILLIAN ON HER 37th BIRTHDAY (1996)
WILLIAM SHAKESPEARE'S ROMEO & JULIET (1996)
RAINMAKER,THE (1997)
U-TURN (1997)
MISÉRABLES, LES (1998)
BROKEDOWN PALACE (1999)
MOD SQUAD, THE (1999)
IGBY GOES DOWN (2002)
IT'S ALL ABOUT LOVE (2003)
TERMINATOR III: RISE OF THE MACHINES (2003)
SHOPGIRL (2004)
STAGE BEAUTY (2004)
FAMILY STONE (2005)
EVENING (2007)
FLOCK, THE (2007)
STARDUST (2007)

DANIELS, Jeff
acteur américain (1955-)
RAGTIME (1981)
TERMS OF ENDEARMENT (1983)
MARIE (1985)
PURPLE ROSE OF CAIRO, THE (1985)
HEARTBURN (1986)
SOMETHING WILD (1986)
RADIO DAYS (1987)
HOUSE ON CARROLL STREET, THE (1988)
SWEET HEARTS DANCE (1988)
CHECKING OUT (1989)
LOVE HURTS (1989)
ARACHNOPHOBIA (1990)
BUTCHER'S WIFE, THE (1991)
TIMESCAPE (1991)
GETTYSBURG (1993)
DUMB & DUMBER (1994)
SPEED (1994)
101 DALMATIANS (1996)
2 DAYS IN THE VALLEY (1996)
FLY AWAY HOME (1996)
PLEASANTVILLE (1998)
IT'S THE RAGE (1999)
MY FAVORITE MARTIAN (1999)
CHASING SLEEP (2000)
BLOOD WORK (2002)
GODS AND GENERALS (2003)
FIVE PEOPLE YOU MEET IN HEAVEN, THE (2004)
IMAGINARY HEROES (2004)
BECAUSE OF WINN-DIXIE (2005)
GOOD NIGHT, AND GOOD LUCK (2005)
SQUID AND THE WHALE, THE (2005)
INFAMOUS (2006)
RV (2006)
LOOKOUT, THE (2007)
MAMA'S BOY (2008)
TRAITOR (2008)
AWAY WE GO (2009)
STATE OF PLAY (2009)

DANNER, Blythe
actrice américaine (1943-)
TO KILL A CLOWN (1971)
SCARECROW (1972)
LOVIN' MOLLY (1973)
ECCENTRICITIES OF A NIGHTINGALE, THE (1976)
GREAT SANTINI, THE (1979)
MAN, WOMAN AND CHILD (1982)
BRIGHTON BEACH MEMOIRS (1986)
ANOTHER WOMAN (1988)
PRINCE OF TIDES, THE (1991)
OLDEST CONFEDERATE WIDOW TELLS ALL (1994)
MYTH OF THE FINGERPRINTS, THE (1996)
MAD CITY (1997)
NO LOOKING BACK (1998)
FORCES OF NATURE (1999)
INVISIBLE CIRCUS, THE (2000)
MEET THE PARENTS (2000)
SYLVIA (2003)
HUFF (SEASON 1) (2004)
MEET THE FOCKERS (2004)
LAST KISS (2006)
SISTERHOOD OF THE TRAVELING PANTS 2, THE (2008)

DANSON, Ted
acteur américain (1947-)
ONION FIELD, THE (1979)
BODY HEAT (1981)
CREEPSHOW (1982)
CHEERS (SEASON TWO) (1983)
CHEERS (SEASON III) (1984)
LITTLE TREASURE (1984)
JUST BETWEEN FRIENDS (1986)
THREE MEN AND A BABY (1987)
COUSINS (1989)
DAD (1989)
THREE MEN AND A LITTLE LADY (1990)
MADE IN AMERICA (1993)
GETTING EVEN WITH DAD (1994)
PONTIAC MOON (1994)
GULLIVER'S TRAVELS (1995)
LOCH NESS (1995)
AMATEURS, THE (2005)
OUR FATHERS (2005)
MAD MONEY (2008)

DARC, Mireille
actrice française (1938-)
BRIDE SUR LE COU, LA (1960)
POUIC POUIC (1963)
CHASSE À L'HOMME, LA (1964)
À BELLES DENTS (1966)
NE NOUS FÂCHONS PAS (1966)
WEEK-END (1967)
THOSE DARING YOUNG MEN IN THEIR JAUNTY JALOPIES (1969)
BORSALINO (1970)
FANTASIA CHEZ LES PLOUCS (1970)
GRAND BLOND AVEC UNE CHAUSSURE NOIRE, LE (1972)
BORSALINO AND CO. (1974)
RETOUR DU GRAND BLOND, LE (1974)
SEINS DE GLACE, LES (1974)
ORDINATEUR DES POMPES FUNÈBRES, L' (1976)
HOMME PRESSÉ, L' (1977)
MORT D'UN POURRI (1977)
POUR LA PEAU D'UN FLIC (1981)
SI ELLE DIT OUI... JE NE DIS PAS NON! (1982)
FRANK RIVA (2003)

DARRIEUX, Danielle
actrice française (1917-)
MAUVAISE GRAINE (1933)
MAYERLING (1936)
RONDE, LA (1950)
PLAISIR, LE (1951)
RICH, YOUNG AND PRETTY (1951)
5 FINGERS (1952)
MADAME DE ... (1953)
ROUGE ET LE NOIR, LE (1954)
AMANT DE LADY CHATTERLY, L' (1955)
ALEXANDER THE GREAT (1956)
VIE À DEUX, LA (1958)
DIABLE ET LES DIX COMMANDEMENTS, LE (1962)
DEMOISELLES DE ROCHEFORT, LES (1967)
ANNÉE SAINTE, L' (1976)
LIEU DU CRIME, LE (1985)
BILLE EN TÊTE (1989)
QUELQUES JOURS AVEC MOI (1989)
MILLE ET UNE RECETTES DU CUISINIER AMOUREUX, LES (1996)
ÇA IRA MIEUX DEMAIN (2000)
8 FEMMES (2001)
PERSEPOLIS (2007)

DARROUSSIN, Jean-Pierre
acteur français (1953-)
TRANCHES DE VIE (1985)
DIEU VOMIT LES TIÈDES (1989)
ARGENT FAIT LE BONHEUR, L' (1992)
RIENS DU TOUT (1992)
À LA VIE, À LA MORT (1995)
MARIUS ET JEANNETTE (1996)
UN AIR DE FAMILLE (1996)
ON CONNAÎT LA CHANSON (1997)
À LA PLACE DU CŒUR (1998)
SI JE T'AIME... PRENDS GARDE À TOI (1998)
BÛCHE, LA (1999)
INSÉPARABLES (1999)
À L'ATTAQUE! (2000)
ÇA IRA MIEUX DEMAIN (2000)
VILLE EST TRANQUILLE, LA (2000)
15 AOÛT (2001)
C'EST LE BOUQUET (2002)
MARIE-JO ET SES DEUX AMOURS (2002)
UNE AFFAIRE PRIVÉE (2002)
CŒUR DES HOMMES, LE (2003)
FEUX ROUGES (2003)
COMBIEN TU M'AIMES? (2005)
SAINT-JACQUES... LA MECQUE (2005)
CŒUR DES HOMMES 2, LE (2006)
PRESSENTIMENT, LE (2006)
TOUTE LA BEAUTÉ DU MONDE (2006)
VOYAGE EN ARMÉNIE, LE (2006)
DIALOGUE AVEC MON JARDINIER (2007)
J'ATTENDS QUELQU'UN (2007)
VOYAGE AUX PYRÉNÉES, LE (2008)

DAVID, Keith
acteur américain (1956-)
THEY LIVE (1988)
ALWAYS (1989)
PUPPET MASTERS, THE (1994)
CLOCKERS (1995)
DEAD PRESIDENTS (1995)
ARMAGEDDON (1998)
PITCH BLACK (2000)
WHERE THE HEART IS (2000)

NOVOCAINE (2001)
HOLLYWOOD HOMICIDE (2003)
MR. AND MRS. SMITH (2005)
TRANSPORTER 2, THE (2005)

DAVIDOVICH, Lolita
actrice canadienne (1961-)
CLASS (1983)
BIG TOWN, THE (1987)
BLAZE (1989)
CERCLE DES INTIMES, LE (1991)
OBJECT OF BEAUTY, THE (1991)
LEAP OF FAITH (1992)
RAISING CAIN (1992)
YOUNGER AND YOUNGER (1993)
COBB (1994)
INTERSECTION (1994)
NOW AND THEN (1995)
JUNGLE 2 JUNGLE (1997)
GODS AND MONSTERS (1998)
MYSTERY, ALASKA (1999)
PLAY IT TO THE BONE (1999)
DARK BLUE (2002)
HOLLYWOOD HOMICIDE (2003)

DAVIDTZ, Embeth
actrice américaine (1966-)
SCHINDLER'S LIST (1993)
FEAST OF JULY (1995)
MATILDA (1996)
FALLEN (1997)
GINGERBREAD MAN, THE (1997)
BICENTENNIAL MAN (1999)
MANSFIELD PARK (1999)
HOLE, THE (2001)
EMPEROR'S CLUB, THE (2002)
JUNEBUG (2004)
FRACTURE (2007)
IN TREATMENT (SEASON 1) (2008)

DAVIES, Jeremy
acteur américain (1969-)
NELL (1994)
SPANKING THE MONKEY (1994)
GOING ALL THE WAY (1996)
LOCUSTS, THE (1997)
RAVENOUS (1999)
MILLION DOLLAR HOTEL (2000)
UP AT THE VILLA (2000)
CQ (2001)
29 PALMS (2002)
SECRETARY (2002)
TEKNOLUST (2002)
HELTER SKELTER (2004)
RESCUE DAWN (2006)

DAVIS, Bette
actrice américaine (1908-1989)
CABIN IN THE COTTON, THE (1932)
HELL'S HOUSE (1932)
THREE ON A MATCH (1932)
BUREAU OF MISSING PERSONS (1933)
EX-LADY (1933)
FASHIONS OF 1934 (1934)
OF HUMAN BONDAGE (1934)
DANGEROUS (1935)
PETRIFIED FOREST, THE (1935)
SATAN MET A LADY (1936)
KID GALAHAD (1937)
MARKED WOMAN (1937)
THAT CERTAIN WOMAN (1937)
JEZEBEL (1938)
DARK VICTORY (1939)
JUAREZ (1939)
PRIVATE LIVES OF ELIZABETH AND ESSEX, THE (1939)
SISTERS, THE (1939)
ALL THIS AND HEAVEN TOO (1940)
LETTER, THE (1940)
BRIDE CAME C.O.D., THE (1941)
GREAT LIE, THE (1941)
LITTLE FOXES, THE (1941)
OLD MAID, THE (1941)
IN THIS OUR LIFE (1942)
MAN WHO CAME TO DINNER, THE (1942)
NOW, VOYAGER (1942)
MR. SKEFFINGTON (1943)
OLD ACQUAINTANCE (1943)
WATCH ON THE RHINE (1943)
CORN IS GREEN, THE (1944)
STOLEN LIFE (1947)
JUNE BRIDE (1948)
WINTER MEETING (1948)
BEYOND THE FOREST (1949)
ALL ABOUT EVE (1950)
ANOTHER MAN'S POISON (1951)
PHONE CALL FROM A STRANGER (1952)
STAR, THE (1952)
VIRGIN QUEEN, THE (1954)
CATERED AFFAIR, THE (1955)
JOHN PAUL JONES (1959)
POCKETFUL OF MIRACLES (1961)
WHAT EVER HAPPENED TO BABY JANE? (1962)
DEAD RINGER (1964)
HUSH... HUSH, SWEET CHARLOTTE (1964)
WHERE LOVE HAS GONE (1964)
NANNY, THE (1965)
ANNIVERSARY, THE (1967)
MADAME SIN (1972)
BURNT OFFERINGS (1976)
DEATH ON THE NILE (1978)
RETURN FROM WITCH MOUNTAIN (1978)
WATCHER IN THE WOODS, THE (1981)
WHALES OF AUGUST, THE (1987)

DAVIS, Geena
actrice américaine (1957-)
TOOTSIE (1982)
FLETCH (1985)
TRANSYLVANIA 6-5000 (1985)
FLY, THE (1986)
ACCIDENTAL TOURIST, THE (1988)
BEETLEJUICE (1988)
EARTH GIRLS ARE EASY (1989)
QUICK CHANGE (1990)
THELMA & LOUISE (1991)
HERO (1992)
LEAGUE OF THEIR OWN, A (1992)
ANGIE (1994)
SPEECHLESS (1994)
CUTTHROAT ISLAND (1995)
LONG KISS GOODNIGHT, THE (1996)
STUART LITTLE (1999)
STUART LITTLE 2 (2002)
STUART LITTLE 3 - CALL OF THE WILD (2005)

DAVIS, Hope
actrice américaine (1964-)
DAYTRIPPERS, THE (1996)
MYTH OF THE FINGERPRINTS, THE (1996)
NEXT STOP, WONDERLAND (1997)
ARLINGTON ROAD (1999)
MUMFORD (1999)
JOE GOULD'S SECRET (2000)
HEARTS IN ATLANTIS (2001)
ABOUT SCHMIDT (2002)
AMERICAN SPLENDOR (2003)
SECRET LIVES OF DENTISTS, THE (2003)
DUMA (2005)
MATADOR, THE (2005)
PROOF (2005)
WEATHER MAN, THE (2005)
HOAX, THE (2006)
INFAMOUS (2006)
CHARLIE BARTLETT (2007)
NINES, THE (2007)
LODGER, THE (2008)
SYNECDOCHE, NEW YORK (2008)

DAVIS, Judy
actrice australienne (1955-)
MY BRILLIANT CAREER (1979)
HEATWAVE (1981)
WOMAN CALLED GOLDA, A (1982)
PASSAGE TO INDIA, A (1984)
KANGAROO (1986)
HIGH TIDE (1987)
GEORGIA (1988)
ALICE (1990)
IMPROMPTU (1990)
BARTON FINK (1991)
NAKED LUNCH (1991)
ON MY OWN (1991)
WHERE ANGELS FEAR TO TREAD (1991)
HUSBANDS AND WIVES (1992)
NEW AGE, THE (1994)
REF, THE (1994)
SERVING IN SILENCE: THE MARGARETHE CAMMERMEYER STORY (1994)
ABSOLUTE POWER (1996)
BLOOD AND WINE (1996)
CHILDREN OF THE REVOLUTION (1996)
DECONSTRUCTING HARRY (1997)
CELEBRITY (1998)
LIFE WITH JUDY GARLAND: ME & MY SHADOWS (2001)
SWIMMING UPSTREAM (2003)
REAGANS, THE (2004)
MARIE ANTOINETTE (2005)
BREAK-UP, THE (2006)
STARTER WIFE, THE (2007)
STARTER WIFE, THE (SEASON 1) (2008)

DAVIS, Ossie
acteur américain (1917-2005)
NO WAY OUT (1950)
CARDINAL, THE (1963)
HILL, THE (1965)
SCALPHUNTERS, THE (1968)
SAM WHISKEY (1969)
LET'S DO IT AGAIN (1975)
HARRY AND SON (1984)
SCHOOL DAZE (1988)
DO THE RIGHT THING (1989)
JOE VERSUS THE VOLCANO (1990)
JUNGLE FEVER (1991)
MALCOLM X (1992)
GRUMPY OLD MEN (1993)
QUEEN (1993)
CLIENT, THE (1994)
STAND, THE (1994)
GET ON THE BUS (1996)
I'M NOT RAPPAPORT (1996)
MISS EVER'S BOYS (1996)
12 ANGRY MEN (1997)
DOCTOR DOLITTLE (1998)
DINOSAUR (2000)
FEAST OF ALL SAINTS (2001)
BUBBA HO-TEP (2002)
BAADASSSSS! (2003)
SHE HATE ME (2004)

DAVISON, Bruce
acteur américain (1946-)
WILLARD (1970)
ULZANA'S RAID (1972)
MOTHER, JUGS & SPEED (1976)
LONGTIME COMPANION (1990)
STEEL & LACE (1990)
SHORT CUTS (1993)
FAR FROM HOME: THE ADVENTURES OF YELLOW DOG (1994)
APT PUPIL (1998)
AT FIRST SIGHT (1998)
PAULIE (1998)
X-MEN (2000)
CRAZY / BEAUTIFUL (2001)
DAHMER (2002)
HIGH CRIMES (2002)
RUNAWAY JURY (2003)
KINGDOM HOSPITAL (2004)

DAWSON, Rosario
actrice américaine (1979-)
KIDS (1995)
HE GOT GAME (1998)
CHELSEA WALLS (2001)
SIDEWALKS OF NEW YORK (2001)
25th HOUR (2002)
ADVENTURES OF PLUTO NASH, THE (2002)
LOVE IN THE TIME OF MONEY (2002)
MEN IN BLACK II (2002)
RUNDOWN, THE (2003)
SHATTERED GLASS (2003)
THIS GIRL'S LIFE (2003)
ALEXANDER (2005)
RENT (2005)
SIN CITY (2005)
CLERKS 2 (2006)
GUIDE TO RECOGNIZING YOUR SAINTS, A (2006)
DEATH PROOF - UNRATED (2007)
GRINDHOUSE (2007)
EAGLE EYE (2008)
KILLSHOT (2008)
SEVEN POUNDS (2008)

DAY, Doris
actrice américaine (1924-)
ROMANCE ON THE HIGH SEAS (1948)
IT'S A GREAT FEELING (1949)
MY DREAM IS YOURS (1949)
TEA FOR TWO (1950)
WEST POINT STORY, THE (1950)
YOUNG MAN WITH A HORN (1950)
I'LL SEE YOU IN MY DREAMS (1951)
LULLABY OF BROADWAY (1951)
ON MOONLIGHT BAY (1951)
STARLIFT (1951)
APRIL IN PARIS (1952)
BY THE LIGHT OF THE SILVERY MOON (1952)
CALAMITY JANE (1953)
LUCKY ME (1953)
YOUNG AT HEART (1954)
LOVE ME OR LEAVE ME (1955)
MAN WHO KNEW TOO MUCH, THE (1956)
PAJAMA GAME, THE (1957)
TEACHER'S PET (1957)
TUNNEL OF LOVE (1958)
IT HAPPENED TO JANE (1959)
PILLOW TALK (1959)

MIDNIGHT LACE (1960)
PLEASE DON'T EAT THE DAISIES (1960)
LOVER COME BACK (1961)
BILLY ROSE'S JUMBO (1962)
THAT TOUCH OF MINK (1962)
MOVE OVER, DARLING (1963)
THRILL OF IT ALL, THE (1963)
SEND ME NO FLOWERS (1964)
DO NOT DISTURB (1965)
GLASS BOTTOM BOAT, THE (1966)
CAPRICE (1967)
WHERE WERE YOU WHEN THE LIGHTS WENT OUT? (1968)
WITH SIX YOU GET EGGROLL (1968)
DORIS DAY SPECIAL (1971)

DAY-LEWIS, Daniel
acteur anglais (1958-)
GANDHI (1982)
HOW MANY MILES TO BABYLON? (1982)
BOUNTY, THE (1983)
MY BEAUTIFUL LAUNDRETTE (1985)
ROOM WITH A VIEW, A (1985)
UNBEARABLE LIGHTNESS OF BEING, THE (1988)
MY LEFT FOOT (1989)
LAST OF THE MOHICANS, THE (1992)
AGE OF INNOCENCE, THE (1993)
IN THE NAME OF THE FATHER (1993)
CRUCIBLE, THE (1996)
BOXER, THE (1997)
GANGS OF NEW YORK (2002)
BALLAD OF JACK AND ROSE, THE (2005)
THERE WILL BE BLOOD (2007)

De BANKOLÉ, Isaach
acteur africain (1957-)
TAXI BOY (1986)
CHOCOLAT (1988)
VANILLE FRAISE (1989)
S'EN FOUT LA MORT (1990)
HEART OF DARKNESS (1993)
KEEPER, THE (1996)
GHOST DOG: THE WAY OF THE SAMURAÏ (1999)
OTOMO (1999)
CASINO ROYALE (2006)
GUITAR, THE (2008)

DE FUNÈS, Louis
acteur français (1914-1983)
POISON, LA (1951)
MOUTON À CINQ PATTES, LE (1954)
REINE MARGOT, LA (1954)
COMME UN CHEVEU SUR LA SOUPE (1955)
NI VU, NI CONNU (1958)
TAXI, ROULOTTE ET CORRIDA (1958)
VIE À DEUX, LA (1958)
VENDETTA, LA (1961)
GENTLEMAN D'EPSOM, LE (1962)
CARAMBOLAGES (1963)
POUIC POUIC (1963)
COFFRET LOUIS DE FUNÈS II: 02 (1964)
CORNIAUD, LE (1964)
FAITES SAUTER LA BANQUE (1964)
FANTÔMAS (1964)
GENDARME DE SAINT-TROPEZ, LE (1964)
FANTÔMAS SE DÉCHAÎNE (1965)
GENDARME À NEW YORK, LE (1965)
GRAND RESTAURANT, LE (1966)
GRANDE VADROUILLE, LA (1966)
FANTÔMAS CONTRE SCOTLAND YARD (1967)
GRANDES VACANCES, LES (1967)
OSCAR (1967)
GENDARME SE MARIE, LE (1968)
PETIT BAIGNEUR, LE (1968)
TATOUÉ, LE (1968)
HIBERNATUS (1969)
GENDARME EN BALADE, LE (1970)
HOMME ORCHESTRE, L' (1970)
FOLIE DES GRANDEURS, LA (1971)
SUR UN ARBRE PERCHÉ (1971)
AVENTURES DE RABBI JACOB, LES (1973)
AILE OU LA CUISSE, L' (1976)
GENDARME ET LES EXTRA-TERRESTRES, LE (1978)
ZIZANIE, LA (1978)
AVARE, L' (1980)
SOUPE AUX CHOUX, LA (1981)
COFFRET LOUIS DE FUNÈS SÉRIE II (2003)

DE HAVILLAND, Olivia
actrice américaine (1916-)
CAPTAIN BLOOD (1934)
MIDSUMMER NIGHT'S DREAM (1935)
ANTHONY ADVERSE (1936)
CHARGE OF THE LIGHT BRIGADE, THE (1936)
ADVENTURES OF ROBIN HOOD, THE (1938)
DODGE CITY (1939)
GONE WITH THE WIND (1939)
SANTA FE TRAIL (1940)
STRAWBERRY BLONDE, THE (1941)
IN THIS OUR LIFE (1942)
THEY DIED WITH THEIR BOOTS ON (1942)
DARK MIRROR, THE (1946)
TO EACH HIS OWN (1947)
SNAKE PIT, THE (1948)
HEIRESS, THE (1949)
NOT AS A STRANGER (1955)
PROUD REBEL, THE (1958)
HUSH... HUSH, SWEET CHARLOTTE (1964)
LADY IN A CAGE (1964)
POPE JOAN (1972)
AIRPORT '77 (1977)
FIFTH MUSKETEER, THE (1979)

DE MEDEIROS, Maria
actrice portugaise (1965-)
MOINE ET LA SORCIÈRE, LE (1986)
LECTRICE, LA (1988)
HENRY & JUNE (1990)
HOMME DE MA VIE, L' (1992)
MACHO (1993)
PULP FICTION (1994)
DES NOUVELLES DU BON DIEU (1995)
1000 MERVEILLES DE L'UNIVERS, LES (1996)
POLYGRAPHE, LE (1996)
BABEL (1998)
CAPITAES DE ABRIL (2000)
STRANDED (2002)
MOI, CÉSAR, 10 ANS 1/2, 1m39 (2003)
MY LIFE WITHOUT ME (2003)
SADDEST MUSIC IN THE WORLD (2003)
MES STARS ET MOI (2008)
SHELTER ME (2008)

DE MORNAY, Rebecca
actrice américaine (1961-)
ONE FROM THE HEART (1982)
RISKY BUSINESS (1983)
RUNAWAY TRAIN (1985)
TRIP TO BOUNTIFUL, THE (1985)
AND GOD CREATED WOMAN (1987)
BY DAWN'S EARLY LIGHT (1990)
BACKDRAFT (1991)
HAND THAT ROCKS THE CRADLE (1992)
GUILTY AS SIN (1993)
THREE MUSKETEERS, THE (1993)
NEVER TALK TO STRANGERS (1995)
STEPHEN KING'S THE SHINING (1997)
IDENTITY (2003)
LORDS OF DOGTOWN (2005)
WEDDING CRASHERS (2005)
JOHN FROM CINCINNATI (SEASON 1) (2007)

DE NIRO, Robert
acteur américain (1943-)
GREETINGS (1968)
WEDDING PARTY, THE (1969)
BLOODY MAMA (1970)
BORN TO WIN (1971)
GANG THAT COULDN'T SHOOT STRAIGHT, THE (1971)
BANG THE DRUM SLOWLY (1973)
MEAN STREETS (1973)
GODFATHER II, THE (1974)
1900 (1976)
LAST TYCOON, THE (1976)
TAXI DRIVER (1976)
NEW YORK, NEW YORK (1977)
DEER HUNTER, THE (1978)
RAGING BULL (1980)
TRUE CONFESSIONS (1981)
KING OF COMEDY, THE (1982)
FALLING IN LOVE (1984)
ONCE UPON A TIME IN AMERICA (1984)
BRAZIL (1985)
ANGEL HEART (1986)
MISSION, THE (1986)
DEAR AMERICA: LETTERS HOME FROM VIETNAM (1987)
UNTOUCHABLES, THE (1987)
MIDNIGHT RUN (1988)
JACKNIFE (1989)
STANLEY & IRIS (1989)
WE'RE NO ANGELS (1989)
AWAKENINGS (1990)
GOODFELLAS (1990)
GUILTY BY SUSPICION (1990)
BACKDRAFT (1991)
CAPE FEAR (1991)
MISTRESS (1992)
NIGHT AND THE CITY (1992)
BRONX TALE, A (1993)
MAD DOG AND GLORY (1993)
THIS BOY'S LIFE (1993)
CENT ET UNE NUITS, LES (1994)
MARY SHELLEY'S FRANKENSTEIN (1994)
CASINO (1995)
HEAT (1995)
SLEEPERS (1995)
FAN, THE (1996)
MARVIN'S ROOM (1996)
COP LAND (1997)
JACKIE BROWN (1997)
WAG THE DOG (1997)
GREAT EXPECTATIONS (1998)
RONIN (1998)
ANALYZE THIS (1999)
FLAWLESS (1999)
ADVENTURES OF ROCKY AND BULWINKLE, THE (2000)
MEET THE PARENTS (2000)
MEN OF HONOR (2000)
15 MINUTES (2001)
SCORE, THE (2001)
ANALYZE THAT (2002)
CITY BY THE SEA (2002)
SHOWTIME (2002)
BRIDGE OF SAN LUIS REY (2004)
GODSEND (2004)
MEET THE FOCKERS (2004)
HIDE AND SEEK (2005)
GOOD SHEPHERD, THE (2006)
STARDUST (2007)
RIGHTEOUS KILL (2008)
WHAT JUST HAPPENED? (2008)

DE SICA, Vittorio
acteur italien (1902-1974)
AMANTS DE VILLA BORGHESE, LES (1953)
PAIN, AMOUR ET FANTAISIE (1953)
FAREWELL TO ARMS, A (1957)
CANNON SERENADE (1958)
GENERAL DELLA ROVERE (1959)
MILLIONAIRESS, THE (1960)
WONDERS OF ALADDIN, THE (1961)
AFTER THE FOX (1966)
CAROLINE CHÉRIE (1967)
SHOES OF THE FISHERMAN, THE (1968)
COSA NOSTRA (1971)
ODEUR DES FAUVES, L' (1971)
AFFAIRE MATTEOTTI, L' (1973)
ANDY WARHOL'S DRACULA (1974)
NOUS NOUS SOMMES TANT AIMÉS (1975)

DEE, Ruby
actrice américaine (1924-)
JACKIE ROBINSON STORY, THE (1950)
NO WAY OUT (1950)
EDGE OF THE CITY (1957)
VIRGIN ISLAND (1958)
RAISIN IN THE SUN, A (1961)
BALCONY, THE (1963)
INCIDENT, THE (1967)
BUCK AND THE PREACHER (1971)
CAT PEOPLE (1982)
DO THE RIGHT THING (1989)
LOVE AT LARGE (1990)
JUNGLE FEVER (1991)
STAND, THE (1994)
JUST CAUSE (1995)
SIMPLE WISH, A (1997)
FEAST OF ALL SAINTS (2001)

DEL TORO, Benicio
acteur portoricain (1967-)
CHINA MOON (1991)
CHRISTOPHER COLUMBUS: THE DISCOVERY (1992)
EXCESS BAGGAGE (1997)
PLEDGE, THE (2000)
SNATCH (2000)
TRAFFIC (2000)
WAY OF THE GUN, THE (2000)
21 GRAMS (2003)
HUNTED, THE (2003)
SIN CITY (2005)
THINGS WE LOST IN THE FIRE (2007)
CHE (2008)

DELON, Alain
acteur français (1935-)
CHEMIN DES ÉCOLIERS, LE (1958)
CHRISTINE (1958)
SOIS BELLE ET TAIS-TOI (1958)
PLEIN SOLEIL (1959)
ROCCO ET SES FRÈRES (1960)
DIABLE ET LES DIX COMMANDEMENTS, LE (1962)
ECLIPSE, THE (1962)
GUÉPARD, LE (1963)
FÉLINS, LES (1964)
TULIPE NOIRE, LA (1964)
YELLOW ROLLS-ROYCE, THE (1965)
LOST COMMAND (1966)
TEXAS ACROSS THE RIVER (1966)
AVENTURIERS, LES (1967)
DIABOLIQUEMENT VÔTRE (1967)
SAMOURAÏ, LE (1967)
CLAN DES SICILIENS, LE (1968)
GIRL ON A MOTORCYCLE (1968)
HISTOIRES EXTRAORDINAIRES (1968)
PISCINE, LA (1968)
BORSALINO (1970)
CERCLE ROUGE, LE (1970)
DOUCEMENT LES BASSES (1971)
SOLEIL ROUGE (1971)
VEUVE COUDERC, LA (1971)
ASSASSINATION OF TROTSKY, THE (1972)
PROFESSEUR, LE (1972)
SCORPIO (1972)
TRAITEMENT DE CHOC (1972)
UN FLIC (1972)
DEUX HOMMES DANS LA VILLE (1973)
GRANGES BRÛLÉES, LES (1973)
RACE DES SEIGNEURS, LA (1973)
BORSALINO AND CO. (1974)
SEINS DE GLACE, LES (1974)
FLIC STORY (1975)
GITAN, LE (1975)
ZORRO (1975)
COMME UN BOOMERANG (1976)
MONSIEUR KLEIN (1976)
HOMME PRESSÉ, L' (1977)
MORT D'UN POURRI (1977)
AIRPORT '79: THE CONCORDE (1979)
TOUBIB, LE (1979)
3 HOMMES À ABATTRE (1980)
POUR LA PEAU D'UN FLIC (1981)
TEHERAN 43 (1981)
BATTANT, LE (1982)
CHOC, LE (1982)
UN AMOUR DE SWANN (1983)
NOTRE HISTOIRE (1984)
PAROLE DE FLIC (1985)
NE RÉVEILLEZ PAS UN FLIC QUI DORT (1988)
DANCING MACHINE (1990)
NOUVELLE VAGUE (1990)
CRIME, UN (1992)
RETOUR DE CASANOVA, LE (1992)
CENT ET UNE NUITS, LES (1994)
OURS EN PELUCHE, L' (1994)
JOUR ET LA NUIT, LE (1996)
1 CHANCE SUR 2 (1997)
ACTEURS, LES (1999)
FRANK RIVA (2003)
ASTÉRIX AUX JEUX OLYMPIQUES (2007)

DELPY, Julie
actrice française (1969-)
DÉTECTIVE (1985)
MAUVAIS SANG (1986)
KING LEAR (1987)
PASSION BÉATRICE, LA (1987)
EUROPA, EUROPA (1990)
VOYAGER (1991)
WARSZAWA, ANNÉE 5703 (1992)
KILLING ZOE (1993)
THREE MUSKETEERS, THE (1993)
TROIS COULEURS - BLANC (1993)
YOUNGER AND YOUNGER (1993)
BEFORE SUNRISE (1995)
1000 MERVEILLES DE L'UNIVERS, LES (1996)
TYKHO MOON (1996)
AMERICAN WEREWOLF IN PARIS (1997)
PASSION OF AYN RAND (1999)
INTIMATE AFFAIRS (2001)
WAKING LIFE (2001)
BEFORE SUNSET (2004)
BROKEN FLOWERS (2005)
LEGEND OF LUCY KEYES, THE (2005)
2 DAYS IN PARIS (2006)
HOAX, THE (2006)
AIR I BREATHE, THE (2007)

DEMONGEOT, Mylène
actrice française (1936-)
SORCIÈRES DE SALEM, LES (1956)
BONJOUR TRISTESSE (1957)
SOIS BELLE ET TAIS-TOI (1958)
GIANT OF MARATHON, THE (1959)
ENLEVÈMENT DES SABINES, L' (1961)
DON JUANS DE LA CÔTE D'AZUR, LES (1962)
FANTÔMAS (1964)
FANTÔMAS SE DÉCHAÎNE (1965)
FURIA À BAHIA POUR OSS 117 (1965)
FANTÔMAS CONTRE SCOTLAND YARD (1967)
QUELQUES ARPENTS DE NEIGE (1972)
J'AI MON VOYAGE! (1973)
PAR LE SANG DES AUTRES (1974)
SURPRISE PARTY (1982)
BÂTARD, LE (1983)
RETENEZ-MOI... OU JE FAIS UN MALHEUR (1983)
J'AI BIEN L'HONNEUR (1984)
PAULETTE (1986)
TENUE DE SOIRÉE (1986)

DEMPSEY, Patrick
acteur américain (1966-)
HEAVEN HELP US (1984)
CAN'T BUY ME LOVE (1987)
IN THE MOOD (1987)
SOME GIRLS (1988)
MOBSTERS (1991)
FOR BETTER AND FOR WORSE (1992)
WITH HONORS (1994)
OUTBREAK (1995)
20,000 LEAGUES UNDER THE SEA (1997)
HUGO POOL (1997)
SCREAM 3 (2000)
SWEET HOME ALABAMA (2002)
IRON JAWED ANGELS (2003)
GREY'S ANATOMY (SEASON 1) (2004)
FREEDOM WRITERS (2006)
ENCHANTED (2007)
MADE OF HONOR (2008)

DENCH, Judi
actrice anglaise (1934-)
THIRD SECRET, THE (1964)
MIDSUMMER NIGHT'S DREAM, A (1968)
LUTHER (1973)
DEAD CERT (1974)
LANGRISHE GO DOWN (1978)
MACBETH (1979)
ROOM WITH A VIEW, A (1985)
WETHERBY (1985)
84 CHARING CROSS ROAD (1986)
HANDFUL OF DUST, A (1988)
HENRY V (1989)
GOLDENEYE (1995)
JACK & SARAH (1995)
MRS. BROWN (1997)
TOMORROW NEVER DIES (1997)
SHAKESPEARE IN LOVE (1998)
TEA WITH MUSSOLINI (1999)
WORLD IS NOT ENOUGH, THE (1999)
IRIS (2001)
DIE ANOTHER DAY (2002)
IMPORTANCE OF BEING EARNEST, THE (2002)
CHRONICLES OF RIDDICK (2004)
LADIES IN LAVENDER (2004)
MRS. HENDERSON PRESENTS (2005)
CASINO ROYALE (2006)
NOTES ON A SCANDAL (2006)
CRANFORD (2007)
QUANTUM OF SOLACE (2008)

DENEUVE, Catherine
actrice française (1943-)
PARAPLUIES DE CHERBOURG, LES (1963)
CHASSE À L'HOMME, LA (1964)
REPULSION (1965)
VIE DE CHÂTEAU, LA (1966)
BELLE DE JOUR (1967)
DEMOISELLES DE ROCHEFORT, LES (1967)
MANON 70 (1967)
CHAMADE, LA (1968)
CHAMADE, LA (1968)
MAYERLING (1968)
APRIL FOOLS, THE (1969)
SIRÈNE DU MISSISSIPPI, LA (1969)
PEAU D'ÂNE (1970)
TRISTANA (1970)
ÇA N'ARRIVE QU'AUX AUTRES (1971)
UN FLIC (1972)
ÉVÉNEMENT LE PLUS IMPORTANT DEPUIS QUE L'HOMME A MARCHÉ SUR LA LUNE, L' (1973)
TOUCHE PAS LA FEMME BLANCHE (1973)
FEMME AUX BOTTES ROUGES, LA (1974)
GRANDE BOURGEOISE, LA (1974)
HUSTLE (1975)
SAUVAGE, LE (1975)
ARGENT DES AUTRES, L' (1978)
À NOUS DEUX (1979)
ILS SONT GRANDS, CES PETITS (1979)
DERNIER MÉTRO, LE (1980)
CHOIX DES ARMES, LE (1981)
AFRICAIN, L' (1982)
CHOC, LE (1982)
BON PLAISIR, LE (1983)
FORT SAGANNE (1983)
HUNGER, THE (1983)
LIEU DU CRIME, LE (1985)
POURVU QUE CE SOIT UNE FILLE (1985)
AGENT TROUBLE (1987)
DRÔLE D'ENDROIT POUR UNE RENCONTRE (1988)
FRÉQUENCE MEURTRE (1988)
INDOCHINE (1991)
REINE BLANCHE, LA (1991)
MA SAISON PRÉFÉRÉE (1993)
PARTIE D'ÉCHECS, LA (1993)
CENT ET UNE NUITS, LES (1994)
CONVENT, THE (1995)
VOLEURS, LES (1996)
GÉNÉALOGIES D'UN CRIME (1997)
PLACE VENDÔME (1997)
EST-OUEST (1999)
POLA X (1999)
TEMPS RETROUVÉ, LE (1999)
DANCER IN THE DARK (2000)
8 FEMMES (2001)
JE RENTRE À LA MAISON (2001)
MUSKETEER, THE (2001)
AU PLUS PRÈS DU PARADIS (2002)
LIAISONS DANGEREUSES, LES (2002)
TALKING PICTURE, A (2003)
PRINCESSE MARIE (2004)
ROIS ET REINE (2004)
PALAIS ROYAL! (2005)
TEMPS QUI CHANGENT, LES (2005)
CONCILE DE PIERRE, LE (2006)
HÉROS DE LA FAMILLE, LE (2006)
PERSEPOLIS (2007)
MES STARS ET MOI (2008)
UN CONTE DE NOËL (2008)

DENICOURT, Marianne
actrice française (1966-)
BELLE NOISEUSE, LA (1991)
SENTINELLE, LA (1991)
COMMENT JE ME SUIS DISPUTÉ... (MA VIE SEXUELLE) (1995)
HAUT BAS FRAGILE (1995)
À MORT, LA MORT! (1998)
LOST SON, THE (1999)
UNE POUR TOUTES (1999)
SADE (2000)
ME WITHOUT YOU (2001)
QUELQU'UN DE BIEN (2002)

DENNEHY, Brian
acteur américain (1939-)
LOOKING FOR MR. GOODBAR (1977)
10 (1979)
LITTLE MISS MARKER (1980)
SKOKIE (1981)
RAMBO - FIRST BLOOD (1982)
SPLIT IMAGE (1982)
GORKY PARK (1983)
NEVER CRY WOLF (1983)
RIVER RAT, THE (1984)
COCOON (1985)
F/X (1985)
SILVERADO (1985)
LEGAL EAGLES (1986)
BELLY OF AN ARCHITECT, THE (1987)
BEST SELLER (1987)
DEAR AMERICA: LETTERS HOME FROM VIETNAM (1987)
COCOON: THE RETURN (1988)
MILES FROM HOME (1988)
RETURN TO SNOWY RIVER (1988)
PRESUMED INNOCENT (1990)

F/X 2 (1991)
MURDER IN THE HEARTLAND (1993)
STARS FELL ON HENRIETTA, THE (1995)
DEAD MAN'S WALK (1996)
FAIL SAFE (2000)
STOLEN SUMMER (2002)
ASSAULT ON PRECINCT 13 (2005)
OUR FATHERS (2005)
RIGHTEOUS KILL (2008)

DENNER, Charles
acteur français (1926-1995)
ASCENSEUR POUR L'ÉCHAFAUD (1957)
VIE À L'ENVERS, LA (1963)
YUL 871 (1966)
MARIÉE ÉTAIT EN NOIR, LA (1967)
Z (1969)
ASSASSINS DE L'ORDRE, LES (1970)
MARIÉS DE L'AN DEUX, LES (1971)
AVENTURE C'EST L'AVENTURE, L' (1972)
DÉFENSE DE SAVOIR (1973)
GASPARDS, LES (1973)
TOUTE UNE VIE (1975)
HOMME QUI AIMAIT LES FEMMES, L' (1977)
ROBERT ET ROBERT (1978)
MILLE MILLIARDS DE DOLLARS (1981)
STELLA (1983)
ANNÉES 80, LES (1985)
GOLDEN EIGHTIES (1985)

DEPARDIEU, Gérard
acteur français (1948-)
UN PEU DE SOLEIL DANS L'EAU FROIDE (1971)
SCOUMOUNE, LA (1972)
TUEUR, LE (1972)
AFFAIRE DOMINICI, L' (1973)
DEUX HOMMES DANS LA VILLE (1973)
GASPARDS, LES (1973)
RUDE JOURNÉE POUR LA REINE (1973)
VALSEUSES, LES (1973)
PAS SI MÉCHANT QUE ÇA (1974)
VINCENT, FRANÇOIS, PAUL ET LES AUTRES (1974)
7 MORTS SUR ORDONNANCE (1975)
1900 (1976)
BAROCCO (1976)
MAÎTRESSE (1976)
DITES-LUI QUE JE L'AIME (1977)
PRÉPAREZ VOS MOUCHOIRS (1977)
RÊVE DE SINGE (1977)
BUFFET FROID (1979)
CHIENS, LES (1979)
GRAND EMBOUTEILLAGE, LE (1979)
LOULOU (1979)
DERNIER MÉTRO, LE (1980)
INSPECTEUR LA BAVURE (1980)
MON ONCLE D'AMÉRIQUE (1980)
CHOIX DES ARMES, LE (1981)
FEMME D'À CÔTÉ, LA (1981)
DANTON (1982)
GRAND FRÈRE, LE (1982)
RETOUR DE MARTIN GUERRE, LE (1982)
COMPÈRES, LES (1983)
FORT SAGANNE (1983)
LUNE DANS LE CANIVEAU, LA (1983)
RIVE DROITE, RIVE GAUCHE (1984)
TARTUFFE, LE (1984)
POLICE (1985)
UNE FEMME OU DEUX (1985)
FUGITIFS, LES (1986)
JEAN DE FLORETTE (1986)
TENUE DE SOIRÉE (1986)
SOUS LE SOLEIL DE SATAN (1987)
CAMILLE CLAUDEL (1988)
DRÔLE D'ENDROIT POUR UNE RENCONTRE (1988)
DEUX (1989)
I WANT TO GO HOME! (1989)
TROP BELLE POUR TOI! (1989)
CYRANO DE BERGERAC (1990)
GREEN CARD (1990)
URANUS (1990)
MERCI LA VIE (1991)
MON PÈRE, CE HÉROS (1991)
TOUS LES MATINS DU MONDE (1991)
1492: CONQUEST OF PARADISE (1992)
HÉLAS POUR MOI (1992)
GERMINAL (1993)
ANGES GARDIENS, LES (1994)
CENT ET UNE NUITS, LES (1994)
COLONEL CHABERT, LE (1994)
ÉLISA (1994)
MACHINE, LA (1994)
MY FATHER THE HERO (1994)
UNE PURE FORMALITÉ (1994)
SECRET AGENT, THE (1995)
BOGUS (1996)
PLUS BEAU MÉTIER DU MONDE, LE (1996)
UNHOOK THE STARS (1997)
XXL (1997)
ASTÉRIX ET OBÉLIX CONTRE CÉSAR (1998)
COMTE DE MONTE CRISTO (1998)
MAN IN THE IRON MASK, THE (1998)
UN PONT ENTRE DEUX RIVES (1998)
ACTEURS, LES (1999)
BALZAC: LA PASSION D'UNE VIE (1999)
102 DALMATIANS (2000)
MISÉRABLES, LES (2000)
PLACARD, LE (2000)
VATEL (2000)
ASTÉRIX ET OBÉLIX: MISSION CLÉOPÂTRE (2001)
CONCURRENCE DÉLOYALE (2001)
CQ (2001)
VIDOCQ (2001)
AIME TON PÈRE (2002)
BETWEEN STRANGERS (2002)
CITY OF GHOSTS (2002)
I AM DINA (2002)
NAPOLÉON (2002)
BON VOYAGE! (2003)
CRIME SPREE (2003)
NATHALIE (2003)
PACTE DU SILENCE, LE (2003)
RRRRRRR! (2003)
TAIS-TOI (2003)
36 QUAI DES ORFÈVRES (2004)
NOUVELLE-FRANCE (2004)
SAN ANTONIO (2004)
BOUDU (2005)
COMBIEN TU M'AIMES? (2005)
ROIS MAUDITS, LES (2005)
TEMPS QUI CHANGENT, LES (2005)
LAST HOLIDAY (2006)
PARIS, JE T'AIME (2006)
QUAND J'ÉTAIS CHANTEUR (2006)
ASTÉRIX AUX JEUX OLYMPIQUES (2007)
MICHOU D'AUBERT (2007)
VIE EN ROSE, LA (2007)
BABYLON A.D. (2008)
DISCO (2008)

DEPARDIEU, Guillaume
acteur français (1971-2008)
RÊVE DE SINGE (1977)
CHÈVRE, LA (1981)
TOUS LES MATINS DU MONDE (1991)
CIBLE ÉMOUVANTE (1993)
APPRENTIS, LES (1995)
MARTHE (1997)
COMME ELLE RESPIRE (1998)
POLA X (1999)
LOVE REINVENTED (2000)
AIME TON PÈRE (2002)
NAPOLÉON (2002)
PEAU D'ANGE (2002)
PHARMACIEN DE GARDE, LE (2002)
ROIS MAUDITS, LES (2005)
NE TOUCHEZ PAS LA HACHE (2007)
VERSAILLES (2008)

DEPARDIEU, Julie
actrice française (1973-)
PEUT-ÊTRE (1999)
AÎNÉ DES FERCHAUX, L' (2001)
DIEU EST GRAND ET JE SUIS TOUTE PETITE (2001)
BIENVENUE AU GÎTE (2002)
PETITE LILI, LA (2003)
PODIUM (2003)
UN FIL À LA PATTE (2004)
UN LONG DIMANCHE DE FIANÇAILLES (2004)
ROIS MAUDITS, LES (2005) (2005)
SAUF LE RESPECT QUE JE VOUS DOIS (2005)
FAUTE À FIDEL!, LA (2006)
TÉMOINS, LES (2006)
TOI ET MOI (2006)
UN SECRET (2007)
FEMMES DE L'OMBRE, LES (2008)
BAL DES ACTRICES, LE (2009)

DEPP, Johnny
acteur américain (1963-)
NIGHTMARE ON ELM STREET, A (1984)
PRIVATE RESORT (1985)
PLATOON (1986)
21 JUMP STREET (SEASON I) (1987)
CRY-BABY (1990)
EDWARD SCISSORHANDS (1990)
ARIZONA DREAM (1991)
BENNY & JOON (1993)
WHAT'S EATING GILBERT GRAPE? (1993)
ED WOOD (1994)
DEAD MAN (1995)
DON JUAN DEMARCO (1995)
NICK OF TIME (1995)
DONNIE BRASCO (1997)
SOURCE, THE (1998)
ASTRONAUT'S WIFE, THE (1999)
NINTH GATE, THE (1999)
SLEEPY HOLLOW (1999)
BEFORE NIGHT FALLS (2000)
CHOCOLATE (2000)
MAN WHO CRIED, THE (2000)
BLOW (2001)
FROM HELL (2001)
ONCE UPON A TIME IN MEXICO (2003)
PIRATES OF THE CARIBBEAN: THE CURSE OF THE BLACK PEARL (2003)
FINDING NEVERLAND (2004)
SECRET WINDOW (2004)
CHARLIE AND THE CHOCOLATE FACTORY (2005)
LIBERTINE, THE (2005)
TIM BURTON'S CORPSE BRIDE (2005)
PIRATES OF THE CARIBBEAN: DEAD MAN'S CHEST (2006)
PIRATES OF THE CARIBBEAN: AT WORLD'S END (2007)
SWEENEY TODD - THE DEMON BARBER OF FLEET STREET (2007)
PUBLIC ENEMIES (2009)

DERN, Bruce
acteur américain (1936-)
HUSH... HUSH, SWEET CHARLOTTE (1964)
MARNIE (1964)
WILD ANGELS, THE (1966)
HANG'EM HIGH (1967)
PSYCH-OUT (1967)
REBEL ROUSERS (1967)
ST. VALENTINE'S DAY MASSACRE, THE (1967)
TRIP, THE (1967)
WATERHOLE #3 (1967)
WILL PENNY (1967)
SUPPORT YOUR LOCAL SHERIFF! (1969)
THEY SHOOT HORSES, DON'T THEY? (1969)
BLOODY MAMA (1970)
CYCLE SAVAGES (1970)
CYCLE SAVAGES (1970)
COWBOYS, THE (1971)
KING OF MARVIN GARDENS, THE (1972)
SILENT RUNNING (1972)
LAUGHING POLICEMAN, THE (1973)
GREAT GATSBY, THE (1974)
SMILE (1974)
FAMILY PLOT (1975)
POSSE (1975)
WON TON TON, THE DOG WHO SAVED HOLLYWOOD (1975)
BLACK SUNDAY (1976)
FOLIES BOURGEOISES (1976)
COMING HOME (1978)
DRIVER, THE (1978)
TATTOO (1981)
THAT CHAMPIONSHIP SEASON (1982)
BIG TOWN, THE (1987)
1969 (1988)
BURBS, THE (1989)
AFTER DARK MY SWEET (1992)
DIGGSTOWN (1992)
AMELIA EARHART, THE FINAL FLIGHT (1994)
WILD BILL (1995)
DOWN PERISCOPE (1996)
LAST MAN STANDING (1996)
MULHOLLAND FALLS (1996)
HAUNTING, THE (1999)
ALL THE PRETTY HORSES (2000)
MADISON (2001)
MASKED AND ANONYMOUS (2003)
MILWAUKEE, MINNESOTA (2003)
MONSTER (2003)
DOWN IN THE VALLEY (2005)
BIG LOVE (SEASON 1) (2006)

BIG LOVE (SEASON 2) (2006)
ASTRONAUT FARMER, THE (2007)
CAKE EATERS (2007)

DERN, Laura
actrice américaine (1966-)
ALICE DOESN'T LIVE HERE ANYMORE (1974)
TEACHERS (1984)
MASK (1985)
SMOOTH TALK (1985)
BLUE VELVET (1986)
HAUNTED SUMMER (1988)
FAT MAN AND LITTLE BOY (1989)
WILD AT HEART (1990)
RAMBLING ROSE (1991)
JURASSIC PARK (1993)
PERFECT WORLD, A (1993)
RUBY RIDGE: AN AMERICAN TRAGEDY (1995)
CITIZEN RUTH (1996)
OCTOBER SKY (1999)
DR. T AND THE WOMEN (2000)
DADDY AND THEM (2001)
FOCUS (2001)
I AM SAM (2001)
NOVOCAINE (2001)
SEARCHING FOR DEBRA WINGER (2002)
WE DON'T LIVE HERE ANYMORE (2004)
HAPPY ENDINGS (2005)
PRIZE WINNER OF DEFIANCE OHIO (2005)
INLAND EMPIRE (2006)
LONELY HEARTS (2006)
YEAR OF THE DOG (2007)
RECOUNT (2008)

DESCAS, Alex
acteur antillais (1958-)
TAXI BOY (1986)
S'EN FOUT LA MORT (1990)
J'AI PAS SOMMEIL (1994)
IRMA VEP (1996)
FIN AOÛT, DÉBUT SEPTEMBRE (1998)
DERNIER HAREM, LE (1999)
LUMUMBA (2000)
TROUBLE EVERY DAY (2001)
COFFEE & CIGARETTES (2003)
TIRESIA (2003)
ÉTATS-UNIS D'ALBERT, LES (2005)

DESCHANEL, Zooey
actrice américaine (1980-)
ALMOST FAMOUS (2000)
GOOD GIRL, THE (2001)
ABANDON (2002)
ALL THE REAL GIRLS (2003)
ELF (2003)
EULOGY (2004)
ONCE UPON A MATTRESS (2004)
HITCHHIKER'S GUIDE TO THE GALAXY (2005)
FAILURE TO LAUNCH (2006)
LIVE FREE OR DIE (2006)
WINTER PASSING (2006)
BRIDGE TO TERABITHIA (2007)
GO-GETTER, THE (2007)
TIN MAN (2007)
HAPPENING, THE (2008)
YES MAN (2008)

DETMERS, Maruschka
actrice néerlandaise (1962-)
FAUCON, LE (1983)
PRÉNOM: CARMEN (1983)
PIRATE, LA (1984)
DIABLE AU CORPS, LE (1986)
HANNA'S WAR (1988)
ADRIEN ET VICKY (1989)
DEUX (1989)
BRASIER, LE (1990)
MAMBO KINGS, THE (1992)
ARMEN AND BULIK (1993)
ELLES N'OUBLIENT JAMAIS (1993)
COMME DES ROIS (1997)
REWIND (1997)
JEAN MOULIN: UNE AFFAIRE FRANÇAISE (2002)

DeVITO, Danny
acteur américain (1944-)
ONE FLEW OVER THE CUCKOO'S NEST (1975)
GOIN' SOUTH (1978)
TAXI (SEASON I) (1978)
TERMS OF ENDEARMENT (1983)
JOHNNY DANGEROUSLY (1984)
ROMANCING THE STONE (1984)
JEWEL OF THE NILE, THE (1985)
WISE GUYS (1985)
RUTHLESS PEOPLE (1986)
THROW MOMMA FROM THE TRAIN (1987)
TIN MEN (1987)
TWINS (1988)
WAR OF THE ROSES, THE (1989)
OTHER PEOPLE'S MONEY (1991)
BATMAN RETURNS (1992)
HOFFA (1992)
JACK THE BEAR (1992)
JUNIOR (1994)
RENAISSANCE MAN (1994)
GET SHORTY (1995)
MARS ATTACKS! (1996)
MATILDA (1996)
L.A. CONFIDENTIAL (1997)
RAINMAKER,THE (1997)
LIVING OUT LOUD (1998)
BIG KAHUNA (1999)
MAN ON THE MOON (1999)
DROWNING MONA (2000)
SCREWED (2000)
HEIST (2001)
WHAT'S THE WORST THAT COULD HAPPEN? (2001)
DEATH TO SMOOCHY (2002)
ANYTHING ELSE (2003)
BE COOL (2005)
MARILYN HOTCHKISS BALLROOM DANCING & CHARM SCHOOL (2005)
OH IN OHIO, THE (2006)
RELATIVE STRANGERS (2006)
EVEN MONEY (2007)
JUST ADD WATER (2007)
NOBEL SON (2007)

DEVOS, Emmanuelle
actrice française (1964-)
COMMENT JE ME SUIS DISPUTÉ... (MA VIE SEXUELLE) (1995)
ARTEMISIA (1997)
PEUT-ÊTRE (1999)
AÏE (2000)
COURS TOUJOURS (2000)
SUR MES LÈVRES (2001)
ADVERSAIRE, L' (2002)
ROIS ET REINE (2004)
DE BATTRE MON CŒUR S'EST ARRÊTÉ (2005)
GENTILLE (2005)
MOUSTACHE, LA (2005)
CEUX QUI RESTENT (2007)
J'ATTENDS QUELQU'UN (2007)
PLUS TARD, TU COMPRENDRAS (2008)
UN CONTE DE NOËL (2008)

DIAZ, Cameron
actrice américaine (1972-)
MASK, THE (1994)
LAST SUPPER, THE (1995)
FEELING MINNESOTA (1996)
SHE'S THE ONE (1996)
LIFE LESS ORDINARY, A (1997)
MY BEST FRIEND'S WEDDING (1997)
FEAR AND LOATHING IN LAS VEGAS (1998)
THERE'S SOMETHING ABOUT MARY (1998)
VERY BAD THINGS (1998)
ANY GIVEN SUNDAY (1999)
BEING JOHN MALKOVICH (1999)
CHARLIE'S ANGELS (2000)
INVISIBLE CIRCUS, THE (2000)
THINGS YOU CAN TELL JUST BY LOOKING AT HER (2000)
VANILLA SKY (2001)
GANGS OF NEW YORK (2002)
SWEETEST THING, THE (2002)
CHARLIE'S ANGELS: FULL THROTTLE (2003)
IN HER SHOES (2005)
HOLIDAY, THE (2006)
WHAT HAPPENS IN VEGAS (2008)

DiCAPRIO, Leonardo
acteur américain (1974-)
CRITTERS 3 (1991)
THIS BOY'S LIFE (1993)
WHAT'S EATING GILBERT GRAPE? (1993)
BASKETBALL DIARIES, THE (1995)
QUICK AND THE DEAD, THE (1995)
TOTAL ECLIPSE (1995)
MARVIN'S ROOM (1996)
WILLIAM SHAKESPEARE'S ROMEO & JULIET (1996)
TITANIC (1997)
CELEBRITY (1998)
MAN IN THE IRON MASK, THE (1998)
BEACH, THE (2000)
CATCH ME IF YOU CAN (2002)
GANGS OF NEW YORK (2002)
AVIATOR, THE (2004)
BLOOD DIAMOND (2006)
DEPARTED, THE (2006)
11th HOUR, THE (2007)
BODY OF LIES (2008)
REVOLUTIONARY ROAD (2008)

DICKENS, Kim
actrice américaine (1965-)
TRUTH OR CONSEQUENCES N.M. (1997)
ZERO EFFECT (1997)
GREAT EXPECTATIONS (1998)
MERCURY RISING (1998)
GIFT, THE (2000)
HOLLOW MAN (2000)
THINGS BEHIND THE SUN (2001)
HOUSE OF SAND AND FOG, THE (2003)
OUT OF ORDER (2003)

DICKINSON, Angie
actrice américaine (1931-)
CHINA GATE (1956)
RIO BRAVO (1959)
BRAMBLE BUSH, THE (1960)
OCEAN'S 11 (1960)
ROME ADVENTURE (1961)
CAPTAIN NEWMAN, M.D. (1963)
KILLERS, THE (1964)
CHASE, THE (1965)
POINT BLANK (1967)
YOUNG BILLY YOUNG (1969)
UN HOMME EST MORT (1972)
BIG BAD MAMA (1974)
CHARLIE CHAN AND THE CURSE OF THE DRAGON QUEEN (1980)
DRESSED TO KILL (1980)
DEATH HUNT (1981)
EVEN COWGIRLS GET THE BLUES (1994)
SABRINA (1995)
PAY IT FORWARD (2000)
BIG BAD LOVE (2001)

DIETRICH, Marlene
actrice allemande (1901-1992)
RUE SANS JOIE, LA (1925)
ANGE BLEU, L' (1930)
MOROCCO (1930)
DISHONORED (1931)
BLONDE VENUS (1932)
SHANGHAI EXPRESS (1932)
SONG OF SONGS, THE (1933)
SCARLET EMPRESS, THE (1934)
DEVIL IS A WOMAN, THE (1935)
DESIRE (1936)
ANGEL (1937)
KNIGHT WITHOUT ARMOUR (1937)
DESTRY RIDES AGAIN (1939)
SEVEN SINNERS (1940)
FLAME OF NEW ORLEANS, THE (1941)
LADY IS WILLING, THE (1941)
PITTSBURGH (1942)
SPOILERS, THE (1942)
FOLLOW THE BOYS (1944)
KISMET (1944)
GOLDEN EARRINGS (1947)
FOREIGN AFFAIR, A (1948)
STAGE FRIGHT (1950)
NO HIGHWAY IN THE SKY (1951)
RANCHO NOTORIOUS (1952)
KISMET (1955)
WITNESS FOR THE PROSECUTION (1957)
TOUCH OF EVIL (1958)
JUDGMENT AT NUREMBERG (1961)
PARIS WHEN IT SIZZLES (1963)
MARLENE (1983)

DIGGS, Taye
acteur américain (1972-)
HOW STELLA GOT HER GROOVE BACK (1998)
BEST MAN, THE (1999)
GO (1999)
HOUSE ON HAUNTED HILL (1999)
EQUILIBRIUM (2001)
JUST A KISS (2001)
BROWN SUGAR (2002)
CHICAGO (2002)
BASIC (2003)
MALIBU'S MOST WANTED (2003)
CAKE (2005)
RENT (2005)

DILLANE, Stephen
acteur anglais (1957-)
TWO IF BY SEA (1995)
DÉJÀ VU (1997)
FIRELIGHT (1997)
WELCOME TO SARAJEVO (1997)

ORDINARY DECENT CRIMINAL (2000)
SPY GAME (2001)
GATHERING, THE (2002)
HOURS, THE (2002)
HAVEN (2004)
GREATEST GAME EVER PLAYED (2005)
NINE LIVES (2005)
KLIMT (2006)
FUGITIVE PIECES (2007)
SAVAGE GRACE (2007)

DILLON, Matt
acteur américain (1964-)
OVER THE EDGE (1979)
MY BODYGUARD (1980)
LIAR'S MOON (1981)
TEX (1982)
WHITE DOG (1982)
OUTSIDERS, THE (1983)
RUMBLE FISH (1983)
FLAMINGO KID, THE (1984)
TARGET (1985)
BIG TOWN, THE (1987)
DEAR AMERICA: LETTERS HOME FROM VIETNAM (1987)
KANSAS (1988)
BLOODHOUNDS OF BROADWAY (1989)
DRUGSTORE COWBOY (1989)
KISS BEFORE DYING, A (1991)
SINGLES (1992)
MR. WONDERFUL (1993)
SAINT OF FORT WASHINGTON, THE (1993)
FRANKIE STARLIGHT (1995)
TO DIE FOR (1995)
ALBINO ALLIGATOR (1996)
BEAUTIFUL GIRLS (1996)
GRACE OF MY HEART (1996)
IN & OUT (1997)
PITCH (1997)
THERE'S SOMETHING ABOUT MARY (1998)
WILD THINGS (1998)
ONE NIGHT AT MCCOOL'S (2001)
CITY OF GHOSTS (2002)
CRASH (2004)
FACTOTUM (2005)
HERBIE: FULLY LOADED (2005)
LOVERBOY (2005)
YOU, ME AND DUPREE (2006)
NOTHING BUT THE TRUTH (2008)

DOE, John
acteur américain (1954-)
SALVADOR (1985)
BORDER RADIO (1987)
SLAM DANCE (1987)
GREAT BALLS OF FIRE! (1989)
ROAD HOUSE (1989)
WITHOUT YOU I'M NOTHING: SANDRA BERNHARD (1990)
MATTER OF DEGREES, A (1991)
LIQUID DREAMS (1992)
PURE COUNTRY (1992)
WYATT EARP (1994)
GEORGIA (1995)
TOUCH (1996)
FORCES OF NATURE (1999)

DOMBASLE, Arielle
actrice française (1955-)
PERCEVAL LE GALLOIS (1978)
TESS (1979)
FRUITS DE LA PASSION, LES (1980)
BEAU MARIAGE, LE (1981)
BELLE CAPTIVE, LA (1983)
PAULINE À LA PLAGE (1983)
NUIT PORTE-JARRETELLES, LA (1984)
JEUX D'ARTIFICES (1987)
TWISTED OBSESSION (1988)
LOLA ZIPPER (1990)
ARBRE, LE MAIRE ET LA MÉDIATHÈQUE, L' (1993)
CENT ET UNE NUITS, LES (1994)
MÉCANIQUES CÉLESTES (1994)
UN INDIEN DANS LA VILLE (1994)
TROIS VIES ET UNE SEULE MORT (1995)
JOUR ET LA NUIT, LE (1996)
J'EN SUIS! (1997)
ENNUI, L' (1998)
QUE LA LUMIÈRE SOIT (1998)
TEMPS RETROUVÉ, LE (1999)
AMAZONE (2000)
GAMER (2000)
LIBERTIN, LE (2000)
ALBERT EST MÉCHANT (2003)
COURAGE D'AIMER, LE (2004)
SAGAN (2008)

DONLEVY, Brian
acteur américain (1899-1972)
BARBARY COAST (1935)
IN OLD CHICAGO (1938)
ALLEGHENY UPRISING (1939)
DESTRY RIDES AGAIN (1939)
JESSE JAMES (1939)
BRIGHAM YOUNG (1940)
GREAT MCGINTY, THE (1940)
UNION PACIFIC (1940)
WHEN THE DALTONS RODE (1940)
BILLY THE KID (1941)
BIRTH OF THE BLUES (1941)
GLASS KEY, THE (1942)
GREAT MAN'S LADY, THE (1942)
WAKE ISLAND (1942)
HANGMEN ALSO DIE (1943)
TWO YEARS BEFORE THE MAST (1945)
CANYON PASSAGE (1946)
KISS OF DEATH (1946)
VIRGINIAN, THE (1946)
SONG OF SCHEHERAZADE (1947)
COMMAND DECISION (1948)
IMPACT (1949)
BIG COMBO, THE (1954)
QUATERMASS XPERIMENT, THE (1955)
QUATERMASS 2 (1957)
COWBOY (1958)
NEVER SO FEW (1959)
ERRAND BOY, THE (1961)
FAT SPY (1965)
HOSTILE GUNS (1967)

DONOVAN, Martin
acteur américain (1957-)
TRUST (1990)
SIMPLE MEN (1991)
AMATEUR (1994)
NADJA (1994)
FLIRT (1995)
HOLLOW REED (1995)
PORTRAIT OF A LADY, THE (1996)
BOOK OF LIFE, THE (1998)
HEAVEN (1998)
LIVING OUT LOUD (1998)
OPPOSITE OF SEX, THE (1998)
SPANISH FLY (1998)
ONEGIN (1999)
INSOMNIA (2002)
PIPE DREAM (2002)
SAVED! (2004)
TRAFFIC: THE MINISERIES (2004)
QUIET, THE (2005)
SENTINEL, THE (2006)
MASTERS OF HORROR - RIGHT TO DIE (2007)
WIND CHILL (2007)

DORFF, Stephen
acteur américain (1973-)
POWER OF ONE, THE (1992)
BACKBEAT (1993)
JUDGMENT NIGHT (1993)
S.F.W. (1994)
RECKLESS (1995)
BLOOD AND WINE (1996)
CITY OF INDUSTRY (1996)
I SHOT ANDY WARHOL (1996)
BLADE (1998)
DEUCES WILD (2002)
FEAR DOT COM (2002)
COLD CREEK MANOR (2003)
SHADOWBOXER (2005)
.45 (2006)
WORLD TRADE CENTER (2006)

DOUGLAS, Illeana
actrice américaine (1965-)
ALIVE (1992)
TO DIE FOR (1995)
GRACE OF MY HEART (1996)
WEDDING BELL BLUES (1996)
PICTURE PERFECT (1997)
WEAPONS OF MASS DISTRACTION (1997)
ACTION - COMPLETE SERIES (1999)
HAPPY TEXAS (1999)
LANSKY (1999)
MESSAGE IN A BOTTLE (1999)
STIR OF ECHOES (1999)
NEXT BEST THING, THE (2000)
GHOST WORLD (2001)
DUMMY (2002)
KISS, THE (2003)
CALIFORNIANS, THE (2005)

DOUGLAS, Kirk
acteur américain (1916-)
STRANGE LOVE OF MARTHA IVERS (1946)
MOURNING BECOMES ELECTRA (1947)
OUT OF THE PAST (1947)
LETTER TO THREE WIVES, A (1948)
MY DEAR SECRETARY (1948)
CHAMPION (1949)
YOUNG MAN WITH A HORN (1950)
ACE IN THE HOLE (1951)
ALONG THE GREAT DIVIDE (1951)
DETECTIVE STORY (1951)
BAD AND THE BEAUTIFUL, THE (1952)
BIG SKY, THE (1952)
BIG TREES, THE (1952)
20,000 LEAGUES UNDER THE SEA (1954)
RACERS, THE (1954)
ULYSSES (1954)
INDIAN FIGHTER, THE (1955)
MAN WITHOUT A STAR (1955)
LUST FOR LIFE (1956)
GUNFIGHT AT THE O.K. CORRAL (1957)
PATHS OF GLORY (1957)
VIKINGS, THE (1958)
LAST TRAIN FROM GUN HILL (1959)
SPARTACUS (1960)
STRANGERS WHEN WE MEET (1960)
TOWN WITHOUT PITY (1961)
LONELY ARE THE BRAVE (1962)
LIST OF ADRIAN MESSENGER, THE (1963)
SEVEN DAYS IN MAY (1963)
HEROES OF TELEMARK, THE (1965)
IN HARM'S WAY (1965)
CAST A GIANT SHADOW (1966)
WAR WAGON, THE (1967)
WAY WEST, THE (1967)
BROTHERHOOD, THE (1968)
ARRANGEMENT, THE (1969)
DOIGTS CROISÉS, LES (1970)
GUNFIGHT, A (1970)
THERE WAS A CROOKED MAN (1970)
LIGHT AT THE EDGE OF THE WORLD, THE (1971)
POSSE (1975)
VICTORY AT ENTEBBE (1976)
FURY, THE (1978)
HOME MOVIES (1979)
VILLAIN, THE (1979)
SATURN 3 (1980)
MAN FROM SNOWY RIVER, THE (1982)
OSCAR (1991)
VERAZ (1991)
IT RUNS IN THE FAMILY (2003)

DOUGLAS, Melvyn
acteur américain (1901-1981)
TONIGHT OR NEVER (1931)
AS YOU DESIRE ME (1932)
COUNSELLOR AT LAW (1933)
ANNIE OAKLEY (1935)
ANGEL (1937)
SHINING HOUR (1938)
NINOTCHKA (1939)
THAT UNCERTAIN FEELING (1941)
TWO-FACED WOMAN (1941)
THEY ALL KISSED THE BRIDE (1942)
MR. BLANDINGS BUILDS HIS DREAM HOUSE (1948)
WOMAN'S SECRET, A (1949)
MY FORBIDDEN PAST (1951)
BILLY BUDD (1962)
AMERICANIZATION OF EMILY, THE (1964)
I NEVER SANG FOR MY FATHER (1969)
SEDUCTION OF JOE TYNAN, THE (1979)
CHANGELING, THE (1980)
TELL ME A RIDDLE (1980)

DOUGLAS, Michael
acteur américain (1944-)
NAPOLEON AND SAMANTHA (1972)
CHINA SYNDROME, THE (1978)
COMA (1978)
IT'S MY TURN (1980)
STAR CHAMBER, THE (1983)
ROMANCING THE STONE (1984)
CHORUS LINE, A (1985)
JEWEL OF THE NILE, THE (1985)
FATAL ATTRACTION (1987)
WALL STREET (1987)
BLACK RAIN (1989)
WAR OF THE ROSES, THE (1989)
BASIC INSTINCT (1992)
FALLING DOWN (1992)
SHINING THROUGH (1992)
DISCLOSURE (1994)
AMERICAN PRESIDENT, THE (1995)
GHOST AND THE DARKNESS, THE (1996)
GAME, THE (1997)

PERFECT MURDER, A (1998)
TRAFFIC (2000)
DON'T SAY A WORD (2001)
ONE NIGHT AT MCCOOL'S (2001)
IN-LAWS, THE (2003)
IT RUNS IN THE FAMILY (2003)
SENTINEL, THE (2006)
YOU, ME AND DUPREE (2006)
KING OF CALIFORNIA (2007)

DOURIF, Brad
acteur américain (1950-)
ONE FLEW OVER THE CUCKOO'S NEST (1975)
EYES OF LAURA MARS, THE (1978)
WISE BLOOD (1979)
GUYANA TRAGEDY: THE STORY OF JIM JONES (1980)
HEAVEN'S GATE (1980)
RAGTIME (1981)
DUNE (1984)
BLUE VELVET (1986)
FATAL BEAUTY (1987)
CHILD'S PLAY (1988)
MISSISSIPPI BURNING (1988)
SPONTANEOUS COMBUSTION (1989)
CHILD'S PLAY II (1990)
EXORCIST III, THE (1990)
GRAVEYARD SHIFT (1990)
GRIM PRAIRIE TALES (1990)
HIDDEN AGENDA (1990)
BODY PARTS (1991)
CERRO TORRE: SCREAM OF STONE (1991)
CRITTERS 4 (1991)
HORSEPLAYER (1991)
JUNGLE FEVER (1991)
LONDON KILLS ME (1991)
AMOS & ANDREW (1993)
TRAUMA (1993)
COLOR OF NIGHT (1994)
MURDER IN THE FIRST (1994)
ALIEN RESURRECTION (1997)
BRIDE OF CHUCKY (1998)
SENSELESS (1998)
DEADWOOD (SEASON I) (2004)
WILD BLUE YONDER (2005)
WIZARD OF GORE, THE (2007)
HUMBOLDT COUNTY (2008)

DOWNEY Jr., Robert
acteur américain (1965-)
BABY, IT'S YOU (1982)
FIRST BORN (1984)
TUFF TURF (1984)
WEIRD SCIENCE (1985)
DEAR AMERICA: LETTERS HOME FROM VIETNAM (1987)
LESS THAN ZERO (1987)
PICK-UP ARTIST, THE (1987)
1969 (1988)
TRUE BELIEVER (1988)
CHANCES ARE (1989)
TOO MUCH SUN (1990)
SOAPDISH (1991)
CHAPLIN (1992)
HEART AND SOULS (1993)
SHORT CUTS (1993)
NATURAL BORN KILLERS (1994)
ONLY YOU (1994)
HOME FOR THE HOLIDAYS (1995)
RESTORATION (1995)
RICHARD III (1995)
GINGERBREAD MAN, THE (1997)
HUGO POOL (1997)
ONE NIGHT STAND (1997)
TWO GIRLS AND A GUY (1997)
IN DREAMS (1998)
U.S. MARSHALS (1998)
BLACK AND WHITE (1999)
BOWFINGER (1999)
WONDER BOYS (2000)
EROS (2005)
GAME 6 (2005)
GOOD NIGHT, AND GOOD LUCK (2005)
KISS KISS BANG BANG (2005)
FUR - AN IMAGINARY PORTRAIT OF DIANE ARBUS (2006)
GUIDE TO RECOGNIZING YOUR SAINTS, A (2006)
LUCKY YOU (2006)
SCANNER DARKLY, A (2006)
CHARLIE BARTLETT (2007)
ZODIAC (2007)
IRON MAN (2008)
TROPIC THUNDER (2008)
SOLOIST, THE (2009)

DREYFUSS, Richard
acteur américain (1947-)
GRADUATE, THE (1967)
VALLEY OF THE DOLLS (1967)
AMERICAN GRAFFITI (1973)
APPRENTICESHIP OF DUDDY KRAVITZ, THE (1974)
INSERTS (1975)
JAWS (1975)
VICTORY AT ENTEBBE (1976)
CLOSE ENCOUNTERS OF THE THIRD KIND (1977)
GOODBYE GIRL, THE (1977)
COMPETITION, THE (1980)
WHOSE LIFE IS IT ANYWAY? (1981)
BUDDY SYSTEM, THE (1983)
DOWN AND OUT IN BEVERLY HILLS (1986)
STAND BY ME (1986)
NUTS (1987)
STAKEOUT (1987)
TIN MEN (1987)
MOON OVER PARADOR (1988)
ALWAYS (1989)
LET IT RIDE (1989)
ONCE AROUND (1990)
POSTCARDS FROM THE EDGE (1990)
ROSENCRANTZ AND GUILDENSTERN ARE DEAD (1990)
PRISONER OF HONOR (1991)
WHAT ABOUT BOB? (1991)
ANOTHER STAKEOUT (1993)
LOST IN YONKERS (1993)
SILENT FALL (1994)
AMERICAN PRESIDENT, THE (1995)
MR. HOLLAND'S OPUS (1995)
NIGHT FALLS ON MANHATTAN (1996)
OLIVER TWIST (1997)
KRIPPENDORF'S TRIBE (1998)
LANSKY (1999)
NOTTING HILL (1999)
CREW, THE (2000)
FAIL SAFE (2000)
SILVER CITY (2004)
POSEIDON (2006)
TIN MAN (2007)
W. (2008)

DRIVER, Minnie
actrice américaine (1970-)
CIRCLE OF FRIENDS (1995)
BIG NIGHT (1996)
GOOD WILL HUNTING (1997)
GROSSE POINT BLANK (1997)
HARD RAIN (1997)
GOVERNESS, THE (1998)
IDEAL HUSBAND, AN (1999)
BEAUTIFUL (2000)
RETURN TO ME (2000)
HIGH HEELS AND LOW LIFES (2001)
HOPE SPRINGS (2003)
OWNING MAHOWNY (2003)
ELLA ENCHANTED (2004)
PHANTOM OF THE OPERA (2004)
RICHES, THE (SEASON 1) (2007)

DUBOIS, Marie
actrice française (1937-)
FEMME EST UNE FEMME, UNE (1960)
TIREZ SUR LE PIANISTE (1960)
JULES ET JIM (1961)
ÂGE INGRAT, L' (1964)
CHASSE À L'HOMME, LA (1964)
RONDE, LA (1964)
GRANDES GUEULES, LES (1965)
GRANDE VADROUILLE, LA (1966)
THOSE DARING YOUNG MEN IN THEIR JAUNTY JALOPIES (1969)
ANATOMIE D'UN LIVREUR (1971)
NIGHT FLIGHT FROM MOSCOW (1972)
SERPENT, LE (1972)
ANTOINE ET SÉBASTIEN (1973)
VINCENT, FRANÇOIS, PAUL ET LES AUTRES (1974)
INNOCENTE, L' (1976)
MENACE, LA (1977)
IL Y A LONGTEMPS QUE JE T'AIME (1979)
MON ONCLE D'AMÉRIQUE (1980)
PETITE SIRÈNE, LA (1980)
AMI DE VINCENT, L' (1983)
GARCON! (1983)
INTRUS, L' (1984)
DESCENTE AUX ENFERS (1986)
CAPRICES D'UN FLEUVE, LES (1995)

DUCHAUSSOY, Michel
acteur français (1938-)
JEU DE MASSACRE (1966)
FEMME INFIDÈLE, LA (1968)
QUE LA BÊTE MEURE (1969)
ILS (1970)
RUPTURE, LA (1970)
HOMME AU CERVEAU GREFFÉ, L' (1972)
TRAITEMENT DE CHOC (1972)
COMPLOT, LE (1973)
NADA (1974)
RETOUR DU GRAND BLOND, LE (1974)
HOMME PRESSÉ, L' (1977)
VILLE DES SILENCES, LA (1979)
SURPRISE PARTY (1982)
FORT SAGANNE (1983)
MÔME, LE (1986)
MOUSTACHU, LE (1987)
DIABLE À QUATRE, LE (1988)
BOIS NOIRS, LES (1989)
MILOU EN MAI (1989)
RÉVOLUTION FRANÇAISE 1: LES ANNÉES LUMIÈRE, LA (1989)
RÉVOLUTION FRANÇAISE 2: LES ANNÉES TERRIBLES, LA (1989)
VIE ET RIEN D'AUTRE, LA (1989)
PAS D'AMOUR SANS AMOUR (1993)
ALLÉE DU ROI, L' (1996)
VEUVE DE SAINT-PIERRE, LA (1999)
LISE ET ANDRÉ (2000)
AMEN. (2001)
MENTALE, LA (2002)
CONFIDENCES TROP INTIMES (2003)
DÉDALES (2003)
TRISTAN (2003)
DEMOISELLE D'HONNEUR, LA (2004)

DUCHOVNY, David
acteur américain (1960-)
RED SHOE DIARIES (1992)
VENICE / VENICE (1992)
KALIFORNIA (1993)
X-FILES: THE MOVIE (1998)
RETURN TO ME (2000)
EVOLUTION (2001)
X-FILES (SEASON VIII) (2001)
ZOOLANDER (2001)
FULL FRONTAL (2002)
CONNIE AND CARLA (2004)
HOUSE OF D (2004)
TRUST THE MAN (2005)
TV SET, THE (2006)
SI J'ÉTAIS TOI (2007)
THINGS WE LOST IN THE FIRE (2007)
X-FILES, THE: I WANT TO BELIEVE (2008)

DUKAKIS, Olympia
actrice américaine (1930-)
SEAGULL, THE (1975)
MOONSTRUCK (1987)
LOOK WHO'S TALKING (1989)
STEEL MAGNOLIAS (1989)
SINATRA (1992)
LOOK WHO'S TALKING NOW (1993)
TALES OF THE CITY (1993)
MIGHTY APHRODITE (1995)
MR. HOLLAND'S OPUS (1995)
JERUSALEM (1996)
PICTURE PERFECT (1997)
JOAN OF ARC (1999)
FURTHER TALES OF THE CITY (2001)
INTENDED, THE (2002)
EVENT, THE (2003)
LIBRARIAN THE: QUEST FOR THE SPEAR (2004)
3 NEEDLES (2005)
GREAT NEW WONDERFUL (2005)
WHISKEY SCHOOL (2005)
AWAY FROM HER (2007)
IN THE LAND OF WOMEN (2007)

DUNAWAY, Faye
actrice américaine (1941-)
BONNIE AND CLYDE (1967)
THOMAS CROWN AFFAIR, THE (1968)
ARRANGEMENT, THE (1969)
TEMPS DES AMANTS, LE (1969)
LITTLE BIG MAN (1970)
DOC (1971)
HOGAN'S GOAT (1971)
MAISON SOUS LES ARBRES, LA (1971)
CHINATOWN (1974)
FOUR MUSKETEERS, THE (1974)
MUSKETEERS, THE (1974)
THREE MUSKETEERS, THE (1974)
TOWERING INFERNO, THE (1974)
3 DAYS OF THE CONDOR (1975)
NETWORK (1976)
VOYAGE OF THE DAMNED (1976)
EYES OF LAURA MARS, THE (1978)
CHAMP, THE (1979)
FIRST DEADLY SIN, THE (1980)
MOMMIE DEAREST (1981)

SUPERGIRL: THE MOVIE (1984)
THIRTEEN AT DINNER (1985)
BARFLY (1987)
CASANOVA (1987)
BURNING SECRET (1988)
COLD SASSY TREE (1989)
WAIT UNTIL SPRING, BANDINI (1989)
HANDMAID'S TALE, THE (1990)
ARIZONA DREAM (1991)
SCORCHERS (1991)
TEMP, THE (1993)
EVEN COWGIRLS GET THE BLUES (1994)
DON JUAN DEMARCO (1995)
DRUNKS (1995)
DUNSTON CHECKS IN (1995)
ALBINO ALLIGATOR (1996)
CHAMBER, THE (1996)
GIA (1997)
TWILIGHT OF THE GOLDS, THE (1997)
MESSENGER, THE: THE STORY OF JOAN OF ARC (1999)
THOMAS CROWN AFFAIR (1999)
RULES OF ATTRACTION, THE (2002)
LAST GOODBYE (2004)
GENE GENERATION, THE (2008)

DUNN, Kevin
acteur américain (1956-)
1492: CONQUEST OF PARADISE (1992)
MAD LOVE (1995)
PICTURE PERFECT (1997)
SECOND CIVIL WAR (1997)
GODZILLA (1998)
SMALL SOLDIERS (1998)
SNAKE EYES (1998)
STIR OF ECHOES (1999)
I HEART HUCKABEES (2004)
TRANSFORMERS (2007)

DUNNE, Griffin
acteur américain (1955-)
AMERICAN WEREWOLF IN LONDON (1981)
FAN, THE (1981)
BABY, IT'S YOU (1982)
COLD FEET (1984)
JOHNNY DANGEROUSLY (1984)
AFTER HOURS (1985)
AMAZON WOMEN ON THE MOON (1986)
WHO'S THAT GIRL? (1987)
GRAND BLEU, LE (1988)
ME AND HIM (1988)
ONCE AROUND (1990)
MY GIRL (1991)
STRAIGHT TALK (1992)
I LIKE IT LIKE THAT (1994)
QUIZ SHOW (1994)
SEARCH AND DESTROY (1995)
MARIE AND BRUCE (2004)
GAME 6 (2005)
SNOW ANGELS (2006)

DUNST, Kirsten
actrice américaine (1982-)
LITTLE WOMEN (1994)
JUMANJI (1995)
RUBY RIDGE: AN AMERICAN TRAGEDY (1995)
GUN (1996)
SMALL SOLDIERS (1998)
STRIKE! (1998)
DEVIL'S ARITHMETIC, THE (1999)
DICK (1999)
DROP DEAD GORGEOUS (1999)
BRING IT ON (2000)
CROW: SALVATION, THE (2000)
DEEPLY (2000)
LOVER'S PRAYER (2000)
CAT'S MEOW, THE (2001)
CRAZY / BEAUTIFUL (2001)
GET OVER IT (2001)
SPIDER-MAN (2002)
MONA LISA SMILE (2003)
ETERNAL SUNSHINE OF THE SPOTLESS MIND (2004)
SPIDER-MAN 2 (2004)
WIMBLEDON (2004)
ELIZABETHTOWN (2005)
MARIE ANTOINETTE (2005)
SPIDER-MAN 3 (2007)
HOW TO LOSE FRIENDS & ALIENATE PEOPLE (2008)

DUPEREY, Anny
actrice française (1947-)
DEUX OU TROIS CHOSES QUE JE SAIS D'ELLE (1967)
HISTOIRES EXTRAORDINAIRES (1968)
SOUS LE SIGNE DE MONTE-CRISTO (1968)
FEMMES, LES (1969)
ROSE ÉCORCHÉE, LA (1970)
STAVISKY (1974)
BOBBY DEERFIELD (1977)
PSY (1980)
MEURTRES À DOMICILE (1981)
MILLE MILLIARDS DE DOLLARS (1981)
DÉMON DANS L'ÎLE, LE (1982)
GRAND PARDON, LE (1982)
COMPÈRES, LES (1983)
TRICHE, LA (1984)
GERMINAL (1993)

DUPIRE, Serge
acteur québécois (1957-)
ÉCLAIR AU CHOCOLAT (1978)
PLOUFFE, LES (1981)
CRIME D'OVIDE PLOUFFE, LE (1984)
FEMME DE L'HÔTEL, LA (1984)
MATOU, LE (1985)
ÎLE, L' (1987)
AUTOMNE SAUVAGE, L' (1992)
MEURTRE EN MUSIQUE (1994)
CONCIERGERIE, LA (1997)

DUPONTEL, Albert
acteur français (1964-)
BERNIE (1996)
UN HÉROS TRÈS DISCRET (1996)
SERIAL LOVER (1998)
IRRÉVERSIBLE (2002)
CONVOYEUR, LE (2004)
ENFERMÉS DEHORS (2005)
FAUTEUILS D'ORCHESTRE (2005)
JACQUOU LE CROQUANT (2006)
ODETTE TOULEMONDE (2006)
PRÉSIDENT (2006)
CHRYSALIS (2007)
ENNEMI INTIME, L' (2007)
DEUX JOURS À TUER (2008)
PARIS (2008)

DUPUIS, Roy
acteur québécois (1963-)
FILLES DE CALEB, LES (1990)
BEING AT HOME WITH CLAUDE (1992)
C'ÉTAIT LE 12 DU 12 ET CHILI AVAIT LES BLUES (1993)
CAP TOURMENTE (1993)
JUMELLES DIONNE, LES (1994)
SCREAMERS (1995)
HOMME IDÉAL, L' (1996)
PASSAGE DES HOMMES LIBRES, LE (1996)
FEMME NIKITA, LA (1997)
J'EN SUIS! (1997)
FEMME NIKITA, LA (SEASON II) (1998)
DERNIER CHAPITRE II, LE: LA VENGEANCE (2002)
DERNIER CHAPITRE, LE (2002)
SÉRAPHIN, UN HOMME ET SON PÉCHÉ (2002)
C'EST PAS MOI, C'EST L'AUTRE (2004)
JACK PARADISE: LES NUITS DE MONTRÉAL (2004)
MÉMOIRES AFFECTIVES (2004)
MONICA LA MITRAILLE (2004)
ÉTATS-UNIS D'ALBERT, LES (2005)
MANNERS OF DYING (2005)
MAURICE RICHARD (2005)
THAT BEAUTIFUL SOMEWHERE (2006)
EMOTIONAL ARITHMETIC (2007)
SHAKE HANDS WITH THE DEVIL (2007)
TRUFFE (2008)
UN ÉTÉ SANS POINT NI COUP SÛR (2008)
JE ME SOUVIENS (2009)

DURIS, Romain
acteur français (1974-)
PÉRIL JEUNE, LE (1994)
DÉJÀ MORT (1997)
DOBERMANN (1997)
ÉTRANGER FOU, L' (1997)
PEUT-ÊTRE (1999)
AUBERGE ESPAGNOLE, L' (2001)
BEING LIGHT (2003)
ARSÈNE LUPIN (2004)
EXILS (2004)
DE BATTRE MON CŒUR S'EST ARRÊTÉ (2005)
POUPÉES RUSSES, LES (2005)
MOLIÈRE (2006)
ÂGE D'HOMME... MAINTENANT OU JAMAIS!, L' (2007)
PARIS (2008)

DURNING, Charles
acteur américain (1923-)
I WALK THE LINE (1970)
PURSUIT OF HAPPINESS, THE (1970)
SISTERS (1972)
STING, THE (1973)
FRONT PAGE, THE (1974)
DOG DAY AFTERNOON (1975)
HINDENBURG, THE (1975)
TWILIGHT'S LAST GLEAMING (1977)
FURY, THE (1978)
GREEK TYCOON, THE (1978)
MUPPET MOVIE, THE (1979)
NORTH DALLAS FORTY (1979)
WHEN A STRANGER CALLS (1979)
TRUE CONFESSIONS (1981)
BEST LITTLE WHOREHOUSE IN TEXAS, THE (1982)
TOOTSIE (1982)
TO BE OR NOT TO BE (1983)
TWO OF A KIND (1983)
MASS APPEAL (1984)
BIG TROUBLE (1985)
SOLARBABIES (1986)
BRENDA STARR (1987)
COP (1987)
MAN WHO BROKE A 1000 CHAINS, THE (1987)
CAT CHASER (1988)
FAR NORTH (1988)
DICK TRACY (1990)
V.I. WARSHAWSKI (1991)
WATER ENGINE, THE (1992)
MUSIC OF CHANCE, THE (1993)
WHEN A STRANGER CALLS BACK (1993)
HUDSUCKER PROXY, THE (1994)
I.Q. (1994)
HOME FOR THE HOLIDAYS (1995)
ONE FINE DAY (1996)
SPY HARD (1996)
LAKEBOAT (2000)
O BROTHER, WHERE ART THOU? (2000)
STATE AND MAIN (2000)
DESPERATION (2006)

DUSSOLLIER, André
acteur français (1946-)
TOUTE UNE VIE (1975)
COUPLE TÉMOIN, LE (1977)
PERCEVAL LE GALLOIS (1978)
BEAU MARIAGE, LE (1981)
FILLES DE GRENOBLE, LES (1981)
AMOUR À MORT, L' (1984)
ENFANTS, LES (1984)
STRESS (1984)
TROIS HOMMES ET UN COUFFIN (1985)
MÉLO (1986)
YIDDISH CONNECTION (1986)
DE SABLE ET DE SANG (1987)
FRÉQUENCE MEURTRE (1988)
MON AMI LE TRAÎTRE (1988)
FEMME FARDÉE, LA (1990)
PETITE APOCALYPSE, LA (1992)
UN CŒUR EN HIVER (1992)
AUX PETITS BONHEURS (1993)
MARMOTTES, LES (1993)
MONTPARNASSE-PONDICHÉRY (1993)
COLONEL CHABERT, LE (1994)
ON CONNAÎT LA CHANSON (1997)
ENFANTS DU MARAIS, LES (1998)
VOLEUR DE VIE (1998)
AÏE (2000)
CHAMBRE DES OFFICIERS, LA (2001)
TANGUY (2001)
VIDOCQ (2001)
EFFROYABLES JARDINS (2002)
18 ANS APRÈS (2003)
TAIS-TOI (2003)
36 QUAI DES ORFÈVRES (2004)
AGENTS SECRETS (2004)
UN LONG DIMANCHE DE FIANÇAILLES (2004)
LEMMING (2005)
MON PETIT DOIGT M'A DIT (2005)
CŒURS (2006)
NE LE DIS À PERSONNE (2006)
CORTEX (2007)
VÉRITÉ OU PRESQUE, LA (2007)
AFFAIRE DE FAMILLE (2008)
CRIME EST NOTRE AFFAIRE, LE (2008)

DUTRONC, Jacques
acteur français (1943-)
ANTOINE ET SÉBASTIEN (1973)
IMPORTANT C'EST D'AIMER, L' (1974)

ÉTAT SAUVAGE, L' (1978)
À NOUS DEUX (1979)
ENTOURLOUPE, L' (1979)
OMBRE ROUGE, L' (1981)
SARAH (1983)
TRICHEURS (1983)
CHAMBRE À PART (1989)
MES NUITS SONT PLUS BELLES QUE VOS JOURS (1989)
VAN GOGH (1991)
TOUTES PEINES CONFONDUES (1992)
MAÎTRE DES ÉLÉPHANTS, LE (1995)
PLACE VENDÔME (1997)
MERCI POUR LE CHOCOLAT (2000)
C'EST LA VIE (2001)
EMBRASSEZ QUI VOUS VOUDREZ (2002)
UV (2007)

DUTTON, Charles
acteur américain (1951-)
MISSISSIPPI MASALA (1991)
ALIEN 3 (1992)
DISTINGUISHED GENTLEMAN, THE (1992)
LOW DOWN DIRTY SHAME, A (1994)
SURVIVING THE GAME (1994)
CRY, THE BELOVED COUNTRY (1995)
NICK OF TIME (1995)
PIANO LESSON, THE (1995)
GET ON THE BUS (1996)
MIMIC (1997)
COOKIE'S FORTUNE (1998)
RANDOM HEARTS (1999)
10, 000 BLACK MEN NAMED GEORGE (2002)
EYE SEE YOU (2002)
GOTHIKA (2003)
SECRET WINDOW (2004)
SOMETHING THE LORD MADE (2004)
EXPRESS, THE (2008)
HONEYDRIPPER (2008)

DUVAL, James
acteur américain (1972-)
DOOM GENERATION, THE (1995)
TOTALLY F***ED UP (1996)
NOWHERE (1997)
S.L.C. PUNK! (1998)
WEEKEND, THE (1999)
GONE IN SIXTY SECONDS (2000)
DONNIE DARKO (2001)
GALAXY FAR FAR AWAY, A (2001)
ROMAN (2006)

DuVALL, Clea
actrice américaine (1977-)
FACULTY, THE (1998)
BUT I'M A CHEERLEADER (1999)
GIRL, INTERRUPTED (1999)
GHOSTS OF MARS (2001)
CARNIVÀLE (SEASON I) (2003)
IDENTITY (2003)
CARNIVÀLE (SEASON II) (2005)
ANAMORPH (2007)
TWO WEEKS (2007)
PASSENGERS (2008)

DUVALL, Robert
acteur américain (1931-)
TO KILL A MOCKINGBIRD (1962)
CHASE, THE (1965)
BULLITT (1968)
COUNTDOWN (1968)
M*A*S*H (1969)
RAIN PEOPLE, THE (1969)
TRUE GRIT (1969)
LAWMAN (1970)
THX-1138 (1970)
TOMORROW (1971)
GODFATHER, THE (1972)
GREAT NORTHFIELD, MINNESOTA RAID, THE (1972)
JOE KIDD (1972)
BADGE 373 (1973)
OUTFIT, THE (1973)
CONVERSATION, THE (1974)
GODFATHER II, THE (1974)
BREAKOUT (1975)
KILLER ELITE, THE (1975)
EAGLE HAS LANDED, THE (1976)
NETWORK (1976)
SEVEN PERCENT SOLUTION, THE (1976)
BETSY, THE (1978)
INVASION OF THE BODY SNATCHERS (1978)
APOCALYPSE NOW (1979)
APOCALYPSE NOW REDUX (1979)
GREAT SANTINI, THE (1979)
TRUE CONFESSIONS (1981)
TENDER MERCIES (1982)
STONE BOY (1983)
NATURAL, THE (1984)
LIGHTSHIP, THE (1985)
COLORS (1988)
LONESOME DOVE (1989)
DAYS OF THUNDER (1990)
HANDMAID'S TALE, THE (1990)
CONVICTS, THE (1991)
RAMBLING ROSE (1991)
FALLING DOWN (1992)
NEWSIES (1992)
PESTE, LA (1992)
STALIN (1992)
WRESTLING ERNEST HEMINGWAY (1993)
PAPER, THE (1994)
SCARLET LETTER, THE (1995)
SOMETHING TO TALK ABOUT (1995)
STARS FELL ON HENRIETTA, THE (1995)
FAMILY THING, A (1996)
MAN WHO CAPTURED EICHMANN, THE (1996)
PHENOMENON (1996)
APOSTLE, THE (1997)
GINGERBREAD MAN, THE (1997)
CIVIL ACTION, A (1998)
DEEP IMPACT (1998)
6th DAY, THE (2000)
JOHN Q. (2001)
ASSASSINATION TANGO (2002)
GODS AND GENERALS (2003)
OPEN RANGE (2003)
SECONDHAND LIONS (2003)
KICKING AND SCREAMING (2005)
THANK YOU FOR SMOKING (2005)
LUCKY YOU (2006)
WE OWN THE NIGHT (2007)

DUVALL, Shelley
actrice américaine (1950-)
BREWSTER MCCLOUD (1970)
MCCABE & MRS. MILLER (1971)
THIEVES LIKE US (1974)
NASHVILLE (1975)
F. SCOTT FITZGERALD'S BERNICE BOBS HER HAIR (1976)
ANNIE HALL (1977)
POPEYE (1980)
SHINING, THE (1980)
TIME BANDITS (1981)
ROXANNE (1987)
UNDERNEATH, THE (1994)
PORTRAIT OF A LADY, THE (1996)
TALE OF THE MUMMY (1998)
4th FLOOR, THE (1999)
MANNA FROM HEAVEN (2002)

EASTWOOD, Clint
acteur américain (1930-)
FRANCIS IN THE NAVY (1955)
REVENGE OF THE CREATURE (1955)
TARANTULA (1955)
LAFAYETTE ESCADRILLE (1957)
FISTFUL OF DOLLARS, A (1964)
FOR A FEW DOLLARS MORE (1965)
GOOD, THE BAD AND THE UGLY, THE (1967)
HANG'EM HIGH (1967)
COOGAN'S BLUFF (1968)
WHERE EAGLES DARE (1968)
PAINT YOUR WAGON (1969)
TWO MULES FOR SISTER SARA (1969)
BEGUILED, THE (1970)
KELLY'S HEROES (1970)
DIRTY HARRY (1971)
PLAY MISTY FOR ME (1971)
JOE KIDD (1972)
HIGH PLAINS DRIFTER (1973)
MAGNUM FORCE (1973)
THUNDERBOLT AND LIGHTFOOT (1974)
EIGER SANCTION, THE (1975)
ENFORCER, THE (1976)
OUTLAW JOSEY WALES, THE (1976)
GAUNTLET, THE (1977)
EVERY WHICH WAY BUT LOOSE (1978)
ESCAPE FROM ALCATRAZ (1979)
ANY WHICH WAY YOU CAN (1980)
BRONCO BILLY (1980)
FIREFOX (1982)
HONKYTONK MAN (1982)
SUDDEN IMPACT (1983)
CITY HEAT (1984)
TIGHTROPE (1984)
PALE RIDER (1985)
HEARTBREAK RIDGE (1986)
BIRD (1988)
DEAD POOL, THE (1988)
PINK CADILLAC (1989)
WHITE HUNTER, BLACK HEART (1990)
UNFORGIVEN (1992)
IN THE LINE OF FIRE (1993)
PERFECT WORLD, A (1993)
BRIDGES OF MADISON COUNTY, THE (1995)
ABSOLUTE POWER (1996)
TRUE CRIME (1999)
SPACE COWBOYS (2000)
BLOOD WORK (2002)
MILLION DOLLAR BABY (2004)
GRAN TORINO (2008)

ECCLESTON, Christopher
acteur anglais (1964-)
ANCHORESS (1993)
CRACKER (SEASON 1) (1993)
SHALLOW GRAVE (1994)
CRACKER (SEASON III) (1995)
JUDE (1996)
CRACKER (SEASON II) (1997)
ELIZABETH (1998)
PRICE ABOVE RUBIES, A (1998)
EXISTENZ (1999)
INVISIBLE CIRCUS, THE (2000)
OTHERS, THE (2001)
28 DAYS LATER (2002)
I AM DINA (2002)
REVENGERS TRAGEDY (2002)
DOCTOR WHO (2005) (2005)
LEWIS & CLARK AND OTHER GREAT ADVENTURES (2007)
SEEKER DARK IS RISING, THE (2007)

ECKHART, Aaron
acteur américain (1968-)
IN THE COMPANY OF MEN (1997)
THURSDAY (1998)
YOUR FRIENDS & NEIGHBORS (1998)
MOLLY (1999)
ERIN BROCKOVICH (2000)
NURSE BETTY (2000)
PLEDGE, THE (2000)
POSSESSION (2002)
CORE, THE (2003)
MISSING, THE (2003)
PAYCHECK (2003)
SUSPECT ZERO (2004)
CONVERSATIONS WITH OTHER WOMEN (2005)
NEVERWAS (2005)
THANK YOU FOR SMOKING (2005)
BLACK DAHLIA, THE (2006)
NO RESERVATIONS (2007)
DARK KNIGHT, THE (2008)
MEET BILL (2008)
TOWELHEAD (2008)

ECOFFEY, Jean-Philippe
acteur suisse (1959-)
EFFRONTÉE, L' (1985)
GARDIEN DE LA NUIT, LE (1986)
ENFANT DE L'HIVER, L' (1988)
MANIKA, UNE VIE PLUS TARD (1989)
MINA TANNENBAUM (1993)
FIESTA (1995)
APPARTEMENT, L' (1996)
MA VIE EN ROSE (1997)
DES CHIENS DANS LA NEIGE (2000)
MOI, CÉSAR, 10 ANS 1/2, 1M39 (2003)
SNOWBOARDER SURFEUR DES NEIGES (2003)

EDWARDS, Anthony
acteur américain (1962-)
REVENGE OF THE NERDS (1984)
GOTCHA! (1985)
TOP GUN (1086)
SUMMER HEAT (1987)
MIRACLE MILE (1988)
DOWNTOWN (1989)
EL DIABLO (1990)
CLIENT, THE (1994)
E.R. (SEASON II) (1995)
PLAYING BY HEART (1998)
FORGOTTEN, THE (2004)
ZODIAC (2007)

EICHHORN, Lisa
actrice américaine (1952-)
EUROPEANS, THE (1979)
YANKS (1979)
CUTTER'S WAY (1981)
WALL, THE (1982)
WALL, THE (1982)
MOON 44 (1989)
GRIM PRAIRIE TALES (1990)

KING OF THE HILL (1993)
JUDAS KISS (1998)

EJIOFOR, Chiwetel
acteur anglaise (1974-)
DIRTY PRETTY THINGS (2002)
LOVE ACTUALLY (2003)
MELINDA AND MELINDA (2004)
RED DUST (2004)
FOUR BROTHERS (2005)
KINKY BOOTS (2005)
CHILDREN OF MEN (2006)
INSIDE MAN (2006)
AMERICAN GANGSTER (2007)
TALK TO ME (2007)
REDBELT (2008)

EKBERG, Anita
actrice suédoise (1931-)
ABBOTT & COSTELLO GO TO MARS (1953)
ARTISTS AND MODELS (1955)
BLOOD ALLEY (1955)
WAR AND PEACE (1955)
HOLLYWOOD OR BUST (1956)
MAN IN THE VAULT (1956)
DOLCE VITA, LA (1960)
BOCCACE 70 (1962)
4 FOR TEXAS (1963)
CALL ME BWANA (1963)
ALPHABET MURDERS, THE (1966)
WOMAN TIMES SEVEN (1967)
PETITE SŒUR DU DIABLE, LA (1978)
INTERVISTA (1987)
NAIN ROUGE, LE (1998)

ELBAZ, Vincent
acteur français (1971-)
PÉRIL JEUNE, LE (1994)
VÉRITÉ SI JE MENS, LA (1996)
PETITS DÉSORDRES AMOUREUX (1997)
RANDONNEURS, LES (1997)
QUASIMODO D'EL PARIS (1998)
PARENTHÈSE ENCHANTÉE, LA (1999)
ABSOLUMENT FABULEUX (2001)
RUE DES PLAISIRS (2001)
NI POUR NI CONTRE (BIEN AU CONTRAIRE) (2002)
MA VIE EN L'AIR (2005)
DERNIER GANG, LE (2007)

ELIZONDO, Hector
acteur américain (1936-)
LANDLORD, THE (1970)
VALDEZ IS COMING (1971)
POCKET MONEY (1972)
TAKING OF PELHAM ONE TWO THREE, THE (1974)
CUBA (1979)
AMERICAN GIGOLO (1980)
FAN, THE (1981)
NOTHING IN COMMON (1986)
OVERBOARD (1987)
PRETTY WOMAN (1990)
FINAL APPROACH (1991)
FRANKIE AND JOHNNY (1991)
BEING HUMAN (1994)
BEVERLY HILLS COP III (1994)
EXIT TO EDEN (1994)
GETTING EVEN WITH DAD (1994)
TURBULENCE (1996)
ENTROPY (1999)
RUNAWAY BRIDE (1999)
TORTILLA SOUP (2001)
PRINCESS DIARIES 2: ROYAL ENGAGEMENT (2004)
GEORGIA RULE (2007)
LOVE IN THE TIME OF CHOLERA (2007)

ELLIOTT, Denholm
acteur anglais (1922-1992)
KING RAT (1965)
ALFIE (1966)
NIGHT THEY RAIDED MINSKY'S, THE (1968)
STRANGE CASE OF DR. JEKYLL AND MR. HYDE, THE (1968)
TOO LATE THE HERO (1969)
HOUSE THAT DRIPPED BLOOD (1970)
PERCY (1971)
MADAME SIN (1972)
DOLL'S HOUSE (1973)
THRILLER (1973)
APPRENTICESHIP OF DUDDY KRAVITZ, THE (1974)
ROBIN AND MARIAN (1976)
TO THE DEVIL... A DAUGHTER (1976)
VOYAGE OF THE DAMNED (1976)
BRIDGE TOO FAR, A (1977)
BOYS FROM BRAZIL, THE (1978)
CUBA (1979)
SAINT JACK (1979)
BAD TIMING (1980)
RAIDERS OF THE LOST ARK (1981)
BRIMSTONE & TREACLE (1982)
MISSIONARY, THE (1982)
TRADING PLACES (1983)
WICKED LADY, THE (1983)
PRIVATE FUNCTION, A (1984)
RAZOR'S EDGE, THE (1984)
BLEAK HOUSE (1985)
DEFENCE OF THE REALM (1985)
ROOM WITH A VIEW, A (1985)
STEALING HEAVEN (1986)
MAURICE (1987)
SEPTEMBER (1987)
BOURNE IDENTITY, THE (1988)
INDIANA JONES AND THE LAST CRUSADE (1989)
BLACK CANDLE, THE (1991)
JOHN LE CARRE'S A MURDER OF QUALITY (1991)
SCORCHERS (1991)
TOY SOLDIERS (1991)
NOISES OFF! (1992)

ELLIOTT, Sam
acteur américain (1944-)
BUTCH CASSIDY AND THE SUNDANCE KID (1969)
FROGS (1972)
LIFEGUARD (1975)
LEGACY, THE (1978)
SHADOW RIDERS (1982)
MASK (1985)
FATAL BEAUTY (1987)
QUICK AND THE DEAD (1987)
PRANCER (1989)
ROAD HOUSE (1989)
CONAGHER (1991)
RUSH (1991)
GETTYSBURG (1993)
TOMBSTONE (1993)
DESPERATE TRAIL, THE (1994)
BIG LEBOWSKI, THE (1997)
HI-LO COUNTRY, THE (1998)
CONTENDER, THE (2000)
FAIL SAFE (2000)
WE WERE SOLDIERS (2002)
HULK, THE (2003)
OFF THE MAP (2003)
GHOST RIDER (2007)
GOLDEN COMPASS, THE (2007)

ELWES, Cary
acteur anglais (1962-)
LADY JANE (1985)
PRINCESS BRIDE, THE (1987)
BRAM STOKER'S DRACULA (1992)
ROBIN HOOD: MEN IN TIGHTS (1993)
JUNGLE BOOK, THE (1994)
TWISTER (1996)
KISS THE GIRLS (1997)
CRADLE WILL ROCK (1999)
SHADOW OF THE VAMPIRE (2000)
CAT'S MEOW, THE (2001)
UPRISING, THE (2001)
ELLA ENCHANTED (2004)
SAW (2004)
NEO NED (2005)
GEORGIA RULE (2007)

EMMERICH, Noah
acteur américain (1966-)
BEAUTIFUL GIRLS (1996)
TRUMAN SHOW, THE (1998)
FREQUENCY (2000)
JULIE JOHNSON (2001)
WINDTALKERS (2002)
BEYOND BORDERS (2003)
MIRACLE (2003)
SOMETIMES IN APRIL (2005)
LITTLE CHILDREN (2006)
PRIDE AND GLORY (2008)

ENGLUND, Robert
acteur américain (1949-)
EATEN ALIVE (1976)
DEAD & BURIED (1981)
V: THE MINISERIES (1983)
V: THE FINAL BATTLE (1984)
NIGHTMARE ON ELM STREET II, A: FREDDY'S REVENGE (1985)
NIGHTMARE ON ELM STREET III: A DREAM WARRIORS (1987)
NIGHTMARE ON ELM STREET IV, A: THE DREAM MASTER (1988)
NIGHTMARE ON ELM STREET V, A: THE DREAM CHILD (1989)
PHANTOM OF THE OPERA, THE (1989)
FREDDY'S DEAD: THE FINAL NIGHTMARE (1991)
MANGLER, THE (1994)
WES CRAVEN'S NEW NIGHTMARE (1994)
WISHMASTER (1997)
FREDDY VS. JASON (2003)
MASTERS OF HORROR - DANCE OF THE DEAD (2005)
BEHIND THE MASK - THE RISE OF LESLIE VERNON (2006)
JACK BROOKS: MONSTER SLAYER (2007)
ZOMBIE STRIPPERS - UNCUT (2008)

ESPOSITO, Giancarlo
acteur danois (1960-)
SCHOOL DAZE (1988)
KING OF NEW YORK (1989)
BOB ROBERTS (1992)
AMOS & ANDREW (1993)
FRESH (1994)
BLUE IN THE FACE (1995)
RECKLESS (1995)
KEEPER, THE (1996)
NOTHING TO LOSE (1997)
PINERO (2001)
LAST HOLIDAY (2006)
SHERRYBABY (2006)

ESTEVEZ, Emilio
acteur américain (1962-)
TEX (1982)
OUTSIDERS, THE (1983)
REPO MAN (1984)
BREAKFAST CLUB, THE (1985)
ST. ELMO'S FIRE (1985)
THAT WAS THEN, THIS IS NOW (1985)
MAXIMUM OVERDRIVE (1986)
STAKEOUT (1987)
WISDOM (1987)
YOUNG GUNS (1988)
MEN AT WORK (1990)
YOUNG GUNS II (1990)
FREEJACK (1992)
MIGHTY DUCKS, THE (1992)
ANOTHER STAKEOUT (1993)
JUDGMENT NIGHT (1993)
NATIONAL LAMPOON'S LOADED WEAPON 1 (1993)
D3:THE MIGHTY DUCKS (1996)
MISSION: IMPOSSIBLE (1996)
RATED-X (1999)
BOBBY (2006)

EVERETT, Rupert
acteur anglais (1959-)
ANOTHER COUNTRY (1984)
DANCE WITH A STRANGER (1984)
DUET FOR ONE (1986)
LUNETTES D'OR, LES (1987)
RIGHT HAND MAN, THE (1987)
TOLÉRANCE (1989)
COMFORT OF STRANGERS, THE (1990)
INSIDE MONKEY ZETTERLAND (1992)
CEMETERY MAN, THE (1994)
MADNESS OF KING GEORGE, THE (1994)
PRÊT-À-PORTER (1994)
DUNSTON CHECKS IN (1995)
MY BEST FRIEND'S WEDDING (1997)
B. MONKEY (1999)
IDEAL HUSBAND, AN (1999)
INSPECTOR GADGET (1999)
MIDSUMMER NIGHT'S DREAM, A (1999)
NEXT BEST THING, THE (2000)
IMPORTANCE OF BEING EARNEST, THE (2002)
LIAISONS DANGEREUSES, LES (2002)
STAGE BEAUTY (2004)
SEPARATE LIES (2005)
STARDUST (2007)

FABIAN, Françoise
actrice française (1932-)
CETTE SACRÉE GAMINE (1955)
COUTURIER DE CES DAMES, LE (1956)
BELLE DE JOUR (1967)
MA NUIT CHEZ MAUD (1969)
VORACES, LES (1972)
BONNE ANNÉE, LA (1973)
SALUT L'ARTISTE! (1973)
HOW TO KILL A JUDGE (1974)
ALLO... MADAME (1977)
MADAME CLAUDE (1977)
DEUX HEURES MOINS LE QUART AVANT JÉSUS-CHRIST (1982)

AMI DE VINCENT, L' (1983)
BENVENUTA (1983)
TROIS PLACES POUR LE 26 (1988)
SECRET DÉFENSE (1997)
5 X 2 (2004)

FAIRBANKS, Douglas
acteur américain (1883-1939)
INTOLERANCE (1916)
MATRIMANIAC, THE (1916)
MARK OF ZORRO / DON Q., SON OF ZORRO (1920)
MARK OF ZORRO, THE (1920)
MOLLYCODDLE, THE (1920)
THREE MUSKETEERS, THE (1921)
ROBIN HOOD (1922)
THIEF OF BAGDAD, THE (1924)
DON Q, SON OF ZORRO (1925)
BLACK PIRATE, THE (1926)
GAUCHO, THE (1928)
SHOW PEOPLE (1928)
IRON MASK, THE (1929)
REACHING FOR THE MOON (1931)
PRIVATE LIFE OF DON JUAN, THE (1934)
YOUNG IN HEART, THE (1938)
DOUGLAS FAIRBANKS COLLECTION, THE (2003)

FALCO, Edie
actrice américaine (1963-)
LAWS OF GRAVITY (1992)
ADDICTION, THE (1995)
JUDY BERLIN (1998)
PRICE ABOVE RUBIES, A (1998)
OZ (SEASON III) (1999)
SUNSHINE STATE (2002)
SOPRANOS IV, THE (2003)
FREEDOMLAND (2005)
GREAT NEW WONDERFUL (2005)
QUIET, THE (2005)

FALK, Peter
acteur américain (1927-)
MURDER, INC. (1960)
PRETTY BOY FLOYD (1960)
POCKETFUL OF MIRACLES (1961)
PRESSURE POINT (1962)
BALCONY, THE (1963)
IT'S A MAD, MAD, MAD, MAD WORLD (1963)
GREAT RACE, THE (1965)
LUV (1967)
ANZIO (1968)
CASTLE KEEP (1969)
HUSBANDS (1970)
COLUMBO (SEASON I) (1971)
COLUMBO: MURDER BY THE BOOK (1971)
WOMAN UNDER THE INFLUENCE, A (1974)
MIKEY AND NICKY (1976)
MURDER BY DEATH (1976)
OPENING NIGHT (1977)
BRINK'S JOB, THE (1978)
CHEAP DETECTIVE, THE (1978)
IN-LAWS, THE (1979)
BIG TROUBLE (1985)
AILES DU DÉSIR, LES (1987)
PRINCESS BRIDE, THE (1987)
VIBES (1988)
COOKIE (1989)
IN THE SPIRIT (1990)
TUNE IN TOMORROW... (1990)
SI LOIN, SI PROCHE (1992)
ROOMMATES (1994)
ENEMIES OF LAUGHTER (2000)
LAKEBOAT (2000)
CORKY ROMANO (2001)
UNDISPUTED (2002)

FARINA, Dennis
acteur américain (1944-)
CRIME STORY (1986)
MANHUNTER (1986)
ANOTHER STAKEOUT (1993)
STRIKING DISTANCE (1993)
EDDIE (1996)
THAT OLD FEELING (1997)
OUT OF SIGHT (1998)
MOD SQUAD, THE (1999)
REINDEER GAMES (2000)
SNATCH (2000)
BIG TROUBLE (2001)
STEALING HARVARD (2002)
PAPARAZZI (2004)
EMPIRE FALLS (2005)
YOU KILL ME (2007)
BOTTLE SHOCK (2008)
WHAT HAPPENS IN VEGAS (2008)

FARIS, Anna
actrice américaine (1976-)
LOVERS LANE (1999)
SCARY MOVIE (2000)
SCARY MOVIE 2 (2001)
HOT CHICK, THE (2002)
SCARY MOVIE 3 (2003)
BROKEBACK MOUNTAIN (2005)
JUST FRIENDS (2005)
MY SUPER EX-GIRLFRIEND (2006)
SCARY MOVIE 4 - UNRATED (2006)
SMILEY FACE (2007)
HOUSE BUNNY, THE (2008)
MAMA'S BOY (2008)
OBSERVE AND REPORT (2009)

FARRELL, Colin
acteur irlandais (1976-)
WAR ZONE, THE (1998)
HART'S WAR (2002)
MINORITY REPORT (2002)
PHONE BOOTH (2002)
DAREDEVIL (2003)
INTERMISSION (2003)
RECRUIT, THE (2003)
S.W.A.T. (2003)
HOME AT THE END OF THE WORLD, A (2004)
ALEXANDER (2005)
NEW WORLD, THE (2005)
MIAMI VICE (2006)
CASSANDRA'S DREAM (2008)
IN BRUGES (2008)
PRIDE AND GLORY (2008)

FARROW, Mia
actrice américaine (1945-)
GUNS AT BATASI (1964)
PEYTON PLACE: THE SERIES - PART ONE (1964)
ROSEMARY'S BABY (1968)
SECRET CEREMONY (1968)
JOHN AND MARY (1969)
SEE NO EVIL (1971)
GREAT GATSBY, THE (1974)
FULL CIRCLE (1976)
AVALANCHE (1978)
DEATH ON THE NILE (1978)
WEDDING, A (1978)
HURRICANE (1979)
MIDSUMMER NIGHT'S SEX COMEDY, A (1982)
ZELIG (1983)
BROADWAY DANNY ROSE (1984)
SUPERGIRL: THE MOVIE (1984)
PURPLE ROSE OF CAIRO, THE (1985)
HANNAH AND HER SISTERS (1986)
RADIO DAYS (1987)
SEPTEMBER (1987)
ANOTHER WOMAN (1988)
CRIMES AND MISDEMEANORS (1989)
NEW YORK STORIES (1989)
ALICE (1990)
SHADOWS AND FOG (1991)
HUSBANDS AND WIVES (1992)
WIDOW'S PEAK (1994)
MIAMI RHAPSODY (1995)
RECKLESS (1995)
ARTHUR ET LE MINIMOYS (2006)
EX, THE (2006)
OMEN, THE (2006)
BE KIND REWIND (2008)

FAVREAU, Jon
acteur américain (1966-)
RUDY (1993)
SWINGERS (1996)
DOGTOWN (1997)
VERY BAD THINGS (1998)
REPLACEMENTS, THE (2000)
MADE (2001)
BIG EMPTY, THE (2003)
DAREDEVIL (2003)
SOMETHING'S GOTTA GIVE (2003)
BREAK-UP, THE (2006)
IRON MAN (2008)

FEORE, Colm
acteur américain (1958-)
BEAUTIFUL DREAMERS (1990)
WRONG GUY, THE (1997)
CITY OF ANGELS (1998)
HERD, THE (1998)
STORM OF THE CENTURY (1999)
TITUS (1999)
PERFECT SON, THE (2000)
CAVEMAN'S VALENTINE (2001)
IGNITION (2001)
LOLA (2001)
BARONESS AND THE PIG, THE (2002)
TRUDEAU (2002)
HIGHWAYMEN (2003)
NATIONAL SECURITY (2003)
PAYCHECK (2003)
CHRONICLES OF RIDDICK (2004)
EXORCISM OF EMILY ROSE, THE (2005)
BON COP BAD COP (2006)
BURY MY HEART AT WOUNDED KNEE (2007)
INTERVENTION (2007)
CHANGELING, THE (2008)
PIÈGE AMÉRICAIN, LE (2008)
SERVEUSES DEMANDÉES (2008)

FERNANDEL
acteur français (1903-1971)
ANGÈLE (1934)
FRANÇOIS 1ER (1937)
REGAIN (1937)
RAPHAËL LE TATOUÉ (1938)
SCHPOUNTZ, LE (1938)
CŒUR DE COQ (1947)
ADHÉMAR (OU LE JOUET DE LA FATALITÉ) (1950)
MEURTRES (1950)
TOPAZE (1950)
AUBERGE ROUGE, L' (1951)
BOULANGER DE VALORGUE, LE (1952)
COIFFEUR POUR DAMES (1952)
FERNANDEL: COIFFEUR POUR DAMES/LE MOUTON À CINQ PATTES (1952)
FRUIT DÉFENDU, LE (1952)
PETIT MONDE DE DON CAMILLO, LE (1952)
RETOUR DE DON CAMILLO, LE (1952)
ENNEMI PUBLIC Nº 1, L' (1953)
ALI BABA ET LES QUARANTE VOLEURS (1954)
MOUTON À CINQ PATTES, LE (1954)
GRANDE BAGARRE DE DON CAMILLO, LA (1955)
COUTURIER DE CES DAMES, LE (1956)
HONORÉ DE MARSEILLE (1956)
FERNANDEL: SÉNÉCHAL LE MAGNIFIQUE/LA LOI C'EST LA LOI (1957)
HOMME À L'IMPERMÉABLE (1957)
SÉNÉCHAL LE MAGNIFIQUE (1957)
VIE À DEUX, LA (1958)
GRAND CHEF, LE (1959)
VACHE ET LE PRISONNIER, LA (1959)
DON CAMILLO MONSEIGNEUR (1961)
DIABLE ET LES DIX COMMANDE-MENTS, LE (1962)
EN AVANT LA MUSIQUE (1962)
FERNANDEL: LE DIABLE ET LES DIX COMMANDEMENTS/EN AVANT LA MUSIQUE (1962)
CUISINE AU BEURRE, LA (1963)
ÂGE INGRAT, L' (1964)
DON CAMILLO EN RUSSIE (1965)
HEUREUX QUI COMME ULYSSE (1969)

FERRELL, Will
acteur américain (1967-)
NIGHT AT THE ROXBURY, A (1998)
DICK (1999)
LADIES MAN, THE (2000)
ZOOLANDER (2001)
OLD SCHOOL (2002)
ELF (2003)
ANCHORMAN: THE LEGEND OF RON BURGUNDY (2004)
MELINDA AND MELINDA (2004)
BEWITCHED (2005)
KICKING AND SCREAMING (2005)
PRODUCERS, THE (2005)
STRANGER THAN FICTION (2006)
TALLADEGA NIGHTS - THE BALLAD OF RICKY BOBBY (2006)
WINTER PASSING (2006)
BLADES OF GLORY (2007)
SEMI-PRO (2008)
STEP BROTHERS (2008)

FERRÉOL, Andréa
actrice française (1947-)
SCOUMOUNE, LA (1972)
DAY OF THE JACKAL, THE (1973)
GRANDE BOUFFE, LA (1973)
SÉRIEUX COMME LE PLAISIR (1974)
TRIO INFERNAL, LE (1974)
GALETTES DE PONT-AVEN, LES (1975)
DÉSESPOIR (1977)
AMANT DE POCHE, L' (1978)
TAMBOUR, LE (1979)
DERNIER MÉTRO, LE (1980)
OMBRE ROUGE, L' (1981)
TROIS FRÈRES (1981)

BATTANT, LE (1982)
FILLE DE TRIESTE, LA (1982)
NUIT DE VARENNES, LA (1982)
PRIX DU DANGER, LE (1983)
JUGE, LE (1984)
JUMEAU, LE (1984)
ALDO ET JUNIOR (1985)
LETTERS TO AN UNKNOWN LOVER (1985)
NOYADE INTERDITE (1987)
ROUGE VENISE (1988)
FRANCESCO (1989)
IL MAESTRO (1989)
STREET OF NO RETURN (1989)
FIL DE L'HORIZON, LE (1993)
CENT ET UNE NUITS, LES (1994)
MADAME EDOUARD (2004)
ÉTATS-UNIS D'ALBERT, LES (2005)
MA VIE N'EST PAS UNE COMÉDIE ROMANTIQUE (2007)

FERRER, José
acteur américain (1912-1992)
JOAN OF ARC (1948)
CYRANO DE BERGERAC (1950)
MOULIN ROUGE (1952)
CAINE MUTINY, THE (1953)
MISS SADIE THOMPSON (1953)
DEEP IN MY HEART (1954)
LAWRENCE OF ARABIA (1962)
GREATEST STORY EVER TOLD, THE (1965)
SHIP OF FOOLS (1965)
ENTER LAUGHING (1967)
ZOLTAN: HOUND OF DRACULA (1977)
FEDORA (1978)
FIFTH MUSKETEER, THE (1979)
BIG BRAWL, THE (1980)
MIDSUMMER NIGHT'S SEX COMEDY, A (1982)
TO BE OR NOT TO BE (1983)
DUNE (1984)

FERRER, Mel
acteur américain (1917-2008)
LOST BOUNDARIES (1949)
LILI (1952)
RANCHO NOTORIOUS (1952)
SCARAMOUCHE (1952)
KNIGHTS OF THE ROUND TABLE (1954)
WAR AND PEACE (1955)
SUN ALSO RISES, THE (1957)
ET MOURIR DE PLAISIR (1959)
HANDS OF ORLAC, THE (1960)
LONGEST DAY, THE (1962)
FALL OF THE ROMAN EMPIRE, THE (1963)
SEX AND THE SINGLE GIRL (1964)
ANTICHRIST, THE (1974)
PYJAMA GIRL CASE, THE (1977)
BIG ALLIGATOR RIVER (1979)
NIGHTMARE CITY (1980)

FICHTNER, William
acteur américain (1956-)
UNDERNEATH, THE (1994)
HEAT (1995)
ALBINO ALLIGATOR (1996)
CONTACT (1997)
SWITCHBACK (1997)
ARMAGEDDON (1998)
DROWNING MONA (2000)
PASSION OF MIND (2000)
PERFECT STORM, THE (2000)
JULIE WALKING HOME (2001)
CRASH (2004)
AMATEURS, THE (2005)
CHUMSCRUBBER, THE (2005)
EMPIRE FALLS (2005)
INVASION (SEASON 1) (2005)
LONGEST YARD, THE (2005)
NINE LIVES (2005)
FIRST SNOW (2006)

FIELD, Sally
actrice américaine (1946-)
WAY WEST, THE (1967)
STAY HUNGRY (1976)
SYBIL (1976)
HEROES (1977)
SMOKEY AND THE BANDIT (1977)
BEYOND THE POSEIDON ADVENTURE (1979)
NORMA RAE (1979)
SMOKEY AND THE BANDIT 2 (1980)
ABSENCE OF MALICE (1982)
PLACES IN THE HEART (1984)
MURPHY'S ROMANCE (1985)
PUNCHLINE (1988)
STEEL MAGNOLIAS (1989)
NOT WITHOUT MY DAUGHTER (1990)
SOAPDISH (1991)
HOMEWARD BOUND: THE INCREDIBLE JOURNEY (1993)
MRS. DOUBTFIRE (1993)
FORREST GUMP (1994)
EYE FOR AN EYE (1995)
WHERE THE HEART IS (2000)
LEGALLY BLONDE 2: RED, WHITE & BLONDE (2003)
TWO WEEKS (2007)

FIENNES, Joseph
acteur anglais (1970-)
STEALING BEAUTY (1996)
ELIZABETH (1998)
SHAKESPEARE IN LOVE (1998)
FOREVER MINE (1999)
ENEMY AT THE GATES (2000)
RANCID ALUMINUM (2000)
DUST (2001)
KILLING ME SOFTLY (2002)
LEO (2002)
LUTHER (2003)
GREAT RAID, THE (2004)
MERCHANT OF VENICE (2004)
MAN TO MAN (2005)
RUNNING WITH SCISSORS (2006)
COLOUR OF FREEDOM (2007)

FIENNES, Ralph
acteur anglais (1962-)
DANGEROUS MAN: LAWRENCE AFTER ARABIA, A (1992)
EMILY BRONTË'S WUTHERING HEIGHTS (1992)
SCHINDLER'S LIST (1993)
QUIZ SHOW (1994)
STRANGE DAYS (1995)
ENGLISH PATIENT, THE (1996)
SMILLA'S SENSE OF SNOW (1996)
OSCAR AND LUCINDA (1997)
AVENGERS, THE (1998)
END OF THE AFFAIR, THE (1999)
ONEGIN (1999)
SUNSHINE (1999)
MAID IN MANHATTAN (2002)
RED DRAGON (2002)
SPIDER (2002)
CHUMSCRUBBER, THE (2005)
CONSTANT GARDENER (2005)
HARRY POTTER AND THE GOBLET OF FIRE (2005)
WHITE COUNTESS, THE (2005)
LAND OF THE BLIND (2006)
BERNARD AND DORIS (2007)
HARRY POTTER AND THE ORDER OF THE PHOENIX (2007)
DUCHESS, THE (2008)
IN BRUGES (2008)
READER, THE (2008)

FILLIÈRES, Hélène
actrice française (1972-)
ENCORE (1996)
VÉNUS BEAUTÉ (INSTITUT) (1998)
PEUT-ÊTRE (1999)
AÏE (2000)
AMOUR DE FEMME (2001)
REINES D'UN JOUR (2001)
BORD DE MER (2002)
VENDREDI SOIR (2002)
LADY CHATTERLEY (2006)

FINCH, Peter
acteur anglais (1916-1977)
MINIVER STORY, THE (1950)
STORY OF ROBIN HOOD, THE (1951)
ELEPHANT WALK (1953)
DETECTIVE, THE (1954)
NUN'S STORY, THE (1959)
OPERATION AMSTERDAM (1959)
FIRST MEN IN THE MOON (1964)
GIRL WITH GREEN EYES, THE (1964)
PUMPKIN EATER, THE (1964)
FLIGHT OF THE PHOENIX, THE (1965)
10:30 P.M. SUMMER (1966)
FAR FROM THE MADDING CROWD (1967)
RED TENT, THE (1969)
SHATTERED (1971)
SUNDAY, BLOODY SUNDAY (1971)
NETWORK (1976)

FINE, Larry
acteur américain (1902-1975)
THREE STOOGES: COPS AND ROBBERS (1936)
THREE STOOGES: GI STOOGE (1938)
THREE STOOGES: CURLY CLASSICS (1945)
THREE STOOGES: HEALTHY, WEALTHY AND DUMB (1945)
THREE STOOGES: ALL THE WORLD 'S A STOOGE (1946)
THREE STOOGES: NUTTY BUT NICE (1947)
THREE STOOGES: MERRY MAVERICK (1951)
THREE STOOGES: THREE SMART SAPS (1952)
THREE STOOGES: DIZZY DOCTORS (1953)
THREE STOOGES: STOP, LOOK AND LAUGH! (1960)
THREE STOOGES: SPOOK LOUDER (1965)
THREE STOOGES: THE OUTLAW IS COMING (1965)
THREE STOOGES: ALL TIME FAVORITES (2004)
THREE STOOGES: GREATEST HITS & RARITIES (2004)
THREE STOOGES: STOOGES AND THE LAW (2004)

FINLAY, Frank
acteur anglais (1926-)
OTHELLO (1965)
STUDY IN TERROR, A (1965)
DEADLY BEES (1967)
INSPECTOR CLOUSEAU (1968)
SHOES OF THE FISHERMAN, THE (1968)
GUMSHOE (1971)
NEITHER THE SEA NOR THE SAND (1972)
SHAFT IN AFRICA (1973)
MUSKETEERS, THE (1974)
COUNT DRACULA (1977)
ENIGMA (1982)
CLÉ, LA (1983)
PLOUGHMAN'S LUNCH (1983)
CHRISTMAS CAROL, A (1984)
LIFEFORCE (1985)
RETURN OF THE MUSKETEERS, THE (1989)
P.D. JAMES: MIND TO MURDER (1995)
MAGICAL LEGEND OF LEPRECHAUNS, THE (1999)
PIANIST, THE (2001)

FINNEY, Albert
acteur anglais (1936-)
ENTERTAINER, THE (1960)
SATURDAY NIGHT AND SUNDAY MORNING (1961)
TOM JONES (1963)
TWO FOR THE ROAD (1967)
SCROOGE (1970)
MURDER ON THE ORIENT EXPRESS (1974)
DUELLISTS, THE (1977)
LOOPHOLE (1980)
LOOKER (1981)
SHOOT THE MOON (1981)
WOLFEN (1981)
ANNIE (1982)
DRESSER, THE (1983)
UNDER THE VOLCANO (1984)
ORPHANS (1987)
IMAGE, THE (1989)
GREEN MAN, THE (1990)
MILLER'S CROSSING (1990)
PLAYBOYS, THE (1992)
RICH IN LOVE (1992)
BROWNING VERSION, THE (1994)
MAN OF NO IMPORTANCE, A (1994)
RUN OF THE COUNTRY, THE (1995)
WASHINGTON SQUARE (1997)
BREAKFAST OF CHAMPIONS (1999)
SIMPATICO (1999)
ERIN BROCKOVICH (2000)
GATHERING STORM (2002)
BIG FISH (2003)
TIM BURTON'S CORPSE BRIDE (2005)
AMAZING GRACE (2006)
GOOD YEAR, A (2006)
BEFORE THE DEVIL KNOWS YOU'RE DEAD (2007)
BOURNE ULTIMATUM (2007)

FIORENTINO, Linda
actrice américaine (1960-)
AFTER HOURS (1985)
GOTCHA! (1985)
VISION QUEST (1985)
MODERNS, THE (1988)
WILDFIRE (1988)
QUEENS LOGIC (1990)
LAST SEDUCTION, THE (1993)
DESPERATE TRAIL, THE (1994)

JADE (1995)
LARGER THAN LIFE (1996)
UNFORGETTABLE (1996)
KICKED IN THE HEAD (1997)
MEN IN BLACK (1997)
DOGMA (1999)
WHERE THE MONEY IS (1999)
ORDINARY DECENT CRIMINAL (2000)

FIRTH, Colin
acteur anglais (1961-)
ANOTHER COUNTRY (1984)
MONTH IN THE COUNTRY, A (1987)
APARTMENT ZERO (1988)
VALMONT (1989)
ADVOCATE, THE (1994)
CIRCLE OF FRIENDS (1995)
ENGLISH PATIENT, THE (1996)
THOUSAND ACRES, A (1997)
SHAKESPEARE IN LOVE (1998)
MASTERPIECE THEATRE - THE TURN OF THE SCREW (1999)
MY LIFE SO FAR (1999)
CONSPIRACY (2000)
BRIDGET JONES'S DIARY (2001)
IMPORTANCE OF BEING EARNEST, THE (2002)
GIRL WITH A PEARL EARRING (2003)
HOPE SPRINGS (2003)
LOVE ACTUALLY (2003)
WHAT A GIRL WANTS (2003)
BRIDGET JONES: THE EDGE OF REASON (2004)
NANNY MCPHEE (2005)
WHERE THE TRUTH LIES (2005)
LAST LEGION, THE (2006)
WHEN DID YOU LAST SEE YOUR FATHER (2007)
MAMMA MIA! (2008)
THEN SHE FOUND ME (2008)
EASY VIRTUE (2009)

FIRTH, Peter
acteur anglais (1953-)
JOSEPH ANDREWS (1976)
EQUUS (1977)
TESS (1979)
LETTER TO BREZHNEV (1985)
LIFEFORCE (1985)
NORTHANGER ABBEY (1986)
INCIDENT, THE (1990)
PRISONER OF HONOR (1991)
AWFULLY BIG ADVENTURE, AN (1994)
MIGHTY JOE YOUNG (1998)
CHILL FACTOR (1999)
MI-5 (2002)
GREATEST GAME EVER PLAYED (2005)

FISHBURNE, Laurence
acteur américain (1961-)
CORNBREAD, EARL AND ME (1975)
APOCALYPSE NOW (1979)
WILLIE AND PHIL (1980)
RUMBLE FISH (1983)
COTTON CLUB, THE (1984)
COLOR PURPLE, THE (1985)
BAND OF THE HAND (1986)
GARDENS OF STONE (1987)
NIGHTMARE ON ELM STREET III: A DREAM WARRIORS (1987)
RED HEAT (1988)
SCHOOL DAZE (1988)
KING OF NEW YORK (1989)
CLASS ACTION (1990)
BOYZ'N THE HOOD (1991)
DEEP COVER (1992)
SEARCHING FOR BOBBY FISCHER (1993)
WHAT'S LOVE GOT TO DO WITH IT? (1993)
HIGHER LEARNING (1994)
BAD COMPANY (1995)
JUST CAUSE (1995)
OTHELLO (1995)
TUSKEGEE AIRMEN, THE (HBO) (1995)
FLED (1996)
MISS EVER'S BOYS (1996)
EVENT HORIZON (1997)
HOODLUM (1997)
MATRIX, THE (1999)
ONCE IN THE LIFE (2000)
MATRIX RELOADED, THE (2003)
MATRIX, THE: REVOLUTIONS (2003)
MYSTIC RIVER (2003)
ASSAULT ON PRECINCT 13 (2005)
AKEELAH AND THE BEE (2006)
BOBBY (2006)
MISSION: IMPOSSIBLE III (2006)
21 (2008)

FISHER, Carrie
actrice américaine (1956-)
STAR WARS (1977)
BLUES BROTHERS, THE (1980)
EMPIRE STRIKES BACK, THE (1980)
RETURN OF THE JEDI (1983)
MAN WITH ONE RED SHOE, THE (1985)
AMAZON WOMEN ON THE MOON (1986)
APPOINTMENT WITH DEATH (1988)
BURBS, THE (1989)
WHEN HARRY MET SALLY (1989)
SOAPDISH (1991)
GUN (1996)
WONDERLAND (2003)
STATESIDE (2004)
GHOST WRITER (2007)
WOMEN, THE (2008)

FISHER, Frances
actrice anglaise (1952-)
PATTY HEARST (1988)
FEMALE PERVERSIONS (1996)
WILD AMERICA (1997)
AUDREY HEPBURN STORY, THE (2000)
BLUE CAR (2002)
HOUSE OF SAND AND FOG, THE (2003)
LAWS OF ATTRACTION (2004)
MRS. HARRIS (2005)

FITZGERALD, Tara
actrice anglaise (1968-)
BLACK CANDLE, THE (1991)
HEAR MY SONG (1991)
MAN OF NO IMPORTANCE, A (1994)
SIRENS (1994)
ENGLISHMAN WHO WENT UP A HILL, BUT CAME DOWN A MOUNTAIN, THE (1995)
BRASSED OFF (1996)
TENANT OF WILDFELL HALL, THE (1996)
CONQUEST (1998)
DARK BLUE WORLD (2001)
I CAPTURE THE CASTLE (2003)
5 CHILDREN AND IT (2004)
MISS MARPLE SERIES (2004) (2004)

FLETCHER, Louise
actrice américaine (1934-)
THIEVES LIKE US (1974)
ONE FLEW OVER THE CUCKOO'S NEST (1975)
EXORCIST II: THE HERETIC (1977)
STRANGE BEHAVIOR (1981)
BRAINSTORM (1983)
STRANGE INVADERS (1983)
INVADERS FROM MARS (1986)
TWO MOON JUNCTION (1988)
FRANKENSTEIN AND ME (1996)
HIGH SCHOOL HIGH (1996)
BREAST MEN (1997)
DEVIL'S ARITHMETIC, THE (1999)
BIG EDEN (2000)
MANNA FROM HEAVEN (2002)
FINDING HOME (2003)
AURORA BOREALIS (2005)

FLYNN BOYLE, Lara
acteur américaine (1970-)
POLTERGEIST III (1988)
ROOKIE, THE (1990)
DARK BACKWARD, THE (1991)
EYE OF THE STORM (1991)
MOBSTERS (1991)
EQUINOX (1992)
RED ROCK WEST (1992)
WAYNE'S WORLD (1992)
CAFE SOCIETY (1993)
TEMP, THE (1993)
BABY'S DAY OUT (1994)
ROAD TO WELLVILLE, THE (1994)
THREESOME (1994)
AFTERGLOW (1997)
HAPPINESS (1998)
RED MEAT (1998)
MEN IN BLACK II (2002)
LAND OF THE BLIND (2006)

FLYNN, Errol
acteur américain (1909-1959)
CAPTAIN BLOOD (1934)
CHARGE OF THE LIGHT BRIGADE, THE (1936)
PRINCE AND THE PAUPER, THE (1937)
ADVENTURES OF ROBIN HOOD, THE (1938)
DAWN PATROL, THE (1938)
DODGE CITY (1939)
PRIVATE LIVES OF ELIZABETH AND ESSEX, THE (1939)
SISTERS, THE (1939)
SANTA FE TRAIL (1940)
SEA HAWK, THE (1940)
VIRGINIA CITY (1940)
DIVE BOMBER (1941)
FOOTSTEPS IN THE DARK (1941)
GENTLEMAN JIM (1941)
DESPERATE JOURNEY (1942)
OBJECTIVE BURMA! (1944)
UNCERTAIN GLORY (1944)
NEVER SAY GOODBYE (1946)
CRY WOLF (1947)
ESCAPE ME NEVER (1947)
SILVER RIVER (1948)
ADVENTURES OF DON JUAN, THE (1949)
IT'S A GREAT FEELING (1949)
MONTANA (1949)
THAT FORSYTE WOMAN (1949)
KIM (1950)
MASTER OF BALLANTRAE, THE (1953)
ISTANBUL (1956)
SUN ALSO RISES, THE (1957)

FONDA, Bridget
actrice américaine (1964-)
ARIA (1987)
SCANDAL (1988)
STRAPLESS (1989)
FRANKENSTEIN UNBOUND (1990)
GODFATHER III, THE (1990)
DOC HOLLYWOOD (1991)
ARMY OF DARKNESS: EVIL DEAD III (1992)
SINGLE WHITE FEMALE (1992)
SINGLES (1992)
BODIES, REST AND MOTION (1993)
CAMILLA (1993)
LITTLE BUDDHA (1993)
POINT OF NO RETURN (1993)
IT COULD HAPPEN TO YOU (1994)
ROAD TO WELLVILLE, THE (1994)
CITY HALL (1995)
TOUCH (1996)
IN THE GLOAMING (1997)
JACKIE BROWN (1997)
SIMPLE PLAN, A (1998)
LAKE PLACID (1999)
KISS OF THE DRAGON (2001)
MONKEYBONE (2001)

FONDA, Henry
acteur américain (1905-1982)
TRAIL OF THE LONESOME PINE, THE (1936)
THAT CERTAIN WOMAN (1937)
WINGS OF THE MORNING (1937)
YOU ONLY LIVE ONCE (1937)
BLOCKADE (1938)
JEZEBEL (1938)
SPAWN OF THE NORTH (1938)
JESSE JAMES (1939)
STORY OF ALEXANDER GRAHAM BELL, THE (1939)
YOUNG MR. LINCOLN (1939)
DRUMS ALONG THE MOHAWK (1940)
GRAPES OF WRATH, THE (1940)
LILLIAN RUSSELL (1940)
RETURN OF FRANK JAMES, THE (1940)
LADY EVE, THE (1941)
BIG STREET, THE (1942)
TALES OF MANHATTAN (1942)
IMMORTAL SERGEANT (1943)
OX-BOW INCIDENT, THE (1943)
MY DARLING CLEMENTINE (1946)
DAISY KENYON (1947)
FORT APACHE (1947)
LONG NIGHT, THE (1947)
ON OUR MERRY WAY (1947)
FUGITIVE, THE (1948)
MISTER ROBERTS (1955)
WAR AND PEACE (1955)
WRONG MAN, THE (1956)
12 ANGRY MEN (1957)
TIN STAR, THE (1957)
WARLOCK (1959)
ADVISE AND CONSENT (1962)
HOW THE WEST WAS WON (1962)
LONGEST DAY, THE (1962)
SPENCER'S MOUNTAIN (1963)
BEST MAN, THE (1964)
FAIL-SAFE (1964)
ROUNDERS, THE (1964)
SEX AND THE SINGLE GIRL (1964)
BATTLE OF THE BULGE (1965)
IN HARM'S WAY (1965)
BIG HAND FOR THE LITTLE LADY (1966)
FIRECREEK (1967)

BOSTON STRANGLER, THE (1968)
MADIGAN (1968)
ONCE UPON A TIME IN THE WEST (1968)
YOURS, MINE AND OURS (1968)
TOO LATE THE HERO (1969)
CHEYENNE SOCIAL CLUB, THE (1970)
THERE WAS A CROOKED MAN (1970)
SOMETIMES A GREAT NOTION (1971)
NIGHT FLIGHT FROM MOSCOW (1972)
SERPENT, LE (1972)
ASH WEDNESDAY (1973)
MY NAME IS NOBODY (1973)
LAST DAYS OF MUSSOLINI, THE (1974)
MIDWAY (1976)
ROLLERCOASTER (1977)
FEDORA (1978)
SWARM, THE (1978)
METEOR (1979)
JILTING OF GRANNY WEATHERALL (1980)
ON GOLDEN POND (1981)

FONDA, Jane
actrice américaine (1937-)
PERIOD OF ADJUSTMENT (1962)
WALK ON THE WILD SIDE (1962)
SUNDAY IN NEW YORK (1963)
FÉLINS, LES (1964)
RONDE, LA (1964)
CAT BALLOU (1965)
CHASE, THE (1965)
ANY WEDNESDAY (1966)
CURÉE, LA (1966)
BAREFOOT IN THE PARK (1967)
BARBARELLA (1968)
HISTOIRES EXTRAORDINAIRES (1968)
THEY SHOOT HORSES, DON'T THEY? (1969)
KLUTE (1971)
TOUT VA BIEN (1972)
DOLL'S HOUSE, A (1973)
FUN WITH DICK AND JANE (1976)
JULIA (1977)
CALIFORNIA SUITE (1978)
CHINA SYNDROME, THE (1978)
COMES A HORSEMAN (1978)
COMING HOME (1978)
ELECTRIC HORSEMAN, THE (1979)
9 TO 5 (1980)
ON GOLDEN POND (1981)
ROLLOVER (1981)
DOLLMAKER, THE (1984)
AGNES OF GOD (1985)
MORNING AFTER, THE (1986)
OLD GRINGO (1989)
STANLEY & IRIS (1989)
MONSTER-IN-LAW (2005)
GEORGIA RULE (2007)

FONDA, Peter
acteur américain (1939-)
LILITH (1964)
WILD ANGELS, THE (1966)
TRIP, THE (1967)
HISTOIRES EXTRAORDINAIRES (1968)
EASY RIDER (1969)
DIRTY MARY CRAZY LARRY (1974)
RACE WITH THE DEVIL (1975)
FUTUREWORLD (1976)
WANDA NEVADA (1979)
SPLIT IMAGE (1982)
ROSE GARDEN, THE (1989)
BODIES, REST AND MOTION (1993)
LOVE AND A .45 (1994)
NADJA (1994)
ULEE'S GOLD (1996)
LIMEY, THE (1999)
PASSION OF AYN RAND (1999)
HEART IS DECEITFUL ABOVE ALL THINGS, THE (2004)
3:10 TO YUMA (2007)
GHOST RIDER (2007)

FONTAINE, Joan
actrice américaine (1917-)
DAMSEL IN DISTRESS, A (1937)
QUALITY STREET (1937)
GUNGA DIN (1939)
REBECCA (1939)
WOMEN, THE (1939)
SUSPICION (1941)
JANE EYRE (1943)
FRENCHMAN'S CREEK (1944)
EMPEROR WALTZ, THE (1948)
LETTER FROM AN UNKNOWN WOMAN (1948)
YOU GOTTA STAY HAPPY (1948)
SEPTEMBER AFFAIR (1950)
IVANHOE (1952)
OTHELLO (1952)
BIGAMIST, THE (1953)
CASANOVA'S BIG NIGHT (1954)
ISLAND IN THE SUN (1956)
UNTIL THEY SAIL (1957)
VOYAGE TO THE BOTTOM OF THE SEA (1961)
WITCHES, THE (1966)

FORD, Glenn
acteur québécois (1916-2006)
LADY IN QUESTION, THE (1940)
SO ENDS OUR NIGHT (1941)
TEXAS (1941)
DESPERADOES, THE (1942)
GILDA (1947)
STOLEN LIFE (1947)
LOVES OF CARMEN, THE (1948)
MAN FROM COLORADO, THE (1948)
LUST FOR GOLD (1949)
WHITE TOWER, THE (1950)
AFFAIR IN TRINIDAD (1952)
BIG HEAT, THE (1952)
GREEN GLOVE, THE (1952)
MAN FROM THE ALAMO, THE (1953)
PLUNDER OF THE SUN (1953)
VIOLENT MEN, THE (1954)
BLACKBOARD JUNGLE (1955)
FASTEST GUN ALIVE, THE (1955)
INTERRUPTED MELODY (1955)
3:10 TO YUMA (1956)
JUBAL (1956)
TEAHOUSE OF THE AUGUST MOON, THE (1956)
COWBOY (1958)
TORPEDO RUN (1958)
GAZEBO, THE (1959)
IT STARTED WITH A KISS (1959)
CIMARRON (1960)
FOUR HORSEMEN OF THE APOCALYPSE, THE (1961)
POCKETFUL OF MIRACLES (1961)
COURTSHIP OF EDDIE'S FATHER, THE (1962)
EXPERIMENT IN TERROR (1962)
DEAR HEART (1964)
ROUNDERS, THE (1964)
MIDWAY (1976)

FORD, Harrison
acteur américain (1942-)
AMERICAN GRAFFITI (1973)
CONVERSATION, THE (1974)
JUDGMENT: THE COURT MARTIAL OF WILLIAM CALLEY (1975)
HEROES (1977)
STAR WARS (1977)
FORCE 10 FROM NAVARONE (1978)
APOCALYPSE NOW (1979)
FRISCO KID, THE (1979)
EMPIRE STRIKES BACK, THE (1980)
RAIDERS OF THE LOST ARK (1981)
BLADE RUNNER (1982)
RETURN OF THE JEDI (1983)
INDIANA JONES AND THE TEMPLE OF DOOM (1984)
WITNESS (1985)
MOSQUITO COAST, THE (1986)
FRANTIC (1988)
WORKING GIRL (1988)
INDIANA JONES AND THE LAST CRUSADE (1989)
PRESUMED INNOCENT (1990)
REGARDING HENRY (1991)
PATRIOT GAMES (1992)
FUGITIVE, THE (1993)
CLEAR AND PRESENT DANGER (1994)
SABRINA (1995)
AIR FORCE ONE (1997)
DEVIL'S OWN, THE (1997)
SIX DAYS, SEVEN NIGHTS (1998)
RANDOM HEARTS (1999)
WHAT LIES BENEATH (2000)
K-19: THE WIDOWMAKER (2002)
HOLLYWOOD HOMICIDE (2003)
FIREWALL (2006)
INDIANA JONES AND THE KINGDOM OF THE CRYSTAL SKULL (2008)
CROSSING OVER (2009)

FORD, Wallace
acteur anglais (1898-1966)
POSSESSED (1931)
FREAKS (1932)
LOST PATROL, THE (1934)
INFORMER, THE (1935)
WHOLE TOWN'S TALKING, THE (1935)
JERICHO (1937)
MUMMY'S HAND, THE (1940)
ALL THROUGH THE NIGHT (1941)
MUMMY'S TOMB, THE (1942)
SHADOW OF A DOUBT (1942)
BLOOD ON THE SUN (1945)
SPELLBOUND (1945)
BLACK ANGEL (1946)
CRACK-UP (1946)
DEAD RECKONING (1947)
MAGIC TOWN (1947)
CORONER CREEK (1948)
SET-UP, THE (1949)
HARVEY (1950)
LAWLESS STREET, A (1955)
MAN FROM LARAMIE, THE (1955)
RAINMAKER, THE (1956)
LAST HURRAH, THE (1958)
MATCHMAKER, THE (1958)
PATCH OF BLUE, A (1965)
WARLOCK (1989)

FORSTER, Robert
acteur américain (1941-)
MEDIUM COOL (1969)
DON IS DEAD, THE (1973)
AVALANCHE (1978)
BLACK HOLE, THE (1979)
ALLIGATOR (1980)
VIGILANTE (1981)
29th STREET (1991)
GUNS & LIPSTICK (1993)
ORIGINAL GANGSTAS (1996)
JACKIE BROWN (1997)
NIGHTVISION (1997)
SUPERNOVA (1999)
MAGIC OF MARCIANO, THE (2000)
ME, MYSELF & IRENE (2000)
GRAND THEFT PARSONS (2003)
FIREWALL (2006)
CODE, THE (2009)

FORSYTHE, William
acteur américain (1955-)
MAN WHO WASN'T THERE, THE (1983)
CLOAK AND DAGGER (1984)
ONCE UPON A TIME IN AMERICA (1984)
LIGHTSHIP, THE (1985)
EXTREME PREJUDICE (1987)
RAISING ARIZONA (1987)
PATTY HEARST (1988)
EAUX PRINTANIÈRES, LES (1989)
DICK TRACY (1990)
CAREER OPPORTUNITIES (1991)
STONE COLD (1991)
AMERICAN ME (1992)
WATERDANCE, THE (1992)
PALOOKAVILLE (1995)
SUBSTITUTE, THE (1995)
THINGS TO DO IN DENVER WHEN YOU'RE DEAD (1995)
VIRTUOSITY (1995)
ROCK, THE (1996)
DEUCE BIGALOW - MALE GIGOLO (1999)
SOUNDMAN (1999)
CITY BY THE SEA (2002)
DEVIL'S REJECTS (2005)
FREEDOMLAND (2005)
MASTERS OF HORROR - WE ALL SCREAM FOR ICE CREAM (2006)

FOSSEY, Brigitte
actrice française (1945-)
JEUX INTERDITS (1952)
GRAND MEAULNES, LE (1967)
IRONIE DU SORT, L' (1973)
VALSEUSES, LES (1973)
BON ET LES MÉCHANTS, LE (1975)
HOMME QUI AIMAIT LES FEMMES, L' (1977)
QUINTET (1978)
BOUM, LA (1980)
CHANEL SOLITAIRE (1981)
CROQUE LA VIE (1981)
BOUM II, LA (1982)
ENIGMA (1982)
JEUNE MARIÉ, LE (1982)
AU NOM DE TOUS LES MIENS (1983)
BÂTARD, LE (1983)
UN AMOUR INTERDIT (1984)
CINÉMA PARADISO (1988)
36-15 CODE PÈRE NOËL (1989)
UN VAMPIRE AU PARADIS (1991)
POUR L'AMOUR DE THOMAS (1994)

FOSTER, Jodie
actrice américaine (1962-)
KANSAS CITY BOMBER (1972)
NAPOLEON AND SAMANTHA (1972)
TOM SAWYER (1972)
ALICE DOESN'T LIVE HERE ANYMORE (1974)

BUGSY MALONE (1976)
FREAKY FRIDAY (1976)
LITTLE GIRL WHO LIVES DOWN THE LANE, THE (1976)
TAXI DRIVER (1976)
CABINE DES AMOUREUX, LA (1977)
CANDLESHOE (1977)
CARNY (1980)
SANG DES AUTRES, LE (1983)
HOTEL NEW HAMPSHIRE, THE (1984)
MESMERIZED (1986)
5 CORNERS (1987)
SIESTA (1987)
ACCUSED, THE (1988)
BACKTRACK (1988)
LITTLE MAN TATE (1991)
SHADOWS AND FOG (1991)
SILENCE OF THE LAMBS, THE (1991)
SOMMERSBY (1993)
MAVERICK (1994)
NELL (1994)
CONTACT (1997)
ANNA AND THE KING (1999)
DANGEROUS LIVES OF THE ALTAR BOYS (2002)
PANIC ROOM (2002)
UN LONG DIMANCHE DE FIANÇAILLES (2004)
FLIGHTPLAN (2005)
INSIDE MAN (2006)
BRAVE ONE, THE (2007)
NIM'S ISLAND (2008)

FOX, Edward
acteur anglais (1937-)
MORGAN: A SUITABLE CASE FOR TREATMENT (1966)
BATTLE OF BRITAIN (1969)
DAY OF THE JACKAL, THE (1973)
DOLL'S HOUSE, A (1973)
GALILEO (1974)
BRIDGE TOO FAR, A (1977)
CAT AND THE CANARY (1977)
DUELLISTS, THE (1977)
HARD TIMES (1977)
SQUEEZE, THE (1977)
BIG SLEEP, THE (1978)
EDWARD II AND MRS. SIMPSON (1978)
FORCE 10 FROM NAVARONE (1978)
SOLDIER OF ORANGE (1978)
MIRROR CRACK'D, THE (1980)
GANDHI (1982)
BOUNTY, THE (1983)
DRESSER, THE (1983)
NEVER SAY NEVER AGAIN (1983)
SHOOTING PARTY, THE (1984)
SHAKA ZULU (1986)
HEART OF DARKNESS (1993)
MONTH BY THE LAKE, A (1995)
PRINCE VALIANT (1996)
LOST IN SPACE (1998)
DANIEL DERONDA (2002)
REPUBLIC OF LOVE (2004)

FOX, James
acteur anglais (1939-)
SERVANT, THE (1963)
KING RAT (1965)
THOROUGHLY MODERN MILLIE (1967)
ISADORA (1968)
PERFORMANCE (1968)
ABSOLUTE BEGINNERS (1986)
HIGH SEASON (1987)
RUSSIA HOUSE, THE (1990)
AFRAID OF THE DARK (1991)
GULLIVER'S TRAVELS (1995)
LEO TOLSTOY'S ANNA KARENINA (1997)
MICKEY BLUE EYES (1999)
GOLDEN BOWL, THE (2000)
LOVER'S PRAYER (2000)
SEXY BEAST (2000)
MYSTIC MASSEUR (2001)
AGATHA CHRISTIE'S: POIROT DEATH ON THE NILE (2004)
MISS MARPLE SERIES (2004) (2004)
MISTER LONELY (2007)

FOX, Kerry
actrice néo-zélandaise (1966-)
ANGEL AT MY TABLE, AN (1990)
LAST DAYS OF CHEZ NOUS, THE (1990)
FRIENDS (1993)
COUNTRY LIFE (1994)
SHALLOW GRAVE (1994)
AFFAIR, THE (1995)
HANGING GARDEN, THE (1997)
WELCOME TO SARAJEVO (1997)
TO WALK WITH LIONS (1999)
INTIMACY (2000)
BLACK AND WHITE (2002)
GATHERING, THE (2002)
INTERVENTION (2007)

FOX, Michael J.
acteur canadien (1961-)
CLASS OF 1984 (1982)
BACK TO THE FUTURE (1985)
DEAR AMERICA: LETTERS HOME FROM VIETNAM (1987)
LIGHT OF DAY (1987)
SECRET OF MY SUCCESS, THE (1987)
BACK TO THE FUTURE II (1989)
CASUALTIES OF WAR (1989)
BACK TO THE FUTURE III (1990)
DOC HOLLYWOOD (1991)
HARD WAY, THE (1991)
LIFE WITH MIKEY (1993)
LIFE WITH MIKEY (1993)
WHERE THE RIVERS FLOW NORTH (1993)
DON'T DRINK THE WATER (1994)
AMERICAN PRESIDENT, THE (1995)
BLUE IN THE FACE (1995)
FRIGHTENERS, THE (1996)
MARS ATTACKS! (1996)
STUART LITTLE 3 - CALL OF THE WILD (2005)

FOXX, Jamie
acteur américain (1967-)
IN LIVING COLOR (SEASON I) (1990)
GREAT WHITE HYPE, THE (1996)
JAMIE FOXX SHOW, THE (SEASON I) (1996)
TRUTH ABOUT CATS AND DOGS, THE (1996)
ANY GIVEN SUNDAY (1999)
BAIT (2000)
ALI (2001)
BREAKIN' ALL THE RULES (2003)
COLLATERAL (2004)
RAY (2004)
REDEMPTION (2004)
JARHEAD (2005)
DREAMGIRLS (2006)
MIAMI VICE (2006)
KINGDOM, THE (2007)
SOLOIST, THE (2009)

FRAIN, James
acteur anglais (1969-)
RASPUTIN (1995)
HILARY AND JACKIE (1998)
RED MEAT (1998)
VIGO: A PASSION FOR LIFE (1998)
SUNSHINE (1999)
TITUS (1999)
REINDEER GAMES (2000)
WHERE THE HEART IS (2000)
PATH TO WAR (2002)

FRANÇOIS, Jacques
acteur français (1920-2003)
BARKLEYS OF BROADWAY, THE (1949)
3 MOUSQUETAIRES, LES (1953)
GRANDES MANŒUVRES, LES (1955)
TO PARIS WITH LOVE (1955)
ATTENTAT, L' (1972)
AVENTURES DE RABBI JACOB, LES (1973)
DAY OF THE JACKAL, THE (1973)
CHAT ET LA SOURIS, LE (1975)
JOUET, LE (1976)
GENDARME ET LES EXTRA-TERRESTRES, LE (1978)
JE SUIS TIMIDE... MAIS JE ME SOIGNE (1978)
ZIZANIE, LA (1978)
CAUSE TOUJOURS, TU M'INTÉRESSES (1979)
RIEN NE VA PLUS (1979)
MILLE MILLIARDS DE DOLLARS (1981)
TAIS-TOI QUAND TU PARLES (1981)
AFRICAIN, L' (1982)
GENDARME ET LES GENDARMETTES, LE (1982)
PÈRE NOËL EST UNE ORDURE, LE (1982)
PAPY FAIT DE LA RÉSISTANCE (1983)
SANG DES AUTRES, LE (1983)
UNTIL SEPTEMBER (1984)
LIBERTÉ, ÉGALITÉ, CHOUCROUTE (1985)
SAUVE-TOI LOLA (1986)
MES MEILLEURS COPAINS (1989)
OPÉRATION CORNED BEEF (1990)
DANSEURS DU MOZAMBIQUE, LES (1991)
MON HOMME (1996)
ACTEURS, LES (1999)

FRASER, Brendan
acteur américain (1968-)
ENCINO MAN (1992)
SCHOOL TIES (1992)
YOUNGER AND YOUNGER (1993)
AIRHEADS (1994)
WITH HONORS (1994)
PASSION OF DARKLY NOON, THE (1995)
MRS. WINTERBOURNE (1996)
GEORGE OF THE JUNGLE (1997)
TWILIGHT OF THE GOLDS, THE (1997)
BLAST FROM THE PAST (1998)
GODS AND MONSTERS (1998)
MUMMY, THE (1999)
BEDAZZLED (2000)
MONKEYBONE (2001)
MUMMY RETURNS, THE (2001)
QUIET AMERICAN, THE (2002)
LOONEY TUNES: BACK IN ACTION (2003)
CRASH (2004)
AIR I BREATHE, THE (2007)
JOURNEY TO THE CENTER OF THE EARTH (2007)
INKHEART (2008)
MUMMY, THE - TOMB OF THE DRAGON EMPEROR (2008)

FREEMAN, Morgan
acteur américain (1937-)
BRUBAKER (1980)
HARRY AND SON (1984)
TEACHERS (1984)
MARIE (1985)
STREET SMART (1986)
CLEAN AND SOBER (1988)
DRIVING MISS DAISY (1989)
GLORY (1989)
JOHNNY HANDSOME (1989)
LEAN ON ME (1989)
BONFIRE OF THE VANITIES, THE (1990)
ROBIN HOOD: PRINCE OF THIEVES (1991)
POWER OF ONE, THE (1992)
UNFORGIVEN (1992)
SHAWSHANK REDEMPTION, THE (1994)
OUTBREAK (1995)
SEVEN (1995)
CHAIN REACTION (1996)
MOLL FLANDERS (1996)
AMISTAD (1997)
HARD RAIN (1997)
KISS THE GIRLS (1997)
DEEP IMPACT (1998)
UNDER SUSPICION (1999)
NURSE BETTY (2000)
ALONG CAME A SPIDER (2001)
HIGH CRIMES (2002)
SUM OF ALL FEARS, THE (2002)
BRUCE ALMIGHTY (2003)
DREAMCATCHER (2003)
LEVITY (2003)
BIG BOUNCE, THE (2004)
MILLION DOLLAR BABY (2004)
BATMAN BEGINS (2005)
UNFINISHED LIFE, AN (2005)
UNLEASHED (2005)
10 ITEMS OR LESS (2006)
CONTRACT, THE (2006)
LUCKY NUMBER SLEVIN (2006)
BUCKET LIST, THE (2007)
EVAN ALMIGHTY (2007)
FEAST OF LOVE (2007)
GONE BABY GONE (2007)
DARK KNIGHT, THE (2008)
WANTED (2008)
CODE, THE (2009)

FRÉMONT, Thierry
acteur français (1962-)
NOCES BARBARES, LES (1987)
TRAVELLING AVANT (1987)
MON AMI LE TRAÎTRE (1988)
FORTUNE EXPRESS (1990)
MERCI LA VIE (1991)
ABRACADABRA (1992)
CAPRICES D'UN FLEUVE, LES (1995)
DÉMONS DE JÉSUS, LES (1996)
FEMME FATALE (2002)
BRIGADES DU TIGRE, LES (2006)

FREWER, Matt
acteur américain (1958-)
HONEY, I SHRUNK THE KIDS (1989)
POSITIVELY TRUE ADVENTURE OF THE ALLEGED TEXAS CHEERLEADER-MURDERING MOM, THE (1993)
STAND, THE (1994)
LAWNMOWER MAN 2 (1995)
NATIONAL LAMPOON'S SENIOR TRIP (1995)
BREAST MEN (1997)
DAWN OF THE DEAD (2004)
GERALDINE'S FORTUNE (2004)
HOME AT THE END OF THE WORLD, A (2004)
WEIRDSVILLE (2007)

FREY, Sami
acteur français (1937-)
SEPT PÉCHÉS CAPITAUX, LES (1961)
CLÉO DE 5 À 7 (1962)
BANDE À PART (1964)
ANGÉLIQUE ET LE ROI (1965)
QUI ÊTES-VOUS POLLY MAGOO? (1966)
MANON 70 (1967)
MARIÉS DE L'AN DEUX, LES (1971)
CÉSAR ET ROSALIE (1972)
SWEET MOVIE (1974)
NÉA (1976)
POURQUOI PAS! (1977)
MORTELLE RANDONNÉE (1983)
GARDE DU CORPS, LE (1984)
LITTLE DRUMMER GIRL, THE (1984)
ÉTAT DE GRÂCE, L' (1986)
LAPUTA (1986)
SAUVE-TOI LOLA (1986)
BLACK WIDOW (1987)
DE SABLE ET DE SANG (1987)
DEUX FRAGONARD, LES (1989)
WAR AND REMEMBRANCE (1989)
EN COMPAGNIE D'ANTONIN ARTAUD (1993)
FILLE DE D'ARTAGNAN, LA (1994)
AMOUR CONJUGAL, L' (1995)
ACTEURS, LES (1999)
ANTHONY ZIMMER (2005)

FROT, Catherine
actrice française (1957-)
QUAND TU SERAS DÉBLOQUÉ, FAIS-MOI SIGNE (1981)
UNE PIERRE DANS LA BOUCHE (1983)
CHAMBRE À PART (1989)
UN AIR DE FAMILLE (1996)
DÎNER DE CONS, LE (1998)
NOUVELLE ÈVE, LA (1998)
PAPARAZZI (1998)
DILETTANTE, LA (1999)
INSÉPARABLES (1999)
CHAOS (2001)
MERCREDI, FOLLE JOURNÉE! (2001)
7 ANS DE MARIAGE (2003)
CHOUCHOU (2003)
SŒURS FÂCHÉES, LES (2004)
VIPÈRE AU POING (2004)
BOUDU (2005)
MON PETIT DOIGT M'A DIT (2005)
ODETTE TOULEMONDE (2006)
TOURNEUSE DE PAGES, LA (2006)
CRIME EST NOTRE AFFAIRE, LE (2008)
EMPREINTE DE L'ANGE, L' (2008)

FRY, Stephen
acteur anglais (1957-)
BIT OF FRY AND LAURIE, A (1986)
PETER'S FRIENDS (1992)
WILDE (1997)
WHATEVER HAPPENED TO HAROLD SMITH (1999)
GORMENGHAST (2000)
GOSFORD PARK (2001)
THUNDERPANTS (2002)
LIFE AND DEATH OF PETER SELLERS, THE (2003)
BEAR NAMED WINNIE, A (2004)
HITCHHIKER'S GUIDE TO THE GALAXY (2005)
V FOR VENDETTA (2005)

FURLONG, Edward
acteur américain (1977-)
TERMINATOR 2: JUDGMENT DAY (1991)
AMERICAN HEART (1992)
HOME OF OUR OWN, A (1993)
BRAINSCAN (1994)
LITTLE ODESSA (1994)
BEFORE AND AFTER (1995)
GRASS HARP, THE (1996)
AMERICAN HISTORY X (1998)
PECKER (1998)
DETROIT ROCK CITY (1999)
ANIMAL FACTORY (2000)

GABIN, Jean
acteur français (1904-1976)
ZOUZOU (1934)
BANDERA, LA (1935)
BAS-FONDS, LES (1936)
GRANDE ILLUSION, LA (1937)
PÉPÉ LE MOKO (1937)
BÊTE HUMAINE, LA (1938)
QUAI DES BRUMES (1938)
JOUR SE LÈVE, LE (1939)
MOONTIDE (1942)
REMORQUES (1942)
PLAISIR, LE (1951)
NAPOLÉON (1954)
TOUCHEZ PAS AU GRISBI (1954)
FRENCH CANCAN (1955)
RAZZIA SUR LA CHNOUF (1955)
CRIME ET CHÂTIMENT (1956)
TRAVERSÉE DE PARIS, LA (1956)
MISÉRABLES, LES (1957)
ROUGE EST MIS, LE (1957)
PRÉSIDENT, LE (1960)
VIEUX DE LA VIEILLE, LES (1960)
CAVE SE REBIFFE, LE (1962)
GENTLEMAN D'EPSOM, LE (1962)
UN SINGE EN HIVER (1962)
ÂGE INGRAT, L' (1964)
JARDINIER D'ARGENTEUIL, LE (1966)
CLAN DES SICILIENS, LE (1968)
PACHA, LE (1968)
TATOUÉ, LE (1968)
HORSE, LA (1969)
CHAT, LE (1971)
TUEUR, LE (1972)
AFFAIRE DOMINICI, L' (1973)
DEUX HOMMES DANS LA VILLE (1973)
VERDICT (1974)
ANNÉE SAINTE, L' (1976)

GABLE, Clark
acteur américain (1901-1960)
PLASTIC AGE, THE (1925)
DANCE, FOOLS, DANCE (1931)
FREE SOUL, A (1931)
LAUGHING SINNERS (1931)
PAINTED DESERT, THE (1931)
POSSESSED (1931)
SUSAN LENOX: HER FALL AND RISE (1931)
NO MAN OF HER OWN (1932)
RED DUST (1932)
STRANGE INTERLUDE (1932)
DANCING LADY (1933)
HOLD YOUR MAN (1933)
CHAINED (1934)
FORSAKING ALL OTHERS (1934)
IT HAPPENED ONE NIGHT (1934)
MANHATTAN MELODRAMA (1934)
CHINA SEAS (1935)
MUTINY ON THE BOUNTY (1935)
LOVE ON THE RUN (1936)
SAN FRANCISCO (1936)
WIFE VERSUS SECRETARY (1936)
SARATOGA (1937)
TEST PILOT (1938)
TOO HOT TO HANDLE (1938)
GONE WITH THE WIND (1939)
COMRADE X (1940)
STRANGE CARGO (1940)
THEY MET IN BOMBAY (1941)
ADVENTURE (1945)
BOOM TOWN (1946)
HUCKSTERS, THE (1947)
COMMAND DECISION (1948)
HOMECOMING (1948)
ANY NUMBER CAN PLAY (1949)
TO PLEASE A LADY (1950)
ACROSS THE WIDE MISSOURI (1951)
LONE STAR (1951)
MOGAMBO (1953)
NEVER LET ME GO (1953)
BAND OF ANGELS (1956)
KING AND FOUR QUEENS, THE (1956)
TEACHER'S PET (1957)
RUN SILENT, RUN DEEP (1958)
BUT NOT FOR ME (1959)
IT STARTED IN NAPLES (1960)
MISFITS, THE (1961)

GAINSBOURG, Charlotte
actrice française (1972-)
EFFRONTÉE, L' (1985)
CHARLOTTE FOR EVER (1986)
KUNG-FU MASTER! (1987)
PETITE VOLEUSE, LA (1988)
SOLEIL MÊME LA NUIT, LE (1989)
AMOUREUSE (1991)
AUX YEUX DU MONDE (1991)
MERCI LA VIE (1991)
CEMENT GARDEN, THE (1992)
GROSSE FATIGUE (1994)
JANE EYRE (1996)
LOVE, ETC. (1996)
BÛCHE, LA (1999)
PASSIONNÉMENT (1999)
MISÉRABLES, LES (2000)
MA FEMME EST UNE ACTRICE (2001)
21 GRAMS (2003)
ILS SE MARIÈRENT ET EURENT BEAUCOUP D'ENFANTS (2004)
LEMMING (2005)
NUOVOMONDO (2006)
PRÊTE-MOI TA MAIN (2006)
SCIENCE OF SLEEP, THE (2006)
I'M NOT THERE (2007)

GALABRU, Michel
acteur français (1924-)
LETTRES DE MON MOULIN, LES (1954)
GUERRE DES BOUTONS, LA (1961)
VOYAGE À BIARRITZ, LE (1962)
CUISINE AU BEURRE, LA (1963)
GENDARME DE SAINT-TROPEZ, LE (1964)
GORILLES, LES (1964)
GENDARME À NEW YORK, LE (1965)
GENDARME SE MARIE, LE (1968)
PETIT BAIGNEUR, LE (1968)
POUSSEZ PAS GRAND-PÈRE DANS LES CACTUS (1969)
GENDARME EN BALADE, LE (1970)
CONCIERGE, LE (1973)
GASPARDS, LES (1973)
MONSIEUR BALBOSS (1974)
JUGE ET L'ASSASSIN, LE (1976)
NUIT DE SAINT-GERMAIN DES PRÉS, LA (1977)
CAGE AUX FOLLES, LA (1978)
GENDARME ET LES EXTRA-TERRESTRES, LE (1978)
FLIC OU VOYOU (1979)
GAGNANT, LE (1979)
VILLE DES SILENCES, LA (1979)
AVARE, L' (1980)
CAGE AUX FOLLES 2, LA (1980)
GUIGNOLO, LE (1980)
SOUS-DOUÉS PASSENT LE BAC, LES (1980)
BAHUT VA CRAQUER!, LE (1981)
CHOIX DES ARMES, LE (1981)
SI MA GUEULE VOUS PLAÎT (1981)
TE MARRE PAS, C'EST POUR RIRE (1981)
BOURGEOIS GENTILHOMME, LE (1982)
BRACONNIER DE DIEU, LE (1982)
DIPLÔMÉS DU DERNIER RANG, LES (1982)
ÉTÉ MEURTRIER, L' (1982)
GENDARME ET LES GENDARMETTES, LE (1982)
PAPY FAIT DE LA RÉSISTANCE (1983)
VOUS HABITEZ CHEZ VOS PARENTS? (1983)
NOTRE HISTOIRE (1984)
TRICHE, LA (1984)
CAGE AUX FOLLES 3, LA (1985)
FACTEUR DE SAINT-TROPEZ, LE (1985)
ON L'APPELLE CATASTROPHE (1985)
SUBWAY (1985)
TRANCHES DE VIE (1985)
FRÈRES PÉTARD, LES (1986)
SOIGNE TA DROITE! (1987)
ENVOYEZ LES VIOLONS (1989)
RÉVOLUTION FRANÇAISE 1: LES ANNÉES LUMIÈRE, LA (1989)
RÉVOLUTION FRANÇAISE 2: LES ANNÉES TERRIBLES, LA (1989)
URANUS (1990)
ASTÉRIX ET OBÉLIX CONTRE CÉSAR (1998)
ACTEURS, LES (1999)
SAN ANTONIO (2004)
JEUNE FILLE ET LES LOUPS, LA (2008)

GALIENA, Anna
actrice italienne (1954-)
JOURS TRANQUILLES À CLICHY (1989)
MARI DE LA COIFFEUSE, LE (1990)
JAMBON JAMBON (1992)
GROSSE PASTÈQUE, LA (1993)

BEING HUMAN (1994)
SANS LA PEAU (1994)
CAPRICES D'UN FLEUVE, LES (1995)
TROIS VIES ET UNE SEULE MORT (1995)
LEADING MAN, THE (1996)
EXCELLENT CADAVERS (1999)

GALLAGHER, Peter
acteur américain (1955-)
IDOLMAKER, THE (1980)
SUMMER LOVERS (1982)
DREAMCHILD (1985)
LONG DAY'S JOURNEY INTO NIGHT (1987)
HIGH SPIRITS (1988)
SEX, LIES, AND VIDEOTAPE (1989)
MILENA (1990)
TUNE IN TOMORROW... (1990)
BOB ROBERTS (1992)
PLAYER, THE (1992)
CAFE SOCIETY (1993)
MOTHER'S BOYS (1993)
SHORT CUTS (1993)
HUDSUCKER PROXY, THE (1994)
MRS. PARKER AND THE VICIOUS CIRCLE (1994)
UNDERNEATH, THE (1994)
FALLEN ANGELS (1995)
WHILE YOU WERE SLEEPING (1995)
TITANIC (1996)
TO GILLIAN ON HER 37th BIRTHDAY (1996)
MAN WHO KNEW TOO LITTLE, THE (1997)
AMERICAN BEAUTY (1999)
HOUSE ON HAUNTED HILL (1999)
CENTER STAGE (2000)
FEAST OF ALL SAINTS (2001)
PROTECTION (2001)

GALLO, Vincent
acteur américain (1962-)
ARIZONA DREAM (1991)
PALOOKAVILLE (1995)
FUNERAL, THE (1996)
NÉNETTE ET BONI (1996)
TRUTH OR CONSEQUENCES N.M. (1997)
BUFFALO 66 (1998)
GOODBYE LOVER (1998)
HIDE AND SEEK (2000)
GET WELL SOON (2001)
TROUBLE EVERY DAY (2001)
STRANDED (2002)
BROWN BUNNY (2004)

GAMBLIN, Jacques
acteur français (1957-)
AU PETIT MARGUERY (1995)
MAUVAIS GENRE (1997)
TENUE CORRECTE EXIGÉE (1997)
AU CŒUR DU MENSONGE (1998)
DOCTEUR AKAGI (1998)
ENFANTS DU MARAIS, LES (1998)
MADEMOISELLE (2000)
LAISSEZ-PASSER (2001)
CARNAGES (2002)
À LA PETITE SEMAINE (2003)
HOLY LOLA (2004)
ENFER, L' (2005)
BRIGADES DU TIGRE, LES (2006)
SERKO (2006)
ENFIN VEUVE (2008)
PREMIER JOUR DU RESTE DE TA VIE, LE (2008)

GAMBON, Michael
acteur irlandais (1940-)
STORYTELLER, THE - DEFINITIVE COLLECTION (1987)
COOK, THE THIEF, HIS WIFE & HER LOVER, THE (1989)
PARIS BY NIGHT (1989)
TOYS (1992)
BROWNING VERSION, THE (1994)
CLEAN SLATE (1994)
MAN OF NO IMPORTANCE, A (1994)
SQUANTO: A WARRIOR'S TALE (1994)
TWO DEATHS (1995)
MARY REILLY (1996)
DANCING AT LUGHNASA (1998)
LAST SEPTEMBER (1998)
SLEEPY HOLLOW (1999)
ALMOST STRANGERS (2001)
CHARLOTTE GRAY (2001)
GOSFORD PARK (2001)
HIGH HEELS AND LOW LIFES (2001)
ALI G INDAHOUSE: THE MOVIE (2002)
PATH TO WAR (2002)
ANGELS IN AMERICA (2003)
LOST PRINCE, THE (2003)
OPEN RANGE (2003)
SYLVIA (2003)
LAYER CAKE (2004)
SKY CAPTAIN AND THE WORLD OF TOMORROW (2004)
THE LIFE AQUATIC WITH STEVE ZISSOU (2004)
HARRY POTTER AND THE GOBLET OF FIRE (2005)
AMAZING GRACE (2006)
GOOD SHEPHERD, THE (2006)
OMEN, THE (2006)
BAKER, THE (2007)
CRANFORD (2007)
HARRY POTTER AND THE ORDER OF THE PHOENIX (2007)
BRIDESHEAD REVISITED (2008)
HARRY POTTER AND THE HALF-BLOOD PRINCE (2009)

GANDOLFINI, James
acteur américain (1962-)
ANGIE (1994)
TERMINAL VELOCITY (1994)
NOUVEAU MONDE, LE (1995)
GUN (1996)
JUROR, THE (1996)
NIGHT FALLS ON MANHATTAN (1996)
12 ANGRY MEN (1997)
FALLEN (1997)
SHE'S SO LOVELY (1997)
CIVIL ACTION, A (1998)
MIGHTY, THE (1998)
8 MM (EIGHT MILIMETERS) (1999)
LAST CASTLE, THE (2001)
MAN WHO WASN'T THERE, THE (2001)
MEXICAN, THE (2001)
SOPRANOS IV, THE (2003)
SURVIVING CHRISTMAS (2004)
ALL THE KING'S MEN (2006)
LONELY HEARTS (2006)
ROMANCE AND CIGARETTES (2006)
STORIES OF LOST SOULS (2007)
TAKING OF PELHAM 1 2 3, THE (2009)

GANZ, Bruno
acteur suisse (1941-)
HANDS UP (1967)
MARQUISE D'O..., LA (1976)
AMI AMÉRICAIN, L' (1977)
BOYS FROM BRAZIL, THE (1978)
NOSFERATU: FANTÔME DE LA NUIT (1978)
5% DE RISQUE (1979)
CIRCLE OF DECEIT (1981)
AILES DU DÉSIR, LES (1987)
STRAPLESS (1989)
LAST DAYS OF CHEZ NOUS, THE (1990)
CHILDREN OF NATURE (1991)
SI LOIN, SI PROCHE (1992)
LUMIÈRE ET COMPAGNIE (1995)
ÉTERNITÉ ET UN JOUR, L' (1998)
LUTHER (2003)
CHUTE, LA (2004)
MANCHURIAN CANDIDATE, THE (2004)
VITUS (2006)
YOUTH WITHOUT YOUTH (2007)
READER, THE (2008)

GARBO, Greta
actrice suédoise (1905-1990)
SAGA OF GOSTA BERLING, THE (1920)
RUE SANS JOIE, LA (1925)
FLESH AND THE DEVIL (1926)
MYSTERIOUS LADY, THE (1928)
WOMAN OF AFFAIRS, A (1928)
KISS, THE (1929)
SINGLE STANDARD, THE (1929)
WILD ORCHIDS (1929)
ANNA CHRISTIE (1930)
ROMANCE (1930)
INSPIRATION (1931)
SUSAN LENOX: HER FALL AND RISE (1931)
AS YOU DESIRE ME (1932)
GRAND HOTEL (1932)
MATA HARI (1932)
QUEEN CHRISTINA (1933)
ANNA KARENINA (1935)
PAINTED VEIL, THE (1935)
CAMILLE (1937)
CONQUEST (1938)
NINOTCHKA (1939)
TWO-FACED WOMAN (1941)

GARCÍA BERNAL, Gael
acteur mexicain (1978-)
AMOURS CHIENNES (2000)
DON'T TEMPT ME (2001)
ET... TA MÈRE AUSSI (2001)
PÉCHÉ DU FRÈRE AMARO, LE (2002)
CUBAN BLOOD (2003)
DOT THE I (2003)
CARNETS DE VOYAGE (2004)
MAUVAISE ÉDUCATION, LA (2004)
KING, THE (2005)
BABEL (2006)
SCIENCE OF SLEEP, THE (2006)
BLINDNESS (2008)

GARCIA, Andy
acteur américain (1956-)
NIGHT IN HEAVEN, A (1983)
MEAN SEASON, THE (1985)
8 MILLION WAYS TO DIE (1986)
UNTOUCHABLES, THE (1987)
STAND AND DELIVER (1988)
BLACK RAIN (1989)
GODFATHER III, THE (1990)
INTERNAL AFFAIRS (1990)
SHOW OF FORCE, A (1990)
DEAD AGAIN (1991)
HERO (1992)
JENNIFER 8 (1992)
WHEN A MAN LOVES A WOMAN (1994)
THINGS TO DO IN DENVER WHEN YOU'RE DEAD (1995)
NIGHT FALLS ON MANHATTAN (1996)
DISPARITION DE GARCIA LORCA, LA (1997)
HOODLUM (1997)
DESPERATE MEASURES (1998)
LAKEBOAT (2000)
GALAXY FAR FAR AWAY, A (2001)
MAN FROM ELYSIAN FIELDS, THE (2001)
OCEAN'S ELEVEN (2001)
CONFIDENCE (2003)
TWISTED (2003)
MODIGLIANI (2004)
OCEAN'S 12 (2004)
LOST CITY (2005)
AIR I BREATHE, THE (2007)
OCEAN'S THIRTEEN (2007)
PINK PANTHER 2 (2009)

GARCIA, José
acteur français (1966-)
VÉRITÉ SI JE MENS, LA (1996)
COMME UN POISSON HORS DE L'EAU (1999)
MORSURES DE L'AUBE, LES (2000)
VÉRITÉ SI JE MENS II, LA (2000)
BOULET, LE (2001)
QUELQU'UN DE BIEN (2002)
RIRE ET CHÂTIMENT (2003)
COUPERET, LE (2004)
APRÈS VOUS... (2005)
PARS VITE ET REVIENS TARD (2006)

GARCIA, Nicole
actrice française (1948-)
QUE LA FÊTE COMMENCE! (1974)
UN PAPILLON SUR L'ÉPAULE (1978)
MON ONCLE D'AMÉRIQUE (1980)
UNS ET LES AUTRES, LES (1980)
BEAU-PÈRE (1981)
GARCON! (1983)
MOTS POUR LE DIRE, LES (1983)
STELLA (1983)
PÉRIL EN LA DEMEURE (1984)
4e POUVOIR, LE (1985)
ÉTAT DE GRÂCE, L' (1986)
MORT UN DIMANCHE DE PLUIE (1986)
UN HOMME ET UNE FEMME: VINGT ANS DÉJÀ (1986)
LUMIÈRE DU LAC, LA (1987)
OUTREMER (1989)
LÉON MORIN, PRÊTRE (1991)
AUX PETITS BONHEURS (1993)
KENNEDY ET MOI (1999)
BETTY FISHER ET AUTRES HISTOIRES (2001)
PETITE LILI, LA (2003)
TRISTAN (2003)

GARDNER, Ava
actrice américaine (1922-1990)
KILLERS, THE (1946)
HUCKSTERS, THE (1947)
SINGAPORE (1947)
EAST SIDE, WEST SIDE (1949)
ONE TOUCH OF VENUS (1949)
LONE STAR (1951)

MY FORBIDDEN PAST (1951)
PANDORA AND THE FLYING DUTCHMAN (1951)
SHOW BOAT (1951)
SNOWS OF KILIMANJARO, THE (1952)
BAND WAGON, THE (1953)
MOGAMBO (1953)
BAREFOOT CONTESSA, THE (1954)
KNIGHTS OF THE ROUND TABLE (1954)
BHOWANI JUNCTION (1955)
SUN ALSO RISES, THE (1957)
NAKED MAJA, THE (1959)
ON THE BEACH (1959)
55 DAYS AT PEKING (1963)
SEVEN DAYS IN MAY (1963)
NIGHT OF THE IGUANA, THE (1964)
BIBLE, THE (1966)
MAYERLING (1968)
LIFE AND TIMES OF JUDGE ROY BEAN (1972)
EARTHQUAKE (1974)
CASSANDRA CROSSING, THE (1976)

GARFIELD, Allen
acteur américain (1939-)
GREETINGS (1968)
OWL AND THE PUSSYCAT, THE (1970)
BANANAS (1971)
CRY UNCLE! (1971)
ORGANIZATION, THE (1971)
CANDIDATE, THE (1972)
CONVERSATION, THE (1974)
FRONT PAGE, THE (1974)
GABLE AND LOMBARD (1976)
MOTHER, JUGS & SPEED (1976)
BRINK'S JOB, THE (1978)
STUNT MAN, THE (1979)
CONTINENTAL DIVIDE (1981)
ÉTAT DES CHOSES, L' (1982)
ONE FROM THE HEART (1982)
BLACK STALLION RETURNS, THE (1983)
COTTON CLUB, THE (1984)
TEACHERS (1984)
DESERT BLOOM (1985)
BEVERLY HILLS COP II (1987)
LET IT RIDE (1989)
DICK TRACY (1990)
UNTIL THE END OF THE WORLD (1991)
PATRIOTES, LES (1994)
DESTINY TURNS ON THE RADIO (1995)
DIABOLIQUE (1996)
MAJESTIC, THE (2001)

GARLAND, Judy
actrice américaine (1922-1969)
PIGSKIN PARADE (1936)
BROADWAY MELODY OF 1938 (1937)
EVERYBODY SING (1938)
LISTEN, DARLING (1938)
LOVE FINDS ANDY HARDY (1938)
BABES IN ARMS (1939)
WIZARD OF OZ, THE (1939)
LIFE BEGINS FOR ANDY HARDY (1940)
LITTLE NELLIE KELLY (1940)
STRIKE UP THE BAND (1940)
BABES ON BROADWAY (1941)
ZIEGFELD GIRL (1941)
THOUSANDS CHEER (1943)
CLOCK, THE (1944)
MEET ME IN ST. LOUIS (1944)
ANDY HARDY MEETS DEBUTANTE (1945)
HARVEY GIRLS, THE (1945)
ZIEGFELD FOLLIES (1946)
TILL THE CLOUDS ROLL BY (1947)
EASTER PARADE (1948)
PIRATE, THE (1948)
IN THE GOOD OLD SUMMERTIME (1950)
SUMMER STOCK (1950)
STAR IS BORN, A (1954)
JUDGMENT AT NUREMBERG (1961)
CHILD IS WAITING, A (1962)
I COULD GO ON SINGING (1963)
THAT'S ENTERTAINMENT (1974)

GARNER, James
acteur américain (1928-)
DARBY'S RANGERS (1957)
SAYONARA (1957)
CASH MC CALL (1959)
UP PERISCOPE (1959)
CHILDREN'S HOUR, THE (1961)
BOY'S NIGHT OUT (1962)
GREAT ESCAPE, THE (1963)
MOVE OVER, DARLING (1963)
THRILL OF IT ALL, THE (1963)
WHEELER DEALERS, THE (1963)
36 HOURS (1964)
AMERICANIZATION OF EMILY, THE (1964)
DUEL AT DIABLO (1965)
GRAND PRIX (1966)
HOUR OF THE GUN (1967)
PINK JUNGLE, THE (1968)
MARLOWE (1969)
SUPPORT YOUR LOCAL SHERIFF! (1969)
MAN CALLED SLEDGE, A (1970)
SKIN GAME (1971)
SUPPORT YOUR LOCAL GUNFIGHTER (1971)
FAN, THE (1981)
VICTOR/VICTORIA (1982)
MURPHY'S ROMANCE (1985)
SUNSET (1988)
MY NAME IS BILL W. (1989)
FIRE IN THE SKY (1993)
MAVERICK (1994)
TWILIGHT (1997)
SPACE COWBOYS (2000)
DIVINE SECRETS OF THE YA-YA SISTERHOOD (2002)
NOTEBOOK, THE (2004)

GAROFALO, Janeane
actrice américaine (1964-)
BYE, BYE LOVE (1995)
ROMY & MICHELE'S HIGH SCHOOL REUNION (1996)
TRUTH ABOUT CATS AND DOGS, THE (1996)
COP LAND (1997)
MATCHMAKER, THE (1997)
CLAY PIGEONS (1998)
DOG PARK (1998)
BUMBLEBEE FLIES AWAY, THE (1999)
DOGMA (1999)
MINUS MAN, THE (1999)
MYSTERY MEN (1999)
ADVENTURES OF ROCKY AND BULWINKLE, THE (2000)
TITAN A.E. (2000)
SEARCH FOR JOHN GISSING (2001)
WET HOT AMERICAN SUMMER (2001)
DUANE HOPWOOD (2005)
NADINE IN DATELAND (2005)
STAY (2005)
GUITAR, THE (2008)

GARR, Teri
actrice américaine (1949-)
HEAD: STARRING THE MONKEES (1968)
CONVERSATION, THE (1974)
YOUNG FRANKENSTEIN (1974)
WON TON TON, THE DOG WHO SAVED HOLLYWOOD (1975)
CLOSE ENCOUNTERS OF THE THIRD KIND (1977)
OH, GOD! (1977)
BLACK STALLION, THE (1979)
ESCAPE ARTIST, THE (1982)
ONE FROM THE HEART (1982)
TOOTSIE (1982)
BLACK STALLION RETURNS, THE (1983)
MR. MOM (1983)
STING II, THE (1983)
FIRST BORN (1984)
AFTER HOURS (1985)
FULL MOON IN BLUE WATER (1988)
LET IT RIDE (1989)
OUT COLD (1989)
WAITING FOR THE LIGHT (1989)
MOM AND DAD SAVE THE WORLD (1992)
PLAYER, THE (1992)
DUMB & DUMBER (1994)
PRÊT-À-PORTER (1994)
KABLUEY (2007)

GARSON, Greer
acteur irlandais (1908-1996)
GOODBYE MR. CHIPS (1939)
BLOSSOMS IN THE DUST (1940)
PRIDE AND PREJUDICE (1940)
WHEN LADIES MEET (1941)
MADAME CURIE (1943)
MRS. MINIVER (1943)
ADVENTURE (1945)
RANDOM HARVEST (1945)
VALLEY OF DECISION, THE (1945)
MRS. PARKINGTON (1947)
JULIA MISBEHAVES (1948)
THAT FORSYTE WOMAN (1949)
MINIVER STORY, THE (1950)
JULIUS CAESAR (1953)
SUNRISE AT CAMPOBELLO (1960)
HAPPIEST MILLIONAIRE, THE (1967)
LITTLE WOMEN (1978)

GASSMAN, Vittorio
acteur italien (1922-2000)
RIZ AMER (1949)
RHAPSODY (1954)
WAR AND PEACE (1955)
PIGEON, LE (1958)
MIRACLE, THE (1959)
BARABBAS (1961)
TIGER AND THE PUSSYCAT, THE (1967)
WOMAN TIMES SEVEN (1967)
PARFUM DE FEMME (1974)
HISTOIRE D'AIMER (1975)
NOUS NOUS SOMMES TANT AIMÉS (1975)
DESERT OF THE TARTARS (1976)
MESDAMES ET MESSIEURS, BONSOIR (1976)
MON FILS EST ASSASSIN (CHER PAPA) (1978)
QUINTET (1978)
WEDDING, A (1978)
NUDE BOMB, THE (1980)
TEMPEST (1982)
BENVENUTA (1983)
BIG DEAL ON MADONNA STREET - 20 YEARS LATER (1985)
DEUX INCONNUS DANS LA VILLE (1985)
FAMILLE, LA (1987)
SLEAZY UNCLE, THE (1989)

GAY HARDEN, Marcia
actrice américaine (1959-)
CRUSH (1992)
SAFE PASSAGE (1993)
SPITFIRE GRILL, THE (1995)
FLUBBER (1997)
MEET JOE BLACK (1998)
POLLOCK (2000)
SPACE COWBOYS (2000)
CASA DE LOS BABYS (2003)
MYSTIC RIVER (2003)
WELCOME TO MOOSEPORT (2003)
AMERICAN GUN (2005)
BAD NEWS BEARS (2005)
AMERICAN DREAMZ (2006)
HOAX, THE (2006)
DEAD GIRL, THE (2007)
INTO THE WILD (2007)
INVISIBLE, THE (2007)
MIST, THE (2007)
RAILS AND TIES (2008)
SEX AND LIES IN SIN CITY: THE TED BINION SCANDAL (2008)

GAZZARA, Ben
acteur américain (1930-)
STRANGE ONE, THE (1956)
ANATOMY OF A MURDER (1959)
BRIDGE AT REMAGEN, THE (1969)
HUSBANDS (1970)
PURSUIT (1972)
NEPTUNE FACTOR (1973)
KILLING OF A CHINESE BOOKIE, THE (1976)
OPENING NIGHT (1977)
BLOODLINE (1979)
SAINT JACK (1979)
CONTE DE LA FOLIE ORDINAIRE (1981)
THEY ALL LAUGHED (1981)
FILLE DE TRIESTE, LA (1982)
EARLY FROST, AN (1985)
CHAMPAGNE AMER (1986)
CONTROL (1986)
ROAD HOUSE (1989)
BIG LEBOWSKI, THE (1997)
SPANISH PRISONER, THE (1997)
BUFFALO 66 (1998)
HAPPINESS (1998)
ILLUMINATA (1998)
SUMMER OF SAM (1999)
THOMAS CROWN AFFAIR (1999)
HYSTERICAL BLINDNESS (2002)
DOGVILLE (2003)
PARIS, JE T'AIME (2006)

GÉLIN, Daniel
acteur français (1921-2002)
RENDEZ-VOUS DE JUILLET (1949)
RONDE, LA (1950)
UNE HISTOIRE D'AMOUR (1951)
NAPOLÉON (1954)
EN EFFEUILLANT LA MARGUERITE (1956)
MAN WHO KNEW TOO MUCH, THE (1956)
TROIS JOURS À VIVRE (1957)
À BELLES DENTS (1966)

SLOGAN (1969)
SOUFFLE AU CŒUR, LE (1971)
NUIT DE VARENNES, LA (1982)
ENFANTS, LES (1984)
ITINÉRAIRE D'UN ENFANT GÂTÉ (1988)
VIE EST UN LONG FLEUVE TRANQUILLE, LA (1988)
DANDIN (1989)
MAUVAISE FILLE (1990)
MISTER FROST (1990)
COUP DE JEUNE! (1991)
SECRETS PROFESSIONNELS DU DR. APFELGLÜCK, LES (1991)
ROULEZ JEUNESSE (1992)
MARMOTTES, LES (1993)
BIDOCHON, LES (1996)

GEORGE, Susan
actrice anglaise (1950-)
LOLA (1969)
EYEWITNESS (1970)
DIE SCREAMING MARIANNE (1971)
FRIGHT (1971)
STRAW DOGS (1971)
DIRTY MARY CRAZY LARRY (1974)
MANDINGO (1975)
TOMORROW NEVER COMES (1978)
HOUSE WHERE EVIL DWELLS, THE (1982)
JIGSAW MAN, THE (1984)

GÉRARD, Charles
acteur français (1926-)
VOYOU, LE (1970)
SMIC, SMAC, SMOC (1971)
AVENTURE C'EST L'AVENTURE, L' (1972)
BONNE ANNÉE, LA (1973)
MARIAGE (1974)
TOUTE UNE VIE (1975)
JOUET, LE (1976)
ANIMAL, L' (1977)
CHARLOTS EN DÉLIRE, LES (1979)
FLIC OU VOYOU (1979)
DIPLÔMÉS DU DERNIER RANG, LES (1982)
ÉDITH ET MARCEL (1983)
VIVA LA VIE (1983)
NI AVEC TOI, NI SANS TOI (1984)
PARTIR, REVENIR (1985)
CLUB DE RENCONTRES (1986)
UN HOMME ET UNE FEMME: VINGT ANS DÉJÀ (1986)
ATTENTION BANDITS (1987)
IL Y A DES JOURS... ET DES LUNES (1990)
BELLE HISTOIRE, LA (1991)
TOUT ÇA... POUR ÇA! (1992)

GERE, Richard
acteur américain (1949-)
LOOKING FOR MR. GOODBAR (1977)
BLOODBROTHERS (1978)
DAYS OF HEAVEN (1978)
YANKS (1979)
AMERICAN GIGOLO (1980)
OFFICER AND A GENTLEMAN, AN (1981)
BEYOND THE LIMIT (1983)
BREATHLESS (1983)
COTTON CLUB, THE (1984)
KING DAVID (1985)
POWER (1985)
NO MERCY (1986)
MILES FROM HOME (1988)
INTERNAL AFFAIRS (1990)
PRETTY WOMAN (1990)
RHAPSODY IN AUGUST (1991)
FINAL ANALYSIS (1992)
AND THE BAND PLAYED ON (1993)
MR. JONES (1993)
SOMMERSBY (1993)
INTERSECTION (1994)
FIRST KNIGHT (1995)
PRIMAL FEAR (1996)
JACKAL, THE (1997)
RED CORNER (1997)
RUNAWAY BRIDE (1999)
AUTUMN IN NEW YORK (2000)
DR. T AND THE WOMEN (2000)
MOTHMAN PROPHECIES, THE (2001)
CHICAGO (2002)
UNFAITHFUL (2002)
SHALL WE DANCE? (2004)
BEE SEASON, THE (2005)
HOAX, THE (2006)
FLOCK, THE (2007)
HUNTING PARTY, THE (2007)
I'M NOT THERE (2007)
NIGHTS IN RODANTHE (2008)

GERSHON, Gina
actrice américaine (1962-)
COCKTAIL (1988)
SHOWGIRLS (1995)
BOUND (1996)
FACE/OFF (1997)
PALMETTO (1997)
LULU ON THE BRIDGE (1998)
GUINEVERE (1999)
PICTURE CLAIRE (2001)
DEMONLOVER (2002)
OUT OF SEASON (2004)
DELIRIOUS (2006)
KETTLE OF FISH (2006)
MAN ABOUT TOWN (2006)
P.S. I LOVE YOU (2007)

GETTY, Balthazar
acteur américain (1975-)
LORD OF THE FLIES (1990)
JUDGE DREDD (1995)
WHITE SQUALL (1995)
LOST HIGHWAY (1996)
TRAFFIC: THE MINISERIES (2004)
FEAST (2005)
SLINGSHOT (2005)
TRIPPER, THE (2006)

GIAMATTI, Paul
acteur américain (1967-)
PAST MIDNIGHT (1992)
SAFE MEN (1998)
IF THESE WALLS COULD TALK II (1999)
MAN ON THE MOON (1999)
BIG MOMMA'S HOUSE (2000)
PLANET OF THE APES (2001)
STORYTELLING (2001)
BIG FAT LIAR (2002)
AMERICAN SPLENDOR (2003)
CONFIDENCE (2003)
PAYCHECK (2003)
PENTAGON PAPERS, THE (2003)
SIDEWAYS (2004)
CINDERELLA MAN (2005)
ILLUSIONIST, THE (2005)
AMAZING SCREW-ON HEAD, THE (2006)
HAWK IS DYING, THE (2006)
LADY IN THE WATER (2006)
FRED CLAUS (2007)
NANNY DIARIES (2007)
SHOOT'EM UP (2007)
JOHN ADAMS (2008)
DUPLICITY (2009)

GIANNINI, Giancarlo
acteur italien (1942-)
GOOD NEWS (1947)
ANZIO (1968)
SECRET OF SANTA VITTORIA, THE (1969)
BLACK BELLY OF THE TARANTULA (1971)
MIMI MÉTALLO BLESSÉ DANS SON HONNEUR (1972)
LOVE & ANARCHY (1973)
ALL SCREWED UP (1974)
GRANDE BOURGEOISE, LA (1974)
VERS UN DESTIN INSOLITE SUR LES FLOTS BLEUS DE L'ÉTÉ (1974)
HISTOIRE D'AIMER (1975)
SEVEN BEAUTIES (1975)
INNOCENTE, L' (1976)
NIGHT FULL OF RAIN, A (1977)
AVEUX SPONTANÉS (1979)
PICONE (1983)
AMERICAN DREAMER (1984)
NEW YORK STORIES (1989)
SLEAZY UNCLE, THE (1989)
TIME TO KILL (1989)
WALK IN THE CLOUDS, A (1995)
MIMIC (1997)
HANNIBAL (2001)
DARKNESS (2002)
CŒUR AILLEURS, LE (2003)
MAN ON FIRE (2004)
SHADOWS IN THE SUN (2005)
CASINO ROYALE (2006)
QUANTUM OF SOLACE (2008)

GIBSON, Mel
acteur australien (1956-)
MAD MAX (1979)
TIM (1979)
ATTACK FORCE Z (1980)
GALLIPOLI (1981)
MAD MAX 2: THE ROAD WARRIOR (1981)
YEAR OF LIVING DANGEROUSLY, THE (1982)
BOUNTY, THE (1983)
MRS. SOFFEL (1984)
RIVER, THE (1984)
MAD MAX 3: BEYOND THE THUNDERDOME (1985)
LETHAL WEAPON (1987)
TEQUILA SUNRISE (1988)
LETHAL WEAPON 2 (1989)
AIR AMERICA (1990)
BIRD ON A WIRE (1990)
HAMLET (1990)
FOREVER YOUNG (1992)
LETHAL WEAPON 3 (1992)
MAN WITHOUT A FACE, THE (1993)
MAVERICK (1994)
BRAVEHEART (1995)
RANSOM (1996)
CONSPIRACY THEORY (1997)
LETHAL WEAPON 4 (1998)
PAYBACK (1999)
MILLION DOLLAR HOTEL (2000)
PATRIOT, THE (2000)
SIGNS (2002)
WE WERE SOLDIERS (2002)

GIELGUD, John
acteur anglais (1904-2000)
SECRET AGENT (1936)
PRIME MINISTER (1941)
JULIUS CAESAR (1953)
RICHARD III (1955)
AROUND THE WORLD IN 80 DAYS (1956)
SAINT JOAN (1956)
BECKET (1964)
LOVED ONE, THE (1965)
ALICE IN WONDERLAND (1966)
CHARGE OF THE LIGHT BRIGADE, THE (1968)
SHOES OF THE FISHERMAN, THE (1968)
JULIUS CAESAR (1970)
FRANKENSTEIN - THE TRUE STORY (1973)
MURDER ON THE ORIENT EXPRESS (1974)
PROVIDENCE (1976)
MISERABLES, LES (1978)
MURDER BY DECREE (1978)
CALIGULA (1979)
JAMES JOYCE: A PORTRAIT OF THE ARTIST AS A YOUNG MAN (1979)
ELEPHANT MAN, THE (1980)
FORMULA, THE (1980)
HUMAN FACTOR, THE (1980)
SPHINX (1980)
ARTHUR (1981)
CHARIOTS OF FIRE (1981)
LION OF THE DESERT (1981)
GANDHI (1982)
HUNCHBACK OF NOTRE-DAME, THE (1982)
SCARLET AND THE BLACK, THE (1983)
WAGNER (1983)
WICKED LADY, THE (1983)
SHOOTING PARTY, THE (1984)
WHISTLE BLOWER, THE (1986)
APPOINTMENT WITH DEATH (1988)
ARTHUR 2: ON THE ROCKS (1988)
GETTING IT RIGHT (1989)
PROSPERO'S BOOKS (1991)
POWER OF ONE, THE (1992)
SHINING THROUGH (1992)
FIRST KNIGHT (1995)
GULLIVER'S TRAVELS (1995)
PORTRAIT OF A LADY, THE (1996)
SHINE (1996)
HUNCHBACK, THE (1997)
MERLIN (1998)

GIL, Ariadna
actrice espagnole (1969-)
MÉCANIQUES CÉLESTES (1994)
LIBERTARIAS (1995)
DON JUAN (1997)
BLACK TEARS (1998)
TALK OF ANGELS (1998)
CÔTÉ OBSCUR DU CŒUR II, LE (2001)
BIENVENUE À LA MAISON (2006)
LABYRINTHE DE PAN, LE (2006)
APPALOOSA (2008)

GILLAIN, Marie
actrice belge (1975-)
MON PÈRE, CE HÉROS (1991)
APPÂT, L' (1995)
AFFINITÉS ÉLECTIVES, LES (1996)
BOSSU, LE (1997)
DERNIER HAREM, LE (1999)
ABSOLUMENT FABULEUX (2001)
LAISSEZ-PASSER (2001)
NI POUR NI CONTRE (BIEN AU CONTRAIRE) (2002)
TOUT LE PLAISIR EST POUR MOI (2004)

ENFER, L' (2005)
PARS VITE ET REVIENS TARD (2006)
CLEF, LA (2007)
MA VIE N'EST PAS UNE COMÉDIE ROMANTIQUE (2007)
FEMMES DE L'OMBRE, LES (2008)

GILMORE, Danny
acteur canadien (1973-)
LILIES (1996)
CES ENFANTS D'AILLEURS (1997)
WINTER LILY (1998)
CRÈME GLACÉE, CHOCOLAT ET AUTRES CONSOLATIONS (2001)
FILS DE MARIE, LES (2002)
GAZ BAR BLUES (2003)
SAVED BY THE BELLES (2003)
BONZAÏON (2005)
POINT, THE (2006)

GIRARD, Rémy
acteur québécois (1950-)
BEAUX SOUVENIRS, LES (1981)
YEUX ROUGES, LES (1982)
CRIME D'OVIDE PLOUFFE, LE (1984)
DÉCLIN DE L'EMPIRE AMÉRICAIN, LE (1986)
VOISINS, LES (1987)
CHEMIN DE DAMAS, LE (1988)
KALAMAZOO (1988)
PORTES TOURNANTES, LES (1988)
TISSERANDS DU POUVOIR, LES (1988)
DANS LE VENTRE DU DRAGON (1989)
JÉSUS DE MONTRÉAL (1989)
RAFALES (1990)
AMOUREUX FOU (1991)
MONTRÉAL VU PAR... (1991)
PAGAILLE, LA (1991)
BLANCHE (1993)
FLORIDA, LA (1993)
SECRET DE JÉRÔME, LE (1994)
LILIES (1996)
BOYS, LES (1997)
CES ENFANTS D'AILLEURS (1997)
SIÈGE DE L'ÂME, LE (1997)
BOYS II, LES (1998)
BOYS III, LES (2001)
SÉRAPHIN, UN HOMME ET SON PÉCHÉ (2002)
INVASIONS BARBARES, LES (2003)
BOUGON, LES (SAISON I) (2004)
MONICA LA MITRAILLE (2004)
AURORE (2005)
BOYS IV, LES (2005)
HUMAN TRAFFICKING (2005)
MAURICE RICHARD (2005)
YOUNG TRIFFIE (2006)
BLUFF (2007)
GRAND DÉPART, LE (2008)
PIÈGE AMÉRICAIN, LE (2008)
JE ME SOUVIENS (2009)

GIRARDOT, Annie
actrice française (1931-)
ROUGE EST MIS, LE (1957)
ROCCO ET SES FRÈRES (1960)
MARI DE LA FEMME À BARBE, LE (1964)
ANARCHISTES OU LA BANDE À BONNOT, LES (1969)
MOURIR D'AIMER (1970)
NOVICES, LES (1970)
VIEILLE FILLE, LA (1971)
ELLE CAUSE PLUS... ELLE FLINGUE! (1972)
TRAITEMENT DE CHOC (1972)
JULIETTE ET JULIETTE (1973)
URSULE ET GRELU (1973)
DOCTEUR FRANÇOISE GAILLAND (1975)
GITAN, LE (1975)
IL PLEUT SUR SANTIAGO (1975)
À CHACUN SON ENFER (1977)
ZIZANIE, LA (1978)
CAUSE TOUJOURS, TU M'INTÉRESSES (1979)
GRAND EMBOUTEILLAGE, LE (1979)
ON A VOLÉ LA CUISSE DE JUPITER (1979)
PARTIR, REVENIR (1985)
CINQ JOURS EN JUIN (1989)
COMÉDIE D'AMOUR (1989)
IL Y A DES JOURS... ET DES LUNES (1990)
CRY IN THE NIGHT, A (1991)
MERCI LA VIE (1991)
MISÉRABLES DU XXE SIÈCLE, LES (1995)
BIDOCHON, LES (1996)
ÂGE DE BRAISE, L' (1998)
PIANISTE, LA (2001)
CACHÉ (2005)
C'EST BEAU UNE VILLE LA NUIT (2006)

GIRARDOT, Hippolyte
acteur français (1955-)
BON PLAISIR, LE (1983)
FORT SAGANNE (1983)
PRÉNOM: CARMEN (1983)
AMANT MAGNIFIQUE, L' (1986)
DESCENTE AUX ENFERS (1986)
UN MONDE SANS PITIÉ (1989)
MAN INSIDE, THE (1990)
APRÈS L'AMOUR (1991)
CONFESSIONS D'UN BARJO (1991)
FILLE DE L'AIR, LA (1992)
PARFUM D'YVONNE, LE (1993)
TOXIC AFFAIR (1993)
PATRIOTES, LES (1994)
QUAND J'AVAIS CINQ ANS, JE M'AI TUÉ (1994)
MODIGLIANI (2004)
ROIS ET REINE (2004)
HOUSE OF 9 (2005)
MOUSTACHE, LA (2005)
JE PENSE À VOUS (2006)
LADY CHATTERLEY (2006)
PARIS, JE T'AIME (2006)
PRESSENTIMENT, LE (2006)
VOYAGE DU BALLON ROUGE, LE (2007)
CAOS CALMO (2008)
CRIME EST NOTRE AFFAIRE, LE (2008)
PLUS TARD, TU COMPRENDRAS (2008)

GIRAUDEAU, Bernard
acteur français (1947-)
GITAN, LE (1975)
BILITIS (1977)
JUGE FAYARD DIT «LE SHÉRIF», LE (1977)
ET LA TENDRESSE?... BORDEL! (1978)
TOUBIB, LE (1979)
PASSION D'AMOUR (1980)
VIENS CHEZ MOI, J'HABITE CHEZ UNE COPINE (1980)
CROQUE LA VIE (1981)
MEURTRES À DOMICILE (1981)
GRAND PARDON, LE (1982)
HECATE, MAITRESSE DE LA NUIT (1982)
RUFFIAN, LE (1982)
PAPY FAIT DE LA RÉSISTANCE (1983)
RUE BARBARE (1983)
ANNÉE DES MÉDUSES, L' (1984)
BRAS DE FER (1985)
SPÉCIALISTES, LES (1985)
HOMME VOILÉ, L' (1987)
POUSSIÈRE D'ANGE (1987)
APRÈS L'AMOUR (1991)
REINE BLANCHE, LA (1991)
DRÔLES D'OISEAUX (1992)
ELLES NE PENSENT QU'À ÇA (1993)
FILS PRÉFÉRÉ, LE (1994)
CAPRICES D'UN FLEUVE, LES (1995)
MARQUISE (1997)
MARTHE (1997)
GOUTTES D'EAU SUR PIERRES BRÛLANTES (1999)
UNE AFFAIRE DE GOÛT (1999)
CE JOUR-LÀ (2003)
PETITE LILI, LA (2003)
TERRE VUE DU CIEL, LA (TE AMO) (2004)

GISH, Annabeth
actrice américaine (1971-)
DESERT BLOOM (1985)
MYSTIC PIZZA (1988)
LAST SUPPER, THE (1995)
BEAUTIFUL GIRLS (1996)
DON'T LOOK BACK (1996)
STEEL (1997)
S.L.C. PUNK! (1998)
DOUBLE JEOPARDY (1999)
DESPERATION (2006)

GISH, Lillian
actrice américaine (1896-1993)
JUDITH OF BETHULIA (1913)
HOME, SWEET HOME (1914)
BIRTH OF A NATION, THE (1915)
INTOLERANCE (1916)
HEARTS OF THE WORLD (1918)
BROKEN BLOSSOMS (1919)
WAY DOWN EAST (1920)
ORPHANS OF THE STORM (1921)
WIND, THE (1928)
COMMANDOS STRIKE AT DAWN (1942)
DUEL IN THE SUN (1947)
PORTRAIT OF JENNIE (1948)
NIGHT OF THE HUNTER, THE (1955)
UNFORGIVEN, THE (1960)
COMEDIANS, THE (1967)
WEDDING, A (1978)
SWEET LIBERTY (1986)
WHALES OF AUGUST, THE (1987)

GLEESON, Brendan
acteur irlandais (1954-)
BRAVEHEART (1995)
TURBULENCE (1996)
I WENT DOWN (1997)
GENERAL, THE (1998)
LAKE PLACID (1999)
WILD ABOUT HARRY (2000)
TAILOR OF PANAMA, THE (2001)
28 DAYS LATER (2002)
DARK BLUE (2002)
COLD MOUNTAIN (2003)
IN MY COUNTRY (2004)
TROY (2004)
VILLAGE, THE (2004)
BREAKFAST ON PLUTO (2005)
HARRY POTTER AND THE GOBLET OF FIRE (2005)
KINGDOM OF HEAVEN (2005)
BLACK IRISH (2007)
HARRY POTTER AND THE ORDER OF THE PHOENIX (2007)
IN BRUGES (2008)

GLEN, Iain
acteur anglais (1961-)
MOUNTAINS OF THE MOON (1989)
PARIS BY NIGHT (1989)
YOUNG AMERICANS (1993)
PAINTED LADY, THE (1997)
MARARIA (1998)
WYVERN MYSTERY, THE (2000)
GABRIEL & ME (2001)
LARA CROFT - TOMB RAIDER (2001)
ÂME EN JEU, L' (2002)
DARKNESS (2002)
SONG FOR A RAGGY BOY (2003)
MAN TO MAN (2005)
RESIDENT EVIL: EXTINCTION (2007)

GLENN, Scott
acteur américain (1942-)
NASHVILLE (1975)
APOCALYPSE NOW (1979)
URBAN COWBOY (1980)
CHALLENGE, THE (1981)
PERSONAL BEST (1982)
KEEP, THE (1983)
RIGHT STUFF, THE (1983)
RIVER, THE (1984)
SILVERADO (1985)
MAN ON FIRE (1987)
OFF LIMITS (1988)
HUNT FOR RED OCTOBER (1990)
BACKDRAFT (1991)
SILENCE OF THE LAMBS, THE (1991)
PLAYER, THE (1992)
NIGHT OF THE RUNNING MAN (1994)
RECKLESS (1995)
TALL TALE (1995)
ABSOLUTE POWER (1996)
CARLA'S SONG (1996)
COURAGE UNDER FIRE (1996)
EDIE & PEN (1996)
VERTICAL LIMIT (2000)
BUFFALO SOLDIERS (2001)
SHIPPING NEWS, THE (2001)
TRAINING DAY (2001)
PAINTED HOUSE, A (2003)
FREEDOM WRITERS (2006)
BOURNE ULTIMATUM (2007)
NIGHTS IN RODANTHE (2008)
W. (2008)

GLOVER, Crispin
acteur américain (1964-)
FRIDAY THE 13th IV: THE FINAL CHAPTER (1984)
RACING WITH THE MOON (1984)
TEACHERS (1984)
BACK TO THE FUTURE (1985)
RIVER'S EDGE (1986)
WHERE THE HEART IS (1990)
WILD AT HEART (1990)
DOORS, THE (1991)
EVEN COWGIRLS GET THE BLUES (1994)
DEAD MAN (1995)
CHARLIE'S ANGELS (2000)
NURSE BETTY (2000)
CHARLIE'S ANGELS: FULL THROTTLE (2003)
WILLARD (2003)

EPIC MOVIE (2007)
WIZARD OF GORE, THE (2007)
FREEZER BURN: INVASION OF LAXDALE (2008)

GLOVER, Danny
acteur américain (1947-)
ESCAPE FROM ALCATRAZ (1979)
PLACES IN THE HEART (1984)
COLOR PURPLE, THE (1985)
SILVERADO (1985)
WITNESS (1985)
LETHAL WEAPON (1987)
MANDELA (1987)
BAT 21 (1988)
LETHAL WEAPON 2 (1989)
LONESOME DOVE (1989)
TO SLEEP WITH ANGER (1989)
PREDATOR 2 (1990)
GRAND CANYON (1991)
PURE LUCK (1991)
RAGE IN HARLEM, A (1991)
LETHAL WEAPON 3 (1992)
BOPHA! (1993)
QUEEN (1993)
SAINT OF FORT WASHINGTON, THE (1993)
ANGELS IN THE OUTFIELD (1994)
OPERATION DUMBO DROP (1995)
GONE FISHIN' (1997)
SWITCHBACK (1997)
BELOVED (1998)
LETHAL WEAPON 4 (1998)
ROYAL TENENBAUMS, THE (2001)
EARTHSEA (2004)
SAW (2004)
MANDERLAY (2005)
BAMAKO (2006)
DREAMGIRLS (2006)
POOR BOY'S GAME (2007)
SHOOTER (2007)
BE KIND REWIND (2008)
BLINDNESS (2008)
HONEYDRIPPER (2008)

GODIN, Jacques
acteur québécois (1930-)
FESTIN DES MORTS, LE (1965)
ET DU FILS (1971)
O.K... LALIBERTÉ (1973)
PAR LE SANG DES AUTRES (1974)
ONE MAN (1977)
À NOUS DEUX (1979)
QUARANTAINE, LA (1982)
MARIO (1984)
POUVOIR INTIME (1986)
GUERRE OUBLIÉE, LA (1987)
GASPARD ET FILS (1988)
SALUT VICTOR! (1988)
DOUBLE IDENTITY (1990)
ALISÉE (1991)
BEING AT HOME WITH CLAUDE (1992)
NUIT DU DÉLUGE (1996)
NEZ ROUGE (2003)

GODRÈCHE, Judith
acteur française (1972-)
FILLE DE 15 ANS, LA (1989)
TANGO (1992)
RIDICULE (1996)
ROUGE ET LE NOIR, LE (1997)
MAN IN THE IRON MASK, THE (1998)
ENTROPY (1999)
AUBERGE ESPAGNOLE, L' (2001)
QUICKSAND (2001)
PARLEZ-MOI D'AMOUR (2002)
FRANCE BOUTIQUE (2003)
TOUT POUR PLAIRE (2005)

GOLDBERG, Whoopi
actrice américaine (1949-)
COLOR PURPLE, THE (1985)
JUMPIN' JACK FLASH (1986)
FATAL BEAUTY (1987)
CLARA'S HEART (1988)
HOMER & EDDIE (1989)
GHOST (1990)
LONG WALK HOME, THE (1990)
SOAPDISH (1991)
PLAYER, THE (1992)
SARAFINA! (1992)
SISTER ACT (1992)
MADE IN AMERICA (1993)
SISTER ACT II: BACK IN THE HABIT (1993)
BOYS ON THE SIDE (1994)
CORRINA, CORRINA (1994)
LITTLE RASCALS, THE (1994)
PAGEMASTER, THE (1994)
MOONLIGHT AND VALENTINO (1995)
ASSOCIATE, THE (1996)
BOGUS (1996)
EDDIE (1996)
GHOSTS OF MISSISSIPPI (1996)
BURN HOLLYWOOD BURN (1997)
IN THE GLOAMING (1997)
HOW STELLA GOT HER GROOVE BACK (1998)
DEEP END OF THE OCEAN, THE (1999)
GIRL, INTERRUPTED (1999)
MAGICAL LEGEND OF LEPRECHAUNS, THE (1999)
ADVENTURES OF ROCKY AND BULWINKLE, THE (2000)
RAT RACE (2001)
WHOOPI: BACK ON BROADWAY - 20th ANNIVERSARY (2005)

GOLDBLUM, Jeff
acteur américain (1952-)
DEATH WISH (1974)
NASHVILLE (1975)
NEXT STOP, GREENWICH VILLAGE (1976)
ANNIE HALL (1977)
INVASION OF THE BODY SNATCHERS (1978)
THANK GOD IT'S FRIDAY (1978)
BIG CHILL, THE (1983)
RIGHT STUFF, THE (1983)
ADVENTURES OF BUCKAROO BANZAI ACROSS THE EIGHT DIMENSION, THE (1984)
INTO THE NIGHT (1985)
SILVERADO (1985)
TRANSYLVANIA 6-5000 (1985)
BEYOND THERAPY (1986)
FLY, THE (1986)
TWISTED OBSESSION (1988)
VIBES (1988)
EARTH GIRLS ARE EASY (1989)
TALL GUY, THE (1989)
MISTER FROST (1990)
SHOOTING ELIZABETH (1991)
DEEP COVER (1992)
FAVOUR, THE WATCH AND THE VERY BIG FISH, THE (1992)
PLAYER, THE (1992)
JURASSIC PARK (1993)
LUSH LIFE (1993)
NINE MONTHS (1995)
POWDER (1995)
GREAT WHITE HYPE, THE (1996)
INDEPENDANCE DAY (1996)
JURASSIC PARK: THE LOST WORLD (1997)
HOLY MAN (1998)
CATS AND DOGS (2001)
IGBY GOES DOWN (2002)
THE LIFE AQUATIC WITH STEVE ZISSOU (2004)
FAY GRIM (2006)
MAN OF THE YEAR (2006)
MINI'S FIRST TIME (2006)

GOLINO, Valeria
actrice italienne (1966-)
LUNETTES D'OR, LES (1987)
BIG TOP PEE WEE (1988)
RAIN MAN (1988)
EAUX PRINTANIÈRES, LES (1989)
IL Y A DES JOURS... ET DES LUNES (1990)
INDIAN RUNNER, THE (1990)
PUTAIN DU ROI, LA (1990)
HOT SHOTS! (1991)
YEAR OF THE GUN (1991)
HOT SHOTS! PART DEUX (1993)
CLEAN SLATE (1994)
IMMORTAL BELOVED (1994)
FOUR ROOMS (1995)
LEAVING LAS VEGAS (1995)
DERNIER HAREM, LE (1999)
HOTEL (2001)
FRIDA (2002)
RESPIRO (2002)
36 QUAI DES ORFÈVRES (2004)
SAN ANTONIO (2004)
CAOS CALMO (2008)

GONG, Li
actrice chinoise (1966-)
RED SORGHUM (1987)
JU-DOU (1990)
ÉPOUSES ET CONCUBINES (1991)
HISTOIRE DE QIU JU, L' (1992)
ADIEU MA CONCUBINE (1993)
VIVRE (1994)
SOUL HAUNTED BY PAINTING, A (1995)
TRIADE DE SHANGHAI, LA (1995)
TEMPTRESS MOON (1996)
EMPEREUR ET L'ASSASSIN, L' (1999)

GOODING Jr., Cuba
acteur américain (1968-)
BOYZ'N THE HOOD (1991)
JUDGMENT NIGHT (1993)
AS GOOD AS IT GETS (1997)
WHAT DREAMS MAY COME (1998)
CHILL FACTOR (1999)
MEN OF HONOR (2000)
RAT RACE (2001)
BOAT TRIP (2002)
SNOW DOGS (2002)
SHADOWBOXER (2005)
AMERICAN GANGSTER (2007)
NORBIT (2007)

GOODMAN, John
acteur américain (1952-)
SURVIVORS, THE (1983)
MARIA'S LOVERS (1984)
SWEET DREAMS (1985)
BIG EASY, THE (1986)
TRUE STORIES (1986)
RAISING ARIZONA (1987)
EVERYBODY'S ALL-AMERICAN (1988)
PUNCHLINE (1988)
ALWAYS (1989)
SEA OF LOVE (1989)
ARACHNOPHOBIA (1990)
STELLA (1990)
BARTON FINK (1991)
KING RALPH (1991)
BABE, THE (1992)
BORN YESTERDAY (1993)
MATINEE (1993)
FLINTSTONES, THE (1994)
STREETCAR NAMED DESIRE, A (1995)
BIG LEBOWSKI, THE (1997)
BORROWERS, THE (1997)
FALLEN (1997)
BLUES BROTHERS 2000 (1998)
BRINGING OUT THE DEAD (1999)
ADVENTURES OF ROCKY AND BULWINKLE, THE (2000)
COYOTE UGLY (2000)
O BROTHER, WHERE ART THOU? (2000)
WHAT PLANET ARE YOU FROM? (2000)
ON THE EDGE (2001)
ONE NIGHT AT MCCOOL'S (2001)
STORYTELLING (2001)
MASKED AND ANONYMOUS (2003)
BEYOND THE SEA (2004)
MARILYN HOTCHKISS BALLROOM DANCING & CHARM SCHOOL (2005)
DEATH SENTENCE (2007)
EVAN ALMIGHTY (2007)
SPEED RACER (2008)
CONFESSIONS OF A SHOPAHOLIC (2009)
IN THE ELECTRIC MIST (2009)

GOSSETT, Louis Jr.
acteur américain (1936-)
RAISIN IN THE SUN, A (1961)
LANDLORD, THE (1970)
SKIN GAME (1971)
TRAVELS WITH MY AUNT (1972)
LAUGHING POLICEMAN, THE (1973)
J.D.'S REVENGE (1976)
DEEP, THE (1977)
ROOTS (1977)
OFFICER AND A GENTLEMAN, AN (1981)
JAWS III (1983)
ENEMY MINE (1985)
PRINCIPAL, THE (1987)
EL DIABLO (1990)
JOSEPHINE BAKER STORY, THE (1990)
TOY SOLDIERS (1991)
DIGGSTOWN (1992)
GOOD MAN IN AFRICA, A (1993)
MONOLITH (1993)
RETURN TO LONESOME DOVE (1993)
BLUE CHIPS (1994)
CURSE OF THE STARVING CLASS, THE (1994)
INSIDE (1996)
DR. LUCILLE, UN RÊVE POUR LA VIE (2000)
DECEIVED (2002)

GOUGH, Michael
acteur anglais (1917-)
MAN IN THE WHITE SUIT, THE (1951)
RICHARD III (1955)
HORROR OF DRACULA (1958)

HORSE'S MOUTH, THE (1958)
KONGA (1961)
PHANTOM OF THE OPERA, THE (1962)
DR. TERROR'S HOUSE OF HORRORS (1965)
SKULL, THE (1965)
BERSERK! (1967)
CRUCIBLE OF HORROR (1969)
WOMEN IN LOVE (1969)
JULIUS CAESAR (1970)
TROG (1970)
HORROR HOSPITAL (1971)
SAVAGE MESSIAH (1972)
BOYS FROM BRAZIL, THE (1978)
DRESSER, THE (1983)
TOP SECRET! (1984)
CARAVAGGIO (1986)
OUT OF AFRICA (1986)
FOURTH PROTOCOL, THE (1987)
SERPENT AND THE RAINBOW, THE (1987)
BATMAN (1989)
STRAPLESS (1989)
GARDEN, THE (1990)
LET HIM HAVE IT (1991)
BATMAN RETURNS (1992)
AGE OF INNOCENCE, THE (1993)
WITTGENSTEIN (1993)
ADVOCATE, THE (1994)
UNCOVERED (1994)
BATMAN FOREVER (1995)
TIM BURTON'S CORPSE BRIDE (2005)

GOULD, Elliot
acteur américain (1938-)
NIGHT THEY RAIDED MINSKY'S, THE (1968)
BOB & CAROL & TED & ALICE (1969)
M*A*S*H (1969)
GETTING STRAIGHT (1970)
LITTLE MURDERS (1971)
S.P.Y.S (1974)
NASHVILLE (1975)
BRIDGE TOO FAR, A (1977)
CAPRICORN ONE (1978)
SILENT PARTNER, THE (1978)
LADY VANISHES, THE (1979)
BUGSY (1991)
PLAYER, THE (1992)
GLASS SHIELD, THE (1994)
KICKING AND SCREAMING (1995)
STEPHEN KING'S THE SHINING (1997)
MASTERS OF HORROR - SCREWFLY SOLUTION (2006)
OCEAN'S THIRTEEN (2007)
CALLER, THE (2008)
DEAL, THE (2008)

GRABLE, Betty
actrice américaine (1916-1973)
CAVALCADE (1933)
GAY DIVORCEE, THE (1934)
FOLLOW THE FLEET (1936)
GIVE ME A SAILOR (1938)
DOWN ARGENTINE WAY (1940)
TIN PAN ALLEY (1940)
I WAKE UP SCREAMING (1941)
MOON OVER MIAMI (1941)
SONG OF THE ISLANDS (1941)
YANK IN THE R.A.F., A (1941)
FOOTLIGHT SERENADE (1942)
SPRINGTIME IN THE ROCKIES (1942)
PIN UP GIRL (1944)
MOTHER WORE TIGHTS (1947)
BEAUTIFUL BLONDE FROM BASHFUL BEND, THE (1949)
DOLLY SISTERS, THE (1950)
MY BLUE HEAVEN (1950)
HOW TO MARRY A MILLIONAIRE (1953)
THREE FOR THE SHOW (1955)

GRAHAM, Heather
actrice américaine (1970-)
O PIONEERS! (1991)
DIGGSTOWN (1992)
BALLAD OF LITTLE JO, THE (1993)
SWINGERS (1996)
BOOGIE NIGHTS (1997)
TWO GIRLS AND A GUY (1997)
LOST IN SPACE (1998)
AUSTIN POWERS: THE SPY WHO SHAGGED ME (1999)
BOWFINGER (1999)
FROM HELL (2001)
SAY IT ISN'T SO (2001)
SIDEWALKS OF NEW YORK (2001)
AUSTIN POWERS IN GOLDMEMBER (2002)
GURU, THE (2002)
KILLING ME SOFTLY (2002)
HOPE SPRINGS (2003)
CAKE (2005)
BOBBY (2006)
GRAY MATTERS (2006)

GRANGER, Stewart
acteur anglais (1913-1993)
CAPTAIN BOYCOTT (1947)
MAGIC BOW (1947)
KING SOLOMON'S MINES (1950)
PRISONER OF ZENDA, THE (1952)
SCARAMOUCHE (1952)
ALL THE BROTHERS WERE VALIANT (1953)
SALOME (1953)
YOUNG BESS (1953)
BEAU BRUMMELL (1954)
GREEN FIRE (1954)
BHOWANI JUNCTION (1955)
LAST HUNT, THE (1955)
GUN GLORY (1957)
NORTH TO ALASKA (1960)
SODOM AND GOMORRAH (1962)
SECRET INVASION (1964)
LAST SAFARI, THE (1967)

GRANT, Cary
acteur américain (1904-1986)
BLONDE VENUS (1932)
EAGLE AND THE HAWK, THE (1933)
I'M NO ANGEL (1933)
SHE DONE HIM WRONG (1933)
SUZY (1936)
SYLVIA SCARLETT (1936)
AWFUL TRUTH, THE (1937)
TOAST OF NEW YORK, THE (1937)
BRINGING UP BABY (1938)
HOLIDAY (1938)
GUNGA DIN (1939)
HIS GIRL FRIDAY (1939)
IN NAME ONLY (1939)
ONLY ANGELS HAVE WINGS (1939)
MY FAVORITE WIFE (1940)
PHILADELPHIA STORY, THE (1940)
PENNY SERENADE (1941)
SUSPICION (1941)
ONCE UPON A HONEYMOON (1942)
TALK OF THE TOWN, THE (1942)
ARSENIC AND OLD LACE (1944)
DESTINATION TOKYO (1944)
NONE BUT THE LONELY HEART (1944)
ONCE UPON A TIME (1944)
NIGHT & DAY (1946)
NOTORIOUS (1946)
BACHELOR ABD THE BOBBY-SOXER, THE (1947)
BISHOP'S WIFE, THE (1947)
EVERY GIRL SHOULD BE MARRIED (1948)
MR. BLANDINGS BUILDS HIS DREAM HOUSE (1948)
I WAS A MALE WAR BRIDE (1949)
PEOPLE WILL TALK (1951)
MONKEY BUSINESS (1952)
TO CATCH A THIEF (1955)
AFFAIR TO REMEMBER, AN (1957)
KISS THEM FOR ME (1957)
PRIDE AND THE PASSION, THE (1957)
HOUSEBOAT (1958)
INDISCREET (1958)
NORTH BY NORTHWEST (1959)
OPERATION PETTICOAT (1959)
GRASS IS GREENER, THE (1960)
THAT TOUCH OF MINK (1962)
CHARADE (1963)
FATHER GOOSE (1964)
WALK, DON'T RUN (1966)
CARY GRANT SIGNATURE COLLECTION (2004)

GRANT, Hugh
acteur anglais (1960-)
SHADES OF DARKNESS (1985)
MAURICE (1987)
WHITE MISCHIEF (1987)
LAIR OF THE WHITE WORM, THE (1988)
IMPROMPTU (1990)
OUR SONS (1991)
BITTER MOON (1992)
FOUR WEDDINGS AND A FUNERAL (1993)
REMAINS OF THE DAY, THE (1993)
AWFULLY BIG ADVENTURE, AN (1994)
SIRENS (1994)
ENGLISHMAN WHO WENT UP A HILL, BUT CAME DOWN A MOUNTAIN, THE (1995)
NINE MONTHS (1995)
RESTORATION (1995)
SENSE AND SENSIBILITY (1995)
EXTREME MEASURES (1996)
MICKEY BLUE EYES (1999)
NOTTING HILL (1999)
SMALL TIME CROOKS (2000)
BRIDGET JONES'S DIARY (2001)
ABOUT A BOY (2002)
TWO WEEKS NOTICE (2002)
LOVE ACTUALLY (2003)
BRIDGET JONES: THE EDGE OF REASON (2004)
AMERICAN DREAMZ (2006)
MUSIC AND LYRICS (2007)

GRANT, Lee
actrice américaine (1927-)
DETECTIVE STORY (1951)
BALCONY, THE (1963)
PEYTON PLACE: THE SERIES - PART ONE (1964)
IN THE HEAT OF THE NIGHT (1967)
VALLEY OF THE DOLLS (1967)
BUONA SERA, MRS. CAMPBELL (1968)
BIG BOUNCE. THE (1969)
MAROONED (1969)
LANDLORD, THE (1970)
PLAZA SUITE (1970)
THERE WAS A CROOKED MAN (1970)
PORTNOY'S COMPLAINT (1972)
SHAMPOO (1974)
SEAGULL, THE (1975)
VOYAGE OF THE DAMNED (1976)
AIRPORT '77 (1977)
DAMIEN - OMEN II (1978)
SWARM, THE (1978)
CHARLIE CHAN AND THE CURSE OF THE DRAGON QUEEN (1980)
LITTLE MISS MARKER (1980)
VISITING HOURS (1981)
TEACHERS (1984)
BIG TOWN, THE (1987)
DEFENDING YOUR LIFE (1991)
IT'S MY PARTY (1995)
SUBSTANCE OF FIRE, THE (1996)
DR. T AND THE WOMEN (2000)

GRANT, Richard E.
acteur anglais (1957-)
WITHNAIL AND I (1986)
HOW TO GET AHEAD IN ADVERTISING (1989)
MOUNTAINS OF THE MOON (1989)
WARLOCK (1989)
HENRY & JUNE (1990)
HUDSON HAWK (1991)
L.A. STORY (1991)
BRAM STOKER'S DRACULA (1992)
PLAYER, THE (1992)
AGE OF INNOCENCE, THE (1993)
HARD TIMES (1994)
FRANZ KAFKA'S IT'S A WONDERFUL LIFE (1995)
JACK & SARAH (1995)
PORTRAIT OF A LADY, THE (1996)
TWELFTH NIGHT (1996)
MERRY WAR, A (1997)
SPICE WORLD (1997)
CHRISTMAS CAROL, A (1999)
GOSFORD PARK (2001)
HOUND OF THE BASKERVILLES (2002)
MONSIEUR N. (2003)
TIM BURTON'S CORPSE BRIDE (2005)
PENELOPE (2006)
FILTH AND WISDOM (2008)

GRAVES, Peter
acteur américain (1925-1994)
MAYTIME IN MAYFAIR (1949)
RED PLANET MARS (1952)
STALAG 17 (1952)
KILLERS FROM SPACE (1953)
COURT-MARTIAL OF BILLY MITCHELL, THE (1955)
NIGHT OF THE HUNTER, THE (1955)
IT CONQUERED THE WORLD (1956)
BEGINNING OF THE END (1957)
TEXAS ACROSS THE RIVER (1966)
HOW I WON THE WAR (1967)
MAGIC CHRISTIAN, THE (1969)
AIRPLANE! (1980)
AIRPLANE II: THE SEQUEL (1982)
I'M GONNA GIT YOU SUCKA! (1988)
ADDAMS FAMILY VALUES, THE (1993)

GRAVES, Rupert
acteur anglais (1963-)
ROOM WITH A VIEW, A (1985)
MAURICE (1987)

HANDFUL OF DUST, A (1988)
WHERE ANGELS FEAR TO TREAD (1991)
DAMAGE (1992)
MADNESS OF KING GEORGE, THE (1994)
TENANT OF WILDFELL HALL, THE (1996)
MRS. DALLOWAY (1997)
ALL MY LOVED ONES (2000)
ROOM TO RENT (2000)
FORSYTE SAGA, THE (2002)
V FOR VENDETTA (2005)
DEATH AT A FUNERAL (2007)
INTERVENTION (2007)

GRAY, Spalding
acteur américain (1941-2004)
ILSA, HAREM KEEPER OF THE OIL SHEIKS (1975)
HARD CHOICES (1984)
KILLING FIELDS, THE (1984)
TRUE STORIES (1986)
SWIMMING TO CAMBODIA (1987)
BEACHES (1988)
CLARA'S HEART (1988)
MONSTER IN A BOX (1991)
KING OF THE HILL (1993)
PAPER, THE (1994)
TWENTY BUCKS (1994)
BEYOND RANGOON (1995)
DRUNKS (1995)
DIABOLIQUE (1996)
GRAY'S ANATOMY (1996)
BLISS (1997)
JULIE JOHNSON (2001)
KATE & LEOPOLD (2001)

GREEN, Seth
acteur américain (1974-)
AIRBORNE (1993)
AUSTIN POWERS: INTERNATIONAL MAN OF MYSTERY (1997)
AUSTIN POWERS: THE SPY WHO SHAGGED ME (1999)
IDLE HANDS (1999)
AMERICA'S SWEETHEARTS (2001)
KNOCKAROUND GUYS (2002)
PARTY MONSTER (2003)
SCOOBY-DOO 2: MONSTERS UNLEASHED (2004)
WITHOUT A PADDLE (2004)
SEX DRIVE (2008)

GREENE, Ellen
actrice américaine (1950-)
NEXT STOP, GREENWICH VILLAGE (1976)
I'M DANCING AS FAST AS I CAN (1981)
LITTLE SHOP OF HORRORS (1986)
ME AND HIM (1988)
TALK RADIO (1988)
PUMP UP THE VOLUME (1990)
KILLER: A JOURNAL OF MURDER (1996)
ONE FINE DAY (1996)
SEX AND A GIRL (2001)
COOLER, THE (2002)
LOVE OBJECT (2002)

GREENE, Graham
acteur canadien (1952-)
REVOLUTION (1985)
POWWOW HIGHWAY (1988)
DANCES WITH WOLVES (1990)
CLEAR CUT (1991)
THUNDERHEART (1992)
CAMILLA (1993)
MAVERICK (1994)
DIE HARD WITH A VENGEANCE (1995)
EDUCATION OF LITTLE TREE, THE (1997)
HERD, THE (1998)
SHATTERED IMAGE (1998)
LOST AND DELIRIOUS (2001)
SNOW DOGS (2002)
TRANSAMERICA (2005)
BREAKFAST WITH SCOT (2007)
JUST BURIED (2007)

GREENWOOD, Bruce
acteur canadien (1956-)
WILD ORCHID (1989)
SWEET HEREAFTER, THE (1997)
DISTURBING BEHAVIOR (1998)
DOUBLE JEOPARDY (1999)
HERE ON EARTH (2000)
HIDE AND SEEK (2000)
RULES OF ENGAGEMENT (2000)
THIRTEEN DAYS (2000)
BELOW (2002)
SWEPT AWAY (2002)
HOLLYWOOD HOMICIDE (2003)
BEING JULIA (2004)
I, ROBOT (2004)
RACING STRIPES (2004)
REPUBLIC OF LOVE (2004)
CAPOTE (2005)
EIGHT BELOW (2005)
I'M NOT THERE (2007)
JOHN FROM CINCINNATI (SEASON 1) (2007)
NATIONAL TREASURE - BOOK OF SECRETS (2007)

GREGGORY, Pascal
acteur français (1954-)
ARBRE, LE MAIRE ET LA MÉDIATHÈQUE, L' (1993)
CEUX QUI M'AIMENT PRENDRONT LE TRAIN (1997)
ZONZON (1998)
MESSENGER, THE: THE STORY OF JOAN OF ARC (1999)
TEMPS RETROUVÉ, LE (1999)
CONFUSION DES GENRES, LA (2000)
NID DE GUÊPES (2001)
VIE PROMISE (2002)
RAJA (2003)
ARSÈNE LUPIN (2004)
GABRIELLE (2005)
TOURNEUSE DE PAGES, LA (2006)
VIE EN ROSE, LA (2007)

GRENON, Macha
actrice québécoise (1968-)
PIANIST, THE (1992)
MYTH OF THE MALE ORGASM, THE (1993)
LOUIS 19, LE ROI DES ONDES (1994)
ERREUR SUR LA PERSONNE (1995)
HOMME IDÉAL, L' (1996)
CES ENFANTS D'AILLEURS (1997)
CONCIERGERIE, LA (1997)
SLEEP ROOM, THE (1997)
QUE FAISAIENT LES FEMMES PENDANT QUE L'HOMME MARCHAIT SUR LA LUNE? (2000)
DANIEL ET LES SUPERDOGS (2004)
FAMILIA (2005)
ÂGE DES TÉNÈBRES, L' (2007)

GRIER, Pam
acteur américaine (1949-)
BIG DOLL HOUSE (1971)
BLACK MAMA, WHITE MAMA (1973)
COFFY (1973)
SCREAM, BLACULA, SCREAM! (1973)
FOXY BROWN (1974)
BUCKTOWN (1975)
FRIDAY FOSTER (1975)
TOUGH ENOUGH (1982)
ABOVE THE LAW (1988)
ORIGINAL GANGSTAS (1996)
JACKIE BROWN (1997)
HOLY SMOKE (1999)
FEAST OF ALL SAINTS (2001)
LOVE THE HARD WAY (2001)
ADVENTURES OF PLUTO NASH, THE (2002)
L WORD, THE (SEASON 1) (2004)
L WORD, THE (SEASON 2) (2005)

GRIES, Jon
acteur américain (1957-)
FRIGHT NIGHT PART II (1988)
TWIN FALLS IDAHO (1998)
JACKPOT (2001)
BIG EMPTY, THE (2003)
RUNDOWN, THE (2003)
SNOW WALKER, THE (2003)
NAPOLEON DYNAMITE (2004)
WATERBORNE (2005)
ELSEWHERE (2009)

GRIFFITH, Hugh
acteur anglais (1912-1980)
SLEEPING TIGER (1954)
BEN-HUR (1959)
EXODUS (1960)
COUNTERFEIT TRAITOR, THE (1961)
MUTINY ON THE BOUNTY (1962)
TOM JONES (1963)
HOW TO STEAL A MILLION (1966)
FIXER, THE (1968)
OLIVER! (1968)
START THE REVOLUTION WITHOUT ME (1969)
WUTHERING HEIGHTS (1970)
WHOEVER SLEW AUNTIE ROO? (1971)
DIARY OF FORBIDDEN DREAMS (1972)
DR. PHIBES RISES AGAIN (1972)
FINAL PROGRAMME, THE (1973)
LUTHER (1973)
CONTES DE CANTERBURY, LES (1975)
LEGEND OF THE WEREWOLF (1975)
LAST REMAKE OF BEAU GESTE, THE (1977)

GRIFFITH, Melanie
actrice américaine (1957-)
SMILE (1974)
DROWNING POOL, THE (1975)
NIGHT MOVES (1975)
JOYRIDE (1977)
BODY DOUBLE (1984)
FEAR CITY (1984)
CHERRY 2000 (1986)
SOMETHING WILD (1986)
MILAGRO BEANFIELD WAR, THE (1988)
STORMY MONDAY (1988)
WORKING GIRL (1988)
BONFIRE OF THE VANITIES, THE (1990)
IN THE SPIRIT (1990)
PACIFIC HEIGHTS (1990)
WOMEN AND MEN: STORIES OF SEDUCTION (1990)
PARADISE (1991)
SHINING THROUGH (1992)
STRANGER AMONG US, A (1992)
BORN YESTERDAY (1993)
MILK MONEY (1994)
NOBODY'S FOOL (1994)
NOW AND THEN (1995)
MULHOLLAND FALLS (1996)
TWO MUCH (1996)
LOLITA (1997)
ANOTHER DAY IN PARADISE (1998)
CELEBRITY (1998)
RKO 281: BATTLE OVER CITIZEN KANE (1999)
CECIL B. DEMENTED (2000)
SEARCHING FOR DEBRA WINGER (2002)
ALL THE WAY (2003)
SHADE (2003)
TEMPO (2003)

GRIFFITHS, Rachel
actrice australienne (1968-)
MURIEL'S WEDDING (1994)
COSI (1995)
CHILDREN OF THE REVOLUTION (1996)
JUDE (1996)
MY SON THE FANATIC (1997)
AMONG GIANTS (1998)
HILARY AND JACKIE (1998)
ME MYSELF I (1999)
BLOW DRY (2000)
BLOW (2001)
VERY ANNIE MARY (2001)
HARD WORD, THE (2002)
ROOKIE, THE (2002)
SIX FEET UNDER (FIRST SEASON) (2002)
SIX FEET UNDER (SEASON II) (2002)
AFTER THE DELUGE (2003)
ANGEL RODRIGUEZ (2005)
SIX FEET UNDER (SEASON V) (2005)
STEP UP (2006)

GRODIN, Charles
acteur américain (1935-)
ROSEMARY'S BABY (1968)
CATCH-22 (1970)
HEARTBREAK KID, THE (1972)
KING KONG (1976)
HEAVEN CAN WAIT (1978)
REAL LIFE (1979)
SUNBURN (1979)
IT'S MY TURN (1980)
SEEMS LIKE OLD TIMES (1980)
INCREDIBLE SHRINKING WOMAN, THE (1981)
LONELY GUY, THE (1984)
WOMAN IN RED, THE (1984)
COUCH TRIP, THE (1987)
ISHTAR (1987)
MIDNIGHT RUN (1988)
BEETHOVEN (1991)
CLIFFORD (1991)
BEETHOVEN'S 2ND (1993)
DAVE (1993)
HEART AND SOULS (1993)
SO I MARRIED AN AXE MURDERER (1993)
EX, THE (2006)

GRUFFUDD, Ioan
acteur anglais (1973-)
HORATIO HORNBLOWER (1998)
GREAT EXPECTATIONS (1999)
SOLOMON AND GAENOR (1999)
102 DALMATIANS (2000)
ANOTHER LIFE (2001)
VERY ANNIE MARY (2001)
FORSYTE SAGA, THE (2002)
GATHERING, THE (2002)
THIS GIRL'S LIFE (2003)
KING ARTHUR (2004)
FANTASTIC 4 (2005)
AMAZING GRACE (2006)
TV SET, THE (2006)
FANTASTIC FOUR: RISE OF THE SILVER SURFER (2007)

GUGINO, Carla
actrice américaine (1971-)
PRIVATE MATTER (1992)
THIS BOY'S LIFE (1993)
BUCCANEERS, THE (1995)
JADED (1996)
JUDAS KISS (1998)
SNAKE EYES (1998)
JIMMY SHOW, THE (2001)
SHE CREATURE (2001)
SPY KIDS (2001)
SPY KIDS 2: THE ISLAND OF LOST DREAMS (2002)
SPY KIDS 3-D: GAME OVER (2003)
SIN CITY (2005)
NIGHT AT THE MUSEUM (2006)
AMERICAN GANGSTER (2007)
LOOKOUT, THE (2007)
RIGHTEOUS KILL (2008)
UNBORN, THE (2008)
WATCHMEN (2009)

GUILFOYLE, Paul
acteur américain (1955-)
IT HAPPENED TOMORROW (1944)
TWO LOST WORLDS (1950)
APACHE (1953)
UN DIVAN À NEW YORK (1995)
AIR FORCE ONE (1997)
L.A. CONFIDENTIAL (1997)
IN DREAMS (1998)
PRIMARY COLORS (1998)
ANYWHERE BUT HERE (1999)
RANDOM HEARTS (1999)

GUINNESS, Alec
acteur anglais (1914-2000)
GREAT EXPECTATIONS (1946)
OLIVER TWIST (1948)
KIND HEARTS AND CORONETS (1949)
LAST HOLIDAY (1950)
LAVENDER HILL MOB, THE (1951)
MAN IN THE WHITE SUIT, THE (1951)
CARD, THE (1952)
CAPTAIN'S PARADISE, THE (1953)
DETECTIVE, THE (1954)
LADYKILLERS, THE (1955)
PRISONER, THE (1955)
SWAN, THE (1955)
TO PARIS WITH LOVE (1955)
BRIDGE ON THE RIVER KWAI, THE (1957)
HORSE'S MOUTH, THE (1958)
OUR MAN IN HAVANA (1959)
TUNES OF GLORY (1960)
MAJORITY OF ONE, A (1961)
DAMN THE DEFIANT! (1962)
LAWRENCE OF ARABIA (1962)
FALL OF THE ROMAN EMPIRE, THE (1963)
DOCTOR ZHIVAGO (1965)
HOTEL PARADISO (1966)
QUILLER MEMORANDUM, THE (1966)
COMEDIANS, THE (1967)
TWELFTH NIGHT, THE (1969)
CROMWELL (1970)
SCROOGE (1970)
FRANÇOIS ET LE CHEMIN DU SOLEIL (1972)
HITLER: THE LAST TEN DAYS (1973)
MURDER BY DEATH (1976)
STAR WARS (1977)
TINKER, TAILOR, SOLDIER, SPY (1979)
EMPIRE STRIKES BACK, THE (1980)
RETURN OF THE JEDI (1983)
PASSAGE TO INDIA, A (1984)
HANDFUL OF DUST, A (1988)
LITTLE DORRIT: LITTLE DORRIT'S STORY (1988)
LITTLE DORRIT: NOBODY'S FAULT (1988)
KAFKA (1991)
MUTE WITNESS (1994)

GUTTENBERG, Steve
acteur américain (1958-)
CAN'T STOP THE MUSIC (1980)
MAN WHO WASN'T THERE, THE (1983)
POLICE ACADEMY (20th) (1984)
POLICE ACADEMY II: THEIR FIRST ASSIGNMENT (1985)
AMAZON WOMEN ON THE MOON (1986)
POLICE ACADEMY III: BACK IN TRAINING (1986)
SHORT CIRCUIT (1986)
POLICE ACADEMY IV: CITIZENS ON PATROL (1987)
THREE MEN AND A BABY (1987)
THREE MEN AND A LITTLE LADY (1990)
BIG GREEN, THE (1995)
CASPER: SPIRITED NEW BEGINNING (1997)

GUZMAN, Luis
acteur portoricain (1957-)
CARLITO'S WAY (1993)
GUILTY AS SIN (1993)
MR. WONDERFUL (1993)
BOOGIE NIGHTS (1997)
BONE COLLECTOR, THE (1999)
LIMEY, THE (1999)
TRAFFIC (2000)
COUNT OF MONTE CRISTO, THE (2001)
SALTON SEA, THE (2001)
ADVENTURES OF PLUTO NÁSH, THE (2002)
PUNCH-DRUNK LOVE (2002)
WELCOME TO COLLINWOOD (2002)
ANGER MANAGEMENT (2003)
CONFIDENCE (2003)
DREAMER: INSPIRED BY A TRUE STORY (2005)
DISAPPEARANCES (2006)
CLEANER (2007)
JOHN FROM CINCINNATI (SEASON 1) (2007)
TAKING OF PELHAM 1 2 3, THE (2009)

GYLLENHAAL, Jake
acteur américain (1980-)
OCTOBER SKY (1999)
BUBBLE BOY (2001)
DONNIE DARKO (2001)
GOOD GIRL, THE (2001)
LOVELY AND AMAZING (2001)
MOONLIGHT MILE (2002)
DAY AFTER TOMORROW, THE (2004)
BROKEBACK MOUNTAIN (2005)
JARHEAD (2005)
PROOF (2005)
RENDITION (2007)
ZODIAC (2007)

GYLLENHAAL, Maggie
actrice américaine (1977-)
CECIL B. DEMENTED (2000)
DONNIE DARKO (2001)
CONFESSIONS OF A DANGEROUS MIND (2002)
SECRETARY (2002)
CASA DE LOS BABYS (2003)
MONA LISA SMILE (2003)
CRIMINAL (2004)
GREAT NEW WONDERFUL (2005)
HAPPY ENDINGS (2005)
TRUST THE MAN (2005)
PARIS, JE T'AIME (2006)
SHERRYBABY (2006)
STRANGER THAN FICTION (2006)
WORLD TRADE CENTER (2006)
DARK KNIGHT, THE (2008)
AWAY WE GO (2009)

HACKMAN, Gene
acteur américain (1930-)
LILITH (1964)
HAWAII (1966)
BONNIE AND CLYDE (1967)
RIOT (1968)
SPLIT, THE (1968)
DOWNHILL RACER (1969)
GYPSY MOTHS, THE (1969)
I NEVER SANG FOR MY FATHER (1969)
MAROONED (1969)
CISCO PIKE (1971)
FRENCH CONNECTION, THE (1971)
HUNTING PARTY, THE (1971)
POSEIDON ADVENTURE, THE (1972)
PRIME CUT (1972)
SCARECROW (1973)
CONVERSATION, THE (1974)
YOUNG FRANKENSTEIN (1974)
ZANDY'S BRIDE (1974)
BITE THE BULLET (1975)
FRENCH CONNECTION II (1975)
NIGHT MOVES (1975)
BRIDGE TOO FAR, A (1977)
DOMINO PRINCIPLE, THE (1977)
SUPERMAN: THE MOVIE (1978)
SUPERMAN II (1980)
ALL NIGHT LONG (1981)
REDS (1981)
EUREKA (1983)
UNCOMMON VALOR (1983)
UNDER FIRE (1983)
POWER (1985)
TARGET (1985)
HOOSIERS (1986)
NO WAY OUT (1987)
SUPERMAN IV: THE QUEST FOR PEACE (1987)
ANOTHER WOMAN (1988)
BAT 21 (1988)
FULL MOON IN BLUE WATER (1988)
MISSISSIPPI BURNING (1988)
PACKAGE, THE (1989)
CLASS ACTION (1990)
LOOSE CANNONS (1990)
NARROW MARGIN (1990)
POSTCARDS FROM THE EDGE (1990)
COMPANY BUSINESS (1991)
UNFORGIVEN (1992)
FIRM, THE (1993)
GERONIMO: AN AMERICAN LEGEND (1993)
WYATT EARP (1994)
CRIMSON TIDE (1995)
GET SHORTY (1995)
QUICK AND THE DEAD, THE (1995)
ABSOLUTE POWER (1996)
BIRDCAGE, THE (1996)
CHAMBER, THE (1996)
EXTREME MEASURES (1996)
TWILIGHT (1997)
ENEMY OF THE STATE (1998)
UNDER SUSPICION (1999)
REPLACEMENTS, THE (2000)
BEHIND ENEMY LINES (2001)
HEARTBREAKERS (2001)
HEIST (2001)
ROYAL TENENBAUMS, THE (2001)
RUNAWAY JURY (2003)
WELCOME TO MOOSEPORT (2003)

HAGERTY, Julie
actrice américaine (1955-)
AIRPLANE! (1980)
AIRPLANE II: THE SEQUEL (1982)
MIDSUMMER NIGHT'S SEX COMEDY, A (1982)
LOST IN AMERICA (1985)
BEYOND THERAPY (1986)
WHAT ABOUT BOB? (1991)
NOISES OFF! (1992)
WIFE, THE (1996)
U-TURN (1997)
STORYTELLING (2001)
MARIE AND BRUCE (2004)
ADAM AND STEVE (2005)
JUST FRIENDS (2005)
SHE'S THE MAN (2005)
PIZZA (2006)

HALE, Alan
acteur américain (1892-1950)
COVERED WAGON, THE (1923)
GREAT EXPECTATIONS (1934)
LAST DAYS OF POMPEII (1935)
PRINCE AND THE PAUPER, THE (1937)
ADVENTURES OF MARCO POLO, THE (1938)
ADVENTURES OF ROBIN HOOD, THE (1938)
LISTEN, DARLING (1938)
SANTA FE TRAIL (1940)
THEY DRIVE BY NIGHT (1940)
GENTLEMAN JIM (1941)
CAPTAINS OF THE CLOUDS (1942)
ACTION IN THE NORTH ATLANTIC (1943)
ADVENTURES OF MARK TWAIN, THE (1944)
DESTINATION TOKYO (1944)
ADVENTURES OF DON JUAN, THE (1949)

HAMILTON, Josh
acteur américain (1969-)
O PIONEERS! (1991)
ALIVE (1992)
KICKING AND SCREAMING (1995)

DON'T LOOK BACK (1996)
HOUSE OF YES, THE (1996)
DRIVE, SHE SAID (1997)
DIGGERS (2006)
OUTSOURCED (2006)

HAMILTON, Linda
actrice américaine (1956-)
STONE BOY (1983)
CHILDREN OF THE CORN (1984)
TERMINATOR, THE (1984)
BLACK MOON RISING (1986)
KING KONG LIVES (1986)
MR. DESTINY (1990)
TERMINATOR 2: JUDGMENT DAY (1991)
SILENT FALL (1994)
DANTE'S PEAK (1997)
KID AND I, THE (2005)

HANIN, Roger
acteur français (1925-)
À BOUT DE SOUFFLE (1959)
ROCCO ET SES FRÈRES (1960)
CORRIDA POUR UN ESPION (1965)
TIGRE SE PARFUME À LA DYNAMITE, LE (1965)
BRIDES OF FU MANCHU, THE (1966)
AVEUX LES PLUS DOUX, LES (1970)
UNE FILLE LIBRE (1970)
PROTECTEUR, LE (1973)
FAUX CUL, LE (1975)
COUP DE SIROCCO, LE (1978)
CERTAINES NOUVELLES (1979)
BARAKA, LA (1982)
GRAND PARDON, LE (1982)
ATTENTION! UNE FEMME PEUT EN CACHER UNE AUTRE (1983)
GRAND CARNAVAL, LE (1983)
ÉTINCELLE, L' (1984)
GALETTE DU ROI, LA (1985)
DERNIER ÉTÉ À TANGER (1986)
GRAND PARDON II, LE (1992)
NOMBRIL DU MONDE, LE (1993)
SOLEIL (1997)

HANKS, Tom
acteur américain (1956-)
BACHELOR PARTY (1984)
SPLASH (1984)
EVERY TIME WE SAY GOODBYE (1985)
MAN WITH ONE RED SHOE, THE (1985)
MONEY PIT, THE (1986)
NOTHING IN COMMON (1986)
DRAGNET (1987)
BIG (1988)
PUNCHLINE (1988)
BURBS, THE (1989)
TURNER & HOOCH (1989)
BONFIRE OF THE VANITIES, THE (1990)
JOE VERSUS THE VOLCANO (1990)
LEAGUE OF THEIR OWN, A (1992)
PHILADELPHIA (1993)
SLEEPLESS IN SEATTLE (1993)
FORREST GUMP (1994)
APOLLO 13 (1995)
THAT THING YOU DO! (1996)
SAVING PRIVATE RYAN (1998)
YOU'VE GOT MAIL (1998)
GREEN MILE, THE (1999)
CAST AWAY (2000)
CATCH ME IF YOU CAN (2002)
ROAD TO PERDITION (2002)
LADYKILLERS, THE (2003)
POLAR EXPRESS (2004)
DA VINCI CODE, THE (2006)
CHARLIE WILSON'S WAR (2007)
ANGELS & DEMONS (2009)

HANNAH, Daryl
actrice américaine (1960-)
FURY, THE (1978)
HARD COUNTRY (1981)
BLADE RUNNER (1982)
SUMMER LOVERS (1982)
POPE OF GREENWICH VILLAGE, THE (1984)
RECKLESS (1984)
SPLASH (1984)
CLAN OF THE CAVE BEAR, THE (1985)
LEGAL EAGLES (1986)
ROXANNE (1987)
WALL STREET (1987)
HIGH SPIRITS (1988)
CRIMES AND MISDEMEANORS (1989)
STEEL MAGNOLIAS (1989)
CRAZY PEOPLE (1990)
AT PLAY IN THE FIELDS OF THE LORD (1991)
MEMOIRS OF AN INVISIBLE MAN (1992)
ATTACK OF THE 50 FOOT WOMAN (1993)
GRUMPY OLD MEN (1993)
LITTLE RASCALS, THE (1994)
GRUMPIER OLD MEN (1995)
TIE THAT BINDS, THE (1995)
GUN (1996)
TWO MUCH (1996)
GINGERBREAD MAN, THE (1997)
LAST DAYS OF FRANKIE THE FLY, THE (1997)
REAL BLONDE, THE (1997)
MY FAVORITE MARTIAN (1999)
DANCING AT THE BLUE IGUANA (2000)
HIDE AND SEEK (2000)
JACKPOT (2001)
WALK TO REMEMBER, A (2001)
NORTHFORK (2002)
BIG EMPTY, THE (2003)
CASA DE LOS BABYS (2003)
KILL BILL I (2003)
KILL BILL II (2004)
SILVER CITY (2004)
CYCLE, THE (2008)

HARDWICKE, Cedric
acteur anglais (1883-1964)
HUNCHBACK OF NOTRE-DAME, THE (1923)
GHOUL, THE (1933)
MISÉRABLES, LES (1935)
THINGS TO COME (1936)
KING SOLOMON'S MINES (1937)
HUNCHBACK OF NOTRE-DAME (1939)
ON BORROWED TIME (1939)
STANLEY AND LIVINGSTONE (1939)
INVISIBLE MAN RETURNS, THE (1940)
SUSPICION (1941)
COMMANDOS STRIKE AT DAWN (1942)
GHOST OF FRANKENSTEIN, THE (1942)
INVISIBLE AGENT (1942)
WILSON (1944)
KEYS OF THE KINGDOM, THE (1946)
LURED (1947)
ROPE (1948)
TYCOON (1948)
CONNECTICUT YANKEE IN KING ARTHUR'S COURT, A (1949)
WHITE TOWER, THE (1950)
DESERT FOX, THE (1951)
GREEN GLOVE, THE (1952)
DIANE (1955)
HELEN OF TROY (1955)
RICHARD III (1955)
TEN COMMANDMENTS, THE (1956)
FIVE WEEKS IN A BALLOON (1962)
PUMPKIN EATER, THE (1964)

HARDY, Oliver
acteur américain (1892-1957)
WIZARD OF OZ (1925)
BATTLE OF THE CENTURY, THE (1927)
DO DETECTIVES THINK? (1927)
FLYING ELEPHANTS (1927)
PUTTING PANTS ON PHILIP (1927)
SUGAR DADDIES (1927)
WITH LOVE AND HISSES (1927)
EARLY TO BED (1928)
FINISHING TOUCH (1928)
FROM SOUP TO NUTS (1928)
TWO TARS (1928)
WE FAW DOWN (1928)
YOU'RE DARN TOOTIN' (1928)
ANGORA LOVE (1929)
BIG BUSINESS (1929)
DOUBLE WHOOPEE (1929)
LIBERTY (1929)
THAT'S MY WIFE (1929)
THEY GO BOOM (1929)
UNACCUSTOMED AS WE ARE (1929)
WRONG AGAIN (1929)
PARDON US (1931)
HOLLYWOOD PARTY (1934)
SONS OF THE DESERT (1934)
BONNIE SCOTLAND (1935)
DEVIL'S BROTHER, THE (1935)
OUR RELATIONS (1936)
PICK A STAR (1937)
WAY OUT WEST (1937)
FLYING DEUCES (1939)
LAUREL & HARDY: BABES IN TOYLAND (1939)
MARCH OF THE WOODEN SOLDIERS (1939)
GREAT GUNS (1941)
BIG NOISE, THE (1944)
NOTHING BUT TROUBLE (1944)
BULLFIGHTERS, THE (1945)
FIGHTING KENTUCKIAN, THE (1949)
RIDING HIGH (1950)
UTOPIA (1950)
LAUREL & HARDY'S LAUGHING 20'S (1965)

HARLOW, Jean
actrice américaine (1911-1937)
DOUBLE WHOOPEE (1929)
LIBERTY (1929)
CITY LIGHTS (1930)
HELL'S ANGELS (1930)
PLATINUM BLONDE (1931)
PUBLIC ENEMY, THE (1931)
BOMBSHELL (1932)
RED DUST (1932)
RED-HEADED WOMAN (1932)
DINNER AT EIGHT (1933)
HOLD YOUR MAN (1933)
GIRL FROM MISSOURI, THE (1934)
CHINA SEAS (1935)
RECKLESS (1935)
RIFF RAFF (1935)
LIBELED LADY (1936)
SUZY (1936)
WIFE VERSUS SECRETARY (1936)
PERSONAL PROPERTY (1937)
SARATOGA (1937)

HARMON, Mark
acteur américain (1951-)
COMES A HORSEMAN (1978)
BEYOND THE POSEIDON ADVENTURE (1979)
DEAR AMERICA: LETTERS HOME FROM VIETNAM (1987)
PRESIDIO, THE (1988)
COLD HEAVEN (1991)
WYATT EARP (1994)
LAST SUPPER, THE (1995)
MAGIC IN THE WATER (1995)
PALMETTO (1997)
FEAR AND LOATHING IN LAS VEGAS (1998)
FREAKY FRIDAY (2003)
CHASING LIBERTY (2004)

HARPER, Tess
actrice américaine (1950-)
TENDER MERCIES (1982)
AMITYVILLE 3-D (1983)
FLASHPOINT (1984)
ISHTAR (1987)
FAR NORTH (1988)
CRIMINAL LAW (1989)
DADDY'S DYIN'...WHO'S GOT THE WILL? (1990)
MAN IN THE MOON, THE (1991)
MY NEW GUN (1992)
TURNING, THE (1992)
IN CROWD, THE (2000)
KARLA (2005)
NO COUNTRY FOR OLD MEN (2007)

HARRELSON, Woody
acteur américain (1961-)
DOC HOLLYWOOD (1991)
WHITE MEN CAN'T JUMP (1992)
INDECENT PROPOSAL (1993)
COWBOY WAY, THE (1994)
I'LL DO ANYTHING (1994)
NATURAL BORN KILLERS (1994)
MONEY TRAIN (1995)
KINGPIN (1996)
PEOPLE VS. LARRY FLYNT, THE (1996)
SUNCHASER (1996)
PALMETTO (1997)
WELCOME TO SARAJEVO (1997)
HI-LO COUNTRY, THE (1998)
THIN RED LINE, THE (1998)
ED TV (1999)
PLAY IT TO THE BONE (1999)
ANGER MANAGEMENT (2003)
THIS SO-CALLED DISASTER (2003)
AFTER THE SUNSET (2004)
SHE HATE ME (2004)
BIG WHITE, THE (2005)
NORTH COUNTRY (2005)
PRIZE WINNER OF DEFIANCE OHIO (2005)
PRAIRIE HOME COMPANION, A (2006)
SCANNER DARKLY, A (2006)
BATTLE IN SEATTLE (2007)
NO COUNTRY FOR OLD MEN (2007)
WALKER, THE (2007)
SEMI-PRO (2008)
SEVEN POUNDS (2008)
SLEEPWALKING (2008)

SURFER, DUDE (2008)
TRANSSIBERIAN (2008)

HARRIS, Ed
acteur américain (1950-)
AMAZING HOWARD HUGHES, THE (1977)
COMA (1978)
KNIGHTRIDERS (1981)
CREEPSHOW (1982)
RIGHT STUFF, THE (1983)
PLACES IN THE HEART (1984)
SWING SHIFT (1984)
ALAMO BAY (1985)
CODE NAME: EMERALD (1985)
SWEET DREAMS (1985)
TO KILL A PRIEST (1988)
WALKER (1988)
ABYSS, THE (1989)
JACKNIFE (1989)
STATE OF GRACE (1990)
CHINA MOON (1991)
PARIS TROUT (1991)
GLENGARRY GLEN ROSS (1992)
FIRM, THE (1993)
NEEDFUL THINGS (1993)
MILK MONEY (1994)
APOLLO 13 (1995)
EYE FOR AN EYE (1995)
JUST CAUSE (1995)
NIXON (1995)
ABSOLUTE POWER (1996)
ROCK, THE (1996)
STEPMOM (1998)
ENEMY AT THE GATES (2000)
POLLOCK (2000)
PRIME GIG, THE (2000)
BEAUTIFUL MIND, A (2001)
BUFFALO SOLDIERS (2001)
HOURS, THE (2002)
HUMAN STAIN, THE (2003)
MASKED AND ANONYMOUS (2003)
RADIO (2003)
EMPIRE FALLS (2005)
HISTORY OF VIOLENCE, A (2005)
COPYING BEETHOVEN (2006)
WINTER PASSING (2006)
CLEANER (2007)
GONE BABY GONE (2007)
NATIONAL TREASURE - BOOK OF SECRETS (2007)
APPALOOSA (2008)

HARRIS, Jared
acteur anglais (1965-)
NADJA (1994)
I SHOT ANDY WARHOL (1996)
CHINESE BOX (1997)
SUNDAY (1997)
LOST IN SPACE (1998)
B. MONKEY (1999)
WEEKEND, THE (1999)
SHADOW MAGIC (2000)
TWO OF US (2000)
DUMMY (2002)
IGBY GOES DOWN (2002)
I LOVE YOUR WORK (2003)
SYLVIA (2003)
RESIDENT EVIL: APOCALYPSE (2004)
NOTORIOUS BETTIE PAGE, THE (2005)

HARRIS, Julie
actrice américaine (1925-)
MEMBER OF THE WEDDING, THE (1953)
EAST OF EDEN (1955)
I AM A CAMERA (1955)
REQUIEM FOR A HEAVYWEIGHT (1962)
HAUNTING, THE (1963)
HARPER (1966)
REFLECTIONS IN A GOLDEN EYE (1967)
YOU'RE A BIG BOY NOW (1967)
HOW AWFUL ABOUT ALLAN (1970)
HIDING PLACE, THE (1975)
BELLE OF AMHERST, THE (1976)
BELL JAR, THE (1979)
CHRISTMAS WIFE, THE (1988)
GORILLAS IN THE MIST (1988)
HOUSESITTER (1992)
DARK HALF, THE (1993)
CARRIED AWAY (1995)
GENTLE INTO THE NIGHT (1997)

HARRIS, Neil Patrick
acteur américain (1973-)
CLARA'S HEART (1988)
COLD SASSY TREE (1989)
STARSHIP TROOPERS (1997)
JOAN OF ARC (1999)
NEXT BEST THING, THE (2000)
UNDERCOVER BROTHER (2002)
DR. HORRIBLE'S SING-ALONG BLOG (2008)
HAROLD & KUMAR ESCAPE FROM GUANTANAMO BAY (2008)

HARRIS, Richard
acteur irlandais (1930-2002)
SHAKE HANDS WITH THE DEVIL (1959)
GUNS OF NAVARONE, THE (1961)
MUTINY ON THE BOUNTY (1962)
THIS SPORTING LIFE (1963)
DÉSERT ROUGE, LE (1964)
MAJOR DUNDEE (1964)
HEROES OF TELEMARK, THE (1965)
BIBLE, THE (1966)
HAWAII (1966)
CAMELOT (1967)
CAPRICE (1967)
MAN CALLED HORSE, A (1969)
MOLLY MAGUIRES, THE (1969)
CROMWELL (1970)
MAN IN THE WILDERNESS (1971)
DEADLY TRACKERS, THE (1973)
99 AND 44/100 % DEAD (1974)
JUGGERNAUT (1974)
CASSANDRA CROSSING, THE (1976)
RETURN OF A MAN CALLED HORSE, THE (1976)
ORCA (1977)
TARZAN THE APE MAN (1981)
YOUR TICKET IS NO LONGER VALID (1981)
CAMELOT (1982)
MARTIN'S DAY (1984)
FIELD, THE (1990)
PATRIOT GAMES (1992)
UNFORGIVEN (1992)
WRESTLING ERNEST HEMINGWAY (1993)
CRY, THE BELOVED COUNTRY (1995)
SMILLA'S SENSE OF SNOW (1996)
HUNCHBACK, THE (1997)
TO WALK WITH LIONS (1999)
GLADIATOR (2000)
COUNT OF MONTE CRISTO, THE (2001)
JULIUS CAESAR (2002)

HARRISON, Rex
acteur anglais (1908-1990)
STORM IN A TEACUP (1937)
ST. MARTIN'S LANE (1938)
CITADEL, THE (1939)
NIGHT TRAIN TO MUNICH (1940)
MAJOR BARBARA (1941)
BLITHE SPIRIT (1945)
ANNA AND THE KING OF SIAM (1946)
GHOST AND MRS. MUIR, THE (1947)
UNFAITHFULLY YOURS (1948)
RELUCTANT DEBUTANTE, THE (1958)
MIDNIGHT LACE (1960)
CLEOPATRA (1963)
MY FAIR LADY (1964)
AGONY AND THE ECSTASY, THE (1965)
YELLOW ROLLS-ROYCE, THE (1965)
DOCTOR DOLITTLE (1967)
HONEY POT, THE (1967)
ASHANTI (1978)
FIFTH MUSKETEER, THE (1979)

HART, Ian
acteur anglais (1964-)
HOURS AND TIMES, THE (1991)
BACKBEAT (1993)
ENGLISHMAN WHO WENT UP A HILL, BUT CAME DOWN A MOUNTAIN, THE (1995)
HOLLOW REED (1995)
LAND AND FREEDOM (1995)
MICHAEL COLLINS (1996)
MONUMENT AVE. (1997)
AMERICAN WOMEN (1999)
B. MONKEY (1999)
END OF THE AFFAIR, THE (1999)
WONDERLAND (1999)
BORN ROMANTIC (2000)
LIAM (2000)
ABERDEEN (2001)
HOUND OF THE BASKERVILLES (2002)
KILLING ME SOFTLY (2002)

HARTNETT, Josh
acteur américain (1978-)
FACULTY, THE (1998)
VIRGIN SUICIDES, THE (1999)
HERE ON EARTH (2000)
BLACK HAWK DOWN (2001)
O (OTHELLO) (2001)
PEARL HARBOR (2001)
40 DAYS AND 40 NIGHTS (2002)
HOLLYWOOD HOMICIDE (2003)
WICKER PARK (2004)
MOZART AND THE WHALE (2005)
SIN CITY (2005)
BLACK DAHLIA, THE (2006)
LUCKY NUMBER SLEVIN (2006)
30 DAYS OF NIGHT (2007)
RESURRECTING THE CHAMP (2007)
STORIES OF LOST SOULS (2007)
AUGUST (2008)

HATCHER, Teri
actrice américaine (1964-)
TANGO & CASH (1987)
SOAPDISH (1991)
STRAIGHT TALK (1992)
HEAVEN'S PRISONERS (1995)
2 DAYS IN THE VALLEY (1996)
TOMORROW NEVER DIES (1997)
SPY KIDS (2001)
DESPERATE HOUSEWIVES (SEASON 2) (2005)

HATHAWAY, Anne
actrice américaine (1982-)
PRINCESS DIARIES, THE (2001)
NICHOLAS NICKLEBY (2002)
ELLA ENCHANTED (2004)
PRINCESS DIARIES 2: ROYAL ENGAGEMENT (2004)
BROKEBACK MOUNTAIN (2005)
HAVOC (2005)
DEVIL WEARS PRADA, THE (2006)
BECOMING JANE (2007)
BRIDE WARS (2008)
GET SMART (2008)
PASSENGERS (2008)
RACHEL GETTING MARRIED (2008)

HAUER, Rutger
acteur néerlandais (1944-)
TURKISH DELIGHT (1973)
DANDELIONS (1974)
WILBY CONSPIRACY, THE (1975)
KEETJE TIPPEL (1976)
SOLDIER OF ORANGE (1978)
SPETTERS (1980)
CHANEL SOLITAIRE (1981)
NIGHTHAWKS (1981)
BLADE RUNNER (1982)
EUREKA (1983)
OSTERMAN WEEKEND, THE (1983)
BREED APART, A (1984)
MYSTERIES (1984)
FLESH + BLOOD (1985)
LADYHAWKE (1985)
HITCHER, THE (1986)
ESCAPE FROM SOBIBOR (1987)
BLIND FURY (1989)
BLOOD OF HEROES, THE (1989)
BLOODHOUNDS OF BROADWAY (1989)
BUFFY THE VAMPIRE SLAYER (1992)
PAST MIDNIGHT (1992)
AMELIA EARHART, THE FINAL FLIGHT (1994)
FATHERLAND (1994)
NOSTRADAMUS (1994)
SURVIVING THE GAME (1994)
MR. STITCH (1995)
CONFESSIONS OF A DANGEROUS MIND (2002)
BATMAN BEGINS (2005)
SIN CITY (2005)

HAUSER, Cole
acteur américain (1975-)
SCHOOL TIES (1992)
ALL OVER ME (1997)
GOOD WILL HUNTING (1997)
HI-LO COUNTRY, THE (1998)
HART'S WAR (2002)
TEARS OF THE SUN (2003)
PAPARAZZI (2004)
CAVE, THE (2005)
STONE ANGEL (2007)
FAMILY THAT PREYS, THE (2008)

HAWKE, Ethan
acteur américain (1970-)
EXPLORERS (1985)
DAD (1989)
DEAD POETS SOCIETY (1989)
MYSTERY DATE (1991)
WHITE FANG (1991)
ALIVE (1992)
MIDNIGHT CLEAR, A (1992)
RICH IN LOVE (1992)
WATERLAND (1992)
FLOUNDERING (1993)
REALITY BITES (1994)

BEFORE SUNRISE (1995)
SEARCH AND DESTROY (1995)
GATTACA (1997)
GREAT EXPECTATIONS (1998)
NEWTON BOYS, THE (1998)
JOE THE KING (1999)
SNOW FALLING ON CEDARS (1999)
VELOCITY OF GARY, THE (1999)
HAMLET (2000)
JIMMY SHOW, THE (2001)
TAPE (2001)
TRAINING DAY (2001)
WAKING LIFE (2001)
BEFORE SUNSET (2004)
TAKING LIVES (2004)
ASSAULT ON PRECINCT 13 (2005)
LORD OF WAR (2005)
FAST FOOD NATION (2006)
HOTTEST STATE, THE (2006)
BEFORE THE DEVIL KNOWS YOU'RE DEAD (2007)
WHAT DOESN'T KILL YOU (2008)

HAWKINS, Jack
acteur anglais (1910-1973)
FALLEN IDOL, THE (1948)
SMALL BACK ROOM, THE (1948)
BLACK ROSE (1949)
LAND OF THE PHARAOHS (1955)
PRISONER, THE (1955)
BRIDGE ON THE RIVER KWAI, THE (1957)
BEN-HUR (1959)
LEAGUE OF GENTLEMEN, THE (1960)
LAWRENCE OF ARABIA (1962)
ZULU (1963)
GUNS AT BATASI (1964)
LORD JIM (1964)
THIRD SECRET, THE (1964)
SHALAKO (1968)
LOLA (1969)
THOSE DARING YOUNG MEN IN THEIR JAUNTY JALOPIES (1969)
JANE EYRE (1970)
NICHOLAS AND ALEXANDRA (1971)
WATERLOO (1971)
TALES THAT WITNESS MADNESS (1973)
THEATER OF BLOOD (1973)

HAWN, Goldie
actrice américaine (1945-)
CACTUS FLOWER (1969)
THERE'S A GIRL IN MY SOUP (1970)
DOLLARS (1971)
BUTTERFLIES ARE FREE (1972)
GIRL FROM PETROVKA, THE (1974)
SHAMPOO (1974)
SUGARLAND EXPRESS, THE (1974)
DUCHESS AND THE DIRTWATER FOX, THE (1976)
FOUL PLAY (1978)
PRIVATE BENJAMIN (1980)
SEEMS LIKE OLD TIMES (1980)
BEST FRIENDS (1982)
SWING SHIFT (1984)
OVERBOARD (1987)
BIRD ON A WIRE (1990)
DECEIVED (1991)
CRISSCROSS (1992)
DEATH BECOMES HER (1992)
HOUSESITTER (1992)
EVERYONE SAYS I LOVE YOU (1996)
FIRST WIVES CLUB, THE (1996)
OUT-OF-TOWNERS, THE (1999)
TOWN AND COUNTRY (2001)
BANGER SISTERS (2002)

HAYDEN, Sterling
acteur américain (1916-1986)
ASPHALT JUNGLE, THE (1950)
FLAT TOP (1952)
STAR, THE (1952)
CRIME WAVE (1953)
PRINCE VALIANT (1953)
SUDDENLY (1953)
JOHNNY GUITAR (1954)
KILLING, THE (1956)
CRIME OF PASSION (1957)
ZERO HOUR (1957)
TERROR IN A TEXAS TOWN (1958)
DR. STRANGELOVE (1963)
SAUT DE L'ANGE, LE (1971)
GODFATHER, THE (1972)
FINAL PROGRAMME, THE (1973)
LONG GOODBYE, THE (1973)
1900 (1976)
9 TO 5 (1980)
POSSESSION (1981)
BLUE AND THE GRAY, THE (1982)

HAYEK, Salma
actrice mexicaine (1966-)
DESPERADO (1995)
MIDAQ ALLEY (1995)
FLED (1996)
BREAKING UP (1997)
FOOLS RUSH IN (1997)
54 (1998)
ACTION - COMPLETE SERIES (1999)
DOGMA (1999)
VELOCITY OF GARY, THE (1999)
WILD WILD WEST (1999)
TIME CODE (2000)
HOTEL (2001)
IN THE TIME OF THE BUTTERFLIES (2001)
FRIDA (2002)
SEARCHING FOR DEBRA WINGER (2002)
ONCE UPON A TIME IN MEXICO (2003)
SPY KIDS 3-D: GAME OVER (2003)
AFTER THE SUNSET (2004)
ASK THE DUST (2006)
BANDIDAS (2006)
LONELY HEARTS (2006)

HAYSBERT, Dennis
acteur américain (1954-)
LOVE FIELD (1991)
SUTURE (1993)
HEAT (1995)
ABSOLUTE POWER (1996)
MINUS MAN, THE (1999)
RANDOM HEARTS (1999)
THIRTEENTH FLOOR, THE (1999)
24 (FIRST SEASON) (2001)
FAR FROM HEAVEN (2002)
COLOUR OF FREEDOM (2007)

HAYWARD, Susan
actrice américaine (1918-1975)
ADAM HAD FOUR SONS (1941)
REAP THE WILD WIND (1942)
STAR SPANGLED RHYTHM (1942)
FIGHTING SEABEES, THE (1943)
JACK LONDON (1943)
CANYON PASSAGE (1946)
DEADLINE AT DAWN (1946)
LOST MOMENT, THE (1947)
SMASH-UP, THE STORY OF A WOMAN (1947)
THEY WON'T BELIEVE ME (1947)
HOUSE OF STRANGERS (1949)
MY FOOLISH HEART (1949)
DAVID AND BATHSHEBA (1951)
I'D CLIMB THE HIGHEST MOUNTAIN (1951)
RAWHIDE (1951)
SNOWS OF KILIMANJARO, THE (1952)
WITH A SONG IN MY HEART (1952)
DEMETRIUS AND THE GLADIATORS (1954)
I'LL CRY TOMORROW (1955)
CONQUEROR, THE (1956)
I WANT TO LIVE! (1958)
WHERE LOVE HAS GONE (1964)
HONEY POT, THE (1967)
VALLEY OF THE DOLLS (1967)

HAYWORTH, Rita
actrice américaine (1918-1987)
ONLY ANGELS HAVE WINGS (1939)
ANGELS OVER BROADWAY (1940)
LADY IN QUESTION, THE (1940)
MUSIC IN MY HEART (1940)
SUSAN AND GOD (1940)
YOU'LL NEVER GET RICH (1940)
BLOOD AND SAND (1941)
STRAWBERRY BLONDE, THE (1941)
TALES OF MANHATTAN (1942)
YOU WERE NEVER LOVELIER (1942)
COVER GIRL (1944)
DOWN TO EARTH (1947)
GILDA (1947)
LADY FROM SHANGHAI, THE (1947)
TONIGHT AND EVERY NIGHT (1947)
LOVES OF CARMEN, THE (1948)
AFFAIR IN TRINIDAD (1952)
CHAMPAGNE SAFARI (1952)
MISS SADIE THOMPSON (1953)
SALOME (1953)
PAL JOEY (1957)
SEPARATE TABLES (1958)
THEY CAME TO CORDURA (1959)
CIRCUS WORLD (1964)
RITA (2004)

HEADEY, Lena
actrice anglaise (1976-)
SUMMER HOUSE, THE (1992)
CENTURY (1994)
JUNGLE BOOK, THE (1994)
FACE (1997)
MRS. DALLOWAY (1997)
ONEGIN (1999)
ABERDEEN (2001)
GATHERING STORM (2002)
POSSESSION (2002)
BROTHERS GRIMM (2005)
IMAGINE ME AND YOU (2005)
300 (2007)
BROKEN, THE (2008)

HEADLY, Glenne
actrice américaine (1955-)
FANDANGO (1984)
PAPERHOUSE (1988)
MORTAL THOUGHTS (1991)
ORDINARY MAGIC (1993)
GETTING EVEN WITH DAD (1994)
MR. HOLLAND'S OPUS (1995)
2 DAYS IN THE VALLEY (1996)
BASTARD OUT OF CAROLINA (1996)
SGT. BILKO (1996)
MY OWN COUNTRY (1998)
AROUND THE BEND (2004)
CONFESSIONS OF A TEENAGE DRAMA QUEEN (2004)
EULOGY (2004)

HEARD, John
acteur américain (1947-)
HEART BEAT (1979)
SCARLET LETTER, THE (1979)
CUTTER'S WAY (1981)
CAT PEOPLE (1982)
C.H.U.D. (1984)
HEAVEN HELP US (1984)
AFTER HOURS (1985)
TRIP TO BOUNTIFUL, THE (1985)
DEAR AMERICA: LETTERS HOME FROM VIETNAM (1987)
BEACHES (1988)
BETRAYED (1988)
BIG (1988)
MILAGRO BEANFIELD WAR, THE (1988)
SEVENTH SIGN, THE (1988)
PACKAGE, THE (1989)
AWAKENINGS (1990)
HOME ALONE (1990)
MINDWALK (1990)
DECEIVED (1991)
RAMBLING ROSE (1991)
HOME ALONE 2: LOST IN NEW YORK (1992)
RADIO FLYER (1992)
WATERLAND (1992)
IN THE LINE OF FIRE (1993)
PELICAN BRIEF, THE (1993)
BEFORE AND AFTER (1995)
187 (1997)
DESERT BLUE (1998)
SNAKE EYES (1998)
ANIMAL FACTORY (2000)
POLLOCK (2000)
MY TINY UNIVERSE (2004)
CHUMSCRUBBER, THE (2005)
SWEET LAND (2005)
GREAT DEBATERS, THE (2008)

HECHE, Anne
actrice américaine (1969-)
O PIONEERS! (1991)
AGAINST THE WALL (1993)
WALKING AND TALKING (1995)
IF THESE WALLS COULD TALK (1996)
JUROR, THE (1996)
DONNIE BRASCO (1997)
SUBWAY STORIES (1997)
VOLCANO (1997)
WAG THE DOG (1997)
PSYCHO (1998)
RETURN TO PARADISE (1998)
SIX DAYS, SEVEN NIGHTS (1998)
THIRD MIRACLE, THE (1999)
JOHN Q. (2001)
PROZAC NATION (2001)
GHOST WRITER (2007)

HEDAYA, Dan
acteur américain (1940-)
TRUE CONFESSIONS (1981)
HUNGER, THE (1983)
COMMANDO (1985)
ADDAMS FAMILY, THE (1991)
BENNY & JOON (1993)
MR. WONDERFUL (1993)
TO DIE FOR (1995)
DAYLIGHT (1996)
FREEWAY (1996)
ALIEN RESURRECTION (1997)
LIFE LESS ORDINARY, A (1997)
SECOND CIVIL WAR (1997)
NIGHT AT THE ROXBURY, A (1998)
DICK (1999)
HURRICANE, THE (1999)

CREW, THE (2000)
MULHOLLAND DRIVE (2001)

HEFLIN, Van
acteur américain (1910-1971)
FLIGHT FROM GLORY (1937)
SANTA FE TRAIL (1940)
JOHNNY EAGER (1941)
GREEN DOLPHIN STREET (1946)
STRANGE LOVE OF MARTHA IVERS (1946)
POSSESSED (1947)
TILL THE CLOUDS ROLL BY (1947)
ACT OF VIOLENCE (1948)
THREE MUSKETEERS, THE (1948)
EAST SIDE, WEST SIDE (1949)
MADAME BOVARY (1949)
TOMAHAWK (1951)
SHANE (1953)
BATTLE CRY (1954)
BLACK WIDOW (1954)
WOMAN'S WORLD (1954)
PATTERNS (1955)
3:10 TO YUMA (1956)
GUNMAN'S WALK (1957)
THEY CAME TO CORDURA (1959)
GREATEST STORY EVER TOLD, THE (1965)
BIG BOUNCE. THE (1969)
AIRPORT (1970)

HELGENBERGER, Marg
actrice américaine (1958-)
CHINA BEACH (1988)
ALWAYS (1989)
TOMMYKNOCKERS (1993)
GOLD COAST (1997)
CSI: CRIME SCENE INVESTIGATION (SEASON I) (2000)
ERIN BROCKOVICH (2000)
CSI: CRIME SCENE INVESTIGATION (SEASON II) (2001)
CSI: CRIME SCENE INVESTIGATION II (2001)
CRIME SCENE INVESTIGATION (SEASON IV) (2003)
MR. BROOKS (2007)

HENDERSON, Shirley
actrice écossaise (1966-)
TRAINSPOTTING (1995)
WONDERLAND (1999)
CLAIM, THE (2000)
BRIDGET JONES'S DIARY (2001)
WAY WE LIVE NOW, THE (2001)
24 HOUR PARTY PEOPLE (2002)
CLOSE YOUR EYES (2002)
WILBUR (WANTS TO KILL HIMSELF) (2002)
INTERMISSION (2003)
ONCE UPON A TIME IN THE MIDLANDS (2003)
TRISTRAM SHANDY - A COCK & BULL STORY (2005)
YES (2005)
I REALLY HATE MY JOB (2007)

HENNER, Marilu
actrice américaine (1952-)
BLOODBROTHERS (1978)
TAXI (SEASON I) (1978)
HAMMETT (1981)
CANNONBALL RUN II, THE (1983)
MAN WHO LOVED WOMEN, THE (1983)
JOHNNY DANGEROUSLY (1984)
PERFECT (1985)
RUSTLERS' RHAPSODY (1985)
NOISES OFF! (1992)
TITANIC (1996)

HENRIKSEN, Lance
acteur américain (1940-)
DOG DAY AFTERNOON (1975)
CLOSE ENCOUNTERS OF THE THIRD KIND (1977)
DAMIEN - OMEN II (1978)
PRINCE OF THE CITY (1981)
RIGHT STUFF, THE (1983)
TERMINATOR, THE (1984)
JAGGED EDGE (1985)
ALIENS (1986)
SURVIVAL QUEST (1986)
NEAR DARK (1987)
PUMPKINHEAD (1988)
JOHNNY HANDSOME (1989)
PIT AND THE PENDULUM, THE (1991)
STONE COLD (1991)
ALIEN 3 (1992)
HARD TARGET (1993)
SUPER MARIO BROS. (1993)
COLOR OF NIGHT (1994)
NO ESCAPE (1994)
DEAD MAN (1995)
POWDER (1995)
QUICK AND THE DEAD, THE (1995)
MILLENIUM (SEASON II) (1998)
SCREAM 3 (2000)
UNSPEAKABLE (2002)
ALIEN VS. PREDATOR (2004)
PARANOIA 1.0 (2004)
STARKWEATHER (2004)
APPALOOSA (2008)
SCREAMERS: THE HUNTING (2009)

HENRY, Gregg
acteur américain (1952-)
JUST BEFORE DAWN (1981)
BODY DOUBLE (1984)
RAISING CAIN (1992)
POSITIVELY TRUE ADVENTURE OF THE ALLEGED TEXAS CHEERLEADER-MURDERING MOM, THE (1993)
BIG BRASS RING, THE (1999)
PAYBACK (1999)
BALLISTIC: ECKS VS. SEVER (2002)
FEMME FATALE (2002)
SLITHER (2006)

HENSTRIDGE, Natasha
actrice canadienne (1974-)
SPECIES (1995)
MAXIMUM RISK (1996)
DOG PARK (1998)
JASON AND THE ARGONAUTS (2000)
SECOND SKIN (2000)
WHOLE NINE YARDS, THE (2000)
SPECIES III (2004)
WHOLE TEN YARDS, THE (2004)

HEPBURN, Audrey
actrice anglaise (1929-1993)
LAVENDER HILL MOB, THE (1951)
ROMAN HOLIDAY (1953)
SABRINA (1954)
WAR AND PEACE (1955)
FUNNY FACE (1956)
LOVE IN THE AFTERNOON (1956)
GREEN MANSIONS (1959)
NUN'S STORY, THE (1959)
UNFORGIVEN, THE (1960)
BREAKFAST AT TIFFANY'S (1961)
CHILDREN'S HOUR, THE (1961)
CHARADE (1963)
PARIS WHEN IT SIZZLES (1963)
MY FAIR LADY (1964)
HOW TO STEAL A MILLION (1966)
TWO FOR THE ROAD (1967)
WAIT UNTIL DARK (1967)
ROBIN AND MARIAN (1976)
BLOODLINE (1979)
THEY ALL LAUGHED (1981)
ALWAYS (1989)

HEPBURN, Katharine
actrice américaine (1907-2003)
BILL OF DIVORCEMENT, A (1932)
LITTLE WOMEN (1933)
MORNING GLORY (1933)
LITTLE MINISTER, THE (1934)
ALICE ADAMS (1935)
BREAK OF HEARTS (1935)
MARY OF SCOTLAND (1936)
SYLVIA SCARLETT (1936)
QUALITY STREET (1937)
STAGE DOOR (1937)
BRINGING UP BABY (1938)
HOLIDAY (1938)
PHILADELPHIA STORY, THE (1940)
KEEPER OF THE FLAME (1942)
WOMAN OF THE YEAR (1942)
DRAGON SEED (1944)
WITHOUT LOVE (1945)
SEA OF GRASS, THE (1947)
SONG OF LOVE (1947)
UNDERCURRENT (1947)
STATE OF THE UNION (1948)
ADAM'S RIB (1949)
AFRICAN QUEEN, THE (1951)
PAT AND MIKE (1952)
SUMMERTIME (1955)
RAINMAKER, THE (1956)
DESK SET (1957)
SUDDENLY, LAST SUMMER (1959)
LONG DAY'S JOURNEY INTO NIGHT (1962)
GUESS WHO'S COMING TO DINNER? (1967)
LION IN WINTER, THE (1968)
TROJAN WOMEN, THE (1971)
DELICATE BALANCE, A (1973)
GLASS MENAGERIE (1973)
LOVE AMONG THE RUINS (1975)
ROOSTER COGBURN (1975)
OLLY, OLLY, OXEN FREE (1977)
CORN IS GREEN, THE (1978)
ON GOLDEN POND (1981)
GRACE QUIGLEY (1984)
LOVE AFFAIR (1994)

HERSHEY, Barbara
actrice américaine (1948-)
WITH SIX YOU GET EGGROLL (1968)
BABY MAKER, THE (1970)
PURSUIT OF HAPPINESS, THE (1970)
BOXCAR BERTHA (1972)
DIAMONDS (1975)
STUNT MAN, THE (1979)
ENTITY, THE (1981)
TAKE THIS JOB AND SHOVE IT (1981)
RIGHT STUFF, THE (1983)
NATURAL, THE (1984)
HANNAH AND HER SISTERS (1986)
HOOSIERS (1986)
TIN MEN (1987)
BEACHES (1988)
LAST TEMPTATION OF CHRIST, THE (1988)
SHY PEOPLE (1988)
WORLD APART, A (1988)
TUNE IN TOMORROW... (1990)
DEFENSELESS (1991)
PARIS TROUT (1991)
FALLING DOWN (1992)
PUBLIC EYE, THE (1992)
DANGEROUS WOMAN, A (1993)
RETURN TO LONESOME DOVE (1993)
SPLITTING HEIRS (1993)
SWING KIDS (1993)
PALLBEARER, THE (1996)
PORTRAIT OF A LADY, THE (1996)
SOLDIER'S DAUGHTER NEVER CRIES, A (1998)
BREAKFAST OF CHAMPIONS (1999)
FROGS FOR SNAKES (1999)
LANTANA (2001)
DANIEL DERONDA (2002)
11: 14 (2003)
RIDING THE BULLET (2004)
ANNE OF GREEN GABLES - A NEW BEGINNING (2008)

HESTON, Charlton
acteur américain (1924-2008)
GREATEST SHOW ON EARTH, THE (1951)
PONY EXPRESS (1952)
ARROWHEAD (1953)
NAKED JUNGLE, THE (1953)
FAR HORIZONS, THE (1955)
TEN COMMANDMENTS, THE (1956)
THREE VIOLENT PEOPLE (1957)
BIG COUNTRY, THE (1958)
BUCCANEER, THE (1958)
TOUCH OF EVIL (1958)
BEN-HUR (1959)
WRECK OF THE MARY DEARE, THE (1959)
EL CID (1961)
DIAMOND HEAD (1962)
55 DAYS AT PEKING (1963)
MAJOR DUNDEE (1964)
AGONY AND THE ECSTASY, THE (1965)
GREATEST STORY EVER TOLD, THE (1965)
KHARTOUM (1965)
WARLORD, THE (1965)
PLANET OF THE APES (1967)
WILL PENNY (1967)
BENEATH THE PLANET OF THE APES (1969)
JULIUS CAESAR (1970)
OMEGA MAN, THE (1971)
SKYJACKED (1972)
SOYLENT GREEN (1973)
AIRPORT '75 (1974)
EARTHQUAKE (1974)
FOUR MUSKETEERS, THE (1974)
THREE MUSKETEERS, THE (1974)
MIDWAY (1976)
TWO-MINUTE WARNING (1976)
GRAY LADY DOWN (1978)
MOUNTAIN MEN, THE (1980)
TREASURE ISLAND (1990)
TOMBSTONE (1993)
WAYNE'S WORLD 2 (1993)
IN THE MOUTH OF MADNESS (1994)
TRUE LIES (1994)
ALASKA (1996)
HAMLET (1996)

HILL, Terence
acteur italien (1939-)
DÉNOMMÉ SQUARCIO, UN (1958)

GOD FORGIVES... I DON'T (1967)
ACE HIGH (1968)
BLACK PIRATE (1971)
MY NAME IS NOBODY (1973)
WATCH OUT, WE'RE MAD (1974)
UN GÉNIE, DEUX ASSOCIÉS, UNE CLOCHE (1975)
DEUX SUPER-FLICS (1977)
I'M FOR THE HIPPOPOTAMUS (1979)
DRÔLE DE FLIC, UN (1980)
SUPER FUZZ (1980)
WHO FINDS A FRIEND FINDS A TREASURE (1981)
QUAND FAUT Y ALLER, FAUT Y ALLER (1983)
DOUBLE TROUBLE (1985)
MIAMI SUPERCOPS (1985)
LUCKY LUKE (1990)

HINDS, Ciaran
acteur irlandais (1953-)
DECEMBER BRIDE (1990)
PERSUASION (1995)
SOME MOTHER'S SON (1996)
JANE EYRE (1997)
OSCAR AND LUCINDA (1997)
LOST SON, THE (1999)
WEIGHT OF WATER, THE (2000)
(2001)
MAYOR OF CASTERBRIDGE, THE (2001)
CALENDAR GIRLS (2003)
LARA CROFT - TOMB RAIDER: THE CRADLE OF LIFE (2003)
STATEMENT, THE (2003)
VERONICA GUERIN (2003)
MUNICH (2005)
AMAZING GRACE (2006)
NATIVITY STORY, THE (2006)
MARGOT AT THE WEDDING (2007)
MISS PETTIGREW LIVES FOR A DAY (2007)
MISTER FOE (2007)
THERE WILL BE BLOOD (2007)

HOFFMAN, Dustin
acteur américain (1937-)
GRADUATE, THE (1967)
MADIGAN'S MILLIONS (1967)
JOHN AND MARY (1969)
MIDNIGHT COWBOY (1969)
LITTLE BIG MAN (1970)
STRAW DOGS (1971)
ALFREDO, ALFREDO (1972)
PAPILLON (1973)
LENNY (1975)
ALL THE PRESIDENT'S MEN (1976)
MARATHON MAN (1976)
AGATHA (1977)
STRAIGHT TIME (1977)
KRAMER VS. KRAMER (1979)
TOOTSIE (1982)
DEATH OF A SALESMAN (1985)
ISHTAR (1987)
RAIN MAN (1988)
FAMILY BUSINESS (1989)
DICK TRACY (1990)
BILLY BATHGATE (1991)
HOOK (1991)
HERO (1992)
OUTBREAK (1995)
SLEEPERS (1995)
AMERICAN BUFFALO (1996)
MAD CITY (1997)
WAG THE DOG (1997)
SPHERE (1998)
MESSENGER, THE: THE STORY OF JOAN OF ARC (1999)
MOONLIGHT MILE (2002)
CONFIDENCE (2003)
RUNAWAY JURY (2003)
FINDING NEVERLAND (2004)
I HEART HUCKABEES (2004)
MEET THE FOCKERS (2004)
LOST CITY (2005)
PERFUME: THE STORY OF A MURDERER (2006)
STRANGER THAN FICTION (2006)
MR. MAGORIUM'S WONDER EMPORIUM (2007)
LAST CHANCE HARVEY (2008)

HOLBROOK, Hal
acteur américain (1925-2004)
GREAT WHITE HOPE, THE (1970)
JONATHAN LIVINGSTON SEAGULL (1973)
MAGNUM FORCE (1973)
GIRL FROM PETROVKA, THE (1974)
ALL THE PRESIDENT'S MEN (1976)
MIDWAY (1976)
CAPRICORN ONE (1978)
FOG, THE (1979)
STAR CHAMBER, THE (1983)
FIRM, THE (1993)
HUSH (1997)
JUDAS KISS (1998)
MY OWN COUNTRY (1998)
WAKING THE DEAD (1999)
MEN OF HONOR (2000)
SHADE (2003)
INTO THE WILD (2007)
KILLSHOT (2008)

HOLDEN, William
acteur américain (1918-1981)
FRAMED (1930)
ARIZONA (1940)
GOLDEN BOY (1940)
OUR TOWN (1940)
TEXAS (1941)
OUR TOWN (1945)
DARK PAST, THE (1948)
MAN FROM COLORADO, THE (1948)
RACHEL AND THE STRANGER (1948)
MISS GRANT TAKES RICHMOND (1949)
BORN YESTERDAY (1950)
FORCE OF ARMS (1950)
SUNSET BOULEVARD (1950)
UNION STATION (1950)
MOON IS BLUE, THE (1952)
STALAG 17 (1952)
ESCAPE FROM FORT BRAVO (1953)
FOREVER FEMALE (1953)
BRIDGES AT TOKO-RI, THE (1954)
COUNTRY GIRL, THE (1954)
EXECUTIVE SUITE (1954)
SABRINA (1954)
LOVE IS A MANY-SPLENDORED THING (1955)
PICNIC (1955)
BRIDGE ON THE RIVER KWAI, THE (1957)
KEY, THE (1958)
HORSE SOLDIERS, THE (1959)
WORLD OF SUZIE WONG, THE (1960)
COUNTERFEIT TRAITOR, THE (1961)
SATAN NEVER SLEEPS (1962)
PARIS WHEN IT SIZZLES (1963)
7th DAWN, THE (1964)
ALVAREZ KELLY (1966)
CASINO ROYALE (1967)
DEVIL'S BRIGADE, THE (1967)
ARBRE DE NOËL, L' (1969)
WILD BUNCH, THE (1969)
WILD ROVERS (1971)
BREEZY (1973)
TOWERING INFERNO, THE (1974)
21 HOURS AT MUNICH (1976)
NETWORK (1976)
ASHANTI (1978)
DAMIEN - OMEN II (1978)
FEDORA (1978)
WHEN TIME RAN OUT... (1980)
S.O.B. (1981)

HOLGADO, Ticky
acteur français (1944-)
COMMENT DRAGUER TOUTES LES FILLES (1981)
JUGE, LE (1984)
MESRINE (1984)
ROIS DU GAG, LES (1984)
LEVY ET GOLIATH (1986)
MANON DES SOURCES (1986)
NUIT D'IVRESSE (1986)
SALE DESTIN! (1986)
CHÂTEAU DE MA MÈRE, LE (1990)
MARI DE LA COIFFEUSE, LE (1990)
TOMBÉS DU CIEL (1990)
URANUS (1990)
588, RUE PARADIS (1991)
DELICATESSEN (1991)
MA VIE EST UN ENFER (1991)
MAYRIG (1991)
SECRETS PROFESSIONNELS DU DR. APFELGLÜCK, LES (1991)
UNE ÉPOQUE FORMIDABLE (1991)
DRÔLES D'OISEAUX (1992)
SOUPER, LE (1992)
TANGO (1992)
BÂTARD DE DIEU, LE (1993)
GAZON MAUDIT (1994)
CITÉ DES ENFANTS PERDUS, LA (1995)
FUNNY BONES (1995)
LUMIÈRE ET COMPAGNIE (1995)
MISÉRABLES DU XXe SIÈCLE, LES (1995)
PLUS BEAU MÉTIER DU MONDE, LE (1996)
AMOUR ET CONFUSIONS (1997)
QUE LA LUMIÈRE SOIT (1998)
AND NOW LADIES & GENTLEMEN (2003)
TAIS-TOI (2003)

HOLLY, Lauren
actrice américaine (1965-)
BAND OF THE HAND (1986)
ADVENTURES OF FORD FAIRLANE, THE (1990)
DRAGON: THE BRUCE LEE STORY (1993)
DUMB & DUMBER (1994)
BEAUTIFUL GIRLS (1996)
DOWN PERISCOPE (1996)
TURBULENCE (1996)
NO LOOKING BACK (1998)
WHAT WOMEN WANT (2000)

HOLM, Ian
acteur anglais (1931-)
MIDSUMMER NIGHT'S DREAM, A (1968)
MARY, QUEEN OF SCOTS (1971)
HOMECOMING, THE (1973)
LOST BOYS, THE (1978) (1978)
MISERABLES, LES (1978)
ALIEN (1979)
ALL QUIET ON THE WESTERN FRONT (1979)
CHARIOTS OF FIRE (1981)
TIME BANDITS (1981)
BRAZIL (1985)
ANOTHER WOMAN (1988)
HENRY V (1989)
KAFKA (1991)
NAKED LUNCH (1991)
ADVOCATE, THE (1994)
MADNESS OF KING GEORGE, THE (1994)
MARY SHELLEY'S FRANKENSTEIN (1994)
LOCH NESS (1995)
BIG NIGHT (1996)
NIGHT FALLS ON MANHATTAN (1996)
FIFTH ELEMENT, THE (1997)
LIFE LESS ORDINARY, A (1997)
SWEET HEREAFTER, THE (1997)
ANIMAL FARM (1999)
EXISTENZ (1999)
BLESS THE CHILD (2000)
ESTHER KAHN (2000)
JOE GOULD'S SECRET (2000)
EMPEROR'S NEW CLOTHES, THE (2001)
FROM HELL (2001)
LORD OF THE RINGS: THE RETURN OF THE KING (2003)
AVIATOR, THE (2004)
DAY AFTER TOMORROW, THE (2004)
GARDEN STATE (2004)
LORD OF WAR (2005)
STRANGERS WITH CANDY (2005)
TREATMENT, THE (2006)

HOLMES, Katie
actrice américaine (1978-)
DISTURBING BEHAVIOR (1998)
GO (1999)
TEACHING MRS. TINGLE (1999)
GIFT, THE (2000)
WONDER BOYS (2000)
ABANDON (2002)
PHONE BOOTH (2002)
PIECES OF APRIL (2003)
FIRST DAUGHTER (2004)
BATMAN BEGINS (2005)
THANK YOU FOR SMOKING (2005)
MAD MONEY (2008)

HOPE, Bob
acteur américain (1903-2003)
BIG BROADCAST OF 1938, THE (1938)
GIVE ME A SAILOR (1938)
THANKS FOR THE MEMORY (1938)
NEVER SAY DIE (1939)
RHYTHM ROMANCE (1939)
GHOST BREAKERS, THE (1940)
ROAD TO SINGAPORE (1940)
CAUGHT IN THE DRAFT (1941)
LOUISIANA PURCHASE (1941)
ROAD TO ZANZIBAR (1941)
MY FAVORITE BLONDE (1942)
ROAD TO MOROCCO (1942)
STAR SPANGLED RHYTHM (1942)
THEY GOT ME COVERED (1943)
PRINCESS AND THE PIRATE, THE (1944)
ROAD TO UTOPIA (1945)
MY FAVORITE BRUNETTE (1947)
ROAD TO RIO (1947)
WHERE THERE IS LIFE (1947)
MONSIEUR BEAUCAIRE (1948)
PALEFACE, THE (1948)

GREAT LOVER, THE (1949)
SORROWFUL JONES (1949)
FANCY PANTS (1950)
GREATEST SHOW ON EARTH, THE (1951)
LEMON DROP KID, THE (1951)
SCARED STIFF (1952)
SON OF PALEFACE (1952)
HERE COME THE GIRLS (1953)
CASANOVA'S BIG NIGHT (1954)
ALIAS JESSE JAMES (1959)
FACTS OF LIFE, THE (1960)
ROAD TO HONG KONG, THE (1962)
CALL ME BWANA (1963)
CRITIC'S CHOICE (1963)
I'LL TAKE SWEDEN (1964)
OSCAR, THE (1965)
RAQUEL! - STARRING RAQUEL WELSH (1970)
SPIES LIKE US (1985)

HOPE, Leslie
actrice canadienne (1965-)
SWORD OF GIDEON (1986)
KANSAS (1988)
TALK RADIO (1988)
MEN AT WORK (1990)
PARIS, FRANCE (1993)
CLERKS (1994)
FUN (1994)
ROWING THROUGH (1996)
SHADOW BUILDER (1997)
TEMPS RETROUVÉ, LE (1999)
BRUISER (2000)
H20 (2005)
NEVER BACK DOWN (2008)

HOPKINS, Anthony
acteur anglais (1937-)
LION IN WINTER, THE (1968)
HAMLET (1969)
LOOKING GLASS WAR, THE (1969)
EDWARDIANS, THE (1972)
WAR AND PEACE (1972)
DOLL'S HOUSE, A (1973)
ALL CREATURES GREAT AND SMALL (1974)
GIRL FROM PETROVKA, THE (1974)
JUGGERNAUT (1974)
LINDBERGH KIDNAPPING CASE, THE (1976)
VICTORY AT ENTEBBE (1976)
AUDREY ROSE (1977)
BRIDGE TOO FAR, A (1977)
MAGIC (1978)
CHANGE OF SEASONS, A (1980)
ELEPHANT MAN, THE (1980)
BUNKER, THE (1981)
HUNCHBACK OF NOTRE-DAME, THE (1982)
BOUNTY, THE (1983)
MUSSOLINI AND I (1984)
84 CHARING CROSS ROAD (1986)
GOOD FATHER, THE (1986)
CHORUS OF DISAPPROVAL, A (1988)
DAWNING, THE (1988)
DESPERATE HOURS (1990)
EFFICIENCY EXPERT, THE (1991)
HOWARDS END (1991)
SILENCE OF THE LAMBS, THE (1991)
BRAM STOKER'S DRACULA (1992)
CHAPLIN (1992)
FREEJACK (1992)
INNOCENT, THE (1993)
REMAINS OF THE DAY, THE (1993)
SHADOWLANDS (1993)
LEGENDS OF THE FALL (1994)
ROAD TO WELLVILLE, THE (1994)
AUGUST (1995)
NIXON (1995)
SURVIVING PICASSO (1996)
AMISTAD (1997)
EDGE, THE (1997)
MASK OF ZORRO, THE (1998)
MEET JOE BLACK (1998)
TITUS (1999)
DR. SEUSS' HOW THE GRINCH STOLE CHRISTMAS (2000)
HANNIBAL (2001)
HEARTS IN ATLANTIS (2001)
BAD COMPANY (2002)
RED DRAGON (2002)
HUMAN STAIN, THE (2003)
ALEXANDER (2005)
PROOF (2005)
WORLD'S FASTEST INDIAN, THE (2005)
ALL THE KING'S MEN (2006)
BOBBY (2006)
FRACTURE (2007)
SLIPSTREAM (2007)

HOPPER, Dennis
acteur américain (1936-)
I DIED A THOUSAND TIMES (1955)
REBEL WITHOUT A CAUSE (1955)
GIANT (1956)
GUNFIGHT AT THE O.K. CORRAL (1957)
NIGHT TIDE (1961)
SONS OF KATIE ELDER, THE (1965)
COOL HAND LUKE (1967)
HANG'EM HIGH (1967)
TRIP, THE (1967)
EASY RIDER (1969)
TRUE GRIT (1969)
MAD DOG MORGAN (1976)
TRACKS (1976)
AMI AMÉRICAIN, L' (1977)
APOCALYPSE NOW (1979)
OUT OF THE BLUE (1980)
OSTERMAN WEEKEND, THE (1983)
RUMBLE FISH (1983)
O.C. AND STIGGS (1984)
BLUE VELVET (1986)
HOOSIERS (1986)
RIDERS OF THE STORM (1986)
RIVER'S EDGE (1986)
TEXAS CHAINSAW MASSACRE II, THE (1986)
BLACK WIDOW (1987)
PICK-UP ARTIST, THE (1987)
STRAIGHT TO HELL (1987)
BACKTRACK (1988)
CHATTAHOOCHEE (1990)
FLASHBACK (1990)
INDIAN RUNNER, THE (1990)
SUPERSTAR: THE LIFE AND TIMES OF ANDY WARHOL (1990)
EYE OF THE STORM (1991)
PARIS TROUT (1991)
NAILS (1992)
RED ROCK WEST (1992)
SUNSET HEAT (1992)
SUPER MARIO BROS. (1993)
TRUE ROMANCE (1993)
SPEED (1994)
WITCH HUNT (1994)
CARRIED AWAY (1995)
SEARCH AND DESTROY (1995)
WATERWORLD (1995)
BASQUIAT (1996)
BLACKOUT, THE (1997)
LAST DAYS OF FRANKIE THE FLY, THE (1997)
SOURCE, THE (1998)
ED TV (1999)
JESUS' SON (1999)
JASON AND THE ARGONAUTS (2000)
KNOCKAROUND GUYS (2002)
LEO (2002)
UNSPEAKABLE (2002)
ALL THE WAY (2003)
KEEPER, THE (2003)
OUT OF SEASON (2004)
HOUSE OF 9 (2005)
LAND OF THE DEAD (2005)
10th & WOLF (2006)
AMERICAN CAROL, AN (2008)
ELEGY (2008)
SLEEPWALKING (2008)
SWING VOTE (2008)

HOSKINS, Bob
acteur anglais (1942-)
THRILLER (1973)
INSERTS (1975)
PENNIES FROM HEAVEN (1978)
LONG GOOD FRIDAY, THE (1979)
PINK FLOYD - THE WALL (1982)
BEYOND THE LIMIT (1983)
COTTON CLUB, THE (1984)
MUSSOLINI AND I (1984)
BRAZIL (1985)
MONA LISA (1986)
SWEET LIBERTY (1986)
LONELY PASSION OF JUDITH HEARNE, THE (1987)
PRAYER FOR THE DYING, A (1987)
RAGGEDY RAWNEY, THE (1988)
WHO FRAMED ROGER RABBIT? (1988)
HEART CONDITION (1990)
MERMAIDS (1990)
CERCLE DES INTIMES, LE (1991)
HOOK (1991)
SHATTERED (1991)
FAVOUR, THE WATCH AND THE VERY BIG FISH, THE (1992)
PASSED AWAY (1992)
SUPER MARIO BROS. (1993)
NIXON (1995)
SECRET AGENT, THE (1995)
MICHAEL (1996)
TWENTYFOURSEVEN (1997)
CAPTAIN JACK (1999)
FELICIA'S JOURNEY (1999)
DON QUIXOTE (2000)
ENEMY AT THE GATES (2000)
LAST ORDERS (2001)
MAID IN MANHATTAN (2002)
SLEEPING DICTIONARY (2002)
BEYOND THE SEA (2004)
MRS. HENDERSON PRESENTS (2005)
STAY (2005)
UNLEASHED (2005)
HOLLYWOODLAND (2006)
PARIS, JE T'AIME (2006)
DOOMSDAY (2008)

HOSSEIN, Robert
acteur français (1927-)
CRIME ET CHÂTIMENT (1956)
MADAME SANS-GÊNE (1961)
REPOS DU GUERRIER, LE (1962)
ANGÉLIQUE, MARQUISE DES ANGES (1964)
BANCO À BANGKOK POUR OSS 117 (1964)
ANGÉLIQUE ET LE ROI (1965)
HOMME QUI TRAHIT LA MAFIA, L' (1967)
INDOMPTABLE ANGÉLIQUE (1967)
ANGÉLIQUE ET LE SULTAN (1968)
MALDONNE (1968)
FEMME ÉCARLATE, LA (1969)
LIBERTINES, LES (1969)
TEMPS DES LOUPS, LE (1969)
VOLEUR DE CRIMES, LE (1969)
CASSE, LE (1971)
PART DES LIONS, LA (1971)
HELLÉ (1972)
DON JUAN 73 (1973)
PROTECTEUR, LE (1973)
FAUX CUL, LE (1975)
UNS ET LES AUTRES, LES (1980)
PROFESSIONNEL, LE (1981)
GRAND PARDON, LE (1982)
SURPRISE PARTY (1982)
LEVY ET GOLIATH (1986)
UN HOMME ET UNE FEMME: VINGT ANS DÉJÀ (1986)
ENFANTS DU DÉSORDRE, LES (1989)
MISÉRABLES DU XXE SIÈCLE, LES (1995)
WAX MASK (1997)
SAN ANTONIO (2004)

HOUDE, Germain
acteur québécois (1952-)
BONS DÉBARRAS, LES (1979)
MOURIR À TUE-TÊTE (1979)
LUCIEN BROUILLARD (1983)
UN ZOO LA NUIT (1987)
NUIT AVEC HORTENSE, LA (1988)
FILLES DE CALEB, LES (1990)
ASSASSIN JOUAIT DU TROMBONE, L' (1991)
LOVE-MOI (1991)
VENGEANCE DE LA FEMME EN NOIR, LA (1997)
OMERTA 3: LE DERNIER DES HOMMES D'HONNEUR (1999)
SAINTS-MARTYRS-DES-DAMNÉS (2005)
SURVENANT, LE (2005)
LIGNE BRISÉE, LA (2008)

HOWARD, Arliss
acteur américain (1954-)
MEN DON'T LEAVE (1989)
CRISSCROSS (1992)
RUBY (1992)
WILDER NAPALM (1993)
MAN WHO CAPTURED EICHMANN, THE (1996)
JURASSIC PARK: THE LOST WORLD (1997)
MAP OF THE WORLD, A (1999)
BIRTH (2004)

HOWARD, Ron
acteur américain (1954-)
ANDY GRIFFITH SHOW, THE (SEASON I) (1960)
FIVE MINUTES TO LIVE (1961)
COURTSHIP OF EDDIE'S FATHER, THE (1962)
AMERICAN GRAFFITI (1973)
HAPPY DAYS (SEASON I) (1974)
EAT MY DUST! (1976)
GRAND THEFT AUTO (1977)
MORE AMERICAN GRAFFITI (1979)

HOWARD, Trevor
acteur anglais (1913-1988)
BRIEF ENCOUNTER (1946)
GREEN FOR DANGER (1946)
THEY MADE ME A FUGITIVE (1947)
PASSIONATE FRIENDS, THE (1949)
CLOUDED YELLOW, THE (1951)
AROUND THE WORLD IN 80 DAYS (1956)
KEY, THE (1958)
MUTINY ON THE BOUNTY (1962)
HEDDA GABLER (1963)
FATHER GOOSE (1964)
VON RYAN'S EXPRESS (1965)
CHARGE OF THE LIGHT BRIGADE, THE (1968)
NIGHT VISITOR, THE (1970)
MARY, QUEEN OF SCOTS (1971)
POPE JOAN (1972)
DOLL'S HOUSE (1973)
OFFENCE, THE (1973)
HURRICANE (1979)
ANNÉES LUMIÈRE, LES (1980)

HUARD, Patrick
acteur québécois (1969-)
BOYS, LES (1997)
J'EN SUIS! (1997)
BOYS II, LES (1998)
STARDOM (2000)
VIE APRÈS L'AMOUR, LA (2000)
BOYS III, LES (2001)
COMMENT MA MÈRE ACCOUCHA DE MOI DURANT SA MÉNOPAUSE (2003)
NEZ ROUGE (2003)
SUR LE SEUIL (2003)
GUERRIERS, LES (2004)
MONICA LA MITRAILLE (2004)
AU NOM DE LA LOI (2005)
MAMAN LAST CALL (2005)
BON COP BAD COP (2006)
TAXI 0-22 (SAISON 0-01) (2006)
CADAVRES (2008)
TAXI 0-22 (SAISON 0-02) (2008)

HUDSON, Kate
actrice américaine (1979-)
ABOUT ADAM (2000)
ALMOST FAMOUS (2000)
DR. T AND THE WOMEN (2000)
FOUR FEATHERS, THE (2002)
ALEX AND EMMA (2003)
DIVORCE, LE (2003)
HOW TO LOSE A GUY IN 10 DAYS (2003)
RAISING HELEN (2004)
SKELETON KEY, THE (2005)
YOU, ME AND DUPREE (2006)
MY BEST FRIEND'S GIRL (2007)
BRIDE WARS (2008)
FOOL'S GOLD (2008)

HUDSON, Rock
acteur américain (1925-1985)
TOMAHAWK (1951)
LAWLESS BREED, THE (1952)
GUN FURY (1953)
MAGNIFICENT OBSESSION (1954)
ALL THAT HEAVEN ALLOWS (1955)
GIANT (1956)
SOMETHING OF VALUE (1956)
WRITTEN ON THE WIND (1956)
BATTLE HYMN (1957)
FAREWELL TO ARMS, A (1957)
TARNISHED ANGELS, THE (1957)
PILLOW TALK (1959)
COME SEPTEMBER (1961)
LOVER COME BACK (1961)
GATHERING OF EAGLES, A (1963)
MAN'S FAVORITE SPORT? (1963)
SEND ME NO FLOWERS (1964)
STRANGE BEDFELLOWS (1964)
SECONDS (1966)
TOBRUK (1966)
ICE STATION ZEBRA (1968)
DARLING LILI (1969)
UNDEFEATED, THE (1969)
DORIS DAY SPECIAL (1971)
AVALANCHE (1978)
MIRROR CRACK'D, THE (1980)

HULCE, Tom
acteur américain (1953-)
SEPTEMBER 30, 1955 (1977)
NATIONAL LAMPOON'S ANIMAL HOUSE (1978)
AMADEUS (1984)
ECHO PARK (1985)
SLAM DANCE (1987)
DOMINICK AND EUGENE (1988)
BLACK RAINBOW (1989)
PARENTHOOD (1989)
CERCLE DES INTIMES, LE (1991)
FEARLESS (1993)
MARY SHELLEY'S FRANKENSTEIN (1994)
WINGS OF COURAGE (1995)

HUNG, Sammo
acteur chinois (1952-)
LADY WHIRLWIND (1972)
HAND OF DEATH, THE (1975)
IRON FISTED MONK (1977)
KNOCKABOUT (1979)
DEAD AND THE DEADLY, THE (1982)
ZU. WARRIORS FROM THE MAGIC MOUNTAIN (1983)
HEART OF DRAGON (1985)
MY LUCKY STARS (1985)
EASTERN CONDORS (1986)
SHANGHAI EXPRESS (1986)
PROJECT A (1987)
DRAGONS FOREVER (1988)
ISLAND OF FIRE (1990)
LEGEND OF THE DRAGON (2004)

HUNT, Bonnie
actrice américaine (1964-)
BEETHOVEN (1991)
BEETHOVEN'S 2ND (1993)
ONLY YOU (1994)
JUMANJI (1995)
JERRY MAGUIRE (1996)
SUBWAY STORIES (1997)
GREEN MILE, THE (1999)
RANDOM HEARTS (1999)
RETURN TO ME (2000)
STOLEN SUMMER (2002)
CHEAPER BY THE DOZEN (2003)
CHEAPER BY THE DOZEN 2 (2005)

HUNT, Helen
actrice américaine (1963-)
TRANCERS (1984)
GIRLS JUST WANT TO HAVE FUN (1985)
PROJECT X (1987)
NEXT OF KIN (1989)
TWISTER (1996)
AS GOOD AS IT GETS (1997)
CAST AWAY (2000)
DR. T AND THE WOMEN (2000)
PAY IT FORWARD (2000)
WHAT WOMEN WANT (2000)
CURSE OF THE JADE SCORPION, THE (2001)
GOOD WOMAN, A (2004)
EMPIRE FALLS (2005)
BOBBY (2006)
THEN SHE FOUND ME (2008)

HUNT, Linda
actrice américaine (1945-)
POPEYE (1980)
YEAR OF LIVING DANGEROUSLY, THE (1982)
BOSTONIANS, THE (1984)
DUNE (1984)
ELENI (1985)
SILVERADO (1985)
SHE-DEVIL (1989)
KINDERGARTEN COP (1990)
TURN OF THE SCREW, THE (1990)
YOUNGER AND YOUNGER (1993)
PRÊT-À-PORTER (1994)
TWENTY BUCKS (1994)
RELIC, THE (1996)
DRAGONFLY (2002)
YOURS, MINE AND OURS (2005)

HUNTER, Holly
actrice américaine (1958-)
BURNING, THE (1981)
SWING SHIFT (1984)
BROADCAST NEWS (1987)
RAISING ARIZONA (1987)
ALWAYS (1989)
MISS FIRECRACKER (1989)
ONCE AROUND (1990)
PIANO, THE (1992)
FIRM, THE (1993)
POSITIVELY TRUE ADVENTURE OF THE ALLEGED TEXAS CHEERLEADER-MURDERING MOM, THE (1993)
COPYCAT (1995)
HOME FOR THE HOLIDAYS (1995)
NEVER TALK TO STRANGERS (1995)
CRASH (1996)
LIFE LESS ORDINARY, A (1997)
LIVING OUT LOUD (1998)
JESUS' SON (1999)
O BROTHER, WHERE ART THOU? (2000)
TIME CODE (2000)
SEARCHING FOR DEBRA WINGER (2002)
LEVITY (2003)
THIRTEEN (2003)
LITTLE BLACK BOOK (2004)
BIG WHITE, THE (2005)
NINE LIVES (2005)
SAVING GRACE (SEASON 1) (2007)

HUPPERT, Isabelle
actrice française (1955-)
CÉSAR ET ROSALIE (1972)
VALSEUSES, LES (1973)
ROSEBUD (1974)
SÉRIEUX COMME LE PLAISIR (1974)
DOCTEUR FRANÇOISE GAILLAND (1975)
DENTELLIÈRE, LA (1976)
JUGE ET L'ASSASSIN, LE (1976)
VIOLETTE NOZIÈRE (1977)
LOULOU (1979)
HEAVEN'S GATE (1980)
COUP DE TORCHON (1981)
PASSION (1982)
TRUITE, LA (1982)
COUP DE FOUDRE (1983)
FEMME DE MON POTE, LA (1983)
HISTOIRE DE PIERRA, L' (1983)
GARCE, LA (1984)
SIGNÉ CHARLOTTE (1984)
BEDROOM WINDOW, THE (1987)
UNE AFFAIRE DE FEMMES (1988)
VENGEANCE D'UNE FEMME, LA (1989)
APRÈS L'AMOUR (1991)
MADAME BOVARY (1991)
AMATEUR (1994)
SÉPARATION, LA (1994)
CÉRÉMONIE, LA (1995)
LUMIÈRE ET COMPAGNIE (1995)
AFFINITÉS ÉLECTIVES, LES (1996)
PALMES DE M. SCHUTZ, LES (1996)
RIEN NE VA PLUS (1997)
ÉCOLE DE LA CHAIR, L' (1998)
COMÉDIE DE L'INNOCENCE (2000)
DESTINÉES SENTIMENTALES, LES (2000)
MERCI POUR LE CHOCOLAT (2000)
SAINT-CYR (2000)
8 FEMMES (2001)
PIANISTE, LA (2001)
VIE PROMISE, LA (2002)
TEMPS DU LOUP, LE (2003)
I HEART HUCKABEES (2004)
MA MÈRE (2004)
SŒURS FÂCHÉES, LES (2004)
GABRIELLE (2005)
IVRESSE DU POUVOIR, L' (2006)
HOME (2008)

HURT, John
acteur anglais (1940-)
MAN FOR ALL SEASONS, A (1966)
10 RILLINGTON PLACE (1971)
CRY OF THE PENGUINS (1971)
NAKED CIVIL SERVANT, THE (1976)
MIDNIGHT EXPRESS (1978)
SHOUT, THE (1978)
ALIEN (1979)
ELEPHANT MAN, THE (1980)
HEAVEN'S GATE (1980)
HISTORY OF THE WORLD, PART 1 (1981)
NIGHT CROSSING (1981)
PARTNERS (1982)
KING LEAR (TV) (1983)
OSTERMAN WEEKEND, THE (1983)
1984 (1984)
HIT, THE (1984)
SUCCESS IS THE BEST REVENGE (1984)
ROCINANTE (1986)
ARIA (1987)
FROM THE HIP (1987)
SPACEBALLS (1987)
STORYTELLER, THE - DEFINITIVE COLLECTION (1987)
VINCENT (1987)
WHITE MISCHIEF (1987)
SCANDAL (1988)
MY LEFT FOOT (1989)
WHO BOMBED BIRMINGHAM? (1989)
FIELD, THE (1990)
FRANKENSTEIN UNBOUND (1990)
KING RALPH (1991)
MONOLITH (1993)
EVEN COWGIRLS GET THE BLUES (1994)
SECOND BEST (1994)
ROB ROY (1995)
WILD BILL (1995)
BRUTE (1997)
COMMISSIONER, THE (1997)

CONTACT (1997)
LOVE AND DEATH ON LONG ISLAND (1997)
ALL THE LITTLE ANIMALS (1999)
NEW BLOOD (1999)
LOST SOULS (2000)
CAPTAIN CORELLI'S MANDOLIN (2001)
MIRANDA (2002)
OWNING MAHOWNY (2003)
HELLBOY (2004)
PROPOSITION, THE (2005)
SKELETON KEY, THE (2005)
V FOR VENDETTA (2005)
SHOOTING DOGS (2006)
INDIANA JONES AND THE KINGDOM OF THE CRYSTAL SKULL (2008)
OUTLANDER (2008)
RECOUNT (2008)

HURT, William
acteur américain (1950-)
ALTERED STATES (1980)
BODY HEAT (1981)
EYEWITNESS (1981)
BIG CHILL, THE (1983)
GORKY PARK (1983)
KISS OF THE SPIDER WOMAN (1984)
CHILDREN OF A LESSER GOD (1986)
BROADCAST NEWS (1987)
ACCIDENTAL TOURIST, THE (1988)
TIME OF DESTINY, A (1988)
ALICE (1990)
I LOVE YOU TO DEATH (1990)
DOCTOR, THE (1991)
UNTIL THE END OF THE WORLD (1991)
PESTE, LA (1992)
MR. WONDERFUL (1993)
SECOND BEST (1994)
TRIAL BY JURY (1994)
SMOKE (1995)
UN DIVAN À NEW YORK (1995)
JANE EYRE (1996)
MICHAEL (1996)
DARK CITY (1997)
LOVED (1997)
LOST IN SPACE (1998)
ONE TRUE THING (1998)
PROPOSITION, THE (1998)
4th FLOOR, THE (1999)
BIG BRASS RING, THE (1999)
SUNSHINE (1999)
CONTAMINATED MAN (2000)
FRANK HERBERT'S DUNE (2000)
VARIAN'S WAR (2000)
A.I. ARTIFICIAL INTELLIGENCE (2001)
AU PLUS PRÈS DU PARADIS (2002)
MASTER SPY: THE ROBERT HANSSEN STORY (2002)
TUCK EVERLASTING (2002)
BLUE BUTTERFLY, THE (2004)
VILLAGE, THE (2004)
HISTORY OF VIOLENCE, A (2005)
KING, THE (2005)
NEVERWAS (2005)
SYRIANA (2005)
BEAUTIFUL OHIO (2006)
GOOD SHEPHERD, THE (2006)
NIGHTMARES AND DREAMSCAPES COLLECTION (2006)
MR. BROOKS (2007)
NOISE (2007)
INCREDIBLE HULK, THE (2008)
VANTAGE POINT (2008)

HUSTON, Anjelica
actrice américaine (1951-)
HAMLET (1969)
LAST TYCOON, THE (1976)
POSTMAN ALWAYS RINGS TWICE, THE (1981)
FRANCES (1982)
THIS IS SPINAL TAP (1983)
PRIZZI'S HONOR (1985)
DEAD, THE (1987)
GARDENS OF STONE (1987)
JOHN HUSTON AND THE DUBLINERS (1987)
HANDFUL OF DUST, A (1988)
MR. NORTH (1988)
CRIMES AND MISDEMEANORS (1989)
ENEMIES, A LOVE STORY (1989)
LONESOME DOVE (1989)
WITCHES, THE (1989)
GRIFTERS, THE (1990)
ADDAMS FAMILY, THE (1991)
PLAYER, THE (1992)
ADDAMS FAMILY VALUES, THE (1993)
AND THE BAND PLAYED ON (1993)
MANHATTAN MURDER MYSTERY (1993)
CROSSING GUARD, THE (1995)
PEREZ FAMILY, THE (1995)
BUFFALO 66 (1998)
EVER AFTER: A CINDERELLA STORY (1998)
PHOENIX (1998)
AGNES BROWNE (1999)
MAN FROM ELYSIAN FIELDS, THE (2001)
ROYAL TENENBAUMS, THE (2001)
BLOOD WORK (2002)
DADDY DAY CARE (2003)
THE LIFE AQUATIC WITH STEVE ZISSOU (2004)
ART SCHOOL CONFIDENTIAL (2006)
MATERIAL GIRLS (2006)
SERAPHIM FALLS (2006)
DARJEELING LIMITED, THE (2007)
MARTIAN CHILD (2007)
CHOKE (2008)
KREUTZER SONATA, THE (2008)

HUSTON, John
acteur américain (1906-1987)
TREASURE OF THE SIERRA MADRE, THE (1948)
CARDINAL, THE (1963)
LIST OF ADRIAN MESSENGER, THE (1963)
BIBLE, THE (1966)
CASINO ROYALE (1967)
CANDY (1968)
MYRA BRECKINRIDGE (1970)
MAN IN THE WILDERNESS (1971)
BATTLE FOR THE PLANET OF THE APES (1973)
CHINATOWN (1974)
WIND AND THE LION, THE (1975)
TENTACLES (1977)
WINTER KILLS (1979)
WISE BLOOD (1979)
RETURN OF THE KING, THE (1980)
MOMO (1986)

HUTTON, Timothy
acteur américain (1960-)
TAPS (1981)
DANIEL (1983)
FALCON AND THE SNOWMAN, THE (1984)
ICEMAN (1984)
TURK 182 (1985)
MADE IN HEAVEN (1987)
EVERYBODY'S ALL-AMERICAN (1988)
TIME OF DESTINY, A (1988)
Q & A (1990)
DARK HALF, THE (1993)
TEMP, THE (1993)
BEAUTIFUL GIRLS (1996)
CITY OF INDUSTRY (1996)
SUBSTANCE OF FIRE, THE (1996)
DETERRENCE (1999)
GENERAL'S DAUGHTER, THE (1999)
SUNSHINE STATE (2002)
KINSEY (2004)
GOOD SHEPHERD, THE (2006)
KOVAK BOX (2006)
LAST HOLIDAY (2006)
OFF THE BLACK (2006)
STEPHANIE DALEY (2006)
LAST MIMZY, THE (2007)

HYDE PIERCE, David
acteur américain (1959-)
LITTLE MAN TATE (1991)
FRASIER (SEASON II) (1994)
FRASIER (SEASON III) (1995)
ISN'T SHE GREAT (1999)
ON THE EDGE (2001)
WET HOT AMERICAN SUMMER (2001)
FULL FRONTAL (2002)
DOWN WITH LOVE (2003)
AMAZING SCREW-ON HEAD, THE (2006)

ICE CUBE
acteur américain (1969-)
BOYZ'N THE HOOD (1991)
FRIDAY (1995)
ANACONDA (1997)
PLAYERS CLUB, THE (1998)
THICKER THAN WATER (1999)
THREE KINGS (1999)
GHOSTS OF MARS (2001)
BARBERSHOP (2002)
TORQUE (2004)
ARE WE THERE YET? (2005)
XXX - STATE OF THE UNION (2005)

IDLE, Eric
acteur anglais (1943-)
AND NOW FOR SOMETHING COMPLETELY DIFFERENT (1971)
MONTY PYTHON AND THE HOLY GRAIL (1975)
RUTLES, THE: ALL YOU NEED IS CASH, THE (1978)
MONTY PYTHON'S LIFE OF BRIAN (1979)
MONTY PYTHON LIVE AT THE HOLLYWOOD BOWL (1982)
MONTY PYTHON'S THE MEANING OF LIFE (1983)
YELLOWBEARD (1983)
ADVENTURES OF BARON MUNCHAU-SEN, THE (1988)
AROUND THE WORLD IN 80 DAYS (1989)
NUNS ON THE RUN (1990)
TOO MUCH SUN (1990)
SPLITTING HEIRS (1993)
CASPER (1995)
MR. TOAD'S WILD RIDE (1996)
BURN HOLLYWOOD BURN (1997)
102 DALMATIANS (2000)

IFANS, Rhys
acteur anglais (1968-)
AUGUST (1995)
DANCING AT LUGHNASA (1998)
JANICE BEARD: 45 WORDS PER MINUTE (1999)
NOTTING HILL (1999)
LITTLE NICKY (2000)
HOTEL (2001)
HUMAN NATURE (2001)
SHIPPING NEWS, THE (2001)
DANNY DECKCHAIR (2003)
ONCE UPON A TIME IN THE MIDLANDS (2003)
ENDURING LOVE (2004)
VANITY FAIR (2004)
HANNIBAL RISING (2006)
ELIZABETH: THE GOLDEN AGE (2007)
FOUR LAST SONGS (2007)

IMRIE, Celia
actrice anglaise (1952-)
ORANGES ARE NOT THE ONLY FRUIT (1990)
MIDWINTER'S TALE, A (1995)
BORROWERS, THE (1997)
HILARY AND JACKIE (1998)
GORMENGHAST (2000)
OUT OF BOUNDS (2000)
HEARTLANDS (2002)
THUNDERPANTS (2002)
CALENDAR GIRLS (2003)
BRIDGET JONES: THE EDGE OF REASON (2004)
WIMBLEDON (2004)

IRELAND, John
acteur américain (1914-1992)
MY DARLING CLEMENTINE (1946)
GANGSTER, THE (1947)
RAILROADED (1947)
RED RIVER (1948)
ALL THE KING'S MEN (1949)
I SHOT JESSE JAMES (1949)
QUEEN BEE (1955)
GUNFIGHT AT THE O.K. CORRAL (1957)
PARTY GIRL (1958)
SPARTACUS (1960)
WILD IN THE COUNTRY (1961)
55 DAYS AT PEKING (1963)
FALL OF THE ROMAN EMPIRE, THE (1963)
RUN, MAN, RUN (1968)
HOUSE OF SEVEN CORPSES, THE (1973)
FAREWELL, MY LOVELY (1975)
SWISS CONSPIRACY, THE (1975)
TOMORROW NEVER COMES (1978)
SHAPE OF THINGS TO COME (1979)
INCUBUS, THE (1982)

IRONS, Jeremy
acteur anglais (1948-)
LANGRISHE GO DOWN (1978)
FRENCH LIEUTENANT'S WOMAN, THE (1981)
MOONLIGHTING (1982)
UN AMOUR DE SWANN (1983)
WILD DUCK, THE (1983)
MISSION, THE (1986)
CHORUS OF DISAPPROVAL, A (1988)
DEAD RINGERS (1988)

AUSTRALIA (1989)
REVERSAL OF FORTUNE (1990)
KAFKA (1991)
DAMAGE (1992)
WATERLAND (1992)
HOUSE OF THE SPIRITS, THE (1993)
M. BUTTERFLY (1993)
DIE HARD WITH A VENGEANCE (1995)
STEALING BEAUTY (1996)
CHINESE BOX (1997)
LOLITA (1997)
MAN IN THE IRON MASK, THE (1998)
DUNGEONS AND DRAGONS (2000)
FOURTH ANGEL (2000)
CALLAS FOREVER (2002)
LAST CALL (2002)
TIME MACHINE, THE (2002)
AND NOW LADIES & GENTLEMEN (2003)
BEING JULIA (2004)
MERCHANT OF VENICE (2004)
CASANOVA (2005)
ELIZABETH I (2005)
KINGDOM OF HEAVEN (2005)
ERAGON (2006)
INLAND EMPIRE (2006)
APPALOOSA (2008)

IRONSIDE, Michael
acteur canadien (1950-)
SCANNERS (1980)
SUZANNE (1980)
SURFACING (1981)
VISITING HOURS (1981)
V, THE COMPLETE SERIES (1983)
V: THE MINISERIES (1983)
FALCON AND THE SNOWMAN, THE (1984)
V: THE FINAL BATTLE (1984)
TOP GUN (1986)
EXTREME PREJUDICE (1987)
TOTAL RECALL (1990)
HIGHLANDER II: THE QUICKENING (1991)
MCBAIN (1991)
GUNCRAZY (1992)
FREE WILLY (1993)
GLASS SHIELD, THE (1994)
TOKYO COWBOY (1994)
KIDS OF THE ROUND TABLE (1995)
PERFECT STORM, THE (2000)
IGNITION (2001)
DERNIER CHAPITRE II, LE: LA VENGEANCE (2002)
DERNIER CHAPITRE, LE (2002)
MACHINIST, THE (2004)
GUY X (2005)
MASTERS OF HORROR - THE V WORD (2006)

IRVING, Amy
actrice américaine (1953-)
COMPETITION, THE (1980)
MICKI + MAUDE (1984)
CROSSING DELANCEY (1988)
TURN OF THE SCREW, THE (1990)
CARRIED AWAY (1995)
I'M NOT RAPPAPORT (1996)
BOSSA NOVA (1999)
TUCK EVERLASTING (2002)

ISAACS, Jason
acteur anglais (1963-)
DRAGONHEART (1996)
ARMAGEDDON (1998)
SOLDIER (1998)
END OF THE AFFAIR, THE (1999)
PATRIOT, THE (2000)
TUXEDO, THE (2002)
PASSIONADA (2003)
PETER PAN (2003)
CHUMSCRUBBER, THE (2005)
NINE LIVES (2005)
FRIENDS WITH MONEY (2006)
HARRY POTTER AND THE ORDER OF THE PHOENIX (2007)

IVEY, Judith
actrice américaine (1951-)
LONELY GUY, THE (1984)
WOMAN IN RED, THE (1984)
COMPROMISING POSITIONS (1985)
BRIGHTON BEACH MEMOIRS (1986)
HELLO AGAIN (1987)
SISTER, SISTER (1987)
LOVE HURTS (1989)
DEVIL'S ADVOCATE (1997)

IZZARD, Eddie
acteur yéménite (1962-)
AVENGERS, THE (1998)
EDDIE IZZARD (1998)
VELVET GOLDMINE (1998)
MYSTERY MEN (1999)
SHADOW OF THE VAMPIRE (2000)
ALL THE QUEEN'S MEN (2001)
CAT'S MEOW, THE (2001)
REVENGERS TRAGEDY (2002)
5 CHILDREN & IT (2004)
RENEGADE (2004)
MY SUPER EX-GIRLFRIEND (2006)
ROMANCE AND CIGARETTES (2006)
OCEAN'S THIRTEEN (2007)
RICHES, THE (SEASON 1) (2007)

JACKMAN, Hugh
acteur australien (1968-)
X-MEN (2000)
KATE & LEOPOLD (2001)
SWORDFISH (2001)
X-MEN II (2003)
VAN HELSING (2004)
FOUNTAIN, THE (2006)
PRESTIGE, THE (2006)
SCOOP (2006)
X-MEN 3 - THE LAST STAND (2006)
DECEPTION (2007)
STORIES OF LOST SOULS (2007)
AUSTRALIA (2008)
X-MEN ORIGINS: WOLVERINE (2009)

JACKSON, Glenda
actrice anglaise (1936-)
THIS SPORTING LIFE (1963)
MARAT SADE (1966)
WOMEN IN LOVE (1969)
MUSIC LOVERS, THE (1970)
BOY FRIEND, THE (1971)
MARY, QUEEN OF SCOTS (1971)
SUNDAY, BLOODY SUNDAY (1971)
TOUCH OF CLASS, A (1973)
MAIDS, THE (1974)
ROMANTIC ENGLISHWOMAN, THE (1975)
NASTY HABITS (1976)
HOUSE CALLS (1978)
HOPSCOTCH (1980)
RETURN OF THE SOLDIER, THE (1981)
SAKHAROV (1984)
TURTLE DIARY (1985)
BEYOND THERAPY (1986)
BUSINESS AS USUAL (1987)
RAINBOW, THE (1988)
SALOME'S LAST DANCE (1988)
JOHN LE CARRE'S A MURDER OF QUALITY (1991)

JACKSON, Samuel L.,
acteur américain (1948-)
SCHOOL DAZE (1988)
DO THE RIGHT THING (1989)
SEA OF LOVE (1989)
BETSY'S WEDDING (1990)
DEF BY TEMPTATION (1990)
EXORCIST III, THE (1990)
GOODFELLAS (1990)
MO' BETTER BLUES (1990)
SHOCK TO THE SYSTEM, A (1990)
JOHNNY SUEDE (1991)
JUNGLE FEVER (1991)
STRICTLY BUSINESS (1991)
JUICE (1992)
PATRIOT GAMES (1992)
WHITE SANDS (1992)
AGAINST THE WALL (1993)
AMOS & ANDREW (1993)
JURASSIC PARK (1993)
MENACE II SOCIETY (1993)
NATIONAL LAMPOON'S LOADED WEAPON 1 (1993)
TRUE ROMANCE (1993)
FRESH (1994)
KISS OF DEATH (1994)
PULP FICTION (1994)
DIE HARD WITH A VENGEANCE (1995)
LOSING ISAIAH (1995)
GREAT WHITE HYPE, THE (1996)
LONG KISS GOODNIGHT, THE (1996)
SYDNEY (1996)
TIME TO KILL, A (1996)
187 (1997)
EVE'S BAYOU (1997)
JACKIE BROWN (1997)
NEGOTIATOR, THE (1998)
SPHERE (1998)
VIOLON ROUGE, LE (1998)
DEEP BLUE SEA (1999)
RULES OF ENGAGEMENT (2000)
SHAFT (2000)
UNBREAKABLE (2000)
CAVEMAN'S VALENTINE (2001)
FORMULA 51 (2001)
CHANGING LANES (2002)
NO GOOD DEED (2002)
STAR WARS EPISODE II: ATTACK OF THE CLONES (2002)
XXX (2002)
BASIC (2003)
S.W.A.T. (2003)
TWISTED (2003)
COACH CARTER (2004)
IN MY COUNTRY (2004)
FREEDOMLAND (2005)
MAN, THE (2005)
STAR WARS EPISODE III - REVENGE OF THE SITH (2005)
XXX - STATE OF THE UNION (2005)
HOME OF THE BRAVE (2006)
SNAKES ON A PLANE (2006)
1408 (2007)
AFRO SAMURAI (2007)
BLACK SNAKE MOAN (2007)
CLEANER (2007)
RESURRECTING THE CHAMP (2007)
JUMPER (2008)
LAKEVIEW TERRACE (2008)
SOUL MEN (2008)
SPIRIT, THE (2008)

JACOB, Catherine
actrice française (1956-)
VIE EST UN LONG FLEUVE TRANQUILLE, LA (1988)
MARIS, LES FEMMES, LES AMANTS, LES (1989)
TATIE DANIELLE (1990)
MERCI LA VIE (1991)
MON PÈRE, CE HÉROS (1991)
FILLE DE L'AIR, LA (1992)
NEUF MOIS (1993)
MY FATHER THE HERO (1994)
BONHEUR EST DANS LE PRÉ, LE (1995)
GRANDS DUCS, LES (1995)
PAR-DELÀ LES NUAGES (1995)
MESSIEURS LES ENFANTS (1996)
XXL (1997)
DIEU EST GRAND ET JE SUIS TOUTE PETITE (2001)
J'AI FAIM!!! (2001)
QUI A TUÉ BAMBI? (2003)
PREMIÈRE FOIS QUE J'AI EU 20 ANS, LA (2004)

JACOB, Irène
actrice française (1966-)
AU REVOIR LES ENFANTS (1988)
BANDE DES QUATRE, LA (1988)
DOUBLE VIE DE VÉRONIQUE, LA (1991)
TRUSTING BEATRICE (1991)
TROIS COULEURS - ROUGE (1994)
OTHELLO (1995)
PAR-DELÀ LES NUAGES (1995)
VICTORY (1995)
INCOGNITO (1997)
U.S. MARSHALS (1998)
BIG BRASS RING, THE (1999)
MY LIFE SO FAR (1999)
NOUVELLE-FRANCE (2004)
ÉDUCATION D'UNE FÉE, L' (2006)

JACOBI, Derek
acteur anglais (1938-)
OTHELLO (1965)
HUMAN FACTOR, THE (1980)
ENIGMA (1982)
HUNCHBACK OF NOTRE-DAME, THE (1982)
STORYTELLER, THE - DEFINITIVE COLLECTION (1987)
HENRY V (1989)
FOOL, THE (1990)
DEAD AGAIN (1991)
HAMLET (1996)
LOVE IS THE DEVIL (1997)
MOLOKAÏ (1999)
GLADIATOR (2000)
JASON AND THE ARGONAUTS (2000)
UP AT THE VILLA (2000)
WYVERN MYSTERY, THE (2000)
BODY, THE (2001)
NIJINSKY: THE DIARIES OF VASLAV NIJINSKY (2001)
GATHERING STORM (2002)
REVENGERS TRAGEDY (2002)
MISS MARPLE SERIES (2004) (2004)
NANNY MCPHEE (2005)
UNDERWORLD - EVOLUTION (2006)
OLD CURIOSITY SHOP, THE (2007)
RIDDLE, THE (2007)

JACQUES, Yves
acteur québécois (1956-)
YEUX ROUGES, LES (1982)
CRIME D'OVIDE PLOUFFE, LE (1984)
HOLD-UP (1985)
DÉCLIN DE L'EMPIRE AMÉRICAIN, LE (1986)
JÉSUS DE MONTRÉAL (1989)
DING ET DONG: LE FILM (1990)
MILENA (1990)
MONTRÉAL VU PAR... (1991)
LOUIS 19, LE ROI DES ONDES (1994)
CLASSE DE NEIGE, LA (1998)
CHAMBRE DES MAGICIENNES, LA (1999)
SOUVENIRS INTIMES (1999)
BETTY FISHER ET AUTRES HISTOIRES (2001)
COLLECTIONNEUR, LE (2002)
INVASIONS BARBARES, LES (2003)
ORDO (2003)
PETITE LILI, LA (2003)
AURORE (2005)
DÉSACCORD PARFAIT (2006)
UN SECRET (2007)

JAGGER, Dean
acteur américain (1903-1991)
BRIGHAM YOUNG (1940)
WESTERN UNION (1940)
SISTER KENNY (1946)
DRIFTWOOD (1948)
TWELVE O'CLOCK HIGH (1950)
RAWHIDE (1951)
ROBE, THE (1953)
BAD DAY AT BLACK ROCK (1954)
X THE UNKNOWN (1956)
BOMBERS B-52 (1957)
FORTY GUNS (1957)
CASH MC CALL (1959)
HONEYMOON MACHINE, THE (1961)
BILLY ROSE'S JUMBO (1962)
FIRECREEK (1967)
VANISHING POINT (1971)
GAME OF DEATH (1978)

JAMES, Brion
acteur américain (1945-)
SOUTHERN COMFORT (1981)
48 HOURS (1982)
BALLAD OF GREGORIO CORTEZ, THE (1982)
BLADE RUNNER (1982)
CRIMEWAVE (1985)
ENEMY MINE (1985)
FLESH + BLOOD (1985)
CHERRY 2000 (1986)
STEEL DAWN (1987)
D.O.A. (1988)
RED HEAT (1988)
ANOTHER 48 HOURS (1990)
PLAYER, THE (1992)
STRIKING DISTANCE (1993)
RADIOLAND MURDERS (1994)
DEAD MAN WALKING (1995)
FIFTH ELEMENT, THE (1997)

JANE, Thomas
acteur américain (1969-)
BOOGIE NIGHTS (1997)
THURSDAY (1998)
DEEP BLUE SEA (1999)
JUNKED (1999)
MOLLY (1999)
UNDER SUSPICION (1999)
61 (2001)
ORIGINAL SIN (2001)
SWEETEST THING, THE (2002)
DREAMCATCHER (2003)
STANDER (2003)
PUNISHER, THE (2004)
TRIPPER, THE (2006)
MIST, THE (2007)
KILLSHOT (2008)

JANNEY, Allison
actrice américaine (1960-)
JULIAN PO (1997)
PICCADILLY JIM (2004)
WINTER SOLSTICE (2004)
CHUMSCRUBBER, THE (2005)
OUR VERY OWN (2005)
STRANGERS WITH CANDY (2005)
HAIRSPRAY (2007)
JUNO (2007)
AWAY WE GO (2009)

JANSSEN, Famke
actrice néerlandais (1964-)
GOLDENEYE (1995)
LORD OF ILLUSIONS (1995)
CITY OF INDUSTRY (1996)
GINGERBREAD MAN, THE (1997)
MONUMENT AVE. (1997)
CELEBRITY (1998)
DEEP RISING (1998)
ROUNDERS (1998)
HOUSE ON HAUNTED HILL (1999)
X-MEN (2000)
DON'T SAY A WORD (2001)
MADE (2001)
I SPY (2002)
X-MEN II (2003)
HIDE AND SEEK (2005)
TREATMENT, THE (2006)
X-MEN X3 - THE LAST STAND (2006)
TEN, THE (2007)
TURN THE RIVER (2007)
WACKNESS, THE (2008)
TAKEN (2009)

JAOUI, Agnès
actrice française (1964-)
UN AIR DE FAMILLE (1996)
COUSIN, LE (1997)
DÉMÉNAGEMENT, LE (1997)
ON CONNAÎT LA CHANSON (1997)
UNE FEMME D'EXTÉRIEUR (1999)
GOÛT DES AUTRES, LE (2000)
24 HEURES DE LA VIE D'UNE FEMME (2002)
COMME UNE IMAGE (2004)
RÔLE DE SA VIE, LE (2004)
PARLEZ-MOI DE LA PLUIE (2008)

JASON LEIGH, Jennifer
actrice américaine (1958-)
EYES OF A STRANGER (1981)
FAST TIMES AT RIDGEMONT HIGH (1982)
FLESH + BLOOD (1985)
HITCHER, THE (1986)
MEN'S CLUB, THE (1986)
SISTER, SISTER (1987)
BIG PICTURE, THE (1988)
LAST EXIT TO BROOKLYN (1989)
MIAMI BLUES (1989)
BURIED ALIVE (1990)
CROOKED HEARTS (1990)
BACKDRAFT (1991)
RUSH (1991)
SINGLE WHITE FEMALE (1992)
SHORT CUTS (1993)
HUDSUCKER PROXY, THE (1994)
MRS. PARKER AND THE VICIOUS CIRCLE (1994)
DOLORES CLAIBORNE (1995)
GEORGIA (1995)
BASTARD OUT OF CAROLINA (1996)
KANSAS CITY (1996)
THOUSAND ACRES, A (1997)
WASHINGTON SQUARE (1997)
EXISTENZ (1999)
ANNIVERSARY PARTY, THE (2001)
QUICKIE, THE (2001)
ROAD TO PERDITION (2002)
IN THE CUT (2003)
CHILDSTAR (2004)
MACHINIST, THE (2004)
PALINDROMES (2004)
JACKET, THE (2005)
MARGOT AT THE WEDDING (2007)

JENKINS, Richard
acteur américain (1953-)
DESCENDING ANGEL (1990)
QUEEN (1993)
UN DIVAN À NEW YORK (1995)
EDDIE (1996)
MOD SQUAD, THE (1999)
OUTSIDE PROVIDENCE (1999)
RANDOM HEARTS (1999)
SNOW FALLING ON CEDARS (1999)
ME, MYSELF & IRENE (2000)
SIX FEET UNDER (SEASON II) (2002)
INTOLERABLE CRUELTY (2003)
FUN WITH DICK AND JANE (2005)
NORTH COUNTRY (2005)
RUMOUR HAS IT ... (2005)
VISITOR, THE (2007)
BROKEN, THE (2008)
BURN AFTER READING (2008)
STEP BROTHERS (2008)

JETER, Michael
acteur américain (1952-2003)
GYPSY (1993)
AIR BUD (1997)
MOUSE HUNT (1997)
PATCH ADAMS (1998)
THURSDAY (1998)
GREEN MILE, THE (1999)
JAKOB THE LIAR (1999)
GIFT, THE (2000)
WELCOME TO COLLINWOOD (2002)
OPEN RANGE (2003)

JOBERT, Marlène
actrice française (1943-)
MASCULIN, FÉMININ (1966)
ALEXANDRE LE BIENHEUREUX (1967)
FAUT PAS PRENDRE LES ENFANTS DU BON DIEU POUR DES CANARDS SAUVAGES (1968)
DERNIER DOMICILE CONNU (1970)
DOIGTS CROISÉS, LES (1970)
DÉCADE PRODIGIEUSE, LA (1971)
MARIÉS DE L'AN DEUX, LES (1971)
JULIETTE ET JULIETTE (1973)
PAS SI MÉCHANT QUE ÇA (1974)
BON ET LES MÉCHANTS, LE (1975)
FOLLE À TUER (1975)
VA VOIR MAMAN, PAPA TRAVAILLE (1977)
JOUET DANGEREUX, UN (1978)
GUERRE DES POLICES, LA (1979)
UNE SALE AFFAIRE (1980)
AMOUR NU, L' (1981)
CIGOGNES N'EN FONT QU'À LEUR TÊTE, LES (1988)

JOHANSSON, Scarlett
actrice américaine (1984-)
MANNY & LO (1996)
HOME ALONE 3 (1997)
HORSE WHISPERER, THE (1998)
EIGHT LEGGED FREAKS (2001)
GHOST WORLD (2001)
GIRL WITH A PEARL EARRING (2003)
LOST IN TRANSLATION (2003)
GOOD WOMAN, A (2004)
IN GOOD COMPANY (2004)
LOVE SONG FOR BOBBY LONG, THE (2004)
PERFECT SCORE, THE (2004)
ISLAND, THE (2005)
MATCH POINT (2005)
BLACK DAHLIA, THE (2006)
PRESTIGE, THE (2006)
SCOOP (2006)
NANNY DIARIES (2007)
HE'S JUST NOT THAT INTO YOU! (2008)
OTHER BOLEYN GIRL, THE (2008)
SPIRIT, THE (2008)
VICKY CRISTINA BARCELONA (2008)

JOHNSON, Ben
acteur américain (1918-1996)
3 GODFATHERS (1949)
MIGHTY JOE YOUNG (1949)
SHE WORE A YELLOW RIBBON (1949)
RIO GRANDE (1950)
WAGON MASTER (1950)
SHANE (1953)
SIMBA (1955)
ONE-EYED JACKS (1961)
CHEYENNE AUTUMN (1964)
MAJOR DUNDEE (1964)
RARE BREED, THE (1966)
HANG'EM HIGH (1967)
WILL PENNY (1967)
WILD BUNCH, THE (1969)
CHISUM (1970)
LAST PICTURE SHOW, THE (1971)
GETAWAY, THE (1972)
JUNIOR BONNER (1972)
TRAIN ROBBERS, THE (1973)
SUGARLAND EXPRESS, THE (1974)
BREAKHEART PASS (1975)
HUSTLE (1975)
TOWN THAT DREADED SUNDOWN, THE (1977)
TERROR TRAIN (1979)
HUNTER, THE (1980)
SHADOW RIDERS (1982)
TEX (1982)
CHERRY 2000 (1986)
RADIO FLYER (1992)

JOHNSON, Van
acteur américain (1916-)
HUMAN COMEDY, THE (1943)
WHITE CLIFFS OF DOVER, THE (1943)
THIRTY SECONDS OVER TOKYO (1944)
WEEKEND AT THE WALDORF (1945)
EASY TO WED (1946)
TILL THE CLOUDS ROLL BY (1947)
BATTLEGROUND (1948)
BIG HANGOVER, THE (1950)
DUCHESS OF IDAHO (1950)
GO FOR BROKE! (1950)

IN THE GOOD OLD SUMMERTIME (1950)
BRIGADOON (1953)
EASY TO LOVE (1954)
END OF THE AFFAIR, THE (1954)
MEN OF THE FIGHTING LADY (1954)
MIRACLE IN THE RAIN (1955)
YOURS, MINE AND OURS (1968)

JOLIE, Angelina
actrice américaine (1975-)
LOOKIN' TO GET OUT (1982)
HACKERS (1995)
GEORGE WALLACE (1997)
GIA (1997)
PLAYING BY HEART (1998)
BONE COLLECTOR, THE (1999)
GIRL, INTERRUPTED (1999)
PUSHING TIN (1999)
GONE IN SIXTY SECONDS (2000)
LARA CROFT - TOMB RAIDER (2001)
ORIGINAL SIN (2001)
LIFE OR SOMETHING LIKE IT (2002)
BEYOND BORDERS (2003)
LARA CROFT - TOMB RAIDER: THE CRADLE OF LIFE (2003)
FEVER, THE (2004)
SKY CAPTAIN AND THE WORLD OF TOMORROW (2004)
TAKING LIVES (2004)
ALEXANDER (2005)
MR. AND MRS. SMITH (2005)
GOOD SHEPHERD, THE (2006)
MIGHTY HEART, A (2007)
CHANGELING, THE (2008)
WANTED (2008)
JONES, James Earl
acteur,américain,(1931-)
DR. STRANGELOVE (1963)
COMEDIANS, THE (1967)
GREAT WHITE HOPE, THE (1970)
KING LEAR (1974)
SWASHBUCKLER (1976)
EXORCIST II: THE HERETIC (1977)
LAST REMAKE OF BEAU GESTE, THE (1977)
BUSHIDO BLADE, THE (1978)
PAUL ROBESON (1979)
CONAN THE BARBARIAN (1981)
ALLAN QUATERMAIN AND THE LOST CITY OF GOLD (1986)
GARDENS OF STONE (1987)
MATEWAN (1987)
FIELD OF DREAMS (1989)
THREE FUGITIVES (1989)
BY DAWN'S EARLY LIGHT (1990)
GRIM PRAIRIE TALES (1990)
SCORCHERS (1991)
PATRIOT GAMES (1992)
SNEAKERS (1992)
METEOR MAN (1993)
SANDLOT, THE (1993)
SOMMERSBY (1993)
CLEAN SLATE (1994)
CLEAR AND PRESENT DANGER (1994)
CRY, THE BELOVED COUNTRY (1995)
JEFFERSON IN PARIS (1995)
FAMILY THING, A (1996)

JONES, Jeffrey
acteur américain (1947-)
AMADEUS (1984)
TRANSYLVANIA 6-5000 (1985)
FERRIS BUELLER'S DAY OFF (1986)
HOWARD THE DUCK (1986)
HANOI HILTON (1987)
BEETLEJUICE (1988)
WITHOUT A CLUE (1988)
VALMONT (1989)
WHO'S HARRY CRUMB? (1989)
ANGEL SQUARE (1990)
HUNT FOR RED OCTOBER (1990)
MOM AND DAD SAVE THE WORLD (1992)
STAY TUNED (1992)
ED WOOD (1994)
HOUSEGUEST (1994)
CRUCIBLE, THE (1996)
DEVIL'S ADVOCATE (1997)
RAVENOUS (1999)
SLEEPY HOLLOW (1999)
STUART LITTLE (1999)

JONES, Orlando
acteur américain (1968-)
LIBERTY HEIGHTS (1999)
MAGNOLIA (1999)
BEDAZZLED (2000)
REPLACEMENTS, THE (2000)
EVOLUTION (2001)
SAY IT ISN'T SO (2001)
DRUMLINE (2002)
TIME MACHINE, THE (2002)

JONES, Tommy Lee
acteur américain (1946-)
LOVE STORY (1970)
AMAZING HOWARD HUGHES, THE (1977)
ROLLING THUNDER (1977)
BETSY, THE (1978)
EYES OF LAURA MARS, THE (1978)
COAL MINER'S DAUGHTER (1980)
EXECUTIONER'S SONG, THE (1982)
CAT ON A HOT TIN ROOF (1984)
RIVER RAT, THE (1984)
BLACK MOON RISING (1986)
BIG TOWN, THE (1987)
GOTHAM (1988)
STORMY MONDAY (1988)
LONESOME DOVE (1989)
PACKAGE, THE (1989)
FIRE BIRDS (1990)
BLUE SKY (1991)
JFK (1991)
UNDER SIEGE (1992)
FUGITIVE, THE (1993)
HEAVEN AND EARTH (1993)
HOUSE OF CARDS (1993)
BLOWN AWAY (1994)
CLIENT, THE (1994)
COBB (1994)
NATURAL BORN KILLERS (1994)
BATMAN FOREVER (1995)
MEN IN BLACK (1997)
VOLCANO (1997)
U.S. MARSHALS (1998)
DOUBLE JEOPARDY (1999)
RULES OF ENGAGEMENT (2000)
SPACE COWBOYS (2000)
MEN IN BLACK II (2002)
HUNTED, THE (2003)
MISSING, THE (2003)
MAN OF THE HOUSE (2005)
THREE BURIALS OF MELQUIADES ESTRADA, THE (2005)
PRAIRIE HOME COMPANION, A (2006)
IN THE VALLEY OF ELAH (2007)
NO COUNTRY FOR OLD MEN (2007)
IN THE ELECTRIC MIST (2009)

JONES, Vinnie
acteur britannique (1965-)
LOCK, STOCK & TWO SMOKING BARRELS (1998)
SNATCH (2000)
MEAN MACHINE (2001)
SWORDFISH (2001)
NIGHT AT THE GOLDEN EAGLE (2002)
BIG BOUNCE, THE (2004)
CONDEMNED, THE (2007)
RIDDLE, THE (2007)
HELL RIDE (2008)
MIDNIGHT MEAT TRAIN (2008)

JOSEPHSON, Erland
acteur suédois (1923-)
BRINK OF LIFE (1957)
HEURE DU LOUP, L' (1967)
SCÈNES DE LA VIE CONJUGALE (1973)
SCENES FROM A MARRIAGE (1973)
AUTUMN SONATA (1978)
MELODY HAUNTS MY REVERIE (1981)
MONTENEGRO (1981)
NOSTALGHIA (1983)
APRÈS LA RÉPÉTITION (1984)
HANUSSEN (1988)
MEETING VENUS (1991)
SOFIE (1992)
KRISTIN LAVRANSDATTER (1995)
REGARD D'ULYSSE, LE (1995)
FAITHLESS (2000)
SARABAND (2003)

JOURDAN, Louis
acteur français (1919-)
PARADINE CASE, THE (1947)
LETTER FROM AN UNKNOWN WOMAN (1948)
NO MINOR VICES (1948)
MADAME BOVARY (1949)
THREE COINS IN THE FOUNTAIN (1954)
SWAN, THE (1955)
MARIÉE EST TROP BELLE, LA (1956)
GIGI (1958)
BEST OF EVERYTHING, THE (1959)
CAN-CAN (1960)
V.I.P.'S, THE (1963)
COUNT OF MONTE CRISTO, THE (1976)
COUNT DRACULA (1977)
PLUS ÇA VA, MOINS ÇA VA (1977)
SWAMP THING (1981)
OCTOPUSSY (1983)
RETURN OF THE SWAMP THING (1989)

JOVOVICH, Milla
actrice ukrainienne (1975-)
RETURN TO THE BLUE LAGOON, THE (1991)
FIFTH ELEMENT, THE (1997)
HE GOT GAME (1998)
MESSENGER, THE: THE STORY OF JOAN OF ARC (1999)
CLAIM, THE (2000)
MILLION DOLLAR HOTEL (2000)
ZOOLANDER (2001)
DUMMY (2002)
NO GOOD DEED (2002)
RESIDENT EVIL (2002)
RESIDENT EVIL: APOCALYPSE (2004)
.45 (2006)
ULTRAVIOLET (2006)
RESIDENT EVIL: EXTINCTION (2007)

JOY, Robert
acteur québécois (1951-)
ATLANTIC CITY (1980)
AMITYVILLE 3-D (1983)
SWORD OF GIDEON (1986)
MILLENNIUM (1989)
DARK HALF, THE (1993)
HARRIET THE SPY (1996)
FALLEN (1997)
LAND OF THE DEAD (2005)
WHOLE NEW THING (2005)
DOWN TO THE DIRT (2008)

JUDD, Ashley
actrice américaine (1968-)
RUBY IN PARADISE (1992)
HEAT (1995)
NORMAL LIFE (1995)
PASSION OF DARKLY NOON, THE (1995)
NORMA JEAN AND MARILYN (1996)
KISS THE GIRLS (1997)
SIMON BIRCH (1998)
DOUBLE JEOPARDY (1999)
EYE OF THE BEHOLDER (1999)
WHERE THE HEART IS (2000)
DIVINE SECRETS OF THE YA-YA SISTERHOOD (2002)
HIGH CRIMES (2002)
TWISTED (2003)
DE-LOVELY (2004)
BUG (2006)
COME EARLY MORNING (2006)
CROSSING OVER (2009)

JUGNOT, Gérard
acteur français (1951-)
SALUT L'ARTISTE! (1973)
VALSEUSES, LES (1973)
JOUET, LE (1976)
JUGE ET L'ASSASSIN, LE (1976)
LOCATAIRE, LE (1976)
MONSIEUR KLEIN (1976)
DES ENFANTS GÂTÉS (1977)
BRONZÉS, LES (1978)
BRONZÉS FONT DU SKI, LES (1979)
CHARLOTS CONTRE DRACULA, LES (1980)
POURQUOI PAS NOUS? (1981)
PÈRE NOËL EST UNE ORDURE, LE (1982)
POUR 100 BRIQUES, T'AS PLUS RIEN (1982)
QUART D'HEURE AMÉRICAIN, LE (1982)
PAPY FAIT DE LA RÉSISTANCE (1983)
GARDE DU CORPS, LE (1984)
ROIS DU GAG, LES (1984)
SCOUT TOUJOURS... (1985)
TRANCHES DE VIE (1985)
NUIT D'IVRESSE (1986)
CIGOGNES N'EN FONT QU'À LEUR TÊTE, LES (1988)
CLÉS DU PARADIS, LES (1991)
UNE ÉPOQUE FORMIDABLE (1991)
FAUSSAIRES, LES (1994)
FANTÔME AVEC CHAUFFEUR (1996)
MARTHE (1997)
MEILLEUR ESPOIR FÉMININ (2000)
MONSIEUR BATIGNOLE (2001)
OUI MAIS ... (2001)
CHORISTES, LES (2004)
BOUDU (2005)
BRONZÉS 3, LES (2005)

IL NE FAUT JURER DE RIEN! (2005)
AUBERGE ROUGE, L' (2007)
ÎLE AUX TRÉSORS, L' (2007)
FAUBOURG 36 (2008)

JULIA, Raul
acteur portoricain (1940-1994)
KING LEAR (1974)
EYES OF LAURA MARS, THE (1978)
ESCAPE ARTIST, THE (1982)
ONE FROM THE HEART (1982)
TEMPEST (1982)
KISS OF THE SPIDER WOMAN (1984)
COMPROMISING POSITIONS (1985)
MORNING AFTER, THE (1986)
MOON OVER PARADOR (1988)
TEQUILA SUNRISE (1988)
ROMERO (1989)
FRANKENSTEIN UNBOUND (1990)
HAVANA (1990)
PRESUMED INNOCENT (1990)
ROOKIE, THE (1990)
ADDAMS FAMILY, THE (1991)
PESTE, LA (1992)
ADDAMS FAMILY VALUES, THE (1993)
BURNING SEASON, THE (1994)
STREET FIGHTER (1994)

JÜRGENS, Curd
acteur allemand (1912-1982)
ET DIEU CRÉA LA FEMME (1956)
BITTER VICTORY (1957)
ENEMY BELOW, THE (1957)
INN OF THE SIXTH HAPPINESS, THE (1958)
ME AND THE COLONEL (1958)
KATIA (1959)
DON JUANS DE LA CÔTE D'AZUR, LES (1962)
LONGEST DAY, THE (1962)
LORD JIM (1964)
OPÉRA DE QUAT'SOUS, L' (1964)
DUEL À LA VODKA (1966)
JARDINIER D'ARGENTEUIL, LE (1966)
PAS DE ROSES POUR OSS 117 (1967)
ASSASSINATION BUREAU, THE (1968)
BATTLE OF BRITAIN (1969)
MEPHISTO WALTZ, THE (1971)
NICHOLAS AND ALEXANDRA (1971)
CAGLIOSTRO (1974)
FOLIES BOURGEOISES (1976)
SPY WHO LOVED ME, THE (1977)
TEHERAN 43 (1981)

KANE, Carol
actrice américaine (1952-)
DESPERATE CHARACTERS (1970)
CARNAL KNOWLEDGE (1971)
WEDDING IN WHITE (1972)
LAST DETAIL, THE (1973)
DOG DAY AFTERNOON (1975)
HESTER STREET (1975)
ANNIE HALL (1977)
VALENTINO (1977)
WORLD'S GREATEST LOVER (1977)
MUPPET MOVIE, THE (1979)
WHEN A STRANGER CALLS (1979)
SECRET DIARY OF SIGMUND FREUD, THE (1984)
TRANSYLVANIA 6-5000 (1985)
ISHTAR (1987)
SCROOGED (1988)
FLASHBACK (1990)
ADDAMS FAMILY VALUES, THE (1993)
WHEN A STRANGER CALLS BACK (1993)
PALLBEARER, THE (1996)
LOVE IN THE TIME OF MONEY (2002)
CONFESSIONS OF A TEENAGE DRAMA QUEEN (2004)

KAPRISKY, Valérie
actrice française (1963-)
HOMMES PRÉFÈRENT LES GROSSES, LES (1981)
APHRODITE (1982)
LÉGITIME VIOLENCE (1982)
BREATHLESS (1983)
ANNÉE DES MÉDUSES, L' (1984)
FEMME PUBLIQUE, LA (1984)
GITANE, LA (1985)
MON AMI LE TRAÎTRE (1988)
MILENA (1990)
MOUVEMENTS DU DÉSIR (1993)
DIS-MOI OUI (1994)
MON PETIT DOIGT M'A DIT (2005)

KARLOFF, Boris
acteur anglais (1887-1969)
LAST OF THE MOHICANS, THE (1920)
BELLS, THE (1926)
CRIMINAL CODE, THE (1931)
FRANKENSTEIN (1931)
TONIGHT OR NEVER (1931)
MASK OF FU MANCHU, THE (1932)
MUMMY, THE (1932)
OLD DARK HOUSE, THE (1932)
GHOUL, THE (1933)
BLACK CAT, THE (1934)
LOST PATROL, THE (1934)
BLACK ROOM, THE (1935)
BRIDE OF FRANKENSTEIN, THE (1935)
RAVEN, THE (1935)
INVISIBLE RAY, THE (1936)
MAN WHO CHANGED HIS MIND, THE (1936)
MR. WONG DETECTIVE (1938)
MR. WONG DETECTIVE/FATAL HOUR (1938)
SON OF FRANKENSTEIN (1938)
MAN THEY COULD NOT HANG, THE (1939)
TOWER OF LONDON (1939)
BEFORE I HANG (1940)
BLACK FRIDAY (1940)
FATAL HOUR (1940)
MAN WITH NINE LIVES, THE (1940)
DEVIL COMMANDS, THE (1941)
CLIMAX, THE (1944)
HOUSE OF FRANKENSTEIN (1944)
BODY SNATCHER, THE (1945)
ISLE OF THE DEAD (1945)
BEDLAM (1946)
DICK TRACY MEETS GRUESOME (1947)
LURED (1947)
SECRET LIFE OF WALTER MITTY, THE (1947)
UNCONQUERED (1947)
ABBOTT & COSTELLO MEET THE KILLER BORIS KARLOFF (1949)
STRANGE DOOR, THE (1951)
BLACK CASTLE, THE (1952)
ABBOTT & COSTELLO MEET DR. JEKYLL AND MR. HYDE (1953)
CORRIDORS OF BLOOD (1958)
FRANKENSTEIN 1970 (1958)
HAUNTED STRANGLER, THE (1958)
COMEDY OF TERRORS, THE (1963)
RAVEN, THE (1963)
TERROR, THE (1963)
TROIS VISAGES DE LA PEUR, LES (1963)
BIKINI BEACH (1964)
DIE MONSTER, DIE! (1965)
CAULDRON OF BLOOD (1967)
CULT OF THE DEAD (1968)
DESTINATION NIGHTMARE (1968)
INCREDIBLE INVASION, THE (1968)
TARGETS (1968)
TORTURE ZONE (1968)
DANCE OF DEATH (1971)

KARYO, Tcheky
acteur turc (1953-)
BALANCE, LA (1982)
RETOUR DE MARTIN GUERRE, LE (1982)
TOUTE UNE NUIT (1982)
BAD BOYS (1983)
JAVA DES OMBRES, LA (1983)
MARGINAL, LE (1983)
NUITS DE LA PLEINE LUNE, LES (1984)
AMOUR BRAQUE, L' (1985)
ÉTATS D'ÂME (1985)
BLEU COMME L'ENFER (1986)
MOINE ET LA SORCIÈRE, LE (1986)
AUSTRALIA (1989)
BEAR, THE (1989)
NIKITA (1990)
HUSBANDS AND LOVERS (1991)
1492: CONQUEST OF PARADISE (1992)
AND THE BAND PLAYED ON (1993)
ANGE NOIR, L' (1994)
NOSTRADAMUS (1994)
BAD BOYS (1995)
GOLDENEYE (1995)
OPERATION DUMBO DROP (1995)
1000 MERVEILLES DE L'UNIVERS, LES (1996)
FOREIGN LAND (1996)
DOBERMANN (1997)
GENTLE INTO THE NIGHT (1997)
BABEL (1998)
QUE LA LUMIÈRE SOIT (1998)
COMME UN POISSON HORS DE L'EAU (1999)
MESSENGER, THE: THE STORY OF JOAN OF ARC (1999)
MY LIFE SO FAR (1999)
SAVING GRACE (1999)
PATRIOT, THE (2000)
ROI DANSE, LE (2000)
GOOD THIEF, THE (2002)
RENEGADE (2004)
TAKING LIVES (2004)
UN LONG DIMANCHE DE FIANÇAILLES (2004)
ROIS MAUDITS, LES (2005)
GRAVEDANCERS (2006)
JACQUOU LE CROQUANT (2006)

KASSOVITZ, Mathieu
acteur français (1968-)
CAFÉ AU LAIT (1993)
REGARDE LES HOMMES TOMBER (1994)
HAINE, LA (1995)
ASSASSIN(S) (1996)
MON HOMME (1996)
UN HÉROS TRÈS DISCRET (1996)
FIFTH ELEMENT, THE (1997)
FABULEUX DESTIN D'AMÉLIE POULAIN, LE (2000)
AMEN. (2001)
BIRTHDAY GIRL (2001)
MUNICH (2005)

KATSU, Shintaro
acteur japonais (1931-1997)
LOYAL 47 RONIN, THE (1958)
ZATOICHI XII: ZATOICHI AND THE CHESS EXPERT (1965)
ZATOICHI XIII: ZATOICHI'S VENGEANCE (1966)
ZATOICHI XV: ZATOICHI'S CANE SWORD (1967)
ZATOICHI XVII: ZATOICHI CHALLENGED (1967)
ZATOICHI XIX: SAMARITAN ZATOICHI (1968)
ZATOICHI XVIII: ZATOICHI AND THE FUGITIVES (1968)
INCIDENT AT BLOOD PASS (1970)
ZATOICHI XX: ZATOICHI MEETS YOJIMBO (1970)
ZATOICHI XXII: ZATOICHI MEETS THE ONE-ARMED SWORDSMAN (1970)
ZATOICHI XXIII: ZATOICHI AT LARGE (1972)
ZATOICHI XXIV: ZATOICHI IN DESPERATION (1972)
HANZO THE RAZOR (1973)
ZATOICHI: TV SERIES (1974)
RONIN GAI (1990)

KATT, Nicky
actrice américaine (1970-)
SUBURBIA (1996)
ONE TRUE THING (1998)
BOILER ROOM, THE (2000)
RULES OF ENGAGEMENT (2000)
WAY OF THE GUN, THE (2000)
FULL FRONTAL (2002)
INSOMNIA (2002)
SPEAKEASY (2002)
SECONDHAND LIONS (2003)
RIDING THE BULLET (2004)
SNOW ANGELS (2006)
BRAVE ONE, THE (2007)

KEACH, Stacy
acteur américain (1941-)
END OF THE ROAD (1970)
TRAVELLING EXECUTIONER, THE (1970)
DOC (1971)
FAT CITY (1971)
LIFE AND TIMES OF JUDGE ROY BEAN (1972)
NEW CENTURIONS, THE (1972)
LUTHER (1973)
JESUS OF NAZARETH (1976)
SQUEEZE, THE (1977)
GRAY LADY DOWN (1978)
MONTAGNE DU DIEU CANNIBALE, LA (1978)
UP IN SMOKE (1978)
NINTH CONFIGURATION, THE (1979)
ROAD GAMES (1979)
LONG RIDERS, THE (1980)
BUTTERFLY (1981)
CHEECH AND CHONG'S NICE DREAMS (1981)
BLUE AND THE GRAY, THE (1982)
THAT CHAMPIONSHIP SEASON (1982)
MILENA (1990)
BODY BAGS (1993)

ESCAPE FROM L.A. (1996)
AMERICAN HISTORY X (1998)
MAN WITH THE SCREAMING BRAIN, THE (2004)
COME EARLY MORNING (2006)
W. (2008)

KEATON, Buster
acteur américain (1895-1966)
SAPHEAD, THE (1921)
THREE AGES, THE (1923)
NAVIGATOR, THE (1924)
SHERLOCK JR. (1924)
GO WEST (1925)
SEVEN CHANCES (1925)
BATTLING BUTLER (1926)
GENERAL, THE (1926)
COLLEGE (1927)
CAMERAMAN, THE (1928)
STEAMBOAT BILL JR. (1928)
SPITE MARRIAGE (1929)
DOUGHBOYS (1930)
FREE AND EASY (1930)
SIDEWALKS OF NEW YORK (1931)
SPEAK EASILY (1932)
WHAT! NO BEER? (1933)
PALEFACE, THE (1948)
IN THE GOOD OLD SUMMERTIME (1950)
SUNSET BOULEVARD (1950)
LIMELIGHT (1952)
ADVENTURES OF HUCKLEBERRY FINN, THE (1960)
IT'S A MAD, MAD, MAD, MAD WORLD (1963)
BUSTER KEATON RIDES AGAIN (1965)
FUNNY THING HAPPENED ON THE WAY TO THE FORUM, A (1966)
NEIGHBORS (1981)

KEATON, Diane
actrice américaine (1946-)
GODFATHER, THE (1972)
PLAY IT AGAIN, SAM (1972)
SLEEPER (1973)
GODFATHER II, THE (1974)
LOVE AND DEATH (1975)
ANNIE HALL (1977)
LOOKING FOR MR. GOODBAR (1977)
INTERIORS (1978)
MANHATTAN (1979)
REDS (1981)
SHOOT THE MOON (1981)
LITTLE DRUMMER GIRL, THE (1984)
MRS. SOFFEL (1984)
CRIMES OF THE HEART (1986)
BABY BOOM (1987)
RADIO DAYS (1987)
GOOD MOTHER, THE (1988)
GODFATHER III, THE (1990)
FATHER OF THE BRIDE (1991)
MANHATTAN MURDER MYSTERY (1993)
AMELIA EARHART, THE FINAL FLIGHT (1994)
FATHER OF THE BRIDE 2 (1995)
FIRST WIVES CLUB, THE (1996)
MARVIN'S ROOM (1996)
OTHER SISTER, THE (1999)
HANGING UP (2000)
TOWN AND COUNTRY (2001)
SOMETHING'S GOTTA GIVE (2003)
FAMILY STONE (2005)
BECAUSE I SAID SO (2007)
MAD MONEY (2008)
MAMA'S BOY (2008)

KEATON, Michael
acteur américain (1951-)
NIGHT SHIFT (1982)
MR. MOM (1983)
JOHNNY DANGEROUSLY (1984)
GUNG HO (1986)
BEETLEJUICE (1988)
CLEAN AND SOBER (1988)
BATMAN (1989)
DREAM TEAM, THE (1989)
PACIFIC HEIGHTS (1990)
ONE GOOD COP (1991)
BATMAN RETURNS (1992)
MUCH ADO ABOUT NOTHING (1993)
MY LIFE (1993)
PAPER, THE (1994)
SPEECHLESS (1994)
MULTIPLICITY (1996)
JACKIE BROWN (1997)
DESPERATE MEASURES (1998)
JACK FROST (1998)
QUICKSAND (2001)
LIVE FROM BAGHDAD (2002)
FIRST DAUGHTER (2004)
WHITE NOISE (2004)
GAME 6 (2005)
HERBIE: FULLY LOADED (2005)
COMPANY, THE (2007)

KEENER, Catherine
actrice américaine (1961-)
SURVIVAL QUEST (1986)
LIVING IN OBLIVION (1994)
WALKING AND TALKING (1995)
BOX OF MOONLIGHT (1996)
REAL BLONDE, THE (1997)
YOUR FRIENDS & NEIGHBORS (1998)
BEING JOHN MALKOVICH (1999)
SIMPATICO (1999)
LOVELY AND AMAZING (2001)
SIMONE (2001)
DEATH TO SMOOCHY (2002)
FULL FRONTAL (2002)
40 YEAR OLD VIRGIN (2005)
BALLAD OF JACK AND ROSE, THE (2005)
CAPOTE (2005)
INTERPRETER, THE (2005)
FRIENDS WITH MONEY (2006)
AMERICAN CRIME, AN (2007)
INTO THE WILD (2007)
HAMLET 2 (2008)
SYNECDOCHE, NEW YORK (2008)
WHAT JUST HAPPENED? (2008)
SOLOIST, THE (2009)

KEITEL, Harvey
acteur américain (1941-)
WHO'S THAT KNOCKING AT MY DOOR? (1968)
MEAN STREETS (1973)
ALICE DOESN'T LIVE HERE ANYMORE (1974)
MOTHER, JUGS & SPEED (1976)
TAXI DRIVER (1976)
WELCOME TO L.A. (1976)
DUELLISTS, THE (1977)
FINGERS (1977)
BLUE COLLAR (1978)
MORT EN DIRECT, LA (1979)
BAD TIMING (1980)
SATURN 3 (1980)
BORDER, THE (1981)
NUIT DE VARENNES, LA (1982)
CORRUPT (1983)
UNE PIERRE DANS LA BOUCHE (1983)
FALLING IN LOVE (1984)
CAMORRA (1985)
STAR KNIGHT (1985)
WISE GUYS (1985)
MEN'S CLUB, THE (1986)
BLINDSIDE (1987)
DEAR AMERICA: LETTERS HOME FROM VIETNAM (1987)
PICK-UP ARTIST, THE (1987)
JANUARY MAN, THE (1988)
LAST TEMPTATION OF CHRIST, THE (1988)
TWO EVIL EYES (1990)
TWO JAKES, THE (1990)
BUGSY (1991)
MORTAL THOUGHTS (1991)
RESERVOIR DOGS (1991)
THELMA & LOUISE (1991)
BAD LIEUTENANT (1992)
PIANO, THE (1992)
SISTER ACT (1992)
DANGEROUS GAME (1993)
POINT OF NO RETURN (1993)
RISING SUN (1993)
YOUNG AMERICANS (1993)
IMAGINARY CRIMES (1994)
MONKEY TROUBLE (1994)
PULP FICTION (1994)
SOMEBODY TO LOVE (1994)
BLUE IN THE FACE (1995)
CLOCKERS (1995)
FROM DUSK TILL DAWN (1995)
GET SHORTY (1995)
REGARD D'ULYSSE, LE (1995)
SMOKE (1995)
CITY OF INDUSTRY (1996)
COP LAND (1997)
FAIRY TALE: A TRUE STORY (1997)
LULU ON THE BRIDGE (1998)
CELO, EL (1999)
HOLY SMOKE (1999)
TROIS SAISONS (1999)
FAIL SAFE (2000)
LITTLE NICKY (2000)
GREY ZONE, THE (2001)
TAKING SIDES: LE CAS FURTWANGLER (2001)
RED DRAGON (2002)
CRIME SPREE (2003)
CUBAN BLOOD (2003)
BRIDGE OF SAN LUIS REY (2004)
NATIONAL TREASURE (2004)
BE COOL (2005)
SHADOWS IN THE SUN (2005)
CRIME, A (2006)
NATIONAL TREASURE - BOOK OF SECRETS (2007)

KEITH, Brian
acteur américain (1921-1997)
ARROWHEAD (1953)
VIOLENT MEN, THE (1954)
TIGHT SPOT (1955)
YOUNG PHILADELPHIANS, THE (1959)
PARENT TRAP, THE (1961)
HALLELUJAH TRAIL, THE (1965)
NEVADA SMITH (1966)
RUSSIANS ARE COMING, THE RUSSIANS ARE COMING, THE (1966)
REFLECTIONS IN A GOLDEN EYE (1967)
KRAKATOA, EAST OF JAVA (1968)
WITH SIX YOU GET EGGROLL (1968)
MCKENZIE BREAK, THE (1970)
SUPPOSE THEY GAVE A WAR AND NOBODY CAME? (1970)
YAKUZA, THE (1974)
WIND AND THE LION, THE (1975)
METEOR (1979)
MOONRAKER (1979)
CHARLIE CHAN AND THE CURSE OF THE DRAGON QUEEN (1980)
MOUNTAIN MEN, THE (1980)
HAMMETT (1981)
DEATH BEFORE DISHONOR (1986)
YOUNG GUNS (1988)

KELLER, Marthe
actrice suisse (1945-)
VIEILLE FILLE, LA (1971)
TOUTE UNE VIE (1975)
BLACK SUNDAY (1976)
BOBBY DEERFIELD (1977)
WAGNER (1983)
FEMMES DE PERSONNE (1984)
ROUGE BAISER (1985)
MON AMIE MAX (1993)
ELLES (1997)
K (1997)
ÉCOLE DE LA CHAIR, L' (1998)
DERRIÈRE, LE (1999)
CHRYSALIS (2007)
CORTEX (2007)
UV (2007)

KELLY, Gene
acteur américain (1912-1996)
FOR ME AND MY GAL (1942)
DU BARRY WAS A LADY (1943)
THOUSANDS CHEER (1943)
ANCHORS AWEIGH (1944)
COVER GIRL (1944)
ZIEGFELD FOLLIES (1946)
PIRATE, THE (1948)
THREE MUSKETEERS, THE (1948)
ON THE TOWN (1949)
TAKE ME OUT TO THE BALL GAME (1949)
SUMMER STOCK (1950)
AMERICAN IN PARIS, AN (1951)
LOVE IS BETTER THAN EVER (1952)
SINGIN' IN THE RAIN (1952)
BRIGADOON (1953)
IT'S ALWAYS FAIR WEATHER (1955)
LES GIRLS (1957)
MARJORIE MORNINGSTAR (1958)
INHERIT THE WIND (1960)
LET'S MAKE LOVE (1960)
WHAT A WAY TO GO! (1964)
DEMOISELLES DE ROCHEFORT, LES (1967)
THAT'S ENTERTAINMENT (1974)
XANADU (1980)
THAT'S DANCING! (1985)
THAT'S ENTERTAINMENT! PART 3 (1994)

KENNEDY, Arthur
acteur américain (1914-1990)
CITY FOR CONQUEST (1940)
THEY DIED WITH THEIR BOOTS ON (1942)
AIR FORCE (1943)
CHAMPION (1949)
WINDOW, THE (1949)
BEND OF THE RIVER (1951)
RANCHO NOTORIOUS (1952)
DESPERATE HOURS, THE (1955)
MAN FROM LARAMIE, THE (1955)
MURDER SHE SAID (1962)
ANZIO (1968)
UNE MINUTE POUR PRIER, UNE SECONDE POUR MOURIR, (1968)

ANTICHRIST, THE (1974)
MASSACRE DES MORTS-VIVANTS, LE (1974)
EMMANUELLE ON TABOO ISLAND (1976)

KENNEDY, George
acteur américain (1925-)
LONELY ARE THE BRAVE (1962)
CHARADE (1963)
HUSH... HUSH, SWEET CHARLOTTE (1964)
STRAIT-JACKET (1964)
FLIGHT OF THE PHOENIX, THE (1965)
IN HARM'S WAY (1965)
MIRAGE (1965)
SHENANDOAH (1965)
SONS OF KATIE ELDER, THE (1965)
COOL HAND LUKE (1967)
DIRTY DOZEN, THE (1967)
BANDOLERO! (1968)
BOSTON STRANGLER, THE (1968)
PINK JUNGLE, THE (1968)
GOOD GUYS AND THE BAD GUYS, THE (1969)
GUNS OF THE MAGNIFICENT SEVEN (1969)
AIRPORT (1970)
DIRTY DINGUS MAGEE (1970)
CAHILL: UNITED STATES MARSHALL (1973)
AIRPORT '75 (1974)
EARTHQUAKE (1974)
THUNDERBOLT AND LIGHTFOOT (1974)
EIGER SANCTION, THE (1975)
AIRPORT '77 (1977)
DEATH ON THE NILE (1978)
AIRPORT '79: THE CONCORDE (1979)
JUST BEFORE DAWN (1981)
MODERN ROMANCE (1981)
CREEPSHOW 2 (1987)
NAKED GUN, THE (1988)
BRAIN DEAD (1990)
NAKED GUN 2 1/2: THE SMELL OF FEAR, THE (1991)
NAKED GUN 33 1/3: THE FINAL INSULT, THE (1994)
DON'T COME KNOCKING (2005)

KENNEDY, Jamie
acteur américain (1970-)
WILLIAM SHAKESPEARE'S ROMEO & JULIET (1996)
SCREAM 2 (1997)
BOWFINGER (1999)
THREE KINGS (1999)
SPECIALS, THE (2000)
MAX KEEBLE'S BIG MOVE (2001)
MALIBU'S MOST WANTED (2003)
SON OF THE MASK, THE (2005)

KENSIT, Patsy
actrice anglaise (1968-)
GREAT GATSBY, THE (1974)
ABSOLUTE BEGINNERS (1986)
CHORUS OF DISAPPROVAL, A (1988)
CHICAGO JOE AND THE SHOWGIRL (1989)
LETHAL WEAPON 2 (1989)
ÉPOUX RIPOUX, LES (1990)
BLAME IT ON THE BELLBOY (1991)
TWENTY-ONE (1991)
BITTER HARVEST (1993)
FULL ECLIPSE (1993)
ANGELS & INSECTS (1995)
JANICE BEARD: 45 WORDS PER MINUTE (1999)

KERR, Deborah
actrice anglaise (1921-2007)
MAJOR BARBARA (1941)
LIFE AND DEATH OF COLONEL BLIMP, THE (1943)
I SEE A DARK STRANGER (1945)
BLACK NARCISSUS (1946)
HUCKSTERS, THE (1947)
KING SOLOMON'S MINES (1950)
QUO VADIS? (1951)
PRISONER OF ZENDA, THE (1952)
FROM HERE TO ETERNITY (1953)
JULIUS CAESAR (1953)
YOUNG BESS (1953)
END OF THE AFFAIR, THE (1954)
KING AND I, THE (1955)
TEA AND SYMPATHY (1955)
HEAVEN KNOWS, MR. ALLISON (1956)
AFFAIR TO REMEMBER, AN (1957)
BONJOUR TRISTESSE (1957)
SEPARATE TABLES (1958)
BELOVED INFIDEL (1959)
GRASS IS GREENER, THE (1960)
SUNDOWNERS, THE (1960)
INNOCENTS, THE (1961)
CHALK GARDEN, THE (1964)
NIGHT OF THE IGUANA, THE (1964)
MARRIAGE ON THE ROCKS (1965)
CASINO ROYALE (1967)
ARRANGEMENT, THE (1969)
GYPSY MOTHS, THE (1969)

KHANJIAN, Arsinée
actrice libanaise (1958-)
NEXT OF KIN (1984)
BOÎTE À SOLEIL, LA (1988)
SPEAKING PARTS (1989)
ADJUSTER, THE (1991)
CALENDAR (1993)
FIN AOÛT, DÉBUT SEPTEMBRE (1998)
FELICIA'S JOURNEY (1999)
À MA SŒUR! (2001)
ARARAT (2002)
SABAH (2005)

KIBERLAIN, Sandrine
actrice française (1968-)
PATRIOTES, LES (1994)
APPARTEMENT, L' (1996)
BEAUMARCHAIS L'INSOLENT (1996)
EN AVOIR (OU PAS) (1996)
UN HÉROS TRÈS DISCRET (1996)
À VENDRE (1998)
RIEN SUR ROBERT (1998)
TOUT VA BIEN... ON S'EN VA (2000)
BETTY FISHER ET AUTRES HISTOIRES (2001)
C'EST LE BOUQUET (2002)
FILLES UNIQUES (2003)
APRÈS VOUS... (2005)

KIDDER, Margot
actrice canadienne (1948-)
QUACKSER FORTUNE HAS A COUSIN IN THE BRONX (1970)
SISTERS (1972)
BLACK CHRISTMAS (1974)
SUPERMAN: THE MOVIE (1978)
AMITYVILLE HORROR, THE (1979)
SUPERMAN II (1980)
WILLIE AND PHIL (1980)
SOME KIND OF HERO (1981)
LOUISIANA (1983)
SUPERMAN III (1983)
LITTLE TREASURE (1984)
SUPERMAN IV: THE QUEST FOR PEACE (1987)
FLORIDA, LA (1993)
NEVER MET PICASSO (1996)
COMMON GROUND (2000)
LAST SIGN, THE (2005)

KIDMAN, Nicole
actrice américaine (1967-)
DEAD CALM (1988)
DAYS OF THUNDER (1990)
FLIRTING (1990)
BILLY BATHGATE (1991)
FAR AND AWAY (1992)
MALICE (1993)
MY LIFE (1993)
BATMAN FOREVER (1995)
TO DIE FOR (1995)
PORTRAIT OF A LADY, THE (1996)
PEACEMAKER, THE (1997)
PRACTICAL MAGIC (1998)
EYES WIDE SHUT (1999)
BIRTHDAY GIRL (2001)
MOULIN ROUGE (2001)
OTHERS, THE (2001)
HOURS, THE (2002)
COLD MOUNTAIN (2003)
DOGVILLE (2003)
HUMAN STAIN, THE (2003)
BIRTH (2004)
STEPFORD WIVES, THE (2004)
BEWITCHED (2005)
INTERPRETER, THE (2005)
FUR - AN IMAGINARY PORTRAIT OF DIANE ARBUS (2006)
GOLDEN COMPASS, THE (2007)
INVASION, THE (2007)
MARGOT AT THE WEDDING (2007)
AUSTRALIA (2008)

KIER, Udo
acteur allemand (1944-)
MARK OF THE DEVIL (1970)
ANDY WARHOL'S DRACULA (1974)
HISTOIRE D'O (1975)
SUSPIRIA (1977)
THIRD GENERATION, THE (1979)
BERLIN ALEXANDERPLATZ (1980)
DR. JEKYLL ET LES FEMMES (1981)
ESCAPE FROM BLOOD PLANTATION (1982)
HUNGARIAN RHAPSODY (1983)
SEDUCTION: THE CRUEL WOMAN (1985)
MEDEA (1988)
EUROPA (1991)
MY OWN PRIVATE IDAHO (1991)
TERROR 2000 - GERMANY OUT OF CONTROL (1992)
ACE VENTURA: PET DETECTIVE (1993)
EVEN COWGIRLS GET THE BLUES (1994)
KINGDOM 1, THE (1994)
BARB WIRE (1995)
JOHNNY MNEMONIC (1995)
ADVENTURES OF PINOCCHIO, THE (1996)
AMOUR EST UN POUVOIR SACRÉ, L' (1996)
PRINCE VALIANT (1996)
END OF VIOLENCE, THE (1997)
BLADE (1998)
BETTY (1999)
MODERN VAMPIRES (1999)
DANCER IN THE DARK (2000)
SHADOW OF THE VAMPIRE (2000)
ALL THE QUEEN'S MEN (2001)
INVINCIBLE (2001)
FEAR DOT COM (2002)
MODIGLIANI (2004)
PARANOIA 1.0 (2004)
SURVIVING CHRISTMAS (2004)
MANDERLAY (2005)
MASTERS OF HORROR - CIGARETTE BURNS (2005)
GRINDHOUSE (2007)
MOTHER OF TEARS (2007)

KILMER, Val
acteur américain (1959-)
TOP SECRET! (1984)
REAL GENIUS (1985)
TOP GUN (1986)
MAN WHO BROKE A 1000 CHAINS, THE (1987)
WILLOW (1988)
KILL ME AGAIN (1989)
DOORS, THE (1991)
THUNDERHEART (1992)
TOMBSTONE (1993)
TRUE ROMANCE (1993)
BATMAN FOREVER (1995)
HEAT (1995)
WINGS OF COURAGE (1995)
GHOST AND THE DARKNESS, THE (1996)
ISLAND OF DR. MOREAU, THE (1996)
SAINT, THE (1997)
AT FIRST SIGHT (1998)
JOE THE KING (1999)
POLLOCK (2000)
RED PLANET (2000)
SALTON SEA, THE (2001)
MASKED AND ANONYMOUS (2003)
MISSING, THE (2003)
SPARTAN (2003)
WONDERLAND (2003)
MINDHUNTERS (2004)
STATESIDE (2004)
ALEXANDER (2005)
KISS KISS BANG BANG (2005)
10th & WOLF (2006)
DÉJÀ VU (2006)
PLAYED (2006)

KING, Regina
actrice américaine (1971-)
POETIC JUSTICE (1993)
FRIDAY (1995)
THIN LINE BETWEEN LOVE AND HATE, A (1996)
ENEMY OF THE STATE (1998)
HOW STELLA GOT HER GROOVE BACK (1998)
MIGHTY JOE YOUNG (1998)
IF THESE WALLS COULD TALK II (1999)
LEGALLY BLONDE 2: RED, WHITE & BLONDE (2003)
RAY (2004)
MISS CONGENIALITY 2 - ARMED AND FABULOUS (2005)
YEAR OF THE DOG (2007)

KINGSLEY, Ben
acteur anglais (1943-)
GANDHI (1982)
HAREM (1985)

SILAS MARNER (1985)
TURTLE DIARY (1985)
MAURICE (1987)
PASCALI'S ISLAND (1988)
WITHOUT A CLUE (1988)
BUGSY (1991)
SNEAKERS (1992)
DAVE (1993)
SCHINDLER'S LIST (1993)
SEARCHING FOR BOBBY FISCHER (1993)
DEATH AND THE MAIDEN (1994)
SPECIES (1995)
MOSES (1996)
ASSIGNMENT, THE (1997)
WEAPONS OF MASS DISTRACTION (1997)
TALE OF SWEENEY TODD, THE (1998)
RULES OF ENGAGEMENT (2000)
SEXY BEAST (2000)
WHAT PLANET ARE YOU FROM? (2000)
ANNE FRANK (2001)
TRIUMPH OF LOVE (2001)
TUCK EVERLASTING (2002)
HOUSE OF SAND AND FOG, THE (2003)
SUSPECT ZERO (2004)
MRS. HARRIS (2005)
OLIVER TWIST (2005)
SOUND OF THUNDER, A (2005)
LAST LEGION, THE (2006)
LUCKY NUMBER SLEVIN (2006)
YOU KILL ME (2007)
ELEGY (2008)
LOVE GURU, THE (2008)
TRANSSIBERIAN (2008)
WACKNESS, THE (2008)
WAR, INC. (2008)

KINNEAR, Greg
acteur américain (1963-)
SABRINA (1995)
DEAR GOD (1996)
AS GOOD AS IT GETS (1997)
MYSTERY MEN (1999)
GIFT, THE (2000)
NURSE BETTY (2000)
WHAT PLANET ARE YOU FROM? (2000)
AUTO FOCUS (2002)
WE WERE SOLDIERS (2002)
STUCK ON YOU (2003)
GODSEND (2004)
BAD NEWS BEARS (2005)
MATADOR, THE (2005)
FAST FOOD NATION (2006)
INVINCIBLE (2006)
LITTLE MISS SUNSHINE (2006)
UNKNOWN (2006)
FEAST OF LOVE (2007)
BABY MAMA (2008)
FLASH OF GENIUS (2008)
GHOST TOWN (2008)

KINNEY, Terry
acteur américain (1954-)
BODY SNATCHERS (1993)
FIRM, THE (1993)
DEVIL IN A BLUE DRESS (1995)
FLY AWAY HOME (1996)
GEORGE WALLACE (1997)
OZ (SEASON II) (1998)
OZ (SEASON III) (1999)
YOUNG GIRL AND THE MONSOON (1999)
HOUSE OF MIRTH, THE (2000)

KINSKI, Klaus
acteur allemand (1926-1991)
DOCTOR ZHIVAGO (1965)
FOR A FEW DOLLARS MORE (1965)
CIRCUS OF FEAR (1966)
GRAND SLAM (1967)
GREAT SILENCE, THE (1968)
MARQUIS DE SADE'S JUSTINE (1969)
NUITS DE DRACULA, LES (1969)
VENUS IN FURS (1969)
AGUIRRE, LA COLÈRE DE DIEU (1972)
IMPORTANT C'EST D'AIMER, L' (1974)
JACK THE RIPPER (1976)
CHANSON DE ROLAND, LA (1977)
MADAME CLAUDE (1977)
MORT D'UN POURRI (1977)
BUDDY HOLLY STORY, THE (1978)
NOSFERATU: FANTÔME DE LA NUIT (1978)
WOYZECK (1979)
ATTIC, THE / CRAWLSPACE (1980)
FRUITS DE LA PASSION, LES (1980)
BUDDY BUDDY (1981)
FITZCARRALDO (1981)
ANDROID (1982)
LITTLE DRUMMER GIRL, THE (1984)
SECRET DIARY OF SIGMUND FREUD, THE (1984)
REVENGE OF THE STOLEN STARS (1985)
STAR KNIGHT (1985)
CRAWLSPACE (1986)

KINSKI, Nastassja
actrice allemande (1960-)
FAUX MOUVEMENT (1975)
TO THE DEVIL... A DAUGHTER (1976)
FILLE, LA (1978)
TESS (1979)
CAT PEOPLE (1982)
ONE FROM THE HEART (1982)
LUNE DANS LE CANIVEAU, LA (1983)
HOTEL NEW HAMPSHIRE, THE (1984)
MARIA'S LOVERS (1984)
PARIS, TEXAS (1984)
UNFAITHFULLY YOURS (1984)
HAREM (1985)
REVOLUTION (1985)
EAUX PRINTANIÈRES, LES (1989)
SOLEIL MÊME LA NUIT, LE (1989)
BLONDE, THE (1992)
SI LOIN, SI PROCHE (1992)
TERMINAL VELOCITY (1994)
FATHER'S DAY (1997)
ONE NIGHT STAND (1997)
SAVIOR (1998)
YOUR FRIENDS & NEIGHBORS (1998)
LOST SON, THE (1999)
CLAIM, THE (2000)
MAGIC OF MARCIANO, THE (2000)
RED LETTERS (2000)
DAY THE WORLD ENDED, THE (2001)
DIARY OF A SEX ADDICT (2001)
SAY NOTHING (2001)

KIRKLAND, Sally
actrice américaine (1944-)
BLUE (1968)
COMING APART (1969)
FUTZ! (1969)
STING, THE (1973)
WAY WE WERE, THE (1973)
BIG BAD MAMA (1974)
STAR IS BORN, A (1976)
INCREDIBLE SHRINKING WOMAN, THE (1981)
LOVE LETTERS (1983)
ANNA (1986)
COLD FEET (1988)
PAINT IT BLACK (1989)
SUPERSTAR: THE LIFE AND TIMES OF ANDY WARHOL (1990)
JFK (1991)
HIT THE DUTCHMAN (1992)
PLAYER, THE (1992)
GUNS & LIPSTICK (1993)
ED TV (1999)
MANGO KISS (2004)
ADAM AND STEVE (2005)
NEO NED (2005)
COFFEE DATE (2006)
OFF THE BLACK (2006)

KIRSHNER, Mia
actrice canadienne (1976-)
LOVE AND HUMAN REMAINS (1993)
EXOTICA (1994)
CROW: CITY OF ANGELS, THE (1996)
LEO TOLSTOY'S ANNA KARENINA (1997)
MAD CITY (1997)
CENTURY HOTEL (2001)
NOT ANOTHER TEEN MOVIE (2001)
L WORD, THE (SEASON 1) (2004)
L WORD, THE (SEASON 2) (2005)
BLACK DAHLIA, THE (2006)

KLEIN, Chris
acteur américain (1979-)
AMERICAN PIE (1999)
ELECTION (1999)
HERE ON EARTH (2000)
AMERICAN PIE 2 (2001)
ROLLERBALL (2001)
SAY IT ISN'T SO (2001)
WE WERE SOLDIERS (2002)
UNITED STATES OF LELAND (2003)
JUST FRIENDS (2005)
AMERICAN DREAMZ (2006)
HANK AND MIKE (2008)

KLINE, Kevin
acteur américain (1947-)
SOPHIE'S CHOICE (1982)
BIG CHILL, THE (1983)
PIRATES OF PENZANCE, THE (1983)
SILVERADO (1985)
CRY FREEDOM (1987)
FISH CALLED WANDA, A (1988)
JANUARY MAN, THE (1988)
HAMLET (1990)
I LOVE YOU TO DEATH (1990)
GRAND CANYON (1991)
SOAPDISH (1991)
CHAPLIN (1992)
CONSENTING ADULTS (1992)
DAVE (1993)
PRINCESS CARABOO (1994)
FRENCH KISS (1995)
FIERCE CREATURES (1996)
ICE STORM, THE (1997)
IN & OUT (1997)
MIDSUMMER NIGHT'S DREAM, A (1999)
WILD WILD WEST (1999)
ANNIVERSARY PARTY, THE (2001)
LIFE AS A HOUSE (2001)
EMPEROR'S CLUB, THE (2002)
DE-LOVELY (2004)
AS YOU LIKE IT (2006)
PINK PANTHER, THE (2006)
PRAIRIE HOME COMPANION, A (2006)
TRADE (2007)
DEFINITELY, MAYBE (2008)

KNIGHTLEY, Keira
actrice britanique (1985-)
HOLE, THE (2001)
BEND IT LIKE BECKHAM (2002)
DOCTOR ZHIVAGO (2002)
PURE (2002)
DOMINO (2005)
JACKET, THE (2005)
PRIDE & PREJUDICE (2005)
PIRATES OF THE CARIBBEAN: DEAD MAN'S CHEST (2006)
ATONEMENT (2007)
PIRATES OF THE CARIBBEAN: AT WORLD'S END (2007)
SILK (2007)
STORIES OF LOST SOULS (2007)
DUCHESS, THE (2008)

KOTEAS, Elias
acteur canadien (1961-)
ONE MAGIC CHRISTMAS (1985)
GARDENS OF STONE (1987)
SOME KIND OF WONDERFUL (1987)
FULL MOON IN BLUE WATER (1988)
MALAREK (1988)
TUCKER: THE MAN AND HIS DREAM (1988)
ALMOST AN ANGEL (1990)
LOOK WHO'S TALKING TOO (1990)
TEENAGE MUTANT NINJA TURTLES: THE MOVIE (1990)
ADJUSTER, THE (1991)
CAMILLA (1993)
TEENAGE MUTANT NINJA TURTLES III (1993)
EXOTICA (1994)
PROPHECY, THE (1995)
CRASH (1996)
HIT ME (1996)
FALLEN (1997)
GATTACA (1997)
APT PUPIL (1998)
LIVING OUT LOUD (1998)
THIN RED LINE, THE (1998)
DANCING AT THE BLUE IGUANA (2000)
LOST SOULS (2000)
COLLATERAL DAMAGE (2001)
NOVOCAINE (2001)
SHOT IN THE HEART (2001)
ARARAT (2002)
TRAFFIC: THE MINISERIES (2004)
GREATEST GAME EVER PLAYED (2005)
SHOOTER (2007)
SKINWALKERS (2007)
ZODIAC (2007)
TWO LOVERS (2008)

KOTTO, Maka
acteur africain (1970-)
COMMENT FAIRE L'AMOUR AVEC UN NÈGRE SANS SE FATIGUER (1989)
BETWEEN THE DEVIL AND THE DEEP BLUE SEA (1995)
UNE POUR TOUTES (1999)
LUMUMBA (2000)
CIEL SUR LA TÊTE, LE (2001)

SILENT LOVE, A (2003)
COMMENT CONQUÉRIR L'AMÉRIQUE EN UNE NUIT (2004)
GOÛT DES JEUNES FILLES, LE (2004)
UN DIMANCHE À KIGALI (2006)

KOTTO, Yaphet
acteur américain (1937-)
NOTHING BUT A MAN (1964)
5 CARD STUD (1968)
THOMAS CROWN AFFAIR, THE (1968)
ACROSS 110th STREET (1972)
BONE (1972)
MAN AND BOY (1972)
LIVE AND LET DIE (1973)
REPORT TO THE COMMISSIONER (1974)
FRIDAY FOSTER (1975)
BLUE COLLAR (1978)
ALIEN (1979)
BRUBAKER (1980)
FIGHTING BACK (1982)
STAR CHAMBER, THE (1983)
WARNING SIGN (1985)
RUNNING MAN, THE (1987)
MIDNIGHT RUN (1988)
HOMICIDE: LIFE ON THE STREET (1993)
PUPPET MASTERS, THE (1994)
TWO IF BY SEA (1995)
STILETTO DANCE (2001)

KRABBÉ, Jeroen
acteur néerlandais (1944-)
SOLDIER OF ORANGE (1978)
SPETTERS (1980)
FLIGHT OF RAINBIRDS, A (1981)
QUATRIÈME HOMME, LE (1983)
TURTLE DIARY (1985)
JUMPIN' JACK FLASH (1986)
NO MERCY (1986)
LIVING DAYLIGHTS, THE (1987)
CROSSING DELANCEY (1988)
SCANDAL (1988)
PRINCE OF TIDES, THE (1991)
FOR A LOST SOLDIER (1992)
STALIN (1992)
FUGITIVE, THE (1993)
KING OF THE HILL (1993)
FARINELLI (1994)
IMMORTAL BELOVED (1994)
DISPARITION DE GARCIA LORCA, LA (1997)
EVER AFTER: A CINDERELLA STORY (1998)
LEFT LUGGAGE (1998)
IDEAL HUSBAND, AN (1999)
CIEL TOMBE, LE (2000)
SKY IS FALLING, THE (2000)
DEUCE BIGALOW EUROPEAN GIGOLO (2005)
TRANSPORTER 3 (2008)

KRAUSE, Peter
acteur américaine (1965-)
TRUMAN SHOW, THE (1998)
SIX FEET UNDER (FIRST SEASON) (2002)
SIX FEET UNDER (SEASON II) (2002)
WE DON'T LIVE HERE ANYMORE (2004)
SIX FEET UNDER (SEASON V) (2005)
CIVIC DUTY (2006)
LOST ROOM (2006)
DIRTY SEXY MONEY (SEASON 1) (2008)

KRIGE, Alice
actrice sud-africaine (1954-)
GHOST STORY (1981)
HAUNTED SUMMER (1988)
SEE YOU IN THE MORNING (1989)
SLEEPWALKERS (1992)
INSTITUTE BENJAMENTA (1995)
COMMISSIONER, THE (1997)
CONTRACT, THE (2006)
LINE OF BEAUTY (2006)
LONELY HEARTS (2006)
SILENT HILL (2006)
PERSUASION (2007)

KRISTEL, Sylvia
actrice néerlandaise (1952-)
EMMANUELLE (1974)
EMMANUELLE COLLECTION, THE (1974)
EMMANUELLE 2 (1975)
EMMANUELLE L'ANTIVIERGE (1975)
UNE FEMME FIDÈLE (1976)
GOODBYE EMMANUELLE (1977)
AIRPORT '79: THE CONCORDE (1979)
AMOUR EN PREMIÈRE CLASSE, L' (1979)
PRIVATE LESSONS (1980)
LADY CHATTERLEY'S LOVER (1981)
EMMANUELLE 4 (1984)
MATA HARI (1984)
MYSTERIES (1984)
CASANOVA (1987)
REVANCHE D'EMMANUELLE, LA (1993)

KRISTOFFERSON, Kris
acteur américain (1936-)
CISCO PIKE (1971)
BLUME IN LOVE (1973)
PAT GARRETT & BILLY THE KID (1973)
ALICE DOESN'T LIVE HERE ANYMORE (1974)
BRING ME THE HEAD OF ALFREDO GARCIA (1974)
SAILOR WHO FELL FROM GRACE WITH THE SEA, THE (1976)
STAR IS BORN, A (1976)
CONVOY (1978)
HEAVEN'S GATE (1980)
ROLLOVER (1981)
FLASHPOINT (1984)
SONGWRITER (1984)
TROUBLE IN MIND (1985)
STAGECOACH (1986)
BIG TOP PEE WEE (1988)
MILLENNIUM (1989)
LONE STAR (1995)
BLADE (1998)
SOLDIER'S DAUGHTER NEVER CRIES, A (1998)
LIMBO (1999)
MOLOKAÏ (1999)
PAYBACK (1999)
CHELSEA WALLS (2001)
BLADE II (2002)
EYE SEE YOU (2002)
BLADE TRINITY (2004)
SILVER CITY (2004)
DREAMER: INSPIRED BY A TRUE STORY (2005)
JACKET, THE (2005)
LIFE AND HARD TIMES OF GUY TERRIFICO (2005)
DISAPPEARANCES (2006)
FAST FOOD NATION (2006)
HE'S JUST NOT THAT INTO YOU! (2008)

KUDROW, Lisa
actrice américaine (1963-)
FRIENDS (SEASON I) (1994)
FRIENDS (SEASON II) (1995)
FRIENDS (SEASON III) (1996)
MOTHER (1996)
ROMY & MICHELE'S HIGH SCHOOL REUNION (1996)
CLOCKWATCHERS (1997)
FRIENDS (SEASON IV) (1997)
OPPOSITE OF SEX, THE (1998)
ANALYZE THIS (1999)
FRIENDS (SEASON VI) (1999)
HANGING UP (2000)
ANALYZE THAT (2002)
WONDERLAND (2003)
COMEBACK, THE (2005)
HAPPY ENDINGS (2005)
KABLUEY (2007)
P.S. I LOVE YOU (2007)
HOTEL FOR DOGS (2009)

KUTCHER, Ashton
acteur américain (1978-)
DUDE, WHERE'S MY CAR? (2000)
BUTTERFLY EFFECT, THE (2003)
JUST MARRIED (2003)
MTV: PUNK'D (SEASON I) (2003)
MY BOSS'S DAUGHTER (2003)
A LOT LIKE LOVE (2005)
GUESS WHO (2005)
BOBBY (2006)
GUARDIAN, THE (2006)
WHAT HAPPENS IN VEGAS (2008)
PERSONAL EFFECTS (2009)

LA HAYE, David
acteur québécois (1966-)
DANS LE VENTRE DU DRAGON (1989)
NELLIGAN (1991)
BÊTE DE FOIRE, LA (1992)
BLANCHE (1993)
ENFANT D'EAU, L' (1995)
COSMOS (1996)
CONCIERGERIE, LA (1997)
OMERTA II (1997)
FULL BLAST (1999)
INVENTION DE L'AMOUR, L' (2000)
MÉCHANT PARTY (2000)
UN CRABE DANS LA TÊTE (2001)
TEMPO (2003)
TIMELINE (2003)
HEAD IN THE CLOUDS (2004)
NOUVELLE-FRANCE (2004)
VIE AVEC MON PÈRE, LA (2005)
BELLE BÊTE, LA (2006)
MODERN LOVE (2008)

LABRÈCHE, Marc
acteur québécois (1960-)
QUI A TIRÉ SUR NOS HISTOIRES D'AMOUR? (1986)
DANS LE VENTRE DU DRAGON (1989)
DING ET DONG: LE FILM (1990)
ASSASSIN JOUAIT DU TROMBONE, L' (1991)
GRAND ZÈLE, LE (1992)
MATUSALEM (1993)
MATUSALEM 2: LE DERNIER DES BEAUCHESNE (1997)
VENGEANCE DE LA FEMME EN NOIR, LA (1997)
ODYSSÉE D'ALICE TREMBLAY, L' (2002)
COFFRET MATUSALEM (2003)
MONICA LA MITRAILLE (2004)
CŒUR A SES RAISONS (SAISON 2) (2005)
CŒUR A SES RAISONS, LE (2005)
ÉTATS-UNIS D'ALBERT, LES (2005)
ÂGE DES TÉNÈBRES, L' (2007)

LACHAPELLE, Andrée
actrice québécoise (1931-)
YUL 871 (1966)
BEAUX DIMANCHES, LES (1974)
MON FILS EST ASSASSIN (CHER PAPA) (1978)
À CORPS PERDU (1988)
DANS LE VENTRE DU DRAGON (1989)
JÉSUS DE MONTRÉAL (1989)
MOODY BEACH (1990)
NELLIGAN (1991)
LÉOLO (1992)
CAP TOURMENTE (1993)
ALBERTINE EN CINQ TEMPS (1999)
DU PIC AU CŒUR (2000)
LITTORAL (2004)
PENSION DES ÉTRANGES, LA (2004)
SECRET DE MA MÈRE, LE (2006)
BELLE EMPOISONNEUSE, LA (2007)

LADD, Alan
acteur américain (1913-1964)
BLACK CAT, THE (1941)
CITIZEN KANE (1941)
GREAT GUNS (1941)
GLASS KEY, THE (1942)
JOAN OF PARIS (1942)
STAR SPANGLED RHYTHM (1942)
THIS GUN FOR HIRE (1942)
CHINA (1943)
BLUE DAHLIA, THE (1945)
TWO YEARS BEFORE THE MAST (1945)
O.S.S. (1946)
WHISPERING SMITH (1948)
BRANDED (1950)
SHANE (1953)
MCCONNELL STORY, THE (1955)
DEEP SIX, THE (1957)
BADLANDERS, THE (1958)
PROUD REBEL, THE (1958)
CARPETBAGGERS, THE (1963)

LADD, Diane
actrice américaine (1932-)
WILD ANGELS, THE (1966)
REBEL ROUSERS (1967)
REIVERS, THE (1969)
MACHO CALLAHAN (1970)
ALICE DOESN'T LIVE HERE ANYMORE (1974)
CHINATOWN (1974)
GUYANA TRAGEDY: THE STORY OF JIM JONES (1980)
ALL NIGHT LONG (1981)
GRACE KELLY STORY, THE (1983)
SOMETHING WICKED THIS WAY COMES (1983)
BLACK WIDOW (1987)
WILD AT HEART (1990)
KISS BEFORE DYING, A (1991)
RAMBLING ROSE (1991)

CARNOSAUR (1993)
PRIMARY COLORS (1998)
28 DAYS (2000)
DADDY AND THEM (2001)
RAIN (2001)
KINGDOM HOSPITAL (2004)
WORLD'S FASTEST INDIAN, THE (2005)
COME EARLY MORNING (2006)

LAFONT, Bernadette
actrice française (1938-)
BEAU SERGE, LE (1957)
À DOUBLE TOUR (1959)
BONNES FEMMES, LES (1960)
CHASSE À L'HOMME, LA (1964)
VOLEUR DE CRIMES, LE (1969)
DOIGTS CROISÉS, LES (1970)
DÉFENSE DE SAVOIR (1973)
MAMAN ET LA PUTAIN, LA (1973)
ORDINATEUR DES POMPES FUNÈBRES, L' (1976)
CERTAINES NOUVELLES (1979)
SI MA GUEULE VOUS PLAÎT (1981)
ON N'EST PAS SORTI DE L'AUBERGE (1982)
CAP CANAILLE (1983)
GWENDOLYNE (1983)
UN BON PETIT DIABLE (1983)
EFFRONTÉE, L' (1985)
INSPECTEUR LAVARDIN (1986)
MASQUES (1986)
SAISONS DU PLAISIR, LES (1988)
BOOM BOOM (1990)
MONSIEUR RIPOIS (1993)
PERSONNE NE M'AIME (1993)
GÉNÉALOGIES D'UN CRIME (1997)
RIPOUX 3, LES (2003)
PRÊTE-MOI TA MAIN (2006)
NOS 18 ANS (2008)

LAHTI, Christine
actrice américaine (1950-)
AND JUSTICE FOR ALL (1979)
WHOSE LIFE IS IT ANYWAY? (1981)
EXECUTIONER'S SONG, THE (1982)
HOUSEKEEPING (1987)
RUNNING ON EMPTY (1988)
GROSS ANATOMY (1989)
FUNNY ABOUT LOVE (1990)
DOCTOR, THE (1991)
LEAVING NORMAL (1992)
SUBWAY STORIES (1997)

LAMBERT, Christophe
acteur français (1957-)
BAR DU TÉLÉPHONE, LE (1980)
LÉGITIME VIOLENCE (1982)
GREYSTOKE: THE LEGEND OF TARZAN (1983)
SUBWAY (1985)
HIGHLANDER (1986)
I LOVE YOU (1986)
SICILIAN, THE (1987)
TO KILL A PRIEST (1988)
HIGHLANDER II: THE QUICKENING (1991)
FORTRESS (1992)
KNIGHT MOVES (1992)
MAX ET JÉRÉMIE (1992)
MORTAL KOMBAT (1995)
NORTH STAR (1995)
ARLETTE (1997)
BEOWULF (1998)
DRUIDS (2000)
JANIS & JOHN (2003)

LAMOUR, Dorothy
actrice américaine (1914-1996)
HURRICANE, THE (1937)
BIG BROADCAST OF 1938, THE (1938)
SPAWN OF THE NORTH (1938)
JOHNNY APOLLO (1940)
ROAD TO SINGAPORE (1940)
CAUGHT IN THE DRAFT (1941)
ROAD TO ZANZIBAR (1941)
ROAD TO MOROCCO (1942)
STAR SPANGLED RHYTHM (1942)
THEY GOT ME COVERED (1943)
ROAD TO UTOPIA (1945)
MY FAVORITE BRUNETTE (1947)
ROAD TO RIO (1947)
GREATEST SHOW ON EARTH, THE (1951)
ROAD TO HONG KONG, THE (1962)
DONOVAN'S REEF (1963)
CREEPSHOW 2 (1987)

LANCASTER, Burt
acteur américain (1913-1994)
KILLERS, THE (1946)
ALL MY SONS (1947)
BRUTE FORCE (1947)
SORRY, WRONG NUMBER (1948)
CRISS CROSS (1949)
FLAME AND THE ARROW, THE (1950)
VENGEANCE VALLEY (1950)
JIM THORPE - ALL AMERICAN (1951)
COME BACK, LITTLE SHEBA (1952)
CRIMSON PIRATE, THE (1952)
APACHE (1953)
FROM HERE TO ETERNITY (1953)
HIS MAJESTY O'KEEFE (1953)
SOUTH SEA WOMAN (1953)
VERA CRUZ (1953)
KENTUCKIAN, THE (1955)
ROSE TATTOO, THE (1955)
TRAPEZE (1955)
RAINMAKER, THE (1956)
SWEET SMELL OF SUCCESS (1956)
GUNFIGHT AT THE O.K. CORRAL (1957)
RUN SILENT, RUN DEEP (1958)
SEPARATE TABLES (1958)
ELMER GANTRY (1960)
UNFORGIVEN, THE (1960)
JUDGMENT AT NUREMBERG (1961)
BIRDMAN OF ALCATRAZ (1962)
CHILD IS WAITING, A (1962)
GUÉPARD, LE (1963)
LIST OF ADRIAN MESSENGER, THE (1963)
SEVEN DAYS IN MAY (1963)
TRAIN, THE (1964)
HALLELUJAH TRAIL, THE (1965)
PROFESSIONALS, THE (1966)
SWIMMER, THE (1967)
SCALPHUNTERS, THE (1968)
CASTLE KEEP (1969)
GYPSY MOTHS, THE (1969)
AIRPORT (1970)
LAWMAN (1970)
VALDEZ IS COMING (1971)
SCORPIO (1972)
ULZANA'S RAID (1972)
VIOLENCE ET PASSION (1973)
1900 (1976)
BUFFALO BILL AND THE INDIANS (1976)
VICTORY AT ENTEBBE (1976)
ISLAND OF DR. MOREAU, THE (1977)
TWILIGHT'S LAST GLEAMING (1977)
GO TELL THE SPARTANS (1978)
ZULU DAWN (1979)
ATLANTIC CITY (1980)
LOCAL HERO (1983)
OSTERMAN WEEKEND, THE (1983)
LITTLE TREASURE (1984)
CONTROL (1986)
ON WINGS OF EAGLES (1986)
ROCKET GIBRALTAR (1988)
FIELD OF DREAMS (1989)

LANCTÔT, Micheline
actrice québécoise (1947-)
VRAIE NATURE DE BERNADETTE, LA (1972)
CORPS CÉLESTES, LES (1973)
APPRENTICESHIP OF DUDDY KRAVITZ, THE (1974)
TI-CUL TOUGAS (1975)
LIENS DE SANG, LES (1977)
MOURIR À TUE-TÊTE (1979)
AFFAIRE COFFIN, L' (1980)
CHEMIN DE DAMAS, LE (1988)
OREILLE D'UN SOURD, L' (1996)
J'EN SUIS! (1997)
POLOCK, LE (1997)
AUJOURD'HUI OU JAMAIS (1998)
QUAND JE SERAI PARTI... VOUS VIVREZ ENCORE (1998)
COMMENT MA MÈRE ACCOUCHA DE MOI DURANT SA MÉNOPAUSE (2003)
BONHEUR C'EST UNE CHANSON TRISTE, LE (2004)
FAMILIA (2005)

LANDAU, Martin
acteur américain (1933-)
GAZEBO, THE (1959)
NORTH BY NORTHWEST (1959)
CLEOPATRA (1963)
GREATEST STORY EVER TOLD, THE (1965)
HALLELUJAH TRAIL, THE (1965)
NEVADA SMITH (1966)
THEY CALL ME MISTER TIBBS! (1970)
METEOR (1979)
TUCKER: THE MAN AND HIS DREAM (1988)
CRIMES AND MISDEMEANORS (1989)
PAINT IT BLACK (1989)
BY DAWN'S EARLY LIGHT (1990)
MISTRESS (1992)
SLIVER (1993)
ED WOOD (1994)
INTERSECTION (1994)
CITY HALL (1995)
ADVENTURES OF PINOCCHIO, THE (1996)
B.A.P.S. (1997)
ROUNDERS (1998)
X-FILES: THE MOVIE (1998)
BONANNO: A GODFATHER'S STORY (1999)
ED TV (1999)
MAJESTIC, THE (2001)
ARYAN COUPLE, THE (2004)
CITY OF EMBER (2008)

LANE, Diane
actrice américaine (1965-)
LITTLE ROMANCE, A (1979)
OUTSIDERS, THE (1983)
RUMBLE FISH (1983)
COTTON CLUB, THE (1984)
STREETS OF FIRE (1984)
BIG TOWN, THE (1987)
LONESOME DOVE (1989)
DESCENDING ANGEL (1990)
CHAPLIN (1992)
KNIGHT MOVES (1992)
MY NEW GUN (1992)
INDIAN SUMMER (1993)
OLDEST CONFEDERATE WIDOW TELLS ALL (1994)
JUDGE DREDD (1995)
STREETCAR NAMED DESIRE, A (1995)
WILD BILL (1995)
JACK (1996)
MURDER AT 1600 (1997)
GRACE AND GLORIE (1998)
WALK ON THE MOON, A (1998)
MY DOG SKIP (2000)
PERFECT STORM, THE (2000)
GLASS HOUSE (2001)
HARDBALL (2001)
UNFAITHFUL (2002)
UNDER THE TUSCAN SUN (2003)
FIERCE PEOPLE (2005)
MUST LOVE DOGS (2005)
HOLLYWOODLAND (2006)
JUMPER (2008)
KILLSHOT (2008)
NIGHTS IN RODANTHE (2008)
UNTRACEABLE (2008)

LANE, Nathan
acteur américain (1956-)
ALICE IN WONDERLAND (1985)
FRANKIE AND JOHNNY (1991)
ADDAMS FAMILY VALUES, THE (1993)
LIFE WITH MIKEY (1993)
BIRDCAGE, THE (1996)
MOUSE HUNT (1997)
AT FIRST SIGHT (1998)
ISN'T SHE GREAT (1999)
LOVE'S LABOUR'S LOST (1999)
MAN WHO CAME TO DINNER, THE (2000)
TRIXIE (2000)
WIN A DATE WITH TAD HAMILTON (2004)
PRODUCERS, THE (2005)
SWING VOTE (2008)

LANG, Stephen
acteur américain (1952-)
STONE PILLOW (1985)
BAND OF THE HAND (1986)
CRIME STORY (1986)
MANHUNTER (1986)
LAST EXIT TO BROOKLYN (1989)
ANOTHER YOU (1991)
HARD WAY, THE (1991)
GUILTY AS SIN (1993)
AMAZING PANDA ADVENTURE, THE (1995)
NIAGARA, NIAGARA (1997)
GODS AND GENERALS (2003)
I INSIDE, THE (2003)
SAVE ME (2007)

LANGE, Jessica
actrice américaine (1949-)
KING KONG (1976)
ALL THAT JAZZ (1979)
HOW TO BEAT THE HIGH COST OF LIVING? (1980)
POSTMAN ALWAYS RINGS TWICE, THE (1981)
FRANCES (1982)

TOOTSIE (1982)
CAT ON A HOT TIN ROOF (1984)
SWEET DREAMS (1985)
CRIMES OF THE HEART (1986)
EVERYBODY'S ALL-AMERICAN (1988)
FAR NORTH (1988)
MEN DON'T LEAVE (1989)
MUSIC BOX (1989)
BLUE SKY (1991)
CAPE FEAR (1991)
O PIONEERS! (1991)
NIGHT AND THE CITY (1992)
LOSING ISAIAH (1995)
ROB ROY (1995)
STREETCAR NAMED DESIRE, A (1995)
HUSH (1997)
THOUSAND ACRES, A (1997)
COUSIN BETTE (1998)
TITUS (1999)
BIG FISH (2003)
MASKED AND ANONYMOUS (2003)
NORMAL (2003)
BROKEN FLOWERS (2005)
DON'T COME KNOCKING (2005)
NEVERWAS (2005)
BONNEVILLE (2006)

LANGELLA, Frank
acteur américain (1940-)
TWELVE CHAIRS, THE (1970)
MAISON SOUS LES ARBRES, LA (1971)
ECCENTRICITIES OF A NIGHTINGALE, THE (1976)
DRACULA (1979)
SPHINX (1980)
AND GOD CREATED WOMAN (1987)
MASTERS OF THE UNIVERSE (1987)
1492: CONQUEST OF PARADISE (1992)
BRAINSCAN (1994)
BAD COMPANY (1995)
CUTTHROAT ISLAND (1995)
EDDIE (1996)
MOSES (1996)
LOLITA (1997)
ALEGRIA (1998)
NINTH GATE, THE (1999)
JASON AND THE ARGONAUTS (2000)
STARDOM (2000)
GOOD NIGHT, AND GOOD LUCK (2005)
SUPERMAN RETURNS (2006)
STARTING OUT IN THE EVENING (2007)
CALLER, THE (2008)
FROST/NIXON (2008)

LANOUX, Victor
acteur français (1936-)
AFFAIRE DOMINICI, L' (1973)
ADIEU POULET (1975)
COUSIN, COUSINE (1975)
FOLLE À TUER (1975)
UN MOMENT D'ÉGAREMENT (1977)
UNE FEMME À SA FENÊTRE (1977)
UN SI JOLI VILLAGE (1978)
AU BOUT DU BOUT DU BANC (1979)
CHIENS, LES (1979)
ROCKY II (1979)
UNE SALE AFFAIRE (1980)
BOULEVARD DES ASSASSINS (1982)
UN DIMANCHE DE FLIC (1982)
LOUISIANA (1983)
SMALA, LA (1984)
TRICHE, LA (1984)
VOLEURS DE LA NUIT, LES (1984)
LIEU DU CRIME, LE (1985)
SALE DESTIN! (1986)
ROUGE VENISE (1988)
BAL DES CASSE-PIEDS, LE (1991)
DÉMONS DE JÉSUS, LES (1996)
POSITION DE L'ESCARGOT, LA (1998)
REINES D'UN JOUR (2001)

LANSBURY, Angela
actrice anglaise (1925-)
GASLIGHT (1944)
NATIONAL VELVET (1944)
HARVEY GIRLS, THE (1945)
PICTURE OF DORIAN GRAY, THE (1945)
PRIVATE AFFAIRS OF BEL AMI, THE (1947)
STATE OF THE UNION (1948)
THREE MUSKETEERS, THE (1948)
SAMSON AND DELILAH (1950)
COURT JESTER, THE (1955)
LONG HOT SUMMER, THE (1958)
RELUCTANT DEBUTANTE, THE (1958)
BREATH OF SCANDAL, A (1960)
BLUE HAWAII (1961)
ALL FALL DOWN (1962)
MANCHURIAN CANDIDATE (1962)
DEAR HEART (1964)
WORLD OF HENRY ORIENT, THE (1964)
GREATEST STORY EVER TOLD, THE (1965)
HARLOW (1965)
BEDKNOBS AND BROOMSTICKS (1971)
DEATH ON THE NILE (1978)
LADY VANISHES, THE (1979)
MIRROR CRACK'D, THE (1980)
SWEENEY TODD: THE DEMON BARBER OF FLEET STREET (1982)
PIRATES OF PENZANCE, THE (1983)
COMPANY OF WOLVES, THE (1984)
MURDER, SHE WROTE (1984)
NANNY MCPHEE (2005)

LANVIN, Gérard
acteur français (1950-)
VOUS N'AUREZ PAS L'ALSACE ET LA LORRAINE (1977)
CHOIX DES ARMES, LE (1981)
TIR GROUPÉ (1982)
PRIX DU DANGER, LE (1983)
MARCHE À L'OMBRE (1984)
MOI VOULOIR TOI (1985)
SPÉCIALISTES, LES (1985)
FRÈRES PÉTARD, LES (1986)
MES MEILLEURS COPAINS (1989)
IL Y A DES JOURS... ET DES LUNES (1990)
BELLE HISTOIRE, LA (1991)
MARMOTTES, LES (1993)
FILS PRÉFÉRÉ, LE (1994)
MON HOMME (1996)
EN PLEIN CŒUR (1998)
PASSIONNÉMENT (1999)
GOÛT DES AUTRES, LE (2000)
MORSURES DE L'AUBE, LES (2000)
BOULET, LE (2001)
À LA PETITE SEMAINE (2003)
SAN ANTONIO (2004)
ENFANTS, LES (2005)
HÉROS DE LA FAMILLE, LE (2006)
PRIX À PAYER, LE (2007)

LaPAGLIA, Anthony
acteur australien (1959-)
29th STREET (1991)
INNOCENT BLOOD (1992)
WHISPERS IN THE DARK (1992)
CLIENT, THE (1994)
MIXED NUTS (1994)
COMMANDMENTS (1996)
PHOENIX (1998)
LANSKY (1999)
SUMMER OF SAM (1999)
SWEET AND LOWDOWN (1999)
AUTUMN IN NEW YORK (2000)
HOUSE OF MIRTH, THE (2000)
BANK, THE (2001)
LANTANA (2001)
SALTON SEA, THE (2001)
GUYS, THE (2002)
I'M WITH LUCY (2002)
WINTER SOLSTICE (2004)
PLAYED (2006)

LAPOINTE, Jean
acteur québécois (1935-)
YUL 871 (1966)
DEUX FEMMES EN OR (1970)
CHATS BOTTÉS, LES (1971)
O.K... LALIBERTÉ (1973)
ORDRES, LES (1974)
POMME, LA QUEUE ET LES PÉPINS, LA (1974)
EAU CHAUDE, L'EAU FRETTE, L' (1976)
J.A. MARTIN, PHOTOGRAPHE (1976)
TI-MINE, BERNIE PIS LA GANG (1976)
DUPLESSIS (1977)
ONE MAN (1977)
CHIENS-CHAUDS, LES (1980)
DING ET DONG: LE FILM (1990)
UNE HISTOIRE INVENTÉE (1990)
SARRASINE, LA (1992)
BOUTEILLE, LA (2000)
JEUNE FILLE À LA FENÊTRE, UNE (2000)
IMMORTELS, LES (2003)
DERNIER TUNNEL, LE (2004)
TRUFFE (2008)

LAROQUE, Michèle
actrice française (1960-)
AUX PETITS BONHEURS (1993)
PLUS BEAU MÉTIER DU MONDE, LE (1996)
MA VIE EN ROSE (1997)
SERIAL LOVER (1998)
PLACARD, LE (2000)
J'AI FAIM!!! (2001)
MALABAR PRINCESS (2004)
COMME T'Y ES BELLE (2006)
NEIGHBOR, THE (2007)
ENFIN VEUVE (2008)

LATIFAH, Queen
actrice américaine (1970-)
MY LIFE (1993)
SET IT OFF (1996)
LIVING OUT LOUD (1998)
SPHERE (1998)
BONE COLLECTOR, THE (1999)
MAMA AFRICA (2001)
BROWN SUGAR (2002)
CHICAGO (2002)
BRINGING DOWN THE HOUSE (2003)
TAXI (2004)
BEAUTY SHOP (2005)
LAST HOLIDAY (2006)
STRANGER THAN FICTION (2006)
HAIRSPRAY (2007)
MAD MONEY (2008)
SECRET LIFE OF BEES, THE (2008)
WHAT HAPPENS IN VEGAS (2008)

LAU, Andy
acteur chinois (1961-)
AS TEARS GO BY (1988)
GOD OF GAMBLERS (1990)
ISLAND OF FIRE (1990)
DAYS OF BEING WILD (1991)
SAVIOUR OF THE SOUL (1991)
FULL TIME KILLER (2001)
GOLDEN CHICKEN (2002)
INFERNAL AFFAIRS 3 (2003)
RUNNING ON KARMA (2003)
JIANG HU (2004)
SECRET DES POIGNARDS VOLANTS, LE (2004)
WORLD WITHOUT THIEVES, A (2004)
YESTERDAY ONCE MORE (2004)
PROTEGE (2007)
LOOK FOR A STAR (2009)

LAUGHTON, Charles
acteur anglais (1899-1962)
PICCADILLY (1929)
OLD DARK HOUSE, THE (1932)
ISLAND OF LOST SOULS (1933)
PRIVATE LIFE OF HENRY VIII, THE (1933)
SIGN OF THE CROSS, THE (1933)
BARRETTS OF WIMPOLE STREET (1934)
MISÉRABLES, LES (1935)
MUTINY ON THE BOUNTY (1935)
RUGGLES OF RED GAP (1935)
REMBRANDT (1936)
ST. MARTIN'S LANE (1938)
HUNCHBACK OF NOTRE-DAME (1939)
JAMAICA INN (1939)
IT STARTED WITH EVE (1941)
TALES OF MANHATTAN (1942)
TUTTLES OF TAHITI, THE (1942)
THIS LAND IS MINE (1943)
CANTERVILLE GHOST, THE (1944)
CAPTAIN KIDD (1946)
ARCH OF TRIUMPH (1947)
PARADINE CASE, THE (1947)
BIG CLOCK, THE (1948)
MAN ON THE EIFFEL TOWER, THE (1948)
O. HENRY'S FULL HOUSE (1951)
STRANGE DOOR, THE (1951)
SALOME (1953)
YOUNG BESS (1953)
HOBSON'S CHOICE (1954)
WITNESS FOR THE PROSECUTION (1957)
SPARTACUS (1960)
ADVISE AND CONSENT (1962)

LAURE, Carole
actrice québécoise (1948-)
IXE-13 (1971)
CORPS CÉLESTES, LES (1973)
MORT D'UN BÛCHERON, LA (1973)
SWEET MOVIE (1974)
BORN FOR HELL (1975)
TÊTE DE NORMANDE ST-ONGE, LA (1975)
ANGE ET LA FEMME, L' (1977)
MENACE, LA (1977)
PRÉPAREZ VOS MOUCHOIRS (1977)
JUMENT-VAPEUR, LA (1978)
AU REVOIR... À LUNDI (1979)

FANTASTICA (1980)
CROQUE LA VIE (1981)
UN ASSASSIN QUI PASSE (1981)
VICTORY (1981)
MARIA CHAPDELAINE (1983)
À MORT L'ARBITRE (1984)
STRESS (1984)
SAUVE-TOI LOLA (1986)
NIGHT MAGIC (1988)
NUIT AVEC HORTENSE, LA (1988)
SWEET COUNTRY (1988)
THANK YOU SATAN (1988)
ELLES NE PENSENT QU'À ÇA (1993)
RATS & RABBITS (1999)
FILS DE MARIE, LES (2002)
BELLE BÊTE, LA (2006)

LAUREL, Stan
acteur anglais (1890-1965)
BATTLE OF THE CENTURY, THE (1927)
DO DETECTIVES THINK? (1927)
FLYING ELEPHANTS (1927)
PUTTING PANTS ON PHILIP (1927)
SUGAR DADDIES (1927)
WITH LOVE AND HISSES (1927)
EARLY TO BED (1928)
FINISHING TOUCH (1928)
FROM SOUP TO NUTS (1928)
TWO TARS (1928)
WE FAW DOWN (1928)
YOU'RE DARN TOOTIN' (1928)
ANGORA LOVE (1929)
BIG BUSINESS (1929)
DOUBLE WHOOPEE (1929)
LIBERTY (1929)
THAT'S MY WIFE (1929)
THEY GO BOOM (1929)
UNACCUSTOMED AS WE ARE (1929)
WRONG AGAIN (1929)
PARDON US (1931)
HOLLYWOOD PARTY (1934)
SONS OF THE DESERT (1934)
BONNIE SCOTLAND (1935)
DEVIL'S BROTHER, THE (1935)
OUR RELATIONS (1936)
PICK A STAR (1937)
WAY OUT WEST (1937)
FLYING DEUCES (1939)
LAUREL & HARDY: BABES IN TOYLAND (1939)
MARCH OF THE WOODEN SOLDIERS (1939)
GREAT GUNS (1941)
BIG NOISE, THE (1944)
NOTHING BUT TROUBLE (1944)
BULLFIGHTERS, THE (1945)
UTOPIA (1950)
LAUREL & HARDY'S LAUGHING 20'S (1965)

LAURIE, Hugh
acteur anglais (1959-)
BIT OF FRY AND LAURIE, A (1986)
101 DALMATIANS (1996)
BORROWERS, THE (1997)
COUSIN BETTE (1998)
STUART LITTLE (1999)
GIRL FROM RIO (2001)
LIFE WITH JUDY GARLAND: ME & MY SHADOWS (2001)
MAYBE BABY (2001)
STUART LITTLE 2 (2002)
HOUSE (SEASON 2) (2005)
STUART LITTLE 3 - CALL OF THE WILD (2005)
STREET KINGS (2008)

LAURIE, Piper
actrice américaine (1932-)
FRANCIS GOES TO THE RACES (1951)
SON OF ALI BABA (1952)
HUSTLER, THE (1961)
CARRIE (1976)
RUBY (1977)
TIM (1979)
BUNKER, THE (1981)
MACBETH (1981)
RETURN TO OZ (1985)
CHILDREN OF A LESSER GOD (1986)
APPOINTMENT WITH DEATH (1988)
OTHER PEOPLE'S MONEY (1991)
STORYVILLE (1991)
RICH IN LOVE (1992)
TRAUMA (1993)
WRESTLING ERNEST HEMINGWAY (1993)
CROSSING GUARD, THE (1995)
GRASS HARP, THE (1996)
INHERIT THE WIND (1999)
EULOGY (2004)
DEAD GIRL, THE (2007)
HOUNDDOG (2007)

LAURIER, Charlotte
actrice québécoise (1966-)
BONS DÉBARRAS, LES (1979)
BONHEUR D'OCCASION (1983)
DAME EN COULEURS, LA (1984)
PORTES TOURNANTES, LES (1988)
TISSERANDS DU POUVOIR, LES (1988)
VENT DE GALERNE (1988)
PARTY, LE (1990)
UNE HISTOIRE INVENTÉE (1990)
MONTRÉAL VU PAR... (1991)
J'EN SUIS! (1997)
2 SECONDES (1998)
QUELQUE CHOSE D'ORGANIQUE (1998)

LAURIER, Lucie
actrice québécoise (1975-)
ANNE TRISTER (1986)
DIABLE À QUATRE, LE (1988)
FILLES DE CALEB, LES (1990)
LOVE-MOI (1991)
C'ÉTAIT LE 12 DU 12 ET CHILI AVAIT LES BLUES (1993)
J'AIME, J'AIME PAS (1995)
LISTE NOIRE (1995)
ASSIGNMENT, THE (1997)
STILETTO DANCE (2001)
COMMENT MA MÈRE ACCOUCHA DE MOI DURANT SA MÉNOPAUSE (2003)
GRANDE SÉDUCTION, LA (2003)
À PART DES AUTRES (2004)
C'EST PAS MOI, C'EST L'AUTRE (2004)
FRANÇOIS EN SÉRIE (SAISON 1) (2005)
RENÉ LÉVESQUE (2005)
BON COP BAD COP (2006)
NITRO (2007)

LAVALLÉE, Diane
actrice québécoise (1955-)
HISTOIRES D'HIVER (1998)
KARMINA 2 (2001)
POISON D'AVRIL (2001)
20h17 RUE DARLING (2003)
MAMBO ITALIANO (2003)
ELLES ÉTAIENT CINQ (2004)
IDOLE INSTANTANÉE (2005)
GRAND DÉPART, LE (2008)

LAVANANT, Dominique
actrice française (1944-)
PARADE (1974)
SILENCE, ON TOURNE (1976)
DIABOLO MENTHE (1977)
BRONZÉS, LES (1978)
BRONZÉS FONT DU SKI, LES (1979)
CAUSE TOUJOURS, TU M'INTÉRESSES (1979)
LITTLE ROMANCE, A (1979)
CHEVAL D'ORGUEIL, LE (1980)
INSPECTEUR LA BAVURE (1980)
HOMMES PRÉFÈRENT LES GROSSES, LES (1981)
POURQUOI PAS NOUS? (1981)
Y A-T-IL UN FRANÇAIS DANS LA SALLE? (1982)
ATTENTION! UNE FEMME PEUT EN CACHER UNE AUTRE (1983)
COUP DE FOUDRE (1983)
PAPY FAIT DE LA RÉSISTANCE (1983)
LÉOPARD, LE (1984)
NANAS, LES (1984)
SMALA, LA (1984)
MARIAGE DU SIÈCLE, LE (1985)
RENDEZ-VOUS (1985)
DÉBUTANT, LE (1986)
FRÈRES PÉTARD, LES (1986)
MORT UN DIMANCHE DE PLUIE (1986)
AGENT TROUBLE (1987)
ŒIL AU BEUR(RE) NOIR, L' (1987)
SOIGNE TA DROITE! (1987)
FRACTURE DU MYOCARDE, LA (1989)
QUELQUES JOURS AVEC MOI (1989)
AMIES DE MA FEMME, LES (1992)
MADAME EDOUARD (2004)

LAVANT, Denis
acteur français (1961-)
MISÉRABLES, LES (1982)
COUP DE FOUDRE (1983)
VIVA LA VIE (1983)
BOY MEETS GIRL (1985)
PARTIR, REVENIR (1985)
MAUVAIS SANG (1986)
AMANTS DU PONT-NEUF, LES (1991)
PARTIE D'ÉCHECS, LA (1993)
VISIBLEMENT JE VOUS AIME (1995)
DON JUAN (1997)
BEAU TRAVAIL (1998)
PROMENONS-NOUS DANS LES BOIS (1999)
TUVALU (1999)
UN LONG DIMANCHE DE FIANÇAILLES (2004)
CAMPING SAUVAGE (2005)
MISTER LONELY (2007)
TOKYO! (2008)

LAW, Jude
acteur anglais (1972-)
WILDE (1997)
FINAL CUT (1998)
IMMORTALITY (1998)
MUSIC FROM ANOTHER ROOM (1998)
EXISTENZ (1999)
LOVE, HONOR & OBEY (1999)
TALENTED MR. RIPLEY, THE (1999)
ENEMY AT THE GATES (2000)
A.I. ARTIFICIAL INTELLIGENCE (2001)
ROAD TO PERDITION (2002)
COLD MOUNTAIN (2003)
ALFIE (2004)
CLOSER (2004)
I HEART HUCKABEES (2004)
LEMONY SNICKET'S A SERIES OF UNFORTUNATE EVENTS (2004)
SKY CAPTAIN AND THE WORLD OF TOMORROW (2004)
ALL THE KING'S MEN (2006)
BREAKING AND ENTERING (2006)
HOLIDAY, THE (2006)
MY BLUEBERRY NIGHTS (2007)
SLEUTH (2007)

LAWFORD, Peter
acteur anglais (1923-1984)
WHITE CLIFFS OF DOVER, THE (1943)
SON OF LASSIE (1945)
TWO SISTERS FROM BOSTON (1946)
GOOD NEWS (1947)
IT HAPPENED IN BROOKLYN (1947)
EASTER PARADE (1948)
JULIA MISBEHAVES (1948)
ON AN ISLAND WITH YOU (1948)
ROYAL WEDDING (1951)
IT SHOULD HAPPEN TO YOU (1954)
ADVISE AND CONSENT (1962)
SERGEANTS 3 (1962)
DEAD RINGER (1964)
HARLOW (1965)
BUONA SERA, MRS. CAMPBELL (1968)
HOOK, LINE AND SINKER (1968)
SALT AND PEPPER (1968)
APRIL FOOLS, THE (1969)
ONE MORE TIME (1969)

LAWRENCE, Martin
acteur allemand (1965-)
BOOMERANG (1992)
BAD BOYS (1995)
NOTHING TO LOSE (1997)
BLUE STREAK (1999)
LIFE (1999)
BIG MOMMA'S HOUSE (2000)
WHAT'S THE WORST THAT COULD HAPPEN? (2001)
BAD BOYS II (2003)
NATIONAL SECURITY (2003)
WILD HOGS (2007)

Le BIHAN, Samuel
acteur français (1965-)
TROIS COULEURS - ROUGE (1994)
CAPITAINE CONAN (1996)
COUSIN, LE (1997)
VÉNUS BEAUTÉ (INSTITUT) (1998)
PACTE DES LOUPS, LE (2000)
À LA FOLIE...PAS DU TOUT (2002)
MENTALE, LA (2002)
FUREUR (2003)
LAST SIGN, THE (2005)
DISCO (2008)

LE COQ, Bernard
acteur français (1950-)
DU SOLEIL PLEIN LES YEUX (1970)
À NOUS DEUX (1979)
TOUT LE MONDE PEUT SE TROMPER (1982)
THANK YOU SATAN (1988)
VAN GOGH (1991)
AMOK, IVRE D'AMOUR (1992)
CAPITAINE CONAN (1996)

CLOUD, THE (1998)
SE SOUVENIR DES BELLES CHOSES (2001)
AU PLUS PRÈS DU PARADIS (2002)
FLEUR DU MAL, LA (2002)
DEMOISELLE D'HONNEUR, LA (2004)
CACHÉ (2005)

LEACHMAN, Cloris
actrice américaine (1926-)
DAISY MILLER (1974)
HIGH ANXIETY (1977)
S.O.S. TITANIC (1979)
HERBIE GOES BANANAS (1980)
WALK LIKE A MAN (1987)
PRANCER (1989)
MUSIC OF THE HEART (1999)
AMATI GIRLS, THE (2000)
HANGING UP (2000)
MANNA FROM HEAVEN (2002)
SPANGLISH (2004)
CALIFORNIANS, THE (2005)
MRS. HARRIS (2005)
BEERFEST (2006)
WOMEN, THE (2008)

LEARY, Denis
acteur américain (1957-)
DEMOLITION MAN (1993)
JUDGMENT NIGHT (1993)
NEON BIBLE, THE (1994)
REF, THE (1994)
NATIONAL LAMPOON'S FAVORITE DEADLY SINS (1995)
OPERATION DUMBO DROP (1995)
TWO IF BY SEA (1995)
MATCHMAKER, THE (1997)
MONUMENT AVE. (1997)
REAL BLONDE, THE (1997)
SECOND CIVIL WAR (1997)
SUBWAY STORIES (1997)
SUICIDE KINGS (1997)
WAG THE DOG (1997)
SMALL SOLDIERS (1998)
WIDE AWAKE (1998)
THOMAS CROWN AFFAIR (1999)
TRUE CRIME (1999)
LAKEBOAT (2000)
DOUBLE WHAMMY (2001)
SECRET LIVES OF DENTISTS, THE (2003)
RECOUNT (2008)

LÉAUD, Jean-Pierre
acteur français (1944-)
400 COUPS, LES (1958)
TESTAMENT D'ORPHÉE, LE (1959)
ALPHAVILLE (1965)
PIERROT LE FOU (1965)
MASCULIN, FÉMININ (1966)
WEEK-END (1967)
BAISERS VOLÉS (1968)
GAI SAVOIR, LE (1968)
PORCHERIE (1969)
DOMICILE CONJUGAL (1970)
2 ANGLAISES ET LE CONTINENT, LES (1971)
DERNIER TANGO À PARIS, LE (1972)
MAMAN ET LA PUTAIN, LA (1973)
NUIT AMÉRICAINE, LA (1973)
AMOUR EN FUITE, L' (1978)
CASSURE, LA (1982)
DÉTECTIVE (1985)
JANE B. PAR AGNÈS V. (1987)
36 FILLETTE (1988)
BUNKER PALACE HOTEL (1989)
J'AI ENGAGÉ UN TUEUR (1991)
VIE DE BOHÈME, LA (1992)
PERSONNE NE M'AIME (1993)
CENT ET UNE NUITS, LES (1994)
JOURNAL D'UN SÉDUCTEUR, LE (1995)
IRMA VEP (1996)
POUR RIRE! (1996)
UNE AFFAIRE DE GOÛT (1999)
PORNOGRAPHE, LE (2001)
AVENTURES D'ANTOINE DOINEL, LES (2004)

LEDGER, Heath
acteur australien (1979-2008)
10 THINGS I HATE ABOUT YOU (1999)
TWO HANDS (1999)
PATRIOT, THE (2000)
KNIGHT'S TALE, A (2001)
MONSTER'S BALL (2001)
FOUR FEATHERS, THE (2002)
NED KELLY (2003)
ORDER, THE (2003)
BROKEBACK MOUNTAIN (2005)
BROTHERS GRIMM (2005)
CASANOVA (2005)
LORDS OF DOGTOWN (2005)
CANDY (2006)
I'M NOT THERE (2007)
DARK KNIGHT, THE (2008)
THE IMAGINARIUM OF DOCTOR PARNASSUS (2008)

LEDOYEN, Virginie
actrice française (1976-)
EXPLOITS D'UN JEUNE DON JUAN, LES (1986)
MARMOTTES, LES (1993)
CÉRÉMONIE, LA (1995)
FILLE SEULE, LA (1995)
MA 6-T VA CRACK-ER (1997)
EN PLEIN CŒUR (1998)
FIN AOÛT, DÉBUT SEPTEMBRE (1998)
JEANNE ET LE GARÇON FORMIDABLE (1998)
SOLDIER'S DAUGHTER NEVER CRIES, A (1998)
BEACH, THE (2000)
MISÉRABLES, LES (2000)
8 FEMMES (2001)
DE L'AMOUR (2001)
BON VOYAGE! (2003)
SAINT ANGE (2004)
BACKWOODS, THE (2006)
DOUBLURE, LA (2006)
UN BAISER S'IL VOUS PLAÎT (2007)
MES AMIS, MES AMOURS (2008)

LEE CURTIS, Jamie
actrice américaine (1958-)
HALLOWEEN (1978)
FOG, THE (1979)
ROAD GAMES (1979)
TERROR TRAIN (1979)
PROM NIGHT (1980)
HALLOWEEN II (1981)
LOVE LETTERS (1983)
TRADING PLACES (1983)
ADVENTURES OF BUCKAROO BANZAI ACROSS THE 8th DIMENSION, THE (1984)
PERFECT (1985)
AMAZING GRACE AND CHUCK (1987)
UN HOMME AMOUREUX (1987)
DOMINICK AND EUGENE (1988)
FISH CALLED WANDA, A (1988)
BLUE STEEL (1989)
QUEENS LOGIC (1990)
MY GIRL (1991)
FOREVER YOUNG (1992)
MOTHER'S BOYS (1993)
MY GIRL II (1994)
TRUE LIES (1994)
FIERCE CREATURES (1996)
HALLOWEEN H20: TWENTY YEARS LATER (1998)
DROWNING MONA (2000)
DADDY AND THEM (2001)
TAILOR OF PANAMA, THE (2001)
FREAKY FRIDAY (2003)
CHRISTMAS WITH THE KRANKS (2004)
KID AND I, THE (2005)

LEE, Christopher
acteur anglais (1922-)
HAMLET (1948)
CAPTAIN HORATIO HORNBLOWER (1951)
CRIMSON PIRATE, THE (1952)
MOULIN ROUGE (1952)
BITTER VICTORY (1957)
BLOOD OF DRACULA (1957)
CURSE OF FRANKENSTEIN, THE (1957)
CORRIDORS OF BLOOD (1958)
HORROR OF DRACULA (1958)
TALE OF TWO CITIES, A (1958)
HOUND OF THE BASKERVILLES, THE (1959)
MAN WHO COULD CHEAT DEATH, THE (1959)
MUMMY, THE (1959)
HANDS OF ORLAC, THE (1960)
TOO HOT TO HANDLE (1960)
HERCULES IN THE HAUNTED WORLD (1961)
TWO FACES OF DR. JEKYLL, THE (1961)
HERCULE CONTRE LES VAMPIRES (1962)
GORGON, THE (1964)
DR. TERROR'S HOUSE OF HORRORS (1965)
FACE OF FU MANCHU, THE (1965)
SKULL, THE (1965)
BRIDES OF FU MANCHU, THE (1966)
CIRCUS OF FEAR (1966)
RASPUTIN THE MAD MONK (1966)
THEATRE OF DEATH (1966)
CASTLE OF THE WALKING DEAD (1967)
DEVIL RIDES OUT, THE (1968)
DRACULA HAS RISEN FROM THE GRAVE (1968)
SYMPATHY FOR THE DEVIL (1968)
VENGEANCE OF FU MANCHU, THE (1968)
MAGIC CHRISTIAN, THE (1969)
NUITS DE DRACULA, LES (1969)
OBLONG BOX, THE (1969)
OBLONG BOX, THE / SCREAM AND SCREAM AGAIN (1969)
SCREAM AND SCREAM AGAIN (1969)
TASTE THE BLOOD OF DRACULA (1969)
BLOODY JUDGE, THE (1970)
EUGENIE (1970)
HOUSE THAT DRIPPED BLOOD (1970)
I, MONSTER (1970)
JULIUS CAESAR (1970)
PRIVATE LIFE OF SHERLOCK HOLMES, THE (1970)
SCARS OF DRACULA, THE (1970)
HANNIE CAULDER (1971)
CREEPING FLESH, THE (1972)
DRACULA A.D. 1972 (1972)
HORROR EXPRESS (1972)
SATANIC RITES OF DRACULA (1973)
FOUR MUSKETEERS, THE (1974)
MAN WITH THE GOLDEN GUN, THE (1974)
MUSKETEERS, THE (1974)
THREE MUSKETEERS, THE (1974)
WICKER MAN, THE (1974)
IN SEARCH OF DRACULA (1975)
TO THE DEVIL... A DAUGHTER (1976)
AIRPORT '77 (1977)
STARSHIP INVASIONS (1977)
CIRCLE OF IRON (1978)
RETURN FROM WITCH MOUNTAIN (1978)
1941 (1979)
BEAR ISLAND (1979)
CAPTAIN AMERICA II (1980)
SALAMANDER, THE (1980)
EYE FOR AN EYE, AN (1981)
HOUSE OF THE LONG SHADOWS (1982)
HOWLING II: YOUR SISTER IS A WEREWOLF (1986)
MANY FACES OF SHERLOCK HOLMES (1986)
SHAKA ZULU (1986)
RETURN OF THE MUSKETEERS, THE (1989)
RÉVOLUTION FRANÇAISE 2: LES ANNÉES TERRIBLES, LA (1989)
GREMLINS 2: THE NEW BATCH (1990)
TREASURE ISLAND (1990)
POLICE ACADEMY VII: MISSION TO MOSCOW (1994)
EDGAR ALLAN POE - TALES OF MYSTERY AND IMAGINATION (1995)
MOSES (1996)
TALE OF THE MUMMY (1998)
GORMENGHAST (2000)
STAR WARS EPISODE II: ATTACK OF THE CLONES (2002)
RIVIÈRES POURPRES II: LES ANGES DE L'APOCALYPSE (2003)
STAR WARS EPISODE III - REVENGE OF THE SITH (2005)
TIM BURTON'S CORPSE BRIDE (2005)

LEE, Danny
acteur chinois (1953-)
SUPER INFRAMAN (1975)
INFRA-MAN (1976)
MIGHTY PEKING MAN, THE (1977)
CITY ON FIRE (1987)
CITY WAR (1988)
KILLER, THE (1989)
KILLERS TWO (1989)
ORGANIZED CRIME & TRIAD BUREAU (1993)

LEE, Jason
acteur américain (1970-)
MALLRATS (1995)
CHASING AMY (1996)
WEAPONS OF MASS DISTRACTION (1997)
DOGMA (1999)
MUMFORD (1999)

ALMOST FAMOUS (2000)
STEALING HARVARD (2002)
DREAMCATCHER (2003)
I LOVE YOUR WORK (2003)
BALLAD OF JACK AND ROSE, THE (2005)
MY NAME IS EARL (SEASON 1) (2005)
ALVIN AND THE CHIPMUNKS (2007)

LEE, Spike
acteur américain (1956-)
SHE'S GOTTA HAVE IT (1986)
SCHOOL DAZE (1988)
DO THE RIGHT THING (1989)
MO' BETTER BLUES (1990)
JUNGLE FEVER (1991)
MALCOLM X (1992)
CROOKLYN (1994)
CLOCKERS (1995)
LUMIÈRE ET COMPAGNIE (1995)
GIRL 6 (1996)

LEFEBVRE, Jean
acteur français (1919-2004)
VENDETTA, LA (1961)
FAITES SAUTER LA BANQUE (1964)
NE NOUS FÂCHONS PAS (1966)
GENDARME EN BALADE, LE (1970)
J'AI MON VOYAGE! (1973)
MAIS OÙ DONC EST PASSÉE LA SEPTIÈME COMPAGNIE? (1973)
ON A RETROUVÉ LA SEPTIÈME COMPAGNIE (1975)
SEPTIÈME COMPAGNIE AU CLAIR DE LUNE, LA (1977)
FREDDY (1978)
ILS SONT FOUS, CES SORCIERS (1978)
BORSALINI, LES (1979)
BRACONNIER DE DIEU, LE (1982)
ON N'EST PAS SORTI DE L'AUBERGE (1982)
SALUT LA PUCE (1982)
SOUS LE SIGNE DU POISSON (1991)

LeGROS, James
acteur américain (1962-)
SOLARBABIES (1986)
PHANTASM II (1988)
POINT BREAK (1991)
MY NEW GUN (1992)
FLOUNDERING (1993)
LIVING IN OBLIVION (1994)
BOYS (1996)
INFINITY (1996)
THURSDAY (1998)
COMMON GROUND (2000)
LOVELY AND AMAZING (2001)
SCOTLAND, PA (2001)
CATCH THAT KID (2004)
NOVEMBER (2004)
TRUST THE MAN (2005)
LAST WINTER, THE (2007)

LEGUIZAMO, John
acteur colombien (1964-)
CARLITO'S WAY (1993)
PYROMANIAC'S LOVE STORY, A (1995)
EXECUTIVE DECISION (1996)
WILLIAM SHAKESPEARE'S ROMEO & JULIET (1996)
BROTHER'S KISS, A (1997)
SPAWN (1997)
FROGS FOR SNAKES (1999)
JOE THE KING (1999)
SUMMER OF SAM (1999)
KING OF THE JUNGLE, THE (2000)
TITAN A.E. (2000)
COLLATERAL DAMAGE (2001)
MOULIN ROUGE (2001)
WHAT'S THE WORST THAT COULD HAPPEN? (2001)
EMPIRE (2002)
SPUN (2002)
CRÓNICAS (2004)
ASSAULT ON PRECINCT 13 (2005)
LAND OF THE DEAD (2005)
LIES & ALIBIS (2006)
BABYSITTERS, THE (2007)
LOVE IN THE TIME OF CHOLERA (2007)
WHERE GOD LEFT HIS SHOES (2007)
HAPPENING, THE (2008)
RIGHTEOUS KILL (2008)

LEIGH, Janet
actrice américaine (1927-2004)
ACT OF VIOLENCE (1948)
HOLIDAY AFFAIR (1949)
LITTLE WOMEN (1949)
THAT FORSYTE WOMAN (1949)
JET PILOT (1950)
ANGELS IN THE OUTFIELD (1951)
TWO TICKETS TO BROADWAY (1951)
NAKED SPUR, THE (1952)
SCARAMOUCHE (1952)
HOUDINI (1953)
PRINCE VALIANT (1953)
BLACK SHIELD OF FALWORTH, THE (1954)
PETE KELLY'S BLUES (1954)
MY SISTER EILEEN (1955)
PERFECT FURLOUGH, THE (1958)
TOUCH OF EVIL (1958)
VIKINGS, THE (1958)
PSYCHO (1960)
MANCHURIAN CANDIDATE (1962)
BYE BYE BIRDIE (1963)
HARPER (1966)
GRAND SLAM (1967)
NIGHT OF THE LEPUS (1972)
FOG, THE (1979)
HALLOWEEN H20: TWENTY YEARS LATER (1998)

LEMERCIER, Valérie
actrice française (1964-)
MILOU EN MAI (1989)
BAL DES CASSE-PIEDS, LE (1991)
VISITEURS, LES (1993)
SABRINA (1995)
VENDREDI SOIR (2002)
FAUTEUILS D'ORCHESTRE (2005)
PALAIS ROYAL! (2005)
HÉROS DE LA FAMILLE, LE (2006)

LEMMON, Jack
acteur américain (1925-2001)
IT SHOULD HAPPEN TO YOU (1954)
MISTER ROBERTS (1955)
MY SISTER EILEEN (1955)
THREE FOR THE SHOW (1955)
BELL, BOOK AND CANDLE (1958)
COWBOY (1958)
IT HAPPENED TO JANE (1959)
SOME LIKE IT HOT (1959)
APARTMENT, THE (1960)
DAYS OF WINE AND ROSES (1962)
IRMA LA DOUCE (1963)
HOW TO MURDER YOUR WIFE (1964)
GREAT RACE, THE (1965)
FORTUNE COOKIE, THE (1966)
LUV (1967)
ODD COUPLE, THE (1967)
APRIL FOOLS, THE (1969)
OUT-OF-TOWNERS, THE (1969)
AVANTI! (1972)
SAVE THE TIGER (1972)
WAR BETWEEN MEN AND WOMEN, THE (1972)
FRONT PAGE, THE (1974)
PRISONER OF SECOND AVENUE, THE (1975)
AIRPORT '77 (1977)
CHINA SYNDROME, THE (1978)
TRIBUTE (1980)
BUDDY BUDDY (1981)
MISSING (1981)
MASS APPEAL (1984)
MACARONI (1985)
THAT'S LIFE! (1986)
LONG DAY'S JOURNEY INTO NIGHT (1987)
DAD (1989)
JFK (1991)
GLENGARRY GLEN ROSS (1992)
PLAYER, THE (1992)
GRUMPY OLD MEN (1993)
LIFE IN THE THEATER, A (1993)
SHORT CUTS (1993)
GRUMPIER OLD MEN (1995)
GRASS HARP, THE (1996)
WEEKEND IN THE COUNTRY, A (1996)
12 ANGRY MEN (1997)
OUT TO SEA (1997)
ODD COUPLE II, THE (1998)
INHERIT THE WIND (1999)

LEONI, Téa
actrice américaine (1966-)
BAD BOYS (1995)
FLIRTING WITH DISASTER (1996)
DEEP IMPACT (1998)
FAMILY MAN, THE (2000)
JURASSIC PARK III (2001)
HOLLYWOOD ENDING (2002)
PEOPLE I KNOW (2002)
HOUSE OF D (2004)
SPANGLISH (2004)
FUN WITH DICK AND JANE (2005)
YOU KILL ME (2007)
GHOST TOWN (2008)

LÉOTARD, Philippe
acteur français (1940-2001)
MAX ET LES FERRAILLEURS (1970)
2 ANGLAISES ET LE CONTINENT, LES (1971)
GUEULE OUVERTE, LA (1973)
KAMOURASKA (1973)
PAS SI MÉCHANT QUE ÇA (1974)
CHAT ET LA SOURIS, LE (1975)
FRENCH CONNECTION II (1975)
JUGE FAYARD DIT «LE SHÉRIF», LE (1977)
VA VOIR MAMAN, PAPA TRAVAILLE (1977)
PETITE SIRÈNE, LA (1980)
QUAND TU SERAS DÉBLOQUÉ, FAIS-MOI SIGNE (1981)
BALANCE, LA (1982)
CHOC, LE (1982)
MORA... (1982)
PARADIS POUR TOUS (1982)
FAUVES, LES (1983)
TCHAO PANTIN (1983)
FEMMES DE PERSONNE (1984)
NI AVEC TOI, NI SANS TOI (1984)
PIRATE, LA (1984)
TANGOS: L'EXIL DE GARDEL (1985)
ÉTAT DE GRÂCE, L' (1986)
JANE B. PAR AGNÈS V. (1987)
TESTAMENT D'UN POÈTE JUIF ASSASSINÉ, LE (1987)
IL Y A DES JOURS... ET DES LUNES (1990)
ÉLISA (1994)
MISÉRABLES DU XXe SIÈCLE, LES (1995)

LETO, Jared
acteur américain (1971-)
COOL & THE CRAZY (1994)
PREFONTAINE (1997)
SWITCHBACK (1997)
THIN RED LINE, THE (1998)
URBAN LEGEND (1998)
BLACK AND WHITE (1999)
FIGHT CLUB (1999)
GIRL, INTERRUPTED (1999)
AMERICAN PSYCHO (2000)
REQUIEM FOR A DREAM (2000)
ALEXANDER (2005)
LORD OF WAR (2005)
LONELY HEARTS (2006)
CHAPTER 27 (2007)

LÉTOURNEAU, Anne
actrice québécoise (1957-)
TAUREAU (1972)
PARLEZ-NOUS D'AMOUR (1976)
ARRACHE-CŒUR, L' (1979)
PLOUFFE, LES (1981)
CRIME D'OVIDE PLOUFFE, LE (1984)
FLAG (1987)
DIABLE À QUATRE, LE (1988)
TISSERANDS DU POUVOIR 2: LA RÉVOLTE, LES (1988)
TISSERANDS DU POUVOIR, LES (1988)
DAMES GALANTES (1990)
DANSEURS DU MOZAMBIQUE, LES (1991)
AUTOMNE SAUVAGE, L' (1992)
HOMME DE MA VIE, L' (1992)
UN CAPITALISME SENTIMENTAL (2008)

LEUNG CHIU WAI, Tony
acteur chinois (1962-)
HARD BOILED (1992)
ASHES OF TIME (1994)
CHUNGKING EXPRESS (1994)
CYCLO (1995)
HAPPY TOGETHER (1997)
GORGEOUS (1999)
SILENCES DU DÉSIR, LES (2000)
TOKYO RAIDERS (2000)

LEVINE, Ted
acteur américain (1958-)
SILENCE OF THE LAMBS, THE (1991)
MANGLER, THE (1994)
GEORGIA (1995)
HEAT (1995)
FLUBBER (1997)
MOBY DICK (1997)
SWITCHBACK (1997)
WILD WILD WEST (1999)
MONK (2002)
TRUTH ABOUT CHARLIE, THE (2002)
WONDERLAND (2003)
BIRTH (2004)

MANCHURIAN CANDIDATE, THE (2004)
HILLS HAVE EYES, THE (2005)

LEWIS, Jerry
acteur américain (1926-)
MY FRIEND IRMA (1949)
AT WAR WITH THE ARMY (1950)
JUMPING JACKS (1951)
SCARED STIFF (1952)
CADDY, THE (1953)
MONEY FROM HOME (1953)
STOOGE, THE (1953)
ARTISTS AND MODELS (1955)
PARDNERS (1955)
DELICATE DELINQUENT, THE (1956)
HOLLYWOOD OR BUST (1956)
GEISHA BOY, THE (1958)
BELLBOY, THE (1960)
CINDERFELLA (1960)
ERRAND BOY, THE (1961)
LADIES' MAN, THE (1961)
IT'S A MAD, MAD, MAD, MAD WORLD (1963)
NUTTY PROFESSOR, THE (1963)
WHO'S MINDING THE STORE? (1963)
PATSY, THE (1964)
BOEING BOEING (1965)
FAMILY JEWELS, THE (1965)
BIG MOUTH, THE (1967)
DON'T RAISE THE BRIDGE LOWER THE RIVER (1967)
HOOK, LINE AND SINKER (1968)
WHICH WAY TO THE FRONT? (1970)
KING OF COMEDY, THE (1982)
RETENEZ-MOI... OU JE FAIS UN MALHEUR (1983)
PAR OÙ T'ES RENTRÉ, ON T'A PAS VU SORTIR (1984)
COOKIE (1989)
ARIZONA DREAM (1991)
MR. SATURDAY NIGHT (1992)
FUNNY BONES (1995)

LEWIS, Juliette
actrice américaine (1973-)
CROOKED HEARTS (1990)
CAPE FEAR (1991)
HUSBANDS AND WIVES (1992)
THAT NIGHT (1992)
KALIFORNIA (1993)
ROMEO IS BLEEDING (1993)
WHAT'S EATING GILBERT GRAPE? (1993)
MIXED NUTS (1994)
NATURAL BORN KILLERS (1994)
BASKETBALL DIARIES, THE (1995)
FROM DUSK TILL DAWN (1995)
STRANGE DAYS (1995)
EVENING STAR, THE (1996)
4th FLOOR, THE (1999)
OTHER SISTER, THE (1999)
ROOM TO RENT (2000)
PICTURE CLAIRE (2001)
ENOUGH (2002)
HYSTERICAL BLINDNESS (2002)
OLD SCHOOL (2002)
COLD CREEK MANOR (2003)
RENEGADE (2004)
STARSKY & HUTCH (2004)
AURORA BOREALIS (2005)
CATCH AND RELEASE (2006)

LHERMITTE, Thierry
acteur français (1952-)
BRONZÉS, LES (1978)
BRONZÉS FONT DU SKI, LES (1979)
ELLE VOIT DES NAINS PARTOUT (1982)
LÉGITIME VIOLENCE (1982)
PÈRE NOËL EST UNE ORDURE, LE (1982)
FEMME DE MON POTE, LA (1983)
INDIC, L' (1983)
STELLA (1983)
UN HOMME À MA TAILLE (1983)
RIPOUX, LES (1984)
ROIS DU GAG, LES (1984)
SMALA, LA (1984)
MARIAGE DU SIÈCLE, LE (1985)
DERNIER ÉTÉ À TANGER (1986)
NUIT D'IVRESSE (1986)
FUCKING FERNAND (1987)
FÊTE DES PÈRES, LA (1990)
PROMOTION CANAPÉ (1990)
RIPOUX CONTRE RIPOUX (1990)
DANSEURS DU MOZAMBIQUE, LES (1991)
SECRETS PROFESSIONNELS DU DR. APFELGLÜCK, LES (1991)
TOTALE, LA (1991)
FANFAN (1992)
TANGO (1992)
ZÈBRE, LE (1992)
ELLES N'OUBLIENT JAMAIS (1993)
VENGEANCE D'UNE BLONDE, LA (1993)
GROSSE FATIGUE (1994)
UN INDIEN DANS LA VILLE (1994)
AUGUSTIN (1995)
QUATRE GARÇONS PLEINS D'AVENIR (1996)
AMERICAN WEREWOLF IN PARIS (1997)
COMME DES ROIS (1997)
MARQUISE (1997)
DÎNER DE CONS, LE (1998)
PROF, LE (1999)
PLACARD, LE (2000)
PRINCE DU PACIFIQUE, LE (2000)
EFFROYABLES JARDINS (2002)
UNE AFFAIRE PRIVÉE (2002)
AND NOW LADIES & GENTLEMEN (2003)
CETTE FEMME-LÀ (2003)
DIVORCE, LE (2003)
MAUVAIS ESPRIT (2003)
RIPOUX 3, LES (2003)
SNOWBOARDER SURFEUR DES NEIGES (2003)
BRONZÉS 3, LES (2005)
COMME TOUT LE MONDE (2006)
CLEF, LA (2007)
NOTRE UNIVERS IMPITOYABLE (2008)

LI, Jet
acteur chinois (1963-)
ABBOT HAI TENG OF SHAOLIN (1988)
MASTER, THE (1989)
LEGEND OF THE SWORDSMAN (1991)
SWORDSMAN II (1992)
EAST IS RED, THE (1993)
LEGEND, THE (1993)
ONCE UPON A TIME IN CHINA II (1993)
ONCE UPON A TIME IN CHINA III (1993)
BODYGUARD FROM BEIJING (1994)
FIST OF LEGEND (1994)
NEW LEGEND OF SHAOLIN, THE (1994)
TAI CHI MASTER, THE (1994)
TWIN WARRIORS (1994)
ADVENTURERS, THE (1995)
HIGH RISK (1995)
MELTDOWN (1995)
MY FATHER IS A HERO (1995)
BLACK MASK (1996)
DEADLY CHINA HERO (1997)
ONCE UPON A TIME IN CHINA VI (1997)
HITMAN (1998)
LETHAL WEAPON 4 (1998)
ROMEO MUST DIE (2000)
KISS OF THE DRAGON (2001)
ONE, THE (2001)
HERO (2002)
CRADLE 2 THE GRAVE (2003)
UNLEASHED (2005)
FEARLESS (2006)
WAR (2007)
FORBIDDEN KINGDOM (2008)
MUMMY, THE - TOMB OF THE DRAGON EMPEROR (2008)

LILLARD, Matthew
acteur américain (1970-)
SERIAL MOM (1994)
HACKERS (1995)
MAD LOVE (1995)
S.L.C. PUNK! (1998)
SENSELESS (1998)
WITHOUT LIMITS (1998)
LOVE'S LABOUR'S LOST (1999)
FINDER'S FEE (2001)
SUMMER CATCH (2001)
THIRTEEN GHOSTS (2001)
SCOOBY-DOO: THE MOVIE (2002)
SCOOBY-DOO 2: MONSTERS UNLEASHED (2004)
WICKER PARK (2004)
WITHOUT A PADDLE (2004)

LIN, Brigitte
actrice chinoise (1954-)
ZU WARRIORS FROM THE MAGIC MOUNTAIN (1983)
JACKIE CHAN'S POLICE FORCE (1985)
LEGEND OF THE SWORDSMAN (1991)
SWORDSMAN II (1992)
BRIDE WITH WHITE HAIR II, THE (1993)
BRIDE WITH WHITE HAIR, THE (1993)
EAGLE SHOOTING HEROES (1993)
EAST IS RED, THE (1993)
ASHES OF TIME (1994)
CHUNGKING EXPRESS (1994)
ASHES OF TIME REDUX (2008)

LINDO, Delroy
acteur anglais (1952-)
BLOOD OF HEROES, THE (1989)
CROOKLYN (1994)
CLOCKERS (1995)
BROKEN ARROW (1996)
LIFE LESS ORDINARY, A (1997)
BOOK OF STARS, THE (1999)
CIDER HOUSE RULES, THE (1999)
GONE IN SIXTY SECONDS (2000)
ROMEO MUST DIE (2000)
HEIST (2001)
CORE, THE (2003)
DOMINO (2005)
SAHARA (2005)

LINDON, Vincent
acteur français (1959-)
FAUCON, LE (1983)
ADDITION, L' (1984)
PAROLE DE FLIC (1985)
37°2 LE MATIN (1986)
DERNIER ÉTÉ À TANGER (1986)
YIDDISH CONNECTION (1986)
UN HOMME AMOUREUX (1987)
ÉTUDIANTE, L' (1988)
LA BAULE-LES PINS (1989)
QUELQUES JOURS AVEC MOI (1989)
GASPARD ET ROBINSON (1990)
BELLE HISTOIRE, LA (1991)
NETCHAÏEV EST DE RETOUR (1991)
CRISE, LA (1992)
TOUT ÇA... POUR ÇA! (1992)
HAINE, LA (1995)
BELLE VERTE, LA (1996)
SEPTIÈME CIEL, LE (1997)
ÉCOLE DE LA CHAIR, L' (1998)
PAPARAZZI (1998)
MA PETITE ENTREPRISE (1999)
CHAOS (2001)
MERCREDI, FOLLE JOURNÉE! (2001)
FRÈRE DU GUERRIER, LE (2002)
VENDREDI SOIR (2002)
COÛT DE LA VIE, LE (2003)
FILLES UNIQUES (2003)
CONFIANCE RÈGNE, LA (2004)
AVION, L' (2005)
MOUSTACHE, LA (2005)
SELON CHARLIE (2006)
CEUX QUI RESTENT (2007)
JE CROIS QUE JE L'AIME (2007)
MES AMIS, MES AMOURS (2008)

LINNEY, Laura
actrice américaine (1964-)
TALES OF THE CITY (1993)
CONGO (1995)
ABSOLUTE POWER (1996)
PRIMAL FEAR (1996)
TRUMAN SHOW, THE (1998)
HOUSE OF MIRTH, THE (2000)
YOU CAN COUNT ON ME (2000)
FURTHER TALES OF THE CITY (2001)
MOTHMAN PROPHECIES, THE (2001)
LARAMIE PROJECT, THE (2002)
LIFE OF DAVID GALE, THE (2003)
LOVE ACTUALLY (2003)
MYSTIC RIVER (2003)
KINSEY (2004)
P.S. (2004)
DRIVING LESSONS (2005)
EXORCISM OF EMILY ROSE, THE (2005)
SQUID AND THE WHALE, THE (2005)
HOTTEST STATE, THE (2006)
JINDABYNE (2006)
MAN OF THE YEAR (2006)
BREACH (2007)
NANNY DIARIES (2007)
SAVAGES, THE (2007)
JOHN ADAMS (2008)

LIO
actrice portugaise (1963-)
GOLDEN EIGHTIES (1985)
CHAMBRE À PART (1989)
JALOUSIE (1990)
SALE COMME UN ANGE (1990)
APRÈS L'AMOUR (1991)
SANS UN CRI (1991)
PERSONNE NE M'AIME (1993)
CARNAGES (2002)
MARIAGES! (2005)

LIOTTA, Ray
acteur américain (1955-)
SOMETHING WILD (1986)
DOMINICK AND EUGENE (1988)
FIELD OF DREAMS (1989)
GOODFELLAS (1990)
ARTICLE 99 (1992)
UNLAWFUL ENTRY (1992)
CORRINA, CORRINA (1994)
NO ESCAPE (1994)
OPERATION DUMBO DROP (1995)
TURBULENCE (1996)
UNFORGETTABLE (1996)
COP LAND (1997)
PHOENIX (1998)
RAT PACK, THE (1998)
FOREVER MINE (1999)
MUPPETS FROM SPACE (1999)
RUMOR OF ANGELS, A (2000)
BLOW (2001)
HANNIBAL (2001)
HEARTBREAKERS (2001)
JOHN Q. (2001)
NARC (2002)
IDENTITY (2003)
CONTROL (2004)
LAST SHOT, THE (2004)
REVOLVER (2005)
BATTLE IN SEATTLE (2007)
EVEN MONEY (2007)
SMOKIN' ACES (2007)
WILD HOGS (2007)
CROSSING OVER (2009)
OBSERVE AND REPORT (2009)

LITHGOW, John
acteur américain (1945-)
OBSESSION (1975)
SECRET SERVICE (1977)
ALL THAT JAZZ (1979)
BLOW OUT (1981)
WORLD ACCORDING TO GARP, THE (1982)
DAY AFTER, THE (1983)
TERMS OF ENDEARMENT (1983)
TWILIGHT ZONE: THE MOVIE (1983)
2010: THE YEAR WE MAKE CONTACT (1984)
ADVENTURES OF BUCKAROO BANZAI ACROSS THE 8th DIMENSION, THE (1984)
FOOTLOOSE (1984)
SANTA CLAUS: THE MOVIE (1985)
MANHATTAN PROJECT, THE (1986)
MESMERIZED (1986)
HARRY AND THE HENDERSONS (1987)
DISTANT THUNDER (1988)
OUT COLD (1989)
MEMPHIS BELLE (1990)
AT PLAY IN THE FIELDS OF THE LORD (1991)
RICOCHET (1991)
RAISING CAIN (1992)
CLIFFHANGER (1993)
GOOD MAN IN AFRICA, A (1993)
PELICAN BRIEF, THE (1993)
PRINCESS CARABOO (1994)
SILENT FALL (1994)
CIVIL ACTION, A (1998)
HOMEGROWN (1998)
DON QUIXOTE (2000)
ORANGE COUNTY (2001)
LIFE AND DEATH OF PETER SELLERS, THE (2003)
KINSEY (2004)
CONFESSIONS OF A SHOPAHOLIC (2009)

LIU, Lucy
actrice américaine (1968-)
MATING HABITS OF THE EARTHBOUND HUMAN, THE (1999)
MOLLY (1999)
HOTEL (2001)
BALLISTIC: ECKS VS. SEVER (2002)
CYPHER (2002)
CHARLIE'S ANGELS: FULL THROTTLE (2003)
KILL BILL I (2003)
3 NEEDLES (2005)
DOMINO (2005)
LUCKY NUMBER SLEVIN (2006)
WATCHING THE DETECTIVES (2007)

LL COOL J
acteur américain (1968-)
HALLOWEEN H20: TWENTY YEARS LATER (1998)
WOO (1998)
DEEP BLUE SEA (1999)
CHARLIE'S ANGELS (2000)
ROLLERBALL (2001)
MINDHUNTERS (2004)
LAST HOLIDAY (2006)
DEAL, THE (2008)

LLOYD, Christopher
acteur américain (1938-)
ONE FLEW OVER THE CUCKOO'S NEST (1975)
GOIN' SOUTH (1978)
ONION FIELD, THE (1979)
BLACK MARBLE, THE (1980)
POSTMAN ALWAYS RINGS TWICE, THE (1981)
MR. MOM (1983)
TO BE OR NOT TO BE (1983)
ADVENTURES OF BUCKAROO BANZAI ACROSS THE EIGHT DIMENSION, THE (1984)
STAR TREK III: THE SEARCH FOR SPOCK (1984)
BACK TO THE FUTURE (1985)
CLUE (1985)
WALK LIKE A MAN (1987)
EIGHT MEN OUT (1988)
TRACK 29 (1988)
WHO FRAMED ROGER RABBIT? (1988)
BACK TO THE FUTURE II (1989)
DREAM TEAM, THE (1989)
BACK TO THE FUTURE III (1990)
ADDAMS FAMILY, THE (1991)
ADDAMS FAMILY VALUES, THE (1993)
DENNIS THE MENACE (1993)
PAGEMASTER, THE (1994)
RADIOLAND MURDERS (1994)
TWENTY BUCKS (1994)
THINGS TO DO IN DENVER WHEN YOU'RE DEAD (1995)
ANGELS IN THE ENDZONE (1996)
REAL BLONDE, THE (1997)
MY FAVORITE MARTIAN (1999)
ON THE EDGE (2001)
WIT (2001)
ADMISSIONS (2004)

LOGGIA, Robert
acteur américain (1930-)
SOMEBODY UP THERE LIKES ME (1955)
GREATEST STORY EVER TOLD, THE (1965)
REVENGE OF THE PINK PANTHER, THE (1978)
NINTH CONFIGURATION, THE (1979)
OFFICER AND A GENTLEMAN, AN (1981)
S.O.B. (1981)
TRAIL OF THE PINK PANTHER (1982)
WOMAN CALLED GOLDA, A (1982)
CURSE OF THE PINK PANTHER (1983)
PSYCHO II (1983)
SCARFACE (1983)
JAGGED EDGE (1985)
PRIZZI'S HONOR (1985)
THAT'S LIFE! (1986)
BELIEVERS, THE (1987)
GABY: A TRUE STORY (1987)
BIG (1988)
RELENTLESS (1989)
TRIUMPH OF THE SPIRIT (1989)
MARRYING MAN, THE (1991)
INNOCENT BLOOD (1992)
LIFEPOD (1993)
BAD GIRLS (1994)
I LOVE TROUBLE (1994)
HOLY MAN (1998)
WIDE AWAKE (1998)
JOAN OF ARC (1999)
RETURN TO ME (2000)
GALAXY FAR FAR AWAY, A (2001)
SHIPMENT, THE (2001)

LOGUE, Donal
acteur canadien (1966-)
MEDUSA: DARE TO BE TRUTHFUL (1992)
SIZE OF WATERMELONS, THE (1996)
METRO (1997)
BLADE (1998)
RUNAWAY BRIDE (1999)
PATRIOT, THE (2000)
REINDEER GAMES (2000)
TAO OF STEVE (2000)
TRACK DOWN (2000)
CONFIDENCE (2003)
JUST LIKE HEAVEN (2005)
CITIZEN DUANE (2006)

LOLLOBRIGIDA, Gina
actrice italienne (1927-)
ALINA (1950)
CARUSO, LA LÉGENDE D'UNE VOIX (1951)
FANFAN LA TULIPE (1951)
TRAQUÉS DANS LA VILLE (1951)
BELLES DE NUIT, LES (1952)
PAIN, AMOUR ET FANTAISIE (1953)
BEAT THE DEVIL (1954)
TRAPEZE (1955)
NOTRE-DAME DE PARIS (1956)
NEVER SO FEW (1959)
SOLOMON AND SHEBA (1959)
COME SEPTEMBER (1961)
STRANGE BEDFELLOWS (1964)
BAMBOLE, LE (1965)
HOTEL PARADISO (1966)
BUONA SERA, MRS. CAMPBELL (1968)
ADVENTURES OF PINOCCHIO, THE (1971)
XXL (1997)

LOM, Herbert
acteur tchèque (1917-2008)
HOTEL RESERVE (1945)
SEVENTH VEIL, THE (1945)
NIGHT AND THE CITY (1950)
LADYKILLERS, THE (1955)
WAR AND PEACE (1955)
THIRD MAN ON THE MOUNTAIN (1959)
NORTHWEST FRONTIER (1960)
SPARTACUS (1960)
EL CID (1961)
FRIGHTENED CITY (1961)
MYSTERIOUS ISLAND (1961)
PHANTOM OF THE OPERA, THE (1962)
SHOT IN THE DARK, A (1964)
GAMBIT (1966)
VILLA RIDES (1968)
JOURNEY TO THE FAR SIDE OF THE SUN (1969)
NUITS DE DRACULA, LES (1969)
CRY OF THE BANSHEE / MURDERS IN THE RUE MORGUE (1970)
DORIAN GRAY (1970)
MARK OF THE DEVIL (1970)
ASYLUM (1972)
AND NOW THE SCREAMING STARTS (1973)
RETURN OF THE PINK PANTHER, THE (1974)
TEN LITTLE INDIANS (1975)
TOUTE UNE VIE (1975)
PINK PANTHER STRIKES AGAIN, THE (1976)
REVENGE OF THE PINK PANTHER, THE (1978)
LADY VANISHES, THE (1979)
HOPSCOTCH (1980)
MAN WITH BOGART'S FACE, THE (1980)
TRAIL OF THE PINK PANTHER (1982)
CURSE OF THE PINK PANTHER (1983)
DEAD ZONE, THE (1983)
KING SOLOMON'S MINES (1985)
SON OF THE PINK PANTHER (1993)

LONE, John
acteur chinois (1952-)
ICEMAN (1984)
YEAR OF THE DRAGON (1985)
LAST EMPEROR, THE (1987)
SHADOW OF CHINA (1990)
M. BUTTERFLY (1993)
SHADOW, THE (1994)
RUSH HOUR 2 (2001)
PAPER MOON AFFAIR (2005)
WAR (2007)

LONG, Nia
actrice américaine (1970-)
MADE IN AMERICA (1993)
FRIDAY (1995)
LOVE JONES (1997)
SOUL FOOD (1997)
BEST MAN, THE (1999)
STIGMATA (1999)
BIG MOMMA'S HOUSE (2000)
ALFIE (2004)
ARE WE THERE YET? (2005)
PREMONITION (2007)

LONSDALE, Michael
acteur français (1931-)
BEHOLD A PALE HORSE (1964)
COPAINS, LES (1964)

MARIÉE ÉTAIT EN NOIR, LA (1967)
BAISERS VOLÉS (1968)
HIBERNATUS (1969)
ASSASSINS DE L'ORDRE, LES (1970)
SOUFFLE AU CŒUR, LE (1971)
VIEILLE FILLE, LA (1971)
DAY OF THE JACKAL, THE (1973)
FANTÔME DE LA LIBERTÉ, LE (1974)
SÉRIEUX COMME LE PLAISIR (1974)
STAVISKY (1974)
FOLLE À TUER (1975)
INDIA SONG (1975)
MONSIEUR KLEIN (1976)
MOONRAKER (1979)
BUNKER, THE (1981)
CHARIOTS OF FIRE (1981)
ENIGMA (1982)
ERENDIRA (1983)
HOLCROFT COVENANT, THE (1985)
NAME OF THE ROSE, THE (1986)
REMAINS OF THE DAY, THE (1993)
TRIAL, THE (1993)
JEFFERSON IN PARIS (1995)
NELLY ET MONSIEUR ARNAUD (1995)
MYSTÈRE DE LA CHAMBRE JAUNE, LE (2003)
5 X 2 (2004)
PRIX DU DÉSIR, LE (2004)
GENTILLE (2005)
MUNICH (2005)
GOYA'S GHOSTS (2006)
QUESTION HUMAINE, LA (2007)
UNE VIEILLE MAÎTRESSE (2007)

LOPEZ, Jennifer
actrice américaine (1970-)
MONEY TRAIN (1995)
BLOOD AND WINE (1996)
JACK (1996)
SELENA (1996)
ANACONDA (1997)
U-TURN (1997)
OUT OF SIGHT (1998)
CELL, THE (2000)
ANGEL EYES (2001)
WEDDING PLANNER, THE (2001)
ENOUGH (2002)
MAID IN MANHATTAN (2002)
GIGLI (2003)
JERSEY GIRL (2004)
SHALL WE DANCE? (2004)
MONSTER-IN-LAW (2005)
UNFINISHED LIFE, AN (2005)
BORDERTOWN (2006)

LOPEZ, Sergi
acteur espagnol (1965-)
CARESSES (1997)
TOREROS (1997)
WESTERN (1997)
LISBON (1998)
NOUVELLE ÈVE, LA (1998)
ENTRE LES JAMBES (1999)
RIEN À FAIRE (1999)
UNE LIAISON PORNOGRAPHIQUE (1999)
HARRY, UN AMI QUI VOUS VEUT DU BIEN (2000)
AU BONHEUR DES HOMMES (2001)
REINES D'UN JOUR (2001)
SOLO MIA (2001)
DÉCALAGE HORAIRE (2002)
DIRTY PRETTY THINGS (2002)
FILLES PERDUES, CHEVEUX GRAS (2002)
JANIS & JOHN (2003)
MOTS BLEUS, LES (2004)
PEINDRE OU FAIRE L'AMOUR (2005)
LABYRINTHE DE PAN, LE (2006)

LORAIN, Sophie
actrice québécoise (1957-)
SCANDALE (1982)
OMERTA II (1997)
FORTIER SÉRIE 1 (1999)
FORTIER SÉRIE 2 (2000)
ODYSSÉE D'ALICE TREMBLAY, L' (2002)
INVASIONS BARBARES, LES (2003)
MAMBO ITALIANO (2003)
MAMAN LAST CALL (2005)

LOREN, Sophia
actrice italienne (1934-)
TWO NIGHTS WITH CLEOPATRA (1953)
GOLD OF NAPLES, THE (1954)
CHANCE D'ÊTRE FEMME, LA (1957)
DESIRE UNDER THE ELMS (1957)
LEGEND OF THE LOST (1957)
PRIDE AND THE PASSION, THE (1957)
BLACK ORCHID, THE (1958)
HOUSEBOAT (1958)
KEY, THE (1958)
BREATH OF SCANDAL, A (1960)
HELLER IN PINK TIGHTS (1960)
IT STARTED IN NAPLES (1960)
MILLIONAIRESS, THE (1960)
TWO WOMEN (1960)
EL CID (1961)
MADAME SANS-GÊNE (1961)
BOCCACE 70 (1962)
FIVE MILES TO MIDNIGHT (1962)
FALL OF THE ROMAN EMPIRE, THE (1963)
MARIAGE À L'ITALIENNE (1964)
YESTERDAY, TODAY AND TOMORROW (1964)
LADY L (1965)
OPERATION CROSSBOW (1965)
ARABESQUE (1966)
COUNTESS FROM HONG KONG, A (1966)
FLEURS DU SOLEIL, LES (1969)
MAN OF LA MANCHA (1972)
BRIEF ENCOUNTER (1974)
VERDICT (1974)
CASSANDRA CROSSING, THE (1976)
UNE JOURNÉE PARTICULIÈRE (1977)
PRÊT-À-PORTER (1994)
GRUMPIER OLD MEN (1995)
SOLEIL (1997)
LIVES OF THE SAINTS (2004)

LORRE, Peter
acteur hongrois (1904-1964)
M LE MAUDIT (1931)
MAN WHO KNEW TOO MUCH, THE (1934)
CRIME AND PUNISHMENT (1935)
MAD LOVE (1935)
SECRET AGENT (1936)
STRANGE CARGO (1940)
STRANGER ON THE THIRD FLOOR (1940)
ALL THROUGH THE NIGHT (1941)
CASABLANCA (1941)
MALTESE FALCON, THE (1941)
THEY MET IN BOMBAY (1941)
INVISIBLE AGENT (1942)
ARSENIC AND OLD LACE (1944)
PASSAGE TO MARSEILLE (1944)
BLACK ANGEL (1946)
MY FAVORITE BRUNETTE (1947)
CASBAH (1948)
20,000 LEAGUES UNDER THE SEA (1954)
BEAT THE DEVIL (1954)
SILK STOCKINGS (1957)
VOYAGE TO THE BOTTOM OF THE SEA (1961)
FIVE WEEKS IN A BALLOON (1962)
TALES OF TERROR (1962)
COMEDY OF TERRORS, THE (1963)
RAVEN, THE (1963)
PATSY, THE (1964)

LOVITZ, Jon
acteur américain (1957-)
MR. DESTINY (1990)
MOM AND DAD SAVE THE WORLD (1992)
CITY SLICKERS II: THE LEGEND OF CURLY'S GOLD (1994)
NORTH (1994)
TRAPPED IN PARADISE (1994)
GREAT WHITE HYPE, THE (1996)
HIGH SCHOOL HIGH (1996)
SMALL TIME CROOKS (2000)
STEPFORD WIVES, THE (2004)
SOUTHLAND TALES (2007)

LOWE, Rob
acteur américain (1964-)
CLASS (1983)
OUTSIDERS, THE (1983)
HOTEL NEW HAMPSHIRE, THE (1984)
ST. ELMO'S FIRE (1985)
ABOUT LAST NIGHT (1986)
ILLEGALLY YOURS (1988)
MASQUERADE (1988)
BAD INFLUENCE (1990)
DARK BACKWARD, THE (1991)
WAYNE'S WORLD (1992)
SUDDENLY LAST SUMMER (1993)
STAND, THE (1994)
CONTACT (1997)
AUSTIN POWERS: THE SPY WHO SHAGGED ME (1999)
WEST WING, THE (SEASON I) (1999)
SPECIALS, THE (2000)
VIEW FROM THE TOP, A (2003)
SALEM'S LOT: THE MINISERIES (2004)

LOWENSOHN, Elina
acteur roumain (1966-)
SIMPLE MEN (1991)
AMATEUR (1994)
NADJA (1994)
I'M NOT RAPPAPORT (1996)
MAUVAIS GENRE (1997)
SOMBRE (1998)
SIX WAYS TO SUNDAY (1999)
QUICKSAND (2001)

LOY, Myrna
actrice américaine (1905-1993)
BEN-HUR (1926)
JAZZ SINGER (1927)
CONNECTICUT YANKEE, A (1931)
MASK OF FU MANCHU, THE (1932)
BROADWAY BILL (1934)
EVELYN PRENTICE (1934)
MANHATTAN MELODRAMA (1934)
THIN MAN, THE (1934)
GREAT ZIEGFELD, THE (1936)
LIBELED LADY (1936)
WIFE VERSUS SECRETARY (1936)
AFTER THE THIN MAN (1937)
DOUBLE WEDDING (1937)
TEST PILOT (1938)
TOO HOT TO HANDLE (1938)
ANOTHER THIN MAN (1939)
RAINS CAME, THE (1939)
I LOVE YOU AGAIN (1940)
LOVE CRAZY (1941)
SHADOW OF THE THIN MAN (1941)
THIN MAN GOES HOME, THE (1944)
BEST YEARS OF OUR LIVES, THE (1946)
BACHELOR AND THE BOBBY-SOXER, THE (1947)
SENATOR WAS INDISCREET, THE (1947)
SONG OF THE THIN MAN (1947)
MR. BLANDINGS BUILDS HIS DREAM HOUSE (1948)
RED PONY, THE (1949)
CHEAPER BY THE DOZEN (1950)
BELLES ON THEIR TOES (1952)
FROM THE TERRACE (1960)
MIDNIGHT LACE (1960)
APRIL FOOLS, THE (1969)

LUCAS, Josh
acteur américain (1971-)
AMERICAN PSYCHO (2000)
WEIGHT OF WATER, THE (2000)
BEAUTIFUL MIND, A (2001)
SESSION 9 (2001)
WHEN STRANGERS APPEAR (2001)
COASTLINES (2002)
SWEET HOME ALABAMA (2002)
HULK, THE (2003)
SECONDHAND LIONS (2003)
WONDERLAND (2003)
AROUND THE BEND (2004)
UNDERTOW (2004)
UNFINISHED LIFE, AN (2005)
GLORY ROAD (2006)
POSEIDON (2006)

LUCAS, Laurent
acteur français (1965-)
NOUVELLE ÈVE, LA (1998)
QUELQUE CHOSE D'ORGANIQUE (1998)
RIEN SUR ROBERT (1998)
HAUT LES CŒURS! (1999)
POLA X (1999)
HARRY, UN AMI QUI VOUS VEUT DU BIEN (2000)
DANS MA PEAU (2002)
QUI A TUÉ BAMBI? (2003)
RIRE ET CHÂTIMENT (2003)
TIRESIA (2003)
TOUT POUR L'OSEILLE (2003)
CALVAIRE (2004)
LEMMING (2005)
SUR LA TRACE D'IGOR RIZZI (2006)
CAPTURE, LA (2007)
CONTRE ENQUÊTE (2007)
TOI (2007)
ELLE VEUT LE CHAOS (2008)
MAMAN EST CHEZ LE COIFFEUR (2008)

LUCHINI, Fabrice
acteur français (1951-)
GENOU DE CLAIRE, LE (1970)
VIOLETTE NOZIÈRE (1977)
ET LA TENDRESSE?... BORDEL! (1978)
PERCEVAL LE GALLOIS (1978)

ET LA TENDRESSE?... BORDEL! II (1983)
NUITS DE LA PLEINE LUNE, LES (1984)
P.R.O.F.S. (1985)
CONSEIL DE FAMILLE (1986)
QUATRE AVENTURES DE REINETTE ET MIRABELLE (1986)
DISCRÈTE, LA (1990)
URANUS (1990)
RETOUR DE CASANOVA, LE (1992)
RIENS DU TOUT (1992)
TOUT ÇA... POUR ÇA! (1992)
ARBRE, LE MAIRE ET LA MÉDIATHÈQUE, L' (1993)
TOXIC AFFAIR (1993)
ANNÉE JULIETTE, L' (1994)
COLONEL CHABERT, LE (1994)
BEAUMARCHAIS L'INSOLENT (1996)
BOSSU, LE (1997)
RIEN SUR ROBERT (1998)
CONFIDENCES TROP INTIMES (2003)
COÛT DE LA VIE, LE (2003)
JEAN-PHILIPPE (2006)
MOLIÈRE (2006)
FILLE DE MONACO, LA (2008)
PARIS (2008)

LUGOSI, Bela
acteur hongrois (1882-1956)
DRACULA (1931)
MURDERS IN THE RUE MORGUE (1931)
CHANDU THE MAGICIAN (1932)
WHITE ZOMBIE (1932)
INTERNATIONAL HOUSE (1933)
ISLAND OF LOST SOULS (1933)
BLACK CAT, THE (1934)
RETURN OF CHANDU (1934)
MARK OF THE VAMPIRE (1935)
RAVEN, THE (1935)
INVISIBLE RAY, THE (1936)
SHADOW OF CHINATOWN, THE (1936)
SON OF FRANKENSTEIN (1938)
NINOTCHKA (1939)
BLACK FRIDAY (1940)
DEVIL BAT, THE (1940)
BLACK CAT, THE (1941)
INVISIBLE GHOST, THE (1941)
WOLF MAN, THE (1941)
GHOST OF FRANKENSTEIN, THE (1942)
NIGHT MONSTER (1942)
FRANKENSTEIN MEETS THE WOLF MAN (1943)
RETURN OF THE VAMPIRE, THE (1943)
BODY SNATCHER, THE (1945)
ABBOTT & COSTELLO MEET FRANKENSTEIN (1948)
BELA LUGOSI MEETS A BROOKLYN GORILLA (1952)
GLEN OR GLENDA? (1952)
BRIDE OF THE MONSTER (1954)
PLAN 9 FROM OUTER SPACE (1958)

LUPINO, Ida
actrice anglaise (1918-1995)
GAY DESPERADO (1936)
ADVENTURES OF SHERLOCK HOLMES, THE (1939)
THEY DRIVE BY NIGHT (1940)
HIGH SIERRA (1941)
SEA WOLF, THE (1941)
MOONTIDE (1942)
ESCAPE ME NEVER (1947)
ROAD HOUSE (1948)
LUST FOR GOLD (1949)
ON DANGEROUS GROUND (1951)
BEWARE, MY LOVELY (1952)
BIGAMIST, THE (1953)
BIG KNIFE, THE (1955)
JUNIOR BONNER (1972)
DEVIL'S RAIN, THE (1975)

LYNCH, Kelly
actrice américaine (1959-)
COCKTAIL (1988)
WARM SUMMER RAIN (1988)
DRUGSTORE COWBOY (1989)
ROAD HOUSE (1989)
DESPERATE HOURS (1990)
CURLY SUE (1991)
IMAGINARY CRIMES (1994)
HEAVEN'S PRISONERS (1995)
VIRTUOSITY (1995)
WHITE MAN'S BURDEN (1995)
MR. MAGOO (1997)
HOMEGROWN (1998)
CHARLIE'S ANGELS (2000)
JACKET, THE (2005)

LYNCH, Susan
actrice anglaise (1971-)
WAKING NED DEVINE (1998)
NORA (1999)
BEAUTIFUL CREATURES (2000)
FROM HELL (2001)
MORLANG (2002)
CASA DE LOS BABYS (2003)
ENDURING LOVE (2004)
DUANE HOPWOOD (2005)

LYONNE, Natasha
actrice américaine (1979-)
KRIPPENDORF'S TRIBE (1998)
AMERICAN PIE (1999)
BUT I'M A CHEERLEADER (1999)
DETROIT ROCK CITY (1999)
MODERN VAMPIRES (1999)
AMERICAN PIE 2 (2001)
GREY ZONE, THE (2001)
KATE & LEOPOLD (2001)
NIGHT AT THE GOLDEN EAGLE (2002)
PARTY MONSTER (2003)
AMERICA BROWN (2004)

MAC, Bernie
acteur américain (1958-2008)
ABOVE THE RIM (1994)
PLAYERS CLUB, THE (1998)
LIFE (1999)
OCEAN'S ELEVEN (2001)
BAD SANTA (2003)
BADDER SANTA (2003)
CHARLIE'S ANGELS: FULL THROTTLE (2003)
HEAD OF STATE (2003)
MR. 3000 (2004)
OCEAN'S 12 (2004)
GUESS WHO (2005)
SOUL MEN (2008)

MACCHIO, Ralph
acteur américain (1961-)
KARATE KID, THE (1984)
CROSSROADS (1986)
KARATE KID II, THE (1986)
DISTANT THUNDER (1988)
KARATE KID III, THE (1989)
TOO MUCH SUN (1990)
MY COUSIN VINNY (1992)
NAKED IN NEW YORK (1994)

MacDONALD, Jeanette
actrice américaine (1901-1965)
LOTTERY BRIDE, THE (1930)
MERRY WIDOW, THE (1935)
NAUGHTY MARIETTA (1935)
SAN FRANCISCO (1936)
FIREFLY, THE (1937)
MAYTIME (1937)
SWEETHEARTS (1937)
GIRL OF THE GOLDEN WEST, THE (1939)
BITTER SWEET (1940)
NEW MOON (1940)
I MARRIED AN ANGEL (1941)
CAIRO (1942)
FOLLOW THE BOYS (1944)
SUN COMES UP, THE (1948)
THREE DARING DAUGHTERS (1948)

MacDONALD, Kelly
actrice anglaise (1979-)
TRAINSPOTTING (1995)
STELLA DOES TRICKS (1996)
COUSIN BETTE (1998)
LOSS OF SEXUAL INNOCENCE, THE (1999)
MY LIFE SO FAR (1999)
SPLENDOR (1999)
GIRL IN THE CAFÉ, THE (2005)
NANNY MCPHEE (2005)
TRISTRAM SHANDY - A COCK & BULL STORY (2005)
NO COUNTRY FOR OLD MEN (2007)
CHOKE (2008)
IN THE ELECTRIC MIST (2009)

MacDOWELL, Andie
actrice américaine (1958-)
GREYSTOKE: THE LEGEND OF TARZAN (1983)
ST. ELMO'S FIRE (1985)
SEX, LIES, AND VIDEOTAPE (1989)
GREEN CARD (1990)
HUDSON HAWK (1991)
OBJECT OF BEAUTY, THE (1991)
PLAYER, THE (1992)
FOUR WEDDINGS AND A FUNERAL (1993)
GROUNDHOG DAY (1993)
SHORT CUTS (1993)
BAD GIRLS (1994)
UNSTRUNG HEROES (1995)
MICHAEL (1996)
MULTIPLICITY (1996)
END OF VIOLENCE, THE (1997)
MUPPETS FROM SPACE (1999)
MUSE, THE (1999)
CRUSH (2001)
ON THE EDGE (2001)
HARRISON'S FLOWERS (2002)
LAST SIGN, THE (2005)
INTERVENTION (2007)

MacLACHLAN, Kyle
acteur américain (1960-)
DUNE (1984)
BLUE VELVET (1986)
HIDDEN, THE (1987)
DOORS, THE (1991)
RICH IN LOVE (1992)
TWIN PEAKS: FIRE WALK WITH ME (1992)
AGAINST THE WALL (1993)
TRIAL, THE (1993)
FLINTSTONES, THE (1994)
SHOWGIRLS (1995)
TRIGGER EFFECT, THE (1996)
ONE NIGHT STAND (1997)
HAMLET (2000)
TIME CODE (2000)
XCHANGE (2000)
ME WITHOUT YOU (2001)
MIRANDA (2002)
LIBRARIAN, THE: QUEST FOR THE SPEAR (2004)
TOUCH OF PINK (2004)

MacLAINE, Shirley
actrice américaine (1934-)
ARTISTS AND MODELS (1955)
TROUBLE WITH HARRY, THE (1955)
AROUND THE WORLD IN 80 DAYS (1956)
MATCHMAKER, THE (1958)
ASK ANY GIRL (1959)
SOME CAME RUNNING (1959)
APARTMENT, THE (1960)
CAN-CAN (1960)
OCEAN'S 11 (1960)
ALL IN A NIGHT'S WORK (1961)
CHILDREN'S HOUR, THE (1961)
MY GEISHA (1961)
TWO FOR THE SEESAW (1962)
IRMA LA DOUCE (1963)
WHAT A WAY TO GO! (1964)
YELLOW ROLLS-ROYCE, THE (1965)
GAMBIT (1966)
WOMAN TIMES SEVEN (1967)
BLISS OF MRS. BLOSSOM, THE (1968)
SWEET CHARITY (1968)
TWO MULES FOR SISTER SARA (1969)
DESPERATE CHARACTERS (1970)
POSSESSION OF JOEL DELANEY, THE (1972)
TURNING POINT, THE (1977)
BEING THERE (1979)
CHANGE OF SEASONS, A (1980)
LOVING COUPLES (1980)
CANNONBALL RUN II, THE (1983)
TERMS OF ENDEARMENT (1983)
MADAME SOUSATZKA (1988)
STEEL MAGNOLIAS (1989)
WAITING FOR THE LIGHT (1989)
POSTCARDS FROM THE EDGE (1990)
DEFENDING YOUR LIFE (1991)
USED PEOPLE (1992)
WRESTLING ERNEST HEMINGWAY (1993)
GUARDING TESS (1994)
EVENING STAR, THE (1996)
MRS. WINTERBOURNE (1996)
JOAN OF ARC (1999)
BRUNO (2000)
BEWITCHED (2005)
IN HER SHOES (2005)
RUMOUR HAS IT ... (2005)
CLOSING THE RING (2007)
ANNE OF GREEN GABLES - A NEW BEGINNING (2008)

MacMURRAY, Fred
acteur américain (1908-1991)
ALICE ADAMS (1935)
HANDS ACROSS THE TABLE (1935)
PRINCESS COMES ACROSS, THE (1936)
TRAIL OF THE LONESOME PINE, THE (1936)
REMEMBER THE NIGHT (1939)
DIVE BOMBER (1941)
LADY IS WILLING, THE (1941)
STAR SPANGLED RHYTHM (1942)
ABOVE SUSPICION (1943)

DOUBLE INDEMNITY (1944)
MURDER, HE SAYS (1945)
SINGAPORE (1947)
MIRACLE OF THE BELLS, THE (1948)
BORDERLINE (1950)
CAINE MUTINY, THE (1953)
WOMAN'S WORLD (1954)
GOOD DAY FOR A HANGING (1959)
SHAGGY DOG, THE (1959)
APARTMENT, THE (1960)
ABSENT-MINDED PROFESSOR, THE (1961)
BON VOYAGE! (1962)
HAPPIEST MILLIONAIRE, THE (1967)

MACREADY, George
acteur américain (1909-1973)
SEVENTH CROSS, THE (1944)
STORY OF DR. WASSELL, THE (1944)
SONG TO REMEMBER, A (1945)
DOWN TO EARTH (1947)
GILDA (1947)
BIG CLOCK, THE (1948)
BLACK ARROW, THE (1948)
CORONER CREEK (1948)
KNOCK ON ANY DOOR (1949)
DESERT FOX, THE (1951)
GREEN GLOVE, THE (1952)
STRANGER WORE A GUN, THE (1952)
JULIUS CAESAR (1953)
VERA CRUZ (1953)
PATHS OF GLORY (1957)
ALLIGATOR PEOPLE, THE (1959)
TARAS BULBA (1962)
SEVEN DAYS IN MAY (1963)
CRÉATURES DE KOLOS, LES (1964)
DEAD RINGER (1964)
WHERE LOVE HAS GONE (1964)
GREAT RACE, THE (1965)
COUNT YORGA, VAMPIRE (1970)
TORA! TORA! TORA! (1970)
RETURN OF COUNT YORGA, THE (1971)

MACY, William H.
acteur américain (1950-)
THINGS CHANGE (1988)
HOMICIDE (1991)
WATER ENGINE, THE (1992)
CLIENT, THE (1994)
OLEANNA (1994)
FARGO (1995)
DOWN PERISCOPE (1996)
HIT ME (1996)
AIR FORCE ONE (1997)
BOOGIE NIGHTS (1997)
CIVIL ACTION, A (1998)
PSYCHO (1998)
HAPPY TEXAS (1999)
MAGNOLIA (1999)
MYSTERY MEN (1999)
NIGHT OF THE HEADLESS HORSEMAN (1999)
SLIGHT CASE OF MURDER, A (1999)
PANIC (2000)
STATE AND MAIN (2000)
FOCUS (2001)
COOLER, THE (2002)
DOOR TO DOOR (2002)
WELCOME TO COLLINWOOD (2002)
OUT OF ORDER (2003)
CELLULAR (2004)
WOOL CAP, THE (2004)
EDMOND (2005)
SAHARA (2005)
THANK YOU FOR SMOKING (2005)
BOBBY (2006)
NIGHTMARES AND DREAMSCAPES COLLECTION (2006)
HE WAS A QUIET MAN (2007)
WILD HOGS (2007)
DEAL, THE (2008)

MADIGAN, Amy
actrice américaine (1957-)
LOVE LETTERS (1983)
ALAMO BAY (1985)
PRINCE OF PENNSYLVANIA, THE (1988)
FIELD OF DREAMS (1989)
UNCLE BUCK (1989)
DARK HALF, THE (1993)
FEMALE PERVERSIONS (1996)
LOVED (1997)
POLLOCK (2000)
SHOT IN THE HEART (2001)
ADMISSIONS (2004)
CARNIVÀLE (SEASON II) (2005)
WINTER PASSING (2006)
GONE BABY GONE (2007)

MADONNA
actrice américaine (1958-)
DESPERATELY SEEKING SUSAN (1985)
SHANGHAI SURPRISE (1986)
WHO'S THAT GIRL? (1987)
BLOODHOUNDS OF BROADWAY (1989)
DICK TRACY (1990)
MADONNA: TRUTH OR DARE (1991)
SHADOWS AND FOG (1991)
BODY OF EVIDENCE (1992)
LEAGUE OF THEIR OWN, A (1992)
DANGEROUS GAME (1993)
MADONNA: THE GIRLIE SHOW - LIVE DOWN UNDER (1993)
BLUE IN THE FACE (1995)
FOUR ROOMS (1995)
EVITA (1996)
GIRL 6 (1996)
NEXT BEST THING, THE (2000)
DIE ANOTHER DAY (2002)
SWEPT AWAY (2002)

MADSEN, Michael
acteur américain (1959-)
KILL ME AGAIN (1989)
RESERVOIR DOGS (1991)
THELMA & LOUISE (1991)
STRAIGHT TALK (1992)
TROUBLE BOUND (1992)
FREE WILLY (1993)
MONEY FOR NOTHING (1993)
GETAWAY, THE (1994)
SPECIES (1995)
MULHOLLAND FALLS (1996)
DIARY OF A SERIAL KILLER (1997)
DONNIE BRASCO (1997)
LAST DAYS OF FRANKIE THE FLY, THE (1997)
DIE ANOTHER DAY (2002)
KILL BILL I (2003)
MY BOSS'S DAUGHTER (2003)
KILL BILL II (2004)
RENEGADE (2004)
BOARDING GATE (2007)
45 R.P.M. (2008)
HELL RIDE (2008)

MADSEN, Virginia
actrice américaine (1963-)
ELECTRIC DREAMS (1984)
SLAM DANCE (1987)
GOTHAM (1988)
HEART OF DIXIE (1989)
HOT SPOT, THE (1990)
CANDYMAN (1992)
PROPHECY, THE (1995)
JUST YOUR LUCK (1996)
RAINMAKER,THE (1997)
AMERICAN GUN (2002)
SIDEWAYS (2004)
STUART LITTLE 3 - CALL OF THE WILD (2005)
FIREWALL (2006)
PRAIRIE HOME COMPANION, A (2006)
ASTRONAUT FARMER, THE (2007)
NUMBER 23 (2007)
DIMINISHED CAPACITY (2008)

MAGIMEL, Benoît
acteur français (1974-)
PAPA EST PARTI, MAMAN AUSSI (1988)
VIE EST UN LONG FLEUVE TRANQUILLE, LA (1988)
CAHIER VOLÉ, LE (1992)
FILLE SEULE, LA (1995)
DÉJÀ MORT (1997)
ROI DANSE, LE (2000)
NID DE GUÊPES (2001)
PIANISTE, LA (2001)
EFFROYABLES JARDINS (2002)
FLEUR DU MAL, LA (2002)
RIVIÈRES POURPRES II: LES ANGES DE L'APOCALYPSE (2003)
DEMOISELLE D'HONNEUR, LA (2004)
CHEVALIERS DU CIEL, LES (2005)
SELON CHARLIE (2006)
24 MESURES (2007)
ENNEMI INTIME, L' (2007)
TRUANDS (2007)

MAGUIRE, Tobey
acteur américain (1975-)
JOYRIDE (1996)
ICE STORM, THE (1997)
PLEASANTVILLE (1998)
CIDER HOUSE RULES, THE (1999)
RIDE WITH THE DEVIL (1999)
WONDER BOYS (2000)
SPIDER-MAN (2002)
SEABISCUIT (2003)
SPIDER-MAN 2 (2004)
GOOD GERMAN, THE (2006)
SPIDER-MAN 3 (2007)

MAHONEY, John
acteur anglais (1940-)
MAN OF A THOUSAND FACES (1956)
QUATERMASS AND THE PIT (1967)
MANHATTAN PROJECT, THE (1986)
MOONSTRUCK (1987)
SUSPECT (1987)
TIN MEN (1987)
BETRAYED (1988)
EIGHT MEN OUT (1988)
FRANTIC (1988)
LOVE HURTS (1989)
SAY ANYTHING... (1989)
RUSSIA HOUSE, THE (1990)
BARTON FINK (1991)
WATER ENGINE, THE (1992)
FRASIER (SEASON I) (1993)
IN THE LINE OF FIRE (1993)
STRIKING DISTANCE (1993)
FRASIER (SEASON II) (1994)
HUDSUCKER PROXY, THE (1994)
REALITY BITES (1994)
AMERICAN PRESIDENT, THE (1995)
FRASIER (SEASON III) (1995)
PRIMAL FEAR (1996)
SHE'S THE ONE (1996)

MAIRESSE, Valérie
actrice française (1955-)
UNE CHANTE, L'AUTRE PAS, L' (1976)
UN SI JOLI VILLAGE (1978)
C'EST PAS MOI, C'EST LUI (1979)
SI MA GUEULE VOUS PLAÎT (1981)
BANZAÏ (1983)
FUNNY BOY (1987)
UN CRIME AU PARADIS (2000)
ENFIN VEUVE (2008)

MALAVOY, Christophe
acteur français (1952-)
DOSSIER 51, LE (1978)
BALANCE, LA (1982)
PÉRIL EN LA DEMEURE (1984)
VOYAGE, LE (1984)
BRAS DE FER (1985)
ASSOCIATION DE MALFAITEURS (1986)
FEMME DE MA VIE, LA (1986)
CRI DU HIBOU, LE (1987)
DE GUERRE LASSE (1987)
MADAME BOVARY (1991)
AMANTS DE LA RIVIÈRE ROUGE, LES (1996)
VILLE DONT LE PRINCE EST UN ENFANT, LA (1996)
CLOUD, THE (1998)

MALDEN, Karl
acteur américain (1914-)
13 RUE MADELEINE (1946)
KISS OF DEATH (1946)
GUNFIGHTER, THE (1950)
HALLS OF MONTEZUMA (1950)
WHERE THE SIDEWALK ENDS (1950)
STREETCAR NAMED DESIRE, A (1951)
I CONFESS (1953)
ON THE WATERFRONT (1954)
PHANTOM OF THE RUE MORGUE (1954)
BABY DOLL (1956)
BOMBERS B-52 (1957)
FEAR STRIKES OUT (1957)
POLLYANNA (1960)
GREAT IMPOSTOR, THE (1961)
ONE-EYED JACKS (1961)
ALL FALL DOWN (1962)
BIRDMAN OF ALCATRAZ (1962)
GYPSY (1962)
HOW THE WEST WAS WON (1962)
CHEYENNE AUTUMN (1964)
DEAD RINGER (1964)
CINCINNATI KID, THE (1965)
MURDERER'S ROW (1966)
NEVADA SMITH (1966)
BILLION DOLLAR BRAIN (1967)
BLUE (1968)
HOT MILLIONS (1968)
PATTON (1969)
CAT O'NINE TAILS, THE (1971)
WILD ROVERS (1971)
BEYOND THE POSEIDON ADVENTURE (1979)
METEOR (1979)
NUTS (1987)

MALET, Laurent
acteur français (1955-)
COMME UN BOOMERANG (1976)
LIENS DE SANG, LES (1977)
ROUTES DU SUD, LES (1978)
LÉGION SAUTE SUR KOLWEZI, LA (1980)
INVITATION AU VOYAGE (1982)
QUERELLE (1982)
VIVA LA VIE (1983)
À MORT L'ARBITRE (1984)
TIR À VUE (1984)
PARKING (1985)
PURITAINE, LA (1986)
SWORD OF GIDEON (1986)
FIRST CIRCLE, THE (1991)
MONSIEUR RIPOIS (1993)

MALKOVICH, John
acteur américain (1953-)
KILLING FIELDS, THE (1984)
PLACES IN THE HEART (1984)
DEATH OF A SALESMAN (1985)
ELENI (1985)
EMPIRE OF THE SUN (1987)
GLASS MENAGERIE, THE (1987)
MAKING MR. RIGHT (1987)
DANGEROUS LIAISONS (1988)
MILES FROM HOME (1988)
QUEENS LOGIC (1990)
SHELTERING SKY, THE (1990)
OBJECT OF BEAUTY, THE (1991)
SHADOWS AND FOG (1991)
ALIVE (1992)
JENNIFER 8 (1992)
OF MICE AND MEN (1992)
HEART OF DARKNESS (1993)
IN THE LINE OF FIRE (1993)
CONVENT, THE (1995)
PAR-DELÀ LES NUAGES (1995)
MARY REILLY (1996)
MULHOLLAND FALLS (1996)
OGRE, THE (1996)
CON AIR (1997)
MAN IN THE IRON MASK, THE (1998)
ROUNDERS (1998)
BEING JOHN MALKOVICH (1999)
LADIES ROOM (1999)
MESSENGER, THE: THE STORY OF JOAN OF ARC (1999)
RKO 281: BATTLE OVER CITIZEN KANE (1999)
TEMPS RETROUVÉ, LE (1999)
MISÉRABLES, LES (2000)
SHADOW OF THE VAMPIRE (2000)
JE RENTRE À LA MAISON (2001)
KNOCKAROUND GUYS (2002)
NAPOLÉON (2002)
RIPLEY'S GAME (2002)
JOHNNY ENGLISH (2003)
TALKING PICTURE, A (2003)
COLOR ME KUBRICK (2005)
HITCHHIKER'S GUIDE TO THE GALAXY (2005)
LIBERTINE, THE (2005)
ART SCHOOL CONFIDENTIAL (2006)
ERAGON (2006)
KLIMT (2006)
BURN AFTER READING (2008)
CHANGELING, THE (2008)
GARDENS OF THE NIGHT (2008)
IN TRANZIT (2008)

MALLETTE, Fanny
actrice québécoise (1975-)
FEMME QUI BOIT, LA (2000)
JEUNE FILLE À LA FENÊTRE, UNE (2000)
MUSES ORPHELINES, LES (2000)
GAZ BAR BLUES (2003)
DANS UNE GALAXIE PRÈS DE CHEZ VOUS (2004)
NOS ÉTÉS (2004)
CHEECH (2006)
NOS ÉTÉS (SAISON 2) (2006)
CONTINENTAL, UN FILM SANS FUSIL (2007)
LIGNE BRISÉE, LA (2008)
GRANDE OURSE - LA CLÉ DES POSSIBLES (2009)

MALONE, Dorothy
actrice américaine (1925-)
STEP LIVELY (1944)
BIG SLEEP, THE (1946)
SCARED STIFF (1952)
LAW AND ORDER (1953)
BATTLE CRY (1954)
YOUNG AT HEART (1954)
ARTISTS AND MODELS (1955)
SINCERELY YOURS (1955)
MAN OF A THOUSAND FACES (1956)
WRITTEN ON THE WIND (1956)
TARNISHED ANGELS, THE (1957)
WARLOCK (1959)
LAST VOYAGE, THE (1960)
BEACH PARTY (1963)
PEYTON PLACE: THE SERIES - PART ONE (1964)
BASIC INSTINCT (1992)
FIVE GUNS WEST (2002)

MALONE, Jena
actrice américaine (1984-)
BASTARD OUT OF CAROLINA (1996)
CONTACT (1997)
STEPMOM (1998)
BOOK OF STARS, THE (1999)
FOR LOVE OF THE GAME (1999)
DANGEROUS LIVES OF THE ALTAR BOYS (2002)
HITLER - THE RISE OF EVIL (2003)
UNITED STATES OF LELAND (2003)
SAVED! (2004)
BALLAD OF JACK AND ROSE, THE (2005)
FOUR LAST SONGS (2007)
GO-GETTER, THE (2007)
INTO THE WILD (2007)
RUINS, THE (2008)

MANOJLOVIC, Miki
acteur yougoslave (1950-)
PAPA EST EN VOYAGE D'AFFAIRES (1985)
AMÉRIQUE DES AUTRES, L' (1995)
UNDERGROUND (1995)
PORTRAITS CHINOIS (1996)
ARTEMISIA (1997)
CHAT NOIR, CHAT BLANC (1998)
EMPORTE-MOI (1998)
CABARET BALKAN (1999)
WHORE'S SON (2004)
ENFER, L' (2005)
IRINA PALM (2006)

MANTEGNA, Joe
acteur américain (1947-)
ELVIS: THE MOVIE (1979)
COMPROMISING POSITIONS (1985)
THREE AMIGOS! (1986)
HOUSE OF GAMES (1987)
SUSPECT (1987)
WEEDS (1987)
THINGS CHANGE (1988)
WAIT UNTIL SPRING, BANDINI (1989)
ALICE (1990)
GODFATHER III, THE (1990)
QUEENS LOGIC (1990)
BUGSY (1991)
HOMICIDE (1991)
BODY OF EVIDENCE (1992)
WATER ENGINE, THE (1992)
SEARCHING FOR BOBBY FISCHER (1993)
BABY'S DAY OUT (1994)
EYE FOR AN EYE (1995)
FORGET PARIS (1995)
NATIONAL LAMPOON'S FAVORITE DEADLY SINS (1995)
ALBINO ALLIGATOR (1996)
THINNER (1996)
UP CLOSE & PERSONAL (1996)
CELEBRITY (1998)
RAT PACK, THE (1998)
WONDERFUL ICE CREAM SUIT, THE (1998)
LIBERTY HEIGHTS (1999)
STATESIDE (2004)
EDMOND (2005)
KID AND I, THE (2005)
NINE LIVES (2005)
STARTER WIFE, THE (2007)
HANK AND MIKE (2008)

MARAIS, Jean
acteur français (1913-1998)
ÉTERNEL RETOUR, L' (1943)
BELLE ET LA BÊTE, LA (1946)
AIGLE À DEUX TÊTES, L' (1948)
PARENTS TERRIBLES, LES (1948)
ORPHÉE (1949)
ÉLÉNA ET LES HOMMES (1956)
TOUTE LA VILLE ACCUSE (1956)
NUITS BLANCHES (1957)
VIE À DEUX, LA (1958)
TESTAMENT D'ORPHÉE, LE (1959)
ENLEVÈMENT DES SABINES, L' (1961)
FANTÔMAS (1964)
FANTÔMAS SE DÉCHAÎNE (1965)
FANTÔMAS CONTRE SCOTLAND YARD (1967)
PEAU D'ÂNE (1970)
PARKING (1985)
MISÉRABLES DU XXe SIÈCLE, LES (1995)
STEALING BEAUTY (1996)

MARCEAU, Sophie
actrice française (1966-)
BOUM, LA (1980)
BOUM II, LA (1982)
FORT SAGANNE (1983)
JOYEUSES PÂQUES (1984)
AMOUR BRAQUE, L' (1985)
POLICE (1985)
DESCENTE AUX ENFERS (1986)
CHOUANS! (1988)
ÉTUDIANTE, L' (1988)
MES NUITS SONT PLUS BELLES QUE VOS JOURS (1989)
POUR SACHA (1991)
FANFAN (1992)
FILLE DE D'ARTAGNAN, LA (1994)
BRAVEHEART (1995)
PAR-DELÀ LES NUAGES (1995)
FIRELIGHT (1997)
LEO TOLSTOY'S ANNA KARENINA (1997)
MARQUISE (1997)
WORLD IS NOT ENOUGH, THE (1999)
BELPHÉGOR: LE FANTÔME DU LOUVRE (2001)
ALEX AND EMMA (2003)
JE RESTE! (2003)
ANTHONY ZIMMER (2005)
FEMMES DE L'OMBRE, LES (2008)

MARCH, Fredric
acteur américain (1897-1975)
DR. JEKYLL AND MR. HYDE (1932)
SMILIN' THROUGH (1932)
EAGLE AND THE HAWK, THE (1933)
SIGN OF THE CROSS, THE (1933)
BARRETTS OF WIMPOLE STREET (1934)
WE LIVE AGAIN (1934)
ANNA KARENINA (1935)
DARK ANGEL, THE (1935)
MISÉRABLES, LES (1935)
ANTHONY ADVERSE (1936)
MARY OF SCOTLAND (1936)
NOTHING SACRED (1937)
STAR IS BORN, A (1937)
SUSAN AND GOD (1940)
SO ENDS OUR NIGHT (1941)
I MARRIED A WITCH (1943)
ADVENTURES OF MARK TWAIN, THE (1944)
BEST YEARS OF OUR LIVES, THE (1946)
BRIDGES AT TOKO-RI, THE (1954)
EXECUTIVE SUITE (1954)
DESPERATE HOURS, THE (1955)
MAN IN THE GRAY FLANNEL SUIT, THE (1955)
ALEXANDER THE GREAT (1956)
INHERIT THE WIND (1960)
SEVEN DAYS IN MAY (1963)
HOMBRE (1967)
ICEMAN COMETH, THE (1973)

MARCHAND, Guy
acteur français (1939-)
ACROBATE, L' (1975)
ATTENTION LES YEUX (1975)
COUSIN, COUSINE (1975)
LOULOU (1979)
PLEIN SUD (1980)
GARDE À VUE (1981)
SOUS-DOUÉS EN VACANCES, LES (1981)
COUP DE FOUDRE (1983)
MORTELLE RANDONNÉE (1983)
P'TIT CON (1983)
STRESS (1984)
HOLD-UP (1985)
CONSEIL DE FAMILLE (1986)
ÉTÉ EN PENTE DOUCE, L' (1986)
NOYADE INTERDITE (1987)
BONJOUR L'ANGOISSE (1988)
MARIS, LES FEMMES, LES AMANTS, LES (1989)
RIPOUX CONTRE RIPOUX (1990)
NOUVEAU MONDE, LE (1995)
PLUS BEAU MÉTIER DU MONDE, LE (1996)
RUMBA, LA (1997)
BOÎTE, LA (2001)
MA FEMME S'APPELLE... MAURICE (2002)

MARGULIES, Julianna
actrice américaine (1966-)
NEWTON BOYS, THE (1998)
PRICE ABOVE RUBIES, A (1998)
DINOSAUR (2000)

WHAT'S COOKING? (2000)
MAN FROM ELYSIAN FIELDS, THE (2001)
MISTS OF AVALON (2001)
EVELYN (2002)
GHOST SHIP (2002)
HITLER - THE RISE OF EVIL (2003)
SLINGSHOT (2005)
BEAUTIFUL OHIO (2006)
LOST ROOM (2006)
SNAKES ON A PLANE (2006)

MARIELLE, Jean-Pierre
acteur français (1932-)
PEAU DE BANANE (1963)
FAITES SAUTER LA BANQUE (1964)
FEMMES, LES (1969)
SEX-SHOP (1972)
QUE LA FÊTE COMMENCE! (1974)
GALETTES DE PONT-AVEN, LES (1975)
PLUS ÇA VA, MOINS ÇA VA (1977)
UN MOMENT D'ÉGAREMENT (1977)
CAUSE TOUJOURS, TU M'INTÉRESSES (1979)
ENTOURLOUPE, L' (1979)
COUP DE TORCHON (1981)
PÉTROLE! PÉTROLE! (1981)
INDISCRÉTION, L' (1982)
HOLD-UP (1985)
TENUE DE SOIRÉE (1986)
DEUX CROCODILES, LES (1987)
QUELQUES JOURS AVEC MOI (1989)
URANUS (1990)
TOUS LES MATINS DU MONDE (1991)
MAX ET JÉRÉMIE (1992)
PARFUM D'YVONNE, LE (1993)
SOURIRE, LE (1993)
UN, DEUX, TROIS SOLEIL (1993)
GRANDS DUCS, LES (1995)
ÉLÈVE, L' (1996)
ACTEURS, LES (1999)
UNE POUR TOUTES (1999)
CLAUDE SAUTET OU LA MAGIE INVISIBLE (2003)
PETITE LILI, LA (2003)
DEMAIN ON DÉMÉNAGE (2004)
DA VINCI CODE, THE (2006)
GRAND MEAULNES, LE (2006)
FAUT QUE ÇA DANSE! (2007)

MARIN, Cheech
acteur américain (1946-)
UP IN SMOKE (1978)
CHEECH AND CHONG'S NICE DREAMS (1981)
THINGS ARE TOUGH ALL OVER (1982)
STILL SMOKIN' (1983)
YELLOWBEARD (1983)
AFTER HOURS (1985)
ECHO PARK (1985)
FATAL BEAUTY (1987)
GHOSTBUSTERS 2 (1989)
DESPERADO (1995)
FROM DUSK TILL DAWN (1995)
GREAT WHITE HYPE, THE (1996)
TIN CUP (1996)
PAULIE (1998)
PICKING UP THE PIECES (2000)
SPY KIDS (2001)
THIS SO-CALLED DISASTER (2003)
CHRISTMAS WITH THE KRANKS (2004)

MARSHALL, E.G.
acteur américain (1910-1998)
HOUSE ON 92nd STREET, THE (1944)
CALL NORTHSIDE 777 (1948)
BROKEN LANCE (1953)
CAINE MUTINY, THE (1953)
SILVER CHALICE, THE (1954)
LEFT HAND OF GOD, THE (1955)
12 ANGRY MEN (1957)
BUCCANEER, THE (1958)
CASH MC CALL (1959)
COMPULSION (1959)
TOWN WITHOUT PITY (1961)
CHASE, THE (1965)
BRIDGE AT REMAGEN, THE (1969)
PURSUIT OF HAPPINESS, THE (1970)
TORA! TORA! TORA! (1970)
PURSUIT (1972)
INTERIORS (1978)
SUPERMAN II (1980)
CREEPSHOW (1982)
SAIGON: YEAR OF THE CAT (1983)
POWER (1985)
NATIONAL LAMPOON'S CHRISTMAS VACATION (1989)
TWO EVIL EYES (1990)
CONSENTING ADULTS (1992)
NIXON (1995)
ABSOLUTE POWER (1996)

MARSHALL, Herbert
acteur anglais (1890-1966)
MURDER (1930)
BLONDE VENUS (1932)
DARK ANGEL, THE (1935)
GOOD FAIRY, THE (1935)
PAINTED VEIL, THE (1935)
ANGEL (1937)
FOREIGN CORRESPONDENT (1940)
LETTER, THE (1940)
LITTLE FOXES, THE (1941)
WHEN LADIES MEET (1941)
CRACK-UP (1946)
UNDERWORLD STORY, THE (1950)
ANGEL FACE (1952)
BLACK SHIELD OF FALWORTH, THE (1954)
FLY, THE / RETURN OF THE FLY (1958)

MARTIN, Dean
acteur américain (1917-1995)
MY FRIEND IRMA (1949)
AT WAR WITH THE ARMY (1950)
JUMPING JACKS (1951)
SCARED STIFF (1952)
CADDY, THE (1953)
MONEY FROM HOME (1953)
STOOGE, THE (1953)
ARTISTS AND MODELS (1955)
PARDNERS (1955)
HOLLYWOOD OR BUST (1956)
YOUNG LIONS, THE (1958)
RIO BRAVO (1959)
SOME CAME RUNNING (1959)
BELLS ARE RINGING, THE (1960)
OCEAN'S 11 (1960)
ALL IN A NIGHT'S WORK (1961)
SERGEANTS 3 (1962)
4 FOR TEXAS (1963)
COME BLOW YOUR HORN (1963)
TOYS IN THE ATTIC (1963)
KISS ME, STUPID (1964)
ROBIN AND THE SEVEN HOODS (1964)
WHAT A WAY TO GO! (1964)
MARRIAGE ON THE ROCKS (1965)
SONS OF KATIE ELDER, THE (1965)
MURDERER'S ROW (1966)
SILENCERS, THE (1966)
TEXAS ACROSS THE RIVER (1966)
AMBUSHERS, THE (1967)
ROUGH NIGHT IN JERICHO (1967)
5 CARD STUD (1968)
BANDOLERO! (1968)
WRECKING CREW, THE (1969)
AIRPORT (1970)
DEAN MARTIN RAT PACK (2004)

MARTIN, Steve
acteur américain (1945-)
JERK, THE (1979)
PENNIES FROM HEAVEN (1981)
DEAD MEN DON'T WEAR PLAID (1982)
MAN WITH TWO BRAINS, THE (1983)
ALL OF ME (1984)
LONELY GUY, THE (1984)
LITTLE SHOP OF HORRORS (1986)
THREE AMIGOS! (1986)
ROXANNE (1987)
DIRTY ROTTEN SCOUNDRELS (1988)
PARENTHOOD (1989)
MY BLUE HEAVEN (1990)
FATHER OF THE BRIDE (1991)
GRAND CANYON (1991)
L.A. STORY (1991)
HOUSESITTER (1992)
LEAP OF FAITH (1992)
AND THE BAND PLAYED ON (1993)
MIXED NUTS (1994)
SIMPLE TWIST OF FATE, A (1994)
FATHER OF THE BRIDE 2 (1995)
SGT. BILKO (1996)
SPANISH PRISONER, THE (1997)
BOWFINGER (1999)
OUT-OF-TOWNERS, THE (1999)
NOVOCAINE (2001)
BRINGING DOWN THE HOUSE (2003)
CHEAPER BY THE DOZEN (2003)
LOONEY TUNES: BACK IN ACTION (2003)
SHOPGIRL (2004)
CHEAPER BY THE DOZEN 2 (2005)
PINK PANTHER, THE (2006)
BABY MAMA (2008)
PINK PANTHER 2 (2009)

MARTIN, Tony
acteur australien (1955-)
TILL THE CLOUDS ROLL BY (1947)
CASBAH (1948)
TWO TICKETS TO BROADWAY (1951)
HERE COME THE GIRLS (1953)
EASY TO LOVE (1954)
HIT THE DECK (1955)
INTERVIEW, THE (1998)
INSPECTOR GADGET II (2003)

MARTINEZ, Olivier
acteur français (1964-)
PLEIN FER (1990)
IP5 - L'ÎLE AUX PACHYDERMES (1992)
UN, DEUX, TROIS SOLEIL (1993)
HUSSARD SUR LE TOIT, LE (1995)
MON HOMME (1996)
FEMME DE CHAMBRE DU TITANIC, LA (1997)
TOREROS (1997)
BEFORE NIGHT FALLS (2000)
UNFAITHFUL (2002)
ROMAN SPRING OF MRS. STONE, THE (2003)
S.W.A.T. (2003)
TAKING LIVES (2004)
BLOOD AND CHOCOLATE (2007)

MARVIN, Lee
acteur américain (1924-1987)
BIG HEAT, THE (1952)
DUEL AT SILVER CREEK, THE (1952)
HANGMAN'S KNOT (1952)
STRANGER WORE A GUN, THE (1952)
WE'RE NOT MARRIED (1952)
CAINE MUTINY, THE (1953)
GUN FURY (1953)
WILD ONE, THE (1953)
BAD DAY AT BLACK ROCK (1954)
PETE KELLY'S BLUES (1954)
I DIED A THOUSAND TIMES (1955)
NOT AS A STRANGER (1955)
SHACK OUT ON 101 (1955)
ATTACK! (1956)
SEVEN MEN FROM NOW (1956)
RAINTREE COUNTY (1957)
MISSOURI TRAVELER, THE (1958)
COMANCHEROS, THE (1961)
MAN WHO SHOT LIBERTY VALANCE, THE (1962)
DONOVAN'S REEF (1963)
KILLERS, THE (1964)
CAT BALLOU (1965)
SHIP OF FOOLS (1965)
PROFESSIONALS, THE (1966)
DIRTY DOZEN, THE (1967)
POINT BLANK (1967)
HELL IN THE PACIFIC (1968)
PAINT YOUR WAGON (1969)
MONTE WALSH (1970)
POCKET MONEY (1972)
PRIME CUT (1972)
EMPEROR OF THE NORTH (1973)
ICEMAN COMETH, THE (1973)
KLANSMAN, THE (1974)
BIG RED ONE, THE (1980)
DEATH HUNT (1981)
CANICULE (1983)
GORKY PARK (1983)
DELTA FORCE, THE (1986)

MARX, Groucho
acteur américain (1890-1977)
COCOANUTS, THE (1929)
ANIMAL CRACKERS (1930)
MONKEY BUSINESS (1931)
HORSE FEATHERS (1932)
DUCK SOUP (1934)
NIGHT AT THE OPERA, A (1935)
DAY AT THE RACES, A (1937)
AT THE CIRCUS (1938)
ROOM SERVICE (1938)
BIG STORE, THE (1941)
GO WEST (1941)
NIGHT IN CASABLANCA, A (1945)
COPACABANA (1947)
LOVE HAPPY (1949)
MR. MUSIC (1950)
DOUBLE DYNAMITE (1951)
WILL SUCCESS SPOIL ROCK HUNTER? (1956)
GROUCHO MARX: YOU BET YOUR LIFE: LOST EPISODES (2003)

MASON, James
acteur anglais (1909-1984)
MILL ON THE FLOSS, THE (1937)
HOTEL RESERVE (1945)
SEVENTH VEIL, THE (1945)

ODD MAN OUT (1946)
CAUGHT (1949)
EAST SIDE, WEST SIDE (1949)
MADAME BOVARY (1949)
DESERT FOX, THE (1951)
PANDORA AND THE FLYING DUTCHMAN (1951)
5 FINGERS (1952)
PRISONER OF ZENDA, THE (1952)
DESERT RATS, THE (1953)
JULIUS CAESAR (1953)
PRINCE VALIANT (1953)
20,000 LEAGUES UNDER THE SEA (1954)
STAR IS BORN, A (1954)
FOREVER DARLING (1955)
ISLAND IN THE SUN (1956)
JOURNEY TO THE CENTER OF THE EARTH (1959)
NORTH BY NORTHWEST (1959)
LOLITA (1962)
FALL OF THE ROMAN EMPIRE, THE (1963)
LORD JIM (1964)
PUMPKIN EATER, THE (1964)
BLUE MAX, THE (1966)
GEORGY GIRL (1966)
MAYERLING (1968)
AGE OF CONSENT (1969)
DE LA PART DES COPAINS (1970)
KILL! (1971)
FRANKENSTEIN - THE TRUE STORY (1973)
LAST OF SHEILA, THE (1973)
MACKINTOSH MAN, THE (1973)
AUTOBIOGRAPHY OF A PRINCESS (1975)
MANDINGO (1975)
JESUS OF NAZARETH (1976)
VOYAGE OF THE DAMNED (1976)
CROSS OF IRON (1977)
BOYS FROM BRAZIL, THE (1978)
HEAVEN CAN WAIT (1978)
MURDER BY DECREE (1978)
BLOODLINE (1979)
SALEM'S LOT: THE MOVIE (1979)
WATER BABIES, THE (1979)
FFOLKES (1980)
EVIL UNDER THE SUN (1981)
IVANHOE (1982)
VERDICT, THE (1982)
SHOOTING PARTY, THE (1984)

MASSARI, Léa
actrice italienne (1934-)
AVVENTURA, L' (1960)
COLOSSE DE RHODES, LE (1961)
CHARGE DES REBELLES, LA (1963)
CHOSES DE LA VIE, LES (1970)
SOUFFLE AU CŒUR, LE (1971)
PROFESSEUR, LE (1972)
FEMME EN BLEU, LA (1973)
ALLONSANFAN (1974)
ORDINATEUR DES POMPES FUNÈBRES, L' (1976)
CROCS DU DIABLE, LES (1977)
CHRIST S'EST ARRÊTÉ À EBOLI, LE (1979)
CÉLESTE (1981)
GAMBLER, LA (1981)
SARAH (1983)
7e CIBLE, LA (1984)

MASSEY, Raymond
acteur canadien (1896-1983)
OLD DARK HOUSE, THE (1932)
SCARLET PIMPERNEL, THE (1934)
THINGS TO COME (1936)
UNDER THE RED ROBE (1936)
HURRICANE, THE (1937)
DRUMS, THE (1938)
49TH PARALLEL, THE (1940)
ABE LINCOLN IN ILLINOIS (1940)
SANTA FE TRAIL (1940)
REAP THE WILD WIND (1942)
ACTION IN THE NORTH ATLANTIC (1943)
ARSENIC AND OLD LACE (1944)
WOMAN IN THE WINDOW, THE (1944)
STAIRWAY TO HEAVEN (1946)
MOURNING BECOMES ELECTRA (1947)
POSSESSED (1947)
FOUNTAINHEAD, THE (1949)
CHAIN LIGHTNING (1950)
DALLAS (1950)
DAVID AND BATHSHEBA (1951)
DESERT SONG, THE (1953)
BATTLE CRY (1954)
EAST OF EDEN (1955)
GREAT IMPOSTOR, THE (1961)
HOW THE WEST WAS WON (1962)

MASTERSON, Mary Stuart
actrice américaine (1967-)
HEAVEN HELP US (1984)
AT CLOSE RANGE (1985)
GARDENS OF STONE (1987)
SOME KIND OF WONDERFUL (1987)
MR. NORTH (1988)
CHANCES ARE (1989)
IMMEDIATE FAMILY (1989)
FUNNY ABOUT LOVE (1990)
FRIED GREEN TOMATOES (1991)
MARRIED TO IT (1991)
BENNY & JOON (1993)
BAD GIRLS (1994)
RADIOLAND MURDERS (1994)
BED OF ROSES (1995)
HEAVEN'S PRISONERS (1995)
DOGTOWN (1997)
DIGGING TO CHINA (1998)
BOOK OF STARS, THE (1999)
LEO (2002)
SISTERS, THE (2005)
WHISKEY SCHOOL (2005)

MASTROIANNI, Chiara
actrice italo-française (1972-)
MA SAISON PRÉFÉRÉE (1993)
COMMENT JE ME SUIS DISPUTÉ... (MA VIE SEXUELLE) (1995)
JOURNAL D'UN SÉDUCTEUR, LE (1995)
N'OUBLIE PAS QUE TU VAS MOURIR (1995)
TROIS VIES ET UNE SEULE MORT (1995)
VOLEURS, LES (1996)
NOWHERE (1997)
À VENDRE (1998)
TEMPS RETROUVÉ, LE (1999)
CARNAGES (2002)
SEARCHING FOR DEBRA WINGER (2002)
IL EST PLUS FACILE POUR UN CHAMEAU... (2003)
CHANSONS D'AMOUR, LES (2007)
PERSEPOLIS (2007)
CRIME EST NOTRE AFFAIRE, LE (2008)
UN CONTE DE NOËL (2008)

MASTROIANNI, Marcello
acteur italien (1924-1996)
CHANCE D'ÊTRE FEMME, LA (1957)
NUITS BLANCHES (1957)
PIGEON, LE (1958)
BEL ANTONIO, LE (1960)
DOLCE VITA, LA (1960)
DIVORCE À L'ITALIENNE (1961)
8 1/2 (1963)
CAMARADES, LES (1963)
MARIAGE À L'ITALIENNE (1964)
YESTERDAY, TODAY AND TOMORROW (1964)
DIXIÈME VICTIME, LA (1965)
FLEURS DU SOLEIL, LES (1969)
TEMPS DES AMANTS, LE (1969)
ÇA N'ARRIVE QU'AUX AUTRES (1971)
DIARY OF FORBIDDEN DREAMS (1972)
ÉVÉNEMENT LE PLUS IMPORTANT DEPUIS QUE L'HOMME A MARCHÉ SUR LA LUNE, L' (1973)
GRANDE BOUFFE, LA (1973)
REPRÉSAILLES (1973)
SALUT L'ARTISTE! (1973)
TOUCHE PAS LA FEMME BLANCHE (1973)
ALLONSANFAN (1974)
FEMME DU DIMANCHE, LA (1975)
MESDAMES ET MESSIEURS, BONSOIR (1976)
MAÎTRESSE LÉGITIME, LA (1977)
RÊVE DE SINGE (1977)
UNE JOURNÉE PARTICULIÈRE (1977)
FILLE, LA (1978)
MÉLODIE MEURTRIÈRE (1978)
CITÉ DES FEMMES, LA (1979)
GRAND EMBOUTEILLAGE, LE (1979)
DERRIÈRE LA PORTE (1982)
NUIT DE VARENNES, LA (1982)
GABRIELA (1983)
HISTOIRE DE PIERRA, L' (1983)
HENRY IV (1984)
BIG DEAL ON MADONNA STREET - 20 YEARS LATER (1985)
DEUX INCONNUS DANS LA VILLE (1985)
GINGER ET FRED (1985)
MACARONI (1985)
INTERVISTA (1987)
YEUX NOIRS, LES (1987)
QUELLE HEURE EST-IL? (1989)
DANS LA SOIRÉE (1990)
ILS VONT TOUS BIEN (1990)
PAS SUSPENDU DE LA CIGOGNE, LE (1991)
FINE ROMANCE, A (1992)
USED PEOPLE (1992)
I DON'T WANT TO TALK ABOUT IT (1993)
UN, DEUX, TROIS SOLEIL (1993)
CENT ET UNE NUITS, LES (1994)
PRÊT-À-PORTER (1994)
PAR-DELÀ LES NUAGES (1995)
TROIS VIES ET UNE SEULE MORT (1995)
VOYAGE AU DÉBUT DU MONDE (1997)

MATHIS, Samantha
actrice américaine (1970-)
PUMP UP THE VOLUME (1990)
THING CALLED LOVE, THE (1993)
LITTLE WOMEN (1994)
AMERICAN PRESIDENT, THE (1995)
JACK & SARAH (1995)
BROKEN ARROW (1996)
AMERICAN PSYCHO (2000)
MISTS OF AVALON (2001)
SALEM'S LOT: THE MINISERIES (2004)
NIGHTMARES AND DREAMSCAPES COLLECTION (2006)

MATTES, Eva
actrice allemande (1954-)
LARMES AMÈRES DE PETRA VON KANT, LES (1972)
BALLADE DE BRUNO, LA (1977)
DAVID (1979)
GERMANY, PALE MOTHER (1979)
IN A YEAR OF THIRTEEN MOONS (1979)
WOYZECK (1979)
MAN LIKE EVA, A (1983)
FÉLIX (1987)
OTOMO (1999)
ENEMY AT THE GATES (2000)

MATTHAU, Walter
acteur américain (1920-2000)
INDIAN FIGHTER, THE (1955)
KENTUCKIAN, THE (1955)
FACE IN THE CROWD, A (1957)
KING CREOLE (1958)
ONIONHEAD (1958)
STRANGERS WHEN WE MEET (1960)
LONELY ARE THE BRAVE (1962)
CHARADE (1963)
ENSIGN PULVER (1964)
FAIL-SAFE (1964)
GOODBYE CHARLIE (1964)
MIRAGE (1965)
FORTUNE COOKIE, THE (1966)
GUIDE FOR THE MARRIED MAN, A (1967)
ODD COUPLE, THE (1967)
CANDY (1968)
SECRET LIFE OF AN AMERICAN WIFE, THE (1968)
CACTUS FLOWER (1969)
HELLO, DOLLY! (1969)
NEW LEAF, A (1970)
PLAZA SUITE (1970)
KOTCH (1971)
CHARLEY VARRICK (1973)
LAUGHING POLICEMAN, THE (1973)
EARTHQUAKE (1974)
FRONT PAGE, THE (1974)
TAKING OF PELHAM ONE TWO THREE, THE (1974)
SUNSHINE BOYS, THE (1975)
BAD NEWS BEARS, THE (1976)
CALIFORNIA SUITE (1978)
HOUSE CALLS (1978)
HOPSCOTCH (1980)
LITTLE MISS MARKER (1980)
BUDDY BUDDY (1981)
FIRST MONDAY IN OCTOBER (1981)
I OUGHT TO BE IN PICTURES (1982)
SURVIVORS, THE (1983)
PIRATES (1986)
COUCH TRIP, THE (1987)
PETIT DIABLE, LE (1988)
INCIDENT, THE (1990)
JFK (1991)
DENNIS THE MENACE (1993)
GRUMPY OLD MEN (1993)
I.Q. (1994)
GRUMPIER OLD MEN (1995)
GRASS HARP, THE (1996)
I'M NOT RAPPAPORT (1996)
OUT TO SEA (1997)

ODD COUPLE II, THE (1998)
HANGING UP (2000)

MATURE, Victor
acteur américain (1915-1999)
I WAKE UP SCREAMING (1941)
SHANGHAI GESTURE, THE (1941)
SONG OF THE ISLANDS (1941)
FOOTLIGHT SERENADE (1942)
KISS OF DEATH (1946)
MY DARLING CLEMENTINE (1946)
EASY LIVING (1949)
SAMSON AND DELILAH (1950)
ANDROCLES AND THE LION (1952)
MILLION DOLLAR MERMAID (1952)
EGYPTIAN, THE (1953)
ROBE, THE (1953)
DEMETRIUS AND THE GLADIATORS (1954)
SAVAGE WILDERNESS (1956)
CHINA DOLL (1958)
ESCORT WEST (1959)
AFTER THE FOX (1966)
HEAD: STARRING THE MONKEES (1968)

MAURA, Carmen
actrice espagnole (1946-)
PEPI, LUCI, BOM AND THE OTHER GIRLS (1980)
DARK HABITS (1983)
WHAT HAVE I DONE TO DESERVE THIS? (1984)
MATADOR (1985)
BÂTON ROUGE (1988)
FEMMES AU BORD DE LA CRISE DE NERFS (1988)
LOI DU DÉSIR, LA (1988)
AY, CARMELA! (1990)
SUR LA TERRE COMME AU CIEL (1991)
LOUIS, ENFANT ROI (1992)
SHADOWS IN A CONFLICT (1993)
EXTRAMUROS (1994)
BONHEUR EST DANS LE PRÉ, LE (1995)
ELLES (1997)
ALICE ET MARTIN (1998)
LISBON (1998)
COMUNIDAD, LA (2000)
800 BULLETS (2002)
BULLETS (2002)
VALENTIN (2002)
PACTE DU SILENCE, LE (2003)
PROMISE, THE (2004)
FREE ZONE (2005)
VOLVER (2006)

MAXWELL, Lois
actrice canadienne (1927-)
STAIRWAY TO HEAVEN (1946)
DARK PAST, THE (1948)
TIME WITHOUT PITY (1956)
DR. NO (1962)
LOLITA (1962)
FROM RUSSIA WITH LOVE (1963)
HAUNTING, THE (1963)
GOLDFINGER (1964)
THUNDERBALL (1965)
YOU ONLY LIVE TWICE (1967)
ON HER MAJESTY'S SECRET SERVICE (1969)
DIAMONDS ARE FOREVER (1971)
ENDLESS NIGHT (1971)
LIVE AND LET DIE (1973)
MAN WITH THE GOLDEN GUN, THE (1974)
SPY WHO LOVED ME, THE (1977)
MOONRAKER (1979)
FOR YOUR EYES ONLY (1981)
OCTOPUSSY (1983)
VIEW TO A KILL, A (1985)

MAY, Jodhi
actrice anglaise (1975-)
SISTER, MY SISTER (1994)
MASTERPIECE THEATRE - THE TURN OF THE SCREW (1999)
(2001)
MAYOR OF CASTERBRIDGE, THE (2001)
DANIEL DERONDA (2002)
TIPPING THE VELVET (2002)
FRIENDS AND CROCODILES (2005)
ON A CLEAR DAY (2005)

MAY, Mathilda
actrice française (1965-)
ROIS DU GAG, LES (1984)
LETTERS TO AN UNKNOWN LOVER (1985)
LIFEFORCE (1985)
DIABLE AU CORPS, LE (1986)
CRI DU HIBOU, LE (1987)
TROIS PLACES POUR LE 26 (1988)
NAKED TANGO (1990)
BECOMING COLETTE (1991)
CERRO TORRE: SCREAM OF STONE (1991)
TOUTES PEINES CONFONDUES (1992)
GROSSE FATIGUE (1994)
LÀ-BAS MON PAYS (2000)

MAZAR, Debi
actrice américaine (1964-)
LITTLE MAN TATE (1991)
MONEY FOR NOTHING (1993)
GIRL 6 (1996)
TREES LOUNGE (1996)
HUSH (1997)
NOWHERE (1997)
WITNESS TO THE MOB (1998)
FROGS FOR SNAKES (1999)
TEN TINY LOVE STORIES (2001)
TUXEDO, THE (2002)
MY TINY UNIVERSE (2004)
WOMEN, THE (2008)

MAZURSKY, Paul
acteur américain (1930-)
BLACKBOARD JUNGLE (1955)
I LOVE YOU, ALICE B. TOKLAS (1968)
BOB & CAROL & TED & ALICE (1969)
ALEX IN WONDERLAND (1970)
BLUME IN LOVE (1973)
HARRY AND TONTO (1974)
STAR IS BORN, A (1976)
UNMARRIED WOMAN, AN (1977)
WILLIE AND PHIL (1980)
HISTORY OF THE WORLD, PART 1 (1981)
TEMPEST (1982)
MOSCOW ON THE HUDSON (1984)
INTO THE NIGHT (1985)
DOWN AND OUT IN BEVERLY HILLS (1986)
MOON OVER PARADOR (1988)
PUNCHLINE (1988)
ENEMIES, A LOVE STORY (1989)
SCENES FROM THE CLASS STRUGGLE IN BEVERLY HILLS (1989)
SCENES FROM A MALL (1991)
MAN TROUBLE (1992)
LOVE AFFAIR (1994)
MIAMI RHAPSODY (1995)
2 DAYS IN THE VALLEY (1996)
FAITHFUL (1996)
WEAPONS OF MASS DISTRACTION (1997)
WHY DO FOOLS FALL IN LOVE (1998)
SLIGHT CASE OF MURDER, A (1999)
BIG SHOT'S FUNERAL (2000)

McADAMS, Rachel
actrice canadienne (1976-)
HOT CHICK, THE (2002)
MEAN GIRLS (2004)
NOTEBOOK, THE (2004)
FAMILY STONE (2005)
RED EYE (2005)
WEDDING CRASHERS (2005)
MARRIED LIFE (2007)
LUCKY ONES, THE (2008)
STATE OF PLAY (2009)

McCARTHY, Andrew
acteur américain (1962-)
CLASS (1983)
HEAVEN HELP US (1984)
ST. ELMO'S FIRE (1985)
PRETTY IN PINK (1986)
LESS THAN ZERO (1987)
MANNEQUIN (1987)
FRESH HORSES (1988)
KANSAS (1988)
CLUB EXTINCTION (1989)
JOURS TRANQUILLES À CLICHY (1989)
WEEKEND AT BERNIE'S (1989)
YEAR OF THE GUN (1991)
WEEKEND AT BERNIE'S II (1992)
JOY LUCK CLUB, THE (1993)
MRS. PARKER AND THE VICIOUS CIRCLE (1994)
NIGHT OF THE RUNNING MAN (1994)
DEAD FUNNY (1995)
HEIST, THE (1996)
MULHOLLAND FALLS (1996)
NEW WATERFORD GIRL (1999)
KINGDOM HOSPITAL (2004)

McCARTHY, Kevin
acteur américain (1914-)
MISFITS, THE (1961)
GATHERING OF EAGLES, A (1963)
PRIZE, THE (1963)
BEST MAN, THE (1964)
MIRAGE (1965)
BIG HAND FOR THE LITTLE LADY (1966)
ACE HIGH (1968)
KANSAS CITY BOMBER (1972)
INVASION OF THE BODY SNATCHERS (1978)
PIRANHA (1978)
HOWLING, THE (1980)
TWILIGHT ZONE: THE MOVIE (1983)
MIDNIGHT HOUR, THE (1985)
INNERSPACE (1987)
UHF (1989)
JUST CAUSE (1995)
SECOND CIVIL WAR (1997)
SLIPSTREAM (2007)

McCARTHY, Sheila
actrice canadienne (1956-)
I'VE HEARD THE MERMAIDS SINGING (1987)
BEETHOVEN LIVES UPSTAIRS (1989)
DIE HARD 2: DIE HARDER (1990)
WHITE ROOM (1990)
MONTRÉAL VU PAR... (1991)
PARADISE (1991)
STEPPING OUT (1991)
PRIVATE MATTER (1992)
LOTUS EATERS, THE (1993)
BREAKFAST WITH SCOT (2007)
LITTLE MOSQUE ON THE PRAIRIE (SEASON 1) (2007)
STONE ANGEL (2007)

McCONAUGHEY, Matthew
acteur américain (1969-)
BOYS ON THE SIDE (1994)
LONE STAR (1995)
TEXAS CHAINSAW MASSACRE: THE NEXT GENERATION (1995)
TIME TO KILL, A (1996)
AMISTAD (1997)
CONTACT (1997)
NEWTON BOYS, THE (1998)
ED TV (1999)
U-571 (2000)
13 CONVERSATIONS ABOUT ONE THING (2001)
FRAILTY (2001)
WEDDING PLANNER, THE (2001)
REIGN OF FIRE (2002)
HOW TO LOSE A GUY IN 10 DAYS (2003)
TIPTOES (2003)
SAHARA (2005)
TWO FOR THE MONEY (2005)
FAILURE TO LAUNCH (2006)
WE ARE MARSHALL (2006)
FOOL'S GOLD (2008)
SURFER, DUDE (2008)
TROPIC THUNDER (2008)

McCORMACK, Catherine
actrice anglaise (1972-)
BRAVEHEART (1995)
NORTH STAR (1995)
LOADED (1996)
DANGEROUS BEAUTY (1997)
DANCING AT LUGHNASA (1998)
RUMOR OF ANGELS, A (2000)
SHADOW OF THE VAMPIRE (2000)
WEIGHT OF WATER, THE (2000)
SPY GAME (2001)
TAILOR OF PANAMA, THE (2001)
SOUND OF THUNDER, A (2005)
28 WEEKS LATER (2007)

McCREA, Joel
acteur américain (1905-1990)
MOST DANGEROUS GAME, THE (1932)
BARBARY COAST (1935)
COME AND GET IT (1936)
DEAD END (1936)
THESE THREE (1936)
INTERNES CAN'T TAKE MONEY (1937)
THEY SHALL HAVE MUSIC (1939)
FOREIGN CORRESPONDENT (1940)
PRIMROSE PATH, THE (1940)
UNION PACIFIC (1940)
PALM BEACH STORY, THE (1941)
SULLIVAN'S TRAVELS (1941)
GREAT MAN'S LADY, THE (1942)
MORE THE MERRIER, THE (1943)
BUFFALO BILL (1944)
GREAT MOMENT, THE (1944)
RAMROD (1946)
VIRGINIAN, THE (1946)
FOUR FACES WEST (1948)

GUNFIGHT AT DODGE CITY (1950)
STARS IN MY CROWN (1950)
RIDE THE HIGH COUNTRY (1962)

McDONALD, Christopher
acteur américain (1955-)
CHANCES ARE (1989)
MONKEY TROUBLE (1994)
HAPPY GILMORE (1995)
TUSKEGEE AIRMEN, THE (HBO) (1995)
UNFORGETTABLE (1996)
FLUBBER (1997)
INTO THIN AIR: DEATH ON EVEREST (1997)
LAWN DOGS (1997)
S.L.C. PUNK! (1998)
PERFECT STORM, THE (2000)
REQUIEM FOR A DREAM (2000)
SUPERHERO MOVIE, THE (2008)

McDORMAND, Frances
actrice américaine (1957-)
BLOOD SIMPLE (1983)
DARKMAN (1990)
HIDDEN AGENDA (1990)
BEYOND RANGOON (1995)
FARGO (1995)
LONE STAR (1995)
PRIMAL FEAR (1996)
PARADISE ROAD (1997)
MADELINE (1998)
TALK OF ANGELS (1998)
ALMOST FAMOUS (2000)
WONDER BOYS (2000)
MAN WHO WASN'T THERE, THE (2001)
CITY BY THE SEA (2002)
LAUREL CANYON (2002)
SOMETHING'S GOTTA GIVE (2003)
AEON FLUX (2005)
NORTH COUNTRY (2005)
FRIENDS WITH MONEY (2006)
MISS PETTIGREW LIVES FOR A DAY (2007)
BURN AFTER READING (2008)

McDOWALL, Roddy
acteur anglais (1928-1998)
HOW GREEN WAS MY VALLEY (1940)
MAN HUNT (1941)
SON OF FURY (1942)
LASSIE COME HOME (1943)
WHITE CLIFFS OF DOVER, THE (1943)
KEYS OF THE KINGDOM, THE (1946)
MIDNIGHT LACE (1960)
LONGEST DAY, THE (1962)
CLEOPATRA (1963)
GREATEST STORY EVER TOLD, THE (1965)
INSIDE DAISY CLOVER (1965)
LOVED ONE, THE (1965)
THAT DARN CAT! (1965)
LORD LOVE A DUCK (1966)
PLANET OF THE APES (1967)
5 CARD STUD (1968)
BEDKNOBS AND BROOMSTICKS (1971)
COLUMBO (SEASON I) (1971)
ESCAPE FROM THE PLANET OF THE APES (1971)
MACBETH (1971)
CONQUEST OF THE PLANET OF THE APES (1972)
LIFE AND TIMES OF JUDGE ROY BEAN (1972)
POSEIDON ADVENTURE, THE (1972)
BATTLE FOR THE PLANET OF THE APES (1973)
LEGEND OF HELL HOUSE, THE (1973)
FUNNY LADY (1974)
CIRCLE OF IRON (1978)
LASERBLAST (1978)
CHARLIE CHAN AND THE CURSE OF THE DRAGON QUEEN (1980)
RETURN OF THE KING, THE (1980)
EVIL UNDER THE SUN (1981)
CLASS OF 1984 (1982)
FRIGHT NIGHT (1985)
DEAD OF WINTER (1987)
BIG PICTURE, THE (1988)
FRIGHT NIGHT PART II (1988)
AROUND THE WORLD IN 80 DAYS (1989)
CARMILLA (1990)
IT'S MY PARTY (1995)
KEEPERS OF THE FRAME (1999)

McDOWELL, Malcolm
acteur anglais (1943-)
IF.... (1968)
CLOCKWORK ORANGE, A (1971)
O LUCKY MAN! (1973)
ROYAL FLASH (1975)
COLLECTION, THE (1976)
VOYAGE OF THE DAMNED (1976)
SHE FELL AMONG THIEVES (1978)
CALIGULA (1979)
TIME AFTER TIME (1979)
LOOK BACK IN ANGER (1980)
BLUE THUNDER (1982)
BRITANNIA HOSPITAL (1982)
CAT PEOPLE (1982)
CROSS CREEK (1983)
SUNSET (1988)
IL MAESTRO (1989)
MOON 44 (1989)
PLAYER, THE (1992)
BOPHA! (1993)
STAR TREK: GENERATIONS (1994)
KIDS OF THE ROUND TABLE (1995)
TANK GIRL (1995)
HUGO POOL (1997)
MY LIFE SO FAR (1999)
GANGSTER NO.1 (2000)
BETWEEN STRANGERS (2002)
I SPY (2002)
COMPANY, THE (2003)
I'LL SLEEP WHEN I'M DEAD (2003)
TEMPO (2003)
BOBBY JONES, STROKE OF GENIUS (2004)
EVILENKO (2004)
LIST, THE (2007)
DOOMSDAY (2008)

McELHONE, Natascha
actrice anglaise (1971-)
SURVIVING PICASSO (1996)
RONIN (1998)
TRUMAN SHOW, THE (1998)
LOVE'S LABOUR'S LOST (1999)
CONTAMINATED MAN (2000)
CITY OF GHOSTS (2002)
FEAR DOT COM (2002)
KILLING ME SOFTLY (2002)
LAUREL CANYON (2002)
SOLARIS (2002)
LADIES IN LAVENDER (2004)
GUY X (2005)
BIG NOTHING (2006)
COMPANY, THE (2007)

McGAVIN, Darren
acteur américain (1922-2006)
COURT-MARTIAL OF BILLY MITCHELL, THE (1955)
MAN WITH THE GOLDEN ARM, THE (1955)
SUMMERTIME (1955)
DELICATE DELINQUENT, THE (1956)
NIGHT STALKER, THE / NIGHT STRANGLER, THE (1972)
KOLCHAK NIGHT STALKER ORIGINAL SERIES (1974)
AIRPORT '77 (1977)
CHRISTMAS STORY, A (1983)
BARON AND THE KID, THE (1984)
NATURAL, THE (1984)
TURK 182 (1985)
RAW DEAL (1986)
FROM THE HIP (1987)
AROUND THE WORLD IN 80 DAYS (1989)
BLOOD AND CONCRETE (1991)
BILLY MADISON (1995)

McGILL, Bruce
acteur américain (1950-)
TOUGH ENOUGH (1982)
LAST BOY SCOUT, THE (1991)
LAWN DOGS (1997)
LEGEND OF BAGGER VANCE, THE (2000)
SHALLOW HAL (2001)
PATH TO WAR (2002)
LEGALLY BLONDE 2: RED, WHITE & BLONDE (2003)
MATCHSTICK MEN (2003)
COLLATERAL (2004)
CINDERELLA MAN (2005)

McGILLIS, Kelly
actrice américaine (1957-)
WITNESS (1985)
TOP GUN (1986)
MADE IN HEAVEN (1987)
ACCUSED, THE (1988)
CAT CHASER (1988)
HOUSE ON CARROLL STREET, THE (1988)
WINTER PEOPLE (1989)
BABE, THE (1992)
NORTH (1994)
AT FIRST SIGHT (1998)
MONKEY'S MASK, THE (2000)

McGOVERN, Elizabeth
actrice américaine (1961-)
ORDINARY PEOPLE (1980)
RAGTIME (1981)
ONCE UPON A TIME IN AMERICA (1984)
RACING WITH THE MOON (1984)
BEDROOM WINDOW, THE (1987)
DEAR AMERICA: LETTERS HOME FROM VIETNAM (1987)
SHE'S HAVING A BABY (1987)
JOHNNY HANDSOME (1989)
HANDMAID'S TALE, THE (1990)
SHOCK TO THE SYSTEM, A (1990)
TUNE IN TOMORROW... (1990)
WOMEN AND MEN: STORIES OF SEDUCTION (1990)
KING OF THE HILL (1993)
FAVOR, THE (1994)
WINGS OF COURAGE (1995)
HOUSE OF MIRTH, THE (2000)
DAPHNE (2007)

McGREGOR, Ewan
acteur anglais (1971-)
SHALLOW GRAVE (1994)
TRAINSPOTTING (1995)
BRASSED OFF (1996)
EMMA (1996)
PILLOW BOOK, THE (1996)
LIFE LESS ORDINARY, A (1997)
NIGHTWATCH (1997)
SERPENT'S KISS (1997)
LITTLE VOICE (1998)
VELVET GOLDMINE (1998)
EYE OF THE BEHOLDER (1999)
NORA (1999)
ROGUE TRADER (1999)
STAR WARS EPISODE I - THE PHANTOM MENACE (1999)
BLACK HAWK DOWN (2001)
MOULIN ROUGE (2001)
STAR WARS EPISODE II: ATTACK OF THE CLONES (2002)
YOUNG ADAM (2002)
BIG FISH (2003)
DOWN WITH LOVE (2003)
LONG WAY ROUND COMPLETE TV SERIES (2004)
ISLAND, THE (2005)
STAR WARS EPISODE III - REVENGE OF THE SITH (2005)
STAY (2005)
MISS POTTER (2006)
SCENES OF A SEXUAL NATURE (2006)
DECEPTION (2007)
LONG WAY DOWN COMPLETE TV SERIES (2007)
CASSANDRA'S DREAM (2008)
ANGELS & DEMONS (2009)

McKEAN, Michael
acteur américain (1947-)
1941 (1979)
USED CARS (1980)
YOUNG DOCTORS IN LOVE (1982)
THIS IS SPINAL TAP (1983)
CLUE (1985)
D.A.R.Y.L. (1985)
JUMPIN' JACK FLASH (1986)
LIGHT OF DAY (1987)
PLANES, TRAINS AND AUTOMOBILES (1987)
BIG PICTURE, THE (1988)
SHORT CIRCUIT II (1988)
EARTH GIRLS ARE EASY (1989)
MAN TROUBLE (1992)
MEMOIRS OF AN INVISIBLE MAN (1992)
CONEHEADS, THE (1993)
RADIOLAND MURDERS (1994)
POMPATUS OF LOVE, THE (1995)
JACK (1996)
THAT DARN CAT! (1996)
NOTHING TO LOSE (1997)
BEAUTIFUL (2000)
BEST IN SHOW (2000)
MY FIRST MISTER (2001)
MIGHTY WIND, A (2003)
FOR YOUR CONSIDERATION (2006)

McKEE, Gina
actrice anglaise (1961-)
CROUPIER (1998)
NOTTING HILL (1999)
WOMEN TALKING DIRTY (1999)
WONDERLAND (1999)
THERE'S ONLY ONE JIMMY GRIMBLE (2000)
FORSYTE SAGA, THE (2002)

LOST PRINCE, THE (2003)
RECKONING, THE (2004)
MIRRORMASK (2005)
SCENES OF A SEXUAL NATURE (2006)
TSUNAMI - THE AFTERMATH (2006)
OLD CURIOSITY SHOP, THE (2007)
WHEN DID YOU LAST SEE YOUR FATHER (2007)

McKELLAR, Don
acteur canadien (1963-)
HIGHWAY 61 (1991)
EXOTICA (1994)
WHEN NIGHT IS FALLING (1995)
JOE'S SO MEAN TO JOSEPHINE (1996)
HERD, THE (1998)
LAST NIGHT (1998)
EXISTENZ (1999)
PASSION OF AYN RAND (1999)
WAY DOWNTOWN (2000)
ART OF WOO, THE (2001)
TRUDEAU (2002)
EVENT, THE (2003)
CHILDSTAR (2004)
CLEAN (2004)
MONKEY WARFARE (2006)
BLINDNESS (2008)

McKELLEN, Ian
acteur anglais (1939-)
MACBETH (1979)
BALLAD OF LITTLE JO, THE (1993)
SIX DEGREES OF SEPARATION (1993)
SHADOW, THE (1994)
COLD COMFORT FARM (1995)
JACK & SARAH (1995)
RASPUTIN (1995)
SWEPT FROM THE SEA (1997)
LORD OF THE RINGS: THE FELLOWSHIP OF THE RING (2001)
LORD OF THE RINGS: THE TWO TOWERS, THE (2002)
EMILE (2003)
LORD OF THE RINGS: THE RETURN OF THE KING (2003)
WALTER (2003)
X-MEN II (2003)
ASYLUM (2005)
NEVERWAS (2005)
DA VINCI CODE, THE (2006)
X-MEN X3 - THE LAST STAND (2006)

McQUEEN, Steve
acteur américain (1930-1980)
SOMEBODY UP THERE LIKES ME (1955)
BLOB, THE (1958)
NEVER LOVE A STRANGER (1958)
MAGNIFICENT SEVEN, THE (1960)
HONEYMOON MACHINE, THE (1961)
HELL IS FOR HEROES (1962)
WAR LOVER, THE (1962)
GREAT ESCAPE, THE (1963)
LOVE WITH THE PROPER STRANGER (1963)
BABY, THE RAIN MUST FALL (1964)
CINCINNATI KID, THE (1965)
NEVADA SMITH (1966)
SAND PEBBLES, THE (1966)
BULLITT (1968)
THOMAS CROWN AFFAIR, THE (1968)
REIVERS, THE (1969)
LE MANS (1971)
GETAWAY, THE (1972)
JUNIOR BONNER (1972)
PAPILLON (1973)
TOWERING INFERNO, THE (1974)
HUNTER, THE (1980)
TOM HORN (1980)

MEANEY, Colm
acteur irlandais (1953-)
DEAD, THE (1987)
COME SEE THE PARADISE (1990)
DICK TRACY (1990)
COMMITMENTS, THE (1991)
FAR AND AWAY (1992)
INTO THE WEST (1992)
LAST OF THE MOHICANS, THE (1992)
UNDER SIEGE (1992)
SNAPPER, THE (1993)
ROAD TO WELLVILLE, THE (1994)
ENGLISHMAN WHO WENT UP A HILL, BUT CAME DOWN A MOUNTAIN, THE (1995)
VAN, THE (1996)
CON AIR (1997)
MONUMENT AVE. (1997)
CLAIRE DOLAN (1998)
THIS IS MY FATHER (1998)
MAGICAL LEGEND OF LEPRECHAUNS, THE (1999)
MYSTERY, ALASKA (1999)
BOYS & GIRLS FROM COUNTY CLARE (2003)
LAYER CAKE (2004)
RENEGADE (2004)
KINGS (2007)

MENJOU, Adolphe
acteur américain (1890-1963)
SHEIK, THE (1921)
THREE MUSKETEERS, THE (1921)
WOMAN OF PARIS, A (1923)
MOROCCO (1930)
FRONT PAGE, THE (1931)
FAREWELL TO ARMS, A (1932)
MORNING GLORY (1933)
GOLD DIGGERS OF 1935 (1935)
MILKY WAY, THE (1936)
100 MEN AND A GIRL (1937)
STAR IS BORN, A (1937)
GOLDWYN FOLLIES, THE (1938)
LETTER OF INTRODUCTION, A (1938)
GOLDEN BOY (1940)
ROAD SHOW (1941)
ROXIE HART (1942)
YOU WERE NEVER LOVELIER (1942)
STEP LIVELY (1944)
HUCKSTERS, THE (1947)
STATE OF THE UNION (1948)
MY DREAM IS YOURS (1949)
TO PLEASE A LADY (1950)
ACROSS THE WIDE MISSOURI (1951)
BUNDLE OF JOY (1956)
PATHS OF GLORY (1957)
POLLYANNA (1960)

MERCURE, Monique
actrice québécoise (1930-)
À TOUT PRENDRE (1963)
FESTIN DES MORTS, LE (1965)
DEUX FEMMES EN OR (1970)
MON ONCLE ANTOINE (1971)
FRANÇOISE DUROCHER, WAITRESS (1972)
TEMPS D'UNE CHASSE, LE (1972)
AMOUR BLESSÉ, L' (1975)
J.A. MARTIN, PHOTOGRAPHE (1976)
PARLEZ-NOUS D'AMOUR (1976)
CHANSON DE ROLAND, LA (1977)
QUINTET (1978)
CUISINE ROUGE, LA (1979)
JOURNÉE EN TAXI, UNE (1981)
ODYSSEY OF THE PACIFIC, THE (1981)
QUARANTAINE, LA (1982)
ANNÉES DE RÊVES, LES (1984)
DAME EN COULEURS, LA (1984)
QUI A TIRÉ SUR NOS HISTOIRES D'AMOUR? (1986)
DANS LE VENTRE DU DRAGON (1989)
MONTRÉAL VU PAR... (1991)
NAKED LUNCH (1991)
FÊTE DES ROIS, LA (1994)
CONQUEST (1998)
VIOLON ROUGE, LE (1998)
ALBERTINE EN CINQ TEMPS (1999)
GERALDINE'S FORTUNE (2004)
SAINTS-MARTYRS-DES-DAMNÉS (2005)
EAUX MORTES, LES (2006)
BRUNANTE, LA (2007)
GRANDE OURSE - LA CLÉ DES POSSIBLES (2009)

MEREDITH, Burgess
acteur américain (1908-1997)
WINTERSET (1936)
OF MICE AND MEN (1939)
THAT UNCERTAIN FEELING (1941)
STORY OF G.I. JOE, THE (1945)
DIARY OF A CHAMBERMAID (1946)
MAN ON THE EIFFEL TOWER, THE (1948)
ADVISE AND CONSENT (1962)
CARDINAL, THE (1963)
IN HARM'S WAY (1965)
MADAME X (1965)
BATMAN (1966)
BATMAN BEYOND: THE MOVIE (1966)
BIG HAND FOR THE LITTLE LADY (1966)
TORTURE GARDEN (1967)
STAY AWAY, JOE (1968)
THERE WAS A CROOKED MAN (1970)
DAY OF THE LOCUST, THE (1975)
HINDENBURG, THE (1975)
BURNT OFFERINGS (1976)
ROCKY (1976)
FOUL PLAY (1978)
MAGIC (1978)
MANITOU, THE (1978)
CLASH OF THE TITANS (1981)
TRUE CONFESSIONS (1981)
SANTA CLAUS: THE MOVIE (1985)
KING LEAR (1987)
FULL MOON IN BLUE WATER (1988)
STATE OF GRACE (1990)
GRUMPY OLD MEN (1993)
GRUMPIER OLD MEN (1995)

MÉRIL, Macha
actrice française (1940-)
REPOS DU GUERRIER, LE (1962)
UNE FEMME MARIÉE (1964)
BELLE DE JOUR (1967)
NIGHT TRAIN MURDERS (1975)
DEEP RED (1976)
VA VOIR MAMAN, PAPA TRAVAILLE (1977)
ROBERT ET ROBERT (1978)
TENDRES COUSINES (1980)
UNS ET LES AUTRES, LES (1980)
AU NOM DE TOUS LES MIENS (1983)
GRAND CARNAVAL, LE (1983)
MORTELLE RANDONNÉE (1983)
NANAS, LES (1984)
ROIS DU GAG, LES (1984)
SANS TOIT NI LOI (1985)
DUET FOR ONE (1986)
DOUBLE VISION (1991)
MEETING VENUS (1991)
FISH SOUP (1992)
SOLDIER'S DAUGHTER NEVER CRIES, A (1998)

MESSIER, Marc
acteur québécois (1947-)
SONIA (1986)
VOISINS, LES (1987)
JÉSUS DE MONTRÉAL (1989)
PORTION D'ÉTERNITÉ (1989)
UNE HISTOIRE INVENTÉE (1990)
SOLO (1991)
POTS CASSÉS, LES (1993)
FÊTE DES ROIS, LA (1994)
VENT DU WYOMING, LE (1994)
SPHINX, LE (1995)
BOYS, LES (1997)
OMERTA II (1997)
BOYS II, LES (1998)
BOYS III, LES (2001)
DANGEREUX, LES (2002)
BOYS IV, LES (2005)
BLUFF (2007)
MA TANTE ALINE (2007)
GRAND DÉPART, LE (2008)
GRANDE OURSE - LA CLÉ DES POSSIBLES (2009)

MIDLER, Bette
actrice américaine (1945-)
HAWAII (1966)
ROSE, THE (1979)
DIVINE MADNESS: BETTE MIDLER (1980)
JINXED! (1982)
DOWN AND OUT IN BEVERLY HILLS (1986)
RUTHLESS PEOPLE (1986)
BEACHES (1988)
BIG BUSINESS (1988)
STELLA (1990)
FOR THE BOYS (1991)
SCENES FROM A MALL (1991)
GYPSY (1993)
HOCUS POCUS (1993)
GET SHORTY (1995)
FIRST WIVES CLUB, THE (1996)
THAT OLD FEELING (1997)
ISN'T SHE GREAT (1999)
DROWNING MONA (2000)
STEPFORD WIVES, THE (2004)
THEN SHE FOUND ME (2008)
WOMEN, THE (2008)

MIFUNE, Toshiro
acteur japonais (1920-1998)
LÉGENDE DU GRAND JUDO, LA (1943)
ANGE IVRE, L' (1948)
QUIET DUEL, THE (1949)
UN CHIEN ENRAGÉ (1949)
RASHOMON (1950)
SCANDAL (1950)
IDIOT, L' (1951)
VIE D'OHARU, LA (1952)

SAMURAI 1: MUSASHI MYAMOTO (1954)
SAMURAI 2: DUEL AT ICHIJOJI (1954)
SAMURAI 3: DUEL AT GANRYU (1954)
SAMURAI TRILOGY (1954)
SEPT SAMOURAÏS, LES (1954)
I LIVE IN FEAR (1955)
CHÂTEAU DE L'ARAIGNÉE, LE (1956)
BAS-FONDS, LES (1957)
FORTERESSE CACHÉE, LA (1958)
RIKISHA-MAN (1958)
SALAUDS DORMENT EN PAIX, LES (1960)
YOJIMBO (1961)
CHUSHINGURA (1962)
SANJURO (1962)
ENTRE LE CIEL ET L'ENFER (1963)
BARBE-ROUSSE (1965)
SAMURAI ASSASSIN (1965)
GRAND PRIX (1966)
JAPAN'S LONGEST DAY (1967)
SAMURAI REBELLION (1967)
SWORD OF DOOM (1967)
HELL IN THE PACIFIC (1968)
RED LION (1969)
SAMURAI BANNERS (1969)
SHINSENGUMI: ASSASINS OF HONOR (1969)
INCIDENT AT BLOOD PASS (1970)
SOLEIL ROUGE (1971)
MIDWAY (1976)
BUSHIDO BLADE, THE (1978)
1941 (1979)
SHOGUN (1980)
CHALLENGE, THE (1981)
AGAGUK - SHADOW OF THE WOLF (1992)
PICTURE BRIDE, THE (1994)

MILLAND, Ray
acteur gallois (1905-1986)
WE'RE NOT DRESSING (1934)
BULLDOG DRUMMOND ESCAPES (1937)
EASY LIVING (1937)
THREE SMART GIRLS (1937)
BEAU GESTE (1939)
EVERYTHING HAPPENS AT NIGHT (1939)
MAJOR AND THE MINOR, THE (1942)
REAP THE WILD WIND (1942)
STAR SPANGLED RHYTHM (1942)
MINISTRY OF FEAR (1944)
LOST WEEKEND, THE (1945)
UNINVITED, THE (1946)
GOLDEN EARRINGS (1947)
BIG CLOCK, THE (1948)
IT HAPPENS EVERY SPRING (1949)
COPPER CANYON (1950)
RHUBARB (1951)
BUGLES IN THE AFTERNOON (1952)
THIEF, THE (1952)
DIAL M FOR MURDER (1954)
GIRL IN THE RED VELVET SWING (1955)
RIVER'S EDGE (1956)
MASQUE OF RED DEATH, THE / THE PREMATURE BURIAL (1962)
PANIC IN YEAR ZERO (1962)
PREMATURE BURIAL (1962)
LOVE STORY (1970)
COLUMBO (SEASON I) (1971)
FROGS (1972)
ESCAPE TO WITCH MOUNTAIN (1975)
SWISS CONSPIRACY, THE (1975)
LAST TYCOON, THE (1976)
PYJAMA GIRL CASE, THE (1977)
BATTLESTAR GALLACTICA (1978)
OLIVER'S STORY (1978)
ATTIC, THE (1979)
ATTIC, THE / CRAWLSPACE (1980)

MILLS, John
acteur anglais (1908-2005)
CAR OF DREAMS (1935)
IN WHICH WE SERVE (1942)
WE DIVE AT DAWN (1943)
GREAT EXPECTATIONS (1946)
SCOTT OF THE ANTARTIC (1948)
ROCKING HORSE WINNER, THE (1949)
MORNING DEPARTURE (1950)
COLDITZ STORY, THE (1954)
END OF THE AFFAIR, THE (1954)
HOBSON'S CHOICE (1954)
WAR AND PEACE (1955)
TIGER BAY (1959)
SWISS FAMILY ROBINSON (1960)
TUNES OF GLORY (1960)
CHALK GARDEN, THE (1964)
KING RAT (1965)
OPERATION CROSSBOW (1965)
WRONG BOX, THE (1966)
RYAN'S DAUGHTER (1970)
LADY CAROLINE LAMB (1972)
BIG SLEEP, THE (1978)
GANDHI (1982)
WHO'S THAT GIRL? (1987)
BACK TO THE FUTURE III (1990)
MARTIN CHUZZLEWIT (1994)
MAVERICK (1994)
BEAN: THE ULTIMATE DISASTER MOVIE (1997)

MIOU-MIOU
acteur française (1950-)
GRANGES BRÛLÉES, LES (1973)
VALSEUSES, LES (1973)
UN GÉNIE, DEUX ASSOCIÉS, UNE CLOCHE (1975)
JONAS QUI AURA 25 ANS EN L'AN 2000 (1976)
DITES-LUI QUE JE L'AIME (1977)
ROUTES DU SUD, LES (1978)
AU REVOIR... À LUNDI (1979)
DÉROBADE, LA (1979)
GRAND EMBOUTEILLAGE, LE (1979)
JOSÉPHA (1981)
ATTENTION! UNE FEMME PEUT EN CACHER UNE AUTRE (1983)
CANICULE (1983)
COUP DE FOUDRE (1983)
VOL DU SPHINX, LE (1984)
BLANCHE ET MARIE (1985)
TENUE DE SOIRÉE (1986)
LECTRICE, LA (1988)
PORTES TOURNANTES, LES (1988)
MILOU EN MAI (1989)
BAL DES CASSE-PIEDS, LE (1991)
NETCHAÏEV EST DE RETOUR (1991)
TOTALE, LA (1991)
TANGO (1992)
GERMINAL (1993)
MONTPARNASSE-PONDICHÉRY (1993)
UN INDIEN DANS LA VILLE (1994)
HUITIÈME JOUR, LE (1996)
ELLES (1997)
NETTOYAGE À SEC (1997)
TOUT VA BIEN... ON S'EN VA (2000)
MARIAGES! (2005)
AVRIL (2006)
HÉROS DE LA FAMILLE, LE (2006)
SCIENCE OF SLEEP, THE (2006)
AFFAIRE DE FAMILLE (2008)

MIRREN, Helen
actrice anglaise (1946-)
MIDSUMMER NIGHT'S DREAM, A (1968)
AGE OF CONSENT (1969)
COUSIN BETTE (1971)
SAVAGE MESSIAH (1972)
O LUCKY MAN! (1973)
THRILLER (1973)
COLLECTION, THE (1976)
CALIGULA (1979)
LONG GOOD FRIDAY, THE (1979)
FIENDISH PLOT OF DR. FU MANCHU, THE (1980)
HUSSY (1980)
EXCALIBUR (1981)
WHEN THE WHALES CAME (1983)
2010: THE YEAR WE MAKE CONTACT (1984)
CAL (1984)
COMING THROUGH (1985)
WHITE NIGHTS (1985)
MOSQUITO COAST, THE (1986)
CAUSE CELEBRE (1987)
PASCALI'S ISLAND (1988)
COOK, THE THIEF, HIS WIFE AND HER LOVER, THE (1989)
BETHUNE: THE MAKING OF A HERO (1990)
COMFORT OF STRANGERS, THE (1990)
WHERE ANGELS FEAR TO TREAD (1991)
HAWK, THE (1992)
PRIME SUSPECT II (1992)
PRIME SUSPECT III (1993)
MADNESS OF KING GEORGE, THE (1994)
ROYAL DECEIT (1994)
PRIME SUSPECT IV (1995)
PRIME SUSPECT V (1996)
SOME MOTHER'S SON (1996)
CRITICAL CARE (1997)
PAINTED LADY, THE (1997)
PASSION OF AYN RAND (1999)
TEACHING MRS. TINGLE (1999)
GREENFINGERS (2000)
PLEDGE, THE (2000)
LAST ORDERS (2001)
NO SUCH THING (2001)
DOOR TO DOOR (2002)
CALENDAR GIRLS (2003)
PRIME SUSPECT 6: THE LAST WITNESS (2003)
ROMAN SPRING OF MRS. STONE, THE (2003)
CLEARING, THE (2004)
RAISING HELEN (2004)
ELIZABETH I (2005)
HITCHHIKER'S GUIDE TO THE GALAXY (2005)
SHADOWBOXER (2005)
PRIME SUSPECT - THE FINAL ACT (2006)
QUEEN, THE (2006)
NATIONAL TREASURE - BOOK OF SECRETS (2007)
STATE OF PLAY (2009)

MITCHELL, Cameron
acteur américain (1918-1994)
HOMECOMING (1948)
FLIGHT TO MARS (1951)
PONY SOLDIER (1952)
HELL AND HIGH WATER (1953)
CAROUSEL (1955)
HOUSE OF BAMBOO (1955)
LOVE ME OR LEAVE ME (1955)
ALL MINE TO GIVE (1957)
BLOOD AND BLACK LACE (1964)
KNIVES OF THE AVENGER (1965)
RIDE IN THE WHIRLWIND (1966)
REBEL ROUSERS (1967)
BUCK AND THE PREACHER (1971)
KLANSMAN, THE (1974)
TOOLBOX MURDERS, THE (1977)
MESSENGER, THE (1987)

MITCHELL, Radha
actrice australienne (1973-)
LOVE AND OTHER CATASTROPHIES (1996)
HIGH ART (1998)
PITCH BLACK (2000)
TEN TINY LOVE STORIES (2001)
WHEN STRANGERS APPEAR (2001)
PHONE BOOTH (2002)
VISITORS (2003)
MAN ON FIRE (2004)
MELINDA AND MELINDA (2004)
MOZART AND THE WHALE (2005)
SILENT HILL (2006)
FEAST OF LOVE (2007)
ROGUE (2007)
CHILDREN OF HUANG SHI, THE (2008)
HENRY POOLE IS HERE (2008)
CODE, THE (2009)

MITCHUM, Robert
acteur américain (1917-1997)
THIRTY SECONDS OVER TOKYO (1944)
STORY OF G.I. JOE, THE (1945)
TILL THE END OF TIME (1946)
CROSSFIRE (1947)
OUT OF THE PAST (1947)
PURSUED (1947)
UNDERCURRENT (1947)
BLOOD ON THE MOON (1948)
RACHEL AND THE STRANGER (1948)
BIG STEAL, THE (1949)
HOLIDAY AFFAIR (1949)
RED PONY, THE (1949)
WHERE DANGER LIVES (1950)
MY FORBIDDEN PAST (1951)
RACKET, THE (1951)
ANGEL FACE (1952)
MACAO (1952)
RIVER OF NO RETURN (1954)
TRACK OF THE CAT (1954)
MAN WITH THE GUN (1955)
NIGHT OF THE HUNTER, THE (1955)
NOT AS A STRANGER (1955)
HEAVEN KNOWS, MR. ALLISON (1956)
ENEMY BELOW, THE (1957)
HUNTERS, THE (1958)
THUNDER ROAD (1958)
GRASS IS GREENER, THE (1960)
HOME FROM THE HILL (1960)
SUNDOWNERS, THE (1960)
CAPE FEAR (1962)
LONGEST DAY, THE (1962)
TWO FOR THE SEESAW (1962)
LIST OF ADRIAN MESSENGER, THE (1963)
WHAT A WAY TO GO! (1964)
EL DORADO (1967)

5 CARD STUD (1968)
ANZIO (1968)
SECRET CEREMONY (1968)
VILLA RIDES (1968)
GOOD GUYS AND THE BAD GUYS, THE (1969)
YOUNG BILLY YOUNG (1969)
RYAN'S DAUGHTER (1970)
FRIENDS OF EDDIE COYLE, THE (1973)
YAKUZA, THE (1974)
FAREWELL, MY LOVELY (1975)
LAST TYCOON, THE (1976)
MIDWAY (1976)
AMSTERDAM KILL, THE (1977)
BIG SLEEP, THE (1978)
THAT CHAMPIONSHIP SEASON (1982)
MARIA'S LOVERS (1984)
MR. NORTH (1988)
SCROOGED (1988)
WAR AND REMEMBRANCE (1989)
CAPE FEAR (1991)
DEAD MAN (1995)

MODINE, Matthew
acteur américain (1959-)
BABY, IT'S YOU (1982)
STREAMERS (1983)
BIRDY (1984)
HOTEL NEW HAMPSHIRE, THE (1984)
MRS. SOFFEL (1984)
VISION QUEST (1985)
FULL METAL JACKET (1987)
ORPHANS (1987)
MARRIED TO THE MOB (1988)
GROSS ANATOMY (1989)
MEMPHIS BELLE (1990)
PACIFIC HEIGHTS (1990)
EQUINOX (1992)
WIND (1992)
AND THE BAND PLAYED ON (1993)
LAST ACTION HERO (1993)
SHORT CUTS (1993)
BROWNING VERSION, THE (1994)
BYE, BYE LOVE (1995)
CUTTHROAT ISLAND (1995)
FLUKE (1995)
BLACKOUT, THE (1997)
REAL BLONDE, THE (1997)
ANY GIVEN SUNDAY (1999)
SHIPMENT, THE (2001)
HITLER - THE RISE OF EVIL (2003)
TRANSPORTER 2, THE (2005)
KETTLE OF FISH (2006)
NEIGHBOR, THE (2007)
SEX AND LIES IN SIN CITY: THE TED BINION SCANDAL (2008)

MOHR, Jay
acteur américain (1971-)
JERRY MAGUIRE (1996)
PICTURE PERFECT (1997)
SUICIDE KINGS (1997)
MAFIA! (1998)
PAULIE (1998)
PLAYING BY HEART (1998)
SMALL SOLDIERS (1998)
ACTION - COMPLETE SERIES (1999)
GO (1999)
PAY IT FORWARD (2000)
ADVENTURES OF PLUTO NASH, THE (2002)
SEEING OTHER PEOPLE (2004)
ARE WE THERE YET? (2005)
EVEN MONEY (2007)
STREET KINGS (2008)

MOL, Gretchen
actrice américaine (1972-)
MUSIC FROM ANOTHER ROOM (1998)
NEW ROSE HOTEL (1998)
ROUNDERS (1998)
FOREVER MINE (1999)
SWEET AND LOWDOWN (1999)
THIRTEENTH FLOOR, THE (1999)
GET CARTER (2000)
SHAPE OF THINGS, THE (2002)
NOTORIOUS BETTIE PAGE, THE (2005)
3:10 TO YUMA (2007)
TEN, THE (2007)
MEMORY KEEPER'S DAUGHTER, THE (2008)

MOLINA, Alfred
acteur anglais (1953-)
MEANTIME (1983)
NIGHT OF LOVE, A (1987)
PRICK UP YOUR EARS (1987)
NOT WITHOUT MY DAUGHTER (1990)
ENCHANTED APRIL (1992)
MAVERICK (1994)
WHITE FANG II: THE MYTH OF THE WHITE WOLF (1994)
BEFORE AND AFTER (1995)
PEREZ FAMILY, THE (1995)
BOOGIE NIGHTS (1997)
LEO TOLSTOY'S ANNA KARENINA (1997)
MAN WHO KNEW TOO LITTLE, THE (1997)
IMPOSTORS, THE (1998)
PETE'S METEOR (1998)
MAGNOLIA (1999)
CHOCOLATE (2000)
FRIDA (2002)
UNDERTAKING BETTY (2002)
COFFEE & CIGARETTES (2003)
IDENTITY (2003)
LUTHER (2003)
MY LIFE WITHOUT ME (2003)
CRÓNICAS (2004)
SPIDER-MAN 2 (2004)
AS YOU LIKE IT (2006)
DA VINCI CODE, THE (2006)
HOAX, THE (2006)
COMPANY, THE (2007)
SILK (2007)
LODGER, THE (2008)
PINK PANTHER 2 (2009)

MOLINA, Angela
actrice espagnole (1955-)
CET OBSCUR OBJET DU DÉSIR (1977)
DEMONS IN THE GARDEN (1982)
BRAS DE FER (1985)
CAMORRA (1985)
HALF OF HEAVEN (1986)
RIO NEGRO (1990)
KRAPATCHOUK - LES HOMMES DE NULLE PART (1991)
1492: CONQUEST OF PARADISE (1992)
EN CHAIR ET EN OS (1997)
MAR, EL (2000)
CARNAGES (2002)
NERO (2005)

MONDY, Pierre
acteur français (1925-)
UN SOIR AU MUSIC-HALL (1956)
CHEMIN DES ÉCOLIERS, LE (1958)
NI VU, NI CONNU (1958)
VIE À DEUX, LA (1958)
AUSTERLITZ (1960)
COPAINS, LES (1964)
NIGHT OF THE GENERALS, THE (1967)
MAIS OÙ DONC EST PASSÉE LA SEPTIÈME COMPAGNIE? (1973)
ON A RETROUVÉ LA SEPTIÈME COMPAGNIE (1975)
SEPTIÈME COMPAGNIE AU CLAIR DE LUNE, LA (1977)
BATTANT, LE (1982)
BRACONNIER DE DIEU, LE (1982)
CADEAU, LE (1982)
SI ELLE DIT OUI... JE NE DIS PAS NON! (1982)
PINOT, SIMPLE FLIC (1984)
TRANCHES DE VIE (1985)
FILS PRÉFÉRÉ, LE (1994)

MONROE, Marilyn
actrice américaine (1926-1962)
LADIES OF THE CHORUS (1948)
LOVE HAPPY (1949)
ALL ABOUT EVE (1950)
ASPHALT JUNGLE, THE (1950)
FIREBALL, THE (1950)
AS YOUNG AS YOU FEEL (1951)
LET'S MAKE IT LEGAL (1951)
O. HENRY'S FULL HOUSE (1951)
CLASH BY NIGHT (1952)
DON'T BOTHER TO KNOCK (1952)
LOVE NEST (1952)
MONKEY BUSINESS (1952)
WE'RE NOT MARRIED (1952)
GENTLEMEN PREFER BLONDES (1953)
HOW TO MARRY A MILLIONAIRE (1953)
NIAGARA (1953)
RIVER OF NO RETURN (1954)
SEVEN YEAR ITCH, THE (1954)
THERE'S NO BUSINESS LIKE SHOW BUSINESS (1954)
BUS STOP (1956)
PRINCE AND THE SHOWGIRL, THE (1956)
SOME LIKE IT HOT (1959)
LET'S MAKE LOVE (1960)
MISFITS, THE (1961)
MARILYN MONROE: THE DIAMOND COLLECTION II (2003)

MONTAND, Yves
acteur français (1921-1991)
PARIS CHANTE TOUJOURS (1952)
SALAIRE DE LA PEUR, LE (1952)
NAPOLÉON (1954)
DÉNOMMÉ SQUARCIO, UN (1958)
LET'S MAKE LOVE (1960)
GOODBYE AGAIN (1961)
MY GEISHA (1961)
GRAND PRIX (1966)
PARIS BRÛLE-T-IL? (1966)
ON A CLEAR DAY YOU CAN SEE FOREVER (1969)
Z (1969)
AVEU, L' (1970)
CERCLE ROUGE, LE (1970)
FOLIE DES GRANDEURS, LA (1971)
CÉSAR ET ROSALIE (1972)
ÉTAT DE SIÈGE (1972)
TOUT VA BIEN (1972)
VINCENT, FRANÇOIS, PAUL ET LES AUTRES (1974)
POLICE PYTHON 357 (1975)
SAUVAGE, LE (1975)
GRAND ESCOGRIFFE, LE (1977)
MENACE, LA (1977)
ROUTES DU SUD, LES (1978)
I... COMME ICARE (1979)
CHOIX DES ARMES, LE (1981)
TOUT FEU, TOUT FLAMME (1981)
GARCON! (1983)
JEAN DE FLORETTE (1986)
MANON DES SOURCES (1986)
TROIS PLACES POUR LE 26 (1988)
NETCHAÏEV EST DE RETOUR (1991)
IP5 - L'ÎLE AUX PACHYDERMES (1992)

MONTGOMERY, Robert
acteur américain (1904-1981)
BIG HOUSE, THE (1930)
DIVORCEE, THE (1930)
FREE AND EASY (1930)
INSPIRATION (1931)
PRIVATE LIVES (1931)
FORSAKING ALL OTHERS (1934)
RIPTIDE (1934)
LAST OF MRS. CHEYNEY, THE (1937)
NIGHT MUST FALL (1937)
HERE COMES MR. JORDAN (1941)
MR. AND MRS. SMITH (1941)
ROXIE HART (1942)
THEY WERE EXPENDABLE (1945)
LADY IN THE LAKE (1947)
JUNE BRIDE (1948)

MONTPETIT, Pascale
actrice québécoise (1960-)
H (1990)
BLANCHE (1993)
C'ÉTAIT LE 12 DU 12 ET CHILI AVAIT LES BLUES (1993)
ECLIPSE (1994)
ELDORADO (1995)
CŒUR AU POING, LE (1998)
POSITION DE L'ESCARGOT, LA (1998)
BEAUTÉ DE PANDORE, LA (1999)
DANS UNE GALAXIE PRÈS DE CHEZ VOUS III (2000)
INVENTION DE L'AMOUR, L' (2000)
DANS UNE GALAXIE PRÈS DE CHEZ VOUS IV (2001)
COURSE AUX ENFANTS, LA (2002)
KATRYN'S PLACE (2002)
MOÏSE: L'AFFAIRE ROCH THÉRIAULT (2002)
GERALDINE'S FORTUNE (2004)

MOORE, Demi
actrice américaine (1962-)
PARASITE (1982)
BLAME IT ON RIO (1983)
NO SMALL AFFAIR (1984)
ST. ELMO'S FIRE (1985)
ABOUT LAST NIGHT (1986)
ONE CRAZY SUMMER (1986)
WISDOM (1987)
SEVENTH SIGN, THE (1988)
WE'RE NO ANGELS (1989)
GHOST (1990)
BUTCHER'S WIFE, THE (1991)
MORTAL THOUGHTS (1991)
FEW GOOD MEN, A (1992)
INDECENT PROPOSAL (1993)
DISCLOSURE (1994)
NOW AND THEN (1995)
SCARLET LETTER, THE (1995)
IF THESE WALLS COULD TALK (1996)
JUROR, THE (1996)
STRIPTEASE (1996)

G.I. JANE (1997)
PASSION OF MIND (2000)
CHARLIE'S ANGELS: FULL THROTTLE (2003)
BOBBY (2006)
MR. BROOKS (2007)
FLAWLESS (2008)

MOORE, Dudley
acteur américain (1935-2002)
WRONG BOX, THE (1966)
BEDAZZLED (1967)
THOSE DARING YOUNG MEN IN THEIR JAUNTY JALOPIES (1969)
ALICE'S ADVENTURES IN WONDERLAND (1972)
FOUL PLAY (1978)
10 (1979)
ARTHUR (1981)
BEST DEFENSE (1984)
MICKI + MAUDE (1984)
UNFAITHFULLY YOURS (1984)
SANTA CLAUS: THE MOVIE (1985)
LIKE FATHER, LIKE SON (1987)
CRAZY PEOPLE (1990)
BLAME IT ON THE BELLBOY (1991)
WEEKEND IN THE COUNTRY, A (1996)

MOORE, Julianne
actrice américaine (1961-)
HAND THAT ROCKS THE CRADLE (1992)
BENNY & JOON (1993)
ROOMMATES (1994)
SAFE (1994)
VANYA ON 42nd STREET (1994)
ASSASSINS (1995)
MYTH OF THE FINGERPRINTS, THE (1996)
SURVIVING PICASSO (1996)
BIG LEBOWSKI, THE (1997)
JURASSIC PARK: THE LOST WORLD (1997)
COOKIE'S FORTUNE (1998)
PSYCHO (1998)
END OF THE AFFAIR, THE (1999)
IDEAL HUSBAND, AN (1999)
MAGNOLIA (1999)
MAP OF THE WORLD, A (1999)
EVOLUTION (2001)
HANNIBAL (2001)
SHIPPING NEWS, THE (2001)
WORLD TRAVELER (2001)
FAR FROM HEAVEN (2002)
HOURS, THE (2002)
FORGOTTEN, THE (2004)
LAWS OF ATTRACTION (2004)
MARIE AND BRUCE (2004)
FREEDOMLAND (2005)
PRIZE WINNER OF DEFIANCE OHIO (2005)
TRUST THE MAN (2005)
CHILDREN OF MEN (2006)
I'M NOT THERE (2007)
NEXT (2007)
SAVAGE GRACE (2007)
BLINDNESS (2008)

MOORE, Roger
acteur anglais (1927-)
LAST TIME I SAW PARIS, THE (1954)
DIANE (1955)
INTERRUPTED MELODY (1955)
KING'S THIEF, THE (1955)
MIRACLE, THE (1959)
ENLEVÈMENT DES SABINES, L' (1961)
CROSSPLOT (1969)
MAN WHO HAUNTED HIMSELF, THE (1970)
PERSUADERS!, THE (SEASON I) (1971)
PERSUADERS!, THE (SEASON II) (1971)
LIVE AND LET DIE (1973)
MAN WITH THE GOLDEN GUN, THE (1974)
SPY WHO LOVED ME, THE (1977)
ESCAPE TO ATHENA (1979)
MOONRAKER (1979)
FFOLKES (1980)
SEA WOLVES, THE (1980)
CANNONBALL RUN, THE (1981)
FOR YOUR EYES ONLY (1981)
CURSE OF THE PINK PANTHER (1983)
OCTOPUSSY (1983)
VIEW TO A KILL, A (1985)

MOOREHEAD, Agnes
actrice américaine (1906-1974)
CITIZEN KANE (1941)
MAGNIFICENT AMBERSONS, THE (1941)
JANE EYRE (1943)
JOURNEY INTO FEAR (1943)
DRAGON SEED (1944)
SEVENTH CROSS, THE (1944)
OUR VINES HAVE TENDER GRAPES (1945)
DARK PASSAGE (1947)
LOST MOMENT, THE (1947)
JOHNNY BELINDA (1948)
STATION WEST (1948)
STRATTON STORY, THE (1948)
CAGED (1950)
SHOW BOAT (1951)
MAGNIFICENT OBSESSION (1954)
ALL THAT HEAVEN ALLOWS (1955)
LEFT HAND OF GOD, THE (1955)
PARDNERS (1955)
SWAN, THE (1955)
CONQUEROR, THE (1956)
RAINTREE COUNTY (1957)
POLLYANNA (1960)
HOW THE WEST WAS WON (1962)
WHO'S MINDING THE STORE? (1963)
HUSH... HUSH, SWEET CHARLOTTE (1964)
FRANKENSTEIN - THE TRUE STORY (1973)

MORALES, Esai
acteur américain (1962-)
BAD BOYS (1983)
LA BAMBA (1987)
PRINCIPAL, THE (1987)
NAKED TANGO (1990)
RAPA-NUI (1994)
MY FAMILY (1995)
WONDERFUL ICE CREAM SUIT, THE (1998)
CAPRICA (2009)

MORANIS, Rick
acteur canadien (1954-)
STRANGE BREW (1983)
GHOSTBUSTERS (1984)
STREETS OF FIRE (1984)
CLUB PARADISE (1986)
LITTLE SHOP OF HORRORS (1986)
SPACEBALLS (1987)
GHOSTBUSTERS 2 (1989)
HONEY, I SHRUNK THE KIDS (1989)
PARENTHOOD (1989)
MY BLUE HEAVEN (1990)
L.A. STORY (1991)
HONEY, I BLEW UP THE KID (1992)
SPLITTING HEIRS (1993)
FLINTSTONES, THE (1994)
LITTLE GIANTS, THE (1994)
HONEY, WE SHRUNK OURSELVES (1997)

MOREAU, Jeanne
actrice française (1928-)
MEURTRES (1950)
REINE MARGOT, LA (1954)
TOUCHEZ PAS AU GRISBI (1954)
ASCENSEUR POUR L'ÉCHAFAUD (1957)
TROIS JOURS À VIVRE (1957)
AMANTS, LES (1958)
LIAISONS DANGEREUSES, LES (1959)
MODERATO CANTABILE (1960)
JULES ET JIM (1961)
EVA (1962)
BAIE DES ANGES, LA (1963)
FEU FOLLET, LE (1963)
PEAU DE BANANE (1963)
JOURNAL D'UNE FEMME DE CHAMBRE, LE (1964)
TRAIN, THE (1964)
VIVA MARIA (1965)
YELLOW ROLLS-ROYCE, THE (1965)
MADEMOISELLE (1966)
MARIÉE ÉTAIT EN NOIR, LA (1967)
PETIT THÉÂTRE DE JEAN RENOIR, LE (1969)
ALEX IN WONDERLAND (1970)
MONTE WALSH (1970)
RACE DES SEIGNEURS, LA (1973)
VALSEUSES, LES (1973)
LAST TYCOON, THE (1976)
MONSIEUR KLEIN (1976)
PLEIN SUD (1980)
UNS ET LES AUTRES, LES (1980)
MILLE MILLIARDS DE DOLLARS (1981)
YOUR TICKET IS NO LONGER VALID (1981)
QUERELLE (1982)
TRUITE, LA (1982)
MIRACULÉ, LE (1986)
SAUVE-TOI LOLA (1986)
ALBERTO EXPRESS (1990)
FEMME FARDÉE, LA (1990)
NIKITA (1990)
PAS SUSPENDU DE LA CIGOGNE, LE (1991)
UNTIL THE END OF THE WORLD (1991)
VIEILLE QUI MARCHAIT DANS LA MER, LA (1991)
À DEMAIN (1992)
MAP OF THE HUMAN HEART (1992)
SUMMER HOUSE, THE (1992)
PAR-DELÀ LES NUAGES (1995)
PROPRIETOR, THE (1996)
AMOUR ET CONFUSIONS (1997)
UN AMOUR DE SORCIÈRE (1997)
BALZAC: LA PASSION D'UNE VIE (1999)
MISÉRABLES, LES (2000)
CET AMOUR-LÀ (2001)
ROIS MAUDITS, LES (2005)
TEMPS QUI RESTE, LE (2005)
ROMÉO ET JULIETTE (2006)
PLUS TARD, TU COMPRENDRAS (2008)

MOREAU, Sylvie
actrice québécoise (1964-)
POST MORTEM (1999)
BOUTEILLE, LA (2000)
DANS UNE GALAXIE PRÈS DE CHEZ VOUS III (2000)
DANS UNE GALAXIE PRÈS DE CHEZ-VOUS II (2000)
MAELSTRÖM (2000)
DANS UNE GALAXIE PRÈS DE CHEZ VOUS IV (2001)
MANUSCRIT ÉROTIQUE, LE (2002)
COMMENT MA MÈRE ACCOUCHA DE MOI DURANT SA MÉNOPAUSE (2003)
AIMANTS, LES (2004)
CAMPING SAUVAGE (2004)
FAMILIA (2005)
À VOS MARQUES... PARTY! (2007)
DANS UNE GALAXIE PRÈS DE CHEZ VOUS 2 (2008)
UN CAPITALISME SENTIMENTAL (2008)

MORETTI, Nanni
acteur italien (1953-)
PADRE, PADRONE (1977)
PALOMBELLA ROSSA (1989)
PORTEUR DE SERVIETTE, LE (1991)
JOURNAL INTIME (1993)
SECONDA VOLTA, LA (1995)
APRILE (1998)
CHAMBRE DU FILS, LA (2001)
CAOS CALMO (2008)

MORGAN, Frank
acteur américain (1890-1949)
BOMBSHELL (1932)
HALLELUJAH, I'M A BUM! (1933)
GOOD FAIRY, THE (1935)
I LIVE MY LIFE (1935)
NAUGHTY MARIETTA (1935)
DIMPLES (1936)
SARATOGA (1937)
SWEETHEARTS (1937)
ROSALIE (1938)
TORTILLA FLAT (1942)
WHITE CARGO (1942)
HUMAN COMEDY, THE (1943)
WHITE CLIFFS OF DOVER, THE (1943)
YOLANDA AND THE THIEF (1945)
BOOM TOWN (1946)
COURAGE OF LASSIE (1946)
STRATTON STORY, THE (1948)
THREE MUSKETEERS, THE (1948)
ANY NUMBER CAN PLAY (1949)

MORGAN, Michèle
actrice française (1920-)
MAYERLING (1936)
QUAI DES BRUMES (1938)
JOAN OF PARIS (1942)
REMORQUES (1942)
HIGHER AND HIGHER (1943)
PASSAGE TO MARSEILLE (1944)
SYMPHONIE PASTORALE, LA (1946)
FALLEN IDOL, THE (1948)
SEPT PÉCHÉS CAPITAUX, LES (1952)
ORGUEILLEUX, LES (1953)
NAPOLÉON (1954)
GRANDES MANOEUVRES, LES (1955)
FORTUNA (1960)
LOST COMMAND (1966)
CHAT ET LA SOURIS, LE (1975)
ILS VONT TOUS BIEN (1990)

MORIARTY, Cathy
actrice américaine (1960-)
RAGING BULL (1980)
SOAPDISH (1991)
MAMBO KINGS, THE (1992)
ANOTHER STAKEOUT (1993)
MATINEE (1993)
PONTIAC MOON (1994)
DREAM WITH THE FISHES (1997)
HUGO POOL (1997)
DIGGING TO CHINA (1998)
GLORIA (1998)
NEW WATERFORD GIRL (1999)
ANALYZE THAT (2002)

MORLEY, Robert
acteur anglais (1908-1992)
MARIE ANTOINETTE (1939)
MAJOR BARBARA (1941)
AFRICAN QUEEN, THE (1951)
BEAT THE DEVIL (1954)
BEAU BRUMMELL (1954)
AROUND THE WORLD IN 80 DAYS (1956)
ROAD TO HONG KONG, THE (1962)
YOUNG ONES (1962)
MURDER AT THE GALLOP (1963)
OF HUMAN BONDAGE (1964)
TOPKAPI (1964)
LOVED ONE, THE (1965)
STUDY IN TERROR, A (1965)
THOSE MAGNIFICENT MEN IN THEIR FLYING MACHINES (1965)
ALPHABET MURDERS, THE (1966)
HOTEL PARADISO (1966)
WOMAN TIMES SEVEN (1967)
HOT MILLIONS (1968)
CROMWELL (1970)
DOCTOR IN TROUBLE (1970)
THEATER OF BLOOD (1973)
WHO IS KILLING THE GREAT CHEFS OF EUROPE? (1978)
HUMAN FACTOR, THE (1980)
LITTLE DORRIT: NOBODY'S FAULT (1988)

MORRISON, Temuera
acteur australien (1961-)
ONCE WERE WARRIORS (1994)
BARB WIRE (1995)
BROKEN ENGLISH (1996)
SPEED 2: CRUISE CONTROL (1997)
SIX DAYS, SEVEN NIGHTS (1998)
FROM DUSK TILL DAWN III (1999)
VERTICAL LIMIT (2000)
RENEGADE (2004)

MORRISSEY, David
acteur anglais (1964-)
CAUSE CELEBRE (1987)
STORYTELLER, THE - DEFINITIVE COLLECTION (1987)
ONE THAT GOT AWAY, THE (1995)
COMMISSIONER, THE (1997)
HILARY AND JACKIE (1998)
OUR MUTUAL FRIEND (1998)
GAME OF DEATH, THE (2000)
DEAL, THE (2003)
STONED (2005)
BASIC INSTINCT 2 - RISK ADDICTION (2006)
REAPING, THE (2007)
SENSE AND SENSIBILITY (2007)
WATER HORSE - LEGEND OF THE DEEP, THE (2007)
OTHER BOLEYN GIRL, THE (2008)

MORSE, David
acteur américain (1953-)
INSIDE MOVES (1980)
GOOD SON, THE (1993)
CROSSING GUARD, THE (1995)
LANGOLIERS, THE (1995)
CONTACT (1997)
NEGOTIATOR, THE (1998)
GREEN MILE, THE (1999)
BAIT (2000)
PROOF OF LIFE (2000)
HEARTS IN ATLANTIS (2001)
DOUBLE VISION (2002)
DOWN IN THE VALLEY (2005)
DREAMER: INSPIRED BY A TRUE STORY (2005)
16 BLOCKS (2006)
DISTURBIA (2007)
HOUNDDOG (2007)
JOHN ADAMS (2008)
PASSENGERS (2008)

MORTENSEN, Viggo
acteur américain (1958-)
PRISON (1988)
REFLECTING SKIN, THE (1990)
CARLITO'S WAY (1993)
GOSPEL ACCORDING TO HARRY (1994)
CRIMSON TIDE (1995)
PASSION OF DARKLY NOON, THE (1995)
PROPHECY, THE (1995)
ALBINO ALLIGATOR (1996)
DAYLIGHT (1996)
PORTRAIT OF A LADY, THE (1996)
G.I. JANE (1997)
PERFECT MURDER, A (1998)
PSYCHO (1998)
WALK ON THE MOON, A (1998)
28 DAYS (2000)
LORD OF THE RINGS: THE FELLOWSHIP OF THE RING (2001)
LORD OF THE RINGS: THE TWO TOWERS, THE (2002)
LORD OF THE RINGS: THE RETURN OF THE KING (2003)
HIDALGO (2004)
HISTORY OF VIOLENCE, A (2005)
EASTERN PROMISES (2007)
APPALOOSA (2008)

MORTIMER, Emily
actrice anglaise (1971-)
GHOST AND THE DARKNESS, THE (1996)
KID, THE (2000)
FORMULA 51 (2001)
LOVELY AND AMAZING (2001)
SLEEPING DICTIONARY (2002)
YOUNG ADAM (2002)
BRIGHT YOUNG THINGS (2003)
DEAR FRANKIE (2003)
MATCH POINT (2005)
PARIS, JE T'AIME (2006)
PINK PANTHER, THE (2006)
CHAOS THEORY (2007)
LARS AND THE REAL GIRL (2007)
REDBELT (2008)
TRANSSIBERIAN (2008)
PINK PANTHER 2 (2009)

MORTON, Joe
acteur américain (1948-)
BROTHER FROM ANOTHER PLANET, THE (1984)
CROSSROADS (1986)
CITY OF HOPE (1991)
FOREVER YOUNG (1992)
OF MICE AND MEN (1992)
INKWELL, THE (1994)
LONE STAR (1995)
WALKING DEAD, THE (1995)
EXECUTIVE DECISION (1996)
MISS EVER'S BOYS (1996)
APT PUPIL (1998)
BLUES BROTHERS 2000 (1998)
ASTRONAUT'S WIFE, THE (1999)
BOUNCE (2000)
DRAGONFLY (2002)
PAYCHECK (2003)
NIGHT LISTENER, THE (2006)

MORTON, Samantha
actrice anglaise (1977-)
JANE AUSTEN'S EMMA (1996)
JANE EYRE (1997)
TOM JONES (1997)
UNDER THE SKIN (1997)
JESUS' SON (1999)
SWEET AND LOWDOWN (1999)
PANDAEMONIUM (2000)
MORVERN CALLAR (2001)
IN AMERICA (2002)
MINORITY REPORT (2002)
CODE 46 (2003)
ENDURING LOVE (2004)
LIBERTINE, THE (2005)
RIVER QUEEN (2005)
LONGFORD (2006)
CONTROL (2007)
ELIZABETH: THE GOLDEN AGE (2007)
MISTER LONELY (2007)
SYNECDOCHE, NEW YORK (2008)

MOSS, Carrie-Anne
actrice canadienne (1967-)
MATRIX, THE (1999)
NEW BLOOD (1999)
CHOCOLATE (2000)
MEMENTO (2000)
RED PLANET (2000)
MATRIX RELOADED, THE (2003)
MATRIX, THE: REVOLUTIONS (2003)
SUSPECT ZERO (2004)
CHUMSCRUBBER, THE (2005)
FIDO (2006)
MINI'S FIRST TIME (2006)
SNOW CAKE (2006)
DISTURBIA (2007)
NORMAL (2007)

MUELLER-STAHL, Armin
acteur allemand (1920-)
JACOB THE LIAR (1974)
UN DIMANCHE DE FLIC (1982)
VERONIKA VOSS (1982)
UN AMOUR EN ALLEMAGNE (1983)
ANGRY HARVEST (1984)
COLONEL REDL (1984)
FORGET MOZART (1986)
MOMO (1986)
MUSIC BOX (1989)
AVALON (1990)
KAFKA (1991)
NIGHT ON EARTH (1991)
LOIN DE BERLIN (1992)
POWER OF ONE, THE (1992)
UTZ (1992)
HOUSE OF THE SPIRITS, THE (1993)
PYROMANIAC'S LOVE STORY, A (1995)
OGRE, THE (1996)
SHINE (1996)
12 ANGRY MEN (1997)
COMMISSIONER, THE (1997)
JAKOB THE LIAR (1999)
JESUS (1999)
THIRD MIRACLE, THE (1999)
THIRTEENTH FLOOR, THE (1999)
MISSION TO MARS (2000)
EASTERN PROMISES (2007)
ANGELS & DEMONS (2009)
INTERNATIONAL, THE (2009)

MULRONEY, Dermot
acteur américain (1963-)
ORDINARY PEOPLE (1980)
SURVIVAL QUEST (1986)
BRIGHT ANGEL (1990)
LONGTIME COMPANION (1990)
CAREER OPPORTUNITIES (1991)
THERE GOES MY BABY (1992)
POINT OF NO RETURN (1993)
THING CALLED LOVE, THE (1993)
BAD GIRLS (1994)
LIVING IN OBLIVION (1994)
COPYCAT (1995)
TRIGGER EFFECT, THE (1996)
MY BEST FRIEND'S WEDDING (1997)
GOODBYE LOVER (1998)
TRIXIE (2000)
INTIMATE AFFAIRS (2001)
LOVELY AND AMAZING (2001)
SAFETY OF OBJECTS, THE (2001)
ABOUT SCHMIDT (2002)
UNDERTOW (2004)
WEDDING DATE, THE (2004)
FAMILY STONE (2005)
MUST LOVE DOGS (2005)
GRIFFIN AND PHOENIX (2006)
GEORGIA RULE (2007)
GRACIE (2007)
FLASH OF GENIUS (2008)
MEMORY KEEPER'S DAUGHTER, THE (2008)

MURPHY, Brittany
actrice américaine (1977-)
CLUELESS (1995)
DEVIL'S ARITHMETIC, THE (1999)
GIRL, INTERRUPTED (1999)
COMMON GROUND (2000)
TRIXIE (2000)
RIDING IN CARS WITH BOYS (2001)
8 MILE (2002)
SPUN (2002)
JUST MARRIED (2003)
UPTOWN GIRLS (2003)
LITTLE BLACK BOOK (2004)
NEVERWAS (2005)
SIN CITY (2005)
LOVE AND OTHER DISASTERS (2006)
DEAD GIRL, THE (2007)

MURPHY, Eddie
acteur américain (1961-)
48 HOURS (1982)
BEST DEFENSE (1984)
BEVERLY HILLS COP (1984)
GOLDEN CHILD, THE (1986)
BEVERLY HILLS COP II (1987)
EDDIE MURPHY RAW (1987)
COMING TO AMERICA (1988)
HARLEM NIGHTS (1989)
ANOTHER 48 HOURS (1990)
DISTINGUISHED GENTLEMAN, THE (1992)
BEVERLY HILLS COP III (1994)
NUTTY PROFESSOR, THE (1996)
METRO (1997)

HOLY MAN (1998)
BOWFINGER (1999)
LIFE (1999)
NUTTY PROFESSOR: THE KLUMPS (2000)
DR. DOLITTLE 2 (2001)
ADVENTURES OF PLUTO NASH, THE (2002)
I SPY (2002)
SHOWTIME (2002)
DADDY DAY CARE (2003)
HAUNTED MANSION (2003)
DREAMGIRLS (2006)
NORBIT (2007)
MEET DAVE (2008)

MURPHY, Michael
acteur américain (1938-)
COUNTDOWN (1968)
ARRANGEMENT, THE (1969)
M*A*S*H (1969)
THAT COLD DAY IN THE PARK (1969)
BREWSTER MCCLOUD (1970)
COUNT YORGA, VAMPIRE (1970)
MCCABE & MRS. MILLER (1971)
WHAT'S UP, DOC? (1972)
THIEF WHO CAME TO DINNER, THE (1973)
PHASE IV (1974)
NASHVILLE (1975)
FRONT, THE (1976)
UNMARRIED WOMAN, AN (1977)
MANHATTAN (1979)
STRANGE BEHAVIOR (1981)
YEAR OF LIVING DANGEROUSLY, THE (1982)
CLOAK AND DAGGER (1984)
SALVADOR (1985)
MESMERIZED (1986)
SHOCKER (1989)
BATMAN RETURNS (1992)
KANSAS CITY (1996)
BREAKING THE SURFACE - THE GREG LOUGANIS STORY (1997)
PRIVATE PARTS (1997)
MAGNOLIA (1999)
CHILDSTAR (2004)
TANNER ON TANNER (2004)
H20 (2005)
AWAY FROM HER (2007)

MURRAY, Bill
acteur américain (1950-)
CADDYSHACK (1980)
WHERE THE BUFFALO ROAM (1980)
STRIPES (1981)
TOOTSIE (1982)
GHOSTBUSTERS (1984)
RAZOR'S EDGE, THE (1984)
LITTLE SHOP OF HORRORS (1986)
SCROOGED (1988)
GHOSTBUSTERS 2 (1989)
QUICK CHANGE (1990)
WHAT ABOUT BOB? (1991)
GROUNDHOG DAY (1993)
MAD DOG AND GLORY (1993)
ED WOOD (1994)
KINGPIN (1996)
LARGER THAN LIFE (1996)
SPACE JAM (1996)
MAN WHO KNEW TOO LITTLE, THE (1997)
RUSHMORE (1998)
WILD THINGS (1998)
CHARLIE'S ANGELS (2000)
HAMLET (2000)
OSMOSIS JONES (2001)
ROYAL TENENBAUMS, THE (2001)
LOST IN TRANSLATION (2003)
GARFIELD: THE MOVIE (2004)
THE LIFE AQUATIC WITH STEVE ZISSOU (2004)
BROKEN FLOWERS (2005)
LOST CITY (2005)
GARFIELD - A TAIL OF TWO KITTIES (2006)
DARJEELING LIMITED, THE (2007)
CITY OF EMBER (2008)

MUTI, Ornella
actrice italienne (1955-)
NUNS OF SAINT ARCHANGEL, THE (1973)
MORT D'UN POURRI (1977)
MÉLODIE MEURTRIÈRE (1978)
AVEUX SPONTANÉS (1979)
FLASH GORDON (1980)
AMOUREUX FOU (1981)
CONTE DE LA FOLIE ORDINAIRE (1981)
FILLE DE TRIESTE, LA (1982)
UN AMOUR DE SWANN (1983)
FUTUR EST FEMME, LE (1984)
FEMME DE MES AMOURS, LA (1989)
WAIT UNTIL SPRING, BANDINI (1989)
OSCAR (1991)
VOYAGE DU CAPITAINE FRACASSE, LE (1991)
POUR RIRE! (1996)
SOMEWHERE IN THE CITY (1997)
COMTE DE MONTE CRISTO (1998)
HEART IS DECEITFUL ABOVE ALL THINGS, THE (2004)

MYERS, Mike
acteur canadien (1963-)
WAYNE'S WORLD (1992)
SO I MARRIED AN AXE MURDERER (1993)
WAYNE'S WORLD 2 (1993)
54 (1998)
PETE'S METEOR (1998)
AUSTIN POWERS: THE SPY WHO SHAGGED ME (1999)
AUSTIN POWERS IN GOLDMEMBER (2002)
CAT IN THE HAT, THE (2003)
VIEW FROM THE TOP, A (2003)
LOVE GURU, THE (2008)

NACERI, Samy
acteur français (1961-)
UNE POUR TOUTES (1999)
LÀ-BAS MON PAYS (2000)
TAXI 2 (2000)
AÎNÉ DES FERCHAUX, L' (2001)
NID DE GUÊPES (2001)
MENTALE, LA (2002)
TAXI 3 (2003)
INDIGÈNES (2006)

NAGASE, Masatoshi
acteur japonais (1966-)
MYSTERY TRAIN (1989)
AUTUMN MOON (1992)
MOST TERRIBLE TIME IN MY LIFE, THE (1994)
STAIRWAY TO THE DISTANT PAST (1995)
TRAP, THE (1996)
GOJOE SPIRIT WAR CHRONICLE (2000)
PISTOL OPERA (2001)
FOREST WITH NO NAME, A (2002)
SUICIDE CLUB (2002)
HIDDEN BLADE (2004)

NAISH, J. Carrol
acteur américain (1897-1973)
DOWN ARGENTINE WAY (1940)
BEHIND THE RISING SUN (1943)
CALLING DR. DEATH (1943)
GUNG HO! (1943)
JUNGLE WOMAN (1944)
FUGITIVE, THE (1948)
JOAN OF ARC (1948)
THAT MIDNIGHT KISS (1949)
TOAST OF NEW ORLEANS, THE (1950)
ACROSS THE WIDE MISSOURI (1951)
BENEATH THE 12-MILE REEF (1953)
SITTING BULL (1953)
HIT THE DECK (1955)
THIS COULD BE THE NIGHT (1956)
DRACULA VS FRANKENSTEIN (1971)

NAKADAI, Tatsuya
acteur japonais (1932-)
HUMAN CONDITION I: NO GREATER LOVE, THE (1959)
FEMME MONTE L'ESCALIER, UNE (1960)
HUMAN CONDITION III: A SOLDIER'S PRAYER, THE (1961)
YOJIMBO (1961)
HARAKIRI (1962)
SANJURO (1962)
ENTRE LE CIEL ET L'ENFER (1963)
KWAIDAN (1965)
SAMURAI REBELLION (1967)
KILL! (1968)
PORTRAIT OF HELL (1969)
WOLVES, THE (1971)
KAGEMUSHA (1980)
RAN (1985)
WICKED CITY (1992)

NEESON, Liam
acteur irlandais (1953-)
EXCALIBUR (1981)
BOUNTY, THE (1983)
DUET FOR ONE (1986)
MISSION, THE (1986)
PRAYER FOR THE DYING, A (1987)
SUSPECT (1987)
DEAD POOL, THE (1988)
GOOD MOTHER, THE (1988)
HIGH SPIRITS (1988)
NEXT OF KIN (1989)
DARKMAN (1990)
CROSSING THE LINE (1991)
UNDER SUSPICION (1991)
ETHAN FROME (1992)
HUSBANDS AND WIVES (1992)
LEAP OF FAITH (1992)
SHINING THROUGH (1992)
SCHINDLER'S LIST (1993)
NELL (1994)
BEFORE AND AFTER (1995)
LUMIÈRE ET COMPAGNIE (1995)
ROB ROY (1995)
MICHAEL COLLINS (1996)
MISÉRABLES, LES (1998)
HAUNTING, THE (1999)
STAR WARS EPISODE I - THE PHANTOM MENACE (1999)
GUN SHY (2000)
GANGS OF NEW YORK (2002)
K-19: THE WIDOWMAKER (2002)
LOVE ACTUALLY (2003)
KINSEY (2004)
BATMAN BEGINS (2005)
BREAKFAST ON PLUTO (2005)
KINGDOM OF HEAVEN (2005)
SERAPHIM FALLS (2006)
TAKEN (2009)

NEILL, Sam
acteur anglais (1947-)
MY BRILLIANT CAREER (1979)
ATTACK FORCE Z (1980)
OMEN III, THE: THE FINAL CONFLICT (1981)
POSSESSION (1981)
ENIGMA (1982)
IVANHOE (1982)
SANG DES AUTRES, LE (1983)
PLENTY (1985)
GOOD WIFE, THE (1986)
CRY IN THE DARK, A (1988)
DEAD CALM (1988)
HUNT FOR RED OCTOBER (1990)
DEATH IN BRUNSWICK (1991)
UNTIL THE END OF THE WORLD (1991)
MEMOIRS OF AN INVISIBLE MAN (1992)
PIANO, THE (1992)
JURASSIC PARK (1993)
COUNTRY LIFE (1994)
IN THE MOUTH OF MADNESS (1994)
JUNGLE BOOK, THE (1994)
SIRENS (1994)
RESTORATION (1995)
VICTORY (1995)
CHILDREN OF THE REVOLUTION (1996)
EVENT HORIZON (1997)
SNOW WHITE: A TALE OF TERROR (1997)
HORSE WHISPERER, THE (1998)
MERLIN (1998)
BICENTENNIAL MAN (1999)
MOLOKAÏ (1999)
DISH, THE (2000)
JURASSIC PARK III (2001)
DOCTOR ZHIVAGO (2002)
WIMBLEDON (2004)
LITTLE FISH (2005)
MERLIN'S APPRENTICE (2005)
YES (2005)
ANGEL (2006)
TUDORS, THE (SEASON 1) (2007)

NELLIGAN, Kate
actrice canadienne (1950-)
DRACULA (1979)
EYE OF THE NEEDLE (1981)
WITHOUT A TRACE (1983)
CONTROL (1986)
WHITE ROOM (1990)
PRINCE OF TIDES, THE (1991)
FOR BETTER AND FOR WORSE (1992)
JUMELLES DIONNE, LES (1994)
MARGARET'S MUSEUM (1995)
UP CLOSE & PERSONAL (1996)
U.S. MARSHALS (1998)
PREMONITION (2007)

NERO, Franco
acteur italien (1941-)
DJANGO (1966)
TEXAS ADIOS (1966)
CAMELOT (1967)
COMPANEROS (1970)
TRISTANA (1970)

FIFTH CORD (1971)
POPE JOAN (1972)
HOW TO KILL A JUDGE (1974)
LAST DAYS OF MUSSOLINI, THE (1974)
STREET LAW (1974)
21 HOURS AT MUNICH (1976)
KEOMA (1976)
PROIE DE L'AUTOSTOP, LA (1977)
FORCE 10 FROM NAVARONE (1978)
UN DRAMMA BORGHESE (1979)
MAN WITH BOGART'S FACE, THE (1980)
SALAMANDER, THE (1980)
KAMIKAZE '89 (1982)
WAGNER (1983)
DJANGO STRIKES AGAIN (1987)
SWEET COUNTRY (1988)
36-15 CODE PÈRE NOËL (1989)
DIE HARD 2: DIE HARDER (1990)
PAINTED LADY, THE (1997)
TALK OF ANGELS (1998)
VERSACE MURDER, THE (1998)
BAD INCLINATION (2003)

NEUWIRTH, Bebe
actrice américaine (1958-)
GREEN CARD (1990)
MALICE (1993)
ADVENTURES OF PINOCCHIO, THE (1996)
ASSOCIATE, THE (1996)
CELEBRITY (1998)
FACULTY, THE (1998)
SUMMER OF SAM (1999)
TADPOLE (2002)
LAW & ORDER: TRIAL BY JURY (2004)
GAME 6 (2005)

NEWMAN, Paul
acteur américain (1925-2008)
SOMEBODY UP THERE LIKES ME (1955)
HELEN MORGAN STORY, THE (1957)
UNTIL THEY SAIL (1957)
CAT ON A HOT TIN ROOF (1958)
LEFT-HANDED GUN, THE (1958)
LONG HOT SUMMER, THE (1958)
RALLY 'ROUND THE FLAG, BOYS (1959)
YOUNG PHILADELPHIANS, THE (1959)
EXODUS (1960)
FROM THE TERRACE (1960)
HUSTLER, THE (1961)
PARIS BLUES (1961)
SWEET BIRD OF YOUTH (1962)
HUD (1963)
NEW KIND OF LOVE, A (1963)
PRIZE, THE (1963)
OUTRAGE, THE (1964)
WHAT A WAY TO GO! (1964)
LADY L (1965)
HARPER (1966)
TORN CURTAIN (1966)
COOL HAND LUKE (1967)
HOMBRE (1967)
SECRET WAR OF HARRY FRIGG, THE (1967)
BUTCH CASSIDY AND THE SUNDANCE KID (1969)
WINNING (1969)
SOMETIMES A GREAT NOTION (1971)
LIFE AND TIMES OF JUDGE ROY BEAN (1972)
POCKET MONEY (1972)
MACKINTOSH MAN, THE (1973)
STING, THE (1973)
TOWERING INFERNO, THE (1974)
DROWNING POOL, THE (1975)
BUFFALO BILL AND THE INDIANS (1976)
SILENT MOVIE (1976)
SLAP SHOT (1976)
QUINTET (1978)
WHEN TIME RAN OUT... (1980)
FORT APACHE, THE BRONX (1981)
ABSENCE OF MALICE (1982)
VERDICT, THE (1982)
HARRY AND SON (1984)
COLOR OF MONEY, THE (1986)
BLAZE (1989)
FAT MAN AND LITTLE BOY (1989)
MR. & MRS. BRIDGE (1990)
HUDSUCKER PROXY, THE (1994)
NOBODY'S FOOL (1994)
TWILIGHT (1997)
MESSAGE IN A BOTTLE (1999)
WHERE THE MONEY IS? (1999)
ROAD TO PERDITION (2002)
OUR TOWN (2003)
EMPIRE FALLS (2005)

NEWTON, Thandie
actrice africaine (1972-)
FLIRTING (1990)
YOUNG AMERICANS (1993)
GRIDLOCK'D (1996)
LEADING MAN, THE (1996)
LOADED (1996)
BELOVED (1998)
BESIEGED (1998)
TRUTH ABOUT CHARLIE, THE (2002)
CRASH (2004)
PURSUIT OF HAPPYNESS, THE (2006)
NORBIT (2007)
RUN FATBOY RUN (2007)
ROCKNROLLA (2008)
W. (2008)

NICHOLSON, Jack
acteur américain (1937-)
LITTLE SHOP OF HORRORS, THE (1960)
RAVEN, THE (1963)
TERROR, THE (1963)
BACK DOOR TO HELL (1964)
FLIGHT TO FURY (1966)
RIDE IN THE WHIRLWIND (1966)
SHOOTING, THE (1966)
HELL'S ANGELS ON WHEELS (1967)
PSYCH-OUT (1967)
REBEL ROUSERS (1967)
TRIP, THE (1967)
EASY RIDER (1969)
ON A CLEAR DAY YOU CAN SEE FOREVER (1969)
FIVE EASY PIECES (1970)
CARNAL KNOWLEDGE (1971)
KING OF MARVIN GARDENS, THE (1972)
LAST DETAIL, THE (1973)
CHINATOWN (1974)
FORTUNE, THE (1974)
ONE FLEW OVER THE CUCKOO'S NEST (1975)
PROFESSION: REPORTER (1975)
TOMMY (1975)
LAST TYCOON, THE (1976)
MISSOURI BREAKS, THE (1976)
GOIN' SOUTH (1978)
SHINING, THE (1980)
BORDER, THE (1981)
POSTMAN ALWAYS RINGS TWICE, THE (1981)
REDS (1981)
TERMS OF ENDEARMENT (1983)
PRIZZI'S HONOR (1985)
HEARTBURN (1986)
BROADCAST NEWS (1987)
IRONWEED (1987)
WITCHES OF EASTWICK, THE (1987)
BATMAN (1989)
TWO JAKES, THE (1990)
FEW GOOD MEN, A (1992)
HOFFA (1992)
MAN TROUBLE (1992)
WOLF (1994)
CROSSING GUARD, THE (1995)
BLOOD AND WINE (1996)
EVENING STAR, THE (1996)
MARS ATTACKS! (1996)
AS GOOD AS IT GETS (1997)
PLEDGE, THE (2000)
ABOUT SCHMIDT (2002)
ANGER MANAGEMENT (2003)
SOMETHING'S GOTTA GIVE (2003)
DEPARTED, THE (2006)
BUCKET LIST, THE (2007)

NICHOLSON, Julianne
actrice américaine (1971-)
LONG TIME SINCE (1997)
STORM OF THE CENTURY (1999)
PASSION OF MIND (2000)
TULLY (2000)
I'M WITH LUCY (2002)
SPEAKEASY (2002)
LITTLE BLACK BOOK (2004)
SEEING OTHER PEOPLE (2004)
CONVICTION (2006)
TWO WEEKS (2007)

NIELSEN, Connie
actrice danoise (1965-)
SOLDIER (1998)
MISSION TO MARS (2000)
DEMONLOVER (2002)
ONE HOUR PHOTO (2002)
BASIC (2003)
HUNTED, THE (2003)
BROTHERS (2004)
CONVICTED (2004)
GREAT RAID, THE (2004)
ICE HARVEST, THE (2005)
SITUATION, THE (2006)
BATTLE IN SEATTLE (2007)

NIELSEN, Leslie
acteur canadien (1926-)
FORBIDDEN PLANET (1955)
NIGHT TRAIN TO PARIS (1964)
RELUCTANT ASTRONAUT, THE (1966)
COLUMBO (SEASON I) (1971)
POSEIDON ADVENTURE, THE (1972)
AMSTERDAM KILL, THE (1977)
AIRPLANE! (1980)
PROM NIGHT (1980)
CREEPSHOW (1982)
WRONG IS RIGHT (1982)
NUTS (1987)
NAKED GUN, THE (1988)
REPOSSESSED (1989)
NAKED GUN 2 1/2: THE SMELL OF FEAR, THE (1991)
NAKED GUN 33 1/3: THE FINAL INSULT, THE (1994)
DRACULA: DEAD AND LOVING IT (1995)
SPY HARD (1996)
MR. MAGOO (1997)
WRONGFULLY ACCUSED (1998)
2001: A SPACE TRAVESTY (2000)
MEN WITH BROOMS (2002)
SCARY MOVIE 4 - UNRATED (2006)
AMERICAN CAROL, AN (2008)
SUPERHERO MOVIE, THE (2008)

NIGHY, Bill
acteur anglais (1949-)
THIRTEEN AT DINNER (1985)
ANTONIA & JANE (1991)
ALIVE & KICKING (1996)
STILL CRAZY (1998)
LAWLESS HEART (2001)
LUCKY BREAK (2001)
I CAPTURE THE CASTLE (2003)
ENDURING LOVE (2004)
CONSTANT GARDENER (2005)
GIDEON'S DAUGHTER (2005)
GIRL IN THE CAFÉ, THE (2005)
NOTES ON A SCANDAL (2006)
PIRATES OF THE CARIBBEAN: DEAD MAN'S CHEST (2006)
UNDERWORLD - EVOLUTION (2006)
PIRATES OF THE CARIBBEAN: AT WORLD'S END (2007)
VALKYRIE (2008)
UNDERWORLD - RISE OF THE LYCANS (2009)

NIVEN, David
acteur anglais (1910-1983)
BARBARY COAST (1935)
MUTINY ON THE BOUNTY (1935)
ROSE MARIE (1935)
CHARGE OF THE LIGHT BRIGADE, THE (1936)
DODSWORTH (1936)
BLUEBEARD'S EIGHTH WIFE (1938)
DAWN PATROL, THE (1938)
WUTHERING HEIGHTS (1938)
BACHELOR MOTHER (1939)
REAL GLORY, THE (1939)
IMMORTAL BATTALION, THE (1943)
SPITFIRE (1943)
STAIRWAY TO HEAVEN (1946)
BISHOP'S WIFE, THE (1947)
OTHER LOVE, THE (1947)
ENCHANTMENT (1948)
ELUSIVE PIMPERNEL, THE (1949)
TOAST OF NEW ORLEANS, THE (1950)
MOON IS BLUE, THE (1952)
KING'S THIEF, THE (1955)
AROUND THE WORLD IN 80 DAYS (1956)
BONJOUR TRISTESSE (1957)
MY MAN GODFREY (1957)
SEPARATE TABLES (1958)
ASK ANY GIRL (1959)
PLEASE DON'T EAT THE DAISIES (1960)
GUNS OF NAVARONE, THE (1961)
ROAD TO HONG KONG, THE (1962)
55 DAYS AT PEKING (1963)
PINK PANTHER, THE (1963)
BEDTIME STORY (1964)
LADY L (1965)
CASINO ROYALE (1967)
IMPOSSIBLE YEARS, THE (1968)
CERVEAU, LE (1969)
MURDER BY DEATH (1976)
CANDLESHOE (1977)
DEATH ON THE NILE (1978)
ESCAPE TO ATHENA (1979)
SEA WOLVES, THE (1980)
TRAIL OF THE PINK PANTHER (1982)

CURSE OF THE PINK PANTHER (1983)

NIXON, Cynthia
actrice américaine (1966-)
MANHATTAN PROJECT, THE (1986)
BABY'S DAY OUT (1994)
SEX AND THE CITY (SEASON I) (1998)
SEX AND THE CITY (SEASON II) (1999)
SEX AND THE CITY (SEASON III) (2000)
SEX AND THE CITY (SEASON V) (2003)
SEX AND THE CITY (SEASON VI) (2004)
TANNER ON TANNER (2004)
LITTLE MANHATTAN (2005)
WARM SPRINGS (2005)
BABYSITTERS, THE (2007)
SEX AND THE CITY (2008)

NOIRET, Philippe
acteur français (1930-2006)
COPAINS, LES (1964)
LADY L (1965)
VIE DE CHÂTEAU, LA (1966)
ALEXANDRE LE BIENHEUREUX (1967)
NIGHT OF THE GENERALS, THE (1967)
WOMAN TIMES SEVEN (1967)
ASSASSINATION BUREAU, THE (1968)
MISTER FREEDOM (1968)
TOPAZ (1969)
AVEUX LES PLUS DOUX, LES (1970)
MURPHY'S WAR (1970)
VIEILLE FILLE, LA (1971)
ATTENTAT, L' (1972)
NIGHT FLIGHT FROM MOSCOW (1972)
SERPENT, LE (1972)
GRANDE BOUFFE, LA (1973)
HORLOGER DE SAINT-PAUL, L' (1973)
TOUCHE PAS LA FEMME BLANCHE (1973)
QUE LA FÊTE COMMENCE! (1974)
VIEUX FUSIL, LE (1975)
DESERT OF THE TARTARS (1976)
JUGE ET L'ASSASSIN, LE (1976)
UN TAXI MAUVE (1977)
UNE FEMME À SA FENÊTRE (1977)
WHO IS KILLING THE GREAT CHEFS OF EUROPE? (1978)
ON A VOLÉ LA CUISSE DE JUPITER (1979)
IL FAUT TUER BIRGITT HAAS (1980)
COUP DE TORCHON (1981)
TROIS FRÈRES (1981)
AFRICAIN, L' (1982)
AMI DE VINCENT, L' (1983)
FORT SAGANNE (1983)
GRAND CARNAVAL, LE (1983)
ÉTÉ PROCHAIN, L' (1984)
RIPOUX, LES (1984)
4e POUVOIR, LE (1985)
POURVU QUE CE SOIT UNE FILLE (1985)
MASQUES (1986)
TWIST AGAIN À MOSCOU (1986)
FAMILLE, LA (1987)
LUNETTES D'OR, LES (1987)
NOYADE INTERDITE (1987)
CHOUANS! (1988)
CINÉMA PARADISO (1988)
FEMME DE MES AMOURS, LA (1989)
RETURN OF THE MUSKETEERS, THE (1989)
VIE ET RIEN D'AUTRE, LA (1989)
FAUX ET USAGE DE FAUX (1990)
RIPOUX CONTRE RIPOUX (1990)
URANUS (1990)
J'EMBRASSE PAS (1991)
FISH SOUP (1992)
MAX ET JÉRÉMIE (1992)
TANGO (1992)
FILLE DE D'ARTAGNAN, LA (1994)
GROSSE FATIGUE (1994)
POSTINO, IL (1994)
GRANDS DUCS, LES (1995)
FANTÔME AVEC CHAUFFEUR (1996)
PALMES DE M. SCHUTZ, LES (1996)
BOSSU, LE (1997)
SOLEIL (1997)
PIQUE-NIQUE DE LULU KREUTZ, LE (1999)
UN HONNÊTE COMMERÇANT (2002)
CÔTELETTES, LES (2003)
PÈRE ET FILS (2003)
RIPOUX 3, LES (2003)

NOLTE, Nick
acteur américain (1940-)
DEEP, THE (1977)
WHO'LL STOP THE RAIN (1978)
HEART BEAT (1979)
NORTH DALLAS FORTY (1979)
48 HOURS (1982)
CANNERY ROW (1982)
UNDER FIRE (1983)
GRACE QUIGLEY (1984)
TEACHERS (1984)
DOWN AND OUT IN BEVERLY HILLS (1986)
EXTREME PREJUDICE (1987)
WEEDS (1987)
EVERYBODY WINS (1989)
FAREWELL TO THE KING (1989)
NEW YORK STORIES (1989)
THREE FUGITIVES (1989)
ANOTHER 48 HOURS (1990)
Q & A (1990)
CAPE FEAR (1991)
PRINCE OF TIDES, THE (1991)
LORENZO'S OIL (1992)
PLAYER, THE (1992)
BLUE CHIPS (1994)
I LOVE TROUBLE (1994)
I'LL DO ANYTHING (1994)
JEFFERSON IN PARIS (1995)
MOTHER NIGHT (1996)
MULHOLLAND FALLS (1996)
AFFLICTION (1997)
AFTERGLOW (1997)
NIGHTWATCH (1997)
U-TURN (1997)
THIN RED LINE, THE (1998)
BREAKFAST OF CHAMPIONS (1999)
SIMPATICO (1999)
GOLDEN BOWL, THE (2000)
TRIXIE (2000)
INTIMATE AFFAIRS (2001)
GOOD THIEF, THE (2002)
NORTHFORK (2002)
HULK, THE (2003)
THIS SO-CALLED DISASTER (2003)
BEAUTIFUL COUNTRY, THE (2004)
CLEAN (2004)
HOTEL RWANDA (2004)
NEVERWAS (2005)
OFF THE BLACK (2006)
PARIS, JE T'AIME (2006)
PEACEFUL WARRIOR (2006)
QUELQUES JOURS EN SEPTEMBRE (2006)
SPIDERWICK CHRONICLES, THE (2008)
TROPIC THUNDER (2008)

NOONAN, Tom
acteur américain (1951-)
BUNDLE OF JOY (1956)
MAN WITH ONE RED SHOE, THE (1985)
MANHUNTER (1986)
ROBOCOP 2 (1990)
HEAT (1995)
WIFE, THE (1996)
PLEDGE, THE (2000)
SNOW ANGELS (2006)
SYNECDOCHE, NEW YORK (2008)

NORIEGA, Eduardo
acteur espagnol (1973-)
PLUNDER OF THE SUN (1953)
TESIS (1996)
OUVRE LES YEUX (1997)
YELLOW FOUNTAIN, THE (1999)
BURNT MONEY (2000)
ÉCHINE DU DIABLE, L' (2001)
NOVO (2002)
TRANSSIBERIAN (2008)
VANTAGE POINT (2008)

NORTHAM, Jeremy
acteur anglais (1961-)
CARRINGTON (1995)
NET, THE (1995)
VOICES FROM A LOCKED ROOM (1995)
MIMIC (1997)
GLORIA (1998)
WINSLOW BOY, THE (1998)
HAPPY TEXAS (1999)
IDEAL HUSBAND, AN (1999)
GOLDEN BOWL, THE (2000)
ENIGMA (2001)
GOSFORD PARK (2001)
CYPHER (2002)
POSSESSION (2002)
STATEMENT, THE (2003)
BOBBY JONES, STROKE OF GENIUS (2004)
GUY X (2005)
TRISTRAM SHANDY - A COCK & BULL STORY (2005)
INVASION, THE (2007)
TUDORS, THE (SEASON 1) (2007)

NORTON, Edward
acteur américain (1969-)
PEOPLE VS. LARRY FLYNT, THE (1996)
PRIMAL FEAR (1996)
AMERICAN HISTORY X (1998)
ROUNDERS (1998)
FIGHT CLUB (1999)
KEEPING THE FAITH (2000)
SCORE, THE (2001)
25th HOUR (2002)
DEATH TO SMOOCHY (2002)
RED DRAGON (2002)
ITALIAN JOB, THE (2003)
DOWN IN THE VALLEY (2005)
ILLUSIONIST, THE (2005)
KINGDOM OF HEAVEN (2005)
PAINTED VEIL, THE (2006)
INCREDIBLE HULK, THE (2008)
PRIDE AND GLORY (2008)

NOVAK, Kim
actrice américaine (1933-)
FRENCH LINE, THE (1954)
EDDY DUCHIN STORY, THE (1955)
MAN WITH THE GOLDEN ARM, THE (1955)
PICNIC (1955)
PAL JOEY (1957)
BELL, BOOK AND CANDLE (1958)
VERTIGO (1958)
STRANGERS WHEN WE MEET (1960)
BOY'S NIGHT OUT (1962)
KISS ME, STUPID (1964)
OF HUMAN BONDAGE (1964)
TALES THAT WITNESS MADNESS (1973)
WHITE BUFFALO, THE (1977)
MIRROR CRACK'D, THE (1980)
LIEBESTRAUM (1991)

O'BRIEN, Edmond
acteur américain (1915-1985)
KILLERS, THE (1946)
FOR THE LOVE OF MARY (1948)
WHITE HEAT (1949)
D.O.A. (1950)
BIGAMIST, THE (1953)
HITCH-HIKER, THE (1953)
BAREFOOT CONTESSA, THE (1954)
PETE KELLY'S BLUES (1954)
D-DAY THE 6th OF JUNE (1956)
GIRL CAN'T HELP IT, THE (1956)
UP PERISCOPE (1959)
LAST VOYAGE, THE (1960)
GREAT IMPOSTOR, THE (1961)
FANTASTIC VOYAGE, THE (1966)
99 AND 44/100 % DEAD (1974)

O'DONNELL, Chris
acteur américain (1970-)
SCENT OF A WOMAN (1992)
SCHOOL TIES (1992)
THREE MUSKETEERS, THE (1993)
CIRCLE OF FRIENDS (1995)
MAD LOVE (1995)
CHAMBER, THE (1996)
BATMAN & ROBIN (1997)
COOKIE'S FORTUNE (1998)
BACHELOR, THE (1999)
VERTICAL LIMIT (2000)

O'HARA, Catherine
actrice canadienne (1954-)
AFTER HOURS (1985)
HEARTBURN (1986)
BEETLEJUICE (1988)
BETSY'S WEDDING (1990)
DICK TRACY (1990)
HOME ALONE (1990)
HOME ALONE 2: LOST IN NEW YORK (1992)
PAPER, THE (1994)
SIMPLE TWIST OF FATE, A (1994)
TALL TALE (1995)
BEST IN SHOW (2000)
ORANGE COUNTY (2001)

O'HARA, Maureen
actrice irlandaise (1920-)
HUNCHBACK OF NOTRE-DAME (1939)
JAMAICA INN (1939)
HOW GREEN WAS MY VALLEY (1940)
BLACK SWAN, THE (1942)
TO THE SHORES OF TRIPOLI (1942)
FALLEN SPARROW, THE (1943)
THIS LAND IS MINE (1943)

BUFFALO BILL (1944)
MIRACLE ON 34th STREET (1947)
SITTING PRETTY (1948)
BAGDAD (1949)
FATHER WAS A FULLBACK (1949)
SINBAD THE SAILOR (1949)
WOMAN'S SECRET, A (1949)
AT SWORD'S POINT (1950)
COMANCHE TERRITORY (1950)
RIO GRANDE (1950)
FLAME OF ARABY (1951)
QUIET MAN, THE (1952)
WAR ARROW (1953)
LONG GRAY LINE, THE (1954)
LADY GODIVA (1955)
MAGNIFICENT MATADOR, THE (1956)
WINGS OF EAGLES, THE (1956)
PARENT TRAP, THE (1961)
MR. HOBBS TAKES A VACATION (1962)
MCLINTOCK! (1963)
SPENCER'S MOUNTAIN (1963)
RARE BREED, THE (1966)
BIG JAKE (1970)
ONLY THE LONELY (1991)

O QUINN, Terry
acteur américain (1952-)
HEAVEN'S GATE (1980)
MRS. SOFFEL (1984)
PLACES IN THE HEART (1984)
EARLY FROST, AN (1985)
SPACE CAMP (1986)
STEPFATHER, THE (1986)
PIN (1988)
BLIND FURY (1989)
COMPANY BUSINESS (1991)
PRISONERS OF THE SUN (1991)
ROCKETEER, THE (1991)
TOMBSTONE (1993)
GHOSTS OF MISSISSIPPI (1996)
PRIMAL FEAR (1996)
BREAST MEN (1997)

O'SULLIVAN, Maureen
actrice américaine (1911-1998)
SONG O' MY HEART (1930)
CONNECTICUT YANKEE, A (1931)
SKYSCRAPER SOULS (1932)
STRANGE INTERLUDE (1932)
TARZAN, THE APE MAN (1932)
TARZAN AND HIS MATE (1934)
THIN MAN, THE (1934)
ANNA KARENINA (1935)
DAVID COPPERFIELD (1935)
DAY AT THE RACES, A (1937)
DEVIL DOLL, THE (1937)
PRISONER OF ZENDA, THE (1937)
TARZAN ESCAPES (1937)
TARZAN FINDS A SON! (1939)
TARZAN'S SECRET TREASURE (1941)
TARZAN'S NEW YORK ADVENTURE (1942)
BIG CLOCK, THE (1948)
WHERE DANGER LIVES (1950)
ALL I DESIRE (1953)
HANNAH AND HER SISTERS (1986)
PEGGY SUE GOT MARRIED (1986)

O'TOOLE, Peter
acteur irlandais (1932-)
SAVAGE INNOCENTS, THE (1959)
LAWRENCE OF ARABIA (1962)
BECKET (1964)
LORD JIM (1964)
WHAT'S NEW, PUSSYCAT? (1965)
BIBLE, THE (1966)
HOW TO STEAL A MILLION (1966)
CASINO ROYALE (1967)
NIGHT OF THE GENERALS, THE (1967)
LION IN WINTER, THE (1968)
MURPHY'S WAR (1970)
MAN OF LA MANCHA (1972)
RULING CLASS, THE (1972)
ROSEBUD (1974)
ROGUE MALE (1976)
CALIGULA (1979)
STUNT MAN, THE (1979)
MASADA (1981)
MY FAVORITE YEAR (1982)
LAST EMPEROR, THE (1987)
HIGH SPIRITS (1988)
RAINBOW THIEF, THE (1990)
KING RALPH (1991)
GULLIVER'S TRAVELS (1995)
FAIRY TALE: A TRUE STORY (1997)
JOAN OF ARC (1999)
MOLOKAÏ (1999)

OAKLAND, Simon
acteur américain (1922-1983)
BROTHERS KARAMAZOV, THE (1958)
I WANT TO LIVE! (1958)
MURDER, INC. (1960)
PSYCHO (1960)
RISE AND FALL OF LEGS DIAMOND, THE (1960)
WEST SIDE STORY (1961)
FOLLOW THAT DREAM (1962)
SATAN BUG, THE (1964)
SAND PEBBLES, THE (1966)
TONY ROME (1967)
BULLITT (1968)
ON A CLEAR DAY YOU CAN SEE FOREVER (1969)
CHATO'S LAND (1971)
HUNTING PARTY, THE (1971)
NIGHT STALKER (1971)

OATES, Warren
acteur américain (1928-1982)
RISE AND FALL OF LEGS DIAMOND, THE (1960)
RIDE THE HIGH COUNTRY (1962)
RETURN OF THE MAGNIFICIENT SEVEN (1966)
SHOOTING, THE (1966)
IN THE HEAT OF THE NIGHT (1967)
WILD BUNCH, THE (1969)
THERE WAS A CROOKED MAN (1970)
TWO LANE BLACKTOP (1971)
TOM SAWYER (1972)
BADLANDS (1973)
THIEF WHO CAME TO DINNER, THE (1973)
BRING ME THE HEAD OF ALFREDO GARCIA (1974)
WHITE DAWN, THE (1974)
RACE WITH THE DEVIL (1975)
BRINK'S JOB, THE (1978)
CHINA 9, LIBERTY 37 (1978)
1941 (1979)
BORDER, THE (1981)
EAST OF EDEN (1981)
STRIPES (1981)
BLUE AND THE GRAY, THE (1982)
BLUE THUNDER (1982)
TOUGH ENOUGH (1982)

OGIER, Bulle
actrice française (1939-)
CHARME DISCRET DE LA BOURGEOISIE, LE (1972)
UN ANGE AU PARADIS (1973)
CÉLINE ET JULIE VONT EN BATEAU (1974)
MARIAGE (1974)
MAÎTRESSE (1976)
THIRD GENERATION, THE (1979)
TRICHEURS (1983)
BANDE DES QUATRE, LA (1988)
NORD (1991)
PERSONNE NE M'AIME (1993)
REGARDE LES HOMMES TOMBER (1994)
N'OUBLIE PAS QUE TU VAS MOURIR (1995)
SOMEWHERE IN THE CITY (1997)
AU CŒUR DU MENSONGE (1998)
SHATTERED IMAGE (1998)
BORD DE MER (2002)
GENTILLE (2005)
FAUT QUE ÇA DANSE! (2007)
NE TOUCHEZ PAS LA HACHE (2007)

OH, Sandra
actrice canadienne (1970-)
DOUBLE HAPPINESS (1994)
LAST NIGHT (1998)
GUINEVERE (1999)
PRINCESS DIARIES, THE (2001)
LONG LIFE, HAPPINESS & PROSPERITY (2002)
UNDER THE TUSCAN SUN (2003)
GREY'S ANATOMY (SEASON 1) (2004)
SIDEWAYS (2004)
WILBY WONDERFUL (2004)
3 NEEDLES (2005)
CAKE (2005)
HARD CANDY (2005)
SORRY HATERS (2005)
NIGHT LISTENER, THE (2006)

OLBRYCHSKI, Daniel
acteur polonais (1945-)
COLONEL WOLODYJOWSKI (1968)
CHASSE AUX MOUCHES, LA (1969)
BOIS DE BOULEAUX, LE (1970)
LANDSCAPE AFTER BATTLE (1970)
DELUGE I, THE (1974)
DELUGE II, THE (1974)
DELUGE, THE (1974)
TERRE DE LA GRANDE PROMESSE, LA (1975)
DEMOISELLES DE WILKO, LES (1979)
KUNG-FU (A DRAMA) (1979)
UNS ET LES AUTRES, LES (1980)
UN AMOUR EN ALLEMAGNE (1983)
ROSA LUXEMBOURG (1985)
PAN TADEUSZ (1999)
ANTHONY ZIMMER (2005)

OLDMAN, Gary
acteur anglais (1958-)
MEANTIME (1983)
SID AND NANCY (1986)
PRICK UP YOUR EARS (1987)
TRACK 29 (1988)
WE THINK THE WORLD OF YOU (1988)
CRIMINAL LAW (1989)
CHATTAHOOCHEE (1990)
ROSENCRANTZ AND GUILDENSTERN ARE DEAD (1990)
STATE OF GRACE (1990)
JFK (1991)
BRAM STOKER'S DRACULA (1992)
ROMEO IS BLEEDING (1993)
TRUE ROMANCE (1993)
IMMORTAL BELOVED (1994)
MURDER IN THE FIRST (1994)
PROFESSIONAL, THE (1994)
SCARLET LETTER, THE (1995)
BASQUIAT (1996)
AIR FORCE ONE (1997)
FIFTH ELEMENT, THE (1997)
LOST IN SPACE (1998)
JESUS (1999)
HANNIBAL (2001)
SIN (2003)
TIPTOES (2003)
HARRY POTTER AND THE PRISONER OF AZKABAN (2004)
BATMAN BEGINS (2005)
BACKWOODS, THE (2006)
HARRY POTTER AND THE ORDER OF THE PHOENIX (2007)
DARK KNIGHT, THE (2008)
UNBORN, THE (2008)

OLIN, Lena
actrice suédoise (1955-)
FOLLES AVENTURES DE PICASSO, LES (1978)
FANNY ET ALEXANDRE (1982)
APRÈS LA RÉPÉTITION (1984)
UNBEARABLE LIGHTNESS OF BEING, THE (1988)
ENEMIES, A LOVE STORY (1989)
HAVANA (1990)
MR. JONES (1993)
ROMEO IS BLEEDING (1993)
NIGHT AND THE MOMENT, THE (1994)
LUMIÈRE ET COMPAGNIE (1995)
NIGHT FALLS ON MANHATTAN (1996)
POLISH WEDDING (1997)
MYSTERY MEN (1999)
NINTH GATE, THE (1999)
CHOCOLATE (2000)
IGNITION (2001)
DARKNESS (2002)
QUEEN OF THE DAMNED (2002)
HOLLYWOOD HOMICIDE (2003)
UNITED STATES OF LELAND (2003)
CASANOVA (2005)
AWAKE (2007)
READER, THE (2008)

OLIVIER, Laurence
acteur anglais (1907-1989)
AS YOU LIKE IT (1936)
MOSCOW NIGHTS (1936)
21 DAYS (1937)
DIVORCE OF LADY X, THE (1937)
FIRE OVER ENGLAND (1937)
WUTHERING HEIGHTS (1938)
CLOUDS OVER EUROPE (1939)
REBECCA (1939)
49th PARALLEL, THE (1940)
PRIDE AND PREJUDICE (1940)
THAT HAMILTON WOMAN (1941)
HENRY V (1945)
HAMLET (1948)
CARRIE (1952)
RICHARD III (1955)
PRINCE AND THE SHOWGIRL, THE (1956)
ENTERTAINER, THE (1960)
SPARTACUS (1960)
BUNNY LAKE IS MISSING (1965)
KHARTOUM (1965)
OTHELLO (1965)
SHOES OF THE FISHERMAN, THE (1968)
BATTLE OF BRITAIN (1969)

NICHOLAS AND ALEXANDRA (1971)
LADY CAROLINE LAMB (1972)
SLEUTH (1972)
LONG DAY'S JOURNEY INTO NIGHT (1973)
LOVE AMONG THE RUINS (1975)
CAT ON A HOT TIN ROOF (1976)
COLLECTION, THE (1976)
JESUS OF NAZARETH (1976)
MARATHON MAN (1976)
SEVEN PERCENT SOLUTION, THE (1976)
BRIDGE TOO FAR, A (1977)
BETSY, THE (1978)
BOYS FROM BRAZIL, THE (1978)
DRACULA (1979)
LITTLE ROMANCE, A (1979)
JAZZ SINGER, THE (1980)
CLASH OF THE TITANS (1981)
BOUNTY, THE (1983)
KING LEAR (TV) (1983)
WAGNER (1983)
JIGSAW MAN, THE (1984)
EBONY TOWER, THE (1987)
WAR REQUIEM (1988)
SKY CAPTAIN AND THE WORLD OF TOMORROW (2004)

ORMOND, Julia
actrice anglaise (1965-)
STALIN (1992)
LEGENDS OF THE FALL (1994)
NOSTRADAMUS (1994)
CAPTIVES (1995)
FIRST KNIGHT (1995)
SABRINA (1995)
SMILLA'S SENSE OF SNOW (1996)
ANIMAL FARM (1999)
PRIME GIG, THE (2000)
VARIAN'S WAR (2000)
IRON JAWED ANGELS (2003)
INLAND EMPIRE (2006)
I KNOW WHO KILLED ME (2007)
CHE (2008)
CURIOUS CASE OF BENJAMIN BUTTON, THE (2008)
KIT KITTREDGE - AN AMERICAN GIRL (2008)

OTTO, Miranda
actrice australienne (1967-)
LOVE SERENADE (1996)
WELL, THE (1997)
IN THE WINTER DARK (1998)
WHAT LIES BENEATH (2000)
HUMAN NATURE (2001)
JULIE WALKING HOME (2001)
CLOSE YOUR EYES (2002)
LORD OF THE RINGS: THE TWO TOWERS, THE (2002)
DANNY DECKCHAIR (2003)
LORD OF THE RINGS: THE RETURN OF THE KING (2003)
FLIGHT OF THE PHOENIX (2004)
WAR OF THE WORLDS (2005)
IN THE WINTER DARK (2007)
STARTER WIFE, THE (2007)

OWEN, Clive
acteur anglais (1964-)
CLOSE MY EYES (1990)
CENTURY (1994)
BENT (1996)
CROUPIER (1998)
GREENFINGERS (2000)
GOSFORD PARK (2001)
BOURNE IDENTITY, THE (2002)
BEYOND BORDERS (2003)
I'LL SLEEP WHEN I'M DEAD (2003)
CLOSER (2004)
KING ARTHUR (2004)
DERAILED (2005)
SIN CITY (2005)
CHILDREN OF MEN (2006)
INSIDE MAN (2006)
ELIZABETH: THE GOLDEN AGE (2007)
SHOOT'EM UP (2007)
DUPLICITY (2009)
INTERNATIONAL, THE (2009)

OWEN, Reginald
acteur anglais (1887-1972)
PLATINUM BLONDE (1931)
ANNA KARENINA (1935)
GOOD FAIRY, THE (1935)
LOVE ON THE RUN (1936)
BRIDE WORE RED, THE (1937)
PERSONAL PROPERTY (1937)
CHRISTMAS CAROL, A (1938)
CONQUEST (1938)
EVERYBODY SING (1938)
REAL GLORY, THE (1939)
REUNION IN FRANCE (1942)
WHITE CARGO (1942)
ABOVE SUSPICION (1943)
RANDOM HARVEST (1945)
JULIA MISBEHAVES (1948)
RED GARTERS (1954)

OZ, Frank
acteur anglais (1944-)
EMMET OTTER'S JUG-BAND CHRISTMAS (1977)
MUPPET MOVIE, THE (1979)
BLUES BROTHERS, THE (1980)
EMPIRE STRIKES BACK, THE (1980)
AMERICAN WEREWOLF IN LONDON (1981)
RETURN OF THE JEDI (1983)
TRADING PLACES (1983)
MUPPETS TAKE MANHATTAN, THE (1984)
SPIES LIKE US (1985)
LABYRINTH (1986)
INNOCENT BLOOD (1992)
MUPPET CHRISTMAS CAROL, THE (1992)
MUPPET TREASURE ISLAND (1995)
BLUES BROTHERS 2000 (1998)
MUPPETS FROM SPACE (1999)
STAR WARS EPISODE I - THE PHANTOM MENACE (1999)
STAR WARS EPISODE II: ATTACK OF THE CLONES (2002)
ZATHURA (2005)

PACINO, Al
acteur américain (1940-)
PANIC IN NEEDLE PARK (1971)
GODFATHER, THE (1972)
SCARECROW (1973)
SERPICO (1973)
GODFATHER II, THE (1974)
DOG DAY AFTERNOON (1975)
BOBBY DEERFIELD (1977)
AND JUSTICE FOR ALL (1979)
CRUISING (1980)
AUTHOR! AUTHOR! (1982)
SCARFACE (1983)
REVOLUTION (1985)
SEA OF LOVE (1989)
DICK TRACY (1990)
GODFATHER III, THE (1990)
FRANKIE AND JOHNNY (1991)
GLENGARRY GLEN ROSS (1992)
SCENT OF A WOMAN (1992)
CARLITO'S WAY (1993)
CITY HALL (1995)
HEAT (1995)
TWO BITS (1995)
LOOKING FOR RICHARD (1996)
DEVIL'S ADVOCATE (1997)
DONNIE BRASCO (1997)
PITCH (1997)
ANY GIVEN SUNDAY (1999)
INSIDER, THE (1999)
SIMONE (2001)
INSOMNIA (2002)
PEOPLE I KNOW (2002)
ANGELS IN AMERICA (2003)
RECRUIT, THE (2003)
MERCHANT OF VENICE (2004)
TWO FOR THE MONEY (2005)
88 MINUTES (2007)
OCEAN'S THIRTEEN (2007)
RIGHTEOUS KILL (2008)

PAGE, Geraldine
actrice américaine (1924-1987)
HONDO (1953)
SUMMER AND SMOKE (1962)
SWEET BIRD OF YOUTH (1962)
DEAR HEART (1964)
HAPPIEST MILLIONAIRE, THE (1967)
YOU'RE A BIG BOY NOW (1967)
WHAT EVER HAPPENED TO AUNT ALICE? (1969)
BEGUILED, THE (1970)
J.W. COOP (1971)
NASTY HABITS (1976)
INTERIORS (1978)
I'M DANCING AS FAST AS I CAN (1981)
BLUE AND THE GRAY, THE (1982)
DOLLMAKER, THE (1984)
TRIP TO BOUNTIFUL, THE (1985)
WHITE NIGHTS (1985)

PAILHAS, Géraldine
actrice française (1971-)
SUITE 16 (1994)
DON JUAN DEMARCO (1995)
RANDONNEURS, LES (1997)
PARENTHÈSE ENCHANTÉE, LA (1999)
PEUT-ÊTRE (1999)
ADVERSAIRE, L' (2002)
COÛT DE LA VIE, LE (2003)
5 X 2 (2004)
REVENANTS, LES (2004)
UNE VIE À T'ATTENDRE (2004)
CHEVALIERS DU CIEL, LES (2005)
HÉROS DE LA FAMILLE, LE (2006)
JE PENSE À VOUS (2006)
PRIX À PAYER, LE (2007)

PALANCE, Jack
acteur américain (1919-2006)
HALLS OF MONTEZUMA (1950)
PANIC IN THE STREETS (1950)
SUDDEN FEAR (1952)
ARROWHEAD (1953)
SHANE (1953)
BIG KNIFE, THE (1955)
I DIED A THOUSAND TIMES (1955)
ATTACK! (1956)
LONELY MAN, THE (1957)
AUSTERLITZ (1960)
BARABBAS (1961)
MÉPRIS, LE (1963)
PROFESSIONALS, THE (1966)
TORTURE GARDEN (1967)
STRANGE CASE OF DR. JEKYLL AND MR. HYDE, THE (1968)
COMPANEROS (1970)
HORSEMEN, THE (1970)
MONTE WALSH (1970)
CHATO'S LAND (1971)
DRACULA (1973)
SENSUOUS NURSE, THE (1975)
SHAPE OF THINGS TO COME (1979)
BAGDAD CAFE (1987)
TANGO & CASH (1987)
YOUNG GUNS (1988)
BATMAN (1989)
CITY SLICKERS (1991)
CITY SLICKERS II: THE LEGEND OF CURLY'S GOLD (1994)
COPS AND ROBBERSONS (1994)

PALMER, Lilli
actrice allemande (1914-1986)
SECRET AGENT (1936)
CRACKERJACK (1938)
CLOAK AND DAGGER (1946)
BODY AND SOUL (1948)
NO MINOR VICES (1948)
ANASTASIA (1956)
MONTPARNASSE 19 (1957)
VIE À DEUX, LA (1958)
BUT NOT FOR ME (1959)
COUNTERFEIT TRAITOR, THE (1961)
OPERATION CROSSBOW (1965)
DUEL À LA VODKA (1966)
DE SADE (1969)
HOUSE THAT SCREAMED, THE (1969)
BOYS FROM BRAZIL, THE (1978)
HOLCROFT COVENANT, THE (1985)

PALMINTERI, Chazz
acteur américain (1951-)
OSCAR (1991)
INNOCENT BLOOD (1992)
NIGHT AND THE CITY (1992)
BRONX TALE, A (1993)
BULLETS OVER BROADWAY (1994)
JADE (1995)
PEREZ FAMILY, THE (1995)
USUAL SUSPECTS, THE (1995)
DIABOLIQUE (1996)
FAITHFUL (1996)
MULHOLLAND FALLS (1996)
HURLYBURLY (1998)
ANALYZE THIS (1999)
EXCELLENT CADAVERS (1999)
POOLHALL JUNKIES (2002)
GUIDE TO RECOGNIZING YOUR SAINTS, A (2006)
RUNNING SCARED (2006)

PALTROW, Gwyneth
actrice américaine (1973-)
FLESH AND BONE (1993)
MOONLIGHT AND VALENTINO (1995)
SEVEN (1995)
EMMA (1996)
PALLBEARER, THE (1996)
SYDNEY (1996)
HUSH (1997)
SLIDING DOORS (1997)
GREAT EXPECTATIONS (1998)
PERFECT MURDER, A (1998)
SHAKESPEARE IN LOVE (1998)
TALENTED MR. RIPLEY, THE (1999)
BOUNCE (2000)
ANNIVERSARY PARTY, THE (2001)
ROYAL TENENBAUMS, THE (2001)
SHALLOW HAL (2001)
POSSESSION (2002)

SYLVIA (2003)
VIEW FROM THE TOP, A (2003)
SKY CAPTAIN AND THE WORLD OF TOMORROW (2004)
PROOF (2005)
INFAMOUS (2006)
RUNNING WITH SCISSORS (2006)
IRON MAN (2008)
TWO LOVERS (2008)

PANTOLIANO, Joe
acteur américain (1951-)
EDDIE AND THE CRUISERS (1983)
RISKY BUSINESS (1983)
DOWNTOWN (1989)
EL DIABLO (1990)
BABY'S DAY OUT (1994)
BOUND (1996)
NATURAL ENEMY, THE (1996)
U.S. MARSHALS (1998)
BLACK AND WHITE (1999)
MATRIX, THE (1999)
NEW BLOOD (1999)
MEMENTO (2000)
ADVENTURES OF PLUTO NASH, THE (2002)
SECOND BEST (2004)
AMATEURS, THE (2005)
UNKNOWN (2006)

PAPAS, Irène
actrice grecque (1926-)
TRIBUTE TO A BAD MAN (1955)
ANTIGONE (1961)
GUNS OF NAVARONE, THE (1961)
ELECTRA (1962)
ZORBA LE GREC (1964)
BROTHERHOOD, THE (1968)
ANNE OF THE THOUSAND DAYS (1969)
Z (1969)
TROJAN WOMEN, THE (1971)
DON'T TORTURE A DUCKLING (1972)
MESSAGE, THE (1976)
IPHIGÉNIE (1977)
BLOODLINE (1979)
CHRIST S'EST ARRÊTÉ À EBOLI, LE (1979)
LION OF THE DESERT (1981)
ERENDIRA (1983)
INTO THE NIGHT (1985)
HIGH SEASON (1987)
ISLAND (1989)
PARTY (1996)
ODYSSEY, THE (1997)
CAPTAIN CORELLI'S MANDOLIN (2001)
TALKING PICTURE, A (2003)

PAQUIN, Anna
actrice canadienne (1982-)
PIANO, THE (1992)
FLY AWAY HOME (1996)
JANE EYRE (1996)
AMISTAD (1997)
HURLYBURLY (1998)
WALK ON THE MOON, A (1998)
IT'S THE RAGE (1999)
SHE'S ALL THAT (1999)
ALMOST FAMOUS (2000)
FINDING FORRESTER (2000)
X-MEN (2000)
25th HOUR (2002)
DARKNESS (2002)
X-MEN X3 - THE LAST STAND (2006)
BLUE STATE (2007)
BURY MY HEART AT WOUNDED KNEE (2007)

PARILLAUD, Anne
actrice française (1961-)
FEMMES ENFANTS, LES (1979)
PATRICIA, UN VOYAGE POUR L'AMOUR (1980)
POUR LA PEAU D'UN FLIC (1981)
BATTANT, LE (1982)
JUILLET EN SEPTEMBRE (1988)
QUELLE HEURE EST-IL? (1989)
NIKITA (1990)
INNOCENT BLOOD (1992)
MAP OF THE HUMAN HEART (1992)
À LA FOLIE (1994)
FRANKIE STARLIGHT (1995)
MAN IN THE IRON MASK, THE (1998)
SHATTERED IMAGE (1998)
UNE POUR TOUTES (1999)
SEX IS COMEDY (2002)
TOUT POUR PLAIRE (2005)

PARKER, Eleanor
actrice américaine (1922-)
NEVER SAY GOODBYE (1946)
ESCAPE ME NEVER (1947)
CAGED (1950)
CHAIN LIGHTNING (1950)
DETECTIVE STORY (1951)
ABOVE AND BEYOND (1952)
SCARAMOUCHE (1952)
ESCAPE FROM FORT BRAVO (1953)
NAKED JUNGLE, THE (1953)
MANY RIVERS TO CROSS (1954)
VALLEY OF THE KINGS (1954)
INTERRUPTED MELODY (1955)
MAN WITH THE GOLDEN ARM, THE (1955)
KING AND FOUR QUEENS, THE (1956)
HOLE IN THE HEAD (1959)
HOME FROM THE HILL (1960)
RETURN TO PEYTON PLACE (1961)
SOUND OF MUSIC, THE (1965)
TIGER AND THE PUSSYCAT, THE (1967)

PARKER, Mary-Louise
actrice américaine (1964-)
LONGTIME COMPANION (1990)
FRIED GREEN TOMATOES (1991)
GRAND CANYON (1991)
MR. WONDERFUL (1993)
BOYS ON THE SIDE (1994)
CLIENT, THE (1994)
NAKED IN NEW YORK (1994)
RECKLESS (1995)
PORTRAIT OF A LADY, THE (1996)
GOODBYE LOVER (1998)
FIVE SENSES, THE (1999)
MASTER SPY: THE ROBERT HANSSEN STORY (2002)
PIPE DREAM (2002)
RED DRAGON (2002)
ANGELS IN AMERICA (2003)
WEEDS (2005)
ROMANCE AND CIGARETTES (2006)
ASSASSINATION OF JESSE JAMES BY THE COWARD ROBERT FORD, THE (2007)
SPIDERWICK CHRONICLES, THE (2008)
WEEDS (SEASON 3) (2008)

PARKER, Molly
actrice canadienne (1972-)
WINGS OF COURAGE (1995)
KISSED (1996)
UNDER HEAVEN (1998)
FIVE SENSES, THE (1999)
LADIES ROOM (1999)
SUNSHINE (1999)
WONDERLAND (1999)
SUSPICIOUS RIVER (2000)
LOOKING FOR LEONARD (2002)
MARION BRIDGE (2002)
MAX (2002)
MEN WITH BROOMS (2002)
PURE (2002)
IRON JAWED ANGELS (2003)
DEADWOOD (SEASON I) (2004)
NINE LIVES (2005)
WHO LOVES THE SUN (2006)
WICKER MAN, THE (2006)

PARKER, Sarah Jessica
actrice américaine (1965-)
FIRST BORN (1984)
FOOTLOOSE (1984)
GIRLS JUST WANT TO HAVE FUN (1985)
FLIGHT OF THE NAVIGATOR (1986)
L.A. STORY (1991)
HONEYMOON IN VEGAS (1992)
HOCUS POCUS (1993)
STRIKING DISTANCE (1993)
ED WOOD (1994)
MIAMI RHAPSODY (1995)
EXTREME MEASURES (1996)
FIRST WIVES CLUB, THE (1996)
IF LUCY FELL (1996)
MARS ATTACKS! (1996)
SUBSTANCE OF FIRE, THE (1996)
TIL' THERE WAS YOU (1997)
SEX AND THE CITY (SEASON I) (1998)
SEX AND THE CITY (SEASON II) (1999)
SEX AND THE CITY (SEASON III) (2000)
STATE AND MAIN (2000)
SEX AND THE CITY (SEASON V) (2003)
SEX AND THE CITY (SEASON VI) (2004)
FAMILY STONE (2005)
STRANGERS WITH CANDY (2005)
FAILURE TO LAUNCH (2006)
SMART PEOPLE (2007)
SEX AND THE CITY (2008)

PATINKIN, Mandy
acteur américain (1952-)
FRENCH POSTCARDS (1979)
DANIEL (1983)
MAXIE (1985)
PRINCESS BRIDE, THE (1987)
ALIEN NATION (1988)
HOUSE ON CARROLL STREET, THE (1988)
DOCTOR, THE (1991)
MEN WITH GUNS (1997)
LULU ON THE BRIDGE (1998)
DEAD LIKE ME (SEASON I) (2003)

PATRIC, Jason
acteur américain (1966-)
SOLARBABIES (1986)
LOST BOYS, THE (1987)
BEAST, THE (1988)
FRANKENSTEIN UNBOUND (1990)
RUSH (1991)
AFTER DARK MY SWEET (1992)
GERONIMO: AN AMERICAN LEGEND (1993)
INCOGNITO (1997)
YOUR FRIENDS & NEIGHBORS (1998)
NARC (2002)
ALAMO, THE (2004)
WALKER PAYNE (2006)
IN THE VALLEY OF ELAH (2007)

PATRICK, Robert
acteur américain (1958-)
TERMINATOR 2: JUDGMENT DAY (1991)
FIRE IN THE SKY (1993)
COP LAND (1997)
FACULTY, THE (1998)
FROM DUSK TILL DAWN II (1998)
ALL THE PRETTY HORSES (2000)
SPY KIDS (2001)
WALK THE LINE (2005)
FIREWALL (2006)
BRIDGE TO TERABITHIA (2007)
AUTOPSY (2008)

PATTON, Will
acteur américain (1954-)
AFTER HOURS (1985)
WILDFIRE (1988)
EVERYBODY WINS (1989)
CLIENT, THE (1994)
PUPPET MASTERS, THE (1994)
POSTMAN, THE (1997)
ARMAGEDDON (1998)
ENTRAPMENT (1999)
JESUS' SON (1999)
GONE IN SIXTY SECONDS (2000)
REMEMBER THE TITANS (2000)
TRIXIE (2000)
MOTHMAN PROPHECIES, THE (2001)
INTO THE WEST (2005)
LIST, THE (2007)
MIGHTY HEART, A (2007)
WENDY AND LUCY (2008)

PAXTON, Bill
acteur américain (1955-)
IMPULSE (1984)
WEIRD SCIENCE (1985)
ALIENS (1986)
NEXT OF KIN (1989)
BRAIN DEAD (1990)
NAVY SEALS (1990)
ONE FALSE MOVE (1990)
BOXING HELENA (1992)
TRESPASS (1992)
INDIAN SUMMER (1993)
MONOLITH (1993)
TRUE LIES (1994)
APOLLO 13 (1995)
TWISTER (1996)
TITANIC (1997)
MIGHTY JOE YOUNG (1998)
SIMPLE PLAN, A (1998)
U-571 (2000)
VERTICAL LIMIT (2000)
FRAILTY (2001)
HAVEN (2004)
THUNDERBIRDS (2004)
BIG LOVE (SEASON 1) (2006)
BIG LOVE (SEASON 2) (2006)

PAYMER, David
acteur américain (1954-)
GRACE KELLY STORY, THE (1983)
CRAZY PEOPLE (1990)

MR. SATURDAY NIGHT (1992)
HEART AND SOULS (1993)
AMERICAN PRESIDENT, THE (1995)
CITY HALL (1995)
UNFORGETTABLE (1996)
AMISTAD (1997)
MIGHTY JOE YOUNG (1998)
PAYBACK (1999)
BAIT (2000)
BOUNCE (2000)
ENEMIES OF LAUGHTER (2000)
STATE AND MAIN (2000)
FOCUS (2001)
BURIAL SOCIETY, THE (2002)
IN GOOD COMPANY (2004)
MARILYN HOTCHKISS BALLROOM DANCING & CHARM SCHOOL (2005)
WARM SPRINGS (2005)
RESURRECTING THE CHAMP (2007)
DRAG ME TO HELL (2009)

PEARCE, Guy
acteur anglais (1967-)
HUNTING, THE (1992)
FLYNN (1996)
L.A. CONFIDENTIAL (1997)
RAVENOUS (1999)
SLIPPING DOWN LIFE, A (1999)
MEMENTO (2000)
RULES OF ENGAGEMENT (2000)
COUNT OF MONTE CRISTO, THE (2001)
TILL HUMAN VOICES WAKE US (2001)
HARD WORD, THE (2002)
TIME MACHINE, THE (2002)
DEUX FRÈRES (2004)
PROPOSITION, THE (2005)
PROPOSITION, THE (2005)
FACTORY GIRL (2006)
FIRST SNOW (2006)
HOUDINI'S DEATH DEFYING ACTS (2007)
BEDTIME STORIES (2008)
TRAITOR (2008)

PECK, Gregory
acteur américain (1916-2003)
DAYS OF GLORY (1944)
SPELLBOUND (1945)
VALLEY OF DECISION, THE (1945)
KEYS OF THE KINGDOM, THE (1946)
YEARLING, THE (1946)
DUEL IN THE SUN (1947)
GENTLEMAN'S AGREEMENT (1947)
PARADINE CASE, THE (1947)
YELLOW SKY (1948)
GUNFIGHTER, THE (1950)
TWELVE O'CLOCK HIGH (1950)
CAPTAIN HORATIO HORNBLOWER (1951)
DAVID AND BATHSHEBA (1951)
SNOWS OF KILIMANJARO, THE (1952)
WORLD IN HIS ARMS, THE (1952)
ROMAN HOLIDAY (1953)
MILLION POUND NOTE, THE (1954)
PURPLE PLAIN, THE (1954)
MAN IN THE GRAY FLANNEL SUIT, THE (1955)
DESIGNING WOMAN (1956)
MOBY DICK (1956)
BIG COUNTRY, THE (1958)
BRAVADOS, THE (1958)
BELOVED INFIDEL (1959)
ON THE BEACH (1959)
PORK CHOP HILL (1959)
GUNS OF NAVARONE, THE (1961)
CAPE FEAR (1962)
HOW THE WEST WAS WON (1962)
TO KILL A MOCKINGBIRD (1962)
CAPTAIN NEWMAN, M.D. (1963)
BEHOLD A PALE HORSE (1964)
MIRAGE (1965)
ARABESQUE (1966)
MACKENNA'S GOLD (1968)
STALKING MOON, THE (1968)
CHAIRMAN, THE (1969)
MAROONED (1969)
I WALK THE LINE (1970)
BILLY TWO HATS (1973)
OMEN, THE (1976)
MACARTHUR (1977)
BOYS FROM BRAZIL, THE (1978)
SEA WOLVES, THE (1980)
BLUE AND THE GRAY, THE (1982)
SCARLET AND THE BLACK, THE (1983)
AMAZING GRACE AND CHUCK (1987)
OLD GRINGO (1989)
CAPE FEAR (1991)
OTHER PEOPLE'S MONEY (1991)
MOBY DICK (1997)

PEET, Amanda
actrice américaine (1972-)
GRIND (1997)
ISN'T SHE GREAT (1999)
TRACK DOWN (2000)
WHOLE NINE YARDS, THE (2000)
HIGH CRIMES (2002)
IGBY GOES DOWN (2002)
IDENTITY (2003)
SOMETHING'S GOTTA GIVE (2003)
MELINDA AND MELINDA (2004)
WHOLE TEN YARDS, THE (2004)
A LOT LIKE LOVE (2005)
SYRIANA (2005)
EX, THE (2006)
GRIFFIN AND PHOENIX (2006)
MARTIAN CHILD (2007)
WHAT DOESN'T KILL YOU (2008)
X-FILES, THE: I WANT TO BELIEVE (2008)

PENN, Christopher
acteur américain (1964-)
RUMBLE FISH (1983)
AT CLOSE RANGE (1985)
PALE RIDER (1985)
MOBSTERS (1991)
RESERVOIR DOGS (1991)
BEETHOVEN'S 2ND (1993)
MUSIC OF CHANCE, THE (1993)
SHORT CUTS (1993)
TRUE ROMANCE (1993)
IMAGINARY CRIMES (1994)
TO WONG FOO, THANKS FOR EVERYTHING, JULIE NEWMAR (1995)
FUNERAL, THE (1996)
MULHOLLAND FALLS (1996)
DECEIVER (1997)
RUSH HOUR (1998)

PENN, Sean
acteur américain (1960-)
TAPS (1981)
FAST TIMES AT RIDGEMONT HIGH (1982)
BAD BOYS (1983)
CRACKERS (1983)
FALCON AND THE SNOWMAN, THE (1984)
RACING WITH THE MOON (1984)
AT CLOSE RANGE (1985)
SHANGHAI SURPRISE (1986)
DEAR AMERICA: LETTERS HOME FROM VIETNAM (1987)
JUDGEMENT IN BERLIN (1987)
COLORS (1988)
CASUALTIES OF WAR (1989)
WE'RE NO ANGELS (1989)
STATE OF GRACE (1990)
CARLITO'S WAY (1993)
DEAD MAN WALKING (1995)
GAME, THE (1997)
HUGO POOL (1997)
LOVED (1997)
SHE'S SO LOVELY (1997)
U-TURN (1997)
HURLYBURLY (1998)
THIN RED LINE, THE (1998)
SWEET AND LOWDOWN (1999)
BEFORE NIGHT FALLS (2000)
WEIGHT OF WATER, THE (2000)
I AM SAM (2001)
21 GRAMS (2003)
IT'S ALL ABOUT LOVE (2003)
MYSTIC RIVER (2003)
THIS SO-CALLED DISASTER (2003)
ASSASSINATION OF RICHARD NIXON, THE (2004)
INTERPRETER, THE (2005)
ALL THE KING'S MEN (2006)
MILK (2008)
WHAT JUST HAPPENED? (2008)

PEPPER, Barry
acteur canadien (1970-)
WE ALL FALL DOWN (2000)
61 (2001)
25th HOUR (2002)
KNOCKAROUND GUYS (2002)
WE WERE SOLDIERS (2002)
SNOW WALKER, THE (2003)
THREE BURIALS OF MELQUIADES ESTRADA, THE (2005)
FLAGS OF OUR FATHERS (2006)
UNKNOWN (2006)
SEVEN POUNDS (2008)

PERABO, Piper
actrice américaine (1977-)
ADVENTURES OF ROCKY AND BULWINKLE, THE (2000)
LOST AND DELIRIOUS (2001)
CHEAPER BY THE DOZEN (2003)
I INSIDE, THE (2003)
CAVE, THE (2005)
IMAGINE ME AND YOU (2005)
10TH & WOLF (2006)
FIRST SNOW (2006)
PRESTIGE, THE (2006)
BECAUSE I SAID SO (2007)

PEREZ, Rosie
actrice américaine (1964-)
WHITE MEN CAN'T JUMP (1992)
FEARLESS (1993)
UNTAMED HEART (1993)
IT COULD HAPPEN TO YOU (1994)
SOMEBODY TO LOVE (1994)
SUBWAY STORIES (1997)
KING OF THE JUNGLE, THE (2000)
HUMAN NATURE (2001)
PINEAPPLE EXPRESS (2008)

PÉREZ, Vincent
acteur suisse (1965-)
GARDIEN DE LA NUIT, LE (1986)
CYRANO DE BERGERAC (1990)
INDOCHINE (1991)
VOYAGE DU CAPITAINE FRACASSE, LE (1991)
FANFAN (1992)
PAR-DELÀ LES NUAGES (1995)
CROW: CITY OF ANGELS, THE (1996)
BOSSU, LE (1997)
SWEPT FROM THE SEA (1997)
TALK OF ANGELS (1998)
TEMPS RETROUVÉ, LE (1999)
I DREAMED OF AFRICA (2000)
LIBERTIN, LE (2000)
MORSURES DE L'AUBE, LES (2000)
BRIDE OF THE WIND (2001)
PHARMACIEN DE GARDE, LE (2002)
QUEEN OF THE DAMNED (2002)
FANFAN LA TULIPE (2003)
JE RESTE! (2003)
NOUVELLE-FRANCE (2004)

PERKINS, Anthony
acteur américain (1932-1992)
FRIENDLY PERSUASION (1956)
DESIRE UNDER THE ELMS (1957)
FEAR STRIKES OUT (1957)
LONELY MAN, THE (1957)
TIN STAR, THE (1957)
MATCHMAKER, THE (1958)
GREEN MANSIONS (1959)
ON THE BEACH (1959)
PSYCHO (1960)
GOODBYE AGAIN (1961)
TRIAL, THE (1962)
UNE RAVISSANTE IDIOTE (1963)
FOOL KILLER, THE (1965)
PRETTY POISON (1968)
CATCH-22 (1970)
HOW AWFUL ABOUT ALLAN (1970)
DÉCADE PRODIGIEUSE, LA (1971)
SOMEONE BEHIND THE DOOR (1971)
LIFE AND TIMES OF JUDGE ROY BEAN (1972)
LAST OF SHEILA, THE (1973)
LOVIN' MOLLY (1973)
MURDER ON THE ORIENT EXPRESS (1974)
MAHOGANY (1975)
MISERABLES, LES (1978)
BLACK HOLE, THE (1979)
UN HOMME, DEUX FEMMES (1979)
WINTER KILLS (1979)
FFOLKES (1980)
PSYCHO II (1983)
CRIMES OF PASSION (1984)
PSYCHO III (1986)
EDGE OF SANITY (1989)
DAUGHTER OF DARKNESS (1990)

PERKINS, Elizabeth
actrice américaine (1961-)
ABOUT LAST NIGHT (1986)
FROM THE HIP (1987)
BIG (1988)
AVALON (1990)
LOVE AT LARGE (1990)
DOCTOR, THE (1991)
HE SAID, SHE SAID (1991)
INDIAN SUMMER (1993)
MIRACLE ON 34th STREET (1994)
MOONLIGHT AND VALENTINO (1995)
IF THESE WALLS COULD TALK II (1999)
28 DAYS (2000)
CATS AND DOGS (2001)
ALL I WANT (2002)
FIERCE PEOPLE (2005)

MUST LOVE DOGS (2005)
RING TWO, THE (2005)
WEEDS (2005)
WEEDS (SEASON 3) (2008)

PERLMAN, Ron
acteur américain (1950-)
GUERRE DU FEU, LA (1981)
ICE PIRATES (1984)
BEAUTY AND THE BEAST - THE TV SERIES (1987)
ADVENTURES OF HUCK FINN, THE (1992)
CRONOS (1992)
SLEEPWALKERS (1992)
CITÉ DES ENFANTS PERDUS, LA (1995)
LAST SUPPER, THE (1995)
PRINCE VALIANT (1996)
ALIEN RESURRECTION (1997)
SECOND CIVIL WAR (1997)
BETTY (1999)
FROGS FOR SNAKES (1999)
HAPPY TEXAS (1999)
ENEMY AT THE GATES (2000)
TITAN A.E. (2000)
BLADE II (2002)
TWO SOLDIERS (2003)
HELLBOY (2004)
DESPERATION (2006)
MASTERS OF HORROR - PRO-LIFE (2006)
AFRO SAMURAI (2007)
LAST WINTER, THE (2007)
HELLBOY II - THE GOLDEN ARMY (2008)

PERRIN, Jacques
acteur français (1941-)
FILLE À LA VALISE, LA (1961)
317e SECTION, LA (1965)
DEMOISELLES DE ROCHEFORT, LES (1967)
Z (1969)
PEAU D'ÂNE (1970)
DESERT OF THE TARTARS (1976)
NOIRS ET BLANCS EN COULEURS (1976)
CRABE TAMBOUR, LE (1977)
LÉGION SAUTE SUR KOLWEZI, LA (1980)
QUARANTIÈMES RUGISSANTS, LES (1982)
ANNÉE DES MÉDUSES, L' (1984)
JUGE, LE (1984)
PAROLE DE FLIC (1985)
CINÉMA PARADISO (1988)
VANILLE FRAISE (1989)
MONTPARNASSE-PONDICHÉRY (1993)
FRANK RIVA (2003)
CHORISTES, LES (2004)
ENFER, L' (2005)
PETIT LIEUTENANT, LE (2005)

PERRY, Matthew
acteur américain (1969-)
FRIENDS (SEASON I) (1994)
FRIENDS (SEASON II) (1995)
FRIENDS (SEASON III) (1996)
FOOLS RUSH IN (1997)
FRIENDS (SEASON IV) (1997)
WHOLE NINE YARDS, THE (2000)
SERVING SARA (2002)
WHOLE TEN YARDS, THE (2004)
NUMB (2007)

PESCI, Joe
acteur américain (1943-)
RAGING BULL (1980)
I'M DANCING AS FAST AS I CAN (1981)
EUREKA (1983)
ONCE UPON A TIME IN AMERICA (1984)
BACKTRACK (1988)
LETHAL WEAPON 2 (1989)
BETSY'S WEDDING (1990)
GOODFELLAS (1990)
HOME ALONE (1990)
JFK (1991)
SUPER, THE (1991)
HOME ALONE 2: LOST IN NEW YORK (1992)
LETHAL WEAPON 3 (1992)
MY COUSIN VINNY (1992)
PUBLIC EYE, THE (1992)
BRONX TALE, A (1993)
JIMMY HOLLYWOOD (1994)
WITH HONORS (1994)
CASINO (1995)
GONE FISHIN' (1997)
LETHAL WEAPON 4 (1998)

PETERSEN, William L.
acteur américain (1953-)
TO LIVE AND DIE IN L.A. (1985)
MANHUNTER (1986)
AMAZING GRACE AND CHUCK (1987)
YOUNG GUNS II (1990)
HARD PROMISES (1991)
12 ANGRY MEN (1997)
KISS THE SKY (1998)
RAT PACK, THE (1998)
CONTENDER, THE (2000)
CSI: CRIME SCENE INVESTIGATION (SEASON I) (2000)
CSI: CRIME SCENE INVESTIGATION (SEASON II) (2001)
CSI: CRIME SCENE INVESTIGATION II (2001)
CRIME SCENE INVESTIGATION (SEASON IV) (2003)

PFEIFFER, Michelle
actrice américaine (1957-)
CHARLIE CHAN AND THE CURSE OF THE DRAGON QUEEN (1980)
GREASE 2 (1982)
SCARFACE (1983)
INTO THE NIGHT (1985)
LADYHAWKE (1985)
AMAZON WOMEN ON THE MOON (1986)
SWEET LIBERTY (1986)
WITCHES OF EASTWICK, THE (1987)
DANGEROUS LIAISONS (1988)
MARRIED TO THE MOB (1988)
TEQUILA SUNRISE (1988)
FABULOUS BAKER BOYS, THE (1989)
RUSSIA HOUSE, THE (1990)
FRANKIE AND JOHNNY (1991)
LOVE FIELD (1991)
BATMAN RETURNS (1992)
AGE OF INNOCENCE, THE (1993)
WOLF (1994)
DANGEROUS MINDS (1995)
ONE FINE DAY (1996)
TO GILLIAN ON HER 37th BIRTHDAY (1996)
UP CLOSE & PERSONAL (1996)
THOUSAND ACRES, A (1997)
DEEP END OF THE OCEAN, THE (1999)
MIDSUMMER NIGHT'S DREAM, A (1999)
STORY OF US, THE (1999)
WHAT LIES BENEATH (2000)
I AM SAM (2001)
WHITE OLEANDER (2002)
HAIRSPRAY (2007)
I COULD NEVER BE YOUR WOMAN (2007)
STARDUST (2007)
CHÉRI (2008)
PERSONAL EFFECTS (2009)

PHILLIPPE, Ryan
acteur américain (1974-)
WHITE SQUALL (1995)
54 (1998)
HOMEGROWN (1998)
PLAYING BY HEART (1998)
CRUEL INTENTIONS (1999)
ANTITRUST (2000)
GOSFORD PARK (2001)
IGBY GOES DOWN (2002)
CRASH (2004)
BREACH (2007)

PHILLIPS, Lou Diamond
acteur américain (1962-)
LA BAMBA (1987)
STAND AND DELIVER (1988)
DISORGANIZED CRIME (1989)
RENEGADES (1989)
SHOW OF FORCE, A (1990)
AGAGUK - SHADOW OF THE WOLF (1992)
COURAGE UNDER FIRE (1996)
BIG HIT, THE (1998)
BATS (1999)
BROKEDOWN PALACE (1999)
SUPERNOVA (1999)

PHOENIX, Joaquin
acteur portoricain (1974-)
PARENTHOOD (1989)
TO DIE FOR (1995)
INVENTING THE ABBOTTS (1997)
U-TURN (1997)
CLAY PIGEONS (1998)
RETURN TO PARADISE (1998)
GLADIATOR (2000)
BUFFALO SOLDIERS (2001)
SIGNS (2002)
IT'S ALL ABOUT LOVE (2003)
HOTEL RWANDA (2004)
VILLAGE, THE (2004)
WALK THE LINE (2005)
RESERVATION ROAD (2007)
WE OWN THE NIGHT (2007)
TWO LOVERS (2008)

PHOENIX, River
acteur américain (1970-1993)
EXPLORERS (1985)
MOSQUITO COAST, THE (1986)
STAND BY ME (1986)
LITTLE NIKITA (1988)
RUNNING ON EMPTY (1988)
INDIANA JONES AND THE LAST CRUSADE (1989)
I LOVE YOU TO DEATH (1990)
DOGFIGHT (1991)
MY OWN PRIVATE IDAHO (1991)
SNEAKERS (1992)
THING CALLED LOVE, THE (1993)

PICARD, Luc
acteur québécois (1961-)
COMMENT FAIRE L'AMOUR AVEC UN NÈGRE SANS SE FATIGUER (1989)
DING ET DONG: LE FILM (1990)
NELLIGAN (1991)
SAUF-CONDUITS, LES (1991)
SARRASINE, LA (1992)
CAP TOURMENTE (1993)
DOUBLURES (1993)
SEXE DES ÉTOILES, LE (1993)
OCTOBRE (1994)
ERREUR SUR LA PERSONNE (1995)
OMERTA II (1997)
CHARTRAND ET SIMONNE (1999)
DERNIER SOUFFLE, LE (1999)
EN VACANCES (1999)
15 FÉVRIER 1839 (2000)
FEMME QUI BOIT, LA (2000)
COLLECTIONNEUR, LE (2002)
MOÏSE: L'AFFAIRE ROCH THÉRIAULT (2002)
20h17 RUE DARLING (2003)
AUDITION, L' (2005)
VICE CACHÉ (2005)
UN DIMANCHE À KIGALI (2006)
BABINE (2008)

PICCOLI, Michel
acteur français (1925-)
FRENCH CAN-CAN (1955)
SORCIÈRES DE SALEM, LES (1956)
DOULOS, LE (1962)
MÉPRIS, LE (1963)
JOURNAL D'UNE FEMME DE CHAMBRE, LE (1964)
LADY L (1965)
CURÉE, LA (1966)
PARIS BRÛLE-T-IL? (1966)
BELLE DE JOUR (1967)
DANGER: DIABOLIK! (1967)
DEMOISELLES DE ROCHEFORT, LES (1967)
CHAMADE, LA (1968)
PRISONNIÈRE, LA (1968)
VOIE LACTÉE, LA (1968)
TOPAZ (1969)
CHOSES DE LA VIE, LES (1970)
MAX ET LES FERRAILLEURS (1970)
DÉCADE PRODIGIEUSE, LA (1971)
ATTENTAT, L' (1972)
CHARME DISCRET DE LA BOURGEOISIE, LE (1972)
FEMME EN BLEU, LA (1973)
GRANDE BOUFFE, LA (1973)
NOCES ROUGES, LES (1973)
TOUCHE PAS LA FEMME BLANCHE (1973)
FANTÔME DE LA LIBERTÉ, LE (1974)
TRIO INFERNAL, LE (1974)
VINCENT, FRANÇOIS, PAUL ET LES AUTRES (1974)
7 MORTS SUR ORDONNANCE (1975)
DES ENFANTS GÂTÉS (1977)
ÉTAT SAUVAGE, L' (1978)
MÉLODIE MEURTRIÈRE (1978)
PETITE FILLE EN VELOURS BLEU, LA (1978)
PRIX DE LA SURVIE, LE (1979)
ATLANTIC CITY (1980)
UNS ET LES AUTRES, LES (1980)
PASSANTE DU SANS-SOUCI, LA (1981)
DERRIÈRE LA PORTE (1982)
PASSION (1982)
YEUX, LA BOUCHE, LES (1982)

DIAGONALE DU FOU, LA (1983)
PRIX DU DANGER, LE (1983)
VIVA LA VIE (1983)
PÉRIL EN LA DEMEURE (1984)
SUCCESS IS THE BEST REVENGE (1984)
ADIEU BONAPARTE (1985)
PARTIR, REVENIR (1985)
MAUVAIS SANG (1986)
PURITAINE, LA (1986)
HOMME VOILÉ, L' (1987)
BLANC DE CHINE (1988)
MILOU EN MAI (1989)
BAL DES CASSE-PIEDS, LE (1991)
BELLE NOISEUSE, LA (1991)
SOUPER, LE (1992)
CAVALE DES FOUS, LA (1993)
RUPTURE(S) (1993)
ANGE NOIR, L' (1994)
CENT ET UNE NUITS, LES (1994)
ÉMIGRÉ, L' (1994)
BEAUMARCHAIS L'INSOLENT (1996)
PARTY (1996)
TYKHO MOON (1996)
GÉNÉALOGIES D'UN CRIME (1997)
PASSION IN THE DESERT (1997)
RUMBA, LA (1997)
RIEN SUR ROBERT (1998)
ACTEURS, LES (1999)
TOUT VA BIEN... ON S'EN VA (2000)
JE RENTRE À LA MAISON (2001)
CE JOUR-LÀ (2003)
PETITE LILI, LA (2003)
NE TOUCHEZ PAS LA HACHE (2007)

PIDGEON, Walter
acteur canadien (1897-1984)
SARATOGA (1937)
LISTEN, DARLING (1938)
TOO HOT TO HANDLE (1938)
GIRL OF THE GOLDEN WEST, THE (1939)
SHOPWORN ANGEL, THE (1939)
BLOSSOMS IN THE DUST (1940)
DARK COMMAND (1940)
HOW GREEN WAS MY VALLEY (1940)
MAN HUNT (1941)
WHITE CARGO (1942)
MADAME CURIE (1943)
MRS. MINIVER (1943)
MRS. PARKINGTON (1947)
COMMAND DECISION (1948)
JULIA MISBEHAVES (1948)
THAT FORSYTE WOMAN (1949)
MINIVER STORY, THE (1950)
BAD AND THE BEAUTIFUL, THE (1952)
MILLION DOLLAR MERMAID (1952)
EXECUTIVE SUITE (1954)
LAST TIME I SAW PARIS, THE (1954)
MEN OF THE FIGHTING LADY (1954)
FORBIDDEN PLANET (1955)
HIT THE DECK (1955)
VOYAGE TO THE BOTTOM OF THE SEA (1961)
ADVISE AND CONSENT (1962)
FUNNY GIRL (1968)
NEPTUNE FACTOR (1973)
LINDBERGH KIDNAPPING CASE, THE (1976)
TWO-MINUTE WARNING (1976)
SEXTETTE (1979)

PIERROT, Frédéric
acteur français (1960-)
LAND AND FREEDOM (1995)
FOR EVER MOZART (1996)
PORT DJEMA (1996)
ARTEMISIA (1997)
SANGUINAIRES, LES (1997)
DIS-MOI QUE JE RÊVE (1998)
UNE HIRONDELLE A FAIT LE PRINTEMPS (2001)
INQUIÉTUDES (2003)
HOLY LOLA (2004)
IMMORTEL (2004)
REVENANTS, LES (2004)

PILON, Donald
acteur québécois (1938-)
VIOL D'UNE JEUNE FILLE DOUCE, LE (1968)
DEUX FEMMES EN OR (1970)
RED (1970)
CHATS BOTTÉS, LES (1971)
MÂLES, LES (1971)
VRAIE NATURE DE BERNADETTE, LA (1972)
BULLDOZER (1973)
CORPS CÉLESTES, LES (1973)
PYX, THE (1973)
DUPLESSIS (1977)
FANTASTICA (1980)
PLOUFFE, LES (1981)
CRIME D'OVIDE PLOUFFE, LE (1984)
GUÊPE, LA (1986)
TISSERANDS DU POUVOIR, LES (1988)
UNE HISTOIRE INVENTÉE (1990)
PRINCE LAZURE (1992)
ANGÉLO, FRÉDO ET ROMÉO (1996)
C'T'À TON TOUR, LAURA CADIEUX (1998)
GRANDE SÉDUCTION, LA (2003)

PINKETT SMITH, Jada
actrice américaine (1971-)
MENACE II SOCIETY (1993)
JASON'S LYRIC (1994)
LOW DOWN DIRTY SHAME, A (1994)
TALES FROM THE CRYPT PRESENTS: DEMON KNIGHT (1994)
NUTTY PROFESSOR, THE (1996)
SET IT OFF (1996)
SCREAM 2 (1997)
BAMBOOZLED (2000)
MATRIX RELOADED, THE (2003)
COLLATERAL (2004)
REIGN OVER ME (2007)
WOMEN, THE (2008)

PINON, Dominique
acteur français (1955-)
ALBERTO EXPRESS (1990)
DELICATESSEN (1991)
CAVALE DES FOUS, LA (1993)
ALIEN RESURRECTION (1997)
COMME UN POISSON HORS DE L'EAU (1999)
FABULEUX DESTIN D'AMÉLIE POULAIN, LE (2000)
SE SOUVENIR DES BELLES CHOSES (2001)
ROMAN DE GARE (2006)

PISIER, Marie-France
actrice française (1944-)
FÉMININ FÉMININ (1971)
CÉLINE ET JULIE VONT EN BATEAU (1974)
COUSIN, COUSINE (1975)
BAROCCO (1976)
OTHER SIDE OF MIDNIGHT, THE (1977)
AMOUR EN FUITE, L' (1978)
FRENCH POSTCARDS (1979)
BANQUIÈRE, LA (1980)
CHANEL SOLITAIRE (1981)
AS DES AS, L' (1982)
BOULEVARD DES ASSASSINS (1982)
AMI DE VINCENT, L' (1983)
PRIX DU DANGER, LE (1983)
NANAS, LES (1984)
PARKING (1985)
POURQUOI MAMAN EST DANS MON LIT? (1994)
TEMPS RETROUVÉ, LE (1999)
ORDO (2003)

PITT, Brad
acteur américain (1964-)
JOHNNY SUEDE (1991)
THELMA & LOUISE (1991)
COOL WORLD (1992)
RIVER RUNS THROUGH IT, A (1992)
KALIFORNIA (1993)
TRUE ROMANCE (1993)
FAVOR, THE (1994)
INTERVIEW WITH THE VAMPIRE (1994)
LEGENDS OF THE FALL (1994)
12 MONKEYS (1995)
SEVEN (1995)
SLEEPERS (1995)
DEVIL'S OWN, THE (1997)
SEVEN YEARS IN TIBET (1997)
MEET JOE BLACK (1998)
FIGHT CLUB (1999)
SNATCH (2000)
MEXICAN, THE (2001)
OCEAN'S ELEVEN (2001)
SPY GAME (2001)
OCEAN'S 12 (2004)
TROY (2004)
MR. AND MRS. SMITH (2005)
BABEL (2006)
ASSASSINATION OF JESSE JAMES BY THE COWARD ROBERT FORD, THE (2007)
OCEAN'S THIRTEEN (2007)
BURN AFTER READING (2008)
CURIOUS CASE OF BENJAMIN BUTTON, THE (2008)

PIVEN, Jeremy
acteur américain (1965-)
LUCAS (1986)
FLOUNDERING (1993)
JUDGMENT NIGHT (1993)
DR. JEKYLL AND MS. HYDE (1995)
KISS THE GIRLS (1997)
PHOENIX (1998)
VERY BAD THINGS (1998)
FAMILY MAN, THE (2000)
RED LETTERS (2000)
SERENDIPITY (2001)
OLD SCHOOL (2002)
CHASING LIBERTY (2004)
TWO FOR THE MONEY (2005)
KINGDOM, THE (2007)
SMOKIN' ACES (2007)

PLATT, Oliver
acteur américain (1960-)
DIGGSTOWN (1992)
BENNY & JOON (1993)
FUNNY BONES (1995)
TALL TALE (1995)
EXECUTIVE DECISION (1996)
DANGEROUS BEAUTY (1997)
BULWORTH (1998)
DOCTOR DOLITTLE (1998)
IMPOSTORS, THE (1998)
SIMON BIRCH (1998)
BICENTENNIAL MAN (1999)
LAKE PLACID (1999)
GUN SHY (2000)
DON'T SAY A WORD (2001)
HOPE SPRINGS (2003)
PIECES OF APRIL (2003)
HUFF (SEASON 1) (2004)
CASANOVA (2005)
ICE HARVEST, THE (2005)
LOVERBOY (2005)
MARTIAN CHILD (2007)
TEN, THE (2007)
FROST/NIXON (2008)

PLEASENCE, Donald
acteur anglais (1919-1995)
1984 (1956)
TALE OF TWO CITIES, A (1958)
FLESH AND THE FIENDS, THE (1959)
LOOK BACK IN ANGER (1959)
CIRCUS OF HORRORS (1960)
GREAT ESCAPE, THE (1963)
GREATEST STORY EVER TOLD, THE (1965)
HALLELUJAH TRAIL, THE (1965)
FANTASTIC VOYAGE, THE (1966)
NIGHT OF THE GENERALS, THE (1967)
WILL PENNY (1967)
YOU ONLY LIVE TWICE (1967)
THX-1138 (1970)
WEDDING IN WHITE (1972)
FROM BEYOND THE GRAVE (1973)
RAW MEAT (1973)
TALES THAT WITNESS MADNESS (1973)
BARRY MCKENZIE HOLDS HIS OWN (1974)
ESCAPE TO WITCH MOUNTAIN (1975)
COUNT OF MONTE CRISTO, THE (1976)
EAGLE HAS LANDED, THE (1976)
JESUS OF NAZARETH (1976)
LAST TYCOON, THE (1976)
LIENS DE SANG, LES (1977)
OH, GOD! (1977)
TELEFON (1977)
HALLOWEEN (1978)
SGT. PEPPER'S LONELY HEART CLUB BAND (1978)
TOMORROW NEVER COMES (1978)
ALL QUIET ON THE WESTERN FRONT (1979)
DRACULA (1979)
ESCAPE FROM NEW YORK (1981)
HALLOWEEN II (1981)
CREEPERS (1984)
TREASURE OF THE AMAZON (1985)
DJANGO STRIKES AGAIN (1987)
PRINCE OF DARKNESS (1987)
HALLOWEEN IV: THE RETURN OF MICHAEL MYERS (1988)
HANNA'S WAR (1988)
HALLOWEEN V: THE REVENGE OF MICHAEL MYERS (1989)
SHADOWS AND FOG (1991)
ADVOCATE, THE (1994)
HALLOWEEN 6 - THE CURSE OF MICHAEL MYERS (1995)

PLIMPTON, Martha
actrice américaine (1970-)
RIVER RAT, THE (1984)
ANOTHER WOMAN (1988)

SHY PEOPLE (1988)
PARENTHOOD (1989)
STANLEY & IRIS (1989)
CHANTILLY LACE (1993)
LAST SUMMER IN THE HAMPTONS (1995)
I SHOT ANDY WARHOL (1996)
I'M NOT RAPPAPORT (1996)
EYE OF GOD (1997)
PECKER (1998)
200 CIGARETTES (1999)

PLOWRIGHT, Joan
actrice anglaise (1929-)
TWELFTH NIGHT, THE (1969)
THREE SISTERS (1970)
EQUUS (1977)
BRIMSTONE & TREACLE (1982)
DROWNING BY NUMBERS (1988)
IMPORTANCE OF BEING EARNEST, THE (1988)
AVALON (1990)
ENCHANTED APRIL (1992)
SUMMER HOUSE, THE (1992)
LAST ACTION HERO (1993)
WIDOW'S PEAK (1994)
PYROMANIAC'S LOVE STORY, A (1995)
101 DALMATIANS (1996)
MR. WRONG (1996)
TEA WITH MUSSOLINI (1999)
DINOSAUR (2000)
CALLAS FOREVER (2002)
I AM DAVID (2003)
MRS. PALFREY AT THE CLAREMONT (2005)
SPIDERWICK CHRONICLES, THE (2008)

PLUMMER, Amanda
actrice américaine (1957-)
DANIEL (1983)
FISHER KING, THE (1991)
BUTTERFLY KISS (1994)
NOSTRADAMUS (1994)
DRUNKS (1995)
PROPHECY, THE (1995)
UNDER THE PIANO (1995)
DON'T LOOK BACK (1996)
FREEWAY (1996)
7 DAYS TO LIVE (2000)
MILLION DOLLAR HOTEL (2000)
MY LIFE WITHOUT ME (2003)

PLUMMER, Christopher
acteur canadien (1927-)
FALL OF THE ROMAN EMPIRE, THE (1963)
INSIDE DAISY CLOVER (1965)
SOUND OF MUSIC, THE (1965)
NIGHT OF THE GENERALS, THE (1967)
HIGH COMMISSIONER, THE (1968)
BATTLE OF BRITAIN (1969)
WATERLOO (1971)
PYX, THE (1973)
RETURN OF THE PINK PANTHER, THE (1974)
MAN WHO WOULD BE KING, THE (1975)
SPIRAL STAIRCASE, THE (1975)
MURDER BY DECREE (1978)
SILENT PARTNER, THE (1978)
HANOVER STREET (1979)
RIEL (1979)
STARCRASH (1979)
SOMEWHERE IN TIME (1980)
EYEWITNESS (1981)
DREAMSCAPE (1983)
SCARLET AND THE BLACK, THE (1983)
BOY IN BLUE, THE (1985)
DRAGNET (1987)
WHERE THE HEART IS (1990)
FIRST CIRCLE, THE (1991)
STAR TREK VI: THE UNDISCOVERED COUNTRY (1991)
WOLF (1994)
12 MONKEYS (1995)
DOLORES CLAIBORNE (1995)
INSIDER, THE (1999)
DRACULA 2000 (2000)
NUREMBERG (2000)
BEAUTIFUL MIND, A (2001)
LUCKY BREAK (2001)
ARARAT (2002)
NICHOLAS NICKLEBY (2002)
COLD CREEK MANOR (2003)
NATIONAL TREASURE (2004)
ALEXANDER (2005)
MUST LOVE DOGS (2005)
NEW WORLD, THE (2005)
OUR FATHERS (2005)
INSIDE MAN (2006)
LAKE HOUSE (2006)
CLOSING THE RING (2007)
EMOTIONAL ARITHMETIC (2007)

PODALYDÈS, Denis
acteur français (1963-)
VERSAILLES RIVE GAUCHE (1991)
PAS TRÈS CATHOLIQUE (1993)
COMMENT JE ME SUIS DISPUTÉ... (MA VIE SEXUELLE) (1995)
JOURNAL D'UN SÉDUCTEUR, LE (1995)
DIEU SEUL ME VOIT (1998)
JEANNE ET LE GARÇON FORMIDABLE (1998)
À L'ATTAQUE (2000)
COMÉDIE DE L'INNOCENCE (2000)
CHAMBRE DES OFFICIERS, LA (2001)
LAISSEZ-PASSER (2001)
EMBRASSEZ QUI VOUS VOUDREZ (2002)
IL EST PLUS FACILE POUR UN CHAMEAU... (2003)
MYSTÈRE DE LA CHAMBRE JAUNE, LE (2003)
PALAIS ROYAL! (2005)
CAOS CALMO (2008)
SAGAN (2008)

POELVOORDE, Benoît
acteur belge (1964-)
C'EST ARRIVÉ PRÈS DE CHEZ VOUS (1991)
RANDONNEURS, LES (1997)
CONVOYEURS ATTENDENT, LES (1999)
BOULET, LE (2001)
PODIUM (2003)
RIRE ET CHÂTIMENT (2003)
ENTRE SES MAINS (2005)
SELON CHARLIE (2006)
ASTÉRIX AUX JEUX OLYMPIQUES (2007)
DEUX MONDES, LES (2007)

POITIER, Sidney
acteur américain (1924-)
NO WAY OUT (1950)
RED BALL EXPRESS (1952)
BLACKBOARD JUNGLE (1955)
BAND OF ANGELS (1956)
GOODBYE, MY LADY (1956)
SOMETHING OF VALUE (1956)
EDGE OF THE CITY (1957)
DEFIANT ONES, THE (1958)
VIRGIN ISLAND (1958)
PARIS BLUES (1961)
RAISIN IN THE SUN, A (1961)
PRESSURE POINT (1962)
LILIES OF THE FIELD (1963)
BEDFORD INCIDENT, THE (1965)
DUEL AT DIABLO (1965)
GREATEST STORY EVER TOLD, THE (1965)
PATCH OF BLUE, A (1965)
SLENDER THREAD, THE (1965)
GUESS WHO'S COMING TO DINNER? (1967)
IN THE HEAT OF THE NIGHT (1967)
TO SIR, WITH LOVE (1967)
FOR LOVE OF IVY (1968)
LOST MAN, THE (1969)
THEY CALL ME MISTER TIBBS! (1970)
BROTHER JOHN (1971)
BUCK AND THE PREACHER (1971)
ORGANIZATION, THE (1971)
WARM DECEMBER, A (1973)
UPTOWN SATURDAY NIGHT (1974)
LET'S DO IT AGAIN (1975)
WILBY CONSPIRACY, THE (1975)
LITTLE NIKITA (1988)
SHOOT TO KILL (1988)
SNEAKERS (1992)
JACKAL, THE (1997)
SIDNEY POITIER COLLECTION (2003)

POLLAK, Kevin
acteur américain (1957-)
AVALON (1990)
ANOTHER YOU (1991)
RICOCHET (1991)
INDIAN SUMMER (1993)
CLEAN SLATE (1994)
GRUMPIER OLD MEN (1995)
TRUTH OR CONSEQUENCES N.M. (1997)
DETERRENCE (1999)
END OF DAYS (1999)
WHOLE NINE YARDS, THE (2000)
3000 MILES TO GRACELAND (2001)
SEVEN TIMES LUCKY (2004)
WHOLE TEN YARDS, THE (2004)
HOSTAGE (2005)
NIAGARA MOTEL (2005)
LOST ROOM (2006)
NUMB (2007)

POLLEY, Sarah
actrice canadienne (1979-)
ADVENTURES OF BARON MUNCHAUSEN, THE (1988)
LANTERN HILL (1990)
JOE'S SO MEAN TO JOSEPHINE (1996)
HANGING GARDEN, THE (1997)
SWEET HEREAFTER, THE (1997)
WHITE LIES (1997)
LAST NIGHT (1998)
EXISTENZ (1999)
GO (1999)
GUINEVERE (1999)
CLAIM, THE (2000)
LAW OF ENCLOSURES, THE (2000)
WEIGHT OF WATER, THE (2000)
NO SUCH THING (2001)
LUCK (2002)
EVENT, THE (2003)
I INSIDE, THE (2003)
MY LIFE WITHOUT ME (2003)
DAWN OF THE DEAD (2004)
SUGAR (2004)
BEOWULF & GRENDEL (2005)
DON'T COME KNOCKING (2005)
SECRET LIFE OF WORDS, THE (2005)
JOHN ADAMS (2008)

PORTAL, Louise
actrice québécoise (1950-)
TAUREAU (1972)
BEAUX DIMANCHES, LES (1974)
CORDÉLIA (1979)
LAROSE, PIERROT ET LA LUCE (1982)
DÉCLIN DE L'EMPIRE AMÉRICAIN, LE (1986)
TINAMER (1987)
MES MEILLEURS COPAINS (1989)
AMOUREUSES, LES (1992)
SOUS-SOL (1996)
GRAND SERPENT DU MONDE, LE (1998)
FORTIER SÉRIE 1 (1999)
FULL BLAST (1999)
SOUVENIRS INTIMES (1999)
FORTIER SÉRIE 2 (2000)
MUSES ORPHELINES, LES (2000)
SAINT JUDE (2000)
DANGEREUX, LES (2002)
ODYSSÉE D'ALICE TREMBLAY, L' (2002)
INVASIONS BARBARES, LES (2003)
ELLES ÉTAIENT CINQ (2004)
AU CŒUR BRISÉ (2005)
H2O (2005)
VERS LE SUD (2005)
DE MA FENÊTRE, SANS MAISON (2006)

PORTMAN, Natalie
actrice américaine (1981-)
PROFESSIONAL, THE (1994)
HEAT (1995)
ANYWHERE BUT HERE (1999)
WHERE THE HEART IS (2000)
STAR WARS EPISODE II: ATTACK OF THE CLONES (2002)
COLD MOUNTAIN (2003)
CLOSER (2004)
GARDEN STATE (2004)
FREE ZONE (2005)
STAR WARS EPISODE III - REVENGE OF THE SITH (2005)
V FOR VENDETTA (2005)
GOYA'S GHOSTS (2006)
PARIS, JE T'AIME (2006)
MR. MAGORIUM'S WONDER EMPORIUM (2007)
MY BLUEBERRY NIGHTS (2007)
OTHER BOLEYN GIRL, THE (2008)

POSEY, Parker
actrice américaine (1968-)
MIXED NUTS (1994)
PARTY GIRL (1994)
SLEEP WITH ME (1994)
DRUNKS (1995)
FLIRT (1995)
DAYTRIPPERS, THE (1996)
HOUSE OF YES, THE (1996)
SUBURBIA (1996)
WAITING FOR GUFFMAN (1996)
CLOCKWATCHERS (1997)
HENRY FOOL (1997)
YOU'VE GOT MAIL (1998)

BEST IN SHOW (2000)
ANNIVERSARY PARTY, THE (2001)
PERSONAL VELOCITY (2002)
SWEETEST THING, THE (2002)
EVENT, THE (2003)
BLADE TRINITY (2004)
LAWS OF ATTRACTION (2004)
ADAM AND STEVE (2005)
BROKEN ENGLISH (2006)
FAY GRIM (2006)
FOR YOUR CONSIDERATION (2006)
OH IN OHIO, THE (2006)
SUPERMAN RETURNS (2006)
EYE, THE (2008)
SPRING BREAKDOWN (2008)

POSTLETHWAITE, Pete
acteur anglais (1945-)
ANCHORESS (1993)
IN THE NAME OF THE FATHER (1993)
MARTIN CHUZZLEWIT (1994)
SUITE 16 (1994)
BRASSED OFF (1996)
DRAGONHEART (1996)
BRUTE (1997)
SERPENT'S KISS (1997)
LOST FOR WORDS (1999)
RAT (2000)
BETWEEN STRANGERS (2002)
AEON FLUX (2005)
CONSTANT GARDENER (2005)
DARK WATER (2005)
OMEN, THE (2006)
CLOSING THE RING (2007)

POTENTE, Franka
actrice allemande (1974-)
COURS, LOLA, COURS (1998)
ANATOMY (2000)
PRINCESS AND THE WARRIOR, THE (2000)
BLOW (2001)
ALL I WANT (2002)
BOURNE IDENTITY, THE (2002)
I LOVE YOUR WORK (2003)
BOURNE SUPREMACY, THE (2004)
CREEP (2004)
PARTICULES ÉLÉMENTAIRES, LES (2006)
ROMULUS, MY FATHER (2007)
CHE (2008)

POULIN, Julien
acteur québécois (1946-)
GAMMICK, LA (1974)
TI-MINE, BERNIE PIS LA GANG (1976)
LUCIEN BROUILLARD (1983)
ANNÉES DE RÊVES, LES (1984)
CRIME D'OVIDE PLOUFFE, LE (1984)
ELVIS GRATTON (1985)
MATOU, LE (1985)
GASPARD ET FILS (1988)
COMMENT FAIRE L'AMOUR AVEC UN NÈGRE SANS SE FATIGUER (1989)
PARTY, LE (1990)
DOUBLURES (1993)
OREILLE D'UN SOURD, L' (1996)
DERNIER SOUFFLE, LE (1999)
ELVIS GRATTON II: MIRACLE À MEMPHIS (1999)
PETIT CIEL, LE (1999)
PIN-PON (1999)
15 FÉVRIER 1839 (2000)
FALARDEAU POULIN: À FORCE DE COURAGE (2003)
COFFRET ELVIS GRATTON (2004)
ELVIS GRATTON XXX: LA VENGEANCE D'ELVIS WONG (2004)
MINUIT LE SOIR (2005)
BOB GRATTON, MA VIE, MY LIFE (2007)
TURLUTUTU ET CHAPEAUX POINTUS! (2007)
BABINE (2008)

POUPAUD, Melvil
acteur français (1973-)
FILLE DE 15 ANS, LA (1989)
LOVER, THE (1991)
GENS NORMAUX N'ONT RIEN D'EXCEPTIONNEL, LES (1993)
CONTE D'ÉTÉ (1995)
JOURNAL D'UN SÉDUCTEUR, LE (1995)
TROIS VIES ET UNE SEULE MORT (1995)
GÉNÉALOGIES D'UN CRIME (1997)
TEMPS RETROUVÉ, LE (1999)
TEMPS QUI RESTE, LE (2005)
BROKEN ENGLISH (2006)
BROKEN, THE (2008)
CRIME EST NOTRE AFFAIRE, LE (2008)
UN CONTE DE NOËL (2008)

POWELL, Dick
acteur américain (1904-1963)
42nd STREET (1933)
DAMES (1934)
GOLD DIGGERS OF 1935 (1935)
MIDSUMMER NIGHT'S DREAM (1935)
GOLD DIGGERS OF 1937 (1936)
HOLLYWOOD HOTEL (1937)
ON THE AVENUE (1937)
VARSITY SHOW (1937)
CHRISTMAS IN JULY (1940)
IN THE NAVY (1941)
STAR SPANGLED RHYTHM (1942)
IT HAPPENED TOMORROW (1944)
CORNERED (1945)
MURDER, MY SWEET (1946)
PITFALL (1948)
STATION WEST (1948)
CRY DANGER (1950)
BAD AND THE BEAUTIFUL, THE (1952)

POWELL, William
acteur américain (1892-1984)
LAST COMMAND, THE (1928)
DISHONORED (1931)
EVELYN PRENTICE (1934)
FASHIONS OF 1934 (1934)
MANHATTAN MELODRAMA (1934)
THIN MAN, THE (1934)
RECKLESS (1935)
EX-MRS. BRADFORD, THE (1936)
GREAT ZIEGFELD, THE (1936)
LIBELED LADY (1936)
MY MAN GODFREY (1936)
AFTER THE THIN MAN (1937)
DOUBLE WEDDING (1937)
LAST OF MRS. CHEYNEY, THE (1937)
ANOTHER THIN MAN (1939)
I LOVE YOU AGAIN (1940)
LOVE CRAZY (1941)
SHADOW OF THE THIN MAN (1941)
THIN MAN GOES HOME, THE (1944)
ZIEGFELD FOLLIES (1946)
SENATOR WAS INDISCREET, THE (1947)
SONG OF THE THIN MAN (1947)
MR. PEABODY AND THE MERMAID (1948)
HOW TO MARRY A MILLIONAIRE (1953)
MISTER ROBERTS (1955)

POWER, Tyrone
acteur américain (1913-1958)
LLOYD'S OF LONDON (1936)
ALEXANDER'S RAGTIME BAND (1938)
IN OLD CHICAGO (1938)
JESSE JAMES (1939)
MARIE ANTOINETTE (1939)
RAINS CAME, THE (1939)
ROSE OF WASHINGTON SQUARE, THE (1939)
SECOND FIDDLE (1939)
BRIGHAM YOUNG (1940)
JOHNNY APOLLO (1940)
BLOOD AND SAND (1941)
MARK OF ZORRO, THE (1941)
YANK IN THE R.A.F., A (1941)
BLACK SWAN, THE (1942)
SON OF FURY (1942)
CRASH DIVE (1943)
RAZOR'S EDGE, THE (1946)
NIGHTMARE ALLEY (1947)
CAPTAIN FROM CASTILE (1948)
BLACK ROSE (1949)
PRINCE OF FOXES (1949)
RAWHIDE (1951)
PONY SOLDIER (1952)
LONG GRAY LINE, THE (1954)
EDDY DUCHIN STORY, THE (1955)
SUN ALSO RISES, THE (1957)
WITNESS FOR THE PROSECUTION (1957)

PRESLEY, Elvis
acteur américain (1935-1977)
LOVE ME TENDER (1956)
JAILHOUSE ROCK (1957)
KING CREOLE (1958)
FLAMING STAR (1960)
G.I. BLUES (1960)
BLUE HAWAII (1961)
WILD IN THE COUNTRY (1961)
FOLLOW THAT DREAM (1962)
GIRLS! GIRLS! GIRLS! (1962)
KID GALAHAD (1962)
FUN IN ACAPULCO (1963)
IT HAPPENED AT THE WORLD'S FAIR (1963)
KISSIN' COUSINS (1964)
ROUSTABOUT (1964)
VIVA LAS VEGAS (1964)
GIRL HAPPY (1965)
HARUM SCARUM (1965)
TICKLE ME (1965)
FRANKIE AND JOHNNY (1966)
PARADISE, HAWAIIAN STYLE (1966)
CLAMBAKE (1967)
DOUBLE TROUBLE (1967)
EASY COME, EASY GO (1967)
LIVE A LITTLE, LOVE A LITTLE (1968)
SPEEDWAY (1968)
STAY AWAY, JOE (1968)
CHARRO (1969)

PRESTON, Kelly
actrice américaine (1962-)
METALSTORM: THE DESTRUCTION OF JARED-SIN (1983)
SECRET ADMIRER (1985)
52 PICK-UP (1986)
LOVE AT STAKE (1988)
TWINS (1988)
CITIZEN RUTH (1996)
JERRY MAGUIRE (1996)
ADDICTED TO LOVE (1997)
NOTHING TO LOSE (1997)
HOLY MAN (1998)
JACK FROST (1998)
FOR LOVE OF THE GAME (1999)
DADDY AND THEM (2001)
CAT IN THE HAT, THE (2003)
VIEW FROM THE TOP, A (2003)
WHAT A GIRL WANTS (2003)
CONVICTED (2004)
FAT ACTRESS (2005)
SKY HIGH (2005)
DEATH SENTENCE (2007)

PRICE, Vincent
acteur américain (1911-1993)
PRIVATE LIVES OF ELIZABETH AND ESSEX, THE (1939)
BRIGHAM YOUNG (1940)
HOUSE OF THE SEVEN GABLES, THE (1940)
INVISIBLE MAN RETURNS, THE (1940)
LAURA (1944)
SONG OF BERNADETTE, THE (1944)
WILSON (1944)
DRAGONWYCK (1945)
KEYS OF THE KINGDOM, THE (1946)
LEAVE HER TO HEAVEN (1946)
SHOCK (1946)
LONG NIGHT, THE (1947)
UP IN CENTRAL PARK (1947)
THREE MUSKETEERS, THE (1948)
BARON OF ARIZONA (1950)
CHAMPAGNE FOR CAESAR (1950)
HOUSE OF WAX (1953)
TEN COMMANDMENTS, THE (1956)
FLY, THE (1958)
FLY, THE / RETURN OF THE FLY (1958)
HOUSE ON HAUNTED HILL (1959)
RETURN OF THE FLY, THE (1959)
TINGLER, THE (1959)
FALL OF THE HOUSE OF USHER, THE (1960)
MASTER OF THE WORLD (1961)
PIT AND THE PENDULUM, THE (1961)
MASQUE OF RED DEATH, THE / THE PREMATURE BURIAL (1962)
TALES OF TERROR (1962)
TOWER OF LONDON (1962)
BEACH PARTY (1963)
COMEDY OF TERRORS, THE (1963)
DIARY OF A MADMAN (1963)
HAUNTED PALACE, THE (1963)
HAUNTED PALACE/TOWER OF LONDON (1963)
RAVEN, THE (1963)
LAST MAN ON EARTH, THE (1964)
MASQUE OF THE RED DEATH, THE (1964)
WAR GODS OF THE DEEP (1964)
TOMB OF LIGEIA (1965)
DR. GOLDFOOT AND THE BIKINI MACHINE (1966)
DR. GOLDFOOT AND THE GIRL BOMBS (1966)
HOUSE OF 1,000 DOLLS (1967)
CONQUEROR WORM, THE (1968)
MORE DEAD THAN ALIVE (1968)
OBLONG BOX, THE (1969)
OBLONG BOX, THE / SCREAM AND SCREAM AGAIN (1969)
SCREAM AND SCREAM AGAIN (1969)

CRY OF THE BANSHEE (1970)
CRY OF THE BANSHEE / MURDERS IN THE RUE MORGUE (1970)
ABOMINABLE DR. PHIBES, THE (1971)
DR. PHIBES RISES AGAIN (1972)
THEATER OF BLOOD (1973)
MADHOUSE (1974)
MONSTER CLUB, THE (1980)
HOUSE OF THE LONG SHADOWS (1982)
FROM A WHISPER TO A SCREAM (1985)
WHALES OF AUGUST, THE (1987)
BACKTRACK (1988)
DEAD HEAT (1988)
EDWARD SCISSORHANDS (1990)

PROCHNOW, Jürgen
acteur allemand (1957-)
HONNEUR PERDU DE KATHARINA BLUM, L' (1975)
CONSEQUENCE, THE (1977)
BATEAU, LE (1981)
KEEP, THE (1983)
DUNE (1984)
BEVERLY HILLS COP II (1987)
SEVENTH SIGN, THE (1988)
DRY WHITE SEASON, A (1989)
FOURTH WAR, THE (1990)
MAN INSIDE, THE (1990)
BODY OF EVIDENCE (1992)
TWIN PEAKS: FIRE WALK WITH ME (1992)
IN THE MOUTH OF MADNESS (1994)
JUDGE DREDD (1995)
ENGLISH PATIENT, THE (1996)
AIR FORCE ONE (1997)
REPLACEMENT KILLERS, THE (1997)
HOUSE OF THE DEAD (2003)
BEERFEST (2006)
DA VINCI CODE, THE (2006)

PROULX, Luc
acteur québécois (1951-)
CRIME D'OVIDE PLOUFFE, LE (1984)
UN ZOO LA NUIT (1987)
PARTY, LE (1990)
UNE HISTOIRE INVENTÉE (1990)
AMOUREUX FOU (1991)
AUTOMNE SAUVAGE, L' (1992)
COYOTE (1992)
TIRELIRE, COMBINES ET CIE (1992)
C'ÉTAIT LE 12 DU 12 ET CHILI AVAIT LES BLUES (1993)
VILLAGE DE L'ÎLE PERDUE, LE (1995)
OREILLE D'UN SOURD, L' (1996)
CŒUR AU POING, LE (1998)
FULL BLAST (1999)
VEUVE DE SAINT-PIERRE, LA (1999)
15 FÉVRIER 1839 (2000)
FANTÔMES DES TROIS MADELEINE, LES (2000)
TRUDEAU (2002)
TURBULENCE DES FLUIDES, LA (2002)
IMMORTELS, LES (2003)
BONHEUR C'EST UNE CHANSON TRISTE, LE (2004)
BONZAÏON (2005)
HISTOIRE DE FAMILLE (2006)
BABINE (2008)

PRYCE, Jonathan
acteur anglais (1947-)
LOOPHOLE (1980)
PLOUGHMAN'S LUNCH (1983)
BRAZIL (1985)
STORYTELLER, THE - DEFINITIVE COLLECTION (1987)
CONSUMING PASSIONS (1988)
THICKER THAN WATER (1994)
CARRINGTON (1995)
EVITA (1996)
REGENERATION (1997)
TOMORROW NEVER DIES (1997)
RONIN (1998)
STIGMATA (1999)
GAME OF DEATH, THE (2000)
AFFAIR OF THE NECKLACE, THE (2001)
BRIDE OF THE WIND (2001)
VERY ANNIE MARY (2001)
MAD DOGS (2002)
WHAT A GIRL WANTS (2003)
DE-LOVELY (2004)
BROTHERS GRIMM (2005)
BROTHERS OF THE HEAD (2005)
PIRATES OF THE CARIBBEAN: DEAD MAN'S CHEST (2006)
BEDTIME STORIES (2008)
LEATHERHEADS (2008)
MY ZINC BED (2008)

PRYOR, Richard
acteur américain (1940-2005)
BUSY BODY, THE (1966)
DYNAMITE CHICKEN (1971)
LADY SINGS THE BLUES (1972)
HIT! (1973)
UPTOWN SATURDAY NIGHT (1974)
CAR WASH (1976)
SILVER STREAK (1976)
RICHARD PRYOR SHOW, THE (1977)
WHICH WAY IS UP? (1977)
BLUE COLLAR (1978)
CALIFORNIA SUITE (1978)
WIZ, THE (1978)
IN GOD WE TRUST (1980)
STIR CRAZY (1980)
BUSTIN' LOOSE (1981)
SOME KIND OF HERO (1981)
TOY, THE (1982)
SUPERMAN III (1983)
BREWSTER'S MILLIONS (1985)
CRITICAL CONDITION (1986)
HARLEM NIGHTS (1989)
SEE NO EVIL, HEAR NO EVIL (1989)
ANOTHER YOU (1991)

PULLMAN, Bill
acteur américain (1954-)
SERPENT AND THE RAINBOW, THE (1987)
SPACEBALLS (1987)
ACCIDENTAL TOURIST, THE (1988)
COLD FEET (1988)
BRAIN DEAD (1990)
SIBLING RIVALRY (1990)
LIEBESTRAUM (1991)
LEAGUE OF THEIR OWN, A (1992)
NERVOUS TICKS (1992)
NEWSIES (1992)
SINGLES (1992)
LAST SEDUCTION, THE (1993)
MALICE (1993)
MR. JONES (1993)
SLEEPLESS IN SEATTLE (1993)
SOMMERSBY (1993)
FAVOR, THE (1994)
WYATT EARP (1994)
CASPER (1995)
WHILE YOU WERE SLEEPING (1995)
INDEPENDANCE DAY (1996)
LOST HIGHWAY (1996)
MR. WRONG (1996)
END OF VIOLENCE, THE (1997)
ZERO EFFECT (1997)
BROKEDOWN PALACE (1999)
LAKE PLACID (1999)
LUCKY NUMBERS (2000)
IGNITION (2001)
IGBY GOES DOWN (2002)
GRUDGE, THE (2004)
DEAR WENDY (2005)
SCARY MOVIE 4 - UNRATED (2006)
NOBEL SON (2007)
YOU KILL ME (2007)
BOTTLE SHOCK (2008)

PURI, Om
acteur indien (1950-)
SPICES (1986)
SAM & ME (1991)
CITY OF JOY (1992)
IN CUSTODY (1993)
BROTHERS IN TROUBLE (1995)
MY SON THE FANATIC (1997)
SUCH A LONG JOURNEY (1998)
EAST IS EAST (1999)
MYSTIC MASSEUR (2001)
SECOND GENERATION (2003)
CHARLIE WILSON'S WAR (2007)

QUAID, Dennis
acteur américain (1954-)
I NEVER PROMISED YOU A ROSE GARDEN (1976)
SEPTEMBER 30, 1955 (1977)
BREAKING AWAY (1979)
LONG RIDERS, THE (1980)
ALL NIGHT LONG (1981)
CAVEMAN (1981)
TOUGH ENOUGH (1982)
DREAMSCAPE (1983)
JAWS III (1983)
RIGHT STUFF, THE (1983)
ENEMY MINE (1985)
BIG EASY, THE (1986)
INNERSPACE (1987)
SUSPECT (1987)
D.O.A. (1988)
EVERYBODY'S ALL-AMERICAN (1988)
GREAT BALLS OF FIRE! (1989)
COME SEE THE PARADISE (1990)
POSTCARDS FROM THE EDGE (1990)
FLESH AND BONE (1993)
UNDERCOVER BLUES (1993)
WILDER NAPALM (1993)
WYATT EARP (1994)
SOMETHING TO TALK ABOUT (1995)
DRAGONHEART (1996)
GANG RELATED (1997)
SWITCHBACK (1997)
PARENT TRAP, THE (1998)
PLAYING BY HEART (1998)
SAVIOR (1998)
ANY GIVEN SUNDAY (1999)
FREQUENCY (2000)
TRAFFIC (2000)
FAR FROM HEAVEN (2002)
ROOKIE, THE (2002)
COLD CREEK MANOR (2003)
ALAMO, THE (2004)
DAY AFTER TOMORROW, THE (2004)
FLIGHT OF THE PHOENIX (2004)
IN GOOD COMPANY (2004)
YOURS, MINE AND OURS (2005)
AMERICAN DREAMZ (2006)
SMART PEOPLE (2007)
EXPRESS, THE (2008)
VANTAGE POINT (2008)
HORSEMEN, THE (2009)

QUAID, Randy
acteur américain (1953-)
LAST PICTURE SHOW, THE (1971)
WHAT'S UP, DOC? (1972)
LAST DETAIL, THE (1973)
PAPER MOON (1973)
APPRENTICESHIP OF DUDDY KRAVITZ, THE (1974)
BREAKOUT (1975)
BOUND FOR GLORY (1976)
MISSOURI BREAKS, THE (1976)
VEGAS VACATION (1977)
MIDNIGHT EXPRESS (1978)
GUYANA TRAGEDY: THE STORY OF JIM JONES (1980)
LONG RIDERS, THE (1980)
HEARTBEEPS (1981)
FOOL FOR LOVE (1985)
DEAR AMERICA: LETTERS HOME FROM VIETNAM (1987)
NO MAN'S LAND (1987)
SWEET COUNTRY (1988)
BLOODHOUNDS OF BROADWAY (1989)
NATIONAL LAMPOON'S CHRISTMAS VACATION (1989)
OUT COLD (1989)
PARENTS (1989)
DAYS OF THUNDER (1990)
QUICK CHANGE (1990)
TEXASVILLE (1990)
FREAKED (1993)
MURDER IN THE HEARTLAND (1993)
CURSE OF THE STARVING CLASS, THE (1994)
PAPER, THE (1994)
BYE, BYE LOVE (1995)
LAST DANCE (1995)
RUBY RIDGE: AN AMERICAN TRAGEDY (1995)
GUN (1996)
INDEPENDANCE DAY (1996)
KINGPIN (1996)
HARD RAIN (1997)
MAGICAL LEGEND OF LEPRECHAUNS, THE (1999)
PURGATORY (1999)
ADVENTURES OF ROCKY AND BULWINKLE, THE (2000)
DAY THE WORLD ENDED, THE (2001)
ADVENTURES OF PLUTO NASH, THE (2002)
MILWAUKEE, MINNESOTA (2003)
BROKEBACK MOUNTAIN (2005)
ICE HARVEST, THE (2005)
GOYA'S GHOSTS (2006)
BALLS OUT: GARY THE TENNIS COACH (2008)
REAL TIME (2008)

QUINLAN, Kathleen
actrice américaine (1954-)
LIFEGUARD (1975)
I NEVER PROMISED YOU A ROSE GARDEN (1976)
HANKY PANKY (1982)
WARNING SIGN (1985)
CLARA'S HEART (1988)
APOLLO 13 (1995)

BREAKDOWN (1997)
EVENT HORIZON (1997)
LAWN DOGS (1997)
CIVIL ACTION, A (1998)
MY GIANT (1998)
HILLS HAVE EYES, THE (2005)
MADE OF HONOR (2008)

QUINN, Aidan
acteur américain (1959-)
RECKLESS (1984)
DESPERATELY SEEKING SUSAN (1985)
EARLY FROST, AN (1985)
MISSION, THE (1986)
STAKEOUT (1987)
CRUSOE (1988)
AVALON (1990)
HANDMAID'S TALE, THE (1990)
AT PLAY IN THE FIELDS OF THE LORD (1991)
LIES OF THE TWINS (1991)
PLAYBOYS, THE (1992)
PRIVATE MATTER (1992)
BENNY & JOON (1993)
BLINK (1994)
LEGENDS OF THE FALL (1994)
MARY SHELLEY'S FRANKENSTEIN (1994)
HAUNTED (1995)
LUMIÈRE ET COMPAGNIE (1995)
STARS FELL ON HENRIETTA, THE (1995)
COMMANDMENTS (1996)
LOOKING FOR RICHARD (1996)
MICHAEL COLLINS (1996)
ASSIGNMENT, THE (1997)
IN DREAMS (1998)
PRACTICAL MAGIC (1998)
THIS IS MY FATHER (1998)
MUSIC OF THE HEART (1999)
TWO OF US (2000)
STOLEN SUMMER (2002)
SONG FOR A RAGGY BOY (2003)
CONVICTED (2004)
EMPIRE FALLS (2005)
NINE LIVES (2005)
BURY MY HEART AT WOUNDED KNEE (2007)
DARK MATTER (2007)

QUINN, Anthony
acteur mexicain (1915-2001)
GHOST BREAKERS, THE (1940)
ROAD TO SINGAPORE (1940)
UNION PACIFIC (1940)
BLOOD AND SAND (1941)
BLACK SWAN, THE (1942)
ROAD TO MOROCCO (1942)
GUADALCANAL DIARY (1943)
OX-BOW INCIDENT, THE (1943)
BACK TO BATAAN (1945)
TYCOON (1948)
SINBAD THE SAILOR (1949)
VIVA ZAPATA! (1952)
WORLD IN HIS ARMS, THE (1952)
BLOWING WILD (1953)
STRADA, LA (1954)
ULYSSES (1954)
LUST FOR LIFE (1956)
MAGNIFICENT MATADOR, THE (1956)
NOTRE-DAME DE PARIS (1956)
RIVER'S EDGE (1956)
RIDE BACK, THE (1957)
BLACK ORCHID, THE (1958)
LAST TRAIN FROM GUN HILL (1959)
SAVAGE INNOCENTS, THE (1959)
WARLOCK (1959)
HELLER IN PINK TIGHTS (1960)
PORTRAIT IN BLACK (1960)
BARABBAS (1961)
GUNS OF NAVARONE, THE (1961)
LAWRENCE OF ARABIA (1962)
REQUIEM FOR A HEAVYWEIGHT (1962)
BEHOLD A PALE HORSE (1964)
ZORBA LE GREC (1964)
HIGH WIND IN JAMAICA (1965)
LOST COMMAND (1966)
BATAILLE DE SAN SEBASTIAN, LA (1968)
MAGUS, THE (1968)
SHOES OF THE FISHERMAN, THE (1968)
SECRET OF SANTA VITTORIA, THE (1969)
WALK IN THE SPRING RAIN (1969)
R.P.M. (1970)
ACROSS 110th STREET (1972)
DON IS DEAD, THE (1973)
HÉRITAGE, L' (1976)
MESSAGE, THE (1976)
GREEK TYCOON, THE (1978)
SALAMANDER, THE (1980)
LION OF THE DESERT (1981)
REVENGE (1989)
UN HOMME PASSIONNÉ (1989)
JUNGLE FEVER (1991)
MOBSTERS (1991)
ONLY THE LONELY (1991)
LAST ACTION HERO (1993)
SOMEBODY TO LOVE (1994)
WALK IN THE CLOUDS, A (1995)
SEVEN SERVANTS (1996)

RABAL, Francisco
acteur espagnol (1925-)
DÉNOMMÉ SQUARCIO, UN (1958)
NAZARIN (1959)
VIRIDIANA (1961)
ECLIPSE, THE (1962)
RELIGIEUSE, LA (1966)
BELLE DE JOUR (1967)
DESERT OF THE TARTARS (1976)
SORCERER (1977)
NIGHTMARE CITY (1980)
STILTS, THE (1984)
CAMORRA (1985)
HEURE DES SORTILÈGES, L' (1985)
PADRE NUESTRO (1985)
TEMPS DU SILENCE, LE (1986)
ATTACHE-MOI! (1989)
AUTRE, L' (1990)
MANUEL, LE FILS EMPRUNTÉ (1990)
JOUR ET LA NUIT, LE (1996)
PAJARICO - PETIT OISEAU SOLITAIRE (1997)
GOYA À BORDEAUX (1999)
DAGON (2001)

RADCLIFFE, Daniel
acteur anglais (1989-)
HARRY POTTER AND THE PHILOSOPHER'S STONE (2001)
TAILOR OF PANAMA, THE (2001)
HARRY POTTER AND THE CHAMBER OF SECRETS (2002)
HARRY POTTER AND THE PRISONER OF AZKABAN (2004)
HARRY POTTER AND THE GOBLET OF FIRE (2005)
DECEMBER BOYS (2007)
HARRY POTTER AND THE ORDER OF THE PHOENIX (2007)
MY BOY JACK (2007)
HARRY POTTER AND THE HALF-BLOOD PRINCE (2009)

RAFT, George
acteur américain (1895-1980)
NIGHT AFTER NIGHT (1932)
SCARFACE (1932)
SOULS AT SEA (1937)
SPAWN OF THE NORTH (1938)
EACH DAWN I DIE (1939)
THEY DRIVE BY NIGHT (1940)
FOLLOW THE BOYS (1944)
JOHNNY ANGEL (1945)
NOCTURNE (1946)
OUTPOST IN MOROCCO (1949)
BLACK WIDOW (1954)
BULLET FOR JOEY, A (1954)
SOME LIKE IT HOT (1959)
OCEAN'S 11 (1960)
LADIES' MAN, THE (1961)
PATSY, THE (1964)
CASINO ROYALE (1967)
SEXTETTE (1979)
MAN WITH BOGART'S FACE, THE (1980)

RAINS, Claude
acteur anglais (1889-1967)
INVISIBLE MAN, THE (1933)
MYSTERY OF EDWIN DROOD, THE (1935)
ANTHONY ADVERSE (1936)
PRINCE AND THE PAUPER, THE (1937)
ADVENTURES OF ROBIN HOOD, THE (1938)
FOUR DAUGHTERS (1938)
JUAREZ (1939)
MR. SMITH GOES TO WASHINGTON (1939)
THEY MADE ME A CRIMINAL (1939)
SEA HAWK, THE (1940)
CASABLANCA (1941)
HERE COMES MR. JORDAN (1941)
KINGS ROW (1941)
WOLF MAN, THE (1941)
MOONTIDE (1942)
NOW, VOYAGER (1942)
PHANTOM OF THE OPERA (1942)
MR. SKEFFINGTON (1943)
PASSAGE TO MARSEILLE (1944)
NOTORIOUS (1946)
ANGEL ON MY SHOULDER (1947)
PASSIONATE FRIENDS, THE (1949)
WHERE DANGER LIVES (1950)
WHITE TOWER, THE (1950)
LOST WORLD, THE (1960)
LAWRENCE OF ARABIA (1962)
GREATEST STORY EVER TOLD, THE (1965)

RAMPLING, Charlotte
actrice anglaise (1946-)
KNACK, AND HOW TO GET IT, THE (1964)
GEORGY GIRL (1966)
DAMNÉS, LES (1969)
ASYLUM (1972)
NIGHT PORTER, THE (1973)
ZARDOZ (1973)
FAIS VITE AVANT QUE MA FEMME REVIENNE (1975)
FAREWELL, MY LOVELY (1975)
ORCA (1977)
UN TAXI MAUVE (1977)
STARDUST MEMORIES (1980)
VERDICT, THE (1982)
VIVA LA VIE (1983)
ON NE MEURT QUE DEUX FOIS (1985)
ANGEL HEART (1986)
MAX, MON AMOUR (1986)
TRISTESSE ET BEAUTÉ (1986)
MASCARA (1987)
D.O.A. (1988)
PARIS BY NIGHT (1989)
WINGS OF THE DOVE (1997)
CHERRY ORCHARD, THE (1999)
GREAT EXPECTATIONS (1999)
FOURTH ANGEL (2000)
SIGNS AND WONDERS (2000)
SOUS LE SABLE (2000)
ABERDEEN (2001)
EMBRASSEZ QUI VOUS VOUDREZ (2002)
AUGUSTUS (2003)
I'LL SLEEP WHEN I'M DEAD (2003)
PISCINE, LA (2003)
STATEMENT, THE (2003)
IMMORTEL (2004)
LEMMING (2005)
VERS LE SUD (2005)
ANGEL (2006)
BASIC INSTINCT 2 - RISK ADDICTION (2006)
DÉSACCORD PARFAIT (2006)
CHAOTIC ANA (2007)
DECEPTION (2007)
BABYLON A.D. (2008)
DUCHESS, THE (2008)
BAL DES ACTRICES, LE (2009)

RAPAPORT, Michael
acteur américain (1970-)
ZEBRAHEAD (1991)
HIGHER LEARNING (1994)
MIGHTY APHRODITE (1995)
BEAUTIFUL GIRLS (1996)
PALLBEARER, THE (1996)
COP LAND (1997)
METRO (1997)
PALMETTO (1997)
SUBWAY STORIES (1997)
DEEP BLUE SEA (1999)
6th DAY, THE (2000)
BAMBOOZLED (2000)
LUCKY NUMBERS (2000)
MEN OF HONOR (2000)
SMALL TIME CROOKS (2000)
THIS GIRL'S LIFE (2003)
AMERICA BROWN (2004)
LIVE FREE OR DIE (2006)

RATHBONE, Basil
acteur anglais (1892-1967)
CAPTAIN BLOOD (1934)
ANNA KARENINA (1935)
DAVID COPPERFIELD (1935)
LAST DAYS OF POMPEII (1935)
ADVENTURES OF MARCO POLO, THE (1938)
ADVENTURES OF ROBIN HOOD, THE (1938)
DAWN PATROL, THE (1938)
IF I WERE KING (1938)
SON OF FRANKENSTEIN (1938)
ADVENTURES OF SHERLOCK HOLMES, THE (1939)
HOUND OF THE BASKERVILLES (1939)
TOWER OF LONDON (1939)
RHYTHM ON THE RIVER (1940)
BLACK CAT, THE (1941)
INTERNATIONAL LADY (1941)
MARK OF ZORRO, THE (1941)

SHERLOCK HOLMES AND THE SECRET WEAPON (1942)
SHERLOCK HOLMES AND THE VOICE OF TERROR (1942)
SHERLOCK HOLMES COLLECTION 3 (1942)
ABOVE SUSPICION (1943)
SHERLOCK HOLMES FACES DEATH (1943)
SHERLOCK HOLMES IN WASHINGTON (1943)
BATHING BEAUTY (1944)
FRENCHMAN'S CREEK (1944)
PEARL OF DEATH, THE (1944)
SCARLET CLAW, THE (1944)
SHERLOCK HOLMES AND THE SPIDER WOMAN (1944)
HOUSE OF FEAR, THE (1945)
PURSUIT TO ALGIERS (1945)
WOMAN IN GREEN, THE (1945)
DRESSED TO KILL (1946)
TERROR BY NIGHT (1946)
CASANOVA'S BIG NIGHT (1954)
COURT JESTER, THE (1955)
WE'RE NO ANGELS (1955)
LAST HURRAH, THE (1958)
TALE OF TWO CITIES, A (1958)
MAGIC SWORD, THE (1962)
TALES OF TERROR (1962)
COMEDY OF TERRORS, THE (1963)
HILLBILLYS IN A HAUNTED HOUSE (1967)
ROMEO & JULIET (1968)
MANY FACES OF SHERLOCK HOLMES (1986)
SHERLOCK HOLMES COLLECTION (2003)

REA, Stephen
acteur anglais (1949-)
THRILLER (1973)
COMPANY OF WOLVES (1984)
FOUR DAYS IN JULY (1984)
DOCTOR AND THE DEVILS, THE (1985)
BAD BEHAVIOUR (1992)
CRYING GAME, THE (1992)
ANGIE (1994)
CITIZEN X (1994)
PRINCESS CARABOO (1994)
CRIME OF THE CENTURY (1996)
BUTCHER BOY, THE (1997)
STILL CRAZY (1998)
END OF THE AFFAIR, THE (1999)
GUINEVERE (1999)
MUSKETEER, THE (2001)
EVELYN (2002)
FEAR DOT COM (2002)
BLOOM (2003)
V FOR VENDETTA (2005)
STUCK (2007)

REBHORN, James
acteur américain (1948-)
LORENZO'S OIL (1992)
SCENT OF A WOMAN (1992)
WIND (1992)
CARLITO'S WAY (1993)
8 SECONDS (1994)
BLANK CHECK (1994)
BUCCANEERS, THE (1995)
GAME, THE (1997)
SNOW FALLING ON CEDARS (1999)
ADVENTURES OF ROCKY AND BULWINKLE, THE (2000)
MEET THE PARENTS (2000)
SCOTLAND, PA (2001)
LAST SHOT, THE (2004)
ANAMORPH (2007)
BERNARD AND DORIS (2007)

REDFORD, Robert
acteur américain (1937-)
WAR HUNT (1962)
CHASE, THE (1965)
INSIDE DAISY CLOVER (1965)
THIS PROPERTY IS CONDEMNED (1966)
BAREFOOT IN THE PARK (1967)
BUTCH CASSIDY AND THE SUNDANCE KID (1969)
DOWNHILL RACER (1969)
TELL THEM WILLIE BOY IS HERE (1969)
JEREMIAH JOHNSON (1971)
CANDIDATE, THE (1972)
HOT ROCK, THE (1972)
STING, THE (1973)
WAY WE WERE, THE (1973)
GREAT GATSBY, THE (1974)
3 DAYS OF THE CONDOR (1975)
GREAT WALDO PEPPER, THE (1975)
ALL THE PRESIDENT'S MEN (1976)
BRIDGE TOO FAR, A (1977)
ELECTRIC HORSEMAN, THE (1979)
BRUBAKER (1980)
NATURAL, THE (1984)
LEGAL EAGLES (1986)
OUT OF AFRICA (1986)
HAVANA (1990)
RIVER RUNS THROUGH IT, A (1992)
SNEAKERS (1992)
INDECENT PROPOSAL (1993)
UP CLOSE & PERSONAL (1996)
HORSE WHISPERER, THE (1998)
LAST CASTLE, THE (2001)
SPY GAME (2001)
CLEARING, THE (2004)
UNFINISHED LIFE, AN (2005)
LIONS FOR LAMBS (2007)

REDGRAVE, Michael
acteur anglais (1908-1985)
SECRET AGENT (1936)
LADY VANISHES, THE (1938)
DEAD OF NIGHT (1946)
MOURNING BECOMES ELECTRA (1947)
SECRET BEYOND THE DOOR (1947)
BROWNING VERSION, THE (1951)
IMPORTANCE OF BEING EARNEST, THE (1952)
CONFIDENTIAL REPORT (MR. ARKADIN) (1955)
1984 (1956)
TIME WITHOUT PITY (1956)
QUIET AMERICAN, THE (1957)
SHAKE HANDS WITH THE DEVIL (1959)
WRECK OF THE MARY DEARE, THE (1959)
INNOCENTS, THE (1961)
LONELINESS OF THE LONG DISTANCE RUNNER, THE (1962)
HEDDA GABLER (1963)
HEROES OF TELEMARK, THE (1965)
HILL, THE (1965)
ALICE IN WONDERLAND (1966)
BATTLE OF BRITAIN (1969)
GOODBYE, MR. CHIPS (1969)
NICHOLAS AND ALEXANDRA (1971)
ALICE'S ADVENTURES IN WONDERLAND (1972)

REDGRAVE, Vanessa
actrice anglaise (1937-)
BLOW-UP (1966)
MAN FOR ALL SEASONS, A (1966)
MORGAN: A SUITABLE CASE FOR TREATMENT (1966)
CAMELOT (1967)
CHARGE OF THE LIGHT BRIGADE, THE (1968)
ISADORA (1968)
DEVILS, THE (1971)
MARY, QUEEN OF SCOTS (1971)
TROJAN WOMEN, THE (1971)
MURDER ON THE ORIENT EXPRESS (1974)
SEVEN PERCENT SOLUTION, THE (1976)
AGATHA (1977)
JULIA (1977)
BEAR ISLAND (1979)
YANKS (1979)
WAGNER (1983)
BOSTONIANS, THE (1984)
STEAMING (1984)
WETHERBY (1985)
PRICK UP YOUR EARS (1987)
CONSUMING PASSIONS (1988)
ORPHEUS DESCENDING (1990)
BALLAD OF THE SAD CAFE, THE (1991)
HOWARDS END (1991)
HOUSE OF THE SPIRITS, THE (1993)
MOTHER'S BOYS (1993)
LITTLE ODESSA (1994)
MONTH BY THE LAKE, A (1995)
LOOKING FOR RICHARD (1996)
MISSION: IMPOSSIBLE (1996)
DÉJÀ VU (1997)
MRS. DALLOWAY (1997)
WILDE (1997)
DEEP IMPACT (1998)
LULU ON THE BRIDGE (1998)
CRADLE WILL ROCK (1999)
GIRL, INTERRUPTED (1999)
IF THESE WALLS COULD TALK II (1999)
PLEDGE, THE (2000)
RUMOR OF ANGELS, A (2000)
GATHERING STORM (2002)
BYRON (2003)
FEVER, THE (2004)
WHITE COUNTESS, THE (2005)
VENUS (2006)
EVENING (2007)
HOW ABOUT YOU (2007)
RIDDLE, THE (2007)

REED, Oliver
acteur anglais (1938-1999)
CURSE OF THE WEREWOLF, THE (1961)
PARANOIAC (1962)
GIRL-GETTERS, THE (1964)
TRAP, THE (1966)
ASSASSINATION BUREAU, THE (1968)
DANTE'S INFERNO (1968)
OLIVER! (1968)
WOMEN IN LOVE (1969)
DEVILS, THE (1971)
HUNTING PARTY, THE (1971)
REVOLVER (1973)
FOUR MUSKETEERS, THE (1974)
MUSKETEERS, THE (1974)
THREE MUSKETEERS, THE (1974)
ROYAL FLASH (1975)
TEN LITTLE INDIANS (1975)
TOMMY (1975)
BURNT OFFERINGS (1976)
TOMORROW NEVER COMES (1978)
BROOD, THE (1979)
CONDORMAN (1981)
LION OF THE DESERT (1981)
FANNY HILL (1983)
STING II, THE (1983)
TWO OF A KIND (1983)
CAPTIVE (1985)
CASTAWAY (1986)
ADVENTURES OF BARON MUNCHAUSEN, THE (1988)
RETURN OF THE MUSKETEERS, THE (1989)
TREASURE ISLAND (1990)
PIT AND THE PENDULUM, THE (1991)
PRISONER OF HONOR (1991)
RETURN TO LONESOME DOVE (1993)
FUNNY BONES (1995)
GLADIATOR (2000)

REEVE, Christopher
acteur américain (1952-2004)
SUPERMAN: THE MOVIE (1978)
SOMEWHERE IN TIME (1980)
SUPERMAN II (1980)
DEATHTRAP (1982)
MONSIGNOR (1982)
SUPERMAN III (1983)
BOSTONIANS, THE (1984)
AVIATOR, THE (1985)
STREET SMART (1986)
SUPERMAN IV: THE QUEST FOR PEACE (1987)
SWITCHING CHANNELS (1987)
NOISES OFF! (1992)
REMAINS OF THE DAY, THE (1993)
SPEECHLESS (1994)
VILLAGE OF THE DAMNED (1995)

REEVES, Keanu
acteur américain (1965-)
RIVER'S EDGE (1986)
DANGEROUS LIAISONS (1988)
PERMANENT RECORD (1988)
PRINCE OF PENNSYLVANIA, THE (1988)
BILL AND TED'S EXCELLENT ADVENTURE (1989)
PARENTHOOD (1989)
I LOVE YOU TO DEATH (1990)
TUNE IN TOMORROW... (1990)
BILL AND TED'S BOGUS JOURNEY (1991)
MY OWN PRIVATE IDAHO (1991)
POINT BREAK (1991)
BRAM STOKER'S DRACULA (1992)
LITTLE BUDDHA (1993)
MUCH ADO ABOUT NOTHING (1993)
EVEN COWGIRLS GET THE BLUES (1994)
SPEED (1994)
JOHNNY MNEMONIC (1995)
WALK IN THE CLOUDS, A (1995)
CHAIN REACTION (1996)
FEELING MINNESOTA (1996)
DEVIL'S ADVOCATE (1997)
ACTION - COMPLETE SERIES (1999)
MATRIX, THE (1999)
GIFT, THE (2000)
REPLACEMENTS, THE (2000)
WATCHER, THE (2000)
HARDBALL (2001)
SWEET NOVEMBER (2001)
MATRIX RELOADED, THE (2003)
MATRIX, THE: REVOLUTIONS (2003)

SOMETHING'S GOTTA GIVE (2003)
CONSTANTINE (2005)
THUMBSUCKER (2005)
LAKE HOUSE (2006)
SCANNER DARKLY, A (2006)
DAY THE EARTH STOOD STILL, THE (2008)
STREET KINGS (2008)

REGGIANI, Serge
acteur français (1922-2004)
RONDE, LA (1950)
CASQUE D'OR (1951)
NAPOLÉON (1954)
MISÉRABLES, LES (1957)
PARIS BLUES (1961)
DOULOS, LE (1962)
GUÉPARD, LE (1963)
AVENTURIERS, LES (1967)
CAÏDS, LES (1972)
TOUCHE PAS LA FEMME BLANCHE (1973)
VINCENT, FRANÇOIS, PAUL ET LES AUTRES (1974)
BON ET LES MÉCHANTS, LE (1975)
CHAT ET LA SOURIS, LE (1975)
FANTASTICA (1980)
MAUVAIS SANG (1986)
IL Y A DES JOURS... ET DES LUNES (1990)
PLEIN FER (1990)
J'AI ENGAGÉ UN TUEUR (1991)

REILLY, John C.
acteur américain (1965-)
GEORGIA (1995)
BOYS (1996)
SYDNEY (1996)
THIN RED LINE, THE (1998)
FOR LOVE OF THE GAME (1999)
MAGNOLIA (1999)
PERFECT STORM, THE (2000)
ANNIVERSARY PARTY, THE (2001)
GOOD GIRL, THE (2001)
CHICAGO (2002)
HOURS, THE (2002)
ANGER MANAGEMENT (2003)
AVIATOR, THE (2004)
DARK WATER (2005)
PRAIRIE HOME COMPANION, A (2006)

REINHOLD, Judge
acteur américain (1957-)
FAST TIMES AT RIDGEMONT HIGH (1982)
LORDS OF DISCIPLINE, THE (1983)
BEVERLY HILLS COP (1984)
RUTHLESS PEOPLE (1986)
BEVERLY HILLS COP II (1987)
ROSALIE FAIT SES COURSES (1988)
VICE VERSA (1988)
ZANDALEE (1990)
BEVERLY HILLS COP III (1994)
ENEMIES OF LAUGHTER (2000)
SANTA CLAUSE 3, THE - THE ESCAPE CLAUSE (2006)

REMICK, Lee
actrice américaine (1935-1991)
FACE IN THE CROWD, A (1957)
LONG HOT SUMMER, THE (1958)
ANATOMY OF A MURDER (1959)
THESE THOUSAND HILLS (1959)
DAYS OF WINE AND ROSES (1962)
EXPERIMENT IN TERROR (1962)
WHEELER DEALERS, THE (1963)
BABY, THE RAIN MUST FALL (1964)
HALLELUJAH TRAIL, THE (1965)
NO WAY TO TREAT A LADY (1967)
DETECTIVE, THE (1968)
SOMETIMES A GREAT NOTION (1971)
DELICATE BALANCE, A (1973)
OMEN, THE (1976)
TELEFON (1977)
EUROPEANS, THE (1979)
COMPETITION, THE (1980)
TRIBUTE (1980)

RENAUD, Gilles
acteur québécois (1944-)
JE SUIS LOIN DE TOI MIGNONNE (1976)
ONE MAN (1977)
CUISINE ROUGE, LA (1979)
FANTASTICA (1980)
HOMME À TOUT FAIRE, L' (1980)
JOURNÉE EN TAXI, UNE (1981)
PLOUFFE, LES (1981)
DAME EN COULEURS, LA (1984)
FEMME DE L'HÔTEL, LA (1984)
FRÈRE ANDRÉ, LE (1987)
SOUS LES DRAPS, LES ÉTOILES (1989)
TROIS MONTRÉAL DE MICHEL TREMBLAY, LES (1989)
AMOUREUX FOU (1991)
SEXE DES ÉTOILES, LE (1993)
FEMME QUI BOIT, LA (2000)
GAZ BAR BLUES (2003)
LITTORAL (2004)
SURVENANT, LE (2005)
CHEECH (2006)
GÉNIE DU CRIME, LE (2006)
ROMÉO ET JULIETTE (2006)
VIE SECRÈTE DES GENS HEUREUX, LA (2006)
CADAVRES (2008)

RENFRO, Brad
acteur américain (1982-2008)
CLIENT, THE (1994)
CURE, THE (1995)
TOM AND HUCK (1995)
TELLING LIES IN AMERICA (1997)
APT PUPIL (1998)
BULLY (2001)
GHOST WORLD (2001)
TART (2001)
DEUCES WILD (2002)
MUMMY AN' THE ARMADILLO (2004)
JACKET, THE (2005)
10th & WOLF (2006)

RENNIE, Callum Keith
acteur anglais (1960-)
CURTIS'S CHARM (1995)
LAST NIGHT (1998)
EXISTENZ (1999)
MEMENTO (2000)
SUSPICIOUS RIVER (2000)
LUCID (2005)
UNNATURAL AND ACCIDENTAL (2006)
NORMAL (2007)

RENO, Jean
acteur français (1948-)
HYPOTHÈSE DU TABLEAU VOLÉ, L' (1978)
PASSANTE DU SANS-SOUCI, LA (1981)
DERNIER COMBAT, LE (1982)
NOTRE HISTOIRE (1984)
SUBWAY (1985)
I LOVE YOU (1986)
GRAND BLEU, LE (1988)
HOMME AU MASQUE D'OR, L' (1990)
NIKITA (1990)
OPÉRATION CORNED BEEF (1990)
VISITEURS, LES (1993)
PROFESSIONAL, THE (1994)
FRENCH KISS (1995)
PAR-DELÀ LES NUAGES (1995)
FOR ROSEANNA (1996)
JAGUAR, LE (1996)
MISSION: IMPOSSIBLE (1996)
UN AMOUR DE SORCIÈRE (1997)
GODZILLA (1998)
RONIN (1998)
RIVIÈRES POURPRES, LES (2000)
JUST VISITING (2001)
ROLLERBALL (2001)
WASABI (2001)
DÉCALAGE HORAIRE (2002)
ENQUÊTE CORSE, L' (2003)
RIVIÈRES POURPRES II: LES ANGES DE L'APOCALYPSE (2003)
TAIS-TOI (2003)
TIGRE ET LA NEIGE, LE (2005)
DA VINCI CODE, THE (2006)
FLYBOYS (2006)
PINK PANTHER, THE (2006)
PINK PANTHER 2 (2009)

RENUCCI, Robin
acteur français (1956-)
INVITATION AU VOYAGE (1982)
PETITE BANDE, LA (1982)
QUARANTIÈMES RUGISSANTS, LES (1982)
COUP DE FOUDRE (1983)
FORT SAGANNE (1983)
MOTS POUR LE DIRE, LES (1983)
ESCALIER C (1985)
ÉTATS D'ÂME (1985)
AMANT MAGNIFIQUE, L' (1986)
MAL D'AIMER, LE (1986)
MASQUES (1986)
BLANC DE CHINE (1988)
DEUX FRAGONARD, LES (1989)
DAMES GALANTES (1990)
FAUX ET USAGE DE FAUX (1990)
PUTAIN DU ROI, LA (1990)
LÉON MORIN, PRÊTRE (1991)
WEEP NO MORE MY LADY (1991)
ENFANTS DU SIÈCLE, LES (1999)
INNOCENTS, LES (2003)
ARSÈNE LUPIN (2004)
IVRESSE DU POUVOIR, L' (2006)
FEMMES DE L'OMBRE, LES (2008)

REUBENS, Paul
acteur américain (1952-)
BLUES BROTHERS, THE (1980)
PEE-WEE'S BIG ADVENTURE (1985)
FLIGHT OF THE NAVIGATOR (1986)
BIG TOP PEE WEE (1988)
PEE-WEE'S PLAYHOUSE CHRISTMAS SPECIAL (1988)
DUNSTON CHECKS IN (1995)
MATILDA (1996)
BUDDY (1997)
MYSTERY MEN (1999)
BLOW (2001)
TRIPPER, THE (2006)

REY, Fernando
acteur espagnol (1915-1994)
MIRACLE OF MARCELINO, THE (1954)
VIRIDIANA (1961)
NAVAJO JOE (1966)
RETURN OF THE MAGNIFICIENT SEVEN (1966)
GUNS OF THE MAGNIFICENT SEVEN (1969)
COMPANEROS (1970)
TRISTANA (1970)
COLD EYES OF FEAR (1971)
FRENCH CONNECTION, THE (1971)
CHARME DISCRET DE LA BOURGEOISIE, LE (1972)
FEMME AUX BOTTES ROUGES, LA (1974)
GRANDE BOURGEOISE, LA (1974)
FRENCH CONNECTION II (1975)
SEVEN BEAUTIES (1975)
DESERT OF THE TARTARS (1976)
ÉLISA MON AMOUR (1976)
JESUS OF NAZARETH (1976)
CET OBSCUR OBJET DU DÉSIR (1977)
CHASTE ET PURE (1977)
DERNIER AMANT ROMANTIQUE, LE (1978)
QUINTET (1978)
GRAND EMBOUTEILLAGE, LE (1979)
MONSIGNOR (1982)
HIT, THE (1984)
UN AMOUR INTERDIT (1984)
PADRE NUESTRO (1985)
STAR KNIGHT (1985)
MOON OVER PARADOR (1988)
NAKED TANGO (1990)
1492: CONQUEST OF PARADISE (1992)

REYNOLDS, Burt
acteur américain (1936-)
NAVAJO JOE (1966)
100 RIFLES (1968)
SAM WHISKEY (1969)
DELIVERANCE (1972)
EVERYTHING YOU ALWAYS WANTED TO KNOW ABOUT SEX BUT WERE AFRAID TO ASK (1972)
SHAMUS (1972)
MAN WHO LOVED CAT DANCING, THE (1973)
WHITE LIGHTNING (1973)
LONGEST YARD, THE (1974)
HUSTLE (1975)
GATOR (1976)
SILENT MOVIE (1976)
SMOKEY AND THE BANDIT (1977)
END, THE (1978)
HOOPER (1978)
STARTING OVER (1979)
SMOKEY AND THE BANDIT 2 (1980)
CANNONBALL RUN, THE (1981)
BEST FRIENDS (1982)
BEST LITTLE WHOREHOUSE IN TEXAS, THE (1982)
CANNONBALL RUN II, THE (1983)
MAN WHO LOVED WOMEN, THE (1983)
STROKER ACE (1983)
CITY HEAT (1984)
SWITCHING CHANNELS (1987)
PHYSICAL EVIDENCE (1988)
BREAKING IN (1989)
PLAYER, THE (1992)
CITIZEN RUTH (1996)
STRIPTEASE (1996)
BOOGIE NIGHTS (1997)
MYSTERY, ALASKA (1999)
CREW, THE (2000)

HOTEL (2001)
DUKES OF HAZZARD (2005)
LONGEST YARD, THE (2005)

RHAMES, Ving
acteur américain (1959-)
PEOPLE UNDER THE STAIRS, THE (1991)
STRIPTEASE (1996)
CON AIR (1997)
ROSEWOOD (1997)
OUT OF SIGHT (1998)
BRINGING OUT THE DEAD (1999)
ENTRAPMENT (1999)
HOLIDAY HEART (2000)
MISSION: IMPOSSIBLE II (2000)
FINAL FANTASY: THE SPIRITS WITHIN (2001)
DARK BLUE (2002)
UNDISPUTED (2002)
SIN (2003)
DAWN OF THE DEAD (2004)
MISSION: IMPOSSIBLE III (2006)
I NOW PRONOUNCE YOU CHUCK AND LARRY (2007)

RHYS-MEYERS, Jonathan
acteur irlandais (1977-)
GOVERNESS, THE (1998)
VELVET GOLDMINE (1998)
B. MONKEY (1999)
LOSS OF SEXUAL INNOCENCE, THE (1999)
RIDE WITH THE DEVIL (1999)
TITUS (1999)
GORMENGHAST (2000)
PROZAC NATION (2001)
BEND IT LIKE BECKHAM (2002)
I'LL SLEEP WHEN I'M DEAD (2003)
TESSERACT, THE (2003)
MATCH POINT (2005)
MISSION: IMPOSSIBLE III (2006)
AUGUST RUSH (2007)
TUDORS, THE (SEASON 1) (2007)
CHILDREN OF HUANG SHI, THE (2008)

RIBISI, Giovanni
acteur américain (1974-)
WES CRAVEN'S MIND RIPPER (1995)
THAT THING YOU DO! (1996)
POSTMAN, THE (1997)
MOD SQUAD, THE (1999)
OTHER SISTER, THE (1999)
BOILER ROOM, THE (2000)
GIFT, THE (2000)
GONE IN SIXTY SECONDS (2000)
HEAVEN (2001)
SHOT IN THE HEART (2001)
I LOVE YOUR WORK (2003)
LOST IN TRANSLATION (2003)
FLIGHT OF THE PHOENIX (2004)
SKY CAPTAIN AND THE WORLD OF TOMORROW (2004)
BIG WHITE, THE (2005)
10th & WOLF (2006)
DOG PROBLEM, THE (2006)
DEAD GIRL, THE (2007)
PERFECT STRANGER (2007)
PUBLIC ENEMIES (2009)

RICCI, Christina
actrice américaine (1980-)
ADDAMS FAMILY, THE (1991)
ADDAMS FAMILY VALUES, THE (1993)
NOW AND THEN (1995)
THAT DARN CAT! (1996)
ICE STORM, THE (1997)
BUFFALO 66 (1998)
DESERT BLUE (1998)
FEAR AND LOATHING IN LAS VEGAS (1998)
OPPOSITE OF SEX, THE (1998)
PECKER (1998)
200 CIGARETTES (1999)
SLEEPY HOLLOW (1999)
MAN WHO CRIED, THE (2000)
PROZAC NATION (2001)
GATHERING, THE (2002)
LARAMIE PROJECT, THE (2002)
MIRANDA (2002)
PUMPKIN (2002)
ANYTHING ELSE (2003)
I LOVE YOUR WORK (2003)
MONSTER (2003)
CURSED (2005)
PENELOPE (2006)
BLACK SNAKE MOAN (2007)
SPEED RACER (2008)

RICH, Claude
acteur français (1929-)
SEPT PÉCHÉS CAPITAUX, LES (1952)
NI VU, NI CONNU (1958)
SEPT PÉCHÉS CAPITAUX, LES (1961)
CAPORAL ÉPINGLÉ, LE (1962)
CHASSE À L'HOMME, LA (1964)
COPAINS, LES (1964)
REPAS DES FAUVES, LE (1964)
MARIÉE ÉTAIT EN NOIR, LA (1967)
OSCAR (1967)
RACE DES SEIGNEURS, LA (1973)
STAVISKY (1974)
ADIEU POULET (1975)
CRABE TAMBOUR, LE (1977)
GUERRE DES POLICES, LA (1979)
MARIA CHAPDELAINE (1983)
MOTS POUR LE DIRE, LES (1983)
ESCALIER C (1985)
CIGOGNES N'EN FONT QU'À LEUR TÊTE, LES (1988)
PROMOTION CANAPÉ (1990)
ACCOMPAGNATRICE, L' (1992)
SOUPER, LE (1992)
COLONEL CHABERT, LE (1994)
DIS-MOI OUI (1994)
FILLE DE D'ARTAGNAN, LA (1994)
CAPITAINE CONAN (1996)
JARDIN DES PLANTES, LE (1996)
HOMÈRE: LA DERNIÈRE ODYSSÉE (1997)
ROUGE ET LE NOIR, LE (1997)
LAUTREC (1998)
ACTEURS, LES (1999)
BÛCHE, LA (1999)
DERRIÈRE, LE (1999)
ASTÉRIX ET OBÉLIX: MISSION CLÉOPÂTRE (2001)
CONCURRENCE DÉLOYALE (2001)
COÛT DE LA VIE, LE (2003)
MYSTÈRE DE LA CHAMBRE JAUNE, LE (2003)
COU DE LA GIRAFE, LE (2004)
CŒURS (2006)
PRÉSIDENT (2006)
CRIME EST NOTRE AFFAIRE, LE (2008)

RICHARD, Pierre
acteur français (1934-)
ALEXANDRE LE BIENHEUREUX (1967)
DISTRAIT, LE (1970)
GRAND BLOND AVEC UNE CHAUSSURE NOIRE, LE (1972)
JULIETTE ET JULIETTE (1973)
RETOUR DU GRAND BLOND, LE (1974)
COURSE À L'ÉCHALOTE (1975)
JOUET, LE (1976)
JE SUIS TIMIDE... MAIS JE ME SOIGNE (1978)
C'EST PAS MOI, C'EST LUI (1979)
CHÈVRE, LA (1981)
UN CHIEN DANS UN JEU DE QUILLES (1982)
COMPÈRES, LES (1983)
JUMEAU, LE (1984)
FUGITIFS, LES (1986)
À GAUCHE EN SORTANT DE L'ASCENSEUR (1988)
ON PEUT TOUJOURS RÊVER (1991)
CAVALE DES FOUS, LA (1993)
PARTIE D'ÉCHECS, LA (1993)
AMOUR CONJUGAL, L' (1995)
MILLE ET UNE RECETTES DU CUISINIER AMOUREUX, LES (1996)
27 MISSING KISSES (2000)
SANS FAMILLE (RÉMI) (2000)
MARIÉES MAIS PAS TROP (2003)
ROBINSON CRUSOE (2003)
SERPENT, LE (2006)
FAUBOURG 36 (2008)

RICHARDS, Denise
actrice américaine (1971-)
STARSHIP TROOPERS (1997)
WILD THINGS (1998)
DROP DEAD GORGEOUS (1999)
TAIL LIGHTS FADE (1999)
WORLD IS NOT ENOUGH, THE (1999)
EMPIRE (2002)
THIRD WHEEL, THE (2002)
UNDERCOVER BROTHER (2002)
BLONDE AND BLONDER (2007)

RICHARDSON, Ian
acteur anglais (1934-)
MARAT SADE (1966)
TINKER, TAILOR, SOLDIER, SPY (1979)
HOUSE OF CARDS (1990)
HOUSE OF CARDS - TO PLAY THE KING (1993)
M. BUTTERFLY (1993)
CATHERINE THE GREAT (1995)
HOUSE OF CARDS - THE FINAL CUT (1995)
DARK CITY (1997)
INCOGNITO (1997)
102 DALMATIANS (2000)
DR. BELL AND MR. DOYLE - THE DARK BEGINNINGS OF SHERLOCK HOLMES (2000)
GORMENGHAST (2000)
FROM HELL (2001)
MURDER ROOMS - THE DARK BEGINNINGS OF SHERLOCK HOLMES (2001)
MISS MARPLE SERIES (2004) (2004)
NERO (2005)
DÉSACCORD PARFAIT (2006)

RICHARDSON, Joely
actrice anglaise (1965-)
STORYTELLER, THE - DEFINITIVE COLLECTION (1987)
DROWNING BY NUMBERS (1988)
LADY CHATTERLEY (1992)
SHINING THROUGH (1992)
I'LL DO ANYTHING (1994)
SISTER, MY SISTER (1994)
HOLLOW REED (1995)
LOCH NESS (1995)
101 DALMATIANS (1996)
EVENT HORIZON (1997)
UNDER HEAVEN (1998)
WRESTLING WITH ALLIGATORS (1998)
PATRIOT, THE (2000)
AFFAIR OF THE NECKLACE, THE (2001)
MAYBE BABY (2001)
NIP/TUCK (SEASON I) (2003)
FEVER, THE (2004)
WALLIS & EDWARD (2005)
LAST MIMZY, THE (2007)

RICHARDSON, Miranda
actrice anglaise (1958-)
DANCE WITH A STRANGER (1984)
SHADES OF DARKNESS (1985)
EAT THE RICH (1987)
EMPIRE OF THE SUN (1987)
STORYTELLER, THE - DEFINITIVE COLLECTION (1987)
TWISTED OBSESSION (1988)
FOOL, THE (1990)
CRYING GAME, THE (1992)
DAMAGE (1992)
ENCHANTED APRIL (1992)
CENTURY (1994)
FATHERLAND (1994)
NIGHT AND THE MOMENT, THE (1994)
TOM & VIV (1994)
SWANN (1995)
KANSAS CITY (1996)
APOSTLE, THE (1997)
DESIGNATED MOURNER, THE (1997)
MERLIN (1998)
BIG BRASS RING, THE (1999)
SLEEPY HOLLOW (1999)
GET CARTER (2000)
SPIDER (2002)
FALLING ANGELS (2003)
LOST PRINCE, THE (2003)
RAGE IN PLACID LAKE, THE (2003)
PHANTOM OF THE OPERA (2004)
GIDEON'S DAUGHTER (2005)
HARRY POTTER AND THE GOBLET OF FIRE (2005)
MERLIN'S APPRENTICE (2005)
WAH-WAH (2005)
PARIS, JE T'AIME (2006)
FRED CLAUS (2007)
SOUTHLAND TALES (2007)

RICHARDSON, Natasha
actrice anglaise (1963-2009)
GOTHIC (1986)
MONTH IN THE COUNTRY, A (1987)
PATTY HEARST (1988)
FAT MAN AND LITTLE BOY (1989)
COMFORT OF STRANGERS, THE (1990)
HANDMAID'S TALE, THE (1990)
FAVOUR, THE WATCH AND THE VERY BIG FISH, THE (1992)
PAST MIDNIGHT (1992)
SUDDENLY LAST SUMMER (1993)
NELL (1994)
WIDOW'S PEAK (1994)
BLOW DRY (2000)
CHELSEA WALLS (2001)

MAID IN MANHATTAN (2002)
ASYLUM (2005)
WHITE COUNTESS, THE (2005)
EVENING (2007)

RICHARDSON, Ralph
acteur anglais (1902-1983)
MAN WHO COULD WORK MIRACLES, THE (1936)
THINGS TO COME (1936)
DIVORCE OF LADY X, THE (1937)
SOUTH RIDING (1938)
CITADEL, THE (1939)
CLOUDS OVER EUROPE (1939)
FOUR FEATHERS, THE (1940)
ANNA KARENINA (1947)
FALLEN IDOL, THE (1948)
HEIRESS, THE (1949)
RICHARD III (1955)
EXODUS (1960)
300 SPARTANS, THE (1962)
LONG DAY'S JOURNEY INTO NIGHT (1962)
HEDDA GABLER (1963)
DOCTOR ZHIVAGO (1965)
KHARTOUM (1965)
WRONG BOX, THE (1966)
BATTLE OF BRITAIN (1969)
LOOKING GLASS WAR, THE (1969)
TWELFTH NIGHT, THE (1969)
WHOEVER SLEW AUNTIE ROO? (1971)
LADY CAROLINE LAMB (1972)
DOLL'S HOUSE, A (1973)
FRANKENSTEIN - THE TRUE STORY (1973)
O LUCKY MAN! (1973)
ROLLERBALL (1975)
JESUS OF NAZARETH (1976)
FOUR FEATHERS, THE (1977)
DRAGONSLAYER (1981)
TIME BANDITS (1981)
GREYSTOKE: THE LEGEND OF TARZAN (1983)
WAGNER (1983)
GIVE MY REGARDS TO BROAD STREET (1984)

RICKMAN, Alan
acteur anglais (1946-)
DIE HARD (1988)
JANUARY MAN, THE (1988)
CLOSE MY EYES (1990)
CLOSET LAND (1990)
QUIGLEY DOWN UNDER (1990)
ROBIN HOOD: PRINCE OF THIEVES (1991)
TRULY, MADLY, DEEPLY (1991)
BOB ROBERTS (1992)
AWFULLY BIG ADVENTURE, AN (1994)
MESMER (1994)
LUMIÈRE ET COMPAGNIE (1995)
RASPUTIN (1995)
SENSE AND SENSIBILITY (1995)
MICHAEL COLLINS (1996)
JUDAS KISS (1998)
DOGMA (1999)
GALAXY QUEST (1999)
BLOW DRY (2000)
SEARCH FOR JOHN GISSING (2001)
SOMETHING THE LORD MADE (2004)
HITCHHIKER'S GUIDE TO THE GALAXY (2005)
PERFUME: THE STORY OF A MURDERER (2006)
SNOW CAKE (2006)
HARRY POTTER AND THE ORDER OF THE PHOENIX (2007)
NOBEL SON (2007)
SWEENEY TODD - THE DEMON BARBER OF FLEET STREET (2007)
BOTTLE SHOCK (2008)
HARRY POTTER AND THE HALF-BLOOD PRINCE (2009)

RINGWALD, Molly
actrice américaine (1968-)
BREAKFAST CLUB, THE (1985)
PRETTY IN PINK (1986)
FOR KEEPS (1987)
KING LEAR (1987)
PICK-UP ARTIST, THE (1987)
FRESH HORSES (1988)
SOME FOLKS CALL IT A SLING BLADE (1993)
STAND, THE (1994)
TEACHING MRS. TINGLE (1999)

RITTER, John
acteur américain (1948-2003)
THREE'S COMPANY (SEASON ONE) (1977)
THREE'S COMPANY (SEASON II) (1978)
THEY ALL LAUGHED (1981)
REAL MEN (1987)
SKIN DEEP (1989)
IT (1990)
PROBLEM CHILD (1990)
PROBLEM CHILD II (1991)
NOISES OFF! (1992)
STAY TUNED (1992)
NORTH (1994)
PANIC (2000)
TADPOLE (2002)
BAD SANTA (2003)
BADDER SANTA (2003)
MAN OF THE YEAR (2003)
COFFRET THREE'S COMPANY SEASON II (2004)

RITTER, Thelma
actrice américaine (1905-1969)
MIRACLE ON 34th STREET (1947)
ALL ABOUT EVE (1950)
AS YOUNG AS YOU FEEL (1951)
TITANIC (1952)
WITH A SONG IN MY HEART (1952)
PICKUP ON SOUTH STREET (1953)
DADDY LONG LEGS (1954)
REAR WINDOW (1954)
PILLOW TALK (1959)
MISFITS, THE (1961)
BIRDMAN OF ALCATRAZ (1962)
HOW THE WEST WAS WON (1962)
MOVE OVER, DARLING (1963)
NEW KIND OF LOVE, A (1963)
BOEING BOEING (1965)
INCIDENT, THE (1967)

ROACHE, Linus
acteur anglais (1964-)
PRIEST (1994)
WINGS OF THE DOVE (1997)
SIAM SUNSET (1999)
PANDAEMONIUM (2000)
GATHERING STORM (2002)
HART'S WAR (2002)
BEYOND BORDERS (2003)
CHRONICLES OF RIDDICK (2004)
FORGOTTEN, THE (2004)
BATMAN BEGINS (2005)
FIND ME GUILTY (2006)
BEFORE THE RAINS (2007)
VAN GOGH (2007)

ROBARDS, Jr. Jason
acteur américain (1922-2000)
ISLE OF THE DEAD (1945)
DESPERATE (1947)
ICEMAN COMETH, THE (1960)
BY LOVE POSSESSED (1961)
THOUSAND CLOWNS, A (1965)
ANY WEDNESDAY (1966)
HOUR OF THE GUN (1967)
ISADORA (1968)
ONCE UPON A TIME IN THE WEST (1968)
BALLAD OF CABLE HOGUE, THE (1969)
CRY OF THE BANSHEE / MURDERS IN THE RUE MORGUE (1970)
JULIUS CAESAR (1970)
TORA! TORA! TORA! (1970)
JOHNNY GOT HIS GUN (1971)
WAR BETWEEN MEN AND WOMEN, THE (1972)
PAT GARRETT & BILLY THE KID (1973)
APOCALYPSE 2024 (A BOY AND HIS DOG) (1974)
ALL THE PRESIDENT'S MEN (1976)
JULIA (1977)
COMES A HORSEMAN (1978)
HURRICANE (1979)
MELVIN AND HOWARD (1980)
DAY AFTER, THE (1983)
MAX DUGAN RETURNS (1983)
SOMETHING WICKED THIS WAY COMES (1983)
SAKHAROV (1984)
CHRISTMAS WIFE, THE (1988)
GOOD MOTHER, THE (1988)
BLACK RAINBOW (1989)
PARENTHOOD (1989)
QUICK CHANGE (1990)
STORYVILLE (1991)
ADVENTURES OF HUCK FINN, THE (1992)
HEIDI (1993)
PHILADELPHIA (1993)
TRIAL, THE (1993)
PAPER, THE (1994)
THOUSAND ACRES, A (1997)
MAGNOLIA (1999)

ROBBINS, Tim
acteur américain (1958-)
NO SMALL AFFAIR (1984)
FRATERNITY VACATION (1985)
SURE THING, THE (1985)
HOWARD THE DUCK (1986)
TOP GUN (1986)
5 CORNERS (1987)
BULL DURHAM (1988)
TAPEHEADS (1988)
ERIK THE VIKING (1989)
MISS FIRECRACKER (1989)
CADILLAC MAN (1990)
JACOB'S LADDER (1990)
JUNGLE FEVER (1991)
BOB ROBERTS (1992)
PLAYER, THE (1992)
SHORT CUTS (1993)
HUDSUCKER PROXY, THE (1994)
I.Q. (1994)
PRÊT-À-PORTER (1994)
SHAWSHANK REDEMPTION, THE (1994)
NOTHING TO LOSE (1997)
ARLINGTON ROAD (1999)
ANTITRUST (2000)
HIGH FIDELITY (2000)
MISSION TO MARS (2000)
HUMAN NATURE (2001)
TRUTH ABOUT CHARLIE, THE (2002)
CODE 46 (2003)
MYSTIC RIVER (2003)
SECRET LIFE OF WORDS, THE (2005)
WAR OF THE WORLDS (2005)
ZATHURA (2005)
CATCH A FIRE (2006)
TENACIOUS D IN THE PICK OF DESTINY (2006)
NOISE (2007)
CITY OF EMBER (2008)
LUCKY ONES, THE (2008)

ROBERTS, Eric
acteur américain (1956-)
KING OF THE GYPSIES (1978)
RAGGEDY MAN (1981)
STAR 80 (1983)
POPE OF GREENWICH VILLAGE, THE (1984)
COCA-COLA KID, THE (1985)
RUNAWAY TRAIN (1985)
NOBODY'S FOOL (1986)
DEAR AMERICA: LETTERS HOME FROM VIETNAM (1987)
PORTES TOURNANTES, LES (1988)
DESCENDING ANGEL (1990)
LOST CAPONE, THE (1990)
BY THE SWORD (1991)
LONELY HEARTS (1991)
FINAL ANALYSIS (1992)
SPECIALIST, THE (1994)
HEAVEN'S PRISONERS (1995)
IT'S MY PARTY (1995)
CABLE GUY, THE (1996)
ODYSSEY, THE (1997)
LANSKY (1999)
PURGATORY (1999)
STILETTO DANCE (2001)
NATIONAL SECURITY (2003)
GUIDE TO RECOGNIZING YOUR SAINTS, A (2006)

ROBERTS, Julia
actrice américaine (1967-)
CRIME STORY (1986)
MYSTIC PIZZA (1988)
STEEL MAGNOLIAS (1989)
FLATLINERS (1990)
PRETTY WOMAN (1990)
DYING YOUNG (1991)
HOOK (1991)
SLEEPING WITH THE ENEMY (1991)
PLAYER, THE (1992)
PELICAN BRIEF, THE (1993)
I LOVE TROUBLE (1994)
PRÊT-À-PORTER (1994)
SOMETHING TO TALK ABOUT (1995)
EVERYONE SAYS I LOVE YOU (1996)
MARY REILLY (1996)
MICHAEL COLLINS (1996)
CONSPIRACY THEORY (1997)
MY BEST FRIEND'S WEDDING (1997)
STEPMOM (1998)
NOTTING HILL (1999)
RUNAWAY BRIDE (1999)
ERIN BROCKOVICH (2000)
AMERICA'S SWEETHEARTS (2001)
MEXICAN, THE (2001)
OCEAN'S ELEVEN (2001)
CONFESSIONS OF A DANGEROUS MIND (2002)

FULL FRONTAL (2002)
MONA LISA SMILE (2003)
CLOSER (2004)
OCEAN'S 12 (2004)
CHARLOTTE'S WEB (2006)
CHARLIE WILSON'S WAR (2007)
DUPLICITY (2009)

ROBERTSON, Cliff
acteur américain (1925-)
AUTUMN LEAVES (1956)
UNDERWORLD U.S.A. (1959)
ALL IN A NIGHT'S WORK (1961)
PT 109 (1963)
SUNDAY IN NEW YORK (1963)
633 SQUADRON (1964)
BEST MAN, THE (1964)
DEVIL'S BRIGADE, THE (1967)
CHARLY (1968)
TOO LATE THE HERO (1969)
J.W. COOP (1971)
GREAT NORTHFIELD, MINNESOTA RAID, THE (1972)
3 DAYS OF THE CONDOR (1975)
OBSESSION (1975)
MIDWAY (1976)
PILOT, THE (1979)
TWO OF A KIND (1982)
STAR 80 (1983)
KEY TO REBECCA, THE (1985)
WILD HEARTS CAN'T BE BROKEN (1991)
WIND (1992)
RIDING THE BULLET (2004)

ROBINSON, Edward G.
acteur américain (1893-1973)
OUTSIDE THE LAW (1930)
LITTLE CAESAR (1931)
SMART MONEY (1931)
BARBARY COAST (1935)
WHOLE TOWN'S TALKING, THE (1935)
BULLETS OR BALLOTS (1936)
KID GALAHAD (1937)
SLIGHT CASE OF MURDER, A (1938)
BROTHER ORCHID (1940)
SEA WOLF, THE (1941)
TALES OF MANHATTAN (1942)
DOUBLE INDEMNITY (1944)
MR. WINKLE GOES TO WAR (1944)
WOMAN IN THE WINDOW, THE (1944)
OUR VINES HAVE TENDER GRAPES (1945)
SCARLET STREET (1946)
STRANGER, THE (1946)
ALL MY SONS (1947)
RED HOUSE, THE (1947)
HOUSE OF STRANGERS (1949)
KEY LARGO (1949)
BULLET FOR JOEY, A (1954)
VIOLENT MEN, THE (1954)
ILLEGAL (1955)
TIGHT SPOT (1955)
HOLE IN THE HEAD (1959)
SEVEN THIEVES (1960)
MY GEISHA (1961)
PRIZE, THE (1963)
CHEYENNE AUTUMN (1964)
CINCINNATI KID, THE (1965)
NEVER A DULL MOMENT (1968)
SOYLENT GREEN (1973)

ROBITAILLE, Patrice
acteur québécoise (1974-)
QUÉBEC-MONTRÉAL (2002)
FRANÇOIS EN SÉRIE (SAISON 1) (2005)
HORLOGE BIOLOGIQUE (2005)
INVINCIBLES, LES (2005)
MAURICE RICHARD (2005)
MISS MÉTÉO (2005)
SAINTS-MARTYRS-DES-DAMNÉS (2005)
SURVENANT, LE (2005)
CHEECH (2006)
DÉLIVREZ-MOI (2006)
INVINCIBLES, LES (SAISON 2) (2007)
CADAVRES (2008)
UN ÉTÉ SANS POINT NI COUP SÛR (2008)

ROCHEFORT, Jean
acteur français (1930-)
CARTOUCHE (1961)
ANGÉLIQUE, MARQUISE DES ANGES (1964)
ANGÉLIQUE ET LE ROI (1965)
MERVEILLEUSE ANGÉLIQUE (1965)
À CŒUR JOIE (1966)
QUI ÊTES-VOUS POLLY MAGOO? (1966)
GRAND BLOND AVEC UNE CHAUSSURE NOIRE, LE (1972)
COMPLOT, LE (1973)
HORLOGER DE SAINT-PAUL, L' (1973)
SALUT L'ARTISTE! (1973)
FANTÔME DE LA LIBERTÉ, LE (1974)
MON DIEU, COMMENT SUIS-JE TOMBÉE SI BAS? (1974)
QUE LA FÊTE COMMENCE! (1974)
RETOUR DU GRAND BLOND, LE (1974)
INNOCENTS AUX MAINS SALES, LES (1975)
CRABE TAMBOUR, LE (1977)
WHO IS KILLING THE GREAT CHEFS OF EUROPE? (1978)
FRENCH POSTCARDS (1979)
IL FAUT TUER BIRGITT HAAS (1980)
GRAND FRÈRE, LE (1982)
INDISCRÉTION, L' (1982)
UN DIMANCHE DE FLIC (1982)
AMI DE VINCENT, L' (1983)
FRANKENSTEIN 90 (1984)
GALETTE DU ROI, LA (1985)
MOUSTACHU, LE (1987)
JE SUIS LE SEIGNEUR DU CHÂTEAU (1989)
MARI DE LA COIFFEUSE, LE (1990)
AMOUREUX FOU (1991)
BAL DES CASSE-PIEDS, LE (1991)
TANGO (1992)
CIBLE ÉMOUVANTE (1993)
PRÊT-À-PORTER (1994)
TOM EST TOUT SEUL (1994)
GRANDS DUCS, LES (1995)
PALACE (1995)
RIDICULE (1996)
COMTE DE MONTE CRISTO (1998)
REMBRANDT (1999)
PLACARD, LE (2000)
BLANCHE (2002)
HOMME DU TRAIN, L' (2002)
RRRRRRR! (2003)
ENFER, L' (2005)
DÉSACCORD PARFAIT (2006)
NE LE DIS À PERSONNE (2006)
CLEF, LA (2007)
MISTER BEAN'S HOLIDAY (2007)

ROCKWELL, Sam
acteur américain (1968-)
BOX OF MOONLIGHT (1996)
GLORY DAZE (1996)
LAWN DOGS (1997)
SAFE MEN (1998)
GALAXY QUEST (1999)
CONFESSIONS OF A DANGEROUS MIND (2002)
WELCOME TO COLLINWOOD (2002)
MATCHSTICK MEN (2003)
PICCADILLY JIM (2004)
HITCHHIKER'S GUIDE TO THE GALAXY (2005)
SNOW ANGELS (2006)
ASSASSINATION OF JESSE JAMES BY THE COWARD ROBERT FORD, THE (2007)
JOSHUA (2007)
CHOKE (2008)
FROST/NIXON (2008)

ROGERS, Ginger
actrice américaine (1911-1995)
TIP OFF, THE (1931)
42nd STREET (1933)
FLYING DOWN TO RIO (1933)
GAY DIVORCEE, THE (1934)
ROMANCE IN MANHATTAN (1934)
ROBERTA (1935)
TOP HAT (1935)
FOLLOW THE FLEET (1936)
SWING TIME (1936)
SHALL WE DANCE (1937)
CAREFREE (1938)
BACHELOR MOTHER (1939)
STORY OF VERNON & IRENE CASTLE, THE (1939)
KITTY FOYLE (1940)
PRIMROSE PATH, THE (1940)
MAJOR AND THE MINOR, THE (1942)
ONCE UPON A HONEYMOON (1942)
ROXIE HART (1942)
TALES OF MANHATTAN (1942)
TENDER COMRADE (1944)
WEEKEND AT THE WALDORF (1945)
I'LL BE SEEING YOU (1947)
BARKLEYS OF BROADWAY, THE (1949)
MONKEY BUSINESS (1952)
WE'RE NOT MARRIED (1952)
FOREVER FEMALE (1953)
BLACK WIDOW (1954)
TIGHT SPOT (1955)

ROGERS, Mimi
actrice américaine (1956-)
GUNG HO (1986)
SOMEONE TO WATCH OVER ME (1987)
DESPERATE HOURS (1990)
RAPTURE, THE (1991)
SHOOTING ELIZABETH (1991)
FAR FROM HOME: THE ADVENTURES OF YELLOW DOG (1994)
MONKEY TROUBLE (1994)
FULL BODY MASSAGE (1995)
AUSTIN POWERS: INTERNATIONAL MAN OF MYSTERY (1997)
WEAPONS OF MASS DISTRACTION (1997)
LOST IN SPACE (1998)
DEVIL'S ARITHMETIC, THE (1999)
GINGER SNAPS (2000)
DOOR IN THE FLOOR (2004)
BIG NOTHING (2006)

ROMERO, Cesar
acteur américain (1907-1994)
DEVIL IS A WOMAN, THE (1935)
SHOW THEM NO MERCY (1935)
WEEK-END IN HAVANA (1941)
WINTERTIME (1943)
CAPTAIN FROM CASTILE (1948)
JULIA MISBEHAVES (1948)
BEAUTIFUL BLONDE FROM BASHFUL BEND, THE (1949)
RACERS, THE (1954)
IF A MAN ANSWERS (1962)
MARRIAGE ON THE ROCKS (1965)
BATMAN (1966)
BATMAN BEYOND: THE MOVIE (1966)
MADIGAN'S MILLIONS (1968)
COMPUTER WORE TENNIS SHOES, THE (1969)
LATITUDE ZERO (1969)
NOW YOU SEE HIM, NOW YOU DON'T! (1972)
STRONGEST MAN IN THE WORLD, THE (1974)

ROMIJN, Rebecca
actrice américaine (1972-)
X-MEN (2000)
ROLLERBALL (2001)
FEMME FATALE (2002)
X-MEN II (2003)
PUNISHER, THE (2004)
LIES & ALIBIS (2006)
MAN ABOUT TOWN (2006)
UGLY BETTY (SEASON 1) (2006)
X-MEN X3 - THE LAST STAND (2006)
LAKE CITY (2008)

RONET, Maurice
acteur français (1927-1983)
RENDEZ-VOUS DE JUILLET (1949)
SEPT PÉCHÉS CAPITAUX, LES (1952)
ASCENSEUR POUR L'ÉCHAFAUD (1957)
CARVE HER NAME WITH PRIDE (1958)
PLEIN SOLEIL (1959)
CASABLANCA, NID D'ESPIONS (1963)
FEU FOLLET, LE (1963)
ROUTE DE CORINTHE, LA (1967)
FEMME INFIDÈLE, LA (1968)
DERNIER SAUT, LE (1969)
FEMME ÉCARLATE, LA (1969)
FEMMES, LES (1969)
QUI? (1970)
ODEUR DES FAUVES, L' (1971)
SANS SOMMATION (1972)
DON JUAN 73 (1973)
MORT D'UN POURRI (1977)
SPHINX (1980)
BALANCE, LA (1982)
DÉCHIRURE, LA (1982)
SURPRISE PARTY (1982)

ROOKER, Michael
acteur américain (1955-)
HENRY: PORTRAIT OF A SERIAL KILLER (1986)
CLIFFHANGER (1993)
DARK HALF, THE (1993)
DECEIVER (1997)
REPLACEMENT KILLERS, THE (1997)
ROSEWOOD (1997)
SHADOW BUILDER (1997)
BONE COLLECTOR, THE (1999)
HERE ON EARTH (2000)

UNDISPUTED (2002)
SLITHER (2006)
JUMPER (2008)

ROONEY, Mickey
acteur américain (1920-)
AH, WILDERNESS (1935)
MIDSUMMER NIGHT'S DREAM (1935)
RIFF RAFF (1935)
CAPTAINS COURAGEOUS (1937)
BOYS TOWN (1938)
LOVE FINDS ANDY HARDY (1938)
ADVENTURES OF HUCKLEBERRY FINN, THE (1939)
ANDY HARDY GETS SPRING FEVER (1939)
BABES IN ARMS (1939)
ANDY HARDY'S PRIVATE SECRETARY (1940)
LIFE BEGINS FOR ANDY HARDY (1940)
STRIKE UP THE BAND (1940)
BABES ON BROADWAY (1941)
MEN OF BOYS TOWN (1941)
ANDY HARDY'S DOUBLE LIFE (1942)
HUMAN COMEDY, THE (1943)
THOUSANDS CHEER (1943)
NATIONAL VELVET (1944)
YOUNG TOM EDISON (1944)
ANDY HARDY MEETS DEBUTANTE (1945)
WORDS AND MUSIC (1948)
FIREBALL, THE (1950)
ATOMIC KID, THE (1954)
BRIDGES AT TOKO-RI, THE (1954)
FRANCIS IN THE HAUNTED HOUSE (1955)
PLATINUM HIGH SCHOOL (1960)
BREAKFAST AT TIFFANY'S (1961)
REQUIEM FOR A HEAVYWEIGHT (1962)
IT'S A MAD, MAD, MAD, MAD WORLD (1963)
SECRET INVASION (1964)
HOW TO STUFF A WILD BIKINI (1965)
AMBUSH BAY (1966)
COMIC, THE (1969)
PULP (1972)
THAT'S ENTERTAINMENT (1974)
DOMINO PRINCIPLE, THE (1977)
PETE'S DRAGON (1977)
BLACK STALLION, THE (1979)
ODYSSEY OF THE PACIFIC, THE (1981)
ERIK THE VIKING (1989)
THAT'S ENTERTAINMENT! PART 3 (1994)
BABE: PIG IN THE CITY (1998)
NIGHT AT THE MUSEUM (2006)

ROSSELLINI, Isabella
actrice italienne (1952-)
WHITE NIGHTS (1985)
BLUE VELVET (1986)
SIESTA (1987)
TOUGH GUYS DON'T DANCE (1987)
ZELLY AND ME (1988)
COUSINS (1989)
LITTLE RED RIDING HOOD (1989)
DAMES GALANTES (1990)
WILD AT HEART (1990)
LIES OF THE TWINS (1991)
DEATH BECOMES HER (1992)
FEARLESS (1993)
INNOCENT, THE (1993)
IMMORTAL BELOVED (1994)
WYATT EARP (1994)
BIG NIGHT (1996)
CRIME OF THE CENTURY (1996)
ODYSSEY, THE (1997)
LEFT LUGGAGE (1998)
MERLIN (1998)
CIEL TOMBE, LE (2000)
DON QUIXOTE (2000)
SKY IS FALLING, THE (2000)
EMPIRE (2002)
NAPOLÉON (2002)
ROGER DODGER (2002)
SADDEST MUSIC IN THE WORLD (2003)
EARTHSEA (2004)
KING OF THE CORNER (2004)
HEIGHTS (2005)
INFAMOUS (2006)
TWO LOVERS (2008)

ROTH, Tim
acteur anglais (1961-)
MADE IN BRITAIN (1983)
MEANTIME (1983)
HIT, THE (1984)
TO KILL A PRIEST (1988)
WORLD APART, A (1988)
THE COOK, THE THIEF, HIS WIFE AND HER LOVER (1989)
ROSENCRANTZ AND GUILDENSTERN ARE DEAD (1990)
BACKSLIDING (1991)
JUMPIN AT THE BONEYARD (1991)
RESERVOIR DOGS (1991)
BODIES, REST AND MOTION (1993)
HEART OF DARKNESS (1993)
MURDER IN THE HEARTLAND (1993)
LITTLE ODESSA (1994)
PULP FICTION (1994)
CAPTIVES (1995)
FOUR ROOMS (1995)
ROB ROY (1995)
GRIDLOCK'D (1996)
DECEIVER (1997)
HOODLUM (1997)
LEGEND OF 1900, THE (1999)
LUCKY NUMBERS (2000)
VATEL (2000)
INVINCIBLE (2001)
MUSKETEER, THE (2001)
PLANET OF THE APES (2001)
NOUVELLE-FRANCE (2004)
DARK WATER (2005)
DON'T COME KNOCKING (2005)
LAST SIGN, THE (2005)
TSUNAMI - THE AFTERMATH (2006)
EVEN MONEY (2007)
YOUTH WITHOUT YOUTH (2007)
FUNNY GAMES (2008)
INCREDIBLE HULK, THE (2008)

ROURKE, Mickey
acteur américain (1950-)
1941 (1979)
FADE TO BLACK (1980)
HEAVEN'S GATE (1980)
BODY HEAT (1981)
DINER (1982)
EUREKA (1983)
RUMBLE FISH (1983)
POPE OF GREENWICH VILLAGE, THE (1984)
9 1/2 WEEKS (1985)
YEAR OF THE DRAGON (1985)
ANGEL HEART (1986)
BARFLY (1987)
PRAYER FOR THE DYING, A (1987)
FRANCESCO (1989)
HOMEBOY (1989)
JOHNNY HANDSOME (1989)
WILD ORCHID (1989)
DESPERATE HOURS (1990)
WHITE SANDS (1992)
ANOTHER 9 1/2 WEEKS (1997)
DOUBLE TEAM (1997)
RAINMAKER,THE (1997)
BUFFALO 66 (1998)
THURSDAY (1998)
ANIMAL FACTORY (2000)
GET CARTER (2000)
PLEDGE, THE (2000)
PICTURE CLAIRE (2001)
SPUN (2002)
MASKED AND ANONYMOUS (2003)
ONCE UPON A TIME IN MEXICO (2003)
MAN ON FIRE (2004)
DOMINO (2005)
SIN CITY (2005)
KILLSHOT (2008)
WRESTLER, THE (2008)

ROWLANDS, Gena
actrice américaine (1936-)
CHILD IS WAITING, A (1962)
LONELY ARE THE BRAVE (1962)
TONY ROME (1967)
FACES (1968)
MINNIE AND MOSKOWITZ (1971)
WOMAN UNDER THE INFLUENCE, A (1974)
TWO-MINUTE WARNING (1976)
OPENING NIGHT (1977)
BRINK'S JOB, THE (1978)
GLORIA (1980)
TEMPEST (1982)
EARLY FROST, AN (1985)
LIGHT OF DAY (1987)
ANOTHER WOMAN (1988)
ONCE AROUND (1990)
NIGHT ON EARTH (1991)
NEON BIBLE, THE (1994)
SOMETHING TO TALK ABOUT (1995)
SHE'S SO LOVELY (1997)
UNHOOK THE STARS (1997)
GRACE & GLORIE (1998)
HOPE FLOATS (1998)
MIGHTY, THE (1998)
PAULIE (1998)
PLAYING BY HEART (1998)
WEEKEND, THE (1999)
HYSTERICAL BLINDNESS (2002)
NOTEBOOK, THE (2004)
TAKING LIVES (2004)
SKELETON KEY, THE (2005)
BROKEN ENGLISH (2006)
PARIS, JE T'AIME (2006)

ROY, Gildor
acteur québécois (1960-)
DING ET DONG: LE FILM (1990)
PARTY, LE (1990)
ASSASSIN JOUAIT DU TROMBONE, L' (1991)
REQUIEM POUR UN BEAU SANS-CŒUR (1992)
FLORIDA, LA (1993)
LOUIS 19, LE ROI DES ONDES (1994)
CABOOSE (1996)
KARMINA (1996)
KARMINA 2 (2001)
MYSTÉRIEUSE MADEMOISELLE C., LA (2002)
BOYS IV, LES (2005)
QUE DIEU BÉNISSE L'AMÉRIQUE (2005)
DUO (2006)
CONTRE TOUTE ESPÉRANCE (2007)
BABINE (2008)

RUDD, Paul
acteur américain (1969-)
BEULAH LAND (1980)
HALLOWEEN 6 - THE CURSE OF MICHAEL MYERS (1995)
SIZE OF WATERMELONS, THE (1996)
OBJECT OF MY AFFECTION, THE (1998)
200 CIGARETTES (1999)
CIDER HOUSE RULES, THE (1999)
WET HOT AMERICAN SUMMER (2001)
SHAPE OF THINGS, THE (2002)
ANCHORMAN: THE LEGEND OF RON BURGUNDY (2004)
P.S. (2004)
40 YEAR OLD VIRGIN (2005)
BAXTER, THE (2005)
DIGGERS (2006)
EX, THE (2006)
OH IN OHIO, THE (2006)
I COULD NEVER BE YOUR WOMAN (2007)
KNOCKED UP (2007)
OVER HER DEAD BODY (2007)
RENO 911!: MIAMI (2007)
TEN, THE (2007)
FORGETTING SARAH MARSHALL (2008)
ROLE MODELS (2008)

RUEHL, Mercedes
actrice américaine (1948-)
WARRIORS, THE (1979)
FOUR FRIENDS (1981)
84 CHARING CROSS ROAD (1986)
HEARTBURN (1986)
RADIO DAYS (1987)
SECRET OF MY SUCCESS, THE (1987)
BIG (1988)
MARRIED TO THE MOB (1988)
SLAVES OF NEW YORK (1989)
ANOTHER YOU (1991)
FISHER KING, THE (1991)
LAST ACTION HERO (1993)
LOST IN YONKERS (1993)
FOR ROSEANNA (1996)
GIA (1997)
SUBWAY STORIES (1997)
MINUS MAN, THE (1999)
AMATI GIRLS, THE (2000)
WHAT'S COOKING? (2000)

RUFFALO, Mark
acteur Américain (1967-)
SAFE MEN (1998)
LAST CASTLE, THE (2001)
XX/XY (2001)
IN THE CUT (2003)
MY LIFE WITHOUT ME (2003)
13 GOING ON 30 (2004)
COLLATERAL (2004)
ETERNAL SUNSHINE OF THE SPOTLESS MIND (2004)
WE DON'T LIVE HERE ANYMORE (2004)
JUST LIKE HEAVEN (2005)
RUMOUR HAS IT ... (2005)
ALL THE KING'S MEN (2006)

RESERVATION ROAD (2007)
ZODIAC (2007)
BLINDNESS (2008)
WHAT DOESN'T KILL YOU (2008)

RUSH, Geoffrey
acteur australien (1951-)
STARSTRUCK (1982)
CHILDREN OF THE REVOLUTION (1996)
SHINE (1996)
LITTLE BIT OF SOUL, A (1997)
ELIZABETH (1998)
MISÉRABLES, LES (1998)
SHAKESPEARE IN LOVE (1998)
HOUSE ON HAUNTED HILL (1999)
MYSTERY MEN (1999)
QUILLS (2000)
LANTANA (2001)
TAILOR OF PANAMA, THE (2001)
BANGER SISTERS (2002)
FRIDA (2002)
HARVIE KRUMPET (2003)
INTOLERABLE CRUELTY (2003)
LIFE AND DEATH OF PETER SELLERS, THE (2003)
NED KELLY (2003)
PIRATES OF THE CARIBBEAN: THE CURSE OF THE BLACK PEARL (2003)
SWIMMING UPSTREAM (2003)
MUNICH (2005)
CANDY (2006)
ELIZABETH: THE GOLDEN AGE (2007)
PIRATES OF THE CARIBBEAN: AT WORLD'S END (2007)

RUSSELL, Kurt
acteur américain (1951-)
HORSE IN THE GRAY FLANNEL SUIT, THE (1968)
COMPUTER WORE TENNIS SHOES, THE (1969)
BAREFOOT EXECUTIVE, THE (1970)
NOW YOU SEE HIM, NOW YOU DON'T! (1972)
STRONGEST MAN IN THE WORLD, THE (1974)
ELVIS: THE MOVIE (1979)
USED CARS (1980)
ESCAPE FROM NEW YORK (1981)
THING, THE (1982)
SILKWOOD (1983)
SWING SHIFT (1984)
MEAN SEASON, THE (1985)
BEST OF TIMES, THE (1986)
BIG TROUBLE IN LITTLE CHINA (1986)
OVERBOARD (1987)
TANGO & CASH (1987)
TEQUILA SUNRISE (1988)
WINTER PEOPLE (1989)
BACKDRAFT (1991)
CAPTAIN RON (1992)
UNLAWFUL ENTRY (1992)
TOMBSTONE (1993)
STARGATE (1994)
ESCAPE FROM L.A. (1996)
EXECUTIVE DECISION (1996)
BREAKDOWN (1997)
SOLDIER (1998)
3000 MILES TO GRACELAND (2001)
VANILLA SKY (2001)
DARK BLUE (2002)
MIRACLE (2003)
DREAMER: INSPIRED BY A TRUE STORY (2005)

SKY HIGH (2005)
POSEIDON (2006)
DEATH PROOF - UNRATED (2007)
GRINDHOUSE (2007)

RUSSELL, Rosalind
actrice américaine (1908-1976)
EVELYN PRENTICE (1934)
FORSAKING ALL OTHERS (1934)
CHINA SEAS (1935)
CRAIG'S WIFE (1936)
NIGHT MUST FALL (1937)
CITADEL, THE (1939)
HIS GIRL FRIDAY (1939)
WOMEN, THE (1939)
THEY MET IN BOMBAY (1941)
SISTER KENNY (1946)
MOURNING BECOMES ELECTRA (1947)
VELVET TOUCH, THE (1948)
PICNIC (1955)
AUNTIE MAME (1958)
MAJORITY OF ONE, A (1961)
GYPSY (1962)
TROUBLE WITH ANGELS, THE (1965)
WHERE ANGELS GO... TROUBLE FOLLOWS (1967)

RUSSELL, Theresa
actrice américaine (1957-)
LAST TYCOON, THE (1976)
STRAIGHT TIME (1977)
BAD TIMING (1980)
EUREKA (1983)
RAZOR'S EDGE, THE (1984)
INSIGNIFICANCE (1985)
ARIA (1987)
BLACK WIDOW (1987)
PHYSICAL EVIDENCE (1988)
TRACK 29 (1988)
COLD HEAVEN (1991)
KAFKA (1991)
WHORE (1991)
WOMAN'S GUIDE TO ADULTERY, A (1993)
BEING HUMAN (1994)
THICKER THAN WATER (1994)
GRAVE INDISCRETION (1995)
TALES OF EROTICA II (1996)
WILD THINGS (1998)
BELIEVER, THE (2001)
PASSIONADA (2003)
WATER UNDER THE BRIDGE (2003)
EMPIRE FALLS (2005)

RUSSO, James
acteur américain (1953-)
BEVERLY HILLS COP (1984)
EXTREMITIES (1986)
CHINA GIRL (1987)
COLD HEAVEN (1991)
MY OWN PRIVATE IDAHO (1991)
DANGEROUS GAME (1993)
BAD GIRLS (1994)
PANTHER (1995)
DONNIE BRASCO (1997)
POSTMAN, THE (1997)
NINTH GATE, THE (1999)
TARGET (2004)

RUSSO, Rene
actrice américaine (1954-)
MAJOR LEAGUE (1989)
MR. DESTINY (1990)
ONE GOOD COP (1991)
FREEJACK (1992)
LETHAL WEAPON 3 (1992)
IN THE LINE OF FIRE (1993)

GET SHORTY (1995)
OUTBREAK (1995)
RANSOM (1996)
TIN CUP (1996)
BUDDY (1997)
LETHAL WEAPON 4 (1998)
THOMAS CROWN AFFAIR (1999)
ADVENTURES OF ROCKY AND BULWINKLE, THE (2000)
BIG TROUBLE (2001)
SHOWTIME (2002)
TWO FOR THE MONEY (2005)
YOURS, MINE AND OURS (2005)

RYAN, Meg
actrice américaine (1962-)
RICH AND FAMOUS (1981)
TOP GUN (1986)
INNERSPACE (1987)
PROMISED LAND (1987)
D.O.A. (1988)
PRESIDIO, THE (1988)
WHEN HARRY MET SALLY (1989)
JOE VERSUS THE VOLCANO (1990)
DOORS, THE (1991)
FLESH AND BONE (1993)
SLEEPLESS IN SEATTLE (1993)
I.Q. (1994)
WHEN A MAN LOVES A WOMAN (1994)
FRENCH KISS (1995)
RESTORATION (1995)
COURAGE UNDER FIRE (1996)
ADDICTED TO LOVE (1997)
CITY OF ANGELS (1998)
HURLYBURLY (1998)
YOU'VE GOT MAIL (1998)
HANGING UP (2000)
PROOF OF LIFE (2000)
KATE & LEOPOLD (2001)
SEARCHING FOR DEBRA WINGER (2002)
AGAINST THE ROPES (2003)
IN THE CUT (2003)
IN THE LAND OF WOMEN (2007)
DEAL, THE (2008)
MY MOM'S NEW BOYFRIEND (2008)
WOMEN, THE (2008)

RYAN, Robert
acteur américain (1909-1973)
BEHIND THE RISING SUN (1943)
TENDER COMRADE (1944)
SKY'S THE LIMIT, THE (1945)
CROSSFIRE (1947)
ACT OF VIOLENCE (1948)
BERLIN EXPRESS (1948)
BOY WITH GREEN HAIR, THE (1948)
CAUGHT (1949)
SET-UP, THE (1949)
FLYING LEATHERNECKS, THE (1951)
ON DANGEROUS GROUND (1951)
RACKET, THE (1951)
BEWARE, MY LOVELY (1952)
CLASH BY NIGHT (1952)
NAKED SPUR, THE (1952)
BAD DAY AT BLACK ROCK (1954)
ESCAPE TO BURMA (1955)
HOUSE OF BAMBOO (1955)
PROUD ONES (1955)
MEN IN WAR (1956)
GOD'S LITTLE ACRE (1958)
DAY OF THE OUTLAW (1959)
LONELYHEARTS (1959)
ODDS AGAINST TOMORROW (1959)
KING OF KINGS (1961)
BILLY BUDD (1962)

BATTLE OF THE BULGE (1965)
BUSY BODY, THE (1966)
PROFESSIONALS, THE (1966)
CUSTER OF THE WEST (1967)
DIRTY DOZEN, THE (1967)
HOUR OF THE GUN (1967)
ANZIO (1968)
UNE MINUTE POUR PRIER, UNE SECONDE POUR MOURIR, (1968)
WILD BUNCH, THE (1969)
LAWMAN (1970)
LOVE MACHINE, THE (1971)
ICEMAN COMETH, THE (1973)
OUTFIT, THE (1973)

RYDER, Winona
actrice américaine (1971-)
LUCAS (1986)
1969 (1988)
BEETLEJUICE (1988)
GREAT BALLS OF FIRE! (1989)
HEATHERS (1989)
EDWARD SCISSORHANDS (1990)
MERMAIDS (1990)
NIGHT ON EARTH (1991)
BRAM STOKER'S DRACULA (1992)
AGE OF INNOCENCE, THE (1993)
HOUSE OF THE SPIRITS, THE (1993)
LITTLE WOMEN (1994)
REALITY BITES (1994)
HOW TO MAKE AN AMERICAN QUILT (1995)
BOYS (1996)
CRUCIBLE, THE (1996)
ALIEN RESURRECTION (1997)
CELEBRITY (1998)
GIRL, INTERRUPTED (1999)
AUTUMN IN NEW YORK (2000)
LOST SOULS (2000)
SIMONE (2001)
MR. DEEDS (2002)
SCANNER DARKLY, A (2006)
TEN, THE (2007)
LAST WORD, THE (2008)
SEX AND DEATH 101 (2008)
STAR TREK (2009)

SABOURIN, Marcel
acteur québécois (1935-)
FESTIN DES MORTS, LE (1965)
IL NE FAUT PAS MOURIR POUR ÇA (1967)
DEUX FEMMES EN OR (1970)
ON EST LOIN DU SOLEIL (1970)
MARTIEN DE NOËL, LE (1971)
MAUDITE GALETTE, LA (1972)
TAUREAU (1972)
TEMPS D'UNE CHASSE, LE (1972)
BINGO (1973)
DERNIÈRES FIANCAILLES, LES (1973)
MORT D'UN BÛCHERON, LA (1973)
J.A. MARTIN, PHOTOGRAPHE (1976)
TI-MINE, BERNIE PIS LA GANG (1976)
DUPLESSIS (1977)
VIEUX PAYS OÙ RIMBAUD EST MORT, LE (1977)
CORDÉLIA (1979)
HOMME À TOUT FAIRE, L' (1980)
JOUR «S...», LE (1984)
MARIO (1984)
ÉQUINOXE (1986)
ALFRED LALIBERTÉ: SCULPTEUR (1987)
PORTES TOURNANTES, LES (1988)
SOUS LES DRAPS, LES ÉTOILES (1989)

FILLE DU MAQUIGNON, LA (1990)
BUMS DU PARADIS, LES (1991)
FABULEUX VOYAGE DE L'ANGE, LE (1991)
FÊTE DES ROIS, LA (1994)
LILIES (1996)
OREILLE D'UN SOURD, L' (1996)
AUJOURD'HUI OU JAMAIS (1998)
REVOIR JULIE (1998)
SOUVENIRS INTIMES (1999)
PEAU BLANCHE, LA (2004)
AU CŒUR BRISÉ (2005)
LÂCHETÉ, LA (2007)
MA TANTE ALINE (2007)

SADLER, William
acteur américain (1950-)
DIE HARD 2: DIE HARDER (1990)
BILL AND TED'S BOGUS JOURNEY (1991)
RUSH (1991)
TRESPASS (1992)
FREAKED (1993)
SHAWSHANK REDEMPTION, THE (1994)
TALES FROM THE CRYPT PRESENTS: DEMON KNIGHT (1994)
DISTURBING BEHAVIOR (1998)
WONDERFALLS (2004)
AUGUST RUSH (2007)
MIST, THE (2007)

SAGNIER, Ludivine
actrice française (1979-)
GOUTTES D'EAU SUR PIERRES BRÛLANTES (1999)
8 FEMMES (2001)
PETER PAN (2003)
PETITE LILI, LA (2003)
PISCINE, LA (2003)
MOLIÈRE (2006)
PARIS, JE T'AIME (2006)
CHANSONS D'AMOUR, LES (2007)
UN SECRET (2007)

SAINT, Eva Marie
actrice américaine (1924-)
ON THE WATERFRONT (1954)
RAINTREE COUNTY (1957)
NORTH BY NORTHWEST (1959)
EXODUS (1960)
ALL FALL DOWN (1962)
36 HOURS (1964)
SANDPIPER, THE (1965)
GRAND PRIX (1966)
STALKING MOON, THE (1968)
CURSE OF KING TUT'S TOMB, THE (1980)
LAST DAYS OF PATTON, THE (1986)
NOTHING IN COMMON (1986)
TITANIC (1996)
BECAUSE OF WINN-DIXIE (2005)
DON'T COME KNOCKING (2005)
SUPERMAN RETURNS (2006)

SANDA, Dominique
actrice française (1951-)
CONFORMISTE, LE (1969)
UNE FEMME DOUCE (1969)
FIRST LOVE (1970)
JARDIN DES FINZI CONTINI, LE (1971)
MACKINTOSH MAN, THE (1973)
VIOLENCE ET PASSION (1973)
STEPPENWOLF (1974)
1900 (1976)
HÉRITAGE, L' (1976)
CHANSON DE ROLAND, LA (1977)
VOYAGE EN DOUCE, LE (1980)
INDISCRÉTION, L' (1982)
I, THE WORST OF ALL (1990)
RIVIÈRES POURPRES, LES (2000)

SANDERS, George
acteur anglais (1906-1972)
LLOYD'S OF LONDON (1936)
MAN WHO COULD WORK MIRACLES, THE (1936)
ALLEGHENY UPRISING (1939)
REBECCA (1939)
BITTER SWEET (1940)
FOREIGN CORRESPONDENT (1940)
HOUSE OF THE SEVEN GABLES, THE (1940)
MAN HUNT (1941)
BLACK SWAN, THE (1942)
MOON AND SIXPENCE, THE (1942)
SON OF FURY (1942)
TALES OF MANHATTAN (1942)
THIS LAND IS MINE (1943)
ACTION IN ARABIA (1944)
PICTURE OF DORIAN GRAY, THE (1945)
STRANGE AFFAIR OF UNCLE HARRY, THE (1945)
SCANDAL IN PARIS, A (1946)
FOREVER AMBER (1947)
GHOST AND MRS. MUIR, THE (1947)
LURED (1947)
PRIVATE AFFAIRS OF BEL AMI, THE (1947)
ALL ABOUT EVE (1950)
SAMSON AND DELILAH (1950)
IVANHOE (1952)
VOYAGE IN ITALY (1953)
KING RICHARD AND THE CRUSADERS (1954)
KING'S THIEF, THE (1955)
SOLOMON AND SHEBA (1959)
LAST VOYAGE, THE (1960)
VILLAGE OF THE DAMNED (1960)
IN SEARCH OF THE CASTAWAYS (1962)
SHOT IN THE DARK, A (1964)
QUILLER MEMORANDUM, THE (1966)
GOOD TIMES (1967)
ENDLESS NIGHT (1971)
PSYCHOMANIA (1971)

SANDLER, Adam
acteur américain (1966-)
AIRHEADS (1994)
MIXED NUTS (1994)
BILLY MADISON (1995)
HAPPY GILMORE (1995)
BULLETPROOF (1996)
WATERBOY, THE (1998)
WEDDING SINGER, THE (1998)
BIG DADDY (1999)
LITTLE NICKY (2000)
HOT CHICK, THE (2002)
MR. DEEDS (2002)
PUNCH-DRUNK LOVE (2002)
ANGER MANAGEMENT (2003)
50 FIRST DATES (2004)
SPANGLISH (2004)
LONGEST YARD, THE (2005)
CLICK (2006)
I NOW PRONOUNCE YOU CHUCK AND LARRY (2007)
REIGN OVER ME (2007)
BEDTIME STORIES (2008)
YOU DON'T MESS WITH THE ZOHAN (2008)

SANDRELLI, Stefania
actrice italienne (1946-)
DIVORCE À L'ITALIENNE (1961)
SÉDUITE ET ABANDONNÉE (1964)
PARTNER (1968)
CONFORMISTE, LE (1969)
ALFREDO, ALFREDO (1972)
UN VRAI CRIME D'AMOUR (1973)
NOUS NOUS SOMMES TANT AIMÉS (1975)
POLICE PYTHON 357 (1975)
1900 (1976)
GRAND EMBOUTEILLAGE, LE (1979)
CLÉ, LA (1983)
POURVU QUE CE SOIT UNE FILLE (1985)
FAMILLE, LA (1987)
LUNETTES D'OR, LES (1987)
NOYADE INTERDITE (1987)
PETIT DIABLE, LE (1988)
SLEAZY UNCLE, THE (1989)
JAMBON JAMBON (1992)
OF LOVE AND SHADOWS (1994)
NYMPH, THE (1996)
TALKING PICTURE, A (2003)
TALKING PICTURE, A (2003)

SANDS, Julian
acteur anglais (1958-)
KILLING FIELDS, THE (1984)
PRIVATES ON PARADE (1984)
DOCTOR AND THE DEVILS, THE (1985)
ROOM WITH A VIEW, A (1985)
GOTHIC (1986)
SIESTA (1987)
VIBES (1988)
MANIKA, UNE VIE PLUS TARD (1989)
SOLEIL MÊME LA NUIT, LE (1989)
WARLOCK (1989)
ARACHNOPHOBIA (1990)
IMPROMPTU (1990)
HUSBANDS AND LOVERS (1991)
NAKED LUNCH (1991)
BOXING HELENA (1992)
BROWNING VERSION, THE (1994)
WITCH HUNT (1994)
LEAVING LAS VEGAS (1995)
LONG TIME SINCE (1997)
PHANTOM OF THE OPERA (1998)
LOSS OF SEXUAL INNOCENCE, THE (1999)
VATEL (2000)
TRAIL, THE (2006)

SARA, Mia
actrice américaine (1967-)
LEGEND (1985)
FERRIS BUELLER'S DAY OFF (1986)
DAUGHTER OF DARKNESS (1990)
BY THE SWORD (1991)
BULLET TO BEIJING (1995)
20,000 LEAGUES UNDER THE SEA (1997)
NIGHTMARES AND DREAMSCAPES COLLECTION (2006)

SARANDON, Susan
actrice américaine (1946-)
JOE (1970)
LOVIN' MOLLY (1973)
FRONT PAGE, THE (1974)
RIMERS OF ELDRITCH, THE (1974)
GREAT WALDO PEPPER, THE (1975)
ROCKY HORROR PICTURE SHOW, THE (1975)
OTHER SIDE OF MIDNIGHT, THE (1977)
PRETTY BABY (1977)
KING OF THE GYPSIES (1978)
ATLANTIC CITY (1980)
LOVING COUPLES (1980)
TEMPEST (1982)
WHO AM I THIS TIME? (1982)
BUDDY SYSTEM, THE (1983)
HUNGER, THE (1983)
MUSSOLINI AND I (1984)
COMPROMISING POSITIONS (1985)
WITCHES OF EASTWICK, THE (1987)
BULL DURHAM (1988)
JANUARY MAN, THE (1988)
SWEET HEARTS DANCE (1988)
DRY WHITE SEASON, A (1989)
WHITE PALACE (1990)
LIGHT SLEEPER (1991)
THELMA & LOUISE (1991)
BOB ROBERTS (1992)
LORENZO'S OIL (1992)
PLAYER, THE (1992)
SAFE PASSAGE (1993)
CLIENT, THE (1994)
LITTLE WOMEN (1994)
DEAD MAN WALKING (1995)
TWILIGHT (1997)
ILLUMINATA (1998)
STEPMOM (1998)
ANYWHERE BUT HERE (1999)
JOE GOULD'S SECRET (2000)
BANGER SISTERS (2002)
IGBY GOES DOWN (2002)
MOONLIGHT MILE (2002)
ICE BOUND (2003)
ALFIE (2004)
SHALL WE DANCE? (2004)
ELIZABETHTOWN (2005)
ROMANCE AND CIGARETTES (2006)
BERNARD AND DORIS (2007)
EMOTIONAL ARITHMETIC (2007)
ENCHANTED (2007)
IN THE VALLEY OF ELAH (2007)
MR. WOODCOCK (2007)
SPEED RACER (2008)

SARRAZIN, Michael
acteur canadien (1940-)
FLIM FLAM MAN, THE (1967)
THEY SHOOT HORSES, DON'T THEY? (1969)
PURSUIT OF HAPPINESS, THE (1970)
SOMETIMES A GREAT NOTION (1971)
CABARET (1972)
GROUNDSTAR CONSPIRACY, THE (1972)
FRANKENSTEIN - THE TRUE STORY (1973)
FOR PETE'S SAKE (1974)
LOVES AND TIMES OF SCARAMOUCHE, THE (1975)
GUMBALL RALLY, THE (1976)
BEULAH LAND (1980)
FIGHTING BACK (1982)
JOSHUA THEN AND NOW (1985)
MASCARA (1987)
MALAREK (1988)
FLORIDA, LA (1993)

SARSGAARD, Peter
acteur américain (1971-)
MAN IN THE IRON MASK, THE (1998)
BOYS DON'T CRY (1999)
CENTER OF THE WORLD, THE (2001)

SALTON SEA, THE (2001)
EMPIRE (2002)
K-19: THE WIDOWMAKER (2002)
SHATTERED GLASS (2003)
GARDEN STATE (2004)
KINSEY (2004)
DYING GAUL, THE (2005)
FLIGHTPLAN (2005)
JARHEAD (2005)
SKELETON KEY, THE (2005)
RENDITION (2007)
YEAR OF THE DOG (2007)
ELEGY (2008)
IN THE ELECTRIC MIST (2009)

SAXON, John
acteur américain (1935-)
RELUCTANT DEBUTANTE, THE (1958)
FILLE QUI EN SAVAIT TROP, LA (1962)
MR. HOBBS TAKES A VACATION (1962)
NIGHT CALLER FROM OUTER SPACE (1965)
APPALOOSA, THE (1966)
JOE KIDD (1972)
ENTER THE DRAGON (1973)
SWISS CONSPIRACY, THE (1975)
VIOLENT NAPLES (1976)
ELECTRIC HORSEMAN, THE (1979)
FAST COMPANY (1979)
BATTLE BEYOND THE STARS (1980)
CANNIBAL APOCALYPSE (1980)
NIGHTMARE ON ELM STREET, A (1984)
MASTERS OF HORROR - PELTS (2006)

SCACCHI, Greta
actrice italienne (1960-)
HEAT AND DUST (1983)
BURKE & WILLS (1985)
COCA-COLA KID, THE (1985)
DEFENCE OF THE REALM (1985)
EBONY TOWER, THE (1987)
GOOD MORNING, BABYLON (1987)
UN HOMME AMOUREUX (1987)
WHITE MISCHIEF (1987)
PRESUMED INNOCENT (1990)
FIRES WITHIN (1991)
SHATTERED (1991)
PLAYER, THE (1992)
SALT ON OUR SKIN (1992)
BROWNING VERSION, THE (1994)
COUNTRY LIFE (1994)
JEFFERSON IN PARIS (1995)
RASPUTIN (1995)
ODYSSEY, THE (1997)
SERPENT'S KISS (1997)
LADIES ROOM (1999)
FESTIVAL IN CANNES (2001)
DANIEL DERONDA (2002)
BEYOND THE SEA (2004)
PRIX DU DÉSIR, LE (2004)
NIGHTMARES AND DREAMSCAPES COLLECTION (2006)
BRIDESHEAD REVISITED (2008)

SCARWID, Diana
actrice américaine (1955-)
GUYANA TRAGEDY: THE STORY OF JIM JONES (1980)
INSIDE MOVES (1980)
MOMMIE DEAREST (1981)
STRANGE INVADERS (1983)
EXTREMITIES (1986)
PSYCHO III (1986)
BRENDA STARR (1987)
NEON BIBLE, THE (1994)
WHAT LIES BENEATH (2000)
PARTY MONSTER (2003)
WONDERFALLS (2004)

SCHEIDER, Roy
acteur américain (1935-2008)
FRENCH CONNECTION, THE (1971)
KLUTE (1971)
UN HOMME EST MORT (1972)
SEVEN-UPS, THE (1973)
JAWS (1975)
MARATHON MAN (1976)
SORCERER (1977)
JAWS II (1978)
ALL THAT JAZZ (1979)
LAST EMBRACE (1979)
BLUE THUNDER (1982)
STILL OF THE NIGHT (1982)
2010: THE YEAR WE MAKE CONTACT (1984)
52 PICK-UP (1986)
MEN'S CLUB, THE (1986)
FOURTH WAR, THE (1990)
RUSSIA HOUSE, THE (1990)
NAKED LUNCH (1991)
ROMEO IS BLEEDING (1993)
MYTH OF THE FINGERPRINTS, THE (1996)
RKO 281: BATTLE OVER CITIZEN KANE (1999)

SCHELL, Maximilian
acteur autrichien (1930-)
YOUNG LIONS, THE (1958)
JUDGMENT AT NUREMBERG (1961)
TOPKAPI (1964)
CHÂTEAU, LE (1968)
FIRST LOVE (1970)
POPE JOAN (1972)
MAN IN THE GLASS BOOTH, THE (1974)
ODESSA FILE, THE (1974)
PEDESTRIAN, THE (1974)
ST. IVES (1976)
BRIDGE TOO FAR, A (1977)
CROSS OF IRON (1977)
JULIA (1977)
BLACK HOLE, THE (1979)
CHOSEN, THE (1981)
ROSE GARDEN, THE (1989)
FRESHMAN, THE (1990)
STALIN (1992)
FAR OFF PLACE, A (1993)
LITTLE ODESSA (1994)
JOHN CARPENTER'S VAMPIRES (1997)
TELLING LIES IN AMERICA (1997)
DEEP IMPACT (1998)
JOAN OF ARC (1999)
FESTIVAL IN CANNES (2001)

SCHIFF, Richard
acteur américain (1955-)
PUBLIC EYE, THE (1992)
ARRIVAL, THE (1996)
GRACE OF MY HEART (1996)
MICHAEL (1996)
DOCTOR DOLITTLE (1998)
HEAVEN (1998)
LIVING OUT LOUD (1998)
FORCES OF NATURE (1999)
WEST WING, THE (SEASON I) (1999)
LUCKY NUMBERS (2000)
CIVIC DUTY (2006)

SCHNEIDER, Rob
acteur américain (1963-)
JUDGE DREDD (1995)
ADVENTURES OF PINOCCHIO, THE (1996)
DOWN PERISCOPE (1996)
KNOCK OFF (1998)
BIG DADDY (1999)
DEUCE BIGALOW - MALE GIGOLO (1999)
MUPPETS FROM SPACE (1999)
ANIMAL, THE (2001)
HOT CHICK, THE (2002)
50 FIRST DATES (2004)
DEUCE BIGALOW EUROPEAN GIGOLO (2005)
BENCHWARMERS (2006)
BIG STAN (2008)
YOU DON'T MESS WITH THE ZOHAN (2008)

SCHNEIDER, Romy
actrice autrichienne (1938-1982)
SISSI (1955)
SISSI IMPÉRATRICE (1956)
MONPTI (1957)
SISSI ET SON DESTIN (1957)
CHRISTINE (1958)
KATIA (1959)
BOCCACE 70 (1962)
TRIAL, THE (1962)
CARDINAL, THE (1963)
WHAT'S NEW, PUSSYCAT? (1965)
10:30 P.M. SUMMER (1966)
PISCINE, LA (1968)
INCESTE, L' (1969)
CHOSES DE LA VIE, LES (1970)
MAX ET LES FERRAILLEURS (1970)
QUI? (1970)
ASSASSINATION OF TROTSKY, THE (1972)
CÉSAR ET ROSALIE (1972)
MOUTON ENRAGÉ, LE (1973)
TRAIN, LE (1973)
UN AMOUR DE PLUIE (1973)
IMPORTANT C'EST D'AIMER, L' (1974)
TRIO INFERNAL, LE (1974)
INNOCENTS AUX MAINS SALES, LES (1975)
VIEUX FUSIL, LE (1975)
UNE FEMME À SA FENÊTRE (1977)
UNE HISTOIRE SIMPLE (1978)
BLOODLINE (1979)
MORT EN DIRECT, LA (1979)
BANQUIÈRE, LA (1980)
GARDE À VUE (1981)
PASSANTE DU SANS-SOUCI, LA (1981)

SCHREIBER, Liev
acteur américain (1967-)
MIXED NUTS (1994)
DENISE CALLS UP (1995)
SCREAM 2 (1997)
TWILIGHT (1997)
SPHERE (1998)
WALK ON THE MOON, A (1998)
HURRICANE, THE (1999)
JAKOB THE LIAR (1999)
RKO 281: BATTLE OVER CITIZEN KANE (1999)
HAMLET (2000)
KATE & LEOPOLD (2001)
SUM OF ALL FEARS, THE (2002)
HITLER - THE RISE OF EVIL (2003)
HITLER THE RISE OF EVIL (2003)
MANCHURIAN CANDIDATE, THE (2004)
OMEN, THE (2006)
PAINTED VEIL, THE (2006)
LOVE IN THE TIME OF CHOLERA (2007)
TEN, THE (2007)
DEFIANCE (2008)
X-MEN ORIGINS: WOLVERINE (2009)

SCHWARTZMAN, Jason
acteur américain (1980-)
RUSHMORE (1998)
SIMONE (2001)
SLACKERS (2002)
SPUN (2002)
I HEART HUCKABEES (2004)
SHOPGIRL (2004)
BEWITCHED (2005)
MARIE ANTOINETTE (2005)
DARJEELING LIMITED, THE (2007)

SCHWARZENEGGER, Arnold
acteur autrichien (1947-)
LONG GOODBYE, THE (1973)
STAY HUNGRY (1976)
VILLAIN, THE (1979)
CONAN THE BARBARIAN (1981)
CONAN THE DESTROYER (1984)
TERMINATOR, THE (1984)
COMMANDO (1985)
RAW DEAL (1986)
PREDATOR (1987)
RUNNING MAN, THE (1987)
RED HEAT (1988)
TWINS (1988)
KINDERGARTEN COP (1990)
TOTAL RECALL (1990)
TERMINATOR 2: JUDGMENT DAY (1991)
DAVE (1993)
LAST ACTION HERO (1993)
JUNIOR (1994)
TRUE LIES (1994)
ERASER (1996)
JINGLE ALL THE WAY (1996)
BATMAN & ROBIN (1997)
END OF DAYS (1999)
6th DAY, THE (2000)
COLLATERAL DAMAGE (2001)
TERMINATOR III: RISE OF THE MACHINES (2003)
KID AND I, THE (2005)

SCHWIMMER, David
acteur américain (1966-)
FRIENDS (SEASON I) (1994)
FRIENDS (SEASON II) (1995)
FRIENDS (SEASON III) (1996)
PALLBEARER, THE (1996)
BREAST MEN (1997)
FRIENDS (SEASON IV) (1997)
SIX DAYS, SEVEN NIGHTS (1998)
IT'S THE RAGE (1999)
PICKING UP THE PIECES (2000)
UPRISING, THE (2001)
DUANE HOPWOOD (2005)
BIG NOTHING (2006)

SCHYGULLA, Hanna
actrice allemande (1943-)
GODS OF THE PLAGUE (1969)
KATZELMACHER (1969)
LOVE IS COLDER THAN DEATH (1969)
NIKLASHAUSEN JOURNEY, THE (1970)

BEWARE OF A HOLY WHORE (1971)
MARCHAND DE QUATRE SAISONS, LE (1971)
PIONEERS IN INGOLSTADT (1971)
RIO DAS MORTES (1971)
LARMES AMÈRES DE PETRA VON KANT, LES (1972)
EFFI BRIEST (1974)
FAUX MOUVEMENT (1975)
MARIAGE DE MARIA BRAUN, LE (1978)
BERLIN ALEXANDERPLATZ (1980)
CIRCLE OF DECEIT (1981)
ANTONIETA (1982)
NUIT DE VARENNES, LA (1982)
AMIE, L' (1983)
HISTOIRE DE PIERRA, L' (1983)
UN AMOUR EN ALLEMAGNE (1983)
FUTUR EST FEMME, LE (1984)
FOREVER, LULU (1986)
DEAD AGAIN (1991)
WARSZAWA, ANNÉE 5703 (1992)
AUX PETITS BONHEURS (1993)
GOLEM: THE PETRIFIED GARDEN (1993)
LÉA (1996)
SUMMER OF MISS FORBES, THE (1998)
WERCKMEISTER HARMONIES (2000)
DE L'AUTRE CÔTÉ (2007)

SCIORRA, Annabella
actrice américaine (1964-)
TRUE LOVE (1989)
CADILLAC MAN (1990)
INTERNAL AFFAIRS (1990)
REVERSAL OF FORTUNE (1990)
HARD WAY, THE (1991)
JUNGLE FEVER (1991)
HAND THAT ROCKS THE CRADLE (1992)
WHISPERS IN THE DARK (1992)
MR. WONDERFUL (1993)
NIGHT WE NEVER MET, THE (1993)
ROMEO IS BLEEDING (1993)
ADDICTION, THE (1995)
CURE, THE (1995)
NATIONAL LAMPOON'S FAVORITE DEADLY SINS (1995)
FUNERAL, THE (1996)
COP LAND (1997)
MR. JEALOUSY (1997)
NEW ROSE HOTEL (1998)
WHAT DREAMS MAY COME (1998)
ONCE IN THE LIFE (2000)
CHASING LIBERTY (2004)
FIND ME GUILTY (2006)

SCOFIELD, Paul
acteur anglais (1922-2008)
CARVE HER NAME WITH PRIDE (1958)
TRAIN, THE (1964)
MAN FOR ALL SEASONS, A (1966)
KING LEAR (1970)
BARTLEBY (1972)
SCORPIO (1972)
DELICATE BALANCE, A (1973)
WHEN THE WHALES CAME (1983)
HENRY V (1989)
HAMLET (1990)
UTZ (1992)
MARTIN CHUZZLEWIT (1994)
QUIZ SHOW (1994)
CRUCIBLE, THE (1996)
ANIMAL FARM (1999)

SCOTT, Campbell
acteur américain (1962-)
LONGTIME COMPANION (1990)
SHELTERING SKY, THE (1990)
DYING YOUNG (1991)
SINGLES (1992)
INNOCENT, THE (1993)
MRS. PARKER AND THE VICIOUS CIRCLE (1994)
DAYTRIPPERS, THE (1996)
SPANISH PRISONER, THE (1997)
IMPOSTORS, THE (1998)
TALE OF SWEENEY TODD, THE (1998)
TOP OF THE FOOD CHAIN, THE (1999)
ROGER DODGER (2002)
SECRET LIVES OF DENTISTS, THE (2003)
SAINT RALPH (2004)
DUMA (2005)
DYING GAUL, THE (2005)
EXORCISM OF EMILY ROSE, THE (2005)
LOVERBOY (2005)
MUSIC AND LYRICS (2007)
ONE WEEK (2008)

SCOTT, George C.
acteur américain (1927-1999)
ANATOMY OF A MURDER (1959)
HUSTLER, THE (1961)
DR. STRANGELOVE (1963)
LIST OF ADRIAN MESSENGER, THE (1963)
BIBLE, THE (1966)
FLIM FLAM MAN, THE (1967)
PETULIA (1968)
PATTON (1969)
JANE EYRE (1970)
HOSPITAL, THE (1971)
LAST RUN, THE (1971)
THEY MIGHT BE GIANTS (1971)
NEW CENTURIONS, THE (1972)
RAGE (1972)
BANK SHOT, THE (1974)
HINDENBURG, THE (1975)
ISLANDS IN THE STREAM (1976)
HARDCORE (1978)
CHANGELING, THE (1980)
FORMULA, THE (1980)
TAPS (1981)
OLIVER TWIST (1982)
CHRISTMAS CAROL, A (1984)
LAST DAYS OF PATTON, THE (1986)
DESCENDING ANGEL (1990)
EXORCIST III, THE (1990)
MALICE (1993)
ANGUS (1995)
TITANIC (1996)
12 ANGRY MEN (1997)
GLORIA (1998)
INHERIT THE WIND (1999)

SCOTT, Randolph
acteur américain (1898-1987)
WILD HORSE MESA (1932)
MURDERS IN THE ZOO (1933)
SUNSET PASS (1933)
SHE (1935)
GO WEST, YOUNG MAN (1936)
LAST OF THE MOHICANS, THE (1936)
REBECCA OF SUNNYBROOK FARM (1938)
TEXANS, THE (1938)
SUSANNAH OF THE MOUNTIES (1939)
BELLE OF THE YUKON (1940)
MY FAVORITE WIFE (1940)
VIRGINIA CITY (1940)
WHEN THE DALTONS RODE (1940)
DESPERADOES, THE (1942)
PITTSBURGH (1942)
TO THE SHORES OF TRIPOLI (1942)
GUNG HO! (1943)
ABILENE TOWN (1945)
CAPTAIN KIDD (1946)
ALBUQUERQUE (1948)
CORONER CREEK (1948)
HANGMAN'S KNOT (1952)
STRANGER WORE A GUN, THE (1952)
TEN WANTED MEN (1954)
LAWLESS STREET, A (1955)
SEVEN MEN FROM NOW (1956)
COMANCHE STATION (1960)
RIDE THE HIGH COUNTRY (1962)

SCOTT, Seann William
acteur américain (1976-)
AMERICAN PIE (1999)
DUDE, WHERE'S MY CAR? (2000)
FINAL DESTINATION (2000)
ROAD TRIP (2000)
AMERICAN WEDDING (2003)
BULLETPROOF MONK (2003)
DUKES OF HAZZARD (2005)
MR. WOODCOCK (2007)
SOUTHLAND TALES (2007)
BALLS OUT: GARY THE TENNIS COACH (2008)
PROMOTION, THE (2008)
ROLE MODELS (2008)

SCOTT THOMAS, Kristin
actrice anglaise (1960-)
UNDER THE CHERRY MOON (1986)
AGENT TROUBLE (1987)
MÉRIDIENNE, LA (1987)
FORCE MAJEURE (1988)
HANDFUL OF DUST, A (1988)
BILLE EN TÊTE (1989)
AUX YEUX DU MONDE (1991)
WEEP NO MORE MY LADY (1991)
BITTER MOON (1992)
FOUR WEDDINGS AND A FUNERAL (1993)
UN ÉTÉ INOUBLIABLE (1994)
ANGELS & INSECTS (1995)
CONFESSIONNAL, LE (1995)
GULLIVER'S TRAVELS (1995)
POMPATUS OF LOVE, THE (1995)
RICHARD III (1995)
ENGLISH PATIENT, THE (1996)
AMOUR ET CONFUSIONS (1997)
HORSE WHISPERER, THE (1998)
RANDOM HEARTS (1999)
IL Y A LONGTEMPS QUE JE T'AIME (2008)

SEAGAL, Steven
acteur américain (1952-)
ABOVE THE LAW (1988)
HARD TO KILL (1990)
MARKED FOR DEATH (1990)
UNDER SIEGE (1992)
UNDER SIEGE 2: DARK TERRITORY (1995)
EXECUTIVE DECISION (1996)
PATRIOT, THE (1998)
EXIT WOUNDS (2001)
FLIGHT OF FURY (2006)
ONION MOVIE, THE (2008)

SEBERG, Jean
actrice américaine (1938-1979)
SAINT JOAN (1956)
BONJOUR TRISTESSE (1957)
À BOUT DE SOUFFLE (1959)
MOUSE THAT ROARED, THE (1959)
RÉCRÉATION, LA (1961)
LILITH (1964)
MOMENT TO MOMENT (1965)
FINE MADNESS, A (1966)
ESTOUFFADE À LA CARAÏBE (1967)
ROUTE DE CORINTHE, LA (1967)
PAINT YOUR WAGON (1969)
AIRPORT (1970)
MACHO CALLAHAN (1970)
KILL! (1971)
ATTENTAT, L' (1972)

SEDGWICK, Kyra
actrice américaine (1965-)
MAN WHO BROKE A 1000 CHAINS, THE (1987)
SINGLES (1992)
HEART AND SOULS (1993)
MURDER IN THE FIRST (1994)
PHENOMENON (1996)
CRITICAL CARE (1997)
MONTANA (1998)
JUST A KISS (2001)
DOOR TO DOOR (2002)
PERSONAL VELOCITY (2002)
WOODSMAN, THE (2004)
CLOSER, THE (SEASON 1) (2005)
LOVERBOY (2005)
CLOSER, THE (SEASON 2) (2006)
GAME PLAN, THE (2007)

SEGAL, George
acteur américain (1934-)
KING RAT (1965)
SHIP OF FOOLS (1965)
LOST COMMAND (1966)
QUILLER MEMORANDUM, THE (1966)
WHO'S AFRAID OF VIRGINIA WOOLF? (1966)
NO WAY TO TREAT A LADY (1967)
ST. VALENTINE'S DAY MASSACRE, THE (1967)
BRIDGE AT REMAGEN, THE (1969)
OWL AND THE PUSSYCAT, THE (1970)
WHERE'S POPPA? (1970)
BORN TO WIN (1971)
HOT ROCK, THE (1972)
BLUME IN LOVE (1973)
TOUCH OF CLASS, A (1973)
TERMINAL MAN, THE (1974)
BLACK BIRD, THE (1975)
DUCHESS AND THE DIRTWATER FOX, THE (1976)
FUN WITH DICK AND JANE (1976)
ROLLERCOASTER (1977)
WHO IS KILLING THE GREAT CHEFS OF EUROPE? (1978)
LOOK WHO'S TALKING (1989)
FOR THE BOYS (1991)
IT'S MY PARTY (1995)
TO DIE FOR (1995)
CABLE GUY, THE (1996)
FLIRTING WITH DISASTER (1996)

SEIGNER, Emmanuelle
actrice française (1966-)
COURS PRIVÉ (1986)
FRANTIC (1988)
BITTER MOON (1992)
SOURIRE, LE (1993)

PLACE VENDÔME (1997)
NINTH GATE, THE (1999)
CORPS À CORPS (2003)
ILS SE MARIÈRENT ET EURENT BEAUCOUP D'ENFANTS (2004)
SCAPHANDRE ET LE PAPILLON, LE (2007)
VIE EN ROSE, LA (2007)

SEIGNER, Mathilde
actrice française (1968-)
SOURIRE, LE (1993)
NETTOYAGE À SEC (1997)
VIVE LA RÉPUBLIQUE! (1997)
VÉNUS BEAUTÉ (INSTITUT) (1998)
BLEU DES VILLES, LE (1999)
CHAMBRE DES MAGICIENNES, LA (1999)
HARRY, UN AMI QUI VOUS VEUT DU BIEN (2000)
BETTY FISHER ET AUTRES HISTOIRES (2001)
UNE HIRONDELLE A FAIT LE PRINTEMPS (2001)
TRISTAN (2003)
COURAGE D'AIMER, LE (2004)
MARIAGES! (2005)
PALAIS ROYAL! (2005)
TOUT POUR PLAIRE (2005)
3 AMIS (2007)

SELLERS, Peter
acteur anglais (1925-1980)
JOHN AND JULIE (1954)
LADYKILLERS, THE (1955)
SMALLEST SHOW ON EARTH (1956)
CARLTON BROWNE OF THE F.O. (1958)
TOM THUMB (1958)
I'M ALL RIGHT, JACK (1959)
MOUSE THAT ROARED, THE (1959)
MILLIONAIRESS, THE (1960)
NEVER LET GO (1960)
TWO-WAY STRETCH (1961)
LOLITA (1962)
ONLY TWO CAN PLAY (1962)
ROAD TO HONG KONG, THE (1962)
WALTZ OF THE TOREADORS (1962)
DR. STRANGELOVE (1963)
HEAVENS ABOVE (1963)
PINK PANTHER, THE (1963)
THE WRONG ARM OF THE LAW (1963)
SHOT IN THE DARK, A (1964)
WORLD OF HENRY ORIENT, THE (1964)
WHAT'S NEW, PUSSYCAT? (1965)
AFTER THE FOX (1966)
ALICE IN WONDERLAND (1966)
WRONG BOX, THE (1966)
BOBO, THE (1967)
CASINO ROYALE (1967)
PARTY, THE (1967)
WOMAN TIMES SEVEN (1967)
I LOVE YOU, ALICE B. TOKLAS (1968)
HOFFMAN (1969)
MAGIC CHRISTIAN, THE (1969)
DAY AT THE BEACH, A (1970)
THERE'S A GIRL IN MY SOUP (1970)
ALICE'S ADVENTURES IN WONDERLAND (1972)
RETURN OF THE PINK PANTHER, THE (1974)
MURDER BY DEATH (1976)
PINK PANTHER STRIKES AGAIN, THE (1976)
REVENGE OF THE PINK PANTHER, THE (1978)
BEING THERE (1979)
PRISONER OF ZENDA, THE (1979)
FIENDISH PLOT OF DR. FU MANCHU, THE (1980)
TRAIL OF THE PINK PANTHER (1982)

SERRAULT, Michel
acteur français (1928-2007)
DIABOLIQUES, LES (1955)
ASSASSINS ET VOLEURS (1956)
OH! QUE MAMBO (1959)
REPOS DU GUERRIER, LE (1962)
ROI DE CŒUR, LE (1966)
CRI DU CORMORAN LE SOIR AU-DESSUS DES JONQUES, LE (1971)
GASPARDS, LES (1973)
C'EST PAS PARCE QU'ON A RIEN À DIRE QU'IL FAUT FERMER SA GUEULE (1974)
PRÉPAREZ VOS MOUCHOIRS (1977)
ARGENT DES AUTRES, L' (1978)
CAGE AUX FOLLES, LA (1978)
ASSOCIÉ, L' (1979)
BUFFET FROID (1979)
CAGE AUX FOLLES 2, LA (1980)
GARDE À VUE (1981)
DEUX HEURES MOINS LE QUART AVANT JÉSUS-CHRIST (1982)
FANTÔMES DU CHAPELIER, LES (1982)
QUARANTIÈMES RUGISSANTS, LES (1982)
BON PLAISIR, LE (1983)
MORTELLE RANDONNÉE (1983)
À MORT L'ARBITRE (1984)
ROIS DU GAG, LES (1984)
CAGE AUX FOLLES 3, LA (1985)
LIBERTÉ, ÉGALITÉ, CHOUCROUTE (1985)
ON NE MEURT QUE DEUX FOIS (1985)
MIRACULÉ, LE (1986)
EN TOUTE INNOCENCE (1987)
BONJOUR L'ANGOISSE (1988)
NE RÉVEILLEZ PAS UN FLIC QUI DORT (1988)
COMÉDIE D'AMOUR (1989)
DOCTEUR PETIOT (1990)
VIEILLE QUI MARCHAIT DANS LA MER, LA (1991)
BONHEUR EST DANS LE PRÉ, LE (1995)
NELLY ET MONSIEUR ARNAUD (1995)
ASSASSIN(S) (1996)
BEAUMARCHAIS L'INSOLENT (1996)
ARTEMISIA (1997)
RIEN NE VA PLUS (1997)
ENFANTS DU MARAIS, LES (1998)
ACTEURS, LES (1999)
MONDE DE MARTY, LE (1999)
LIBERTIN, LE (2000)
BELPHÉGOR: LE FANTÔME DU LOUVRE (2001)
UNE HIRONDELLE A FAIT LE PRINTEMPS (2001)
24 HEURES DE LA VIE D'UNE FEMME (2002)
PAPILLON, LE (2002)
AFFAIRE DOMINICI, L' (2003)
ALBERT EST MÉCHANT (2003)
JOYEUX NOËL (2005)
PARS VITE ET REVIENS TARD (2006)

SEVIGNY, Chloë
actrice américaine (1974-)
KIDS (1995)
TREES LOUNGE (1996)
GUMMO (1997)
PALMETTO (1997)
LAST DAYS OF DISCO, THE (1998)
BOYS DON'T CRY (1999)
IF THESE WALLS COULD TALK II (1999)
MAP OF THE WORLD, A (1999)
AMERICAN PSYCHO (2000)
DEMONLOVER (2002)
PARTY MONSTER (2003)
SHATTERED GLASS (2003)
BROWN BUNNY (2004)
MELINDA AND MELINDA (2004)
3 NEEDLES (2005)
BROKEN FLOWERS (2005)
BIG LOVE (SEASON 1) (2006)
BIG LOVE (SEASON 2) (2006)
ZODIAC (2007)

SEWELL, Rufus
acteur anglais (1967-)
MAN OF NO IMPORTANCE, A (1994)
CARRINGTON (1995)
VICTORY (1995)
DANGEROUS BEAUTY (1997)
DARK CITY (1997)
ILLUMINATA (1998)
BLESS THE CHILD (2000)
KNIGHT'S TALE, A (2001)
SHE CREATURE (2001)
HELEN OF TROY (2003)
ILLUSIONIST, THE (2005)
LEGEND OF ZORRO, THE (2005)
TRISTAN AND ISOLDE (2005)
AMAZING GRACE (2006)
HOLIDAY, THE (2006)
JOHN ADAMS (2008)
VINYAN (2008)

SEYMOUR HOFFMAN, Philip
acteur américain (1967-)
SCENT OF A WOMAN (1992)
BOOGIE NIGHTS (1997)
HAPPINESS (1998)
PATCH ADAMS (1998)
FLAWLESS (1999)
MAGNOLIA (1999)
TALENTED MR. RIPLEY, THE (1999)
STATE AND MAIN (2000)
25th HOUR (2002)
LOVE LIZA (2002)
PUNCH-DRUNK LOVE (2002)
RED DRAGON (2002)
COLD MOUNTAIN (2003)
OWNING MAHOWNY (2003)
ALONG CAME POLLY (2004)
CAPOTE (2005)
EMPIRE FALLS (2005)
STRANGERS WITH CANDY (2005)
MISSION: IMPOSSIBLE III (2006)
BEFORE THE DEVIL KNOWS YOU'RE DEAD (2007)
CHARLIE WILSON'S WAR (2007)
SAVAGES, THE (2007)
DOUBT (2008)
SYNECDOCHE, NEW YORK (2008)

SEYMOUR, Jane
actrice américaine (1951-)
FRANKENSTEIN - THE TRUE STORY (1973)
LIVE AND LET DIE (1973)
FOUR FEATHERS, THE (1977)
SINBAD AND THE EYE OF THE TIGER (1977)
BATTLESTAR GALLACTICA (1978)
OH! HEAVENLY DOG (1980)
SOMEWHERE IN TIME (1980)
EAST OF EDEN (1981)
SCARLET PIMPERNEL, THE (1982)
WAR AND REMEMBRANCE (1989)
HEIDI (1993)
WEDDING CRASHERS (2005)

SHALHOUB, Tony
acteur américain (1953-)
BIG NIGHT (1996)
MEN IN BLACK (1997)
CIVIL ACTION, A (1998)
IMPOSTORS, THE (1998)
PAULIE (1998)
SIEGE, THE (1998)
GALAXY QUEST (1999)
IMPOSTOR (2001)
SPY KIDS (2001)
THIRTEEN GHOSTS (2001)
LIFE OR SOMETHING LIKE IT (2002)
MEN IN BLACK II (2002)
MONK (2002)
AGAINST THE ROPES (2003)
LAST SHOT, THE (2004)
GREAT NEW WONDERFUL (2005)
1408 (2007)
BLIND DATE (2007)
CARELESS (2007)

SHANNON, Molly
actrice américaine (1964-)
NIGHT AT THE ROXBURY, A (1998)
DR. SEUSS' HOW THE GRINCH STOLE CHRISTMAS (2000)
OSMOSIS JONES (2001)
SERENDIPITY (2001)
WET HOT AMERICAN SUMMER (2001)
MARIE ANTOINETTE (2005)
AMAZING SCREW-ON HEAD, THE (2006)
GRAY MATTERS (2006)
EVAN ALMIGHTY (2007)
YEAR OF THE DOG (2007)

SHARIF, Omar
acteur égyptien (1932-)
LAWRENCE OF ARABIA (1962)
FALL OF THE ROMAN EMPIRE, THE (1963)
BEHOLD A PALE HORSE (1964)
DOCTOR ZHIVAGO (1965)
YELLOW ROLLS-ROYCE, THE (1965)
NIGHT OF THE GENERALS, THE (1967)
FUNNY GIRL (1968)
MACKENNA'S GOLD (1968)
MAYERLING (1968)
HORSEMEN, THE (1970)
LAST VALLEY, THE (1970)
CASSE, LE (1971)
DROIT D'AIMER, LE (1972)
FUNNY LADY (1974)
JUGGERNAUT (1974)
PINK PANTHER STRIKES AGAIN, THE (1976)
ASHANTI (1978)
BLOODLINE (1979)
OH! HEAVENLY DOG (1980)
MARTINGALE, LA (1983)
TOP SECRET! (1984)
RAINBOW THIEF, THE (1990)
588, RUE PARADIS (1991)
MAYRIG (1991)

GULLIVER'S TRAVELS (1995)
13th WARRIOR, THE (1999)
MONSIEUR IBRAHIM ET LES FLEURS DU CORAN (2003)
HIDALGO (2004)

SHATNER, William
acteur canadien (1931-)
BROTHERS KARAMAZOV, THE (1958)
INTRUDER, THE (1961)
JUDGMENT AT NUREMBERG (1961)
INCUBUS (1965)
STAR TREK ORIGINAL SERIES (SEASON I) (1966)
GO ASK ALICE (1972)
BIG BAD MAMA (1974)
DEVIL'S RAIN, THE (1975)
LITTLE WOMEN (1978)
STAR TREK I: THE MOTION PICTURE (1979)
VISITING HOURS (1981)
AIRPLANE II: THE SEQUEL (1982)
STAR TREK II: THE WRATH OF KHAN (1982)
STAR TREK III: THE SEARCH FOR SPOCK (1984)
STAR TREK IV: THE VOYAGE HOME (1986)
STAR TREK V: THE FINAL FRONTIER (1989)
BILL AND TED'S BOGUS JOURNEY (1991)
STAR TREK VI: THE UNDISCOVERED COUNTRY (1991)
NATIONAL LAMPOON'S LOADED WEAPON 1 (1993)
STAR TREK: GENERATIONS (1994)
STAR TREK: FIRST CONTACT (1996)
FREE ENTERPRISE (1998)
MISS CONGENIALITY (2000)
SHOOT OR BE SHOT (2002)

SHAW, Fiona
actrice irlandaise (1958-)
MOUNTAINS OF THE MOON (1989)
UNDERCOVER BLUES (1993)
PERSUASION (1995)
BUTCHER BOY, THE (1997)
LEO TOLSTOY'S ANNA KARENINA (1997)
AVENGERS, THE (1998)
RKO 281: BATTLE OVER CITIZEN KANE (1999)
GORMENGHAST (2000)
TRIUMPH OF LOVE (2001)
CLOSE YOUR EYES (2002)
HARRY POTTER AND THE PRISONER OF AZKABAN (2004)
BLACK DAHLIA, THE (2006)
FRACTURE (2007)
HARRY POTTER AND THE ORDER OF THE PHOENIX (2007)

SHAWN, Wallace
acteur américain (1943-)
WE'RE NO ANGELS (1955)
ALL THAT JAZZ (1979)
MANHATTAN (1979)
ATLANTIC CITY (1980)
MY DINNER WITH ANDRÉ (1981)
CRACKERS (1983)
DEAL OF THE CENTURY (1983)
STRANGE INVADERS (1983)
BOSTONIANS, THE (1984)
HOTEL NEW HAMPSHIRE, THE (1984)
MICKI + MAUDE (1984)
BEDROOM WINDOW, THE (1987)
PRICK UP YOUR EARS (1987)
PRINCESS BRIDE, THE (1987)
RADIO DAYS (1987)
MODERNS, THE (1988)
SCENES FROM THE CLASS STRUGGLE IN BEVERLY HILLS (1989)
SHE'S OUT OF CONTROL (1989)
SHADOWS AND FOG (1991)
MOM AND DAD SAVE THE WORLD (1992)
MRS. PARKER AND THE VICIOUS CIRCLE (1994)
VANYA ON 42nd STREET (1994)
CLUELESS (1995)
WIFE, THE (1996)
CRITICAL CARE (1997)
MY FAVORITE MARTIAN (1999)
PRIME GIG, THE (2000)
PERSONAL VELOCITY (2002)
HAUNTED MANSION (2003)
MELINDA AND MELINDA (2004)
VOICES OF PEOPLE'S HISTORY OF THE USA (2005)
SOUTHLAND TALES (2007)

SHEEDY, Ally
actrice américaine (1962-)
BAD BOYS (1983)
WARGAMES (1983)
BLUE CITY (1985)
SHORT CIRCUIT (1986)
HEART OF DIXIE (1989)
LOST CAPONE, THE (1990)
ONLY THE LONELY (1991)
CHANTILLY LACE (1993)
HIGH ART (1998)
HAPPY HERE AND NOW (2002)
SHOOTING LIVIEN (2005)

SHEEN, Charlie
acteur américain (1965-)
FERRIS BUELLER'S DAY OFF (1986)
LUCAS (1986)
PLATOON (1986)
WRAITH, THE (1986)
NO MAN'S LAND (1987)
WALL STREET (1987)
BACKTRACK (1988)
EIGHT MEN OUT (1988)
YOUNG GUNS (1988)
COURAGE MOUNTAIN (1989)
MAJOR LEAGUE (1989)
MEN AT WORK (1990)
NAVY SEALS (1990)
ROOKIE, THE (1990)
HOT SHOTS! (1991)
HOT SHOTS! PART DEUX (1993)
NATIONAL LAMPOON'S LOADED WEAPON 1 (1993)
TERMINAL VELOCITY (1994)
ARRIVAL, THE (1996)
MONEY TALKS (1997)
BEING JOHN MALKOVICH (1999)
RATED-X (1999)
SCARY MOVIE 3 (2003)
BIG BOUNCE, THE (2004)

SHEEN, Martin
acteur américain (1940-)
INCIDENT, THE (1967)
CATCH-22 (1970)
PURSUIT (1972)
RAGE (1972)
BADLANDS (1973)
CASSANDRA CROSSING, THE (1976)
LITTLE GIRL WHO LIVES DOWN THE LANE, THE (1976)
APOCALYPSE NOW (1979)
APOCALYPSE NOW REDUX (1979)
LOOPHOLE (1980)
ENIGMA (1982)
GANDHI (1982)
MAN, WOMAN AND CHILD (1982)
THAT CHAMPIONSHIP SEASON (1982)
DEAD ZONE, THE (1983)
BELIEVERS, THE (1987)
DEAR AMERICA: LETTERS HOME FROM VIETNAM (1987)
JUDGEMENT IN BERLIN (1987)
SIESTA (1987)
WALL STREET (1987)
DA (1988)
GETTYSBURG (1993)
QUEEN (1993)
AMERICAN PRESIDENT, THE (1995)
GUN (1996)
SPAWN (1997)
WEST WING, THE (SEASON I) (1999)
CATCH ME IF YOU CAN (2002)
BOBBY (2006)
BORDERTOWN (2006)
DEPARTED, THE (2006)
TALK TO ME (2007)

SHEFFER, Craig
acteur américain (1960-)
THAT WAS THEN, THIS IS NOW (1985)
SOME KIND OF WONDERFUL (1987)
NIGHTBREED (1990)
EYE OF THE STORM (1991)
FIRE IN THE SKY (1993)
DESPERATE TRAIL, THE (1994)
SLEEP WITH ME (1994)
WINGS OF COURAGE (1995)
MISS EVER'S BOYS (1996)
BLISS (1997)
HELLRAISER V: INFERNO (2000)
WATER UNDER THE BRIDGE (2003)
FIND LOVE (2006)
WHILE SHE WAS OUT (2008)

SHELLY, Adrienne
actrice américaine (1966-)
UNBELIEVABLE TRUTH, THE (1989)
TRUST (1990)
SLEEPING WITH STRANGERS (1992)
TERESA'S TATTOO (1994)
GRIND (1997)
DEAD DOG (2000)
FACTOTUM (2005)
WAITRESS (2007)

SHEPARD, Sam
acteur américain (1943-)
DAYS OF HEAVEN (1978)
RESURRECTION (1980)
RAGGEDY MAN (1981)
FRANCES (1982)
RIGHT STUFF, THE (1983)
FOOL FOR LOVE (1985)
CRIMES OF THE HEART (1986)
BABY BOOM (1987)
FAR NORTH (1988)
STEEL MAGNOLIAS (1989)
BRIGHT ANGEL (1990)
DEFENSELESS (1991)
VOYAGER (1991)
THUNDERHEART (1992)
PELICAN BRIEF, THE (1993)
SAFE PASSAGE (1993)
PURGATORY (1999)
SNOW FALLING ON CEDARS (1999)
ALL THE PRETTY HORSES (2000)
HAMLET (2000)
BLACK HAWK DOWN (2001)
SHOT IN THE HEART (2001)
SWORDFISH (2001)
LEO (2002)
THIS SO-CALLED DISASTER (2003)
NOTEBOOK, THE (2004)
DON'T COME KNOCKING (2005)
BANDIDAS (2006)
RETURN, THE (2006)
WALKER PAYNE (2006)
ASSASSINATION OF JESSE JAMES BY THE COWARD ROBERT FORD, THE (2007)

SHEPHERD, Cybill
actrice américaine (1950-)
HEARTBREAK KID, THE (1972)
DAISY MILLER (1974)
TAXI DRIVER (1976)
LADY VANISHES, THE (1979)
MOONLIGHTING (1985)
CHANCES ARE (1989)
MARRIED TO IT (1991)
MARTHA, INC.: THE STORY OF MARTHA STEWART (2003)

SHIELDS, Brooke
actrice américaine (1965-)
ALICE, SWEET ALICE (1976)
PRETTY BABY (1977)
WANDA NEVADA (1979)
BLUE LAGOON, THE (1980)
SAHARA (1983)
BRENDA STARR (1987)
FREAKED (1993)
FREEWAY (1996)
BLACK AND WHITE (1999)
WEEKEND, THE (1999)
LIPSTICK JUNGLE (SEASON 1) (2008)
MIDNIGHT MEAT TRAIN (2008)

SHORT, Martin
acteur canadien (1950-)
THREE AMIGOS! (1986)
THREE FUGITIVES (1989)
CLIFFORD (1991)
PURE LUCK (1991)
CAPTAIN RON (1992)
FATHER OF THE BRIDE 2 (1995)
JUNGLE 2 JUNGLE (1997)
SIMPLE WISH, A (1997)
MERLIN (1998)
SANTA CLAUSE 3, THE - THE ESCAPE CLAUSE (2006)

SHUE, Elisabeth
actrice américaine (1963-)
KARATE KID, THE (1984)
LINK (1985)
ADVENTURES IN BABYSITTING (1987)
COCKTAIL (1988)
BACK TO THE FUTURE II (1989)
BACK TO THE FUTURE III (1990)
SOAPDISH (1991)
HEART AND SOULS (1993)
UNDERNEATH, THE (1994)
LEAVING LAS VEGAS (1995)
TRIGGER EFFECT, THE (1996)
DECONSTRUCTING HARRY (1997)
PALMETTO (1997)
SAINT, THE (1997)
MOLLY (1999)

HOLLOW MAN (2000)
LEO (2002)
MYSTERIOUS SKIN (2004)
DREAMER: INSPIRED BY A TRUE STORY (2005)
HIDE AND SEEK (2005)
GRACIE (2007)
HAMLET 2 (2008)

SICOTTE, Gilbert
acteur québécois (1948-)
TI-CUL TOUGAS (1975)
JE SUIS LOIN DE TOI MIGNONNE (1976)
BONS DÉBARRAS, LES (1979)
CORDÉLIA (1979)
AFFAIRE COFFIN, L' (1980)
FANTASTICA (1980)
MARIA CHAPDELAINE (1983)
ANNÉES DE RÊVES, LES (1984)
ANNE TRISTER (1986)
NOCES DE PAPIER, LES (1988)
LÉOLO (1992)
SARRASINE, LA (1992)
SHABBAT SHALOM! (1992)
CAP TOURMENTE (1993)
POTS CASSÉS, LES (1993)
VIE D'UN HÉROS, LA (1994)
ENFANT D'EAU, L' (1995)
FORTIER SÉRIE 1 (1999)
FORTIER SÉRIE 2 (2000)
VIE SECRÈTE DES GENS HEUREUX, LA (2006)
BLUFF (2007)
CONTINENTAL, UN FILM SANS FUSIL (2007)
SŒURS ELLIOT, LES (SAISON 2) (2007)

SIGNORET, Simone
actrice française (1921-1985)
VISITEURS DU SOIR, LES (1942)
FANTÔMAS (1947)
GUNMAN IN THE STREETS (1950)
RONDE, LA (1950)
CASQUE D'OR (1951)
THÉRÈSE RAQUIN (1953)
DIABOLIQUES, LES (1955)
ROOM AT THE TOP (1959)
SHIP OF FOOLS (1965)
PARIS BRÛLE-T-IL? (1966)
ARMÉE DES OMBRES, L' (1969)
AVEU, L' (1970)
CHAT, LE (1971)
VEUVE COUDERC, LA (1971)
GRANGES BRÛLÉES, LES (1973)
RUDE JOURNÉE POUR LA REINE (1973)
POLICE PYTHON 357 (1975)
VIE DEVANT SOI, LA (1977)

SILVER, Ron
acteur américain (1946-2009)
ENTITY, THE (1981)
SILKWOOD (1983)
GARBO TALKS (1984)
BLUE STEEL (1989)
ENEMIES, A LOVE STORY (1989)
FELLOW TRAVELLER, THE (1989)
REVERSAL OF FORTUNE (1990)
MARRIED TO IT (1991)
MR. SATURDAY NIGHT (1992)
ARRIVAL, THE (1996)
GIRL 6 (1996)
FESTIVAL IN CANNES (2001)
MASTER SPY: THE ROBERT HANSSEN STORY (2002)
FIND ME GUILTY (2006)
TEN, THE (2007)

SIMMONS, Jean
actrice anglaise (1929-)
BLACK NARCISSUS (1946)
GREAT EXPECTATIONS (1946)
HAMLET (1948)
ANDROCLES AND THE LION (1952)
ANGEL FACE (1952)
EGYPTIAN, THE (1953)
ROBE, THE (1953)
YOUNG BESS (1953)
DEMETRIUS AND THE GLADIATORS (1954)
DESIREE (1954)
GUYS AND DOLLS (1955)
THIS COULD BE THE NIGHT (1956)
UNTIL THEY SAIL (1957)
BIG COUNTRY, THE (1958)
ELMER GANTRY (1960)
GRASS IS GREENER, THE (1960)
SPARTACUS (1960)
ROUGH NIGHT IN JERICHO (1967)
HAPPY ENDING, THE (1969)
GOLDEN GATE (1981)
DAWNING, THE (1988)
HOW TO MAKE AN AMERICAN QUILT (1995)

SINATRA, Frank
acteur américain (1915-1998)
HIGHER AND HIGHER (1943)
ANCHORS AWEIGH (1944)
STEP LIVELY (1944)
IT HAPPENED IN BROOKLYN (1947)
TILL THE CLOUDS ROLL BY (1947)
KISSING BANDIT, THE (1948)
MIRACLE OF THE BELLS, THE (1948)
ON THE TOWN (1949)
TAKE ME OUT TO THE BALL GAME (1949)
DOUBLE DYNAMITE (1951)
MEET DANNY WILSON (1951)
FROM HERE TO ETERNITY (1953)
SUDDENLY (1953)
YOUNG AT HEART (1954)
GUYS AND DOLLS (1955)
HIGH SOCIETY (1955)
MAN WITH THE GOLDEN ARM, THE (1955)
NOT AS A STRANGER (1955)
TENDER TRAP, THE (1955)
PAL JOEY (1957)
PRIDE AND THE PASSION, THE (1957)
KINGS GO FORTH (1958)
HOLE IN THE HEAD (1959)
NEVER SO FEW (1959)
SOME CAME RUNNING (1959)
CAN-CAN (1960)
OCEAN'S 11 (1960)
DEVIL AT 4 O'CLOCK, THE (1961)
MANCHURIAN CANDIDATE (1962)
ROAD TO HONG KONG, THE (1962)
SERGEANTS 3 (1962)
4 FOR TEXAS (1963)
COME BLOW YOUR HORN (1963)
LIST OF ADRIAN MESSENGER, THE (1963)
PARIS WHEN IT SIZZLES (1963)
ROBIN AND THE SEVEN HOODS (1964)
MARRIAGE ON THE ROCKS (1965)
NONE BUT THE BRAVE (1965)
OSCAR, THE (1965)
VON RYAN'S EXPRESS (1965)
ASSAULT ON A QUEEN (1966)
TONY ROME (1967)
DETECTIVE, THE (1968)
LADY IN CEMENT (1968)
DIRTY DINGUS MAGEE (1970)
THAT'S ENTERTAINMENT (1974)
FIRST DEADLY SIN, THE (1980)
LISTEN UP: THE LIVES OF QUINCY JONES (1990)
FRANK SINATRA: THE VERY GOOD YEARS (1998)

SINISE, Gary
acteur américain (1955-)
MY NAME IS BILL W. (1989)
JACK THE BEAR (1992)
MIDNIGHT CLEAR, A (1992)
OF MICE AND MEN (1992)
FORREST GUMP (1994)
STAND, THE (1994)
APOLLO 13 (1995)
QUICK AND THE DEAD, THE (1995)
ALBINO ALLIGATOR (1996)
RANSOM (1996)
GEORGE WALLACE (1997)
SNAKE EYES (1998)
IT'S THE RAGE (1999)
BRUNO (2000)
MISSION TO MARS (2000)
REINDEER GAMES (2000)
IMPOSTOR (2001)
HUMAN STAIN, THE (2003)
BIG BOUNCE, THE (2004)
FORGOTTEN, THE (2004)

SISTO, Jeremy
acteur américain (1974-)
GRAND CANYON (1991)
WHITE SQUALL (1995)
SUICIDE KINGS (1997)
WITHOUT LIMITS (1998)
JESUS (1999)
DEAD DOG (2000)
TRACK DOWN (2000)
ANGEL EYES (2001)
JULIUS CAESAR (2002)
NOW YOU KNOW (2002)
THIRTEEN (2003)
DEAD AND BREAKFAST (2004)
HEART IS DECEITFUL ABOVE ALL THINGS, THE (2004)
PARANOIA 1.0 (2004)
A LOT LIKE LOVE (2005)
NIGHTMARES AND DREAMSCAPES COLLECTION (2006)
UNKNOWN (2006)
WAITRESS (2007)
GARDENS OF THE NIGHT (2008)

SIZEMORE, Tom
acteur américain (1964-)
MATTER OF DEGREES, A (1991)
PASSENGER 57 (1992)
HEART AND SOULS (1993)
DEVIL IN A BLUE DRESS (1995)
HEAT (1995)
RELIC, THE (1996)
ENEMY OF THE STATE (1998)
SAVING PRIVATE RYAN (1998)
WITNESS TO THE MOB (1998)
BRINGING OUT THE DEAD (1999)
PLAY IT TO THE BONE (1999)
RED PLANET (2000)
BLACK HAWK DOWN (2001)
PEARL HARBOR (2001)
DREAMCATCHER (2003)
PAPARAZZI (2004)
RED (2008)

SKARSGARD, Stellan
acteur suédois (1951-)
ANITA (1973)
HIP HIP HURRA! (1987)
PERFECT MURDER, THE (1988)
WOMEN ON THE ROOF, THE (1989)
HUNT FOR RED OCTOBER (1990)
OX, THE (1991)
WIND (1992)
LANCE-PIERRES, LE (1993)
ZERO KELVIN (1995)
AMOUR EST UN POUVOIR SACRÉ, L' (1996)
GOOD WILL HUNTING (1997)
INSOMNIA (1997)
MY SON THE FANATIC (1997)
RONIN (1998)
SAVIOR (1998)
DEEP BLUE SEA (1999)
PASSION OF MIND (2000)
SIGNS AND WONDERS (2000)
ABERDEEN (2001)
GLASS HOUSE (2001)
TAKING SIDES: LE CAS FURTWANGLER (2001)
DOGVILLE (2003)
DOMINION - PREQUEL TO THE EXORCIST (2004)
EXORCIST, THE: BEGINNING (2004)
BEOWULF & GRENDEL (2005)
GOYA'S GHOSTS (2006)
KILLING GENE, THE (2007)
MAMMA MIA! (2008)
ANGELS & DEMONS (2009)

SKELTON, Red
acteur américain (1913-1997)
WHISTLING IN THE DARK (1940)
PANAMA HATTIE (1942)
WHISTLING IN DIXIE (1942)
DU BARRY WAS A LADY (1943)
I DOOD IT (1943)
THOUSANDS CHEER (1943)
WHISTLING IN BROOKLYN (1943)
BATHING BEAUTY (1944)
SHOW-OFF, THE (1946)
ZIEGFELD FOLLIES (1946)
FULLER BRUSH MAN, THE (1947)
MERTON OF THE MOVIES (1947)
NEPTUNE'S DAUGHTER (1949)
YELLOW CAB MAN, THE (1950)
WATCH THE BIRDIE (1951)
LOVELY TO LOOK AT (1952)
OCEAN'S 11 (1960)

SKERRITT, Tom
acteur américain (1933-)
M*A*S*H (1969)
WILD ROVERS (1971)
THIEVES LIKE US (1974)
DEVIL'S RAIN, THE (1975)
TURNING POINT, THE (1977)
UP IN SMOKE (1978)
ALIEN (1979)
FIGHTING BACK (1982)
DEAD ZONE, THE (1983)
SPACE CAMP (1986)
TOP GUN (1986)
BIG TOWN, THE (1987)
WISDOM (1987)
POLTERGEIST III (1988)
STEEL MAGNOLIAS (1989)
ROOKIE, THE (1990)
KNIGHT MOVES (1992)
RIVER RUNS THROUGH IT, A (1992)
SINGLES (1992)
OTHER SISTER, THE (1999)

TEARS OF THE SUN (2003)
DESPERATION (2006)

SKYE, Ione
actrice anglaise (1971-)
SAY ANYTHING... (1989)
CARMILLA (1990)
MINDWALK (1990)
GAS FOOD LODGING (1991)
GIRLS IN PRISON (1994)
FOUR ROOMS (1995)
DREAM FOR AN INSOMNIAC (1996)
SIZE OF WATERMELONS, THE (1996)
FEVER PITCH (2005)

SLATER, Christian
acteur américain (1969-)
NAME OF THE ROSE, THE (1986)
TUCKER: THE MAN AND HIS DREAM (1988)
HEATHERS (1989)
WIZARD, THE (1989)
PUMP UP THE VOLUME (1990)
TALES FROM THE DARKSIDE: THE MOVIE (1990)
YOUNG GUNS II (1990)
KUFFS (1991)
MOBSTERS (1991)
ROBIN HOOD: PRINCE OF THIEVES (1991)
STAR TREK VI: THE UNDISCOVERED COUNTRY (1991)
TRUE ROMANCE (1993)
UNTAMED HEART (1993)
INTERVIEW WITH THE VAMPIRE (1994)
JIMMY HOLLYWOOD (1994)
MURDER IN THE FIRST (1994)
BED OF ROSES (1995)
BROKEN ARROW (1996)
HARD RAIN (1997)
JULIAN PO (1997)
VERY BAD THINGS (1998)
CONTENDER, THE (2000)
3000 MILES TO GRACELAND (2001)
WINDTALKERS (2002)
MINDHUNTERS (2004)
PURSUED (2004)
BOBBY (2006)
HE WAS A QUIET MAN (2007)
SLIPSTREAM (2007)

SLEZAK, Walter
acteur autrichien (1902-1983)
MICHAEL (1924)
ONCE UPON A HONEYMOON (1942)
FALLEN SPARROW, THE (1943)
LIFEBOAT (1943)
PRINCESS AND THE PIRATE, THE (1944)
CORNERED (1945)
BORN TO KILL (1947)
RIFF RAFF (1947)
PIRATE, THE (1948)
INSPECTOR GENERAL, THE (1949)
BEDTIME FOR BONZO (1950)
YELLOW CAB MAN, THE (1950)
MIRACLE, THE (1959)
WONDERFUL LIFE (1964)
TREASURE ISLAND (1972)

SMITH, Maggie
actrice anglaise (1934-)
V.I.P.'S, THE (1963)
PUMPKIN EATER, THE (1964)
OTHELLO (1965)
HONEY POT, THE (1967)
HOT MILLIONS (1968)
PRIME OF MISS JEAN BRODIE, THE (1969)
TRAVELS WITH MY AUNT (1972)
MURDER BY DEATH (1976)
CALIFORNIA SUITE (1978)
DEATH ON THE NILE (1978)
QUARTET (1980)
CLASH OF THE TITANS (1981)
EVIL UNDER THE SUN (1981)
MISSIONARY, THE (1982)
PRIVATE FUNCTION, A (1984)
ROOM WITH A VIEW, A (1985)
LONELY PASSION OF JUDITH HEARNE, THE (1987)
HOOK (1991)
SISTER ACT (1992)
SECRET GARDEN, THE (1993)
SISTER ACT II: BACK IN THE HABIT (1993)
SUDDENLY LAST SUMMER (1993)
RICHARD III (1995)
WASHINGTON SQUARE (1997)
LAST SEPTEMBER (1998)
ALL THE KING'S MEN (1999)
TEA WITH MUSSOLINI (1999)
GOSFORD PARK (2001)
HARRY POTTER AND THE PHILOSOPHER'S STONE (2001)
DIVINE SECRETS OF THE YA-YA SISTERHOOD (2002)
MY HOUSE IN UMBRIA (2003)
LADIES IN LAVENDER (2004)
HARRY POTTER AND THE GOBLET OF FIRE (2005)
KEEPING MUM (2005)
BECOMING JANE (2007)
HARRY POTTER AND THE HALF-BLOOD PRINCE (2009)

SMITH, Will
acteur américain (1968-)
FRESH PRINCE OF BEL-AIR, THE (SEASON I) (1990)
MADE IN AMERICA (1993)
SIX DEGREES OF SEPARATION (1993)
BAD BOYS (1995)
INDEPENDANCE DAY (1996)
MEN IN BLACK (1997)
ENEMY OF THE STATE (1998)
WILD WILD WEST (1999)
LEGEND OF BAGGER VANCE, THE (2000)
ALI (2001)
MEN IN BLACK II (2002)
BAD BOYS II (2003)
I, ROBOT (2004)
HITCH (2005)
PURSUIT OF HAPPYNESS, THE (2006)
I AM LEGEND (2007)
HANCOCK (2008)
SEVEN POUNDS (2008)

SMITS, Jimmy
acteur américain (1955-)
OLD GRINGO (1989)
FIRES WITHIN (1991)
SWITCH (1991)
NYPD BLUE (1993)
TOMMYKNOCKERS (1993)
MY FAMILY (1995)
BLESS THE CHILD (2000)
MILLION DOLLAR HOTEL (2000)
STAR WARS EPISODE II: ATTACK OF THE CLONES (2002)
STAR WARS EPISODE III - REVENGE OF THE SITH (2005)
JANE AUSTEN BOOK CLUB, THE (2007)

SNIPES, Wesley
acteur américain (1962-)
KING OF NEW YORK (1989)
MAJOR LEAGUE (1989)
MO' BETTER BLUES (1990)
JUNGLE FEVER (1991)
NEW JACK CITY (1991)
PASSENGER 57 (1992)
WATERDANCE, THE (1992)
WHITE MEN CAN'T JUMP (1992)
DEMOLITION MAN (1993)
RISING SUN (1993)
MONEY TRAIN (1995)
TO WONG FOO, THANKS FOR EVERYTHING, JULIE NEWMAR (1995)
FAN, THE (1996)
MURDER AT 1600 (1997)
ONE NIGHT STAND (1997)
BLADE (1998)
DOWN IN THE DELTA (1998)
U.S. MARSHALS (1998)
ART OF WAR (2000)
BLADE II (2002)
UNDISPUTED (2002)
BLADE TRINITY (2004)

SOBIESKI, Leelee
actrice américaine (1982-)
DEEP IMPACT (1998)
SOLDIER'S DAUGHTER NEVER CRIES, A (1998)
JOAN OF ARC (1999)
HERE ON EARTH (2000)
JOY RIDE (2001)
MY FIRST MISTER (2001)
UPRISING, THE (2001)
IDOL, THE (2002)
LIAISONS DANGEREUSES, LES (2002)
MAX (2002)
WICKER MAN, THE (2006)
88 MINUTES (2007)
WALK ALL OVER ME (2007)
PUBLIC ENEMIES (2009)

SOMMER, Josef
acteur allemand (1934-)
DIRTY HARRY (1971)
STEPFORD WIVES, THE (1975)
FRONT, THE (1976)
CLOSE ENCOUNTERS OF THE THIRD KIND (1977)
OLIVER'S STORY (1978)
SCARLET LETTER, THE (1979)
HIDE IN PLAIN SIGHT (1980)
REDS (1981)
ABSENCE OF MALICE (1982)
SOPHIE'S CHOICE (1982)
STILL OF THE NIGHT (1982)
SILKWOOD (1983)
D.A.R.Y.L. (1985)
WITNESS (1985)
BLOODHOUNDS OF BROADWAY (1989)
CHANCES ARE (1989)
SHADOWS AND FOG (1991)
MIGHTY DUCKS, THE (1992)
MALICE (1993)
DON'T DRINK THE WATER (1994)
NOBODY'S FOOL (1994)
MOONLIGHT AND VALENTINO (1995)
STRANGE DAYS (1995)
CHAMBER, THE (1996)
PATCH ADAMS (1998)
PROPOSITION, THE (1998)
FAMILY MAN, THE (2000)
NEXT BEST THING, THE (2000)
SHAFT (2000)

SORVINO, Mira
actrice américaine (1969-)
AMONGST FRIENDS (1993)
BARCELONA (1994)
BLUE IN THE FACE (1995)
BUCCANEERS, THE (1995)
MIGHTY APHRODITE (1995)
SWEET NOTHING (1995)
NORMA JEAN AND MARILYN (1996)
ROMY & MICHELE'S HIGH SCHOOL REUNION (1996)
MIMIC (1997)
REPLACEMENT KILLERS, THE (1997)
AT FIRST SIGHT (1998)
LULU ON THE BRIDGE (1998)
SUMMER OF SAM (1999)
GREY ZONE, THE (2001)
TRIUMPH OF LOVE (2001)
BETWEEN STRANGERS (2002)
FINAL CUT, THE (2004)
HUMAN TRAFFICKING (2005)
RESERVATION ROAD (2007)

SORVINO, Paul
acteur américain (1939-)
LAW AND ORDER (1953)
CRY UNCLE! (1971)
DAY OF THE DOLPHIN, THE (1973)
TOUCH OF CLASS, A (1973)
GAMBLER, THE (1974)
KING LEAR (1974)
OH, GOD! (1977)
BRINK'S JOB, THE (1978)
CRUISING (1980)
REDS (1981)
THAT CHAMPIONSHIP SEASON (1982)
DICK TRACY (1990)
GOODFELLAS (1990)
ROCKETEER, THE (1991)
NIXON (1995)
MEN WITH GUNS (1997)
MONEY TALKS (1997)
MOST WANTED (1997)
BULWORTH (1998)
KNOCK OFF (1998)
COOLER, THE (2002)
MAMBO ITALIANO (2003)
MR. 3000 (2004)
REPO! THE GENETIC OPERA (2008)

SPACEK, Sissy
actrice américaine (1949-)
PRIME CUT (1972)
BADLANDS (1973)
CARRIE (1976)
WELCOME TO L.A. (1976)
3 WOMEN (1977)
HEART BEAT (1979)
COAL MINER'S DAUGHTER (1980)
MISSING (1981)
RAGGEDY MAN (1981)
RIVER, THE (1984)
MARIE (1985)
CRIMES OF THE HEART (1986)
NIGHT MOTHER (1986)
LONG WALK HOME, THE (1990)
HARD PROMISES (1991)
JFK (1991)

PRIVATE MATTER (1992)
GRASS HARP, THE (1996)
IF THESE WALLS COULD TALK (1996)
AFFLICTION (1997)
BLAST FROM THE PAST (1998)
STRAIGHT STORY, THE (1999)
SONGS IN ORDINARY TIMES (2000)
IN THE BEDROOM (2001)
LAST CALL (2002)
TUCK EVERLASTING (2002)
HOME AT THE END OF THE WORLD, A (2004)
AMERICAN HAUNTING, AN (2005)
NINE LIVES (2005)
NORTH COUNTRY (2005)
RING TWO, THE (2005)
GRAY MATTERS (2006)
LAKE CITY (2008)

SPACEY, Kevin
acteur américain (1959-)
HEARTBURN (1986)
LONG DAY'S JOURNEY INTO NIGHT (1987)
WORKING GIRL (1988)
DAD (1989)
HENRY & JUNE (1990)
CONSENTING ADULTS (1992)
GLENGARRY GLEN ROSS (1992)
IRON WILL (1993)
REF, THE (1994)
OUTBREAK (1995)
SEVEN (1995)
SWIMMING WITH SHARKS (1995)
USUAL SUSPECTS, THE (1995)
L.A. CONFIDENTIAL (1997)
MIDNIGHT IN THE GARDEN OF GOOD AND EVIL (1997)
HURLYBURLY (1998)
NEGOTIATOR, THE (1998)
AMERICAN BEAUTY (1999)
BIG KAHUNA (1999)
ORDINARY DECENT CRIMINAL (2000)
PAY IT FORWARD (2000)
K-PAX (2001)
SHIPPING NEWS, THE (2001)
LIFE OF DAVID GALE, THE (2003)
UNITED STATES OF LELAND (2003)
BEYOND THE SEA (2004)
SUPERMAN RETURNS (2006)
FRED CLAUS (2007)
21 (2008)
RECOUNT (2008)

SPADER, James
acteur américain (1960-)
ENDLESS LOVE (1981)
TUFF TURF (1984)
NEW KIDS (1985)
PRETTY IN PINK (1986)
BABY BOOM (1987)
LESS THAN ZERO (1987)
MANNEQUIN (1987)
WALL STREET (1987)
SEX, LIES, AND VIDEOTAPE (1989)
BAD INFLUENCE (1990)
WHITE PALACE (1990)
STORYVILLE (1991)
TRUE COLORS (1991)
BOB ROBERTS (1992)
MUSIC OF CHANCE, THE (1993)
DREAM LOVER (1994)
STARGATE (1994)
WOLF (1994)
2 DAYS IN THE VALLEY (1996)
CRASH (1996)
CRITICAL CARE (1997)
DRIFTWOOD (1997)
SUPERNOVA (1999)
WATCHER, THE (2000)
SECRETARY (2002)
PENTAGON PAPERS, THE (2003)

SPALL, Timothy
acteur anglais (1957-)
HOME SWEET HOME (1982)
LIFE IS SWEET (1990)
SECRETS AND LIES (1996)
IMMORTALITY (1998)
STILL CRAZY (1998)
LOVE'S LABOUR'S LOST (1999)
SHOOTING THE PAST (1999)
TOPSY-TURVY (1999)
INTIMACY (2000)
VATEL (2000)
LUCKY BREAK (2001)
ROCK STAR (2001)
VACUUMING COMPLETELY NUDE IN PARADISE (2001)
VANILLA SKY (2001)
ALL OR NOTHING (2002)
PIERREPOINT: THE LAST HANGMAN (2005)
ENCHANTED (2007)
HOUDINI'S DEATH DEFYING ACTS (2007)
SWEENEY TODD - THE DEMON BARBER OF FLEET STREET (2007)
APPALOOSA (2008)
HARRY POTTER AND THE HALF-BLOOD PRINCE (2009)

SPANO, Vincent
acteur américain (1962-)
BABY, IT'S YOU (1982)
BLACK STALLION RETURNS, THE (1983)
ALPHABET CITY (1984)
AND GOD CREATED WOMAN (1987)
GOOD MORNING, BABYLON (1987)
ROUGE VENISE (1988)
CITY OF HOPE (1991)
ALIVE (1992)
INDIAN SUMMER (1993)
TIE THAT BINDS, THE (1995)

STAHL, Nick
acteur américain (1979-)
MAN WITHOUT A FACE, THE (1993)
SAFE PASSAGE (1993)
TALL TALE (1995)
EYE OF GOD (1997)
DISTURBING BEHAVIOR (1998)
LOVER'S PRAYER (2000)
SUNSET STRIP (2000)
BULLY (2001)
IN THE BEDROOM (2001)
TABOO (2001)
CARNIVÀLE (SEASON I) (2003)
TERMINATOR III: RISE OF THE MACHINES (2003)
TWIST (2003)
CARNIVÀLE (SEASON II) (2005)
SIN CITY (2005)
SLEEPWALKING (2008)

STALLONE, Sylvester
acteur américain (1946-)
ITALIAN STALLION (1970)
BANANAS (1971)
LORDS OF FLATBUSH, THE (1974)
DEATH RACE 2000 (1975)
FAREWELL, MY LOVELY (1975)
PRISONER OF SECOND AVENUE, THE (1975)
ROCKY (1976)
F.I.S.T. (1978)
PARADISE ALLEY (1978)
ROCKY II (1979)
NIGHTHAWKS (1981)
VICTORY (1981)
RAMBO - FIRST BLOOD (1982)
ROCKY III (1982)
RHINESTONE (1984)
ROCKY IV (1985)
COBRA (1986)
OVER THE TOP (1987)
TANGO & CASH (1987)
RAMBO III (1988)
ROCKY V (1990)
OSCAR (1991)
CLIFFHANGER (1993)
DEMOLITION MAN (1993)
SPECIALIST, THE (1994)
ASSASSINS (1995)
JUDGE DREDD (1995)
DAYLIGHT (1996)
BURN HOLLYWOOD BURN (1997)
COP LAND (1997)
GET CARTER (2000)
EYE SEE YOU (2002)
SHADE (2003)
SPY KIDS 3-D: GAME OVER (2003)
ROCKY BALBOA (2006)
RAMBO (2007)

STAMP, Terence
acteur anglais (1939-)
BILLY BUDD (1962)
COLLECTOR, THE (1965)
MODESTY BLAISE (1966)
FAR FROM THE MADDING CROWD (1967)
BLUE (1968)
HISTOIRES EXTRAORDINAIRES (1968)
TEOREMA (1968)
DIVINE CREATURE (1976)
MEETINGS WITH REMARKABLE MEN (1979)
MONSTER ISLAND (1981)
HIT, THE (1984)
LINK (1985)
LEGAL EAGLES (1986)
SICILIAN, THE (1987)
WALL STREET (1987)
ALIEN NATION (1988)
YOUNG GUNS (1988)
ADVENTURES OF PRISCILLA, QUEEN OF THE DESERT, THE (1994)
MINDBENDER (1994)
BLISS (1997)
BOWFINGER (1999)
LIMEY, THE (1999)
RED PLANET (2000)
MA FEMME EST UNE ACTRICE (2001)
HAUNTED MANSION (2003)
KISS, THE (2003)
ELEKTRA (2005)
GET SMART (2008)
VALKYRIE (2008)
WANTED (2008)
YES MAN (2008)

STANTON, Harry Dean
acteur américain (1926-)
RIDE IN THE WHIRLWIND (1966)
COOL HAND LUKE (1967)
KELLY'S HEROES (1970)
CISCO PIKE (1971)
TWO LANE BLACKTOP (1971)
PAT GARRETT & BILLY THE KID (1973)
FAREWELL, MY LOVELY (1975)
RANCHO DELUXE (1975)
MISSOURI BREAKS, THE (1976)
STRAIGHT TIME (1977)
ALIEN (1979)
MORT EN DIRECT, LA (1979)
ROSE, THE (1979)
WISE BLOOD (1979)
BLACK MARBLE, THE (1980)
ESCAPE FROM NEW YORK (1981)
ONE FROM THE HEART (1982)
CHRISTINE (1983)
PARIS, TEXAS (1984)
REPO MAN (1984)
FOOL FOR LOVE (1985)
ONE MAGIC CHRISTMAS (1985)
PRETTY IN PINK (1986)
SLAM DANCE (1987)
LAST TEMPTATION OF CHRIST, THE (1988)
MR. NORTH (1988)
FOURTH WAR, THE (1990)
WILD AT HEART (1990)
MAN TROUBLE (1992)
TWIN PEAKS: FIRE WALK WITH ME (1992)
AGAINST THE WALL (1993)
DEAD MAN'S WALK (1996)
DOWN PERISCOPE (1996)
MIGHTY, THE (1998)
SONNY (2002)
BIG LOVE (SEASON 2) (2006)
INLAND EMPIRE (2006)

STANWYCK, Barbara
actrice américaine (1907-1990)
MIRACLE WOMAN, THE (1931)
BITTER TEA OF GENERAL YEN, THE (1933)
ANNIE OAKLEY (1935)
INTERNES CAN'T TAKE MONEY (1937)
STELLA DALLAS (1937)
REMEMBER THE NIGHT (1939)
GOLDEN BOY (1940)
UNION PACIFIC (1940)
LADY EVE, THE (1941)
MEET JOHN DOE (1941)
BALL OF FIRE (1942)
GREAT MAN'S LADY, THE (1942)
LADY OF BURLESQUE (1943)
CHRISTMAS IN CONNECTICUT (1944)
DOUBLE INDEMNITY (1944)
MY REPUTATION (1945)
STRANGE LOVE OF MARTHA IVERS (1946)
CRY WOLF (1947)
OTHER LOVE, THE (1947)
SORRY, WRONG NUMBER (1948)
EAST SIDE, WEST SIDE (1949)
FURIES, THE (1950)
TO PLEASE A LADY (1950)
CLASH BY NIGHT (1952)
TITANIC (1952)
ALL I DESIRE (1953)
BLOWING WILD (1953)
JEOPARDY (1953)
EXECUTIVE SUITE (1954)
VIOLENT MEN, THE (1954)
ESCAPE TO BURMA (1955)
MAVERICK QUEEN, THE (1956)
CRIME OF PASSION (1957)
FORTY GUNS (1957)

WALK ON THE WILD SIDE (1962)
NIGHT WALKER, THE (1964)
ROUSTABOUT (1964)

STATHAM, Jason
acteur anglais (1972-)
LOCK, STOCK & TWO SMOKING BARRELS (1998)
SNATCH (2000)
MEAN MACHINE (2001)
ONE, THE (2001)
TRANSPORTER, THE (2002)
CELLULAR (2004)
LONDON (2005)
REVOLVER (2005)
TRANSPORTER 2, THE (2005)
CRANK (2006)
WAR (2007)
BANK JOB, THE (2008)
DEATH RACE (2008)

STAUNTON, Imelda
actrice anglaise (1956-)
ANTONIA & JANE (1991)
PETER'S FRIENDS (1992)
MUCH ADO ABOUT NOTHING (1993)
RAT (2000)
ANOTHER LIFE (2001)
CRUSH (2001)
VERA DRAKE (2004)
NANNY MCPHEE (2005)
FREEDOM WRITERS (2006)
CRANFORD (2007)
HARRY POTTER AND THE ORDER OF THE PHOENIX (2007)
HOW ABOUT YOU (2007)

STEENBURGEN, Mary
actrice américaine (1953-)
GOIN' SOUTH (1978)
TIME AFTER TIME (1979)
MELVIN AND HOWARD (1980)
RAGTIME (1981)
MIDSUMMER NIGHT'S SEX COMEDY, A (1982)
CROSS CREEK (1983)
ONE MAGIC CHRISTMAS (1985)
DEAD OF WINTER (1987)
WHALES OF AUGUST, THE (1987)
MISS FIRECRACKER (1989)
PARENTHOOD (1989)
BACK TO THE FUTURE III (1990)
LONG WALK HOME, THE (1990)
BUTCHER'S WIFE, THE (1991)
CLIFFORD (1991)
PHILADELPHIA (1993)
WHAT'S EATING GILBERT GRAPE? (1993)
PONTIAC MOON (1994)
GULLIVER'S TRAVELS (1995)
MY FAMILY (1995)
NIXON (1995)
POWDER (1995)
SUNSHINE STATE (2002)
CASA DE LOS BABYS (2003)
ELF (2003)
HOPE SPRINGS (2003)
MARILYN HOTCHKISS BALLROOM DANCING & CHARM SCHOOL (2005)
BRAVE ONE, THE (2007)
DEAD GIRL, THE (2007)
NOBEL SON (2007)
NUMB (2007)
STEP BROTHERS (2008)
IN THE ELECTRIC MIST (2009)

STEIGER, Rod
acteur américain (1925-2002)
ON THE WATERFRONT (1954)
BIG KNIFE, THE (1955)
COURT-MARTIAL OF BILLY MITCHELL, THE (1955)
OKLAHOMA! (1955)
HARDER THEY FALL, THE (1956)
JUBAL (1956)
AL CAPONE (1958)
SEVEN THIEVES (1960)
MAIN BASSE SUR LA VILLE (1963)
PAWNBROKER, THE (1964)
DOCTOR ZHIVAGO (1965)
LOVED ONE, THE (1965)
IN THE HEAT OF THE NIGHT (1967)
NO WAY TO TREAT A LADY (1967)
ILLUSTRATED MAN, THE (1969)
FISTFUL OF DYNAMITE, A (1971)
WATERLOO (1971)
LUCKY LUCIANO (1973)
LAST DAYS OF MUSSOLINI, THE (1974)
INNOCENTS AUX MAINS SALES, LES (1975)
BREAKTHROUGH (1978)
F.I.S.T. (1978)
AMITYVILLE HORROR, THE (1979)
CHOSEN, THE (1981)
LION OF THE DESERT (1981)
SWORD OF GIDEON (1986)
CATCH THE HEAT (1987)
JANUARY MAN, THE (1988)
MEN OF RESPECT (1990)
BALLAD OF THE SAD CAFE, THE (1991)
PLAYER, THE (1992)
SINATRA (1992)
SPECIALIST, THE (1994)
MARS ATTACKS! (1996)
INCOGNITO (1997)
END OF DAYS (1999)
MODERN VAMPIRES (1999)
POOLHALL JUNKIES (2002)

STEPHENS, Toby
acteur anglais (1969-)
ORLANDO (1992)
TENANT OF WILDFELL HALL, THE (1996)
TWELFTH NIGHT (1996)
COUSIN BETTE (1998)
ONEGIN (1999)
DIE ANOTHER DAY (2002)
POSSESSION (2002)
DARK CORNERS (2006)
SEVERANCE (2006)

STERN, Daniel
acteur américain (1957-)
BREAKING AWAY (1979)
STARDUST MEMORIES (1980)
C.H.U.D. (1984)
BORN IN EAST L.A. (1987)
D.O.A. (1988)
HOME ALONE (1990)
CITY SLICKERS (1991)
HOME ALONE 2: LOST IN NEW YORK (1992)
CITY SLICKERS II: THE LEGEND OF CURLY'S GOLD (1994)
GUN (1996)
VERY BAD THINGS (1998)

STÉVENIN, Jean-François
acteur français (1944-)
ARGENT DE POCHE, L' (1975)
VIEUX PAYS OÙ RIMBAUD EST MORT, LE (1977)
36 FILLETTE (1988)
PEAUX DE VACHES (1988)
MARIS, LES FEMMES, LES AMANTS, LES (1989)
OLIVIER, OLIVIER (1992)
UMBRELLA FOR THREE (1992)
À CAUSE D'ELLE (1993)
NOIR COMME LE SOUVENIR (1995)
BIDOCHON, LES (1996)
BOSSU, LE (1997)
K (1997)
À VENDRE (1998)
COMME ELLE RESPIRE (1998)
HOMME DU TRAIN, L' (2002)
COMME UNE ÉTOILE DANS LA NUIT (2008)

STEVENSON, Juliet
acteur anglaise (1956-)
DROWNING BY NUMBERS (1988)
TRULY, MADLY, DEEPLY (1991)
SEARCH FOR JOHN GISSING (2001)
MONA LISA SMILE (2003)
BEING JULIA (2004)
PIERREPOINT: THE LAST HANGMAN (2005)
INFAMOUS (2006)
WHEN DID YOU LAST SEE YOUR FATHER (2007)

STEWART, Alexandra
actrice canadienne (1939-)
FEU FOLLET, LE (1963)
MARIÉE ÉTAIT EN NOIR, LA (1967)
MAROC 7 (1967)
ILS (1970)
BINGO (1973)
NUIT AMÉRICAINE, LA (1973)
GOODBYE EMMANUELLE (1977)
IN PRAISE OF OLDER WOMEN (1977)
FINAL ASSIGNMENT, THE (1980)
UNS ET LES AUTRES, LES (1980)
CHANEL SOLITAIRE (1981)
YOUR TICKET IS NO LONGER VALID (1981)
BON PLAISIR, LE (1983)
SANG DES AUTRES, LE (1983)
UNDER THE CHERRY MOON (1986)
MONSIEUR (1990)
FIRST CIRCLE, THE (1991)
SEVEN SERVANTS (1996)
SOUS LE SABLE (2000)
MON PETIT DOIGT M'A DIT (2005)

STEWART, James
acteur américain (1908-1997)
ROSE MARIE (1935)
BORN TO DANCE (1936)
AFTER THE THIN MAN (1937)
MADE FOR EACH OTHER (1938)
NAVY BLUE AND GOLD (1938)
OF HUMAN HEARTS (1938)
YOU CAN'T TAKE IT WITH YOU (1938)
DESTRY RIDES AGAIN (1939)
MR. SMITH GOES TO WASHINGTON (1939)
SHOPWORN ANGEL, THE (1939)
MORTAL STORM, THE (1940)
PHILADELPHIA STORY, THE (1940)
SHOP AROUND THE CORNER, THE (1940)
ZIEGFELD GIRL (1941)
IT'S A WONDERFUL LIFE (1946)
MAGIC TOWN (1947)
ON OUR MERRY WAY (1947)
CALL NORTHSIDE 777 (1948)
MALAYA (1948)
ROPE (1948)
STRATTON STORY, THE (1948)
YOU GOTTA STAY HAPPY (1948)
BROKEN ARROW (1950)
HARVEY (1950)
JACKPOT, THE (1950)
WINCHESTER '73 (1950)
BEND OF THE RIVER (1951)
GREATEST SHOW ON EARTH, THE (1951)
NO HIGHWAY IN THE SKY (1951)
NAKED SPUR, THE (1952)
THUNDER BAY (1953)
FAR COUNTRY, THE (1954)
GLENN MILLER STORY, THE (1954)
REAR WINDOW (1954)
MAN FROM LARAMIE, THE (1955)
STRATEGIC AIR COMMAND (1955)
MAN WHO KNEW TOO MUCH, THE (1956)
NIGHT PASSAGE (1957)
SPIRIT OF ST. LOUIS, THE (1957)
BELL, BOOK AND CANDLE (1958)
VERTIGO (1958)
ANATOMY OF A MURDER (1959)
F.B.I. STORY, THE (1959)
HOW THE WEST WAS WON (1962)
MAN WHO SHOT LIBERTY VALANCE, THE (1962)
MR. HOBBS TAKES A VACATION (1962)
CHEYENNE AUTUMN (1964)
DEAR BRIGITTE (1965)
FLIGHT OF THE PHOENIX, THE (1965)
SHENANDOAH (1965)
RARE BREED, THE (1966)
FIRECREEK (1967)
BANDOLERO! (1968)
CHEYENNE SOCIAL CLUB, THE (1970)
THAT'S ENTERTAINMENT (1974)
SHOOTIST, THE (1976)
AIRPORT '77 (1977)
JAMES STEWART: HOLLYWOOD LEGEND SERIES (2004)

STEWART, Kristen
actrice américaine (1990-)
PANIC ROOM (2002)
COLD CREEK MANOR (2003)
CATCH THAT KID (2004)
ZATHURA (2005)
MESSENGERS, THE (2006)
IN THE LAND OF WOMEN (2007)
INTO THE WILD (2007)
TWILIGHT - THE FASCINATION (2008)
WHAT JUST HAPPENED? (2008)

STEWART, Patrick
acteur anglais (1940-)
DOCTOR AND THE DEVILS, THE (1985)
LADY JANE (1985)
LIFEFORCE (1985)
PAGEMASTER, THE (1994)
JEFFREY (1995)
STAR TREK: FIRST CONTACT (1996)
CONSPIRACY THEORY (1997)
MOBY DICK (1997)

STAR TREK IX: INSURRECTION (1998)
CHRISTMAS CAROL, A (1999)
X-MEN (2000)
STAR TREK: NEMESIS (2002)
LION IN WINTER, THE (2003)
X-MEN II (2003)
X-MEN X3 - THE LAST STAND (2006)

STEWART, Paul
acteur américain (1908-1986)
CITIZEN KANE (1941)
JOHNNY EAGER (1941)
CHAMPION (1949)
EASY LIVING (1949)
WINDOW, THE (1949)
WALK SOFTLY, STRANGER (1951)
BAD AND THE BEAUTIFUL, THE (1952)
JOE LOUIS STORY, THE (1953)
KISS ME DEADLY (1954)
KING CREOLE (1958)
CHILD IS WAITING, A (1962)
GREATEST STORY EVER TOLD, THE (1965)
IN COLD BLOOD (1967)
DAY OF THE LOCUST, THE (1975)
OPENING NIGHT (1977)
REVENGE OF THE PINK PANTHER, THE (1978)
TEMPEST (1982)

STILES, Julia
actrice américaine (1981-)
WIDE AWAKE (1998)
10 THINGS I HATE ABOUT YOU (1999)
HAMLET (2000)
STATE AND MAIN (2000)
BUSINESS OF STRANGERS, THE (2001)
O (OTHELLO) (2001)
SAVE THE LAST DANCE (2001)
MONA LISA SMILE (2003)
BOURNE SUPREMACY, THE (2004)
EDMOND (2005)
OMEN, THE (2006)
BOURNE ULTIMATUM (2007)

STILLER, Ben
acteur américain (1965-)
FRESH HORSES (1988)
NEXT OF KIN (1989)
BEN STILLER SHOW, THE (1990)
REALITY BITES (1994)
CABLE GUY, THE (1996)
FLIRTING WITH DISASTER (1996)
ZERO EFFECT (1997)
PERMANENT MIDNIGHT (1998)
THERE'S SOMETHING ABOUT MARY (1998)
YOUR FRIENDS & NEIGHBORS (1998)
MYSTERY MEN (1999)
KEEPING THE FAITH (2000)
MEET THE PARENTS (2000)
ROYAL TENENBAUMS, THE (2001)
ZOOLANDER (2001)
DUPLEX (2003)
ALONG CAME POLLY (2004)
DODGEBALL: A TRUE UNDERDOG STORY (2004)
ENVY (2004)
MEET THE FOCKERS (2004)
STARSKY & HUTCH (2004)
NIGHT AT THE MUSEUM (2006)
SCHOOL FOR SCOUNDRELS (2006)
TENACIOUS D IN THE PICK OF DESTINY (2006)
HEARTBREAK KID, THE (2007)
TROPIC THUNDER (2008)

STING
acteur anglais (1951-)
QUADROPHENIA (1979)
BRIMSTONE & TREACLE (1982)
SECRET POLICEMAN'S OTHER BALL (1982)
DUNE (1984)
BRIDE, THE (1985)
PLENTY (1985)
STING: BRING ON THE NIGHT (1985)
JULIA AND JULIA (1987)
ADVENTURES OF BARON MUNCHAUSEN, THE (1988)
STORMY MONDAY (1988)
GRAVE INDISCRETION (1995)
LOCK, STOCK & TWO SMOKING BARRELS (1998)

STOCKWELL, Dean
acteur américain (1936-)
ANCHORS AWEIGH (1944)
VALLEY OF DECISION, THE (1945)
GENTLEMAN'S AGREEMENT (1947)
SONG OF THE THIN MAN (1947)
BOY WITH GREEN HAIR, THE (1948)
SECRET GARDEN, THE (1949)
KIM (1950)
STARS IN MY CROWN (1950)
COMPULSION (1959)
LONG DAY'S JOURNEY INTO NIGHT (1962)
PSYCH-OUT (1967)
DUNWICH HORROR, THE (1970)
TRACKS (1976)
DUNE (1984)
PARIS, TEXAS (1984)
TO LIVE AND DIE IN L.A. (1985)
BLUE VELVET (1986)
GARDENS OF STONE (1987)
BACKTRACK (1988)
MARRIED TO THE MOB (1988)
TUCKER: THE MAN AND HIS DREAM (1988)
PLAYER, THE (1992)
LANGOLIERS, THE (1995)
MR. WRONG (1996)
AIR FORCE ONE (1997)
RAINMAKER,THE (1997)

STOLTZ, Eric
acteur américain (1961-)
MASK (1985)
NEW KIDS (1985)
LIONHEART (1987)
NIGHT OF LOVE, A (1987)
SISTER, SISTER (1987)
SOME KIND OF WONDERFUL (1987)
HAUNTED SUMMER (1988)
FLY II, THE (1989)
SAY ANYTHING... (1989)
MEMPHIS BELLE (1990)
SINGLES (1992)
WATERDANCE, THE (1992)
BODIES, REST AND MOTION (1993)
KILLING ZOE (1993)
LITTLE WOMEN (1994)
NAKED IN NEW YORK (1994)
PULP FICTION (1994)
SLEEP WITH ME (1994)
FLUKE (1995)
KICKING AND SCREAMING (1995)
PROPHECY, THE (1995)
ROB ROY (1995)
2 DAYS IN THE VALLEY (1996)
DON'T LOOK BACK (1996)
GRACE OF MY HEART (1996)
INSIDE (1996)
ANACONDA (1997)
MR. JEALOUSY (1997)
PITCH (1997)
PASSION OF AYN RAND (1999)
HOUSE OF MIRTH, THE (2000)
RULES OF ATTRACTION, THE (2002)
BUTTERFLY EFFECT, THE (2003)
OUT OF ORDER (2003)
CHILDSTAR (2004)
CAPRICA (2009)

STONE, Lewis
acteur américain (1879-1953)
LOST WORLD, THE (1925)
ROMANCE (1930)
INSPIRATION (1931)
MASK OF FU MANCHU, THE (1932)
BUREAU OF MISSING PERSONS (1933)
QUEEN CHRISTINA (1933)
LOVE FINDS ANDY HARDY (1938)
ANDY HARDY GETS SPRING FEVER (1939)
ANDY HARDY'S PRIVATE SECRETARY (1940)
LIFE BEGINS FOR ANDY HARDY (1940)
ANDY HARDY'S DOUBLE LIFE (1942)
ANDY HARDY MEETS DEBUTANTE (1945)
SUN COMES UP, THE (1948)
ANY NUMBER CAN PLAY (1949)
ANGELS IN THE OUTFIELD (1951)

STONE, Sharon
actrice américaine (1958-)
STARDUST MEMORIES (1980)
IRRECONCILABLE DIFFERENCES (1984)
KING SOLOMON'S MINES (1985)
ALLAN QUATERMAIN AND THE LOST CITY OF GOLD (1986)
ABOVE THE LAW (1988)
WAR AND REMEMBRANCE (1989)
TOTAL RECALL (1990)
DIARY OF A HITMAN (1991)
HE SAID, SHE SAID (1991)
YEAR OF THE GUN (1991)
BASIC INSTINCT (1992)
WHERE SLEEPING DOGS LIE (1992)
LAST ACTION HERO (1993)
SLIVER (1993)
INTERSECTION (1994)
SPECIALIST, THE (1994)
CASINO (1995)
LAST DANCE (1995)
QUICK AND THE DEAD, THE (1995)
DIABOLIQUE (1996)
GLORIA (1998)
MIGHTY, THE (1998)
SPHERE (1998)
IF THESE WALLS COULD TALK II (1999)
MUSE, THE (1999)
SIMPATICO (1999)
SEARCHING FOR DEBRA WINGER (2002)
CATWOMAN (2004)
BROKEN FLOWERS (2005)
ALPHA DOG (2006)
BASIC INSTINCT 2 - RISK ADDICTION (2006)
BOBBY (2006)

STORMARE, Peter
acteur suédois (1953-)
FARGO (1995)
POLYGRAPHE, LE (1996)
BIG LEBOWSKI, THE (1997)
SOMEWHERE IN THE CITY (1997)
ARMAGEDDON (1998)
8 MM (EIGHT MILIMETERS) (1999)
BRUISER (2000)
CHOCOLATE (2000)
DANCER IN THE DARK (2000)
MILLION DOLLAR HOTEL (2000)
BAD COMPANY (2002)
TUXEDO, THE (2002)
WINDTALKERS (2002)
HITLER THE RISE OF EVIL (2003)
BIRTH (2004)
BROTHERS GRIMM (2005)
NACHO LIBRE (2006)
UNKNOWN (2006)
ANAMORPH (2007)
PREMONITION (2007)

STOWE, Madeleine
actrice américaine (1958-)
STAKEOUT (1987)
REVENGE (1989)
CLOSET LAND (1990)
TWO JAKES, THE (1990)
CHINA MOON (1991)
LAST OF THE MOHICANS, THE (1992)
UNLAWFUL ENTRY (1992)
ANOTHER STAKEOUT (1993)
SHORT CUTS (1993)
BAD GIRLS (1994)
BLINK (1994)
12 MONKEYS (1995)
PLAYING BY HEART (1998)
PROPOSITION, THE (1998)
GENERAL'S DAUGHTER, THE (1999)
IMPOSTOR (2001)
WE WERE SOLDIERS (2002)

STRATHAIRN, David
acteur américain (1949-)
AT CLOSE RANGE (1985)
O PIONEERS! (1991)
PASSION FISH (1992)
FIRM, THE (1993)
RIVER WILD, THE (1994)
DOLORES CLAIBORNE (1995)
LOSING ISAIAH (1995)
IN THE GLOAMING (1997)
L.A. CONFIDENTIAL (1997)
SIMON BIRCH (1998)
LIMBO (1999)
MAP OF THE WORLD, A (1999)
BLUE CAR (2002)
MASTER SPY: THE ROBERT HANSSEN STORY (2002)
SPEAKEASY (2002)
TWISTED (2003)
GOOD NIGHT, AND GOOD LUCK (2005)
NOTORIOUS BETTIE PAGE, THE (2005)
WE ARE MARSHALL (2006)
BOURNE ULTIMATUM (2007)
FRACTURE (2007)
MY BLUEBERRY NIGHTS (2007)
SPIDERWICK CHRONICLES, THE (2008)
UNINVITED, THE (2009)

STREEP, Meryl
actrice américaine (1949-)
JULIA (1977)
SECRET SERVICE (1977)
DEER HUNTER, THE (1978)
HOLOCAUST (1978)
KRAMER VS. KRAMER (1979)
MANHATTAN (1979)
SEDUCTION OF JOE TYNAN, THE (1979)
FRENCH LIEUTENANT'S WOMAN, THE (1981)
SOPHIE'S CHOICE (1982)
STILL OF THE NIGHT (1982)
SILKWOOD (1983)
FALLING IN LOVE (1984)
PLENTY (1985)
HEARTBURN (1986)
OUT OF AFRICA (1986)
IRONWEED (1987)
CRY IN THE DARK, A (1988)
SHE-DEVIL (1989)
POSTCARDS FROM THE EDGE (1990)
DEFENDING YOUR LIFE (1991)
DEATH BECOMES HER (1992)
HOUSE OF THE SPIRITS, THE (1993)
RIVER WILD, THE (1994)
BEFORE AND AFTER (1995)
BRIDGES OF MADISON COUNTY, THE (1995)
MARVIN'S ROOM (1996)
DANCING AT LUGHNASA (1998)
ONE TRUE THING (1998)
MUSIC OF THE HEART (1999)
ADAPTATION (2002)
HOURS, THE (2002)
ANGELS IN AMERICA (2003)
LEMONY SNICKET'S A SERIES OF UNFORTUNATE EVENTS (2004)
MANCHURIAN CANDIDATE, THE (2004)
PRIME (2005)
DEVIL WEARS PRADA, THE (2006)
PRAIRIE HOME COMPANION, A (2006)
DARK MATTER (2007)
EVENING (2007)
LIONS FOR LAMBS (2007)
RENDITION (2007)
DOUBT (2008)
MAMMA MIA! (2008)

STREISAND, Barbra
actrice américaine (1942-)
FUNNY GIRL (1968)
HELLO, DOLLY! (1969)
ON A CLEAR DAY YOU CAN SEE FOREVER (1969)
OWL AND THE PUSSYCAT, THE (1970)
UP THE SANDBOX (1972)
WHAT'S UP, DOC? (1972)
WAY WE WERE, THE (1973)
FOR PETE'S SAKE (1974)
FUNNY LADY (1974)
STAR IS BORN, A (1976)
ALL NIGHT LONG (1981)
YENTL (1983)
NUTS (1987)
LISTEN UP: THE LIVES OF QUINCY JONES (1990)
PRINCE OF TIDES, THE (1991)
MIRROR HAS TWO FACES (1996)
MEET THE FOCKERS (2004)

SUCHET, David
acteur anglais (1946-)
WHEN THE WHALES CAME (1983)
FALCON AND THE SNOWMAN, THE (1984)
THIRTEEN AT DINNER (1985)
CAUSE CELEBRE (1987)
AGATHA CHRISTIE - POIROT (VF) - COFFRET 1 (1989)
EXECUTIVE DECISION (1996)
SUNDAY (1997)
PERFECT MURDER, A (1998)
RKO 281: BATTLE OVER CITIZEN KANE (1999)
WAY WE LIVE NOW, THE (2001)
FOOLPROOF (2003)
HENRY VIII (2003)
AGATHA CHRISTIE COLLECTION (2004)
AGATHA CHRISTIE'S: POIROT DEATH ON THE NILE (2004)
BEAR NAMED WINNIE, A (2004)
BANK JOB, THE (2008)

SUTHERLAND, Donald
acteur canadien (1935-)
BEDFORD INCIDENT, THE (1965)
DR. TERROR'S HOUSE OF HORRORS (1965)
DIRTY DOZEN, THE (1967)
M*A*S*H (1969)
START THE REVOLUTION WITHOUT ME (1969)
ALEX IN WONDERLAND (1970)
KELLY'S HEROES (1970)
JOHNNY GOT HIS GUN (1971)
KLUTE (1971)
LITTLE MURDERS (1971)
STEELYARD BLUES (1972)
DON'T LOOK NOW (1973)
S.P.Y.S (1974)
DAY OF THE LOCUST, THE (1975)
1900 (1976)
EAGLE HAS LANDED, THE (1976)
KENTUCKY FRIED MOVIE (1976)
DISAPPEARANCE, THE (1977)
LIENS DE SANG, LES (1977)
INVASION OF THE BODY SNATCHERS (1978)
MURDER BY DECREE (1978)
BEAR ISLAND (1979)
GREAT TRAIN ROBBERY, THE (1979)
ORDINARY PEOPLE (1980)
EYE OF THE NEEDLE (1981)
CRACKERS (1983)
MAX DUGAN RETURNS (1983)
HEAVEN HELP US (1984)
REVOLUTION (1985)
WOLF AT THE DOOR, THE (1987)
DRY WHITE SEASON, A (1989)
LOST ANGELS (1989)
BETHUNE: THE MAKING OF A HERO (1990)
BUSTER'S BEDROOM (1990)
EMINENT DOMAIN (1990)
BACKDRAFT (1991)
CERRO TORRE: SCREAM OF STONE (1991)
JFK (1991)
AGAGUK - SHADOW OF THE WOLF (1992)
BUFFY THE VAMPIRE SLAYER (1992)
SIX DEGREES OF SEPARATION (1993)
YOUNGER AND YOUNGER (1993)
CITIZEN X (1994)
DISCLOSURE (1994)
OLDEST CONFEDERATE WIDOW TELLS ALL (1994)
PUPPET MASTERS, THE (1994)
OUTBREAK (1995)
NATURAL ENEMY, THE (1996)
TIME TO KILL, A (1996)
ASSIGNMENT, THE (1997)
FALLEN (1997)
WITHOUT LIMITS (1998)
ART OF WAR (2000)
BIG SHOT'S FUNERAL (2000)
PANIC (2000)
SPACE COWBOYS (2000)
UPRISING, THE (2001)
PATH TO WAR (2002)
COLD MOUNTAIN (2003)
SALEM'S LOT: THE MINISERIES (2004)
AMERICAN GUN (2005)
AMERICAN HAUNTING, AN (2005)
AURORA BOREALIS (2005)
FIERCE PEOPLE (2005)
HUMAN TRAFFICKING (2005)
PRIDE & PREJUDICE (2005)
ASK THE DUST (2006)
LAND OF THE BLIND (2006)
REIGN OVER ME (2007)
DIRTY SEXY MONEY (SEASON 1) (2008)
FOOL'S GOLD (2008)

SUTHERLAND, Kiefer
acteur canadien (1966-)
BAY BOY, THE (1984)
STAND BY ME (1986)
LOST BOYS, THE (1987)
PROMISED LAND (1987)
1969 (1988)
YOUNG GUNS (1988)
CHICAGO JOE AND THE SHOWGIRL (1989)
RENEGADES (1989)
FLASHBACK (1990)
FLATLINERS (1990)
ARTICLE 99 (1992)
FEW GOOD MEN, A (1992)
TWIN PEAKS: FIRE WALK WITH ME (1992)
THREE MUSKETEERS, THE (1993)
VANISHING, THE (1993)
COWBOY WAY, THE (1994)
TERESA'S TATTOO (1994)
EYE FOR AN EYE (1995)
FREEWAY (1996)
DARK CITY (1997)
LAST DAYS OF FRANKIE THE FLY, THE (1997)
TRUTH OR CONSEQUENCES N.M. (1997)
PICKING UP THE PIECES (2000)
24 (FIRST SEASON) (2001)
TO END ALL WARS (2001)
PHONE BOOTH (2002)
TAKING LIVES (2004)
RIVER QUEEN (2005)
24 (SEASON VI PREMIERE) (2006)
SENTINEL, THE (2006)
MIRRORS (2008)

SUVARI, Mena
actrice américaine (1979-)
AMERICAN BEAUTY (1999)
MUSKETEER, THE (2001)
SUGAR AND SPICE (2001)
SONNY (2002)
SPUN (2002)
EDMOND (2005)
RUMOUR HAS IT ... (2005)
DOG PROBLEM, THE (2006)
STANDING STILL (2006)
STUCK (2007)
SEX AND LIES IN SIN CITY: THE TED BINION SCANDAL (2008)

SWANK, Hilary
actrice américaine (1974-)
BOYS DON'T CRY (1999)
GIFT, THE (2000)
AFFAIR OF THE NECKLACE, THE (2001)
INSOMNIA (2002)
11: 14 (2003)
CORE, THE (2003)
IRON JAWED ANGELS (2003)
MILLION DOLLAR BABY (2004)
RED DUST (2004)
BLACK DAHLIA, THE (2006)
FREEDOM WRITERS (2006)
P.S. I LOVE YOU (2007)
REAPING, THE (2007)

SWANSON, Kristy
actrice américaine (1970-)
DEADLY FRIEND (1986)
FERRIS BUELLER'S DAY OFF (1986)
FLOWERS IN THE ATTIC (1987)
BUFFY THE VAMPIRE SLAYER (1992)
PROGRAM, THE (1993)
HIGHER LEARNING (1994)
PHANTOM, THE (1996)
BIG DADDY (1999)
DUDE, WHERE'S MY CAR? (2000)

SWAYZE, Patrick
acteur américain (1954-)
OUTSIDERS, THE (1983)
DIRTY DANCING (1987)
STEEL DAWN (1987)
NEXT OF KIN (1989)
ROAD HOUSE (1989)
GHOST (1990)
POINT BREAK (1991)
CITY OF JOY (1992)
TALL TALE (1995)
TO WONG FOO, THANKS FOR EVERYTHING, JULIE NEWMAR (1995)
DONNIE DARKO (2001)
GREEN DRAGON (2001)
11: 14 (2003)
KEEPING MUM (2005)

SWINTON, Tilda
actrice anglaise (1960-)
CARAVAGGIO (1986)
LAST OF ENGLAND, THE (1987)
EDWARD II (1991)
ORLANDO (1992)
WITTGENSTEIN (1993)
CONCEIVING ADA (1996)
FEMALE PERVERSIONS (1996)
LOVE IS THE DEVIL (1997)
WAR ZONE, THE (1998)
BEACH, THE (2000)
POSSIBLE WORLDS (2000)
DEEP END, THE (2001)
VANILLA SKY (2001)
ADAPTATION (2002)
YOUNG ADAM (2002)
STATEMENT, THE (2003)
BROKEN FLOWERS (2005)
CHRONICLES OF NARNIA - THE LION, THE WITCH AND THE WARDROBE (2005)
CONSTANTINE (2005)
THUMBSUCKER (2005)

STEPHANIE DALEY (2006)
MICHAEL CLAYTON (2007)
STRANGE CULTURE (2007)
BURN AFTER READING (2008)
CHRONICLES OF NARNIA - PRINCE CASPIAN, THE (2008)
CURIOUS CASE OF BENJAMIN BUTTON, THE (2008)

TAGHMAOUI, Saïd
acteur français (1973-)
HAINE, LA (1995)
HIDEOUS KINKY (1998)
ALI ZAOUA, PRINCE DE LA RUE (2000)
GAMER (2000)
NATIONALE 7 (2000)
ROOM TO RENT (2000)
ABSOLUMENT FABULEUX (2001)
GOOD THIEF, THE (2002)
TRAITOR (2008)

TAMBLYN, Russ
acteur américain (1934-)
GUN CRAZY (1949)
FATHER OF THE BRIDE (1950)
SAMSON AND DELILAH (1950)
AS YOUNG AS YOU FEEL (1951)
FATHER'S LITTLE DIVIDEND (1951)
SEVEN BRIDES FOR SEVEN BROTHERS (1954)
FASTEST GUN ALIVE, THE (1955)
HIT THE DECK (1955)
LAST HUNT, THE (1955)
PEYTON PLACE (1957)
HIGH SCHOOL CONFIDENTIAL (1958)
TOM THUMB (1958)
CIMARRON (1960)
WEST SIDE STORY (1961)
HOW THE WEST WAS WON (1962)
HAUNTING, THE (1963)
WAR OF THE GARGANTUAS, THE (1967)
SATAN'S SADIST (1970)
ATTACK OF THE 60 FOOT CENTERFOLD (1995)

TAMBOR, Jeffrey
acteur américain (1944-)
AND JUSTICE FOR ALL (1979)
MAN WHO WASN'T THERE, THE (1983)
BRENDA STARR (1987)
THREE O'CLOCK HIGH (1987)
LIFE STINKS (1991)
MAN WHO CAPTURED EICHMANN, THE (1996)
WEAPONS OF MASS DISTRACTION (1997)
DOCTOR DOLITTLE (1998)
MEET JOE BLACK (1998)
MUPPETS FROM SPACE (1999)
TEACHING MRS. TINGLE (1999)
DR. SEUSS' HOW THE GRINCH STOLE CHRISTMAS (2000)
POLLOCK (2000)
GET WELL SOON (2001)
NEVER AGAIN (2001)
HELLBOY (2004)
SLIPSTREAM (2007)
HELLBOY II - THE GOLDEN ARMY (2008)

TAMIROFF, Akim
acteur russe (1899-1972)
ANTHONY ADVERSE (1936)
GENERAL DIED AT DAWN, THE (1936)
SPAWN OF THE NORTH (1938)
GREAT MCGINTY, THE (1940)
TEXAS RANGERS RIDES AGAIN (1940)
FIVE GRAVES TO CAIRO (1943)
BRIDGE OF SAN LUIS REY, THE (1944)
OUTPOST IN MOROCCO (1949)
ANASTASIA (1956)
TOUCH OF EVIL (1958)
BACCHANTES (1963)
TOPKAPI (1964)
ALPHAVILLE (1965)
AFTER THE FOX (1966)
MARQUIS DE SADE'S JUSTINE (1969)
DON QUIXOTE (1992)

TANDY, Jessica
actrice américaine (1909-1994)
SEVENTH CROSS, THE (1944)
VALLEY OF DECISION, THE (1945)
FOREVER AMBER (1947)
SEPTEMBER AFFAIR (1950)
DESERT FOX, THE (1951)
LIGHT IN THE FOREST, THE (1958)
BIRDS, THE (1963)
BUTLEY (1973)
BEST FRIENDS (1982)
STILL OF THE NIGHT (1982)
BOSTONIANS, THE (1984)
COCOON (1985)
BATTERIES NOT INCLUDED (1987)
FOXFIRE (1987)
COCOON: THE RETURN (1988)
HOUSE ON CARROLL STREET, THE (1988)
DRIVING MISS DAISY (1989)
FRIED GREEN TOMATOES (1991)
USED PEOPLE (1992)
CAMILLA (1993)
NOBODY'S FOOL (1994)

TARANTINO, Quentin
acteur américain (1963-)
RESERVOIR DOGS (1991)
PULP FICTION (1994)
SLEEP WITH ME (1994)
DESPERADO (1995)
DESTINY TURNS ON THE RADIO (1995)
FROM DUSK TILL DAWN (1995)
GIRL 6 (1996)
GOD SAID HA! (1998)
DEATH PROOF - UNRATED (2007)
PLANET TERROR - UNCUT (2007)
SUKIYAKI WESTERN DJANGO (2007)

TAUTOU, Audrey
actrice française (1978-)
VÉNUS BEAUTÉ (INSTITUT) (1998)
BABY BLUES (1999)
BATTEMENT D'AILES DU PAPILLON, LE (2000)
FABULEUX DESTIN D'AMÉLIE POULAIN, LE (2000)
LIBERTIN, LE (2000)
AUBERGE ESPAGNOLE, L' (2001)
À LA FOLIE...PAS DU TOUT (2002)
PAS SUR LA BOUCHE (2003)
UN LONG DIMANCHE DE FIANÇAILLES (2004)
POUPÉES RUSSES, LES (2005)
DA VINCI CODE, THE (2006)
ENSEMBLE, C'EST TOUT (2007)
HORS DE PRIX (2007)

TAYLOR, Elizabeth
actrice américaine (1932-)
JANE EYRE (1943)
WHITE CLIFFS OF DOVER, THE (1943)
NATIONAL VELVET (1944)
COURAGE OF LASSIE (1946)
JULIA MISBEHAVES (1948)
LITTLE WOMEN (1949)
BIG HANGOVER, THE (1950)
CONSPIRATOR (1950)
FATHER OF THE BRIDE (1950)
PLACE IN THE SUN, A (1950)
FATHER'S LITTLE DIVIDEND (1951)
LOVE IS BETTER THAN EVER (1952)
ELEPHANT WALK (1953)
LAST TIME I SAW PARIS, THE (1954)
RHAPSODY (1954)
GIANT (1956)
RAINTREE COUNTY (1957)
CAT ON A HOT TIN ROOF (1958)
SUDDENLY, LAST SUMMER (1959)
BUTTERFIELD 8 (1960)
CLEOPATRA (1963)
V.I.P.'S, THE (1963)
SANDPIPER, THE (1965)
TAMING OF THE SHREW, THE (1966)
WHO'S AFRAID OF VIRGINIA WOOLF? (1966)
COMEDIANS, THE (1967)
DOCTOR FAUSTUS (1967)
REFLECTIONS IN A GOLDEN EYE (1967)
BOOM! (1968)
SECRET CEREMONY (1968)
UNDER MILK WOOD (1971)
X, Y AND ZEE (1971)
ASH WEDNESDAY (1973)
DIVORCE HIS - DIVORCE HERS (1973)
DRIVER'S SEAT, THE (1973)
THAT'S ENTERTAINMENT (1974)
LITTLE NIGHT MUSIC, A (1977)
MIRROR CRACK'D, THE (1980)
IVANHOE (1982)
RUMOR MILL, THE: MALICE IN WONDERLAND (1985)
FLINTSTONES, THE (1994)

TAYLOR, Lili
actrice américaine (1967-)
MYSTIC PIZZA (1988)
BORN ON THE FOURTH OF JULY (1989)
SAY ANYTHING... (1989)
ARIZONA DREAM (1991)
DOGFIGHT (1991)
HOUSEHOLD SAINTS (1992)
RUDY (1993)
SHORT CUTS (1993)
MRS. PARKER AND THE VICIOUS CIRCLE (1994)
PRÊT-À-PORTER (1994)
ADDICTION, THE (1995)
FOUR ROOMS (1995)
GIRLS TOWN (1996)
I SHOT ANDY WARHOL (1996)
RANSOM (1996)
IMPOSTORS, THE (1998)
PECKER (1998)
HAUNTING, THE (1999)
SLIPPING DOWN LIFE, A (1999)
HIGH FIDELITY (2000)
ANNE FRANK (2001)
JULIE JOHNSON (2001)
LIVE FROM BAGHDAD (2002)
CASA DE LOS BABYS (2003)
FACTOTUM (2005)
NOTORIOUS BETTIE PAGE, THE (2005)
VOICES OF PEOPLE'S HISTORY OF THE USA (2005)
SI J'ÉTAIS TOI (2007)
STARTING OUT IN THE EVENING (2007)
PROMOTION, THE (2008)

TAYLOR, Noah
acteur anglais (1969-)
YEAR MY VOICE BROKE, THE (1987)
FLIRTING (1990)
SHINE (1996)
ALMOST FAMOUS (2000)
HE DIED WITH A FELAFEL IN HIS HAND (2001)
LARA CROFT - TOMB RAIDER (2001)
VANILLA SKY (2001)
MAX (2002)
SLEEPING DICTIONARY (2002)
CHARLIE AND THE CHOCOLATE FACTORY (2005)

TAYLOR, Robert
acteur américain (1911-1969)
BROADWAY MELODY OF 1936 (1935)
GORGEOUS HUSSY, THE (1936)
BROADWAY MELODY OF 1938 (1937)
CAMILLE (1937)
PERSONAL PROPERTY (1937)
THREE COMRADES (1938)
WATERLOO BRIDGE (1940)
BILLY THE KID (1941)
JOHNNY EAGER (1941)
WHEN LADIES MEET (1941)
BATAAN (1943)
UNDERCURRENT (1947)
CONSPIRATOR (1950)
QUO VADIS? (1951)
ABOVE AND BEYOND (1952)
IVANHOE (1952)
WESTWARD THE WOMEN (1952)
ALL THE BROTHERS WERE VALIANT (1953)
KNIGHTS OF THE ROUND TABLE (1954)
MANY RIVERS TO CROSS (1954)
VALLEY OF THE KINGS (1954)
LAST HUNT, THE (1955)
D-DAY THE 6th OF JUNE (1956)
SADDLE THE WIND (1957)
LAW AND JAKE WADE, THE (1958)
PARTY GIRL (1958)
NIGHT WALKER, THE (1964)
WHERE ANGELS GO... TROUBLE FOLLOWS (1967)
HARD WORD, THE (2002)

TAYLOR, Rod
acteur australien (1929-)
VIRGIN QUEEN, THE (1954)
CATERED AFFAIR, THE (1955)
WORLD WITHOUT END (1955)
GIANT (1956)
RAINTREE COUNTY (1957)
SEPARATE TABLES (1958)
ASK ANY GIRL (1959)
TIME MACHINE, THE (1960)
BIRDS, THE (1963)
GATHERING OF EAGLES, A (1963)
SUNDAY IN NEW YORK (1963)
36 HOURS (1964)
DO NOT DISTURB (1965)
GLASS BOTTOM BOAT, THE (1966)

DARK OF THE SUN (1967)
HIGH COMMISSIONER, THE (1968)
ZABRISKIE POINT (1970)
DEADLY TRACKERS, THE (1973)
TRAIN ROBBERS, THE (1973)
WELCOME TO WOOP WOOP (1997)

TEMPLE, Shirley
actrice américaine (1928-)
BABY TAKES A BOW (1934)
BRIGHT EYES (1934)
NOW AND FOREVER (1934)
CURLY TOP (1935)
LITTLE COLONEL, THE (1935)
LITTLEST REBEL, THE (1935)
CAPTAIN JANUARY (1936)
DIMPLES (1936)
POOR LITTLE RICH GIRL (1936)
HEIDI (1937)
WEE WILLIE WINKIE (1937)
JUST AROUND THE CORNER (1938)
LITTLE MISS BROADWAY (1938)
REBECCA OF SUNNYBROOK FARM (1938)
BLUE BIRD, THE (1939)
LITTLE PRINCESS, THE (1939)
SUSANNAH OF THE MOUNTIES (1939)
YOUNG PEOPLE (1940)
BACHELOR & THE BOBBY-SOXER, THE (1947)
FORT APACHE (1947)
I'LL BE SEEING YOU (1947)
STORY OF SEABISCUIT, THE (1949)

TENNANT, Victoria
actrice anglaise (1953-)
INSEMINOID (1981)
ALL OF ME (1984)
HOLCROFT COVENANT, THE (1985)
FLOWERS IN THE ATTIC (1987)
WAR AND REMEMBRANCE (1989)
WHISPERS (1989)
PESTE, LA (1992)

TERAJIMA, Susumu
acteur japonais (1963-)
KIDS RETURN (1996)
FIREWORKS (1997)
AFTER LIFE (1998)
SHARK SKIN MAN AND PEACH HIP GIRL (1999)
BROTHER (2000)
DISTANCE (2001)
ICHI THE KILLER (2001)
MOON CHILD (2003)

TESTUD, Sylvie
actrice française (1971-)
BEYOND SILENCE (1996)
KARNAVAL (1998)
BLESSURES ASSASSINES, LES (2000)
CAPTIVE, LA (2000)
AIME TON PÈRE (2002)
DÉDALES (2003)
FILLES UNIQUES (2003)
STUPEUR ET TREMBLEMENTS (2003)
TOUT POUR L'OSEILLE (2003)
DEMAIN ON DÉMÉNAGE (2004)
MOTS BLEUS, LES (2004)
VIE EN ROSE, LA (2007)
SAGAN (2008)

THAUVETTE, Guy
acteur québécois (1944-)
GRAND ROCK, LE (1968)
AMOUR BLESSÉ, L' (1975)
CUISINE ROUGE, LA (1979)
AFFAIRE COFFIN, L' (1980)
LUCIEN BROUILLARD (1983)
MARIA CHAPDELAINE (1983)
ANNE TRISTER (1986)
FOUS DE BASSAN, LES (1986)
SOUS LES DRAPS, LES ÉTOILES (1989)
CARGO (1990)
RAFALES (1990)
NELLIGAN (1991)
AU FIL DE L'EAU (2002)
MÉMOIRES AFFECTIVES (2004)
SECRET DE MA MÈRE, LE (2006)
CE QU'IL FAUT POUR VIVRE (2008)

THÉRIAULT, Serge
acteur québécois (1948-)
BEAUX DIMANCHES, LES (1974)
GAMMICK, LA (1974)
GINA (1975)
BONS DÉBARRAS, LES (1979)
CORDÉLIA (1979)
VOISINS, LES (1987)
DING ET DONG: LE FILM (1990)
RAFALES (1990)
SPHINX, LE (1995)
BOYS, LES (1997)
BOYS II, LES (1998)
UN 32 AOÛT SUR TERRE (1998)
CRÈME GLACÉE, CHOCOLAT ET AUTRES CONSOLATIONS (2001)
GAZ BAR BLUES (2003)
VENDUS (2003)
BOYS IV, LES (2005)
HISTOIRE DE FAMILLE (2006)

THERON, Charlize
actrice sud-africaine (1975-)
THAT THING YOU DO! (1996)
DEVIL'S ADVOCATE (1997)
CELEBRITY (1998)
MIGHTY JOE YOUNG (1998)
ASTRONAUT'S WIFE, THE (1999)
CIDER HOUSE RULES, THE (1999)
LEGEND OF BAGGER VANCE, THE (2000)
REINDEER GAMES (2000)
YARDS, THE (2000)
CURSE OF THE JADE SCORPION, THE (2001)
SWEET NOVEMBER (2001)
ITALIAN JOB, THE (2003)
LIFE AND DEATH OF PETER SELLERS, THE (2003)
MONSTER (2003)
HEAD IN THE CLOUDS (2004)
AEON FLUX (2005)
NORTH COUNTRY (2005)
BATTLE IN SEATTLE (2007)
IN THE VALLEY OF ELAH (2007)
HANCOCK (2008)
SLEEPWALKING (2008)

THEROUX, Justin
acteur (1971-)
FROGS FOR SNAKES (1999)
AMERICAN PSYCHO (2000)
MULHOLLAND DRIVE (2001)
CHARLIE'S ANGELS: FULL THROTTLE (2003)
DUPLEX (2003)
BAXTER, THE (2005)
LEGEND OF LUCY KEYES, THE (2005)
BROKEN ENGLISH (2006)
INLAND EMPIRE (2006)
DEDICATION (2007)
TEN, THE (2007)
JOHN ADAMS (2008)

THEWLIS, David
acteur anglais (1963-)
AFRAID OF THE DARK (1991)
NAKED (1993)
PRIME SUSPECT III (1993)
BLACK BEAUTY (1994)
RESTORATION (1995)
TOTAL ECLIPSE (1995)
DRAGONHEART (1996)
ISLAND OF DR. MOREAU, THE (1996)
BIG LEBOWSKI, THE (1997)
SEVEN YEARS IN TIBET (1997)
BESIEGED (1998)
WHATEVER HAPPENED TO HAROLD SMITH (1999)
GANGSTER NO.1 (2000)
TIMELINE (2003)
HARRY POTTER AND THE PRISONER OF AZKABAN (2004)
KINGDOM OF HEAVEN (2005)
BASIC INSTINCT 2 - RISK ADDICTION (2006)
OMEN, THE (2006)
HARRY POTTER AND THE ORDER OF THE PHOENIX (2007)
BOY IN STRIPPED PAJAMAS (2008)
HARRY POTTER AND THE HALF-BLOOD PRINCE (2009)

THOMAS, Henry
acteur américain (1971-)
RAGGEDY MAN (1981)
E.T. THE EXTRA-TERRESTRIAL (1982)
CLOAK AND DAGGER (1984)
VALMONT (1989)
FIRE IN THE SKY (1993)
CURSE OF THE STARVING CLASS, THE (1994)
LEGENDS OF THE FALL (1994)
MOBY DICK (1997)
NIAGARA, NIAGARA (1997)
SUICIDE KINGS (1997)
ALL THE PRETTY HORSES (2000)
QUICKIE, THE (2001)
GANGS OF NEW YORK (2002)
I'M WITH LUCY (2002)
I CAPTURE THE CASTLE (2003)
MASTERS OF HORROR - CHOCOLATE (2005)
DESPERATION (2006)
NIGHTMARES AND DREAMSCAPES COLLECTION (2006)
GHOST WRITER (2007)

THOMPSON, Emma
actrice anglaise (1959-)
FORTUNES OF WAR (1987)
HENRY V (1989)
LOOK BACK IN ANGER (1989)
TALL GUY, THE (1989)
IMPROMPTU (1990)
DEAD AGAIN (1991)
HOWARDS END (1991)
PETER'S FRIENDS (1992)
IN THE NAME OF THE FATHER (1993)
MUCH ADO ABOUT NOTHING (1993)
REMAINS OF THE DAY, THE (1993)
JUNIOR (1994)
CARRINGTON (1995)
SENSE AND SENSIBILITY (1995)
WINTER GUEST, THE (1997)
JUDAS KISS (1998)
PRIMARY COLORS (1998)
WIT (2001)
ANGELS IN AMERICA (2003)
IMAGINING ARGENTINA (2003)
LOVE ACTUALLY (2003)
NANNY MCPHEE (2005)
STRANGER THAN FICTION (2006)
HARRY POTTER AND THE ORDER OF THE PHOENIX (2007)
BRIDESHEAD REVISITED (2008)
LAST CHANCE HARVEY (2008)

THOMPSON, Lea
actrice américaine (1961-)
ALL THE RIGHT MOVES (1983)
JAWS III (1983)
BACK TO THE FUTURE (1985)
HOWARD THE DUCK (1986)
SPACE CAMP (1986)
SOME KIND OF WONDERFUL (1987)
CASUAL SEX? (1988)
BACK TO THE FUTURE II (1989)
DENNIS THE MENACE (1993)

THORNTON, Billy Bob
acteur américain (1955-)
ONE FALSE MOVE (1990)
FLOUNDERING (1993)
SOME FOLKS CALL IT A SLING BLADE (1993)
SLING BLADE (1995)
STARS FELL ON HENRIETTA, THE (1995)
DON'T LOOK BACK (1996)
APOSTLE, THE (1997)
U-TURN (1997)
ARMAGEDDON (1998)
HOMEGROWN (1998)
PRIMARY COLORS (1998)
SIMPLE PLAN, A (1998)
PUSHING TIN (1999)
DADDY AND THEM (2001)
MAN WHO WASN'T THERE, THE (2001)
MONSTER'S BALL (2001)
BAD SANTA (2003)
BADDER SANTA (2003)
INTOLERABLE CRUELTY (2003)
LEVITY (2003)
ALAMO, THE (2004)
CHRYSTAL (2004)
FRIDAY NIGHT LIGHTS (2004)
BAD NEWS BEARS (2005)
ICE HARVEST, THE (2005)
SCHOOL FOR SCOUNDRELS (2006)
ASTRONAUT FARMER, THE (2007)
MR. WOODCOCK (2007)
EAGLE EYE (2008)

THURMAN, Uma
actrice américaine (1970-)
ADVENTURES OF BARON MUNCHAUSEN, THE (1988)
DANGEROUS LIAISONS (1988)
JOHNNY BE GOOD (1988)
HENRY & JUNE (1990)
WHERE THE HEART IS (1990)
FINAL ANALYSIS (1992)
JENNIFER 8 (1992)
MAD DOG AND GLORY (1993)
EVEN COWGIRLS GET THE BLUES (1994)
PULP FICTION (1994)
MONTH BY THE LAKE, A (1995)
TRUTH ABOUT CATS AND DOGS, THE (1996)
BATMAN & ROBIN (1997)

GATTACA (1997)
AVENGERS, THE (1998)
MISÉRABLES, LES (1998)
SWEET AND LOWDOWN (1999)
GOLDEN BOWL, THE (2000)
VATEL (2000)
CHELSEA WALLS (2001)
TAPE (2001)
HYSTERICAL BLINDNESS (2002)
KILL BILL I (2003)
PAYCHECK (2003)
KILL BILL II (2004)
BE COOL (2005)
PRIME (2005)
PRODUCERS, THE (2005)
MY SUPER EX-GIRLFRIEND (2006)
LIFE BEFORE HER EYES (2007)
MY ZINC BED (2008)

TIERNEY, Gene
actrice américaine (1920-1991)
RETURN OF FRANK JAMES, THE (1940)
SHANGHAI GESTURE, THE (1941)
SON OF FURY (1942)
THUNDER BIRDS (1942)
HEAVEN CAN WAIT (1943)
LAURA (1944)
DRAGONWYCK (1945)
LEAVE HER TO HEAVEN (1946)
RAZOR'S EDGE, THE (1946)
GHOST AND MRS. MUIR, THE (1947)
WHIRLPOOL (1949)
NIGHT AND THE CITY (1950)
WHERE THE SIDEWALK ENDS (1950)
ON THE RIVIERA (1951)
EGYPTIAN, THE (1953)
NEVER LET ME GO (1953)
BLACK WIDOW (1954)
LEFT HAND OF GOD, THE (1955)
ADVISE AND CONSENT (1962)
TOYS IN THE ATTIC (1963)

TIERNEY, Maura
actrice américaine (1965-)
LIAR LIAR (1997)
PRIMARY COLORS (1998)
FORCES OF NATURE (1999)
SCOTLAND, PA (2001)
INSOMNIA (2002)
MELVIN GOES TO DINNER (2003)
WELCOME TO MOOSEPORT (2003)
DIGGERS (2006)
BABY MAMA (2008)
SEMI-PRO (2008)

TIFO, Marie
actrice québécoise (1949-)
BONS DÉBARRAS, LES (1979)
JOURNÉE EN TAXI, UNE (1981)
YEUX ROUGES, LES (1982)
LUCIEN BROUILLARD (1983)
MARIA CHAPDELAINE (1983)
RIEN QU'UN JEU (1983)
JOUR «S...», LE (1984)
FOUS DE BASSAN, LES (1986)
POUVOIR INTIME (1986)
KALAMAZOO (1988)
T'ES BELLE JEANNE (1988)
DANS LE VENTRE DU DRAGON (1989)
POTS CASSÉS, LES (1993)
POUR L'AMOUR DE THOMAS (1994)
CES ENFANTS D'AILLEURS (1997)
PÈRE ET FILS (2003)
PROM QUEEN (2004)
SŒURS ELLIOT, LES (SAISON 2) (2007)
7e ROUND, LE (2008)
GRANDE OURSE - LA CLÉ DES POSSIBLES (2009)

TILLY, Jennifer
actrice canadienne (1958-)
NO SMALL AFFAIR (1984)
MOVING VIOLATIONS (1985)
HIGH SPIRITS (1988)
FABULOUS BAKER BOYS, THE (1989)
LET IT RIDE (1989)
SCORCHERS (1991)
AGAGUK - SHADOW OF THE WOLF (1992)
MADE IN AMERICA (1993)
BULLETS OVER BROADWAY (1994)
GETAWAY, THE (1994)
BOUND (1996)
EDIE & PEN (1996)
GUN (1996)
LIAR LIAR (1997)
WRONG GUY, THE (1997)
BRIDE OF CHUCKY (1998)
MUSIC FROM ANOTHER ROOM (1998)
RELAX...IT'S JUST SEX (1999)
BRUNO (2000)
DANCING AT THE BLUE IGUANA (2000)
HIDE AND SEEK (2000)
CAT'S MEOW, THE (2001)
HAUNTED MANSION (2003)
JERICHO MANSIONS (2003)
DELUXE COMBO PLATTER (2004)
SAINT RALPH (2004)
SECOND BEST (2004)
SEED OF CHUCKY (2004)
TIDELAND (2005)
INITIATION OF SARAH, THE (2006)
INTERVENTION (2007)

TILLY, Meg
actrice canadienne (1960-)
FAME (1980)
ONE DARK NIGHT (1982)
TEX (1982)
BIG CHILL, THE (1983)
PSYCHO II (1983)
IMPULSE (1984)
AGNES OF GOD (1985)
GIRL IN A SWING, THE (1988)
MASQUERADE (1988)
VALMONT (1989)
CARMILLA (1990)
TWO JAKES, THE (1990)
LEAVING NORMAL (1992)
BODY SNATCHERS (1993)
SLEEP WITH ME (1994)

TIMSIT, Patrick
acteur français (1959-)
PAULETTE (1986)
VANILLE FRAISE (1989)
BAL DES CASSE-PIEDS, LE (1991)
MAYRIG (1991)
UNE ÉPOQUE FORMIDABLE (1991)
CRISE, LA (1992)
ELLES N'OUBLIENT JAMAIS (1993)
UN INDIEN DANS LA VILLE (1994)
BELLE VERTE, LA (1996)
PÉDALE DOUCE (1996)
COUSIN, LE (1997)
MARQUISE (1997)
PAPARAZZI (1998)
PRINCE DU PACIFIQUE, LE (2000)
RUE DES PLAISIRS (2001)
QUELQU'UN DE BIEN (2002)
UN FIL À LA PATTE (2004)

TOBOLOWSKY, Stephen
acteur américain (1951-)
SINGLE WHITE FEMALE (1992)
GROUNDHOG DAY (1993)
DR. JEKYLL AND MS. HYDE (1995)
MR. MAGOO (1997)
BOSSA NOVA (1999)
MEMENTO (2000)
PRIME GIG, THE (2000)
DAY THE WORLD ENDED, THE (2001)
FREDDY GOT FINGERED (2001)
GARFIELD: THE MOVIE (2004)
LITTLE BLACK BOOK (2004)
WILD HOGS (2007)

TODESCHINI, Bruno
acteur suisse (1962-)
SANS UN CRI (1991)
SENTINELLE, LA (1991)
COUPLES ET AMANTS (1993)
CEUX QUI M'AIMENT PRENDRONT LE TRAIN (1997)
CODE INCONNU (2000)
VA SAVOIR (2001)
SON FRÈRE (2003)
GENTILLE (2005)
PETITE JÉRUSALEM, LA (2005)
UN AMOUR À TAIRE (2005)

TOGNAZZI, Ugo
acteur italien (1922-1990)
AMOUR À LA VILLE, L' (1956)
ROGOPAG (1962)
MARI DE LA FEMME À BARBE, LE (1964)
BARBARELLA (1968)
PORCHERIE (1969)
GRANDE BOUFFE, LA (1973)
TOUCHE PAS LA FEMME BLANCHE (1973)
CANARD À L'ORANGE, LE (1975)
MESDAMES ET MESSIEURS, BONSOIR (1976)
CABINE DES AMOUREUX, LA (1977)
CAGE AUX FOLLES, LA (1978)
GRAND EMBOUTEILLAGE, LE (1979)
CAGE AUX FOLLES 2, LA (1980)
TRAGÉDIE D'UN HOMME RIDICULE, LA (1981)
CAGE AUX FOLLES 3, LA (1985)
YIDDISH CONNECTION (1986)
TOLÉRANCE (1989)

TOMEI, Marisa
actrice américaine (1964-)
CHAPLIN (1992)
EQUINOX (1992)
MY COUSIN VINNY (1992)
UNTAMED HEART (1993)
ONLY YOU (1994)
PEREZ FAMILY, THE (1995)
UNHOOK THE STARS (1997)
WELCOME TO SARAJEVO (1997)
MY OWN COUNTRY (1998)
HAPPY ACCIDENTS (2000)
WATCHER, THE (2000)
WHAT WOMEN WANT (2000)
IN THE BEDROOM (2001)
JUST A KISS (2001)
GURU, THE (2002)
ANGER MANAGEMENT (2003)
ALFIE (2004)
FACTOTUM (2005)
LOVERBOY (2005)
MARILYN HOTCHKISS BALLROOM DANCING & CHARM SCHOOL (2005)
BEFORE THE DEVIL KNOWS YOU'RE DEAD (2007)
WILD HOGS (2007)
GRACE IS GONE (2008)
WAR, INC. (2008)
WRESTLER, THE (2008)

TOMLIN, Lily
actrice américaine (1939-)
LATE SHOW, THE (1976)
9 TO 5 (1980)
INCREDIBLE SHRINKING WOMAN, THE (1981)
ALL OF ME (1984)
BIG BUSINESS (1988)
MURPHY BROWN (SEASON I) (1988)
SHADOWS AND FOG (1991)
PLAYER, THE (1992)
AND THE BAND PLAYED ON (1993)
SHORT CUTS (1993)
BLUE IN THE FACE (1995)
TEA WITH MUSSOLINI (1999)
KID, THE (2000)
ORANGE COUNTY (2001)
I HEART HUCKABEES (2004)
PRAIRIE HOME COMPANION, A (2006)
WALKER, THE (2007)
PINK PANTHER 2 (2009)

TONE, Franchot
acteur américain (1905-1968)
GABRIEL OVER THE WHITE HOUSE (1933)
GIRL FROM MISSOURI, THE (1934)
SADIE MCKEE (1934)
DANGEROUS (1935)
LIVES OF A BENGAL LANCER, THE (1935)
RECKLESS (1935)
LOVE ON THE RUN (1936)
SUZY (1936)
BRIDE WORE RED, THE (1937)
QUALITY STREET (1937)
THREE COMRADES (1938)
FIVE GRAVES TO CAIRO (1943)
PHANTOM LADY (1944)
EVERY GIRL SHOULD BE MARRIED (1948)
MAN ON THE EIFFEL TOWER, THE (1948)
HERE COMES THE GROOM (1951)
ADVISE AND CONSENT (1962)

TORN, Rip
acteur américain (1931-)
BABY DOLL (1956)
TIME LIMIT (1957)
PORK CHOP HILL (1959)
SWEET BIRD OF YOUTH (1962)
CRITIC'S CHOICE (1963)
BEACH RED (1967)
COMING APART (1969)
PAY DAY (1972)
SLAUGHTER (1972)
PAYDAY (1973)
MAN WHO FELL TO EARTH, THE (1976)
NASTY HABITS (1976)
HEARTLAND (1979)
SEDUCTION OF JOE TYNAN, THE (1979)
ONE-TRICK PONY (1980)
STRANGER IS WATCHING, A (1981)

BEASTMASTER, THE (1982)
BLUE AND THE GRAY, THE (1982)
JINXED! (1982)
CROSS CREEK (1983)
CAT ON A HOT TIN ROOF (1984)
NADINE (1987)
BEAUTIFUL DREAMERS (1990)
BY DAWNS EARLY LIGHT (1990)
WHERE THE RIVERS FLOW NORTH (1993)
MEN IN BLACK (1997)
SENSELESS (1998)
WONDER BOYS (2000)
FREDDY GOT FINGERED (2001)
LOVE OBJECT (2002)
MEN IN BLACK II (2002)
WELCOME TO MOOSEPORT (2003)
DODGEBALL: A TRUE UNDERDOG STORY (2004)
EULOGY (2004)
MARIE ANTOINETTE (2005)
SISTERS, THE (2005)
YOURS, MINE AND OURS (2005)
TURN THE RIVER (2007)

TOWNSEND, Stuart
acteur irlandais (1972-)
SHOOTING FISH (1997)
UNDER THE SKIN (1997)
WONDERLAND (1999)
ABOUT ADAM (2000)
QUEEN OF THE DAMNED (2002)
SHADE (2003)
HEAD IN THE CLOUDS (2004)
CHAOS THEORY (2007)

TRACY, Spencer
acteur américain (1900-1967)
UP THE RIVER (1930)
MARIE GALANTE (1934)
RIFF RAFF (1935)
FURY (1936)
LIBELED LADY (1936)
SAN FRANCISCO (1936)
CAPTAINS COURAGEOUS (1937)
BOYS TOWN (1938)
MANNEQUIN (1938)
TEST PILOT (1938)
STANLEY AND LIVINGSTONE (1939)
EDISON, THE MAN (1940)
NORTHWEST PASSAGE (1940)
DR. JEKYLL AND MR. HYDE (1941)
MEN OF BOYS TOWN (1941)
KEEPER OF THE FLAME (1942)
TORTILLA FLAT (1942)
WOMAN OF THE YEAR (1942)
GUY NAMED JOE, A (1944)
SEVENTH CROSS, THE (1944)
THIRTY SECONDS OVER TOKYO (1944)
WITHOUT LOVE (1945)
BOOM TOWN (1946)
CASS TIMBERLANE (1947)
SEA OF GRASS, THE (1947)
MALAYA (1948)
STATE OF THE UNION (1948)
ADAM'S RIB (1949)
FATHER OF THE BRIDE (1950)
FATHER'S LITTLE DIVIDEND (1951)
PAT AND MIKE (1952)
BROKEN LANCE (1953)
BAD DAY AT BLACK ROCK (1954)
MOUNTAIN, THE (1956)
DESK SET (1957)
LAST HURRAH, THE (1958)
OLD MAN AND THE SEA, THE (1958)
INHERIT THE WIND (1960)
DEVIL AT 4 O'CLOCK, THE (1961)
JUDGMENT AT NUREMBERG (1961)
IT'S A MAD, MAD, MAD, MAD WORLD (1963)
GUESS WHO'S COMING TO DINNER? (1967)

TRAVOLTA, John
acteur américain (1954-)
DEVIL'S RAIN, THE (1975)
CARRIE (1976)
SATURDAY NIGHT FEVER (1977)
GREASE (1978)
URBAN COWBOY (1980)
BLOW OUT (1981)
STAYING ALIVE (1983)
TWO OF A KIND (1983)
PERFECT (1985)
LOOK WHO'S TALKING (1989)
LOOK WHO'S TALKING TOO (1990)
LOOK WHO'S TALKING NOW (1993)
PULP FICTION (1994)
GET SHORTY (1995)
WHITE MAN'S BURDEN (1995)
BROKEN ARROW (1996)
MICHAEL (1996)
PHENOMENON (1996)
FACE/OFF (1997)
MAD CITY (1997)
SHE'S SO LOVELY (1997)
CIVIL ACTION, A (1998)
PRIMARY COLORS (1998)
GENERAL'S DAUGHTER, THE (1999)
BATTLEFIELD EARTH (2000)
LUCKY NUMBERS (2000)
DOMESTIC DISTURBANCE (2001)
SWORDFISH (2001)
BASIC (2003)
LOVE SONG FOR BOBBY LONG, THE (2004)
PUNISHER, THE (2004)
BE COOL (2005)
LONELY HEARTS (2006)
HAIRSPRAY (2007)
WILD HOGS (2007)
TAKING OF PELHAM 1 2 3, THE (2009)

TREMBLAY, Johanne-Marie
actrice québécoise (1950-)
À CORPS PERDU (1988)
JÉSUS DE MONTRÉAL (1989)
PORTION D'ÉTERNITÉ (1989)
FILLES DE CALEB, LES (1990)
MOODY BEACH (1990)
PAS DE RÉPIT POUR MÉLANIE (1990)
BEING AT HOME WITH CLAUDE (1992)
SARRASINE, LA (1992)
TIRELIRE, COMBINES ET CIE (1992)
VIE FANTÔME, LA (1992)
LOUIS 19, LE ROI DES ONDES (1994)
MA VIE EN CINÉMASCOPE (2004)
TOUS LES AUTRES, SAUF MOI (2006)

TREVOR, Claire
actrice américaine (1909-2000)
BABY TAKES A BOW (1934)
AMAZING DOCTOR CLITTERHOUSE, THE (1938)
ALLEGHENY UPRISING (1939)
STAGECOACH (1939)
DARK COMMAND (1940)
TEXAS (1941)
DESPERADOES, THE (1942)
JOHNNY ANGEL (1945)
CRACK-UP (1946)
MURDER, MY SWEET (1946)
BORN TO KILL (1947)
RAW DEAL (1948)
VELVET TOUCH, THE (1948)
BORDERLINE (1950)
STRANGER WORE A GUN, THE (1952)
MOUNTAIN, THE (1956)

TRINTIGNANT, Jean-Louis
acteur français (1930-)
ET DIEU CRÉA LA FEMME (1956)
LIAISONS DANGEREUSES, LES (1959)
SEPT PÉCHÉS CAPITAUX, LES (1961)
MERVEILLEUSE ANGÉLIQUE (1965)
PARIS BRÛLE-T-IL? (1966)
UN HOMME ET UNE FEMME (1966)
BICHES, LES (1967)
UN HOMME À ABATTRE (1967)
GREAT SILENCE, THE (1968)
CONFORMISTE, LE (1969)
MA NUIT CHEZ MAUD (1969)
VOLEUR DE CRIMES, LE (1969)
Z (1969)
VOYOU, LE (1970)
ATTENTAT, L' (1972)
UN HOMME EST MORT (1972)
DÉFENSE DE SAVOIR (1973)
MOUTON ENRAGÉ, LE (1973)
TRAIN, LE (1973)
VIOLONS DU BAL, LES (1973)
FEMME DU DIMANCHE, LA (1975)
FLIC STORY (1975)
IL PLEUT SUR SANTIAGO (1975)
DESERT OF THE TARTARS (1976)
ORDINATEUR DES POMPES FUNÈBRES, L' (1976)
TRAQUÉS, LES (1976)
ARGENT DES AUTRES, L' (1978)
BANQUIÈRE, LA (1980)
PASSION D'AMOUR (1980)
UN ASSASSIN QUI PASSE (1981)
UNE AFFAIRE D'HOMMES (1981)
BOULEVARD DES ASSASSINS (1982)
GRAND PARDON, LE (1982)
NUIT DE VARENNES, LA (1982)
BON PLAISIR, LE (1983)
CRIME, LA (1983)
VIVA LA VIE (1983)
VIVEMENT DIMANCHE! (1983)
ÉTÉ PROCHAIN, L' (1984)
FEMMES DE PERSONNE (1984)
HOMME AUX YEUX D'ARGENT, L' (1985)
PARTIR, REVENIR (1985)
RENDEZ-VOUS (1985)
FEMME DE MA VIE, LA (1986)
UN HOMME ET UNE FEMME: VINGT ANS DÉJÀ (1986)
MOUSTACHU, LE (1987)
BUNKER PALACE HOTEL (1989)
MERCI LA VIE (1991)
REGARDE LES HOMMES TOMBER (1994)
TROIS COULEURS - ROUGE (1994)
FIESTA (1995)
TYKHO MOON (1996)
UN HÉROS TRÈS DISCRET (1996)
CEUX QUI M'AIMENT PRENDRONT LE TRAIN (1997)

TRINTIGNANT, Marie
actrice française (1962-2003)
ÇA N'ARRIVE QU'AUX AUTRES (1971)
DÉFENSE DE SAVOIR (1973)
PREMIER VOYAGE (1980)
ÉTÉ PROCHAIN, L' (1984)
NOYADE INTERDITE (1987)
UNE AFFAIRE DE FEMMES (1988)
ALBERTO EXPRESS (1990)
NUIT D'ÉTÉ EN VILLE (1990)
BETTY (1991)
CIBLE ÉMOUVANTE (1993)
MARMOTTES, LES (1993)
APPRENTIS, LES (1995)
DES NOUVELLES DU BON DIEU (1995)
CRI DE LA SOIE, LE (1996)
PONETTE (1996)
PORTRAITS CHINOIS (1996)
COUSIN, LE (1997)
COMME ELLE RESPIRE (1998)
PRINCE DU PACIFIQUE, LE (2000)
JANIS & JOHN (2003)

TSANG, Eric
acteur chinois (1953-)
IRON FISTED MONK (1977)
GOLDEN SWALLOW (1988)
SUPERCOP 2 (1994)
HITMAN (1998)
ACCIDENTAL SPY (2001)
GOLDEN CHICKEN (2002)
INFERNAL AFFAIRS (2002)
THREE (2002)
CITY OF SARS (2003)
FU BO (2003)
INFERNAL AFFAIRS 2 (2003)
INFERNAL AFFAIRS 3 (2003)
JIANG HU (2004)
WO HU: OPERATION UNDERCOVER (2006)

TUCCI, Stanley
acteur américain (1960-)
PUBLIC EYE, THE (1992)
PELICAN BRIEF, THE (1993)
UNDERCOVER BLUES (1993)
MRS. PARKER AND THE VICIOUS CIRCLE (1994)
SOMEBODY TO LOVE (1994)
BIG NIGHT (1996)
DAYTRIPPERS, THE (1996)
ALARMIST, THE (1997)
LIFE LESS ORDINARY, A (1997)
IMPOSTORS, THE (1998)
MIDSUMMER NIGHT'S DREAM, A (1999)
CONSPIRACY (2000)
JOE GOULD'S SECRET (2000)
AMERICA'S SWEETHEARTS (2001)
BIG TROUBLE (2001)
SIDEWALKS OF NEW YORK (2001)
MAID IN MANHATTAN (2002)
ROAD TO PERDITION (2002)
CORE, THE (2003)
LIFE AND DEATH OF PETER SELLERS, THE (2003)
SHALL WE DANCE? (2004)
TERMINAL, THE (2004)
DEVIL WEARS PRADA, THE (2006)
HOAX, THE (2006)
LUCKY NUMBER SLEVIN (2006)
BLIND DATE (2007)
FOUR LAST SONGS (2007)
KIT KITTREDGE - AN AMERICAN GIRL (2008)
SWING VOTE (2008)
WHAT JUST HAPPENED? (2008)

TUCKER, Jonathan
acteur américain (1982-)
VIRGIN SUICIDES, THE (1999)
100 GIRLS (2000)
DEEP END, THE (2001)
TEXAS CHAINSAW MASSACRE, THE (2003)
CRIMINAL (2004)
STATESIDE (2004)
HOSTAGE (2005)
PULSE (2006)
RUINS, THE (2008)

TUNNEY, Robin
actrice américaine (1972-)
ENCINO MAN (1992)
CRAFT, THE (1996)
JULIAN PO (1997)
NIAGARA, NIAGARA (1997)
END OF DAYS (1999)
SUPERNOVA (1999)
VERTICAL LIMIT (2000)
INTIMATE AFFAIRS (2001)
SECRET LIVES OF DENTISTS, THE (2003)
PAPARAZZI (2004)
HOLLYWOODLAND (2006)
AUGUST (2008)

TURNER, Kathleen
actrice américaine (1954-)
BODY HEAT (1981)
MAN WITH TWO BRAINS, THE (1983)
BREED APART, A (1984)
CRIMES OF PASSION (1984)
ROMANCING THE STONE (1984)
JEWEL OF THE NILE, THE (1985)
PRIZZI'S HONOR (1985)
PEGGY SUE GOT MARRIED (1986)
DEAR AMERICA: LETTERS HOME FROM VIETNAM (1987)
JULIA AND JULIA (1987)
SWITCHING CHANNELS (1987)
ACCIDENTAL TOURIST, THE (1988)
WAR OF THE ROSES, THE (1989)
V.I. WARSHAWSKI (1991)
HOUSE OF CARDS (1993)
UNDERCOVER BLUES (1993)
NAKED IN NEW YORK (1994)
SERIAL MOM (1994)
MOONLIGHT AND VALENTINO (1995)
REAL BLONDE, THE (1997)
SIMPLE WISH, A (1997)
BEAUTIFUL (2000)
MARLEY AND ME (2008)

TURNER, Lana
actrice américaine (1920-1995)
MERRY WIDOW, THE (1935)
LOVE FINDS ANDY HARDY (1938)
DR. JEKYLL AND MR. HYDE (1941)
JOHNNY EAGER (1941)
ZIEGFELD GIRL (1941)
WEEKEND AT THE WALDORF (1945)
GREEN DOLPHIN STREET (1946)
CASS TIMBERLANE (1947)
HOMECOMING (1948)
THREE MUSKETEERS, THE (1948)
BAD AND THE BEAUTIFUL, THE (1952)
DIANE (1955)
PRODIGAL, THE (1955)
SEA CHASE, THE (1955)
ANOTHER TIME, ANOTHER PLACE (1957)
PEYTON PLACE (1957)
IMITATION OF LIFE (1959)
PORTRAIT IN BLACK (1960)
BY LOVE POSSESSED (1961)
MADAME X (1965)
BIG CUBE (1968)
POSTMAN ALWAYS RINGS TWICE, THE (1981)

TURTURRO, Aida
actrice américaine (1962-)
TRUE LOVE (1989)
JERSEY GIRL (1992)
ANGIE (1994)
DENISE CALLS UP (1995)
FALLEN (1997)
ILLUMINATA (1998)
WOO (1998)
DEEP BLUE SEA (1999)
ROMANCE AND CIGARETTES (2006)

TURTURRO, John
acteur américain (1957-)
DESPERATELY SEEKING SUSAN (1985)
TO LIVE AND DIE IN L.A. (1985)
COLOR OF MONEY, THE (1986)
GUNG HO (1986)
HANNAH AND HER SISTERS (1986)
5 CORNERS (1987)
SICILIAN, THE (1987)
BACKTRACK (1988)
DO THE RIGHT THING (1989)
MEN OF RESPECT (1990)
MILLER'S CROSSING (1990)
MO' BETTER BLUES (1990)
STATE OF GRACE (1990)
BARTON FINK (1991)
JUNGLE FEVER (1991)
BRAIN DONORS (1992)
MAC (1992)
FEARLESS (1993)
BEING HUMAN (1994)
QUIZ SHOW (1994)
CLOCKERS (1995)
SEARCH AND DESTROY (1995)
UNSTRUNG HEROES (1995)
BOX OF MOONLIGHT (1996)
GIRL 6 (1996)
GRACE OF MY HEART (1996)
TRÈVE, LA (1996)
BIG LEBOWSKI, THE (1997)
ILLUMINATA (1998)
ROUNDERS (1998)
SOURCE, THE (1998)
COMPANY MAN (2000)
HELLRAISER V: INFERNO (2000)
LUZHIN DEFENCE. THE (2000)
O BROTHER, WHERE ART THOU? (2000)
TWO THOUSAND AND NONE (2000)
13 CONVERSATIONS ABOUT ONE THING (2001)
COLLATERAL DAMAGE (2001)
MR. DEEDS (2002)
ANGER MANAGEMENT (2003)
SECRET WINDOW (2004)
GOOD SHEPHERD, THE (2006)
QUELQUES JOURS EN SEPTEMBRE (2006)
ROMANCE AND CIGARETTES (2006)
MARGOT AT THE WEDDING (2007)
SLIPSTREAM (2007)
TRANSFORMERS (2007)
WHAT JUST HAPPENED? (2008)
YOU DON'T MESS WITH THE ZOHAN (2008)
TAKING OF PELHAM 1 2 3, THE (2009)

TYLER, Liv
actrice américaine (1977-)
SILENT FALL (1994)
HEAVY (1995)
STEALING BEAUTY (1996)
THAT THING YOU DO! (1996)
INVENTING THE ABBOTTS (1997)
U-TURN (1997)
ARMAGEDDON (1998)
COOKIE'S FORTUNE (1998)
ONEGIN (1999)
DR. T AND THE WOMEN (2000)
LORD OF THE RINGS: THE FELLOWSHIP OF THE RING (2001)
ONE NIGHT AT MCCOOL'S (2001)
LORD OF THE RINGS: THE RETURN OF THE KING (2003)
JERSEY GIRL (2004)
LONESOME JIM (2005)
REIGN OVER ME (2007)
INCREDIBLE HULK, THE (2008)
STRANGERS, THE (2008)

ULLMANN, Liv
actrice suédoise (1939-)
PERSONA (1966)
HEURE DU LOUP, L' (1967)
HONTE, LA (1968)
UNE PASSION (1969)
DE LA PART DES COPAINS (1970)
NIGHT VISITOR, THE (1970)
CRIS ET CHUCHOTEMENTS (1972)
EMIGRANTS, THE (1972)
NEW LAND, THE (1972)
POPE JOAN (1972)
SCENES FROM A MARRIAGE (1973)
ZANDY'S BRIDE (1974)
BRIDGE TOO FAR, A (1977)
SERPENT'S EGG, THE (1977)
AUTUMN SONATA (1978)
WILD DUCK, THE (1983)
BAY BOY, THE (1984)
POURVU QUE CE SOIT UNE FILLE (1985)
GABY: A TRUE STORY (1987)
ROSE GARDEN, THE (1989)
MINDWALK (1990)
OX, THE (1991)
LUMIÈRE ET COMPAGNIE (1995)
SARABAND (2003)

ULRICH, Skeet
acteur américain (1969-)
ALBINO ALLIGATOR (1996)
BOYS (1996)
SCREAM (1996)
TOUCH (1996)
AS GOOD AS IT GETS (1997)
NEWTON BOYS, THE (1998)
CHILL FACTOR (1999)
RIDE WITH THE DEVIL (1999)
TRACK DOWN (2000)
INTO THE WEST (2005)
JERICHO (SEASON 1) (2006)

UNGER, Deborah Kara
actrice canadienne (1966-)
PRISONERS OF THE SUN (1991)
HIGHLANDER III: THE SORCERER (1995)
GAME, THE (1997)
LUMINOUS MOTION (1998)
HURRICANE, THE (1999)
PAYBACK (1999)
SUNSHINE (1999)
WEEKEND, THE (1999)
SIGNS AND WONDERS (2000)
TEN TINY LOVE STORIES (2001)
BETWEEN STRANGERS (2002)
LEO (2002)
EMILE (2003)
STANDER (2003)
THIRTEEN (2003)
LOVE SONG FOR BOBBY LONG, THE (2004)
PARANOIA 1.0 (2004)
WHITE NOISE (2004)
LIES & ALIBIS (2006)
SILENT HILL (2006)
SHAKE HANDS WITH THE DEVIL (2007)

USTINOV, Peter
acteur anglais (1921-2004)
ONE OF OUR AIRCRAFT IS MISSING (1941)
PLAISIR, LE (1951)
QUO VADIS? (1951)
EGYPTIAN, THE (1953)
BEAU BRUMMELL (1954)
LOLA MONTÈS (1955)
WE'RE NO ANGELS (1955)
SPARTACUS (1960)
SUNDOWNERS, THE (1960)
BILLY BUDD (1962)
TOPKAPI (1964)
LADY L (1965)
COMEDIANS, THE (1967)
BLACKBEARD'S GHOST (1968)
HOT MILLIONS (1968)
JESUS OF NAZARETH (1976)
LOGAN'S RUN (1976)
LAST REMAKE OF BEAU GESTE, THE (1977)
UN TAXI MAUVE (1977)
ASHANTI (1978)
DEATH ON THE NILE (1978)
CHARLIE CHAN AND THE CURSE OF THE DRAGON QUEEN (1980)
EVIL UNDER THE SUN (1981)
THIRTEEN AT DINNER (1985)
APPOINTMENT WITH DEATH (1988)
AROUND THE WORLD IN 80 DAYS (1989)
RÉVOLUTION FRANÇAISE 1: LES ANNÉES LUMIÈRE, LA (1989)
RÉVOLUTION FRANÇAISE 2: LES ANNÉES TERRIBLES, LA (1989)
LORENZO'S OIL (1992)
ANIMAL FARM (1999)
LUTHER (2003)

VALLI, Alida
actrice italienne (1921-)
PARADINE CASE, THE (1947)
MIRACLE OF THE BELLS, THE (1948)
THIRD MAN, THE (1949)
WHITE TOWER, THE (1950)
WALK SOFTLY, STRANGER (1951)
SENSO (1954)
BIJOUTIERS DU CLAIR DE LUNE, LES (1957)
CRI, LE (1957)
DÉNOMMÉ SQUARCIO, UN (1958)
YEUX SANS VISAGE, LES (1959)
ŒDIPE ROI (1967)
STRATÉGIE DE L'ARAIGNÉE, LA (1970)
LISA AND THE DEVIL (1972)
ANTICHRIST, THE (1974)
GRANDE TROUILLE, LA (1974)
1900 (1976)
CASSANDRA CROSSING, THE (1976)
BERLINGUER, I LOVE YOU (1977)
SUSPIRIA (1977)

PETITE SŒUR DU DIABLE, LA (1978)
INFERNO (1979)
JUPON ROUGE, LE (1986)
MONTH BY THE LAKE, A (1995)

VAN CLEEF, Lee
acteur américain (1925-1989)
HIGH NOON (1952)
LAWLESS BREED, THE (1952)
BEAST FROM 20,000 FATHOMS, THE (1953)
BIG COMBO, THE (1954)
TRIBUTE TO A BAD MAN (1955)
CHINA GATE (1956)
CONQUEROR, THE (1956)
IT CONQUERED THE WORLD (1956)
GUNFIGHT AT THE O.K. CORRAL (1957)
LONELY MAN, THE (1957)
TIN STAR, THE (1957)
YOUNG LIONS, THE (1958)
HOW THE WEST WAS WON (1962)
MAN WHO SHOT LIBERTY VALANCE, THE (1962)
FOR A FEW DOLLARS MORE (1965)
GOOD, THE BAD AND THE UGLY, THE (1967)
MORT ÉTAIT AU RENDEZ-VOUS, LA (1967)
SABATA (1969)
EL CONDOR (1970)
SABATA RETURNS (1971)
MAGNIFICENT SEVEN RIDE, THE (1972)
STRANGER AND THE GUNFIGHTER, THE (1974)
OCTAGON, THE (1980)
ESCAPE FROM NEW YORK (1981)

VAN DAMME, Jean-Claude
acteur belge (1961-)
BLOODSPORT (1987)
CYBORG (1989)
UNIVERSAL SOLDIER (1992)
HARD TARGET (1993)
NOWHERE TO RUN (1993)
STREET FIGHTER (1994)
SUDDEN DEATH (1995)
MAXIMUM RISK (1996)
DOUBLE TEAM (1997)
KNOCK OFF (1998)
LEGIONNAIRE (1998)
UNIVERSAL SOLDIER: THE RETURN (1999)
JCVD (2008)

VANCE, Courtney B.
acteur américain (1960-)
ADVENTURES OF HUCK FINN, THE (1992)
AFFAIR, THE (1995)
PANTHER (1995)
PIANO LESSON, THE (1995)
TUSKEGEE AIRMEN, THE (HBO) (1995)
PREACHER'S WIFE, THE (1996)
12 ANGRY MEN (1997)
COOKIE'S FORTUNE (1998)

VARTAN, Michael
acteur français (1968-)
UN HOMME ET DEUX FEMMES (1991)
FIORILE (1993)
MYTH OF THE FINGERPRINTS, THE (1996)
NEVER BEEN KISSED (1999)
NEXT BEST THING, THE (2000)
ALIAS (SEASON I) (2001)
MISTS OF AVALON (2001)
ONE HOUR PHOTO (2002)
MONSTER-IN-LAW (2005)
ROGUE (2007)

VAUGHN, Robert
acteur américain (1932-)
TEENAGE CAVEMAN (1958)
GOOD DAY FOR A HANGING (1959)
YOUNG PHILADELPHIANS, THE (1959)
MAGNIFICENT SEVEN, THE (1960)
ONE OF OUR SPIES IS MISSING (1966)
BULLITT (1968)
BRIDGE AT REMAGEN, THE (1969)
JULIUS CAESAR (1970)
TOWERING INFERNO, THE (1974)
STARSHIP INVASIONS (1977)
S.O.B. (1981)
BLUE AND THE GRAY, THE (1982)
SUPERMAN III (1983)
BLACK MOON RISING (1986)
TRANSYLVANIA TWIST (1990)
JOE'S APARTMENT (1996)
BASEKETBALL (1998)
POOTIE TANG (2001)

VAUGHN, Vince
acteur américain (1970-)
SWINGERS (1996)
LOCUSTS, THE (1997)
CLAY PIGEONS (1998)
PSYCHO (1998)
RETURN TO PARADISE (1998)
COOL DRY PLACE, A (1999)
CELL, THE (2000)
OLD SCHOOL (2002)
DODGEBALL: A TRUE UNDERDOG STORY (2004)
STARSKY & HUTCH (2004)
BE COOL (2005)
MR. AND MRS. SMITH (2005)
THUMBSUCKER (2005)
WEDDING CRASHERS (2005)
BREAK-UP, THE (2006)
FRED CLAUS (2007)
INTO THE WILD (2007)

VEIDT, Conrad
acteur allemand (1893-1943)
CABINET DU DR. CALIGARI, LE (1919)
DIFFERENT FROM THE OTHERS (1919)
OPIUM (1919)
INDIAN TOMB, THE (1921)
MAINS D'ORLAC, LES (1924)
WAXWORKS (1924)
BELOVED ROGUE, THE (1927)
MAN WHO LAUGHS, THE (1927)
UNDER THE RED ROBE (1936)
DARK JOURNEY (1937)
SPY IN BLACK, THE (1939)
CONTRABAND (1940)
THIEF OF BAGDAD, THE (1940)
WHISTLING IN THE DARK (1940)
ALL THROUGH THE NIGHT (1941)
CASABLANCA (1941)
ABOVE SUSPICION (1943)

VENORA, Diane
actrice américaine (1952-)
WOLFEN (1981)
F/X (1985)
HEAT (1995)
SUBSTITUTE, THE (1995)
WILLIAM SHAKESPEARE'S ROMEO & JULIET (1996)
13th WARRIOR, THE (1999)
INSIDER, THE (1999)
HAMLET (2000)
STATESIDE (2004)
SELF MEDICATED (2005)

VENTURA, Lino
acteur italien (1919-1987)
RAZZIA SUR LA CHNOUF (1955)
CRIME ET CHÂTIMENT (1956)
ASCENSEUR POUR L'ÉCHAFAUD (1957)
MONTPARNASSE 19 (1957)
ROUGE EST MIS, LE (1957)
CHEMIN DES ÉCOLIERS, LE (1958)
UN TAXI POUR TOBROUK (1960)
DIABLE ET LES DIX COMMANDEMENTS, LE (1962)
CHARGE DES REBELLES, LA (1963)
TONTONS FLINGUEURS, LES (1963)
CENT MILLE DOLLARS AU SOLEIL (1964)
GRANDES GUEULES, LES (1965)
DEUXIÈME SOUFFLE, LE (1966)
NE NOUS FÂCHONS PAS (1966)
AVENTURIERS, LES (1967)
CLAN DES SICILIENS, LE (1968)
RAPACE, LE (1968)
ARMÉE DES OMBRES, L' (1969)
DERNIER DOMICILE CONNU (1970)
BOULEVARD DU RHUM (1971)
AVENTURE C'EST L'AVENTURE, L' (1972)
VALACHI PAPERS, THE (1972)
BONNE ANNÉE, LA (1973)
EMMERDEUR, L' (1973)
ADIEU POULET (1975)
UN PAPILLON SUR L'ÉPAULE (1978)
GARDE À VUE (1981)
MISÉRABLES, LES (1982)
RUFFIAN, LE (1982)
7e CIBLE, LA (1984)
CENT JOURS À PALERME (1984)
SWORD OF GIDEON (1986)

VERDU, Maribel
actrice espagnole (1970-)
BADIS (1988)
LOVERS (1991)
BELLE ÉPOQUE (1992)
MACHO (1993)
TOREROS (1997)
GOYA À BORDEAUX (1999)
ET... TA MÈRE AUSSI (2001)
JERICHO MANSIONS (2003)
LABYRINTHE DE PAN, LE (2006)

VERNIER, Pierre
acteur français (1931-)
JARDINIER D'ARGENTEUIL, LE (1966)
PARIS BRÛLE-T-IL? (1966)
CAROLINE CHÉRIE (1967)
STAVISKY (1974)
MONSIEUR KLEIN (1976)
I... COMME ICARE (1979)
TENDRES COUSINES (1980)
JOSÉPHA (1981)
PROFESSIONNEL, LE (1981)
QU'EST-CE QU'ON ATTEND POUR ÊTRE HEUREUX? (1982)
AMI DE VINCENT, L' (1983)
MARGINAL, LE (1983)
COURS PRIVÉ (1986)
SOLITAIRE, LE (1987)
À GAUCHE EN SORTANT DE L'ASCENSEUR (1988)
ITINÉRAIRE D'UN ENFANT GÂTÉ (1988)
ROMUALD ET JULIETTE (1989)
BELLE HISTOIRE, LA (1991)
BETTY (1991)
INCONNU DANS LA MAISON, L' (1992)
MISÉRABLES DU XXe SIÈCLE, LES (1995)
SOUS LE SABLE (2000)
CONFIANCE RÈGNE, LA (2004)

VIARD, Karin
actrice française (1966-)
MAX ET JÉRÉMIE (1992)
FILS PRÉFÉRÉ, LE (1994)
SÉPARATION, LA (1994)
ADULTÈRE (MODE D'EMPLOI) (1995)
JOURNAL D'UN SÉDUCTEUR, LE (1995)
RANDONNEURS, LES (1997)
NOUVELLE ÈVE, LA (1998)
ENFANTS DU SIÈCLE, LES (1999)
HAUT LES CŒURS! (1999)
PARENTHÈSE ENCHANTÉE, LA (1999)
EMPLOI DU TEMPS, L' (2001)
REINES D'UN JOUR (2001)
UN JEU D'ENFANTS (2001)
EMBRASSEZ QUI VOUS VOUDREZ (2002)
FRANCE BOUTIQUE (2003)
COUPERET, LE (2004)
RÔLE DE SA VIE, LE (2004)
ENFANTS, LES (2005)
ENFER, L' (2005)
TÊTE DE MAMAN, LA (2007)
VÉRITÉ OU PRESQUE, LA (2007)
PARIS (2008)
BAL DES ACTRICES, LE (2009)

VILLERET, Jacques
acteur français (1951-2005)
GUEULE OUVERTE, LA (1973)
UN AMOUR DE PLUIE (1973)
BON ET LES MÉCHANTS, LE (1975)
TOUTE UNE VIE (1975)
ROBERT ET ROBERT (1978)
À NOUS DEUX (1979)
RIEN NE VA PLUS (1979)
UNS ET LES AUTRES, LES (1980)
SOUPE AUX CHOUX, LA (1981)
CIRCULEZ, Y'A RIEN À VOIR (1982)
DANTON (1982)
GRAND FRÈRE, LE (1982)
ÉDITH ET MARCEL (1983)
GARCON! (1983)
MORFALOUS, LES (1983)
PAPY FAIT DE LA RÉSISTANCE (1983)
GALETTE DU ROI, LA (1985)
HOLD-UP (1985)
DERNIER ÉTÉ À TANGER (1986)
ÉTÉ EN PENTE DOUCE, L' (1986)
FRÈRES PÉTARD, LES (1986)
SOIGNE TA DROITE! (1987)
588, RUE PARADIS (1991)
BAL DES CASSE-PIEDS, LE (1991)
SECRETS PROFESSIONNELS DU DR. APFELGLÜCK, LES (1991)
FAVOUR, THE WATCH AND THE VERY BIG FISH, THE (1992)
PARANO (1993)
DÎNER DE CONS, LE (1998)
ENFANTS DU MARAIS, LES (1998)

MOOKIE (1998)
ACTEURS, LES (1999)
UN CRIME AU PARADIS (2000)
UN ALLER SIMPLE (2001)
EFFROYABLES JARDINS (2002)
MALABAR PRINCESS (2004)
VIPÈRE AU POING (2004)

VOIGHT, Jon
acteur américain (1938-)
MIDNIGHT COWBOY (1969)
CATCH-22 (1970)
DELIVERANCE (1972)
CONRACK (1974)
ODESSA FILE, THE (1974)
COMING HOME (1978)
CHAMP, THE (1979)
LOOKIN' TO GET OUT (1982)
TABLE FOR FIVE (1983)
DESERT BLOOM (1985)
RUNAWAY TRAIN (1985)
HEAT (1995)
MISSION: IMPOSSIBLE (1996)
ANACONDA (1997)
MOST WANTED (1997)
RAINMAKER,THE (1997)
ROSEWOOD (1997)
U-TURN (1997)
ENEMY OF THE STATE (1998)
GENERAL, THE (1998)
VARSITY BLUES (1998)
PEARL HARBOR (2001)
UPRISING, THE (2001)
ZOOLANDER (2001)
HOLES (2003)
SUPERBABIES: BABY GENIUSES II (2003)
AMERICAN CAROL, AN (2008)
PRIDE AND GLORY (2008)

VON SYDOW, Max
acteur suédois (1929-)
MADEMOISELLE JULIE (1950)
BRINK OF LIFE (1957)
FRAISES SAUVAGES, LES (1957)
SEVENTH SEAL, THE (1957)
SOURCE, LA (1959)
VISAGE, LE (1959)
COMME DANS UN MIROIR (1962)
COMMUNIANTS, LES (1963)
GREATEST STORY EVER TOLD, THE (1965)
HAWAII (1966)
QUILLER MEMORANDUM, THE (1966)
HEURE DU LOUP, L' (1967)
HONTE, LA (1968)
UNE PASSION (1969)
NIGHT VISITOR, THE (1970)
EMIGRANTS, THE (1972)
NEW LAND, THE (1972)
EXORCIST, THE (1973)
STEPPENWOLF (1974)
3 DAYS OF THE CONDOR (1975)
ULTIMATE WARRIOR, THE (1975)
DESERT OF THE TARTARS (1976)
VOYAGE OF THE DAMNED (1976)
EXORCIST II: THE HERETIC (1977)
HURRICANE (1979)
MORT EN DIRECT, LA (1979)
FLASH GORDON (1980)
CONAN THE BARBARIAN (1981)
VICTORY (1981)
CERCLE DES PASSIONS, LE (1982)
DREAMSCAPE (1983)
NEVER SAY NEVER AGAIN (1983)
STRANGE BREW (1983)
DUNE (1984)
CODE NAME: EMERALD (1985)
QUO VADIS? (1985)
DUET FOR ONE (1986)
HANNAH AND HER SISTERS (1986)
PELLE LE CONQUÉRANT (1987)
WOLF AT THE DOOR, THE (1987)
AWAKENINGS (1990)
EUROPA (1991)
KISS BEFORE DYING, A (1991)
OX, THE (1991)
UNTIL THE END OF THE WORLD (1991)
MEILLEURES INTENTIONS, LES (1992)
SILENT TOUCH, THE (1992)
NEEDFUL THINGS (1993)
CITIZEN X (1994)
JUDGE DREDD (1995)
HAMSUN (1996)
JERUSALEM (1996)
PRIVATE CONFESSIONS (1997)
WHAT DREAMS MAY COME (1998)
SNOW FALLING ON CEDARS (1999)
DRUIDS (2000)
INTACTO (2001)
SLEEPLESS (2001)
MINORITY REPORT (2002)
HEIDI (2005) (2005)
EMOTIONAL ARITHMETIC (2007)
RUSH HOUR 3 (2007)
SCAPHANDRE ET LE PAPILLON, LE (2007)

WAGNER, Robert
acteur américain (1930-)
HALLS OF MONTEZUMA (1950)
LET'S MAKE IT LEGAL (1951)
TITANIC (1952)
WHAT PRICE GLORY? (1952)
WITH A SONG IN MY HEART (1952)
BENEATH THE 12-MILE REEF (1953)
BROKEN LANCE (1953)
PRINCE VALIANT (1953)
BETWEEN HEAVEN AND HELL (1956)
KISS BEFORE DYING, A (1956)
MOUNTAIN, THE (1956)
TRUE STORY OF JESSE JAMES, THE (1956)
STOPOVER TOKYO (1957)
HUNTERS, THE (1958)
WAR LOVER, THE (1962)
PINK PANTHER, THE (1963)
HARPER (1966)
WINNING (1969)
MADAME SIN (1972)
TOWERING INFERNO, THE (1974)
CAT ON A HOT TIN ROOF (1976)
MIDWAY (1976)
AIRPORT '79: THE CONCORDE (1979)
TRAIL OF THE PINK PANTHER (1982)
CURSE OF THE PINK PANTHER (1983)
PLAYER, THE (1992)
DRAGON: THE BRUCE LEE STORY (1993)
AUSTIN POWERS: INTERNATIONAL MAN OF MYSTERY (1997)
WILD THINGS (1998)
AUSTIN POWERS: THE SPY WHO SHAGGED ME (1999)
PLAY IT TO THE BONE (1999)

WAHLBERG, Mark
acteur américain (1971-)
FEAR (1996)
BIG HIT, THE (1998)
CORRUPTOR, THE (1999)
THREE KINGS (1999)
PERFECT STORM, THE (2000)
PLANET OF THE APES (2001)
ROCK STAR (2001)
TRUTH ABOUT CHARLIE, THE (2002)
ITALIAN JOB, THE (2003)
I HEART HUCKABEES (2004)
FOUR BROTHERS (2005)
SAW II (2005)
DEPARTED, THE (2006)
INVINCIBLE (2006)
SHOOTER (2007)
WE OWN THE NIGHT (2007)
HAPPENING, THE (2008)
MAX PAYNE (2008)

WAITS, Tom
acteur américain (1949-)
OUTSIDERS, THE (1983)
RUMBLE FISH (1983)
COLD FEET (1984)
COTTON CLUB, THE (1984)
DOWN BY LAW (1986)
IRONWEED (1987)
COLD FEET (1988)
TOM WAITS: BIG TIME (1988)
BEARSKIN (1989)
QUEENS LOGIC (1990)
AT PLAY IN THE FIELDS OF THE LORD (1991)
FISHER KING, THE (1991)
BRAM STOKER'S DRACULA (1992)
SHORT CUTS (1993)
MYSTERY MEN (1999)
COFFEE & CIGARETTES (2003)
TIGRE ET LA NEIGE, LE (2005)

WALKEN, Christopher
acteur américain (1943-)
ANDERSON TAPES, THE (1971)
NEXT STOP, GREENWICH VILLAGE (1976)
ANNIE HALL (1977)
ROSELAND (1977)
DEER HUNTER, THE (1978)
LAST EMBRACE (1979)
DOGS OF WAR, THE (1980)
HEAVEN'S GATE (1980)
PENNIES FROM HEAVEN (1981)
WHO AM I THIS TIME? (1982)
BRAINSTORM (1983)
DEAD ZONE, THE (1983)
AT CLOSE RANGE (1985)
VIEW TO A KILL, A (1985)
BILOXI BLUES (1988)
MILAGRO BEANFIELD WAR, THE (1988)
COMMUNION (1989)
HOMEBOY (1989)
KING OF NEW YORK (1989)
COMFORT OF STRANGERS, THE (1990)
MCBAIN (1991)
SARAH, PLAIN AND TALL (1991)
ALL-AMERICAN MURDER (1992)
BATMAN RETURNS (1992)
GRAND PARDON II, LE (1992)
MISTRESS (1992)
TRUE ROMANCE (1993)
WAYNE'S WORLD 2 (1993)
PULP FICTION (1994)
ADDICTION, THE (1995)
NICK OF TIME (1995)
PROPHECY, THE (1995)
SEARCH AND DESTROY (1995)
THINGS TO DO IN DENVER WHEN YOU'RE DEAD (1995)
FUNERAL, THE (1996)
LAST MAN STANDING (1996)
TOUCH (1996)
EXCESS BAGGAGE (1997)
SUICIDE KINGS (1997)
BLAST FROM THE PAST (1998)
ILLUMINATA (1998)
NEW ROSE HOTEL (1998)
AFFAIR OF THE NECKLACE, THE (2001)
AMERICA'S SWEETHEARTS (2001)
JOE DIRT (2001)
SCOTLAND, PA (2001)
CATCH ME IF YOU CAN (2002)
JULIUS CAESAR (2002)
UNDERTAKING BETTY (2002)
RUNDOWN, THE (2003)
AROUND THE BEND (2004)
ENVY (2004)
MAN ON FIRE (2004)
STEPFORD WIVES, THE (2004)
DOMINO (2005)
WEDDING CRASHERS (2005)
CLICK (2006)
MAN OF THE YEAR (2006)
ROMANCE AND CIGARETTES (2006)
BALLS OF FURY (2007)
HAIRSPRAY (2007)

WALKER, Polly
actrice anglaise (1966-)
DANGEROUS MAN: LAWRENCE AFTER ARABIA, A (1992)
SLIVER (1993)
RESTORATION (1995)
FOR ROSEANNA (1996)
ROBINSON CRUSOE (1996)
BRUTE (1997)
TALK OF ANGELS (1998)
8 1/2 WOMEN (1999)
MAYOR OF CASTERBRIDGE, THE (2001)
MOÏSE: L'AFFAIRE ROCH THÉRIAULT (2002)
ROME (SEASON 1) (2005)
SCENES OF A SEXUAL NATURE (2006)
CAPRICA (2009)

WALLACH, Eli
acteur américain (1915-)
BABY DOLL (1956)
MAGNIFICENT SEVEN, THE (1960)
SEVEN THIEVES (1960)
MISFITS, THE (1961)
HOW THE WEST WAS WON (1962)
LORD JIM (1964)
HOW TO STEAL A MILLION (1966)
GOOD, THE BAD AND THE UGLY, THE (1967)
ACE HIGH (1968)
CERVEAU, LE (1969)
CINDERELLA LIBERTY (1973)
NASTY HABITS (1976)
DEEP, THE (1977)
DOMINO PRINCIPLE, THE (1977)
HUNTER, THE (1980)
SKOKIE (1981)
EXECUTIONER'S SONG, THE (1982)
WALL, THE (1982)
NUTS (1987)
GODFATHER III, THE (1990)
TWO JAKES, THE (1990)
ARTICLE 99 (1992)
MISTRESS (1992)
NIGHT AND THE CITY (1992)
ASSOCIATE, THE (1996)
KEEPING THE FAITH (2000)

KING OF THE CORNER (2004)
HOLIDAY, THE (2006)

WALSH, J.T.
acteur américain (1943-1998)
POWER (1985)
HANNAH AND HER SISTERS (1986)
GOOD MORNING, VIETNAM (1987)
HOUSE OF GAMES (1987)
TIN MEN (1987)
BIG PICTURE, THE (1988)
TEQUILA SUNRISE (1988)
THINGS CHANGE (1988)
DAD (1989)
WIRED (1989)
CRAZY PEOPLE (1990)
GRIFTERS, THE (1990)
MISERY (1990)
NARROW MARGIN (1990)
RUSSIA HOUSE, THE (1990)
BACKDRAFT (1991)
DEFENSELESS (1991)
FEW GOOD MEN, A (1992)
HOFFA (1992)
RED ROCK WEST (1992)
NATIONAL LAMPOON'S LOADED WEAPON 1 (1993)
NEEDFUL THINGS (1993)
BLUE CHIPS (1994)
CLIENT, THE (1994)
MIRACLE ON 34th STREET (1994)
SILENT FALL (1994)
NIXON (1995)
SLING BLADE (1995)
CRIME OF THE CENTURY (1996)
EXECUTIVE DECISION (1996)
BREAKDOWN (1997)
NEGOTIATOR, THE (1998)
PLEASANTVILLE (1998)
LOVE LIZA (2002)

WALSH, M. Emmet
acteur américain (1935-)
ALICE'S RESTAURANT (1969)
MIDNIGHT COWBOY (1969)
LITTLE BIG MAN (1970)
WHAT'S UP, DOC? (1972)
SERPICO (1973)
PRISONER OF SECOND AVENUE, THE (1975)
SLAP SHOT (1976)
AIRPORT '77 (1977)
STRAIGHT TIME (1977)
JERK, THE (1979)
BRUBAKER (1980)
ORDINARY PEOPLE (1980)
EAST OF EDEN (1981)
REDS (1981)
BLADE RUNNER (1982)
FAST-WALKING (1982)
BLOOD SIMPLE (1983)
SILKWOOD (1983)
POPE OF GREENWICH VILLAGE, THE (1984)
HARRY AND THE HENDERSONS (1987)
NO MAN'S LAND (1987)
RAISING ARIZONA (1987)
CLEAN AND SOBER (1988)
MILAGRO BEANFIELD WAR, THE (1988)
SUNSET (1988)
MIGHTY QUINN, THE (1989)
CHATTAHOOCHEE (1990)
NARROW MARGIN (1990)
EQUINOX (1992)
WHITE SANDS (1992)
BITTER HARVEST (1993)
MUSIC OF CHANCE, THE (1993)
GLASS SHIELD, THE (1994)
FREE WILLY II: THE ADVENTURE HOME (1995)
PANTHER (1995)
ALBINO ALLIGATOR (1996)
WILD WILD WEST (1999)
POOR WHITE TRASH (2000)
SNOW DOGS (2002)
RACING STRIPES (2004)

WALTERS, Julie
actrice anglaise (1950-)
EDUCATING RITA (1982)
PERSONAL SERVICES (1986)
BUSTER (1988)
STEPPING OUT (1991)
JUST LIKE A WOMAN (1992)
SUMMER HOUSE, THE (1992)
SISTER, MY SISTER (1994)
WEDDING GIFT, THE (1994)
BILLY ELLIOTT (2000)
LOVER'S PRAYER (2000)
CALENDAR GIRLS (2003)
DRIVING LESSONS (2005)
WAH-WAH (2005)
BECOMING JANE (2007)
HARRY POTTER AND THE ORDER OF THE PHOENIX (2007)
MAMMA MIA! (2008)
HARRY POTTER AND THE HALF-BLOOD PRINCE (2009)

WARD, Fred
acteur américain (1943-)
BELLE STARR (1980)
SOUTHERN COMFORT (1981)
TIMERIDER (1982)
UNCOMMON VALOR (1983)
TRAIN OF DREAMS (1987)
OFF LIMITS (1988)
PRINCE OF PENNSYLVANIA, THE (1988)
MIAMI BLUES (1989)
TREMORS (1989)
TWO SMALL BODIES (1993)
DANGEROUS BEAUTY (1997)
ROAD TRIP (2000)
CORKY ROMANO (2001)
ABANDON (2002)
ENOUGH (2002)
SWEET HOME ALABAMA (2002)

WARDEN, Jack
acteur américain (1920-2006)
RED BALL EXPRESS (1952)
12 ANGRY MEN (1957)
DARBY'S RANGERS (1957)
EDGE OF THE CITY (1957)
RUN SILENT, RUN DEEP (1958)
DONOVAN'S REEF (1963)
THIN RED LINE, THE (1964)
BRIAN'S SONG (1971)
BILLY TWO HATS (1973)
MAN WHO LOVED CAT DANCING, THE (1973)
APPRENTICESHIP OF DUDDY KRAVITZ, THE (1974)
SHAMPOO (1974)
ALL THE PRESIDENT'S MEN (1976)
WHITE BUFFALO, THE (1977)
DEATH ON THE NILE (1978)
HEAVEN CAN WAIT (1978)
AND JUSTICE FOR ALL (1979)
BEING THERE (1979)
BEYOND THE POSEIDON ADVENTURE (1979)
CHAMP, THE (1979)
USED CARS (1980)
VERDICT, THE (1982)
CRACKERS (1983)
AVIATOR, THE (1985)
SEPTEMBER (1987)
PRESIDIO, THE (1988)
PROBLEM CHILD (1990)
NIGHT AND THE CITY (1992)
PASSED AWAY (1992)
TOYS (1992)
GUILTY AS SIN (1993)
BULLETS OVER BROADWAY (1994)
MIGHTY APHRODITE (1995)
THINGS TO DO IN DENVER WHEN YOU'RE DEAD (1995)
WHILE YOU WERE SLEEPING (1995)
ÎLE DE MON ENFANCE, L' (1997)
BULWORTH (1998)
REPLACEMENTS, THE (2000)

WARNER, David
acteur anglais (1941-)
MORGAN: A SUITABLE CASE FOR TREATMENT (1966)
BALLAD OF CABLE HOGUE, THE (1969)
DOLL'S HOUSE (1973)
FROM BEYOND THE GRAVE (1973)
OMEN, THE (1976)
CROSS OF IRON (1977)
S.O.S. TITANIC (1979)
TIME AFTER TIME (1979)
ISLAND, THE (1980)
TRON (1982)
CHRISTMAS CAROL, A (1984)
COMPANY OF WOLVES (1984)
RASPUTIN (1995)
LEADING MAN, THE (1996)
SEVEN SERVANTS (1996)
MONEY TALKS (1997)
TITANIC (1997)
PLANET OF THE APES (2001)
LADIES IN LAVENDER (2004)

WASHINGTON, Denzel
acteur américain (1954-)
SOLDIER'S STORY, A (1984)
POWER (1985)
CRY FREEDOM (1987)
FOR QUEEN & COUNTRY (1988)
GLORY (1989)
MIGHTY QUINN, THE (1989)
HEART CONDITION (1990)
MO' BETTER BLUES (1990)
MISSISSIPPI MASALA (1991)
RICOCHET (1991)
MALCOLM X (1992)
MUCH ADO ABOUT NOTHING (1993)
PELICAN BRIEF, THE (1993)
PHILADELPHIA (1993)
CRIMSON TIDE (1995)
DEVIL IN A BLUE DRESS (1995)
VIRTUOSITY (1995)
COURAGE UNDER FIRE (1996)
PREACHER'S WIFE, THE (1996)
FALLEN (1997)
HE GOT GAME (1998)
SIEGE, THE (1998)
BONE COLLECTOR, THE (1999)
HURRICANE, THE (1999)
REMEMBER THE TITANS (2000)
JOHN Q. (2001)
TRAINING DAY (2001)
ANTWONE FISHER (2002)
OUT OF TIME (2003)
MAN ON FIRE (2004)
DÉJÀ VU (2006)
INSIDE MAN (2006)
AMERICAN GANGSTER (2007)
GREAT DEBATERS, THE (2008)
TAKING OF PELHAM 1 2 3, THE (2009)

WASHINGTON, Isaiah
acteur américain (1963-)
CLOCKERS (1995)
GIRL 6 (1996)
LOVE JONES (1997)
TRUE CRIME (1999)
EXIT WOUNDS (2001)
GHOST SHIP (2002)
WELCOME TO COLLINWOOD (2002)
HOLLYWOOD HOMICIDE (2003)

WASHINGTON, Kerry
actrice américaine (1977-)
SAVE THE LAST DANCE (2001)
BAD COMPANY (2002)
SIN (2003)
RAY (2004)
SHE HATE ME (2004)
FANTASTIC 4 (2005)
MR. AND MRS. SMITH (2005)
LAST KING OF SCOTLAND, THE (2006)
LITTLE MAN (2006)
LAKEVIEW TERRACE (2008)

WATSON, Emily
actrice anglaise (1967-)
AMOUR EST UN POUVOIR SACRÉ, L' (1996)
BOXER, THE (1997)
METROLAND (1997)
HILARY AND JACKIE (1998)
ANGELA'S ASHES (1999)
CRADLE WILL ROCK (1999)
LUZHIN DEFENCE. THE (2000)
TRIXIE (2000)
EQUILIBRIUM (2001)
GOSFORD PARK (2001)
PUNCH-DRUNK LOVE (2002)
RED DRAGON (2002)
LIFE AND DEATH OF PETER SELLERS, THE (2003)
PROPOSITION, THE (2005)
SEPARATE LIES (2005)
TIM BURTON'S CORPSE BRIDE (2005)
WAH-WAH (2005)
MISS POTTER (2006)
WATER HORSE - LEGEND OF THE DEEP, THE (2007)
MEMORY KEEPER'S DAUGHTER, THE (2008)
SYNECDOCHE, NEW YORK (2008)

WATTS, Naomi
actrice anglaise (1968-)
TANK GIRL (1995)
UNDER THE LIGHTHOUSE DANCING (1997)
STRANGE PLANET (1999)
WYVERN MYSTERY, THE (2000)
MULHOLLAND DRIVE (2001)
RING, THE (2002)
UNDERTAKING BETTY (2002)
21 GRAMS (2003)
DIVORCE, LE (2003)
NED KELLY (2003)
ASSASSINATION OF RICHARD NIXON, THE (2004)
I HEART HUCKABEES (2004)
WE DON'T LIVE HERE ANYMORE (2004)
ELLIE PARKER (2005)

KING KONG (2005)
RING TWO, THE (2005)
STAY (2005)
PAINTED VEIL, THE (2006)
EASTERN PROMISES (2007)
FUNNY GAMES (2008)
INTERNATIONAL, THE (2009)

WAYANS, Marlon
acteur américain (1972-)
ABOVE THE RIM (1994)
WAYANS BROS., THE (SEASON I) (1995)
SENSELESS (1998)
DUNGEONS AND DRAGONS (2000)
REQUIEM FOR A DREAM (2000)
LADYKILLERS, THE (2003)
WHITE CHICKS (2004)
LITTLE MAN (2006)
NORBIT (2007)

WAYNE, John
acteur américain (1907-1979)
BIG TRAIL, THE (1930)
BIG STAMPEDE (1932)
HAUNTED GOLD (1932)
RIDE HIM, COWBOY (1932)
MAN FROM MONTEREY, THE (1933)
SOMEWHERE IN SONORA (1933)
TELEGRAPH TRAIL (1933)
OVERLAND STAGE RAIDERS (1938)
ALLEGHENY UPRISING (1939)
STAGECOACH (1939)
DARK COMMAND (1940)
LONG VOYAGE HOME, THE (1940)
SEVEN SINNERS (1940)
SHEPHERD OF THE HILLS, THE (1940)
THREE FACES WEST (1940)
PITTSBURGH (1942)
REAP THE WILD WIND (1942)
REUNION IN FRANCE (1942)
SPOILERS, THE (1942)
FIGHTING SEABEES, THE (1943)
LADY TAKES A CHANCE, A (1943)
TALL IN THE SADDLE (1944)
BACK TO BATAAN (1945)
DAKOTA (1945)
FLAME OF BARBARY COAST (1945)
THEY WERE EXPENDABLE (1945)
WITHOUT RESERVATIONS (1946)
ANGEL AND THE BADMAN (1947)
FORT APACHE (1947)
RED RIVER (1948)
TYCOON (1948)
WAKE OF THE RED WITCH, THE (1948)
3 GODFATHERS (1949)
FIGHTING KENTUCKIAN, THE (1949)
SANDS OF IWO JIMA (1949)
SHE WORE A YELLOW RIBBON (1949)
JET PILOT (1950)
RIO GRANDE (1950)
OPERATION PACIFIC (1951)
BIG JIM MCLAINE (1952)
QUIET MAN, THE (1952)
HONDO (1953)
TROUBLE ALONG THE WAY (1953)
BLOOD ALLEY (1955)
SEA CHASE, THE (1955)
SEARCHERS, THE (1955)
CONQUEROR, THE (1956)
WINGS OF EAGLES, THE (1956)
LEGEND OF THE LOST (1957)
BARBARIAN AND THE GEISHA, THE (1958)
HORSE SOLDIERS, THE (1959)
RIO BRAVO (1959)
ALAMO, THE (1960)
NORTH TO ALASKA (1960)
COMANCHEROS, THE (1961)
HATARI! (1962)
HOW THE WEST WAS WON (1962)
MAN WHO SHOT LIBERTY VALANCE, THE (1962)
DONOVAN'S REEF (1963)
MCLINTOCK! (1963)
CIRCUS WORLD (1964)
GREATEST STORY EVER TOLD, THE (1965)
IN HARM'S WAY (1965)
SONS OF KATIE ELDER, THE (1965)
CAST A GIANT SHADOW (1966)
EL DORADO (1967)
WAR WAGON, THE (1967)
GREEN BERETS, THE (1968)
HELLFIGHTERS (1968)
TRUE GRIT (1969)
UNDEFEATED, THE (1969)
BIG JAKE (1970)
CHISUM (1970)
RAQUEL! - STARRING RAQUEL WELSH (1970)
RIO LOBO (1970)
COWBOYS, THE (1971)
CAHILL: UNITED STATES MARSHALL (1973)
MCQ (1973)
TRAIN ROBBERS, THE (1973)
BRANNIGAN (1975)
ROOSTER COGBURN (1975)
SHOOTIST, THE (1976)

WEAVER, Sigourney
actrice américaine (1949-)
ANNIE HALL (1977)
ALIEN (1979)
EYEWITNESS (1981)
YEAR OF LIVING DANGEROUSLY, THE (1982)
DEAL OF THE CENTURY (1983)
GHOSTBUSTERS (1984)
UNE FEMME OU DEUX (1985)
ALIENS (1986)
HALF MOON STREET (1986)
GORILLAS IN THE MIST (1988)
WORKING GIRL (1988)
GHOSTBUSTERS 2 (1989)
1492: CONQUEST OF PARADISE (1992)
ALIEN 3 (1992)
DAVE (1993)
DEATH AND THE MAIDEN (1994)
COPYCAT (1995)
JEFFREY (1995)
NEVER TALK TO STRANGERS (1995)
ALIEN RESURRECTION (1997)
ICE STORM, THE (1997)
SNOW WHITE: A TALE OF TERROR (1997)
GALAXY QUEST (1999)
MAP OF THE WORLD, A (1999)
COMPANY MAN (2000)
HEARTBREAKERS (2001)
GUYS, THE (2002)
TADPOLE (2002)
ALIEN QUADRILOGY (2003)
HOLES (2003)
IMAGINARY HEROES (2004)
VILLAGE, THE (2004)
INFAMOUS (2006)
SNOW CAKE (2006)
TV SET, THE (2006)
BABY MAMA (2008)
VANTAGE POINT (2008)

WEAVING, Hugo
acteur nigérien (1960-)
RIGHT HAND MAN, THE (1987)
PROOF (1991)
BEDROOMS AND HALLWAYS (1998)
INTERVIEW, THE (1998)
MATRIX, THE (1999)
RUSSIAN DOLL (2001)
AFTER THE DELUGE (2003)
MATRIX RELOADED, THE (2003)
MATRIX, THE: REVOLUTIONS (2003)
LITTLE FISH (2005)
V FOR VENDETTA (2005)

WEISZ, Rachel
actrice anglaise (1971-)
CHAIN REACTION (1996)
STEALING BEAUTY (1996)
SWEPT FROM THE SEA (1997)
I WANT YOU (1998)
MUMMY, THE (1999)
SUNSHINE (1999)
ENEMY AT THE GATES (2000)
MUMMY RETURNS, THE (2001)
ABOUT A BOY (2002)
SHAPE OF THINGS, THE (2002)
CONFIDENCE (2003)
RUNAWAY JURY (2003)
ENVY (2004)
CONSTANT GARDENER (2005)
CONSTANTINE (2005)
FOUNTAIN, THE (2006)
FRED CLAUS (2007)
MY BLUEBERRY NIGHTS (2007)
DEFINITELY, MAYBE (2008)

WELCH, Raquel
actrice américaine (1940-)
FANTASTIC VOYAGE, THE (1966)
ONE MILLION YEARS B.C. (1966)
SHOOT LOUD, LOUDER (1966)
FATHOM (1967)
100 RIFLES (1968)
BANDOLERO! (1968)
LADY IN CEMENT (1968)
MAGIC CHRISTIAN, THE (1969)
MYRA BRECKINRIDGE (1970)
RAQUEL! - STARRING RAQUEL WELSH (1970)
HANNIE CAULDER (1971)
BARBE BLEUE (1972)
KANSAS CITY BOMBER (1972)
LAST OF SHEILA, THE (1973)
FOUR MUSKETEERS, THE (1974)
THREE MUSKETEERS, THE (1974)
WILD PARTY, THE (1975)
ANIMAL, L' (1977)
NAKED GUN 33 1/3: THE FINAL INSULT, THE (1994)
FOLLE D'ELLE (1997)
RAQUEL WELCH COLLECTION (2004)

WELLER, Peter
acteur américain (1947-)
SHOOT THE MOON (1981)
OF UNKNOWN ORIGIN (1983)
ADVENTURES OF BUCKAROO BANZAI ACROSS THE EIGHT DIMENSION, THE (1984)
FIRST BORN (1984)
ROBOCOP (1987)
CAT CHASER (1988)
ROBOCOP 2 (1990)
WOMEN AND MEN: STORIES OF SEDUCTION (1990)
NAKED LUNCH (1991)
NEW AGE, THE (1994)
MIGHTY APHRODITE (1995)
PAR-DELÀ LES NUAGES (1995)
SCREAMERS (1995)
CONTAMINATED MAN (2000)
IVANS XTC (2000)
DRACULA: THE DARK PRINCE (2001)
ORDER, THE (2003)

WELLES, Orson
acteur américain (1915-1985)
CITIZEN KANE (1941)
JANE EYRE (1943)
JOURNEY INTO FEAR (1943)
FOLLOW THE BOYS (1944)
STRANGER, THE (1946)
TOMORROW IS FOREVER (1946)
LADY FROM SHANGHAI, THE (1947)
MACBETH (1948)
BLACK ROSE (1949)
PRINCE OF FOXES (1949)
THIRD MAN, THE (1949)
OTHELLO (1952)
NAPOLÉON (1954)
THREE CASES OF MURDER (1954)
CONFIDENTIAL REPORT (MR. ARKADIN) (1955)
MOBY DICK (1956)
MAN IN THE SHADOW (1957)
LONG HOT SUMMER, THE (1958)
TOUCH OF EVIL (1958)
COMPULSION (1959)
ROGOPAG (1962)
TRIAL, THE (1962)
V.I.P.'S, THE (1963)
MAN FOR ALL SEASONS, A (1966)
CASINO ROYALE (1967)
START THE REVOLUTION WITHOUT ME (1969)
CATCH-22 (1970)
DÉCADE PRODIGIEUSE, LA (1971)
WATERLOO (1971)
TREASURE ISLAND (1972)
F FOR FAKE (1973)
VOYAGE OF THE DAMNED (1976)
MAN WHO SAW TOMORROW, THE (1981)
SOMEONE TO LOVE (1987)
DON QUIXOTE (1992)

WENHAM, David
acteur australien (1965-)
BOYS, THE (1997)
LITTLE BIT OF SOUL, A (1997)
MOLOKAÏ (1999)
BETTER THAN SEX (2000)
BANK, THE (2001)
DUST (2001)
RUSSIAN DOLL (2001)
CROCODILE HUNTER: COLLISION COURSE (2002)
PURE (2002)
AFTER THE DELUGE (2003)
VAN HELSING (2004)
300 (2007)
AUSTRALIA (2008)
CHILDREN OF HUANG SHI, THE (2008)

WHALEY, Frank
acteur américain (1963-)
CAREER OPPORTUNITIES (1991)
CAFE SOCIETY (1993)
SWING KIDS (1993)
DESPERATE TRAIL, THE (1994)
SWIMMING WITH SHARKS (1995)
BROKEN ARROW (1996)
JIMMY SHOW, THE (2001)

MRS. HARRIS (2005)
VACANCY (2007)

WHALLEY, Joanne
acteur anglaise (1964-)
PINK FLOYD - THE WALL (1982)
DANCE WITH A STRANGER (1984)
GOOD FATHER, THE (1986)
SCANDAL (1988)
TO KILL A PRIEST (1988)
WILLOW (1988)
NAVY SEALS (1990)
CROSSING THE LINE (1991)
SHATTERED (1991)
STORYVILLE (1991)
GOOD MAN IN AFRICA, A (1993)
MOTHER'S BOYS (1993)
TRIAL BY JURY (1994)
CALIFORNIANS, THE (2005)

WHITAKER, Forest
acteur américain (1961-)
COLOR OF MONEY, THE (1986)
PLATOON (1986)
BLOODSPORT (1987)
GOOD MORNING, VIETNAM (1987)
STAKEOUT (1987)
BIRD (1988)
DOWNTOWN (1989)
JOHNNY HANDSOME (1989)
DIARY OF A HITMAN (1991)
RAGE IN HARLEM, A (1991)
CONSENTING ADULTS (1992)
CRYING GAME, THE (1992)
BODY SNATCHERS (1993)
LUSH LIFE (1993)
BLOWN AWAY (1994)
JASON'S LYRIC (1994)
PRÊT-À-PORTER (1994)
SMOKE (1995)
SPECIES (1995)
GHOST DOG: THE WAY OF THE SAMURAÏ (1999)
BATTLEFIELD EARTH (2000)
FOURTH ANGEL (2000)
FEAST OF ALL SAINTS (2001)
GREEN DRAGON (2001)
PANIC ROOM (2002)
PHONE BOOTH (2002)
AMERICAN GUN (2005)
LAST KING OF SCOTLAND, THE (2006)
AIR I BREATHE, THE (2007)
EVEN MONEY (2007)
GREAT DEBATERS, THE (2008)
STREET KINGS (2008)
VANTAGE POINT (2008)

WHITERSPOON, Reese
actrice américaine (1976-)
RETURN TO LONESOME DOVE (1993)
S.F.W. (1994)
FREEWAY (1996)
TWILIGHT (1997)
BEST LAID PLANS (1999)
LEGALLY BLONDE 2: RED, WHITE & BLONDE (2003)
VANITY FAIR (2004)
JUST LIKE HEAVEN (2005)
WALK THE LINE (2005)
PENELOPE (2006)
RENDITION (2007)

WHITFORD, Bradley
acteur américain (1959-)
REVENGE OF THE NERDS 2 (1987)
SCENT OF A WOMAN (1992)
MY LIFE (1993)
CLIENT, THE (1994)
BILLY MADISON (1995)
RED CORNER (1997)
MUSE, THE (1999)
WEST WING, THE (SEASON I) (1999)
KATE & LEOPOLD (2001)
LITTLE MANHATTAN (2005)
SISTERHOOD OF THE TRAVELING PANTS (2005)
AMERICAN CRIME, AN (2007)

WHITMAN, Stuart
acteur américain (1926-)
RHAPSODY (1954)
BOMBERS B-52 (1957)
CHINA DOLL (1958)
MURDER, INC. (1960)
STORY OF RUTH, THE (1960)
COMANCHEROS, THE (1961)
FRANCIS OF ASSISI (1961)
RIO CONCHOS (1964)
NIGHT OF THE LEPUS (1972)
SHATTER (1974)
EATEN ALIVE (1976)
RUBY (1977)
WHITE BUFFALO, THE (1977)
INVADERS OF THE LOST GOLD (1982)
TREASURE OF THE AMAZON (1985)
HEAVEN AND EARTH (1990)

WIDMARK, Richard
acteur américain (1914-2008)
KISS OF DEATH (1946)
ROAD HOUSE (1948)
STREET WITH NO NAME, THE (1948)
YELLOW SKY (1948)
HALLS OF MONTEZUMA (1950)
NIGHT AND THE CITY (1950)
NO WAY OUT (1950)
PANIC IN THE STREETS (1950)
FROGMEN, THE (1951)
O. HENRY'S FULL HOUSE (1951)
DON'T BOTHER TO KNOCK (1952)
BROKEN LANCE (1953)
HELL AND HIGH WATER (1953)
PICKUP ON SOUTH STREET (1953)
LAST WAGON, THE (1955)
SAINT JOAN (1956)
TIME LIMIT (1957)
LAW AND JAKE WADE, THE (1958)
TUNNEL OF LOVE (1958)
TRAP, THE (1959)
WARLOCK (1959)
ALAMO, THE (1960)
JUDGMENT AT NUREMBERG (1961)
HOW THE WEST WAS WON (1962)
CHEYENNE AUTUMN (1964)
BEDFORD INCIDENT, THE (1965)
ALVAREZ KELLY (1966)
WAY WEST, THE (1967)
MADIGAN (1968)
MURDER ON THE ORIENT EXPRESS (1974)
TO THE DEVIL... A DAUGHTER (1976)
DOMINO PRINCIPLE, THE (1977)
ROLLERCOASTER (1977)
TWILIGHT'S LAST GLEAMING (1977)
COMA (1978)
SWARM, THE (1978)
HANKY PANKY (1982)
AGAINST ALL ODDS (1984)
COLD SASSY TREE (1989)
TRUE COLORS (1991)

WIEST, Dianne
actrice américaine (1948-)
I'M DANCING AS FAST AS I CAN (1981)
FALLING IN LOVE (1984)
FOOTLOOSE (1984)
PURPLE ROSE OF CAIRO, THE (1985)
HANNAH AND HER SISTERS (1986)
LOST BOYS, THE (1987)
RADIO DAYS (1987)
SEPTEMBER (1987)
COOKIE (1989)
PARENTHOOD (1989)
EDWARD SCISSORHANDS (1990)
LAW AND ORDER (1990)
LITTLE MAN TATE (1991)
BULLETS OVER BROADWAY (1994)
COPS AND ROBBERSONS (1994)
DRUNKS (1995)
ASSOCIATE, THE (1996)
BIRDCAGE, THE (1996)
HORSE WHISPERER, THE (1998)
10th KINGDOM, THE (2000)
I AM SAM (2001)
GUIDE TO RECOGNIZING YOUR SAINTS, A (2006)
DAN IN REAL LIFE (2007)
DEDICATION (2007)
IN TREATMENT (SEASON 1) (2008)
PASSENGERS (2008)
SYNECDOCHE, NEW YORK (2008)

WILDER, Gene
acteur américain (1935-)
BONNIE AND CLYDE (1967)
PRODUCERS, THE (1968)
START THE REVOLUTION WITHOUT ME (1969)
QUACKSER FORTUNE HAS A COUSIN IN THE BRONX (1970)
EVERYTHING YOU ALWAYS WANTED TO KNOW ABOUT SEX BUT WERE AFRAID TO ASK (1972)
SCARECROW (1972)
RHINOCEROS (1973)
BLAZING SADDLES (1974)
LITTLE PRINCE, THE (1974)
YOUNG FRANKENSTEIN (1974)
ADVENTURES OF SHERLOCK HOLMES' SMARTER BROTHER, THE (1975)
SILVER STREAK (1976)
WORLD'S GREATEST LOVER (1977)
FRISCO KID, THE (1979)
STIR CRAZY (1980)
HANKY PANKY (1982)
WOMAN IN RED, THE (1984)
HAUNTED HONEYMOON (1986)
SEE NO EVIL, HEAR NO EVIL (1989)
FUNNY ABOUT LOVE (1990)
ANOTHER YOU (1991)

WILHOITE, Kathleen
actrice américaine (1964-)
MURPHY'S LAW (1986)
BRENDA STARR (1987)
BAD INFLUENCE (1990)
LORENZO'S OIL (1992)
BREAST MEN (1997)
EDGE, THE (1997)
NURSE BETTY (2000)
QUICKSAND (2001)

WILKINSON, Tom
acteur anglais (1948-)
PRIEST (1994)
FULL MONTY, THE (1996)
GHOST AND THE DARKNESS, THE (1996)
OSCAR AND LUCINDA (1997)
WILDE (1997)
GOVERNESS, THE (1998)
RUSH HOUR (1998)
SHAKESPEARE IN LOVE (1998)
PATRIOT, THE (2000)
ANOTHER LIFE (2001)
IN THE BEDROOM (2001)
GATHERING STORM (2002)
IMPORTANCE OF BEING EARNEST, THE (2002)
GIRL WITH A PEARL EARRING (2003)
NORMAL (2003)
ETERNAL SUNSHINE OF THE SPOTLESS MIND (2004)
GOOD WOMAN, A (2004)
PICCADILLY JIM (2004)
STAGE BEAUTY (2004)
BATMAN BEGINS (2005)
EXORCISM OF EMILY ROSE, THE (2005)
SEPARATE LIES (2005)
LAST KISS (2006)
DEDICATION (2007)
MICHAEL CLAYTON (2007)
CASSANDRA'S DREAM (2008)
JOHN ADAMS (2008)
RECOUNT (2008)
ROCKNROLLA (2008)
VALKYRIE (2008)
DUPLICITY (2009)

WILLIAMS, JoBeth
actrice américaine (1948-)
STIR CRAZY (1980)
ENDANGERED SPECIES (1982)
POLTERGEIST (1982)
DAY AFTER, THE (1983)
AMERICAN DREAMER (1984)
DESERT BLOOM (1985)
POLTERGEIST II (1986)
MEMORIES OF ME (1988)
MY NAME IS BILL W. (1989)
DUTCH (1991)
SWITCH (1991)
CHANTILLY LACE (1993)
CRAZYLOVE (2005)
FEVER PITCH (2005)
IN THE LAND OF WOMEN (2007)

WILLIAMS, Olivia
actrice anglaise (1968-)
JANE AUSTEN'S EMMA (1996)
POSTMAN, THE (1997)
RUSHMORE (1998)
SIXTH SENSE, THE (1999)
BODY, THE (2001)
LUCKY BREAK (2001)
MAN FROM ELYSIAN FIELDS, THE (2001)
BELOW (2002)
HEART OF ME, THE (2002)
PETER PAN (2003)
AGATHA CHRISTIE - A LIFE IN PICTURES (2004)
FLASHBACKS OF A FOOL (2008)

WILLIAMS, Robin
acteur américain (1952-)
CAN I DO IT... TIL I NEED GLASSES (1977)
POPEYE (1980)
SURVIVORS, THE (1983)
MOSCOW ON THE HUDSON (1984)
BEST OF TIMES, THE (1986)

CLUB PARADISE (1986)
DEAR AMERICA: LETTERS HOME FROM VIETNAM (1987)
GOOD MORNING, VIETNAM (1987)
ADVENTURES OF BARON MUNCHAUSEN, THE (1988)
DEAD POETS SOCIETY (1989)
AWAKENINGS (1990)
CADILLAC MAN (1990)
DEAD AGAIN (1991)
FISHER KING, THE (1991)
HOOK (1991)
SHAKES THE CLOWN (1991)
TOYS (1992)
MRS. DOUBTFIRE (1993)
BEING HUMAN (1994)
JUMANJI (1995)
NINE MONTHS (1995)
TO WONG FOO, THANKS FOR EVERYTHING, JULIE NEWMAR (1995)
BIRDCAGE, THE (1996)
JACK (1996)
FATHER'S DAY (1997)
FLUBBER (1997)
GOOD WILL HUNTING (1997)
PATCH ADAMS (1998)
WHAT DREAMS MAY COME (1998)
BICENTENNIAL MAN (1999)
JAKOB THE LIAR (1999)
DEATH TO SMOOCHY (2002)
INSOMNIA (2002)
ONE HOUR PHOTO (2002)
ROBIN WILLIAMS LIVE IN BROADWAY (2002)
FINAL CUT, THE (2004)
HOUSE OF D (2004)
BIG WHITE, THE (2005)
MAN OF THE YEAR (2006)
NIGHT AT THE MUSEUM (2006)
NIGHT LISTENER, THE (2006)
RV (2006)
AUGUST RUSH (2007)
LICENSE TO WED (2007)

WILLIAMS, Treat
acteur américain (1952-)
HAIR (1979)
PRINCE OF THE CITY (1981)
FLASHPOINT (1984)
SMOOTH TALK (1985)
DEAD HEAT (1988)
WATER ENGINE, THE (1992)
THINGS TO DO IN DENVER WHEN YOU'RE DEAD (1995)
PHANTOM, THE (1996)
DEVIL'S OWN, THE (1997)
DEEP RISING (1998)
DEEP END OF THE OCEAN, THE (1999)
JOURNEY TO THE CENTER OF THE EARTH (1999)
WHAT HAPPENS IN VEGAS (2008)

WILLIAMS, Vanessa
actrice américaine,(1963-)
PICK-UP ARTIST, THE (1987)
ERASER (1996)
HOODLUM (1997)
ODYSSEY, THE (1997)
SOUL FOOD (1997)
DON QUIXOTE (2000)
SHAFT (2000)
JOHNSON FAMILY VACATION (2004)
MY BROTHER (2006)
UGLY BETTY (SEASON 1) (2006)

WILLIS, Bruce
acteur américain (1955-)
MOONLIGHTING (1985)
BLIND DATE (1987)
DIE HARD (1988)
SUNSET (1988)
IN COUNTRY (1989)
LOOK WHO'S TALKING (1989)
BONFIRE OF THE VANITIES, THE (1990)
DIE HARD 2: DIE HARDER (1990)
BILLY BATHGATE (1991)
HUDSON HAWK (1991)
LAST BOY SCOUT, THE (1991)
MORTAL THOUGHTS (1991)
DEATH BECOMES HER (1992)
PLAYER, THE (1992)
NATIONAL LAMPOON'S LOADED WEAPON 1 (1993)
STRIKING DISTANCE (1993)
COLOR OF NIGHT (1994)
NOBODY'S FOOL (1994)
NORTH (1994)
PULP FICTION (1994)
12 MONKEYS (1995)
DIE HARD WITH A VENGEANCE (1995)
FOUR ROOMS (1995)
LAST MAN STANDING (1996)
FIFTH ELEMENT, THE (1997)
JACKAL, THE (1997)
ARMAGEDDON (1998)
MERCURY RISING (1998)
SIEGE, THE (1998)
BREAKFAST OF CHAMPIONS (1999)
SIXTH SENSE, THE (1999)
STORY OF US, THE (1999)
KID, THE (2000)
UNBREAKABLE (2000)
WHOLE NINE YARDS, THE (2000)
BANDITS (2001)
HART'S WAR (2002)
TEARS OF THE SUN (2003)
WHOLE TEN YARDS, THE (2004)
HOSTAGE (2005)
SIN CITY (2005)
16 BLOCKS (2006)
ALPHA DOG (2006)
FAST FOOD NATION (2006)
LUCKY NUMBER SLEVIN (2006)
GRINDHOUSE (2007)
LIVE FREE OR DIE HARD (2007)
PERFECT STRANGER (2007)
WHAT JUST HAPPENED? (2008)

WILSON, Lambert
acteur français (1958-)
CHANEL SOLITAIRE (1981)
FIVE DAYS, ONE SUMMER (1982)
SAHARA (1983)
SANG DES AUTRES, LE (1983)
FEMME PUBLIQUE, LA (1984)
HOMME AUX YEUX D'ARGENT, L' (1985)
RENDEZ-VOUS (1985)
ROUGE BAISER (1985)
BLEU COMME L'ENFER (1986)
BELLY OF AN ARCHITECT, THE (1987)
CHOUANS! (1988)
EL DORADO (1988)
HIVER 54, L'ABBÉ PIERRE (1989)
SUIVEZ CET AVION (1989)
UN HOMME ET DEUX FEMMES (1991)
WARSZAWA, ANNÉE 5703 (1992)
JEFFERSON IN PARIS (1995)
LEADING MAN, THE (1996)
MARQUISE (1997)
ON CONNAÎT LA CHANSON (1997)
LAST SEPTEMBER (1998)
DON QUIXOTE (2000)
DÉDALES (2003)
IL EST PLUS FACILE POUR UN CHAMEAU... (2003)
MATRIX RELOADED, THE (2003)
MATRIX, THE: REVOLUTIONS (2003)
PAS SUR LA BOUCHE (2003)
TIMELINE (2003)
CATWOMAN (2004)
GENTILLE (2005)
PALAIS ROYAL! (2005)
SAHARA (2005)
CŒURS (2006)
COMME LES AUTRES (2008)
FLAWLESS (2008)

WILSON, Luke
acteur américain (1971-)
BOTTLE ROCKET (1995)
TELLING LIES IN AMERICA (1997)
DOG PARK (1998)
BLUE STREAK (1999)
MY DOG SKIP (2000)
LEGALLY BLONDE (2001)
ROYAL TENENBAUMS, THE (2001)
OLD SCHOOL (2002)
THIRD WHEEL, THE (2002)
ALEX AND EMMA (2003)
LEGALLY BLONDE 2: RED, WHITE & BLONDE (2003)
MASKED AND ANONYMOUS (2003)
FAMILY STONE (2005)
IDIOCRACY (2006)
MINI'S FIRST TIME (2006)
MY SUPER EX-GIRLFRIEND (2006)
VACANCY (2007)
YOU KILL ME (2007)
HENRY POOLE IS HERE (2008)

WILSON, Owen
acteur américain (1968-)
BOTTLE ROCKET (1995)
CABLE GUY, THE (1996)
ANACONDA (1997)
ARMAGEDDON (1998)
PERMANENT MIDNIGHT (1998)
HAUNTING, THE (1999)
MINUS MAN, THE (1999)
MEET THE PARENTS (2000)
SHANGHAI NOON (2000)
BEHIND ENEMY LINES (2001)
ROYAL TENENBAUMS, THE (2001)
ZOOLANDER (2001)
I SPY (2002)
SHANGHAI KNIGHTS (2003)
BIG BOUNCE, THE (2004)
MEET THE FOCKERS (2004)
STARSKY & HUTCH (2004)
THE LIFE AQUATIC WITH STEVE ZISSOU (2004)
WEDDING CRASHERS (2005)
NIGHT AT THE MUSEUM (2006)
YOU, ME AND DUPREE (2006)
DARJEELING LIMITED, THE (2007)
DRILLBIT TAYLOR (2008)
MARLEY AND ME (2008)

WINCOTT, Michael
acteur canadien (1959-)
1492: CONQUEST OF PARADISE (1992)
CROW, THE (1994)
BASQUIAT (1996)
ALIEN RESURRECTION (1997)
BEFORE NIGHT FALLS (2000)
ASSASSINATION OF RICHARD NIXON, THE (2004)
SERAPHIM FALLS (2006)
WHAT JUST HAPPENED? (2008)

WINGER, Debra
actrice américaine (1955-)
THANK GOD IT'S FRIDAY (1978)
FRENCH POSTCARDS (1979)
URBAN COWBOY (1980)
OFFICER AND A GENTLEMAN, AN (1981)
CANNERY ROW (1982)
TERMS OF ENDEARMENT (1983)
LEGAL EAGLES (1986)
BLACK WIDOW (1987)
MADE IN HEAVEN (1987)
BETRAYED (1988)
EVERYBODY WINS (1989)
SHELTERING SKY, THE (1990)
LEAP OF FAITH (1992)
DANGEROUS WOMAN, A (1993)
SHADOWLANDS (1993)
WILDER NAPALM (1993)
FORGET PARIS (1995)
BIG BAD LOVE (2001)
RADIO (2003)
EULOGY (2004)
SOMETIMES IN APRIL (2005)
RACHEL GETTING MARRIED (2008)

WINSLET, Kate
actrice anglaise (1975-)
HEAVENLY CREATURES (1994)
SENSE AND SENSIBILITY (1995)
HAMLET (1996)
JUDE (1996)
TITANIC (1997)
HIDEOUS KINKY (1998)
HOLY SMOKE (1999)
QUILLS (2000)
ENIGMA (2001)
IRIS (2001)
LIFE OF DAVID GALE, THE (2003)
ETERNAL SUNSHINE OF THE SPOTLESS MIND (2004)
FINDING NEVERLAND (2004)
ALL THE KING'S MEN (2006)
HOLIDAY, THE (2006)
LITTLE CHILDREN (2006)
ROMANCE AND CIGARETTES (2006)
READER, THE (2008)
REVOLUTIONARY ROAD (2008)

WINSTONE, Ray
acteur anglais (1957-)
SCUM (1979)
LADYBIRD, LADYBIRD (1994)
FACE (1997)
NIL BY MOUTH (1997)
FINAL CUT (1998)
SEA CHANGE, THE (1998)
WAR ZONE, THE (1998)
AGNES BROWNE (1999)
SEXY BEAST (2000)
LAST ORDERS (2001)
RIPLEY'S GAME (2002)
HENRY VIII (2003)
KING ARTHUR (2004)
PROPOSITION, THE (2005)
BREAKING AND ENTERING (2006)
DEPARTED, THE (2006)
INDIANA JONES AND THE KINGDOM OF THE CRYSTAL SKULL (2008)

WINTERS, Shelley
acteur américaine (1922-2006)
NEW ORLEANS (1946)
DOUBLE LIFE, A (1947)
GANGSTER, THE (1947)
TONIGHT AND EVERY NIGHT (1947)
PLACE IN THE SUN, A (1950)
WINCHESTER '73 (1950)
MEET DANNY WILSON (1951)
PHONE CALL FROM A STRANGER (1952)
EXECUTIVE SUITE (1954)
I DIED A THOUSAND TIMES (1955)
NIGHT OF THE HUNTER, THE (1955)
DIARY OF ANNE FRANK, THE (1959)
ODDS AGAINST TOMORROW (1959)
LOLITA (1962)
BALCONY, THE (1963)
GREATEST STORY EVER TOLD, THE (1965)
PATCH OF BLUE, A (1965)
ALFIE (1966)
HARPER (1966)
ENTER LAUGHING (1967)
BUONA SERA, MRS. CAMPBELL (1968)
SCALPHUNTERS, THE (1968)
BLOODY MAMA (1970)
SHATTERED (1971)
SOUTHERN FRIED COMEDY (1971)
WHAT'S THE MATTER WITH HELEN? (1971)
WHAT'S THE MATTER WITH HELEN? / WHOEVER SLEW AUNTIE ROO? (1971)
WHOEVER SLEW AUNTIE ROO? (1971)
POSEIDON ADVENTURE, THE (1972)
BLUME IN LOVE (1973)
CLEOPATRA JONES (1973)
DIAMONDS (1975)
LOCATAIRE, LE (1976)
NEXT STOP, GREENWICH VILLAGE (1976)
PETE'S DRAGON (1977)
TENTACLES (1977)
KING OF THE GYPSIES (1978)
ELVIS: THE MOVIE (1979)
S.O.B. (1981)
FANNY HILL (1983)
DÉJÀ VU (1984)
UNREMARKABLE LIFE, AN (1988)
STEPPING OUT (1991)
WEEP NO MORE MY LADY (1991)
HEAVY (1995)
PORTRAIT OF A LADY, THE (1996)

WOOD, Elijah
acteur américain (1981-)
BACK TO THE FUTURE II (1989)
AVALON (1990)
INTERNAL AFFAIRS (1990)
PARADISE (1991)
ADVENTURES OF HUCK FINN, THE (1992)
FOREVER YOUNG (1992)
RADIO FLYER (1992)
GOOD SON, THE (1993)
NORTH (1994)
WAR, THE (1994)
FLIPPER (1996)
OLIVER TWIST (1997)
DEEP IMPACT (1998)
FACULTY, THE (1998)
BUMBLEBEE FLIES AWAY, THE (1999)
LORD OF THE RINGS: THE FELLOWSHIP OF THE RING (2001)
ALL I WANT (2002)
ASH WEDNESDAY (2002)
LORD OF THE RINGS: THE TWO TOWERS, THE (2002)
LORD OF THE RINGS: THE RETURN OF THE KING (2003)
ETERNAL SUNSHINE OF THE SPOTLESS MIND (2004)
EVERYTHING IS ILLUMINATED (2005)
SIN CITY (2005)
BOBBY (2006)
PARIS, JE T'AIME (2006)

WOOD, Evan Rachel
actrice américaine (1987-)
DIGGING TO CHINA (1998)
PRACTICAL MAGIC (1998)
SIMONE (2001)
MISSING, THE (2003)
THIRTEEN (2003)
DOWN IN THE VALLEY (2005)
PRETTY PERSUASION (2005)
UPSIDE OF ANGER, THE (2005)
RUNNING WITH SCISSORS (2006)
ACROSS THE UNIVERSE (2007)
KING OF CALIFORNIA (2007)
LIFE BEFORE HER EYES (2007)
WRESTLER, THE (2008)

WOOD, John
acteur anglais (1930-)
ONE MORE TIME (1969)
WHICH WAY TO THE FRONT? (1970)
WARGAMES (1983)
LADY JANE (1985)
JUMPIN' JACK FLASH (1986)
STORYTELLER, THE - DEFINITIVE COLLECTION (1987)
YOUNG AMERICANS (1993)
UNCOVERED (1994)
RASPUTIN (1995)
RICHARD III (1995)
SABRINA (1995)
METROLAND (1997)
AVENGERS, THE (1998)
IDEAL HUSBAND, AN (1999)
CHOCOLATE (2000)
LOVE IN A COLD CLIMATE (2000)
IMAGINING ARGENTINA (2003)
WHITE COUNTESS, THE (2005)

WOOD, Natalie
actrice américaine (1938-1981)
TOMORROW IS FOREVER (1946)
GHOST AND MRS. MUIR, THE (1947)
MIRACLE ON 34TH STREET (1947)
DRIFTWOOD (1948)
JACKPOT, THE (1950)
JUST FOR YOU (1952)
STAR, THE (1952)
REBEL WITHOUT A CAUSE (1955)
SEARCHERS, THE (1955)
BOMBERS B-52 (1957)
KINGS GO FORTH (1958)
MARJORIE MORNINGSTAR (1958)
CASH MCCALL (1959)
SPLENDOR IN THE GRASS (1961)
WEST SIDE STORY (1961)
SEX AND THE SINGLE GIRL (1964)
GREAT RACE, THE (1965)
INSIDE DAISY CLOVER (1965)
THIS PROPERTY IS CONDEMNED (1966)
BOB & CAROL & TED & ALICE (1969)
CANDIDATE, THE (1972)
PEEPER (1975)
CAT ON A HOT TIN ROOF (1976)
METEOR (1979)
WILLIE AND PHIL (1980)
BRAINSTORM (1983)

WOODARD, Alfre
actrice américaine (1953-)
CROSS CREEK (1983)
KILLING FLOOR, THE (1984)
EXTREMITIES (1986)
MANDELA (1987)
SCROOGED (1988)
GRAND CANYON (1991)
PASSION FISH (1992)
BOPHA! (1993)
HEART AND SOULS (1993)
BLUE CHIPS (1994)
CROOKLYN (1994)
PIANO LESSON, THE (1995)
MISS EVER'S BOYS (1996)
PRIMAL FEAR (1996)
STAR TREK: FIRST CONTACT (1996)
DOWN IN THE DELTA (1998)
MUMFORD (1999)
DINOSAUR (2000)
HOLIDAY HEART (2000)
LOVE AND BASKETBALL (2000)
TAKE THE LEAD (2006)
FAMILY THAT PREYS, THE (2008)

WOODS, James
acteur américain (1947-)
VISITORS, THE (1971)
WAY WE WERE, THE (1973)
GAMBLER, THE (1974)
NIGHT MOVES (1975)
HOLOCAUST (1978)
ONION FIELD, THE (1979)
BLACK MARBLE, THE (1980)
FAST-WALKING (1982)
SPLIT IMAGE (1982)
VIDEODROME (1982)
AGAINST ALL ODDS (1984)
CAT'S EYE (1984)
ONCE UPON A TIME IN AMERICA (1984)
JOSHUA THEN AND NOW (1985)
SALVADOR (1985)
BEST SELLER (1987)
COP (1987)
BOOST, THE (1988)
TRUE BELIEVER (1988)
IMMEDIATE FAMILY (1989)
MY NAME IS BILL W. (1989)
HARD WAY, THE (1991)
CHAPLIN (1992)
CITIZEN COHN (1992)
DIGGSTOWN (1992)
STRAIGHT TALK (1992)
CURSE OF THE STARVING CLASS, THE (1994)
GETAWAY, THE (1994)
SPECIALIST, THE (1994)
CASINO (1995)
NIXON (1995)
GHOSTS OF MISSISSIPPI (1996)
KILLER: A JOURNAL OF MURDER (1996)
CONTACT (1997)
JOHN CARPENTER'S VAMPIRES (1997)
KICKED IN THE HEAD (1997)
ANOTHER DAY IN PARADISE (1998)
ANY GIVEN SUNDAY (1999)
GENERAL'S DAUGHTER, THE (1999)
TRUE CRIME (1999)
DIRTY PICTURES (2000)
JOHN Q. (2001)
RIDING IN CARS WITH BOYS (2001)
NORTHFORK (2002)
THIS GIRL'S LIFE (2003)
PRETTY PERSUASION (2005)
AMERICAN CAROL, AN (2008)

WOODWARD, Joanne
actrice américaine (1930-)
KISS BEFORE DYING, A (1956)
THREE FACES OF EVE, THE (1957)
LONG HOT SUMMER, THE (1958)
RALLY 'ROUND THE FLAG, BOYS (1959)
FROM THE TERRACE (1960)
FUGITIVE KIND, THE (1960)
PARIS BLUES (1961)
BIG HAND FOR THE LITTLE LADY (1966)
FINE MADNESS, A (1966)
RACHEL, RACHEL (1968)
WINNING (1969)
THEY MIGHT BE GIANTS (1971)
SUMMER WISHES, WINTER DREAMS (1973)
DROWNING POOL, THE (1975)
SYBIL (1976)
END, THE (1978)
HARRY AND SON (1984)
GLASS MENAGERIE, THE (1987)
MR. & MRS. BRIDGE (1990)
PHILADELPHIA (1993)
EMPIRE FALLS (2005)

WRIGHT PENN, Robin
actrice américaine (1966-)
FORREST GUMP (1994)
LOVED (1997)
SHE'S SO LOVELY (1997)
HURLYBURLY (1998)
MESSAGE IN A BOTTLE (1999)
WHITE OLEANDER (2002)
HOME AT THE END OF THE WORLD, A (2004)
EMPIRE FALLS (2005)
NINE LIVES (2005)
SORRY HATERS (2005)
BREAKING AND ENTERING (2006)
HOUNDDOG (2007)
WHAT JUST HAPPENED? (2008)
STATE OF PLAY (2009)

WRIGHT, Jeffrey
acteur américain (1965-)
BASQUIAT (1996)
CRITICAL CARE (1997)
RIDE WITH THE DEVIL (1999)
HAMLET (2000)
SHAFT (2000)
ALI (2001)
ANGELS IN AMERICA (2003)
MANCHURIAN CANDIDATE, THE (2004)
BROKEN FLOWERS (2005)
SYRIANA (2005)
CASINO ROYALE (2006)
LADY IN THE WATER (2006)
INVASION, THE (2007)
CADILLAC RECORDS (2008)
W. (2008)

WYNN, Keenan
acteur américain (1916-1986)
WITHOUT LOVE (1945)
EASY TO WED (1946)
MY DEAR SECRETARY (1948)
THREE MUSKETEERS, THE (1948)
THAT MIDNIGHT KISS (1949)

ANGELS IN THE OUTFIELD (1951)
ROYAL WEDDING (1951)
BELLE OF NEW YORK (1952)
BATTLE CIRCUS (1953)
MEN OF THE FIGHTING LADY (1954)
GLASS SLIPPER, THE (1955)
SHACK OUT ON 101 (1955)
DEEP SIX, THE (1957)
PERFECT FURLOUGH, THE (1958)
ABSENT-MINDED PROFESSOR, THE (1961)
SON OF FLUBBER (1962)
AMERICANIZATION OF EMILY, THE (1964)
BIKINI BEACH (1964)
POINT BLANK (1967)
MACKENNA'S GOLD (1968)
HERBIE RIDES AGAIN (1974)
DEVIL'S RAIN, THE (1975)
LASERBLAST (1978)
BLACK MOON RISING (1986)

YAM, Simon
acteur chinois (1955-)
BLACK CAT (1991)
FULL CONTACT (1992)
NAKED KILLER (1992)
RAPED BY AN ANGEL (1993)
MAN WANTED (1995)
HITMAN (1998)
FULL TIME KILLER (2001)
PTU (2003)
ELECTION (2005)
KILL ZONE (2005)
ELECTION 2 (2006)
EXILED (2006)
EYE IN THE SKY (2007)
SPARROW (2008)

YANNE, Jean
acteur français (1933-2003)
WEEK-END (1967)
BOUCHER, LE (1968)
QUE LA BÊTE MEURE (1969)
SAUT DE L'ANGE, LE (1971)
RAISON D'ÉTAT, LA (1978)
JOURNÉE EN TAXI, UNE (1981)
DEUX HEURES MOINS LE QUART AVANT JÉSUS-CHRIST (1982)
HANNAH K. (1983)
PAPY FAIT DE LA RÉSISTANCE (1983)
LIBERTÉ, ÉGALITÉ, CHOUCROUTE (1985)
ATTENTION BANDITS (1987)
CAYENNE PALACE (1987)
FUCKING FERNAND (1987)
WOLF AT THE DOOR, THE (1987)
BAL DES CASSE-PIEDS, LE (1991)
INDOCHINE (1991)
MADAME BOVARY (1991)
SÉVILLANE, LA (1992)
À LA MODE (1993)
PROFIL BAS (1993)
REGARDE LES HOMMES TOMBER (1994)
DES NOUVELLES DU BON DIEU (1995)
HUSSARD SUR LE TOIT, LE (1995)
VICTORY (1995)
BELLE VERTE, LA (1996)
TENUE CORRECTE EXIGÉE (1997)
JE RÈGLE MON PAS SUR LE PAS DE MON PÈRE (1998)
ACTEURS, LES (1999)
GOMEZ ET TAVARES (2003)

YEOH, Michelle
actrice malaisienne (1962-)
DRUNKEN MASTER (1979)
ROYAL WARRIORS (1986)
MAGNIFICENT WARRIORS (1987)
SUPERCOP 2 (1994)
TAI CHI MASTER, THE (1994)
TWIN WARRIORS (1994)
WING CHUN (1994)
SOONG SISTERS (1997)
TOMORROW NEVER DIES (1997)
CROUCHING TIGER, HIDDEN DRAGON (2000)
SILVER HAWK (2004)
MEMOIRS OF A GEISHA (2005)
SUNSHINE (2006)
BABYLON A.D. (2008)
CHILDREN OF HUANG SHI, THE (2008)
MUMMY, THE - TOMB OF THE DRAGON EMPEROR (2008)

YORK, Michael
acteur anglais (1942-)
TAMING OF THE SHREW, THE (1966)
ACCIDENT (1967)
SMASHING TIME (1967)
ROMEO & JULIET (1968)
ZEPPELIN (1971)
CABARET (1972)
FOUR MUSKETEERS, THE (1974)
MURDER ON THE ORIENT EXPRESS (1974)
MUSKETEERS, THE (1974)
THREE MUSKETEERS, THE (1974)
JESUS OF NAZARETH (1976)
LOGAN'S RUN (1976)
ISLAND OF DR. MOREAU, THE (1977)
LAST REMAKE OF BEAU GESTE, THE (1977)
DEATH ON THE NILE (1978)
FEDORA (1978)
FINAL ASSIGNMENT, THE (1980)
AU NOM DE TOUS LES MIENS (1983)
SUCCESS IS THE BEST REVENGE (1984)
SWORD OF GIDEON (1986)
RETURN OF THE MUSKETEERS, THE (1989)
WIDE SARGASSO SEA (1992)
AUSTIN POWERS: INTERNATIONAL MAN OF MYSTERY (1997)
AUSTIN POWERS: THE SPY WHO SHAGGED ME (1999)
BORSTAL BOY (2000)
AUSTIN POWERS IN GOLDMEMBER (2002)

YOUNG, Robert
acteur américain (1907-1998)
SIN OF MADELON CLAUDET, THE (1931)
STRANGE INTERLUDE (1932)
TODAY WE LIVE (1933)
SECRET AGENT (1936)
BRIDE WORE RED, THE (1937)
NAVY BLUE AND GOLD (1938)
SHINING HOUR (1938)
THREE COMRADES (1938)
MORTAL STORM, THE (1940)
NORTHWEST PASSAGE (1940)
WESTERN UNION (1940)
LADY BE GOOD (1941)
CAIRO (1942)
JOURNEY FOR MARGARET (1942)
CANTERVILLE GHOST, THE (1944)
CROSSFIRE (1947)
THEY WON'T BELIEVE ME (1947)
SITTING PRETTY (1948)
THAT FORSYTE WOMAN (1949)
SECOND WOMAN, THE (1950)

YOUNG, Sean
actrice américaine (1959-)
JANE AUSTEN IN MANHATTAN (1980)
STRIPES (1981)
BLADE RUNNER (1982)
YOUNG DOCTORS IN LOVE (1982)
DUNE (1984)
NO WAY OUT (1987)
WALL STREET (1987)
BOOST, THE (1988)
COUSINS (1989)
FIRE BIRDS (1990)
KISS BEFORE DYING, A (1991)
HOLD ME, THRILL ME, KISS ME (1992)
ONCE UPON A CRIME (1992)
ACE VENTURA: PET DETECTIVE (1993)
FATAL INSTINCT (1993)
EVEN COWGIRLS GET THE BLUES (1994)
DR. JEKYLL AND MS. HYDE (1995)
GUN (1996)
PROPRIETOR, THE (1996)
AMATI GIRLS, THE (2000)
POOR WHITE TRASH (2000)

YUN-FAT, Chow
acteur chinois (1955-)
GOD OF KILLERS (1981)
HONG KONG 1941 (1984)
WITCH FROM NEPAL (1985)
BETTER TOMORROW, A (1986)
AUTUMN'S TALE, AN (1987)
BETTER TOMORROW 2, A (1987)
CITY ON FIRE (1987)
PRISON ON FIRE (1987)
PRISON ON FIRE II (1987)
CITY WAR (1988)
BETTER TOMORROW 3, A (1989)
KILLER, THE (1989)
KILLERS TWO (1989)
FUN, THE LUCK AND THE TYCOON, THE (1990)
GOD OF GAMBLERS (1990)
FULL CONTACT (1992)
HARD BOILED (1992)
GOD OF GAMBLER'S RETURN (1994)
NOW YOU SEE ME, NOW YOU DON'T (1994)
TREASURE HUNT (1994)
PEACE HOTEL (1995)
ONCE A THIEF (1996)
REPLACEMENT KILLERS, THE (1997)
CORRUPTOR, THE (1999)
BULLETPROOF MONK (2003)
CURSE OF THE GOLDEN FLOWER (2006)
PIRATES OF THE CARIBBEAN: AT WORLD'S END (2007)
CHILDREN OF HUANG SHI, THE (2008)

ZAHN, Steve
acteur américain (1968-)
THAT THING YOU DO! (1996)
SUBWAY STORIES (1997)
SAFE MEN (1998)
FORCES OF NATURE (1999)
HAPPY TEXAS (1999)
HAMLET (2000)
CHELSEA WALLS (2001)
JOY RIDE (2001)
RIDING IN CARS WITH BOYS (2001)
DADDY DAY CARE (2003)
NATIONAL SECURITY (2003)
SHATTERED GLASS (2003)
SAHARA (2005)
BANDIDAS (2006)
RESCUE DAWN (2006)
SUNSHINE CLEANING (2008)

ZANE, Billy
acteur américain (1966-)
DEAD CALM (1988)
BLOOD AND CONCRETE (1991)
ORLANDO (1992)
POETIC JUSTICE (1993)
TALES FROM THE CRYPT PRESENTS: DEMON KNIGHT (1994)
PHANTOM, THE (1996)
TITANIC (1997)
BELIEVER, THE (2001)
KISS, THE (2003)

ZELLWEGER, Renée
actrice américaine (1969-)
LOVE AND A .45 (1994)
TEXAS CHAINSAW MASSACRE: THE NEXT GENERATION (1995)
JERRY MAGUIRE (1996)
WHOLE WIDE WORLD, THE (1996)
DECEIVER (1997)
ONE TRUE THING (1998)
PRICE ABOVE RUBIES, A (1998)
BACHELOR, THE (1999)
ME, MYSELF & IRENE (2000)
NURSE BETTY (2000)
BRIDGET JONES'S DIARY (2001)
CHICAGO (2002)
WHITE OLEANDER (2002)
COLD MOUNTAIN (2003)
DOWN WITH LOVE (2003)
BRIDGET JONES: THE EDGE OF REASON (2004)
CINDERELLA MAN (2005)
MISS POTTER (2006)
APPALOOSA (2008)
LEATHERHEADS (2008)
NEW IN TOWN (2009)

ZETA-JONES, Catherine
actrice anglaise (1969-)
CATHERINE THE GREAT (1995)
TITANIC (1996)
MASK OF ZORRO, THE (1998)
ENTRAPMENT (1999)
HAUNTING, THE (1999)
TRAFFIC (2000)
AMERICA'S SWEETHEARTS (2001)
CHICAGO (2002)
INTOLERABLE CRUELTY (2003)
OCEAN'S 12 (2004)
TERMINAL, THE (2004)
LEGEND OF ZORRO, THE (2005)
HOUDINI'S DEATH DEFYING ACTS (2007)
NO RESERVATIONS (2007)

ZUCCO, George
acteur anglais (1886-1960)
BRIDE WORE RED, THE (1937)
FIREFLY, THE (1937)
SARATOGA (1937)
ADVENTURES OF SHERLOCK HOLMES, THE (1939)
NEW MOON (1940)
INTERNATIONAL LADY (1941)

MONSTER AND THE GIRL, THE (1941)
TOPPER RETURNS (1941)
DR. RENAULT'S SECRET (1942)
MY FAVORITE BLONDE (1942)
MAD GHOUL, THE (1943)
FLYING SERPENT, THE (1946)
LURED (1947)
WHERE THERE IS LIFE (1947)
BARKLEYS OF BROADWAY, THE (1949)

ZUNIGA, Daphne
actrice américaine (1963-)
INITIATION, THE (1982)
STONE PILLOW (1985)
SURE THING, THE (1985)
SPACEBALLS (1987)
LAST RITES (1988)
FLY II, THE (1989)
GROSS ANATOMY (1989)
800 LEAGUES DOWN THE AMAZON (1993)

ZYLBERSTEIN, Elsa
actrice française (1969-)
ALISÉE (1991)
AMOUREUSE (1991)
VAN GOGH (1991)
BEAU FIXE (1992)
MINA TANNENBAUM (1993)
PORTRAITS CHINOIS (1996)
HOMME EST UNE FEMME COMME LES AUTRES, L' (1997)
METROLAND (1997)
TENUE CORRECTE EXIGÉE (1997)
XXL (1997)
LAUTREC (1998)
TEMPS RETROUVÉ, LE (1999)
CE JOUR-LÀ (2003)
MONSIEUR N. (2003)
MODIGLIANI (2004)
PETITE JÉRUSALEM, LA (2005)
CONCILE DE PIERRE, LE (2006)
IL Y A LONGTEMPS QUE JE T'AIME (2008)